新訂増補

海を越えた日本人名事典

編集・富田 仁

日外アソシエーツ

Biographical Dictionary of Japanese Travelers to the Occident, 1551-1897

Revised Edition

Edited by
Hitoshi TOMITA

Nichigai Associates, Inc.
2005

●制作担当● 城谷 浩
装　丁：萩原 典夫（テン・クリエーション）

新訂増補版への序

　20年前，日本人の海外体験にスポットを当て，日本の近代化にさまざまな領域で貢献した先人たちの営為を探ろうという意図のもとに刊行された『海を越えた日本人名事典』は，その発想のユニークさが迎えられたのか，思いがけない多大な反響をみた。従来の事典では取り上げられることのない，経歴がほとんど不明の人物でも「海外に渡った」という事実が認められる限り項目として採用する方法が斬新であったのか，経歴の不明な人物や収録から漏れてしまった人物に関して，読者の方たちからのご指摘，ご教示を多数受けることとなった。
　海外渡航前後の経歴のみならず，生没年も不明の人びとの場合，その大半は歴史の流れに埋没してしまった感をまぬがれない。だが，そのような方たちにも当然のことながらご子孫がいらっしゃるわけで，『海を越えた日本人名事典』で不明あるいは不詳としたことどもについて，ご子孫など関係者各位からご連絡をいただくという反応が多数みられた。いわば記述の不完全さゆえの反響であった。
　このような事典はつねに調査と探索を重ねていき，機会があれば一層完全な内容にしなくてはならないし，そうありたいと考えてきた。このたびの新訂増補版刊行に際しては，記述の不完全だった人物，未収録だった人物を中心に新しい資料をもとに確認をおこない，300人以上の記述内容を補い，新たに400人以上を追加し，全体で2102人を収録することができた。また項目ごとに付記した参考文献も約2000点が新たに加えられている。
　『海を越えた日本人名事典』は『海外交流史事典』『事典　外国人の

見た日本』とともに，日本人が外国の人びととどのようにかかわってきたかを眺めようとする意図のもとに編纂されたものである。これらの三つの事典を巧みに利用するとき，日本人の異文化体験の諸様相の解明を含めて，比較文化研究上すこぶる興味深い問題にアプローチすることも可能である。その意味で新訂増補版の刊行は広く益するところ多大であると考える次第である。最後に利用者各位の本事典に対する忌憚ないご教示をお願いしたい。

　　2005年夏

　　　　　　　　　　　　　　　　　　　　　　　　　　富田　仁

旧版の序

　日本人で最初に西洋の地を踏んだのはだれだったのだろうか。そんな疑問にかられて，日本人の海外渡航の軌跡をたどろうという興味が育まれていき，本書の構想が生まれた。
　日本に来た西洋人たちの事典とは逆の，西洋に行った日本人たちの人名事典ができないものだろうかという日外アソシエーツの大高利夫社長とのお話から，異文化との邂逅に日本人がいかなる反応を示したか，その点にスポットを当て，海外体験のドラマを織りこんだ人名事典をつくることを思いたった。三年前のことである。
　漂流民，遣外使節，留学生，旅芸人など，海外渡航のきっかけや目的はさまざまであるが，時代をさかのぼりできる限り日本人の海外体験の全容を個別的，かつ総合的に考察してみよう。そのためには，いわゆる有名人ばかりではなくて，すでに歴史の流れに埋没しているような無名の人びとをも掘り起こして，万里の波濤を越えて見た〈西洋〉の姿をあきらかにしてみたい。また，とくに幕末から明治20年代にかけての近代国家としての興隆期において，その海外体験がわが国の近代化にどのように活かされていったのかをもさぐりだしたい。——このようなことが本書の編纂の意図である。
　従来の人名事典では，項目として採録することのないような無名の人びとも，たとえ十分な調査に基づく記述ができなくとも努めてとりあげるようにしたが，そのすべてを網羅することは不可能であり，遺漏も少なくないと思われる。しかし，生死をわけるかも知れない危険にみちた海外渡航の時代にあって，各層にわたりよくも1700人近くに

のぼる多くの日本人が欧米諸国に海を渡って行ったものだという驚きが湧く。と同時に，巻末に付した「渡航者名一覧」により，年別，あるいは国別に，日本人の海外体験の全貌と状況が客観的に展望されるが，たとえば収録者中の34％の渡航先がアメリカに占められていることからは，"ニュー・フロンティアの国アメリカ"のイメージが，日本人のうちに早くから大きくふくらんでいたことを知るなど多くの新しい発見もあった。

　本書は，多数の気鋭の執筆者のご協力をえて初めて編纂することができたのであるが，とくに日本大学文理学部講師楠家重敏氏と湯本豪一氏との献身的なご協力には感謝の言葉もない。また本書刊行には今回も大高利夫社長と石井紀子部長のひとかたならぬご高配をいただくとともに，編集実務では五味紘子，辻岡由美子氏など編集部のみなさんに大変にお世話になった。心から感謝の意を表したい。

　最後に，本書を一層充実させていくためにも，ご利用のみなさまのご教示を賜りますようお願いする次第である。

　　1985年秋

　　　　　　　　　　　　　　　　　　　　　　　　　富田　仁

総目次

凡　例 ……………………………………………………… viii
総　論　海を越えた日本人たちの系譜 …………………… 1
人名編 ……………………………………………………… 37
　人名目次 ……………………………………………… 39
　本　文 ………………………………………………… 57
団体編 ……………………………………………………… 745
　本　文 ………………………………………………… 747
付　録 ……………………………………………………… 775
　付　日本紀年・西暦年対照年表 …………………… 776
　年別渡航者名一覧 …………………………………… 777
　国別渡航者名一覧 …………………………………… 848

凡　例

1．構　成

総　論
　海を越えた日本人たちの系譜
本　文
　人名編（個人名の五十音順）
　団体編（渡航年順）
付　録
　年別渡航者名一覧
　国別渡航者名一覧

2．基本原則

1) 本事典は，原則として16世紀から明治29(1906)年までの欧米諸国への日本人海外渡航者を対象とし，2102名を収録した。中国，朝鮮など東洋圏への渡航者は除いた。
　　ただし，顕著な海外体験の持ち主や，女性渡航者については年代下限を越える者も若干名収録した。
2) 各項目の記載は，見出し人名，略伝，文献よりなる。
3) 見出し人名および記述においては，原則として常用漢字，新字体を使用した。

3．見出し人名について

1) 見出し人名は，本名，別名（変名，筆名，俳号，雅号など），通称などのうち，最も知られているものを原則として採用した。必要に応じ，見出し語として採用しなかった名前から見出し人名へ「…を見よ」参照をつけた。
　（例）**岡倉 覚三**　おかくら・かくぞう
　　　　→岡倉 天心（おかくら・てんしん）を見よ
2) 人名のよみについては，各種人名事・辞典などにより，出来る限り正確を期した。
3) かな表記は，原則として現代かなづかいに拠った。

4) 見出し語の排列は，姓，名をそれぞれ一単位とし，その五十音順とした。濁音・半濁音は清音，促音・拗音は直音とみなし，長音符（音引き）は無視した。

4．記載内容と事項について
1) 各項目の記載について
   (1) 人名編
   付　日本紀年・西暦年対照年表
   　見出し人名／生没年月日／職業のほか活動内容（肩書き，専門，トピックなど）／�生出生地／㊎本名・別名／㊨主要な渡航国名，渡航年，渡航内容／略伝／㊥墓所
   　参考文献／執筆者／増補加筆者
   (2) 団体編
   　見出し団体名／人員，期間，訪問国，目的／概要
   　参考文献／執筆者
2) 略歴等について
　　その人物の生年月日，出生地，渡航までの略歴，渡航の動機・目的，渡航年月日，渡航中の行動，帰国年月日，帰国後の活動，死亡年月日，享年，墓所を中心に，なるべく具体的に記述した。
　　なお，集団渡航者（たとえば遣外使節，幕府および各藩留学生たち）については，＜団体編＞として別に項目をたて，その概要を略述した。
   (1) 職業　　その人物の経歴上，最も主要な職業を記した。
   (2) 活動内容　人物によっては主な活動内容とその特記事項を添えた。
   　（例）　僧侶〔維新後初の欧州留学僧〕
   (3) 出生地　　原則として生年時の地名を記した
   　（例）　長門国萩
   (4) 渡航先　　原則として最初の渡航目的地を記した。
   (5) 渡航年　　原則として離日の年を西暦で記した。
   (6) 渡航目的　原則として渡航目的のうち主要なものを記した。
3) 生没年および渡航年について
　　原則として和暦を用い，年には必要に応じ西暦を付記した。
   （例）　万延1（1860）年4月3日
　　ただし，改元以前については同じ年であっても前の元号で表記した。

ix

(例) 安政7(1860)年1月19日
〔万延元年の改元は3月18日である。〕
　なお，和暦の月日まで判明している場合は『日本歴西暦月日対照表』により月日に該当する西暦を付記した。
(例) 文久3(1863)年11月1日
　　　文久3(1864)年12月29日
〔文久3年11月22日が1864年1月1日に該当する。〕
生没年の表記は下記によった。
　(イ) 生没年が確定できず推定の場合：「頃」を使用
　(ロ) 生没年いずれかが不明の場合：「？」を使用
　　(例) 安政3年6月(1856)～？
　　　　　？～明治3年11月6日(1870)
　(ハ) 生没両年とも不明の場合：「生没年不詳」
4) 固有名について
　　出生地や学校名などについては，原則としてその当時の名称を採用した。たとえば大阪を大坂，函館を箱館，下関を馬関と記した。また，明治19年に東京大学は帝国大学，30年には東京帝国大学と改称しているが，それに応じた名称を採用するように努めた。
5) 参考文献について
　(1) 伝記的な資料を主とし，単行書，単行書の一部，雑誌研究論文，雑誌・新聞記事，人名事・辞典など総論および項目執筆に用いた参考文献のほかにも，その人物を知る上で必要な文献を項目ごとに付記した。ただし原則として未刊の文献資料名は省略した。
　　なお，人物採録の際の主な典拠は「主要参考資料一覧」を参照されたい。
　(2) 記述の形式
　　(イ) 単行書　　書名／(著編者)／出版者／発行年／(叢書名)
　　　　(例) アメリカの岩倉使節団(宮永孝)　筑摩書房　平4(ちくまライブラリー)
　　(ロ) 単行書の一部　　論題／(著者)／『書名』／出版者／発行年
　　　　(例) カリフォルニアおけい(岩橋邦枝)『近代日本の女性史7』集英社　昭56
　　(ハ) 雑誌・新聞　　論題／(著者)／：紙・誌名／巻(号)／発行年月(日)

（例）岩倉具視—その思想と行動（中島昭三）：国学院法学 1(2) 昭39
　　　　美術普及 埋もれた偉才—明治・大正期に数々の事業参画 執
　　　　行弘道の足跡（瀬木慎一）：日本経済新聞　平11.5.25
　　なお，書誌事項の一部が不備なものについても，収録してある。
　(3) 参考文献の排列
　　原則として発行年月日の順とした。

5．付録について

1) 年別渡航者名一覧
 (1) 収録された人物の渡航年別一覧である。各項目の記載は
　　　渡航年／渡航地／見出し人名／渡航目的／活動分野（職業，肩
　　　書き，専門，トピックなど）よりなる。
　　数回渡航している場合は，初めて渡航した年を採用した。
　　渡航年が確定できない場合でも，推定可能なときには「…年頃」と
　　し，それも不可能な場合は「年不明」とした。
 (2) 排列は，渡航年順，同年の場合は渡航地の五十音順，渡航地まで
　　同一の場合，見出し人名の五十音順とした。
2) 国別渡航者名一覧
 (1) 収録された人物の最初の主要渡航地の国別一覧である。各項目の
　　記載は
　　　渡航地／渡航年／見出し人名／渡航目的／活動分野（職業，肩
　　　書き，専門，トピックなど）よりなる。
　　渡航地が複数にわたりその詳細が不明の場合は，「ヨーロッパ」の項
　　に分類した。
 (2) 排列は，渡航地の五十音順，渡航地が同一の場合は渡航年順，渡
　　航年まで同一の場合，見出し人名の五十音順とした。

6．主要参考資料一覧

　　海外渡航者氏名の選定は本事典編纂の最も重要な作業であり，初版で
は福山（旧姓瀧口）恵美子氏のご協力のもとにこれを行った。
　　主要な典拠と総論および項目執筆を含めての全般的な参考文献は次の通
りである。

〈辞典類〉

　　明治過去帳（大植四郎編）　東京美術　　昭46
　　大正過去帳（稲村徹元編）　東京美術　　昭48
　　大日本人名辞書　覆刻版　講談社　　昭49
　　日本人物文献目録（法政大学文学部史学部研究室編）　平凡社　　昭49
　　幕末維新人名辞典　学芸書林　　昭53
　　日本人名事典　1～6　平凡社　　昭54
　　日本人名事典　現代編　平凡社　　昭54
　　明治維新人名辞典（日本歴史学会編）　吉川弘文館　　昭56
　　近代日本哲学思想家辞典　東京書籍　　昭57
　　昭和新修華族家系大成　上・下（霞会館諸家資料調査委員会編）　霞会館　　昭57
　　幕末維新史事典　新人物往来社　　昭58
　　洋学史事典（日蘭学会編）　雄松堂出版　　昭59
　　キリスト教人名辞典　日本基督教団出版局　　昭61
　　幕末明治海外渡航者総覧（手塚晃，国立教育会館編）　柏書房　　平4
　　幕末維新人名事典（宮崎十三八，安岡昭男編）　新人物往来社　　平6
　　日本洋学人名事典（武内博編著）　柏書房　　平6
　　朝日日本歴史人物事典　朝日新聞社　　平6
　　データベースWHO　日外アソシエーツ

〈専門書等〉

　　校訂漂流奇談全集（石井研堂編）　博文館　　明33
　　異国漂流奇譚集（石井研堂編）　福永書店　　昭2
　　徳川昭武滞欧記録　日本史籍協会　　昭7
　　九州三侯遣欧使節行記　東洋堂　　昭16
　　遣魯伝習生始末（内藤遂）　東洋堂　　昭18
　　幕末外交史の研究（大塚武松）　宝文館出版　　昭27
　　異国漂流記集　正・続（荒川秀俊編）　気象研究所　　昭37,39
　　日本人漂流記（川合彦充）　社会思想社　　昭42（現代教養文庫 A530）
　　大君の使節―幕末日本人の西欧体験（芳賀徹）　中央公論社　　昭43（中公新書163）
　　77人の侍アメリカへ行く―万延元年遣米使節の記録（レイモンド服部）　講談社　　昭43
　　近代日本の海外留学史（石附実）　ミネルヴァ書房　　昭47
　　幕末ロシア留学記（内藤遂）　雄山閣　　昭43
　　北槎聞略（桂川甫周著　亀井高孝，村山七郎編）　吉川弘文館　　昭40
　　薩摩藩英国留学生（犬塚孝明）　中央公論社　　昭49（中公新書375）
　　英語事始（日本英学史学会編）　日本ブリタニカ　　昭51
　　フランスに魅せられた人びと（富田仁）　カルチャー出版社　　昭51

岩倉使節団-明治維新のなかの米欧(田中彰)　講談社　昭52(現代新書487)
近代日本海外留学生史　上・下(渡辺実)　講談社　昭52,53
異国遍路旅芸人始末書(宮岡謙二)　中央公論社　昭53(中公文庫)
維新の留学生—西洋文明をどうとりいれたか(上垣外憲一)　主婦の友社　昭53(Tomo 選書)
特命全権大使米欧回覧実記　全5冊(久米邦武編)　岩波書店　昭54(岩波文庫)
花のパリへ少年使節-慶応3年パリ万国博奮闘記(高橋邦太郎)　三修社　昭54
海外における公家・大名展　第1回維新展(霞会館資料展示委員会編)　霞会館　昭55
日仏文化交流史の研究(西堀昭)　駿河台出版社　昭56
フランスとの出会い—中江兆民とその時代(富田仁)　三修社　昭56
幕府オランダ留学生(宮永孝)　東京書籍　昭57
日仏のあけぼの(富田仁)　高文堂出版社　昭58
「脱亜」の明治維新—岩倉使節団を追う旅から(田中彰)　日本放送出版協会　昭59(NHKブックス)
徳川昭武—万博殿様一代記(須見裕)中央公論社　昭59(中公新書750)
幕末教育史の研究2—諸術伝習政策(倉沢剛)　吉川弘文館　昭59
幕末・明治期における日伊交流(日伊協会編)　日本放送出版協会　昭59
ペトロ岐部—追放・潜入・殉教の道(松永伍一)　中央公論社　昭59(中公新書747)
鹿鳴館—擬西洋化の世界(富田仁)　白水社　昭59
日本史探訪 18　海を渡った日本人(遠藤周作他)　角川書店　昭60
異文化との出会い—日本人と欧米人の海外体験(富田仁編)　三修社　昭61
遣外使節日記纂輯 1～3　東京大学出版会　昭62(日本史籍協会叢書複刻版)
明治欧米見聞録集成　1～36　ゆまに書房　昭62～平1
最初にアメリカを見た日本人(キャサリン・プラマー著,酒井正子訳)　日本放送出版協会　平1
幕末遣外使節物語—夷狄の国へ(尾佐竹猛)　講談社　平1(講談社学術文庫)
破天荒明治留学生列伝—大英帝国に学んだ人々(小山騰)　講談社　平11(講談社選書メチエ)
海をこえて近代知識人の冒険(高沢秀次)　秀明出版会　平12
幕末に学んだ若き志士達—日本留学生列伝2(松邨賀太)　文芸社　平15
明治文明開化の花々—日本留学生列伝3(松邨賀太)　文芸社　平16
近代日本と仏蘭西—10人のフランス体験(三浦信孝編)　大修館書店　平16

〈未公刊資料〉
　外務省外交資料館所蔵:「海外行人名表」,「航海人明細簿」,「海外行免状」

執筆者・協力者一覧

浅山正弘	北村侑子	田中徳一	伏見郁子
阿部俊郎	木村行宏	谷崎寿人	保阪泰人
安藤重和	楠家重敏	寺崎隆行	本郷建治
安藤　勉	国松夏紀	富田　仁	前田廣子
安藤義郎	熊田修二	中川高行	松田和夫
飯沼隆一	小林邦久	中川　浩	宮永　孝
石井創一	小林裕子	長島要一	村岡正明
石井　勉	境田　進	長縄光男	谷城　朗
岩淵宏子	寒河江実	中西芳絵	山口一彦
内海あぐり	佐藤秀一	中村　毅	山口公和
内海　孝	沢田和彦	西堀　昭	山路朝彦
大野尚美	塩田京子	長谷川啓	雪嶋宏一
尾形明子	志村公子	長谷川勉	湯本豪一
尾形国治	鈴木和子	原　潔	横山理吉
岡田孝子	関田かおる	久永富美	吉川龍子
岡本麻美子	高遠弘美	福山恵美子	羅　秀吉
小河織女	高橋公雄	藤代幸一	渡邊澄子
春日正男	高橋傳七	藤田正晴	渡辺　登

〔敬称略　五十音順〕

総　論

はじめに …………………… 3
Ⅰ. 宗教上の使節たち ………… 5
　天正遣欧少年使節
　慶長遣欧使節

Ⅱ. 漂流民 …………………… 7

Ⅲ. 遣外使節 ………………… 12
　遣米使節（万延1年）
　〔遣米使節随伴〕咸臨丸
　遣欧使節（文久1年）
　遣仏使節（文久3年）
　遣仏使節（慶応1年）
　遣露使節
　遣仏使節（慶応3年）
　岩倉使節団

Ⅳ. 留学生 …………………… 20
　幕府オランダ留学生
　幕府ロシア留学生
　幕府イギリス留学生
　長州藩イギリス留学生
　薩摩藩イギリス留学生
　官費留学生
　皇族・華族の留学
　私費留学

おわりに …………………… 35

海を越えた日本人たちの系譜

富田　仁

はじめに

　四方を海に取り囲まれた国・日本は当然のことながら，外国に行くためには海を越えなければならない地理的状況に置かれている。それであれば遣隋使の昔から新知識を求めては中国に赴くなど，海を越えた者が少なくなかった。
　海の彼方に見知らぬ国がある。そのような異国への夢を駆せて，多くの日本人が海を越えて旅だっていったのである。それが唐・天竺であれ，ルソンであれ，わたしたちの先人は万里の波濤を乗り越えて航海を続けていったのである。
　ところで，日本人とはまったく人種の異なる白人たちの住む西洋の存在を日本人が現実に知ったのは，天文12（1543）年8月25日の種子島へのポルトガル人の漂着のときであった。その折の様子は薩摩の禅僧・南浦文之が種子島久時のために綴った『鉄炮記』（慶長11年）に詳しく伝えられている。百人あまりが乗り組んだ船が漂着し，いまだかつて見たことのない容貌の男どもがしゃべる言葉はまったく意味不明であった。幸い明国人の五峯という者が乗り合わせていて，村主の織部丞と砂浜に杖で文字を書いての筆談の末，西南蛮の商人であることがわかった。このとき彼らがたずさえていた奇妙な長い一物，それが鉄砲であった。
　ポルトガル船の渡来は日本に鉄砲を伝えたが，諸大名は鉄砲の製法を学び，その原料の鉄や火薬原料，硝石などを獲得するためにポルトガル船の来航を歓迎するようになり，ここに貿易が年を追って拡大・発展することになった。貿易と同時に副産物としてキリスト教が伝来することになった。
　天文18（1549）年7月22日，フランシスコ・ザヴィエルは鹿児島に上陸した。ザヴィエルはバスク王国ナヴァラのザヴィエル城の宰相の子として生まれ，パリ大学に学び，1534年パリのモンマルトルの丘でイグナシオ・デ・ロヨラのもとに7人の同志とイエズス会を設立し，ポルトガル王の要請を受けてインドに渡り，マラッカ諸島に足をのばし，1545年その途次マラッカでひとりの日本人青年アンジロウ（またはヤジロウ）と出会った。アンジロウは人を殺したのち，

総論

貿易のために来船中のポルトガル船に救われてマラッカに渡って来たのである。ザヴィエルはアンジロウの知的好奇心の旺盛なのにひかれ，日本についての話を聞くうちに日本民族に強い信頼と希望を抱いて，ついに日本伝道を決意した。

アンジロウはザヴィエルとめぐりあったのちにインドに渡り，ゴアで宗教教育を受け，ついには洗礼してパウロ・アンジロウを名乗り，日本人として最初のキリスト教徒になっていた。このアンジロウの手引きで，その生まれ故郷鹿児島にザヴィエルはやって来たのである。

ザヴィエルは領主島津貴久に布教の許しを願うた。領主はポルトガル船の貿易を有利に運ぶ下心からこれを許した。領民たちは当初天竺から来た仏教の一派の教えと思いこみ，ザヴィエルの教えに耳を傾けたが，その教義がはっきりするにつれて仏教徒の反発が高まり，1年半もたたないうちに，領主によってその布教は禁止された。ザヴィエルは平戸に移り，さらに京に赴いたが，応仁の乱のあとの京は荒廃しており，天皇は無力な存在であり，とうてい布教の許しを得られないことを知り，10日ほどで堺から平戸に戻った。天文20（1551）年春，山口に赴き，領主の許可のもとに2ヶ月で500名ほどの信者を得たが，豊後に移ってそこでも布教の効果をあげた。だが，天文20年10月ザヴィエルは日本人を教化する最善の方法は，日本人に多くの影響を与えてきた中国人の教化であると考え，インドから中国伝道の旅につくべく，豊後からポルトガル船で日本を離れた。

ところで，ザヴィエルが日本を去るとき，彼は5人の日本人を同行した。そのうちのひとり，豊後の武士だけが主君の大友義鎮の書状を構え，インド副王にこれを呈したのち帰国したが，ザヴィエルとしては彼らをまずインドまで行かせ，そこからポルトガルとローマに赴かせる予定でいた。だが，インドのひどい暑さに山口出身のマテオはゴアで病死してしまい，2年後の1553年に鹿児島のベルナルドだけがやっとのことでリスボンにたどり着いた。このベルナルドという洗礼名しかわからない男が初めてヨーロッパの地を踏んだ日本人であった。不幸にしてベルナルドは日本を出てから6年目にコインブラの地で病死してしまい，故国に戻ることができなかった。

日本人の西洋への渡航はこのように16世紀中葉に始まっている。ベルナルドの場合にもわかるように宗教色の濃い渡航であった。

海を越えた日本人たちの渡航の性格は，大別すると，つぎの3つである。
    1. 自からの意志によらないもの，たとえば漂流。
    2. 主命など命令によるもの，たとえば遣外使節。

3. 自からの意志によるもの，たとえば留学。

　もちろん，遣外使節の随員・従者の中には進んで渡航を希望した者もいるが，おおまかに分ければ以上のように三大別されよう。また個人の渡航のほかに集団のそれもある。前者は千差万別であるが，日本が長い期間鎖国していたことで，公式・非公式の渡航という区別も設けられる。海外渡航の自由化以前の渡航は，ほとんどすべて密航であった。

　このような区分けのほかに歴史的に海を越えた日本人たちの筆跡をたどることも興味深いものがある。以下，歴史的かつ目的別に渡航者たちを展望することにしたい。

Ⅰ．宗教上の使節たち

Ⅰ.1　天正遣欧少年使節

　天正10（1582）年1月28日，九州のキリシタン大名，大友宗麟，大村純忠，有馬晴信は13歳から15歳までの4人の少年，伊東マンショ，千々石ミゲル，原マルチノ，中浦ジュリアンをローマ教皇とポルトガル国王に対して日本のキリシタンの代表として敬意を表させるために派遣した。天正7（1579）年に日本の伝道状況の視察に来日していたヴァリニャーノの帰国に際して企画された使節派遣である。3年の歳月をかけてポルトガル経由でローマに到着し，教皇グレゴリオ十三世に公式謁見した。ローマ市から公民権をあたえられ，貴族の位を得るなど歓迎されたのち，少年使節は帰国したが，8年5ヶ月ぶりの日本は大村純忠，大友宗麟の死のほかに豊臣秀吉のバテレン追放令などが発せられて，使節たちはきびしい状況に置かれていた。その結果，伊東マンショは病死し，千々石ミゲルは棄教，原マルチノと中浦ジュリアンは殉教という運命に見舞われるのだった。キリスト教布教の発展を願っての使節だったが，使節たちが西洋で見聞し学んだことがほとんど活かせずに，死を迎えなければならなかったところにこの少年使節たちの悲劇がみられるのである。

Ⅰ.2　慶長遣欧使節

　慶長18（1613）年9月15日，支倉六右衛門常長は藩主伊達政宗の命を受けて，陸奥国牡鹿郡月の浦からメキシコ経由でローマに船出した。通訳兼案内者のスペイン（イスパニア）人のフランシスコ会宣教師ルイス・ソテロは伊達政宗と徳川家康のメキシコ貿易への希望をうまく利用して，ローマ教皇への使節派遣

を実現させたのである。フランシスコ会の日本進出の出遅れを挽回し発展させようという意図が，その背後に秘められていたことも見落せない。マドリッドでは国王フェリーペ三世に謁見して政宗からの書状と贈物を呈上したあと，常長は洗礼を受け，ドン・フィリッポ・フランシスコの洗礼名を与えられる。マドリッドからはのちに『伊達政宗遣使録』を著わすシピオネ・アマチが通訳として同行する。日本がキリシタン禁令下に置かれることになり，キリシタン関係の文献・資料が保存されにくくなったことで，アマチの著作は支倉一行の行動を知る貴重な文献である。サラゴサ経由でバルセロナに出た一行は，ここからジェノヴァ領サヴォナに向う予定であり，フリゲート艦3隻で出航した。従来，一行はそのままサヴォナに航行したものとみられていたが，1615年10月初頭にフランスのサン・トロペに暴風雨を避けて寄港し，3日程そこに滞在したことがのちにあきらかになった。カルパントア市アンギャンベルティーヌ図書館に羊皮紙6葉半に記された支倉常長一行に関する文書が所蔵されている。そこには支倉一行の構成，日本人の容姿，風習などの洞察力に富んだ観察がみられる。

ローマでは15名の日本人随行者を従えて入市式を行ったが，その日には，キリスト教国の王の使節でないため，公式の教皇との謁見もなかった。伊達政宗は「日本奥州の王」とみなされていたが，キリスト教徒ではなかった。使節である支倉は洗礼を受けていたが，それでは正式謁見は許されなかったのである。

結局，5日後に初めて謁見の日を迎え，ルイス・ソテロは伊達政宗が宣教師派遣を請願するために使節を派遣するに至った経緯などを述べた。アマチの記録では支倉が正使，ソテロが副使となっているが，伊達政宗の書簡ではそれが逆になっているというように大きな食い違いが認められる。支倉は謁見の席上，教皇の足に接吻をして信徒としての敬意を表している。2年に及ぶ苦難にみちた旅路を乗り切って使節として重責を果たしたこの謁見は，支倉にとってきわめて感動的なものだったにちがいない。

政宗の使節派遣が宗教上の要請によるものであれば，教皇との謁見で支倉の使命はその大半は果たされたはずである。だが，その真の意図が貿易通商にあったとしても教皇がその実質上の実権を握っている以上，教皇との謁見はぜひとも必要なことであったとも考えられている。その意味で支倉はほっとひと息ついたことだろう。主君の政宗がキリスト教でないために公式な謁見は許されなかったが，支倉の使節としての使命はそれで一応果たされたことに変わりはない。政宗のローマ教皇宛の書簡はスペイン王へのそれと大同小異の内容であり，宣教師，大司教の派遣，スペインとの交通などであった。政宗としては

ローマ教皇への使節派遣はいわば儀礼的な表敬訪問であり，その目的はスペインとの外交交渉にあったのである。

　支倉はローマ市の市民権をあたえられ，貴族に列せられたなど，国王の使節として歓迎され，70日あまりをローマで過ごして帰国の途についた。スペインでは，同政府が国王の返書を支倉に手渡さず，フィリピンで総督から日本のキリスト教布教の状況に照らして渡すという処置がとられるなど苦労した上，フィリピン経由で支倉一行が帰国したのは元和6（1620）年8月のことであった。8年ぶりの日本はキリシタン詮議のきびしい状況であり，支倉が洗礼を受けていたために伊達政宗は，2年後に支倉が死去したと幕府に報告して生命を助ける処置をとったと伝えられる。

　支倉の場合も，天正の少年使節同様に日本を離れている間に状況が一変して，キリスト教信者ゆえにきわめて苦しい立場に身を置かなくてはならなくなったのである。キリスト教を盛んにさせるための使命もむなしく消え去り，まして貿易・通商も夢と化してしまったのである。8年間の歳月は支倉たちには苦難の旅の日々でしかなかったのではあるまいか。

　キリシタン禁令が出されると，キリスト教信者の中には国外に追放されて単身地球を半周してローマに赴き，そこで司祭に叙階されたのち祖国日本に密入国して殉教を遂げたペドロ岐部のような悲運の人物が出る。トーマス・荒木のようにその教えを棄てて長崎奉行所のために働かなくてはならない者もいた。いずれも日本がキリスト教を受け入れたものの，それを突如として禁ずるという政策の変換を行ったことに由来する悲劇であった。いずれにせよ，日本人の西洋への海外渡航の初期はキリスト教の色彩の濃いものであったといえよう。

II. 漂流民

　キリシタン禁令のあとは長い鎖国の日々が続く。海外雄飛を企てた日本人たちの中には，帰国することが許されずに異郷の土となった人びとが少なくない。東南アジアにはシャム（タイ）のアユタヤのように日本人町がつくられ，異国の王に仕える者も少なくなかった。たとえば山田長政や天竺徳兵衛のように海外で名声をはせた日本人の存在を忘れるわけにはいかない。だが，海外渡航が禁止されると，もはや海を越える日本人はいなくなった。西洋からやって来る者もオランダ人以外はいなくなった。鎖国のとばりは重く深くたれこめるのだった。

しかしながら，日本は海国である。漁業に携わり生計をたてる人びとは少なくない。漁船で大洋に乗り出していくとき，漁師たちは風雨などに見舞われて船は難破し，漂流することも珍しくない。漂流中に外国船に救助されてそのまま外国に連れていかれることもしばしばである。ここに漂流民の海外渡航が始まるのだった。

　もっとも漁民ばかりが漂流民になったのではない。江戸時代には全国各地から江戸や大坂に物資が運ばれるようになるが，このような国内の物資輸送の手段として船舶が利用されるようになると，海難事故が次第に多くなり，なかには長期間の漂流の末に外国船に救助されるということも起きる。

　漂流民はときには外国船で日本に送還されることもある。たとえば貞享2 (1685) 年2月に，マカオ近くの小島に漂着した伊勢の商船に乗組んでいた船頭の太兵衛以下12人は，マカオ政庁の特別のはからいで船を仕立て長崎に送還された。ポルトガル船サン・パウロ号で戻って来た太兵衛たちは長崎奉行所で厳重な取調べを受けた。密出入国，密貿易，武器など禁制品持込み等の疑いで訊問されたが，万治3 (1660) 年にルソンに漂着した日本人が日本町サン・アントンで洗礼を受けてキリシタンになったということもあったためか，とくにキリシタンについての詮議はきびしさを加えた。ところで，明暦3 (1657) 年には日本船がアメリカ大陸に漂着したが，その詳細は不明である。寛文6 (1666) 年，天草出身のミゲル益田と豊後伊美出身のペドロ葛西は漂流中にオランダ船に救われ長崎に戻ったが，ペドロ葛西はインド，ペルシャを経てエルサレムに詣でたのち帰国して，同16 (1676) 年に江戸で殉教する。元禄8 (1695) 年には大坂の淡路屋又兵衛船が江戸への航行中に漂流し，翌年カムチャッカ半島に乗組員15名が漂着する。伝兵衛だけがモスクワに送られ，ピョートル大帝に謁見したのち日本語学校の教師となり，帰化して洗礼を受けガブリエルと名乗る。宝永7 (1710) 年にふたたびカムチャッカに8人の日本人が漂流し4人が原住民に殺されるが，残り4人のうち松前のアイヌ語通詞三右衛門（サニマ）は，ペテルブルグの日本語学校で伝兵衛の助手となる。享保14 (1729) 年にも薩摩の若潮丸が半年間の漂流のうちにカムチャッカに漂着し，17人の乗組員のうち宗蔵と権蔵のほかはロシアの下士官スチンコフに殺される。生存の2人はペテルブルグに送られてアンナ女帝に謁見したのち受洗し，日本語学校で授業に当たる。このほかに延享1 (1744) 年陸奥国の多賀丸 (18人乗り) が千島列島のオンネコタン島に漂着し，10人がカムチャッカ半島経由でペテルブルグに送られロシア語を学び，若干の者が日本語学校の教師になるなど，日本船のロシアへの漂

着はその後も続く。そのうちもっとも有名なのは天明2（1782）年12月伊勢の神昌丸で漂流した大黒屋光太夫と寛政5（1793）年12月に遭難した石巻の若宮丸の水主・津太夫の2人であろう。神昌丸の17人の乗組員のうちイルクーツクに送られるまで生存したのは6人で，光太夫はペテルブルグで女帝エカテリーナ二世に謁見し帰国の許しをえる。使節ラックスマンに従い根室に帰国したのは10年後の寛政4（1792）年9月のことであり，将軍家斉に引見を許されたのち，江戸番町の薬園でその生涯を送ることになる。

津太夫の場合もアリューシャン列島に若宮丸で漂着し，イルクーツクでは神昌丸船頭の漂流者新蔵の世話を受け，ペテルブルグではアレキサンドル一世に謁見する。大半の者が病死し，津太夫たち4人は対日使節レザーノフに従い，文化1（1804）年9月長崎に11年ぶりに帰国し，1年間長崎に留め置かれたのちに仙台藩に引き渡される。

享和3（1803）年11月に陸奥国の慶祥丸，文化7（1810）年に摂津国の歓喜丸，同9（1812）年に鹿児島藩の永寿丸，文久1（1861）年に尾張国の伊勢丸などがロシアに漂着している。海流の関係で北方に船が流されていったためのことと思われる。

文化10（1813）年イギリス船フォレスター号は北アメリカ西海岸沖で，漂流中の日本船を救助するが，乗組員35人中32人を18ヶ月の漂流で餓死させていた。生存者3名をカナダのロシア植民地に連れて行き，その地の長官に日本送還を依頼したという。この年11月尾張名古屋の督乗丸は遠州灘で難破しイギリス船に救助されるが，イギリス船は重吉たち3人の乗組員をペトロパウロスクに送り，日本に帰国させている。重吉は尾張藩水主になり小栗重吉と名乗る。

この頃からイギリス船やアメリカ船に救助される漂流民が出てくる。天保3（1832）年尾張の宝順丸はやはり遠州灘で遭難し，岩吉，久吉，音吉の3人は北アメリカに漂着しインデアンに使役されたのち，イギリス軍艦イーグル号でロンドンに連れて行かれ，さらにマカオに送還される。日本人漂流民の世話や通訳をして生涯故国に戻らず，マカオ，香港，上海で後半生を送った。

ところで，岩吉たちはアメリカ船モリソン号で送還され，浦賀と薩摩の山川に戻って来たが，異国船打払令〔文政8（1825）年発令〕のために同乗していた船が砲撃され，退去しなくてはならなくなった。このモリソン号事件に触発されて渡辺崋山は『慎機論』を書き，高野長英は『戊戌夢物語』を著わし，無謀の砲撃を中止させようとして，かえって幕府の忌諱にふれ，ついには蛮社の獄にまで発展した。

総　論

　越後国の角長の船も同じ年に遭難、ハワイのオアフ島に漂着。伝古、長太、伝助、次郎右衛門の4人は天保7（1836）年エトロフ島に4年ぶりに帰国する。天保9（1838）年越中国の長者丸は唐津浦沖で遭難。アメリカの捕鯨船ジェームス・ロッパー号に救助されてハワイに連れて行かれる。乗組員10人のうち半数が天保14（1843）年にエトロフ島に送還される。3年後、金沢藩主前田加賀守斉泰は、六兵衛たち4人から漂流の経緯を聞く。
　遭難者が外国船に救助されてハワイに連行される場合が少なくない。天保10（1839）年遠江国の昌栄丸の場合も、ホノルル経由でマカオに送られ、乗組員の千太郎と辰蔵は長崎に戻っている。そのような漂流者の中では漂流中にアメリカ捕鯨船ジョン・ハウランド号に救助された土佐の伝蔵の漁船の乗組員・万次郎がもっとも有名である。のちのジョン・万次郎である。同年10月にはスペイン船エンサヨー号に救助された摂津国の栄寿（永住）丸の遭難事件もある。12人の乗組員のうち9人がカリフォルニアに置き去りにされるが、そのうち善助と初太郎はマカオに向かい、やがて長崎に帰国する。善助は帰国後漂流口書を残しているが、初太郎ものちにその漂流記を『海外異聞』、一名『亜墨利加新語』全5冊として、嘉永年間に刊行している。その中では、船名は永住丸と記されている。同年10月には尾張の数右衛門船が紀州沖で遭難し、6ヶ月漂流して外国船に救われペルーに送られ、亀吉は仕立屋、伊助は大工になる。弘化1（1844）年12月阿波の幸宝丸は鳥島に漂着するが、アメリカの捕鯨船マンハッタン号によって日本に送還される。その途中、マンハッタン号は漂流している陸奥の千寿丸の乗組員11名も救助する。同2年にもアメリカ捕鯨船ジョン・ハウランド号は漂流中の日本人3名を救助してハワイに連れて行く。
　アメリカなどの捕鯨船による日本人漂流民の救助が次第に増加していく。弘化3（1846）年には、ドイツの捕鯨船オタハイテ号が尾張の船乗り9人を救い、津軽海峡で日本船に引き渡している。同4年にはアメリカとフランスの捕鯨船がそれぞれ日本人を救っている。
　嘉永3（1850）年1月紀伊国の天寿丸（乗組員13人）は伊豆沖で漂流し、アメリカの捕鯨船ヘンリー・ニーランド号に救助されている。また同年9月、摂津の永力丸は大王崎沖で遭難するが、17人の乗組員はアメリカ船オークランド号に救助され、サンフランシスコに連れて行かれる。香港にセント・メリー号で送還される途中、ハワイで亀蔵が病死する。亀五郎、次作、彦蔵はアメリカに戻る。彦蔵はのちのジョセフ・ヒコである。4（1851）年12月には三河の永久丸が志州沖で漂流。乗組員の4人はアメリカ捕鯨船アイザック・ハウランド

号に助けられるが，北極海の捕鯨のあとホノルルに連れて行かれる。岩吉と善吉はアメリカ船サウデメリケ号で釜山に送られ，対馬藩士に引き渡されて長崎に帰る。作蔵と勇次郎は捕鯨船で使役されたのちサンフランシスコと香港を経てフランスの捕鯨船で安政2（1855）年に下田沖に戻るが，フランスとの国交がないという理由で下田奉行は引き取りを拒否したので，アメリカ軍艦ポーハタン号に乗換えさせて下田奉行に身柄を渡す。

　このように漂流者たちを時代を追って眺めてみると，最初はロシア領への漂着が目立つが，次第に捕鯨船に代表される外国の艦船による救助が増えていることがわかる。日本近海に多数の捕鯨船が出没するようになり，これに漂流している日本の船が救助されるケースが多くなるのである。アメリカの捕鯨船が操業上どうしても日本の近海にまで姿を現わすようになって来たとき，薪炭・水・食糧の補給の必要に迫られて日本の開国を促すペリー提督の来航となった歴史的事実が思い起される。日本人漂流民のアメリカ（ハワイ）渡航はそのようなアメリカ捕鯨船の日本近海の操業という背景のもとに行われていたのである。もちろん捕鯨船以外の艦船も日本近海に出没するようになっていたのである。

　漂流者すべてが救助されたわけでないし，救われた者でも日本に帰ることなく船中や異郷の地で生涯を閉じる者も少なくなかった。嘉永6（1853）年9月越後の善助の船のように江差沖で漂流し，12人が死亡しわずかに勇之助ひとりが助かり，アメリカ船ハルエビー号でカリフォルニアに送られ，翌年6月に別の船レディー・ピアース号で下田に送還されるということもある。また，安政4（1857）年12月尾張の神力丸（5人乗り）は三州大山沖で遭難し，アメリカ捕鯨船チャーレス・フィリッピ号に救助され，乗組員の源弥など3人は別の捕鯨船ホボマック号で箱館に送られ，勘太郎と喜平は，アメリカの測量船フェニモア・クーパー号船長の秘書となっているジョセフ・ヒコの世話で，オランダ商船ゲテアン号で6年1月に長崎に戻っている。ジョセフ・ヒコのように漂流後アメリカで職をえて活躍する日本人も出ている。

　文久1（1861）年10月尾張の伊勢丸（12人乗り），イオ丸（11人乗り）など，日本船の漂流は日本の開国後も続き，ロシア，アメリカなどに連れて行かれて西洋文化に触れる日本人も増えていく。だが，日本に送還されたあと，その海外体験を活かして活躍する者は必ずしも多くない。ジョン・万次郎，ジョセフ・ヒコ，大黒屋光太夫，津太夫など，きわめて限られた人びとがいるにすぎない。かつては漁師，商人などは学問的知識を身につける機会も乏しく，異国に生活する機会を与えられてもその文物制度を学びとり，帰国後それを活かすだけの

能力に恵まれなかったのではないか。いや，キリシタン禁制下の日本では西洋文化はとりもなおさずキリスト教文化であることから，帰国後の活動をおさえられることもあったようである。大黒屋光太夫が江戸番所の薬園に余生を送らなくてはならなかったことも，そのような事情によるものであろう。

ロシアへの漂流者の中には，故国に帰ることなく，イルクーツクの日本語学校の教師として生涯を閉じなくてはならなかった者も少なくない。だが，一方ではロシア語学習の知識をいかして辞書を編集する者もいた。きわめて少数ではあれ，このように漂流という偶発的事故に基く海外体験から知的所産を残す者もいたことを看過してはならない。聖書の日本語訳に協力した宝順丸の音吉，久吉，岩吉たちは一方では通訳としても活躍したが，漂流者は外国語に通じるようになっても日本語そのものの素養がなく，本格的な翻訳者となると容易に見当らない。ジョン・万次郎，ジョセフ・ヒコぐらいである。

漂流者のほとんどは日本に帰ることを願ったが，なかには寛政8 (1796) 年にパタン島に漂着した尾張の権田孫左衛門船の水主五郎蔵のように島の女性と結婚したこともあり，帰国せず異国にみずからの意志で生きる決心をした者も少数ながらいる。漂流者の運命はまことにさまざまであるが，なんらかの記録にもとどめられることなく異郷の地で死んだ日本人漂流民も少なくないであろう。

漂流して帰国した者は役人に取り調べられたり，帰郷すると多くの人びとに質問されたりしてその体験談を語ることが多かったが，役人の使った口書などで無学文盲であった漁師たちの漂流譚が今日に伝えられている。永寿丸（永住丸）船頭善助が述べた漂流口書の「栄寿丸口書」などのほかに，桂川甫周の『北槎聞略』，大槻玄沢『環海異聞』のように漂流帰国者の談話を基にしたものがあるが，これは多くの別の参考文献をも利用しているので，いわゆる漂流譚とは少々異っている。

Ⅲ．遣外使節

慶応2 (1866) 年4月，徳川幕府は学術修業と貿易のための渡航許可をすることになり，開国後13年目で日本人の海外渡航の自由化を認めたのである。それ以前にも，ひそかに日本を抜け出して外国に赴く，いわゆる密航者もいた。たとえば，吉田松陰はペリー提督の再航のときに，まぎれて下田に碇泊中のアメリカ軍艦に弟子の金子重輔とともに小船を漕ぎ出してアメリカに連れて行ってくれるよう頼むが拒絶され，その結果謹慎の身となったが，これはあきらかに

総論

密航計画の失敗である。

　幕末となると，外国船の渡来が激しくなり，日本の国際的環境が大きく変化してくるや，攘夷論とは別に開国論も高まり，外国を知ろうとする気運も拡がり，個人的な密航とは違い西洋への渡航を幕府あるいは藩として考え，実行に移す動きがみられるようになった。

　安政7（1860）年1月13日，徳川幕府が日米修好通商条約のために遣米使節新見豊前守正興をアメリカに派遣した。幕末の7，8年間に幕府が派遣した外交使節は大小6回にわたるが，遣米使節がその最初である。

Ⅲ.1　遣米使節（万延1年）

　安政5（1858）年6月19日，横浜の小柴沖に碇泊中のアメリカ軍艦ポーハタン号上で調印された日米修好通商条約書の批准交換のために，日本（幕府）が特使をワシントンに派遣することが条約書に取りきめられていた。これに基き，幕府は外国奉行兼神奈川奉行新見豊前守正興を正使とする遣米使節の派遣を決めたのである。副使には村垣淡路守範正が選ばれ，目付小栗豊後守忠順を含め総数77名がポーハタン号に乗りこみ，安政7（1860）年1月22日品川沖を出航する。ポーハタン号は出航間もなく暴風雨に見舞われ，日本人船客の中には多数の船酔いを出すなど，初めて太平洋を渡る日本人にとっては感動的な航行の日々ののちハワイにたどりつく。ハワイ国王に謁見するなどして憩いの日を過したあとハワイからサンフランシスコに向い，3月9日アメリカ大陸に到達する。サンフランシスコからパナマ地峡を経てワシントンに赴き，万延と年号が改まって間もない3月28日，アメリカ大統領ブカナンに謁見し，使節はその使命を果たし，帰途につく。アメリカ船ナイヤガラ号で喜望峰，香港経由で使節が神奈川に帰国したのは万延1（1860）年9月27日のことである。

Ⅲ.2　〔遣米使節随伴〕咸臨丸

　この遣米使節の乗艦ポーハタン号には雑具・食糧などを輸送するために随航船一隻が仕立てられていた。幕府はオランダから購入したヤッパン号を改名した咸臨丸をその随航船とし，勝麟太郎（海舟）を艦長に任命した。咸臨丸の使命はポーハタン号の随航であったか，同時に航海術の訓練という目的もあった。木村摂津守喜毅が提督として同乗し，乗組員総数96名であった。ポーハタン号より9日早く，1月13日品川沖を出航する。随航船と言いながら，ポーハタン号とは異り，咸臨丸はハワイには寄航せずサンフランシスコに直航する。途中

やはり大暴風雨に襲われるが，同乗のアメリカ海軍大尉ブルックの指揮とアメリカ人水夫の協力で危機を乗り切る。日本人だけで太平洋を横断しようということに危惧を抱いた木村提督の配慮で，ブルックたちを乗せたことが効を奏したのである。37日間を費して太平洋を乗り切り2月25日サンフランシスコに到着する。咸臨丸はサンフランシスコで船体の破損を修理したのち，途中ハワイに寄港して帰国の途につき，5月5日に神奈川に到着する。咸臨丸にはたとえば福沢諭吉が木村摂津守従者として乗りこんでいるというようにこのアメリカ体験は咸臨丸乗組員のある人びとにとって少なからぬ意味をもつことになるのであった。

Ⅲ.3 遣欧使節（文久1年）

文久1（1862）年12月22日，勘定奉行兼外国奉行の竹内下野守保徳を正使に，松平石見守康直を副使にして目付京極能登守高朗以下総員36名がイギリス艦オージン号で長崎を出航し，香港，セイロンを経てスエズ地峡を横切ってマルタに寄港し，マルセーユに赴き，フランス，イギリス，オランダ，プロシア，ポルトガル，ロシアを歴訪した。この訪欧使節は江戸，大坂，兵庫，新潟の開市開港の延期の交渉のためのものであったが，一行には福地源一郎，福沢諭吉，立広作，松木弘安，箕作秋坪などが随行している。5月9日にはロンドンで外相ラッセルと約定を締結したが，これはロンドン覚書と呼ばれるもので，ほかの諸国との談判の基準となる約定である。同2（1863）年12月10日に使節は帰国した。

Ⅲ.4 遣仏使節（文久3年）

文久3（1864）年12月29日，外国奉行の池田筑後守長発が正使となり，副使の河津伊豆守祐邦，目付の河田相模守熙，組頭の田辺太一以下総員34人が仏艦ル・モンジュ号に乗って横浜からマルセーユに向った。益田孝，矢野二郎，塩田三郎，尺振八，三宅秀など20歳末満の青年たちも随行しているが，使節の目的は横浜の鎖港と井上ヶ谷で斬殺されたフランス陸軍士官カミュへの謝罪賠償に関する交渉であった。元治1（1864）年3月13日パリに到着した使節は，7回にわたる談判で約定を調印した。パリの約定であるが，使節は任務を果さなかったことが罪に問われ，7月18日横浜に帰国すると，池田は禄高を減らされ，河津・河田は閉門に処せられた。約定も廃棄させられたので，これをパリの廃約という。

総　論

文久3(1864)年　遣仏使節・池田筑後守長発

Ⅲ.5　遣仏使節（慶応1年）

　慶応1 (1865) 年閏5月5日，柴田日向守剛中はフランスとイギリスの工業を

視察し，幕府の陸海軍指導のための教官派遣の依頼を表むきの使命とし，その実は横須賀製鉄所設立にかかわる交渉のため渡仏した。柴田は製鉄所の技師の招聘，機械などの購入のほか，通貨改鋳のための機械の購入にも当たり，きらに同年パリ万国博覧会への参加に応ずる返事をフランス政府に行う。一行には水品楽太郎，富田達三，小花作之助，福地源一郎，塩田三郎などが加わっている。任務ののち，一行は慶応2（1866）年1月19日にフランス技師レイノー，デュモン，バスチャンと工作機械とともに帰国する。

III.6 遣露使節

　文久2（1862）年に竹内下野守によって調印された日露両国政府間の合意書に基いて翌年に行われる予定の樺太（サハリン）の国境画定交渉は，幕府の都合で破棄されてしまっていたが，慶応2（1866）年2月樺太駐在の幕府役人10名がロシア人に捕えられるという事件が起きると，にわかに国境画定問題が再燃した。幕府はその結果，小出大和守秀実箱館奉行兼外国奉行を正使に，石川駿河守利政を目付とする遣露使節を送ることに決めた。

　慶応2（1866）年10月13日横浜からフランス船で出航，マルセーユ経由で12月12日ペテルブルグに到着する。アレクサンドル二世に謁見ののち国境画定談判に入る。争点の国境については北緯48度まで譲歩するという意向で交渉に臨んだが，ロシア側は全島領有を主張して譲らず，ウルップ（得撫）島とその近隣諸島を日本にあたえ，南樺太の既存の日本の漁業施設の安全保証を条件に強硬に日本側に迫るのであった。結局両者平行線をたどり3月31日までの交渉で，2通の臨時協定に調印することができた。樺太は日露両国共用として，紛争のときは現地当局の交渉で友好的に解決すること。両国民は自由な往来と産業活動を保証されることなど，5項目にわたる規定がとりきめられた。同3（1867）年5月7日に帰国。使節としては樺太の共用を認めたことで一応の成功をえたものと考えたが，帰国後，幕府首脳は，この協定を不満として，現地での再交渉を求めるロシア側の提案を拒否した。結局，抜本的な解決をみぬまま，樺太の国境問題は幕府瓦解後，新政府にひきつがれることになった。

III.7 遣米使節（慶応3年）

　慶応3（1867）年1月23日，幕府の勘定吟味役小野友五郎を正使とする第2回遣米使節が横浜からアメリカの飛脚船コロラド号で旅立った。副使松本寿太夫のほか随員には軍艦並の小笠原健蔵，岩田平作，福沢諭吉，尺振八，津田仙な

どの顔がみられた。幕府はかねてハリスに軍艦2隻を注文し、さらにアメリカ公使プラインとの間で契約をするにあたり、一隻加えて合計3隻を発注し、80万ドルの代金をプラインに渡した。だが、南北戦争のために艦船建造がスムーズにゆかず、慶応2年12月にようやく一隻・富士山艦だけが送られてきた。あと2隻に関しては連絡がなく、軍艦奉行藤沢志摩守は代理公使ポルトメンに問い合わせたが、埒があかず、プラインに対して疑惑が生じた。アメリカ政府は南部からフランスに発注していた軍艦が内乱平定後に送られてきたので、これを押収し、幕府に譲り渡そうということになった。小野友五郎一行はその軍艦受取りの任務を帯びた使節であった。

22日間の航海ののちサンフランシスコに到着し、パナマ地峡を越え、3月19日にニューヨークに至り、そのあとワシントンに旅装を解いた。一行は各地の軍艦を見て歩き、甲鉄艦ストーンウォール号を購入し、小銃数千挺とともに回航することにした。予定よりも残金があったので、アメリカ人艦長を雇入れて一行が南アメリカまわりで横浜に帰航したのは慶応4（1868）年4月のことで、すでに幕府瓦解のあとであった。戊辰戦争ではアメリカは中立の立場をとったので、星条旗のもとにストーンウォール号を抑留して、幕府にも薩長にもこれを渡さなかった。

この使節の随員として渡米した福沢諭吉が多量の書籍を購入したことを含めて、尺振八、津田仙などの海外体験にはみるべきものがあったことを見落してはなるまい。

Ⅲ.8 遣仏使節（慶応3年）

慶応3（1867）年1月11日、徳川慶喜の弟・昭武はパリ万国博覧会出席のためにフランス郵船アルヘイ号に乗り横浜を出航する。14歳の少年使節である。向山隼人正、山高石見守信離、田辺太一、杉浦愛蔵、箕作貞一郎、渋沢篤大夫、高松凌雲などが随行したほか、アレキサンドル・シーボルトが通訳として乗船した。パリ到着後、ナポレオン三世と昭武は会見したが、その席上カションと保科俊太郎がそれぞれの言葉を通訳した。博覧会には瑞穂屋卯三郎が柳橋の芸者3人を伴い、観客の接待に当たらせて好評をえた。そのあと、昭武は条約締結国を歴訪して親善を図る使命を果してパリに戻り、留学中に幕府瓦解の報に接し、マルセーユから帰国の途につき、明治1（1868）年11月3日に横浜に帰着する。

総論

慶応3(1867)年　パリ万国博覧会参列のためにフランス滞在中の少年使節・徳川昭武と水戸侍たち

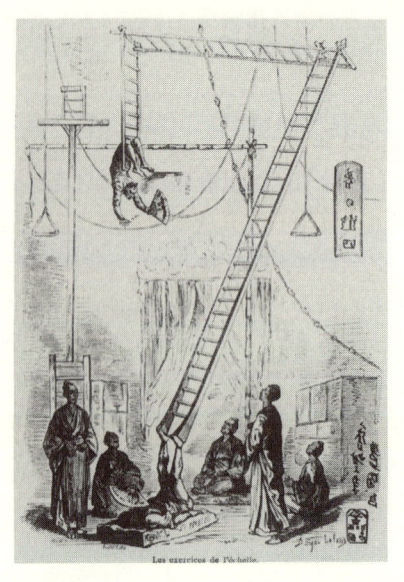

パリ万国博覧会の折にフランスで興行した日本人の旅芸人

パリ万国博覧会の折、日本茶屋で見物客を接待する柳橋の芸妓たち

Ⅲ.9　岩倉使節団

　維新後、政府は近代国家としての諸制度を整え、外交に力を尽くすには欧米諸国に使節を送り親睦を図ることが必要であると考え、右大臣岩倉具視を特命全権大使とした使節団を派遣することにした。明治4 (1871) 年11月12日、太平洋汽船会社のアメリカ号で岩倉全権以下副使の参議木戸孝允、大蔵卿の大久保利通、工部大輔伊藤博文、外務少輔山口尚芳など48名がアメリカに旅立つ。開拓使が派遣した日本最初の女子留学生5名、津田梅子、永井繁子、山川捨松、上田貞子、吉益亮子、さらに中江篤介（兆民）ほかの留学生たち59名総勢107名が同船していた。岩倉使節団は新政府が幕末に結んだ条約締結国との友好のために国書を捧呈し、条約改正の予備交渉を行い、先進諸国の文物制度を調査・研究することが大きな目的であった。アメリカではグラント大統領に会い、条約改正交渉に入るが、全権委任状を携行していないために大久保と伊藤が日本に取りに戻るというようなハプニングに遭遇する。明治5 (1872) 年7月イギリス、11月フランス、6 (1873) 年2月ベルギー、3月ドイツ、ロシア、4月デンマーク、スウェーデン、5月再びドイツ、イタリア、6月オーストリア、スイス、7月再度フランスと回覧して、明治6 (1873) 年9月13日横浜に帰国する。使節

総論

団の足どりは権少外史の久米邦武の編修による『特命全権大使米欧回覧実記』に詳しい、これは杉浦弘蔵（のち畠山義成）とともに岩倉全権大使に随行してメモをとったものを整理した記録である。

明治4（1871）年　岩倉使節団同行のアメリカ留学女性5名

右より
山川捨松（12歳）
津田梅子（8歳）
吉益亮子（15歳）
上田貞子（15歳）
永井繁子（9歳）
ワシントンで撮影

Ⅳ．留学生

Ⅳ．1　幕府オランダ留学生

　文久2（1862）年3月，幕府はヨーロッパの先進文明，科学，技術を学ばせる目的でオランダに留学生を派遣することに決めた。当初アメリカに日米修好通商条約に基いて軍艦の建造を依頼したが，国内事情によって断わられたことから，オランダにこれを頼むことになった。幕府は近代的海軍をつくるには海軍士官の養成が必要であり，オランダに軍艦を発注し，長崎に海軍訓練所を設けてオランダ士官からの海軍伝習を行ったのである。さらに毎軍諸術の研修，国際法，経済学，統計学などの人文・社会科学の研修，医学の研修，技術の伝習などの目的で15名の留学生をオランダに派遣することになった。内田恒次郎，

総　論

　榎本釜次郎（武揚），沢太郎左衛門，赤松大三郎が軍艦操練所から選抜され，津田真一郎，西周助が蕃書調所から抜擢されてオランダ留学を命ぜられた。さらに長崎養成所から伊東玄伯と林研海が医学研究のために加えられる。このような士分，医師だけでは実地の技術研修はむずかしいという判断で職方と呼ばれる職人たち，古川庄八，山下岩吉，中島兼吉，大野弥三郎，上田虎吉，大河喜太郎，久保田伊三郎も留学することになるが，久保田のみは長崎で病死してオランダに行くことがなかった。

　文久2（1862）年6月18日，留学生は品川沖から咸臨丸で長崎に赴き，そこで便船のオランダ船カリップス号を待ち，ジャワ経由でオランダに旅立った。9月11日のことである。バタビヤでテルナーテ号に乗り換え，セント・ヘレナ島に寄港したりしてイギリス海峡を通り，4月16日オランダのブローウエルスハーフェンに到着する。出立に当たり，留学生たちは日本の秘密漏洩，キリスト教徒にならぬことなどとともに日本の風習を改めないことを誓わせられていたので，黒紋付や羅紗の羽織，立付袴といういでたちで町を歩いたところ，オランダ人の群集に好奇の眼で眺められた。オランダではホフマン，ポンペの2人が面倒を見てくれ，1ケ月後に留学生たちもそれぞれの専攻分野の研修を始めることになる。海軍医学校に伊東と林が通い，上田，古川，山下はヒップス造船所に入るというように勉学にいそしむ。だが，慶応1（1865）年8月には大河喜太郎がアルコール性肝炎で死去するという不幸にも襲われる。

　留学生たちの中で，慶応1（1865）年10月に西と津田が最初に帰国するが，さらにオランダで建造された開陽丸の日本回航に伴い，伊東，林，赤松の3人を残して，9人はこれに同乗して帰国する。残留者も幕府瓦解のために徳川昭武の帰国に随って日本に戻って来る。

　幕府の瓦解の前後に帰国という事情から，オランダ留学生たちは幕府の命令で体験し，学びとってきた西洋の文化，学問，技術を幕府のために活かすことがなく，新政府のもとで日本近代化に寄与することになるのであった。もちろん，西洋の文化に触れ，またその学問を修めたこともさりながら，実際に西洋の地を訪れて見聞するにつれてイギリスの侵略主義の脅威を感じとり，日本が開国し富国強兵を図らなくては国家の危機を招くことになるというような危惧にとらえられた西周のような人物がいたことを看過してはなるまい。のちに横須賀造船所の所長となる赤松大三郎改め則良の場合，みずから設計し日本人だけの手で軍艦（清輝，天城，海門，天龍の4艦）を建造したが，これはまさしくオランダ留学の成果の結晶であり，日本海軍史上に大きな貢献を果たしたのである。

Ⅳ.2 幕府ロシア留学生

　ロシア留学生派遣の最初の発案は，箱館奉行の通訳志賀浦太郎によるものと言われる。志賀は幕府オランダ留学生に刺戟されて，駐日ロシア領事のゴスケヴィッチと箱館在住のロシア人宣教師I.K.ニコライを通じて幕府に留学生派遣を要請した。ニコライは文久1年に来日し，布教が禁じられていたために日本語を学び宣教活動の準備をしていた。

　ゴスケヴィッチは安政1(1854)年プチャーチンが通商要求のために来日した折に中国語の通訳として同行し，地震のために船体が破損した乗船ディアーナ号の修理で戸田に滞在中に知り合い，のちにロシアに連れ帰つた橘耕斎とともに『和魯通信比考』と題する日露辞典を1858年に刊行した日本通であり，安政5(1858)年日露通商条約締結ののち最初の駐日領事となった。この2人のロシア人は，外交交渉で江戸に来たとき開成所を訪れ，ロシア語教育が蘭英仏のそれにくらべてすこぶる貧弱であり遅れているのを知り，幕府に留学生の派遣を提案した。元治2(1865)年2月末，ゴスケヴィッチも外国奉行田村肥後守にロシア語通訳の不十分さを指摘してロシア留学生の派遣を進言した。その結果，同4月初旬，幕府はロシア留学生を決定した。留学生派遣を拒否することで日露関係が悪化するのを懸念したのと，ゴスケヴィッチが帰国するときに留学生を同行させるという時間的な問題もあり，きわめて急速な決定であった。身分の高い幕臣の子弟で開成所の生徒のうちから留学生が選考されているのは，そのような事情によるものである。留学生6名はつぎの通りである。

　　大築彦五郎（尚正　16歳）[独逸学]　小沢清次郎（13歳)[蘭学]　市川文吉（兼秀　19歳)[仏学]　緒方城次郎（惟孝　22歳)[英学]　田中次郎（15歳)[箱館奉行所支配同心]　山内作左衛門（30歳)[箱館奉行支配調役並]

　たとえば市川文吉は開成所頭取の市川斎宮の長男であり，緒方城次郎は医学所頭取の緒方洪庵の三男であるというように，情実人事の色彩がきわめて濃厚であった。

　ロシアの政治と海軍の研究のために大学に入学させることをロシア政府に幕府から申し入れていたとはいえ，幕府もロシア側もその準備に万全を尽せず，ゴスケヴィッチひとりに委せる結果となるが，慶応1(1865)年7月末，箱館からロシア船に乗り幕府ロシア留学生一行は旅立った。喜望峰経由でペテルブルグに到着したのは翌2年2月のことであった。

　ロシア語伝習を目的に留学する山内作左衛門のほかは，ほとんどロシア語は

話せなかったが，到着直後，山内がロシア語で綴った感慨が伝えられている。
「ロシアは我々の隣国にして，また親善国なり。その影響を受けざるべけんや。然るに日本は世界の開闢以来既に一万有余年を経たるにも拘らず，その生徒を此処に派遣せるは今始めてなり。泰山の如き恩恵に対し，木葉の如き軽さ身を以て何を為し得んや，只己が無能を恥じて之を紙面に記すのみ」(原平三「我が国最初の露国留学生に就て」より)

このような感動も留学生6人が同居し，そこにゴスケヴィッチがロシア語を教えに来るという生活では次第に薄れていき，会話の上達を図るためにも専門分野の研究を行うにも同居から分宿へ，個人教授から然るべき学校に入学することを希望してゴスケヴィッチに申し入れたが，拒絶されてしまい，留学生の不満が嵩じていく。留学生ひとりにつき1ヶ年留学費600ルーブル，雑費1500ドルが幕府からゴスケヴィッチに送られていた。ゴスケヴィッチは留学生の専攻すべき分野も一任されていたが，留学生の世話に熱心さがみられなくなっていった一方，留学生はみずからの専攻分野を決めた。緒方（化学），市川・田中（鉱山学），小沢（器械学），大築（医学），山内（歴史，地理，物理，法制）。もっとも田中は当初海軍学を志望したがのちに鉱山学に転じ，大築は慶応2 (1866) 年暮になって医学を選んでいるというように，その専攻分野の選択は出発当初には決められていなかったものとみられる。

だが，そのような専攻分野の研修はゴスケヴィッチのために思うにまかせず，次第に絶望の念が深まり留学生の間ではロシア人は利ざとくて義理を知らないとか，腹黒いとかいうような批判とともに反露感情が強まっていった。年末，山内は病気を口実に帰国する。残り5人はきちんとした学校で学ぶことなく，独学による留学生活を続けるが，それも幕府瓦解ののちの新政府の帰国命令によるペテルブルグ出発で終わることになる。市川文吉のみプチャーチンの世話で残り，明治6 (1873) 年9月に帰国することになる。幕府はヨーロッパないしロシアの文化輸入を漠然と留学生に托していた程度で，派遣にあたって特定の目的を課していなかった。また留学生個人もその専攻分野をもたず，それに十分自信をもつ者もいなかったことで，大きな成果をあげることは最初から期待できなかった。あまつさえ，幕府ロシア留学生は必ずしもすべてが有能でなかったようで，イギリス留学中の森有礼と村松淳蔵がロシア旅行したときにペテルブルグでロシア留学生と会ったが，山内を除いてはみな「乳児」であるという感想を述べているほどである。

幕府ロシア留学生からは帰国後，山内が薬舗・資生堂を開業し，大築と田中

の2人が開成所教授試補になり，緒方が大蔵省に出仕し新潟県判事，ついで東京帝国大学病院薬局取締になり，市川が東京外国語学校でロシア語を教えるというような道を歩む者も出た。ロシア体験を活かすという点では市川が，文部省出仕のあと東京外国語学校魯語科の教師となり，7 (1874) 年2月には外務二等書記官として特命全権公使榎本武揚に随行してロシアに赴任したり，千島・樺太（サハリン）交換条約締結の交渉に当たったりしたことや，緒方が開拓使から和露辞典『魯語箋』2巻（明治6年）を刊行したことなどがあげられるが，全体的には顕著な活動は認められない。ロシアの文化的後進性に加え，留学生受け入れが不十分であったことがそのような結果を招来したものと考えられるが，幕府の留学生派遣の計画性の乏しさとともに，ロシアへの態度の自主性の欠落が折角の留学生派遣を不毛なものにしていたのである。

Ⅳ.3 幕府イギリス留学生

幕府は慶応2 (1866) 年10月に西洋の学問，文物制度を研修して富国強兵を図る目的から，イギリスにも留学生を派遣することになった。この留学生の選考もロシア留学生の境合と同様に，かなり情実人事であった。選考の末に市川盛三郎，岡保義，億川一郎，杉徳次郎，外山捨八，成瀬錠五郎，林薫三郎，福沢英之助，箕作奎吾，箕作大六，安井真八郎，湯浅源二の12名が留学生に選ばれる。12歳から23歳までの少年と青年である。のちに中村敬輔（正直）と川路太郎（寛堂）の2人が取締役に任命される。また留学生の引率と修学の世話人にはイギリス海軍付牧師L.W.ロイドが当たることになり，イギリス政府も留学生受入れを歓迎する意向を表わす。

同年10月，留学生一行は横浜を出航してイギリスに向い，12月にはロンドンに到着する。ロイドの世話で英語の学習を個人教授で行ったのち，中村と川路以外はロンドン大学ユニヴァーシティ・カレッジに入学する。中村は文学を学ぶが，帰国後，J.S.ミル『自由之理』とS.スマイルス『西国立志編』の翻訳をして国民自主の権利を紹介することになる。

慶応4 (1868) 年の幕府瓦解で学資の送金がなくなったので，パリ経由で6月末には帰国する。維新後，杉，外山，湯浅，中村は静岡学問所で教え，外山は外務省に出仕しアメリカに留学したのちに『新体詩抄』の共訳者となる。菊池大麓はイギリスに再留学する。

このように情実人事の留学生が多かったので，イギリス体験を糧に飛躍する者はきわめて少なかった。

Ⅳ.4　長州藩イギリス留学生

　攘夷の声が高まる中で，幕府ばかりではなく各藩でも外圧に対抗するだけの海軍力を強化し，同時に海外の事情を調べようとする動きがみられるようになる。そのなかでも，とりわけ長州藩は積極的にこうした問題に対処した。長州藩は万延1（1861）年12月に開国の必要を幕府に訴え，航海の術を開き，諸外国の事情を知ることがいかに急務であるかを述べているのである。高杉晋作は吉田松陰の志を受けつぎ，西洋への渡航を企てたが，実現するには至らなかった。

　西洋事情の探査はかねて洋行の希望をもっていた井上聞多（馨）によって実行に移されることになる。文久3（1863）年1月，佐久間象山の開国論を伝え聞き，海軍の強化なしには攘夷は行えないという考え方が象山の海軍興隆論に大きく共鳴し，井上は藩主や周布政之助などに働きかけ，万一の場合は脱藩しても決行すると表明して洋行の実現に尽力する。山尾庸三，野村弥吉（井上勝）も井上に同行することを伝え，さらに伊藤俊輔（博文）を説得し，遠藤謹助も加わり，井上を含めて5人がイギリスに旅立つことになる。公金を無断借用して旅費と滞在費をつくり，ジャーディン・マゼソン商会のガワー支配人の協力をえて，文久3（1863）年5月12日横浜を出航する。

　渡航に先だち4月18日，藩から井上，野村，山尾の3人は幕府をはばかり表面的には非公認ながらも渡航の許可を与えられている。伊藤と遠藤の場合も黙認されている。途中，上海に寄港したとき，軍艦，蒸気船，帆船が港内に碇泊しているのを見ただけで井上は攘夷の愚しさを知り，開国こそ日本の将来を盛んにする策であると痛感する。「ナビゲーション」の英語の意味をとりちがえたことで，井上たちは航海術の訓練のために水夫同様に扱われて，苦労にみちた航海を続けることになる。9月23日ロンドンに着く。英語の勉強から始め，やがて井上と伊藤は軍事・政治・法律，野村，山尾，遠藤は理科・自然科学の勉学に励むことになる。元治1（1864）年3月頃新聞記事で薩英戦争のニュースを読み，薩摩藩の攘夷決行に日本の将来が不安になり，井上と伊藤は急遽帰国する。残りの3人はロンドン大学ユニヴァーシティ・カレッジに学ぶ。学費がなくなれば自活する予定でいたが，慶応初年には藩からの送金がある。開国後の対外交渉に備えて，海外住居者を育成しようという意図からの送金であったとみられる。一藩のためではなく，国家のための留学という意識が当時の留学生のなかに芽生えていたようである。留学でえた知識技術を，藩内でのみならず国家の利益の上で役立てるという考えになっていったのである。これはさらに海軍力の強化で国家を豊かにするということから富国強兵へと変わっていき，

その結果として開国論に到達するのである。井上たちはイギリス留学により西洋の富国強兵の実際を眼のあたりにしたとき，藩単位で争っている日本の現実に寒気さえ覚えるほどの恐怖感に襲われ，日本全体の富国強兵こそ，焦眉の急務であるという認識を与えられたものと考えられる。

遠藤謹助は貨幣鋳造の技術を大阪造幣局の設立に役だたせたが，野村弥吉改め井上勝も鉄道建設に当たり，山尾庸三も横須賀製鉄（造船）所の事業や工学寮の工学教育に携わり，それぞれイギリス留学の成果を結晶させている。

Ⅳ.5 薩摩藩イギリス留学生

薩摩藩主島津斉彬は西洋の先進文明国に留学生を派遣することを構想し，幕府に秘密が洩れぬよう，安政6（1859）年春には留学生を琉球経由でイギリス，アメリカ，フランスにそれぞれ渡航させようという具体的なプランを練っていた。だが斉彬の急死でこの計画は挫折する。

7年後，五代才助は外国貿易と富国強兵のために海外留学生派遣を考え，トマス・グラヴァーの協力をえて具体案を藩に提出する。その結果，薩摩藩開成所の生徒から12名の留学生の選抜が行われ，これに藩の上層階級の子弟5名の合計17名が，五代才助と藩唯一の渡欧経験者松木弘安とともにイギリスに渡ることになる。留学生は幕府の眼をくらませるために全員変名を与えられる。

新納刑部（石垣鋭之助）　町田民部（上野良太郎）　畠山丈之助（杉浦弘蔵）　村橋直衛（橋直輔）　名越平馬（三笠政之介）　市来勘十郎（松村淳蔵）　中村宗見（吉野清左衛門）　田中静州（朝倉省吾）　東郷愛之進（岩尾虎之助）　鮫島誠蔵（野田仲平）　吉田巳二（永井五百助）　森金之丞（沢井鉄馬）　町田猛彦（山本幾馬）　町田申四郎（塩田権之丞）　町田清蔵（清水兼次郎）　磯永彦輔（長沢鼎）　高見弥一（松元誠一）「（　）内は変名」

元治2（1865）年3月に羽島浦で便船の待機中に町田猛彦が変死するが，同月22日，便船オースタライエン号は香港に向い出航する。シンガポール，ボンベイ，アデン，スエズ，アレクサンドリア，ジブラルタルを経てイギリスのサザンプトンには5月28日に到着する。その間に留学生は洋服を着用する。蒸気車の速さに驚き，電信機の便利さを知るなどして2ヶ月余りの旅路で次第に西洋文明の利器に触れていったが，ロンドンではなによりも語学力の不足を補うため，本格的な英語の勉強から始める。長州藩留学生の山尾庸三，野村弥吉，遠藤謹助が宿舎を訪れ，異国で薩長両藩士の交歓を深める。松木弘安は藩から託され

た覚書を外務省のレイヤード次官に渡し，幕府の貿易独占の排除など外交工作に着手する。五代才助はベルギーに渡りモンブラン伯に会い貿易商社設立の協議を始めるなど，留学生の勉学とはべつな使命が果たされるのであった。

留学生たちはロンドン大学ユニヴァーシティ・カレンジに入学したが，この大学が異教徒の入学を認め，技術，法律，医学など実践的な学問を教える開放的な大学であったからであるとみられる。

慶応2 (1866) 年8月，町田清蔵が帰国するが，藩からの送金がとだえがちであったこともあり，これと前後して町田申四郎，名越平馬，東郷愛之進，高見弥一も帰国する。夏休みには町田民部のほか，畠山，市来，森，鮫島，吉田の6名だけが残っているにすぎない。やがて森と市来はロシアに，鮫島と吉田はアメリカに，畠山はフランスに旅行する。アメリカ旅行から戻った鮫島たちはトマス・レイク・ハリスの共同体のことをロシアから帰った森と市来に話す。留学生たちのイギリス以外の欧米諸国への旅行は，ヨーロッパ諸国が排他的で私利私欲，あるいは国家の利益を追い求める弱肉強食の国であるという西洋観を形成するのに大いに役立ったようである。市来と森がロシアの後進性を知り，鮫島と吉田がハリスの共同体・新生社を仲間に知らせたのもその旅行の賜物である。とくにハリスは森，市来のみならず畠山，磯永もひきつけ，ついに鮫島，吉田も伴い，アメリカに旅立ち，留学の地をアメリカに移すことになった。

アメリカは生活費もイギリスより安く，まだ学問的レベルも高くなく，西洋の学問を基礎から理解するために必要な一般普通学を修めるのに適しているということもアメリカに移る大きな理由になっていたとみられる。

帰国後の留学生たちの活躍には顕著なものがある。これは新政府に薩摩藩出身が大きなウエイトを占めていることと深いかかわりがあったからかもしれないが，博物館の創設，教育，鉱山，外交，理財，海軍などのさまざまな分野でその留学体験を花開かせている。いずれも薩摩藩という枠を越えたところで活躍の場をえているところに大きな特徴が認められる。磯永のように13歳の少年時代にイギリスに渡ったこともあり，すっかり西洋文化の中にひたり，アメリカで実業家となった人物も出ている。このように薩摩藩イギリス留学生の中には，少なからず藩意識を越えた国家あるいは世界の観念が留学の過程で形成されていった者がいたように考えられる。

Ⅳ.6 官費留学生

維新後, 新政府は洋行を奨励する政策を打ち出した。明治3（1870）年11月28日, 全国の主要な大藩15藩に各藩2名ずつ参政または執政クラスの要職者をえらび海外視察を命ずる太政官通達を出した。中央政府のみならず地方行政の指導者の洋行による海外事情の視察であり, 欧米の政治, 社会, 文化について調査・見学をすることがその任務である。太政官通達を受けて金沢, 鹿児島など15藩の知事や参事が海外視察に旅立っていった。石附実『近代日本の海外留学史』によれば, つぎの人びとがその顔ぶれである。

岡田雄次郎（金沢藩士） 吉井立吉（金沢藩士） 香川忠武（岡山藩権大参事） 津田弘道（岡山藩大属） 池田徳潤（鳥取藩権大参事） 原六郎（鳥取藩士） 山本正巳（徳島藩権少参事） 星合常恕（徳島藩士） 藤井清典（山口藩大属） 丹羽維孝（名古屋藩権大属） 相原安次郎（静岡藩士） 江原素六（静岡藩士） 柳谷謙之（静岡藩士） 馬渡作次郎（佐賀藩士） 山口一郎（佐賀藩士） 加賀権作（佐賀藩士） 片岡益光（健吉）（高知藩権大参事） 伴正順（高知藩権少参事） 堀田璋之助（佐倉藩知事）伊藤益之助（佐倉藩士） 林純佐（佐倉藩士） 岩尾俊貞（熊本藩士） 大東義徹（彦根藩士）など。

これらの人びとがもっとも関心を寄せて視察したのは軍事関係であったが, 新政府がもっぱら富国強兵を目ざして近代化を急いでいたことと深くかかわることであった。

新政府は欧米諸国の軍事・兵制を調べ, これを研修する視察や留学に大きく意を注ぎ, 明治2（1869）年3月, 山県狂介（有朋）, 西郷真吾（従道）をヨーロッパに派遣したのを皮切りに, 軍事や兵制の視察あるいは研修のために人材の派遣を行っている。同年8月に大山弥助（巌）, 品川弥二郎たちが普仏戦争の視察に派遣されたのもそのような事情によるものである。

3年10月, 兵部省は陸軍の兵制のモデルをフランスにとったことで陸軍兵学寮生徒10名をフランスに派遣することにし, 同寮教官のフランス騎兵大尉シャルル・ビュランの帰国に同行させている。

4年2月, 兵部省は海軍の兵制のモデルをイギリスに求めたことで, 海軍兵学寮の生徒をアメリカとイギリスに派遣することにし, アメリカに4人, イギリスに12人の生徒を留学させた。東郷平八郎がイギリスのポーツマスの私立の海軍学校に留学したのはこのときのことである。

富国強兵の政策の推進のためには工業の振興が急務の課題であり, 3年10月

総 論

　工部省が設けられ，翌年8月伊藤博文，山尾庸三たちの尽力で工学寮を開校し，イギリス人教師を迎えて洋式教育を行った。このために当初一定期間修学ののち生徒を留学させる予定であったが，海外に留学生を送るよりは国内での人材育成に当たる方針がとられ，工学寮が工部学校を経て10年に工部大学校と改称されたあと，その卒業生の辰野金吾，高峰譲吉たちが留学することになる。

　学術・教育の分野では，3（1870）年7月に南校から目賀田種太郎など4名がアメリカに，10月，菊池大麓がイギリスに，神田乃武，矢田部良吉などがアメリカに派遣される。当初は教官だけであったか次第に学生にも留学の道がひらけていく。東校ではドイツ医学の導入が決まると，3年10月に11名の学生をドイツ留学させている。

　このように官費による留学生がどのようにして選考されていったか，きわめて大きな問題である。政府の派遣留学生になるには官吏か官立学校の生徒でなくてはならず，中江兆民がフランス留学を思いたったとき，思案の末，政府の実力者大久保利通大蔵卿に直接掛け合うことにし，まず大久保の馬丁と親しくなり，大久保が馬車から降りたところを呼びとめて，留学を嘆願した。兆民は官立学校生徒以外の者でも優秀であれば留学生になれないのはおかしいと，留学生制度の非を訴え，自分などは学術優秀で日本国内にはもはや師事すべき者もなく，読むべき書物もないほどであり，こんな自分を留学させないのは国家の損失であると自薦の弁を述べたてた。大久保は土佐人ならなぜ土佐の先輩に頼まないのかと問いかけると，兆民は同郷の情実にすがりそれを利用するのはいさぎよしとしないから，閣下にお願いするのだと答えた。大久保はいずれ後藤象二郎や板垣退助などと相談すると約束して，その場を立ち去った。やがて兆民は司法省出仕に任ぜられて，フランスに留学したのである。このエピソードは当時の留学制度を知る上で，きわめて興味深いものがあろう。

　情実選考が少なくなかった当時の留学生たちは質の点で多くの問題を示していたが，同時に留学生のための費用もかさみ，政府としても大きな財政上の負担であった。そこで早くも3年11月には大蔵少輔井上馨は官費留学生を減らし，これを整理するように正院に建言していた。5年2月には官費留学生も330名あまりで，41万4000円余の留学費用がかかっていた。

　4年12月横浜を出航した岩倉使節団の使命の一つには留学生整理の件もあり，現地で官費留学生の状況を視察してその処分方法を検討することも大きな任務であった。伊藤博文も整理案に賛成であり，つぶさに留学生の実態を見て，従来の留学生選抜基準がいいかげんであることを批判している。留学生が一部の

雄藩出身者に片寄っていることは，中江兆民の留学生制度の非を訴えた理由にもあげられている通りであった。

　文部省は大蔵省，外務省，さらには弁務使などの要覧や報告を参考にして独自の立場で海外留学の検討に乗り出し，これを学制にからみ合わせて規制していった。6年11月26日の参議会議で官費留学生の召還が決定し，12月25日には太政官布達で60日以内の帰国命令を出した。ちなみに当時の海外留学生373人のうち官費の留学生は250人であった。

Ⅳ.7　皇族・華族の留学

　官費留学生の中には開拓使の派遣した女子留学生5人がいたことは前述した通りであるが，もう一つの注目すべき留学としては，華族・大名の留学あるいは海外視察で，これを見落してはなるまい。

　明治1（1869）年12月，参与大久保利通は少壮公家・西園寺公望，柳原前光，万里小路通房たちを海外に留学させるよう岩倉具視に建言している。4年10月，華族に対して勅諭が出され「智ヲ開キオヲ研クハ眼ヲ宇内開化ノ形勢ニ著ケ有用ノ業ヲ修メ或ハ外国ヘ留学シ実地ノ学ヲ講スル要ナルナシ」と海外に出向いて研修することをすすめている。長い歳月の間，特権階級として社会的な指導者の地位にあった華族に，文明開化のために広い知識を身につけるべく勉学するように天皇が要請しているのであるが，これは岩倉具視や大久保利通などの建言によるものとみられている。

　もっとも皇族・華族の中には，みずからの意志で洋行の希望を抱いていた者もいる。東伏見宮嘉彰親王がそのひとである。慶応4（1868）年初めに海外視察を請願したが実現をみず，結局，明治3（1870）年10月に2年間のイギリス留学に旅立っている。皇族の海外留学は同年7月の華頂宮博経親王のアメリカ留学が最初である。名も東隆彦と改めて「仰冀クハ嚮者ノ請ヲ允シ一個ノ書生トナリ」というように皇族離脱の形をとり一般の「書生」扱いを条件として留学が認められているが，4年1月政府は皇族・華族の海外留学は官費として扱うことにした。

　一方，2年6月版籍奉還で公卿とともに華族となった大名も，その子弟を含めて明治初年7年間に39人が国家への使命と責任をその動機ないし理由として留学している。大名留学の第1号は，慶応3年パリ万国博覧会に参列したのちフランスに留学をする予定でいたが，幕府瓦解のために十分実現されることのなかった徳川昭武であった。維新後，大垣藩主の戸田氏共，福岡藩主の黒田長知，

総論

中津藩主の奥平昌邁, 佐賀藩主の鍋島直大などが海外留学を行うことになる。
　ところで, このような皇族・華族の海外留学では従者, あるいは随行者に卓越した人材を配している場合が少なくない。一例をあげれば, 黒田長知のアメリカ留学には団琢磨や金子堅太郎などが同行している。留学費用の負担を主人に委ねた随行留学生が帰国後に各界で活躍することが多いが, 本来旧制度の特権階級に属する人びとが随行させた人物たちによって, 日本の近代化に貢献するというケースとして注目されよう。
　公家の海外視察としては岩倉具視の欧米回覧はその最大なものである。この使節団には多数の留学生が同行しているが, その中にはつぎの華族たちが含まれている。

　　　黒田長知, 伊達宗敦, 鍋島直大, 毛利元敏, 清水谷公考, 万里小路秀麿,
　　　武者小路実世, 前田利同, 奥平昌邁, 坊城俊章, 前田利嗣, 蜂須賀茂韶

　蜂須賀茂韶は夫人の斐子を同道しているが, 夫婦同伴の洋行者としては最初の日本人とみられている。華族たちはそれぞれ希望の留学先で勉学し視察を行ったが, 蜂須賀はイギリスで岩倉具視に日本に鉄道建設をするように説き, 帰国後華族が一団となって鉄道会社を設立して日本の産業開発に寄与すべきことを天皇に上奏する。のちにこの提案が華族投資による日本鉄道会社の創立に結実する。
　武者小路実世はドイツで憲法を学び, 明治12 (1879) 年にブルンチュリーの『国会議員選挙論』を同志の華族と共訳して刊行することになる。また公家華族の河鰭実文と大名華族の秋月種樹がイギリス留学の体験から正親町公薫, 五条為栄, 平松時厚, 壬生基修 [以上公家], 山内豊誠 [大名] の参加をえて華族有志の団体・通欵社を設立する。通欵社は明治7 (1874) 年に麝香間祗候会議と合併して華族会館となる。
　洋行体験のある華族たちが元老院議官に多数選ばれて国政に携わるようになるが, 日本近代化の舞台鹿鳴館では, 鍋島直大や前田利嗣を幹事役に洋式舞踏の練習会を行ったのち, 華やかな舞踏会に夫人・令嬢とともに活躍する。天皇の国・日本では華族の参加がなくては外交の舞台は十分に効果をあげることができなかったのである。

Ⅳ.8　私費留学―庶民の海外渡航

　一方, 庶民など一般階層の人びとの海外渡航が年を追って増えていった。外務省外交史料館所蔵の「海外行人名表」によると, 慶応2年には52人の欧米へ

の海外渡航者の氏名が記録されている。その大半は芸人，町人など一般の庶民である。慶応3 (1867) 年パリ万国博覧会のために瑞穂屋卯三郎と吉田六左衛門は江戸・柳橋の松葉屋抱えの芸妓すみ，さと，かねを表むきは幕府の物産方・田中芳男の配下，小仕夫の身分でパリに連れて行きコンパニョンとして見物客たちにサーヴィスさせている。瑞穂屋と吉田の2人の商人も名目上は手代の役目で幕吏として万国博覧会の出品を請負って渡仏したのであるが，日本商人の渡欧第1号である。万国博覧会であれば商人や芸妓のほかに芸人も多数パリにやって来た。松井源水一座は手品の朝吉，樽まわしの亀吉，小滝，太郎吉などの芸人を擁し，浜錠定吉一座も足芸の定吉，三吉，竹竿曲芸の隅田川松五郎，独楽まわしの松井菊次郎などを伴い，万国博覧会に花を添えた。徳川昭武も余暇をみて見物に出かけ，ご祝儀をはずんでいる。

　瑞穂屋卯三郎は商人であるが尋常の商人ではなく，フランス滞在中に平仮名の版下をもとに字母をつくらせ，仮名活字の鋳造を行い，活版と石版の印刷機械や材料の購入をし，陶器・七宝の技術，とくに陶器着色法を学ぶなど精力的な活動をみせた。鉱物標本や西洋花火なども土産に持ち帰っているのである。

　このようなパリ万国博覧会に参加した日本の庶民たちがフランスの新聞にとりあげられていることからもわかるように，それなりにフランス人たちからは好奇の眼で歓迎されていたようである。『カルメン』の作者プロスペル・メリメも女友だちへの書簡で柳橋芸妓の印象を書き送っているが，着物の帯を「こぶ」と表現しているのは面白い。

　維新後は年を追って海外渡航者が増えていくが，その渡航先も幕末のオランダ，フランス，イギリスから次第にアメリカへと変化し，それが顕著になってくる。たとえば，明治1 (1868) 年にはイギリス6人，フランス3人，アメリカ3人，スイス1人，計13人。同2年にはイギリス5人，アメリカ5人，ドイツ2人，オランダ1人，計13人。同3年にはアメリカ69人，イギリス55人，ドイツ32人，フランス25人，ロシア4人，ベルギー2人，計187人。同4年にはアメリカ80人，イギリス71人，ドイツ34人，フランス17人，ロシア4人，ベルギー2人，イタリア1人，その他9人，計218人。5年にはアメリカ4人，イギリス18人，フランス15人，ドイツ7人，ロシア1人，オーストリア1人，計86人。6年にはイギリス10人，ドイツ6人，オーストリア4人，アメリカ2人，イタリア1人，計23人。7年にはアメリカ6人，イギリス3人，ドイツ1人，計10人（石附実『近代日本の海外留学史』p.154の第15表「留学者の年次・国別統計」による）というような海外留学生の推移がみられる。4年12月には岩倉使

総　論

明治9年　海外渡航者月別・国別一覧

露	澳	伊	独	仏	米	英	国＼月
					31	1	1
				2	20	2	2
					9	4	3
8	1		1		9	2	4
10					2		5
7		2		2	2	10	6
27				3	12		7
25				3	3	1	8
14					4	2	9
5		1		2	2	5	10
4		5	1	1	4	1	11
				1			12
100	1	8	2	14	128	28人	計

付表I　（「明治9年海外行免状表」より）

節団が留学生を同行して出発しているし，6年にはオーストリアのウィーンで万国博覧会が開かれているということも考慮に入れる必要があるが，全般的傾向として幕末以来日本には深い関わりのある新興国アメリカへの留学が目につく。

　外務省外交史料館蔵の資料「海外行免状表1-3」の明治9（1876）年の海外渡航者免状交付の国別リストをみるとき，（付表I参照），やはりアメリカへの渡航者がもっとも多いことがわかる。アメリカ128人，ロシア100人，イギリス28人，フランス14人，イタリア8人，ドイツ2人，オーストリア1人の順である。アメリカは岩倉使節団の訪米のときにもみられるように，きわめて好意的に日本人を受け入れてくれたことや，アメリカの方がヨーロッパ諸国よりもまだ学問的細分化が行われておらず，日本人には，一般普通学を学ぶには適しているように考えられたこともあり，高度な専門学を修める前にアメリカへの留学を希望する者が増えたものとみられている。アメリカの方でもキリスト教各派がアジアへの進出の一端として日本にも多数の宣教師を送り込んでいたことから，日本人には親しみやすく，留学先をアメリカにする者が少なくなかったとも考えられている。

　明治10年代後半になると，ドイツ留学が増加してくるが，とくに文部省の留学生においてその傾向が顕著であった。官費による留学生，有産階級の留学生がドイツを含めヨーロッパ諸国を留学国とする場合が多くなる。これに対してアメリカ留学は私費留学生または苦学生の留学先という傾向がみられるようになる。

　明治8（1875）年から30年までの文部省派遣の留学生の国別一覧表（石附実『近代日本の海外留学史』第20表）が作成されているが，総数159人中，ドイツ104人，イギリス35人，フランス30人，アメリカ28人，ベルギー3人，イタリ

パリ・モンパルナスに眠る駐仏特命全権公使鮫島尚信の墓誌

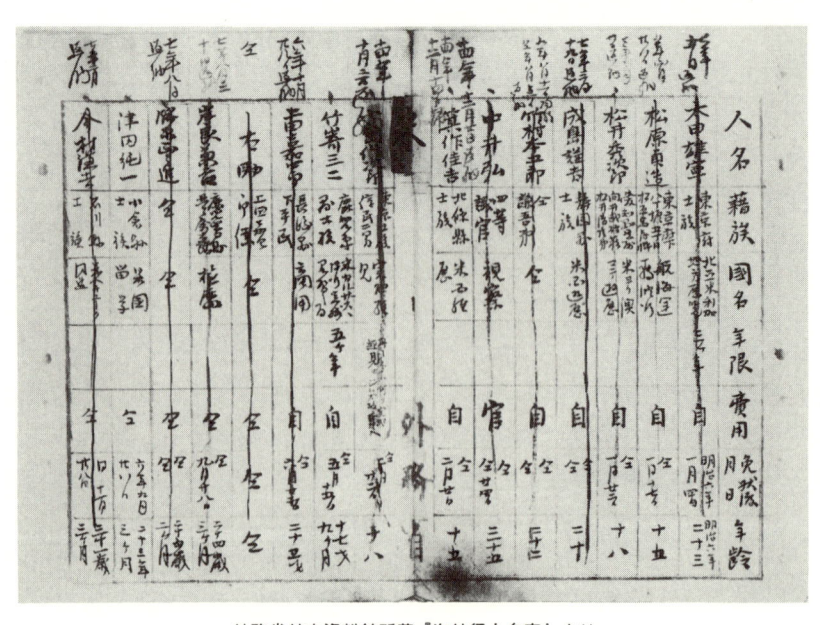

外務省外交資料館所蔵『海外行人名表』より

ア3人，オランダ1人，ロシア1人という内訳で，ドイツが大半を占めていることがわかる。これは従来の医学の領域でのドイツ留学の傾向がさまざまな分野におよんできたからのことで，自然科学のみならず人文・社会科学の分野にも拡がってきたための現象である。明治23（1890）年の小学校令がドイツの初等教育制度にならったと言われているが，総理加藤弘之の東京大学におけるドイツ化を含めて，とりわけ教育の分野でドイツ的色彩が濃くなってきており，それが海外留学にも反映したものとみられている。もっとも，紙幣にもドイツ製の紙を用いているというように，ドイツ指向は教育界ばかりのことではなかった。

　文部省など各省派遣の官費留学生は明治10年代中頃には帰国して，それまで日本の近代化に大きく貢献してきたお雇い外国人に代わって指導的な役割を果たしていった。たとえば，工部大学校でジョサイア・コンドルの指導を受けた辰野金吾が，イギリス留学を終えて母校の教壇に立ったのも明治16（1883）年12月のことである。また法律学校でも，留学から戻った新帰朝者たちが法学の教えを日本人独自のものとするべく尽力し，英吉利法律学校，和仏法律学校などを誕生させた。このように従来の官学偏重の悪弊に対して，学問の独立を叫ぶ私立学校が続々と生まれていった。

　このほかに大谷光瑩，島地黙雷など宗教界の人びとが多数欧米の宗教事情の視察のために渡航していることも，維新後の日本人の海外渡航を見る上に看過することのできない現象であった。

おわりに

　海外留学の成果は個人の資質などで千差万別であるが，その成果が日本の近代化への営為に吸いあげられてしまうことが多かったようである。とくに官費留学の場合それが顕著であった。折角，合理主義に触れ，個人主義，リベラリスムに啓発されようとも，帰国後は経済上の理由から出世の保証される官吏になったりするために，そのような西洋的な思考からはほど遠いところに身を置く保守主義になってしまうことも少なくなかったようである。つまり，海外体験が必ずしもプラスの方向に活かされぬ状況が日本の土壌に横たわっていたことも見落せない。日本では留学は洋行帰りの言葉にも象徴されるように新知識人になるためのステップであり，立身出世の条件にもなっていた。そんな風潮は明治20（1887）年の「文明遊名誉双六」というすごろくにはっきり示されて

いる。振り出しは小学校であり，帝国大学を卒業して横浜を出航し，世界をめぐって日本に戻り，「志達」つまり志を果たして，上りとなるのである。

　もちろん，海外留学によって見聞した知識を活かして，人生を切り開いていった人びとも少なくない。パリ万国博覧会で見た鉛筆に魅せられて三菱鉛筆の創始者となる真崎仁六，歌人吉井勇の祖父にパリですすめられてマッチ製造に生涯をかける清水誠など，留学中，ふとした機会から思い立って日本の産業技術史上に大きな貢献をすることになった人びとがいる。一方まったく無名のまま異国の土となった人びともいる。故国に戻ってもその海外体験を日常の生活の中に埋没させた者もいる。概していえば，年齢的に20代位までに渡航した人たちが，海外での見聞や知議を活かして活躍しているようである。田辺太一のように幕末の外交に大きな役割を果たした人物でも，維新後は新知識を活用することがなく風流と文人としての余生を送っているのは，パリ万国博覧会参列のとき37歳という年齢によるものではないだろうか。

　芳賀徹『大君の使節—幕末日本人の西欧体験』に西洋体験者の二つのパターンが述べられている。

　「そのかれらの西洋体験の影響のしかたにも，この欧行を機に次の洋行や研究や公的活動のチャンスをつかんで転身し，最初の経験をさらに増幅させ充実させてゆく積極的発展のかたちと，これを最後に西洋の文物にふたたび直接に触れる機会をもつことなく，せいぜい個人的な生活の周辺になにか西洋の断片を伝える程度で終わってゆく，いわば消極的影響のかたちと，およそ二つあるように思われる。たとえば前者は，幕末から明治にしだいに勢いと水量を増して流れこむ河である。というよりこの流れが明治文明を養い，かたちづくってゆく。後者は砂中に消える水のように幕末から明治にむかって行方不明になってゆく一本の細流である。しかしまたこの後者にしてもけっして滲透し伝播することがなかったというのではない」

　一代で財をなし，明治から大正・昭和にかけて日本の産業界に君臨した渋沢栄一や，慶応義塾の創設者として日本近代の教育・思想界に大きな地歩を築いた福沢諭吉などは，まさしく日本の近代化に寄与した人びとであり，前者のパターンである。そして，田辺太一はむしろ後者に近い。

　本書に登場する海を越えた日本人たちの場合，いずれのパターンに属する人びとが多いだろうか。これを分類することは興味深い試みとなることだろう。

人 名 編

（個人名の五十音順）

人名目次

【あ】

青木 梅蔵 ………… 57
青木 周蔵 ………… 57
青木 善平 ………… 58
青木 宣純 ………… 58
青山 胤通 ………… 58
明石 元二郎 ………… 59
赤根 倍作 ………… 60
赤羽 四郎 ………… 60
赤星 研造 ………… 60
赤松 大三郎 ………… 60
赤松 則良 ⇒赤松大三郎（あかまつ・だいざぶろう）を見よ
赤松 連城 ………… 61
赤嶺 五作 ………… 62
秋月 左都夫 ………… 62
秋月 種樹 ………… 62
秋元 興朝 ………… 62
秋山 真之 ………… 62
秋山 好古 ………… 63
浅井 忠 ………… 64
朝河 貫一 ………… 65
浅川 敏靖 ………… 66
浅吉 ………… 66
朝吉 ………… 66
朝倉 省吾 ⇒田中静州（たなか・せいしゅう）を見よ
朝倉 文三 ………… 66
朝倉 松五郎 ………… 67
浅田 栄次 ………… 67
浅津 富之助 ………… 67
浅野 応輔 ………… 67
浅野 喜三郎 ………… 68
浅野 辰夫 ………… 68
浅野 長勲 ………… 68
浅野 長之 ………… 68
浅野 長道 ………… 68
旭 小太郎 ⇒岩倉具定（いわくら・ともさだ）を見よ
朝比奈 知泉 ………… 69

朝比奈 藤太郎 ………… 69
朝比奈 一 ………… 69
朝吹 常吉 ………… 69
麻間 徹之助 ………… 69
東 隆彦 ………… 69
姉小路 公義 ………… 70
姉小路 頼言 ………… 70
安部 磯雄 ………… 70
阿部 潜 ………… 70
阿部 泰蔵 ………… 71
阿部 正義 ………… 71
天野 清三郎 ………… 71
天野 冨太郎 ………… 71
天谷 千松 ………… 72
雨宮 敬次郎 ………… 72
アメリカ彦蔵 ………… 72
綾野 敏三 ………… 74
綾部 新五郎 ………… 74
新井 奥邃 ………… 74
新井 常之進 ⇒新井奥邃（あらい・おうすい）を見よ
新井 貢 ………… 74
新井 領一郎 ………… 74
荒川 邦蔵 ………… 75
荒川 新一郎 ………… 75
荒木 数右衛門 ………… 75
荒木 寅三郎 ………… 75
有賀 長雄 ………… 76
有坂 紹蔵 ………… 76
有島 生馬 ………… 77
有島 武郎 ………… 78
有島 武 ………… 79
有栖川宮 威仁親王 ………… 80
有栖川宮 熾仁親王 ………… 80
有地 品之允 ………… 81
有馬 金次郎 ………… 81
有馬 治兵衛 ………… 81
有馬 良橘 ………… 81
粟屋 道治 ………… 82
安東 清人 ………… 82
安藤 謙介 ………… 82
安藤 幸 ………… 82
安東 貞美 ………… 83
安藤 忠経 ………… 83

安藤 太郎 ⇒安藤忠経（あんどう・ただつね）を見よ
安藤 直五郎 ………… 83

【い】

伊井 直助 ………… 83
井伊 直安 ………… 83
飯島 魁 ………… 83
飯塚 義光 ………… 84
飯田 旗軒 ………… 84
飯田 吉次郎 ………… 84
飯塚 納 ………… 85
飯塚 十松 ………… 85
飯野 文蔵 ………… 85
家永 豊吉 ………… 85
庵原 熊蔵 ………… 86
伊賀 陽太郎 ………… 86
五十川 基 ………… 86
五十嵐 秀助 ………… 86
生島 孫太郎 ………… 86
井口 省吾 ………… 86
池尻 富興 ………… 87
池田 猪之助 ………… 87
池田 謙斎 ………… 87
池田 謙蔵 ………… 88
池田 成彬 ………… 88
池田 長発 ………… 88
池田 登 ………… 89
池田 政懋 ………… 89
池田 弥一 ………… 89
池田 梁蔵 ………… 89
池辺 三山 ………… 90
井坂 泉太郎 ………… 90
諫早 家崇 ………… 90
伊沢 修二 ………… 90
石井 範忠 ………… 91
石井 亮一 ………… 91
石神 豊胤 ………… 91
石川 角次郎 ………… 91
石川 鑑吉 ………… 92
石川 順三 ………… 92

いしかわ　　　　　　　　　　人名目次

石川 舜台 …………… 92	市来 宗介 …………… 104	井上 哲次郎 …………… 122
石川 千代松 …………… 92	市子 貞五郎 …………… 104	井上 仁郎 …………… 123
石川 利政 …………… 93	一条 実輝 …………… 104	井上 光 …………… 123
石黒 五十二 …………… 93	一条 十次郎 …………… 105	井上 勝 …………… 123
石黒 忠悳 …………… 94	市蔵 …………… 105	井上 密 …………… 124
石黒 寛次 …………… 94	市原 盛宏 …………… 105	井上 良馨 …………… 124
石坂 正信 …………… 94	伊月 一郎 …………… 105	井上 良一 …………… 125
石沢 源四郎 …………… 94	五辻 安仲 …………… 105	井上 良智 …………… 125
石田 昇蔵 …………… 94	伊藤 一隆 …………… 105	井上 六三郎 ⇒井上 良一（い
石田 泰次郎 …………… 94	伊藤 貫造 …………… 106	のうえ・りょういち）を見よ
石田 鼎三 …………… 95	伊藤 久三郎 …………… 106	井口 在屋 …………… 125
石田 八弥 …………… 95	伊東 玄伯 …………… 106	猪子 吉人 …………… 125
伊地知 休八 ⇒伊地知弘一	伊東 栄 …………… 107	亥之助 …………… 126
（いじち・こういち）を見よ	伊藤 俊輔 ⇒伊藤博文（いと	猪股 孝之進 …………… 126
伊地知 弘一 …………… 95	う・ひろぶみ）を見よ	井深 梶之助 …………… 126
伊地知 幸介 …………… 95	伊藤 隼三 …………… 107	井深 花 …………… 126
伊地知 彦次郎 …………… 95	伊東 祐亨 …………… 107	今井 五介 …………… 127
石藤 豊太 …………… 96	伊藤 為吉 …………… 108	今泉 嘉一郎 …………… 127
石橋 絢彦 …………… 96	伊藤 篤太郎 …………… 108	今泉 雄作 …………… 127
石橋 宗九郎 …………… 96	伊藤 雋吉 …………… 109	今立 吐酔 …………… 128
石丸 三七郎 …………… 96	伊藤 信夫 …………… 109	今村 有隣 …………… 128
石丸 虎五郎 …………… 96	伊藤 博邦 …………… 109	今村 清之助 …………… 128
石丸 安世 ⇒石丸虎五郎（い	伊藤 博文 …………… 109	今村 和郎 …………… 128
しまる・とらごろう）を見よ	伊東 平蔵 …………… 111	入江 音次郎 …………… 129
石本 新六 …………… 97	伊東 昌之助 ⇒岡保義（おか	入江 爲福 …………… 129
伊集院 兼備 …………… 97	やすよし）を見よ	入江 文郎 …………… 129
伊集院 五郎 …………… 97	伊東 益之助 …………… 112	入沢 達吉 …………… 130
石渡 敏一 …………… 98	伊東 満所 …………… 112	岩男 三郎 …………… 131
出水 泉蔵 ⇒寺島宗則（てら	伊藤 湊 …………… 112	岩吉 …………… 131
じま・むねのり）を見よ	伊東 巳代治 …………… 112	岩吉 …………… 131
伊勢 佐太郎 ⇒横井左平太	伊藤 弥次郎 …………… 113	岩吉 …………… 132
（よこい・さへいた）を見よ	伊東 義五郎 …………… 113	岩倉 具定 …………… 132
伊勢吉 …………… 98	稲垣 喜多造 …………… 113	岩倉 具綱 …………… 132
磯貝 雲峰 …………… 98	稲垣 釣次郎 …………… 113	岩倉 具経 …………… 132
磯吉 …………… 98	稲垣 満次郎 …………… 114	岩倉 具視 …………… 133
五十君 貢 …………… 99	稲葉 正縄 …………… 114	岩佐 新 …………… 134
磯田 良 …………… 99	稲畑 勝太郎 …………… 114	岩佐 巌 …………… 134
磯部 四郎 …………… 99	井上 伊兵衛 …………… 115	岩佐 源二 …………… 134
伊月 一郎 ⇒伊月一郎（いづ	井上 円了 …………… 115	岩佐 純 …………… 135
き・いちろう）を見よ	井上 馨 …………… 116	岩崎 小二郎 …………… 135
板垣 退助 …………… 100	井上 角五郎 …………… 117	岩崎 権少史 …………… 135
伊丹 二郎 …………… 101	井上 勝之助 …………… 117	岩崎 清七 …………… 135
市川 清流 …………… 101	井上 公二 …………… 117	岩崎 彦松 …………… 135
市川 文吉 …………… 102	井上 毅 …………… 118	岩崎 久弥 …………… 136
市川 森三郎 …………… 102	井上 十吉 …………… 119	岩崎 弥之助 …………… 136
市川 渡 ⇒市川清流（いちか	井上 準之助 …………… 119	岩沢 丙吉 …………… 136
わ・せいりゅう）を見よ	井上 昭一 …………… 120	岩下 清周 …………… 136
市来 勘十郎 ⇒松村淳蔵（ま	井上 正一 …………… 120	岩下 長十郎 …………… 137
つむら・じゅんぞう）を見よ	井上 省三 …………… 120	岩下 方平 …………… 137
一木 喜徳郎 …………… 103	井上 武子 …………… 121	岩瀬谷 亀次郎 …………… 138

40　新訂増補 海を越えた日本人名事典

岩田 三蔵 …… 138	梅 錦之丞 …… 151	大江 スミ …… 161
岩永 省一 …… 138	梅 謙次郎 …… 151	大条 幸五郎 …… 161
石野 基将 …… 138	梅上 沢融 …… 153	太枝 清介 …… 161
岩橋 教章 …… 138	浦上 佐助 …… 153	大岡 金太郎 …… 161
岩松 太郎 …… 139	浦島 健蔵 …… 153	大岡 松吉 …… 162
岩見 鑑造 …… 139	裏松 良光 …… 153	太神楽 丸一 …… 162
岩村 透 …… 139	浦本 時藤 …… 153	大川 喜太郎 …… 162
岩本 勝之助 …… 139	瓜生 震 …… 153	大川 平三郎 …… 163
岩本 芳次郎 …… 139	瓜生 外吉 …… 154	大河原 太郎 …… 163
岩屋 虎之助 ⇒東郷愛之進(とうごう・あいのしん)を見よ		大儀見 元一郎 …… 163
	【え】	大久保 一蔵 ⇒大久保利通(おおくぼ・としみち)を見よ
巌谷 孫蔵 …… 139		大久保 三郎 …… 163
巌谷 立太郎 …… 140	栄助 …… 154	大久保 藤吉 …… 164
岩山 壮八郎 …… 140	頴川 君平 …… 154	大久保 利武 …… 164
	江川 英武 …… 154	大久保 利和 …… 164
	江沢 金五郎 …… 155	大久保 利通 …… 164
【う】	江戸 一郎 ⇒伊月一郎(いづき・いちろう)を見よ	大久保 春野 …… 165
		大久保 喜蔵 …… 165
上坂 多賀之助 …… 141	江藤 彦六 …… 155	大熊 氏広 …… 165
上杉 勝賢 …… 141	江夏 蘇助 …… 155	大隈 英麿 ⇒南部英麿(なんぶ・ひでまろ)を見よ
上杉 茂憲 …… 141	榎本 釜次郎 ⇒榎本武揚(えのもと・たけあき)を見よ	大倉 喜八郎 …… 166
上田 万年 …… 141		大倉 鶴彦 ⇒大倉喜八郎(おおくら・きはちろう)を見よ
上田 仙太郎 …… 142	榎本 武揚 …… 155	
上田 友輔 …… 142	榎本 彦太郎 …… 156	大倉 孫兵衛 …… 167
上田 寅吉 …… 142	江原 素六 …… 157	大河内 輝剛 …… 167
上野 景範 …… 143	海老名 郡次 …… 157	大迫 尚道 …… 167
上野 金太郎 …… 143	海老原 絹一郎 …… 157	大里 忠一郎 …… 168
上野 良太郎 ⇒町田久成(まちだ・ひさなり)を見よ	江村 次郎 …… 157	大沢 岳太郎 …… 168
	円城寺 権一 …… 157	大沢 謙二 …… 169
上原 伸次郎 …… 144	遠藤 喜太郎 …… 158	大沢 良雄 …… 169
上原 勇作 …… 144	遠藤 謹助 …… 158	大島 健 …… 169
上村 四郎 …… 145	遠藤 慎司 …… 158	大島 健一 …… 169
植村 正久 …… 145	遠藤 貞一郎 …… 158	大島 高任 …… 170
浮田 和民 …… 145	遠藤 寅亮 …… 158	大島 道太郎 …… 171
牛嶋 謹爾 …… 146		大瀬 甚太郎 …… 171
歌原 十三郎 …… 146		大関 半之助 …… 172
内田 康哉 …… 146	【お】	大関 増勤 …… 172
内田 恒次郎 …… 147		太田 源三郎 …… 172
内村 鑑三 …… 147	大井 菊太郎 …… 159	太田 徳三郎 …… 172
内村 良蔵 …… 149	大井 才太郎 …… 159	太田 正徳 …… 172
内山 小二郎 …… 149	大井 三郎右衛門 …… 159	太田 峰三郎 …… 172
宇都宮 鼎 …… 149	大井 秀子 …… 159	太田 雄寧 …… 173
宇都宮 三郎 …… 149	大石 誠之助 …… 159	大高 庄右衛門 …… 173
宇都宮 仙太郎 …… 150	大石 団蔵 …… 160	大竹 多気 …… 173
内海 忠勝 …… 150	大石 良二 …… 160	大谷 光瑩 …… 173
宇野 朗 …… 150	大内 健 …… 161	大谷 幸蔵 …… 174
宇野沢 辰雄 …… 151	大内 暢三 …… 161	大谷 周庵 …… 174
馬屋原 二郎 …… 151		大塚 絞次郎 …… 174

新訂増補 海を越えた日本人名事典 41

大塚 琢造 …… 175	岡田 秀之助 …… 188	小野 東洋 ⇒小野梓（おの・あずさ）を見よ
大塚 保治 …… 175	緒方 正清 …… 189	
大築 彦五郎 …… 176	緒方 正規 …… 189	小野 友五郎 …… 206
大寺 安純 …… 176	岡田 和一郎 …… 190	小野 弥一 …… 206
大鳥 貞次郎 …… 177	岡野 敬次郎 …… 190	小野寺 京介 …… 207
大西 秀治 …… 177	岡部 次郎 …… 191	小野寺 系介 …… 207
大西 克知 …… 177	岡部 長職 …… 191	小野寺 正敬 …… 207
大野 直輔 …… 177	岡松 参太郎 …… 191	小野寺 魯一 …… 207
大野 規周 ⇒大野弥三郎（おの・やさぶろう）を見よ	岡見 京子 …… 192	小幡 甚三郎 …… 208
	岡村 龍彦 …… 192	小幡 篤次郎 …… 208
大野 弥三郎 …… 177	岡村 輝彦 …… 192	小幡 文三郎 …… 208
大庭 二郎 …… 178	岡本 健三郎 …… 192	小花 作助 …… 208
大橋 金蔵 …… 178	小川 一真 …… 193	小花 冬吉 …… 209
大橋 玄之助 …… 178	小川 資原 …… 193	小原 伝 …… 209
大原 金之助 …… 179	小川 松民 …… 193	小谷部 全一郎 …… 209
大原 繁香 …… 179	小川 鉶吉 …… 193	折田 権蔵 …… 210
大原 令之助 …… 179	沖 守固 …… 194	折田 彦市 …… 210
大東 義徹 …… 179	沖野 忠雄 …… 194	
大藤 松五郎 …… 179	奥 青輔 …… 195	
大村 純雄 …… 179	億川 一郎 …… 195	【か】
大村 純煕 …… 180	奥平 昌邁 …… 195	
大村 松二郎 …… 180	小倉 衛門太 ⇒馬屋原二郎（うまやはら・じろう）を見よ	何 礼之 …… 210
大森 房吉 …… 180		甲斐 織衛 …… 210
大山 巌 …… 181	小倉 処平 …… 195	海東 謙 …… 211
大山 助一 …… 182	小栗 重吉 …… 196	海江田 信義 …… 211
大山 捨松 …… 182	小栗 忠順 …… 196	各務 鎌吉 …… 211
大脇 俊次 …… 183	大河平 才蔵 …… 197	鏡味 仙太郎 ⇒太神楽丸一（おおかぐら・がんいち）を見よ
丘 浅次郎 …… 183	刑部 鉄太郎 …… 197	
岡 玄卿 …… 183	尾崎 三良 …… 197	香川 英五郎 ⇒香川真一（かがわ・しんいち）を見よ
岡 鹿之助 …… 183	尾崎 俊蔵 …… 198	
岡 保義 …… 183	尾崎 平八郎 …… 198	香川 敬三 …… 211
岡内 重俊 …… 184	尾崎 行雄 …… 198	香川 真一 …… 212
岡倉 覚三 ⇒岡倉天心（おかくら・てんしん）を見よ	尾崎 行隆 …… 199	蠣崎 富三郎 …… 212
	長田 銈太郎 …… 199	筧 庄三郎 …… 212
岡倉 天心 …… 184	長田 秋濤 …… 200	賀古 鶴所 …… 212
岡崎 邦輔 …… 185	尾沢 主一 …… 201	鹿児島のベルナルド …… 213
岡崎 藤佐衛門 …… 186	小沢 清次郎 …… 201	笠井 真三 …… 213
小笠原 忠忱 …… 186	押川 則吉 …… 201	笠原 研寿 …… 213
岡田 朝太郎 …… 186	押小路 三丸 …… 201	笠原 光興 …… 214
岡田 一六 ⇒岡田秀之助（おかだ・ひでのすけ）を見よ	小田 均一郎 …… 202	加治 権三郎 …… 214
	織田 純一郎 …… 202	鹿島 房次郎 …… 214
岡田 鎰助 …… 186	織田 万 …… 202	樫村 清徳 …… 214
岡田 国太郎 …… 186	落合 豊三郎 …… 203	梶山 鼎助 …… 215
緒方 惟直 …… 187	乙骨 亘 …… 203	上代 淑 …… 215
緒方 惟準 …… 187	音吉 …… 203	柏村 庸之允 …… 215
緒方 城次郎 …… 188	音見 清兵衛 ⇒河瀬真孝（かわせ・まさたか）を見よ	粕谷 義三 …… 215
岡田 丈太郎 …… 188		加瀬 正太郎 …… 215
岡田 井蔵 …… 188		片岡 健吉 …… 216
岡田 摂蔵 …… 188	小野 梓 …… 204	
緒方 道平 …… 188	小野 英二郎 …… 205	

片岡 七郎 …… 216	河上 謹一 …… 235	
片岡 直輝 …… 217	川上 賢三 …… 235	
堅田 少輔 …… 217	川上 貞奴 …… 235	【き】
片山 国嘉 …… 217	川上 新太郎 …… 236	
片山 潜 …… 218	川上 操六 …… 236	木内 重四郎 …… 250
片山 東熊 …… 219	川上 俊彦 …… 237	菊地 恭三 …… 250
片山 友吉 …… 220	河北 義次郎 …… 238	菊池 恭三 …… 250
華頂宮 博経 ⇒東隆彦（あずま・たかひこ）を見よ	河北 道介 …… 238	菊池 大麓 …… 250
	河喜多 能達 …… 238	菊池 常三郎 …… 251
勝 海舟 …… 220	川崎 正左衛門 …… 238	菊地 平八郎 …… 252
勝 小鹿 …… 221	川崎 道民 …… 239	菊松 …… 252
勝 麟太郎 ⇒勝海舟（かつ・かいしゅう）を見よ	川崎 芳太郎 …… 239	木越 安綱 …… 252
	川路 寛堂 ⇒川路太郎（かわじ・たろう）を見よ	岸 珍平 …… 252
香月 経五郎 …… 221		岸本 一郎 ⇒億川一郎（おくかわ・いちろう）を見よ
勝部 其楽 …… 221	川路 太郎 …… 239	
桂 小五郎 ⇒木戸孝允（きど・たかよし）を見よ	川路 利恭 …… 240	岸本 辰雄 …… 252
	川路 利良 …… 240	岸本 能武太 …… 253
桂 太郎 …… 221	川路 丸吉 …… 240	岸良 兼養 …… 253
加藤 栄吉 …… 223	河島 醇 …… 241	金須 嘉之進 …… 253
加藤 定吉 …… 223	川島 甚兵衛（2代）…… 241	城多 虎雄 …… 253
加藤 素毛 …… 223	川島 忠之助 …… 241	北尾 次郎 …… 254
加藤 高明 …… 224	川瀬 善太郎 …… 242	北川 乙治郎 …… 254
加藤 恒忠 …… 224	河瀬 秀治 …… 243	北里 柴三郎 …… 254
加藤 照麿 …… 225	河瀬 真孝 …… 243	北白川宮 能久親王 …… 255
加藤 時次郎 …… 225	河田 熙 …… 243	北畠 道龍 …… 256
加藤 友三郎 …… 225	川田 龍吉 …… 244	来見 甲蔵 …… 256
加藤木 重教 …… 226	河内 宗一 …… 244	北村 福松 …… 256
門野 重九郎 …… 226	河内 直方 …… 244	北村 美那 …… 257
金井 延 …… 226	河津 祐邦 …… 244	北山 一太郎 …… 258
金尾 稜厳 …… 227	河津 祐之 …… 244	吉川 重吉 …… 258
金杉 英五郎 …… 227	河鰭 実文 …… 245	木戸 正二郎 …… 258
蟹吉 …… 228	河原 徳立 …… 245	木戸 孝正 ⇒来原彦太郎（くるはら・ひことろう）を見よ
かね …… 228	河原 要一 …… 245	
金子 堅太郎 …… 228	河辺 貞吉 …… 246	木戸 孝允 …… 258
兼松 房治郎 …… 229	川村 勇 …… 246	木藤 市助 …… 259
嘉納 治五郎 …… 230	川村 永之助 …… 246	鬼頭 佐太郎 …… 259
狩野 庄蔵 …… 230	川村 清雄 …… 246	木下 周一 …… 259
樺山 愛輔 …… 230	川村 駒次郎 …… 247	木下 広次 …… 260
樺山 資英 …… 231	河村 譲三郎 …… 247	木場 貞吉 …… 260
加太 邦憲 …… 231	川村 純義 …… 247	木全 多見 …… 260
鎌田 政明 …… 231	川村 宗五郎 …… 248	木村 浅蔵 …… 260
上村 彦之丞 …… 232	河原 忠次郎 …… 248	木村 芥舟 …… 260
神谷 伝蔵 …… 232	閑院宮 載仁親王 …… 248	木村 熊二 …… 261
亀井 茲明 …… 233	神田 乃武 …… 249	木村 駿吉 …… 261
亀吉 …… 233	神原 錦之丞 …… 249	木村 清松 …… 262
唐橋 在正 …… 233	神戸 絢 …… 249	木村 宋俊 …… 262
カリフォルニヤおけい ⇒けいを見よ		木村 宗三 …… 262
		木村 鉄太 …… 262
河合 浩蔵 …… 233		木村 伝之助 …… 263
川上 音二郎 …… 234		九右衛門 …… 263

九助 ………………… 263
久蔵 ………………… 263
京極 高朗 …………… 263
清原 英之助 ………… 264
清原 玉 ⇒ラグーザ玉（らぐーざたま）を見よ
清原 千代 …………… 264
桐原 仁平 …………… 264
木脇 良太郎 ………… 264
金蔵 ………………… 264
金蔵 ………………… 265

【く】

九鬼 隆一 …………… 265
日下 三郎 …………… 265
日下 義雄 …………… 266
日下部 太郎 ………… 266
串田 万蔵 …………… 266
櫛引 弓人 …………… 267
楠瀬 熊治 …………… 267
楠瀬 幸彦 …………… 267
百済 与一 …………… 267
朽木 綱鑑 …………… 267
クーデンホーフ 光子 … 268
工藤 十郎 ⇒湯地治右衛門（ゆじ・じえもん）を見よ
工藤 精一 …………… 268
工藤 貞次 …………… 269
国沢 新九郎 ………… 269
国司 健之助 ………… 269
国司 純行 ⇒国司健之助（くにし・けんのすけ）を見よ
国司 政輔 …………… 269
国友 次郎 …………… 269
国友 松郎 …………… 269
久原 躬弦 …………… 270
久布白 落実 ………… 270
久保田 鼎 …………… 270
久保田 米僊 ………… 271
久保田 与四郎 ……… 271
熊谷 直孝 …………… 271
熊谷 平三郎 ………… 272
隈川 宗雄 …………… 272
熊沢 善庵 …………… 272
熊野 敏三 …………… 273
久米 邦武 …………… 273
久米 桂一郎 ………… 274

久米 民之助 ………… 274
倉知 誠夫 …………… 274
倉永 猪一郎 ………… 275
蔵原 惟郭 …………… 275
栗島 彦八郎 ………… 275
栗塚 省吾 …………… 275
栗野 慎一郎 ………… 275
栗原 亮一 …………… 276
栗本 鋤雲 …………… 276
栗本 貞次郎 ………… 277
栗本 廉 ……………… 277
久留 正道 …………… 278
来原 彦太郎 ………… 278
畔合 太三郎 ………… 278
黒岡 帯刀 …………… 278
黒川 誠一郎 ………… 278
黒川 勇熊 …………… 279
黒沢 新左衛門 ……… 279
黒沢 貞次郎 ………… 279
黒沢 貞備 …………… 279
黒瀬 貞次 …………… 279
黒田 清隆 …………… 280
黒田 定治 …………… 281
黒田 清輝 …………… 281
黒田 長成 …………… 282
黒田 長知 …………… 282
黒田 久孝 …………… 283
黒野 義文 …………… 283
黒部 鉱太郎 ………… 284
桑田 熊蔵 …………… 284
郡司 成忠 …………… 284

【け】

けい ………………… 285

【こ】

小池 専次郎 ………… 285
小池 正直 …………… 286
小池 正文 …………… 286
小泉 信吉 …………… 286
小泉 保右衛門 ……… 287
小市 ………………… 287
小出 秀美 …………… 287
小出 涌之助 ………… 287

郷 純造 ……………… 288
郷 誠之助 …………… 288
高 良之助 …………… 288
江夏 仲左衛門 ……… 288
甲賀 ふじ …………… 289
甲賀 宜政 …………… 289
香坂 季太郎 ………… 289
合田 清 ……………… 289
幸田 幸 ⇒安藤幸（あんどう・こう）を見よ
幸田 延 ……………… 289
神津 専三郎 ………… 290
河野 光太郎 ………… 290
河野 敏鎌 …………… 290
河野 通信 ⇒富田孟次郎（とみた・もうじろう）を見よ
河野 亮蔵 …………… 291
光妙寺 以然 ………… 291
光妙寺 三郎 ………… 291
神鞭 知常 …………… 292
河本 重次郎 ………… 292
五右衛門 …………… 292
古賀 護太郎 ………… 292
古賀 廉造 …………… 293
小金井 良精 ………… 293
小国 磐 ……………… 294
古在 由直 …………… 294
小坂 勇熊 …………… 295
小坂 千尋 …………… 295
小三郎 ……………… 295
小島 乙次郎 ………… 295
小島 源次郎 ………… 296
小島 源兵衛 ………… 296
小島 泰次郎 ………… 296
小島 好問 …………… 296
小杉 雅之進 ………… 296
五姓田 芳柳 ………… 297
五姓田 義松 ………… 297
小染 ………………… 298
五代 友厚 …………… 298
五代 龍作 …………… 299
小谷 静二 …………… 299
児玉 源太郎 ………… 299
児玉 淳一郎 ………… 300
児玉 章吉 …………… 300
後藤 象二郎 ………… 300
後藤 新平 …………… 301
五島 清太郎 ………… 302
伍堂 卓爾 …………… 302

後藤 常 ⇒一条十次郎（いちじょう・じゅうじろう）を見よ	西郷 従道 ………… 314	佐々木 長淳 ………… 325
小藤 文次郎 ………… 302	税所 長八 ………… 314	佐々城 信子 ………… 326
後藤 牧太 ………… 303	斎田 功太郎 ………… 314	佐々木 政吉 ………… 326
小永井 五八郎 ………… 303	斎藤 金平 ………… 315	佐々木 和三郎 ………… 327
木滑 貫人 ………… 303	斎藤 吾一郎 ………… 315	佐々倉 桐太郎 ………… 327
小西 増太郎 ………… 303	斎藤 小右衛門 ………… 315	佐治 職 ………… 327
近衛 篤麿 ………… 304	斎藤 修一郎 ………… 315	佐蔵 ………… 327
木庭 栄治郎 ………… 305	斎藤 次郎太郎 ………… 315	佐双 左仲 ………… 327
木場 貞長 ………… 305	斉藤 新平 ………… 315	さと ………… 328
小林 八郎 ………… 305	斎藤 大之進 ………… 315	佐藤 栄蔵 ………… 328
小林 儀秀 ………… 305	斉藤 孝至 ………… 316	佐藤 三吉 ………… 328
狛 林之助 ………… 305	斎藤 恒三 ………… 316	佐藤 鎮雄 ………… 328
駒井 重格 ………… 305	斎藤 実 ………… 316	佐藤 昌介 ………… 329
小松 済治 ………… 305	斎藤 桃太郎 ………… 316	佐藤 進 ………… 329
小松 緑 ………… 306	財満 百合之助 ………… 316	佐藤 忠義 ………… 329
小松宮 彰仁親王 ………… 306	佐伯 好郎 ………… 316	佐藤 恒蔵 ………… 329
駒留 良蔵 ………… 306	佐伯 理一郎 ………… 317	佐藤 藤七 ………… 329
五味 安郎右衛門 ………… 306	嵯峨 寿安 ………… 317	佐藤 叔治 ………… 330
小村 寿太郎 ………… 307	酒井 清 ………… 317	佐藤 友太郎 ………… 330
小室 三吉 ………… 307	酒井 忠邦 ………… 318	佐藤 百太郎 ………… 330
小室 信夫 ………… 307	酒井 忠篤 ………… 318	佐藤 愛麿 ………… 330
小山 吉郎 ………… 307	酒井 忠宝 ………… 318	真田 幸民 ………… 331
権左 ⇒権蔵（ごんぞう）を見よ	酒井 雄三郎 ………… 318	サニマ ………… 331
権次郎 ………… 308	坂内 冬蔵 ………… 319	実吉 安純 ………… 331
コンスタンティノ・ドラード ………… 308	榊 順太郎 ………… 319	佐野 栄寿左衛門 ⇒佐野常民（さの・つねたみ）を見よ
権蔵 ………… 308	彭城 貞徳 ………… 319	佐野 鼎 ………… 332
近藤 環一 ………… 309	榊 俶 ………… 319	佐野 常民 ………… 332
近藤 次繁 ………… 309	榊原 忠誠 ………… 320	佐野 常次郎 ………… 333
近藤 徳太郎 ………… 310	坂田 伊助 ………… 320	左平 ………… 333
近藤 真琴 ………… 310	坂田 乾一郎 ………… 320	鮫島 員規 ………… 334
近藤 昌綱 ………… 310	阪田 貞一 ………… 320	鮫島 武之助 ………… 334
近藤 基樹 ………… 311	阪谷 達三 ………… 321	鮫島 尚信 ………… 335
近藤 幸正 ………… 311	坂本 泰吉郎 ………… 321	佐山 八郎 ………… 336
近藤 喜蔵 ………… 311	坂本 俊篤 ………… 321	佐和 正 ………… 336
近藤 陸三郎 ………… 311	相良 元貞 ………… 321	沢 太郎左衛門 ………… 336
	向坂 兌 ………… 321	沢 良煥 ………… 337
【さ】	崎山 元吉 ………… 322	沢井 数馬 ⇒森有礼（もり・ありのり）を見よ
	作蔵 ………… 322	
西園寺 公望 ………… 311	佐倉 常七 ………… 322	
西園寺 望一郎 ⇒西園寺公望（さいおんじ・きんもち）を見よ	桜井 小太郎 ………… 322	沢井 廉 ………… 337
	桜井 静 ………… 323	沢田 俊三 ………… 337
	桜井 錠二 ………… 323	沢山 保羅 ………… 337
西海枝 静 ………… 313	桜井 省三 ………… 323	三吉 ………… 338
西郷 菊次郎 ………… 313	桜井 ちか ………… 323	三条 公恭 ………… 338
西郷 従理 ………… 313	桜川 季次 ………… 324	三宮 義胤 ………… 338
	桜田 親義 ………… 324	
	酒匂 常明 ………… 324	
	佐々木 権六 ⇒佐々木長淳（ささき・ながのぶ）を見よ	
	佐々木 高行 ………… 324	

【し】

椎野 正兵衛 ……… 339
塩沢 彦次郎 ……… 339
塩沢 昌貞 ……… 339
塩田 三郎 ……… 339
塩田 真 ……… 340
塩野 門之助 ……… 341
志賀 親朋 ……… 341
志賀 泰山 ……… 341
刺賀 信量 ……… 341
執行 謙九郎 ⇒執行弘道（しゅぎょう・ひろみち）を見よ
繁沢 克明 ……… 341
治作 ……… 342
志道 貫一 ……… 342
志道 新之允 ……… 342
志道 聞多 ⇒井上馨（いのうえ・かおる）を見よ
静間 健介 ……… 342
志田 林三郎 ……… 342
志立 鉄次郎 ……… 343
七太郎 ……… 343
品川 弥一 ……… 343
品川 弥二郎 ……… 343
柴 五郎 ……… 344
斯波 淳六郎 ……… 345
柴 四郎 ⇒東海散士（とうかい・さんし）を見よ
斯波 貞吉 ……… 345
志波 虎次郎 ……… 345
柴田 才一郎 ……… 345
柴田 貞太郎 ⇒柴田剛中（しばた・たけなか）を見よ
柴田 承桂 ……… 345
柴田 剛中 ……… 346
柴原 亀二 ……… 346
柴山 矢八 ……… 347
渋川 勝迪 ……… 347
渋沢 栄一 ……… 347
渋沢 喜作 ……… 349
島内 栄之助 ……… 349
島川 文八郎 ……… 349
島崎 赤太郎 ……… 349
島崎 よね ……… 350
島地 黙雷 ……… 350
島田 三郎 ……… 351
島津 啓次郎 ……… 352

島津 忠亮 ……… 352
島東 佐八 ……… 352
島村 速雄 ……… 353
島村 抱月 ……… 353
清水 篤守 ⇒徳川篤守（とくがわ・あつもり）を見よ
清水 郁太郎 ……… 354
清水 市太郎 ……… 354
清水 卯三郎 ……… 355
清水 俊 ……… 356
志水 直 ……… 356
清水 鉄吉 ……… 356
清水 誠 ……… 356
清水 満之助 ……… 357
清水 米吉 ……… 357
清水 龍 ……… 358
清水谷 公考 ……… 358
下田 歌子 ……… 358
下田 菊太郎 ……… 359
下山 順一郎 ……… 360
下山 甫六郎 ……… 360
釈 宗演 ……… 360
十作 ……… 360
重助 ……… 360
重兵衛 ……… 361
執行 弘道 ……… 361
荘 清次郎 ……… 361
城 蓮 ……… 361
松旭斉 天一 ……… 361
庄司 金太郎 ……… 362
庄司 鍾五郎 ……… 362
庄司 藤三郎 ……… 362
庄蔵 ……… 362
ジョセフ・ヒコ ⇒アメリカ彦蔵（あめりかひこぞう）を見よ
ジョン万次郎 ……… 363
白石 直治 ……… 364
白根 鼎蔵 ……… 365
白峯 駿馬 ……… 365
次郎右衛門 ……… 365
次郎吉 ……… 365
進 経太 ……… 365
新吉 ……… 366
新蔵 ……… 366
新藤 二郎 ……… 367
新名屋 吟蔵 ……… 367
神保 小虎 ……… 367
神保 寅三郎 ……… 367
新見 正興 ……… 368

【す】

吹田 勘十郎 ……… 368
末岡 精一 ……… 369
末広 鉄腸 ……… 369
末松 謙澄 ……… 369
菅 之芳 ……… 370
菅 了法 ……… 370
菅波 恒 ……… 371
菅沼 貞次 ……… 371
菅野 覚兵衛 ……… 371
菅原 伝 ……… 371
杉 甲一郎 ……… 371
杉 成吉 ……… 371
杉 徳次郎 ……… 372
杉 孫七郎 ……… 372
杉浦 愛蔵 ⇒杉浦譲（すぎうら・ゆずる）を見よ
杉浦 弘蔵 ⇒畠山義成（はたけやま・よしなり）を見よ
杉浦 重剛 ……… 372
杉浦 譲 ……… 374
杉浦 龍吉 ……… 374
杉田 金之助 ……… 375
杉田 定一 ……… 375
椙原 透 ……… 375
杉村 濬 ……… 375
杉本 重遠 ……… 376
杉山 岩三郎 ……… 376
杉山 一成 ……… 376
鈴尾 五郎 ⇒福原芳山（ふくはら・ほうざん）を見よ
鈴木 岩次郎 ……… 377
鈴木 亀吉 ……… 377
鈴木 貫一 ……… 377
鈴木 敬作 ……… 377
鈴木 真一（2代）……… 377
鈴木 藤三郎 ……… 377
鈴木 暢 ……… 378
鈴木 知雄 ……… 378
鈴木 文太郎 ……… 378
鈴木 馬左也 ……… 378
鈴木 四十 ……… 379
鈴木 六之助 ⇒鈴木知雄（すずき・ともお）を見よ
鈴藤 勇次郎 ……… 379
須田 利信 ……… 379
須藤 時一郎 ……… 380

周布 金槌 …………… 380		高根 義人 …………… 403
周布 公平 …………… 380	【そ】	高野 広八 …………… 403
すみ ………………… 380		高野 房太郎 ………… 404
隅田川 浪五郎 ……… 381	惣次郎 ……………… 390	高野 正誠 …………… 404
隅田川 松五郎 ……… 381	惣助 ………………… 391	高橋 是清 …………… 404
頭本 元貞 …………… 381	宗蔵 ………………… 391	高橋 順太郎 ………… 406
	相馬 永胤 …………… 392	高橋 新一 …………… 406
	副島 道正 …………… 392	高橋 新吉 …………… 406
【せ】	添田 寿一 …………… 393	高橋 鉄太郎 ………… 406
	添田 飛雄太郎 ……… 393	高橋 秀松 …………… 406
清家 茂清 …………… 381	曽我 鋕爾 …………… 393	高橋 瑞子 …………… 407
清五郎 ……………… 382	曽我 祐邦 …………… 393	高橋 森之助 ………… 407
清太郎 ……………… 382	曽禰 荒助 …………… 393	高橋 義雄 …………… 407
清兵衛 ……………… 382	曽根 直之助 ………… 394	高畠 五郎 …………… 408
瀬川 昌耆 …………… 382	園田 孝吉 …………… 394	高原 弘造 …………… 408
関 研蔵 ⇒五代友厚(ごだい・	園田 安賢 …………… 394	高松 豊吉 …………… 408
ともあつ)を見よ	曽谷 言成 …………… 395	高松 彦三郎 ………… 409
関 重忠 ……………… 382	祖山 鐘三 …………… 395	高松 凌雲 …………… 409
関 信三 ……………… 383		高見 弥一 …………… 410
尺 振八 ……………… 383		高峰 譲吉 …………… 411
関 直彦 ……………… 384	【た】	高嶺 秀夫 …………… 412
尺 秀三郎 …………… 384		高谷 恒太郎 ………… 413
関口 大八郎 ………… 384	大黒屋 光太夫 ……… 395	高山 紀斎 …………… 413
関口 豊 ……………… 384	大国屋 禎二郎 ……… 397	高山 甚太郎 ………… 413
関沢 孝三郎 ⇒関沢明清(せ	多賀 章人 …………… 397	高山 直質 …………… 414
きざわ・めいせい)を見よ	高木 兼寛 …………… 397	高山 保綱 …………… 414
関沢 明清 …………… 384	高木 三郎 …………… 397	財部 彪 ……………… 414
関谷 清景 …………… 385	高木 貞作 …………… 398	滝 廉太郎 …………… 414
関谷 銘次郎 ………… 385	高木 留三郎 ………… 398	太吉 ………………… 416
瀬合 小次郎 ………… 386	高木 豊三 …………… 398	多久 乾一郎 ………… 416
瀬沼 恪三郎 ………… 386	高木 報造 …………… 398	田口 和美 …………… 416
瀬沼 夏葉 …………… 386	高木 壬太郎 ………… 398	田口 俊平 …………… 416
世良田 亮 …………… 387	高木 喜寛 …………… 399	田口 太郎 …………… 417
瀬脇 寿人 ⇒手塚律蔵(てづ	高楠 順次郎 ………… 399	多芸 誠輔 …………… 417
か・りつぞう)を見よ	高崎 正風 …………… 399	武石 貞一 …………… 417
千賀 鶴太郎 ………… 387	高島 小金治 ………… 400	竹内 徳兵衛 ………… 417
善吉 ………………… 387	高島 祐啓 …………… 400	竹内 保徳 …………… 417
仙石 貢 ……………… 387	高島 得三 ⇒高島北海(たか	武田 錦子 …………… 418
専修寺 教阿 ⇒堀川教阿(ほ	しま・ほっかい)を見よ	竹田 春風 …………… 418
りかわ・きょうあ)を見よ	高島 鞆之助 ………… 400	武田 秀雄 …………… 418
善十郎 ……………… 388	高島 北海 …………… 401	武谷 福三 …………… 419
仙次郎 ……………… 388	高須 懍 ……………… 401	武谷 椋山 …………… 419
善助 ………………… 388	高杉 滝蔵 …………… 401	竹村 謹吾 …………… 419
千田 嘉吉 …………… 389	高田 慎蔵 …………… 401	竹村 本五郎 ………… 419
仙太郎 ……………… 389	高田屋 嘉兵衛 ……… 401	田坂 虎之助 ………… 419
仙波 太郎 …………… 389	鷹野 煕通 …………… 403	太三郎 ……………… 419
千本 福隆 …………… 389	高戸 賞士 …………… 403	田島 善平 …………… 420
善六 ………………… 390		田島 応親 …………… 420
		田島 弥平 …………… 421
		太十郎 ……………… 421

田尻 稲次郎 …… 422	谷村 左右助 …… 440	津田 梅子 …… 451
田代 静之助 …… 422	谷元 兵右衛門 …… 440	津田 純一 …… 452
多田 弥吉 …… 423	谷元 道之 …… 440	津田 正之助 …… 452
立 広作 ⇒立嘉度(たち・よしのり)を見よ	種子島 敬輔 …… 440	津田 震一郎 …… 452
立 嘉度 …… 423	田原 直助 …… 441	津田 静一 …… 453
橘 耕斎 …… 423	玉井 喜作 …… 441	津田 仙 …… 453
辰蔵 …… 424	玉木 三弥 …… 441	津田 寅次郎 …… 454
辰蔵 …… 425	玉虫 左太夫 …… 441	津田 弘道 …… 454
辰野 金吾 …… 425	玉利 喜造 …… 442	津田 真道 …… 454
立見 尚文 …… 426	玉利 親賢 …… 442	津太夫 …… 455
辰巳 一 …… 426	民之助 …… 443	土子 金四郎 …… 456
伊達 宗敦 …… 427	田村 怡与造 …… 443	土橋 八千太 …… 456
伊達 宗介 …… 427	田村 新吉 …… 443	土屋 助次郎 …… 456
伊達 宗之助 …… 427	田村 政治郎 …… 444	土屋 静軒 …… 457
伊達 宗陳 …… 427	田村 直臣 …… 444	土屋 光春 …… 457
伊達 弥助 …… 427	田村 初太郎 …… 444	土山 藤次郎 …… 457
立石 斧次郎 …… 428	太郎吉 …… 444	筒井 秀二郎 …… 457
立石 得十郎 …… 428	太郎兵衛 …… 444	都筑 馨六 …… 457
建野 郷三 …… 429	田原 良純 …… 445	堤 勉 …… 458
田辺 次郎 …… 429	団 琢磨 …… 445	綱島 佳吉 …… 458
田中 阿歌麿 …… 429	丹山 陸郎 …… 446	恒藤 規隆 …… 458
田中 稲城 …… 429	丹野 貞郎 …… 446	坪井 九馬三 …… 458
田中 王堂 …… 430	丹波 敬三 …… 447	坪井 航三 …… 459
田中 銀之助 …… 430		坪井 正五郎 …… 460
田中 耕造 …… 430		坪井 次郎 …… 460
田中 正平 …… 430	【ち】	妻木 頼黄 …… 460
田中 二郎 …… 431		鶴田 皓 …… 461
田中 静洲 …… 431	千頭 清臣 …… 447	鶴田 揆一 …… 461
田中 精助 …… 432	千坂 高雅 …… 447	
田中 鶴吉 …… 432	千々石 ミゲル …… 447	【て】
田中 貞吉 …… 433	千葉 掬香 …… 448	
田中 永昌 …… 433	千葉 勇五郎 …… 448	鄭 永慶 …… 462
田中 秀安 …… 433	千村 五郎 …… 448	鄭 永昌 …… 462
田中 不二麿 …… 433	長助 …… 449	手賀 儀三郎 …… 462
田野 文助 …… 434	珍田 捨巳 …… 449	手島 精一 …… 463
田野 光顕 …… 434		手塚 律蔵 …… 463
田中 盛明 ⇒田中静洲(たなか・せいしゅう)を見よ	【つ】	鉄五郎 …… 464
田中 芳男 …… 435		寺内 正毅 …… 464
田中 廉太郎 …… 436	塚田 数平 …… 449	寺尾 亨 …… 464
田中館 愛橘 …… 436	塚原 昌義 …… 449	寺尾 寿 …… 465
田辺 朔郎 …… 437	津軽 英麿 …… 450	寺島 誠一郎 …… 465
田辺 太一 …… 437	津川 良蔵 …… 450	寺島 宗則 …… 465
田辺 蓮舟 ⇒田辺太一(たなべ・たいち)を見よ	柘植 善吾 …… 450	寺島 勇吉 …… 466
谷 干城 …… 439	辻 小伝太 …… 450	寺見 機一 …… 467
谷 文一郎 …… 440	辻 信明 …… 450	出羽 重遠 …… 467
谷川 猛 …… 440	辻 春十郎 …… 451	田 健治郎 …… 467
谷口 謙 …… 440	津田 伊兵衛 …… 451	伝吉 …… 467
		伝蔵 …… 468

伝兵衛 …………… 468	富永 冬樹 …………… 482	中島 泰蔵 …………… 500
	富谷 鉎太郎 ………… 482	中島 永元 …………… 500
	留岡 幸助 …………… 482	中島 信行 …………… 500
	朝永 正三 …………… 482	中島 半一郎 ………… 501
【と】	外山 脩造 …………… 483	中島 政之允 ………… 501
	外山 正一 …………… 483	中島 力造 …………… 501
土井 利恒 …………… 468	豊岡 新吉 …………… 484	長瀬 鳳輔 …………… 501
東海 散士 …………… 469	豊沢 仙八 …………… 484	中田 重治 …………… 501
道家 斉 ……………… 469	豊田 銀次郎 ………… 484	永富 雄吉 …………… 502
東郷 愛之進 ………… 469	豊田 芙雄 …………… 485	中西 牛郎 …………… 502
東郷 平八郎 ………… 470	豊原 百太郎 ………… 485	中西 米太郎 ………… 502
東条 英教 …………… 471	寅右衛門 …………… 485	長沼 守敬 …………… 502
遠武 秀行 …………… 471	虎吉 ………………… 485	長野 桂次郎 ⇒立石斧次郎
遠野 寅亮 …………… 471	鳥居 忠文 …………… 485	（たていし・おのじろう）を
遠山 参良 …………… 471	鳥居 朝道 …………… 485	見よ
土宜 法竜 …………… 472	鳥尾 小弥太 ………… 486	中野 権六 …………… 503
戸際 文造 …………… 472		中野 健明 …………… 503
常磐井 堯猷 ………… 472		中野 初子 …………… 503
徳川 昭武 …………… 472	【な】	長野 文炳 …………… 503
徳川 篤守 …………… 473		中橋 徳五郎 ………… 503
徳川 篤敬 …………… 474	内藤 政共 …………… 486	中浜 東一郎 ………… 504
徳川 家達 …………… 474	内藤 陽三 …………… 486	中浜 万次郎 ⇒ジョン万次
徳川 達孝 …………… 474	内藤 類次郎 ………… 486	郎（じょんまんじろう）を
徳富 猪一郎 ⇒徳富蘇峰（と	中井 桜洲 ⇒中井弘（なかい・	見よ
くとみ・そほう）を見よ	ひろし）を見よ	中原 国之助 ………… 504
徳冨 健次郎 ⇒徳冨蘆花（と	永井 荷風 …………… 487	中原 淳蔵 …………… 504
くとみ・ろか）を見よ	永井 久一郎 ………… 488	長松 篤棐 …………… 505
徳富 蘇峰 …………… 474	永井 繁子 …………… 489	長松 周造 …………… 505
徳冨 蘆花 …………… 476	長井 長義 …………… 489	中御門 経隆 ………… 505
得能 新十郎 ………… 477	中井 弘 ……………… 490	中上川 彦次郎 ……… 505
土倉 正彦 …………… 477	中浦 ジュリアン …… 490	長嶺 正介 …………… 506
戸田 氏共 …………… 477	中江 兆民 …………… 491	中村 喜一郎 ………… 506
戸田 欽堂 …………… 477	長尾 幸作 …………… 492	中村 精男 …………… 506
戸田 五郎 …………… 478	長尾 俊次郎 ………… 492	中村 敬宇 ⇒中村正直（なか
戸次 正三郎 ………… 478	長岡 治三郎 ………… 492	むら・まさなお）を見よ
轟之助 ……………… 478	長岡 半太郎 ………… 493	中村 新九郎 ………… 506
土肥 慶蔵 …………… 478	長岡 護美 …………… 494	中村 清太郎 ………… 507
土肥 又七 ⇒毛利藤四郎（も	中川 耕山 …………… 494	中村 宗見 …………… 507
うり・とうしろう）を見よ	中川 五郎治 ………… 494	中村 孟 ……………… 507
トマス荒木 ………… 479	中川 清兵衛 ………… 495	中村 貞吉 …………… 507
富井 政章 …………… 479	中川 元 ……………… 495	中村 博愛 ⇒中村宗見（なか
富岡 定恭 …………… 480	中沢 岩太 …………… 496	むら・そうけん）を見よ
戸水 寛人 …………… 480	長沢 鼎 ……………… 496	中村 正直 …………… 508
富田 達三 …………… 480	長沢 別天 …………… 497	中村 静嘉 …………… 509
富田 恒三郎 ………… 480	中島 鋭治 …………… 498	中村 弥六 …………… 509
富田 貞次郎 ………… 480	中島 兼吉 …………… 498	中村 雄次郎 ………… 509
富田 鉄之助 ………… 481	中島 才吉 …………… 499	中山 譲治 …………… 510
富田 命保 …………… 481	中島 精一 …………… 499	永山 武四郎 ………… 510
富田 孟次郎 ………… 481	中島 惣助 …………… 499	中山 訥 ……………… 511
富永 市蔵 …………… 481		中山 信彬 …………… 511

なかやま　　　　　人名目次

中山 秀三郎 ………… 511
長与 称吉 ………… 511
長与 専斎 ………… 512
名倉 納 ………… 512
名倉 予可人 ………… 513
名越 平馬 ………… 513
那須 セイ ………… 513
夏目 漱石 ………… 513
鍋島 直柔 ………… 516
鍋島 直虎 ………… 516
鍋島 直大 ………… 516
鍋島 直彬 ………… 517
鍋島 栄子 ………… 517
浪七 ………… 517
名村 泰蔵 ………… 517
名村 元度 ………… 518
奈良 真志 ………… 518
楢崎 頼三 ………… 518
成島 柳北 ………… 519
成瀬 錠五郎 ………… 520
成瀬 善四郎　⇒成瀬正典（なるせ・まさのり）を見よ
成瀬 正典 ………… 520
名和 道一 ………… 520
南郷 茂光　⇒浅津富之助（あさづ・とみのすけ）を見よ
南条 文雄 ………… 521
難波 正 ………… 521
南部 球吾 ………… 522
南部 栄信 ………… 522
南部 英麿 ………… 522

【に】

新島 襄 ………… 522
新納 次郎四郎 ………… 524
新納 中三 ………… 524
西 周 ………… 525
西 吉十郎 ………… 526
西 徳二郎 ………… 526
西 直八郎 ………… 527
西川 友喜 ………… 527
西川 虎之助 ………… 527
錦見 貫一郎 ………… 527
西島 勇 ………… 527
西村 猪三郎 ………… 527
西村 勝三 ………… 528
西村 金五郎 ………… 528
西村 捨三 ………… 528
西村 千里 ………… 528
新田 静丸 ………… 528
新田 長次郎 ………… 529
新渡戸 稲造 ………… 529
二宮 熊次郎 ………… 531
仁礼 景範 ………… 531
丹羽 淳一郎 ………… 531
丹羽 龍之助 ………… 531

【ぬ】

沼間 守一 ………… 532
沼川 三郎　⇒横井大平（よこい・たいへい）を見よ

【ね】

根津 欽次郎 ………… 532
根本 正 ………… 532

【の】

納富 介次郎 ………… 532
乃木 希典 ………… 533
野口 定次郎 ………… 534
野口 富蔵 ………… 534
野口 米次郎 ………… 535
野沢 武之助 ………… 536
野島 丹蔵 ………… 536
野尻 精一 ………… 536
能勢 栄 ………… 536
能勢 静太 ………… 536
野津 十郎 ………… 537
野津 道貫 ………… 537
野中 元右衛門 ………… 537
野々村 市之進 ………… 537
野間口 兼雄 ………… 537
野村 市助 ………… 538
野村 小三郎 ………… 538
野村 文夫 ………… 538
野村 素介 ………… 538
野村 弥吉　⇒井上勝（いのうえ・まさる）を見よ
野村 靖 ………… 539
野村 洋三 ………… 539
野村 龍太郎 ………… 539
野元 綱明 ………… 539
野呂 景義 ………… 540

【は】

拝志 よしね ………… 540
芳賀 栄次郎 ………… 540
塀和 為昌 ………… 541
萩野 末吉 ………… 541
萩原 三圭 ………… 541
萩原 真 ………… 542
萩原 正倫 ………… 542
土師 外次郎 ………… 542
橋口 文蔵 ………… 542
橋口 宗儀 ………… 542
橋本 左五郎 ………… 543
橋本 綱常 ………… 543
橋本 悌蔵 ………… 543
橋本 春 ………… 544
長谷川 雄645 ………… 544

長谷川 雄郎 ………… 544
長谷川 謹介 ………… 544
長谷川 喬 ………… 544
長谷川 長次郎 ………… 544
長谷川 芳之助 ………… 545
長谷川 好道 ………… 545
支倉 常長 ………… 545
長谷部 仲彦 ………… 547
畠山 長平 ………… 547
畠山 義成 ………… 547
波多野 貞之助 ………… 548
八三郎 ………… 548
蜂須賀 万亀次郎 ………… 549
蜂須賀 正韶 ………… 549
蜂須賀 茂韶 ………… 549
八戸 欽三郎 ………… 549
八田 裕次郎 ………… 550
初太郎 ………… 550
服部 綾雄 ………… 550
服部 一三 ………… 550
服部 杏圃 ………… 551
服部 敬次郎 ………… 551
服部 俊一 ………… 551
服部 潤次郎 ………… 552

50　新訂増補 海を越えた日本人名事典

人名目次　　　　　　　　ふくはら

服部 政介	552
鳩山 和夫	552
鳩山 春子	552
花房 義質	553
馬場 辰猪	554
馬場 禎四郎	555
馬場 命英	555
浜尾 新	555
浜岡 光哲	555
浜口 梧陵	556
浜口 成則 ⇒浜口梧陵（はまぐち・ごりょう）を見よ	
浜口 与右衛門	556
浜錠 定吉	556
浜田 玄達	556
羽室 庸之助	557
早川 千吉郎	557
早川 龍介	557
早崎 源吾	558
早崎 七郎	558
林 歌子	558
林 糾四郎	558
林 研海	558
林 源之助	559
林 権助	559
林 純吉	559
林 荘三	559
林 董	560
林 忠正	561
林 曄	561
林 有造	561
早竹 虎吉	562
原 覚蔵	562
原 桂仙	562
原 忠順	562
原 マルチノ	563
原 保太郎	563
原 祐民	564
原 亮一郎	564
原 六郎	564
原口 要	565
原田 一道	565
原田 音之進	565
原田 吾一	565
原田 貞之助	565
原田 治郎	565
原田 助	566
原田 輝太郎	566
原田 豊吉	566
原田 直次郎	567

原田 宗助	568
ハルトマン, サダキチ	568
伴 寿三郎	568
伴 鉄太郎	569
半次郎	569
半蔵	569
範多 龍太郎	569

【ひ】

東久世 通暉	569
東久世 通禧	570
東伏見宮 嘉彰 ⇒小松宮彰仁親王（こまつのみや・あきひとしんのう）を見よ	
東伏見宮 依仁親王	570
樋口 千代熊	570
樋口 艶之助	570
彦吉	571
久松 定謨	571
久松 定弘	571
土方 賢吉	571
土方 勝一	571
土方 久明	571
土方 久元	572
土方 寧	572
日田 仙蔵	572
肥田 為良 ⇒肥田浜五郎（ひだ・はまごろう）を見よ	
肥田 浜五郎	572
日高 圭三郎	573
日高 壮之丞	573
日高 真実	573
秀島 家良	573
秀島 藤之助	574
日向 輝武	574
日比野 清作	574
百武 兼行	574
百武 三郎	574
平井 希昌	575
平岡 煕	575
平岡 盛三郎 ⇒市川森三郎（いちかわ・もりさぶろう）を見よ	
平賀 磯三郎 ⇒平賀義質（ひらが・よしただ）を見よ	
平賀 義質	575
平賀 義美	576

平島 精一	576
平田 東助	576
平野 永太郎	577
平野 信蔵	577
平原 太作	577
平山 英三	577
平山 太郎	577
平山 成信	577
平山 信	578
広 虎一	578
広井 勇	578
広沢 金次郎	579
広沢 健三	579
広瀬 格蔵	579
広瀬 武夫	579
広田 精一	580
弘田 長	580
広野 精一郎	581
広橋 賢光	581

【ふ】

深井 英五	581
深海 墨之助	581
深尾 貝作	582
深川 長右衛門	582
深瀬 洋春	582
深津 保太郎	582
福井 信	582
福岡 秀猪	582
福沢 一太郎	582
福沢 英之助	583
福沢 捨次郎	583
福沢 桃介	583
福沢 諭吉	584
福島 恵三郎	585
福島 虎次郎	585
福島 安正	585
福田 馬之助	586
福田 作太郎	586
福田 嘉太郎	586
福地 桜痴 ⇒福地源一郎（ふくち・げんいちろう）を見よ	
福地 源一郎	586
福地 鷹次	588
福羽 逸人	588
福原 和勝	589
福原 信蔵	589

新訂増補 海を越えた日本人名事典　51

福原 芳山	589	
福村 磯吉	589	
福村 周義	589	
袋 久平	590	
藤 雅三	590	
藤井 較一	590	
藤井 三郎	590	
藤井 茂太	591	
藤井 セイ子	591	
藤井 勉三	591	
藤岡 市助	591	
藤倉 見達	591	
藤沢 利喜太郎	592	
藤島 武二	592	
藤島 常興	593	
藤島 了穏	594	
藤田 隆三郎	594	
藤浪 鑑	594	
藤波 言忠	595	
伏見宮 貞愛親王	595	
伏見宮 博恭親王	595	
伏見宮 能久親王 ⇒北白川宮能久親王（きたしらかわのみや・よしひさしんのう）を見よ		
藤村 義朗	596	
藤本 盤蔵	596	
藤森 圭一郎	596	
藤山 種広	596	
二橋 謙	596	
二葉亭 四迷	597	
二見 鏡三郎	598	
淵辺 徳蔵	598	
舟木 真	599	
船木 練太郎	599	
船越 熊吉	599	
船越 慶次	599	
古市 公威	599	
古川 研二郎	600	
古河 潤吉	600	
古川 庄八	600	
古川 常一郎	601	
古川 正雄	601	
古沢 滋	602	
古谷 簡一	602	
古矢 弘政	602	
不破 与四郎	602	
文右衛門	602	

【へ】

別所 左二郎 ………… 603
ペドロ・カスイ・岐部・ 603

【ほ】

北条 源蔵 …………… 603
坊城 俊章 …………… 604
星 亨 ………………… 604
星 一 ………………… 605
保科 俊太郎 ………… 605
保科 真直 …………… 606
星野 長太郎 ………… 606
細川 潤次郎 ………… 606
細川 風谷 …………… 607
細川 護成 …………… 607
細木 松之助 ………… 607
細谷 安太郎 ………… 607
堀田 正顕 …………… 608
堀田 正倫 …………… 608
堀田 連太郎 ………… 608
穂積 陳重 …………… 608
穂積 八束 …………… 609
堀 誠太郎 …………… 610
堀 壮次郎 …………… 610
堀内 周吾 …………… 610
堀江 芳介 …………… 610
堀江 六五郎 ………… 611
堀川 教阿 …………… 611
堀越 善重郎 ………… 611
本田 幸介 …………… 611
本多 静六 …………… 611
本多 庸一 …………… 612
本間 英一郎 ………… 613
本間 清雄 …………… 613

【ま】

前島 密 ……………… 613
前田 献吉 …………… 614
前田 弘庵 ⇒前田正名（まえだ・まさな）を見よ

前田 孝階 …………… 615
前田 十郎左衛門 …… 615
前田 荘馬 …………… 615
前田 利同 …………… 615
前田 利嗣 …………… 615
前田 留吉 …………… 615
前田 正格 …………… 616
前田 正名 …………… 616
牧 由真 ……………… 617
牧 亮四郎 …………… 617
牧野 伸顕 …………… 617
牧野 義雄 …………… 617
牧山 修 ……………… 618
馬込 為助 …………… 618
政尾 藤吉 …………… 618
真崎 仁六 …………… 618
正木 退蔵 …………… 619
政吉 ………………… 619
益頭 駿次郎 ………… 620
馬島 健吉 …………… 620
増井 清次郎 ………… 620
増鏡 磯吉 …………… 620
増島 六一郎 ………… 620
益田 克徳 …………… 621
増田 嘉兵衛 ………… 621
益田 孝 ……………… 621
益田 鷹之助 ………… 622
益田 太郎 …………… 623
増田 好造 …………… 623
増田 礼作 …………… 623
増野 助三 …………… 623
益満 行靖 …………… 623
俣賀 致正 …………… 624
町田 啓次郎 ⇒島津啓次郎（しまづ・けいじろう）を見よ
町田 啓二郎 ⇒町田清次郎（まちだ・せいじろう）を見よ
町田 申四郎 ………… 624
町田 清次郎 ………… 624
町田 忠治 …………… 625
町田 久成 …………… 625
町田 民部 ⇒町田久成（まちだ・ひさなり）を見よ
町村 一介 …………… 627
松 …………………… 627
松井 菊次郎 ………… 627
松井 源水（13代）…… 627
松井 寿郎 …………… 627
松井 正水 …………… 627
松井 直吉 …………… 628

松浦 右近 …… 628	松本 虎之助 …… 641	三井 高明 ⇒三井弥之助（みつい・やのすけ）を見よ
松浦 和平 …… 628	松本 白華 …… 641	
松岡 盤吉 …… 628	松本 亦太郎 …… 642	三井 高保 …… 651
松岡 寿 …… 628	松山 陽太郎 …… 642	三井 常二郎 …… 652
松岡 松郎 …… 629	松山 吉次郎 …… 642	三井 弥之助 …… 652
松岡 康毅 …… 630	松浦 厚 …… 642	箕作 佳吉 …… 652
松岡 洋右 …… 630	万里小路 秀麿 …… 642	箕作 奎吾 …… 652
松崎 万長 …… 630	万里小路 通房 …… 642	箕作 元八 …… 653
松方 巌 …… 630	的場 中 …… 643	箕作 秋坪 …… 653
松方 幸次郎 …… 631	的場 由松 …… 643	箕作 大六 ⇒菊池大麓（きくち・だいろく）を見よ
松方 蘇介 …… 631	真辺 戒作 …… 643	
松方 正義 …… 631	真野 文二 …… 643	箕作 麟祥 …… 654
松川 敏胤 …… 632	馬橋 健吉 …… 643	美津田 滝次郎 …… 655
松木 弘安 ⇒寺島宗則（てらじま・むねのり）を見よ	丸岡 竹之丞 …… 644	光田 為然 ⇒光妙寺以然（こうみょうじ・いぜん）を見よ
	丸岡 武郎 ⇒大村純雄（おおむら・すみお）を見よ	
松崎 蔵之助 …… 632		光田 恵然 …… 655
松下 直美 …… 632	円中 文助 …… 644	三刀屋 七郎次 …… 655
松島 文蔵 …… 633	円中 孫平 …… 644	南方 熊楠 …… 655
松次郎 …… 633	丸山 作楽 …… 644	皆川 源吾 …… 656
松田 金次郎 …… 633	馬渡 俊邁 …… 645	南 清 …… 656
松田 周次 …… 633	マンショ小西 …… 645	南 鷹次郎 …… 657
松田 晋斎 …… 633	万蔵 …… 646	南 保 …… 657
松田 正久 …… 634		南 貞介 …… 657
松平 定敬 …… 634		南岩倉 具義 …… 657
松平 定教 …… 634	【み】	峯 源次郎 …… 658
松平 忠厚 …… 634		巳之助 …… 658
松平 忠礼 …… 635		御堀 耕助 …… 658
松平 忠敬 …… 635	三井 道郎 …… 646	三村 広次郎 …… 658
松平 喜徳 …… 635	三浦 謹之助 …… 646	宮城 浩蔵 …… 658
松平 康荘 …… 635	三浦 梧楼 …… 647	三宅 秀 …… 659
松平 康直 …… 635	三浦 十郎 …… 648	三宅 米吉 …… 659
松濤 権之丞 …… 636	三浦 東造 …… 648	宮崎 道三郎 …… 660
松野 礀 …… 636	三浦 守治 …… 648	宮崎 立元 …… 660
松野 菊太郎 …… 636	御木本 幸吉 …… 648	宮原 二郎 …… 660
松原 重栄 …… 636	ミゲル・ミノエス …… 649	宮部 金吾 …… 660
松原 新之助 …… 636	三崎 省三 …… 649	美山 貫一 …… 661
松原 旦次郎 …… 637	三崎 司 …… 649	三好 権三 …… 661
松村 淳蔵 …… 637	三島 弥太郎 …… 650	三好 晋六郎 …… 661
松村 次郎 …… 637	水品 楽太郎 …… 650	三好 退蔵 …… 661
松村 任三 …… 638	水谷 亦六郎 …… 650	三好 学 …… 662
松村 文亮 …… 638	水谷 叔彦 …… 650	三吉 米熊 …… 662
松村 六郎 …… 638	瑞穂屋 卯三郎 ⇒清水卯三郎（しみず・うさぶろう）を見よ	三輪 端蔵 …… 662
松本 鵰 …… 638		
松本 英子 …… 639		【む】
松本 銈 …… 640	三角 市之助 …… 650	
松本 健次郎 …… 640	溝口 武五郎 …… 650	
松本 三之丞 …… 640	三井 三郎助 …… 651	向井 哲吉 …… 662
松本 重太郎 …… 640	三井 高朗 …… 651	向山 一履 …… 662
松本 荘一郎 …… 641	三井 高棟 …… 651	向山 慎吉 …… 664
松本 留吉 …… 641		

武者小路 実世 …… 664	森 繁 …… 681	柳原 前光 …… 691
陸奥 広吉 …… 664	森 甚五兵衛 …… 681	柳原 初子 …… 692
陸奥 宗光 …… 664	森 鉢太郎 …… 681	柳本 直太郎 …… 692
武藤 山治 …… 665	森 正道 …… 681	柳屋 瓜生 …… 692
武藤 藤次 …… 666	森 雅守 …… 682	矢野 次郎兵衛 …… 692
村井 弦斎 …… 667	森下 龍三 …… 682	矢野 恒太 …… 692
村井 知至 …… 667	森島 庫太 …… 682	矢野 龍渓 …… 693
村井 長寛 …… 667	森田 清行 …… 682	矢吹 秀一 …… 693
村井 真雄 …… 668	森田 思軒 …… 682	山内 太郎 …… 693
村井 保固 …… 668	森田 留蔵 …… 683	山内 文次郎 …… 694
村岡 範為馳 …… 669	森田 弥助 …… 683	山尾 熊蔵 …… 694
村垣 範正 …… 669	森寺 広三郎 …… 683	山尾 常太郎 …… 694
村上 敬次郎 …… 670	森寺 常徳 …… 683	山尾 庸三 …… 694
村上 四郎 …… 670	森友 彦六 …… 683	山岡 次郎 …… 695
村木 雅美 …… 670	森永 太一郎 …… 684	山鹿 旗之進 …… 695
村瀬 春雄 …… 670	森村 豊 …… 684	山県 有朋 …… 695
村田 惇 …… 670	森山 多吉郎 …… 685	山県 伊三郎 …… 696
村田 謙太郎 …… 671		山県 小太郎 …… 697
村田 十蔵 …… 671		山川 義太郎 …… 697
村田 新八 …… 671	【や】	山川 健次郎 …… 697
村田 保 …… 671		山川 捨松 ⇒大山捨松（おお
村田 経芳 …… 672	弥市 …… 685	やま・すてまつ）を見よ
村地 才一郎 …… 672	矢島 楫子 …… 685	山極 勝三郎 …… 698
村橋 直衛 …… 672	矢島 作郎 …… 686	山口 勝 …… 698
村山 三郎 …… 673	八代 六郎 …… 686	山口 圭蔵 …… 699
村山 淳 …… 673	安井 真八郎 …… 686	山口 健五郎 …… 699
	安井 てつ …… 686	山口 俊太郎 …… 699
	安川 繁成 …… 687	山口 仙之助 …… 699
【め】	八杉 貞利 …… 687	山口 武 …… 700
	安田 善一郎 …… 688	山口 辰弥 …… 700
目賀田 種太郎 …… 673	安永 義章 …… 688	山口 鎚太 …… 700
	安場 保和 …… 688	山口 尚芳 …… 700
	安広 伴一郎 …… 688	山口 半六 …… 701
【も】	矢田 一嘯 …… 689	山口 彦次郎 …… 701
	矢田部 良吉 …… 689	山口 素臣 …… 701
毛利 藤四郎 …… 674	谷津 勘四郎 …… 689	山口 熊野 …… 701
毛利 藤内 …… 674	楊井 謙蔵 …… 689	山崎 覚次郎 …… 702
毛利 元巧 …… 674	柳井 謙太郎 …… 690	山崎 橘馬 …… 702
毛利 元敏 …… 675	柳井 譲蔵 …… 690	山崎 甲子次郎 …… 702
最上 五郎 …… 675	柳川 一蝶斎 …… 690	山崎 小三郎 …… 702
茂次平 …… 675	矢奈川 嘉七 …… 690	山崎 直胤 …… 702
本尾 敬三郎 …… 675	柳川 兼三郎 …… 690	山沢 静吾 …… 703
元田 作之進 …… 675	柳川 蝶十郎 ⇒柳川一蝶斎	山下 岩吉 …… 703
本野 一郎 …… 676	（やながわ・いっちょうさい）	山下 りん …… 703
元良 勇次郎 …… 677	を見よ	山階宮 菊麿 …… 704
森 有礼 …… 678	柳 楢悦 …… 690	山城屋 和助 …… 705
森 鷗外 …… 679	柳沢 銀蔵 …… 691	山添 喜三郎 …… 705
森 阿常 …… 681	柳沢 佐吉 …… 691	山田 顕義 …… 705
	柳沢 保恵 …… 691	山田 馬次郎 …… 706
		山田 純吉 …… 707

山田 正之助 ………… 707	湯地 定基 ………… 719	吉武 彦十郎 ………… 732
山田 信介 ………… 707	湯地 治右衛門 ⇒湯地定基	吉原 重俊 ………… 732
山田 忠澄 ………… 707	（ゆじ・さだもと）を見よ	吉益 亮子 ………… 732
山田 鉄次 ………… 707	湯本 武比古 ………… 720	善松 ………… 732
山田 鉄蔵 ………… 707	由良 源太郎 ………… 720	吉松 茂太郎 ………… 733
山田 寅吉 ………… 708	由利 公正 ………… 720	吉村 又蔵 ⇒名和道一（なわ・どういち）を見よ
山田 八郎 ………… 708		芳山 五郎介 ………… 733
山田 久雄 ………… 708		ヨネ・ノグチ ⇒野口米次郎（のぐち・よねじろう）を見よ
山田 又三郎 ………… 708	【よ】	米津 恒次郎 ………… 733
山田 要吉 ………… 708		米山 梅吉 ………… 733
山田 わか ………… 709	与吉 ………… 721	
山高 信離 ………… 710	横井 左平太 ………… 721	
大和 七之允 ………… 711	横井 佐久 ………… 721	
山中 一郎 ………… 711	横井 大平 ………… 721	【ら】
山根 正次 ………… 711	横井 時雄 ………… 722	
山内 梅三郎 ………… 712	横井 平次郎 ………… 722	ラグーザ玉 ………… 734
山内 作左衛門 ………… 712	横尾 平太 ………… 722	
山内 万寿治 ………… 712	横河 民輔 ………… 722	
山内 六三郎 ………… 713	横田 永之助 ………… 723	
山辺 丈夫 ………… 713	横田 国臣 ………… 723	【れ】
山本 音吉 ⇒音吉（おときち）を見よ	横田 重一 ………… 723	
	横田 万寿之助 ………… 723	連枝 ⇒梅上沢融（うめがみ・たくゆう）を見よ
山本 亀吉 ………… 714	横山 敬一 ………… 724	
山本 喜三郎 ………… 714	横山 主税 ………… 724	
山本 金次郎 ………… 714	横山 又次郎 ………… 724	
山本 小滝 ………… 714	与謝野 晶子 ………… 724	【ろ】
山本 権兵衛 ………… 714	吉井 幸蔵 ………… 726	
山本 重輔 ………… 715	吉井 助一 ………… 726	六兵衛 ………… 735
山本 達雄 ………… 715	吉井 友実 ………… 726	
山本 悌二郎 ………… 716	吉井 保次郎 ………… 726	
山本 長方 ………… 716	吉雄 永昌 ………… 727	【わ】
山本 彦八 ………… 716	吉岡 勇平 ………… 727	
山本 秀煌 ………… 716	吉岡 美国 ………… 727	若井 兼三郎 ………… 736
山本 芳翠 ………… 717	吉岡屋 平四郎 ………… 727	若曽根 寛一 ………… 736
山本 弥三 ………… 717	芳川 顕正 ………… 727	若山 鉉吉 ………… 736
山屋 他人 ………… 717	吉川 金次郎 ………… 728	若山 儀一 ………… 736
山脇 玄 ………… 718	嘉三郎 ………… 728	和左蔵 ………… 737
	吉田 清成 ………… 728	和田 英作 ………… 737
	吉田 顕三 ………… 729	和田 収蔵 ………… 738
【ゆ】	吉田 佐五右衛門 ………… 729	和田 慎次郎 ⇒福沢英之助（ふくざわ・えいのすけ）を見よ
	吉田 繁蔵 ………… 729	
湯浅 源二 ⇒岩佐源二（いわさ・げんじ）を見よ	吉田 忠七 ………… 730	
	吉田 朋吉 ………… 730	和田 維四郎 ………… 738
湯浅 半月 ………… 718	吉田 伴七郎 ………… 730	和田 豊治 ………… 738
結城 幸安 ………… 718	吉田 正春 ………… 730	和田 マキタ ………… 739
勇次郎 ………… 719	吉田 要作 ………… 731	
勇之助 ………… 719	吉田 好三 ………… 731	
湯川 温作 ………… 719	吉田 六左衛門 ………… 731	
湯川 類次郎 ………… 719	吉武 桂仙 ………… 731	

わだ

和田 雄治 ……………… 739
和田垣 謙三 …………… 739
渡瀬 庄三郎 …………… 739
渡瀬 寅次郎 …………… 740
渡辺 小三郎 …………… 740
渡辺 嘉一 ……………… 740
渡辺 鼎 ………………… 740
渡辺 洪基 ……………… 740
渡辺 嵩蔵　⇒天野清三郎（あまの・せいざぶろう）を見よ
渡辺 省亭 ……………… 741
渡辺 哲信 ……………… 741
渡辺 昇 ………………… 741
渡辺 譲 ………………… 742
渡辺 芳太郎 …………… 742
渡辺 龍聖 ……………… 742
渡辺 廉吉 ……………… 743
渡辺 渡 ………………… 743
渡 正元 ………………… 743

【あ】

青木 梅蔵　あおき・うめぞう
生没年不詳　幕臣　㋺フランス：1864年（遣仏使節に随行）

　生没年不詳。文久3(1864)年、遣仏使節に随行する。

　[文献]　幕末教育史の研究2―諸術伝習政策（倉沢剛）　吉川弘文館　昭59　　〔富田仁〕

青木 周蔵　あおき・しゅうぞう
弘化1年1月15日(1844)～大正3年2月16日(1914)　外交官,政治家　子爵　〔日英通商航海条約締結に成功〕　㋐長門国（厚狭郡）小埴生村　㋑幼名＝三浦玄明　㋺ドイツ：1868年（政治学）

　弘化1(1844)年1月15日、産科医三浦玄仲の長男として長門国小埴生村に生まれる。医家に生まれたために医学を修めるよう定められていたが、志は早くより政治にあった。宇部の晩生堂、ついで中津の誠求堂で四書を学ぶ。誠求堂の塾長の橋本に連れられて福沢諭吉の母を訪ね、そのとき自分の修学の方針が諭吉のように蘭学に基づかなくてはならないと反省し、医学を修める身であるが、みずから政治を学ぶため欧州へ留学するほかないという決意をかためた。元治1年、萩の明倫館好生堂に入学、蘭方医青木研蔵、研蔵についてオランダ文典の授業をうける。慶応1年、青木研蔵の養子となり、周蔵と改名。明治1(1868)年10月、長州藩は兵学のみではなく医学留学生も送るべしと木戸孝允に説いて、医学留学生としてプロシアに赴くこととなる。当時は英米仏に留学するものが多かったが、蘭書でプロシアが医学に卓越していることを知り、また普墺戦争(1866)におけるプロシアの勝利を見て、プロシア留学こそ本来の目的たる政治学を修めるのに最適と判断したためである。ベルリン大学において医学ではなく、ルドルフ・フォン・グナイストのもとで政治学を修める。明治5年1月、留学生総代となる。たまたま北白川宮が引率して来た留学生たちに、医学と兵学を修めるだけではヨーロッパ文明の移入が片寄ることを説いて、測量、毛織物、製紙、森林、ビール醸造なども学ぶように薦めた。同年、岩倉使節団の副使木戸孝允にロンドンに呼び出され、欧州、とくにプロシアの宗教、歴史、憲法、地方自治制度、貴族制度などを講ずる。また木戸にプロシア憲法の翻訳と将来の日本国憲法の草案を作るように要請され、わが国最初の私擬憲法である「大日本政規」および「憲法制定の理由書」を起草した。6年外務一等書記官、7年ドイツ公使となり、10年クラウス・フォン・ラーデ男爵の妹エリザベートと結婚。15年、伊藤博文がドイツに憲法、議会制度などの調査に来たときにベルリン大学の憲法学者フォン・グナイスト教授を紹介し、行政法に関してはその門人アルベルト・モッセに担当してもらうよう手配した。17年10月13日、ドイツ留学中の森鷗外が訪問、「学問とは書を読むのみをいふにあらず、欧州人の思想はいかに、その生活はいかに、その礼儀はいかに、これだに善く観れば洋行の手柄は充分ならむ」と修学の方針に関して助言を授ける。その対面の有様は小説「大発見」でも描かれた。その後井上馨外相のもとでドイツ、オランダ、デンマーク公使を兼任した後、19年外務次官に転じ、条約改正交渉に従事する。20年、井上馨は列国共同会議方式による交渉がボアソナードや谷干城らの反対で失敗して外相を辞任する。後任の大隈外相は国別談判方式による交渉を進めたが、国権主義者の反対とテロにあって挫折する。その後をうけて22年12月24日外務大臣となり、駐日イギリス公使フレーザーと条約改正交渉に入る。だが領事裁判権の撤廃などを盛った青木案にイギリスが同意しようとした矢先、大津事件(24年5月11日)が起こり、外務大臣を辞任した。26年駐独と駐英公使兼務を命ぜられて後、陸奥宗光外相のもとで交渉を再開、「内地雑居反対、対等条約締結」をスローガンにする対外強硬論者の議会ゆさぶりの最中、27年7月16日、日英通商航海条約をキンバリー外相と結ぶことについに成功した。その後外務大臣、39年アメリカ大使などを務めたあと、41年枢密顧問官となる。大正1年より病床につき、大正3(1914)年2月16日、肺炎のため死去。享年71歳。

　[文献]　青木周蔵の憲法草案について（坂根義久）：国学院雑誌　66(5)　昭40／青木周蔵の外交政略（坂根義久）：日本外交史研究　33　昭42／若き日の森鷗外（小堀桂一郎）　東京

大学出版会　昭44／青木周蔵自伝(坂根義久校注)　平凡社　昭45(東洋文庫168)／近代日本海外留学生史　上(渡辺実)　講談社　昭52／維新の留学生(上垣外憲一)　主婦の友社　昭53／日本人名大事典1　平凡社　昭54／明治外交と青木周蔵(坂根義久)　刀水書房　昭60／青木周蔵─明治外交の創造　青年,壮年篇(水沢周)　日本エディタースクール出版部　昭63, 平1／青木周蔵─日本をプロシャにしたかった男　上, 中, 下巻(水沢周)　中央公論社　平9(中公文庫)／青木農場と青木周蔵那須別邸(岡田義治, 磯忍)　随想舎　平13　　　　　　　　　　　〔原潔〕

青木 善平　あおき・ぜんぺい

天保10年(1839)～明治4年1月6日(1871)　筑前藩留学生　㊗福岡　㊙前名=安部龍平, 後名=安部忠平　㊙アメリカ:1867年(留学)

　天保10(1839)年福岡藩士藤井宅之進の子として生まれ, 蘭学者安部龍平の養子となる。安政2年養父の跡を継ぎ龍平を名乗るが, 万延1年安部家が断絶し青木善平と改名する。慶応2年, 幕府が海外留学を促進する布告を出し, 筑前藩もこれに応じて有能な人材を海外に派遣することにした。慶応3(1867)年7月25日, 平賀義質を引率者としたアメリカ留学生の一行に加わる。本間岩吉, 井上良一, 船越慶次, 松下直美も同行し, アメリカ船コロラド号で横浜を出帆。アメリカのハーバード大学に学んだ。帰国後, 藩校修猷館設立とともに英学を教授する。明治2年安部姓に復し忠吉と改名。明治4(1871)年1月6日死去。享年33歳。

〔文献〕近代日本の海外留学史(石附実)　ミネルヴァ書房　昭47／近代日本海外留学生史　上(渡辺実)　講談社　昭52／日本洋楽人名事典　柏書房　平6　〔楠家重敏／富田仁〕

青木 宣純　あおき・のりずみ

安政6年5月19日(1859)～大正13年12月12日(1924)　陸軍軍人, 中将　〔軍人外交官として尽力〕　㊗日向国佐土原　㊙幼名=平太郎　㊙ベルギー:1891年(陸軍軍事研修)

　安政6(1859)年5月19日, 藩士青木新蔵の長男として日向国佐土原に生まれる。陸軍幼年学校から士官学校に進み, 卒業後砲兵少尉となり参謀本部に出仕。明治24(1891)年3月, 砲兵大尉のときに陸軍より島川文八郎(砲兵大尉), 天野富太郎(砲兵大尉), 福原信蔵(工兵大尉)とともにベルギーに留学。2年間の滞在の末26年6月帰国。日清戦争には第一軍参謀(少佐)として戦功をたて, 日露戦争では満州軍総司令部付(大佐), 清国大使付武官をつとめ情報収集にあたった。戦後少将に, 大正2年中将に昇進するが, 旅順要塞司令官を最後に退役。その後, 袁世凱, 黎元洪の軍事顧問となるなど中国通として知られたが, ベルギー留学の体験から英, 仏, 独3ヶ国語を操り「軍人外交官」とも評される。大正13(1924)年12月12日, 東京市ヶ谷の自宅で死去。享年66歳。
㊧東京・青山霊園

〔文献〕伊集院彦吉男・青木宣純将軍追悼録　追悼発起人編刊　昭6／大日本人名辞書1　新訂版　大日本人名辞書刊行会編刊　昭12／謀略将軍青木宣純(佐藤垢石)　墨水書房　昭18／近代日本海外留学生史　下(渡辺実)　講談社　昭53／日本人名大事典1　平凡社　昭54／宮崎県大百科事典(宮崎日日新聞社, 宮崎県大百科事典刊行委員会)　宮崎日日新聞社　昭58　〔伏見郁子〕

青山 胤通　あおやま・たねみち

安政6年5月15日(1859)～大正6年12月24日(1917)　医学者　医学博士　男爵　〔伝染病・癌研究に貢献〕　㊗江戸(美濃苗木藩の江戸屋敷)　㊙幼名=助松　㊙ドイツ:1883年(内科学)

　安政6(1859)年5月15日, 美濃苗木藩士景通の第三子として江戸麻布の屋敷に生まれる。10歳のとき本所柳島の国学者平田信胤の養子となる。13歳で青山に復縁。明治5年上京し, 壬申義塾, 進文学舎に学んだ後, 6年大学東校入学。15年東京大学医学部を卒業後, 16(1883)年ベルツ教授の推挙によりドイツのベルリン大学に留学する。ウィルヒョウ, ハンゼマン, フレーリクスなど著名教授をそろえるベルリン大学においてフレーリクスの後任ライデンについて内科学を専攻する。ほかに病理学も修め, 帰途フランスにおいてシャルコーに学ぶ。留学中, オーストリアの精神医クラフト・エービングがその著書の中で, 日本人は妻を選ぶときにかつて娼婦として妓楼に勤めていた女を娶ると述べているのを見て, 大いに憤慨し抗議しようと思ったが果せず, 20年4月中旬にそのことを森鷗外に話すと, 鷗外も大いに怒り, 22年9月「西人の虚辞我を誣誷す」を『東京医事新誌』に発表しエ

明石 元二郎　あかし・もとじろう

元治1年8月1日（1864）〜大正8年10月26日（1919）　陸軍軍人，大将，台湾総督　〔ロシアでの諜報工作に活躍〕　㊥福岡天神町　㊚ドイツ：1894年（語学研修）

　元治1(1864)年8月1日，福岡藩士明石助九郎の二男として生まれる。慶応2(1866)年に父が切腹自殺をしたため，1300石の家柄であったが財産を使い果たし，生活困難におちいり家は人手に渡る。近親のもとに身を寄せ母秀子が生活を支えながら論語の素読などの教育を行う。地元の小学校で学んだのち，明治9年に上京し団尚静の家に寄食しながら，儒家安井息軒の塾で漢籍を学ぶ。10年，陸軍士官学校幼年生となり，14年に陸軍士官学校に入学する。16年に卒業し歩兵少尉に任官，歩兵第12連隊附となり丸亀へ赴き，翌年には第18連隊附となり豊橋にうつる。19年に戸山学校教官となったのち，20年に陸軍大学校に入学し22年に卒業する。卒業後，歩兵第五連隊附となり，その後，参謀本部第一局付などを経て27(1894)年2月にドイツに留学する。同年8月，日清戦争がはじまったため，翌年4月に帰国し，近衛師団参謀として大連へ赴くが，すぐに講和条約の成立となる。条約によって割譲された台湾の擾乱を鎮定するため旅順より台湾に赴いたのち帰国する。帰国後，参謀本部附，陸軍大学校教官を歴任し，31年にフィリピンの対スペインおよび対アメリカ戦争視察のため南洋諸島に派遣され，33年には北清事変により清国へ赴く。34年，フランス公使館附武官となりパリへ赴任し35年にはロシア公使館附武官としてペテルブルグに派遣されるが，37年に日露戦争が勃発したためスウェーデンのストックホルムに移る。ここでロシアの内情探査や攪乱工作を行う。ロシアの反政府組織や革命勢力と接触し資金援助を行うとともに，反政府組織の連合を企てるなど，ロシアの内部崩壊を目的としてヨーロッパ各地で工作活動を行い，対露戦を背後から支える。38年12月に帰国するが，翌年にはドイツ大使館附武官として再び渡欧し，ジュネーブでの万国赤十字社会議に次席委員として出席するなどの活動を行うが，日露戦争時にヨーロッパ各地で行った工作活動がさまたげとなり40年に帰国する。同年10月，陸軍少将となり第14憲兵隊長として韓国に赴任し，その後，韓国駐箚軍参謀長，韓国駐箚憲

―ビングに反駁した。20年8月帰国。帝国医科大学教授となり外来の診療と内科学講義を担当し，臨床家としての名声がつとに高まる。27年香港におけるペスト研究調査のために北里柴三郎と出張を命ぜられる。同年6月14日からケネディタウン病院で研究に着手，主に臨床方面（病理解剖）を担当，一方，北里は病原体の検索を行った。しかし2週間後香港ホテルにおけるパーティの席上ペストが発病，一時東京に危篤の報さえ伝えられたが，英人医師ラウソンの献身的看護によって回復する。34年43歳で東京帝国大学医科大学長となる。36年5月ドイツ，オーストリア，フランス，スイス，ロシア，イギリス，アメリカの諸国を歴訪し，37年4月に帰国。40年ベルリンのハンゼマンから万国癌研究会への日本の参加を勧められると，みずから会頭となり，総裁に桂太郎，副総裁に渋沢栄一を迎えて癌研究会を発足させる。41年，清国政府の要請を受けて南江総督端方を診察するために中国旅行を行う。45年明治天皇崩御に際しては，その拝診を仰せつかる。大正3年伝染病研究所が内務省から文部省に移管されたために，北里柴三郎に代わってその所長となる。これは伝研移管問題として政治問題化し，時の内閣総理大臣大隈重信と親交のあったことで一時世間の非難の目が彼に向けられた。6年に入り食道狭窄の症状が現れ，癌が著しく進行する。9月学長を辞任。重病の床で男爵を授けられ，大正6(1917)年12月24日死去。享年59歳。遺体は医科大学病理学教室で長与教授執刀で局部解剖され，癌研究のために用いられた。
㊞東京・谷中霊園
|文献| 青山胤通1〜2（青山先生伝記編纂会編）　青山内科同窓会　昭5／座談会　青山胤通先生を偲ぶ夕：日本医事新報　748　昭12／青山胤通伝（高田隣徳）　『近代日本の科学者』人文閣　昭16／青山胤通先生（稲田竜吉）：日本医事新報　1242　昭23／青山胤通1〜3（藤田宗一）：日本医事新報　1521〜1523　昭28／思い出の青山胤通先生（熊谷謙二編）　青山先生生誕壱百年祭準備委員会　昭34／二人の医聖（平光吾一）：濃飛人　237　昭37／若き日の森鷗外（小堀桂一郎）　東京大学出版会　昭44／日本人名大事典1　平凡社　昭54／青山胤通―伝記・青山胤通（鵜崎熊吉）　大空社　平10（伝記叢書）　　　　〔原潔〕

兵隊長，韓国駐箚指令官，統監府警務総長など を歴任し，韓国併合前後の治安維持および警備の中心人物として活動する。大正1年，中将となり，3年には参謀次長，4年には第六師団長に就任する。7年6月，台湾総督となり，翌7月に大将，8年には台湾軍司令官も兼務し，南洋の国防問題および経済対策にあたる。同年7月，肺炎となる。回復後，帰途の船中で脳溢血となり，10月17日門司に上陸するが，大正8(1919)年10月26日死去。11月3日，台湾総督府葬。

墓台湾・三板橋

文献 明石大将伝（杉山茂丸）博文館 大10／明石将軍（西川虎次郎）大道学館 昭9／明石元二郎（小森徳治）原書房 昭43／明石大佐とロシア革命（小山勝清）原書房 昭59／情報将軍明石元二郎—ロシアを倒したスパイ大将の生涯（豊田穣）光人社 昭62／明石元二郎—伝記・明石元二郎（小森徳治）大空社 昭63（伝記叢書）／情報将軍明石元二郎—ロシアを倒したスパイ大将の生涯（豊田穣）光人社 平6（光人社NF文庫）〔湯本豪一〕

赤根 倍作　あかね・ますさく

生没年不詳　熊本県留学生　生熊本　留イギリス：1871年頃（留学）

　生没年不詳。熊本の出身。京都大学文学部所蔵の吉田文書によれば明治4(1871)年9月まで熊本県の県費留学生としてイギリスに赴いている。その後の消息は不明。

文献 明治初年条約改正史の研究（下村冨士夫）吉川弘文館 昭37／近代日本の海外留学史（石附実）ミネルヴァ書房 昭47／近代日本海外留学生史 上（渡辺実）講談社 昭52　〔楠家重敏〕

赤羽 四郎　あかばね・しろう

安政2年2月(1855)～明治43年1月28日(1910)　外交官　〔北清事変に功労〕　生会津若松　名幼名＝弥四郎　留アメリカ：1872年（吉田清成に同行，エール大学留学）

　安政2(1855)年2月，会津藩士赤羽松陽の子として生まれる。幼いころより，日新館で柴四郎，山川健次郎らと交わり秀才とよばれる。沼間守一にフランス語を学び，明治5(1872)年に吉田清成に同行してアメリカに留学しエール大学の門に入る。9年に帰国し東京大学予備門の教論となり，13年には外務三等書記生に転じ，ドイツのベルリン公使館に勤める。さらに16年には外務書記官としてロシア公使館に勤務し，18年にはアメリカのワシントン公使館に転ずる。その後，25年に外務大臣秘書官となり，同年一等書記官としてドイツ公使館に赴任する。27年オランダ弁理大使となり，さらに33年に清国北京の特命全権公使に進む。この間，北清事変に敏腕を振るう。のちスペイン公使に転じ40年に帰国する。日露戦争の折バルチック艦隊の消息を伝えて功があった。明治43(1910)年1月28日，肺患咽喉結核のため死去。享年56歳。

文献 明治過去帳—物故人名辞典（大植四郎編）東京美術 昭46／近代日本の海外留学史（石附実）ミネルヴァ書房 昭47／近代日本海外留学生史 上（渡辺実）講談社 昭52／日本人名大事典1 平凡社 昭54　〔楠家重敏〕

赤星 研造　あかぼし・けんぞう

弘化1年(1844)～明治37年1月6日(1904)　医師，侍医　〔外科臨床医として活躍〕　生筑前国福岡　留ドイツ：1866年（医学）

　弘化1(1844)年，福岡藩士の子として生まれる。慶応2(1866)年4月藩命によってドイツのハイデルベルク大学に留学し，医学を修める。明治3年普仏戦争のとき，プロシア軍医の資格で従軍，両国の戦死者100名あまりを解剖研究した。6年文部省の命により帰国，同省七等出仕，宮内省六等侍医に任ぜられる。さらに東京大学四等教授となり，外科の大家としての名声をはせる。12年宮城県令松平正直の要請で宮城病院長，宮城医学校長となる。15年病のため辞職後，筑後久留米病院長を経て仙台国分町に開業するが，最後は登米病院医師として，明治37(1904)年1月6日死去。享年61歳。

墓仙台北山町・基督教従共葬墓地

文献 仙台人名大辞典（菊田定郷）歴史図書社 昭49／日本人名大事典1 平凡社 昭54／近代日独交渉史研究序説—最初のドイツ大学日本人学生馬島済治とカール・レーマン（荒木康彦）雄松堂出版 平15　〔原潔〕

赤松 大三郎　あかまつ・だいざぶろう

天保12年11月1日(1841)～大正9年9月23日(1920)　海軍軍人，中将　男爵　〔造船学の先駆者〕　生江戸深川元町　名諱＝則良　留アメリカ：1860年（咸臨丸に搭乗），オランダ：1862年（造船学，物理学）

天保12(1841)年11月1日、幕府の御家人吉沢雄之進政範の次男として江戸深川元町の御徒士の組屋敷内で生まれる。のちに父の生家赤松家の養子となる。安政2年坪井信良の塾に入り、オランダ語を学ぶ。安政4年1月、蕃書調所句読教授方出役となる。同年8月、長崎海軍伝習所第3回伝習生として長崎で2年間学び、安政6年9月より軍艦操練所教授方手伝となる。安政7(1860)年1月、遣米使節の一行に加わり咸臨丸に搭乗して渡米、同年5月帰国。文久1年7月、引き続き軍艦操練所に出仕する。2(1862)年3月オランダ留学の命を受け、明治1年5月に帰国するまで、幕府があつらえた洋式軍艦(開陽丸)の製造見学と物理、化学、理学、造船学等を学ぶ。オランダ滞在中は、当初ライデンで暮らし、のちにハーグに移り、さらにドルトレヒト、アムステルダムに転居。同1年10月、幕府崩壊にともない沼津へ移住し、同年11月、沼津兵学校陸軍一等教授方となり、翌2年10月沼津兵学校頭取となる。3年3月兵部省出仕。同年6月民部省に出仕し、民部権少丞となる。同年9月海軍兵学校大教授。7年4月海軍少将に任じられる。9年1月主船寮長官となり横須賀造船所所長を兼務。20年5月、男爵を授与され、海軍中将に進んだ。22年2月佐世保鎮守府司令長官、同年6月横須賀鎮守府司令長官を歴任し、この年の12月、予備役となる。30年7月、貴族院議員に選ばれる。大正9(1920)年9月23日死去。享年80歳。
⑱東京駒込・吉祥寺
文献 60年前の阿蘭陀留学 大日本 大7～12／赤松大三郎(幸田成友):文芸春秋 11(9) 昭8／幕末軍艦咸臨丸(文倉平次郎) 巌松堂 昭13／万延元年遣米使節史料集成(日米修好通商百年記念行事運営会編) 風間書房 昭36／赤松則良半生談—幕末オランダ留学の記録(赤松範一編注) 平凡社 昭52(東洋文庫317)／明治維新人名辞典(日本歴史学会編) 吉川弘文館 昭56／幕府オランダ留学生(宮永孝) 東京書籍 昭57／幕末・明治初期数学者群像 上 幕末編(小松醇郎) 吉岡書店 平2／万延元年「咸臨」航米(星亮一) 教育書籍 平3　〔宮永孝〕

赤松 則良 あかまつ・のりよし
⇒赤松大三郎(あかまつ・だいざぶろう)を見よ

赤松 連城 あかまつ・れんじょう
天保12年1月17日(1841)～大正8年7月20日(1919)　僧侶　〔維新後初の欧州留学僧〕
⊕越中国城端　㋲号＝榕隠、俗名＝中字三郎
㋺イギリス：1872年(宗教事情視察)

天保12(1841)年1月17日、越中国城端に生まれる。幼時から神童とうたわれる。万延1年、浄土真宗西本願寺越中願称寺で得度し僧籍に入る。一時金沢西勝寺の養子となるが、のち周防徳山の徳応寺の養子となり、名を連城と改める。島地黙雷、大洲鉄然らとともに、明治1年、防長2州門末代表として本山(真宗西本願寺)に建議して宗政の大改革を促す。西本願寺では明如新法主が島地黙雷と木戸孝允、大洲鉄然らの建言によって、欧米に渡って宗教事情を調査し、宗門展開の途を見出そうとしていたが、前法主の広如が他界したので中止になっていた。そこで5(1872)年1月に明如新法主の代理として、連枝梅上沢融が派遣され、黙雷がその補佐役として随行することになったが、そのとき第1回の留学僧として光田為然、堀川教阿とともにこれに同行する。彼は教阿とイギリスに、為然はドイツに留学する。6年岩倉使節団がロンドンを訪れたとき、随員の林董は委嘱によって『マホメット伝』を口訳するが、それを筆記する。7年に帰国する。帰国後、神仏分離に活躍し、宗門の新しい体制作りや教学機構の改革に取り組み、護持会、慈善会などの創立、寺法編集にあたる。欧米の学校教育法にならって学林の制度を改正し、専門・普通の二科をおき、僧侶に対しては宗乗、余乗、読句、作文のほかに算法、地理、史学、博物、物理の教育を行うようにする。12年、太政官布告による宗制、寺法の草案作成にあたり、32年の宗教法案の成立に尽力する。大学林の後身である仏教大学の総理など宗政の要職についたが、大正3年、西本願寺の財政不正事件に連座し刑(執行猶予3年)に処せられ、同時に宗法によって堂班を停止される。しかし大正天皇の即位の大礼に際して特赦を受ける。8年、台湾に布教のため赴くが、病を得て帰国。6月中旬広島で腸チフスにかかり、徳山の徳応寺で療養中、大正8(1919)年7月20日死去。享年79歳。
文献 明治高僧伝(増谷文雄) 日本評論社 昭10／近代仏教界の人間像(常光浩然) 世界仏教協会 昭37／明治の仏教者 上(常光

浩然) 春秋社 昭43／日本人名大事典1 平凡社 昭54／近代日本哲学思想家辞典(伊藤友信他編) 東京書籍 昭57 〔高橋公雄〕

赤嶺 五作 あかみね・ごさく
生没年不詳 海軍兵学寮学生 ㊦熊本 ㊦イギリス：1871年(海軍軍事研修)

　生没年不詳。熊本の出身。明治3年、海軍兵学寮壮年生徒として入寮する。4(1871)年2月22日、兵部省の留学生として海軍修業のためイギリスへ派遣される。その後の消息は不明。

文献 海軍兵学校沿革(海軍兵学校編) 原書房 昭43／近代日本海外留学生史 上(渡辺実) 講談社 昭52 〔楠家重敏〕

秋月 左都夫 あきづき・さつお
安政5年2月24日(1858)～昭和20年6月25日(1945) 外交官 駐オーストリア大使 ㊦ドイツ、ベルギー：1885年(留学)

　安政5(1858)年2月24日に生まれる。司法省法学校を卒業後、外務省に入る。明治18(1885)年11月、ドイツ、ベルギーに官費留学し法律学を学ぶ。24年帰国。釜山領事、ロシア公使館書記官、オーストリア大使などを歴任。大正8年第1次大戦のパリ講和会議には全権団顧問として出席した。昭和20(1945)年6月25日死去。享年88歳。

文献 秋月左都夫―その生涯と文藻(黒木勇吉編著) 講談社 昭47／幕末明治海外渡航者総覧(手塚晃編) 柏書房 平4／志は高く―高鍋の魂の系譜(和田雅実) 鉱脈社 平10／データベースWHO 日外アソシエーツ 〔藤田正晴〕

秋月 種樹 あきづき・たねたつ
天保4年10月17日(1833)～明治37年10月17日(1904) 政治家、書家 子爵 ㊦日向国 ㊦通称=政太郎、号=秋月古香 ㊦ヨーロッパ：1871年(外国事情視察)

　天保4(1833)年10月17日、日向高鍋藩主・秋月種任の三男として生まれる。兄は日向高鍋藩主の秋月種殷。少年時代から秀才をうたわれ、文久2年昌平黌学問所奉行、3年若年寄格を兼務、将軍徳川家茂の侍読、若年寄を歴任。明治1年参与、次いで明治天皇侍読、公議所議長、民部大丞、左院小議官。4年(1871)ヨーロッパを視察し翌年10月28日帰国。のち元老院議官。その間第十五銀行設立に参画。勅選貴族院議員。漢詩、書、南画をよくし、詩集『古香公詩鈔』などがある。明治37(1904)年10月17日死去。享年72歳。

文献 秋月種茂と秋月種樹(安田尚義、武藤麒一) 日向文庫刊行会 昭29／幕末明治海外渡航者総覧(手塚晃編) 柏書房 平4／朝日日本歴史人物事典 朝日新聞社 平6／データベースWHO 日外アソシエーツ 〔藤田正晴〕

秋元 興朝 あきもと・おきとも
安政4年5月4日(1857)～大正6年4月23日(1917) 外交官 子爵 ㊦下野国高徳 ㊦号=蔚堂、通称=和三郎 ㊦ドイツ：1884年(留学)

　安政4(1857)年5月4日、下野高徳藩主戸田忠至の二男として生まれ、明治4年、もと上野館林藩主・秋元礼朝の養嗣子となり、興朝と名乗る。外務省に入り、明治17(1884)年4月ドイツに留学し、翌18年12月17日に帰国。25年弁理公使、28年特命全権公使を務める。この間、日清戦争に出征。のち旧領地・館林町城沼の墾田事業などに尽力した。大正6(1917)年4月23日死去。享年61歳。

文献 幕末明治海外渡航者総覧(手塚晃編) 柏書房 平4／データベースWHO 日外アソシエーツ 〔藤田正晴〕

秋山 真之 あきやま・さねゆき
慶応4年3月20日(1868)～大正7年2月4日(1918) 海軍軍人 中将 ㊦伊予松山 ㊦幼名=淳五郎 ㊦イギリス：1893年(軍事視察)

　慶応4(1868)年3月20日、藩士秋山平五郎久敬の子として松山に生まれる。兄に秋山好古がいる。15歳で上京して大学予備門に入学。同期に同郷の親友・正岡子規がいる。明治19年海軍兵学校に転じ、23年首席で卒業。25年海軍少尉となる。26(1893)年6月軍事視察団として渡英し翌27年3月帰国。27～28年の日清戦争に軍艦・筑紫の航海士として参加。29年10月大尉、11月軍令部諜報課員。30(1897)年6月アメリカ留学。31年米西戦争観戦のため米国運送船などに乗り組んで観戦報告を送った。32年4月アメリカ駐在、同年12月イギリス駐在、33年5月帰国。同年8月軍務局員、同年10月常備艦隊参謀。34年10月少佐、35年7月海軍大学校教官、36年10月常備艦隊参謀、同年12月第1艦隊参謀。38年6月連合艦隊参謀として日露戦争に参加、東郷平八郎司令長官の幕僚とな

り，黄海海戦，日本海海戦で丁字戦法，2字戦法などを献策，勝利に導いた。日本海海戦での電文「本日晴朗ナレドモ波高シ」は戦略家・名文家としての名を高めた。同年11月海軍大学校教官となり海軍戦略などを講義。41～43年秋津州，音羽，橋立，出雲各艦長。大正3年4月軍務局長としてシーメンス事件の処理に尽力。6年12月中将に昇進。7(1918)年2月4日死去。享年51歳。 [墓]東京・青山墓地

[文献] アメリカにおける秋山真之(島田謹二) 朝日新聞社 昭50(朝日選書)／知将秋山真之—ある先任参謀の生涯(生出寿) 光人社 昭60／秋山真之のすべて(生出寿ほか著，新人物往来社編) 新人物往来社 昭62／幕末明治海外渡航者総覧(手塚晃編) 柏書房 平4／朝日日本歴史人物事典 朝日新聞社 平6／智謀の人秋山真之(土門周平) 総合法令出版 平7／知将秋山真之—ある先任参謀の生涯(生出寿) 光人社 平8／甦る秋山真之、その軍学的経営パラダイム(三浦康之) ウェッジ 平8／秋山兄弟の生き方—『坂の上の雲』の主人公なぜリーダーたちの心をとらえるのか(池田清) ごま書房 平8／明治に名参謀ありて—近代国家「日本」を建国した6人(三好徹) 小学館 平11(小学館文庫)／秋山真之—日本海海戦の名参謀(中村晃) PHP研究所 平11／秋山真之—伝説の名参謀(神川武利) PHP研究所 平12(PHP文庫)／秋山真之(中村晃) 幻冬舎 平13(幻冬舎文庫)／秋山真之—日本海大海戦の名参謀(羽生道英) 学習研究社 平14(学研M文庫)／知将秋山真之—個性派先任参謀の生涯(生出寿) 光人社 平15(光人社名作戦記)／秋山真之(田中宏巳) 吉川弘文館 平16(人物叢書新装版)／データベースWHO 日外アソシエーツ
〔藤田正晴〕

秋山 好古　あきやま・よしふる

安政6年1月7日(1859)～昭和5年11月4日(1930)　陸軍軍人，大将　〔騎兵連隊を編制，馬術の普及〕 [生]伊予松山(愛媛) [名]通称＝信三郎 [渡]フランス：1887年(旧藩主の子息・久松定謨の補導役)

安政6(1859)年1月7日，藩士秋山平五郎久敬の三男として伊予松山城下に生まれる。日本海海戦の名参謀として知られた海軍中将秋山真之は9歳下の弟である。兄弟も多かったために貧しく，16歳で官費の大阪師範学校に入学し，卒業後名古屋師範学校付属小学校の教員となった。一定の収入を得る身にはなったものの前途に光明を見出せず，従来からの希望に沿って軍人を志し，明治10年に陸軍士官学校に入学。16年第一期生として陸軍大学校に入学して大尉となり卒業後，参謀本部に出仕。20(1887)年7月，4年前から滞仏中の旧藩主の子息・久松定謨のサン・シール士官学校入学の折に補導役としてフランスに留学する。俸給の半額と久松家から年額1000円の手当を受けたが，のち外交官・政治家の加藤恒忠やフランス人の友人ともおおいに酒を飲み，また乗馬の研究のために馬を購入，飼料代がかさむなど，学資は欠乏しがちであった。23年1月改めて官費留学を命じられ，フランス流の馬術の習得に励み腕をみがいた。24年12月帰国。間もなく陸軍士官学校兼陸軍幼年学校馬術教官となり，乗馬術を教えようとしたが，少佐に昇進し騎兵監副官となった。日清戦争には，騎兵第一大隊長として出征し，土城子の白兵戦など激戦を勝ち抜き勇名を轟かせた。戦後，乗馬学校長となり，騎兵の編制，戦闘理論，武装などを徹底的に研究した。日露戦争では騎兵第一旅団長として，張家屯の激戦，沙河，奉天の会戦などで戦功をたて戦後騎兵監となった。40年，オランダのハーグで開かれた第2回万国平和会議に専門委員として出席し，帰朝後中将に昇進。大正5年陸軍大将となり，軍事参議官，教育総監などの要職を歴任し，12年3月予備役に編入された。元帥に推される手筈になっていたが，辞退したと伝えられている。13年，故郷松山の北予中学(現松山北高校)の校長となる。昭和5年3月に辞任するまで6年間，無遅刻無欠勤のため町の人びとはその正確な時刻の出勤姿を見て時計を合わせたという。昭和5(1930)年11月4日，旅先の東京で入院し，脱疽病と糖尿病のため死去。享年72歳。のちに有志により松山市外道後公園に銅像が建てられた。

[墓]東京・青山霊園

[文献] 類聚伝記大日本史14 陸軍編 雄山閣 昭10／秋山好古 秋山好古大将伝記刊行会編刊 昭11／日本人物記1(日本人物記編纂所編) 六興出版社 昭27／近代日本海外留学生史 上(渡辺実) 講談社 昭52／郷土歴史人物事典 愛媛 (景浦勉編) 第一法規出版 昭53／秋山好古・真之将軍(鶴村松一) 松山郷土史学研究会 昭53／日本人名大事典1 平凡社 昭54／名将秋山好古—鬼謀の

最前線指揮官の生涯（生出寿）　光人社　昭63／秋山兄弟の生き方―『坂の上の雲』の主人公なぜリーダーたちの心をとらえるのか（池田清）ごま書房　平8／秋山好古―明治陸軍屈指の名将（野村敏雄）PHP研究所　平14（PHP文庫）　　　　〔伏見郁子〕

浅井 忠　あさい・ちゅう
安政3年6月21日（1856）～明治40年12月16日（1907）　洋画家　〔関西美術界の中心人物〕
㊋江戸木挽町　㊋雅号＝黙語、木魚　㊋フランス：1899年（洋画）

　安政3（1856）年6月21日、佐倉藩士浅井伊織の子として江戸藩邸内で生まれる。文久3年幼くして父を失い、家督を相続して下総佐倉に帰る。9歳の頃、藩の画家黒沼槐山について日本画を学び、明治8年イギリス帰りの洋画家国沢新九郎の開いた画塾彰技堂に入って、初めて洋画の初歩を学ぶ。その頃洋画塾といっても他に1,2のささやかな私塾があっただけで、彰技堂は設備も十分ではなく技術も幼稚であったが、日本における現代洋画の歴史はここから始まったのである。翌9年正式な西洋美術教育の実施を目的として日本政府によって工部美術学校が創立されると、同校に入学した。ここで西欧美術の正式な技術をイタリアの高名な画家アントニオ・フォンタネージから本格的に指導される。トリノ王立美術学校教授であったフォンタネージは、詩情豊かな風景画家として広く知られており、工部美術学校創立に際し、彫刻のラグーザ、予科のカッペレッティとともに日本政府によって招かれて、同校の首席教授および絵画科教師として重きをなした。フォンタネージは多くの教材を用意して熱心な指導を行ったので、洋画界の水準は飛躍的に進歩した。フォタネージに教えを受けた生徒達には、ほかに小山正太郎、松岡寿、中丸精十郎、五姓田義松、高橋源吉らがいる。12年病に冒されたフォンタネージが帰国すると、その後任教師にあきたらず、同窓の小山、松岡ら11人とともに退学し、十一字会を起して研究のかたわら、東京師範学校の教師となったが、これ以後10年間は苦難の時期であった。というのは国粋主義の台頭とともに日本画の復興と擁護が起り、急速に洋画排斥の気運が高まり、16年には工部美術学校までが閉鎖されてしまうほどだったからである。22年小山、山本芳翠らと洋風画家を集めて、国粋主義の圧迫を排して、国内最初の洋画団体明治美術会を結成し、会の主要作家として重きをなすと同時に、20年代初めの代表的写実絵画を明治美術会展に発表した。その頃の作品には「春畝」「収穫」「馬蹄番」などがある。28年日清戦争に従軍して、翌年第4回内国勧業博覧会の鑑査員となり、自身も「旅順戦後の捜索」を出品し妙技2等賞を受けた。29年東京美術学校に西洋画科が加えられ、翌々年明治美術学校派を代表して、同校最初の西洋画科教授となった。2年後洋学研修のためフランス留学を命ぜられ、32（1899）年2月26日日本を発った。33年4月15日マルセイユに着き、35年5月12日にイタリアへ赴くまで、丸2ヶ年をパリを中心に過ごした。33年はパリ万国博覧会が開催されたので、パリ到着当時博覧会日本事務局の嘱託となった。同年5月19日新海竹太郎、福地俊一、池辺義象らとサン・ジェルマンに遊び写生したのをはじめ、ブローニュの森へ出かけたりもした。夏になるとロワール河畔のグレーに2泊し、そこが大層気に入って、それ以降多くグレーに滞在し、34年から35年にかけて留学中の和田英作らとグレーの冬を過ごしたりもした。その地の風景は彼をとても魅了したようで、多数の油絵、水彩画を描いている。この時期に製作された「グレーの秋」「グレーの洗濯場」などの作品は、パリで得た印象派風の画風を巧みに取り入れており、その西洋美術に対する優れた理解力を表わすものとなっている。35年イタリアを巡歴した後帰国すると、パリで知り合った中沢岩太を校長として新設されたばかりの京都高等工芸学校の教授として京都に移り、赴任とともにそれまで低迷していた関西洋画界はにわかに活気を呈し、関西美術会の中心人物となった。また自宅にも聖護院洋画研究所を設け、これは発展して関西美術院となり、その院長にもなった。40年第1回文展に審査員となる。彼はフォンタネージの詩情あふれる自然主義を受け継ぎ、明治時代随一の水彩画家である。また優れた教育者でもあって、石井柏亭、斉藤与里、梅原龍三郎、安井曽太郎、津田青楓らの多くの画家達が門下から輩出している。代表作には前記の他「グレーの橋」「冬木立」「武士の山狩」などがある。明治40（1907）年12月16日死去。享年52歳。

㊆京都・南禅寺境内金地院墓地
[文献]近代日本美術の研究(隈元謙次郎) 大蔵省印刷局 昭39／明治人物逸話辞典 上(森銑三編) 東京堂出版 昭40／日本名画家伝(佐藤霽子) 青蛙房 昭42／日本美術全史6 明治以後(藤田経世編) 美術出版社 昭44／日本近代美術発達史 明治編(浦崎永錫) 東京美術 昭49／お雇い外国人16 美術(隈元謙次郎) 鹿島出版会 昭51／芸文家墓所誌(結城素明) 村田書店 昭52／日本洋画史1 明治前期(外山卯三郎) 日貿出版社 昭53／日本人名大事典 平凡社 昭54／明治維新人名辞典(日本歴史学会編) 吉川弘文館 昭56／浅井忠と京都洋画壇の人々 千葉県立美術館 昭56／幕末・明治期における日伊交流(日伊協会編) 日本放送出版協会 昭59／浅井忠の美術史―原風景と留学日記(高橋在久) 第一法規出版 昭63／浅井忠(前川公秀) 新潮社 平9(新潮日本美術文庫)　　　〔春日正男〕

朝河 貫一　あさかわ・かんいち

明治6年12月22日(1873)～昭和23年8月10日(1948)　歴史家　哲学博士　〔エール大学名誉教授〕　㊆(福島)二本松　㊆アメリカ：1896年(英文学)

　明治6(1873)年12月22日、旧二本松藩士朝河正澄の長男に生まれる。4歳で経文『修証義』を暗誦する神童ぶりだった。12年父が校長の立子山小学校に入学、県知事より賞状を得る抜群の成績で朝河天神の異名をとる。20年福島中学へ進学し22年3月に新設の安積中学に合併編入される。読書と猛勉に過すが、とくに英語の学習に熱中し、1000ページの英和辞典を片っ端から暗記、覚えたページを嚙みくだき最後の表紙を校庭の桜の木の下に埋めた。彼のこの努力を記念して現在も「朝河桜」として残っている。中学4年で特待生制度開設とともにその第1号となり授業料免除、記憶した英単語を十分に活用して各種の原書を読破、さらに英会話にも堪能で卒業生総代を英語で述べ、外人教師ハリファックスは彼が世界的な学者になると予言する。25年3月中学を卒業すると、在学中のノート・教科書類一切を焼き払って、みずからの博覧強記に頼る心意気を示す。同年4月郡山町金透小学校教員となったが、9月には苦学を志し上京、在京の友人と「基督教に関する一卑見」を『六合雑誌』に載せて1ヶ月分の学資を稼ぎ、東京専門学校文学科に入学、同級に五十嵐力がいた。苦学して在学3年を過し卒業時には開校以来の最高点(平均94点)を取り、坪内逍遙と大西祝から賞讃される。28年7月に神田YMCAに寄宿、英語英文学を講義していたが、アメリカのダートマス大学の貸費生応募に優秀な成績を収め、渡航費の支給を受け29(1896)年秋に渡米。タッカー総長邸に止宿し3年後首席で卒業する。在学中には徳富蘇峰の『国民新聞』にアメリカ通信を寄稿、国際情勢に日本国民の眼を開かせる。卒業後大学当局の計らいでエール大学大学院に進学、欧州中世史を専攻するかたわら科学的論証による日本古代政度の研究で学位を得て28歳で母校ダートマス大学講師となる。38年エール大学講師となり日本研究講座を担当して資料収集のため一時帰国、40年に再渡米、34歳でM.ティングウォールと国際結婚したが大正2年妻に死別、その後は生涯独身で過す。明治43年に異例の抜擢で助教授となり、日本中世封建制度の研究に専念するが、再度資料収集のため帰国して日欧中世比較法制につき日本の学会を啓発、大正8年に帰米して研究に専心し12年欧州中世史講座担当の教授となる。その後日米開戦となるも彼は学者として敬愛され、昭和18年停年に達しエール大学名誉教授となる。その後も大学寮に住み欧州中世史を研究し続けたが、衰弱がひどくなり昭和23(1948)年8月10日夕刻、静養先のバーモント州の寒村で死去。享年76歳。　㊆グローブ・ストリート・エール大学墓地

[文献]朝河貫一氏断片(木村毅)：読書展望3(10) 昭23／朝河貫一博士略伝　朝河貫一博士顕彰準備会編刊 昭24／朝河貫一博士の学績(阿部善雄)：日本歴史 66 昭29／米国から日本へ―朝河寛一書翰集抄(朝河貫一)佐藤明夫刊 昭29／日米文化交渉史4―学芸民俗編(開国百年紀念文化事業会) 洋々社 昭40／朝河貫一―ある史学者の略伝　桑原善作稿刊 昭43／日本人名大事典 現代編 平凡社 昭54／最後の「日本人」―朝河貫一の生涯(阿部善雄) 岩波書店 昭58／幻の米国大統領親書―歴史家朝河貫一の人物と思想(朝河貫一書簡編集委員会) 北樹出版、学文社(発売) 平1(フマニタス選書)／朝河貫一の世界―不滅の歴史家　偉大なるパイオニア(朝河貫一研究会編) 早稲田大学出版部 平5／最後の「日本人」―朝河貫一の生涯(阿

部善雄） 岩波書店　平6（同時代ライブラリー）／朝河貫一——人・学問・思想　朝河貫一博士生誕一二〇周年記念シンポジウム（井出孫六ほか著）　北樹出版　平7（叢書パイデイア）／朝河貫一新論——日本外交の理念（山内晴子）東洋英和女学院大学大学院現代史センター　平15 ／最後の「日本人」——朝河貫一の生涯（阿部善雄）　岩波書店　平16（岩波現代文庫社会）　　　　　　　　　　　　　〔境田進〕

浅川 敏靖　あさかわ・としやす
万延1年4月18日（1860）～昭和8年6月29日（1933）　陸軍軍人, 中将　〔馬政に手腕を発揮〕　㊷甲斐国（北巨摩郡）大泉村　㊸ドイツ：1889年（陸軍軍事研修）

　万延1（1860）年4月18日, 代々酒醸造業を営む周蔵の子として甲斐国大泉村に生まれる。甲府徽典館に学び訓導, 校長を経た後, 徴兵検査に合格, 陸軍軍人としての経歴を開始する。明治19年6月陸軍士官学校騎兵科を卒業, 少尉として騎兵第一大隊小隊長となる。22（1889）年5月陸軍留学生としてドイツに留学を命ぜられ, 25年12月帰国する。その後乗馬学校教官などを務め, 27年には征清第2軍に従い, 第一師団騎兵第一大隊中隊長として奮戦。28年士官学校教官, 36年6月陸軍軍務局騎兵課長となる。日露戦争に当たっては馬の徴発, 補充に苦心し, 豪洲より馬約1万頭を輸入する。37年9月, 臨事馬制調査委員会委員となり, 愛馬精神を養うための奨励事項をつくる。43年馬政長官となり, 以後10年余り馬政に手腕を発揮し「浅川の馬政か, 馬政の浅川か」とうたわれる。主な事業は, 18年計画で邦内総馬数150万頭に洋血を注入したことである。大正3年8月陸軍中将。大正9年辞職。のち中央畜産会創立以来副会頭を務める。13年畜産局長三浦実生の意見に基づき, 中央競馬協会の事業として『日本馬政史』の編纂に従事, 阿蘇神社, 太宰府, 内閣文庫, 東京帝国大学史料編纂所などで資料収集を行い, 上古より大正10年にまでいたる『日本馬政史』全5巻を昭和3年8月に完成させる。昭和8（1933）年6月29日死去。享年74歳。
㊷東京・多磨霊園

文献　明治大正馬政功労十一氏事蹟（山田仁市）　帝国馬匹協会　昭12／日本人名大事典1　平凡社　昭54　　　　　　　　〔原潔〕

浅吉　あさきち
生没年不詳　天寿丸乗組員　㊷紀伊国（日高郡）天田組蘭浦（和歌山・御坊市蘭）　㊸ロシア：1850年（漂流）

　生没年不詳。紀伊国天田組蘭浦に生まれる。天寿丸の水主として乗り組み, 嘉永3（1850）年1月9日, 伊豆子浦沖で漂流。3月12日, 長助など12人の乗組員とともにアメリカ捕鯨船に救助された後, ロシアの捕鯨船に移され, カムチャツカ半島のペトロパウロフスク, ロシア領アラスカのシトカに送られる。5年4月, ロシア・アメリカ会社の好意により下田へ送還され, 翌年1月, 無事帰郷する。士分に取り立てられ, 苗字帯刀を許されて紀州藩の水主を命じられる。

文献　日本人漂流記（川合彦充）　社会思想社　昭42（現代教養文庫A530）　〔安藤義郎〕

朝吉　あさきち
生没年不詳　旅芸人　〔手品〕　㊸イギリス, フランス：1866年（パリ万国博覧会で興行）

　生没年不詳。慶応2（1866）年10月28日, イギリス船ニポール号で横浜を出帆する。アメリカ人ベンコツに2年契約で雇われ, イギリスとフランスに渡る。翌3年にロンドンのセント・マルチンヒルおよびフロラル・ホールで公演し, 7月に海を渡り, パリの万国博覧会で興行した。彼は主に手品を演じた。帰国後の消息不詳。

文献　異国遍路　旅芸人始末書（宮岡謙二）　修道社　昭46　　　　　〔楠家重敏〕

朝倉 省吾　あさくら・せいご
⇒田中静州（たなか・せいしゅう）を見よ

朝倉 文三　あさくら・ぶんぞう
文久3年9月3日（1863）～昭和10年2月2日（1935）　医者　〔日本泌尿器病学会を創立〕　㊷上野国（北甘楽郡）小幡村　㊸ドイツ：1895年（医学）

　文久3（1863）年9月3日, 朝倉良則の二男として上野国小幡村に生まれる。明治21年東京大学医学部別科卒業。後26年8月まで札幌病院, 根室病院, 岩内病院に勤務。その後2年間岩内町で開業。28（1895）年11月ドイツのフライブルク大学に私費留学し, 翌年6月ドクトル・メディチーネ・ユニバーサルをうける。専攻は泌尿器病学。30年に帰国後, 東京に朝倉病院を開業。35年再び渡欧, スイスのベルン大学で研

究に従事する。44年ロンドンで開かれた国際泌尿器病学会総会、ついでドイツ泌尿器病学会総会に出席、内臓結核に関する論文を発表、欧州を巡遊して帰国。大正1年、日本泌尿器病学会を創立して会長に就任。昭和10(1935)年2月2日死去。享年73歳。
[文献] 大日本博士録2 医学博士之部 発展社 大11／近代日本海外留学生史 下（渡辺実） 講談社 昭53 〔原潔〕

朝倉 松五郎　あさくら・まつごろう
生没年不詳　技術家　〔レンズ製造技術を習得〕　㊗オーストリア：1873年（ウィーン万国博覧会に参加）

生没年不詳。明治6(1873)年2月オーストリアのウィーン万国博覧会に参加。官命により機械式レンズの製造技術を学び、翌7年6月帰国後は欧式レンズの製作に従事した。
[文献] 幕末明治海外渡航者総覧（手塚晃編）　柏書房　平4／データベースWHO　日外アソシエーツ　〔藤田正晴〕

浅田 栄次　あさだ・えいじ
慶応1年4月28日(1865)～大正3年11月11日(1914)　英語学者　㊛周防国（都濃郡）徳山　㊗アメリカ：1888年（神学、英語学）

慶応1(1865)年4月28日、周防国徳山に生まれる。明治16年京都中学卒業、翌年東京英和学校に入学するが、すぐに官費生として工部大学校予科に入学。20年9月帝国大学理科大学数学科に入り、21年退学。同年(1888)神学研究の目的で渡米し21年4月9日アメリカに着きノース・ウエスタン大学に入学、21年9月同大学神学科に進学、聖書研究と古典語習得に努力する。24年5月同校卒業に際し成績優秀により学位と賞金300ドルを得て、9月コロンビア大学大学院博言学科とニューヨーク・ユニオン神学校研究科に同時入学、セミチック語学を専修、25年10月シカゴ大学大学院博言科に入学し年500ドルの奨学金を受け、26年6月博士号を収得し帰国。26年10月青山学院教授、30年5月東京高等商業学校講師、同年8月同校付属外国語学校教授となる。32年7月外国語学校が独立すると、神田乃武初代校長の下に教頭となり、教務と教育に精励し、文部省視学委員、文官高等試験委員ほか各種委員に任命される。大正3(1914)年11月11日午前中の講義を終了し、午後の臨時講演会の準備のため昼休みに図書館で読書中に脳溢血で倒れ意識不明となる。同月11日死去。享年50歳。
[文献] 浅田栄次氏経歴（村井知至）　『英語青年』　大3／日本の英学100年（大村喜吉他編）　研究社出版　昭43／明治過去帳—物故人名辞典（大植四郎編）　東京美術　昭46／日本人名大事典1　平凡社　昭54／明治の国際人浅田栄次博士　徳山市教育委員会　平5（ふるさとメモリアルシリーズ）／浅田栄次追懐録—復刻版（皆川三郎、椎木治男編纂）　東京外語会有志　平8　〔境田進〕

浅津 富之助　あさづ・とみのすけ
天保9年6月(1838)～明治42年12月11日(1909)　海軍軍人　貴族院議員、大阪府判事補、海軍主計総監　〔『英式歩兵練法』を訳述〕　㊛加賀金沢　㊙別名＝南郷茂光　㊗イギリス：1867年（軍事研修）

天保9(1838)年6月、金沢藩士遠藤八左衛門（南郷九右衛門）の長男として生まれる。はじめ浅津富之助と称するが、のち南郷茂光を名乗る。安政2年、江戸に行き村田蔵六（大村益次郎）の門下となる。兵学および英学を細川潤次郎より学ぶ。慶応1年、『英式歩兵練法』を訳述し江戸・越中島の練兵場においてイギリス式歩兵連隊の指揮官となる。3(1867)年、加賀藩主松平慶寧の命をうけイギリスのロンドンに留学する。明治1年に帰国後、大阪府判事試補、海軍秘書官、太政官権大書記官などを経て、15年、海軍主計総監にのぼる。23年には元老院議官、翌年には貴族院議員となる。明治42(1909)年12月11日、胃腸カタルのため死去。享年72歳。
[文献] 日本教育史料4（文部省）　臨川書店　昭45／近代日本の海外留学史（石附実）　ミネルヴァ書房　昭47／近代日本海外留学生史　上（渡辺実）　講談社　昭52／日本人名大事典4　平凡社　昭54　〔楠家重敏〕

浅野 応輔　あさの・おうすけ
安政6年6月(1859)～昭和15年9月23日(1940)　電気工学者　逓信省電気試験所初代所長　〔海底電線敷設を指導〕　㊛備中国　㊗アメリカ、ヨーロッパ：1893年（電気通信視察）

安政6(1859)年6月、備中国に生まれる。明治14年工部大学校を卒業。東京電信学校長兼工部大学校教授を務め、明治24年逓信省電気試験所創設で初代所長となった。26(1893)年

12月欧米の電気通信を視察し，28年2月に帰国。海底電信の権威で，長崎—台湾間630マイルの海底電線敷設を指導した。後，東京帝国大学，早稲田大学各教授を歴任。工学博士となる。草創期の日本電気通信の発達に大きく貢献した。昭和15(1940)年9月23日死去。享年82歳。
[文献] 幕末明治海外渡航者総覧(手塚晃編) 柏書房 平4／朝日日本歴史人物事典 朝日新聞社 平6／事典近代日本の先駆者 日外アソシエーツ 平7／データベースWHO 日外アソシエーツ 〔藤田正晴〕

浅野 喜三郎 あさの・きさぶろう
嘉永6年(1853)～? 建築家 ㊷越中国
㊸ドイツ：1886年(建築技術)

嘉永6(1853)年越中に生まれる。日比谷の諸官庁集中計画にあたり，明治19年4月来日したドイツ人建築家ベックマンの助言により，臨時建築局(総裁井上馨)はドイツの建築技術を学ばせるため，技師，職工20名を留学させる。その一員として一行とともに19(1886)年11月6日出発，20年1月ドイツに着き，エンデ・ベックマン建築事務所やほかの工場へ勤務し，技術の習得に努める。22年に帰国。浅野総一郎の依頼により留学。帰国後は浅野セメント会社技師となった。
[文献] 明治文化全集8(明治文化研究会編) 日本評論社 昭43／近代日本海外留学生史 上(渡辺実) 講談社 昭52／幕末明治海外渡航者総覧(手塚晃編) 柏書房 平4 〔原潔／富田仁〕

浅野 辰夫 あさの・たつお
生没年不詳 留学生 ㊷静岡 ㊸アメリカ：1871年(語学研修)

生没年不詳。静岡の出身。明治4(1871)年にアメリカへ私費留学しているが，その後の消息は不明。
[文献] 近代日本の海外留学史(石附実) ミネルヴァ書房 昭47／近代日本海外留学生史 上(渡辺実) 講談社 昭52／幕末明治海外渡航者総覧(手塚晃編) 柏書房 平4 〔楠家重敏／富田仁〕

浅野 長勲 あさの・ながこと
天保13年7月23日(1842)～昭和12年2月1日(1937) 侍従 侯爵 ㊷幼名=喜代槌，茂勲 ㊸イタリア：1882年(イタリア公使)

天保13(1842)年7月23日，安芸藩主浅野家14代目として生まれる。幕末の激動期藩内をよく統治し王政復古に尽力する。明治13年元老院議官となり，15(1882)年には駐イタリア公使としてイタリアに赴任し2年間滞在する。侍従，左少将，権中納言などの要職をつとめ各界に活躍する。きわめて長寿であったことで「生ける従一位様」として知られる。侯爵。昭和12(1937)年2月1日死去。享年96歳。 ㊶広島市山手町・国泰寺
[文献] 維新前後(浅野長勲) 芸備社 大10(芸備叢書)／明治維新の際に於ける芸藩の活動(手島益雄編) 芸備社 昭5／浅野長勲氏の誤謬(田中貢太郎)：文芸春秋 10(8) 昭7／浅野長勲自叙伝(手島益雄編) 平野書房 昭12／浅野従一侯を弔ふ(横山雅男)：統計学雑誌 608 昭12／昭和新修 華族家系大成 上(霞会館諸家資料調査委員会編) 霞会館 昭57 〔富田仁〕

浅野 長之 あさの・ながゆき
元治1年5月24日(1864)～昭和22年4月(1947) 宮内省官吏 侯爵 ㊸イギリス：1876年(留学)，イギリス：1889年(イギリス王立理学校)

元治1(1864)年5月24日，浅野懋績の九男として生まれる。のち浅野長勲の養子となる。明治9(1876)年イギリスに留学するが，14年に帰国する。17(1889)年再びイギリスに留学し，王立理学校に入学し22年同校を卒業する。23年帰国ののち宮内省出仕，式部官，主猟官を歴任する。侯爵。昭和22(1947)年4月死去。享年84歳。
[文献] 海外における公家 大名展・第1回維新展(霞会館資料展示委員会) 霞会館 昭55／昭和新修 華族家系大成 上(霞会館諸家資料調査委員会編) 霞会館 昭57 〔富田仁〕

浅野 長道 あさの・ながより
元治2年1月(1865)～明治19年12月24日(1886) 留学生 〔ロンドンで客死〕 ㊷安芸国広島
㊸イギリス：1876年(留学)

元治2(1865)年1月，安芸国広島藩主・浅野懋照の六男として生まれる。のち浅野長勲の養嗣子となる。明治9(1876)年イギリスに留学する。14年に帰国するが，17年再びイギリスに留学する。明治19(1886)年12月24日，ロンドンで死去。享年22歳。

旭 小太郎　あさひ・こたろう
⇒岩倉具定（いわくら・ともさだ）を見よ

朝比奈 知泉　あさひな・ちせん
文久2年4月25日（1862）〜昭和14年5月22日（1939）　新聞記者　東京日日新聞主筆　㊥水戸　㊇号＝珂水懶魚, 珂南, 禄堂　㊇アメリカ, ヨーロッパ：1895年（欧米事情視察）

　文久2（1862）年4月25日, 水戸に生まれる。明治12年茨城師範学校を卒業。早くから『郵便報知新聞』に投稿し, 21年東大を中退し, 創刊された『東京新報』主筆となる。24年『東京日日新聞』主筆を兼務し, 25年両紙を合併して『東京日日』と紙名を変え, その主筆となる。28（1895）〜29（1896）年, 34（1901）〜35（1902）年の2度にわたって外遊し欧米事情を視察する。36年退社後は『やまと新聞』などに論を発表した。著書に『老記者の思ひ出』や『朝比奈知泉文集』がある。昭和14（1939）年5月22日死去。享年78歳。
　文献　幕末明治海外渡航者総覧（手塚晃編）　柏書房　平4／データベースWHO　日外アソシエーツ　　〔藤田正晴〕

朝比奈 藤太郎　あさひな・とうたろう
慶応3年11月26日（1867）〜昭和16年8月29日（1941）　歯科医師　大阪歯科医学専門学校校長　㊥大阪　㊇アメリカ：1896年（歯科医学）

　慶応3（1867）年11月26日, 大阪に生まれる。東京帝国大学予門科に入ったが, 明治21年第一高等中学医学部, 24年歯科に転じ, 29（1896）年アメリカに渡り, 35年カリフォルニア大学を卒業, 38年までサンフランシスコで歯科医開業。同年帰国後は, 神戸で開業した。44年神戸市歯科医師会長, 45年大阪歯科医学校講師, 大正6年歯科医学専門学校となり教授, 13年校長となった。同年朝比奈歯科医術研究所を設置した。昭和16（1941）年8月29日死去。享年75歳。
　文献　幕末明治海外渡航者総覧（手塚晃編）　柏書房　平4／データベースWHO　日外アソシエーツ　　〔藤田正晴〕

朝比奈 一　あさひな・はじめ
生没年不詳　従者　㊇イギリス：1870年（清水篤守に随行）

　生没年不詳。明治3（1870）年, 従五位清水篤守に随行してイギリスに渡る。その後の消息は不明。
　文献　近代日本の海外留学史（石附実）　ミネルヴァ書房　昭47／近代日本海外留学生史　上（渡辺実）　講談社　昭52　　〔富田仁〕

朝吹 常吉　あさぶき・つねきち
明治11年5月（1878）〜昭和30年3月10日（1955）　実業家　帝国生命保険社長　㊥東京・三田　㊇イギリス：1896年（留学）

　明治11（1878）年5月, 三井財閥の実業家朝吹英二の長男として東京・三田に生まれる。29（1896）年慶応義塾理財科卒業後にイギリスに留学し31年帰国。34年日本銀行に入ったが, 39年退社。三井物産, 鐘紡などに勤めた後, 大正2年三越呉服店常務取締役となり, 14年帝国生命保険（朝日生命の前身）社長に就任。その間, 東京芝浦電気, 王子製紙, 台湾製糖など三井系の重役を兼務した。昭和18年帝国生命社長を辞任, 三越の社長, 会長を一時務めた。磯子夫人とテニス普及にも尽力, 大正11年には日本庭球協会を創立した。30（1955）年3月10日死去。享年78歳。
　文献　回想朝吹常吉　朝吹磯子　昭44／幕末明治海外渡航者総覧（手塚晃編）　柏書房　平4／データベースWHO　日外アソシエーツ　　〔藤田正晴〕

麻間 徹之助　あさま・てつのすけ
生没年不詳　留学生　㊥山口　㊇ドイツ：1871年（留学）

　生没年不詳。山口の出身。明治4（1871）年11月, 横浜を出航する。岩倉使節団に同行しアメリカ経由でドイツに留学。その後の消息は不明。
　文献　近代日本海外留学生史　上（渡辺実）　講談社　昭52／幕末明治海外渡航者総覧（手塚晃編）　柏書房　平4　　〔原潔／富田仁〕

東 隆彦　あずま・たかひこ
嘉永4年3月26日（1851）〜明治9年5月24日（1876）　海軍軍人, 少将, 皇族, 公家　㊥京都　㊇別名＝華頂宮博経　㊇アメリカ：1870年頃（海軍軍事研修）

嘉永4(1851)年3月26日、伏見宮一品邦家親王の第十二男として京都に生まれる。明治1(1868)年に還俗して華頂宮となる。会計事務総督に任ぜられる。3(1870)年頃海軍軍人を志してアメリカに渡り、ニューヨークのブルックリンに住む。5年に練習艦で訓練中に負傷し、6年に帰国。それがもとで明治9(1876)年5月24日死去。享年26歳。これに先立ち海軍少将に任官される。

[文献] 明治過去帳—物故人名辞典(大植四郎編) 東京美術 昭46／近代日本の海外留学史(石附実) ミネルヴァ書房 昭47／近代日本海外留学生史 上(渡辺実) 講談社 昭52／昭和新修 華族家系大成 上(霞会館諸家資料調査委員会編) 霞会館 昭57　〔楠家重敏〕

姉小路 公義　あねのこうじ・きんとも

安政6年4月4日(1859)～明治38年1月7日(1905)　外交官　伯爵　🌐アメリカ、ドイツ：1871年(岩倉使節団に同行)

安政6(1859)年4月4日、万里小路博房の子として生まれる。明治4(1871)年11月横浜を出航の岩倉使節団に同行、華族子弟もドイツへ留学すべしという青木周蔵の勧めもあり、アメリカ経由でドイツへ留学。17年7月7日伯爵。20年交際官試補となり、駐米日本公使館一等書記官などを務める。明治38(1905)年帰国中、1月7日死去。享年47歳。

[文献] 華族大鑑(西邑木)　昭14／明治過去帳—物故人名辞典(大植四郎編) 東京美術 昭46／昭和新修 華族家系大成 上(霞会館諸家資料調査委員会編) 霞会館 昭57　〔原潔〕

姉小路 頼言　あねのこうじ・よりこと

生没年不詳　留学生　🌐ドイツ：1871年(留学)

生没年不詳。明治4(1871)年、太政官の出費により、ロシア留学の命令を受けたが、これを変更しドイツに留学。その後の消息は不明。

[文献] 近代日本海外留学史 上(渡辺実) 講談社 昭52　〔原潔〕

安部 磯雄　あべ・いそお

元治2年2月4日(1865)～昭和24年2月10日(1949)　キリスト教社会運動家、教育者　衆議院議員　🔵筑前国　🔶旧名＝岡本　🌐アメリカ：1891年(神学)

元治2(1865)年2月4日、筑前国福岡藩士の家に生まれる。明治12年同志社に入り、新島襄から洗礼を受け社会問題に関心を抱く。17年同志社卒業。24(1891)年米国のハートフォード神学校に学び27年に卒業、のちベルリン大学を経て、28年帰国。31年幸徳秋水らと社会主義研究会を結成、33年社会主義協会に発展改称し、会長に就任。34年幸徳・片山潜らと日本初の社会主義政党・社会民主党を結成するが、即日禁止。大逆事件後、社会運動から遠ざかるが、大正13年日本フェビアン協会を設立、15年社会民衆党結成に導き、委員長となる。この間、明治32年～昭和2年早大教授。3年第1回普通選挙で東京2区から衆議院議員に当選。7年には社会大衆党委員長に就任。15年斎藤隆夫懲罰問題で同党を離党。戦後は日本社会党の結成を呼びかけ、その顧問となった。また早稲田大学野球部の初代部長を務め"学生野球の父"と呼ばれ、昭和34年には最初の野球殿堂入りの一人となった。昭和24(1949)年2月10日東京で死去。享年85歳。

[文献] 安部磯雄自叙伝 社会主義者となるまで 再版(安部磯雄)　明善社　昭23／安部磯雄—愛と信念の社会主義者　白灯社　昭28(光を掲げた人々　7)／安部磯雄伝(片山哲) 毎日新聞社 昭33／安部磯雄 その著作と生涯(早稲田大学編)　早稲田大学教務部 昭39／安部磯雄—日本社会主義の父(高野善一編著)　『安部磯雄』刊行会　昭45／安部磯雄の研究　早稲田大学社会科学研究所 平2(研究シリーズ)／安部磯雄伝(片山哲) 大空社　平3(伝記叢書)／幕末明治海外渡航者総覧(手塚晃編) 柏書房 平4／朝日本歴史人物事典 朝日新聞社 平6／事典近代日本の先駆者 日外アソシエーツ 平7／安部磯雄(山泉進編) 論創社 平15(平民社百年コレクション)／データベースWHO 日外アソシエーツ　〔藤田正晴〕

阿部 潜　あべ・せん

天保10年1月2日(1839)～明治28年9月1日(1895)　🔵江戸　🔶通称＝邦之介　🌐アメリカ：1871年(岩倉使節団に随行)

天保10(1839)年1月2日江戸生まれ。陸軍省に入る。静岡藩少参事を経て、明治4(1871)年、岩倉使節団に随行する。帰国、沼津兵学寮を設立する。明治28(1895)年9月1日死去。享年57歳。

[文献] 岩倉使節の研究（大久保利謙編） 宗高書房 昭51／特命全権大使米欧回覧実記1～5（久米邦武編） 岩波書店 昭57（岩波文庫）／幕末明治海外渡航者総覧（手塚晃編） 柏書房 平4　〔富田仁〕

阿部 泰蔵　あべ・たいぞう
嘉永2年4月27日（1849）～大正13年10月22日（1924）　実業家　明治生命保険創立者〔日本の保険業の発展に貢献〕　⊕三河国吉田村　⊗旧名＝豊田　㊙アメリカ：1876年（教育行政視察）

嘉永2（1849）年4月27日，医師豊田鉉剛の三男として三河国吉田村に生まれ，阿倍三圭の養子となる。はじめ漢学を学び，17歳で上京し蘭学，英学を研究，明治1年慶応義塾に入ったが，戊辰戦争で帰藩し従軍。その後義塾に戻った。卒業後同校教授，次いで塾頭となった。3年大学南校で英語を教え，のち文部省少教授編輯権助り，7年翻訳局に移る。9（1876）年文部省6等出仕として田中不二麿文部大輔に随行して渡米し翌10年に帰国。12年文部省を辞し，14年荘田平五郎らと明治生命保険会社を設立，社長。24年さらに明治火災保険会社設立，社長となった。また東京海上保険取締役，交詢社理事を兼務。40年東明火災保険会社を設立，取締役。ほかに東京商業会議所特別議員，日本郵船監査役，生命保険協会理事長を歴任した。大正13（1924）年10月22日死去。享年76歳。

[文献] 阿部泰蔵伝（本邦生命保険創業者明治生命編）　明治生命保険相互会社　昭46／幕末明治海外渡航者総覧（手塚晃編）　柏書房　平4／朝日日本歴史人物事典　朝日新聞社　平6／事典近代日本の先駆者　日外アソシエーツ　平7／データベースWHO　日外アソシエーツ　〔藤田正晴〕

阿部 正義　あべ・まさよし
万延1年7月2日（1860）～明治42年11月19日（1909）　工学者　工学博士　⊕越前国福井　㊙ドイツ：1885年（鉱床・採鉱学）

万延1（1860）年7月2日，越前福井の家老狛家の九男として生まれる。明治10年工部大学校鉱山学科に入学，17年に卒業。その後旧福山藩主阿部家の世話になるが，18（1885）年ドイツのフライブルク鉱山大学に私費留学し，ステルツナー教授のもとで鉱床学，採鉱学を修める。20年にはハイデルベルク大学に移り，岩石学，地質学を学び，22年に帰国する。しばらく鉱山業を経営した後，24年9月農商務省技師となり鉱山局に出仕。26年より29年まで大阪鉱山監督署長を務め，第4回と5回の内国勧業博覧会では審査官となる。29年7月，文部省留学生として再びドイツ留学，フライブルク鉱山大学で採鉱学，鉱床学の研究をするかたわら，ヨーロッパ諸国の鉱業を視察して，31年8月帰国する。帰国後は京都帝国大学理工科大学教授となり採鉱学講座を担当，同大学採鉱冶金学教室を創設する。37年9月欧米の学術視察を命ぜられ，鉱業，工業教育などを視察，38年6月帰国。40年7月依願退職し，大阪に新設された明治製錬株式会社の社長に就任，会社経営に奔走したが，病にかかり，明治42（1909）年11月19日死去。享年50歳。

[文献] 故阿部正義氏を哭するの辞（斎藤大吉）：日本鉱業会誌　313　明44／大日本博士録5　工学博士之部　発展社　昭5／近代日本海外留学生史　上（渡辺実）　講談社　昭52／日本人名大事典1　平凡社　昭54　〔原潔〕

天野 清三郎　あまの・せいざぶろう
天保14年（1843）～昭和14年9月7日（1939）　工部省官吏　⊕萩　⊗後名＝渡辺嵩蔵　㊙イギリス：1869年（造船学）

天保14（1843）年長州萩に生まれる。松下村塾に学び，奇兵隊，遊撃隊に参加。明治2（1869）年，県費留学生として造船学研修のためイギリスに渡り，のちアメリカのボストン造船所で学んだ。7年に帰国の後，工部省の官吏となり，長崎造船所長を務めた。昭和14（1939）年9月7日死去。享年97歳。

㊧山口県萩市・椿長蔵寺

[文献] 近代日本の海外留学史（石附実）　ミネルヴァ書房　昭47／近代日本海外留学生史　上（渡辺実）　講談社　昭52／元田永孚関係文書（沼田哲他編）　山川出版社　昭60（近代日本史料選書）／幕末明治海外渡航者総覧（手塚晃編）　柏書房　平4／幕末維新人名事典　新人物往来社　平6　〔楠家重敏／富田仁〕

天野 冨太郎　あまの・とみたろう
安政3年（1856）～？　陸軍軍人　㊙フランス：1879年（兵学）

安政3（1856）年に生まれる。彰義隊の生き残り天野某の女婿。明治12（1879）年にフラ

ンスに留学し兵学を修める。帰国後の17年に士官学校教官となり、20年には帝国大学工科大学教授と陸軍兵学校教授を兼ねる。明治25(1892)年、公用のためヨーロッパへ派遣される。明治33(1900)年4月3日死去。享年45歳。

[文献] 明治過去帳―物故人名辞典(大植四郎編) 東京美術 昭46／近代日本海外留学史 上(渡辺実) 講談社 昭52 〔楠家重敏〕

天谷　千松　あまや・せんまつ

万延1年7月20日(1860)〜昭和8年10月9日(1933)　医学者　医学博士　㊦駿河国(庵原郡)中河内村　㊦ドイツ：1896年(生理学)

　万延1(1860)年7月20日、駿河国中河内村に生まれる。明治11年3月東京大学医学部入学、18年同大学医学全科卒業。19年3月8日内務省一等技手として東京衛生試験所に勤務。21年9月第二高等中学校教諭となり、医学部に勤務。29(1896)年7月文部省留学生として生理学研究のため2年間のドイツ留学を命ぜられる渡欧。留学中の30年8月、イギリスのケンブリッジ大学において開催された万国生理学会に委員として出席する。32年2月11日帰国。同年12月、京都帝国大学医科大学教授となり、生理学を担当する。34年3月医学博士の学位を得る。研究対象は筋生理学原論と心臓・肺臓の神経機能に関してであり、45年5月、生理学第一講座担任となる。大正2年8月依願免官し、日本医学専門学校長となったが、5年9月学校の紛争で辞職。その後朝鮮製薬合資会社附属牛込病院長などを経て、昭和8(1933)年10月9日死去。享年74歳。

[文献] 医学士天谷千松氏:中外医事新報 204　明21／大日本博士録2 医学博士之部 発展社 大11／近代日本海外留学史 下(渡辺実) 講談社 昭53 〔原潔〕

雨宮　敬次郎　あめのみや・けいじろう

弘化3年9月5日(1846)〜明治44年1月20日(1911)　実業家　武相鉄道社長　㊦甲斐国(東山梨郡)牛奥村　㊦イタリア：1876年(蚕卵紙輸出)

　弘化3(1846)年9月5日、庄屋の次男として甲斐国牛奥村に生まれる。商才にたけ、郷里で生糸商などに従事した後、横浜で蚕種貿易を行う。明治9(1876)年、政府の蚕卵紙輸出計画を知り数十万枚の蚕卵紙を買い占めてイタリアに渡ったが、失敗し翌10年6月帰国。その後、桂川電力、甲武鉄道などの経営に乗り出すが、28年に水道疑獄に連座し入獄、財産差押処分を受ける。出獄後、川上操六の推薦で甲武鉄道社長となる。さらに東京市街鉄道設立、京浜鉄道・北海道炭鉱経営などを手がけた。若尾逸平と並び称される甲州財閥の一人で雨敬と称せられた。軽便鉄道を各地に興し「軽便王」とも呼ばれた。明治44(1911)年1月20日死去。享年66歳。

[文献] 日本財界人物列伝　第1巻(青潮出版株式会社編)　青潮出版　昭38／過去六十年事蹟―伝記・雨宮敬次郎(雨宮敬次郎述、桜内幸雄編)　大空社　昭63(伝記叢書)／幕末明治海外渡航者総覧(手塚晃編)　柏書房　平4／朝日日本歴史人物事典　朝日新聞社　平6／近代を耕した明治の起業家・雨宮敬次郎(雨宮敬次郎著、三輪正弘編)　信毎書籍出版センター　平15／中央線誕生―甲武鉄道の開業に賭けた挑戦者たち(中村建治)　本の風景社、東京文献センター(発売)　平15／データベースWHO　日外アソシエーツ　〔藤田正晴〕

アメリカ彦蔵　あめりかひこぞう

天保8年8月21日(1837)〜明治30年12月12日(1897)　外交通訳、貿易商　〔アメリカに帰化,日米外交で通訳として活躍〕　㊦播磨国(加古郡)阿閇村　㊨本名=浜田彦蔵　幼名=彦太郎、米国名=Joseph Heco(ジョセフ=ヒコ)、俗名=ヒコダ唐人、播州彦蔵　㊦アメリカ：1851年(漂流)

　天保8(1837)年8月21日、播磨国阿閇村の農家に生まれる。生後間もなく父を失い、母は彼を連れ子に浜田姓の船頭と再婚、そのため浜田彦蔵と名乗る。アメリカ名をジョゼフ・ヒコといい、日本ではアメリカ彦蔵、ヒコダ唐人、播州彦蔵とも呼ばれる。嘉永3年養父と住吉丸に乗り江戸に向かったが、途中久喜浜で養父と別れ栄力丸という新船に乗り換えて一足先に江戸に到着し江戸見物をすませて10月20日江戸を出帆、30日遠州灘で暴風雨にあい太平洋を漂流。12月21日米船オークランド号に救助され翌年(1851)2月3日サンフランシスコに入港する。船頭万蔵は途中病死、オアフ島に埋葬され残りの16名はポルク号に移乗し1年間保護を受ける。5年3月13日米船セント・マリー号でアモイに送還され、ペリー艦隊に移乗のあと日本送還の手はずが狂い、アモイで

米艦サスカンナ号に監禁され乱暴な待遇を受けるが、これは多分当時の清国人蔑視が似ている日本人にも及んでのことと思われる。アモイ滞在中に偶然会った漂流民力松が、乗船したモリソン号の打払いで帰国を断念した経緯を語り、彼に現地に止まるよう勧告したが聞き入れず、再び治作、亀蔵と米国へ向う。ほかの13名はサスカンナ号で上海へ行き、4月初旬宝順丸漂流者の音吉と会うこととなる。米国へは英船サラーフーバー号で5年12月サンフランシスコ到着、下宿屋の皿洗いをやり、漂流民重太郎の通訳を上手にこなしてボルチモアの富豪で銀行家兼税関長サンダースから信頼され、秘書に採用される。サンダースは彼の知性と誠実な人柄にひかれ、たえず彼を保護育成することに努めた。翌年7月サンダースに同行してニューヨークに到着し電信・ガス灯・汽車に驚嘆、ボルチモア経由首都ワシントンに到着。日本人として初めて米大統領ピヤースに謁見の栄に浴し、大統領の進言によってサンダースの故郷ボルチモアのカトリック系ミッション・スクールに入学、英語の実力をつける。安政1年11月1日カトリック教会で受洗、Joseph（ジョゼフ）の洗礼名をえてサンフランシスコに戻ったものの、保護者サンダースが経済不況で破産したために彼も廃学を余儀なくされ会社書記に就職する。その後上院議員グインに伴われて安政4年2月ブキャナン大統領に謁見を果たすが、グインの不誠実な人柄に失望し再びサンダースの許に帰り、翌年2月中旬ボルチモア裁判所で帰化手続をとりアメリカの市民権を獲得する。同年9月22日サンフランシスコより測量艦に書記として乗船し帰国しようといったが健康を害しホノルルで下船、4月下旬商船でホンコン経由上海に到着、駐日アメリカ公使ハリスと会いドール神奈川領事の通詞に採用される。一行は軍艦ミシシッピー号に乗り6月17日長崎に到着する。この時22歳だった。同船で下田経由6月30日神奈川に入港、故国の土を踏む。当時日英両国語に通じる者がいないことから、横浜のアメリカの領事館通詞となり、幕府方通詞の森山、堀両人をもはるかにしのぐ実力を見せ、日米修交条約や幕府遣外使節派遣に活躍するが、尊王攘夷派の暗躍で身辺の危険を感じ、文久1年9月17日横浜を出帆し12月16日ニューヨーク入港、恩人サンダースに再会しシュウォード国務長官よりアメリカ領事通詞に任命される。翌2年3月12日にはリンカーン大統領に謁見した後、10月13日再び横浜に戻り、当時の欧米列強の極東進出の渦中にあって難しい外交処理に通詞として活躍する。アメリカ艦ワイオミングに同乗して下関砲撃を目撃する。3年には通詞を引退、横浜に貿易商館を開き雑貨取引をする。秋には木版刷『漂流記』を出版したが、これには版元が幕府を恐れて無断で改ざんした個所がある。9月に『海外新聞』を発刊しイギリス船入港のたびに入手した英字新聞記事の和訳、茶・生糸価格の経済情報をのせる。隔週おきの発刊ながらわが国の定期新聞発刊の元祖となる。横浜の商売は不振で新聞も廃刊し長崎に移住、木戸孝允や伊藤博文に海外知識を伝える。維新の先覚者としての彼の功績は大きい。またイギリスのモース商会と鍋島藩の共同事業の高島炭坑開発に仲介通弁の役を果たすが、これがわが国の日外合弁事業の始まりとなる。モース商会破産後は神戸に移住、明治5年8月大蔵省会計局に勤務し渋沢栄一の下で銀行条令を編集、茶の輸出、精米事業に従事したがすべて失敗し、20年東京根岸に移住する。実業界での不成功の理由は、アメリカ国籍日本人だったことと人格高潔で世俗競争には不利だったことによる。出生地を前後3回訪れている。すなわち慶応4年8月7日墓参、明治3年10月25日両親の墓碑名発注、同4年11月2日姫路藩主下付の紋付受領被露と墓碑完成除幕式挙行である。この墓は蓮花寺境内にあり「横文字の墓」として有名で、当時としては画期的な新暦の日付が刻まれている。東京定住後は神経痛にかかり不健康となり、品川ゼームズ坂のゼームズ邸に約2年居住したこともある。ベルツ博士との交友が彼の国際人としての晩年を飾り、5年頃、英文自叙伝"The Narrative of A Japanese"上巻を、28年には下巻を完璧に近い英語で丸善より出版する。妻銀子との間に一女あり、後年広島高師教授本間義次郎理学博士夫人となる。明治30(1897)年12月12日、心臓病のため本所横網町で死去。享年61歳。
㊇東京・青山霊園外人墓地
|文献| 異国漂流奇譚（石井研堂）　福永書店　昭2／開国逸史・アメリカ彦蔵自叙伝（土方、藤島訳）　ぐろりあ・そさえて　昭7／異国漂流記集（荒川秀俊）　吉川弘文館　昭37／

ジョセフ=ヒコ(近盛晴嘉) 吉川弘文館 昭39(人物叢書)／英学ことはじめ(高梨健吉) 角川書店 昭40／日本人名大事典5 平凡社 昭54／ジョセフ彦―ドキュメント・リンカーンに会った日本人, 数奇な運命に彩られた漂流者の生涯(近盛晴嘉) 日本ブリタニカ 昭55／明治維新人名辞典(日本歴史学会編) 吉川弘文館 昭56／さむらいとヤンキー(F.ダレス著 桜田方子訳) 読売新聞社 昭57／漂流―ジョセフ・ヒコと仲間たち(春名徹) 角川書店 昭57(角川選書152)／開国逸史アメリカ彦蔵自叙伝(土方久徴, 藤島長敏共訳) ミュージアム図書 平10／アメリカ彦蔵(吉村昭) 読売新聞社 平11　〔境田進〕

綾野 敏三　あやの・としぞう
生没年不詳　留学生　⑱フランス：1875年(留学)

生没年不詳。明治8(1875)年にフランスに留学。その後の消息は不明。

[文献] 日仏文化交流史の研究―日本の近代化とフランス人(西堀昭)　駿河台出版社　昭56
〔富田仁〕

綾部 新五郎　あやべ・しんごろう
生没年不詳　蓮池藩士　⑧諱=幸佐　⑱アメリカ：1860年(遣米使節に随行)

生没年不詳。肥前蓮池藩士。安政7(1860)年, 29歳頃遣米使節の村垣淡路守範正の従者として随行。

[文献] 万延元年遣米使節史料集成1〜7(日米修好通商百年記念行事運営会編)　風間書房 昭36／幕末教育史の研究2―諸術伝習政策(倉沢剛)　吉川弘文館　昭59　〔富田仁〕

新井 奥邃　あらい・おうすい
弘化3年(1846)〜大正11年6月16日(1922)　教育家　〔カリフォルニア在住最初の日本人〕　㊷仙台　⑧通称=常之進　⑱アメリカ：1871年(森有礼に同行)

弘化3(1846)年, 仙台に生まれる。慶応2年に江戸に出て昌平黌に学ぶ。戊辰戦争の折榎本武揚に随って各地を転戦する。この頃箱館でロシア人ニコライの教えをうける。明治4(1871)年に森有礼がアメリカに赴くとき私費で同行。アメリカでは長沢鼎の良き理解者であったが, ハリスの教導を受け兄弟社の一員となる。5年に帰国命令が出るが, 長沢と共に同地に残りカリフォルニアに在住した最初の日本人となる。兄弟社の印刷係となりハリスの書物やパンフレットを受け持つ。在米期間は30年近くにも及んだが, 32(1899)年突然として帰国して, 葡萄園の経営のほか謙和舎を興してキリスト教の布教に専念する。『奥邃広録』の著作を残して, 大正11(1922)年6月16日死去。享年77歳。

[文献] 隠れたる哲人新井奥邃翁(小野清)：日本及日本人　842　大11／新井奥邃先生伝(永島忠重)　昭4／近代日本の海外留学史(石附実)　ミネルヴァ書房　昭47／近代日本海外留学生史　上(渡辺実)　講談社　昭52／カリフォルニアの士魂―薩摩留学生長沢鼎小伝(門田明訳)　本邦書籍　昭58
〔楠家重敏／富田仁〕

新井 常之進　あらい・つねのしん
⇒新井奥邃(あらい・おうすい)を見よ

新井 貢　あらい・みつぐ
生没年不詳　給人　⑧諱=貞一　⑱アメリカ：1860年(遣米使節に随行)

生没年不詳。安政7(1860)年, 31歳頃遣米使節新見豊前守に給人として随行する。

[文献] 万延元年遣米使節史料集成1〜7(日米修好通商百年記念行事運営会編)　風間書房 昭36／幕末教育史の研究2―諸術伝習政策(倉沢剛)　吉川弘文館　昭59　〔富田仁〕

新井 領一郎　あらい・りょういちろう
安政2年(1855)〜昭和14年4月10日(1939)　実業家　㊷上野国黒保根村水沼　⑱アメリカ：1876年(生糸輸出)

安政2(1855)年, 上野国黒保根村水沼の代々養蚕製糸業を営むこの地方きっての分限者, 星野家の五男に生まれる。明治9年佐藤百太郎が募ったオセアニック・グループに参加, 森村豊らとオセアニック号で渡米し, 佐藤・新井商会を設立して生糸貿易を行う。その後, 兄・星野長太郎らが設立した同伸会社のニューヨーク総支配人となる。26年には森村・新井商会を設立し, 大正12年三菱商事に吸収合併されるまで日米間の繊維・雑貨貿易の要となった。明治38年にはニューヨークに日米ビジネスマンの社交場・日本クラブを設立。ライシャワー駐日大使夫人のハルは領一郎の孫にあたる。昭和14(1939)年4月10日死去。享年85歳。

[文献] 日米生糸貿易史料　第1巻1　史料編（加藤隆，阪田安雄，秋谷紀男編）　近藤出版社　昭62／絹と武士（ライシャワー，ハル・松方著，広中和歌子訳）　文芸春秋　昭62／幕末明治海外渡航者総覧（手塚晃編）　柏書房　平4／明治日米貿易事始―直輪の志士・新井領一郎とその時代（阪田安雄）　東京堂出版　平8（豊明選書）／データベースWHO　日外アソシエーツ　　　　　　〔藤田正晴〕

荒川　邦蔵　あらかわ・くにぞう
嘉永5年4月（1852）～明治36年10月11日（1903）　官吏　〔地方自治制度の創立に尽力〕　㊥山口　㊙ドイツ：1870年（法律学）

　嘉永5（1852）年4月，山口に生まれる。山口藩医荒川芳菴の養子となる。幼時より蘭学を修め，明治3（1870）年12月ドイツに留学，法律学を専攻し7年で帰国。以来官吏として，外務省奏任取扱御用掛，参事院議官補，太政官少書記官，内務少書記官，卿官房書記官等を経て18年12月23日法制局参事官となり，地方自治制度の創立に従事する。21年12月，山県有朋内務大臣に随い内務省参事官として欧米を巡遊し，23年帰国。25年福井県知事，31年内務省県治局長に任ぜられたが，6月官を辞し，以後帝国党の組織に尽し幹事となる。明治36（1903）年10月11日，腎臓炎に心臓病を併発して死去。享年52歳。

[文献] 明治過去帳―物故人名辞典（大植四郎編）　東京美術　昭46／日本人名大事典1　平凡社　昭54　　　　　　　　　　　　　〔原潔〕

荒川　新一郎　あらかわ・しんいちろう
安政4年（1857）～昭和5年（1930）　農商務省技師　㊥長門国　㊙イギリス：1880年（紡績学）

　安政4（1857）年，長門国に生まれる。明治4年に海軍兵学寮に入り，翌年，退寮する。12年に工部大学校第1回卒業生として巣立ち，13（1880）年2月，工部省留学生として紡織学研究のため高峰譲吉，石橋絢彦，辰野金吾らと共にイギリスへ赴き，グラスゴウ大学に入学する。16年2月の帰国後，ただちに農商務省技師となり，以後，日本各地の紡績・織物技術の指導に尽力する。昭和5（1930）年死去。享年74歳。

[文献] 工部省沿革報告　大蔵省〔編刊〕　明22／海軍兵学校沿革（海軍兵学校編）　原書房　昭46／近代日本海外留学生史　上（渡辺実）　講談社　昭52／グラスゴウ大学と日本人留学生（北政巳）『国際日本を拓いた人々』同文舘　昭59　　　　　　〔楠家重敏〕

荒木　数右衛門　あらき・かずえもん
生没年不詳　熊本藩士　㊐諱＝義勝　㊙アメリカ：1860年（遣米使節に随行）

　生没年不詳。安政7（1860）年，25歳頃遣米使節に随行する。

[文献] 万延元年遣米使節史料集成1～7（日米修好通商百年記念行事運営会編）　風間書房　昭36／幕末教育史の研究2―諸術伝習政策（倉沢剛）　吉川弘文館　昭59　　〔富田仁〕

荒木　寅三郎　あらき・とらさぶろう
慶応2年10月17日（1866）～昭和17年1月28日（1942）　生化学者　医学博士　京都帝国大学総長，学習院長　〔医化学の創始者〕　㊥上野国（碓氷郡）板鼻　㊐雅号＝鳳岳　㊙ドイツ：1889年（生理化学）

　慶応2（1866）年10月17日，荒木保爾の長男として上野国碓氷郡板鼻町に生まれる。明治15年東京に漢学塾を開いていた荻原裕を頼って上京する。同年末，東京大学医部別科に合格，基礎医学を学ぶ。20年卒業，ただちに帝国大学医科大学生理学教室助手となる。22（1889）年4月ドイツのシュトラスブルク大学に私費留学。ホッペザイレ，バウマンなどについて生理化学を学び，28年12月帰国する。29年2月第三高等学校医学部教授となり，翌30年「ヒトサンニ就テ」によって医学博士の学位を得る。32年7月京都帝大医科大学教授に就任，医化学講座を担当。日本における医化学の創始者としての研究は，動物体内の乳酸発生，ヒチン，アミノ基の醋化などであった。35年の欧州派遣後，36年7月には坪井次郎の死去のあとを受けて医科大学長となる。大正4年6月には京都帝国大学総長に就任，以来15年間にわたって総長の座にあって大学の充実発展に努めるとともに，その間2度にわたって学生の思想事件の解決に当たり，大学行政の面でも敏腕をふるった。昭和4年3月京都帝国大学総長を退任，10月，第15代の学習院長に就任する。昭和12年学習院長退任後，枢密顧問官となる。漢詩においても一家をなし鳳岳と号した。昭和17（1942）年1月28日，東京小川町の自宅で狭心症のため死去。享年77歳。

[文献] 大日本博士録2　医学博士之部　発展社　大11／学習院長荒木寅三郎博士（都新聞評論

記者）：上毛及上毛人　161　昭5.9／私の見た荒木寅三郎先生（古武彌四郎）：日本医事新報　1288　昭24.1／近代日本海外留学生史下（渡辺実）　講談社　昭53／日本人名大事典　現代編　平凡社　昭54　　〔原潔〕

有賀 長雄　ありが・ながお
万延1年10月1日（1860）～大正10年6月17日（1921）　国際法学者　法学博士　〔日露戦争に国際法顧問として従軍〕　⊕大坂堀川
㋲ドイツ：1886年（哲学，政治学）

万延1（1860）年10月1日，歌人有賀長隣の子として大坂の堀川に生まれる。祖父は国学者・歌人の有賀長伯。明治9年大阪開成学校から特選により東京大学予備門に入り，15年文学部第一科（哲学）を卒業，そのまま17年まで大学にあって大学校編集係（日本社会史の編纂）準教授として歴史を講じた。大学時代は高田早苗などとフェノロサの指導を受け，近世哲学，世態学，理財学を修め，スペンサーの社会進化論を奉ずるフェノロサの影響下において『社会進化論』『宗教進化論』『族制進化論』を著す。17年，元老院書記官に任用される。18年12月『文学叢書』を出版。19（1886）年自費で洋行し，ベルリン大学政治哲学科においてヨーロッパ文明史，心理学などを学ぶ。途中元老院議官海江田信義の一行に加わり，ウィーン大学においてスタイン博士の国法学を聴講する。20年帰国後，その該博な知識と外国語に堪能であることを認められて，伊藤博文，山県有朋，井上馨などの信任をえて，枢密院記官，総理大臣秘書官，内閣書記官などを経て，25年には農商務省特許局長兼参事官となる。その間憲法制定に当たりその研究資料としての『国家学』，憲法注釈書『帝国憲法論』（22年）を著し，25年には『帝国史略』を出版する。26年戦争関係の内閣事務調査を嘱託され，27年日清戦争勃発とともに第二軍司令部法律顧問として従軍する。同年8月に著された『戦時国際公法』は陸軍顧問として実際に応用した戦争法規を明らかにした本である。28年パリにおいて「国際法上より観たる日清戦争」をフランス語で発表。これは日露戦争に関するフランス文の書物『日露戦争及国際法』（明治44年）とともに日本軍が戦争において国際法規の慣例を遵守した事実を欧米に証明し，かつ戦時国際法上の実証的学理に関しても外国

の学者に教えるところが多かった書物である。29年フランスから帰国後官を辞し，帝国大学，早稲田大学，陸軍大学などで，社会学，国法学，国際法，外交史などを教える。31年には埴原正直とともに『外交時報』を創刊する。列国の極東に関する情報分析が精緻なのに反し，日本の迂遠なことは危険であるという心配のもとに発刊されたこの雑誌の評判は良かった。32年オランダのハーグで開かれた万国平和会議に，林董全権（駐英公使）に従って国際法顧問として派遣される。38年3月，日露戦争の最中に「満洲委任統治論」を発表する。これは元来伊藤統監，大山元帥などのために書いた資料であった。大正2年，高田早苗，大隈重信に推されて，袁世凱の法律顧問となって中国に渡り憲法制定に従事したが，4年の「二十一ヶ条要求問題」に際し，中国に対する日本の強要政策に反対したために，対中国強硬論者より攻撃を受け，以後言論界，学界より半ば追放の憂目を見，早稲田大学，東京帝国大学を辞任しなくてはならなくなった。8年帰国後は，生涯の師と仰いだフェノロサの遺著『東亜美術史綱』の翻訳に専心，9年8月稿了した。大正10（1921）年6月17日死去。享年62歳。
㋣東京・青山霊園
文献　有賀博士七回忌に際して（信夫淳平）：外交時報　46（542）　昭2／故有賀博士思出の記（高田早苗），平和会議時代の有賀博士（上原勇作）：外交時報　46（543）　昭2／袁世凱顧問としての故有賀博士（青柳篤恒），有賀博士のつき思ひ出づるまゝに（立作太郎）：外交時報　45（540）　昭2／有賀長雄の「文学論」について（関良一）：国語と国文学　18（2）　昭16／有賀長雄（有井博子）：学苑（昭和女子大学）　306　昭40／日本人名大事典1　平凡社　昭54／近代日本哲学思想家辞典（伊藤友信他編）東京書籍　昭57　　〔原潔〕

有坂 紹蔵　ありさか・しょうぞう
慶応4年1月11日（1868）～昭和16年1月19日（1941）　海軍軍人，中将　工学博士　東京帝国大学教授　〔国産速射砲の製作に尽力〕
⊕江戸牛込　㋲フランス：1890年（兵器研究）

慶応4（1868）年1月11日，有坂銓吉の子として江戸牛込に生まれる。銓吉はもと幕府の家臣団に属していたが禄を離れて寺子屋を営んでいたらしい。開成中学を経て明治16年9月，東京大学予備門に入学する。幼年の頃から好

奇心旺盛で，とくに考古学に強い興味をいだいていたが，モースの大森貝塚発見に触発され，16年には向ヶ丘貝塚を，17年には同所で弥生式土器を発見するなど若くしてわが国の古代文化研究史に貴重な貢献をする。しかし，種々の事情からその道に進むことができず，20年9月，帝国大学工科大学へ入学，同時に海軍の委託学生を命じられた。造兵学を修めて23年7月卒業。同年（1890）海軍省からフランス留学を命じられ渡仏。24年1月ホッチキス速射砲製造所に入り，製図部に籍を置いて工場実習・研究活動に従事。好成績を収め26年12月帰国。ただちに海軍少技士に任命される。27年の日清戦争では，ルイ・エミール・ベルタン設計の三景艦など優秀な軍艦が日本側に勝利をもたらしたが，これらに搭載された中小口径の速射砲が果たした役割も大きかった。その意味で彼のフランス留学ははやくも実をあげたことになる。日清戦争末期から呉造兵廠の開設に参画，国産速射砲の嚆矢となる12cm砲の製造に精力を傾ける（明治30年完成）。31（1898）年対ロシア戦を想定した6・6艦隊の建造にあたり，その搭載砲を決定するためイギリスに出張，33年まで滞在した。35年，海軍在籍のまま東京帝国大学工科大学教授を兼任，同年秋に工学博士の学位を得る。翌36年，50口径12斤速射砲の尾栓を改良する。39年海軍造兵中監に任じられ，海軍大学校教官を兼ねた。40（1907）年，山本権兵衛率いる訪欧使節団に加わり日英軍事協商に立ち合い，そのあとドイツのウィルヘルム二世にも謁見している。44（1911）年欧米5ヶ国の視察に出発したが，この頃から世界各国の海軍の大勢は戦艦・火砲の巨大化に移行し，彼の専門とする中小口径は傍流になりつつあった。大正4年，呉工廠を離れて海軍造兵廠長となる。9年2月海軍造兵中将，12年3月予備役に編入され海軍を辞める。このあと2年間東京帝国大学教授をつとめ，14年退官，名誉教授となる。昭和に入ってからは帝国酸素株式会社社長をつとめる。昭和16（1941）年1月19日死去。享年74歳。

文献　近代日本海外留学生史　上（渡辺実）講談社　昭52／日本人名大事典　現代編　平凡社　昭54／有坂鉊蔵について（中村義彦）復刻版『兵器沿革図説』昭58　〔中川高行〕

有島 生馬　ありしま・いくま

明治15年11月26日（1882）～昭和49年9月15日（1974）　洋画家，小説家　〔セザンヌの紹介者〕　㊓神奈川県横浜市（月岡町）　㊔本名＝壬生馬　㊥イタリア：1905年（洋画）

明治15（1882）年11月26日，横浜税関長の有島武の次男として横浜市月岡町の税関長官舎で生まれる。作家・有島武郎の弟，里見弴の兄である。学習院初等科，中等科を経て，東京外国語学校イタリア語科で学ぶ。学習院中等科の頃から島崎藤村の影響を受け，志賀直哉ら学友10数人と回覧雑誌『睦友会雑誌』を発行し，新詩体を寄稿したが，一方では美術にも才能を示し，37年東京外国語学校を卒業するとただちに藤島武二に師事し洋画の修業をした。翌38（1905）年5月イタリアに留学。ローマのアカデミー・ド・フランスに入学し，カロリュス・デュランに師事した。40年にはパリのアカデミー・ショミエールに通い，ラファエル・コランの指導を受けた。パリではセザンヌをはじめ後期印象派の感化を受けた。43年1月帰国し，同年4月創刊の雑誌『白樺』の同人となり，才筆をふるい，小説，評論などを書き，またセザンヌや後期印象派の紹介につとめた。同年7月白樺社の主催で有島壬生馬，南薫造の帰国記念展覧会が開催され，滞欧中の作品計70点が展示された。これは日本の洋画壇より非常な新鮮さをもって迎えられた。はじめのうちは文展に出品していたが，文展は回を重ねるごとに固定化した審査方針が出て来て，鑑査方法，授賞，入選でも妥当と思われない点が表われて来たので，新進気鋭の画家達はこの固定化する審査に反対し，大正3年二科会を創設し，同年10月文展と同じ時期に第1回展覧会を開催した。会則には「本展覧会には何人と雖も随意出品する事を得，但し，同時に文部省美術展覧会（文展）に出品せんとする者に限り之を拒絶す」とうたわれ，反官展の態度を明瞭にしていた。参会者には彼のほかに，石井柏亭，津田青楓，山下新太郎，梅原龍三郎，柳敬助，小杉未醒，坂本繁二郎，斉藤豊作，岸田劉生らがいた。しかし昭和10年に抽象派に反対して二科会を脱退し，11年同志とともに一水会を創立した。この年帝国芸術員会員となった。第二次大戦後は日展審査員などを歴任し，後進の指導にあたり，39年文化功労者となった。彼は画家としてばかりではなく，小

説家としても才があり、明治43年以降『白樺』に「蝙蝠の如く」を連載したのをはじめ、『南歌の月』『嘘の果』などがあり、唯美的作家として活躍した。評論、翻訳などもある。同時代の画家ではほかに卓抜で広範な守備領域を持つ評論、随想を書いた人はほとんどいない。とくに『白樺』第1巻第2号、3号に「画家ポール・セザンヌ」を書いて、日本にはじめてこの大家を詳しく紹介した意義は大きい。昭和49（1974）年9月15日死去。享年89歳。

文献 近代日本美術の研究（隈元謙次郎）　大蔵省印刷局　昭39／思い出の我（有島生馬）　中央公論美術出版　昭51／日本近代文学大事典1（日本近代文学館編）　講談社　昭53／日本洋画史3　明治後期から大正まで（外山卯三郎）　日貿出版社　昭54／日本人名大事典現代編　平凡社　昭54／一つの予言—有島生馬芸術論集（有馬生馬著　紅野敏郎他編）　形象社　昭54／明治大正の美術（匠秀天他著）　有斐閣　昭56／幕末・明治期における日伊交流（日伊協会編）　日本放送出版協会　昭59／有島兄弟三人列伝—武郎・生馬・里見弴（清水博）　須坂新聞社　昭63　〔春日正男〕

有島 武郎　ありしま・たけお
明治11年3月4日（1878）～大正12年6月9日（1923）　作家, 評論家　⊕東京小石川水道町　⊗名乗り＝行正、号＝泉谷、由井ヶ浜兵六、勁隼生　㊙アメリカ：1903年（西洋史, 労働問題）

明治11（1878）年3月4日、租税寮官吏有島武の長男として東京小石川水道町に生まれる。母は南部藩士の娘幸子。15年父が横浜税関長となり横浜に移り、翌年山手町のアメリカ人の家庭に通い英会話を学ぶ。父も外国語に堪能で息子の教育にはとくに英語習得を重視する。18年山手のミッション・スクールである英和学校に入学、20年に退学、ついで学習院予備科に入学し皇太子明宮嘉仁親王の御学友となり吹上御殿に奉伺、23年学習院中等科に進む。美少年で気品のある彼は25年に横浜で中年未亡人の誘惑にあうが、母方祖母の一向宗信仰の強い感化で心清い純一な性格に育つ。元来病弱なため北海道に渡り農業に従事することが適切と考え、母方の縁故である新渡戸稲造を頼って29年札幌農学校に進学、同時に札幌市内の曹洞宗の寺で禅道修業に励むが、同期生の森本厚吉と親しくなり彼の感化で内村鑑三の著書に触れキリスト教に転向、その当時

新渡戸の創設した遠友夜学校の教育に協力する。この頃父は彼のためを考え狩太に未開地の貸下げを申請する。34年農学校卒業と同時に森本と『リビングストン伝』を共訳出版し、アフリカ奥地の黒人救済に生命を賭した伝道者に彼の純粋なキリスト教信仰の情熱を燃やす。このあと兵役に一年服し見習士官となるが、この兵営生活中にキリスト教徒としての彼は、自発を拒否し外部より強制する国家とは一体何か、こういう国家間の関係、国際問題、ひいては軍隊の発動を促す国際間の紛争・戦争、このような一連の問題に結論を見出すため外遊を決意し内村鑑三に相談したが反対され、折しも台湾在住の新渡戸稲造に相談すると彼の考えは社会福祉の向上に役立つと賛成をえる。36年（1903）8月25日横浜より親友の森本厚吉とともに渡米、新渡戸の勧めでクウェーカー教派のババフォード・カレジ大学院に入学、英国史、中世史、労働問題、ドイツ語を学ぶ。翌年には論文「日本史に影響した外国文明」を提出しマスター・オブ・アーツの学位を得る。労働の価値を理論のみでなく実地に知るべく精神病院の看護手となったが、人生の裏面を見過ぎて宗教の無力を感じて退職、同年9月ハーバード大学大学院専攻科に入学、歴史と経済学を学びながら文学書はエマスン、ホイットマンに傾倒、ツルゲーネフにも親しみ平民的な感覚を植え付けられる。さらに社会主義者ピーホディ弁護士の家僕となるや、詩人ホイットマンにつきさらに深く同弁護士より教わり、かつ唯物史観の社会主義者金子喜一と友人になった経緯も手伝い、大学院に失望して退学、農夫の体験を積み帰国後に待つ有島農場の経営に備える。その後ワシントンに赴き国会図書館で歴史学と文学を研究し、イプセン、トルストイ、クロポトキンの著書に親しむ。渡米留学の体験は彼の好んで研究した歴史や文学と相俟って、帰国後に清純で活気に満ちた文学作品を作る素地となり、アメリカの自由主義社会とは違った日本の制約下での社会主義の限界を彼に悟らしめ、それがかえって理想的社会主義建設目標の原動力となる。39年に友人の恋愛事件のためピストルで脅迫され農家に難を逃れ、善意が報いられぬ結果に煩悶し神経衰弱となり欧州旅行を企てる。40年ロンドンに行き亡命中のクロポトキンに会う機会をえて、彼の深く崇

高な人間性に打たれる。同年4月11日神戸に帰国，予備見習士官として入隊，12月には札幌の東北帝国大学農科大学英語講師となり，41年同大学予科教授，42年陸軍中将の娘神尾安子と結婚と順調だったが，43年幸徳秋水大逆事件が起ると，彼も社会主義研究者として官憲に注目される。44年キリスト教徒の偽善に嫌悪を感じキリスト教信仰を捨て，大正3年東京に移住し教授職を辞し文学者として自立を決意，5年には父と妻を失う不幸があったが，翌年著作集の刊行をみて，8年同志社大学でもっとも得意とするホイットマンとイプセンを講義する。10年文部省国語調査委員，同志社ではバイロンの講義を行う。この頃彼の作品劇が京都で上演される。社会的地位の低い者に対する彼の同情は，12年狩太の有島農場を小作人に解放することとなり，同時に雑誌記者で家庭的に不遇の人妻波多野秋子への同情から，同年(1923)6月9日軽井沢の別荘で心中，7月7日に両人の遺体が発見される。享年45歳。

⊕東京・青山霊園

[文献] 有島武郎全集(有島生馬) 改造社 昭7／有島武郎(坂本浩) 成城国文学会 昭24／文豪の素顔(長田幹彦) 要書房 昭28／有島武郎(野間宏) 『日本の思想家』 光書房 昭34／有島武郎(紅野敏郎)：国文学解釈と教材の研究 6(5)／昭36／作家論―有島武郎(伊藤整) 筑摩書房 昭36／有島武郎とその時代(田中潜) 札幌市有島武郎記念会 昭36／有島武郎の晩年と死(安川定男)：本の手帳 5(10) 昭40／有島武郎(山田昭夫) 明治書院 昭41／日本近代文学大事典1(日本近代文学館編) 講談社 昭53／評伝有島武郎(佐渡谷重信) 研究社出版 昭53／日本人名大事典1 平凡社 昭54／北大百年史―札幌農学校史料 北大 昭57／近代日本哲学思想家辞典(伊藤友信他編) 東京書籍 昭57／有島武郎―悲劇の知識人(安川定男) 新典社 昭58(日本の作家45)／人と文学の世界―有島武郎研究(高橋栄夫) 栄光出版社 昭60／有島武郎の芸術と生涯(井東憲) 日本図書センター 昭60(近代作家研究叢書)／有島武郎(福田清人，高原二郎編著) 清水書院 昭60(Century books)／有島武郎(菊地弘) 審美社 昭61／有島武郎論―関係にとって〈同情〉とはなにか(丹羽一彦) 風琳堂 昭62／有島兄弟三人列伝―武郎・生馬・里見弴(清水博) 須坂新聞社 昭63／有島武郎研究(有島武郎ほか著，瀬沼茂樹，小田切進編) 筑摩書房 昭63(有島武郎全集)／有島武郎試論(田辺健二) 渓水社 平3／有島武郎研究(増子正一) 新教出版社 平6／有島武郎愛/セクシュアリティ(有島武郎研究会編) 右文書院 平7(有島武郎研究叢書)／有島武郎と社会(有島武郎研究会編) 右文書院 平7(有島武郎研究叢書)／有島武郎序説(浜賀知彦) 東京図書の会 平7／有島武郎とキリスト教(有島武郎研究会編) 右文書院 平7(有島武郎研究叢書)／有島武郎論―関係にとって〈同情〉とはなにか(丹羽一彦) 風琳堂 平7／有島武郎虚構と実像(内田満) 有精堂出版 平8／有島武郎と作家たち(有島武郎研究会編) 右文書院 平8(有島武郎研究叢書)／有島武郎―「個性」から「社会」へ(外尾登志美) 右文書院 平9／父有島武郎と私(神尾行三) 右文書院 平9／亡命・有島武郎のアメリカ―〈どこでもない所〉への旅(栗田広美) 右文書院 平10／有島武郎―私の父と母/詩への逸脱(石丸晶子編) 日本図書センター 平10(シリーズ・人間図書館)／有島武郎とキリスト教並びにその周辺(川鎮郎) 笠間書院 平10／いま見直す有島武郎の軌跡―「相互扶助」思想の形成とその実践 図録(高山亮二，ニセコ町有島記念館編著) ニセコ町・有島記念館 平10／有島武郎とヨーロッパ―ティルダ，まだ僕のことを覚えていますか。(北海道文学館編) 北海道立文学館 平10／死と飛躍・有島武郎の青春―優等生からの離脱(栗田広美) 右文書院 平14／有島武郎全集 別巻 有島武郎研究 筑摩書房 平14／有島武郎―作家作品研究(石丸晶子) 明治書院 平15

〔境田進／富田仁〕

有島 武 ありしま・たけし

天保11年(1840)～大正3年12月2日(1914) 官吏，実業家 ⊕アメリカ，ヨーロッパ：1878年(欧米事情視察)

天保11(1840)年，薩摩国に生まれる。有島武郎，有島生馬，里見弴の父。薩摩藩島津家の士族・北郷久信に仕え，戊辰戦争時は日本海に出陣。明治5年租税寮に出仕。11(1878)年6月7日から欧米を視察し，12年2月16日帰国の後，大蔵省少書記官，15年横浜税関長，のち関税局長，国債局長。26年退官して十五銀行取締役。日本鉄道専務，日本郵船監査役などを兼任した。大正3(1914)年12月2日死去。享年75歳。

[文献] 幕末明治海外渡航者総覧(手塚晃編)
柏書房 平4／データベースWHO 日外アソシエーツ 〔藤田正晴〕

有栖川宮 威仁親王 ありすがわのみや・たけひとしんのう

文久2年1月13日(1862)～大正2年7月10日(1913) 皇族、海軍軍人、元帥 ㊷京都 ㊳幼名＝稠宮 ㊺イギリス：1880年(海軍軍事研修、イギリス皇室研究)

文久2(1862)年1月13日、有栖川宮幟仁親王の第四王子として京都に生まれる。明治4年4月、兄熾仁親王のすすめで早稲田に開校した育英義塾に入学、語学はオランダ人ライヘイ、漢籍は宮家儒家島津定に学ぶ。7年海軍兵学寮に入学し、数学、製図を得意とする。8年8月17日、熾仁親王が総裁を務めたウィーン万国博覧会で、皇族としてはじめてオーストリアの軍艦を訪問した。その後イギリス海軍少尉候補生の試験に合格し、12年8月、函館碇泊中の同国シナ艦隊旗艦・アイアンデューク号に1年ほど搭乗し訓練をうける。13(1880)年12月、将来日本海軍の指導者となるべく、またイギリス皇室と社会の実状の研究を使命として、イギリス留学を命ぜられる。14年1月イギリス到着後、グリニッジ海軍大学校に入学、在学中はとくに数学、機関学に秀でた。また、欧州の軍港の配置、艦の建造、兵制などを研究すると同時に、軍艦に乗り込み実地訓練にも励んだ。16年4月イギリスを出発、帰国の途についたが、途中アメリカに立寄りアーサー大統領と会見、社交的才能を示した。帰国後、比叡、扶桑などに乗り組む。また参謀本部第一局、海軍参謀本部などに勤務し、21年11月海軍少佐となる。22年12月慰子妃を伴い、軍事視察の目的でアメリカ、フランス、ロシア、ドイツ、イギリスを巡歴。23年4月帰国後、葛城・高雄・千代田の艦長を務め、26年10月には横須賀兵団長となる。27年12月、日清戦争に際し連合艦隊旗艦・松島の艦長となり、28年1月初旬から2月12日にかけての威海衛砲撃作戦を指揮、北洋水師を全滅させた。3月、膨湖島占領作戦にあたりコレラの発生した松島から橋立艦長に転任。30年5月、ビクトリア女皇即位60年の祝典に天皇の名代として参加、スピードヘッドでの観艦式に、その頃イギリスで完成された軍艦・富士の司令官となって臨んだ。ロンドンからの帰途スペインに立寄り、サンセバスチアン離宮においてスペイン皇太后と対面、スペイン植民地フィリピン群島と日本植民地台湾との国境問題を話し合う。32年5月皇太子(大正天皇)御輔導となり、9月海軍中将となる。37年日露開戦にあたり、6月海軍大将に任ぜられ大本営に加わる。38年4月ドイツ皇太子結婚式に名代として参列するため渡欧。航海の途中カムラン湾港頭でバルチック艦隊を目撃する。皇帝晩餐会の席上、日本海海戦の詳報が伝わり、ドイツ皇帝ウィルヘルム二世より称賛の言葉を受けた。そのあとイタリア、フランス、ベルギー、オランダを歴訪し、最後にイギリスに赴き同盟国としての援助に礼を述べた。イギリス滞在中当時まだ玩具視されていた自動車に興味を示され、将来の実業社会においてそれが必要になると推断し、ダラック号5人乗りを一台買い求め、イギリス人運転手を伴って帰国。これが日本における自動車第一号とされている。自動車のほかにも、写真、ボート、狩猟など多趣味であった。40年特命検閲使を拝命、軍艦・満州で鎮海湾、旅順を巡閲。10月には、伊藤博文韓国統監の計画した東宮(大正天皇)の韓国行啓に随伴して渡航。42年病気療養のため兵庫県舞子の別邸に移る。大正2(1913)年7月10日死去。享年52歳。国葬。
㊺豊島岡霊園

[文献] 有栖川宮 帝国軍人教育会編刊 大2／故有栖川宮威仁親王殿下御閲歴：大日本水産会報 371 大2／威仁親王行実(芝葛盛編) 高松宮家 大15／威仁親王と大津事変(武田勝蔵)：中央史壇 12(4) 大15／大行天皇と威仁親王(武田勝蔵)：中央史壇 13(2) 昭2／谷干城遺稿4(日本史籍協会編) 東京大学出版会 昭51(続日本史籍協会叢書 第1期9)／日本人名大事典4 平凡社 昭54
〔原潔〕

有栖川宮 熾仁親王 ありすがわのみや・たるひとしんのう

天保6年2月19日(1835)～明治28年1月15日(1895) 皇族、陸軍軍人 左大臣、参謀総長 ㊷京都 ㊳幼名＝歓宮 ㊺ロシア：1882年(ロシア皇帝即位式に出席)

天保6(1835)年2月19日、有栖川宮幟仁親王の長子として京都に生まれる。弟に威仁親王がいる。嘉永2(1849)年親王宣下。4年和宮親子内親王との婚約の内旨を受けるが、万延1

(1860)年和宮と将軍徳川家茂の婚姻内定のため成婚を辞退。禁門の変で長州藩に好意を示し謹慎処分を受けるが、慶応3年(1867年)王政復古の政変によって新政府の総裁職となる。戊辰戦争には東征大総督として関東・東北の戦争を指揮。明治維新後は、兵部卿、福岡藩知事を経て、明治8年元老院議官、翌年議長に就任。西南戦争では征討総督。13年左大臣となる。15(1882)年6月天皇の名代としてロシア皇帝即位式に参列するためロシアに渡航、欧米を歴遊して16年2月帰国。18年左大臣廃止にともない参謀本部長、22年参謀総長を兼任。明治28(1895)年1月15日死去。享年61歳。
墓東京小石川・豊島岡墓地
文献 幕末明治海外渡航者総覧(手塚晃編) 柏書房 平4／朝日日本歴史人物事典 朝日新聞社 平6／データベースWHO 日外アソシエーツ　〔藤田正晴〕

有地 品之允　ありち・しなのじょう

天保14年3月15日(1843)～大正8年1月17日(1919)　海軍軍人，中将　男爵　〔海事思想の普及〕　⊕長門国萩　⊗諱＝信政、初称＝熊蔵、号＝一葦　⊛ドイツ：1870年(普仏戦争の視察)

　天保14(1843)年3月15日、長州藩毛利家客分有地藤馬の三男として生まれる。幼少より藩主の小姓役を務め明倫館、有備館に学ぶ。戊辰戦争には父と従軍し、奥州各地に戦う。明治2年、藩主に従って上京、近衛兵が初めて組織されると仕官する。3年第5大隊軍監に任命。3(1870)年8月、普仏戦争視察のため、大山巌、品川弥二郎らに同行し渡欧する。戦闘の状況、戦略の得失、兵制の沿革などを観察することがその任務であった。アメリカを経由しイギリスに渡り、さらにベルギーからベルリンに赴く。その後戦場を視察し、パリに帰着し、4年5月帰国。帰国後陸軍少佐、のち宮中に入って侍従になる。7年海軍に転じ少佐、西南戦争に軍功をたて海軍中将に進む。日清戦争では呉鎮守府司令長官、常備艦隊司令官の任にあたり、その功を認められ男爵を授けられる。30年予備役。退役後は海事協会を設立し理事長となり、海事思想の普及に努める。貴族院議員を経て、6年枢密顧問官となる。大正8(1919)年1月17日、肝臓癌のため自宅で死去。享年77歳。

墓東京・青山霊園
文献 海軍中将男爵有地品之允(後藤天峰編)『名将初陣回顧録』中央出版社 大8／日本人名大事典1 平凡社 昭54／明治維新人名辞典(日本歴史学会編) 吉川弘文館 昭56　〔高橋公雄〕

有馬 金次郎　ありま・きんじろう

生没年不詳　旅芸人　〔サンフランシスコ演芸会の一員〕　⊛アメリカ：1893年(在米日本人演芸のはしり)

　生没年不詳。明治26(1893)年、西島勇が同好の士を集めて「サンフランシスコ演芸会」を組織したとき、その一員として参加する。この一座は在米日本人のやった演芸のはしりで、日本人墓地の購入基金集めのために行われたものである。その後の消息は不明。
文献 異国遍路　旅芸人始末書(宮岡謙二) 修道社 昭46　〔楠家重敏〕

有馬 治兵衛　ありま・じへえ

生没年不詳　官費留学生　⊕鹿児島　⊛ドイツ：1869年(留学)

　生没年不詳。鹿児島の出身。明治2(1869)年官費をもってドイツ留学。その後の消息は不明。
文献 近代日本海外留学史 上(渡辺実) 講談社 昭52　〔原潔〕

有馬 良橘　ありま・りょうきつ

文久1年11月(1861)～昭和19年5月1日(1944)　海軍軍人，大将　枢密顧問官　⊕紀伊国　⊛イギリス：1890年(軍事派遣)

　文久1(1861)年11月、紀伊国に生まれる。明治19年海軍兵学校を卒業。23(1890)年1月回航でイギリスに向かう。翌24年4月帰国し、「千代田」航海長、横須賀鎮守府参謀となる。33年にもイギリスに派遣される。37年の日露戦争には常備艦隊参謀として旅順港口閉塞作戦を指揮。その後「音羽」「磐手」各艦長、40年第2艦隊参謀長、砲術学校長、軍令部参謀第1班長、大正1年第1艦隊司令官、海軍兵学校長、教育本部長、6年第3艦隊長、7年海軍将官会議員、8年大将。11年予備役。昭和6年明治神宮宮司となり、同年枢密顧問官。12年国民精神総動員運動中央連盟会長、14年海軍在郷将官団体有終会理事長となる。昭和19(1944)年5月1日死去。享年84歳。

[文献] 有馬良橘伝(佐藤栄祐編)　有馬良橘伝編纂会　昭49／幕末明治海外渡航者総覧(手塚晃編)　柏書房　平4／データベースWHO　日外アソシエーツ　　　　〔藤田正晴〕

粟屋 道治　あわや・みちはる
生没年不詳　商人　〔ニューヨーク日本人倶楽部会長〕　㊆イギリス：1876年(輸出商見習)

　生没年不詳。明治9(1876)年、輸出商見習のため私費でロンドンに渡る。ロンドン生活は極めて清貧であったが、当時滞英していた星亨の知遇を得る。その後、ニューヨークに渡り、22年に同地で再び星亨と再会する。その頃、ニューヨークの領事館の書記生であり、また日本人倶楽部会長の地位にあったが、以後の消息は不明。

[文献] 星亨とその時代1(野沢雞一編著　川崎勝、広瀬順晧校注)　平凡社　昭59(東洋文庫437)　　　　　　　　　　　〔楠家重敏〕

安東 清人　あんどう・きよと
嘉永7年5月(1854)～明治19年9月17日(1886)　文部省官吏　㊆熊本　㊆ドイツ：1875年(文部省第1回留学生、鉱山学)

　嘉永7(1854)年5月、熊本の士族の家に生まれる。東京開成学校鉱山学科に入学後、第1回の文部省貸費留学生に選ばれ、明治8(1875)年7月18日、鳩山和夫、小村寿太郎などアメリカ留学組やフランス留学の古市公威などとともに横浜港を出発し、アメリカ経由でドイツに渡る。ドイツでフライブルク鉱山学校に入学し、研鑽を積んだが、10年、不幸にも病気のため学業半ばで帰国する。その後14年文部省奏任御用掛となり、文部権少書記官・専門学務局副長などを歴任後、18年2月文部少書記官となったが、同年11月病のため辞職し、明治19(1886)年9月17日死去。享年33歳。

[文献]　明治過去帳―物故人名辞典(大植四郎編)　東京美術　昭46／近代日本海外留学生史　上(渡辺実)　講談社　昭52　　〔安藤勉〕

安藤 謙介　あんどう・けんすけ
嘉永7年1月(1854)～大正13年7月30日(1924)　官吏　衆議院議員、横浜市長、京都市長　㊆土佐国(安芸郡)羽根村　㊆ロシア：1876年(領事館勤務)

　嘉永7(1854)年1月、土佐藩士安藤常三郎の長男として生まれる。致道館を卒業後、東京に出てニコライにロシア語を学ぶ。明治9(1876)年、外国語学校を卒業し外務省に出仕、ロシア領事館勤務のため渡露する。11年、ペテルブルグ公使館書記生となる。在勤しながら行政学を学び、15年にはペテルブルグ大学日本語学教授となる。18年に帰国し検事、検事正として各地に赴任する。29年に富山県知事となり、その後、千葉、愛媛、長崎、新潟県知事、衆議院議員などを歴任する。大正3年、新潟県知事を辞任し横浜市長に就任する。7年に辞任後、京都市長となり9年12月までつとめる。大正13(1924)年7月30日、東京で死去。享年71歳。

[文献]　土佐偉人伝(寺石正路)　歴史図書社　昭51／日本人名大事典1　平凡社　昭54／日本の歴代知事　歴代知事編纂会　昭55／日本の歴代市長　歴代知事編纂会　昭58
〔湯本豪一〕

安藤 幸　あんどう・こう
明治11年12月6日(1878)～昭和38年4月8日(1963)　音楽家　〔わが国ヴァイオリン界の先駆者〕　㊆東京　㊆旧名＝幸田　㊆ドイツ：1899年(ヴァイオリン奏法)

　明治11(1878)年12月6日、幸田成延の二女として東京で生まれる。作家幸田露伴、ピアニスト幸田延の妹。東京音楽学校でヴァイオリンをA.ユンケルに学ぶ。明治32(1899)年同校を卒業し、同年ドイツに渡る。ベルリンのドイツ国立音楽院に入学し、J.ヨアヒムに師事する。4年間の勉学ののち36年帰国。同年東京音楽学校の教授に就任、留学中に体得したヴァイオリン技術と知識を学生に伝授し、わが国の洋楽の発展に重要な役割を演ずる。この間第一級のヴァイオリニストとして活躍すると同時に、音楽教育家として兎束龍夫、井上武雄、鷲見三郎など、数多の有為な人材を育てる。昭和7年同校を退職後は、オーストリア国際音楽コンクールをはじめとして、内外の各種のコンクールの審査員としても活躍する。17年芸術院会員に推され、さらに33年には第8回文化功労者として表彰される。昭和38(1963)年4月8日死去。享年86歳。

[文献]　近代日本海外留学生史　下(渡辺実)　講談社　昭53／演奏家大事典　音楽監賞教育振興会　昭57／新音楽辞典　人名　音楽之友社編刊　昭57／幸田姉妹―洋学黎明期を支えた幸田延と安藤幸(萩谷由喜子)　ショパン　平15　　　　　　　　　〔安藤勉〕

安東 貞美　あんどう・さだみ
嘉永6年8月19日(1853)～昭和7年8月29日(1932)　陸軍軍人、大将　㊦信濃国飯田　㊟前名＝久吉　㊨ヨーロッパ：1893年（軍事視察）

　嘉永6(1853)年8月19日、飯田藩士で槍指南役・安東辰武の三男として信濃国飯田に生まれる。母は歌人の菊子。習字と文学を高遠藩の儒者・中村黒水らに学び、明治3年大阪兵学寮に入り、5年陸軍少尉、16年少佐となる。26(1893)年11月ヨーロッパへ派遣され、翌27年9月10日帰国して大佐となり、31年少将、台湾守備混成第2旅団長。この間、参謀本部出仕、陸軍士官学校校長を務め、西南戦争、日清戦争に従軍、日露戦争では歩兵第19旅団長として出征、中将に昇進。40年男爵を授かる。43年第12師団長、45年朝鮮駐劄軍司令官を経て、大正4年台湾総督、大将となった。昭和7(1932)年8月29日死去。享年80歳。

【文献】幕末明治海外渡航者総覧（手塚晃編）柏書房　平4／データベースWHO　日外アソシエーツ　〔藤田正晴〕

安藤 忠経　あんどう・ただつね
弘化3年4月8日(1846)～大正13年10月27日(1924)　外交官　㊟通称＝太郎　㊨アメリカ：1871年（岩倉使節団に随行）

　弘化3(1846)年4月8日、鳥羽藩医・安藤文沢の子として生まれる。漢学、蘭学、英学を学び、海軍操練所、陸軍伝習所に入る。幕府に出仕して騎兵指図役となり、戊辰戦争時は箱館五稜郭に籠城した。大蔵省に出仕、のち外務省に転じ、明治4(1871)年12月23日、岩倉使節団に四等書記官の外務大録として随行する。6年9月13日帰国の後、香港およびハワイ領事、外務省・農商務省の局長を歴任する。この間ハワイで受洗し、退官後はキリスト教宣教と日本禁酒同盟会運動に専念した。大正13(1924)年10月27日死去。享年79歳。

【文献】近代日本の海外留学史（石附実）ミネルヴァ書房　昭47／近代日本海外留学生史上（渡辺実）　講談社　昭52／幕末明治海外渡航者総覧（手塚晃編）柏書房　平4／朝日日本歴史人物事典　朝日新聞社　平6
〔楠家重敏／富田仁〕

安藤 太郎　あんどう・たろう
⇒安藤忠経（あんどう・ただつね）を見よ

安藤 直五郎　あんどう・なおごろう
安政3年頃(1856)～？　留学生　㊦鹿児島県　㊨フランス：1872年（兵学）

　安政3(1856)年頃に生まれる。鹿児島出身。明治5(1872)年4月パリに官費留学で赴き、デカルト学校において兵学を修める。その後の消息は不明。

【文献】フランスとの出会い―中江兆民とその時代（富田仁）三修社　昭56／幕末明治海外渡航者総覧（手塚晃編）柏書房　平4
〔富田仁〕

【い】

伊井 直助　いい・なおすけ
生没年不詳　留学生　㊦京都　㊨アメリカ：1871年（留学）

　生没年不詳。京都の出身。明治4(1871)年自費留学生としてアメリカに渡る。その後の消息は不明。

【文献】近代日本の海外留学史（石附実）ミネルヴァ書房　昭47
〔楠家重敏〕

井伊 直安　いい・なおやす
嘉永4年2月11日(1851)～昭和10年8月25日(1935)　政治家　子爵　〔『欧米各国遊歴』執筆〕　㊦江戸　㊟通称＝重麻呂　㊨アメリカ、ヨーロッパ：1872年（外国事情視察）

　嘉永4(1851)年2月11日、彦根藩主井伊直弼の三男として江戸に生まれる。文久2年、井伊直充の養子となり与板藩をつぐ。戊辰戦争の折、官軍につき戦功があった。明治2年に藩籍を奉還して与板県知事となる。5(1872)年に欧米各国を歴遊して翌年帰国する。その見聞に基づき『欧米各国遊歴』を著す。29年以降、貴族院議員となる。昭和10(1935)年8月25日死去。享年85歳。　㊣東京都世田谷区・豪徳寺

【文献】越佐人名辞書（村島靖雄編）歴史図書社　昭49／明治維新人名辞典（日本歴史学会編）吉川弘文館　昭56
〔楠家重敏〕

飯島 魁　いいじま・いさお
文久1年6月17日(1861)～大正10年3月14日(1921)　動物学者　理学博士　東京大学理科大学教授　〔近代動物学・寄生虫学の先駆者〕

[生]静岡浜松　[渡]ドイツ：1882年（動物学）

文久1（1861）年6月17日，飯島道章の長男として浜松に生まれる。最初，外国語学校に入学しドイツ語，ついで英語を学ぶ。明治8年東京開成学校に入学，同校卒業後，11年に東京大学理学部生物学科に入学し，東京大学最初の動物学教授であると同時に大森貝塚の発見者でもあるモースについて，動物学の勉学を始める。14年，東京大学を卒業し，ただちに准助教授となる。15（1882）年2月4日文部省の官費留学生として年金1020円を受け，約3年間の予定でドイツに渡る。わが国最初の動物学研究の留学生である。ライプチヒ大学に入学し，寄生虫学の中興の祖といわれるロイカルト教授に師事し，主として渦虫類を研究する。またロイカルト教授を通して寄生虫学にも目を向け，17年吸虫類の輸管および消化管の研究を発表する。同年淡水産渦虫の研究によりPh.Dを得て，18年7月に帰国し，さらにその翌年東京大学理科大学教授に就任する。24年理学博士の学位を受け，34年には欧米を学術視察する。39年に帝国学士院会員に選ばれ，さらに三崎臨海実験所長も兼務し，41年フィリピンおよびインドを学術視察するなど，内外にわたって広範に活動する。ドイツ留学から帰国当時のわが国の貧弱な寄生虫学を飛躍的に発展させ，寄生虫学の開祖とされているが，そればかりでなく海綿類，ヒル類，鳥類などきわめて多岐にわたって研究業績を残している。18年9月には，箕作佳吉などとともに動物学会，ついで鳥学会を創設し，わが国における近代動物学の先駆者として重要な役割を演ずる。『人体寄生動物篇』（21年），『日本産玻璃海綿の研究第一報』（34年），『六放射海綿の研究』（34年），『動物学提要』（大正7年）などの著作のほか，後進の指導，教育にも力を注ぎ，動物学教科書として『中等教育動物学教科書』全2巻（明治22年～23年）なども刊行している。性格は天真爛漫，闊達にして磊落であり，広節裂頭條虫の感染源の研究で條虫の幼虫を試食し，自己の体内において幼虫が発育し母虫となることを身をもって実証したことなど，数多くの逸話を残している。大正10（1921）年3月14日死去。享年61歳。

[文献] 故飯島魁博士記念号：動物学雑誌 34（401）　大11／飯島魁先生（吉田貞雄）：日本医事新報　1348　昭25／報恩感謝　吉田定雄著刊　昭26／近代日本海外留学生史 上（渡辺実）　講談社　昭52／日本人名大事典1　平凡社　昭54／古代遺跡の考古学者（斎藤忠）　学生社　平12　〔安藤勉〕

飯塚 義光　いいずか・よしみつ

生没年不詳　工部省測量技師　[渡]イギリス：1872年（留学）

生没年不詳。明治5（1872）年5月，工部省留学生としてイギリスに赴く。7年に帰国して内務省に勤務し，のち工部省工学寮に入る。測量司技師一等見習になるが，その後の消息は不明。

[文献] 工部省沿革報告　大蔵省　明22／近代日本の海外留学史（石附実）　ミネルヴァ書房　昭47／幕末明治海外渡航者総覧（手塚晃編）　柏書房　平4　〔楠家重敏／富田仁〕

飯田 旗軒　いいだ・きけん

慶応2年5月2日（1866）～昭和13年4月24日（1938）　仏文学者　[生]江戸両国　[名]本名＝飯田旗郎　別号＝梅廼舎文江，聴雨居士，眼花道人　[渡]ベルギー：1886年（留学）

慶応2（1866）年5月2日，江戸両国に生まれる。明治19（1886）年ベルギーに官費留学の後，実業界で活躍し，また硯友社社友としても活躍。明治41年『巴里』を刊行。その後も「金」「労働」や随筆集『ざっくばらん』などを刊行し，フランス政府からレジオン・ド・ヌール勲章を受章した。昭和13（1938）年4月24日死去。享年73歳。

[文献] 幕末明治海外渡航者総覧（手塚晃編）　柏書房　平4／データベースWHO　日外アソシエーツ　〔藤田正晴〕

飯田 吉次郎　いいだ・きちじろう

嘉永1年（1848）～大正12年8月27日（1923）　工部省官吏　[生]長門国　[名]別名＝俊徳　[渡]オランダ：1867年（留学）

嘉永1（1848）年頃生まれる。長州藩の出身。慶応3（1867）年7月，長州藩の留学生としてオランダに渡る。明治6年11月30日帰国後工部省に出仕する。大正12（1923）年8月27日死去。享年76歳。

[文献] 近代日本の海外留学史（石附実）　ミネルヴァ書房　昭47／英語事始（日本英学史学会編）　日本ブリタニカ　昭50／幕末明治海外渡航者総覧（手塚晃編）　柏書房　平4

飯塚 納　いいづか・おさむ

弘化2年(1845)～昭和4年12月6日(1929)　漢詩人、ジャーナリスト　東洋自由新聞副社長〔自由民権思想の啓蒙〕　⊕出雲国松江　⊗字＝脩平　㊦フランス：1870年(法制)

弘化2(1845)年、松江藩医飯塚利庵の長子として松江に生まれる。藩儒の雨森謙三郎の塾に入り四書五経を学び、永泉寺の天麟上人(号は苔洲)について詩作に励むとともに、藩主松平定安が西洋医師を養成する目的で設立した修道館に学ぶ。元服して字を脩平と称した後、文久2年、医者になるのを嫌って家を飛び出し江戸に出る。福沢諭吉の塾に入って洋学を学ぶ。その時わが国独自の言葉や文字を持つ必要を痛感し、集議院へ漢字廃止論を建白する。要旨は、「漢字を廃止して国文を定め、それをもって有用の書を訳する」ことにあったが、同時に「所在学校を設け、学問の順序を立てる」など、教育制度の整備拡充も訴えた。やがて西郷隆盛や勝海舟の知遇を受けるにいたり、松江藩の徴士に選ばれ、明治3(1870)年フランスに留学する。出発に際し、勝海舟は彼のために詩をつくり、贈ったという。普仏戦争中のパリに着いた彼は、急進的な社会民主主義思想を持つ学者として評判の高かったエミール・アコラスの私塾に入り、法制の勉学に励んだ。また西園寺公望、中江兆民らと交わるとともに、ドイツ人女性ボーレンと知り合い、結婚。パリがプロシア軍に包囲された折にはスイスに難を逃れ、戦争が終るとパリに戻った。ボーレンとの間に一男一女をもうけ修と阿利須と名づけた。故郷松江の景勝地にちなんで「西湖山人」と号し、ヨーロッパの山河湖水を背景に漢詩をつくり、唐詩の妙をフランス人に説いた。13年、国会開設の気運が高まるにいたり、妻子とともに帰国。翌年、松田正久らとともに『東洋自由新聞』を創刊。西園寺公望が社長となり、彼は副社長となり、封建的な日本国内に自由民権思想を浸透させようとしたが政府の攻撃をうけ、天皇の命令で西園寺が辞職に追い込まれ、『東洋自由新聞』も廃刊となった。その後は一時、司法省に務めたが、もっぱら詩作にふけり、漢詩人・西湖山人の名を高めた。伊藤博文、青木周蔵、花房義質らに官職につくよう要請されたが、断わり続けた。老齢にいたり、内田良平が創設した右翼団体・黒龍会に入って活動したが、昭和4(1929)年12月6日死去。享年85歳。

文献　飯塚納(桑原羊次郎)：伝記　8(5)　昭16／尾州の音吉、中定勝、飯塚修平のことども　服部、手塚、桑原諸氏へ(尾佐竹猛)：伝記　8(6)　昭16／飯塚納伝補遺(桑原羊次郎)：伝記　8(7)　昭16／日本人名大事典1　平凡社　昭54

〔伏見郁子〕

飯塚 十松　いいづか・じゅうまつ

生没年不詳　浜松藩士族　⊕浜松　⊗別名＝従松　㊦アメリカ：1870年(語学)

生没年不詳。浜松の出身。明治3(1870)年、語学研修のため公費でアメリカに渡る。5ヶ年の予定でオレゴンに滞在する。のち私費で滞米する。その後の消息は不明。

文献　近代日本の海外留学史(石附実)　ミネルヴァ書房　昭47／幕末明治海外渡航者総覧(手塚晃編)　柏書房　平4

〔楠家重敏／富田仁〕

飯野 文蔵　いいの・ぶんぞう

生没年不詳　⊕江戸　㊦アメリカ：1860年(遣米使節に随行)

生没年不詳。安政7(1860)年、35歳頃遣米使節に随行する。

文献　万延元年遣米使節史料集成1～7(日米修好通商百年記念行事運営会編)　風間書房　昭36／幕末教育史の研究2—諸術伝習政策(倉沢剛)　吉川弘文館　昭59

〔富田仁〕

家永 豊吉　いえなが・とよきち

文久2年10月15日(1862)～昭和11年12月29日(1936)　法学者　慶応義塾大学教授　⊕筑後国　㊦アメリカ：1884年(留学)

文久2(1862)年10月15日、筑後国に生まれる。熊本洋学校、京都の同志社に学ぶ。ジェーンズから洗礼を受け熊本バンドに加わった。明治17(1884)年アメリカに私費留学。23年帰国後、東京専門学校講師となる。25年松本英子と結婚(のち離婚)。慶応義塾大学教授、高等商業教授を務め、再び渡米、シカゴ大学、コロンビア大学で教鞭を執り、日本人講師として名声を得る。米国各地を巡回講演し、雄弁家としても内外に知られ、新渡戸稲造らとも親交があった。引退後は釣りを楽しみとしたが、ニューヨーク州オネイダ湖で釣りをして

いた時、氷中に落ち、昭和11年12月29日死去。享年75歳。
[文献] 幕末明治海外渡航者総覧（手塚晃編） 柏書房 平4／家永豊吉と明治憲政史論（家永豊吉） 新泉社 平8／近代トルコ見聞録（長場紘） 慶応義塾大学出版会 平12（Keio UP選書）／データベースWHO 日外アソシエーツ 〔藤田正晴〕

庵原 熊蔵 いおはら・くまぞう
生没年不詳 ⑥相模国（津久井郡）県村 ⑧諱＝春孝 ⑩アメリカ：1860年（遣米使節に随行）
生没年不詳。安政7（1860）年、28歳頃日高圭三郎の従者として遣米使節に随行する。
[文献] 万延元年遣米使節史料集成1～7（日米修好通商百年記念行事運営会編） 風間書房 昭36／幕末教育史の研究2―諸術伝習政策（倉沢剛） 吉川弘文館 昭59 〔富田仁〕

伊賀 陽太郎 いが・ようたろう
嘉永4年（1851）～明治30年5月3日（1897） 教育者 男爵 ⑥土佐国宿毛 ⑩イギリス：1871年（留学）
嘉永4（1851）年、高知藩家老伊賀氏理の三男として宿毛に生まれる。明治4（1871）年にイギリスに留学し、ロンドン大学ユニバーシティ・カレッジに入学。14年帰国後は農商務省を経て高等商業学校教諭を務め、のち高知に戻り塾を開いて子弟を指導した。明治30（1897）年5月3日死去。享年47歳。⑧高知県宿毛市桜町
[文献] 近代日本の海外留学史（石附実） ミネルヴァ書房 昭47／幕末明治海外渡航者総覧（手塚晃編） 柏書房 平4／幕末維新人名事典 新人物往来社 平6 〔富田仁〕

五十川 基 いかがわ・もとい
天保15年（1844）～明治6年1月21日（1873） 医学者 ⑥福山 ⑩アメリカ：1870年（政治学）
天保15（1844）年、福山藩医五十川周圭の子として生まれる。万延1年藩の命で医学を学び、文久3年江戸で洋書調所・医学所で学ぶ。慶応2年誠之館洋学世話役となり、明治2年藩立病院同仁館の設立に尽力。明治3（1870）年8月8日、政治学研修のため藩留学生としてアメリカに渡り、渡米体験を『休戦要録』に著す。5年10月11日帰国、その後病を得て、明治6（1873）年1月21日死去。享年30歳。

[文献] 近代日本の海外留学史（石附実） ミネルヴァ書房 昭47／近代日本海外留学生史 上（渡辺実） 講談社 昭52／幕末明治海外渡航者総覧（手塚晃編） 柏書房 平4／幕末維新人名事典 新人物往来社 平6 〔楠家重敏／富田仁〕

五十嵐 秀助 いがらし・ひですけ
安政5年12月22日（1859）～昭和8年2月11日（1933） 電信技術者 ⑥出羽国米沢 ⑧旧名＝徳間 ⑩アメリカ：1889年（留学）
安政5（1859）年12月22日、出羽米沢藩士・徳間久三郎の三男として米沢に生まれ、米沢藩士・五十嵐正和の養子となる。明治15年工部大学校電気工学科を卒業し工部省に入り、22（1889）年、電信電話事業研究のために私費で米国に赴き、23年6月帰国、逓信省技師となる。32年工学博士。33（1900）年、電信電話事業の視察のため欧米に派遣される。東京電話交換局長、東京逓信局工務部長を歴任し、東京・横浜などで電話網建設の基礎を造った。のち農商務省技師、宮内省御用掛を務めた。大正6年退官後は中国に招かれ漢口・武昌の電話改善事業を9年に完成させた。昭和8（1933）年2月11日死去。享年76歳。
[文献] 幕末明治海外渡航者総覧（手塚晃編） 柏書房 平4／データベースWHO 日外アソシエーツ 〔藤田正晴〕

生島 孫太郎 いくしま・まごたろう
生没年不詳 幕臣 外国奉行支配並出役 ⑩フランス：1867年（遣仏使節に随行）
生没年不詳。慶応3（1867）年、徳川昭武遣仏使節に外国奉行支配並出役として随行しフランスに渡る。そののちスイス、オランダ、ベルギー、イタリアを歴訪する。
[文献] 徳川昭武滞欧記録（大塚武松編） 日本史籍協会 昭7／近代日本海外留学生史 上（渡辺実） 講談社 昭52 〔富田仁〕

井口 省吾 いぐち・しょうご
安政2年8月（1855）～大正14年3月4日（1925） 陸軍軍人、大将 ⑥静岡 ⑩ドイツ：1887年（陸軍軍事研修）
安政2（1855）年8月、井口幹一の次男として静岡に生まれる。明治12年陸軍士官学校卒業、少尉となる。18年陸軍大学卒業。20（1887）年軍事研修のためにドイツに留学し、23年帰国。

以後陸軍大学教官，野戦砲兵第4連隊第3隊長などを歴任。日清戦争の折には第2軍参謀として参戦，また日露戦争では大本営参謀ならびに満州軍参謀として戦功をあげる。のち陸軍大学校長，第15師団長，軍事参謀官などを歴任し大将となる。大正14(1925)年3月4日死去。享年71歳。

[文献] 大日本人名辞書(大日本人名辞書刊行会編) 講談社 昭49／近代日本海外留学生史 上(渡辺実) 講談社 昭52／日本人名大事典1 平凡社 昭54／井口省吾伝(波多野勝編) 現代史料出版 平14　〔安藤勉〕

池尻 富興　いけじり・とみおき

？～明治21年5月3日(1888)　留学生　[渡]フランス：年不明(留学)

生年不詳。明治21(1888)年5月3日フランスに留学中，パリで死去。

[文献] 明治過去帳―物故人名辞典(大植四郎編) 東京美術 昭46／異国遍路 旅芸人始末書(宮岡謙二) 改訂新版 修道社 昭46　〔山口公和〕

池田 猪之助　いけだ・いのすけ

生没年不詳　[生]薩摩　[渡]アメリカ：1872年(吉田清成に同行)

生没年不詳。薩摩出身。大蔵省に入り，明治5(1872)年に吉田清成に同行してアメリカに渡る。7年5月28日帰国。その後の消息は不明。

[文献] 近代日本の海外留学史(石附実) ミネルヴァ書房 昭47／幕末明治海外渡航者総覧(手塚晃編) 柏書房 平4　〔楠家重敏／富田仁〕

池田 謙斎　いけだ・けんさい

天保12年11月1日(1841)～大正7年4月30日(1918)　医学者　陸軍軍医総監，東大医学部総理，宮内省侍医局長官　〔日本最初の医学博士〕　[生]越後(蒲原郡)西野　[名]本名＝秀真；謙輔　旧名＝入沢　幼名＝圭助　[渡]ドイツ：1870年(医学)

天保12(1841)年11月1日，越後西野の庄屋・入沢健蔵の二男として生まれる。10歳年長の兄恭平(後の東京大学医学部内科教授で宮内省侍医の入沢達吉の父)が，江戸に赴き幕府の奥医師・土生玄生の塾に入っていたので16歳のとき兄を頼って上京したが，当時の尊皇攘夷論の影響を受け，時世に対する悲憤慷慨の末，剣客伊庭軍兵衛の道場に入門，かたわら漢学を学ぶ。剣術に秀れ，たびたび壮年の武士達を打ち負かしたという。文久2年旗本・竹垣竜太郎のすすめで蘭学を学び始める。攘夷を果たすには西洋人の言葉を学ぶにしかずと考えたからである。だがこの事が運命をかえることになる。緒方洪庵が医学所の頭取となり上京，竹垣家の隣に居を構えたので，竹垣は，緒方に自分の弟子に蘭学を教えてくれるよう頼んだ。ところが緒方は目下書生を置くつもりはないから医学所に入れるようにすすめたので，医学を積極的に学ぶ気もないのに医学所で洪庵に学ぶこととなる。文久3年洪庵が死去したがそのときすでに塾頭になっていた。洪庵未亡人の推挙で幕府の奥医師池田玄仲の養子となり，元治1年伝習生として長崎に赴く。伝習所でボードイン，マンスフェルトなどオランダ人医師に師事して初めて本物の解剖を経験する。慶応2年，物情騒然としてきたため伝習生はアメリカ船で上海に渡り，翌年2月イギリス船で横浜に帰港する。大混乱の江戸の旧幕の医学所経営の仮病院で鳥羽伏見戦争の官軍の負傷兵の治療にあたる。明治2年大学東校(医科)開設に際して大助教兼少典医になる。日本におけるドイツ医学の評価が高まり，翌3(1870)年12月プロシャ留学の途につく。ベルリン大学で病理解剖のウィルヒョウ，内科のフレーリヒス，外科のランゲンベック，婦人科のマルティン，小児科のヘェノホなどに師事，8年医学博士の学位をベルリン大学より授与される。9年インド洋を経て帰国する。その同じ船でのち東京大学医学部で教鞭をとり，明治天皇の侍医としてまた温泉の効用性の研究者として有名になったエルウィン・ベルツが来日する。その年陸軍軍医監，宮内省御用掛，官立東京医学校(後の東大医学部)長となり翌10年東京大学医学部総理となる。18年8月，長岡の越佐新聞社主催の越後人十傑の一人として，大倉喜八郎，前島密らと名をつらねている。19年宮内省侍医局長官となり，日本最初の医学博士の称号を得る。大正7(1918)年4月30日死去。享年78歳。

[墓]新潟県南蒲原郡中之島村大字西野・入沢家墓所

[文献] 回顧録(池田謙斉述 入沢達吉編) 杏林舎 大6／新聞集成明治編年史 財政経済学会 昭11／ベルツの日記(トク・ベルツ編 浜田正彦訳) 岩波書店 昭14／ベルツの日

記 第1部(上，下)，第2部(上，下)(トク・ベルツ編 菅沼竜太郎訳) 岩波書店 昭26／池田謙斎回顧録1～4(緒方富雄解説)：医学のあゆみ 30(1～4) 昭34／日本人名大事典1 平凡社 昭54／明治維新人名辞典(日本歴史学会編) 吉川弘文館 昭56／東京帝大医学部総理―池田謙斎伝(長谷川つとむ) 新人物往来社 平1 〔長谷川勉／富田仁〕

池田 謙蔵　いけだ・けんぞう
安政1年12月(1855)～大正12年12月(1923)
実業家　㊉但馬国　㊋別名=謙三　㊌アメリカ：1871年(留学)

安政1(1855)年12月，池田澄治の長男として但馬国で生まれる。明治4(1871)年アメリカに渡り，5年頃にワシントンにいたが，6年にはドイツに赴いている。帰国後の7年には東京府に勤め，やがて内務省に入り大蔵省に転じている。13年，官職を辞して実業界に身を投じ，第百銀行，東京貯蓄銀行，日本興業銀行，台湾銀行，南満洲鉄道会社などの要職をつとめた。大正12(1923)年12月死去。享年70歳。
|文献| 近代日本の海外留学史(石附実) ミネルヴァ書房 昭47／近代日本海外留学生史 上(渡辺実) 講談社 昭52／池田謙三翁略記 矢野恒太記念会編刊 昭56 〔楠家重敏〕

池田 成彬　いけだ・しげあき
慶応3年7月16日(1867)～昭和25年10月9日(1950)　財界人，政治家　日銀総裁，大蔵大臣，商工大臣 〔三井財閥を確立，財界のトップ・リーダー〕　㊉米沢　㊌アメリカ：1888年(経済学)

慶応3(1867)年7月16日，米沢藩家老池田成章の長男として生まれる。明治12年母と上京。16年父のすすめで英学塾進文学舎に入り坪内逍遥，高田早苗の講義を聴き，同じ頃神田の共立学校にも通い高橋是清からスイントンの「万国史」の授業を受ける。19年大学予備門に入ろうとするが渡辺洪基から英語を学ぶために慶応義塾の別科に入ることをすすめられる。21年慶応義塾別科を卒業。23年1月慶応義塾が大学となりその経済科に進学する。同年(1888)6月慶応義塾大学からアメリカのハーバード大学に留学を命ぜられる。5年間勉学ののちバチェラー・オブ・アーツの資格をえて卒業し，28年7月帰国する。同年9月福沢諭吉の主宰する時事新報社に入社し論説委員となる

が月給が安く不安になり3週間で退社。12月三井銀行に入り調査係となる。29年8月大阪支店に転じ，30年12月足利支店長，31年8月から32年1月にかけて米山梅吉などとともに欧米に派遣され，海外の銀行業務を実地に学ぶ。33年6月本店営業部次長になる。34年中上川彦次郎の長女艶と結婚する。42年常務，大正8年筆頭常務となり三井銀行を金融界の上位に進展させる。井上準之助に助言してアメリカ，ドイツの金融コンツェルンを研究して三井財閥の基礎固めをする。昭和8年三井合名常務理事となり三井報恩会を設立する。11年定年制を設けてみずからも退陣する。12年2月9日第14代日本銀行総裁となるが同年7月27日辞任。13年近衛文麿内閣の大蔵大臣兼商工大臣に就任するが，翌年初め辞める。16年枢密顧問官となる。戦後20年にA級戦争犯罪容疑者第三次指定を受け軟禁される。昭和25(1950)年10月9日死去。享年84歳。
|文献| 財界回顧(池田成彬述 柳沢健編) 三笠書房 昭27(三笠文庫)／池田成彬伝(西谷弥兵衛) 『日本財界人伝全集3』 東洋書館 昭29／池田成彬伝(同伝記刊行会編) 慶応通信社 昭37／日本財界人物列伝1 青潮出版編刊 昭38／日本人名大事典 現代編 平凡社 昭54／財界回顧(池田成彬著，柳沢健編) 図書出版社 平2(経済人叢書)／無から始めた男たち―20世紀日本の経済人セレクション(日本経済新聞社編) 日本経済新聞社 平15 〔富田仁〕

池田 長発　いけだ・ながおき
天保8年7月23日(1837)～明治12年9月12日(1879)　外国奉行 〔遣欧使節正使〕　㊉江戸西久保　㊋本名=長顕　字=大祇，通称=修理左衛門，筑後守，雅号=可軒　㊌フランス：1864年(遣仏使節・横浜鎖港談判)

天保8(1837)年7月23日，池田加賀守長休の四男として江戸に生まれる。昌平黌に入り抜群の成績を修めたが，また鎌槍術，柔術などの武技にもすぐれていた。嘉永5年池田筑後守長溥の養子となり，小普請から小十人頭，京都町奉行，目付などを経て，文久3年外国奉行となり，筑後守と称した。同年(1864)12月29日遣欧使節の正使となり，副使・河津伊豆守(祐邦)，目付・河田相模守(熙)，田辺太一，益田孝ら33名を伴って横浜港を出航。幕府は貿易量の最も多い横浜港に物価急騰などの経済混

乱の原因があると考え、また攘夷派の非難をかわし、朝廷に申し開きをするために、使節をフランスに送り、横浜鎖港の談判を命じたのである。長発は攘夷論者であったが、上海、香港、アレキサンドリアなどに寄港し、西洋文明に触れながら、元治1年3月マルセイユに着いた時には開国論者に変わっていた。パリに着いて間もなく、一行はフォンテンブローの練兵場で行われた観兵式に招かれ、ナポレオン3世に謁見した。ナポレオン3世は、裏金の陣笠をかぶった侍姿にアラビア馬が驚き騎兵隊の中に飛び込んだのを見て、大いに笑ったという。4月2日会議が始まり、長発は必死に国情を述べ理解を求めたが、外務大臣ドルーアン・ド・ルイスは横浜閉港に応じ、馬関事件で砲撃を受けたキャンシャン号損傷の賠償を約束させ、馬関海峡における仏国船の通行の安全を保障させた(パリ約定)。一行はイギリス、オランダ、アメリカなどの訪問を中止して帰路についた。同年7月18日横浜に着いた長発は、幕府に開国進取と富国強兵という、本来の使命とはまったく逆の進言を行った。攘夷派の攻撃を恐れた幕府は、長発の禄600石を削り蟄居を命じた。維新後、一時新政府に登用され、軍艦奉行並となったが、病のため岡山に退き、明治12(1879)年9月12日死去。享年59歳。

⊛岡山市平井義家村

[文献] 国際法より観たる幕末外交物語(尾佐竹猛) 文化生活研究会 大15/夷狄の国へ(尾佐竹猛) 万里閣 昭4/幕末外交使節池田長発筑後守(小林久磨雄編) 恒心社 昭9/鶴遺老―池田筑後守長発伝(岸加四郎) 井原市教育委員会 昭44/池田筑後守長発とパリ(岸加四郎) 岡山ユネスコ協会 昭50(日本人の国際理解シリーズ)/近代日本海外留学生史 上(渡辺実) 講談社 昭52/幕末維新人名事典 学芸書林 昭53/日本人名大事典1 平凡社 昭54/明治維新人名辞典(日本歴史学会編) 吉川弘文館 昭56

〔木崎正弘〕

池田 登 いけだ・のぼる

嘉永3年(1850)～? 留学生 ㊗フランス:1872年(器械学)

嘉永3(1850)年に生まれる。明治5(1872)年3月19日、自費留学でパリに赴く。ボンネー塾において器械学を修める。その後の消息は不明。

[文献] フランスとの出会い―中江兆民とその時代(富田仁) 三修社 昭56 〔久永富美〕

池田 政懋 いけだ・まさよし

?～明治14年1月8日(1881) 官吏 天津領事,長崎税関長 ㊗長崎大村 ㊈別名=寛治 ㊗アメリカ:1871年(岩倉使節団に随行)

明治14(1881)年1月8日に生まれる。明治4(1871)年に岩倉使節団に四等書記官の文部大助として随行する。6年5月26日帰国。後、天津領事,長崎税関長を歴任する。

[文献] 近代日本の海外留学史(石附実) ミネルヴァ書房 昭47/近代日本海外留学生史 上(渡辺実) 講談社 昭52/幕末明治海外渡航者総覧(手塚晃編) 柏書房 平4

〔楠家重敏/富田仁〕

池田 弥一 いけだ・やいち

天保2年(1831)～明治21年10月14日(1888) 裁判官 ㊗佐賀 ㊗ドイツ,フランス:1869年(普仏戦争視察)

天保2(1831)年、肥前藩士の家に生まれる。明治2(1869)年、政府よりドイツ留学を命ぜられ、大山巌、品川弥二郎、林有造らと普仏戦争を視察し、4年帰国。7年少判事となり、さらに判事などを経て、11年東京裁判所長となる。その後、15年東京始審裁判所長から大審院刑事第二局長を経て、19年第一局長となる。咽喉腫瘍のため明治21(1888)年10月14日死去。享年58歳。

[文献] 明治過去帳―物故人名辞典(大植四郎編) 東京美術 昭46/近代日本海外留学生史 上(渡辺実) 講談社 昭52 〔安藤勉〕

池田 梁蔵 いけだ・りょうぞう

?～明治3年11月6日(1870) 徳山藩士 〔洋式架橋の設計〕 ㊗周防国(阿武郡)奈古村 ㊈別名=克信,雅号=青波 ㊗イギリス:1869年(徳山藩主に同行)

生年不詳。周防国奈古村に徳山藩士として生まれる。小国嵩陽に学び京都に入って貫名海屋に従う。明治2(1869)年、遠藤貞一郎らとイギリスへ赴きヨーロッパ諸国を回る。翌年帰国して、大井川の洋式架橋の設計をして建議したと伝えられるが、明治3(1870)年11月6日、徳山で死去。享年38歳。

[文献] 廃藩以前旧長州藩人の洋行者:防長史談会雑誌 1(6) 明43/英語事始(日本英学史

学会編）　日本ブリタニカ　昭51 ／幕末明治海外渡航者総覧（手塚晃編）　柏書房　平4
〔楠家重敏／富田仁〕

池辺 三山　いけべ・さんざん

元治1年2月5日（1864）～明治45年2月28日（1912）　新聞人　東京朝日新聞主筆　〔国際ジャーナリズムの先駆〕　[生]肥後国熊本京町字土小路　[名]本名=池辺吉太郎　字=任道, 諱=重遠, 別号=鉄崑崙, 無字庵主人, 木生　[渡]フランス：1892年（留学）

元治1（1864）年2月5日，熊本藩士・池辺吉十郎の長男として熊本京町字土小路に生まれる。父は西南戦争で西郷軍に参加し処刑される。明治14年上京して同人社，慶応義塾で学ぶが中退し，佐賀県の学務課に県属となる。17年再度上京して有斐学舎舎監となり，20年『山梨日日新聞』に論説を執筆。以後『経世評論』編集長,『日本』寄稿者として活躍。25（1892）年5月22日，旧藩主の世子細川護成の輔導役としてフランスに渡り，28年11月帰国。27年から『日本』に連載した「巴里通信」は国際ジャーナリズムの先駆と言われる。29年大阪朝日新聞主筆に就任。30年東京朝日新聞主筆に転じ外交問題を中心に執筆するとともに，夏目漱石の招致にも携わる。44年まで新聞人として活躍し，朝日新聞社の発展に貢献した。著書に『明治維新三大政治家』などがある。明治45（1912）年2月28日死去。享年49歳。

[文献] 三代言論人集　第6巻　黒岩涙香ほか（小野秀雄）　時事通信社　昭38／近代ジャーナリスト列伝—天馬の如く　上（三好徹）　中央公論社　昭61（中公文庫）／池辺三山—ジャーナリストの誕生（池辺一郎，　富永健一）　みすず書房　平1 ／幕末明治海外渡航者総覧（手塚晃編）　柏書房　平4 ／池辺三山—ジャーナリストの誕生（池辺一郎，　富永健一）　中央公論社　平6（中公文庫）／朝日日本歴史人物事典　朝日新聞社　平6 ／データベースWHO　日外アソシエーツ　〔藤田正晴〕

井坂 泉太郎　いさか・せんたろう

天保6年（1835）～明治30年1月10日（1897）　水戸藩士　[名]別称=泉　[渡]フランス：1867年（遣仏使節に随行）

天保6（1835）年に生まれる。水戸藩徳川篤敬の家扶となる。慶応3（1867）年，徳川昭武遣仏使節に警護役として随行する。明治30（1897）年1月10日死去。享年63歳。

[文献] 徳川昭武滞欧記録（大塚武松編）　日本史籍協会　昭7／明治過去帳—物故人名辞典（大植四郎編）　東京美術　昭46　〔楠家重敏〕

諫早 家崇　いさはや・いえたか

嘉永7年4月20日（1854）～明治45年1月24日（1912）　外務省官吏　男爵　[生]肥前国（北高来郡）諫早　[渡]ドイツ：1871年（経済学）

嘉永7（1854）年4月20日，諫早領主・諫早兵庫の長男として生まれる。のち佐賀藩家老をつとめる諫早一学の養子となる。明治4（1871）年ドイツに渡り経済学を修め，帰国後の13年外務省御用掛となり，さらに太政官参事院御用掛をつとめる。その後，30年には男爵，さらに貴族院議員となる。明治45（1912）年1月24日，腎臓病のため鎌倉で死去。享年59歳。

[文献] 明治過去帳—物故人名辞典（大植四郎編）　東京美術　昭46／日本人名大事典1　平凡社　昭54 ／昭和新修　華族家系大成　上（霞会館諸家資料調査委員会）　霞会館　昭57
〔安藤勉〕

伊沢 修二　いざわ・しゅうじ

嘉永4年6月29日（1851）～大正6年5月3日（1917）　教育家　東京音楽学校校長, 貴族院議員　〔近代音楽教育の創始者〕　[生]信濃国高遠　[名]号=楽石　[渡]アメリカ：1875年（留学）

嘉永4年6月29日（1851），高遠藩下級藩士伊沢文谷の長男として生まれる。幼少期から和漢洋三学を学び，藩校進徳館寮長となる。明治3年大学南校貢進生となり，5年卒。8年7月公費留学でアメリカに渡り，ブリッジウォーター師範学校，ハーバード大学で教育学，理学，音楽を学ぶ。11年5月21日に帰国。12年東京市販学校長に就任。翌年，新設された音楽取調掛となり，14年『小学唱歌集』を刊行。20年東京音楽学校に改組後，24年まで初代校長を務めた。一方，文部省編集局長として教科書検定制度を実施した。30年貴族院議員となる。36年には楽石社を創設し，吃音矯正事業に力を注いだ。大正6（1917）年5月3日死去。享年66歳。
[墓]東京・雑司が谷霊園

[文献] 伊沢修二（上沼八郎）　吉川弘文館　昭37（人物叢書）／伊沢修二・伊沢多喜男（原平夫）　伊那毎日新聞社　昭62（上伊那近代人物叢書）／伊沢修二—その生涯と業績（高遠町図書館編著）　高遠町　昭62 ／楽石自伝教界周

遊前記（伊沢修二原著，伊沢修二君還暦祝賀会）　大空社　昭63（伝記叢書）／伊沢修二新装版（上沼八郎）　吉川弘文館　昭63（人物叢書）／伊沢修二の中国語研究—日中文化交流の先覚者（埋橋徳良）　銀河書房　平3／幕末明治海外渡航者総覧（手塚晃編）　柏書房　平4／朝日日本歴史人物事典　朝日新聞社　平6／事典近代日本の先駆者　日外アソシエーツ　平7／日中言語文化交流の先駆者—太宰春台，阪本天山，伊沢修二の華音研究（埋橋徳良）　白帝社　平11／データベースWHO　日外アソシエーツ　　〔藤田正晴〕

石井 範忠　いしい・のりただ

嘉永3年2月26日（1850）～明治18年3月17日（1885）　印刷局技師　㊐佐賀　㊋オーストリア：1873年（ウィーン万国博覧会，製紙技術）

　嘉永3（1850）年2月26日，佐賀藩士・古川栄之進の五子として生まれる。のち佐賀藩士・石井嘉津太の養子となる。長崎で英学を修めたのち，東京開成学校に学び，さらに藩主の命により大阪の理化学専門学校に入学する。明治5年11月勧工寮技師見習いとなり，ついで6（1873）年1月ウィーン万国博覧会派遣の一員としてオーストリアに渡る。その後私費留学生から官費留学生に転じ，ミュレーグルミューレの製紙所に入って洋紙製造技術を習得し，7年6月帰国。その後，紙幣寮工場係，抄紙局助役，同部長，製薬科長補などを経て，18年印刷局色料科長補となる。明治18（1885）年3月17日，心臓病のため死去。享年36歳。

文献　明治事物起源（石井研堂）　増訂版　春陽堂　大15／近代日本の海外留学史（石附実）　ミネルヴァ書房　昭59　　〔安藤勉〕

石井 亮一　いしい・りょういち

慶応3年5月25日（1867）～昭和12年6月13日（1937）　社会事業家　〔障害児教育の先駆者〕　㊐肥前国佐賀　㊋アメリカ：1896年（障害児教育）

　慶応3（1867）年5月25日，佐賀藩士の子として佐賀に生まれる。鍋島家奨学生として築地立教学校に学び，キリスト教に入信。明治23年卒業後は立教女学校教諭，翌年6月教頭となった。24年濃尾大地震の際，孤児をひきとり，孤女学院を創設。孤児の中に発達障害児がおり，29（1896）年その教育施設視察のため渡米する。帰国後障害児教育に専念，30年学院を滝乃川学園と改称し保母養成部を設置。31年ふたたび渡米。36年渡辺筆子と結婚。昭和3年現在の国立市に移転。9年日本精神薄弱児愛護協会を結成，初代会長となった。また東京府児童鑑別委員会委員も務めた。著書に『白痴児—其研究及教育』などがある。昭和12（1937）年6月13日死去。享年71歳。

文献　幕末明治海外渡航者総覧（手塚晃編）　柏書房　平4／石井亮一全集　第4巻　増補　大空社　平4／事典近代日本の先駆者　日外アソシエーツ　平7／データベースWHO　日外アソシエーツ　　〔藤田正晴〕

石神 豊胤　いしがみ・ほういん

嘉永6年（1853）～明治11年11月9日（1878）　海軍軍医　〔ロンドンで客死〕　㊐鹿児島　㊎通称＝彦衛　㊋イギリス：1873年（医学・兵学）

　嘉永6（1853）年，海軍軍医石神良策の子として鹿児島に生まれる。明治5年，海軍省十三等出仕となり，同年10月には軍医副に選ばれた。6（1873）年，職を辞しイギリスへ赴き，スコットランドのエディンバラで医学と兵学を研究した。しかし過度の勉学から肺を病み，日本への帰路についたが，明治11（1878）年11月9日，志を残してロンドンで客死。享年26歳。

文献　明治過去帳—物故人名辞典（大植四郎編）　東京美術　昭46　　〔楠家重敏〕

石川 角次郎　いしかわ・かくじろう

慶応3年7月3日（1867）～昭和4年12月29日（1929）　神学者　聖学院神学校教授　㊐下野国足利　㊋アメリカ：1887年（留学）

　慶応3（1867）年7月3日，下野国足利に生まれる。東京大学予備門に学んだ後，明治21（1887）年渡米。サンフランシスコのユニバーシティ・カレッジやオハイオ州立大学で学ぶ。24年帰国，教育界に身を置きつつ伝道にあたる。学習院教授を経て，36年ガイ博士の聖学院神学校創立に際し，教授に就任。37年聖学院英語学校，39年聖学院中学校が設立され，初代校長に就く。一方神学校教授としても東京，他方の諸教会の伝道を助けた。全国中学校，キリスト教学校教育同盟，ディサイプルス派等，教育，信仰各方面にあって功績を残した。昭和4（1929）年12月29日死去。享年63歳。

文献　幕末明治海外渡航者総覧（手塚晃編）　柏書房　平4／データベースWHO　日外アソシエーツ　　〔藤田正晴〕

石川 鑑吉　いしかわ・かんきち

生没年不詳　従者　[生]江戸飯田町　[名]諱=克己　[渡]アメリカ：1860年（遣米使節に随行）

生没年不詳。安政7(1860)年，35歳頃森田岡太郎従者として遣米使節に随行する。

[文献] 万延元年遣米使節史料集成1～7（日米修好通商百年記念行事運営会編）　風間書房　昭36／幕末教育史の研究2―諸術伝習政策（倉沢剛）　吉川弘文館　昭59　〔富田仁〕

石川 順三　いしかわ・じゅんぞう

生没年不詳　篠山藩留学生　[生]兵庫　[渡]ドイツ：1870年（医学）

生没年不詳。篠山藩士。明治3(1870)年10月14日，篠山藩より医学研修のためドイツ留学を命じられる。篠山藩より年380両，渡航費として330両を与えられたが，不幸にも志を遂げることができないまま留学中死亡する。

[文献] 日独言語文化交流史大年表（田中梅吉）　三修社　昭57／幕末明治海外渡航者総覧（手塚晃編）　柏書房　平4　〔安藤勉／富田仁〕

石川 舜台　いしかわ・しゅんたい

天保13年10月(1842)～昭和6年12月31日(1931)　僧侶　〔真宗大谷派の改革に尽力〕　[生]加賀国金沢（土取場永町）　[名]号=節堂，青城，不敢，芙蓉，龍濆など，字=敬輔　[渡]フランス：1872年（宗教事情視察）

天保13(1842)年10月，金沢の永順寺住職・石川祐誓の二男として生まれる。幼少の頃より漢学，陽明学，和歌，仏教学などを学び，文久2年，京都に出て東本願寺高倉学寮に入る。慶応2年に郷里に帰り，明治2年には人材養成のため慎憲塾を開く。4年再び京都へ赴き，5(1872)年東本願寺法主・大谷光瑩，松本白華，成島柳北，関信三とともにヨーロッパ宗教界巡覧の一員としてパリ，ロンドン，ベルリン，ローマなどヨーロッパ各地を歴訪し，成島柳北とともにアメリカを経て6年に帰国する。海外渡航で身につけた新知識をもとに寺務所改革，人材養成などを行い，9年には笠原研寿と南条文雄をイギリスに派遣させ，中国にも布教を開始する。また世界的真宗をめざし大谷派の近代化にも力を注ぐ。30年には首席参務となり中国のほかチベット，台湾への布教も行い，37年三たび総長となる。しかし各種事業の失敗による財政破綻の責任を問われ僧籍を剥奪され不遇のうちに昭和6(1931)年12月31日，金沢・道林寺説教場で死去。享年90歳。

[文献] 明治の仏教者　上（常光浩然）　春秋社　昭43／真宗史料集成12―真宗教団の近代化（森龍吉編）　同朋舎　昭50　／近代日本海外留学生史　上（渡辺実）　講談社　昭52　／異国遍路　旅芸人始末書（宮岡謙二）　中央公論社　昭53（中公新書）／明治維新人名辞典（日本歴史学会編）　吉川弘文館　昭56　〔湯本豪一〕

石川 千代松　いしかわ・ちよまつ

安政7年1月8日(1860)～昭和10年1月17日(1935)　動物学者　理学博士　〔わが国進化論の先覚者〕　[生]江戸本所（亀沢）　[渡]ドイツ：1884年（動物学）

安政7(1860)年1月8日，旗本・石川潮叟の次男として，江戸本所に生まれる。ちなみに戸籍上では文久1(1861)年4月6日生まれとなっている。徳川幕府崩壊後，父親とともに静岡に移る。明治5年上京し，伯父の主宰する進文学社に入り，英学を学び，7年外国語学校に入学し勉学を続ける。12年東京大学理学部生物学科に入学し，同大学最初の動物学教授で，大森貝塚の発見者として有名なモースに師事し，進化論を学ぶ。16年にモースの講義を翻訳した『動物進化論』は大きな影響をあたえる。モースの離任後は，その後任ホイットマンに学び，ヌマエビの卵発生などの研究を行う。15年卒業と同時に動物学御用掛準助教授，16年東京大学助教授となる。17(1884)年在職のまま私費でドイツに北里柴三郎，大竹多逸，中浜東一郎とともに留学する。渡独後，フライブルク大学に入学し，ヴァイスマン教授に師事し，主として受精の研究に没頭する。その後同教授のもとで助手，助教授となる。22年には同大学より学位を授けられる。22年6月，フライブルクを出発し帰国の途につき，フランス，イギリス，アメリカを経て同年10月帰国する。約5年間の留学中，論文13篇をヴァイスマン教授と共著もしくは単独で発表している。また留学中は動物学のみならず，解剖学をヴィーダーシャイム教授に，植物学をヒルデブラント教授に，さらに地質学をシュタイン教授に，古生物学をベーム教授について学んでいる。留学中の生活は，一部始終を夫人に逐一報告したらしく，それが保存されているという。帰国後，帝国大学理科大学助教授

となり、帝国博物館学芸委員を兼務し、象、キリンなどの動物輸入に尽力し、動物園の発展に貢献する。33年東京帝国大学農科大学教授、翌年理学博士となる。39年のオーストラリア訪問を皮切りに、再びヨーロッパ、アメリカ各地を訪れ、研鑽を積む。44年学士院会員に選ばれ、大正13年東京帝国大学を退職し、名誉教授となる。受精現象の細胞学的研究、甲殻類・両生類・爬虫類・魚類などの研究などその研究はきわめて多岐にわたっている。わが国の動物学研究の先覚者であり、啓蒙家としても多大な足跡を残し、進化論の普及に努める一方、『進化新論』『動物学講義』『アメーバから人間まで』『石川大動物学』など多数の著述を残している。昭和9年、台北で開催された日本学術協会の第10回大会での講演ののち発病し、昭和10(1935)年1月7日死去。享年76歳。
㊗東京・谷中霊園
[文献] 石川教授と吾学界(永沢六郎):動物学雑誌 27(324) 大4／石川千代松博士急逝:水産界 627 昭10／石川千代松君の思い出(田中館愛橘):科学 5(4) 昭10／石川千代松博士の長逝:人類学雑誌 50(2) 昭10／石川千代松博士の計:自然科学と博物館 62 昭10／石川博士追悼号:博物館研究 8(2) 昭10／石川博士の業績(町田次郎):昆虫 9(1) 昭10／石川博士のことども(XY生):伝記 2(3) 昭10／石川千代松全集1～10 興文社 昭10～11／石川千代松伝(町田次郎)『近代日本の科学者1』 人文閣 昭16／日本の産業指導者(田村栄太郎) 国民図書刊行会 昭19／著者別書目一覧 姉崎正治・石川千代松:読書と文献 4(4) 昭19／鮎のうわごと―父を語る(石川欣一):ニューエイジ 1(7) 昭24／日本水功伝(片山房吉):水産界 838 昭29／近代日本海外留学史史 上(渡辺実) 講談社 昭52／日本人名大事典1 平凡社 昭54／近代日本哲学思想家辞典(伊藤友信他編) 東京書籍 昭57 〔安藤勉〕

石川 利政 いしかわ・としまさ
天保2年頃(1831)～慶応4年(1868) 幕臣
㊗通称=謙三郎 ㊗ロシア:1866年(樺太国境画定交渉)

天保2(1831)年頃に生まれる。慶応2(1866)年8月目付を任じられ、外国奉行・小出大和守秀実を補佐してロシアに赴き、サハリン(樺太)国境画定の交渉に臨む。正使小出が病みがちであったため、交渉の矢面に立ったのはもっぱら彼であった。同3年6月交渉を終えて帰国後は外国奉行、10月よりは兵庫奉行をも兼務し、慶応4年には江戸町奉行となったが、同年(1868)5月、脱走兵に内通したとの嫌疑を受けて、官軍に邸を囲まれ、自刃する。使節の派遣にまつわる事情や交渉の顛末を『魯行一件書類』全10冊に書き残している。 ㊗東京浅草松情町・長敬寺
[文献] 幕末ロシア留学記(内藤遂) 雄山閣 昭43／幕末維新人名事典 新人物往来社 平6 〔長縄光男／富田仁〕

石黒 五十二 いしぐろ・いそじ
安政2年6月10日(1855)～大正11年1月14日(1922) 海軍技師 貴族院議員、内務省・文部省官吏 〈呉および佐世保の鎮守府創設工事〉 ㊗加賀金沢 ㊗イギリス:1879年(土木工学、噴水機関の製作)

安政2(1855)年6月10日、金沢藩士石黒千尋の二男として金沢に生まれる。はじめ藩の経武館、明倫堂、壮猶館に学び、明治初年に上京して大学南校に入る。4年に文部省の貸費生として開成学校で土木工学を修め、11年に東京大学理学部を卒業して神奈川県土木課に勤めた。12(1879)年、文部省留学生としてイギリスへ赴いた。渡英後まずロンドンのエドワード・イーストン社に入り給水工事と衛生工事に関する実習を受けた。翌13年1月にはロンドン土木工学院の生徒となり、6月からはエドワード・イーストン社のエリス機械工場に赴いて噴水機関の製作に従事した。さらに10月にはエジプトに出張してナイル河沿岸の灌漑工事に専念した。またフランスの工事に出向くこと数回におよび、イギリス学術進歩協会会員にも推された。16年の帰国後、東京大学理学部講師として衛生工学を教えたり、海軍技師として呉および佐世保鎮守府の創設工事を担当した。33年には軍港視察のため再び欧米に赴いた。39年、官を辞して野に下り、宇治川電気会社第一発電所の工事を行った。40年には貴族院議員となったが、大正11(1922)年1月14日死去。享年68歳。
[文献] 文部省第七～十年報(文部省) 明12～15／大日本博士録5(井関九郎編) 発展社 昭5／近代日本海外留学生史 上(渡辺実) 講談社 昭52／日本人名大事典1 平凡社 昭54 〔楠家重敏〕

石黒 忠悳　いしぐろ・ただのり

弘化2年2月11日（1845）〜昭和16年4月26日（1941）　軍医　男爵　⑪陸奥国　㊇号＝石黒況翁　㊙アメリカ：1876年（医学）

　弘化2（1845）年2月11日、陸奥国に生まれる。医業を志し江戸に出て、20歳の時医学所に入学、教師である句読師となったが、維新にともない帰郷。明治2年大学東校に職を奉じ大学少助教となった。4年兵部省に転じ、一等軍医となる。7年佐賀の乱、10年西南戦争に従軍。その間明治9（1876）年に医学研修のためアメリカに派遣される。12年東京大学医学部総理心得となり、陸軍軍医監、軍医本部長として軍医制度の創設に尽力した。20年から21年にかけてイギリス、フランス、ドイツに派遣される。22年陸軍軍医総監となり、陸軍省医務局長を兼任。日清戦争では野戦衛生長官として広島大本営に従軍。戦後勲功により男爵。34年予備役。35年勅選貴族院議員。中央衛生会会長、日本薬局方調査会長を務めた。日露戦争では大本営兼陸軍検疫部御用掛となり、軍功により勲一等旭日大綬章受章。のち大正9年子爵、枢密顧問官、日本赤十字社長を務める。昭和16（1941）年4月26日死去。享年97歳。

[文献]　懐旧九十年　新版（石黒忠悳）　岩波書店　昭58（岩波文庫）／大倉喜八郎・石黒忠悳関係雑集　予備版（東京経済大学編纂）　東京経済大学　昭61（東京経済大学沿革史料）／幕末明治海外渡航者総覧（手塚晃編）　柏書房　平4／石黒忠悳懐旧九十年－伝記・石黒忠悳（石黒忠悳）　大空社　平6（伝記叢書）／事典近代日本の先駆者　日外アソシエーツ　平7／益田鈍翁をめぐる9人の数寄者たち（松田延夫）　里文出版　平14／郷土の碩学（小田大蔵、片岡直樹、加美山茂利、蒲原宏、後藤秋男ほか著）　新潟日報事業社　平16／データベースWHO　日外アソシエーツ
〔藤田正晴〕

石黒 寛次　いしぐろ・ひろつぐ

生没年不詳　佐賀藩士　精錬方　㊙フランス：1862年（遣欧使節に随行）

　生没年不詳。文久1（1862）年、39歳頃遣欧使節に佐賀藩士・精錬方として随行する。

[文献]　大君の使節─幕末日本人の西欧体験（芳賀徹）　中央公論社　昭43（中公新書163）／幕末教育史の研究2─諸術伝習政策（倉沢剛）　吉川弘文館　昭59
〔富田仁〕

石坂 正信　いしざか・まさのぶ

万延1年10月5日（1860）〜昭和9年11月9日（1934）　教育者　青山学院院長　⑪江戸　㊙アメリカ：1889年（留学）

　万延1（1860）年10月5日、江戸に生まれる。東京英和学校を卒業後、明治16年母校・東京英和学校の教師となる。明治22（1889）年8月アメリカに私費留学し、アルビオン大学、ジョンズ・ホプキンス大学で学ぶ。27年帰国の後、東京英和学校の後身の青山学院の中等科科長、高等科科長を経て、大正10年院長に就任。昭和8年名誉院長となった。昭和9（1934）年11月9日死去。享年75歳。

[文献]　幕末明治海外渡航者総覧（手塚晃編）　柏書房　平4／データベースWHO　日外アソシエーツ
〔藤田正晴〕

石沢 源四郎　いしざわ・げんしろう

弘化3年（1846）〜昭和6年5月（1931）　実業家　⑪陸奥国斗南　㊙アメリカ：1870年（岩倉使節団の通訳）

　弘化3（1846）年、陸奥国斗南で生まれる。明治3（1870）年アメリカに渡り、岩倉使節団の通訳として同地で参加する。帰国後、実業界で活躍し、日本郵船会社の重役をつとめる。昭和6（1931）年5月死去。享年86歳。

[文献]　会員の死亡石沢源四郎君：会津会雑誌38　会津会　昭6／近代日本の海外留学史（石附実）　ミネルヴァ書房　昭47　〔楠家重敏〕

石田 昇蔵　いしだ・しょうぞう

生没年不詳　山口県留学生　⑪山口　㊙イギリス：1871年（留学）

　生没年不詳。山口の出身。明治4（1871）年9月頃に山口県留学生として渡英。その後の消息は不明。

[文献]　明治初年条約改正史の研究（下村冨士男）　吉川弘文館　昭37／近代日本海外留学史　上（渡辺実）　講談社　昭52　〔楠家重敏〕

石田 泰次郎　いしだ・たいじろう

生没年不詳　留学生　㊙フランス：1867年（語学研修）

　生没年不詳。別手組出役伊賀者石田大次郎の弟で、幕末の横浜仏蘭西語学所の伝習生となる。慶応3（1867）年に幕命でフランスへ留学する。その後の消息は不明。

|文献| 日仏文化交流史の研究—日本の近代化とフランス人（西堀昭）　駿河台出版社　昭56／日仏のあけぼの（富田仁）　高文堂出版社　昭58
〔山口公和〕

石田　鼎三　いしだ・ていぞう
弘化3年（1846）～明治13年5月19日（1880）　海軍軍人　海軍少佐　⊕長崎　㊐別名＝鼎蔵
㊙イギリス：1871年（海軍軍事研修）

　弘化3（1846）年，長崎に生まれる。明治4（1871）年2月23日，官費留学生として兵部省の費用によって海軍からイギリスに派遣される。帰国後の8年11月5日，海軍大尉に昇進。10年の西南の役には海軍軍人として龍驤艦に乗り活躍する。11年6月28日，勲五等双光旭日章をうける。12年には国友次郎，勝小鹿，中村雄飛などと海軍少佐に昇進するが，明治13（1880）年5月19日死去。享年35歳。
㊋東京海軍埋葬地
|文献| 近代日本の海外留学史（石附実）　ミネルヴァ書房　昭47／近代日本海外留学史　上（渡辺実）　講談社　昭52／明治軍制史論　上（松下芳男）　国書刊行会　昭53
〔安藤重和〕

石田　八弥　いしだ・はちや
文久3年3月（1863）～大正14年3月10日（1925）　鉱学者　男爵　⊕羽後国　㊐旧名＝奈良
㊙ドイツ：1888年（留学）

　文久3（1863）年3月，羽後国に生まれ，明治13年男爵・石田英吉の養子となり，のち家督を継ぐ。20年工部大学校を卒業。21年小真木鉱山会社に入社，のち三菱会社に転じる。明治21（1888）年，ドイツのフライブルク鉱山大学に入学。24年帰国の後，御料局技師となり，のち東京帝国大学工科大学教授，大阪製錬所長を経て，三菱合資会社に転じ，大阪支店長，取締役となった。大正7年退職。大正14（1925）年3月10日死去。享年63歳。
|文献| 幕末明治海外渡航者総覧（手塚晃編）　柏書房　平4／データベースWHO　日外アソシエーツ
〔藤田正晴〕

伊地知　休八　いじち・きゅうはち
⇒伊地知弘一（いじち・こういち）を見よ

伊地知　弘一　いじち・こういち
弘化3年（1846）～明治28年1月28日（1895）　海軍軍人　〔軍艦厳島の艦長〕　㊐別名＝休八
㊙イギリス：1871年（海軍軍事研修）

　弘化3（1846）年，鹿児島に生まれる。東郷平八郎とは竹馬の友であった。明治3年，海軍兵学寮に幼年生徒として入寮し，翌4（1871）年2月22日，兵部省留学生として海軍修業のためイギリスへ赴く。8年には中尉となり西南戦争に活躍する。19年海軍兵学校次長兼教務総理となる。21年に大佐にのぼり，25年軍艦厳島の艦長になる。明治28（1895）年1月28日死去。享年50歳。
|文献| 海軍兵学校沿革（海軍兵学校編）　原書房　昭43／明治過去帳—物故人名辞典（大植四郎編）　東京美術　昭46
〔楠家重敏〕

伊地知　幸介　いじち・こうすけ
嘉永7年1月6日（1854）～大正6年1月23日（1917）　陸軍軍人，中将　男爵　⊕薩摩国鹿児島　㊙フランス：1880年（陸軍軍事研修），ドイツ：1884年（軍事視察）

　嘉永7（1854）年1月6日，薩摩藩士直右衛門の長子として鹿児島に生まれる。陸軍士官学校を卒業し，明治13（1880）年から15年までフランスへ軍事研修のため留学。また17（1884）年には陸軍卿大山巌の欧州巡遊に随行し，21年までドイツに留学する。この間20年には乃木・川上両将軍の欧州巡遊にも随行する。33年参謀本部第一部長となり，日露戦争には乃木大将のもとで旅順を攻略し男爵を授けられる。大正6（1917）年1月23日死去。享年64歳。
|文献| 大正過去帳—物故人名辞典（稲村徹元他編）　東京美術　昭48／大日本人名辞書（大日本人名辞書刊行会編）　覆刻版　講談社　昭49／近代日本海外留学史　上（渡辺実）　講談社　昭52／日本人名大事典1　平凡社　昭54
〔村岡正明〕

伊地知　彦次郎　いじち・ひこじろう
安政6年12月14日（1861）～明治45年1月4日（1912）　海軍軍人，中将　⊕薩摩国　㊙フランス，イタリア：1890年（軍事視察）

　安政6（1861）年12月14日，薩摩藩士の子として生まれる。明治7年海軍兵学寮に入学。23（1890）年7月フランス，イタリアに派遣され，27年に帰国。航海術を得意とし，日露戦争には連合艦隊旗艦「三笠」艦長として従軍，日

いしどう　　　　　　　　　　人名編

本海海戦で東郷平八郎指揮の下，バルチック艦隊を撃破した。戦後，海軍省教育本部第1部長となり，砲術，水雷戦術の改良に尽力した。43年中将。明治45(1912)年1月4日死去。享年54歳。
[文献] 幕末明治海外渡航者総覧（手塚晃編）　柏書房　平4／朝日日本歴史人物事典　朝日新聞社　平6／データベースWHO　日外アソシエーツ　　　　　　　　〔藤田正晴〕

石藤　豊太　　いしどう・とよた
生没年不詳　海軍軍人　㊗広島県　㊨フランス：1887年（留学）
　生没年不詳。広島県出身。海軍省に入り，明治20(1887)年にフランスに留学，フランス火薬専門学校に学ぶ。23年帰国後は海軍大学校士を務めた。
[文献] 近代日本海外留学生史　上（渡辺実）　講談社　昭52／幕末明治海外渡航者総覧（手塚晃編）　柏書房　平4　　　　〔富田仁〕

石橋　絢彦　　いしばし・あやひこ
嘉永5年12月(1853)～昭和7年(1932)　技師　工学博士　〔日本各地の燈台建設，日本最初の鉄筋コンクリート橋の工事〕　㊗江戸　㊨別名＝中村　㊨イギリス：1879年（燈台工事・海上工事）
　嘉永5(1853)年12月，中村国蔵の五男として江戸に生まれる。のち改姓して石橋を名乗る。明治6年，工部省工学寮に入り土木工学を修める。12(1879)年，第1回工部大学校留学生としてイギリスへ赴く。イギリスでは燈台局技師長ダグラスのもとで新エジストーン燈台工事ほか海上工事を研究した。さらにフランスやアメリカの燈台工事を見学して，16年に帰国した。翌年，工部権少技長となり以来，襟裳岬や金華山の燈台の改良，瀬戸内海の立標燈台の建設にあたった。そのほか，五島・対馬・韓国の燈台建設にも尽力した。また，横浜の吉田橋の改良工事を行い，日本最初の鉄筋コンクリート橋にした。43年，工手学校長となる。昭和7(1932)年死去。享年81歳。
[文献] 大日本博士録5（井関九郎編）　発展社　昭5／近代日本海外留学生史　上（渡辺実）　講談社　昭52／日本人名大事典1　平凡社　昭54　　　　　　　　　　〔楠家重敏〕

石橋　宗九郎　　いしばし・そうくろう
生没年不詳　留学生　㊗伊万里　㊨別名＝家九郎　㊨アメリカ：1870年（留学）
　生没年不詳。伊万里の出身。明治3(1870)年，私費でアメリカとイギリスに渡る。その後の消息は不明。
[文献] 明治初年条約改正史の研究（下村冨士男）　吉川弘文館　昭37／近代日本の海外留学史（石附実）　ミネルヴァ書房　昭47／近代日本海外留学生史（渡辺実）　講談社　昭52　　　　　　　　　　〔楠家重敏〕

石丸　三七郎　　いしまる・さんしちろう
嘉永1年(1848)～?　兵学寮留学生　㊗岡山　㊨フランス：1871年（築城学）
　嘉永1(1848)年，岡山藩主の家に生まれる。明治3(1871)年11月28日，築城学研修のために陸軍大阪兵学寮生徒としてフランスに渡る。数え年23年のときのことで，ニースの学校で普通学を修める。8年帰国後は陸軍省七等出仕となる。
[文献] 日仏文化交流史の研究―日本の近代化とフランス人（西堀昭）　駿河台出版社　昭56／フランスとの出会い―中江兆民とその時代（富田仁）　三修社　昭56／幕末明治海外渡航者総覧（手塚晃編）　柏書房　平4　〔富田仁〕

石丸　虎五郎　　いしまる・とらごろう
天保5年(1834)～明治35年5月6日(1902)　官吏　元老院議官，造幣局長，海軍大匠司　〔小野浜造船所長〕　㊗佐賀　㊨別名＝安世　㊨イギリス：1866年（工学）
　天保5(1834)年，佐賀に生まれる。佐賀の洋学は藩主鍋島斎正の奨めにより幕末に大いに発展した。この遠因は文化5(1808)年のフェートン号事件にあった。幕末になって，増田孫作，岡鹿之助らと長崎伝習生となった。さらに慶応2(1866)年，藩主の黙認のもとに逃亡と称して馬渡八郎（俊邁），村田文夫と共にイギリスへ留学。渡英ののち工学を学んだ。また，翌3(1867)年に佐野栄寿左衛門（常民）が藩命をおびてパリ万国博覧会に出張した折案内している。帰国後，明治5年に電信頭となり，7年には造幣権頭にかわった。さらに10年には大蔵大書記官に転じ造幣局長となる。次いで14年には主船局次長にのぼる。その後，海軍省出仕として，18年には小野浜造船所長となり，翌年には海軍大匠司に任命された。後年，

元老院議官となったが,明治35(1902)年5月6日死去。享年69歳。

[文献] 維新史4　維新史料編纂事務局〔編刊〕明治書院　昭16／明治過去帳—物故人名辞典(大植四郎編)　東京美術　昭46／近代日本の海外留学史(石附実)　ミネルヴァ書房　昭47／近代日本海外留学史　上(渡辺実)　講談社　昭52／日本とスコットランドの絆(北政巳)　『国際日本を拓いた人々』　同文舘　昭59
〔楠家重敏〕

石丸 安世　いしまる・やすよ

⇒石丸虎五郎(いしまる・とらごろう)を見よ

石本 新六　いしもと・しんろく

嘉永7年1月20日(1854)～明治45年4月2日(1912)　陸軍軍人　男爵　⊕姫路　⑳フランス：1879年(陸軍軍事研修)

　嘉永7(1854)年1月20日,姫路藩士石本勝右衛門の六男として生まれる。のちの東京鎮台後備軍司令官・石本綱の実弟。明治3年藩の貢進生として大学南校に入りフランス語,軍術を修める。6年陸軍幼年学校に入り,8年同じ士官学校に進み,10年第1期工兵科士官生として優等で卒業する。ただちに西南の役に従軍し,やがて工兵少尉となる。同年中に留学の軍命を受け,12(1879)年4月フランスのフォンテーヌブローの砲工兵実施学校に入り,オランダ,ベルギー,イタリア諸国を巡って15年に帰国する。翌16年12月21日イタリアへ再び出張し,20年2月に帰国する。ただちに士官学校教官になるが,21年参謀本部第二局員に転ずる。以後累進して陸軍大学校教官となる。その間,伊学協会の創立会員となり,太田徳三郎らと理事を務める。31年1月少将となって初代築城本部長に就くと,日本初の要塞を計画し,砲兵学校長に転じ,35年4月,第1次桂太郎内閣陸軍大臣寺内正毅の信頼をえて陸軍総務長官となる。やがて陸軍次官と改称,寺内不在中には臨時代理を務め,37年中将となって折からの日露戦争を乗り切り,43年5月臨時軍用気球研究会長を務める。44年8月30日政友会と黙契総辞職した第2次桂太郎内閣僚寺内に代わって第2次西園寺公望内閣に入ると,朝鮮二個師団増設問題を背負い込み,陸軍がポーツマス条約形骸視(の立場)から対露再戦の可能性に託して絶対要求する線で一歩も譲らず,9月1日軍務局長になった田中義一,軍事課長宇垣一成らが一方的進言で尻を叩いてくるのに対し,戦後の財政難で軍費底を突いているからには無い袖は振れないとあって苦悩する。それが昂じた末慢性気管支喘息のところへ肺患を併発するままに,明治45(1912)年4月2日死去。享年59歳。⊛東京・谷中霊園

[文献] 軍人のおもかげ(今伏波)　百華書院　明36／類聚伝記大日本史14　陸軍篇(桜井忠温編)　雄山閣　昭10／類聚伝記大日本史11　政治家篇(尾佐竹猛編)　雄山閣　昭11／大日本人名辞書(同刊行会編)　新訂版　内外書籍株式会社　昭12／日本歴史人名辞典(日置昌一)　改造社　昭13／日本とロシア(吉村道男)　原書房　昭43／近代日本外交史叢書1)／明治過去帳—物故人名辞典(大植四郎編)　東京美術　昭46／近代日本海外留学史　上(渡辺実)　講談社　昭52／国史大辞典　吉川弘文舘　昭54／日本人名大事典1　平凡社　昭54／幕末・明治期における日伊交流(財団法人日伊協会編)　日本放送出版協会　昭59
〔山口和〕

伊集院 兼備　いじゅういん・かねとも

明治2年9月(1869)～明治23年11月22日(1890)　留学生　〔フランスで客死〕　⑳フランス：年不明(留学)

　明治2(1869)年9月に生まれる。元老院議官子爵伊集院兼寛の嗣子。渡航年不明だが,明治23(1890)年11月22日,フランス留学中死去。享年22歳。

[文献] 異国遍路　旅芸人始末書(宮岡謙二)　改訂新版　修道社　昭34／明治過去帳—物故人名辞典　東京美術　昭46
〔山口和〕

伊集院 五郎　いじゅういん・ごろう

嘉永5年9月28日(1852)～大正10年1月13日(1921)　海軍軍人,元帥　男爵　〔伊集院信管を発明〕　⊕薩摩国鹿児島　⑳イギリス：1877年(軍事留学)

　嘉永5(1852)年9月28日,鹿児島藩士伊集院才之丞の長男として鹿児島に生まれる。慶応2年藩の大隊付,4年鳥羽伏見の戦で薩摩軍に参加。明治4年海軍兵学寮に入学,在学中に台湾出兵,西南の役に従軍する。明治10(1877)年卒業後11月にイギリスに留学。イギリスの海軍大学校に進み16年卒業,19年6月帰国。イギリスから海軍戦略を導入し,参謀本部員,軍艦千代田副長を経て,日清戦争に少佐で従軍,

黄海海戦に参加。少将・海軍軍令部次長、35年常備艦隊司令官、英国皇帝エドワード7世戴冠式に参加。37年日露戦争に中将で従軍。軍事技術にも造詣が深く33年に考案した伊集院信管は日露戦争の日本海海戦で威力を発揮した。39年第2艦隊司令長官、40年男爵、41年第1艦隊司令長官、42年海軍軍令部長、43年大将、大正3年軍事参議官、6年元帥になる。大正10(1921)年1月13日死去。享年70歳。
[文献] 幕末明治海外渡航者総覧(手塚晃編) 柏書房 平4／朝日日本歴史人物事典 朝日新聞社 平6／データベースWHO 日外アソシエーツ　　〔藤田正晴〕

石渡 敏一　いしわた・びんいち
安政6年11月(1859)～昭和12年11月18日(1937)　司法官、政治家　枢密顧問官、貴族院議員　㊗江戸　㊙ヨーロッパ：1886年(留学), ベルギー：1899(万国監獄会議)
　安政6(1859)年11月、江戸に生まれる。明治17年東京大学英法科を卒業後、司法省に入る。明治19(1886)年ヨーロッパに留学、22年帰国後、東京控訴院検事、大審院検事、32(1899)年ベルギーの万国監獄会議に派遣される。次いで民事局長、司法次官を経て、38年法学博士。39年第1次西園寺内閣の書記官長。辞任後勅選貴族院議員。のち東京瓦斯会社社長。昭和9年枢密顧問官となる。昭和12(1937)年11月18日、腎臓病のため東京小石川の自宅で死去。享年79歳。
[文献] 幕末明治海外渡航者総覧(手塚晃編) 柏書房 平4／データベースWHO 日外アソシエーツ　　〔藤田正晴〕

出水 泉蔵　いずみ・せんぞう
⇒寺島宗則(てらじま・むねのり)を見よ

伊勢 佐太郎　いせ・さたろう
⇒横井左平太(よこい・さへいた)を見よ

伊勢吉　いせきち
生没年不詳　旅芸人　〔大竜一座の大力〕
㊗大坂　㊙アメリカ：1867年(メトロポリタン劇場で興行)
　生没年不詳。大坂出身。慶応3(1867)年6月、大竜一座の座員としてアメリカに渡る。サンフランシスコのメトロポリタン劇場で興行するが、その折に大力を担当した。その後の消息は不明。
[文献] 異国遍路　旅芸人始末書(宮岡謙二) 修道社　昭46　　〔楠家重敏〕

磯貝 雲峰　いそがい・うんぽう
慶応1年6月8日(1865)～明治30年11月11日(1897)　詩人　㊗上野国九十九村　㊙本名＝磯貝由太郎　㊙アメリカ：1895年(留学)
　慶応1(1865)年6月8日、上野国九十九村に生まれる。同志社卒業後、女学雑誌社社員となり、明治女学校教師を兼任し、名古屋、京都の女学校でも教鞭をとる。その間『女学雑誌』を中心に詩歌、小説、評論などを発表。代表作に『知盛卿』などがある。明治28(1895)年、英文学研究のためにアメリカに渡り、ウィスコンシン大学に留学したが、胸を病んで30年に帰国。明治30(1897)年11月11日死去。享年33歳。草創期の詩壇に新風をおくった業績が評価されている。
[文献] 幕末明治海外渡航者総覧(手塚晃編) 柏書房　平4／磯貝雲峰(半田喜作編著) あさを社　平10 ／データベースWHO 日外アソシエーツ　　〔藤田正晴〕

磯吉　いそきち
明和2年頃(1765)～天保5年(1834)　神昌丸乗組員　㊗伊勢国若松村　㊙ロシア：1783年(漂流)
　明和2(1765)年頃、伊勢国若松村に生まれる。早くから水主となり、18歳を迎えた天明2年12月大黒屋光太夫率いる千石船神昌丸に乗り組み遠州沖で難船、洋上を8ヶ月間漂流し翌年(1783)アレウト列島のアムチトカ島に漂着する。この地で4年余り過ごした後カムチャツカへ渡りさらに寛政1年2月オホーツクを経てイルクーツクへ護送される。当地での3年間の生活の中で見聞したことをよく記憶し、また光太夫がペテルブルクへ行っている留守を小市とともに守る。寛政4年9月13日(露暦)アダム・ラクスマン率いる第1回遣日使節団として光太夫、小市とともに帰国の途に着く。まもなく根室へ到着、この地で幕府からの許可を待ち越年、5年4月2日の小市の死で神昌丸漂流民は彼と光太夫との2人のみとなる。同年6月の松前における日露会見で日本側に引渡され、9月には江戸城の吹上御覧所において将軍家斉の面前で帰国の報告を行う。その後6年6月の命令により江戸番町の幕府薬草植場に光太

夫とともに軟禁され，2両の生活費を与えられて一生をそこで送る。その間にもいろいろな場所へ招かれ蘭学者文人たちにロシアでの見聞を語っている。文政11年光太夫の死により神昌丸最後の生存者となったが6年後の天保5(1834)年，再び故郷を見ることなく薬草植場内で死去。享年70歳。

|文献| 北槎聞略（桂川甫周著　亀井高孝，村山七郎編）　吉川弘文館　昭40／日本とロシア—両国交流の源流（高野明）　紀伊國屋書店　昭46（紀伊國屋新書）／日本人とロシア人—物語　日露人物往来史（中村新太郎）　大月書店　昭53　　　　　　　　〔雪嶋宏一〕

五十君 貢　いそきみ・みつぐ
生没年不詳　㊥京都　㊤イギリス：1871年
（東伏見宮の従者）

　生没年不詳。京都の出身らしい。明治4(1871)年，東伏見宮の従者としてイギリスに渡る。その後の消息は不明。

|文献| 明治初年条約改正史の研究（下村冨士男）　吉川弘文館　昭37／近代日本海外留学生史　上（渡辺実）　講談社　昭52　〔楠家重敏〕

磯田 良　いそだ・りょう
慶応3年4月16日(1867)～大正13年5月1日(1924)　西洋史学者　東京高師教授　㊥江戸　㊤ドイツ，オーストリア：1894年（留学）

　慶応3(1867)年4月16日，江戸に生まれる。明治23年東京帝国大学文科卒業。明治25年東京帝国大学文科史学の講師となる。ついで文部省試補を経て，東京高師教授に就任。27(1894)年12月ドイツ，オーストリアに留学，帰国後も長く同校教授を務めた。大正13(1924)年5月1日死去。享年58歳。

|文献| 幕末明治海外渡航者総覧（手塚晃編）　柏書房　平4／データベースWHO　日外アソシエーツ　　　　　　　〔藤田正晴〕

磯部 四郎　いそべ・しろう
嘉永4年7月(1851)～大正12年9月1日(1923)
弁護士，政治家　法学士　貴族院議員　〔日本民法典の編纂に尽力〕　㊥富山　㊥幼名=秀太郎，号=呉峯　㊤フランス：1875年（法律，政治，経済）

　嘉永4(1851)年7月，富山藩士林太仲英尚の第四子として生まれる。長兄・郁太郎はのちに富山藩の大参事となり，一宗一寺の合寺令を断行し反発を受けて失脚した林太仲である。生後間もなく，磯部宗右衛門の養子となる。養父と実父が相次いで亡くなり，養母しげにいつくしまれて育てられたが，貧しい少年時代を送った。家督を嗣いだ後，江戸邸勤番，京都御所御門警備にあたる。明治1年に脱藩し名を磯部四郎と改めた。昌平黌で漢学を修め，さらに村上英俊の塾・達理堂でフランス語を学んだ後，4年藩の貢進生として大学南校に入学。学制改革で大学南校が一時閉鎖されるなどの混乱をきたしたため，明法寮に移りボアソナード，ブスケ，ガローらの指導を受け法学を修めた。8(1875)年，司法省法律学校の第1回卒業生の中から選抜されて，栗塚省吾，熊野敏三らとともにフランスに留学。パリ大学で，3年にわたって法律・政治・経済学の勉学に励み，法学士の資格を得た。そのかたわらパリの自由な雰囲気の中で大いに青春を謳歌した。また，兄太仲の養子で浮世絵を世界的に有名にした林忠正や司法省法律学校の後輩で後に明治法律学校を設立した岸本辰雄，宮城浩蔵らと旧交を温めるとともに，西園寺公望，山本芳翠らとも知り合い，親交を結んだ。12年に帰国して判事となり，民法編纂委員に選ばれた。日本民法典の編纂はボアソナードを中心に13年から始まったが，彼は太政官少書記官，司法省権大書記官，大審院判事などを務め，明治法律学校や東京専門学校の講師として教壇に立つかたわら『人事編』や『財産取得編』を執筆した。日本民法典は21年に完成し，公布と施行を待つばかりとなったが，フランス法を母体とするこの民法が日本の実情に合わないこと，またイギリス法・ドイツ法からの検討がなされていないことなどを理由として，反対の声が高まり，公布断行か延期か，司法界のみならず政界をも巻き込む大論争となった。彼は断行派の中心人物として論陣を張り，23年の第1回衆議院議員選挙に故郷の富山県から立候補して当選した。だが帝国議会開会を前に議員を辞め，再び大審院にもどり検事となった。25年に日本民法典施行の延期が決定され事実上葬り去られることになると，官を辞して弁護士となった。翌年，日本民法典に代わる新民法の法典調査委員となって編纂にあたり，旧民法の自由な精神を少しでも残そうと努力した。新民法は31年に実施されたが，同年，弁護士会長に選ばれた。35年東京府より衆議院

議員選挙に立候補して当選，6年にわたって議員をつとめた。激務のかたわら，『帝国憲法講義』『民法釈義』『商法釈義』『日本刑法講義』『刑法正解』『刑事訴訟法講義』など専門の法律書の執筆に励み，40年法学士の学位を受けた。大正8年法制審議会委員となり，翌9年に貴族院議員となる。四光の名で浄瑠璃を語り，呉峯と号して詩文にもすぐれた雅趣のある人物だったが，大正12(1923)年9月1日，関東大震災の時に被服廠跡で死去。享年73歳。

[文献] 大日本人名辞典1　新訂版　大日本人名辞書刊行会編刊　昭12／蒼龍の系譜(木々康子)　筑摩書房　昭51 ／富山県大百科事典(富山新聞社編)　北国出版社　昭51 ／日本人名大事典1　平凡社　昭54 ／日仏文化交流史の研究(西堀昭)　駿河台出版社　昭56 ／陽が昇るとき(木々康子)　筑摩書房　昭59

〔伏見郁子〕

伊田 一郎　いだ・いちろう

⇒伊月一郎(いづき・いちろう)を見よ

板垣 退助　いたがき・たいすけ

天保8年4月17日(1837)～大正8年7月16日(1919)　政治家　〔自由民権運動の指導者〕

[生]土佐国高知(城下中島町)　[名]旧名=乾　諱=正形，幼名=猪之助，号=無形　[渡]フランス：1882年(議会制度などの視察)

天保8(1832)年4月17日，土佐藩士乾正成の長男として生まれる。幼少の頃は学問を好まず，相撲や闘犬などに熱中する。15，6歳の頃は盛組の頭となり，常に他組と衝突をくり返していた。後藤象二郎とは竹馬の友である。安政1年，江戸勤番となり翌年，勤番を終え高知に帰る。しかし乱暴事件をくり返すなど品行は改まらず，3年には惣領職没収，城下4ヶ村禁足の処分をうけ，郊外で謹慎謫居生活に入る。6年，赦免され家にもどるが再び問題を起こす。しかし処分が決定しないうちに父が死去し，特別のはからいで，50石を削られ相続を許される。その後，吉田東洋の推薦で免奉行となり，文久1年には江戸藩邸の会計兼軍備職，翌年には山内容堂の側用人，江戸藩邸吏総裁となる。3年京都に赴き，中岡慎太郎と討幕について語り，高知へ帰る。以後，大目付，大監察として藩政にあたるが，慶応2年，再び江戸に出て騎兵修業に入る。翌年京都に赴き，西郷隆盛と会い討幕を約し帰藩，軍事整備に力を注ぐ。その後，武力討幕を主張する彼の意見が藩政と合わず一時職を退くが，4年11月には迅衛隊司令となり京都に赴く。翌月には東山道先鋒総督府参謀として新政府軍を率いて甲州に進撃，平定する。この頃，乾姓を板垣と改めるが，これは退助の祖先が甲州武田家の家臣であった時代に板垣を名乗っていた理由による。甲州平定後，東上を続け江戸，日光，白河を経て，9月には会津若松落城に大きな功績をあげ帰藩する。帰藩後，陸軍総督，家老格となり，明治3年には藩大参事に就任し「人民平均の理」を標榜して藩政改革にあたる。翌年7月，西郷隆盛，大隈重信らとともに新政府の参議となるが，6年，征韓論が敗れ，西郷らとともに下野する。その後，後藤象二郎，副島種臣，由利公正，江藤新平らと愛国公党を創設し，7年1月に民撰議院設立建白書を左院に提出して3月に帰郷し，片岡健吉，林有造らと立志社をつくり自由民権運動に奔走する。翌8年3月，参議に復帰するが自説が容れられず10月には再び辞職する。10年に西南戦争が勃発すると高知に帰り立志社を指揮し，民撰議院建白書提出に力を尽くす。提出した建白書は却下され，片岡健吉ら立志社幹部の多くが逮捕される。11年9月，大阪において愛国社再興大会が開かれ，翌年には3月に第2回大会，11月に第3回大会が開催され自由民権運動は大きな広がりを持ちはじめる。13年に愛国社は国会期成同盟と改名される。そして彼は自由民権運動の指導者として各地を遊説して回り，14年，国会開設の詔勅が発せられたのをうけて自由党が創設され，その党首となる。その後も各地を遊説し自由民権運動に尽力する。15年4月，岐阜の演説会場で保守主義者の相原尚褧に襲われ負傷する。その時に叫んだといわれる「板垣死すとも自由は死せず」という言葉は自由民権運動の合言葉となり広まる。同年(1882)11月，後藤象二郎とともにヨーロッパに外遊する。この洋行費用の出資者について後に問題になった。フランスなどで議会制度などを視察し翌年6月に帰国するが，その前後から自由民権運動の尖鋭化が進み，秩父事件，加波山事件などが起こり，自由党は17年11月に解散する。23年，愛国公党を結成する。愛国公党はその後，他党と合併し立憲自由党となり，翌年には自由党となって総理に就任する。29年，伊藤内閣の内務大臣となり，31年に

は隈板内閣を成立させるが，憲政党の内部分裂により数ヶ月の短命で終わる。33年，伊藤博文の立憲政友会が組織され，憲政党は吸収解消される。ここにおいて彼の政治力も衰え，隠退することとなる。その後は社会問題に尽力するとともに『自由党史』監修などにあたる。大正8(1919)年7月16日死去。享年83歳。
墓 東京品川区・高源院
文献 板垣退助君略伝　板垣伯銅像記念碑建設同志会編刊　大13／板垣退助全集(板垣守正編)　春秋社　昭6／板垣洋行に関する一資料(深谷博治)：明治文化　12(10)　昭14／板垣洋行費に関する一史料(落木正文)：明治文化　15(5)　昭17／板垣洋行費史料(小柳賢泰)：明治文化　15(12)　昭17／自由を護った人々(大川三郎)　新文社　昭22／明治の政治家達　原敬につらなる人々　上(服部之総)　岩波書店　昭25／板垣退助(福地重孝)　市川史談会　昭26／板垣退助(橋詰延寿)　板垣会　昭29／板垣退助(小西四郎)　『日本歴史講座5　近代篇』　河出書房　昭29／無形板垣退助(平尾道雄)　高知新聞社　昭49／土佐偉人伝(寺石正路)　歴史図書社　昭51／世界伝記大事典　日本・朝鮮・中国編　ほるぷ出版　昭53／日本人名大事典1　平凡社　昭54／明治維新人名辞典(日本歴史学会編)　吉川弘文館　昭56／板垣退助—自由民権の夢と敗北(榛葉英治)　新潮社　昭63／板垣退助(高野澄)　PHP研究所　平2(歴史人物シリーズ)
〔湯本豪一〕

伊丹 二郎　いたみ・じろう

文久3年1月25日(1863)～昭和26年12月5日(1951)　実業家　麒麟麦酒社長　⊕東京
㊙アメリカ：1888年(留学)

　文久3(1863)年1月25日，東京に生まれる。明治21(1888)年アメリカに私費留学，ペンシルベニア大学に学ぶ。25年アメリカ留学から帰国，26年日本郵船に入社。36年仁川支店長から天津，大阪，神戸，函館の各支店長を経て大正5年専務取締役となった。翌6年退社し，10年麒麟麦酒取締役，12年会長，14年社長となった。恐慌下ビール業界の協定維持，自主制による企業の回復に努め，戦時統制にもよく順応した。朝鮮の昭和麦酒社長も兼務，17年7月辞任。昭和26(1951)年12月5日死去。享年88歳。
文献 幕末明治海外渡航者総覧(手塚晃編)　柏書房　平4／データベースWHO　日外アソ

シエーツ
〔藤田正晴〕

市川 清流　いちかわ・せいりゅう

文政7年(1824)～?　文部省官吏，辞書編纂者〔書籍館創設の功労者，『尾蠅欧行漫録』の著者〕　㊂通称=渡，別名=皥，買山，央坂　㊙フランス：1862年(遣欧使節に随行)

　文政7(1824)年に生まれる。国学を学び，和流草体字に巧みであり，ことに漢字について深い知識をもっていた。幕末のころ，岩瀬肥後守忠震の家臣となる。文久1(1862)年12月，松平石見守康直の従者として幕府の遣欧使節に参加する。一行はフランス，イギリス，オランダ，プロシア，ロシアで外交折衝をかさね，ポルトガルを経て帰国。帰国の翌年に彼は早くも『尾蠅欧行漫録』(全6巻)を著して，この渡欧の記録を公にする。イギリスの外交官アーネスト・サトウがその全文を英訳することを企て，1865(慶応1)年7月から12月までロンドンの雑誌『チャイニーズ・アンド・ジャパニーズ・レポジトリー』に連載したが，同誌の廃刊により巻3の半ばで完訳を断念する(その後，『ジャパン・タイムズ』紙にも転載した)。サトウは彼に勧めて同書を大英博物館に寄贈させている。また，『国立東京博物館百年史』は彼を「博物館」という訳語をはじめて使用した人とし，『尾蠅欧行漫録』の「今日御三使博物館ニ行カル」という記事を初出としている。これは大英博物館をさしている。明治2年，文部省の中写字生となり，翌年，『史学童観抄』を出版した。さらに4年9月には編輯寮に移り箕作麟祥のもとで翻訳の補佐にあたる。5年4月頃「書籍院建設ノ儀」という建白書を提出するが，このことで近代図書館創設の功労者として評価されている。文筆の才があり，『姓林一枝』(明治4年)，『英国単語図解』(明治5年)などの著作がある。その後，福地源一郎の『東京日日新聞』に入社し，校正主任となる。10年に『標註刪修故事必読』を出したとき，サトウは題辞を寄せている。11年7月に高井思明の『三音四声字貫』を校訂し，12月に『雅俗漢語訳解』を編纂する。その後の消息は不明。
文献 遣外使節日記纂輯2(日本史籍協会編)　東京大学出版会　昭46(日本史籍協会叢書97)／市川清流の著作について(後藤純郎)：図書館学会年報　27(2, 3)　昭56／市川清流の生涯—「尾蠅欧行漫録」と書籍館の創立(後藤

純郎）：研究紀要（日本大学人文科学研究所）18／〔昭51／幕末欧州見聞録―尾蠅欧行漫録（市川清流著，楠家重敏編訳）　新人物往来社　平4　　〔楠家重敏〕

市川 文吉　いちかわ・ぶんきち
弘化4年5月11日（1847）～昭和2年6月30日（1927）　外務省官吏　外務省二等書記官，東京外国語学校教授　〔千島・樺太交換条約締結に尽力〕　㋾江戸神田新白銀町　㋾本名＝兼恭　幼名＝秀太郎　㋲ロシア：1865年（ロシア語，鉱山学）

弘化4（1847）年5月11日，後の開成所教授職・市川斎宮（兼恭）の長子として江戸神田新白銀町に生まれる。安政7年蕃書調所でフランス語学習の命を受け，三田の正泉寺に通ってこれを学び，元治1年には開成所の教授手伝並当分助に任ぜられる。慶応1年幕府が箱館駐在の露国領事ゴシケーヴィチの勧請を容れてロシアへ留学生を派遣することになると，従来ロシアとロシア語に深い関心を持っていた父・斎宮の推せんによって留学生に選ばれる。開成所仏学稽古人世話心得のときである。ほかには幕臣の子弟4名，緒方城次郎，大築彦五郎，田中二郎，小沢清次郎と箱館奉行支配調役並の山内作左衛門が選ばれている。一行は同年（1865）7月箱館を出帆し，翌年2月にペテルブルグに到着する。彼らはゴシケーヴィチや日本人密航者・橘耕斎の尽力でロシア語を学び，各自専修の学科目を選定し，彼は鉱山学を選ぶが，ロシア語を除いていずれも実を結ばなかった。なぜなら，やがて一行はロシアがヨーロッパの後進国であることを悟って失望し，同時に彼らの多くが年齢及び資質の点で留学生として不適格だったからである。英国留学中露都を訪問した森有礼は，山内を除いて「余は乳児也」と書いている。まもなく5名は帰国するが，彼は単身残留し，元遣日使節プチャーチンの許に引き取られて作家ゴンチャローフなどから語学，歴史，数学を学ぶ。やがてロシア女性と結婚し男子をもうける。のちにアフガニスタン方面の総領事となったこの子供は，大正末に父を訪ねて来日することになる。明治2年，外務省留学生の身分を獲得ののち，6年には約9年ぶりに帰国する。同年文部省七等出仕となり東京外国語学校魯語科教授に任ぜられ，翌年には外務二等書記官となって，特命全権公使・榎本武揚に随行してロシアへ赴任し，千島・樺太交換条約締結に与って大いに力を発揮する。11年，帰国の際に榎本とともにシベリア横断旅行を敢行する。翌年から再び東京外語で教鞭をとり，矢崎嵯峨の屋や長谷川二葉亭にロシア語を教授する。18年に同校が廃止になると，19年，黒田清隆のシベリア経由欧米巡遊に通訳として随行し，20年に帰国。その後次第に世間との交渉を絶ち，熱海，ついで伊東に隠棲し，昭和2（1927）年6月30日死去。享年81歳。なお晩年，帰国した橘耕斎とは親密に交際し，また銀座街頭で亡命ロシア人に金品を恵み与えていたという。
|文献|我が国最初の露国留学生に就いて（原平三）：歴史学研究　10(6)　昭15.6／幕末洋学者欧文集解説（山岸光宣）　弘文荘　昭15／市川兼恭（原平三）：温知会講演速記録　63　昭16.5／遣露伝習生始末（内藤遂）　東洋堂　昭18／最初の遣露留学生（中村新太郎）　『日本人とロシア人―物語日露人物往来史』　大月書店　昭53／明治維新人名辞典（日本歴史学会編）　吉川弘文館　昭56　　〔沢田和彦〕

市川 森三郎　いちかわ・もりさぶろう
嘉永5年8月20日（1852）～明治15年10月26日（1882）　物理学　東京帝国大学教授　㋾江戸　㋾諱＝昌盛，別名＝炎次郎，平岡盛三郎　㋲イギリス：1866年（政事兵制研修）

嘉永5（1852）年8月20日，福井藩砲術師市川兼恭の二男として江戸に生まれる。文久2年，洋書調所へ入り英学を修め，次いで慶応1年，開成所仏学教授手伝小林鼎輔の下で仏学を学ぶ。翌2（1866）年10月，川路太郎と中村敬輔（正直）を取締役とした幕府留学生の一員としてイギリスへ向けて横浜を出港した。ロンドン到着後イギリス海軍士官ロイドの世話で，マールビーより英語や算術などを学んだ。のちロンドン大学に入り物理学を修めた。しかし資金不足のため，留学生は慶応4年6月に帰国。同年11月，開成学校教授試補に任ぜられ，さらに明治8年4月には同校の教授になった。この年，山口県人の工部省官吏平岡通義の養子となる。開成学校を辞したのちの10年5月，小幡篤次郎，岩谷立太郎らと共にイギリスへ私費留学した。渡英後，マンチェスターのオーエンス大学に入り，バルフォア・スチュアート教授の下で物理学を学んだ。ここで杉浦重剛，桜井錠二，穂積陳重，井上勝之助，岡村輝彦ら

と親交を深めた。留学中、優秀な成績を修め、高圧計や磁石力の変化に関する論文を発表して注目される。12年9月に帰国したのち、東京帝国大学理学部教授となる。同じ頃、第2回内国勧業博覧会事務局より審査官を命ぜられる。ドイツ人リッテルの講義『物理日記』と『化学日記』、ロスコーの『小学化学書』の翻訳がある。明治15(1882)年10月26日、脳卒中のため死去。享年31歳。

[文献] 市川盛三郎(原平三):伝記 9(3、4) 昭17／徳川幕府の英国留学生—幕末留学生の研究(原平三):歴史地理 79(5) 昭17／後は昔の記他 林董回顧録(由井正臣校注) 平凡社 昭45(東洋文庫173)／東洋金鴻—英国留学生への通信(川路聖謨) 平凡社 昭53(東洋文庫343)／幕末のイギリス留学(倉沢剛)『幕末教育史の研究2』 吉川弘文館 昭59 〔楠家重敏〕

市川 渡　いちかわ・わたる
⇒市川清流(いちかわ・せいりゅう)を見よ

市来 勘十郎　いちき・かんじゅうろう
⇒松村淳蔵(まつむら・じゅんぞう)を見よ

一木 喜徳郎　いちき・きとくろう
慶応3年4月4日(1867)～昭和19年12月17日(1944) 法学者、政治家、行政官 法学博士 男爵 〔天皇機関説の先駆者〕 ⊕遠江国(小笠郡)倉真村 ㋺旧名=岡田 ㋬ドイツ: 1890年(地方自治制度)

慶応3(1867)年4月4日、遠江国掛川藩士・岡田良一郎の次男として生まれる。のちの京都帝国大学総長・文部大臣岡田良平は兄。明治6年4月、袋井町の一木喜三司の養子となり、22年7月、家督を相続した。当時、父は浜松県に出仕していたが、祖父の病気のために職を辞し郷里に帰り、9年に漢学と英学を教える私塾・冀北学舎を開く。この冀北学舎は全寮制の塾で、19年に閉鎖されるまでに卒業生200余名を数え、政官界に数多の人材を送り出す。14年1月上京し知人宅に寄寓し、大学予備門に通う。16年9月、東京大学文学部に入学し、褒賞給費生となるが、その後法科に転じ19年法科大学政治学科に編入し、行政法を専攻する。20年6月大学を卒業し、内務省書記官となり、県治局、総務局などに勤務する。当時の内務省は法律の施行にあたってことごとくドイツ人の法律顧問の判断を仰いでいたがこの状況に飽き足らず、地方自治制度研究の志を抱き、内務省を休職し、自費でドイツ留学を決意する。しかし留学費用の捻出にはかなり苦慮する。養家には留学費用を負担できる経済力がないので、妻子を郷里に帰し家財を処分してようやく費用を捻出する。当時の官費留学生の滞在費が1200円であるのに苦面した費用はおよそ1000円であったという。23(1890)年3月、ドイツ語修得の意図もあったのでドイツ船で横浜港より出航し、イタリアのジェノバに上陸し、陸路ドイツに入る。ベルリン大学に入学し、ギールケ教授の国法学などの講義を受け、約8ヶ月間在学する。この間、窮乏生活を強いられ、余分な出費を嫌い、ほとんど下宿にこもって読書に専念する。この地で後藤新平を知る。つぎにハレ大学に移り、2年の歳月をかけて25年5月に『日本法令予算論』を完成する。その後ライプチヒ大学に転じ勉学を続けるが、留学予定期間の3年を待たずして帰国を命ずる電報を受ける。旅費の工面をベルリン駐在の公使・青木周蔵に依頼し、フランス経由でマルセーユを出航し、26年2月帰国する。帰国と同時に内務省に復職し、文書課、ついで3月に県治局勤務となる。27年、恩師末岡精一教授死去のあとをうけて帝国大学法科大学教授に転任し、内務書記官を兼務する。憲法学国法学第一講座を担当し「主権は国家にあり天皇は最高の機関である」とする憲法解釈を講じて、当時学生であった美濃部達吉や吉野作造に大きな影響を与え、天皇機関説の先駆となる。その後、内務省参事官、内務参与官などを兼務し、32年3月、法学博士の学位を授けられ、33年9月には貴族院議員に勅選される。34年4月に行政法第一講座担当となり、35年9月には東京帝国大学法科大学教授兼務のまま、第1次桂内閣の法制局長官と恩給局長に就任するが、大学での研究が不充分であるという思いがこうじて、西園寺公望内閣成立のとき留任要請を断り法制局長官を退官し、同時に東京帝国大学教授も辞し講師となり、同年6月には帝国学士院会員となる。このようにドイツ留学から帰国後、若冠28歳で帝国大学教授となり、その後政界に転進し、34歳で貴族院議員となるなど破格のスピードで出世を遂げ、昭和11年3月に枢密院議長を退官するまで栄達を続ける。明治41年7月に第2次桂内閣の内務次官となったのを

振り出しに政界入りし，45年12月に第3次桂内閣で再び法制局長官，大正3年4月に第2次大隈内閣の文部大臣となり，翌4年8月に内務大臣に転じ，6年8月には枢密顧問官となる。この間藩閥政治家山県有朋のブレーンとして活躍し，わが国の地方制度確立に寄与する。山県の死後は，元老・西園寺公望の信頼を得て，13年1月に枢密院副議長になり，14年3月から昭和8年2月まで宮内大臣，また8年4月には男爵となり，さらに9年5月から11年3月まで枢密院議長をつとめ，以後すべての公職から身をひいた。枢密院議長在任時には天皇機関説論者として右翼に襲撃される。9年には大日本報徳社社長となり，産業組合の育成に尽力したが，昭和19(1944)年12月17日死去。享年78歳。
[墓]東京・谷中霊園
[文献] 一木内相論：中央公論　30(11)　大4／政局を繞る人々(山浦貫一)　四海書房　大15／一木喜徳郎博士の議会観(鈴木安蔵)：明治文化　8(8)　昭10／一木喜徳郎論(杉山平助)：改造　17(6)　昭10／平沼と一木(大平進一)：日本評論　11(4)　昭11／梁舟回顧録(一木喜徳郎)：中央公論　55(1)　昭15／一木先生回顧録　一木先生追悼会編刊　昭29／一木先生を偲ぶ　一木先生追悼会編刊　昭30／教育人名辞典　理想社　昭37／近代日本海外留学生史　下(渡辺実)　講談社　昭53／日本人名大事典　現代編　平凡社　昭54／一木喜徳郎伝(堀内良)　大日本報恩社　平15　〔安藤勉〕

市来 宗介　いちき・そうすけ

嘉永2年(1849)～明治10年9月24日(1877)　薩摩藩士　[生]鹿児島　[名]別名＝市木宗助　[渡]アメリカ：1872年(鉱山学，農学)

嘉永2(1849)年鹿児島に生まれる。西郷隆盛の甥。明治5(1872)年，鉱山学および農学の研修のためアメリカへ留学する。帰国後の明治10(1877)年9月24日，西南戦争で戦死。享年29歳。
[文献] 近代日本の海外留学史(石附実)　ミネルヴァ書房　昭47／幕末明治海外渡航者総覧(手塚晃編)　柏書房　平4
〔楠家重敏／富田仁〕

市子 貞五郎　いちこ・さだごろう

？～文化4年(1807)　稲若丸乗組員　[生]安芸国(豊田郡)木谷村　[渡]アメリカ：1806年(漂流)

生年不詳。安芸国木谷村に生まれる。文化2年11月，岩国を出帆した稲若丸は江戸で積荷を降ろし，神奈川湊で越年することになったが，3(1806)年早々に大時化にあい約70日間洋上をさ迷った。中国からアメリカへ向かっていたアメリカ船テイバー号が稲若丸を発見し救助する。この船はオアフ島に寄ってハワイのカメハメハ2世に漂流民の世話を頼んで立ち去る。彼等は特別に一軒の家を与えられて，文化3年5月から8月までの4ヶ月間滞在する。その後，マカオ，ジャカルタに移される。しかし，この頃から病人が続出し，彼も同じ運命を辿った。文化4(1807)年，日本への帰国を目前にして病死。
[文献] 異国漂流奇譚集(石井研堂編)　福長書店　昭2／日本人漂流記(荒川秀俊)　人物往来社　昭39／日本人漂流記(川合彦充)　社会思想社　昭42(現代教養文庫)／江戸時代ハワイ漂流記―『夷蛮漂流帰国録』の検証(高山純)　三一書房　平9　〔楠家重敏〕

一条 実輝　いちじょう・さねてる

慶応2年8月24日(1866)～大正13年7月8日(1924)　海軍軍人，大佐　公爵　[生]京都　[名]旧名＝四条　幼名＝孝丸　[渡]フランス：1888年(海軍軍事研修)

慶応2(1866)年8月24日，公卿・四条隆謌の七男として京都に生まれる。明治16年一条家を相続。17年公爵。海軍兵学校卒業後，20年海軍少尉候補となり，21年12月，海軍軍事研修のためフランスに留学し，25年フランス製艦・松島に乗り込み帰国する。26年大尉となり，28年日清戦争の戦功により勲六等を授与。33年横須賀鎮守府兵事官，のち大佐に進み，37年フランス公使館付武官となり，39年スイスで開催の万国赤十字会議に出席。40年日露戦争の戦功により勲三等を授与。同年東宮侍従長，45年掌典次長を経て，大正2年宮中顧問官となり，3年祭官長に任官。9年明治神宮宮司となる。明治24年から貴族院議員を務めた。大正13(1924)年7月8日死去。享年59歳。
[文献] 幕末明治海外渡航者総覧(手塚晃編)　柏書房　平4／データベースWHO　日外アソシエーツ　〔藤田正晴〕

一条 十次郎　いちじょう・じゅうじろう

生没年不詳　㊓仙台　㊔別名＝後藤常　㊗アメリカ：1867年（移住）

生没年不詳。仙台の出身。慶応3（1867）年初頭，脱藩同様にしてアメリカに渡る。同年8月，高橋是清が初めてサンフランシスコに到着したとき，世話してヴァン・リードの許へおくる。明治5年11月にはパリで公使館書記官として松本白華と会っている。その後の消息は不明。

文献 近代日本の海外留学史（石附実）　ミネルヴァ書房　昭47／高橋是清自伝　上・下（高橋是清著　上塚司編）　中央公論社　昭51（中公文庫）／日米文化交渉史・移住編（開国百年記念文化事業会）　洋々社

〔楠家重敏／富田仁〕

市蔵　いちぞう

生没年不詳　天寿丸乗組員　㊗アメリカ：1850年（漂流）

生没年不詳。天寿丸の船員として航行中，嘉永3（1850）年に遭難し，ハワイおよびホンコンに滞在する。その後の消息は不明。

文献 日本庶民生活史料集成5　漂流（池田皓編）　三一書房　昭43　〔楠家重敏〕

市原 盛宏　いちはら・もりひろ

安政5年4月5日（1858）～大正4年10月4日（1915）　実業家　朝鮮銀行初代総裁　㊓肥後国（阿蘇郡）宮地村　㊗アメリカ：1879年（法律）

安政5（1858）年4月5日，肥後国阿蘇郡宮地村に生まれる。明治12年同志社英学校を卒業後，母校の幹事となる。新島襄の信任を得，同年アメリカへ留学，エール大学で法律を学びで学位を取得した。帰国後，同志社政法学校教授，教頭を経て，日本銀行に入る。渋沢栄一に認められ，明治32年第一銀行に転じた。35年渋沢栄一に随行して欧米各地を巡視，帰国後一時横浜市長を務めたが，第一銀行に復帰。39年韓国総支店支配人となり，44年朝鮮銀行設立とともに初代総裁に就任した。大正4（1915）年10月4日死去。享年58歳。

文献 幕末明治海外渡航者総覧（手塚晃編）　柏書房　平4／データベースWHO　日外アソシエーツ　〔藤田正晴〕

伊月 一郎　いづき・いちろう

嘉永1年11月7日（1848）～明治24年6月3日（1891）　海軍軍人　〔クリミア戦争を実見，海軍留学生の先駆〕　㊓江戸・徳島藩邸　㊔別名＝伊田一郎，江戸一郎　㊗イギリス：1870年（海軍軍事研修）

嘉永1（1848）年11月7日，阿波徳島藩士伊月平一郎長武の子として江戸藩邸に生まれる。慶応2年，長崎にて芳川顕正らと蘭学を学ぶ。明治2年，海軍兵学寮に入り，翌3（1870）年には鹿児島藩士前田十郎左衛門とイギリスへ留学。海軍留学生の端緒である。イギリスでは海軍少尉として称賛を博した。さらに欧米諸国にも航海し，クリミア戦争を実見して，海軍の新知識の吸収に努めた。8年の帰国後，海軍大尉となり10年の西南戦争に軍功をあげた。11年にも軍艦清輝の副長として欧米に赴いた。21年八田裕二郎のあとをうけイギリス公使館付武官となり，23年にはイギリス公使館付の留学生取締並となり，翌年，帰国して海軍大佐に昇格。明治24（1891）年6月3日死去。享年44歳。　㊕東京三田・龍原寺

文献 江戸一郎君小伝（徳島県立図書館）　徳島県立図書館　昭35／明治過去帳―物故人名辞典（大植四郎編）　東京美術　昭46／近代日本の海外留学史（石附実）　ミネルヴァ書房　昭47　〔楠家重敏〕

五辻 安仲　いつつじ・やすなか

弘化2年1月31日（1845）～明治39年2月9日（1906）　宮内省官吏　子爵　㊓京都　㊗アメリカ：1871年（岩倉使節団に随行）

弘化2（1845）年1月13日，公家五辻高仲の子として京都に生まれる。安政5年元服して昇殿を許されるが，元治1年禁門の変の際に長州藩士のために画策し，そのため参内を止められる。しかし王政復古とともに三職書記御用掛を命ぜられ，のち参与・内国事務局権判事などを歴任し，4年8月式部助になる。同年（1871）11月，岩倉使節団の一員としてアメリカに向かう。5年12月に帰国し，宮内省御用掛，爵位局次官をつとめる。明治39（1906）年2月9日死去。享年62歳。

文献 岩倉使節団―明治維新のなかの米欧（田中彰）　講談社　昭52（講談社現代新書487）／明治維新人名辞典（日本歴史学会編）　吉川弘文館　昭56　〔富田仁〕

伊藤 一隆　いとう・かずたか

安政6年3月13日（1859）～昭和4年1月5日（1929）　水産業者　㊓江戸汐留　㊔旧名＝平

野、徳松　㋐アメリカ：1886年（水産事情調査）
　安政6（1859）年3月13日、江戸汐留に生まれる。明治5年開拓使仮学校に入学し、9年にアメリカ人教育者W.S.クラークの立ち会いのもと聖公会の神父W.デニングから洗礼を受ける。13年札幌農学校の第一期生として卒業後、開拓使物産局に勤務。以来水産行政に携わり、19（1886）年10月開拓使御用掛として渡米、北アメリカ大陸の水産事業を視察し翌20年10月帰国。北海道庁初代水産課長に就任して千歳鮭鱒孵化場の設置や巾着網など漁具の開発・改良を行うなど北海道における水産業の発展・振興に力を注いだ。キリスト者としては15年に無教派主義の札幌独立教会を設立、20年からは全国初の禁酒運動を指導して北海道禁酒会会頭を務め、さらにイギリス宣教師バチェラーとともにアイヌ人保護にも尽力した。27年に退官し、帝国水産会社や北水協会初代会頭として活躍。29〜30年には私費で渡米し水産事情を調査した。昭和4（1929）年1月5日死去。享年71歳。
　[文献]　水産界の先駆　伊藤一隆と内村鑑三（大島正満）　北水協会　昭39／幕末明治海外渡航者総覧（手塚晃編）　柏書房　平4／朝日日本歴史人物事典　朝日新聞社　平6／データベースWHO　日外アソシエーツ
〔藤田正晴〕

伊藤 貫造　いとう・かんぞう
弘化1年（1844）〜？　留学生　㋐別名＝貫蔵　㊙フランス：1867年（語学研修）
　弘化1（1844）年、幕府奥医師瑤川院の長男として生まれる。横浜仏語伝習所の伝習生となる。慶応3（1867）年に幕府の留学生としてフランスに留学する。その後の消息は不明。
　[文献]　近代日本の海外留学史（石附実）　ミネルヴァ書房　昭47／日仏文化交流史の研究―日本の近代化とフランス人（西堀昭）　駿河台出版社　昭56
〔湯本豪一〕

伊藤 久三郎　いとう・きゅうざぶろう
生没年不詳　従者　㊕江戸本所　㋐諱＝一貫　㊙アメリカ：1860年（遣米使節に随行）
　生没年不詳。安政7（1860）年、23歳頃日高圭三郎の従者として遣米使節に随行する。
　[文献]　万延元年遣米使節史料集成1〜7（日米修好通商百年記念行事運営会編）　風間書房　昭36／幕末教育史の研究2―諸術伝習政策（倉沢剛）　吉川弘文館　昭59
〔富田仁〕

伊東 玄伯　いとう・げんぱく
天保3年9月15日（1832）〜明治31年5月2日（1898）　侍医　㊕相模国（高座郡）上溝村　㋐幼名＝玄昌、玄尚、雅号＝方成　㊙オランダ：1862年（医学）
　天保3（1832）年9月15日、相模国上溝村の医師鈴木方策の長男として生まれる。長じて奥医師伊東玄朴の門に入り、やがて請われて養子となり、玄朴の二女春を娶とる。文久1年4月、奥医師見習となったが、同年10月、林洞海の倅研海とともに長崎に赴き、オランダ海軍軍医ポンペについて学ぶ。2（1862）年6月、幕府派遣の海軍留学生の一員として、長崎養生所から林研海とともに渡蘭し、デン・ヘルダーの海軍病院で研修し、明治1年12月に帰国。ただちに図書少允に任じられ典薬寮医師となる。このとき名を方成と改める。2年8月、大学中博士に任じられ、さらに9月、高階経徳、青木邦彦らとともに大典医となる。3年9月、侍医規則取調御用掛を仰せつけられた。10月再び留学することになりオランダに赴く。4年から7年までユトレヒト大学医学部に学び、この間、とくに眼科一般を学び、視力の実験などを試みる。在蘭中に大典医から大侍医となり7年4月帰国。帰国後しばらく東京府下の病院に勤めたが、同年11月、少典医となる。8年1月、官制改革が行われ「典医」の呼称が廃止となり、三等侍医に任ぜられる。5月二等侍医に進む。10年10月一等侍医となる。20年、東京慈恵院商議医員に挙げられ、4月医学研究のため再び渡欧し22年2月に帰国。29年2月、宮中顧問官に任ぜられる。明治31（1898）年5月2日死去。享年67歳。　㊟東京谷中・天龍院
　[文献]　伊東玄朴先生：中外医事新報　295　明25／本朝医人伝（紫竹屏山）　青山嵩山堂　明43／伊東玄朴伝（伊東栄）　玄文社　大5／伊東玄朴の繁昌策（玉林晴朗）：伝記　6（2）　昭14／明治維新人名辞典（日本歴史学会編）　吉川弘文館　昭56／幕府オランダ留学生（宮永孝）　東京書籍　昭57（東書選書）／ポンペ―日本近代医学の父（宮永孝）　筑摩書房　昭60／侍医伊東方成の遺稿（原実）：日本医事新報　805
〔宮永孝〕

伊東 栄　いとう・さかえ
弘化3年11月15日（1847）〜明治44年2月23日（1911）　実業家　〔帝人パピリオを創設〕
⊕江戸下谷御徒町　㉜諱＝正保，栄之助，幼名＝羊吉　㊨ヨーロッパ：1873年（会計学）

弘化3（1847）年11月15日，幕府の奥医師伊東玄朴の四男として江戸下谷御徒町に生まれる。嘉永2年7月黒沢守二郎家の養子となるが，やがて離縁する。幕命により，元治2年3月に横浜のフランス語学所に入学し，同じ奥医師である緒方洪庵の息子の緒方十郎などと知り合う。翌年3月に騎兵差図役に任命され，後に徳川慶喜の警備役となる。明治2年に，中津藩士平川隆蔵の長女啓と結婚し，8人の子供をもうける。同年，横須賀製鉄所の土木少佑となり，さらに二等訳官，三等中師を経て会計掛一等訳官となる。この仕事の内容は，製鉄所創業以降の諸建築費の詳細を日本語で報告書作成，フランス人から提出された艦船修理，新艦建造に関する計算書の訳出，欧米各国へ発注する資材等の日本語での報告，フランス簿記の伝習などであった。明治6（1873）年にヨーロッパへ派遣され，同時にオーストリアで開かれた万国博覧会に出張する中牟田倉之助海軍少将の通訳をも兼ねるよう命ぜられる。少将が帰国後は本来の目的である留学生の身分に戻り，約1年半にわたり会計学を集中的に研究。その後，22年に小野浜造船所を離れるまで，約20年間，造船界に属していた。そののち民間に入り，ファブルブランド商会の東京代理店を引き受け，陸海軍御用の力を得て，軍需品を扱う商人となる。これは明治時代の軍備拡張政策に適合し非常に当たった。22年から27年にかけては，水雷艇や小銃の取引に成功し，その事業はますます拡大するばかりであった。しかし34年には，軍事関係の商売から一切手をひき，180度転回して，化粧品を扱う事業を起こす。当時，白粉の鉛毒による事故が多く発生し，大問題になっていたのに目をつけた長谷部伸彦が，白粉の無鉛化の研究に取り組み，それに成功し，その商品化のために彼に資本の協力を求めてきたのがその理由である。この無鉛白粉は，水銀が入っていた舶来の水白粉が発売中止になったことも幸いし，類似品が作られるほどの売れ行きであった。こうして現在の帝人パピリオの前身である伊藤胡蝶園が37年に創設された。明治44（1911）年2月23日死去。享年65歳。㊣東京台東区谷中・天竜院
[文献]伊藤栄伝（伊藤栄）　玄文社　大6／父とその事業（伊東栄）　伊藤胡蝶園　昭9／日仏文化交流史の研究―日本の近代化とフランス人（西堀昭）　駿河台出版社　昭56／横須賀製鉄所の人びと―花ひらくフランス文化（富田仁，西堀昭）　有隣堂　昭58　〔志村公子〕

伊藤 俊輔　いとう・しゅんすけ
⇒伊藤博文（いとう・ひろぶみ）を見よ

伊藤 隼三　いとう・じゅんぞう
元治1年5月（1864）〜昭和4年5月14日（1929）　医師　京都帝国大学教授　〔外科学界に寄与〕
⊕鳥取　㉜旧名＝小林　㊨ドイツ，スイス：1896年（医学）

元治1（1864）年5月，小林辰蔵の三男として鳥取に生まれる。明治22年に伊藤健蔵の養子となる。23年，帝国大学医科大学を卒業し，養家の伊藤病院長，ついで札幌病院長を歴任。29（1896）年，外科学研究の志を抱き，私費でドイツ，スイスに渡る。32年帰国し，ただちに札幌病院長に復職する。その後，京都帝国大学医科教授となり外科学などを講じ，帝国学士院会員に推される。京都帝国大学退官後は名誉教授となり，郷里に戻り病院経営にあたる。昭和4（1929）年5月14日死去。享年66歳。
[文献]近代日本海外留学生史　下（渡辺実）　講談社　昭53／日本人名大事典1　平凡社　昭54　〔安藤勉〕

伊東 祐亨　いとう・すけゆき
天保14年5月（1843）〜大正3年1月16日（1914）　海軍軍人，元帥　伯爵　〔海軍の発展に貢献〕
⊕鹿児島（鹿児島市）清水町　㉜幼名＝金次郎，四郎右衛門，四郎　㊨ニュージーランド：1882年（海軍軍事研修）

天保14（1843）年5月，鹿児島藩士伊東祐典の4男として生まれる。兄弟が皆軍人という家柄に育ち，少年時代から武芸に興味を示す。文久3年，英国艦隊が鹿児島湾に現れて生麦事件の補償を強硬に要求した時，敵艦奇襲策の一員として大山巌，西郷従道らとともに英国艦に斬り込もうとしたが失敗。これを機に海軍入りを決意する。藩の開成所を経て神戸の勝海舟の塾で航海術を学び，陸奥宗光らとともに西南の俊才として異彩を放つ。慶応1年，江戸

に上り、江川太郎左衛門の塾で砲術を修めるかたわら勤王の志士と交流し、尊王攘夷を唱える。3年、品川沖で薩摩艦翔鳳丸と幕府艦印天丸が交戦した時、翔鳳丸の砲手を務め、初めて海戦を経験する。明治維新後は、海軍に入り、一等士官として富士艦に乗り組む。2年、乾行艦副長となり、4年、春日艦副長として北海道方面の港を測量。帰航後第一丁卯艦長となる。7年の佐賀の乱では東艦長として福岡、長崎を警備。9年、日進艦長として黒田清隆、井上馨が全権使節として朝鮮に渡るのを護衛する一方萩湾近辺で萩の乱の残党を砲撃する。10年の西南の役では兄祐磨と九州沿岸の警備にあたって功をあげる。13年、比叡艦長としてペルシャ方面を巡航視察。15（1882）年から16年にかけて龍驤艦長としてニュージーランド、チリ、ハワイを巡航して海軍生徒の実地演習を行う。17年、扶桑艦長として清国を巡航、清仏戦争を視察した。18年、廻船委員長として英国に渡ってアームストロング社製造の浪速艦を受領、初めて外国人の手によらずに日本に廻航させる。25年、中将となり、26年、念願の常備艦隊司令長官となる。27年7月、軍艦力の不足が懸念される中で連合艦隊司令長官として日清戦争に臨み、9月の黄海海戦で清国北洋艦隊を敗走させて海上権を制し、11月には陸軍と協力して旅順、大連を占領する。28年2月、威海衛で清国北洋艦隊を壊滅。提督丁汝昌の要望を受け入れて敵将校を解放し、世界各国の軍人を感嘆させる。3月、宇品に凱旋後、諸艦を率いて澎湖島を占領、馬鞍島以南の海上権を制する。5月、東京に凱旋、海軍軍令部長として国防用兵に努めて海軍の発展に貢献。31年、海軍大将となる。37年、日露戦争が勃発すると大本営海軍幕僚となり総務を統括。戦功により、39年に元帥付に列せられ、40年に伯爵を授けられる。大正3（1814）年1月16日死去。享年72歳。　⊕東京都品川区・海晏寺
文献　海軍大将元帥伊東祐亨（後藤天峰）『名将初陣回顧録』　中央出版社　大8／近世名将言行録2（同刊行会編）　吉川弘文館　昭9／元帥伊東祐亨（小笠原長生編）　南方出版社　昭17／大正過去帳（稲村徹心他編）　東京美術　昭48／日本人名大事典1　平凡社　昭54／類聚伝記大日本史13（小笠原長生編）　雄山閣　昭56／士魂の提督　伊東祐亨—明治海軍の屋台骨を支えた男（神川武利）　PHP研究所

平14（PHP文庫）　　　　〔石井創一〕

伊藤 為吉　いとう・ためきち
元治1年（1864）～昭和18年5月（1943）　建築家, 発明家　⊕伊勢国松阪　⑳アメリカ：1885年（建築学）

　元治1（1864）年、伊勢松阪に生まれる。明治15年上京、尾崎行雄家の書生をしながら工部大学の自由研究生として機械学を学んだ。18（1885）年渡米、建築実務を学んで21年帰国。ドライ・クリーニングや種々の事業を手がけた後、伊藤組工作所を設立、独自の耐震家屋設計、施工に従事した。郡司大尉の千島探検用に耐寒組立家屋を造ったり、鉄筋コンクリートの万代塀など発明的な建造物を手がけた。42年には職工教育実施会を設け、職工軍団を編成、建築労働者の地位と品位向上を図った。晩年大阪に研究所を設け、耐震家屋の普及に努め、永久機関の発明に心血をそそいだ。伊藤道郎、熹朔、千田是也ら兄弟の父。昭和18（1943）年5月死去。享年80歳。（享年）80
文献　幕末明治海外渡航者総覧（手塚晃編）　柏書房　平4／やわらかいものへの視点—異端の建築家伊藤為吉（村松貞次郎）　岩波書店　平6／幕末・明治　匠たちの挑戦—現代に甦るプロジェクトリーダーの本質（長尾剛）　実業之日本社　平16／データベースWHO　日外アソシエーツ
〔藤田正晴〕

伊藤 篤太郎　いとう・とくたろう
慶応1年11月29日（1866）～昭和16年3月21日（1941）　植物学者　東北帝国大学講師　⊕尾張国　⑳イギリス：1884年（植物学）

　慶応1（1866）年11月29日、植物学者・伊藤圭介の孫として尾張国に生まれる。明治5年より東京の祖父の許で植物学を学ぶ。17（1884）年からイギリスに留学して最新の植物学を修め、20年帰国後は西洋の方法をもとに東洋植物学の改革を唱える一方,,自身は祖父の伝統的な本草学を継承することとなり、宇田川榕庵の『菩多尼訶経』の復刻などに尽力。また各種の学校で植物学を講じ、28年鹿児島高等中学造士館教授に就任、大正10年東北帝国大学に生物学科が新設されるとその講師となった。その他にも博物会の雑誌『多識会誌』の編集を担当。著書に『大日本植物図録』などがある。昭和16（1941）年3月21日死去。享年77歳。

[文献] 幕末明治海外渡航者総覧（手塚晃編）
柏書房　平4／データベースWHO　日外アソシエーツ　〔藤田正晴〕

伊藤 雋吉　いとう・としよし
天保11年3月28日(1840)～大正10年4月10日(1921)　海軍軍人，中将　男爵　⑪丹後国手代町　㊙フランス：1883年（軍艦建造監督）

　天保11(1840)年3月28日，田辺藩士伊藤勝助の長男として丹後国手代町に生まれる。蘭学や兵学を学び16歳で上京，大村益次郎の鳩居堂塾で西洋兵学などを修める。明治2年海軍に入り水路業務に携わり，日本初の水路測量図「塩飽諸島実測図」を作製。練習艦・筑波の艦長として海軍初の遠洋航海を指揮し，米国サンフランシスコ訪問を果たす。14年海軍兵学校長，15年官制の海運会社・共同運輸の社長も務める。16(1883)年1月27日軍艦建造監督としてフランスに。18年横須賀造船所長として海軍に戻り，艦政局長などを経て，23年の国会開設で海軍中将，海軍次官に相次ぎ就任。9年間の次官在任中には装備の近代化をはじめ，海軍省所管事務政府委員として海軍諸制度の制定や改革に尽くした。32年貴族院議員。帝国海軍の創設に貢献し，34年の舞鶴鎮守府の開設に努めた。鎮守府開設100周年となる平成12年，舞鶴市宮津口にその偉業を称える石碑が建立された。大正10(1921)年4月10日死去。享年82歳。

[文献] 幕末明治海外渡航者総覧（手塚晃編）
柏書房　平4／朝日日本歴史人物事典　朝日新聞社　平6／データベースWHO　日外アソシエーツ　〔藤田正晴〕

伊藤 信夫　いとう・のぶお
生没年不詳　勧工寮官吏　㊙オーストリア：1873年（ウィーン万国博覧会）

　生没年不詳。明治6(1873)年，ウィーン万国博覧会に派遣される。その後，官費留学生となり，7年帰国し，勧工寮職員となる。

[文献] 近代日本の海外留学史（石附実）　ミネルヴァ書房　昭59　〔安藤勉〕

伊藤 博邦　いとう・ひろくに
明治3年2月2日(1870)～昭和6年6月9日(1931)
宮内官　公爵　⑪周防国　㊋旧名＝井上

㊙ドイツ：1886年（私費留学）

　明治3(1870)年2月2日，山口県士族・井上五郎三郎（井上馨の実兄）の四男として生まれる。幼名勇吉。明治11年伊藤博文の養嗣子となる。学習院を卒業後，19(1886)年3月ドイツに私費留学，帰国後は宮内庁に入り式部次長，主馬頭，式部長官などを歴任し，昭和4年日本銀行監事となる。この間の42年養父の跡を継ぎ公爵，貴族院議員となった。昭和6(1931)年6月9日死去。享年62歳。

[文献] 幕末明治海外渡航者総覧（手塚晃編）
柏書房　平4／データベースWHO　日外アソシエーツ　〔藤田正晴〕

伊藤 博文　いとう・ひろぶみ
天保12年9月2日(1841)～明治42年10月26日(1909)　政治家　公爵　〔初代総理大臣〕
⑪周防国（熊毛郡）東荷村（字野尻）　㊋幼名＝利助，俊輔，雅号＝春畝　㊙イギリス：1863年（外国事情視察），アメリカ：1871年（岩倉使節団副使），ドイツ：1882年（憲法・国家制度の調査）

　天保12(1841)年9月2日，林十蔵の子として周防国東荷村に生まれる。家が貧しかったので若党奉公し，14歳の時父十蔵が長門藩足軽伊藤直右衛門の家を継ぎ，伊藤姓となる。法光院恵運に読書習字を，久保五郎左衛門の家塾で学問の手ほどきをうける。16歳の時，来原良蔵に見出され松下村塾に入り吉田松陰に師事し，ついで長崎で洋式操練を学ぶ。この頃から尊王攘夷論者となり，文久2年12月高杉晋作らと品川御殿山の英国公使館焼打を実行する。文久3年，士分となり，藩主の密命により山尾庸三，井上勝，遠藤謹助，井上馨とともにイギリス留学に参加する。3(1863)年5月11日，横浜よりイギリス領事ガールの斡旋でジャーディン・マジソン会社のケルスウィック号に乗船し上海へ向う。国禁を犯しての攘夷のための海外渡航であったが，上海においてすでに攘夷の愚かさを身をもって知る。航行中，海軍の研究の意味で言った「ナビゲーション」の語のために，航海術の訓練を実地にさせられることになり，ひどい扱いを受け，苦難に耐えながら喜望峰まわりで4ヶ月後にロンドンに到着する。同社の社長ヒュー・マジソンの世話でロンドン大学化学教授ウィリアムソン博士の家庭に寄宿し，同大学で井上馨と共に政

治・経済を学ぶ。この時彼は、封建制の否定と郡県制の採用を学んだといわれる。これを明治1年に兵庫県知事として、木戸に強く主張することになる。休日にはイギリス各地の造船所、海軍の諸施設、各種の工場を見学する。しかし約半年後、4ヶ国連合艦隊の馬関砲撃計画を『タイムズ』紙上で知り、すでに西欧近代文明の水準を体験し開明論者に転換していた彼は井上馨と共に攘夷の非をさとすため急遽帰国する。しかしイギリス公使オールコックを介しての説得は効を奏さず失敗、長州藩はこの戦争に惨敗し開国倒幕に転換する。その後、尊攘派に生命を狙われるが討幕運動に参加、第1次、第2次征長戦争に際しては高杉に協力、汽船・兵器の購入に尽力するとともに薩長連合に奔走する。明治維新政府樹立後は外国事務判事、大阪府判事、兵庫県知事、大蔵少輔、民部少輔などを歴任する。明治3年10月、渡米し銀行、貨幣、公債制度を研究、財政制度の変革を志すようになり富国強兵論者に転じる。帰国後、近代国家の基礎として近代産業の振興と発展を期し徹底的な洋式工業教育と留学の必要性を説く。4年8月工学寮を設立し、4(1871)年11月10日に岩倉使節団に副使として参加、横浜を出発、12月6日にサンフランシスコに到着する。5年2月3日ワシントンにて条約改正交渉が始まるが委任状問題でこじれ、大久保利通と一度帰国し、6月17日再びワシントンに戻るが交渉は失敗に終る。7月にアメリカ視察を終えイギリスに渡る。各地方、各都市を巡覧し、10月8日ビクトリア女王と謁見する。11月に入りドーバー海峡を渡りパリに到着、1年前のパリ・コミニューンの事情を知り近代民主主義国家の根本問題に触れる。フランス視察後、ブリュッセル、アムステルダムを経てベルリンに渡り、6年3月15日にはビスマルクと会見する。一行はこのプロシアが日本に近い状態にあることを認識する。その後ロシアを訪問、さらに引き返してスイスを経由ローマに至り、総計12ヶ国の歴訪を終えて6年9月13日横浜に帰着する。当初10ヶ月半の予定であったが、1年10ヶ月に及ぶ長い視察旅行となる。この海外視察を通して欧米のすべてを見聞し終えたといって良いし、約50名に及ぶ使節団員のこの壮大な欧米体験は明治国家の方向を決定づける程の重要な意義を持っていたとも言える。帰国後、大久保と共に西郷らの征韓論派を倒し政府の実権を握る。11年の大久保の死、14年の政変を通して明治政府の第一人者となる。15(1882)年3月、勅命により西欧各国の憲法、議会制度、政府組織、地方制度の調査、研究するために伊東巳代治、西園寺公望らを従えて渡欧、5月からベルリン大学教授グナイスト、司法官モッセ、8月からはウィーン大学教授スタインについて公法や政治に関する講義を受け、プロシア憲法とその運用を学びとる。とくにスタイン教授の国家学から強い影響を受ける。16年6月にベルギー、ロンドンを回り、ロシア皇帝の戴冠式に参列したのち帰国する。このドイツ留学は明治憲法の骨格を形成する基礎となる程に重大な意義をもったものであり、自由民権論者を論破し明治国家の組織と理論づけを彼に与えるものである。18年、内閣制度創設とともに初代総理大臣となる。枢密院議長として憲法草案を起草し、22年、大日本帝国憲法を発布。25年、第2次伊藤内閣を組閣、日清戦争を強行する。31年、第3次内閣を組閣するが憲政党の反対に遭い半年で崩壊。この反省から33年、立憲政友会を組織し板垣を追放して総裁となり、第4次内閣を作るが、翌年辞職する。日露戦争後、39年に日韓併合の基礎となる日韓協約を結び初代韓国統監となる。明治42(1909)年10月26日、満州視察と日露関係調整のため中国へ渡る途中、ハルビン駅頭で朝鮮独立運動家安重根に射殺される。享年69歳。
㊙東京都品川区・谷垂墓地
文献 藤公余影(古谷久綱) 明43／孝子伊藤公(末松謙澄) 明44／伊藤公全集1〜3(小松緑編) 同刊行会 昭2／伊藤博文秘書類纂1〜27 同刊行会編刊 昭8〜11／明治の政治家たち 原敬につらなる人々 上(服部之総) 岩波書店 昭25／伊藤博文(中村菊男) 『三代宰相列伝』 時事通信社 昭33／父逝いて五十年―伊藤博文小伝記(伊藤真一) 伊藤博文追頌会 昭34／伊藤博文と山県有朋(時野谷勝、梅渓昇) 『日本人物史大系6』 朝倉書店 昭35／二十世紀を動かした人々10 講談社 昭39／伊藤博文(松沢弘陽) 『権力の思想』 筑摩書房 昭40／伊藤博文明治官僚の肖像(渡部英三郎) 筑摩書房 昭41(グリーンベルト・シリーズ)／伊藤博文伝 上・中・下(春畝公追頌会編) 原書房 昭45(明治百年史叢書143〜145)／近代日本の海外留学史(石附実) ミネルヴァ書房

昭47／伊藤博文関係文書1〜9（伊藤博文関係文書研究会編）　塙書房　昭48〜56／近代日本海外留学生史　上（渡辺実）　講談社　昭52／岩倉使節団―明治維新のなかの米欧（田中彰）　講談社　昭52（講談社現代新書487）／日本人名大事典1　平凡社　昭54／明治維新人名辞典（日本歴史学会編）　吉川弘文館　昭56／伊藤博文秘録　正・続（平塚篤編）原書房　昭57（明治百年史叢書310〜311）／明治・大正の宰相1―伊藤博文と維新の元勲たち（戸川猪佐武）　講談社　昭58／近代日本の自伝（佐伯彰一）　中央公論社　平2（中公文庫）／史伝伊藤博文　上、下（三好徹）徳間書店　平7／伊藤公実録（中原邦平）マツノ書店　平9／孝子伊藤公（末松謙澄）マツノ書店　平9／幕末に学んだ若き志士達―日本留学生列伝　2（松郷貫太）　文芸社　平15／伊藤博文―近代国家を創り上げた宰相（羽生道英）　PHP研究所　平16（PHP文庫）／岩倉使節団という冒険（泉三郎）　文芸春秋　平16（文春新書）　〔安藤重和〕

伊東 平蔵　いとう・へいぞう

安政3年12月（1856）〜昭和4年5月2日（1929）
図書館人　初代横浜市立図書館長　〔公共図書館建設・運営の先覚者〕　㊗阿波　㊗旧名＝山内　号＝箕山　㊗イタリア：1886年（語学研修）

　安政3（1856）年12月、阿波藩士山内俊一の第三子として生まれる。同藩の伊東八郎左衛門の養子となる。阿波で修学ののち、明治初年東京外国語学校でフランス語を学び、文部省に奉職して翻訳に携わる。15年12月、文部省専門学務局長・浜尾新のもとで「図書館示論事項」の起草に関与する。19（1886）年にはパリからイタリアへ渡りヴェネチアの商業学校などで学びながらイタリア語の修得につとめ、また図書館についての研究も行うが健康を害し、3年ほどの留学生活を終えて帰国する。帰国後、東京外国語学校の教授としてイタリア語を教える、また文部省の嘱託なども歴任する。その後、博文堂書店主大橋佐平が図書館設立を発意し、田中稲城、手島精一、横井時敬らの協力により35年に設立された大橋図書館に田中稲城の推薦で主事として勤務し、大橋図書館の組織、規則の制定など初期の運営に力を注ぐ。36年10月1日、第1回図書館事項講習会が開催された際田中稲城、和田万吉などとともに講師となり「図書館設置法」を担当

する。38年、文庫協会の調査委員として東京市立日比谷図書館の設計案答申を行い、翌年には日比谷図書館準備事務主任となるが、宮城県立図書館設立に携わるため41年に辞任する。大正2年1月、旧佐賀藩士で日本図書館協会の評議員であった伊東祐穀とともに、佐賀図書館設立委員に任命される。佐賀図書館設立に関与することになったのは、イタリア留学中に鍋島直大の知遇を得たためである。3年2月伊東祐穀が館長、彼が副館長となり佐賀図書館が開館される。伊東館長は東京で用務に携わっていたため、佐賀での実務は主に彼が担当することになる。館外貸出、巡回文庫、分館制度、また閲覧者の便宜を図るため配達貸出などさまざまな図書館業務を積極的に行い、図書館の発展に寄与する。加えて九州図書館連合会、全国図書館大会などの佐賀開催にも尽力し、また古書古記録展覧会、法帖文具展覧会、絵画挿入展覧会などの開催や図書館講習会を開くなど多くの功績を残す。6年、伊東祐穀の辞任に伴い館長となるが、9年には横浜市図書館設立のため辞任する。同年4月に横浜市図書館建設事務所主任となり活躍し、10年6月5日には初代横浜市図書館長に就任する。12年の関東大震災により1万3000冊の蔵書と横浜公園に建設中の建物を失うが、その復興にも館長として力を注ぎ、15年12月に横浜市図書館を退職する。その後、神奈川県学務課にあって県内図書館の育成にあたるなど生涯を通じて図書館発展に尽くす。わが国図書館の黎明期における先覚者の1人である。昭和4（1929）年5月2日死去。享年74歳。　㊗横浜市鶴見・総持寺

文献　図書人を偲ぶ座談会：図書館雑誌　昭16.3／神奈川県図書館史（神奈川県図書館史編集委員会）　神奈川県図書館　昭41／県へ移管されたる佐賀図書館の15年（西村謙三）：図書館雑誌　昭48.8／思い出の我（有島生馬）　中央公論美術出版　昭51／先覚者の中の先覚者伊東平蔵（竹内悳）　『図書館を育てた人々　日本編1』　日本図書館協会　昭58
〔湯本豪一〕

伊東 昌之助　いとう・まさのすけ
⇒岡保義（おか・やすよし）を見よ

伊東 益之助　いとう・ますのすけ

生没年不詳　佐賀県留学生　⊕佐賀　㊦アメリカ、ヨーロッパ：1871年（留学）

　生没年不詳。佐賀の出身。明治4（1871）年、県費留学生として欧米に渡る。その後の消息は不明。

[文献]　近代日本の海外留学史（石附実）　ミネルヴァ書房　昭47／近代日本海外留学生史　上（渡辺実）　講談社　昭52　〔楠家重敏〕

伊東 満所　いとう・まんしょ

永禄12年（1569）～慶長17年閏10月21日（1612）　イエズス会神父　⊕日向国（都於郡）　㊦本名＝祐益　洗礼名＝ドン・マンショ（Don Mancio）　㊦ポルトガル、スペイン、イタリア：1582年（天正遣欧使節の正使）

　永禄12（1569）年、伊東修理亮祐青の子として日向国に生まれる。8歳の頃彼の一族は豊後に逃れるが、イエズス会宣教師ラモンに会う。ラモンから紹介され巡察師ヴァリニヤーノに会い、島原のセミナリオで勉学に励むことになる。同校に集まった千々石ミゲル、原マルチノ、中浦ジュリアンとともに、大友、有馬、大村の三大名の名代としてヨーロッパに赴くことになり、天正10（1582）年に長崎を出帆する。一行が乗った南蛮船はマカオ、マラッカを経てコチンに立ち寄る。久しぶりに大地を踏んだ彼らの喜びは「言語を絶するほどであった」と記されている。さらにそこからゴアに投錨し、喜望峰をめぐり、大西洋上の孤島サンタ・エレーナ島（セント・ヘレナ島）で英気をやしなう。こうした長途の船旅を終えて、天文12年8月、久しく待ち望んでいたリスボンの土を踏むことになる。リスボンを出立した使節一行はただちに枢機卿アルベルト・アウストリアに謁見する。スペインに赴き、国王フェリーペ2世に謁見する。天正13年3月23日、ローマで教皇グレゴリオ13世に謁見し、織田信長よりの屏風を贈呈して、その大任を果たす。ついで新教皇シスト5世に謁見を許され、戴冠式にも参列する。天正18年に日本へ戻り、翌年、京都で秀吉に謁見するが、とりわけ彼は秀吉の気に入られる。その後、彼らは島原のコレジオで再び勉学に励み、文禄2年7月には揃ってイエズス会修道士となる。さらに神父となる勉強をするため慶長6（1601）年にマカオのコレジオに移る。やがて長崎に戻り、慶長13年、千々石ミゲルを除く3人は神父となる。慶長16年、彼は小倉でセスペデス神父の助任として伝道に励む。しかし間もなく追放され、ヨーロッパから帰って22年後の慶長17（1612）年閏10月21日、長崎のコレジオで死去。享年53歳。

[文献]　羅馬使節伊東満所に就て（日高重孝）：史学雑誌　39（5）　昭3／日本遣欧使節記（太田正雄訳）　岩波書店　昭8／フロイス九州三侯遣欧使節行記（岡本良知訳）　東洋堂　昭17／大日本史料　第11編別巻　東京大学史料編纂所　昭34／天正遣欧使節の真相―特に伊東満所に就いて（松田毅一）：史学雑誌　74（10）　昭40／デ・サンデ天正遣欧使節記（泉井久之助他訳）　雄松堂　昭44（新異国叢書）／史譚天正遣欧使節（松田毅一）　講談社　昭52／日本キリシタン殉教史（片岡弥吉）　時事通信社　昭54　〔楠家重敏〕

伊藤 湊　いとう・みなと

生没年不詳　⊕徳山　㊦後名＝矢嶋作郎（ヤジマサクロウ）　㊦イギリス：1869年（徳山藩主に同行）

　生没年不詳。徳山の出身。明治2（1869）年2月、徳山藩主に同行し長崎を出帆してイギリスに渡る。その後の消息は不明。

[文献]　近代日本の海外留学史（石附実）　ミネルヴァ書房　昭47／英語事始（日本英学史学会編）　日本ブリタニカ　昭51／幕末明治海外渡航者総覧（手塚晃編）　柏書房　平4／幕末維新人名事典　新人物往来社　平6

〔楠家重敏／富田仁〕

伊東 巳代治　いとう・みよじ

安政4年5月9日（1857）～昭和9年2月19日（1934）　政治家　伯爵　⊕肥前国長崎　㊦ドイツ：1882年（伊藤博文に随行）

　安政4（1857）年5月9日、肥前国長崎に生まれる。明治4年上京、電信寮に入り、6年兵庫県六等訳官。9年上京、伊藤博文に才を認められ10年工部省に採用された。14年参事院議官補となり、15（1882）年3月伊藤の渡欧に随行、帝国憲法の原案作成に参画する。ドイツ、オーストリア、ベルギー、イギリス、ロシアを巡り翌16年3月帰国。18年第1次伊藤内閣の首相秘書官、22年枢密院書記官長、25年第2次伊藤内閣書記官長、31年第3次伊藤内閣の農商務相を務め、伊藤の懐刀として活動。一方24～37年東京日日新聞社長を務めた。その間、32年枢

密顧問官，36年帝室制度調査局副総裁。大正6年臨時外交調査会委員となり，7年のシベリア出兵には単独出兵を主張。11年伯爵。昭和9(1934)年2月19日死去。享年78歳。
[文献] 幕末明治海外渡航者総覧（手塚晃編）柏書房　平4／伊東巳代治日記・記録—未刊翠雨荘日記憲政史編纂会旧蔵　第1～7巻（広瀬順晧編集）ゆまに書房　平11（近代未刊史料叢書）／データベースWHO　日外アソシエーツ
〔藤田正晴〕

伊藤 弥次郎　いとう・やじろう
生没年不詳　工部省技師　㊗長崎　㊨イギリス：1874年（鉱山学）

生没年不詳。長崎に生まれる。明治7(1874)年にイギリスへ私費留学して，ロンドンのユニバーシティ・カレッジに入り鉱山学を学ぶ。12年1月，工部省はその将来性を嘱望し，1年間300ポンドを支給し，この時点で官費留学生となる。13年11月に帰国し，翌年12月に権少技長として工部省鉱山課に入り，釜石鉱山を調査した。
[文献] 工部省沿革報告　大蔵省　明22／近代日本の海外留学史（石附実）ミネルヴァ書房　昭47／近代日本海外留学生史　上（渡辺実）講談社　昭52／幕末明治海外渡航者総覧（手塚晃編）柏書房　平4
〔楠家重敏／富田仁〕

伊東 義五郎　いとう・よしごろう
安政5年5月16日(1858)～大正8年2月22日(1919)　海軍軍人，実業家　男爵　㊗信濃国　㊨フランス：1884年（砲術研究）

安政5(1858)年5月16日，松代藩士伊東賢治の四男として生まれる。明治5年海軍兵学寮に入学，11年少尉に任官。17(1884)年4月27日留学生としてフランス，ドイツに派遣され砲術と水雷を研究。フランス地中海艦隊旗艦に乗り組み軍事視察を行う。21年フランス水雷学校を卒業し帰国。26年佐世保水雷隊司令となり，日清戦争では西海艦隊参謀長として出征。34年常備艦隊司令長官，35年横須賀鎮守府軍政部長となり日露戦争時は横須賀工廠長を務める。38年中将。40年男爵。44年貴族院議員。のち実業界に転じて大日本石油鉱業社長。大正8(1919)年2月22日死去。享年62歳。
[文献] 幕末明治海外渡航者総覧（手塚晃編）柏書房　平4／朝日日本歴史人物事典　朝日新聞社　平6／データベースWHO　日外アソシエーツ
〔藤田正晴〕

稲垣 喜多造　いながき・きたぞう
嘉永1年(1848)～？　工部省官吏〔フランス簿記導入の先駆者〕㊨フランス：1871年（簿記）

嘉永1(1848)年に生まれる。横浜仏語伝習所でフランス語を修めたのち明治2年横須賀製鉄所に土木少佑として入り，3年には横須賀製鉄所黌舎の伝習生のフランス語教育に携わる。4(1871)年横須賀製鉄所の会計を担当するための簿記の研修と物品の調達を目的にフランスに留学する。10月30日フランスに到着しボンヌにフランス語，英語，算術を学ぶ。当初1年半の留学予定を延長して研修に励み，会計学の研究のほかフランス各地の工場を訪ねて製品の数量と価格を調査する。製油所，弾性ゴム製造所，ツーロン造船所，皮革製造所，舎密所，家具製造所，ガラス製造所，製鋼所，製紙工場，石鹸製造工場，博物館，製鉛工場，錬鉄火工工場，洋布製織所，製糖工場，製缶工場など工場訪問はきわめて多岐にわたりその精力的活動を示している。留学費用は旅費，生活費一切で1200円を要したという。7年に帰国し，工部省工作造船技師横須賀造船所（製鉄所改め）の造船大師となり会計事務を担当する。フランス語で会計簿に記入しバランスシートは日仏両国語の二種類を作成する。前任者のメルスィ，モンゴルフィエなどのフランス人から日本人の彼に会計担当者が移行したのである。9年5月，日本人として最初の近代会計学の研究である『造船事務要略』を刊行し，海軍省から賞状を受ける。12年11月同造船所計算課長となる。
[文献] 横須賀造鉄所の人びと―花ひらくフランス文化（富田仁，西堀昭）有隣堂　昭58（有隣新書25）
〔富田仁〕

稲垣 釣次郎　いながき・ちょうじろう
？～明治8年12月20日(1875)　海軍水兵〔外国における海軍軍葬第1号〕㊗新潟　㊨アメリカ：1875年（遠洋航海）

生年不詳。新潟の出身。明治8(1875)年，海軍練習艦筑波がハワイを経由してアメリカ西海岸を航海し，サンフランシスコへ到着した。彼はこの地で原因不明の病気で死去。明治8

(1875)年12月20日のことで，遺体は同所のローレル・ヒルの墓地に葬られる。異国で執り行われた海軍葬の第1号である。

文献 異国遍路 旅芸人始末書(宮岡謙二) 修道社 昭46 〔楠家重敏〕

稲垣 満次郎　いながき・まんじろう

文久1年9月26日(1861)～明治41年11月25日(1908) 外交官，南進論者 〔南進論の先駆け〕 ㊄肥前国平戸清水川 ㊈イギリス：1885年(留学)

文久1(1861)年9月26日，肥前国平戸清水川に生まれる。明治10年17歳で長崎に出，のち上京して中村正直に入門，明治18(1885)年旧藩主松浦厚に随行して英国に渡り，ケンブリッジ大学に留学。24年『東方策』を刊行し，日本の太平洋進出を唱えた南進論の先駆けとして知られる。26年帰国。30年シャム公使館弁理公使，36年スペイン特命全権公使となった。明治41(1908)年11月25日赴任先のスペインで死去。享年48歳。

文献 幕末明治海外渡航者総覧(手塚晃編) 柏書房 平4／朝日日本歴史人物事典 朝日新聞社 平6 ／データベースWHO 日外アソシエーツ 〔藤田正晴〕

稲葉 正縄　いなば・まさなお

慶応3年7月(1867)～大正8年3月23日(1919) 式部官 子爵 ㊈イギリス：1888年(留学)

慶応3(1867)年7月，平戸藩主・松浦詮の子に生まれる。明治12年山城淀藩主稲葉正邦の養子となる。21(1888)年イギリスに留学，25年帰国。東宮侍従となり，31年子爵，32年式部官となった。大正8(1919)年3月23日死去。享年53歳。

文献 幕末明治海外渡航者総覧(手塚晃編) 柏書房 平4／データベースWHO 日外アソシエーツ 〔藤田正晴〕

稲畑 勝太郎　いなばた・かつたろう

文久2年10月30日(1862)～昭和24年3月29日(1949) 実業家 〔染織技術の移入，モスリンの国産化〕 ㊄京都(烏丸通御池東南角) ㊈フランス：1877年(染色技術)，オランダ：1883年(アムステルダム万国博覧会)

文久2(1862)年10月30日，京洛一流の菓子舗・亀屋正重を営む父利助，母みつの長男として京都烏丸通御池に生まれる。元治1年，蛤御門の変で生家は焼失し，一時山科に避難したが，1年後再び京都に戻り三条大橋東でまんじゅう屋を始める。しかし以前とは比較にならないほど貧しい生活を送らなければならなかった。明治3年，下京区第八区粟田小学校に入学。貧しさにめげず勉学に励み，明治5年の京都博覧会の折に行幸した明治天皇の前で『日本外史』の一節を暗唱した。9年に創設された京都府師範学校には府下の小学生から選抜されて第一期生として入学する。10(1877)年，京都府からフランス留学を命じられる。これは，京都仏学校の教師だったフランス人レオン・デュリーの進言によるもので，帰国するにあたり自ら留学生を監督，保護することを引き受けたのであった。11月20日，近藤徳太郎，横田万寿之助，歌原重三郎，佐藤友太郎，今西直次郎，中西米三郎，横田重一とともにフランスでの親代わりとなるデュリー夫妻に伴われて横浜港を出帆し，翌11年1月2日マルセイユに着いた。マルセイユのサン・シャール学塾，リヨンのモンテ・サン・バルテルミーでフランス語を学んだ後，デュリーの選抜にしたがい染色を専攻することとなり，リヨンの工業学校に入学。さらに3年間マルナス染色工場で徒弟として染色技術を学んだ。皮膚の色が異なり小柄だったためにフランス人の職工から軽視されたが，つらい修業に耐えた。16(1883)年アムステルダムで開かれた万国博覧会に京都府出品総代補として赴き，ベルギー，オランダ両国皇帝に謁見した。またヨーロッパ各地を歴訪し，染織工業の実状をも視察した。17年リヨン大学に入学，ローラン教授について応用化学を専攻し化学者をめざすが，京都府の産業振興に習得した技術で貢献するという留学目的を考えて断念する。18年7月に帰国。翌年，京都府の御用掛となる。19年京都染工講習所が開設され，勧業課勤務のかたわら熱心にフランス流の染織技術を教えた。20年京都織物会社創設の折に官を辞して入社し欧米に出張，最新式の洋式機械を購入して帰り，染色技師長に就任する。森重遠の三女トミと結婚するが，その2ヶ月後に経営不振の責任をとらされた形で解雇される。失意の中で稲畑染料店を開業し，マルナス染色工場社長の力添えを得て，人造染料と工業薬品の輸入販売を始める。26年稲畑商店と改称，27年に東京出張所を，30年に大阪に本店を，41年には中国大

陸に進出し天津に支店を置く。取り扱う品物も機械，金属，毛糸，葡萄酒などにまで広げ，着々と事業を発展させていった。本業のかたわら，28年に毛斯倫紡織株式会社を創立し，モスリンの国産化に努め，30年には稲畑染工場を創設，軍服のカーキ染を考案，開発した。またリヨン留学時代の友人・リュシエールの発明したシネマトグラフの日本での権利をもらい，これを輸入して，大阪難波を皮切りに全国各地で上映し好評を呼ぶなど幅広い活動を行った。33年パリ万国博覧会の審査官を命じられて渡欧。大正7年，稲畑商店を株式会社に組織変更し社長となるが，第一次大戦後の反動恐慌で初めての経営危機に直面した。関東大震災では東京支店が全焼し，昭和大恐慌の波をかぶるというたび重なる打撃を受けながらも局面を打開し，堅実な歩みを続け，昭和12年，75歳で社長の座を長男太郎に譲り，相談役に退いた。昭和24(1949)年3月29日死去。「財界の巨星地に落つ」と報道された。享年88歳。
墓京都市蹴上大日山・稲畑家墓地
文献 染料界の巨頭稲畑勝太郎君（高須梅渓）／『明治大正脱線教育者のゆくへ』 啓文社 大15／絵具染料商工史 大阪絵具染料同業組合 昭13／稲畑勝太郎伝 1～2（高梨光司編） 稲畑勝太郎翁喜寿記念伝記編纂会 昭13／稲畑八十八年史 稲畑産業株式会社 昭53／日本人名大事典 現代編 平凡社 昭54／京都フランス物語（田村喜一） 新潮社 昭59／リヨンで見た虹―映画をひっさげてきた男稲畑勝太郎・評伝（岡田清治） 日刊工業新聞社 平9（B&Tブックス） 〔伏見郁子〕

井上 伊兵衛　いのうえ・いへえ

文政4年(1821)～明治14年頃(1881)　西陣織職人　渡フランス：1872年（洋式織機の技術修得）

文政4(1821)年に生まれる。明治政府の方針による洋式工業導入にしたがって京都府知事長谷信篤は西陣織の織工をフランスへ留学させることを決定する。明治5(1872)年11月，西陣の染色工であった彼は同じ織工の佐倉常七，吉田忠七とともに技術修得を目的としてリヨンへ渡る。当時，すでに50歳を越えていた彼は，佐倉常七と吉田忠七の引率者としての役割も担っていた。リヨンにおいて当初機業家リガールのところに通い修業を始めるが，技術を詳しく教えてくれないため佐倉，吉田と協議し独立して織機を購入し技術を修得する。

6年11月に20台のジャカード機，紋彫器などを携さえ帰国し京都の織工場で新技術を教える。工場の民営化により辞任後も腕利き職人として西陣で活躍する。明治14(1881)年頃死去。
文献 リヨンに渡った三人の先駆者（福本武久）：西陣グラフ 304，305 昭57／老匠井上伊兵衛（福本武久）：西陣グラフ 307 昭57／西陣織工・フランスへ行く（富田仁）：クロスロード 昭57.11／幕末明治海外渡航者総覧（手塚晃編） 柏書房 平4
〔湯本豪一／富田仁〕

井上 円了　いのうえ・えんりょう

安政5年2月4日(1858)～大正8年6月6日(1919)　仏教哲学者　東洋大学創設者　生越後国（三島郡）浦村慈光寺　幼名＝岸丸，号＝甫水　渡アメリカ，ヨーロッパ：1888年（宗教事情視察）

安政5(1858)年2月4日，真宗大谷派の慈光寺の井上円悟の長男として越後国浦村に生まれる。明治10年京都・東本願寺本山教校に学び，留学生として東大に入学。17年神田錦町に哲学会を創立。18年27歳で東京大学を卒業。19年『哲学雑誌』発行に際し編集委員となる。20年本郷に哲学館を創設，勝海舟らの援助を受ける。これが36年哲学館大学，39年東洋大学に発展した。21年杉浦重剛らと政教社を設立，機関紙『日本人』を発行。同(1888)年5月から欧米の宗教事情を視察し翌22年6月帰国。27年初めて"東洋哲学"の語を用いて東洋哲学会を設立，雑誌『東洋哲学』を創刊。29年文学博士となる。仏教と東洋哲学の啓蒙に努めたほか，民間の迷信を合理的に解明するため妖怪研究会をつくり『妖怪学講義録』（全48巻）を発刊し妖怪博士と呼ばれた。その後日本全土，朝鮮，中国各地で講演旅行を行った。大正8(1919)年6月6日大連で死去。享年62歳。
文献 伝円了（平野威馬雄） 草風社 昭49／かわりだねの科学者たち（板倉聖宣） 仮説社 昭62／井上円了の思想と行動（高木宏夫編） 東洋大学 昭62（東洋大学創立100周年記念論文集）／井上円了の西洋思想（斎藤繁雄編著） 東洋大学井上円了記念学術振興基金 昭63／井上円了の学理思想（清水乞編著） 東洋大学井上円了記念学術振興基金 平1／幕末明治海外渡航者総覧（手塚晃編） 柏書房 平4／井上円了先生―伝記・井上円了（三輪政一編） 大空社 平5（伝記叢書）／朝日日本歴史人物

事典　朝日新聞社　平6／事典近代日本の先駆者　日外アソシエーツ　平7／井上円了研究　1〜7、資料集1〜3（東洋大学井上円了研究会第三部会編）　東洋大学井上円了研究会第三部会　昭56〜平9／明治思想家論——近代日本の思想・再考　1（末木文美士）　トランスビュー　平16／郷土の碩学（小田大蔵、片岡直樹、加美山茂利、蒲原宏、後藤秋男ほか著）　新潟日報事業社　平16／データベースWHO　日外アソシエーツ　〔藤田正晴〕

井上　馨　いのうえ・かおる

天保6年11月28日（1836）〜大正4年9月4日（1915）　政治家　侯爵　㋾周防国（吉敷郡）湯田村高田　㋾幼名＝勇吉、志道聞多、変名＝春山花輔、山田新助、雅号＝世外、三猿　㋾イギリス：1863年（外国事情視察、武器購入）、ヨーロッパ：1876年（財政・経済）

　天保6（1836）年11月28日、長州藩士井上光亨の二男として周防国湯田村に生まれる。志道家の養子となり名を聞多と改める。江戸へ出て有備館に入る。斉藤弥九郎から剣術を、岩屋玄蔵からは蘭学を学ぶ。また江川塾に入り砲術を修める。その後松下村塾に学び、尊王攘夷運動に参加し、文久2年には高杉晋作らと品川御殿山の英国公使館焼打を実行する。文久3（1863）年、佐久間象山の軍備増強論に共鳴し、山尾庸三、伊藤博文、井上勝、遠藤謹助らと共に英国留学を藩主毛利敬親に願い出て許される。攘夷のための海外渡航であった。同年5月11日、国禁を犯して横浜よりイギリスへ向う。費用は藩主から200両と大村益次郎の計らいで勘定方より秘かに5000両を出してもらったという。この時志道家と離別、井上姓にもどる。イギリス領事ガールの斡旋でジャーディン・マジソン会社のケルスウィック号に乗船し上海に行くが、ここにおいてすでに攘夷の愚かさを身をもって知ったという。一行は密航であったため300トンほどの帆船に乗せられ、ひどい苦難に耐えながら喜望峰まわりで4ヶ月後にロンドンに到着する。一行と共にマジソン社の社長ヒュー・マジソンの世話でロンドン大学ユニヴァーシティ・カレッジ化学教授アレキサンダー・W・ウィリアムソン博士の家庭に引きとられることになる。博士の斡旋でロンドン大学に入学を許可され、伊藤と政治・法律を学ぶ。しかし約半年後、4ヶ国連合艦隊の馬関砲撃計画が『タイムズ』紙上で報道されると日本の危機を感じ、すでに西欧近代文明の水準を身をもって体験していた彼は、一行と相談のうえ伊藤と共に攘夷の非をさとす任務をもって帰国することになる。短い留学生活ではあったがその貴重な海外体験を生かすべく、元治1年6月上旬横浜に上陸する。しかしイギリス公使オールコックを介しての説得は失敗し、長州藩はこの戦争に敗北する。このような行動のため9月には山口藩庁での会議の帰途、刺客に襲われ重傷を負うが、一命をとりとめる。渡英以前は攘夷論者であったが、いまは、倒幕派として慶応1年薩長連合に奔走、薩摩藩を通してイギリスから武器を購入し、奇兵隊などの参謀として幕府征長軍を破る。維新政府成立後、新政府参与、民部・大蔵大丞、大蔵大輔などの要職を歴任する。岩倉使節団出発後、大久保利通の代理として大蔵省の実権を握り、西郷派と衝突、明治6年渋沢栄一とともに辞職し野に下る。その後実業界において小野組破産事件、第一銀行及び三井組救済などに活躍するが、8年には大阪会議を斡旋し政界に復帰する。9（1876）年6月、江華島事件を処理したのち、官命により再び渡欧し、主に財政・経済を研究し11年7月に帰国する。この留学を通して本格的な西欧資本主義の理論などを学びとる。同年参議兼工部卿、12年外務卿として日韓修交条約の締結にあたる。18年、第一次伊藤内閣の発足とともに外相に就任するが、鹿鳴館を舞台に条約改正のためにとった極端な欧化政策が世論の反対にあい、20年に辞職する。その後25年、第2次伊藤内閣内相、日清戦争朝鮮公使、第3次伊藤内閣蔵相、ついで立憲政友会の結成に協力する。34年、第4次伊藤内閣のあと組閣の命をうけたが失敗、第一次桂内閣が誕生する。同年、元老となる。その後は実業界に尽くす所が多く、財界との関係を深め、とくに三井との関係が深く、「三井の番頭」と悪口をたたかれる。またその人柄は「雷爺」と呼ばれるほど激しい一面を持っていたと伝えられる。大正4（1915）年9月4日、興津の別邸において死去。享年81歳。

㋾東京都港区・永平寺東京別院長谷寺

文献　井上伯伝1〜9　中原邦平編刊　明40／若き日の肖像　若人のための井上馨抄伝（氏原大作）　実業之日本社　昭31／井上馨小伝（内田伸）　井上馨公五十年祭実行委員会　昭40／世外井上公伝1〜5（井上馨侯伝記編纂会編）

原書房　昭43(明治百年史叢書55〜59)／近代日本の海外留学史(石附実)　ミネルヴァ書房　昭47／近代日本海外留学生史　上(渡辺実)　講談社　昭52／世外侯事歴維新財政談(沢田章)　原書房　昭53(明治百年史叢書270)／日本人名大事典1　平凡社　昭54／明治維新人名辞典(日本歴史学会編)　吉川弘文館　昭56／波瀾万丈―井上馨伝(邦光史郎)　大陸書房　平1(大陸文庫)／井上伯伝(中原邦平)　マツノ書店　平6／密航留学生たちの明治維新―井上馨と幕末藩士(犬塚孝明)　日本放送出版協会　平13(NHKブックス)
〔安藤重和〕

井上 角五郎　いのうえ・かくごろう

万延1年10月(1860)〜昭和13年9月23日(1938)　実業家, 政治家　衆議院議員　[生]広島県深安郡　[渡]アメリカ：1887年(政治・経済事情視察)

万延1(1860)年10月に生まれる。広島の出身。慶応義塾を卒業後，明治15年朝鮮政府顧問となり，甲申政変後の19年帰国。20(1887)年渡米し政治・経済事情を視察。21年帰国して後藤象二郎らの大同団結運動に参加，大同新聞の記者となった。23年第1回衆議院選挙で当選，以後13回当選。26年北海道炭礦鉄道に入り32年専務，39年北海道人造肥料社長となり40年日本製鋼所を設立，会長となった。大正5年京都電気鉄道会長，6年日東製鋼会長，8年日本ペイント会長などを歴任。多くの炭鉱や鉄道の開発・整備に辣腕をふるった。昭和13(1938)年9月23日死去。享年79歳。

[文献] 室蘭港のパイオニア　第3　室蘭図書館　昭47(室蘭港湾資料)／井上角五郎先生伝―伝記・井上角五郎(近藤吉雄編)　大空社　昭63(伝記叢書)／幕末明治海外渡航者総覧(手塚晃編)　柏書房　平4／データベースWHO　日外アソシエーツ　〔藤田正晴〕

井上 勝之助　いのうえ・かつのすけ

文久1年7月11日(1861)〜昭和4年11月3日(1929)　外交官, 宮内官僚　侯爵　[生]周防国(吉敷郡)湯田村(字高田)　[名]雅号＝無我　[渡]イギリス：1871年(法律学)

文久1(1861)年7月11日，井上馨の兄井上五郎三郎光遠の二男として周防国湯田村に生まれる。明治4(1871)年，経済実務を研究するため大蔵省より海外留学を命ぜられ，豊原百太郎，木戸正之助，岡林篤馬，山口武，正木退蔵，長松修造らとイギリスへ赴いた。ロンドン到着後，暫く英語の学習を行ったのち，ロンドン・スクール・オブ・ポリティカル・エコノミーに入学し法律学を修めた。在英中の5年には岩倉使節団のイギリス訪問，9年には井上馨の留学にも接した。なお，のちに馨の娘末子と結婚し，馨の養嗣子となる。12年3月の帰国後，大蔵省に出仕して日本銀行に入った。19年には外務省の外務書記官となりドイツ駐在を命令され25年まで滞在した。さらに31年にはドイツ駐在公使兼ベルギー公使，次いでドイツ特命全権大使となる。大正2年2月，加藤高明のあとをうけてイギリス特命全権大使となる。渡英後，ロンドンのジャパン・ソサエティの会長に推された。6年外交官を辞任して宮内省に出仕，10年には式部長官にのぼった。15年に退官して枢密顧問官に任命されたが，昭和4(1929)年11月3日，胃腸を害し死去。享年69歳。

[文献] 侯爵井上勝之助君略伝(井上馨侯伝記編纂会編)『世外井上公伝5』　原書房　昭43(明治百年史叢書59)／近代日本の海外留学史(石附実)　ミネルヴァ書房　昭47／日本人名大事典1　平凡社　昭54　〔楠家重敏〕

井上 公二　いのうえ・こうじ

文久3年11月24日(1864)〜大正14年1月18日(1925)　実業家　帝国生命保険社長　[生]備中国松山　[名]号＝春園, 宕山　[渡]アメリカ：1885年(留学)

文久3(1864)年11月24日，備中松山藩士・井上公一の長男として松山に生まれる。明治12年再興された高梁・有終館に学び，13年上京，三島中洲の二松学舎，ついで同人社，慶応義塾に進む。18(1885)年卒業と同時に米国に私費留学。21年帰国して渋沢栄一の推薦を受け銅山王・古河市兵衛の下に入る。鉱業事務所で会計課長，32年支配人などを務め，38年古河鉱業が設立されると理事に就任する。43年同社足尾鉱業所長，大正6年古河合名会社総理事となり，古河全事業の統轄に当たる傍ら，系列会社の重役を兼任。この間，足尾鉱毒事件や労働争議に伴う暴動などの打開に当たる。10年総理事を辞し相談役に退いた。11年帝国生命保険(のちの朝日生命保険)社長に就任。謡曲・長唄・茶道などに通じ，国風を好んだ。大正14(1925)年1月18日死去。享年63歳。

[文献] 幕末明治海外渡航者総覧（手塚晃編）
柏書房　平4／データベースWHO　日外アソ
シエーツ　　　　　　　　　　〔藤田正晴〕

井上　毅　いのうえ・こわし

弘化1年12月18日（1844）～明治28年3月15日
（1895）　政治家　子爵　〔日本帝国憲法・教
育勅語の制定に尽力〕　㊨肥後国坪井町竹部
㊗旧名＝飯田　号＝梧陰　㊦フランス，ドイ
ツ：1872年（法律制度の調査）

　弘化1（1844）年12月18日，熊本藩三家老の一
つである米田家の中小姓格であった飯田五兵
衛の三男として生まれる。慶応2年に熊本藩家
老職・長岡監物の中小姓格であった井上茂三郎
の養子となり，井上家を継ぐこととなる。飯田
家は禄高の低い下級武士であり，六畳と四畳
半の粗末な家に住んでいた。毅は4，5歳で百
人一首を諳誦するほどで神童の誉れ高く，9歳
で米田家の塾・由宙堂に入り抜群の成績を修め
学問料として一人扶持を与えられる。その才
能を認められ14歳で儒学者木下犀潭の門下生
となる。ここでも門下生の三秀才あるいは四
天王の一人に数えられる。文久2年に抜擢され
て藩校時習館の居寮生となり，元治1年には横
井小楠を訪ねて西洋の宗教や政治などの話を
聞く。慶応1年に居寮生をおえ，翌年には第2次
長州戦争に熊本藩兵として従軍，3年には藩命
により江戸へ遊学し幕府開成所で林正十郎に
師事してフランス学を学ぶが，戊辰戦争のた
め帰藩し長崎へ遊学する。明治3年に再び上京
して，大学南校の少舎長としてはじめて新政
府に出仕する。翌年12月には司法省十等出仕
となり法制とのかかわりを持つようになる。5
（1872）年には司法卿江藤新平の欧州法律制度
調査の随行員に選抜されてフランス，プロイ
センで法律制度を学ぶ。そのとき戦勝のプロ
イセンと敗戦のフランスの両国の現状を同時
に見たことがドイツに傾倒するきっかけとな
る。6年9月に帰国し，8年に留学中の研究成果
を『王国建国論』として司法省明法寮から出版
する。その中でフランス憲法とプロイセン憲
法を比較し，プロイセン憲法が優れていると
判断している。これがのちの帝国憲法制定に
も反映されることとなる。江藤の刑死後，大久
保利通や伊藤博文ら政府指導部の知遇を得る。
台湾事件に関する対清意見書が大久保に認め
られ，また九州巡視の報告書が伊藤の目にと

まり用いられるようになる。江華島事件では
遣清特命大使森有礼に随行，また元老院に公
布される国憲起草の詔勅案についても岩倉具視
に意見を求められる。このようにして次第に
その地位を固めて行く。9年に太政官法制局主
事，10年に太政官大書記官，11年に内務大書
記官，13年に再び太政官大書記官を歴任し中
堅官僚として順調な歩みを続けてきたが，い
わゆる14年の政変が明治政府の中枢に加わる
きっかけとなる。北海道開拓使払下げ問題を
きっかけに生じた伊藤と大隈重信の対立にお
いて，常に伊藤のそばにあってプロイセン憲
法を参考とする憲法制定を目ざしていた。イ
ギリス流の議会政治の実現を標榜する大隈の
辞任によって，彼の主張が現実化することとな
る。政変ののち伊藤は太政官制を改革して新
制度を布くが，その際に，新設された参事院
の議官という政府の重要ポストに就く。15年
に伊藤がプロイセン憲法調査のため渡欧中の
期間は内閣書記官長も兼任し，外務省顧問ロ
エスレルに師事し憲法調査をする。伊藤帰国
後は宮中に特設された制度取調局御用掛を兼
ねて，伊藤のもとで伊東巳代治，金子堅太郎と
ともに憲法起草をはじめる。また外務卿井上
馨に随行して朝鮮に赴き漢城条約の締結，伊
藤全権大使に随行して清国に赴き天津条約の
締結などの重要な外交交渉にも関与する。18
年，内閣制実施にともない臨時官制審査委員
となる。この頃より憲法制定作業は具体的作
業段階に入り，彼は主に本文と皇室典籍を担
当し，中心的役割を果たす。21年には法制局
長官となり憲法制定の責任者として活動する。
また枢密院発足にともない同院書記官長も兼
務する。憲法制定に大きな役割を果たしたの
ち，臨時帝国議会事務局総裁に就任し第1回帝
国議会選挙の施行に関与するなど，立憲体制
確立に力を注ぐ。また教育勅語に関する中村
正直の草案に対して山県有朋より意見を求め
られ，自らの草案を示して元田永孚らととも
に教育勅語の作成に尽力する。25年には条約
改正調査委員となり，26年には第2次伊藤内閣
の文部大臣に就任して実業教育重視を打ち出
して実業教育国庫補助法を制定する。これが
産業教育の発達に大きな影響を与えることと
なる。憲法や教育勅語制定という重要な事項
に深く関与するなどの激務により21年頃発病
した肺結核は悪化し，文部大臣在任中に絶対

安静が必要という診断が下り辞職する。葉山の別邸で静養中の28年1月に子爵を授けられるが,同年(1895)3月15日死去。享年53歳。
㊋東京谷中・瑞輪寺
[文献] 井上毅の憲法立法への寄与(藤田嗣雄):日本学士院紀要 12(2) 昭29／井上毅(小西四郎編) 『日本人物史大系5』 朝倉書店 昭35／井上毅と実業教育(細谷俊夫):文部時報 1022 昭37／日本の思想家1 朝日新聞社 昭37／井上毅伝6 史料篇 国学院大学図書館 昭41～52／井上毅と近代日本の形成1～2(ピタウ):ソフィア 15(2～3) 昭41／井上毅の教育政策(海後宗臣編) 東大出版会 昭43／日本人名大事典1 平凡社 昭54／明治維新人名辞典(日本歴史学会編) 吉川弘文館 昭56／井上毅と明治国家(坂井雄吉) 東京大学出版会 昭58／評伝 井上毅(辻義教) 弘生書林、星雲社(発売) 昭63(阪南大学叢書)／明治国家形成と井上毅(梧陰文庫研究会編) 木鐸社 平4／井上毅研究(木野主計) 続郡書類従完成会 平7(木野主計著作集)／古城貞吉稿井上毅先生伝(梧陰文庫研究会編) 木鐸社 平8／井上毅とその周辺(梧陰文庫研究会編) 木鐸社 平12／井上毅のドイツ化構想(森川潤) 雄松堂出版 平15(広島修道大学学術選書)／井上毅と福沢諭吉(渡辺俊一) 日本図書センター 平16(学術叢書) 〔湯本豪一〕

井上 十吉 いのうえ・じゅうきち
文久2年11月26日(1863)～昭和4年4月7日(1929) 外交官,教育者 〔英語教育,英和辞典編纂〕 ㊋阿波国(名東郡)徳島字大岡
㊞イギリス:1873年(採鉱冶金学)

文久2(1863)年11月26日,士族井上高格の二男として徳島に生まれる。明治6(1873)年,旧藩主蜂須賀茂韶が藩の子弟数名をイギリスに留学させた時,10歳でその一人に選ばれた。12年ロンドンのキングス・カレッジに入学し化学を修め,桜井錠二と親交を深めた。14年には王立鉱山学校へ入学して採鉱冶金学を専攻。16年に帰国し,翌年杉浦重剛の紹介で東京大学予備門准判任御用掛兼大学御用掛に任命された。さらに18年から7年間,第一高等中学校の教諭となって数学と英語を教えた。26年,横浜の英字新聞『ジャパン・ガゼット』に入社し邦字新聞の英訳に従事した。しかし日清戦争における主筆テナントの反日論調に憤慨し,友人の和田垣謙三の仲介により退社した。27

年に外務省に出仕し,翻訳官を皮切りにベルギーやスペインで外交官活動を行った。その間,"Sketches of Tokyo Life",『井上十吉講述英語学講義録』『英名家散文註釈』『仮名手本忠臣蔵』(英訳),"Home Life in Tokyo",『井上英和大辞典』などを著わした。また学習院,東京専門学校,高等商業学校,東京高等師範学校で教鞭をとり英語を教えた。昭和4(1929)年4月7日,胃癌のため死去。享年68歳。
[文献] A Few Pages of My Diary(井上十吉):英語の日本 9(1) 大5／和魂洋才の若ものたち―日本の留学生(大村喜吉) 早川書房 昭42／近代文学研究叢書30(近代文学研究室) 昭和女子大学近代文化研究所 昭44／近代日本の海外留学史(石附実) ミネルヴァ書房 昭47／日本人名大事典1 平凡社 昭54 〔楠家重敏〕

井上 準之助 いのうえ・じゅんのすけ
明治2年3月25日(1869)～昭和7年2月9日(1932) 政治家,財界人 日本銀行総裁,大蔵大臣,貴族院議員 〔金解禁とデフレ政策を実行〕 ㊋大分県(日田郡)大鶴村(大字大肥)
㊞イギリス:1897年(銀行業務研修)

明治2(1869)年3月25日,酒造家井上清の五男として大分県大鶴村に生まれる。分家にあたる叔父井上簡一の3人の子はみな早世したため,7歳の時から養嗣子として叔父の家に養われ11年8月に入籍する。9年に迫小学校に入学し,12年には養父簡一の病死により幼くして家督を相続する。翌年,豆田郡立教英中学校に入学するが,16年に急性リューマチのため中途退学し久留米の織物製造業者の家に下宿して静養につとめる。18年,病の癒えたのち再び勉学を志すが,教英中学校は閉校となったため上京を決意し,門司から兄良三郎の乗務していた日本郵船の西京丸に乗り東上する。神田駿河台の成立学舎において英語や数学を学び20年に仙台の第二高等中学校に入学する。26年に卒業し帝国大学法科に入学,29年に卒業し日本銀行に入り大阪勤務となる。翌年(1897)8月,営業局第1課に転勤し翌月にはイギリス,ベルギー両国に銀行業務研修のための留学を命ぜられ,10月に出発する。ロンドンのパースバンクに勤務し銀行業務を研修するなどの留学生活ののち,32年4月に帰国する。帰国後は出世コースを順調に進む。検査局勤務,大阪支店調査役兼文書主任心得,京都出張所長,

大阪支店長心得を歴任し、38年は大阪支店長となり、翌年には38歳の若さで営業局長に抜擢される。その後、日本銀行ニューヨーク代理店の監督役として渡米し、アメリカ財界人たちと交わり多くの新知識を得て、43年にヨーロッパを経由して帰国する。翌年、横浜正金銀行副頭取となり、大正2年9月より8年3月までは頭取として活躍する。特に第1次世界大戦による輸出超過問題や国際収支、対外金融問題に手腕を発揮し、ロシア、イギリス、フランスなどの国庫債券引受も多数手がける。8年3月に横浜正金銀行頭取を辞任し、日本銀行総裁に就任、第1次世界大戦後の反動恐慌、その後の銀行取付け騒動などの救済処置に力を注ぐ。12年9月、山本権兵衛の組閣に際し、大蔵大臣として入閣し、関東大震災後のモラトリアム実施による信用不安の解消や経済混乱の鎮静に尽力する。また緊急処置として公布された手形割引損失補償令をうけて特別融資を行い、帝都復興審議会委員にも就任し、震災後の復興に力を傾注するが、同年12月に突発した、いわゆる虎ノ門事件により辞職し、貴族院議員となる。以後、日本青年館監事、日本無線電信会社設立委員、大日本連合青年団理事長、金融制度調査会委員、台湾銀行調査会会長などを歴任するとともに金融や経済に関する講演を行うなどの活動をし、昭和2年に大蔵大臣・高橋是清の要請により再び日本銀行総裁に就任する。翌年6月に辞任するまでに、震災手形処理や、銀行整理を行い、金融恐慌の鎮静化のため特別融資を積極的に実施する。4年、浜口雄幸内閣の大蔵大臣に就任し、第1次世界大戦後の世界的傾向に従い金解禁政策を発表、通貨価値の回復、緊縮財政などの政策を強くおしすすめる。彼の断行した金解禁政策は政、財界に一大論争をまきおこしたが、6年に若槻内閣の大蔵大臣を辞任する。同年成立した犬養内閣の大蔵大臣・高橋是清は金輸出再禁止を断行し、金解禁は2年ほどで消滅する。しかし金解禁は昭和初期の経済、財政史上、特筆すべき事柄であり、財政の最高責任者としての彼が行った最も重要な決定であるとともに、その経済思想を知るうえでも意義がある事柄といえる。7年、民政党の筆頭総務及び選挙委員長に就任し、党政と選挙対策に尽力する。昭和7(1932)年2月9日、衆議院議員候補・駒井重次の応援演説のため演説会場の東京・本郷の駒本小学校に赴くが、同校門前において井上日召に師事する血盟団員小沼正の狙撃により絶命する。享年64歳。 ⓢ東京・青山霊園

文献 類聚伝記大日本史11 雄山閣 昭11／清渓おち穂 井上準之助論叢編纂会編刊 昭13／続財界回顧 故人今人（池田成彬、柳沢健）三笠書房 昭28／日本財界人列伝1 青潮出版 昭38／世界伝記大事典 日本・朝鮮・中国編 ほるぷ出版 昭53／日本人名大事典1 平凡社 昭54／井上準之助1～5（井上準之助論叢編纂会編）原書房 昭57（明治百年史叢書315～319）／凛の人 井上準之助（秋田博）講談社 平5　　　　　　　　　〔湯本豪一〕

井上 昭一　いのうえ・しょういち
生没年不詳　留学生　ⓦフランス：1875年（留学）

　生没年不詳。明治8（1875）年にフランスに渡っている。その後の消息は不明。

文献 日仏文化交流史の研究―日本の近代化とフランス人（西堀昭）駿河台出版社 昭56
〔富田仁〕

井上 正一　いのうえ・しょういち
嘉永3年（1850）～昭和11年10月3日（1936）　裁判官　法学博士　ⓒ山口　ⓦフランス：1877年（法律学）

　嘉永3（1850）年、山口に生まれる。明治3年11月、山口藩の貢進生として南校に入学する。5年8月に明法寮生徒となり、10（1877）年フランスに留学し法律を修める。14年に帰国し大審院部長をつとめ、昭和11（1936）年10月3日死去。享年87歳。

文献 フランスとの出会い―中江兆民とその時代（富田仁）三修社 昭56　〔富田仁〕

井上 省三　いのうえ・しょうぞう
弘化2年10月15日（1845）～明治19年12月14日（1886）　農商務省官吏　千住製絨所所長〔製絨業の先駆者〕　ⓒ長門国（厚狭郡）宇津井村　ⓘ旧名＝伯野　雅号＝行六　ⓦドイツ：1870年（兵学、製絨業研修）

　弘化2（1845）年10月15日、長門国厚狭郡吉田宰判大庄屋伯野瀬兵衛常英の二男として生まれる。弘化4年に厚西村井上半右衛門の養子となる。慶応2年幕府の長州征伐に対し一隊を編成し隊長となり、小倉で戦功をあげる。のちに山口兵学校に入学し、蘭学を学び、明治3年木

戸孝允に従い東京に出てドイツ公使館員ケンプルマンにつきドイツ語を学ぶ。同年（1870）12月北白川宮能久親王（伏見満宮）に随行して、寺田平之進、田坂虎之助、岡田鎗助、山崎橘馬とともにドイツ留学を命じられる。アメリカ、イギリスを経由してドイツに渡り、当初、兵学を学んだが、日本の近代化にとって殖産興業の不可欠なことを痛感し、勉学の対象を製絨業に転じ、シュレジエン州サガンの製絨所に入り研鑽を重ねる。8年、製絨業の研修を終え帰国する。その後9年に内務省に出仕し、再びドイツ出張を命じられ、製絨所建設のための製絨機械および設計図を購入して帰国し、内務省御用掛となる。当時、わが国は毛織物をすべて輸入に依存しており、国策上きわめて不利益であったので、12年、政府は毛織物業振興のために東京千住製絨所を設立して、彼を所長に任命する。14年農商務省工務局准奏任御用掛となり、19年農商務省少技長に就任する。明治19（1886）年12月14日、肺結核のために死去。享年42歳。留学中に知り合い結婚したドイツ人女性・ヘードビックは、死後一男一女を伴いドイツに帰国する。　㊟静岡県熱海市水口町・海蔵寺後山

[文献] 故井上省三君の略伝：大日本織物協会報告 10　明20／井上省三伝　井上省三記念事業委員会編／昭25／日本の産業指導者（田村栄太郎）　国民図書刊行会　昭19／日本人名大事典　平凡社　昭54／明治維新人名辞典（日本歴史学会編）　吉川弘文館　昭56／近代日本海外留学史（石附実）　ミネルヴァ書房　昭59／井上省三とその妻子—ルードルフ・ケーニッヒの手記から（三木克彦編）　三木克彦　昭61／文化財復元—井上省三の功績と記念物の探索（小林茂多）　小林茂多　平10　　〔安藤勉〕

井上 武子　いのうえ・たけこ
嘉永3年3月（1850）〜大正9年3月21日（1920）
井上馨夫人　〔鹿鳴館社交の花〕　㊟上野国（新田郡）田島村　㊨イギリス：1876年（西洋式社交術の習得）

　嘉永3（1850）年3月、新田俊純（新田義貞の後裔）の娘として上野国田島村に生まれる。のち江戸の深川で育つ。維新後、薩摩藩出身の外国判事中井弘（号桜州山人）の妻となるが、明治2年中井と離別し、大蔵少輔井上馨と再婚する。9（1876）年6月25日、政府高官として欧州視察のため太平洋汽船アラスカ号で横浜港から出発する井上に12歳の娘末子と同行する。井上の渡航目的は欧米の財政経済研究であり、期間は約3年とされた。井上が妻子を同伴したのは、国際的な社交性を学ばせる必要からであり、ひいては西洋式マナーとセンスを身につけた洋装の日本女性が外国人と接することによって、日本の文明開化を対外的に誇示する一助にしたいと考えたためである。7月18日、船はサンフランシスコに入港し、井上一行はナヴタ鉱山、シカゴ、フィラデルフィア、ワシントン、ニューヨークを視察後イギリスに向かい、9月12日ロンドンに到着する。ロンドンでは、井上は経済学を学び、彼女は福沢諭吉の弟子である留学生中上川彦次郎について英語を学び、末子もモリソン（のちの尾崎行雄夫人の祖父）について英語を習い始める。そのほか彼女は、文学、ファッション、料理、編物、ミシンによる裁縫、ダンスなども覚える。さらに井上一行は、パリ、ベルリン、ウィーンなどを視察後、11年7月14日帰国する。当時日本は不平等条約改正の気運が高まり、外国貴賓の来日も多く、その宿泊、接待のための施設を整える必要が生じた。井上は欧州留学の体験を買われてその任に当たり、16年11月イギリス人技師ジョサイア・コンドル設計による外国人接待所・鹿鳴館が落成する。ここでは大臣、外国公使をはじめ内外の要人を招待して、西洋式の舞踏会、仮装会、慈善バザーが開かれ、とくに17年から20年にかけては盛会であった。井上外務卿夫人としてその多くを主催し、その際、会話、洋装の着こなし、マナー、ダンスいずれにおいても彼女のヨーロッパ留学体験が役立った。鹿鳴館文化衰退後は、家庭婦人として井上を助け、大正9（1920）年3月21日死去。享年71歳。

[文献] 江戸の舞踏会（ピエール・ロティ著　眠花道人訳）『短篇小説明治文庫』博文館　明27／秋の日本（ピエール・ロティ著　村上菊一郎訳）　青磁社　昭17／世外井上公伝（井上馨侯伝記編纂会編）　原書房　昭43／舞踏会（芥川龍之介）『芥川龍之介全集3』岩波書店　昭52／幕末明治の群像5（鈴木勤編）　世界文化社　昭52／日本近現代史辞典（日本近現代史辞典編集委員会編）　東洋経済新報社　昭53／鹿鳴館貴婦人考（近藤富枝）　講談社　昭58／鹿鳴館の系譜—近代日本文芸史誌（磯田光一）　文芸春秋　昭58／波瀾万

丈井上馨伝（邦光史郎）　光風社出版　昭59／鹿鳴館—擬西洋化の世界（富田仁）　白水社　昭59
〔小林裕子〕

井上 哲次郎　いのうえ・てつじろう

安政2年12月25日（1856）～昭和19年12月7日（1944）　哲学者，詩人　文学博士　帝国大学文科大学長，大東文化学院総長　〔ドイツ観念論を移入，最初の哲学辞典を編纂〕　㊥筑前国太宰府　㊎号＝巽軒　㊙ドイツ：1884年（哲学）

安政2（1856）年12月25日，医師船越俊達の三男として筑前国太宰府に生まれる。文久2年中村徳山に儒学を学ぶ。『論語』によって学問への道を開眼され，明治1年洋学者村上研次郎から英語を学ぶ。4年，長崎に赴き広運館で英米人教師から英語で歴史・地理・数学などを学ぶ。成績優秀のため，推挙されて上京，8年開成学校に入学し，終了時に開設された東京大学文科大学哲学科に進学する。同級生に岡倉覚三（天心）がいる。中村敬宇（正直）から漢学，横山由清から皇学，原坦山から印度哲学を学んだが，在学中最も大きな思想的影響を受けたのがフェノロサである。11年5月，井上鉄英の養子となり，以後井上姓を名乗る。13年東京大学文科大学を卒業，文部省に入って東洋哲学史の編纂に従事するが，官僚主義を嫌って1年後に退官する。同年10月有賀長雄とともにわが国最初の哲学辞典『哲学字彙』を編纂する。15年3月東京大学文科大学助教授となり，8月外山正一，矢田部良吉と『新体詩抄』を上梓する。16年『倫理新説』を発表する。17（1884）年2月『巽軒詩鈔』を出版するが，その月官命でドイツ留学の途につく。マルセイユに上陸後，パリを経てベルリンに到着，3～4ヶ月ドイツ語を学んだ後，1年間ハイデルベルク大学でクーノウ・フィッシャーに西洋哲学史を学ぶ。18年9月ランプツィヒ大学に移り，ヴンルヘルム・ヴントに師事する。12月27日，ライプツィヒ市のアウエルバッハの酒場で留学中の森鷗外に会い，『ファウスト』を漢詩体で訳すようすすめ，後年鷗外による名訳誕生の端緒を作った。またのちに東京大学で独語独文学と言語学を講ずることになる一方カール・アドルフ・フローレンツの知遇も得る。20年官費留学期間が満了した頃，ベルリン大学に付属東洋語学校が開設され招かれて講師となり，3年間日本語と日本の地理・歴史・宗教を講ずる。23年6月，ドイツ留学を終え帰国するが，ただちに帝国大学文科大学教授となる。東洋哲学では初のインド哲学の講義を行う一方，西洋哲学ではカントやショーペンハウアーを講じドイツ観念論をわが国に紹介する。24年9月，前年発布された教育勅語の注解を芳川顕正文相の依頼で行い『勅語衍義』と題して発表，その哲学的基礎付けをする。26年「教育と宗教との衝突」を発表し，キリスト教を反国体的宗教として排撃し，話題をまいた。30年5月から同年末までパリで開催された万国東洋学会に出張し，江戸期の儒教哲学について講演する。この出張中，東京帝国大学文科大学長に任命され，その後7年間その職にあった。39年，雑誌『東洋の光』を発行し大正14年5月まで，この編集にあたった。明治41年5月，臨時仮名遣調査委員会の委員になる。大正5年5月哲学会会長に就任，9年東京帝国大学文学部に神道講座を開設させる。11年10月学制頒布50年記念祝典で教育功労者として表彰される。12年3月，東京帝国大学教授の職を辞す。同年10月大東文化学院教授に就任，14年3月から15年10月まで大東文化学院総長となり，貴族院議員となる。しかし，彼を非難する怪文書事件の巻き添えで総長，議員などの職を辞任する。昭和4年2月，暴漢に襲われ右目に重傷を負う。8年3月ドイツ政府からゲーテ記念章を贈られ，同9年5月哲学会会長に7選され，6月には国際仏教協会会長に推挙される。米寿を迎えた頃から健康の衰えがみられるようになり，昭和19（1944）年12月7日，膀胱カタルのため東京・小石川区表町109の自宅で死去。享年90歳。

㊧東京・雑司ヶ谷霊園

[文献] 井上博士と基督教徒（関皐作編）　哲学書院　明26／井上博士（桜井吉松）　敬業社　明26／懐旧録（井上哲次郎）　春秋社松柏館　昭18（春秋社教養叢書）／巽軒先生（井上哲次郎生誕百年記念会実行委員会）　東大文学部哲学研究室内哲学会　昭29／井上哲次郎伝（井上勝編）　冨山房　昭48／井上哲次郎自伝—井上哲次郎30年祭記念会　冨山房　昭48／井上巽軒と高山樗牛（前田愛）　『日本近代文学18』　三省堂　昭48／井上哲次郎年譜『明治文学全集80』　筑摩書房　昭49／日本近代文学大事典1（日本近代文学館編）　講談社　昭53／日本人名大事典　現代編　平凡社　昭54／近代日本哲学思想家辞典（伊藤友信他編）　東京書籍　昭57／近代文学叢

書54(近代文学研究室編) 昭和女子大学近代文学研究所 昭58 ／井上博士と基督教徒——名「教育と宗教の衝突」顛末及評論 正・続(関皐作編) みすず書房 昭63(Misuzu reprints)／明治思想家論——近代日本の思想・再考 1(末木文美士) トランスビュー 平16 〔長谷川勉〕

井上 仁郎 いのうえ・にろう

元治1年5月24日(1864)～大正9年1月1日(1920) 陸軍軍人,中将 ㊗伊予国 ㊦ドイツ：1895年(軍事鉄道研究)

元治1(1864)年5月24日,伊予国に生まれる。陸軍士官学校を卒業。明治28(1895)年軍事鉄道研究のためドイツに留学し32年帰国。日清戦争では寺内正毅少将の副官を務める。日露戦争には臨時軍用鉄道監督部長として大本営にあって交通の円滑化に尽力した。陸軍省軍務局工兵課長,43年交通兵旅団長を経て,大正3年航空学校の視察に渡欧する。4年交通兵団長となり,同年陸軍中将に進んだ。5年臨時軍用気球研究会長,同年下関要塞司令官を務める。退官後は民間航空界と軍との連絡に努めた。大正9(1920)年1月1日死去。享年57歳。

[文献] 幕末明治海外渡航者総覧(手塚晃編) 柏書房 平4／データベースWHO 日外アソシエーツ 〔藤田正晴〕

井上 光 いのうえ・ひかる

嘉永4年11月8日(1851)～明治41年12月17日(1908) 陸軍軍人,大将 男爵 ㊗周防国岩国 ㊦ヨーロッパ：1894年(軍事視察)

嘉永4(1851)年11月8日,周防国岩国に生まれる。大阪青年学校中退。岩国藩精義隊員として戊辰戦争に従軍。戦後,親兵を率いて上京し,陸軍大尉に任ぜられる。明治10年西南戦争で功をたて,熊本鎮台参謀副長となる。日清戦争では第二軍参謀長として参戦。明治27(1894)年2月ヨーロッパに派遣され10月帰国。日露戦争では第十二師団長として出征,鴨緑江攻略を成功させた。39年第四師団長,同年男爵。41年陸軍大将に進んだ。明治41(1908)年12月17日死去。享年58歳。

[文献] 幕末明治海外渡航者総覧(手塚晃編) 柏書房 平4／朝日日本歴史人物事典 朝日新聞社 平6／データベースWHO 日外アソシエーツ 〔藤田正晴〕

井上 勝 いのうえ・まさる

天保14年8月1日(1843)～明治43年8月2日(1910) 鉄道技術者,官吏 子爵 〔鉄道事業の先駆者〕 ㊗旧名=野村弥吉 幼名=卯八 ㊦イギリス：1863年(外国事情視察,鉱山学,鉄道技術)

天保14(1843)年8月1日,長州萩藩士井上逸叟の三男として生まれる。嘉永1年,野村作兵衛の養子となり弥吉と称す。安政5年藩命により長崎に遊学,オランダ士官に兵学を学ぶ。英語が世界的な言語であることを知り,6年江戸に行き蕃書調所に入り,ついで箱館の武田斐三郎の塾・諸術調所に入って洋学を学ぶ。塾での勉強と並行して箱館駐在イギリス副領事に英語を学び,会話にも上達する。江戸藩邸に戻り,英米商人との交渉にあたるようになり,ここから渡航の手がかりをつかむ。かねてから洋行の志を持っていた志道聞多(井上馨)とともに山尾庸三,遠藤謹助,伊藤俊輔(博文)と図り,藩主毛利敬親に外国行を願って許される。文久3(1863)年5月,これらの長州藩士は国禁を犯してイギリスに渡る。同年9月ロンドンに着いた5名は,ジャーディン・マゼソン商会社長の紹介で,ロンドン大学に入学を許され,ユニバーシティ・カレッジの化学教授アレグザンダー・ウイリアムソン博士のもとに世話になる。元治1年,英紙で4ヶ国連合艦隊の馬関砲撃計画の記事を読み,伊藤と志道は長州藩の攘夷政策を改めさせようと,滞英わずか半年あまりの3月中旬,帰国の途につく。残る3名は引き続き大学に在学して勉強を続ける。この間,薩摩藩留学生と接触・交歓している。慶応2年,遠藤は学力不足を理由に帰国,山尾は同年ロンドン大学を去り,グラスゴーのネィピア造船所で邦人初の徒弟として造船技術を修得しながら,アンダーソン・カレッジの夜学に学ぶ。彼も続けて主として鉱山学と鉄道技術を学び,明治1年,全課程を修了してロンドン大学を卒業,帰国する。実家に復籍して以後井上勝と称する。2年,木戸孝允の勧めで上京,10月造幣頭兼鉱山正になる。アメリカへの鉄道建設免許書の書換要求反対を進言。4年,工部省鉱山頭兼鉄道頭となり品川—横浜間の鉄道敷設工事を指揮,5年鉄道を開通させ,鉄道頭専任となる。6年7月辞職するが,7年1月再び鉄道頭となり,鉄道寮を大阪に移転し,京都-神戸間を開通させる。外人技師依存からの脱却を図って

技術者を養成し、京都-大津間の敷設には技師長となり、初めて日本人だけの手で工事を完成させる。10年、工部少輔に任じ、官制改正により工部省鉄道局長となり、12年技監、14年工部大輔に進む。18年、内閣制の実施により鉄道局長官となり、伊藤博文首相を説いて建設中の中仙道幹線鉄道を東海道経由に変更させ、22年これを全通させる。その間、20年には子爵となる。23年、官制改正により初代鉄道庁長官となり、貴族院議員にも当選する。24年、「鉄道攻略ノ議」を上申し鉄道の国有化を唱え、鉄道政策の主導権を政府が持つべきことを主張し、翌年鉄道敷設法を実施させる。26年退官、翌27年鉄道会議議員。29年、大阪に汽車製造合資会社を設立し社長となる。42年帝国鉄道協会長、翌43年には鉄道院顧問となり、欧州の鉄道状況視察のため高齢にもかかわらず出張、ロンドン滞在中病のため、明治43(1910)年8月2日、ヘンリッタ病院で死去。享年68歳。
㊟東京都品川区・東海寺
[文献] 子爵井上勝君小伝(村井正利編) 井上子爵銅像建設同志会 大4／井上勝略伝(吉田団輔)：交通文化 7 昭14／鉄道の父 井上勝(三崎重雄) 三省堂 昭17／井上勝伝(上田広) 交通日本社 昭31／日本人名大事典 1 平凡社 昭54／明治維新人名辞典(日本歴史学会編) 吉川弘文館 昭56／子爵井上勝純家系譜(毛利文庫所蔵)／鉄道事始め－井上勝伝(上田広) 井上勝伝復刻委員会 平5　　　　　　　　〔高橋公雄〕

井上 密　いのうえ・みつ
慶応3年10月2日(1867)～大正5年9月13日(1916)　法律学者　法学博士　〔京都市長〕
㊐上総国大多喜　㊙ドイツ：1896年〔憲法学、行政学、国法学〕

慶応3(1867)年10月2日、上総国大多喜藩士富坂斎治の三男として生まれる。のち井上義行の養子となる。明治25年帝国大学法科大学独法科を卒業。東京専門学校(現・早稲田大学)、明治法律学校(現・明治大学)、日本法律学校(現・日本大学)で教鞭をとる。29(1896)年、憲法学、行政学、国法学研究のためドイツに留学する。32年開設予定の京都帝国大学法科大学の教授にふさわしい人物として文部省に選定され派遣されたものである。東京帝国大学法科大学教授の木下広次と第三高等学校教授厳谷孫三の推挙によるもので、岡松参太郎、織田万が一緒に留学している。32年8月、岡松、織田と共に帰国し、翌月京都帝国大学法科大学教授に就任し憲法および国法学を担当する。なお岡松は民法第1部、織田は行政法を担当する。34年、法学博士の学位を授与せられ、39年法科大学学長になる。彼は『内外論叢』『京都法学会雑誌』に20有余の論文を寄稿しているが、その体系的研究は、『大日本帝国憲法講義』に示されている。当時ようやく流行の兆しを見せてきた国家法人説をドイツ国家を説明するには相応しいが、事情の異なる日本の憲法解釈に適用すべきではないとし、天皇主権説を主張した。42年6月2度目のヨーロッパ出張をし翌年帰国する。大正2年、推されて京都市長になったが、5年病気のため辞任し、同年(1916)9月13日死去。享年50歳。
[文献] 噫井上密先生(佐藤丑次郎)：京都法学会雑誌 11(10)　大5／故井上密法学博士哀辞：経済論叢 3(4)　大5／大日本博士録1 発展社 大10／京都帝国大学史 京都帝国大学 昭18／日本人名大事典1 平凡社 昭54　　　　　　　〔長谷川勉〕

井上 良馨　いのうえ・よしか
弘化2年11月2日(1845)～昭和4年3月22日(1929)　海軍軍人、元帥　子爵　〔国産軍艦で最初のヨーロッパ訪問〕　㊙薩摩国鹿児島城下　㊙ヨーロッパ：1878年(軍艦訪問)

弘化2(1845)年11月2日、鹿児島藩士井上七郎の長男として鹿児島城下に生まれる。文久3年薩英戦争に参加して重傷。明治1年戊辰戦争に春日2等士官で従軍、幕艦・開陽と阿波沖で海戦。3年函館攻略に参加。4年海軍中尉、のち大尉、少佐と昇進。8年雲揚船長となり、朝鮮江華島付近で停泊中に砲撃され江華島事件を引き起こした。11(1878)年1月17日国産第1号艦「清輝」艦長として日本を出発、日本の軍艦で最初のヨーロッパ訪問を行い、翌12年4月18日帰国。日清戦争では西南艦隊長官、34年大将。日露戦争では横須賀鎮守府長官として従軍。40年子爵、44年元帥。一代華族論を唱え、襲爵を辞退した。昭和4(1929)年3月22日死去。享年85歳。㊟鹿児島市
[文献] 幕末明治海外渡航者総覧(手塚晃編) 柏書房 平4／朝日日本歴史人物事典 朝日新聞社 平6／データベースWHO 日外アソシエーツ　　　　　　　〔藤田正晴〕

井上 良一　いのうえ・りょういち
嘉永5年6月26日(1852)～明治12年1月29日(1879)　法律学者　東京大学法学部教授
�福岡　㊗別名＝六三郎　㊕アメリカ：1867年(法学,心理学)

　嘉永5(1852)年6月26日、井上庄左衛門の子として福岡に生まれる。幼少のころより英書を学び長崎に赴き福沢諭吉の世話になる。慶応3(1867)年、落命によってアメリカに留学し、翌年にアマストボの家塾に入る。明治2年には外務省の公費留学生となりオスター兵学校に入学する。5年ババト法律学校の教師ホーモに従い法律と心理学を学ぶ。かたわら法廷の事務を観察する。7年法学士の称号を得て帰国する。一時、海軍省に勤務するが、のち東京英語学校と開成学校で教鞭をとる。10年には東京大学法学部教授となる。早くから海外で学んだため日本語に慣れず唐突な行動が多く、見識のない人からは、その軽率さを疑われたという。明治12(1879)年1月29日、司法省検事局判事を訪ねて帰宅ののち、発狂して井戸に投身自殺をとげる。享年28歳。　㊗東京・青山霊園

[文献]　明治過去帳―物故人名辞典(大槻四郎編)　東京美術　昭46／近代日本の海外留学史(石附実)　ミネルヴァ書房　昭47／近代日本海外留学生史　上(渡辺実)　講談社　昭52／元田永孚関係文書(沼田哲他編)　山川出版社　昭60(近代日本史料選書)　〔楠家重敏〕

井上 良智　いのうえ・りょうち
嘉永4年6月11日(1851)～大正2年1月1日(1913)　海軍軍人、中将　男爵　㊗薩摩国
㊕アメリカ：1872年(造船学,航海術)

　嘉永4(1851)年6月11日に生まれる。薩摩藩士。戊辰戦争に出征。明治4年海軍に入り、翌5(1872)年9月米国に留学して造船学・航海術などを学び、14年アナポリス海軍兵学校を卒業。14年8月15日帰国後、中尉となり、筑紫艦長、30年秋津洲艦長を経て、同年佐世保鎮守府参謀長となる。31年から10年間侍従武官を務める。38年中将、40年男爵となり、41年将官会議議員を務めた。大正2(1913)年1月1日死去。享年63歳。

[文献]　幕末明治海外渡航者総覧(手塚晃編)　柏書房　平4／データベースWHO　日外アソシエーツ　〔藤田正晴〕

井上 六三郎　いのうえ・ろくさぶろう
⇒井上良一(いのうえ・りょういち)を見よ

井口 在屋　いのくち・ありや
安政3年10月30日(1856)～大正12年3月25日(1923)　工学者　工学博士　東京帝国大学教授　〔航空界に尽力〕　㊗加賀国金沢　㊗別名＝窓助　㊕イギリス：1894年(機械工学)

　安政3(1856)年10月30日、金沢藩士井口済の三男として金沢に生まれる。明治9年工部省工学寮に入り、15年に卒業し工部大学校助教授となる。27(1894)年7月、機械工学研究のためイギリスへ留学を命ぜられる。29年に帰国して帝国大学工科大学教授となる。42年、帝国学士院会員に選ばれる。大正3年4月には欧米各国へ出張して翌年6月に帰国する。5年、航空学調査委員を命ぜられる。著書には『英文蒸気機関設計構造篇』、『ゐのくち簡易表』がある。日本の航空界の進歩、発展に尽力。大正12(1923)年3月25日死去。享年68歳。　㊗東京駒込・真浄寺

[文献]　大日本博士録5(井関九郎編)　発展社　昭5／近代日本海外留学生史　上(渡辺実)　講談社　昭52／日本人名大事典1　平凡社　昭54／日本の技術者―江戸・明治時代(中山秀太郎著、技術史教育学会編)　雇用問題研究会　平16　〔楠家重敏〕

猪子 吉人　いのこ・きちんど
慶応2年2月12日(1866)～明治26年9月2日(1893)　薬物学者　医学博士　〔フグ中毒の研究で著名、ドイツで客死〕　㊗但馬国豊岡
㊕ドイツ：1892年(毒物学)

　慶応2(1866)年2月12日、猪子清の次男として但馬の豊岡で生まれる。明治6年東京師範学校付属小学校に入学する。5年修了で11年3月東京外国語学校に入り、13年に東京大学医学部予科転入学。20年帝国大学医科大学を卒業し大学院に入るが、7月帝国大学医学大学助手となり薬学教室配属となる。21年医術開業試験委員。22年12月医科大学助教授。秩父山中に入って毒キノコを採集したり、房総半島や三浦岬に赴いてフグの毒性の研究をし「日本有毒植物博落廻ノ毒性実験」「日本有毒菌類」「痙攣ヲ発スル菌中毒ノ一奇症」などの論文を『東京医学会雑誌』に発表する。ドイツの実験病理や薬物学の雑誌にも載せられ薬物学者として海外にも知られるようになる。25(1892)年

9月、毒物学研究のためドイツに留学を文部省から命ぜられ10月23日横浜港を出航。12月ベルリンに到着、ベルリン大学コッセル教授のもとで研究を行い、含燐酸の血色素に関する論文ならびに、菌中毒に関する論文をドイツの生理化学ならびに医事雑誌に発表し注目されるが、腸チフスにかかりアウグスタ病院に入院、明治26(1893)年9月2日死去。享年28歳。
[文献] 医学博士猪子吉一氏：植物学雑誌 65 明25／医学博士猪子吉一先生ノ伝：中外医事新報 328 昭26／明治過去帳—物故人名辞典（大植四郎編）東京美術 昭46／日本人名大事典1 平凡社 昭54 〔長谷川勉〕

亥之助　いのすけ
生没年不詳　永住丸乗組員　㊉伊予国興居（ごご）島　㋱アメリカ：1842年（漂流）

生没年不詳。船主中村屋伊兵衛の永住丸は天保12年(1841)10月に銚子沖で北西の暴風にあい、13名の乗組員は漂流を余儀なくされる。積荷の白砂糖を酒に入れて煮つめて食べ飢えをしのぎ、4ヶ月漂流後に近くを通過した密貿易のスペイン船に救助されるが、6名の仲間とともにカリフォルニア半島最南端に強制的に置き去りにされる。異境で言葉も通ぜず苦労し牧場などで労働し旅費を稼ぎ、慣れぬ食物（パン、牛肉、バター、ぶどう酒など）を食べ、洋服や黒人奴隷、火車船（蒸気船）を観察する。やがて仲間2名とともにドイツ商船に乗船する機会に恵まれ、マニラから中国を経由して長崎に送られ松山藩主に身柄を預けられて、念願の帰国の夢を果たす。その後の消息は不明。
[文献] 異国漂流記集（荒川秀俊）吉川弘文館 昭37／幕末の漂流者たち（村上貢）『幕末余話』文化出版局 昭53／世界を見てしまった男たち—江戸の異郷体験（春名徹）筑摩書房 昭63（ちくま文庫）／新世界へ—鎖国日本からはみ出た栄寿丸の十三人（佐野芳和）法政大学出版局 平1 〔境田進〕

猪股 孝之進　いのまた・こうのしん
？〜明治16年4月22日(1883)　海軍軍人　㋱チリ：1883年（遠洋航海）

生年不詳。海軍の四等水夫。明治16(1883)年4月22日、日本海軍の竜驤艦が遠洋航海の途次立ち寄ったチリのバルパライソ港で、艦長伊東祐亨大佐がサン・ドミンゴ大統領に謁見中に脚気から心臓をやられて艦中で倒れ死去。

㊉バルパライソ郊外の墓地
[文献] 異国遍路　旅芸人始末書（宮岡謙二）中央公論社 昭53（中公文庫） 〔富田仁〕

井深 梶之助　いぶか・かじのすけ
嘉永7年6月10日(1854)〜昭和15年6月24日(1940)　プロテスタント教育家　明治学院総理　〔キリスト教教育、YMCAの代表〕　㊉会津若松城下（一の丁甲賀町通）　㋐諱＝重信、幼名＝清佶、雅号＝湧泉　㋱アメリカ：1890年（神学）

嘉永7(1854)年6月10日、会津藩校日新館学頭井深宅右衛門の長男として生まれる。日新館に学び、会津落城後は横浜に出て、S.R.ブラウンの学僕となり修文館で勉学につとめる。明治6年にブラウンに導かれ受洗し、日本基督公会の会員となる。ブラウンの私塾で神学を修め、11年に築地の東京一致神学校の第1回卒業生となる。麹町教会牧師、東京一致神学校教授をへて、明治学院の副総理および教授となる。23(1890)年、アメリカのユニオン神学校に留学し、翌年帰国して明治学院総理となる。在職30年に及び、大正10年の辞職後も名誉総理となる。日本のキリスト教会およびYMCAの代表として明治38年にパリ、同43年にエディンバラ、大正3年にチューリヒの各地に赴く。著書には『新約聖書学』、『天地創造論』、『加拉太書註解』などがあり他に訳業も多数ある。昭和15(1940)年6月24日死去。享年87歳。
[文献] 日米文化交渉史・宗教教育編（開国百年記念文化事業会編）洋々社 昭31／明治学院九十年史 明治学院大学 昭43／井深梶之助とその時代 明治学院大学 昭44／日本人名大事典 現代編 平凡社 昭54／明治維新人名辞典（日本歴史学会編）吉川弘文館 昭56／近代日本哲学思想家辞典（伊藤友信他編）東京書籍 昭57／会津のキリスト教—明治期の先覚者列伝（内海健寿）キリスト新聞社 平1（地方の宣教叢書） 〔楠家重敏〕

井深 花　いぶか・はな
元治2年2月4日(1865)〜昭和20年9月13日(1945)　教育家　東京女子大学理事　㊉備前国（児島郡）天城村　㋐旧名＝大島　別名＝花子　㋱アメリカ：1891年（留学）

元治2(1865)年2月4日、備前国児島郡天城村に生まれる。明治22年神戸英和女学校を卒業、24(1891)年米国に渡り、マウントホリョー

ク大学に学ぶ。28年同大学を卒業して帰国し，鳥取英和女学校や母校神戸英和女学校・東洋英和女学校などで英語を教えた。33年キリスト教教育家の井深梶之助と結婚。その後，日本基督教婦人矯風会監事・東京女子大学理事・YWCA同盟委員長などを歴任し，教育界・キリスト教界で活躍した。昭和20(1945)年9月13日死去。享年81歳。

[文献] 幕末明治海外渡航者総覧(手塚晃編) 柏書房 平4／データベースWHO 日外アソシエーツ　〔藤田正晴〕

今井 五介　いまい・ごすけ

安政6年11月(1859)～昭和21年7月(1946)　実業家　片倉製糸紡績社長　〔片倉製糸の指導者〕　㊷信濃国　㊺アメリカ：1887年(製糸業研究)

安政6(1859)年11月，片倉市助の三男として信濃国に生まれる。製糸家片倉兼太郎の弟。明治10年今井家の養嗣子となる。19年農商務省蚕病試験場の講習生となり，20(1887)年アメリカに製糸業研究のため留学する。23年に帰国し松本片倉製糸所所長となる。28年片倉組の設立に携わり，大正9年片倉製糸紡績を興して副社長，昭和8年同社社長となる。日本蚕糸統制会社，片倉生命保険，片倉殖産などの社長をもつとめる。昭和21(1946)年7月死去。享年88歳。

[文献] 今井五介翁伝　西ヶ原同窓会編刊　昭24／産業史の人々(楫西光速)　東大出版会　昭29／日本財界人物列伝2　青潮出版　昭39／日本人名大事典　現代編　平凡社　昭54
〔富田仁〕

今泉 嘉一郎　いまいずみ・かいちろう

慶応3年6月27日(1867)～昭和16年6月30日(1941)　官吏，実業家　〔八幡製鉄所建設，日本鋼管創立〕　㊷上野国花輪　㊺ドイツ：1894年(製鉄学)

慶応3(1867)年6月27日，幕府代官手代今泉彦作の子として上野国花輪に生まれる。明治14年，上京してドイツ協会学校に入る。22年に帝国大学工科大学採鉱冶金科に入学し，ヨーロッパから帰国したばかりの野呂景義らの指導をうける。卒業後，農商務省技師として製鉄所創設の準備に専念していたが，榎本武揚のすすめにより27(1894)年にドイツへ私費留学した。ドイツに到着後フライベルヒ鉱山大学のレーデブーア教授から鉄冶金学を学んだ。半年のち，教授の紹介でウエスリファーレン州のヘーデル製鉄所で客員技師として働いた。29年ドイツ在留中に八幡製鉄所の技師となり，さらにベルリン鉱山大学に入る。その後欧米諸国の製鉄所を視察して30年に帰国する。勅任技師・工務部長および製鋼部長として八幡製鉄所創設に当たり，43年4月まで工場の建設・経営に携わる。その間欧米視察に赴くこと3回，とくに製管技術の研究を行う。大倉喜八郎にヨーロッパの鋼管事業の調査と研究を依頼され，その結果ドイツのマンネスマン鋼管製造法を推賞する。45年製鉄所を辞任し，鋼管製造会社を設立し日本鋼管の礎を築く。大正9年政治上から製鉄事業を発展させるために衆議院議員となる。著書『鉄屑集』(昭和5年)がある。日本の製鉄史上に大きな足跡を残して昭和16(1941)年6月30日死去。享年75歳。

[文献] 大日本博士録5(井関九郎編)　発展社　昭5／工学博士今泉嘉一郎　今泉嘉一郎伝記刊行会　昭18／日本財界人物列伝1　青潮出版　昭38／わが国製鋼事業のパイオニア今泉嘉一郎(今津健治)：金属　35(18)　昭40／日本人名大事典　現代編　平凡社　昭54
〔楠家重敏〕

今泉 雄作　いまいずみ・ゆうさく

嘉永3年(1850)～昭和6年1月28日(1931)　文部省官吏　大倉集古館館長　〔東京美術学校の創立に尽力〕　㊷江戸　㊷諱=彰，字=有常，号=文峯，也軒または常真居士　㊺フランス：1867年(美術研究)

嘉永3(1850)年，江戸に生まれる。明治10(1867)年にフランスに渡り，ギメ美術館主エミール・ギメに嘱望されて同館の客員となる。16年に帰国し文部省に入る。東京美術学校の創立に岡倉覚三(天心)たちと尽力しその教務監理となる。のち京都美術工芸学校校長，帝室博物館美術部長を歴任する。大正5年には大倉集古館館長となる。古社寺保存会委員を永年つとめ『日本陶資史』などの著作がある。昭和6(1931)年1月28日死去。享年82歳。㊧東京牛込・宗柏寺

[文献] 亡兄今泉雄作略歴(広田金松)：江戸文化　5(2)　昭6／大槻如電翁・今泉雄作翁追悼号：江戸文化　5(2)　昭6／日本人名大事典1　平凡社　昭54
〔富田仁〕

今立 吐酔　いまだて・とすい
安政2年（1855）～昭和6年（1931）　理化学教育〔京都府中学校初代校長〕　⊕越前国　⑲アメリカ：1874年（留学）

　安政2（1855）年、越前国に生まれる。松平春嶽が建てた学校・明新館で教育を受け、在学中に知り合った米国人宣教師グリフィスと明治7（1874）年10月渡米、ペンシルベニア大学に私費留学する。12年8月帰国後、京都府の教員として採用され、27歳の若さで京都府最初の中学校である京都府中学校初代校長に就任。数学、物理、化学などの理化学教育が日本の近代化に不可欠と考えてそれらを重視した教育を行い、その先駆者として知られる他、英語教育にも力を注ぎ、教え子にも長く慕われた。昭和6（1931）年死去。享年77歳。

[文献]　幕末明治海外渡航者総覧（手塚晃編）　柏書房　平4／データベースWHO　日外アソシエーツ　　　〔藤田正晴〕

今村 有隣　いまむら・ありちか
弘化2年4月（1845）～大正13年9月27日（1924）　語学者　〔フランス語教育に尽力〕　⊕金沢　㊗幼名＝豊後　⑲オーストリア：1873年（ウィーン万国博覧会）

　弘化2（1845）年4月、金沢藩士今井自然斎の子として生まれる。安政4年藩校に入り漢学、英学、蘭学を修めたのち横浜に出て洋学修業を始める。メルメ・カションに個人的にフランス語を学び、箕作麟祥にも師事する。明治2年大学南校の得業生となる。5年横須賀製鉄所に八等出仕として勤めるが、通訳兼翻訳掛であった。6（1873）年のオーストリアのウィーン万国博覧会の事務官として赴く。帰国後、東京外国語学校二等教授となり、一時東京大学予備門の教授を兼務する。19年第一高等学校に移り、39年9月5日から28日まで同校の校長となる。フランス語教育者として30年余も教壇に立つ一方『仏語啓蒙』（明治15年）『改訂仏語啓蒙』（明治18年）を手始めに『対釈応用 仏蘭西文法 附作文例及慣用句』（明治32年）など多数のフランス文法書を刊行している。39年にはフランス政府からオフィシェ・ダカデミー勲章を授けられる。大正13（1924）年9月27日、東京で死去。享年80歳。　㊦東京・染井霊園

[文献]　日本人名大事典1　平凡社　昭54／横須賀製鉄所の人びと―花ひらくフランス文化（富田仁、西堀昭）　有隣堂　昭58（有隣新書25）　　　〔富田仁〕

今村 清之助　いまむら・せいのすけ
嘉永2年3月3日（1849）～明治35年9月26日（1902）　実業家　両毛鉄道社長代理　⊕信濃国下伊那郡　㊗幼名＝周吉　⑲アメリカ：1884年（経済事情視察）

　嘉永2（1849）年3月3日、農家の次男として信濃国下伊那郡に生まれる。商人を志し横浜で行商などを行う。明治11年東京株式取引所設立発起人の一人となり仲買人となる。17（1884）年4月陸奥宗光に同行して欧米を漫遊、アメリカ、イギリス、オーストリアを経て19年2月に帰国。見聞を『外遊漫録』に著した。19年両毛鉄道の設立発起人となり、のち社長代理。以後、数多くの鉄道会社に関わる。21年今村銀行を設立した。明治35（1902）年9月26日死去。享年54歳。

[文献]　明治期鉄道史資料　第2集　第6巻　地方鉄道史　鉄道家伝（野田正穂ほか編集）　日本経済評論社　昭55／幕末明治海外渡航者総覧（手塚晃編）　柏書房　平4／朝日日本歴史人物事典　朝日新聞社　平6／データベースWHO　日外アソシエーツ　　　〔藤田正晴〕

今村 和郎　いまむら・わろう
弘化3年9月（1846）～明治24年5月3日（1891）　官吏　〔ヴィクトル・ユーゴーと板垣退助の会見の通訳〕　⊕土佐　㊗別名＝和袋　⑲フランス：1873年頃（留学）

　弘化3（1846）年9月、土佐に生まれる。箕作麟祥が東京神田南神保町に開いた家塾で明治2年からフランス語を学ぶ。同学には大井憲太郎、中江篤助（兆民）、福地源一郎（桜痴）らがいた。同郷出身で1歳下の兆民とはここでは面識がなく、6（1873）年パリに在って初めて交際し、お互い留学していながら勉強はそっちのけで高談放論にうつつを抜かし、どこへも正式には入学はしなかったらしい。ただしボアソナードが司法省法学校教授として来日するに先立ってパリ大学総監シャルル・ジロの紹介で在仏日本人に憲法、刑法を講義した際には出席している。それより前5年頃文部省中助教九等出仕となっていたが、帰国後の7年頃左院御用掛、11年太政官法制局権少書記官兼司法権少書記官、内務省少書記官、14年同権大書記官となる。15（1882）年、参事院外議官補を兼

ね，同年11月板垣退助が栗原亮一を伴い，後藤象二郎とともに渡仏した際に通訳として同行し12月末パリ着。16年春ヴィクトル・ユーゴー邸で板垣との会見にも栗田と立会う。17年1月19日に帰国し3月3日外務省の権大書記官となり，累進して24年1月28日行政裁判所評定官となる。同年（1891）5月3日死去。享年46歳。

[墓]東京都豊島区・雑司ヶ谷霊園

[文献] 兆民先生（幸徳伝次郎）　博文館　明35／西園寺公望自伝（木村毅編）　講談社　昭24／ユゴオと日本文学（瀬沼茂樹）『世界文学全集月報1』　河出書房　昭26（世界文学全集19世紀続篇ユゴー篇1—レ・ミゼラブル上）／政治小説研究　上（柳田泉）　補訂　春秋社　昭42（柳田泉「明治文学研究」8）／明治過去帳—物故人名辞典（大植四郎編）　東京美術　昭46／御雇法律教師のブスケとボアソナード—雇入から雇止までの経過（堀内節）：比較法雑誌　8（1）　昭49／フランスに魅せられた人びと—中江兆民とその時代（富田仁）　カルチャー出版社　昭51／日仏文化交流史の研究—日本の近代化とフランス人（西堀昭）　駿河台出版社　昭56　〔山口公和〕

入江 音次郎　いりえ・おとじろう

文久1年頃（1861）～明治6年3月20日（1873）　留学生　[生]山口　[渡]アメリカ：1872年（吉田清成に同行）

生年は文久1（1861）年頃とみられる。山口の出身。明治5（1872）年，吉田清成に同行してニュー・ブランスウィックのラトガース大学に留学する。しかし勉学半ばにして明治6（1873）年3月20日死去。享年13歳。

[文献] 異国遍路　旅芸人始末書（宮岡謙二）　修道社　昭46／近代日本の海外留学史（石附実）　ミネルヴァ書房　昭47

〔楠家重敏／富田仁〕

入江 為福　いりえ・ためさち

安政2年10月（1855）～明治7年12月（1874）　医師　子爵　[渡]ドイツ：1873年（農芸化学）

安政2（1855）年10月，大納言・伯爵柳原光愛の子として生まれる。兄はのちの枢密顧問官，御歌所長となった入江為守の父親。明治6（1873）年，農芸化学実習のためドイツに留学する。帰国後の活動は不詳であるが，侍医となっている。明治7（1874）年12月死去。享年20歳。

[文献] 近代日本の海外留学史（石附実）　ミネルヴァ書房　昭47／近代日本海外留学生史　上（渡辺実）　講談社　昭52／昭和新修　華族家系大成　上（霞会館諸家資料調査委員会編）　霞会館　昭57／幕末明治海外渡航者総覧（手塚晃編）　柏書房　平4　〔富田仁〕

入江 文郎　いりえ・ぶんろう

天保5年4月8日（1834）～明治11年1月30日（1878）　語学者　〔フランス語学の先駆者，フランス留学生世話人〕　[生]出雲国（能義郡）広瀬　[名]幼名＝万次郎　[渡]フランス：1871年（留学）

天保5（1834）年4月8日，出雲国松江藩医入江元範の子として支藩広瀬に生まれる。幼少の頃藩学明教館に入るが，体が虚弱なため養生することの方が多かった。学問が人より遅れてしまった彼は，15歳の時，松江の支藩，能義郡広瀬の藩儒・山村黙斎について2年間学に励む。21歳で江戸に出て幕府医官・竹内玄洞に師事し，蘭学を修める。その後いったん故郷に戻るが，再び出府し万延1年の冬50日間横浜に滞在し，フランス公使館の通訳アンリ・ヴーヴからフランス語や会話を学んだ。翌文久1年11月，幕命により蕃書調所の教授手伝となる。2年には外国方翻訳掛を兼任する。同年9月より約3ヶ月半ほど再び横浜のヴーヴについてフランス語と作文を学び，12月松江藩邸の洋学教授も兼ねることになる。彼はフランス語の短い文章を残している。慶応1年，開成所教授陣の一員だった頃，ドイツ語学者・市川斎宮の長男文吉のロシア留学に際し，開成所の関係者が各々得意とする外国語で送別文を書いたが，フランス語で書かれたものの中では，村上英俊の門下生小林鼎輔や林正十郎の送別文と比べ，彼の送別文が最も優れており，多少文法上の間違いはあるものの，フランス人から直接習っただけに当時としては年季の入った文章で，文字も非常に美しいものである。現在これら35名の送別文は，『幕末洋学者欧文版』（山岸光宣編 昭和15年）の中に収められている。維新後，新政府に仕え，明治2年開成所二等教授となり，これが大学南校と改称してからは，中博士に任ぜられた。4（1871）年文部中教授となり，フランス留学を命ぜられ2月に渡仏。留学中に文部省六等出仕に補されている。現地では5年頃からすでに留学生の世話役として働き，この年の秋の時点で，フランス留学生58

名の名簿を作成し貴重な資料を残している。6年には弁理公使・鮫島尚信より正式なフランス留学生総代に任命された。こうして、西園寺公望のフランス留学時代に、留学生の代表格としての務めを果たすと同時に、フランス哲学者・オーギュスト・コントの思想にも傾倒したが病に冒され、明治11(1878)年1月30日、カジミール・ドラヴィニュ7番地のホテル、サン・スルピスで客死。享年46歳。彼の死亡届人はパリ大学で法律学を学んでいた栗塚省吾である。モンパルナス墓地に葬られたが、25年には島根県能義郡広瀬町の洞光寺に墓、東京青山霊園に顕彰碑がそれぞれ建立された。

墓 パリのモンパルナス墓地

文献 入江文郎先生之伝(土屋政朝) 仏学会編刊 明24／入江文郎に関する研究―帝国学士院蔵幕末洋学者欧文集中の仏文の執筆者たる(藤田東一郎)：日本学士院紀要 6(1) 昭23／フランスに魅せられた人びと―中江兆民とその時代(富田仁) カルチャー出版社 昭51／読書探訪―ふらんす学の小径(富田仁) 桜楓社 昭54／日本人名大事典 平凡社 昭54　　　　　〔内海あぐり〕

入沢 達吉　いりさわ・たつきち

元治2年1月5日(1865)～昭和13年11月8日(1938)　医学者、随筆家　医学博士 〔日独交流、日中文化交流にも尽力〕 生 越後国(南蒲原郡)今町　留 ドイツ：1892年(医学)

元治2(1865)年1月5日、越後溝口藩藩医・入野恭平の長男として越後今町に生まれる。明治9年叔父池田謙斎のすすめで上京、翌10年東京大学医学部予科予備4級乙に受験し合格、22年1月31日帝国大学医科大学卒業、ただちにエルウィン・ベルツの無給助手となる。23(1892)年3月、自費でフランス船メルボルン号で横浜から出航、マルセイユを経てドイツに入りストラスブール大学に入学、ナウニンに内科学、レクリングハウゼンに病理学、ホッペサイレルに生理化学を学ぶ。25年12月ベルリン大学に転学しゲルハルトに内科学、メンデルに神経科、ウィルヒョーに病理学を学ぶ。27年1月ベルリンからゼノアに出て、ドイツ船バイエルン号で2月に帰国する。留学中、医学論文を日独両国の専門誌に発表する一方、『時事通信』や『中央医事週報』に政治、学芸などに関する記事を寄せるなど多彩な活躍をする。同年3月宮内省侍医局勤務となるが翌月依願免官。

28年4月、医術開業試験委員となり、10月帝国大学医科大学助教授となる。30年東京市養育院医長と駒込病院長を兼務。32年3月医学博士の学位を受け、34年東京帝国大学教授となる。翌年ベルツの退職に伴い入沢内科新設。39年6月清国に出張、42年日本内科学会会頭となる。45年5月より大正2年5月まで欧米諸国に出張、10年2月医学付属医院長、4月医学部長となる。13年、東京帝国大学教授在官のまま侍医頭兼任を命ぜられる。翌年1月停年にて東京帝国大学教授を辞し、侍医頭専任となる。4月東京帝国大学名誉教授。13年以来外務省対華文化事業と同仁会のためしばしば訪中、中国各地での病院設立などに関係する。15年日独協会を再興し理事長となる。同年フライブルク大学より名誉学位を贈られる。昭和3年日本医史学会を創立。5年ドイツ政府よりドイツ赤十字第一等名誉章を贈られる。9年日本医学会会頭となる。10年8月、日本医学界の恩人ベルツの頌徳碑を藤浪剛一、高野六郎らと建設する。11年ハイデルベルク大学より名誉学位を受ける。同年石原純など自然科学者と、科学ペンクラブを創立。13年、学童に牛乳を飲ませる会設立。医学活動のほか随筆家としても知られ、『雲荘随筆』(昭和10年)『加羅山荘随筆』(昭和14年)などの著書がある。また茶目気があり狂歌も作った。13年9月20日腎盂炎で東京帝国大学付属病院に入院、11月5日脳溢血を起こし、同年(1938)11月8日死去。享年74歳。　墓 東京・谷中霊園

文献 大日本博士録2 発展社所版部 大11／明治大正史13 人物篇 実業之世界社 昭5／入沢先生の演説と文章 入沢内科同窓会編刊 昭7／赤門生活六十年(入沢達吉)：科学ペン 2(3) 昭12／入沢先生を悼む(呉建)：改造 20(12) 昭13／入沢先生の思出(花園景定)：日本古書通信 113 昭13／入沢博士と東海散士と(竹林熊彦)：学鐙 42(5) 昭13／「入沢博士と東海散士と」を読む(入沢達吉)：学鐙 42(6) 昭13／入沢先生年譜1―2(藤井尚久)：科学ペン 4(2～3) 昭14／入沢先生を憶ふ(平野啓司)、入沢先生追慕(飯島茂)、入沢先生と僕(村上秀)、永遠の青年(高松棟一郎)：科学ペン 4(2) 昭14／入沢先生との対話(平野啓司)：日本医事新報 901 昭14／入沢達吉先生の思ひ出：科学 9(1) 昭14／雲荘入沢博士の追憶談(奥秋確)：日本医事新報 861 昭14／科

学ペン人列伝　入沢達吉先生（式場隆三郎）：科学ペン　4(1)　昭14／座談会　入沢達吉先生を偲ぶ夕：日本医事新報　896　昭14／森鷗外と入沢達吉博士（馬場久治）：学士会月報　昭14.2／入沢達吉先生年譜（宮川米次編）入沢内科同窓会　昭15／明治・大正・昭和教育思想学説人物史2　明治後期篇　東亜政経社　昭18／入沢達吉先生の側面1〜2（宮川米次）：日本医事新報　1313〜1314　昭24／雲荘入沢博士を偲ぶ（石塚三郎）：日本医事新報　1376　昭25／入沢達吉　前・後篇（藤田宗一）：日本医事新報　1544〜1545　昭28／入沢達吉（号雲荘）先生の思出（羽倉敬尚）：典籍　16　昭30／尾崎紅葉と入沢達吉（杉野大沢）：日本医事新報　1726〜1731　昭32／入沢先生の漢詩（鳥海克己）：日本医事新報　2093　昭39／座談会　入沢達吉先生御生誕壱百年を記念して（西川義方他）：日本医事新報　2084　昭39／臨床の妙（入沢文明）：朝日ジャーナル　昭39.3.1／日本人名大事典　現代編　平凡社　昭54　〔長谷川勉〕

岩男　三郎　いわお・さぶろう
嘉永4年（1851）〜明治42年7月15日（1909）　官僚　徳島県知事　㊤肥後国　㊦アメリカ：1872年（留学）

　嘉永4（1851）年、肥後国に生まれる。長崎で英語を学び、明治5（1872）年アメリカに留学し法律学を学ぶ。9年帰国。15年内務省に入り、三重県・愛知県・静岡県の書記官などを経て、29年秋田県知事、のち福井県・宮崎県・徳島県の知事を歴任。退官後、42年錦鶏間祗候となった。明治42（1909）年7月15日死去。享年59歳。
【文献】幕末明治海外渡航者総覧（手塚晃編）柏書房　平4／データベースWHO　日外アソシエーツ　〔藤田正晴〕

岩吉　いわきち
文化5年（1808）〜嘉永5年6月（1852）　宝順丸乗組員　〔イギリス貿易監督庁の通訳〕　㊤尾張国名護屋裏町　㊦アメリカ：1832年（漂流）

　文化5（1808）年、尾張国名護屋裏町に生まれる。天保3（1832）年12月10日、尾張回船宝順丸は将軍献上米を積み鳥羽から江戸へ出帆する。乗組員は船頭重右衛門以下14名で、遠州灘を航行中に暴風に遭い14ヶ月漂流、5（1834）年2月頃北米フラッタリイ岬に漂着する。生き残ったのは28歳の彼のほかは15歳の久吉と14歳の音吉の3人で、原住民（北米インディアンかエスキモー）によって救助されたがその奴隷となる。毛皮などの交易で定期的に訪れて来る太平洋岸開発に熱心な白人にとって、3人が太平洋を横断した事実は大きな刺激となる。ハドソン湾会社のラーマ号が3人を原住民から買い受け、将来の日本通商に利用すべく英船イーグル号に移乗させロンドンに連行するが、中国交易に一層関心の高い政府はこれに消極的だった。彼らは一日だけ上陸を許され日本人としては始めてロンドン市内を見物する。ついでゼネラル・パーマー号でマカオに転送され、日本の鎖国により帰国希望も果せぬまま一年が過ぎ天保7年に東洋伝道者ドイツ人ギュツラフの邦語訳聖書作成に関与する機会をえる。翌年サツマ芋運搬で漂流した日本人4名（庄蔵、熊太郎、力松、寿三郎）と会う。アメリカ商人キングはこの2組の漂流民を通商をかねて米船モリソン号で本国送還を企て、10年7月12日那覇経由で江戸へ向う。海路に通じた彼の助力によってようやく浦賀に近づくと砲撃に遭う。30日投錨して幕府方役人と交渉するが不首尾に終わり翌31日退却する。彼らの失望のうちに鹿児島に向い8月10日湾内に入り、庄蔵とともに上陸し漂流の経緯を役人に報告して帰船する。だが外国船打払い令厳しく12日に砲撃あり、故国を断念してマカオに戻り自活する覚悟を決める。モリソン号撃退は渡辺華山ら蘭学者の知るところとなり、世界情勢に無知な幕府の姿勢に反感を示すこととなる。同乗した若手の宣教師ウイリアムズは漂流民を引き取り、邦訳聖書の作成にとりかかる。宝順丸の3名は就職までの一時金をイギリス貿易監督庁より支給され、のちに彼と久吉は同庁通訳となり、ほかの者は渡米したものと思われる。最後に大きな災難が降りかかる。嘉永5（1852）年6月、現地で結婚した妻が不義を犯し、あまつさえ彼を殺害する。享年45歳。
【文献】異国漂流奇譚集（石井研堂）福永書店　昭2／日本音吉漂流記（渡辺徹）晶文社　昭46　〔境田進〕

岩吉　いわきち
？〜安政7年1月（1860）　栄力丸乗組員　〔イギリス公使館通訳〕　㊤紀伊国（加茂郡）塩津　㊔通弥＝伝吉　㊦アメリカ：1851年（漂流）

　生年不詳。紀州塩津に生まれる。嘉永3年、アメリカ彦蔵とともに栄力丸で漂流、救助さ

れ嘉永4（1851）年アメリカに着く。その後アメリカ艦サスカンナ号の広東回航まで行動を同じくする。彦蔵が下船し再渡米したあとの残留組13名の中で彼のみ広東に居残り，後の駐日英国公使オルコックの給仕となり，公使とともに安政6年帰国。イギリス公使館付通訳となり伝吉と称し，洋服を着て腰にコルト拳銃をさして徘徊する態度に世人の反感を買う。止宿先の東禅寺門前で安政7（1860）年1月のある日，子供たちの凧上げを助けていると，深編笠の浪士が背後から刀でメッタ突きにして逃亡する。館員の手当の甲斐もなく出血多量で死亡。　[墓]東京港区・光林寺

[文献] 開国逸史アメリカ彦蔵自叙伝（土方，藤島共訳）ぐろりあ・そさえて　昭7／さむらいとヤンキー（F・ダレス著　桜田方子訳）読売新聞社　昭57　〔境田進〕

岩吉　いわきち

生没年不詳　永久丸乗組員　〔無事に日本に送還〕　[生]尾張国渥美（町江比間）　[渡]アメリカ：1852年（漂流）

生没年不詳。尾張国渥美に生まれる。嘉永4（1852）年12月26日，仲間3名と沖船頭として乗組んだ三州渥美江比間村の与一所有百五十石積船は熊野灘で暴風にあい遭難の末難破し，3ヶ月の漂流を強いられる。ある日付近を通りかかった米捕鯨船に救助されるが，その船で水夫として苦役に従事させられる。半年以上が経過したとき船長の計らいで妻子を故国に残している彼と水主の善吉の2人だけが先に帰国を許される。ほかの米捕鯨船に分乗し釜山まで送還され，ここから対馬藩の尽力によって長崎に送り届けられて無事郷里に帰る。その後の消息は不明。

[文献] 異国漂流奇譚集（石井研堂）福永書店　昭2／日本人漂流記（荒川秀俊）現代思想社　昭46／風濤の果て―永久丸漂流顛末記（山田哲夫）門土社総合出版　平7　〔境田進〕

岩倉 具定　いわくら・ともさだ

嘉永4年12月27日（1852）～明治43年4月1日（1910）　政治家　公爵　[生]京都　[名]通称＝周丸，変名＝旭小太郎，雅号＝子静　[渡]アメリカ：1870年（留学）

嘉永4（1852）年12月27日，岩倉具視の第二子として京都に生まれる。幕末の宮中で活躍するが，戊辰戦争のとき東山道鎮撫総督に任ぜられる。明治3（1870）年1月アメリカに留学し，ニューブランズウィックのグラマースクールで学び，5年5月に帰国。その後，内務省地理寮に勤め，転じて内務省准奏任御用掛となる。14年に会計検査院に入り，翌15（1882）年伊藤博文に随行してヨーロッパに渡る。帰国後，帝室制度取調局委員などを経て，23年貴族院議員となる。25年には学習院長を兼任。33年，閑院宮に随ってヨーロッパに渡る。同年，枢密顧問官さらに42年には宮内大臣となる。明治43（1910）年4月1日，胃出血のため死去。享年60歳。　[墓]東京品川・海晏寺

[文献] 岩倉具定公（西村文則）昭18／明治過去帳―物故人名辞典（大植四郎編）東京美術　昭46／日本人名大事典1　平凡社　昭54／明治維新人名辞典（日本歴史学会編）吉川弘文館　昭56　〔楠家重敏〕

岩倉 具綱　いわくら・ともつな

天保12年4月14日（1841）～大正12年10月16日（1923）　宮中顧問官　〔『海外留学生規則集』編纂〕　[生]京都　[渡]アメリカ：1871年（岩倉使節団に同行）

天保12（1841）年4月14日，富小路政直の長男として京都に生まれる。岩倉具視の養子となり養嗣子として家督を継ぐ。具視の第二子具定の養父でもある。安政2年8月の元服以降養父具視とともに朝廷において活動する。慶応3年12月の王政復古後，書記御用掛。明治1年参与職助役，つづいて内国事務権輔に任じられる。3年12月『海外留学生規則集』の編集を行う。4（1871）年11月10日，具視を団長とする岩倉使節団に同行し，欧米各国を見て回る。11年から13年にかけてイギリスに滞在する。帰国後宮内庁に務め長年にわたって掌典長の職につく。大正4年宮中顧問官に任じられる。大正12（1923）年10月16日大腸カタルのため永田町の自宅で死去。享年83歳。

[文献] 岩倉公実記（多田好門）お茶の水書房　昭43（明治百年史叢書66～68）／日本人名大事典1　平凡社　昭54／明治維新人名辞典（日本歴史学会編）吉川弘文館昭56　〔安藤重和〕

岩倉 具経　いわくら・ともつね

嘉永6年6月17日（1853）～明治23年10月17日（1890）　官吏　男爵　[生]京都　[名]変名＝龍小次郎，号＝八千麿，八千丸　[渡]アメリカ：1870年（海軍軍事研修）

嘉永6（1853）年6月17日，京都で岩倉具視の三男として生まれる。明治1年，東山道鎮撫副総督として江戸へ進撃，開城後に奥羽征討白河口副総督となる。軍功により賞典禄200石を下賜される。3(1870)年1月，兄の具定とともにアメリカへ留学し，ニューブランズウィックで海軍の研修を行う。その後イギリスに渡りオックスフォード大学で学び，11年に帰国する。帰国後は太政官権書記官，ロシア公使館代理公使，宮中顧問官などを歴任。明治23（1890）年10月17日死去。享年38歳。

[文献] 日本人名大事典1　平凡社　昭54／明治維新人名辞典（日本歴史学会編）　吉川弘文館　昭56／昭和新修　華族家系大成　上（霞会館諸家資料調査委員会編）　霞会館　昭57
〔湯本豪一〕

岩倉 具視　いわくら・ともみ

文政8年9月15日（1825）～明治16年7月20日（1883）　政治家　[生]京都　[名]小字＝周丸, 雅号＝華龍, 対岳　[渡]アメリカ：1871年（条約改正, 文物視察）

文政8（1825）年9月15日，前権中納言堀河康親の第二子として京都に生まれる。幼少のとき経書を伏原宣明に，和文と有職を滋野井実在に学ぶ。14歳のときに岩倉具慶の嗣子となり以後岩倉姓を名のる。幕末維新の政局に活躍すること大であったが，明治4（1871）年11月，岩倉使節団の特命全権大使として米欧に赴く。彼は維新前から海外への使節派遣の必要性を論じていたが，政府顧問フルベッキの献策によって大隈重信が提議して実現をみた。使節派遣の目的は(1)条約を結んでいる各国元首への国書呈出(2)条約改正の年限について各国政府との協議(3)先進西欧文物の視察，という3点にあった。政府首脳と中堅官僚が長期不在になることに三条らは難色を示したが，西郷隆盛，井上馨らが留守政府の代表となった。岩倉一行は横浜を出帆してまずアメリカに渡り1年近く滞在したが，結局，条約改正交渉は不調におわる。そのため彼らの目的は(3)の西欧文物の視察に切りかえられた。彼らはサンフランシスコで初めてアメリカの土を踏んだが，その折「米国ハ民主ノ国ニテ，礼数儀式ニ簡ナリ」との感想を残している。アメリカを離れる時には「此全地ハ，欧洲ノ文化ニ従ヒテ其自主ノ力ト，立産ノ財本ト，溢レテ此国ニ流入シタルナリ」と述べている。つまり彼らはアメリカを民主主義と経済発展の国としてみたのである。つぎに岩倉一行はヨーロッパ各地を巡り，イギリスの繁栄をまず目のあたりにするわけであるが，しかしこの国を含めた興隆はせいぜい40年ほど前からのものにすぎないことに気づくのである。彼らは英米人の人情の違いを比較し，アメリカ人は一見すると「友愛真率」，イギリス人は次第に親しみやがて「胸襟」を開くとみている。一行はついでフランスに渡るが,「倫敦ニアレバ人ヲシテ勉強セシム，巴黎ニアレバ，人ヲシテ愉悦セシム」と両国の民情の違いを指摘する。さらにベルギーでは,「大国の間にありながら自主独立の国」であるとほめたたえるが，一方オランダでは「文化的な国で，徴兵を嫌い兵役を逃れる者が多い」と相反する評価をしている。さらにプロシヤへ急ぎ，ベルリンでビスマルクの演説に耳を傾けた。ビスマルクは「今，世界各国は表面的には親善礼儀をもって交っているが，その裏では強者と弱者がしのぎ合っているし，大国は小国を侮っているのが実情である」と述べている。この演説は「万国公法」（国際公法）を頼みとする岩倉使節団にとって大きなショックであったにちがいない。その後，一行はロシア，デンマーク，スウェーデン，イタリアをめぐり，フランスのマルセーユから帰国の途につくことになる。途中に立ち寄った各地でも使節団はさまざまな感想を残している。アラビア半島のアデンは「館甚ダ壮美ナラズ」といい，またセイロン（スリランカ）のゴールは「真ニ人間ノ極楽界」と記して，まったく相反する評価をあたえている。だが，彼らの東南アジア観は「国ノ貧富ハ，土ノ肥瘠ニアラズ，民ノ衆寡ニモアラズ，又其資性ノ智愚ニモアラズ，惟其土ノ風俗，ヨク生理ニ勤勉スルカノ，強弱イカンニアルノミ」の裏がえしで，東南アジアの人々を怠惰の民と見たのである。帰国後，彼は明治6年の政変に巻き込まれ，翌年には赤坂喰違の変で遭難し負傷，辞表を提出するが却下される。その後も政府の要職にとどまり，政局を左右したが，明治16（1883）年7月20日，胃癌で死去。享年59歳。

[墓]東京都品川区・海晏寺

[文献] 岩倉公実記3（多田好問編）　岩倉公旧蹟保存会　昭2／岩倉具視公（徳富猪一郎）　昭7／明治初期における大陸外交―初期征韓論

をめぐる木戸と岩倉(小林克己):歴史評論 107　昭34／岩倉具視を想う1～2　明治憲法制定前史(藤井新一):研究論集(駒沢大)1～2　昭35／岩倉具視—その思想と行動(中島昭三):国学院法学　1(2)　昭39／幽居中の岩倉具視(羽倉敬尚):国学院雑誌　65(12)　昭39／岩倉具視(大久保利謙):文芸春秋　43(1)　昭40／先駆者の血は流れる5—大久保・岩倉の暗躍(木村狷介):日本及日本人1441　昭44／岩倉具視関係文書(日本史籍協会編)　東京大学出版会　昭43～44／岩倉具視—維新前夜の群像7(大久保利謙)　中央公論社　昭48(中公新書335)／岩倉使節の研究(大久保利謙編)　宗高書房　昭51／特命全権大使　米欧回覧実記1～5(久米邦武編)　岩波書店　昭52～57(岩波文庫)／岩倉使節団—明治維新のなかの米欧(田中彰)　講談社　昭52(講談社現代新書)／日本人名大事典1　平凡社　昭54／明治維新人名辞典(日本歴史学会編)　吉川弘文館　昭56／「脱亜」の明治維新—岩倉使節団を追う旅から(田中彰)　日本放送出版協会　昭59(NHKブックス452)／岩倉具視(毛利敏彦)　PHP研究所　平1(歴史人物シリーズ)／岩倉具視　増補版(大久保利謙)　中央公論社　平2(中公新書)／アメリカの岩倉使節団(宮永孝)　筑摩書房　平4(ちくまライブラリー)／「米欧回覧」百二十年の旅—岩倉使節団の足跡を追って　米英編(泉三郎)　図書出版社　平5／岩倉公実記(多田好問編)　書肆沢井　平7／日本の近代化とスコットランド(チェックランド著,加藤詔士,宮田学編訳)　玉川大学出版部　平16／明治国家と岩倉具視(大塚桂)　信山社　平16(SBC学術文庫)／岩倉使節団という冒険(泉三郎)　文芸春秋　平16(文春新書)
〔楠家重敏〕

岩佐 新　いわさ・あらた

慶応1年4月(1865)～昭和13年10月24日(1938)　医師　男爵　㊍ドイツ:1890年頃(医学)

　慶応1(1865)年4月に生まれる。明治23(1890)年頃、ドイツに医学研修のために留学。帰国後、告成堂病院長のほか貴族院議員となる。昭和13(1938)年10月24日死去。享年74歳。

[文献]　異国遍路　旅芸人始末書(宮岡謙二)　中央公論社　昭53(中公文庫)／昭和新修華族家系大成　上(霞会館諸家資料調査委員会編)　霞会館　昭57
〔富田仁〕

岩佐 巖　いわさ・いわお

嘉永5年(1852)～明治32年6月22日(1899)　鉱山学者　東京大学理学部教授　㊍越前国　㊎本名=今井　㊍ドイツ:年不明

　嘉永5(1852)年、代々福井藩医を務める家に生まれる。兄は明治天皇の侍医となった岩佐純。大学東校に学び、明治3(1870)年10月ドイツに官費留学しフライブルク鉱山大学で学ぶ。明治12年頃、東京大学理学部教授となり、また日本鉱業学会創設に参画。18年東京大学を辞職して住友別子銅山の技師となり、山根精錬所建設に携わる。鉱石カスから鉄分を取り出す実験にも成功するが、実用化に至らず27年に退職。のち広島県に精錬所建設を試みるが、志半ばで明治32(1899)年6月22日死去。享年48歳。

[文献]　明治過去帳—物故人名辞典(大植四郎編)　東京美術　昭46／幕末明治海外渡航者総覧(手塚晃編)　柏書房　平4／データベースWHO　日外アソシエーツ
〔楠家重敏／富田仁〕

岩佐 源二　いわさ・げんじ

弘化2年(1845)～？　教師(静岡学問所四等教授)　㊍江戸　㊎別名=湯浅源二　㊍イギリス:1866年(政事兵制研修)

　弘化2(1845)年、小石川薬園奉行岡田利左衛門支配同心岩佐三之助の子として江戸に生まれる。幕府が政事兵制研修のためイギリスへ留学生を派遣する際、選ばれてこれに加わる。英学をよくする。慶応2(1866)年10月、留学生一行は渡英の途につく。横浜出帆以来ロイドの下で英語の学習に励んだが、その進歩は遅かった。ロンドン到着後、モルベイなどから英語、算術、物理、化学などを習い、ロンドン大学の予科に入学。しかし、留学生一行は資金不足と幕府崩壊のため帰国することとなった。帰国後、旧主に随って駿河に赴き、静岡学問所の四等教授となったが、その後の消息は不明。

[文献]　徳川幕府の英国留学生—幕末留学生の研究(原平三):歴史地理　79(5)　昭17／後は昔の記他—林董回顧録(由井正臣校注)　平凡社　昭45(東洋文庫173)／近代日本の海外留学史(石附実)　ミネルヴァ書房　昭47／幕末のイギリス留学(倉沢剛)　『幕末教育史の研究2』　吉川弘文館　昭59
〔楠家重敏〕

岩佐 純　いわさ・じゅん

天保6年5月（1835）～明治45年1月6日（1912）　医師（侍医）　男爵　[生]越前国福井　[渡]ヨーロッパ：1884年（医学）

天保6（1835）年5月，福井藩藩医岩佐玄珪の子として福井に生まれる。藩立医学所に学んだのち藩医坪井信良に師事して西洋医学を修める。江戸に出たあと下総佐倉で佐藤舜海に医学と蘭学を教わる。万延1年福井に戻り侍医となる一方，オランダ医ポンペやボードウィンなどにも師事して医学研修を重ねる。明治2年大学少丞，4年大学大丞，5年大侍医，16年一等侍医と昇進する。17（1884）年医学研修のためにヨーロッパに留学する。20年の帰国後も侍医を続け31年宮中顧問官を兼任する。40年男爵となる。明治45（1912）年1月6日死去。享年78歳。

[文献] 日本人名大事典1　平凡社　昭54／明治維新人名辞典（日本歴史学会編）　吉川弘文館　昭56／昭和新修　華族家系大成　上（霞会館諸家資料調査委員会編）　霞会館　昭57　〔富田仁〕

岩崎 小二郎　いわさき・こじろう

？～明治28年6月22日（1895）　官吏　貴族院議員　〔各県の知事を歴任〕　[生]肥前国大村　[名]別名＝小次郎　[渡]イギリス：1871年（西欧の文物調査）

生年不詳。肥前国大村藩士で，松林飯山より儒学を学ぶ。明治維新後，民部省，開拓使を経て，4（1871）年黒田清隆の欧米巡回に随行し，ついでイギリス留学を命ぜられ，イギリス，フランス，ドイツの文物を調査する。7年帰国の後，大蔵省に入り，21年には大蔵省銀行局長までに登る。その後，秋田県知事となったが，寒冷の気候が身体に適さず辞任。23年には元老院議官となる。のち滋賀，大分，福岡の知事を歴任。明治28（1895）年6月22日，病気のため死去。

[文献] 大日本人名辞書1（大日本人名辞書刊行会編）　講談社　昭12／明治過去帳—物故人名辞典（大植四郎編）　東京美術　昭46／近代日本の海外留学史（石附実）　ミネルヴァ書房　昭47／日本人名大事典1　平凡社　昭54／幕末明治海外渡航者総覧（手塚晃編）　柏書房　平4　〔楠家重敏／富田仁〕

岩崎 権少史　いわさき・ごんのしょうし

生没年不詳　大助教　[渡]イギリス：1871年頃（留学）

生没年不詳。明治4（1871）年9月以前に大助教の身分で官費によりイギリスへ留学。その後の消息は不明。

[文献] 明治初年条約改正史の研究（下村冨士男）　吉川弘文館　昭37／近代日本海外留学生史　上（渡辺実）　講談社　昭52　〔楠家重敏〕

岩崎 清七　いわさき・せいしち

元治1年12月18日（1865）～昭和21年4月11日（1946）　実業家　磐城セメント創業者　[生]下野国藤岡　[渡]アメリカ：1885年（留学）

元治1（1865）年12月18日，下野藤岡の米穀商の家に生まれる。渋沢栄一から第一銀行に誘われたが，家業を継ぐ。慶応義塾理財科卒業後，明治18（1885）年に留学のためアメリカに渡りニューヨークに住む。コーネル大学，エール大学を卒業。帰国後は実業界に入り，米国仲買商を経て，日露戦争後に磐城セメントを創立，以後日清紡，日本製粉など多くの企業を経営。東京ガス社長も務めた。昭和14年に回顧録『財界楽屋漫談』を著した。昭和21（1946）年4月11日死去。享年82歳。

[文献] 財界楽屋漫談（岩崎清七）　富士書房　昭14／日本の興亡と岩崎清七翁（小川桑兵衛）　紅竜書房　昭24／異国遍路　旅芸人始末書（宮岡謙二）　修道社　昭46／日本経済の建設者（中村隆英著）　日本経済新聞社　昭48（あの時この人）／幕末明治海外渡航者総覧（手塚晃編）　柏書房　平4／データベースWHO　日外アソシエーツ　〔楠家重敏／富田仁〕

岩崎 彦松　いわさき・ひこまつ

安政6年（1859）～明治44年2月16日（1911）　鉄道技術者　鉄道院理事　[生]丹波国福知山　[渡]アメリカ，ヨーロッパ：1896年（鉄道視察）

安政6（1859）年，丹波国福知山に生まれる。東京大学を卒業。一時官途にあったが，明治21年辞して設立されたばかりの山陽鉄道会社に入社し，鉄道技術の向上に努める。29（1896）年鉄道視察のため欧米を巡遊，31年帰国の後は鉄道上諸種の改善を実施して日本の鉄道の進歩に大いに貢献した。34年工学博士の学位を受ける。39年同社の国有化に伴い鉄道院理事となり，運輸部長，のち西部管理局長を務めた。明治44（1911）年2月16日死去。享年53歳。

[文献] 幕末明治海外渡航者総覧(手塚晃編) 柏書房 平4／データベースWHO 日外アソシエーツ 〔藤田正晴〕

岩崎 久弥　いわさき・ひさや

慶応1年8月25日(1865)～昭和30年12月2日(1955) 実業家 三菱合資社長 [生]土佐国 [渡]アメリカ:1886年(留学)

慶応1(1865)年8月25日,三菱財閥創始者・岩崎弥太郎の子として土佐国に生まれる。明治19(1886)年米国に渡り,ペンシルベニア大学に学び,24年帰国。し,三菱社副社長。26年叔父・弥之助から三菱合資社長の座を譲り受け,23年間三菱の全事業を統轄し指揮。特に造船と鉱業の発展に尽力した。大正5年社長を辞し,農牧経営に転身。8年東山農事を設立,韓国,ブラジルなどでも事業を展開。国内では,盛岡の小岩井農場,千葉の末広農場の経営に力を尽した。昭和30(1955)年12月2日死去。享年90歳。

[文献] 岩崎久弥伝(岩崎家伝記刊行会編) 東京大学出版会 昭54(岩崎家伝記)／幕末明治海外渡航者総覧(手塚晃編) 柏書房 平4／事典近代日本の先駆者 日外アソシエーツ 平7／データベースWHO 日外アソシエーツ 〔藤田正晴〕

岩崎 弥之助　いわさき・やのすけ

嘉永4年1月8日(1851)～明治41年3月25日(1908) 実業家 男爵 〔日本郵船会社の創立者〕 [生]土佐国(安芸郡)井之口村 [渡]アメリカ:1872年(留学)

嘉永4(1851)年1月8日,高知藩士岩崎弥次郎の二男として生まれる。明治5(1872)年にアメリカへ留学。帰国後,兄弥太郎の経営する三菱の副社長となる。兄の没後は社長となり,日本の海運業の発展に寄与する。そのほか鉱山,鉄道,造船,銀行など広く実業の世界で活躍。23年には貴族院議員に任じられる。29年に日本銀行総裁となる。明治41(1908)年3月25日死去。享年56歳。

[文献] 明治過去帳―物故人名辞典(大植四郎編) 東京美術 昭46／近代日本の海外留学史(石附実) ミネルヴァ書房 昭47／近代日本海外留学生史 上(渡辺実) 講談社 昭52／日本人名大事典1 平凡社 昭54／岩崎弥之助伝 上・下(岩崎家伝記刊行会編) 東京大学出版会 昭55(岩崎家伝記3, 4)／日本の企業家群像(佐々木聡編) 丸善 平13 〔楠家重敏〕

岩沢 丙吉　いわざわ・へいきち

安政6年(1859)～昭和18年(1943) 神学者 陸軍大学教授 〔ロシア語教育と普及に尽力〕 [生]駿河国伊豆 [名]洗礼名=アルセニイ,筆名=三里野人(ミリヤニン) [渡]ロシア:1883年(神学)

安政6(1859)年,駿河国伊豆に生まれる。父の代からの正教徒で,明治8年頃通称・ニコライの露語学校に入学。14年同校が改組されて神学校となると,これに編入され16年に卒業。同年(1883)モスクワ神学校に学ぶため三井道郎とともに正教会よりロシアに留学を命ぜられる。21年帰国と同時に神学校の教授に就任し,大正8年頃同校閉校までその任にある。26年に発刊された神学校の機関紙『心海』には同人として参加し,「宗教理論」「カントの教会論」などの論文を発表,同時に正教会本会の機関誌『正教新報』(大正以降は『正教時報』)に本名あるいは三里野人(ミリヤニン=ロシア語で「俗人」の意)というペンネームで数多くの論稿を載せている。かたわら陸軍大学の教授としてロシア語教育にも意を用い,ロシア公使館付の司祭グレーボフに協力して文法書『グレーボフ露西亜文法』(明治31年)を著わす。これは版を重ねて数万部を売りつくし,日本におけるロシア語の文法研究の基礎となる。また,ポケット版『露和辞典』なる著書もある。昭和15年に施行された宗教団体法により,外国人が宗教団を統括することが許されなくなり,これまでの統理ゼルギイ府主教がその任を退くことを余儀なくされた時,それに代わって統理に推され,昭和16年に就任する。昭和18(1943)年死去。

[文献] ニコライ神学校と遣露留学生(西村庚):ユーラシア 5 昭52／日本正教史(牛丸康夫) 日本ハリストス正教会教団 昭53 〔長縄光男〕

岩下 清周　いわした・せいしゅう

安政4年5月28日(1857)～昭和3年3月19日(1928) 実業家 衆議院議員 [生]信濃国松代 [渡]アメリカ:1880年(三井物産支店勤務)

安政4(1857)年5月28日,信濃国松代藩士岩下左源太の二男として生まれる。明治9年大学南校の入学準備中に東京商法講習所の看板

を見て規則書を取り寄せると、授業料が他府県人にくらべて東京出身者が安いことを知り、抗議したことが機縁となり所長矢野二郎の知己をえる。東京商法講習所などに学び一時同所で教鞭をとるが11年11月矢野の紹介で三井物産会社に入社する。13(1880)年6月アメリカ支店詰めを命ぜられるがのちフランス支店長となる。いったん帰国するが、21年までフランスに滞在する。その間諸会社を勧誘してシンジケートをつくり日本に一大製鉄所を興す計画をたてるなど活躍する。彼の家は訪欧する日本人が多数集まり日本人クラブの様相を呈し伊藤博文、山県有朋、西園寺公望なども顔を見せる。桂太郎が陸軍大佐としてヨーロッパに派遣され帰国命令を受けたとき、彼から2000円の借金をしてようやく帰国したという。帰国後の22年品川電灯会社の創立に尽力し財界に認められ、24年三井銀行に入り支配人にまで進むが辞任。30年北浜銀行専務取締役、ついで頭取になり軍部の巨頭と交わる。40年衆議院議員に選出されるが政商として活躍する。大正3年二回の取りつけに遭う一方、背任横領罪で投獄される。13年出獄し再び活躍の場を求めたが、昭和3(1928)年3月19日死去。享年72歳。

[文献] 大阪財界の二人男中橋徳五郎と岩下清周氏(山路愛山)『現代富豪論』中央書院 大3／岩下清周伝 故岩下清周君伝記編纂会編刊 昭6／北浜銀行と岩下清周(横田新) バンキング 71 昭29／日本財界人物列伝1 青潮出版編刊 昭38／日本人名大事典1 平凡社 昭54／世評正しからず—銀行家・岩下清周の闘い(海原卓) 東洋経済新報社 平9／岩下清周伝—伝記・岩下清周(故岩下清周君伝記編纂会編) 大空社 平12(伝記叢書)／経営者の精神史—近代日本を築いた破天荒な実業家たち(山口昌男) ダイヤモンド社 平16
〔富田仁〕

岩下 長十郎　いわした・ちょうじゅうろう
嘉永6年10月(1853)～?　陸軍軍人　子爵
㊐鹿児島　㊂別名＝長次郎　㊋フランス：1866年(留学)

嘉永6(1853)年10月、鹿児島藩士岩下方平の子として生まれる。慶応2(1866)年10月に藩費による留学を命ぜられフランスに渡る。明治4年には官費留学生に切りかわり、フブールに師事するが、そのときには名が長次郎と改め

られている。7年頃に帰国し陸軍に入る。フランス通として知られる。13年1月、陸軍始飾隊式伝令使となる。同年8月10日スイスの商人フハーブルブランの招きで横浜から小船にのった後消息不明となる。明治13(1880)年8月11日、遺体が確認される。

[文献] 近代日本の海外留学史(石附実) ミネルヴァ書房 昭47／日仏文化交流史の研究—日本の近代化とフランス人(西堀昭) 駿河台出版社 昭56／昭和新修 華族家系大成 上(霞会館諸家資料調査委員会編) 霞会館 昭57
〔富田仁〕

岩下 方平　いわした・みちひら
文政10年3月15日(1827)～明治33年8月15日(1900)　官吏　子爵　㊐薩摩国鹿児島　㊂通称＝佐次右衛門　㊋フランス：1866年(パリ万国博覧会参加)

文政10(1827)年3月15日、鹿児島藩士の子として生まれる。文久2年4月幕府が長崎奉行に命じて清国に商船千歳丸を派遣した折に、長州藩の高杉晋作などとともに乗り組み上海に赴く。また同年8月の生麦事件の賠償問題で薩摩藩とイギリスが交渉したときに、イギリス艦に松木弘安(寺島宗則)といっしょに捕虜となり、横浜に赴き談判に加わる。慶応2(1866)年パリ万国博覧会に薩摩藩からも出品することになり、この機を利用してフランスに渡り反幕府運動を展開する。琉球国の使節としてフランスの外務大臣に面会を申し入れたり、琉球国としての勲章をつくるなどして薩摩藩が幕府と対等の一封建大名にすぎないことを宣伝したのである。薩摩藩の出品を日の丸の旗の下に「薩摩大守の政府」と掲げたことで日本がプロシア風の連邦制の国であるという印象をヨーロッパの人びとにあたえるなど、彼の活動は顕著であった。帰国後3年12月徴士参与となり、新政府に出仕する。4年1月、後藤象二郎とともに外国事務掛を兼任して兵庫裁判所に勤める。同年5月大阪府判事、明治2年刑法官、3年1月京都府権知事となる。のち大阪府大参事、11年5月元老院議官、14年神官教導職会議議長兼副総裁を歴任。20年5月子爵。23年貴族院議員、麝香の間祗候となる。明治33(1900)年8月15日死去。享年74歳。

[文献] 故子爵岩下方平翁の談話：史談会速記録 181 明41／幕末外交史の研究(大塚武松) 宝文館出版 昭27／明治過去帳—物故人名辞

典(大植四郎編) 東京美術 昭46／日本人名大事典1 平凡社 昭54／昭和新修 華族家系大成 上(霞会館諸家資料調査委員会編) 霞会館 昭57 〔富田仁〕

岩瀬谷 亀次郎　いわせや・かめじろう
生没年不詳　官費留学生　⑤長崎　⑥イギリス：1871年(留学)

　生没年不詳。長崎の出身。明治4(1871)年9月以前に官費留学生としてイギリスへ渡る。その後の消息は不明。

[文献] 明治初年条約改正史の研究(下村冨士男) 吉川弘文館 昭37／近代日本の海外留学史(石附実) ミネルヴァ書房 昭47／近代日本海外留学生史 上(渡辺実) 講談社 昭52 〔楠家重敏〕

岩田 三蔵　いわた・さんぞう
文政5年(1822)～明治20年3月(1887)　官吏 御徒目付　⑥ロシア：1866年(遣露使節に随行)

　文政5(1822)年、下総国香取郡石出村に生まれる。慶応2(1866)年10月、御徒目付であった彼は箱館奉行小出大和守秀実を正使とする対露国境協定使節団の一員として横浜を出航、マルセイユ、パリを経てペテルブルグに赴く。交渉終了後、一行はパリにおいて徳川昭武に会ったのちマルセイユを経由し、3年5月に横浜へ帰国する。10年、紙幣局判任心得御用掛となり、翌年には印刷局一等技手に任命される。明治20(1887)年3月死去。享年66歳。

[文献] 遣魯伝習生始末(内藤遂) 東洋堂 昭18／近代日本海外留学生史(渡辺実) 講談社 昭52 〔湯本豪一〕

岩永 省一　いわなが・しょういち
嘉永5年4月18日(1852)～大正2年3月12日(1913)　実業家　〔明治生命保険会社の重役〕　⑤肥前国大村　⑥イギリス：1870年(留学)

　嘉永5(1852)年4月18日、肥前国大村藩士後藤多仲の二男として生まれる。のち岩永勝馬の養子となる。明治1年、長崎に出て荘田平五郎に英語を学び、翌年上京して慶応義塾に入る。3(1870)年、大村藩の留学生となりイギリスに学び、さらに5年には文部省留学生に選ばれアメリカに転ずる。9年に帰国ののち、福沢諭吉の推薦により三菱会社に入社し、上海、長崎、神戸の各支店を転勤する。18年、日本郵船会社の設立後入社、横浜支店長から本店支配

人となる。44年に病気のために退いたのち、明治生命保険会社の重役となる。大正2(1913)年3月12日、胃癌のため死去。享年62歳。⑧東京本郷駒込・吉祥寺

[文献] 大日本人名辞書1(大日本人名辞書刊行会編) 講談社 昭12／明治初年条約改正史の研究(下村冨士男) 吉川弘文館 昭37／近代日本の海外留学史(石附実) ミネルヴァ書房 昭47／近代日本海外留学生史 上(渡辺実) 講談社 昭52／日本人名大事典1 平凡社 昭54 〔楠家重敏〕

石野 基将　いわの・もとまさ
嘉永5年12月(1852)～?　公家　⑤京都　⑥イギリス：1870年(留学)

　嘉永5(1852)年12月、山本実城の三男として京都に生まれる。明治3(1870)年12月、森有礼がアメリカに赴くときに乗船したグレート・リパブリック号に乗り合わせる。官費でイギリスに渡るが、その後の消息は不明。

[文献] 近代日本の海外留学史(石附実) ミネルヴァ書房 昭47／近代日本海外留学生史 上(渡辺実) 講談社 昭52／幕末明治海外渡航者総覧(手塚晃編) 柏書房 平4 〔楠家重敏／富田仁〕

岩橋 教章　いわはし・のりあき
天保6年2月5日(1835)～明治16年2月4日(1883)　画家、製図家　内国勧業博覧会審査官　⑤江戸　⑥旧名=木下　幼名=新吾、号=洞翆　⑥オーストリア：1873年(ウィーン万国博覧会伝習生)

　天保6(1835)年2月5日、伊勢国松阪藩士の子として江戸に生まれる。狩野派の画家・狩野洞庭に絵を学ぶ。文久1(1861)年、幕府の軍艦操練所に入り、絵図認方出役として沿岸の測量と地図作成に従事。戊辰戦争では榎本武揚率いる幕府艦隊に参加し、箱館戦争にも従軍するが、敗れて禁錮となった。明治3年に赦免され、静岡学問所附属絵図方に勤務。次いで同年政府の命によって海軍操練所に出仕し、海軍兵学権大属に任ぜられる。6(1873)年2月18日、ウィーン万国博覧会に際し、政府の伝習生としてオーストリアに留学。ウィーンの地図学校で版画家のパウリニに師事し、地図製作法や銅・石版画術を修めた。7年に帰国したのちはヨーロッパで得た知識を生かして地理寮・紙幣寮・修史局に入り、地図製作で活

躍。12年に辞官後は,自宅で文会舎を経営した。14年には第2回内国勧業博覧会審査官に任ぜられるなど,日本における銅・石版画,地図製作の先駆者として,それらの普及に尽力した。作品に克明な写実的静物画として名高い水彩「鴨図」があり,その他『地理製図法』『正智遺稿』などの著書がある。明治16(1883)年2月4日死去。享年49歳。

[文献] 幕末明治海外渡航者総覧(手塚晃編) 柏書房 平4／事典近代日本の先駆者 日外アソシエーツ 平7／データベースWHO 日外アソシエーツ 〔藤田正晴〕

岩松 太郎 いわまつ・たろう

生没年不詳 河津伊豆守家来 ㊍フランス：1864年(遣仏使節団に随行)

生没年不詳。文久3(1864)年,遣仏使節に河津伊豆守祐邦家来の衣裳方として随行し,その見聞を「航海日記」に記す。

[文献] 幕末教育史の研究2—諸術伝習政策(倉沢剛) 吉川弘文館 昭59 〔富田仁〕

岩見 鑑造 いわみ・かんぞう

生没年不詳 通訳 東京府二等訳官 ㊍アメリカ：1871年(岩倉使節団に随行)

生没年不詳。明治4(1871)年,岩倉使節団の由利公正に東京府二等訳官として随行する。

[文献] 岩倉使節の研究(大久保利謙編) 宗高書房 昭51／特命全権大使米欧回覧実記1〜5(久米邦武編) 岩波書店 昭57(岩波文庫) 〔富田仁〕

岩村 透 いわむら・とおる

明治3年1月25日(1870)〜大正6年8月17日(1917) 美術史家 男爵 ㊍東京・小石川 ㊂号=芋洗,迂遷,観堂 ㊍アメリカ,フランス：1888年(美術／私費留学)

明治3(1870)年1月25日,後に貴族院議員を務めた岩村高俊の長男として東京小石川に生まれる。明治21(1888)年東京英和学校を中退してアメリカに留学し,23年ワイオミング・セミナリーの美術科を卒業。さらにナショナル・アカデミー・オブ・デザインの付属美術学校で学び,24年フランスに渡りパリのアカデミー・ジュリアンで画技を修めるとともに西洋美術史研究も行う。パリで黒田清輝を知る。25年帰国。東京英和学校教員となり,29年白馬会の結成に参加。32年東京美術学校講師となり,34年教授に就任。35年より雑誌『美術新報』で多くの筆名を使い美術評論家として活躍する。大正3年東京美術学校を退職。大正6(1917)年8月17日死去。享年48歳。

[文献] 幕末明治海外渡航者総覧(手塚晃編) 柏書房 平4／朝日日本歴史人物事典 朝日新聞社 平6／データベースWHO 日外アソシエーツ 〔藤田正晴〕

岩本 勝之助 いわもと・かつのすけ

？〜明治10年6月21日(1877) 海軍軍人 ㊍長門国山口 ㊍イギリス：1868年(留学)

生年不詳。山口の出身。明治1(1868)年にイギリスに渡る。のち海軍兵学寮を出て海軍省に入り,5年(1872)にもイギリスに渡り砲術を学ぶ。10(1877)年帰国するが同年6月21日死去。

[文献] 近代日本の海外留学史(石附実) ミネルヴァ書房 昭47／幕末明治海外渡航者総覧(手塚晃編) 柏書房 平4 〔楠家重敏／富田仁〕

岩本 芳次郎 いわもと・よしじろう

生没年不詳 移民 〔「浮かれ節」で巡業〕 ㊍アメリカ：1889年(契約移民)

生没年不詳。明治22(1889)年,契約移民としてハワイに渡る。契約終了後は「浮かれ節」(浪花節の前身)を語り,全島を巡業する。その後の消息は不明。

[文献] 異国遍路 旅芸人始末書(宮岡謙二) 修道社 昭46 〔楠家重敏〕

岩屋 虎之助 いわや・とらのすけ

⇒東郷愛之進(とうごう・あいのしん)を見よ

巖谷 孫蔵 いわや・まごぞう

慶応3年8月2日(1867)〜大正7年11月13日(1918) 法律学者 法学博士 京都帝国大学教授,中華民国大総統府法律諮議 ㊍肥前国(杵島郡)武雄町 ㊍ドイツ：1886年(法律学)

慶応3(1867)年8月2日,佐賀藩士巖谷竜一の次男として肥前武雄町に生まれる。明治17年東京外国語学校ドイツ語科卒業。18(1886)年法律学修学のためドイツに留学,19年イエナ大学に入学,20年ハレ大学に転じ,23年ドクトル・ユリウスの学位を受け,地区裁判所で実務を学んで帰国。東京専門学校,明治法律学校などの講師をした後,25年第三高等中学校

教授となり法学を担当する。翌26年同校法学部主事となる。32年京都帝国大学設立とともに、三高教授から同大学法科大学教授となり、民法第2部を担当する。34年6月に法学博士となる。法科大学に在職4年その運営がようやく軌道に乗った頃、36年在官のまま清国政府の招きに応じ、清国北京大学堂仕学官正教習として赴任する。その後法科大学が清国からの留学生を彼の斡旋で受け入れるようになった。40年京師法政学堂正教習となり、45年中華民国法典編纂会調査員(後中華民国法律調査会顧問と改称)。大正2年6月大総統府法律諮議となるが、6年7月病気のため辞任し、京都帝国大学法科大学教授を退官する。大正7(1918)年11月13日、東京牛込の自宅で死去。享年52歳。

㊗東京・青山霊園

[文献] 哀辞 故評議員法学博士巌谷孫蔵君：京都法学会雑誌 13(2) 大7／大日本博士録 1 発展社 大10／京都帝国大学史 京都帝国大学 昭18／日本人名大事典1 平凡社 昭54 〔長谷川勉〕

巌谷 立太郎 いわや・りゅうたろう

安政4年8月14日(1857)～明治24年1月24日(1891) 鉱山学者 工学博士 〔採鉱冶金の技術改良に貢献〕 ㊗近江国水口 ㊤ドイツ：1877年(鉱山冶金学)

安政4(1857)年8月14日、書家巌谷修の長男として近江国水口に生まれる。幼年期に藩儒・中村栗園に漢籍を学び、その総明さ記憶力の良さで神童と言われる。明治1年、父に従い京都で神山鳳陽に漢籍を習う。3年10月、藩の貢進生として東京に出て大学南校に入る。6年、同校が開成学校と改称し、彼は化学を専攻する。8年本科に進む。10(1877)年5月、鉱山学修業のためドイツ留学を命ぜられ、同年10月ザクセン州フライブラク鉱山大学に入学、冶金学を専攻する。13年10月、銀鉛冶金上の論文を草し、試験の上ヒュッテン・エンジニールの学位を受ける。その後フライブルク市官行冶金所で実地研究に従事し、ヴァイスバッハ教授の依頼で同教授発明の鉱物ウィクレリストの化学成分の検定をしたり、ヴィンクラー教授の依頼でコーボルト精錬研究を行った。しかし、実験・研究に熱中したため肺結核を患い、ドイツで研究を続行したいと望みながらも、やむなく14年8月帰国。帰国後1年間は、神戸で静養しながら文部省の依頼で、ドイツの採鉱学文献の翻訳を行った。16年東京大学理学部講師となり、18年4月教授に就任する。21年6月工学博士。本務のかたわら農商務省鉱山局の技師を兼ね、日本全国の諸鉱山を巡回、採鉱冶金の方法を改良するなど、殖産興業に貢献した。病弱でありながら中学校師範学校教員免許学力試験委員、内国勧業博覧会審査員等としても活躍する。21年に条約の改正が議にのぼったときはその阻止に奔走するなど、その行動力に人びとは感服し、22年の衆議院議員選挙の時に有志の人々が滋賀県2区から立候補させようとしたほどであった。明治24(1891)年1月24日死去。享年35歳。 ㊗滋賀県水口・霊山・正法寺

[文献] 巌谷立太郎君の伝(天台道士)：日本鉱業会誌 7(73) 明24／大日本博士録5 発展社 昭5／明治過去帳—物故人名辞典(大植四郎編) 東京美術 昭46／日本人名大事典1 平凡社 昭54 〔長谷川勉〕

岩山 壮八郎 いわやま・そうはちろう

天保10年10月(1839)～明治25年1月13日(1892) 農務省官吏、県知事 〔農業振興〕 ㊗鹿児島 ㊤アメリカ：1871年(農学)

天保10(1839)年10月鹿児島に生まれる。尺振八に学ぶ。明治4(1871)年2月、民部省の留学生としてアメリカに渡る。マサチューセッツ州のアムルルスト農学校で勉学し、その後岩倉使節団に従ってヨーロッパに赴く。再びアメリカに戻り農産物の種子・農具・家畜などを携えて6年8月11日帰国。内藤新宿試験場、下総牧羊場の経営にあたり、勧農局や農務局の要職や県知事を歴任。明治25(1892)年1月13日死去。享年54歳。

[文献] 近代日本の海外留学史(石附実) ミネルヴァ書房 昭47／近代日本海外留学生史上(渡辺実) 講談社 昭52／幕末明治海外渡航者総覧(手塚晃編) 柏書房 平4／幕末維新人名事典 新人物往来社 平6 〔楠家重敏／富田仁〕

【う】

上坂 多賀之助　うえさか・たがのすけ
生没年不詳　海軍軍人　⑭福井　㊗別名＝多賀之介　㊤アメリカ：1871年（海軍軍事研修）

　生没年不詳。福井の出身。明治4（1871）年2月22日，海軍兵学寮の留学生として海軍修業のためアメリカへ渡る。帰国後，海軍軍人となるが，その後の消息は不明。

[文献]　海軍兵学校沿革（海軍兵学校編）　原書房　昭46
〔楠家重敏〕

上杉 勝賢　うえすぎ・かつかた
嘉永3年3月3日（1850）～明治31年10月4日（1898）　留学生　子爵　⑭米沢　㊤アメリカ：1870年（留学）

　嘉永3（1850）年3月3日，米沢新田藩士上杉斎憲の四男として生まれる。明治3（1870）年にアメリカへ渡りアーモスト大学で学ぶ。9年帰国。その後の消息は不明であるが，明治31（1898）年10月4日死去。享年49歳。

[文献]　近代日本の海外留学史（石附実）　ミネルヴァ書房　昭47／近代日本海外留学史　上（渡辺実）　講談社　昭52／幕末明治海外渡航者総覧（手塚晃編）　柏書房　平4
〔楠家重敏／富田仁〕

上杉 茂憲　うえすぎ・もちのり
天保15年2月8日（1844）～大正8年4月18日（1919）　裁判官　伯爵　⑭出羽国米沢　㊗幼名＝龍千代，喜平次，別名＝章憲　㊤イギリス：1872年（留学）

　天保15（1844）年2月8日，上杉斎憲の子として米沢城に生まれる。慶応1年，父の名代として上洛し京都警護にあたる。明治2年6月7日版籍を奉還して藩知事になるが，4年廃藩により免ぜられる。5（1872）年1月，千坂嘉遯斎（高雅）を伴いイギリスに留学するが，翌年帰国。14年沖縄県令兼判事となる。翌年，検事となり元老院議官に任じられる。23年には貴族院議員となる。大正8（1919）年4月18日死去。享年76歳。

[文献]　米沢市史　米沢市役所〔編刊〕　昭19／近代日本の海外留学史（石附実）　ミネルヴァ書房　昭47／大正過去帳―物故人名辞典（稲村徹元他編）　東京美術　昭48／日本人名大事典1　平凡社　昭54／明治維新人名辞典（日本歴史学会編）　吉川弘文館　昭56
〔楠家重敏〕

上田 万年　うえだ・かずとし
慶応3年1月7日（1867）～昭和12年10月26日（1937）　国語学者，言語学者　文学博士　帝国学士院会員　〔国語・国字政策の権威，国語辞典の編纂〕　⑭江戸大久保百人町（尾張藩下屋敷）　㊗幼名＝鋤太郎　㊤ドイツ：1890年（言語学）

　慶応3（1867）年1月7日，尾張藩士上田虎之丞の長男として江戸尾張藩下屋敷で生まれる。明治3年に父がコレラで死去ののち母の手ひとつで育てられる。12年，東京府中学校に入学，同年中に大学予備門に移る。よく学ぶ一方，当時移入された野球や芝居に熱中し，一度落第の憂き目にあう。18年東京大学文学部和漢文学科に入学する。予備門時代からの作家志望であったが，外人教師イギリス人の言語学者バジル・ホール・チェンバレンの影響で日本語学研究を志すようになる。21年7月帝国大学文科大学和文学科を卒業，大学院に進学する。院生でありながら英語学嘱託講師も務める。22年は「言語上の変化を論じて国語教授の事に及ぶ」と題する講演を行ったり，吉川書店からグリム童話の翻訳『おほかみ』を出版したり講演・著作に活躍する。23（1890）年9月，加藤弘之帝国大学総長・外山正一文科大学長の強力なすすめにより，渡独。始めはベルリン大学，ついでライプツィヒ大学で言語学を学ぶ。とくにライプツィヒ大学では言語学の権威ガベレンスの教えを受けた。3年間のドイツ留学後，さらに半年フランスに留学し27年6月帰国。帰国の翌月帝国大学教授となり，博言学講座（後に言語学と改称）を担当。講義のほか「欧州諸国における綴字改良論」を雑誌『太陽』（明治28年7月）に発表したり『国語のため』（冨山房　明治28年）を上梓したり「標準語に就きて」とか「新国字論」などの講演をして，国語問題に関する活発な啓蒙運動を展開する。29年7月には図書編纂審査委員，30年9月には尋常中学校教科細目調査委員に任ぜられる。31年1月『帝国文学』に「Ｐ音考」を発表する。古代日本語のハ行はＰ音だったとするもので，学界で大反響をよびおこした。賛否両論百出した

新訂増補 海を越えた日本人名事典　141

が、当時としては新しい学説で、従来本居宣長が上古にはこうした音は存在せずという説を唱え誰も異論は唱えていなかった。これはドイツ留学の大きな成果であった。31年7月24日、国字改良会が設立され、加藤弘之、井上哲次郎らとこれに参加、11月には文部省専門学務局長兼文部省参与官に任命され、翌年文学博士の学位を授与される。35年3月、文相菊池大麓との意見の相違から文部省専門学務局長を辞し、東京帝国大学教授の職務に専念する。4月加藤弘之を委員長とする国語調査委員会が発足、大槻文彦とともに主査委員となる。36年6月、『国語のため第2』、9月に『最新英和辞典』(共著)を冨山房より上梓する。45年東京帝国大学文科大学学長となる。大正4年4月冨山房から『ローマ字で引く国語辞典』、5月三省堂から『日本外来語辞典』を刊行。10月には彼の監修で『大日本国語辞典』全5巻(松本簡治編 昭和3年完結)の刊行を開始する。6年、イギリスのジョージ・アーネスト・モリソンの蔵書を購入して東洋文庫を作る。11年臨時国語調査会会長、15年日本音声学協会会長、学士院選出の貴族院議員となる。昭和2年東京帝国大学を停年退官と同時に国学院大学学長に就任、2年間その職にあった。7年貴族院議員の任期が切れてからは、健康に恵まれず、9年脳溢血で倒れ、翌年直腸癌の診断が下され、昭和12(1937)年10月26日、小石川駕籠町の自宅で死去。享年71歳。 ⑧東京・谷中霊園

[文献] 上田万年博士追悼録：国語と国文学 14(2) 昭12／学者的政治家としての上田博士(保科孝一)、上田先生といふ人(大島正徳)：教育 5(12) 昭12／上田万年博士追懐号：国漢 45 昭13／上田万年博士追悼号並終刊号：方言 8(2) 昭13／上田先生の思出(杉敏介)：国語と国文学 15(2) 昭13／神道家としての上田万年大人(深作安文)：神道学雑誌 23 昭13／上田万年博士追憶記(杉浦鋼太郎)：国漢 昭13.12／上田万年先生(高藤武馬)：文芸文化 昭15.2／父の書斎と私の遊場所(円地文子)：書斎 昭15.12／父上田万年を語る(上田寿)：文部時報 730 昭16／上田万年先生を憶ふ、上田万年先生と国学(久松潜一)、『思頼抄』 靖文社 昭18／上田万年博士の業績(筧五百里)：国文学解釈と鑑賞 16(12) 昭26／明治の文人学人(久松潜一) 『年々去来』 広済堂出版 昭42／上田万年先生のこと—山田孝雄博士からの聞書：館友 昭43.1／上田万年博士—没後三十年に憶ふ(伊藤正雄)：新文明 昭43.1／上田万年(岩田光子)『近代文学研究叢書42』(近代文学研究室編) 昭和女子大学近代文化研究所 昭50／日本人名大事典1 平凡社 昭54／近代日本哲学思想家辞典(伊藤友信他編) 東京書籍 昭57／日本近代思想の相貌—近代的「知」を問いただす(網沢満昭) 晃洋書房 平13
〔長谷川勉〕

上田 仙太郎　うえだ・せんたろう

慶応3年1月2日(1867)〜昭和15年3月23日(1940)　外交官　〔レーニンの学友〕　⑧肥後国(鹿本郡)桜井村　⑳ロシア：1896年(留学)

　慶応3(1867)年1月2日、肥後国桜井村に生まれる。済々黌で明治の国権主義政治家・佐々友房に学ぶ。明治21年に上京。独逸学協会でドイツ語を修得し28年卒業。29(1896)年6月にロシア留学。苦学の末、33年にペテルブルグ大学に入学し、同級のレーニンと友人になる。日露戦争を前にして、駐在武官・明石元二郎と共に謀略活動に従事し、37年2月帰国。講和後の39年には駐露大使館員として、日露の関係回復に尽力。在ロシア生活は25年に及び、外務省のソ連関係者の先達となった。昭和15(1940)年3月23日死去。享年74歳。

[文献] 上田仙太郎伝—ロシア通の仙骨外交官(坂口敏之) 葦書房 昭60／幕末明治海外渡航者総覧(手塚晃編) 柏書房 平4／データベースWHO 日外アソシエーツ
〔藤田正晴〕

上田 友輔　うえだ・ともすけ

生没年不詳　幕臣　幕府定役元締　⑳フランス：1862年(遣欧使節に随行)

　生没年不詳。文久1(1862)年、44歳頃遣欧使節に幕府定役元締として随行する。

[文献] 日露領土問題1850—1875(バートン著 田村幸策訳) 鹿島研究所出発会 昭42／大君の使節—幕末日本人の西欧体験(芳賀徹) 中央公論社 昭43(中公新書23)／幕末教育史の研究2—諸術伝習政策(倉沢剛) 吉川弘文館 昭59
〔富田仁〕

上田 寅吉　うえだ・とらきち

文政6年3月10日(1823)〜明治23年9月12日(1890)　船大工、海軍技師　〔軍艦建造に功労〕

㊥伊豆戸田村　㊦オランダ：1862年（造船学）

　文政6(1823)年3月10日、伊豆戸田村の大中島で生まれる。先祖については定かでないが代々船大工の家柄であったらしい。安政1年の暮、戸田村においてロシア艦「ヘダ号」の建造に際して造船世話役（棟梁）として活躍し、このとき製図法、竜骨の据え方、肋骨の張り方などをロシア人より学ぶ。その後、幕命によりヘダ号と同型のスクーナー型（西洋式帆船）6隻を村の棟梁たちと協力して建造。安政2年8月、大工・鈴木七助とともに長崎海軍伝習所に出張を命じられ、オランダ人より蒸気船機械製作の伝習を受けることになり、約1ヶ年間、長崎に滞在。御用中は羽織半纏、帯刀を許されたばかりか、日当として銀18匁支給された。文久2(1862)年秋、幕府派遣の留学生としてオランダへ赴く。渡蘭後、ライデンでしばらく暮らしたのち赤松らとドルトレヒトに移り、ヒップス造船所で開陽丸の建造を見学したり実習した。のち赤松とアムステルダムのオランダ海軍造船所で研修。慶応3年3月、オランダ留学生の内田、榎本らとともに帰国。帰国後、名を虎吉から寅吉に改める。4年8月、軍艦開陽丸に乗船し北海道に行き、五稜郭戦争に参加。箱館戦争終結後の明治3年に海軍省へ出仕し、横須賀造船所の大工士（職長）となり、以後、艦船の建造に従事する。4年造船中手となり、月給50両を給される。5年2月三等中手、同年10月に主船寮十二等出仕となる。9年から10年まで、赤松大三郎（則良）の横須賀造船所所長在任中に、天城、清輝、海門、天龍の4艦が建造されたが、これらの艦の図面を引いたのは寅吉であった。19年4月、端船工場長（四等出仕）となり、同年5月海軍一等技手、造船科船渠工場長となったのを最後に職を辞す。晩年は故郷の戸田村で暮らし、明治23(1890)年9月12日死去。享年68歳。御浜岬の造船郷土資料博物館前に、寅吉の人と業績を伝える大工士碑が建っている。

㊧静岡県戸田村・大行寺

[文献]　横須賀海軍船廠史　上・下（横須賀海軍工廠）　大／赤松則良半生談（赤松範一編）　平凡社　昭52（東洋文庫）／ヘダ号の建造（戸田村文化財専門委員会編）　昭54／幕府オランダ留学生（宮永孝）　東京書籍　昭57（東選書）／幕末・明治　匠たちの挑戦―現代に甦るプロジェクトリーダーの本質（長尾剛）　実業之日本社　平16　　〔宮永孝〕

上野　景範　うえの・かげのり

弘化1年12月1日(1845)～明治21年4月11日(1888)　外交官　㊧薩摩国鹿児島城下塩屋町　㊥本名＝敬助　幼名＝定次郎　㊦アメリカ：1869年（ハワイ移民・待遇問題談判）

　弘化1(1845)年12月1日、薩摩藩士上野泰助景賢の子として生まれる。安政3年長崎に赴いて蘭学を学び、ついで英学に転じ、文久2年暮、洋学研究のために上海に密航する。翌3年暮、幕府外国奉行池田長発らの遣欧使節が上海に寄航した際に欧行を企てたが、逆に長崎に送還される。元治1年、新たに設置された鹿児島開成所の教授となり英語を教える。明治1年、外国事務御用掛となり堺事件を処理、妙国寺における土佐藩士11名の割腹を検分する。同年造幣器械購入のため香港へ出張する。翌2(1869)年ハワイ移民待遇問題談判のためサンフランシスコに赴く。3年以後、民部権少丞、大蔵大丞、租税headed、横浜運上所在勤など大蔵関係の任務を歴任するが、4年外務省に転じ、駐米弁理公使、外務少輔を経て7年から12年まで特命全権公使としてイギリスに駐在する。帰国後、13年外務大輔、15年頃に駐オーストリア特命全権公使としてウィーンに赴く。18年元老院議官となる。明治21(1888)年4月11日死去。享年45歳。

㊧東京都港区・瑞聖寺

[文献]　上野景範履歴（小寺秀信編）　『薩藩海軍史』　原書房　昭43（明治百年史叢書）／明治過去帳―物故人名辞典（大植四郎編）　東京美術　昭46／明治維新人名辞典（日本歴史学会編）　吉川弘文館　昭56

〔高橋公雄／富田仁〕

上野　金太郎　うえの・きんたろう

慶応2年10月9日(1866)～昭和11年6月4日(1936)　実業家、薬学者　薬学博士　〔大日本ビールの経営に参加〕　㊦ドイツ：1896年（ビール製造）

　慶応2(1866)年10月9日、上野鍵三郎の三男として生まれる。明治18年第一高等中学校入学、21年卒業。同年帝国大学医科大学薬学科に入学、25年7月卒業し薬学士となる。25年9月帝国大学医科大学大学院に入ったが、27年日本ビール株式会社に入社する。29(1896)年9月、社命でドイツに渡航しビール製造を学ぶこと2年、帰国、31年11月技師長となる。39年

3月，日本ビール株式会社解散にともない，大日本ビール会社恵比寿工場長に就任。41年，論文「内国産阿片の『ナルコチン』含量について」で薬学博士の学位を取得。大正6年大日本ビール取締役となる。昭和8年東京薬学専門学校校長となる。昭和11(1936)年6月4日死去。享年71歳。

|文献| 日本人名大事典1　平凡社　昭54
〔長谷川勉〕

上野 良太郎　うえの・りょうたろう
⇒町田久成（まちだ・ひさなり）を見よ

上原 伸次郎　うえはら・しんじろう
万延1年5月11日(1860)～大正7年3月19日(1918)　海軍軍人，少将　⊕信濃国松代
㊨ドイツ：1893年（留学）

万延1(1860)年5月11日，松代藩士・上原宇三郎の子に生まれる。海軍兵学校卒業。明治16年海軍少尉となり，佐世保鎮守府参謀を経て，摩耶・赤城・須磨・秋津洲・明石・敷島の艦長を歴任。この間，明治26(1893)年から27年，および29(1896)年から31年の2度，ドイツに派遣される。日露戦争では海軍兵学校教頭兼監事長として教育に当たった。海軍教育本部第一部長，佐世保鎮守府参謀長などを経て，39年呉鎮守府参謀長となった。40年少将となり，同年将官会議議員を務めた。大正7(1918)年3月19日死去。享年59歳。

|文献| 幕末明治海外渡航者総覧（手塚晃編）
柏書房　平4／データベースWHO　日外アソシエーツ
〔藤田正晴〕

上原 勇作　うえはら・ゆうさく
安政3年11月(1856)～昭和8年11月8日(1933)
陸軍軍人，元帥　子爵　〔工兵全般の改善・刷新に尽力〕　⊕日向国都城　㊨フランス：1881年（陸軍軍事研修）

安政3(1856)年11月，鹿児島藩都之城士・龍岡資弦の二男として生まれる。明治12年陸軍士官学校卒業後，その年の2月2日に陸軍工兵少尉となり，14年1月まで少尉生徒として士官学校に在学。同年2月5日には鎮台工兵第一大隊小隊長となり，同年(1881)3月23日付で砲兵少尉の楠瀬幸彦と森雅守とともにフランス留学を命ぜられる。3人は士官学校第3期生である。6月5日に東京を発ち，横浜から仏国郵船に乗り，スエズ運河を経て，40日後マルセイユに到着。パリへ直行するとただちにグルノーブル市の工兵第4連隊に入り，その隊付となる。連隊長ランケー工兵大佐の指示により，ラタルー教授について高等数学と理化学，アルダン教授のもとで社会学及びフランス文学，語学を学ぶ。勤務はフランスの少尉の職分と少しも異なることはない。語学力に関しては従来の学習が文法重視であったためとグルノーブルが地理的にイタリアに近いための2つの理由から，発音の困難さをとくに感じた。そのため会話を中心に練習を重ねる。15年8月2年間の準備期間後，試験を経てフォンテーヌブロー市の砲工兵実施学校に優秀な成績で入学。17年，大山巌陸軍卿の一行が欧州巡察のため訪れる。やがてグルノーブルの工兵連隊に復帰し，3,4ヶ月後，さらに要塞の研究に従事するため，大西洋岸のブレストへ赴く。この要港に設備された砲台について，半年間砲台築造の研究に没頭。当時陸軍大佐の大迫尚敏，長谷川好道等が視察のためフランスに来ていたので，楠瀬幸彦，森雅守とともにフランスばかりでなくドイツへも赴き案内の労をとる。18年帰国。翌年2月陸軍士官学校教官，さらに臨時砲台建築部事務官，転じて工兵第5大隊長となる。日清戦争では第1軍参謀。戦後，参謀本部部長，工兵監を歴任し，日露戦争では第4軍参謀。戦後，師団長を経て，大正1年，第2次西園寺内閣の陸相に就任，2個師団増設要求が容れられないため単独辞職して内閣を倒し，大正政変のきっかけを作る。3年教育総監，翌年大将に進み，参謀総長となり，大正11年までその任にある。その前年，10年には元帥に列せられる。晩年は薩摩閥の長老として田中義一や宇垣一成に対抗した。昭和8(1933)年11月8日死去。享年78歳。㊨東京・青山霊園

|文献| 上原元帥伝記資料（加藤純吾編）謄　昭9／元帥上原勇作伝1～2　同伝記編纂委員会編刊　昭12／上原元帥の青年時代（財都泉）都城市役所　昭18／工兵の父　上原勇作伝（神戸雄一）　新興亜社　昭18／上原勇作関係文書（上原勇作関係文書研究会編）　東京大学出版会　昭51／近代日本海外留学生史上（渡辺実）　講談社　昭52／異国遍路　旅芸人始末書（宮岡謙二）　中央公論社　昭53（中公文庫）／日本人名大事典1　平凡社　昭54／近代日本内閣史論（藤井貞文）　吉川弘文館　昭63
〔志村公子〕

上村 四郎　うえむら・しろう

生没年不詳　留学生　[渡]フランス：1872年（工学）

生没年不詳。明治5（1872）年にフランスに留学する。留学の目的は工学研修とみられる。その後の消息は不明。

[文献] 近代日本の海外留学史（石附実）　ミネルヴァ書房　昭47　〔富田仁〕

植村 正久　うえむら・まさひさ

安政4年12月1日（1858）～大正14年1月8日（1925）　キリスト教指導者，評論家　[生]上総国（山辺郡）武謝田村　[名]幼名＝道太郎，筆名＝謙堂，乾坤生，謙堂漁叟　[渡]アメリカ，イギリス：1888年（外国事情視察）

安政4（1858）年12月1日，植村寿十郎の長男として上総国武謝田村に生まれる。洋学をすすめる父母の意に従って明治3年に横浜に出る。修文館に入学し，S.R.ブラウンに学ぶ。さらに宣教師ジョン・バラの塾に入り，10年には東京一致神学校でキリスト教の伝道に励んだ。19年，明治学院の創立とともに理事となる。21（1888）年3月，英米視察のため横浜を出航，ニューヨーク，ワシントン，ロンドンなどを視察して，翌年2月に帰国。ロンドンでは宗教書や文学書に親しみ，カーライルの遺跡をたずね，貧民救済や婦人問題に関心を抱く。この外遊によって日本の国家や社会，自己のあり方などについて考えるところが多かったといわれる。23年，『日本評論』を創刊し，次いで『福音週報』を刊行。36年，東京神学社をつくりキリスト教布教に力を尽す。43年，朝鮮の独立運動に対して寛容であるべきを説いた「朝鮮の基督教」（『福音新報』）が当局の忌諱にふれ発禁となり，翌年の大逆事件に連座して死刑となった大石誠之助に対して同情するなど，自己の所信に忠実に行動する。44（1911）年10月，再度外遊に出発し，サンフランシスコ，シアトル，バンクーバー，ニューヨーク，ロンドンを巡り，翌年4月に帰国。さらに大正11（1922）年4月，日本基督教会創立五十年記念特使として3度外遊し，アメリカ，カナダ，スコットランドなどの教会を訪問し，エジプト，パレスチナを経て，同年9月に帰国。大正14（1925）年1月8日，食事中に心臓麻痺にかかり急逝する。享年67歳。

[墓]東京・多磨霊園

[文献] 植村正久全集1～8（植村全集刊行会編）　昭8～9／植村正久伝（青芳勝久）　教文館　昭10／自叙伝（斉藤勇編）『植物正久文集』　岩波書店　昭14（岩波文庫）／近代文学研究叢書23（近代文学研究室編）　昭和女子大学近代文化研究所　昭40／日本の代表的キリスト者2　海老名弾正・植村正久（砂川万里）　東海大学出版会　昭40／植村正久著作集1～7　新教出版社　昭41～42／植村正久　その人と思相（京極純一）　新教出版社　昭41（新教新書）／日本人名大事典1　平凡社　昭54／明治維新人名辞典（日本歴史学会編）　吉川弘文館　昭56／近代日本哲学思想家辞典（伊藤友信他編）　東京書籍　昭57／植村正久伝―伝記・植村正久（青芳勝久）　大空社　平4（伝記叢書）／植村正久文集（斎藤勇編）　岩波書店　平7（岩波文庫）／植村正久（佐藤敏夫）　新教出版社　平11（植村正久とその弟子たち）／植村正久と其の時代　復刻三版（佐波亘編）　教文館　平12／植村正久―生涯と思想（大内三郎）　日本キリスト教団出版局　平14　〔楠家重敏〕

浮田 和民　うきた・かずたみ

安政6年12月28日（1860）～昭和21年10月28日（1946）　政治学者，社会評論家　[生]肥後国熊本竹部久本寺東横町　[名]洗礼名＝トーマス浮田　[渡]アメリカ：1892年（留学）

安政6（1860）年12月28日，肥後国熊本竹部久本寺東横町に生まれる。熊本洋学校時代にキリスト教に入信する。明治12年同志社卒業後は『六合雑誌』に関係し，19年から30年まで同志社政法学校講師，同志社大学教授。この間，25（1892）年エール大学に私費留学し27年帰国。30年以降，東京専門学校講師，早大教授をつとめ，西洋史，政治学などを講義した。昭和16年退職，名誉教授。その一方で『太陽』主幹をつとめるなど大正デモクラシーの代表的思想家として活躍した。主著に『倫理的帝国主義』『政治学概論』『日米非戦論』など。昭和21（1946）年10月28日死去。享年88歳。

[文献] 熊本バンド研究　浮田和民と徳富蘇峰―若き日の思考と論理（平林一）　みすず書房　昭40／幕末明治海外渡航者総覧（手塚晃編）　柏書房　平4／事典近代日本の先駆者　日外アソシエーツ　平7／浮田和民先生追懐録―伝記・浮田和民（故浮田和民先生追懐録編纂委員会編）　大空社　平8（伝記叢書）／浮田

和民の思想史的研究―倫理的帝国主義の形成（姜克実）不二出版　平15／データベースWHO　日外アソシエーツ　〔藤田正晴〕

牛嶋 謹爾　うしじま・きんじ
文久4年1月6日（1864）～大正15年3月27日（1926）　実業家　〔アメリカ・カナダの開拓者、ポテト王〕　㊦筑後国（三潴郡）鳥飼村（大字梅満字掛赤）　㊞幼名＝清吉　㊥アメリカ：1888年（英語学習、農園づくり）

文久4（1864）年1月6日、豪農牛嶋弥平の三男として筑後国鳥飼村に生まれる。明治11年、漢学者江碕済の北汭義塾の門に入り薫陶を受ける。その後上京して二松学舎に学び、20年に東京高等商業学校を受験するが失敗する。その原因が英語力の不足にあると知ると、「同じ英語を勉強するなら日本では駄目だ、その本場でなくては」と自らに誓い、21（1888）年の暮、アメリカに渡る。サンフランシスコに着いたのち働きながら英語を学んでいるうち、「馬鈴薯は白人に取り『米の飯』みたいなものである。よしこの薯作りをやろう」と決意する。辛苦耐乏の末、カリフォルニアのニュー・ホープ村に新開地をもとめる。その後、各地にポテト農園をつくり、「ポテト王」の異名を得ることになる。日本移民を排斥しようとする風潮がはげしくなった41年には、選ばれて在米日本人会の会長となる。その後、メキシコにもポテト園開拓の鍬をのばす。デルタの荒地を美田に変えた面積は4万5千エーカーにも及んだという。大正15（1926）年、帰国の途中に商用で立ち寄ったロサンジェルスで突然発病し、3月27日、ハリウッド病院で死去。享年63歳。3月30日ロサンジェルス在留の日本人の主催で告別式が行われた。　㊧サンフランシスコのサンマテオ

〔文献〕先人の面影―久留米人物伝記　久留米市　昭36／日本人名大事典1　平凡社　昭54
〔楠家重敏〕

歌原 十三郎　うたはら・じゅうざぶろう
安政6年（1859）～明治15年2月16日（1882）　留学生　〔サン・テチェンヌで客死〕　㊥フランス：1877年（採鉱冶金）

安政6（1859）年に生まれる。京都仏学校でフランス語教師レオン・デュリーに師事し、デュリーの上京に随って、東京外国語学校上級2等に進学する。明治10（1877）年デュリー帰国を機に、稲畑勝太郎、横田万寿之助ら7人とともに渡仏し、リヨンのモンテ・サン・バルテルミー学塾で暫く語学を修めたのち、サンテチェンヌのミーン鉱業学校で、採鉱冶金を修める。明治15（1882）年2月16日、サン・テチェンヌで肺結核のため死去。享年24歳。㊧サンテチェンヌ市営墓地、のちにレオン・デュリーが眠る南フランス・ランベスクのデュリー家の墓

〔文献〕異国遍路　旅芸人始末書（宮岡謙二）修道社　昭46／日仏文化交流史の研究―日本の近代化とフランス人（西堀昭）駿河台出版社　昭56／京都フランス物語（田村喜子）新潮社　昭59
〔山口公和〕

内田 康哉　うちだ・こうさい
慶応1年8月10日（1865）～昭和11年3月12日（1936）　政治家、外交官　外務大臣、満鉄総裁、貴族院議員　〔国連脱退など孤立外交を推進〕　㊦肥後国（八代郡）和鹿島村（字鹿野）　㊞幼名＝健太郎　㊥アメリカ：1888年（外交官として赴任）

慶応1（1865）年8月10日、熊本藩士内田玄真の長男として生まれる。同志社や熊本の広取英語学校で学んだのち東京大学に入学する。明治20年に卒業し外務省に入り取調局で勤務する。翌年（1888）ワシントンに赴任し22年に帰国する。その後、イギリスや清国の公使館書記官、外務省総務局長などを歴任し34年に清国公使となり、日露開戦の場合は清国が中立を維持するよう勧告したり清露間の情報探知を行うなど日露戦争前後の対清工作を進める。40年にオーストリア大使となる。42年にはアメリカ大使となり日米通商航海条約の調印などを行い、44年に帰国し外務大臣に就任する。大正5（1916）年、ロシア大使となりロシア革命に遭遇する。7年に帰国し外務大臣を経て14年に枢密顧問官となり、昭和3年パリ不戦条約会議全権として派遣され不戦条約に署名するが、この条約の批准をめぐり憲法問題が生じ引責辞任する。その後、5年に貴族院議員、6年には満鉄総裁となり鉄道輸送の充実による軍事への協力を推進する。7年、斎藤内閣の外務大臣に就任し満州国の承認や国際連盟からの脱退など国際的非難をうける政策に深く関与し、焦土外交と称される。昭和11（1936）年3月12日死去。享年72歳。

[文献] 人物評論16 加藤高明と内田康哉：中央公論（反社） 266 明44／人物評論96 露国大使を辞任せる内田康哉子：中央公論（中央公論社） 360 大7／内田康哉（内田康哉伝記編纂委員会，鹿島平和研究所編） 鹿島研究所出版会 昭44／日本人名大事典1 平凡社 昭54 〔湯本豪一〕

内田 恒次郎 うちだ・つねじろう

天保9年11月20日(1839)～明治9年2月1日(1876) 教育者，著述家 〔『輿地誌略』などのベストセラーを執筆〕 ㊗江戸 ㊚諱＝成章，通称＝正雄 ㋺オランダ：1862年（海軍諸術，造船学，地理学）

　天保9(1839)年11月20日，小普請組百俵取の万年三郎兵衛の次男として江戸に生まれる。安政3年昌平坂学問所の試験に甲科及第し，俊才の名をほしいままにしていたが，時勢が刻々と変わっていく中で蘭学に志し，赤松大三郎からオランダ語の手ほどきを受ける。安政4年，長崎の海軍伝習所でオランダ人教師について航海，運用，測量，語学などを学び，江戸に帰ってからは軍艦操練所教授方手伝として出仕する。万延1年の春，下総小見川の領主内田加賀守（1万石）の末子-旗本1500石，内田左膳（御書院番）の婿養子となる。文久2(1862)年，幕府はオランダに海軍留学生16名を派遣することになったが，一行の中でいちばん身分が高いことから留学生取締役（団長）となる。オランダには3年4月から慶応2年10月まで滞在し，この間主としてハーグに住み，オランダ海軍士官より海軍諸術（船具，砲術，運用）や造船学を学んだ。在蘭中，イギリスに行き造船所・機械工場・鉱山等を見学する。3年3月に榎本，沢，田口，上田，古川，山下，大野，中島ら8名とともに開陽丸で帰国。帰国後，両番格軍艦役より軍艦頭並となり，4年1月には軍艦頭となる。明治1年11月，学校取調御用掛となり，2年7月大学少丞，10月には大学権大丞に進み，大学中博士となる。4年文部中教授まで進んだが，6年7月に官を辞して野に下り，以後著訳述に従事する。明治2年には『海軍沿革史』や『和蘭学制』，3年には大学南校より『輿地誌略』（世界地理書）を出版したが，この本は当時のベストセラーになった。しかし，この稀代の秀才も，何冊かの著訳書を残したのを最後に，明治9(1876)年2月1日死去。享年38歳。

㊣東京白金台・瑞聖寺
[文献] 北方の空白（吉田武三） 時事通信社 昭45／明治維新人名辞典（日本歴史学会編） 吉川弘文館 昭56／幕末和蘭留学関係史料集成（日蘭学会編） 雄松堂 昭57／幕府オランダ留学生（宮永孝） 東書籍 昭57（東書選書）／続・幕末和蘭留学関係史料集成（日蘭学会編） 雄松堂 昭59 〔宮永孝〕

内村 鑑三 うちむら・かんぞう

文久1年3月23日(1861)～昭和5年3月28日(1930) キリスト教思想家，独立伝道者 〔日本キリスト教界の代表的指導者〕 ㊗江戸小石川鳶坂上（高崎藩邸） ㊚クリスチャン・ネーム＝ジョナサン ㋺アメリカ：1884年（罪の苦悩を癒す）

　文久1(1861)年3月23日，上野国高崎藩士内村金之丞宜之の長男として江戸小石川に生まれる。厳格な儒教の教育を受けたのち，明治6年，私立有馬学校に入学，翌年，東京外国語学校に編入学し，英学を学ぶ。17歳のとき札幌農学校に第2期生として入学，同期生に太田（新渡戸）稲造，宮部金吾らがおり，3人の間に終生変わらぬ友情が続いた。教頭ウィリアム・クラークが残した「イエスを信ずる者の誓約」に遂に折れて署名する。受洗しクリスチャン・ネームに友情の人ジョナサンを選んだ。札幌農学校を首席で卒業，卒業演説の題は「漁業もまた学術の一なり」であった。卒業後，開拓使御用掛となり，水産の調査，とくに「あわび」の研究調査に業績をあげた。公務のかたわら友人たちと協力して平信徒による札幌独立教会を設立し，外国のミッションから独立した。15年退官し上京，津田仙の学農社の講師，ついで農商務省水産課に勤務，この頃全国基督教信徒大親睦会にて「空ノ鳥ト野ノ百合花」と題して熱弁をふるい，札幌代表内村ありと参加者に強い印象を与えた。翌年浅田タケとの結婚に失敗し，深刻な精神的打撃を蒙り，その心の傷が癒されないため，また「人となり，愛国者となる」ために，17(1884)年私費でアメリカに向け出帆する。18年ペンシルヴァニア州，エルウィンの白痴院に看護人として働く。『流寓録』に記されているように，慈善事業に深い関心を抱いていた。白痴院を辞し，新島襄の奨めにより，マサチューセッツ州，アマスト大学に進学，貧窮と戦いつつリベラル・

アーツを修めた。アマストでの最大収穫は総長ジュリアス・H.シーリーを通し信仰の真髄である十字架の発見, 贖罪信仰への回心を体験したことである。アマスト大学を卒業し, さらにハートフォード神学校に進んだが, 中退し21年に帰国した。帰国後, 身を教育界に投じたが, 挫折の連続であった。初め新島襄の同志社に招かれたが, ミッション依存の経営に同意できず断り, その年の秋, 新潟の北越学館に教頭として赴任したが, 外国人宣教師と衝突し, 辞して帰京した。東洋英和女学校で万国史を, 水産伝習所で有用動物学を, 明治女学校で生物学を講義, 23年には第一高等中学校の嘱託教員となり歴史を担当した。翌年の始業式の教育勅語奉読に臨み, 信仰的良心から天皇の署名に奉拝することに躊躇し軽く頭を下げる。これが大問題となり, 国賊と呼ばれ職を失った。世に言う不敬事件である。その間インフルエンザの高熱で臥床, 妻加寿子は看病と心労で倒れ世を去った。大阪の泰西学館, 熊本英学校, 名古屋英和学校と転職, 貧苦のさ中京都で『求安録』, 大阪で『基督教信徒の慰』を執筆, 文筆活動へと転身する。27年には『地人論』, "Justification of the Corean War", "Representative men of Japan", 28年には"How I became a Christian", 30年に『後世への最大遺物』を著わした。30年に『万朝報』の英文欄主筆, 翌年退社, 『東京独立雑誌』を創刊, 33年にこれを廃刊し新たに『聖書之研究』を創刊, 万朝報に客員として再入社した。34年に足尾銅山鉱毒事件に奔走,「理想団」を組織し社会改良運動に挺身した。また国際問題にも関心をよせ, 35年に日英同盟に反対, 36年に日露非開戦論, 戦争絶対反対論を発表し, 万朝報と主張を異にしたため退社した。以来一貫して非戦論を唱え戦争の惨禍を訴えた。33年に女子独立学校を皮切りに, 以後角筈の自宅, 柏木の今井館, 神田青年会館, 大手町の衛生会館, 再び今井館と会場を変え講演, 聖書講義を続けた。伝道が天職となり, 天下の青年を魅了し柏木の聖者と称せられた。教友会, 柏会, 白雨会, エマオ会, 柏木兄弟団などの信徒の会を形成したが, 教会組織によらぬ無教会キリスト教を唱道した。45年, 愛嬢ルツ子の死に臨み復活信仰を把握, 大正6年にアメリカの第一次世界大戦参戦に失望し, 平和は人の力によって来らず, キリストの再臨によっ

て成るという信仰に目醒め, 7年から8年にかけて全国各地に再臨運動を展開した。その信仰は十字架の贖罪, 復活, 再臨を信じる正統信仰であった。昭和5(1930)年3月28日, 心臓病のため死去。享年70歳。㊙東京・多磨霊園 **文献** 内村鑑三(鈴木俊郎編) 淡路書房 昭24／ベルにおくった自叙伝的書翰(山本泰次郎) 新教出版 昭24／若き内村鑑三(阿部行蔵) 中央公論社 昭24／三人の先覚者 民族の独立(亀井勝一郎) 要書房 昭25／内村鑑三(福田清人) 世界社 昭27／内村鑑三(森有正) 弘文堂 昭28(アテネ文庫)／内村鑑三著作集1〜21 岩波書店 昭30／内村鑑三(山本泰次郎) 角川書店 昭32(角川新書)／日本人物史大系5 朝倉書店 昭35／内村鑑三先生と私(塚本虎二) 伊藤節書房 昭36／内村鑑三不敬事件(小沢三郎) 新教出版社 昭36／内村鑑三聖書注解全集1〜17 教文館 昭37／内村鑑三(土肥昭夫) 日本基督教団出版部 昭37(人と思想シリーズ)／内村鑑三とともに―内村鑑三記念講演集(矢内原忠雄) 東京大学出版会 昭37／内村鑑三信仰著作全集1〜25 教文館 昭39／二〇世紀を動かした人々5 講談社 昭39／ある日の内村鑑三先生(斎藤宗次郎) 教文館 昭39／内村鑑三日記書簡全集1〜8 教文館 昭40／日本の代表的キリスト者3 内村鑑三・新渡戸稲造(砂川万里) 東海大学出版会 昭41／内村鑑三 信仰・生涯・友情(山本泰次郎) 東海大学出版会 昭41／内村鑑三(関根正雄) 清水書院 昭42／内村鑑三―真理の証人(中沢洽樹) キリスト教夜間講座出版部 昭46／聖書之研究1〜34 聖書之研究復刻刊行会 昭47／内村鑑三伝(政池仁) 再増補改訂新版 教文館 昭52／内村鑑三―明治精神の道標(亀井俊介) 中央公論社 昭52(中公新書)／内村鑑三―その世界主義と日本主義をめぐって(太田雄三) 研究社出版 昭52／内村鑑三全集1〜40 岩波書店 昭54／日本人名大事典1 平凡社 昭54／評伝・内村鑑三(鳥井呂) あさを社 昭54／近代日本哲学思想家辞典(伊藤友信他編) 東京書籍 昭57／内村鑑三伝―米国留学まで(鈴木俊郎) 岩波書店 昭61／内村鑑三とラアトブルフ―比較文化論へ向かって(野田良之) みすず書房 昭61／内村鑑三―偉大なる罪人の生涯(富岡幸一郎) リブロポート 昭63(シリーズ 民間日本学者)／内村鑑三と寺田寅彦―海に生きたふたり(影山昇) くもん出版 平2(くもん選書)／内村鑑三(新保

祐司）構想社　平2／内村鑑三選集　別巻　内村鑑三を語る（鈴木範久編）岩波書店　平2／正統と異端のあいだ―内村鑑三の劇的なる生涯（武田友寿）教文館　平3／内村鑑三に学ぶ（石川富士夫）日本基督教団出版局　平3／内村鑑三の生涯―近代日本とキリスト教の光源を見つめて（小原信）PHP研究所　平4／内村鑑三・我が生涯と文学（正宗白鳥）講談社　平6（講談社文芸文庫）／峻烈なる洞察と寛容―内村鑑三をめぐって（武田清子）教文館　平7／「内村鑑三」と出会って（堀孝彦、梶原寿編）勁草書房　平8／内村鑑三の生涯―日本的キリスト教の創造（小原信）PHP研究所　平9（PHP文庫）／海をこえて近代知識人の冒険（高沢秀次）秀明出版会　平12／内村鑑三（富岡幸一郎）五月書房　平13（シリーズ宗教と人間）／日本と西洋における内村鑑三―その宗教思想の普遍性（アグネシカ・コズィラ）教文館　平13／内村鑑三と田中正造（大竹庸悦）流通経済大学出版会　平14／内村鑑三著作・研究目録（藤田豊編）教文館　平15／デンマルク国の話―ほか（内村鑑三）教育出版　平15（読んでおきたい日本の名作）／内村鑑三研究（丸谷嘉徳）日本文学館　平16　　　　　　　〔石井勉〕

内村 良蔵　うちむら・りょうぞう
？～明治43年9月19日（1910）　文部省官吏　文部権大書記官　㊥山形　㊥別名＝公平　㊨アメリカ：1871年（岩倉使節団に随行）

　生年不詳。明治4（1871）年、岩倉使節団の田中不二麿書官に随行する。6年帰国。7年、文部省に入り、8年に文部少丞となる。9年ころ東京外国語学校長に転ず。18年に復官して文部権大書記官となる。明治43（1910）年9月19日死去。

[文献] 明治過去帳―物故人名辞典（大植四郎編）東京美術　昭46／岩倉使節の研究（大久保利謙編）宗高書房　昭51／幕末明治海外渡航者総覧（手塚晃編）柏書房　平4
〔楠家重敏／富田仁〕

内山 小二郎　うちやま・こじろう
安政6年10月20日（1859）～昭和20年2月14日（1945）　陸軍軍人、大将　男爵　㊥東京　㊨ロシア：1895年（留学）

　安政6（1859）年10月20日、東京に生まれる。明治13年陸軍士官学校を卒業。16年近衛野砲兵連隊付、26年第1師団参謀、28（1895）年公使館付となりロシアに派遣され、34年帰国。同年野砲兵第1旅団長となり37年日露戦争に従軍、鴨緑江軍参謀を務めた。39年から40年にかけてフランス、ロシアを視察。41年東京要塞司令官、45年第12師団長、大正2～11年侍従武官長をつとめた。10年に男爵、12年陸軍大将、予備役となった。昭和20（1945）年2月14日死去。享年87歳。

[文献] 幕末明治海外渡航者総覧（手塚晃編）柏書房　平4／データベースWHO　日外アソシエーツ
〔藤田正晴〕

宇都宮 鼎　うつのみや・かなえ
慶応1年9月12日（1865）～昭和9年4月19日（1934）　海軍軍人　海軍主計総監　㊥越後国（蒲原郡）中野村　㊨ドイツ：1893年（財政学、金融学）

　慶応1（1865）年9月12日、越後国蒲原郡中野村に生まれる。政法の学を修める。明治26（1893）年海軍主計官としてドイツに留学、7年間滞欧して政治・経済学を修得、主に財政・金融を学んだ。33年帰国の後、海軍大学校勤務、海軍経理学校長、呉鎮守府経理部長などを務め、大正2年主計総監となった。のち早稲田大学教授に就任。学習院、慶応義塾大学でも教鞭を執った。昭和9（1934）年4月19日死去。享年70歳。

[文献] 幕末明治海外渡航者総覧（手塚晃編）柏書房　平4／データベースWHO　日外アソシエーツ
〔藤田正晴〕

宇都宮 三郎　うつのみや・さぶろう
天保5年10月15日（1834）～明治35年7月23日（1902）　化学技術者　㊥尾張国名古屋流川　㊨フランス：1867年（化学技術）

　天保5（1834）年10月15日、名古屋流川に生まれる。藩校明倫堂に入り砲術、柔術、兵法、舎密（化学）を修める。江戸へ出て紀伊徳川家の家臣となる。文久1年より著書調所の精錬方に勤め、慶応1年精錬方を化学所と改名、日本での「化学」の語の初出となる。慶応3（1867）年1月フランスへ派遣され科学技術を習得、翌年帰国した。維新後は開成学校教官を経て、明治5年工部省に入り、5年5月から6年5月にガラス製造業視察のため、8年11月から9年9月にはフィラデルフィア万国博覧会参加のために欧米を視察。明治の殖産興業の基礎となるセメント、耐火レンガ、炭酸ソーダ等の化学技術

の導入に貢献し、17年工部大技長の職で退官。この間、16年民間経営に乗り出し、浅野セメント会社、品川煉瓦会社の社長となった。明治35(1902)年7月23日死去。享年69歳。

[文献] 幕末明治海外渡航者総覧(手塚晃編) 柏書房 平4／朝日日本歴史人物事典 朝日新聞社 平6／事典近代日本の先駆者 日外アソシエーツ 平7／舎密から化学技術へ―近代技術を拓いた男・宇都宮三郎 豊田市郷土資料館特別展(豊田市郷土資料館編) 豊田市教育委員会 平13／東国科学散歩(西条敏美) 裳華房 平16／日本の技術者―江戸・明治時代(中山秀太郎著、技術史教育学会編) 雇用問題研究会 平16／データベースWHO 日外アソシエーツ 〔藤田正晴〕

宇都宮 仙太郎 うつのみや・せんたろう
慶応2年4月14日(1865)～昭和15年3月1日(1940) 酪農家 〔北海道製酪販売組合創立者〕 ⊕豊後国中津 ㊙アメリカ：1887年(農学)

慶応2(1865)年4月14日、豊後国中津に生まれる。17歳で上京、先輩・福沢諭吉の勧めで札幌真駒内の種畜場(エドウィン・ダン開設)の牧童となった。20(1887)年4月に渡米、イリノイ州のガーラ牧場で修業、23年6月に帰国。30年札幌で乳しぼり(搾乳)とバター製造を開始、ホルスタイン種を輸入。大正12年畜牛研究会を結成、のちに北海道製酪販売組合、さらに酪連、雪印乳業に発展し、"北海道酪農の父"と呼ばれる。「役人に頭を下げず、牛にウソを言わず、酪農は健康によい」の牛飼三徳を唱えた。昭和15(1940)年3月1日死去。享年76歳。死後道民の酪農葬が行われた。

[文献] 宇都宮仙太郎(黒沢酉蔵) 酪農学園出版部 昭32／一心理学者の回想(宇都宮仙太郎) 誠信書房 昭37／幕末明治海外渡航者総覧(手塚晃編) 柏書房 平4／事典近代日本の先駆者 日外アソシエーツ 平7／データベースWHO 日外アソシエーツ 〔藤田正晴〕

内海 忠勝 うつみ・ただかつ
天保14年8月19日(1843)～明治38年1月20日(1905) 政治家 男爵 ⊕周防国(吉敷郡)吉敷村中村 ㊙通称＝精一 ㊙アメリカ：1871年(岩倉使節団に随行)

天保14(1843)年8月19日、周防山口藩士吉田治助の四男として生まれる。のち同藩士・内海亀之進良治の養子となる。嘉永3年名井塾に入り、翌年郷校憲章館に入学。文久3年3月、服部哲二郎の宣徳隊に加わり、元治2年1月奇兵隊に入り、6月の禁門の変に敗れて帰国。慶応2年6月、幕軍と芸州口で戦い、8月芸州大野村で重傷を負い、岩国の病院に入院。4年6月、兵庫県断獄局に出仕し、兵庫県少参事、同大参事を経て、明治3年10月神奈川県大参事に転じる。4(1871)年、岩倉具視に随行し、欧米を視察し6年に帰国。帰国後、大阪府権参事、同大書記官を経て、長崎、三重、兵庫、長野、神奈川、大阪、京都の県令、知事を歴任する。31年貴族院議員、33年会計検査院長、34年第1次桂内閣の内務大臣を経て36年退官。明治38(1905)年1月20日、東京の自邸で死去。享年63歳。

⊛横浜市鶴見区・総持寺

[文献] 内海忠勝(高橋文雄) 内海忠勝顕彰会 昭41／明治過去帳―物故人名辞典(大植四郎編) 東京美術 昭46／日本人名大事典1 平凡社 昭54／明治維新人名辞典(日本歴史学会編) 吉川弘文館 昭56 〔宮永孝〕

宇野 朗 うの・あきら
嘉永3年10月5日(1850)～昭和3年11月20日(1928) 医師 東京帝国大学名誉教授 ⊕伊豆国三島 ㊙ドイツ：1889年(ツベルクリン研究)

嘉永3(1850)年10月5日、累代の医家・宇野陶の長男として伊豆国三島に生まれる。東京医学校でシュルツェやスクリバに外科学を学ぶ。明治14年東京大学助教授、17年教授に就任。22(1889)年ヨーロッパへ出張し、24年ツベルクリン研究のためドイツに在留し、25年帰国。25年医学博士。26年医科大学第1外科初代教授となり皮膚病学、梅毒学講座を担当、付属医院長を兼任。30年退官し東京浅草に楽山堂病院を開設、以後診察に従事した。昭和3(1928)年11月20日死去。享年79歳。

[文献] 幕末明治海外渡航者総覧(手塚晃編) 柏書房 平4／データベースWHO 日外アソシエーツ 〔藤田正晴〕

宇野沢 辰雄　うのざわ・たつお

慶応3年6月(1867)～?　留学生　[生]江戸
[渡]ドイツ：1886年(留学)

慶応3(1867)年6月江戸に年まれる。東京職工学校に学ぶ。明治19(1886)年11月6日に日本を発ちドイツに留学，ステンドグラス，エッチングを学ぶ。22年帰国。その後の消息は不明。

[文献] 近代日本海外留学生史 上(渡辺実) 講談社 昭52／幕末明治海外渡航者総覧(手塚晃編) 柏書房 平4　〔富田仁〕

馬屋原 二郎　うまやはら・じろう

弘化4年10月17日(1847)～大正4年11月2日(1915)　裁判官　[生]山口　[名]別名＝小倉右衛門介, 衛門太　[渡]ベルギー：1870年(法律学)

弘化4(1846)年10月17日，山口藩士馬屋良蔵の二男として生まれる。慶応1年同志を糾合して干城隊を編成し馬関・三田尻などに屯営，のちに外国艦隊の馬関襲撃および幕府の征長軍を迎え撃って功をたてる。明治2年留学願を届け出，明治3(1870)年に山口藩の同僚周市金槌，光田(光明寺)三郎とともに，藩費によりベルギーの大学へ法学研究のため留学する。帰国後判事となり，ついで函館・神戸・大阪の各地方裁判所長を歴任するが，30年辞任する。36年貴族院議員に勅選せられ，維新史料編纂局評議員に挙げられる。著書に『防長十五年史』がある。大正4(1915)年11月2日死去。享年69歳。

[文献] 近代日本の海外留学史(石附実) ミネルヴァ書房 昭47／日本人名大事典6 平凡社 昭54　〔村岡正明／富田仁〕

梅 錦之丞　うめ・きんのじょう

安政5年4月20日(1858)～明治19年4月20日(1886)　眼科医　医学士　〔検眼器を発明〕
[生]出雲国松江灘町　[渡]ドイツ：1879年(眼科学)

安政5(1858)年4月20日，梅薫の長男として出雲国松江灘町に生まれる。明治3年，医学修業のため大阪に出て大阪医学校に入学し，主に英語を学ぶ。刻苦勉励ののち学業最優秀と認められ，5年選ばれて同校の助教になり，教育と修業に励む。翌6年，東京医学校に入学を許可される。12年夏，国内にトラホーム病が流行し，とくに近畿地方が甚だしかった時，この予防と検疫のため，学生の身にもかかわらず大阪・神戸地方に出張を命ぜられる。和田岬病院に赴任し積極的にその任務を遂行し，大いに功績をあげる。同年10月，医学校を卒業して医学士の称号を受ける。これはわが国における学士の称号取得の嚆矢とされた。ついで12(1879)年11月ベルリン大学へ医学研究のため留学を命ぜられ，佐々木政吉とドイツに向け出発した。ドイツでは大学に寄宿することなく，シュワイゲルの家に泊り研究に没頭した。16年3月帰国後，大学講師を拝命する。当時は未だ我が国には大学に眼科が無かった状況から，大学に眼科が創設されたことになる。ベルリン大学に留学中果たした最大の業績は，眼科治療上に必要とした検眼器を発明したことで，ドイツ医学会でも最高の名誉となった。当時ドイツ医学雑誌はこれを掲載してその功績を賞賛したが，この発明を単なる器具とみなし，あえて両親や知人たちに知らせなかったので，友人たちはドイツの雑誌を通じて初めてこの事を知った。検眼器は帰国後僅かの期間用いただけで彼の死後はこれを知るものがなかったという。大学在職中に幾らか出資してこの器械を作製し，眼科医などに配布して，利用してもらう計画がなかったわけではないが，家事経済が許さなかったので，ついにその志を果たすことが不可能であったといわれる。明治19(1886)年4月20日死去。享年29歳。
[墓]東京谷中・延寿寺

[文献] 故梅錦之丞君の事蹟 検眼器の発明：太陽 1(7) 明28／我が国最初の眼科教授梅錦之丞先生(山賀勇)：日本医事新報 1640 昭30／大日本人名辞書(大日本人名辞書刊行会編) 覆刻版 講談社 昭49／日本人名大事典1 平凡社 昭54　〔谷城朗〕

梅 謙次郎　うめ・けんじろう

万延1年6月7日(1860)～明治43年8月25日(1910)　法学者　法学博士　〔民法・商法など立法史上の功労者〕　[生]出雲国松江灘町
[名]号＝洋々, 瑟泉居士　[渡]フランス：1885年(法律学)

万延1(1860)年6月7日，出雲藩士梅薫の次男として松江に生まれる。5歳の頃より祖父竹道に句読を習う。慶応2年には儒学者沢野修輔の塾に入門して漢籍を学ぶ。幼くして千字文，孝経，四書などに親しみ，神童，日蓮の生まれかわりといわれるほどの能力を発揮する。明治2年，藩校修道館へ入学する。同年4月には藩主の前で五経を読み，4年には書生寮に入り

日本外史を藩主に講ずる。翌年には洋学校へ移りフランス人ベリゼール・アレキサンドルとヴァットに仏学と英学を学び、6年に松江の小学校に入学する。しかし教師よりも博学であったため何かと問題が生じ7年に退学し、その年末には両親とともに上京する。翌年軍人を志して落合豊三郎とともに陸軍幼年学校に応募するが、体格不良によって不合格となり、外国語学校に入学する。9年には司法省法学校に応募するがやはり体格不良で不合格となり、ひきつづき外国語学校で学ぶ。その頃、父が始めた呉服商、薬店、手拭屋などの商売がつぎつぎと失敗したために学校に通うかたわら、夜は父の露店で足袋や手拭を売る。13年に外国語学校を首席で卒業する。おりよく司法省法学校に欠員が生じたので外国語学校から選抜されて法学校への入学を果たす。これがのちに明治法学界の明星といわれる彼が法学にかかわるきっかけである。法学校においても抜群の成績を収め、腸チフスにより卒業試験を受けられなかったにもかかわらず各教師の認定により主席で卒業し、17年7月司法省御用掛となる。12月には文部省御用掛、翌年には東京大学法学部の教員となる。18(1885)年、法律研修の目的でフランスへ留学する。19年1月にマルセイユに着き、リヨン大学法学部に入学し抜群の成績をのこす。22年には「和解論」と題する大論文を提出して法学博士の学位を授与される。この論文はリヨン市よりヴェルメール賞牌を贈られるほど優秀な出来であり市費で出版される。これにより彼の名はフランスだけにとどまらず、ヨーロッパ各国の学界にも知られることとなる。リヨン大学を卒業後ベルリン大学に1年ほど在学したのち、23年8月に帰国する。帰国直後に法科大学教授となり、和仏法律学校(現・法政大学)の学監にもなる。また文官高等試験委員にも就任する。同時に同年10月、『商法義解 巻1』の出版を皮切りに『日本売買法』『債権担保篇』『日本和解論』『商法講義』『会社法綱要』などつぎつぎと著作を刊行する。また農商務大臣陸奥宗光に認められ農商務省参事官に就任し、伊藤博文の知遇も得る。ほかに学習院大学教授、商業会議所顧問など幅広い活動をする。25年10月に伊藤が総裁、西園寺公望が委員長をつとめる民法商法取調委員に任命され、法典調査会設立の計画をたてる。翌年3月同会規則が公布さ

れ、4月に法典調査委員となり穂積陳重、富井政章とともに民法の主査委員兼起草委員、岡野敬次郎、田部芳とともに商法の主査委員兼起草委員として民法、商法の立案に尽力する。29年6月には法典質疑会を起こして会長となり法典質疑録を発行する。また同月『民法要義 巻之一 総則編』を発刊、ひきつづき『巻之二 物権編』『巻之三 債権編』『巻之四 親族編』『巻之五 相続編』など民法の中心的解釈書と評価される著作を世に問う。『民法要義』が完結する前年の32年には和仏法律学校より『法学志林』を創刊する。35年頃からは『法学志林』などに判例批判を発表し、これが法曹界において第4審といわれるほどの重みをもっていた。36年和仏法律学校が法政大学と改称されるが、翌37年には清国から法政大学に法学研修の留学生の受け入れを行う。また伊藤や井上馨などに建議してフランスの大学に東洋史、とくに日本文明史の講座を設けさせるなど教育事業にも力を注ぐ。外交官領事試験委員、民事訴訟調査委員、文部省総務長官、日本勧業銀行設立委員、東京株式取引所顧問、法制局長官兼内閣恩給局長など種々の要職を歴任するが、伊藤の信任が厚く、39年には韓国統監府の法律顧問となる。また韓国政府内に設けられた不動産調査会総裁、韓国の土地建物証明規則や民事訴訟法の起草など同国の法案に関与し41年11月には韓国皇帝より勲一等八卦章を受ける。このように韓国に関係していたのでしばしば渡韓するが、43(1910)年には夏休みを利用して7月15日に渡韓する。しかし8月9日に発熱し腸チフスと診断され、日韓合併を数日後に控えた明治43(1910)年8月25日、入院先の京城・大韓病院で死去。享年51歳。同日、韓国皇帝より勲一等大極章を追贈される。

㊣東京文京区・護国寺

文献 鳴呼梅謙次郎先生(山田三良):法学協会雑誌 28(9) 明43／逝ける梅博士(寺尾亨):刑事法評林 2(9) 明43／梅先生ヲ追悼スルノ辞(乾政彦):法学志林 13(8・9) 明44／追悼梅洋々先生(東川恵):法学志林 18(4) 大5／博士梅謙次郎(東川徳治) 法政大学 大6／梅博士の思い出 記念特集号:法学志林 49(1) 昭26／梅先生の文化切手(牧野英一):国民 612 昭27／二人の故人 穂積重遠君と梅謙次郎先生(牧野英一):法律時報 24(9) 昭27／日本の法学を創った人々2 梅謙次郎(中村吉三郎):法学セミナー 45

昭34 ／日本人名大事典1 平凡社 昭54 ／近代日本哲学思想家辞典（伊藤友信他編） 東京書籍 昭57 ／博士梅謙次郎―伝記・梅謙次郎（東川徳治） 大空社 平9（伝記叢書）
〔湯本豪一〕

梅上 沢融 うめがみ・たくゆう

天保6年（1835）～明治40年1月4日（1907） 僧侶 〔西本願寺執行長〕 [生]江戸麻布 [名]僧名＝連枝 [渡]ヨーロッパ：1872年（日本人僧侶の洋行第1号, 宗教事情視察）

天保6（1835）年，江戸麻布の善福寺に生まれる。嘉永1年に得度して，西本願寺の広如の猶子となり大坂の広教寺に入る。明治1年に同寺の住職となる。西本願寺では明如新法主が島地黙雷や木戸孝允らの建言によって欧米の宗教事情を調査しようと計ったが，突然前法主の広如が死去したため中止となった。そこで4年12月に明如新法主の代理として沢融が外国宗教の視察を西本願寺より命ぜられ，翌5（1872）年1月に横浜を出航して，島地黙雷，赤松蓮城，光田為然，堀川教阿とともにヨーロッパへ赴いた。彼は島地黙雷と共にイギリス，フランス，ドイツ，スイスをまわり各国の宗教事情を視察し，またキリストの遺跡などを巡礼して，6年6月に帰国。日本人僧侶の洋行第1号である。12年以後，西本願寺本山の要職に就き，31年5月には執行長となる。明治40（1907）年1月4日死去。享年73歳。

[文献] 明治高僧伝（増谷文雄） 日本評論社 昭10／近代日本海外留学生史 上（渡辺実） 講談社 昭52
〔楠家重敏〕

浦上 佐助 うらかみ・さすけ

生没年不詳 [渡]フランス：1864年（遣仏使節に随行）

生没年不詳。文久3（1864）年，遣仏使節に随行する。

[文献] 幕末教育史の研究2―諸術伝習政策（倉沢剛） 吉川弘文館 昭59
〔富田仁〕

浦島 健蔵 うらしま・けんぞう

嘉永5年（1852）～? 留学生 [渡]フランス：1872年（兵学）

嘉永5（1852）年に生まれる。明治5（1872）年8月5日，自費留学でパリに渡る。教師カレールに付き兵学を修める。その後の消息は不明。

[文献] フランスとの出会い―中江兆民とその時代（富田仁） 三修社 昭56
〔久永富美〕

裏松 良光 うらまつ・たるみつ

嘉永3年4月（1850）～大正4年9月（1915） 侍従 子爵 [生]京都 [渡]ドイツ：1872年（留学）

嘉永3（1850）年4月，裏松勲光の子として京都に生まれる。明治5（1872）年に私費で渡独しているが，その目的ははっきりしていない。6年留学生に出された帰国令に従わず滞在したが，8年に帰国。明治天皇の侍従を務める。31年陸軍少佐，35年貴族院議員。大正4（1915）年9月死去。享年66歳。

[文献] 華族譜要（維新史料編纂会編） 大原新生社 昭4／姓氏家系大辞典（太田亮） 姓氏家系大辞典刊行会 昭9 ／公卿辞典 七丈書院 昭19 ／大人名事典1 平凡社 昭28 ／大正過去帳―物故人名辞典（稲村徹元他編） 東京美術 昭48
〔谷城朗〕

浦本 時藤 うらもと・ときふじ

生没年不詳 従者 [渡]フランス：1864年（遣仏使節に随行）

生没年不詳。文久3（1864）年12月，遣仏使節に斉藤次郎太郎従者として随行する。

[文献] 幕末教育史の研究2―諸術伝習政策（倉沢剛） 吉川弘文館 昭59
〔富田仁〕

瓜生 震 うりゅう・しん

嘉永6年6月11日（1853）～大正9年1月9日（1920） 実業家 〔汽車製造会社, キリン・ビールなどの経営に参加〕 [生]江戸 [渡]アメリカ：1871年（岩倉使節団に随行）

嘉永6（1853）年6月11日，多部五郎の三男として江戸に生まれる。のち分家して瓜生の姓を名のる。安政3年，長崎にて英学を修める。明治3（1870）年，工部省鉄道寮に入り，4（1871）年には岩倉使節団に随行して欧米諸国を巡察する。5（1872）年には留学生に身分が変更して，3ヶ年間さらに在留。帰国後，鉄道寮に復職したが，10年には官を辞している。その後，実業界に入り，長崎・高島炭鉱会社重役，汽車製造会社社長，キリン・ビール，東京火災海上，日本興業銀行などの重役を歴任した。胃腸病のため久しく自宅療養していたが，大正9（1920）年1月9日死去。享年69歳。

[文献] 大日本人名辞書1 大日本人名辞書刊行会 講談社 昭12／近代日本の海外留学史

うりゅう　　　　　　　　　　　　人名編

（石附実）　ミネルヴァ書房　昭47／大正過去帳—物故人名辞典（稲村徹元他編）　東京美術　昭48／近代日本海外留学生史　上（渡辺実）　講談社　昭52／日本人名大事典1　平凡社　昭54／三菱社誌8（三菱社誌刊会編）　東京大学出版会　昭59　　　〔楠家重敏〕

瓜生 外吉　うりゅう・そときち

安政4年1月2日（1857）～昭和12年11月11日（1937）　海軍軍人，大将　男爵　⑰加賀国　㊦アメリカ：1875年（留学）

　安政4（1857）年1月2日，加賀大聖寺藩士・瓜生吟弥の二男として生まれる。明治5年海軍兵学寮に入り，明治8（1875）年6月アメリカに派遣され，アナポリス海軍兵学校で砲術を学ぶ。留学中にYMCAの代表となり，また開拓使派遣留学生として渡米していた永井繁子（益田孝の妹）と知り合い，帰国後に結婚する。72名中24位の成績で卒業し，14年11月に帰国する。帰国後海軍中尉となり，海兵教官，摂津，扶桑などの分隊長などを経て，20年参謀本部海軍部第2課長。25（1892）年にはフランス大使館付武官としてフランスに赴任し29年帰国。日露戦争では第2艦隊司令官，竹敷要港部司令官として仁川沖海戦などに瓜生艦隊の名をあげた。戦後佐世保，横須賀各鎮守府司令長官を務めた。40年男爵。大正1年大将に進み，翌年予備役に編入。海軍有数のアメリカ通であった。11年勅選貴族院議員。昭和12（1937）年11月11日死去。享年81歳。

文献　幕末明治海外渡航者総覧（手塚晃編）　柏書房　平4／朝日日本歴史人物事典　朝日新聞社　平6／データベースWHO　日外アソシエーツ　　　　　　　〔藤田正晴〕

【え】

栄助　えいすけ

生没年不詳　イオ丸乗組員　㊦アメリカ：1862年（漂流）

　生没年不詳。文久2（1862）年，イオ丸の乗組員として航行中に遭難するが救助されてアメリカに連行され，そこに滞在する。その後の消息不明。

文献　日本庶民生活史料集成5　漂流（池田皓編）　三一書房　昭43　　〔楠家重敏〕

頴川 君平　えがわ・くんぺい

生没年不詳　外交官　唐通事，ニューヨーク領事，神戸税関長　⑰肥前国長崎　㊂通称＝駒之進　㊦アメリカ：1880年（ニューヨーク領事）

　生没年不詳。長崎に生まれる。頴川家の祖は明朝の遺臣といわれるが，日本渡来後に現姓に改められ，代々唐通事をつとめる。天保5年に稽古通事，弘化3年に小通事末席，文久1年に大通事過人と進み，元治1年に横浜に在勤する。明治1年に東京府開市場通弁御用，3年には外務省文書大佑となり，翌年伊達宗城，柳原前光らに従って日清修好条約の締結に尽力する。その後，司法・工部・内務の各省に出仕し，13年に外務少書記官となる。ついで明治13（1880）年ニューヨークに赴き領事となる。帰国後，神戸税関長などを務める。

文献　百官履歴1～2（日本史籍協会編）　東京大学出版会　昭48（日本史籍協会叢書175～176）／長崎県人物伝（長崎県教育会）　臨川書店　昭48／明治維新人名辞典（日本歴史学会編）　吉川弘文館　昭56　　　〔楠家重敏〕

江川 英武　えがわ・ひでたけ

嘉永6年（1853）～昭和8年（1933）　大蔵省・内務省官吏　⑰韮山　㊦アメリカ：1871年（鉱山学）

　嘉永6（1853）年江川太郎左衛門の五男として伊豆・韮山に生まれる。兄英敏の死により家督を継ぐ。戊辰戦争では新政府軍に帰服して韮山県知事。明治4（1871）年，岩倉使節団に随行し鉱山学研修のためアメリカに渡りピークスクイン・スクールに入学する。ペンシルバニア州のラファイエット大学を卒業し12年に帰国。大蔵省および内務省の官吏となるが，19年官を辞して帰郷し伊豆学校の校長となる。昭和8（1933）年死去。享年81歳。

文献　近代日本の海外留学史（石附実）　ミネルヴァ書房　昭47／近代日本海外留学生史　上（渡辺実）　講談社　昭52／幕末明治海外渡航者総覧（手塚晃編）　柏書房　平4／幕末維新人名事典　新人物往来社　平6　　　　　　　　　　〔楠家重敏／富田仁〕

江沢 金五郎　えざわ・きんごろう

嘉永5年（1852）～明治29年（1896）　実業家 天賞堂創業者　[生]上総国（夷隅郡）大多喜 [渡]アメリカ：1894年（経済）

嘉永5（1852）年，上総国（夷隅郡）大多喜に生まれる。中村敬宇『西国立志編』や福沢諭吉『学問のすすめ』の刺激を受けて，明治11年27歳の時上京。12年東京・銀座に天賞堂を設立し時計，ダイヤを販売。正札売り，通信販売，広告宣伝，ショーウィンドー，商品券など知恵とアイデアで時計，貴金属商の王座にのし上がり，店の名が夏目漱石の『虞美人草』にも登場するほど華やかな存在となる。明治27（1894）年アメリカに渡り経済学を学び29年帰国。同年死去。享年45歳。

[文献] 夢を売った男—近代商業のパイオニア天賞堂・江沢金五郎（市原允）　崙書房出版　平2（ふるさと文庫）／幕末明治海外渡航者総覧（手塚晃編）　柏書房　平4／データベースWHO　日外アソシエーツ　〔藤田正晴〕

江戸 一郎　えど・いちろう

⇒伊月一郎（いづき・いちろう）を見よ

江藤 彦六　えとう・ひころく

嘉永3年（1850）～？　留学生　[渡]フランス：1872年（器械学）

嘉永3（1850）年に生まれる。明治5（1872）年3月19日，23歳の折に自費留学でパリに渡る。教師ミケールについて器機学を修める。その後の消息は不明。

[文献] フランスとの出会い—中江兆民とその時代（富田仁）　三修社　昭56　〔久永富美〕

江夏 蘇助　えなつ・そすけ

生没年不詳　薩摩藩留学生　[生]鹿児島　[渡]アメリカ：1865年（留学）

生没年不詳。鹿児島の出身。慶応1（1865）年，薩摩藩の留学生としてアメリカに渡る。その後の消息は不明。

[文献] 近代日本の海外留学史（石附実）　ミネルヴァ書房　昭47　〔楠家重敏〕

榎本 釜次郎　えのもと・かまじろう

⇒榎本武揚（えのもと・たけあき）を見よ

榎本 武揚　えのもと・たけあき

天保7年8月25日（1836）～明治41年10月26日（1908）　政治家　子爵　〔日本海軍の創設者〕 [生]江戸下谷御徒町　[名]通称＝釜次郎，号＝柳川，梁川　[渡]オランダ：1862年（海軍技術の研修）

天保7（1836）年8月25日，旗本榎本武規の二男として江戸に生まれる。田辺石庵，友野雄介に師事し儒学を修め，その後昌平黌に入り勉学を続ける。また江川太郎左衛門邸で私塾を開いていた中浜万次郎から英語を学ぶ。同時に中浜塾で欧米の新知識も身につける。中浜塾の同門にはのちに箱館戦争で行動をともにする大鳥圭介がいた。安政1（1854）年3月，目付堀利凞の従者としてサハリン（樺太）に渡り探索を行い，8月に箱館へもどる。3年，第2期の長崎海軍伝習所生に応募するが選にもれ，昌平黌時代の友人伊沢謹吾の父で大目付伊沢美作守のはからいにより謹吾の付け人という名目で伝習所に入る。オランダ人教官カッテンディーケらから伝習をうけたのち5年6月には軍艦操練所教授となり，海軍術の研究を続ける。文久1年，幕府がアメリカへ軍艦を発注するが，これにともない軍艦操練所から留学生として派遣されることになっていたが，当時アメリカは南北戦争中であったため軍艦の発注を取り消すこととなり，留学も中止される。翌年（1862），改めて軍艦建造をオランダに依頼し，留学先もオランダとなる。9月11日，留学生一行は長崎よりオランダに向かう。彼とともにオランダに渡ったのは軍艦操練所から内田恒次郎，沢太郎左衛門，赤松大三郎，田口俊平，長崎養生所から伊藤玄伯，林研海，蕃書調所から津田真一郎，西周助，それに「職方」とよばれる技術職人が古川庄八，山下岩吉，中島兼吉，大野弥三郎，上田虎吉，大河喜太郎の6名であった。3年4月にブローウェルスハーフェンに到着しライデンへ向かう。ライデンでハーグに移る留学生と，そのままライデンにとどまる留学生の二組にわかれる。彼ら軍艦操練所の5名と長崎養生所の2名はハーグへ移り勉学をはじめる。彼は海軍大尉ディノーより船具，砲術，運用，海軍大佐ホイヘンスより蒸気機関学を学ぶ。またポンペより理学，化学，人身窮理学，フレーデリクスおよびスチュテルハイムより化学を長崎養生所からの留学生らと学ぶなど，意欲的に学問修得にとりくむ。

加えてプロシア，オーストリアとデンマークのあいだで起きた戦争を外国観戦武官として視察したり，モールス信号やフランスの国際法学者オルトランの『海律全書』を学ぶなど充実した留学生活を送る。幕府がオランダに発注した開陽丸の完成にともない，慶応2年10月，同船に乗り帰国の途につく。翌年3月，開陽丸は横浜に到着する。帰国後，開陽丸船将，海軍副総裁などを歴任する。幕府崩壊後，旧幕臣の窮状をみて蝦夷地開拓により彼らの生活の道を開くことを計画し，新政府に蝦夷地の下賜を願い出るが拒否されたため幕府の艦船を新政府に引き渡さず，4年8月，開陽丸をはじめとする8隻の幕府艦船を率いて品川沖を脱出し蝦夷へ向かう。途中，仙台で敗残兵を乗せて蝦夷地に上陸し官軍との戦いを開始する。12月，蝦夷地掌握を宣言し，各国領事に通知する。また選挙により総裁となり，副総裁，海軍奉行，陸軍奉行，箱館奉行，開拓奉行などの組織もつくられるが，資金難や兵力の差，加えて主力艦である開陽丸を江差沖で座礁沈没により失っていたため劣勢はいかんともしがたく，五稜郭にたてこもり抵抗を試みるが総攻撃を加えられ降伏する。彼は江戸に送られ投獄されるが，黒田清隆，福沢諭吉らの尽力により，5年1月，特赦される。3月には黒田の要請により開拓使四等出仕となり北海道に渡り鉱物資源の調査を行う。また農業の振興にも力を注ぐ。7年，海軍中将兼特命全権公使として対露国境処理交渉のためペテルブルグに赴き，千島樺太交換条約を締結する。帰路シベリアを横断し鉱業，気候，風土などあらゆる調査を行い11年に帰国する。シベリア旅行中，その見聞を綴り，詳細な日記(「シベリア日記」)を書き残している。12年2月，条約改正取調掛となる。その後，外務大輔にも就任し条約改正に力を注ぐ。翌年海軍卿として海上法規を作成，14年には皇居造営御用掛となる。15年8月，駐清公使となり，伊藤博文を助けて天津条約締結に導く。18年10月に帰国し12月には第1次伊藤内閣の逓信大臣に就任する。その後，黒田内閣の逓信大臣，農商務大臣，文部大臣，また山県内閣でも文部大臣を歴任し，23年には枢密顧問官となる。24年，ロシア皇太子が護衛の巡査に負傷させられた大津事件で引責辞任した外務大臣青木周蔵の後任となり条約改正に力を注ぐ。その後，第2次伊藤内閣で再び農商務大臣となり，以後，黒田，松方内閣でも留任するが，30年3月，足尾鉱毒事件の責任を負い辞任する。また日本家禽協会会長，日本気象学会会頭，殖民協会会頭などにも就任し活躍する。欧米の知識を身につけ，旧幕臣としては異例の出世を遂げ，政府の要職を歴任したが，かつて彼の特赦に力を注いだ福沢は「痩我慢の説」を執筆し，部下を死なせながら生きながらえ旧敵であった新政府に仕えていることを痛烈に批判している。しかし彼が新政府で多くの業績をあげたことも事実であり，新政府にとって不可欠の人材であったといえる。明治41(1908)年10月26日死去。享年73歳。

墓東京駒込・吉祥寺

文献 海軍七十年史談(沢鑑之丞) 文政同志社 昭18／榎本武揚—明治日本の隠れたる礎石(加茂儀一) 中央公論社 昭35／榎本武揚伝(井黒弥太郎) みやま書房 昭43／世界伝記大事典 ほるぷ出版 昭53／日本人名大事典1 平凡社 昭54／榎本武揚—物語と史績をたずねて(赤木駿介) 成美堂出版 昭55／幕府オランダ留学生(宮永孝) 東京書籍 昭57(東書選書)／現代視点戦国・幕末の群像 榎本武揚 旺文社 昭58／榎本武揚とメキシコ殖民移住(角山幸洋) 同文舘出版 昭61／榎本武揚(加茂儀一) 中央公論社 昭63(中公文庫)／榎本武揚 改版(安部公房) 中央公論社 平2(中公文庫)／メキシコ榎本殖民—榎本武揚の理想と現実(上野久) 中央公論社 平6(中公新書)／榎本武揚—幕末・明治，二度輝いた男(満坂太郎) PHP研究所 平9(PHP文庫)／時代を疾走した国際人榎本武揚—ラテンアメリカ移住の道を拓く(山本厚子) 信山社出版 平9／ロシアの風—日露交流二百年を旅する(中村喜和) 風行社 平13／日本外交史人物叢書 第11巻(吉村道男監修) ゆまに書房 平14／ドキュメント榎本武揚—明治の「読売」記事で検証(秋岡伸彦) 東京農業大学出版会 平15(シリーズ・実学の森) 〔湯本豪一〕

榎本 彦太郎　えのもと・ひことろう

嘉永6年(1853)〜? 留学生 ⑨江戸 ⑲フランス：1872年(鉱山学)

嘉永6(1853)年江戸に生まれる。横浜語学所に学び，開拓使に入る。明治5(1872)年2月18日に日本を発ち4月15日に鉱山学の研究のためにフランスに到着。タルチュス塾において普通学を修める。7年2月24日帰国。その後の消

息は不明。
[文献] 近代日本の海外留学史（石附実）　ミネルヴァ書房　昭47／フランスとの出会い―中江兆民とその時代（富田仁）　三修社　昭56／幕末明治海外渡航者総覧（手塚晃編）　柏書房　平4
〔富田仁〕

江原 素六　えばら・そろく
天保13年1月29日（1842）～大正11年5月19日（1922）　教育家，政治家　麻布学園創立者
㊷江戸市外角筈五十人町　㊷幼名＝鋳三郎
㊷アメリカ：1871年（海外情勢視察）

　天保13（1842）年1月29日，40俵取りの幕臣の子として江戸市外角筈五十人町に生まれる。昌平黌に学び，練兵館で剣を修め，安政6年講武所で洋式調練を習得，文久3年講武所砲術教授となる。戊辰戦争には幕臣として参加するが敗北し，沼津に潜行し，のち大赦をうけ，名を素六と改める。3年静岡藩少参事・沼津兵学校掛となる。4（1871）年5月6日政府の海外視察員として欧米視察に向かい，アメリカ，イギリス，フランスを経て11月21日に帰国。帰国後は士族授産のため開墾・牧畜，茶の製造，輸出などに従事。8年静岡師範校長，12年沼津中学校長。11年受洗し，22年上京しキリスト教系の東洋英和学校幹事，のち校長，28年麻生尋常中学校（のちの麻布学園）を創立して校長を務めた。37年東京基督教青年会理事長。一方23年以来静岡県，東京市から衆議院議員当選7回，自由党，憲政党各総務，政友会幹部を務めた。45年勅選貴族院議員となる。大正11（1922）年5月19日死去。享年81歳。
[文献] 江原素六（辻真澄）　英文堂書店　昭60（駿河新書）／幕末明治海外渡航者総覧（手塚晃編）　柏書房　平4／朝日日本歴史人物事典　朝日新聞社　平6／事典近代日本の先駆者　日外アソシエーツ　平7／江原素六先生伝―伝記・江原素六（江原先生伝記編纂委員編）　大空社　平8（伝記叢書）／江原素六の生涯（加藤史朗）　麻布中学校　平15（麻布文庫）／麻布中学と江原素六（川又一英）　新潮社　平15（新潮新書）／データベースWHO　日外アソシエーツ
〔藤田正晴〕

海老名 郡次　えびな・ぐんじ
天保14年（1843）～大正3年8月23日（1914）　官吏　若松町長　㊷会津　㊷本名＝季昌　別名

＝郡治　㊷フランス：1867年（遣仏使節に随）

　天保14（1843）年，会津藩士の家に生まれる。松平肥後守家臣として，慶応3（1867）年1月11日に横浜を出航してパリ万国博覧会に参列する徳川昭武一行に藩費留学生として随行する。フランス語をメルメ・カションに学ぶ。スイス，オランダ，ベルギー，イタリアなどを歴訪する。戊辰戦争では家老として官軍と戦う。のち警視庁警部などを経て，若松町長を務めた。大正3（1914）年8月23日死去。享年72歳。
[文献] 近代日本海外留学生史　上（渡辺実）　講談社　昭52／日仏文化交流史の研究―日本の近代化とフランス人（西堀昭）　駿河台出版社　昭56／データベースWHO　日外アソシエーツ
〔富田仁〕

海老原 絹一郎　えびはら・けんいちろう
生没年不詳　通詞　箱館奉行支配調役武笠四男同通弁御用
㊷ロシア：1866年（遣露使節に随行）

　生没年不詳。慶応2（1866）年，遣露使節に箱館奉行支配調役武笠四男同通弁御用として随行する。
[文献] 日露領土問題1850―1875（バートン著　田村幸策訳）　鹿島研究所出版会　昭42／幕末教育史の研究2―諸術伝習政策（倉沢剛）　吉川弘文館　昭59
〔富田仁〕

江村 次郎　えむら・じろう
生没年不詳　留学生　㊷ロシア：1871年（農学）

　生没年不詳。旧幕臣の子。開拓使を経て明治4（1871）年，岩倉使節団に同行し，ロシアに留学。農学を学ぶ。その後の消息は不明。
[文献] 近代日本の海外留学史（石附実）　ミネルヴァ書房　昭47／幕末明治海外渡航者総覧（手塚晃編）　柏書房　平4
〔湯本豪一／富田仁〕

円城寺 権一　えんじょうじ・ごんいち
生没年不詳　伊万里県留学生　㊷伊万里
㊷別名＝権市　㊷イギリス：1871年頃（留学）

　生没年不詳。伊万里の出身。明治4（1871）年9月以前に伊万里県の県費留学生としてイギリスに赴いたが，その後の消息は不明。
[文献] 明治初年条約改正史の研究（下村冨士男）　吉川弘文館　昭37／近代日本の海外留学史（石附実）　ミネルヴァ書房　昭47／近代日本海外留学生史　上（渡辺実）　講談社　昭52
〔楠家重敏〕

遠藤 喜太郎　えんどう・きたろう

安政3年2月16日（1856）～明治35年7月16日（1902）　海軍軍人，少将　[生]加賀金沢　[渡]イギリス：1875年（公使館付武官）

安政3（1856）年2月16日，加賀国金沢に生まれる。海軍兵学校を卒業。海相秘書官を務めた後，明治8（1875）年駐英国公使館付武官となりイギリスに渡る。24年帰国。26年海軍大佐。20（1887）年10月樺山海軍次官に随行してヨーロッパに渡り，翌21年10月帰国。浪速艦長，松島艦長，常備艦隊参謀長を経て，33年少将となり佐世保鎮守府艦隊司令官となる。同年常備艦隊司令長官，翌34年軍令部第三局長を務め期待されたが，病を得て退く。明治35（1902）年7月16日死去。享年47歳。

[文献] 幕末明治海外渡航者総覧（手塚晃編） 柏書房　平4／データベースWHO　日外アソシエーツ　〔藤田正晴〕

遠藤 謹助　えんどう・きんすけ

天保7年（1836）～明治26年9月13日（1893）　大蔵省官吏　造幣局長　〔貨幣制度の整備に功労〕　[生]長門国萩　[名]雅号＝松雲　[渡]イギリス：1863年（経済学，造幣術）

天保7（1836）年，長門国萩に生まれる。兄は江戸藩邸公儀遠藤市太郎。親類である江戸留守居役小幡彦七の奨めで吉田松陰門下の井上馨井上勝，山尾庸三，伊藤博文らと文久3（1863）年5月11日，国禁を犯して横浜よりイギリスへ向う。イギリス領事ガールの斡旋でジャーディン・マジソン会社のケルスウィック号に乗船したが，密航であったためひどい苦難に耐えながら4ヶ月後にロンドンに到着する。同社の社長ヒュー・マジソンの世話でロンドン大学化学教授ウィリアムソン博士の家庭に一行とともに引きとられ，同大学において理科，自然科学を主として専攻する。伊藤と井上馨は馬関砲撃事件を知り，半年後に帰国するが，彼は，山尾，井上勝らと残り留学生活を続ける。留学中に薩摩藩の留学生たちとも交流をしている。慶応4年8月，ロンドン大学を卒業し5年余に渡る留学生活を終えて帰国する。経済学，貨幣鋳造法を学び，技術分野で留学成果を発揮，西洋技術導入における最初のオルガナイザーとして活躍する。明治2年通商権正，4年造幣権頭。7年大蔵大丞，関税局長などを歴任する。その後，大阪造幣局の設置に貢献し，14年には造幣局長に就任する。太政官紙幣の代りに金銀貨幣をもって当時混乱状態にあった日本の貨幣制度を整備した近代日本造幣の開祖である。明治26（1893）年9月13日，神戸市葺合村にて赤痢のため死去。享年58歳。

[文献] 近代日本海外留学生史（石附実）　ミネルヴァ書房　昭47／近代日本海外留学生史 上（渡辺実）　講談社　昭52／明治維新人名辞典（日本歴史学会編）　吉川弘文館　昭56　〔安藤重和〕

遠藤 慎司　えんどう・しんじ

嘉永6年3月30日（1853）～昭和7年4月7日（1932）　陸軍軍人　陸軍主計監　[生]紀伊国　[渡]ドイツ：1881年（留学）

嘉永6（1853）年3月30日，紀伊国に生まれる。開成学校を卒業。明治10年陸軍省に入り，14（1881）年陸軍留学生としてドイツに派遣される。アメリカを経て18年帰国。経理学校長などを経て，36年経理局主計課長，37年韓国駐箚軍経理部長，主計監を歴任。大正4年和歌山市長。昭和7（1932）年4月7日死去。享年80歳。

[文献] 幕末明治海外渡航者総覧（手塚晃編） 柏書房　平4／データベースWHO　日外アソシエーツ　〔藤田正晴〕

遠藤 貞一郎　えんどう・ていいちろう

天保11年（1840）～明治21年6月15日（1888）内務省官吏　大津郡長　[生]山口　[渡]イギリス：1869年（遊学）

天保11（1840）年，徳山藩の医師遠藤春岱の子として山口に生まれる。家業を継がず国事に尽力し，文久年間に江戸へ出て有備館に学ぶ。明治2（1869）年，池田梁蔵らとイギリスに遊学し，翌年帰国する。のち大参事を経て内務省に勤め，さらに大津郡長や下関区長などにもなった。明治21（1888）年6月15日，東京で死去。享年48歳。

[文献] 廃藩以前旧長州藩人の洋行者：防長史談会雑誌　1（6）　明43／英語事始（日本英学史学会編）　日本ブリタニカ　昭51　〔楠家重敏〕

遠藤 寅亮　えんどう・のぶあき

生没年不詳　広島県留学生　[生]広島　[渡]イギリス：1871年頃（留学）

生没年不詳。広島の出身。明治4（1871）年9月以前に広島県の県費留学生としてイギリス

に渡る。その後の消息は不明。
[文献] 明治初年条約改正史の研究（下村冨士男）　吉川弘文館　昭37／近代日本の海外留学史（石附実）　ミネルヴァ書房　昭47／近代日本海外留学史 上（渡辺実）　講談社　昭52　　　　　　　　〔楠家重敏〕

【お】

大井 菊太郎　おおい・きくたろう
文久3年9月10日(1863)～昭和26年7月15日(1951)　陸軍軍人, 大将　男爵　㊊周防国山口　㊇本名＝大井成元　㊚ドイツ：1890年（陸軍軍事研修）

　文久3(1863)年9月10日, 山口藩士大井又平の三男として生まれる。明治16年12月陸軍士官学校を卒業し, 19年1月陸軍大学に入学。23(1890)年にドイツへ留学して28年4月に帰国する。少佐, 陸軍省副官兼陸相秘書官, ドイツ公使館付, 大佐, ドイツ大使館付などをつとめる。さらに42年少将・歩兵第19旅団長, 45年陸軍大学校長に昇進, 大正3年には中将・第八師団長と昇った。7年8月から9年7月までシベリア出兵で従軍し, ウラジオストック派遣軍司令官となり, 9年には大将に昇進。10年4月シベリヤ出兵の功で男爵。13年貴族院議員になる。15年2月から8月まで内閣参謀を務める。昭和26(1951)年7月5日死去。享年89歳。
[文献] 華族譜要（維新史料編纂会編）　大原新生社　昭4／日本陸海軍の制度・組織・人事（日本近代資料研究会編）　東京大学出版会　昭46／陸海軍将官人事総覧　陸軍篇（外山操編）　芙蓉書房　昭56／昭和新修　華族家系大成 上（霞会館諸家資料調査委員会編）　霞会館　昭57　　　　　　　　〔谷城朗〕

大井 才太郎　おおい・さいたろう
安政3年11月17日(1856)～大正13年12月1日(1924)　電気技術者　電気学会会長　〔電信電話事業の確立に貢献〕　㊊伊勢国　㊚ドイツ：1888年（電話技術視察）

　安政3(1856)年11月17日, 伊勢国に生まれる。明治15年工部大学校を卒業, 工部省電信局に入る。明治21(1888)年電話技術視察に派遣され, ドイツ, イギリス, アメリカを経て23年に帰国。その後, 東京‐横浜間, 大阪‐神戸間の電話回線架設を指導, また台湾‐鹿児島間, 壱岐‐対馬間海底電線敷設工事にあたる。26年逓信省通信局工務課長となり, 大正2年退官後は日本電気などの重役を歴任。電気学会創立者の1人ともなった。大正13(1924)年12月1日死去。享年69歳。
[文献] 幕末明治海外渡航者総覧（手塚晃編）　柏書房　平4／朝日日本歴史人物事典　朝日新聞社　平6／事典近代日本の先駆者　日外アソシエーツ　平7／データベースWHO 日外アソシエーツ　　　　　　〔藤田正晴〕

大井 三郎右衛門　おおい・さぶろうえもん
生没年不詳　水戸藩士　㊚フランス：1867年（遣仏使節に随行）

　生没年不詳。慶応3(1867)年, 徳川昭武遣仏使節に警護役として随行する。
[文献] 徳川昭武滞欧記録（大塚武松編）　日本史籍協会　昭7／幕末教育史の研究2―諸術伝習政策（倉沢剛）　吉川弘文館　昭59／徳川昭武　万博殿様一代記（須見裕）　中央公論社　昭59（中公新書750）　　　〔富田仁〕

大井 秀子　おおい・ひでこ
明治23年(1890)～昭和43年6月30日(1968)　茶道家元　〔山手教会内の聖像画を制作〕　㊊名古屋　㊇旧名＝柴山　洗礼名＝マリア, 号＝玉光　㊚ロシア：1909年（美術研究）

　明治23(1890)年, ハリストス正教会の司祭, 柴山準行（田鶴吉）の二女として名古屋に生まれる。42(1909)年10月, 逓信大臣後藤新平の後援を得て, 聖像画の修業のためにロシアに渡り, ペテルブルグ帝室美術学校に5年間学んで帰国。その間この地でジャーナリスト大井包高と知り合い結婚する。帰国後は画才を自ら疑い, 絵筆をとることも稀で, 作品として今日に伝わるのは, 東京・山手教会のイコンだけである。玉光と号して, 父・準行の興した茶道・不言流を受け継ぐ。昭和43(1943)年6月30日死去。享年54歳。
[文献] 大井包高（正木良一, 楯岡通雄）　大井包高伝刊行会　昭35　　〔長縄光男〕

大石 誠之助　おおいし・せいのすけ
慶応3年11月4日(1867)～明治44年1月24日(1911)　医師, 社会主義者　〔ボンベイ大学で

ペストを研究,大逆事件で刑死〕 ㊵紀伊国(東牟婁郡)新宮 ㊲号=禄亭 ㊸アメリカ:1890年(医学,熱帯病学,英文学)

慶応3(1867)年11月4日,大石正孚の三男として紀伊国新宮に生まれる。明治16年,17歳のときに大阪へ出て医師小野俊二に英語学および医学を習い,アメリカ人ドリンナンについて英文学を修める。同志社英学校,共立学校に入るがいずれも中退。23(1890)年5月に渡米し,7月からワシントン州セントポーロ中学校でドイツ語,フランス語,ラテン語を学び,さらに9月からドクトル・ロウに英文学および医学を習う。24年の9月,オレゴン州立大学医師2年に入学し,翌年5月にはオレゴン州内医師免許状を取得する。28年3月,オレゴン州立大学医科を卒業し,4月から7月までカナダのモントリオール大学高等医術講習会に参加して,外科学を修学して外科学士の称号を授けられる。7月から10月までイギリス領コロンビア州ステヴストンで医師をつとめる。この年の11月に帰国し,翌29年4月,新宮仲之町で医業を開く。31年10月,医業をやめ,翌年2月,シンガポールで医師となる。33(1900)年インドに移りボンベイ大学でペストなどの伝染病の研究を行う。このころから社会主義に関する書物を読みはじめる。翌年再び日本に戻り郷里で医業を再開するが,その後,社会主義雑誌に論説を投稿し,やがて幸徳秋水の知遇を得る。才気にあふれ貧者の施療に心よく応じた彼はやがて大逆事件に巻き込まれ,成石勘三郎に爆薬を供与したという理由で,死刑に処せられる。訳書にクロポトキンの『国家論』および『法律と強権』がある。明治44(1911)年1月24日死去。享年62歳。

[文献] 日米文化交渉史・学芸風俗編(開国百年記念文化事業会) 洋々社 昭30／明治過去帳—物故人名辞典(大植四郎編) 東京美術 昭46／大石誠之助小伝(浜畑栄造) 荒尾誠文堂 昭47／禄亭大石誠之助(森長英三郎) 岩波書店 昭52／日本社会運動人名辞典(塩田庄兵衛他編) 青木書店 昭54／日本人名大事典1 平凡社 昭54／海をこえて近代知識人の冒険(高沢秀次) 秀明出版会 平12／大石誠之助物語—新宮の医師 大逆事件の犠牲者(北村晋吾) 北村小児科医院 平13
〔楠家重敏〕

大石 団蔵 おおいし・だんぞう

天保4年(1833)～明治29年2月28日(1896) 教育者 ㊵土佐国(香美郡)野市村 ㊲諱=祐之,通称=高見弥一郎,変名=安藤勇之助 ㊸イギリス:1870年(数学)

天保4(1833)年,土佐国野市村の郷士の子として生まれる。京都の春日潜庵に師事したあと土佐に戻り,土佐勤王党に加わる。文久2年4月,同志の安岡嘉助,那須信吾とともに参政吉田東洋を暗殺し土佐の藩論を佐幕から勤王に一変させる。長州に逃れて久坂玄瑞にかくまわれたのち,薩摩藩士奈良原喜八郎(繁)の庇護を受けて薩摩に赴く。奈良原家の養子に迎えられ島津家の家臣となり,名も高見弥一郎と改める。明治3(1870)年イギリスに留学して数学を修める。帰国し私学校で教鞭をとるが,25年に奈良原繁が沖縄県知事に就任すると同行し沖縄庁に勤務する。のち鹿児島の造士館教授になるが,明治29(1896)年2月28日死去。享年64歳。

[文献] 高知県人名事典(高知県人名事典編集委員会編) 高知市民図書館 昭47／土佐偉人伝(寺石正路) 歴史図書社 昭51／日本人名事典1 平凡社 昭54／明治維新人名辞典(日本歴史学会編) 吉川弘文館 昭56／大石団蔵氏の後半生(野島梅屋):土佐史談6
〔富田仁〕

大石 良二 おおいし・りょうじ

嘉永2年(1849)～明治11年12月11日(1878) 大蔵省官吏 ㊵肥前国伊万里 ㊲本名=大石良乙 ㊸ドイツ:1869年(遊学)

嘉永2(1849)年,肥前国伊万里に生まれる。のち大石雪渓の養子となる。沈静にして鋭敏だがその気性は激しかった。16歳の時蘭医について医学を修め,明治2(1869)年選ばれドイツに遊学する。4年間ベルリン大学で学んだが,学業中途にして帰国。文部二等教諭に任ぜられたが病のため退職する。10年司法省の翻訳官四等属になり,同年清浦奎吾,早田長忠などとともに三等属に昇任し,大蔵属も兼ねる。明治11(1878)年12月11日死去。享年30歳。

㊻東京・青山霊園

[文献] 明治過去帳—物故人名辞典(大植四郎編) 東京美術 昭46
〔谷城朗〕

大内 健　おおうち・たけし
元治1年2月(1864)〜明治27年6月7日(1894)
農学者　〔農学会の創立・組織化に尽力〕
⊕江戸小石川　⊛幼名＝健二郎　⊚ドイツ：1891年(農業経済)

　元治1(1864)年2月、江戸小石川の水戸藩邸に生まれる。藤田東湖に師事し文武に励み成長する。維新後、駒場農学校に入学し農学と農芸化学科を修め、明治13年同校を卒業し農商務省に入る。地質調査に従事したが、間もなく文部省に移る。文相森有礼はその才能を認め、東京高等師範学校教授に推挙する。のち、大日本農会幹事、大日本教育会評議員に選ばれる。彼は農学会創立と組織化に尽力、農学の進歩に貢献する。24(1891)年末文部省から農業経済の研究のためにドイツ留学を命ぜられたが不幸にも結核のため2年足らずして帰国しなくてはならなかった。学校でよく教科書として広く用いられた著書に『農学通論』1冊がある。明治27(1894)年6月7日死去。享年31歳。
[文献]　大内健君：大日本農会報　153　雑録　明27／大内健君小伝(横井時敬)：大日本農会報　154　雑録　明27.6
〔谷城朗〕

大内 暢三　おおうち・ちょうぞう
明治7年3月(1874)〜昭和19年12月31日(1944)
政治家　東亜同文書院院長、衆議院議員
⊕福岡県　⊚アメリカ：1896年(留学)

　明治7(1874)年3月、福岡県に生まれる。明治29(1896)年コロンビア大学に留学し、帰国後、35年に東京専門学校を卒業、同学校講師、東亜同文理事を務めた。東方文化事業の創立に際し、その総委員として上海研究所に駐在した。後に東亜同文書院院長に就任。また、明治41年福岡3区より衆議院議員に当選。立憲政友会に所属し通算5期を務めた。昭和19(1944)年12月31日死去。享年71歳。
[文献]　幕末明治海外渡航者総覧(手塚晃編)　柏書房　平4／データベースWHO　日外アソシエーツ
〔藤田正晴〕

大江 スミ　おおえ・すみ
明治8年9月7日(1875)〜昭和23年1月6日(1948)　家政学者　〔東京家政学院を創設、三ほう主義の主唱者〕　⊕長崎十人町　⊛旧名＝宮川スミ　⊚イギリス：1902年(家政学)

　明治8(1875)年9月7日、宮川盛太郎の次女として長崎十人町に生まれる。明治27年東洋英和女学校、34年東京女子高等師範学校卒業。沖縄県師範学校教諭を経て、38(1902)年文部省命で家政学研究のためイギリスに留学。38年バケイシー・ポリテクニック家政科、39年ベッドフォード女子大学衛生科卒業。同年帰国して東京女子師範学校教諭兼教授就任。留学体験を日本の家事に応用した「三ほう主義」を唱える。大正4年大江玄寿と結婚するが10年死別する。14年退職して東京家政学院を創設する。昭和23(1948)年1月6日死去。享年74歳。
[文献]　現代婦人伝(神崎清)　中央公論社　昭15／人物を中心とした女子教育史(平塚益徳)　帝国地方行政学会　昭40／大江スミ先生二十周年追悼特集：光塩　18　昭43.10／東京家政学院五十年史　東京家政学院　昭50／大江スミ先生(大浜徹也)　東京家政学院光塩会　昭53／日本人名大事典　現代編　平凡社　昭54／明治文明開化の花々—日本留学生列伝3(松邨賀太)　文芸社　平16　〔中西芳絵〕

大条 幸五郎　おおえだ・こうごろう
生没年不詳　留学生　⊕仙台　⊚アメリカ：1866年頃(留学)

　生没年不詳。仙台で大条監物の子として生まれる。慶応年間(1866年頃)にアメリカに渡っているが、正確な年月は不明である。慶応3年にはサン・フランシスコに暮らしている。その後の消息は不明。
[文献]　近代日本の海外留学史(石附実)　ミネルヴァ書房　昭47
〔富田仁〕

太枝 清介　おおえだ・せいすけ
生没年不詳　仙台藩士　⊕仙台　⊚アメリカ：1866年頃

　生没年不詳。仙台の出身。脱藩して慶応年間(1866年頃)にアメリカに渡り、サン・フランシスコに住む。アメリカ留学中の高橋是清を世話するがその後の消息は不明。
[文献]　近代日本の海外留学史(石附実)　ミネルヴァ書房　昭47
〔楠家重敏〕

大岡 金太郎　おおおか・きんたろう
生没年不詳　製版技術者　〔地図の写真製版に成功〕　⊕江戸　⊛別名＝金太　⊚ロシア：1874年(製版技術)

　生没年不詳。明治7(1874)年1月、特命全権公使榎本武揚に随行しペテルブルグに赴く。当地で電胎写真銅版の製版技術を学ぶ。榎本

の帰国にともない随行し，シベリアを経由して11年10月に帰国。その後，参謀本部測量局地図課に出仕し，写真電胎凹版による2万分の1の地図の製作に成功するなど，地図の製版に功績をあげる。18年，秀英舎（大日本印刷の前身）が石版部を創設する。金太郎の主人にあたる榎本が秀英舎の初代社長・佐久間貞一や2代目社長・保田久成と旧知の間柄であるため，彼は秀英舎の石版部に出向いて電気版の技術指導を行う。この功績により秀英舎は石版部を大岡の「大」と金太郎の「金」を採り,「泰」,「錦」の文字をあて「泰錦堂」と命名する。その後の消息は不明。

[文献] 七十五年の歩み―大日本印刷株式会社社史　大日本印刷株式会社　昭27／幕末明治海外渡航者総覧（手塚晃編）　柏書房　平4
〔湯本豪一／富田仁〕

大岡 松吉　おおおか・まつきち

生没年不詳　[渡]フランス：1867年（幕府より派遣）

生没年不詳。慶応3（1867）年8月に幕府から派遣されてフランスに渡る。翌年に帰国するが，その後の消息は不明。

[文献] 近代日本海外留学生史　上（渡辺実）　講談社　昭52　〔富田仁〕

太神楽 丸一　おおかぐら・がんいち

安政6年（1859）～?　旅芸人　〔曲芸〕　[名]別名＝鏡味仙太郎　[渡]オーストラリア：1894年（興行），イギリス，フランス：1897年（エンパイヤ劇場やカジノで興行）

安政6（1859）年に生まれる。明治15（1882）年，イタリア人チャリネに雇われ，上海，ホンコン，マカオ，シンガポール，インド，マニラ，シャムで公演し，17年に帰国。さらに27（1894）年にハアムスリに雇われて2年契約でインド，中国，オーストラリア，シンガポールを回って興行した。30（1897）年5月には自費でロンドンとパリに渡り，ロンドンではエンパイヤ劇場でマリとバチを使った曲芸を披露した。パリではカジノで公演。続いてドイツとイタリアにも足をのばし，34年に帰国。その後の消息は不明。

[文献] 異国遍路　旅芸人始末書（宮岡謙二）　修道社　昭46　〔楠家重敏〕

大川 喜太郎　おおかわ・きたろう

天保3年（1832）～慶応1年8月2日（1865）　鍛冶師　〔アムステルダムで客死1号〕　[生]江戸　[渡]オランダ：1862年（鍛冶術の修得）

天保3（1832）年，大川新助の子として江戸で生まれる。安政2年当時，神田永富町1丁目に住み，また渡蘭前は神田乗物町に住んだ。長じて軍艦操練所御用達の腕のよい鍛冶師となり，2年8月，伊豆の船大工・上田虎吉（寅吉），鈴木七助らとともに長崎海軍伝習所で，約1ヶ年間オランダ人から蒸気船機械の製作を学ぶ。御用中は羽織半纏，一刀差しを許されたばかりか，当時としては破格の銀18匁（2斗余りの米代に相当）の日当をうけた。帰京後，軍艦操練所御用達の鍛冶師にもどったが，文久2（1862）年，幕府派遣の海軍留学生の一員として渡蘭することになった。3年4月，オランダに到着。渡蘭後はライデンのアウデ・ヴェスト67番地に住み，D.A.スレットレン，A.T.デゴンといった鋳物工場で職方の中島とともに研修し，のちアムステルダムの鋳物工場やオランダ海軍ドックに移り，ここでは主として船のシャフトの製造などを学んだ。アムステルダムでは下宿を何度も変えたが，慶応1（1865）年8月2日，アムステルダム市14区259番地でアルコール性肝炎により死去。享年33歳。慶応1年8月4日（陽暦9月23日），遺骸は古き西墓地（現在は公園）に埋葬された。当日の埋葬式には榎本，沢，赤松，津田，西，伊東，林，中島，上田，大野ら10名と数名のオランダ人が参列した。翌年，遺骸は3級の墓地より1級の墓地に改葬されたが，1956年に古き西墓地は潰され公園となったために，遺骨は新しい東墓地に移された。1983年10月10日，同墓地において大川の墓（当時のままに再建したもの）の除幕式が挙行された。アムステルダム市在住の邦人たちが墓石を再建したものである。　[墓]Nieuwe Oosterbegraafplaats（新しい東墓地）

[文献] 幕末和蘭留学関係史料集成（日蘭学会編）　雄松堂　昭57／幕府オランダ留学生（宮永孝）　東京書籍　昭57（東書選書）／幕府オランダ留学生―職方について（宮永孝）：法政大学教養部紀要　社会科学編　47　昭58／幕府職方留学生オランダに死す（宮永孝）　『歴史と人物』　中央公論社　昭59　〔宮永孝〕

大川 平三郎　おおかわ・へいざぶろう

万延1年10月（1860）〜昭和11年12月30日（1936）　実業家〔大川財閥の創設，製紙法を発明改良〕　⑪武蔵国三芳野村　㋺アメリカ：1879年（製紙技術）

　万延1（1860）年10月，武蔵国川越藩士の子として三芳野村に生まれる。明治5年上京して渋沢栄一家の書生となる。本郷の壬申義塾に入りドイツ語を修め，ドイツ人教師ハアンが大学南校に転任するのに伴い大学南校に通いドイツ語会話，地理，歴史を学び，英語を初めて習う。8年3月渋沢の創業した抄紙会社（のちの王子製紙）に入社する。12（1879）年7月製紙技術習得のためにアメリカに留学し，ピープ・アンド・ホルブロック社，ホワイティング・ペーパー・カンパニーなどで実地研修し，モンテギュー・ペーパー・カンパニー・シャワンガム社などでも研鑽を積み，モンテギュー社での経験から麦藁でなく稲藁使用の製紙法を発明する。帰国後社業に専念するが，再び欧米に赴きパルプ工業の研究を深め大川式ダイゼスターを発明する。31年王子製紙を三井財閥のために追われるが，浅野セメントほか交通，電力，紡績，ホテル，銀行などを包含する一大コンツェルンをつくりあげ，大正3年樺太工業株式会社を創立し，のちに富士製紙会社も手に入れる。昭和11（1936）年12月30日死去。享年77歳。

　文献　現代財界人物（藤原楚水）　東洋経済出版部　昭6／大川平三郎君伝（竹越与三郎）　大川平三郎君伝記編纂会　昭11／大川平三郎翁逸話集（小川桑兵衛）　情報之世界社　昭12／大川平三郎伝（実業之世界社編輯局編）　秀文閣　昭12（財界偉人伝叢書）／産業史の人々（楫西光速）　東大出版会　昭29／日本財界人物列伝1　青潮出版編刊　昭38／日本人名大事典1　平凡社　昭54／巨星渋沢栄一・その高弟大川平三郎（竹内良夫）　教育企画出版　昭63（郷土歴史選書）／大川平三郎君伝（竹越三叉）　図書出版社　平2（経済人叢書）／日本の企業家群像　2　革新と社会貢献（佐々木聡編）　丸善　平15
〔富田仁〕

大河原 太郎　おおかわら・たろう

生没年不詳　㋺アメリカ：1893年（在米日本人演劇のはしり）

　生没年不詳。明治26（1893）年に西島勇が同好の士を集めて「サンフランシスコ演芸会」を結成したときに，いち早くこれに参画する。この演芸会は日本人墓地の購入基金を調達するため組織されたが，在米日本人が行った演劇のはしりである。その後の消息は不明。

　文献　日米文化交渉史　学芸風俗編（開国百年記念文化事業会）　洋々社　昭30／異国遍路旅芸人始末書（宮岡謙二）　修道社　昭46
〔楠家重敏〕

大儀見 元一郎　おおぎみ・もといちろう

弘化2年1月15日（1845年）〜昭和16年12月27日（1941）　牧師　⑪静岡　㋺アメリカ：1870年（語学，神学）

　弘化2（1845年）年1月15日に生まれる。静岡の出身。明治3（1870）年12月，語学および神学研修のためアメリカに渡る。6年にホープ・カレッジに入る。15年11月帰国後，日本基督教会麹町教会牧師となり，一致神学校教授を兼ねる。のち内村鑑三の後任として名古屋英和学校神学部長となる。昭和16（1941）年12月27日死去。享年97歳。

　文献　近代日本の海外留学史（石附実）　ミネルヴァ書房　昭47／幕末明治海外渡航者総覧（手塚晃編）　柏書房　平4／大儀見元一郎とその時代─侍から牧師へ・一幕臣の軌跡（太田愛人ほか）　新教出版社　平6／データベースWHO　日外アソシエーツ
〔楠家重敏／藤田正晴〕

大久保 一蔵　おおくぼ・いちぞう

⇒大久保利通（おおくぼ・としみち）を見よ

大久保 三郎　おおくぼ・さぶろう

安政4年5月23日（1857）〜？　植物学者　東京大学助教授　⑪静岡　㋺アメリカ，イギリス：1871年（植物学）

　生没年不詳。静岡の出身。明治4（1871）年，植物学研修のためアメリカに渡りミシガン大学で学ぶ。のちイギリスに渡る。永らく両国に留まったのち，13年帰国。14年に東京大学の御用掛となり，さらに16年には助教授として植物学教場（植物学教室）の教員となる。

　文献　近代日本の海外留学史（石附実）　ミネルヴァ書房　昭47／近代日本海外留学生史上（渡辺実）　講談社　昭52／日本の植物学百年の歩み　日本植物学会　昭57／幕末明治海外渡航者総覧（手塚晃編）　柏書房　平4
〔楠家重敏／富田仁〕

大久保 藤吉　おおくぼ・とうきち

生没年不詳　文部省留学生　⊕滋賀　⊚イギリス、アメリカ：1896年（鋳造術）

　生没年不詳。滋賀の出身。明治29（1896）年度の文部省留学生として鋳造術研究のためイギリスとアメリカに留学する。3年間修学したのち33年7月に帰国。その後の消息は不明。

文献　近代日本海外留学生史　上（渡辺実）講談社　昭52　　　　　　　　〔楠家重敏〕

大久保 利武　おおくぼ・としたけ

慶応1年4月13日（1865）～昭和18年7月13日（1943）　官吏　大阪府知事、貴族院議員
⊕薩摩国　⊚アメリカ：1887年（留学）

　慶応1（1865）年4月13日、大久保利通の三男として薩摩に生まれる。明治20（1887）年アメリカに私費留学しエール大学で法律を学ぶ。卒業後にドイツに渡り27年帰国。台湾総督府、内務省勤務ののち、鳥取、大分、埼玉各県知事、農商務省商工局長、大阪府知事を歴任。大正6年貴族院議員。昭和18（1943）年7月13日死去。享年79歳。

文献　幕末明治海外渡航者総覧（手塚晃編）柏書房　平4／データベースWHO　日外アソシエーツ　　　　　　　　　　　〔藤田正晴〕

大久保 利和　おおくぼ・としなか

安政6年7月（1859）～昭和20年1月（1945）　留学生　侯爵　⊕鹿児島　㊔別名＝彦之進
⊚アメリカ：1871年（普通学）

　安政6（1859）年7月、鹿児島に生まれる。大久保利通の長男。明治4（1871）年、普通学研修のためアメリカに渡り、マントウア・アカデミーに入る。帰国後の11年、大久保家を継ぐ。昭和20（1945）年1月死去。享年97歳。

文献　近代日本の海外留学史（石附実）ミネルヴァ書房　昭47／昭和新修　華族家系大成　上（霞会館諸家資料調査委員会）　霞会館　昭57　　　　　　　　〔楠家重敏〕

大久保 利通　おおくぼ・としみち

文政13年8月10日（1830）～明治11年5月24日（1878）　政治家　大蔵卿、内務卿　⊕鹿児島（城下）高麗町　㊔本名＝利済のち利通　幼名＝正助、一蔵　雅号＝甲東　⊚アメリカ：1871年（岩倉使節団副使）

　文政13（1830）年8月10日、大久保次右衛門利世の長男として鹿児島高麗町で生まれる。幼少の頃より同郷の西郷隆盛と親交を結ぶ。藩主島津斉彬の藩政改革に参加、これを積極的に推進する。西郷らと改革派の中心人物として精忠組を結成、島津久光を擁して挙藩一致の公武合体運動を進める。寺田屋事件、生麦事件、薩英戦争などを通して攘夷の愚かさと公武合体運動の限界を痛感し、第1回長州征討の頃より倒幕論者に転じる。その後京都に出て岩倉具視に接近、慶応2年には長州の木戸孝允と謀って薩長連合を成立させ倒幕派の中心となる。3年の王政復古、薩長両藩への討幕の密勅などの政治過程において指導的役割を果たす。また一方で薩摩藩内の改革政策において議政所、洋学所の設置、兵器・軍制の洋式化および留学生の海外派遣などに尽力する。明治1年（1868）維新政府成立後には参与、参議として東京奠都、版籍奉還、廃藩置県などの新政策を実現させる。4年6月の改革により大蔵卿となり内政の確立に向かう。同4（1871）年11月、明治新政府および日本近代化への方向、ヴィジョンを模索するための欧米視察を目的とする岩倉使節団に副使として参加、初めての海外渡航に出発する。12月6日、サンフランシスコ着、22日ロッキー山脈を越えアメリカ大陸を横断、翌5年1月21日首都ワシントンに到着する。同年2月3日より条約改正交渉が始まるが委任状問題でこじれ伊藤博文と一度帰国し、6月17日再びワシントンに戻るが、この交渉は失敗に終る。7月にアメリカ視察を終えイギリスに渡る。イギリスの各地方、各都市を巡見し、10月8日にはビクトリア女王と謁見する。11月に入りドーバー海峡を渡ってパリに到着、1年前のパリ・コミニューンの事情を知り、近代民主主義国家の根本問題に触れる。フランス視察後、ブリュッセル、アムステルダムを経てベルリンに渡り、6年3月15日には鉄血宰相ビルマルクと会見する。一行とともにこのプロシア型国家が日本に最も近い状態にあることを認識する。ベルリン滞在中、国内の事情緊迫の報により視察旅行を中断、単身帰国の途につく。3月28日ベルリンを立ちマルセーユ経由で5月26日横浜に到着する。総勢50名および1年10ヶ月の歳月を費したこの岩倉使節団のメンバーの海外体験は、明治政府のその後の方向性を決定づける程に重要な意義をもつものであった。先に帰国して西郷らの征韓論に対し内治優先を唱え、木戸、伊藤らの帰国を待って

これを論破し政府の方向を転換させる。これは彼の欧米体験の成果の現れと言って良い。西郷下野後、内務、大蔵卿を兼務、明治政府の実権を握る。大久保政権といわれる支配体制を敷き、殖産興業を推進しつつ自由民権運動、士族の反乱、百姓一揆などの難問題に対処する一方、軍事的にも明治7年の佐賀の乱から10年の西南戦争に至る事件処理に挺身する。専制的な支配力によって維新政府最大の危機を乗り切ったのである。明治11(1878)年5月24日、宮中参内の途中紀尾井坂において石川県士族島田一郎らによって暗殺される。享年49歳。

墓東京・青山霊園

文献 大久保利通日記1～2 日本史籍協会 昭2／大久保利通文書1～10 日本史籍協会 昭2／大久保甲東先生(徳富猪一郎) 民友社 昭2／大久保利通関係文書1～5(立教大学日本史研究会編) 吉川弘文館 昭40～46／大久保利通(毛利敏彦) 中央公論社 昭44(中公新書)／大久保利通伝1～3(勝田孫弥) 臨川書店 昭45／岩倉使節団―明治維新のなかの米欧(田中彰) 講談社 昭52(講談社現代新書487)／日本人名大事典1 平凡社 昭54／大久保一翁―最後の幕臣(松岡英夫) 中央公論社 昭54(中公新書)／大久保利通(松原致遠) 大久保甲東顕彰会 昭55／明治維新人名辞典(日本歴史学会編) 吉川弘文館 昭56／大久保利通・木戸孝允・伊藤博文特別展展示目録―立憲政治への道(憲政記念館編) 憲政記念館 昭62／大久保利通―幕末を切り裂いたリアリストの智謀(石原慎太郎、藤原弘達、渡部昇一ほか著) プレジデント社 平1／大久保利通(宮野澄) PHP研究所 平2(歴史人物シリーズ)／大久保利通日記1、2(日本史籍協会編) 北泉社 平9／大久保利通―近代日本を創り上げた叡知(中村晃) PHP研究所 平9(PHP文庫)／大久保利通と明治維新(佐々木克) 吉川弘文館 平10(歴史文化ライブラリー)／政事家大久保利通―近代日本の設計者(勝田政治) 講談社 平15(講談社選書メチエ)／大久保利通復刻版(松原致遠編) マツノ書店 平15／岩倉使節団という冒険(泉三郎) 文芸春秋 平16(文春新書)／大久保利通伝 上、中、下巻(勝田孫弥) マツノ書店 平16／大久保利通(佐々木克監訂) 講談社 平16(講談社学術文庫) 〔安藤重和〕

大久保 春野 おおくぼ・はるの

弘化3年8月18日(1846)～大正4年1月25日(1915) 陸軍軍人、大将 男爵 籍遠江国(磐田郡)見付宿 変名=堀田提一郎、堀江提次郎、堀江提一郎(報国隊従軍中・フランス留学中) フランス：1870年(軍事刑法学)

弘化3(1846)年8月18日、大久保縫殿之助の子として遠江国に生まれる。父と同じく八木美穂の門下となり国学を修める。明治1年の鳥羽伏見の戦いののち、東海道鎮撫総督の東進が始まると、父の命により軍資金献納のため赴いたが、一隊の編成を慫慂され、遠州一円の神主を中心に300余名の報国隊を結成、その隊長となって従軍し気を吐いた。3年5月大阪兵学寮の幼年学舎に入り、陸軍の命をうけ、同校教官・フランス騎兵大尉ビュランの帰国に同行して同年(1870)10月から8年までフランスに留学し、ロルネーイに師事、軍事刑法学を修める。帰国後は陸軍省七等出仕となり、13年以後熊本鎮台歩兵連隊大隊長、歩兵第12連隊長、戸山学校長、士官学校長、歩兵第七旅団長を経て29年に台湾賊徒征伐を行い、33年に陸軍中将、教総参謀長、41年には陸軍大将、韓国駐剳軍司令官となる。報国隊従軍中およびフランス留学中には、堀江提次郎などの変名を用いた。大正4(1915)年1月25日死去。享年70歳。

墓東京・青山霊園

文献 大久保春野(中村修二) 奉公会 大9／フランスとの出会い―中江兆民とその時代(富田仁) 三修社 昭56／明治維新人名辞典(日本歴史学会編) 吉川弘文館 昭56 〔村岡正明〕

大久保 喜蔵 おおくぼ・よしぞう

生没年不詳 海軍軍人 イギリス：1884年(海軍軍事研修)

生没年不詳。明治17(1884)年4月、軍事視察および研究のため早坂源吾、野口定次郎、森友彦六、関重忠と共にイギリスに赴く。彼らが乗船したオセアニック号には東伏見宮一行もいた。その後の消息は不明。

文献 近代日本海外留学生史 上(渡辺実) 講談社 昭52 〔楠家重敏〕

大熊 氏広 おおくま・うじひろ

安政3年(1856)～昭和9年3月20日(1934) 彫刻家 〔銅像制作の先駆者〕 埼玉 イタリア：1888年(彫刻技術)

安政3（1856）年，埼玉に生まれる。明治9年西洋美術教育の実施を目的として創立された工部美術学校に入学する。当時洋画は相当に理解され流行していたものの，彫刻はほとんど理解されず，世間の人々はこれにほとんど無関心であった。工部美術学校においても画学科の志望者は相当に多かったが，彫刻科は極めて少数であり，そのために彫刻科に限って官費で修学することができた。その第1回の官費学生として，工部美術学校開設に際し，絵画のフォンタネージ，予科のカペレッティとともに日本政府に招かれたイタリア人彫刻家ヴィンツェンツォ・ラグーザから指導を受けた。その技量は在学中から抜きんでており，11年学術優秀を賞する銀時計を授与され，13年には彫刻科の助手を命ぜられた。15年6月工部美術学校を卒業すると，有栖川宮御殿（後の霞ヶ関離宮）の建築彫刻部の担当を命ぜられ，17年には工部省に出仕し，皇居造営に際して彫刻の一部を担当した。21（1888）年イタリアに留学し，ローマ美術学校でアルレグレッティ，モンテヴェルデに指導を受け，翌年帰国した。同年洋画家の浅井忠らが国粋主義の圧迫を排して創立した国内最初の洋画家団体明治美術会に参加した。以後日本美術協会彫塑部，東京彫工会，建築学会などの名誉会員に推され，また内外博覧会の鑑査員，文展の第1回展から第7回展までの審査員をつとめると同時に，多くの銅像彫刻の制作に力を注ぎ，明治時代におけるわが国彫塑会に重きをなした。とくに名士の銅像を多く制作し，その中でも東京九段の靖国神社境内にある大村益次郎銅像（明治26年除幕）はわが国における銅像の先駆的作品として広く知られている。その他の作品として，有栖川宮熾仁親王銅像（明治36年），小松宮彰仁親王銅像（明治45年）などがある。昭和9（1934）年3月20日死去。享年79歳。

[文献] 近代日本美術の研究（隈元謙次郎）　大蔵省印刷局　昭39／日本近代美術発達史　明治編（浦崎永錫）　東京美術　昭49／お雇い外国人16　美術（隈元謙次郎）　鹿島出版会　昭51／日本人名大事典1　平凡社　昭54／幕末・明治期における日伊交流（日伊協会編）　日本放送出版協会　昭59／近代日本最初の彫刻家（田中修二）　吉川弘文館　平6

〔春日正男〕

大隈 英麿　おおくま・ひでまろ

⇒南部英麿（なんぶ・ひでまろ）を見よ

大倉 喜八郎　おおくら・きはちろう

天保8年9月24日（1837）～昭和3年4月22日（1928）　実業家　男爵　〔大倉財閥の創立者，大倉集古館を開設〕　[生]越後国（北蒲原郡）新発田町　[名]幼名＝鶴吉，雅号＝鶴彦　[渡]アメリカ：1872年（商業視察）

天保8（1837）年9月24日，新発田藩士大倉千之助の三男として生まれる。9歳のとき郷里で石川治右衛門に四書五経の素読を学ぶ。18歳のころ父母を亡くし江戸に出て麻布の鰹節店に奉公する。21歳で下谷に乾物店を開業し，29歳のとき神田に銃砲店を開いた。明治5（1872）年4月，商業視察のため欧米各国を歴遊する。商人の視察渡航の嚆矢といえる。通訳として手嶋鍈次郎を随行させた。アメリカではサンフランシスコ，ニューヨーク，ワシントンなどを訪れ，日本の生茶・茶の需要状況を調査。転じてイギリスに渡りロンドンのバッキンガムパレス・ロードに居を定め，マンチェスター，リヴァプール，グラスゴーなどの羅沙工場を視察し，羊毛業を日本でおこそうと決意する。在英中に岩倉使節団と出会い，木戸孝允，大久保利通と知己となった。6年10月に帰国し，年末には大倉組商会を創立して海外貿易業務に従事した。翌年にはイギリスのロンドンに大倉組商会の支店を設けた。日本商社の海外支店の先駆である。17年再び商業視察のため欧米諸国を巡回。アメリカでは製茶貿易の実況を視察し，ヨーロッパではイギリス，フランス，ドイツ，イタリアを巡り，イギリスでは博覧会を見学した。翌年に帰国して南洋貿易を開始。その後，東京電燈会社，内外用達会社，株式会社帝国ホテルを創立する。また，第3回内国勧業博覧会審査員，東京商業会議所議員に選ばれる。31年には東京・赤坂に大倉商業学校を設立する。33年，3度目の商業視察のため欧米諸国を巡った。39年には大日本ビール株式会社，翌年には帝国劇場株式会社を創立し実業の幅広い分野で活躍した。大正6年には東京・赤坂に大倉集古館を開館，明治維新期より蒐集した日本および中国の美術品を陳列し翌年公開。昭和3（1928）年4月22日死去。享年

92歳。㊷東京小石川・護国寺
[文献] 大倉鶴彦翁（鶴友会編）　民友社　大13／大倉物語（矢野文二）　時事評論社　昭4／鶴翁餘影　鶴友会編刊　昭4／大倉屋鶴吉（野沢嘉哉）　『運・鈍・根で行く』　万里閣　昭6／鶴彦翁回顧　生誕百年祭記念　大倉商業学校編刊　昭15／モルガンと大倉喜八郎（岡倉古志郎）『日本の死の商人』　要書房　昭27／日本財界人物列伝2　青潮出版　昭39／日本人名大事典1　平凡社　昭54／逆光家族―父・大倉喜八郎と私（大倉雄二）　文芸春秋　昭60／鯰―元祖"成り金"大倉喜八郎の混沌たる一生（大倉雄二）　文芸春秋　平2／政商―大倉財閥を創った男（若山三郎）　青樹社　平3／致富の鍵（大倉喜八郎）　大和出版　平4／創業者を読む）／大倉喜八郎の豪快なる生涯（砂川幸雄）　草思社　平8／大倉鶴彦翁―伝記・大倉喜八郎（鶴友会編）　大空社　平10（近代日本企業家伝叢書）　〔楠家重敏〕

大倉　鶴彦　おおくら・つるひこ
　⇒大倉喜八郎（おおくら・きはちろう）を見よ

大倉　孫兵衛　おおくら・まごべえ
天保14年4月8日（1843）～大正10年12月17日（1921）　実業家　日本陶器設立者　〔日本最初の洋食器を製作〕　㊷江戸　㊺アメリカ：1893年（経済視察）
　天保14（1843）年4月8日、江戸に生まれる。父から絵草紙出版の錦栄堂万屋を継ぐ。明治8年大倉書店、22年大倉洋紙店を創業。明治26（1893）年アメリカに渡り経済情勢を視察。37年にもアメリカ、イギリスを視察している。同年森村市左衛門らと日本陶器（現・ノリタケ）を設立。日本で最初の洋食器であるコーヒー茶碗の製作に成功した。大正10（1921）年12月17日死去。享年79歳。
[文献] 幕末明治海外渡航者総覧（手塚晃編）　柏書房　平4／事典近代日本の先駆者　日外アソシエーツ　平7／製陶王国をきずいた父と子―大倉孫兵衛と大倉和親（砂川幸雄）　晶文社　平12／データベースWHO　日外アソシエーツ　〔藤田正晴〕

大河内　輝剛　おおこうち・てるたけ
安政1年11月28日（1855）～明治42年10月9日（1909）　実業家　衆議院議員　㊷江戸　㊺アメリカ、ヨーロッパ：1895年（経済情勢視察）

安政1（1855）年11月28日、上野高崎藩主大河内（松平）家3代目・輝聡の二男として江戸に生まれる。明治11年慶応義塾を卒業。慶応義塾塾監・教師、19年広島師範学校校長などを経て、日本郵船に勤める。27年日清戦争には軍隊輸送事務および用船事務の監督に従事。28（1895）年欧米を視察し翌29年に帰国の後、日本製麻、東洋印刷、京浜電気鉄道の経営に携わる。この間、35年高崎市から衆議院議員に当選、2期務める。40年歌舞伎座の社長となり内部組織を改良、幹部技芸員を置き劇道の発展に貢献した。また帝国劇場・帝国ホテル重役も歴任。明治42（1909）年10月9日死去。享年56歳。
[文献] 幕末明治海外渡航者総覧（手塚晃編）　柏書房　平4／データベースWHO　日外アソシエーツ　〔藤田正晴〕

大迫　尚道　おおさこ・なおみち
嘉永7年7月25日（1854）～昭和9年9月12日（1934）　陸軍軍人、大将　㊷薩摩国鹿児島　㊺ドイツ：1891年（ドイツ公使館付武官）
　嘉永7（1854）年7月25日、鹿児島藩士大迫新蔵の次男として鹿児島に生まれる。早くから実兄尚敏と同様陸軍を志望し、明治12年陸軍士官学校を卒業する。陸軍砲兵少尉に任ぜられ、24（1891）年ドイツ公使館付武官として渡独する。28年野戦砲兵第三連隊長に補せられるが日清戦役では第一軍参謀として任を果し、仁川、虎山などへ転戦して軍功がある。第四、第五の両師団参謀長のあと陸軍少将となる。日露戦役では野戦砲兵第二旅団長として出征し、39年野戦砲兵監に転じ、40年陸軍中将に昇任する。第十八師団長、第四師団長を歴任ののち、大正4年軍事参議官に昇任し、陸軍大将となるが、13年退役。退役後救世団を組織、その長となり愛国の思想を唱えたが、9年の市電ストライキの際、労使を仲裁し、馘首された多数の従業員を明治神宮造営の職につかせた温情家でもあった。昭和9（1934）年9月12日死去。享年81歳。
[文献] 明治大正史13　人物篇―御大礼記念（野依秀市編）　実業之世界社・明治大正史刊行会　昭5／類聚伝記大日本史14　雄山閣　昭11／新聞集成　明治編年史9　日清戦争期（中山泰昌編）　財政経済学会　昭11／日本陸海軍の制度・組織・人事（日本近代資料研究会編）　東京大学出版会　昭46／日本人名大事典1

平凡社　昭54／陸海軍将官人事総覧　陸軍篇（外山操編）　芙蓉書房　昭56　〔谷城朗〕

大里 忠一郎　おおさと・ただいちろう

天保6年8月（1835）～明治31年6月7日（1898）
実業家　〔養蚕製糸業の発展に尽力〕　㊗信濃国（埴科郡）西条村（六工）　㊂諱＝致泰、通称＝忠之進　㊤イタリア：1889年（養蚕製糸業の視察）

天保6（1835）年8月、信濃国西条村の農民相沢元左衛門の二男として生まれる。のち松代藩士大里忠右衛門の養子となる。家老真田桜山に抜擢され買物方になり藩命で東山道征討総督の岩倉具定を大垣に迎え、その指揮のもとに甲府北越の出陣の折には輜重の任を受ける。明治2年4月松代商法社に関係して新潟との物資の交流に尽力し、また生糸に注目する。4年廃藩後は士族授産のために蚕桑業に携わり、6年生地の西条村に製糸場を設ける。前年、たまたま官営の富岡製糸場が操業を始めたので、従来の座繰製糸を蒸気製糸に改めて品質の向上を図るために工女16人と3人の男子伝習生を富岡に派遣して技術を伝習させる。15年六工社を設立し、蒸気缶を考案し、製糸業の改善に尽力する。22（1889）年、農商務省の委嘱で埼玉県の木村九蔵、群馬県の田中甚兵衛などとイタリア、フランスに赴き、養蚕製糸業を視察する。帰国後、大日本農会農芸委員となり政府の諮問にあずかるほか、各地に講演して養蚕製糸業の発展に努める。26年3月業務を甥の羽田桂之助に託し、第一線を退く。明治31（1898）年6月7日死去。享年64歳。

㊥長野市西条・法泉寺
文献　信濃名士伝　松下軍次著刊　明27／明治過去帳—物故人名辞典（大植四郎編）　東京美術　昭46／絹ひとすじの青春＝『富岡日記』にみる日本の近代（上条宏之）　日本放送出版協会　昭53（NHKブックス320）／幕末維新人名辞典　学芸書林　昭53／日本人名大事典1　平凡社　昭54／明治維新人名辞典（日本歴史学会編）　吉川弘文館　昭56　〔富田仁〕

大沢 岳太郎　おおさわ・がくたろう

文久3年6月25日（1863）～大正9年12月5日（1920）　解剖学者　医学博士,理学博士　〔比較解剖学の発展に寄与〕　㊗三河国蒲郡　㊂旧名＝大橋　㊤ドイツ：1894年（解剖学）

文久3（1863）年6月25日、三河国吉田藩士大橋玄竜の子として蒲郡に生まれる。のちに豊橋藩侍医大沢見龍の家をついだ生理学の祖・大沢謙二の養子となり、大沢姓を名のる。明治20年東京帝国大学医科大学を卒業する。同級に芳賀栄次郎、三浦謹之助がおり親しかった。ただちに解剖学教室に入り、田口和美の助手となる。23年第一高等学校教師となり、7月帝国大学医科大学助教授に昇任する。9月青森県知事佐和正の娘順子と結婚。夫人は二人の娘を残して27年7月死去したが悲しさのあまり自殺を思いたつ。だが同年（1894）8月自費でドイツへ留学し、主としてフライブルク大学のロベルト・ヴィーダースハイム教授のもとで比較解剖学を専攻する。留学中、日本女性を母とするユリア・マイエルを知り、31年彼女を伴い帰国する。医学博士の学位を得たのち、33年東京帝国大学医科大学教授となり、解剖学第2講座を担当する。42年ハンガリーでの万国医学会へ日本代表として赴く。のち九州医科大学教授を兼任し、慈恵，岡山，千葉各医学専門学校にも出講。大正5年ハンザキ（サンショウオ）の解剖学研究で理学博士の学位も授与されたが学術論文の数は100近くある。初期には人類学上から、とくに日本人の骨格に関するものであったが、留学中ムカシトカゲについての解剖学を完成し、これで31年に学位を得る。ムカシトカゲは唯一の啄頭類で、爬虫類中の原始的動物であるが、これに関する比較解剖学的研究は他に類をみないものである。本来フライブルク学派の傾向は、動物については解剖学的な記録が重視されたので、その論文もこの傾向を免がれなかった。研究は比較組織学の領域に移ったが、腸の上皮について数十種類の両棲類と爬虫類を検索したことと、鳥類のファブリチウス嚢を組織発生的に研究，哺乳類の前立腺と比較されるべきことを説明した二点がその学問的成果である。独創性には乏しいとはいえ、比較組織学上重要な業績とされている。大正9（1920）年12月5日、脳溢血で死去。享年58歳。

文献　大沢岳太郎先生（井上通夫）：日本医事新報　1337　昭24／大沢岳太郎先生とその業績（西成甫）：日本医事新報　1353　昭25／明治文化史5　学術篇（矢島祐利，野村兼太郎編）　洋々社　昭30／大正過去帳—物故人名

辞典（稲村徹元他編）　東京美術　昭48　／日本人名大事典1　平凡社　昭54　〔谷城朗〕

大沢 謙二　おおさわ・けんじ

嘉永5年7月3日（1852）～昭和2年1月10日（1927）　医学者　〔近代生理学の元祖〕　⊕三河国（宝飯郡）当古村　㋾旧名＝大林　㋲ドイツ：1870年（生理学）

嘉永5（1852）年7月3日、神官大林美濃の四男として三河国当古村に生まれる。11歳のとき豊橋藩侍院大沢玄竜の養子となる。大沢家では東京大学医学部の創立に関係のあった足立寛が先に養子になったが、復籍したためにその跡に彼が迎えられたのである。14歳まで豊橋藩の儒者小野湖山の家塾にて学ぶ。慶応2年10月、足立に連れられ東京に出て、翌年11月和泉橋の医学所に入る。翌3年大政奉還となり、征東軍の噂があったため医学所は閉鎖、解体されたが、明治2年初頭、鍋島閑叟、松平春嶽などにより復興されると再入学し、18歳で同校の句読師になる。3年中得業士の称号をえる。10月、長井直庵、青木周蔵、佐藤進、山脇玄、池田謙斉などとともに医学研修の目的で海外留学を命ぜられる。3（1870）年10月30日、横浜を出航、アメリカ、イギリスを経て4年1月27日ベルリンに到着する。約2年の準備教育ののち6年ベルリン大学に入学し、ヘルムホルツに物理学、デュボアレーモンに生理学を学ぶ。同年、留学生の召還令が出たため帰国。だが11（1878）年、私費で生理学研究のためドイツへ再留学し、4月初旬、シュトラースブルク大学に入学する。ゴルツ教授のもとで生理学を、ホッペザイラー教授について医化学を専攻し、脊髄反射に関する研究論文を提出し、学位試験に合格し、15年11月に帰国する。16年、東京大学正教授に任命され、チーゲルに代わって生理学の講義を担当する。日本人教授として外国人教師と同格に本科生に講義を行った最初の人である。19年脚気病審査委員長に推挙され、日本食品養素吸収の研究を行う。24年医科大学長に任命される。26年ドイツ留学で医化学を専攻し、帝国大学医科大学で教えていた隈川宗雄を教授に任じて、医化学講座を担当させた。その後も東京帝国大学医学部教授として生理学の研究に励む一方、日本の生理学者の育成に多大の貢献をする。34年には欧米各国に派遣され、第5回生理学会に

委員として参加した。大正4年東京帝国大学名誉教授となる。なお学士院会員、中央衛生会委員、万国理文書目録委員会委員、医術開業試験委員も務め、東京医学会、花柳病予防会などのために尽力し、貢献するところ多大であった。昭和2（1927）年1月10日、癌のため死去。享年76歳。

文献　明治・大正・昭和　教育思想学説人物史（藤原喜代蔵）　東亜政経社　昭18／恩師大沢謙二先生（永井潜）：日本医事新報　1268　昭23／明治文化史5　学術篇（矢島祐利、野村兼太郎編）　洋々社　昭30／小野湖山と大沢謙二1～5（杉野大沢）：日本医事新報　1684～1688　昭31／明治人物逸話辞典（森銑三編）　東京堂出版　昭40／新聞資料　明治話題事典（小野秀雄編）　東京堂出版　昭43／日本人名大事典1　平凡社　昭54／燈影虫語（大沢謙二）　東大生理学同窓会編刊　昭54　〔谷城朗〕

大沢 良雄　おおさわ・よしお

生没年不詳　留学生　⊕名古屋　㋲アメリカ：1870年（理科）

生没年不詳。名古屋の出身。明治3（1870）年、県費留学生としてアメリカに渡り、ラトガース大学理科に入学する。帰国後の消息は不明。

文献　近代日本の海外留学史（石附実）　ミネルヴァ書房　昭47／近代日本海外留学生史上（渡辺実）　講談社　昭52／幕末明治海外渡航者総覧（手塚晃編）　柏書房　平4　〔楠家重敏／富田仁〕

大島 健　おおしま・けん

生没年不詳　陸軍軍人　㋲フランス：1893年（陸軍軍事研修）

生没年不詳。明治26（1893）年に陸軍から派遣されてフランスに軍事研修のために留学する。その後の消息は不明。

文献　日仏文化交流史の研究―日本の近代化とフランス人（西堀昭）　駿河台出版社　昭56　〔富田仁〕

大島 健一　おおしま・けんいち

安政5年5月9日（1858）～昭和22年3月24日（1947）　陸軍軍人、中将　陸軍大臣　⊕美濃国岩村　㋲ドイツ：1890年（砲工学）

安政5（1858）年5月9日、美濃国岩村藩士大島桂之進の長男として生まれる。明治14年12月陸軍士官学校を卒業。砲兵少尉に任官後、23（1890）年から27年までドイツに留学する。帰

国後27年8月第一軍副官に任ぜられ、27年12月砲兵少佐となり監軍部付となる。28年8月砲兵工学校教官、29年10月監軍部副官に進み、30年10月監軍部参謀兼山県元帥副官を命ぜられ、32年10月砲兵中佐に昇任、33年1月参謀本部委員に進む。33年2月から9月までヨーロッパへ出張する。34年8月軍務局付兼山県元帥副官になる。35年2月参謀本部員兼参謀本部副官・参謀本部第四部長事務取扱を拝命するが9月参謀本部第四部長心得になり12月砲兵大佐に昇任する。37年2月大本営兵站総監部参謀長、39年12月参謀本部第四部長になる。40年11月少将に昇任、参謀本部付となる。41年1月兼参謀本部第四部長事務取扱となり、同年12月参謀本部総務部長兼第四部長となる。45年4月参謀次長となり、大正2年8月中将に進み、3年4月陸軍次官となる。5年3月から7年9月まで、大隈重信、寺内正毅両内閣の陸軍大臣を務める。在任中、日中陸軍共同防敵協定の調印とシベリア出兵の開始に携わる。陸相辞任後青島守備軍司令官となったあと、8年6月予備役に編入される。昭和15年4月から21年4月まで枢密顧問官を務める。岐阜県出身にもかかわらず、山県有朋に近づいて準長州閥の立場を守り、立身出世を図った人物であった。昭和22（1947）年3月24日死去。享年90歳。

文献 明治大正史13　人物篇―御大礼記念（野依秀市編）　実業之世界社・明治大正史刊行会　昭5／日本陸海軍の制度・組織・人事（日本近代資料研究会編）　東京大学出版会　昭46／日本人名大事典　現代篇　平凡社　昭54／陸海軍将官人事総覧　陸軍篇（外山操編）芙蓉書房　昭56　　　　　〔谷城朗／富田仁〕

大島 高任　おおしま・たかとう
文政9年5月11日（1826）～明治34年3月30日（1901）　鋳造家、採鉱・冶金学者　〔鉱山経営・行政の功労者〕　㋾陸奥国（岩手郡）盛岡（仁王小路）　㋾通称＝総左衛門、惣左衛門、幼名＝文治、号＝周禎　㋾アメリカ：1871年（岩倉使節団に随行、ヨーロッパの鉱山視察）

文政9（1826）年5月11日、盛岡藩蘭医大島周意の長男として盛岡に生まれる。天保13年父とともに江戸に出て箕作阮甫、坪井信道に師事して蘭学を修め、弘化3年藩命で長崎に赴き、西洋砲術を高島浅五郎に学び、採鉱精錬術をも修め熊本の池部啓大に造弾砲術を教わる。嘉永3年大和藩主に依頼されて20拇ホウツル砲を製造し、破裂弾発射法を教える。また和泉国熊取の郷士中瑞雲斎左近の依頼で13珊小夫砲を鋳造発射する。4年勘定奉行格鉄砲方となり江戸で兵学砲術を研究するが、6年水戸の藤田東湖の知遇を受け、那珂湊に反射炉旋盤をつくりモルチール大砲鋳造に成功する。安政4年12月1日南部藩領大橋（釜石）にオランダ式熔鉱炉を建設し磁鉄鉱精錬に成功する。本邦最初の近代的精錬であり、今日、12月1日を「鉄の記念日」としているゆえんである。文久2年幕命で箱館に赴き坑師学校を開き、蝦夷地の鉱山を調査し、茅沼炭鉱の採掘に尽力する。万延1年審番調所出役教授となり、慶応1年藩命で小坂銀山を開坑する。明治2年8月2日大学大助教、鉱山権正に任じられ工部少丞に進み、4年8月朝倉盛明とともに鉱山助となり新政府の鉱山行政に尽力する。4（1871）年11月、岩倉使節団に肥田造船頭と随行する。欧米の鉱山経営を視察するのがその任務で、帰国後鉱山行政に携わり、7年官営の釜石製鉄所を設立する。8年3月鉱山権頭、9年工部一等技長、10年内国勧業博覧会審査官を兼ね、13年工部省鉱山局准奏任御用掛として小坂銀山勤務、16年工部大技長になり阿仁に転じ、19年大蔵一等技師として佐渡工業所長、佐渡鉱山局事務長、22年大蔵技官を歴任するが、その間に秋田の小坂銀山の経営にも当たっている。22年にはフランス鉱山および金石万国公会の名誉会員に推挙される。23年日本鉱業会会長となり、鉱山行政にその生涯を捧げる。著書には『鉄銃製造御用中心覚え概略』がある。明治34（1901）年3月30日死去。享年76歳。

㊧東京台東区・天王寺

文献 大島高任行実　大島信蔵編刊　昭13／技術家評伝（三枝博音）　科学主義工業社　昭15／日本の技術者（田村栄太郎）　興亜書房　昭18／洋学年代記（貴司山治）　弘文社　昭21／近代産業の父大島高任の生涯（堀内正名編）　岩手東海新聞社　昭35／明治過去帳―物故人名辞典（大植四郎編）　東京美術　昭46／幕末維新人名事典　学芸書林　昭53／日本人名大事典1　平凡社　昭54／明治維新人名辞典（日本歴史学会編）　吉川弘文館　昭56／日本の技術者―江戸・明治時代（中山秀太郎著、技術史教育学会編）　雇用問題研究会　平16　　　　　〔富田仁〕

大島 道太郎　おおしま・みちたろう
万延1年6月(1860)～大正10年10月11日(1921)
採鉱冶金技師　工学博士　〔湿式製錬工場の創設〕　㊦陸中国盛岡　㊥ドイツ：1877年（採鉱冶金学）

　万延1(1860)年6月、南部藩士大島高任の長男として盛岡に生まれる。明治3年大学南校に入り、10年東京大学理学部理学・採鉱冶金学科を卒業、同年(1877)自費でドイツへ留学し11年バーデンのフライブルク大学に入学。14年に卒業、冶金工師の学位をえて帰国する。同年青森県南津軽郡尾太鉱山の硫化亜鉛交りの銀銅鉱から銀・銅を抽出、独創的な湿式製錬工場を建設し、17年秋田県鹿角郡小真木鉱山の金・銀・銅含有の鉱石より諸金属を採取するために、キッス式湿式法製錬工場を建て、わが国鉱業界の模範となる。22年宮城県栗原細倉鉱山にビルク氏鉱炉などを建設する。23年宮内省御料局生野鉱山技師に任ぜられ、設備を改良、24年同附属大阪製錬所長を兼務、8月工学博士の学位を受ける。28年欧米各国を視察。29年八幡製鉄所技監に転任、31年技師となり、32年技師長兼工務部長に進む。33年再び欧米に派遣され、それ以後も4回にわたり公務で欧米諸国を視察。36年休職。41年東京帝国大学工科大学教授として冶金学第一講座を担当する。大正3年中国漢冶萍煤鉄公司の最高顧問技師として招聘され、大冶鉄山と漢陽製鉄所を完成する。大正10(1921)年10月11日、中国の漢口にて死去。享年62歳。

[文献] 日本の技術者(田村栄太郎)　興亜書房　昭18／大正過去帳―物故人名辞典(稲村徹元他編)　東京美術　昭48／大日本人名辞書(大日本人名辞書刊行会編)　覆刻版　講談社　昭49／日本人名大事典1　平凡社　昭54

〔谷城朗〕

大瀬 甚太郎　おおせ・じんたろう
慶応1年12月24日(1866)～昭和19年5月29日(1944)　教育学者　文学博士　〔ドイツ教育学の移植〕　㊦加賀国金沢　㊥ドイツ：1893年（教育学）

　慶応1(1866)年12月24日、金沢に生まれる。幼少より漢学を学び、明治15年東京本郷の進学舎に入り、普通学を修める。のち大学予備門を経て、22年帝国大学文科大学哲学科を卒業。大学院に進んだが、間もなく第五高等学校教授となる。ついで26(1893)年から約4年間文部省留学生として教育学研究のため、ドイツ、フランスに留学する。初めベルリン大学のパウルゼン教授のもとで教育学と倫理学を、スツンプフについて心理学を学ぶ。あとライプチヒ大学に移り、ヴント教授に心理学を、フォルケルトに哲学史、リヒテルに実地教育学を学んだ。29年パリ大学に転じ、ビュイツソンのもとで教育学を修め、さらにイギリスに渡り、オックスフォード、ケンブリッジ両大学で研鑽を重ねたあと30年12月に帰国し、東京高等師範学校教授兼東京帝国大学講師となる。この時期に『教育学教科書』『実用教育学』などを著し、以後『教育学講義』『教授法沿革史』『心理学教科書』『オーベルベルプ氏児童教育法』『シュライエルマッヘルの教育学』などの翻訳で日本の教育学界に貢献。なお『欧州教育史』『欧米教育史』は名著とされている。大正9年文学博士の学位を取得。ついで東京文理科大学教授のあと昭和4年東京文理科大学長兼東京高等師範学校長に任ぜられ、9年までその職にあり、辞任後は同大学名誉教授となる。ヘルバルト派最後の教育学者であり、わが国で最初に社会的教育学の立場からの学説を唱えた人物である。『実用教育学』では学としての教育、教育学と他学科との関係、教育の定義、教育の可能と限界、教育術の練習、教育研究上の注意などを論じ、知育、美育、徳育の三主義を主張、さらに国家からみた教育目的、男女の差よりみた教育目的、土地の状況、各人の境遇の差異からみた教育目的などを説き、訓育論、教授論や学校論を詳しく述べている。すなわち、ヘルバルト学派、シュライエルマッヘル、ペスタロッチ、ナトルプなどを消化・折衷することにより日本における欧米教育史研究の体系化につとめたのである。人格は温厚篤実、調和的で円満であった。先輩に日高真実、沢柳政太郎、同期には大西祝、渡辺董之助、谷本富がいる。昭和19(1944)年5月29日死去。享年80歳。

[文献] 大瀬甚太郎氏教育学(大日本学術協会編)『日本現代教育学大系9』　モナス社　昭2／明治大正史13　人物篇(野依秀市編)―御大礼記念　実業之世界社・明治大正史刊行会　昭5／文学博士大瀬甚太郎先生小伝・略歴・著書目録　『大瀬博士古稀祝賀記念論文集』宝文館　昭10／回顧六十年(大瀬甚太郎)：

教育　3(1)　昭10／文学博士大瀬甚太郎先生小伝(野々村運一)：教育学研究　3(11)　昭10／大瀬甚太郎氏の教育説の批判(入沢宗寿)：教育　4(1)　昭11／教育百科辞典(小林澄兄)　慶応出版社　昭25／教育人名辞典　理想社　昭37／日本人名大事典　現代編　平凡社　昭54／明治・大正・昭和　教育思想学説人物史(藤原喜代蔵)　東亜政経社版　昭55　　　　　　　　　　〔谷城朗〕

大関　半之助　　おおぜき・はんのすけ
生没年不詳　㊅フランス：1864年(遣仏使節に随行)
　生没年不詳。文久3(1864)年、遣仏使節に随行する。
文献　幕末教育史の研究2—諸術伝習政策(倉沢剛)　吉川弘文館　昭59　　〔富田仁〕

大関　増勤　　おおぜき・ますとし
嘉永5年1月5日(1852)〜明治38年8月9日(1905)　黒羽藩藩主　子爵　㊅下野国黒羽
㊅アメリカ：1872年(留学)
　嘉永5(1852)年1月5日、下野国黒羽に生まれる。戊辰戦争に活躍し戦功をたてる。明治5(1872)年、私費でアメリカに留学する。しかし病を得て翌年ころ帰国する。のち子爵となる。明治38(1905)年8月9日死去。享年53歳。
文献　明治過去帳—物故人名辞典(大植四郎編)　東京美術　昭46／近代日本の海外留学史(石附実)　ミネルヴァ書房　昭47　〔楠家重敏〕

太田　源三郎　　おおた・げんざぶろう
天保6年(1835)〜明治28年(1895)　通詞
㊅フランス：1862年(遣欧使節に随行)
　天保6(1835)年に生まれる。文久1(1862)年12月、徳川幕府の遣欧使節竹内下野守保徳に通詞として随行し、フランス、イギリス、オランダ、プロシア、ポルトガル、ロシアを訪問する。翌2年12月に帰国。明治28(1895)年死去。享年61歳。
文献　近代日本海外留学生史　上(渡辺実)　講談社　昭52　　　　　　〔富田仁〕

太田　徳三郎　　おおた・とくさぶろう
嘉永2年7月(1849)〜明治37年9月4日(1904)　陸軍軍人、中将　〔兵器類の製造修理指導〕
㊅安芸国広島　㊅旧名＝田中　㊅フランス、スイス：1868年(軍事)、イタリア：1881年(造兵技術)

　嘉永2(1849)年7月、安芸国広島に生まれる。幼少より砲術を学び、明治1(1868)年に藩命によりフランスとスイスへ軍事留学する。5年1月11日、フランスでブランションに師事する。さらにスイス兵学校に学ぶ。8年9月帰国して陸軍に出仕。14(1881)年には陸軍砲兵大尉としてイタリア、オーストリア、フランスへ大阪砲兵工廠から造兵技術研究のため派遣される。イタリアでは15年5月20日勲章佩用に及ぶ。帰国後は同工廠で製鋼技術を指導し、かたわら21年1月司法省顧問として来日したアレッサンドロ・パテルノストロが駐日全権公使コマンドゥール・レナアト・デ・マルチノと図って同年7月9日附で設立した伊学協会の創立会員に加わり、理事の一人となる。そしてさらに3回目の洋行をしている。大佐時代、後方勤務となり、折からの日清戦争で兵器弾薬の製造修理に当たって大きく寄与し、やがて同工廠提理を長く務め、35年には陸軍中将となる。のち予備役となり明治37(1904)年9月4日死去。享年56歳。
文献　類聚伝記大日本史14　陸軍篇(桜井忠温編)　雄山閣　昭10／フランスに魅せられた人びと—中江兆民とその時代(富田仁)　カルチャー出版社　昭51／近代日本海外留学生史　下(渡辺実)　講談社　昭53／日本人名大事典　平凡社　昭54／日仏文化交流史の研究—日本の近代化とフランス人(西堀昭)　駿河台出版社　昭56／幕末・明治期における日伊交流(日伊協会編)　日本放送出版協会　昭59　　　　　　〔山口公和〕

大田　正徳　　おおた・まさのり
生没年不詳　陸軍軍人　㊅ドイツ：1890年(陸軍軍事研修)
　生没年不詳。明治23(1890)年2月にドイツとフランスに陸軍から軍事研修のために留学する。その後の消息は不明。
文献　近代日本海外留学生史　上(渡辺実)　講談社　昭52／日仏文化交流史の研究—日本の近代化とフランス人(西堀昭)　駿河台出版社　昭56　　　　　　〔富田仁〕

太田　峰三郎　　おおた・みねさぶろう
文久3年2月23日(1863)〜大正3年4月6日(1914)　官僚　貴族院書記官長　㊅筑前国福

岡　⓪アメリカ,ヨーロッパ：1889年（法制史）

文久3（1863）年2月23日, 福岡藩士の三男に生まれる。明治21年帝国大学法科を卒業。21年判事試補となるが, ついで法制局参事官試補に転じる。22（1889）年欧米諸国の視察を命じられ, 翌23年帰国, 貴族院書記官となる。31年農商務省農務局長を経て, 同年貴族院書記官長となり行政裁判所評定官を兼任した。林田亀太郎と共に議院法学者の権威として知られた。大正3（1914）年4月6日死去。享年52歳。

文献 幕末明治海外渡航者総覧（手塚晃編）柏書房　平4／データベースWHO　日外アソシエーツ〔藤田正晴〕

太田 雄寧　おおた・ゆうねい

嘉永4年1月（1851）〜明治14年7月18日（1881）医者　愛媛県医学校長, 東京医事新誌局長〔最初の医学専門雑誌を発行〕⓪アメリカ：1872年（化学）

嘉永4（1851）年1月川越に生まれる。幕末に長崎に出てオランダ人ポンペに医学を学ぶ。明治5（1872）年, アメリカに渡って化学を修める。7年帰国後, 愛媛県医学校長, 東京医事新誌局長をつとめ医学教育に尽力する。また日本で最初の医学専門雑誌『東京医事新誌』を創刊した。明治14（1881）年7月18日死去。享年31歳。

文献 明治過去帳—物故人名辞典（大植四郎編）東京美術　昭46／近代日本の海外留学史（石附実）　ミネルヴァ書房　昭47／ポンペ（宮永孝）　筑摩書房　昭60／幕末明治海外渡航者総覧（手塚晃編）　柏書房　平4／太田雄寧伝—週刊医学雑誌の開祖（太田安雄）　雄寧会　平15〔楠家重敏／藤田正晴〕

大高 庄右衛門　おおたか・しょうえもん

慶応1年5月4日（1865）〜大正10年5月30日（1921）建築技師〔化粧煉瓦・ガス輪環窯を創始〕⓪上総国（武射郡）富田村（小字中西）㊇幼名＝孝三郎　⓪ドイツ：1886年（煉瓦製造実習）

慶応1（1865）年5月4日, 大高篤郎の長男として生まれる。父の豪奢な生活により大高家は落魄し, 親戚の池田栄亮の紹介で外務省臨時建築局から建築見習生として明治19（1886）年11月, ドイツに渡り煉瓦製造実習を行う。ベルリンの煉瓦工場で煉瓦製造に従事するかたわら, ベルリン美術工芸学校に学び, そののち化粧煉瓦, ガス輪環窯の研究を行う。22年4月帰国を命ぜられるが, 私費で11月まで留まり煉瓦製造の研究を続ける。帰国後, 化粧煉瓦やガス輪環窯を創始する。化粧煉瓦は司法省や海軍省の建築に用いられる。32年には農商務省から派遣され欧州各国の煉瓦業界を視察するなどわが国煉瓦製造技術の発展に寄与する。大正10（1921）年5月30日, 喘息発作で死去。享年57歳。　⑱千葉市成東町富田・大高家墓地

文献 大高庄右衛門記念誌（松田長三郎編）同誌編纂所　大10／近代日本海外留学生史　上（渡辺実）　講談社　昭52〔湯本豪一〕

大竹 多気　おおたけ・たけ

文久2年10月7日（1862）〜大正7年7月19日（1918）研究者　工学博士〔桐生高等染織学校長など歴任〕㊇幼名＝竹四郎　⓪イギリス：1885年（製織研究）

文久2（1862）年10月7日, 会津藩士松田俊蔵の第四子として生まれる。のち大竹作右衛門の養子となる。明治16年に工部大学校機械工学科を卒業し, 千住製絨所に勤務。18（1885）年イギリスに留学し, マリーズ大学で製織研究に従事した。22年に帰国し, 35年に千住製絨所の所長となる。さらに東北帝国大学教授, 米沢高等工業学校教授, 桐生高等染織学校長, 特許局長などを歴任。また, 38年にもオーストラリアや欧米を訪れている。大正7（1918）年7月19日, 心臓病のため死去。享年57歳。

文献 大竹多気氏の甍去：会津史談会会報　13　大13／大日本博士録5（井関九郎編）　発展社　昭5／会津の歌人を語る5：会津史談会誌　46　昭47／大正過去帳（稲village徹元他編）　東京美術　昭48／近代日本海外留学生史　上（渡辺実）　講談社　昭52／日本人名大事典1　平凡社　昭54〔楠家重敏〕

大谷 光瑩　おおたに・こうえい

嘉永5年7月17日（1852）〜大正12年7月2日（1923）僧侶（東本願寺法主）　伯爵　㊇京都東本願寺　㊇幼名＝光養麿, 号＝壮厳院仁　⓪フランス：1872年（宗教事情視察）

嘉永5（1852）年7月17日, 東本願寺第21世住職光勝の第四男として京都に生まれる。東本願寺は北海道開拓使に協力的で, 明治2年に新法主となったばかりの彼を派遣し, 開教の基地を設定する。明治5（1872）年9月13日, 石川舜台, 成島柳北, 関信三, 松本白華とともに密

かにフランス船ゴダベリア号で横浜を出帆す
る。この年すでに渡航していた西本願寺の梅
上沢融、島地黙雷、赤松連城、堀川教阿、光田
以然に対抗して西欧の宗教事情を視察するた
めであった。翌年7月23日に帰国すると、本山
の制度を着々と改善して時代に即応する興学
と布教に着手する。29年に伯爵となるが、41
年には病のため僧職を子の光演にゆずる。壮
厳光院と称し東京の霞ヶ関で余生を送ってい
たが、大正12（1923）年7月2日、脳出血のため
死去。享年72歳。

[文献] 航海録（松本白華） 昭6／現如上人年譜（宗史編修所編）：宗史編修所報 9 昭10／明治の仏教者 上（常光浩然） 春秋社 昭43／異国遍路 旅芸人始末書（宮岡謙二） 中央公論社 昭53（中公文庫）／日本人名大事典1 平凡社 昭54／明治維新人名辞典（日本歴史学会編） 吉川弘文館 昭56／昭和新修華族家系大成 上（霞会館諸家資料調査委員会編） 霞会館 昭57／現如上人（小松勲三編・著） 小松勲三 平3　　　　〔楠家重敏〕

大谷 幸蔵　おおたに・こうぞう
文政8年5月（1825）～明治20年4月6日（1887）
貿易商　〔蚕種の輸出に貢献〕　㊦信濃国（更級郡）羽尾村字仙石　㊺イタリア：1870年（蚕種輸出）

文政8（1825）年5月、信濃国羽生村の農家に生まれる。家は代々豪農であったが、若くして父巳代蔵を失い、その後素行納まらず侠客を任じていたが、横浜開港以来国貿易の盛んなとき、志を立てて商人となった。最初は土産の斜子、白紬などの行商をしていたが、35歳のとき江戸に出て成功し、文久3年松代藩で産物改所が設けられると、その取締を命ぜられ、苗字帯刀を許されることとなった。慶応2年蚕種の海外輸出が許可されると、横浜問屋筋に出入りして、やがて生糸・蚕種輸出に従事し、もっぱらフランス、イタリア進出を図った。明治1年横浜で外国の銃器弾薬を購入して松代藩に売り込んだ。やがて松代藩の御用達となり、仲買人の資格も得て、その外国貿易は益々発展し巨万の富を得た。しかし明治3年9月普仏戦争でフランスが敗北したことにより、蚕種需要が激減し、国内の蚕種の市価は暴落の一途をたどり、蚕種業者の中には倒産するものが続出した。そこで外国業者との直接売込が有利と考え、同年（1870）11月4日イタリアに出かけた。その留守中11月25日松代騒動が勃発し、大谷家は政商として、また藩札暴落の責任者として、家は焼きはらわれた。翌4年帰国したが、松代藩の処罰を受けた。その後蚕種輸出専門の業者として3度イタリアに出かけ、日本の蚕種の海外直輸出に多大の貢献をしたが、次第に不良蚕種が増え、不振を極めて没落し、東京に退隠することとなった。明治20（1887）年4月6日、「人生大夢の如し」という一語を残して東京で死去。享年66歳。

[文献] 開港と生糸貿易 中（藤本実也） 刀江書院 昭14／信濃人物誌（村沢武夫編） 信濃人物誌刊行会事務所 昭39／長野県百科事典補訂版 信濃毎日新聞社 昭56／幕末・明治期における日伊交流（日伊協会編） 日本放送出版協会 昭59　　　〔春日正男〕

大谷 周庵　おおたに・しゅうあん
安政6年11月（1859）～昭和9年7月24日（1934）
医学者　医学博士　〔コッホ氏コレラ菌・脳病の研究〕　㊦江戸本所二葉町　㊺旧名＝設楽氏　幼名＝友吉　㊺ドイツ、オーストリア：1896年（内科学）

安政6（1859）年11月、江戸本所二葉町に生まれる。のち大谷長庵の養子となる。明治7年、司馬盈之に師事してドイツ語を修め、同年外国学校に入学。のち大学東校に転校し、16年東京大学医学部を卒業する。ただちに熊本医学校内科医教授兼付属病院長となり、24年医学博士の学位を受ける。29（1896）年ドイツ、オーストリアに留学し翌年帰国。長崎病院長となり、同年第五高等学校医学部主事を命じられたが38年退官し、長崎市内に開業した。大正1年抜擢されて侍医を拝命するが4年休職となる。研究業績としては、明治23年長崎におけるコッホ氏コレラ菌の研究、翌年の熊本医学郁におけるジャクソン氏癲癇症による死体の解剖結果、初めて肺ジストマに原因する脳病の発見などが、とくに顕著なものである。昭和9（1934）年7月24日死去。享年76歳。

[文献] 大日本博士録2 医学博士之部 発展社 大11／日本人名大事典1 平凡社 昭54
〔谷城朗〕

大塚 綏次郎　おおつか・くめじろう
生没年不詳　留学生　㊦佐賀　㊺アメリカ：1870年（理科）

生没年不詳。佐賀の出身。大学南校で万国公法を学んでいたが，明治3（1870）年に官費留学生としてアメリカに渡る。5（1872）年にラトガース大学の理科に入る。帰国後の消息は不明であるが，『文部省雑誌』に外国教育に関する翻訳を載せている。

[文献] 近代日本の海外留学史（石附実）　ミルネヴァ書房　昭47／幕末明治海外渡航者総覧（手塚晃編）　柏書房　平4

〔楠家重敏／富田仁〕

大塚 琢造　おおつか・たくぞう

嘉永3年（1850）～大正3年6月23日（1914）　博覧会審査官　〔各国博覧会で活躍〕　[生]肥前国佐賀　[名]別名＝琢蔵　[渡]フランス：1871年（兵学），フランス：1877年（パリ万国博覧会）

嘉永3（1850）年，肥前国佐賀に生まれる。慶応1年長崎五島町の諫早屋敷に設けられた致遠館でフルベッキに洋学を学んだ後，明治3年藩命で東京へ遊学に出て大学南校でフランス語を修め，4（1871）年22歳で山口鎌五郎，福地鷹次，浅田逸次とともに伊万里県より学費各千金で山中一郎に率いられフランスに留学する。6月28日よりメニールに師事して兵学と普通学を教わる。7年帰国して佐賀中学校教諭となり，10（1877）年パリ万国博覧会に出張して11月当地に起立工商会社が設立されると，そこに在勤し，15年パリ支店長となる。万国博覧会開催の都度，16年オランダへ，20年スペインへ審査官として出向き，21年には帰国して第3回内国勧業博覧会で審査を担当し，32年またパリで，ついで仏領トンキン（現在の越南）で審査部長をつとめ，43年日英博覧会では出品協会理事，会長代理で審査官嘱託，44年博覧会理事となって以後，大正博覧会理事を最後の肩書とするその種の行政に関係する。スペイン女王とフランス共和政府から叙勲される。大正3（1914）年6月23日，東京市芝区三田四国町の自宅で死去。享年65歳。　[墓]東京・染井霊園

[文献] 江藤南白　下（的野半助，南白顕彰会編）民友社　大3／大日本人名辞書（同刊行会編）新訂版　内外書籍株式会社　昭12／大正過去帳―物故人名辞典（稲村徹元他編）　東京美術　昭48／仏国留学（西堀昭）：日本仏学史研究　6　昭50／フランスに魅せられた人びと―中江兆民とその時代（富田仁）　カルチャー出版社　昭51／近代日本海外留学生史　上（渡辺実）　講談社　昭52／日仏文化交流史の研究―日本の近代化とフランス人（西堀昭）　駿河台出版社　昭56

〔山口公和〕

大塚 保治　おおつか・やすじ

明治1年12月20日（1869）～昭和6年3月2日（1931）　美学者　文学博士　〔ドイツ美学の移入，文展の創設を提言〕　[生]上野国（南勢多郡）木瀬村　[渡]ドイツ：1896年（美学・芸術史）

明治1（1869）年12月20日，寺子屋師匠小屋宇平治の二男として上野国木瀬村に生まれる。群馬県立中学校を飛び級で卒業し，東京大学予備門を経て，明治24年帝国大学文科大学哲学科を銀時計を受けて卒業し，大学院に進み美学を専攻する。夏目漱石は当時の友人である。間もなく大西祝の推挙により東京専門学校の美学講師となる。29（1896）年から約4年間，西洋美学研究を目的にドイツ，フランス，イタリアに留学し，帰国後はケーベルの後任として帝国大学の美学講座を日本人として初めて受け持つ。34年西洋美学の移植の功績で文学博士を授与される。美学が正式に大学の講座とされたのは明治38年頃からのことであるが，彼は担当教授として心理学的あるいは生理学的美学を講義する。講義に心血を注いだので著作はなく，雑誌論文の数も少ない。彼の思想は，死後門下生たちによって編纂された『大塚博士講義集』全2巻に収められている。彼の講義は，美学，文芸，絵画，彫刻，建築など多岐におよびその斬新さは芥川龍之介など多くの学生に影響を与えた。門下生島村抱月，大西克礼，阿部次郎，深田康算，竹内敏雄，土方定一などがその美学を発展させていった。一方日展の前身であった文展の創設に尽力する。40年牧野伸顕文相に「美術界刷新の一策」なる建議書を提出し，わが国における美術発展のために官設展覧会の必要性を強調する。彼が提出した建議書では，美術団体と展覧会の小党分立的な弊害を指摘し競技展覧会を開催すること，公平な審査をしたのち優秀作品を購入すること，優秀作品を常設館に陳列して美術家の参考にさせ，一般大衆の趣味の向上に資することの三点を強調したのである。日本画部門に14名，洋画部門に9名選ばれ，ほかに学者側からは彼を含めて5名の審査委員が選ばれた。大正14年には帝国学士院会員となる。従来，思想家鷗外・樗牛など文学者により西洋美学思想は紹介されていたが，正式に美学を

学問として大学で講義に体系化して取入れた功績は大きい。最初はヴントの心理学的・自然科学的方法から研究を進めて行ったが、のちディルタイなどによる精神科学的方法論をとり入れ、現象学的方法も加え、類型学の美学論に達した。しかし彼の思想には経験主義的心理主義の姿勢がある。これはドイツ観念論の系譜をとるハルトマンの美学などにみられる哲学的美学が演繹的に走っている点に批判的であったためである。彼の立場では、広く文学、美術の中から多くの材料を集め、これらから法則的なものを見出そうとする帰納的美学の法則を発見すべきことを主張した。『太陽』（明治36）に載った論文「死と美意識」では心理主義的な方法が顕著に現われている。主要な業績としては、『講義集』のほかに、芸術批評を主とした論文や講演のノートが『太陽』『心の花』『帝国文学』『哲学雑誌』などに掲載されている。『講義集』第1巻『美学及芸術論』では科学としての美学の課題と方法論に始まり、芸術論では芸術的創作ならびに種類を、造型美術論では建築論、彫刻論、絵画論にわたり、第2巻『文芸思潮論』では唯美主義の思潮、前篇ではボードレール、美の理想、芸術と道徳など、後篇ではワイルドに言及し、象徴主義の思潮論ではフランス象徴主義とヴェルレーヌについて論じている。すなわち個人の審美観については、これが対象物をめぐる因果関係を通して一般法則を見出し、経験的に内部に入り、深部に達する類型の方法をとることを美学の学問的基礎姿勢とした。これはとくに初期の論文では顕著にみられることである。昭和4年東京帝国大学を退官。昭和6（1931）年3月2日、内臓疾患のため死去。享年62歳。夫人は女流作家・大塚楠緒子。

[文献] 明治大正史5 芸術篇（土岐善麿編） 朝日新聞社 昭6／美学思想史（桜田総）向山堂書店 昭8／大塚博士還暦記念美術及芸術史 岩波書店 昭8／大塚保治先生のこと（阿部次郎）：文芸春秋 11(8) 昭8／大塚保治博士の思想（上野直昭）：美学 4 昭26／大塚先生の晩年（村田良策）：美学 8 昭27／明治文化史5 学術篇（矢島കു利、野村兼太郎編） 洋々社 昭30／人と作品 現代文学講座3（木俣修等編） 明治書院 昭36／明治人物逸話辞典（森銑三編） 東京堂出版 昭40／日本人名大事典 平凡社 昭54
〔谷城朗〕

大築 彦五郎　おおつき・ひこごろう

嘉永3年12月(1850)～明治17年8月26日(1884)
開拓使官吏　〔最初のロシア留学生〕　㊥下総国佐倉　㊥ロシア：1865年（医学）

　嘉永3(1850)年12月、医学所頭取・大築弥市の五男として佐倉に生まれる。元治1年2月、開成所独乙学に入学し、11月には独乙稽古世話心得となる。慶応1(1865)年、山内作左衛門、小沢清次郎、市川文吉、田中次郎、緒方城次郎とともにロシアに留学する。医学を学んだのち小沢、田中、緒方とともにパリを経由し4年8月に帰国する。帰国の年の12月に開成所教授試補となる。明治2年8月、開拓使大主典となり樺太に赴く。その後箱館に移り開拓使支庁外務課詰訳文掛などを歴任するが、病気のため10年5月に帰京する。その後、再び箱館に赴き勤務するが、明治17(1884)年8月26日、箱館で死去。享年35歳。

[文献] 手塚節蔵と大築彦五郎（村上一郎）：伝記（伝記学会） 6(10) 昭14／遣魯伝習生始末（内藤遂） 東洋堂 昭18／近代日本の海外留学史（石附実） ミネルヴァ書房 昭47
〔湯本豪一・富田仁〕

大寺 安純　おおでら・やすずみ

弘化3年2月(1846)～明治28年2月9日(1895)
陸軍軍人、少将　㊥薩摩国（西田郡）西田村　㊎幼名＝弥七　㊥ヨーロッパ：1894年（軍事視察）

　弘化3(1846)年2月、薩摩藩士の子として薩摩国西田村に生まれる。20歳で藩校造士館の教官となる。山本権兵衛などとともに野津鎮雄に従い鳥羽伏見に戦い、奥州征討軍に加わるが帰郷後造士館に復職する。明治4年7月陸軍少尉、5年大尉となり、台湾出兵、西南戦争に従軍ののち、21年11月大佐となる。27(1894)年7月30日、ヨーロッパ視察中に日清戦争が起こり、急命により帰国。少将に昇進し第11旅団長として威海衛攻撃のとき百尺崖で腹部にアームストロング砲榴散弾を受けて、明治28(1895)年2月9日、山東省嶺後村第二野戦病院で戦死。享年50歳。その功労により嗣子千代田郎に男爵が贈られる。

[文献] 鳴呼大寺少将（質軒生）：太陽 1(3) 明28／近世名将言行録2（同刊行会編） 吉川弘文館 昭10／明治過去帳—物故人名辞典（大植四郎編） 東京美術 昭46／日本人名大事典1 平凡社 昭54／明治維新人名辞典

（日本歴史学会編）　吉川弘文館　昭56
〔富田仁〕

大鳥 貞次郎　おおとり・さだじろう

生没年不詳　陸軍軍人　[渡]フランス：1867年（軍事研修）

生没年不詳。歩兵差図役頭取大鳥圭助の弟。歩兵頭並を経て幕末の横浜仏蘭西語学所の伝習生となり，第1回留学生に選ばれて，慶応3（1867）年渡仏する。8月横浜を出帆し10月パリに到着するが，その後の消息は不明。

[文献] 近代日本の海外留学史（石附実）　ミネルヴァ書房　昭47／近代日本海外留学生史 上（渡辺実）　講談社　昭52／日仏文化交流史の研究―日本の近代化とフランス人（西堀昭）　駿河台出版社　昭56　〔山口公和〕

大西 秀治　おおにし・ひではる

文久2年（1862）～?　陸軍軍医　[渡]ドイツ：1888年（医学）

文久2（1862）年に生まれる。明治21（1888）年10月11日，予定より2ヶ月ほど遅れて陸軍軍医として医学研修のためドイツに留学する。24年11月に二等軍医，27年10月に一等軍医となり東京衛戍病院，第2兵站監部などに勤務する。そののち金州半島兵站監部，東京陸軍予備病院などに一等軍医として勤める。30年3月11日に休職する。その後の消息は不明。

[文献] 医学士大西秀治氏及柴田耕一氏：中外医事新報　199　明21／医学士大西秀治氏：中外医事新報　204　明21／明治25年7月1日調陸軍現役将校同相当官実役停年名簿　陸軍省／明治27年7月1日調陸軍現役将校同相当官実役停年名簿　陸軍省／明治28年7月1日調陸軍現役将校同相当官実役停年名簿　陸軍省／明治29年7月1日調陸軍現役将校同相当官実役停年名簿　陸軍省／明治33年7月1日調陸軍現役将校同相当官実役停年名簿　陸軍省
〔湯本豪一〕

大西 克知　おおにし・よしあきら

元治2年1月6日（1865）～昭和7年9月17日（1932）　医学者　九州帝国大学名誉教授　[生]伊予国松山　[渡]ドイツ：1885年（医学）

元治2（1865）年1月6日，愛知県士族・大西克育の二男として松山に生まれる。明治8年分家を成す。14年東京大学医科大学に入学，17年東京大学予備門で学び，18（1885）年12月ドイツに留学，19年ハルレ大学に入学し理科・医学を修め，21年チュービンゲン大学に転じ眼科学を研究する。23年6月帰国し三高教授となるが，28年退官し東京で開業。32年医学博士。38年京都帝国大学福岡医科大学（のちの九州帝国大学）教授となり眼科学教室を創設，同大付属病院長を兼任した。大正9年欧米各国に出張する。15年定年退官し名誉教授となった。この間，明治28年日本眼科学会の創立に参画，また独力で『日本眼科学雑誌』を発行したほか，点字や眼科医療機器の改良にも尽力するなど眼科学界の発展に大きく貢献した。昭和7（1932）年9月17日死去。享年68歳。

[文献] 幕末明治海外渡航者総覧（手塚晃編）　柏書房　平4／データベースWHO　日外アソシエーツ　〔藤田正晴〕

大野 直輔　おおの・なおすけ

天保12年（1838）～大正10年5月1日（1921）　大蔵省官吏　会計検査院部長　[生]山口　[渡]イギリス：1868年（毛利平六郎に同行, 経済学）

天保12（1838）年，徳山藩士大野篤直の子として山口に生まれる。藩校の興譲館に学び，また萩の明倫館に入る。慶応4（1868）年3月，徳山藩主の子毛利平六郎（元巧）の従者として，矢島佐九郎と共にイギリスへ赴く。渡英後は経済学を学び，明治6年に帰国。大蔵省租税局に出仕し，造幣局長，預金局長，銀行局長などを経て，会計検査院部長となる。大正10（1921）年5月1日，徳山で死去。享年81歳。

[文献] 廃藩以前旧長州藩人の洋行者：防長史談会雑誌　1（6）　明43／明治初年条約改正史の研究（下村冨士男）　吉川弘文館　昭37／尾崎三良自叙略伝 上（尾崎三良）　中央公論社　昭51　〔楠家重敏〕

大野 規周　おおの・のりちか

⇒大野弥三郎（おおの・やさぶろう）を見よ

大野 弥三郎　おおの・やさぶろう

文政3年1月28日（1820）～明治19年10月6日（1886）　造幣局技師　〔計測機器の製作を指導〕　[生]江戸神田松枝町　[名]別名＝規周　[渡]オランダ：1862年（精密機器の製作）

文政3（1820）年1月28日，幕府暦局御用御時計師・大野弥三郎規行の長男として江戸神田松枝町に生まれる。安政2年，松平越前守慶永は幕府に要請して弥三郎（規周）を招聘し，江

戸所中之郷の下屋敷に住まわせ、機械製造とゲーベル銃の製作に当らせた。安政4年、アメリカより渡来した電信機を御浜御殿において組立て、上覧に供し通信を試みる。文久2(1862)年、幕府派遣の海軍留学生の一員に選ばれ、測量機械類の製作を研修することになった。渡蘭後、職方の上田虎吉とライデン市レーベンダール346番地に住み、文久3年の秋、アムステルダムに移るまでライデンに逗留する。ライデンではライデン大学東洋学部教授ヨハン・ヨゼフ・ホフマンからは語学を、フレデリック・カイゼルからは海上測器について学ぶかたわら、市内の時計工場で時計製造を実習した。ライデンを引き払いアムステルダムに移ったのは1864年9月3日(陽暦)であり、トーレン・ステーヒ381番地に住んだ。アムステルダム滞在中、アウデカンス42番地に住む時計・精密機器師アンドレアス・ホーヴュから天文用の精密時計の製法を学んだ。またアムステルダム市E区227番地に50年前まで健在であった、アブラハム・ファン・エムデンの店で、精密器機の製造を実習した。エムデンはユダヤ人であり、1797年4月13日にアムステルダムに生まれ、1860年3月31日同市で亡くなっているが、大野が研修した当時は、妻のサラ・ファン・リヤーが店を切り盛りしていた。エムデンの2人の甥─ウィリアム・ジョージ・ファン・エムデンやウィリアム・アーガスト・ファン・エムデン、アレキサンダー・マヒエル・ファン・リサとモーリス・ファン・リサ兄弟から器械製造を学んだ。オランダに滞在したのは3ヶ月間であるが、慶応2年10月25日(陽暦1866年12月1日)、艤装をおえた開陽丸に留学仲間とともに乗船し、フリシンゲンより帰国の途についた。明治1年6月、太政官に貨幣司として徴され、工作方判事を拝命。2年3月より造幣寮(造幣局)に技師として出仕し、本局の銅細工場の工作師として、主に天秤の製作を指導した。在職中は、羅針盤・検温器・経緯機・大時計などを製作した。19年、工作所長となったのを最後に退職。明治19(1886)年10月6日死去。享年67歳。大阪・都島区中ノ町の桜宮神社の境内に、顕彰碑が建っている。
文献 日本時計産業史覚書(山口隆二):国際時計通信 7(76) 昭41.9／赤松則良半生談(赤松範一編) 平凡社 昭52(東洋文庫)／幕府オランダ留学生(宮永孝) 東京書籍

昭57(東書選書)／幕府オランダ留学生─職方について(宮永孝):法政大学教養部紀要社会科学編 47 昭58／続幕末和蘭留学関係史料集成(日蘭学会編) 雄松堂 昭59／幕府オランダ留学生─職方・大野弥三郎(宮永孝):社会労働研究(法政大学) 31(3・4) 昭60.2 〔宮永孝〕

大庭 二郎 おおば・じろう
元治1年6月23日(1864)～昭和10年2月11日(1935) 陸軍軍人、大将 ㊦山口 ㊦ドイツ:1895年(留学)

元治1(1864)年6月23日に生まれる。山口の出身。明治19年陸軍士官学校を卒業後、歩兵少尉。25年陸軍大学校卒業後は参謀本部に出仕し、兵站総監部副官。28(1895)年12月ドイツ留学。32年12月帰国して陸軍大学校教官、歩兵第2連隊長、37年日露戦争には第3軍参謀副長となり、旅順攻略戦の作戦を立てたが失敗し、38年後備第2師団参謀長に左遷。42年戸山学校長、45年陸軍歩兵学校長、第一次世界大戦にロシア大本営付としてロシア軍に従軍、大正4年第3師団長となりシベリア出兵。9年朝鮮軍司令官、同年大将。12年教育総監兼軍事参議官、15年予備役編入、昭和9年退役。長州軍閥の最後の一人。昭和10(1935)年2月11日死去。享年72歳。
文献 幕末明治海外渡航者総覧(手塚晃編) 柏書房 平4／データベースWHO 日外アソシエーツ 〔藤田正晴〕

大橋 金蔵 おおはし・きんぞう
生没年不詳 従者 ㊦諱=隆道 ㊦アメリカ:1860年(遣米使節に随行)

生没年不詳。安政7(1860)年、50歳頃村山淳(伯元)の従者として遣米使節に随行する。
文献 万延元年遣米使節史料集成1～7(日米修好通商百年記念行事運営会編) 風間書房 昭36／幕末教育史の研究2─諸術伝習政策(倉沢剛) 吉川弘文館 昭59 〔富田仁〕

大橋 玄之助 おおはし・げんのすけ
生没年不詳 従者 ㊦武蔵国熊谷在玉井村 ㊦諱=玄 ㊦アメリカ:1860年(遣米使節に随行)

生没年不詳。安政7(1860)年、32歳頃松本三之丞の従者として遣米使節に随行する。

大原 金之助　おおはら・きんのすけ
生没年不詳　留学生　⊕鹿児島　㊦アメリカ：1870年（留学）
　生没年不詳。鹿児島の出身。明治3(1870)年，アメリカに留学する。その後ドイツに渡ったといわれるが，詳細は不明。
[文献]　近代日本の海外留学史（石附実）　ミネルヴァ書房　昭47　〔楠家重敏〕

大原 繁香　おおはら・しげか
生没年不詳　㊦アメリカ：1893年頃
　生没年不詳。明治26(1893)年頃アメリカに渡る。その後の消息は不明。
[文献]　異国遍路　旅芸人始末書（宮岡謙二）　修道社　昭46　〔楠家重敏〕

大原 令之助　おおはら・れいのすけ
生没年不詳　⊕佐土原　㊦アメリカ：1870年（ニューヘブンに滞在）
　生没年不詳。佐土原の出身。明治3(1870)年アメリカに渡り，ニューヘブンに住むが，その後の消息は不明。
[文献]　近代日本の海外留学史（石附実）　ミネルヴァ書房　昭47／幕末明治海外渡航者総覧（手塚晃編）　柏書房　平4　〔楠家重敏／富田仁〕

大東 義徹　おおひがし・ぎてつ
天保13年7月(1842)～明治38年4月8日(1905)　政治家　衆議院議員，司法相　⊕近江国　㊥旧名＝小西新左衛門　㊦アメリカ，ヨーロッパ：1871年（岩倉使節団に随行）
　天保13(1842)年7月，彦根藩士小西貞徹の子として生まれる。藩校弘道館に学び，戊辰戦争では官軍につき奥羽に転戦。維新後藩の少参事，次いで司法省権少判事。明治4(1871)年11月岩倉使節団に加わり欧米を巡遊し，5年2月帰国。西南の役では西郷隆盛を応援，敗れて京都で入獄。23年第1回衆議院選挙に当選，代議士となり，7期つとめた。31年大隈重信内閣の司法相となる。明治38(1905)年4月8日死去。享年64歳。

[文献]　幕末明治海外渡航者総覧（手塚晃編）　柏書房　平4／朝日日本歴史人物事典　朝日新聞社　平6／データベースWHO　日外アソシエーツ　〔藤田正晴〕

大藤 松五郎　おおふじ・まつごろう
？～明治23年(1890)　ワイン製造技師　〔山梨ワイン醸造のパイオニア〕　⊕千葉県　㊦アメリカ：1869年（ワイン醸造）
　生年不詳。千葉県出身。明治2(1869)年にアメリカに渡り，8年からは内務省勧業局派遣生として果樹栽培と醸造学を学び，9年に帰国。その直後，殖産興業を目的として設立された山梨県立勧業試験場に出向。10年に同場内に葡萄酒醸造所が併設されると，その主任技師に任ぜられ，ワイン醸造に従事した。この事業は山梨県におけるワイン製造の嚆矢となり，ニューヨーク製の大蒸留機を導入するなど出足は好調であった。また，18年にはロンドン万国発明品大博覧会に白ワインを出品。しかし，その後は県の財政難などから予算が縮小され，彼の没後には大蒸留機が金物屋に売却されるほど衰退した。明治23(1890)年死去。
[文献]　幕末明治海外渡航者総覧（手塚晃編）　柏書房　平4／事典近代日本の先駆者　日外アソシエーツ　平7／データベースWHO　日外アソシエーツ　〔藤田正晴〕

大村 純雄　おおむら・すみお
嘉永4年4月27日(1851)～昭和9年8月18日(1934)　伯爵　⊕日向国佐土原　㊥別名＝丸岡武郎　㊦アメリカ：1869年（留学）
　嘉永4(1851)年4月27日，佐土原藩主島津忠寛の二男として日向国佐土原に生まれる。明治2(1869)年兄の島津忠亮とともにアメリカに渡り，ニューヘブンに滞在する。翌年，弟の啓次郎も渡米している。8年に帰国するが，翌年肥前大村藩主大村純熙の養子となる。17年子爵となるがのち伯爵。貴族院議員をつとめる。昭和9(1934)年8月18日死去。享年84歳。
[文献]　近代日本の海外留学史（石附実）　ミネルヴァ書房　昭47／海外における公家　大名展・第1回維新展（霞会館資料展示委員会）　霞会館　昭55／昭和新修　華族家系大成　上（霞会館諸家資料調査委員会編）　霞会館　昭57　〔富田仁〕

大村 純凞　おおむら・すみひろ

文政8年11月21日(1825)～明治15年1月12日(1882)　大村藩知事　伯爵　⊕肥前国大村城内　⊗諱=純凞, 通称=修理　⊛イギリス：1872年(留学)

文政8(1825)年11月21日, 肥前国大村城内に生まれる。大村藩主として海防に意を注ぎ兵制をイギリス流に改める。明治2年大村藩知事となり, 4年廃藩により免官。5(1872)年にイギリスに赴く。明治15(1882)年1月12日死去。享年53歳。　⊛東京・青山霊園

[文献] 明治過去帳―物故人名辞典(大植四郎編)　東京美術　昭46／近代日本の海外留学史(石附実)　ミネルヴァ書房　昭47　〔楠家重敏〕

大村 松二郎　おおむら・まつじろう

嘉永4年(1851)～明治12年12月25日(1879)　海軍軍人　子爵　⊕長門国　⊗別名=山本軍三郎　⊛アメリカ：1870年(海軍軍事研修)

嘉永4(1851)年, 士族山本藤右衛門の子として長門国に生まれる。明治2年, 大村益次郎の養子となる。3(1870)年7月, 海軍兵学寮の留学生としてアメリカに渡る。10年頃, 海軍伝習を終えて帰国する。ただちに海軍少佐となり神戸へ赴任する。軍艦・乾行や孟春の艦長となる。明治12(1879)年12月25日, 海軍病院で死去。享年29歳。

[文献] 明治過去帳―物故人名辞典(大植四郎編)　東京美術　昭46／近代日本の海外留学史(石附実)　ミネルヴァ書房　昭47／近代日本海外留学生史　上(渡辺実)　講談社　昭52
〔楠家重敏〕

大森 房吉　おおもり・ふさきち

明治1年9月15日(1868)～大正12年11月8日(1923)　地震学者　理学博士　〔近代地震学の開拓者〕　⊕福井　⊛イタリア, ドイツ：1894年(地震学)

明治1(1868)年9月15日, 福井藩士大森藤輔の五男として生まれる。大学予備門を経て, 23年帝国大学理科大学物理学科を卒業, 大学院に入り地震学と気象学を専攻し, 翌24年助手となる。同年10月28日, 岐阜, 愛知地方に濃尾地震が起き, 彼はその現地調査に当たった。それまでに日本の地震学は, 明治維新後に来朝した多くの外国人教師たち, とりわけJ.ミルン, J.A.ユーイング, T.グレーらが地震に強い関心を持ち, 近代科学の方法によって研究を開始したことから急速に発展, 13年には早くも日本地震学会が創立されていた。19年には東京帝国大学に地震学の一科が設けられ, 関谷清景が世界でも最初の地震学専任教授となり, 中央気象台でも地震計による観測網の整備が着々と進んでいた。濃尾地震は, このようにようやく外国人教師たちの教育が実り, 日本の地震学が自立しようという気運にあった時に発生したのであり, 貴重な研究対象として多数の物理学者, 地質学者, 建築学者とともに調査に赴いたのである。この地震の被害は, 死者7000人, 全潰または焼失家屋14万戸, 山くずれ1万余にものぼり, 国家的地震研究機関設立の必要性が強く認識された。そこで東京大学理科大学の菊池大麓が建議案をまとめ, 25年12月貴院で可決, 翌年6月に公布されて, ここに文部省の機関として震災予防調査会が発足。幹事には初代の菊池のあとに彼が就任。27(1894)年12月万国震災予防調査会委員としてイタリアに留学後ドイツにおいて地震学の研究を行い, 30年11月に帰国, 東京帝国大学の教授となる。以後九州大学, 京都大学, 早稲田大学講師を兼任し, 38年のカングラ地震, 39年カリフォルニア地震, 41年のメッシーナ地震など諸外国の調査も行う。国際会議にもしばしば出席し, 万国地震学協会設立に際し日本の常置委員となった。日本における地震学の創始者であり恩人であり, 地震学に関する論文は震災予防調査会報告記載の分だけでも邦文103篇, 欧文9篇にのぼり, その領域は, 地震学, 建築学, 地震対策まで広範囲にわたっている。後輩の地震学者今村常明は生涯を通じて好敵手で, 32年の今村の津波の原因に関する海底変形説に対し, 彼は液体振り子説を唱えて争ったが, 今日では今村の海底変形説がとられている。38年今村は, 総合雑誌『太陽』に論文「市街地における地震の生命及び財産に対する損害を軽減する簡法」を発表し, 関東地方が将来大地震に襲われる可能性のあることを警告した。この論文に対して, 39年『東京二六新聞』がセンセーショナルに解説し, この年が丙午で火事や地震が多いとの俗説も重なって大騒動となった。彼はこの騒ぎを鎮めるには今村説を論破する以外に方法はないと考え, 同じく『太陽』誌上に「東京と大地震の浮説」を発表し, 今村説を批判した。ところが大正12年9月1日, 今村が予想したように

相模湾付近を震源とする関東大地震が発生し、10万人の死者を出した。彼はシドニーで第2回汎太平洋学術会議に出席中この知らせを聞き、海路帰国の途中病に倒れ、地震に際して何らなすことが出来なかった。病床を訪れた今村に対し、かつての論争について自説の非を認め、譴責されても仕方がないと語ったという。著作として『地震験測法第一班』(明治38年)、『地震学講話』(明治40年)、「日本噴火志」(震災予防調査会報告86、87)などがある。大正12(1923)年11月8日、東大病院の一室で死去。享年56歳。

[文献] 追弔・大森房吉先生略伝：気象集誌22(2) 大13／アルバイトと博士(山村魏)：新文明 5(8) 昭30／大森房吉と日本の地震学(坪井忠二)：中央公論 80(7) 昭40／日本人名大事典1 平凡社 昭54／ひらめきと執念で拓いた地球の科学——竹内均・知と感銘の世界(竹内均) ニュートンプレス 平14
〔熊田修二〕

大山 巌　おおやま・いわお

天保13年10月10日(1842)～大正5年12月10日(1916)　陸軍軍人，元帥　公爵　〔ドイツ式軍制・兵制の確立〕　㊦薩摩国鹿児島下加治屋町　㊋幼名＝岩次郎のち弥介　㊥ドイツ：1870年(普仏戦争視察)，フランス，ドイツ：1884年(軍事視察)

　天保13(1842)年10月10日、薩摩藩士大山彦八綱昌の次男として生まれる。西郷隆盛・従道の従弟。隆盛と同じ下加治屋町に生まれて薫陶をうける。藩校造士館および演武館に学ぶ。文久2年島津久光の率兵上京の軍に一兵士として守衛の列に加わる。大坂に滞在中、寺田屋事変に関係し、謹慎を命ぜられる。翌3年イギリス艦隊の鹿児島砲撃に際し決死隊として出陣、初めて実戦を行った。同年藩命により黒田清隆らと江戸に出て、江川太郎左衛門の塾に入り砲術を学ぶ。また鉄砲の改良の必要性を感じ、研究の結果弥助砲と呼ばれる口斤綫臼砲をつくる。戊辰戦争では、西郷・大久保利通の下で倒幕王制復古の運動に奔走し、洋式銃砲の購入に尽力、薩摩軍第二番砲隊長として慶応4年1月の鳥羽伏見の戦いから江戸・宇都宮・白河・三春・二本松・会津若松城陥落まで進撃し功をたてた。明治2(1869)年6月、兵部省より普仏戦争視察のため欧州への出張を命ぜられ、その任務は戦闘の状況・戦略の得失・兵制の沿革などの観察であった。同行者は品川弥次郎、池田弥一、有地品之允、林有造である。一行は8月28日に横浜から米国の飛脚船クレド・パブリック号に乗船し、9月にサンフランシスコに着き、アメリカ大陸を横断、10月にニューヨークに着いた。さらに英国に渡り、ベルギーに上陸して、10月下旬ベルリンに入った。ここで普仏戦争の戦場を視察してまわり、パリに到着したのは4年のことである。時あたかもナポレオン三世がセダンで惨敗しプロシャ軍に降り、パリは包囲占領されていた。一行はパリ滞在中の留学生たちから百余日間にわたるパリ籠城飢饉の話を聞いている。一行が横浜に帰着したのは4年5月である。帰国後陸軍大佐、兵部権大丞に任ぜられたが、同年軍政をさらに学ぶため再びフランスを訪れ7年まで滞留する。この間リヨンでは、中江兆民、坂田乾一郎、小田均一郎らに歓待された。初回の渡欧は巡遊であったが、二度目は留学であった。帰国後は、陸軍卿代理兼東京鎮台司令長官として陸軍の建設に努力。このときすでに西郷ら薩摩藩出身の先輩軍人の多くが征韓論に敗れて辞職していたため陸軍部内における薩閥の総帥として確固たる地位を占め、以後順調に累進する。西南戦争当時は征討別働第一旅団司令官。13年に陸軍卿・参議となり、長州藩出身の参議本部長山県有朋とともにドイツ式軍制と国防政策の樹立に尽力した。17(1884)年1月に欧米各国の兵制を視察するため、陸軍部内の俊秀将校川上操六、桂太郎、鳥尾小弥太、野津道貫や、軍医官や会計軍官など17名を率いて横浜からフランス船メンザレー号で出航、香港・ナポリを経て5月にパリに着き巡遊視察した。1年にわたる欧米視察の足跡は、イタリア、フランス、イギリス、オランダ、ベルギー、ドイツ、オーストリア、ロシア、アメリカの9ヶ国に及んだ。パリではとくにフランス陸軍省と交渉し、要塞や陸軍諸学校・諸工場を視察し、またドイツでもフランスにおけると同様、軍事演習を見学し軍事教官の招聘について掛け合った。明治時代における陸軍の制度上・技術上の革新は、この欧米各国への軍事視察の成果によって断行されたといってよい。陸軍大学校の創設、陸軍省条例の改正、国防会議、屯田兵条例、戦時編成概則、近衛および六団の編成が初めて実現され、わが国の近代的要塞防備

はここに起工された。18年の内閣制度創設にともない，初代陸軍大臣となり以後数代の内閣に留任した。日清戦争には第二軍司令長官，日露戦争には満州軍総司令官として出征。31年には元帥府創立とともに元帥となり，元帥陸軍大将としてわが国陸軍の軍事面の最高の地位にあった。山県有朋とともに明治期の陸軍を二分した巨頭であったが，手腕力量とも山県には及ばなかった。藩閥軍人には珍しく政治的野心はなく，ほとんど武職に終始し，陸軍内でも長州閥の優勢を許した。大正3年内大臣となったが，大正5（1916）年12月10日死去。享年75歳。国葬。夫人は明治4年わが国初の女性留学生として渡米した山川捨松である。
[墓]栃木県那須郡西那須野町
[文献] 大山元帥（西村文則）　忠誠堂　大6／武勲大山公（明治功臣録刊行会編）　盛文館　大6／日露戦役二十五年記念元帥大山巌（猪谷宗五郎）　川流堂　昭5／元帥公爵大山巌（尾野実信編）　大山元帥伝刊行会　昭8～10／近世名将言行録3（同刊行会編）　吉川弘文館　昭10／追憶に甦る大山元帥（三宅雪嶺）：改造17（3）　昭10／欧州留学中の大山元帥（横山健堂）：伝記　2（3）　昭10／類聚伝記大日本史14　雄山閣　昭11／元帥公爵大山巌（菅原精一）：史学　16（2）　昭12／大山元帥（木村毅）　講談社　昭17／元帥大山巌遺聞（高木寿一）：新文明　3（11）　昭28／元帥大山巌遺聞を読みて（大山柏）：新文明　4（1）　昭29／明治軍制史論　上・下（松下芳男編）　有斐閣　昭32／近代日本海外留学生史　上（渡辺実）　講談社　昭52／大山巌1～4（児島襄）　文芸春秋　昭52～53／日本人名大事典1　平凡社　昭54／明治維新人名辞典（日本歴史学会編）　吉川弘文館　昭56／大山巌欧州再旅日記（国立図会図書館憲政資料室蔵）／日露戦争名将伝―人物で読む「激闘の軌跡」（柘植久慶）　PHP研究所　平16（PHP文庫）　〔村岡正明〕

大山 助一　おおやま・すけいち

安永5年4月（1858）～大正12年4月6日（1923）　留学生　[生]鹿児島　[渡]アメリカ：1872年（鉱山学）

安永5（1858）年4月，鹿児島生まれ。明治5（1872）年2月18日日本を発ち，アメリカに渡り鉱山学を修める。7月2月6日帰国後，官吏となり印刷局彫刻課長を務める。18（1885）年～23年，24（1891）年2月～30年にもアメリカに渡る。大正12（1923）年4月6日死去。享年66歳。
[文献] 近代日本の海外留学史（石附実）　ミネルヴァ書房　昭47／幕末明治海外渡航者総覧（手塚晃編）　柏書房　平4
〔楠家重敏／富田仁〕

大山 捨松　おおやま・すてまつ

安政7年1月23日（1860）～大正8年2月18日（1919）　大山巌夫人　〔最初の女子留学生〕
[生]会津若松　[名]旧名＝山川　幼名＝咲子
[渡]アメリカ：1871年（女子教育研究）

安政7（1860）年1月23日，会津藩郡奉行主役山川尚江の末娘として会津若松で生まれる。次兄の健次郎は東京，京都，九州の帝国大学総長。長姉の二葉は昭憲皇太后の女官。生後間もなく父に先立たれ，母唐衣と祖父重英により育てられる。明治1年8月，会津若松が官軍に包囲されたとき彼女は城内にいて負傷兵の看護にあたる。3年，藩主松平容保の子・容大が斗南藩知事に任ぜられ，山川家も斗南に移住するが一家の生活は貧困をきわめる。この頃，北海道開拓使長官黒田清隆が新日本建築のために女子教育の必要性を感じ，女子留学生を募集する。咲子もこれに応募するが，その理由は家計の苦しさをやわらげるためでもあった。このとき開拓使の女子留学生となったのは彼女のほか津田梅子，吉益亮子，上田悌子，永井繁子である。明治4（1871）年11月12日，彼女らは岩倉使節団に加わり横浜を出帆する。この時，母唐衣は娘を「捨てたつもりで待つ」という意味で幼名・咲子を「捨松」と変える。翌年はじめワシントンに到着し，ここで彼女らは使節一行と別れをつげ，その後，森有礼の指示によりワシントン市内のコネチカット街で5人の共同生活を営んだこともあるが，5年10月には亮子と悌子が病気のため帰国。その後すでにアメリカにいた兄健次郎の知人でニュー・ヘブンに住む牧師レオナード・ベーコンの家に住み，礼儀作法など習い，エール大学，バッサー大学にすすみ女子教育に関する研究を行う。14年に開拓使から帰国命令が発せられていたが，梅子とともに1年延期を願い出て翌年バッサー大学を卒業すると，ニュー・ヘブン病院で看護学を学び甲種看護婦の免状を得，15年11月に帰国する。その翌年，大山巌との結婚話がもちあがる。山川家は旧敵の薩摩人との結婚に反対するが，西郷従道の説

得により山川家がおれ，捨松は大山巌の後妻となる。そして政府高官夫人として鹿鳴館での外国人接待に流暢な英語で活躍し“鹿鳴館の花”といわれる存在となる。また赤十字社篤志看護婦会，愛国婦人会など多数の慈善・奉仕活動に尽力する。一方，留学時代からの親友・津田梅子の援助にもつとめ，女子英語塾の顧問，同窓会会長，校資募集委員会会長などを歴任し，その発展につとめる。大正5年に夫に先立たれたのちは，主に那須野ヶ原の開墾場ですごす。大正8（1919）年2月18日，感冒のため死去。享年69歳。

[文献] 大山捨松夫人（佐瀬得三）『続当世活人画』 春陽堂 明32／近代日本の海外留学史（石附実） ミネルヴァ書房 昭47／大正過去帳—物故人名辞典（稲村徹元他編） 東京美術 昭48／近代日本海外留学生史 上（渡辺実） 講談社 昭52／幕末，明治に生きる会津の女性 会津武家屋敷 昭59／鹿鳴館の貴婦人 大山捨松—日本初の女子留学生（久野明子） 中央公論社 昭63／夢のかたち—「自分」を生きた13人の女たち（鈴木由紀子） ベネッセコーポレーション 平8 〔楠家重敏〕

大脇 俊次　おおわき・しゅんじ

生没年不詳 [渡]アメリカ：1893年

生没年不詳。明治26（1893）年頃アメリカに赴く。その後の消息は不明。

[文献] 異国遍路 旅芸人始末書（宮岡謙二） 修道社 昭46 〔楠家重敏〕

丘 浅次郎　おか・あさじろう

明治1年11月18日（1868）～昭和19年5月2日（1944） 動物学者 東京文理科大学名誉教授 [生]静岡県 [渡]ドイツ：1891年（生物学）

明治1（1868）年11月18日，静岡県に生まれる。明治22年東京帝国大学理科大学動物学科選科を修了後，24（1891）年ドイツに留学，フライブルク大学，ライプツィヒ大学で学び27年学位を得，28年帰国。同年山口高等学校教授，30年東京高等師範学校教授となった。昭和4年退職，東京文理科大学（のちの東京教育大学）名誉教授，講師を兼任，11年3月教職を退いた。この間，大正14年帝国学士院会員，また動物学会頭に数度挙げられた。無脊椎動物の研究が専門で，特にヒル類，ホヤ類，淡水産苔虫の分類などで業績を残した。著書に『進化論講話』などがある。昭和19（1944）年5月2日死去。享年77歳。

[文献] 近代日本思想大系 9 丘浅次郎集 筑摩書房 昭49／人間を探求する（山崎正和編） 講談社 昭61（言論は日本を動かす）／幕末明治海外渡航者総覧（手塚晃編） 柏書房 平4／データベースWHO 日外アソシエーツ 〔藤田正晴〕

岡 玄卿　おか・げんきょう

嘉永5年7月（1852）～大正14年3月25日（1925） 医師 男爵 [生]石見国津和野 [渡]ドイツ：1889年（医学）

嘉永5（1852）年7月，鶴田藩士・岡芳蔵の子として石見国津和野に生まれる。明治9年東京医学校を卒業後，東京大学医学部助教授となる。明治22（1889）年ドイツに官費留学し医学を学ぶ。24年1月帰国後，侍医から侍医頭に昇進。32年医学博士。40年男爵。大正1年宮中顧問官・医療御用掛を務めた。大正14（1925）年3月25日死去。享年74歳。

[文献] 幕末明治海外渡航者総覧（手塚晃編） 柏書房 平4／データベースWHO 日外アソシエーツ 〔藤田正晴〕

岡 鹿之助　おか・しかのすけ

天保3年（1832）～明治44年（1911） 佐賀藩士 [渡]フランス：1862年（遣欧使節に随行）

天保3（1832）年に生まれる。佐賀藩士で砲術方を務める。文久1（1862）年12月，徳川幕府の遣欧使節竹内下野守保徳に随行してフランス，イギリス，オランダ，プロシア，ポルトガル，ロシアを訪問する。翌2年12月に帰国する。明治44（1911）年死去。享年80歳。

[文献] 近代日本海外留学生史 上（渡辺実） 講談社 昭52 〔富田仁〕

岡 保義　おか・やすよし

弘化4年（1847）～？ 教師 〔開成所教授〕 [名]別名＝伊東昌之助 [渡]イギリス：1866年（留学）

弘化4（1847）年に生まれる。慶応2（1866）年4月幕府はイギリス留学生を募集したが，寄合医師医学所取締長春院四男の身分で受験し合格。10月25日に横浜を出帆し，ロンドン到着後はイギリス海軍士官ロイドの世話で，マールビーより英語や算術を学んだ。のちロンドン大学予科に進んだが，資金不足のため留学生一行は慶応4年6月帰国を余儀なくされた。帰

国後, 開成所に入り明治2年に教授となる。のち鉱山寮に転じ8年には権助となる。その後の消息は不明。

[文献] 徳川幕府の英国留学生—幕末留学生の研究（原平三）：歴史地理 79(5) 昭17／後は昔の記 他—林董回顧録（由井正臣注）平凡社 昭45（東洋文庫173）／幕末のイギリス留学（倉沢剛）『幕末教育史の研究2』吉川弘文館 昭59　〔楠家重敏〕

岡内 重俊　おかうち・しげとし

天保13年4月2日（1842）〜大正4年9月19日（1915）　裁判官　男爵　㊗土佐国（土佐郡）潮江村　通称＝俊太郎　㊨ヨーロッパ：1873年（司法研修）

天保13（1842）年4月2日, 岡内磯之丞清胤の長男として土佐国潮江村に生まれる。藩の横目職ののち海援隊に入り坂本龍馬の秘書役として活躍する。慶応3年イカルス号問題で鹿児島に赴き, ライフル銃1000挺を購入に尽力し, のちに土佐藩討幕軍の武器の基礎を固める。また坂本龍馬の上京のために藩船空蟬を用意するなどその手足となり働く。明治2年, 司法官になり, 新政府に出仕する。6（1873）年ヨーロッパ視察に旅立ち, 帰国後は司法大検事, 長崎上等裁判所心得, 大審院刑事局詰, 高等法院陪席判事などを歴任する。19年元老院議員, 23年貴族院議員となり, さらに男爵を授けられる。また政友会で顕著な活動をしたあと, 大正4（1915）年9月19日, 東京市本郷区西片町の自宅で死去。享年74歳。

㊧東京台東区・谷中霊園

[文献] 高知県人名事典（高知県人名事典編集委員会編）　高知市民図書館　昭47／大正過去帳—物故人名辞典（稲村徹他編）　東京美術　昭48／土佐偉人伝（寺石正路）　歴史図書社　昭51／幕末維新人名辞典　学芸書林　昭53／昭和新修　華族家系大成　上（霞会館諸家資料調査委員会編）　霞会館　昭57

〔富田仁〕

岡倉 覚三　おかくら・かくぞう

⇒岡倉天心（おかくら・てんしん）を見よ

岡倉 天心　おかくら・てんしん

文久2年12月26日（1863）〜大正2年9月2日（1913）　美術評論家, 思想家　〔日本の美術界の先覚者〕　㊗横浜本町（5丁目（現1丁目）石川屋）　㊇本名＝覚三　幼名＝角蔵　㊨ヨーロッパ：1886年（美術取調委員研修）

文久2（1863）年12月26日, 石川屋支配人岡倉勘右衛門の次男として横浜本町で生まれる。明治2年頃ジェームズ・H.バラの塾へ通って英語を学び, 4年には長延寺住職の雲居去導から漢籍を学ぶ。また同時にこの寺から伊勢山下の高島英語学校に通学し, 8年東京開成学校に入学。この頃女流画家奥原晴湖について南画を学んだ。10年新設の東京大学文学部に入学し主として政治学・理財学を学び, 11年文学部教授として着任したアーネスト・フェノロサについて哲学を学んだ。同時に森春濤から漢詩を, 加藤有隣に琴曲を習った。13年7月東京大学を卒業。卒業論文は「美術論」であった。9月文部省に出仕し, 音楽取調掛に勤務し, 翌年11月文部省学務局兼務となるが, この頃からフェノロサの美術研究を助け, 通訳・翻訳などに従事した。15年音楽取調掛兼務を免ぜられ, 6月内記課兼務となり, 9月フェノロサ, ビゲロウなどと京都, 奈良方面へ古社寺宝物調査旅行を行う。17年にはフェノロサ, 加納鉄哉と関西旅行, 法隆寺夢殿の秘仏救世観音を精査した。この年には1月龍池会, 2月鑑画会に加わり, また11月文部省に設置された図画教育調査会の委員になった。18年12月には文部省に図画取調掛設置され, その委員に任命された。19年2月図書取調掛主幹に任ぜられ, 東京美術学校の準備をはじめる。同年（1886）9月美術取調委員としてフェノロサと欧米視察旅行を命ぜられ10月2日出発。この頃にはすでに東洋美術の優位性を確信していたが, この旅行は視野を東洋から西洋に拡大させるとともに東洋そのものの本質を確認する上にも大きな影響をもたらしたといわれている。22年, 東京美術学校が開校され翌年わずか29歳で校長となり, 教授も兼ねた。その運営にあたり西洋画を排し, 狩野派を宗とした国粋主義的指導を行ったが, 数年後には時勢に押され西洋画科と図案科を設置した。美術教育に尽くしたところ大きく, 当時日本画壇の長老橋本雅邦をはじめ, 下村観山, また初期の卒業生も世に出て横山大観, 菱田春草の俊英が集っていた。日本美術史を講義し, また宮内省の命による中国視察旅行（26年）の報告講演を行った。29年帝室技芸員撰択委員を命ぜられ, ま

たパリ万国博覧会参加のため臨時博覧会評議員に任命される。この年帝国博物館は『稿本日本帝国美術略史』の編纂を計画し、その編纂主任となるが、この頃から天心の号を用いるようになった。31年の東京美術学校事件で雅邦ら同僚と連袂辞職し、野に下って日本美術院を創設。34年11月21日内務省の命によりインド旅行に出発した。この旅行を機に36年『東洋の理想』という英文の著書をロンドンで出版。翌年アメリカのボストン美術館の招聘で、大観、春草を伴って渡米、同館の顧問として東洋部の指導に任じ、アメリカ各地で講演をした。この旅行で英文の著書『日本の目覚め』をニューヨークから出版した。彼の文明論ないしアジア解放論は、人民の解放ぬきのコスモポリタニズムの限界を持つものであった。以後アメリカと日本の間を往復し、途中しばしばアジア、ヨーロッパを訪れた。39年にはニューヨークから英文『茶の本』を出版、アジアは一つという思想のもとに東洋の美術の紹介と、日本に対する海外諸国の無理解への啓蒙に努めた。40年、文部省美術展覧会（文展）の審査委員となり、43年には東京帝国大学で泰東巧芸史を開講、翌年再びアメリカ・ヨーロッパを歴訪、4月にハーヴァード大学からマスター・オヴ・アーツが贈られた。大正2（1913）年9月2日腎臓病に尿毒症を併発し、心臓発作を起こし赤倉山荘で死去。享年52歳。

墓東京・染井霊園（遺言により五浦に分骨）

文献 父天心（岡倉一雄）聖文閣　昭14／天心岡倉覚三（清見陸郎）筑摩書房　昭20／3人の先覚者　民族の独立（亀井勝一郎）要書房　昭25／岡倉天心の東洋思想（浅野晃）：日本及日本人　5(10)　昭29／岡倉天心（宮川寅雄）東大出版会　昭31（日本美術史叢書）／現代日本文学全集51　筑摩書房　昭33／日本のアウトサイダー（河上徹太郎）中央公論社　昭34／岡倉天心（斎藤隆三）吉川弘文館　昭35（人物叢書）／日本の思想家1　朝日新聞社　昭37／天心とその書簡（下村英時編）日研出版　昭39／岡倉天心と日本の覚醒（河上徹太郎）：中央公論　80(9)　昭40／日本近代文学大事典1　講談社　昭53／日本人名大事典1　平凡社　昭54／岡倉覚三（清見陸郎）中央公論美術出版　昭55／近代日本哲学思想家辞典（伊藤友信他編）東京書籍　昭57／岡倉天心（原田実）国土社　昭57（世界伝記文庫12）／岡倉天心考（堀岡弥寿子）吉川弘文館　昭57／岡倉天心人と思想（橋川文三）平凡社　昭57／岡倉天心（大岡信）朝日新聞社　昭60（朝日選書）／岡倉天心新装版（斎藤隆三）吉川弘文館　昭61（人物叢書）／岡倉天心―驚異的な光に満ちた空虚（大久保喬樹）小原書店　昭62／岡倉天心論攷　新装改訂版（浅野晃）永田書房　平1／白狐（大野芳）講談社　平6／岡倉天心をめぐる人びと（岡倉一雄）中央公論美術出版　平10（五浦美術叢書）／祖父岡倉天心（岡倉古志郎）中央公論美術出版　平11（五浦美術叢書）／美の復権―岡倉覚三伝（中村愿）邑心文庫　平11／英語達人列伝―あっぱれ、日本人の英語（斎藤兆史）中央公論新社　平12（中公新書）／海をこえて近代知識人の冒険（高沢秀次）秀明出版会　平12／異国への憧憬と祖国への回帰（平川祐弘編）明治書院　平12／岡倉天心との出会い（堀岡弥寿子）近代文芸社　平12／日露戦争期の米国における広報活動―岡倉天心と金子堅太郎（山崎新コウ）山崎書林　平13／歴史を深く吸い込み、未来を想う――一九〇〇年への旅　アメリカの世紀、アジアの自尊（寺島実郎）新潮社　平14／近代日本美術の伏流（金原宏行）沖積舎　平16
〔佐藤秀一〕

岡崎　邦輔　おかざき・くにすけ

嘉永7年3月15日（1854）～昭和11年7月22日（1936）　政治家　衆議院議員　⊕紀伊国
㋐アメリカ：1888年（留学）

嘉永7(1854)年3月15日、紀伊国に生まれる。明治21年月、従兄の陸奥宗光特命全権公使に随って私費留学のため渡米、ミシガン大学で学び、23年帰国。24年以来衆議院議員当選10回。30年自由党に入党。陸奥没後、星亨と結び、憲政党内閣崩壊、33年政友会創立などに活躍、同年星亨通信相官房長。大正1年犬養毅、尾崎行雄らと桂内閣反対、憲政擁護運動を起こした。4年政友会総務委員。10年原敬死後、政友会刷新派を支持し第2次護憲運動に活躍。普通選挙法成立に尽力した。14年加藤内閣の農相。昭和3年勅選貴族院議員。著書に『憲政回顧録』。昭和11(1936)年7月22日死去。享年83歳。

文献 岡崎邦輔関係文書・解説と小伝（伊藤隆、酒田正敏）自由民主党和歌山県支部連合会　昭60／幕末明治海外渡航者総覧（手塚晃編）柏書房　平4／勇気凛々こんな人生（谷沢永一）講談社　平15／データベースWHO日外アソシエーツ
〔藤田正晴〕

岡崎 藤左衛門　おかざき・とうざえもん
生没年不詳　幕臣　外国奉行支配調役並
㊨フランス：1862年（遣欧使節に随行）

　生没年不詳。文久1(1862)年、27歳頃遣欧使節に外国奉行支配調役並として随行する。
[文献]　大君の使節—幕末日本人の西欧体験（芳賀徹）　中央公論社　昭43（中公新書163）／幕末教育史の研究2—諸術伝習政策（倉沢剛）　吉川弘文館　昭59
〔富田仁〕

小笠原 忠忱　おがさわら・ただのぶ
文久2年2月8日(1862)〜明治30年2月5日(1897)　豊津藩知事　伯爵　㊨豊前国小倉
㊨幼名＝豊千代丸，雅号＝錦陵　㊨イギリス：1873年（留学）

　文久2(1862)年2月8日、小笠原忠幹の子として小倉城内に生まれる。明治2(1869)年、戊辰戦争に活躍し、同年、香春（豊津）藩知事となる。6(1873)年1月、郷純造を従えてロンドンへ行き、11年7月帰国。明治30(1897)年2月5日、東京で死去。享年36歳。　㊨東京浅草・海禅寺
[文献]　世外井上公伝5　井上馨伝記編纂会　昭9／小倉市誌　下（小倉市役所編）　名著出版　昭47／明治維新人名辞典（日本歴史学会編）　吉川弘文館　昭56
〔楠家重敏〕

岡田 朝太郎　おかだ・あさたろう
慶応4年5月29日(1868)〜昭和11年11月13日(1936)　刑法学者，古川柳研究家　法学博士
㊨美濃国（安八郡）大垣　㊨雅号＝三面子，虚心，凡夫子，田上四山，銀甕子　㊨ドイツ：1897年（刑法）

　慶応4(1868)年5月29日、旧大垣藩士岡田平八の長男として美濃国大垣に生まれる。12年小学校を中途でやめ、15年まで陶器画工見習いをした後、上京して東京外国語学校でフランス語を修める。その後大学予備門第一高等中学校を経て、21年帝国大学法科大学に入り、24年7月に同大学仏法科を卒業、続いて大学院に入り刑法を研究。26年9月に同大学講師、27年5月助教授となり、そのかたわら各私立法律学校でも教鞭をとる。30(1897)年3月文部省の命により刑法研究のためにドイツ、フランスへ留学、イタリアでも研修を重ね、33年7月に帰国。ただちに東京帝国大学法科大学の教授に任ぜられ、刑法の講座を担当する。同年9月には警察監獄学校教授を兼ね、また同年11月には法典調査会委員となるなど、わが国法学者として活躍。34年6月法学博士の学位を受ける。38年の日露講和判判に際しては、東大教授戸水寛人、学習院教授中村進午らと対外強硬を主張し休職とされたいわゆる「帝大七博士」の一人である。39年9月、在官のまま清国政府から清国欽命修訂法律館調査員兼法律学堂教員として招かれ、同国暫行新刑法、刑事訴訟律法院編制法などの起草や法学の教授に従事。大正4年9月同法律館の嘱託となり帰国。同時に東京帝国大学法科大学の教授を辞し、早稲田大学，明治大学の教授を務める。著書としては、『日本刑法論』（明治27年）,『刑法講義案』（明治34年）,『刑法講義』（明治36年），『法学通論』（明治41年）,『新刑法論』（明治42年）などのほかスペイン、パナマ、フィリピン、タイ、ベルギー、チリなどの刑法の著作もある。また趣味として、正岡子規死没までの短期間俳句を作り、その後は古川柳の研究、『柳樽』や『萬句合』などの古典蒐集に努めた。昭和11(1936)年11月13日死去。享年69歳。
[文献]　大日本博士録1　発展社　大10／恩師の思い出（平塚芳雄）：濃飛人　262　昭40／日本近代文学大事典1（日本近代文学館編）　講談社　昭53／日本人名大事典1　平凡社　昭54
〔熊田修二〕

岡田 一六　おかだ・いちろく
⇒岡田秀之助（おかだ・ひでのすけ）を見よ

岡田 鎗助　おかだ・おうすけ
生没年不詳　留学生　㊨江戸　㊨別名＝鎗助
㊨ドイツ：1870年（伏見宮能久親王に同行）

　生没年不詳。江戸の出身。明治3(1870)年12月、軍事研究を目的とした伏見宮能久親王のドイツ留学に同行する。その後の消息は不明。
[文献]　近代日本の海外留学史（石附実）　ミネルヴァ書房　昭59
〔熊田修二〕

岡田 国太郎　おかだ・くにたろう
万延1年12月19日(1861)〜?　軍医　㊨滋賀（野洲郡）守山町（大字吉身78番）　㊨雅号＝槐陰，天外浪人　㊨ドイツ：1890年（医学）

　万延1(1861)年12月19日、滋賀の守山町に生まれる。明治19年帝国大学医科大学を卒業。翌年、陸軍の軍医となる。23(1890)年2月から26年6月まで私費でドイツへ留学。帰国後は陸軍一等軍医、軍医学校教官となる。専門は内科学、とくに細菌学及び伝染病学。著書として

『細菌学』(明治27年)『病原忞体学 原生動物篇』(明治31年)がある。その後の消息は不明。
[文献] 大日本博士録2 発展社 大11／幕末明治海外渡航者総覧(手塚晃編) 柏書房 平4
〔熊田修二／富田仁〕

緒方 惟直 おがた・これなお

嘉永6年9月12日(1853)～明治11年4月4日(1878) 教師 〔ヴェネツィアで日本語教育，のち客死〕 ⊕大坂北浜 ㊇別名＝十郎
㊙フランス：1867年(語学研修)，オーストリア：1873年(ウィーン万国博覧会)

嘉永6(1853)年9月12日，幕臣で，奥医師緒方洪庵の第十子(五男)として大坂北浜で生まれる。初め後藤機，藤沢東涯，池田大学に，のちに保田東潜，長谷部甚弥に漢学を習い，さらにフランス語へ進む。その手ほどきを横須賀製鉄所技官となる若山儀一から江戸の開成所で受ける。慶応1年横浜仏蘭西語学所創設の際，幕命で伝習生となる。同学にこれも奥医師伊東玄朴の四男，栄之助らがいた。成績優秀により，慶応3(1867)年第1回遣仏留学生に選ばれフランスに赴く。幕府瓦解により帰国し，しばらく箕作貞一郎(麒祥)に法律を学ぶ。明治3年から5年まで大阪の陸軍兵学寮で教師を務め，6(1873)年ウィーン万国博覧会に政府事務官としてヨーロッパを再訪する。8年三度目の渡欧ではトリノで勉強し，9年やはり先の博覧会事務官であった吉田要作が外務省書記官としてイタリア在住中に教鞭をとっていたヴェネツィア商業高等学校で日本語教授の後任となる。やがてヴェネツィアでイタリア人マリア・ジョヴァンナ・ジェロッチイと結ばれ，カトリック洗礼も受ける。この結婚は日本政府にはあくまで内緒であったがそれも束の間，貧困のうちに壊血病にかかり，明治11(1878)年4月4日，妻と幼ない娘エウジェニア・ジョコンダを遺して死去。享年26歳。葬儀には同僚をはじめ市民も数多く出席した。なお，一粒胤のジョコンダは，のちに父の国日本に迎えられ，緒方豊の名を貰って同家の人々に育てられ，長じて医師光太郎と結ばれて子宝にも恵まれ，幸せな生涯を送った。森鷗外も『独逸日記』中に惟直のことにふれている。
㊀サン・ミケーレ島市民墓地カトリック地区
[文献] 独逸日記(森林太郎) 『鷗外全集 著作篇20 日記』(小堀杏奴精査，森於菟校閲)

岩波書店 昭12／緒方洪庵の子，緒方惟直のこと(緒方富雄)：研究報告(蘭学資料研究会) 274, 276 昭48／ベネチアの緒方惟直墓横顔浮彫部の複製[供覧および解説](緒方富雄)：研究報告(蘭学資料研究会) 278 昭49／緒方惟直履歴補遺(緒方富雄)：研究報告(蘭学資料研究会) 308 昭51／近代日本海外留学生史 上(渡辺実) 講談社 昭52／フランス語教育(西堀昭) 『横浜フランス物語―文明開化あ・ら・かると』(富田仁編) 産業技術センター 昭54／緒方惟直(西堀昭)『日本とフランス―出会いと交流』(富田仁，西堀昭) 三修社 昭54／日仏文化交流史の研究―日本の近代化とフランス人(西堀昭) 駿河台出版社 昭56／伝習所の教育(西堀昭)『横須賀製鉄所の人びと―花ひらくフランス文化』(富田仁，西堀昭) 有隣堂 昭58(有隣新書25)／日仏のあけぼの(富田仁) 高文堂出版社 昭58／幕末・明治期における日伊交流(日伊協会編) 日本放送出版協会 昭59／緒方洪庵の息子たち(西岡まさ子) 河出書房新社 平4
〔山口公和〕

緒方 惟準 おがた・これよし

天保14年8月1日(1843)～明治42年7月20日(1909) 医師 ⊕大坂 ㊇通称＝弘哉(斎)，雅号＝蘭洲 ㊙オランダ：1865年(医学)

天保14(1843)年8月1日，緒方洪庵の次男として大坂に生まれる。16歳のとき長崎に赴き，蘭医ポンペについて医学を修め，文久3年幕府の西洋医学所の教授となる。慶応1(1865)年，幕府の命によりオランダに留学し明治1年に帰国。2年中典医となる。6年頃一等軍医正となり，9年軍医学校掛となる。10年長崎陸軍臨時病院副長，11年1月に東京陸軍病院御用掛，13年軍医監兼薬剤監となり，軍医本部次長に進む。17年3月に東京陸軍病院長，19年陸軍軍医学舎長と近衛局軍医長を兼務する。21年仲間と大阪慈恵病院を起こし，23年には大阪新町に才方病院を設立し院長となる。明治42(1909)年7月20日死去。享年67歳。
㊀大阪市北区・竜海寺
[文献] 明治過去帳―物故人名辞典(大植四郎編) 東京美術 昭46／日本人名大事典1 平凡社 昭54／明治維新人名辞典(日本歴史学会編) 吉川弘文館 昭56
〔宮永孝〕

緒方 城次郎　おがた・じょうじろう

弘化1年(1844)～明治38年3月20日(1905)　緒方病院薬局長　〔和露辞典『魯語箋』の編者〕　㊓大坂　㊔諱=惟孝　㊞ロシア:1865年(留学)

弘化1(1844)年，適塾の主で蘭方の医師・緒方洪庵の三男として大坂に生まれる。開成所英学稽古人世話心得の時，幕府より選ばれて遣露伝習生となる。慶応1(1865)年，山内作左衛門ら5名の留学生とともに箱館を発ち，翌2年2月ペテルブルグに着く。以後3年間この地にあって「精密学」の修得を志すが，幕府の瓦解とともに留学生の任を解かれ，業半ばにして帰国を余儀なくされる。維新後は大蔵省に出仕し，新潟県判事を務めた後，帝国大学病院薬局取締となる。これを最後に官を退き，兄・惟準とともに緒方病院を開設，その薬局長となる。著作として『魯語箋』がある。これは上下二巻よりなる和露辞典で上巻には天地・時令・人倫・身体・疾病・官室・服飾・飲食・医薬・器用・兵言・金石，下巻には鳥獣・魚介・虫・草木・果実・数量・采色・言語・依頼名詞・添詞・代名詞・動詞などが記載されている。この辞典は開拓使蔵書版であるので，主にサハリン(樺太)における外交交渉の必要上編まれたものと思われるが，遣露留学生が近代日本に贈った唯一の著書としても貴重である。明治38(1905)年3月20日死去。享年62歳。

文献 幕末ロシア留学記(内藤遂)　雄山閣　昭43　〔長縄光男〕

岡田 丈太郎　おかだ・じょうたろう

安政1年(1854)～?　金沢県留学生　㊞フランス:1869年(鉱山学)

安政1(1854)年に生まれる。明治2(1869)年7月2日，金沢県の県費留学生として16歳でパリに赴き，クンチアン学校において鉱山学を修める。その後の消息は不明。

文献 フランスとの出会い―中江兆民とその時代(富田仁)　三修社　昭56　〔久永富美／富田仁〕

岡田 井蔵　おかだ・せいぞう

生没年不詳　教授方手伝　㊞アメリカ:1860年(咸臨丸の教授方手伝)

生没年不詳。安政7(1860)年，咸臨丸の教授方手伝として渡米する。

文献 万延元年遣米使節史料集成1～7(日米修好通商百年記念行事運営会編)　風間書房　昭36／幕末教育史の研究2―諸術伝習政策(倉沢剛)　吉川弘文館　昭59　〔富田仁〕

岡田 摂蔵　おかだ・せつぞう

生没年不詳　幕臣　㊞フランス:1865年(遣仏使節に随行)

生没年不詳。慶応1(1865)年閏5月に柴田剛中遣仏使節に随行。フランスに渡り，さらにイギリスに赴く。その見聞記『航西小記』を残す。その後の消息は不明。

文献 近代日本の海外留学生史　上(渡辺実)　講談社　昭52　〔富田仁〕

緒方 道平　おがた・どうへい

弘化3年(1846)～大正14年7月(1925)　官吏　〔山林学の祖〕　㊓備中国(下道郡)妹尾村　㊔旧名=妹尾　㊞オーストリア:1873年(ウィーン万国博覧会)

弘化3(1846)年，備中国妹尾村に生まれる。蘭学を修めるが，明治6(1873)年ウィーン万国博覧会に佐野常民の随員として赴き，のちに技術伝習生として山林諸科の研修に従事する。8年帰国し，内務省地理寮山林課に勤務。同博覧会報告書としてオーストリア山林法律，山林経済法などを公にし，わが国における西洋式山林学と林政の基礎を築く。のちに山形県，福岡県の書記官となり，退官後は福岡県農工銀行を創立し，頭取となった。大正14(1925)年7月死去。享年80歳。

文献 佐野常民の山林管制趣旨報告書と緒方道平の山林事蹟(猪熊泰三):レファレンス　183　昭41.4　〔熊田修二〕

岡田 秀之助　おかだ・ひでのすけ

生没年不詳　教師　〔加賀藩最初の留学生〕　㊓加賀　㊔別称=一六　㊞イギリス:1866年(留学)

生没年不詳。加賀に生まれる。鳩居堂で修学ののち，慶応2(1866)年，藩主松平慶寧の命により関沢幸三郎(明清)と共にイギリスに留学し，ロンドンに学ぶ。加賀藩最初の留学生である。明治2年の帰国後，金沢医学所および大坂兵学寮に勤める。

文献 日本教育史資料4(文部省)　臨川書店　昭45／近代日本の海外留学史(石附実)　ミネルヴァ書房　昭47／近代日本海外留学生史　上(渡辺実)　講談社　昭52　〔楠家重敏〕

緒方 正清　おがた・まさきよ

元治1年7月21日（1864）～大正8年8月22日（1919）　医師　〔日本初の産婦人科の専門病院を開設〕　⊕讃岐国綾歌郡　⊛旧名＝中村　㊅ドイツ：1887年（医学留学）

　元治1（1864）年7月21日，讃岐国綾歌郡に生まれる。高松医学校で学び，帝国大学医科大学に入学，ここで緒方洪庵の六男・収二郎と知り合ったのが縁で洪庵の四女の夫・緒方拙斎の養子となって緒方姓を名乗った。明治20年帝国大学を卒業して，21（1888）年産婦人科の研究のためドイツ，フランス，イタリアなどに留学。この間，フライブルク大学に学んだほかベルリン大学でR.コッホの指導を受ける。25年帰国し洪庵の二男・緒方惟準が院長を務める緒方病院の産婦人科長となり，30年代には大阪今橋に日本初の本格的な産婦人科の専門病院・緒方婦人科病院を設立し独立する。42年ハンガリーのブダペストで開催の万国医学会に官命で出席。後進の育成にも務め，関西女医の先駆となった福井繁子もその一人。また私費を投じて助産婦教育所を設立し助産婦を養成，大正1年廃止となるまで1300名以上が卒業している。助産婦学会を組織して地位向上と研究続行を計り，機関誌『助産の栞』を発行。医師開業試験委員，大阪府医師会会長など多くの公職についた。専門の産婦人科以外に富山県で多発した佝僂病の研究書もある。大正8（1919）年8月22日死去。享年56歳。

　文献　幕末明治海外渡航者総覧（手塚晃編）柏書房　平4／データベースWHO　日外アソシエーツ
〔藤田正晴〕

緒方 正規　おがた・まさのり

嘉永6年11月5日（1853）～大正8年8月1日（1919）　医学者　〔衛生学細菌学の創設者〕　⊕熊本（八代郡）河俣村（小字鶴）　⊛旧名＝源喜　㊅ドイツ：1880年（生理学，衛生学）

　嘉永6（1853）年11月5日，医師玄春の子として熊本の河俣村に生まれる。明治3年熊本藩が建てた蘭学系の医学校に入学したが，ドイツ医学の隆盛を知って上京。5年大学南校に入るが同年東校に転じて，13年同校卒業し医学士となる。その後同校の内科でベルツの助手を務めたが，同年（1880）官令を受け，生理学衛生学研究のためドイツへ留学。はじめはライプチヒ大学で生理学と衛生学を専攻，ついで16年にミュンヘン大学へ移り，衛生学の権威であったペッテンコーフェル教授のもとで研究，その後ベルリン衛生院に入り黴菌学を修め，17年2月再びミュンヘン大学に戻って助手を務める。同年12月に前後4年にわたる留学を終えて帰国。18年東京大学医学部に初めて衛生学教室が設置されると，衛生学と黴菌学の研究と講義を担当することになる。それまで衛生学の講座は生理学受持ちのチーケルが兼任していたが，これをもってこの講座が独占したのであり，また黴菌学の研究と講義は我が国最初のものであった。研究業績としては，マラリア，コレラ，赤痢，ペストなど黴菌学的研究があげられるが，その中でもペストの病原菌についての論争は特筆すべきものである。それまでは，北里柴三郎がペスト患者の血液から発見した菌もエールザンが淋巴線から発見した菌も同種のものと認められていたが，28年に青山胤通は北里の発見した菌がペストの真の病原ではないことを主張。それを受けて翌29年台湾に流行したペストについて精細に研究した結果，ペストの病原はエールザン菌であって，北里菌が全く病原的価値のないことを明らかにした。しかし北里はあくまで自説を固持したので，33年7月の中央衛生会では北里との間に激論が交された。だが同年の初冬に神戸でペストが流行した際，北里もついにエールザン菌が真の病原であることを認め，ここにはじめてペストの病原菌が確定されたのである。30年モスクワでの万国医学会に出席。31年帝国大学医科大学長となる。また，晩年は恙虫の研究に没頭し，しばしば病原地へ出向いて調査をした。なお本職のほかにも，中央衛生委員，東京市学校衛生顧問，東京市区改正臨時委員として，衛生の発達に大きく寄与した。大正8（1919）年8月1日，食道癌により死去。享年67歳。

　文献　医学博士緒方正規氏：中外医事新報226　明22／緒方正規先生自伝及他二篇（緒方正規）：衛生学伝染病学雑誌　15（2）　大8／医学博士緒方正規君ノ伝（呉秀三）：東洋学芸雑誌　456　大8.9／故緒方博士七回忌記念会ノ席上ニ於テ「ペスト」菌ニ関スル博士ノ業績ヲ述ブ（中浜東一郎）：衛生学伝染病雑誌21（1）　大14／座談会「緒方正規先生を偲ぶタ」：日本医事新報　930　昭15／北里・緒方両先生（緒方規雄）：日本医事新報　1415　昭26／緒方正規先生誕生百年記念座談会（秋

葉朝一等)：日本医事新報　1507　昭28／緒方正規先生の螢雪時代(荒井恵)：東京医事新誌　70(10)　昭28／緒方正規先生略伝(福田令寿)：西海医報　65　昭28.11／緒方正規略伝・日本における衛生学と黴菌学の講座創設時代(緒方規雄)：医学史研究　3　昭36／日本人名大事典1　平凡社　昭54／北里柴三郎と緒方正規―日本近代医学の黎明期(野村茂)　熊本日日新聞社　平15　〔熊田修二〕

岡田 和一郎　おかだ・わいちろう

文久4年1月3日(1864)～昭和13年5月30日(1938)　医学者　〔耳鼻咽喉学講座を開設〕　[生]愛媛西条　[渡]ドイツ，オーストリア：1896年(耳鼻咽喉学)

文久4(1864)年1年3日，愛媛西条の商家嘉惣太の長男として生まれる。5歳の時より継母に育てられ，明治10年西条開明小学校卒業後，西条町立病院の用度課に雇われて瓶洗いをする。12年1月には松山医学校に入学しようとしたが，思いとどまってドイツ語と漢学を学び，13年6月に上京，独逸学校及び医学予備校に入学。14年1月東京大学医学部予科に入る。17年同大学医学部に入学。同年父の死に会い，苦学の末，22年7月には同大学の特待生となり，同年11月に卒業した。その後，同大学の助手として外科学を専攻するかたわら，当時医学界のジャーナリズムを代表していた『東京医事新報』の主筆を森鷗外の後任として担当。これが機縁となって，のちに森鷗外の再婚の媒酌と鷗外の娘茉利子の結婚の媒酌をすることになる。日清戦争が始まると，28年1月軍陣外科研究のため宇野朗教授の助手として戦地へ赴く。負傷者の診療手当で多忙をきわめ，下関条約が結ばれてから4ヶ月後に帰国。同年12月に帝国大学医科大学助教授となった。29(1896)年3月文部省の命により耳鼻咽喉学研究のためドイツ，オーストリア両国へ留学。その間モスクワでの万国医学会にも出席。32年12月に帰国すると，東京帝国大学でわが国の大学における初めての耳鼻咽喉学科の講座を担当，35年同大学の教授となる。わが国では耳鼻咽喉学は大学よりも軍医や私立病院の方が先に移入するものであったし，大学での耳科は外科の一部として，また咽喉科は内科の一部として取り扱われていた。そうした中で彼は耳鼻咽喉学の国立大学派遣留学生の第1号となったわけであり，帰国後にその講座を担当することによって初めてその科の独立を見るに至ったのである。以後停年まで同講座を受け持つが，その間につくられた大日本耳鼻咽喉科学会，アジアへ日本の医療を普及させる趣旨で設けられた同仁会は，その尽力によるところが大きい。また，本職のかたわら下谷中根岸に私立養生院の経営も行う。大正5年6月から欧米視察の途につき，翌年5月に帰国。東京帝国大学を停年後は昭和医学専門学校で教鞭をとり，医学者としての倫理を講義。著書に『鼻科学纂録』(明治44年)『耳科学纂録』『咽喉気管纂録』(明治45年)などがある。1938)年5月30日死去。享年75歳。　[墓]東京・染井霊園

[文献] 岡田和一郎先生伝(梅沢彦太郎編)　日本医事新報社　昭18／岡田和一郎の思い出(岡田徳子)：日本医事新報　1403，1410，1422，1436，1466，1467　昭26～27／岡田和一郎(藤田宗一)：日本医事新報　1546～1547　昭28／岡田和一郎先生伝―伝記・岡田和一郎(梅沢彦太郎編)　大空社　平10(伝記叢書)　〔熊田修二〕

岡野 敬次郎　おかの・けいじろう

慶応1年9月21日(1865)～大正14年12月22日(1925)　法学者，政治家　男爵　〔商法編纂に尽力〕　[生]上野国岩鼻　[名]雅号＝六樹　[渡]ドイツ：1891年(商法)

慶応1(1865)年9月21日，幕臣岡野親美の次男として上野国岩鼻村に生まれる。明治8年東京の共立学校に入学したが，翌年東京英学校に入り，15年7月に卒業。同年9月東京大学法学部に入学し19年7月に卒業。さらに大学院に進み商法を研究する。21年7月帝国大学助教授に就任。24(1891)年10月商法研究のためドイツへ留学。ライプチヒ大学，ベルリン大学において商法，民法を研究し，留学期間を1年のばして28年11月に帰国。当時法典調査会は，民法改正の事業をほぼ終了して商法の改正に着手するところであったが，わが国に商法の専門家が不在であったため，ドイツに留学中召還されたという。帰国後東京帝国大学法科大学の教授に就任し，商法の講座を担当。同時に，法典調査会委員となり，梅謙次郎，田部芳と協力して商法の編纂に従事。それまで大学において商法の講座は民法専門の梅謙次郎が兼任していたのであり，その就任によって初めてこの講座が確立されたと言える。また法典調査会においては30年に商法案ができたが，帝

国議会の審議が遅れたために、32年3月になって公布された。以後大正11年に大学教授をやめるまで各種の法典編纂に携わり、明治39年からは法典取調委員会、大正2年からは臨時法制審議会で重要な役割を果たした。また明治33年からは帝室制度調査局御用掛、大正5年からは帝室制度審議会委員を務めている。一方明治31年に農商務省参事官に就任したことを振り出しに、大学教授と兼任で政務にも参与しており、35年に法制局参事官、39年から大正2年までは法制局長を三度務め、その後、行政裁判所長官となった。それと前後して、41年から大正14年までは貴族院議員に選ばれている。こうした実績をかわれ、11年の加藤友三郎内閣の時には東京帝国大学教授をやめて司法大臣となり、12年第2次山本権兵衛内閣では文部大臣、農商務大臣を兼任、14年加藤高明内閣では枢密院副議長を務めた。枢密院顧問官の職を経ずに枢密院副議長となったのは彼が初めてであった。このほか大正6年から14年まで中央大学学長となったが、学長就任直前に校舎が焼失し、また12年には関東大震災をむかえるなど、大学運営上の困難な時期にその任を果たした。大正14(1925)年12月22日死去。享年61歳。 ㊟東京・谷中霊園

[文献] 江戸趣味(山浦貫一) 『政局を繞る人々』四海書房 大15／岡野敬次郎伝 岡野敬次郎博士伝記編纂委員会編刊 大15／六樹先生追憶談 六樹会編刊 昭25／日本の法律学を築いた人々15 岡野敬次郎先生の人と業(田中耕太郎):書斎の窓 36 昭31.6／日本人名大事典1 平凡社 昭54／カイゼル髭の恋文—岡野敬次郎と森鷗外(吉野俊彦) 清流出版 平9 〔熊田修二〕

岡部 次郎　おかべ・じろう

元治1年8月(1864)～大正14年7月(1925)　政治家　衆議院議員　〔ハワイ革命義勇軍〕
㊟信濃国　㊞アメリカ：1885年(留学)

元治1(1864)年8月、信濃国に生まれる。同人社に学び、明治18(1885)年アメリカに私費留学しシカゴ大学で学位取得。ハワイでキリスト教伝道師となり、ハワイ革命に義勇軍として活躍。明治36年帰国、外務省翻訳局を経て、北海タイムス主筆。37～38年の日露戦争に従軍、戦後営口に住み、居留民団長、会社重役を兼任。のち長野県から衆議院議員当選4回。大正14(1925)年7月死去。享年62歳。

[文献] 幕末明治海外渡航者総覧(手塚晃編)柏書房 平4／データベースWHO 日外アソシエーツ 〔藤田正晴〕

岡部 長職　おかべ・ながもと

安政1年11月16日(1855)～大正14年12月27日(1925)　外交官、政治家　子爵　㊟和泉国岸和田　㊞アメリカ、イギリス：1875年(留学)

安政1(1855)年11月16日、岸和田藩主岡部長発の子として生まれ、長発の後に藩主となった伯父長寛の養嗣子となる。明治1年岸和田藩主となるが4年廃藩置県により免官。8(1875)年10月～16年10月アメリカ、イギリスへ遊学、エール大学、ケンブリッジ大学で学ぶ。帰国後子爵に叙せられる外交官となり、22年外務次官、全権公使、23年貴族院議員、30年東京府知事、41年第2次桂内閣の司法相を歴任。大正5年枢密院顧問官となった。大正14(1925)年12月27日死去。享年72歳。

[文献] 幕末明治海外渡航者総覧(手塚晃編)柏書房 平4／朝日日本歴史人物事典 朝日新聞社 平6／データベースWHO 日外アソシエーツ 〔藤田正晴〕

岡松 参太郎　おかまつ・さんたろう

明治4年8月9日(1871)～大正10年12月15日(1921)　法学者　〔ドイツ流解釈法学を導入〕　㊟熊本　㊞ドイツ、フランス：1896年(民法、国際私法)

明治4(1871)年8月9日、儒者・岡松甕谷の三男として熊本に生まれる。27年7月帝国大学法科大学英法科卒業後ただちに同大学助教授となる。29(1896)年5月京都帝国大学の開学のため、法科、医科、理工科よりそれぞれ4人計12人の少壮学者が文部省の命によって留学したが、彼もその1人である。法科関係ではほかに井上密、織田万、高根義人がいた。文部大臣西園寺公望は、これら12人のうち最初に発令された法科のこの4人を自宅に招いて親しく激励したというが、いかに国家が彼等に期待するところが大きかったかを物語っていると言えよう。ドイツ、フランス、イタリアで民法、国際私法を研究し、32年8月に帰国、同年9月に京都帝国大学法科大学教授となる。34年12月織田万らとともに臨時台湾旧慣調査会の委員となり、40年7月には在官のまま南満洲鉄道株式会社理事に就任。41年5月帝国学士院会員となり、大正2年1月南満洲鉄道株式会社理事

と京都帝国大学教授をやめ、6年に拓殖調査会委員に就任。彼は英法出身であるが、ドイツ法学の強い影響を受け、ドイツ流の精緻な解釈法学を発展させた。主な著書としては『註釈民法理由』(明治29年)『法律行為論』(大正1年)などがある。大正10年ベルギーにおける万国学士院総合大会に出席し、帰国後発病。治療中胆嚢炎を併発し、大正10年(1921)12月15日死去。享年51歳。

[文献] 岡松博士の憶ひ出(牧野英一):法学志林 24(2) 大11/故法学博士岡松参太郎君・肖像並哀辞:法学論叢 7(2) 大11/岡松博士「無過失損害賠償責任論」に続くべきもの—復版によせて(我妻栄):法学協会雑誌 70(4) 昭28.3/岡松参太郎先生の思い出(末川博)『法律の内と外』 有斐閣 昭39/日本人名大事典1 平凡社 昭54　　〔熊田修二〕

岡見 京子　おかみ・きょうこ

安政6年8月15日(1859)～昭和16年9月2日(1941)　医師　保養所衛生園園主　〔初の女子医科大生〕　⊕陸奥国　⊛旧名＝西田　別名＝京　㋻アメリカ:1884年(医学)

安政6(1859)年8月15日、陸奥国に生まれる。慶応3年一家をあげて上京。横浜共立女学校在学中に受洗してキリスト教徒となる。11年同校卒業と同時に竹橋女学校に進むが、廃校のため退学。14年桜井女学校の英語教師となったが、17年同じキリスト教徒で絵画教師の岡見千吉郎と結婚して退職した。17(1884)年12月夫と共に渡米し、フィラデルフィアのペンシルバニア女子医科大学で医学を学び、日本初の女子医科大生としてM･Dの学位を得た。22年9月同大学を卒業して夫と共に帰国し、慈恵病院婦人課主任を経て東京赤坂の自宅で開業。26年衛生園を開設、同園は30年に赤坂病院の分院として合併したが、39年の閉鎖まで主に外国人女性宣教師への医療活動を行った。またこの間、同園内に看護学校を設置して看護婦を育成すると共に看護婦の派遣業務を行っている。のち女子学院の英語教師となるも41年に乳ガンのため辞職、以後家庭の人となった。昭和16(1941)年9月2日死去。享年83歳。

[文献] 幕末明治海外渡航者総覧(手塚晃編) 柏書房 平4／データベースWHO 日外アソシエーツ　　〔藤田正晴〕

岡村 龍彦　おかむら・たつひこ

明治3年7月14日(1870)～昭和22年1月22日(1947)　医学者　⊕東京　⊛雅号＝適堂　㋻ドイツ、オーストリア:1896年(皮膚病、尿道生殖器病学)

明治3(1870)年7月14日、東京に生まれる。法学博士岡村輝彦の実弟。28年12月帝国大学医科大学を卒業し、同大学の外科に勤務。29(1896)年11月皮膚病研究のためドイツに私費で留学し、フライブルク大学に入学。さらにオーストリアのウィーン大学に転じ、皮膚病梅毒学及び尿道生殖器学を専攻する。33年10月に帰国、東京神田に皮膚病と梅毒の専門病院の岡村病院を開設した。著書に『皮膚病及花柳病雑纂』(明治44年)『先天梅毒』(大正2年)『皮膚病の話』(大正4年)がある。昭和22(1947)年1月22日死去。享年78歳。

[文献] 大日本博士録2 発展社 大11／近代日本海外留学生史 下(渡辺実) 講談社 昭53／幕末明治海外渡航者総覧(手塚晃編) 柏書房 平4　　〔熊田修二／富田仁〕

岡村 輝彦　おかむら・てるひこ

安政2年12月(1855)～大正5年2月1日(1916)　法学者　中央大学学長　⊕丹後国舞鶴　㋻イギリス:1876年(法律学)

安政2(1855)年12月、丹後国舞鶴に生まれる。舞鶴藩の藩校で漢学・英語を修め、明治3年貢進生として大学南校に入り、次いで開成学校に転じ法学を修めた。9(1876)年6月25日官費留学生としてイギリスに渡り、キングスカレッジに留学、13年ロンドン法学院の試験に合格、上級裁判所所員となった。14年帰国、司法省民事局に入り、16年大審院判事、次いで横浜始審裁判所長。21年法学博士。23年以来東大法学部、東京法学院(現・中央大学)、明治法律学校(現・明治大学)で法律を講じた。退職後弁護士を開業。のち中央大学学長となった。大正5(1916)年2月1日死去。享年62歳。

[文献] 幕末明治海外渡航者総覧(手塚晃編) 柏書房 平4／データベースWHO 日外アソシエーツ　　〔藤田正晴〕

岡本 健三郎　おかもと・けんざぶろう

天保13年10月13日(1842)～明治18年12月26日(1885)　実業家、民権論者　日本郵船理事〔日本郵船の創立に参画〕　⊕土佐国(土佐郡)潮江村　⊛諱＝義方　㋻オーストリア:

1872年(ウィーン万国博覧会に出張)

天保13(1842)年10月13日、土佐藩士岡本亀七の子として土佐国潮江村に生まれる。下横目の軽輩の身分だが、坂本龍馬に私淑し、慶応3年10月福井に同行して由利公正と会う。明治1年後は大阪府に土木頭、治河司として出仕する。2年会計官権判事を経て5年(1872)年、大蔵大丞となり、ウィーン万国博覧会の準備のためにオーストリアに出張する。6年征韓論が起こるや辞職する。7年1月18日板垣退助、後藤新平、副島種臣など同志8名とともに民選議院設立の議を政府に建白し、自由民権論者となる。10年林有造などの立志社挙兵の企てに加わり、ポルトガル商人ローザから小銃800挺を購入しようとして露見する。このために11年8月20日禁獄2年の刑を受ける。14年自由党の創立に尽力するが、のち実業界に転進し、明治18年共同運輸会社と三菱会社の対立を調停して両者を併合、斡旋し、日本郵船会社の創立に携わり理事となる。明治18(1885)年12月26日死去。享年44歳。　⑱東京台東区・谷中霊園
 文献 明治過去帳―物故人名辞典(大植四郎編)　東京美術　昭46／高知県人名事典(高知県人名事典編集委員会)　高知市民図書館　昭47／土佐偉人伝(寺石正路)　歴史図書社　昭51／日本人名大事典1　平凡社　昭54／明治維新人名辞典(日本歴史学会編)　吉川弘文館　昭56　　〔富田仁〕

小川 一真　おがわ・かずま
万延1年8月15日(1860)～昭和4年9月6日(1929)　写真家　〔写真行・写真出版業の先駆者〕　⑧武蔵国忍藩　⑧本名=原田朝之助　⑲アメリカ：1882年(写真術)

万延1(1860)年8月15日、武蔵国忍藩に生まれる。明治6年上京、有馬学校でイギリス人に写真を学び、8年熊谷の吉原秀雄写場で湿板法写真術を習得、13年築地のバラー学校で英語を習得。15(1882)年7月写真術を学ぶため渡米、ボストンのハウスティング写真館で写真技術・コロタイプ印刷技術を修めて17年1月に帰国。18年飯田町に写真館玉潤館を開業。21年日本初のコロタイプ写真製版・印刷を始める。22年小川写真製版所を京橋区日吉町(横浜)に開く。同年雑誌『写真新報』『国華』を発行、明治中後期の代表的な写真家として活躍する。27年写真銅板の製版・印刷に取り組む。43年帝室技芸員。大正2年小川写真化学研究所を創設して乾板製造を研究した。昭和4(1929)年9月6日神奈川県平塚で死去。享年70歳。
 文献 幕末明治海外渡航者総覧(手塚晃編)　柏書房　平4／写真界の先覚　小川一真の生涯(小沢清)　日本図書刊行会、近代文芸社(発売)　平6／朝日日本歴史人物事典　朝日新聞社　平6／データベースWHO　日外アソシエーツ　　〔藤田正晴〕

小川 資原　おがわ・しげん
生没年不詳　工部省測量技師見習　⑲イギリス：1872年(留学)

生没年不詳。明治5(1872)年5月、測量司技師一等見習としてイギリスに留学する。7年に帰国して内務省に勤務する。その後の消息は不明。
 文献 工部省沿革報告　大蔵省　明22／近代日本の海外留学史(石附実)　ミネルヴァ書房　昭47　　〔楠家重敏〕

小川 松民　おがわ・しょうみん
弘化4年(1847)～明治24年5月25日(1891)　蒔絵師　⑧江戸　⑧通称=繁次郎　⑲アメリカ：1876年(フィラデルフィア万国博覧会)

弘化4(1847)年、煙草入金具師の小川忠蔵の子として江戸に生まれる。文久2年中山胡民に蒔絵を学び、池田孤村から光琳の画風を修める。明治3年浅草馬道に蒔絵師として独立する。9(1876)年フィラデルフィア万国博覧会の見学のために家財を売り払って渡航費をつくりアメリカに渡る。帰国後の10年、内国勧業博覧会に蒔絵茶箱を出品し龍紋賞牌を受ける。漆工の改良と後進の指導に当たり蒔絵界の発展に尽力、23年7月東京美術学校教授となる。11月日本漆工会を設立するが、明治24(1891)年5月25日死去。享年45歳。　⑱東京台東区・天王寺
 文献 明治過去帳―物故人名辞典(大植四郎編)　東京美術　昭46／日本人名大事典4　平凡社　昭54／明治維新人名辞典(日本歴史学会編)　吉川弘文館　昭56／日本橋区史(東京市日本橋区編)　飯塚書房　昭58　　〔富田仁〕

小川 鉎吉　おがわ・ぜんきち
安政2年12月5日(1856)～大正8年6月23日(1919)　実業家　〔明治製糖会社の創立者〕　⑧名古屋　⑧別名=録吉　⑲アメリカ：1870

年（理科）

安政2(1856)年12月5日、尾張藩士小川辰三の二男として名古屋で生まれる。大学南校の貢進生となったのち、明治3(1870)年にアメリカに渡り、翌年ラトガース大学に入り理科を修める。4年間の滞米ののち帰国して文部省に入る。大阪専門学校の教員となるが、やがて実業界に身を転じ三菱汽船会社に入社する。のち、明治製糖会社を創立するほか日本郵船会社、明治製綿会社、スマトラ興業会社、神戸電気鉄道などの重役をつとめる。大正8(1919)年6月23日死去。享年65歳。

[文献] 近代日本の海外留学史（石附実）　ミネルヴァ書房　昭47／日本人名大事典1　平凡社　昭54
〔楠家重敏〕

沖 守固　おき・もりかた

天保12年6月13日(1841)～大正1年10月7日(1912)　官吏, 県知事　男爵　⑳江戸　㊲アメリカ：1871年（岩倉使節団に同行）

天保12(1841)年6月13日、鳥取藩士沖一峨の長男として江戸で生まれる。はじめ画家を志すが、藩の外交係として明治維新に活躍する。明治2年に鳥取藩少参事・権大参事となるが、廃藩後は新政府に仕え大蔵省に入る。4(1871)年、田中光顕理事官随行の租税権助として岩倉使節団に参加し欧米を歴遊してイギリスに留まること8年に及ぶ。帰国後、内務省少書記官となり、のち外務省少書記官、神奈川県令、元老院議官、長崎・滋賀・和歌山・大阪・愛知の各府県知事を歴任となる。また36年には貴族院議員となる。大正1(1912)年10月7日、鎌倉で死去。享年71歳。

[文献] 大正過去帳—物故人名辞典（稲村徹元他編）　東京美術　昭48／近代日本海外留学生史　上（渡辺実）　講談社　昭52／日本人名大事典1　平凡社　昭54／明治維新人名辞典（日本歴史学会編）　吉川弘文館　昭56
〔楠家重敏〕

沖野 忠雄　おきの・ただお

嘉永7年1月(1854)～大正10年3月16日(1921)　土木学者　工学博士〔河川・築港工事の権威〕　⑳但馬国（豊岡藩城崎郡）大磯村　幼名＝松之助　㊲フランス：1875年（土木学修業）

嘉永7(1854)年1月、豊岡藩士沖野春水の三男として生まれる。一時、養子に出て尾藤忠雄と改めたがのちに復籍した。明治3年、豊岡藩の貢進生として大学南校に入学しフランス語を学んだ後、8(1875)年6月に文部省からフランス留学を命ぜられる。10年6月パリのエコール・サントラル土木建築科に入学し12年8月卒業し土木建築技師の資格を得たが、しばらくパリにとどまり学校で得た知識をもとに実践的な研究を重ね、14年5月帰国。2年間にわたり東京職工学校（現東京工業大学）でヨーロッパの最先端の土木建築技術を教授した後、16年8月に内務省に入り土木局事務取扱となった。さらに内務四等技師として富士川流域直轄工事監督を命じられたのを皮切りに、内務三等技師として阿賀野川・信濃川・庄川・北上川・筑後川などの土木巡視長、土木監督署長を歴任して、留学で得た知識と技術を河川の治水・改修事業にいかした。24年8月工学博士の学位を授けられた。心血を注いだ数多い河川工事のなかでも特筆すべきは第5区（大阪）土木監督署長として担当した淀川水系の大改修工事である。新宇治川・新淀川の開削を中心とするこの難工事は、29年に河川法が公布されるとともに国家直轄事業として着工され、13年の歳月を経て完成した。また30年6月からは大阪市築港事務所工事長を兼務し、明治初期から調査を進めながら資金不足のため見送られていた大阪築港事業の再調査から設計、施行までを推し進めた。41年3月には、パリで開かれた万国道路会議、航海会議に委員として出席し、青春時代を過ごした懐かしいヨーロッパ大陸の土を踏み、42年1月に帰国。44年4月、内務技監となって東京にもどり全国の河川・港湾の元締めとして力を尽くす。大正5年土木学会会長に就任するにいたり、同じくフランス留学を経験した土木学会初代会長の古市公威と並んで「わが国土木界の先覚者」と評された。6年10月、清国天津大水害の調査のため中国大陸に赴き対策を講じたが、帰国後病に倒れ、7年7月退官。神戸に移り住み余生を送ったが、大正10(1921)年3月16日死去。享年68歳。

[文献] 大日本人名辞書1　新訂版　大日本人名辞書刊行会編刊　昭12／沖野博士伝　附内務省直轄土木工事略史（真田秀吉）　旧交会　昭34／内務省史3（大霞会編）　地方財務協会　昭46／日本人名大事典1　平凡社　昭54／兵庫県大百科事典1～2　神戸新聞出版センター編刊　昭58
〔伏見郁子〕

奥 青輔　おく・せいすけ

弘化3年9月(1846)〜明治20年7月31日(1887)　農商務省官吏　初代水産局長　〔漁業法制の整備に功労〕　[生]鹿児島　[名]旧名＝亀千代, 勇之亟, 勇助　[渡]アメリカ：1876年(牧畜事業視察)

弘化3(1846)年9月，鹿児島藩士の家に生まれる。明治8(1875)年内務省に勤務。翌9(1876)年アメリカで牧畜事業を視察。13年農商務省に移り，同年清国で水産事情を調査する。18年水産局設置とともに初代の局長となり，同年内閣顧問黒田清隆の清国視察に同行した。19年農商務大臣谷干城の欧米視察に同行したが，その途上明治20(1887)年7月31日，病のためベルリンで客死。享年42歳。水産局在任中，漁業法制の整備と漁政方針の確立に業績を残す。

[文献] 奥青輔君の伝：大日本水産会報　180　明30／日本水功伝19　奥青輔(片山房吉)：水産界　727　昭18　〔熊田修二〕

億川 一郎　おくかわ・いちろう

嘉永2年6月10日(1849)〜明治11年3月7日(1878)　大蔵省官吏　〔紙幣寮で印刷インクの製造に成功〕　[生]兵庫　[名]別名＝岸本一郎　[渡]イギリス：1866年(理化学, 医学)

嘉永2(1849)年6月10日，兵庫の士族億川信哉の子して生まれる。のちに岸本の姓を名乗る。蘭学者緒方洪庵の親戚筋にあたり，緒方の推薦により開成所に入り英学を修める。慶応2(1866)年10月，幕府がイギリスに留学生を派遣する折に選ばれ，その一員に加わった。イギリスに1年5ヶ月とどまり，ロイドらから英語，算術，物理，化学などの教授をうけ，ロンドン大学予科に進んだ。しかし，資金不足から帰国を余儀なくされた。その後，尼崎藩の洋学教師となり，さらに明治2年には大坂理学校(舎密局)に入りオランダ人教師ハラタマに従って理化学を学んだ。その後，プロシア人教師リテルに従い大学大得業生となる。7年大蔵省紙幣寮に入り，舎密局長，舎密学頭，試験部総長，製肉部技師を歴任。アメリカ人教師アンチセル，田中維一と協力して堅牢不滅の印刷インクをつくることに成功。明治11(1878)年3月7日，病気のため死去。享年30歳。　[墓]東京駒込・高林寺

[文献] 徳川幕府の英国留学生—幕末留学生の研究(原平三)：歴史地理　79(5)　昭17／後は昔の記他—林董回顧録(由井正臣校注)　平凡社　昭45(東洋文庫173)／明治過去帳—物故人名辞典(大植四郎編)　東京美術　昭46／活版印刷史(川田久長)　印刷学会出版部　昭56／幕末のイギリス留学(倉沢剛)　『幕末教育史の研究2』　吉川弘文館　昭59　〔楠家重敏〕

奥平 昌邁　おくだいら・まさゆき

安政2年4月(1855)〜明治17年11月26日(1884)　政治家　伯爵　[生]江戸　[名]称号＝義三郎, 九八郎, 美作守　[渡]アメリカ：1871年(留学)

安政2(1855)年4月，伊予宇和島藩主伊達宗城の三男として江戸に生まれる。文久3年3月豊前中津藩奥平昌服の養子となり，慶応1年11月従五位に叙任され，4年3月父に代わり大坂城を警衛し，前将軍徳川慶喜が朝敵の汚名を蒙ると，徳川家の存続を朝廷に哀訴嘆願した。同年5月6日家督を継ぎ，ついで明治2年6月中津藩知事に任ぜられ，4年7月廃藩により知事を免ぜられる。同年(1871)12月アメリカに留学しラトガース大学に学んだが，6年冬脳病に罹り帰国，9年6月水野忠精の娘と結婚した。13年9月東京府会議員となり，翌年6月芝区長となったが府知事芳川顕正とあわず15年辞職。明治17(1884)年6月肺炎に罹り，7月伯爵を授けられるが11月26日死去。享年30歳。

[文献] 近代日本の海外留学史(石附実)　ミネルヴァ書房　昭47／近代日本海外留学生史　上(渡辺実)　講談社　昭52／日本人名大事典1　平凡社　昭54／明治維新人名辞典(日本歴史学会編)　吉川弘文館　昭57／昭和新修華族家系大成　上(霞会館諸家資料調査委員会)　霞会館　昭57　〔佐藤秀一〕

小倉 衛門太　おぐら・えもんた

⇒馬屋原二郎(うまやはら・じろう)を見よ

小倉 処平　おぐら・しょへい

弘化3年(1846)〜明治10年8月17日(1877)　軍人　[生]日向国飫肥　[名]別名＝良儔　[渡]イギリス：1871年(学制取調, 政治経済学)

弘化3(1846)年，日向国飫肥藩士長倉喜太郎の二男として生まれる。18歳のとき小倉九十九の養子となる。藩校の振徳堂に学び，江戸に出て安井息軒の門に入る。明治1年，長崎に遊び藩の留守居となる。翌年，大学南校に入り小村寿太郎らを長崎に遊学させる。3年，

政府に貢進生の制度を建議してこれを実行させ、さらに英学を広めるため大阪洋学校風儀矯正の役目をおび大阪へ赴いた。3(1871)年12月、大学校少丞准席となり学術取調のためロンドンへ派遣された。3年間、イギリス・フランス両国で政治経済学を学び自由主義を唱える。征韓論に激怒し、6年、フランスより帰国。翌年に佐賀の乱が起こると江藤新平らを保護したため罰せられた。西南戦争では西郷方について飫肥隊を組織したが、明治10(1877)年8月17日、可愛獄にて割腹自殺。享年32歳。著書に『英国内地租税年報書』『英国地方常例』『支那海路誌』がある。　⑰宮崎県宮崎郡飫肥・報恩寺

[文献] 明治初年条約改正史の研究（下村冨士男）吉川弘文館　昭37／明治過去帳―物故人名辞典（大植四郎編）東京美術　昭46／近代日本の海外留学史（石附実）ミネルヴァ書房　昭47／近代日本海外留学生史　上（渡辺実）昭52　　〔楠家重敏〕

小栗 重吉　おぐり・じゅうきち

天明5年(1785)～嘉永6年1月2日(1853)　督乗丸乗組員〔初の和露字典を編纂〕　⑬尾張国（幡郡一色町）佐久島　㊟別名＝長右衛門（督乗丸船頭の襲名）　㊗ロシア：1815年（漂流）

天明5(1785)年、善三郎の二男として尾張国佐久島に生まれる。15歳で船乗りになり、その後尾張国半田村の庄兵衛の養子になる。文化10年10月、船頭長右衛門の代理として督乗丸に乗り組み、江戸に奥州米を納めるため尾張を出航する。同年11月4日、帰途中に遠州灘で暴風雨のために漂流する。同年12月には赤道付近にまで達する。漂流中適切な態度と判断で指揮をとったが大部分の船乗りが飢えと疲労で死亡する。12年2月14日、半兵衛、音吉とともにサンタ・バーバラ沖でロンドン商船フォレスタ号に救助される。16ヶ月の漂流は日本海難史上最長である。救助後船ピケットの手厚い保護を受ける。サンタ・バーバラを経て北アメリカのルキンに寄港し、原住民の生活を見聞する。同年3月、アラスカのバラノフ島に到着する。約40日間滞在し、ロシア船やアメリカ船に招かれて交歓する。またロシア・アメリカ会社総支配人アレクサンドル・アンドレーウィチ・バラノフの盛大な歓迎を受け、アラスカに留まるよう説得されるが断わる。ピケットの好意によりカムチャツカに送られ、同年(1815)6月、ペトロパウロフスクに入港。帰国の機会を待つ。その間カムチャツカ長官代理イリヤ・ルダーコフの歓待を受ける。同年9月、喜三衛門ら3人の薩摩船永寿丸の漂流者が到着して、いっしょにルダーコフのもとに引き取られて一冬を過ごす。滞在中ロシア語を学ぶかたわらカムチャツカの風物や風俗習慣を数多く見聞する。また医療制度、国王崇拝などロシアの国政面も観察する。13年5月、パーウォル号に乗り組んで日本に向かい、同年6月、橋舟に乗り移ってウルップ島の北部に到着する。苦心してエトロフ島に渡り、同年7月、アイヌ人の案内でシベトロの番所に行き、調役下役村上貞助の取り調べを受ける。同年9月、松前に赴き高田屋嘉兵衛と会見する。同年12月、江戸に到着し霊岸島の蝦夷会所に収容される。14年5月、半田村に戻り家族と再会。文政1年3月、尾張藩から5石2人扶持を受け、小栗重吉と名乗る。漂流の大略を解説した『魯西亜国衣類器物披露来由書』や和露単語集である『ヲロシヤノ言』の出版と持ち帰った品物の展覧により資金を集め、督乗丸乗組員供養碑を建立する。現在成福寺（名古屋市熱田区白鳥町）にある。海外事情を公然と発表したのは漂流者として異例である。晩年は湯屋を営む。嘉永6(1853)年1月2日死去。享年69歳。雲観寺（愛知県半田市中村）の過去帳に彼の名がある。

[文献] 重吉漂流記（岸尚洋）海洋文学社　昭5／カムチャツカ漂流民小栗重吉（堀川柳人）：伝記　2(8)　昭10／船長日記（玉井幸助）育英書院　昭18／漂流船物語の研究（吉岡永美）北光書房　昭19／小栗重吉漂流記（玉井幸助）目黒書店　昭24／督乗丸の漂流（川合彦充）筑摩書房　昭39／半田市誌　本文編　愛知県半田市　昭46／異国漂流奇談集（石井研堂編）新人物往来社　昭46／日本人とロシア人（中村新太郎）大月書店　昭53／世界を見てしまった男たち（春名徹）文芸春秋　昭56／日露交渉史話―維新前後の日本とロシア（平岡雅英）復刻版　原書房　昭57／漂流奇談集成（加藤貴校訂）国書刊行会　平2（叢書江戸文庫）　〔石井勉〕

小栗 忠順　おぐり・ただまさ

文政10年(1827)～明治1年閏4月6日(1868)　旗本〔フランス式軍制を移入〕　⑬江戸　㊟別名＝又一、剛太郎　㊗アメリカ：1860年

（目付として遣米使節に随行）
　文政10（1827）年，新潟奉行小栗忠高の子として江戸に生まれる。若い頃からヨーロッパの学術技芸を唱え，嘉永の末年には勘定奉行となる。陸軍奉行，海軍奉行を経て若年寄に進み，フランス式陸軍を創設する。安政7（1860）年1月，遣米使節の一員に選ばれ新見豊前守一行に随う。新聞刊行の必要性を感じて同年9月に帰国する。攘夷運動が高まりつつあったが，外国文明を説き，政治・軍備・商工などについて「外国を模範として我国の改善を謀らざる可からずと論じて幕閣を聳動せしめた」という。その後，外国奉行，勘定奉行，町奉行，歩兵奉行などを歴任した。製鉄所の建設に関してフランス公使ロッシュとの交渉を行い，横須賀製鉄所の建設に専心した。慶応1年には勘定奉行に復して，幕府の財政を担当する。慶応2年には関税率改訂交渉に尽力しフランスとの経済関係を緊密にし，国内の三都商人と結んで全国の流通を掌握しようとする。明治1年，鳥羽伏見の戦いに強硬な抗戦論を主張したため勘定奉行を解任された。知行所の上野国群馬郡権田村に退き，再起をはかったが政府軍に捕えられた。明治1年閏4月6日，烏川原のほとりで斬死。享年42歳。　⑱権田村・東善寺
　文献　海軍の先駆者小栗上野介正伝（阿部道山）　海軍有終会　昭16／開国の先覚者小栗忠順（蜷川新）　千代田書院　昭28／川路聖謨と小栗上野介（小西四郎）『日本人物史大系5』　朝倉書店　昭34／明治過去帳―物故人名辞典（大植四郎編）　東京美術　昭46／近代日本海外留学生史　上（渡辺実）　講談社　昭52／幕末非運の人びと（石井孝）　有隣堂　昭54／小栗上野介の生涯―「兵庫商社」を創った最後の幕臣（坂本藤良）　講談社　昭62／幕末政治家（福地源一郎）　平凡社　平1（東洋文庫）／日本を創った先覚者たち―井伊直弼・小栗忠順・河井継之助（新井喜美夫）　総合法令　平6（HOREI BOOKS）／幕末遣米使節小栗忠順従者の記録―名主佐藤藤七の世界一周（村上泰賢編著）　東善寺　平13／維新の翳小栗上野介（上村翠）　文芸書房　平15／小栗上野介をめぐる秘話（河野正男）　群馬出版センター　平15／小栗上野介（市川光一，村上泰賢，小板橋良平共著）　みやま文庫　平16（みやま文庫）
〔楠家重敏〕

大河平 才蔵　おこひら・さいぞう
？～明治27年5月18日（1894）　海軍軍人　〔海軍製鋼の第一人者〕　⑱鹿児島　⑲ドイツ：1878年（製鋼技術）
　生年不詳。鹿児島藩士の出身。明治10年2月海軍少尉補となる。11（1878）年3月12日に日本を発ち製鋼技術習得のためドイツへ留学し，クルップ工場で研修。14年に帰国の後，原田宗助を助けて築地工廠に製鋼技術を導入，24年には造兵大技監となった。明治中期の海軍製鋼の第一人者。明治27（1894）年5月18日死去。　⑱東京・青山霊園
　文献　明治過去帳―物故人名辞典（大植四郎編）　東京美術　昭46／近代日本海外留学生史　上（渡辺実）　講談社　昭52／幕末明治海外渡航者総覧（手塚晃編）　柏書房　平4
〔熊田修二／富田仁〕

刑部 鉄太郎　おさかべ・てつたろう
生没年不詳　幕臣　幕府徒目付　⑱諱＝政好　⑲アメリカ：1860年（遣米使節に随行）
　生没年不詳。安政7（1860）年，37歳頃遣米使節に徒目付として随行する。
　文献　万延元年遣米使節史料集成1～7（日米修好通商百年記念行事運営会編）　風間書房　昭36／幕末教育史の研究2―諸術伝習政策（倉沢剛）　吉川弘文館　昭59　〔富田仁〕

尾崎 三良　おざき・さぶろう
天保13年1月22日（1842）～大正7年10月13日（1918）　官吏　男爵　⑱京都　⑳本名＝盛茂　幼名＝捨三郎，変名＝戸田雅楽，小沢床次，雅号＝四寅居士，四虎山人　⑲イギリス：1868年（三条公恭に随行）
　天保13（1842）年1月22日，京都仁和寺坊官尾崎陸奥介の長男に生まれる。はじめ烏丸，冷泉諸家に仕え，のち三条実美に勤仕する。文久3年8月の政変後，実美に従って長州に赴き更に太宰府に移り，名を戸田雅楽と改め，実美のために諸藩との応対を助ける。慶応3年8月実美の命によって長崎に行き，坂本龍馬と知り合う。中島信行とともに，3人で大政奉還後の官制案を作成して岩倉具視に提出する。王制復古後の三職の制はこれを参考にしたものといわれる。慶応4（1868）年3月，三条実美の世子公恭に随い，中御門経丸，毛利平六郎，森寺広三郎，城連，大野直輔，有福二郎とともにイギリスに向けて神戸を出帆した。上海，シ

ンガポール，セイロン，アラビア，スエズに立ち寄ったのち，4年閏4月29日（西暦6月19日）にサザンプトンに着く。翌朝のロンドンの新聞は「日本のプリンス3人と外ゼントルメン5人が来た」と報じた。彼らの渡英目的は「西洋の事情形勢を探知し我施政の参考に資」することにあったが，実際は「唯其繁盛を見るのみにて言語は全く不通聾唖者の如く，何が何やら全く不可解の域に入りたるが如く茫然自失する」有様であった。そこで音見清兵衛（河瀬真孝）に英会話の初歩を習い，ついで2年間イギリス人教師モリソンの家に居住して英書を多読した。その後，イギリス法の研究を志して，およそ1年後，オックスフォード大学のアクワード教授の講義を聴講する。明治4年，岩倉使節団のアメリカでの条約改正交渉に際し，川北俊弼とともに在英国留学生の代表としてアメリカに渡り，木戸孝允と会談して条約改正交渉を中止するよう勧告する。6年の夏，友人とヨーロッパ諸国を遊覧し，ウィーン万国博覧会を見物してイギリスに戻る。木戸より速かに帰国すべしの命があり，6年9月，ロンドンを立ちインドを経由して10月に帰国。その後，太政官に出仕したが，13年3月，外務一等書記官として柳原前光公使に随ってロシアに赴任する。首都セントペテルスブルグに到着したのは6月のことで「年中最も日の永き時なり。即ち夜の十二時といへども点灯せずして読書する事を得る」という感想をのこしている。さらにロシアの「寒気は十一月より全く冬季に入り，ネバ河全く凍合し，是時より河氷上，馬車人馬共に平地の如く往来するなり」という記述も残している。同年10月，柳原がスウェーデン公使を兼任することになり，これに随ってフィンランドを経てスウェーデンに赴く。そして再び同年12月にセントペテルスブルグに戻る。のちモスクワやロンドンを訪れたが，14年7月に帰国することになり，マルセーユ，スエズ，インド，香港を経て，9月2日，横浜に帰帆。帰国後，左院議官，内務図書頭，内務大丞，元老院議官，法制局長官を歴任し，23年には貴族院議員に選ばれる。そのほか泉炭鉱会社長，房総鉄道会社重役を務め，朝鮮の京釜鉄道会社の創立に尽力する。晩年には文部省維新史料編纂委員としても活躍したが，大正7（1918）年10月13日死去。享年77歳。

[文献] 大正過去帳―物故人名辞典（稲村徹元他編）　東京美術　昭48／尾崎三良自叙略伝　中央公論社　昭51／近代日本海外留学生史　上（渡辺実）　講談社　昭52／近代日本の自伝（佐伯彰一）　中央公論社　平2（中公文庫）／尾崎三良日記　上，中，下巻（伊藤隆，尾崎春盛編）　中央公論社　平3～4

〔楠家重敏〕

尾崎 俊蔵　おざき・しゅんぞう

生没年不詳　唐津藩留学生　[渡]フランス：1867年（パリ万国博覧会列席）

生没年不詳。慶応3（1867）年1月11日に横浜を出航してパリ万国博覧会に参列する徳川昭武に随行し，唐津藩小笠原壱岐守家来としてフランスに留学する。メルメ・カションにフランス語を学び，スイス，オランダ，ベルギー，イタリアをまわり，翌年帰国したが，その後の消息は不明。

[文献] 近代日本海外留学生史　上（渡辺実）　講談社　昭52／日仏文化交流史の研究―日本の近代化とフランス人（西堀昭）　駿河台出版社　昭56

〔富田仁〕

尾崎 平八郎　おざき・へいはちろう

？～明治7年1月25日（1874）　留学生　[生]薩摩国鹿児島　[渡]ドイツ：1870年（化学）

生年不詳。鹿児島の出身。大学東校より化学研修のためドイツへ派遣される。明治3（1870）年，森有礼に率いられ，大学南校，東校の留学生その他邦人計37名の一人としてアメリカ船グレートレペブリック号にのって横浜を出帆。ドイツでベルリン大学に学ぶ。7（1874）年帰国後間もない1月25日死去。

[文献] 近代日本海外留学生史　上（渡辺実）　講談社　昭52／幕末明治海外渡航者総覧（手塚晃編）　柏書房　平4

〔熊田修二／富田仁〕

尾崎 行雄　おざき・ゆきお

安政5年11月20日（1858）～昭和29年10月6日（1954）　政治家　衆議院議員　[生]相模国又野村　[名]旧名＝尾崎彦太郎　号＝咢堂　[渡]アメリカ，ヨーロッパ：1888年（政治情勢視察）

安政5（1858）年11月20日，尾崎行正の子として相模国又野村に生まれる。明治12年新聞記者となり，14年大隈重信に招かれ統計院権少書記官となるが，同年の政変で辞職。15年『郵

便報知新聞』論説委員となり，立憲改進党結成にも参加。20年第1次伊藤内閣の条約改正に反対，保安条例で東京退去処分を受けたことから，21(1888)年出国し欧米を歴遊，翌22年10月に帰国する。23年第1回総選挙に三重県から立候補し，当選。以来25回連続当選した。明治31年第1次大隈内閣の文相。33年立憲政友会創立委員。36～45年東京市長(国会議員兼務)を務めた。その間，ワシントンに桜の苗木を贈る。大正1年第1次護憲運動に奔走。3年第2次大隈内閣の法相。5年憲政会筆頭総務。原内閣の時，普通選挙運動の先頭に立ち，10年政友会を除名される。11年犬養毅の革新倶楽部に参加したが14年政友会との合同に反対して脱会，以後無所属となる。昭和17年翼賛選挙では発言が不敬罪として起訴されたが，19年無罪。20年敗戦後は位階勲等を返上，議員の総辞職論を唱えた。28年に落選するが"憲政の神様"として名誉議員の称号を贈られた。昭和29(1954)年10月6日死去。享年95歳。

[文献] 回顧漫録(尾崎行雄)　岩波書店　昭22／咢堂自伝(尾崎行雄)　大阪新聞社出版局　昭22／咢堂叢書　第1巻　人生を語る(尾崎行雄)　研文書院　昭23／尾崎行雄伝(伊佐秀雄)　尾崎行雄伝刊行会　昭26／咢堂回顧録　上，下巻(尾崎行雄)　雄鶏社　昭26／民権闘争70年(尾崎行雄)　読売新聞社　昭27／人物尾崎行雄(高野清八郎)　新使命社　昭28／尾崎行雄(伊佐秀雄)　吉川弘文館　昭35(人物叢書)／尾崎行雄伝(沢田謙)　尾崎行雄記念財団　昭36／尾崎行雄　新装版(伊佐秀雄)　吉川弘文館　昭62(人物叢書)／幕末明治海外渡航者総覧(手塚晃編)　柏書房　平4／朝日日本歴史人物事典　朝日新聞社　平6／憲政の人･尾崎行雄(竹田友三)　同時代社　平10／咢堂尾崎行雄(相馬雪香，富田信男，青木一能編著)　慶応義塾大学出版会　平12(Keio　UP選書)／咢堂尾崎行雄ものがたり(大塚喜一)　つくい書房　平14／データベースWHO　日外アソシエーツ

〔藤田正晴〕

尾崎 行隆　おざき・ゆきたか

生没年不詳　劇団員　[渡]アメリカ：1888年

生没年不詳。兄の尾崎行雄が明治21(1888)年の保安条例で処分され，東京退去を命じられて欧米に逃亡した折に，一緒に出かけてアメリカに居残る。当初文士になるつもりであったが，結局，劇団に身を投じることになる。その後の消息は不明。

[文献] 異国遍路　旅芸人始末書(宮岡謙二)　修道社　昭46

〔楠家重敏〕

長田 銈太郎　おさだ・けいたろう

嘉永2年7月27日(1849)～明治22年3月31日(1889)　外交官，宮内省官吏　〔外国公使謁見の通訳〕　[生]静岡　[名]別名＝銈之助　[渡]アメリカ：1871年(兵部省より派遣)，フランス：1872年(パリの日本公使館勤務)

嘉永2(1849)年7月27日，に駿府城内の役宅で生まれる。父の名は正美という。長田家はもと尾張の土豪で，江戸時代には代名の直参旗本であった。7歳頃，父にしたがって江戸に出，安政3年に幕府が開設した講武所で剣術を習う。しかしこの頃より諸国との外交が始まり，世の中は一変する。文久1年に蕃書調所で仏語学の伝習が開始されると，父の勧めにしたがってフランス語を修める。慶応1年フランス公使レオン・ロッシュの関西地方視察旅行に通訳として随行。この折，伊藤博文，山県有朋，木戸孝允ら後の有力政治家たちにその存在を知られる。慶応2年開成所助教授となり，横浜仏蘭西語学伝習所に入学。慶応3年には横須賀製鉄所の大御番格歩兵差図役・頭取勤方となり，そのフランス語の力を活かし，軍事にも関与した。4年幕府瓦解の直前に開成所頭取となり，開成所の新政府への引き渡し事務に携わる。維新当時は一時静岡に引退し，静岡藩学問所の教官になるなど子弟の教育にあたるが，間もなく新政府に招かれて官界に入る。彼が旧幕臣でありながら新政府での地位を獲得した背景に，幕臣時代にはまだ年が若くしかも生来の社交的性格で，前述の有力者たちに知られていた事があげられる。明治4(1871)年に兵部省からアメリカに派遣されるが，5(1872)年には外務省に入り三等書記官としてパリの日本公使館に赴任する。任地では，3年に赴任したばかりの初代公使･鮫島尚信を助けて外交事務にあたり，一方ではフランス文化にも親しんだ。この間に，フランスを訪れた成島柳北(銈太郎の弟謙吉の養父)とも旧交をあたためている。7年帰国するが，その折に持ち帰った散髪器械の製造会社名のバリカン・エ・マール社が日本での器械名「バリカン」となった。9年二等書記官としてロシアに赴任。11年ロシ

ア皇帝より神聖アンナ勲章を贈られ帰国した。その後宮内省に移り、宮内書記官兼太政官格大書記官となり、明治天皇の側近として外事関係を担当。式部寮参事も兼任した。その主な任務は外国公使謁見の際の通訳であったが、ここでも、その社交の才を発揮しよく天皇を助け、厚い信任を得たという。19年、山県有朋の計らいにより内務省参事官に任ぜられ、山県系官僚としての道を歩み始めた。しかし明治22（1889）年早春、愛知県知事の内命を受けながら、赴任直前の3月31日に事故死。享年41歳。武士階級特有の剛毅さや保守的な傾向と、西洋事情への認識とを合わせ持っていた点で、当時の日本の政界にとって最も好ましい官僚であったと言われる。また社交的で諧謔味もあったその性格は、文学者・息子の忠一（秋涛）に受け継がれた。 ㊗東京谷中・天王寺

[文献] 贋の偶像（中村光夫）昭42／日本人名大事典1 平凡社 昭54／日仏文化交流の研究—日本の近代化とフランス人（西堀昭）駿河台出版社 昭56／日仏のあけぼの（富田仁）高文堂出版社 昭58　〔内海あぐり〕

長田 秋濤　おさだ・しゅうとう

明治4年10月5日（1871）～大正4年12月25日（1915）　仏文学者、劇作家　〔A.デュマ「椿姫」の訳者、演劇改良運動に参加〕　㊙静岡郊外西深草　㊦本名=忠一　別号=酔掃堂　㊧イギリス、フランス：1889年（政治学）

明治4（1871）年10月5日、仏語学者で外交官の長田銈太郎の長男として静岡郊外の西深草に生まれる。政府官吏の父のもとで比較的恵まれた幼年時代を過ごす。山県有朋から養子に望まれ、一時山県家で起居した。父からフランス語を学び、漢学を杉孫七郎について修めた後、学習院に入学。15、6歳で父の弟子・下田歌子らにフランス語の代稽古をしたと伝えられている。20年、依田学海らと戯曲『当世二人女婿』を出版。これは、ジュプレ編纂の『仏国文範』からの翻案喜劇である。当時すでに彼は演劇改良運動に関心を抱き、その影響下にあった。しかしこのことは父の意向に合わず、翌年、学習院尋常中学を退学して仙台第二高等中学に転校させられる。仙台では高山樗牛、井上準之助などの友人を得た。22年春に父銈太郎が死去。かねてよりフランス留学を希望していたが、平山成信、大森鐘一などの計らいで同年（1889）留学が実現することになる。私費留学のため資金の調達に当たった後見人たちの意向から留学先はイギリスのケンブリッジ大学、専攻は政治学であった。留学直後イギリス人学生と喧嘩し、同2年秋、官費留学に変更してパリのソルボンヌ大学に移り、法律を学ぶこととなる。パリで最大の関心事はフランス演劇で、父のパリ駐在時代のつてを頼って、コメディ・フランセーズの楽屋に出入りし、フランスの演劇事情に通じる。26年に帰国、結婚。27年「仏国演劇現況」「仏国演劇談」を『早稲田文学』に発表。これは、直接見聞したフランス劇の紹介で、サルドゥの『弥生』、リシュパンの『短剣に頼りて』やパイユロンの『退屈な世界』などを採りあげて論じている。同年坪内逍遙の序文で『菊水』を発表し、逍遙派の演劇改良運動に加わった。30年伊藤博文らととも再び欧米に渡る。31年フランソワ・コペの『王冠のために』の翻案『玉冠』を『東京日日新聞』に連載し好評を博す（38年には川上音二郎一座が上演）。同年ピグマリオン伝説からの翻案劇『恋の像』も発表する。こうして文壇・劇壇に活躍し始める。彼の家には尾崎紅葉、徳田秋声、逍遙、樗牛らの文人がよく集ったという。32年から数年間は早稲田大学講師も務める。33年、先の『短剣に頼りて』を翻案した『匕首』を読売新聞に連載。35年デュマ・フィスからの翻訳小説『椿姫』を『万朝報』に連載、翌年早稲田大学出版部から刊行し、多くの版を重ね代表作の一つとなる。36年ユゴーの『ノートル・ダム・ド・パリ』を紅葉と共訳、『鐘楼守』（上・下）と題して出版した。フランス語原典からの秋涛の翻訳文を、紅葉が手を入れるという方法をとっている。同年紅葉の死去後、露探事件でスパイの嫌疑を受けるなどスキャンダルのために名声を失墜していったが、38年恋愛関係にあった紅葉館のお絹の死により、事件は終りを告げる。39年失意の中で『三大悲劇』の刊行を企て、第1巻・スクリーブの『アドリエンヌ・ルクーヴロル』からの翻案劇『怨』、第2巻・サルドゥからの翻訳劇『祖国』を出版するが、第3巻にあたる『匕首』は、政治的影響を考慮して未刊となった。41年頃、東京から神戸に移り垂水の借家に隠棲した。42年伊藤博文や大隈重信らの計らいを得て、官費で渡欧。帰路シンガポールに立ち寄ってゴム園経営を見聞のの

ち帰国するが，南方進出という官命を帯びて再度シンガポールに赴き，自らゴム園経営に乗り出す。同年帰国し，その最後の文学活動となる翻案劇『涙』を発表。翌年3たびシンガポールに渡る。神戸での生活は，知人らの援助と事業からの利益で支えられており，文学者としての秋涛は次第に影をひそめていった。大正3年，芸妓時枝との間に生まれた一枝が死にショックを受ける。4年マレー半島やインドシナの南洋旅行に出て帰国後，脳溢血で倒れる。病床で北守南進論を唱えた『図南録』を，仲子夫人の助けで口述筆記する。大正4(1915)年12月25日，垂水の家で死去。享年45歳。
🄿東京・谷中霊園
文献 贋の偶像（中村光夫） 昭42／日本人名大事典1 平凡社 昭54／フランス小説移入考（富田仁） 東京書籍 昭56／埋もれた翻訳―近代文学の開拓者たち（秋山勇造） 新読書社 平10
〔内海あぐり〕

尾沢 主一　おざわ・かずいち

安政5年(1858)～明治22年6月21日(1889) 医学者　🄿江戸　🄥ドイツ：年不明（医学）

安政5(1858)年，江戸に生まれる。明治16(1883)年7月東京大学医学部を卒業。専門は内科。ドイツ留学中に病にかかり，帰国の途上，明治22(1889)年6月上海碇泊の船中で，肺結核により客死。享年32歳。　🄿東京・染井霊園
文献 明治過去帳―物故人名辞典（大植四郎編） 東京美術 昭46／異国遍路 旅芸人始末書（宮岡謙二） 中央公論社 昭53（中公文庫）
〔熊田修二〕

小沢 清次郎　おざわ・せいじろう

嘉永3年(1850)～？ 留学生　〔橘耕斎にロシア語を習う〕　🄶別名＝圭次郎　🄥ロシア：1865年（器械学）

嘉永3(1850)年大砲差図役下役並勤方小沢寅之助の子として生まれる。開成所に入学し，蘭学稽古人世話心得となる。慶応1年4月8日，箱館領事ゴシケウィッチの進言により幕府の遣露伝習生を命ぜらる。山内作左衛門など伝習生一行6名は，同年(1865)7月27日，箱館を出帆し，長崎に寄港し，香港，バタビア，ケープタウンを通り，慶応2年1月27日プリマスに上陸。陸路，パリ，ベルリンを経て，2月16日の正午頃ペテルスブルクに到着。ここで世話役のゴシケウィッチの指導不熱心のため一行

は失望するが，橘耕斎の世話で，ロシア語習得に努める。器械学を専門科目に選び勉学するが，専門の学校に入学が許可されなかったことで，実りの少ないまま4年9月1日，帰国する。帰国後，開成所教授試補となる。その後の消息は不明。
文献 東京外国語学校沿革 同校編刊 昭7／遣露伝習生始末（内藤遂） 東洋堂 昭18／日本人とロシア人（中村新太郎） 大月書店 昭53／幕末教育史の研究（倉沢剛） 吉川弘文館 昭59
〔小林邦久〕

押川 則吉　おしかわ・のりきち

文久2年12月19日(1863)～大正7年2月18日(1918) 官僚，政治家　貴族院議員　🄿鹿児島　🄶旧名＝千代太郎　🄥フランス：1888年（農事経済視察）

文久2(1863)年12月19日，鹿児島藩士押川乙五郎の長男として鹿児島に生まれる。明治13年駒場農学校を卒業後，16年農商務省に入省。21(1888)年3月フランス大博覧会事務官補としてフランスに派遣される。農事経済取調のためヨーロッパを歴訪し，24年に帰国。農商務技師，台湾総督府民政局事務官，同殖産部長，山口県知事，第2次桂内閣の農商務次官，第3次桂内閣の内務次官を歴任し，44年貴族院議員に勅選される。大正6年八幡製鉄所長官に就任したが，収賄事件の責任を追求され，7(1918)年2月18日自宅で自殺した。享年57歳。
文献 幕末明治海外渡航者総覧（手塚晃編） 柏書房 平4／朝日日本歴史人物事典 朝日新聞社 平6／データベースWHO 日外アソシエーツ
〔藤田正晴〕

押小路 三丸　おしこうじ・かずまる

嘉永7年5月6日(1854)～明治18年5月11日(1885) 華族　🄥イギリス：1870年（東伏見宮に同行）

嘉永7(1854)年5月6日，遠江権介押小路実潔の子として生まれる。明治3(1870)年10月12日，東伏見宮嘉彰に同行してイギリスに赴いた。6年11月1日に帰国。その後の動向は不明。明治18(1885)年5月11日死去。享年32歳。
文献 明治初年条約改正史の研究（下村富士男） 吉川弘文館 昭37／明治過去帳―物故人名辞典（大植四郎編） 東京美術 昭46／近代日本の海外留学史（石附実） ミネルヴァ書房 昭47／幕末明治海外渡航者総覧（手塚晃編）

小田 均一郎　おだ・きんいちろう

嘉永3年頃(1850)～?　留学生　〔リヨンで中江兆民と交遊〕　㊷出雲松江　㊸フランス：1870年(兵学)

嘉永3(1850)年頃、出雲国松江に生まれる。藩の執政に携わる。明治3(1870)年藩費で洋学、ことに兵学の修業のため、5年間の予定でフランスおよびイギリスに留学する。フランスではリヨンに滞在しガルニエ学校に通う。大山巌の日記によると、大山は当地で5年6月と8月に小田に会い歓待されている。彼はリヨンで留学生坂田乾一郎や中江兆民とかなり親しく交際している。またリヨンに日本人が来訪するたびに姿を見せ案内役をかってでた模様である。6年半には、坂田とともにリヨンで西陣の職人吉田忠七たちの世話をしている。初めは藩費による留学だったが、途中で自費から官費へと変わった。その後の消息は不明。

文献　近代日本の海外留学史(石附実)　ミネルヴァ書房　昭47／中江兆民のフランス　上・中・下(井田進也)：文学　42(7・8・9)　昭51.7,8,9／フランスとの出会い——中江兆民とその時代(富田仁)　三修社　昭56／大山巌欧州再旅日記(国立国会図書館憲政資料室蔵)／幕末明治海外渡航者総覧(手塚晃編)　柏書房　平4　〔村岡正明／富田仁〕

織田 純一郎　おだ・じゅんいちろう

嘉永4年5月22日(1851)～大正8年2月3日(1919)　翻訳家、ジャーナリスト　㊷京都・烏丸岡村町　㊺別名＝丹羽純一郎(にわじゅんいちろう)　㊸イギリス：1870年(留学)

嘉永4(1851)年5月22日、京都烏丸岡村町に生まれる。明治3(1870)年11月イギリスに官費留学し、エジンバラ大学で法律を学び、7年7月に帰国。同年10月再度渡英し10年に帰国する。11年『英国 龍動新繁盛記』、12年翻訳『欧州奇事 花柳春話』を刊行し、以後評論家、翻訳家として活躍。他に『欧州奇話 奇想春史』(『ポンペイ最後の日』の翻訳)、『通俗 日本民権真論』、『通俗 日本国会論』など多くの著書がある。のち新聞界に入り大阪朝日新聞主筆などを務めたが、晩年は不遇であった。大正8(1919)年2月3日京都で死去。享年69歳。

文献　幕末明治海外渡航者総覧(手塚晃編)　柏書房　平4／朝日日本歴史人物事典　朝日新聞社　平6／データベースWHO　日外アソシエーツ　〔藤田正晴〕

織田 万　おだ・よろず

慶応4年7月4日(1868)～昭和20年5月25日(1945)　法学者　法学博士　〔国際司法裁判所の第一期裁判官〕　㊷佐賀　㊺旧名＝須古雅号＝鶴陰学人　㊸フランス、ドイツ：1896年(行政法、国際法)

慶応4(1868)年7月4日、佐賀鍋島藩藩士須古家で生まれる。1歳の時、織田家の養子となる。郷里の漢学塾で勉学し、明治16年に上京、翌年司法省正則法律学校の予科に官費生として入学し、フランス語を学ぶ。22年に帝国大学法科大学法律学科第二部(いわゆる仏法科)に入学し、25年に卒業。その後大学院に入り、主として穂積八束について公法の研究をする。28年には『日本行政法論』を公刊。これはフランス行政法を研究して書かれたものであるが、わが国における最初の体系的な日本行政法の研究書として注目すべきものである。翌29(1896)年5月には、創立を予定されていた京都帝国大学法科大学の教官候補者としてヨーロッパに派遣され、同じ候補生であった井上密、岡松参太郎、高根義人らと同船して出発し、パリに2年間、ベルリンに1年間いた。パリでは法科大学の博士科とエコール・リーブル・デ・シャンス・ポリティークに籍を置き、フランス法を研究している。32年8月に帰国し、その翌月に京都帝国大学法科大学教授となり、行政法を担当、34年には法科大学長となった。帰国後は20世紀初頭に新風が起こったフランス公法学の動向をとらえ、またヨーロッパの新動向にも注目していた。43年に『行政法講義』を公刊。天皇機関説論者であり、大正1年に天皇機関説をめぐる美濃部・上杉論争が起こった後、6年に『改訂法学通論』を出すが、天皇機関説支持を明示したために内務省から絶版の処分を受けている。特筆すべき第1の業績は、明治38年から約10年間を費して大正3年に完成した台湾旧慣調査会の報告書『清国行政法』の編纂である。これは清代の制度全般を的確かつ包括的に体系づけた研究書であり、専制政治の清国が文明開化の近代的な立憲君主国家に脱皮すべきことを説くものであった。この書は近代日本法学史上の力作の一つとして高く評価されている。第2の業績は、京都帝国

大学教授に在任中、大正10年から昭和5年までの9年間、常設国際司法裁判所の第一期の裁判官を務めたことである。行政学者としてまた国際人として彼の声望は非常に高かった。なお明治33年に京都法制学校（立命館大学の前身）が設立されて以来、同校で教鞭をとり、昭和6年には名誉総長に就任。さらに10年からは学長事務取扱として経営の任にあたるなど、私学の振興に尽力。また『民族の弁』（昭和15年）『法と人』（昭和18年）などを刊行する。昭和20（1945）年5月25日夜の空襲の際、自宅付近の東京麹町3番地で焼夷弾から出た一酸化炭素の中毒により死去。享年78歳。

|文献| 織田万博士の追憶（佐々木惣一）：公法研究　18　昭33／日本人の中国観・織田万博士の『清国行政法』をめぐって　上・下（坂野正高）：思想　452，456　昭37／日本人名大事典現代編　平凡社　昭54　　〔熊田修二〕

落合 豊三郎　おちあい・とよさぶろう
文久1年2月29日（1861）～昭和9年9月31日（1934）　陸軍軍人、中将　出雲国　ドイツ：1893年（公使館付武官）

文久1（1861）年2月29日、松江藩士落合鍬倉の三男として生まれる。明治13年陸軍士官学校工兵科卒、19年工兵出身として初めて陸軍大学校を卒業。参謀本部、陸軍大学校勤務を経て、明治26（1893）年7月～27年ドイツ公使館付武官、29（1896）年～32年イタリア公使館付武官としてヨーロッパに勤務。32年要塞整備を担当する参謀本部第5部長に就任。日露戦争には第2軍参謀長として出征、38年満州軍総兵站監部参謀長。43年中将。大正3年東京湾要塞司令官を最後に予備役。昭和9（1934）年9月31日死去。享年74歳。

|文献| 幕末明治海外渡航者総覧（手塚晃編）柏書房　平4／朝日日本歴史人物事典　朝日新聞社　平6／データベースWHO　日外アソシエーツ　　〔藤田正晴〕

乙骨 亘　おっこつ・わたる
弘化1年頃（1844）～明治21年9月10日（1888）　官吏　江戸　改名＝上田綱二　フランス：1864年（理髪師として遣仏使節に同行）

弘化1（1844）年頃、儒者乙骨彦四郎耐軒の二男として江戸に生まれる。兄は英蘭学者の太郎乙（華陽）、弟は外交官の兼三、長男は詩人の上田敏。父の耐軒は昌平黌の教官や、昌平黌の分校にあたる甲府徽典館の学頭をつとめた儒者。兄・太郎乙は開成所教授や大蔵省翻訳局教頭として英語の指導と翻訳にあたり、その後は英学の普及に努めた学者だった。そうした環境にありながら、彼は父親の道も兄の道もとらなかった。文久3（1864）年12月29日、幕府は横浜鎖港談判のために池田筑後守長発を正使とする遣仏使節を送るが、彼はその一行に「理髪師」の資格で随行する。滞仏中の行動についても、わずかに病気のためマルセーユに残されて客死した横山敬一の看病をしたことぐらいしか伝えられていない。パリでは彼は洋服を着て写真をとる。これは後年渡仏した長男敏によって博物館で発見されることになる。この使節は元治1年の夏に帰国。彼は「病気に付砲兵差図役下役並勤方御免」という申請文で知られるように、しばらくは幕府の役人をつとめたこともあったらしい。乙骨家に残る亘関係の文書にはそれとともに「海軍伝習通弁御用手伝出役」との申請文があり、帰国後語学を生かした職に就いていたことを示している。いずれにしても立身出世の途から外れた彼は上田東作（友助）の長女孝子と結婚して、上田家の養子となり、上田綱二と名を改めることになる。明治7年、敏誕生。ただし名付親は太郎乙である。同年開拓使に仕官し単身北海道に渡り、2年後、職を辞して帰京。翌10年には土木局出仕となる。13年静岡に単身赴任。のち一家を呼び寄せて住む。20年大蔵省に転任が決まり上京するが、明治21（1888）年9月10日死去。　東京・谷中霊園

|文献| 上田敏全集　補巻　年譜　改造社　昭6／上田敏研究（安田保雄）　有精堂　昭44／異国遍路　旅芸人始末書（宮岡謙二）　中央公論社　昭53（中公文庫）／定本　上田敏全集―月報　教育出版センター　昭53～54／フランスとの出会い―中江兆民とその時代（富田仁）　三修社　昭56　　〔高遠弘美〕

音吉　おときち
生没年不詳　宝順丸乗組員　尾張国（知多郡）小野村　別名＝山本音吉　アメリカ：1832年（漂流）

生没年不詳。尾張国小野村の出身。天保3（1832）年10月、宝順丸（船頭樋口重右衛門）が江戸に向けて鳥羽を出帆したが、途中の遠州灘で暴風雨にあい漂流。14ヶ月の間、太平洋

をさまよった末ようやく陸地に漂着したときには生存者は岩吉と久吉と彼の3人のみであった。アメリカ太平洋岸のフラッタリイ岬付近にたどりついた彼らは現地のアメリカ・インディアンに救助される。インディアンは彼らをイギリス船に売りとばして代わりに多くの器物を得た。このイギリス船はハドソン湾会社の持船で、3人を救出した情報はただちにロンドンに届けられる。会社は費用を負担して3人をマカオ行きのゼネラル・パーマー号にのせることにした。途中、ロンドンに着いた彼らは10日間テームズ河の船上にとどまっていたが、許されて1日ロンドン見学を行う。日本人初のロンドン滞在といえよう。1835年12月、パーマー号はマカオに着き、彼らは宣教師チャールス・ギュツラフに預けられる。1837年3月、思いがけず別の日本人漂流民4人-庄蔵、寿三郎、熊太郎、力松がマカオにとどけられ、異国で同胞と対面した。同年6月、7人を乗せたイギリス軍艦ローリー号はマカオを出発し那覇までくる。ここで彼らはモリソン号に移乗しあらためて日本へ向かう。7月30日、同船が三浦半島の御崎の南方に達したとき予期せぬ砲撃にさらされる。モリソン号事件である。この事件に触発されて洋学者の高野長英は『戊戌夢物語』を書き、渡辺崋山は『慎機論』をあらわした。結局、モリソン号の航海は通商はもとより漂流民送還も実現できずマカオに戻った。彼らは再びギュツラフの許に預けられる。その後、音吉は上海に渡りデント商会につとめた。また、1854年9月にイギリス極東艦隊司令長官スターリングが長崎で日英交渉を開始したとき、音吉は通訳をつとめた。1862年のはじめ音吉は上海をはなれシンガポールに移住し、同地で幕府の遣欧使節団の森山多吉郎らと会っている。1864年、田中廉太郎との邂逅を最後に音吉の消息はとだえ、二度と日本の土を踏むことがなかった。

[文献] 海表叢書3（新村出編） 更生閣 昭3／近代日本外国関係史（田保橋潔） 増訂 刀江書院 昭18／天保八年米船モリソン号渡来の研究（相原良一） 野人社 昭29／にっぽん音吉漂流記（春名徹） 晶文社 昭54／にっぽん音吉漂流記（春名徹） 中央公論社 昭63(中公文庫)／最初にアメリカを見た日本人（プラマー、キャサリン著、酒井正子訳） 日本放送出版協会 平1　〔楠家重敏〕

音見 清兵衛　おとみ・せいべい
⇒河瀬真孝（かわせ・まさたか）を見よ

小野 梓　おの・あずさ
嘉永5年2月20日（1852）～明治19年1月11日（1886）　政治家，法学者〔立憲改進党の結成，早稲田大学の創立に参加〕　㊋土佐国（幡多郡）宿毛村　㊂号＝東洋　㊉アメリカ：1871年（法律学），イギリス：1872年（銀行理財研修）

嘉永5(1852)年2月20日、土佐藩士で薬種問屋兼営の小野節吉の長男として生まれる。病弱な幼年時代を過ごし、9歳で郷土の儒者酒井南嶺に師事、のち藩校の日新館に進む。戊辰戦争では会津攻めに参加する。明治2年、上京し昌平黌に入るが、藩命により帰郷する。それを契機に士格を脱して平民となり、大阪の小野義真のもとに寄寓して英学を学ぶ。翌3年7月より11月まで上海に旅行し、虐げられた中国窮民の惨状に衝撃を受ける。上海後渡米の準備をして、4(1871)年2月、アメリカに遊学し法律学を学ぶ。翌年(1872)大蔵省の官費留学生に任命され、渡英してロンドンで銀行理財の研究、各国の政治制度の調査に従事する。7年、帰国して海外留学生を中心に「共存同衆」を結成し、欧米の制度文物を研究するとともに、自由主義・立憲思想の普及につとめる。9年司法省に任官し、司法少丞，太政官少書記官兼務，会計検査院検査官等を歴任するが、その間『国憲論綱』を執筆したり、高田早苗らとともに鷗渡会を結成する。彼はいまだに封建的藩意識に拘束されている藩閥政治の弊害打破や、国民的統一の強化を説き、そのためには立憲政治の実現が不可欠の要件であると考える。また対外的には、万国公法の精神に立脚した国家の独立を望み、条約改正の実現に激しい熱情を示すことになる。14年、開拓使官有物払下げ事件に端を発する政変で大隈重信が失脚すると、それに殉じて退官、15年3月立憲改進党の結成に鷗渡会を率いて参加し、大隈を補佐して党の中枢で活躍する。「改進党趣意書」などの党文書を起草する。これは彼が理想とする国憲の制定、すなわちイギリス流立憲君主制の実現の実践である。『国憲汎論』（明治15年～18年）において、「一国を保有するの全権は之を挙げて其国に帰し、時の主治者をして其局に当らしめる」と論ずる。また自由と民権を立憲主義を支える理念として強調

し，具体的に自由民権を追求するが,「権理自由」には「天性上の権利自由」と「交際上の権理自由」（市民的自由）があると指摘し，後者を心がけるべきであるとする。ベンサムの強い影響を受けた功利主義理論によれば，人間の真の支配者は苦楽であり，個人にとっての抜苦致楽，社会にとっての最大多数の最大快楽が「真利」であって，修身も政治もその目的はこの「真利」の実現にある。また，15年9月，大隈を助けて東京専門学校（現・早稲田大学）の創立に尽力する。創立にあたって，将来専門学校を大学に昇格させたいこと，学問を独立させ国民精神の独立を図りたいこと，学校を政党外におき，学校の学校たる本質を全うさせることを強調する。これは彼の学問の独立という理想の実践である。貧しい暮らしにもかかわらず，学校からは給料を取らずに経営と講義に心魂を傾注する。彼の講義は政治演説のように拳をふるって机をたたきながら行われたという。日本財政を論ずる際には，学理ばかりでなく実際の問題にも触れ有益であった。「国憲汎論」の講義で勤皇と立憲政治とを結びつけて論断するときなどは，感動のあまり学生も講義者たる彼自身も泣いたという。このような熱意で早稲田大学の基礎を築いた彼を，創立者大隈重信はのちに早稲田の「殉教者」と讃えている。第三の理想，良書の普及は書肆東洋館（現冨山房）を興すことで実践される。16年，大隈と話し合って，神田小川町に東洋館を開き，洋書の取次や新刊書の発行にあたる。まず坪内逍遙の『該撒（シーザル）奇談』，高田早苗の『貨幣新論』などが出版される。高田によれば，彼は腺病質で，人に仕事を任せることのできない性格であったため，東洋館においても少額の金銭出納まで自分一人でやり，すべてに目を通さなければ気がすまなかったという。過労のため肺結核へと病状が進み，明治19（1886）年1月11日死去。享年35歳。

[墓]東京谷中・天王寺

[文献] 東洋遺稿　上･下（高田早苗編）　冨山房　明17，20／小野梓全集（西村真次編）　冨山房　昭10 ／小野梓伝（西村真次）　冨山房　昭10 ／小野梓および鷗渡会員における立憲改進党の理論（兼近輝雄）：早稲田政治経済学雑誌　1（77）　昭37 ／明治初年の功利主義―小野梓〈利学入門〉の考察（榎本守恵）：史潮（大塚史学会）　81　昭37 ／小野梓とベンサム（山下重一）：国学院法学　6（3）　昭44 ／近代日本の最高の政治教育家小野梓―生誕120年を記念して（伊藤勲）：上智法学論集　16（2）　昭47 ／共存同衆と小野梓（石附実）『近代日本の海外留学史』　ミネルヴァ書房　昭47 ／大井憲太郎・植木枝盛・馬場辰猪・小野梓集（家永三郎編）　筑摩書房　昭48（明治文学全集12）／小野梓の法思想（吉井蒼生夫）：早稲田法学会誌　25　昭50 ／小野梓の家族観（福島正夫）　『家族―政策と法7　近代日本の家族観』　東京大学出版会　昭51 ／小野梓の「東洋政局」論（中村尚美）：社会科学研究（早稲田大学社会科学研究所）　23（2）　昭52 ／小野梓全集1～5（早稲田大学史編集所編）　早稲田大学出版部　昭53～57 ／日本人名大事典1　平凡社　昭54 ／近代日本哲学思想家辞典（伊藤友信他編）　東京書籍　昭57 ／小野梓の研究（早稲田大学大学史編集所編）　早稲田大学出版部　昭61 ／小野梓（中村尚美）　早稲田大学出版部　平1（早稲田人物叢書）／小野梓伝―伝記･小野梓（西村真次）　大空社　平5（伝記叢書）／図録小野梓―立憲政治の先駆・大学創立の功労者（早稲田大学編）　早稲田大学　平14 ／小野梓―独立自主の精神（吉井蒼生夫編）　早稲田大学　平15

〔高橋公雄〕

小野 英二郎　おの・えいじろう

元治1年6月23日（1864）～昭和2年11月26日（1927）　実業家　日本興業銀行総裁　[生]筑後国柳川　[渡]アメリカ：1884年（留学）

元治1（1864）年6月23日，筑後国柳川に生まれる。明治17年同志社中退。17（1884）年アメリカに私費留学し，オベリン大学を卒業，ミシガン大学大学院修了，学位取得。のち23年帰国，恩師新島襄に招かれて同志社政法学校教授となる。29年日本銀行に転じ，44年営業局長，大正2年日本興業銀行に移り副総裁，12年総裁に就任した。傍ら，日仏銀行副総裁，共立鉱業会社長，昭和銀行創立委員長などを兼ねた。関東大震災後の中小企業救済，船舶融資にあたった。昭和2（1927）年11月26日死去。享年64歳。

[文献] 幕末明治海外渡航者総覧（手塚晃編）　柏書房　平4／データベースWHO　日外アソシエーツ

〔藤田正晴〕

小野 東洋　おの・とうよう

⇒小野梓（おの・あずさ）を見よ

小野 友五郎　おの・ともごろう

文化14年10月23日（1817）～明治31年10月29日（1898）　数学者、実業家　〔最初の自作・蒸気船を建造〕　⊕常陸国笠間　⊗諱＝広胖、通称＝主膳正、号＝東山　⊛アメリカ：1860年（咸臨丸船海掛）

文化14（1817）年10月23日、笠間藩士小守庫七の三男として笠間に生まれる。17歳で同藩士小野柳五郎の養子となる。甲斐駒蔵に師事して和算を修め、嘉永5年甲斐と「量地図説」を作成する。同年12月、幕府天文方足立右門手伝として江戸詰になると、江川坦庵に砲術を学び、谷川寛の塾に入り測量や和算の書を出版して活躍する。安政1年大洋航海の方法を述べる『渡海新編』4巻を幕府に献上し、海防と西洋諸国に範をえた海軍の強化を唱え、みずから航海術を学ばんとし、2年長崎に海軍伝習所が設立されると第1回伝習生40名の一員に選ばれ、オランダ人から西洋数学をも学ぶ。4年江戸に戻り、7月、開設されたばかりの築地軍艦操練所教授方になる。航海術、蒸気学、造船学、洋算などの本邦最初の教授である。安政7（1860）年1月19日、遣米使節に随航する咸臨丸に乗り組み測量方として航海測量を担当する。5月5日帰国。江戸湾砲台建設に従事、文久1年軍艦頭取となり、咸臨丸で小笠原島に測量のために赴く。2年5月、本邦最初の自作蒸気船千代田型を肥田浜五郎と協力して製造する。元治1年『江戸海防論』7巻を刊行。慶応3（1867）年1月発注していた甲鉄艦受け取りにアメリカに赴く。10月勘定奉行並となり、12月25日、幕府が江戸の薩摩藩屋敷を攻撃すると、この知らせをもって大坂に赴き薩長追討を主張し、将軍慶喜のために働く。太政奉還で江戸に戻るとき、幕府方の負傷者とともに大坂城の用金18万余両を艦船に積みこんで帰り、勘定奉行の職を解かれる。明治1年新政府の軍に捕えられて禁固1年の刑を受けるが、やがて工部省に出仕し、鉄道掛として新橋・横浜間の鉄道測量に従事する。8年鉄道寮七等出仕。9年天文台設立を建議する。10年工部省を辞め、20年代には塩業改良に携わり千葉に製塩場を経営する。25年『児童洋算初歩』4巻を著わす。明治31（1898）年8月、兵庫県大塩村において天日製塩を行っているときに病にかかり、10月29日、東京で死去。享年82歳。

文献　小野友五郎君国事鞅掌の事歴：史談会速記録　61　明30／小野友五郎君の製造法（秋保安治、高橋立吉）　『発明及発明家』　磯部甲陽堂　明44／日本の産業指導者（田村栄太郎）　国民図書刊行会　昭19／幕末外交談（田辺太一）　平凡社　昭41（東洋文庫）／茨城県贈位者事蹟幕末維新人名辞典　学芸書林　昭53／郷土歴史人物事典　茨城（佐久間好雄編著）　第一法規出版　昭53／日本人名大事典　1　平凡社　昭54／明治維新人名辞典（日本歴史学会編）　吉川弘文館　昭56／幕末・明治初期数学者群像　上　幕末編（小松醇郎）吉岡書店　平2／怒濤逆巻くも―幕末の数学者小野友五郎（鳴海風）　新人物往来社　平15
〔富田仁〕

小野 弥一　おの・やいち

弘化4年4月2日（1847）～明治26年10月18日（1893）　官吏　〔第1回ニュー・カレドニア移民の総監督〕　⊕江戸（南豊島郡）新宿（上地）　⊗別名＝山寺弥七郎　⊛フランス：1871年（統計事務の研修）

弘化4（1847）年4月2日、江戸新宿に生まれる。旧静岡藩士の山寺弥七郎と同一人物である。万延1年、昌平橋聖堂で素読吟味を受ける。そののち横浜の仏語伝習所でフランス人メルメ・カションからフランス語を学んだ後、幕府招聘の軍事顧問団長フランス陸軍大尉シャノワースについて歩、騎、砲の三兵の通訳を兼ねて実地操練を受ける。明治1年に開成所教授となり、4（1871）年3月には横浜からフランスへの留学に旅立つ。アメリカ、ドイツなどを経てパリに赴き、元統計局長ルゴアーより行政学、経済学、統計学を学ぶ。そののち中野代理公使の照会によりフランス司法省、農商務省、大蔵省の各統計局において書式の調製などの事務方法を研修し9年3月帰国する。10年に調査局御用掛となり、以後統計院、会計検査院などに勤務、また帝国大学書記官にもなるが、やがて第1回ニュー・カレドニア移民の総監督となる。仏領ニュー・カレドニアでニッケル鉱山が発見され、フランスより日本政府へ坑夫雇入れの依頼があり、紆余曲折の末、25年1月6日、日本吉佐移民会社と移民契約を結んだ600人の移民が広島丸に乗りこみ、長崎からニュー・カレドニアへ向けて出航する。これがわが国最初のニュー・カレドニア移民であり、彼はこの移民団の総監督に就任したので

ある。1月25日にチヨに到着，航海中に死亡した1人を除く全員が上陸する。上陸直後，一部の煽動による就業拒否が発生する。拒否は作業場への登攀路が急であるという理由からである。この事件の首謀者は逮捕されてヌメアの懲戒工場に送られる。ほかの人々は平常通りの作業に従事し解決にむかうが，わが国の衆議院で移民に対する虐待の有無に関する質問が出される。一方，移民の留守宅にも虐待されているので帰国したいという手紙が届き，移民の出身県である熊本県から内務部第三課長・千田市十郎の現地調査となる。千田が帰国後，熊本県知事が外務省に提出した改善案の中で総監督の交代を提案している。上陸直後の就業拒否とそれ以後の労使間の不信によって生じた諸問題を彼の責任と見なしたためである。しかし600人の移民の中には博徒や遊民などの不適格者が混じっており，これを総監督とわずか4人の役員で管理しなければならない点に無理があり，問題が生じる最大の原因があったとみられている。熊本県知事からの調査報告に対して，外務省は解決は主に吉佐移民会社にゆだねる主旨の回答書を26年1月25日付で出している。吉佐移民会社には同日付で移民課長原敬より総監督の更迭を求める書簡が送られている。このように責任の大半を負わされた不運の中で，明治26（1893）年10月18日，ニュー・カレドニアのチヨで死去。享年47歳。死因は盲腸炎のためといわれている。

㊗ニュー・カレドニア・ヌメア郊外の墓地

文献　ニュー・カレドニア島の日本人（小林忠雄）　ヌメア友の会　昭52／日仏文化交流史の研究―日本の近代化とフランス人（西堀昭）　駿河台出版社　昭56　　　〔湯本豪一〕

小野寺 京介　おのでら・きょうすけ

生没年不詳　留学生　㊗イギリス：1871年（留学）

　生没年不詳。明治4（1871）年9月以前にイギリスに渡る。その後の消息は不明。

文献　明治初年条約改正史の研究（下村富士男）　吉川弘文館　昭37／近代日本海外留学生史　上（渡辺実）　講談社　昭52　　〔楠家敏〕

小野寺 系介　おのでら・けいすけ

生没年不詳　従者　㊗江戸　㊗アメリカ，イギリス：1871年（清水篤守に随行）

生没年不詳。江戸の出身。明治4（1871）年，清水家の家従として清水篤守に随行しアメリカおよびイギリスに渡る。アメリカではニューヨークに滞在したといわれる。その後の消息は不明。

文献　近代日本の海外留学史（石附実）　ミネルヴァ書房　昭47／幕末明治海外渡航者総覧（手塚晃編）　柏書房　平4
　　　　　　　　　　　　〔楠家敏／富田仁〕

小野寺 正敬　おのでら・まさのり

弘化2年1月（1845）～明治40年10月31日（1907）実業家　〔本邦製紙界の恩人〕　㊗江戸
㊗アメリカ：1870年（視察）

　弘化2（1845）年1月，幕臣の子として江戸に生まれる。幕末には幕府歩兵指図役を務める。戊辰戦争の折には伏見から各地を転戦して会津若松城に入る。明治3（1870）年，アメリカに渡り，8年10月に帰国。その後，渋沢栄一らと王子製紙をおこす。明治40（1907）年10月31日死去。享年63歳。

文献　明治過去帳―物故人名辞典（大植四郎編）　東京美術　昭46／近代日本の海外留学史（石附実）　ミネルヴァ書房　昭47／日本人名大事典1　平凡社　昭54　　〔楠家敏〕

小野寺 魯一　おのでら・ろいち

天保11年11月（1840）～明治30年頃（1897）　ロシア語学者　〔『露語和訳』を編纂〕　㊗仙台
㊗ロシア：1870年（語学研修）

　天保（1840）11年仙台に生まれ，ロシア語・ロシア学者で蕃書調所教授小野寺丹元の養嗣子となる。丹元の志をつぎ箱館に遊学して，ロシア人宣教師ニコライよりロシア語を学ぶ。明治3（1870）年に外務省に出仕しロシアに留学する。ロシア語を修め，7年に帰国後は開拓使御用掛として樺太に渡る。8年には千島・樺太交換事務の通訳となり，その後，松前郡長などを歴任する。ロシア語学者としても，イワロスキーの『魯国新史』の翻訳やロシア語教科書『露語和訳』を編纂するなどの業績を残し，門人も多数いた。明治30（1897）年頃，東京で死去。

文献　仙台市史4（仙台市史編纂委員会編）　仙台市役所　昭26／仙台人名大辞典（菊田定郷）　歴史図書社　昭49／幕末明治海外渡航者総覧（手塚晃編）　柏書房　平4
　　　　　　　　　　　　〔湯本豪一／富田仁〕

小幡 甚三郎　おばた・じんざぶろう

弘化2年12月5日（1845）～明治6年1月（1873）　教育者　〔J.J.ルソーの紹介者〕　[生]中津　[名]別名＝仁三郎　[渡]アメリカ：1871年（奥平昌邁に同行）

弘化2（1845）年12月5日，中津藩士小幡篤蔵の二男として生まれる。福沢諭吉と親交があり，慶応義塾の創立に尽力する。明治4（1871）年，藩主奥平昌邁に随行してアメリカに渡りラトガース大学に入るが，明治6（1873）年1月にニューヨークのブルックリンで客死。享年27歳。著書に『西洋学校軌範』（明治3年）がある。わが国はじめてのルソーの紹介者して知られている。

[文献] 教育人名辞典　理想社　昭37／明治過去帳―物故人名辞典（大植四郎編）　東京美術　昭46／近代日本の海外留学史（石附実）　ミネルヴァ書房　昭47　〔楠家重敏〕

小幡 篤次郎　おばた・とくじろう

天保13年6月8日（1842）～明治38年4月16日（1905）　教育者　慶応義塾塾長，貴族院議員　[生]豊前国中津　[名]号＝箕田　[渡]アメリカ，ヨーロッパ：1877年（留学）

天保13（1842）年6月8日，中津藩士小幡篤蔵の三男として中津殿町に生まれる。藩校進修館で塾長となったが，元治1年福沢諭吉の勧めで江戸に出て，福沢の家塾に入り英学を学んだ。慶応2年塾頭，次いで幕府開成校の英学助教となり，明治1年辞任。10（1877）年ヨーロッパを歴訪，アメリカを回って12月に帰国。12年東京学士院創設とともに会員。13年交詢社創立にともない幹事。15年『時事新報』の創刊に参加。実業界では明治生命保険会社設立に参画，日本郵船，鐘紡などの監査役をつとめた。23年勅選貴族院議員，同年再び慶応義塾塾長となる。31年慶応義塾副社頭，34年社頭。明治38（1905）年4月16日死去。享年64歳。

[文献] 幕末明治海外渡航者総覧（手塚晃編）　柏書房　平4／朝日日本歴史人物事典　朝日新聞社　平6／事典近代日本の先駆者　日外アソシエーツ　平7／データベースWHO　日外アソシエーツ　〔藤田正晴〕

小幡 文三郎　おばた・ぶんざぶろう

文久3年9月10日（1863）～？　造船技師　[生]金沢　[渡]フランス：1886年（造船学）

文久3（1863）年9月10日金沢に生まれる。明治19（1886）年にフランスに留学しパリ造船学校で造船学を修める。フランス滞在中の行動はわからないが，22年11月に帰国している。帰国後は横須賀鎮守府造船部製造科主幹となる。

[文献] 近代日本海外留学生史　上（渡辺実）　講談社　昭52／幕末明治海外渡航者総覧（手塚晃編）　柏書房　平4　〔富田仁〕

小花 作助　おばな・さくすけ

文政12年2月24日（1829）～明治34年1月17日（1901）　官吏　〔小笠原諸島の開発に尽力〕　[名]諱＝邦孚，初称＝作之助，雅号＝白香　[渡]フランス：1865年（遣仏使節に随行）

文政12（1829）年2月24日に生まれる。文久1年12月，幕府は外国奉行水野忠徳を小笠原諸島に派遣し，日本領であることを宣言したが外国奉行支配定役元締助として随行，咸臨丸で渡島して調査に当たる。翌2年忠徳の帰府後も，八丈島からの移民とともに残って島を管理したが，3年5月，開拓中止の命により移民ともども引き揚げる。慶応1（1865）年，外国奉行柴田日向守（剛中）が特命理事官として仏英に派遣された際，随員として渡航する。この一行には水品楽太郎，富田達三，塩田三郎（通弁），福地源一郎，岡田摂蔵などが加わった。横須賀製鉄所設立のための技師の雇入，機械の購入，軍事教官派遣などの契約締結など当初の使命を果して，翌2年帰国する。3年調役並から調役に進み，翌明治1年町奉行支配調役に転ずる。新政府成立後，東京府権大属を経て，5年東京府権典事となる。同年政府は小笠原諸島経営を決定するが，彼の現地経験が買われ，8年内務省地理寮七等出仕になり，工部省の明治丸で渡島，外人島民に対し再回収を宣言する。翌9年小笠原諸島が内務省所管になると，内務省権少丞に任ぜられ小笠原御用扱となり，12月出張所長として赴任，小笠原諸島開発に多大の貢献をする。明治34（1901）年1月17日死去。享年73歳。　[墓]東京・谷中霊園

[文献] 小笠原島在勤筆記（小花作助）小笠原島誌纂　東京府小笠原島庁編刊　明21／歴史の語る小笠原島1～9（大熊良一）：政策月報110～118　昭40.3～40.11／明治維新人名辞典（日本歴史学会編）　吉川弘文館　昭56／

小笠原諸島の回収（田保橋潔）：歴史地理 39（5，6），40（2，4）／旧小笠原島内務省出張所長小花作助関係資料調査報告（東京都教育庁生涯学習部文化課編）　東京都教育庁生涯学習部文化課　平4　　〔高橋公雄〕

小花 冬吉　おばな・ふゆきち
安政3年1月10日（1856）～昭和9年3月8日（1934）
製鉄技師　工学博士　〔製鉄・鉱山技術の移入，技術者育成に功績〕　⊕江戸　㊱イギリス：1879年（冶金学），フランス：1887年（製錬技術）

　安政3（1856）年1月10日，幕臣の子として江戸で生まれる。明治6年8月に工部寮に入学。イギリス人教師ミルンなどに鉱山冶金学の講義をうけ，12年11月工部大学校冶金科第1回卒業生となる。政府の邦人教師養成の方針にもとづき，同期生の辰野金吾（建築）や高峰譲吉（化学）らとともに13（1879）年から4年間イギリスに留学，冶金学を研究し，16年5月に帰国。帰国後は工部省総務局鉱山課に勤務したが，やがて広島県御用掛兼務，広島県技師となり，タタラ製鉄所を官営とした広島鉄山の冶金技師として技術近代化に従事し幾多の業績をあげる。19年12月，広島鉄山管理者である千田広島県知事が，彼の意見をとりいれて「鉱山改良見込書」を政府に上申する。20（1887）年5月フランス留学を命ぜられ，グルゾウのシュナイダー工場などで砂鉄団鉱による製錬技術を研究し，21年8月に帰国。9月，松方正義蔵相にその改良計画を提出したが採用されなかった。その後広島県製鉄所，農商務各技師を歴任し，26年6月，広島県技師として洋式砂鉄製錬研究のため再びシュナイダー工場に派遣される。帰国後の報告書には，グルゾウの砂鉄製錬法の試験にもとづく製鉄所建設の案が盛りこまれたが，中国地方産出の砂鉄が鉄鋼産業に応ずる産額高を示さなかったため実現には至らなかった。農商政務技師，秋田・札幌両鉱山監督署長を経て，29年8月欧州ならびにアメリカに派遣され，翌年12月に帰国。32年には工学博士の学位を授与せられ，官営八幡製鉄所技師・初代製銑部長をつとめ，創業期の同社の技術指導を行い日本の製鉄事業に貢献した。のちに鉱山局鉱政鉱務両課長を歴任，43年東京帝国大学教授に任命された。同年10月秋田鉱山専門学校が設立されると，初代校長として大正3年8月まで在任し，ドイツの鉱山大学に範をとったユニークな鉱山教育を展開し，後進技術者の育成に専念する。昭和9（1934）年3月8日，脳溢血で死去。享年79歳。

〔文献〕小花冬吉先生（岩谷東七郎編）　北光会　昭8／故工学博士小花冬吉先生を弔ふ（柏木已間之助）：日本鉱業会誌　590　昭9／近代日本海外留学生史　上（渡辺実）　講談社　昭52
〔村岡正明〕

小原 伝　おはら・でん
文久1年12月（1862）～昭和3年3月29日（1928）
陸軍軍人，中将　⊕愛媛　㊱ドイツ：1893年（陸軍軍事研修）

　文久1（1862）年12月，愛媛に生まれる。明治10年に幼年学校入学，陸軍士官学校を終えて22年に陸軍大学校を卒業し，近衛砲兵連隊中隊長となる。26（1893）年1月ドイツへ留学し，28年4月帰国。その後，軍参謀，オーストリア公使館付，ドイツ公使館付，陸軍大学教官，野砲第三隊長，砲工学校長を経て，大正3年陸軍中将となる。日露戦争で第12師団参謀長として活躍する。昭和3（1928）年3月29日死去。享年68歳。

〔文献〕近代日本海外留学生史　下（渡辺実）　講談社　昭53／日本人名大事典1　平凡社　昭54
〔熊田修二〕

小谷部 全一郎　おやべ・ぜんいちろう
明治1年12月23日（1869）～昭和16年3月12日（1941）　歴史学者　⊕秋田市　㊱アメリカ：1885年（哲学）

　明治1（1869）年12月23日，秋田に生まれる。明治18（1885）年シベリア大陸から北米に渡り，ハワード大学総長ランケン博士の養子となる。哲学・神学を専攻し，同大で修士，エール大で博士号を取得して31年に帰国。北海道虻田村（現・虻田町）でアイヌ人教育に従事したほか，国学院大学で教鞭を執る。後半生没頭した義経研究で大正13年に刊行された著書「成吉思汗ハ源義経也」はベストセラーとなった。代表著作に『日本及日本国民之起原』『静御前の生涯』，『ア・ジャパニーズ・ロビンソン・クルーソー』（英文）がある。昭和16（1941）年3月12日品川区の自宅で死去。享年74歳。

〔文献〕ジャパニーズ・ロビンソン・クルーソー（小谷部全一郎著，生田俊彦訳）　皆美社　平3／異彩天才伝―東西奇人尽し（荒俣宏著，日本ペンクラブ編）　福武書店　平3（福武文

庫）／幕末明治海外渡航者総覧（手塚晃編）　柏書房　平4／奇っ怪紳士録（荒俣宏）　平凡社　平5（平凡社ライブラリー）／データベースWHO　日外アソシエーツ　〔藤田正晴〕

折田 権蔵　おりた・ごんぞう
生没年不詳　教育者　第三高等学校校長
⑤鹿児島　⑳アメリカ：1870年（岩倉具視の子弟に同行）

　生没年不詳。鹿児島の出身。明治3(1870)年、岩倉具視の子弟に同行してアメリカに渡る。5年にプリンストン大学に入る。9年ころ帰国して、教育家デビット・マーレーの通訳をつとめる。のち第三高等学校の校長となる。
文献　近代日本の海外留学史（石附実）　ミネルヴァ書房　昭47　　〔楠家重敏〕

折田 彦市　おりた・ひこいち
嘉永2年(1849)～大正9年(1910)　教育家　第三高等学校初代校長　⑤鹿児島　㊂別名＝梅蔵　⑳アメリカ：1870年（留学）

　嘉永2(1849)年、鹿児島に生まれる。明治3(1870)年にアメリカに渡り、9年アジアの留学生として初めてプリンストン大学を卒業。文部官僚として高等学校の開設を推し進め、13年第三高等学校（現・京都大学）の前身の大阪専門学校の初代校長に就任。43年に退任するまで約30年間同高の校長を務め、京都移転や、京都帝国大学の創設に尽力。学生の自主性を重んじる自由な学風を築いた名校長として知られた。大正9(1910)年死去。享年62歳。昭和15年同高の創立70周年記念行事の一環として胸像が学内に建立された。現在は図書館に保管されている。
文献　幕末明治海外渡航者総覧（手塚晃編）　柏書房　平4／一枚の肖像画―折田彦市先生の研究（板倉創造）　三高同窓会　平5／データベースWHO　日外アソシエーツ
〔藤田正晴〕

【か】

何 礼之　が・のりゆき
天保11年7月13日(1840)～大正12年3月2日(1923)　官吏　貴族院議員　⑤肥前国（彼杵郡）長崎村伊良林郷　㊂幼名＝礼之助　⑳アメリカ：1871年（岩倉使節団に随行、憲法調査）

　天保11(1840)年7月13日、唐通事何栄三郎の長男として肥前国長崎村伊良林郷に生まれる。鄭敏斎と呉泰蔵より中国語を学ぶ。弘化1年に稽古通事となり、万延1年に小通事過人にのぼる。選ばれて長崎英語伝習所に入り、デーホーゲルとアレッチェルから英学を学ぶ。慶応1年には学塾を開き英語を教え、3年には開成所教授となる。明治2年、造幣局権判事を兼ねて大阪府立語学校の管理にあたる。さらに大学小博士、文部少教授となる。明治4(1871)年11月、岩倉使節団に一等書記官として随行しアメリカを経てヨーロッパ諸国に渡る。木戸孝允に従って憲法を調査して、6年7月に帰国する。内務省で翻訳事務や図書整理などを行い、17年12月に元老院議官となる。24年12月には貴族院議員に勅選される。ヤング『政治略原』、イリー『米国律例』、モンテスキュー『万法精理』などの訳書があり、4年から12年頃まで啓蒙活動に意を注いだ。大和倶楽部、懇話会、庚子会、土曜会、同成会に所属。大正12(1923)年3月2日死去。享年84歳。⑳東京・青山霊園
文献　議会制度七十年史―貴族院・参議院議員名鑑（衆議院、参議院）　大蔵省印刷局　昭36／明治維新以後の長崎（長崎市小学校職員会編）　臨川書店　昭48／明治維新人名辞典（日本歴史学会編）　吉川弘文館　昭56
〔楠家重敏／富田仁〕

甲斐 織衛　かい・おりえ
安政3年(1856)～？　⑤中津　⑳アメリカ：1880年（貿易）

　安政3(1856)年中津に生まれる。慶応義塾に学び、貿易に携わる。明治13(1880)年にアメリカに渡る。その後の消息は不明。
文献　異国遍路　旅芸人始末書（宮岡謙二）　修道社　昭46／幕末明治海外渡航者総覧（手塚晃編）　柏書房　平4

海東 謙　かいとう・けん

嘉永6年(1853)～明治12年10月(1879)　留学生　〔帰国の船中で病死〕　⊕福島　⊛アメリカ：1870年頃(医学)

　嘉永6(1853)年、福島で生まれる。明治初年(1870)頃アメリカに渡り、サンフランシスコで医学を勉強する。肺結核にかかり、12年10月、帰国の船中で病死。享年27歳。

[文献]　明治過去帳―物故人名辞典(大植四郎編)　東京美術　昭46
〔楠家重敏〕

海江田 信義　かえだ・のぶよし

天保3年2月11日(1832)～明治39年10月27日(1906)　政治家　子爵　⊕薩摩国鹿児島(城下高麗町)　⊛幼名=太郎熊、通称=俊斎、武次、雅号=黙声、静山、孤松　⊛オーストリア：1887年(外国事情視察)

　天保3(1832)年2月11日、薩摩藩士有村仁左衛門兼善の長男として鹿児島に生まれる。文久1年、日下部伊三治の婿養子となり、その旧姓海江田家を継ぐ。嘉永5年江戸に出て藤田東湖などに学ぶ。安政5年西郷隆盛とともに僧月照を大坂から鹿児島まで送りとどける。文久2年島津久光に随い京に上り寺田屋事件を鎮めるのに尽力する。さらに江戸に出るが帰途生麦でイギリス人たちを襲いその一人リチャードソンを奈良屋善左衛門が斬り、海江田が止めをさす。3年薩英戦争の折には決死隊を募ってイギリス艦奪取を企てる。明治1年東海道先鋒総督府参謀をつとめ、江戸城受け取りに大いに尽力する。新政府では軍務官判事、刑法官判事、刑部大丞、弾正大忠など歴任ののち、3年8月奈良県知事となる。14年元老院議官。20(1887)年5月子爵となり、ヨーロッパに視察に赴き、オーストリアのウィーンでスタインの憲法講義を聴く。帰国後23年に貴族院議員、錦鶏間祗候、24年9月枢密顧問官になり、『維新前後実歴史伝』の著書を残す。明治39(1906)年10月27日、東京の星ヶ岡茶寮で死去。享年75歳。⊛東京・青山霊園

[文献]　実歴談(海江田信義)：太陽　5(2)　明32／明治過去帳―物故人名辞典(大植四郎編)　東京美術　昭46／幕末維新人名辞典　学芸書林　昭53／明治維新人名辞典(日本歴史学会編)　吉川弘文館　昭56／海江田信義の幕末

維新(東郷尚武)　文芸春秋　平11(文春新書)
〔富田仁〕

各務 鎌吉　かがみ・けんきち

明治1年11月(1868)～昭和14年5月27日(1939)　実業家　東京海上火災保険会社会長　〔保険業界の指導者〕　⊕美濃国　⊛イギリス：1893年(ロンドン支店派遣)

　明治1(1868)年11月、美濃国に生まれる。21年東京商業学校卒業後、教鞭をとるが、24年東京海上保険に入社し、26(1893)年ロンドン代理店が経理の乱脈で破産状態のためその禍根を除くように命ぜられてイギリスに渡る。スタッフの保険業務の無知ぶりに驚き、専門知識を身につけるために保険の実情、資料の大量分析とその整理、確定を行う。リバプールとグラスゴーの代理店の整理にも携わり帰国する。39年本店支配人となり経営を軌道にのせるために尽力する。イギリスのウィルス社との提携により国際的な海上保険会社に育てあげ、大正6年専務取締役、14年取締役会長となる。昭和14年に辞任するまで日本火災保険協会、日本海上保険協会、船舶保険協同会などを設立する。昭和14(1939)年5月27日死去。享年72歳。

[文献]　各務鎌吉(宇野木忠)　昭和書房　昭15／続財界回顧　故人今人(池田成彬、柳沢健)　三笠書房　昭28／各務鎌吉伝・加藤武男伝(岩井良太郎)　『日本財界人物全集』　東洋書館　昭30／日本財界人物列伝1　青潮出版編刊　昭38／日本人名大事典　現代編　平凡社　昭54／東京海上ロンドン支店(小島直記)　中央公論社　昭62(小島直記伝記文学全集)／20世紀日本の経済人　2(日本経済新聞社編)　日本経済新聞社　平13(日経ビジネス人文庫)
〔富田仁〕

鏡味 仙太郎　かがみ・せんたろう

⇒太神楽丸一(おおかぐら・がんいち)を見よ

香川 英五郎　かがわ・えいごろう

⇒香川真一(かがわ・しんいち)を見よ

香川 敬三　かがわ・けいぞう

天保10年11月15日(1839)～大正4年3月18日(1915)　宮内官　伯爵　⊕常陸国(茨城郡)下伊勢畑村　⊛変名=鯉沼伊織、小林彦次郎、蓮見東太郎、字=心豊、号=東州　⊛アメリカ、

ヨーロッパ：1871年（岩倉使節団に随行）

天保10(1839)年11月15日、常陸国茨城郡下伊勢畑村の庄屋蓮田孝定の三男に生まれ、祠官鯉沼家の養子となる。尊王攘夷運動に参加し、文久3年藩主徳川慶篤に従って上京、香川敬三と称し、天下の志士と交際し、国事に奔走する。後に岩倉具視に仕え、王政復古の計画に参画。戊辰戦争では軍監となり、流山で近藤勇を捕縛。明治3(1871)年岩倉使節団に随行し欧米を視察、翌4年12月帰国後、宮内大丞、宮内大書記官、皇后宮大夫、皇太后宮大夫等を歴任。42年枢密顧問官。20年子爵、40年伯爵。大正4(1915)年3月18日死去。享年77歳。

[文献] 香川敬三履歴史料（皇学館大学史料編纂所編）　皇学館大学史料編纂所　平4／幕末明治海外渡航者総覧（手塚晃編）　柏書房　平4／朝日日本歴史人物事典　朝日新聞社　平6／データベースWHO　日外アソシエーツ　〔藤田正晴〕

香川 真一　かがわ・しんいち

天保6年4月6日(1835)〜大正9年3月(1920)
官吏　⊕備前国岡山　⊗諱＝忠武、通称＝英五郎　⊕アメリカ：1871年（岩倉使節団に随行）

天保6(1835)年4月6日、岡山藩士岡ество左衛門の二男ともて岡山に生まれる。嘉永6年藩命で幕臣下曽根金三郎に師事し同藩の野田久之助たちとともに西洋砲術を修め、安政1年、岡山藩が房総海岸の警備に当たると安房北条陣屋を守備する。文久2年香川七大夫の養子となる。慶応1年邑久郡奉行となり藩校淳風館の経営を助けるなど藩政に携わるが、開港説を唱える。明治1年岡山藩議長、2年岡山藩権大参事として江戸藩邸詰となる。4(1871)年11月岩倉使節団に従いアメリカ、ヨーロッパを巡歴する。帰国後、伊万里県参事、工部省勧工助を経て9年9月製作権頭から大分県権令に転じ、10年西南戦争に従軍する。11年7月大分県令になる。12年10月退官して岡山県の実業界と県政界で活躍する。のちに再び欧米諸国を視察、帰国後の36年から大正6年まで手窪町長となる。花筵の輸出等産業振興に尽力するなど岡山地方財界で活躍。『自伝稿』を残して、大正9(1920)年3月死去。享年86歳。

[文献] 香川真一遺稿「自伝稿」　上・下（谷口澄夫編）：瀬戸内海研究　11(12)　昭38／幕末維新人名辞典　学芸書林　昭53／日本人名大事典2　平凡社　昭54／明治史料顕要職務補任録1〜4（日本史籍協会編）　東京大学出版会　昭56（続日本史籍協会叢書）／明治維新人名辞典（日本歴史学会編）　吉川弘文館　昭56　〔富田仁〕

蠣崎 富三郎　かきざき・とみさぶろう

文久1年3月9日(1861)〜大正13年8月30日(1924)　陸軍軍人　中将　⊕フランス：1895年（留学）

文久1(1861)年3月9日松前藩士の三男に生まれる。明治24年陸軍大学校を卒業。28(1895)年12月フランスに官費留学。32年1月帰国後は陸軍大学校教官・陸軍戸山学校教官などを務める。日本陸軍の兵站に関する研究を36年頃からはじめ、兵站勤務令などの改正に尽くした。日露戦争では第1軍兵站監部参謀長として後方輸送業務を担当。のち第10師団参謀長などを歴任して、大正3年第11師団長に就任、同年中将に昇進。大正13(1924)年8月30日死去。享年64歳。

[文献] 幕末明治海外渡航者総覧（手塚晃編）　柏書房　平4／朝日日本歴史人物事典　朝日新聞社　平6／データベースWHO　日外アソシエーツ　〔藤田正晴〕

筧 庄三郎　かけい・しょうざぶろう

生没年不詳　留学生　⊕浜松　⊕アメリカ：1865年頃（ニュー・ブランズウィックへ留学）

生没年不詳。浜松の出身。慶応初年(1865)頃に1回目のアメリカ留学をし、ニュー・ブランズウィックの学校で学ぶ。明治3(1870)年9月に大学南校の学生として、2回目のアメリカ留学を行う。いずれも私費による留学であった。その後の消息は不明。

[文献] 近代日本海外留学生史　上（渡辺実）　講談社　昭52／近代日本の海外留学史（石附実）　ミネルヴァ書房　昭59　〔熊田修二〕

賀古 鶴所　かこ・つるど

安政2年1月2日(1855)〜昭和6年1月1日(1931)　医師　「耳鼻咽喉科の創始者」　⊕遠江国浜松　⊕ドイツ：1888年（医学）

安政2(1855)年1月2日、遠江国浜松に生まれる。緒方正規に師事して細菌学を研究し、明治14年東京大学医科を卒業。軍医学校で初めて細菌学を講じた。明治21(1888)年山県有朋に従い訪欧、ベルリン大学で耳鼻咽喉科を学ぶ。22年帰国後は軍医官となり陸軍軍医学校

で同科を講じた。また日本赤十字社病院で耳鼻咽喉科外来診療を行い、その創始者となった。23年『耳科新書』を刊行。その後開業医となったが、山県の信頼が厚く、国事上の相談に乗った。吃音の矯正を初めて試み、開業試験廃止を主張した。森鷗外は東大の同窓で親友。昭和6(1931)年1月1日死去。享年77歳。
文献 幕末明治海外渡航者総覧(手塚晃編) 柏書房 平4／データベースWHO 日外アソシエーツ 〔藤田正晴〕

鹿児島のベルナルド　かごしまのべるなるど
?～弘治3年(1557)　キリシタン信徒　〔最初にヨーロッパを訪れた日本人〕　㊗鹿児島　㊙ポルトガル：1551年(修道)

生年不詳。鹿児島の出身。天文20(1551)年フランシスコ・ザヴィエルが日本を離れるとき、日本の青年5名を同道したがその中に鹿児島出身の洗礼名ベルナルドがいた。仲間は途中病死したり引き返したりしたが、彼一人インドのゴアからイスパニア経由でポルトガルに向かい、2年間修道院に入り研鑽を積んだ。そののちローマ法王庁を訪ねイエズス会総長イグナショ・デ・ロヨラに会い10ヶ月滞在、再びポルトガルに戻り、弘治3(1557)年にコインブラで死去。
文献 日仏のあけぼの―仏学事始とその背景(富田仁)　高文堂出版社　昭58　〔富田仁〕

笠井 真三　かさい・しんぞう
明治6年10月12日(1873)～昭和17年5月19日(1942)　実業家　工学博士　小野田セメント社長　㊗山口県(吉敷郡)山口町　㊙ドイツ：1890年(セメント製造研究)

明治6(1873)年10月12日、小野田セメント創立者・笠井順八の二男として山口に生まれる。明治23(1890)年セメント製造研究のためドイツに留学。ハンブルク工業学校及び化学研究所、ブラウンシュバイク工業大学において研修を重ね、ミュンヘン大学で学位を受けた。29年帰国後、小野田セメント株式会社技師に任ぜられ、新設工場の設計など事業改善に努め、37年には取締役、大正7年には取締役社長となる。わが国セメント工業の先進者であり、工業史を飾る主要な人物。昭和17(1942)年5月19日死去。享年70歳。

文献 大日本博士録5　発展社　昭5／笠井真三　小野田セメント株式会社編刊　昭29／近代日本海外留学生史　下(渡辺実)　講談社　昭53／日本人名大事典　現代編　平凡社　昭54／小野田セメント百年史　小野田セメント株式会社編刊　昭56　〔熊田修二〕

笠原 研寿　かさはら・けんじゅ
嘉永5年(1852)～明治16年7月16日(1883)　仏教学者、真宗大谷派学僧　㊗越中国(東礪波郡)城端町　㊙別名＝賢寿　㊙イギリス：1876年(宗教事情調査、梵語研究)

嘉永5(1852)年、笠原恵寿の子として越中国城端に生まれる。金沢に出て石川舜台の慎憲社に学び、のち塾長となる。明治9(1876)年、南条文雄と共にイギリスへ渡る。ロンドンで大倉組社員横山孫一郎より英語の初歩を学び、元ロンドン大学教授ロブソンの家に下宿した。南条と共にその当時ロンドンにあった日本学生会に入り、穂積陳重、桜井錠二、高木兼寛、馬場辰猪、岡村輝彦らと親交を深めていった。12年、ロンドンからオックスフォードに移り、マックス・ミューラーの指示のもと梵語研究を開始した。14年の秋にはパリにあって仏典の筆写を行ったが、オックスフォードに戻った後もパリ国立図書館より借覧した『阿毘達磨倶舎論釈』(梵本)を模写した。この頃より肺疾が認められるようになり、マックス・ミューラーの勧めに従い、日本への帰国を決意する。帰国の折、南条は彼のために一詩を託したが、その一節に「偏ニ驚ク吾ガ友ノ帰橐ヲ促スヲ。同ジク天涯ニ在リ六載強。欧語習イ来タル書百巻。梵文写シ得タリ紙千張。」とあり、凄まじいほどの梵語研究のあとがうかがえる。業績には『梵文無量寿経』『梵文金剛経』『梵文金七十論』の翻訳『梵漢辞典』『梵文仏所行讃』『梵文入楞伽経』『金光明経』などの筆写がある。15年11月に帰国し、しばらく熱海で静養していたが、明治16(1883)年7月16日、東京大学病院で死去。享年32歳。このとき西本願寺の現如上人(大谷光瑩師)は自ら筆を執り、梵行院研寿の院号法名を遺族におくった。また、彼の訃音がロンドンに達したのは9月20日のことであるが、9月25日のロンドン・タイムズ紙は彼の死を惜み、追悼文を掲げた。

文献 笠原遺文集(南条文雄編)　博文堂　明32／笠原君の追憶(南条文雄)　『懐旧録―サンスクリット事始め』　平凡社　昭54(東洋文

庫359)／日本人名大事典2　平凡社　昭54
〔楠家重敏〕

笠原 光興　かさはら・みつおき
文久1年12月(1862)〜大正2年1月27日(1913)
医学者　医学博士　⊕江戸深川亀住町　㋺ドイツ：1894年(医学研修)

　文久1(1862)年12月,江戸深川亀住町に生まれる。明治21年4月,帝国大学医科大学卒業。24年4月,京都府立医学専門学校教諭兼内科部長に赴任する。27(1894)年2月ドイツに留学し29年4月帰国する。31年8月京都市立日吉病院長,32年8月京都帝国大学医科大学教授になり,内科学第一講座を担当する。34年6月医学博士。大正2(1913)年1月27日死去。享年52歳。㋬洛東黒谷

[文献]　近代日本海外留学生史　下（渡辺実）
講談社　昭53／日本人名大事典2　平凡社
昭54
〔本郷建治〕

加治 権三郎　かじ・ごんざぶろう
生没年不詳　水戸藩士　㋺フランス：1867年
（遣仏使節に随行）

　生没年不詳。慶応3(1867)年,徳川昭武遣仏使節に奥詰として随行する。

[文献]　徳川昭武滞欧記録（大塚武松編）　日本史籍協会　昭7／幕末教育史の研究2—諸術伝習政策（倉沢剛）　吉川弘文館　昭59／徳川昭武 万博殿様一代記（須見裕）　中央公論社　昭59（中公新書750）
〔富田仁〕

鹿島 房次郎　かしま・ふさじろう
明治1年9月21日(1868)〜昭和7年7月29日
(1932)　実業家　川崎造船所社長　⊕備後国
（比婆郡）庄原村　㋑旧名＝田部　㋺アメリカ：1890年（留学）

　明治1(1868)年9月21日,備後国比婆郡庄原村に生まれる。東京高等商業学校を中退し,明治23(1890)年アメリカに私費留学。27年ミシガン大学を卒業後帰国し,神戸の鹿島家の養子となる。明治30年神戸市役所に入り,37年退職,同年神戸市議に当選,39年助役を経て,40年神戸市長となり,2期11年を務めた。大正9年川崎総本店総務理事となり,東亜セメント会社社長など関係諸社の重役を兼ね,日本無線電信会社,日本航空輸送会社などの創立に参与。14年には神戸商工会議所会頭に就任。昭和3年川崎造船所と川崎汽船の社長となり,

金融恐慌での打撃を受けた同社の再建に尽力。また,神戸に山手高等女学校を創立した。昭和7(1932)年7月29日死去。享年65歳。

[文献]　夢を抱き歩んだ男たち—川崎重工業の変貌と挑戦（福島武夫）　丸ノ内出版　昭62／幕末明治海外渡航者総覧（手塚晃編）　柏書房　平4／データベースWHO　日外アソシエーツ
〔藤田正晴〕

樫村 清徳　かしむら・せいとく
嘉永1年11月(1848)〜明治35年7月6日(1902)
医学者　医学博士　〔在官洋行の最初,脊椎矯正器なども製作〕　⊕出羽国米沢　㋑幼名＝徳太郎,貞軒　㋺ドイツ：1884年（医学）

　嘉永1(1848)年,米沢藩樫村清秀の長男として米沢に生まれる。藩校興譲館に入学し漢籍を修める。元治1年江戸に出て,幕府の医学所に入り,渡辺洪基と足立寛に師事して英学を修める。明治2年7月,22歳の時慶応義塾に入ろうと思ったが学費に窮し,石黒忠悳の斡旋で大学東校に入る。研鑽刻苦の末,3年1月大学中得業生となり,8月文部権中助教監事,7年10月総監事兼務,同月宮内省御用掛,12月五等教授に任じ,9年3月東京大学雇となり,医学部五等教授嘱託,脚気病委員審査官を命ぜられ,12年10月医学部附属病院内科部長,14年大学教授を歴任する。17(1884)年文部省より在官のままドイツ留学を命ぜられ,西洋医学を研究して翌18年に帰国。19年1月中央衛生会委員となり,同年4月大学教授を辞して著述に専念しようとしたが,友人たちのすすめにより19年10月神田小川町に山龍堂という病院を開いた。開院とともに医学講習,臨床講義をも併設する。24年8月に博士号を受ける。『新纂薬物学』『薬物学講本』『日本薬局方随伴』のような薬物学に関する著述が多い。これは日本薬局方調査委員に再度任命されたからである。著述のほかに医療用の器械「新製穿胸器」「竹製脊椎矯正器」などをも製作した。明治35(1902)年7月6日死去。享年55歳。　㋬東京・谷中霊園

[文献]　樫村氏寿筵：中外医事新報　199　明21／医学博士樫村清徳君小伝：中外医事新報 536　明35／樋口一葉と樫村清徳1〜2（杉野大沢）：日本医事新報　1717〜1718　昭32／近代日本海外留学生史　上（渡辺実）　講談社　昭52／日本人名大事典2　平凡社　昭54
〔本郷建治〕

梶山 鼎助　かじやま・ていすけ
嘉永1年(1848)～昭和8年3月25日(1933)　政治家　衆議院議員　⊕山口　⊗別名=鼎介
⊛アメリカ：1871年(織物の研修)

　嘉永1(1848)年、山口で生まれる。明治4(1871)年、藩主毛利元敏に随行してアメリカに渡り、織物の研修を行い、のち英仏両国に移り遊学する。帰国後、外務省に入る。その後衆議院議員に当選し、日清戦争の頃政界で活躍する。昭和8(1933)年3月25日死去。享年85歳。 ⊛下関市・龍王山墓地

[文献]　近代日本の海外留学史(石附実)　ミネルヴァ書房　昭47／近世防長人名辞典(吉田祥朔)　増補　マツイ書店　昭51
〔楠家重敏／富田仁〕

上代 淑　かじろ・よし
明治4年6月5日(1871)～昭和34年11月29日(1959)　教育者　山陽英和女学校校長　⊕愛媛県松山市　⊛アメリカ：1893年(留学)

　明治4(1871)年6月5日、愛媛県松山市に生まれる。明治22年梅花女学校を卒業後、大西絹創立の山陽英和女学校に勤務。明治26(1893)年私費でアメリカに渡り、マウント・ホリヨーク女子大学に遊学の後、30年10月帰国し、復職。41年校長。学園に隆盛をもたらし戦災をも克服、88歳の最後まで教育につくした。昭和34(1959)年11月29日死去。享年88歳。

[文献]　上代先生を語る(堀以曽編)　山陽学園同窓会　昭31／幕末明治海外渡航者総覧(手塚晃編)　柏書房　平4／データベースWHO　日外アソシエーツ
〔藤田正晴〕

柏村 庸之允　かしわむら・ようのじょう
嘉永2年(1849)～?　山口藩留学生　⊕山口　⊛フランス：1870年(刑法学)

　嘉永2(1849)年、山口藩士の家に生まれる。明治3(1870)年に大阪兵学寮生徒として山口藩の藩費で兵学寮教師シャルル・ビュランに同行してフランスに渡る。バレー塾で普通学を修め刑法学を専攻した。その後の消息は不明。

[文献]　近代日本海外留学生史　上(渡辺実)　講談社　昭52／フランスとの出会い―中江兆民とその時代(富田仁)　三修社　昭56
〔富田仁〕

粕谷 義三　かすや・ぎぞう
慶応2年8月15日(1866)～昭和5年5月4日(1930)　政治家　衆院議長　⊕武蔵国(入間郡)藤沢村　⊗旧名=橋本　号=竹堂　⊛アメリカ：1886年(留学)

　慶応2(1866)年8月15日、武蔵国入間郡藤沢村に生まれる。明治12年島村孝司に経学、洋書を師事。明治19(1886)年アメリカに私費留学。ミシガン大学で財政、経済、政治学を学び、22年帰国。板垣退助らの『自由新聞』主筆となり、埼玉県議を経て、31年以来衆議院議員当選10回、立憲政友会幹部として活躍。大正12年～昭和2年衆院議長を務めた。また書をよくし竹堂と号した。昭和5(1930)年5月4日死去。享年65歳。

[文献]　粕谷義三(埼玉県立文化会館編)　埼玉県立文化会館　昭36／幕末明治海外渡航者総覧(手塚晃編)　柏書房　平4／朝日日本歴史人物事典　朝日新聞社　平6／データベースWHO　日外アソシエーツ
〔藤田正晴〕

加瀬 正太郎　かせ・しょうたろう
慶応2年6月(1866)～?　鍵職人　〔東京職工学校第一期生〕　⊕江戸　⊛ドイツ：1886年(鍵および煉鉄の研修)

　慶応2(1866)年6月江戸に生まれる。明治18年12月工部省が廃止され、工事管掌の営繕課も自然消滅となったため、政府は井上馨を総裁として臨時建築局を設置し議院と諸官庁の建設にあたらせた。ドイツの建築学を修めた松崎万長が工事部長となり、外務次官青木周蔵もドイツ仕込みであったため、ドイツ人建築技師の力をかりることになり、ドイツ人技師エンデ・ベックマンの進言で19(1886)年日本の青年職工17名を洋風建築技術研修のため、建築局技師妻木頼黄、渡辺譲、河合浩蔵らとともに留学させることになる。鍵職の彼は6人の貸費生の一人としてドイツに渡る。語学教師グロートからドイツ語を学ぶとともに各専門の親方の工場に勤め、長時間の労働ののち夜学でも学び、病に倒れる者も出たが苦心の末23年1月ドイツの夜学の卒業免許状を手にして帰国する。彼はこの留学で新しい技術を日本に取り入れることになるが、東京職工学校の第一期卒業生であったことのほかは、帰国後の消息とともに不明。

[文献] 明治工業史　建築編　丸善　昭5／エンデとベックマン(村松貞次郎)　『お雇い外国人15　建築・土木』　鹿島出版会　昭51／幕末明治海外渡航者総覧(手塚晃編)　柏書房　平4　〔中村毅／富田仁〕

片岡 健吉　かたおか・けんきち

天保14年12月26日(1844)～明治36年10月31日(1903)　政治家　〔自由民権運動に活躍, 自由党結成に尽力〕　[生]土佐国高知城下中島町　[名]諱=益光, 幼名=寅五郎　[渡]イギリス：1871年(軍事研究)

天保14(1844)年12月26日, 土佐藩士片岡俊平の長男として高知城下中島町で生まれる。藩の儒者福岡孝済に学び, 文久1年, 藩主山内豊範の小姓となる。文久3年, 郡奉行・普請奉行に任じられ, のち足軽隊大将, 郷士隊長となる。明治1年, 板垣退助に従い戊辰戦争に従軍, 戦功により加増され藩中老職となって藩軍政を担当する。4年2月, 土佐藩(7月廃藩置県の後高知県)権大参事となり, 同年(1871)5月藩より選ばれて軍事研究を狙いとする視察のためアメリカへ向い, イギリスを中心に欧州諸国を巡遊する。6年3月帰国し10月海軍中佐になるが, 征韓論を支持して敗れ下野, 高知に帰る。7年4月, 板垣退助らと図って立志社を設立, 立志社社長となって自由民権運動を開始する。10年西南戦争が始まると, 土佐の青年層にこれに応じようとする動きがでたが, 板垣は動かなかった。同年6月, 板垣の命を受け国会開設建白書を京都行在所に提出するが却下される。結局板垣に従ったが, 林有造, 大江卓らの陰謀に連座し逮捕され, 西郷派の同情者として禁獄100日の処罰をうける。12年県会議員に選ばれ, 議長となる。翌13年国会期成同盟代表として, 河野広中と国会開設上願書を太政官に提出する。14年国会開設の詔勅が出されると, 立志社を率いて自由党結成に努力する。同年立志社社長を辞任し, 高知新聞社社長になる。17年, 自由党解党ののちキリスト教に近づき, 翌年受洗, 高知教会の長老となる。20年三大事件建白運動に参加, 高知県代表の一員として, 言論集会の自由・地租軽減・外交失策の挽回を内容とする三大事件建白書を元老院に提出する。同年政府は保安条例を発布し, 運動の中心的人物を追放・逮捕・投獄する。彼も退去命令を受けるが, 理由を詰問して承服しなかったため軽禁固2年6ヶ月に処せられる。22年帝国憲法発布の際大赦。23年高知県より選出されて衆議院議員となる。以後毎回当選(8回), 31年から36年まで議長をつとめる。立憲政友会に籍を置いたが, 36年伊藤総裁と対立し脱党する。この間, キリスト教信者として青年会事業, 矯風事業にも尽力し, 34年日本基督教会伝道局総裁, 35年京都同志社社長・校長に就任する。明治36(1903)年10月31日, 高知市で死去。享年61歳。

[墓]高知市・秦泉寺山

[文献] 片岡健吉(松永文雄)　中庸堂　明36／片岡健吉(青山一浪)　創元社　昭29(信仰偉人伝双書)／片岡健吉先生の生涯(平尾道雄)　昭38／片岡健吉日記　高知市民図書館　昭49／片岡健吉先生伝(川田瑞穂)　立命館出版部　昭53／日本人名大事典2　平凡社　昭54／明治維新人名辞典(日本歴史学会編)　吉川弘文館　昭56／明治・青春の夢―革新的行動者たちの日記(嶋岡晨)　朝日新聞社　昭63(朝日選書)／片岡健吉先生の生涯―伝記・片岡健吉(片岡健吉先生銅像再建期成会編)　大空社　平8(伝記叢書)　〔高橋公雄〕

片岡 七郎　かたおか・しちろう

嘉永6年12月(1854)～大正9年1月2日(1920)　海軍軍人, 大将　男爵　[生]薩摩国鹿児島　[渡]ドイツ：1889年(海軍事情の調査)

嘉永6(1854)年12月, 薩摩藩士片岡喜藤太の二男として鹿児島に生まれる。郷里で文武の教育をうけたあと, 明治4年9月海軍兵学寮に入り, 18年6月天城副長となる。19年9月に海軍兵学校教官となり, 22(1889)年10月にドイツに留学し海軍事情を調査する。その後ドイツ公使館付武官となり欧州諸国の海軍状況を調査して帰国し, 金剛艦長, 浪速艦長などを経て32年6月少将に進み, 呉鎮艦隊司令官, 第三艦隊長官, 第一艦隊長官, 艦政本部長に歴任し, 40年9月に男爵となる。41年8月舞鶴鎮守府長官, 43年12月海軍大将, 44年12月軍事参議官となる。シーメンス事件終了後は海軍を引退して余生を送る。大正9(1920)年1月2日, 腎臓から尿毒症を併発して死去。享年68歳。

[文献] 類聚伝記大日本史13　海軍篇(小笠原長生編)　雄山閣　昭11／海軍兵学校沿革(海軍兵学校編)　原書房　昭46／近代日本海外留学生史　上(渡辺実)　講談社　昭52／日本人名大事典2　平凡社　昭54　〔本郷建治〕

片岡 直輝　かたおか・なおてる

安政3年7月3日(1856)～昭和2年4月13日(1927)　実業家　大阪瓦斯社長　[生]土佐国(高岡郡)下半山　[名]幼名=欣三郎　[渡]アメリカ：1886年(軍事情勢視察)

安政3(1856)年7月3日，土佐国高岡郡下半山に生まれる。海軍主計学校を卒業。海軍副主計から大主計となる。明治19(1886)年7月13日，西郷従道海相に従い欧米視察に出る。アメリカ，イギリス，フランス，ドイツ，イタリア，ロシアを歴遊し20年6月30日帰国。翌21(1888)年軍艦厳島の建造監督官として渡仏し24年に帰国。25年海軍を辞し，内相秘書官，文相秘書官，大阪府書記官を歴任，29年官を辞して日本銀行に入行した。30年同大阪支店長となるが，翌年退職して大阪瓦斯創立に関わり，34年同社長に就任，大正6年まで務めた。この間，38年本格的に大阪市内のガス供給を開始するなど，同社発展に手腕を発揮。また阪神電鉄，南海電鉄などの社長をはじめ，十余の会社に関与し，大阪財界の世話人的存在として重きをなした。昭和2(1927)年4月13日死去。享年72歳。

[文献] 日本財界人物列伝　第2巻(青潮出版株式会社編)　青潮出版　昭39／財界人物我観(福沢桃介)　図書出版社　平2(経済人叢書)／幕末明治海外渡航者総覧(手塚晃編)　柏書房　平4／朝日日本歴史人物事典　朝日新聞社　平6／データベースWHO　日外アソシエーツ
〔藤田正晴〕

堅田 少輔　かただ・しょうすけ

嘉永3年10月26日(1850)～大正8年11月29日(1919)　教育者　工部大学校教員，衆議院議員　〔成章学舎を創立〕　[生]長門国萩(平安古)　[名]別名=少助，健助，大和　[渡]アメリカ：1871年(留学)

嘉永3(1850)年10月26日，高洲平七元忠の五男として萩に生まれる。戊辰戦争で軍功をあげる。明治4(1871)年に藩費留学生としてアメリカに渡り，コロンビア大学に入る。8年に帰国して工部大学校の教員となる。10年東京に成章学舎を創立する。さらに郷里へ戻り，山口高等中学校教授，佐波郡立周陽中学校校長，都濃郡湯野村村長を歴任する。衆議院議員に当選すること2回に及ぶ。大正8(1919)年11月29日死去。享年70歳。

[文献] 近代日本の海外留学史(石附実)　ミネルヴァ書房　昭47／増補近世防長人名辞典(吉田祥朔)　マツノ書店　昭51／明治維新人名辞典(日本歴史学会編)　吉川弘文館　昭56
〔楠家重敏〕

片山 国嘉　かたやま・くにか

安政2年7月7日(1855)～昭和6年11月3日(1931)　医学者　医学博士　〔法医学創始の功労者〕　[生]駿河国(周知郡)犬居村(字坂下)　[渡]ドイツ，オーストリア：1884年(法医学)

安政2(1855)年7月7日，片山龍庵の二男として，駿河国犬居村に生まれる。明治4年11月東校に入り医学を修める。12年10月東京大学医学部を卒業し医学士となる。生理学教室に勤務。同年12月東京大学医学部助教授となり，別課医学生に裁判医学と衛生学とを教える。大学で裁判医学と衛生医学の講義を開いた最初である。17(1884)年8月裁判医学修業として4年間ドイツとオーストリアに留学する。ベルリン大学でリマン，ウイルヒョウ，メンデル，ウエストファル，リーブライヒ，ザルコウスキーなどについて研究した。18年オーストリアのウイン大学に移り，ホフマン，アイネルト，アルベルト，ブライスキーなどに師事して研鑽をしたあと，20年再度ベルリン大学に移った。21年10月に帰国。ただちに帝国大学医科大学教授になり法医学講座を担任する。同時に東京地方裁判所管内の司法医務，とくに死体解剖の嘱託となる。24年医学博士の学位を受ける。同年10月彼の提案で裁判医学教育は法医学教育と改称せられる。29年精神病学講座を兼担し精神病学教室主任，さらに東京巣鴨病院医長となる。39年4月再び欧米各国に派遣され，40年9月帰国。43年東京帝国大学評議員，大正2年海軍軍医学校法医学教授，8年簡易生命保険審査委員を歴任する。10年12月東京帝国大学名誉教授になる。その間に法医学教室の創設以外に清韓隣邦諸国に医学を普及させて，両国が平和的に発展するように指導するため，明治35年3月に同仁会の創立を提唱した。この同仁会の発起人には，入沢達吉，北里柴三郎，岡田和一郎，板垣退助，大倉喜八郎など十数名がおり，日華医事関係の親善に努力した。また禁酒禁煙を熱心にとなえ，教職を退いてからは一層努力し，大正11年自費をもって『酒害予防論』『禁酒誓約論』『酒害

の真相』などの著書を公刊した。昭和6(1931)年11月3日胃癌で死去。享年77歳。

[文献] 片山国嘉氏：中外医事新報 207，209 明21／座談会 片山国嘉先生を偲ぶ夕：日本医事新報 961 昭16／片山国嘉先生（三田定則）：日本医事新報 1294 昭24／法医学始祖片山国嘉（小沢舜次） 新人物往来社 昭50／近代日本海外留学生史 上（渡辺実）講談社 昭52／日本人名大事典2 平凡社 昭54 〔本郷建治〕

片山 潜 かたやま・せん

安政6年12月（1860）〜昭和8年11月5日（1933）社会主義者，社会運動家 〔国際共産主義運動を指導〕 ㊗美作国（粂郡）羽出木村（岡山県） ㊗幼名＝藪木管太郎，号＝深甫 ㊗アメリカ：1884年（語学研修）

安政6（1860）年12月，藪木国平の二男として美作国羽出木村に生まれる。18歳のころ二男では将来性がないことを覚り，明治10年に小学校の助教となる。14年学問を志して上京，銀座の活版所に勤める。16年英語塾の近藤塾の塾僕に転ずる。17年，友人から「米国は貧乏でも勉強の出来る所だ」という手紙を貰い，同年（1884）11月，サンパウロ号で横浜を出帆しアメリカに向かう。12月にサンフランシスコに上陸し，住込みのハウス・ワークとなる。以後，コックや学僕などをして生活費をつくる。翌年，サンラフェール村，ポノマなどサンフランシスコ周辺を転々とする。19年，アラメダでコックとして過ごしている間に「支那人のミッションにも行き耶蘇の教会にも行き，また信徒ともなった」（『自伝草稿』）のである。21年テネシー州メリーヴィルに移り，牧師宅で働き，メリーヴィル大学予科に入る。この年の秋にはメリーヴィル大学に入学し，学生寮の寮僕となる。この大学は黒人と貧しい白人が入るところとして知られていた。22年ブリンネル大学（現在のアイオワ大学）に転じ，古典科に学ぶ。この年，イリー博士の"Social Aspects of Christianity"に興味をもち，以後，イリーの社会問題に関する多くの論文を読む。24年，同大学の経済学の一部として社会主義を研究し，ラサールの伝を読み，始めて社会主義者となったというほどの感銘を受ける。同大学を卒業ののち，つづいてアンドーヴァ神学校とグリンネル大学大学院に籍をおく。26年，大学院の修士論文「独逸一統史」を書く。

翌年イギリスへ旅行し，社会問題を視察し，都市改良の実情を観察する。この年の9月，アンドーヴァ神学校からエール大学神学部に転じ，28年，同大学の卒業論文として「欧米の都市問題」を提出する。29年1月，ヴィクトリア号で横浜にもどり，13年ぶりに帰国する。翌年頃から労働運動に参加し，『労働世界』の主筆となる。この雑誌はのちに『内外新報』や『社会主義』とつぎつぎに改題する。36年，同誌に古河鉱山の鉱毒事件をとりあげたため，罰金を科せられる。37年再びアメリカに渡り，シアトルやオークランドの日本人社会主義者を集めて，日本人桑港社会党を結成する。ヒューストン，シカゴ，セントルイス，ミルウォーキー，ニューヨークなどアメリカ各地をまわり社会主義者との親交を深め，ついでオランダに転じてアムステルダムの第2インターナショナル第6回大会に日本の社会主義者の代表として参加する。再びアメリカに渡り，39年に日本に帰国する。この年，日本社会党を結党し評議員となる。また同年，第3回目の渡米を行い翌年には帰国する。40年に社会主義中央機関紙として『社会新聞』を発刊する。その後，大正3年からアメリカやヨーロッパで社会主義活動に専念するが，昭和8（1933）年11月5日，敗血症のためモスクワのクレムリン病院で死去。享年74歳。クレムリンの赤壁に葬られる。
㊗東京・青山霊園

[文献] セン・片山—世界に於ける彼が地位と体験（荒川実蔵） 大衆公論社 昭5／片山潜自伝（日本共産党党史資料委員会） 真理社 昭24／片山潜選集（日本共産党党史資料委員会） 真理社 昭24／自伝（片山潜） 岩波書店 昭29／片山潜と消費組合（村山重忠）：社会労働研究 4 昭30／片山潜と共に（渡辺春男） 和光社 昭30／片山潜の想出（石垣栄太郎）『新版明治文化全集月報7』 日本評論社 昭30／片山潜（小山弘健）『社会主義講座7』河出書房 昭31／片山潜と社会基督教（隅谷三喜男）：福音と世界 12(8) 昭32／片山潜—死後二十五年にちなんで（山辺健太郎）：学習の友 62 昭33／片山潜生誕百年を前にして（山辺健太郎）：前衛 140 昭33／片山潜についての二，三の思い出（野坂参三）：前衛 147 昭33／片山潜著作集1〜3（片山潜生誕百年記念会） 河出書房新社 昭34〜35／片山潜—人とその思想（木村毅）：全労 12 昭34／片山潜生誕百周年を記念して：労働運

動史研究 18 昭34／片山潜生誕百年記念会について(塩田庄兵衛):労働運動史研究 13 昭34／片山潜特集:前衛 161 昭34／片山潜と古参社会主義者の分裂(小山弘健):大阪地方労働運動史研究 3 昭34／片山潜と戸張孤雁(宮川寅雄):歴史評論 102 昭34／片山潜と日本労働運動の誕生(松本惣一郎):週刊労働情報 238 昭34／片山潜と文学芸術(渡辺春男):大阪地方労働運動史研究 3 昭34／片山潜と私(石橋湛山):朝日ジャーナル 昭34.12.6 ／片山潜1～2(岸本英太郎他著) 未来社 昭34～35／アメリカにおける片山潜(隅谷三喜男):労働運動史研究 13 昭34／片山潜の在米時代について(渡辺春男、小山弘健):労働運動史研究 14 昭34／片山潜小伝―私の略歴:前衛 169 昭35／片山潜同志の思い出(ホー・チミン):前衛 167 昭35／片山潜(隅谷三喜男)『近代日本の思想家』 東大出版会 昭35／片山潜(山辺健太郎) 『日本人物史大系6』 朝倉書店 昭35／日本労働運動と国際労働運動のすぐれた活動家―片山潜100年を記念して(イ・ベドニャク):前衛 163 昭35／米国だより(片山潜) 明治文献資料刊行会 昭38／片山潜(大原慧):文芸春秋 42(8) 昭39／わが回想(片山潜) 徳間書店 昭42／片山潜(隅谷三喜男) 東京大学出版会 昭52(UP選書)／日本人名大事典2 平凡社 昭54／日本社会運動人名辞典(塩田庄兵衛他編) 青木書店 昭54／近代日本の自伝(佐伯彰一) 中央公論社 平2(中公文庫)／近代欧米渡航案内記集成 第4巻 ゆまに書房 平12／片山潜―歩いてきた道(片山潜) 日本図書センター 平12(人間の記録)

〔楠家重敏〕

片山 東熊 かたやま・とうくま

安政1年12月19日(1855)～大正6年10月23日(1917) 建築家 工学博士 〔東宮御所など宮殿美術建築を完成〕 ㊗長門国(阿武郡)今古萩町 ㊗ヨーロッパ:1882年(宮廷建築・室内装飾調査)、ドイツ:1886年(皇居室内装飾類製造監督)

安政1(1855)年12月19日、長州藩士族片山文左の四男として長門国今古荻に生まれる。兄はのちの後備陸軍主計総監片山中行。戊辰の役に奥羽各地に転戦し戦功をあげる。横浜で英学を修めたあと、明治6年8月工学寮官費生として工学専門寮に入寮造家学を専攻。工部大学校造家学科でジョサイア・コンドルの教えを受ける。山県公爵邸改築の競技設計を初めて試みる。12年11月辰野金吾、曽禰達蔵、佐立七次郎とともに工部大学校第1回卒業生となる。工学士の称号を得て、ただちに工部省技手となり営繕局に勤務。14年有栖川宮邸建築掛となり、15(1882)年有栖川熾仁親王に従行し、宮殿建築並室内装飾と家具の調査のためヨーロッパ各国を巡遊する。17年帰国後、工部省御用掛となり外務省御用掛も兼ねる。清国北京公使館移転建築のため同国へ渡り設計監督に当り、19年1月帰国。日本人建築家として外国の都市で建築設計に従事した最初の人である。同年12月皇居御造営事務局出仕となり、17年に起こされたこの工事のため、家具職人杉田幸五郎、河野光太郎を連れ19(1886)年、皇居室内装飾家具類製造監督のため渡独。ハンブルクとベルリンに出張する。当時ベルリンでは、日本政府が議事堂、司法省などの官庁を洋式建築にするために妻木頼黄、渡辺譲、河合浩蔵の3人の技師や加瀬正太郎らベックマン貸費留学生と職工など20名を派遣して実務研修させている。20年11月ドイツから帰国。21年帝国大学工科大学造家学科の講義を担当。24年工学博士となる。29年東宮御所造営が決まり欧州へ派遣される予定であったが、英照皇太后崩御のため御陵墓営築にあたる。翌30年高山幸次郎、安達鳩吉を伴い、宮殿の調査視察に出張。31年1月帰国。32年5月アメリカに赴き、12月帰国。35年12月欧米各国へ出張。36年12月帰国。約10年におよぶ東宮御所造営では、震災予防のための鉄骨接合技術者の養成に努力し、装飾用織物においては外国から見本を購入、国産の織物を改善させる。また花崗石工事では関東各地を踏査し茨城から採掘。そのさいアメリカ製の圧搾空気の石割機を用いて能率的な加工作業を行う。内部の石膏装飾には彫刻家佐野昭を欧州に派遣して技術を修得させ、鏡の多用によって宮廷空間をつくり、美術建築を完成する。東宮御所のほかに表慶館、奈良と京都の博物館伏見宮、一條公爵、山縣公爵邸、また栃木県庁舎、神奈川県庁舎、明治天皇葬場殿などの設計に関与する。37年内匠頭、大正4年宮中顧問官。建築学会創立者の一人。腎臓病で東京府下千駄ケ谷の自宅で療養中、大正6(1917)年10月23日死去。享

年64歳。　🏛東京・青山霊園
[文献]正員宮中顧問官工学博士片山東熊君を弔ふ：建築雑誌　31（371）　大6.11／片山博士略歴と作物：建築雑誌　31（372）　大6.12／片山東熊（神代雄一郎）　『近代建築の黎明—明治・大正を建てた人びと』　美術出版社　昭38／西洋館を建てた人びと（村松貞次郎）『日本近代建築史ノート』　世界書院　昭40／赤坂離宮・表慶館（菊池重郎）／『明治建築案内』　井上書院　昭42／最初の日本人建築家（建築学大系編集委員会編）『建築学大系6』彰国社　昭43／コンドル先生の教育（村松貞次郎）／『お雇い外国人15　建築・土木』鹿島出版会　昭51／政府機構による近代化の展開（村松貞次郎）『日本近代建築技術史』彰国社　昭51／明治時代の建築（稲垣栄三）『日本の近代建築—その成立過程　上・下』鹿島出版会　昭54／日本人名大事典2　平凡社　昭54／エリート建築家の誕生（初田亨）『都市の明治—路上からの建築史』　筑摩書房　昭56／赤坂離宮（東京建築探偵団編）『近代建築ガイドブック　関東編』　鹿島出版会　昭57　　　　　　　　〔中村毅〕

片山　友吉　かたやま・ともきち
生没年不詳　🏛摂津国（有馬郡）下村　⚫諱＝武富　🏛アメリカ：1860年（遣米使節に随行）
　生没年不詳。安政7（1860）年、27歳頃名村五八郎の家来として遣米使節に随行する。
[文献]万延元年遣米使節史料集成1〜7（日米修好通商百年記念行事運営会編）　風間書房　昭36／幕末教育史の研究2—諸術伝習政策（倉沢剛）　吉川弘文館　昭59　〔富田仁〕

華頂宮　博経　かちょうのみや・ひろつね
⇒東隆彦（あずま・たかひこ）を見よ

勝　海舟　かつ・かいしゅう
文政6年1月30日（1823）〜明治32年1月19日（1899）　政治家　〔咸臨丸艦長として初の太平洋横断に成功〕　🏛江戸本所亀沢町　⚫諱＝義邦、通称＝麟太郎、雅号＝飛川　🏛アメリカ：1860年（日米修好通商条約）
　文政6（1823）年1月30日、幕臣勝左衛門太郎小吉の長男として江戸に生まれる。文政12年、将軍家慶の五男初之丞の側近に召し出されるが数年でやめる。13歳の頃から島田虎之助に剣術を習う。天保9年、16歳で家督を相続。弘化2年頃から筑前黒田藩の永井青崖について蘭書を読みはじめ、その間苦心してヅーフハルマの筆写二部を行う。嘉永3年、赤坂田町に私塾を開いて蘭学を講じ西洋の兵学を教授する。嘉永6（1853）年7月ペリー来航に際して海防意見書を提出する。安政2年には下田取締掛手付として蕃書翻訳勤務、さらに同年長崎海軍伝習を命ぜられる。長崎滞在中の様子はオランダ人カッテンデーケの『長崎伝習所の日々』に垣間見られるが、安政6年、長崎伝習を終えて江戸に戻り、軍艦操練所教授方頭取となる。安政7（1860）年1月、咸臨丸艦長として日本人初の太平洋横断に成功し、通商条約の批准のためアメリカに渡る。このとき実見したアメリカ社会について後年になって「総て士農工商の差別無く、己れ官途に在りと雖ども積財ある者は其子弟をして商売交易を為さしむ」と日米の身分制度について感想を残している。咸臨丸が帰路についたのは閏3月18日のことで、所用の場所以外これといって見学した様子はない。帰国後、井伊直弼の暗殺を聞かされる。文久1年、軍艦奉行となり幕府の枢機にも参与することになる。幕府海軍の育成をはかるとともに、幕末の政局に活躍する。慶応4（1868）年3月江戸の薩摩屋敷で西郷隆盛と会見して、江戸無血開城を取り決める。明治2年に新政府に登用されて、外務大丞、兵部大丞、海軍大輔、元老院議官などを歴任。のち史料の編纂に努めて『吹塵録』『海軍歴史』『陸軍歴史』『開国起源』などを著わす。21年には枢密顧問官となるが、明治32（1899）年1月19日、脳出血のため死去。享年77歳。　🏛東京都大田区洗足池畔
[文献]海舟日誌（厳本善治編）　明40／海舟先生（戸川残花）　成功雑誌社　明43／勝海舟（山路愛山）　東亜堂　明44／海舟全集（海舟全集刊行会）　改造社　昭2〜4／勝海舟（田中惣五郎）　千倉書房　昭15／万延元年遣米使節史料集成5（日米修好通商百年記念行事運営会）　風間書房　昭36／勝海舟（松浦玲）　中央公論社　昭43（中公新書）／勝海舟全集（江藤淳他編）　講談社　昭45〜53／勝海舟全集（勝部真長他編）　勁草書房　昭47〜57／長崎伝習所の日々（水田信利訳）　平凡社　昭48（東洋文庫）／勝海舟（石井孝）　吉川弘文館　昭49（人物叢書）／海舟伝箴　海舟会　昭50／日本人名大事典2　平凡社　昭54／明治維新人名辞典（日本歴史学会編）　吉川弘文館　昭56／海舟とホイットニー—ある外国人宣教師の記録（渋谷輝二郎）　TBSブリタ

ニカ　昭56 ／海舟座談（厳本善治編　勝部真長校注）　岩波書店　昭58（岩波文庫）／勝海舟のすべて（小西四郎編）　新人物往来社　昭60 ／勝海舟　新装版（石井孝）　吉川弘文館　昭61（人物叢書）／勝海舟　上，下巻（勝部真長）　PHP研究所　平4 ／幕臣勝麟太郎（土居良三）　文芸春秋　平7 ／幕末の三舟―海舟・鉄舟・泥舟の生きかた（松本健一）　講談社　平8（講談社選書メチエ）／勝海舟　復刻版（山路愛山）　日本図書センター　平10（山路愛山伝記選集）／勝海舟行蔵は我にあり（加来耕三）　日本実業出版社　平10 ／咸臨丸　海を渡る（土居良三）　中央公論社　平10（中公文庫）　〔楠家重敏〕

勝 小鹿　かつ・ころく

嘉永5年2月（1852）～明治25年2月8日（1892）　海軍軍人　[生]静岡　[名]幼名＝小六　[渡]アメリカ：1867年（海軍軍事研修）

嘉永5（1852）年2月，勝海舟の子として静岡に生まれる。慶応3（1867）年9月16日，高木三郎，富田鉄之助と共にアメリカへ留学しアナポリス海兵学校に入る。明治10年に同校を卒業し，12月26日に帰国。海軍に入り，調度局船営需用品取調掛長，横須賀屯営副長などを経て，20年には造船会議議員となる。24年に予備役となり，明治25（1892）年2月8日死去。享年40歳。　[墓]東京・青山霊園

[文献] 明治過去帳―物故人名辞典（大植四郎編）　東京美術　昭46／元田永孚関係文書（沼田哲他編）　山川出版社　昭60（近代日本資料選書）　〔楠家重敏〕

勝 麟太郎　かつ・りんたろう

⇒勝海舟（かつ・かいしゅう）を見よ

香月 経五郎　かつき・けいごろう

嘉永2年（1849）～明治7年4月13日（1874）　佐賀藩士　〔佐賀の乱で処刑〕　[生]肥前国佐賀　[渡]アメリカ：1870年（経済学）

嘉永2（1849）年，佐賀藩士香月三之允の長男として生まれる。慶応3年藩校弘道館から長崎の致道館に転じて英学を修める。明治2年大学南校に入学，翌3（1870）年，文部省の欧米留学生として田尻稲次郎，目賀田種太郎などとともにアメリカに渡る。滞米中，岩倉使節団に随行して旧藩主鍋島直大がアメリカに到着すると，その補佐役の任に当たる。ついでイギリスに赴き，オックスフォード大学に入学して経済学を修める。6年に帰国。7年1月佐賀県中属となるが2月佐賀の乱が起こると，政府に出兵猶予を願い出たが容れられず，戦端が切られると敗北を喫した江藤新平たちと薩摩，飫肥，戸浦を経て宇和島に逃れる。3月21日高知で捕えられて佐賀に送られ，明治7（1874）年4月13日，斬首刑に処せられる。享年26歳。

[文献] 江藤南白（的野半介）　南白顕彰会　大3 ／明治過去帳―物故人名辞典（大植四郎編）　東京美術　昭46 ／近代日本の海外留学史（石附実）　ミネルヴァ書房　昭47 ／日本人名大事典2　平凡社　昭54 ／明治維新人名辞典（日本歴史学会編）　吉川弘文館　昭56　〔富田仁〕

勝部 其楽　かつべ・きらく

弘化3年6月3日（1846）～昭和8年7月18日（1933）　教育者，漢詩人　私塾包蒙館館主　[生]出雲国（神門郡）今市　[名]本名＝勝部只市　通称＝貫一　[渡]イギリス：1873年（留学）

弘化3（1846）年6月3日，漢学者の勝部正三郎の子として出雲国神門郡今市に生まれる。父から儒学を学び，のち姫路や大分に遊学。維新後，長崎で英語を修め，明治6（1872）年イギリスに私費留学した。明治9年に帰国して郷里に英語学校を設立，次いで10年には和漢塾包蒙館を開くなど，子弟の教育に尽くした。また文芸の分野でも活躍し，漢詩結社青垣吟社や剪松吟社を結成して漢詩に親しんだほか，文芸誌『いず茂』を刊行した。昭和8（1933）年7月18日死去。享年88歳。　[墓]出雲市・西楽寺

[文献] 幕末明治海外渡航者総覧（手塚晃編）　柏書房　平4／包蒙の白い道―出雲の教育者勝部其楽の生涯（半田礼子）　半田礼子　平5 ／勝部貫一（其楽）―出雲・英語教育の先駆者（半田礼子，米山美保子共著）　出雲市　平14（出雲市民文庫）／データベースWHO　日外アソシエーツ　〔藤田正晴〕

桂 小五郎　かつら・こごろう

⇒木戸孝允（きど・たかよし）を見よ

桂 太郎　かつら・たろう

弘化4年11月28日（1848）～大正2年10月10日（1913）　陸軍軍人，大将，政治家　公爵　〔ドイツ主義の軍制・国政への移植〕　[生]長門国萩城下平安古町　[名]本名＝清澄　幼字＝寿熊，佐

中, 雅号=海城　㊃ドイツ：1870年（兵制研究）

弘化4(1848)年11月28日, 長門国萩藩士・桂与一右衛門の長男として生まれる。嘉永6年, 7歳のとき藤田与次右衛門の塾に入り習字素読の教育を受け, 安政4年岡田玄道について和漢学を修める。さらに武術を学び, とくに剣術には秀でる。6年長州藩は兵制改革により洋式銃の連隊を組織するようになるが, 彼は将来を見通した父の意見に共感し, 文久1年西洋銃陣隊に入る。外祖父中谷章貞の感化もあり, 10歳頃より『坤輿図識』を精読し世界の地理や列国の兵事国勢を知り海外遊学の志を抱く。3年, 17歳で馬関戦争に初めて参戦, ついで戊辰戦争には長州藩第四大隊二番隊司令として奥羽各地に転戦する。明治2年1月に東京に凱旋し, 同年6月軍功によって賞典禄250石を下賜される。同月フランス式陸軍修業のため東京留学を命ぜられ, 語学を学ぶために開成所に入るが藩命などで中断されやすく, 藩に願い出て官職を辞する。明治2年10月, 陸軍将校に正則教育を授ける横浜語学所にフランス語を学ぶために入学。しかし3年4月政府はこの語学所を大阪兵学寮に移し陸軍兵学寮と改称する。そこで大阪に移ってすぐに病気と称して陸軍病院長緒方惟準を訪ね強硬に懇請し診断書をもらい, 兵部大丞山田顕義に志を述べ退校の許可を得て萩に戻る。フランスへの自費留学のため, 藩に8年間の暇を願い, 奥羽戦争の賞典禄250石を藩に納め学資を支出してもらう。同年(1870)8月普仏戦争視察の大山巌, 品川弥二郎らと横浜を出航, 東まわりでロンドンに着くが, フランスの情勢が悪く, ドイツ留学に変更することとなりベルリンに滞在する。翌年には予備陸軍少将パリースの邸に同居し2年半ほど軍事学の研究を続ける。パリース少将は軍事学上の名著も多く厳格な将軍で多くの感化を受けたといわれている。軍政家シャルシホルストによってできたドイツの国民皆兵主義の制度は運用においてもすぐれており, 教練も完全でさまざまな戦術も進んでいる。その実地教育を受けて感嘆し, ドイツでの研究を続けることになるが, 留学の資金も不足しはじめる。折しもアメリカ視察旅行を終えた岩倉具視全権大使一行がベルリンに到着する。案内役などを務めるが一行が視察を終え帰国したあと6年10月帰国する。7年木戸孝允の推薦により陸軍に出仕する。陸軍もよ

うやく徐々に秩序を整え規律も確立するようになった時期で, 歩兵大尉として第六局分課に勤める。同年6月には少佐となり, みずから進言して制定された駐在武官の制度に自薦し, 8年ドイツ公使館付武官としてドイツに赴くことになる。同年6月弟二郎とともに横浜を出航, マルセーユで弟と別れパリで普仏戦争後の状況を視察してからベルリンに到着。ドイツでは参謀総長モルトケの副官となり軍政を研究し, またスタインの軍事行政論を青木周蔵とともに研究する。オーストリアの兵備諸般の視察などのほか, 軍制についても研究し, 11年7月帰国する。9年品川弥二郎らがドイツ学研究の目的で, 北白川宮能久親王の賛成を得てドイツ同学会を創立したが, 帰国後その会の主旨に賛成し, 14年春には規模を拡張し, ドイツ学協会と改称, 事業の一環としてドイツ学協会学校を設立するが, 司法省や文部省からの補助金を受けるようにする。明治初期ドイツ主義の思想が帝国大学を中心に一般社会に流行したが, 23年11月まで西周の後任の校長としてその学術思想を民間に普及させ, 同校の発展に尽くす。15年陸軍大佐となる。17年1月陸軍卿大山巌一行に随行し, 横浜を出航しドイツ, フランス, オーストリアなどの兵制を視察し18年1月帰国。その後陸軍少将となり, 19年陸軍次官として, 軍政の中枢に座を占め山県・大山両将軍を補佐し, 陸軍の官制を改革し行政機関の統一と事務の整理を図り, 古い兵制を改革しドイツの兵制を取り入れて日本的な新兵制を創設し, ドイツ・オーストリアの兵站制度を折衷し条例を創設し機関の完成に努める。これらのことは多年の研究の成果であり, その知識と蘊蓄を傾けた努力によるといわれている。23年陸軍中将となり, 帝国議会開催の際, 予算委員として議員に軍政改革や軍予算の必要性を認識させる準備工作をし陸軍省所管の削減額をわずかでおさえさせるなど将来政治家としての技量を発揮する。その後日清間の情勢が不隠となると第3師団長として出征, 各地で戦果をあげ, 戊辰の役の戦功とともに28年子爵となる。以後国政の枢軸にあって, 34年6月第1次桂内閣, 41年7月第2次内閣を組織し, 大正1年12月には第3次内閣を組織するが, 国民の反抗にあいわずか1ヶ月半で辞職する。大正2(1913)年10月10日, 脳血栓の

ため東京市芝三田の自宅で死去。享年67歳。
🏠東京世田谷区若林
[文献] 公爵桂太郎伝 乾・坤巻（徳富猪一郎編）
原書房 大6／桂太将伝（杉山茂丸） 博文館
大8／歴代宰相天下を取った人々（原田指月）
文武書院 昭4／近世名将言行録2（同刊行会編） 吉川弘文館 昭9／桂太郎と原敬（本山桂川）『人物評伝全集8』大誠堂 昭10／明治の政治家達 原敬につらなる人々 下（服部之総） 岩波書店 昭30／桂太郎（川村光次郎）『三代宰相列伝』時事通信社 昭34／軍令機関の独立（松下芳男）『明治の軍隊』至文堂 昭38（日本正史新書）／桂太郎関係文書目録 国立国会図書館編刊 昭40／日露戦争への途（井上清）『日本帝国主義の形成』岩波書店 昭43／幕末・明治に活躍した人びと（藤井貞文著 西田文四郎編） 金園社 昭44／山県有朋とその軍閥形成—ドイツ式軍制への転向『明治の群像4』三一書房 昭45／第一次桂内閣と立憲政友会（松岡八郎）『明治政党史』駿河台出版社 昭47／大正過去帳—物故人名辞典（稲村徹元他編） 東京美術 昭48／桂太郎（楳本捨三）『陸海名将百選』秋田書店 昭52／日本人名大事典 平凡社 昭54／第一次桂内閣と日露戦争への途（大霞会編）『内務省史』原書房 昭55／類聚伝記大日本史14 昭56／明治維新人名辞典（日本歴史学会編） 吉川弘文館 昭56／大正政変—1900年体制の崩壊（坂野潤治） ミネルヴァ書房 昭57（歴史と日本人5）／桂太郎自伝（桂太郎著、宇野俊一校注） 平凡社 平5（東洋文庫）／山河ありき—明治の武人宰相桂太郎の人生（古川薫） 文芸春秋 平11／軍人宰相列伝—山県有朋から鈴木貫太郎まで三代総理実記（小林久三） 光人社 平15　　　　　　〔中村毅〕

加藤 栄吉　かとう・えいきち
生没年不詳　技術者　🏠フランス：1885年（鋳造学）
　生没年不詳。明治18（1885）年にフランスに留学する。留学の目的は鋳造学の研修。23年9月19日帰国。横須賀造船所工夫を務めた。
[文献] 日仏文化交流史の研究—日本の近代化とフランス人（西堀昭） 駿河台出版社 昭56／幕末明治海外渡航者総覧（手塚晃編） 柏書房 平4　　　　　　〔富田仁〕

加藤 定吉　かとう・さだきち
文久1年11月18日（1861）～昭和2年9月5日（1927）　海軍軍人、大将　男爵　🏠江戸
🏠ドイツ：1893年（軍事視察）
　文久1（1861）年11月18日、静岡藩士の三男として江戸で生まれる。明治16年海軍兵学校を首席で卒業、19年少尉に任官。26（1893）年および32（1899）年に海軍からドイツに派遣される。日露戦争では装甲巡洋艦春日艦長として日本海海戦に参加。大正2年第2艦隊司令長官となり、第一次大戦に際してはドイツ軍と交戦して膠州湾を封鎖した。教育本部長、呉鎮守府司令長官などを歴任。7年大将。のち男爵となり、貴族院議員を務めた。昭和2（1927）年9月5日死去。享年67歳。
[文献] 幕末明治海外渡航者総覧（手塚晃編） 柏書房 平4／朝日日本歴史人物事典 朝日新聞社 平6／データベースWHO 日外アソシエーツ　　　　　　〔藤田正晴〕

加藤 素毛　かとう・そもう
文政8年10月17日（1825）～明治12年5月12日（1879）　俳人　🏠飛騨国（益田郡）下原村
🏠諱＝雅英、通称＝十郎　🏠アメリカ：1860年（遣米使節に随行）
　文政8（1825）年10月17日、飛騨国下原村大庄屋・加藤三郎右衛門の二男として飛騨下原村に生まれる。安政2年上京し漢学を学ぶ。7（1860）年遣米使節に外国方御用達伊勢屋平作の手代として随行する。サンフランシスコで蒸気機関車に乗った時の様子を俳句に詠んでいる。9月28日帰国。航海記録『亜行周海日記』を著したほか、各地で外国土産話の俳句の会を開く。尾張藩家臣水野正信は素毛の洋行談を『二夜語』に書き残した。維新後は蘭学、絵画等、終世風月を楽しみ、明治12（1879）年5月12日死去。享年55歳。
[文献] 万延元年遣米使節史料集成1～7（日米修好通商百年記念行事運営会編） 風間書房 昭36／加藤素毛略伝—万延元年の遣米使節に随行した飛騨の俳人（熊原教男） 加藤素毛先生顕彰会 昭36／幕末教育史の研究2—諸術伝習政策（倉沢剛） 吉川弘文館 昭59／飛騨つれづれ草（蒲幾美） 月書房 平16
〔富田仁／藤田正晴〕

加藤 高明　かとう・たかあき

安政7年1月3日(1860)～大正15年1月28日(1926)　政治家，外交官　伯爵　〔日英親善外交を推進〕　⊕尾張国佐屋　⊗幼名＝總吉　㊄イギリス：1883年(三菱派遣留学生)

　安政7(1860)年1月3日，尾張国海東郡佐屋の代官手代上席服部重文の子として生まれる。名古屋に出て明倫館，英語学校で学ぶ。明治5年14歳で加藤家を継ぎ上京，外国語学校に入学し，さらに英語学校，開成学校などで修学する。10年東京大学法学部に入学，14年7月に卒業する。実業家を志して岩崎弥太郎の経営する三菱会社に一社員として入社，函館支店，小樽出張所，神戸支店などを経て東京本店勤務となる。勤務成績とその才能を社長の岩崎に認められ，16(1883)年4月三菱会社派遣の留学生に選ばれイギリスに留学する。民間派遣の長期留学生の先駆である。したがってイギリス留学はロンドン支店勤務を兼ねていた。リヴァプールにおいて豪商ボースについて廻漕業その他の実務を学ぶ。さらにこの在英中に欧州遊学中の陸奥宗光の知遇を受け，のちの政界入りの大きな機縁となりまた親英政治家への基礎を作る。18年8月，3年にわたるロンドン勤務と留学を終えて帰国し，三菱本社勤務となるが，同年10月日本郵船会社の創立と同時に三菱本社副支配人として入社する。翌年には岩崎弥太郎の長女春治と結婚する。20年，陸奥宗光の要請により外務省に出仕，条約改正の立案に参加する。民間会社より官界入りしたのだが，23年には大蔵省銀行局長となり，その後監査局長や日本銀行監理を経て27年には特命全権大使としてロンドンに駐在する。5年間のイギリス駐在生活で日英提携・親善外交を積極的に推進し，親英政治家として英国流の立憲政治のよさを身につけて，32年5月に帰国。33年10月，第4次伊藤内閣の外務大臣に就任し日英同盟政策を推進する。35年には高知県より衆議院議員に当選，伊藤・大隈提携の民党結束を策し，37年には東京日日新聞社長として論陣を張る。39年，第1次西園寺内閣の外務大臣に就任するが鉄道国有化案に反対し，わずか55日で辞職する。背後には岩崎家があり，一貫して三菱を中心とする財閥の利害を代表していたといわれる。41年9月，再び特命全権大使として駐英，親善外交に全力を注ぎ，44年7月日英条約改正・日英同盟改訂に成功する。今回も5年にわたる長期のイギリス滞在である。大正2年，第3次桂内閣の外相となるがすぐ崩壊，立憲同志会を組織する。3年，第2次大隈内閣の外相となり，世界大戦中にドイツの勢力を一掃し対中国21ヶ条の要求を突きつける。その後，貴族院議員に勅選されるが元老院および山県有朋と対立，下野して憲政会を組織し総裁として憲政の常道，元老政治の打破，選挙権拡張を唱えて憲政治家の道を歩む。いわゆる苦節10年の在野時代である。13年，総選挙に大勝し政友会，革新党と護憲3派を結成，首相の座につく。普通選挙法，治安維持法を制定するが，翌年総辞職，ただちに憲政会単独内閣を組織する。政党内閣制の完成といわれる。イギリス体験に基づき財界出身の立憲政治家，親英政治家として華々しく活躍したが，大正15(1926)年1月28日，病をおして登院したため病状が悪化し死去。享年67歳。

㊧東京・青山霊園

[文献] 加藤高明1～2(伊藤正徳編)　加藤伯伝記編纂委員会　昭4／加藤高明(大森とく子)『日本歴史講座7　現代篇』　河出書房　昭29／加藤高明(近藤操)　『三代宰相列伝』　時事通信社　昭34／人物・日本の歴史13(小西四郎編)　読売新聞社　昭41／近代日本海外留学生史　上(渡辺実)　講談社　昭52／日本人名大事典2　平凡社　昭54／明治・大正の宰相8—加藤高明と大正デモクラシー(豊田穣)　講談社　昭59／日本宰相列伝　10　加藤高明(近藤操)　時事通信社　昭61／凜冽の宰相　加藤高明(寺林峻)　講談社　平6／加藤高明—伝記・加藤高明　上，下巻(伊藤正徳編)　大空社　平7(伝記叢書)　　　〔安藤重和〕

加藤 恒忠　かとう・つねただ

安政6年1月23日(1859)～大正12年3月26日(1923)　外交官，政治家　松山市長，衆議院議員　⊕伊予松山市　⊗幼名＝忠三郎，雅号＝拓川　㊄フランス：1883年(法律学)

　安政6(1859)年1月23日，松山藩儒者・大原有恒(観山)の三男として生まれる。明治13年加藤家を再興。正岡子規の母方の叔父にあたり，文学者子規の形成に大きな役割を果たす。子規を陸羯南に紹介したのも彼である。漢学を岡鹿門に学び，ついで中江兆民の仏学塾に入り，フランスへの眼を開かれ，外国語学校，司法省法学校でフランス語を修める。16(1883)年の暮，パリに留学。パリ大学などで学ぶ。パ

リ滞留のまま官吏となり一等書記官，弁理公使，ベルギー特命全権公使などを歴任したが，余暇には女優サラ・ベルナールの舞台やゾラの小説にも親しんだ。40年に退官してからは衆議院議員として活躍。晩年は松山市長をつとめる。大正12(1923)年3月26日，食道癌のため死去。享年65歳。
【文献】遺稿集 拓川集1～6 拓川会 昭5～8／愛媛の先覚者(景浦勉編) 愛媛県教育委員会 昭41／子規の叔父・加藤拓川(蒲地文雄)：愛媛国文研究 16 昭41／日本人名大事典2 平凡社 昭54／拓川居士(司馬遼太郎)『ひとびとの跫音 下』中央公論社 昭56／加藤拓川(畠中淳編著) 松山子規会 昭57(松山子規会叢書 第13集)／拓川と羯南―たくせんとかつなん(松山市立子規記念博物館編) 松山市立子規記念博物館 昭62
〔高遠弘美〕

加藤 照麿 かとう・てるまろ
文久3年9月8日(1863)～大正14年9月29日(1925) 小児科医，侍医 医学博士 男爵
〔宮内省侍医〕 ㊐江戸一ツ橋外(洋書調所官舎内) ㊙ドイツ：1884年(小児科種痘科研修)

　文久3(1863)年9月8日，のちの文学博士加藤弘之の長男として江戸一ツ橋外洋書調所官舎内で生まれる。外国語学校，東京大学医学部に学び，明治17(1884)年4月ドイツへ自費で留学。ベルリン大学に入り，19年4月全課程を修了してドクトルの学位を受け，同年11月ミュンヘン大学で小児科，種痘科の助手として研修，ついでウィーン大学での研修の後再びベルリンに帰り，1年間研究を重ねロンドン，パリを経由して21年10月帰国。同年12月より宮内省侍医局侍医となる。12年以来漢方医が侍医となり宮廷内では前時代的な方法がとられていたが，世論は漢方に対して批判的となっていた。17年侍医岩佐純(元大学大丞，宮中顧問官)が改善の資料調査の目的で皇子皇女養育法視察のため，ヨーロッパ各国の王室歴訪に向かった。28年には漢方医のもくろむ医師免許規則改正案が否決され，日本医学の近代化がほぼ達成される。小児科医として多年宮内省に務め，摂宮，秩父・高松・澄宮各宮家に仕えたが13年5月病気のため辞職。東京麹町下の自宅で心臓病療養中，大正14(1925)年9月29日死去。享年63歳。 ㊤東京・雑司ヶ谷霊園
【文献】加藤照麿氏：中外医事新報 206 明21.10／明治21年間帝国医学社会の事績―留学：中外医事新報 211 明22.1／加藤弘之自叙伝 加藤弘之先生80歳祝賀会編刊 大4／加藤照麿氏の計：児科雑誌 306 大14.11／大正過去帳―物故人名辞典(稲村徹元他編) 東京美術 昭48／昭和新修 華族家系大成 上(霞会館諸家資料調査委員会編) 霞会館 昭57
〔中村毅〕

加藤 時次郎 かとう・ときじろう
安政5年1月1日(1858)～昭和5年5月30日(1930) 医師，社会改良主義者 ㊐豊前国 ㊥旧名＝吉松 別名＝加治時次郎 ㊙ドイツ：1888年(医学)

　安政5(1858)年1月1日，医師・吉松元簡の二男として豊前国に生まれ，のち加治姓となり，明治16年加藤さだの養子となる。崎陽医学校，外国語学校で学ぶ。明治21年7月医師としてドイツに渡り，エルランゲン大学，ブレスラウ大学に留学，この間に社会主義を知る。23年10月帰国後，加藤病院を開業すると共に平民社の社会主義運動を援助する。34年社会主義協会に入会し，また理想団に参加。37年『直言』を創刊し，『平民新聞』が発行禁止になった38年同紙を譲渡する。39年結党の日本社会党評議員となる。40年再渡欧し，ドイツで開かれた第2インタナショナル大会に日本社会党代表として出席。帰国後の44年日本最初の実費診療所を開設して庶民の医療事業に努力し，大正5年生活社を設立，平民病院(加藤病院の改組)，平民薬局を運営するなど社会改良事業に活躍した。著書に『労働組合早わかり』(大9)や『第二維新』(大10)がある。大正9年に加治姓に復帰。昭和5(1930)年5月30日死去。享年73歳。
【文献】加藤時次郎選集(成田竜一編集) 弘隆社 昭56／加藤時次郎(成田竜一) 不二出版 昭58／幕末明治海外渡航者総覧(手塚晃編) 柏書房 平4／朝日日本歴史人物事典 朝日新聞社 平6／データベースWHO 日外アソシエーツ
〔藤田正晴〕

加藤 友三郎 かとう・ともさぶろう
文久1年2月22日(1861)～大正12年8月24日(1923) 海軍軍人，元帥 子爵 〔軍縮条約締結で活躍〕 ㊐安芸国広島大手町 ㊙イギリ

ス：1891年（軍艦建造視察）

文久1(1861)年2月22日，広島藩儒者加藤七郎兵衛の三男として生まれる。明治5年に上京して翌年に海軍兵学寮に入る。13年に同校を卒業し，海軍少尉，海軍兵学校砲術教授心得とすすむ。21年，海軍大学校へ入学し翌年に卒業する。明治24(1891)年10月20日，造兵監督官としてイギリス出張を命ぜられる。約2年間，イギリスの工場を見学し軍艦建造および兵器製作の実況を視察する。26年10月イギリスを出発しジブラルタル，アデン，コロンボ，シンガポール，香港に立ち寄り，翌年3月に帰国する。日露戦争では蔚山沖海戦でウラジオ艦隊を破り，さらに日本海海戦でバルチック艦隊を撃滅する。第1次世界大戦では青島攻略作戦にあたる。大正4年8月，第2次大隈内閣の海軍大臣となる。以後，12年まで寺内，原，高橋および加藤自身の各内閣の海軍大臣をつとめる。10年にワシントン会議に出席し軍縮条約，9ヶ国条約，4ヶ国条約などを結び，英米との協調路線をとる。11年6月には総理大臣となるが，首相在職中の大正12(1923)年8月24日，大腸癌で死去。享年63歳。　㊥東京・青山霊園
[文献]　元帥加藤友三郎伝　加藤元帥伝記編纂委員会編刊　昭3／元帥加藤友三郎（中島武）『海の名将』日東書院　昭9／元帥加藤友三郎伝（宮田光男）　加藤元帥銅像建設会　昭11／加藤友三郎（新井達夫）『三代宰相列伝』時事通信社　昭33／蒼茫の海―軍縮の父提督加藤友三郎の生涯（豊田穣）プレジデント社　昭53／日本人名大事典2　平凡社　昭54／軍人宰相列伝―山県有朋から鈴木貫太郎まで三代総理実記（小林久三）光人社　平15
〔楠家重敏〕

加藤木 重教　かとうぎ・しげのり

安政4年(1857)～昭和15年(1940)　電気技術者　〔日本初の火災報知機を製作〕　㊥磐城国平　㊙アメリカ：1888年（電話機研究）

安政4(1857)年，磐城国平に生まれる。工部大学校を卒業。工部省に入り，明治16年から電信局電気試験所で電話機，電話交換法について研究，きんちゃく型電話機を発明。電気工学者・志田林三郎の指導を受けて電灯事業，蓄電池製造などにも参画した。21年辞職して麻布の田中工場に入り，日本初の火災報知器を製作。21(1888)年アメリカに渡り電話機，交換機製作に従事し，23年帰国。帰国後深川電灯会社技師長となり，24年電気雑誌『電気之友』を創刊。29年電友社を創設した。昭和15(1940)年死去。享年84歳。
[文献]　幕末明治海外渡航者総覧（手塚晃編）柏書房　平4／データベースWHO　日外アソシエーツ
〔藤田正晴〕

門野 重九郎　かどの・じゅうくろう

慶応3年9月9日(1867)～昭和33年4月24日(1958)　実業家（大倉組副頭取）　㊥鳥羽　㊙アメリカ：1891年頃（ペンシルバニア鉄道勤務）

慶応3(1867)年9月9日，鳥羽藩士門野豊右衛門親賢の二男として生まれる。明治17年に慶応義塾の本科を卒業し，ついで24(1891)年に帝国大学工科大学で鉄道工学を学んで卒業する。この頃アメリカに渡り，ペンシルバニア鉄道に勤務して29年に帰国する。その後，山陽鉄道会社に技師として入社したが，やがて大倉組に入る。31年にイギリスへ赴き同社のロンドン支店長として活躍する。40年の帰国後，大倉組副頭取として腕をふるう。大正11年にはジェノア国際会議に，昭和8年にはロンドン国際経済会議に出席する。第2次世界大戦中に第一線から引退し，昭和33(1958)年4月24日死去。享年92歳。　㊥東京・青山霊園
[文献]　現代財界人物（藤原楚水）東洋経済出版部　昭6／平々凡々九十年（門野重九郎）実業之日本社　昭31／日本人名大事典　現代編　平凡社　昭54
〔楠家重敏〕

金井 延　かない・のぶる

元治2年2月1日(1865)～昭和8年8月13日(1933)　社会政策学者　法学博士　〔ドイツ歴史学派理論を紹介〕　㊥遠江国見附町在一言　㊙ドイツ，イギリス：1886年（経済学）

元治2(1865)年2月1日，遠江国見附町在一言，のち静岡県平民金井海三の二男として生まれる。明治18年，東京大学文学部政治学理財学科を卒業し，19(1886)年に文部省留学生としてドイツ，イギリスに派遣される。はじめドイツのハイデルベルグ大学で経済学を学び，20年にハルレ大学，翌年にはベルリン大学に転ずる。22年にイギリスに渡り，ロンドンのトインビー・ホール・カレッジで応用経済学を修める。23(1890)年11月に帰国し，ただちに帝国大学法科大学教授となる。25年に発表した「ボアソナード氏の経済論を評ス」（『法学

協会雑誌』）では，それまで横行していたイギリス学派の経済理論に代わってドイツ流の研究法を紹介して反響があった。つまりイギリス流の自由主義経済学に対し，ドイツの歴史学派の経済理論を唱えたのである。また明治30年代には社会問題に対する国家の役割を高く評価し，社会主義の台頭を抑えつつ，社会政策学会の創立に参画する。その間の29年には大蔵省参事官となる。また41年帝国学士院会員となる。同年にも再び欧米各国へ派遣され，翌年には帰国する。大正5年，経済調査会委員を任命され，8年には東京帝国大学経済学部長となる。このほか，専修，学習院，中央，法政の各大学でも教鞭をとる。また，日本勧業銀行参与理事にも就任。著書には『社会経済学』『経済学研究方法』『日本経済史総論』などがある。昭和8（1933）年8月13日死去。享年69歳。

⓼東京・青山霊園

[文献] 大日本博士録1（井関九郎編）発展社 大10／金井延の生涯と業績（河合栄治郎編）日本評論社 昭14／明治文化全集6 社会篇（明治文化研究会）日本評論社 昭30／日本人名大事典2 平凡社 昭54／日本の経済学を築いた五十人—ノン・マルクス経済学者の足跡（上久保敏）日本評論社 平15
〔楠家重敏〕

金尾 稜厳　かなお・りょうごん

嘉永7年1月18日（1854）～大正10年3月23日（1921）　政治家　〔国会開設以来の議員〕
⊕広島　㊗イギリス：1882年（宗教事情，立憲制度調査）

嘉永7（1854）年1月18日，金尾法厳の長男として広島に生まれる。河野徹に経史を学び，明治6年に上京して英学を修めた。郷里の正法寺の住職となり，9年には本願寺大学林監督にあげられ，13年には大阪教務所管事となり近畿地方の末寺を監督した。15（1882）年，イギリスに留学して政治・法律・宗教を研究した。そのあとイタリア，オーストリア，フランス，東アジア諸国を歴遊した。とくにオーストリアではスタインに立憲制度を学んだ。18年に帰国後，本願寺学務局出仕，庶務局長，護持会副会長を歴任。22年，僧籍を脱して政界に身を投じ，日本倶楽部に入り国民主義を唱えた。23年の国会開設以来，五期にわたって衆議院議員となり，富山，島根の県知事にもなった。大正10（1921）年3月23日，腎臓病のため死去。享年67歳。

[文献] 大正過去帳—物故人名辞典（稲村徹元他編）東京美術　昭48／日本人名大事典2 平凡社　昭54
〔楠家重敏〕

金杉 英五郎　かなすぎ・えいごろう

慶応1年7月13日（1865）～昭和17年1月26日（1942）　医師　医学博士　〔耳鼻咽喉科学の開祖〕　⊕千葉　㊗ドイツ：1888年

慶応1（1865）年7月13日，金杉与右衛門の二男として千葉に生まれる。のち内務書記官金杉恒の養嗣子となる。明治20年帝国大学医科大学別科修業，21（1888）年11月ドイツに留学して，ヴュルツブルク大学に入り，リンドフライシュに病理学を，キルヒネルに耳科を，ザイフェルトに鼻咽喉科を学ぶ。23年にエルランゲン大学に移り，ローゼンタールに生理学を，ストリュンペルに内科を，キゼールバッハに耳鼻科を学び学位を得る。のちベルリン大学に転じ，クラウゼ及びフレンケルに咽頭科を，ルーツェに耳科を学ぶ。24年再びヴュルツブルクに行き，耳鼻咽喉科教室の有給助手（月給50マルク）となり，1ヶ月勤務する。その間23年8月ベルリンで開催の第10回国際医学会に出席する。25年，5年間の留学を終え帰国し，当時欧州で区別されていた耳科と鼻咽喉科の二専門科を併合して一分科とし，耳鼻咽喉科学の名称を与え，高木兼寛の東京病院で診療所を開設する。ついで日本橋区久松町の自宅で東京耳鼻咽喉科医院を開設し，後進の指導にあたる。34年6月医学博士となる。大正6年衆議院議員となり同時に「日本医事週報」を経営する。8年10月ワシントンで開催の国際学術会議に日本政府委員顧問として列席。10年7月教育行政調査委員，10年12月東京慈恵会医科大学学長に就任。11年1月勅選貴族院議員となる。なお一方9年7月独協中学の理事兼校長として経営にあたり，活躍する。昭和2年10月理事及び校長を辞し，名誉校長となる。昭和17（1942）年1月26日死去。享年78歳。

[文献] 大日本博士録2　医学（井関九郎編）発展社　大正11／極刻餘音（西山信光）　金杉博士彰功会　昭10／金杉英五郎先生（石川光昭）：日本医事新報　1261　昭23／金杉英五郎前・後（藤田宗一）：日本医事新報　1539～1540　昭28／金杉英五郎先生　御生誕一〇〇年祭に寄せて（飯田芳久）：日本医事新報　2155

昭40 ／日本人名大事典　現代編　平凡社　昭54 ／極到余音―伝記・金杉英五郎（西山信光編）　大空社　平10（伝記叢書）
〔北村侑子〕

蟹吉　かにきち

生没年不詳　旅芸人　〔大竜一座のブランコ乗り〕　[生]大坂　[渡]アメリカ：1867年（メトロポリタン劇場で興行）

生没年不詳。大坂の出身。慶応3（1867）年6月大竜一座の座員としてアメリカに渡る。サンフランシスコのメトロポリタン劇場で興行を行う。ブランコ飛移りを得意芸とする。その後の消息は不明。

[文献] 異国遍路　旅芸人始末書（宮岡謙二）　修道社　昭46
〔楠家重敏〕

かね

生没年不詳　芸妓　[名]本名＝加禰　[渡]フランス：1867年（パリ万国博覧会で接待）

生没年不詳。江戸柳橋の松葉屋抱えの芸妓。慶応3（1867）年，パリ万国博覧会の折に幕府物産方の田中芳男の配下，小仕夫として瑞穂屋卯三郎と武蔵国幡羅郡四方寺村の吉田六左衛門の2人の商人に朋輩のすみ，さとともに連れられてパリに赴き会場にしつらえられた日本茶屋で観客の接待に当たり人気を博す。フランス人観客の一人で作家のプロスペル・メリメは女友だちに日本人芸妓たちの着物姿の印象を書き送っているが，帯を「こぶ」と表現して，さらに牛乳入りのコーヒーのような肌をしているとも述べている。彼女たちと同じくパリ万国博覧会に参加した杉浦譲は彼女たちから送別の和歌と俳句をもらってパリから帰国している。彼女たちの帰国については卯三郎とともに慶応4年5月7日に江戸に帰着したものとみられるが，その後の消息は不明。

[文献] 花のパリへ少年使節（高橋邦太郎）　三修社　昭54／日本とフランス（宮田仁，西堀昭）　三修社　昭54 ／日本女性人名辞典　日本図書センター　平5
〔富田仁〕

金子 堅太郎　かねこ・けんたろう

嘉永6年2月4日（1853）～昭和17年5月16日（1942）　政治家　伯爵　〔日本帝国憲法起草に参画，法令制定に尽力〕　[生]筑前国（早良郡）鳥飼村（字四反田）　[名]号＝渓水　[渡]アメリカ：1871年（法律学）

嘉永6（1853）年2月4日，福岡藩勘定所附の下級武士金子清蔵直道の長男として生まれる。文久3年1月，藩校の修猷館に入り小学，史記などを学ぶ。また同門生と太平記の会読をおこなう。明治3年に東京遊学を命ぜられ，遊学中に司法省中判事平賀義質より英語の手ほどきをうける。4（1871）年11月12日に岩倉大使一行渡米に同行し，黒田家の費用で黒田長知の随行員として団琢磨とアメリカ留学に出発する。アメリカではライス・グラマースクールのアリソン嬢より英語の指導をうけたのち同校へ入学，そののちイングリッシュ・ハイスクールに入り演劇に興味をもつようになる。9年10月ハーバード大学法科に入学する。その前後に法律家ホームズの協力により大学に講座のない憲法や行政法を独学する。当時すでに文部省留学生として在学していた小村寿太郎と寝起きを共にする。小村が切詰めた生活をしていたのに対して，彼は黒田家より年額2000円の学資を支給されていたので，避暑や避寒に行ける余裕ある留学生活を送れた。11年6月に大学を卒業して9月に横浜へ帰国し，11月に東京大学予備門の英語教員となる。その頃，帰朝者が中心となり法律や経済などに関する啓蒙運動を行っていた共存同衆なる結社に入る。また嚶鳴社，講談会にも入会し時事問題にも目をむけるようになる。12年9月には目賀田種太郎，田尻稲次郎らと築地の由利公正邸を借りて法律などを教える夜学を開く。今日の専修大学の前身である。当時，条約改正，立憲政治実施の要望が高まっていたが，彼も同志と「日本憲法草案」を起草したり，条約改正のため海外識者に正しい状況を知ってもらう必要から『ロンドン・タイムス』などにその主旨を掲載したり，在留外国人を招いて晩餐会を催したりした。これがわが国最初の洋式晩餐会といわれる。13年1月，河津祐之ら推挙により元老院第二課へ出仕する。たまたま副議長佐々木高行の諮問に応じて，フランス革命を批判したエドモンド・バークの「英国憲政論」を抄訳して『政治論略』と題して刊行する。これにより彼の政治学者としての名声が高まり，山田顕義や井上毅らと親交を持つようになる。15年，元老院権大書記官のとき，議長寺島宗則の命で書いた「各国憲法異同疑目」により伊藤博文の知遇を得て井上，伊東巳代治とともに「大日本帝国憲法」の起草に重要な役割を果た

すこととなる。18年，内閣総理大臣秘書官に任ぜられる。そののち枢密院議長秘書官，貴族院書記官長，農商務次官，農商務大臣，司法大臣，枢密院顧問などを歴任するが常に伊藤と行動を共にしている。22年から1年間ほど議院制度運営の視察や帝国憲法に対する批評を聞くために欧米に渡航し，ドイツのイェーリング，アメリカのセーヤーら法学界の権威に意見を求めた。そのおり国際法学界の権威であるイギリスのホーランドに条約改正についての策を尋ねる。また日本仏教美術研究家のビゲローの助言により後にアメリカ大統領となるルーズベルトと親交をもつ。25年9月ジュネーヴの国際公法会に出席し，条約改正に理解を求めるため説明をおこなう。27年7月に日英通商航海条約で治外法権が撤廃されたのも彼の寄与するところ大である。37年，日露戦争の際にはアメリカの政府及び世論を日本にひきつけるため，伊藤に代わって渡米する。すでに大統領になっていたルーズベルトとは親交があり，ハーバード大学の同窓でもあったのでアメリカ側は堅太郎に好意的で，日露講和にもルーズベルトが尽力してくれる。このように海外に多くの知己を持っていたことが，彼の外交上での活躍の場を広くしている。以上のような政治家としての業績以外に修史家の一面も持っている。23年，国史編纂局設立を上申し，44年には勅令によって維新史料編纂会の設立にともなって常任委員となる。そののち副総裁を経て井上馨の後任として総裁に就任し，維新関係史料の蒐集，編纂に尽力する。その事業は『概観維新史』『維新史』などの刊行によって結実する。また大正4年より宮内省臨時帝室編集局総裁として『明治天皇紀』編集にたずさわり，昭和8年に完成をみる。ほかに春畝公追頌会総裁として伊藤博文の伝記の編纂にも力を注いだ。明治33年に男爵，39年に子爵，昭和9年には伯爵を授かる。昭和17(1942)年5月2日，腎盂膀胱カタルのため発熱，同月16日，静養中の葉山恩賜松荘において死去。享年90歳。

㊤東京・青山霊園

文献 元老院大書記官金子堅太郎氏の憲法意見(不破志要)：明治文化 8(10) 昭10／金子伯とボルグ(尾佐竹猛)：明治文化 11(12) 昭13／伊東・金子の進退伺(落木正文)：明治文化 13(11) 昭15／髣髴たる金子堅太郎伯(京口元吉)：明治文化 14(12) 昭16／金子伯と維新史(藤井甚太郎)，金子伯の裏面外交(京口元吉)：明治文化 15(6) 昭17／帝国憲法と金子伯(藤井新一) 講談社 昭17／金子先生逝く(中原虎男)：染織時報 668 昭17／金子伯と岡倉天心(塩田力蔵)：国画 2(8) 昭17／金子伯と「各国憲法異同疑目」(尾佐竹猛)：明治文化 15(6) 昭17／金子伯の思い出2，3(深谷博治)：明治文化 15(6) 昭17／自叙的1〜2：改造 24(2〜3) 昭17／総裁金子伯を偲ぶ(山内英太郎)：染織時報 668 昭17／伯爵金子堅太郎氏の略歴(安達太郎)：明治文化 15(6) 昭17／輓金子渓水伯爵(町田徳)：染織時報 668 昭17／評議員伯爵金子堅太郎氏の薨去：国家学会雑誌 56(6) 昭17／本会総裁金子伯の薨去を悼む(西田博太郎)：染織時報 666 昭17／本会の大恩人故枢密顧問官伯爵金子堅太郎閣下を追悼す(大熊浅次郎)：日本史談 82 昭17／日本人名大事典 現代編 平凡社 昭54／日露戦争と金子堅太郎―広報外交の研究 増補改訂版(松村正義) 新有堂 昭62／金子堅太郎研究 第1，2集(高瀬暢彦編著) 日本大学精神文化研究所 平13，16 (日本大学精神文化研究所研究叢書)
〔湯本豪一〕

兼松 房治郎 かねまつ・ふさじろう

天保15年5月21日(1844)〜大正2年2月6日(1913) 実業家 〔日濠貿易の先駆者〕 ㊤大坂江之子島 ㊣オーストラリア：1887年(鉱物・羊毛などの実地調査)

天保15(1844)年5月21日，愛知の人広間弥兵衛の長男として大坂に生まれる。幼いころに父の出奔と母の死去を経験し，伏見の醤油屋の丁稚となり，さらに京都および大坂の商家奉公の日々を続けた。その後横浜に出て内外貿易の状況を視察し，明治に入り綿糸や雑貨を扱った。明治5年に分家して姓を兼松と改めた。翌年3月，三井組に入り三井銀行当座掛長となったが，14年11月に持病のリューマチのため辞職した。のち大阪商船会社取締役，大阪毎日新聞社主幹などを経て神戸で貿易商を再開した。当時の日本の外国貿易は極めて貧弱で，しかもその対外貿易に属する分は主として居留地の外国人が掌握している状態であった。日本米のオーストラリア輸出が有利なことを聞き込み，さらにオーストラリア研究につとめ同地が鉱物・畜産とりわけ羊毛の生産量の高いことを知った。そこで実地調査の

ため20(1887)年1月、オーストラリアの羊毛の主産地ニュー・サウス・ウェルズに渡り、首都シドニーを中心に各方面を視察し半年後に帰国。さらに22年1月、再度オーストラリアに赴き、4月にシドニー支店を開設し、日濠貿易の伸張を図った。その後、33年3月に上海および牛荘に支店を設けて対中国貿易も図ったが、翌年の財界不況で相当の打撃を受けた。しかし回復して日濠貿易を継続させた。兼松商店は神戸本店のほか東京、大阪などに支店を有し、羊毛、小麦、牛皮、雑貨の輸入と絹糸、綿布類の輸出によって年々利益をあげた。晩年に関係した事業には神港倶楽部、神戸瓦斯などがある。大正2年はじめ感冒にかかり持病の肺気腫に気管支炎を併発し、大正2(1913)年2月6日死去。享年69歳。

[文献] 兼松濠洲翁(西川丈太郎) 昭3/神戸絹業史(長谷川絹堂) 神戸絹業史編纂会 昭8/財界物故傑物伝 上 実業之世界社編輯局 昭16/兼松60年の歩み 兼松江商編刊 昭30/日本人名大事典2 平凡社 昭54
〔楠家重敏〕

嘉納 治五郎 かのう・じごろう
万延1年10月28日(1860)〜昭和13年5月4日(1938) 柔道家、教育家 〔講道館柔道の開祖〕 ㊷摂津国(菟原郡)御影村 ㊺ヨーロッパ:1889年(留学)

万延1(1860)年10月28日、灘の代表的な酒造家嘉納治郎右衛門の一族・浜東嘉納家の子として摂津国菟原郡御影村に生まれる。明治3年10歳で上京。14年東京大学文学部政治学・理財学科を卒業後、学習院講師となり、英語と理財学を教える。明治22(1889)年8月ヨーロッパに留学。24年帰国後、熊本の第五高等中学校、東京の第一高等中学校校長を経て、26年〜大正9年まで27年間にわたって東京高師校長を務めた。一方、東大在学中から柔術に親しみ、15年東京・下谷に嘉納塾(講道館)を開設し学生に柔術を指導。21年麹町富士見町の新道場で古来の柔術を改良した"柔道"の成立を宣言、講道館柔道を完成させた。42年日本初の国際オリンピック委員会(IOC)委員に就任。44年大日本体育協会を創立し会長となり、翌年のストックホルム五輪に日本初参加を実現。昭和13(1938)年東京五輪招致のためカイロ会議に出席、その帰途の5月4日に肺炎のため船中で病死。平成11年国際柔道連盟(IJF)殿堂入り第1号となる。享年79歳。

[文献] 嘉納治五郎(嘉納治五郎先生伝記編纂会編) 講道館 昭39/嘉納治五郎私の生涯と柔道(大滝忠夫編) 新人物往来社 昭47/嘉納治五郎著作集 第3巻 五月書房 昭58/柔道を創った男たち—嘉納治五郎と講道館の青春(飯塚一陽) 文芸春秋 平2/幕末明治海外渡航者総覧(手塚晃編) 柏書房 平4/嘉納治五郎著作集 第3巻 新装版(嘉納治五郎) 五月書房 平4/朝日日本歴史人物事典 朝日新聞社 平6/事典近代日本の先駆者 日外アソシエーツ 平7/嘉納治五郎—私の生涯と柔道(嘉納治五郎) 日本図書センター 平9(人間の記録)/人間っておもしろい—シリーズ「人間の記録」ガイド(「人間の記録」編集室編著) 日本図書センター 平16/データベースWHO 日外アソシエーツ
〔藤田正晴〕

狩野 庄蔵 かのう・しょうぞう
生没年不詳 盛岡藩士 ㊎諱=定安 ㊺アメリカ:1860年(遣米使節に随行)

生没年不詳。安政7(1860)年、34歳頃森田岡太郎従者として遣米使節に随行する。

[文献] 万延元年遣米使節史料集成1〜7(日米修好通商百年記念行事運営会編) 風間書房 昭36/幕末教育史の研究2—諸術伝習政策(倉沢剛) 吉川弘文館 昭59
〔富田仁〕

樺山 愛輔 かばやま・あいすけ
慶応1年5月10日(1865)〜昭和28年10月21日(1953) 政治家、実業家 伯爵 ㊷鹿児島 ㊺アメリカ:1880年(留学)

慶応1(1865)年5月10日、樺山資紀の長男として鹿児島に生まれる。明治13(1880)年、16歳でアメリカに私費留学し、アマースト大学に学ぶ。のちドイツに渡りボン大学に学ぶ。24年帰国後、国際通信、日英水力電気、蓬莱生命保険相互などの取締役、千ська火災海上再保険、千代田火災保険、函館船渠、大井川鉄道各社の重役を務めた。大正11年襲爵、14年貴族院議員、昭和4年米国ウェスリヤン大学から名誉法学博士の学位を受け、5年ロンドン軍縮会議日本代表随員となった。21年枢密顧問官。戦後グルー元駐日米国大使から寄せられた基金を基に社会教育事業資金グルー基金創設に尽力した。また日米協会長、国際文化振興会顧問、国際文化会館理事、ロックフェラー財団にも

関係，日米親善に貢献した。昭和28（1953）年10月21日死去。享年88歳。
[文献] 樺山愛輔翁（国際文化会館，グルー基金，バンクロフト奨学基金等編）昭30／幕末明治海外渡航者総覧（手塚晃編）柏書房 平4／事典近代日本の先駆者 日外アソシエーツ 平7／データベースWHO 日外アソシエーツ
〔藤田正晴〕

樺山 資英 かばやま・すけひで
明治1年11月（1868）～昭和16年3月19日（1941）
政治家 貴族院議員 ㊗アメリカ：1888年（留学）

　明治1（1868）年11月，東京に生まれる。明治21（1888）年アメリカに留学，エール大学法学部を卒業し26年10月帰国。28年陸軍通訳となる。後に台湾総督府参事官，同外事部長心得，同南進軍司令部参事官心得を経て，拓務大臣，内閣総理大臣，文部大臣の各秘書となる。大正12年9月第2次山本内閣の書記官長に就任。また満鉄理事，帝都復興参与，同審議会幹事，臨時法制審議会委員等を歴任した。東洋火災保険社長にもなった。昭和16（1941）年3月19日死去。享年74歳。
[文献] 幕末明治海外渡航者総覧（手塚晃編）柏書房 平4／データベースWHO 日外アソシエーツ
〔藤田正晴〕

加太 邦憲 かぶと・くにのり
嘉永2年5月19日（1849）～昭和4年12月4日（1929）
裁判官 貴族院議員 ㊗伊勢国桑名
㊗本名＝孝基 幼名＝三治郎のち縫殿介，号＝吉浦 ㊗フランス：1886年（法律研修）

　嘉永2（1849）年5月19日，加太孝喜の三男として伊勢の桑名城内で生まれる。安政2年大塚晩香に漢学を習い，4年藩校立教館に通い朱子学を修め，武田流の軍学を学ぶ。桑名藩主が京都所司代を務めると京都に赴いたが元治2年2月桑名に戻り，藩校で教鞭をとる。慶応2年京都勤番で再び京都に行き，武芸のかたわら西洋の兵学を修める。兵学の参考書が乏しいのでフランス語を学び原書によって学習する必要を痛感するが，京都ではそれを学ぶ時間もその方法もなかった。同年5月桑名に帰り藩校の句読師となるが，維新の混乱に巻きこまれ，ある寺に謹慎の身となる。謹慎中に同藩の小沢圭次郎を訪ねて英学を修める。だが，この英学修業が藩校で問題となり，辞表を出して東京遊学の機会を待つ。明治3年2月，のちの判事・高松範重たちと上京し八丁堀の藩邸に旅装を解き，兵学を修めるには英学より仏学の方が役に立つと考え，村上英俊の達理堂に入る。同年3月，英俊の配慮で縫殿介を邦憲と改名し，吉甫と号する。すでに60歳の高齢の英俊の老衰とともに塾生が離れる傾向に同年8月，彼も当時好評の箕作麟祥の塾に移る。鋭意勉学に励んだ甲斐あって1年半かけた英学程度の学力に4ヶ月で達したという。同年12月桑名藩の貢進生として南校に入るが，5年8月には司法省明法寮に転学する。フランスの兵学を修めるつもりでいたが，胃腸を患い軍務に耐えられないことを知ると兵学から法学に転身したのである。明法寮ではジョルジュ・ブスケやボアソナード・フォンタラビにフランスの法律を教わり，9年7月全課程を第一期生として修了する。ただちに司法省十等出仕となり，同省法学校の生徒主任兼助教授を任命される。15年12月，同校校長。ジョルジュ・アペールの『仏和法律字彙』（明治19年）の編纂に協力する。18年9月東京大学法学部長心得，19年1月翻訳課長，2月司法省書記官となるが同年（1886）3月26日にフランスに向かい，23年7月5日に帰国する。父の死のために明法寮の仲間とはかなり遅れてフランスに留学したのである。渡仏前に旧師村上英俊の窮状を知り，その救済に奔走したが，その死を異郷の地で知らされ悲嘆にくれる。23年8月大津始審裁判長を皮切りに31年6月大阪控訴院長になるまで法曹界のために尽力する。43年12月，貴族院議員に選ばれる。昭和4（1929）年12月4日死去。享年81歳。
㊗東京谷中・玉林寺
[文献] 日本人名大事典2 平凡社 昭54／加太邦憲自歴談（加太邦憲）岩波書店 昭57（岩波文庫）／フランス語事始―村上英俊とその時代（富田仁）日本放送出版協会 昭58（NHKブックス441）
〔富田仁〕

鎌田 政明 かまた・まさあき
生没年不詳 海軍楽手 ㊗イギリス：1879年（日本最初の音楽留学）

　生没年不詳。明治12（1879）年9月，有栖川宮に随行してイギリス中国艦隊アイコン・デューク号に乗り渡英する。イギリス流の軍楽を覚えるためのもので，日本最初の音楽留学生である。その後の消息は不明。

[文献] 海軍兵学校沿革（海軍兵学校編）　原書房　昭43／異国遍路　旅芸人始末書（宮岡謙二）　修道社　昭46
〔楠家重敏〕

上村　彦之丞　かみむら・ひこのじょう

嘉永2年5月1日（1849）～大正5年8月8日（1916）
海軍軍人，大将　男爵　⊕鹿児島　⊛アメリカ：1875年（軍事研修）

嘉永2(1849)年5月1日，薩摩藩士の子として鹿児島に生まれる。慶応3年赤松小三郎に英式兵学を学ぶ。明治1年鳥羽伏見の戦に従軍し，ついで会津に転戦した。3年上京し海軍兵学寮に学び海軍に入る。8年11月軍事研修のためアメリカに派遣され，9年4月に帰国。12年海軍少尉に任官し，イギリスに留学。横須賀鎮守府参謀を経て，日清戦争には海軍大佐・秋津洲艦長として従軍，日露戦争では海軍中将・第2艦隊司令官として37年8月蔚山沖海戦でウラジオストク艦隊を撃滅。38年日本海海戦にも大勝利をあげた。43年大将に進み，第1艦隊司令長官，軍事参議官などを歴任した。大正3年予備役編入。大正5(1916)年8月8日死去。享年68歳。

[文献] 幕末明治海外渡航者総覧（手塚晃編）　柏書房　平4／朝日日本歴史人物事典　朝日新聞社　平6／データベースWHO　日外アソシエーツ
〔藤田正晴〕

神谷　伝蔵　かみや・でんぞう

明治3年10月11日（1870）～昭和11年10月20日（1936）　ワイン製造業者　〔牛久ワインの醸造に成功〕　⊕山形旅籠町　⊛旧名＝小林　別名＝神谷伝兵衛（2代目）　⊛フランス：1894年（ワイン製造法）

明治3(1870)年10月11日，小林二八の二男として山形旅籠町に生まれる。本郷湯島の金原医籍店に勤務中に初代・神谷伝兵衛に働きぶりを認められ，神谷酒造に勤務することとなる。伝兵衛は長男を生まれて間もなく亡くしたため兄桂助の長女誠子を養女としていたが，彼の才能を高く評価し，27年に誠子の婿養子に迎え神谷家の後継者とする。伝兵衛はかつて横浜居留地のフレッセ商会酒類醸造所に勤めてワインづくりを学び，東京の浅草花川戸で洋酒の一ぱい飲み屋を開いていたが，輸入ぶどう酒が日本人の口に合わないことに気づき，甘味料，アルコール，有機酸などを加えて再製ぶどう酒をつくり香竄印葡萄酒と名づけて発売した。その後，蜂蜜のように甘いぶどう酒という意味で蜂印香竄葡萄酒として広く売り出し，ぶどう酒といえば蜂印香竄といわれるほどであったが，国内醸造業保護のため輸入アルコールに高い関税がかけられたので再製ぶどう酒だけに頼っていたのでは将来性がないと判断し，国産ぶどうによるワイン醸造の必要性を痛感する。そこで伝兵衛は婿養子の伝蔵をフランスに留学させることにする。27(1894)年彼はボルドーに赴き，デュボア商会所有のカルボンフラン村醸造所で土壌，肥料，接ぎ木法，耕作，害虫の駆除などワイン用ぶどうの栽培法および醸造法，ワイン関係機械の操作法などを学び，ワイン醸造の修業証を受けて31年に帰国する。その際，ワイン用ぶどうの苗木6000本，醸造用具，参考図書，土壌サンプルなどワインづくりに必要なものを持ち帰る。苗木は東京府下大久保に仮植し，伝兵衛の出身地である三河近辺に栽培場をさがしたが適地がみつからず，調査の結果，茨城県牛久村を適地として選び，同村字河原代の原野130余町歩を購入，開墾し苗木を定植する。苗木はユーロー，マルベックミルロー，ビクール，フォドグラワー，サイス，リリアングロー，コルセラー，マスコダイブノなどの品種であり，仮醸造場も建設されて牛久のぶどうが仕込まれて，3年後の34年にワインの醸造に成功する。同年3月，本格的醸造設備をもつ醸造所の建設に着手する。この醸造所はフランスのジロント州セント・エシリヨン・イーベルの醸造所をモデルとしたものである。建物は日本館，貯蔵庫，酵室，ボイラー室，地下苗木室などさまざまな施設がレンガづくりで建設される。本館は36年9月に完成し，ここに栽培から醸造，びん詰めまで1ヶ所で行える神谷シャトーが完成する。そこではワインのほかにシャンパンもつくられる。牛久ワインは英国水晶宮万国衛生食料品博覧会，パリのテュイルリ博覧会などで賞を受け，神谷シャトーはわが国の代表的シャトーとなる。伝兵衛の死後2代目伝兵衛を継ぎ昭和11(1936)年10月20日死去。享年67歳。

[文献] 合同酒精社史　合同酒精　昭45／産業遺跡を歩く（中川浩一編）　産業技術センター　昭53／日本の産業技術事始め（富田仁）　ダイヤモンド社　昭55
〔湯本豪一〕

亀井 茲明　かめい・これあき

文久1年6月15日(1861)～明治29年7月18日(1896)　侍従　伯爵　〔東洋美術学会を創立〕
⊕石見国津和野　⊗旧名＝堤　⊛イギリス：1877年〔美学・美術〕

　文久1(1861)年6月15日，公卿堤哲長の三男として生まれ，津和野藩主亀井茲監の養子となる。明治10(1877)年イギリスに留学し，ロンドン大学で語学・数学・英国史を学ぶ。帰国後23歳のときに宮内省御用掛外事課勤務となる。19年にはドイツに渡りベルリン大学に入学する。美学と美術の研究に専念し，『美術論』を執筆する。また6千点に及ぶ図案，型紙，プリント，染色を蒐集して持ち帰り，これが後に「亀井コレクション」と呼ばれ貴重な史料となる。その間17年7月8日に伯爵となる。24年に帰国ののち東洋美術学会を創立し，27年の日清戦争では写真班をつくり従軍するなど活躍し『日清戦争従軍写真帖』を残した。侍従をつとめ，明治29(1896)年7月18日死去。享年36歳。

　文献　海外における公家　大名展・第1回維新展(霞会館資料展示委員会)　霞会館　昭55／昭和新修　華族家系大成　上(霞会館諸家資料調査委員会編)　霞会館　昭57／日清戦争従軍写真帖―伯爵亀井茲明の日記(亀井茲明)　柏書房　平4／日本写真家事典―東京都写真美術館所蔵作家(東京都写真美術館執筆・監修)　淡交社　平12(東京都写真美術館叢書)
〔富田仁〕

亀吉　かめきち

文政12年(1829)～?　漁民　〔ペルーで洋服屋を開業〕　⊕尾張国内海　⊛ペルー：1841年(漂流)

　文政12(1829)年に生まれる。天保12(1841)年10月に紀州沖で漂流した尾張国内海の数左衛門船の炊事掛で，外国船に救助され仲間の長吉，十作，伊助とともにペルーのカヤオに連れて行かれる。ペルーで洋服屋になり，結婚し4人の子宝に恵まれる。明治8年には生存していたことが伝えられているが，その後の消息は不明。

　文献　日本人漂流記(川合彦充)　社会思想社　昭42(現代教養文庫A530)
〔富田仁〕

唐橋 在正　からはし・ありさだ

嘉永5年11月(1852)～昭和7年4月4日(1932)　公家　子爵　⊕京都　⊛アメリカ：1872年(留学)

　嘉永5(1852)年11月，陸軍歩兵中尉唐橋在光の二男として京都に生まれる。明治5(1872)年にアメリカに渡る。帰国後は宮中に入り，御歌所参侯などになる。昭和7(1932)年4月4日死去。享年81歳。

　文献　近代日本の海外留学史(石附実)　ミネルヴァ書房　昭47／昭和新修　華族家系大成　上(霞会館諸家資料調査委員会編)　霞会館　昭57
〔楠家重敏〕

カリフォルニヤおけい

　⇒けいを見よ

河合 浩蔵　かわい・こうぞう

安政3年1月24日(1856)～昭和9年10月6日(1934)　建築家　〔ドイツ建築様式技術の移植〕　⊕江戸本所松倉町　⊛ドイツ：1886年(西洋建築学)

　安政3(1856)年1月24日，幕臣士族河合通弘の子として本所松倉町に生まれる。明治15年5月，工部大学校造家学科に学び，コンドルの指導を受け卒業後，皇居御造営事務局に出仕する。在学中より野口幽谷について漢画を学び，篆刻家でもあった。工部省廃止後の臨時建築局の最初の職員で，19(1886)年11月，妻木頼黄，渡辺譲ら二等技師とベックマン貸費留学生の加瀬正太郎らの職工などとともにドイツに留学。ベルリンのベックマン邸でかつての東京師範学校教師グロートからドイツ語を学び，通訳をするようになるとともに，わが国の議院および諸官庁の洋風建築技術を青年職工らに学ばせるため，各専門の親方の工場で実地研修する職工やベックマン貸費留学生らの監督にあたる。帰国後，21年7月，司法省建築主任として，敷地変更，少額予算などの苦労の末ドイツ風建築の司法省庁舎(28年竣工)を完成する。その際スレート葺方の改良や職工清水米吉を採用し同庁建具用材の作成や廻階段や床材にベニヤを使用するなどの工夫をこらす。29年1月より大阪控訴院，33年神戸地方裁判所の建築にもあたる。また19年建築学会(旧造家学会)創立の際アメリカ建築学会規約を翻訳，滝大吉とともに規約書案を作成するなど尽力し，理事となる。38年神戸にて建

築事務所を開業、昭和2年同事務所廃業。昭和9(1934)年10月6日、神戸区北長狭通19番地にて脳溢血のため死去。享年79歳。

[文献] 故正員工学士河合浩蔵君を追悼す(曽禰達蔵他筆):建築雑誌 48(591) 昭9.11／ドイツ風建築の流行(建築学大系編集委員会編)『建築大系6』彰国社 昭38／エンデとベックマン―臨時建築局の壮大な夢(村松貞次郎)『お雇い外国人15 建築・土木』鹿島出版会 昭51／政府機構による近代化の展開(村松貞次郎)『日本近代建築技術史』彰国社 昭51(新建築技術叢書8)／明治時代の建築(稲垣栄三)『日本の近代建築―その成立過程』鹿島出版会 昭54／日本人名大事典2 平凡社 昭54　　　　　〔中村毅〕

川上 音二郎　かわかみ・おとじろう

文久4年1月1日(1864)～明治44年11月11日(1911)　俳優、興行師　〔新派劇の元祖〕

⊛筑前国博多(下対島小路)　⊛フランス:1893年(演劇視察)

文久4(1864)年1月1日、福岡藩主の御用商人・川上専蔵の長男として博多に生まれる。父は芝居好きで市川権十郎を贔負としていた。福岡中学に入学するが、明治11年、母ヒサの死亡が動機となり家を出て上京する。空腹のため芝・増上寺のお供えの飯を盗んだところを捕えられ、それが縁で同寺の小僧となる。その後、境内を散歩中の福沢諭吉に拾われ慶応義塾の学僕書生となる。以後、裁判所の給仕などを経験して博多にもどり巡査となる。その後、京都に出て巡査をつづけたのち大阪で中島信行が主宰する立憲政党に参加し、機関紙『立憲政党新聞』の名義人にもなる。"自由童子"と名のり政府攻撃演説や煽動を行い出版条例違反、集会条例違反、官吏侮辱などで170回以上も検挙される。政談演説が弾圧されると講釈師として政治講談を行う。これも弾圧され中村宗十郎の口ききで歌舞伎役者となり、20年には京都の阪井座に初出演する。その後、落語家・桂文之助の門に入って"浮世亭○○(マルマル)"と称し寄席に出ていたが、同門の桂藤兵衛が発明したオッペケペー節を借用して政治内容をうたいこみ人気を博す。その後、角藤定憲らの壮士芝居の影響を受けて書生芝居の組織をつくり『経国美談』『板垣君遭難実記』を上演して各地を回る。東京鳥越の中村座にも出演するが、この興行が大当りとなり、団十郎や菊五郎が見物に来たこともあって名声をあげる。26(1893)年1月、「巨魁来」を上演する直前に一座に無断でフランスへ演劇視察に出かける。帰国後、ヨーロッパの新知識を用いて「意外」「又外」「又々意外」を上演し好評を得た後、27年8月1日にはじまった日清戦争をテーマに早くも31日「壮絶快絶日清戦争」と題して上演、また年末には戦地報告劇「川上音二郎戦地見聞日記」を上演し、そのニュース性及びルポルタージュ性が評判となる。しかし戦争が終わり戦争劇も上演されなくなると音二郎の演劇はあきられ、興行は失敗を余儀なくされる。その後、31年には新派大合同を試み、藤沢浅二郎、高田実らを集めて歌舞伎座に出演するが、これも失敗する。また代議士に立候補して落選する。これらの失敗ののちボートによる海外渡航を試みるという奇行を行ったのち、32(1899)年4月に一座を率いてアメリカへ向かう。一度帰国するが再び洋行し35年に帰国する。欧米では妻の貞奴とともに「児島高徳」「道成寺」などを上演し、パリでは万国博覧会にも参加する。会場のイタリア館のスタジオでは、緋縅(ひおどし)の鎧を着て児島高徳に扮して日本の俳優として初めて映画に出演し、柔術の型をとり入れた立ちまわりを見せる。また貞奴も舞台に立ち、大人気を博す。帰国後「オセロー」などを上演するが、39年以後は興行師に専念する。しかし十分な成功をみないまま、明治44(1911)年11月11日、大阪の帝国座で死去。享年48歳。

[文献] 新派の六十年(柳永二郎)　河出書房 昭23／明治演劇史の人々―川上音二郎を中心に(松島栄一)　『日本人物史大系6 近代II』朝倉書店　昭35／ドキュメント日本人6―アウトロウ(藤森栄一他)　学芸書林　昭43／世界伝記大事典 日本・朝鮮・中国編　ほるぷ出版　昭53／日本演劇全史(河竹繁俊)　岩波書店　昭54／近代劇のあけぼの―川上音次郎とその周辺(倉田喜弘)　毎日新聞社 昭56／川上音二郎の生涯(井上精三)　葦書房 昭60／川上音二郎・貞奴―新聞にみる人物像(白川宣力編著)　雄松堂出版　昭60／川上音二郎―近代劇・破天荒な夜明け(松永伍一)　朝日新聞社　昭63(朝日選書)／博多川上音二郎(江頭光)　西日本新聞社　平8

〔湯本豪一〕

河上 謹一　かわかみ・きんいち

安政3年3月23日（1856）～昭和20年7月21日（1945）　銀行家　住友銀行重役　㊷山口　㊻イギリス：1879年（経済学, 法学）

　安政3（1856）年3月23日に生まれる。長州出身。明治12（1879）年5月17日に文部省留学生として日本を発ち, 7月21日ロンドンに到着する。10月よりロンドン・ユニバーシティ・カレッジで経済学とイギリス法を研究する。翌13年にはジェボンズ教授より理財学を, バンド教授より憲法を教授される。さらにキングス・カレッジのレオン・レビ教授から商法原理, 会社および代理法, 銀行取扱, 外国為換手続を学んだ。15年8月に帰国し, 農商務省御用掛を経て, のち住友銀行の重役となる。昭和20（1945）年7月21日死去。享年90歳。

[文献] 文部省第七～九年報　明12～14／A Few Pages of My Diary（井上十吉）：英語の日本　9(1)　大5／近代日本海外留学生史　上（渡辺実）　講談社　昭52／幕末明治海外渡航者総覧（手塚晃編）　柏書房　平4　　　　　〔楠家重敏／富田仁〕

川上 賢三　かわかみ・けんぞう

元治1年（1864）～昭和8年（1933）　実業家〔満州の農業開発に尽力〕　㊷肥前国唐津　㊻ロシア：1885年（貿易）

　元治1（1864）年肥前国唐津に生まれる。明治18（1885）年ウラジオストックに渡り, 雑貨商を営みながらロシア語の研究をする。建築請負業見習いののち, 独立して旅順で開業する。この地で, 極東太守アレキセイエフの知遇を受け, 市内の衛生事業を委託される。日露開戦に先だち, 同事業を利用し旅順要塞内の軍事謀略活動に一役買う。戦後, 大連で実業に励み, 満州（現在の中国東北地方）における銀行, 会社の創設に寄与する。また, 満州の農業開発, 果樹栽培などに尽力し成果をあげる。昭和4年頃, 健康を害し東京に帰る。昭和8（1933）年夏死去。享年70歳。

[文献] 東亜先覚志士記伝（葛生能久撰）　黒龍会昭9／明治初期の遣露留学生列伝（西村庚）：ソ連研究　8(11)　昭34.11／日本人名大事典2　平凡社　昭54　　　　　　〔小林邦久〕

川上 貞奴　かわかみ・さだやっこ

明治4年7月18日（1871）～昭和21年12月7日（1946）　女優〔国際女優第1号〕　㊷東京（市）日本橋（区両替町）　㊔本名＝貞　旧名＝小山, 浜田　㊻アメリカ：1899年（巡業公演）

　明治4（1871）年7月18日, 小山久次郎の末娘として東京日本橋に生まれる。生家は書籍と両替屋をかねる大店だったが, 芝神明町に移り没落。11年に同区住吉町の葭町芸者の置屋・浜田可免の養女として入籍される。16年に雛妓「小奴」となり, 20年には芸者「奴」を襲名し, 伊藤博文の寵愛を受けて葭町一の名妓となる。24年書生演劇川上一座を率いる音次郎と出会い, 27年に芸者を廃業して結婚。29年に川上座の劇場を新築して借金を負い, それを払いきれず劇場も手離して進退きわまっている時に, 興行師の仲介でアメリカ巡業が可能になり, 32（1899）年4月30日, 川上一座はゲーリック号で神戸を出航。5月23日にサンフランシスコに到着するが, すでに彼女が看板女優であるかのように宣伝されていて舞台に立たざるをえなくなり, 女優「貞奴」が誕生,「道成寺」「芸者と武士」に主演する。一時は興行師にだまされて惨憺たる目に遇うが, シカゴのライラック座で大評判となってようやく息をふきかえし, 貞奴は一躍スターになる。ボストンとニューヨークでも大当たりし, ロンドン公演では皇太子の耳に入りバッキンガム宮殿に招かれる。また33年の7月から11月にかけてパリの万国博覧会に出演して, ロイ・フラー劇場で大好評を博し, アンドレ・ジイド, イサドラ・ダンカン, ピカソなども観劇して著作や絵に彼女の面影を描き残すほどだった。エリーゼ宮におけるルーベー大統領主催の園遊会に各国の俳優とともに招待され,「道成寺」を演じて人気をひとり占めにし, 社交界, パリ万国博覧会の花形となり,「奴服」なるものが流行したほどセンセーションをまき起した。彼女と音次郎は大統領の名前が入ったゴールド・ピンを贈られ, オフィシェ・ド・アカデミーを受賞。つづいてブリュッセルやベルギーにも公演旅行し, 34年1月に帰国した。そして4月10日には, 新たに座員を加え, パリのロイ・フラーとの1年間公演契約を果たすため, 再渡欧する。イギリス, フランス, ベルギー, ドイツ, オーストリア, ハンガリー, ユーゴスラビア, ルーマニア, ガラツ, ポーランド, イタリ

ア，スペイン，ポルトガルで巡業，ロシアでは皇帝ニコライ二世から金時計が贈られ，行く先々でファンが押しかけた。35年8月帰国。日本で女優になる気などなかったが，これからの新演劇には女優が必要だと懇願され，翌年明治座公演の「翻案オセロ」で日本での初舞台をふむ。お伽芝居「浮かれ胡弓」「ハムレット」の成功によって女優としての自覚を得，女優第1号としての地位を確立。「モンナ=バンナ」「サロメ」「トスカ」等々によって好評を博した。世間から「河原者」としてみられることは川上音次郎をして反骨ある人間にさせ，その「意地の火焔を身に浴びて，貞奴は女優になったとも言える」が，けして音次郎の連れ合いとして蔭にいたのではなく，最初の女優として受ける強風の矢面にさらされながら，「女優業の土壌づくり」に献身し，夫とともに演劇革新のためにはたらいたという。そして40年7月24日には劇場建設のための視察と女優養成学校研究のため，夫と三度目のパリに旅立つのだ。パリの俳優学校や劇場を熱心に参観し，ブリュッセルやオランダにも立ち寄り，翌年の5月に帰国。早速6月に女優養成所仮事務所を開設し，9月には帝国女優養成所を創設するいっぽう，東京公演のほか，地方の巡業公演に赴く。44年に音次郎が他界し，夫との夢を果たすべく舞台に生きようと志すが，その意志も女優攻撃の強風に耐えきれず，ついに大正6年の明治座公演「アイーダ」を最後に引退。その後は若き日の初恋の相手，福沢諭吉の娘婿福沢桃介と同棲に入る。しかし舞台への夢は捨てきれず，13年に川上児童楽劇園を結成して残り火をかきたてた。昭和8年岐阜県鵜沼に貞照寺を建立，昭和21(1946)年12月7日，熱海の別荘で肝臓癌のため死去。享年75歳。
[墓]岐阜県各務原市鵜沼成田山・貞照寺
[文献] 芸者で洋行し女優で帰るまでの20年(太田花子):新日本　大6.1／近代美人伝(長谷川時雨)　サイレン社　昭11／貞奴実話・川上貞奴1・2(安部豊):演劇界　4〜5　昭22／マダム貞奴(神崎清):伝記　5　昭22／ドキュメント日本人6　アウトロウ(谷川健一他編)　学芸書林　昭43／近代日本女性史7　芸能(土岐迪子)　鹿島研究所出版会　昭45／川上貞奴(生方たつゑ)　『人物日本の女性史9』　集英社　昭52／川上貞奴の海外での評価1〜3(御荘金吾):日本古書通信　1〜3　昭54／日本人名大事典　現代編　平凡社　昭54／川上貞奴(尾崎秀樹)　『図説・人物日本の女性史11』　小学館　昭55／物語近代日本女優史(戸板康二)　中央公論社　昭55／川上貞奴(丸川賀世子)　『女の一生・人物近代女性史2』　講談社　昭55／マダム貞奴(杉本苑子)　集英社　昭55(集英社文庫)／明治演劇論史(松本伸子)　演劇出版社　昭55／近代劇のあけぼの(倉田喜弘)　毎日新聞社　昭56／明治の国際女優・川上貞双(タマキ・ケンジ):電電時代　昭56.7／女優貞奴(山口玲子)　新潮社　昭57／川上貞奴(童門冬二)　成美堂出版　昭59／実録川上貞奴—世界を翔けた炎の女(江崎惇)　新人物往来社　昭60／川上音二郎・貞奴—新聞にみる人物像(白川宣力編著)　雄松堂出版　昭60／新時代のパイオニアたち—人物近代女性史(瀬戸内晴美編)　講談社　平1(講談社文庫)／女優貞奴(山口玲子)　朝日新聞社　平5(朝日文庫)／夢のかたち—「自分」を生きた13人の女たち(鈴木由紀子)　ベネッセコーポレーション　平8
〔長谷川啓〕

川上 新太郎　かわかみ・しんたろう

安政5年6月27日(1858)〜昭和4年6月19日(1929)　水道工学者　[生]江戸　[渡]アメリカ:1889年(機械製造業視察)

安政5(1858)年6月27日，江戸に生まれる。明治16年東京大学理学部機械科を卒業。明治17〜22年東京職工学校教員を勤める。22(1889)年アメリカに私費渡航して機械製造業を視察して，24年帰国。東京石油に入り，同年再び渡米，25年帰国して東京市水道技師となり，淀橋浄水場の設計を担当，これは日本初の直送式ポンプの設計に当たる。29〜31年土木監督署技師となり，32年工学博士の学位を受ける。また大久保に農具などの機械製造所を開設した。更に大阪・新潟・神戸・佐賀・横須賀などの上水道関係機械の設計や，36年岐阜県海津郡石津村に日本初の水田排水工事を完成させ模範となるなど土木工学の分野で業績を上げげた。昭和4(1929)年6月19日死去。享年72歳。
[文献] 幕末明治海外渡航者総覧(手塚晃編)　柏書房　平4／データベースWHO　日外アソシエーツ
〔藤田正晴〕

川上 操六　かわかみ・そうろく

嘉永1年11月11日(1848)〜明治32年5月11日(1899)　陸軍軍人，大将　子爵　〔陸軍軍制の

改革,軍事優先の鉄道敷設に尽力〕 ㊌薩摩国 (鹿児島郡)吉野村 ㊚称号=宗之丞,雅号=猊洲 ㊗フランス:1884年(兵制視察),ドイツ:1887年(軍事研究)

　嘉永1(1848)年11月11日,薩摩藩士川上伝左衛門(親徳)の三男として生まれる。藩校造士館に学び,18歳で師範となる。明治1年,薩摩藩の分隊長として戊辰戦争に参加。4年親兵として上京し陸軍中尉となり7年少佐に昇進。10年の西南戦争では歩兵第13隊長心得として従軍,熊本城に籠城する。17年陸軍大佐に進む。同年(1884)2月,陸軍卿大山巌の随行員として桂太郎ほか14名と欧米各国へ兵制視察に出かける。一行はフランス郵船メンザレー号に乗り込み26日横浜を出港,香港でサガリエン号に乗り換え,3月26日ナポリ着。イタリアの軍港,兵学校,測量本部などをまわって陸路フランスへ向かい,5月4日入国。フランスではフォンテーヌブロー砲兵学校,各地の要塞・練兵場,造船所を視察したほか,実弾射撃訓練を見学,また戦術講義を聴講している。このあとイギリス,オランダを経由しドイツ入りしたが,この視察旅行で一行が最も長く逗留し,軍事施設の視察から軍の組織,兵制などの調査を通じて得るところが大きかったのはドイツであった。つづいてオーストリア,イギリス,アメリカなど9ヶ国の歴訪を終えて18年1月帰国。同年5月少将に昇進,参謀本部次長を兼任。19年11月,再度軍事研究のためドイツ留学を命ぜられ,乃木希典などと20(1887)年1月16日長崎を出航。イタリア経由で3月1日ベルリンに到着。留学中ドイツ参謀本部の組織をあらためて精査し,戦術の原理を体系的に学び1年足らずの間にかなりの成果をあげたが,世界に冠たる軍事力をドイツはいかにして築きあげたかお疑問であるとして留学の延期を請求,プロシャ軍政の沿革の研究に進む。21年6月14日帰国。参謀本部次長に就任後は,2度にわたる留学の研究成果をふまえてわが国陸軍の兵制および軍事教育体制の改革を急ぐ。当時すでに陸軍は,ドイツからメッケル少佐を教官に招いて指導を仰ぐなど,それまでのフランス式からドイツ式への体制のきりかえを完了していたが,彼らの留学はそれをさらに強化し,組織全般の整備拡充をなすに意義があった。滞欧中とくに軍隊動員における鉄道の重要性に注目し,26年鉄道敷設法公布にともなって鉄道会議が発足すると,初代議長に就任し軍事優先の鉄道建設を強力に推進する。この結果飛躍的な増強をみせた鉄道輸送力はその後2度の戦争で非常な威力をもつことになる。日清戦争において主戦派として開戦の決定に大きな役割を果たし,開戦後は大本営陸軍参謀として事実上全作戦を統轄する。人材登用にあたり藩閥・学閥を度外視した実力主義に徹するなど,実際的,頭脳的な組織力を発揮してわが国を戦勝に導く。戦功により28年子爵,31年大将に任ぜられたが,戦争による疲労から病いを得て,明治32(1899)年5月11日死去。享年52歳。
㊣東京・青山霊園
文献 川上将軍(鈴木栄次郎) 金港堂 明37／川上将軍(徳富猪一郎) 民友社 大4／想起す可き人(徳富猪一郎) 民友社 大4(蘇峰文選)／川上将軍と児玉大将(朝比奈知泉編) 明治功臣録刊行会 大4／近世名将言行録2(近世名将言行録刊行会編) 吉川弘文館 昭9／類聚伝記大日本史14 雄山閣 昭11／陸軍大将川上操六(徳富猪一郎) 第一公論社 昭17／川上操六(松下芳男) 文芸春秋 昭39／近代日本海外留学生史 上(渡辺実) 講談社 昭52／日本人名大事典2 平凡社 昭54／明治維新人名辞典(日本歴史学会編) 吉川弘文館 昭56／陸軍大将川上操六一伝記・川上操六(徳富猪一郎編著) 大空社 昭63(伝記叢書)　　　　〔中川高行〕

川上 俊彦　かわかみ・としひこ

文久1年12月29日(1862)～昭和10年9月12日(1935)　外交官,実業家　〔乃木・ステッセル会談の通訳,日露漁業社長〕　㊌新潟(岩船郡)村上本町　㊚幼名=銀太郎　㊗ロシア:1892年(ペテルブルグ公使館勤務)

　文久1(1862)年12月29日,越後村上藩家老川上泉太郎の長男として生まれる。明治17年東京外国語学校露語科を卒業し,外務省に勤務する。19年釜山領事館書記生,24年サンフランシスコ領事館に転じ,25(1892)年5月より公使館書記生としてペテルブルグ在勤,留学中の広瀬武夫とも親交を結ぶ。33年9月ウラジオストク貿易事務官となり,帰国途中の広瀬と再会,歓待する。日露戦争に遼東守備軍司令官附外交事務官として従軍,旅順開城の際,乃木・ステッセル両将軍の水帥営会見で通訳をつとめ,ロシア語の実力を発揮する。39年再

度ウラジオストク貿易事務官，40年ハルビン総領事，この年と42年に当時の満州・シベリアを調査旅行，報告書『北満州の産業』『極東露領と北満州』を提出。45年モスクワ総領事，大正2年南満州鉄道株式会社理事，9年ポーランド駐箚特命全権公使，14年北樺太石油利権契約締結交渉顧問としてモスクワへ赴く。15年北樺太鉱業株式会社社長，昭和2年日露漁業株式会社社長となる。昭和10（1935）年9月12日，鎌倉で死去。享年75歳。 ㊧東京・多磨霊園

|文献| 東亜先覚志士記伝（葛生能久）　黒龍会出版部　昭11／日本人名大事典2　平凡社　昭54／シベリア記（加藤九祚）　潮出版社　昭55／日本外交史人物叢書　第9巻（吉村道男監修）　ゆまに書房　平14　〔国松夏紀〕

河北 義次郎　かわきた・ぎじろう
天保15年4月（1844）〜明治24年3月8日（1891）
陸軍軍人，外交官　英国公使館御用掛，陸軍少佐　㊋長門国萩　㊥別名＝俊弼　㊤イギリス：1867年（ポンド債募集に務める）

　天保15（1844）年4月，萩に生まれる。安政5年，松下村塾に入り吉田松陰の教えをうける。慶応3（1867）年，天野清三郎と共にイギリスへ留学した。明治5年，イギリス公使館御用掛となり，翌年，大蔵大録の心得としてポンド債募集の任務につき，8月に帰国。その後，佐賀の乱に従軍して陸軍少佐となり，さらに広島衛戍司令官になる。21年にはサンフランシスコ領事となり，23年に京城代理公使を任命される。翌年，総領事を兼任するが，肺結核のため明治24（1891）年3月8日，任地で死去。享年48歳。

|文献| 廃藩以前旧長州藩人の洋行者：防長史談会雑誌　1（6）　昭43／長州藩留学生（田中助一）『英語事始』　日本ブリタニカ　昭51　〔楠家重敏〕

河北 道介　かわきた・みちすけ
嘉永3年（1850）〜明治40年（1907）　洋画家
㊋長州萩　㊤フランス：1889年（軍事研修）

　嘉永3（1850）年，長州萩に生まれる。上京し陸軍教授となる。かたわら洋画を川上冬崖，アベル・ゲリノーに師事して学ぶ。明治22（1889）年フランスへ軍事研修のため留学する。33年のパリ万国博覧会には洋画関係の事務官兼鑑査官として出席する。作品は多くないが，草創期の洋画家として「自画像」などに隠健な写実を示している。明治40（1907）年死去。享年58歳。

|文献| 日本名画家伝　物故篇（佐藤露子）　青蛙房　昭42／日仏文化交流史の研究―日本の近代化とフランス人（西堀昭）　駿河台出版社　昭56　〔村岡正明〕

河喜多 能達　かわきた・みちただ
嘉永6年8月2日（1853）〜大正14年4月3日（1925）　応用化学者　工学博士　[応用化学発達の先駆者]　㊋肥後国熊本　㊤ドイツ，イギリス：1895年（応用化学）

　嘉永6（1853）年8月2日，熊本藩士河喜多一瓢の二男として生まれる。明治8年4月，工寮に入り14年工部大学校化学科を卒業後同校で教師となる。15年工部大学校助教授となり石油試験取調委員を兼ねる。28（1895）年3月応用化学研究のためドイツとイギリスに留学。30年6月帰国し，7月帝国大学工科大学教授となり応用化学第三講座を担当する。32年3月工学博士となる。31年工業化学会の創立委員となり創立に努力するとともに，多年有機化学工業の教育と研究に精進し，ロンドン化学会員としても活躍。大正3年欧米各国へ出張。10年教授を辞職し，11年名誉教授となる。応用科学発達の父と称され，「セルロイドについて（講義）」（明31），「化学工業と化学工業教育」（大5），「酒精＾酵」（大10）など多数の論文がある。大正14（1925）年4月3日死去。享年73歳。

|文献| 前会長河喜多能達氏の薨去，略歴（田中芳雄）：工業化学雑誌　327　大14.5／明治化学の開拓者（塚原徳道）　三省堂　昭53（三省堂選書46）／日本人名大事典2　平凡社　昭54　〔中村毅〕

川崎 正左衛門　かわさき・しょうざえもん
文久3年（1863）〜明治18年6月23日（1885）　留学生　㊤アメリカ：1884年（留学）

　文久3（1863）年，西洋船舶造船所長の川崎正蔵の長男として生まれる。明治10年に慶応義塾に入る。そのかたわら書を長三洲に学ぶ。17（1884）年，九鬼公使に随行してアメリカに留学する。明治18（1885）年6月23日，病を得て同地で死去。享年23歳。

|文献| 明治過去帳―物故人名辞典（大植四郎編）　東京美術　昭46　〔楠家重敏〕

川崎 道民　かわさき・どうみん

天保2年(1831)～明治14年(1881)　佐賀藩医師　[生]佐賀　[渡]アメリカ：1860年(遣米使節に同行)，フランス：1862年(遣欧使節に同行)

天保2(1831)年，佐賀藩医松隈甫庵の四男として生まれる。のち川崎道明の養子となる。蘭学を学び佐賀藩医となる。安政7(1860)年1月，新見豊前守正興を正使とする遣米使節の御雇医師となって，米艦ポーハタン号でアメリカに向った。一行は，ワシントンで日米修好条約の批准書を交換した後，大西洋を横断し喜望峰を回って9月に帰国。また文久1(1862)年12月には経験を買われ，遣欧使節の御雇医師としてフランス・イギリスなど6ヶ国を巡り，江戸などの開港を5年間延期することなどを含めた覚書を交し12月に帰国。写真の撮影技術を覚えてもどり，藩主鍋島直大らを写す。明治5年，活字印刷の新聞を発行するが，2ヶ月で廃刊となる。明治14(1881)年死亡。享年51歳。

[文献] 夷狄の国へ—幕末遣外使節物語(尾佐竹猛)　万里閣　昭4／77人の侍アメリカへ行く(服部逸郎)　講談社　昭40／近代日本海外留学生史　上(渡辺実)　講談社　昭52／佐賀県大百科事典　佐賀新聞社編刊　昭58

〔伏見郁子〕

川崎 芳太郎　かわさき・よしたろう

明治2年1月7日(1869)～大正9年7月13日(1920)　実業家　男爵　[生]鹿児島県　[名]旧名=鬼塚　[渡]アメリカ：1890年(留学)

明治2(1869)年1月7日，川崎造船所創業者・川崎正蔵の甥として鹿児島に生まれる。明治23年駐米公使高平小五郎の援助によりニューヨークに向かい，イーストン商業学校に学び，25年に帰国後，川崎造船所に入社。同年川崎正蔵の養嗣子となる。29年株式会社川崎造船所副社長に就任。38年川崎銀行頭取となり，福徳生命，川崎汽船，国際汽船，大福海上など多くの会社重役を兼任。また，神戸高等商業学校(現・神戸大学)を創立した。大正9年男爵となる。大正9(1920)年7月13日死去。享年52歳。

[文献] 幕末明治海外渡航者総覧(手塚晃編)　柏書房　平4／朝日日本歴史人物事典　朝日新聞社　平6／データベースWHO　日外アソシエーツ

〔藤田正晴〕

川路 寛堂　かわじ・かんどう

⇒川路太郎(かわじ・たろう)を見よ

川路 太郎　かわじ・たろう

弘化1年12月21日(1845)～昭和2年2月5日(1927)　大蔵省官吏，教育者　〔神戸松陰女学校長〕　[生]江戸　[名]諱=温，雅号=寛堂　[渡]イギリス：1866年(海軍術)

弘化1(1845)年12月21日，川路聖謨の嫡男弥彰常の長男として江戸に生まれる。漢学を日下部伊三次，安積艮斎，蘭学を箕作阮甫，英学を中浜万次郎，森山多吉郎，さらに仏学をメルメ・カションに学び広い教養を身につけた。慶応2(1866)年，幕府の歩兵頭並となったが，同じころイギリスへの留学生派遣の議がおこり，留学生取締として10月渡英。横浜出帆後，イギリス海軍附教師ロイドについて英語を勉強したようであるが，高齢のため進歩が遅く「最早四十日余も英人之中に居る」のに「思ふ事も十分に話せず，実に残念也」と嘆いている。ロンドン到着後，ガス灯が道路にともり暗夜であるのに白夜のようであることなどに驚嘆した印象を綴った手紙を江戸の留守宅に書き送っている。留学生は初めモルベイの下で英語と算術を学び，のち専門教師から物理や化学などの講義をうけた。その後，ロンドン大学の予科に入学することになったが，中村正直と共に年齢超過のため入学が許されなかった。やむなく個人的にモルベイから海軍術を教えてもらうことになった。しかし滞在費の不足や幕府崩壊のため帰国を余儀なくされた。滞英わずか1年5ヶ月であった。帰国後に祖父聖謨の自刃や家の窮状を知り，横浜に出て貿易商を営んだが成功せず，明治4年大蔵省に出仕して岩倉使節団の通訳にあたった。その後，大蔵省の外国文書課長となり大蔵卿大隈重信の信任を得たが，8年大隈の命によりタイ国を視察した。翌年官を退き再び実業についたが失敗。18年，三田に英学塾月山学舎を開き英語を教授したのち26年，広島県の福山(誠之館)中学に赴き，32年には兵庫県の洲本中学に転じた。その後，淡路高等女学校と神戸松陰女学校の校長となった。大正11年に退職したのち神戸で隠居生活をつづけた。著書に『英国倒行律例』『川路聖謨之生涯』がある。昭和2(1927)年2月5日，同地で死去。享年84歳。

[文献] 徳川幕府の英国留学生—幕末留学生の研究(原平三)：歴史地理　79(5)　昭17／黒船記(川路柳三)　法政大学出版会　昭28／川路聖謨文書(日本史籍協会編)　東京大学出版会

昭42～43 ／川勝家文書(日本史籍協会編) 東京大学出版会 昭45(日本史籍協会叢書57) ／東洋金鴻—英国留学生への通信(川路聖謨著 川田貞夫校注) 平凡社 昭53(東洋文庫343)／明治維新人名辞典(日本歴史学会編) 吉川弘文館 昭56 ／遠い崖—サトウ日記抄—868～871(萩原延寿):朝日新聞夕刊 昭57 ／幕末のイギリス留学(倉沢剛) 『幕末教育史の研究2』 吉川弘文館 昭59 ／川路寛堂略伝(川路柳虹)／慶応二年幕府イギリス留学生(宮永孝) 新人物往来社 平6
〔楠家重敏／富田仁〕

川路 利恭　かわじ・としあつ

安政3年4月(1856)～大正14年1月12日(1925) 内務官僚 [生]薩摩国 [名]旧名=五代 [渡]フランス,ドイツ:1887年(留学)

安政3(1856)年4月，薩摩国に生まれ，川路利良の養子となる。内務省に入り，明治20(1887)年フランス，ドイツに留学。23年帰国。滋賀県警察部長，警視庁第一・第二部長をへ経て岐阜，奈良，熊本，福岡の各県知事を歴任した。大正14(1925)年1月12日死去。享年70歳。

[文献] 幕末明治海外渡航者総覧(手塚晃編) 柏書房 平4／データベースWHO 日外アソシエーツ
〔藤田正晴〕

川路 利良　かわじ・としよし

天保7年5月11日(1836)～明治12年10月13日(1879) 内務省官吏 〔警察行政確立の功労者〕 [生]薩摩国(鹿児島郡)吉野村比志島 [名]幼名=正之進,雅号=竜泉 [渡]ヨーロッパ:1872年(警察制度視察)

天保7(1836)年5月11日，薩摩藩士川路利愛の子として生まれる。文久3年の薩英戦争，元治1年の禁門の変に出征し奮戦したことから西郷隆盛の注目するところとなる。その後，島津久光に従い江戸に出て西洋の兵学・練兵のほか洋学を学ぶ。戊辰戦争に足軽隊長として従軍，戦功により翌明治2年，藩の兵器奉行を命ぜられる。4年親兵として上京し東京府大属となり，鹿児島から邏卒(7年巡査と改称)1000名を徴募する。5年邏卒総長に任命され，さらに江藤新平により司法省に警保寮が設置されると警保助兼大警視に任ぜられる。同年(1872)9月，西郷の推薦で欧州視察団に加わり出発，各国の警察制度を研究して翌6年帰国。復命としてただちに警察制度改革を訴える建議書を政府に提出した。その上申に基づき内務省が新設され，7年7月警保寮が移管される。さらに東京警視庁が新設されると大警視に任命され，消防章程，風俗取締心得，外国人取締心得などを定めて首都の治安強化を図り，巡査の散宿・和服着用・飲酒等を禁止して綱紀粛正を行うなど諸規則の改正・制定に取り組む。9年5月，フランス人刑法学者ガンベ・グロースを顧問に招聘，警察官を対象にフランス治罪法の講義を委嘱している。なおグロースは11年から刑法を講ずる。こうした精力的な制度改革のうらにはグロースの助力があったものとみられる。この間，征韓論の敗退から西郷ほか多数の郷士が帰郷するが，彼は警察行政の遂行に本務があるとして誘いを拒否し東京にとどまる。9年，鹿児島出身の警察官を帰郷させ私学校党の不穏な動きを監視させ，10年，西南戦争が勃発すると陸軍少将に任ぜられ，警察官を組織した別働隊を率いて従軍する。12年1月，警察・監獄制度視察のため再度出張を命ぜられフランスに渡る。しかし，渡航はじめより健康がすぐれず，滞仏半年にして重病に陥り，8月急遽帰国の途につく。10月8日からくも故国の土を踏んだが，明治12(1879)年10月13日，急性肺炎を併発して死去。享年44歳。
[墓]東京・青山霊園

[文献] 川路利良公伝(川村艶吉編) 文会堂 明12／大警視川路利良君伝(鈴木蘆堂) 大1 ／川路大警視(中村徳五郎) 日本警察新聞社 昭7 ／近世名将言行録1(同刊行会編) 吉川弘文館 昭9 ／類聚伝記大日本史14 雄山閣 昭11 ／川路利良略伝(荒木征逸) 『警察手眼全訳』 東京警察時報社 昭45 ／警察制度の整備とグロース(梅渓昇) 『お雇い外国人11』 鹿島出版会 昭46 ／日本人名大事典2 平凡社 昭54 ／明治維新人名辞典(日本歴史学会編) 吉川弘文館 昭56 ／大警視川路利良—幕末・明治を駆け抜けた巨人(加来耕三) 出版芸術社 平11 ／大警視・川路利良—日本の警察を創った男(神川武利) PHP研究所 平15 ／日本警察の父川路大警視—幕末・明治を駆け抜けた巨人(加来耕三) 講談社 平16(講談社+α文庫) 〔中川高行〕

川路 丸吉　かわじ・まるきち

生没年不詳 旅芸人 〔大竜一座の竿上り師〕 [生]大坂 [渡]アメリカ:1867年(メトロポリタン劇場で興行)

生没年不詳。大坂の出身。慶応3(1867)年6月，大竜一座の座員としてサンフランシスコに着く。メトロポリタン劇場で興行を打つが，竿上りを担当する。その後の消息は不明。
[文献] 異国遍路　旅芸人始末書(宮岡謙二)　修道社　昭46　〔楠家重敏〕

河島 醇　かわしま・あつし

弘化4年3月6日(1847)～明治44年4月27日(1911)　外務省官吏，県知事　日本勧業銀行総裁，貴族院議員　[生]鹿児島　[名]幼名＝新之允，雅号＝盤谷　[渡]イギリス：1870年(東伏見宮に同行)

弘化4(1847)年3月6日，薩摩藩士河島新五郎長寛の長男として鹿児島に生まれる。幼年に伯父長賢より漢学を習い，安政1年には藩校・造士館に入学を許される。明治3(1870)年，東伏見宮彰仁のイギリス留学の随員となり，4年には文部省留学生としてドイツへ赴く。7年の帰国後，外務省一等書記官となりドイツ公使館勤務を命ぜられた。勤務のかたわら財政経済，法律の研究を行い，ベルリン大学へも通った。11年にはロシア公使館，12年にはオーストリア公使館へと転勤した。勤務のかたわらウィーン大学へも通学。14年6月帰国，ただちに大蔵権大書記官兼外務大書記官となる。15(1882)年，伊藤博文に随って渡欧し，シュタインに行政学を学んだ。翌年，伊藤とともにロシアへ赴く。23年，国会開設とともに衆議院議員となる。30年には日本勧業銀行総裁となり，のち滋賀・福岡の両県知事をつとめ，さらに北海道庁長官を経て貴族院議員に選ばれる。明治44(1911)年4月27日，心臓病のため死去。享年65歳。　[墓]東京青山・長谷寺
[文献] 明治過去帳—物故人名辞典(大植四郎編)　東京美術　昭46／日本人名大事典2　平凡社　昭54／河島醇傳—日本勧業銀行初代総裁(河野弘善)　河島醇伝刊行会　昭56　〔楠家重敏〕

川島 甚兵衛(2代)　かわしま・じんべえ

嘉永6年5月22日(1853)～明治43年5月5日(1910)　染織家　〔川島織物工業創立者〕
[生]京都　[名]幼名＝弁次郎，号＝恩輝軒主人
[渡]フランス：1886年(織物研究)

嘉永6(1853)年5月22日，呉服悉皆屋上田屋(川島)甚兵衛の長男として京都に生まれる。明治12年父の死後，家業を継ぐ。17年川島織物工場を設立。丹後縮緬，唐錦，綴錦などの織法を改良。19(1886)年渡欧し，フランスのリヨンでゴブラン織を研究。20年帰国後，その特長を綴錦に採用。31年帝室技芸員となる。代表作に「犬追物図」「富士巻狩図」「百花百鳥」などがある。明治43(1910)年5月5日死去。享年58歳。
[文献] 恩輝軒主人小伝(橋本五雄)　川島織物　昭39／幕末明治海外渡航者総覧(手塚晃編)　柏書房　平4／朝日日本歴史人物事典　朝日新聞社　平6／データベースWHO　日外アソシエーツ　〔藤田正晴〕

川島 忠之助　かわしま・ちゅうのすけ

嘉永6年5月3日(1853)～昭和13年7月14日(1938)　翻訳家，銀行家　〔最初のフランス文学の翻訳者，ジュール・ヴェルヌを紹介〕
[生]江戸本所外手町　[渡]イタリア：1876年(蚕卵紙販売使節団の通訳)

嘉永6(1853)年5月3日，川島六知脩の末子として江戸の本所外手町に生まれる。安政5年，飛騨御料所の元締となった父に従い高山に移り住むが，父が病没したために江戸に戻り，漢学を学ぶかたわら兵式調練にも加わる。慶応3年，従兄の中島才吉の斡旋で横須賀製鉄所の製図見習工となり，仕事の必要からフランス語や英語を学ぶことになる。しかし，これを接収した明治新政府の方針が固まらず混乱が生じたため退職し，語学練習のため横浜のフランス公使館付医師ベリゼール・アレクサンドルの家に学僕として住み込む。その家でレオン・パジェスの『日仏辞書』を見て，これほど便利な辞書があるのかと驚く。5ヶ月の学僕生活の後，明治3年の春に横須賀製鉄所についての政府の方針も固まり，伝習生制度も復活したため，再び同製鉄所に入所し，造船学や機械学を修め，同時にフランス語の力をつける。ただ数学が苦手で手先も無器用だったために進路について大いに悩んだが，5年には2年間の伝習生生活を終えて月給12円で海軍省十五等出仕となる。だが，鍛冶，製缶，造船の仕事になじめず悶々としていたところ，中島才吉が神奈川県令の陸奥宗光に頼んで，官営工場として設立される富岡製糸場の通訳の職を世話してくれた。富岡製糸場では中島中之助の名で通訳のほか書類の翻訳に携わる。また渋沢栄一，古川市兵衛，原善三郎ら実業家の知遇も

得るが，当時生糸貿易に進出しようとしていた小野組が，フランスに支店を置き渋沢栄一の従兄の渋沢喜作を責任者にすえることとなり，通訳を頼んできた。1年半で富岡製糸場を辞め，フランスへの旅立ちの日を待っていたが，急に小野組が倒産するという事態になり，渡仏をあきらめざるを得なくなった。その時，富岡製糸場の首長ポール・ブリューナの紹介によって，横浜の和蘭八番館の番頭の職を得て諸官庁との連絡や館主ヘクト・リリアンタールなどの通訳を行う。9(1876)年秋，イタリアへの蚕卵紙売り込みの使節団の通訳に選ばれ，ヨーロッパに渡ることになる。この夏，イタリアやフランスの養蚕地帯は晩霜に見舞われ大きな被害を蒙ったので，日本の業者は蚕卵紙の売り込みに取りかかったが，外国人商人の間でこれを阻止する運動が起こる。日本政府は民業救済のために100万円相当買い上げたが，その処分に困って，やむなくこれをイタリアに売り込むことにし，使節団の派遣を決めたのである。11月25日，横浜を出航し，アメリカ経由でヨーロッパに向かう。アメリカではフィラデルフィアで独立100年記念博覧会が開催中であったので，サンフランシスコに上陸し，ニューヨークからフィラデルフィアに向かったのである。その途中の小駅で，ジュール・ヴェルヌ著『八十日間世界一周』のステファン・W．ホワイトによる英訳本を買い求め旅中のつれづれを慰した。すでに当時パリにいた中島才吉からヴェルヌの原書は送られて眼を通していたと言われるが，この英訳本がのちにフランス文学最初の翻訳を行うきっかけとなった。さらにフランスを回って，10年1月中旬にミラノに着き，蚕卵紙の売り込みにかかったが，失敗に終わる。しかしその間彼はスイス，パリ，ロンドンを訪れて見聞を広めた。帰途はナポリからセイロンに寄港し，7月15日に横浜に帰国した。再び和蘭八番館の番頭に戻り，ジュール・ヴェルヌの『八十日間世界一周』の翻訳にとりかかる。11年6月，朝吹英二が責任者をしていた慶応義塾出版社から『新説 八十日間世界一周』の前篇を自費出版する。この翻訳は好評で売れ行きもよかったため，13年に出版された後篇は自費出版でなく，慶応義塾出版社から発行されることになる。さらに15年9月，二度目の翻訳本としてポール・ヴェルニエの『虚無党退治奇談』を，やはり慶応義塾出版から

刊行したが，これに先立つ5月7日に彼は横浜正金銀行リヨン出張員としてフランスに向かっている。横浜正金銀行の大株主の堀越角次郎の推挙で，和蘭八番館をやめて銀行家としての道を歩み始めていたのである。リヨンでは職務の間にリヨン大学法学部の聴講生となって勉強に励むが，21年結婚のため一時帰国する。その間に矢野竜渓とも出会い，報知新聞社に入社するようにすすめられるが断っている。28年帰国し横浜正金銀行の本店に戻った。あとボンベイ支店長，本店営業支配人などを歴任して取締役となり，大正6年退職する。昭和13(1938)年7月14日死去。享年86歳。
㊙東京・青山霊園
〔文献〕川島忠之助伝　『明治初期翻訳文学の研究』(柳田泉)　春秋社　昭36／父・川島忠之助：比較文学年誌(早稲田大学比較文学研究所)　10　昭49／横須賀製鉄所の人びと―花ひらくフランス文化(富田仁，西堀昭)　有隣堂　昭58／ジュール・ヴェルヌと日本(富田仁)　花林書房　昭59　〔伏見郁子〕

川瀬 善太郎　かわせ・ぜんたろう

文久2年6月1日(1862)～昭和7年8月29日(1932)　林学者　〔林政学，森林法律学の基礎を創設〕　㊙江戸麹町(紀州藩邸内)　㊙ドイツ：1892年(林政学)

文久2(1862)年6月1日，紀州藩士川瀬成質の長男として江戸麹町の藩邸内で生まれる。その後郷里和歌山師範学校を卒業。明治23年7月帝国大学農科大学林学科を卒業，ただちに農商務省に入り林業実務に従事する。25(1892)年2月文部省留学生として林政学研究のためドイツに留学。28年7月帰国。同年8月帝国大学教授になり，林政学及び森林法律学を講義し，わが国におけるその学問の基礎を固める。29年農商務技師，山林局森林監査官を兼任，国の林政にも参与する。狩猟学にもたけていて学生たちと実地に応用するほどであった。31年同大学付属演習林長となる。32年3月林学博士となる。この頃より部落の所有林野を統一し町村の基本財産とすることを唱え，政府を動かしてその実施に努力する。大正2年5月欧米へ出張。9年東京帝国大学農学部長となり，13年停年により退官。同年明治神宮が代々木御料地に建造されることが決まると，本多静六とともに設計施工監督の任に当たる。明治25

年以来大日本山林学会の役員を務め、大正9年会長になる。会長在職中、漆樹其他有用樹の栽培や国産木材の使用を奨励し、木材と木炭規格統一に関する事業や山林所得税の是正、記念植樹などのほか演習林、農林高等学校の普及などに尽力する。著書に『林政要論』『公有林及共同林役』などがある。昭和7(1932)年8月29日死去。享年71歳。 ㊨東京中野・青原寺

[文献] 川瀬会長を憶ふ、川瀬先生の思い出：山林　599　昭7.9／川瀬先生の小伝と論文抄　大日本山林会編刊　昭9／日本人名大事典2　平凡社　昭54
〔中村毅〕

河瀬 秀治　かわせ・ひではる

天保12年12月15日(1842)～明治40年(1907)　実業家　〔商法会議所設立、美術振興に尽力〕　㊨丹後国(与佐郡)宮津　㊨通称＝外衛、雅号＝雲影　㊨オーストラリア：1880年（メルボルン博覧会）

天保12(1842)年12月15日、丹後宮津藩士牛窪藤下の三男として生まれる。のちに同藩の河瀬勘左衛門の養嗣子となる。明治1年、武蔵県知事を皮切りに以後小菅、印幡、群馬、熊谷などの県知事県令を歴任する。この間、小菅県や群馬県でアメリカ流の農業技術の導入に努力した。また熊谷県では鴨発校の名称で西洋の教育法を採用。7年内務大丞となり勧業寮権頭を兼ね、翌年、博物館掛、フィラディルフィア博覧会事務局長にもなる。さらにシドニー博覧会事務官となる。13(1880)年、メルボルン博覧会事務官長としてオーストラリアに派遣され、その途次、欧米における物産貿易の実況視察を行う。帰国後、渋沢栄一、五代友厚らと商法会議所を開設し産業専門紙を発行する。また美術を奨励するため美術協会の前身、龍池会をおこす。さらにフェノロサやビゲローらと協力して鑑定協会を起し絵画の振興に尽力する。19年、富士製紙の前身となる会社を創立する。その他、幅広く実業界で活躍する。22年、文部省より東京美術学校商議委員を命ぜられる。明治40(1907)年、67歳で死去したと伝えられる。

[文献] 河瀬秀治先生伝（斎藤一暁）上宮教会　昭16／日本人名大事典2　平凡社　昭54／明治維新人名辞典（日本歴史学会編）吉川弘文館　昭56／河瀬秀治先生伝―実記・河瀬秀治（斎藤一暁）大空社　平6（伝記叢書）
〔楠家重敏〕

河瀬 真孝　かわせ・まさたか

天保11年2月9日(1840)～大正8年9月29日(1919)　外交官　子爵　㊨周防国(吉敷郡)佐山村　㊨別名＝河瀬安次郎、音見清兵衛、通称＝石川小五郎、変名＝梅田三郎　㊨イギリス：1867年（留学）

天保11(1840)年2月9日、山口藩士石川淳介の三男として生まれる。慶応3(1867)年、イギリス商人グラヴァーの船でロンドンに留学し、明治4年6月に帰国する。この年、再びイギリスに留学し6年に帰国。さらに同年、弁理公使に命ぜられイタリア・オーストリアに在勤し、10年に帰国。翌年には特命全権大使に進みイタリアに駐在し、12年に帰国する。16年には司法大輔となるが、翌17年再び特命全権公使としてイギリスに赴く。26年、枢密顧問官に任用されたため帰国する。大正8(1919)年9月29日死去。享年80歳。夫人英子は彼がイギリスに駐在するおり、鍋島直大らの留学生を助け多くの日本人から慕われ、またロンドン社交界の花としてその名をうたわれた。

[文献] 廃藩以前旧長州藩人の洋行者：防長史談会雑誌　1(6)　明43／明治初年条約改正史の研究（下村冨士男）吉川弘文館　昭37／英語事始（日本英学史学会編）日本ブリタニカ　昭51／近代日本海外留学生史　上（渡辺実）講談社　昭52／日本人名大事典2　平凡社　昭54
〔楠家重敏〕

河田 熙　かわだ・ひろむ

天保6年(1835)～明治33年3月11日(1900)　幕臣　㊨雅号＝貫堂　㊨フランス：1864年（遣仏使節目付として随行）

天保6(1835)年、幕府儒臣河田興の長子として生まれる。文久2年外国奉行支配組頭となり、3年目付となり横浜鎖港談判使節同行を命ぜられ従五位相模守に叙任、同年(1864)12月正使池田長発、副使河津祐邦、のちの実業家益田考父子らとともに監査としてナポレオン三世治世下のフランスに渡る。案件談判の結果使命達成の不可能を知り、元治1年7月帰国し鎖港の不可を建言したが、かえって幕府の忌諱に触れ、免職・閉門を命ぜられる。のち許されて明治1年目付・大目付を拝命し、また廃藩後は徳川家の家扶を務める。10年4月徳川家達に従いイギリスに渡り、15年に帰国する。明治33(1900)年3月11日死去。享年66歳。

[墓]東京都台東区・天王寺
[文献] 明治過去帳―物故人名辞典(大植四郎編) 東京美術 昭46／近代日本海外留学生史 上(渡辺実) 講談社 昭52／明治維新人名辞典(日本歴史学会編) 吉川弘文館 昭56
〔村岡正明〕

川田 龍吉　かわだ・りょうきち

安政3年3月4日(1856)～昭和26年2月9日(1951) 実業家 男爵 [生]土佐国 [名]幼名＝熊之助 [渡]イギリス：1873年(船舶機械技術)

安政3(1856)年3月4日，土佐藩郷士川田小一郎の長男として生まれる。大阪の英語学校に学び，慶応義塾医学所を中退。明治6(1873)年イギリスに渡り，グラスゴー大学に留学し，船舶機械技術を学ぶ。さらにスコットランド・ドック会社で研修を積み，14年帰国。横浜ドックの前身，三菱製鉄所に入社し，横浜ドック初代社長。父の没後，爵位を継承。函館ドック専務を務める傍ら，七飯や上磯に農場を開き，男爵イモの輸入と普及に努めた。昭和26(1951)年2月9日死去。享年94歳。

[文献] 男爵薯の父 川田龍吉伝(館和夫) 北海道新聞社 平3(道新選書)／幕末明治海外渡航者総覧(手塚晃編) 柏書房 平4／続 北へ…―異色人物伝(北海道新聞社編) 北海道新聞社 平13／人間登場―北の歴史を彩る NHKほっからんど212 第1巻(合田一道, 日本放送協会番組取材班) 北海道出版企画センター 平15／データベースWHO 日外アソシエーツ
〔藤田正晴〕

河内 宗一　かわち・そういち

嘉永2年(1849)～? 長州藩士 [渡]フランス：1872年(刑法学)

嘉永2(1849)年，長州藩士の家に生まれる。明治4(1871)年11月12日に横浜を出航した岩倉具視使節一行とともにアメリカ経由で翌5(1872)年1月11日フランスに到着する。中江兆民とともに法律修業の留学が命じられたことが『太政官日誌』に記録されている。パレー塾で普通学を修めて刑法学を専攻したが，その後の消息は不明。

[文献] 近代日本海外留学生史 上(渡辺実) 講談社 昭52／フランスとの出会い―中江兆民とその時代(富田仁) 三修社 昭56／幕末明治海外渡航者総覧(手塚晃編) 柏書房 平4
〔富田仁〕

河内 直方　かわち・なおかた

? ～明治19年1月(1886) 官吏 [生]山口 [渡]フランス：1871年(法律研修)

生年不詳。山口藩士河内藤六の長男として生まれる。明治4(1871)年に司法省九等出仕となり官費留学生として法律研修のためフランスに渡る。6年に帰国。その後は内務省を経て長崎県，新潟県などの大書記官を務める。明治19(1886)年1月死去。

[文献] 近代日本の海外留学史(石附実) ミネルヴァ書房 昭47／幕末明治海外渡航者総覧(手塚晃編) 柏書房 平4
〔富田仁〕

河津 祐邦　かわづ・すけくに

? ～慶応4年3月(1868) 幕臣 [生]江戸 [名]通称＝三郎太郎, 伊豆守, 駿河守, 雅号＝竜門 [渡]フランス：1864年(遣仏使節副使)

生年不詳。安政1年，蝦夷地を巡回。箱館奉行支配調役に任じ，ついで組頭に進む。その後も，箱館近郷の開拓，五稜郭及び弁天砲台の製造等北蝦夷地の開拓は彼に負う所が大きいと言われている。文久2年江戸に帰り，翌3年外国奉行に任ぜられ，大久保忠恕，池田長発とともに横浜鎖港問題についてフランス公使と会談し，3(1864)年12月29日，池田筑後守の率いる遣欧使節の副使としてフランスに渡る。しかし，そこで交渉達成の不可能を知るとともに，開国，西洋文化の吸収，軍事力強化等の必要を痛感し，元治1年7月帰国した。すぐにその旨を幕府に伝えたが，かえって忌諱に触れ，免職，閉門を言い渡される。その後許されて関東郡代，勘定奉行並，長崎奉行などを歴任し，明治1年には外国副総裁，外国事務総裁などを務める一方，維新後の幕府の整理及び徳川家護持にあたったが，慶応4(1868)年3月死去。

[文献] 近代日本海外留学生史 上(渡辺実) 講談社 昭52／明治維新人名辞典(日本歴史学会編) 吉川弘文館 昭56／朝日日本歴史人物事典 朝日新聞社 平6
〔福山恵美子／富田仁〕

河津 祐之　かわづ・すけゆき

嘉永3年閏4月8日(1850)～明治27年7月12日(1894) 官吏 〔『仏国革命史』翻訳等の啓蒙思想家〕 [生]三河国西端 [名]幼名＝孫四郎 [渡]フランス：1872年(教育制度調査)

嘉永3(1850)年閏4月8日，三河藩士黒沢恕太郎の子として生まれる。明治2年，幕臣の河津

祐邦の婿養子となり家督をつぐ。早くから洋学を志して、文久2年洋書調所で英学に励み、慶応2年幕府の外国方翻訳掛となり、湯島の英仏学校で教え、一方『西洋易知録』『英和対訳辞書』『西洋英傑伝』などを刊行し語学の才をうたわれる。明治3年大学南校に出任し、大学少博士、文部少教授、文部中教授をへて編輯助となる。文部省から学科質問の命を受けて、教育制度調査の目的で、5(1872)年1月からフランスに留学する。だが養父の死により翌6年5月に帰国し、文部省五等出仕となる。8年、元老院が設けられると大書記官となる一方、沼間守一の主盟する嚶鳴社に入り、自由民権の啓蒙運動につとめる。9年、ミニエの『仏国革命史』を翻訳するが、これは当時の青年層の愛読され、民権思想を普及させるのに貢献する。その後ボアソナードを助けて法典の調査、起草にあたる。14年には大阪控訴裁判所検事長、19年に司法刑事局長、24年には通信次官などを歴任する。その間、16年には大阪の立憲政党新聞に入るかたわら、法律鑑定所・明法館を開設する。明治27(1894)年7月12日死去。享年45歳。　⊕東京谷中・玉林寺

文献 近代日本史学史の研究　明治編（小沢栄一）　吉川弘文館　昭43／近代日本海外留学生史　上（渡辺実）　講談社　昭52／日本人名大事典2　平凡社　昭54　　〔福山恵美子〕

河鰭 実文　かわばた・さねぶみ

弘化2年4月5日(1845)～明治43年7月16日(1910)　内務省官吏　子爵　⊕京都　㊦イギリス，アメリカ：1872年（留学）

弘化2(1845)年4月5日、三条実萬の五子として京都に生まれる。のち河鰭公述の養嗣子となる。明治3年東京府出仕を命ぜられ東京府権少参事となる。5(1872)年、イギリス、アメリカに留学する。8年華族会館副幹事となり、12年には内務省社寺局に勤務する。23年元老院議官に任じ貴族院議員に選ばれる。明治43(1910)年7月16日、胃癌のため死去。享年66歳。

文献 明治過去帳―物故人名辞典（大植四郎編）　東京美術　昭46／近代日本の海外留学史（石附実）　ミネルヴァ書房　昭47／日本人名大事典2　平凡社　昭54／明治維新人名辞典（日本歴史学会編）　吉川弘文館　昭56
　　〔楠家重敏〕

河原 徳立　かわはら・のりたつ

弘化1年12月3日(1845)～大正3年8月28日(1914)　実業家　瓢池園設立者　⊕江戸小石川極楽水　㊧幼名＝五之助　㊦フランス：1877年（窯業）

弘化1(1845)年12月3日、幕府金座年寄・佐藤治左衛門信古の子として江戸小石川極楽水に生まれる。幼い頃は祖父の下で養われ、安政5年(1858年)幕府徒士組頭を務めた河原家の養嗣子となる。維新後、徳川家に従って静岡に移住するが、明治4年上京、深川に居を構えて式部寮に奉職。5年内務省勧業寮に移り、ウィーン万国博覧会事務局御用掛を務めた。10(1877)年フランスを視察し翌11年帰国。のち下野して陶器工場の瓢池園を設立し、いわゆる"東京絵付"の中心人物として活躍した。明治23年藍綬褒章を受章。大正3(1914)年8月28日死去。享年71歳。　⊕東京・谷中

文献 幕末明治海外渡航者総覧（手塚晃編）　柏書房　平4／データベースWHO　日外アソシエーツ
　　〔藤田正晴〕

河原 要一　かわはら・よういち

嘉永3年5月28日(1850)～大正15年12月17日(1926)　海軍軍人、中将　⊕鹿児島　㊧幼名＝河原直之介　㊦イギリス：1876年（艦務の研究）

嘉永3(1850)年5月28日、鹿児島藩士河原魁堂の長男として生まれる。藩校に入り戊辰戦争の際選ばれて上京。官軍に従って各地に転戦し帰郷。明治4年同郷の早崎源吾らと海軍兵学寮に入り海戦術を学び、6年3月実地研究のため筑波艦に乗り組み、上海、大連湾などに回航し7年11月少尉補となる。8年4月再び筑波艦に乗り日本一周航海伝習に向かう。9年9月筑波艦艦務を免ぜられ、さらに兵学校で学ぶ。同年(1876)12月艦務研究のため、ドイツ軍艦ビネタ号に山本権兵衛らと乗り組み、喜望峰、南米、イギリスを巡航。10年6月少尉となりドイツに到着。同年11月ドイツ軍艦ライプチヒに転乗し欧州および南米に回航。当時ドイツとニカラグアの間で紛争が生じ、山本権兵衛を中心とする留学生らが参戦しようとしたが、政府がそれを許可しなかったので留学生らは退艦し11年5月に帰国。14年大尉となり諸艦に乗り組み16年11月筑紫艦副長となる。18年軍艦高千穂の注文事務のためイギリスへ出張。19年同艦の回航にあたり少佐になり高千穂の

副長に就任。同年12月清輝艦長となる。23年9月大佐に進級イギリス公使館付武官として留学生取締りのためイギリス在勤。24年吉野艦長となり、欧州に渡航し海軍技術の学理と実地の成果を示し、日清戦争に第一遊撃隊として吉野艦を率いて敵を威圧し偉勲をたてる。大正15(1926)年12月17日死去。享年77歳。
〔文献〕海軍大佐従五位河原要一(杉本勝二郎)『征清武功鑑』 国乃礎社 明29／山本権兵衛伝 上 故伯爵山本海軍大将伝記編纂会 昭13／山本権兵衛(山本英輔)『三代宰相列伝』 時事通信社 昭33／日本人名大事典2 平凡社 昭54／陸海軍将官人事総覧(外山操) 芙蓉書房 昭56　　〔中村毅〕

河辺 貞吉　かわべ・ていきち
元治1年6月26日(1864)～昭和28年1月17日(1953)　牧師〔日本自由メソヂスト教団を創設〕⊕福岡市博多⊗アメリカ：1885年(伝道活動)

　元治1(1864)年6月26日、福岡市博多に生まれる。明治18(1885)年アメリカに渡る。一たん実業界に入ったが、20年サンフランシスコでキリスト教に入信、同地の日本人教会に大信仰覚醒運動を起こし、熱烈な説教と伝道を行い、25年からアメリカ西海岸で日本人移民を対象に伝道の旅を続けた。27年帰国、29年淡路で伝道を開始、アメリカの流れをくむ日本メソジスト教会を創設した。著書に『再臨と其準備』などがある。昭和28(1953)年1月17日、大阪府吹田市で死去。享年88歳。
〔文献〕幕末明治海外渡航者総覧(手塚晃編) 柏書房 平4／データベースWHO 日外アソシエーツ　　〔藤田正晴〕

川村 勇　かわむら・いさむ
安政6年4月8日(1859)～明治9年12月22日(1876)　留学生⊕静岡⊗アメリカ：1871年(語学研修)

　安政6(1859)年4月8日に生まれる。静岡の出身。明治4(1871)年に私費で5年間の予定でアメリカに留学し、ミシガンのアナーバで語学を研修する。実際には7年に帰国する。その後の消息は不明だが、明治9(1876)年12月22日死去。享年18歳。
〔文献〕近代日本の海外留学史(石附実) ミネルヴァ書房 昭47／幕末明治海外渡航者総覧(手塚晃編) 柏書房 平4　　〔富田仁〕

川村 永之助　かわむら・えいのすけ
天保12年11月9日(1841)～明治42年1月18日(1909)　川尻組頭取〔養蚕組合を組織〕⊕秋田(和田郡)川尻村⊗イタリア：1880年(蚕種販売)

　天保12(1841)年11月9日、秋田川尻村で生まれる。明治維新後川尻養蚕改所の払い下げを受け、新たな活動を始め、品質優秀な蚕種を生産し、秋田蚕種の名声を高めた。明治10年川尻組という養蚕組合を組織し頭取となり、同時に川尻組で製造した蚕種を直輸出する方針を定めた。とくにイタリアへの輸出に積極的で、11年当時秋田中学の教師で慶応義塾出身、福沢諭吉推薦の大橋淡を通訳として、長男・恒三をトリノに派遣した。14(1880)年彼も単身イタリアに渡航し、トリノに川尻組販売出張所を設け、蚕種販売の成績を上げた。18年には日本国内の輸出蚕種紙46000枚のうち、川尻組が全国の4分の1を占める11000枚にも上った。しかし国内での蚕種は粗製濫造に陥り、微粒子病が広まり、川尻組の蚕種もその難を逃れ得なかった。一方フランスでは研究の結果、無毒の蚕種を製造することに成功したので、海外で好評を得た川尻組の蚕種販売も閉塞して、遂に18年トリノの販売店を引き上げざるを得なくなった。川尻組の蚕種輸出は10数年で消えた。彼は農蚕に熱心に従事し、人々の敬慕するところとなったが、明治42(1909)年1月18日死去。享年69歳。⊕松慶寺裏
〔文献〕開港と生糸貿易 中(藤本実也) 刀江書院 昭14／秋田人名大事典 秋田魁新報社編刊 昭49／秋田大百科事典 秋田魁新報社編刊 昭56／幕末・明治期における日伊交流(日伊協会編) 日本放送出版協会 昭59　　〔春日正男〕

川村 清雄　かわむら・きよお
嘉永5年4月26日(1852)～昭和9年5月16日(1934)　洋画家〔明治美術会を創立〕⊕江戸麹町⊚幼名=清次郎、雅号=時童⊗アメリカ：1871年(洋画)

　嘉永5(1852)年4月、幕臣の子として江戸麹町に生まれる。9歳のとき祖父に伴われて大坂に赴き、田能村直入に南画を学び、14歳の折に江戸に戻り、16歳の頃より3年間開成所画学校で川上冬崖について洋画を学んだ。明治4(1871)年徳川宗家の給費生一行とともに政治、

法律，経済を学ぶためにアメリカに留学したが，アメリカの先生より画家の天分に恵まれていることを発見されて，画学の研究に転じる。ラマンという人について絵画を学び始めるが，本格的に絵の勉強をするにはヨーロッパのほうがはるかに良いので，5年フランスへ移り，ついでイタリアへ赴きヴェネツィア美術学校へ入学した。そこで主にチイト，リッコという2人の画家から指導を受け，ヴェネツィア派風の画法を身につけた。8年間ヴェネツィアに滞在したが，そのために日本の印刷局の留学生という資格をもらい，その留学生としての学費で絵画の研究をしたのであった。14年帰国し，留学中より関係のあった大蔵省印刷局に勤めたが，間もなく退いて麹町に画学校を開設して生徒を指導した。通算12年間の海外体験を活かして文化的に自由な生活を求めて，純然たる洋画家で身を立てようとした。しかしこの時期は，フェノロサの提言などによって日本の伝統的芸術の著しい復興のときであり，また西南戦役後の経済的困難さから国粋主義の台頭の時でもあり，洋画家の最も苦しい時期であった。22年浅井忠，松岡寿，小山正太郎，山本芳翠，五姓田義松らと日本における最初の洋画団体明治美術会を創立し，その会員となった。同会の解散後35年には五姓田芳柳，東城鉦太郎，石川欽一郎らと巴会を創立し，毎年その展覧会に作品を発表したが，文展開催以後は展覧会に作品を発表しなくなった。イタリアでの恩師リッコの日本の伝統芸術は偉大であり，その日本の芸術を生かす新しい仕事をすべきだという忠告もあり，帰国後，習得した技法をもって新しく日本的な芸術を創造しようとして，日本杉や桐板にヴェネツィアで学んだヨーロッパの技法を用いて，日本趣味的な油絵を描くという実験をするようになった。代表的な作品としては，滞欧時代に描かれた「画室」（焼失）があげられる。画風はヴェネツィア風で，日本的感覚に裏打ちされた傑作といわれている。帰国後の作品は日本趣味に陥り，芸術的精神や意欲にとぼしく，滞欧中の作品に見られる本格的良さが失われていると言われている。昭和9（1934）年5月16日，奈良県丹波市町で制作中に死去。享年83歳。

[文献] 近代日本美術の研究（隈元謙次郎）　大蔵省印刷局　昭39／日本名画家伝（佐藤霞介）青蛙房　昭42／日本近代美術発達史　明治編（浦崎永錫）　東京美術　昭49／日本洋画史1　明治前期（外山卯三郎）　日貿出版社　昭53／日本人名大事典2　平凡社　昭54／幕末・明治期における日伊交流（日伊協会編）日本放送出版協会　昭59／福沢諭吉を描いた絵師―川村清雄伝（林えり子）　慶応義塾大学出版会　平12（Keio UP選書）
〔春日正男／富田仁〕

川村 駒次郎　かわむら・こまじろう
生没年不詳　旅芸人　㊙ジャマイカ：1891年頃（曲馬団に参加）

　生没年不詳。明治24（1891）年頃アメリカに渡り，曲馬団に加わる。ジャマイカで南方熊楠の知遇を得ているが，その後の消息は不明。

[文献] 異国遍路　旅芸人始末書（宮岡謙二）修道社　昭46
〔楠家重敏〕

河村 譲三郎　かわむら・じょうざぶろう
安政6年2月10日（1859）～昭和5年4月13日（1930）　裁判官　法学博士　貴族院議員　㊐京都　㊏旧名＝不破　㊙ヨーロッパ：1886年（法律学）

　安政6（1859）年2月10日，京都府士族不破確蔵の三男として生まれる。滋賀県人河村実秀の養子となる。明治19（1886）年ヨーロッパに留学し，帰国後司法省参事官，東京控訴院検事などを歴任，32年法学博士となり，35年ヘーグ万国国際法会議に出席する。39年司法次官，大審院部長，大正8年会計検査院懲戒裁判官となる。また法律取調委員会委員としても活躍し，さらに軍需評議会評議員にもなる。のち貴族院議員，錦鶏間祗候になる。民法と民事訴訟法に詳しく，富谷鈇太郎などとともに『独逸帝国民事訴訟法典』を邦訳した。昭和5（1930）年4月13日死去。享年72歳。

[文献] 近代日本海外留学生史　上（渡辺実）講談社　昭52／日本人名大事典2　平凡社　昭54
〔本郷建治〕

川村 純義　かわむら・すみよし
天保7年11月11日（1836）～明治37年8月12日（1904）　海軍軍人，大将　伯爵　㊐薩摩国　㊙オーストリア：1872年（ウィーン万国博覧会視察）

　天保7（1836）年11月11日，薩摩藩士川村与十郎の長男として生まれる。明治維新に際し，志士として奔走し，戊辰戦争においては，東北

各地で戦功をあげた。明治2年兵部大丞に任ぜられる。3年海軍掛となり，以後海軍に専従。5年海軍少輔となる。5(1872)年，ウィーン万国博覧会視察のためオーストリアに渡り。翌6年11月11日帰国。7年海軍中将兼海軍大輔となり，10年西南戦争で活躍。11年以降，海事卿となり，各鎮守府設置に尽した。17年伯爵を授けられ，翌18年宮中顧問官となる。21年枢密顧問官に任ぜられ，34年皇孫の養育主任となった。明治37(1904)年8月12日死去。享年69歳。没後大将に昇進。

[文献] 幕末明治海外渡航者総覧(手塚晃編) 柏書房 平4／朝日日本歴史人物事典 朝日新聞社 平6／事典近代日本の先駆者 日外アソシエーツ 平7／データベースWHO 日外アソシエーツ 〔藤田正晴〕

川村 宗五郎 かわむら・そうごろう

安政5年5月15日(1858)～大正5年3月18日(1916) 陸軍軍人, 中将 [生]鹿児島 [名]旧名＝大津宗五郎 [渡]ドイツ：1889年(陸軍軍事研修)

安政5(1858)年5月15日，鹿児島藩士大津六郎太の弟として生まれる。のちに川村善右衛門の養子となる。明治8年に幼年学校入学。12年陸軍歩兵少尉となり，22(1889)年2月歩兵中尉として大井菊太郎，依田昌介ら2人の中尉と6名の歩兵大尉らとともに陸軍省よりドイツへ留学。日清戦争には第2軍兵站副官，日露戦争には歩兵第37連隊長として出征。39年7月少将。歩兵第16旅団長を経て42年11月歩兵第9旅団長となる。大正1年12月中将となり神尾光臣師団長の後を継ぎ師団長となる。大正5(1916)年3月18日死去。享年59歳。

[文献] 陸海軍人物史論(安井滄溟) 博文館 大5／大正過去帳―物故人名辞典(稲村徹元他編) 東京美術 昭48／陸海軍将官人事総覧(外山操) 芙蓉書房 昭56 〔中村毅〕

河原 忠次郎 かわら・ちゅうじろう

嘉永2年4月(1849)～明治22年1月26日(1889) 窯業家 〔ヨーロッパ製陶法の移入〕 [生](佐賀)肥前国有田 [渡]オーストリア：1872年(ウィーン万国博覧会出張, 製陶法研修)

嘉永2(1849)年4月，佐賀藩指定の醸酒家善之助の末子として有田に生まれる。谷口藍田について漢学を修め，明治2年郡令百武兼定が有田磁器の輸出計画をたてるが，翌3年横浜の支店長として赴任する。4年藩政改革で帰郷。5(1872)年1月，佐野常民に従いオーストリアのウィーン万国博覧会に出張，納富介次郎，丹山陸郎とともにヨーロッパ製陶法の視察と研修のためにオーストリア，ドイツ，フランスの各製陶工場で機械製作，石膏使用法，匣鉢積法を学び，6年帰国。のち東京山下門内に設けられた製陶試験場で納富とともに全国窯業家の子弟を集めヨーロッパ製陶法を伝習する。8年2月博覧会御用掛に，さらに内務省，工部省出仕に命ぜられる。10年，納富らが江戸川製陶所を設立するのに尽力し年末に帰郷。12年に深海墨之助らと精磁会社を設立，13年頃繁栄を極める。16年アムステルダム万国博覧会出品のため出張。イギリス，フランスを訪れ，リモージュで各種の蒸気による轆轤および石膏模型型製造機械などを農商務大輔品川弥次郎から官費の貸与を受けて買い入れる。17年帰国。ヨーロッパから製陶機械を大々的に輸入した最初である。19年6月に製陶機械が長崎到着，7月運転を開始するが，病いのため長崎で入院。明治22(1899)年1月26日死去。享年41歳。

[文献] 原色陶器大辞典 淡交社 昭53／近代日本の陶磁(南邦男)『陶磁大系28』 平凡社 昭53／日本人名大事典2 平凡社 昭54／陶器大辞典 五月書房 昭55／郷土史事典 佐賀県(杉谷昭他著 三好不二雄編) 昌平社 昭56 〔中村毅〕

閑院宮 載仁親王 かんいんのみや・ことひとしんのう

慶応1年9月22日(1865)～昭和20年5月20日(1945) 陸軍軍人, 元帥, 皇族 [名]旧名＝伏見宮邦 [渡]フランス：1882年(陸軍軍事研修)

慶応1(1865)年9月22日，伏見宮邦家親王の第16王子として生まれる。明治5年閑院宮家継嗣となり同家を再興。11年親王宣下され，15(1882)年8月フランスへ留学する。同地の中学，陸士，騎兵学校，陸大を卒業し，24年7月に帰国する。32年参謀本部に入り，欧州視察ののち騎兵旅団長に任命される。日露戦争に旅団長・満州軍総司令部付として従軍，ついで大本営付として勤務。その後第一近衛師団長から大将，軍事参議官，元帥となる。昭和6年から15年参謀総長を務めるが，統帥権独立を切札とする軍部ファシズム推進の時期に，その総長の宮としての権威が利用された。昭和20(1945)年5月20日死去。享年81歳。

[文献] 近代日本海外留学生史 上（渡辺実）
講談社 昭52 〔村岡正明〕

神田 乃武 かんだ・ないぶ

安政4年2月27日（1857）～大正12年12月30日（1923） 英学者 男爵〔英語教育に尽力、正則中学の創設者〕 ㊗江戸 ㊤幼名＝信次郎
㊨アメリカ：1871年（語学研修）

　安政4（1857）年2月27日、能役者の取締役をしていた松井永世の二男として江戸に生まれる。明治1（1868）年、蘭学者神田孝平の養嗣子となる。同年、養父とともに大阪へ赴き、緒方洪庵の適々塾で英語を修める。ついで東京の大学南校に入り、パーレーの「万国史」を学ぶ。明治4（1871）年1月、森有礼に同行してグレート・リパブリック号で横浜を出航し、アメリカのサンフランシスコに上陸する。その後、ニュージャージー州ミルストンのコウイン牧師の家に身を寄せ、アメリカ史・地理・文法・作文・聖書などを学ぶ。さらにアモストハイスクールに入学して、英語・ラテン語・ギリシャ語・博物学などを修める。5年にはアモストカレッジに入り、古典語のほかにフランス語・ドイツ語なども学ぶ。当時の日記には「私は勉強の虜だ。今日もおきまりの九時間勉強した」とある。同校在学中の10年、ボストンのサウヴェールの主張する「会話による語学教育」の方法を修得したことは、その後の英語教育に決定的な影響をあたえる。12年の大晦日に帰国するが、英語を母国語のようにしていたため日本語の修練に大変苦心したと言われる。13年4月に東京大学予備門の講師として迎えられ、共立学校の教壇にも立つ。18年には東京大学の講師となる。22年正則予備校を作り、校長を長年つとめることになる。この間13年には東京基督教青年会の創設に尽力し、17年羅馬字会の幹事になり、国際交流に尽力する。さらに、英語雑誌にも多く関係するようになる。『英文学生学術雑誌』や『太陽』の英語部The Sun、『外国語雑誌』、『中学世界』、『英語世界』などで指導的地位にあった。なお、これと前後して33（1900）年6月には文部省留学生として英語教授法研究のためイギリスとドイツへ留学する。この留学でナチュラル・メソッドを日本に紹介し、英語教授法の画期をなす。44年貴族院議員となり、大正10年ワシントン会議に徳川全権の随員として赴き、さらに同年ポルトガルのリスボンで開かれた万国商業会議に貴族院議員を代表して出席する。"Kanda's New Series of English Readers"など多くの著書を刊行するが、大正12（1923）年12月30日、癌の病状に気管支炎を併発して死去。享年67歳。

[文献] 神田乃武先生・追憶と遺稿（神田記念事業委員会） 刀江書院 昭2／近代文学研究叢書23（近代文学研究室） 昭和女子大学近代文化研究所 昭40／日本近代文学大事典1（日本近代文学館編） 講談社 昭53／日本人名大事典2 平凡社 昭54／Memorials of Naibu Kanda—神田乃武先生追憶及遺稿伝記・神田乃武（神田記念事業委員会編） 大空社 平8（伝記叢書） 〔楠家重敏〕

神原 錦之丞 かんばら・きんのじょう

生没年不詳 幕臣 ㊤別姓＝蒲原 ㊨フランス：1867年（留学）

　生没年不詳。慶応3（1867）年に幕臣としてフランスに渡り、翌年帰国する。その後の消息は不明。

[文献] 近代日本の海外留学史（石附実） ミネルヴァ書房 昭47 〔富田仁〕

神戸 絢 かんべ・あや

明治12年2月16日（1879）～昭和31年2月23日（1956） ピアニスト〔フランス風の演奏法を紹介〕 ㊗東京 ㊨フランス：1906年（ピアノの修業）

　明治12（1879）年2月16日、東京に生まれる。32年東京音楽学校を卒業し、同学校の教授を務めていたが、明治39（1906）年、文部省より派遣されて、主にピアノの勉強をするためにフランスに留学した。フランスではパリ音楽院に聴講生として入学し、イシドール・フィリップに師事。42年に帰国して以来昭和5年までの21年間を、母校の教授として過ごす。明治前期においては洋楽はほとんど普及しておらず、中期以降、資本主義の発展とともに新興ブルジョワジーが中心となって学生、インテリなどを含んだ洋楽支持層がようやく形成されるが、これら支持層の形成に神戸のような海外留学生の果した役割は大きい。さらにそれまでドイツ音楽と演奏法が中心を占めていた日本で、フランスの伝統的な音楽のあり方を示したという大きな功績をも残している。昭和31（1956）年2月23日死去。享年78歳。

|文献| 近代日本海外留学生史　下（渡辺実）　講談社　昭53／日本人名大事典　現代編　平凡社　昭54
〔福山恵美子〕

【 き 】

木内 重四郎　きうち・じゅうしろう
慶応1年12月10日（1866）～大正14年1月9日（1925）　官僚，政治家　貴族院議員，京都府知事　㊐上総国　㊙アメリカ，ヨーロッパ：1889年（法律・経済）

慶応1（1866）年12月10日，上総国に生まれる。義民佐倉惣五郎の末裔。明治21年帝国大学法科大学政治学科を卒業。22年法制局参事官補となる。22（1889）年ヨーロッパに派遣され，23年5月帰国，24年農商務省参事官，26年内務書記官兼貴院書記官，以後農商務省商務局長，同商工局長，内務次官，特許局長などを歴任。この間，30（1900）年，34（1901）年にも欧米を視察。43年辞任ののち朝鮮総督府農商工部長官などを務め，44年勅選貴族院議員。大正1年官を辞し，3年京都府知事となるが，府会議員買収疑獄"豚箱事件"で収監されるが，無罪となる。大正14（1925）年1月9日死去。享年61歳。

|文献| 幕末明治海外渡航者総覧（手塚晃編）　柏書房　平4／朝日日本歴史人物事典　朝日新聞社　平6／データベースWHO　日外アソシエーツ
〔藤田正晴〕

菊地 恭三　きくち・きょうぞう
安政6年（1859）～昭和17年（1942）　実業家　貴族院議員　㊐伊予国　㊙イギリス：1887年（紡績）

安政6（1859）年，伊予国に生まれる。工部大学校機械工学科を卒業後，横須賀造船所，大阪造幣局をへて，明治20（1887）年に私費でイギリスに留学する。マンチェスター市のテクニカル・スクールに入学して紡績科に学んだ。かたわらミッドルトン市などの紡績工場やラーダム市の織巾工場で実地の研究をなした。22年1月に帰国して，大阪・平野紡績の支配人兼工務長となった。その他，尼ヶ崎紡績，摂津紡績，大日本綿糸紡績同業連合会，三十四銀行，日本レーヨン，三和銀行の要職をつとめる。大正15年には貴族院議員に選ばれる。昭和17（1942）年死去。享年82歳。

|文献| 大日本博士録5（井関九郎編）　発展社　昭5／菊地恭三翁伝（新田直蔵）　昭23／近代日本海外留学生史　上（渡辺実）　講談社　昭52
〔楠家重敏〕

菊池 恭三　きくち・きょうぞう
安政6年10月15日（1859）～昭和17年12月28日（1942）　実業家　大日本紡績社長，貴族院議員　㊐伊予国　㊙イギリス：1887年（紡績技術）

安政6（1859）年10月15日，伊予国に生まれる。明治18年工部大学校を卒業。海軍横須賀造船所，大蔵省大阪造幣局勤務を経て，明治20年平野紡績に入社。20（1887）年イギリス，フランスで機械紡績技術を修得して22年1月帰国し，平野紡績支配人兼工務部長となる。22年創立の尼ケ崎紡績の支配人を兼ね，さらに23年創立の摂津紡績の設立を担当，この三社の支配人兼工務部長となる。34年尼ケ崎紡績社長に就任。翌年平野紡績を摂津紡績に合併，大正4年摂津紡績の社長を兼任，7年には尼紡と摂津紡を合併して大日本紡績（現・ユニチカ）を発足，昭和11年まで社長，続いて15年まで会長を務めた。その間，大正15年勅選貴族院議員，日本レーヨン社長，昭和2年共同信託社長などを歴任した。昭和17（1942）年12月28日死去。享年84歳。

|文献| 幕末明治海外渡航者総覧（手塚晃編）　柏書房　平4／データベースWHO　日外アソシエーツ
〔藤田正晴〕

菊池 大麓　きくち・だいろく
安政2年3月17日（1855）～大正6年8月19日（1917）　数学者，教育行政家　理学博士　男爵　〔数学教育の振興，日本標準時の建議者〕　㊐江戸　㊋旧名＝箕作大六　幼名＝大六　㊙イギリス：1866年（留学），イギリス：1870年（数学，物理学）

安政2（1855）年3月17日，洋学者箕作秋坪の二男として江戸に生まれる。父は津山藩士菊池文理の二男であったが，同じ津山藩の洋学者箕作阮甫の二女つねと結婚し，箕作家を継いだ。長兄奎吾，弟に佳吉，元八がいる。幼時より蘭学，英学を学び，文久3年，洋学調所（のちに蕃書調所，さらに開成所と改称）に入り，10歳で開成所の素読教授当分助となる。慶応2（1866）年，12歳の時，幕府派遣留学生に選抜され渡英する。一行は総勢14名で川路太郎，

中村敬輔（正直）を取締とし，林桃三郎（董），外山捨八（正一），兄の奎吾らがいた。半年ほど下宿先で語学，算術を修めた後，ユニバーシティ・カレッジ・スクールでラテン語，英国史，数学などを学び始めるが，幕府瓦解のために半年あまりで帰国の途につく。明治1年帰国後，開成学校に入り，翌年大学出仕となるが，3（1870）年再びイギリスに留学する。6年から7年にかけて再びユニバーシティ・カレッジ・スクールで学び，成績優秀により年10ポンドの賞金を得て卒業する。ついでケンブリッジ大学セント・ジョンズ・カレッジで数学，物理学を修めて卒業，8年間の留学を経て帰国する。10年，帰国すると父の実家菊池家を継ぎ，同年発足した東京大学理学部の教授に就任する。純正数学および応用数学を講じ，近代的（西洋）数学の研究と教育の基礎づくりにあたる。帰国の年に早くも，神田孝平らと図って，数学研究の団体・東京数学会社（日本数学会，日本物理学会の前身）を設立し，雑誌を刊行している。12年には文部省印刷発行の『百科全書』の一部として，『修辞及華文』という翻訳書を出版する。これは修辞および美文学の概略を啓蒙的常識的に説いたものであるが，『小説神髄』に影響を与えたといわれる。14年，東京大学に数学科を創設，理学部長，理科大学長を歴任し，21年，理学博士の学位を受ける。20年には彼の建議によって日本標準時が決定されている。また21年刊行された『初等幾何学教科書』は，大正初年に実用数学の面から批判がおこるまで，明治期を通じて広く用いられた標準的な教科書である。これはイギリス幾何学教授改良協会の要目（明7）を基礎にして，ユークリッド幾何学の厳密な論理的思考を練磨することが目的となっている。また和算の批判的研究もし，いくつかの論文を英文で発表したほか，帝国大学，帝国学士院に和算書を蒐集させる。22年には帝国学士院会員，翌年貴族院議員となる。24年，濃尾地震の災害に際して，震災予防の必要を痛感し，翌年震災予防調査会（文部省所管）の創設を説き，みずから委員の一人になって尽力する。30年，文部省高等学務局長，ついで文部次官の要職を経て，31年には帝国大学総長となる。34年，第一次桂内閣の文部大臣となり，その後3年間文教の責に任ずる。35年には男爵となる。36年，文部大臣在任中，専門学校令を公布し，第二次大戦前における

専門教育の基本を定める。これによって官公立，とくに私立の専門学校が充実整備される気運を促し，私立専門学校が急速に発展をとげるに至る。私学の大学昇格の基礎を作った業績は大きかったが，35年に起きた教科書疑獄のために，36年，文部大臣を引責辞任する。この事件を契機に教科書国定化が急速に進められることになる。翌年新設の学習院長になり，貴族教育に力を尽すとともに，教育調査会の委員としても，菊池プランを発表するなどして，学制改革に熱意を示す。41年から大正1年まで5年間京都帝国大学総長を務める。また42年から帝国学士院長となり，晩年には枢密顧問官に列せられる。大正6年には理化学研究所を創設し所長になる。彼の創設した東京大学数学科は，明治20年代になって，ドイツで学んだ藤沢利喜太郎が加わり，内容がいちだんと整備充実し，30年代に入って，世界的に注目される業績をあげる高木貞治を出すようにまでなった。著作としては『幾何学講義1，2』（明治30，39年），『日米教育時言』（大正2年）などもある。近代日本形成期における典型的なエリートとして，学者，教育家，啓蒙家，行政家，政治家とそれぞれの役割を果たし，大正6（1917）年8月19日死去。享年63歳。

⊕東京・谷中霊園

[文献] 浜尾総長と菊池総長（佐々醒雪他著）：中央公論 25（4） 明43／数学教育史（小倉金之助） 昭7／菊池大麓先生と天野一之丞先生（窪田忠彦）：科学 18（1） 昭23／菊池大麓のケンブリッジ時代について（中山茂）：科学史研究 65 昭38／Dairoku Kikuchi (Rikitaro Fujisawa) 『学問の山なみ1』日本学士院編 昭54／日本人名大事典2 平凡社 昭54／明治維新人名辞典（日本歴史学会編） 吉川弘文館 昭56／破天荒明治留学生列伝——大英帝国に学んだ人々（小山騰） 講談社 平11（講談社選書メチエ）

〔高橋公雄〕

菊池 常三郎 きくち・つねさぶろう

安政2年8月15日（1855）～大正10年5月4日（1921） 医師 医学博士 陸軍軍医総監〔臨床医として活躍〕 ⊕肥前国小城 ㊤ドイツ：1886年（外科学）

安政2（1855）年8月15日，肥前小城藩医の家に生まれる。陸軍軍医監，大阪同生病院の菊池篤忠の弟。明治14年，陸軍省第1回委託生と

して東京大学医学部を終了し、軍医として陸軍に出仕する。19(1886)年11月30日陸軍省派遣の留学生として、軍事医学研究のためドイツに留学する。外科を専攻して23年に帰国する。25年6月わが国最初の博士となる。40年3月陸軍軍医総監。退官後は朝鮮に渡り大韓病院長となる。在韓中、刺客に刺されて重傷となった総理大臣の李完用に手術をほどこして一命を救った。その功によって韓国の勲一等大極章を贈られている。また実兄と共同して大阪に日生病院を創設する。大正6年、西宮に日生病院を独立させ、自ら診療にあたる。大正10(1921)年5月4日死去。享年67歳。

[文献] 菊池常三郎氏：中外医事新報 199 明21／近代日本海外留学生史 上（渡辺実）講談社 昭52／日本人名大事典2 平凡社 昭54
〔本郷建治〕

菊地 平八郎 きくち・へいはちろう

生没年不詳 水戸藩士 小姓頭取 ㊦フランス：1867年（遣仏使節に随行）

生没年不詳。慶応3(1867)年、徳川昭武遣仏使節に小姓頭取として随行する。

[文献] 徳川昭武滞欧記録（大塚武松編）日本史籍協会 昭7／幕末教育史の研究2―諸術伝習政策（倉沢剛）吉川弘文館 昭59／徳川武 万博殿様一代記（須見裕）中央公論社 昭59（中公新書750）
〔富田仁〕

菊松 きくまつ

生没年不詳 旅芸人〔大竜一座の綱渡り師〕
㊦大坂 ㊦アメリカ：1867年（メトロポリタン劇場で興行）

生没年不詳。大坂の出身。慶応3(1867)年6月、大竜一座の座員としてサンフランシスコに着く。メトロポリタン劇場で興行を打つが、女の綱渡りとして評判を得る。その後の消息は不明。

[文献] 異国遍路 旅芸人始末書（宮岡謙二）修道社 昭46
〔楠家重敏〕

木越 安綱 きごし・やすつな

安政1年3月25日(1854)～昭和7年3月26日(1932) 陸軍軍人、中将 男爵 ㊦加賀国
㊦旧名＝加藤 ㊦ドイツ：1882年（軍事留学）

安政1(1854)年3月25日に生まれる。加賀の出身。明治10年陸軍士官学校を卒業し陸軍少尉。15(1882)年ドイツに官費留学し、19年帰国。桂太郎とともに、ドイツ式軍政を採用した。日清、日露の戦役に従軍、27年中将。その間台湾守備隊参謀長、陸軍軍務局長、第3師団参謀、韓国臨時派遣隊司令官、第5師団長などを歴任。40年男爵。大正1年第3次桂内閣の陸相を務め、9年貴族院議員となる。昭和7(1932)年3月26日死去。享年79歳。

[文献] 幕末明治海外渡航者総覧（手塚晃編）柏書房 平4／陸軍大臣 木越安綱（舩木繁）河出書房新社 平5／朝日日本歴史人物事典 朝日新聞社 平6／データベースWHO 日外アソシエーツ
〔藤田正晴〕

岸 珍平 きし・ちんぺい

生没年不詳 従者 ㊦紀伊国 ㊦諱＝重満
㊦アメリカ：1860年（遣米使節に随行）

生没年不詳。安政7(1860)年1月、31歳頃吉田佐五右衛門の従者として遣米使節に随行する。

[文献] 万延元年遣米使節史料集成1～7（日米修好通商百年記念行事運営会編）風間書房 昭36／幕末教育史の研究2―諸術伝習政策（倉沢剛）吉川弘文館 昭59
〔富田仁〕

岸本 一郎 きしもと・いちろう

⇒億川一郎（おくかわ・いちろう）を見よ

岸本 辰雄 きしもと・たつお

嘉永5年11月8日(1852)～明治45年4月4日(1912) 法律家〔明治大学創立者〕 ㊦因幡国（邑美郡）南本寺町 ㊦幼名＝辰三郎 ㊦フランス：1876年（法律学）

嘉永5(1852)年11月8日、鳥取藩作事方下吟味役岸本平次郎（尚義）の三男として因幡国南本寺町に生まれる。藩校尚徳館でオランダ式兵法を修めたのち明治1年、御雇となり京都へ派遣される。翌2年東京詰となって上京、3年箕作麟祥方に入塾しフランス語を学ぶ。同年藩の貢進生に選ばれ大学南校に入学するが、5年明法寮に編入し、リブロールにフランス語を、ブスケ、ボワソナードに法律を学ぶ。9(1876)年、卒業と同時にボワソナードの推挙で宮城浩蔵、小倉久らと文部省からフランス留学の命を受ける。パリ大学に学び在仏4年、リサンシュ・アン・ドロワの学位を得て13年2月帰国。帰国後、太政官御用掛、東京大学講師、法制局参事官、海軍主計学校教授、大審院判事を歴任、26年退官して弁護士となる。30年には東

京弁護士会会長に就任。留学中第三共和制下のフランス人権思想に目を開かれると同時に、わが国の法律の不備や国民の権利意識の薄弱なるを痛感し、商法編纂委員、法典取調委員などにも任じられ、法典編纂に尽力するかたわら、14年1月宮城浩蔵、矢代操らと明治法律学校(現・明治大学)を創立し校長に就任、法律学の普及を図る。講師に西園寺公望(フランス行政法・憲法)、ボワソナード(自然法)らを招いたが、みずからも教壇に立ち法学通論、フランス民法・商法を講ずる。明治法律学校は直接自由民権運動とのかかわりはなかったが、当局からは終始監視され、開校当時彼の教室には国事探偵の姿もあったといわれる。22年、当時その公布・施行の可否をめぐり喧しく論争されていた民法草案を講義しようとして文部大臣榎本武揚に許可願いを提出、論議を呼ぶ。このように官途にありながら私学経営に情熱を注いだ理由は、学問の真のあり方を自立、とくに政治権力からの独立のうちに見ていたからである。その後、創立者の他の2人が早世したため、36年、改組後の明治大学の学長を務める。明治45(1912)年4月4日、会議のため大学へ向かう途中、心臓発作におそわれ死去。享年61歳。
墓東京・谷中霊園
文献 近代日本海外留学生史 上(渡辺実) 講談社 昭52／日本人名大事典2 平凡社 昭54／岸本辰雄の生涯(小松俊雄、三枝一雄) 復刻版 『商法講義』解題 昭55／明治大学の誕生—創設の志と岸本辰雄(別府昭郎) 学文社 平11 〔中川高行〕

岸本 能武太 きしもと・のぶた
慶応1年12月6日(1866)～昭和3年11月16日(1928) 宗教学者, 英語学者 早稲田大学教授 生岡山藩 留アメリカ:1890年(留学)
慶応1(1866)年12月6日、岡山藩士・滝義夫の二男として生まれる。同志社英学校・同志社神学校に学び、明治15年新島襄により受洗、20年卒業後、23年渡米し、ハーバート大学に留学、宗教哲学、比較宗教学を学ぶ。27年帰国し、東京神学校や東京専門学校などで宗教学を講義。29年姉崎正治とともに比較宗教研究会を主宰した。31年片山潜らと社会主義研究会を結成。41年早稲田大学教授に就任して以後は英語学者として有名になった。また晩年は岡田式静座法にうち込み『岡田式静座三年』

を刊行。著書に『社会学』『宗教研究』などがある。昭和3(1928)年11月16日死去。享年64歳。
文献 幕末明治海外渡航者総覧(手塚晃編) 柏書房 平4／朝日日本歴史人物事典 朝日新聞社 平6／データベースWHO 日外アソシエーツ 〔藤田正晴〕

岸良 兼養 きしら・かねやす
天保8年8月(1837)～明治16年11月15日(1883) 裁判官 大審院院長 生鹿児島 幼名=俊助、通称=岸良七之丞(キシラシチノジョウ)
留ヨーロッパ:1872年(司法研修)
天保8(1837)年8月、鹿児島藩士岸良兼善の長男として生まれる。維新後、議政官史官試補、監察司知事、刑部少丞、司法少丞となる。明治5(1872)年、司法省の命をうけて欧米に渡る。翌6年9月に帰国。7年大検事となり佐賀の乱の裁判などに関わる。12年に大審院判事となり、16年に元老院議官となる。明治16(1883)年11月15日死去。享年47歳。
文献 近代日本の海外留学史(石附実) ミネルヴァ書房 昭47／朝日日本歴史人物事典 朝日新聞社 平6 〔楠家重敏/富田仁〕

金須 嘉之進 きす・よしのしん
慶応2年(1866)～昭和26年4月7日(1951) 聖歌隊指揮者 生仙台 洗礼名=インノケンティ 留ロシア:1891年(聖歌指揮法)
慶応2(1866)年、仙台に生まれる。明治14年正教神学校に入学、ヤコフ・チハイのもとで聖歌隊の指揮を学ぶ。24(1891)年ロシアに留学、ペテルブルグの帝室音楽学校で、ヴァイオリン、聖歌指揮法を修め、27年末に帰国。大正8年頃、鉄道省嘱託として満州に渡り、通訳官をつとめたこともあるが、主として駿河台の東京復活大聖堂(通称・ニコライ堂)付きの聖歌隊指揮者に終始する。『聖歌譜』の翻訳もある。昭和26(1951)年4月7日死去。享年86歳。
文献〔庄司鍾五郎追悼記事〕:正教時報 26(3) 昭12／日本正教史(牛丸康夫) 日本ハリストス正教会教団府主教庁 昭53 〔長縄光男〕

城多 虎雄 きた・とらお
安政1年(1854)～明治20年(1887) 評論家、政治家 滋賀県議・議長 生伊勢国菰野
幼旧名=小津 留オーストリア:1880年(メルボルン万国博覧会)

安政1(1854)年、伊勢国菰野に生まれる。幕府の開成所に学び、明治13(1880)年英語の才を認められメルボルン万国博覧会に随行、欧米を巡遊して帰国。次いで成島柳北の求めに応じ『朝野新聞』に執筆、健筆をうたわれたが、病気で帰郷、19年滋賀県議となり、県会議長をつとめた。明治20(1887)年死去。享年34歳。
[文献] 幕末明治海外渡航者総覧(手塚晃編) 柏書房 平2／データベースWHO 日外アソシエーツ 〔藤田正晴〕

北尾 次郎　きたお・じろう
嘉永6年7月4日(1853)～明治40年9月7日(1907)　気象学者　理学博士　〔検光器、測定器などを発明〕　⊕松江　⊕旧名＝松村録次郎　㊂ドイツ：1870年(物理学)

嘉永6(1853)年7月4日、松江藩医松村寛祐の長男として生まれる。明治2年藩医で蘭学者であった北尾瀬一郎の養子となり、その家を継ぐ。10歳で藩儒の内村友輔の門に入り、13歳のときに『綱鑑』を通読しその早熟ぶりが人びとを驚かせた。明治1年東京に出て開成所に入り、12月に大阪大学南校に移って英学と物理学を修める。2(1870)年12月選ばれてドイツに留学することになり、ギムナジウムを経て6年にベルリン大学に入り、キルヒホフ、ヘルムホルツ、クンマーなどの指導をうける。のちにゲッチンゲン大学に移り、12年12学位をうける。その後ベルリンに帰り、ヘルムホルツについて物理学の実験的研究をする。留学中にロイコスコープ(検光器)、ステレオメーター(測容器)、穀粒剛性試験器を発明し、学界を驚かした。とくに穀粒剛性試験器は、今日でももっとも正確な穀粒の剛性を測るために欠かせないものとされている。16年10月にベルリン生まれのルイゼと結婚し、12月に帰国する。帰国後、農科大学教授として農林物理学、気象学などを担当する。その業績は国内よりも国外で早くから高く評価されている。有名なものは「大気運動と颶風に関する理論」(独文)である。その内容は長く後世まで影響をおよぼし、グーテンベルクの『地球物理学提要』などにも引用されている。のちにその学説はハウルウィッツにより追跡祖述されている。死後、知友・門人の努力によって彼の論文集(独文)が42年に刊行される。また長編小説『森の

女神』(未刊)が独文で書かれている。明治40(1907)年9月7日死去。享年55歳。
[文献] フランスに魅せられた人びと(富田仁) カルチャー出版局 昭51／近代日本海外留学生 上(渡辺実) 講談社 昭52／日本人名大事典2 平凡社 昭54／オリジナリティを訪ねて 3 輝いた日本人たち(富士通編) 富士通経営研修所 平11(富士通ブックス)
〔本郷建治〕

北川 乙治郎　きたがわ・おとじろう
元治1年6月17日(1864)～大正11年10月29日(1922)　医師　和歌山県立病院長　⊕滋賀(伊香郡)古保利村(字西阿閇)　㊂ドイツ：1887年(外科学)

元治1(1864)年6月17日、滋賀に生まれる。東京大学医学部の特待生となる。明治20(1887)年、陸軍軍医監石黒忠悳の一行と欧州に渡航し、ベルリン大学に入学する。ついでヴュルツブルク大学に転じ、外科学を専攻する。さらにオーストリア、フランス、イギリスの各大学を経て23年帰国。同年、和歌山県立病院長となる。24年名古屋の私立病院好生館の院長となった。大正11(1922)年10月29日死去。享年59歳。　⑧八事霊園
[文献] 現代滋賀県人物史(布施整亮編) 暉龍社 大8／愛知県偉人伝(愛知県教育会) 新編愛知一師 昭9(偉人文庫)／近江伊香郡志(富田八右衛門) 江地図書館 昭27／明治の名古屋人 名古屋市教育委員会 昭44／近代日本海外留学生史 上(渡辺実) 講談社 昭52
〔北村侑子〕

北里 柴三郎　きたざと・しばさぶろう
嘉永5年12月20日(1853)～昭和6年6月13日(1931)　細菌学者　医学博士　男爵　〔破傷風の血清治療の発見者〕　⊕肥後国(阿蘇郡)小国郷北里村　㊂ドイツ：1885年(細菌学)

嘉永5(1853)年12月20日、北里惟信の長男として肥後国小国郷北里村に生まれる。明治2年藩学校時修館、4年には熊本医学校に入学する。緒方正規、浜田玄達、弘田長らと同窓。7年7月上京して東京大学医学部に学び、16年卒業。内務省衛生局に勤務。緒方正規について衛生学、細菌学を学ぶ。18(1885)年11月ドイツに留学を命ぜられる。19年1月、ベルリン大学に留学、ロベルト・コッホに師事する。生来語学に堪能であり、大学時代からドイツ語及

びラテン語の教師ランゲのもとで特別教授を受け、またランゲの日本外史研究を助けるなどしてドイツ語に熟達する。コッホから与えられた最初のテーマは「チフス菌及びコレラ菌の含酸或は含アルカリ培養基における関係」であって細菌の培養、消毒など細菌学に関する基礎知識を確立し、業績を外国雑誌に発表した最初となる。コレラ菌について(1)乾燥及温熱に対する抵抗力(2)人糞中の生活(3)乳中における関係の研究、さらに「人工培養基上に於ける病原及非病原菌に対するコレラ菌の関係」の実験成果を公けにし、コレラの研究を終了する。オランダのプーケルハーリングが発表した脚気菌は脚気と何ら関係のないことを証明し、いわゆる緒方菌も学問上、何ら価値がないことをも証明する。20年ウィーンで開催された万国衛生会議には内務省の命により、石黒忠悳日本代表に従って出席する。22(1889)年破傷風菌の純粋培養に成功し、翌年破傷風免疫体を発見する。さらにベーリングとの協同研究によるジフテリアの血清療法を考案する。24年10月帰国、医学博士となる。25年ドイツより「プロフェッサー」の称号を贈られる。長与専斉、福沢諭吉、長谷川泰の後援により、芝愛宕下に伝染病研究所を設立して所長となり、わが国の細菌学血清学の基を開く。結核患者の治療のための養生園を開設する。27年香港でペストが猛威をふるっていた際、帝国大学より青山胤通、宮本叔、内務省より彼と石神亨が出張調査を命ぜられ、病原研究に従事し、ペスト菌を発見する。32年同研究所が官立伝染病研究所になり、引き続き所長に任命される。大正3年同所が東京帝国大学に移管されると辞職。7年10月社団法人北里研究所を起こす。これより先、明治16年2月大日本私立衛生会の創立以来一般衛生思想の普及発達に力をつくし、また日本結核予防協会の理事長となり、42年恩賜財団済生会の創設に当たり、その評議員となって医務を主管し、社会事業に貢献すること多大である。大正5年慶応義塾大学医学部創立の時、学部長兼付属医院長として医学教育に従事し、昭和3年辞職して顧問となる。大正12年11月日本医師会会長に推され、帝国学士院会員、貴族院議員となる。13年男爵を授与される。なおイギリス王立学士院会員、米、独、仏、その他諸国学会の名誉会員に推薦され、独、仏、その他各国より勲章を贈られ

る。昭和6(1931)年6月13日死去。享年80歳。
㊤東京・青山霊園
文献 北里柴三郎伝(北里研究所) 岩波書店 昭7／北里柴三郎博士(福田令寿) 熊本県教育会 昭24／医学界の偉人北里柴三郎(寺島荘二) 世界社 昭27／北里柴三郎(高野六郎) 日本書房 昭34(現代伝記全集)／二〇世紀を動かした人々3 講談社 昭38／日本人名大事典2 平凡社 昭54／北里柴三郎(長木大三) 慶応通信 昭61／北里柴三郎の生涯—第1回ノーベル賞候補(砂川幸雄) NTT出版 平15／ドンネルの男・北里柴三郎 下(山崎光夫) 東洋経済新報社 平15／ドンネルの男・北里柴三郎 上(山崎光夫) 東洋経済新報社 平15　〔北村侑子〕

北白川宮 能久親王　きたしらかわのみや・よしひさしんのう

弘化4年2月16日(1847)～明治28年10月28日(1895)　皇族、陸軍軍人、大将　北白川宮の第1代、伏見宮邦家親王第9王子　㊅幼名=満宮
㊙ドイツ：1870年

弘化4(1847)年2月16日、伏見宮邦家親王の第九王子として生まれる。嘉永1年8月仁孝天皇の猶子となり、儒仏書道を学ぶ。安政5年9月輪王寺宮弟となり、親王宣下、名を能久と改め、同年11月得度して、法諱を公現とする。のちに仏典を浄名院恵澄等に、儒学を中村正直らから学ぶ。慶応3年5月、慈性親王が病のため職を親王に譲られる。同年10月、将軍慶喜が政権を奉還し、同年12月朝廷大詔を発して王政復古を内外に声明、明治1年鳥羽伏見の戦、さらに彰義隊の戦が起ると、親王は東叡山を離れ江戸近郊に身を潜め、常磐地方を経て、7月仙台に到る。伊達氏領内に滞在すること2ヶ月余り11月江戸に帰り、伏見宮御預けの朝命を受け、直ちに上京し宮邸にて謹慎の身となる。明治2年10月伏見満宮能久親王の旧称に復する。ついでヨーロッパ留学の勅許を受け、3年(1870)12月ドイツに渡り、プロシア陸軍大学校に学ぶ。5年7月23日に特命全権大使として歴訪中の岩倉具視とイギリスで会う。帰国令が免除されたため10年まで滞在する。10年7月帰国。これより先、5年3月弟北白川宮智成親王の死去のため、その遺言により跡を相続する。帰朝後、陸軍戸山学校に入学、12年1月歩兵中佐任官、17年11月陸軍少将に昇進、東京鎮台司令官となり、25年12月中将に進み、第

6，第4両師団長を経て28年1月近衛師団長に任ぜられる。日清戦争の折には師団を率いて戦地に渡り、大連、金州、旅順等を巡閲する。28年4月講和条約成立後、台湾守備の任を命ぜられ、5月22日兵を率いて旅順より出発し、途中琉球で台湾総督樺山資紀と会見し軍務を協議し、台湾の北端三貂角に上陸し10月下旬遂に台南を占領したが、病を得て明治28（1895）年10月28日午前7時死去。享年49歳。遺骸は汽船西京丸に移され11月4日横須賀に入港し帰国。この日陸軍大将に昇任、ついで国葬をもって遇される。　墓東京豊島岡・皇族墓地

文献　北白河之月影（西村時彦）　大阪朝日新聞社　明28（朝日叢書）／北白川宮（亀谷天尊、渡部星峰）　吉川弘文館　明36／少年北白川能久親王（古谷義徳）　大同館書店　昭8／北白川宮能久親王御事蹟　台湾教育会編刊　昭12／能久親王事蹟　『鷗外全集3』　岩波書店　昭47／日本人名大事典2　平凡社　昭54／明治維新人名辞典（日本歴史学会編）　吉川弘文館　昭56／昭和新修　華族家系大系上（霞会館諸家資料調査委員会編）　霞会館　昭57／近代日本の海外留学史（石附実）　ミネルヴァ書房　昭59　〔北村侑子／富田仁〕

北畠　道龍　きたばたけ・どうりゅう

文政3年9月16日（1820）～明治40年11月15日（1907）　僧侶　法福寺住職　生紀伊国　名諱＝南英、幼名＝宮内、循教、別号＝魯堂　渡アメリカ、ヨーロッパ：1881年（宗教事情視察）

文政3（1820）年9月16日、紀伊国和歌浦・法福寺（浄土真宗）の住職北畠大法の子として生まれる。長じて父の跡を嗣ぎ、同寺住職となる。早くから仏教・儒教の書物を読み、柔術・剣術など武道にも秀でた。美濃の行照に師事して宗学を修め、のちには本願寺学林の年預参事に挙げられるが、宗派内の改革を唱えたため追放。維新の動乱期には僧兵部隊の法福寺隊を組織し、天誅組の乱や長州征伐などで戦功を立てた。その功によって紀州藩小贊事に任ぜられ、ドイツ式訓練を採用するなど藩の兵制を改革。維新後は新政府からの誘いを固辞し、京都でドイツ語を修得。さらに明治初年上京し、大井憲太郎（のちの自由民権運動の大立者）らと日本最初の私立法律塾・講法学社を開いた。また、浄土真宗宗主大谷光尊から篤い信頼を受け、明治12年には寺務所の東京移転などを含む大胆な宗派改革を建言。14（1881）年西本願寺本山から派遣され欧米を視察し、帰途インドに立ち寄り、近代日本人で初めて仏跡を探訪した。17年に帰国するが、反対の意見が多かったため宗派改革に失敗し、のち浄土真宗を離れた。著書に『法話受筆』『真宗真要』『法界独断』などがある。明治40（1907）年11月15日死去。享年88歳。

文献　豪僧北畠道竜（北畠道竜顕彰会編）　北畠道竜顕彰会　昭31／天鼓鳴りやまず―北畠道竜の生涯（神坂次郎）　中央公論社　平1／幕末明治海外渡航者総覧（手塚晃編）　柏書房　平4／天鼓鳴りやまず―北畠道竜の生涯（神坂次郎）　中央公論社　平6（中公文庫）／豪僧北畠道竜―伝記・北畠道竜（北畠道竜顕彰会編）　大空社　平6（伝記叢書）／朝日日本歴史人物事典　朝日新聞社　平6／データベースWHO　日外アソシエーツ　〔藤田正晴〕

来見　甲蔵　きたみ・こうぞう

生没年不詳　外交官　生江戸　渡アメリカ：1871年（岩倉使節団に同行）

生没年不詳。広川開拓大主典の子として江戸に生まれる。明治4（1871）年、岩倉使節団に同行しアメリカを経由してロシアに渡る。随員の従者として参加したと思われるが、ロシアでの行動は不明。7年3月7日帰国後、開拓使御用掛を経て、在兵庫ロシア領事館に勤務。その後の消息は不明。

文献　近代日本の海外留学史（石附実）　ミネルヴァ書房　昭47／近代日本海外留学生史上（渡辺実）　講談社　昭52／幕末明治海外渡航者総覧（手塚晃編）　柏書房　平4　〔楠家重敏／富田仁〕

北村　福松　きたむら・ふくまつ

生没年不詳　旅芸人　〔北村組の座主〕　生大坂　渡アメリカ：1896年（欧米各地を巡業）

生没年不詳。大坂の出身。明治23（1890）年10月、海外向け興行を専門とする北村組を結成し、29（1896）年サンフランシスコを皮切りにシカゴ、ニューヨークなどのアメリカの大都市をまわる。さらにイギリスまで足をのばし約1年間ヨーロッパ各地を巡回興行する。再びアメリカに戻る。興行種目や芸人名は不明。日清戦争以前の外国における日本人の興行は一般に不振であったが、日露戦争前後になると北村組も61名の芸人を抱える大組織になっている。帰国後の消息は不明。

文献 異国遍路　旅芸人始末書(宮岡謙二)　修道社　昭46　〔楠家重敏〕

北村 美那　きたむら・みな

慶応1年10月18日(1865)～昭和17年4月10日(1942)　英語教員　〔北村透谷の妻〕　㊥武蔵国(南多摩郡)鶴川村(野津田)　㊔旧名=石坂　㊯アメリカ：1899年(語学研修)

慶応1(1865)年10月18日(旧暦8月29日)，石坂昌孝の長女として武蔵国鶴川村に生まれる。父昌孝は野津田村の豪農(27町7反余，村の5分の1を占める)で，名主の石坂又二郎の養子。蔵書1万冊を数えた篤学の人であったばかりでなく，義侠の政治家でもあった。彼女は明治6年，満8歳の時に東京の竹陰(日尾)女塾に入門し和漢学を学ぶ。成績は優秀で塾の日尾直子の養女となり，和漢学を担当するが，1年間だけで縁組みを解消する。和漢学の教師として一生終わることに疑問を抱いたためか，16，7年頃に横浜のミッションスクール共立女学校に入学する。18年の夏，帰省中に北村透谷と実家で初めて会う。この頃，いわゆる大阪事件が進行していた。透谷には，友人の大矢正夫が行動隊員になるよう勧める。彼女には，行動隊員の景山英子が爆裂弾の入った鞄を預けていったという。父も事件に関連している容疑で逮捕され，弟の公歴も身の危険を避けてアメリカに逃亡。このような内外の激動の中で，彼女は心の平安を求めて19年に洗礼を受ける。近代的な恋愛を賛美した透谷にふさわしく，理想を語り文学を語る透谷の純粋な情熱にひかれるような女性であった。一方，政治から文学へ転向しつつある自由民権運動の敗残の透谷はキリスト教主義の教育を受けた彼女を，「真の神の教をもつて衆生を救はうとする有要な一貴女」として恋するようになる。民権運動の闘士で東京大学医学部を出た将来を嘱望されていた許婚者がいたが，3歳年下の透谷との恋愛を選ぶ。透谷も21年3月に数寄屋橋教会で受洗し，同年11月に2人は同教会で結婚式を挙げる。石坂家では2人の結婚を快く思っていなかったので，子供が生まれるまで3年半も婚姻入籍をさせなかった。透谷の原稿料では，親子3人の生計は困難であり，彼女は月謝3円で英語の家庭教師をやり生計を助けるが，不足がちで経済的に行きづまっていた。そのため，透谷との結婚生活は必ずしも順調ではなく，透谷は彼女に対して，詩人の心を理解してくれないという不満を抱いていくようになる。透谷の『楚囚之詩』『蓬萊曲』『厭世詩家と女性』には，結婚生活の破綻がそれとなく暗示されている。経済面でも愛情面でも思想的にも悩んでいた透谷は，ついに27年5月に縊死。透谷の死後，彼女は子供のために北村姓を抜かなかった。32(1899)年6月，33歳のとき透谷にゆかりの深かったウッドウォルス夫妻が帰国する時に，子供を北村家に託し単身渡米し8年間も滞在する。夫との死別の悲しみから逃れるためとも，宣教師ウッドウォルスへの密かな片思い故に同行したとも言われている。インディアナ州のメロム村にあるユニオン・クリスチャン・カレッジに学び，後にオハイオ州立デファイアンス・カレッジに正式入学した。ハウスメイド(時には葡萄摘み)のアルバイトをしながら苦学して39年6月に学業優等で卒業し，文学士の称号を得る。また，日露戦争後,「新日本の使命」「過渡期に於ける日本」「日本の習慣風俗」などの題で講演したが，5000名を下らない聴衆だったという。40年1月，父の死亡により帰国，母を引きとり母娘3人で牛込下宮比町6番地に居を構える。下宿生を置き，週に3日英語塾を開いて生活の足しにしていた。42年5月から大正12年5月までの14年間，豊島師範学校の英語の嘱託教員として在職。本場仕込みのきれいな発音で，英会話は米人なみだったという。12年6月からは東京府立品川高等女学校の英語の専任教諭となり，昭和12年3月まで14年間勤める。学校では「ほんとうに目覚めて，独立力を身につけねばだめです」と女性の自立を説いたという。生活のため必死に働いてきた彼女ではあったが，夫透谷と出会った頃の理想に燃えた気持ちを失いつつある自分を顧みずにはいられなかったのだろう。昭和3年1月1日より，夫の詩を英訳し始めた。現在では『雙蝶のわかれ』1編が残っているだけである。島崎藤村の『桜の実の熟する時』をはじめ，北村透谷の評価は着実に根付いていった。その折々に彼女への取材は絶えなかった。同時に，透谷碑建立の話もあったが，夫との関係の心の整理がついていなかったために，除幕式が行われたのは，建立の話の時から6年後の8年5月のことである。15年戦争下の日記が残されているが，日清戦争前夜としては希有な反戦主義者であった透谷の伴侶にふさわしく，戦

争を冷やかに眺めている様子が記されている。昭和17（1942）年4月10日死去。享年76歳。
[墓]小田原・高長寺
[文献] 北村美那子論（宮内亮子）『町田近代百年史』町田ジャーナル社 昭44／明治人—その青春群像（色川大吉）筑摩書房 昭53／北村透谷（小沢勝美）勁草書房 昭57／透谷没後の北村美那の人生（茂木宏編）茂木宏 平4／透谷の妻—石阪美那子の生涯（江刺昭子）日本エディタースクール出版部 平7　〔前田廣子〕

北山 一太郎　きたやま・いちたろう

生没年不詳　財界人　[生]東京　[渡]オーストリア：1895年（製鋼法）

生没年不詳。明治27（1895）年7月製鋼法および鋼鉄上の製作のために，オーストリア，ドイツ，スイスの3ヶ国に留学を命ぜられ，31年5月帰国。帰国後は製鉄業界発展のために尽力し日本勧業銀行監査役にもなった。
[文献] 近代日本海外留学生史 下（渡辺実）講談社 昭53　〔北村侑子〕

吉川 重吉　きっかわ・ちょうきち

安政6年12月24日（1860）～大正14年12月27日（1925）　外交官　男爵　[生]周防国岩国　[渡]アメリカ：1871年（留学）

安政6（1860）年12月24日，岩倉藩主吉川経健の二男として周防国岩国に生まれる。明治4（1871）年に土屋静軒，田中貞吉を伴いアメリカに渡り，ボストンのカウンシイホールスクール，ライズグラマースクール，ついでハーバード大学に学び，16年帰国。帰国後，外務省に入り公使館書記官などを歴任し，21年にはドイツ公使館に赴任する。26年に貴族院議員となる。このほか，文部省教科書用図書調査委員，華族会館幹事，南洋協会会頭などをつとめる。英文の自伝“The Autobiography”がある。大正14（1925）年12月27日，腎臓炎のため死去。享年66歳。　[墓]東京・谷中霊園
[文献] 大正過去帳—物故人名辞典（稲村徹元他編）東京美術 昭48／日本人名大事典2 平凡社 昭54／海外における公家 大名展・第一回維新展（霞会館資料展示会）霞会館 昭55　〔楠家重敏〕

木戸 正二郎　きど・しょうじろう

文久1年8月12日（1861）～明治17年10月28日（1884）　海軍軍人　侯爵　〔帰国の途中客死〕　[生]山口　[名]別名＝正次郎，正之助　[渡]ドイツ：1878年（海軍軍事研修）

文久1（1861）年8月12日，山口藩士来原良蔵の次男として生まれる。のち木戸孝允の養嗣子となる。明治11（1878）年6月，父孝允の明治維新における功により，新たに華族に列せられ，大蔵省の派遣でドイツのベルリンにある海軍兵学校に入校する。17年7月に，再び父の勲功により侯爵を授けられる。後一年で同校を卒業しようとしたが，この時既に腎臓病を煩っており，医学博士佐々木政吉を伴って，帰国の途中，明治17（1884）年10月28日，セイロン島コロンボ港附近で死去。享年24歳。
[文献] 明治初年条約改正史の研究（下村冨士男）吉川弘文館 明37／現代防長人物史 発展社 大6／来原良蔵伝 妻木忠太著刊 昭15／明治過去帳—物故人名辞典（大植四郎編）東京美術 昭46／英語事始（日本英学史学会編）日本ブリタニカ 昭51　〔北村侑子〕

木戸 孝正　きど・たかまさ

⇒来原彦太郎（くるはら・ひこたろう）を見よ

木戸 孝允　きど・たかよし

天保4年6月26日（1833）～明治10年5月26日（1877）　政治家　[生]長門国萩呉服町（江戸至横丁）　[名]通称＝桂小五郎のち貫治，木戸準一郎，雅号＝松菊　[渡]アメリカ：1871年（条約改正，文物視察）

天保4（1833）年6月26日，長州藩の藩医和田昌景の子として長門田萩に生まれる。小五郎と名づけられる。のち桂家の養子となる。14歳のとき内藤作兵衛に剣術を習い，17歳のとき吉田松陰に師事する。さらに江戸に出て，江川太郎左衛門に洋式兵術を，中島三郎助に造船術を，神田孝平に蘭学を学ぶ。幕末の政局に活躍するが，明治1年には新政府の総裁局顧問となり外国事務掛を兼ねる。4（1871）年，岩倉使節団の全権副使となり，11月12日，横浜を出帆する。アメリカに到着してしばらくのち，彼我の国情を比較して「米人はかえってよくわが国情を解し，わが国の風俗を知る。しかるに当時留学の生徒らも，わが国の本来の所以を深く理解せず，容易に米人の風俗を軽々しく慕い，いまだ己れの自立する所以を知らず。」（『木戸

孝允日記』）と論じ，日本人の軽薄な洋化を批判している。また，岩倉使節団は(1)条約を結んでいる各国元首への国書呈出(2)条約改正交渉(3)先進西欧文物の視察という3つの目的があったが，結局，交渉は不調に終わる。これに対して彼は「歎息すべきものは，国を思い人民をかえりみるよりも，功名をあせるの弊がなきにしもあらず」という自省を残している。アメリカからイギリスに渡ると，一行は朝鮮が日本の使節を抑留あるいは放逐して国書を破りすてたという報に接したが，これに対して彼は「朝鮮の国情を察するに，彼は頑にして容易に承諾するとは思わず，（中略）兵力をもってするといえども，ついには彼の国を開かざるを得ず。」を論じて，武力による朝鮮開国を主張する。これは岩倉一行が帰国したのちに直面した征韓論の主張と軌を一にするものであるが，明治6年の政変の折には彼はこうした議論に同調しなかった。その後，岩倉一行はフランスに渡り，プロシアで宰相ビスマルクの演説を聴く。彼らはロシア，オーストリアと転じ，ウィーンでは万国博覧会を見学する。ついでヨーロッパ各国を巡り，フランスのマルセイユから帰国の途につき，6年7月，横浜に上陸する。このとき盛んに行われていた征韓論に対し，欧米視察の経験から内治優先の意見書を提出して，これに対抗する。その後，文部卿，参議などになったが，8年11月，脳病となり，ついに西南戦争の戦況を聞きながら，明治10(1877)年5月26日死去。享年45歳。

墓 京都市・東山区（霊山）

文献 松菊木戸公伝（木戸公伝記編纂所） 明治書院 昭2／木戸孝允文書（日本史籍協会） 東京大学出版会 昭4～6／木戸孝允日記1～3（日本史籍協会） 東京大学出版会 昭7～8／木戸孝允遺文集（妻木忠太） 昭17／木戸孝允—維新前夜の群像4（大江志乃夫） 中央公論社 昭43（中公新書169）／岩倉使節の研究（大久保利謙編） 崇高書房 昭51／岩倉使節団—明治維新のなかの米欧（田中彰） 講談社 昭52（講談社現代新書487）／近代日本海外留学生史 上（渡辺実） 講談社 昭52／日本人名大事典2 平凡社 昭54／「脱亜」の明治維新—岩倉使節団を追う旅から（田中彰） 日本放送出版協会 昭59（NHKブックス452）／木戸松菊公逸事（妻木忠太） 村田書店 昭59（妻木忠太著作選）／木戸孝允日記1～3（日本史籍協会編） 東京大学出版会

昭60（日本史籍協会叢書）／木戸孝允文書 6 覆刻再刊（日本史籍協会） 東京大学出版会 昭61（日本史籍協会叢書）／醒めた炎—木戸孝允 上，下巻（村松剛） 中央公論社 昭62／近代日本の自伝（佐伯彰一） 中央公論社 平2（中公文庫）／木戸孝允をめぐるドイツ・コネクションの形成（森川潤） 広島修道大学総合研究所 平7（広島修道大学研究叢書）／文明開化と木戸孝允（桑原三二） 桑原三二 平8／岩倉使節団という冒険（泉三郎） 文芸春秋 平16（文春新書） 〔楠家重敏〕

木藤 市助 きとう・いちすけ

生没年不詳 薩摩藩士 出鹿児島 渡アメリカ：1865年（留学）

　生没年不詳。鹿児島藩士木藤源左衛門の子として，西郷隆盛と同じ鹿児島城下下加治屋町に生まれる。慶応1(1865)年にアメリカに渡り，留学先のモンソンで自殺したと伝えられる。

文献 近代日本の海外留学史（石附実） ミネルヴァ書房 昭47／幕末維新人名事典 新人物往来社 平6 〔楠家重敏／富田仁〕

鬼頭 佐太郎 きとう・さたろう

生没年不詳 名古屋藩留学生 出名古屋 渡ドイツ：1871年（医学）

　生没年不詳。明治4(1871)年7月7日，名古屋藩の留学生としてドイツに医学研修のために渡る。7年帰国。その後の消息は不明。

文献 近代日本海外留学生史 上（渡辺実） 講談社 昭52／幕末明治海外渡航者総覧（手塚晃編） 柏書房 平4 〔富田仁〕

木下 周一 きのした・しゅういち

嘉永2年9月(1849)～明治40年6月4日(1907) 官吏 出佐賀 渡ドイツ：1871年（法律学）

　嘉永2(1849)年9月，佐賀に生まれる。維新後上京し，文部，陸軍両省の留学生として，明治4(1871)年ドイツに留学する。帰国後の7年，司法省に出仕し，太政官権少書記官，参事院議官補，法制局事務官を歴任したのち，岡山，埼玉などの各県知事に転ずる。晩年病いのため職を辞し，明治40(1907)年6月4日鎌倉で死去。享年59歳。

文献 近代日本の海外留学史（石附実） ミネルヴァ書房 昭47／日本人名大事典2 平凡社 昭54 〔本郷建治〕

木下 広次 きのした・ひろじ

嘉永4年1月25日(1851)～明治43年8月22日(1910)　法律家　法学博士　〔京都帝国大学の初代総長〕　⊕熊本　㊴幼名=小吉郎
㊻フランス：1875年(法律学)

　嘉永4(1851)年1月25日、儒学者木下韡村の二男として熊本に生まれる。藩校時習館に学ぶ。明治3年11月、藩の貢進生に選ばれて上京し大学南校に入学、フランス語を学ぶ。5年8月、司法省明法寮に転じ法律学を修める。8(1875)年、卒業と同時に司法省の命でフランスに留学しパリ大学に入る。14年、ドクトゥール・アン・ドロワの学位を得て帰国。帰国後、文部省御用掛、東京大学講師を経て、19年帝国大学法科大学教授。その後、帝国大学評議官、第一高等学校校長を歴任。21年法学博士となる。23年文部省普通学務局長。24年、貴族院議員に勅選される。30年、京都帝国大学が創立されると初代総長に就任、資性剛直をもって鳴り学校管理に手腕を発揮する。健康上の理由で総長を辞任、錦鶏間祗候に任ぜられ、京都帝国大学名誉教授となる。明治43(1910)年8月22日死去。享年60歳。
㊗京都市左京区八瀬町・吉田山黒谷
[文献]フランスに魅せられた人々(富田仁)　カルチャー出版社　昭51／肥西文献叢書　別巻(武藤巌男他編)　歴史図書館　昭51／日本人名大事典2　平凡社　昭54／旧制高校史の研究――一高自治の成立と展開(宮坂広作)　信山社　平13(SBC学術文庫)　〔中川高行〕

木場 貞吉 きば・さだきち

生没年不詳　文部省官吏　貴族院議員　⊕広島　㊻ドイツ：1882年(行政法)

　生没年不詳。広島県の出身。開成学校からさらに外国語学校に入り、もっぱらドイツ語を学ぶ。明治13年に東京大学文学部経済学科を卒業し、文部省に勤務。15(1882)年2月文部省留学生としてドイツに留学。ベルリン大学で行政法を研究し、19年12月に帰国。再び文部省にもどり、維新史料編纂会委員となり、さらに貴族院議員となる。
[文献]近代日本海外留学生史　上(渡辺実)　講談社　昭52　〔北村侑子〕

木全 多見 きまた・たみ

安政3年12月14日(1857)～昭和11年2月7日(1936)　陸軍軍人、少将　陸軍砲工学校教官　⊕備前国岡山城下　㊻フランス：1886年(留学)

　安政3(1857)年12月14日、備前国岡山城下に生まれる。岡山遺芳館で漢学・英語・仏語を学ぶ。明治8年陸軍士官学校第1期生として入学し特科生となり工兵科を習得。在学中の10年、西南戦争に工兵見習士官として従軍し少尉に進級。11年卒業し東京鎮台工兵大隊付となる。13年士官学校工兵科の教官となり地形学を教授、19(1886)年から3年間フランスに官費留学。22年帰国後は第1師団工兵隊中隊長を務める。23年陸軍砲工学校教官となり、45年に退役するまで工兵技術教育に当たり、陸軍工兵技術界の権威であった。この間、日清戦争では大阪第4師団参謀、日露戦争では築城本部長として活躍、40年少将に進む。退役後は小田原で商工補習学校を設立して子弟教育に尽力した。昭和11(1936)年2月7日死去。享年81歳。
[文献]幕末明治海外渡航者総覧(手塚晃編)　柏書房　平4／データベースWHO　日外アソシエーツ　〔藤田正晴〕

木村 浅蔵 きむら・あさぞう

生没年不詳　従者　⊕備前国(御野郡)木村
㊴諱=正義　㊻アメリカ：1860年(遣米使節に随行)

　生没年不詳。安政7(1860)年、26歳頃小栗豊後守忠順の従者として遣米使節に随行する。
[文献]万延元年遣米使節史料集成1～7(日米修好通商百年記念行事運営会編)　風間書房　昭36／幕末教育史の研究2――諸術伝習政策(倉沢剛)　吉川弘文館　昭59　〔富田仁〕

木村 芥舟 きむら・かいしゅう

天保1年2月5日(1830)～明治34年12月9日(1901)　幕臣　〔『奉使米利堅紀行』を著述〕
⊕江戸(浜御殿役宅)　㊴諱=喜毅、字=天模、通称=勘助、図書、摂津守、兵庫頭、雅号=楷堂
㊻アメリカ：1860年(咸臨丸提督)

　天保1(1830)年2月5日、浜御殿奉行木村喜彦の子として江戸に生まれる。木村家は代々浜奉行を世襲しており、13歳のとき浜御殿見習となる。奉行添役、講武所出役を経て安政2年9月西丸目付、3年2月本丸目付と進み、12月長崎表取締御用として任地に赴く。図書と改名し4年5月海軍伝習生監督となる。6年2月海軍伝習中止に伴い江戸に戻り、6月外国御用立合、神奈川開港御用掛、9月咸臨丸の新造に際して軍艦奉行並、11月軍艦奉行と進み摂津

守に任ずる。安政7(1860)年1月、遣米使節の随伴艦の咸臨丸の提督としてアメリカに赴く。彼の従者として福沢諭吉が同行する。甲比丹ブルックが部下10名とともに横浜から乗艦し、遣米使節一行の乗艦ポウハタン号より3日前に浦賀を出航する。艦長・勝麟太郎以下日本人乗組員は出航間もなく暴風雨に巻きこまれて船酔いで倒れ、ブルック大尉などアメリカ水夫のおかげで35日間の航海の末に辛うじてサンフランシスコに到達する。メインマストに日章旗、後ろのマストには松川菱の木村家の紋所のついた旗をたなびかせて金門湾内に入港する。サンフランシスコで大歓迎を受ける。多数の市民が咸臨丸を訪ねて来る。閏3月、船体の破損修理のあと出航し、ハワイに寄航したのち5月無事浦賀に帰国する。使節団一行の帰国の折に恩賞にあずかり、金10枚、時服3枚のほか年々手当20人扶持をもらう。元治1年4月開成所頭取、11月再度目付となり兵庫守と改称。慶応4年3月海軍所頭取、同月22日勘定奉行に転じ、7月致仕し芥舟と号する。新政府に出仕を求められたが固辞し、雑誌『旧幕府』の編集に協力、幕府制度の記録の整理に没頭。余生を風月と詩文に託して過し、『三十年史』『奉使米利堅紀行』などの著作を残す。明治34(1901)年12月9日死去。享年72歳。 ㊗東京・青山霊園

[文献] 木村芥舟の履歴及経歴の大要 木村浩吉著刊 大14／77人の侍アメリカへ行く—万延元年遣米使節の記録(レイモンド服部) 講談社 昭43／万延元年遣米使節 航米記(木村鉄太) 青潮社 昭49(肥後国史料叢書2)／幕末維新人名辞典 学芸書林 昭53／日本人名大事典 平凡社 昭54／明治維新人名事典(日本歴史学会編) 吉川弘文館 昭56／木村芥舟翁履歴:旧幕府 2(2)／木村芥舟とその資料—旧幕臣の記録(横浜開港資料館編) 横浜開港資料普及協会 昭63／軍艦奉行木村摂津守—近代海軍誕生の陰の立役者(土居良三) 中央公論社 平6(中公新書) 〔富田仁〕

木村 熊二　きむら・くまじ

弘化2年2月25日(1845)〜昭和2年2月28日(1927)　牧師、教育者　〔明治女学校の創立者〕　㊙仙台出石　㊙旧名＝桜井　㊙アメリカ：1871年(医学、神学)

弘化2(1845)年2月25日、仙台藩儒者桜井石門一太郎の二男として出石に生まれる。嘉永5年に江戸へ出て、安政1年に幕臣木村琶山近之助の養子となる。中村正直に学び、河田迪斎の塾に入り昌平校に入学する。再度の長州征伐に出征するが、慶応1年には鐙と婚姻を結ぶ。明治1年に鳥羽伏見の戦いがおこり、彰義隊の乱で一家は横浜、静岡と転居する。明治3(1871)年12月3日、森有礼に従ってグレート・パブリック号にて渡米しサンフランシスコを経て、ニューヨークに着く。同地のホープカレッジで勉学にはげむ。当初は医学研修を目的としたようである。7年にホープカレッジの予科を卒業し9年に同校の本科を修める。同年ニュージャージー州ニューブランズウイックの改革派教会神学校に入学し、15年に同校の神学コースを修了する。同年9月、宣教師の資格を得て帰国する。18年9月、明治女学校を起こして校長となる。21年2月、台町教会牧師を依頼される。25年に東京をはなれ佐久に移り、翌年11月小諸義塾を創立する。39年、校名を小諸義塾商工学校と改称したのを契機に退職する。40年にフェリス女学校の教員となるが、翌年には辞任。41年、明治女学校が廃校となる。大正6年より1年間、牛込教会で説教を行う。昭和2(1927)年2月28日、芝白金の自宅で死去。享年83歳。

[文献] 木村熊二と島崎藤村(青山なを)：比較文化(東京女子大) 8 昭37／明治女学校の研究(青山なを) 『慶応通信』 昭45／近代日本の海外留学史(石附実) ミネルヴァ書房 昭47／日本近代文学大事典1(日本近代文学館編) 講談社 昭53／木村熊二日記 東京女子大学附属比較文化研究所編刊 昭56／小諸義塾の研究(高塚暁) 三一書房 平1／小諸義塾と木村熊二先生—伝記・木村熊二(小山周次編) 大空社 平8(伝記叢書) 〔楠家重敏〕

木村 駿吉　きむら・しゅんきち

慶応2年10月(1866)〜昭和13年10月6日(1938)　海軍軍人、無線工学技術者　㊙江戸　㊙アメリカ：1893年(留学)

慶応2(1866)年10月、江戸に生まれる。明治21年帝国大学理科大学物理学科を卒業。第一高等中学校教諭となり、明治24年正月、講師の内村鑑三が始業式の教育勅語に礼拝しなかった内村事件に関連して休職。26(1893)年アメリカに私費留学、物理学を学び29年7月帰国、第二高等学校教授となり、33年海軍教官

から技師。35(1902)年には欧米に派遣され無線技術を調査する。無線設備の制定、日露戦争の時の無線電信開発などに貢献。横須賀海軍工廠造兵部員兼水雷学校教官、40年第2回万国無線電信会議に出席、大正1年退職、日本無線電信電話株式会社役員となった。明治39年勲三等旭日章を受章。昭和13(1938)年10月6日死去。享年73歳。

[文献] 幕末明治海外渡航者総覧(手塚晃編) 柏書房 平4／データベースWHO 日外アソシエーツ 〔藤田正晴〕

木村 清松　きむら・せいまつ

明治7年4月7日(1874)〜昭和33年1月14日(1958)　牧師　日本基督教団巡回牧師　㊉新潟県五泉町　㊙アメリカ：1894年(留学)

　明治7(1874)年4月7日、新潟県五泉町に生まれる。新潟県の北越学館在学中にキリスト教の存在を知り、明治24年牧師・堀貞一の許で洗礼を受ける。東北学院に学んだのち、27(1894)年にアメリカへ渡り、太平洋神学校やムーディ聖書学院で神学を研究した。35年に帰国の後は京都の洛陽教会や長野の軽井沢教会で牧師を務め、さらに郷里の新潟県五泉に五泉協会を設立するなど各地で活躍した。特に日本基督教団巡回伝道師としての活動で本領を発揮し、日本国内のみならず4度に渡って世界伝道旅行を挙行。その説教はユーモアに富み、彼の影響で建てられた教会は20を越えると言われる。著書に『世界一周伝道旅行』がある。昭和33(1958)年1月14日死去。享年83歳。

[文献] 基督に虜はれし清松(岩村清四郎) キリスト新聞社 昭57／幕末明治海外渡航者総覧(手塚晃編) 柏書房 平4／データベースWHO 日外アソシエーツ 〔藤田正晴〕

木村 宋俊　きむら・そうしゅん

生没年不詳　医師　木村摂津守提督付医師　㊙アメリカ：1860年(咸臨丸の医師)

　生没年不詳。安政7(1860)年1月、咸臨丸の木村摂津守提督付医師として渡米する。

[文献] 万延元年遣米使節史料集成1〜7(日米修好通商百年記念行事運営会編) 風間書房 昭36／幕末教育史の研究2―諸術伝習政策(倉沢剛) 吉川弘文館 昭59 〔富田仁〕

木村 宗三　きむら・そうぞう

生没年不詳　幕臣　㊅本名=宗三郎　㊙フランス：1867年(パリ万国博覧会に列席)

　生没年不詳。一橋家の家臣。開成所に学び成績優秀のため句読師の地位にのぼる。開成所で英学を修めたのち京都に英学塾を開く。生徒数も少なくなかったようである。慶応3(1867)年、パリ万国博覧会に列席するため渡欧した徳川昭武の一行に、京都から、渋沢栄一、高松凌雲とともに加わる。渋沢は管財のため、凌雲は侍医としてであったが、彼の肩書は「民部大輔付大御番格、砲兵差図役勤方」というもので、とくに昭武に付き添うため抜擢されたわけである。なお渡欧の際に、京都の英学塾を引き継いだのが西周である。当初、一行のなかで留学生は海老名郡次、横山主税などだけであったが、途中から彼も、高松凌雲、山内文次郎などと一緒に留学生に加えられる。その折の文書にはその目的がフランスの学問の吸収のためだったことを示している。また友人への書簡の中で「パリの宿舎が7階建で下を見ると目まいがし、女性が女王のように立派である」という印象を伝えている。その後の消息は不明。

[文献] 明治以前外国旅行の有様と洋行者の感想一斑(江洲桀撫流)：新旧時代 3(5) 昭2.5／幕末維新・外交史料集成6(維新史学会編) 財政経済学会 昭19／西周全集3(大久保利謙編) 宗高書房 昭41／渋沢栄一滞仏日記 東大出版会 昭42／西周伝(森鷗外)／『鷗外全集3』 岩波書店 昭47／近代日本の海外留学史(石附実) ミネルヴァ書房 昭47／徳川昭武滞欧記録1〜3(日本史籍協会編) 東大出版会 昭48(日本史籍協会叢書148)／仏蘭西学のあけぼの(富田仁) カルチャー出版社 昭50／花のパリへ少年使節(高橋邦太郎) 三修社 昭54 〔高遠弘美〕

木村 鉄太　きむら・てつた

文政11年(1828)〜文久2年(1862)　熊本藩士　小栗上野介従者　㊉肥後国　㊅諱=敬直、別名=鎮太　㊙アメリカ：1860年(遣米使節に随行)

　文政11(1828)年に生まれ、肥後玉名郡高瀬知行取木村才応の養子となる。安政7(1860)年遣米使節に小栗上野介の従者として随行する。滞米中の体験を見聞記『航米記』に著す。帰国後の文久2(1962)年死去。享年35歳。

[文献] 万延元年遣米使節史料集成1〜7（日米修好通商百年記念行事運営会編） 風間書房 昭36／木村鉄太航米記（木村鉄太） 熊本年鑑社 昭40／明治過去帳—物故人名辞典（大植四郎編） 東京美術 昭46／万延元年遣米使節航米記（木村鉄太） 青潮社 昭49（肥後国史料叢書2）／幕末維新人名事典 新人物往来社 平6 〔楠家重敏／富田仁〕

木村 伝之助　きむら・でんのすけ

生没年不詳　従者　[生]江戸　[名]諱＝正盛
[渡]アメリカ：1860年（遣米使節に随行）

生没年不詳。安政7（1870）年，28歳頃塩沢彦次郎従者として遣米使節に随行する。

[文献] 万延元年遣米使節史料集成1〜7（日米修好通商百年記念行事運営会編） 風間書房 昭36／幕末教育史の研究2—諸術伝習政策（倉沢剛） 吉川弘文館 昭59 〔富田仁〕

九右衛門　きゅうえもん

？〜寛政3年1月（1791）　神昌丸乗組員　[生]伊勢国若松村　[渡]ロシア：1783年（漂流）

生年不詳。伊勢国若松村に生まれる。天明2（1782）年12月，大黒屋光太夫率いる神昌丸に乗り組み難船，3（1783）年アレウト列島のアムチトカ島に漂着，ここで約4年生活しカムチャツカに渡る。寛政1年2月オホーツクを経てイルクーツクへ送られ，当地で2年近くを過ごしたが，2年末重病に罹り小市，磯吉の看病もむなしく光太夫がペテルブルクへ出発する直前，寛政3（1791）年1月死去。

[文献] 北槎聞略（桂川甫周著 亀井高孝，村山七郎編） 吉川弘文館 昭40／日本とロシア—両国交流の源流（高野明） 紀伊国屋書店 昭46（紀伊国屋新書）／日本人とロシア人—物語 日露人物往来史（中村新太郎） 大月書店 昭53 〔雪嶋宏一〕

九助　きゅうすけ

寛政11年（1799）〜？　天寿丸乗組員　[生]紀伊国　[渡]アメリカ：1850年（漂流）

寛政11（1799）年，紀伊国に生まれる。同国日高郡薗浦新町の和泉屋庄右衛門の持船である天寿丸の沖船頭をつとめる。嘉永2年10月，紀州大崎浦よりミカンを積んで江戸にむかい，同地で荷役をおろした天寿丸は嘉永3（1850）年1月，伊豆の子浦を発したのち太平洋を漂流する。三宅島，八丈島に立ち寄った後，アメリカ捕鯨船ヘンリー・ニーランド号に救助される。北極海で捕鯨をしてハワイのホノルルへ入港する。ここで土佐の漂流民中浜万次郎（ジョン万次郎）にあう。その後，香港，上海，乍浦を経て長崎に戻る。嘉永5年に故郷へ帰る。その後の消息は不明。

[文献] 日本人漂流記（川合彦充） 社会思想社 昭42（現代教養文庫A530）／近世漂流記集（荒川秀俊編） 法政大学出版局 昭44 〔楠家重敏〕

久蔵　きゅうぞう

寛政1年（1789）〜安政1年（1854）　歓亀丸乗組員　〔種痘苗を初めてもたらす〕　[生]安芸国（加茂郡）川尻浦　[渡]ロシア：1811年（漂流）

寛政1（1789）年，安芸国川尻浦に生まれる。文化7（1811）年11月，乗っていた歓亀丸が江戸へ航行中，紀州の三崎沖で遭難し，翌年2月にほかの乗組員とともにカムチャツカに漂着する。凍傷のためオホーツクで足の切断手術を受ける。その後ロシア語を覚えイルクーツクへ赴く。イルクーツクの日本語学校で教師となる予定であったが，同校は閉鎖直前であったためオホーツクへもどり足の手術をしてくれた医師の家に世話になる。10年8月に箱館に送還され，松前や江戸で取り調べを受け，翌年5月に郷里へ戻り余生を送る。帰国の際，種痘苗をガラス器に入れて持ち帰っている。これがわが国に最初にもたらされた種痘苗であるが，その効能を説明してもだれも信じなかったという。同じ頃中川五郎次も種痘法を覚え帰国している。また漂流のいきさつやロシアの風俗習慣，ロシア語などについて口述したものを村役人が記した『魯斉亜国漂流聞書』が残されている。安政1（1854）年死去。享年66歳。

[文献] 日本人とロシア人（中村新太郎） 大月書店 昭53／幕末漂流伝—庶民たちの早すぎた「海外体験」の記録（村上貢） PHP研究所 昭63 〔湯本豪一〕

京極 高朗　きょうごく・たかあき

文政7年（1824）〜元治1年（1864）　幕府外国掛
[渡]フランス：1862年（遣欧使節に随行）

文政7（1824）年に生まれる。幕府御目付外国掛。文久1（1862）年12月，徳川幕府の遣欧使節竹内下野守保徳に監察使として随行し，フランス，イギリス，オランダ，プロシア，ポルトガル，ロシアを訪歴し翌2年12月に帰国。元治

1(1864)年死去。享年41歳。
[文献] 近代日本海外留学生史 上（渡辺実）
講談社 昭52　　　　　　　　〔富田仁〕

清原 英之助　きよはら・えいのすけ
嘉永5年4月8日（1852）〜大正5年（1916）　漆工家　〔美術教育に尽力〕　㊙イタリア：1882年（パレルモ工芸美術学校教師）
　嘉永5（1852）年4月8日に生まれる。工芸家の清原千代と結婚し清原姓を名乗る。妻の千代の妹の玉が工部美術学校彫刻科の御雇教師ラグーザの夫人となったことから、明治15（1882）年8月11日、ラグーザが帰国する際に横浜から千代およびラグーザ玉とともに同行する。17年にラグーザが開校したシチリア島パレルモの工芸美術学校の教師となり、漆工を担当する。6年後の23年に漆工科が廃止されたため英之助と千代は玉をのこして帰国。帰国後、実習学館と女子美術学校を開設して、美術教育の普及につとめるが、27年芝公園をつくるため、土地を政府に買収されて廃校することになった。その後の消息は不明であるが、大正5（1916）年死去。享年65歳。
[文献] 近代日本美術の研究（隈元謙次郎）　大蔵省印刷局　昭39／お雇い外国人16　美術（隈元謙次郎）　鹿島出版会　昭51／日本洋画史1　明治前期（外山卯三郎）　日貿出版社　昭53／ラグーザお玉自叙伝（木村毅）　恒文社　昭55／データベースWHO　日外アソシエーツ　　　　　　　　　　　〔楠家重敏／富田仁〕

清原 玉　きよはら・たま
⇒ラグーザ玉（らぐーざたま）を見よ

清原 千代　きよはら・ちよ
安政5年12月7日（1859）〜大正11年4月（1922）　刺繍家　〔油絵刺繍を創案〕　㊎江戸芝新堀町　㊙イタリア：1882年（パレルモ工芸美術学校教師）
　安政5（1859）年12月7日、清原定吉の長女として江戸の芝新堀町に生まれる。のち英之助と結婚する。明治15（1882）年8月11日、工部美術学校彫刻科の御雇教師ラグーザが母国イタリアへ帰国のおり、夫英之助と妹玉とともに横浜を出帆する。17年にラグーザが開校したパレルモの工芸美術学校の教師となり、刺繍を担当する。6年後に漆工科が廃止されたおり、妹のラグーザ玉を残して英之助とともに解雇

されて帰国する。帰国後、実習学館と女子美術学校を開校して、美術教育の普及につとめるが、27年芝公園を設けるため、土地を政府に買収されたので廃校となる。西洋刺繍を油絵に応用して「油絵刺繍」を創案する。23年の第3回内国勧業博覧会に出品して賞状を授与される。大正11（1922）年4月死去。享年65歳。
[文献] 近代日本美術の研究（隈元謙次郎）　大蔵省印刷局　昭39／お雇い外国人16　美術（隈元謙次郎）　鹿島出版会　昭51／日本洋画史1　明治前期（外山卯三郎）　日貿出版社　昭53／ラグーザお玉自叙伝（木村毅）　恒文社　昭55　　　　　　　　　　　〔楠家重敏〕

桐原 仁平　きりはら・にへい
生没年不詳　留学生　㊎山口　㊙アメリカ：1872年（鉱山学）
　生没年不詳。山口の出身。開拓使を経て、明治5（1872）年2月18日にアメリカに渡り鉱山学を修める。8月に帰国後の消息は不明。
[文献] 近代日本の海外留学史（石附実）　ミネルヴァ書房　昭47／幕末明治海外渡航者総覧（手塚晃編）　柏書房　平4
　　　　　　　　　　〔楠家重敏／富田仁〕

木脇 良太郎　きわき・りょうたろう
生没年不詳　医学者　㊎日向国佐土原　㊙ドイツ：1870年（医学）
　生没年不詳。佐土原の出身。明治3（1870）年、官費留学生として東校から派遣されてドイツに渡る。医学研修がその目的である。8年に帰国後は東京医学校三等教諭を務めた。
[文献] 近代日本の海外留学史（石附実）　ミネルヴァ書房　昭47／近代日本海外留学生史　上（渡辺実）　講談社　昭52／幕末明治海外渡航者総覧（手塚晃編）　柏書房　平4
　　　　　　　　　　　　〔富田仁〕

金蔵　きんぞう
生没年不詳　旅芸人　〔大竜一座の手品師〕　㊎大坂　㊙アメリカ：1867年（メトロポリタン劇場で興行）
　生没年不詳。大坂の出身。慶応3（1867）年6月、大竜一座の座員としてサンフランシスコに着く。メトロポリタン劇場で興行を打つが、手品を行う。その後の消息は不明。
[文献] 異国遍路　旅芸人始末書（宮岡謙二）　修道社　昭46　　　　　　　　〔楠家重敏〕

金蔵　きんぞう

生没年不詳　長者丸乗組員　㊤越中国（射水郡）放生津新町　㊦アメリカ：1838年（漂流）

　生没年不詳。越中国放生津に生まれる。富山の能登屋兵右衛門所有長者丸に炊事夫として乗船。この船は天保9（1838）年富山藩米を大坂に移送，その後新潟，箱館などに荷を運んで入港，11月仙台領唐丹を出てから漂流。日本とハワイの中間でアメリカ捕鯨船に救助され，ハワイに上陸。その後オホーツク，さらにアラスカに送られ，天保14年エトロフ島に上陸，日本の役人に保護され，江戸に送られる。2年以上江戸に留め置かれ，弘化3年一旦帰郷を許されたが再度江戸に呼ばれ，放免され，故郷に着いたのは嘉永1年，数え28歳の年であった。その後の消息は不明。

[文献]　日本人漂流記（川合彦充）　社会思想社　昭42（現代教養文庫A530）〔谷崎寿人〕

【く】

九鬼 隆一　くき・りゅういち

嘉永5年8月7日（1852）～昭和6年8月18日（1931）　美術行政家　男爵〔教育制度の確立，日本美術の保護運動に貢献〕　㊤摂津国三田　㊥字・雅号＝成海　㊦アメリカ，ヨーロッパ：1873年（教育事情視察），フランス：1878年（パリ大博覧会審査官）

　嘉永5（1852）年8月7日，摂津国三田の家老星野貞軒の二男として生まれる。早く母に死別し，視母の手で育てられた。8歳のとき九鬼隆周の養子となり，経学や道学，禅ならびに武術を学ぶ。明治2年，藩の権少参事などの職に就くが，翌年上京し福沢諭吉やフルベッキの下で2年にわたって洋学を修める。5年大学南校寄宿舎長，さらに外国教師掛を経て，文部省七等出仕となり，翌6（1873）年4月，官命により欧米に出張。主として教育事情を視察して11月に帰国。7年1月学校課長，4月文部少丞の任に就き，教育制度の改革に率先してあたった。2年後文部大丞となり，第三大学区を巡視。学齢8年間に480日就学すべきことや普通教育を8年から6年にすべきこと，総じて教則の画一化を避くべきことなどの具体的な改革案を提出する。2年後の教育令はこうした九鬼らの動きに対応したものである。11（1878）年パリ大博覧会開催にあたり，大博覧会審査官に任命され，教育制度や美術の現況調査も兼ねて渡仏。中川元らが随行した。フランスでは公務のかたわら，古市公威や栗塚省吾と交わり楽しい日々を送った。帰国して，12年には伝統美術復興の中心的存在となった竜池会の設立に参加，美術関係の仕事にも踏み出した。13年一等法制官兼文部少輔就任。自由民権論には批判的で，16年『主権論』と題して文部省の手で訳されたホッブズの『レヴァイアサン』に，「礼唯一……法唯一……是亦可以知主権之宜一而不宜分矣乎」といった調子の「弁言」を寄せるなどした。17年，森有礼の後を継いで米国駐剳特命全権公使として渡米。犯罪人交換条約を結ぶ。21年2月10日，宮内省図書頭に就任。『「いき」の構造』の著者，四男の周造が生まれたのはその5日後のことである。同じ年の9月，臨時全国宝物取調局が設けられ，その局長となったが，部下にフェノロサ，岡倉天心，狩野芳崖らがいた。天心とフェノロサとは美術上の師弟で，共に日本の伝統美術の保護のために運動し，洋画団体・明治美術会と激しく対立することになる。22年帝国博物館総長となり，以後，貴族院議員，枢密顧問官等を歴任し，勲功により男爵位を授かる。郷里にはその手になる三田博物館がある。昭和6（1931）年8月18日死去。享年80歳。

[文献]　歴代顕官録（朝陽会編）　原書房　昭42（明治百年叢書9）／明治の教育（仲新）　至文堂　昭42／明治前期教育行政史研究（金子照基）　風間書房　昭42／近代日本の海外留学（石附実）　ミネルヴァ書房　昭47／矢野文雄氏と九鬼隆一氏との美術論（森鷗外）　『鷗外全集22』　岩波書店　昭48／明治文化史　1, 3, 5, 8　原書房　昭54～56／日本人名大事典　2　平凡社　昭54／フランスとの出会い―中江兆民とその時代（富田仁）　三修社　昭56／男爵九鬼隆一―明治のドン・ジュアンたち（司亮一）　神戸新聞総合出版センター　平15〔高遠弘美〕

日下 三郎　くさか・さぶろう

生没年不詳　留学生　㊤大野　㊦アメリカ：1871年（留学）

　生没年不詳。福井の大野の出身。明治4（1871）年頃私費でアメリカに渡る。その後の

消息は不明。
[文献] 近代日本の海外留学史（石附実） ミネルヴァ書房 昭47
〔楠家重敏〕

日下 義雄　くさか・よしお
嘉永4年12月25日（1852）〜大正12年3月18日（1923）　官吏, 実業家　〔岩越鉄道敷設に尽力〕　㊙岩代国会津若松槻木町　㊛幼名＝五助, 別名＝石田五助　㊥アメリカ：1871年（留学）, イギリス：1876年（井上馨に同行, 統計学）

嘉永4（1852）年12月25日, 会津藩士石田常雄の長男ととして会津若松に生まれる。藩儒安部井政治に漢学を学び, ついで藩校日新館に入る。鳥羽伏見の戦いに参加し大鳥圭介の隊に身を投じて五稜郭の戦いに敗れた。このとき名を義雄と改め, のち日下姓を称した。明治3年大阪英語学校に入り, 翌4（1871）年, 公費留学生としてアメリカに赴いた。7年に帰国して紙幣寮に入り, ついで銀行学会長心得として生徒に算術を教えた。9（1876）年に井上馨が財政経済取調のためヨーロッパへ出張するのに随行してイギリスに渡った。ロンドンのユニバーシティ・カレッジで統計学を修め, 13年10月に帰国。内務省権大書記官, 農商務省権大書記官などを歴任したのち, 19年に長崎県令となった。25年には福島県知事となり岩越鉄道敷設に尽力した。日清戦争が起こると28（1895）年に弁理公司となったが海外駐在には至らなかった。29年, 井上や渋沢栄一のすすめで第一国立銀行監査役に就任し, 41年までその地位にあった。その間愛国生命保険監査役, 東京統計協会常議員, 京釜鉄道常務取締役などをつとめた。大正12（1923）年3月18日, 腎臓病のため死去。享年73歳。
[文献] 会津先輩名士の逝去頻々－日下義雄君小伝：津会会報　22　大12／日下義雄伝（中村孝也）　第一銀行　昭3／「日下義雄伝」を読む（横山雅男）：統計学雑誌　515（6）　昭4／近代日本の海外留学史（石附実）　ミネルヴァ書房　昭47／日下義雄－磐越西線開通の恩人（永岡慶之助）：会津若松市だより　昭51／日本人名大事典2　平凡社　昭54
〔楠家重敏〕

日下部 太郎　くさかべ・たろう
弘化2年6月6日（1845）〜明治3年3月13日（1870）　福井藩留学生　〔学業半ばで客死〕　㊙越前国福井江戸町　㊛別名＝八木八十八　㊥アメリカ：1867年（数学）

弘化2（1845）年6月6日, 福井藩士八木寿の長男として福井の江戸町に生まれる。藩校の明道館に学び, 19歳のとき京都の警護に参加した。のち日下部太郎と改名した。慶応1年に藩命により長崎で英学修業にはげみ, 慶応3（1867）年に藩費留学生としてアメリカに渡る。一年ほどラトガース大学予備校で英語を学んだのち, 明治1年にラトガース大学に入学した。首席を通したが, 同大学の資料には「天才的な数学者であったので, フィ・ベタ・カッパというアメリカ・アカデミー章をもらった最初の学生の一人だった」と記されている。不幸にも彼は学業なかばにして肺結核となり, 明治3（1870）年3月13日, ニューブランズウィック病院で客死。享年26歳。
㊧ラトガース大学・ウイロウの森の墓地
[文献] 越前人物志（福田源三郎）　明43／日下部太郎（永井環）　福井評論社　昭4〜5／新日本の先駆者日下部太郎（永井環）　福井評論社　昭5／明治過去帳－物故人名辞典（大植四郎編）　東京美術　昭46／近代日本の海外留学史（石附実）　ミネルヴァ書房　昭47／福井人物風土記（福井新聞社編）　昭和書院　昭48／近代日本海外留学生史　上（渡辺実）　講談社　昭52
〔楠家重敏〕

串田 万蔵　くしだ・まんぞう
慶応3年2月10日（1867）〜昭和14年9月5日（1939）　銀行家　三菱合資会社総理事　㊙江戸日本橋　㊥アメリカ：1885年（銀行業務研修）

慶応3（1867）年2月10日, 江戸日本橋に生まれる。大学予備門に学ぶ。18（1885）年アメリカに渡り, 銀行業務を体験, 23年ペンシルベニア大学政治経済科を卒業し, 27年帰国。第百十九銀行に入り, 大阪支店副支配人, 本店銀行部副部長兼深川出張所主任などを経て, 大正7年三菱銀行取締役会長となった。また東京手形交換所理事長, 東京銀行集会所長, 東京商工会議所議員などを務めた。昭和10年三菱合資会社総理事となり, 12年同社改組で株式会社三菱社取締役相談役となった。他に政府委員会委員, 日本銀行参与, 日本工業倶楽部専務理事, 日本経済連盟専務理事も兼務した。三菱系列の統帥者として財界に重きをなした。昭和14（1939）年9月5日死去。享年73歳。
[文献] 幕末明治海外渡航者総覧（手塚晃編）　柏書房　平4／データベースWHO　日外アソ

シエーツ　　　　　　　　　　〔藤田正晴〕

櫛引 弓人　くしびき・ゆみんど
安政6年(1859)～大正13年7月26日(1924)　興行師　〔日本に初めて飛行機輸入〕　⑪陸奥国五戸(青森県五戸町)　㊙アメリカ：1885年(興行)

　安政6(1859)年に生まれる。慶応義塾に学ぶ。明治18(1885)年26歳で渡米。26年シカゴ万国博覧会では日本茶園を開き、日本娘による茶のサービスで評判を集めた。29年アトランタに日本式公園を経営するが、そこで開いた球戯場が当たる。その後、セントルイス、シアトルなど数々の万国博覧会を手がけ、43年ロンドン日英大博覧会では日本村支配人として活躍した。大正4年のサンフランシスコの博覧会では日本茶園を経営して日本娘による茶のサービスを行い好評を博す。ニューヨークやフィラデルフィアで盆栽の競売をやって評判になる。また日英博覧会でも活躍する。また日本にはじめて飛行機を輸入し、さらにナイルス、スミスなどの飛行家を招いてその妙技を紹介する。大正13(1924)年7月26日死去。享年66歳。

文献　異国遍路　旅芸人始末書(宮岡謙二)　修道社　昭46／大正過去帳―物故人名辞典(稲村徹元他編)　東京美術　昭48／日本人名大事典2　平凡社　昭54／人生は博覧会　日本ランカイ屋列伝(橋爪紳也)　晶文社　平13／データベースWHO　日外アソシエーツ
　　　　　　　　　〔楠家重敏／富田仁〕

楠瀬 熊治　くすのせ・くまじ
慶応1年5月(1865)～昭和8年6月17日(1933)　海軍軍人、海軍造兵中将　工学博士　海軍造兵中将　〔火薬の研究・改良に貢献〕　⑪高知　㊙フランス：1891年(火薬学)

　慶応1(1865)年5月生まれ。高知の出身。明治24(1891)年7月、帝国大学工科大学火薬学科第1回生として卒業、9月海軍省に入り無煙火薬学研究のためフランス留学を命ぜられる。パリやアングレームで学術及び実地の研究をし、25年、パリ火薬学校に入学し27年に卒業。帰国後海軍少技士となり、呉鎮守府式庫付となる。31年、東京帝国大学講師、35年に同大学教授となり、火薬性能の理論的解析を研究。37年、造兵少監となり、翌年には造兵監督官としてイギリスに出張し41年に帰国。大正10年、海軍造兵少将、12年に東京帝国大学名誉教授となる。13年予備役に編入されるが、彼は海軍の高爆薬の完成、無煙火薬の改良と安定度試験の発明などを通じて、大正時代における軍事工学の精密化に大いに貢献する。昭和8(1933)年6月17日死去。享年69歳。

文献　楠瀬先生(吉本誠一)　楠瀬先生記念会　昭9／近代日本海外留学生史　上・下(渡辺実)　講談社　昭52、53／日本人名大事典2　平凡社　昭54
　　　　　　　　　　　　　〔内海あぐり〕

楠瀬 幸彦　くすのせ・さちひこ
安政5年3月(1858)～昭和2年10月13日(1927)　陸軍軍人、中将　陸軍大臣　⑪高知　㊙フランス：1881年(陸軍軍事研修)

　安政5(1858)年3月、高知藩士楠瀬正志の長子として生まれる。明治12年陸軍少尉に任官し、士官学校第三期出身の上原勇作や森雅守とともに14(1881)年3月フランスへ留学する。40年陸軍中将に累進し、その間陸軍大学校教官、ロシア駐在公使館附武官、由良要塞司令官、樺太長官などを歴任し、第4次山本内閣に列し陸軍大臣となる。昭和2(1927)年10月13日死去。享年70歳。

文献　近代日本海外留学生史　上(渡辺実)　講談社　昭52／異国遍路　旅芸人始末書(宮岡謙二)　中央公論社　昭53／日本人名大事典2　平凡社　昭54
　　　　　　　　　　　　　〔村岡正明〕

百済 与一　くだら・よいち
生没年不詳　旅芸人　㊙ジャマイカ：1891年頃(曲馬団に参加)

　生没年不詳。明治24(1891)年頃アメリカに渡り、曲馬団に入る。ジャマイカでは南方熊楠と知り合っている。その後の消息は不明。

文献　異国遍路　旅芸人始末書(宮岡謙二)　修道社　昭46　　　　　〔楠家重敏〕

朽木 綱鑑　くちき・つなかね
嘉永5年8月(1852)～?　福知山藩士　⑪福知山　㊙アメリカ：1872年(留学)

　嘉永5(1852)年8月、本荘宗秀の七男として生まれる。子爵・工学博士朽木綱貞の父。横浜に出て宣教師ジョン・バラからキリスト教の洗礼を受ける。明治5(1872)年アメリカに渡る。同年4月に家督をつぎ、11年に隠居となる。

文献　近代日本の海外留学史(石附実)　ミネルヴァ書房　昭47／昭和新修　華族家系大成

上（霞会館諸家資料調査委員会編）　霞会館　昭57
〔楠家重敏〕

クーデンホーフ 光子　くーでんほーふ・みつこ

明治7年7月16日（1874）～昭和16年8月28日（1941）　伯爵夫人　〔明治版シンデレラ物語のヒロイン，パン・ヨーロッパの母〕　⊕東京市牛込（区牛込納戸町26番地）　②旧名＝青山　⑭オーストリア：1896年（夫の帰国に同行）

　明治7（1874）年7月16日，東京牛込の油商青山喜八の三女として生まれる。娘時代，その恵まれた容姿から一時期，鹿鳴館と並ぶ代表的な社交場・紅葉館の女中をしていたともいわれる。日本駐在のオーストリア代理公使ハインリッヒ・クーデンホーフ・カレルギー伯爵との出会いについては諸説がある。例えば紅葉館時代に見初められたとも伝えられるが，ある冬の朝，公使館へ向かうハインリッヒの乗った馬が道に落ちていた氷の破片に蹄を滑らせ，落馬し体を強く打ちつけてしまった彼を，たまたま目撃した彼女が家人に知らせて手当てをさせる。これがきっかけで彼女は公使館勤めをすることになり，やがて2人の間に愛が芽ばえることになるというエピソードも伝えられている。いずれにせよ2人は25年に結婚する。26年長男ハンス（日本名光太郎），27年次男リヒァルト（栄次郎）が誕生。幸せな数年が続くが，29（1896）年の春，帰国する夫に従い彼女は子どもたちを連れてヨーロッパへ向かう。ボヘミアの丘の上にあるクーデンホーフ家の居城での暮らしは，覚悟の上とはいえ決して楽なものではなかった。文化・言葉の違いはもとより，日本の平民の娘を見つめる冷たい視線，慣れない貴族社会のルールなど，彼女は到着早々悩まされるがそうした中でハインリッヒの深い愛情に支えられ，つぎつぎと子供を産み，伯爵夫人としての知性と教養を積むことに心がける。しかし結婚生活14年目の39年5月，ハインリッヒが心臓発作で急死し7人の子供があとに残される。相続をめぐり，夫側の親戚・縁者と対立し訴訟沙汰になるが，夫の遺言書により遺産を相続し，子どもたちの養育権も確保する。法律，簿記などを学び，難しい書類にも目を通し，夫と同様に領地の管理を行う彼女の手腕に，次第に誰も口をはさまなくなる。やがて長男と次男をウィーンの大学へ入学さ

せるため，ロンスベルグの居城を引き上げる。彼女は東洋生まれの美貌の伯爵夫人としてもてはやされる。サロンの花形としての数年間が過ぎるが，大正3年，第1次世界大戦が勃発する。日本はオーストリアの敵国となり，彼女の周辺も慌ただしくなる。長男と三男を戦地へ送り，次男リヒァルトは彼女の反対を押し切って女優イダ・ローランと同棲する。娘3人との暮らしになるが，リヒァルトの提唱した「パン・ヨーロッパ運動」（のちにEECとして結実）が脚光を浴び，名声があがるにつれ彼女もリヒァルトと和解する。リヒァルトの業績により「パン・ヨーロッパの母」「欧州連盟案の母」として称えられるようになる。チェコスロバキア領となったボヘミアからウィーン郊外のメードリングに移ったあと脳卒中で倒れ，次女オルガが彼女の身辺の世話をすることになる。晩年はこのオルガと静かな生活を送るが，彼女にとって最大の喜びはリヒァルトの訪問とウィーンの日本大使館を訪れることであった。彼女は日本から送られてくる新聞，雑誌を読み，レコードを聞き，日本の話題を楽しんで余生を過ごす。一度も帰国せず昭和16（1941）年8月28日，発作のために死去。享年68歳。

文献　回想録（クーデンホーフ・カレルギー著　鹿島守之助訳）　鹿島出版会　昭37／イーダ・ゲレス夫人の手紙　国際時評　昭42／クーデンホーフ光子伝（木村毅）　鹿島出版会　昭46／先駆の女性　1億人の昭和史　日本人1（深津栄一）　毎日新聞社　昭56
〔岡田孝子〕

工藤 十郎　くどう・じゅうろう
⇒湯地治右衛門（ゆじ・じえもん）を見よ

工藤 精一　くどう・せいいち
生没年不詳　教育者　札幌農学校教授　⊕江戸　⑭アメリカ：1872年（留学）

　生没年不詳。江戸の出身。明治5（1872）年，公費留学生としてアメリカに渡る。7年にラトガース大学に入る。11年に帰国して，海軍兵学寮の教師となる。その後，教育家デビット・マレーの助手をつとめるが，14年から札幌農学校の教授をつとめる。

文献　近代日本の海外留学史（石附実）　ミネルヴァ書房　昭47
〔楠家重敏〕

工藤 貞次　くどう・ていじ

万延1年(1860)〜昭和2年2月6日(1927)　作曲家　陸軍戸山学校軍楽隊長　㋲ドイツ,フランス：1893年(音楽研究)

万延1(1860)年に生まれる。明治26(1893)年陸軍戸山学校初代軍楽隊長となり、ドイツ、フランスに数年間留学、音楽を研究、軍楽隊の基礎を築いた。30年明治天皇の嫡母英昭皇太后崩御の折、陸軍、宮内省の命で戸山学校講師のドイツ人エッケルとともに「哀の極」を合作した。昭和2(1927)年2月6日死去。享年68歳。

[文献]　幕末明治海外渡航者総覧(手塚晃編)　柏書房　平4／データベースWHO　日外アソシエーツ　〔藤田正晴〕

国沢 新九郎　くにざわ・しんくろう

嘉永1年(1848)〜明治10年3月12日(1877)　洋風画家　〔西洋画学正法の祖〕　㊙土佐　㋕幼名=熊太郎,日泉,別名=泉九郎　㋲イギリス：1870年(画家として最初の洋行者,洋画法)

嘉永1(1848)年、高知藩士国沢好古の子として生まれる。明治3(1870)年、藩命によってイギリス・ロンドンに留学する。画家としての最初の洋行者である。滞英中洋画に興味を覚えイギリス人ジョン・ウイルカムについて洋画法を学び7年に帰国し、油絵の草創時代に新生面を開いた。彼以前の洋画家は川上冬厓のような書籍からの技法か、高橋由一、五姓田義松、ワーグマンが日本風景を描くのを真似たのにすぎなかった。学校を設けて日本の画流を一変しようと建言するが容れられなかったので、画塾・彰技堂を開いた。また洋画展覧会を興し、画道を振興させた。日本における西洋画法の始祖ともいうべき存在となるが、明治10(1877)年3月12日死去。享年30歳。

㊣東京・青山霊園

[文献]　明治初年条約改正史の研究(下村冨士男)　吉川弘文館　昭37／明治過去帳—物故人名辞典(大植四郎編)　東京美術　昭46／近代日本の海外留学史(石附実)　ミネルヴァ書房　昭47／明治初年の洋画家たち(外山卯三郎)　『日本洋画史1・明治前期』　日貿出版社　昭53／日本人名大事典2　平凡社　昭54　〔楠家重敏〕

国司 健之助　くにし・けんのすけ

嘉永6年4月5日(1853)〜明治26年2月18日(1883)　長州藩留学生　㊙山口　㋕別名=純行　㋲アメリカ：1870年(政治学)

嘉永6(1853)年4月5日、萩藩士・志道安房元裏の二男として生まれ、のち家老・国司信濃親朝の養子となる。明治3(1870)年閏10月、政治学修業のためアメリカに留学する。明治26(1883)年2月18日死去。享年31歳。

[文献]　近代日本の海外留学史(石附実)　ミネルヴァ書房　昭47／英語事始(日本英学史学会編)　日本ブリタニカ　昭51／幕末明治海外渡航者総覧(手塚晃編)　柏書房　平4　〔寺崎隆行／富田仁〕

国司 純行　くにし・すみゆき

⇒国司健之助(くにし・けんのすけ)を見よ

国司 政輔　くにし・せいすけ

生没年不詳　陸軍軍人　㊙山口　㋲フランス：1872年(留学)

生没年不詳。山口の出身。陸軍に入り、明治5(1872)年に留学生としてフランスに派遣される。その後の消息は不明。

[文献]　日仏文化交流史の研究—日本の近代化とフランス人(西堀昭)　駿河台出版社　昭56／幕末明治海外渡航者総覧(手塚晃編)　柏書房　平4　〔富田仁〕

国友 次郎　くにとも・じろう

嘉永2年(1849)〜明治37年6月7日(1904)　海軍軍人　海軍大佐　㊙熊本　㋲アメリカ：1870年(留学)

嘉永2(1849)年、熊本に生まれる。明治3(1870)年、県費留学生としてアメリカに渡る。帰国後海軍に入り、21年に大佐となる。その後、龍驤艦長、東艦長、大和艦長を歴任。27年に佐世保鎮守府予備艦部長となる。明治37(1904)年6月7日死去。享年56歳。

[文献]　近代日本海外留学生史(石附実)　ミネルヴァ書房　昭47　〔楠家重敏〕

国友 松郎　くにとも・まつろう

生没年不詳　留学生　㊙熊本　㋲イギリス：1870年(留学)

生没年不詳。熊本の出身。明治3(1870)年にイギリスに渡る。その後の消息は不明。

[文献] 近代日本の海外留学史（石附実）　ミネルヴァ書房　昭47　　〔富田仁〕

久原 躬弦　くはら・みつる

安政2年11月28日（1856）～大正8年11月21日（1919）　有機化学者　京都帝国大学総長
㊷美作国津山　㊤アメリカ：1879年（留学）

　安政2（1856）年11月28日，津山藩医の子として美作国津山に生まれる。明治10年東京大学理学部化学科を卒業，11年日本化学会の前身東京化学会の創立に貢献し，第1期会長となる。12（1879）年アメリカに官費留学し，ジョンズ・ホプキンズ大学，エール大学に学び，16年に帰国。17年東大理学部教授となり，19年第一高等中学（のちの一高）教諭，27年校長。この間24年に理学博士。31年京都帝国大学理科大学教授，45年総長に就任。京大の化学教室をつくり，藍青合成反応の仕組み，アミン類の反応の仕組み，異性体の研究，立体化学の紹介などの業績がある。特に"ベックマン転位"の研究はで知られる。大正8（1919）年11月21日死去。享年65歳。

[文献] 幕末明治海外渡航者総覧（手塚晃編）　柏書房　平4／朝日日本歴史人物事典　朝日新聞社　平6／人物化学史―パラケルススからポーリングまで（島尾永康）　朝倉書店　平14（科学史ライブラリー）／データベースWHO　日外アソシエーツ　　〔藤田正晴〕

久布白 落実　くぶしろ・おちみ

明治15年12月6日（1882）～昭和47年10月23日（1972）　牧師，婦人運動家　〔廃娼・婦人参政権運動に尽力〕　㊷熊本県（鹿本郡米之嶽字郷原）　㊤アメリカ：1903年（キリスト教伝道）

　明治15（1882）年12月6日，牧師大久保真次郎の子として熊本県に生まれる。母音羽は徳富蘇峰の妹。三歳のとき洗礼をうける。前橋共愛女学校予科，女子学院に学び，明治36（1903）年にハワイに渡り父母と伝道に励む。翌年，両親とともにアメリカ大陸オークランドに赴き，太平洋神学校に入学する。39年のサンフランシスコ大震災後，日本人婦人の売春調査に立ち合い，廃娼の必要性を痛感する。同年，矢島楫子と同行してボストンの第7回矯風会世界大会に参加する。43年，久布白直勝と結婚して，シアトルに住む。大正2年の帰国後，矯風会総幹事に迎えられる。5年，大阪の飛田遊廓新設問題に反対し公娼廃止の運動に専心した。11年，フィラディルフィアで開かれた第11回矯風会世界大会に出席しヨーロッパへ渡り婦人参政権問題を調査研究する。その後，山室軍平，島高米峰，安部磯雄らの廓清会と協力して22県の県議会で廃娼決議を得る。昭和3年にエルサレムで開かれた第2回世界宣教会議に日本代表として出席し，廃娼問題の研究のためヨーロッパ諸国をめぐる。6年には満洲と中国を訪れる。10年，廃娼後の対策のためアメリカへ調査に赴き，ついでブラジルを訪問する。12年に朝鮮，満洲，北部中国を慰問旅行をし，13年にはインドのマドラスで開かれた第3回世界宣教会議に参加する。婦人参政権を獲得した昭和20年代はじめ数回国政選挙に立候補する。28年に売春禁止法制定促進委員会を結成し委員長として活躍し，31年の売春防止法の制定をみる。32年，訪中日本婦人代表団団長として中国を訪れる。39年にスウェーデンの性教育教科書を翻訳出版し，この方面の関心もしめす。46年，第25回矯風会世界大会に出席するためシカゴを訪れ，帰途ブラジルに立ち寄る。昭和47（1972）年10月23日，心不全のため死去。享年89歳。

[文献] 廃娼ひとすじ（久布白落実）　中央公論社　昭48／日本人名大事典　現代編　平凡社　昭54／久布白落実（高橋喜久江）　大空社　平13（シリーズ福祉に生きる）／「わたし」を生きる女たち―伝記で読むその生涯（楠瀬佳子，三木草子編）　世界思想社　平16（SEKAISHISO　SEMINAR）
〔楠家重敏〕

久保田 鼎　くぼた・かなえ

安政2年（1855）～昭和15年1月10日（1940）　文部官僚　東京美術学校長　㊷豊前国中津　㊤アメリカ：1895年（博物館視察）

　安政2（1855）年，豊前国中津に生まれる。明治7年文部省写字生，文部権小録，文部属，東京職工学校幹事から22年帝国博物館主事，23年東京美術学校幹事兼任。28～33年帝国博物館工芸部長。28（1889）年アメリカを視察し翌年帰国。32年から同美術工芸部長兼任。31年の東京美校騒動で岡倉天心校長に辞職を勧め，騒動を収拾，同年現職のまま東京美術学校長心得，33～34年同校長となった。40年奈良帝室博物館長となり，京都帝室博物館長を兼任，大正13年奈良帝室博物館専任。昭和6年

退任した。古社寺保存会委員も務めた。昭和15（1940）年1月10日死去。享年86歳。
[文献] 幕末明治海外渡航者総覧（手塚晃編）柏書房　平4／明治日本美術紀行―ドイツ人女性美術史家の日記（フィッシャー著，安藤勉訳）講談社　平14（講談社学術文庫）／データベースWHO　日外アソシエーツ
〔藤田正晴〕

久保田 米僊　くぼた・べいせん

嘉永5年2月25日（1852）～明治39年5月19日（1906）　日本画家　〔京都府立画学校を創立〕
[生]京都錦小路東洞院　[名]本名＝寛　幼名＝米吉，別号＝錦隣子　[渡]フランス：1889年（遊学），アメリカ：1893年（シカゴ博覧会）

嘉永5（1852）年2月25日，京都錦小路東洞院の割烹亭久保田音七の子として生まれる。早くから画を好み，16歳の折鈴木百年の門に学び，明治13年幸野楳嶺らとともに京都府立画学校を創立し，明治の画界に米遷風をおこす。明治15年に第1回全国絵画共進会の審査員をつとめ，22年には京都美術協会を創立する。同年（1889）フランスに遊学し，帰国後徳富蘇峰の招きに応じて上京し民友社に入り，『国民新聞』に挿画を描いた。26（1893）年にシカゴ博覧会に際して自費で渡米し，全国を漫遊した。日清戦争が勃発すると，国民新聞従軍記者として戦況を描いた。また29年には第4回内国博覧会の審査員をつとめ，翌年岡倉天心の勧めで石川県工芸学校の教職についたが，在職1年で眼疾のため退職を余儀なくされた。32年には失明するにいたり，再び画筆をとることができなかった。著書に『米遷畫談』がある。また代表作に「半偈捨身」「牡丹と猫」などがある。明治39（1906）年5月19日，胃癌のため死去。享年55歳。
[文献] 家厳米僊の事ども（久保田満明）：中央美術　2　昭8／米僊先生の半面（永井久晴）：中央美術　21　昭10／近代日本美術全集1　東都文化交易　昭28／日本名画家伝（佐藤靄子）青蛙房　昭42／日本人名大事典2　平凡社　昭54／メディア都市・京都の誕生―近代ジャーナリズムと諷刺漫画（今西一）雄山閣出版　平11
〔寺崎隆行〕

久保田 与四郎　くぼた・よしろう

文久3年1月（1863）～大正8年4月24日（1919）　政治家　衆議院議員　[生]信濃国（小県郡）長瀬村　[渡]イギリス：1893年（法律学）

文久3（1863）年1月，信濃国小県郡長瀬村に生まれる。長野県師範学校，慶応義塾に学ぶ。明治26（1893）年ロンドンに留学し28年帰国の後，小学校訓導，弁護士，長野県議を経て，明治35年から衆議院議員を4期務めた。大正8（1919）年4月24日死去。享年57歳。
[文献] 幕末明治海外渡航者総覧（手塚晃編）柏書房　平4／データベースWHO　日外アソシエーツ
〔藤田正晴〕

熊谷 直孝　くまがい・なおたか

嘉永3年1月12日（1850）～昭和17年12月22日（1942）　造船技師　〔造船技術教育に貢献〕
[生]江戸麻布狸穴　[名]幼名＝次郎橘（吉）　[渡]フランス：1872年（造船学）

嘉永3（1850）年1月12日，奥医師熊谷弁庵直房の長男として江戸麻布狸穴に生まれる。塩田三郎の父順菴に四書五経を学び，14歳頃から医を医学館で修めた後，横浜仏蘭西語学所に入る。幕府親仏派の栗本瀬兵衛（鋤雲）が叔父に当たることから話が決まったのであった。明治初頭，赤松則良の推薦で一時沼津兵学校教授方手伝となって教壇で語学力を活かす。赤松が横須賀造船所に関係していたことから，4年その紹介で，選抜されて横須賀造船所へ三等中師で移る。5（1872）年4月造船寮九等出仕となりフランスに留学する。フランスではボンネーに師事して物理とフランス語を，アラン塾で化学を修め，7年帰国して造船大師，造船所編纂掛，黌舎長を経て，24年海軍造船工学校技手続一等から海軍機関学校，海軍造船工練習所教授へと伝習生教育に生涯を費す。それとは別に，邦訳農学書の嚆矢として評価高いフランソワ・マラグチ著『小学農用化学』（明治12年），『写真新法』（明治11年）等の翻訳がある。昭和17（1942）年12月22日，名古屋で死去。享年93歳。　[墓]東京都港区三田・常林寺
[文献] フランスに魅せられた人びと―中江兆民とその時代（富田仁）カルチャー出版社　昭51／横浜フランス物語―文明開化あ・ら・かると（富田仁編）産業技術センター　昭54／日仏文化交流史の研究―日本の近代化とフランス人（西堀昭）駿河台出版社　昭56／日仏のあけぼの（富田仁）高文堂出版社　昭58／熊谷直孝―造船技術教育に大きな貢献（西堀昭）『横須賀製鉄所の人びと―花ひらくフランス文化』　有隣堂　昭58（有隣新

書25）／横須賀製鉄所（造船所）伝習生・訳官（西堀昭）：千葉商科大学紀要　21（3）
〔山口公和〕

熊谷 平三郎　くまがい・へいざぶろう

生没年不詳　留学生　[生]京都　[渡]ドイツ：1871年（留学）

生没年不詳。京都の出身。明治4（1871）年，年洋銀1000枚の費用でドイツに留学する。ベルリンに渡り5ケ年の勉学に励む予定で旅立ったが，その後の消息は不明。

[文献] 近代日本海外留学生史　上（渡辺実）講談社　昭52　〔富田仁〕

隈川 宗雄　くまがわ・むねお

安政5年10月13日（1858）～大正7年4月7日（1918）　医学者　医学博士　〔ドイツ医化学の移植〕　[生]福島板倉　[名]幼名＝原郁次郎　[渡]ドイツ：1884年（医化学）

安政5（1858）年10月13日，板倉藩藩医原有隣の二男として生まれる。工学博士原龍太はその長兄である。明治2年，わが国の実地医学に多大の功績を残した隈川宗悦の養嗣子となる。8年11月東京大学医学部に入学し，16年4月卒業する。17年大学御用掛となり，同年（1884）10月ドイツに留学を命ぜられる。ベルリン大学においてザルコースキー教授に師事し，医化学を5年間研究する。そのほか生理学をムンクに，病理学をウィルヒョウに，内科学をゲルハルト，ライデン，ゼナルトなどについて修め，23年帰国。脚気病審査委員及び東京府駒込病院医長，24年4月帝国大学医科大学教授に任ぜられる。同年8月帝国大学評議員会の推薦により医学博士の学位を受ける。36年2月ヨーロッパへ派遣を命ぜられ，スペインのマドリッドに開催の万国医事会議に日本代表委員として参列。41年帝国学士院会員，大正6年9月東京帝国大学医科大学長に就任する。晩年は化学的に純粋なヴィタミンBの抽出に専心する。大正7（1918）年4月7日，肝臓癌で死去。享年61歳。　[墓]東京都品川区・海晏寺

[文献] 医学士隈川宗雄氏：中外医事新報　233　明22／大日本博士録2　医学（井関九郎編）発展社　大11　／日本人名大事典2　平凡社　昭54　〔北村侑子〕

熊沢 善庵　くまざわ・ぜんあん

弘化2年（1845）～明治39年8月8日（1906）　化学者　〔大阪セメントなどの技師長〕　[生]江戸　[渡]ドイツ：1870年（化学）

弘化2（1845）年，大和郡山藩医熊沢了岱の長子として江戸藩邸に生まれる。父了岱は蘭学医大槻玄沢門下に学んだ。当時としては新知識所有者であり，その影響を受け，幼い頃から玄沢の次子である大槻磐渓，蘭学医伊本玄朴，坪井信造らの門下で家学の医学を学ぶ。また薬学にも手を染めこれに精通し，同時に英独語をも習得する。明治3年大学出仕の命を受け，大学南校の少助教に任ぜられる。この年（1870）官費によりドイツに留学し化学を学び，7年に帰国。帰国後，技術者の速成的教育機関として開成学校内に新設された製作学教場に迎えられ，化学を担当する。この製作学教場は相当の成績をあげたが，専門学科としての化学科及び工学科が進歩すると共に，このような浅近実用のものをそれに併置するのは大学の体面を汚すものだという議論がわきあがり，10年2月に廃止される。しかしこの年4月に新たに開設された東京大学医学部に助教として迎えられ再び化学を担当，14年助教授となり，化学のほかに製薬学，製薬化学実地演習，鉱物学を講義する。15年からは大学予備門でも講座を持ち金石学を担当するが，18年これを辞する。16年以来内務省衛生局付属薬品試験場にも勤務していたが，19年これらすべての職を辞し，官界を離れる。一時東京薬学校の応用科学教授となるが，20年大阪における最初のセメント会社である大阪セメントに技師長として迎えられる。同社の経営面，また技術的基盤の完成に尽力し，23年退社，私立大阪共立薬学校（後の大阪薬学校）の講師となる。29年，当時関西有数の人造肥料会社であった大阪琉曹会社に技師長として入社，同社の飛躍的発展に貢献する。大阪高等工業の講師を兼任するが，36年病のためいずれも退職する。その後大阪薬学校に専任講師として迎えられ，病を押して勤務したが，38年退職。重クローム酸カリウムの生成，及び硫酸製造法の改良に貢献。著書には『化学分析法』『普通金石学』『地文学梗概』などがある。明治39（1906）年8月8日死去。享年62歳。

[文献] 東京帝国大学五十年史上　東京帝国大学　昭7／日本人名大事典2　平凡社　昭54

〔岡本麻美子〕

熊野 敏三　くまの・びんぞう

安政1年12月（1855）～明治32年10月26日（1899）　法律家, 弁護士　法学博士　〔法典編纂に尽力〕　[生]長門国（阿武郡）萩（松本）　[渡]フランス：1875年（法律学）

安政1年（1855）12月，萩藩士熊野右仲の子として萩に生まれる。明治5年3月大学南校に入学するが，同年7月，司法省明法寮に編入する。翌年，明法寮の学生の学力その他に問題があるとの声が司法省内部からあがり，廃校運動に発展し，司法卿江藤新平がみずから教場へ赴いて調査する。そのとき彼が指名され，その場で日本語の文章をフランス語に直し板書してみせる。この翻訳は教師のブスケが賞讃するほど見事なものであった。廃校か存続かの問題はこれで決着がついたのであるが，この時，彼は数え年でわずか17歳であった。秀逸した学力を買われて8（1875）年8月，卒業と同時に司法省よりフランス留学を命ぜられ，パリ大学に入学する。11年法学士の学位を得るが，さらに研究を続け，16年ドクトゥール・アン・ドロワの称号を得て7月に帰国。帰国後，司法省に出仕しかたわら明治法律学校，東京和仏学校に招かれ，人事法，相続法，民法，商法を講じた。19年2月東京控訴院検事となり，翌年司法省参事官，民事法草案編纂委員に任じられる。21年6月法学博士となり，23年大審院判事に任官される。25年民事法商法施行取調委員さらに法典調査会主査を歴任し，法典起草に多大の功績を残す。27年，官途を辞し弁護士として活躍するが，明治32（1899）年10月26日，肺患のために死去。享年46歳。　[墓]東京・青山霊園

[文献] フランスに魅せられた人びと（富田仁）　カルチャー出版社　昭51／近代日本海外留学生史　上（渡辺実）　講談社　昭52／日本人名大事典2　平凡社　昭54　〔中川高行〕

久米 邦武　くめ・くにたけ

天保10年（1839）～昭和6年2月24日（1931）　歴史学者　文学博士　〔『米欧回覧実記』の著者, 古文書学の先駆者〕　[生]肥前国佐賀　[名]通称=丈一郎, 号=易堂　[渡]アメリカ：1871年（岩倉使節団に随行）

天保10（1839）年，佐賀藩士久米邦郷の三男として生まれる。藩校弘道館に学ぶが，文久3年，父邦郷が藩主鍋島直正に従行し江戸に出るに際して出府し，昌平黌に転学する。維新後，新政府に出仕し，明治2年9月大史兼神社局大弁，3年雑務局大弁兼務，同年10月佐賀藩大属となる。4（1871）年11月12日岩倉使節団に権少外史として随行横浜を出航。米欧諸国を歴訪する。その間彼は岩倉具視一行の行動，見聞などを詳細に記録している。6年9月帰国し，少外史権少史になり，岩倉使節団の報告書である『特命全権大使米欧回覧実記』の編纂に従事する。内容は横浜出航の4年11月10日から6年9月13日までの使節団の記録で「例言」の日付から9年1月には原稿が完成されていたものとみられる。11年10月太政官少書記官としてこれを刊行するが，執筆には諸資料や聞書に加えて各理事官の報告書「理事功程」などを用いて公式の報告書にまとめている。『回覧実記』の扉には「太政官記録掛刊行」とあり，「版権所有」の朱印も捺されているが，発行所は博聞社である。のちの歴史学者としての彼の処女作であるが，『回覧実記』は個人的著作である以上に使節団の公式報告書であるとみられている。12年3月修史館に三等編修官として入り，14年二等編修官に進み，19年1月修史局編修を命ぜられて大日本編年史を重野安繹と分担執筆する。21年修史館が帝国大学文科大学に移管されると同大学教授となり，臨時編年史編纂委員となり，重野安繹と星野恒とともに『国史眼』を編集して大学の国史学の教科書とする。22年史学会の設立とともに委員となり『史学会雑誌』に研究成果を発表する。水戸学派の極端な道徳主義的な方法や神秘的な解釈を排斥し，啓蒙主義的合理主義の立場からの論説を展開するが24年「太平記は史学に益なし」，とくに田口卯吉主宰の雑誌『史海』に転載された「神道は祭天の古俗」の論文が発表されると国粋主義者や神道家から反撃を受け，筆禍事件に発展し，25年には文科大学教授の職を追われる。歴史学の歴史の上でも天皇制イデオロギーの確立過程の観点からも，この筆禍事件の意義は大きいが，彼の論文に認められる合理主義的な発想の根底には米欧回覧の体験とその報告書の執筆が色濃く反映しているものとみられている。退官後は早稲田大学で古文書学の講義をする一方，

大隈重信の『開国五十年史』や各地の地方史の編纂につとめ，国史の研究に携わり，『上宮太子実録』『古文書学講義』『日本古代史』『南北朝時代史』『鍋島直正公伝』などを著すが，とくに古文書学の基礎をその名辞とともに定める。昭和6（1931）年2月24日死去。享年93歳。

[文献] 久米邦武君の日本古代史と神道の関係を読む（山本信哉）：神社協会雑誌 7（9～11）明41／久米博士の事ども（久保大来）：肥前史談 6（3） 昭8／久米博士九十年回顧録1～2（久米邦武著，中野礼四郎他編） 早稲田大学出版部 昭9／独創的実証史家久米邦武（嘉治隆一）：伝記 1（7） 昭22／歴史を創る人々（嘉治隆一） 大八洲出版 昭23／明治初期知識人の西洋体験—久米邦武の米欧回覧実記（芳賀徹）『島田謹二教授還暦記念論文集』 弘文堂 昭36／岩倉使節団—明治維新のなかの米欧（田中彰） 講談社 昭52（講談社現代新書）／日本人名大事典2 平凡社 昭54／近代日本哲学思想家辞典（伊藤友信他編） 東京書籍 昭57／文学博士久米邦武先生：国史界 2（3）／久米邦武の研究（大久保利謙編） 吉川弘文館 平3／維新の科学精神—『米欧回覧実記』の見た産業技術（高田誠二） 朝日新聞社 平7（朝日選書）／久米邦武文書 1，2（久米美術館編） 吉川弘文館 平11，12 〔富田仁〕

久米 桂一郎 くめ・けいいちろう

慶応2年8月3日（1866）～昭和9年7月27日（1934） 画家 [生]佐賀 [渡]フランス：1886年（絵画研修，古美術研究）

慶応2（1866）年8月3日，佐賀藩士で，のちに歴史学者，古文書学の祖となる久米邦武の長男として生まれる。明治17年，東京に出て工部美術学校出身の藤雅三に就いて洋画を学び，19（1886）年に絵画修業のため渡仏する。パリでラファエル・コランに師事するとともに，ヨーロッパ各地を廻り古美術研究を行う。26年に帰国し，翌年，黒田清輝とともに山本芳翠の画塾を譲りうけ天真道場と名づけて絵画の指導を行う。29年，黒田らと白馬会を創設し，31年には東京美術学校教授に就任，美術解剖学，西洋考古学を担当する。その後，帝国美術院幹事などを歴任。またパリ万国博覧会，日英博覧会，サンフランシスコ万国博覧会などで欧米に渡り，日本美術の紹介を行う。昭和7年，東京美術学校を退職し名誉教授の名称を与えられ，フランスからはレジョン・ドヌールを授与される。8年，重要美術品調査委員となるが，昭和9（1934）年7月27日，肝臓癌のため死去。享年69歳。

[文献] 私の学生時代（久米桂一郎）：美術新論 3（12） 昭3／久米先生と私（岡田三郎助），久米先生の御逝去（西田正秋）：アトリエ 11（9） 昭9／久米桂一郎を語る（小林万吉）：中央美術 14 昭9／近代日本美術全集3 洋画編 上（隈元謙次郎） 東都文化交易 昭29／日本人名大事典2 平凡社 昭54／久米桂一郎日記（久米桂一郎） 中央公論美術出版 平2 〔湯本豪一〕

久米 民之助 くめ・たみのすけ

文久1年8月（1861）～昭和6年5月25日（1931） 土木建築家 衆議院議員 [生]上野国（利根郡）沼田町 [渡]アメリカ，ヨーロッパ：1889年（土木建築視察）

文久1（1861）年8月，上野国利根郡沼田町に生まれる。明治17年工部大学校を卒業。皇居御造営事務局御用掛を経て，工部大学教授となった。その後大倉組に入り，佐世保鎮守府の建設工事を担当。次いで満韓起業株式会社取締役に転じる。明治22（1889）年土木建築界視察のため東洋，欧米を巡遊。帰国後工事測量，設計，監督，鑑定など土木建築業に従事した。また第5回総選挙以来衆議院議員を4回務めた。昭和6（1931）年5月25日死去。享年71歳。

[文献] 幕末明治海外渡航者総覧（手塚晃編） 柏書房 平4／データベースWHO 日外アソシエーツ 〔藤田正晴〕

倉知 誠夫 くらち・まさお

慶応3年3月（1867）～昭和10年5月3日（1935） 実業家 三越会長 [生]加賀国金沢 [渡]アメリカ：1890年（玩具販売）

慶応3（1867）年3月，加賀金沢に生まれる。明治23（1890）年慶應義塾を卒業。同年6月，玩具を仕入れて米国・サンフランシスコに渡り露店商人として販売，これを元手に竹細工の椅子・テーブルの類を製作販売して商売に成功したが，父の死で27年9月帰国。28年明治火災保険に入り，32年村井兄弟商会に転じた。37年同社が解散とともに朝鮮・仁川に渡り倉知商会を起こし，英米煙草会社の一手販売を引き受けたが，間もなく廃業する。39年取締役支配人として共同火災保険に入り，のち専務

を務める。大正7年三越呉服店(現・三越)に転じ，同年常務，9年専務に就任，昭和4年会長となる。5年病を得て退任したが，その後も取締役として経営に関与した。昭和10(1935)年5月3日死去。享年69歳。

[文献] 幕末明治海外渡航者総覧(手塚晃編) 柏書房 平4／データベースWHO 日外アソシエーツ 〔藤田正晴〕

倉永 猪一郎　くらなが・いいちろう

生没年不詳　伊万里県留学生　[生]佐賀　[渡]イギリス：1871年(留学)

生没年不詳。佐賀の出身。明治初年に海軍兵学寮に入る。明治4(1871)年9月10日，伊万里県の費用でイギリスに留学する。アメリカを経て7年頃に帰国。帰国後の消息は不明。

[文献] 明治初年条約改正史の研究(下村冨士男) 吉川弘文館 昭37／近代日本の海外留学史(石附実) ミネルヴァ書房 昭47／近代日本海外留学生史 上(渡辺実) 講談社 昭52／幕末明治海外渡航者総覧(手塚晃編) 柏書房 平4 〔楠家重敏／富田仁〕

蔵原 惟郭　くらはら・これひろ

文久1年7月6日(1861)～昭和24年1月8日(1949)　政治家, 教育家　衆議院議員　[生]肥後国(阿蘇郡)黒川村　[名]幼名＝三治兵衛　[渡]アメリカ：1884年(留学)

文久1(1861)年7月6日，肥後国阿蘇郡黒川村に生まれる。熊本洋学校，同志社英学校で学んだ後，明治17(1884)年アメリカに渡り，さらに23年イギリスに渡ってエジンバラ大学に学ぶ。24年帰国後，熊本洋学校・女学校校長となる。29年岐阜県の中学校長を経て，翌年上京，帝国教育会主幹となり，図書館の普及につとめた。33年政友会創立に参加，日露戦争後，立憲国民党，立憲同志会に所属。41年～大正4年衆議院議員を務め，国定教科書反対，普選運動で活躍した。8年立憲労働義会を設立し労働運動と普選運動の結合を目ざす。晩年は共産主義に理解を示し，極東平和友の会発起人のほか労農救援会や学芸自由同盟などに関係した。昭和24(1949)年1月8日死去。享年89歳。

[文献] 幕末明治海外渡航者総覧(手塚晃編) 柏書房 平4／データベースWHO 日外アソシエーツ 〔藤田正晴〕

栗島 彦八郎　くりしま・ひこはちろう

生没年不詳　幕臣　小人目付　[名]諱＝重全　[渡]アメリカ：1860年(遣米使節に随行)

生没年不詳。安政7(1860)年，49歳頃遣米使節に小人目付として随行する。

[文献] 万延元年遣米使節史料集成1～7(日米修好通商百年記念行事運営会編) 風間書房 昭36／幕末教育史の研究2―諸術伝習政策(倉沢剛) 吉川弘文館 昭59 〔富田仁〕

栗塚 省吾　くりづか・せいご

嘉永6年1月26日(1853)～大正9年11月2日(1920)　裁判官, 政治家　衆議院議員　〔民法の編纂〕　[生]江戸(福井藩藩邸)　[名]幼名＝幸太郎　[渡]フランス：1875年(法学)

嘉永6(1853)年1月26日，福井藩士栗塚三八の子として江戸藩邸で生まれる。幼時より漢学を修め，文久3年，渡辺洪基に英学を学ぶ。明治1年，村上英俊の達理堂入塾，翌年開成学校に入学。3年に藩の推薦で大学南校に進学し，5年司法省明法寮に転学，フランス法学を学ぶ。8(1875)年にパリ大学法学部に留学し12年，法学士号取得。さらに研修を重ね14年に帰国。同年民部局兼生徒課詰，翌年には民法編纂係となり，研修の成果を発揮する。同年司法省書記官，19年刑事局長，山田顕義司法大臣秘書官，23年民事局長，27年大審院部長などを歴任。31年に官界引退，弁護士となる。35年より衆議院議員に3期当選。日露戦争後，一時実業界にも進出するが，大正9(1920)年11月2日死去。享年68歳。

[墓]東京・谷中霊園

[文献] 栗塚省吾氏追悼号：武生郷友会誌 43 大10／日本人名大事典2 平凡社 昭54／日仏文化交流史の研究―日本の近代化とフランス人(西堀昭) 駿河台出版社 昭56／村上英俊の門人たち(3)―栗塚省吾の歩んだ道(富田仁)：桜文論叢 15 昭58 〔内海あぐり〕

栗野 慎一郎　くりの・しんいちろう

嘉永4年11月17日(1851)～昭和12年11月15日(1937)　外交官　子爵　〔不平等条約改正に活躍〕　[生]筑前国(早良郡)荒戸谷　[渡]アメリカ：1894年(対等条約締結)

嘉永4(1851)年11月17日，士族栗野小右衛門の長男として筑前国荒戸谷に生まれる。ハーバード大学に遊学。帰国後明治14年，外務省に採用される。外務卿井上馨のもとで不平等条

約の改正に着手する。改正方針をめぐり外務大輔青木周蔵と対立，一時逓信省に退けられるが，24年外務省に取調局長として復帰する。27(1894)年駐米公使としてアメリカとの間に対等条約を締結，さらにアメリカより露仏独による三国干渉を察知する。その後スペイン，ポルトガル，仏との間で対等条約締結交渉に活躍する。34年駐露公使となり日露戦争直前まで勤務する。39年駐仏大使。45年，その功により子爵を授けられる。大正2年免官引退，昭和7年枢密顧問官。昭和12(1937)年11月15日死去。享年87歳。⊕神奈川県鶴見区・総持寺
[文献] 日本外交秘録（朝日新聞社編） 朝日新聞社 昭9／子爵栗野慎一郎（平塚篤六撰） 興文社 昭17／日本人名大事典 2 平凡社 昭54／日本外交史人物叢書 第3巻（吉村道男監修） ゆまに書房 平14 〔阿部俊郎〕

栗原 亮一 くりはら・りょういち

安政2年3月(1855)～明治44年3月13日(1911)
政治家 衆議院議員 ㊧志摩国鳥羽 ㊤ヨーロッパ：1882年（板垣退助に随行）

安政2(1855)年3月に生まれる。鳥羽藩士。明治の初め上京，同人社に学び，9年小松原英太郎と『草莽雑誌』を発行，反政府的論説を掲載して発禁となった。10年西南の役後，板垣退助の立志社に入り，自由民権論を唱えた。自由党結成に参加，『自由新聞』の主筆を務めた。清仏戦争には新聞記者として清国に渡航。15(1882)年，板垣の渡欧に随行し，翌16年帰国後，大阪の『東雲新聞』に執筆。23年愛国党創立に参加，三重県から衆議院議員となり当選10回。憲政党，政友会に属し大蔵省官房長となったが，42年日本製糖の贈賄事件に連座入獄。日本興業銀行，南満州鉄道各設立委員を務めた。明治44(1911)年3月13日死去。享年57歳。
[文献] 幕末明治海外渡航者総覧（手塚晃編） 柏書房 平4／朝日日本歴史人物事典 朝日新聞社 平6／データベースWHO 日外アソシエーツ 〔藤田正晴〕

栗本 鋤雲 くりもと・じょうん

文政5年3月(1822)～明治30年3月6日(1897)
外交官，新聞記者 〔日仏外交，報知新聞主筆〕 ㊧江戸神田猿楽町 ㊤旧名＝鯤 通称＝安芸守，別名＝瀬兵衛，別号＝匏菴 ㊤フランス：1867年（幕府の全権公使）

文政5(1822)年3月，幕府の医官・喜多村槐園の三男として生まれる。幼少より儒学，医学，本草学などを学び，嘉永1年幕府奥詰医官の栗本家に入り，家名を継いで6世瑞見となる。安政5年オランダが幕府に献上した汽船・観光丸の試乗者募集の際，これに応募しようとしたが，医官長職の御匙法印岡榛仙院から譴責を受け，蝦夷移住処分となる。同年6月には一家共々箱館に移り，翌6年地元の医師の協議によって，吹田順菴と共に町学校に招かれて医学書を講ずる。また同年箱館奉行の要請により，当時この地に滞在していたフランス人宣教師メルメ・カションに日本語を教授することとなる。その機会にカションからフランス語を学ぶ。この交換教授を通じての2人の親交は，後の日仏外交発展の上で大きな役割を果たすことになる。それは，彼らが互いの国の社会形態や風俗習慣について理解を深めたからである。彼はカションに質問して得た回答を『鉛筆紀聞』（明治2年）と題して記録している。箱館時代には，カションの病院設立計画に助力したり，薬草園の経営を行うかたわら，殖産面でも，養蚕，疏水，綿羊放牧などの事業に取組んだ。この間の事情は『箱館叢記』『七重村楽園起源』『養蚕起源』などに窺える。カションが，上垣守国の『養蚕秘録』を仏訳した『日本養蚕論』（1866年）を著わしていることも，鋤雲の事業活動の感化と考えられる。一方，文久2年には幕府の命により医籍を士籍に改めて，箱館奉行所の役人として北地調査（サハリン，エトロフ，クナシリなど）に赴いている。同年箱館奉行組頭となる。これらの功績を持って翌年江戸に帰参し，昌平黌頭取になる。元治1年6月に目付に就任，7月には鑑察となり，同年7月4日に開かれた横浜鎮港談判に，竹本淡路守，柴田日向守，土屋豊前守らとともに臨む。この折，フランス公使レオン・ロッシュの通訳として出席したカションと再会。これが日仏外交折衝を円滑に進めることとなる。ロッシュはカションの助言により親日政策を展開し，同年横須賀製鉄所の建設を建議し，幕府の軍事力強化にも協力することになった。このためロッシュはフランス語教育の必要を鋤雲に説き，彼を通じて幕府に要請し，慶応1年，横浜仏蘭西語伝習所を設立した。これは幕府直属の語学研修機関であり，フランス人教師による直接授業法が採用された点と，軍事に関する養成

所的な色彩を帯びていた点に特徴がある。彼はカションや小栗上野介、浅野美作守らと協力、伝習所掛役としてその運営に携わった。2年外国奉行に就任。同3(1867)年パリ万国博覧会参列のため出発した徳川昭武一行を追って、フランスに向かい8月マルセイユに到着。スイス経由でベルリンに赴き、昭武一行と合流しパリに入る。向山隼人正に代わって任命された全権公使として渡仏してきたのだが、その任務は、渡仏以後反仏的、親英的になった昭武一行を説得して、フランスとの親善関係を確保し、将軍家の日本における主権者たる地位を外国政府に知らしめ、樺太島鉱山採掘権問題に関する審議をなすことであった。現地では、通弁役や昭武の家庭教師役などをめぐって、シーボルトを推す向山と、カションを推す鋤雲とが対立するが、向山が帰国命令で12月にパリを去った後は、フランスとの親和政策によく努めた。翌4年4月大政奉還の報を受け、5月に帰国。維新後は、幕臣としての節を守って帰農した。5年『横浜毎日新聞』に入社、新聞記者として世に出る。翌6年、前年創刊したばかりの『郵便報知新聞』に移る。この頃同紙は、福沢諭吉の支援を仰ぎ、民権派の政論新聞としての地位を得ていた。鋤雲は主筆として同紙の編集にあたり、福沢門下の箕浦勝人、藤田茂吉らを集める。数々の懐旧的随筆を載せ、福地桜痴や成島柳北とともにその才筆を知られた。18年に退社。著書に、『匏菴十種』(明治2年)、『匏菴雑語』(明治28年)などがある。明治30(1897)年3月6日死去。享年76歳。

㋗東京都文京区・善心寺

[文献] 匏菴十種1〜2(栗本鋤雲) 明2／十大先覚記者伝(太田原在文) 大阪毎日新聞社・東京日日新聞社 大15／二十一大先覚記者伝(久保田辰彦) 大阪毎日新聞社 昭5／栗本鋤雲遺稿(栗本秀二郎編) 鎌倉書房 昭18／三人の先覚者 民族の独立(亀井勝一郎) 要書房 昭25／近代日本海外留学生史 上(渡辺実) 講談社 昭52／日本近代文学大事典1(日本近代文学館編) 講談社 昭53／日仏のあけぼの(富田仁) 高文堂出版社 昭58／日本の開国と三人の幕臣(桑原三二) 桑原三二 平8／栗本鋤雲(桑原三二) 桑原三二 平9　〔内海あぐり〕

栗本 貞次郎　くりもと・ていじろう

天保10年9月(1839)〜明治14年(1881)　外務省官吏　〔パリで客死〕　㋑別名＝貞二郎
㋺フランス：1867年(留学生取締)

天保10(1839)年9月に生まれる。栗本鯤(鋤雲)の養子。慶応1年3月幕府の御持小筒組差図役並勤方の身分で横浜仏語伝習所に入りフランス語を修める。2年10月同伝習所第1回得業式の折生徒総代となり、レオン・ロッシュ駐日フランス公使の祝辞に対する答辞を述べるが、その中で日章旗を全世界にフランスの国旗とともに輝かしたいと抱負を語る。3(1867)年8月、菅沼貞次、小出湧之助、伊東貫造、緒方十郎、神原錦之丞、大岡松吉、和田収蔵、大島貞次郎ら8名の横浜仏語伝習所の留学生とともに横浜を旅立ち、10月10日パリに到着する。留学生取締をつとめ明治1年に帰国。なおその際、渋沢と彼が中心になって留学生の帰国の手配をする。浜松県士族となる。3(1870)年再び渡仏し26年に帰国する。同年1月大使二等書記官、9月五等出仕、9年6月御用掛、7月奏任官取扱、10年1月依願免官となる。その後3たびフランスに渡り、明治14(1881)年、フランスで客死。享年43歳。

[文献] 幕末外交史の研究(大塚武松)　宝文館出版　昭27／日仏文化交流史の研究(西堀昭)　駿河台出版社　昭56／日仏のあけぼの(富田仁)　高文堂出版　昭58　〔富田仁〕

栗本 廉　くりもと・れん

安政5年(1858)〜明治25年4月8日(1892)　御料局技師　㋑静岡　㋺イギリス：1879年(地質学)

安政5(1858)年に生まれる。静岡の出身。明治12(1879)年、工部大学校の第1回留学生のひとりとしてイギリスに渡り、13年から15年まで王立鉱山学校で地質学を学ぶ。15年10月から16年7月までドイツのフライベルク鉱山学校に在学する。16年10月に帰国し、工部省鉱山課に勤務し、神山鉱山に出向する。25年に御料局技師となる。明治25(1892)年4月8日死去。享年35歳。

[文献] 明治過去帳—物故人名辞典(大植四郎編)　東京美術　昭46／近代日本海外留学生史 上(渡辺実)　講談社　昭52／フライベルク鉱山学校の日本人留学生(佐々木正勇)：日本大学人文科学研究所研究紀要　31　昭60

〔楠家重敏〕

久留 正道　くる・まさみち

安政2年3月2日（1855）～大正3年4月17日（1914）　建築家　文部省会計課建築掛長　[生]江戸　[渡]アメリカ：1892年（建築工学）

安政2（1855）年3月2日，江戸に生まれる。明治14年工部大学校造家学科を卒業。工部省技手などを務めるが，明治19年文部省に転じ，20年から同省技師として第一から第五までの高等中学校の建設に関わった。24年に非職となったのち東京高等学校や東京美術学校専修科の嘱託講師となるが，25年文部省技師に復帰。25（1892）年アメリカを視察し26年帰国。以後，会計課建築掛長として初等・中等教育施設の行政指導や直轄学校の建設などを担当した。38年には日本館（鳳凰殿）をシカゴ万国博覧会に出品。明治後期以後における学校建築の基準となった『学校建築図説明及設計大要』の著者と考えられている。大正3（1914）年4月17日死去。享年60歳。

[文献] 幕末明治海外渡航者総覧（手塚晃編）柏書房　平4／朝日日本歴史人物事典　朝日新聞社　平6 ／データベースWHO　日外アソシエーツ　〔藤田正晴〕

来原 彦太郎　くるはら・ひこたろう

安政4年7月26日（1857）～大正6年8月10日（1917）　宮中顧問官　貴族院議員　[生]山口　[名]別名＝木戸孝正　[渡]アメリカ：1870年（鉱山学）

安政4（1857）年7月26日，山口に生まれる。明治3（1870）年，開拓使派遣の留学生として鉱山学研修のためアメリカに渡る。7年に帰国後，開成学校，東京大学理学部，大阪専門学校に学ぶ。17年，木戸孝允の養子となり木戸孝正と改名する。農商務省を経て宮内省に入り，東宮侍従長となる。40年には宮中顧問官となる。さらに貴族院議員，維新史料編纂委員もつとめる。大正6（1917）年8月10日，胃癌のため死去。享年60歳。

[文献] 近代日本の海外留学史（石附実）　ミネルヴァ書房　昭47／大正過去帳―物故人名辞典（稲村徹元他編）　東京美術　昭48 ／近代日本海外留学生史　上（渡辺実）　講談社　昭52　〔楠家重敏〕

畔合 太三郎　くろあい・たさぶろう

生没年不詳　藩留学生　[生]山口　[渡]アメリカ，ヨーロッパ：1868年（留学）

生没年不詳。山口の出身。慶応4（1868）年，藩費留学生として欧米へ渡る。3年には清国に渡っている。その後の消息は不明。

[文献] 近代日本の海外留学史（石附実）　ミネルヴァ書房　昭47／幕末明治海外渡航者総覧（手塚晃編）　柏書房　平4　〔楠家重敏／富田仁〕

黒岡 帯刀　くろおか・たてわき

嘉永4年8月2日（1851）～昭和2年12月19日（1927）　海軍軍人，中将　貴族院議員　〔北清事変で軍功〕　[生]鹿児島（市下龍尾町156）　[名]幼名＝仁之介，別名＝城之介久馨　[渡]イギリス，フランス：1870年（海軍軍事研修）

嘉永4（1851）年8月2日，鹿児島藩士黒岡久直の長男として生まれる。文久3年，薩英戦争に従軍して天保山包台を守る。慶応2年に江戸へ出て遊学する。明治初年，大学南校で英学を修める。明治3（1870）年にイギリス留学を命ぜられ，西園寺公望，万里小路通房，石野基将，南貞助らとアメリカ船グレート・リパブリック号で横浜を出帆する。アメリカを経由して，4月1日にロンドンへ到着する。同地のアベニー・ハウス学校に入り，ついでポーツマスのローヤル・アカデミーに学んだ。6年1月，グリニッジの退職海軍教授ヘイのもとで航海術と数学を学んだ。この間，フランスへ3度足をのばしフランス語を学んだ。6年7月に帰国して少尉補となる。のち威仁親王の留学に随行し，再びイギリスに渡り，16年に帰国し中佐にすすむ。日清戦争では軍艦筑波の艦長として出征する。33年の義和団の変には天津で活動し，その軍功が認められた。36年中将に昇進，貴族院議員にも選ばれた。昭和2（1927）年12月19日死去。享年75歳。

[文献] 明治初年条約改正史の研究（下村冨士男）　吉川弘文館　昭37／近代日本の海外留学史（石附実）　ミネルヴァ書房　昭47 ／日本人名大事典2　平凡社　昭54 ／黒岡帯刀の英国留学について（梅渓昇）『日本近代化の諸相』　思文閣出版　昭59　〔楠家重敏〕

黒川 誠一郎　くろかわ・せいいちろう

弘化1年頃（1844）～明治42年4月12日（1909）　行政裁判所評定官　[生]金沢　[渡]フランス：1869年（法律学）

弘化1（1844）年頃，加賀藩士黒川良安の長男として金沢に生まれる。父良安は長崎でオラ

ンダ語を修め，シーボルトに医学を学び，佐久間象山に蘭学を教えた有名な医学者。誠一郎は明治2(1869)年4月，石川県の県費留学生として軍艦奉行に同行しフランスに渡る。パリ大学で法律学を修める。パリでは中江兆民，西園寺公望，飯塚納らと交際したようだが，詳細は不明。7年に帰国の後は松下直美，谷井元次郎などとともに明法大属となり，8年頃司法少丞に任じ，10年に司法書記官に転じ，12年太政官少書記官を兼ね，14年頃司法権大書記官に昇り，15年司法大書記官，17年外務大書記官兼外務書記官に移り，行政裁判所評定官として21年間在任する。無任所行使館参事官在任中，明治42(1909)年4月12日死去。享年66歳。

[文献] 明治過去帳─物故人名辞典(大植四郎編) 東京美術 昭46／近代日本の海外留学史(石附実) ミネルヴァ書房 昭47／大日本人名辞書(大日本人名辞書刊行会) 覆刻版 講談社 昭49／日本人名大事典 平凡社 昭54／フランスとの出会い─中江兆民とその時代(富田仁) 三修社 昭56／幕末明治海外渡航者総覧(手塚晃編) 柏書房 平4／データベースWHO 日外アソシエーツ
〔村岡正明／富田仁〕

黒川 勇熊　くろかわ・たけくま
嘉永5年9月9日(1852)～昭和6年9月13日(1931)　海軍軍人　㊗山口　㊙フランス：1877年(留学)

嘉永5(1852)年9月9日に生まれる。長州の出身。海軍兵学寮に入り，明治10(1877)年にフランスに官費留学する。シェルブール海軍造船学校に学び，14年に帰国。その後は海軍省に出仕した。

[文献] 近代日本海外留学生史 上(渡辺実) 講談社 昭52／幕末明治海外渡航者総覧(手塚晃編) 柏書房 平4／データベースWHO 日外アソシエーツ
〔富田仁〕

黒沢 新左衛門　くろさわ・しんざえもん
文化6年(1809)～明治25年(1892)　幕臣　㊙フランス：1862年(遣欧使節に随行)

文化6(1809)年に生まれる。文久1(1862)年12月，徳川幕府の遣欧使節竹内下野守保徳に随行してフランス，イギリス，オランダ，プロシア，ポルトガル，ロシアを訪歴し翌2年12月に帰国する。明治25(1892)年死去。享年84歳。

[文献] 近代日本海外留学生史 上(渡辺実) 講談社 昭52
〔富田仁〕

黒沢 貞次郎　くろさわ・ていじろう
明治8年1月5日(1875)～昭和28年1月26日(1953)　実業家　黒沢商店創業者　㊗東京　㊙アメリカ：1891年(ニューヨークの会社に入社)

明治8(1875)年1月5日，東京に生まれる。明治24(1891)年に渡米，ニューヨークのエリオット-タイプライター社に入社。34年帰国して東京銀座に黒沢商店を設立，仮名タイプライターなどを製作する。昭和6年国産初の印刷電信機(テレタイプ)を完成させる。また職住近接を理想として蒲田に工場村"吾等が村"を建設した。昭和28(1953)年1月26日死去。享年78歳。

[文献] 幕末明治海外渡航者総覧(手塚晃編) 柏書房 平4／データベースWHO 日外アソシエーツ
〔藤田正晴〕

黒沢 貞備　くろさわ・ていび
文化6年9月24日(1809)～明治25年3月15日(1892)　従者　京極家家臣　㊗但馬国大藪村　㊚幼名＝茂之輔，通称＝新左衛門　㊙フランス：1862年(遣欧使節に随行)

文化6(1809)年9月24日，大島貞利の子として但馬国大藪村に生まれ，京極家家老格・黒沢貞龍の養子となる。文久1(1862)年12月，幕府遣欧使節竹内下野守一行の監察使京極高朗の従者として随行する。使節団の一員だった福沢諭吉の『西航記』には随員20人程の名があるが，黒沢貞備の名はなく，役割の低い存在だった模様。渡航日誌『欧羅巴航日録』を著している。帰国後は京極家等で風月の日々を送る。明治25(1892)年3月15日死去。享年84歳。
㊚兵庫県和田山町・光福寺

[文献] 文久二年のヨーロッパ報告(宮永孝) 新潮社 平1(新潮選書)／欧羅巴航日録─黒沢貞備　兵庫県和田山町町史編纂室 平2(和田山町の歴史 9)／ヨーロッパ航日録─文久二年遣欧使節に随行した家臣黒沢貞備の日記(黒沢重一編) 沖進 平12
〔藤田正晴〕

黒瀬 貞次　くろせ・ていじ
安政3年6月(1856)～?　獣医　㊙フランス：1881年(獣医学)

安政3(1856)年6月に生まれる。明治14(1881)年に陸軍省出仕としてフランスに留学する。フランスでは獣医学を修める。その後の消息は不明。

文献 日仏文化交流史の研究―日本の近代化とフランス人(西堀昭)　駿河台出版社　昭56／昭和新修　華族家系大成　上(霞会館諸家資料調査委員会編)　霞会館　昭57　〔富田仁〕

黒田 清隆　くろだ・きよたか

天保11年10月16日(1840)～明治33年8月25日(1900)　政治家　伯爵　㊓鹿児島　㊔幼名=了介, 雅号=羽皐　㊞アメリカ：1870年(外国事情視察), ヨーロッパ：1886年(視察)

天保11(1840)年10月16日，薩摩藩士黒田清行の長男として鹿児島に生まれる。西洋砲術を学び，文久3年の英艦隊鹿児島砲撃の折には防戦に功をあげた。この年の暮れには，砲術を学ぶため江戸の江川塾に入門している。幕末には西郷隆盛の配下として薩長連合に尽力。慶応1年12月には長州へ赴き，木戸孝允，高杉晋作らと会見している。4年鳥羽伏見の戦いで幕軍を撃破した後，北越征討参謀として品川弥二郎とともに進軍。明治2年には箱館征討参謀として五稜郭の幕軍を降した。この時，落城寸前に榎本武揚からオラルトンの『海律全書』を贈られたことがきっかけとなって交友を結び，戦後その助命に奔走する。外務権大丞，兵部大丞を経て，3年北海道開拓次官となり，7月樺太を視察している。同年11月開拓の要務をもって洋行の命を受け，3(1870)年1月4日，7人の留学生を伴って汽船ジャパン号で横浜を出港，同月23日サンフランシスコに入港する。サンフランシスコからは大陸横断鉄道でワシントンへ向かう，ワシントンでは当時少弁務使であった旧友森有礼の斡旋でグラント大統領と会見，開拓顧問として政府高官ホーレス・ケプロン農務局長を招聘することに成功した。その他農村，女学校，婦人クラブなどの社会施設を見学し4年6月，作物種子，動物，農業機械などを携えて帰国。6年には千島樺太交換条約の契機となる樺太放棄論を建議している。7年北海道開拓長官に昇格。9年特命全権弁理大臣として井上馨と朝鮮に渡り江華島事件を処理，日鮮修好条約の締結にあたる。10年の西南の役には政府軍として参加，八代口から進んで西郷軍の背後をつき政府軍勝利の基をつくる。14年開拓事業の期限満了の際，開拓使官有物を一部の藩閥政商に不当な安価で払い下げようとして世論の攻撃を受け，いわゆる明治14年の政変の契機をつくる。15年開拓長官を辞して内閣顧問となるが，このころ政府内には伊藤博文を代表とする長州閥の勢力が大きく，薩摩閥を代表する清隆にとっては不遇の日々が続いた。17年伯爵の称号を受ける。19(1886)年6月23日，横浜港を出港し欧米周遊旅行に出る。長崎からウラジオストックに渡り，ニコライエフスク，ハバロフスクを経てアムール河を逆上し，バイカル湖から西は馬車を使っている。9月30日ペテルスブルクに到着，ロシア帝室の歓迎を受ける。しばらくこの地に滞在し，政府の役人を招いて一般行政や地方事情について学んだ後，南ロシアを通ってトルコ，ギリシアからイタリアに向かう。イタリアでは国王ウンベルト1世と会見する。北上してライン河畔のアームストロング大砲工場を見学。20年の正月はウィーンで迎える。その後パリを経てロンドンに達する。ロンドンでは北海道産の魚油，魚肥，毛皮などの売れ行きを専門家を呼んで聞いている。ロンドンからアメリカに渡り，ハドソン河畔にあるグラント大統領の墓に詣でる。ワシントンではケプロン未亡人を訪ね，またクリーブランド大統領と会見する。パリでレセップスからパナマ運河工事視察の紹介状をもらっていたが，スケジュールがあわないためやむなく断念し，西部へ向かう。4月2日サンフランシスコを出港し，4月21日約10ヶ月間の旅を終えて横浜に帰港した。帰国後9月には農商務大臣に就任。翌21年内閣総理大臣に任命され，22年2月の憲法発布の大典には首相として臨席した。しかし条約改正問題にあたって，世論がこぞって反対する中ひとり大隈重信外相の改正案に賛成，これを断行しようとしたが失敗し，この年の10月総理を辞任，枢密顧問官に転じる。25年第2次伊藤内閣の逓信大臣に任命され，28年からは枢密院議長も兼任，薩摩閥を代表して長州閥に対抗した。しかし31年わが国初の政党内閣である大隈板垣内閣が成立すると同時に逓信大臣を辞する。明治33(1900)年8月25日持病の中風のため死去。享年61歳。

㊟東京・青山霊園

文献 浦汐斯徳紀行(鈴木大亮)　明12／漫游見聞録1～2(黒田清隆)　農商務省　明18／

環游日記1〜3（黒田清隆）　明20 ／北の先覚（高倉新一郎）　北日本社　昭22 ／黒田清隆研究の文献（井黒弥太郎）：北海道地方史研究 39　昭36 ／黒田清隆とホーレス・ケプロン 北海道開拓の2大恩人　その生涯と業績（逢坂信忢）　北海タイムス社　昭37 ／黒田清隆 埋れたる明治の礎石（井黒弥太郎）　みやま書房　昭40 ／黒田清隆（井黒弥太郎）　吉川弘文館　昭52（人物叢書）／近代日本留学生史 上（渡辺実）　講談社　昭52 ／幕末維新人名辞典（奈良本辰也監修）　学芸書林　昭53 ／北海道史人名辞彙　上・下（河野常吉編） 北海道出版企画センター　昭54 ／日本人名大事典2　平凡社　昭54 ／明治維新人名辞典（日本歴史学会編）　吉川弘文館　昭56 ／黒田清隆　新装版（井黒弥太郎）　吉川弘文館　昭62（人物叢書）／幸運な志士—若き日の元勲たち（三好徹）　徳間書店　平4 ／首相列伝—伊藤博文から小泉純一郎まで（宇治敏彦編） 東京書籍　平13　〔岡本麻美子〕

黒田 定治　くろだ・さだはる

文久3年11月（1863）〜?　教育者　女子師範学校教授　〔単級教授法の提唱者〕　㊓越後国高田　㊜イギリス：1890 年（師範学科の研究）

文久3（1863）年11月，越後の高田藩士の家に生まれる。明治3年藩校修道館に入り，13年に高田中学を卒業して東京師範学校に入学した。17年同校を卒業したのち東京師範学校訓導，福島県会津中学教務取調などを努めた。明治23（1890）年10月に文部省留学生として師範学科取調べのためイギリス，フランス，ドイツに留学する。留学中に高等師範学校教諭になり，26年の帰国後，同校教授となった。翌年，文部省が開いた単級教授法講習会の講師となり，その理論および方法を論じた。30年，女子高等師範学校教授となった。専門は実験心理学であり，単級教授法の提唱者として知られる。

文献　高等師範学校教授黒田定治君小伝：日本之小学校教師　1　明32／近代日本海外留学生史　上（渡辺実）　講談社　昭52

〔楠家重敏〕

黒田 清輝　くろだ・せいき

慶応2年6月29日（1866）〜大正13年7月15日（1924）　洋画家　子爵　〔外光派的写実の手法を移入〕　㊓鹿児島高見馬場　㊔幼名＝新太郎　㊜フランス：1884年（法律学，洋画）

慶応2（1866）年6月29日，薩摩藩士黒田清兼の子として生まれる。5歳の時，のちの子爵黒田清綱の養嗣子となる。早くから政治家を志し，法律を学ぶため漢学，英学のほかにフランス語を学ぶ。明治16年東京外国語学校フランス語科に入学するが，17（1884）年，外務省役人で義兄の橋口直右衛門がフランスに赴任することになると同行を決意，2月ボルガ号で横浜を出帆。パリに到着後ただちにゴファール経営の私塾に入り，語学その他の学科を勉強する。10月この塾が閉鎖されたので，公使館付武官寺内正毅，松方正作に頼みこんでパッシー街のリセに入学。別に個人教授について勉学に励み，20年1月，代理公使原敬の斡旋を得てようやく法律大学校の入学許可がおりる。このように所期の目的を遂げつつあったが，幼年の頃から狩野派の絵を学んだり高橋由一門下の細田季治について絵画に強く惹かれていたので，やがて画家への転身を決意，入学後半年にして法律学校を退学する。これにはつぎのような経緯があった。18年末，工務省派遣の留学生で洋画家の藤雅三がパリに到着，リュクサンブール美術館でラファエル・コランの作を見て深い感銘を受ける。早速師事する意向を固めたが会話力に自信がなく彼に通訳を依頼してきた。コランとのつながりが出来，彼自身その絵に魅せられるようになる。19年2月，公使館で開かれたパーティーで山本芳翠，林忠正に会い，かねてから彼の才能に注目していた2人から絵に進むよう勧められる。やがてコラシー画学校のコランの教室に正式に入学，後年の盟友久米桂一郎を知る。20年8月，留学中の井上哲次郎の説得で画業に専念する決意が固まった。以後パリ近郊のグレーを根拠地に制作に没頭。夏休みにはベルギー，オランダ，スイスを旅行して各地の美術館を訪ね，研鑽を積む。官展が開かれた際にはその都度作品を応募し，「読書図」「朝妝」など多くの絵が入選を果たしている。26年7月，約10年に及ぶ留学を終え帰国。翌年画塾天真道場を開き，藤島武二，白滝幾之助，岡田三郎助，和田英作らを指導した。28年，第4回内国勧業博覧会には，滞仏中，裸体画に対する日本人の偏見を打破する意図で描いたという前記「朝妝」を出品して物議をかもした。29年，久米，藤島，和田，岡田らと白馬会を結成，やわら

かい外光のもとにモデルを置くコランの手法を踏襲した作品をつぎつぎと発表し，画壇に新風を吹きこんだ。高橋由一，浅井忠ら従来のアカデミックな画家が脂派と呼ばれたのに対して，黒田らのグループは紫派と命名された。画題においても前者が歴史画，風俗画に傾いていたのに反して白馬会の画家たちは人体，風景に主力を注いで一線を画し，その後時代の共感を呼んで明治末期にいたるまで洋画界の主流となっていくが，彼は終始中心的な役割を果たした。29年，東京美術学校に洋画科が新設されると講師に就任。32年教授に昇格，西洋画科主任となり，岡田，藤島を助教授に招いて人事にも強い発言力をもった。33年パリ万国博覧会開催に際し，邦人画家の作品がはじめて展示されることになると，出品の整理，報告，およびフランス美術制度調査，絵画教授法研究のため文部省より1ヶ年の出張を命ぜられた。5月出発して7月パリ到着。この博覧会に展示された彼の作品は,「湖辺」「秋郊」「樹陰」「寂寞」などである。調査研究のかたわら彼はフルノー街に画室を借り制作にも励んだ。34年，帰国を前にしてイタリア旅行を試み，大きな都市の美術館，寺院を見学，さらにドイツ，ベルギー，イギリスをまわってパリに戻る。4月パリを発ち5月帰国。40年，文展が創設されると審査員に任じられ，以後毎回自作を出品。まもなく，団体としての使命は終えたとして白馬会を解散。43年，洋画家として初の帝室技芸員に選出される。大正2年，国民美術協会創設にあたり総裁に推される。8年，帝国美術院が創立されると会員に選ばれ，11年，森林太郎(鷗外)の後をうけて2代目院長に就任した。これより先，大正9年に貴族院議員となって政界入りしてからは政治家としても活躍をみせた。13年，フランス政府よりグラン・クロワ・ランナン勲章を授与される。大正13(1924)年7月15日，尿毒症のため死去。享年59歳。死後，遺産をもとに上野公園内に美術研究所が設立され，遺作の一部が集められた。
[墓]東京麻布・長谷寺
[文献] 黒田清輝(石井柏亭)　中央美術　10(9)　大13／黒田清輝(坂井犀水)　聖文閣　昭12／滞仏中の黒田清輝(隈元謙次郎)　美術研究　101，102　昭15／黒田清輝—日本洋画家伝12(柳亮)：中央公論　69(3)　昭29／近代日本美術全集3　東都文化交易　昭29／黒田清輝(隈元謙次郎)　日本経済新聞社　昭41／黒田清輝日記1〜　中央公論美術出版　昭41／日本名画家伝(佐藤靄子)　青蛙房　昭42／日本近代文学大事典1(日本近代文学館編)　講談社　昭53／日本人名大事典2　平凡社　昭54／カンヴァス日本の名画5(井上靖他編)　中央公論社　昭54／黒田清輝・藤島武二(三輪英夫，陰里鉄郎編)　集英社　昭62(アート・ギャラリー・ジャパン　20世紀日本の美術)／近代日本と仏蘭西—10人のフランス体験(三浦信孝編)　大修館書店　平16／黒田清輝日記　第1〜4巻(黒田清輝)　中央公論美術出版　平16　〔中川高行〕

黒田 長成　くろだ・ながしげ

慶応3年5月5日(1867)〜昭和14年8月14日(1939)　政治家　貴院副議長　[生]筑前国秋月
[渡]イギリス：1884年(留学)

慶応3(1867)年5月5日，福岡藩主黒田長知の子として筑前国秋月に生まれる。明治11年家督を継ぎ，17年侯爵。17(1884)年イギリスに渡りケンブリッジ大学に遊学。22年帰国後，式部官となったが，23年辞任。25年貴族院議員となり，37年副議長に就任。大正13年枢密顧問官。宗秩寮審議官，議定官などを兼任した。昭和14(1939)年8月14日死去。享年73歳。
[文献] 幕末明治海外渡航者総覧(手塚晃編)　柏書房　平4／データベースWHO　日外アソシエーツ　〔藤田正晴〕

黒田 長知　くろだ・ながとも

天保9年12月19日(1839)〜明治35年1月9日(1902)　福岡藩知事　侯爵　[名]通称=健若，官兵衛　[渡]アメリカ：1871年(留学)

天保9(1839)年12月19日，津藩主藤堂高猷の二男として生まれる。黒田長溥の養嗣子となり，嘉永5年12月従四位下侍従に任じ，下野守を称する。文久3年8月13日の政変により上洛の朝命があり，病中の父長溥に代って上洛し，京都において公武合体運動を推進した。また，慶応2年11月第2次長州討伐後の諸藩合同の朝命によって上京，二条城で国事意見を開陳するなど幕末の政界に活躍した。明治2年家督を継ぎ，版籍奉還を上表し，6月に福岡藩知事に任じたが，福岡藩貨幣贋造事件の罪で4年7月に藩知事を罷免された。同年(1871)11月，同藩士団琢磨，金子堅太郎を「同行」という名目で抜擢し，アメリカ留学に出発した。帰国

後11年12月にその子長成に家督を譲った。明治35(1902)年1月9日死去。享年65歳。　㊣東京・青山霊園
　[文献]　近代日本の海外留学史(石附実)　ミネルヴァ書房　昭47／明治維新人名辞典(日本歴史学会編)　吉川弘文館　昭56　〔寺崎隆行〕

黒田 久孝　くろだ・ひさたか
弘化2年(1845)～明治33年12月4日(1900)　陸軍軍人,中将　男爵　㊣江戸　㊣旧名＝久馬介,久馬　㊣アメリカ：1876年(軍事視察)

　弘化2(1845)年,江戸に生まれる。幕末に横浜でフランス式陸軍伝習を受け,京都御用掛を命じられ,砲兵差図役頭取となる。明治維新後,駿河駿東郡上香貫村西島(沼津市)に移り同地の豪農神部家に仮寓した。沼津兵学校教授を務め,明治4年同校の新政府移管により陸軍大尉兼兵学大助教となり上京。9(1876)年アメリカを視察。士官学校副提理,砲兵内務書取調,砲兵会議議員などを歴任。10年西南戦争では征討軍団参謀を務める。砲兵第1方面提理兼東京砲兵工廠提理,参謀本部海防局長などを務め砲兵大佐に進み,19年参謀本部第3局長となり,砲兵会議議長を務める。23年野戦砲兵監になり,少将に進んだ。27年日清戦争には第1軍砲兵部長として出征。28年東京湾要塞司令官となり,男爵を授かる。29年東京防禦都督部参謀長,30年中将となり東宮武官長に転じた。明治33(1900)年12月4日死去。享年56歳。
　[文献]　幕末明治海外渡航者総覧(手塚晃編)　柏書房　平4／データベースWHO　日外アソシエーツ　〔藤田正晴〕

黒野 義文　くろの・よしぶみ
？～大正6年頃(1917)　教師　〔ロシアで国際的日本学者の育成に貢献〕　㊣江戸　㊣ロシア名＝イオシフ・ニコラエヴィッチ・クロノ　㊣ロシア：1886年(ロシア語)

　生年不詳。幕府の納戸奉行黒野義方の子として江戸に生まれる。明治5年神田駿河台のニコライ露語学校に学んだのち,6年8月に新設された東京外国語学校の露学上等第6級に官費生として入学する。卒業後ロシア語担当の助教授に就任するが,17年10月に退職する。それは文相森有礼や幕末の遣露留学生である山内作左衛門らとともに,東京外国語学校の廃止問題に絡んでのことで,同じく,ロシア科の教授であった嵯峨寿安や古川常一郎らも退職して内閣官報局に入っている。また二葉亭四迷らの学生たちも卒業を目前にしながら退学している。退職後,文部省に出仕し,市川文吉や古川常一郎らと『露和字彙』の編纂に携わるが,19(1886)年,一念発起し,妻と二男一女を日本に残しウラジオストークに渡る。ウラジオストークでは女郎屋の用心棒に雇われていたともいわれるが,まもなく日本公使館にいた西徳二郎の推挽で,ペテルブルグ大学の日本語講師に採用される。赴任先のペテルブルグまで6ヶ月費やして単身徒歩のシベリヤ横断をなしとげたと伝えられる。このエピソードは彼が超世俗的風格に富む奇人的存在であったことを物語っている。単身徒歩の快挙は,3年嵯峨寿安によるシベリア横断と,13年西徳二郎の単身舟車につぐものである。ペテルブルグ大学では,21年から大正5年まで東方学部で日本語講座を担当する。在職中,『日露通俗会話篇』などの日本語関係の著訳書をあらわし,N.I.コンラード(ソ連アカデミー正会員)や,M.ラミング(東独科学アカデミー正会員)およびS.G.エリセーエフ(アメリカ・ハーバード大学教授)らの国際的日本語学者の育成に貢献する。入露後何年かして,イオシフ＝ニコラエヴィッチ＝クロノと称したこともあるが,改宗の事実を例証する資料はない。彼の著作物にはつねに日本名クロノ＝ヨシブミと記されていることからも,ロシア名に改姓したのではなく,在留日本人として生きていたことが知られる。なお,彼の著述のなかに,B.H.チェンバレンの『日本文法書』の露訳本がある。講師引退後の晩年は明らかでないが,大正6(1917)年頃ロシアに蔓延したコレラにかかり,農家の庭先で死去。引取人のないままレニングラード近郊の教会墓地に葬られたという。
　[文献]　東京外国語学校沿革(東京外国語学校)　昭7／ペテルブルグ大学講師の黒野義文翁のこと(佐藤尚武述　柳沢健編)　『二つのロシア』　世界の日本社　昭23／レニングラード大学日本語講座(O.P.ペトロワ)：レニングラード大学紀要　東方学部篇　296　1960(昭35)／レニングラード大学の日本人講師(西村庚)：文献　6　昭36.12／黒野義文伝に関する聞き書きその他(西村庚)：文献　10　昭40.3／日本正教史(牛丸康史)　日本ハリスト正教団府主教庁　昭53／幕末明治海外

黒部 鉱太郎 くろべ・こうたろう

生没年不詳　徳島藩士　⑪徳島　㊂別名＝鉉太郎　㊦イギリス：1870年（普仏戦争視察）

生没年不詳。徳島の出身。徳島藩の命により普仏戦争視察のため、明治3（1870）年9月、イギリスに赴いた。ロンドンのユニバーシティ・カレッジで勉学に励んだが、帰国後の消息は不明。

[文献]　男爵目賀田種太郎　故目賀田男爵伝記編纂会　昭13／明治初年条約改正史の研究（下村富士男）　吉川弘文館　昭37／近代日本の海外留学史（石附実）　ミネルヴァ書房　昭47
〔楠家重敏〕

桑田 熊蔵 くわた・くまぞう

明治1年11月17日（1868）〜昭和7年12月10日（1932）　経済学者、社会政策学者　法学博士〔労働組合の必要を提唱、友愛会結成に協力〕⑪鳥取　㊦イギリス：1896年（社会問題研究）

明治1（1868）年11月17日、鳥取平民桑田藤十郎の長男として生まれる。明治26年に帝国大学法科大学を卒業する。日清戦争後、急速に社会改良運動の研究団体が組織化されるが、こうした動きと呼応して29年4月に金井延、山崎覚次郎や高野岩三郎らと社会政策学会を創設する。さらに社会問題を研究するため、29（1896）年にイギリス、ドイツ、フランスに私費留学し、ヨーロッパの社会問題を実見して31年に帰国する。33年には農商務省に委嘱され工場法制定のため工場職工の調査を行う。37年には「生糸工場と社会問題」という論文で法学博士の学位を得る。同年には多額納税者として貴族院議員に選ばれる。その後、税法調査会委員など各種の委員を歴任し、大正4年には大隈内閣の文部参政官となる。この間、東京帝国大学、東京高等工業学校、海軍経理学校の講師をつとめ、さらに中央大学経済学部長となる。社会改良主義を唱え、労働組合の必要性を説き、鈴木文治の友愛会結成にも協力する。時流の洞察、社会発展の法則の理解に意を注ぎ、急進をきらった。著書に『工業経済論』『工場法と労働保険』『欧州労働問題の大勢』『欧州最近の社会問題』などがあり、主要論文は遺稿集にまとめられた。昭和7（1932）年12月10日死去。享年65歳。

[文献]　大日本博士録1（井関九郎編）　発展社　大10／桑田熊蔵遺稿集（桑田一夫編）　精華社　昭9／日本社会運動人名辞典（塩田庄兵衛他編）　青木書店　昭54／日本社会学史（秋元律郎）　早稲田大学出版部　昭54／法学博士桑田熊蔵遺稿集―伝記・桑田熊蔵　復刻版（桑田一夫）　大空社　平1（伝記叢書）
〔楠家重敏〕

郡司 成忠 ぐんじ・しげただ

万延1年11月17日（1860）〜大正13年8月15日（1924）　海軍軍人　〔北方防備・開拓の先駆者〕⑪江戸神田末広町　㊂旧名＝幸田　幼名＝金次郎　㊦ロシア：1893年（千島などの開拓）

万延1（1860）年11月17日、幕臣幸田成延の二男として生まれる。幸田露伴の兄。幼時、親戚である郡司家の養子となる。明治5年9月、兵学寮に入り軍人への道を歩みだす。同期生には斎藤実がいる。6（1873）年金剛、筑波などに乗艦し、ウラジオストックやバンクーバーへの航海を行い、17年には兵学校教授となる。21年11月から22年8月まで海軍大学校で水雷術を研究する。同期生には加藤友三郎がいる。この頃すでに北方の防備や開拓に関心を示している。23年、高千穂水雷長となり、その後、海軍造兵廠検査科主幹、海軍技術会議議員などを歴任し26年1月に予備役となり、以前より主張していた北方の防備と開拓を実行するため同志を集めて報効義会を設立する。同年（1893）3月20日、墨田川よりボートに分乗し千島列島の最北端・占守島をめざして出発する。途中、遭難により多くの犠牲者を出し、軍艦・磐城に曳かれ津軽海峡を渡り函館に入港する。函館において地元民よりボートでの北方航行が不可能なことを説得され、平出喜三郎の好意により錦旗丸に乗り択捉島へ渡る。その後、馬場禎四郎が捨子古丹島の硫黄採掘のため借り切った泰洋丸に乗り捨子古丹島へ到着する。同島を探検後、ここで越冬を希望した9人を残し、8月、最終目的地・占守島へ向かい出航する。途中、磐城に乗りかえ同月31日に占守島に到着する。占守島に至るまでに多くの死者や行方不明者が出て、最終的に同島に上陸したのは彼を含め9名である。このうち朝日新聞記者横川省三と医師島野浅吉は磐城で帰途につき、同島に留まったのは彼のほか白瀬矗、坂本吉五郎、森音蔵、加戸乙平、小野亀次郎、上田幾

之助の6名である。越冬後の翌年6月，清国との情勢が悪化したため白瀬および交代のため派遣された越冬隊員を残して帰途につく。日清戦争中は大連湾水雷敷設隊分隊長として出征する。日清戦争後の29年に再び占守島に渡り，前回の経験にもとづいて準備を進め，サケ，マス漁やラッコ，キツネなどの狩猟，野菜栽培などに力を注ぐ。また缶詰工場，小学校など定住，開拓のための諸施設をつくる。同島開拓事業は困難をともないながらも着実に進んでいったが，37年5月に寄港した鳥羽丸から日露開戦を聞き，義勇隊を結成してカムチャツカに上陸するが捕えられる。戦後，講和条約交渉中の全権大使小村寿太郎に北洋漁業の収益を確保するよう働きかける。その後も露領水産組合の初代会長に就任するなど北方漁業や缶詰事業の発展に貢献する。また北方防備の先駆者としても活躍を続けるが，大正13(1924)年8月15日，小田原で死去。享年65歳。㊥東京大田区池上・本門寺

[文献] 郡司大尉(広瀬彦太) 鱒書房 昭14／北進日本の先駆者たち(伝記学会編) 六甲書房 昭16／北洋の開拓者郡司大尉(信田秀一) 淡海堂 昭17／開拓者郡司大尉(寺島柾史) 鶴書房 昭17／日本水功伝17(片山房吉)：水産界 725 大日本水産会 昭18／郡司成忠大尉(高木卓) 生活社 昭20(日本叢書3)／水産人物百年史7 明治の叛骨精神報効義会と郡司大尉(岡本信男)：水産界 978 昭41／北洋の開拓者—郡司成忠大尉の挑戦(豊田穣) 講談社 平6／開拓者郡司大尉—伝記・郡司成忠(寺島柾史) 大空社 平9(伝記叢書)
〔湯本豪一〕

【け】

けい
嘉永6年(1853)～明治4年(1871) 女性移民第1号 ㊏会津 ㊙アメリカ：1869年(移民)

　嘉永6(1853)年，会津の桶屋の娘として生まれる。幕末のころ，ドイツ人武器商人エドワード・スネルの子守りとなる。戊辰戦争に敗れた会津藩はスネルの提言をいれてカリフォルニアへ移民することになり，明治2(1869)年5月，チャイナ号で横浜を出帆した。彼女をはじめ桜井松之助，増水国之助，桝井佐吉，井筒友次郎，西川友次郎などの農夫，佐官，大工を生業としていた人々が参加した。カリフォルニア州プラザビルに入植し，同地は「若松コロニー」と名付けられる。この入植地のことは日本にも伝えられ，横浜の『もしほ草』は「みな安心してかせいでおり，おたがいに利益をあげるように精を出している」と記している。3年の秋，サンフランシスコで開催された園芸会に出品した彼らの茶や麻は「貴重なる植木」として賞賛された。しかし，広さ200町歩ほどの所で桑や茶を植えたものの，雨のすくないカリフォルニアはこれに適さず，彼らの計画は失敗に終わった。さらに責任者のスネルが逃亡したため，彼女は桜井松之助とともに近くのオランダ人移住者ビア・キャンプ家で働くことになった。片言の英語を操りながら家事や料理・縫物に精を出したという。日本女性移民第1号であったが，明治4(1871)年，不意の熱病に冒され死去。享年19歳。 ㊥カリフォルニア州コロマ村ゴールドヒル

[文献] 加州の山奥に残る日本娘おけいの墓(河村幽川) 文芸春秋 昭4／若松コロニーとメリケンおけい(河村幽川) 日本国民 昭7／明治アメリカ物語(木村毅) 東京書籍 昭53／おけい 上・下(早乙女貢) 朝日新聞社 昭53／カリフォルニアおけい(岩橋邦枝) 『近代日本の女性史』 集英社 昭56／日本女性史事典 三省堂 昭59／物語 悲劇の会津人(新人物往来社編) 新人物往来社 平2／おけい顕彰会のあゆみ(編集委員会編) おけい顕彰会 平2／桑港日本人列伝(伊藤一男) PMC出版 平2／幻のカリフォルニア若松領—初移民おけいの物語(五明洋) プラザ 平9
〔楠家重敏〕

【こ】

小池 専次郎　こいけ・せんじろう
生没年不詳 佐賀藩士 ㊆諱=光義 ㊙アメリカ：1860年(遣米使節に随行)

　生没年不詳。佐賀藩士。安政7(1860)年，29歳頃刑部鉄太郎の従者として遣米使節に随行する。

[文献] 万延元年遣米使節史料集成1～7（日米修好通商百年記念行事運営会編）　風間書房　昭36／幕末教育史の研究2―諸術伝習政策（倉沢剛）　吉川弘文館　昭59
〔富田仁〕

小池 正直　こいけ・まさなお

嘉永7年11月4日（1854）～大正2年12月31日（1913）　医師，軍医総監，男爵，貴族院議員
㊤出羽国鶴岡　㊨ドイツ：1888年（留学）

嘉永7（1854）年11月4日，出羽国鶴岡に生まれる。陸軍軍医部創設の一人。年少の時，山田龍渓について漢学と剣道を学び，幕府の臣・蒔田某に英語を習った。明治6年東京に出てドイツ語を修め，14年東京大学医科を卒業後して陸軍軍医副となる。19年陸軍軍医学校設立と共に教官となり，21（1888）年官命でドイツに留学しミュンヘン大学で衛生学・生理学実験法を学び，ウィーン大学に転じ建築衛生学を習い，ドレスデンで兵営病院の建築衛生に関する実地指導を受けた。22年ベルリンで開催の第1回国際医学会議に出席して，同年12月に帰国。27年日清戦争には第1軍兵站軍医部長として功を立て，30年ウィーンで開催の第6回万国赤十字会議に参列，31年帰国して軍医監に進み陸軍省医務局長となる。32年医学博士の学位を受けた。34年台湾を視察し，マラリア対策での成果を上げた。37年日露戦争に従軍した。大本営野戦衛生長官となり満州軍兵站総軍医部長を兼ね，38年軍医総監に昇進，陸軍軍医学校校長などの要職に就いた。40年日露戦争の功により男爵を授かる。44年から貴族院議員。著書に『衛生新編』などがある。大正2（1913）年12月31日死去。享年60歳。

[文献] 幕末明治海外渡航者総覧（手塚晃編）　柏書房　平4／データベースWHO　日外アソシエーツ
〔藤田正晴〕

小池 正文　こいけ・まさふみ

生年不詳～明治37年2月1日（1904）　陸軍軍人　千住製絨所長　㊤和歌山　㊨ドイツ：1884年（兵制視察）

生年不詳。和歌山の出身。明治7年，陸軍会計二等副監督となり，12年には会計局次長および庶務課長を兼ね，のち会計局副長となる。明治17（1884）年1月，大山巌に従ってドイツ，オーストリア，フランスに赴く。18年1月25日に帰国の後，23年に千住製作所長となる。明治37（1904）年2月1日，流行性感冒のため死去。

[文献] 明治過去帳―物故人名辞典（大植四郎編）　東京美術　昭46／近代日本海外留学生史　上（渡辺実）　講談社　昭52／幕末明治海外渡航者総覧（手塚晃編）　柏書房　平4
〔楠家重敏／富田仁〕

小泉 信吉　こいずみ・しんきち

嘉永6年（1853）～明治27年12月（1894）　銀行家　慶応義塾塾長　〔西欧経済学の移入〕
㊤和歌山　㊨イギリス：1876年（経済学，数学），ヨーロッパ：1881年（外国経済事情調査）

嘉永6（1853）年，和歌山に生まれる。経済学者・教育者として有名な小泉信三の父。慶応2年，紀州藩から派遣されて福沢諭吉の慶応義塾において洋学を学ぶ。福沢の雇入れた初の外人教師カロザスの影響のもとに塾独自の留学生派遣が決まり，明治4（1876）年福沢の甥である中上川彦次郎とともにイギリスに留学する。彼の場合は福沢の要請により，旧紀州藩から総額7000円の留学費が支給される約束になっていたが，充分に支払われなかったので福沢自身がこれを援助した。7（1874）年10月13日，中上川とともにフランスの郵便汽船メンザレー号で横浜を出発したが，同船には遣英全権公使の上野景範，書生の中井弘，遣独全権公使の青木周蔵，官費留学生の星亨などが乗船していた。11月20日イタリアのナポリに上陸，12月5日目的地ロンドンに到着。中上川とともに菊池大麓の世話でモントピイ家に寄寓することになる。中上川はレオンニー・レビに師事し法律・経済・統計などについて個人教授をうけたが，彼は経済学，とくに数学を学ぶ。2人は他の留学生との交際をさけ，毎晩2時頃まで勉学に励んだといわれる。また一方で，井上馨のJ.S.ミルの経済学研究を助け，彼の個人教授であったウィルソンの講義の難解な部分を井上に説明したりした。中上川より1年おくれて11年に帰国する。彼のイギリス留学は福沢の意図によるヨーロッパの経済学の日本への導入が主なる目的であった。帰国後，大蔵省に出仕するが，12年横浜正金銀行創立の折に副頭取にえらばれる。14（1881）年，海外経済事情調査を命じられ再び渡欧，ヨーロッパ各国を巡遊し帰国。同年大蔵省奏任御用係を経て主税官となる。22年慶応義塾同窓会の推薦によって同大学の塾長に就任するが，福沢との教育方針の違いから翌年辞職し日本銀

行入りする。25年横浜正金銀行の支配人となるが，明治27(1894)年12月死去。享年42歳。
[文献] 慶応義塾百年史 中 慶応義塾大学編刊 昭32／世外井上公伝5(井上馨侯伝記編纂会編) 原書房 昭43(明治百年史叢書59)／近代日本海外留学生史 上(渡辺実) 講談社 昭52／日本人名大事典2 平凡社 昭54／福沢山脈(小島直記) 中央公論社 昭62(小島直記伝記文学全集) 〔安藤重和〕

小泉 保右衛門　こいずみ・やすえもん
生没年不詳　家臣　池田筑後守長発家来
㋺フランス：1864年(遺仏使節に随行)
　生没年不詳。文久3(1864)年，遺仏使節に池田筑後守長発の家来として随行する。
[文献] 幕末教育史の研究2—諸術伝習政策(倉沢剛) 吉川弘文館 昭59　〔富田仁〕

小市　こいち
延享4年(1747)～寛政5年4月2日(1793)　神昌丸乗組員　㋙伊勢国若松村　㋺ロシア：1783年(漂流)
　延享4(1747)年，伊勢国若松村に生まれる。長じて水主となり，天明2年12月に大黒屋光太夫率いる千石船神昌丸に乗り組んだが遠州沖で遭難，3(1783)年アレウト列島のアムチトカ島に漂着，この地で4年余り生活した後カムチャツカへ渡る。寛政1年2月オホーツクを経てイルクーツクに至り3年程を過ごす。光太夫がペテルブルクへ行っている間，磯吉とともに新蔵(ニコライ・ペトローヴィチ・コロトゥイギン)庄蔵(フョードル・ステパノーヴィチ・シートニコフ)の看病をして留守を守る。寛政4年9月13日(露暦)アダム・ラクスマン率いる第1回遣日使節団のエカテリーナ号に光太夫，磯吉とともに乗り帰国の途に着く。まもなく根室へ到着したが幕府からの許可を待ち当地で越年，壊血病に冒され，寛政5(1793)年4月2日死去。享年47歳。
[文献] 北槎聞略(桂川甫周著　亀井高孝，村山七郎編) 吉川弘文館 昭40／日本とロシア—両国交流の源流(高野明) 紀伊国屋書店 昭46(紀伊国屋新書)／日本人とロシア人—物語 日露人物往来史(中村新太郎) 大月書店 昭53　〔雪嶋宏一〕

小出 秀美　こいで・ひでみ
生没年不詳　幕臣　外国奉行，勘定奉行，町奉行〔樺太国境画定の交渉〕㋓通称=実，修理，左衛門尉，大和守，美濃守　㋺ロシア：1866年(遣露使節正使)
　生没年不詳。文久1年10月小姓組から使番となり12月目付に進み外国掛を掌どる。2年1月箱館に赴きロシアのサハリン(樺太)進出の状況を知り領土問題に関心を深める。10月22日箱館奉行に任じられ大和守となるが，イギリス人博物学者ヘンリー・ホワイトなどがアイヌの墓を発掘する事件で箱館駐在イギリス領事ハワード・ヴァイスとの論議にまきこまれる。元治1年奉行所を箱館から五稜郭に移す。国境画定の急務を説き建議を重ねるが，竹内下野守保徳遣欧使節のサハリン境界画定交渉の不首尾のあとを受けて，慶応2(1866)年8月目付の石川利正とともに遣露使節の全権に任命される。そのあとすぐに外国奉行も兼ね，ロシアに旅立つ。12月にはペテルブルグに到着し，アジア局長ストレモーホフと8回にわたる談判を行う。竹内使節に譲歩して提示した北緯48度線案をも拒絶されたために境界画定をすることなく，わずかにサハリンを日露の両属領土として雑居することを定めた仮条約サハリン島規則5ヶ条に調印するにとどまり，3年5月帰国する。7月勘定奉行，12月町奉行となり，幕府瓦解で混乱する江戸の治安の維持に努める。その後の消息は不明。
[文献] 小出大和守の渡魯(内藤遂)：歴史日本 2(7) 昭18／幕末外交史の研究(大塚武松) 宝文館出版 昭27／幕末維新人名辞典 学芸書林 昭53／北海道史人名字彙 上(河野常吉編著) 北海道出版企画センター 昭54／明治維新人名辞典(日本歴史学会編) 吉川弘文館 昭56　〔富田仁〕

小出 涌之助　こいで・ようのすけ
生没年不詳　司法省官吏　㋓別名=庸之助，湧之助　㋺フランス：1867年(パリ万国博覧会)
　生没年不詳。幕臣で，海軍奉行並支配を経て慶応1年創立の横浜仏蘭西語学所伝習生となる。3(1867)年パリ万国博覧会へ赴く。徳川昭武付の随員となって，8月仏国郵船で横浜を離れ，10月パリに着く。当地では内部波瀾があったが最後まで昭武付とされ，少年でありながらフランス語が達者だというので昭武が

日課を決めて毎日乗馬や語学を秩序立てて学習する相手を務めた。4年幕府が崩壊し、ロシアから留学生が引揚げて来ると、6月7日一緒に昭武の御供をして遊園地を見物するなどお暫くは同地に留まるが、明治1年暮れに帰国する。5年4月司法省十二等出仕を振り出しに、同七等属、同記録局五等属、同総務局文書課等を歴任し、同書記官、同会計局分課属三等となる。

[文献] 幕末外交史の研究（大塚武松） 新訂増補版 宝文館 昭42 ／異国遍路 旅芸人始末書（宮岡謙二） 修道社 昭46 ／近代日本の海外留学史（石附実） ミネルヴァ書房 昭47 ／近代日本の海外留学生史 上（渡辺実） 講談社 昭52 ／日仏文化交流史の研究—日本の近代化とフランス人（西堀昭） 駿河台出版社 昭56　　〔山口公和〕

郷 純造　ごう・じゅんぞう

文政8年4月26日（1825）～明治43年12月2日（1910）　大蔵省官吏　男爵　〔国債整理に尽力〕　⊕美濃国（稲葉郡）黒野村　㊅諱号＝濬、幼名＝嘉助、雅号＝五三　㊦イギリス：1873年（藩主小笠原忠忱に同行）

文政8年（1825）年4月26日、郷清三郎の子として美濃国黒野村に生まれる。大野理忠太、郷数馬について学問武術を習い、江戸に出て幕臣となり、清水太郎の門に学んだ。明治6（1873）年、旧藩主小笠原忠忱の従者としてイギリスに渡る。帰国後、大蔵省で国債整理に尽力する。19年、大蔵次官となり、24年には貴族院議員に選ばれる。明治43（1910）年12月2日死去。享年86歳。　㊥東京・青山霊園

[文献] 候爵井上勝之助君略伝（井上馨伝記編纂会）『世外井上公伝5』 昭9／明治過去帳—物故人名辞典（大植四郎編） 東京美術 昭46 ／日本人名大事典2 平凡社 昭54　　〔楠家重敏〕

郷 誠之助　ごう・せいのすけ

元治2年1月8日（1865）～昭和17年1月19日（1942）　実業家　日本経済連盟会会長　⊕美濃国岐阜　㊦ドイツ：1884年（留学）

元治2（1865）年1月8日、のち大蔵官僚となった郷純造の子として美濃国岐阜に生まれる。明治17（1884）年ドイツに留学、ハイデルベルク大学でヘーゲル、ミルなどを研究。23年に帰国の後、農商務省の嘱託。28年日本運送社長となり、その再建を果たす。その後、日本メリヤス取締役、日本鋼管社長、入山採炭社長、王子製紙取締役などを歴任し、いずれも再建に成功。王子製紙では新聞用紙の国産に成功するなどその手腕が高く買われた。43年日本醬油醸造経営には失敗したが、44年東京株式取引所の理事長に就任。大正2年東京商業会議所特別議員、6年日本工業倶楽部の創立に参加し専務理事、11年日本経済連盟会常務理事、昭和5年日本商工会議所会頭。その後東京電燈の整理も手がけた。内閣参議、大蔵省顧問のほか、全国産業団体連合会、日本経済連盟会、日本貿易振興会の各会長を兼任。財界の集まり番町会のリーダーであった。父の死後男爵を襲爵、明治44年から終生、貴族院議員を務めた。昭和17（1942）年1月19日死去。享年78歳。

[文献] 郷誠之助（池田成彬、柳沢健） 三笠書房 昭28／日本財界人物列伝 第2巻（青潮出版株式会社編） 青潮出版 昭39／男爵郷誠之助君伝—伝記・郷誠之助（郷男爵記念会編） 大空社 昭63（伝記叢書）／幕末明治海外渡航者総覧（手塚晃編） 柏書房 平4 ／事典近代日本の先駆者 日外アソシエーツ 平7 ／データベースWHO 日外アソシエーツ　　〔藤田正晴〕

高 良之助　こう・りょうのすけ

生没年不詳　徳島藩留学生　⊕徳島　㊦アメリカ：1870年（留学）

生没年不詳。徳島の出身。明治3（1870）年に徳島藩費留学生として南校在学中にアメリカに渡る。イギリスにも留学した形跡があるがはっきりしない。その後の消息は不明。

[文献] 近代日本の海外留学史（石附実） ミネルヴァ書房 昭47　　〔富田仁〕

江夏 仲左衛門　こうか・ちゅうざえもん

天保2年（1831）～明治3年4月2日（1870）　薩摩藩士　⊕薩摩国鹿児島（城下高麗町）　㊅諱＝栄方、通称＝壮助、蘇介　㊦アメリカ：1866年（留学）

天保2（1831）年、薩摩藩士江夏千種の子として鹿児島に生まれる。剣を薬丸兼義に学び示現流の達人で、藩の産物方書役から御供御徒目付役に進み、文久2年寺田屋騒動では鎮撫使、元治1年の禁門の変では綾、穆佐隊隊長として活躍。慶応2（1866）年薩摩藩アメリカ留学生5名の一員に選ばれ、仁礼景範などとともに

にロンドン経由でニューヨークに向かう。8月ロンドンでは薩摩藩イギリス留学生たちと会い，日本の状況などを伝える。明治2年に帰国するが，新政府に出仕せず，明治3(1870)年4月2日，東京浜町の旅宿で死去。享年40歳。
㊙鹿児島市・旧南林寺墓地
[文献] 薩摩英国留学生(犬塚孝明) 中央公論社 昭49(中公新書375)／明治維新人名辞典(日本歴史学会編) 吉川弘文館 昭56 〔富田仁〕

甲賀 ふじ　こうが・ふじ
安政4年1月7日(1857)～昭和12年11月16日(1937)　教育者　森村幼稚園主事　㊤摂津国三田　㊙アメリカ：1887年(留学)

安政4(1857)年1月7日，摂津三田藩士の娘として生まれる。はじめ同藩主九鬼隆義の邸宅に奉公するが，明治4年九鬼の勧めでキリスト教宣教師デーヴィスの家に移り，英語を学んだ。7年キリスト教に入信。のち神戸英和学校に進み15年に卒業。在学中から卒業後の19年まで同校舎監を務めた。20年幼児教育を志してアメリカに留学。ケンブリッジやボストンの保母養成所を修了したのち23年に帰国の後，神戸の頌栄保母伝習所講師と頌栄幼稚園の保母とを兼務した。24年には広島英和女学校に招かれ，その付属幼稚園の設立に参画。次いで30年ハワイに渡り，ホノルルで幼児教育の指導に当たった。その後，日本女子大学付属豊明幼稚園主任や森村幼稚園主事などを歴任し，昭和4年に引退。昭和12(1937)年11月16日死去。享年81歳。
[文献] 幕末明治海外渡航者総覧(手塚晃編) 柏書房 平4／データベースWHO 日外アソシエーツ 〔藤田正晴〕

甲賀 宜政　こうが・よしまさ
万延1年4月8日(1860)～昭和10年7月16日(1935)　技術者　造幣局作業部長　㊤江戸　㊙旧名＝二見　㊙アメリカ，ヨーロッパ：1886年(造幣事業視察)

万延1(1860)年4月8日，松景藩士二見金龍の子として江戸に生まれる。のち遠江掛川藩士で回天艦長を務めた甲賀源吾の養子となる。明治13年東京大学理学部化学科を卒業。大阪造幣局に入り，明治19(1886)年試験分析所長となり欧米諸国の造幣事業を視察する。20年帰国後，造幣局技師，24年試金部長となり，大正11年作業部長を務め，12年退官する。長年に渡って造幣局に勤務し金銀貨幣の改造など造幣事業に尽力，造幣界の権威として知られた。明治32年工学博士。著書に『造幣局沿革誌』がある。昭和10(1935)年7月16日死去。享年76歳。
[文献] 幕末明治海外渡航者総覧(手塚晃編) 柏書房 平4／データベースWHO 日外アソシエーツ 〔藤田正晴〕

香坂 季太郎　こうさか・きたろう
生没年不詳　留学生　㊙フランス：1886年(造船機械学)

生没年不詳。明治19(1886)年にフランスに留学する。留学の目的は造船機械学の研修であるが，その後の消息は不明。
[文献] 日仏文化交流史の研究—日本の近代化とフランス人(西堀昭) 駿河台出版社 昭56 〔富田仁〕

合田 清　ごうだ・きよし
文久2年5月7日(1862)～昭和13年5月6日(1938)　版画家　㊤江戸赤坂　㊙旧名＝田島　㊙フランス：1880年(農学研究)

文久2(1862)年5月7日，江戸・赤坂に生まれる。明治13(1880)年農学研究のため渡仏。パリで山本芳翠と親交し，その勧めで木口木版を学ぶ。バルバン経営の彫刻学校に入学。20年帰国。木版研究所を開き，教科書挿絵や新聞号外，雑誌表紙などの絵を印刷。29年東京美術学校のフランス語教授となる。昭和13(1938)年5月6日死去。享年77歳。
[文献] 幕末明治海外渡航者総覧(手塚晃編) 柏書房 平4／データベースWHO 日外アソシエーツ 〔藤田正晴〕

幸田 幸　こうだ・こう
⇒安藤幸(あんどう・こう)を見よ

幸田 延　こうだ・のぶ
明治3年3月19日(1870)～昭和21年6月14日(1946)　音楽家　〔音楽教育に尽力〕　㊤東京下谷三枚橋横町(俗称新屋敷)　㊙アメリカ：1889年(音楽研修)

明治3(1870)年3月19日，幸田成延の長女として東京に生まれる。家は代々の幕臣，奥お坊主という職で，維新後，父は大蔵省や下谷区などに勤めた。母は無類の音楽好きで，8人の子供のうち3人(1人は夭折)が感化されて，音

楽の道を歩んだ。著名なヴァイオリニスト安藤幸は延の妹で、作家の幸田露伴は兄。小さい時から音楽が好きで、「三つくらゐの時、母の裁縫をして居る傍に坐って、二尺ざしを三味線に、へらを撥にして、口三味線で遊んだ」と語っている。母が口三味線で「羽根の禿」や「雛鶴」などを教えると喜んで覚えたという。6歳の春、母の幼い頃の師匠について長唄を始め、7歳の時に東京師範学校附属小学校に入学した。隣家には、箏、ピアノ、ヴァイオリンの上手な、当時の進歩的な女性、中村せん子(後の東京師範学校長高嶺秀夫人)が住んでいて、箏の音が聞こえると忍んでいって聞いたり、一緒に合奏したりする。後に中村せん子からヴァイオリンを習う。15年4月、音楽教師メーソンの勧めによって、西洋音楽の普及を果たした音楽取調掛(後の東京音楽学校)に入学する。18年7月20日、音楽取調所(一時期、取調所と改称していた)を卒業(第1回卒業生)。卒業後、月俸8円で助手として残り後進の指導にあたる。21年、東京音楽学校(後の東京芸術大学)の伊沢修二校長は、西洋音楽確立のために、オーストリアの作曲家ルードルフ・ディットリヒを招聘した。ディットリヒは校長に「いつまでも外人教師に頼ってはいけない。日本人の優秀なる教師を早くつくらねばならぬ。それには留学させなければ」と進言した。彼女はディットリヒから高く評価され、音楽界の留学生第1号に選ばれる。22(1889)年4月、「幸田令嬢官命を帯びて留学を祝する歌」(上真行作曲)に送られて華やかに横浜を出航。ボストンのイングランド音楽学校に2年、その後ウィーンの国立音楽学校に5年学び、28年11月9日帰国。ボストンでは、ヴァイオリンをエミール・マールに、ピアノをカール・フェルに師事し、ウィーンでは、ヴァイオリンをヘルメスベルガー、ピアノをジンガーに師事した。ウィーンでは当代一流の演奏を聴くなど、西洋音楽を直に吸収する。帰国後、母校東京音楽学校の教授となり、ピアノ、ヴァイオリンの指導にあたる。滝廉太郎も育成された。音楽学校の実力者として評判も高く、「上野の森の女王」というニックネームまでつけられた。実力ある女への明治の風当たりは強く、スキャンダルに巻き込まれて、44年9月退官を余儀なくされる。昭和12年6月帝国芸術院会員に選ばれる。退官後は、自宅で家庭音楽の普及に尽力した。

昭和21(1946)年6月14日死去。享年76歳。
⊛東京都大田区池上・本門寺
[文献] 明治音楽史考(遠藤宏) 有朋堂 昭23／大正人物逸話辞典(森銑三) 東京堂出版 昭41／音楽に生きる女性(塚谷晃弘) 『日本女性史6』 評論社 昭48／日本人名大事典 現代編 平凡社 昭54／国史大辞典5 吉川弘文館 昭59／幸田姉妹——洋学黎明期を支えた幸田延と安藤幸(萩谷由喜子) ショパン 平15 〔前田廣子〕

神津 専三郎　こうづ・せんざぶろう
嘉永5年3月5日(1852)～明治30年8月18日(1897)　音楽教育者　東京音楽学校教授
⊕信濃国　⊛別名=神津仙三郎　⊛アメリカ：1875年(留学)

嘉永5(1852)年3月5日、信濃国に生まれる。東京音楽学校教授。明治8(1875)文部省から米国オルバニー師範学校に派遣される。11年帰国。東京女子師範教場総監、音楽取調掛など歴任。明治30(1897)年8月18日死去。享年46歳。
[文献] 幕末明治海外渡航者総覧(手塚晃編) 柏書房 平4／朝日日本歴史人物事典 朝日新聞社 平6／事典近代日本の先駆者 日外アソシエーツ 平7／データベースWHO 日外アソシエーツ 〔藤田正晴〕

河野 光太郎　こうの・こうたろう
生没年不詳　留学生　⊕大村　⊛ベルギー：1871年(私費留学)

生没年不詳。九州の大村出身。明治4(1871)年に木戸孝允の斡旋で私費留学生としてベルギーに渡る。7年に帰国しているが、その後の消息は不明。
[文献] 近代日本の海外留学史(石附実) ミネルヴァ書房 昭47／幕末明治海外渡航者総覧(手塚晃編) 柏書房 平4 〔富田仁〕

河野 敏鎌　こうの・とがま
弘化1年10月20日(1844)～明治28年4月24日(1895)　政治家　子爵　⊕土佐国高知(城下北奉公人町)　⊛諱=通明、幼名=万寿弥
⊛ヨーロッパ：1872年(外国事情視察)

弘化1(1844)年10月20日、河野嘉三郎通好の長男として高知に生まれる。安政6年江戸で安井息軒に師事する。文久1年土佐勤王党に加わり、9月武市瑞山とともに高知に戻る。3年勤王党の獄で捕えられ拷問にかけられるがそれ

に耐える。6年間の獄中生活ののち赦免され大坂に出る。府知事後藤象二郎を頼り、その紹介で江藤新平の食客となるが、明治2年、待詔院、弾正台の任務のあと、5(1872)年ヨーロッパ諸国を視察する。6年帰国、司法大丞となり大検事を兼ねる。7年権大判事となり佐賀の乱では裁判長として判決を下し、江藤を梟首の刑に処す。西南戦争でも同様に審問、判決の任に当たる。8年元老院議官、13年文部卿。14年農商務卿に転じるが政変で辞職する。15年3月大隈重信たちの立憲改進党の結成に尽力し副総理となる。17年10月の自由党の解散のあと解党論を主張するが認められず大隈重信とともに12月7日脱党する。21年4月枢密顧問官、25年3月、農商務大臣・司法大臣を兼任、7月内務大臣、8月文部大臣となり26年3月辞任。11月子爵となる。明治28(1895)年4月24日死去。享年52歳。 ㊚東京・青山霊園
[文献] 河野敏鎌氏の生年月に就て(渡辺幾治郎)：明治文化 12(10) 昭14／明治過去帳─物故人名辞典(大植四郎編) 東京美術 昭46／高知県人名事典(高知県人名事典編集委員会) 高知市民図書館 昭47／土佐偉人伝(寺石正路) 歴史図書社 昭51／維新土佐勤王史(瑞山会編) 日本図書センター 昭52／明治維新人名辞典(日本歴史学会編) 吉川弘文館 昭56
〔富田仁〕

河野 通信 こうの・みちのぶ
⇒富田孟次郎(とみた・もうじろう)を見よ

河野 亮蔵 こうの・りょうぞう
天保11年6月(1840)～明治34年10月(1901)
大蔵省官吏 ㊙松山 ㊚諱=道献(ミチコト)
㊐アメリカ：1871年(留学)
　天保11(1840)年6月松山に生まれる。明治4(1871)年10月9日、県費留学生としてアメリカに渡り、ニューヨークに滞在する。7年2月に帰国の後は大蔵省租税寮八等出仕となる。明治34(1901)年10月死去。享年61歳。
[文献] 近代日本の海外留学史(石附実) ミネルヴァ書房 昭47／近代日本海外留学生史 上(渡辺実) 講談社 昭52／幕末明治海外渡航者総覧(手塚晃編) 柏書房 平4
〔楠家重敏／富田仁〕

光妙寺 以然 こうみょうじ・いぜん
弘化4年(1847)～明治8年4月6日(1875) 僧侶
㊐周防国三田尻 ㊚幼名=浪江、通称=三蔵、号=嬾仙 ㊐ドイツ：1872年(宗教事情調査)
　弘化4(1847)年、周防国三田尻の光妙寺主半雲公寿の子として生まれる。はじめ郷里の塾で学び後に独学で博く内外の経典を読破する。明治5年に東京へ遊学し、同年(1872)、法主大谷光瑩に随行し、島地黙雷、赤松連城、石川舜台らとともに西本願寺から派遣されヨーロッパに渡る。ドイツ留学中に病を得て、7年8月20日に赤松連城とともに帰国する。明治8(1875)年4月6日、東京で死去。享年29歳。
[文献] 明治の仏教者 上(常光浩然) 春秋社 昭43／近世防長人名辞典(吉田祥朔) 増補マツノ書店 昭51／近代日本海外留学生史 上(渡辺実) 講談社 昭52／近代日本の海外留学史(石附実) ミネルヴァ書房 昭59
〔楠家重敏／富田仁〕

光妙寺 三郎 こうみょうじ・さぶろう
嘉永2年8月(1849)～明治26年9月28日(1893)
官吏 ㊐周防国三田尻 ㊚別名=光明寺三郎
㊐フランス：1870年(憲法学)
　嘉永2(1849)年8月、一向宗明寺住職半雲の三男として周防国三国尻に生まれる。幼少より神童の名が高かった。幕府が長州征伐の軍を起こすとすぐに山口に行き、同地で警衛の任にあたっていた北村金吾(後に堀来造)に面会し、従軍することを願い出る。北村は生誕の地に因んで姓を三田、三男であることを以て名を三郎と名乗らせ、鴻城軍の井上聞多に紹介した。井上はその才に敬服し、書記に任用した。大政奉還により明治新政府が成立すると、井上聞多は長崎県知事となり、三郎を長崎に伴い、時機を見て海外留学させようとしていた。三郎はこれに従って、長崎でフランス語の勉強を始める。その後、井上が東京に転任すると、これに従って東京に上る。兵部大輔大村益次郎が新たに兵学校を横浜太田村に開くとすぐ、フランス語を学ぶために入学した。明治3(1870)年11月藩命により、フランスに留学。パリ大学で主にフランス憲法を学ぶ。パリでは西園寺公望、中江兆民らと知り合い、とくに西園寺公望とは親しくなり、ともにパリの生活をかなり楽しんだようである。またパリでは風流才子の人として知られ、女

流文学者として有名なジュディット・ゴーティエとも浮名を取沙汰されたことがあった。11年1月パリ大学を卒業し、法律学士となる。帰国後、西園寺の主宰する『東洋自由新聞』の記者となったが、のち官途につき、太政官権少書記官、外務書記官を歴任する。15年朝鮮の変に、外務卿井上馨の命を受けて事にあたった。同年12月、フランス公使館書記官となりパリに赴任したが、当局と意が合わず17年9月には帰国。18年から22年までの間、明治法律学校でフランス憲法の講義を行う。一方、19年司法省参事官兼大審院判事に任ぜられ、法律取調告委員をも兼任。22年7月逓信省参事官となり、大臣後藤象二郎を補佐する。23年7月山口県第一区より選ばれ、第1回帝国議会に列する。25年大審院判事をやめ、逓信省参事官となったが、同年8月に辞職する。このような政界での活躍のほかにも、団十郎、菊五郎らの俳優と交遊があるなど、文雅の人として知られた。新劇俳優東屋三郎はその息子である。明治26（1893）年9月28日死去。享年45歳。

墓 東京品川区大井町・光福寺

文献 光妙寺三郎の墓（西川善三郎）：明治文化 10（10） 昭12.10／フランスに魅せられた人びと（富田仁） カルチャー出版社 昭51／日本近代文学大事典2（近代文学館編） 講談社 昭53／日本人名大事典2 平凡社 昭54　　〔福山恵美子〕

神鞭 知常　こうむち・ともつね

嘉永1年8月4日（1848）～明治38年6月21日（1905）　政治家　衆議院議員　⊕丹後国（与謝郡）石川村　旧名＝鞭　号＝謝海　渡アメリカ：1873年（生糸・製茶業視察）

嘉永1（1848）年8月4日、丹後国与謝郡石川村に生まれる。安政6年京都で働き、帰郷後元治1年再上洛、蘭学、漢学を学んだ。宮津藩に仕え、明治3年上京、英学を修めた。5年星亨と知り、翌年大蔵省十一等出仕となる。6（1873）年生糸・製茶業視察のためアメリカに派遣される。9～10年にもアメリカに出張している。12年大蔵省一等属、14年農商務省にも務め17年大蔵省権大書記官から主税局次長、局長となった。23年衆議院議員となり当選7回。31年安部井磐根らと大日本協会を組織。29年松方内閣、31年大隈内閣の各法制局長官。以後憲政本党に属し、国民同盟会、対露同志会を組織、対外硬派の指導的地位にあった。明治38（1905）年6月21日、兵庫県須磨で死去。享年58歳。

文献 謝海言行録―伝記・神鞭知常（橋本五雄編） 大空社 昭63（伝記叢書）／幕末明治海外渡航者総覧（手塚晃編） 柏書房 平4／朝日日本歴史人物事典 朝日新聞社 平6／データベースWHO 日外アソシエーツ　　〔藤田正晴〕

河本 重次郎　こうもと・じゅうじろう

安政6年8月16日（1859）～昭和13年4月4日（1938）　眼科学者〔眼科学者第1号〕　⊕丹後国豊岡　渡ドイツ、オーストリア：1885年（眼科学）

安政6（1859）年8月16日、丹後国豊岡に生まれる。東京外国語学校を経て、明治16年東京大学医学部を卒業する。18（1885）年12月から文部省派遣の留学生としてベルリン大学で眼科学の研究を行い、さらにオーストリアに転じて、22年5月に帰国する。帝国大学教授となり眼科学講座を担当する。わが国最初の眼科学者でありドイツの学術雑誌にも論文を多数発表する。昭和13（1938）年4月4日死去。享年80歳。

文献 近代日本海外留学生史 上（渡辺実）講談社 昭52　　〔村岡正明〕

五右衛門　ごえもん

生没年不詳　漁民　⊕土佐国（高岡郡）宇佐浦　渡アメリカ：1841年（漂流）

生没年不詳。天保12（1841）年1月5日、土佐国高岡郡宇佐浦の伝蔵、重助、寅右衛門、中ノ浜の万次郎と漁船で漁に出たが、漂流し無人島へ漂着した。5ヶ月の無人島生活を送ったのち、アメリカの捕鯨船ジョン・ハウンド号のホイットフィールド船長に救出され、12月にハワイのホノルル港へ着いた。ハワイ国王カメハメハ三世から田地の配分をうけ、耕作、漁猟で生計をたてた。嘉永4年1月、アメリカ船サラ・ホーイバ号に便船し、沖縄近くでボートをおろし、琉球国間父仁切へ上陸。その後の消息は不明。

文献 日本人漂流記（荒川秀俊） 人物往来社 昭39　　〔寺崎隆行〕

古賀 護太郎　こが・もりたろう

生没年不詳　文部省官吏　⊕佐賀　渡ベルギー、フランス、イギリス：1870年（鉱山学）

生没年不詳。佐賀の出身。致遠館に学び東京に出て大学南校に入る。明治3(1870)年、大学南校の命により鉱山学研究のためにベルギー、フランス、イギリスへ留学する。帰国後は東京開成学校教授補となる。
[文献] 明治初年条約改正史の研究(下村冨士男) 吉川弘文館 昭37／近代日本の海外留学史(石附実) ミネルヴァ書房 昭47／近代日本海外留学生史 上(渡辺実) 講談社 昭52／幕末明治海外渡航者総覧(手塚晃編) 柏書房 平4　　　〔楠家重敏／富田仁〕

古賀 廉造　こが・れんぞう
安政5年1月16日(1858)〜昭和17年10月1日(1942)　裁判官、政治家　法学博士　㊐佐賀　㊙ドイツ、フランス：1889年（刑法）

　安政5(1858)年1月16日、佐賀藩士古賀源吾の長子として生まれる。司法省法学校に学んだのち、東京大学法学部に転じ、明治17年7月同大学を卒業する。19年に司法省につとめ、22(1889)年にドイツおよびフランスに司法省から留学を命ぜられ、法律学とくに刑法を研究して帰国する。東京地方裁判所・東京控訴院の各検事、大審院検事・判事を歴任。その間法学博士の学位を受ける。44年第1次および第2次西園寺内閣の警保局長になる。大正1年同内閣の瓦解とともに貴族院議員に勅選されるが、12年阿片事件に連座して議員を除外する。以後大連取引所事件や支那紙幣偽造事件にも連座する。昭17(1942)年10月1日死去。享年85歳。
[文献] 近代日本海外留学生史 上(渡辺実) 講談社 昭52／日本人名大事典 現代編 平凡社 昭54／列伝・日本近代史—伊達宗城から岸信介まで(楠精一郎) 朝日新聞社 平12(朝日選書)　　　〔村岡正明〕

小金井 良精　こがねい・よしきよ
安政5年12月(1859)〜昭和19年10月16日(1944)　解剖学者、人類学者　医学博士　〔アイヌの人類学的研究で世界的に著名〕　㊐越後国長岡　㊙ドイツ：1880年（解剖学、組織学）

　安政5(1859)年12月に、越後長岡に生まれる。新潟県士族。明治5年第一大学医学校(東京大学医学部の前身)に入学し、13年7月に同校を卒業する。同年(1880)11月、文部省より解剖学および組織学の研究のためドイツに派遣される。13年度の文部省留学生は5名で彼のほか地質学の小藤文次郎、生理学・衛生学の緒方正規、理財学の和田垣謙三、物理学の難波正がいた。いずれも士族であった。13年11月10日に日本を発ち、翌14年1月からベルリン大学で老教授ライヘルトに師事して解剖学を学び、ついで15年3月からストラスブルク大学のヴァルダイヤー教授の門下として目の網膜や虹彩についての研究をつづける。16年末に留学期限は切れたが、正規の講義終了まで私費で留学を継続し、18年6月に帰国する。この間16年11月にはベルリン大学の助手をつとめ、17年にははじめて網膜の発生に関する論文を発表し、18年には人類および脊椎動物の虹彩についての論文を発表する。前者は網膜の各層位および各部位には分化に際して一定の順序があることなどの指摘である。後者はその研究材料を人間のみに限らず、狸・犬・猫・兎・豚・牛・馬・鼠等の哺乳動物のほかに鳥類や爬虫類にまでひろげ、19種の動物の顕微鏡標本について研究している。この論文の要旨は、ヴァルダイヤーによりプロシヤ王立科学学士院で紹介された。帰国の翌年の19年、29歳で帝国大学医科大学の教授に任ぜられ、当時解剖学教授であったジッセに代わって系統解剖学講座を担当し、9月11日から講義をはじめる。この日は、大学の講壇において日本人によってはじめて本科の解剖学が正式に講述された記念すべき日となる。以後解剖学の講義は日本人によって担当されることになった。解剖学担当教授となってまず手をつけたのは、人間の骨格の研究で、21年に邦文と独文で発表する。これは軍医が南朝鮮の釜山付近で入手し大学に寄贈した朝鮮人頭骨を研究材料に使ったものである。以来人類学の研究に力を注ぎ、骨格についての業績を数多く発表する。21年と翌年の夏季休暇には北海道を旅行してアイヌの生体計測とともに骨格の蒐集を行い、アイヌ研究に手を染める。37年と翌38年に発表した「アイヌ族の研究」は、人類学会に貴重な資料を提供し、とくに材料の豊富さと観察の精密さにおいて世界的な評価を得る。研究対象はやがて日本の石器時代の住民の頭蓋骨の研究へと移り、この時代の日本人には若い頃抜歯する風習のあったことを指摘し、南方やシナからマレー地方にかけてこの風習があるので、日本石器時代人には南方的な要素がある、と昭和11年に発表する。さらに日本石器時代

人=アイヌ説を唱えるなど日本人の先祖とアイヌの関係について貴重な見解を発表し、世界的に有名になる。これより先明治26年には、日本解剖学会を創設、以来その発展につとめ、帝国学士院会員となり、また同年から29年まで東京帝国大学医科大学長の要職にある。大正10年12月定年退職とともに同大学名誉教授の称号をうけ、その後も学術研究会会員として研究生活をつづけ、学会などで幅広く活躍した。多くの人類学的・解剖学的研究業績が残されたが、著書『人類学研究』もそのひとつである。日本近代解剖学の生みの親である。昭和19(1944)年10月16日死去。享年87歳。妻の喜美子は森鷗外の妹で、文筆をもって知られている。

[文献] 小金井博士の人類学研究を読む(長谷部言人)：史学 5(3) 大13／小金井良精博士(横尾安夫)『近代日本の科学者11』人文閣 昭17／小金井良精先生(西成浦)：日本医事新報 1251 昭23／思い出の記1〜3(小金井喜美子)：日本医事新報 1315〜1317 昭24／根附・小金井良精の思い出から(小金井喜美子)：日本医事新報 1331 昭24／小金井良精(藤田宗一)：日本医事新報 1543 昭28／座談会・小金井良精先生を偲ぶ(小池重等)：日本医事新報 1806 昭33／小金井良精博士生誕百年記念講演会記事：人類学雑誌 6(72) 昭34／祖父小金井良精の記(星新一)河出書房新社 昭49／日本人名大事典 現代編 平凡社 昭54／祖父・小金井良精の記 上、下(星新一)河出書房新社 平16(河出文庫)／郷土の碩学(小田大蔵、片岡直樹、加美山茂利、蒲原宏、後藤秋男ほか著)新潟日報事業社 平16 〔村岡正明〕

小国 磐 こぐに・いわお
安政2年頃(1855)〜明治34年2月2日(1901)
陸軍軍人 ㊦周防国岩国 ㊦フランス：1870年(陸軍軍事研修)

安政2(1855)年頃に生まれる。周防国岩国藩士で、兵部省兵学寮出身。明治3(1870)年、15歳であったともいうが、フランス公使館護衛陸軍騎兵軍曹で、兵学寮教官のシャルル・ビュランに同行、フランスに官費留学し、11月28日からデカルト学校で軍事学(工兵学)や、フランス語を学ぶ。帰国後の13年頃工兵中尉から工兵局御用掛兼士官学校教官、海岸防禦取調委員となり、15年大尉となって陸軍大学校

教授に就き、20年1月改正兵語字書審査委員を命ぜられ、4月2日少佐となり、10月24日陸軍大学校教官、25年砲工学校教官、工兵会議員などを歴任。28年4月4日占領地総督部工兵部長となり、6月15日大佐、ついで砲兵学校長に転じ、33年少将に進むが7月11日休職を言い渡される。明治34(1901)年2月2日死去。

[文献] 明治過去帳—物故人名事典(大植四郎編)東京美術 昭46／近代日本の海外留学史(石附実)ミネルヴァ書房 昭47／仏国留学(大堀昭)：日本仏学史研究 4 昭48／フランスに魅せられた人びと—中江兆民とその時代(富田仁)カルチャー出版社 昭51／日仏文化交流史の研究—日本の近代化とフランス人(西堀昭)駿河台出版社 昭56 〔山口公和〕

古在 由直 こざい・よしなお
元治1年12月(1865)〜昭和9年6月18日(1934)
農芸化学者 農学博士 東京帝国大学総長〔足尾鉱毒事件で土壌分析実施〕 ㊦京都
㊦幼名=省吉 ㊦ドイツ、ベルギー：1895年(農芸化学)

元治1(1865)年12月、京都の士族柳下景由の長男として生まれる。のち古在卯之助の養子となる。夫人は女流作家・清水紫琴。明治16年駒場農学校農芸化学科に入学。お雇い外国人ケルナーの薫陶をうけ、19年に同学科を卒業。22年6月東京農林学校教授となる。23年6月東京農林学校が帝国大学に併合されて農科大学の設置をみると、農科大学助教授となり農芸化学を担当する。21年から26年にわたって茶を研究し、茶葉中の非蛋白窒素物、蛋白窒素物などの各種の成分を分析し、これらが緑茶および紅茶に及ぼす影響を明らかにする。この結果合理的な製茶法、煎茶法を案出し、さらに茶の生理作用にまで研究を進め、贋造あるいは不正茶の検出法を探査する。また23年足尾鉱毒調査委員嘱託となるが、渡良瀬川の実地検出によって河水中に銅の化合物の含有することを実証、足尾銅山が河川に流す鉱毒が沿岸の栃木、埼玉、群馬の三県の作物を枯らしていると、分析とともに図表を示す。この農民に有利な鑑定は、はしなくも世論を喚起し、のちに田中正造翁事件に発展したものである。28(1895)年3月農芸化学研究のため文部省からドイツ留学を命ぜられ、ライプチヒ大学、ベルリン大学、ついでベルギーで学

び，英米各地をまわって33年7月に帰国する。
当時ドイツは，リービッヒの伝統をうけて農芸化学研究の世界的中心であった。ドイツ留学中牛乳の腐敗菌の研究を発表して学界に名声を博す。その間32年3月にわが国最初の農学博士となり，帰国後帝国大学農科大学教授に任ぜられる。その後茨城県の野鼠駆除に関する事務嘱託，さらに鉱毒調査委員，農事試験場技師となる。足尾銅山側は依然として賠償責任を認めなかったので，35年には時の一高生および帝大生を動員し，彼の地一帯を調査し，改めて分析結果を突きつける。41年7月イタリア・ローマにおける万国農事協会第1回総会に参加し，44年東大農科大学長となる。大正9年東京帝国大学総長に挙げられる。以後昭和3年に至る長年にわたって総長として在職する。大正11年3月にはフランス共和国政府から，コンマンドール・エトアル・ノアル勲章を授与される。堪能なドイツ語でしばしば研究雑誌に論文を発表したが，これを著書にまとめることなく，「著書のない学者」として有名である。大正12年の関東大震災後は，大学の復興事業に多大な功績をあげる。昭和9（1934）年6月18日死去。享年71歳。

文献 古在由直博士略歴：帝国農会報 24(8) 昭9／古在由直博士（安藤円秀編） 古在博士伝記史蹟会 昭13／古在由直伝（末松直次）『近代日本の科学者1』 人文閣 昭16／近代日本海外留学生史 下（渡辺実） 講談社 昭53
〔村岡正明〕

小坂 勇熊　こさか・たけくま

嘉永1年（1848）～？　陸軍軍人　㊉周防国岩国　㊊フランス：1870年（軍事研修）

嘉永1（1848）年，周防国岩国に生まれる。明治3（1870）年23歳のとき兵部省より派遣され兵学寮生徒として軍事研修のためにフランスに留学する。11月28日フランスに到着後，隊外士官学務を修めるために普通学をサンルイ学校で学ぶ。参謀学校で研修ののち帰国する。15年陸軍大学教官となる。

文献 近代日本の海外留学史（石附実） ミネルヴァ書房 昭47／フランスとの出会い—中江兆民とその時代（富田仁） 三修社 昭56
〔富田仁〕

小坂 千尋　こさか・ちひろ

嘉永3年12月23日（1851）～明治24年11月7日（1891）　陸軍軍人　陸軍省軍務局第一課長　㊉岩国　㊊諱＝質，字＝彬，別姓＝小阪　㊊フランス：1870年（兵学）

嘉永3（1851）年12月23日，岩国藩士小坂猛右衛門英勝の子として生まれる。明治2年に横浜兵学校に入学し，参謀学を修める。明治3（1870）年10月に藩命によりフランスに渡りセンスル兵学校に入り兵学を研修する。10年12月に同校を卒業するが，これは日本人が外国兵学校を卒業する端緒といわれる。11年に帰国して士官学校教官となる。14年，士官学校学科部副提理となり海岸防衛取調委員を兼ねる。明治17（1884）年，大山巌に従い欧米諸国を歴遊する。同年に帰国して参謀本部第一局第二課長となる。明治21（1888）年，山県監事に従って欧米諸国をめぐる。23年，軍務局第一軍事課長となる。明治24（1891）年11月7日死去。享年41歳。

文献 明治過去帳—物故人名辞典（大植四郎編） 東京美術 昭46／近代日本海外留学生史 上（渡辺実） 講談社 昭52
〔楠家重敏〕

小三郎　こさぶろう

生没年不詳　大竜一座の軽業師　㊊アメリカ：1867年（興行）

生没年不詳。大坂の芸人で，男女24名からなる大竜一座の座員の一人として，慶応3（1867）年6月5日アメリカ船スタンレー号でサンフランシスコに着き，同月9日からメトロポリタン劇場で興行をはじめた。勧進元はボールドウィン・ギルバード社で，一座の主な顔ぶれは，竿上りの川路丸吉，女の綱渡り菊松，道化役の上州屋松之助，軽業の虎吉，手品の金蔵と五郎，大気球使いの五代次郎，大力の伊勢吉，女の針金渡り小新，ブランコ飛移りの蟹吉，コマ廻しの政吉，踊りのお松などであった。その後の消息は不明。

文献 異国遍路 旅芸人始末書（宮岡謙二） 中央公論社 昭53（中公文庫）
〔寺崎隆行〕

小島 乙次郎　こじま・おつじろう

生没年不詳　洋学者　㊉佐倉　㊊アメリカ：1870年（留学生）

生没年不詳。佐倉に生まれる。明治3（1870）年にアメリカに公費で留学している。滞米中

の研修内容は不明であるが，佐倉の洋学者としてその名が伝えられている。
文献 近代日本の海外留学史（石附実） ミネルヴァ書房 昭47／幕末明治海外渡航者総覧（手塚晃編） 柏書房 平4 〔富田仁〕

小島 源次郎 こじま・げんじろう

天保14年（1843）～明治26年11月10日（1893） 生糸貿易商 〔小島商店の創立者〕 ㊌武蔵国八王子千人町 ㊞イタリア：1874年（蚕卵紙販売）

天保14（1843）年，武蔵国八王子千人町に生まれる。横浜へ出てシーベル・ブレンウォード商会に出入りし，明治7（1874）年に蚕卵紙を携えてイタリアに渡り，蚕卵紙の売り込みと欧州蚕糸業界の視察を行い帰国する。9年，横浜本町に生糸，蚕卵紙などの販売店を開き，また養蚕，製糸を熟知するため酒匂村に養蚕所を作り店員にも研修させる。明治26（1893）年11月10日死去。享年51歳。
文献 開港と生糸貿易 中（藤本実也） 開港と生糸貿易刊行会 昭14 〔湯本豪一〕

小島 源兵衛 こじま・げんべえ

生没年不詳 幕臣 箱館奉行支配調役並 ㊞ロシア：1866年（遣露使節に随行）

生没年不詳。慶応2（1866）年10月，箱館奉行支配調役並のとき，国境協定交渉のために派遣される箱館奉行小出大和守の随員としてロシアへ赴く。マルセイユ，パリを経由しペテルブルグに到着，翌年1月から2月まで交渉が行われる。交渉終了後，パリ，マルセイユを経て，3年5月帰国する。その後の消息は不明。
文献 遣魯伝習生始末（内藤遂） 東洋堂 昭18／近代日本海外留学生史 上（渡辺実） 講談社 昭52 〔湯本豪一〕

小島 泰次郎 こじま・たいじろう

文久1年9月（1861）～明治38年4月12日（1905） ロシア語学者 ㊌江戸青山 ㊞ロシア：1880年（満州語習得）

文久1（1861）年9月，江戸・青山に生まれる。明治13年東京外国語学校露語科を卒業。13（1880）年満州語習得のため，ウラジオストックに滞在，21年帰国の後，陸軍省に出仕。政府の対露外交にあたり，特命全権大使山県有朋の通訳として，明治36年のクロパトキン将軍来日に当たっては，その接待をするなど重要な役割を果たした。また，これより先の日清戦争では第一軍司令部に属し，戦後は陸軍教授，陸軍大学校付及び参謀本部勤務を兼任。37年の日露戦争では第二軍司令部付となり，通訳にあたった。明治38（1905）年4月12日死去。享年45歳。
文献 幕末明治海外渡航者総覧（手塚晃編） 柏書房 平4／データベースWHO 日外アソシエーツ 〔藤田正晴〕

小島 好問 こじま・よしただ

安政3年5月9日（1856）～大正8年5月15日（1919） 陸軍軍人，少将 ㊌駿河国（志太郡）西益津村 ㊞フランス：1879年（留学）

安政3（1856）年5月9日，駿河国志太郡西益津村に生まれる。明治4年大阪兵学寮幼年舎に入り，陸軍士官学校を卒業。10年西南戦争に従軍。12（1879）年フランスに留学し，ベルサイユ工兵第1連隊付となり，フォンテンブロー砲工専門学校に学び，15年1月に帰国。陸軍士官学校教官となり参謀本部海防局勤務を兼ねる。日清戦争には第1軍兵站電信提理として従軍。35年陸軍大佐となり，翌36年ドイツ，フランスに派遣される。37年日露戦争には第5臨時築城団長として出征，軍用木材廠長を務め，のち鴨緑江採木公司を創立した。40年統監府の初代営林廠長となり，同年少将となる。大正8（1919）年5月15日死去。享年64歳。
文献 幕末明治海外渡航者総覧（手塚晃編） 柏書房 平4／データベースWHO 日外アソシエーツ 〔藤田正晴〕

小杉 雅之進 こすぎ・まさのしん

天保14年10月1日（1843）～明治42年8月21日（1909） 船舶技術者 ㊌江戸本所 ㊔後名＝雅三 ㊞アメリカ：1860年（咸臨丸の教授方手伝）

天保14（1843）年10月1日江戸本所で生まれる。安政4年長崎の海運伝習所に入り，7（1860）年，咸臨丸の教授方手伝として渡米し，航海日誌『亜国上下其他日記』を著す。6月帰国。慶応4年軍艦開陽丸機関長となる。明治維新後は雅三と改名し，内務省駅逓寮，船舶司検所，大阪商船会社に勤務した。明治42（1909）年8月21日死去。享年67歳。
文献 万延元年遣米使節史料集成1～7（日米修好通商百年記念行事運営会編） 風間書房 昭36／幕末教育史の研究2―諸術伝習政策（倉

沢剛）　吉川弘文館　昭59 ／咸臨丸還る―蒸気方小杉雅之進の軌跡（橋本進）　中央公論新社　平13　〔富田仁／藤田正晴〕

五姓田 芳柳　ごせだ・ほうりゅう

文政10年2月1日（1827）～明治25年2月1日（1892）　画家　[生]江戸（赤坂紀州藩邸内）　[名]通称＝源次郎, 伝次郎, 重次郎, 半七, 幼名＝岩吉, 号＝一点斎重次, 芳滝　[渡]アメリカ：1890年（息子・義松同伴で絵画研究）

文政10（1827）年2月1日，紀州藩士浅田富五郎の子として江戸藩邸内で生まれる。五姓田義松の父。幼くして父に死別し，佐竹藩浪士の本多家の養子となり名を源次郎と改める。義理の祖父より絵を学び，ついに歌川国芳に師事するまでとなる。14歳の時，久留米藩士の猪飼家の養子孫となり伝次郎と改名する。天保14（1843）年，絵の道に進むため家を出て，東海道，山陽道，長崎，山陰などを漫遊し，嘉永1年に江戸に帰り，重次郎と改名する。その後狩野派を学んだが，5年には西洋画を学ぶ決心をし，独学で写実画を描きはじめる。安政4年，仙台藩に仕え半七と称し，漆絵などの制作にあたる。その後，横浜に住み，日本風俗などを描き外国人相手に作品を売っていたが，ワーグマンに師事し本格的に西洋画を学び，画風を確立し門人も多く集まる。維新後，明治6年，浅草に移る。翌年，宮内省より命をうけ明治天皇の御影を描き，これにより芳柳の名声は高まる。また新門辰五郎らと金竜山内にジオラマを創設する。その後，陸軍病馬院の御用掛となり，10年の西南戦争では大阪臨時陸軍病院に出張し，「明治天皇傷病兵御慰問」や「西南戦役大阪臨時病院」などの作品をのこす。翌年，東京にもどり肖像画の依嘱に応じ，15年には光彩舎を設立し，一般の依頼にも応じるようになる。18年，義子の倉持子之吉に芳柳の号を譲って柳翁と称する。23（1890）年にはフランスから絵画の研究を終えて帰国した息子の義松をともなってアメリカを周遊し，同年の内国勧業博覧会に「羅漢撫竜図」を出品する。その後も洋画の普及につとめるが，明治25（1892）年2月1日，本郷東片町の寓居で死去。享年66歳。なお，浅田，本多，猪飼，津田，森田の5つの姓を名のった経歴から，みずから五姓田と称したという。　[墓]東京港区・専心寺

[文献] 略伝　五姓田芳柳：みづゑ　182　大9／五姓田義松に就て（隈元謙次郎）：美術研究（東京国立文化財研究所）　213　昭36 ／日本人名大事典2　平凡社　昭54 ／明治維新人名辞典（日本歴史学会編）　吉川弘文館　昭56 ／油絵初学（青木茂）　筑摩書房　昭62　〔湯本豪一〕

五姓田 義松　ごせだ・よしまつ

安政2年4月28日（1855）～大正4年9月4日（1915）　画家　〔日本人としてサロンに初入選〕　[生]江戸　[名]雅号＝照海　[渡]フランス：1880年（絵画研修）

安政2（1855）年4月28日，画家五姓田芳柳の二男として江戸に生まれる。父とともに横浜に移り，父のすすめにより，慶応2年にワーグマンに師事し洋画を学び，画才を発揮し神童とよばれる。横浜で自画像や風景画などを描いていたが，明治8年に東京に移り向島の白鬚神社内に住み画塾を開く。翌年，工部美術学校の設立により山本芳翠らと入学し，アントニオ・フォンタネージの指導をうけるが10年には第1回内国勧業博覧会に出品する作品を制作するため退学し，「阿部川富士図」と「肖像」を完成，二等賞をうける（一等賞は該当なし）。これにより名声は高まり，11年には明治天皇の巡幸に御附画家として同行し，各地の風景を描く。12年には昭憲皇太后の御影を描くなどの活躍をし，翌13（1880）年7月，絵画研究のためフランスへ赴く。パリでレオン・ボンナに師事し，サロンにも出品し肖像画が入選を果たす。これがわが国の画家の最初のサロン入選である。9年ほどフランスに滞在ののちイギリス，アメリカを経て22年に帰国する。翌年には父の芳柳とともにアメリカを周遊する。また明治美術会の創立にも力を注ぎ，第1回展覧会には「美人折花図」を出品し好評をえる。その後も「山水図」，「箱根木賀の景」などの作を発表するが，健康を害し，33年のパリ万国博覧会出品の「座繰糸工女」は国内審査で落選するなど制作活動はしだいにぶっていき，晩年は不遇であった。代表作は「操人形」や「読書」などフランス滞在中の作品が多く，滞仏中が充実期といえる。大正4（1915）年9月4日，横浜市中村町打越の自宅で死去。享年61歳。

㊙東京港区・専心寺
文献 略伝　五姓田義松：みづゑ　182　大9／五姓田義松に就て（隈元謙次郎）：美術研究（東京国立文化財研究所）　213　昭36／日本人名大事典2　平凡社　昭54／油絵初学（青木茂）筑摩書房　昭62　〔湯本豪一〕

小染　こそめ

生没年不詳　芸妓　㊤江戸深川　㊥アメリカ：1859年（漂流）

生没年不詳。江戸深川の出身。侠客鈴木藤吉郎の世話をうけ，ねだって上方見物のために安政6（1859）年3月16日に浦賀をたった。しかし途中遠州灘で暴風に遭い，60日間漂流してハワイに漂着。以後日本へは帰らず，宣教師ジャンセーに連れられてアメリカ本土へ渡り，熱心なクリスチャンとなった。明治10年頃までは音信があったが，その後の消息は不明。

文献 異国遍路　旅芸人始末書（宮岡謙二）中央公論社　昭53（中公文庫）　〔寺崎隆行〕

五代 友厚　ごだい・ともあつ

天保6年12月26日（1836）～明治18年9月25日（1885）　実業家，政商　〔日本資本主義発展のパイオニア〕　㊤鹿児島（城下城谷）　㊔幼名＝徳助，才助，変名＝関研蔵，雅号＝松陰　㊥イギリス：1865年（貿易交渉，武器の購入）

天保6（1836）年12月26日，薩摩藩の町奉行・五代直左衛門秀堯の二男として鹿児島に生まれる。13歳で世界地図を模写し藩主に献じ，地球儀を制作し世界各国の姿を究めたと伝えられ，幼少より海外に対する旺盛な知識欲を示した。安政4年4月藩命により長崎に留学，幕府の海軍伝習所に入所しオランダ士官から航海・砲術・測量・数学などを学び，オランダ式海軍技術を修得する。文久2年，藩主からの密命により水夫に変装して幕府貿易船千歳丸に乗りこみ上海に密航，ドイツ船8隻を1万ドルの手金をうち12万5000ドルで買い長崎へ回航し，海外の国際状勢を見聞するとともに商才の片鱗をみせる。なお上海行は3回に及んでおりこの逸話の真偽は確かでない面がある。文久3年7月薩英戦争において天祐丸船長として寺島宗則と参戦し緒戦で捕虜となる。これらの体験によって開国修好，富国強兵論に強く傾く。その後横浜で脱走し武州熊谷の吉田邸に身を隠し，川路要蔵と変名を使い長崎へ渡り，富商酒井三蔵宅に身を寄せ政商T.グラヴァーと接触するようになる。グラヴァーの援助のもとに藩主に『五代才助上申書』を提出，開国貿易論とあわせて海外留学生派遣の必要性を進言し，攘夷から開国へ藩論を転換させ，受け入れられる。留学生派遣は故島津斉彬の基本構想でもあった。彼の構想は三段階に及ぶ雄大なものであったが，その計画は海外貿易使節と留学生派遣の折衷案として実現する。元治2（1865）年3月22日，関研蔵と変名しグラヴァーの右腕といわれたライル・ホームを案内人とし，寺島と薩摩藩イギリス留学生14名を引き連れて鹿児島を出航。シンガポール，スエズ経由で諸文明・世界状勢を見聞しつつ5月28日ロンドンに到着する。五代，寺島，新納中三の任務は留学ではなく藩使節としての欧州視察，幕府に対する対英外交・武器の購入・経済貿易交渉であった。寺島が対英外交政策に専心，彼は新納と視察，武器軍需物資購入，貿易交渉を担当する。6月7日グラヴァーの兄ジームの紹介によるロンドン大学ウィリアムソン博士の案内でベッドフォードの鉄工場を訪問，近代農業技術を見学する。6月18日斉藤（白川）健次郎の紹介で親日フランス人レオン・ド・ロニーと会い，フランス貴族シャルル・ド・モンブランを知る。6月19日2週間の予定で新納と通訳の堀荘十郎を連れてイギリス国内視察旅行に出発，主要工業都市を見てまわる。マンチェスターでプラット社製造の木綿紡績機械をレート商会に発注，つぎにバーミンガムのショルト商会から小銃数千梃などの武器やその他の軍需物資を購入，満足すべき成果をあげる。7月24日約3ヶ月にもおよぶ欧州大陸視察旅行に出発，7月27日以降ブリュッセルでモンブランと貿易商社設立交渉を行い，8月26日仮条約を結ぶ。この計画はのちに挫折するが，彼の貿易による富国近代化政策の実現化を目指すものであった。その後プロシア首都ベルリン，オランダのアムステルダム，ハーグなどをまわり，9月24日パリに到着，この間各地の近代的産業設備を見学したほか教育機関や文化施設なども視察している。約1ヶ月のパリ滞在中，モンブランやロニーとの交渉を継続，市内諸施設を見学したほか，慶応3年開催予定のパリ万国博覧会への参加について予備折衝を行っている。この間幕府派遣の柴田剛中や西周らの留学生とも会見し，常に一流のホテルに投宿し門前に日の丸の国旗を掲げさせたといわれる。

11月3日ロンドンに戻る。このヨーロッパ大陸視察旅行を通して西欧列強の国力の基礎が産業と貿易にあることを強く認識し，18ヶ条の意見書を藩政府に送っている。ひととおりの任務を終えたあと留学生らの後事をウィリアムソン博士に委託し，新納とともに12月22日パリに渡りマルセーユ経由で翌慶応2年3月11日鹿児島に帰国する。注文した木綿紡績機械はわが国最初の洋式紡績工場である鹿児島紡績所設立として実を結んだ。貿易会社は挫折するが，その企画は長崎小菅修船所設立につながり，のちの三菱造船所に発展する。帰国後外国掛として藩の通商貿易発展の任にあたり，明治新政府においては，神戸事件，堺事件，パークス襲撃事件などの外交処理に活躍する。その後大阪在勤として外交・貿易の任にあたり通商会社・為替会社の設立に努力するが，鹿児島の武断派の攻撃にあい，明治2年横浜転勤を契機に官職を辞して下野，実業界に身を転じる。大久保利通と深い結びつきをもち政商として大阪を中心に活躍，金銀分析所の開設・各地の金銀銅山開発など主に鉱山事業を行う。11年大阪株式取引所，大阪商法会議所を設立，関西財界の基礎を確立した。さらに大阪製銅，大阪商業講習所（現大阪市立大学）などを創立，つづいて14年には関西貿易会社を設立して北海道開拓事業に乗り出すが，官有物払下げ事件を起し，世の強い非難を浴びる。それ以後も阪堺鉄道，神戸桟橋などの設立に関与し，大阪商工業の近代化に務め「大阪の恩人」といわれた。彼の豊富な海外体験が日本の資本主義の西洋化（近代化）に大きく役立っているといえる。著書に『薩摩辞書』がある。明治18（1885）年9月25日糖尿病で死去。享年51歳。

㊙大阪市阿倍野区

文献 五代友厚伝　五代竜作編刊　昭8／五代友厚秘史　五代友厚75周年追悼記念刊行会編刊　昭35／大阪人物誌　大阪を築いた人（宮本又次）　弘文堂　昭35／五代友厚（長谷川幸延）　文芸春秋新社　昭35／五代友厚の欧行と彼の滞欧手記『廻国日記』について（大久保利謙）：史苑　22(2)　昭37／日本財界人物列伝1　青潮出版　昭38／五代友厚伝記資料1〜4（日本経営史研究所編）　東洋経済新報社　昭46〜49／薩摩藩英国留学生（犬塚孝明）　中央公論社　昭49（中公新書375）／日本人名大事典2　平凡社　昭54／明治維新人名辞典（日本歴史学会編）　吉川弘文館　昭56／五代友厚伝（宮本又次）　有斐閣　昭56／五代友厚（真木洋三）　文芸春秋　昭61／起業家五代友厚（小寺正三）　社会思想社　昭63（現代教養文庫）／功名を欲せず―起業家・五代友厚の生涯（渡部修）　毎日コミュニケーションズ　平3／五代友厚伝―伝記・五代友厚（五代竜作編）　大空社　平10（近代日本企業家伝叢書）／ニッポンの創業者―大変革期に求められるリーダーの生き方（童門冬二）　ダイヤモンド社　平16　〔安藤重和〕

五代 龍作　ごだい・りゅうさく

安政4年11月17日（1858）〜昭和13年10月7日（1938）　実業家　〔鉱山事業を経営〕　㊗紀伊国和歌山本宮　㊙旧名＝九里　㊗イギリス：1882年（機械工学）

安政4（1858）年11月17日，和歌山の本宮の九里家に生まれる。明治14年に東京大学を卒業し，15（1882）年機械工学を学ぶため文部省留学生として，イギリスへ渡航する。ロンドン大学でケデーについて機械工学を修め18年に帰国する。ただちに東京大学教授となるが翌年辞任し五代武子と結婚，養父五代友厚の事業を継ぐ。半田銀山をはじめとする鉱山事業に力を注ぐ。昭和13（1938）年10月7日死去。享年82歳。

文献 工学博士五代龍作氏略歴：日本鉱業会誌　553　昭6／近代日本海外留学生史　上（渡辺実）　講談社　昭52　〔湯本豪一〕

小谷 静二　こたに・せいじ

生没年不詳　メリヤス製造業者　㊗薩摩　㊗アメリカ：1872年（メリヤス技術修得）

生没年不詳。薩摩出身。明治5年に吉田清成とともにアメリカに莫大小（メリヤス）製造の修業のために公費留学する。7年5月28日帰国。その後の消息は不明。

文献 近代日本の海外留学史（石附実）　ミネルヴァ書房　昭47／幕末明治海外渡航者総覧（手塚晃編）　柏書房　平4　〔富田仁〕

児玉 源太郎　こだま・げんたろう

嘉永5年閏2月25日（1852）〜明治39年7月23日（1906）　陸軍軍人，大将，政治家　伯爵　㊗周防国岩国　㊙幼名＝百合若，健　㊗ドイツ：1891年（軍制視察）

嘉永5（1852）年閏2月25日，徳山藩士・児玉半九郎忠碩の子として岩国に生まれる。戊辰

戦争に参加。のち陸軍に入り，佐賀の乱，神風連の乱，西南戦争で功績をあげる。明治20年陸軍大学校校長になり，24(1891)年ドイツに派遣され軍制・戦術を視察。オーストリア，フランス，ベルギーを経て25年8月に帰国。25年陸軍次官となり日清戦争では大本営参謀として活躍。29年中将。31年台湾総督，33年第4次伊藤内閣の陸相，のち第1次桂内閣の陸相，内相，文相をつとめ，36年参謀次長，37年大将に昇進。日露戦争では満州軍総参謀長として大山巌総司令官を補佐した。戦功により子爵となり，39年参謀総長に就任。また南満州鉄道株式会社創立委員長をつとめる。没後伯爵となる。明治39(1906)年7月23日，東京市牛込の自宅で死去。享年55歳。　⑱東京・青山墓地

[文献]　名将児玉源太郎(加登川幸太郎)　日本工業新聞社　昭57(大手町ブックス)／知将児玉源太郎—ある名補佐役の生涯(生出寿)　光人社　昭61／児玉大将伝(杉山茂丸)　中央公論社　平1(中公文庫)／幕末明治海外渡航者総覧(手塚晃編)　柏書房　平4／児玉源太郎(宿利重一)　マツノ書店　平5／大軍師児玉源太郎(中村晃)　叢文社　平5／朝日日本歴史人物事典　朝日新聞社　平6／知将児玉源太郎—ある名補佐役の生涯(生出寿)　光人社　平8／明治に名参謀ありて—近代国家「日本」を建国した6人(三好徹)　小学館　平11(小学館文庫)／児玉源太郎—神謀と奇略の大軍師(中村晃)　PHP研究所　平11(PHP文庫)／日本人の生き方—児玉源太郎と歴史に学ぶ「生き残る道は必ずある！」(濤川栄太)　文芸社　平12／児玉源太郎—明治軍の巨星(三戸岡道夫)　学習研究社　平14(学研M文庫)／児玉源太郎(長田裕)「児玉源太郎」出版記念委員会　平15／児玉源太郎—日露戦争における陸軍の頭脳(神川武利)　PHP研究所　平16／データベースWHO　日外アソシエーツ
〔藤田正晴〕

児玉 淳一郎　こだま・じゅんいちろう
弘化3年5月7日(1846)〜大正5年4月30日(1916)　政治家　貴族院議員　⑭長州　㊊アメリカ：1869年(政治学)

　弘化3(1846)年5月7日，山口藩士・児玉伝兵衛の五男として生まれる。明治2(1869)年5月10日，刑部省から派遣され政治学修業のためアメリカに留学し，3年11月25日に帰国。4年1月23日，刑法修学のためふたたびアメリカに留学。6年帰国後に代言業すなわち弁護士の先駆となる。後，諸官を歴任して27年貴族院議員となる。大正5(1916)年4月30日，黄疸で死去。享年71歳。

[文献]　英語事始(日本英学史学会編)　日本ブリタニカ　昭51／幕末明治海外渡航者総覧(手塚晃編)　柏書房　平4
〔寺崎隆行／富田仁〕

児玉 章吉　こだま・しょうきち
生没年不詳　佐土原県留学生　⑭佐土原
㉒別名=章介　㊊アメリカ：1865年(留学)

　生没年不詳。佐土原の出身。慶応1(1865)年アメリカ，イギリスに渡り，明治3年にはニューヘブンに滞在していた。留学の費用は佐土原県が負担している。その後の消息は不明。

[文献]　近代日本の海外留学史(石附実)　ミネルヴァ書房　昭47
〔富田仁〕

後藤 象二郎　ごとう・しょうじろう
天保9年3月19日(1838)〜明治30年8月4日(1897)　政治家　伯爵　⑭土佐国高知(城下片町)　㉒諱=元曄，幼名=保弥太のち良輔，字=日曄，号=暘谷，雲濤，光海鷗公，亀岡牧者　㊊フランス：1882年(議会制度などの視察)

　天保9(1838)年3月19日，土佐藩士後藤助右衛門の長男として生まれる。幼少の頃より板垣退助と交遊する。また『太閤記』を好んで読み，秀吉に憧れる。嘉永1年に父が死去し，母は実家に戻ったため祖母によって育てられるが，3年に祖母も死去したため，伯父橋本小平に養われる。剣術を寺田忠次，大石進らに学ぶとともに義叔父の吉田東洋に薫陶をうける。その後も東洋に従い中浜万次郎から海外事情を聞いたり，江戸に赴く機会を得る。安政2年からは鶴田塾に通い，東洋の推挙で幡多郡奉行となり，その後，普請奉行，近習目付を歴任するが，文久2年，東洋が暗殺され，象二郎も職を辞す。3年に江戸に出て開成所に入り，航海術，蘭学，英語などを学ぶ。元治1年に藩政に復帰し大監察となり慶応1年には勤王党の獄を断罪する。藩主山内容堂の信任をうけ，薩摩に赴いたり，長崎に行き樟脳売却や船舶の購入にあたる。上海にも渡り軍艦や大砲を買い入れるなど藩の近代化，強兵政策に大きく寄与する。また坂本龍馬と会談し，意見を交換して大政奉還を容堂に建白する。3年に容堂の名によって大政奉還建白書が上呈さ

れ、同年10月13日に将軍慶喜は二条城に重臣を集めて大政奉還を発表し翌日朝廷に上奏する。当時すでに討幕の機は熟しており、薩長に討幕の密勅が出されたといわれるほど緊迫した事態であり、彼の決断が戦争の回避に大きく貢献したといえる。小御所会議においても容堂と岩倉具視の意見衝突を辻将曹とともに調整し、新政府成立に寄与する。新政府では参与および外国取調係となりイギリス公使が参内の際には公使を凶徒から守り、イギリス女王から勲剣を贈られるなどの活躍をする。その後、大阪府知事に就任し豪商から巨額の献金を引き出す工作に成功をおさめる。東京遷都を強く主張して、その実現に大きな役割を果たす。明治2年には維新の功により禄1000石を下賜され、翌年には高知に赴き藩政改革に取り組み功績をあげる。4年に工部大輔となり、その後、左院議長、参議となるが、6年9月に征韓論に敗れて、板垣、副島種臣、江藤新平らとともに下野する。翌年、板垣らと愛国公党をつくり民撰議院設立を左院に建白し、これを新聞に発表するが容れられず、実業界に転じて蓬莱社を設立し高島炭坑の経営にあたる。しかし経営は次第に悪化し、14年にはついに炭坑を岩崎弥太郎に譲り渡す。その後、板垣とともに自由党結党に参加し、常議員となる。15(1882)年11月、板垣とともに渡欧し、フランス、イギリス、ドイツなどを廻り議会制度の視察などを行い翌年6月に帰国する。このときの洋行費用の出資者について後に問題となった。帰国後、朝鮮独立党の金玉均の要請により、フランス公使と会見し、資金や軍艦借入れの約束をとりつけるなどの工作を行う。20年、政府の対外政策に反対し有志を集め大同団結運動をおこす。機関雑誌『政論』を発行するとともに、各地を遊説し団結運動の指導的役割を担うが、22年3月突如、黒田内閣の逓信大臣に就任する。その行動は大同団結運動への背徳行為として攻撃され、在野政治家として築きあげた信用は一夜にして失墜する。団結運動はこれによって分裂していく。さらに山県内閣、松方内閣でも逓信大臣に留任し、25年には伊藤内閣の農商務大臣に就任するが、取引所設置に関する醜聞により27年1月に辞任する。その後、韓国政府顧問となり、また日清戦争を機に大陸での活動を試みるが失敗におわる。29年、心臓病を患い、箱根で療養するが翌年に入り病は悪化し、明治30(1897)年8月4日、高輪の自宅で死去。享年60歳。
🅜東京・青山霊園
[文献] 後藤象二郎(秋川鏡川) 興雲閣 明31／伯爵後藤象二郎(大町桂月) 冨山房 大3／百官履歴 上 日本史籍協会 昭2(日本史籍協会叢書)／板垣後藤の洋行費問題(柳田泉)：明治文化 7(10) 昭9／竜馬と象二郎(矢田挿雲) 霞ヶ関書房 昭17／土佐偉人伝(寺石正importが) 歴史図書社 昭51／世界伝記大事典 日本・朝鮮・中国編 ほるぷ出版 昭53／日本人名大事典2 平凡社 昭54／明治維新人名辞典(日本歴史学会編) 吉川弘文館 昭56／後藤象二郎と近代日本(大橋昭夫) 三一書房 平5／伯爵後藤象二郎―伝記・後藤象二郎(大町桂月) 大空社 平7(伝記叢書)　　　　　　　　　　　　　〔湯本豪一〕

後藤 新平　ごとう・しんぺい

安政4年6月4日(1857)～昭和4年4月13日(1929)　政治家　伯爵　🅟陸奥国(胆沢郡)水沢町　🅓ドイツ：1890年(留学)

安政4(1857)年6月4日、陸奥国胆沢郡水沢町に生まれる。愛知県立病院長兼愛知医学校長から明治16年内務省に入る。この間、14年自由党総裁・板垣退助が難に遭った際、官憲をおしきって往診した話が知られている。23(1890)年4月ドイツに留学し、25年6月に帰国の後、衛生局長となる。31年台湾総督府民政局長に就任。36年勅選貴族院議員となり、39年満鉄初代総裁から第2次・第3次桂内閣の逓信相、鉄道院総裁などを歴任。大正5年寺内内閣の内相、7年外相としてシベリア出兵を推進する。9年東京市長、12年山本内閣の内相兼帝都復興院総裁に就任し、12年の関東大震災後の東京復興計画を立てた。その後、東京放送局総裁、少年団(ボーイスカウト)総裁などを務めた。昭和3年伯爵。昭和4(1929)年4月13日死去。享年73歳。
[文献] 後藤新平伝(鶴見祐輔) 太平洋出版社 昭21／権力の思想 後藤新平(前田康博) 筑摩書房 昭40／後藤新平 第1～4巻(鶴見祐輔) 勁草書房 昭40～42／後藤新平―外交とヴィジョン(北岡伸一) 中央公論社 昭63(中公新書)／幕末明治海外渡航者総覧(手塚晃編) 柏書房 平4／朝日日本歴史人物事典 朝日新聞社 平6／大風呂敷―後藤新平の生涯 上、下(杉森久英) 毎日新聞社 平11／素顔の宰相―日本を動かした政治家

五島 清太郎　ごとう・せいたろう

慶応3年8月18日(1867)～昭和10年7月20日(1935)　動物学者　東京帝国大学名誉教授〔日本寄生虫学の創始者;『ダーウィン自伝』の初訳者〕　㊨長門国阿武郡　㊧アメリカ：1894年(留学)

慶応3(1867)年8月18日、長門国阿武郡に生まれる。明治23年東京帝国大学動物学科卒。27(1894)年8月米国に渡り、ジョンズ・ホプキンス大学、ハーバード大学で動物分類学を学ぶ。はじめ私費であったがのち官費留学生となる。29年帰国。一高教授を経て、明治42年東京帝国大学教授に就任、理学部長も務めた。昭和3年日本寄生虫学会初代会頭となる。動物寄生虫の研究で知られ、飯島魁と共に日本寄生虫学の創始者とされる。またヒトデ、クラゲ、線虫類の分類学的研究も多い。『動物実験学』をはじめ、優れた動物解剖教科書として評価が高い多数の教科書を執筆。『ダーウィン自伝』の初訳者でもある。昭和10(1935)年7月20日死去。享年69歳。

[文献] 幕末明治海外渡航者総覧(手塚晃編)　柏書房　平4／データベースWHO　日外アソシエーツ　〔藤田正晴〕

伍堂 卓爾　ごどう・たくじ

天保15年4月(1844)～大正7年8月5日(1918)　陸軍軍医　㊨金沢　㊧オランダ：1869年(普通学,医学)

天保15(1844)年4月に生まれる。長崎精得館に学んだ後、明治2(1869)年に金沢藩の藩費留学生としてオランダに普通学の研修のために留学する。実際には医学を修め、3年にスロイスなど外国人教師3名を伴って帰国する。金沢医学館に勤めたのちに陸軍軍医となる。大正7(1918)年8月5日死去。享年75歳。

[文献] 近代日本の海外留学史(石附実)　ミネルヴァ書房　昭47／幕末明治海外渡航者総覧(手塚晃編)　柏書房　平4　〔富田仁〕

後藤 常　ごとう・つね

⇒一条十次郎(いちじょう・じゅうじろう)を見よ

小藤 文次郎　ことう・ぶんじろう

安政3年3月4日(1856)～昭和10年3月8日(1935)　地質学者　理学博士〔新鉱物の発見など,地質学の権威〕　㊨石見国(鹿足郡)津和野　㊧ドイツ：1880年(地質学)

安政3(1856)年3月4日、津和野藩士の子として生まれる。明治3年9月津和野藩の貢進生として東京開成学校に入り、12年7月東京大学理学部地質学科を第1期生として卒業。内務省御用掛となるが、13(1880)年10月文部省より地質学研究のためドイツ留学を命じられ、ライプチヒ大学、ミュンヘン大学に学ぶ。17年4月帰国とともに東京大学理学部講師となり、10月ライプチヒ大学よりドクトルの学位を受ける。同月地質調査所兼務を命じられるが、19年3月帝国大学が設立され、その理科大学が東京大学理学部の事業を継承するにあたり、地質学担当の教授となり、21年6月には理学博士の学位を授与される。大正10年6月退官するまで東京帝国大学理学部地質学第1講座の教授として地質学を講じ、その間わが国地質学の権威として研究を推進し、また学生の教育に尽し、退官後も同大学講師となり地質学教室にあって、研究を続け日本の地質学界を指導する。大正10年10月東京帝国大学名誉教授となる。日本における地質学の研究はナウマン、ブラウンスらおもにドイツ人によってはじめられていたが、東京大学地質学科最初の卒業生として研鑽にはげみ、ほぼ40年の間同大学の教職にあって、多数の研究者の育成と研究に専心した。その後、台湾、朝鮮、中国東北部(旧満州)そのほか外国にも彼の地質学的研究は広がり、多くの重要な論文を発表した。さらに地震および火山に関する地質学的な調査研究も多く、また鉱物学上の業績も大きい。彼の業績を記念して朝鮮笏洞金鉱で発見された新鉱物は小藤石と命名された。著書は『地文学講義』(明19)『地球発達史』(明24)『鉱産工業材料』(明38)など多数。昭和10(1935)年3月8日死去。享年80歳。

[文献] 東京帝国大学名誉教授理学博士故小藤文次郎氏略歴、小藤文次郎先生の長逝を悼む(辻村太郎)：地理学評論　11(5)　昭10／小

藤先生の長逝を悼みて（脇水鉄五郎）：科学 5(4) 昭10／亡友小藤文次郎博士を弔ふ 附略歴・著述目録（横山又次郎）：地質学雑誌 42(499) 昭10／黎明期の日本地質学（今井功） ラティス 昭41 〔松田和夫〕

後藤 牧太 ごとう・まきた
嘉永6年(1853)～昭和5年3月25日(1930) 教育者 東京師範名誉教授 〔ローマ字運動の提唱者〕 ㊦三河国 ㊧イギリス：1887年（理科教育視察）

　嘉永6(1853)年，三河国に生まれる。福沢諭吉の教えを受け慶応義塾を卒業し，慶応義塾教員となる。明治9年東京師範（のち東京高等師範）の中学師範科の創設に参画，以後同校の教授となり，大正3年まで在職，のち名誉教授。この間，明治20(1887)年イギリスの理科教育を視察し，23年帰国。，実験を重視すべきことを主張，簡易な実験装置の考案・製作を指導した。またローマ字運動の提唱者としても知られる。昭和5(1930)年3月25日死去。享年78歳。
[文献] 幕末明治海外渡航者総覧（手塚晃編） 柏書房 平4／事典近代日本の先駆者 日外アソシエーツ 平7／データベースWHO 日外アソシエーツ 〔藤田正晴〕

小永井 五八郎 こながい・ごはちろう
生没年不詳 操練所勤番公用方下役 ㊧アメリカ：1860年（咸臨丸の操練所勤番公用方下役）

　生没年不詳。安政7(1860)年，咸臨丸の操練所勤番公用方下役として渡米する。
[文献] 万延元年遣米使節史料集成1～7（日米修好通商百年記念行事運営会編） 風間書房 昭36／幕末教育史の研究2―諸術伝習政策（倉沢剛） 吉川弘文館 昭59 〔富田仁〕

木滑 貫人 こなめ・つらと
生没年不詳 留学生 ㊦福井 ㊧アメリカ：1871年（留学）

　生没年不詳。福井の出身。明治3年，西周の塾に学ぶ。4(1871)年に公費留学生としてアメリカに渡り，ニューヨークのブルックリンに住む。帰国後の消息は不明。
[文献] 近代日本の海外留学史（石附実） ミネルヴァ書房 昭47／幕末明治海外渡航者総覧（手塚晃編） 柏書房 平4 〔楠家重敏／富田仁〕

小西 増太郎 こにし・ますたろう
文久2年4月4日(1862)～昭和15年12月10日(1940) 神学者，翻訳家 ロシア文学・思想研究者 〔トルストイと『老子』を共訳〕 ㊦備前国（児島郡）味野町(3953番地) ㊇雅号＝柳渓，ロシア名（洗礼名）＝ダニエル・ペトローヴィチ・小西 ㊧ロシア：1887年（神学，哲学）

　文久2(1862)年4月4日，備前国味野町に生まれる。家はキリシタン大名小西行長を祖とした薬種商。初等教育修了後，製塩業者野崎武吉郎のもとで働く。明治12年春，ギリシヤ正教児島教会で説教を聞き感動し受洗，14年19歳で上京し正教神学校に入学，ロシア語と神学を修め19年卒業する。20(1887)年5月1日，正教会派遣ロシア留学生としてドイツ船ゲネラルゴウデン号で横浜出港，ペテルブルグに赴任する特命全権公使西徳二郎夫妻に随行する。コンスタンチノープル経由で6月23日オデッサ着，28日キエフ，29日モスクワ，30日ペテルブルグに入った。この61日間の旅行記は，「西遊記」と題して『正教新報』に書き送る。7月下旬モスクワに戻り，正教神学校からの留学生岩沢丙吉，石亀一郎，三井道郎らに出会い，8月中旬キエフ入り，1年間中学上級で学んだ後，翌21年9月キエフ大学神学部に入学する。25年6月宗教哲学に関する論文を提出して卒業，神学士の学位を得る。卒業論文は，「老子哲学と倫理思想」の題で構想されたが，この題目はオルナツキー助教授に謝絶されたという。同年9月モスクワ文科大学入学，ニコライ・グロート教授の指導で心理学哲学史を専攻し，かたわらロシア文学史も研究，中国古典『孝経』『中庸』『大学』『老子』のロシア語訳に従事する。とくに『老子』に関してはグロートの紹介で文豪トルストイの知遇を得，同年末から26年にかけて4ヶ月間の共同作業を行う。隔晩，二章ほどの訳文を持参して読上げ，トルストイがそれを英・独・仏訳と対照し補正する。時には宗教問答にも及び，トルストイからじかに深い影響を受ける。翻訳完成後執筆した『老子』論を，哲学者ソロヴィヨフも来席したモスクワ大学心理学会で朗読，後に『哲学と心理学の諸問題』誌に掲載される。その後訳文も掲載される。論文と訳文を合わせた単行本は，トルストイとの共訳という形で出版されたので，すぐに初版を売り尽し，再版を出すほどであった（ロシア原版複製が昭和43年日本古書通信社

より刊行されている)。26年10月29日帰国後，正教神学校教授に就任，哲学概論，心理学，論理学，美辞学を担当する。27年5月同校校長に就任し，10月には辞任するが，教授は続け，31年頃辞職。この間，講義ばかりではなく，1ヶ月に40回以上説教をする伝道活動，機関誌『心海』の編集,『正教新報』への寄稿，校務など多忙を極めたが，一方では，欧米経由の間接ではなくロシア・ロシア語から直接のロシア文学，思想の啓蒙，紹介者として注目され，盛んな執筆活動を行った。まず大きな反響を呼んだのは，ロシア思想史概観ともいうべき「露国思想界の近況」(『六合雑誌』明治27年1，3，4月)であるが，大きな比重を占めたのは謦咳に接したトルストイの思想の紹介である。ここに，日本へのトルストイの本格的移入の口火が切られ，徳富蘇峰主宰の『国民之友』に『クロイツェル・ソナタ』の翻訳(尾崎紅葉が補正)を連載(明治28年8～12月)するや，トルストイ熱が高まった。29年蘇峰の欧米漫遊の際，トルストイ宛の紹介状を書く。ヤスナヤ・ポリャナを訪れた蘇峰に託してトルストイから『四福音書』を贈られる。トルストイ自身の手で，最も重要な根本思想を述べた箇所には朱線，ついで重要な部分には青線が施されたものである。「露国文学と文豪プーシキン」「露国文豪レルモントフ氏及び氏の世界観」などの論文，あるいは「第一世期に於ける異端」などの神学論文もあるが，やはり生涯トルストイとの関係が最も深い。神学校辞職後，3ヶ月ほど参謀本部雇としてロシア語を教えたこともあるが，郷里の野崎武吉郎のもとへ再就職し，42年8月まで主に台湾での塩田開発の仕事に従事する。42年9月，教育・文学界への復帰準備のためモスクワ再訪，モスクワ大学で学ぶ。9月27日トルストイに再会，翌年6月にはヤスナヤ・ポリャナを訪問し，帰路汽車の旅を共にする。この年末トルストイは亡くなるが，奇しくもその葬儀に参列する。45年4月帰国後，大正3年まで同志社大学神学部，京都文科大学でロシア語の教鞭をとる。また，14年には7ヶ月ほどモスクワに滞在しているし，最晩年にも第一次近衛内閣の要請で訪ソしたと言われる。昭和15(1940)年12月10日死去。享年79歳。

[文献] トルストイを語る(小西増太郎)　桃山書林　昭23／トルストイと日本(シフマン著　末包丈夫訳)　朝日新聞社　昭41／トルストイ・小西増太郎共訳　老子《ロシア原版複製》(明治文化研究会，木村毅編)　日本古書通信社　昭43／ニコライ神学校と露都留学生(西村庚)：ユーラシア　5　昭47.6／日本正教史(牛丸康夫)　日本正教会ハリストス正教会教団府主教庁　昭53／日本近代文学大事典2(日本近代文学館編)　講談社　昭53／ニコライと明治文化(波多野和夫)：文学　47(4)　昭54.4／明治期のトルストイ受容　下(柳富子)：文学　47(10)　昭54.10／日本人名大事典　現代編　平凡社　昭54／小西増太郎覚書(杉井六郎)　『明治期キリスト教の研究』　同朋社出版　昭59　〔国松夏紀〕

近衛 篤麿　このえ・あつまろ

文久3年6月26日(1863)～明治37年1月2日(1904)　政治家　公爵　[生]京都　[名]号＝霞山
[渡]オーストリア：1885年(留学)

文久3(1863)年6月26日，公家近衛忠房と島津久光の娘光子の長男として京都に生まれる。明治6年父の死により家督相続。17年華族令制定で公爵。18(1885)年4月よりオーストリア，ドイツに留学，ボン大学を経て，23年ライプツィヒ大学を卒業。同年9月帰国後，貴族院議員となり，三曜会，懇話会，月曜会を率いて指導者として活躍。24年の大津事件，25年の選挙干渉事件で松方内閣を糾弾，また27年伊藤内閣でも日英条約改正手続き問題を批判。28年学習院長となり華族教育の改革を唱えた。29年貴院議長，36年枢密顧問官。大陸問題に関心深く，日清戦争後,『日清同盟論』を公刊，東亜の大同団結を呼びかけた。31年同文会を組織，上海に同文学堂(後の東亜同文書院)を置き，東亜同文会会長。33年同会を国民同盟会に改組，満州問題解決を主張。36年対露同志会を結成，対露強硬外交を唱えた。文麿，秀麿の父。明治37(1904)年1月2日死去。享年42歳。

[文献] 私の欽仰する近代人(山田孝雄)　宝文館　昭29／近衛霞山公50年祭記念論集―アジア・過去と現在　近衛霞山をめぐる日中交渉史料(波多野太郎)　霞山倶楽部　昭30／近衛篤麿日記　第1～5巻，別巻(近衛篤麿日記刊行会編)　鹿島研究所出版会　昭43～44／幕末明治海外渡航者総覧(手塚晃編)　柏書房　平4／朝日日本歴史人物事典　朝日新聞社　平6／近衛篤麿公―伝記・近衛篤麿(工藤武重)　大空社　平9(伝記叢書)／近衛篤磨―その明治国家観とアジア観(山本茂樹)　ミ

ネルヴァ書房　平13（Minerva日本史ライブラリー）／近衛篤麿と清末要人―近衛篤麿宛来簡集成（李廷江編著）　原書房　平16（明治百年史叢書）／データベースWHO　日外アソシエーツ
〔藤田正晴〕

木庭 栄治郎　こば・えいじろう
生没年不詳　仙台藩留学生　⊕仙台　⊛アメリカ：1867年（勝小鹿に同行）
　生没年不詳。仙台に生まれる。慶応3（1867）年に勝小鹿一行の一員として藩費でアメリカに渡る。その後の消息は不明。
[文献] 近代日本の海外留学史（石附実）　ミネルヴァ書房　昭47
〔富田仁〕

木場 貞長　こば・さだたけ
安政6年9月（1859）～昭和19年6月3日（1944）
教育行政家　⊕薩摩国鹿児島　⊛ドイツ：1882年（留学）
　安政6（1859）年9月、薩摩国鹿児島に生まれる。明治13年東京帝国大学文学部政治理財科を卒業。文部省に入り、明治15（1882）年3月18日ドイツ留学、18年哲学博士（ハイデルベルク大学）。19年帰国後、文部省御用掛となり、森有礼文相の下、19年学制改革を援けて以来、教育行政に携わり、兵庫県書記、22年法制局参事官、26年文部大臣秘書兼参事官、普通学務局長、官房長、文部次官、高等教育会議委員など歴任。また東京帝国大学法科大学、東京高等師範、慶大各講師、32年法学博士、39年貴族院議員、大正3年行政裁判所第3部長となり11年まで務めた。昭和19（1944）年6月3日死去。享年86歳。
[文献] 幕末明治海外渡航者総覧（手塚晃編）　柏書房　平4／データベースWHO　日外アソシエーツ
〔藤田正晴〕

小林 八郎　こばやし・はちろう
安政2年2月（1855）～？　工部省留学生　⊕江戸　⊛イギリス：1873年（土木学）
　安政2（1855）年2月江戸に生まれる。明治6（1873）年3月23日、工部省留学生として測量司一等見習の身分でイギリスに渡る。7年9月に帰国して工部大学校へ入学する。13年12月、天龍川治河協力社長の金原明善の援助を得て同社の社費で再びイギリスに留学し土木学を修める。その後の消息は不明。

[文献] 工部省沿革報告　大蔵省　明22／近代日本の海外留学史（石附実）　ミネルヴァ書房　昭47／幕末明治海外渡航者総覧（手塚晃編）　柏書房　平4
〔楠家重敏／富田仁〕

小林 儀秀　こばやし・よしひで
生没年不詳　大学南校大助教　㊟別名＝義秀　⊛イギリス：1871年（留学）
　生没年不詳。明治4（1871）年、大学南校の大助教としてイギリスへ公費留学する。その後の消息は不明。
[文献] 近代日本の海外留学史（石附実）　ミネルヴァ書房　昭47／近代日本海外留学生史　上（渡辺実）　講談社　昭52
〔楠家重敏〕

狛 林之助　こま・りんのすけ
？～明治44年4月14日（1911）　工部省技師　工部少技長、佐渡鉱山局長心得　⊕福井　㊟別名＝貞介　⊛イギリス：1868年（留学）
　生年不詳。敦賀藩士族。明治1（1868）年3月に官費留学生としてイギリスに派遣される。6年に帰国の後、7年に鉱山寮に入り、12年に工部少技長となる。16年には佐渡鉱山局長心得にのぼる。明治44（1911）年4月14日、静岡県安倍郡入江町で死去。
[文献] 明治初年条約改正史の研究（下村富士男）　吉川弘文館　昭37／明治過去帳―物故人名辞典（大植四郎編）　東京美術　昭46／元田永孚関係文書（沼田哲他編）　山川出版社　昭60（近代日本史料選書）／幕末明治海外渡航者総覧（手塚晃編）　柏書房　平4
〔楠家重敏／富田仁〕

駒井 重格　こまい・しげただ
嘉永6年（1853）～明治34年12月9日（1901）　大蔵省官吏　⊛アメリカ：1874年（経済学）
　嘉永6（1853）年に生まれる。明治7（1874）年アメリカに留学し経済学を修める。12年に帰国し大蔵省准奏任御用掛を拝命する。19年3月大蔵省参事官となり、29年には国債局長を兼任。また32年には高等商業学校長となるが、明治34（1901）年12月9日、肺結核で死去。享年49歳。
[文献] 明治過去帳―物故人名辞典（大植四郎編）　東京美術　昭46
〔寺崎隆行〕

小松 済治　こまつ・せいじ
弘化4年（1847）～明治26年5月12日（1893）　裁判官　⊕武蔵国　⊛アメリカ：1871年（岩倉

使節団に随行）

弘化4（1847）年，平民の子として武蔵国に生まれる。明治4年9月2日兵部省七等出仕となり，同年（1871）11月岩倉使節団の随員として渡米する。5年外務三等書記官，7年陸軍省七等出仕，8年六等判事に任じ，11年には大審院判事となる。以後司法省御用掛，司法書記官，民事局次長，司法省参事官等を歴任し，明治26（1893）年5月12日死去。享年47歳。

[文献] 小松済治さんの土産もの（石井研堂）：明治文化　10（10）　昭12／小松済治のこと（石井研堂）：明治文化　11（1）　昭13／明治過去帳―物故人名辞典（大植四郎編）　東京美術　昭46／岩倉使節団―明治維新のなかの米欧（田中彰）　講談社　昭52　〔寺崎隆行〕

小松 緑　こまつ・みどり

慶応1年9月7日（1865）～昭和17年1月16日（1942）　外交評論家，著述家　[生]陸奥国　[名]号＝霞南，桜雲閣主人　[渡]アメリカ：1887年（留学）

慶応1（1865）年9月7日，陸奥国に生まれる。明治20年慶応義塾大学を卒業。20（1887）年アメリカに留学し，エール大学，プリンストン大学で政治学を専攻，28年9月帰国。外務省に入り翻訳官，アメリカ公使館書記官，シャム代理公使を務め，39年韓国統監伊藤博文に随行，外務部長。合併後朝鮮総督府外務部長，中枢院書記官長となり大正5年退官。以後中外公論社，中外商業新報社客員などを務め，著述に専念。昭和4年ジュネーブの第12回国際労働会議に出席。著書に『日韓併合の裏面』『維新秘話』『外交秘話』などがある。昭和17（1942）年1月16日死去。享年78歳。

[文献] 幕末明治海外渡航者総覧（手塚晃編）　柏書房　平4／データベースWHO　日外アソシエーツ　〔藤田正晴〕

小松宮 彰仁親王　こまつのみや・あきひとしんのう

弘化3年1月16日（1846）～明治36年2月18日（1903）　陸軍軍人，元帥，皇族　[生]京都　[名]幼名＝豊吉，前名＝東伏見宮嘉彰　[渡]イギリス：1870年（軍事学）

弘化3（1846）年1月16日，伏見宮邦家親王の第八男として生まれる。安政5年仁孝天皇の養子となり親王宣下，嘉彰の名をうけたが，同年仁和寺に入り名を純仁と改める。慶応3年還俗し，戊辰戦争では征夷大将軍として転戦。明治3（1870）年閏10月軍事学研究のためイギリス留学を命じられ，4年1月イギリス女王ビクトリアに謁見，翌年5月帰国。6年陸軍少将，13年中将に昇る。これより先，3年に東伏見宮を称したが，15年仁和寺の縁故にちなみ小松宮を称し，名を彰仁に改める。19年には軍事視察のため渡欧し，23年陸軍大将に進み，31年元帥となる。35年天皇の名代としてイギリス国王ジョージ5世の戴冠式に参列。36年1月慢性脳膜炎にかかり，同年（1903）2月18日死去。享年58歳。　[墓]東京小石川・豊島岡墓地

[文献] 故本会総裁殿下御閲歴：大日本水産会報　247　明36／日本水功伝15（片山房吉）：水産界　722　昭18／近代日本の海外留学史（石附実）　ミネルヴァ書房　昭47／茶道人物辞典（原田伴彦編）　柏書房　昭56　〔松田和夫〕

駒留 良蔵　こまどめ・りょうぞう

嘉永1年5月13日（1848）～明治23年8月18日（1890）　司法官　[生]上総国（市原郡）菊間　[渡]フランス：1871年（法律学）

嘉永1（1848）年5月13日，上総国菊間藩士・駒留正隆の三男として沼津に生まれる。洋学を志し，はじめ村上英俊の達理堂塾に入りフランス語を学ぶ。明治4（1871）年9月，学才を認められて太政官より派遣され，主として法律学を勉強する目的でフランスに留学する。同時期のフランス留学生には，稲垣喜多造，入江文郎，中江兆民などがいる。明治8年1月帰国し，警視庁に入る。12，13年にも警察法の調査のためヨーロッパに派遣されている。のち長崎控訴院検事となる。明治23（1890）年8月18日死去。享年43歳。

[文献] 近代日本海外留学生史　上（渡辺実）　講談社　昭52／日仏文化交流史の研究―日本の近代化とフランス人（西堀昭）　駿河台出版　昭56／日仏のあけぼの（富田仁）　高文堂出版社　昭58／幕末明治海外渡航者総覧（手塚晃編）　柏書房　平4　〔福山恵美子／富田仁〕

五味 安郎右衛門　ごみ・やすろうえもん

寛政12年（1800）～明治23年（1890）　従者　[生]甲斐国（巨摩郡）藤田村　[名]諱＝張元　[渡]アメリカ：1860年（遣米使節に随行）

寛政12（1800）年生まれ。甲斐の豪農。広瀬保庵の妹を妻に迎え，安政7（1860）年遣米使節に士分待遇の森田岡太郎従者として随行する。

一行の中では最年長の61歳であった。明治23(1890)年死去。享年91歳。
[文献] 万延元年遣米使節史料集成1〜7（日米修好通商百年記念行事運営会編） 風間書房 昭36／幕末教育史の研究2—諸藩伝習政策（倉沢剛） 吉川弘文館 昭59／幕末維新人名事典 新人物往来社 平6　　　　〔富田仁〕

小村 寿太郎　こむら・じゅたろう
安政2年9月16日(1855)〜明治44年11月26日(1911)　外交官, 政治家　侯爵　⊕日向国飫肥　㋱アメリカ：1875年（留学）

　安政2(1855)年9月16日, 日向国飫肥に生まれる。明治8(1875)年7月31日アメリカに渡る。13年ハーバード大学法科を卒業し11月に帰国。同年司法省に入り, 大阪控訴裁判所判事, 大審院判事を経て, 17年外務省入り。翻訳局長, 26年清国公使館1等書記官, 政務局長を経て28年駐朝鮮弁理公使。29年外務次官, 31年駐米公使, 33年駐露公使を歴任。34年全権として北清事変議定書に調印。同年第1次桂内閣の外相となり, 35年日英同盟を締結。在任7年の間, 日露開戦外交を進めたが, ポーツマス交渉には全権としてロシア蔵相ウイッテを相手に南樺太割譲を取りつけ, ポーツマス条約に調印。しかし賠償放棄に憤激した国民から私邸の焼き打ちに遭った。39年枢密顧問官から駐英大使, 41〜44年第2次桂内閣の外相として日露協約締結, 韓国併合などに携わる。明治44(1911)年11月26日死去。享年57歳。
[文献] 小村寿太郎（黒木勇吉） 講談社 昭43／幕末明治海外渡航者総覧（手塚晃編） 柏書房 平4／朝日日本歴史人物事典 朝日新聞社 平6／自然の人小村寿太郎—伝記・小村寿太郎（桝本卯平） 大空社 平7（伝記叢書）／人間小村寿太郎—国を愛し国家に尽くした外務大臣の生涯（木村勝美） 光人社 平7／小村寿太郎とその時代（岡崎久彦） PHP研究所 平10／国のつくり方—明治維新人物学（渡部昇, 岡崎久彦） 致知出版社 平12／小村寿太郎とその時代（岡崎久彦） PHP研究所 平15(PHP文庫)／データベースWHO　日外アソシエーツ　　　　〔藤田正晴〕

小室 三吉　こむろ・さんきち
文久3年7月(1863)〜大正10年10月18日(1921)　実業家　〔三井物産, 東京海上保険などの経営に参加〕　⊕江戸　㋱イギリス：1870年頃

（経済学, 滞英12年に及ぶ）

　文久3(1863)年7月, 小室信夫の二男として江戸に生まれる。明治初年(1870)頃にイギリスに渡り, ユニバーシティ・カレッジで経済学を修める。イギリスに滞在すること12年に及ぶ。明治17年, 三井物産に入り, 香港・上海・ロンドンの各支店長を経て, 42年, 取締役にのぼった。大正9年に同社を辞したのち, 東京海上保険, 大正海上保険などの重役となった。大正10(1921)年10月18日死去。享年59歳。
[文献] 男爵桜井錠二遺稿—思出の数々 九和会 昭15／近代日本の海外留学史（石附実） ミネルヴァ書房 昭47／日本人名大事典2 平凡社 昭54　　　　〔楠家重敏〕

小室 信夫　こむろ・しのぶ
天保10年9月30日(1839)〜明治31年6月5日(1898)　政治家, 実業家　貴族院議員, 共同運輸会社創立者　⊕丹後国（与謝郡）岩滝村　㋱アメリカ, ヨーロッパ：1872年（欧米事情視察）

　天保10(1839)年9月30日, 丹後国与謝郡岩滝村に生まれる。家は丹後の豪農。尊王運動に投じ, 文久3(1863年)同志とともに京都等持院にある足利尊氏の木像を切ってさらし首にし, 熊本, 徳島と逃れ, 元治1(1864年)自首して入獄。明治1年釈放され, 徳島藩に仕え, 2年上野岩鼻県権知事, 3年徳島藩大参事。5(1872)年蜂須賀茂韶に従い左院視察団一行として欧米視察し翌6年9月6日帰国。7年板垣退助らと民撰議院設立建白書を左院に提出。8年大久保利通, 木戸孝允, 板垣らの大阪会議を斡旋した。その後実業界に転じ, 15年北海道運輸会社を設立, 16年井上馨らの援助で共同運輸会社（のちの日本郵船）創立に尽力。24年勅選貴族院議員。明治31(1898)年6月5日死去。享年60歳。
㊣宮津市岩滝
[文献] 幕末明治海外渡航者総覧（手塚晃編） 柏書房 平4／朝日日本歴史人物事典 朝日新聞社 平6／データベースWHO　日外アソシエーツ　　　　〔藤田正晴〕

小山 吉郎　こやま・きちろう
安政7年3月1日(1860)〜昭和4年2月26日(1929)　海軍軍人, 造船少将　工学博士　⊕長岡　㋱ドイツ：1896年（造船学）

　安政7(1860)年3月1日, 長岡藩士小山良運の二男として生まれる。明治10年5月工作局よ

り工部大学校に工学専門私費入学を命じられ、16年5月造船学科を卒業。同年6月石川島造船所に入り製図工場に勤めた。17年5月海軍主船局傭となり、9月には海軍一等工長に任命される。20年船体製図工場長となり、21年3月海軍大技士、小野浜造船所製造科主幹に任ぜられる。29(1896)年12月造船監督官を拝命しドイツに留学して造船学を学ぶ。帰国後、横須賀、佐世保、舞鶴の工廠を経て、43年1月横須賀海軍工廠造船部長に任ぜられる。大正2年5月待命、同年12月予備役に編入される。大正4年2月工学博士会の推薦により工学博士の学位を受ける。昭和4(1929)年2月26日死去。享年70歳。

[文献] 近代日本海外留学生史 下（渡辺実）講談社 昭53／日本人名大事典2 平凡社 昭54／陸海軍将官人事総覧―海軍編（外山操編） 芙蓉書房 昭56　　〔松田和夫〕

権左　ごんざ
⇒権蔵（ごんぞう）を見よ

権次郎　ごんじろう
生没年不詳　イオ丸乗組員　㊗尾張国（知多郡）南知多町中洲　㊙アメリカ：1862年（漂流）

　生没年不詳。尾張国南知多町中洲の出身。11人乗りのイオ丸の乗組員の一人として、文久1年10月5日に熊野灘で漂流し、翌年（1862）3月15日に北緯33度、東経161度26分の太平洋上でアメリカ船ヴィクター号の船長クロウェルに救助される。4月5日にサンフランシスコに入港し、アメリカ旅行中のジョセフ・ヒコ、日本領事チャールス・ウォルコット・ブルックスの世話をうけた。11人はアメリカのスクーナー型船コロライン・イー・フート号で2年6月6日に横浜に着いた。権次郎を含む5人は西洋型の操船ができることをかわれ、尾張藩が購入したアメリカ船ワンデレ号（神力丸）の乗組員となった。

[文献] 日本人漂流記（川合彦充） 社会思想社 昭42（現代教養文庫A530）　　〔寺崎隆行〕

コンスタンティノ・ドラード
永禄9年（1566）～元和6年頃（1620）　イエズス会司祭　〔日本人最初の新聞を発行〕㊗諫早　㊙ポルトガル：1582年（西洋印刷技術）

　永禄9年（1566）年、諫早で生まれる。ヴァリニアーノの計らいでインドのゴアに渡って教会附属の印刷所で活版印刷の技術を習う。伊東マンショ、千々石ミゲル、中浦ジュリアン、原マルチノの天正少年使節とともに、天正10（1582）年にヨーロッパに渡る。ポルトガルのリスボンで文字の彫刻法、活字の鋳造法、活版印刷の技術などを学んだ。天正16年、インドのゴアで刊行された『日本人原ドン・マルチノの演説』には発行人として彼の名が記されており、これはヨーロッパから将来されたグーテンベルグ式印刷機を用いた日本人を発行人とする最初の新聞といわれる。彼は使節と一緒に帰国して、司祭に任命された。慶長10年のキリシタン追放のおり、マカオに追われ同地のセミナリヨの校長をつとめる。元和6（1620）年頃、同地で没したといわれている。享年55歳。

[文献] 和蘭雑話（幸田成友） 第一書房 昭9／日本キリシタン殉教史（片岡弥吉） 時事通信社 昭54／活版印刷史（川田久長） 印刷学会出版部 昭56　　〔楠家重敏〕

権蔵　ごんぞう
享保3年（1718）～元文4年12月15日（1740）　若宮丸乗組員　〔世界最初の露日辞典の編纂者〕㊗薩摩　㊙ロシア名＝デミアン・ポモルツェフ、別名＝権左　㊙ロシア：1729年（漂流）

　享保3（1718）年、薩摩に生まれる。13年11月8日、舵手である父親の見習いとして、薩摩国若宮丸に乗りこみ、大坂に向けて薩摩を出帆する。途中嵐にあって漂流6ヶ月、享保14（1729）年6月7日にカムチャツカ半島最南端のロパトカ岬に近い海岸に漂着する。船長以下17名の乗組員たちは上陸するが、海岸付近に人家がみあたらず野宿する。23日、コサック50人隊長アンドレイ・シュティンニコフらに発見される。だが、その喜びも束の間シュティンニコフらに殺され、35歳の宗蔵と2人だけが生残る。ヤクーツクから到着したロシアの上級役人がこの事件を知り、漂流民を殺害した隊長シュティンニコフを罰するとともに、上司に報告する。まもなく宗蔵とともにモスクワのシベリア庁に引渡され、18（1733）年アンナ・ヨアノヴナ女帝に拝謁する。翌年勅命により陸軍幼年学校付修道司祭に預けられて、同年10月20日に2人とも洗礼を受ける。彼はデミアン・ポモルツェフと名づけられる。20（1735）年、ロシア語文法を正式に学ぶために

アレクサンドロネフスキー・セミナリヤに預けられ，勅命によって宗蔵とともに科学アカデミーに派遣される。元文1(1736)年にはロシア語を学ぶだけでなく，ロシア人子弟に日本語を教えるようにという勅命が下る。この勅命は，宝永2(1705)年10月28日のペートル大帝が伝兵衛に勅命した先例に倣うものである。これによって彼と宗蔵は終生日本語学校に勤めることになるが，彼らの日本語は薩摩方言であったので，どれほど役に立ったかはわからない。しかし，彼は世界最初の露日辞典を編纂するという業績を残している。科学アカデミーの図書館司書補アンドレイ・ボグダーノフとの協力によるもので，1)項目別露日語彙集(1736) 2)日本語会話入門(1736) 3)簡略日本文法(1738) 4)新スラヴ・日本語辞典(1736年9月29日〜1738年10月27日) 5)友好会話集(1739) 6)図示世界(1739)である。現在これらはソ連科学アカデミー・アジア諸民族研究所レニングラード支部東洋学者アルヒーフに所蔵されている。また，ゲッチンゲン大学図書館のアッシュ・コレクションのなかにも1)2)4)の写本がある。宗蔵の死から3年後の元文4(1740)年12月15日，科学アカデミーで勤務中に死去。享年22歳。彼と宗蔵の首像はレニングラードの民族学博物館に保存されている。

㊞カリンカナ

[文献] 欧州殊にロシアにおける東洋研究史(ヴェ・バルトリド) 外務省調査部 昭12／漂流船物語の研究(吉岡永美) 北光書房 昭19／漂流―鎖国時代の海外発展(鮎沢信太郎) 至文社 昭31／日本漂流漂着史料(荒川秀俊編) 地人書館 昭37／薩摩漂流民ゴンザ(権左)の事蹟(村田七郎)：日本歴史 192 昭39.5／漂流民の言語―ロシアへの漂流民の方言的貢献(村山七郎) 吉川弘文館 昭40／ロシア最初の日本学者アンドレイ・ボグダーノフと彼の弟子日本人ゴンザ(オリガ・ペトロワ著 高野明訳)：ソヴェート文学 3 昭40.5／日本漂流民とクンスト・カーメラ(亀井高孝，村山七郎)：日本歴史 210 昭40.11／薩摩漂流民ソーザ，ゴンザとクンストカーメラ(亀井高孝)『光太夫の悲恋』吉川弘文館 昭42／日本庶民生活史料集成5 漂流(池田皓編) 三一書房 昭43／日露交渉史話―維新前後の日本とロシア(平岡雅夫) 復刻版 原書房 昭57／ニカレクシコンチスラヴェノニフォンノ コトバント ゴンザ編『新スラヴ・日本語辞典』日本版について(村山七郎)：窓 52 昭60.3／露国創刊日露辞典及其編纂者(亀田次郎)：国学院雑誌 29(11)／いしのまき若宮丸漂流始末―初めて世界を一周した船乗り津太夫(安倍忠正) 三陸河北新報社 昭61／魯西亜から来た日本人―漂流民善六物語(大島幹雄) 広済堂出版 平8／漂流民・ゴンザ(田頭寿雄) 春苑堂出版 平10(かごしま文庫)／ゴンザ(石森史郎) ポプラ社 平11／漂流記の魅力(吉村昭) 新潮社 平15(新潮新書)／世界一周した漂流民(石巻若宮丸漂流民の会編著) 東洋書店 平15(ユーラシア・ブックレット ； no.54)
〔関田かおる〕

近藤 環一 こんどう・かんいち

生没年不詳 清水家従者 ㊞江戸 ㊞アメリカ，ドイツ：1871年

生没年不詳。江戸の出身。清水家の従者として明治4(1871)年にアメリカ，ドイツ，イギリスに渡る。その後の消息は不明。

[文献] 明治初年条約改正史の研究(下村冨士男) 吉川弘文館 昭37／近代日本の海外留学史(石附実) ミネルヴァ書房 昭47／近代日本海外留学生史 上(渡辺実) 講談社 昭52
〔楠家重敏〕

近藤 次繁 こんどう・つぎしげ

慶応1年12月1日(1866)〜昭和19年3月4日(1944) 医師 医学博士 〔外科学の発展に貢献〕 ㊞信濃国松本郊外 ㊞旧名＝鶴見 ㊞ドイツ，オーストリア：1891年(外科学)

慶応1(1866)年12月1日，松本藩士鶴見次喬の二男として生まれる。明治23年帝国大学医科大学を卒業し，同大学スクリバ教師の医局に入り外科学を学ぶ。一時退局し，近藤旦平の養子となって，24(1891)年欧州に留学。ドイツのシュトラスブルク，ハイデルベルク，ベルリンの各大学およびオーストリアのウィーン大学で5年間，主に外科学を研究する。29年帰国後再びスクリバ外科に入局し，30年帝国大学助教授，31年教授に昇り外科学第1講座を担当。32年医学博士の学位を受け，大正10年同医学部付属病院長を兼ねる。14年東京帝国大学を辞し，駿河台病院を設立して院長となる。日本の外科学を欧州の水準にまで高め，また日本外科学会，日本臨床外科学会，日本医科器械学会の創立に力を発揮し，日本外科学会

名誉会長を務める。東京市会議員でもあった。昭和19（1944）年3月4日死去。享年80歳。

[文献] 近代日本海外留学生史　下（渡辺実）講談社　昭53／日本人名大事典　現代編　平凡社　昭54　〔松田和夫〕

近藤 徳太郎　こんどう・とくたろう

安政3年6月18日（1856）～大正9年11月21日（1920）　織物技術者　〔織物技術の普及に貢献, 足利工業学校長〕　[渡]フランス：1877年（織物技術の修得）

安政3（1856）年6月18日，京都に生まれる。京都府フランス学校でレオン・デュリーにフランス語を学び，デュリーが開成学校に移ったときに同行して東京へ出る。フランス語を学びながら勧農局試験場で養蚕，製糸，撚糸などを研究し，明治10（1877）年，デュリーの帰国に際して京都府の官費留学生として渡仏する。稲畑勝太郎など8名の留学生中最年長である。フランスではリヨンの織物学校で絹糸などを研究する。また織物工場で実習を重ね技術を修得して15年に帰国。帰国後は織殿長，京都織物会社織物部技師長などを歴任し織物技術の普及に尽力する。その後，足利工業学校長となる。大正9（1920）年11月21日，足利で死去。享年65歳。

[文献] 日仏文化交流史の研究―日本の近代化とフランス人（西堀昭）　駿河台出版社　昭56／西陣明治の群像11　研学の織匠・近藤徳太郎（福本武久）：西陣グラフ（西陣織工業組合）昭57.11 ／京都フランス物語（田村喜子）新潮社　昭59　〔湯本豪一〕

近藤 真琴　こんどう・まこと

天保2年9月24日（1831）～明治19年9月4日（1886）　教育者　〔海軍予備教育, 攻玉社の創立者〕　[生]江戸麹町　[名]幼名＝鉚之助, 誠一郎, 雅号＝徽音, 芳鄰　[渡]オーストリア：1873年（ウィーン万国博覧会）

天保2（1831）年9月24日，鳥羽藩士の子として江戸麹町に生まれる。8歳のとき小林玄兵衛に「孝経」と「孟子」を学び，小林鋭之助に「尚書」を習う。さらに藩校で五経，国語，武経七書を学び，24歳のとき小浜撲助から経学詩文を授かる。とりわけ算術にすぐれていたという。その後，外国語の学習の必要性を痛感して，安政1年，岸和田藩医高松譲庵にオランダの文典窮理書を学ぶ。翌年，藩の蘭学方に登用されるが，安政5年には村田蔵六（大村益次郎）にオランダの兵書を学ぶ。文久2年に幕府の海軍操練所翻訳方となるが，そのかたわら私塾を開いて蘭学，数学，航海術などを教える。またオランダ人の航海書を翻訳し，さらに英語とドイツ語を修める。明治2年，新政府の筑地海軍操練所教官となる。明治6（1873）年には博覧会一級事務官としてウィーンに赴き第5回万国博覧会に出席する。帰国後，博覧会見聞記のひとつとして，フレーベルの幼稚園ならびに幼児教育の紹介書『子育の巻』を刊行する。8年，航海測量習練所を設け，商船界の人材を育成する。さらに翌年，女子部を置き女子中等教育につとめる。12年には陸地測量習練所（攻玉社の前身）をもうけ，海軍操練所の予備教育を行う。その後，海軍兵学校航空課長，同校翻訳課長を経て，海軍兵学校教務副総理となる。また，16年には大槻文彦らと「かなのとも」を組織して，仮名書きの普及につとめる。著書には『墺国博覧会見聞録別記子育の巻』『ことばのその』『航海教授書』『英国海軍砲術全書』『勅諭衍義』『新未来記』などがある。晩年に胃腸カタルにかかり，さらにコレラに感染して，明治19（1886）年9月4日死去。享年56歳。

[墓]東京・青山霊園

[文献] 近藤真琴先生伝（山口鋭之助）　攻玉社　昭13／攻玉社百年史　攻玉社学園編刊　昭38 ／日本人名大事典2　平凡社　昭54 ／明治維新人名辞典（日本歴史学会編）　吉川弘文館　昭56 ／攻玉社百二十年史　攻玉社学園編刊　昭58 ／夜明けの朝―近藤真琴の教育と子弟たち（豊田穣）　新潮社　昭58 ／近藤真琴資料集（近藤真琴）　攻玉社学園　昭61 ／先覚の光芒―近藤真琴と攻玉社―攻玉社学園創立130周年　攻玉社学園　平8　〔楠家重敏〕

近藤 昌綱　こんどう・まさつな

？～明治27年8月4日（1894）　文部中助教　[生]江戸　[名]別称＝鎮三　[渡]アメリカ：1871年（岩倉使節団に随行）

生年不詳。江戸に生まれる。明治4（1871）年，岩倉使節団の田中不二麿理事官に随行し，文部中助教として渡米する。のちドイツに渡りベルリン公使館に勤務し，7年2月帰国する。明治27（1894）年8月4日死去。

[文献] 岩倉使節の研究（大久保利謙編）　宗高書房　昭51／特命全権大使米欧回覧実記1～5（久米邦武編）　岩波書店　昭52～57（岩波文

庫）／幕末明治海外渡航者総覧（手塚晃編）柏書房　平4　〔富田仁〕

近藤 基樹　こんどう・もとき

元治1年3月11日（1864）～昭和5年3月8日（1930）　海軍軍人，教育者　工学博士　男爵〔軍艦の設計など造船界の功労者〕　[生]江戸　[渡]イギリス：1883年（造船機械学）

元治1（1864）年3月11日，近藤真琴の長男として江戸に生まれる。明治16（1883）年，工部大学校機械学科を卒業し自費でイギリスに留学する。19（1886）年，海軍省より造船機械学研究のためイギリス留学を命ぜられる。20年グリニッジ海軍大学校に入り，23年同校造船科を卒業し帰国する。ただちに海軍大技士となる。29年，造船監督官としてイギリスへ出張し，33年に帰国する。さらに42年と翌年にも同じ造船監督官としてイギリス出張を命ぜられる。大正2年には論文「軍艦の設計」により帝国学士院より学士院賞を受ける。父真琴が創立した近藤塾を発展させ，攻玉社中学を興し教育事業にも尽力した。昭和5（1930）年3月8日死去。享年67歳。

[文献] 大日本博士録5（井関九郎編）　発展社　昭5／近代日本海外留学生史　上（渡辺実）講談社　昭52／日本人名大事典2　平凡社　昭54　〔楠家重敏〕

近藤 幸正　こんどう・ゆきまさ

生没年不詳　亀山藩留学生　[生]丹波国亀山　[渡]アメリカ：年不明（留学）

生没年不詳。亀山の出身。亀山藩の藩費留学生としてアメリカに留学する。渡航年はわからないが，明治4年までアメリカに滞在している。

[文献] 近代日本の海外留学史（石附実）　ミネルヴァ書房　昭47／近代日本海外留学生史　上・下（渡辺実）　講談社　昭52，53／幕末明治海外渡航者総覧（手塚晃編）　柏書房　平4　〔富田仁〕

近藤 喜蔵　こんどう・よしぞう

？～明治14年12月（1881）　工部大学留学生　[生]熊本　[名]別名＝貴蔵　[渡]イギリス：1879年（鉱山学）

生年不詳。熊本の出身。明治12（1879）年，第1回工部大学留学生としてイギリスに渡る。王立鉱山学校の鉱山科に入る。明治14（1881）年12月，学業なかばにして客死。

[文献] 近代日本海外留学生史　上（渡辺実）講談社　昭52／国際日本を拓いた人々（北政巳）　同文舘　昭59　〔楠家重敏〕

近藤 陸三郎　こんどう・りくさぶろう

安政4年1月19日（1857）～大正6年11月6日（1917）　実業家，鉱山技術者　古河合名会社理事長　[生]箱館　[渡]アメリカ，ヨーロッパ：1888年（鉱業事情視察）

安政4（1857）年1月19日，箱館に生まれる。明治13年工部大学校鉱山科を卒業。初め工部省阿仁鉱山に勤務したが，同山が古河市兵衛に払下げられたのに伴い古河家に入る。明治21（1888）年，技術者の立場から欧米の鉱業事情を視察し23年に帰国。30年足尾銅山鉱業所所長となるが，まもなく足尾銅山鉱毒問題が起こり，その対策と防毒工事に当る。同事件の一段落後，古河鉱業事務所理事，日光電気軌道，足尾鉄道社長などを歴任。大正2年古河合名会社理事長に就任。大正4年工学博士。大正6（1917）年11月6日死去。享年61歳。

[文献] 幕末明治海外渡航者総覧（手塚晃編）柏書房　平4／朝日日本歴史人物事典　朝日新聞社　平6／データベースWHO　日外アソシエーツ　〔藤田正晴〕

【さ】

西園寺 公望　さいおんじ・きんもち

嘉永2年10月22日（1849）～昭和15年11月24日（1940）　政治家　公爵　〔元老，明治大学創立〕　[生]京都（上京二十一区蛤門内新在家賜邸）　[名]通称＝望一郎，幼名＝美麿，美丸，雅号＝陶庵　[渡]フランス：1871年（留学），ヨーロッパ：1882年（伊藤博文に随行）

嘉永2（1849）年10月22日，右大臣徳大寺公純の第三子として京都に生まれる。生後間もなく西園寺師季の養子となったが，3歳のとき養父が亡くなり，西園寺家を継ぐとともに名を公望と改めた。幼い頃から儒学，詩文，書道などを学び，学習院に入学しては数多くの書物を読みあさり海外情勢について知識を得た。福沢諭吉の『西洋事情』を読んで感銘を受け，ヨーロッパへの強い憧れをもつ。安政4年10月

に元服し右近衛少将，権中将，中将などを経て，慶応3年の王政復古には19歳で参与に任ぜられ新政府の要人となる。戊辰戦争の際には，山陰道鎮撫総督，北陸道鎮撫総督を務め，旧幕府勢力の鎮圧に力を尽くした後，越後府知事となったが，洋行の夢を捨てきれず，勝手に東京にもどり譴責処分を受け，一週間の謹慎を命じられた。しかし政府に留学の希望を繰り返し申し述べるとともに，開成所に通って勉学に励み着々と洋行の準備を進めた。明治3(1870)年12月，ついにフランス留学が許可され，長崎に赴いて広運館でフランス語を学んだ後，日本を発った。途中アメリカでグラント大統領に面会し，イギリスを回り，4(1871)年3月，待望のフランスの土を踏んだ。当初は，普仏戦争敗北の直後であり，コミューンの混乱もあってなじめなかったパリであったが，次第にその空気に慣れ親しみ始めた。急進的な社会民主主義思想を持つ法学者エミール・アコラスの私塾に入り教えを受けた後ソルボンヌに入学，7年卒業し法学士となるなど，堅実に学問を修めた。同時に中江兆民，光明寺三郎，松田正久，磯部四郎，林忠正などの留学生仲間や，のちにフランスの首相となるクレマンソーや小説家ゴンクール兄弟，音楽家リストなどと親交を結んだ。日本の和歌85首を仏訳して『蜻蛉歌集』を出版している。これは，彼の仏訳を女流文人ジュディツ・ゴーチエがフランス語の五行詩に訳し直したもので，折から留学中であった画家・山本芳翠の絵を添えた豪華本である。13年9月，10年にわたる留学を終えヨーロッパの自由主義思想をたずさえて帰国するや，岸本辰雄，宮城浩蔵らの明治法律学校（現明治大学）設立に協力し，自ら教壇に立ちフランス法の講義をした。中江兆民，松田正久らと『東洋自由新聞』を創刊し社長となって社説の執筆にあたり自由主義思想を説いたが，政府の圧力と天皇の命令によって辞職せざるを得なかった。15(1882)年，フランス留学の経験を買われて，国会開設準備のためヨーロッパに赴く伊藤博文に随行して各地を回った。18年に特命全権公使に任命されウィーンに駐在し，20年から4年間にわたってドイツ，オーストリア，ベルギー3ヶ国の公使を兼任し，ベルリンに駐在するなど，しばらくヨーロッパでの生活が続いた。24年に帰国し，貴族院副議長に任ぜられ，27年には第2次伊藤

博文内閣の文相となり，「世界主義の教育」を唱え施風を巻き起こした。さらに外務大臣臨時代理，兼摂外相として，病気の陸奥宗光を補佐して日清戦争後の外交処理にあたった。33年，伊藤博文の立憲政友会結成に行動をともにし，枢密院議長，無任所大臣，首相代理などを歴任した後，第2代の政友会総裁となり，39年には首相となった。それからの数年間は，桂太郎と交互に政権を担当したので，「桂園時代」と呼ばれた。大正2年，元老の一員として山本権兵衛を首相にすえると京都に隠退し，翌年政友会総裁を辞任したが，8年，第一次世界大戦後の講和会議には，首席全権としてパリに赴きアメリカ大統領ウィルソンはじめ各国の代表との折衝にあたった。この会議で議長をつとめたのが，留学時代にともにアコラスのもとで学んだクレマンソーであり，公望は厚遇された。昭和に入っては，山県，大山，松方亡きあと唯一人の元老として，満州事変，5.15事件，2.26事件などの問題が生じるたびに慎重に局面に対処しながら後継首相の推薦にあたったが，昭和15(1940)年11月24日死去。享年92歳。12月5日，国葬をもって遇せられた。

㊧東京世田谷・西園寺家墓地

[文献] 西園寺公望伝（白柳秀湖） 日本評論社 昭4／西園寺公望伝（田中貢太郎） 『偉人伝全集20』 改造社 昭7／西園寺公望伝（吉岡宇三郎） 公望伝編纂部 昭9／近世二十傑大村益次郎・西園寺公望（伊藤痴遊） 平凡社 昭11／西園寺公 巴среди留学時の奇行事件 小泉策太郎著刊 昭12／西園寺公望（安藤徳器） 白揚社 昭13（人物再検討叢書11）／随筆西園寺公（小泉策太郎） 岩波書店 昭14（小泉三申全集）／人間西園寺公（北野慧） 大鳥書房 昭16／陶庵公清話（原田熊雄） 岩波書店 昭18／西園寺公（竹越与三郎） 鳳文書林 昭22／西園寺公望自伝（小泉策太郎記 木村毅編） 講談社 昭24／西園寺公（木村毅） 『三代宰相列伝』 時事通信社 昭33／日本近代文学大事典2（日本近代文学館編） 講談社 昭53／日本人名大事典現代編 平凡社 昭54／明治維新人名辞典（日本歴史学会編） 吉川弘文館 昭56／最後の元老西園寺公望（豊田穣） 新潮社 昭57／明治・大正の宰相5—西園寺公望と明治大帝崩御（豊田穣） 講談社 昭58／近代日本の政治家（岡義武） 岩波書店 平2（同時代ライブラリー）／陶庵随筆（西園寺公望著，

国木田独歩編）　中央公論社　平2（中公文庫）／幸運な志士―若き日の元勲たち（三好徹）徳間書店　平4／西園寺公望伝　第1～4巻，別巻1，2（立命館大学西園寺公望伝編集委員会編）　岩波書店　平2～9／西園寺公望―最後の元老（岩井忠熊）　岩波書店　平15（岩波新書）／近代日本と仏蘭西―10人のフランス体験（三浦信孝編）　大修館書店　平16／陶庵随筆　改版（西園寺公望著，国木田独歩編）中央公論新社　平16（中公文庫）
〔伏見郁子〕

西園寺 望一郎　さいおんじ・ぼういちろう
⇒西園寺公望（さいおんじ・きんもち）を見よ

西海枝 静　さいかいし・しずか
明治1年（1868）～昭和14年10月4日（1939）　神学者　〔ロシア語学校を開設〕　㊚陸奥国盛岡
㊟筆名＝漁舟，洗礼名＝マルク　㊥ロシア：1890年（神学）

明治1（1868）年，南部藩盛岡に生まれる。父の勝巳はこの地で並ぶ者のない熱心な正教徒で，輔祭をつとめていた。その縁で16年正教神学校に入学する。23（1890）年に同校を卒業後，神学の研究を深めるため，瀬沼恪三郎，樋口艶之助とともにロシア留学を命ぜられ，キエフ神学大学に学ぶ。27年に帰国し，神学校で教鞭をとるかたわら，同校の機関誌『心海』同人として「グノシス異端」（29号29年1月）や「文学と厭世思想」（31号～33号29年3月～5月）など多数の神学論文を発表する。また，大正14年から昭和8年まで日本ハリストス正教会本会の機関誌『正教時報』の主筆をつとめる。この間の主な論文に「トルストイと基督教」（第17巻10号～12号 昭和3年10月～12月）「ソロヴィヨフの復活論」（第18巻5号～7号 昭和4年5月～7月）などがある。他方，教会でも活躍し，帰国後間もなく『東京朝日』の嘱託となりロシア事情について評論を発表している。『朝日』の同僚に二葉亭四迷がいる。また『帝国文学』を舞台にツルゲーネフやトルストイについての論文を書く。29年には庄司鍾五郎の発案による露語学校にも参画し，庄司が外務省に入り同校を辞したあとは，これを主宰する。32年『露語読本』を編集，37年から大正11年までは陸軍幼年学校のロシア語教官，日本軍のシベリア出兵時には軍司令部付の陸軍教授であった。陸軍退官後は北樺石油の嘱託となる。

昭和14（1939）年10月4日脳卒中によって死去。享年72歳。その死にあたり神学校時代の教え子の昇曙夢は師を追悼して「資性温厚篤実柔和謙譲の徳に加えるに玲瓏玉の如き円満な性格の持主」と書いている。　㊥東京・青山霊園
〔文献〕日本正教史（牛丸康夫）　日本ハリストス正教会教団　昭53／ニコライ神学校と遺露留学生（西村庚）：ユーラシア　5　昭53
〔長縄光男〕

西郷 菊次郎　さいごう・きくじろう
万延2年1月2日（1861）～昭和3年11月27日（1928）　京都市長　㊚奄美大島龍郷村　㊥アメリカ：1872年（留学）

万延2（1861）年1月2日，奄美大島へ配流中の西郷隆盛を父，島民・龍佐栄志の娘・愛を母として生まれる。隆盛は菊池源吾という変名を用いて配流されていたので，それを永く記念する意味で菊次郎と命名される。明治2年，鹿児島へ出て英語学校で学んだのち5（1872）年アメリカに留学し7年に帰国する。その後，西南戦争では父・隆盛と行動をともにするが，城山において負傷し片足を失なう。28年台湾宜蘭支庁長となり，32年10月には内貴甚三郎のあとをついで第2代の京都市長となる。市長第2期目の途中44年7月に病気のため辞任する。その後，島津家の山ヶ野金山に就職するが，やはり健康を害し退職，鹿児島で晩年を過ごす。昭和3（1928）年11月27日死去。享年68歳。
〔文献〕奄美大島と大西郷（昇曙夢）　春陽堂　昭2／京都市会史　京都市議会事務局調査課　昭34／日本人名大事典3　平凡社　昭54／西郷菊次郎と台湾―父西郷隆盛の「敬天愛人」を活かした生涯（佐野幸夫）　南日本新聞開発センター（製作・発売）　平14　〔湯本豪一〕

西郷 従理　さいごう・つぐまさ
？～明治17年12月10日（1884）　㊚鹿児島
㊟別名＝蟻熊　㊥ロシア：1882年（留学）

生年不詳。鹿児島の出身。西郷従道の長男。明治15（1882）年に駐日ロシア公使ド・ストルブがアメリカに転任のおりロシアに赴く。同地で大山巌に逢う。のちアメリカに渡り，明治17（1884）年12月10日，腸チフスのためワシントンで死去。
〔文献〕明治過去帳―物故人名辞典（大植四郎編）　東京美術　昭46／異国遍路　旅芸人始末書（宮岡謙二）　中央公論社　昭53（中公文

庫）／幕末明治海外渡航者総覧（手塚晃編）柏書房　平4　〔楠家重敏／富田仁〕

西郷 従道　さいごう・つぐみち

天保14年5月4日（1843）～明治35年7月15日（1902）　海軍軍人, 元帥, 政治家　侯爵　〔警察制度の確立, 鉄道敷設に尽力〕　[生]鹿児島加治屋町　[名]称号＝信吾, 雅号＝竜庵　[渡]フランス：1869年（軍事情勢視察）

天保14（1843）年5月4日，薩摩藩士西郷吉兵衛の三男として鹿児島の加治屋町に生まれる。文久2年，寺田屋事件に連座し帰国謹慎を命じられるが，翌年薩英戦争に出征して処分を解かれる。戊辰戦争に兄隆盛らと従軍。明治2（1869）年，欧州軍事情勢視察のため山県有朋とともに通訳官中村宗見を伴って長崎を出帆。山県は主としてドイツに，彼はフランスに滞在して兵制を視察。このあと2人はイギリスで合流し，アメリカを経由して3年7月帰国。一行は帰路アメリカで普仏戦争勃発の知らせを聞き，その帰趨につき議論を闘わせた。西郷は滞仏中，各都市の要所要所に兵士に似た服装の者が棍棒をもって立ち治安維持，市民保護に当っている様子をみて警察制度の存在を知り，わが国にもそれが必要であることを痛感，帰国後隆盛と図り，翌年実施に踏みきる。同じく滞仏中，軍事上鉄道が必要不可欠の輸送機関であることに注目，帰国後ただちに鉄道敷設を上申。5年鉄道が開設された背景に彼の尽力があったことは見のがせない。14年日本鉄道会社設立の際は発起人となり，株主になっている。また，アメリカの広大な平原とそこで行われている近代的農法に強い印象をうけ，後年那須高原開拓を推進した際にはアメリカ式馬耕法を採用する。伊藤博文，山県有朋など明治政府の重鎮の多くがドイツ帝政に範を仰いで諸制度の創設につとめたのに対して，これに協力の姿勢を示しながらも，フランス式，イギリス式を導入しようと図る。帰国後，兵部権大丞，5年陸軍少輔，7年陸軍中将となり，征台総督として政府の中止指令を振りきって出兵を断行する。西南戦争には兄隆盛と敵味方に分かれて戦った。17年陸軍卿代理より海軍に転じ，翌年，伊藤博文内閣の海軍大臣に就任。その後，内務大臣，枢密顧問官を歴任。26年再び海軍大臣となり，27年には海軍大将に昇進。31年元帥となり再度内務大臣に就く。17年伯爵，26年侯爵。明治35（1902）年7月15日死去。大勲位に叙せられる。享年60歳。

[墓]東京・多磨霊園

[文献] 西郷従道（安田直）　明35／西郷従道侯（徳富猪一郎）　民友社　大4（蘇峰文選）／近世名将言行録1（同刊行会編）　吉川弘文館　昭9／西郷都督と樺山総督　（大沢夏吉）　同記念事業出版委員会　昭11／類聚伝記大日本史13　雄山閣　昭11／大西郷兄弟（横山健堂）　宮越太陽堂　昭19／近代日本海外留学生史　上（渡辺実）　講談社　昭52／日本人名大事典3　平凡社　昭54／元帥西郷従道伝（西郷従宏）　芙蓉書房　昭56／明治維新人名辞典（日本歴史学会編）　吉川弘文館　昭56／大西郷兄弟物語―西郷隆盛と西郷従道の生涯　新装版（豊田穣）　光人社　平2／元帥西郷従道伝（西郷従宏）　芙蓉書房出版　平9　〔中川高行〕

税所 長八　さいしょ・ちょうはち

生没年不詳　開拓使留学生　[生]薩摩　[渡]アメリカ：1872年（農学・鉱山学）

生没年不詳。薩摩出身。明治5（1872）年2月18日，開拓使から派遣されて官費でアメリカに留学をする。研修目的は農学であるが，鉱山学をも修める。7年2月6日帰国。その後の消息は不明。

[文献] 近代日本の海外留学史（石附実）　ミネルヴァ書房　昭47／幕末明治海外渡航者総覧（手塚晃編）　柏書房　平4　〔富田仁〕

斎田 功太郎　さいだ・こうたろう

安政6年12月15日（1860）～大正13年1月22日（1924）　植物学者　理学博士　〔理科教育の発展に貢献〕　[生]松代　[渡]ドイツ：1896年（植物学, 博物学教授法）

安政6（1860）年12月15日，信濃国松代藩士斎田虎尾の長男として生まれる。少年時代はほとんど学業につかず，樵夫とともに田野を耕し，あるいは木版彫刻を習って家計を助ける。17歳で東京に出て訓蒙学舎に学び，ついで大学予備門の前身官立英語学校に入って明治14年卒業。さらに帝国大学理科大学地質学科に入学し，後に転じて植物学科第1回卒業生となる。19年東京高等師範学校嘱託，翌年教授，24年に理学博士の学位を受ける。29（1896）年ドイツ，オーストリア，フランスに植物学・博物学教授法研究のため留学を命じられる。34年

帰国後は，東京高等師範学校教授と東京女子高等師範学校教授を兼ね，多数の男女中等教員を養成し理科教育の発展に貢献した。『大日本植物誌』などの著書がある。大正13（1924）年1月22日死去。享年65歳。
[文献] 信濃名士伝　松下軍次著刊　明27／恩師斎田先生の還暦を祝して：植物学雑誌12(18)　大9／近代日本海外留学生史　下（渡辺実）　講談社　昭53／日本人名大事典3　平凡社　昭54
〔松田和夫〕

斎藤 金平　さいとう・きんぺい
生没年不詳　留学生　⊕静岡　⊗アメリカ：1870年（留学）
　生没年不詳。静岡の出身。明治3（1870）年に5ヶ年の予定でアメリカに渡っている。滞在費は年300元と伝えられる。ニューブランスウィックに滞在した模様であるが，その後の消息は不明。
[文献] 近代日本の海外留学史（石附実）　ミネルヴァ書房　昭47
〔富田仁〕

斎藤 吾一郎　さいとう・ごいちろう
生没年不詳　従者　⊕諱＝忠実　⊗アメリカ：1860年（遣米使節に随行）
　生没年不詳。安政7（1860）年1月，30歳頃遣米使節に宮崎隆元従者として随行する。
[文献] 万延元年遣米使節史料集成1～7（日米修好通商百年記念運営会編）　風間書房　昭36／幕末教育史の研究2—諸術伝習政策（倉沢剛）　吉川弘文館　昭59
〔富田仁〕

斎藤 小右衛門　さいとう・こえもん
生没年不詳　⊗アメリカ：1891年
　生没年不詳。明治24（1891）年にアメリカに渡っている。その後の消息は不明。
[文献] 異国遍路　旅芸人始末書（宮岡謙二）　中央公論社　昭53（中公文庫）
〔富田仁〕

斎藤 修一郎　さいとう・しゅういちろう
安政2年7月12日（1855）～明治43年5月7日（1910）　官僚，実業家　農商務次官　⊕越前国府中　⊗号＝半狂学人，談笑門人　⊗アメリカ：1875年（留学）
　安政2（1855）年7月12日，越前国府中に生まれる。沼津兵学校付属小学校や大学南校で学んだのち，明治8（1875）年7月31日，第1回官費留学生に選ばれてアメリカのボストン大学に留学，法律学を学ぶ。13年に帰国して外務省に入り，外務権大書記や翻訳局長・公使館参事官などを務め，外務卿井上馨の知遇を得た。21年井上の農商務大臣就任にともなって農商務省に移り，大臣秘書官や商務局長・農務局長などを経て26年には農商務次官に就任。27年に退官後は実業界に転じ，中外商業新報社長や東京米穀取引所理事長など歴任した。明治43（1910）年5月7日死去。享年56歳。
[文献] 幕末明治海外渡航者総覧（手塚晃編）　柏書房　平4／データベースWHO　日外アソシエーツ
〔藤田正晴〕

斎藤 次郎太郎　さいとう・じろうたろう
生没年不詳　幕臣　幕府徒目付　⊗フランス：1864年（遣仏使節に随行）
　生没年不詳。文久3（1864）年，遣仏使節に徒目付として随行する。
[文献] 幕末教育史の研究2—諸術伝習政策（倉沢剛）　吉川弘文館　昭59
〔富田仁〕

斉藤 新平　さいとう・しんぺい
？～明治43年5月14日（1910）　鉄道院技師　⊗ドイツ：1886年（建築技術）
　生年不詳。壁天井などの絵職を専門とする職人。中堅技師職工の建築技術習得を目的としたベックマン貸費留学生6名のうちの1人。この貸費留学生は正木工業学校長の推薦によって選ばれ，往復の旅費，在独の3年間の学費はドイツ人建築技師ベックマンが負担した。明治19（1886）年11月，他の政府派遣留学生河合浩蔵，坂内冬蔵ら総勢20名とともにドイツに出発。帰国後は鉄道院技師となる。明治43（1910）年5月14日死去。
[文献] 近代日本海外留学生史　上（渡辺実）　講談社　昭52
〔松田和夫〕

斎藤 大之進　さいとう・だいのしん
文政5年（1822）～明治4年（1871）　幕府同心　⊗フランス：1862年（遣欧使節に随行）
　文政5（1822）年に生まれる。文久1（1862）年12月，徳川幕府の遣欧使節竹内下野守保徳に随行してフランス，イギリス，オランダ，プロシア，ポルトガル，ロシアを訪歴。翌2年12月に帰国する。明治4（1871）年死去。享年50歳。
[文献] 近代日本海外留学生史　上（渡辺実）　講談社　昭52
〔富田仁〕

斉藤 孝至　さいとう・たかし
生没年不詳　海軍軍人　海軍大尉　㋷イギリス：1890年（海軍軍事研修）

　生没年不詳。明治7年4月、海軍兵学校予科に入り、9年9月に本科へ進む。13年12月に海軍少尉となり、のち大尉に任じられる。23(1890)年、玉利親賢とともに海軍の軍事視察のためイギリスに出張する。その後の消息は不明。

[文献]　海軍兵学校沿革（海軍兵学校編）　原書房　昭46／近代日本海外留学生史　上（渡辺実）　講談社　昭52　　　　　　〔楠家重敏〕

斎藤 恒三　さいとう・つねぞう
安政5年10月17日(1858)～昭和12年2月5日(1937)　実業家　東洋紡社長　㋤長門国　㋨旧名＝藤井　㋷アメリカ：1886年（紡績事業視察）

　安政5(1858)年10月17日、長門国に生まれる。明治5年工部大学校卒業。大阪造幣局勤務時代に大阪紡績会社の機械据え付けに従事。三重紡績に技術長として入社し、明治19(1886)年、欧米の紡績事業を視察。アメリカ、イギリス、フランスを経て21年帰国。のち三重紡績専務を経て、大正3年大阪紡績との合併により成立した東洋紡の専務となり、9年社長に就任、15年まで勤めた。この間大日本紡績連合会委員長、名古屋商工会議所特別議員などを歴任。昭和12(1937)年2月5日死去。享年80歳。

[文献]　日本財界人物列伝　第1巻（青潮出版株式会社編）　青潮出版　昭38／幕末明治海外渡航者総覧（手塚晃編）　柏書房　平4／データベースWHO　日外アソシエーツ
　　　　　　　　　　　　　　〔藤田正晴〕

斎藤 実　さいとう・まこと
安政5年10月27日(1858)～昭和11年2月26日(1936)　海軍軍人、大将、政治家　総理大臣　㋤陸奥国水沢　㋷アメリカ：1884年（軍事研修）

　安政5(1858)年10月27日、陸奥国水沢に生まれる。明治12年海軍兵学校を卒業。明治17年4月27日、海軍中尉としてアメリカに派遣され、21年10月帰国。その後、軍政、とくに行政畑を歩み、のち秋津洲・厳島各艦長、31年海軍次官を経て、39年第1次西園寺内閣の海相に就任、9年間在任。この間大正1年海軍大将、3年シーメンス事件で予備役編入。8年～昭和2年と4～6年朝鮮総督。昭和2年ジュネーブ海軍軍縮会議全権委員、枢密顧問官をつとめた。7年の5.15事件後、"挙国挙党内閣"を組織して反平沼騏一郎の体制を築くが、9年帝人事件にまきこまれ総辞職。翌10年内大臣。昭和11(1936)年2月26日早朝、2.26事件で暗殺された。享年79歳。

[文献]　斎藤実（有竹修二）　時事通信社　昭33（三代宰相列伝）／日本宰相列伝　14　斎藤実（有竹修二）　時事通信社　昭61／幕末明治海外渡航者総覧（手塚晃編）　柏書房　平4／朝日日本歴史人物事典　朝日新聞社　平6／惨殺一提督斎藤実「二・二六」に死す（高橋文彦）　光人社　平11／軍人宰相列伝—山県有朋から鈴木貫太郎まで三代総理実記（小林久三）　光人社　平15／データベースWHO　日外アソシエーツ
　　　　　　　　　　　　　　〔藤田正晴〕

斎藤 桃太郎　さいとう・ももたろう
嘉永6年2月13日(1853)～大正4年12月26日(1915)　官吏　宮内顧問官　㋤江戸　㋷イタリア：1873年（留学）

　嘉永6(1853)年2月13日、江戸に生まれる。昌平黌に学ぶ。明治6(1873)年イタリアに留学、8年イタリア公使館付書記生見習となる。帰国後、外務省に入り、のち宮内庁に移って御用掛、式部官、宮内大臣秘書官、宮内書記官、内事課長、有栖川宮別当などを歴任。また東宮大夫に抜擢され東宮職制改正などに尽力、ついで帝室会計審査局長官、宮中顧問官を務めた。大正4(1915)年12月26日死去。享年63歳。

[文献]　幕末明治海外渡航者総覧（手塚晃編）　柏書房　平4／データベースWHO　日外アソシエーツ
　　　　　　　　　　　　　　〔藤田正晴〕

財満 百合之助　ざいまん・ゆりのすけ
生没年不詳　藩費留学生　㋤山口　㋷アメリカ、ヨーロッパ：1868年頃（留学）

　生没年不詳。山口の出身。明治初年に長州藩の留学生として欧米に渡る。その後の消息は不明。

[文献]　近代日本の海外留学史（石附実）　ミネルヴァ書房　昭47　　　　〔楠家重敏〕

佐伯 好郎　さえき・よしろう
明治4年8月1日(1871)～昭和40年6月26日(1965)　歴史学者　㋤広島県　㋷カナダ：1892年（留学）

　明治4(1871)年8月1日、広島県に生まれる。明治23年東京専門学校司法科を卒業。文学科

でさらに1年学び，英国人から英語，古典語の個人教授を受ける。25(1892)年カナダに私費留学し，アメリカでも学び，29年7月に帰国の後，東京専門学校講師となった。40〜41年中国，さらに欧州遊学。また東京高師，東京工高，明大などで教え，昭和6年東京帝国大学東洋文化研究所所員となった。また教会活動，廃娼運動にも活躍，昭和22年郷里二十市町町長に推された。中国キリスト教史を専門とし著書に『景教の研究』などがある。昭和40(1965)年6月26日，広島県二十日市町で死去。享年95歳。
[文献] 幕末明治海外渡航者総覧(手塚晃編) 柏書房 平4／佐伯好郎遺稿並伝—伝記・佐伯好郎 上，下(法本義弘編) 大空社 平8(伝記叢書)／データベースWHO 日外アソシエーツ 〔藤田正晴〕

佐伯 理一郎　さえき・りいちろう

文久2年3月5日(1862)〜昭和28年5月30日(1953) 医学者 [生]肥後国 [渡]アメリカ：1887年(医学)

文久2(1862)年3月5日，肥後国に生まれる。明治15年熊本医学校を卒業し上京，17年海軍に入った。20年医学を学ぶためペンシルベニア大学に私費留学，欧州各地を歴訪し，24年帰国。退官して京都の同志社病院に務め，27年日清戦争に従軍。30年同志社病院・京都看病婦学校管理を委され，39年同志社病院閉鎖，看病婦学校を同志社から移管され，看護婦，助産婦の教育に尽力，昭和23年の廃校まで務めた。専門の産婦人科学会，医師会などに活躍，また医史学についてのコレクションを成した。著書に『日本女科史』『普通看病学』などがある。昭和28(1953)年5月30日死去。享年91歳。
[文献] 佐伯の学校の卒業生たち—京都看病婦学校・京都産婆学校(遠藤恵美子，山根信子) 中野美術印刷 昭59／幕末明治海外渡航者総覧(手塚晃編) 柏書房 平4／データベースWHO 日外アソシエーツ 〔藤田正晴〕

嵯峨 寿安　さが・じゅあん

天保11年5月(1840)〜明治31年12月15日(1898) ロシア語学者 〔徒歩でシベリヤ横断〕 [生]加賀国金沢 [名]本名＝一正 雅号＝萩浦 [渡]ロシア：1869年(兵学)

天保11(1840)年5月，町医・嵯峨健寿の二男として金沢に生まれる。初め金沢で医学を学び，のちに蘭学を修めて，村田蔵六の門に入り塾頭を務める。文久年間に，同藩の汽船乗組員を命ぜられ航海測量を担当する。その後，藩校壮猶館に入り，兵書の翻訳や洋兵術を教授する。蒲生君平の書を読み，ロシアの野心を知り，ロシア事情を究めるために明治1年に函館に遊学し，ハリストス正教神父ニコライと日本語とロシア語の交換教授を行い，ロシア語の研鑽に努める。当時，留学生のロシア派遣を考えていた藩侯は，明治2年2月彼の遣露について審議し，同年4月28日，外国官知事伊達中納言より正式な許可を得る。このようにして，加賀藩の遣露留学生として，同年(1869)5月函館を発ちウラジオストック，ノブゴロドを経て，6ヶ月後ペテルスブルクに到着する。通常，ロシアへ渡航する場合，アメリカを経由するコースがとられていたが，旅費が乏しかったため，彼は徒歩でシベリアを横断して，露都を目指したのである。ロシア滞在中，ロシア語をはじめ，ロシアの国情を研究するが，途中で廃藩となり，学費が途絶えて苦学を強いられる。その後，文部省の留学生を命ぜられ，引続き滞留し，7年4月帰国。帰国後，開拓使御用掛を務め，同年10月，サルトフ死去以来一時閉鎖されていた函館魯学校でロシア語を講ずる。授業のかたわら文部省の『露和字彙』の編纂にあたるが，中途で病いにかかり，9年4月辞職して郷里に帰る。その後，内閣官報局，陸軍省参謀本部，さらに広島第5師団偕行社に招かれロシア語を教授するが，直情径行と粗放な性格で，酒に溺れたため，職務を全うすることがなかった。明治31(1898)年12月15日，広島で死去。享年59歳。
[文献] 嵯峨寿安(安藤次郎) 昭11／北海道史人名辞典(橘文七) 北海道資料保存協会 昭32／加賀藩史料 財団法人前田育徳会 昭33／明治初期の遣露留学生列伝(西村庚)：ソ連研究 8(11) 昭34.11／日本人名大事典3 平凡社 昭54／われら生涯の決意(川又一英) 新潮社 昭56／嵯峨寿安、そしてウラジオストックへ(犬島肇) 桂書房 平5(桂新書) 〔小林邦久〕

酒井 清　さかい・きよし

嘉永3年(1850)〜明治30年6月29日(1897) 陸軍軍人 [名]旧名＝鳥井八十五郎 別名＝忠恕 [渡]フランス：1867年(遣仏使節に随行)

嘉永3(1850)年に生まれる。旧名を鳥井八十五郎といい，田安家家老越前守の養子となる。

び，慶応3(1867)年の遣仏使節に砲兵差図役方として同行する。明治14年，参謀本部翻訳課長および文庫課長を兼ねる。19年，参謀本部陸軍部副官となる。22年に予備役に編入され，明治30(1897)年6月29日死去。
[文献] 明治過去帳―物故人名辞典（大植四郎編） 東京美術 昭46／幕末教育史の研究2―諸術伝習政策（倉沢剛） 吉川弘文館 昭59
〔楠家重敏〕

酒井 忠邦　さかい・ただくに
嘉永7年1月15日(1854)～明治12年3月25日(1879)　姫路藩知事　伯爵　⊕上野国伊勢崎
㊇通称＝班蔵，直之助，雅楽頭，雅号＝裕斎
㊋アメリカ：1871年(留学)

嘉永7(1854)年1月15日，上野伊勢崎藩主酒井忠恒の八男として生まれる。明治1年宗家姫路藩主忠惇の養子となる。同年11月藩老河合屏山の説に従い，他藩にさきがけて版籍奉還を建白し，諸問に応じて郡県制改革を建議する。2年従四位下侍従に任ぜられ，雅楽頭を称し，皇居および桂宮警衛の任にあたる。同年6月姫路藩知事になり，4年7月廃藩になるまでこれにあたった。以後東京に出て慶応義塾に入学し，4(1871)年11月から4年間アメリカに留学。帰国後病にかかり，明治12(1879)年3月25日死去。享年26歳。　㊥東京・谷中霊園
[文献] 英語事始（日本英学史学会編） 日本ブリタニカ 昭51／明治維新人名辞典（日本歴史学会編） 吉川弘文館 昭56
〔寺崎隆行〕

酒井 忠篤　さかい・ただすみ
嘉永6年2月13日(1853)～大正4年6月8日(1915)　陸軍軍人　⊕出羽鶴岡　㊇幼名＝繁之丞，左衛門尉　㊋ドイツ：1872年(軍事学)

嘉永6(1853)年2月13日，庄内藩主酒井忠発の三男として生まれる。忠宝の兄。文久2年10歳で藩主となる。当時藩政の主流は佐幕思想で固められ，その指導者存在と目されていたが，藩内には尊王を説き公武合体を支持する改革派も強かった。庄内藩はこうした動揺をはらみながら，文久3年に新徴組による江戸防衛，さらに元治1年，慶応3年に江戸長州藩邸，薩摩藩邸の没収の役を命じられている。戊辰戦争では会津とともに官軍の攻撃拠点となり，村山，最上，秋田の各地で戦闘が行われたが，明治1年9月降伏。東京清光寺に謹慎となり，弟忠宝が後を継いだ。4年兵部省に入り，同年12月陸軍少佐に任ぜられた。5(1872)年に西郷隆盛の勧めによりドイツ留学，10年中佐に昇り12年帰国。13年忠宝の願いにより再相続し同年退官，17年伯爵となる。大正4(1915)年6月8日死去。享年63歳。
[文献] 荘内人名辞典（阿部正己編） 言霊書房 昭12／近代日本の海外留学史（石附実） ミネルヴァ書房 昭47／大泉紀年（鶴岡市史編纂会編） 鶴岡市 昭53～54／周平独言（藤沢周平） 中央公論社 昭56／明治維新人名辞典（日本歴史学会編） 吉川弘文館 昭56
〔松田和夫〕

酒井 忠宝　さかい・ただみち
安政3年6月13日(1856)～大正10年9月17日(1921)　庄内藩主　〔郷土産業の発展に尽力〕
㊇幼名＝徳之助　㊋ドイツ：1873年(法律学)

安政3(1856)年6月13日，庄内藩主酒井忠発の五男として生まれる。忠篤の弟。明治1年12月，忠篤が戊辰戦争の責を負って謹慎させられたため，その後を継ぐ。会津若松12万石に転封，2年6月には磐城平12万石への転封となったが，転封中止により70万両献納を命じられた。7月庄内藩知事（のちに大泉藩知事に改名）となる。6(1873)年2月西郷隆盛の勧めにしたがいドイツに法律研究のため留学し，12年6月帰国。13年1月兄忠篤に家督を譲り鶴岡に住む。絵に才能を発揮し，鳥羽絵で知られる。大正10(1921)年9月17日死去。享年66歳。
㊥鶴岡市・大督寺
[文献] 荘内人名辞典（阿部正己編） 言霊書房 昭12／近代日本の海外留学史（石附実） ミネルヴァ書房 昭47／大泉紀年（鶴岡市史編纂会編） 鶴岡市 昭53～54／明治維新人名辞典（日本歴史学会編） 吉川弘文館 昭56
〔松田和夫〕

酒井 雄三郎　さかい・ゆうざぶろう
万延1年9月9日(1860)～明治33年12月9日(1900)　自由民権論者　〔日本人初のインターナショナル出席〕　⊕肥前国小城　㊇号＝九皐，范々学人　㊋フランス：1889年(農事情視察)

万延1(1860)年9月9日に生まれる。肥前の小城藩士。佐賀県立中学を卒業後，上京して中江兆民の仏学塾に学び自由民権論者となる。『政理叢談』に寄稿する。明治22(1889)年，農

商務省嘱託として渡仏。そこで社会運動に関心を抱き、24年ブリュッセルで開かれた第2インターナショナルに出席。日本の無産運動史の中で、このような海外の会議に出席したのは彼が最初といわれる。33(1900)年のパリ万国博覧会では農商務省から嘱託として迎えられ、3月再びフランスへ渡り、博覧会の事務局に勤めたが、この時はまた大阪朝日新聞社の通信員も兼ねて活躍している。しかし、同年(1900)12月9日の白昼、下宿先であるホテル・ド・リュクサンブールの3階の窓から落ちて即死する。死因は、不眠症の神経衰弱による自殺とみなされている。享年41歳。 ㊞パリ郊外・パアギェーの墓地

文献 明治過去帳—物故人名辞典(大植四郎編) 東京美術 昭46／異国遍路 旅芸人始末書(宮岡謙二) 中央公論社 昭53(中公新書)／蘇峰とその時代—よせられた書簡から(高野静子) 中央公論社 昭63／幕末明治海外渡航者総覧(手塚晃編) 柏書房 平4／データベースWHO 日外アソシエーツ 〔福山恵美子／富田仁〕

坂内 冬蔵　さかうち・ふゆぞう

?～大正4年12月9日(1915)　技術者　〔日本セメント工業の創始者〕㊞福岡若松 ㊞ドイツ：1886年(建築技術)

生年不詳。福岡若松の出身。明治19(1886)年11月加藤正太郎、斉藤新平らベックマン貸費留学生6人を含む総勢20名の政府派遣留学生の1人として、浅野総一郎の命をうけドイツに留学。この留学生派遣の目的は中堅技師職工の能力向上にあった。のち浅野セメントに入った。日本セメント工業の創始者にして完成者でもある。大正4(1915)年12月9日死去。

文献 近代日本海外留学生史 上(渡辺実) 講談社 昭52 〔松田和夫〕

榊 順次郎　さかき・じゅんじろう

安政6年頃(1859)～昭和14年11月16日(1939) 医師 医学博士 〔日本産婆看護学校を創立〕㊞江戸下谷 ㊞ドイツ：1883年(産科婦人科学)

安政6(1859)年頃、旧津藩士で開成学校教授榊令輔の子として江戸下谷に生まれる。榊俶の実弟。明治16(1883)年東京大学医学部別科を修業したのち、産科婦人科学を研究するためドイツに留学。帰国後産婦人科の専門医となり榊病院(のちの榊産婦人科病院)を設立。また日本産婆看護学校を開き、校長としてその経営にあたる。昭和14(1939)年11月16日死去。

文献 近代日本海外留学生史 上(渡辺実) 講談社 昭52 〔松田和夫〕

彭城 貞徳　さかき・ていとく

安政5年2月11日(1858)～昭和14年1月4日(1939) 洋画家 ㊞肥前国長崎 ㊞前名=劉貞徳、森本貞徳、森元貞徳、森本亀吉、森元亀吉、吉田一調 ㊞アメリカ：1893年(シカゴ万国博覧会出品総代)

安政5(1858)年2月11日、唐通事彭城三十郎の長男として長崎に生まれる。6歳で四書五経を読み、明治2年長崎の広運館で学ぶ。11歳で京都のフランス語学校で勉強。8年上京、9年高橋由一の画塾天絵社で洋画を学び、同年開校の工部美術学校に入り、アントニオ・フォンタネージに師事。11年ごろ石版会社玄々堂に勤務、のち帰郷。26(1893)年シカゴ万国博覧会出品総代として渡米、28年イギリス、30年フランスに移住、34年帰国。36年帰郷。東山学院などで教え、画塾を開いた。大正4年再上京して日本橋で商業を営み、制作にも従事した。『和洋合奏図』などの作品がある。昭和14(1939)年1月4日死去。享年82歳。

文献 幕末明治海外渡航者総覧(手塚晃編) 柏書房 平4／データベースWHO 日外アソシエーツ 〔藤田正晴〕

榊 俶　さかき・はじめ

安政4年8月28日(1857)～明治30年2月6日(1897) 医学者 医学博士 〔日本初の精神病学講座を開講〕㊞江戸下谷 ㊞幼名=善太郎 ㊞ドイツ：1882年(精神病学、中枢神経系病理学)

安政4(1857)年8月28日、津藩士で開成学校の蘭学教授榊令輔の長男として江戸下谷に生まれる。医学博士榊順次郎、保三郎は実弟。明治13年7月東京大学医学部を卒業と同時に眼科助手になるが、15(1882)年2月ドイツ留学を命じられ、精神病学に転じる。ベルリン大学においてウェストファール、ウィルヒョウ両博士のもとで精神病学と中枢神経系統病理学を専攻し、ドイツ精神病学会正会員に推される。19年10月帰国、12月から東京大学医学部教授となり、わが国初の精神病学講座を担当。研究施設がなく講義はもっぱら学説の講述であっ

たという。22年巣鴨病院長を兼任し、24年医学博士の学位を受ける。20年相馬疑獄事件に際し相馬誠胤子爵の精神鑑定を行ったことは有名。明治30(1897)年2月6日、咽頭癌のため死去。享年41歳。

[文献] 故医科大学教授医学博士榊俶先生ノ伝：中外医事新報 407 明30／榊博士の経歴：哲学雑誌 12(121) 明30／近代日本海外留学生史 上 (渡辺実) 講談社 昭52／日本人名大事典3 平凡社 昭54／榊俶先生顕彰記念誌——東京大学医学部精神医学教室開講百年に因んで 榊俶先生顕彰会 昭62
〔松田和夫〕

榊原 忠誠 さかきばら・ただしげ
万延1年9月(1860)~明治27年12月12日(1894) 陸軍軍人 ㊤江戸六番町 ㊦ドイツ：1890年 (陸軍軍事研修)

　万延1(1860)年9月、幕府旗本榊原忠恕の子として江戸に生まれる。明治3年京都中学に入り、フランス人教師レオン・デュリィの教えを受ける。その後陸軍幼年学校に転じ、12年士官学校を卒業して歩兵少尉に任ぜられた。子爵青山忠誠との親交を得る。さらに19年陸軍大学校に進み歩兵中尉に昇進、同校を首席で卒業し恩賜の双眼鏡を下賜された。20年陸軍大学校教授、ついで教官となり大尉に昇る。23(1890)年太田正徳らとドイツ留学を命じられ、バイエルン王国歩兵第9連隊付としてビュルツブルクに滞在する。26年帰国、参謀本部局員となり少佐に昇る。陸軍大学校兵学教官兼軍医学校教官となった。27年日清戦争勃発に際し、第三師団参謀として出征し、参謀長病気のためその代理をつとめ、同年12月11日栃木城付近で敵状視察中腰部に重創を受け、明治27(1894)年12月12日死去。享年35歳。㊗東京・専福寺

[文献] 故陸軍少佐榊原忠誠君略伝　高木豊三著刊　明28／近世名将言行録2(榊原忠誠)　吉川弘文館　昭9／近代日本海外留学生史 上 (渡辺実) 講談社 昭52
〔松田和夫〕

坂田 伊助 さかた・いすけ
文化7年(1810)~?　漁民　〔大工としてリマに定住〕　㊤尾張国内海西端村　㊦ペルー：1841年(漂流)

　文化7(1810)年、坂田武兵衛の子として尾張国内海西端村に生まれる。天保12(1841)年10月紀州沖で漂流した数右衛門船に水夫として乗組んでいたところ、長吉、十作、亀吉とともに外国船に救助されてペルーのカヤオに連れて行かれる。リマで大工になり結婚するが子宝に恵まれぬまま異国の土となる。明治8年12月23日内海西端村庄屋坂田文次郎宛に漂流した仲間の消息を初めて伝え、10年1月26日に再び故郷に書簡を送っている。

[文献] 日本人漂流記(川合彦充)　社会思想社　昭42(現代教養文庫A530)
〔富田仁〕

坂田 乾一郎 さかた・かんいちろう
嘉永3年頃(1850)~?　留学生　〔リヨンで中江兆民と交遊〕　㊤横浜　㊥別名=坂田乾一　㊦フランス：1871年頃(兵学)

　嘉永3(1850)年頃、おそらく横浜に生まれる。明治3(1871)年頃フランスに留学する。フランスではパリとリヨンに滞留し、ガルニエ学校で兵学を学ぶ。中江兆民のパリ・リヨンにおけるごく親しい友人の一人。西園寺公望、光妙寺三郎、今村和郎、飯塚納、小田均一郎などと交遊していた。ことに中江、小田とはリヨン時代昵懇で、5年6月と8月に大山巌が来訪すると、ともにこれを歓待した。同年11月にはパリで成島柳北の案内役をつとめ劇場や曲馬場に同行、6年半ば頃西陣の職人たちが新技術を求めてリヨン入りした際にも、小田とともにその世話役を買って出た。自費で渡航したが、滞仏中官費生に組み込まれた。その後の消息は不明。

[文献] 中江兆民のフランス 上・中・下(井田進也)：文学 42(7・8・9) 昭51.7、8、9／フランスとの出会い——中江兆民とその時代(富田仁)　三修社　昭56／大山巌欧州再旅日記(国立国会図書館憲政資料室蔵)
〔村岡正明〕

阪田 貞一 さかた・ていいち
安政4年8月(1857)~大正9年12月1日(1920) 工業教育家　〔民間工業の育成に貢献〕　㊤江戸　㊦フランス：1890年(工業教育視察)

　安政4(1857)年8月、江戸に生まれる。明治13年7月、東大理学部機械工学科を卒業後、印刷局に出仕。翌年製図課長、20年工科大学助教授と東京職工学校教諭兼任となる。23(1890)年7月工業教育の視察のため、文部省の命で欧米に出張。同年の留学生仲間に国語学者の上田万年や衛生学の坪井次郎がいる。フランス、

ドイツ，ベルギー，アメリカ，イギリスを巡って25年に帰朝。山田要吉，中原淳蔵らと，主として内燃機関の研究を推し進め，民間工業の育成に努める。民間企業の顧問のほか，各種博覧会の審査官や農商務省特許局審判官などを歴任後，東京工業学校長を経て，大正5年にはその後身，東京高等工業学校の校長に就任。教育界，民間工業界の発展に力を尽くす一方で，校長を務める工業学校の大学昇格のために，身を粉にして運動したが，病にたおれ，昇格決定の報を聞いた直後，危篤となる。大正9（1920）年12月1日死去。享年64歳。

[文献] 歴代顕官録（朝陽会編）　原書房　昭42（明治百年叢書9）／近代日本海外留学生史　下（渡辺実）　講談社　昭53／日本人名大事典3　平凡社　昭54／明治文化史5（矢島祐利，野村兼太郎編）　原書房　昭55　〔高遠弘美〕

阪谷 達三　さかたに・たつぞう

安政6年（1859）～明治19年4月14日（1886）　会社員　[生]岡山　[渡]アメリカ：1879年（貿易）

安政6（1859）年，岡山藩儒阪谷素の三男として生まれる。大蔵主計官でのちに東京市長となった子爵阪谷芳朗の兄。明治12（1879）年，東京起立工商会社のニューヨーク支店勤務となり渡米する。明治19（1886）年4月14日，ニューヨークで死去。享年28歳。

[文献] 明治過去帳―物故人名辞典（大植四郎編）　東京美術　昭46／異国遍路　旅芸人始末書（宮岡謙二）　中央公論社　昭53（中公文庫）　〔寺崎隆行〕

坂本 泰吉郎　さかもと・たいきちろう

生没年不詳　従者　[生]武蔵国八王子千人町　[名]諱＝保吉　[渡]アメリカ：1860年（遣米使節に随行）

生没年不詳。安政7（1860）年，20歳頃栗島彦八郎従者として遣米使節に随行する。

[文献] 万延元年遣米使節史料集成1～7（日米修好通商百年記念行事運営会編）　風間書房　昭36／幕末教育史の研究2―諸術伝習政策（倉沢剛）　吉川弘文館　昭59　〔富田仁〕

坂本 俊篤　さかもと・としあつ

安政5年10月（1858）～昭和16年3月（1941）　海軍軍人　男爵　[生]信濃国諏訪　[渡]フランス：1884年（海軍軍事研修）

安政5（1858）年10月，高島藩士坂本大造の二男として信濃国諏訪に生まれる。明治6年10月に海軍兵学寮に入り，10年に卒業。17（1884）年に中尉となり，伊東義五郎とともに海軍軍事視察のためフランスに出張する。20年の帰国後，海軍参謀本部，扶桑水雷長，海軍大学教官，海軍大臣秘書，海軍大学校校長を歴任して，38年に中将となる。貴族院議員に選ばれたのち，昭和16（1941）年3月死去。享年83歳。

[文献] 男爵坂本俊篤伝（太田阿山）　東亜協会　昭17／海軍兵学校沿革（海軍兵学校編）　原書房　昭46／現代華族譜要（日本史籍協会編）　東京大学出版会　昭51（続日本史籍協会叢書第1期10）／近代日本海外留学生史　上（渡辺実）　講談社　昭52　〔楠家重敏〕

相良 元貞　さがら・もとさだ

天保12年（1841）～明治8年10月16日（1875）　医学者　[生]佐賀　[渡]ドイツ：1870年（医学）

天保12（1841）年，佐賀藩士の子として生まれる。明治2年大学中助教兼大舎長に任じられる。3（1870）年医学研究のためドイツ留学を命じられ約5年間研鑽を積み学位を得るが，解剖のメスをとっているうちにその死毒から肺をいため，帰国後の明治8（1875）年10月16日，東京にて死去。享年35歳。

[文献] 近代日本海外留学生史　上（渡辺実）　講談社　昭52／異国遍路　旅芸人始末書（宮岡謙二）　中央公論社　昭53（中公文庫）　〔松田和夫〕

向坂 兌　さきさか・なおし

安政5年頃（1858）～明治14年5月24日（1881）　文部省留学生　[名]幼名＝五十嵐播之助　[渡]イギリス：1876年（法学）

安政5（1858）年頃生まれる。栃木の士族。羽前上山藩士であったが，慶応2年春，下野佐野藩士向坂弘孝の養子となる。大学南校の貢進生となり，明治9（1876）年6月19日開成学校本科から文部省第2回留学生に選ばれて同月25日出発し，法学科中級生資格でロンドン・キングスカレッヂ・ミッドテムプル法学校に入学する。12年6月英国法律士の免状を受ける。14年には留学先をフランスに変更してパリ大学法学部で法律を学ぶが，その年3月29日には帰国し，明治14（1881）年5月24日，肺結核のため死去。享年24歳。

[文献] 仏蘭西学のあけぼの―仏学事始とその背景(富田仁) カルチャー出版社 昭50／フランスに魅せられた人びと―中江兆民とその時代(富田仁) カルチャー出版社 昭51／近代日本海外留学生史 上(渡辺実) 講談社 昭52／日仏文化交流史の研究―日本の近代化とフランス人(西堀昭) 駿河台出版社 昭56 〔山口公和〕

崎山 元吉　さきやま・もときち

生没年不詳　商人　[生]和歌山　[渡]ドイツ：1871年(商法見習)

生没年不詳。和歌山の出身。商人として商法見習を目的に私費で明治4(1871)年5月にドイツに赴く。8年11月帰国。その後の消息は不明。

[文献] 近代日本海外留学生史 上(渡辺実) 講談社 昭52／幕末明治海外渡航者総覧(手塚晃編) 柏書房 平4 〔富田仁〕

作蔵　さくぞう

生没年不詳　永久丸乗組員　[生]三河国江比間村　[渡]アメリカ：1852年(漂流)

生没年不詳。三河国江比波村与一船の永久丸は，150石積4人乗りで，嘉永4年12月に熊野灘で遭難。翌年(1852)閏2月26日アメリカの捕鯨船アイザック・ハウンド号の船長ウェストにグァム島の北東約300海里で救助された。捕鯨を手伝いながら9月下旬にホノルル港に入った。作蔵と勇次郎はさらに捕鯨に従事することになりアイザック・ハウンド号に乗組み，オーシャン島，グァム島に寄港し，ベーリングを通って北極海に入り，南進してハワイに戻ったがさらに南アメリカのバイナピュルグに着岸し，ホーン岬を通ってニューベットフォードに着いた。ここで下船し，汽車でニューヨークやボストンを見物し，また便船を得てホーン岬を通りバルパラィンに寄港し，ガラパゴス諸島を通ってサンフランシスコに着き下船。さらに香港に渡り，そこから伊豆の下田に帰国した。その後の消息は不明。

[文献] 日本人漂流記(川合彦充) 社会思想社 昭42(現代教養文庫A530)／風濤の果て―永久丸漂流顛末記(山田哲夫) 門土社総合出版 平7 〔寺崎隆行〕

佐倉 常七　さくら・つねしち

天保6年1月7日(1835)～明治32年(1899)　西陣織職人　〔ジャカード織機を移入〕　[生]京都　[名]旧名＝河瀬　[渡]フランス：1872年(洋式織機の技術修得)

天保6(1835)年1月7日，河瀬久兵衛の長男として京都に生まれる。3歳の時父が死に西陣の佐倉常七に養なわれ，のちにその名を継ぐ。洋式機械の導入により産業発展を目ざす政府の方針により西陣でも新しい機械の導入を考え，機械技術修得のため留学生の派遣を決める。明治5(1872)年，井上伊兵衛，吉田忠七の両名とともにフランスへ留学するが，それには京都府の仏学校教師レオン・デュリーの斡旋に負うところが大きかった。リヨンでジャカード織機の技術を修め6年11月，井上伊兵衛とともに帰国の途につく。ジャカード機などを持ち帰り，新技術導入に重要な役割を果たす。明治32(1899)年死去。享年65歳。

[文献] 織界の隠士佐倉常七君伝(四方呉堂)：大日本織物協会報 120～122 明29／リヨンに渡った三人の先駆者(福本武久)：西陣グラフ 304，305 昭57／西陣織工・フランスへ行く(富田仁)：クロスロード 昭57.11 〔湯本豪一〕

桜井 小太郎　さくらい・こたろう

明治3年9月10日(1870)～昭和28年11月11日(1953)　建築家　[生]石川県金沢　[渡]イギリス：1888年(建築学)

明治3(1870)年9月10日，石川県金沢に生まれる。英国の建築家コンドルに師事，明治21(1888)年8月18日イギリスに渡り，ロンドン大学で建築学を修め24年卒業，王立英国建築家協会会員となり，建築家の称号を得た。26年11月帰国，海軍技師，横須賀海軍経理部建築科長を経て大正2年三菱合資に入り，技師長となり，東京丸の内の三菱関係の建築計画を担当，11年三菱銀行本店(昭和52年取り壊し)を設計するなど，三菱地所株式会社の基礎を築いた。昭和4年工学博士。12年退社，建築事務所開設。作品は他に台湾銀行，帝国生命保険，静香堂文庫などがある。昭和28(1953)年11月11日死去。享年83歳。

[文献] 幕末明治海外渡航者総覧(手塚晃編) 柏書房 平4／データベースWHO 日外アソシエーツ 〔藤田正晴〕

桜井 静　さくらい・しずか

安政4年10月（1857）～明治38年8月25日（1905）
政治家　衆議院議員　㊦下総国（香取郡）東条村　㊔旧名＝吉川　㊣アメリカ：1885年（海外移住殖民調査）

　安政4（1857）年10月、下総国香取郡東条村に生まれる。千葉県立学校を卒業し千葉県吏となる。明治12年「国会開設懇請協議案」を各府県会に送付し、14年『総房共立新聞』を創刊、社長に就任。明治18（1885）年、海外移住殖民調査のためアメリカおよびカナダ各国を巡遊、帰国後、北海道で造林・開墾事業に従事し、ついで大連で桜井組を経営、大連居留民会長を務める。その後、千葉県議を経て、35年から衆議院議員に当選2回。明治38（1905）年8月25日死去。享年49歳。

〔文献〕桜井静―国会開設に尽くした孤高の民権家（桜井静先生を偲ぶ会実行委員会編）　芝山町　平2／幕末明治海外渡航者総覧（手塚晃編）　柏書房　平4／データベースWHO　日外アソシエーツ　　　〔藤田正晴〕

桜井 錠二　さくらい・じょうじ

安政5年8月18日（1858）～昭和14年1月28日（1939）　化学者　男爵　〔ベックマン沸点測定法を改良〕　㊦加賀国金沢　㊣イギリス：1876年（留学）

　安政5（1858）年8月18日、金沢藩士桜井甚太郎の六男として生まれる。明治4年大学南校に入学、9（1876）年6月25日、官費留学生となりイギリスに渡り、ロンドン大学で有機化学を学ぶ。14年9月帰国後、東京帝国大学講師となり、翌年日本人初の化学教授となる。40年東京帝国大学理科大学学長を務め、大正8年定年退官。この間、池田菊苗とともにベックマン沸点測定法を改良し、分子量測定装置を考案するなど業績をあげ、またわが国の化学教育の基礎を固めた。行政家としてもすぐれ、大正6年の理化学研究所設立に努め、開所後は副所長となり、15年からは帝国学士院院長をつとめた。また日本学術研究会議、日本学術振興会の設立に尽力し、勅選貴族院議員、枢密顧問官もつとめた。著書に『化学訳語集』（高松豊吉と共著）、遺稿集『思出の数々』がある。昭和14（1939）年1月28日死去。享年82歳。

〔文献〕明治の化学者―その抗争と苦渋（広田鋼蔵）　東京化学同人　昭63（科学のとびら）／幕末明治海外渡航者総覧（手塚晃編）　柏書房　平4／事典近代日本の先駆者　日外アソシエーツ　平7／桜井錠二―日本近代化学の父　金沢市立ふるさと偉人館　平9／人物化学史―パラケルススからポーリングまで（島尾永康）　朝倉書店　平14（科学史ライブラリー）／データベースWHO　日外アソシエーツ　　　〔藤田正晴〕

桜井 省三　さくらい・しょうぞう

安政1年（1854）～？　造船技師　工学博士　〔軍艦建造の監督として活躍，フランス料理の紹介者〕　㊦石川金沢　㊣フランス：1877年（造船学）

　安政1（1854）年、金沢に生まれる。明治2年藩費で上京、開成学校物理学科を出て横須賀造船所黌舎に入り、海軍省顧問のルイ・エミール・ベルタンに指導を受ける。同舎で、秀才として海軍造船学校に貢進され、普通科を卒業後、10（1877）年にフランスへ同省から留学し海軍造船大学校で学び、さらにイギリスへ転地留学を命ぜられる。実地研究を積んで帰国後海軍御用掛として横須賀造船所勤務を命ぜられる。20年からは造船監督としてイギリス、フランスへ派遣され、千代田、千島両艦建造監督に携わり、25年に帰国し、呉鎮守造船部造船科長となる。29年海軍造船大監として今度はアメリカへ送られ、千歳、笠置の監督に当たり、32年帰国する。33年浦賀船渠株式会社に入社し本工場長に就任する。34年8月8日には工学博士号を取得する。晩年にはフランス料理書『仏蘭西式料理の理論と応用』（昭和15年）を、私家版として刊行する。

〔文献〕お雇い外国人6　軍事（高橋邦太郎）　鹿島研究所出版会　昭43／近代日本海外留学生史　上（渡辺実）　講談社　昭52／日仏文化交流史の研究―日本の近代化とフランス人（西堀昭）　駿河台出版社　昭56／辰巳―フランスで造船学を修めたエリート技師；伝習所の教育（西堀昭）　『横須賀造船所の人びと―花ひらくフランス文化』（富田仁、西堀昭）　有隣堂　昭58（有隣新書25）　　　〔山口公和〕

桜井 ちか　さくらい・ちか

安政2年4月4日（1855）～昭和3年12月19日（1928）　教育者　女子学院創立者　㊦江戸日本橋　㊔旧名＝平野　別名＝桜井ちか子

[渡]アメリカ：1893年（教育視察）

安政2（1855）年4月4日，徳川家御用達・平野与十郎の長女として江戸日本橋に生まれる。明治5年海軍士官桜井昭悳（のちキリスト教伝道師）と結婚。神田の芳英舎で英語を学び，7年受洗。さらに横浜の共立女学校に学ぶ。9年私財を投じて麹町に英女学家塾を設立，ついで小学校，貧学校を開設した。さらに日本最初の私立幼稚園を付設し，桜井女学校（女子学院の前身）と改称。14年夫が退役して牧師として函館に赴任するに際し，矢島楫子を校長代理とし，経営をアメリカ長老教会に移す。のちに日本基督教婦人矯風会で活躍する久布白落実，ガントレット恒など多くの女性を育成。以後函館女子師範，大阪女学院などで教える。また教育視察のため明治26（1893）年，29（1896）年，39（1906）年の3回にわたり渡米。28年東京・本郷に桜井女塾を開設，生涯を通じてキリスト教主義的良妻賢母教育を目標に育英に尽力した。著書に『西洋料理教科書』など。昭和3（1928）年12月19日死去。享年74歳。

[文献] 真実の愛を求めて（高見沢潤子）　教文館　平2／幕末明治海外渡航者総覧（手塚晃編）　柏書房　平4／朝日日本歴史人物事典　朝日新聞社　平6／事典近代日本の先駆者　日外アソシエーツ　平7／日本の幼児教育につくした宣教師　上巻（小林恵子）　キリスト新聞社　平15／データベースWHO　日外アソシエーツ　〔藤田正晴〕

桜川 季次　さくらがわ・すえじ

生没年不詳　幇間　[渡]アメリカ：1894年（邦人相手の興行）

生没年不詳。在米邦人を相手の興行を目的とする芸団員の一人で梅坊主幇間。明治27（1894）年，落語家柳屋爪生ほか数名とアメリカに渡り，サンフランシスコその他で寄席まがいの陣立てで在留邦人を相手に興行した。地口，落語，仁輪加など，日本人を相手とする芸団渡米の最初。その後の消息は不明。

[文献] 異国遍路　旅芸人始末書（宮岡謙二）　中央公論社　昭53（中公文庫）　〔寺崎隆行〕

桜田 親義　さくらだ・ちかよし

？～明治18年3月15日（1885）　外交官　[生]愛媛県　[名]旧名＝大助　[渡]イタリア：1877年（ローマ日本公使館に勤務）

生年不詳。明治1年ころ外国官判事試補として神奈川に赴く。明治2年外務権少丞に任じられ，5年ごろ外務省六等出仕となり，7年には外務二等書記官に任じられる。10（1877）年ローマの日本公使館に勤務する。12年外務権大書記官に進む。14年，外務書記官としてハーグの日本公使館に転勤。明治18（1885）年3月15日，任地のハーグにおいて死去。

[文献] 明治過去帳―物故人名辞典（大植四郎編）　東京美術　昭46　〔宮永孝〕

酒匂 常明　さこう・つねあき

文久1年11月27日（1861）～明治42年7月11日（1909）　農業技術者　農商務省農務局長，大日本製糖社長　[生]但馬国出石　[渡]ヨーロッパ：1889年（農学）

文久1（1861）年11月27日，但馬国出石に生まれる。明治16年駒場農学校農学科・農芸化学科を卒業し，17年母校の教職に就き，19年農商務省属を兼ねる。農事巡回教師として全国に米作改良のため乾田・深耕・施肥改良を唱えた。22年4月ヨーロッパに派遣され，特にドイツの土地整備法などの研究を深め，24年1月帰国。農科大学教授兼農商務省技師となり，『米作新論』を著し“米博士”と称される。25年北海道庁財務部長として赴任。北垣国道長官に進言して白石や亀田に稲作試験地を設け，札幌農学校の稲作否定の時期に移民の水苗代から直播法への道を奨励し北海道米作の普及に貢献した。29年臨時北海道鉄道敷設部に転じ，30年拓殖殖民部長。廃官により，のち農商務省農務局長となる。経験的稲作法を批判した『改良日本稲作法』を著し，また耕地整理法・勧業銀行法の成立，農会法の整備に尽力する。渋沢栄一に望まれて，39年大日本製糖社長に就任するが，日糖疑獄が起こり，明治42（1909）年7月11日責任を取って短銃自殺した。享年49歳。

[文献] 食糧増産の礎―酒匂常明博士伝（恩田鉄弥）　目黒書店　昭20／幕末明治海外渡航者総覧（手塚晃編）　柏書房　平4／データベースWHO　日外アソシエーツ　〔藤田正晴〕

佐々木 権六　ささき・ごんろく

⇒佐々木長淳（ささき・ながのぶ）を見よ

佐々木 高行　ささき・たかゆき

文政13年10月12日（1830）～明治43年3月2日（1910）　政治家　侯爵　〔大正天皇の教育主

任〕 [生]土佐国（吾川郡）長浜村瀬戸 [名]諱＝高富, 高春, 幼名＝万之助, 信賴, 三四郎 [渡]アメリカ：1871年（岩倉使節団に随行, 司法制度調査）

文政13（1830）年10月12日，土佐藩士佐々木十兵衛高順の長男として，父親の死後生まれる。上士であったが，禄高が減少し，貧苦の中で国学を鹿持雅澄，剣術を麻田勘七，兵学を原伝右衛門に学ぶ。25歳で江戸に出て大橋訥菴，安井息軒らのもとで修業する。藩の郡奉行，普請奉行などを務めたのち，大目付（大監察）に進み，板垣退助とともに数少ない上士尊攘派として行動する。保守派や公武合体派から再三排除されるが，武市瑞山らの下士尊攘派とも一線を画し，穏健な立場を堅持する。慶応2年，前藩主の山内容堂の命を受け，大宰府に三条実美ら5卿を訪れ，薩長など西南諸藩の動向を探索，情勢が討幕へと動いていることを察知する。帰郷後武力討幕派と公武合体・大政奉還派との仲介の役割を果たす。3年，藩主山内豊範の命で上京，坂本龍馬，後藤象二郎らと諸藩との折衝にあたる。同年長崎へ出張，イギリス水兵殺害事件の調査，海援隊の指導・監督にあたる。明治1年，戊辰戦争の報に接すると，薩摩藩の松方正義らと協力，海援隊士や藩士を率いて長崎奉行所を占拠し，奉行所の公金を押収，明治新政府に引渡し，貿易業などを継続させ，市中の治安を維持する。維新後は新政府に入り刑部大輔，参議等を歴任。4（1871）年，司法大輔に任ぜられ，岩倉具視に随行して欧米各国を視察，司法制度を調査する。6年帰国。征韓論を主張し下野する者が多数出る中で，政府にとどまる。同年西南戦争が起ると帰郷し，西郷軍に通じようとした林有造，片岡健吉，大江卓らを逮捕させる。大判官をはじめ諸役を歴任し，14年参議兼工部卿に任ぜられる。17年伯爵，21年枢密顧問官となる。その間，19年東宮明宮（大正天皇）の教育主任，以後皇女常宮，周宮の養育主任を務め，41年侯爵を授けられる。明治43（1910）年3月2日死去。享年81歳。 [墓]東京・青山霊園

[文献] 佐々木高行伯（岩崎鏡川）：太陽 15（6） 明41.6／勤王秘史佐々木老侯昔日談（津田茂麿編） 国晃館 大4／由利子と佐々木侯（志賀重昂） 志賀重昂全集刊行会 昭3（志賀重昂全集2）／明治聖上と臣高行（津田茂麿） 自笑会 昭3／保古飛呂比 佐々木高行日記1～12（東大史料編纂所編） 東京大学出版会 昭45～54／日本人名大事典3 平凡社 昭54／明治維新人名辞典（日本歴史学会編） 吉川弘文館 昭56／長崎幕末浪人伝（深潟久） 西日本新聞社 平2 〔高橋公雄／富田仁〕

佐々木 長淳　ささき・ながのぶ

天保1年（1830）～大正5年1月25日（1916） 官吏 〔養蚕業の発展に貢献〕 [生]越前国福井 [名]幼名＝鉄太郎, 通称＝権六 [渡]アメリカ：1867年（軍器の譲渡）, オーストリア, イタリア：1873年（養蚕業視察）

天保1（1830）年，福井藩士佐々木長恭の長男として福井に生まれる。嘉永6年藩命で江戸に赴き，砲術研修と大砲製造調査を行う。福井に戻ると大小銃弾薬御製造掛に任ぜられ，のち頭取となる。明道館で研究を重ねる。福井藩最初の二本マストの西洋式帆船一番丸を造り，藩主松平茂昭も乗船する。慶応3（1867）年，柳本直太郎とともにアメリカに留学し，グラント大統領に会い武器の譲渡を受ける。工場見学などののち帰国し，兵器や書籍，さらには軍法規などの移入に尽力する。明治2年製造局用事として3インチ砲を鋳造する。4年新政府に出仕し工部省勧工寮に勤務する。6（1873）年内務省勧業寮からウィーン万国博覧会に出張し，終了後オーストリア，イタリア諸国を廻り，養蚕業の状況およびわが国の養蚕との関連について研鑽を重ねた。9（1876）年7月イタリア，フランスなどで晩霜のために養蚕が大きな被害を受ける。日本の業者が蚕卵紙の売りこみにかかり失敗し，その処分に困り雨宮敬次郎などの使節団がイタリアに派遣されることになる。そのときイタリアの養蚕公会所への出張が命ぜられ，アメリカ経由でミラノに赴く。10年内務省に籍を移したのち，上州新町駅紡績所，青山御所養蚕御用掛などの任務につき，そのかたわら『蚕夢問答』『蚕の夢』『蚕体解剖』などを著わし，養蚕業の発展に寄与する。28年には官職を退く。座骨神経痛のため静養中に風邪からカタル性肺炎をおこし，大正5（1916）年1月25日，東京麹町隼町の自宅で死去。享年87歳。 [墓]福井県吉田郡松岡町・安泰寺

[文献] 開港と生糸貿易 下（藤本実也） 刀江書院 昭14／大正過去帳―物故人名辞典（稲村徹元他編） 東京美術 昭48／明治維新人

名辞典(日本歴史学会編)　吉川弘文館　昭56
〔富田仁〕

佐々城 信子　ささき・のぶこ

明治11年7月30日(1878)～昭和24年9月22日(1949)　〔有島武郎『或る女』のモデル〕
㊓東京　㊔本名=佐々城ノブ　㊗アメリカ：1901年(結婚のため)

明治11(1878)年7月30日，元仙台藩士で陸軍軍医を経て東京で内科医として開業した佐々城本支の長女として生まれる。母豊寿は日本基督教婦人矯風会の活動家として著名で，内村鑑三とも親しく，夫とともにクリスチャン。信子は新宿中村屋の女主人で随筆家相馬黒光とは従姉妹同士で，私立海岸女学校を卒業。28年，詩人・小説家の国木田独歩に出合い，両親の反対を押し切って同年11月結婚するが，半年足らずで離婚。独歩は信子をモデルにした小説「おとづれ」「鎌倉夫人」を書き，彼の『欺かざるの記』と題された破婚前後の日記が没後に刊行される。実家に戻り，30年1月女児浦子を出産し里子に出すが，34年4月に父を，同年6月に母を相ついで亡くし，同年(1901)9月，親戚の計らいで森広との結婚のために渡米させられる。しかし乗船した船の事務長武井勘三郎と恋に落ちたためアメリカに上陸せず，シャトルに出迎えた森を振り切って帰国する。この経緯を同船した鳩山春子が通報したことにより,「鎌倉丸の艶聞」と題する挿絵入りの中傷記事が『報知新聞』に連載(明治35.11.8～15)される。森は札幌農学校三代目校長森源三の長男でのちに実業家となるが，小説家有島武郎と同窓であったことから，信子は有島の代表作『或る女』のヒロイン早月葉子のモデルにもされる。妻子のいた武井は日本郵船を辞め，妻とめとの離婚を申し出るがとめが応じなかったため，2人は生涯正式な夫婦にはなれなかったが，武井が大正10年2月急逝するまで仲睦まじく暮らしたと伝えられる。佐世保で旅館を経営したのち，武井が森岡移民会社に招かれたので上京し，大正8年11月，2人の間に瑠璃という女児をもうけている。14年，栃木県真岡の素封家の後嗣と結婚した末の妹が病弱だったので，看病のために同地に移り住む。ルーテル教会の熱心な信者であった彼女は，妹のひとり娘と瑠璃を育てるかたわら，昭和初年から近隣の子どもを集めて日曜学校を開き，戦時中も欠かさず戦後まで続けて，信仰の晩年を送る。昭和24(1949)年9月22日，老衰と肝臓病のため死去。享年72歳。　㊏栃木県真岡市・海潮寺

文献　おとづれ・鎌倉夫人(国木田独歩)　『定本国木田独歩全集2』　学習研究社　昭39／欺かざるの記(国木田独歩)　『定本国木田独歩全集6，7』　学習研究社　昭39，40／伊藤友賢小伝(伊東信雄)：東北文化研究所紀要　6　昭49.12／黙移(相馬黒光)　法政大学出版局　昭52／有島武郎の世界(山田昭夫)　北海道新聞社　昭53／有島武郎・姿勢と軌跡(山田昭夫)　右文書院　昭54／或る女(有島武郎)　『有島武郎全集4』　筑摩書房　昭54／「或る女」の生涯(阿部光子)　新潮社　昭57／佐々城豊寿と『欺かざるの記』(高野静子)：国語と国文学　62(8)　昭60.8／欺かざるの記抄―佐々城信子との恋愛(国木田独歩)　講談社　平11(講談社文芸文庫)
〔岩淵宏子〕

佐々木 政吉　ささき・まさきち

安政2年11月11日(1855)～昭和14年7月11日(1939)　内科医　医学博士　〔結核治療の導入〕　㊓江戸本所竪川通　㊔雅号=興堂
㊗ドイツ：1880年(内科学)，ドイツ：1891年(結核治療剤研究)

安政2(1855)年11月11日，中田茂吉の末子として江戸本所に生まれる。文久3年杏雲堂の創立者で従兄弟にあたる佐々木東洋の養子となる。明治12年東京大学医科を卒業，13(1880)年ドイツに留学する。ライプチヒ大学を初めとしウィーン，ストラスブルク，ベルリン大学へと転じ，内科と病理学を研究する。当時の留学生仲間には，小金井良精や佐藤三吉がいる。18年帰国し，帝国大学医科大学の教授となり内科を担当。23(1890)年コッホのツベルクリン発見の報に接し，その調査研究を政府に命ぜられて，24年再度ドイツに渡り，翌年帰国。28年大学教授の職を辞し，杏雲堂医院において治療に専念。29年平塚に分院を設立し結核治療にあたる。昭和14(1939)年7月11日死去。享年85歳。

文献　近世医傑伝　杏雲堂・佐々木政吉(藤田宗一)：日本医事新報　1557～1558　昭29.2～3／近代日本海外留学生史　上・下(渡辺実)　講談社　昭52，53／日本人名大事典　現代編　平凡社　昭54
〔中川浩〕

佐々木 和三郎　ささき・わさぶろう

?～明治11年5月13日（1878）　技師　測量司一等見習, 工部権少書記官　⊕山口　㊞イギリス：1872年（測量見習）

　生年不詳。山口の出身。明治5（1872）年10月, 測量司一等見習として工部省からイギリスに留学し, ロンドンのユニバーシティ・カレッジに学ぶ。7年に帰国して, 10年工部権少書記官となり鉱山局に勤務。明治11（1878）年5月13日死去。

文献　工部省沿革報告　大蔵省　明22／明治過去帳―物故人名辞典（大植四郎編）　東京美術　昭46／幕末明治海外渡航者総覧（手塚晃編）柏書房　平4　　　　〔楠家重敏／富田仁〕

佐々倉 桐太郎　ささくら・きりたろう

天保2年（1831）～明治8年12月17日（1875）　海軍軍人　⊕江戸下谷御徒町　㊛諱＝義行, 幼名＝勝太郎　㊞アメリカ：1860年（咸臨丸の運用方）

　天保2（1831）年, 結城家の子として江戸に生まれる。弘化1年, 浦賀奉行組与力の佐々倉家の養子となる。のち三崎役所に転ずる。嘉永6年ペリー提督の来航のとき, 応接方としてアメリカ艦に中島三郎助と出向く。安政2年, 軍艦鳳凰丸を建造するが, 同年8月オランダから蒸気船の献上を受けると伝習を命ぜられ長崎に赴き造船・測量・砲術を学び4年4月築地の軍艦操練所教授方となる。安政7（1860）年1月遣米使節に従い, 咸臨丸の副長となり運用方を浜口興右衛門, 鈴森勇次郎とつとめる。帰国後, 文久3年から慶応1年まで肺結核のために軍艦操練所を休職する。健康回復ののち浜御殿内で海軍伝習に携わる。慶応4年1月, 軍艦役に任ぜられるが, 幕府瓦解により浦賀に戻り, さらに静岡に移り, 権少参事として水利路程の任務に携わる。明治4年8月兵部省に出仕し12月海軍兵学寮の兵学助となる。5年兵学寮監長を兼務, 6年12月兵学権頭に進む。8年再び病いに冒され職を辞すが, 急性肺炎を併発し, 明治8（1875）年12月17日死去。享年46歳。

㊥東京文京区・浄心寺

文献　咸臨丸の逸男佐々倉桐太郎伝（佐々倉航三）　全日本海員組合　昭31／祖父桐太郎のことども（佐々倉航三）：学鐙　60（11）　昭38／明治過去帳―物故人名辞典（大植四郎編）　東京美術　昭46／明治維新人名辞典（日本歴史学会編）　吉川弘文館　昭56　　〔富田仁〕

佐治 職　さじ・つかさ

嘉永6年（1853）～昭和12年（1937）　歯科医〔歯科医学の先駆者〕　⊕摂津国三田屋敷町　㊞アメリカ：1885年（医学）

　嘉永6（1853）年, 摂津国三田屋敷町に生まれる。横浜在住のアメリカ人歯科医ジョージ・エリオットに歯科学を学ぶ。同門に, 我が国における歯科医開業免状第一号となった小幡英之助がいた。明治18（1885）年には私費でアメリカ・サンフランシスコに留学。20年帰国の後は大阪で歯科医を開業し, 歯科医学の先駆者の一人として長きに渡って医療にあたった。昭和12（1937）年死去。享年85歳。

文献　幕末明治海外渡航者総覧（手塚晃編）柏書房　平4／事典近代日本の先駆者　日外アソシエーツ　平7／データベースWHO　日外アソシエーツ　　　　　〔藤田正晴〕

佐蔵　さぞう

天保4年頃（1833）～?　天寿丸乗組員　⊕紀伊国（日高郡）薗浦浜ノ瀬　㊞ロシア：1850年（漂流）

　天保4（1833）年頃に生まれる。紀伊国薗浦浜ノ瀬の出身。和泉屋庄右衛門の持船・20端帆, 950石積天寿丸乗組員13名の一人として嘉永2年10月, 紀伊国有田郡でミカンなどを積み江戸に荷揚げしての帰路に漂流。60日余漂流して嘉永3（1850）年3月12日アメリカの捕鯨船ヘンリー・ニーランド号に救助され, 捕鯨を手伝いながら3月20日カムチャツカ半島のペトロパウロフスクに入港した。3月24日同港を出航し捕鯨に従事する。航海途中出逢った捕鯨船ニムロッド号に移され, 9月ホノルルに入港した。嘉永4年4月フランス船に便乗し, 7月に対日貿易の基地である乍浦に着く。12月28日長崎入港, 立山御番所に召出され取り調べをうけ揚り屋に入れられるが, 嘉永5年6月に無事故郷の紀伊に戻される。

文献　日本漂流記（川合彦充）　社会思想社　昭42（現代教養文庫A530）　〔寺崎隆行〕

佐双 左仲　さそう・さちゅう

嘉永5年4月15日（1852）～明治38年10月9日（1905）　海軍軍人　工学博士　造船総監〔初めて軍艦を建造〕　⊕加賀木ノ新保　㊛幼名＝友吉, 別名＝佐双左市, 堀尾左中　㊞イギリス：1870年（造船学）

嘉永5(1852)年4月15日，金沢藩士堀尾治郎の六男として生まれる。のち佐双久右衛門の養子となる。明治1年，金沢藩の兵式訓練所に入り砲術を研究し，翌年，海軍兵学寮に入り，英国人リードについて造船学を修める。3(1870)年，イギリスに渡ってさらに造船学を研究し滞英9年ののち，11年に帰国する。16(1883)年1月には軍艦買入監督および製造法研究のためイギリス，フランス，ドイツへ出張する。翌年10月に帰国したのち海軍省艦政局造船課長となる。従来，リードの手によっていた艦船の設計を自ら手掛けてこれを完成し驚嘆させた。また横須賀造船所の経営につとめ，葛城や武蔵など日本人の手で初めて軍艦を建造した。30年に造船総監となり，さらに海軍省艦政本部長に就任。明治38(1905)年10月9日，食道癌のため死去。享年54歳。
墓東京・青山霊園
文献 大日本博士録5(井関九郎)　発展社　昭5／明治初年条約改正史の研究(下村富士男)　吉川弘文館　昭37／明治過去帳─物故人名辞典(大植四郎編)　東京美術　昭46／海軍兵学校沿革(海軍兵学校編)　原書房　昭46／近代日本の海外留学史(石附実)　ミネルヴァ書房　昭47／日本人名大事典3　平凡社　昭54　　　　　　　　　〔楠家重敏〕

さと

生没年不詳　芸妓　名本名=佐登　渡フランス：1867年(パリ万国博覧会で接待)
　生没年不詳。江戸柳橋の松葉屋抱えの芸妓。慶応3(1867)年パリ万国博覧会の折に幕府物産方の田中芳男の配下，小仕夫として瑞穂屋卯三郎と武蔵国幡羅郡四方寺村の吉田六左衛門の2人の商人に朋輩のすみ，かねとともに連れられてパリに赴き会場にしつらえられた日本茶屋で観客の接待に当たり，人気を博す。フランス人観客の一人で作家のプロスペル・メリメは女友だちに日本人芸妓たちの着物姿の印象を書き送っているが，帯をこぶと表現して，さらに牛乳入りのコーヒーのような肌をしているとも述べている。彼女たちと同じくパリ万国博覧会に参加した杉浦譲は彼女たちから送別の和歌と俳句をもらってパリから帰国している。彼女たちの帰国については卯三郎とともに慶応4年5月7日に江戸に帰着したものとみられるが，その後の消息は不明。

文献 花のパリへ少年使節(高橋邦太郎)　三修社　昭54／日本とフランス(富田仁，西堀昭)　三修社　昭54　　〔富田仁〕

佐藤 栄蔵　さとう・えいぞう

生没年不詳　従者　生江戸　名諱=政行
渡アメリカ：1860年(遣米使節に随行)
　生没年不詳。安政7(1860)年，32歳頃刑部鉄太郎従者として遣米使節に随行する。
文献 万延元年遣米使節史料集成1〜7(日米修好通商百年記念行事運営会編)　風間書房　昭36／幕末教育史の研究2─諸術伝習政策(倉沢剛)　吉川弘文館　昭59　〔富田仁〕

佐藤 三吉　さとう・さんきち

安政4年11月15日(1857)〜昭和18年6月18日(1943)　外科医　医学博士　貴族院議員〔外科医学の移植〕　生岐阜　渡ドイツ：1883年(外科学)
　安政4(1857)年11月15日，大垣藩士佐藤只五郎の三男として生まれる。明治3年父を亡くし，義兄安藤就高の援助により東京に出て司馬凌海塾へ通学。5年大学南校に入り，のちに東校に転じスクリバ教授の下で外科を専攻する。15年卒業しスクリバ教授の助手として同大学に勤務，16(1883)年外科学研究のためドイツに留学。内科の青山胤通とともにベルリン大学へ入学する。20年帰国し，帝国大学医科大学教授に任ぜられる。24年医学博士となる。37〜8年再度欧米各国に留学，大正7年に同医科大学学長となる。10年名誉教授となり，翌年貴族院議員に勅選される。昭和18(1943)年6月18日死去。享年87歳。　墓大垣市・縁覚寺
文献 佐藤三吉博士：日本医事新報　1008　昭17.1／文山佐藤三吉先生を憶ふ(杉村七太郎)：日本医事新報　1088　昭18／郷土にかがやくひとびと　下(高野善春編)　岐阜県昭45　　〔中川浩〕

佐藤 鎮雄　さとう・しずお

嘉永4年4月13日(1851)〜明治30年10月14日(1897)　海軍軍人，少将　生柳川　渡イギリス：1869年(留学)
　嘉永4(1851)年4月13日，柳川に生まれる。曽我祐準の書生をしていたが，明治2(1869)年，県費留学生となりイギリスに渡る。のち海軍少将になる。明治30(1897)年10月14日死去。享年47歳。

[文献] 明治初年条約改正史の研究（下村冨士男）　吉川弘文館　昭37／近代日本の海外留学史（石附実）　ミネルヴァ書房　昭47／近代日本海外留学生史　上（渡辺実）　講談社　昭52
〔楠家重敏〕

佐藤 昌介　さとう・しょうすけ
安政3年11月24日（1856）～昭和14年6月5日（1939）　農政経済学者　男爵　⊕陸中国花巻　㊙アメリカ：1882年（農学）

　安政3（1856）年11月24日，陸中国花巻に生まれる。戊辰の役に少年鼓手で従軍。明治4年上京，大学南校，東京英語学校に学び，9年札幌農学校1期生となる。クラーク博士の影響を受けキリスト教に入信。13年卒業。15（1882）年ジョンズ・ホプキンス大学に留学し農政学を専攻，19年8月帰国の後，札幌農学校教授となり，学長，総長を歴任。昭和5年の引退まで約50年間務め，北海道大学育ての親といわれた。退官後北海道大学名誉教授，北海道農会長，八絋学院総裁を務めた。11年には米国で開かれたロータリー・クラブ世界大会に出席。男爵。著書に『米田政史』（英文），『世界農業史論』（共著）がある。昭和14（1939）年6月5日死去。享年84歳。

[文献] 佐藤昌介（中島九郎）　川崎書店新社　昭31／幕末明治海外渡航者総覧（手塚晃編）　柏書房　平4／永遠の青年　新渡戸稲造（内川永一朗）　新渡戸稲造基金　平14／データベースWHO　日外アソシエーツ
〔藤田正晴〕

佐藤 進　さとう・すすむ
弘化2年11月25日（1845）～大正10年7月26日（1921）　外科医　医学博士　男爵　〔ドイツ最初の日本人医学博士〕　⊕常磐国（久慈郡）太田村　㊋幼名＝東之助　㊙ドイツ：1869年（外科学）

　弘化2（1845）年11月25日，常磐国太田村の酒造業高和清右衛門の長男として生まれる。安政6年，親戚の佐倉藩医佐藤尚中に師事，後に養子となり医学を志す。明治2（1869）年政府発行の第1号の旅券をもってドイツに留学，ベルリン大学で日本人として初めて医学博士の学位を授与される。折からの普仏戦争で外科治療の実地を修業。8年帰国し，尚中とともに順天堂病院において外科治療にあたる。10年西南の役に際し，陸軍軍医監に任ぜられ臨時病院長として大阪に赴任。17年には東京大学部第二院において講師を嘱託され，のち院長を命ぜられる。21年医学博士の学位を受け，40年男爵を授けられている。大正10（1921）年7月26日死去。享年77歳。

[文献] 医学博士佐藤進先生自伝（坪谷善四郎編）　博文館　明32／近世医傑伝　佐藤進（藤田宗一）：日本医事新報　1516　昭28.5／日本人名大事典3　平凡社　昭54／郷土歴史人物事典　千葉（高橋在久編）　第一法規出版　昭55／外科医佐藤進―近代日本の歩みをメスで支える（森田美比）　常陸太田市　昭56／氷雪のバイカル―革命下のシベリアを見た少年（佐賀純一）　筑摩書房　平2
〔中川浩〕

佐藤 忠義　さとう・ただよし
生没年不詳　留学生　㊙ベルギー：1890年（留学）

　生没年不詳。明治23（1890）年10月にベルギーに渡る。その後の消息は不明。

[文献] 近代日本海外留学生史　下（渡辺実）　講談社　昭53
〔富田仁〕

佐藤 恒蔵　さとう・つねぞう
文政7年（1824）～?　杵築藩士　㊙フランス：1862年（遣欧使節に随行）

　文政7（1824）年に生まれる。杵築藩の出身。文久1（1862）年12月，徳川幕府の第1回遣欧使節竹内下野守保徳に随行してフランス，イギリス，オランダ，プロシア，ポルトガル，ロシアを訪れる。翌2年12月に帰国するが，その後の消息は不明。

[文献] 近代日本海外留学生史　上（渡辺実）　講談社　昭52
〔富田仁〕

佐藤 藤七　さとう・とうしち
生没年不詳　村名主　上野国権田村名主　㊋諱＝信有　㊙アメリカ：1860年（遣米使節に随行）

　生没年不詳。上野国権田村名主を務める。安政7（1860）年，54歳頃小栗豊後守従者として遣米使節に随行する。

[文献] 万延元年遣米使節史料集成1～7（日米修好通商百年記念行事運営会編）　風間書房　昭36／幕末教育史の研究2―諸453伝習政策（倉沢剛）　吉川弘文館　昭59／幕末遣米使節小栗忠順従者の記録―名主佐藤藤七の世界一周（村上泰賢編著）　東善寺　平13
〔富田仁〕

佐藤 叔治　さとう・としはる
文久3年7月19日(1863)～明治37年9月(1904)
神学者　〔マキシム・ゴーリキーと親交を結ぶ〕　㋳陸奥国(栗原郡)高清水村　㋕洗礼名＝パンテレイモン　㋺ロシア：1884年(神学)

文久3(1863)年7月19日，陸奥国高清水村に生まれる。明治10年，東京正教神学校に入学，17(1884)年同校を卒業後，正教会より派遣されてカザン神学大学に学ぶ。在学中にこの地のナロードニキ(革命運動に関心を寄せる青年知識人のグループで，人民主義者などと訳されることもある)たちとの交わりを通じて，作家マキシム・ゴーリキーと知り合う。ゴーリキーは自伝的作品『私の大学』の中でも彼について言及している。21年に帰国後，神学校教授となる。26年に発刊された正教神学校機関誌『心海』の同人として活躍し，「唯物論に就きて」(1～2号)，「不信を論」(6～12号)，「懐疑論に就きて」(18～20号)などの論文を発表している。夫人はイリーナというロシア人。37年日露戦争の際には陸軍通訳官として中国に渡ったが，戦地について2ヶ月余り後に病を得て，明治37年(1904)9月野戦病院で死去。享年42歳。
㋱東京・青山霊園
[文献]　ニコライ神学校と露都留学生(西村庚)：ユーラシア　5　昭52／日本正教史(牛丸康夫)　日本ハリストス正教会教団　昭53
〔長縄光男〕

佐藤 友太郎　さとう・ともたろう
文久2年8月11日(1862)～昭和15年1月3日(1940)　陶業者　〔洋式生産方法を導入〕　㋳長崎　㋺フランス：1877年(陶器製造技術)

文久2(1862)年8月11日，士族佐藤元狩の長男として長崎に生まれる。明治10(1877)年，京都府中学校在学中に京都府からのフランス留学生に選抜され稲畑勝太郎，横田重一ら7名とともに渡仏する。リモージュ国立装飾芸術学校で磁器技術を学び17年に卒業する。成績優秀につき，リモージュ市長と磁器製造所理事長の名で磁器製造に関する全工程の技術指導者の資格をあたえられる。在学中から技術を磨くため窯元アルフレッド・ラトウのもとで働くが，のちにラトウの二女マリールイズと結婚する。帰国後，京都陶器会社の技師長となり，機械類をフランスから購入する。同社の洋式直立円窯をはじめとする洋式設備による生産方法は京都陶器界に大きな影響をあたえる。21年経営不振により会社解散後，友太郎は税関史に転身する。昭和15(1940)年1月3日死去。声楽家佐藤美子はその娘。㋱東京・多磨霊園
[文献]　京焼百年の歩み(藤岡幸二編)　京都陶磁器協会　昭37／京都フランス物語(田村喜子)　新潮社　昭59
〔湯本豪一〕

佐藤 百太郎　さとう・ももたろう
嘉永6年(1853)～明治42年12月24日(1909)
実業家　〔日本人初のニューヨーク出店〕
㋳佐倉　㋺アメリカ：1867年(留学)

嘉永6(1853)年，佐藤尚中の長男として佐倉に生まれる。11歳の時，横浜に隠居していた祖父に引きとられて，居留地のヘボン夫人の塾で英語を学ぶ。慶応3(1867)年，13歳で私費で単身渡米し，サンフランシスコの商業学校を終え丁稚奉公のような形で働き始める。岩倉使節団によって明治政府の奨学生に選ばれ，明治4年からは商学と運上所(税関)規則の研修のための官費留学生となる。東部の大学(マサチューセッツ工科大学など)で商業を修める。8年帰国の後，福沢諭吉などの賛同を得て6人のオセアニック・グループを編成し，翌9年にオセアニック号で渡米。ニューヨークのフロントストリート7番地で事務所を持ち，輸入雑貨を販売したとされ，『明治事物起原事典』では日本人として初のニューヨークでの商店進出と紹介されている。11年帰国。13年再びニューヨークに渡るが，現地での活動は不詳で破産したとも言われる。24年帰国後は京都府宇治に隠棲する。明治42(1909)年12月24日宇治で死去。享年57歳。
[文献]　近代日本の海外留学史(石附実)　ミネルヴァ書房　昭47／近代日本海外留学生史　上(渡辺実)　講談社　昭52／幕末明治海外渡航者総覧(手塚晃編)　柏書房　平4／明治日米貿易事始―直輸の志士・新井領一郎とその時代(阪田安雄)　東京堂出版　平8(豊明選書)／データベースWHO　日外アソシエーツ
〔富田仁／藤田正晴〕

佐藤 愛麿　さとう・よしまろ
安政4年3月28日(1857)～昭和9年1月12日(1934)　外交官　㋳陸奥国弘前　㋕旧名＝山

中 [渡]アメリカ：1877年（留学）

安政4（1857）年3月28日，陸奥弘前藩士・山中逸郎の二男に生まれ，同藩勘定奉行・佐藤清衛の養子となって家督を継ぐ。明治10（1877）年米国に留学し，14年デポー大学を卒業，バチェラー・オブ・アーツの称号を受け，同年帰国。19年公使館書記官となり，外務書記官，公使館一等書記官を経て，33年駐メキシコ公使となり，38年日露講和会議に随員として活躍。39年駐オランダ公使となり，41年万国平和会議に参列する。大正3年駐オーストリア・ハンガリー大使となるが，第一次世界大戦が勃発，国交断絶と共に帰国し外務省臨時勤務となった。のち駐米国大使となり，7年待命となって帰国。その後，宮内省御用掛（伏見宮家別当）を務める。6年米国デポー大学並びにプリンストン大学より法学博士の名誉学位を受けた。昭和9（1934）年1月12日死去。享年78歳。

[文献] 幕末明治海外渡航者総覧（手塚晃編） 柏書房 平4／データベースWHO 日外アソシエーツ 〔藤田正晴〕

真田 幸民 さなだ・ゆきもと

嘉永3年4月17日（1850）～明治36年9月8日（1903） 松代藩知事 伯爵 [生]宇和島 [渡]アメリカ：1872年（留学）

嘉永3（1850）年4月17日，宇和島藩主伊達宗城の子として生まれる。松代藩主幸教の養嗣子となり慶応2年信濃守に任ぜられる。戊辰2月徳川慶喜親征により出師の朝命をうけた。明治2年6月功により3万石を下賜されたが，同年同月藩籍を奉還し松代藩知事に任ぜられる。4年7月知事を免ぜられ9月事務を大参事に引渡し上京し，のち明治5（1872）年アメリカに遊学する。明治36（1903）年9月8日脚気衝心にて東京芝区琴平町の邸で死去。享年54歳。

[墓]東京・青山霊園，松代町長国寺

[文献] 日本人名大事典3 平凡社 昭54 〔寺崎隆行〕

サニマ

生没年不詳 船乗り 〔日本語学校の助手〕 [名]本名＝三右衛門 ロシア名＝イヴァン・ペトローヴィチ・コズィレフスキー [渡]ロシア：1710年（漂流）

生没年不詳。宝永7（1710）年4月，乗組員9名とともにカムチャツカのカレギル湾に漂着，現地のカムチャダル族に捕えられていたところをコサック隊長チリコフによって仲間3名といっしょに救出，保護される。正徳3年コズィレフスキーが千島を探検する際エトロフ島のアイヌ人シャタノイとともに案内役をつとめ，千島，日本に関する情報を提供する。翌年ペテルブルクへ送られ，ロシア最初の日本語学級（校）の初代教師伝兵衛の助手をつとめる。薩摩の漂流民権蔵と共同でロシア最初の日本語学習書を著したアンドレイ・イヴァーノヴィチ・ボグダーノフ（ロシア科学アカデミー図書館司書補，ペテルブルク日本語学校監督官）が彼の実子であるという説は誤りであり，むしろ教え子であるとみなされている。

[文献] 漂流民の言語―ロシアへの漂流民の方言学的貢献（村山七郎） 吉川弘文館 昭40／日本とロシア―両国交流の源流（高野明） 紀伊国屋書店 昭46（紀伊国屋新書） 〔雪嶋宏一〕

実吉 安純 さねよし・やすずみ

嘉永1年3月20日（1848）～昭和7年3月1日（1932） 海軍軍医中将 子爵 [生]薩摩国（阿多郡）伊作村 [渡]イギリス：1879年（留学）

嘉永1（1848）年3月20日，薩摩国阿多郡伊作村に生まれる。医学を志し藩医池上祥斎に入門，戊辰戦争の際は従軍して負傷者の治療にあたる。明治2年上京，下総佐倉の順天堂に入塾し佐藤尚中に師事，のち大学東校に入学。4年海軍病院に出仕，9年海軍大軍医に進み，西南戦争に従軍した。12（1879）年7月26日海軍から派遣されイギリスに留学，フランスを経て18年9月22日帰国。22年海軍軍医学校長，25年海軍軍医総監（海軍軍医中将），30年海軍省医務局長を歴任。この間，日清・日露戦争では海軍医務に活躍した。33年男爵，38年貴族院議員，40年子爵。明治24年医学博士。退役後，大正9年に東京慈恵会医院医学専門学校長となった。昭和7（1932）年3月1日死去。享年85歳。

[墓]東京青山墓地

[文献] 幕末明治海外渡航者総覧（手塚晃編） 柏書房 平4／データベースWHO 日外アソシエーツ 〔藤田正晴〕

佐野 栄寿左衛門 さの・えいざえもん

⇒佐野常民（さの・つねたみ）を見よ

佐野 鼎　さの・かなえ

文政12年11月（1829）〜明治10年10月22日（1877）　加賀藩士　⊕駿河国　⊛アメリカ：1860（遣米使節に随行），フランス：1862年（遣欧使節に随行）

　天保2（1831）年11月，駿河国に生まれ，のち加賀藩士に迎えられる。万延1（1860）年の幕府遣米使節に益頭俊次郎の従者として随行，体験を『奉使米行航海日記』に著した。文久1（1862）年12月には幕府遣欧使節竹内下野守保徳に小使兼賄方として随行しフランス，イギリス，オランダ，プロシア，ポルトガル，ロシアを訪れる。翌2年12月に帰国する。維新後，兵部省出仕。共立学校を創設する。明治10（1877）年10月22日死去。享年49歳。

〔文献〕万延元年/訪米日記（佐野鼎）　金沢文化協会　昭21／近代日本海外留学生史　上（渡辺実）　講談社　昭52／幕末維新人名事典　新人物往来社　平6／富士出身の佐野鼎と幕末・明治維新　その1，2（磯部博平）　磯部出版　平10／佐野鼎と共立学校―開成の黎明　開成学園創立130周年記念（開成学園創立130周年記念行事運営委員会校史編纂委員会編）　開成学園創立130周年記念行事運営委員会校史編纂委員会　平13　　〔富田仁〕

佐野 常民　さの・つねたみ

文政5年12月28日（1823）〜明治35年12月7日（1902）　政治家　伯爵　〔赤十字事業の創始者〕　⊕肥前国早津江　⊛旧名＝下村　幼名＝鱗三郎のち栄寿，栄寿左衛門　⊛フランス：1867年（パリ万国博覧会出品，軍艦建造依頼）

　文政5（1823）年12月28日，佐賀藩士下村充贇の五男として肥前国の早津江に生まれる。幼少時代は父から漢文の素読などを学ぶ。天保3年，親戚で藩医の佐野常徴の養子となり，5年，養父が藩主の侍医として江戸へ赴いたため実家に預けられる。翌年，藩校弘道館の外生となるが，すぐに内生に抜擢され論語，孟子など漢学を学ぶ。8年には江戸へ出て儒学者古賀侗庵の門に入るが，10年，養父の帰藩にともない母とともに佐賀へ帰る。佐賀では松尾塾で外科術を修め，また弘道館では医学を学ぶ。弘化3年，藩命による侍医牧春堂にしたがって京都へ赴く。京都では広瀬元恭に蘭学と化学を学び，嘉永1年には大坂に出て緒方洪庵の適塾に入り洋学を修める。同門に大村益次郎，広沢真臣，松木方庵などがいた。その後，藩命に

より江戸に赴き伊東玄朴，戸塚静海らに学び，洋書の翻訳や物理，化学，冶金など新知識の修得につとめるが，当時，佐賀藩は長崎警備を担当していたので彼も造船，鋳砲などを学ぶため長崎遊学を命ぜられる。江戸からの帰路，京都に立ち寄り中村奇輔，石黒寛次，田中近江および儀右衛門父子の4名を誘って佐賀に帰る。佐賀藩には大砲鋳造，砲弾製造などのため理学，化学をはじめとする西洋の諸学問を研究，実験するための精錬社という研究機関があったが，同伴した4名を精錬社に推挙したのち長崎へ赴く。長崎では洋学の塾を開いていたが，6年には再び佐賀に戻り京都から連れてきた4名の技師主任として精錬社で研究を始め，名を栄寿左衛門と改める。安政2年，わが国最初の蒸気船と蒸気車の模型を完成させ試験運転を行う。翌年，幕府が長崎においてオランダより軍の伝習をうけた時に中村奇輔，石黒寛次らをともなって伝習に参加し，それまでの研究成果の確認や技術の修得に当たる。4年，佐賀藩がオランダ帆船を購入し飛雲丸と命名したとき飛雲丸の艦長となる。同年11月，佐賀藩において船艦の建造が始められ，翌年晨風丸が完成する。またオランダに注文していた蒸気軍艦・電流丸も到着し佐賀藩艦隊の形が整ってくる。佐賀藩はまた気罐製造や海軍の教育にも力を注ぎ，文久3年にはわが国最初の蒸気船・凌風丸が作られる。その後も甲子丸の購入などの諸事業が積極的に行われ，佐賀藩海軍は幕府をもしのぐわが国最大の海軍となるが，これには彼が大きく貢献している。慶応3（1867）年のパリ万国博覧会に佐賀藩も幕府の承認を得て出品することになり彼は野中元右衛門，深川長右衛門，藤山文一，小出千之助をともないフランスへ向かう。パリ万国博覧会出品とは別に軍艦建造の依頼や商業などの視察も一行の重要な目的であった。博覧会終了後，残務を同行の者たちに任せて軍艦建造依頼のためオランダに向かい，軍艦・日進丸を注文したのちロンドンにも赴き，海軍や工業を視察し明治1年に帰国する。帰国後，ヨーロッパの兵制視察の知識をもとに藩の兵制改革を行う。3年，兵部少丞として新政府に出仕，海軍掛として主に海軍創設に力を注ぐ。この年，常民という名を本名とする。その後，工部権少丞，少丞を経て大丞となる。5年博覧会御用兼務となり，翌年にはイタリアおよび

オーストリア弁理公使、また博覧会副総裁としてオーストリアのウイーン万国博覧会に赴き、日本の芸術、工芸品の紹介に力を注ぐ。帰国後、博覧会報告書を提出したが、その中の「山林管制ノ趣旨報告書」で山林調査、森林法制定の必要性を説き、わが国林業の啓発を行う。8年、元老院議官となる。10年、西南戦争が起こると、彼はかつてオーストリア万国博覧会に赴いた際に赤十字事業を視察していたので、日本でも赤十字事業の必要性を痛感し博愛社を創設する。また同年、美術工芸振興のため龍池会を起こし美術工芸界発展に寄与する。龍池会はその後、日本美術協会となる。13年、大蔵卿、14年には元老院副議長、翌年には議長となる。20年博愛社は日本赤十字社と改称、初代社長に就任する。その後も赤十字社の発展に力を注ぎ、わが国赤十字事業に大きく貢献する。日清戦争における赤十字社の功により伯爵を授けられる。その他、宮中顧問官、枢密顧問官、農商務大臣などの要職も歴任。35年、日本赤十字社創立25周年記念に際し赤十字社の名誉社員となる。明治35(1902)年12月7日死去。享年81歳。日本赤十字社葬。

墓東京・青山霊園

文献 日本赤十字社沿革史(栗原芳) 博愛社明36／日本赤十字社之創立者・佐野常民伝(北島磯舟) 野中万太郎 昭3／佐野常民伝 海軍の先覚・日本赤十字社の父(本間楽寛)時代社 昭18／教育人名辞典 理想社 昭37／佐野常民の山林管制趣旨報告書と緒方道平の山林事蹟(猪熊泰三)：レファレンス(国立国会図書館調査立法考査局) 183 昭41／日本人名大事典3 平凡社 昭54／明治維新人名辞典(日本歴史学会編) 吉川弘文館 昭56／日赤の創始者佐野常民(吉川竜子)吉川弘文館 平13(歴史文化ライブラリー)／赤十字のふるさと—ジュネーブ条約をめぐって(北野進) 雄山閣 平15　〔湯本豪一〕

佐野 藤次郎　さの・とうじろう

明治2年6月19日(1869)～昭和4年11月7日(1929)　土木技術者　神戸市技師長　渡イギリス：1893年(水道技術習得)

　明治2(1869)年6月19日、尾張国名古屋に生まれる。明治24年帝国大学工科大学土木工学科を卒業。同年大阪市技師となり、26(1893)年水道鉄管製造監督のため英国に派遣される。28年5月帰国して土木監督署技師となり第5区に勤務した。30年神戸市水道工事副長、32年には水道工事長となり水源貯水池堰堤視察のため、33年英国領インドに出張して、34年帰国、35年ロンドン土木工師会準員に推挙される。大正4年工学博士。44年～大正9年神戸市技師長、1年から水道拡張部長を兼ねた。8年米国土木工師会会員に推される。9年木曽電気興業に入り技術監督となり、10年大同電力と改称して土木課長に就任したが、12年同社を辞し嘱託となって大井堰堤を完成した。その後、濃飛電気取締役、日本水道衛生工事社長などを務めた。昭和4(1929)年11月7日、万国工業会議に列席のため上京中に病没した。享年61歳。

文献 幕末明治海外渡航者総覧(手塚晃編)　柏書房　平4／データベースWHO　日外アソシエーツ　　〔藤田正晴〕

左平　さへい

宝暦1年(1751)～文政12年頃(1829)　若宮丸乗組員　出陸奥国(宮城郡)寒風沢浜　渡ロシア：1794年(漂流)

　宝暦1(1751)年、陸奥国寒風沢浜に生まれる。若宮丸の乗組員で寛政5(1793)年11月27日、用木400本、乗米1100石ほどを積み江戸へ向けて石巻を出帆するが、11月29日仙台沖で強い南西風(逆風)と大波を受けて船は舵を折られ、その後も風が止まず、12月3日、帆柱を切り捨てて漂流する。5月9日、北東に高い山を見つけ、乗組員16人は端船に乗り移り、6月4日、ロシア領のオンデレツケ島(アリューシャン列島の一島)に上陸する。この島に10日程滞在後、ロシアの出張所へ連れて行かれて1年間を過ごし、翌7年4月、サンパメウ島に移り、さらにオホーツクへ送られる。同年8月その島を出発し、10月ヤコーツカ(ヤクーツク)着。11月そりの上に屋根つきの箱を置いたものに乗せられ、8年1月24日エリカーツカ(イルクーツク)に着く。ここで働きながら8年ほど在留。それまでに乗組員16人のうち3人が死亡した。享和3年3月初旬ロシアの代官とともにロシアの都へ行くことになり、再び箱型そりに乗って出発、モスクワを経て1ケ月以上の旅ののち、4月27日ペトルブルカ(ペテルブルグ)に到着する。このシベリア横断中、さらに3人が死亡。5月16日、残り10人は王宮に行き、皇帝アレクサンドル1世に拝謁する。皇帝からは通訳を通

じてこの国に残ってもいいし、日本に帰りたければ送り返そうと言われ、津太夫、儀兵衛、太十郎とともに帰国を希望し、他の6人はロシアに残留を申し出る。このときの通訳は以前ロシアに漂着した新蔵という船乗りで名前もニコライ・バイトルイチと改め、ロシア人を妻とし子供もあるという。帰国希望者はレザノフ（のちの日本派遣使節）の家にひきとられ、約1ヶ月半ほど滞在、同年6月中旬レザノフ使節団とともに軍艦ナデジュダ号に乗船し、イギリスに立寄ってから大西洋を横断、南アメリカの南端を回り、太平洋に出て翌文化1年6月ハワイに寄港。7月初旬、カムチャツカに着き、8月5日出帆、9月初めに長崎に到着する。レザノフ使節と幕府との話し合いが一向に進まぬために船中に留置かれたままであったが、11月中旬使節団の中から病人が出たのを機に太十郎ら仲間3人と上陸する。12月17日太十郎突然発狂し、かみそりを口の中に入れて自殺をはかる。幸い命はとりとめるが、以後口がきけなくなる。その後厳しい詮議を受けたのち翌2年10月長崎で仙台藩士に引き渡され12月、実に13年振りに故郷へ帰る。初めて世界一周した日本人である。文政12（1829）年頃死去。

[文献] 漂流奇談全集（石井研堂編） 博文館 明33／日本人漂流記（川合彦充） 社会思想社 昭42（現代教養文庫）／異国漂流物語（荒川秀俊） 社会思想社 昭55（現代教養文庫）／いしのまき若宮丸漂流始末—初めて世界を一周した船乗り津太夫（安倍忠正） 三陸河北新報社 昭61／魯西亜から来た日本人—漂流民善六物語（大島幹雄） 広済堂出版 平8／漂流記の魅力（吉村昭） 新潮社 平15（新潮新書）／世界一周した漂流民（石巻若宮丸漂流民の会編著） 東洋書店 平15（ユーラシア・ブックレット ； no.354） 〔安藤義郎〕

鮫島 員規　さめじま・かずのり

弘化2年5月10日（1845）〜明治43年10月14日（1910）　海軍軍人、大将　男爵　㊙薩摩国鹿児島　㊨フランス：1891年（軍艦松島回航）

弘化2（1845）年5月10日、薩摩藩士の長男として鹿児島に生まれる。明治4年海軍少尉補となり、7年佐賀の乱、10年西南戦争に参加。22年金剛艦長となる。24（1891）年12月フランスで建造された軍艦松島の回航委員長としてフランスに出張、25年10月帰国後、初代松島艦長となった。常備艦隊参謀長から、27年少将となり日清戦争直前に編成された最初の連合艦隊参謀長に就任、旗艦松島に乗り組み黄海海戦に参戦、第1遊撃隊司令官として活動。28年常備艦隊司令長官、29〜31年海軍大学校校長を務める。この間、30年中将となり海軍少佐・坂本俊篤の応用実学を主意とする改革意見を取り入れ、学識を豊富にすることを主眼とする海軍大学校条例改正に関わった。その後、31年横須賀鎮守府司令長官、32年再び常備艦隊司令長官を経て、33年佐世保鎮守府司令官となり、38年大将に昇進した。37年日露戦争には佐世保鎮守府司令長官として功があり、40年男爵を授かる。明治43（1910）年10月14日死去。享年66歳。

[文献] 幕末明治海外渡航者総覧（手塚晃編） 柏書房　平4／朝日日本歴史人物事典　朝日新聞社　平6／データベースWHO　日外アソシエーツ　〔藤田正晴〕

鮫島 武之助　さめじま・たけのすけ

嘉永1年11月10日（1848）〜昭和6年2月20日（1931）　官吏　貴族院議員　㊙鹿児島　㊨アメリカ：1873年（鉱山学）

嘉永1（1848）年11月10日、薩摩藩士鮫島淳愿の三男として生まれる。パリ特命全権公使鮫島尚信の実弟。明治6（1873）年鉱山学を専攻して慶応義塾を卒業し、開拓使官費留学生となってアメリカで同分野を研究して帰り、外国語学校でしばらく教論生活をした後、14年東京府に出仕する。転じて外務省書記官となって再び渡米、ワシントンに在留数年ののち、同大臣秘書官、同省参事官を経、公使館書記生としてローマへ赴いて、23（1890）年12月10日、臨時代理公使となる。帰国して内閣総理大臣秘書官、また鉄道会議員となり、29年9月貴族院議員に勅選されるが、とくに伊藤博文の眼鏡にかない、31年1月12日より6月30日までその第3次、33年10月19日より34年6月2日まで第4次内閣で書記官長に就任する。36年官界から身を退くと日本銀行に監事として入る。昭和6（1931）年2月20日死去。享年83歳。

[文献] 日本歴史人名辞典（日置正一）　改造社　昭13／近代日本の海外留学史（石附実）　ミネルヴァ書房　昭47／近代日本海外留学生史 上（渡辺実）　講談社　昭52／日本人名大事典3　平凡社　昭54／日仏文化交流史の研究—日本の近代化とフランス人（西堀昭）　駿河台出版社　昭56／幕末・明治期における日伊

交流(財団法人日伊協会編)　日本放送出版協会　昭59　〔山口公和〕

鮫島 尚信　さめじま・ひさのぶ

弘化2年3月10日(1845)～明治13年12月4日(1880)　外交官　〔外交官第1号, 駐仏特命全権公使〕　[生]鹿児島山之口馬場　[名]幼名＝誠蔵, 変名＝野田仲平　[渡]イギリス：1865年(外国事情視察, 文学), アメリカ：1866年(ハリス教団新生社に参加)

弘化2(1845)年3月10日, 薩摩藩医鮫島淳愿の子として鹿児島に生まれる。文久1年オランダ医学研究生として長崎に遊学し, 英学を何礼之, 瓜生寅に学ぶ。帰藩後開成所訓導師となるが, 元治2(1865)年, 藩命によりイギリス留学生派遣のメンバーとなる。同年3月22日, 野田仲平と変名し鹿児島を立ちシンガポール, スエズ経由で各国の諸文明や世界状勢を概観しつつ5月28日ロンドンに到着。一時過労で病に倒れるが, T.グラヴァーの紹介によるローレンス・オリファント下院議員の世話でバーフ等の語学家庭教師につき英語の学習に励む。6月初め密航留学中の長州藩士山尾庸三の案内でロンドン見物, 兵器博物館や造船所などを見学する。6月7日, 勉学上の指導者ロンドン大学化学教授ウィリアムソン博士の案内でベッドフォードの鉄工場で農耕機械を見学し, ハワード農園で実習をうけ近代農業技術を知る。7月初旬, 本格的勉学にそなえて町田清蔵とロンドン大学の化学教授宅に寄宿する。8月中旬, 同大学ユニヴァーシティ・カレッジ法文学部に入学。専攻学科は文学であった。藩命による留学目的は軍事目的, 経済政策的なものであったが, 異文化との接触による直接西欧体験は, 科学技術の摂取よりも西洋そのものの精神文化へと傾斜させた。とくに大学での勉学以上に公私にわたって世話になった恩師オリファントの思想的, 宗教的影響をうける。留学1年を経た慶応2(1866)年8月, 夏期休暇を利用しオリファントに同行して吉田清成とともにアメリカに渡り, 敬慕する宗教家T.L.ハリスのコロニーを訪問, 宗教的影響をうける。その後もロンドンで勉学を続けるが, 3年3月には洋式軍隊の実際を学ぶため市来勘十郎, 畠山義成, 吉田とドーヴァー大演習に義勇兵として特別参加, イギリス軍の軍服を着用し軍事訓練を受けている。同年4月, 布教のためにイギリスを訪問したハリスと再会, 他の留学生ともどもそのキリスト教教理に深い感銘をうける。6月9日, 同氏の影響のもとに留学生5名の連署で藩庁に建言書を提出する。7月, 学資の欠乏や思想宗教問題の行き詰まりを打開するために渡米を決意。スコットランドより戻った長沢鼎(磯永彦輔)を加え, 市来, 吉田, 畠山, 森金之丞(有礼)とともに, 先に渡米したオリファントのあとを追ってアメリカに赴き, ハリス共同体・新生社に参加する。教団における生活は修道僧のような苦役と勉学と厳しい規律の宗教的禁欲生活で, 彼らはすでにキリスト者に変身していた。少なくとも森, 長沢と彼の3名は愛と救済の十字架信仰意識を明確にもっていたと考えられる。彼はマサチューセッツ州モンソンの5名の日本人留学生を入団させている。ハリスのコロニーは11月にニューヨーク州エリー湖畔のブロクトンに移るが, この頃日本人は13名に達していた。しかし慶応4年春, 国家をめぐるハリスとの意見の違いから吉田, 市来, 畠山は新生社を脱退する。森, 長沢と彼の3名が残るが, その直後日本の王政復古を聞いた教祖ハリスは天命として帰国をすすめる。祖国の発展に一命をささげようと決意, 森と6月8日ブロクトンを立ち帰国する。帰国後ただちに明治新政府に出仕, 外国官権判事, 東京府判事, 権大参事などを歴任する。明治3年, その海外体験を買われて外務省設置とともに外務大丞となり, 10月にはイギリス, フランス, プロシアの3ヶ国を兼務し, 少弁務使としてパリ在勤を命じられる。わが国初の外交官である。5年10月弁理公使, 6年11月特命全権公使となる。8年4月に帰国し, 寺島外務卿の下で外務次官となり, 外務行政の改革指導や外交交渉に活躍するが, 11年1月, 再び特命全権公使としてフランスへ渡る。ついで13年3月にはポルトガル, スペイン両国の公使を兼務する。わが身を捨てて新生日本のために献身しようと帰国したが, その公務は多忙をきわめ, ついに激務に耐え切れず, 明治13(1880)年12月4日, パリの公使館で執務中激しい脳溢衝のため死去。享年36歳。

[墓]パリのモンパルナス南墓地

[文献] 鹿児島県史3　同県　昭16／幕末の海外留学生(林竹二)：日米フォーラム　10(1, 2, 4, 6, 7)　昭39.1～39.8／薩藩海軍史　上・中・下(公爵島津家編纂所編)　原書房

昭43(明治百年史叢書71～73)／近代日本の海外留学史(石附実)　ミネルヴァ書房　昭47／薩摩藩英国留学生(犬塚孝明)　中央公論社　昭49(中公新書375)／近代日本海外留学生史上(渡辺実)　講談社　昭52／日本人名大事典3　平凡社　昭54／明治維新人名辞典(日本歴史学会編)　吉川弘文館　昭56　〔安藤重和〕

佐山　八郎　さやま・はちろう

生没年不詳　従者　⑧諱＝高貞　⑳アメリカ：1860年(遣米使節に随行)

　生没年不詳。安政7(1860)年、24歳頃遣米使節に新見豊前守正興の従者として随行する。
⑳文献⑳万延元年遣米使節史料集成1～7(日米修好通商百年記念行事運営会編)　風間書房　昭36／幕末教育史の研究2—諸術伝習政策(倉沢剛)　吉川弘文館　昭59　〔富田仁〕

佐和　正　さわ・ただし

天保15年1月18日(1844)～大正7年11月6日(1918)　官吏　青森県知事　⑰陸奥国仙台　⑳ヨーロッパ：1879年(警察法調査)

　天保15(1844)年1月18日、陸奥国仙台藩士の子に生まれる。藩校・養賢堂に学ぶ。明治維新後、警察官となり、警視に進む。この間、明治12(1879)年2月12日、川路利良大警視に随行してヨーロッパに渡り、各国の警察を視察し、13年8月21日帰国。18年伊藤博文特命大使に従い清(中国)に派遣される。22年内務書記官となり、ついで青森県知事に就任。29年辞して錦鶏間祗候となる。大正7(1918)年11月6日死去。享年75歳。
⑳文献⑳幕末明治海外渡航者総覧(手塚晃編)　柏書房　平4／データベースWHO　日外アソシエーツ　〔藤田正晴〕

沢　太郎左衛門　さわ・たろうざえもん

天保5年6月4日(1834)～明治31年5月9日(1898)　海軍軍人　〔海軍育成に尽力〕　⑰江戸　⑧幼名＝鋠太郎、諱＝貞説　⑳オランダ：1862年(砲術、火薬製造法)

　天保5(1834)年6月4日、幕府奥火之番・沢太八郎の長男として江戸に生まれる。幼少の頃より学問を好み、長じて蘭学を学び、また砲術の修得にも力を注ぎ江川太郎左衛門からも砲術や西洋兵学を学ぶ。安政3年、箱館奉行所江戸役所に書物御用として初めて幕府に仕える。翌年9月、選抜されて長崎海軍伝習所に入所、オランダ人教師より海軍軍術を学ぶ。6年5月、長崎海軍伝習所を終え江戸へ帰る。万延1年、御軍艦操練所教授方手伝出役を命ぜられ海軍砲術を担当する。その後、教授方に進む。当時、幕府はアメリカに軍艦建造と留学生派遣を依頼したが南北戦争のため計画は中止となり、文久2(1862)年、改めて留学生をオランダへ派遣することになり、彼も選抜されて留学生となる。軍艦組からの留学生は彼と内田恒次郎、榎本釜次郎、赤松大三郎、田口俊平の5名で、ほかに長崎養生所、蕃書調所、および「職方」とよばれる技術職人からも留学生が選抜され、計15名が派遣される。留学生一行は同年(1862)9月11日に長崎を出航しオランダへ向かう。途中、ガスパル海峡で遭難するが、翌年4月にオランダのブローウェルスハーフェンに到着、ライデンに滞在したのち軍艦組と長崎養生所の留学生はハーグへ向かう。ハーグにおいて海軍大尉ディノーより船具や砲術について学ぶ。また海軍大佐デ・フレメリンとその部下からは大砲、小銃、火薬製造法を学び、その後ベルギーのコーバル火薬工場に工具として入り技術修得に当たる。彼の仕事に対する熱心さを職工長コロムホートが認め、火薬製造の機密事項なども教えてくれ、また竃や水圧器の図面も借してくれるなど技術修得に協力してくれる。慶応3年3月26日、開陽丸で帰国、軍艦役などを経て開陽丸の副船将となる。翌年5月、家督を長男鑑之丞に譲り、8月榎本と行動を共にし北海道へ走ったが、明治2年には投降し獄中の身となる。5年1月に特赦され、開拓使御用掛、海軍兵学寮分課勤務などを歴任したのち砲術掛総督となる。その後、陸軍省兼務となり板橋火薬製造所の建造および火薬製造の指導につとめる。同年9月、海軍兵学校大教授となり、以後、兵学権頭兼大教授、兵学校教務課長、兵学校砲術課長、兵学校教務副総理、海軍一等教官などを経て19年2月に非職。22年、非職満期となる。わが国海軍将校の育成に大きく貢献したが、明治31(1898)年5月9日、肺炎のため死去。享年65歳。
⑭東京・青山霊園
⑳文献⑳海軍七十年史談(沢鑑之丞)　文政同志社　昭18／近代日本の海外留学史(石附実)　ミネルヴァ書房　昭47／日本人名大事典3　平凡社　昭54／明治維新人名辞典(日本歴史学会編)　吉川弘文館　昭56／幕府オランダ

留学生（宮永孝）　東京書籍　昭57〔東書選書〕／幕末和蘭留学関係史料集成（日蘭学会）　雄松堂　昭57／続幕末和蘭留学関係史料集成（日蘭学会）　雄松堂　昭59／開陽丸、北へ一徳川海軍の興亡（安部龍太郎）　朝日新聞社　平11　　　　　　　　〔湯本豪一〕

沢 良煥　さわ・りょうかん
嘉永6年10月15日(1853)～大正12年10月8日(1923)　海軍軍人、少将　⊕江戸　⑯別名=良煥　㊣ドイツ：1877年（海軍軍事研修）

　嘉永6(1853)年10月15日江戸に生まれる。山本権兵衛らとともに明治7(1874)年海軍兵学校第2期生として卒業。10(1877)年1月軍務研究のためドイツ留学。翌年山本、片岡七郎らとドイツの軍艦ライプチヒ号に乗船していたが、ドイツとニカラグア間の紛争のため11月3日退艦し5月帰国。のち武蔵、高雄などの艦長、呉海兵団長を歴任し、33年12月少将として予備役編入。大正12(1923)年10月8日死去。享年71歳。

文献　山本権兵衛と海軍（海軍大臣官房）　原書房　昭41／近代日本海外留学生史　上（渡辺実）　講談社　昭52／幕末明治海外渡航者総覧（手塚晃編）　柏書房　平4
　　　　　　　　〔松田和夫／富田仁〕

沢井 数馬　さわい・かずま
⇒森有礼（もり・ありのり）を見よ

沢井 廉　さわい・れん
元治2年1月16日(1865)～明治27年11月27日(1894)　電気学者　理学士〔エジソンの助手で蓄音器発明を助けた〕　⊕京都　㊣アメリカ：1886年（電気工学）

　元治2(1865)年1月16日、岡山県士族のち京橋警察署長沢井近知の子として京都で生まれる。資性明敏で小さい頃から学問を好む。東京英語学校を経て明治10年東京大学予備門に入り、14年東京大学理学部に入り物理学科を修める。卒業論文で、液体をエレキ分解する際にエレクトロードの温度に差異のあることを論じた。19年官費研究生となり大学院に入るが、電気工学研究のためアメリカ留学を決意する。同年(1886)5月31日に退学しアメリカに渡りエジソンの助手となり電話学に精進する。なおエジソン発明の蓄音器は沢井の功によるといわれている。21年にはヨーロッパ各国の諸事情を視察し22年10月に帰国。帰国後電気工学科講師に、25年4月には東京電話交換局長ならびに横浜局長になる。明治27(1894)年11月27日、肺結核で死去。享年30歳。

文献　故理学博士沢井廉君：東洋学芸雑誌　雑報　159　明27／故理学博士沢井廉氏の略歴：電気学会雑誌　雑報　77　明27／明治過去帳―物故人名辞典（大植四郎編）　東京美術　昭46／日本人名大事典3　平凡社　昭54
　　　　　　　　〔寺崎隆行〕

沢田 俊三　さわだ・しゅんぞう
嘉永6年7月(1853)～明治42年5月5日(1909)　弁護士　⊕武蔵国忍　㊣アメリカ：1877年（法律学）

　嘉永6(1853)年7月、武蔵国忍に生まれる。明治10(1877)年アメリカに私費留学、エール大学を卒業し20年に帰国。東京代言人組合副会頭、慶応大学講師などを務めた。明治42(1909)年5月5日死去。享年57歳。

文献　幕末明治海外渡航者総覧（手塚晃編）　柏書房　平4／データベースWHO　日外アソシエーツ
　　　　　　　　〔藤田正晴〕

沢山 保羅　さわやま・ぽうろ
嘉永5年2月25日(1852)～明治20年3月27日(1887)　牧師、教育家〔自給教会、梅花女学校を創設〕　⊕周防国吉敷　⑯本名=馬之進　幼名=馬之助　㊣アメリカ：1872年（神学）

　嘉永5(1852)年2月25日、周防国吉敷で山口藩の下級武士の家に生まれる。藩校憲章館で学ぶが慶応2年の四境戦争後、従来の徂徠学を学風とする藩校を去り、今治の渡辺渉、三原の吉村駿から陽明学を修める。明治3年神戸に出てキリスト教宣教師D.C.グリーンに英語を教わるが、これが機縁となってキリスト教に深い関心を寄せるようになる。陽明学の知識がキリスト教入信を容易にしたようである。5(1872)年グリーンの斡旋でアメリカに渡り、イリノイ州エバンストンのノース・ウエスタン大学に入学する。開拓中の土地であり、ニューイングランド・ピューリタニズムのみなぎる雰囲気の中でキリスト教受洗の日を迎える。翌6年エバンストン第一組合教会でキリスト教信者となるが、やがて病にかかり勉学も思うままにならなくなる。たまたま日本から戻ってきた宣教師H.H.レビットの訪問を受けたのがきっかけになり、牧師として日本における伝

道を決意し，神学を修める。9年に帰国し，大阪で伝道活動を始める。11年，浪花教会を設立し，11名の信者を擁する同教会の牧師となる。日本最初の牧師であり，外国の宗教団体から資金援助を受けない自給教会としても初めての教会である。12年，新島襄などと日本基督伝道会社を興し，日本各地に伝道者を送ることになる。同年梅本町教会とともに，これも自給学校として梅花女学校を創立して校長となる。彼の教会の自給・独立の考えは16年に大阪で開かれた宣教師会議で「日本教会費自給論」として発表されて大きな反響をよぶ。自給，独立は聖書の教えであり，教会の自給は教会の益であり，自給の方法は収入の十分の一を献金することであると説いているが，信仰とは自給の困難さを押して完成するものであるという考えの根底にはニューイングランド・ピューリタニズムの倫理が認められる。そこに彼のアメリカ体験の反映がみられる。明治20(1887)年3月27日，結核のために死去。享年36歳。

[文献] 沢山保羅伝(武本喜代蔵，古本虎三郎) 警醒社 明43／沢山保羅(佐波亘)：福音と時代 3(2) 昭23／英語事始(日本英学史学会編) 日本ブリタニカ 昭51／沢山保羅(笠井秋生他著) 日本基督教団出版局 昭52／沢山保羅研究6(梅花学園沢山保羅研究会編) 梅花学園 昭54／日本人名大事典3 平凡社 昭54／近代日本哲学思想家辞典(伊藤友信他編) 東京書籍 昭57／沢山保羅伝―伝記・沢山保羅(武本喜代蔵，古木虎三郎共著) 大空社 平8(伝記叢書)／沢山保羅全集(茂義樹編) 教文館 平13 〔富田仁〕

三吉　さんきち

生没年不詳　浜錠一座の軽業師　[渡]フランス：1867年(パリ万国博覧会の折に興行)

生没年不詳。浜錠定吉の息子。慶応3年(1867)パリ万国博覧会が開催された年に，アメリカまわりで現地入りし，イギリスの興行師マギールの手配でシルク・ナポレオンで興行する。父親定吉とコンビを組んで演じる足芸は，見物人の度胆をぬき，興行としても成功をおさめた。なお初演に徳川昭武が見物に来ており，仏貨2500フランを祝儀として与えている。翌日の『フィガロ』紙はこのことを報じて，一座を日本政府の御用芸人と大きく紹介したが，この一座がヨーロッパによくある宮廷専属の芸術家という重い意味を含ませたものであった。その後の消息は不明。

[文献] 異国遍路　旅芸人始末書(宮岡謙二) 中央公論社 昭53(中公文庫) 〔寺崎隆行〕

三条 公恭　さんじょう・きみやす

嘉永6年12月18日(1854)～明治34年1月26日(1901)　公家　[生]京都　[渡]イギリス：1868年(外国事情視察)

嘉永6(1854)年12月18日，三条公睦の二男として京都に生まれる。慶応4(1868)年，突如として洋行を思い立ち，中御門寛丸，毛利平六郎，尾崎三良，森寺広三郎，城蓮，大野直輔らを従えてイギリスへ赴くことになった。同年3月，神戸を出発した一行は上海，香港，シンガポール，アレキサンドリアなどを経由してロンドンに到着する。一行のうちには英語を理解する者は一人もなく，途中の奇談は甚だ多かったと伝えられている。一行の渡英目的は「西洋の事情形勢を探知し我施政の参考に資せんとする」(『尾崎三良自叙略伝』)ことにあったが，実際には西洋文明を目のあたりにして茫然自失するのみであった。ロンドンでの英語学習も現地人では思うにまかせず，音見清兵衛(河瀬真孝)が初歩を教えることとなった。この間，岩倉使節団が訪欧したおりには，一行のうち尾崎三良らがその世話にあたった。明治6年10月に帰国した。7年にもイギリスに渡航している。19年，東三条家に入籍し，23年には分家する。明治34(1901)年1月26日死去。享年48歳。

[文献] 明治初年条約改正史の研究(下村冨士男) 吉川弘文館 昭37／近代日本の海外留学史(石附実) ミネルヴァ書房 昭47／尾崎三良自叙略伝 上 中央公論社 昭51／近代日本海外留学生史 上(渡辺実) 講談社 昭52／昭和新修 華族家系大成 下(霞会館諸家資料調査委員会編) 霞会館 昭59／幕末明治海外渡航者総覧(手塚晃編) 柏書房 平4 〔楠家重敏／富田仁〕

三宮 義胤　さんのみや・よしたね

天保14年12月24日(1844)～明治38年8月14日(1905)　外務省・宮内省官吏　男爵　[生]近江国(滋賀郡)真野村　[名]変名＝三上兵部，雅号＝耕庵　[渡]イギリス：1870年(東伏見宮に同行)

天保14(1844)年12月24日，真宗正源寺住職三宮内海の長男として近江国真野村に生まれ

る。明治3(1870)年閏10月5日，東伏見宮嘉彰のイギリス留学に随行する。10年に帰国し，外務二等書記官となるが，のちにベルリン公使館に在勤する。15年外務少書記官にのぼり，翌年，宮内少書記官に転ずる。洋行5回に及ぶ。明治38(1905)年8月14日死去。享年63歳。
[文献] 明治初年条約改正史の研究（下村富士男）吉川弘文館 昭37／明治過去帳―物故人名辞典（大植四郎編） 東京美術 昭46／日本人名大事典3 平凡社 昭54 〔楠家重敏〕

【し】

椎野 正兵衛 しいの・しょうべえ
天保10年1月17日(1839)～明治33年11月8日(1900) 実業家 ㊐相模国小田原 ㊙オーストリア：1873年（ウィーン万国博覧会に出品）
　天保10(1839)年1月17日，相模国小田原に生まれる。元治1年横浜に出て加太八兵衛商店に入る。のちその営業を継いで明治5年呉服織物商・小野屋を開業。6(1873)年2月18日，ウィーン万国博覧会に絹織物を出品するためにオーストリアに渡る。同年12月31日帰国。7年横浜と小田原に絹製ハンカチ工場を，15年横浜に刺繍工場を建設。海外向けに"S・SHOBEY"ブランドのガウンやハンカチ，ネクタイなどを輸出し，特にスカーフは"横浜スカーフ"と呼ばれ今日まで続く伝統産業となった。明治29年藍綬褒章を受章。明治33(1900)年11月8日死去。享年62歳。
[文献] 幕末明治海外渡航者総覧（手塚晃編）柏書房 平4／データベースWHO 日外アソシエーツ 〔藤田正晴〕

塩沢 彦次郎 しおざわ・ひこじろう
生没年不詳　幕臣　幕府小人目付　㊙アメリカ：1860年（遣米使節に随行）
　生没年不詳。安政7(1860)年，34歳頃遣米使節に小人目付として随行する。
[文献] 万延元年遣米使節史料集成1～7（日米修好通商百年記念行事運営会編）風間書房 昭36／幕末教育史の研究2―諸術伝習政策（倉沢剛） 吉川弘文館 昭59 〔富田仁〕

塩沢 昌貞 しおざわ・まささだ
明治3年10月20日(1870)～昭和20年7月7日(1945) 経済学者　早稲田大学総長 ㊐茨城県 ㊂旧名＝関 ㊙アメリカ：1896年（経済学）
　明治3(1870)年10月20日，茨城県に生まれる。明治24年東京専門学校英語政治科を卒業。26(1896)年アメリカに渡り，ウィスコンシン大で経済学を専攻，学位を得て明治33年帰国，母校で教え，34(1901)年ドイツのハレ，ベルリン両大学で経済学，財政学を研究。35年から母校早稲田大学の教務主任，教授，政治経済学部長を務め，大正12年総長となった。明治42年哲学博士，法学博士。この間中等教育検定試験委員，経済調査会委員，海軍経理学校教授などを兼任。またジュネーブの国際労働会議，プラハの社会政策国際会議などにも出席。15年小作調査会委員，協調会付属社会政策学院院長，昭和7年日本学術振興会第3常置委員，9年帝国学士院会員となる。昭和20(1945)年7月7日死去。享年76歳。
[文献] 幕末明治海外渡航者総覧（手塚晃編）柏書房 平4／データベースWHO 日外アソシエーツ 〔藤田正晴〕

塩田 三郎 しおだ・さぶろう
天保14年11月6日(1843)～明治22年8月12日(1889) 外交官 〔メルメ・カションの高弟，語学力をいかし国際折衝に活躍〕 ㊐江戸浜町 ㊂幼名＝篤信，号＝松雲 ㊙フランス：1864年（遣仏使節の通訳）
　天保14(1843)年11月6日，幕府の奥医師塩田順庵の子として江戸の浜町に生まれる。安政6年，赴任する父に従い北海道の箱館に移住する。通詞の名村五八郎から英語を，栗本鋤雲から漢学を学び，さらに当時この地でフランス語学校を開いていたパリ外国宣教会神父メルメ・カションについてフランス語を学ぶ。辺境の地ゆえ書物も乏しく，一文字一文字筆写することによって知識を蓄えた。初歩のフランス語のテキストなどあろうはずなく，すべてカションが発した音をそのまま繰り返すことによって覚えていった。それが逆に幸いして，フランス語の実用会話が上達する。当時，多少なりともフランス語を解した日本人は，わが国の"仏学始祖"といわれる村上英俊と幕府の親仏派の中心的人物だった栗本鋤雲のほか，彼とともにカションに学んだ立広作

くらいである。そうした努力が認められて、箱館奉行の推薦によって通弁御用となり、アメリカ人鉱山学者に従って北海道各地を調査に歩く。文久3年9月、3年間にわたる北海道での生活に別れを告げて江戸に戻り、通弁御用となる。同年(1864)12月29日、外国奉行池田筑後守長発を正使とする遣仏使節に通弁御用出役として加わり、フランス船ル・モンジュ号に乗って横浜を出帆する。一行の中には副使の河津伊豆守、監察の河田相模守をはじめ、三宅雪嶺の岳父田辺太一、のちに三井物産の社長となった益田孝などの名が見られる。元治1年3月10日、2ヶ月半にわたる船旅の末にマルセイユに到着し、13日にはパリに入る。当時のフランスはナポレオン三世の全盛時代であり、パリの街も近代的で美しい都市にその装いを変えつつあった。一行は、フォンテーンブローの森で開かれた観兵式に招かれる。アラビア馬が正使池田長発の裏金の陣笠姿に驚いて騎兵隊の中へ飛び込み、ナポレオン三世が大笑いしたというエピソードが残っているが、尾佐竹猛の『夷狄の国へ』によれば、このアラビア馬に乗っていたのが彼だったという。会議は4月2日から始まったが、外務大臣ド・ルーイン・ド・リュイスウフランス側は横浜鎖港に応じるどころか、下関戦争の賠償を約束させ、さらにフランス船の下関海峡航行を保障させた。使節はヨーロッパ諸国の訪問を中止して、失意のうちに5月18日にパリを発ち、7月18日に横浜に帰着した。慶応1(1865)年、彼は外国奉行柴田日向守剛中を正使とする使節の通弁として、組頭水品楽太郎、調役富田達三、同並小花作之助、福地源一郎、岡田摂蔵らとともにフランス、イギリス両国に派遣される。今度の目的は、横須賀に製鉄所を建設するための機械の買い入れと技師の招聘であった。5月5日、横浜を出帆した使節団は、7月6日にマルセイユに着き、ツーロン造船所を見学し、17日にパリに到着し外務大臣ド・ルーイン・ド・リュイスと会談する。さらにノルマンディーのブレストなどフランス各地を回り、精力的に造船所を見学・調査するとともに技術者の雇い入れを行い、2年1月19日に帰国する。翌3年2月に、外国奉行支配組頭に進んだが、メルメ・カションの帰国に際して横浜仏語伝習所の助教となる。明治3年4月、明治新政府のもとで民部省に入ったあと、すぐに外務省に移り、

特命全権公使鮫島尚信に随行し、イギリス、フランス、ドイツをまわり、さらにイタリアのローマで開かれた万国通信会議に出席する。4年、岩倉使節団に外務大記として随行し、アメリカ、イギリス、フランス、ドイツ、ロシア、スウェーデンなど12ヶ国をまわって、条約改正についての日本側の意向を伝え、あわせて国情を視察する。6年に帰国し外務大丞となったあと、8年にはロシアのペテルブルグの国際電信電話会議に出席、さらにヨーロッパ各地をまわって通信事業振興のための資料収集を行う。9年には、ペイポー号事件の臨時裁判所の審判官を命じられ、アメリカとの仲裁に尽力する。その後、外務大書記官、外務少輔を歴任し、10年に官を辞したが、4年後の欧米諸国との条約改正に際し外交の舞台に引き戻され、井上外務卿のもと外務少輔として各国との折衝に当たる。18年、特命全権大使となり清国の北京に駐在したが、明治22(1889)年8月12日、任地で肝臓炎のため死去。享年47歳。

㊞東京都台東区・長久寺

[文献] 夷狄の国へ―幕末遣外使節物語(尾佐竹猛) 万里閣書房 昭4／日本とフランス(西堀昭、富田仁) 三修社 昭54／日本人名大事典3 平凡社 昭54／明治維新人名辞典(日本歴史学会編) 吉川弘文館 昭56／横須賀製鉄所の人びと―花ひらくフランス文化(富田仁、西堀昭) 有隣新書25)／フランス語事始―村上英俊とその時代(富田仁) 日本放送出版協会 昭58　　〔伏見郁子〕

塩田 真　しおだ・まこと

天保8年(1837)～大正6年2月12日(1917)　工芸研究家　㊞江戸神田　㊞オーストリア：1873年(ウィーン万国博覧会に派遣)

天保8(1837)年、江戸神田に生まれる。明治6年1月30日ウィーン万国博覧会に派遣され7年3月7日帰国。9年にはフィラデルフィア万国博にワグネル、納富介次郎らと派遣され、日本の美術工芸を紹介する。この間、江戸川製陶所を開設し欧州の製陶技術を研究。19年『府県陶器沿革陶工伝統誌』を編集、日本美術協会・彫工会特別会員、図案会・裏画会顧問を務めた。大正6(1917)年2月12日死去。享年81歳。

[文献] 幕末明治海外渡航者総覧(手塚晃編) 柏書房 平4／データベースWHO 日外アソシエーツ　　〔藤田正晴〕

塩野 門之助　しおの・もんのすけ
嘉永6年7月(1853)〜?　鉱山技術者　〔鉱業関係の留学第1号〕　㊗出雲国(島根県)奥谷村　㊙フランス：1876年(採鉱・精錬技術)

嘉永6(1853)年7月、松江藩士の子として出雲国奥谷村に生まれる。藩校修道館でヴァレットなどからフランス語を学んだのち、住友の別子銅山に洋式技術導入のため雇われたフランス人技師ラロックの通訳として新居浜へ赴く。ラロックより鉱山知識、自然科学などを学ぶ。ラロックの帰国後、日本人技術者の養成をめざした住友の方針により増田好造とともに9(1876)年4月、鉱山技術修得のため渡仏する。これが民間鉱業初の海外留学生である。フランスではサン・テチェンヌ鉱山学校で学び、卒業後も実用技術修得に努め14年12月に帰国。別子銅山技術長として炉の研究、建設に従事する。一時足尾銅山に移るが再び別子にもどり、四阪島製錬所の建設に尽力、同製錬所の操業直後の38年11月に住友を退職する。

[文献] 別子開坑二百五十年史話(平塚正俊編)　住友本社　昭16／明治期、ある技術者の軌跡(佐々木正勇)：住商ニュース　78　昭60
〔湯本豪一〕

志賀 親朋　しが・しんぽう
天保13年11月8日(1842)〜大正5年9月20日(1916)　外務省官吏　〔日露親善に尽力〕　㊗肥前国(彼杵郡)浦上淵村　㊙通称=浦太郎　㊙ロシア：1866年(遣露使節の通訳)

天保13(1842)年11月8日、長崎代官管轄浦上淵村庄屋の志賀和一郎の子として生まれる。幼少の頃より長川東洲と長川幹二に漢学、井原又十郎に真影流剣術、高木善右衛門に砲術と馬術を学ぶ。安政1年、庄屋見習いとなる。5年ロシア軍艦が長崎に来航し、修理のため乗組員を悟真寺を宿舎としたため、取締を命ぜられる。取締のかたわら士官ムハノフについてロシア語を学ぶ。その後も来航するロシア人からロシア語や外国の知識を学び、文久1年通弁として箱館へ赴き、元治1年には対馬でも通弁として活躍する。慶応2(1866)年、小出大和守を正使とする遣露使節の通弁として随行する。帰国後、長崎奉行支配調役並となり、維新後は開拓少主典、外務中録などを歴任し6年に露国駐箚日本公使館詰となり8年に帰国する。10年に退官し、その後は日露協会長崎支部長として日露親善に努める。大正5(1916)年9月20日死去。享年75歳。

[文献] 遣魯伝習生始末(内藤遂)　東洋堂　昭18／長崎県人物伝(長崎県教育会編)　臨川書店　昭48／日本人名大事典3　平凡社　昭54／明治維新人名辞典(日本歴史学会編)　吉川弘文館　昭56
〔湯本豪一〕

志賀 泰山　しが・たいざん
嘉永7年8月21日(1854)〜昭和9年2月5日(1934)　農林技師　㊗伊予国(宇和郡)近永村　㊙ドイツ：1885年(農学)

嘉永7(1854)年8月21日、宇和島藩侍医・志賀天民の二男として伊予国宇和郡近永村に生まれる。大学南校で鉱山学を学び、明治10年大阪師範学校教師、16年東京山林学校助教授となる。18(1885)年森林学研究のためドイツに留学。21年11月に帰国し、農商務省山林局に勤務、営林技師となる。22年初代東京大林区署長、23年東京帝国大学農科大学教授を兼任するなど、官林経営の基礎づくり、林学教育に貢献した。明治32年林学博士。36年退官し木材防腐の研究と事業化に専念、40年東洋木材防腐の設立・工場建設に技師長を務めた昭和9(1934)年2月5日、東京駒込林町の自宅で死去。享年81歳。㊗東京・雑司ケ谷墓地

[文献] 林業先人伝―技術者の職場の礎石(日本林業技術協会編)　昭37／幕末明治海外渡航者総覧(手塚晃編)　柏書房　平4／データベースWHO　日外アソシエーツ　〔藤田正晴〕

刺賀 信量　しが・のぶかず
生没年不詳　工部省留学生　㊗山口　㊙別名=超介　㊙アメリカ、イギリス：1872年(造船)

生没年不詳。山口の出身。明治5(1872)年5月、造船研究のため工部省留学生としてアメリカ、イギリスに渡る。その後の消息は不明。

[文献] 近代日本の海外留学史(石附実)　ミネルヴァ書房　昭47／幕末明治海外渡航者総覧(手塚晃編)　柏書房　平4
〔楠家重敏／富田仁〕

執行 謙九郎　しぎょう・かねくろう
⇒執行弘道(しゅぎょう・ひろみち)を見よ

繁沢 克明　しげさわ・かつあき
生没年不詳　工部省留学生　㊙イギリス：1873年(灯台技術)

生没年不詳。明治6(1873)年，灯台技術修得のため工部省留学生としてイギリスに渡る。同年，政府より帰国令がでたが病気のため延期となった。その後の消息は不明。

[文献] 工部省沿革報告　大蔵省　明22／近代日本の海外留学史(石附実)　ミネルヴァ書房　昭47　〔楠家重敏〕

治作　じさく

生没年不詳　栄力丸乗組員　[生]摂津国大石村　[渡]アメリカ：1850年(漂流)

生没年不詳。摂津国大石村の出身。松屋八三郎船・永(栄)力丸は30端帆，1500石積の17人乗り新造船で，嘉永3(1850)年10月29日熊野灘で遭難。52日間の漂流後12月21日アメリカのバーク型商船オークランド号の船長エンニングスに救助される。翌年2月3日サンフランシスコに入港し，17人は税関長キングに引き渡される。治作はトラと呼ばれていたが，サンフランシスコのウェルズ・ファゴー会社に勤めたのち，安政5年にミレタ号で箱館に戻る。海外生活9ヶ年になり相当英語ができたものと思われるが，その後の消息は不明。

[文献] 日本人漂流記(川合彦充)　社会思想社　昭42(現代教養文庫A530)　〔寺崎隆行〕

志道 貫一　しじ・かんいち

生没年不詳　海軍軍人　[生]山口　[渡]イギリス：1871年(造船学)

生没年不詳。山口の出身。明治4(1871)年2月22日，兵部省の留学生として海軍修業のためイギリスへ派遣される。11年4月26日帰国の後は横須賀造船所に勤務する。

[文献] 廃藩以前旧長州藩人の洋行者：防長史談会雑誌　1(6)　明43／海軍兵学校沿革(海軍兵学校編)　原書房　昭43／幕末明治海外渡航者総覧(手塚晃編)　柏書房　平4　〔楠家重敏／富田仁〕

志道 新之允　しじ・しんのじょう

生没年不詳　留学生　[生]山口　[渡]アメリカ：1872年(鉱山学)

生没年不詳。山口の出身。明治5(1872)年2月18日にアメリカに留学する。留学の目的としては鉱山学の研修であるが，その詳細は伝えられていない。7年2月6日帰国。その後の消息は不明。

[文献] 近代日本の海外留学史(石附実)　ミネルヴァ書房　昭47／幕末明治海外渡航者総覧(手塚晃編)　柏書房　平4　〔富田仁〕

志道 聞多　しじ・もんた

⇒井上馨(いのうえ・かおる)を見よ

静間 健介　しずま・けんすけ

？～明治12年2月18日(1879)　官吏　[名]別名＝静間彦助　[渡]ドイツ：1870年(留学)

生年不詳。山口県士族。明治3(1870)年長州藩派遣の藩費留学生としてベルリンに渡る。同5年滞欧中の全権大使岩倉具視をロンドンの宿舎ペレス・ホテルに迎え，駐独公使青木周蔵や品川弥二郎とともにドイツの事情を説明した。翌6年に帰国。7年頃兵庫県参事に任じ，9年に三等法制官，10年3月陸軍中佐に転じて太政官少書記官を兼ね法制局に勤務。のち工部少書記官。明治12(1879)年2月18日死去。

[墓]真田山陸軍基地

[文献] 明治過去帳―物故人名辞典(大植四郎編)　東京美術　昭46／近代日本海外留学生史　上(渡辺実)　講談社　昭52／近代日本の海外留学史(石附実)　ミネルヴァ書房　昭59／幕末明治海外渡航者総覧(手塚晃編)　柏書房　平4　〔村岡正明／富田仁〕

志田 林三郎　しだ・りんざぶろう

安政2年2月25日(1856)～明治25年1月4日(1892)　電気工学者　工科大学教授　〔電気学会の創立者〕　[生]肥前長崎　[渡]イギリス：1879年(電信学)

安政2(1856)年2月25日，佐賀藩多久氏の家臣として長崎に生まれる。明治12(1879)年11月，工部大学校を卒業し，ただちに同校の第1回留学生として電信学研修のためイギリスに渡る。グラスゴー大学に入り，ケルビン卿の指導で電磁単位と静電単位との換算常数の測定を行う。また在学中に科学小説を書き賞を得る。16年4月に帰国ののち，電信局勤務を経て工科大学教授となる。その間，地電気の観測をしたり，海底電線敷設器械を製造する。さらに逓信省工務局次長，東京電信学校などを歴任する。明治21年，電気学会を創立し，電気学会雑誌を発行する。24年頃から病にかかり，明治25(1892)年1月4日，肺結核のため死去。享年38歳。

〔文献〕明治過去帳―物故人名辞典(大植四郎編) 東京美術 昭46／近代日本海外留学生史 上(渡辺実) 講談社 昭52／先見の人 志田林三郎の生涯―百年前に高度情報化社会が見えていた天才(信太克規) ニューメディア 平5(NEWMEDIA BOOKS)／「発明力」の時代―夢を現実に変えるダイナミズム(志村幸雄) 麗沢大学出版会 平16 〔楠家重敏〕

志立 鉄次郎　しだち・てつじろう
慶応3年(1867)～昭和21年3月16日(1946)　実業家　日本興業銀行総裁　㊐出雲国　㊛アメリカ，イギリス：1890年(留学)

慶応3(1867)年，出雲国に生まれる。東京帝国大学法科大学経済学科を卒業。明治22年日本銀行に入行し，23(1890)年アメリカ，イギリスに官費留学し，26(1893)年10月帰国。30年から日本銀行西部支店長を務めた。その後，九州鉄道経理局長や住友銀行本店支配人など経済界の要職を歴任した。また『朝日新聞』経済部長としても活躍し，経済論などに健筆を揮った。大正2年日本興業銀行総裁に就任。昭和2年には日本代表としてジュネーブで開催された国際経済会議に出席した。昭和21(1946)年3月16日死去。享年80歳。
〔文献〕協同組合運動に燃焼した群像(日本農業新聞編) 富民協会 平1／幕末明治海外渡航者総覧(手塚晃編) 柏書房 平4／データベースWHO 日外アソシエーツ 〔藤田正晴〕

七太郎　しちたろう
生没年不詳　永住丸乗組員　㊐阿波国(板野郡)岡崎村　㊛アメリカ：1842年(漂流)

生没年不詳。岡崎村の出身。摂津国中村屋伊兵衛の持船28端帆，1300石積の永住丸乗組員の一人として天保12年8月23日兵庫を出帆し，奥州南部宮古を向かう途中10月12日，下総犬吠岬の沖で漂流。100日余り漂流し，13(1842)年2月2日イスパニア船エンサヨー号に救助される。当初は大切にされたが，すぐに乗組員13名が2組に分けられ昼夜断絶なく働かされた。3月17日カリフォルニアに近づいた時，水汲みに上陸させられ，ローアカリフォルニアの南端サン・ノゼ・デル・カボの海岸に置き去りにされた。なお，後に尾張の武士に取り立てられ，長尾初太郎と名乗った初太郎は弟にあたる。その後の消息は不明。

〔文献〕日本人漂流記(川合彦充)　社会思想社 昭42(現代教養文庫A530)／世界を見てしまった男たち―江戸の異郷体験(春名徹) 筑摩書房 昭63(ちくま文庫)／新世界へ―鎖国日本からはみ出た栄寿丸の十三人(佐野方和) 法政大学出版局 平1 〔寺崎隆行〕

品川 弥一　しながわ・やいち
明治3年11月(1870)～大正13年12月11日(1924)　牧畜事業家　子爵　㊛ドイツ：1885年(畜産学)

明治3(1870)年11月，政治家・品川弥二郎の長男として生まれる。明治18(1885)年畜産研究のためドイツへ留学。帰国後，農商務省牧場総督官補。退官後，北海道に改進社牧場を開いた。この間，33年襲爵。明治3(1870)年11月，大正13(1924)年12月11日脳溢血のため死去。享年55歳。
〔文献〕幕末明治海外渡航者総覧(手塚晃編) 柏書房 平4／データベースWHO 日外アソシエーツ 〔藤田正晴〕

品川 弥二郎　しながわ・やじろう
天保14年閏9月29日(1843)～明治33年2月26日(1900)　政治家　子爵　㊐長門国萩松本村川端　㊛変名=橋本八郎，雅号=念仏龍主，尊攘堂主人　㊛ドイツ：1870年(普仏戦争視察，政治学)

天保14(1843)年閏9月29日，長州藩士品川弥市右衛門の長男として長門萩に生まれる。安政4年9月，松下村塾に入って吉田松陰に学び愛される。5年12月松陰の免罪を訴えて謹慎させられたが，翌年許される。万延1年江戸に出たが，翌年に萩に帰って12月塾生の一灯銭申合せに加わり，文久2年4月京にのぼって寺田屋の変に関係する。ふたたび江戸に行き，11月高杉晋作らと外国公使襲撃を計画，御楯組の血盟に参加した。3年1月松陰遺骨改葬に力を発揮して士雇となり，3月将軍家茂が京にのぼって天下の耳目が京に集まる形勢となったので，同志とともの入洛する。8月18日政変が起こり三条実美以下7卿が京を追われた際，護衛の士に加わって萩に帰る。元治1年6月に再度上京し，7月蛤御門の変には八幡隊隊長として真木保臣らと力を合せて戦ったが敗れて帰国し，8月御堀耕助らと御楯隊を組織して幕府軍・四国連合艦隊の攻撃を防いだ。慶応1年12月には木戸孝允にしたがって入洛，西郷隆盛，

大久保利通，黒田清隆らと会談し，文久年間以来不和であった薩長両藩の提携に力を尽くす。その後国元と京都の間をしばしば往復して幕府情勢の偵察と薩長の連絡にあたる。3年4月三十人通りに昇格し，10月大久保利通，岩倉具視に会い，錦旗調製のことを託されるとともに討幕の密勅を奉じて広沢兵助らとともに帰国。12月急ぎ上京して世良修蔵と有栖川宮に時務七議7箇条を建議する。明治1年10月整武隊参謀として奥羽に出陣，各地を転戦して2年7月萩に凱旋。同年12月明治政府に召出されて弾正少忠となり，3年3月脱退暴動鎮撫不行届の罪で一時蟄居を命じられ6月退職。同年（1870）8月政府から普仏戦争視察のため欧州に派遣される。この時選ばれたのは品川，板垣退助，大山弥助（巌）であったが，板垣は故あって土佐に帰ったため林有造が代わって行くことになり，さらに池田弥一，有би品之丞が加わった。一行はアメリカ経由で同年10月ベルリンに着き，数ヶ月にわたって，戦場を見学し国情を研究する。大山は一行と別れ4年に帰国したが，彼は一時イギリスに赴き，のちドイツに戻ってひとり新興ドイツ帝国の国情を研究しつづけた。4年8月滞在期限が満期になったが，継続を願い出て許可され留学に転じる。関心は軍事方面よりむしろ政治経済にあって，のちに日本産業組合運動の推進者となった素地はこの留学時代に形成されたと考えられる。山県伊三郎ら後進にもドイツ留学を勧め，またロシア留学のため岩倉使節団の中にあった平田東助をドイツにとどめたのも彼と青木周蔵であった。6年12月留学生帰国命令が出されたが，さらに留学継続を望み，青木が帰国中のためドイツ公使館事務取扱を命じられ，翌7年3月外務二等書記官，8年3月同一等書記官に任ぜられた。9年3月帰国，4月には権大史内務大丞となり，10年1月内務大書記官，その後内務少輔，農務少輔，同大輔，駅逓総官となる。17年7月には維新以来の功績により子爵を授けられ，18年ドイツ駐在特命全権大使となり翌年赴任，20年3月帰国後京都に尊攘堂を設立，6月宮中顧問官となる。24年6月松方正義内閣の内務大臣に就任。当時板垣退助が自由党，大隈重信が改進党を率いて政府の施政を攻撃するなか，反政党主義を唱えて第2議会の解散を主張した。解散後の総選挙で史上有名な大干渉を民党側に加えた。その措置には元老伊藤博文らからさえも非難を浴び，辞任して枢密顧問官に転じたが，6月退官して西郷従道，佐々友房らと国民協会を組織し，同副会長となって自由民権派に対抗した。32年春勢力が伸長しなかった国民協会を解散させ，再び枢密顧問官となって京都に隠棲したが，明治33（1900）年2月26日，肺炎のため東京で死去。享年58歳。
㊥京都霊山
[文献]品川子爵追悼録（阿武信一）　警眼社明33／念仏庵主（鳥谷部春汀）『春汀全集1』博文館　明42／品川子爵伝（村田峰次郎）大日本図書　明43／品川弥二郎子（三宅雪嶺）『偉人の跡』丙午出版社　明43／志士書簡（遠山操編）厚生堂　大3／尊攘堂書類雑記日本史籍協会編刊　大8／故子爵品川弥二郎の修史意見：歴史地理　44(4)　大13／品川弥二郎日記（日本史籍協会編）『維新日乗纂輯2』日本史籍協会　大14／品川弥二郎と康有為（元田肇）：文芸春秋　4(7)　大15／品川・平田の二大家の伝（横山健堂）：産業組合　277　昭3／歴史の人物を挟る（田村栄太郎）白揚社　昭9／品川弥二郎の産業政策（奥谷松治）：経済評論　2(12)　昭10／品川弥二郎と平田東助（宮本又治）：農業と経済　6(4)　昭14／品川弥二郎伝（奥谷松治）高陽書院　昭15／先覚者　品川と平田：農業協同組合　68　昭28／日本人名大事典3　平凡社　昭54／明治維新人名辞典（日本歴史学会編）　吉川弘文館　昭和／品川子爵伝（村田峯次郎）マツノ書店　平1／品川弥二郎関係文書1～6（尚友倶楽部品川弥二郎関係文書編纂委員会編）　山川出版社　平5～15
〔松田和夫〕

柴 五郎　しば・ごろう

安政6年5月3日（1859）～昭和20年12月13日（1945）　陸軍軍人，大将　㊧陸奥国会津
㊨イギリス：1894年（軍事）

安政6（1859）年5月3日，陸奥国会津に生まれる。兄に東海散士がいる。明治1年10歳の時会津若松城落城，捕虜となって東京に護送され，脱走して流浪，下僕生活，給仕などを経て陸軍幼年学校，明治12年陸軍士官学校を卒業した。16年近衛砲兵大隊小隊長，22年砲兵大尉，近衛砲兵連隊小隊長，23年陸軍省砲兵課員，27年3月イギリス公使館付となりイギリスに渡り31年12月帰国。この間，28年日清戦争出征。33年清国公使館付となり，義和団事件では北京の公使館に籠城した。日露戦争に

は野砲第15連隊長として出征。40年少将、41年佐世保要塞司令官、42年重砲第2旅団長、大正2年中将、下関要塞司令官、8年大将、台湾軍司令官、10年軍事参議官、12年予備役。藩閥の外にありながら陸軍大将、軍事参議官にまで進み、中国問題の権威となった。昭和20(1945)年12月13日死去。享年87歳。
[文献] ある明治人の記録―会津人柴五郎の遺書(柴五郎著、石光真人編著) 中央公論社 昭46(中公新書)／幕末明治海外渡航者総覧(手塚晃編) 柏書房 平4／守城の人―明治人 柴五郎大将の生涯(村上兵衛) 光人社 平4／NIPPONの気概―使命に生きた先人たち(上原卓) モラロジー研究所、広池学園事業部(発売) 平13／データベースWHO 日外アソシエーツ 〔藤田正晴〕

斯波 淳六郎　しば・じゅんろくろう
文久1年2月(1861)～？　公法学者　㊞加賀
㊞ドイツ：1884年(公法学)
　文久1(1861)年2月、加賀に生まれる。帝国大学法科大学を卒業後、明治17(1884)年2月に、哲学の井上哲次郎らとともに文部省より派遣されてドイツのハイデルベルヒ大学に留学し、公法学を研究、21年5月に帰国する。帰国後は法科大学の教授となり、その後恩給局審査官などもつとめる。
[文献] 近代日本海外留学生史 上(渡辺実) 講談社 昭52 〔村岡正明〕

柴 四郎　しば・しろう
⇒東海散士(とうかい・さんし)を見よ

斯波 貞吉　しば・ていきち
明治2年8月17日(1869)～昭和14年10月14日(1939)　ジャーナリスト、政治家　衆議院議員　㊞福井県　㊞イギリス：1889年(留学)
　明治2(1869)年8月17日、福井県に生まれる。明治22年東京帝国大学文科大学英文科選科を卒業。22(1889)年3月イギリスに留学し、オックスフォード大学を卒業。24年10月帰国。盛岡中学校教諭、高輪仏教高等中学・同大学各教授を務め、明治30年万朝報に入り、英文記者、編集局長となった。社長黒岩涙香の下、石川半山、茅原華山らと大正初期の憲政擁護に健筆をふるい、黒岩没後は常務兼主筆。堺利彦らの週刊『平民新聞』英文欄も執筆。38年山路愛山らと国家社会党を創立。大正14年東京大勢新聞社を創立、社長に就任。同年東京府から衆議院補欠選挙に立候補し、当選、憲政会、立憲民政党に属し、6期務めた。昭和14(1939)年10月14日死去。享年71歳。
[文献] 幕末明治海外渡航者総覧(手塚晃編) 柏書房 平4／事典近代日本の先駆者 日外アソシエーツ 平7／データベースWHO 日外アソシエーツ 〔藤田正晴〕

志波 虎次郎　しば・とらじろう
生没年不詳　海軍兵学寮学生　㊞伊万里
㊞別名=志破虎二郎　㊞イギリス：1871年(留学)
　生没年不詳。伊万里の出身。海軍兵学寮に入り、明治4(1871)年に伊万里県の費用でイギリスに留学する。その後の消息は不明。
[文献] 明治初年条約改正史の研究(下村富士男) 吉川弘文館 昭37／海軍兵学沿革(海軍兵学校編) 原書房 昭46／近代日本の海外留学史(石附実) ミネルヴァ書房 昭47／近代日本海外留学生史 上(渡辺実) 講談社 昭52 〔楠家重敏〕

柴田 才一郎　しばた・さいいちろう
元治1年3月(1864)～昭和20年(1945)　機織技師　㊞東京　㊞ドイツ、オーストリア：1895年(機織工科の研究)
　元治1(1864)年3月東京に生まれる。明治28(1895)年5月に文部省から派遣されて、ドイツとオーストリアへ機織工科を研究のため2年間留学し、30年に帰国する。機織工科は、日清戦争後の生産力増強のため必要とされた新たな留学専攻学科である。帰国後は、愛知県立工業学校長、愛知県技師などを歴任する。昭和20年(1945)死去。享年82歳。
[文献] 近代日本海外留学生史 下(渡辺実) 講談社 昭53／幕末明治海外渡航者総覧(手塚晃編) 柏書房 平4 〔村岡正明／富田仁〕

柴田 貞太郎　しばた・さだたろう
⇒柴田剛中(しばた・たけなか)を見よ

柴田 承桂　しばた・しょうけい
嘉永3年5月12日(1850)～明治43年8月2日(1910)　有機化学者　薬学博士　〔『日本薬局方』の編纂者〕　㊞尾張国名古屋　㊞ドイツ：1871年(有機化学、衛生学)

嘉永3(1850)年5月12日，名古屋に生まれる。尾張藩から貢進生として推挙され，明治4(1871)年文部省第1回留学生に選ばれ県費でドイツのベルリン大学に留学し，有機化学，衛生学を修めて，7年に帰国する。帰国後文部省出仕となり，以後東京大学医学部教授，内務省御用掛，東京および大阪司薬場長などを歴任する。その間，36年に薬学博士の学位を受ける。薬学研究の基礎を固め，日本薬局方の制定や衛生行政の実施に尽くすなど，わが国の医学界並びに薬学界に貢献する。退官後はもっぱら著述に没頭し，西洋の学問を日本に紹介する。著書に『普通鉱物学』『有機化学』，翻訳書に『普魯士学校規則』があり，また『日本薬局方』を編纂する。明治43(1910)年8月2日死去。享年61歳。

文献 近代日本の海外留学史(石附実) ミネルヴァ書房 昭47／日本人名大事典3 平凡社 昭54 〔村岡正明〕

柴田 剛中　しばた・たけなか

文政6年1月17日(1823)～明治10年8月24日(1877) 幕臣 〔横須賀製鉄所の設立準備に尽力〕 ㊲江戸小石川 ㊳通称＝貞太郎，日向守，雅号＝恬斎 ㊹フランス：1862年(遣欧使節の組頭)，フランス：1865年(製鉄所・軍制調査)

文政6(1823)年1月17日，江戸の小石川で生まれる。徒目付，評定所留役助，評定所留役を経て，安政5年，外国奉行支配組頭となる。外国奉行に任ぜられてからは江戸と神奈川の間を往復し，神奈川開港のために力を尽くす。以後，欧米外交官との交渉の先頭に立ち，外人殺傷事件の処理を指揮したり，貨幣兌換問題の解決に努めるなど，外交の第一線で活躍する。その才腕を買われ，文久2(1862)年，幕府の遣欧使節の組頭としてヨーロッパに渡り，開港及び開市の延期を求める談判に努力し，開市開港5ヶ年延期に成功。常に一行の要となって働いた。同年12月に帰国するとすぐに外国奉行並となり，4年1月下旬，外国奉行として箱館に勤務する。そしてその優れた人材により，慶応1(1865)年閏5月製鉄所及び軍制調査のため正使として，再度イギリス，フランスに派遣される。使節の目的は，ヨーロッパの文明開化の法にならい，日本の政体を一変すること，つまり富国強兵の基を築くためにイギリスやフランスの進んだ文明，技術を学ぼ

うというものであった。幕府は下関事件以来，富国強兵の必要を痛感していたのである。そのためフランスに依頼して，横浜に製鉄小工場を建設すること，横浜賀に造船所を設立することなどを計画していた。それに必要な鋳貨機械等の購入や技師の招聘をしなければならなかったし，軍隊の近代化を図るために三兵伝習教官をイギリスやフランスから招聘する必要があった。7月6日，マルセイユに到着するとまず，ヴェルニーの案内によりツーロンの造船所を見学した。ついで7月17日パリに入り，ヴェルニーの斡旋により，フランス人技師の雇入れと各種機械の購入，また軍事教官派遣などの契約を結んだ。10月21日，フランスを出発してイギリスに渡る。ロンドンでは外務次官と会見し，三兵伝習の依頼などを申し込むが，当時イギリスは幕府援助政策を断念していたので非協力的な態度を示す。やむなく11月再びパリへ戻り，慶応2年1月19日に帰国する。翌3年には，大坂町奉行と外国奉行を兼任，ついで兵庫奉行も兼ねて，兵庫開港，大坂居留地などの問題の解決に当たった。大政奉還後，慶応4年1月に職を免ぜられ，4月に隠居を願い出て上総国山辺郡に退く。その外国経験や人柄からいくたびか出仕要請があったが，ついに政府には出任しなかった。しかし，政府からたびたび外交上の問題で諮問を受け，上京してはこれに答えるということがあった。明治10(1877)年8月24日死去。享年55歳。

文献 「柴田剛中欧行日載」より(君塚進)：史林44(6) 昭36／文久二年外国奉行支配組頭柴田貞太郎がロンドンから差出した書状(荒川秀俊)：日本歴史 189 昭39／西洋見聞集(沼田次郎，松沢弘陽校注) 岩波書店 昭49(日本思想大系66)／フランスに魅せられた人びと(富田仁) カルチャー出版社 昭51／近代日本海外留学生史 上(渡辺実) 講談社 昭52／日仏文化交流史の研究—日本の近代化とフランス人(西堀昭) 駿河台出版社 昭56／明治維新人名辞典(日本歴史学会編) 吉川弘文館 昭56 〔福山恵美子〕

柴原 亀二　しばはら・かめじ

慶応3年(1867)～昭和10年(1935) 弁護士 ㊲播磨国 ㊳号＝楫川 ㊹イギリス：1889年(留学)

慶応3(1867)年，龍野藩士・柴原和の長男に生まれる。明治21年東京帝国大学法科を卒業。

22(1889)年ヨーロッパに留学しイギリス，ドイツ，フランスで法律学を学び，28年帰国し弁護士となる。29年台湾総督府参事官に選ばれ，のち鳳山支庁長に就任。33年職を辞し東京で翻訳，著述などを行う。35年大阪朝日新聞に論説記者として入社し，36年清国に特派され，北京で公使・内田康哉らと関わる。38年帰国後退社。41(1908)年アメリカを視察し42年帰国。44年フィリピンとの貿易を計画し神戸にユニオン商会を設立したが失敗に終わり，大正10年神戸で再び弁護士を開業した。昭和10(1935)年死去。享年69歳。

[文献] 幕末明治海外渡航者総覧（手塚晃編）
柏書房　平4／データベースWHO　日外アソシエーツ
〔藤田正晴〕

柴山 矢八　しばやま・やはち

嘉永3年7月(1850)～大正13年1月23日(1924)
海軍軍人，大将　男爵　㊐鹿児島　㊔アメリカ：1883年（西郷従道海相に随行）

嘉永3(1850)年7月，鹿児島藩士柴山良庵の二男として生まれる。明治7年海軍に入り中尉に任官され，翌年江華島事件の交渉の折には黒田清隆弁理大使に随行し朝鮮に渡る。10年西南戦争に参加。12年に初代の水雷練習所長，16年には水雷局長となり，同年(1883)西郷従道海相に随行して欧米に出張し，帰国後筑波艦長，横須賀鎮守府参謀長，高千穂艦長，海軍兵学校長を経て海軍少将に進む。日清戦争中は佐世保鎮守府司令官長をつとめ，30年に海軍中将，常備艦隊司令長官となる。その後海軍大学校長，呉鎮守府司令長官，旅順鎮守府司令長官などを歴任し，海軍大将に昇進する。鎌倉比企谷の別邸で突然脳溢血で倒れ，危篤状態に陥り手当をするが，大正13(1924)年1月23日死去。享年74歳。

[文献] 大正過去帳―物故人名辞典（稲村徹元他編）東京美術　昭48／日本人名大事典3　平凡社　昭54
〔寺崎隆行〕

渋川 勝迪　しぶかわ・かつみち

生没年不詳　留学生　㊐長崎　㊔アメリカ：1872年（留学）

生没年不詳。長崎に生まれる。明治5(1872)年に島原から私費でアメリカに3ヶ年の予定で留学する。その後の消息は不明。

[文献] 近代日本の海外留学史（石附実）ミネルヴァ書房　昭47
〔富田仁〕

渋沢 栄一　しぶさわ・えいいち

天保11年2月13日(1840)～昭和6年11月11日(1931)　実業家　〔日本資本主義の先駆者〕
㊐武蔵国（榛沢郡）血洗島村　㊂幼名＝市三郎，栄治郎（仕官後篤太夫），号＝青淵　㊔フランス：1867年（徳川昭武に随行，パリ万国博覧会に列席）

天保11(1840)年2月13日，武蔵国血洗島村の豪農市郎右衛門美雅の長子として生まれる。生家は耕作のほかに養蚕，藍商，荒物商や金融業をも営む豪農であった。幼い頃より身体強健，利発な子供で，父について漢学の素読に励み，従兄の尾高惇忠から儒学を，渋沢新三郎から神道無念流の剣法を学ぶ。17歳のとき領主の御用金徴発の折に代官から侮辱を受け，封建制度に反発心を抱く。ペリー来航という激動の時代にあり，尊王攘夷運動に走り，文久3年，従兄の渋沢喜作，尾高惇忠ら69名で高崎城を乗っ取り，横浜を焼き打ちにして，在留外国人を皆殺しにするという計画を立てたが，同志の自重論のため実行の運びとはならず，幕吏に追われて京都に逃れる。しかし，元治1年，平岡円四郎の推挙で一橋家に仕えることとなり，名を篤太夫と改め水戸藩の農兵編制を整え，財政改革を断行し，殖産興業をおし進めるなど，その才能を発揮する。さらに慶応2年，一橋家の慶喜が第十五代の将軍となるにともない幕臣となる。3(1867)年1月，パリ万国博覧会に慶喜の名代として参列し，あわせて留学することになった徳川昭武に，御勘定格陸軍附調役として随行する。慶喜の命令によって，一行の庶務，会計を担当し，全権大使の向山隼人，作事奉行格小姓頭の山高信離らに協力して外国掛と菊池平八郎ら7人の水戸藩士との間に起こるであろうトラブルを仲裁するよう依頼される。さらに幕府の権威失墜を企む薩摩に対して将軍家こそ日本の正統な支配者であることをヨーロッパの国々に示すこと，昭武とフランス宮廷との友好関係を結ぶために便宜を図ること，フランスから600万ドルの借款を得ることなどの密命をも帯びていた。パリに着いた彼は，献身的に昭武の世話を行い，ともに博覧会場を見てまわったり，観劇や舞踊を楽しんだ。また昭武のスイス，ベルギー，イタリア，イギリスなど各国歴訪の旅には随行しこの折に外国掛と水戸藩士の間で生じた紛争をうまくとりなし，大

事にはいたらなかった。昭武の随行としての任務を遂行するかたわらで、日本名誉総領事で銀行家でもあったフリューリー・エラールにフランスの経済機構などについて教えを乞い、経済の運行を円滑にするには金融組織を整えることを認識する。すなわち渡仏中に彼は、経済の理論、合本（株式会社）組織、金融（銀行）の仕組みなどを調査し研究を重ねたのである。なお各国歴訪中も、たとえばベルギーで国王レオポルド三世の招宴で、これからの世界は鉄の世界であり、製鉄事業の盛んな国は隆盛するが、それが貧弱な国は衰えると国王みずからベルギーの鉄の宣伝をするのをみて、国の経済力の伸長は国王から一般国民まで挙国一致にならなくてはと深く感動する。経済こそ一国の基であるという発見をしたことが、渡欧の大きな成果であった。しかし、大政奉還、明治新政府の樹立など、激動の日本からの報がもたらされるに至り、1年半の滞在を終えて、昭武とともに明治1年12月帰国する。維新後は静岡で謹慎中の慶喜に余生を捧げようとしたが、慶喜の内意によって静岡藩に仕えることとなり太政官札発行に際し、この地にわが国初の合本（株式）組織の商事会社「商法所」を設立した。2年10月、新政府に登用され大蔵省に出仕して租税正となり、5年には大蔵大丞となる。この間、度量衡、租税制度などの改正、駅逓法・貨幣制度・禄制の改革、鉄道敷設条例・銀行条例・廃藩置県に関する諸制度、会計法施行などのための調査を精力的に行い、一方『立会略則』を執筆して合本主義を人々に唱導する。しかし、6年、他省庁との摩擦が大きくなったために、井上馨大蔵卿とともに辞職し、第一国立銀行の総監役となる。実業界に身を投じたのちは、王子製紙会社、大阪紡績会社、私鉄日本鉄道会社、東洋汽船会社などを次々に創設するとともに、11年には商工会議所や銀行集会所をつくり、みずから会頭・会長におさまる。同年、釜山に第一国立銀行の支店を設立して、大陸への経済進出の足がかりをつくろうとする。また不換紙幣の整理、兌換制度の完備、手形交換所の設立なども民間にあったとはいえ政府に強い影響力を持っていた彼の尽力によるものであった。このようにして、製紙、紡績、ホテル、保険会社など500余におよぶ会社を設立し、「財界の太陽」「実業王」「財界大御所」などの異名をとる。彼の生涯はまさに日本の資本主義の先駆者、開拓者のそれであったが、昭武に随行し、フランスに滞在したことが、この意欲的な経済活動の基礎となっていることを見逃すことはできない。大正5年には、経済界の一切の業務から離れ隠退生活に入る。それ以後は、教育・文化・福祉など社会公共事業に余生を捧げ、昭和6（1931）年11月11日死去。享年92歳。

㊙東京都台東区・寛永寺

[文献] 渋沢栄一滞仏日記（大塚武松編） 日本史籍協会 昭3／ナポレオン三世に謁す（渋沢栄一） 東京朝日新聞社 昭3／大日本人名辞書 大日本人名辞書刊行会 昭12／渋沢栄一自伝（高橋重治編） 渋沢翁頌徳会 昭12／渋沢栄一自叙伝（小貫修一郎、高橋重治編） 偉人烈士伝編纂所 昭13／青淵渋沢栄一—思想と言行（明石照男編） 渋沢青淵記念財団竜門社 昭26／渋沢栄一伝記資料1（渋沢青淵記念財団竜門社編纂） 渋沢栄一伝記資料刊行会 昭30／渋沢栄一滞仏日記（日本史籍協会編） 東京大学出版会 昭42（日本史籍協会叢書）／明治を耕した話—父・渋沢栄一（渋沢秀雄） 青蛙房 昭52（青蛙選書53）／日本人名大事典3 平凡社 昭54／明治維新人名辞典（日本歴史学会編） 吉川弘文館 昭56／徳川昭武—万博殿様一代記（須見裕） 昭59（中公新書）／青淵百話（渋沢栄一） 図書刊行会 昭61／日々に新たなり—渋沢栄一の生涯（下山二郎） 国書刊行会 昭63／巨星渋沢栄一・その高弟大川平三郎（竹内良夫） 教育企画出版 昭63（郷土歴史選書）／渋沢栄一 新装版（土屋喬雄） 吉川弘文館 平1（人物叢書）／渋沢栄一—民間経済外交の創始者（木村昌人） 中央公論社 平3（中公新書）／渋沢栄一—人間の礎（童門冬二） 経済界 平3（リュウセレクション）／評伝渋沢栄一（藤井賢三郎） 水曜社 平4／渋沢栄一、パリ万博へ（渋沢華子） 国書刊行会 平7／激流—若き日の渋沢栄一（大仏次郎） 恒文社 平7／徳川慶喜最後の寵臣 渋沢栄一—そしてその一族の人びと（渋沢華子） 国書刊行会 平9／雨夜譚余聞（渋沢栄一述） 小学館 平10（地球人ライブラリー）／渋沢栄一自叙伝—伝記・渋沢栄一（渋沢栄一述） 大空社 平10（近代日本企業家伝叢書）／渋沢家三代（佐野真一） 文芸春秋 平10（文春新書）／渋沢栄一人間、足るを知れ—「時代の先覚者」はなぜかくも「無私」たりえたのか（永川幸樹） ベストセラーズ 平11／公益の追求者・渋沢栄一—新

時代の創造（渋沢研究会編）　山川出版社　平11 ／近代日本と仏蘭西—10人のフランス体験（三浦信孝編）　大修館書店　平16 ／ニッポンの創業者—大変革期に求められるリーダーの生き方（童門冬二）　ダイヤモンド社　平16　〔伏見郁子〕

渋沢 喜作　しぶさわ・きさく

天保9年6月10日（1838）～大正1年8月30日（1912）　実業家　[生]武蔵国（榛沢郡）血洗島村　[名]本名=成一郎　[渡]イタリア：1872年（蚕糸業視察）

天保9（1838）年6月10日，武蔵国洗島村の豪農渋沢文平の長男として生まれる。渋沢栄一の従兄で，幼い頃から行動をともにする。農業を好まず武術を修業する。しだいに尊王攘夷の考えを持つようになり，文久3年には栄一らと攘夷のため横浜焼打ちを計画する。翌年，平岡円四郎の斡旋で栄一とともに一橋家に仕え，軍制所調役組頭になり，慶喜が将軍となると陸軍奉行支配調役に抜擢される。その後，奥右筆御政事内務掛に就任し，大政奉還に反対して，その地位を利用し幕府の維持を目ざして各藩の説得工作を行う。また鳥羽伏見戦争に加わり敗れて江戸に帰り，天野八郎らと彰義隊をつくり頭取となる。しかし副頭取に就任した天野と意見が合わず，脱隊して新たに振武軍を結成して飯能において官軍と戦い敗れる。その後品川に赴き，榎本武揚とともに箱館へ走る。しかし榎本軍は敗れ，喜作も捕えられ獄中の身となる。明治5年，大赦により獄を出て，すでに新政府に出仕していた栄一の尽力により大蔵省七等出仕となる。同年（1872），イタリアに蚕糸業視察のため派遣され，ヨーロッパの発達した商業，交易に接し，実業振興を決心し帰国する。帰国後，すぐさま官を辞し商業界に転じ，小野組を経て東京に廻米問屋，横浜に生糸売込問屋を経営するようになる。その後もつぎつぎと事業をおこし，製麻，人造肥料，開墾，鉄工，運輸など多方面にわたり活躍する。また29年には東京商品取引所理事長に就任するなど実業界の重慎として指導的役割を果たす。大正1（1912）年8月30日死去。享年75歳。

[文献]　彰義隊戦史（山崎有信）　隆文館　明43 ／渋沢喜作氏の性行（渋沢栄一）『青淵修養百話』　同文館　大4 ／日本人名大事典3　平凡社　昭54 ／明治維新人名辞典（日本歴史学会編）　吉川弘文館　昭56　〔湯本豪一〕

島内 栄之助　しまうち・えいのすけ

生没年不詳　佐賀藩士　[名]諱=包孝　[渡]アメリカ：1860年（遣米使節に随行）

生没年不詳。安政7（1860）年，28歳頃川崎道民の従者として遣米使節に随行する。

[文献]　万延元年遣米使節史料集成1～7（日米修好通商百年記念行事運営会編）　風間書房　昭36／幕末教育史の研究2—諸術伝習政策（倉沢剛）　吉川弘文館　昭59　〔富田仁〕

島川 文八郎　しまかわ・ぶんぱちろう

元治1年（1864）～大正10年（1921）　陸軍軍人，大将　〔無煙火薬の発明，製造〕　[生]三重　[渡]ベルギー：1891年（火薬学）

元治1（1864）年生まれ。三重の出身。陸軍幼年学校を経て，明治18年に陸軍士官学校を卒業。21年，砲兵射撃学校教官となる。24（1891）年3月，青木宣純，天野富太郎らと共に砲兵大尉としてベルギーに留学。翌年12月から26年12月まではフランスに留学。この間，無煙火薬の製造法を研究する。ちなみに無煙火薬（B火薬）はフランス人ヴィエーユが発明し，18年フランス政府から日本に贈られ，以後日本でも研究が進められていた。27年3月ドイツ式火薬製造機を購入して帰国。東京砲兵工廠板橋火薬製造所長となり，無煙火薬の製造を開始。31年に再び渡欧し，帰国後，31年式速射砲を製作，無煙火薬の応用を考案する。その後野砲第3連隊長となり，日露戦争を経て大正3年中将に，8年に陸軍大将となる。大正10（1921）年死去。享年58歳。

[文献]　近代日本海外留学生史　上・下（渡辺実）　講談社　昭52，53／日本人名大事典3　平凡社　昭54　〔内海あぐり〕

島崎 赤太郎　しまざき・あかたろう

明治7年7月9日（1874）～昭和8年4月13日（1933）　音楽教育者，オルガン奏者　[生]東京　[渡]ドイツ：1901年（オルガン・作曲の研究）

明治7（1874）年7月9日，東京に生まれる。26年に東京音楽学校専修部を卒業し，同校の嘱託教員となる。34（1901）年にオルガンおよび作曲法の修得のため文部省の命によりドイツへ留学，翌35年帰国とともに東京音楽学校教授に就任，以来没年まで後進の指導にあたる。

音楽理論を教えるかたわら,「尋常小学唱歌」の作曲委員をつとめ, また演奏会を通じてオルガン音楽の普及に貢献する。作品に「オルガン用フーガ」, 著書に本格的な洋楽器演奏の入門書といわれる『オルガン教則本』などがある。昭8(1933)年4月13日死去。享年60歳。
[文献] 近代日本海外留学生史　下(渡辺実) 講談社　昭53／音楽大事典3(田辺尚雄他編) 平凡社　昭57／オルガンの文化史(赤井励) 青弓社　平7　〔村岡正明〕

島崎 よね　しまざき・よね

明治7年頃(1874)～?　清元師匠　[名]芸名=延富喜代　[渡]アメリカ：1895年頃(稽古場開設)

明治7(1874)年頃生まれる。海外巡業の芸人には, 世界に通用する腕をもつものと, 邦人を相手にするものとの二通りがあるが, 在米邦人の数がふえたことを見はからってアメリカへ出かけた芸人の一人で芸名を延富喜代という。明治28(1895)年にサンフランシスコのデュポンド街で, 21歳の若さで清元の稽古場を開設。その後の消息は不明。
[文献] 異国遍路　旅芸人始末書(宮岡謙二) 中央公論社　昭53(中公文庫)　〔寺崎隆行〕

島地 黙雷　しまじ・もくらい

天保9年2月15日(1838)～明治44年2月3日(1911)　僧侶　〔明治の仏教復興・啓蒙の先駆者〕　[生]周防国(佐波郡)和田村　[名]旧名=清水　幼名=謙致, 号=縮堂, 雨田, 無声, 北峰, 六々道人　[渡]ヨーロッパ：1872年(宗教事情視察)

天保9(1838)年2月15日, 真宗本願寺派専照寺住職清水円随の四男として周防国和田村に生まれる。錦園塾や萩城学校で儒教と仏典を学び, 長じて肥後の累世校(真宗僧侶養成学寮)で原口針水に師事, また仏教の研鑽に励む。帰郷後, 元治1年, 萩藩が火葬を禁止すると, それに抗して「送葬論」を発表し, 火葬が人倫の道にもとるものではないことを強調する。同年兄事した大洲鉄然は伊藤博文らと真武隊を組織し, 高杉晋作らと通じて第2奇兵隊を編成している。慶応2年, 大洲鉄然と謀って改正局を萩に設け, 防長の真宗僧侶の子弟に文のみならずフランス流兵式教練を授ける。同年佐波郡島地村妙誓寺に入って島地コズエと結婚, 島地姓に改める。郷里で真宗改革運動を進めていたが, 明治1年, 上京して西本願寺法主に宗政改革を進言, 山口仏教の三羽烏として大洲鉄然, 赤松連城とともに改革に努める。3年, 本山の参政となるが, その年大洲鉄然と東上し, 太政官に対し民部省内に寺院寮を設置すべきことを建議, 翌4年にはさらに教部省の設置を建議した。また木戸孝允の内意を受け, 雑誌『新聞雑誌』を編集発刊している。西本願寺では明如新法主が黙雷, 鉄然, 木戸孝允らの建言によって, 欧米に渡って宗教事情を調査し, 宗門展開の途を見出そうとしていたが, 前法主の他界により中止になっていた。そこで, 明治5(1872)年1月, 明如新法主の代理として連枝梅上沢融が派遣されるが, その補佐役として随行し, また第一回の留学僧として赤松連城, 光田為然, 堀川教阿の3人も同行することになる。連城と教阿はイギリスに, 為然はドイツに留学する。連枝とともにイギリス・フランス・ドイツ・スイス・イタリアなどを巡り, 宗教事情を視察調査する。その後, 連枝と別れ, ギリシア・トルコ・エジプトを経てエルサレムにキリストの遺跡を訪れる。帰途インドのボンベイに上陸して釈尊の聖蹟を訪れ, 6年7月に帰国する。明治政府は神祇官, 宣教使, 神祇省設置などによって神道国教化政策を具体化していたが, 5年3月, 教部省を設立すると仏教をその中に含めて利用しようとした。信教と政治の混交というかたちでの, 明治政府による仏教再編成策である。教部省は教導職を置いてそれに僧侶を加えた。教導職たる神官・僧侶は「敬神愛国の旨を体すべきこと, 天理人道を明らかにすべきこと, 皇上を奉戴し朝旨を遵守せしむべきこと」という3条教則の宣布の任にあたる。大教院(教導職養成機関)は芝増上寺におかれ, 本尊は他に移されて, 神道の神が祭られる。僧侶は金襴の袈裟を着て鮮魚を神棚に供え, 柏手を打つなど狂態をきわめる。しかし廃仏毀釈後の方途に迷っていた仏教徒はこのような風潮を受け入れた。彼は寺院寮, 教部省の設立運動を通じ, 政教一致によって仏教の再生を画したが, 洋行中キリスト教が庶民生活に浸透しているのを見て, 政教分離こそ近代宗教の要であると考えるようになる。5年12月, パリで「三条教則批判建白書」を起草し, 政府に提出する。帰国後ただちに政教分離運動を展開, 真宗4派を大教院から分離せしめ, 続いて8年に大教院が廃止される。10年には教部省が廃止され, その事務は内務省社寺局に移管される。彼は神

道やキリスト教との対決の過程で，仏教のなかでとくに真宗の存在根拠を明確にしようとする。真宗思想の一神教的傾向と世俗倫理への志向を指摘し，真宗教義・教団の国家扶翼の有効性と，その近代産業社会への適応力とを新国家権力に認識させることを狙った。これはヨーロッパ近代産業社会におけるプロテスタンティズムの位置を，近代日本における真宗に期待したと言える。また彼は，教団の護教家として明治政府の仏教抑圧政策に対抗する過程で，ヨーロッパにおける信教自由論を受容しようとした。しかしこれには，宗教が人民を善導教化し，それによって国政を扶翼する限りにおいて，宗教は国家よりその自由な活動が保証される，とするような限界があった。9年，西本願寺の執行となり，以後宗政に努力を傾注，宗規・綱領・宗政寺法の作成に従って同派の伸張に貢献する。7年に創刊された『共存雑誌』や『報四叢談』を通じて啓蒙活動を行う。彼は共存同衆の中心人物小野梓と親交があり，その機関誌に多くの論説を発表する。後者は仏教内部の進歩的な人々が中心となり，文明開化の気運に応じようとして発刊されたものである。また8年，鳥尾得庵らとともに白蓮社を開き宗教活動を行った。彼の教化活動は真俗二諦論に立脚した世俗倫理の確立をはかるものである。伝統的な恩思想に新しい解釈を施し，近代社会のなかで恩思想を新しく位置づけようとした。父母の恩に対する知足の行為として家業への精励，国王に対しては人民の義務への服従，三宝に対しては自己の職業への精励，衆生の恩に対しては社会的な窮乏を救済し，人間としての信義をまっとうすることを説いた。仏恩報謝の世俗的な場への還元と，衆生の恩の重視が彼の恩思想の特徴としてあげられる。17年，織田得能とともに『三国仏教略史』3巻を編集刊行，また令知会を興し『令知会雑誌』を発刊する。23年には仏教各宗協会から『仏教各宗綱要』の編纂を依頼され，編集委員長を務めてこれを29年に完成させる。さらに三宅雪嶺，井上円了らと政教社を開き，雑誌『日本人』を発刊する。このほか日本赤十字社の創立に関与し，女子教育に意を用いて，14年に女子文芸学舎（千代田高等女学校の前身）を創設する。晩年には盛岡の願教寺に隠退するものの，43年には満洲に赴いて戦死者の遺霊を弔うなど，各地に布教を続ける。明治44（1911）年2月3日，腎臓炎のため東京大学付属病院で死去。享年74歳。
墓盛岡市北山・願教寺
文献 島地黙雷老師（島地黙雷上人古稀祝賀会）平和書院　明42／海外仏教の恩人島地黙雷師（上坂倉次）：海外仏教事情　1(4)　昭9／明治高僧伝（増谷文雄）　日本評論社　昭10／日本英雄伝5（日本英雄伝編纂所編）　非凡閣　昭11／島地黙雷の信教自由思想について（雲藤義道）:印度学仏教学研究　2(2)　昭29／日本近代仏教史研究（吉田久一）　吉川弘文館　昭34／島地黙雷上人　千代田女学園編刊　昭35／近代仏教界の人間像（常光浩然）　世界仏教協会　昭37／島地黙雷に於ける伝統の継承（福島寛隆）：竜谷史壇　53　昭39／仏教（吉田久一編）　筑摩書房　昭40（現代日本思想大系7）／島地黙雷と仏教復興（雲藤義道）:中央公論　80(4)　昭40／明治前半期仏教徒のキリスト教批判について　島地黙雷の場合　特に彼の信教自由論との関連において（福島寛隆）:仏教史学　12(4)　昭41／明治宗教文学集1（吉田久一編）　筑摩書房　昭44（明治文学全集87）／島地黙雷全集1～5　本願寺出版協会　昭48～53／日本人名大事典3　平凡社　昭54／明治維新人名辞典（日本歴史学会編）　吉川弘文館　昭56／明治思想家論―近代日本の思想・再考　1（末木文美士）　トランスビュー　平16　　〔高橋公雄〕

島田　三郎　しまだ・さぶろう

嘉永5年11月7日(1852)～大正12年11月14日(1923)　ジャーナリスト，政治家　〔社会改良運動の推進者〕　⊕江戸　⊙旧名＝鈴木　号＝沼南　⊛イギリス：1887年（政治思想，社会運動の研究）

　嘉永5(1852)年11月7日，旗本・鈴木智英の三男として江戸に生まれる。明治7年に神奈川県の豪商・島田豊寛の養子となり，14年，家督を継ぐ。はじめ昌平黌に学び，維新に際し，徳川家に従い静岡に移り，3年に沼津兵学校に学び，のち大学南校に移る。ついで大蔵省付属英語学校に入り，横浜でブラウンに師事するなどして英語を修める。6年，『横浜毎日新聞』に入社，7年には主筆となる。8年，元老院が設置されると法律調査局に入り，元老院少書記官として法律を研究する。この時，沼間守一と出合い嚶鳴社に入り，自由民権思想に傾倒するようになる。その後文部省権大書記官など官職を歴任するが，14年10月の政変の時，

大隈重信一派として官を辞し、『東京横浜毎日新聞』に入社する。15年、嚶鳴社幹部として立憲改進党の結成に参画、この間にベンサムの『立法論綱』などを翻訳する。19年、植村正久より受洗。20(1887)年より1年余りイギリスに渡る。イギリスでは、漸進主義的政治思想を学ぶ一方で、貧民救済運動などの社会運動を視察する。この留学で立憲派としての政治理論と、キリスト教的人道主義に根ざす社会改良論とを確立する。帰国後23年7月、第1回総選挙において神奈川1区より出馬し当選する。以来衆議院議員の任に就く。政治家としての彼の立場は一貫して反自由党で、立憲改進党をはじめ、進歩党、憲政本党、立憲国民党、立憲同志会、革新倶楽部などの政党を遍歴しながら、ひたすら自己の政治理念の実現に努める。27年、衆議院副議長、大正4年、同院議長となる。彼は雄弁家として知られ、「島田シャベ郎」とあだ名されたように、増税法案や軍備拡張案に反論、とくに足尾銅山鉱毒事件、普通選挙問題、シーメンス事件などでは痛烈に政府を弾劾する。一方24年からは『毎日新聞』に復帰し、27年に社長となり、41年まで健筆をふるう。ジャーナリストとしての名声を高めたものに33年の星亨の東京市会疑獄事件に関するキャンペーンがある。社会運動家としての彼は、30年の工場法案に対する運動を支持し、期成会評議員となったり、31年、横山源之助の著わした『日本之下層社会』に序文を寄せたり、32年に活版工組合の会頭に就任したりする。33年からは、キリスト教人道主義にのっとった廃娼運動にも参加、44年に発足した廓清会の会長となるなど、社会改良と労働問題に大いに貢献する。著書には『開国始末井伊直弼伝』(明治15年)、『世界の大問題社会主義概評』(明治34年)など多数がある。大正12(1923)年11月14日、肺炎のため死去。享年72歳。

[文献] 島田三郎全集(同刊行会編) 大13〜14／島田三郎(高橋昌郎):基督教史学会 昭29／日本人名大事典3 平凡社 昭54／近代日本哲学思想家辞典(伊藤友信他編) 東京書籍 昭57／島田三郎伝(高橋昌郎) まほろば書房 昭63／島田三郎と近代日本—孤高の自由主義者(井上徹英) 明石書店 平3／アヤライミチヤライ—運命の糸(島田三郎) 島田三郎 平9 〔内海あぐり〕

島津 啓次郎 しまづ・けいじろう
安政4年閏4月25日(1857)〜明治10年9月24日(1877) 軍人 ⓐ日向国佐土原 ⓑ別名=町田啓次郎、啓二郎 ⓒアメリカ:1870年(留学)

安政4(1857)年閏4月25日、佐土原藩主島津忠寛の三男として生まれる。万延1年、寺社奉行町田宗七郎の養子となり、町田啓次郎と名のる。明治3(1870)年に佐土原藩の留学生としてアメリカに渡る。ニューヘヴン、グリンブルド、ロンボルドで勉学に励む。その間、アナポリスの海軍兵学校で修業する。6年、島津姓に復す。9年4月に帰国。6月に学習会自立舎を創り舎長となる。10年2月に二文黌を開き黌長に就任。同年の西南戦争に参加して西郷軍の佐土原隊総裁となる。明治10(1877)年9月24日、城山にて戦死。享年21歳。

[文献] 明治過去帳—物故人名辞典(大植四郎編) 東京美術 昭46／海外における公家大名展 霞会館編刊 昭55講談社 昭52 〔楠家重敏〕

島津 忠亮 しまづ・ただあきら
嘉永2年5月11日(1849)〜明治42年6月20日(1909) 政治家 伯爵 ⓐ日向国佐土原 ⓑ幼名=又之進、号=穆山、霞峰、東洋 ⓒアメリカ:1869年(留学)

嘉永2(1849)年5月11日、日向国佐土原藩主忠寛の長男として生まれる。明治1年京都に遊学し、2(1869)年にアメリカに留学する。10年西南戦争の際には勅使柳原前光に随い鹿児島に行き、ついで佐土原に赴き教育殖産を大いに奨励する。12年1月東京赤坂区長となり17年には子爵、23年貴族院議員となる。また国光生命保険相互会社の社長も歴任し24年には伯爵となる。文事に通じ書を能くし、穆山、霞峰、東洋などと号する。明治42(1909)年6月20日、宮崎県広瀬村で胆石病にて死去。享年61歳。

[文献] 明治過去帳—物故人名辞典(大植四郎編) 東京美術 昭46／日本人名大事典3 平凡社 昭54／昭和新修 華族家系大成 上(霞会館諸家資料調査委員編) 霞会館 昭57 〔寺崎隆行〕

島東 佐八 しまとう・さはち
生没年不詳 佐賀藩士 ⓑ諱=芳義 ⓒアメリカ:1860年(遣米使節に随行)

生没年不詳。安政7(1860)年、30歳頃塚原重五郎の従者として遣米使節に随行する。

[文献] 万延元年遣米使節史料集成1〜7（日米修好通商百年記念行事運営会編）　風間書房　昭36／幕末教育史の研究2—諸術伝習政策（倉沢剛）　吉川弘文館　昭59
〔富田仁〕

島村 速雄　しまむら・はやお
安政5年9月20日（1858）〜大正12年1月8日（1923）　海軍軍人、元帥　男爵　⊕土佐国（土佐郡）本町　⊗幼名＝午吉　㊙イギリス：1888年（海軍軍事研修）

安政5（1858）年9月20日、土佐藩士島村左五平の二男として生まれる。明治7年、海軍兵学寮に入学し、13（1880）年4月から9月までの、卒業の前にアメリカへ航海する。同年海軍少尉補となる。16年朝鮮に回航する。18年に中尉となる。21（1888）年6月イギリス留学を命ぜられ、8月にロンドンへ到着。翌年より約1年間、イギリス地中海艦隊のエデインバラ号に乗艦して実地訓練を遂げ、かたわらイギリス海軍の制度、教育を研究した。24年2月に帰国。日清戦争の際、旅順口を攻略し、さらに威海衛の北洋艦隊を降伏させた。29年には海軍大学校教官を兼務する。30年イタリア公使館付武官となりトルコ、ギリシヤの戦跡を視察し、翌年3月に帰国。40（1907）年オランダ・ハーグで開かれた第2回万国平和会議の専門委員として派遣され翌年帰国。44（1911）年イギリス皇帝ジョージ5世の即位式列席のためイギリスへ赴く。大正4年に海軍大将になるが、その間に須磨艦長、海軍兵学校長、海軍教育本部長、海軍軍令部長などを歴任。海軍における名将と言われた。大正12（1923）年1月8日、腸疾患のため死去。同日、元帥の称号を得る。享年66歳。
㊣東京・青山霊園
[文献] 元帥島村速雄伝（中川繁丑）　昭8／大正過去帳—物故人名辞典（稲村徹元他編）　東京美術　昭48／近代日本海外留学生史　上（渡辺実）　講談社　昭52／日本人名大事典3　平凡社　昭54／深謀の名将島村速雄—秋山真之を支えた陰の知将の生涯（生出寿）　光人社　平7／海軍伝（中村彰彦）　角川書店　平8
〔楠家重敏〕

島村 抱月　しまむら・ほうげつ
明治4年1月10日（1871）〜大正7年11月5日（1918）　評論家、劇作家　〔新劇運動の指導者〕　⊕出雲国（郡賀那）久佐村　⊗本名＝滝太郎　㊙イギリス、ドイツ：1902年（英文学、心理学, 観劇）

明治4（1871）年1月10日、父佐々山一平、母チセの長男として出雲国久佐村で生まれる。家業は鉱山業であったが、没落し、貧しい生活であった。小学校を首席で卒業。近くの浜田町で病院の薬局生となる。17年浜田裁判所に給仕として務め、夜学に通いながら漢籍、英語を学ぶ。成績抜群で、文章表現に優れていて注目され、検事島村文耕に養子になるように勧められる。23年2月上京。島村文耕より月5円の学費を支給され、物理学校、日本英学院、私立商業学校などで英語・数学・理科などを学びながら同郷の先輩である森鷗外をときどき訪れる。3月東京専門学校（現・早稲田大学）政治科に入学。翌年、坪内逍遙が主宰する文学科第2回生として再入学。文学は逍遙に、哲学・美学は大西祝の影響を受ける。この年島村文耕の養子となり島村姓となる。27年文学科を卒業。卒業論文を『早稲田文学』9月から12月までの5回に分けて「審美的意識の性質を論ず」として掲載。卒業と同時に母校の講義録講師と『早稲田文学』の記者になり、美学的な評論活動に入る。ペンネームは「赤壁の賦」からとった「抱月」を多く用いる。28年、25歳で島村文耕の姪いち子21歳と結婚。30年、後藤宙外、小杉天外、伊原青々園、水谷不倒らと雑誌『新著月刊』を刊行。それと『早稲田文学』『太陽』などに多くの劇評をのせる。演劇への関心がうかがわれる。31年、文学科の大西祝のあとを承け、講師となり1年に美辞学、2年に支那文学史、3年に西洋美学史の講義を行う。並行して『読売新聞』三面主筆記者をつとめ、翌年読売を辞め三省堂の辞書編集にも携わる。33年、評論集『風雲集』を春陽堂から出版。この年、早稲田中学の教員となり英語、倫理を教える。35（1902）年3月8日東京専門学校海外留学生として、横浜よりロンドンに向かって讃岐丸にて出航。出航直前に早大出版部より『新美辞学』をまとめる。ロンドンには5月7日着。出航のときから37年5月までの日記を『渡英滞英日記』として残す。9月一ぱいロンドンに滞在。10月4日にオックスフォードへ移り、英文学・心理学・ギリシャ彫刻史などの聴講生となる。8月には、下宿の妻君や子息たちと11名で湖水地方に旅行し、ワーズワースゆかりの地に遊んでいる。音楽会・オペラ・観劇を楽しみ、写真機を買っていろいろと撮っ

た様子がうかがわれる。観劇の回数を「日記」でみると、最初の年は僅かに6回だけだったのが、オックスフォードへ移ってから多くなり、36年には少なくとも91回を数えることができる。多いときは1日に2回見ていることもあり、7月には19回でありその上音楽会にも行っている。『滞欧文談』(1906)に演劇関係の報告が多いのと、後に新劇の指導者として身を置いたことを考えるとき、この時期とかかわりの深いことがうなずける。37年7月16日ロンドンからベルリンへ向かう。10月ベルリン大学で19世紀美術史・美学原論の講義を聴講する。翌年6月7日ベルリンを出発、ウィーン、ブダペスト、ローマ、フィレンツェ、ミュンヘン、スイス、パリを経てロンドン着。26日サウザンプトン港を出航、9月12日横浜着。早稲田大学文学科講師となり、文学概論・英文学史・美学などを講義、自然主義を経過したあとのネオ・ロマンチシズムを講じた。翌年、休刊になっていた『早稲田文学』を復刊し、自然主義に関する評論を多く書き、自然主義文学理論の確立につとめる。40年早稲田大学英文学科教務主任。42年文芸協会演芸部に新設の演劇研究所の指導講師。第1期生に松井須磨子がいた。この年を境に自然主義論は退潮してゆき、その挫折感が思想劇としての新劇に情熱を注ぐことになる。翌年1月『早稲田文学』にイプセンの『人形の家』を翻訳。文芸協会私演のノラ役に須磨子が扮し、彼女を強く意識する。「人形の家」を帝劇で公演する。文芸協会内部に内紛があり、大正2年解散。松井須磨子とともに急進的文芸家たちの協力を得て芸術座を組織。メーテルリンクの『内部』『モンナ・ヴァンナ』二作を有楽座で第1回公演、つづいて大阪近松座、東京帝劇公演をする。この年、早大教授・恩師逍遙や家庭のすべてを捨てて須磨子と同棲し、演劇に打ち込む。3年帝劇で「復活」を公演、このとき須磨子に中山晋平作曲の「カチューシャの唄」を唄わせることによって大衆に大いにうけた。以後「復活」は芸術座の当り芸になる。大正7(1918)年10月、明治座興行の稽古中流行性感冒にかかり、11月5日肺炎を併発し死去。享年48歳。
⑱東京・雑司ヶ谷霊園
[文献] 島村抱月全集1〜8 天祐社 大8／文学と美術(本間久雄) 東京堂 昭17／明治文学作家論 下(川副国基) 小学館 昭18／明治文学作家論(本間久雄) 早大出版部 昭26／近代文学研究叢書18(昭和女子大学近代文学研究室編) 昭和女子大学近代文化研究所 昭37／年月のあしおと(広津和郎) 講談社 昭38／島村抱月と松井須磨子(片桐禎子)：国文学 昭39.10／逍遙・抱月・須磨子の悲劇(河竹繁俊) 毎日新聞社 昭41／島村抱月の言文一致運動(山本正秀)：国語と国文学 昭41.6／日本新劇史—新劇貧乏物語(松本克平) 筑摩書房 昭41／悲惨小説=観念小説の命名について(成瀬正勝)：東京大学教養部人文科学科紀要 39 昭41／明治文学全集43(川副国基編) 筑摩書房 昭42／日本近代文学大事典2(日本近代文学館編) 講談社 昭53／日本人名大事典3 平凡社 昭54／抱月島村滝太郎論(佐渡谷重信) 明治書院 昭55／島村抱月—人及び文学者として(川副国基) 日本図書センター 昭62(近代作家研究叢書)／抱月のベル・エポック—明治文学者と新世紀ヨーロッパ(岩佐壮四郎) 大修館書店 平10 〔寒河江実〕

清水 篤守 しみず・あつもり
⇒徳川篤守(とくがわ・あつもり)を見よ

清水 郁太郎 しみず・いくたろう
安政4年10月13日(1857)〜明治18年2月26日(1885) 医学者 ㊤オーストリア：1879年(産婦人科)

　安政4(1857)年10月13日、福山藩士清水惣七の長男として生まれる。大学南校から東校に転じて医学士となり、明治12(1879)年に産婦人科を専攻するためオーストリアのウィーン大学に留学、3年間研究に従事し、16年1月に帰国する。文部省御用掛の頃イギリスの万国発明品博覧会に医療器具数点を出品し、17年6月東京大学教授となり、わが国で初めて産婦人科学の講義を行う。明治18年(1885)年2月26日、肺結核のため熱海で死去。享年29歳。
⑱東京・谷中霊園
[文献] 明治過去帳—物故人名辞典(大植四郎編) 東京美術 昭46／近代日本海外留学生史 上(渡辺実) 講談社 昭52　〔村岡正明〕

清水 市太郎 しみず・いちたろう
慶応1年9月(1865)〜昭和9年12月19日(1934)
法律学者,弁護士 衆議院議員 ㊦尾張国(知

多郡）鬼崎村　[渡]イギリス：1890年（留学）

慶応1（1865）年9月，尾張国知多郡鬼崎村に生まれる。明治22年東京帝国大学英法科を卒業。23（1890）年イギリスに留学。26年ミッドルテンプル大学を卒業し帰国。判事試補，海軍教授，法政局参事官，弁護士などを経て，明治41年愛知9区より初当選。以後，連続6回当選を果たした。在任中，ハーグ（オランダ）で開かれた第18回列国議会同盟会議に参列した。昭和9（1934）年12月19日死去。享年70歳。

[文献] 幕末明治海外渡航者総覧（手塚晃編）柏書房　平4／データベースWHO　日外アソシエーツ　〔藤田正晴〕

清水 卯三郎　しみず・うさぶろう

文政12年3月4日（1829）～明治43年1月20日（1910）　商人（石版印刷の祖，国語改良運動に尽力）　[生]武蔵国（埼玉郡）羽生村　[名]雅号＝蕉軒　家号＝瑞穂屋　[渡]フランス：1867年（日本商人の渡仏第1号，パリ万国博覧会出品）

文政12（1829）年3月4日，武蔵国羽生村の郷士・清水弥右衛門の三男として生まれる。10歳で南しうさいに漢学を学び，11歳の時，母の実家である甲山村の根岸友山のもとに預けられる。天保11年より芳川波山に漢学を学ぶが，応用化学に対する関心から嘉永2年に江戸に出て，洋学者の箕作阮甫に蘭学を学び教養を深める。安政1年ロシア使節・プチャーチンの下田来航に際して，幕府大目付・筒井肥後守の供人として下田に随行し，ロシア人との応接を通じてロシア語を学んだ。安政4年，海軍伝習生に志願して長崎に赴き，翌年江戸に帰る。安政6年横浜に店を出し大豆を商う。文久3年のイギリス艦隊の鹿児島砲撃事件では，その英語の力を認められて，文書訳解のためにイギリス艦に乗り込むが，この時，イギリス側に捕えられていた薩摩藩士の松木弘安（後の寺島宗則）と五代才助（友厚）に再会し，彼らを同艦から無事救出したという。翌元治1年には，薩英和平の仲介役としてイギリス公使館に赴き，ニール公使やガバ書記官らと交渉にあたっている。同年結婚。慶応3（1867）年，パリ万国博覧会出展のため，武蔵国幡羅郡四方寺村の商人・吉田六左衛門とともに，手代役の名目で渡仏。彼らは日本商人としての渡仏第1号である。卯三郎は主に和紙や美術工芸品などを出品する。また彼ら商人は，松井源水一座，浜錠定吉一座など手品，曲芸の芸人たちや，柳橋の松葉屋抱えの芸妓3人なども連れて来ていた。この3人の芸妓は，日本女性の渡欧第1号でもある。彼女らは日本館の一角に設けられた茶屋で来館者たちへ茶を接待し，外国人の人気を得た。フランス滞在中に卯三郎が購入したものはすべて，日本の文化にとって有益なものとなる。日本で宮城玄魚に書かせた平仮名の版下をもとに字母を造らせ仮名活字を鋳造，石版と活版の印刷機械，そのほかの材料を購入した。彼は国語国字問題に関心を寄せており，すでに万延1年には，『ゑんぎりしことば』という英会語の訳本を平仮名で著わして，平仮名論者となっていたので，平仮名印刷にも興味があった。また陶器・七宝の技術，とくに陶器着色法を学ぶが，このことは後の医療器具販売の土台になる。このほかにも，西洋花火や礦物標本などを購入し，精力的に活動した。万博終了後は欧米諸国をまわり，慶応4年5月に帰国した。帰国後間もなく浅草森田町に瑞穂屋の店舗を出す。明治2年には日本橋に店を移し，漸次業務を拡張していった。同年3月に『六合新聞』を創刊したが，政府の忌諱に解れて，4月に7号で廃刊になった。同年9月フランスより持ち帰った石版印刷機の試刷に成功，日本の石版印刷の祖となる。日本の印刷術の歴史の上から見ても画期的なことであり，のちに石版は金属平板に取ってかわられるものの，今日の印刷文化全盛をもたらす基盤になる。なお活版印刷機の方は彼自身用いることがなかったという。7年に新思想団体・明六社の機関誌『明六雑誌』の創刊にあたって，会計係として同社に入社。同誌の5月号に「平仮名ノ説」を発表と，「読み易く解り易く言語一様の文章を記す」ための平仮名使用の必要を述べた。同年全文平仮名の『ものわりの はしご』という3冊本を著わして，平仮名使用の実例も示した。8年より歯科医療器具の輸入販売を始め，14年には『西洋烟火之法』と題する書物の翻訳を出版し，長年にわたる応用化学への関心の成果を示す。この頃，同志と「かなのくわい」を組織，『かなのくわい大戦争』（明治16年）を発行するなど国語改良運動にも尽力し，20年，最初の国語辞典『ことばのはやし』を物集高見編で出版した。24年から37年頃までは，瑞穂屋歯科書籍店として歯科雑誌を刊行し，歯科に関する書物も多数発行した。そのほかにも，

窯業用薬品の製造販売や洋書の翻刻なども扱っている。27年『日本大辞林』発行。28年第4回内国勧業博覧会に歯科用具を出品して受賞。翌年息子連郎に店を譲り引退する。32年前半生の自叙伝『わがよのき上』を書き終える。明治43(1910)年1月20日死去。享年82歳。
墓東京都世田谷区烏山・乗満寺
文献 しみづうさぶらう略伝(長井五郎) 昭45／異国遍路 旅芸人始末書(宮岡謙二) 中央公論社 昭53(中公文庫)／日本とフランス―出会いと交流(富田仁、西堀昭) 三修社 昭54／明治維新人名辞典(日本歴史学会編) 吉川弘文館 昭56／幕末武州の青年群像(岩上進) さきたま出版会 平3
〔内海あぐり〕

清水 俊 しみず・しゅん
生没年不詳　陸軍軍人　渡フランス：1884年(兵制視察)

生没年不詳。明治17(1884)年2月16日兵制視察視察のためフランスに派遣される。のちドイツに赴き、18年1月25日帰国。その後の消息は不明。
文献 近代日本海外留学生史 上(渡辺実) 講談社 昭52／幕末明治海外渡航者総覧(手塚晃編) 柏書房 平4
〔富田仁〕

志水 直 しみず・ただし
嘉永2年4月21日(1849)～昭和2年4月26日(1927)　陸軍軍人,政治家　名古屋市長,衆議院議員　生尾張国名古屋　渡フランス,ドイツ：1884年(大山巌に随行)

嘉永2(1849)年4月21日、尾張国名古屋に生まれる。漢学・英語・フランス語・中国語を修める。明治6年陸軍に入り少尉となる。7年大尉に進み、佐賀の乱・神風連の乱・萩の乱・西南戦争に従軍し功を立て勲五等双光旭日章を受ける。11年参謀本部副官となり、同年諜報勤務の将校取締として清国に派遣され、15年帰国、少佐となる。17(1884)年大山巌陸軍卿に随行してヨーロッパの陸軍兵制を視察し、18年1月帰国。22年中佐に進む。23年陸軍省高級副官兼参事官となり、25年予備役に編入される。27年日清戦争に出征し、歩兵大佐で退役。30年郷里・名古屋市民より推されて市長となり市政に当たる。35年名古屋市から衆議院議員に当選1回。晩年は東京・牛込に暮らした。昭和2(1927)年4月26日死去。享年79歳。

文献 幕末明治海外渡航者総覧(手塚晃編) 柏書房 平4／データベースWHO 日外アソシエーツ
〔藤田正晴〕

清水 鉄吉 しみず・てつきち
？～明治29年5月8日(1896)　工学者　渡アメリカ：1896年(留学)

生年不詳。明治29(1896)年5月8日、アメリカシカゴ在留中に死去。
文献 明治過去帳―物故人名辞典(大植四郎編) 東京美術 昭46／異国遍路 旅芸人始末書(宮岡謙二) 中央公論社 昭53(中公文庫)
〔寺崎隆行〕

清水 誠 しみず・まこと
弘化2年12月25日(1846)～明治32年2月8日(1899)　実業家　〔国産マッチの創始者〕　生加賀国金沢(浅野川並木町)　旧名＝嶺　幼名＝愛之のち金之助　渡フランス：1870年(理科目修得),フランス：1878年(マッチ工場視察)

弘化2(1846)年12月25日、加賀藩士嶺新兵衛の第六子として金沢に生まれる。同藩士の清水家を継ぎ姓が変わる。藩から抜擢されて長崎へ遊学し、明治3(1870)年には藩留学生として渡仏する。パリのエコール・サントウルに入学して理工系科目を学ぶが、翌年廃藩置県にともない文部省留学生となる。7年文部省留学生制度の廃止により帰国することとなる。その折、フランス政府による金星の太陽面通過観測が日本においても行われることとなり、同年10月ジャンサンを隊長とする観測隊の一員として帰国し、神戸の諏訪山においての観測に従事する。帰国に先立つ7年夏、フランス滞在中に宮内次官吉井友実がパリを訪れた折に歓談するが、その席上、吉井が卓上のマッチを取り上げて、「日本ではこのような品に至るまで輸入に頼っているので輸出入のバランスがそこなわれている」と慨歎しマッチ事業を興すようにすすめると、彼は「日本は山林が多く軸木を得られやすいのでマッチ事業に好都合である。輸入超過防止に役立つよう帰国したらマッチ事業を始めたい」とこたえている。これがマッチ事業にかかわるきっかけである。金星観測の終了後いったん金沢に帰るが、8年4月に上京し、三田四国町の吉井の別邸を仮工場としてマッチ製造をはじめる。試売したマッチは好評で、軸木として利用

した白楊もそれまで無用の長物とされてきたが, 以後重要産物として注目されることとなる。事業は順調に進むが官費留学生として留学した義務から同年6月, 横須賀造船所勤務を命ぜられ主船寮七等出仕となる。その後10月に主船寮少匠司, 9年2月に造船課長, 8月に海軍少匠司, 9月には機械課兼務となる。その間マッチ工場はほかに人を頼んで管理させていたが, 内務卿大久保利通からの,「造船は他にも人材がいるがマッチ製造は国家にとって重要な事業でありこの際退官してマッチ事業に専念してはどうか」というすすめを受けて同年12月に退官する。以後もっぱらマッチ事業に従事することとなるが, 9月にはすでに三田四国町から本所柳原に移転し新燧社という名で本格的にマッチ製造をはじめている。新燧社の事業は当時唱導されていた士族授産, 貧民救助にも有益であったので, 大久保や大蔵卿大隈重信らの要人も視察に訪れている。10年には製品を上海へ輸出するまでになっているが, これがわが国最初のマッチの輸出である。同年, 第1回内国観業博覧会で鳳紋賞牌を受ける。その頃彼は砂糖の輸入も防ぎたいと考えていたが, 11(1878)年7月に勧農局から在フランスの松方正義局長について甘菜の製法の調査をするように命ぜられ渡仏する。しかし松方からむしろマッチ事業を一層発展させることの方が得策であるとすすめられてフランスとスウェーデンのマッチ工場の視察に赴く。とくにスウェーデンのヨンコピング社は当時世界一のマッチ工場であり, 安全マッチを製造していたのでこれを視察に赴く。だが同社は外部にその技術が洩れるのを恐れて視察を容易に許さなかったが, ストックホルム銀行頭取の紹介状を入手して一般見学者をよそおい工場内に入り, 製造法の要点を知ることに成功する。12年4月に帰国し, 留守中に全焼していた新燧社を再建して機械作業による製造法を導入する。輸出も好調となるが, 国内では全国の輸入マッチ販売業者によびかけて開興商社という組合を創設して新燧社のマッチを広く販売させる。これにより13年夏には輸入マッチは皆無となるほどの成果をあげている。またマッチ製造法の普及にも力を注ぎ, 神戸監獄署や北海道監獄署などでも製法を教えている。しかし16年頃より粗悪品を輸出する業者が現れ日本製マッチの信用が低下し, 加えて外国製品のダンピングなどの悪条件が重なり輸出不振を招き収支が悪化する。これにより工場再建時の内外負債が重圧となり, 外国債権者の理解が得られず21年12月に会社は解散する。解散後金沢に戻るが, その後大阪に出て東区今橋5丁目に住み旭燧館という工場を作り, マッチ製造機械の開発をめざす。29年10月には1人で20人分の軸木配列ができる摺附木軸排列機, 30年6月には燐寸軸排列機によって特許を得てマッチ製造技術の発展に寄与する。当時マッチは主要輸出品の一つとなっていたが, 彼の開発した機械がこれに大きく貢献している。明治32(1899)年1月, 急性肺炎にかかり大阪病院へ入院するが, 2月8日死去。享年55歳。昭和50年, マッチ製造100年を記念して東京都江東区の亀戸天満宮境内に「国産マッチの創始者清水誠の頌」が建てられる。

⊕金沢・玉泉寺
文献 燐寸要覧(永木広次編) (社)日本燐寸工業会 昭25／清水誠先生伝(松本三郎正編) 清水誠先生顕彰会 昭40／マッチ産業発達史 マッチ百年史編集委員会 昭49／日本人名大事典3 平凡社 昭54／日本の産業技術事始め(富田仁) ダイヤモンド社 昭55／幕末・明治 匠たちの挑戦—現代に甦るプロジェクトリーダーの本質(長尾剛) 実業之日本社 平16 〔湯本豪一〕

清水 満之助 しみず・まんのすけ

嘉永5年(1852)～明治20年4月(1887) 建築請負師 ⊕横浜 ㊙アメリカ, ヨーロッパ: 1886年頃(建築業視察)

嘉永5(1852)年, 横浜に生まれる。建築請負師で, 明治19(1886)年頃工学士坂本復経を伴って欧米の業界を視察して廻る。明治20(1887)年帰国後まもなく病にかかり4月に死去。享年36歳。

文献 明治過去帳—物故人名辞典(大植四郎編) 東京美術 昭46／異国遍路 旅芸人始末書(宮岡謙二) 中央公論社 昭53(中公新書) 〔寺崎隆行〕

清水 米吉 しみず・よねきち

慶応2年4月(1866)～？ 建具職人 ⊕江戸 ㊙ドイツ:1886年(ドイツ建築の研究)

慶応2(1866)年4月江戸に生まれる。明治19年に, 時の臨時建築局総裁井上馨と外務次官青木周蔵の招きで来日したドイツ人建築技師

ベックマンに貸費留学生として選ばれた6名の職工のうちの1人。専門は建具職で、臨時建築局員であり、留学は河合浩蔵の推薦による。19(1886)年11月6日に出発、翌20年1月にドイツに着き、工場に勤務して建具を研究、22年に帰国後は内務省土木局建築掛に勤務。以後わが国におけるドイツ風建築隆盛の一翼を担う。その後の消息は不明。

[文献] 近代日本海外留学生史 上（渡辺実）講談社 昭52／幕末明治海外渡航者総覧（手塚晃編） 柏書房 平4

〔村岡正明／富田仁〕

清水 龍　しみず・りゅう

生没年不詳　女子留学生　⊕豊前小倉　㊍アメリカ：1874年（留学）

生没年不詳。小倉の出身。明治7(1874)年に女子留学生として私費でアメリカに留学する。11年に帰国したものとみられるが、その後の消息は不明。

[文献] 近代日本の海外留学史（石附実） ミネルヴァ書房 昭47

〔富田仁〕

清水谷 公考　しみずだに・きんなる

弘化2年9月6日(1845)～明治15年12月31日(1882)　公家　伯爵　⊕京都　㊍ロシア：1871年（留学）

弘化2(1845)年9月6日、公卿清水谷公正の末子として京都で生まれる。初め比叡山に上り仏門に入るが、還俗して家督を継ぐ。文久2年侍従となる。戊辰戦争の際、軍費の調達を企てようとするが、岡本文平よりロシアの南下に対して北方警備の急務なることを知らされ、慶応4年2月高野保健とはかり、蝦夷鎮撫を建議する。同年4月12日嘉彰親王を総督とする箱館裁判所が設置され、副総督に任ぜらる。箱館府と改称され府知事となり同地に赴任する。松前藩からの引き継ぎ後、ただちに新政を宣布し、道内の民心を安堵させ、また各国公使との折衝に当たるが、榎本軍が迫り青森に逃れる。戊辰戦争終結により再び函館に戻り、明治2年7月開拓使が設置されると開拓次官に転ずるが、9月辞任する。12月、勉学を志し大阪開成所に入り、3月12日東京に移る。4(1871)年10月ロシア留学を命ぜられ、8年2月帰国する。明治15(1882)年12月31日死去。享年38歳。

㊉京都市上京区・廬山寺

[文献] 北の先覚（高倉新一郎） 北日本社 昭22／北海道人名辞典（橘文七） 北海道資料保存協会 昭32／函館市史（函館市編纂委員会） 昭49／明治維新人名辞典（日本歴史学会編） 吉川弘文館 昭56／昭和新修 華族家系大成 上（霞会館諸家資料調査委員会） 霞会館 昭57

〔小林邦久〕

下田 歌子　しもだ・うたこ

嘉永7年8月8日(1854)～昭和11年10月8日(1936)　女子教育家　愛国婦人会会長　〔実践女子大学を創立、賢母良妻教育の啓蒙〕　⊕美濃国(恵那郡)岩村　㊇旧名＝平尾鉐　幼名＝鉐　㊍イギリス：1893年（女子教育状況の視察）

嘉永7(1854)年8月8日、美濃国岩村の藩士平尾鋹蔵の長女として生まれる。祖父は幕末の進歩的な学者東条琴台。勤皇派であった父が約十年間蟄居幽閉を命ぜられたため逆境の中で成長するが、幼時から学問や詩歌を好んで神童の誉れが高く、明治4年に上京後は、歌人八田知紀や加藤千浪の門に入って和歌を学ぶ。5年10月、宮中に出仕。昭憲皇太后より歌才を認められ、歌子の名を賜る。12年11月退官し、翌年11月、元丸亀藩士下田猛雄と結婚。猛雄は、旧幕時代には剣客として知られたが、維新後は時代の波に応じきれず、加えて胃病を患い、17年5月、失意のうちに病没する。15年、女官時代に知遇を受けた政府高官たちの要望と援助によって、自宅に桃夭学校を開設して上流子女の教育に当たり、女子教育への第一歩を踏み出す。17年7月、宮内省御用掛を命ぜられ、華族女学校創設に参画、18年11月に同校が開設されると幹事兼教授に任ぜられ、翌年学監兼教授となって、以後退官まで歴代の校長を補佐し、校務と教育の重責を担う。26(1893)年9月、明治天皇の第六・第七皇女のご教育掛の内命を受けたため、先進国であるイギリス皇室の皇女教育の調査および各国の女子教育状況視察に渡欧する。イギリスを中心に、フランス、ドイツ、イタリア、オーストリア、ベルギー、スウェーデンの各階層の女子の学校教育および家庭教育のあり方を見学する。イギリスではヴィクトリア女王に謁見したが、その折彼女は王朝時代の官女そのままに髪を長く垂らしたおすべらかしに袿衣、緋の袴を着用して臨み、女王をはじめイギリスの人々に

讃嘆されたと伝えられている。28年8月アメリカ経由で帰国する。留学中の見聞は、『泰西婦女風俗』『欧米二洲女子教育実況概略』『外の浜づと』の著作にまとめられており、この留学によって女子教育に関する多くの示唆を得ているが、最大の収穫は、中下層の女子教育の必要性に目を開かされたことであった。欧米諸国の資本主義の発展と婦人たちの活動を目の当たりにし、国家富強の基礎が女性たちにあることを理解すると同時に、アジアの危機を痛感し、祖国日本がいかに世界の列強と伍してゆくかという問題意識から、中流およびそれ以下の庶民の女子教育こそ国家の急務であるとの確信を抱くに至ったのである。帰国後、華族女学校に勤めるかたわら、31年11月、女子教育の中等以下の階層への普及をめざして帝国婦人協会を結成する。その事業の一環として、32年5月、「賢母良妻」の教育理念のもとに実践女学校を、女性の経済的自立を主眼に女子工芸学校をそれぞれ設立し、さらに翌年4月、同協会新潟支会に裁縫伝習所を設置する。留学中から東洋の連帯をひそかに願っていたので35年、実践女学校に清国留学生部を設け、中国の留学生を積極的に受け入れ、大正3年までに90余名の卒業生を出す。明治39年4月、華族女学校は学習院に併合されて学習院女学部となり、学習院教授兼女学部長に任ぜられたが、翌年11月辞任し、上流女子教育から離れることになる。以後野に下り、実践女学校の仕事に打ち込む一方、大日本婦人慈善会経営の順心女学校および通信省貯金局女子従業員のための明徳女学校、滋賀県下の淡海女子実務学校などの校長を兼ね、中下層の女子教育の発展に寄与する。また34年に設立された愛国婦人会にも発起人の一人として趣意書に起草し、大正9年会長に就任し、昭和2年辞任するまで、精力的にその活動と取り組む。各地を遊説して全国の女性の団結協力を呼びかけるとともに、婦人職業紹介所、授産所、隣保館、夜間女学校、婦人宿泊所などを開設して、女性の生活改善と職業への道を開くことに尽力する。留学以来、国家興隆の基礎は大衆婦人の教育に帰するという信念を固め、使命感に燃えて大衆女子教育に後半生をささげ、女子の教養向上に資する目的をもって、『女子自修文庫1~5』（明治45年）『香雪叢書1~5』（昭和7~8年）など多くの著作も残した。昭和11（1936）年10月8日、肺水腫のため死去。享年83歳。

㊙東京都文京区・護国寺、岐阜県岩村・乗政寺山墓地

[文献] 泰西婦女風俗（下田歌子） 大日本女学会明32／下田歌子先生伝 故下田歌子先生伝記編纂所編刊 昭18／下田歌子（吉屋信子）『女の歴史』 河出書房 昭30／梢風名勝負物語（村松梢風） 読売新聞社 昭36／竹のゆかり（成田深雪編） 香雪会 昭38／下田歌子と服部宇之吉（小野和子）：朝日ジャーナル14(40) 昭47.10／帝国婦人協会設立の主旨（下田歌子）／『日本婦人問題資料集成4』ドメス出版 昭51／下田歌子（小山いと子）『人物日本の女性史12』 集英社 昭53／愛国婦人会の活動（永原和子）：歴史公論 5(12) 昭54.12／下田歌子関係資料総目録（実践女子大学図書館編） 実践女子学園 昭55／下田歌子（岩橋邦枝）『女の一生 人物近代女性史2』 講談社 昭55／実践女子学園八十年史(実践女子学園八十年史編纂委員会編) 実践女子学園 昭56／下田歌子先生伝—伝記・下田歌子（故下田校長先生伝記編纂所編）大空社 平1（伝記叢書）／新時代のパイオニアたち-人物近代女性史（瀬戸内晴美編） 講談社 平1（講談社文庫）／明治を駆けぬけた女たち（中村彰彦編著） ダイナミックセラーズ出版 平6

〔岩淵宏子〕

下田 菊太郎　しもだ・きくたろう

慶応2年5月2日（1866）～昭和6年12月26日（1931）　建築家　㊐羽後国（仙北郡）角館
㊙アメリカ：1889年（建築技術）

慶応2（1866）年5月2日、羽後国角館に生まれる。工部大学校建築科を中退。明治22（1889）年渡米してシカゴの設計事務所に勤務、鉄骨や鉄筋コンクリートの建築技術を習得。31年帰国後、建築事務所を開設し、F.L.ライトと旧帝国ホテルの設計を競うなど、実務に携わる。帝国議会の議院建築に対して、日本独自の"帝冠様式"を提唱したことで知られる。昭和6（1931）年12月26日死去。享年66歳。

[文献] 文明開化の光と闇―建築家下田菊太郎伝（林青梧） 相模書房 昭56（相模選書）／幕末明治海外渡航者総覧（手塚晃編） 柏書房 平4／データベースWHO 日外アソシエーツ

〔藤田正晴〕

下山 順一郎　しもやま・じゅんいちろう

嘉永6年2月（1853）～明治45年2月25日（1912）
薬化学者　薬学博士　〔薬化学, 薬草研究に貢献〕　[生]尾張国犬山藩　[渡]ドイツ：1883年（製薬学）

嘉永6（1853）年2月，尾張国犬山藩士下山健治郎の長男として生まれる。明治3年大学南校に入りドイツ語を学び，6年東京大学医学部に入学，製薬学を学んで11年に卒業する。14年に陸軍薬剤官と東京大学助教授を兼ね，16（1883）年9月22日に退職して製薬学研究のため文部省より派遣されてドイツへ留学する。ストラスブルグ大学で製薬学の研究を行い，一等薬剤官となる。ドイツのみならず，イギリス，オーストリアの薬学校組織の調査も行い，20年6月に帰国する。翌月から東京大学医学部教授となり，中央衛生臨時委員，日本薬局方調査委員などの要職につく。26年にはフィラデルフィア薬学大学の名誉教員に挙げられ，31年薬学博士の学位を受ける。わが国の大学にはじめて製薬化学，薬化学の名称のもとに講義を行った先学者であり，また一方薬草に関する研究も少なくない。明治45（1912）年2月25日死去。享年60歳。

[文献] 故副会頭名誉会員薬学博士下山順一郎君（日本薬学会）：薬学雑誌　360　明45／薬学博士下山順一郎先生小伝：中外医事新報　769　明45／下山順一郎先生と日本の生薬学（朝比奈泰彦）：薬局　4（9）　昭28／日本人名大事典3　平凡社　昭54／下山順一郎先生伝―草楽太平記（根本曽代子）　薬学部新館竣工記念事業委員会　平6　〔村岡正明〕

下山 甫六郎　しもやま・すけろくろう

？～明治26年3月18日（1893）　留学生　[生]上野国　[渡]アメリカ：1893年（留学）

生年不詳。上野国の出身。アメリカに留学し，病にかかり，明治26（1893）年3月18日，サンフランシスコより帰国の途中船中にて死去。

[文献] 明治過去帳―物故人名辞典（大植四郎編）　東京美術　昭46　〔寺崎隆行〕

釈 宗演　しゃく・そうえん

安政6年12月18日（1860）～大正8年11月1日（1919）　僧侶, 歌人　臨済宗円覚寺派第2代管長　〔初めて欧米に禅を紹介〕　[生]若狭国（大飯郡）高浜村　[名]旧名＝一ノ瀬　幼名＝常次郎, 前名＝祖光, 号＝洪嶽, 楞伽窟　[渡]アメリカ：1893年（第1回万国宗教大会）

安政6（1860）年12月18日，若狭国大飯郡高浜村に生まれる。明治4年京都・妙心寺の越渓のもとで得度し釈と改姓。11年鎌倉・円覚寺の今北洪川に就いて学び，18年慶応義塾に入学。20年からセイロンで修業，インド，タイ，中国を歴訪し，22年に帰国。25年円覚寺派管長となり，26（1893）年シカゴの第1回万国宗教大会（世界宗教会議）に日本代表として参加，初めて欧米に禅を紹介した。36年建長寺派管長を兼任し，臨済宗大学（現・花園大学）学長も務める。38年から39年にかけてアメリカ，イギリス，フランス，ドイツ，オーストリアを歴遊，禅の布教につとめた。夏目漱石はじめ多くの著名人が師事参禅したことでも知られる。著書に『英文説法集』『楞伽窟歌集』など。大正8（1919）年11月1日，鎌倉市の東慶寺で死去。享年61歳。

[文献] 近代仏教界の人間像（常光浩然）　世界仏教協会　昭37／日本の思想家　第2　大井憲太郎（朝日新聞社朝日ジャーナル編集部編）　朝日新聞社　昭38／幕末明治海外渡航者総覧（手塚晃編）　柏書房　平4／宗演禅師と其周囲―伝記・釈宗演（長尾宗軾）　大空社　平5（伝記叢書）／朝日日本歴史人物事典　朝日新聞社　平6／事典近代日本の先駆者　日外アソシエーツ　平7／データベースWHO　日外アソシエーツ　〔藤田正晴〕

十作　じゅうさく

？～明治3年頃（1870）　漁民　[生]尾張国内海西端　[渡]ペルー：1841年（漂流）

生年不詳。尾張国内海の数右衛門船の水夫。天保12（1841）年10月に紀州沖で遭難して漂流中3人が死亡するが，6ヶ月後長吉，亀吉，坂田伊助とともに外国船に救助されてペルーのカヤオに連れて行かれる。その地で帰国の機会を待ったが，明治3（1870）年頃に死去。

[文献] 日本人漂流記（川合彦充）　社会思想社　昭42（現代教養文庫A530）　〔富田仁〕

重助　じゅうすけ

生没年不詳　漁民　[生]土佐国（高岡郡）宇佐浦　[渡]アメリカ：1841年（漂流）

生没年不詳。土佐国宇佐浦の出身。天保12（1841）年伝蔵らと漁船で漁に出たが，漂流と無人島へ漂着。5ヶ月の無人島生活ののち，アメリカの捕鯨船ジョン・ホーランド号のホイッ

トフィールド船長に救出され、同年12月にハワイのホノルル港に着くが、無人島漂着の際負傷し、ビッコをひいていた上、その後も健康がすぐれずこの地で死去。　㊟カンネオヘの墓地
[文献]　日本人漂流記（荒川秀俊）　人物往来社　昭39
〔寺崎隆行〕

重兵衛　じゅうべえ

生没年不詳　商人　伊勢屋八兵衛手代　㊟フランス：1862年（遣欧使節に随行）

　生没年不詳。文久1(1862)年、26歳頃伊勢屋八兵衛手代として遣欧使節に随行する。
[文献]　大君の使節―幕末日本人の西欧体験（芳賀徹）　中央公論社　昭43（中公新書163）／幕末教育史の研究2―諸術伝習政策（倉沢剛）　吉川弘文館　昭59
〔富田仁〕

執行　弘道　しゅぎょう・ひろみち

嘉永6年2月18日(1853)～昭和2年7月2日(1927)　文化事業家　㊟佐賀　㊟初名＝謙九郎　㊟アメリカ：1871年（留学）

　嘉永6(1853)年2月18日、佐賀藩士執行改蔵の長男として佐賀に生まれる。藩校弘道館に学び、上京して大隈重信の門生となる。明治3年大学南校に入り、翌4(1871)年、佐賀藩留学生としてアメリカに渡る。7年6月帰国後、外務省、三井物産会社を経て、13(1880)年5月、日本美術工芸品を輸出する官立の起立工商会社に招かれニューヨーク支店長として渡米する。以後、ニューヨーク初の大規模な浮世絵展を開くなど日本美術の紹介・普及に努めた。24年に起立工商会社は解散するが、その後、日本の勧業博覧会や33(1900)年のパリ万国博覧会、37(1904)年のセントルイス万国博覧会など多くの博覧会事業で審査官や事務官を務めたほか、フランク・ロイド・ライトの浮世絵収集に大きな役割を果たした。昭和2(1927)年7月2日死去。享年75歳。
[文献]　明治初年条約改正史の研究（下村冨士男）　吉川弘文館　昭37／近代日本の海外留学史（石附実）　ミネルヴァ書房　昭47／近代日本海外留学生史　上（渡辺実）　講談社　昭52／異国遍路　旅芸人始末書（宮岡謙二）　中央公論社　昭53（中公文庫）／美術普及　埋もれた偉才―明治・大正期に数々の事業参画　執行弘道の足跡（瀬木慎一）：日本経済新聞　平11.5.25／フランク・ロイド・ライトの日

本（谷川正己）　光文社　平16（光文社新書）／執行弘道年譜（執行一平編）　執行一平　平17（私家版）
〔富田仁〕

荘　清次郎　しょう・せいじろう

文久2年1月20日(1862)～昭和1年12月25日(1926)　実業家　三菱合資会社専務理事　㊟肥前国大村　㊟アメリカ：1886年（留学）

　文久2(1862)年1月20日、肥前大村藩士の家に生まれる。明治18年大学予備門卒業。19(1886)年アメリカに渡り、エール大学に学ぶ。20年法律の修士の学位を取得。欧米各国を歴遊し、23年帰国。三菱に入社し、25年第百十九国立銀行大阪支店支配人、のち三菱合資会社庶務部長を経て、大正5年三菱合資会社専務理事・監事に就任。この間、製紙事業を主に担当し、三菱製紙創業に尽力した。理化学研究所常務委員、飛行協会理事、養育院理事も務めた。昭和1(1926)年12月25日死去。享年65歳。
[文献]　幕末明治海外渡航者総覧（手塚晃編）　柏書房　平4／朝日日本歴史人物事典　朝日新聞社　平6／データベースWHO　日外アソシエーツ
〔藤田正晴〕

城　蓮　じょう・れん

生没年不詳　中御門家家来　㊟イギリス：1870年（中御門寛麿に同行）

　生没年不詳。慶応4(1868)年3月、中御門寛麿の従者としてイギリスに渡る。この一行には三条公恭、尾崎三良、森寺広三郎、毛利平六郎、大野直輔、有福二郎が加わったが、英語がほとんど出来ず、ロンドンの繁栄を目のあたりにして、ただ茫然自失するのみであった。その後の消息は不明。
[文献]　尾崎三良自叙略伝　上　中央公論社　昭51
〔楠家重敏〕

松旭斉　天一　しょうきょくさい・てんいち

嘉永6年1月(1853)～明治45年6月14日(1912)　奇術師　㊟福井大名町　㊟幼名＝八之助、通称＝服部松旭、立川松明　㊟アメリカ：1901年（興行）

　嘉永6(1853)年1月、福井藩剣道師範役牧野海平の長男として生まれる。牧野家は何らかの過失があったらしく福井を追われ、万延1年父母とともに父の実弟にあたる阿波黒崎西光寺住職唯阿の許に身をよせる。その後鳴門の昌住寺に預けられ出家するが、無軌道ぶりを

示し西光寺に帰される。のちに寺を出て西国巡礼者となり、同国安楽寺徒弟となり真言宗の秘法剣渡り、火渡りの術を修得する。さらに幻技を学び奇術師となり長崎に赴く。明治11年長崎でアメリカの奇術師ジョネスに雇われ西洋奇術に開眼し上海へ渡りジョネスの興行に加わって日本奇術を演じて大いに好評を博した。翌年、上海で一座を編成する。16年帰国し、21年3月東京浅草文楽座において興行し名声をあげ、翌年4月には赤十字社総会の席上皇后陛下台覧、翌月には天覧の光栄に浴した。明治34(1901)年にはアメリカからヨーロッパを巡演し、以後しばしば欧米に渡り各国帝王の御前演技を行い勲章を授かった。酒宴の席で伊藤博文を呼び捨てにするなどのエピソードも多くある。明治43年、病気のため引退し、一座は分裂することとなる。なお「天一」とは、天下第一の奇術師たらんことを念じて号したものといわれている。明治45(1912)年6月14日死去。享年60歳。

[文献] 福井人物風土記(福井新聞社編) 昭和書院 昭48／異国遍路 旅芸人始末書(宮岡謙二) 中央公論社 昭53(中公文庫)／日本人名大事典3 平凡社 昭54 〔寺崎隆行〕

庄司 金太郎 しょうじ・きんたろう

生没年不詳　留学生　⊕松江　⊗別姓＝荘司
㊙フランス：1870年(軍事工学)

　生没年不詳。松江藩士として生まれる。明治3年12月陸軍兵学寮に入学。3(1870)年兵学修業で洋学(軍事工学)研究のため松江県費でフランスへ留学し、11月28日からニース学校で海軍学とフランス語と勉強する。6(1873)年パリで開催された第1回東洋学者国際会議に日本人留学生として入江文郎らとともに出席している。その後の消息は不明。

[文献] 仏国留学・その2(西堀昭)：日本仏学史研究 6 昭50／フランスに魅せられた人びと—中江兆民とその時代(富田仁) カルチャー出版社 昭51／近代日本海外留学生史 上(渡辺実) 講談社 昭52／日仏文化交流史の研究—日本の近代化とフランス人 (西堀昭) 駿河台出版社 昭56／幕末明治海外渡航者総覧(手塚晃編) 柏書房 平4
〔山口公和／富田仁〕

庄司 鍾五郎 しょうじ・しょうごろう

明治2年(1869)～昭和11年10月31日(1936)
神学者、満鉄社員 〔ロシア語学校を開設〕
㊷洗礼名＝セルギイ　㊙ロシア：1888年(神学)

　明治2(1869)年、蘭学者庄司群平の子として生まれる。父がハリストス正教会の伝教師ウラジーミル神父の日本語教師であったことが縁で、14年正教神学校に入学、21(1888)年に同校を卒業後ペテルブルグ神学大学に留学し26年卒業して帰国。3年程母校・正教神学校の教壇に立つ。そのかたわら29年佐藤叔治、小西増太郎、瀬沼恪三郎、西海枝静らとともに露語学校を開設、またロシア語の通信教育もはじめたが成功しなかった。その後、外務省に入り領事館書記生としてウラジオストック勤務を命ぜられたが、やがて実業界に転じ、満鉄外交部主任、ハルビン満鉄公所長をつとめる。満鉄に30年程いたが、晩年ソヴィエト政権により入国を拒否されたことを契機に内地に帰り、一時ポーランド公使館通訳嘱託となっていたが、間もなく長野に引退、この地で昭和11(1936)年10月31日死去。享年68歳。

㊣東京・青山霊園

[文献] 〔追悼記事〕：正教時報 26(1, 3) 昭12 〔長縄光男〕

庄司 藤三郎 しょうじ・とうさぶろう

生没年不詳　留学生　㊙フランス：1885年(鋳造学)

　生没年不詳。明治18(1885)年9月海軍省から派遣されフランスに留学する。留学の目的は鋳造学で、クルップ社、クルーゾー社で研修を積んでいる。23年9月19日帰国。その後の消息は不明。

[文献] 日仏文化交流史の研究—日本の近代化とフランス人(西堀昭) 駿河台出版社 昭56／幕末明治海外渡航者総覧(手塚晃編) 柏書房 平4 〔富田仁〕

庄蔵 しょうぞう

生没年不詳　神昌丸乗組員 〔イルクーツク日本語学校教師〕　⊕伊勢国若松村　⊗ロシア名＝フョードル・ステパノーヴィチ・シートニコフ　㊙ロシア：1783年(漂流)

　生没年不詳。伊勢国若松村に生まれる。天明2年12月、大黒屋光太夫率いる神昌丸に乗り組み遠州沖で遭難、3(1783)年アレウト列島のアムチトカ島に漂着、この地で4年余り過ごした

後カムチャツカへ渡る。寛政1年2月オホーツクを経てイルクーツクに至る。脚気を患っていたところさらに凍傷に冒され，片足を膝から切断する。やがてロシア正教に入信，フョードル・ステパノーヴィチ・シートニコフと改名してロシアに帰化する。3年9月13日(露暦)の勅令により新蔵(ニコライ・ペトローヴィチ・コロトゥイギン)とともにイルクーツクの日本語学校教師に任命されたがまもなく死去する。
[文献] 北槎聞略(桂川甫周著　亀井高孝，村山七郎編)　吉川弘文館　昭40／日本とロシア―両国交流の源流(高野明)　紀伊国屋書店　昭46(紀伊国屋新書)／日本人とロシア人―物語　日露人物往来史(中村新太郎)　大月書店　昭53　〔雪嶋宏一〕

ジョセフ・ヒコ

⇒アメリカ彦蔵(あめりかひこぞう)を見よ

ジョン万次郎　じょんまんじろう

文政10年(1827)～明治31年11月12日(1898)
漁民，語学者　〔外交文書の翻訳，捕鯨業・航海術の指導〕　[生]土佐国(幡多郡)中浜村
[名]本名＝中浜万次郎　通称＝万次郎・ジョン＝マン　[渡]アメリカ：1841年(漂流)，アメリカ：1860年(咸臨丸の通弁)

文政10(1827)年，漁師悦介の子として土佐国中浜村に生まれる。幼少時より漁業に従事したが，天保12(1841)年1月5日，14歳の時仲間4人とともに宇佐浦の伝蔵の持船に乗り，幡多沖で出漁中に遭難し，無人島(鳥島)に漂着した。一行は雨水を貯えて飲み，アホウドリを捕えて食べ，洞窟を棲家にして半年の孤島生活を過ごすうち，アメリカの捕鯨船ジョン・ハウンド号に救助される。ハウンド号は一行を乗せて12月にホノルルに寄港し，伝蔵ら4人はこの地に下船したが，彼は船長ウィリアム・ホイットフィールドにその才を認められ，アメリカ本土で教育を受けることになり，ジョン・マンと称して天保14年5月にマサチューセッツ州ニューベッドフォードに渡る。船長の好意により，フェーヤヘブンのウィトフィールド家にひきとられ，ユニテリアン派の教会で受洗，私塾オックスフォードスクールに入学し，英語の読み書き，数学などの基礎を学ぶ。翌年にはバートレット校に進学し，数学，測量術，航海術を修める。またその間樋屋に徒弟奉公して鯨油をためるための樽づくりの修業もした。弘化3年，捕鯨に出ることを希望し，アイラ・ディヴィス船長の捕鯨船フランクリン号の航海士として遠洋航海に出る。鯨を追いながら喜望峰を廻ってインド洋から太平洋に出て，日本近海仙台沖にまで達するが，そこからハワイ諸島に転進し，弘化4年10月にオワフ島のホノルル港に寄港し，旧友に再会する。フランクリン号は再び鯨を求めて航海に出るが，途中船長が発狂したためにマニラで下船させ，船員たちの選挙によってエーケンが船長に，彼は副船長に選ばれ航海を続け，インド洋経由で嘉永2年8月下旬フェーヤヘブンに帰着。この遠洋航海の期間は3年4ヶ月で，捕獲した鯨は約500頭，採取した鯨油数は数千樽に達したという。なお彼はこの時350ドルの分配金を得ている。この頃カリフォルニアで金山が開け，彼もこのゴールドラッシュに飛びつき金山に入り，数ヶ月間働いて資金を貯えたのち便船をえてサンフランシスコからハワイに渡る。かつて別れた4人の仲間のうち重助はすでに死亡，寅右衛門はハワイにとどまるというので，万次郎は伝蔵，五右衛門兄弟と3人で帰国の準備をすすめる。3年11月にメキシコから上海に向うサラ・ボイド号に，かねて購入したボートをたずさえて便乗し，翌年1月琉球沖で船からボートに乗り移り，摩文仁間切に上陸する。琉球の役人に糾問を受けたのち那覇に送られ，さらに鹿児島の山川港に移送され，藩主島津斉彬からも直接海外の事情を聴取される。ついで長崎奉行所に護送され厳重な取調べを受け，土佐藩主山内豊信が身元引受人となって釈放され，12年ぶりで故郷の中ノ浜に戻る。5年12月に藩は彼を徒士格に登用し，有志の者が西洋事情を聞き，英語を学ぶことを許可するが，有志の中には坂本龍馬，岩崎弥太郎などがいた。翌年11月にはその才能をかわれ幕府に召されて普請役格に列せられ，韮山代官江川太郎左衛門の手付となり，生地の中浜をとりそれを氏とした。以後外国からの文書の翻訳，軍艦操練所教授，鯨漁御用などを務めるほか，『英米対話捷径』を著わす。安政7(1860)年1月，勝海舟を艦長とする咸臨丸が遣米使節の随行艦として派遣されると，事実上の船長と通弁主任を兼ねて乗込み，横浜とサンフランシスコ間を往復する。この折初めて日本にミシンを持ち帰っている。帰国後は幕府の小笠原諸島開拓事業に参加，父島・母島を視察し，その後は幕府の

命によって一番丸の船長として小笠原付近で捕鯨に従事する。元治1年薩摩藩の開成所で招かれて英学を講じ、また慶応2年に土佐藩が開成館を設立すると教授になり、英語、航海術、測量術、捕鯨術などを教えた。明治2年には徴士として新政府に出仕し、開成学校の教授となる。3年9月大山巌、品川弥次郎、山県有朋、板垣退助らと普仏戦争観戦のためアメリカ経由でヨーロッパに出張したが、その途中恩人ホイットフィールド船長をフェーヤヘブンに訪ねて旧交を温める。帰国後は北海道捕鯨会社の社長として活躍したが、軽い脳溢血にかかり土佐に引退し、晩年は自適の生活を送る。明治31（1898）年11月12日死去。享年72歳。

⊛東京・雑司ヶ谷霊園

文献 中浜万次郎漂流記（国沢新兵衛）：土佐史談 37 昭6／中浜万次郎伝（中浜東一郎） 冨山房 昭11／ジョン万次郎漂流記 風来漂民奇譚（井伏鱒二） 河出書房 昭13／万次郎漂流記（橋詰延寿） 講談社 昭16／ジョン万次郎の生涯（片方善治） 昭34／新・ジョン万次郎伝（エミリー・V.ワリナー著 田中至訳） 出版協同社 昭41／中浜万次郎の生涯（中浜明） 冨山房 昭45／日本人名大事典4 平凡社 昭54／明治維新人名辞典（日本歴史学会編） 吉川弘文館 昭56／ジョン万エンケレセ（永国淳哉） 高知新聞社 昭57／高新ふるさと文庫6）／鯨とテキスト（大橋健三郎編） 国書刊行会 昭58／漂異紀略（川田維鶴撰） 高知市民図書館 昭61／中浜万次郎漂流記（高橋史朗校記、前田和男編） 高知県立高知追手前高等学校 昭63／最初にアメリカを見た日本人（プラマー、キャサリン著、酒井正子訳） 日本放送出版協会 平1／ジョン万次郎—アメリカを発見した日本人（成田和雄） 河出書房新社 平2（河出文庫）／中浜万次郎集成（川澄哲夫編） 小学館 平2／私のジョン万次郎—子孫が明かす漂流150年目の真実（中浜博） 小学館 平3／ペリー提督と会えなかった男の本懐—ジョン万次郎のそれから（土ława治重） 経済界 平3（リュウセレクション）／幕末漂流／ジョン万次郎—新版ジョン万エンケレセ（永国淳哉） 高知新聞社 平3（Koshin books）／ジョン万次郎漂流記—運命へ向けて船出する人（エミリー・V.ウォリナー著、宮永孝解説・訳） 雄松堂出版 平3（海外渡航記叢書）／ジョン万次郎物語（長田亮一） 沖縄県ジョン万次郎を語る会 平4／ジョン万次郎のすべて（永国淳哉編） 新人物往来社 平4／誇るべき物語—小説・ジョン万次郎（有明夏夫） 小学館 平5／虹かかる海—中浜万次郎（松永義弘） 光風社出版 平5／ジョン・マンと呼ばれた男—漂流民中浜万次郎の生涯（宮永孝） 集英社 平6／私のジョン万次郎—子孫が明かす漂流の真実（中浜博） 小学館 平6（小学館ライブラリー）／中浜万次郎—日本社会は幕末の帰国子女をどのように受け入れたか（古谷多紀子） 日本図書刊行会 平9／中浜万次郎と咸臨丸（磯部寿恵、磯部美波、磯部博平夫著） 磯部出版 平11／鎖国をはみ出た漂流者—その足跡を追う（松島駿二郎） 筑摩書房 平11（ちくまプリマーブックス）／椿と花水木—万次郎の生涯（津本陽） 角川書店 平11（津本陽歴史長篇全集）／ジョン万次郎—日本を開国に導いた陰の主役（星亮一） PHP研究所 平11（PHP文庫）／ジョン万次郎とその時代（川澄哲夫） 広済堂出版 平13

〔寺崎隆行〕

白石　直治　しらいし・なおじ

安政4年10月（1857）～大正8年2月（1919）　土木工学者　東京帝国大学教授　㊞土佐国長岡郡　㋐アメリカ：1883年（留学）

　安政4（1857）年10月、土佐藩儒久家忘斎（種平）の長子に生まれ、14歳で白石栄の養嗣子となる。勤王論に刺激され、ひそかに長州に走ったこともあったが、維新後東京に出て後藤象二郎家に寄寓。明治14年東京帝国大学工科大学土木学科を卒業。農商務省、東京府勤務を経て、明治16（1883）年3月文部省より海外留学を命じられ、アメリカ、ドイツに留学。イギリス、フランスを経て20年11月に帰国し、帝国大学工科大学教授に就任。23年退官して実業界入りし、関西鉄道社長となるが、31年これを辞し、日本初の鉄筋コンクリートによる神戸和田岬の大倉庫（39年）や東洋一の長崎のドライ・ドック（37年）、若松築港などの大工事建設にあたった。明治24年工学博士。さらに日韓瓦斯電気、日本窒素肥料、猪苗代水力などの会社重役を歴任。45年衆議院議員となる。大正8年には土木学会長となった。直治南岳と号し詩にも親しんだ。大正8（1919）年2月死去。享年63歳。

文献 幕末明治海外渡航者総覧（手塚晃編） 柏書房 平4／データベースWHO 日外アソシエーツ

〔藤田正晴〕

白根 鼎蔵　しらね・ていぞう
生没年不詳　留学生　⊕山口　⊖別名＝鼎三
㋱アメリカ：1872年（玻璃製造）

　生没年不詳。山口の出身。明治5(1872)年にアメリカに玻璃（はり）製造の目的のため官費で留学する。吉田清成に同行しての留学であるが、その後の消息は不明。

[文献] 近代日本の海外留学史（石附実）　ミネルヴァ書房　昭47　　　　　〔富田仁〕

白峯 駿馬　しらみね・しゅんめ
天保7年(1836)～明治42年4月1日(1909)　造船家　〔洋式造船の先駆者〕　⊕越後長岡（新潟県）　㋱アメリカ：1868年（造船学）

　天保7(1836)年、越後国長岡藩士鵜殿瀬左衛門の三男として生まれる。16歳で脱藩し江戸に出て勝海舟の門に入り航海術を学ぶ。その後大坂に住み、坂本龍馬、佐藤与一郎、陸奥宗光などと交わり海援隊に加わり、海舟が江戸に帰るのに際し薩摩藩の小松帯刀に身を寄せ、姓を白峯と改める。さらに長崎で外国語、航海術を学んだあと、慶応4(1868)年4月兵庫海軍所出仕を拝命し、同年アメリカに渡りロッガース大学で造船学を修める。7年にイギリス、フランス、インド、清国を巡遊し、8年には海軍少匠司に任じられ、村瀬為吉、木下弁蔵と開拓使御用係を兼ね、洋式帆船の最初200トンの白峯丸を建造する。10年官を辞し神奈川県に白峯造船所を設けて、造船の先駆をなす。日清戦争の際、架橋材料が完備していないことを嘆き、それを機会に鉄船を創造し、後年の戦役に用いて大いに貢献することとなった。明治42(1909)年4月1日、東京市芝区下高輪町の自宅で死去。享年64歳。

[文献] 白峯駿馬君の軍器（秋保安治、高橋立吉著　発明及発明家編）　磯部甲陽堂　明44／日本人名大事典3　平凡社　昭54
　　　　　〔寺崎隆行／富田仁〕

次郎右衛門　じろえもん
生没年不詳　船乗り　⊕越後国早川村（新潟・村上市早川町）　㋱アメリカ：1832年（漂流）

　生没年不詳。越後早川村に生まれる。角長の持船の水主として天保3(1832)年1月、松前でカズノコを積んで江戸に向かったが間もなく強い西風に吹きまくられて漂流。11ヶ月の漂流中5人死亡。伝助、長太、伝吉の3人とともに同年12月23日、ハワイのオアフ島に漂着。ホノルルに18ヶ月滞留。5年、カムチャツカのペトロパウロフスクへ、6年アラスカのシトカへ送られ、7年7月、ロシア船でエトロフ島へ送還される。その後の消息は不明。

[文献] 日本人漂流記（川合彦充）　社会思想社　昭42（現代教養文庫A530）　　〔安藤義郎〕

次郎吉　じろきち
生没年不詳　長者丸乗組員　〔漂流体験の口述〕　⊕越中国（新川郡）東岩瀬浦方　㋱アメリカ：1839年（漂流）

　生没年不詳。越中国東岩瀬浦方に生まれる。長者丸の追廻しとして乗り組み、天保9(1839)年11月23日、仙台領唐丹の沖合で強い西風に吹きまくられ漂流。6ヶ月の漂流ののち天保10年アメリカ捕鯨船に救助される。ハワイに11ヶ月滞在の後、カムチャツカのペトロパウロフスク、オホーツク、アラスカのシトカへ送られ、その後エトロフへ送還される。松前を経て江戸に到着、6年間抑留されるが嘉永1年、金蔵、六兵衛、太三郎の3人と無事故郷に戻る。帰郷後、彼はこの間の事情を『蕃談』に詳しく口述している。

[文献] 日本人漂流記（川合彦充）　社会思想社　昭42（現代教養文庫A530）／時規物語、蕃談『日本庶民生活資料集成5　漂流』　三一書房　昭55／最初にアメリカを見た日本人（プラマー、キャサリン著、酒井正子訳）　日本放送出版協会　平1　　　〔安藤義郎〕

進 経太　しん・つねた
元治1年7月13日(1864)～昭和7年12月24日(1932)　造船技師　石川島造船所取締役技師長　⊕長門国萩　㋱アメリカ、ヨーロッパ：1885年（留学）

　元治1(1864)年7月13日、長州藩士・進十六の長男に生まれる。明治18年工部大学校機械科を卒業。18(1885)年欧米に留学し造船学・機械工学を学ぶ。21年帰国して石川島造船所に入り、間もなく取締役兼技師長に就任。明治34年工学博士。同年顧問となり、44年まで造船業に関する技術及び経営に尽力した。同年独立して東京八重洲町に進事務所を設立し、顧問・技師・特許弁理士・代理業、その他一般工業関する事務を取り扱う傍ら、大日本電球取締役、横浜鉄工所取締役、大阪琺瑯社長を兼任。公私の機械工業に関する設計・施設・監

督・経営等に参与した。昭和7(1932)年12月24日死去。享年69歳。
[文献] 幕末明治海外渡航者総覧(手塚晃編) 柏書房 平4／データベースWHO 日外アソシエーツ　〔藤田正晴〕

新吉　しんきち
生没年不詳　天寿丸乗組員　㊊紀伊国(日高郡)天田組蜑浦(和歌山・御坊市蜑浦)　㊍ロシア：1850年(漂流)

　生没年不詳。紀伊国天田組蜑浦に生まれる。天寿丸の水主として乗り組み、嘉永3(1850)年1月9日、伊豆子浦沖で漂流。3月12日、長助など12人の乗組員とともにアメリカ捕鯨船に救助された後、ロシアの捕鯨船に移され、カムチャツカ半島のペトロパウロフスク、ロシア領アラスカのシトカに送られる。5年4月、ロシア・アメリカ会社の好意により下田へ送還され、翌年1月、無事帰郷する。士分に取り立てられ、苗字帯刀を許されて紀州藩の水主を命じられる。
[文献] 日本人漂流記(川合彦充)　社会思想社　昭42(現代教養文庫A530)　〔安藤義郎〕

新蔵　しんぞう
宝暦9年(1759)～文化13年(1816)　神昌丸乗組員〔イルクーツク中学校の日本語教師〕
㊊伊勢国南若松村　㊋ロシア名＝ニコライ・ペトロヴィッチ・コロトゥイギン　㊍ロシア：1783年(漂流)

　宝暦9(1759)年、伊勢亀山領南若松村に生まれる。天明2年12月9日、大黒屋光太夫の率いる神昌丸に水夫として乗り組む。両親はすでに没し、伯母はんと6歳年上の姉(若松村の左次兵衛女房)がいた。神昌丸は伊勢の白子浦から江戸に向かって出帆したが、駿河沖で暴風にあい漂流すること8ヶ月余、仲間の幾八は病死、彼は激浪に翻弄された船の火鉢が顔にあたり半面を火傷するなどの苦難ののちに、翌3(1783)年7月20日にアレウト列島アムチトカ島に漂着し、4年間を過ごす。この間に7人が死亡する。光太夫ら神昌丸生残者9名はアムチトカ島にいたロシア商人とともに船を造り、1787年8月23日カムチャツカ半島に上陸する。翌年6月15日、シベリヤ庁の命令により光太夫ら漂民一行はイルクーツクに向かい、1789年2月17日に到着する。同地の日本語学校に寄寓。帰国願を申請するが二度も却下される。帰国申請のためペテルブルグに行った光太夫の不在中に、彼は重病で生死の境をさまよう。後生安堵のため洗礼をうけニコライ・ペトロヴィッチ・コロトゥイギンと改名したあと、病気がなおる。帰国を断念し、庄蔵(ロシア名はフィョドル・シトニコフ)とともに1791年9月13日イルクーツクの日本語学校の教師になる。ロシア人を妻にして暮らすが、寛政8年に仙台漂民の津太夫一行と出合う。仙台漂民によると「生得怜悧、極めて才覚者と聞ゆるなり。其実の性は薄く見ゆ。同郷に生れ、異国の同所に在住しながら、足脚さへ寒凍脱落せる庄蔵が扱い等、爾来不人情の事と聞え」(『北辺探事』)と伝えられているが、それは7歳年上の庄蔵が不具になったことと語学力のひけめから彼と性格的に合わなかったためとみられる。彼は津太夫らとともにペテルブルグに赴き、アレクサンドル一世との謁見や露都滞在中の世話をし、仙台漂民4人の帰国をクロンシュタット港まで見送るという美談の持主でもある。イルクーツクでは九等文官として年俸240ルーブルを支給され、ドイツの言語学者クラプロートに『早引節用集』(安永5年)を用いて日本語を教え、林子平の『三国通覧図説』の独訳を手伝っている。また『日本および日本貿易について、および日本諸島の最新なる歴史的・地理的記述。日本生れの参事会員ニコライ・コロトゥイギンにより考究され、イワン・ミルレル刊行。サンクトペテルブルグ、N・グレッチ版、1817年』と題する遺著がある。イワン・ミルレルはイルクーツク中学校校長であるが、彼について「私の日本に関する記事は、生粋の日本人である九等文官ニコライ・コロトゥイギンが検討して誤りを正してくれる。彼は教養のある賢明な人物で、イルクーツク中学校の日本語教師をしている」と『祖国の息子』誌の編集長に賞賛の辞を書き送っている。文化13(1816)年死去。享年58歳。
[文献] 伊勢漂民の事蹟(新村出) 『史的研究』(史学研究会編)　冨山房　大正3／露国帰還の漂流民幸太夫(吉野作造)：主張と閑談2 文化生活研究会　大13／北槎聞略(桂川甫周著　亀井高孝、村山七郎編)　吉川弘文館　昭19／北辺探事(大友喜作編)　北光書房　昭19／北槎異聞　北光書房　昭19(北門叢書6)／光太夫漂流物語(山崎桂三)　中央公論社　昭24／光太夫漂流記(山崎桂三)　中央公論

社　昭27 ／光太夫（鈴鹿市役所観光課）　鈴鹿市役所　昭34 ／大黒屋光太夫（亀井高孝）　吉川弘文館　昭39（人物叢書119）／光太夫の悲恋（亀井高孝）　吉川弘文館　昭42 ／日本庶民生活史料集成5　漂流（池田皓編）　三一書房　昭43 ／おろしゃ国酔夢譚（井上靖）　文芸春秋社　昭43 ／日本とロシア（高野明）　紀伊国屋書店　昭46（紀伊国屋新書B47）／環海異聞（大槻玄沢，志村弘強）　叢文社　昭51　〔関田かおる〕

新藤 二郎　しんどう・じろう

安政4年11月22日（1857）～昭和3年3月25日（1928）　留学生　[生]三河国吉田　[渡]ドイツ：1879年（医学）

安政4（1857）年11月22日，浅井弁安の二男として生まれ，名古屋藩医・新藤揮の養子となる。東京大学医学部をへて明治12（1879）年11月，同窓の清水郁太郎，梅錦之丞とともに文部省第一回官費留学生となり，医学専攻のため横浜を発ちドイツのベルリン大学に留学する。しかし翌13年に肺を患い，5年の留学予定期限を待たず勉学中途で帰国する。帰国後，松山医学校長を務める。

[文献] 近代日本海外留学生史　上（渡辺実）　講談社　昭52／異国遍路　旅芸人始末書（宮岡謙二）　中央公論社　昭53（中公文庫）／幕末明治海外渡航者総覧（手塚晃編）　柏書房　平4　〔村岡正明／富田仁〕

新名屋 吟蔵　しんなや・ぎんぞう

？～文化4年4月29日（1807）　稲若丸乗組員　[生]安芸国（豊田郡）木谷村（広島・豊田郡安芸津町木谷）　[渡]アメリカ：1806年（漂流）

生年不詳。安芸国木谷村に生まれる。稲若丸の沖船頭として，岩国から江戸へ飼葉，畳床などを運んだ後，文化3（1806）年1月6日，伊豆下田沖で強い西風と雨のため漂流する。3月20日，乗組員8人は日本より相当離れた南東海上でアメリカ船テイバー号に救助され，4月28日，ハワイのオアフ島に上陸させられる。8月下旬，シナ行きのアメリカ船に乗せられてマカオから広東へ送還されるが広東では漂流者の受取りを拒絶したので，12月再びマカオへ連れ戻される。船長デラノの好意でしばらく逗留の後，12月25日，清国船に乗せられてマカオを出帆，翌4（1807）年1月21日ジャカルタに到着する。そこから日本行きのオランダ船に乗って帰国することが確実になったのであるが，ジャカルタに到着すると間もなく全員がマラリアなどの病気にかかり，彼と水主の文右衛門は文化4（1807）年4月29日当地で死去。

[文献] 異国漂流奇譚集（石井研堂）　福長書店　昭2／日本人漂流記（荒川秀俊）　人物往来社　昭39 ／日本人漂流記（川合彦充）　社会思想社　昭42（現代教養文庫A530）／江戸時代ハワイ漂流記―『夷蛮漂流帰国録』の検証（高山純）　三一書房　平9　〔安藤義郎〕

神保 小虎　じんぼ・ことら

慶応3年5月（1867）～大正13年1月18日（1924）　地質・鉱物学者　理学博士　〔地質学の発展に貢献〕　[生]江戸　[渡]ドイツ：1893年（岩石・鉱物研究）

慶応3（1867）年5月，旧幕臣・東京士族神保長政の長男として江戸に生まれる。明治20年帝国大学理科大学に入り，地質学を専攻して大学院を卒業し，北海道北上山地の地質調査にあたる。北海道庁技師，全道地質鉱産調査主任としてとくに白堊紀の化石の調査を行い，『北海道地質略論』などの労作をあらわす。これが評価されて26（1893）年からドイツへ岩石および鉱物研究を目的として派遣され，ベルリン大学に留学し，28年に帰国する。帰国後理科大学教授となって鉱物学を講じ，鉱物学科設立とともにその主任となり，没するまで在職する。この間理学博士の称号を授与され，地学協会会長などを歴任する。わが国の地質学や鉱物学研究の開拓者として，これらの学問の発展に貢献する。著書に『日本地質学』『日本鉱物誌』などがある。大正13年（1924）年1月18日死去。享年58歳。

[文献] 大正過去帳―物故人名辞典（稲村徹元他編）　東京美術　昭48／近代日本海外留学生史　下（渡辺実）　講談社　昭53 ／日本人名大事典3　平凡社　昭54　〔村岡正明〕

神保 寅三郎　じんぼ・とらさぶろう

天保13年（1842）～明治43年12月2日（1910）　陸軍教官　沼津兵学校三等教授　[生]静岡　[名]別名＝虎三郎，後名＝長致，長繁　[渡]フランス：1867年頃（留学）

天保13（1842）年，静岡に幕臣の子として生まれる。二丸御留居過人別手組出役取締神保常太郎の養子となる。騎兵差図役勤方を経て，幕末に開成所に学び，横浜仏蘭西語学所伝習

生となる。語学に秀れ慶応3(1867)年第1回幕府遣仏留学生15人中に選ばれるが、全員を出しては横浜の陸軍三兵伝習や横須賀製鉄所で通訳に事欠くというので細谷安太郎ら一時延期の組に入れられ、のちになって渡仏する。明治1年沼津の徳川家兵学校第一期生となり、2年沼津兵学校と改名した同校で数学担当の三等教授方に転じ、5年頃陸軍兵学寮中助教となり、7年大助教に昇り、さらに八等出仕を経て、20年陸軍教授として士官学校に勤め、また幼年学校算学科教官を務める。訳著には『数学教梯』(明治6年 越斯満著)『代数術』(明治8年 華里司編輯 伝蘭雅口漢訳 華蘅芳筆述の訓点版)『算学講本』全5巻(明治9〜13年 陸軍士官学校編輯)などがある。明治43(1910)年12月2日死去。享年69歳。

[文献] 明治過去帳—物故人名辞典(大植四郎編) 東京美術 昭46／フランスに魅せられた人びと—中江兆民とその時代(富田仁) カルチャー出版社 昭51／日仏文化交流史の研究—日本の近代化とフランス人(西堀昭) 駿河台出版社 昭56／日仏のあけぼの(富田仁) 高文堂出版社 昭58／横須賀製鉄所の人びと—花ひらくフランス文化(富田仁、西堀昭) 有隣堂 昭58(有隣新書25)／洋学史事典(日蘭学会編) 雄松堂出版 昭59 〔山口公和〕

新見 正興　しんみ・まさおき

文政5年(1822)〜明治2年10月18日(1869)　幕臣、外国奉行　〔最初の遣米使節正使〕　㊌江戸　㊂通称＝房次郎、伊勢守、豊前守　㊙アメリカ：1860年(日米修好通商条約批准)

文政5(1822)年、三浦美作守義詔の二男として江戸に生まれる。12年新見正路の養子となる。天保10年小姓として出仕、やがて中奥小姓となり、嘉永1年家督相続、安政1年小普請組支配、3年小姓組番頭となる。6年7月外国奉行に任ぜられ、同年8月には神奈川奉行兼任となる。これ以前幕府はアメリカと通商条約を結び、この批准交換のため使節を派遣することになり、わが国最初の遣外使節の正使となる。副使村垣淡路守範正、目付小栗豊後守忠順とともに安政7(1860)年1月18日ポーハタンに乗船し、22日横浜を出帆し、ハワイ、ホノルルを経て、3月9日サンフランシスコに到着し、パナマから列車でアスピンウォール(コロン)に向かう。閏3月25日、アメリカ政府出迎えのロアノーク号に乗船し、アスピンウォール、ニューヨークのサンディ・フックに碇泊、ワシントンへの河口ハンプトン・ローズをまわり、そこでフィラデルフィア号に乗りかえ、ワシントン、ネービー・ヤードに到着する。28日ブカナン大統領に謁見、4月2日米通商貿易条約書を交換する。同月19日ワシントンからフィラデルフィアに赴き、28日ニューヨークに到着、5月7日ニューヨーク市主催の日本使節歓迎大舞踏会が催される。復路は、5月11日ナイアガラ号に乗船してニューヨーク、ケープ・デ・ベルデのポルト・グランデ、西アフリカポルトガル領のロアンダ、香港を経由してジャワのバタビア、9月27日に横浜に帰航する。幕府軍艦咸臨丸が軍艦奉行木村摂津守船将勝麟太郎に率いられて一行に同行して太平洋を横断している。遣米使節の使命を果たした功によって300石とされるが、帰国後は攘夷運動が激化し、アメリカでの見聞を十分に述べる機会がなかった。こののち神奈川奉行の職を解かれ、外国奉行のみの役職となり、文久2年伊勢守を称するが、元治1年免職。慶応2年12月隠居し名を閑水と改める。維新後上総に帰農するが、明治2年(1869)年10月18日死去。享年48歳。

㊙東京都中野区野方・願正寺

[文献] 77人の侍アメリカへ行く(レイモンド服部) 講談社 昭43／日本人名大事典3 平凡社 昭54／明治維新人名辞典(日本歴史学会編) 吉川弘文館 昭56 〔谷崎寿人〕

【す】

吹田 勘十郎　すいた・かんじゅうろう

生没年不詳　留学生　㊙イギリス：1870年(留学)

生没年不詳。明治3(1870)年イギリスに渡り、ロンドンで銀行業を視察。5(1872)年にイギリスのスコットランドのファーリー・アカデミーで修業している。その後の消息は不明。

[文献] 近代日本の海外留学史(石附実) ミネルヴァ書房 昭47／幕末明治海外渡航者総覧(手塚晃編) 柏書房 平4

〔楠家重敏／富田仁〕

末岡 精一　すえおか・せいいち

安政2年6月20日(1855)～明治27年1月21日(1894)　法学者　法学博士　〔国法学の先駆者〕　⊕周防国(熊毛郡)宿井村　⊛ドイツ,オーストリア：1882年(立憲制度の調査,政治学)

　安政2(1855)年6月20日,周防国宿井村に生まれる。山口藩の文学寮で和漢学を修め,明治14年7月に東京大学文学部経済,哲学両科を卒業する。15(1882)年3月に文部省御用掛となり,憲法制定に関して欧州各国の立憲制度の調査および政治学の専攻のため,ドイツとオーストリアに留学し,それぞれベルリン大学とウィーン大学で国法学を修め,イギリス,フランス,イタリア,ベルギーの諸国をまわって,19年12月に帰国する。西洋で政治学を専攻した最初の日本人となる。帰国とともに帝国大学法科大学の教授となり,憲法や国法学を講義する。日本の国法学の先覚者として貢献するところ大であった。24年8月法学博士。著書に『比較国法学』がある。明治27(1894)年1月21日死去。享年40歳。

　文献　法学博士末岡精一先生伝(松井茂)：法学協会雑誌　12(3)　明29／山口県四人の先覚者「書物の世界」における全体像の形成(阿部葆一)：山口だより　71　昭39／明治過去帳—物故人名辞典(大植四郎編)　東京美術　昭46／近代日本海外留学生史　上(渡辺実)　講談社　昭52／日本人名大事典3　平凡社　昭54
　　　　　　　　　　　　　　　〔村岡正明〕

末広 鉄腸　すえひろ・てっちょう

嘉永2年2月21日(1849)～明治29年2月5日(1896)　ジャーナリスト,政治家　『朝野新聞』編集長　⊕伊予国宇和島笹町　⊛本名=末広重恭　幼名=雄三郎,字=子倹,別号=浩斎　⊛アメリカ,イギリス,フランス：1888年(欧米事情視察)

　嘉永2(1849)年2月21日,伊予国宇和島笹町に生まれる。藩校明倫館に学び,慶応1年17歳で藩校舎長,明治2年藩校教授となる。7年言論人をめざし上京,8年『曙新聞』に入社,同年『朝野新聞』に転じ,編集長となり成島柳北とのコンビで活躍。14年板垣退助の自由党に入り,党議員となり,『自由新聞』の社説を担当。15年離党後,政治小説を執筆し,19年『二十三年未来記』『雪中梅』,翌年『花間鶯』で大衆の人気を博する。21年4月外遊し,アメリカ,イギリス,フランスを経て22年2月帰国。23年『国会』を創刊,主筆。23年国会開設後は衆議院議員として活躍するが,26年頃舌がんに罹り,明治29(1896)年2月5日死去。享年48歳。

　文献　近代ジャーナリスト列伝—天馬の如く　上(三好徹)　中央公論社　昭61(中公文庫)／新聞記者の誕生—日本のメディアをつくった人びと(山本武利)　新曜社　平2／幕末明治海外渡航者総覧(手塚晃編)　柏書房　平4／朝日日本歴史人物事典　朝日新聞社　平6／事典近代日本の先駆者　日外アソシエーツ　平7／データベースWHO　日外アソシエーツ
　　　　　　　　　　　　　　　〔藤田正晴〕

末松 謙澄　すえまつ・けんちょう

安政2年8月20日(1855)～大正9年10月6日(1920)　政治家,法学者　法学博士,文学博士　子爵　〔最初の『源氏物語』の英訳者,ローマ法研究者〕　⊕豊前国(京都郡)稗田村　⊛本名=謙澄(ノリズミ)　号=青萍　⊛イギリス：1878年(文学・法学)

　安政2(1855)年8月20日,福岡藩士末松房澄の次男として豊前国稗田村に生まれる。10歳の時村上仏山について漢学を修める。明治4年上京し,佐々木高行侯の書生として自活しながら英学などの学問を志す。東京師範学校に入学するが,高橋是清の勧めもあってすぐ退学,東京日日新聞社に入る。やがて同社社長福地源一郎(桜痴)の知るところとなり編集に参加,青萍と号して健筆をふるう。伊藤博文の知遇を得,のちに伊藤の長女・生子と結婚し娘婿となり官界に入る。8年,黒田清隆特命全権公使に従って朝鮮に行き,帰国して工部権少丞に任ぜられる。10年,太政官権少書記官に転ずる。同年西南の役が起ると参事山県有朋の参謀となって従軍する。11(1878)年,イギリス公使館書記として渡英し,ついでケンブリッジ大学に入学,文学や法学を修める。在学中『源氏物語(抄)』を日本人で初めて英訳する。19年,帰国後文部省参事官となり,翌年内務省県治局長に進む。21年には文学博士の学位を授けらる。この間,各界の名士を網羅した演劇改良会を組織し,「演劇改良意見」(明19)を発表して論議をまき起こす。また『日本文章論』(明19)を著し,口語体をもって国語教育を発展させようという当時の思潮の中で,発音的仮名遣いを適当と論ずる。さらにイギリスの女流作家バーサー・クレーの『ド

ラ・ソーン』を『谷間の姫百合』の訳題で翻訳（4巻，明21〜23）して広く読者を得る。23年，国会開設にあたって福岡県より衆議院議員に出馬し当選，以後さらに2回当選する。25年法制局長官に任ぜられる。日清戦争に際しては，高等捕獲審検所評定官に補せられ，功によって男爵を授けられる。29年貴族院議員に当選。31年1月，第3次伊藤博文内閣の逓信大臣に任ぜられ，6月辞職する。33年第4次伊藤内閣の内務大臣となるが，翌年これを辞任する。この間，26年に出版された『末松氏小学修身訓』（3冊）と『末松氏高等小学修身訓』（4冊）は当時の修身教科書の代表的なものとなる。また詩歌を論じた『国歌新論』（明30）も著している。37年日露戦争が起こると，日本の方針を世界に表明するため英国に派遣される。2年間ロンドンに留まって，講演に論文に，開戦に至った理由，さらに政治経済の状況，日本の文化・思想などを説く。この時英文で出版した『旭日』『日本の面影』は日本を紹介するのに役立った。39年枢密顧問官，40年4月帝国学士院会員となり，同9月子爵を授けられる。大正7年，ローマ法に関する論文を提出して法学博士の学位を授けられる。ヨーロッパより帰国後ローマ法の研究を続け，『羅馬法典解説』『希臘古代哲学一班』などの著作を公刊する。また毛利家の依嘱を受け，10数年を費やして防長二州の歴史『防長回天史』（全12巻，明44完）を編纂し完成させている。大正9（1920）年10月6日死去。享年66歳。

[文献] 廿一代先覚記者伝（久保田辰彦）　大阪毎日新聞社　昭5／近代文学研究叢書20（近代文学研究室）　昭和女子大学近代文化研究所　昭47／日本近代文学大事典2（日本近代文学館編）　講談社　昭53／日本人名大事典3　平凡社　昭54／末松謙澄と『防長回天史』（金子厚男）　青潮社　昭55／昭和新修　華族家系大成　上（霞会館諸家資料調査委員会編）　霞会館　昭57／青萍・末松謙澄の生涯（玉江彦太郎）　葦書房　昭60／ポーツマスへの道―黄禍論とヨーロッパの末松謙澄（松村正義）　原書房　昭62／若き日の末松謙澄―在英通信（玉江彦太郎）　海鳥社　平4

〔高橋公雄／富田仁〕

菅 之芳　すが・ゆきよし

嘉永7年8月16日（1854）〜大正3年12月23日（1914）　内科医　医学博士　⑩江戸日本橋西河岸　㊗ドイツ：1895年（内科学）

嘉永7（1854）年8月16日，江戸日本橋西河岸に生まれる。花房藩の医官菅芝教の養子となる。明治4年東京一大学区医学校に入り，ミュルレル，ホフマンなどの教えを受け，13年東京大学医学部を卒業し，ただちに岡山医学校長兼教授，岡山病院副長になる。22年，岡山医学校が第三高等中学校医学部となると，学部長に就任。同時に岡山県立病院長となる。23年4月，日本赤十字社支部副長。28（1895）年内科学研究のためドイツに留学し30年12月に帰国。34年岡山医学専門学校の設立に伴い，校長兼教授となる。36年「明治35年岡山におけるコレラ調査成績」で医学博士の学位を受ける。岡山医学校から医学専門学校に至るまで同校で30余年にわたり多くの俊才を養成した。大正3（1914）年12月23日死去。享年61歳。

[文献] 近代日本海外留学生史　下（渡辺実）　講談社　昭53／日本人名大事典3　平凡社　昭54

〔本郷建治〕

菅 了法　すが・りょうほう

安政4年2月（1857）〜昭和11年7月26日（1936）　評論家，僧侶　⑩島根　㊗雅号＝桐南　㊗イギリス：1882年頃（留学）

安政4（1857）年2月，菅了雲の子として島根に生まれる。慶応義塾に学び，交詢社員として『交詢雑誌』の編集人をつとめ，京都本願寺の学校に学ぶ。明治15（1882）年頃，選ばれてイギリスのオックスフォード大学に留学し，そこで南条文雄と親しく交際する。夜なべの豪快な談論風発の情景は，南条の漢詩に伝えられている。帰国後本願寺で教育に従事する。ついで上京し，21年6月創刊の後藤象二郎の雑誌『政論』の記者となり，筆禍を招いて入獄するが22年憲法発布に伴い特赦される。23年7月第1回衆議院議員総選挙のさい島根県第4区から立候補して当選，独立倶楽部に所属する。同年12月『東洋新報』を創刊するが成功しなかった。のち鹿児島川内町に本願寺別院を建立し，明治末年まで布教に尽力する。以後築地本願寺出張所，本願寺内局執行などをつとめる。著書に『哲学論綱』（明治20年）がある。また漢詩に長じ，「ヘースチングス懐古」という，イングランド王についての，又「行脚」という，カルタゴの英雄ハンニバルについての，あるいは山の樵夫の物語に感じ入り，あるいは古

跡を踏まえての、自由律詠史詩がある。昭和11（1936）年7月26日死去。享年80歳。
[文献] 日本近代文学大事典2（日本近代文学館編） 講談社 昭53／近代日本哲学思想家辞典（伊藤友信他編） 東京書籍 昭57／幕末明治海外体験詩集（川口久雄編） 大東文化大学東洋研究所 昭59　〔羅秀吉〕

菅波 恒　すがなみ・つね
生没年不詳　㊨フランス：1864年（遣仏使節に随行）

生没年不詳。文久3（1864）年、遣仏使節に随行する。
[文献] 幕末教育史の研究2―諸術伝習政策（倉沢剛） 吉川弘文館 昭59　〔富田仁〕

菅沼 貞次　すがぬま・さだつぐ
生没年不詳　幕臣　㊤官職名＝左近将監、別名＝菅沼定長　㊨フランス：1867年（幕府留学生取締）

生没年不詳。幕臣で、海軍奉行並、交替寄合を経て幕末の横浜仏蘭西語学所伝習生となる。慶応3（1867）年、幕府遣仏留学生取締として10名の留学生と共にレオン・ロッシュ公使の斡旋で、8月仏国郵船で横浜を出航し、10月パリに着く。明治1年に帰国する。その後の消息は不明。
[文献] 近代日本の海外留学史（石附実） ミネルヴァ書房 昭47／近代日本海外留学生史 上（渡辺実） 講談社 昭52／日仏文化交流史の研究―日本の近代化とフランス人（西堀昭） 駿河台出版社 昭56　〔山口和〕

菅野 覚兵衛　すがの・かくべえ
天保13年11月23日（1842）～明治26年5月30日（1893）　海軍軍人　海軍少佐　㊤土佐国（安芸郡）和食村　㊨アメリカ：1869年（留学）

天保13（1842）年11月23日、土佐国和食村に士族の子として生まれる。文久3年、兵庫で勝海舟の海軍塾に入る。明治2（1869）年、高知の県費留学生としてアメリカへ渡る。7年に帰国して海軍省に入る。西南戦争の折には鹿児島の海軍造船所次長として活躍する。その後、艦政局運輸課長、海運課長、横須賀鎮守府建築部長などを歴任。明治26（1893）年5月30日死去。享年52歳。　㊥東京麻布・光林寺
[文献] 明治過去帳―物故人名辞典（大植四郎編） 東京美術 昭46／近代日本の海外留学史（石附実） ミネルヴァ書房 昭47／日本人名大事典3 平凡社 昭54　〔楠家重敏〕

菅原 伝　すがわら・つたう
文久3年8月（1863）～昭和12年5月9日（1937）　政治家　衆議院議員　㊤陸奥国（遠田郡）涌谷村　㊨アメリカ：1886年（留学）

文久3（1863）年8月、陸奥国遠田郡涌谷村に生まれる。大学予備門を卒業。明治19（1886）年アメリカに渡り、パシフィック大学に入学したが、21年サンフランシスコで在米日本人愛国有志同盟会を結成。26年に帰国後、自由党に入り新聞『十九世紀』を発刊。26年再渡米。31年以来宮城県から衆議院議員当選16回。立憲政友会に属し、この間『人民新聞』を発刊、社長。大正19年加藤高明内閣の海軍参与官、政友会総務。国有財産調査会、補償審査会各委員を歴任。昭和12（1937）年5月9日死去。享年75歳。
[文献] 幕末明治海外渡航者総覧（手塚晃編） 柏書房 平4／データベースWHO 日外アソシエーツ　〔藤田正晴〕

杉 甲一郎　すぎ・こういちろう
生没年不詳　工学者　工部大学校教授　㊨イギリス：1871年（岩倉使節団に同行、灯台実習）

生没年不詳。岩倉使節団に同行して明治4（1871）年、イギリスに留学し、エディンバラ大学でジェンキンの指導のもと図学、測量学、建築学を学び、北方灯台委員会で実習を受けた。7年に帰国したのち、工部大学校図学助手となり、15年には教授に就任した。同年から翌16年にかけて私費でアメリカに留学している。
[文献] 近代日本の海外留学史（石附実） ミネルヴァ書房 昭47／グラスゴウ大学と日本人留学生（北政巳） 『国際日本を拓いた人々―日本とスコットランドの絆』 同文舘 昭59／幕末明治海外渡航者総覧（手塚晃編） 柏書房 平4　〔楠家重敏／富田仁〕

杉 成吉　すぎ・せいきち
文久2年（1862）～明治19年12月（1886）　造船技師　〔便乗中の軍艦畝傍とともに遭難〕　㊨フランス：1874年（造船技術）

文久2（1862）年、静岡県士族、帝国学士院会員で非職統計院大書記官の杉亨二の二男として生まれる。幼少より神童の誉高く、明治7

(1874)年13歳で造船修業のためフランスへ渡る。19年フランス地中海造船鍛鉄株式会社で竣工しての日本海軍期待の巡洋艦・畝傍に便乗するために現地で海軍少技士候補生に取立てを願い出，また父親の縁故を利用してパリ代理公使原敬に請願するまでのことをして帰国途中，明治19(1866)年12月3日石炭補給地シンガポール出港を最後にぷっつり消息を絶った艦とともに南シナ海で遭難。享年25歳。
[墓]東京・青山霊園，巣鴨・染井霊園

[文献] 杉亨二自叙伝　河合利安編刊　大7／原敬日記(原奎一郎編)　乾元社　昭25〜26／原敬日記1(原奎一郎編)　福村出版　昭40／異国遍路　旅芸人始末書(宮岡謙二)　改訂新版　修道社　昭46／明治過去帳―物故人名辞典(大植四郎編)　東京美術　昭46／日仏文化交流史の研究―日本の近代化とフランス人(西堀昭)　駿河台出版社　昭56／伝習所の教育(西堀昭)　『横須賀製鉄所の人びと―花ひらくフランス文化』(富田仁，西堀昭)　有隣堂　昭58(有隣新書25)　〔山口公和〕

杉 徳次郎　すぎ・とくじろう

嘉永3年(1850)〜明治初年　教師　沼津兵学校教員，静岡学問所教授　[渡]イギリス：1866年(留学)

嘉永3(1850)年に生まれる。開成所教授職並杉亨二の甥にあたる。漢学と仏学をよくした。開成所英学世話心得として幕府のイギリス派遣留学生に選ばれる。慶応2(1866)年10月，横浜を出航してイギリスに赴き，ロンドンでロイドやモルベイなどの指導のもとに英語，算術，物理，化学などの勉強に励み，ロンドン大学予科に入学した。しかし，資金不足のためイギリス留学生活は永くはつづかず，滞英1年5ヶ月にして帰国することとなった。帰国後幕府が倒れたため，養父に従って駿河へ下り，静岡学問所四等教授や沼津兵学校教員となった。その後幾許も無く明治初年に死去。

[文献] 徳川幕府の英国留学生―幕末留学生の研究(原平三)：歴史地理　79(5)　昭17／幕末のイギリス留学(倉沢剛)　『幕末教育史の研究2』　吉川弘文館　昭59　〔楠家重敏〕

杉 孫七郎　すぎ・まごしちろう

天保6年1月16日(1835)〜大正9年5月3日(1920)　政治家　子爵　[生]周防国(吉敷郡)御堀村　[名]旧名＝植木　変名＝植木徳輔，号＝聴雨，三泉生，古隈山人，古研楼　[渡]フランス：1862年(遣欧使節に随行)

天保6(1835)年1月16日，萩藩士植木五郎右衛門の二男として生まれる。同藩の杉家の養嗣子となり姓が変わる。佐々木源吾や岡本棲雲について学んだのち，安政2年，藩校明倫館に入り，その後，各地を回り槍術修業を行い，万延1年に銃陣助教となる。文久1(1862)年12月，竹内保徳ら遣欧使節の随員としてヨーロッパ各国を巡り，制度などの視察を行い翌年12月に帰国する。帰国後，直目付となり，元治1年には馬関に赴き外国艦隊と戦い，その後の交渉にも関与する。慶応2年家督を相続し，四境の役に活躍する。翌年には討幕軍の参謀となり福山，伊予松山などの諸藩を降す功績をあげる。明治3年，山口藩権大参事となり，その後，宮内大丞，秋田県令，宮内少輔，宮内大輔などの要職を歴任し，20年に子爵を授与される。39年，枢密顧問官兼議定官となり，大正9(1920)年5月3日死去。享年86歳。　[墓]東京・青山霊園

[文献] 百官履歴　下　日本史籍協会　昭3(日本史籍協会叢書)／近世防長人名辞典(吉田祥朔)　増補　マツノ書店　昭51／日本人名大事典3　平凡社　昭54／明治維新人名辞典(日本歴史学会編)　吉川弘文館　昭56
〔湯本豪一〕

杉浦 愛蔵　すぎうら・あいぞう

⇒杉浦譲(すぎうら・ゆずる)を見よ

杉浦 弘蔵　すぎうら・こうぞう

⇒畠山義成(はたけやま・よしなり)を見よ

杉浦 重剛　すぎうら・じゅうごう

安政2年3月3日(1855)〜大正13年2月13日(1924)　国粋主義的教育家，思想家　〔私学教育の振興，憂国警世の国士として活躍〕　[生]近江国膳所別保　[名]幼名＝謙次郎，雅号＝梅窓，天台道士　[渡]イギリス：1876年(農学，化学，物理，数学)

安政2(1855)年3月3日，膳所藩の儒学者重文の二男として近江国膳所に生まれる。6歳の時藩校遵義堂に入り，小笠原流礼儀の指南高橋

担堂などから習字や四書五経など漢学の修養を身につける。11歳の頃藩の洋学者黒田麹廬から蘭学を学び、ついで京都の儒学者岩垣月洲の門に入り勤王思想の素地を養う。明治3年全国の各藩から選出される貢進生に推挙されて上京、大学南校に入学、その後開成学校に進学する。9(1876)年6月24日、正木退蔵を監督とする文部省第2回留学生として化学修業のためイギリス派遣を命じられ、穂積陳重、桜井錠二、関谷清景、増田礼作、谷口直貞、などとともにアラスカ号で横浜からアメリカ経由でイギリスに渡る。7月18日、アメリカのサンフランシスコに到着し、鉄道を使ってアメリカ大陸を横断、28日にはニューヨークに着き市内見物の後、建国百年祭のフィラデルフィアの大博覧会の見物に出向いている。8月6日にはニューヨークを出発し、18日に無事ロンドンに到着、桜井とともにイートンプレスに下宿する。この旅行については『航英日記』に詳しく述べられている。なお彼らの留学の世話をしたのは幕末以来深い縁を持ったジャーディン・マジソン商会である。当初ロンドン大学化学教授ウィリアムソンやアトキンソンの指導を受けることになっていた。だが農学修業であったので最初サイレンセスター農学校に入学し、農学を志すが英国農法との相違を肌で感じ専攻を化学に変更する。同年12月にマンチェスターのオーエンス・カレッジに転校し、有名な化学者ロスコーおよびショーレマル両教授の下で化学の勉強を中心にした学究生活を送る。在学中3, 4篇の化学論文を発表し高い評価を受ける。成績もきわめて優秀であったが、一方で同期の留学生桜井とともにロンドン化学会院に入ることを望み各自の学力を示した結果、入会が認められ同会の終身会員となる。さらにケンシングトン化学校で純正化学を研究しその後もロンドンにおいて物理学や数学の研究を続けるが過度の勉強がたたって神経衰弱に落ち入り、13年5月に帰国する。箱根湯本で病気静養の生活を3ヶ月ほど送ったのち日本言論界の新鋭として、彼元来の漢学の素養とイギリス留学で培った理学の理論を背景に活躍を始める。15年、東京大学予備門長に任命されたことを契機に、イギリス留学の目的であった農学や化学の世界から離れ、当時創設期にあった日本の教育界に身を投じることになる。文部大臣森有礼などの推挙を受け、東京大学寄宿掛取締、文部省参事官兼専門学務局次長、高等教育会議議員などの要職を歴任する。しかしすでに確固とした理念を築きあげていた彼は国体の状況と妥協することができず辞職し以後民間にあって数々の教育、文化事業や啓豪活動に従事する。19年、東京英語学校(のちの日本中学校)設立、23年東京学院設立、私塾称好塾の設立など私学教育の普及に力を注ぐ憂国警世の国士として活躍する。彼の国家観、教育理念は日本主義、国粋主義に基づくものであり、それは『東洋学芸雑誌』や島地黙雷、井上円了などと主宰した『日本人』などの雑誌の発行に示されており、また『読売新聞』や『朝日新聞』などの論説にも表われている。彼は漢学の素養と洋学の研究を身につけた和魂洋才の明治人の典型であるが、西欧近代文明を留学によって養った多くの留学生の中で、逆に日本主義に基づくナショナリズムに目覚めていった人物の代表格である。彼の思想的立場や教育論は『日本教育原論』やイギリス人ブロウイングの翻訳『教育原論治革史』、『天台道士教育論纂』、『鬼哭論集』、『倫理御進講草案』などからうかがい知ることができる。その核心は、人事も物理の定則が離れることができない、とする理学に基づく徳育論であり、物理の原則を人事に応用した応用理学の立場をとっている。その背後には進化論の影響がみられ、スペンサー思想の特色がうかがわれる。すなわち彼の日本主義の主張には化学の研究によって深められた西欧の科学的合理主義の精神が裏付けられているのである。それは文字通りイギリス留学の成果であったと言えよう。23年、第1回国会選挙で滋賀県から衆議院議員として選出されるが翌年辞職。30年から佐々木高行のすすめで皇典研究所幹事長、および国学院大学学監などを務め、さらに35年には近衛篤麿の依頼で東亜同文院長として清国へ渡るが、病気のため帰国する。大正3年から東宮御学問所の御用掛となり10年まで倫理学を進講し、一代の国士と仰がれるが、大正13(1924)年2月13日、東京淀橋の自宅にて死去。享年70歳。

㊗膳所町字別保杉浦家墓地、東京小石川・伝通院墓地

文献 杉浦重剛先生(大町桂月、猪狩史山)政教社 大13／杉浦重剛先生小伝(猪狩又蔵)日本中学校同窓会出版部 昭4／杉浦重剛先

生全集　研究社　昭20／杉浦重剛先生伝（猪狩又蔵）　研究社　昭21（新伝記叢書）／国師杉浦重剛先生（藤本尚則）　敬учаевое会　昭29／帝王学の権威杉浦重剛（今堀文一郎）　愛隆堂　昭34／教育人名辞典　理想社　昭37／日本人名大事典3　平凡社　昭54／杉浦重剛全集6（明治教育史研究会編）　杉浦重剛全集刊行会　昭58／杉浦重剛先生（大町桂月、猪狩史山共著）　杉浦重剛先生顕彰会　昭61／新修杉浦重剛の生涯（石川哲三編著）　大津梅窓会　昭62／国師杉浦重剛先生（藤本尚則）　石川哲三　昭63／明治の教育者杉浦重剛の生涯（渡辺一雄）　毎日新聞社　平35　〔安藤重和〕

杉浦　譲　すぎうら・ゆずる

天保6年9月25日(1835)〜明治10年8月22日(1877)　官吏　〔政治・行政・財政制度の基礎づくりに貢献〕　⊕甲斐国(山梨県)府中二十人町　㋳本名=愛蔵　初名=昌太郎、雅号=良譲、子襄、温斎　㊗フランス：1864年(遣仏使節に随行)、フランス：1867年(パリ万国博覧会列席)

　天保6(1835)年9月25日、甲府勤番士の杉浦七郎右衛門の長男として甲斐国府中二十人町組屋敷で生まれる。甲府城下の徽典館に入学する。優秀な成績を修め、徽典館試験を受けて見事合格。その助教授となったのは19歳の時である。文久1年江戸に出るが、その才能が幕府に認められ、外国奉行支配書物出役となる。文久3(1864)年横浜鎖港の談判を目的とする遣仏使節の随員として初めてフランスに渡り、翌年に帰国する。慶応3(1867)年にも渡仏の経験を買われ、徳川昭武のパリ万国博覧会列席の一行に、調役として随行する。2回の渡仏使節に随行してヨーロッパ文明に接したことにより、日本が一部開国したとはいえまだ封建体制下にある現状を認識し、単なる開国論者でなく、むしろ日本をヨーロッパ並の近代国家にしたいという憧れのような考えをもつに至ったようである。航海中には日誌を几帳面に記し、その中でも「国家の事を考える男子でありたい」と述べている。航海中、サルジニア島を見ては、そこに隠居していたガリバルディのことを考え、コルシカ島を見ては、ナポレオンに想いをはせ、なぜ東洋は秀麗の地なのに今まで功業の海外に鳴り響くような人物を聞いたことがないのだろうかと嘆き、東洋から傑出した人物が世界に出ることを切望する記述も見受けられる。フランス滞在中には、

余暇を見つけては、軍港、製糸工場、ガラス工場、金銀メッキ工場、造幣局、あるいは閲兵式や武器陳列場など、社会の文明的な施設の見学を精力的に行っては日本を近代国家として形成する夢を追いかけている。こうして2回のヨーロッパ体験を積み、幕末外交の推進に力を尽くしたが、大政奉還後は、幕臣であったということで、駿府に移封された徳川家に随従して駿府に引き込み、静岡学問所教授として子弟の教育にあたる。しかし明治維新後、近代国家の形成には新政府の人材だけではどうしても不足であった。そこで旧幕臣であったが、優秀な才能と豊富な体験が買われて、明治政府に出任することとなる。明治3年民部省に出仕し、改正掛となって新政府の根幹的な議政に関与する。同年、駅逓権正となり、前島密の外遊中は郵便実施の衝にあたる。この年、地理権正も兼任している。以来10年に地理局長として職に殉ずるまで、政治行政の近代化を指向して、国家機構の改編、不平等条約の改正、府県区画の再編、富岡製糸場の創設、陸運会社の設立、官有林育成の創始、地租改正の推進などの業務に携わる。また、『東京日日新聞』創業の主力となり、訓盲院を設立して特殊教育に尽力するなど、多岐にわたる重要な活躍をする。明治10(1877)年8月22日、地理局長として貯木場を巡視中に肺病が悪化し死去。享年43歳。

㊗東京谷中・天王寺

文献　杉浦愛蔵外伝(幸田成友)　『東と西』中央公論社　昭15／初代駅逓正杉浦譲伝　初代駅逓正杉浦譲先生顕彰会編刊　昭46／近代日本海外留学史　上(渡辺実)　講談社　昭52／初代駅逓正杉浦譲-ある幕臣から見た明治維新(高橋善七)　日本放送出版協会　昭52(NHKブックス)／杉浦譲全集1〜5　杉浦譲全集刊行会　昭53〜54／明治維新人名辞典(日本歴史学会編)　吉川弘文館　昭56

〔福山恵美子〕

杉浦　龍吉　すぎうら・りゅうきち

明治1年(1868)〜昭和5年5月16日(1930)　貿易商　〔日露貿易の先駆者〕　㊗ロシア：1890年頃(貿易)

　明治1(1868)年に生まれる。ウラジオストックで日露貿易を行う。明治23(1890)年頃ロシアに渡ったらしい。26年、ドイツ公使館付武官であった福島安正が単騎シベリア横断を終えウラジオストックに到着すると、その折に

彼が出むかえていることが福島の著した『単騎遠征』に記されている。また福島を同じくウラジオストックで出むかえた新聞記者西村天囚も彼の名を記しているので，当時，ウラジオストック在留日本人の有力者であったと思われる。杉浦洋行を開設し日露貿易の先駆的役割をはたす。後にハルビンに移り長老として活躍する。昭和5(1930)年5月16日死去。享年63歳。

[文献] 福島将軍遺績(太田阿山編)　東亜協会　昭16／日本人名大事典3　平凡社　昭54
〔湯本豪一〕

杉田 金之助　すぎた・きんのすけ

安政6年1月25日(1859)～昭和8年6月24日(1933)　法律家　早稲田大学教授　[生]美濃国　[渡]アメリカ：1892年(留学)

安政6(1859)年1月25日，美濃国に生まれる。明治20年東京専門学校を卒業して判事となる。25(1892)年アメリカに留学してミシガン大学・エール大学に学び，マスター・オブ・ローおよびドクター・オブ・シビルローの学位を得た。29年帰国後，東京地裁判事，農商務省特許局商標審査課長などを歴任。のち退官して弁護士・弁理士を開業し，傍ら早稲田大学教授となりローマ法を講じた。昭和8(1933)年6月24日死去。享年75歳。

[文献] 幕末明治海外渡航者総覧(手塚晃編)　柏書房　平4／データベースWHO　日外アソシエーツ
〔藤田正晴〕

杉田 定一　すぎた・ていいち

嘉永4年6月2日(1851)～昭和4年3月23日(1929)　政治家　衆院議長　[生]越前国(坂井郡)波寄村　[名]号＝鶉山　[渡]アメリカ，イギリス：1885年(欧米事情視察)

嘉永4(1851)年6月2日，越前国坂井郡波寄村に生まれる。吉田東篁の塾などに学び，海老原穆の『評論新聞』に入り民権論を提唱，時の政府を攻撃して入獄。明治11年板垣退助らと愛国社を再興，福井県の地租改正再調査運動を指導，筆禍で入獄。14年自由党結成に参加。17年清仏戦争で清国に渡航し，上海に東洋学館を興した。翌年帰国。18年アメリカ，イギリスを漫遊し，20年帰国。23年以来衆議院議員当選9回，憲政党結成に参加，31年大隈内閣の北海道庁長官。33年立憲政友会創立に参画，36年衆院副議長，38～41年議長。41年政友会幹事長。45年～昭和4年勅選貴族院議員。大正13年政友本党に属したが，昭和2年政友会に復帰して顧問となる。昭和4(1929)年3月23日死去。享年79歳。

[文献] 幕末明治海外渡航者総覧(手塚晃編)　柏書房　平4／朝日日本歴史人物事典　朝日新聞社　平6／データベースWHO　日外アソシエーツ
〔藤田正晴〕

椙原 透　すぎはら・とおる

生没年不詳　留学生　[渡]ベルギー：1889年(留学)

生没年不詳。明治22年5月にベルギーに渡る。その後の消息は不明。

[文献] 近代日本海外留学生史 上・下(渡辺実)　講談社　昭52，53
〔富田仁〕

杉村 濬　すぎむら・ふかし

嘉永1年1月(1848)～明治39年5月19日(1906)　外交官　元南部藩士　〔ブラジル移民の推進者〕　[生]陸中盛岡　[渡]カナダ：1889年(副領事として赴任)

嘉永1(1848)年1月，南部藩士・杉村秀三の次男として生まれる。幼少より剣道にすぐれ，漢学和算を得意とし，20歳にもならぬうちから南部藩校の助教をつとめたと伝えられる。明治4年の廃藩置県後，東京に出て島田塾で漢文を教える。7年，陸軍中将征台総督の西郷従道に従い台湾へ渡るが，8年には帰国し，『横浜毎日新聞』に入社，新聞記者になる。13年より外務省に入る。はじめ外務書記生として京城に赴任する。17年の京城事件のとき，代理公使となっていたが，仁川に逃れて難を免れる。京城駐在時代に，当時北京駐在中の小村寿太郎と知り合う。22(1889)年に副領事としてカナダのバンクーバーに赴任。24～25年に帰国。28年10月，京城で閔妃殺害事件が起こり，公使・三浦梧楼らとともに召還され，広島の刑務所に3ヶ月間投獄される。獄中で『在韓苦心録』を書く。29年1月，釈放されるが外務省を免職となり，台湾総督府に出向を命ぜられ，乃木希典の下で働く。33年外務省に復帰，通商局長に任ぜられ，移民問題を扱うこととなる。これには，34年の桂内閣に外相となる小村寿太郎の引立てがあったという。37年11月南米移民問題を検討するため，ブラジル弁理公使に任ぜられ，38(1905)年2月に日本を立ち，ロンドン経由で4月19日にリオ・デ・ジャ

ネイロに着任する。以後約1年間，彼は公使としてブラジル移民の実現化に向けて，大きな功績を果たす。先に，第2代公使・大越成徳は『伊国移民30万の伯国における惨状報告』と題する報告書において，日本のブラジル移民に不賛成の立場をとっていたが，彼は着任早々，フランス語に堪能な堀口九万一書記官を伴って，ミナス・ジェラス州及びサン・パウロ州を視察，移民導入の立場から交渉にあたり，サン・パウロ州農務長官から確答を得る。これを『サンパウロ州旅行中伯国官民歓迎の模様』と題して，日本の小村宛に送る。それによると，日本人移民に対するサン・パウロ政府の積極的姿勢が見られる。ついで『ブラジル移民事情附貿易状況』『南米伯国サンパウロ州移民状況視察復命書』などの報告書の中で，移民のみならず，海外投資事業としての有望性を述べている。これらは日本の識者から注目を集め，ブラジル移民実現の機運を促す。39年ののちに第1回ブラジル移民の引率者となる水野龍がブラジルに来て彼と会見し，本格的な移民計画にのりだす。しかし同年（1906）5月19日，脳溢血のため死去。享年58歳。 [墓]リオのサンジョアン・バチスタ霊園

[文献] 移民40年史（香山六郎編著） サンパウロ 昭24／物故先駆者列伝（日本移民50年祭委員会編） サンパウロ 昭33 ／日本の歴史22 中央公論社 昭46 ／日本人名大事典3 平凡社 昭54 〔内海あぐり／富田仁〕

杉本 重遠　すぎもと・しげとお

弘化3年（1846）～大正10年（1921） 官吏 大分県知事 [生]江戸浜町 [名]幼名＝太郎吉 [渡]アメリカ，ヨーロッパ：1884年（司法制度視察）

弘化3（1846）年，上野国館林藩士の子として江戸浜町中屋敷に生まれる。3歳の時，全家で館林に帰郷。幼くして文武を修め，のち藩の造士書院に入り槍術・漢籍を学び，藩の表小姓となる。明治維新の際，藩外交官補助となり，のち国事外交係として江戸に住み天下の形勢を国許に内報した。明治1年鎮将府の官掌となり，2年館林藩権少参事，4年取締組組長，7年権少検事，大警部，14年宮城上等裁判所検事を歴任した。17（1884）年欧米各国へ派遣され，18年帰国。のち徳島県書記官，警視庁警務局長，新潟県書記官などを経て，30年大分県知事となる。31年退官後は地方財界に貢献，自ら群馬商業銀行の経営に尽力した。大正10（1921）年死去。享年76歳。

[文献] 幕末明治海外渡航者総覧（手塚晃編） 柏書房 平4／データベースWHO 日外アソシエーツ 〔藤田正晴〕

杉山 岩三郎　すぎやま・いわさぶろう

天保12年8月15日（1841）～大正2年7月18日（1913） 実業家 [生]備前国岡山 [渡]アメリカ，ヨーロッパ：1890年（商工業視察）

天保12（1841）年8月15日，備前国岡山に生まれる。文久3年禁裏守衛にあたり，慶応3年岡山藩の精鋭隊士，明治1年藩兵の監軍として奥羽征討に加わり各地に転戦し功を立てた。廃藩置県の際岡山県典事となり，5年島根県参事となるが，同年辞職して岡山に戻り，実業界に転じた。有終社を組織して同藩士の団結を図り，岡山紡績所の創立などで士族授産に尽力した。23（1890）年には欧米の商工業を視察し24年帰国。28年中国鉄道社長に就任。この他二十二銀行，岡山電気軌道，井笠軽便鉄道などの創立に関与し，岡山の地域発展に貢献した。剛毅果断な人柄で“備前西郷”と称せられた。大正2（1913）年7月18日死去。享年73歳。

[文献] 幕末明治海外渡航者総覧（手塚晃編） 柏書房 平4／データベースWHO 日外アソシエーツ 〔藤田正晴〕

杉山 一成　すぎやま・かずなり

天保14年3月（1843）～明治13年（1880） 検査大属 [生]江戸 [渡]アメリカ：1871年（岩倉使節団に随行）

天保14（1843）年3月江戸に生まれる。大蔵省に出仕し，明治4（1871）年，岩倉使節団の田中光顕理事官に検査大属として随行する。6年9月13日帰国後は大蔵省検査権助となる。8年にもアメリカに派遣され翌9年に帰国している。

[文献] 岩倉使節の研究（大久保利謙編） 宗高書房 昭51／特命全権大使米欧回覧実記1～5（久米邦武編） 岩波書店 昭52～57（岩波文庫）／幕末明治海外渡航者総覧（手塚晃編） 柏書房 平4 〔富田仁〕

鈴尾 五郎　すずお・ごろう

⇒福原芳山（ふくはら・ほうざん）を見よ

鈴木 岩次郎　すずき・いわじろう
生没年不詳　従者　㊔諱=金令　㊍アメリカ：1860年（遣米使節に随行）

　生没年不詳。安政7(1860)年、23歳頃遣米使節に村垣淡路守範正の従者として随行する。
[文献]万延元年遣米使節史料集成1～7（日米修好通商百年記念行事運営会編）　風間書房　昭36／幕末教育史の研究2―諸藩伝習政策（倉沢剛）　吉川弘文館　昭59　　〔富田仁〕

鈴木 亀吉　すずき・かめきち
? ～明治9年1月17日(1876)　海軍軍人　〔サンフランシスコで客死〕　㊔江戸　㊍アメリカ：1875年（練習艦乗組み）

　生年不詳。江戸の出身。海軍練習艦筑波乗組員で木工次長として、明治8(1875)年少尉候補生山本権兵衛、片岡七郎、上村彦之丞などとともにハワイからアメリカ西岸に航海し、12月14日サンフランシスコに到着。筑波は咸臨丸以後はじめて太平洋を越えた日本軍艦であり、海軍の少尉候補生を乗せて遠洋航海に出た最初の軍艦である。同艦がサンフランシスコに着いて約1ヶ月後の明治9(1876)年1月17日、艦内で病ю。㊟ローレル・ヒル
[文献]異国遍路　旅芸人始末書（宮岡謙二）　中央公論社　昭53（中公文庫）　〔安藤義郎〕

鈴木 貫一　すずき・かんいち
生没年不詳　留学生　㊔彦根　㊍アメリカ：1868年（留学）

　生没年不詳。彦根の出身。明治1(1868)年に英学を学ぶためサンフランシスコに渡り、4年後左院視察団に随行して渡仏する。7年帰国。その後の消息は不明。
[文献]近代日本の海外留学史（石附実）　ミネルヴァ書房　昭47／幕末明治海外渡航者総覧（手塚晃編）　柏書房　平4　〔富田仁〕

鈴木 敬作　すずき・けいさく
嘉永6年(1853)～明治20年11月4日(1887)　大蔵省官吏　〔ロンドンで客死〕　㊔江戸　㊍イギリス：1883年頃（出張）

　嘉永6(1853)年、江戸で生まれる。明治16(1883)年頃大蔵省国債局に勤める。英語に優れ、命をおしてイギリスへ出張したが、明治20(1887)年11月4日、肺結核にかかりロンドンの日本領事館で死去。享年35歳。㊟ロンドン・ケンサルグリー墓地

[文献]明治過去帳―物故人名辞典（大植四郎編）　東京美術　昭46　〔楠家重敏〕

鈴木 真一（2代）　すずき・しんいち
安政6年(1859)～大正1年(1912)　写真師　㊍アメリカ：1879年（写真術）

　安政6(1859)年に生まれる。写真師・下岡蓮杖の写真館に入門。独立し名古屋で写真館を開業する。明治6年下岡蓮杖門下の先輩の鈴木真一（初代）の娘のぶと結婚、鈴木の婿養子となる。明治12(1879)年アメリカに渡り、サンフランシスコの写真師テーヴァーのもとで主に湿板の修正術を学び、13年に帰国する。14年東京九段下に写真館を開業。22年に2代目鈴木真一を襲名。同年に英照皇太后・皇后の肖像写真を撮影し、名を知られる。その後、日清戦争で船舶業に進出するが失敗。一家は離散した。大正1(1912)年死去。享年54歳。
[文献]幕末明治海外渡航者総覧（手塚晃編）　柏書房　平4／データベースWHO　日外アソシエーツ　〔藤田正晴〕

鈴木 藤三郎　すずき・とうざぶろう
安政2年11月18日(1855)～大正2年9月4日(1913)　実業家、政治家　日本精製糖社長　㊔遠江国（周智郡）森村　㊔旧名=太田　幼名=才助　㊍アメリカ、イギリス：1896年（製糖事情視察）

　安政2(1855)年11月18日、遠江国周智郡森村に生まれ、代々菓子業の鈴木家を嗣ぐ。明治21年上京し、氷糖工場を設立、砂糖精製法の発明に成功。28年日本精製糖の創立に参加する。29(1896)年7月、欧米の製糖事情を視察し30年5月帰国。33年台湾製糖を創立し社長、36年日本精製糖社長となり、製糖業界の指導者的存在となる。39年合併を機に辞職、40年には醤油醸造を工夫して日本醤油醸造社長となるが、42年失脚し財産を失う。晩年には釧路に水産工場、東京に澱粉製造所、静岡県佐野に農園を設けた。159件の特許を申請した発明家でもある。また36年に衆議院議員をつとめた。大正2(1913)年9月4日死去。享年59歳。
[文献]産業史の人々（楫西光速）　東大出版会　昭29／鈴木藤三郎伝―日本近代産業の先駆（鈴木五郎）　東洋経済新報社　昭31／日本財界人物列伝　第2巻（青潮出版株式会社編）　青潮出版　昭39／幕末明治海外渡航者総覧（手塚晃編）　柏書房　平4／朝日日本

歴史人物事典　朝日新聞社　平6　／事典近代日本の先駆者　日外アソシエーツ　平7　／データベースWHO　日外アソシエーツ　〔藤田正晴〕

鈴木 暢　すずき・とおる

弘化2年（1845）～明治42年2月11日（1909）　大学南校教員　[生]江戸　[渡]イギリス：1871年（留学）

弘化2（1845）年，江戸に生まれる。明治4（1871）年9月以前にイギリスへ官費留学している。大学中博士として大学南校から派遣されたものとみられる。翌5年に帰国の後は正院六等出仕となる。その後の消息は不明だが，明治42（1909）年2月11日死去65歳。

[文献] 明治初年条約改正史の研究（下村冨士男）　吉川弘文館　昭37／近代日本の海外留学史（石附実）　ミネルヴァ書房　昭47／近代日本海外留学生史　上（渡辺実）　講談社　昭52／幕末明治海外渡航者総覧（手塚晃編）　柏書房　平4　〔楠家重敏／富田仁〕

鈴木 知雄　すずき・ともお

安政1年12月28日（1855）～大正2年8月12日（1913）　教育者　第一高等学校教授，日本銀行出納局長　〔共立学校の創立者〕　[生]江戸（仙台藩江戸藩邸）　[名]旧名＝古山　通称＝六之助　[渡]アメリカ：1867年（留学）

安政1（1855）年12月28日，仙台藩士古山新九郎の二男として江戸の仙台藩邸で生まれる。文久1年8歳の時，鈴木家の養子となる。11歳の時，仙台藩留守居役大童信大夫の推薦により，同年齢の高橋是清と横浜のヘボン塾へ通う。慶応3（1867）年7月，仙台藩より高橋とともにアメリカへ留学を命ぜられ，サンフランシスコのヴァンリード老夫妻の家にあずけられるが，ほとんど召使同様に使われる。4年，同じく仙台藩の留学生であった富岡鉄之助らの尽力により，ヴァンリードの家から解放され，明治1年12月，横浜に帰着する。帰国後，はじめは教育界で活躍し，高橋是清とともに共立学校の創立に参与するほか第一高等学校の教授を務めるが，のちに日本銀行へ入り出納局長となる。大正2（1913）年8月12日，東京小石川区原町の自宅で死去。享年60歳。

[文献] 近代日本の海外留学史（石附実）　ミネルヴァ書房　昭47／大正過去帳―物故人名辞典（稲村徹元他編）　東京美術　昭48　／仙台人名大辞典（菊田定郷）　歴史図書社　昭49　／明治維新人名辞典（日本歴史学会編）　吉川弘文館　昭56　〔安藤義郎／富田仁〕

鈴木 文太郎　すずき・ぶんたろう

元治1年12月（1865）～大正10年1月7日（1921）　解剖学者　医学博士　〔京都帝国大学解剖学の創設者〕　[生]加賀金沢　[渡]ドイツ：1896年（解剖学）

元治1（1865）年12月，加賀金沢藩士鈴木儀六の長男として生まれる。明治22年帝国大学医科大学を卒業，大学院に入って研究に従事し助手を兼ねる。ついで27年第四高等学校医学部教授に任ぜられ，29年休職となり，同年（1896）7月に解剖学研究のためドイツに留学し，32年7月に帰国する。10月に京都帝国大学医科大学教授に任命され，解剖学第一講座を担任し，その教室の創業の任にあたる。45年6月官命により再び欧州各国を視察し，大正1年12月に帰国，以後もっぱら人体解剖学についての著述に従事する。日本人自身の解剖材料を用いた独創的な研究を行うなど，斯学へ多大な貢献をする。ことにその著『解剖学名彙』は解剖学術語の基礎をなし，また『人体系統解剖学』の著作もある。大正10（1921）年1月7日死去。享年58歳。　[墓]金沢市塋域

[文献] 京大解剖の創設者鈴木文太郎先生（国友鼎）：日本医事新報　1347　昭25／大正過去帳―物故人名辞典（稲村徹元他編）　東京美術　昭48　／近代日本海外留学生史　下（渡辺実）　講談社　昭53　／日本人名大事典3　平凡社　昭54　〔村岡正明〕

鈴木 馬左也　すずき・まさや

文久1年2月24日（1861）～大正11年12月25日（1922）　実業家　住友総本店第3代総理事　[生]日向国高鍋　[名]旧名＝秋月　[渡]アメリカ，ヨーロッパ：1896年（欧米事情視察）

文久1（1861）年2月24日，日向国高鍋に生まれる。父は高鍋藩家老・秋月種節，兄は外交官の秋月左都夫。明治20年帝国大学法科大学を卒業し内務省に入省。愛媛県，大阪府，岐阜県の書記官，農商務省の参事官を歴任後，住友本店に入り副支配人となる。28（1896）年欧米を視察。31年理事，32年別子鉱業所支配人兼任，35年本店支配人を経て，37年総理事に就任。以来19年にわたって住友グループに君臨，経営組織の改革に尽力した。この間，42

年に住友本店を住友総本店に改称、大正10年住友合資会社に改組された。大正11(1922)年12月25日死去。享年62歳。
[文献] 鈴木馬左也(鈴木馬左也翁伝記編纂会編) 鈴木馬左也翁伝記編纂会 昭36／日本財界人物列伝 第1巻(青潮出版株式会社編) 青潮出版 昭38／幕末明治海外渡航者総覧(手塚晃編) 柏書房 平4／朝日日本歴史人物事典 朝日新聞社 平6／志は高く―高鍋の魂の系譜(和田雅実) 鉱脈社 平10／データベースWHO 日外アソシエーツ　　　〔藤田正晴〕

鈴木 四十　すずき・よそ
明治7年12月21日(1874)～昭和3年7月27日(1928)　実業家　㊗神奈川県横浜　㊤イギリス，アメリカ：1888年(機械工学)

　明治7(1874)年12月21日，横浜に生まれる。明治21(1888)年第三高等学校を卒業後，同年イギリスのグラスゴー大学に留学し，機械科を卒業。米国に渡りフィラデルフィアのボールドウィン工場製図室に勤務する。35年帰国して外資会社・セールフレザー会社に入り，のち同社がセール商会と改称すると機械部長となる。この間，グラスゴー大学の先輩・高峰譲吉が興した高峰商事の専務を務め，高峰の没後，社長に就任した。その後，同社が異商事会社と改称されるにおよび専務となった。昭和3(1928)年7月27日死去。享年55歳。
[文献] 幕末明治海外渡航者総覧(手塚晃編) 柏書房 平4／データベースWHO 日外アソシエーツ　　　〔藤田正晴〕

鈴木 六之助　すずき・ろくのすけ
⇒鈴木知雄(すずき・ともお)を見よ

鈴藤 勇次郎　すずふじ・ゆうじろう
文政9年(1826)～明治1年(1868)　幕臣〔咸臨丸運航図の作者〕　㊗前橋　㊤諱=致孝，字=子享，雅号=萃庵　㊤アメリカ：1860年(咸臨丸の運用方)

　文政9(1826)年，前橋藩の刀工で砲隊隊工の藤枝家の二男として生まれる。のち鈴木家の養嗣子となり家老多賀谷氏に仕える。江川坦庵に師事して砲術を修め，安政2年6月，その推挙で幕府に普請役格鉄砲方付手伝として出仕し，生家と養家の姓から一字ずつとり鈴藤と改姓する。同年8月，幕命で長崎に赴き勝海舟たちとオランダ人ペルス・ライケン班員について海陸戦陣の法，航海術，造船術，天文，地理，築城術などを学ぶ。4年3月江戸に戻り，4月には築地の軍艦操練教授方となる。安政7(1860)年1月幕府の遣米使節に随航する咸臨丸に運用方として乗り組みアメリカに赴く。絵画の才能を発揮して，アメリカ滞在中に描いた風物のスケッチ・ブックを多数残すとともに，後日太平洋上の咸臨丸運航図を艦長の木村芥舟と深川八幡に1点ずつ贈っている。帰国後，慶応1年4月小十人格に昇進して軍艦頭取となる。日夜職務に励むが発病し，8月前橋に戻る。榎本武揚が箱館に幕艦を率いて向かう報に接するが参加できないことを悔やみ，明治1(1868)年，妻子を兄の藤枝太郎に托して短銃自殺を図る。享年43歳。　㊗前橋市三河町・隆興寺
[文献] 1860年遣米使節余録 鈴藤致孝と咸臨丸難航図(金井円)：国際文化 102 昭37.12／鈴藤勇次郎考　『群馬県史3』(群馬県教育会編)　歴史図書館　昭47／上野人物誌(岡部福蔵)　復刻　群馬県文化事業振興会　昭48／日本人名大事典3　平凡社　昭54／明治維新人名辞典(日本歴史学会編)　吉川弘文館　昭56　　　〔富田仁〕

須田 利信　すだ・としのぶ
安政3年3月6日(1856)～大正14年5月25日(1925)　造船技術者，実業家　日本郵船副社長　㊗日向国　㊤イギリス：1887年(造船学)

　安政3(1856)年3月6日，日向国に生まれる。明治6年勧学義塾に学び，7年工学寮付属学校に入り，8年工学寮に進み，14年工部大学校機械工学科を卒業して工部省技手となる。のち神戸川崎工場分局に転じ技師となり，16年農商務省管船局を経て，日本郵船に入る。20(1887)年船舶発注のためイギリスに渡り，造船所で監督に当たる傍ら，造船学を研究し，25年帰国。郵船横浜出張所勤務ののち，31年本社に転じ，大正4年副社長に就任。9年辞して横浜ドック理事，帝国飛行協会理事などを務めた。明治32年工学博士。大正14(1925)年5月25日死去。享年70歳。
[文献] 幕末明治海外渡航者総覧(手塚晃編) 柏書房 平4／データベースWHO 日外アソシエーツ　　　〔藤田正晴〕

須藤 時一郎　すどう・ときいちろう

天保12年（1841）～明治36年4月15日（1903）
銀行家　衆議院議員　〔第一国立銀行などの監査役〕　⊕江戸　⊛旧名＝高梨　㊋フランス：1864年（遣仏使節に随行）

　天保12（1841）年，幕府代官元締の高梨仙太夫の長男として江戸で生まれる。沼間守一，高梨哲四郎の兄。昌平黌で漢学を修めたのち洋学（英学）に移る。安政4年17歳で須藤姓を嗣ぎ，高梨家は弟に任せる。評定所留役から外国方となり文久3（1864）年12月29日，横浜鎖港談判に赴く池田筑後守長発一行に調役並として同行し渡仏する。翌元治1年マルセイユ経由で3月13日パリへ入るが，マルセイユで入院した定役の横山敬一が3月21日死没したためマルセイユに急ぎ引返して会葬し，サン・ピエール墓地に葬る。滞仏1年で帰国し，歩兵差図役となり，戊辰戦争では弟の守一らと東北の戦に従軍する。維新後は洋学者尺振八の私塾で英語を教える。明治5年大蔵省に出仕，御用掛から紙幣寮紙幣助となって旧藩札を新紙幣と交換改修にいそしむが，廃藩を機に9年頃官界を退いて第一国立銀行に入り，そこで勘定検査役を務めながら，第三十九ならびに第四十銀行の相談役となるほか，諸会社の監査役取締役を兼ね，一転して実業界で活躍する。9年に嚶鳴社に入って民権説を鼓吹しはじめ，東京府会議員，市会議員より，東京府第6区衆議院議員にも選出される。明治36（1903）年4月15日，肺炎で死去。享年63歳。

[文献]　日本人名辞典（芳賀矢一）　大倉書房　大3／類聚伝記大日本史12　実業家篇（土屋喬雄編）　昭11／大日本人名辞書（同刊行会編）　新訂版　内外書籍株式会社　昭12／明治過去帳—物故人名辞典（大植四郎編）　東京美術　昭46／異国遍路　旅芸人始末書（宮岡謙二）　修道社　昭46／赤松則良半生談―幕末オランダ留学の記録（赤松良一編注）　平凡社　昭52（東洋文庫217）／日本人名大事典　平凡社　昭54／明治維新人名辞典（日本歴史学会編）　吉川弘文館　昭56
〔山口公和〕

周布 金槌　すぶ・かなづち

生没年不詳　留学生　㊋フランス：1870年（留学）

　生没年不詳。明治3（1870）年にフランスに留学する。その後の消息は不明。

[文献]　日仏文化交流史の研究―日本の近代化とフランス人（西堀昭）　駿河台出版社　昭56
〔富田仁〕

周布 公平　すぶ・こうへい

嘉永3年12月6日（1851）～大正10年2月（1921）
官吏　男爵　⊕長門国萩　㊋フランス，ベルギー：1871年（法律学）

　嘉永3（1851）年12月6日，長州藩士周布政之助の子として生まれる。文久3年，毛利忠愛に従い御前警衛として伺侯した。4年父が国事を憂いて自刃したため家督を継ぎ，山口農兵隊長として農兵の訓練にあたる。防長四境戦役の際は，第三大隊少隊長として出陣。明治4（1871）年，木戸孝允の推薦を受け兵部省の命により，フランス，ベルギーに長州藩出身の光妙寺三郎，馬屋原二郎，河野三太郎とともに留学，9年まで滞留した。帰国直後司法権少丞に任ぜられ，これが官界への第一歩となった。以後太政官権少書記官，法制局法制部長などを経て，24年から30年まで兵庫県知事に在任，行政裁判所長官を経て33年から神奈川県知事に10余年在職。のちに枢密顧問官となる。大正10（1921）年2月死去。享年72歳。

[文献]　人事興信録　人事興信所　明41／近代日本の海外留学史（石附実）　ミネルヴァ書房　昭47／日本人名大事典3　平凡社　昭54
〔村岡正明〕

すみ

生没年不詳　芸妓　⊛本名＝寿美　㊋フランス：1867年（パリ万国博覧会で接待）

　生没年不詳。江戸柳橋の松葉屋抱えの芸妓。慶応3（1867）年パリ万国博覧会の折に幕府物産方の田中芳男の配下，小仕夫として瑞穂屋卯三郎と武蔵国幡羅郡四方寺村の吉田六左衛門の2人の商人に朋輩のさと，かねとともに連れられてパリに赴き，会場にしつらえられた日本茶屋で観客の接待に当たり，人気を博す。フランス人観客の一人で作家のプロスペル・メリメは女友だちに日本人芸妓たちの着物姿の印象を書き送っているが，帯をこぶと表現し，さらに牛乳入りのコーヒーのような肌をしているとも述べている。彼女たちと同じくパリ万国博覧会に参加した杉浦譲は彼女たちから送別の和歌と俳句をもらってパリから帰国している。彼女たちの帰国については卯三郎と

ともに慶応4年5月7日に江戸に帰着したものとみられるが，その後の消息は不明。

[文献] 花のパリへ少年使節（高橋邦太郎）　三修社　昭54／日本とフランス（富田仁，西堀昭）　三修社　昭54　　　〔富田仁〕

隅田川 浪五郎　すみだがわ・なみごろう
天保1年（1830）～?　手品師　〔日本人初の海外旅行〕　㋾江戸　㋕別名＝三遊亭遊成
㋾アメリカ，イギリス，フランス：1866年（パリ万国博覧会で興行）

　天保1（1830）年，江戸に生まれる。矢師の父のもと芸を修行。元治1年頃から横浜居留地の外人を相手に手品を披露しし，特に細かく切った紙を扇子であおいで蝶が舞うように見せる"蝶の舞"が好評を博した。江戸神田相生町源助店に居住の折，慶応2（1866）年10月28日，アメリカ人バンクスに雇われ，イギリス船ニポール号に乗り，妻の名和，息子の松五郎，妹の登字などを伴い，商用の名目で2年間の予定のもとにイギリスとフランスに渡る。この時，日本人として初めて海外旅行券を幕府から給されている。ロンドンのセント・マルチントヒル，フロラル・ホール，そして万国博覧会で賑いをみせるパリのテアトル・ド・フランス・アムペリアルで公演する。唐子，三番叟などのからくり人形を繰りヨーロッパの人たちに東洋のエキゾチズムを満足させた。明治1年に帰国。8年海外に再渡航。17年に帰朝後は三遊亭遊成を名乗り，寄席で活躍した。

[文献] 異国遍路　旅芸人始末書（宮岡謙二）　修道社　昭46／朝日日本歴史人物事典　朝日新聞社　平6／データベースWHO　日外アソシエーツ　　〔楠家重敏／富田仁〕

隅田川 松五郎　すみだがわ・まつごろう
生没年不詳　旅芸人　〔竹竿芸の名人〕　㋾アメリカ，イギリス，フランス：1866年（パリ万国博覧会で興行）

　生没年不詳。隅田川浪五郎の子として生まれる。旅芸人浜錠定吉の座員で慶応2（1866）年10月28日，父浪五郎とともにアメリカへ向けて横浜を出航。アメリカの西岸とニューヨークで興行の後，イギリス経由で3年7月末パリの万国博覧会に合わせてパリに入る。竹竿を使う曲芸をよくし，また名前が長いのでかえって異国の人々に覚えられたという。一座はシルク・ナポレオン劇場で公演しフランス人を

驚嘆させた。徳川慶喜の名代として博覧会に参列した弟の昭武もパリでこの一座を見物し，2500フランを祝儀として与えたといわれている。その後の消息は不明。

[文献] 異国遍路　旅芸人始末書（宮岡謙二）　中央公論社　昭53（中公文庫）　〔安藤義郎〕

頭本 元貞　ずもと・もとさだ
文久2年12月4日（1863）～昭和18年2月15日（1943）　新聞経営者　㋾因幡国　㋾アメリカ，ヨーロッパ：1896年（新聞経営視察）

　文久2（1863）年12月4日，因幡国に生まれる。明治17年札幌農学校を卒業。ジャパン・メールの翻訳記者となったが，明治28年伊藤博文の信を得て秘書官となる。29（1896）年新聞経営視察のため渡欧し，30年帰国。同年伊藤の援助で英字紙ジャパン・タイムズを創刊，主筆となり，44年社長。45（1902）にも欧米を視察し翌年帰国。また朝鮮総督府嘱託も務めた。この間42年にはニューヨークでオリエンタル・レビューを発刊，国際記者協会長を兼務して日本事情の海外紹介に尽力した。大正3年タイムズ退社，雑誌社ヘラルド・オブ・エシアを設立，社長となった。昭和18（1943）年2月15日死去。享年82歳。

[文献] 幕末明治海外渡航者総覧（手塚晃編）　柏書房　平4／データベースWHO　日外アソシエーツ　　〔藤田正晴〕

【せ】

清家 茂清　せいけ・しげきよ
弘化1年12月22日（1845）～大正2年5月（1913）　工部省電信局官吏　㋾伊予国宇和島　㋾イギリス：1873年（電信技術）

　弘化1（1845）年12月22日，宇和島に生まれる。明治6（1873）年に電信技術研修のため工部省の費用でイギリスに留学する。翌年，命令により帰国。大正2（1913）年5月死去。享年70歳。

[文献] 工部省沿革報告　大蔵省　明22／近代日本の海外留学史（石附実）　ミネルヴァ書房　昭47　　〔楠家重敏／富田仁〕

清五郎　せいごろう
生没年不詳　イオ丸乗組員　㊦尾張国中州　㊛アメリカ：1862年（漂流）

　生没年不詳。尾張国中州に生まれる。イオ丸直船頭として文久1年10月5日、江戸で小麦、大豆、干鰯などを積んで上方へ航行中、熊野灘で漂流。翌年（1862）3月15日、アメリカ船ヴィクター号に救助されて4月6日、サンフランシスコに到着。アメリカ旅行中のジョセフ・ヒコ（浜田彦蔵）の努力によって乗組員11人はアメリカ船コロライン・イー・フート号で2年6月6日、神奈川（横浜）に帰着する。乗組員のうち、彼のほか仙次郎、権次郎、彦吉、栄助の4人は西洋型船の操縦ができるというので神奈川奉行の下で働くことになる。のちに尾張藩が横浜にあったアメリカ船ワンデレ号（神力丸）を購入した際、請われて同船に移り操船に従事する。その後の消息は不明。

　[文献]　日本人漂流記（川合彦充）　社会思想社　昭42（現代教養文庫A530）　　〔安藤義郎〕

清太郎　せいたろう
生没年不詳　栄力丸乗組員　㊦播磨国（加古郡）宮西村　㊛アメリカ：1851年（漂流）

　生没年不詳。播州宮西村に生まれる。永（栄）力丸の舵取として、嘉永3年10月29日江戸からの帰途、志摩の大王崎沖で激しい北風のため漂流。乗組員17人は12月21日、アメリカ船オークランド号に救助され、嘉永4（1851）年2月サンフランシスコに入港。約1年滞留の後、嘉永5年2月、軍艦セントメリー号に移され3月3日ハワイに着いたが船頭の万蔵が病死する。16人は9日後出港、香港へ向うアメリカ東洋艦隊の旗艦サスクェハナ号（ペリー艦隊に加わり2回日本に来航）に移されるが、彦太郎（浜田彦蔵、ジョセフ・ヒコ）、治作、亀蔵（亀五郎）の3人はイギリス船で再びアメリカへ渡航し、彼のほか11名は嘉永6年2月、上海に送られる。ここで仙太郎1人だけがサスクェハナ号に留められ、ほかの12名は同年4月乍浦（さほ）に移され7月帰国。その後の消息は不明。

　[文献]　漂流（鮎沢信太郎）　至文堂　昭31／日本人漂流記（川合彦充）　社会思想社　昭42（現代教養文庫A530）／長瀬村人漂流談　『日本庶民生活史料集成5　漂流』　三一書房　昭55　　〔安藤義郎〕

清兵衛　せいべえ
生没年不詳　天寿丸乗組員　㊦紀伊国（日高郡）天田組薗浦（和歌山・御坊市薗）　㊛ロシア：1850年（漂流）

　生没年不詳。紀伊国天田組薗浦に生まれる。天寿丸の水主として乗り組み、嘉永3(1850)年1月9日、伊豆子浦沖で漂流。3月12日、長助など12人の乗組員とともにアメリカ捕鯨船に救助された後、ロシアの捕鯨船に移され、カムチャツカ半島のペトロパウロフスク、ロシア領アラスカのシトカに送られる。5年4月、ロシア・アメリカ会社の好意により下田へ送還され、翌年1月無事帰郷する。士分に取り立てられ、苗字帯刀を許されて紀州藩の水主を命じられる。

　[文献]　日本人漂流記（川合彦充）　社会思想社　昭42（現代教養文庫A530）　　〔安藤義郎〕

瀬川　昌耆　せがわ・まさとし
安政3年4月17日（1856）〜大正9年12月21日（1920）　医師　㊦江戸　㊇号＝古堂，渋紙庵　㊛ドイツ：1888年（医学）

　安政3（1856）年4月17日、江戸に生まれる。明治15年東京大学医科を卒業。宮城医学校教諭となり、明治19年同校長に就任し宮城病院院長を兼務。21(1888)年4月ドイツ留学し、病理解剖学・生理化学・黴菌学を修め、傍ら内科学・小児科学を研究した。留学中、フリードリヒ帝立小児病院長ア・バギンスキーに師事。24年1月帰国。24年第一高等中学校医学部教授となり、間もなく県立千葉病院司療医長となった。31年東京・本所に小児科専門の江東病院を設立、更に神田駿河台に東京小児科病院（のち瀬川小児病院）を建てて両病院で自ら診療に従事、また南葛飾病院院長を兼ねた。明治33年医学博士。小児病に関する多数の著書がある。大正9（1920）年12月21日死去。享年65歳。

　[文献]　幕末明治海外渡航者総覧（手塚晃編）　柏書房　平4／データベースWHO　日外アソシエーツ　　〔藤田正晴〕

関　研蔵　せき・けんぞう
⇒五代友厚（ごだい・ともあつ）を見よ

関　重忠　せき・しげただ
文久3年11月22日（1864）〜昭和20年3月12日（1945）　海軍軍人，少将　〔兵学校の機関術教官〕　㊦相模国（神奈川県）　㊛イギリス：

1884年（海軍軍事研修）
　文久3（1864）年11月22日，小田原藩士関重麿の子として生まれる。海軍機関学校に学ぶ。明治16年，イギリスから輸入した軍艦「筑紫」に登載されていた水圧機や発電機などに接し，これらの近代的な機械類に対応できる人材の必要性を感じ，明治17（1884）年5月，海軍機関科士官として，早坂源吾，大久保喜蔵，野口定次郎，森友彦六と共に海軍の軍事視察のためイギリスに赴く。彼らが乗船したオセアニック号には東伏見宮一行もいた。グリニッジ海軍大学の1年課程で学んだ後，艦艇や造船所で実習を行う。22年帰国の後は海軍兵学校の教官として機関術を教えた。日露戦争に際しては戦艦朝日の機関長。41年舞鶴鎮守府機関長。44年少将に昇進。昭和20（1945）年3月12日死去。享年83歳。
　[文献]　海軍兵学校沿革（海軍兵学校編）　原書房　昭46／近代日本海外留学生史　上（渡辺実）　講談社　昭52／幕末明治海外渡航者総覧（手塚晃編）　柏書房　平4／朝日日本歴史人物事典　朝日新聞社　平6／データベースWHO　日外アソシエーツ　　〔楠家重敏／富田仁〕

関　信三　せき・しんぞう
天保14年（1843）～明治13年4月12日（1880）
教育者　〔フレーベルの幼児教育論の紹介者〕
⊕三河国一色　㊇別名＝安藤劉太郎，雅号＝猶龍　㊨イギリス：1872年（宗教事情視察）
　天保14（1843）年，三河国一色の安体寺に生まれる。京都の高倉学寮に入って仏教の修業にはげみ，東本願寺から長崎へキリスト教探偵のため派遣される。明治5（1872）年9月，東本願寺の法主現如上人が洋行するときに通訳として同行する。イギリスにしばらく滞在ののち，7年に帰国し，関信三と改名する。はじめ熱心な仏教僧侶として西欧の宗教事情を調査していたが，外国文化に接してキリスト教徒となる。語学にすぐれ見識にも富み，8年に東京女子師範学校が創立されると英語の教師となる。さらに翌年，附属幼稚園が創設され監事となる。彼はフレーベルの幼児教育理論を日本に紹介し『幼稚園記』（明治9年），『幼稚園法二十遊嬉』（明治12年）の訳書を刊行し，さらに『幼稚園創立之法』（明治12年）を著わす。また『古今万国英婦列伝』もあり，女子教育にも関心を示している。明治13（1880）年4月12日死去。享年38歳。
　[文献]　教育人名辞典　理想社　昭37／近代幼児教育史（岩崎次男編）　明治図書　昭54／幼稚園教育百年史（文部省）　ひかりのくに　昭54／懐旧録―サンスクリット事始め（南条文雄）　平凡社　昭54（東洋文庫359）
　　　　〔楠家重敏〕

尺　振八　せき・しんぱち
天保10年（1839）～明治19年11月29日（1886）
英語学者，教育者　⊕江戸佐久間町　㊇旧名＝仁寿，鈴木　㊨フランス：1862年（遣欧使節の通弁）
　天保10（1839）年，高岡藩医鈴木柏寿の子として江戸に生まれる。田辺石庵，藤森天山らに学ぶ。はじめ仁寿と称していた。安政末頃に尺家を継ぎ，昌平黌に入り漢籍などを修めるが，攘夷や開国に関する議論が広く行われるようになり，彼も外国の情勢に通じていた田辺太一（田辺石庵の息子）の見解を聞き洋学に志すようになる。万延1年，中浜万次郎について英語を学び，また西吉十郎より英文法を学ぶ。その後横浜に赴き，外人より英語や洋学を学び，文久1年，幕府に出仕し，外国方通弁となる。同年（1862）12月には竹内保徳を正使とする遣欧使節に通弁として随行し，3年には使節団に同行しアメリカに渡る。明治1年，神戸にあるアメリカ公使館通弁となり，3年には須藤時一郎，乙骨太郎乙，吉田賢甫などと東京の本所相生町に共立学舎を創設し，その運営にも中心的役割を果たす。共立学舎は英語や漢学のほかに地理や算術などの教科も教授しており，田口卯吉，島田三郎をはじめ多くの人材を輩出している。5年，大蔵省翻訳局長となり，官員生徒に翻訳教授も行う。8年に職を辞し，以後，教育者として多くの人材を養成する。13年，集会条例により学校関係者の政談などに圧力が加えられるが，共立学舎にも多くの政党関係者がおり，学校に関係があるために政談などの政治活動が制限されることを憂い共立学舎を閉じる。その後も教育者として活躍し，スペンサーの『教育論』の翻訳などを功績ものこしている。また戊辰戦争の時には面識のない伊庭八郎をかくまい，北海道への脱出に力を借すなど義侠的エピソードも伝わっている。明治19（1886）年11月29日

死去。享年48歳。 ⓢ東京・青山霊園
[文献] 尺振八先生（原抱一庵）：太陽 2(1) 明29／日本人名大事典3 平凡社 昭54／明治維新人名辞典（日本歴史学会編） 吉川弘文館 昭56／英学の先達尺振八―幕末・明治をさきがける（尺次郎） 尺次郎 平8
〔湯本豪一〕

関 直彦 せき・なおひこ
安政4年7月16日（1857）～昭和9年4月21日（1934） 政治家、翻訳家 衆議院議員 ⓥ紀伊国 ⓢヨーロッパ：1887年（政治経済情勢視察）
　安政4（1857）年7月16日に生まれる。紀伊国の出身。明治16年東京大学法科を卒業、福地源一郎の日報社に入り、明治21～25年社長。この間、20（1887）年にヨーロッパを視察。23年以来和歌山から衆議院議員当選10回、31年憲政本党、以後立憲国民党、革新倶楽部、革新党に属した。大正元～4年衆院副議長。明治25年弁護士となり大正12年東京弁護士会長。昭和2～9年勅選貴族院議員、7年安達謙蔵らと国民同盟結成。英国宰相ビーコンスフィールドの『コニングスビー』を『政党余談春鶯囀』として翻訳、著書『七十七年の回顧』がある。昭和9（1934）年4月21日死去。享年78歳。
[文献] 幕末明治海外渡航者総覧（手塚晃編） 柏書房 平4／七十七年の回顧―伝記・関直彦（関直彦） 大空社 平5（伝記叢書）／データベースWHO 日外アソシエーツ
〔藤田正晴〕

尺 秀三郎 せき・ひでさぶろう
文久2年3月15日（1862）～昭和9年11月5日（1934） 教育家、ドイツ語学者 東京外国語学校教授 ⓥ江戸 ⓢドイツ：1888年（留学）
　文久2（1862）年3月15日、江戸に生まれ、英学者・尺振八の養子となる。東京師範学校を卒業。文部省編輯局に入り、明治21（1888）年ドイツに渡る。はじめ私費であったがのち官費留学生となる。教育学、ドイツ語を研究して26年に帰国。大日本図書編輯所長、東京美術学校教授、東京外国語学校教授などを歴任し、のち精華学校長となった。昭和9（1934）年11月5日死去。享年73歳。
[文献] 幕末明治海外渡航者総覧（手塚晃編） 柏書房 平4／データベースWHO 日外アソシエーツ
〔藤田正晴〕

関口 大八郎 せきぐち・だいはちろう
生没年不詳 幕臣 御小人目付 ⓢロシア：1866年（遣露使節に随行）
　生没年不詳。慶応2（1866）年10月、御小人目付であった大八郎は箱館奉行小出大和守秀実を正使とする遣露使節の随員としてロシアへ赴く。一行の目的は樺太の国境交渉であった。同年12月にペテルブルグに到着し、翌年正月より交渉を始める。2月に交渉は終了し、その後パリ、マルセイユを経て3年5月、横浜に帰国。その後の消息は不明。
[文献] 遣露伝習生始末（内藤遂） 東洋堂 昭18／近代日本海外留学生史 上（渡辺実） 講談社 昭52
〔湯本豪一〕

関口 豊 せきぐち・ゆたか
嘉永5年頃（1852）～明治10年8月28日（1877） 司法省留学生 〔パリで客死〕 ⓥ磐前 ⓢフランス：1875年（法学）
　嘉永5（1852）年頃、磐前湯長屋に生まれる。明治5年8月明法寮に第1回生として入り、10月から上級本課に入る。廃寮後、8（1875）年8月司法省第1回留学生としてフランスへ渡る。明治10（1877）年8月28日、夏風邪をこじらせてパリの病院で死去。享年26歳。
[文献] 明治政府の法学教育―明法寮と司法省法学校の史料を中心として（松尾章一）：法学志林 64(3、4合併) 昭42／司法省法学校小史1、2―続続・明治法制史料雑纂4、5（手塚豊）：法学研究（慶応大学） 40(6、7) 昭42.6、7／異国遍路 旅芸人始末書（宮岡謙二） 修道社 昭46／フランスに魅せられた人びと（富田仁） カルチャー出版社 昭51／日仏文化交流史の研究―日本の近代化とフランス人（西堀昭） 駿河台出版社 昭56
〔山口公和〕

関沢 孝三郎 せきざわ・こうざぶろう
⇒関沢明清（せきざわ・めいせい）を見よ

関沢 明清 せきざわ・めいせい
天保14年（1843）～明治30年1月6日（1897） 水産業指導者 〔米国式捕鯨の導入、魚類の人工孵化〕 ⓥ加賀 ⓥ別名=孝三郎 ⓢイギリス：1866年（留学）
　天保14（1843）年、加賀藩士関沢六衛門の二男として生まれる。江戸に出て江川太郎左衛門、村田蔵六の門に入り蘭学と航海術を学び、

さらに長崎に遊学している。慶応1年，加賀藩の軍艦軍用方頭級となり，2(1866)年，藩の密許を得て長崎奉行の目をかすめ英艦の船底に身を隠してロンドンに渡った。滞英3年ののち，明治1年に帰国。4(1871)年，旧藩主に従って再び渡英するが，6年ウイーン万国博覧会に参加し，淡水養殖法と機械編網法を学んだ。8(1875)年，フィラデルフィアのアメリカ独立記念博覧会に出張し，サケマスの人工孵化法と缶詰製造法を習得した。9年勧業寮の水産係主任となるが，のちに駒場農学校(東京大学農学部の前身)に発展したとき，同校の校長になった。22年，水産教育機関として水産伝習所が創設されると所長になった。そのほか，アメリカ式捕鯨を導入し，捕鯨銃を発明したり，遠洋漁業の振興に尽力。明治30(1897)年1月6日，千葉県館山で死去。享年55歳。

[文献] 関沢明清君の伝：大日本水産会報 177～129 明30／日本水功伝16(片山房吉)：水産界 723 昭18／日本の産業指導者(田村栄太郎) 国民図書刊行会 昭19／日本最初の水産技師関沢明清(岡本信男)：水産界 973 昭41／明治過去帳—物故人名辞典(大植四郎編) 東京美術 昭46／近代日本海外留学生史 上(渡辺実) 講談社 昭52／日本人名大事典3 平凡社 昭54／鮭と鯨と日本人—関沢明清の生涯(和田顕太) 成山堂書店 平6　　　　　　　　　〔楠家重敏〕

関谷 清景　せきや・きよかげ

安政1年(1854)～明治29年1月9日(1896)　地震学者　理学博士　帝国大学理科大学教授〔日本最初の地震学者〕　⊕美濃国大垣　⑳幼名=鉉太郎　㊨イギリス：1876年(理学)

安政1(1854)年，大垣藩士関谷甚助の子として生まれる。明治3年，藩から選ばれて大学南校に入学し，機械工学を学ぶ。開成学校工学科を卒業し，9(1876)年，文部省留学生として渡英する。ロンドン大学ユニヴァーシティ・カレッジに入学したが，肺を病んで翌年帰国する。神戸師範学校勤務後，13年東京大学理学部に転任，助教を経て，19年，新設の東京帝国大学地震学講座担当の世界最初の教授になる。この間，当時来日中であった英人教師ユーイングやミルンについて地震学を研究，彼らを助けて日本地震学会を育てる。また，17～19年にかけて内務省地理局験震課長を兼務し，東京気象台の地震観測網と地震統計の整備に努める。ユーイングの水平動地震計に変更を加えて振子の震動時を長くし，それによって強大な地震に関する信頼できる観測を可能にする。さらに硬軟両地層における地震動の比較や凹穴および地表面に於ける地震動の比較を行い，地震波の伝播速度観測のために地震波の三角測量をはじめる。18年には世界で初めての地震予知に関する本格的論文「地震を前知する法如何」を発表している。21年の磐梯山爆発の際には，病を押して調査報告書を作り学者の参考に供する。22年の熊本地震の時は，再び赴いて調査の使命を果たしたが，病が嵩じ長崎に転じて療養に努める。23年4月職を退き，翌24年8月理学博士の学位を得る。また同年起こった濃尾大地震の後，翌25年菊池大麓の発議によって設置された震災予防調査会(東大の地震研究者などの支援によって文部省内に組織された)の委員となって地震予知の研究に貢献する。26年，地震学講座(現在の地球物理学科)の主任に復職する。地震学の開拓に努めるとともに，日本の歴史上に現われた地震史料の蒐集考察も行う。明治29(1896)年1月9日，療養先の神戸で死去。享年43歳。

㊟神戸市外・禅昌寺

[文献] 日本の地震学—その歴史的展望と課題(藤井陽一郎) 紀伊国屋書店 昭42(紀伊国屋新書)／日本人名大事典3 平凡社 昭54／地震学事始—開拓者・関谷清景の生涯(橋本万平) 朝日新聞社 昭58(朝日選書23)／東国科学散歩(西条敏美) 裳華房 平16　　　　　　〔高橋公雄〕

関谷 銘次郎　せきや・めいじろう

万延1年(1860)～明治37年8月31日(1904)　陸軍軍人　⊕千葉　㊨ドイツ：1890年(軍事研究)

万延1(1860)年，千葉に生まれる。陸軍幼年学校を卒業後，少尉，中尉をへて士官学校戦術教官となる。明治23(1890)年2月13日，陸軍省から派遣され，軍事研究のため藤井茂太らとともにドイツへ留学する。ドイツ四等勲章を贈与される。帰国後少佐に昇り，第二軍参謀，第六師団参謀を歴任，また中佐に進み台湾守備歩兵第六大隊長，歩兵第34連隊長と転じ，明治37(1904)年8月31日，日露戦争中遼陽付近で戦死。享年45歳。

[文献] 明治過去帳—物故人名辞典(大植四郎編) 東京美術 昭46／近代日本海外留学生史

下（渡辺実）　講談社　昭53　〔村岡正明〕

瀬合 小次郎　せごう・こじろう

生没年不詳　留学生　[生]宇都宮　[渡]アメリカ：年不明

生没年不詳。宇都宮の出身。私費でアメリカに渡航しているが，渡米の年月はわからない。明治6年にはアメリカに暮らしていた模様だが，その後の消息は不明

[文献] 近代日本の海外留学史（石附実）　ミネルヴァ書房　昭47　〔富田仁〕

瀬沼 恪三郎　せぬま・かくさぶろう

明治1年（1868）～昭和20年（1945）　神学者〔ロシア文学の翻訳・紹介者〕　[生]武蔵八王子　[名]旧名＝河本　洗礼名＝イオアン　[渡]ロシア：1890年（神学）

明治1（1868）年，八王子に生まれる。ニコライ司祭の説教に感動して親元を出奔，正教神学校に入学し22年頃に卒業。23（1890）年神学の研究を深めるべく樋口艶之助，西海枝静らとともにロシアに渡りキエフ神学大学に入学，帰国後は神学校教授をつとめ，三井が京都に赴任したあとはその後を襲って神学校校長となり，後進の指導にあたる。29年雑誌『心海』（32～38号）に「歴史における基督教」を発表，以後同誌に数々の神学論文を発表している。トルストイとも個人的親交を持ち，尾崎紅葉と「アンナ・カレーニナ」の翻訳に従している。訳業の過程で交わされたトルストイとの往復書簡は現在トルストイ旧居博物館（モスクワ）に保存されている。ロシア革命のあおりで日本の正教会も財政的危機に陥り，神学校も大正7年頃廃校になったが，彼はそれ以後は不遇で，北樺石油会社に関係したこともあるという。また，二・二六事件に際しては，ソヴィエト大使館員との親交のゆえに「露探」の嫌疑を受け数日間の拘留を経験したこともある。夫人の郁子は夏葉と号しチェーホフの紹介者として知られている。著書に『軍用日露会話』（明治37年），『露文日本俗語文典 上・下』（明治38年）がある。昭和20（1945）年死去。享年78歳。

[文献] ニコライ神学校と遣露留学生（西村庚）：ユーラシア　5　昭52／日本正教史（牛丸康夫）　日本ハリストス正教会教団　昭53　〔長縄光男〕

瀬沼 夏葉　せぬま・かよう

明治8年12月11日（1875）～大正4年2月28日（1915）　翻訳家　〔ロシア文学紹介の先駆者〕　[生]群馬県高崎　[名]本名＝いく　旧名＝山田　号＝夏葉　[渡]ロシア：1909年（文学語学研究）

明治8（1875）年12月11日，山田勘次郎の長女として群馬県高崎に生まれる。両親がロシア正教会の信者であった縁から，18年に駿河台のニコライ女子神学校に入学し，25年に優秀な成績で卒業する。卒業後は，母校で教鞭をとる。女性の啓蒙と布教を目的として学校が発行していた雑誌『裏錦』に4年間随筆などを発表する。女学校時代から外国文学に興味を抱いていたので，ドストエフスキーの内田不知庵訳『罪と罰』やツルゲーネフの二葉亭四迷訳『片恋』を読み，その関心は決定的なものとなる。卒業後，在学中からかわいがられた大主教にロシア語を学び，31年12月結婚後は，モスクワ大学で神学を学び帰国後母校ニコライ神学校の校長をしている夫瀬沼恪三郎に学ぶ。34年37歳の年に，夫の尽力で私淑していた尾崎紅葉の門に入る。紅葉の文章指導は厳しく，妥協がなかったという。初期の文章には，紅葉の文体の影響が見られる。翻訳家としての彼女の処女作は，硯友社の機関誌的雑誌『文叢』に紅葉閲で発表したツルゲーネフの「あけぼの」（明治34年4月）である。トルストイの「アンナ・カレニナ」の翻訳を『文叢』に6回連載するが，紅葉の臥床で廃刊（明治36年2月）され，止むなく中断される。翌年，日本で初めてチェホフの小説「月と人」が『新小説』（8月）に発表された。「六号室」，「官吏の死」を加えて『露国文豪チェホフ傑作集』（明治41年10月）が刊行される。チェホフの作品を求める文壇の希望に応えた彼女の正確な訳は，好感を持って迎えられる。気丈で意志の強い彼女は，ピストルを携帯して明治42（1909）年6月，44（1911）年4月と2度にわたって単身でロシアに行っている。帰国後，小山内薫らの自由劇場が設立されるなど，新しい演劇運動が活発なこともあり，チェホフの戯曲に力を入れた。また，新しき女たちの雑誌『青鞜』の名前だけの賛助員に止まることなく，原語からは初めての「桜の園」の抄訳を意欲的に連載した。チェホフ理解は，今一つ深められなかったが，日本におけるロシア文学翻訳の先駆的役割を充分に果たしたといえる。また，ロシアの腐敗

的，反動的な一面を捉えた随筆，紀行文も散見される。来客のおりには自分でロシア料理を作り，応接間にはロシアの楽器(ギタルラ)を立ててもてなした。仕事のために大森に一軒家を構え，何日もこもるという当時の女性としては珍しい意欲的な生活であった。7人目の子どもを出産後，回復が悪く急性肺炎を併発し，大正4(1915)年2月28日死去。享年39歳。
⑱雑司ヶ谷霊園
[文献] 瀬沼夏葉(蕪木福江):学苑　167　昭29.9／近代文学研究叢書15(近代文学研究室)昭和女子大学近代文学研究所　昭35／日本現代文学全集10　講談社　昭37／日本近代文学大事典2(日本近代文学館編)　講談社　昭52／物語女流文壇史　上(巖谷大四)　中央公論社　昭52／物語　明治文壇外史(巖谷大四)　新人物往来社　平2／埋もれた翻訳—近代文学の開拓者たち(秋山勇造)　新読書社　平10
〔前田廣子／富田仁〕

世良田 亮　せらた・たすく
安政3年10月3日(1856)～明治33年8月1日(1900)　海軍軍人，少将　㊞信濃国上田
㊚アメリカ：1875年(留学)

安政3(1856)年10月3日，信濃国上田に生まれる。明治5年海軍兵学寮に入学。8(1875)年海外留学生としてアメリカに留学。10年同国の海軍兵学校に入り，14年アナポリス海軍兵学校を卒業して8月に帰国，海軍中尉，東海鎮守府勤務となる。20年から約3年間在清国公使館付駐在武官として清国海軍の実情を探査した。26年大佐となり，日清戦争には天龍艦長を務め，ついで大和・金剛の艦長，海軍省軍事課長，富士艦長などを歴任。33(1900)年軍艦三笠回航委員長としてイギリスに出張し同年帰国後，少将，呉鎮守府艦隊司令官となる。同年北清事変には佐世保鎮守府参謀長に転じたが，8月病没。この間，海軍兵学寮時代に小川義綏，D.トムスンらについてキリスト教を学び，洗礼を受ける。23年日本基督教会信徒として植村正久を助けて同教会・市ヶ谷講習所の設立に加わる。また日本基督教会伝道局員，東京基督教青年会理事長などを務め，植村正久の信任厚かった。明治33(1900)年8月1日死去。享年45歳。
[文献] 幕末明治海外渡航者総覧(手塚晃編)　柏書房　平4／朝日日本歴史人物事典　朝日新聞社　平6／データベースWHO　日外ア

ソシエーツ
〔藤田正晴〕

瀬脇 寿人　せわき・ひさと
⇒手塚律蔵(てづか・りつぞう)を見よ

千賀 鶴太郎　せんが・つるたろう
安政4年2月11日(1857)～昭和4年3月19日(1929)　法律学者　京都帝国大学教授　㊞備前国岡山　㊚ドイツ：1884年(法学)

安政4(1857)年2月11日，藩士の長男として岡山に生まれる。明治3年から岡山普通校と遺芳館で英学を学ぶ。9年から17年まで東京同人社で教壇に立つ。明治17(1884)年職を辞しドイツに留学，ベルリン大学で文科および法学を修め学位を受ける。33年帰国し京都帝国大学創立に際し教授に迎えられ，国際公法を担当。大正13年退官。昭和4(1929)年3月19日死去。享年73歳。
[文献] 近代日本海外留学生史　上(渡辺実)　講談社　昭52／日本人名大事典3　平凡社　昭54
〔中川浩〕

善吉　ぜんきち
生没年不詳　永久丸乗組員　㊞三河国(渥美郡)江比間村　㊚アメリカ：1852年(漂流)

生没年不詳。三河国江比間村に生まれる。永久丸の水主として乗り組み，嘉永4(1852)年12月26日，熊野灘で漂流し，翌5年2月26日グアム島北東約300海里の洋上でアメリカ捕鯨船アイザック・ハウランド号に救助され，捕鯨の手伝いをしながらベーリング海峡を抜けて北極海に入ったが南下して同年9月下旬，ホノルルに入港する。乗組員4人のうち妻子があるという理由で岩吉とともに送還されることになり日本近海へ行くアメリカ船に便乗し，朝鮮の釜山に到着。嘉永5年12月19日，釜山駐在の対馬藩士に引渡され，長崎に送られる。その後の消息は不明。
[文献] 日本人漂流記(川合彦充)　社会思想社　昭42(現代教養文庫A530)／風濤の果て—永久丸漂流顛末記(山田哲夫)　門土社総合出版　平7
〔安藤義郎〕

仙石 貢　せんごく・みつぐ
安政4年6月2日(1857)～昭和6年10月30日(1931)　政治家　満鉄総裁，鉄道相　㊞土佐国

㋐アメリカ，ヨーロッパ：1888年（鉄道技術）

安政4(1857)年6月2日，土佐国に生まれる。明治11年工部大学校土木工学科を卒業。東京府雇，工部省御用掛，鉄道権少技長，鉄道3等技師を歴任。明治21(1888)年欧米を視察し23年帰国。29年逓信省鉄道技監，次いで鉄道局管理課長，同運輸部長。明治24年工学博士。31年退官，筑豊鉄道，九州鉄道各社長，福島木材，猪苗代水力電気，日本窒素肥料各重役。41年以来高知県から衆議院議員当選3回，戊申倶楽部，国民党，同志会，憲政会に属した。大正3年大隈重信内閣の鉄道院総裁，13～15年第1次，第2次加藤高明内閣の鉄道相，昭和2年立憲民政党結成に参画，4～6年南満州鉄道総裁。勅選貴族院議員。昭和6(1931)年10月30日死去。享年75歳。

[文献] 幕末明治海外渡航者総覧（手塚晃編）柏書房 平4／データベースWHO 日外アソシエーツ 〔藤田正晴〕

専修寺 教阿　せんしゅうじ・きょうあ
⇒堀川教阿（ほりかわ・きょうあ）を見よ

善十郎　ぜんじゅうろう
生没年不詳　軽業師　〔剣の梯子渡りの芸人〕
㋐アメリカ：1867年（サンフランシスコで初興行）

生没年不詳。ミカド曲芸団員。慶応3(1867)年6月3日より3日間にわたり，サンフランシスコのマギー音楽堂で昼夜2回興行する。裃をつけ両刀をはさんだ姿で日本刀を横にならべた刃の梯子を登って行く「剣の梯子渡り」を演じ，アメリカ人を沸かせたという。なおこの興行はサンフランシスコにおける日本芸人による最初といわれている。その後の消息は不明。

[文献] 異国遍路　旅芸人始末書（宮岡謙二）中央公論社　昭53（中公文庫）〔安藤義郎〕

仙次郎　せんじろう
生没年不詳　イヲ丸乗組員　㊉尾張国中州
㋐アメリカ：1862年（漂流）

生没年不詳。尾張国中州に生まれる。イヲ丸の水主として文久1年10月5日，江戸で小麦，大豆，干鰯などを積んで上方へ航行中，熊野灘で漂流。翌年(1862)3月15日，アメリカ船ヴィクター号に救助されて，4月6日，サンフランシスコに到着。アメリカ旅行中のジョセフ・ヒコ（浜田彦蔵）の努力によって乗組員11人はアメリカ船コロライン・イー・フート号で同年6月6日，神奈川（横浜）に帰着する。乗組員のうち彼のほかに清五郎，権次郎，彦吉，栄助の4人は西洋型船の操縦ができるというので神奈川奉行の下で働くことになる。のちに尾張藩が横浜にあったアメリカ船ワンデレ号（神力丸）を購入した際，請われて同船に移り操船に従事する。その後の消息は不明。

[文献] 日本人漂流記（川合彦充）社会思想社　昭42（現代教養文庫A530）〔安藤義郎〕

善助　ぜんすけ
文化14年(1817)～明治7年10月29日(1874)
永住丸乗組員　㊉紀伊国（牟婁郡）口熊野周参見浦　㋐アメリカ：1842年（漂流）

文化14(1817)年，紀伊国周参見浦に生まれたとされる。永住（栄寿）丸の沖舵頭として天保12年8月，酒，塩，砂糖，線香，繰綿，豆などを積んで兵庫から奥州南部宮古へ向かう途中，10月12日犬吠岬の沖合で激しい北西風と高波に襲われ漂流する。翌13(1842)年2月2日，イスパニア船エンサヨー号に救助される。3月17日カリフォルニア沖に停泊中，乗組員13人のうち，太吉，初太郎，亥之助，儀三郎，惣助，弥市とともに上陸させられ置き去りにされる。上陸地点はローアカリフォルニア（カリフォルニア湾と太平洋にはさまれたメキシコ北西部の細長い半島）の南端サンルカスと言われている。（残り6人ものちにこの地域に上陸させられたものと思われる。）幸い親切な住民達に保護され，サンホセに送られて別々に働くことになったが，初太郎と2人は10月初めマサトランに移り，11月上旬，清国へ行くアメリカ船でマカオに向かう。14年1月中旬マカオに到着，初太郎だけが上陸させられる。2月中旬まで船中に留め置かれたが，後に2人とも乍浦に送還されて日本行きの船を待つことになる。11月22日清国船に乗ることができ，12月2日無事長崎に帰着する。帰郷後に紀伊藩士に語った見聞記が『東航紀聞』としてまとめられた。藩役所のお抱えとなり，ペリー来航時には江戸で将軍への献上品の鑑定を行い，この功により井上姓を与えられた。明治7(1874)年10月29日死去。享年58歳。

[文献] 日本人漂流記（川合彦充）社会思想社　昭42（現代教養文庫A530）／東航紀聞　『日本庶民生活史料集成5　漂流』三一書房

昭55／朝日日本歴史人物事典　朝日新聞社　平6
〔安藤義郎／富田仁〕

千田 嘉吉　せんだ・かきち

?～明治25年5月18日（1892）　留学生　⊕鹿児島　⊗アメリカ：年不明（医学）

生年不詳。鹿児島の出身。愛知県知事千田貞暁の長男。アメリカのミシガン州アンアーボー市の医科大学に留学中，明治25（1892）年5月18日，研究半ばにして死去。

[文献] 明治過去帳―物故人名辞典（大植四郎編）東京美術　昭46／異国遍路 旅芸人始末書（宮岡謙二）中央公論社　昭53（中公文庫）
〔楠家重敏〕

仙太郎　せんたろう

天保2年（1831）～明治7年10月8日（1874）　栄力丸乗組員　〔アメリカ船の水兵として勤務〕　⊕安芸国瀬戸田　⊗別名＝仙八，倉助，倉蔵　⊗アメリカ：1851年（漂流）

天保2（1831）年，安芸国瀬戸田に生まれる。永（栄）力丸の炊（かしき）をつとめる。摂津大石村の永力丸は嘉永3年10月29日，江戸からの帰途，志摩の大王崎沖で激しい北風のため漂流。乗組員17人は12月21日，アメリカ船オークランド号に救助され，嘉永4（1851）年2月サンフランシスコに入港。約1年滞留の後，嘉永5年2月，軍艦セントメリー号に移され3月3日ハワイに着いたが船頭の万蔵が病死する。16人は9日後出航，香港へ向いアメリカ東洋艦隊の旗艦サスケハナ号（ペリー艦隊に加わり2回日本に来航）に移されるが，彦太郎（浜田彦蔵，ジョセフヒコ），治作，亀蔵（亀五郎）の3人はイギリス船で再びアメリカへ渡航し，長助，清太郎ほか11名は嘉永6年2月，上海に送られる。ここで彼1人だけがサスケハナ号に留められ，ほかの12名は同年4月乍浦に移され，7月帰国できることになる。サスケハナ号に残されたあと真面目に勤務し，ペリー提督日本遠征記に記されている日本人の3等水兵サム・パッチは仙（千）太郎（仙八）のことを指すと見られている。ペリー艦隊来航時に幕府役人から帰国を勧められるが処罰を恐れて留まり，海兵隊員J.ゴーブルに随伴してニューヨークに行き，バプテスト教会で受洗。のちゴーブルとともに日本に向かい万延1年4月に帰国。横浜のJ.H.バラのもとで働いた後，明治3年E.W.クラークの料理番となる。クラークの開成学校勤務にともない東京に出るが，明治7（1874）年10月8日死去。享年44歳。⊗東京小石川・本伝寺

[文献] 漂流（鮎沢信太郎）至文堂　昭31／日本人漂流記（川合彦充）社会思想社　昭42（現代教養文庫A530）／長瀬村人漂流談『日本庶民生活史料集成5　漂流』三一書房　昭55／キリスト教人名辞典　日本基督教団出版局　昭61／幕末漂流伝―庶民たちの早すぎた「海外体験」の記録（村上貢）PHP研究所　昭63／最初にアメリカを見た日本人（プラマー，キャサリン著，酒井正子訳）日本放送出版協会　平1／幕末漂流―日米開国秘話（青木健）河出書房新社　平16
〔安藤義郎／富田仁〕

仙波 太郎　せんば・たろう

安政2年4月21日（1855）～昭和4年2月19日（1929）　陸軍軍人，中将，政治家　衆議院議員　⊕伊予国（温泉郡）久米村　⊗ドイツ：1890年（駐在武官）

安政2（1855）年4月21日，仙波幸雄の長男として伊予に生まれる。明治8年陸軍士官学校入学，12年卒業し陸軍少尉に任官する。18年陸軍大学校を第1期生として卒業。23年（1890）駐在武官としてドイツに留学，帰国後少佐に任官する。日清戦争に出征した後，30年第3師団参謀長に任官し36年には清国駐屯軍司令官に就任する。37年の日露戦争には陸軍少将として出征。43年中将になると同時に下関要塞司令官，第17師団長に任じられる。大正3年第1次大戦の折には第3師団長として寧南に派遣される。桂，宇都宮とともに「陸軍の三太郎」と称され，部内の声望も高かった。5年予備役に回り，岐阜市外に移って在郷軍人団の指導にあたる。7年には衆議院議員に当選している。昭和4（1929）年2月19日死去。享年75歳。⊗岐阜市加納町穴釜共同墓地

[文献] 仙波太郎さんの話（北川淳一郎）：伊予史談　133～137　昭28～29／日本人名大事典3　平凡社　昭54／陸海軍将官人事総覧（外山操編）芙蓉書房　昭56
〔岡本麻美子〕

千本 福隆　せんぼん・よしたか

嘉永7年5月24日（1854）～大正7年10月30日（1918）　物理学者，数学者　〔自然科学教育に尽力〕　⊕江戸　⊗幼名＝於菟太郎，通称＝福隆，後名＝基　⊗フランス：1885年（師範学校

調査）

嘉永7(1854)年5月24日、美濃大垣の支藩戸田淡路守の家臣千本三郎右衛門恕隆の子として江戸藩邸で生まれる。明治3年、戸田氏の支封野村藩の貢進生として大学南校に入りフランス語を修め開成学校、東京大学を通じて物理を専攻する。プロスペル・フォルチュネ・フークらのフランス語による講義を受ける。11年12月同大学を卒業後、12年陸軍士官学校雇となり、13年1月文部省一等属から同省大臣官房図書課員、同省御用掛兼奏任へ進む。18(1885)年12月8日、在職のまま自費でフランスへ留学を願い出て、特殊中学校師範学校の調査視察を命ぜられる。21年帰国し、ただちに東京高等師範学校教諭、23年10月同校教授となり、在職27年、生涯日本の自然科学教育に尽くす。大正3年7月退官して名誉教授となるが、文部省直轄大学の勅任教授及び名誉教授の第1号である。わが国の理系教育草分けの一人で、14年の東京物理学校創設と、その後の経営に積極的に参加する。『中学教育代数学』など数学教科書も執筆しており、その教育上の功績も大きい。大正7(1918)年10月30日死去。享年65歳。

[文献] 東京物理学校五十年小史　昭5／大日本人名辞書（同刊行会編）　新訂版　内外書籍株式会社　昭12／日本仏学史小論集Ⅳ—明治（西堀昭）　私家版　昭46／仏蘭西学のあけぼの—仏学事始とその背景(富田仁)　カルチャー出版社　昭50／日本人名大事典3　平凡社　昭54／日仏文化交流史の研究（西堀昭）駿河台出版社　昭56／図説教育人物事典中（唐沢富太郎）　ぎょうせい　昭59

〔山口公和〕

善六　ぜんろく
生没年不詳　若宮丸乗組員　〔通訳として活躍〕　⑰奥州石巻　㊗ロシア名＝ピョートル・ステパノーヴィチ・キセリョーフ　㊥ロシア：1794年（漂流）

生没年不詳。寛政5年11月27日、沖船頭平兵衛率いる若宮丸（800石積、乗組員16名）に津太夫らとともに乗り組み石巻を出航、暴風に見舞われ遭難、太平洋上を漂流すること8ヶ月、6(1794)年アレウト列島のアンドレヤノフ諸島に漂着、現地のロシア人に保護され、翌7年にオホーツクに送られ、さらにヤクーツクを経てイルクーツクに至る。当地で大黒屋光太夫一行の中でロシアに帰化した新蔵（ニコライ・ペトローヴィチ・コロトゥイギン）の援助を受け約8年間仲間とともに過ごし、ロシア正教に入信、ピョートル・ステパノーヴィチ・キセリョーフと改名してロシアに帰化する。ロシア語も上達し通訳や日本語学校助手をつとめる。享和3年クルーゼンシュテルンによるロシア最初の世界周航にレザーノフを団長とする第2回遣日使節団が同行することになり、商務大臣ルミャンツェフの訓令により若宮丸一行はペテルブルクへ召喚される。彼は帰国を希望した津太夫ら4名の通訳としてナジェージダ号に同乗、大西洋、南アメリカ、ハワイを経てカムチャッカまで達したが、津太夫らとの不和が原因で下船する。当地で南部藩の慶祥丸漂流民継右衛門らと邂逅し彼らの帰国に尽力する。文化8年に起こったゴロヴニン幽囚事件の際、日露両国の文書の翻訳を行い、また10年9月にはディアナ号副艦長リコルドの通訳として箱館に至り交渉に貢献する。その後の消息は不明。

[文献] 日露国交史料（梅森三郎）　有隣堂　大4／解説（大友喜作）『北槎異聞・北辺探事』北光書房　昭19／漂流民の言語—ロシアへの漂流民の方言学的貢献（村山七郎）　吉川弘文館　昭40／環海異聞（大槻玄沢、志村弘強）叢文社　昭51／いしのまき若宮丸漂流始末—初めて世界を一周した船乗り津太夫（安倍忠正）　三陸河北新報社　昭61／魯西亜から来た日本人—漂流民善六物語（大島幹雄）広済堂出版　平8／漂流記の魅力（吉村昭）新潮社　平15（新潮新書）／世界一周した漂流民（石巻若宮丸漂流民の会編著）　東洋書店　平15（ユーラシア・ブックレット　；　no.54）

〔雪嶋宏一〕

【そ】

惣次郎　そうじろう
？〜文化4年(1807)　稲若丸乗組員　⑰周防国岩国　㊥アメリカ：1806年（漂流）

生年不詳。周防国岩国に生まれる。稲若丸の水主として、岩国から江戸へ飼葉、畳床などを運んだ後、文化3(1806)年1月6日、伊豆下田沖で強い西風と雨のため漂流する。3月20日、乗

組員8人は日本より相当離れた南東海上でアメリカ船テイバー号に救助され、4月28日、ハワイのオアフ島に上陸させられる。8月下旬、シナ行きのアメリカ船に乗せられてマカオから広東へ送還されるが広東では漂流者の受取りを拒絶したので、12月再びマカオへ連れ戻される。船長デラノの好意でしばらく逗留の後、12月25日、清国船に乗せられてマカオを出帆、翌4(1807)年1月21日ジャカルタに到着する。そこから日本行きのオランダ船に乗って帰国することが確実になったのであるが、ジャカルタに到着すると間もなく全員がマラリアなどの病気にかかり、新名屋吟蔵と水主の文右衛門は文化4(1807)年4月29日当地で死去。また5月15日にオランダ船に乗船出来た6人のうち、彼と嘉三郎、市古貞五郎の3人は航海中に病死。

文献 異国漂流奇譚集(石井研堂) 福長書店 昭2/日本人漂流記(荒川秀俊) 人物往来社 昭39/日本人漂流記(川合彦充) 社会思想社 昭42(現代教養文庫A530)/江戸時代ハワイ漂流記―『夷蛮漂流帰国録』の検証(高山純) 三一書房 平9 〔安藤義郎/富田仁〕

惣助　そうすけ

生没年不詳　永住丸乗組員　⊕能登　⊗アメリカ：1842年(漂流)

生没年不詳。能登の出身。永住丸の水主として天保12年8月、兵庫から奥州南部宮古へ向う途中、10月12日犬吠岬の沖合で激しい北西風と高波に襲われ漂流する。翌13(1842)年2月2日イスパニア船エンサヨー号に救助されたが、ローアカリフォルニア南端サンルカスに置き去りにされる。その後サンホセ、マサトランへ送られるが、帰国したという記録はなく、善助など6人とともにマサトランに留ったと思われる。

文献 日本人漂流記(川合彦充) 社会思想社 昭42(現代教養文庫A530)/東航紀聞 『日本庶民生活史料集成5 漂流』 三一書房 昭55/世界を見てしまった男たち―江戸の異郷体験(春名徹) 筑摩書房 昭63(ちくま文庫)/新世界へ―鎖国日本からはみ出た栄寿丸の十三人(佐野芳和) 法政大学出版局 平1 〔安藤義郎〕

宗蔵　そうぞう

元禄7年頃(1694)～元文1年9月18日(1736)
若宮丸乗組員〔滞露中は日本語教師〕　⊕薩摩　⊗ロシア名＝コジマ・シュルツ、別名＝宗左　⊗ロシア：1729年(漂流)

元禄7(1694)年頃、薩摩に生まれる。商人の手代。薩摩から大坂に向う荷とともに若宮丸に乗る。享保13年11月8日に出帆した若宮丸は、嵐のために半年ほど漂流し、享保14(1729)年の夏にカムチャツカ半島最南端ロパトカ岬とアワチャ湾(ペトロパヴロフスク附近)との間に漂着する。若宮丸乗組員17名はカムチャツカ海岸に上陸するが、コサック50人隊長アンドレイ・シュティンニコフの率いるカムチャダル人たちにみつかり、殺される。かろうじて生き残ったのが、11歳の権蔵と海に投げ出されたために命拾いをした彼の2人だけである。18年、権蔵とともにモスクワのシベリヤ庁に引渡され、アンナ・ヨアノヴナ女帝に拝謁する。翌年、勅令により陸軍幼年学校付修道司祭のもとでキリスト教を学び、同年10月20日に洗礼を受ける。ロシア名はコジマ・シュルツである。その後まもなく勅命によって権蔵とともに科学アカデミーに派遣される。さらに元文1(1736)年の勅命で、日本語学校の教師に任命されるが、彼は同年9月18日に科学アカデミー内で死亡。享年43歳。彼と権蔵の首級はレニングラードの民族学博物館に保存されている。

⊗海軍省広場にある「主の昇天の教会」

文献 薩摩漂流民ゴンザ(権左)の事蹟(村山七郎)：日本歴史 192 昭39/日本漂流民とクンストカーメラ(亀井高孝、村山七郎)：日本歴史 210 昭40.11/漂流民の言語―ロシアへの漂流民の方言的貢献(村山七郎) 吉川弘文館 昭40/日本漂流民とクンストカーメラ(亀井高孝) 『光太夫の悲恋』 吉川弘文館 昭42/ニカレクシコンチ スラヴェノニフォンノ コトバント ゴンザ編『新スラヴ・日本語辞典』日本版について(村山七郎)：窓 52 昭60.3/いしのまき若宮丸漂流始末―初めて世界を一周した船乗り津太夫(安倍忠正) 三陸河北新報社 昭61/魯西亜から来た日本人―漂流民善六物語(大島幹雄) 広済堂出版 平8/漂流記の魅力(吉村昭) 新潮社 平15(新潮新書)/世界一周した漂流民(石巻若宮丸漂流民の会編著) 東洋書店 平15(ユーラシア・ブックレット；no.54) 〔関田かおる〕

相馬 永胤 そうま・ながたね

嘉永3年11月22日(1850)〜大正13年1月26日(1924)　実業家,銀行家　横浜正金銀行重役〔専修大学設立者・学長〕　㊗近江国(犬上郡)彦根尾末町　㊗幼名=亀太郎,信一郎,号=信斎　㊗アメリカ：1871年(農学),アメリカ：1874年(法律,経済)

　嘉永3(1850)年11月22日,彦根藩士相馬高胤の長子として生まれる。生後まもなく一家は海岸防備の藩命を受けて相模国三崎へ移住,その際生母静は彦根に留まり,以後は祖母の手によって育てられた。5歳のとき,彦根藩の相州警備が解かれ,江戸赤坂の中屋敷詰めとなる。12歳で藩校へ入学し漢学を学び,同時に剣術,馬術,槍術の修業に励む。慶応4年1月,戊辰戦争の際は薩摩側にくみした彦根藩の藩兵として活躍,西郷隆盛を東海道の藤沢宿に訪れて江戸攻めについて献策したり,日光・二本松方面に旧幕隊掃討に参加,三人を斬り倒したこともあったという。翌明治2年,安井息軒の塾生となり,同4(1871)年7月,彦根藩よりアメリカ留学を命ぜられ横浜を出帆。サンフランシスコで英語を学んだ後,ウェストポイント陸軍士官学校へ入校するつもりであったが外国人の入学は許されず断念,ミシガン州ランシングの農学校(現ミシガン大学)に入る。しかし廃藩置県と文部省の学制改革により留学費交付が停止され,6年学費調達のため一時帰国する。幸いにも旧藩主井伊家より学費が出ることが決まり,7(1874)年,井伊直達と石黒太郎の二少年を伴って再び渡米,ニューヨーク州の私立学校ピークスキル学院に入学し,3人で校内に寄宿する。8年同校を卒業しコロンビア法律学校に入学,法律を志す同志とともに法律研究のため日本法律会社を設立する。10年,28歳で同校を卒業,さらにエール大学法科大学院に入学,法律学,経済学を研究する。この年の夏休み合宿で法律学校設立の希望を抱き,アメリカで学んだ近代法律の知識を日本の青年に伝授しようという構想が浮かんだという。また日記によると,この滞米中に多くのアメリカ人男女の友人を得,自由に交際して楽しい学生生活を過した様子が窺える。とくにピークスキルでの家族的な生活は生涯忘れ得ぬ思い出となる。12年,井伊直達を伴い帰国,翌年9月,田尻稲次郎,目賀田種太郎,駒井重格らと専修学校(現専修大学)を創立する。14年判事,15年大蔵省より横浜正金銀行取締役を命ぜられ,21年には専修学校初代校長に就任する。30年,横浜正金銀行頭取となりその発展に尽力し,39年頭取を辞するが引続き取締役として終生その地位にあった。大正2年7月,私立専修学校が私立専修大学と改称されるのに伴い,初代学長に就任,大学の拡張,発展に努力する。同年8月,日本興業銀行監査役となる。一方,私生活においては,平塚と沼津に別荘を持ち,34年戸塚村の広大な清水家下屋敷(現東京都新宿区西早稲田の「甘泉園」)を購入して造園と相馬御殿といわれる豪華な屋敷の建築をなし,毎年春にその邸宅で園遊会を催すほどの華やかな面もあったが,家庭的には恵まれず,夫人の陸をはじめ7人の子女(1人は後妻の子)のうち,嫡男,次男,二女,四女を亡くし,養嗣子も大正10年に死去という不幸に見舞われる。大正13(1924)年1月26日,悪性の風邪と持病の糖尿病を悪化させ,避寒のため滞在していた沼津の別荘で死去。享年75歳。　㊗東京・青山霊園

|文献| 相馬信斎先生伝(中里日勝編)　相馬美都子　大14／日本人名大事典3　平凡社　昭54／相馬永胤伝(専修大学相馬永胤伝刊行会)　専修大学出版局　昭57　　〔安藤義郎〕

副島 道正 そえじま・みちまさ

明治4年10月14日(1871)〜昭和23年10月13日(1948)　実業家,政治家　伯爵　㊗東京・芝烏森　㊗イギリス：1888年(留学)

　明治4(1871)年10月14日,副島種臣の三男として東京芝烏森に生まれる。明治21年イギリスに私費留学し,27年ケンブリッジ大学を卒業し帰国。東宮待従,式部官を経て32年学習院で教え,38年辞任,同年伯爵。大正7〜14年,昭和11〜22年貴族院議員。また日英水力電気,早川電力,朝鮮水力電気,日本製鋼所,東明海上保険などの取締役,京城日報社長を歴任。この間,昭和9年IOC委員となり,15年の東京五輪招致に尽力した。昭和23(1948)年10月13日死去。享年78歳。

|文献| 幕末明治海外渡航者総覧(手塚晃編)　柏書房　平4／朝鮮民族運動と副島道正(趙聖九)　研文出版　平10／データベースWHO　日外アソシエーツ　　〔藤田正晴〕

添田 寿一　そえだ・じゅいち
元治1年8月15日(1864)～昭和4年7月4日(1929)　銀行家　日本興業銀行総裁　㊦筑前国(遠賀郡)島門村　㊧イギリス,ドイツ：1884年(留学)

　元治1(1864)年8月15日,筑前国遠賀郡島門村に生まれる。明治17年東京大学政治学理財学科を卒業し大蔵省主税局御用掛となる。同17(1894)年9月,旧藩主黒田長成に従って渡欧,ケンブリッジ大学,ハイデルベルク大学に学ぶ。20年8月に帰国。大蔵省主税官,参事官,大臣秘書官,書記官,監督局長などを経て,31年大蔵次官となる。この間,早大,専修学校,学習院,高等商業学校,東大などで経済学の講義を担当した。32年台湾銀行頭取となり,35年日本興業銀行総裁に就任。大正2年総裁辞任後,中外商業新報社長に就任,4年鉄道院総裁となった。のち報知新聞社長,同社顧問を経て,14年～昭和4年勅選貴族院議員を務めた。この間,財政,経済,労働,社会政策など多方面にわたって指導的役割を果たしたが,特に金本位制実施や台銀,興銀,日仏銀行の創立,発展などに功績があった。昭和4(1929)年7月4日死去。享年66歳。

　⟨文献⟩ 幕末明治海外渡航者総覧(手塚晃編)　柏書房　平4／朝日日本歴史人物事典　朝日新聞社　平6／日本の近代化とスコットランド(チェックランド著,加藤詔士,宮田学編訳)　玉川大学出版部　平16／データベースWHO　日外アソシエーツ　　〔藤田正晴〕

添田 飛雄太郎　そえだ・ひゅうたろう
元治1年11月(1864)～昭和12年1月25日(1937)　政治家　衆議院議員　㊦羽後国　㊧ドイツ：1888年(留学)

　元治1(1864)年11月,羽後国に生まれる。明治21(1888)年ドイツに留学。チュービンゲン大学で政治,経済,法律学を学ぶ。27年帰国。秋田で県立中学校校長を務める。横荘鉄道(株)取締役を務める。大正13年衆議院議員に初当選。以来連続5回当選。昭和12(1937)年1月25日死去。享年74歳。

　⟨文献⟩ 幕末明治海外渡航者総覧(手塚晃編)　柏書房　平4／データベースWHO　日外アソシエーツ　　〔藤田正晴〕

曽我 鐵爾　そが・こうじ
明治2年9月16日(1869)～?　看護婦　〔日赤看護婦の自費留学第1号〕　㊦茨城　㊨改姓＝黒田　㊧アメリカ：1894年(看護付添い),イギリス：1896年(看護学)

　明治2(1869)年9月16日,常陸石岡藩の大参事・曽我某の娘として生まれる。23年4月に東京の日本赤十字社病院の第1回看護婦生徒となる。翌年10月に修学を終えて看護の実務につき,同月の濃尾大地震には日赤看護婦による最初の救護に従事する。26年10月に養成課程を終了して日赤病院に勤務,翌年(1894)6月に橋口領事夫人の付添いでニューヨークへ行き,滞米中に勃発した日清戦争の救護材料を日本赤十字社へ寄贈。さらに29(1896)年11月,イギリスのセント・トーマス病院看護婦学校(ナイチンゲール設立)や各地の病院で看護学研修のため,荒川領事に従って渡航。これは日赤看護婦の自費留学の最初である。滞英中に起こった北清事変の際にも,日本赤十字社へ義捐金を贈ったり,イギリスの病院見学の報告をした。のち結婚をして黒田姓となる。

　⟨文献⟩ 看護婦洋行：女学雑誌　430　明29.11／赤心の花：日本赤十字　94　明34.1
　　〔吉川龍子〕

曽我 祐邦　そが・すけくに
明治3年7月(1870)～昭和27年8月18日(1952)　陸軍軍人　子爵　㊧フランス：1896年(陸軍軍事研修)

　明治3(1870)年7月,箱館鎮撫に功をたて,のち陸軍中将となった曽我祐準の長男として生まれる。29(1896)年に陸軍の留学生としてフランスに渡る。のち陸軍砲兵大尉,貴族院議員,日仏協会理事長となる。昭和27(1952)年8月18日死去。享年83歳。

　⟨文献⟩ 日仏文化交流史の研究—日本の近代化とフランス人(西堀昭)　駿河台出版社　昭56／昭和新修　華族家系大成　上(霞会館諸家資料調査委員会編)　霞会館　昭57　〔富田仁〕

曽禰 荒助　そね・あらすけ
嘉永2年1月28日(1849)～明治43年9月13日(1910)　政治家　子爵　〔帝国議会の設置,日韓合併に尽力〕　㊦長門国萩　㊧フランス：1872年(陸軍経理学)

　嘉永2(1849)年1月28日,山口藩大組士宍戸潤平の三男として萩に生まれる。のち曽根祥

蔵の養子となる。文久3年藩校明倫館に入り、勉学に励んだ。戊辰戦争に従軍し、各地で善戦した。その働きにより翌明治2年、御親兵中隊司令に抜擢されたが、藩校時代より始めた洋学修業を達成させたいという志を持っていたので、これを辞し、3年大阪兵学寮幼年舎に入り、フランス語および諸学科を修める。5(1872)年に待望のフランス留学を果たす。フランスでは5年間、もっぱら陸軍経理学を研究する。10年に帰朝すると陸軍八等に出仕したが、まもなく六等に昇進。14年、陸軍より太政官少書記官へと転じ、参事院議官補、法政局参事官、内閣記録局長、官報局長などを歴任する。その間、帝国議会開設準備に尽力する。23年、帝国議会が開設されると、初代衆議院書記官長となる。25年官を辞し下野して立候補。山口県より選出され、議会が開かれると衆議院副議長となる、中立系官僚として各方面で活躍した。その人材を買われて、26年から特命全権公使としてフランスに駐在し、不平等条約の改正に尽力し30年帰国。翌31年に第3次伊藤内閣が成立すると、司法大臣に任命され、法典の編纂に力を傾けた。同年伊藤内閣が倒れ、山県内閣が成立すると、農商務大臣に任ぜられた。また33年には、パリ大博覧会事務局総裁を兼任し、持ち前の語学力とフランス滞在で得た経験を生かし、手腕をふるい。34年、第1次桂内閣が成立すると、大蔵大臣兼外務大臣に任命される。35年には、これまでの功により男爵の爵位を授与され、39年枢密顧問官に任ぜられる。40年、伊藤博文韓国統監のもとで、副統監となって活躍する。この年、子爵の爵位を授けられる。翌41年韓国統監へと昇進し、日韓併合を画策推進して韓国経営に尽力したが、43年病気のため辞任し帰国。明治43(1910)年9月13日死去。享年62歳。

[文献] 近代日本の海外留学史（石附実）　ミネルヴァ書房　昭47／日本人名大事典3　平凡社　昭54
〔福山恵美子／富田仁〕

曽根 直之助　そね・なおのすけ

?〜明治18年9月24日(1885)　海軍軍人
⊕広島　⊛別名＝直之進　⊛アメリカ、イギリス：1871年(海軍軍事研修)

　生年不詳。広島に生まれる。明治4(1871)年2月22日、兵部省の留学生として海軍修業のためアメリカに派遣され、のちイギリスに渡る。帰国後は11年に海軍省主船准判任御用掛となり、13年には海軍兵学校教授にのぼる。18年には東艦機関長、横須賀鎮守府機関部勤務となるが、明治18(1885)年9月24日死去。

[文献] 海軍兵学校沿革（海軍兵学校編）　原書房　昭43／明治過去帳―物故人名辞典（大植四郎編）　東京美術　昭46／近代日本海外留学生史（石附実）　ミネルヴァ書房　昭47
〔楠家重敏〕

園田 孝吉　そのだ・こうきち

嘉永1年1月19日(1848)〜大正12年9月1日(1923)　銀行家　男爵　⊕大隅国国太良村
㊤旧名＝宮内　⊛イギリス：1874年(駐英領事)

　嘉永1(1848)年1月19日、大隅国太良村に生まれる。薩摩藩重臣北郷家の家臣。幕末に英学を修め、明治維新後、貢進生として大学南校入学。外務省へ出仕、明治7(1874)年1月12日駐英領事となりイギリスに渡り12年帰国。以後も14(1888)年、21(1888)年に赴任し通算15年にわたりイギリスに滞在。23年退官し、松方正義蔵相の推薦で横浜正金銀行頭取に就任。日銀との提携策をとり、欧米並の為替銀行制度に改革、英蘭銀行とも取引を開始。30年健康を害し辞任するが、請われて31年〜大正4年十五銀行頭取を務め、また興銀、満鉄、東拓、韓国銀行などの設立委員を歴任。この間、東京銀行集会所副会長の地位にあり、日本鉄道、帝国運輸倉庫、日本郵船、日英水力電気、東京海上火災などの要職をつとめた。大正7年男爵。大正12(1923)年9月1日関東大震災に遇い死去。享年76歳。

[文献] 日本財界人物列伝　第2巻（青潮出版株式会社編）　青潮出版　昭39／幕末明治海外渡航者総覧（手塚晃編）　柏書房　平4／朝日日本歴史人物事典　朝日新聞社　平6／データベースWHO　日外アソシエーツ
〔藤田正晴〕

園田 安賢　そのだ・やすかた

嘉永3年9月1日(1850)〜大正13年8月7日(1924)　官僚、実業家　男爵　⊕薩摩国　⊛アメリカ、ヨーロッパ：1884年(警察制度視察)

　嘉永3(1850)年9月1日、薩摩藩士の長男として生まれる。戊辰戦争に従軍後、警察に入る。明治5年大警部、8年警視庁に出仕。15年石川県警部長。17(1884)年4月欧米の警察制度を学び19年7月帰国。23年警視副総監を経て、警視

総監。29年男爵となり、30年貴族院議員。31年警視総監に復帰したが、間もなく北海道庁長官となり、開拓10ケ年計画などを推進した。のち宮中顧問官。39年退官後は実業界で活躍し、朝鮮棉花社長、共正銀行頭取などを務めた。大正13(1924)年8月7日死去。享年75歳。

[文献] 幕末明治海外渡航者総覧(手塚晃編) 柏書房 平4／朝日日本歴史人物事典 朝日新聞社 平6／データベースWHO 日外アソシエーツ 〔藤田正晴〕

曽谷 言成　そや・ことしげ
生没年不詳　留学生　⊕静岡　㊨イギリス、アメリカ：1870年(法律学)

　生没年不詳。静岡の出身。明治3(1870)年、官費留学生としてアメリカ、イギリスに赴き法律学を学ぶ。5(1872)年には在英している。その後の消息は不明。

[文献] 明治初年条約改正史の研究(下村冨士男) 吉川弘文館　昭37／近代日本の海外留学史(石附実) ミネルヴァ書房　昭47／近代日本海外留学生史　上(渡辺実) 講談社　昭52／幕末明治海外渡航者総覧(手塚晃編) 柏書房　平4 〔楠家重敏／富田仁〕

祖山 鐘三　そやま・かねぞう
生没年不詳　商人　㊨フランス：1890年頃(商法見習い)

　生没年不詳。明治23(1890)年頃にフランスに留学する。留学の目的は商法の見習いであるが27年には帰国する。その後の消息は不明。

[文献] 近代日本海外留学生史　上(渡辺実) 講談社　昭52／日仏文化交流史の研究—日本の近代化とフランス人(西堀昭) 駿河台出版社　昭56 〔富田仁〕

【た】

大黒屋 光太夫　だいこくや・こうだゆう
宝暦1年(1751)〜文政11年4月15日(1828)
〔日本に帰った最初の渡露漂流民〕 ⊕伊勢国亀山領白子村　㊇本名=亀屋兵蔵　旧名=大黒屋幸太夫　㊨ロシア：1783年(漂流)

　宝暦1(1751)年、伊勢亀山領南若松村の商家大黒屋に生まれる。叔父四郎兵衛の死後養子になる。30歳のとき、伊勢白子村彦兵衛の持船・神昌丸の船頭になり、天明2(1783)年12月13日紀伊藩の米五百石などの荷を積み、乗組員16名とともに伊勢白子浦を江戸に向かって出帆する。神昌丸は駿河沖で台風に遭い、漂流すること8ヶ月、1人が死亡し、翌年の7月20日アレウト列島アムチトカ島に漂着する。島民とロシアの毛皮商人らに救助され、4年間を過ごす。この間に7名が死亡するが生残者9名はロシア人たちと協力して船を造り、1787年7月18日アムチトカ島を出港し、翌8月23日カムチャツカのペトロパヴロフスクに入港する。カムチャツカ滞在中の1788年2月11日にフランスの探検家J.B.レセップスと出会っている。滞留9ヶ月の間さらに3名が死亡する。1788年9月シベリア庁所在地イルクーツクに送られ、翌年2月に到着する。この地で生残者6名のうち庄蔵が凍傷で片足不具となり、新蔵も重病にかかり九死に一生を得る。後生安堵のため、2人はロシア正教の洗礼をうけ、帰国を断念して日本語学校の教師になる。ロシア政府は相当の人物とみとめて彼に仕官をすすめ、帰国歎願書を2回も却下する。このとき帰国を願う彼の強い意思を知って援助の手をさしのべたのが、博物学者であり日本航海学校校長であったキリル・G.ラクスマンである。彼はキリルに随行してペテルブルグに行き、女帝エカテリーナ二世に帰国歎願の直訴をすることにする。謁見の沙汰を待つ焦燥を彼は持参の江戸時代草紙本の片隅にロシア文字で書き残している(レニングラード東洋文化研究所所蔵)。5ヶ月のちの寛政3(1791)年6月23日、夏の離宮ツァールスコエ・セローに赴き、エカテリーナ女帝に拝謁した最初の日本人となる。半年にわたる露都滞在中、市内各地を見学している。当時、彼のことをうたった歌謡曲が流行するほどであった。やがて女帝から帰国許可を得てイルクーツクに戻り、磯吉と小市を伴い、1792年8月3日オホーツクに到着する。9月、遣日使節に任命されたキリルの次男アダム・ラクスマンに伴われ、エカテリーナ号に乗船、寛政4年9月16日根室に入港する。幕府からの返事を待ち越年。幕府の使者がラクスマンと会見したのは寛政5年6月21日である。この間に小市が壊血病で死亡。彼と磯吉は6月24日の第2回会見でようやく幕府役人に引渡され、8月末江戸に到着、9月18日江戸城吹上御覧所において将

軍家斉や松下定信ら列席のもとで取調べをうける。そのあと桂川甫周が光太夫の口述をまとめ『北槎聞略』や『漂民御覧之記』などを著わすが、鎖国政策のため穏密の書とされて長く世に出なかった。彼は伊勢に帰ることを許されず、磯吉とともに雉子橋門外の御厩明屋敷にとめおかれる。その後番町明地の薬草植付場に移されるが、まもなく44歳で若い妻を娶り、一男一女をあげる。漢学者大黒梅陰がその嗣子である。寛政6年11月11日、桂川甫周の口ききで、京橋水谷町の大槻玄沢邸で「おらんだ正月」と称されている蘭学者たちの新年会に招かれる。彼は甫周のもとでロシア服を着て参加する。その有様を描き参会者が賛をした「芝蘭堂新元会図」がある。彼はその後35年の間半幽囚人として不自由な生活を送る。当時唯一のロシア通でありながら、その知識を利用されず余生を過ごした。人にもとめられたものか、俳句をロシア文字で書いた色紙を残している。文政11(1828)年4月15日薬園内の居室で死去。享年78歳。

[文献] 漂流奇談全集(石井研堂校訂) 博文館 明33／伊勢漂民の事蹟(新村出) 『史的研究』冨山房 大3／露国帰還の漂流民幸太夫(吉野作造)：主張と閑談 2大13／漂民光太夫と露使派遣事情(山崎徳吉)：伝記 2(8) 昭10／帰朝後の漂民光太夫と嗣子大黒梅陰(山崎徳吉)：伝記 2(4) 昭10／大黒屋光太夫の事、北槎聞略を中心として(亀井高孝)：鴨台史報 4 昭11／最初の遣日露使アダム・ラクスマン 漂民光太夫還送始末(山崎徳吉)：伝記 10(9) 昭18／北槎異聞・北泊探事(大友喜作編) 北光書房 昭19(大門叢書6)／歴史教室 大黒屋光太夫(岡田章雄)：国民の歴史 1(4) 昭22／光太夫漂流物語ロシア女帝に会った船頭の話(山崎桂三) 中央公論社 昭24／幸太夫露国漂泊記(松本丈児)：伝記 4(10) 昭25／光太夫漂流記(山崎桂三) 中央公論社 昭27／光太夫の書簡(亀井高孝)：日本歴史 50 昭27／伊勢の光太夫とラクスマン父子(山崎宇治彦)：伊勢公論 5 昭27／光太夫(鈴鹿市役所観光課) 鈴鹿市役所 昭34／大黒屋光太夫遺品「露国国民学校用算術入門書」をめぐって(高野明)：早稲田大学図書館紀要 3 昭36／大黒屋光太夫(亀井高孝) 吉川弘文館 昭39(人物叢書119)／光太郎余礫(亀井高孝)：日本歴史 197 昭39／光太夫の言語資料(村山七郎)：順天堂大学体育部紀要 6 昭39／北槎聞略(桂川甫周著 亀井高孝，村山七郎編) 吉川弘文館 昭40／大黒屋光太夫の日本語資料 18世紀後半の伊勢方言(村山七郎) 吉川弘文館 昭40／大黒屋光太夫とエカテリーナ二世(森末新)：日本医事新報 2177〜2184 昭41／大黒屋光太夫と亀屋兵蔵(亀井高孝)：日本歴史 214 昭41／十八世紀の日本工芸品"ペテルブルグ風景"—クンストカーメラ旧蔵(高野明)：日本歴史 昭41.2／光太夫の悲恋(亀井高孝) 吉川弘文館 昭42／日本庶民生活史料集成5 漂流(池田皓編) 三一書房 昭43／おろしゃ国酔夢譚(井上靖) 文芸春秋社 昭43／日本とロシア(高野明) 紀伊国屋書店 昭46(紀伊国屋新書B47)／環海異聞(大槻玄沢、志村弘強) 叢文社 昭51／大黒屋光太夫とロシアの女帝(中村新太郎) 『日本人とロシア人 物語人物往来史』 大月書店 昭53／日本人漂流者の見聞(NHK取材班) 『レニングラード物語』 日本放送出版協会 昭58／大黒屋光太夫 新装版(亀井高孝) 吉川弘文館 昭62(人物叢書)／シベリア大紀行(TBS特別取材班) 河出書房新社 昭62／シベリア追跡(椎名誠) 小学館 昭62／幕末漂流伝—庶民たちの早すぎた「海外体験」の記録(村上貢) PHP研究所 昭63／北槎聞略—大黒屋光太夫ロシア漂流記(桂川甫周著、亀井高孝校訂) 岩波書店 平2(岩波文庫)／シベリア追跡(椎名誠) 集英社 平3(集英社文庫)／漂流民とロシア—北の黒船に揺れた幕末日本(木崎良平) 中央公論社 平3(中公新書)／おろしゃ国酔夢譚(井上靖) 文芸春秋 平4／大黒屋光太夫追憶—古都ペテルブルグ・イルクーツクを訪ねて(衣斐寛譲著、田口栄志、衣斐信行編) 竜光禅寺出版部 平4／光太夫とラクスマン—幕末日露交渉史の一側面(木崎良平) 刀水書房 平4(刀水歴史全書)／光太夫オロシャばなし(来栖良夫) 新日本出版社 平4／北槎聞略—影印・解題・索引(杉本つとむ編著) 早稲田大学出版部 平5／伊勢若松漂民大黒屋光太夫 大黒屋光太夫顕彰会 平7(光太夫シリーズ)／光太夫らの帰郷 大黒屋光太夫顕彰会 平8(光太夫シリーズ)／ロシアにおける大黒屋光太夫 大黒屋光太夫顕彰会 平8(光太夫シリーズ)／光太夫 帰国—遠きロシアより(岸宏子) 中日新聞本社 平8／帰国後の光太夫について 大黒屋光太夫顕彰会 平8(光太夫シリーズ)／大黒屋光太夫の接吻—異文化コミュニケーションと身体(生田美智子) 平凡社 平9(平凡社選書)／光太夫が幕府に伝えたロシ

ア　大黒屋光太夫顕彰会　平9(光太夫シリーズ)／北槎聞略―大黒屋光太夫ロシア漂流記(亀井高孝校訂)　岩波書店　平12(岩波文庫)／ロシアの風―日露交流二百年を旅する(中村喜和)　風行社　平13／大黒屋光太夫史料集　第1～4巻(山下恒夫編纂)　日本評論社　平15(江戸漂流記総集)／大黒屋光太夫―帝政ロシア漂流の物語(山下恒夫)　岩波書店　平16(岩波新書)／麗しのサンクトペテルブルグ(中村喜和)　川崎市生涯学習振興事業団かわさき市民アカデミー出版部，シーエーピー出版(発売)　平16(かわさき市民アカデミー講座ブックレット)／ロシアに渡った日本人―江戸・明治・大正・昭和(クズネツォフ著，荒井雅子訳)　東洋書店　平16(ユーラシア・ブックレット)　〔関田かおる〕

大国屋 禎二郎　だいこくや・ていじろう

生没年不詳　[渡]イギリス：年不明(商用)

生没年不詳。渡航年代は不明であるが，明治6(1873)年頃イギリスに滞在した。渡航の目的は定かではないが，おそらく商用であろう。その後の消息は不明。

[文献]　近代日本の海外留学史(石附実)　ミネルヴァ書房　昭47　〔楠家重敏〕

多賀 章人　たが・あきひと

生没年不詳　工部省灯台局官吏　[生]千葉県　[渡]イギリス：1872年(灯台技術)

生没年不詳。明治5(1872)年，灯台技術修得のため工部省留学生としてイギリスに渡る。7年6月5日帰国。その後の消息は不明。

[文献]　工部省沿革報告　大蔵省　明22／近代日本の海外留学史(石附実)　ミネルヴァ書房　昭47／幕末明治海外渡航者総覧(手塚晃編)　柏書房　平4　〔楠家重敏／富田仁〕

高木 兼寛　たかぎ・かねひろ

嘉永2年9月15日(1849)～大正9年4月12日(1920)　海軍軍医総監　医学博士　男爵　〔日本最初の看護学校の設立者〕　[生]日向国(諸県郡)穆佐村　[名]幼名＝藤四郎　[渡]イギリス：1875年(医学)

嘉永2(1849)年9月15日，高木兼次の長男として日向国穆佐村に生まれる。慶応2年，鹿児島に出て石神良策に入門し医学を学び，のち岩崎峻斎について蘭学を修める。明治1年京都の薩軍治療所の助手となる。同年6月島津忠義に従って東北に従軍。同年11月鹿児島に帰り藩の開成学校に入る。2年10月英医ウィリアム・ウィリスが鹿児島に招かれ，鹿児島医学校及び病院を建てると，これを助け医学校の創立と診療に尽力。のち医学校長となる。5年兵部省より召されて上京。8(1875)年6月イギリスに留学。ロンドンのセント・トーマス病院医学校で学ぶ。内科メンバーシップ，外科フェローシップの称号を受け13年帰朝。累進し，18年海軍軍医総監・軍医本部長となる。同年有志共立東京病院内に日本初の看護婦学校を設立。21年医学博士となり成医会講習所を創設。25年貴族院議員。38年3月男爵を授けられる。イギリス医学派の代表である。大正9(1920)年4月12日死去。享年72歳。　[墓]東京・青山霊園

[文献]　日本人名大事典4　平凡社　昭54／明治維新人名辞典(日本歴史学会編)　吉川弘文館　昭56／高木兼寛伝―脚気をなくした男(松田誠)　講談社　平2／高木兼寛伝―伝記・高木兼寛(高木喜寛)　大空社　平10(伝記叢書)／病気を診ずして病人を診よ―麦飯男爵高木兼寛の生涯(倉迫一朝)　鉱脈社　平11　〔高橋傳七〕

高木 三郎　たかぎ・さぶろう

天保12年閏1月17日(1841)～明治42年3月28日(1909)　外交官，実業家　〔生糸輸出に尽力〕　[生]江戸(常盤橋内)松平(豆州)侯邸内　[渡]アメリカ：1867年(勝小鹿に同行)

天保12(1841)年閏1月17日，庄内藩士の子として江戸藩邸で生まれる。誕生後間もなく下谷の松平豆州侯下屋敷に移り幼時を過す。弓道，水練，乗馬，剣術に長じ，安政6年，軍艦修行を命ぜられる。安政7年2月，勝海舟の塾に入門，同塾の富田鉄之助と親交を結ぶ。慶応3(1867)年，海舟の子・小鹿(当時13歳)の随行として富田鉄之助とともにアメリカに留学，ボストンで英語研究に従う。明治1年，日本国内の動乱，奥州諸藩の滅亡を伝えるアメリカの新聞を見て富田と急遽帰国するが海舟に叱られ諭されて同年再び2人で渡米する。3年，勝小鹿のアナポリス海軍兵学校入学後は実業によって富国の道を開くことを決心，産業上の見聞を広め，経済的知識の収得に努める。5年2月，アメリカ在留弁務使館書記に任命され，その後，8年間滞米，臨時代理公使，サンフランシスコ副領事，ニューヨーク領事となる。13年5月帰国，領事の職を辞任，同年横浜に創立されることになった同伸会社の取

締役兼副頭取に就任(のち社長)、生糸輸出に努力する。生糸輸出に関しては多くの苦労もあったが、42年3月6日、宿願の横浜生糸検査所拡張建議案が議会を通過、ほとんど狂喜して、にわかに付近の知人を呼び、横浜の自宅で祝宴を張ったという。明治42(1909)年3月28日、風邪を悪化させたのと心臓故障のため入院先の東京下谷根岸養生院で死去。享年69歳。墓東京渋谷・法雲寺

文献 高木三郎翁小伝(高木正義編) 高木事務所 明43/近代日本海外留学生史 上(渡辺実) 講談社 昭52/日本人名大事典4 平凡社 昭54/明治維新人名辞典(日本歴史学会編) 吉川弘文館 昭56 〔安藤義雄〕

高木 貞作 たかぎ・ていさく
生没年不詳 銀行家 渡アメリカ:1872年(関税事務研修)

生没年不詳。明治5(1872)年、大蔵省派遣留学生として、吉田清成に同行し、サンフランシスコで運上所(現在の税関)事務に関する研究を修める。8年に帰国の後は、横浜正金銀行、日本銀行に就職し、銀行家としての道を歩む。

文献 近代日本の海外留学史(石附実) ミネルヴァ書房 昭59/幕末明治海外渡航者総覧(手塚晃編) 柏書房 平4/昭和を生きた新選組(滝沢中) 経済界 平15
〔安藤義雄/富田仁〕

高木 留三郎 たかぎ・とめさぶろう
生没年不詳 渡フランス:1864年(遣仏使節に随行)

生没年不詳。文久3(1864)年、遣仏使節に随行する。

文献 幕末教育史研究2―諸術伝習政策(倉沢剛) 吉川弘文館 昭59 〔富田仁〕

高木 豊三 たかぎ・とよぞう
嘉永5年5月17日(1852)~大正7年3月14日(1918) 裁判官,弁護士 法学博士 貴族院議員 籍江戸 渡ドイツ:1886年(法律学)

嘉永5(1852)年5月17日、丹波国桑田郡の代官高木文右衛門の四男として江戸に生まれる。京都でフランス語を修め、のち東京に移り司法省明法寮に入り、本科でフランス法を修め、法律学士の称号を受け司法省法制局に奉職、明治17年判事に任ぜられる。19(1886)年在官のままドイツに留学を命ぜられる。フランス法を専攻したにもかかわらずドイツ法を学ぶに至ったのは、明治政府の大転換期に当たっていたためである。23年帰国し福島地方裁判所長に就任する。大審院判事、司法省民刑局長、司法次官を歴任し、その間法典調査会起草委員を務めるが、30年公職を辞し弁護士となる。33年貴族院議員に勅選され、34年法学博士の学位を授与される。東京大学のほか各法律学校講師、日本赤十字社法律顧問、キリン麦酒、日之出生命保険の監査役をも務める。著作には『刑法論』『民事訴訟法論』がある。脳溢血後療養していたが、大正7(1918)年3月14日、東京市牛込区砂土原町の自宅で死去。享年67歳。

文献 大正過去帳―物故人名辞典(稲村徹元他編) 東京美術 昭48/日本人名大事典4 平凡社 昭54 〔木村行宏〕

高木 報造 たかぎ・ほうぞう
生没年不詳 伊万里県留学生 渡イギリス:1871年(留学)

生没年不詳。伊万里の出身。明治4(1871)年9月以前に伊万里県の県費留学生としてイギリスに渡る。留学中の7年にはロシア公使館書記となりロシアに渡る。その後の消息は不明。

文献 明治初年条約改正史の研究(下村冨士男) 吉川弘文館 昭37/近代日本の海外留学史(石附実) ミネルヴァ書房 昭47/近代日本海外留学生史上(渡辺実) 講談社 昭52/幕末明治海外渡航者総覧(手塚晃編) 柏書房 平4 〔楠家重敏/富田仁〕

高木 壬太郎 たかぎ・みずたろう
元治1年5月20日(1864)~大正10年1月27日(1921) 神学者,教育者 青山学院神学部院長 籍遠江国榛原 渡カナダ:1895年(神学)

元治1(1864)年5月20日、遠江国榛原に生まれる。明治14年静岡県師範学校を卒業後、高等小学校校長などを歴任。明治19年静岡メソジスト教会で洗礼を受ける。26年東洋英和学校神学部に学んだ後、28(1895)年カナダ・トロント市のビクトリア大学で神学を学び、31年帰国後、築地、麻布、駒込、本郷の各教会の牧師となり、34年メソジスト派機関誌『護教』主筆として同誌を主宰。37年青山学院神学部教授に就任、大正2年青山学院院長となる。5年がかりで完成した『基督教大辞典』(明治44年)は明治キリスト教界における最大の遺産の一つといわれる。大正10(1921)年1月27日死

去。享年58歳。
[文献] 幕末明治海外渡航者総覧（手塚晃編）柏書房　平4／朝日日本歴史人物事典　朝日新聞社　平6／データベースWHO　日外アソシエーツ
〔藤田正晴〕

高木 喜寛　たかぎ・よしひろ
明治7年10月11日（1874）～昭和28年1月22日（1953）　外科医学者　東京慈恵会医科大学名誉学長　〔英式医学教育を推進〕　⊕東京
⊗イギリス：1890年（医学研究）

明治7（1874）年10月11日、後に海軍軍医総監を務めた高木兼寛の子として東京に生まれる。明治23（1890）年イギリスに渡る。32年セント・トマス病院医学校卒業後、欧米各国を視察して、35年7月帰国。私立東京病院長、東京慈恵会医院長、同医科大学長などを歴任。大正9年男爵を襲爵。大正12年医学博士。同年ロックフェラー財団の招きで渡米し、医学教育を視察。同年貴族院議員に選ばれる。また明治44年以来全国ラグビー協会会長をつとめた。昭和28（1953）年1月22日死去。享年78歳。
[文献] 幕末明治海外渡航者総覧（手塚晃編）柏書房　平4／データベースWHO　日外アソシエーツ
〔藤田正晴〕

高楠 順次郎　たかくす・じゅんじろう
慶応2年5月17日（1866）～昭和20年6月28日（1945）　インド学・仏教学者、教育者　文学博士　〔東京帝国大学にマックス・ミューラーの蔵書を収蔵〕　⊕広島（御調郡）八幡村
⊗旧名＝沢井　幼名＝梅太郎、雅号＝雪頂
⊗イギリス：1890年（インド学）、ドイツ：1894年（比較宗教学）

慶応2（1866）年5月17日、沢井観三の長男として広島に生まれる。5歳のときに祖父から四書五経の素読を習い、10歳の頃には詩経、唐詩選などを朗唱した。明治18年に京都の西本願寺創立の普通教校へ入学、20年高楠と改姓し、22年に普通学校を卒業。23（1890）年3月、イギリス留学の途につきロンドンに一歩をしるした。南条文雄からの紹介状を持ち、オックスフォードの宗教学者マックス・ミューラーと面会し、インド学研究をすすめられた。5年間ミューラーの指導をうけたが、その間に『仏説観無量寿経』を英訳し、さらに故笠原研寿の遺業をついで義浄撰『南海寄帰内法伝』の翻訳・註解を完成した。27（1894）年8月オックスフォード大学を卒業したのちドイツに渡り、ドイッセン、オルデンベルヒらの大家と交わり、フランスに移ってシャヴァンヌ、シルヴァン・レヴィに接した。インド学、言語学の研鑽のほかに比較宗教学を修め、かたわら国際公法や近世史などをものにした。その後イギリスに戻りオックスフォード大学に復学した。再び大陸の旅行に出て、オランダ、ドイツ、イタリア、スイスで諸学者と対面した。30年1月、7年間の海外留学を終えて帰国。同年6月、東京帝国大学文科大学講師となりサンスクリット語を講義する。32年に同大学の教授となる。33年、文学博士となり、東京外国語学校校長を兼任し、マックス・ミューラーの蔵書を東京帝国大学図書館に収蔵するために尽力。35年ハノイ万国東洋学会に列席し、翌年帰国する。37年2月、政府よりイギリス、フランス、ドイツに派遣され、ロンドンで日露戦争の外郭運動に参加し、39年2月に帰国。45年、政府よりギリシャ、インドに派遣される。大正8年7月、文部省の命でヨーロッパへ出張し、万国学士院連合会創立会議に参列して翌年帰国する。13年、武蔵野女子学院（のち武蔵野女子大学）を創設し院長となる。学界への寄与はきわめて大なるものがあり、昭和19年文化勲章を受章。昭和20（1945）年6月28日、慢性心臓カタル兼肺気腫のため死去。享年80歳。
[文献] 高楠順次郎先生伝（鷹谷俊之）　武蔵野女子学院　昭32／高楠順次郎全集　第1期 1～6、9　教育新潮社　昭51～54、57／近代日本海外留学生史（上）（渡辺実）　講談社　昭52／日本人名大事典　現代編　平凡社　昭54／近代日本哲学思想家辞典（伊藤友信他編）　東京書籍　昭57／高楠順次郎先生伝―伝記・高楠順次郎（鷹谷俊之）　大空社　平5（伝記叢書）
〔楠家重敏〕

高崎 正風　たかさき・まさかぜ
天保7年7月28日（1836）～明治45年2月28日（1912）　歌人　宮中顧問官、枢密院顧問官　〔初代の御歌所長〕　⊕薩摩国（鹿児島郡）川上村　⊗通称＝佐太郎　⊗フランス：1872年（税法行政調査）

天保7（1836）年7月28日、薩摩藩士高崎温恭の長男として薩摩国川上村に生まれる。父の筆写した諏訪兼年の家集を読んで和歌の道に目を開いた。お家騒動で父は自尽、自らも奄美大島に流される。嘉永3年に大赦があり許さ

れて帰郷。しばらく不偶の時代がつづいたが、慶応年間に山階宮の家臣となり活躍する。明治4年、大久保利通から県令就任を要請されたが果たせなかった。かわって岩倉使節団の一行に参加して、明治5(1872)年1月に横浜を出帆した。インド洋を経てマルセイユに到着する。ただちにパリに滞在して税法や行政について調査を行い、経済学者モッシェ・ブロックスのもとに通った。ブロックスに同行してロシアで開かれたヨーロッパ各国の統計会に出席する。酒宴においてロシア将校に日本歴史や愛国心について語り歓迎された。明治6年9月7日に帰国して左院に出仕。7年8月、台湾事件に関して大久保利通に随って清国に渡る。同年10月の帰国後、太政官に出任して侍従番長となる。9年に『明治歌集』を公刊し、翌年にも『明治花月歌集』を発表する。9年の奥羽地方巡幸に御歌掛とし随行した。10年の西南戦争のおりにも天皇のお伴をして京阪地方に滞在する。18年には徳大寺侍従長らと興風会を起こし、歌道を奨励した。21年に御歌所長となり、翌年には宮中顧問官を兼ねた。23年には『千代田歌集』を出版し、没後の大正15年には『たづがね集』が出される。晩年には一徳会をつくり、勅語の普及をはかった。明治45(1912)年2月28日、肺脆症を患い青山の自宅で死去。享年75歳。
㊥東京・青山霊園
[文献] 近代文学研究叢書12(昭和女子大学近代文学研究室編) 昭和女子大学近代文化研究所 昭34／日本近代文学大事典2(日本近代文学館編) 講談社 昭52 〔楠家重敏〕

高島 小金治　たかしま・こきんじ
文久1年4月4日(1861)〜大正11年3月28日(1922)　実業家　大倉組取締役　㊷前橋
㊙アメリカ：1884年(醬油販売)

　文久1(1861)年4月4日前橋に生まれる。明治2年、慶応義塾を卒業後、同塾の講師となったが、のち民権運動に熱意を燃やす。17(1884)年、ヤマサ醬油の販路を広めるために外遊することになった浜口成則に随行して欧米を視察し、途中ニューヨークで客死した浜口の遺志をついでサンフランシスコに醬油店を開く。帰国後、大倉喜八郎の内外用達会社に入社し、取締役に就任。以後大倉の右腕となって実業界で活躍、大倉組副頭取、取締役になり、日本皮革、鉄道銀行、日本製靴、日清豆粕、新高製糖、大倉商事等の重役を歴任する。大正11(1922)年3月28日死去。享年62歳。
[文献] 異国遍路　旅芸人始末書(宮岡謙二) 中央公論社　昭53(中公文庫)／日本人名大事典4　平凡社　昭54　〔安藤義郎〕

高島 祐啓　たかしま・すけひろ
生没年不詳　医師　幕府漢方表医師　㊙フランス：1862年(遣欧使節に随行)

　生没年不詳。文久1(1862)年、30歳頃遣欧使節に医師として随行する。
[文献] 大君の使節―幕末遣日本人の西欧体験(芳賀徹) 中央公論社　昭43(中公新書163)／幕末教育史の研究2―諸術伝習政策(倉沢剛) 吉川弘文館　昭59　〔富田仁〕

高島 得三　たかしま・とくぞう
⇒高島北海(たかしま・ほっかい)を見よ

高島 鞆之助　たかしま・とものすけ
天保15年11月9日(1844)〜大正5年1月11日(1916)　陸軍軍人,中将,政治家　子爵　㊷薩摩国鹿児島(城下高麗町)　㊂諱=昭光,雅号=革丙　㊙フランス：1879年(軍制の調査)

　天保15(1844)年11月9日,薩摩藩士高島嘉兵衛の四男として鹿児島に生まれる。文久2年島津久光に従って上洛し,戊辰戦争では三番遊撃隊監軍として軍功をたてる。明治4年7月侍従,5年4月侍従番長となり,7年佐賀の乱に従軍し陸軍大佐に任ぜられ,10年西南戦争には少将として従軍する。12(1879)年フランスとドイツに軍制の調査と視察のために留学する。帰国後,13年4月熊本鎮台司令官,14年2月大阪鎮台司令官を歴任。15年西部監軍部長となるが,16年2月中将に進み,17年子爵を授けられる。18年5月再び大阪鎮台司令官となり,20年5月第四師団長に転ずる。24年5月,第1次松方内閣の陸軍大臣となり薩摩軍閥の形成に大きく携わる。25年8月枢密顧問官,29年4月第2次伊藤内閣の拓殖務大臣を歴任するが,同年9月には陸軍大臣を兼務。32年再度枢密顧問官になるが,大正5(1916)年1月11日,脳溢血のために京都伏見の第19旅団長高島友武方で死去。享年73歳。　㊥東京・青山霊園
[文献] 近世名将言行録1(同刊行会編) 吉川弘文館　昭9／類聚伝記大日本史14　雄山閣　昭11／大正過去帳―物故人名辞典(稲村徹元他編) 東京美術　昭48／幕末維新人名辞典

学芸書林　昭53／日本人名大事典4　平凡社　昭54／明治史料顕要職務補任録（日本史籍協会編）　東京大学出版会　昭56（続日本史籍協会叢書）／明治維新人名辞典（日本歴史学会編）　吉川弘文館　昭56／大阪偕行社附属小学校物語—ステッセルと乃木将軍の「棗の木」は、なぜ残った（宮本直和）　東洋出版　平12
〔富田仁〕

高島 北海　たかしま・ほっかい
嘉永3年9月26日（1850）～昭和6年1月10日（1931）　画家　〔ナンシーの画家たちに日本美術を啓蒙〕　⑰長門国（阿武郡）萩江向村　㊳本名＝得三　㊲イギリス：1884年（万国森林博覧会）

　嘉永3（1850）年9月26日、藩医高島良台の二男として長門国萩江向村に生まれる。幼少の頃より絵に才能をあらわす。明治5年に工部省に入り生野銀山に赴任し、フランス人技師フランソワ・コワニエより、フランス語と地質学を学ぶ。17（1884）年には農商務省山林局長の随行員として万国森林博覧会参加のため渡英、ひきつづきフランスのナンシー森林学校留学を命ぜられる。これにはコワニエの力添えがあったとみられる。ナンシー留学中に日本画法による絵画活動を行い、エミール・ガレを始めとするナンシーの画家たちに日本美術の影響を与え、それがやがてアール・ヌーヴォー運動へと発展して行ったので、フランスでは彼のナンシー滞在時代の活動を高く評価している。21年に帰国し農商務省の技師を務めるが、のちに中学校の図画教師を経て画家となり、アメリカ、中国などへの写生旅行を行い、また文展審査員などとして活躍する。昭和6（1931）年1月10日死去。享年82歳。　⑱東京・多磨霊園
[文献]　高島北海　山口県立山口博文館編刊　昭36／高島北海画集　日本経済新聞社　昭57
〔湯本豪一〕

高須 慄　たかす・りつ
生没年不詳　姫路藩士　⑰姫路　㊲アメリカ：1872年

　生没年不詳。姫路の出身。明治2年から3年まで姫路藩大参事をつとめたあと、5（1872）年にアメリカに渡っている。その後の消息は不明。
[文献]　近代日本の海外留学史（石附実）　ミネルヴァ書房　昭47
〔富田仁〕

高杉 滝蔵　たかすぎ・たきぞう
明治3年10月15日（1870）～昭和18年11月5日（1943）　英語学者　早稲田大学教授　⑰青森県弘前　㊲アメリカ：1889年（留学）

　明治3（1870）年10月15日、青森県弘前に生まれる。明治22（1889）年アメリカに私費留学し、29年デボー大学文科を卒業、学位を得る。33年に帰国後、35年東京専門学校講師となり、40年教授に就任。早稲田英語会会長、野球部長なども歴任し、昭和18年定年退職した。昭和18（1943）年11月5日死去。享年74歳。
[文献]　幕末明治海外渡航者総覧（手塚晃編）　柏書房　平4／データベースWHO　日外アソシエーツ
〔藤田正晴〕

高田 慎蔵　たかだ・しんぞう
嘉永5年2月2日（1852）～大正10年12月26日（1921）　実業家　高田商会創立者　⑰佐渡国相川　㊲アメリカ、ヨーロッパ：1887年（商業事情視察）

　嘉永5（1852）年2月2日、佐渡国相川に生まれる。慶応1年佐渡奉行所に出仕し、のち佐渡県外務調査役兼通訳となる。明治3年上京して築地の英国人ペアーの商店に入り、13年独立して商売を始める。20（1887）年欧州の商業を視察し、翌21年帰国の後、直輸入機械販売の高田商会をおこす。日清、日露両戦争では軍需品を扱い、社業を発展させた。41年合資会社に改組。大正10（1921）年12月26日死去。享年70歳。
[文献]　幕末明治海外渡航者総覧（手塚晃編）　柏書房　平4／朝日日本歴史人物事典　朝日新聞社　平6／曽祖父高田慎蔵（武藤一子）　武藤一子　平16／経営者の精神史—近代日本を築いた破天荒な実業家たち（山口昌男）　ダイヤモンド社　平16／データベースWHO　日外アソシエーツ
〔藤田正晴〕

高田屋 嘉兵衛　たかだや・かへえ
明和6年1月1日（1769）～文政10年4月5日（1827）　海運業者　〔ゴローニン釈放に尽力、蝦夷地開発の功労者〕　⑰淡路国（津名郡）都志本村　㊳幼名＝菊弥　㊲ロシア：1812年（抑留）

　明和6（1769）年1月1日、淡路国都志本村の住人弥吉の長男として生まれる。家は貧しく手習いなどもできなかったほどである。12～3歳の頃より親戚弥右衛門のところで漁業に従事するかたわら、同じく親戚筋にあたる和田

屋喜十郎の商いを手伝う。その後，兵庫に出て喜十郎の弟堺屋喜兵衛のもとで樽回船の舟子となる。航海術を修得し紀州熊野浦で鰹漁を行い利益をあげて再び兵庫にもどり，寛政8年1500石積の新造船・辰悦丸で海運業をはじめる。その後，持ち船を増やし，長崎，北越，奥羽，江戸など航路を各方面に拡張する。さらに北方に目を向け，蝦夷地への航路を開く。北方の産物を兵庫などに運び，兵庫や大坂からは米，酒，日用品などを蝦夷地に運び莫大な利益をあげる。また酒田，松前間に新航路を開き松前藩の御用達となり，沿岸漁業にも成功を納め，海運業を始めてからわずか数年のうちに巨万の富をきずく。10年，近藤重蔵の依頼により択捉島への航路調査を行う。国後島に滞在し潮路や風向を観察の後，官船・宜温丸に乗り込み国後島アトイヤを出発し択捉島タンネモイに到着する。択捉島では潮流や漁場の調査，会所や倉庫の建築を行い，その結果を幕府に報告し賞賜を受ける。択捉島への官物輸送を命ぜられ再び択捉島に渡る。択捉島の漁業振興にも力を注ぎ，島内開墾や島民の撫恤も行い北方交易を確固たるものとする。享和1年，幕府の命により御用船を新造し嘉兵衛の事業は発展を続け，苗字帯刀を許されるまでとなる。同年，ウルップ島探索にも加わる。探索隊一行は同島が日本の属島である標柱をたて帰路につく。その後，彼は農業にも関心を示し，幕府に願い出て新田開発を始める。淡路方面および津軽より農民を移住させ亀田郊外で開墾事業を行い，それまで漁撈や狩猟が中心だった蝦夷地の農業発展に寄与する。文化3年，ロシアの海軍軍人・フォストーフが樺太の番卒を捕え，番屋に火を放つ事件が起こる。翌年には択捉島の掠奪を行うなど北方にロシアの侵入が目立つようになり，幕府も北方警備に力を入れ始める。8年，ロシア海軍中佐ゴローニン一行は軍艦ジアナ号に乗り千島列島を測量中に薪水を求めて国後島に至り，ここで幕府の守備兵に捕えられる。ジアナ号と守備兵の間で砲撃が交えられたが，兵力の差が歴然としていたため，ジアナ号副艦長リコールヅは決戦をさけオホーツクに戻る。その後，リコールヅは捕えられたゴローニンらを取り戻すためカムチャッカに漂流した日本人をともなって国後島に赴き，日本人の送還を行う代わりにゴローニンらの釈放を求め

るが，ゴローニンらの消息はわからず，帰国の途につく。文化9(1812)年たまたま観世丸に乗り択捉島を出発した嘉兵衛は，リコールヅらを乗せたジアナ号に遭遇し，ゴローニンらの消息をリコールヅに伝えるが信用されず舟子の吉三郎，金蔵，文治，平蔵らと抑留されカムチャッカに連れて行かれる。しかし嘉兵衛は落ちついた態度と誠意ある言動によりリコールヅの信頼を得，ロシア語の修得に努力する。またロシアの国状にも通じるようになりリコールヅに日露両国の和解と修好をすすめる。リコールヅも彼に私心のないことを知り，両国の和解と嘉兵衛らの送還，およびゴローニンの釈放を求めてジアナ号で国後島に赴く。10年6月，嘉兵衛らは国後島に到着する。彼の仲介により日露の話し合いがなされ，リコールヅはゴローニンたちは松前で無事でいることを確認する。嘉兵衛を送還し，日本側より提出された，「フォストーフの掠奪はロシア政府の関知するところではなく，私意によるものであることを証明する公的書状提出」，「フォストーフが掠奪した物品の返還」などの条件をたずさえ，回答を持って再度来航することを約しオホーツクへの帰路につく。同年9月，箱館に来航し，オホーツクの長官の弁明書とイルクーツク府総督から松前藩にあてた書翰を提出して両国の和解が成立し，ゴローニンらは釈放されジアナ号で帰国する。嘉兵衛は日露間の交渉を仲介した労により幕府より賞賜を受け，蝦夷地御用船頭に任ぜられる。しかしカムチャッカ滞在中から健康を害していたため公務を務めることが困難となり，文政1年には業務を弟金兵衛にまかせ，郷里に帰る。帰郷後は地元の公共事業に力を尽くし，灌漑事業や港湾事業を意欲的に手がけるが，文政10(1827)年4月5日，郷里の都志本村で死去。享年59歳。

[文献] 高田屋嘉兵衛(中村冷露)　博文館　明35／高田屋嘉兵衛翁伝(高田敬一)　宝文館　昭8／高田屋嘉兵衛(岡久殼三郎，瀬川亀)堀書店　昭17／海の先覚(高倉新一郎)　北日本社　昭22／高田屋嘉兵衛(五色町教育委員会編)　兵庫県教育委員会　昭35／高田屋嘉兵衛と北方領土(原嘉覚)　ぎょうせい　昭52／北方の王者高田屋嘉兵衛—北方領土問題のルーツ(柴村羊五)　亜紀書房　昭53／高田屋嘉兵衛—日露交渉の先駆者(須藤隆仙)　国書刊行会　平1／史伝高田屋嘉兵衛(中川

清治）審美社　平7／高田屋嘉兵衛―物語と史蹟をたずねて（童門冬二）成美堂出版　平7（成美文庫）／豪商高田屋嘉兵衛（高田屋嘉兵衛展実行委員会編）高田屋嘉兵衛展実行委員会　平12／高田屋嘉兵衛とゴローニン―日露関係小史（コジェーヴニコワ著，兵庫県日本ロシア協会ロシア語サークル訳）兵庫県日本ロシア協会ロシア語サークル　平12
〔湯本豪一〕

鷹司 熙通　たかつかさ・ひろみち

安政2年2月16日（1855）～大正7年5月16日（1918）　陸軍軍人，少将，侍従長　公爵　㊲ドイツ：1872年（陸軍軍事研修）

　安政2（1855）年2月16日，五摂家の一つ鷹司家の当主輔熙の第11子，九條道孝の弟として生まれる。貞明皇后の伯父。幼時出家し三宝院を相続するが，還俗して鷹司家を相続する。明治5（1872）年4月19日ドイツに出発，ベルリンで軍事研修。11年帰国後陸軍戸山学校に入り，12年歩兵小尉に任官し，のち少将まで昇進する。馬術にすぐれ明治天皇の乗馬のお相手をつとめ自邸には常に数頭の名馬を飼育していた。大正1年侍従長を拝命し，公私にわたる相談役として常に大正天皇のおそばに仕え補佐した。公爵。大正7（1918）年3月15日東京麻布本村町の自宅で脳溢血で倒れ，5月16日午前11時現職のまま死去。享年64歳。

文献　大正過去帳―物故人名辞典（稲垣徹元他編）東京美術　昭48／日本人名大事典4　平凡社　昭54
〔木村行宏〕

高戸 賞士　たかと・たかし

嘉永2年（1849）～明治13年6月5日（1880）　大学南校留学生　㊗別名＝江木高遠　㊲アメリカ：1870年（華頂宮に同行，法律学）

　嘉永2（1849）年に生まれる。明治3（1870）年，大学南校より推薦されて華頂宮に同行し渡米する。9年，コロンビア大学法科に入学し，同大学を卒業し，そのままアメリカに滞在するが明治13（1880）年6月5日，ニューヨークで死去。享年32歳。

文献　近代日本海外留学生史　上（渡辺実）講談社　昭52／近代日本の海外留学史（石附実）ミネルヴァ書房　昭59／幕末明治海外渡航者総覧（手塚晃編）柏書房　平4
〔安藤義郎／富田仁〕

高根 義人　たかね・よしと

慶応3年（1867）～昭和5年7月29日（1930）　商法学者，弁護士　京都帝国大学教授　〔イギリス学派の学者〕　㊲ドイツ，イギリス：1896年（商法）

　慶応3（1867）年，豊前藩士高根正也の二男として生まれる。明治19年東京専門学校法律科を卒業し，22年7月帝国大学法科大学選科に入学，24年9月に本科に編入する。25年7月帝国大学法科大学英法科を卒業し大学院に進学する。29（1896）年商法研究のためドイツとイギリスに留学。33年3月に帰国。翌月，前年7月設立されたばかりの京都帝国大学法科大学教授になり商法の講座を担当する。34年法学博士の学位を受け商法のイギリス学派の学者として名声を高めるが，40年京都帝国大学を辞任し，弁護士に転じ東京で活躍する。著書には『大学制度管見』『商法手形法』などがある。昭和5（1930）年7月29日死去。享年64歳。

文献　日本人名大事典4　平凡社　昭54
〔木村行宏〕

高野 広八　たかの・ひろはち

文政5年1月17日（1822）～明治23年9月2日（1890）　興行師　帝国日本芸人一座後見役　㊳陸奥国（伊達郡）大久保村　㊲アメリカ：1866年（欧米各国で興行）

　文政5（1822）年1月17日，陸奥国大久保村で商業・農業を営む甚兵衛の長男として生まれる。16歳頃に江戸に出て，見せ物興行などを行う通り者となる。慶応2（1866）年10月29日，アメリカ人興行師兼曲芸師リズリー・カーライルの要請を受け，軽業師ら男性14人，女性3人の一座を編成し，後見役としてアーチボールド号で出帆，サンフランシスコに向かう。一行は「帝国日本芸人一座」と呼ばれ，アメリカ，イギリス，オランダ，フランスなどを巡業，広八はこの間に詳細な日記をつけ，水道やランプなど西洋の文物について克明な記録を残している。明治2年，通訳を勤めてきたバンクスがニューヨークで収益金を持って逃亡したため，一座は解散し，広八ら8名が帰国，浜錠定吉，隅田川浪五郎ら9名が残留した。3月5日に帰国の後は故郷に戻り家業を継ぐ。明治23（1890）年9月2日死去。享年69歳。

文献　海を渡った幕末の曲芸団（宮永孝）中央公論社　平11（中公新書）／データベース

WHO　日外アソシエーツ　　〔富田仁〕

高野　房太郎　たかの・ふさたろう
明治1年11月24日(1869)～明治37年3月12日(1904)　労働運動家　〔日本の労働組合運動の創始者〕　㊙長崎県西彼杵郡長崎区銀屋町
㊥幼名＝久太郎　㊤アメリカ：1886年（留学）

　明治1(1869)年11月24日, 長崎県西彼杵郡長崎区銀屋町に生まれる。明治10年一家と共に上京, 横浜の伯父のもとで働きながら夜学の横浜商夜学校に通う。19(1886)年渡米してサンフランシスコで苦学生活を送り, 25年サンフランシスコ商業学校を卒業。その間24年に同地の日本人労働者と職工義友会を結成する。27年ニューヨークに移り, アメリカ労働総同盟（AFL）のオルガナイザーとなる。29年帰国後は『ジャパン・アドバタイザー』の記者となり労働問題を寄稿。30年城常太郎らと職工義友会を再組織し, 自ら日本最初の労働運動の宣伝文書『職工諸君に寄す』を発表する。同年労働組合期成会を結成し幹事となり, 鉄工組合結成,『労働世界』の創刊などに尽力するなど明治初期の労働運動思想家として活躍した。明治37(1904)年3月12日, 青島のドイツ病院で死去。享年37歳。

|文献|明治労働運動史の一齣―高野房太郎の生涯と思想（高野房太郎著, ハイマン・カブリン編著）　有斐閣　昭34／幕末明治海外渡航者総覧（手塚晃編）　柏書房　平4／朝日日本歴史人物事典　朝日新聞社　平1／日本社会政策の源流―社会問題のパイオニアたち（保谷六郎）　聖学院大学出版会　平7／データベースWHO　日外アソシエーツ　　〔藤田正晴〕

高野　正誠　たかの・まさなり
嘉永5年9月21日(1852)～大正12年9月4日(1923)　ぶどう酒製造業者　〔勝沼ワインの基盤づくりに貢献〕　㊙甲斐国祝村　㊤フランス：1877年（醸造法研究）

　嘉永5(1852)年9月21日, 高野正吉の長男として甲斐国祝村に生まれる。維新後, 山梨県令藤村紫朗の勧業施策を受けて設立された大日本山梨葡萄酒会社の株主となる。明治10(1877)年醸造研究のために, 土屋助次郎とともにパリ万博の事務局長および総領事として渡仏する前田正名に伴われ, 横浜から旅立つ。パリでフランス語を学んだのちに, トロワのバルテ家の農園でぶどう栽培を修得する。その後, ぶどう酒, ビール, シャンパンの醸造法も学び12年に帰国する。帰国後, 土屋助次郎とともに大日本山梨葡萄酒会社でぶどう酒醸造に携わる。12年度には30石を醸造して注目される。14年にはスペイン万国博覧会に出品した甲州産ぶどうによるワインが賞をうける。しかし会社の営業はふるわず19年に解散するが, 今日, 勝沼が有数のワイン産地となる基盤づくりに大きく貢献している。大正12(1923)年9月4日死去。享年72歳。

|文献|山梨のワイン発達史（上野晴朗）　勝沼町役場　昭52／ぶどう酒にかけた青年たち（富田仁）：クロスロード　昭57.6　〔湯本豪一〕

高橋　是清　たかはし・これきよ
嘉永7年7月27日(1854)～昭和11年2月26日(1936)　財政家, 政治家　子爵　㊙江戸芝中門前町　㊥幼名＝和喜次　㊤アメリカ：1867年（留学）

　嘉永7(1854)年7月27日, 幕府絵師川村庄右衛門の私生児として江戸芝中門前町に生まれる。母は奉公人の侍女北原きん。生後すぐに仙台藩足軽高橋覚治是忠の家に里子に出されるが, のち是忠の養母の強い希望により高橋家の養子となり是清と改名する。元治1年, 11歳の時仙台藩留守居役大童信大夫の推薦により, 同年齢の鈴木六之助（知雄）とともに横浜のヘボン塾へ通うため, 祖母（是忠の養母）の付添いで横浜に移住。ヘボンの帰国後は2年間宣教師バラー夫人の所で英語を学ぶが慶応2年冬の大火で横浜は殆んど全焼, 一時江戸に戻る。その後再び横浜のイギリス系の銀行にボーイとして務め, 慶応3(1867)年7月, 正式に仙台藩から鈴木とともにアメリカへ派遣されることになる。ただ2人ともまだ14歳の少年なので身柄, 学費ともサンフランシスコにいる横浜の商館主ヴァンリードの両親に託される。しかしヴァンリード老夫婦の家では約束に反して, 学校へも行かせず, 下僕のように2人を使うので憤慨し, 用を言いつけられても何もしなかったという。その後老ヴァンリードはオークランドにいるブラウン家に3年年季の奴隷として売り渡すが, このことを知ったのはブラウン家に来てしばらく経ってからである。事情を知り憤激し, 毎日器物を壊したり主人に物を投げつけたりして相手を呆れさせ, 暇を出させようとするが, かえって乱暴をさとされ

る。そのうち、ブラウンの父親が公使として清国に行くことになる。ブラウン一家と別れることになり、ブラウン家の親戚にあずけられる話も出たが、再び奴隷として使われる可能性もあるのでその後は日本の物産を売る店で配達係のようなことをして働く。翌4年、仙台藩留学生であった富田鉄之助らが帰国することになったとき、自分が奴隷に売られていることを話すと富田は非常に驚き、その努力で当時幕府からサンフランシスコの領事を嘱託されていたブルックスに訴え、彼の人身売買契約は破棄される。鈴木もヴァンリードから解放され明治1年12月、富田、鈴木らと一緒に横浜に戻った。帰国後も成功失敗を繰り返す波瀾の多い生涯を送ることになる。森有礼の書生として大学、東京大学予備門などの教員をした後、文部省、農商務省に勤め、特許局長となるが、明治22年、銀山開発の話に乗ってペルーに渡り試掘式まで行った直後廃坑であることがわかって帰国、さらに福島県の農場、群馬県の天沼鉱山の経営に着手したが失敗する。しかし25年、日銀総裁川田小一郎の引き立てにより日銀建築所事務主任となってからはその仕事振りが認められて数ヶ月後正社員に、翌年には日銀支配役、西部支店長に任ぜられる。28年横浜正金銀行に移り、30年副頭取、松方正義首相に金本位即行を具申。32年日本銀行副総裁に転じ、日露戦争の戦費と戦後経営に約13億円の外債募集に成功、名声を高める。40年男爵、44年日銀総裁、大正2年、山本権兵衛内閣の蔵相、政友会入党。7年、原敬内閣の蔵相、第1次世界大戦の戦中戦後を通じて積極財政を推進して好況を招いたが戦後の財政整理を怠ったため反動恐慌の原因を作る結果にもなった。大正9年子爵。翌年原敬首相暗殺の後、首相に任命されると同時に政友会総裁となるが、政治力の弱さのため翌年6月内閣改造に失敗して総辞職。13年、清浦奎吾内閣が成立すると護憲三派運動に加わり爵位を辞して盛岡より総選挙に出馬し当選する。しかし政友本党の分裂により政友会は第3党となり、加藤高明護憲三派内閣には農商務相に就任したものの、14年4月政友会総裁を田中義一に譲って引退する。その後も財界の重鎮としての存在は大きく、昭和2年田中内閣の蔵相として金融恐慌には善後処理（モラトリアム施行）に手腕を示し、6年犬養内閣、7年斎藤内閣、9年岡田内閣の蔵相をつとめ、軍需インフレ政策を推進して大恐慌の破局から日本経済を救う。恬淡、無欲、直情、邪気がなく「だるま」の愛称で広く親しまれたほどお人よしの一面をもった性質は彼の最大長所であるとともに欠点でもあった。アメリカからの帰国後、いくつかの職の辞任や、ペルーの銀山事件、政党政治家としての失敗などは彼のこのような性格に起因している場合が多い。ただ、国の進路を誤らせるような軍部の横暴に対しては最後まで抵抗し、結局それが死を招く結果になったと言えよう。昭和10年11月、翌年度予算編成にあたって軍部は巨額の予算を要求、これに対して悪性インフレの危機を主張して譲らず、ために少壮軍人の怨みを買い、昭和11（1936）年2月26日早朝、赤坂表町の自宅で叛乱軍将校により惨殺される。享年83歳。

墓東京・多磨霊園

文献 高橋是清自伝 千倉書房 昭11／評伝高橋是清（今村武雄） 財政経済弘報社 昭25／高橋是清自伝 上・下（上塚司編） 中央公論社 昭51（中公文庫）／高橋是清—日本の"ケインズ"（後藤新一） 日本経済新聞社 昭52（日経新書）／日本人名大事典4 平凡社 昭54／波瀾万丈—高橋是清 その時代（長野広生） 東京新聞出版局 昭55／高橋是清（大島浩） 中央公論社 昭56（中公新書）／明治維新人名辞典（日本歴史学会編） 吉川弘文館 昭56／達磨宰相・高橋是清—七転八起の人生哲学（南条範夫） PHP研究所 平1（PHP文庫）／高橋是清と国際金融（藤村欣市朗） 福武書店 平4／世界の伝記 23 高橋是清 ぎょうせい 平7／高橋是清伝（高橋是清口述） 小学館 平9（地球人ライブラリー）／国際財政金融家 高橋是清（せんだみのる） 教育総合出版局 平10（せんだみのる著作集）／生を踏んで恐れず—高橋是清の生涯（津本陽） 幻冬舎 平10／高橋是清—立身の経路（高橋是清） 日本図書センター 平11（人間の記録）／棺を蓋いて事定まる—高橋是清とその時代（北脇洋子） 東洋経済新報社 平11／高橋是清随想録（上塚司聞き書き） 本の森 平11／高橋是清—財政家の数奇な生涯 復刻版（大島清） 中央公論新社 平11（中公新書）／世界の十大伝記・プラス・ワン（谷沢永一） 集英社インターナショナル、集英社（発売） 平12 〔安藤義郎〕

高橋 順太郎　たかはし・じゅんたろう

安政3年3月28日(1856)〜大正9年6月4日(1920)　薬理学者　医学博士　東京帝国大学医学部教授　〔肺炎の特効薬などの創成〕

[生]金沢　[渡]ドイツ：1882年(薬物学)

安政3(1856)年3月28日，金沢藩士高橋作喜の長男として生まれる。幼少の頃より藩校明倫堂で文学を，同経武館で武道を学ぶ。明治4年藩費生として大学南校に入学するが廃藩置県で藩費の支給が止められたため開成学校に入り給費生となる。9年大学東校に移り，12年東京大学医学部本科生となる。14年に卒業後，大学助手とし外科を修めながら内科当直医を務める。この年，文部省の第1回官費留学生8名に選ばれる。15(1882)年2月4日，学資年額1020円で薬物学と化学的訴訟医学を専攻するためにベルリン大学に留学する。ベルリン大学で薬物学と裁判医学をシュミデベルク教授に学び，17年シュトラースブルク大学に転ずる。18年ルイーゼ・ハインリヒと結婚し，10月に帰国。同年11月東京大学医学部講師，19年3月帝国大学医科大学教授となり，日本で初めての独立した学科目としての薬物学講座を担当する。24年医学博士の学位を授与される。35年3月1ヶ年の欧州各国への出張を命ぜられる。「莨菪の一成分スコポレチンの構造に就いて」「麻黄の一成分エフェドリンの瞳光散大作用に就いて」「黄芩の一成分スクテラリンに就て」「河豚の毒性に就て」などの論文があるが，肝油，肺結核特効薬フワゴール，肺炎の特効薬レミジンの創成でも知られる。医術開業試験委員，日本薬局方調査委員，理学文書目録編纂委員等をつとめる。大正8年5月20日脳溢血で倒れ，9年3月休職となったが，大正9(1920)年6月4日死去。享年65歳。

[文献] 大正過去帳―物故人名辞典(稲村徹元他編)　東京美術　昭48／日本人名大事典4　平凡社　昭54　〔木村行宏〕

高橋 新一　たかはし・しんいち

生没年不詳　留学生　[生]鹿児島　[渡]アメリカ：1874年(留学)

生没年不詳。鹿児島の出身。兄は高橋新吉。明治7(1874)年に私費でアメリカに留学するが，その後の消息は不明。

[文献] 近代日本の海外留学史(石附実)　ミネルヴァ書房　昭47　〔富田仁〕

高橋 新吉　たかはし・しんきち

天保14年10月(1843)〜大正7年11月(1918)　官吏　男爵　〔九州鉄道社長〕　[生]鹿児島城下　[渡]アメリカ：1871年(留学)

天保14(1843)年10月，薩摩藩士で英学者の高橋七郎(良顕)の二男として生まれる。長崎に遊学中，前田献吉らとともに英和辞書編纂に着手。フルベッキの援助と藩からの資金を得て明治1年脱稿する。2年，上海にあったアメリカ長老派教会美華書院より『和訳英辞林』の名で初版を出版する。6年東京でも出版された。4(1871)年私費でアメリカに留学するが途中で官費留学になり，帰国後，租税寮(大蔵省)に出仕し，のち日本勧業銀行総裁となる。なお16年にはニューヨーク領事，また九州鉄道を開設して20年社長に就任している。30年以後貴族院勅選議員，男爵となる。なお西南戦争で西郷隆盛に従った村田(高橋)新八は従弟にあたる。大正7(1918)年11月死去。享年76歳。

[文献] 日本人名大事典4　平凡社　昭54／明治維新人名辞典(日本歴史学会編)　吉川弘文館　昭56／近代日本の海外留学史(石附実)　ミネルヴァ書房　昭59　〔安藤義郎〕

高橋 鉄太郎　たかはし・てつたろう

生没年不詳　留学生　[生]浜松　[渡]アメリカ：1871年(留学)

生没年不詳。浜松に生まれる。明治4年に官費留学でアメリカに渡っている。5年にはオレゴンに住み，年300元の滞在費を受けているが，その後の消息は不明。

[文献] 近代日本の海外留学史(石附実)　ミネルヴァ書房　昭47　〔富田仁〕

高橋 秀松　たかはし・ひでまつ

安政1年(1854)〜大正3年2月9日(1914)　薬学者　薬学博士　〔日本醋酸製造会社の創立〕

[生]山形米沢市　[渡]イギリス，ドイツ，フランス：1896年頃(留学)

安政1(1854)年，山形の米沢に生まれる。明治12年東京大学薬学科を卒業し，海軍大薬剤官となり日清戦争に従事する。29(1896)年頃イギリス，ドイツ，フランスに留学し，帰国後海軍薬剤中監となる。官を辞して後は帝国生命保険会社の専務取締役に就任。日本醋酸製造株式会社の創立に加わり，一方日本薬局方調査委員，日本薬学会幹事となる。41年薬学博士。大正3(1914)年2月9日死去。享年61歳。

[文献] 日本人名大事典4　平凡社　昭54
〔安藤義郎〕

高橋 瑞子　たかはし・みずこ

嘉永5年10月24日(1852)～昭和2年2月28日(1927)　産婦人科医　〔女医の先駆者〕　⊕三河国(幡豆郡)西尾　㊟別名=高橋瑞　㊟ドイツ：1890年(産婦人科学)

　嘉永5(1852)年10月24日，西尾藩士馬廻り役高橋驥六郎の三女として生まれる。9歳で父を，間もなく母をも亡くし長兄に養育される。明治12年上州下仁田に赴き津久井磯子のもとで産婆術を修める。津久井は学資を出して浅草の紅杏塾，のちの桜井産婆専門学校に彼女を学ばせる。15年ここを卒業，津久井のもとで産婆として働く。翌年長井せい，岡田みすとともに内務省衛生局長長与専斎を訪ね，女医制度確立のために請願する。その後大阪に赴き，大阪病院で高橋正純について内科，外科，産婦人科を学び1年後前橋に戻る。17年荻野吟子が医師前期試験に合格した新聞報道を読み，上京し本郷の済生学舎に入学しようとするが規則上女性の入学が許されず，三日三晩玄関に端座して懇願し，舎主の長谷川泰(大学東校教授)にその熱意が認められ，同年10月女子で初めて済生学舎に入学が許される。19年4月物理，科学，生理，解剖の前期試験に合格するが，後期試験のための実地研修は順天堂で学ぶ。順天堂院主佐藤進はその熱意に打たれ，初めての女性を入学させ実地研修の指導をする。しかも束脩(入学金)5円を一旦納入させた後返却し，授業料も免除する。静子(志津)夫人もわざわざ着物を縫ったり，古着と称して与えたりするなど彼女の面倒をよくみたと伝えられる。20年4月外科，産科，婦人科，眼科，薬理，衛生，細菌の後期試験に合格，11月に医術開業免状を取得する。この免状では嘉永5年11月生，高橋瑞となっている。生沢久野に続いて女性で3番目に医籍に登録される。21年1月日本橋区元大工町9番地に開業すると，順天堂の医者たちが大勢かけつける。23(1890)年4月病院を門下の医師に託しドイツに渡るが，当時ドイツでもまだ女性の医術開業禁止が行われており，北里柴三郎や佐々木東洋が尽力してくれたウィーン大学においてさえもが入学が許可されなかった。下宿の女主人ラーゲル・シュトロームの厚意ある談判によって，ベルリン大学婦人科主任ヴォルスハオゼン教授の特別な計いをえて客員としての身分がやっとのことで与えられ，マルティン教授の直接指導を受ける。4年後喀血し帰国をよぎなくされる。大正2年還暦の祝宴で引退を表明し病院を閉じ，京橋区六兵衛町に移り，のちに小石川坂下町に隠棲する。6年9月当時では珍しい自動車事故に遭い人事不省に陥るが，順天堂に運ばれ一命をとりとめ，翌年前橋に津久井磯子の碑を建てる。中栄徹の三男修三を養子とし，和歌と謡曲に親しむ余生を過ごすが，昭和2(1927)年2月28日肺炎で死去。享年76歳。遺体は生前東京女子医専校長吉岡弥生に約束しておいた通り，献体され，佐藤清が執刀解剖する。その際吉岡のほかにも，女医の連絡機関である日本女医会(前田園子会長)の評議員たちが立合い，骨格標本につくられ，女子医専(東京女子医大)の広間にガラスケースに納められて置かれる。

[文献] 高橋瑞子彰功碑銘(井上角五郎)：上毛及上毛人　212　昭9.12／明治の女性たち(島本久恵)　みすず書房　昭41／日本女医史(秋山龍三)　日本女医会本部明治女性史　上，中前・後，下(村上信彦)　理論社　昭44～47／明治のおんな(紀田順一郎編)　三一書房　昭44(明治の群像9)／近代日本海外留学生史　下(渡辺実)　講談社　昭53／学問・教育の道ひらく(杉本苑子)　集英社　昭56(近代日本の女性史9)／明治文明開化の花々—日本留学生列伝　3(松邨賀太)　文芸社　平16
〔木村行宏〕

高橋 森之助　たかはし・もりのすけ

生没年不詳　従者　㊟諱=恒春　㊟アメリカ：1860年(遣米使節に随行)

　生没年不詳。安政7(1860)年，43歳頃遣米使節に村垣淡路守範正の従者・用人として随行する。

[文献] 万延元年遣米使節史料集成1～7(日米修好通商百年記念行事運営会編)　風間書房　昭36／幕末教育史の研究2—諸藩伝習政策(倉沢剛)　吉川弘文館　昭59　〔富田仁〕

高橋 義雄　たかはし・よしお

文久1年(1861)～昭和10年(1935)　実業家，茶人　三越呉服店・王子製紙社長　㊟アメリカ，ヨーロッパ：1887年(経済事情視察)

文久1(1861)年、水戸藩士の家に生まれたが、維新後の没落で、13歳の時呉服店に丁稚奉公。3年後兄の支援で水戸の新設中学に入学。明治14年慶応義塾に学び15年卒業、時事新報記者となる。明治20(1887)年アメリカに渡り、ヨーロッパを経て、22年に帰国。井上馨の勧めで三井に入社、24年三井大阪支店長、28年三井呉服店理事、42年王子製紙社長。この間日比翁助を三井銀行から三井呉服店支配人に引き抜くなど、三越百貨店近代化の貢献した。一方茶人としても知られ、著書に『東都茶会記』『大正名器鑑』がある。昭和10(1935)年死去。享年75歳。

[文献] 幕末明治海外渡航者総覧(手塚晃編) 柏書房 平4／益田鈍翁をめぐる9人の数寄者たち(松田延夫) 里文出版 平14／データベースWHO 日外アソシエーツ
〔藤田正晴〕

高畠 五郎　たかばたけ・ごろう

文政8年(1825)〜明治17年9月4日(1884)　洋学者、官吏　旗本、蕃書調所教授　㊞阿波国徳島佐古町　㊛諱=道純、雅号=眉山　㊤ヨーロッパ:1873年(出張)

文政8(1825)年、藩医高畠深造の六男として徳島に生まれる。大坂に出て鷲江・斉藤五郎に師事して漢学を修めるが、その人柄に傾倒し、嘉永1年師の死に際して通称を五郎と改める。さらに蘭学を修め西洋の兵学をも研究する。徳島藩主蜂須賀斉裕の覚えめでたく中小姓格として江戸藩邸詰となり、オランダ式の兵学書取調に当たる。安政3年4月幕臣(旗本)となり、蕃書調所教授手伝に任命される。主な任務は外交文書の翻訳である。のち上野国岩鼻の代官にもなるが、維新後は兵部省を経て海軍省に入り、福沢諭吉と同僚となる。翻訳課副長に任じられ、海軍権大書記官を歴任し参事院議官と元老院議官を兼ねる。6(1873)年ヨーロッパに出張し、翌年帰国する。『高畠五郎日記』を残している。明治17(1884)年9月4日死去。享年60歳。㊣東京・青山霊園

[文献] 高畠五郎(原平三):伝記 8(10、11) 昭16／高畠五郎日記 飯田義資著刊 昭30／阿波人物志(藤井喬) 原田印刷出版(株) 昭48／明治維新人名辞典(日本歴史学会編) 吉川弘文館 昭56
〔富田仁〕

高原 弘造　たかはら・こうぞう

弘化2年5月(1845)〜大正7年12月4日(1918)　建築家　日本土木会社技師長　〔コンドルの助手〕　㊞高松　㊤イギリス:1871年(建築学)

弘化2(1845)年5月、高松に生まれる。明治4(1871)年、高松藩の費用でイギリスに留学、日本で初めて本場の西洋建築学を修める。廃藩により工部省留学生にかわる。建築学を修めて7年に帰国後、工部省でコンドルの助手になる。のち20年から25年まで日本土木会社の技師長となり、歌舞伎座や静岡県庁舎・近衛師団兵営などの設計を担当。大正7(1918)年12月4日死去。享年74歳。

[文献] 明治初年条約改正史の研究(下村冨士男) 吉川弘文館 昭37／近代日本の海外留学史(石附実) ミネルヴァ書房 昭47／近代日本海外留学生史 上(渡辺実) 講談社 昭52／幕末明治海外渡航者総覧(手塚晃編) 柏書房 平4／データベースWHO 日外アソシエーツ
〔楠家重敏／富田仁〕

高松 豊吉　たかまつ・とよきち

嘉永5年9月11日(1852)〜昭和12年9月27日(1937)　化学者、実業家　工学博士　〔工業化学の育成に貢献〕　㊞東京浅草(阿部川町)　㊤イギリス:1879年(有機化学)

嘉永5(1852)年9月11日、江戸浅草の名主役高松喜兵衛の二男として生まれる。天文台主中西金吾に漢学、数学を学ぶ。貢進生に選ばれ明治4年に大学南校に入学し、開成学校を経て8年東京大学理学部に入学し、化学を専攻する。イギリス人アトキンソンに指導を受け、日本の絵の具についての研究を卒業論文とする。11年6月同大学を首席で卒業し東京師範学校雇教師となり、留学生に選ばれ、12(1879)年イギリス・マンチェスターのオーエンス大学に入学、ショルレンマー教授について有機化学を学ぶ。13年6月の定期試験で最高点を取り、14年にはロンドン化学会終身会員に推挙されている。当時の有機化学の分野ではドイツの方が秀れているのを知るに至り、ベルリン大学に移り、長井長義が学位をとって助手をしていたホフマン教授のもとで製造化学の研究をし、15年ドイツ化学会員とイギリス化学会員になる。同年長井に先じて帰国し、文部省御用掛、17年東京大学理学部教授、さらに工科大学教授、東京高等工業学校教授を歴任し、

19年帝国大学創立とともに同工科大学応用化学科を創設し、日本人として初めて応用化学講座を担当する。また東京大学理学部から工芸学部を分離することを建議し、これを新設する。26年講座制施行にともない第一講座を担当し有機化学工業を教授する。とくに染料と染色、天然藍からインジゴを製造する研究をする。21年工学博士。23年特許局審判官を兼ねる。36年7月渋沢栄一に懇願され、東京瓦斯会社常務となる。42年専務取締役社長。在職中原料炭の配合、ガス高圧供給方式、燈用ガスから熱用ガスへの転換、企業合併などガス事業発展に貢献する。大正3年農商務省に設置された化学工業調査会の筆頭委員となる。4年東京工業試験所の第2代所長として転出し、再び官界に入り、13年までつとめる。その後理化学研究所、学術研究会議の設置に尽力し、東京化学会、工業化学会、日本薬学会、東京商業会議所、北海道瓦斯会社、日韓電気会社、日本陶料会社など諸学会、民間会社の理事、会長、役員、社長などを歴任する。日本工業化学の学問的・実業的育成と政策に尽した功績は、官民工業化学界の元老と呼ばれるほど絶大である。帝国大学名誉教授、帝国学士院会員。昭和6年イギリス王立化学会名誉会員。昭和12(1937)年9月27日死去。享年86歳。

[文献] 工学博士・高松豊吉伝（鴨居武編）　化学工業時報社　昭7／近代日本の海外留学史（石附実）　ミネルヴァ書房　昭47／近代日本海外留学生史　上（渡辺実）　講談社　昭52／日本人名大事典4　平凡社　昭54　〔木村行宏〕

高松　彦三郎　たかまつ・ひこさぶろう
生没年不詳　幕臣　小人目付　㊟フランス：1862年（遣欧使節に随行）

生没年不詳。文久1(1862)年、43歳頃遣欧使節に医師として随行する。

[文献] 大君の使節―幕末日本人の西欧体験（芳賀徹）　中央公論社　昭43(中公新書163)／幕末教育史の研究2―諸術伝習政策（倉沢剛）　吉川弘文館　昭59　〔富田仁〕

高松　凌雲　たかまつ・りょううん
天保7年12月25日(1837)～大正5年10月12日(1916)　医師　〔同愛社に拠り全国的救民医療活動を展開〕　㊧筑後国（御原郡）古飯村　㊨幼名＝権平のち荘三郎　㊟フランス：1867年（パリ万国博覧会に列席）

天保7(1837)年12月25日、筑後国古飯村の庄屋高松虎之助直通の三男として生まれる。家業を手伝うかたわら、漢学の素読や習字を学んだあと、18歳で庄屋見習いとなり同郡力武村の秋山要助の家に住み込む。安政3年、久留米藩家臣の川原弥兵衛の養子となり漢学や武術に励んだが6年養家の乱れを見て飛び出し、一旦大坂に出て医師春山某のもとで医学を修めようとした。しかし入門が許されなかったので江戸に赴き、幕府奥詰医師石川桜所に師事して医術や蘭学を学び、特別の引き立てをうける。文久1年、桜所の許しを得て大坂に赴き、緒方洪庵の塾に入って蘭学をさらに修めようとしたが、翌年洪庵が幕府に召されて塾を閉ざすと、江戸の石川のもとに戻り助手をつとめる。同時に横浜にあったヘボンの英語学校に通う。慶応1年、幕府の長州征伐に石川桜所とともに従軍したあと、一橋家の軍政所付医師となり、さらに2年、一橋家の慶喜が十五代将軍となるにともない幕府の奥医師となる。同年12月、慶喜の名代としてパリ万国博覧会に出席する徳川昭武に奥詰医師として随行する。3(1867)年1月11日に横浜を出港し、2月19日にマルセイユ、3月7日にはパリに到着する。間もなく昭武の欧州歴訪の旅に従って、スイス、ベルギー、イタリア、イギリスなどを見て回ってパリに戻ったところで、昭武の付人を解かれ、彼自身の留学生活に専念することとなる。ソワール、ビレット、ジュムラらについてフランス医学の研究に没頭するとともに、パリ市立慈善病院（オテル・デュー）に通って窮民医療の実態をつぶさに見、タンジュー、メンソンヌフら医師の献身的な活動に感銘する。また、個人的に教師を雇って毎日2時間フランス語を勉強する。しかし慶喜が大政奉還の上表を朝廷に提出し、鳥羽・伏見の戦いで幕府側が大敗したという報がもたらされ、留学生帰国の命が下ると、明治1年4月26日、栗本安芸守など12名とともにパリを後にし、5月17日横浜に帰着する。8月、凌雲は軍艦・開陽丸に乗って北海道に渡り、榎本武揚と行動をともにするべく箱館戦争に身を投じたのである。その折パリの慈善病院で学んだフランス流の博愛の精神によって、戦闘能力を失った者は敵味方の区別なく治療を行い、箱館病院を開いて、明治1年11月から2年8月までの間に1300人に及ぶ負傷者に手当てを施した。これにはロシア領事

の尽力もあったが、この医療活動は日本における赤十字的活動の最初のものであった。病院に侵入した官軍の兵士に毅然として説得にあたったこともあったが、官軍の黒田清隆に信頼され、降伏勧告書を榎本武揚に届けたことが降伏のきっかけとなったともいわれている。こうして2年5月、五稜郭にたてこもった榎本武揚は降服し戊辰戦争の幕が閉じた。敗残の兵であった彼は、徳島藩に預けられたが、3年2月に赦されて、一時水戸藩に仕えたのち東京の浅草新片町にフランス医学やフランス語を教える塾を開くかたわら、鶯渓病院を開業して診療に当たる。この頃、兵部省から出仕するよう、たびたびの要請があったが、頑として応じなかった。10年、西南の役に従軍し、多くの負傷者の治療を行い、ここでも博愛の精神を発揮する。12年2月、同愛社を設立し、貧しい人びとの救済に当たった。同愛社は31年に社団法人となり全国60ヶ所に救療所を設置することになる。彼が貧民施療事業の先駆者とされるゆえんである。19年東京医師会創立に伴い、本部幹事、副会長を歴任したあと会長となり、また内務省の地方衛生委員などもつとめる。翻訳書として、『保嬰新書』『内科枢要』『虎刻刺病論』などがある。大正5(1916)年10月12日、脳溢血のため死去。享年81歳。

墓 東京都台東区谷中・天王寺

文献 フランスに魅せられた人びと―中江兆民とその時代(富田仁) カルチャー出版社 昭51／高松凌雲翁経歴談(日本史籍協会編) 東京大学出版会 昭54(続日本史籍協会叢書)／花のパリへ少年使節―慶応三年パリ万国博奪闘記(高橋邦太郎) 三修社 昭54／日本人名大事典4 平凡社 昭54／医の時代―高松凌雲の生涯(木本至) マルジュ社 昭55／高松凌雲と適塾―医療の原点(伴忠康) 春秋社 昭55／明治維新人名辞典(日本歴史学会編) 吉川弘文館 昭56／福岡県百科事典 上・下 西日本新聞社 昭57／知のサムライたち―いまこそ日本をささえる10人の思想(長尾剛) 光文社 平14／夜明けの雷鳴―医師・高松凌雲(吉村昭) 文芸春秋 平15(文春文庫)

〔伏見郁子〕

高見 弥一　たかみ・やいち

天保5年(1834)〜?　薩摩藩留学生　生 土佐国　変名=松元誠一　留 イギリス：1865年(海軍測量術)

天保5(1834)年、土佐国に生まれる。土佐藩からの留学生として薩摩藩の開成所に在学し蘭学を勉学中、同藩のイギリス留学生派遣の一人に選ばれる。当時31歳の壮年で、藩外から選ばれたのは2人だけだった。元治2(1865)年3月22日、松元誠一と変名し新納中三らを団長とする留学生一行とともに鹿児島を出航し、シンガポール、スエズ経由で各国の諸文明や世界状勢を見聞しつつ5月28日ロンドンに到着、ベースウォーター街の宿舎に落ちつく。T.グラヴァーの紹介によるイギリス下院議員L.オリファントの世話で、バーフそのほかの語学家庭教師について英語の学習に励む。6月に入り山尾庸三の案内でロンドン市内を見物、兵器博物館や造船所を見学する。6月7日、彼らの勉学上の指導者であるロンドン大学化学教授ウィリアムソン博士の案内でベッドフォードの鉄工場において農業耕作機械を見学し、同市の市長の招きでハワード農園を訪れ実習を受ける。この見学訪問は6月11日付のタイムズ紙上で紹介され、近代農業の機械技術に未知であった彼らがいかに驚き強い関心を示したかが報道される。当時日本人は珍しかったので、ロンドン市民の注目を浴びる。7月初旬本格的勉学にそなえ、また英語学習の効果をあげるため森有礼とともにロンドン大学化学教授グレイン博士の宅に寄宿することになる。8月中旬、ロンドン大学ユニヴァーシティ・カレッジ法文学部に入学する。藩命による専攻学科は海軍測量術であったが、同大学における約1年間の留学生活で学んだ授業内容などについてはよくわからない。物理、数学、化学などが中心であったと考えられる。翌慶応2年6月下旬、学費の欠乏や日本国内情勢の変化などの諸事情による藩の要請で帰国を決意する。町田申四郎、清蔵兄弟、東郷愛之進、名越平馬の5名の留学生と共にイギリスを後にし帰国の途につく。8月下旬鹿児島に無事帰着する。その後の消息は不明。

文献 鹿児島県史3 同県 昭16／薩藩海軍史 上・中・下(公爵島津家編纂所編) 原書房 昭43(明治百年史叢書71〜73)／薩摩藩英国留学生(犬塚孝明) 中央公論社 昭49(中公新書375)／朝日日本歴史人物事典 朝日新聞社 平6

〔安藤重和／富田仁〕

高峰 譲吉　たかみね・じょうきち
嘉永7年11月3日(1854)～大正11年7月22日(1922)　応用化学者　薬学博士,工学博士
〔アドレナリン・タカジアスターゼの発明者〕
[生]越中国高岡御馬出町　[渡]イギリス：1879年(応用化学),アメリカ：1884年(ニューオルリーンズ万国工業博覧会)

嘉永7(1854)年11月3日,加賀藩典医の高峰元陸(のちに精一)の長男として越中国高岡に生まれる。父は蘭学者でもあり舎密(化学)に通じていて,火薬の原料である硝石を蚕のさなぎから作るなど創意を発揮した。また母の実家は高岡の酒造家であった。これらの環境が彼の進路に大きな影響を及ぼす。翌年金沢に移り,藩校明倫堂で学ぶ。慶応1年,選抜により11歳で長崎に留学する。このときいち早く英語を修め,長崎から転じて京都の兵学塾,大阪の適塾に学ぶ。維新後,大阪医学校,大阪舎密学校,工部省工学寮を経て,明治6年,工部大学校に入学する。12(1879)年,同校化学科を卒業すると,応用化学研究のためイギリス留学を命ぜられる。グラスゴー大学,アンダソニアン大学では,工芸化学や電気化学を学ぶ。夏休みにはリバプールやマンチェスターなどのイギリス工業中心地で各種工場の実際を見学する。このようにして習得した西洋の科学・技術を日本固有の工業に応用し,先人未踏の地を拓くという抱負をいだいて,16年,帰国する。帰国後,農商務省に入り,和紙,製藍,清酒醸造の研究に従事する。17(1884)年,アメリカのニューオルリーンズで催された万国工業博覧会に事務官として出張する。出品されていた燐鉱石に着目し,その産地に赴いて採掘状況を視察,見本を日本へ持ち帰る。19年,大阪の会社に持ち帰った燐鉱石で過燐酸石灰を製造させ,実際に肥料として利用する。同年渋沢栄一,大倉喜八郎,浅野総一郎,益田孝らを説いて,東京人造肥料会社(のちの大日本人造肥料株式会社)を設立する。翌年在官のまま再び欧米に出張,主要な農業国を視察し,人造肥料の製造に必要な設備機械を購入して帰国する。第1回目の出張で滞米中,ワシントンの特許局で特許制度の調査もしている。帰国後,19年,高橋是清のもとで専売特許局次長(農商務省総務局分析課長を兼務)として日本の技術開発のための基礎を築く。さらにニューオルリーンズ滞在中,キャロラインと婚約し,20年の第2回目の出張で結婚式をあげて帰国する。彼女は晩年に至るまで,良き伴侶・良き協力者として彼の研究を支える。21年,官職を辞して人造肥料会社の技術指導と経営に専心し,生来の楽天的性格と不断の努力により,3年間で軌道に乗せた。その間にもアルコール^酵に関する研究は続き,清酒を醸造する麹の改良を行い,23年,高峰元麹改良法の特許を得る。同年アメリカの有力な酒造会社が彼の酒精醸造法の採用を望んでいるとの電報を,妻の父ヒッチから受けとる。人造肥料会社はまだ創業の緒にあったが,渋沢や益田は日本人の技術と学力を示す好機会であると,彼に渡米を勧める。アメリカにおけるアルコール醸造の中心地ピオリアにおいて,元麹の原料をコメからコムギのふすまに転換した高峰式醸造法はきわめて好い成績をあげ,大麦を発芽させたモルトを用いるアメリカ式醸造事業に革命をもたらす。しかし大打撃を被ったモルト製造業者の反対,ウイスキー=トラストの暴圧,工場火災などのため,ついにこの会社は解散を余儀なくされる。渡米の際に肝臓炎を再発し,シカゴで手術し九死に一生を得る。病気は恢復したが無一文になる。シカゴの高峰^酵研究所も運転資金が断たれ窮地におちいる。この苦難を打開するため研究に打ち込み,27年ジアスターゼ(糖化酵素)をコムギのふすまの麹から分離・製造する方法を考えだし,特許を得る。30年,タカジアスターゼとしてパークデービス社から製造・販売され,消化剤のみならず実験用酵素標本としても高く評価される。パークデービス社の顧問になったが,この機縁がアドレナリンの結晶化へと導く。内分泌腺の一つである副腎の髄質から出るホルモンには,血圧を高め,血管を縮少させる働きがある。このホルモンを取り出して医薬にすることは可能だったが,純粋なものを抽出できるかどうかが問題であった。社の依頼により,30年からニューヨークに高峰研究所を設立し,研究にとりかかる。33年,このホルモンを純粋な結晶として取り出すことに成功し,アドレナリンと命名する。これらの業績により高峰はその名を科学技術史上にとどめることになる。32年日本から工学博士,39年薬学博士を贈られ,45年帝国学士院賞を受けている。大正2年には帝国学士院会員に列せられる。アメリカにありながら日本

を思い，2年には国民科学研究所(後の理化学研究所)の設立に努力する。同年三共株式会社を設立。このほか，ニューヨークに日本倶楽部を作ったり，英文雑誌を発刊したりして日米親善のために尽力する。大正11(1922)年7月22日，ニューヨークで死去。享年69歳。
㊧東京・青山霊園
[文献]高峰博士年譜(三浦孝次編)　高峰博士顕彰会準備委員会　昭2／タカヂアスターゼの発明家高峰譲吉氏(渡辺軍治)　『科学界の巨人世界大発明家二十五人』厚生閣　昭5／巨人高峰博士(橋爪恵編)　三共株式会社　昭6／日本の産業指導者(田村栄太郎)　国民図書出版協会　昭19／アドレナリンの発見高峰譲吉氏の健腕(橋爪檳榔子)：日本医事新報　1311　昭24／高峰譲吉博士　アドレナリンとタカヂアスターゼ(佐武安太郎)：日本医事新報　1344　昭25／日米親善と高峰博士　高峰博士顕彰会編刊　昭26／日本実業家列伝9　高峰譲吉(木村毅)：実業之日本　55(9)　昭27／発明発見の父高峰譲吉(今井正剛)　ポプラ社　昭28／高峰譲吉かがやく偉業(三浦孝次編)　高峰博士顕彰会　昭28／高峰譲吉先生(山科樵作)：化学　17　昭37／史的展望(道家達将)　『近代の生化学』昭43／日本人名大事典4　平凡社　昭54／高峰譲吉とその妻(飯沼信子)　新人物往来社　平5／高峰博士—伝記人(塩原又策編)　大空社　平10(伝記叢書)／堂々たる夢—世界に日本人を認めさせた化学者・高峰譲吉の生涯(真鍋繁樹)　講談社　平11／20世紀日本の経済人(日本経済新聞社編)　日本経済新聞社　平12(日経ビジネス人文庫)
〔高橋公雄〕

高嶺 秀夫　たかみね・ひでお

嘉永7年8月14日(1854)～明治43年2月22日(1910)　教育者　〔師範教育の功労者，ペスタロッチ主義の普及〕　㊨陸奥(岩代)(北会津郡)若松(城下本4ノ町)　㊨アメリカ：1875年(教育学，動物学)

　嘉永7(1854)年8月14日，会津藩士忠亮(秀之助)の長子として会津若松に生まれる。7歳で藩学日新館に入学，幼時より学問に秀でとくに書を能くし，10歳のとき習字試業1等に及第。慶応2年，父死亡のため12歳で家督相続。明治1年，藩主松平容保の近習役を命ぜられ戊辰の戦に参加，9月22日若松城落城し，猪苗代に謹慎の身となる。2年謹慎所より江戸の松平図書頭の旧邸に幽閉されるが，のち解放され，翌年4月，改めて上京する。福地源一郎，箕作秋坪の各塾で英学を修め，4年間慶応義塾に転学，4年間在学の後，8(1875)年7月18日，福沢諭吉の推薦により文部省派遣留学生として，師範学校取調べのため，シティー・オブ・ペキン号で横浜を出帆した。9月，当時アメリカにおけるペスタロッチ主義新教授法の推進者であったシェルドンが校長をつとめるニューヨーク州オズウェゴー師範学校に入学，ペスタロッチ主義の実物観察教授法を修得する。3年間，同校教授クルージーの家に寄寓する。教授夫妻は彼の才能と人物を愛し，夏期休暇中は一緒に避暑に出かけ，あるいはフィラデルフィアの博覧会を見に行ったりナイアガラの滝を見物したりして家族同様に過ごす。余暇を見つけては進化論に関する著書を読み，動物学についても興味を示し，師範学校を卒業した年の夏休みにはマサチューセッツ州セーレムにおける夏期動物学校に入学，また同年の冬期休暇中にはニューヨーク州イサカ大学で動物学を修めている。11年4月帰国，5月に東京師範学校教員を命ぜられ，9月東京大学理学部助教を兼務，モースを助けて動物学の教育に当たる。11月東京師範学校長補心得，14年27歳で東京師範学校長になり同校の教育課程の改革に努める。同時にペスタロッチ主義に基づく実物教授法(心性開発主義教授法)の研究とその全国的普及を進める。アメリカ人ジョノホットの著書を完訳した『教育新論』は開発主義教育の古典とされている。19年東京師範学校が(東京)高等師範学校と改められ，旧会津藩士山川浩が校長に任ぜられると教頭となってよく校長を補佐する。翌20年からは師範学校，中学校，女学校の教員検定委員をつとめ，22年，東京美術学校商議委員，帝国博物館理事となり，23年には女子高等師範学校教頭事務取扱に任ぜられる。24年8月，再び高等師範学校長になるが，26年，師範教育の改革方針をめぐって井上毅文相と意見が合わず辞職する。30年，東京女子高等師範学校長に就任終生その職にあった。その間，付属小中学校，専修科，保育科，保母練習科などを設置して初等教育，女子教育，女子教員養成の発展に努力し，また東京美術学校長(31年)，東京音楽学校長(37年)も兼ねる。また美術上の鑑識について甚だ造詣が深く，とくに浮世絵の蒐集は有名で，肉筆掛

幅120余，版画に至っては3000枚と言われし，しかも系統的に分類，調査を行っている。フェノロサの『浮世絵史考』の論述には，その資料を彼の蔵品中より得たことも少なくなかったと言われている。40年には文部省美術展覧会(文展)審査委員，42年11月，日・英博覧会出品鑑査官もつとめる。明治43(1910)年2月22日，風邪をこじらせたのがもとで，死去。享年57歳。
墓東京・染井霊園
文献 高嶺秀夫先生伝(高嶺先生記念事業会編) 培風館 大10／教育人名辞典 理想社 昭37／日本人名大事典4 平凡社 昭54／近代日本哲学思想家辞典(伊藤友信他編) 東京書籍 昭57／高嶺秀夫先生伝—伝記・高嶺秀夫(高嶺秀夫先生記念事業会) 大空社 昭62(伝記叢書) 〔安藤義郎〕

高谷 恒太郎 たかや・こうたろう
嘉永4年(1851)～昭和8年(1933) 裁判官，茶人 〔茶道興隆に尽力〕 生豊後国大分 名雅号＝高谷宗範 渡フランス：1886年(法律学)
　嘉永4(1851)年，中津藩士高谷竜州の子として生まれる。明治19(1886)年法律学研修のためフランスへ留学する。帰国後大蔵省，司法省を経て，26年東京控訴院判事を最後に退官し，日本古来の茶道興隆に尽力する。茶湯は遠州流小堀宗州に学ぶ。大正8年京都府宇治本幡に松殿荘を営み，茶道大学創立を志す。茶風は儒教的で，茶道を道徳の基礎として国家に尽くそうとし，茶道趣味論を展開した茶道評論家高橋箒庵と論争する。昭和8(1933)年死去。享年83歳。
文献 茶道人物辞典(原田伴彦編) 柏書房 昭56／日仏文化交流史の研究—日本の近代化とフランス人(西堀昭) 駿河台出版社 昭56／茶道人名辞典(桑田忠親編) 東京堂出版 昭57 〔村岡正明〕

高山 紀斎 たかやま・きさい
嘉永3年12月12日(1851)～昭和8年2月8日(1933) 歯科医 〔東京歯科大学創立者〕 生備前国岡山 名幼名＝弥太郎 渡アメリカ：1872年(歯科医学)
　嘉永3(1851)年12月12日，代々川陣屋を預かる備前藩家老・日置氏に仕える高山家の作廻方・惣右衛門紀清の長男として岡山に生まれる。藩校に入り文武を学ぶと共に，真心影流の達人・阿部右源次に剣術を，甲州流軍学者・渡辺儀兵衛に軍学を学んだ。明治1年幕府追討軍の藩兵として東北地方に出兵。3年英学教授補に任ぜられ，慶応義塾に入り，岡田摂蔵(適塾門人)に従学を命じられた。5(1872)年1月私費で米国に渡り，サンフランシスコの歯科医ヴァン・デンバーグに歯の治療を受けたのを機に，歯科医学を学び歯科医術開業試験に合格。11年4月帰国し医術開業試験に合格，同年東京銀座で歯科医を開業。14年日本初の近代歯科専門書『保歯新論』を出版し注目される。20年宮中の侍医局勤務となる。23年自宅の隣に高山歯科医学院(のちの東京歯科大学)を創設して校長となり，歯科医の養成を始め，また多数の歯科専門書や講義録を出版した。26年シカゴ市で開催の万国博覧会に評議員として臨み，同市に開催の万国歯科医学会に参列，のち欧州を巡歴した。32年弟子の講師・血脇守之助に学院の一切を譲り，血脇は東京歯科医学院と改称した。譲渡後は専ら診療に従い，一方，35～39年大日本歯科医会会長を務めたほか，各種名誉職を歴任し，大正12年引退した。昭和8(1933)年2月8日死去。享年84歳。
文献 幕末明治海外渡航者総覧(手塚晃編) 柏書房 平4／データベースWHO 日外アソシエーツ 〔藤田正晴〕

高山 甚太郎 たかやま・じんたろう
安政4年3月(1857)～大正3年10月21日(1914) 工業技術者 工学博士 工業試験所長 〔工業試験所の創設者〕 生石川加賀大聖寺 渡ドイツ：1889年(セメント工業，耐火材料)
　安政4(1857)年3月，加賀大聖寺に生まれる。明治5年大学南校に入学。11年東京大学理学部化学科を卒業する。東京大学理学部準教授となるが，内務省地質調査局掛に転じ，19年農商務技師長となり分析課長を務める。22(1889)年ドイツに出張を命ぜられセメント工業と耐火材料などを専攻する。24年工学博士となり，横浜港の造築や製鉄事業の委員として活躍し，27年特許局審判官をも兼任する。29年製鉄所技師の業務を命ぜられ，製鋼業の調査のため欧州に出張する。二度目の欧州視察であり，日進月歩の科学工業の進展，とくにドイツが当時イギリスの独占下にあったセメント工業の自立に成功したことに強く感銘を受ける。生産費の低減と品質の一定化をもたらしたドイツの科学的検査法の確立にならって日本に工

業試験所が必要であると主唱し，33年6月2日に初代所長に就任する。当初仮事務所は農商務省地質調査所内に置かれ，42年までに順次第一部から第五部まで作られる。43年工業視察のため三度目の欧米各国に出張するが，その際には板ガラス製造法に関する提言をしている。その間，工科大学講師，東京高等工業学校窯業科長，諸種の審査官，大日本窯業協会常務委員をつとめる。「本邦耐熱粘土分析説」（東京化学会誌），「日本ニ於テポルトランドセメントヲ製スルニ適切ナル方法如何」などの論文を著わす。大正3（1914）年10月21日死去。享年58歳。

[文献] 東京工業試験所五十年史　東京工業試験所編〔刊〕　昭26／日本人名大事典4　平凡社　昭54　　　　　　　　　〔木村行宏〕

高山　直質　たかやま・なおただ

安政3年（1856）～明治19年3月23日（1886）　工学研究者　帝国大学工科大学教授　〔真珠養殖を提案〕　㊟熊本　㊨イギリス：1880年（土木・機械工学）

安政3（1856）年，熊本に生まれる。のち熊本県士族高山一祥の養子となる。明治13（1880）年に工部大学校第1回留学生としてイギリスに赴いた。南清とともにグラスゴウ大学に入学し，土木・機械工学を専攻し優秀な成績を得た。グラスゴウ南郊外のマザウエル鉄工所で働いたが，熱心のあまり帰国前に病気にかかった。17年に帰国し，工部大学助教授となり，19年に帝国大学工科大学教授となった。オーストラリア近海から真珠を輸入して養殖することを提案したこともある。グラスゴウ時代からの病気が回復せず，明治19（1886）年3月23日死去。享年31歳。

[文献] 高山直質氏之小伝：工学会誌　53　明19／明治過去帳―物故人名辞典（大植四郎編）　東京美術　昭46／近代日本海外留学生史　上（渡辺実）　講談社　昭52／グラスゴウ大学と日本人留学生（北政巳）　『国際日本を拓いた人々―日本とスコットランドの絆』　同文舘　昭59　　　　　〔楠家重敏〕

高山　保綱　たかやま・やすつな

生没年不詳　㊟京都　㊨フランス：1879（造船学）

生没年不詳。京都に生まれる。横須賀造船所学舎に学び，明治12（1879）年7月26日フランスに派遣され，シェルブール海軍造船学校に留学する。14年にフランスから帰国の後は横須賀造船所に勤務している。

[文献] 日仏文化流史の研究―日本の近代化とフランス人（西堀昭）　駿河台出版社　昭56／幕末明治海外渡航者総覧（手塚晃編）　柏書房　平4　　　　　　　　　〔富田仁〕

財部　彪　たからべ・たけし

慶応3年4月7日（1867）～昭和24年1月13日（1949）　海軍軍人，大将　海相　㊟日向国　㊨フランス：1891年（軍事視察）

慶応3（1867）年4月7日，日向国に生まれる。明治22年海軍兵学校を卒業。24（1891）年12月フランスに派遣され25年帰国。26年海軍大学校を卒業。高雄航海長，常備艦隊参謀，30（1890）年6月イギリス駐在となり，33年5月帰国。第2水雷艦隊長，軍令部参謀など歴任。37年大本営参謀，40年宗谷・富士艦長，第1艦隊参謀長となり同年ふたたびイギリスに派遣される。42年少将，海軍次官。大正3年シーメンス事件の余波を受け一時待命，以後，第3艦隊司令，旅順要港部，舞鶴鎮守府，佐世保鎮守府，横須賀鎮守府各司令長官を歴任。8年大将。12年から昭和5年10月の間に海相に3度就任。5年のロンドン軍縮会議に全権として出席，補助艦制限の条約に調印，反対派の攻撃の矢面に立ち辞任した。7年予備役編入。昭和24（1949）年1月13日死去。享年83歳。

[文献] いま甦る提督財部彪（樋口兼三編）　財部彪顕彰会　平3／幕末明治海外渡航者総覧（手塚晃編）　柏書房　平4／データベースWHO　日外アソシエーツ　　　　　　〔藤田正晴〕

滝　廉太郎　たき・れんたろう

明治12年8月24日（1879）～明治36年6月29日（1903）　作曲家，ピアノ奏者　〔「荒城の月」など日本の芸術歌曲を創始〕　㊟東京芝区南佐久間町　㊨ドイツ：1901年（作曲法，ピアノ演奏法）

明治12（1879）年8月24日，内務省官吏滝吉弘の長男として東京に生まれる。滝家は代々大分日出藩の家老を務めた家柄。父吉弘は同藩最後の家老であったが，維新後上京し内務省に入り，後に大久保利通や伊藤博文の信頼を得，その秘書をつとめたこともある。また母正子も滝家の別家で文人の家柄の出である。彼は父の任地にしたがって横浜，富山，東京

を移り住んだ。知識階級の開かれた雰囲気をもつその家にはハーモニカやアコーディオンやバイオリンなどがあり、幼年期にすでにそれらを2人の姉とともに自由に奏きこなせたという。後に高名な建築家となる従兄の大吉からは非常によい刺戟を受けた。24年12月父が大分県直方郡長を命じられたため竹田の町に移った。竹田には後年「荒城の月」を作曲する際、想をかりたとされる岡城趾があり、また日露戦争で戦死した広瀬武夫の生家もあった。竹田時代の彼は成績も優秀で絵もうまかったが、その才がもっとも輝いたのは楽器を手にしたときであった。この竹田での高等小学校時代に自分の進むべき道は音楽だと決心した。父は家老の家柄のものがこのような道に進むのを強く反対したが、従兄大吉はよく理解し父を説得して許しを得るよう努力してくれたため父もようやくこれを認めた。27年春上京し芝唱歌会に入ったが、主宰者の小山作之助に認められ、早くも9月には東京音楽学校に最年少で入学でき、大吉宅より通学した。当時の音楽学校は創設期の活気に溢れ秀れた教師が揃っていたが、演奏の分野では幸田延、幸姉妹ら女性優位であったため、しだいに彼に期待が集まった。31年最優秀の成績で卒業し研究科に進むと同時にピアノ授業の嘱託となり、翌年には助手に相当する授業補助になって後進の指導にあたった。33年ピアノと作曲法の研究のためドイツ留学を命じられる。30年からすでに単旋律の歌などを作曲していたが、33年から翌年留学に出発するまでの間に名作を集中的につくっている。33年11月頃出版したと推定される組歌「四季」の第1曲が有名な「花」である。これは唱歌の域を越えた作品で、洋楽スタイルをとった日本最初の作品であって、彼のピアノと作曲の師ケーパー博士の影響を受けメンデルスゾーン流のスタイルで書かれている。ピアノ曲「メヌエット」を作曲したのもこの年である。東京音楽学校はこの頃「中学唱歌」を広く募集しており、彼はこれに応じて「荒城の月」「豊太閤」「箱根八里」の3曲を提出し、すべて入選した。これらは無伴奏であり、「荒城の月」はロ短調8分音符を基本にした4分の4拍子で作られ、「花の宴」の「之」に当る音には嬰記号がつけられていた。これに伴奏をつけた現在の形に改めたのは山田耕作である。この旋律は伝統音階の都節(みやこぶし)を巧みに利用した短音階でつくられているため、日本人に非常に親しまれている。これにとどまらず、当時それまでのむずかしい唱歌に対しやさしい言葉で歌う言文一致唱歌も作られ始めていた。東くめの求めに応じて幼稚園唱歌16曲を伴奏つきで作曲した。その中に「お正月」「鳩ぽっぽ」など今でも歌われる素朴な名曲がある。34(1901)年4月ドイツ留学に出発し、5月ベルリンに着いて幸田幸らと再会を祝したのち6月ライプチヒ到着。10月1日ライプチヒ音楽学校に入り、タイヒミュラー、ヤーダスゾーンらのもとでピアノや対位法を学ぶが、11月25日感冒にかかり入院、肺結核も患い一時小康を得たが翌年7月帰国命令が出され10月帰国した。帰国後いくつかの曲をつくったようだが、現存するのは歌曲「荒磯」とピアノ曲「憾(うらみ)」だけである。11月大分の父母のもとに帰り療養するが家族の手厚い看護もむなしく、明治36(1903)年6月29日死去。享年25歳。㊧大分市万寿寺、日出町龍泉寺(滝家累代の墓)

[文献]滝廉太郎(藤浦洸) 新興音楽出版社 昭17／明治音楽史考(遠藤宏) 有朋堂 昭23／滝廉太郎の生涯と作品(遠藤宏) 音楽之友社 昭25／楽聖滝廉太郎小伝(兼子鎮雄) 別府市立図書館 昭26／滝廉太郎資料集(兼子鎮雄) 別府市立図書館 昭26／滝廉太郎とその作品(中園久子) 大分大学教育研究所 昭27／滝廉太郎伝(宮瀬睦夫) 関書院 昭30／滝の名を不朽にした「荒城の月」(牛山充)：音楽教育 11(2)／滝廉太郎(属啓成) 音楽之友社 昭36／滝廉太郎を偲ぶ 北村清二著刊 昭38／楽聖滝廉太郎の新資料(小長久子) あやめ書店 昭38／滝廉太郎の未発表遺作について(小長久子)：大分大学教育学部研究紀要 2(5) 昭40／日本の洋楽百年史(秋山竜英編著) 第一法規出版社 昭41／滝廉太郎(小長久子) 吉川弘文館 昭43／日本近代文学大事典2(日本近代文学館編) 講談社 昭53／新音楽辞典 人名 音楽之友社編刊 昭57／滝廉太郎 新装版(小長久子) 吉川弘文館 昭62(人物叢書)／清貧の譜—忘れられたニッポン人 楽聖滝廉太郎と父の時代(加来耕三) 広済堂出版 平5／滝廉太郎—資料集(大分県教育庁文化課編) 大分県教育委員会 平6(大分県先哲叢書)／滝廉太郎(松本正) 大分県教育委員会 平7(大分県先哲叢書)／滝廉太郎—新しい日本の音楽を開いた人(松本正) 大分県教育委

員会　平8（大分県先哲叢書）／滝廉太郎伝―伝記・滝廉太郎（宮瀬睦夫）　大空社　平8（伝記叢書）／滝廉太郎―壬折の響き（海老沢敏）　岩波書店　平16（岩波新書）　　〔松田和夫〕

太吉　たきち
生没年不詳　永住丸乗組員　⊕肥前国（高来郡）島原片町　⊗アメリカ：1842年（漂流）

　生没年不詳。肥前国島原の出身。永住丸の水主として天保12年8月，兵庫から奥州南部宮古へ向う途中，10月12日犬吠岬の沖合で激しい北西風と高波に襲われ漂流する。翌13（1842）年2月2日スペイン船エンサヨー号に救助されたが，ローアカリフォルニア南端サンルカスに置き去りにされる。その後サンホセ，マサトランへ送られ，さらにマカオ，寧波を経て乍浦に送還される。弘化2年7月，清国船で長崎に帰着。その後の消息は不明。

[文献]　日本人漂流記（川合彦充）　社会思想社　昭42（現代教養文庫A530）／東航紀聞　『日本庶民生活史料集成5　漂流』　三一書房　昭55／世界を見てしまった男たち―江戸の異郷体験（春名徹）　筑摩書房　昭63（ちくま文庫）／新世界へ―鎖国日本からはみ出た栄寿丸の十三人（佐野芳和）　法政大学出版局　平1　　〔安藤義郎〕

多久　乾一郎　たく・けんいちろう
嘉永5年5月（1852）～明治34年11月（1901）　宮内省官吏（東宮侍従）　男爵　⊗アメリカ：1871年（留学）

　嘉永5（1852）年5月，佐賀藩家老茂尚の子として生まれる。明治4（1871）年渡米しニューヨーク，ニューブランズウィックに行き，9年帰国。16年内務省に出仕，21年宮内省に勤務，東宮侍従となる。30年華族に列し男爵を授けられる。明治34（1901）年11月死去。享年50歳。

[文献]　日本人名大事典4　平凡社　昭54／近代日本の海外留学史（石附実）　ミネルヴァ書房　昭59　　〔安藤義郎〕

田口　和美　たぐち・かずよし
天保10年10月15日（1839）～明治37年2月3日（1904）　解剖学者　東京帝国大学医科大学教授　〔解剖学で先駆的役割〕　⊕武蔵国（埼玉郡）小野袋村　⊗ドイツ：1887年（医学研究）

　天保10（1839）年10月15日，小野袋村の村医の長男として武蔵国埼玉郡小野袋村に生まれる。15歳の時上京して林洞海につきオランダ医学を学ぶ。野州佐野町でいったん開業したが，明治2年再び上京，医学校に入る。翌3年大学東校に採用され，第一大学区医学校を経て東京医学校と改称され，8年教授，10年東京大学が創立され，東大医学部教授，19年帝国大学医科大学と改称。20（1887）年私費でドイツのベルリン大学へ留学，21年医学博士，22年帰国し東大の解剖第一講座を担当した。26年日本解剖学会を創設，初代会頭となり終身その地位にあった。30年東京帝国大学医科大学に改称。日本人による最初の本格的医学書ともいわれる二大著書『人体解剖攬要』（全15巻）『人体組織攬要』（全6巻）を著した。明治37（1904）年2月3日死去。享年66歳。

[文献]　幕末明治海外渡航者総覧（手塚晃編）　柏書房　平4／朝日日本歴史人物事典　朝日新聞社　平6／データベースWHO　日外アソシエーツ　　〔藤田正晴〕

田口　俊平　たぐち・しゅんぺい
文化15年4月6日（1818）～慶応3年11月18日（1867）　軍艦操練所教授　⊕美濃国加茂郡黒川村　⊗旧名＝安江　⊗オランダ：1862年（海軍諸術）

　文化15（1818）年4月6日，医者安江隆庵の子として美濃国黒川村で生まれる。長じて名古屋に出て柳田良平について医学を修め，さらに長崎に留学し蘭学を学んだのち，名古屋の洋式兵практルに入る。やがて親戚の恵那郡付知の庄屋田口家に籍を入れてもらい，名を田口と改める。安政2年江戸に下る。嘉永4年下総関宿の城主・久世大和守広周の砲術師範役に召し抱えられる。5年講武所演武掛出役となるが，久世大和守の推挙により長崎海軍伝習所において，オランダの海軍士官について機械学を学ぶ。安政6年，帰府ののち軍艦操練所教授方手伝出役を拝命。文久2（1862）年，幕府派遣の留学生となりオランダに渡る。渡蘭後は主にハーグで暮らし，船具運用・砲術・蒸気機関・航海術等を研修。慶応3年の春，開陽丸で帰国後，海軍操練所御用掛を命ぜられ食禄300石を食む身となったが，慶応3（1867）年11月18日，江戸麻布一本松の屋敷で死去。享年50歳。

⊛東京・谷中霊園

[文献]　赤松則良半生談（赤松範一編）　平凡社　昭52（東洋文庫）／幕府オランダ留学生（宮永

孝） 東京書籍　昭57（東書選書）／続・幕末和蘭留学関係史料集成（日蘭学会編） 雄松堂　昭59 〔宮永孝〕

田口 太郎　たぐち・たろう

天保12年4月27日（1841）～大正12年4月20日（1923）　官吏　江戸開成所教官, 紙幣寮技師　㊓広島　㊔諱＝悳　㊞イギリス：1869年（留学）

天保12（1841）年4月27日，広島藩士田口牛之助の長男として生まれる。幕末に尊皇攘夷論を唱えたが，のち江戸に出て洋書を開成所で学び，慶応2年に開成所教官となる。明治2（1869）年に藩費によりイギリスに留学し，6年に帰国。翌年，紙幣寮に入り，その後太政官，海軍省，司法省の官吏を歴任した。大正12（1923）年4月20日死去。享年83歳。

文献 近代日本の海外留学史（石附実） ミネルヴァ書房　昭47／日本人名大事典4　平凡社　昭54／明治維新人名事典（日本歴史学会編） 吉川弘文館　昭56 〔楠家重敏〕

多芸 誠輔　たげ・まさすけ

生没年不詳　勧農寮工職方　㊞アメリカ：1870年（牧畜, 金銀溶解）

生没年不詳。明治3（1870）年，吉田清成，井上馨らの斡旋により勧農寮派遣留学生としてサンフランシスコに渡り，牧畜，金銀溶解を研究ののち，5年帰国，勧農寮工職方となる。その後の消息は不明。

文献 近代日本の海外留学史（石附実） ミネルヴァ書房　昭59 〔安藤義郎〕

武石 貞一　たけいし・ていいち

？～明治23年8月（1890）　留学生　㊓大分　㊞アメリカ：1888年（医学）

生年不詳。大分の出身。明治21（1888）年に医学研究のためアメリカに渡る。ミシガン州のアンアーボ市医科大学の2年生在学中の，明治23（1890）年8月死去。

文献 明治過去帳―物故人名辞典（大植四郎編） 東京美術　昭46／異国遍路　旅芸人始末書（宮岡謙二） 中央公論社　昭53（中公新書） 〔楠家重敏〕

竹内 徳兵衛　たけうち・とくべえ

生没年不詳　多賀丸乗組員　㊓南部藩領佐井村　㊞ロシア：1745年（漂流）

生没年不詳。南部藩領佐井村に生まれる。佐井村の商家伊勢屋に養子として入った徳兵衛（2代目）率いる多賀丸（乗組員17名）は延享1年11月難船して，翌年（1745）カムチャツカに漂着する。10名の生存者は現地で洗礼を受け留まること2年余の後ヤクーツクに送られ，さらにペテルブルクに至り，権蔵没後空席となっていた日本語学校教師になる。宝暦3年同校のイルクーツク移転に伴い翌4年仲間2名とイルクーツクに赴任する。その後ヤクーツクに留まり日本語通訳をつとめていた仲間4名も同校教師に着任し，学校は教師7名学生15名となり活況を呈する。安永7年乗組員の1人奥戸村の利八郎の義兄フョードルが東蝦夷地に至り多賀丸一行の情報を伝えているが，その時すでに彼は死去している。また寛政8年イルクーツクに送られた若宮丸漂流民津太夫らは現地の墓地で彼の墓碑を実見している。なお佐井村長福寺にも墓標が現存する。

文献 日露国交史料（梅森三郎） 有隣堂　大4／漂流民の言語―ロシアへの漂流民の方言学的貢献（村山七郎） 吉川弘文館　昭40／日本人とロシア人―物語　日露人物往来史（中村新太郎） 大月書店　昭53／日露交渉史話―維新前後の日本とロシア（平岡雅英） 復刻版　原書房　昭57／漂流奇談集成（加藤貴校訂） 国書刊行会　平2（叢書江戸文庫） 〔雪嶋宏一〕

竹内 保徳　たけうち・やすのり

文化3年（1806）～慶応3年（1867）　外国奉行〔遣欧使節正使〕　㊔諱＝保徳, 通称＝清太郎　㊞フランス：1862年（修好通商条約改定の交渉）

文化3（1806）年に生まれる。安政1年に箱館奉行に任ぜられ，また下野守を叙爵されたが，文久1年に勘定奉行兼外国奉行に転じる。職務上同年幕府の使節として欧州6ヶ国歴訪の命をうけた。この派遣は，安政7年1月に初の幕府遣外使節がアメリカに渡ったのについで第2回目の海外派遣であり，遣欧使節団としては第1号である。その使命は，欧州各国と修好通商条約で締結した江戸・大坂の開市と兵庫・新潟の開港を延期する承諾を得ることにあった。当時わが国は鎖国を解きはしたが，そのために国内経済が混乱し尊王攘夷論が激化しており，

これを鎮めるのがその目的である。また，樺太（サハリン）境界問題の交渉もその任務であった。彼を使節団の正使とし，副使に松平石見守，監察には京極能登守，これに福地源一郎，杉孫七郎，箕作秋坪，立広作，福沢諭吉らが通詞などの肩書きで随行。やがて明治を新しい時代へと大きくリードすることになった福沢の『西洋事情』は，この体験にもとづき書かれたものである。竹内の一行38名は，文久2（1862）年元旦にイギリス特派軍艦オーヂン号で長崎を発った。陣笠に刀，大型懐中時計に靴といういでたちだった。香港，スエズを経て，3月9日にパリに到着。ホテル・デュ・ルーヴルに投宿した。3月9日狩衣烏帽子の装束でナポレオン三世に謁見。4月2日にロンドンを訪れ，17日にオランダ，6月22日にベルリン，7月13日にはロシア，8月23日にポルトガルと旅をつづけ，都合6ケ国と交渉し，ほぼその使命を果たして9月3日にフランスを発った。フランス側が帰路を商船にすれば費用を負担すると申し出たため，軍艦か商船かで激しく議論されたが，一国の使節が身分の卑しい町人と同乗しては国家の恥との主張が通り，帰りも窮屈な軍艦の旅となった。江戸に帰着したのは，12月11日である。帰国すると国内の事情は一変し，外国の事情などはその口外さえ禁じられていた。竹内もまた翌元治1年には大坂町奉行に転任させられ，さらに西尾留守居へと配転の憂き目を見た。外圧に強いられての消極的な外交交渉であり，攘夷論の高まりの中への帰国であったため，公的にはその成果がただちに生かされることはほとんどなかったが，個人的には明治の新時代をリードする知識人がこの使節団から多く輩出した点にその歴史的意義があった。慶応3（1867）年死去。享年62歳。

[文献] 国際法より観たる幕末外交物語（尾佐竹猛）　邦光堂　昭5／竹内下野守に就いて（尾佐竹猛）：武蔵野　20（6）　昭8／幕末の外交（石井孝）　三一書房　昭23／大君の使節―幕末日本人の西欧体験（芳賀徹）　中央公論社　昭43／近代日本の海外留学史（石附実）　ミネルヴァ書房　昭47／近代日本海外留学生史上（渡辺実）　講談社　昭52／異国遍路　旅芸人始末書（宮岡謙二）　中央公論社　昭53（中公文庫）／文久二年のヨーロッパ報告（宮永孝）　新潮社　平1（新潮選書）　〔村岡正明〕

武田 錦子　たけだ・きんこ

文久1年2月（1861）～大正2年8月29日（1913）　教育者　東京女子高等師範学校教授　[生]江戸小石川　[名]旧名＝加藤　[渡]アメリカ：1879年（留学）

文久1（1861）年2月，幕臣の家の長女として江戸・小石川に生まれる。幼少より中村正直の門に入る。明治12年東京女子師範本科卒業。同12（1879）年アメリカに私費留学し，17年6月帰国。母校東京女子師範で教職につき，明治19（1886）年文部省派遣の女性最初の留学生として渡米，セイラム師範学校，次いでウェスタン女子大学を卒業。22年帰国後，長く東京女子高等師範学校の英語科を担当した。大正2（1913）年8月29日死去。享年53歳。

[文献] 幕末明治海外渡航者総覧（手塚晃編）　柏書房　平4／朝日日本歴史人物事典　朝日新聞社　平6／データベースWHO　日外アソシエーツ　〔藤田正晴〕

竹田 春風　たけだ・しゅんぷう

？～明治24年12月7日（1891）　工部省官吏　工部大学校副長　[生]長門国　[名]別名＝庸次郎　[渡]イギリス：1868年（留学）

生年不詳。長門国に生まれる。慶応4（1868）年にイギリスに留学する。帰国後，明治5年に鉄道助となる。工部省書記官に転じ鉄道局に勤める。もっぱら鉄道畑を歩むが，15年には工部大学校副長となる。明治24（1891）年12月7日死去。

[文献] 廃藩以前旧長州藩人の洋行者：防長史談会雑誌　1（6）　明43／明治過去帳―物故人名辞典（大植四郎編）　東京美術　昭46／英語事始（日本英学史学会編）　日本ブリタニカ　昭51／元田永孚関係文書（沼田哲他編）　山川出版社　昭60（近代日本資料選書）　〔楠家重敏〕

武田 秀雄　たけだ・ひでお

文久2年11月16日（1863）～昭和17年2月16日（1942）　海軍軍人，機関中将，実業家　〔三菱造船，三菱電気会長〕　[生]土佐国北与力町　[名]幼名＝駝郎　[渡]フランス：1890年（海軍軍事研修）

文久2（1863）年11月16日，土佐藩士武田秀友の長男として生まれる。明治11年，海軍兵学校機関科に入学し16年に卒業。少機関士，大機関士を経て23（1890）年7月，軍艦・松島回航事務取扱委員としてフランスへ渡り，そのま

ま滞在し海軍機関部の組織，教育，訓練などを研究して27年7月に帰国。軍艦・厳島分隊長となる。34年，再び渡仏し翌年帰国。その後，徳山海軍煉炭製造所長，海軍教育本部第3部長などを歴任し，大正2年，機関中将および機関学校長となる。翌年予備役となり7年に三菱合資会社の重役となり実業界へ入る。その後，三菱造船，三菱電気会長などに就任する。11年，実業界を退く。昭和17(1942)年2月16日死去。享年81歳。
[文献] 武田秀雄伝(湯浅与三) 武田秀雄伝刊行会 昭19／日本陸海軍の制度・組織・人事(日本近代史料研究会編) 東京大学出版会 昭46／近代日本海外留学生史 下(渡辺実) 講談社 昭53
〔湯本豪一〕

武谷 福三　たけたに・ふくぞう
生没年不詳　徳島藩留学生　⊕徳島　㊛別名=巨介　㊡イギリス：1870年(留学)

　生没年不詳。徳島の出身。明治3(1870)年に藩の費用でイギリスへ留学した。留学前は大学南校の学生であった。専攻は航海術で，ミドラ・テンプル法学院に学ぶ。帰国後の消息は不明。
[文献] 明治初年条約改正史の研究(下村冨士男) 吉川弘文館 昭37／近代日本の海外留学史(石附実) ミネルヴァ書房 昭47／近代日本海外留学生史 上(渡辺実) 講談社 昭52／幕末明治海外渡航者総覧(手塚晃編) 柏書房 平4
〔楠永重敏／富田仁〕

武谷 椋山　たけたに・りょうざん
生没年不詳　留学生　⊕福岡　㊡ドイツ：年不明

　生没年不詳。福岡に生まれる。福岡藩医学校の創立者で医師の武谷裕之の子とみられる。公費でドイツに留学するが，渡航年は不明。滞独4年間で帰国するが，その後の消息は不明。
[文献] 近代日本海外留学生史 上(渡辺実) 講談社 昭52
〔富田仁〕

竹村 謹吾　たけむら・きんご
生没年不詳　大蔵省官吏　⊕江戸　㊡アメリカ：1871年(語学)

　生没年不詳。静岡藩出身。明治4(1871)年，語学研修のため5ケ年の予定で渡米，ニューブランズウィックに赴き，帰国後は大蔵省に出仕する。その後の消息は不明。

[文献] 近代日本海外留学生史 上(渡辺実) 講談社 昭52／近代日本の海外留学史(石附実) ミネルヴァ書房 昭59／幕末明治海外渡航者総覧(手塚晃編) 柏書房 平4
〔安藤義郎／富田仁〕

竹村 本五郎　たけむら・もとごろう
生没年不詳　翻訳者　㊡ドイツ：1885年(工学視察)

　生没年不詳。ヨーロッパの塩に関する事柄をテーマとしたL・フィギエの著書『Les merveilles de l'industrie』を翻訳し，明治16年農商務省農務局から『費氏塩録』として刊行。当時の日本の塩業に大きな影響を与えた。明治18(1885)年ドイツを視察している。
[文献] 幕末明治海外渡航者総覧(手塚晃編) 柏書房 平4／朝日日本歴史人物事典 朝日新聞社 平6／データベースWHO 日外アソシエーツ
〔藤田正晴〕

田坂 虎之助　たさか・とらのすけ
生没年不詳　陸軍軍人　⊕広島　㊡ドイツ：1871年(伏見宮能久親王に随行)

　生没年不詳。広島の出身。明治3(1871)年12月，岩倉具視の推薦により伏見宮能久親王に同行してドイツに官費で留学する。15年11月帰国。のち陸軍工兵大尉となる。その後の消息は不明。
[文献] 近代日本の海外留学史(石附実) ミネルヴァ書房 昭47／近代日本海外留学生史 上(渡辺実) 講談社 昭52／幕末明治海外渡航者総覧(手塚晃編) 柏書房 平4
〔富田仁〕

太三郎　たさぶろう
?～嘉永2年5月9日(1849)　長者丸乗組員　⊕越中国(新川郡)東岩瀬田　㊡アメリカ：1838年(漂流)

　生年不詳。越中国東岩瀬田に生まれる。長者丸の岡使として乗り組み，天保9(1838)年11月23日，仙台領唐丹(岩手県釜石市唐丹)の沖合で強い西風に吹きまくられ漂流。6ヶ月の漂流の間に3人の乗組員が病死または投身自殺する。次郎吉など6人の仲間と翌年4月下旬，日本とハワイの中間の洋上でアメリカ捕鯨船ジェームズ・ロッパー号に救助される。健康回復後約5ヶ月捕鯨の手伝いをしながら9月上旬ハワイに到着する。11ヶ月のハワイ在留中に船頭

平四郎が病死する。11年7月カムチャツカのペトロパウロフスクへ，12年6月オホーツクへ，さらに13年9月アラスカのシトカへ送られ，7ヶ月滞在の後，14年3月中旬，ロシア船に乗せられて5月下旬エトロフ島に送還される。7月下旬エトロフを出発し，松前を経て9月14日江戸に着いたが，その後留置されること6年，その間に2人が病死し，嘉永1年10月，11年ぶりで故郷に帰ることができたのは彼のほか次郎吉，六兵衛，金蔵の3人だけである。なおこの大漂流事件は『時規物語』，次郎吉の口述した『蕃談』に詳しく記されている。嘉永2(1849)年5月9日死去。

[文献] 日本人漂流記(川合彦充)　社会思想社　昭42(現代教養文庫A530)／時規物語，蕃談『日本庶民生活史料集成5　漂流』　三一書房　昭55　〔安藤義郎〕

田島 善平　たじま・ぜんぺい

天保13年2月16日(1842)～昭和4年4月11日(1929)　実業家, 政治家　群馬県議会議員　[生]上野国島村　[渡]イタリア：1879年(蚕卵紙輸出)

天保13(1842)年2月16日，上野国島村に生まれる。明治5年に蚕種の輸出を行う島村勧業の設立に参加。12(1879)年蚕卵紙を輸出するためイタリアに渡るなど旺盛に活動，群馬県の蚕糸業発展に貢献した。一方，19年には実利的開化思想に惹かれてキリスト教に入信し，自宅に島村教会を創立して伝道活動に当たる。また群馬県議・副議長などを歴任し，政治家として足尾鉱毒事件や廃娼運動などに取り組んだ。実業界・政界での活動に専念するに従って教会の倫理に反するようになり，ついには除名処分となるが，のちに悔い改めて教会に復帰した。昭和4(1929)年4月11日死去。享年88歳。

[文献] 幕末明治海外渡航者総覧(手塚晃編)　柏書房　平4／朝日日本歴史人物事典　朝日新聞社　平6／データベースWHO　日外アソシエーツ　〔藤田正晴〕

田島 応親　たじま・まさちか

嘉永4年4月18日(1851)～昭和9年4月12日(1934)　陸軍軍人　〔わが国最初の海軍砲を完成〕　[生]江戸赤坂　[名]幼名＝金太郎　[渡]フランス：1880年(軍事情報の収集)

嘉永4(1851)年4月18日，桜田御用屋御門番人田島鍋吉の長男として江戸赤坂に生まれる。文久3年，講武所に入り鉄砲術を学ぶ。少年時代に独自の信号用火箭を開発し，大人たちを驚嘆させたという。慶応2年，横浜仏語伝習所に入所，メルメ・カションなどフランス人教師からフランス語，歴史，地理，数学を学ぶ。3年初頭，フランスからシャノワーヌ大尉を団長とする軍事顧問団が来日して，横浜太田村陣屋で幕府伝習隊(歩兵・砲兵・騎兵の三兵)の指導にあたったが，彼は砲兵隊に所属し，主任教師ブリュネ大尉について語学・砲学を修め，その理解を深める。この頃すでに通訳を務めるほどフランス語に熟達している。伝習隊はまもなく横浜から江戸の小川町と駒場に場所を移した。当時幕府の大砲は武田成章(斐三郎)を中心に小石川関口で製造されていたが，ブリュネがここに顧問として招かれて行った際，通訳を務めるとともに製造にも従事している。慶応4年1月，シャノワースが伝習隊第1大隊を指揮するため順動丸に搭乗，大阪に向かった時も通訳官に選ばれている。同年幕府が瓦解，新政府が樹立すると，これに反旗を翻した榎本武揚以下旧幕臣は，8月19日，数名のフランス士官を引き連れて品川沖を脱出して，箱館に逃亡するが，彼も行動をともにする。榎本が箱館政権を宣言し，各国に局外中立を要請する文書を書いたとき，これをフランス語に翻訳する。箱館戦争終結に際し，彼は英国帆船エレン・ブラックに救助され，八戸を経て横浜に上陸，その後ひそかに東京に帰る。明治2年，静岡田安家の静岡学問所に仏語教授世話心得として雇われ，フランス語を講ずる。3年6月，榎本ら脱走軍幹部が東京の牢獄につながれていた頃，大阪兵学寮の中助教(フランス語・砲兵学担当)となり新政府に職を得ている。同じ頃，山県有朋の個人秘書をも務めていたらしい。4年フランス語の歩兵操典を翻訳。5年徴兵令が発せられ，フランス語教師の不足をみると，伝令使に任じられる。同僚に乃木希典がいる。13(1880)年5月，北京・ウィーン・パリに外国駐在武官を置くことが決まると，パリには陸軍少佐の彼が起用される。フランスでは留学生の監督や軍事情報の収集，砲術研究に従事，途中スペイン，ポルトガルを訪問して17年6月帰国する。ただちに参謀本部伝令使となり中佐に昇進する。ドイツのクルップ方式

による大砲製造を命じられるが，鉄の使用量が少なくてすむイタリア方式を建言，イタリア人技師グローリーの指導を仰いで20年，28珊砲を完成させる。日本最初の海軍砲であるが，のちの日露戦争の際，旅順攻略に決定的な役割を演じたことはあまりにも有名である。26年，健康上の理由から軍を退職する，この時大佐であった。同年11月，ニュー・カレドニア島に渡り，約2年半現地で過ごす。帰国後学習院で教鞭をとる。昭和9(1934)年4月12日，四谷塩町の自宅で死去。享年84歳。

[文献] 箱館・横浜の仏学――メルメ・ド・カション(富田仁) 『仏蘭西学のあけぼの』 カルチャー出版社 昭50／フランス学者の群像(西堀昭) 『日本とフランス』 三修社 昭54／『追跡』――一枚の幕末写真(鈴木明) 集英社 昭59　　　　　　　　〔中川高行〕

田島 弥平　たじま・やへい
文政5年8月(1822)～明治31年2月10日(1898)
養蚕家　〔養蚕技術の改良に貢献〕　⊕上野国(佐位郡)島村　㋾字＝子寧，幼名＝国太郎，別名＝邦寧，号＝南畜　㋾イタリア：1879年(蚕種の販売)

文政5(1822)年8月，養蚕家田島弥兵衛の長男として上野国島村に生まれる。家業の養蚕業に従事し蚕室の構造や飼育法の研究に力を注ぎ，旧来の温育法を排し清涼法という新しい養蚕法を開発する。明治5年には『養蚕新論』を著し清涼法の普及に努める。同年，渋沢栄一の協力により田島武平と島村勧業会社を設立し蚕種販売を行う。12(1879)年12月，蚕種5万枚を携行し田島武平，田島弥三郎とともにイタリアに渡り売捌所を設けて販売に成功し，13年7月に帰国する。帰国に際し顕微鏡を購入し，帰国後これを用いて蚕虫，蚕卵の検査を行い蚕病の研究，品種改良を進めるなど養蚕技術の発展に貢献する。25年，功績を認められ緑綬褒章を受ける。明治31(1898)年2月10日死去。享年77歳。

[文献] 田島弥平君評伝(佐川翠芳)：上毛及上毛人　33　大8／開港と生糸貿易　中(藤本実也)　開港と生糸貿易刊行会　昭14／日本の産業指導者(田村栄太郎)　国民図書刊行会　昭19　　　　　　　　〔湯本豪一〕

太十郎　たじゅうろう
宝暦9年(1759)～文化3年(1806)　若宮丸乗組員　〔初めて世界一周〕　⊕陸前国(桃生郡)深谷室浜　㋾ロシア：1794年(漂流)

宝暦9(1759)年，陸前国室浜に生まれる。若宮丸の水主として，寛政5(1793)年11月27日，用木400本，売米1100石ほどを積み江戸へ向けて石巻を出帆するが，11月29日仙台沖で強い南西風(逆風)と大波を受けて船は舵を折られ，その後も風が止まず12月3日，帆柱を切り捨てて漂流する。5月9日，北東に高い山を見つけ，乗組員16人は端舟に乗り移り，6月4日，ロシア領のオンデレッケ島(アリューシャン列島の一島)に上陸する。この島に10日程滞在後，ロシアの出張所へ連れて行かれて1年間を過し，翌7年4月，サンパメウ島に移り，さらにオホーツクへ送られる。同年8月その島を出発し，10月ヤコーツカ(ヤクーツク)着。11月そりの上に屋根つきの箱を置いたものに乗せられ，8年1月24日エリカーツカ(イルクーツク)に着く。ここで働きながら8年ほど在留。それまでに乗組員16人のうち3人が死亡した。享和3年3月初旬ロシアの代官とともにロシアの都へ行くことになり，再び箱型そりに乗って出発，モスクワを経て1ヶ月以上の旅ののち，4月27日ペトルブルカ(ペテルブルグ)に到着する。このシベリア横断中，さらに3人が死亡。5月16日，残り10人は王宮に行き，皇帝アレクサンドル一世に拝謁する。皇帝からは通訳を通じてこの国に残ってもいいし，日本に帰りたければ送り返そうと言われ，左平，津太夫，儀兵衛とともに帰国を希望し，他の6人はロシアに残留を申し出る。このときの通訳は以前ロシアに漂着した新蔵という船乗りで名前もニコライ・バイトルイチと改め，ロシア人を妻とし子供もあるという。帰国希望者はレザノフ(のちの日本派遣使節)の家にひきとられ，約1ヶ月半ほど滞在，同年6月中旬レザノフ使節団とともに軍艦ナデジュダ号に乗船し，イギリスに立寄ってから大西洋を横断，南アメリカの南端を回り，太平洋に出て翌文化1年6月ハワイに寄港。7月初旬，カムチャッカに着き，8月5日出帆，9月初めに長崎に到着する。レザノフ使節と幕府との話し合いが一向に進まぬために船中に留置かれたままであったが，11月中旬使節団の中から病人が出たのを機に仲間3人と上陸する。12月17日突然発狂し，かみそ

りを口の中に入れて自殺をはかる。幸い命はとりとめるが，以後口がきけなくなる。その後厳しい詮議を受けたのち翌2年10月長崎で仙台藩士に引き渡される。12月，実に13年ぶりに故郷へ帰る。初めて世界一周した日本人である。文化3(1806)年死去。享年48歳。

[文献] 漂流奇談全集(石井研堂編)　博文館　明33／日本人漂流記(川合彦充)　社会思想社　昭42(現代教養文庫A530)／異国漂流物語(荒川秀俊)　社会思想社　昭55(現代教養文庫)／いしのまき若宮丸漂流始末—初めて世界を一周した船乗り津太夫(安倍忠正)　三陸河北新報社　昭61 ／魯西亜から来た日本人—漂流民善六物語(大島幹雄)　広済堂出版　平8 ／漂流記の魅力(吉村昭)　新潮社　平15(新潮新書)／世界一周した漂流民(石巻若宮丸漂流民の会編著)　東洋書店　平15(ユーラシア・ブックレット　; no.54)

〔安藤義郎〕

田尻 稲次郎　たじり・いなじろう

嘉永3年6月29日(1850)～大正12年8月14日(1923)　財政学者, 東京市長　法学博士　子爵　〔専修大学を創立〕　[生]京都　[名]雅号=北雷　[渡]アメリカ：1871年(留学, のち経済学, 財政学)

嘉永3(1850)年6月29日，薩摩藩士田尻次兵衛の子として京都の藩上屋敷で生まれる。5歳のとき父の死亡により家は鹿児島に引き揚げる。幼少の頃は病弱だったので教育は長兄や母より受ける。15，6歳になって健康を回復し，薩摩藩開成所(洋学伝習所)英語科に入学し，将来海軍軍人になる希望を抱く。2級生のとき福沢諭吉の名を聞き江戸へ向かう。明治2年，慶応義塾へ入門するが，同塾の四民平等の気風に馴染めず退学，開成所(大学南校)に入りなおす。のち，海軍兵学寮の設備が整うことを聞き，3年念願の海軍へ入るため入寮する。しかし海軍志望者のあまりに多いのを見て，新しい日本を築くには軍備だけではなく法律も必要であることを悟り，万国公法，憲法，民法，商法などの法律学を学ぼうと決意し，再び大学南校に戻る。同年藩の推薦により政府のアメリカ派遣留学生に選ばれ，翌4(1871)年春渡米する。ニューヨークにある学校に一時入学するものの，子供扱いにされ，それに不満を感じてニューブランズウィック大学予備校に転校，ここでもその学風に嫌気がさし，ハートフォード高校へ移る。校長ケプロンとその教会，信徒の援助を受けて同校を卒業，8年エール大学に入学，日本の国情から見て経済学と財政学を専攻することを決意する。12年6月エール大学を卒業，在米9年に及んだが同年8月，横浜に帰着する。なお4年12月，岩倉全権大使一行がアメリカに到着した際，山川捨松，津田梅子ら5名の女子留学生の監督指導を託され，日本のことを知らずに外国の学術を学んでも無益であると言って日本歴史を彼女らに講じたという。また11年，当時の日本の国情を嘆き，駐米公使の吉田清成に財政・経済の改革に関する意見書を送ったとも言われている。後のアメリカ大統領タフトとエール大学で親しく交際したというのも逸話の一つである。帰国後の13年1月，福沢諭吉の推挙によって大蔵省少書記官に任ぜられ，同年9月，相馬永胤，目賀田種太郎，駒井重格とともに法律，経済の新知識を広めるため専修学校(現専修大学)を創立する。その後，文部省御用掛，東京大学教授となり理財学を講義する。21年法学博士となり，のち大蔵省銀行局長，主税局長，大蔵次官，大蔵税務長官等を歴任，34年会計検査院長に就任。40年9月，子爵。大正7年2月会計検査院長辞任。同年東京市長に選ばれ，築港，電車，上下水道，社会事業などに力を入れるが，9年東京市の土木工事に不正のあることが発覚し，11月辞任する。その後は居を小石川から荏原郡馬込村(大田区馬込)に移し，毎週2回の専修大学における講義と，議会開会中の貴族院に出席のほかは文字通り晴耕雨読の恬淡とした生活を送る。大正12(1923)年8月14日，庭園散歩中につまづいたのと，階段をふみはずして頭部を打ったことが遠因で従来からの尿毒症，腎臓病が悪化し，同日午後7時死去。享年74歳。

[墓]東京音羽・護国寺

[文献] 北雷田尻先生伝記　上・下　田尻先生伝記及遺稿編纂会編刊　昭8／近代日本海外留学生史　上(渡辺実)　講談社　昭52 ／日本人名大事典4　平凡社　昭54 ／田尻稲次郎年表　専修大学大学史資料室　平12(専修大学創立者年表)

〔安藤義郎〕

田代 静之助　たしろ・せいのすけ

生没年不詳　留学生　[生]鹿児島　[渡]アメリカ：1872年(農業修業)

生没年不詳。鹿児島出身。明治5(1872)年2月に吉田清成に同行してアメリカに渡っている。渡米の目的は農業の修業である。7年5月28日帰国。その後の消息は不明。
[文献] 近代日本の海外留学史(石附実) ミネルヴァ書房 昭47／幕末明治海外渡航者総覧(手塚晃編) 柏書房 平4　〔富田仁〕

多田 弥吉　ただ・やきち
?～明治10年3月11日(1877)　陸軍軍人　⊕紀伊国和歌山　⊛フランス：1872年(兵学, 語学)
生年不詳。紀州藩士族。古屋佐久左衛門に英学を学び、のち仏学を学ぶ。明治5(1872)年フランスに留学し、8月5日よりガルニエ学校で兵学とフランス語を修める。6年に帰国。7年1月砲兵中尉に進み、大阪鎮台予備砲兵第2大隊第2小隊予備隊長心得から、征討軍団別働狙撃中隊第3小隊長となる。西南戦争では希望して陸軍中尉として従軍、明治10(1877)年3月11日、田原坂の戦いで戦死。 ⊛熊本県玉東町・官軍墓地
[文献] 明治過去帳―物故人名辞典(大植四郎編) 東京美術 昭46／フランスに魅せられた人びと―中江兆民とその時代(富田仁) カルチャー出版社 昭51／幕末明治海外渡航者総覧(手塚晃編) 柏書房 平4／幕末維新人名事典 新人物往来社 平6
〔山口公和／富田仁〕

立 広作　たち・こうさく
⇒立嘉度(たち・よしのり)を見よ

立 嘉度　たち・よしのり
弘化2年6月17日(1845)～明治12年12月18日(1879)　通詞, 官吏　〔横須賀製鉄所などで通訳として活躍〕　⊕江戸　⊛幼名＝広作, 号＝知静　⊛フランス：1862年(遣欧使節に随行)
弘化2(1845)年6月17日、立嘉道の子として江戸で生まれる。国際法の研究者で東京帝国大学法科大学教授の立作太郎はその養子。幼時に父と北海道箱館に渡り、名村五八郎(泰蔵)から英語を、さらにパリ外国宣教会の神父メルメ・カションと知り合い、すべて耳からフランス語を学ぶ。同学に、後に外交官として大成する塩田(宮川)三郎がいた。幕末にはフランス語に通じた者は数えるほどしかおらず、その存在は貴重であった。文久1(1862)年12月長崎発第1回遣欧使節に通訳(定訳並通詞)として随行することになったのも当然で、ただ一人、多少なりとフランス語会話に応ぜられる日本人として活躍する。一行には福沢諭吉や箕作秋坪, 松本弘庵, 福地源一郎らがいたが, 皆フランス語にはまるで暗かったのである。慶応1年5月幕命で横須賀製鉄所詰訳官(改役兼通弁方)に任ぜられたが、この役職初人事であっただけに所内に果した役割の大きさは今日想像するにあまりある。フランソワ・レオンス・ヴェルニー首長をはじめ多数のフランス人技師との意思疎通こそが明らかに運営成功の鍵であった。翌2年一時箱館へ病気の母を見舞いに去ると、代役にはカションの肝煎りで塩田が就いている。それでも製鉄所にはさほど長くはおらず、4年6月までには外務省に一等訳官として入り、大訳官, 文書権正, 外務大丞となる。さらに大蔵省で五等出仕から大蔵大丞へ進むが、それを最後に官界を退き、第九十五国立銀行頭取に就任する。訳書には『合衆国収税法』(ブーツウェル撰 明治5年)、『蕃地所属論』2巻(本多政辰編 明治7年)『和清在留英国人民取締法令』(刊年不詳)などがある。明治12(1879)年12月18日、東京で死去。享年35歳。
⊛東京都文京区大塚・高源院
[文献] 横須賀海軍船廠史 横須賀海軍工廠編刊 大4／尾縄欧行漫録(市川渡) 『遣外使節日記纂輯2』 日本史籍協会 昭4／幕末外交史の研究(大塚武松) 宝文館 昭27／大君の使節―幕末日本人の西欧体験(芳賀徹) 中央公論社 昭43(中公新書)／フランスに魅せられた人びと(富田仁) カルチャー出版社 昭51／近代日本海外留学史 上(渡辺実) 講談社 昭52／横浜フランス物語―文明開化あ・ら・かると(富田仁編) 産業技術センター 昭54／日仏文化交流史の研究―日本の近代化とフランス人(西堀昭) 駿河台出版社 昭56／日仏の交流―友好三百八十年(高橋邦太郎) 三修社 昭57／立嘉度―ヨーロッパ体験のある訳官第1号(西堀昭) 『横須賀製鉄所の人びと―花ひらくフランス文化』(富田仁, 西堀昭) 有隣堂 昭58(有隣新書25)
〔山口公和〕

橘 耕斎　たちばな・こうさい
文政3年(1820)～明治18年5月31日(1885)　通訳　〔日露辞典の編纂, 日本語教授に尽力〕　⊕遠州国掛川　⊛別名＝立花久米蔵, 増田久米左衛門, 増田甲斎, 姓＝ヤモトフ, 洗礼名＝

ウラジ-ミル・ヨシフォビィチ　⑳ロシア：1855年（密航）

　文政3(1820)年、掛川藩士立花四郎右衛門の二男として生まれたと思われる。橘（立花）のほかに増田という姓も名のっている。若くして砲術を習い武術家の道を歩んでいたが、武士の身分を捨て流浪の生活に入る。武士の身分を捨てた理由は定かでない。離藩後、各地を回り博徒の頭目となったり池上本門寺の幹事を務めた後、伊豆国戸田村の蓮華寺に寄寓する。安政1年、ロシア使節プチャーチン一行を乗せたジアナ号は下田に入港中、大地震による津波で損害をうけ、修理のため戸田に向かう途中沈没する。戸田村で新船を建造することとなり、プチャーチン一行は戸田村の寺や急造の小屋を宿舎とすることとなる。この時期、耕斎は使節団の一員で中国語通訳のゴシケヴィッチのところへしばしば訪れる。安政2年3月、プチャーチンは新造船の戸田号で帰国の途につき、6月にはゴシケヴィッチらもドイツ船籍のグレタ号を傭い戸田を出港する。この時耕斎は国禁を犯しグレタ号に乗り込み、ロシアへ向かう。しかしグレタ号は北樺太沖においてクリミア戦争でロシアと交戦中のイギリス軍艦に拿捕され、ゴシケヴィッチとともに捕虜となり、香港やロンドンで抑留生活を送る。抑留生活中にゴシケヴィッチは日本から持ち帰った日本語辞書を基礎に『和魯通言比考』という日露辞典をつくりあげる。この辞典の編纂には耕斎も協力したことが、序文に記されている。クリミア戦争の終結にともない、釈放され、ゴシケヴィッチとともにペテルブルグに赴く。4年に『和魯通言比考』は出版され、翌年にはペテルブルグ帝室アカデミーから学問や芸術などの分野でのすぐれた業績に対し与えられるデミードフ賞を授与され、ヨーロッパの日本語研究者からも賛辞をうける。ところで安政3年にペテルブルグに到着した耕斎は、ただちにロシア外務省アジア局に登録され、翌年には九等官通訳として勤務することとなる。5年1月、ロシア正教会で洗礼をうけ、ウラジーミル・ヨシフォヴィチという洗礼名を与えられ、同時に姓を日本に由来するヤマトフと変える。ロシア外務省の官吏としてヨーロッパ各地やインドへも赴き、また日本からの使節も迎えている。文久2年、竹内下野守保徳一行がヨーロッパ諸国を訪問しての帰途、ロシアをおとずれる。この時の随員であった福沢諭吉の『西航記』や『福翁自伝』、また市川清流の『尾蠅欧行漫録』などに、ロシアの接待役の中に日本人がいて寝床や料理などこまかいところまで配慮されていることが記されている。この日本人は一行の前に顔を出すことはなかったが、ヤマトフという名であったことも諭吉は記している。その後、耕斎は、小出大和守秀実を正使とする使節団や山内作左衛門ら遣露留学生らとも接触したことが知られている。山内の日記などによると彼は留学生をよく世話している。明治3年、ペテルブルグ大学の中国・蒙古学科で日本語が教えられ始めるが、ここの最初の日本語教師として講義をしている。またスタニスラス三等勲章も授与されている。6年、岩倉使節団がロシアに赴いた折、特命全権大使である岩倉具視にも面会している。この時、帰国をすすめられ、またキリスト教に対する禁令が解かれたという日本の事情も幸いし、ロシア政府に帰国を願い出て、翌7年9月に帰国する。帰国後、結婚したが実子がなく、養子をむかえたといわれる。ロシアからの年金300ルーブルによって生活を営み仕官することを望まず、信仰していたキリスト教を捨て、芝山内の小室で念仏や読経の日々を過ごす。人と接することを好まず、わずかに農商務省官吏・長瀬義幹やロシアにいた時代に留学生として派遣され知り合いとなり交際を続けていた市川文吉などが晩年の知己である。18年5月に入り病気がちとなり、明治18(1885)年5月31日、家人に対して「今日死ぬ」と語り、読経後に死去。享年66歳。
⑱東京芝・源昌寺

文献　「和魯通言比考」と橘耕斎（西村庚）：ソ連研究　9　昭27／幕末ロシア留学記（内藤遂）雄山閣　昭43／橘耕斎伝（中村喜和）：一橋論叢　63(4)　昭45／橘耕斎とゴシケビチ（ビタリー・グザノフ）：今日のソ連邦　1972年4月号（昭47）／日本人とロシア人（中村新太郎）大月書店　昭53／幕末おろしや留学生（宮永孝）筑摩書房　平3（ちくまライブラリー）

〔湯本豪一〕

辰蔵　たつぞう

生没年不詳　若宮丸乗組員　〔ロシアに帰化〕
⑪陸奥国（宮城郡）石浜　⑳ロシア：1794年（漂流）

生没年不詳。石浜に生まれる。寛政5年11月27日,沖船頭平兵衛率いる若宮丸(800石積,乗組員16名)に津太夫らとともに水夫として乗り組み石巻を出航,暴風に見舞われ難船,太平洋上を8ヶ月間漂流して6(1794)年アレウト列島のアンドレヤノフ諸島に漂着,現地のロシア人に保護され,翌7年オホーツク,ヤクーツクを経てイルクーツクに護送される。当地で大黒屋光太夫一行の中でロシアに帰化した新蔵(ニコライ・ペトローヴィチ・コロトゥイギン)の援助を受け8年余りを過ごす。享和3年クルーゼンシュテルンによるロシア最初の世界周航にレザーノフ率いる第2回遣日使節団が同行することになり,商務大臣ルミャンツェフの訓令により若宮丸一行はペテルブルクへ召喚される。彼はロシアに留まることを望み帰化する。その後の消息は不明。

文献 日露国交史料(梅森三郎) 有隣堂 大4／環海異聞(大槻玄沢,志村弘強) 叢文社 昭51 ／いしのまき若宮丸漂流始末—初めて世界を一周した船乗り津太夫(安倍忠正) 三陸河北新報社 昭61 ／魯西亜から来た日本人—漂流民善六物語(大島幹雄) 広済堂出版 平8 ／漂流記の魅力(吉村昭) 新潮社 平15(新潮新書)／世界一周した漂流民(石巻若宮丸漂流民の会編著) 東洋書店 平15(ユーラシア・ブックレット ; no.54)

〔雪嶋宏一〕

辰蔵　たつぞう

生没年不詳　天寿丸乗組員　㊳紀伊国(日高郡)天田組薗浦　㊺ロシア：1850年(漂流)

生没年不詳。紀伊国天田組薗浦に生まれる。天寿丸の水切として乗り組み,嘉永3(1850)年1月9日,伊豆子浦沖で漂流。3月12日,長助など12人の乗組員とともにアメリカの捕鯨船に救助された後,ロシアの捕鯨船に移され,カムチャツカ半島のペトロパウロフスク,ロシア領アラスカのシトカに送られる。5年4月,ロシア・アメリカ会社の好意により下田へ送還され,翌1月無事帰郷する。士分に取り立てられ,苗字帯刀を許されて紀州藩の水主を命じられる。

文献 日本人漂流記(川合彦充) 社会思想社 昭42(現代教養文庫A530)

〔安藤義郎〕

辰野　金吾　たつの・きんご

嘉永7年8月22日(1854)～大正8年3月25日(1919) 建築家　帝国大学工科大学長　〔建築界の先駆者・指導者〕　㊳肥前国唐津　㊺イギリス：1880年(建築学)

嘉永7(1854)年8月22日,肥前唐津藩士松倉右衛門の二男として唐津に生まれる。フランス文学者辰野隆の父。幼時に叔父辰野宗安の養子となる。明治6年10月に本邦最初の工学専門教育機関である工学寮に入り,フランス人ド・ボアンヴィルなどに建築学を学ぶ。10年1月同寮は工部大学校と改称され,イギリス人建築家ジョサイア・コンドルの教えを受ける。コンドルはわずか二歳年長にすぎないが尊敬の念をもって師事し,コンドルの知識・技術を吸収し,12年11月8日,片山東熊,曽禰達蔵,仕立七次郎とともに同校第一期生として首席で卒業する。卒業論文の課題は「日本の将来の住宅について」,設計課題は「自然史博物館」である。同年12月1日鳥羽秀子と結婚。13(1880)年2月8日,イギリス留学のためにフランス船ボルダ号で高峰譲吉,新川新一郎,石橋絢彦,小花冬吉,志田林三郎,南清,三好晋太郎,近藤貴蔵,栗本廉,高山直質の10人とともに旅立つ。香港でシンド号に乗りかえてマルセユに向かう。「馬耳塞港ハ人造港ニシテ石ヲ以テ波ヨケヲ突出シ傍砲台ニ供シ其工業実ニ驚ニ堪タリ市街ハ何モ数層楼ノ石室或ハハマガイ(漆喰ヌリ)」と建築家らしい観察でマルセユの印象を綴っている。パリに向い「巴里斯ハ欧州第一之美ナル都府ナリト実ニ左モアルヘシ家屋トイヽ道路トイヽ其美実ニ譬フルモノナシ」とパリの美観を称え,ドーバー海峡を渡ってロンドンのヴィクトリア停車場に下りたつ。駅頭には南清の兄,南保とロンドン駐在領軍三田佶が出迎えてくれ,ヴィクトリアホテルに案内される。工部省御用達のマゼソン商会社長ヒュー・M.マゼソンに会い,そのあと禁酒ホテルに滞在する。4月ロンドンのキュビット建築会社で5ヶ月実地研修をすませ,9月にはマゼソン商会の世話でロンドン建築界の巨匠ウィリアム・バルジェスの実地見習生となる。10月にはロンドン大学とロイヤルアカデミー・オブ・アーツにも通い,建築学に関する講義を受ける。1年半通学ののちロンドン大学で建築学構造全科卒業の証書をえたのち,15年3月フランスとイギリスへ旅立つ。

家庭教師を雇いフランス語とイタリア語を勉学しながらの旅ののち帰国の途につく。16年5月26日に帰国し，6月21日御用掛として工部省に出仕する。帰国最初の仕事は坂本町銀行集会所の設計建築である。17年7月工部権少技長となり，17年12月コンドルの退職に伴い工部大学校教授に就任する。19年2月帝国大学工科大学造家学科教授となるが，建築会社創立のために土木用達組に招かれる。その頃江戸橋郵便局を設計するが着工されずに終わる。31年には古市公威の後任として帝国大学工科大学長になる。35年退官するが36年8月，東京市京橋区日吉町に辰野葛西建築事務所を設立する。38年大阪辰野建築事務所を開く。建築教育に携わり多数の建築家を育成するとともに日本銀行本店，両国国技館，東京駅など228に及ぶ建築作品を残し，大正8（1919）年3月25日死去。享年66歳。

[文献] 辰野金吾君：建築雑誌　3（27）　明22／工学博士辰野金吾伝（白鳥省吾編）　辰野葛西事務所　大15／辰野金吾伝（岸田日出刀）『近代日本の科学者1』　人文閣　昭16／父の思い出（辰野隆）：建築雑誌　72（844）　昭32／日本人名大事典4　平凡社　昭54／東京駅の建築家　辰野金吾伝（東秀紀）　講談社　平14　〔富田仁〕

立見 尚文　たつみ・なおぶみ

弘化2年7月19日（1845）～明治40年3月6日（1907）　陸軍軍人，大将　男爵　[生]江戸八丁堀　[名]旧名＝町田　[渡]ドイツ：1886年（軍事視察）

弘化2（1845）年7月19日，桑名藩士の三男として江戸桑名藩邸に生まれ，立見家の養子となる。江戸昌平黌に学び，京都に出て藩の周旋方となった。戊辰戦争では幕府軍に投じ雷神隊を率いて越後，長岡，会津と転戦した。のち司法省出司を経て，陸軍に転じ，西南戦争に従軍。明治19（1886）年小松宮彰仁親王のヨーロッパへの軍事視察に随行し，20年に帰国。27年陸軍少将となり，歩兵第10旅団長として日清戦争に出征した。その後，陸軍大学校長，台湾総督府軍務局長，同幕僚参謀長を経て，31年中将となり，38年日露戦争では黒溝台，沙河に戦い，39年大将に昇進した。明治40（1907）年3月6日死去。享年63歳。　[墓]東京都港区・青山墓地

[文献] 幕末明治海外渡航者総覧（手塚晃編）　柏書房　平4／朝日日本歴史人物事典　朝日新聞社　平6／闘将伝―小説立見鑑三郎（中村彰彦）　角川書店　平10（角川文庫）／日露戦争名将伝―人物で読む「激闘の軌跡」（柘植久慶）　PHP研究所　平16（PHP文庫）／データベースWHO　日外アソシエーツ　〔藤田正晴〕

辰巳 一　たつみ・はじむ

安政4年11月4日（1857）～昭和6年1月15日（1931）　海軍造船技師，実業家　〔ヨーロッパ造船技術の移入〕　[生]加賀国金沢彦三番町　[名]旧名＝長瀬　幼名＝菊太郎　[渡]フランス：1877年（造船技術）

安政4（1857）年11月4日，金沢藩士長瀬六十郎の子として生まれる。辰巳清太夫の養子となる。漢学，剣術などを修めたのち藩校同生館に入学し約2年ほど洋学を学ぶ。明治3年に藩より選抜された3人のうちの1人として横須賀製鉄所黌舎に派遣される。黌舎では全寮制でフランス人の直接授業法によるフランス語や幾何学，物理学，機械学，造船学などの講義が行われる。10（1877）年には造船学を修めるためにノルマンディーのシェルブールにあるフランス海軍造船学校へ留学する。2年間同校でベルタンなどから造船学，築造学，蒸気機関学，熱力学，材料抵抗力学，工学，艦砲学，羅針盤操作，製図学，設計学などを学び，優秀な成績で卒業する。これは卒業証書に付記された科目ごとの点数からうかがえることである。造船技師の資格を得たのちもさらに造船技術を深く研究するため，イギリス，フランスの造船工場を視察し技術の修得に力を注ぐ。14年に帰国し，ただちに横須賀造船所の御用掛となり，翌年には海軍省主船局に入り艦船建造と修理を行う。18年に海軍少技監となり，19年から25年までは日本海軍が発注した松島・厳島両艦製造の監督官としてフランスに派遣される。そののち呉鎮守府造船部製造主幹，横須賀鎮守府造船科長，横須賀海軍造船廠長代理，佐世保海軍造船廠長などを歴任し，水雷艇の建造に貢献した小野浜造船所の初代所長・山口辰弥や千代田，千島，千歳，笠置などの建造監督として活躍した桜井省三らとともに日本海軍の艦船建造および造船技術の発展に大きく寄与する。長年の間造船に寄与したことにより，23年にはフランス政府からシュヴァリエ・ド・ラ・レジオン・ド

ヌール，34年にはコマンドゥール・ド・ロルドル・ロワイアル・デュ・カンボージュを授与される。日露戦争で足の親指を負傷し一時待命となる。そののち海軍造船大佐を辞し日本鋼鉄株式会社取締役社長，千代田ゴム株式会社取締役など民間会社の要職に就任し活躍している。当時の造船技術修得のための留学生は帰国後は艦船建造に指導的な役割をになっていたとともに，政府が外国から巨費を投じて購入する艦船の建造に手ぬかりがないように建造国まで出向いて監督にあたり機密の部分についても注意を払うという役目をもっていた。彼は，ほかの仲間と同様に退官後も民間の造船建造にかかわっている。これが日本造船界の発展にも大きな力となっていたことも見逃せない。昭和6(1931)年1月15日，東京府大崎町上大崎の自宅で死去。享年75歳。
墓東京・青山霊園
文献 近代日本海外留学生史 上(渡辺実) 講談社 昭52／日本人名大事典4 平凡社 昭54／日仏文化交流史の研究―日本の近代化とフランス人(西堀昭) 駿河台出版社 昭56／横須賀製鉄所の人びと(富田仁，西堀昭) 有隣堂 昭58　　〔湯本豪一〕

伊達 宗敦　だて・むねあつ
嘉永5年5月(1852)～明治43年12月6日(1910)
政治家　男爵　⊕宇和島　⊛イギリス：1871年(留学)
　嘉永5(1852)年5月，宇和島藩士伊達宗城の三男として生まれる。のち仙台藩士伊達慶邦の養子となる。明治3年，仙台藩知事となる。4(1871)年にイギリスに留学して8年に帰国。帝国議会初期より貴族院議員となる。明治43(1910)年12月6日死去。享年59歳。
文献 近代日本の海外留学史(石附実) ミネルヴァ書房 昭47／日本人名大事典4 平凡社 昭54／昭和新修 華族家系大成 下(霞会館諸家資料調査委員会) 霞会館 昭59　　〔楠家重敏〕

伊達 宗介　だて・むねすけ
生没年不詳　和歌山県留学生　⊕和歌山　⊛イギリス：1870年(語学研修)
　生没年不詳。和歌山の出身。明治3(1870)年に和歌山県の県費留学生として語学研修のためイギリスに渡る。その後の消息は不明。

文献 明治初年条約改正史の研究(下村冨士男) 吉川弘文館 昭37／近代日本の海外留学史(石附実) ミネルヴァ書房 昭47／近代日本海外留学生史 上(渡辺実) 講談社 昭52／幕末明治海外渡航者総覧(手塚晃編) 柏書房 平4　　〔楠家重敏／富田仁〕

伊達 宗之助　だて・むねのすけ
生没年不詳　公家　⊕大村　⊛ヨーロッパ：1870年(留学)
　生没年不詳。大村の出身。明治3(1870)年にヨーロッパに渡る。おそらく私費留学であろうが，その後の消息は不明。
文献 近代日本の海外留学史(石附実) ミネルヴァ書房 昭47　　〔楠家重敏〕

伊達 宗陳　だて・むねのぶ
万延1年12月16日(1861)～大正12年2月7日(1923)　宮内庁官吏　侯爵　⊛イギリス：1886年(留学)
　万延1(1861)年12月16日，伊予国宇和島藩主伊達宗徳の長子として生まれる。伊達宗城の孫で，仙台分家の伊達宗敦の甥。明治19(1886)年にイギリスに留学するが，帰国後は式部官，主猟官，宮中顧問官などを歴任する。貴族院議員，侯爵。大正12(1923)年2月6日脳溢血で倒れ，翌7日東京芝白光三光町の自宅で死去。享年63歳。
文献 日本人名大事典4 平凡社 昭54／海外における公家 大名展・第1回維新展(霞会館資料展示委員会) 霞会館 昭55／昭和新修 華族家系大成 下(霞会館諸家資料調査委員会編) 霞会館 昭59　　〔富田仁〕

伊達 弥助　だて・やすけ
天保10年(1839)～明治25年3月20日(1892)
西陣織職人〔西陣織の近代化に貢献〕　⊕京都西陣(堀川寺之内上ル)　㊇幼名＝徳松　⊛オーストリア：1873年(ウィーン万国博覧会への出品，進歩賞牌受賞)
　天保10(1839)年，3代伊達弥助の子として京都の堀川天神の近くに生まれる。彼は若くして化学や医学も修め学識豊かな人物であり，嘉永5年天鵞絨に友禅染を着想し，万延年間には二重綿天鵞絨を発明するという天性の機業家であった。当時，西陣織の近代化を図るためにジャカード織機の工法修得の目的で，フランスに3人の織工が派遣されるという状況下，明

治6(1873)年のウィーン万国博覧会に副総裁佐野常民に随行してオーストリアに渡る。博覧会には梨子地の織物を出品し進歩賞牌を受ける。2年間滞在ののち帰国しオーストリア式ジャカード織をわが国に伝える。9年父の死に伴い4代目弥助を襲名する。辻礼輔に師事して画法と化学を修め，古代の絵画や彫刻を参考にして伊達錦織をあみ出す。またリヨン研修の井上伊兵衛を招いて事業を拡張した。23年帝室技芸員に任命され，勧業博覧会，物産会などの審査員をつとめ，臨時全国宝物取調局御用掛となる。明治25(1892)年3月20日死去。享年54歳。死後西陣の織工，弟子たちが平野神社に西陣名技碑を建立。 [墓]京都市北区・大徳寺塔頭三玄院

[文献] 幕末維新人名辞典 学芸書林 昭53／日本人名大事典4 平凡社 昭54／明治維新人名辞典(日本歴史学会編) 吉川弘文館 昭56／西陣明治の群像8 識者伊達弥助(福本武久)：西陣グラフ 310 昭57.8 〔富田仁〕

立石 斧次郎 たていし・おのじろう

天保14年9月16日(1843)～大正6年1月13日(1917) オランダ通詞, 英語通詞 〔英語教育, ハワイ移民に尽力〕 [生]江戸小日向 [名]幼名＝米田為八, 別名＝教之, 長野桂次郎, 米田桂次郎 [渡]アメリカ：1860年(遣米使節の通訳見習), アメリカ：1871年(岩倉使節団に同行)

天保14(1843)年9月16日，日光奉行小花和内度正の二男として，江戸小日向に生まれる。立石得十郎の養子となり，長崎で初歩の英語を学ぶ。のち横浜に出て，運上所の英語通詞見習となる。養父立石得十郎が遣米使節の一員に選ばれた折に，随員として参加して安政7(1860)年1月に横浜を出帆する。ハワイを経て，サンフランシスコに上陸し，一行は首都ワシントンで大歓迎を受ける。アメリカでは「為」が変じて彼はトミーと呼ばれて親しまれるが，現地のハーパース週刊新聞は「この人はこのところワシントンでは，一般の大変なお気に入りとなり，とくに婦人たちの間でさうなのである。米国の友人たちはトミーと呼んでいるが，気立てのやさしく，人柄もかなり良く，その上新しい状景や珍しい同席者に自分を適応させる道を心得た若者であるかに見え，その点がすべての訪問者をよろこばせている」と伝えている。ワシントンで日米修好通商条約批准書交換を終えた一行は，フィラディルフィアに赴くが，その中でも彼の評判は高く，フィラディルフィアの新聞は「トミーは英語を大変流暢に話し，明らかに普通以上の知性をもっている。彼はわが国語の知識を得ようと熱望しているらしい」と報じている。彼の好奇心の強さを物語るものである。一行はここで桜田門外の事件の報に接して当惑する。彼らはニューヨークでも歓迎を受け，ホイットマンはこの様子を「ブロードウェイの大行進」という長詩に書いている。さらに地元の人々は「トミーのポルカ」を作り楽しんだ。同年5月，使節一行はニューヨークからアメリカを離れた。アフリカのコンゴ，喜望峰，ジャワ，香港を経て，9月に横浜に帰帆する。日本人として最初の世界一周の旅である。帰国後，御雇通詞に昇任して，一時アメリカ公使館に雇用される。文久2年頃に英語塾を開いて後進の育成をはかる。明治になると長野桂次郎と改名して，4(1871)年の岩倉使節団に参加する。その船中でアメリカ人のような態度で女子留学生に接したため,「今般米国へ被遣女書生ノ中へ，書記官長野(注:トミーのこと)トカ申ス仁，タハムレタルコトアリ」として,「裁判」にかけられるというエピソードをうんだ。6年の帰国後，工部省鉱山寮に出仕する。10年，北海道に渡り開拓事業に励む。のち，東京に戻りハワイ移民に尽力する。明治10年代後半には大阪控訴院に勤務して，オランダ語と英語の通訳にあたり，洋書の翻訳にも精を出した。生涯外国と日本の架け橋となって活躍した。なお，夏目漱石とは縁戚関係にあたる。大正6(1917)年1月13日，静養先の伊豆戸田で死去。享年75歳。

[文献] 77人の侍アメリカへ行く―万延元年遣米使節の記録(服部逸郎) 講談社 昭49／西洋見聞集(沼田次郎, 松沢弘陽校注) 岩波書店 昭49(日本思想大系66)／トミーという名の日本人(金井圓) 文一総合出版 昭54／トミーは漱石の親類：毎日新聞 昭55.1.11／君はトミー・ポルカを聴いたか―小栗上野介と立石斧次郎の「幕末」(赤塚行雄) 風媒社 平11 〔楠家重敏／富田仁〕

立石 得十郎 たていし・とくじゅうろう

文政12年(1829)～? 通詞 [生]長崎 [名]諱＝長久 [渡]アメリカ：1860年(遣米使節の通訳)

文政12(1829)年長崎に生まれる。幕末にオランダ通詞として長崎奉行のもとで働き養子

立石斧次郎にも外国語を学ばせる。彼はペリー来航にあたってアメリカ人のオランダ語通訳を介して日米交渉に活躍する。安政6(1859)年10月，二等通詞として幕府の遣米使節に加わり，安政7(1860)年1月，斧次郎とともにアメリカに赴く。使節一行はワシントンで日米修好通商条約の批准書交換をすませたのち，アメリカ東部を巡り，南半球を回って帰国。その後の消息は不明。

[文献] 77人の侍アメリカへ行く—万延元年遣米使節の記録（服部逸郎） 講談社 昭49／西洋見聞集（沼田次郎，松沢弘陽校注） 岩波書店 昭49（日本思想大系66）／トミーという名の日本人（金井圓） 文一総合出版 昭49／幕末維新人名事典 新人物往来社 平6 〔楠家重敏／富田仁〕

建野 郷三　たての・ごうぞう

天保12年1月(1841)～明治41年2月16日(1908) 官吏，実業家　大阪府知事　〔内外物産貿易会社などの経営に参加〕　㊥豊前国小倉　㊛幼名＝渡辺勇太郎，牧野弥次左衛門　㊤イギリス：1870年（国外逃避のための留学）

　天保12(1841)年1月，豊前豊津藩士渡辺弥五兵衛の子として小倉に生まれる。のち牧野家に養われて弥次郎左衛門を名乗るが，13歳のとき建野建三の養子となり建野郷三を称す。幕末の政局に活躍し，小倉城落城後に同志と赤心隊を組織する。明治3(1870)年に難をのがれてイギリスに留学する。帰国後，10年の西南戦争では警備隊に従軍する。宮内権大書記官，太政官権大書記官を経て，13年に大阪府知事となる。23年11月，特命全権公使としてアメリカへ赴任する。翌年にはメキシコ特命全権公使を兼任する。27年に実業界に入り，唐津興業鉄道，日本移民合資会社，内外物産貿易会社の役員を歴任する。明治41(1908)年2月16日死去。享年68歳。

[文献] 明治過去帳—物故人名辞典（大植四郎編） 東京美術 昭46／日本人名大事典 平凡社 昭54／明治維新人名辞典（日本歴史学会編） 吉川弘文館 昭56 〔楠家重敏〕

田辺 次郎　たなべ・じろう

慶応1年9月20日(1865)～明治19年4月14日(1886)　貿易業　〔帰国の途中客死〕　㊤イギリス：1886年（貿易に従事）

　慶応1(1865)年9月20日，静岡県士族田辺太一の二男として生まれる。明治14年，香港の中環書院に入り，3年間修学ののち帰国する。のちイギリスに赴き貿易業に従事するが，病にかかり帰路の途次，地中海で明治19(1886)年4月14日死去。享年21歳。

[文献] 明治過去帳—物故人名辞典（大植四郎編） 東京美術 昭46 〔楠家重敏〕

田中 阿歌麿　たなか・あかまろ

明治2年9月30日(1869)～昭和19年12月1日(1944)　湖沼学者　日本陸水学会初代会長　〔湖沼学の先駆者〕　㊥東京・築地　㊤スイス，ベルギー：1884年（地理学）

　明治2(1869)年9月30日，田中不二麿の子として東京築地に生まれる。中村敬宇の私塾に学び，明治17(1884)年，父の田中不二麿子爵に従って渡欧する。外交官の修業をしていたが，スイス・アルプスの山湖を巡歴して地理学に傾倒し，ベルギーのブリュッセル市立大に入学，26年理学部地理学科を卒業。卒業後コンゴ植民地の地理研究をし，28年帰国。以来，山中湖を皮切りとし全国各地の湖沼を研究する。専修大，中央大，早稲田大，京都帝国大学などで教え，昭和6年日本陸水学会を創立，初代会長となる。主な著書に『諏訪湖の研究』『日本北アルプス湖沼の研究』などがある。昭和19(1944)年12月1日死去。享年76歳。

[文献] 幕末明治海外渡航者総覧（手塚晃編） 柏書房 平4／データベースWHO 日外アソシエーツ 〔藤田正晴〕

田中 稲城　たなか・いなぎ

安政3年1月6日(1856)～大正14年2月22日(1925)　図書館学者　帝国図書館長　〔帝国図書館の初代館長〕　㊥周防国（玖珂郡）今津村（岩国）　㊛幼名＝辰之助，林蔵　㊤アメリカ：1888年（図書館学）

　安政3(1856)年1月6日，岩国藩士末永藤蔵の三男として周防国今津村に生まれる。のち田中仲蔵の養子となる。藩校養老館に入って漢学を修業したのち，藩立英語学校，東京英語学校，東京開成学校とすすみ，明治14年に東京大学和漢文学科を卒業する。その後，東京図書館や東京教育博物館などに勤める。明治21(1888)年8月2日，「図書館ニ関スル学術修業」のためにアメリカとイギリスに留学する。つぶさに諸外国における図書館事情を調査研

究して，在外中に各種の報告と意見を当局に送る。23年3月11日に帰国したのち，（1）一国の図書記録を保存し，（2）国内の出版事情の全貌を知り，（3）外国の学芸の成果を吸収し，（4）国民の一大学校とするための帝国図書館建設を上申する。30年に帝国図書館の創立とともに初代館長となる。また，日本文庫協会（のち日本図書館協会）を設立し，同会の初代会長をつとめる。まさしく図書館界に一生をささげ，大正14（1925）年2月22日死去。享年70歳。

[文献] 田中稲城（竹林熊彦）：図書館雑誌　36（3）昭17／田中稲城著作集（竹林熊彦）：図書館雑誌　36（6～9）　昭17／田中稲城と帝国図書館（竹林熊彦）　大雅堂　昭18／近代日本図書館の史的研究：土　39（45）　昭26／日本人名大事典4　平凡社　昭54／近代日本哲学思想家辞典（伊藤友信他編）　東京書籍　昭57／我が国最初の図書館学者　田中稲城（西村正守）『図書館を育てた人々　日本編1』（石井敦編）　日本図書館協会　昭58　〔楠家重敏〕

田中 王堂　たなか・おうどう

慶応3年12月30日（1869）～昭和7年5月9日（1932）　哲学者　〔日本におけるプラグマティズムの最初の紹介者〕　[生]武蔵国（入間郡）富岡村　[名]本名＝田中喜一　[渡]アメリカ：1889年（留学）

慶応3（1869）年12月30日，武蔵国入間郡富岡村に生まれる。同志社を中退後，明治22（1889）年私費で渡米し，シカゴ大学などで哲学を学ぶ。在米中にJ.デューイの思想に影響を受け，31（1898）年帰国後，日本におけるプラグマティズムの最初の紹介者となる。東京高等工業学校，早大，立大などの教授を歴任。文学評論でも活躍し『我国に於ける自然主義を論ず』などを発表。45年刊行の『哲人主義』をはじめ多くの著書がある。昭和7（1932）年5月9日死去。享年66歳。

[文献] 日本の思想家　第3（朝日新聞社朝日ジャーナル編集部編）　朝日新聞社　昭38／幕末明治海外渡航者総覧（手塚晃編）　柏書房　平4／データベースWHO　日外アソシエーツ　〔藤田正晴〕

田中 銀之助　たなか・ぎんのすけ

明治6年1月20日（1873）～昭和10年8月27日（1935）　実業家　〔ラグビーを日本に紹介〕　[生]神奈川県横浜　[渡]イギリス：1889年（留学）

明治6（1873）年1月20日，神奈川県横浜に生まれる。実業家田中平八の甥。共立学校，学習院に学んだのち，明治22（1889）年イギリスに渡り，ケンブリッジ大学で法律学を学び，30年帰国。30年田中銀行取締役，大正2年田中鉱業を創立し取締役となり，同社繁栄の基礎を築いた。一方，明治32年慶応義塾の英語教師として来日したエドワード・クラークと日本初のラグビーチームを結成，ラグビーを日本に紹介した。昭和10（1935）年8月27日死去。享年63歳。

[文献] 幕末明治海外渡航者総覧（手塚晃編）　柏書房　平4／事典近代日本の先駆者　日外アソシエーツ　平7／データベースWHO　日外アソシエーツ　〔藤田正晴〕

田中 耕造　たなか・こうぞう

嘉永4年6月28日（1851）～明治16年11月7日（1883）　警察官吏　東京府議　[生]江戸　[名]本名＝田中信雅　[渡]フランス：1879年（川路利良に随行）

嘉永4（1851）年6月28日，江戸に生まれる。福地源一郎，中江篤介らにフランス語を学び，大学校，司法省，元老院，警視庁，文部省に出仕，博識で知られた。明治12（1879）年川路利良に随行してフランスに渡る。エミール・アコラスについて政法二学を研究。13年8月21日帰国。14年官職を辞し，著書の出版，仏学塾，出版局などの設立に尽力。15年東京府議となり，また『自由新聞』にも関係した。著書に『欧米警察見聞録』，訳書に『仏国民法国字解』などがある。明治16（1883）年11月7日死去。享年33歳。

[文献] 幕末明治海外渡航者総覧（手塚晃編）　柏書房　平4／データベースWHO　日外アソシエーツ　〔藤田正晴〕

田中 正平　たなか・しょうへい

文久2年5月15日（1862）～昭和20年10月16日（1945）　音楽学者，物理学者　理学博士　〔純正調オルガンの発明者〕　[生]淡路島（三原郡）　[渡]ドイツ：1884年（音響学）

文久2（1862）年5月15日，淡路島に生まれる。大阪外国語学校を経て，明治15年東京大学理学部物理学科を首席で卒業する。17（1884）年文部省から音響学，電気学研究のためドイツ留学を命じられ，ベルリン大学において音響

学の大家ヘルツホルムのもとで研究を積む。音響学, 電気学を研究対象に選んだ直接の原因は, 当時東京大学物理学科の主任教授であったメンデンホールが物理学の法則にかなうのは西洋音楽だけとするのに対し, 日本の音楽にも科学的基礎を与えようとした点にある。さらにプスラーについて和声学と楽式を, ベラーマンに対位法を, 別にバイオリンも学んだ。20年に方形板の振動に関する論文を発表し, 既に音響学について研鑽を積んでいたが, その後純正調の研究を志す。純正調が理論的に正しく耳に快いものであることは学者, 音楽家に知られていたが, 純正調による鍵盤楽器の製造は不可能とされており, これを可能にしたのが彼の純正調オルガンである。23年に完成した田中式純正調オルガンの試作品は1オクターブに36の音源をもち, それが20個の鍵と膝押板によるエンハルモニー転換装置と, 鍵盤全体をそっくり左右に移動する機械的移調装置とによって操作されるものだった。名指揮者ビューローはこの創案を知り, この楽器を「エンハルモリユム」と名付けた。このオルガンの音調は正確で快いものであることが明らかになった。当時ベルリン国立高等音楽学校長でバイオリニストでもあったヨアヒムがこの発明を喜び, それがドイツ皇帝にも伝わったので, 23年4月破格の謁見が許され皇帝の前でこれを演奏した。その結果, ドイツ文部省は6000マルクを給し, 純正調パイプオルガンの作製を命じた。彼の研究は天皇にも聞こえ, 24年1000円が下賜され, 帝国議会も2,500円の研究補助費の支給を可決した。純正調パイプオルガンは彼の監督下シュトゥットガルトのワルカー社が製作し, 2年後の25年ドイツ文部省に納入されベルリンのトローテンシタット高等学校講堂に据付けられた。これは世界初の完全な電気操作オルガンでもあった。第1回招待公演はベルリン楽壇のほとんどの有力者を招いて25年9月21日行われた。留学中にベルリン大学からドクトル, 日本から理学博士の学位が授与され, 32年帰国した。帰国後は日本鉄道株式会社に入り, 鉄道院鉄道試験所長となる。大正1年退職して田中電気研究所を設立し, 電気信号装置など多数を発明したが, その間長年にわたって邦楽曲3000種を採譜した。日本音楽協会理事長, 文部省国民精神文化研究所員として音楽振興につくし, 昭和13年朝日文化賞を受賞。著書に『日本和声の基礎』(昭和15年)などがある。昭和20(1945)年10月16日, 疎開先の千葉県山武郡千代田村で死去。享年84歳。

[文献] 博士田中正平氏の発明:国民之友 228 明27／日本の洋楽百年史 (秋山龍英編著) 第一法規出版社 昭41／音楽五十年史 (堀内敬三) 講談社 昭52／近代日本海外留学生史 上 (渡辺実) 講談社 昭52／維新の留学生 (上垣内憲一) 主婦の友社 昭53 (Tomo選書)／日本人名大事典 現代編 平凡社 昭54／新音楽辞典 人名 音楽之友社 昭57
〔松田和夫〕

田中 二郎 たなか・じろう

嘉永4年(1851)〜?　幕府遣露留学生　㊥江戸　㊦ロシア:1865年(ロシア語, 鉱山学)

嘉永4(1851)年, 村越只次郎組仮抱入同心・田中新吉の次男として江戸に生まれる。慶応1年, 幕府の遣露留学生の一人に選出される。この時15歳, 開成所の生徒だった。一行6名は同年(1865)7月箱館を出帆し, 翌年2月にペテルブルグに到着する。彼らは元箱館駐在露国領事ゴシケーヴィチらの尽力でロシア語を学び, 各自専修の学科目を選定する。彼は海軍学を志望するが叶わず鉱山学を選ぶことになるが, いずれも殆んど実を結ばなかった。というのは, やがて一行はロシアがヨーロッパの後進国であることを悟って失望し, 同時に彼らの多くが年齢及び資質の点で留学生として不適格だったからである。事実彼は「日本」という字も読めなかったという。慶応4年に幕府の帰還命令によって帰国する。同年末開成所教授試補に任ぜられたが, その後の消息は不明。

[文献] 我が国最初の露国留学生に就いて (原平三):歴史学研究 10(6) 昭15.6／遣露伝習生始末 (内藤遂) 東洋堂 昭18／幕末維新人名事典 新人物往来社 平6
〔沢田和彦／富田仁〕

田中 静洲 たなか・せいしゅう

天保13年11月23日(1842)〜大正13年1月24日(1914)　医師, 鉱山技師　〔生野鉱山の近代的開発の礎〕　㊞変名=朝倉省吾, 盛明(維新後) ㊦イギリス:1865年(医学)

天保13(1842)年11月23日に生まれる。蘭学を学び, 薩摩藩の開成所句読師(語学教師)として在職中, 21歳のとき同藩派遣イギリス留

学生の1人に選ばれる。元治2（1865）年3月22日、朝倉省吾と変名し、一行とともに鹿児島を出航し、シンガポール、スエズ経由で各国の諸文明や揺れ動く世界状勢などを見聞しつつ、5月28日ロンドンに到着する。彼らの世話役は下院議員L.オリファントであった。留学生活の世話役山尾庸三の案内でロンドン市内見物、兵器博物館や造船所を見学する。また、語学家庭教師について英語の学習に励む一方、一行の勉学上の指導者ロンドン大学化学教授ウィリアムソン博士の案内でベッドフォードの鉄工場で農業耕作機械を見学し、ハワード農園で実習を受けたりする。7月初旬、中村宗見とともに本格的勉学にそなえてロンドン大学の教授宅に寄宿することになる。8月中旬、同大学ユニヴァーシティ・カレッジ法文学部に入学する。藩命による専攻学科は医学であった。その後約半年間専攻以外の科目、語学などを学んだと考えられる。翌慶応2年1月、中村とともに同大学を中退、フランス人貴族モンブラン伯爵の世話でフランスへ留学する。両名の留学先変更の理由は明らかではないが、フランス留学中中村と協力して幕府の対仏政策、諸藩の動向などをロンドン滞在中の監督役町田久成、対英外交担当者寺島宗則などに報告して、3年初め、イギリス、フランス留学を終えて帰国する。留学以前は医師であったが、帰国後はまったく別の道を歩むことになる。中村より1年早く帰った彼は朝倉盛president助と改名し、フランス語教師として藩の開成所に務めるが、その鉱山学の知識と語学力ゆえ来日フランス人鉱山技師フランソワ・コワニエの通訳を務めたのを契機に鉱山開発に携わる。明治1年、コワニエと廃坑となっていた生野銀山の地質調査を行い、この鉱山の開発に乗り出す。その後24名に達したといわれるフランス人技師たちの相手をする一方、鉱山学生や多くの坑夫たちに対する鉱山学の教育に励む。16年には生野鉱山局長となっている。20余年にわたって生野の現場から離れることなく精根を傾けて開発した同鉱山はその洋式鉱山技術と近代的西洋式設備を天下に誇り、日本の近代鉱山開発の礎となった。しかし不運にも、22年にこの鉱山が皇室財産に編入されるとともに山を下りなければならなかった。その後の消息は不明。洋式技術を移植し、黎明期の日本の鉱山業の近代化に果たした功績は高く評価され

るべきであろうが、同時に専門技術者としてしか明治社会で受け入れなかった多くの海外留学生の典型を彼にみることができる。現在、生野町には彼の業績を称えて「盛明橋」と命名された橋が残されている。大正13（1914）年1月24日死去。享年73歳。

文献 鹿児島県史　同県　昭16／薩藩海軍史上・中・下（公爵島津家編纂所編）　原書房昭43（明治百年史叢書71～73）／薩摩藩英国留学生（犬塚孝明）　中央公論社　昭49（中公新書375）／近代日本海外留学生史　上（渡辺実）講談社　昭52／幕末明治海外渡航者総覧（手塚晃編）　柏書房　平4
〔安藤重和／富田仁〕

田中　精助　たなか・せいすけ

天保7年4月（1836）～明治43年12月5日（1910）
電信技術者　〔電信機製造技術の移植〕　⑰山城国伏見　㉑旧名＝梅川重泰　㉒オーストリア：1873年（ウィーン万国博覧会）

天保7（1836）年4月、伏見に生まれる。幼くして田中久重の門人となり、弘化4年5月以後久重に従って諸機械や時計の製造に従事する。明治5年工部省電信寮修技科に勤務し、モールス電信機等の修繕にあたる。6年（1873）4月、ウィーン万国博覧会に佐野常民事務副総裁の随員の一人として渡欧する。同年10月電信機製造の伝習生を申し付けられ、オーストリア、ドイツ、フランスの工場を見学、時計および諸機械の製作を学び、7年帰国する。その後汐止電信寮倉庫内の仮製作所で、電信機械の製造および修繕に従事する。14年第1回内国勧業博覧会に電気通信用機械および蓄音機を製造出品し好評を博す。23年退官し、以後は久重経営の芝浦田中製作所で第三工場主任となる。明治43（1910）年12月5日死去。享年75歳。

文献　日本電気技術者伝（田村栄太郎）　科学新興社　昭18／明治のエンジニア教育（三好信浩）　中央公論社　昭58（中公新書695）
〔中川浩〕

田中　鶴吉　たなか・つるきち

安政2年（1855）～？　製塩事業家　⑰江戸狸穴　㉒アメリカ：1865年（製塩法）

安政2（1855）年、幕臣の子として江戸・狸穴に生まれる。慶応1（1865）年11歳の時に家出し、アメリカの商船に乗り込んで渡米。サンフランシスコの商館に勤務したのち、明治6年

製塩会社に入社して天日による製塩法を学んだ。13年友人の勧めで帰国。東京・深川に製塩試験場を設立するが,間もなく暴風雨の被害に遭い頓挫。その後,小笠原諸島などで天日製塩を試みるがうまくいかず,19年にはアメリカに戻った。その後の経歴は不詳。

文献 幕末明治海外渡航者総覧(手塚晃編) 柏書房 平4／朝日日本歴史人物事典 朝日新聞社 平6／データベースWHO 日外アソシエーツ　〔藤田正晴〕

田中 貞吉　たなか・ていきち

安政4年(1857)～明治38年12月9日(1905)　南米探検家　〔海外植民事業の立案〕　⑯周防国岩国　㊙アメリカ：1871年(藩主吉川重吉に同行)

　安政4(1857)年,岩国藩士の家に生まれる。明治4(1871)年15歳の時,旧藩主吉川重吉の留学に随行して渡米。ボストンのライス中学校に留学。帰国後海軍省に入り,のち東京郵便電信学校長となる。日清戦争の際は第2軍郵便部長として従軍し,台湾占領後は総督府郵便部長。のちに海外植民事業を計画して南米各地を詳しく探検する。その結果,32年,森岡商会が初めてペルーに移民を送り,38年東洋汽船会社が南米航路を開く。明治38(1905)年12月9日死去。享年49歳。

文献 日本人名大事典4 平凡社 昭54／近代日本の海外留学史(石附実) ミネルヴァ書房 昭59　〔安藤義郎〕

田中 永昌　たなか・ながまさ

生没年不詳　鍋島家家来　⑯鍋島　㊙イギリス：1871年(藩主鍋島直大に随行)

　生没年不詳。鍋島の出身。明治4(1871)年,アメリカまで岩倉使節団一行と同船し,藩主鍋島直大の従者としてイギリスに渡る。7年7月帰国。その後の消息は不明。

文献 近代日本の海外留学史(石附実) ミネルヴァ書房 昭47／幕末明治海外渡航者総覧(手塚晃編) 柏書房 平4
〔楠家重敏／富田仁〕

田中 秀安　たなか・ひでやす

生没年不詳　医師　㊙アメリカ：1860年(咸臨丸の医師)

　生没年不詳。安政7(1860)年1月,咸臨丸の医師として渡米する。

文献 万延元年遣米使節史料集成1～7(日米修好通商百年記念行事運営会編) 風間書房 昭36／幕末教育史の研究―諸術伝習政策(倉沢剛) 吉川弘文館 昭59　〔富田仁〕

田中 不二麿　たなか・ふじまろ

弘化2年6月12日(1845)～明治42年2月1日(1909)　文教行政家　子爵　〔「教育令」の公布,女子教育の振興の功労者〕　⑯名古屋城下代官町　㊐幼名=虎三郎,国之輔,号=夢山　㊙アメリカ：1871年(岩倉使節団に随行,教育行政視察)

　弘化2(1845)年6月12日,尾張藩士田中儀兵衛の長男として名古屋に生まれる。少年時代に四書の素読を受け,経書の講義,赤穂義士の説話などを聞き,勤王の精神を培う一方,弓術を学ぶ。16歳のとき江戸に出て湯島の聖堂に入り,修学のかたわら勤王の志士と交わる。文久2年,役付き,慶応1年10月に馬廻組となり同時に明倫堂監生を命ぜられて帰郷,同3年5月助教並となる。名古屋の家には諸国から亡命の志士が訪れ,ある時は血気にはやって攘夷と称し唐物店紅葉屋を襲って乱暴を働いたときその黒幕と見なされ,蟄居を命ぜられた。維新後,新政府に召し出され,尾張藩を代表して参与となる。さらに徴士,弁事になり,明治2年,維新の功により金1000両を下賜される。3年中弁,大学校御用掛,4年10月文部大丞となり,文部理事官として岩倉使節団に随行し,欧米諸国の教育行政をつぶさに視察して6年帰国,その報告を『理事功程』(全15巻)にまとめて刊行する。翌年9月,文部大輔。9年3月フィラデルフィア博覧会に教育事務取調のため渡米,帰国後『米国百年期博覧会教育報告』を刊行する。「学制」の実施に力を尽し,一方ではその改正をはかり,文部省の学監デヴィッド・マレーを顧問として原案を作成,12年,それまでの「学制」を廃して「教育令」を公布する。この「教育令」は「学制」の中央集権主義を排し,アメリカ風の自由主義,地方分権主義を採るというきわめて斬新なものであったが,当時の日本の教育事情にあてはめるにはあまりにも新しく,自由に過ぎ,かえって地方学事に一時的な停滞,混乱,例えば就学率の減少,教育精神のゆるみなどを招いた。世間は「教育令」の自由主義の悪結果であるとして非難し,結局その責を負う形で教育行政の地位を去る

がその果たした役割は大きい。翌13年3月司法卿に転じ、14年参事院副議長、17年特命全権公使としてローマに駐在、20年5月子爵、6月フランス駐在に転ずる。23年6月に帰国、枢密顧問官、翌年6月、ロシア皇太子の大津遭難事件後、松方内閣の司法大臣となる。25年退官、再び枢密顧問官となり、37年日露戦争が開始されると高等捕獲審検所長となる。これが最後の官職であるが、何と言っても教育上に残した功績は大きく、女子教育の振興（女子高等師範学校、女学校の創設）、学士院、体操伝習所、音楽取調所、教育博物館の創設などがあげられる。当時の文部省の最高位は卿（大臣）であったが行政の実権は大輔（次官）が握っていた。したがって退官した13年まで文部行政は彼の手に委ねられ、上述のような新しい改革、組織の拡充、教育施設の創設を断行することができたのである。渡米後はアメリカの主義、風潮を好み、自由主義教育の「教育令」の発布をはじめとして、アメリカ人の宣教師の家に夫人を寄寓させたり、フィラデルフィア博覧会には夫人を同伴するなど、万事アメリカ的で、婦人に対する慇懃な礼儀作法も心得たよい意味でのハイカラでありダンディーであった。晩年は茶や骨董を愛し、夢山と号して詩を作り、自適の生活を送った。明治42(1909)年2月1日、腎臓病のため、東京小石川の自邸で死去。享年65歳。

墓 東京・谷中霊園

文献 子爵田中不二麿伝（西尾豊作） 川瀬書店 昭9／田中不二麿子の点描（竹林熊彦）：教育 5(3) 昭12／明治教育上に於ける田中不二麿と森有礼（木村泰夫）：教育思潮研究 12(1) 昭13／田中不二麿と明治初年の文教行政（田中阿歌麿）：文部時報 730 昭16／歴史教室 田中不二麿（大久保利謙）：国民の歴史 1(3) 昭22／田中不二麿と教育令（土屋忠雄）：文部時報 1022 昭37／教育人名辞典 理想社 昭37／子爵田中不二麿伝—伝記・田中不二麿（西尾豊作） 大空社 昭62(伝記叢書) 〔安藤義郎〕

田中 文助　たなか・ふみすけ

生没年不詳　留学生　渡 オーストリア：1873年（ウィーン万国博覧会）

生没年不詳。明治6(1873)年、オーストリアのウィーンで万国博覧会に、佐野常民事務副総裁の随員の一人として渡欧する。ひき続き農業技術の伝習生としてイタリアの工業学校に留学、製糸業を研究する。翌7年帰国。その後の消息は不明。

文献 近代日本の海外留学史（石附実） ミネルヴァ書房 昭47／近代日本海外留学生史 上（渡辺実） 講談社 昭52 〔中川浩〕

田中 光顕　たなか・みつあき

天保14年閏9月25日(1843)～昭和14年3月28日(1939)　陸軍軍人、宮中政治家　伯爵　生 土佐国（高岡郡）佐川村内原　名 旧名＝浜田辰弥、田中顕（健）助　雅号＝青山　渡 アメリカ：1871年（岩倉使節団に随行）

天保14(1843)年閏9月25日、佐川領主深尾氏家来浜田充美（金治）の長男として生まれる。微禄であったため生活は貧しく米の飯は年に2、3度しか口に入らなかったという。8歳の時父に習字を習い、11歳で深尾家の家塾・名教館に入り、文久1年、高知に出て、当時土佐勤王党の領袖とみなされていた武市瑞山の門に入って剣術の指南を受ける。翌年藩校文武館（致道館）に入り読書剣術を学ぶが、武市や叔父の那須信吾などの影響を受けて勤王党に参加、文久3年京都に出て坂本竜馬、中岡慎太郎、木戸孝允、久坂玄瑞、高杉晋作の志士と交際する。京都における土佐勤王党などの暴発的な行動に藩主山内容堂は帰国命令を出し謹慎を申しつけるが、元治1年8月14日、名も田中顕助と改めて同志とともに脱藩、長州三田尻に入る。11月大坂城焼打の計画に参加して大坂に向かうが新撰組の捜索に会い失敗、大和の十津川に逃亡する。慶応1年、中岡慎太郎の誘いに応じて京都に出、再び長州に入り、坂本、中岡と薩長連合の成立に努力、周防灘の海戦では長州船丙寅丸に乗組んで幕府の軍艦と戦い敗北させる。その後、再び京都に上り、慶応3年、中岡の組織する陸援隊に副将として入隊、11月15日、中岡が坂本と京都河原町で刺殺されてからは隊を統率する。同年12月、鷲尾侍従を擁して高野山に拠り、錦旗の下賜を請願して許され、大坂の幕軍と紀州藩とを牽制する役割を果たし慶応4年1月15日、京都に凱旋する。維新後、新政府に出仕してからは兵庫県権判事、会計監督正、大蔵少丞、理事官戸籍頭などになり、明治4(1871)年11月、理事官兼特命全権大使会計という職務で、岩倉使節団に随行、アメリカと欧州各国を歴訪して6年9月帰国する。会計という役目柄、一行の旅

費として50万ドルの大金を預かり，ニューヨークではイギリスのナショナルバンクにつとめる南貞助という男の話に乗せられて危うくその大金をその銀行に預けるところであった。旅費を利殖する必要はないと断ったが，随員の中には個人の金を預けたものもいた。イギリスに着くと間もなくナショナルバンクが破産したので一行は呆然としたという話が残っている。旅費の方は彼の拒否によって損害を蒙ることなく，大いに男を上げた。帰国の翌年には陸軍会計監督，10年の西南戦争には征討軍会計部長，戦後陸軍少将になる。20年5月子爵，翌年会計検査院長，22年12月警視総監，25年学習院長などを歴任，31年に宮内大臣となる。40年伯爵。42年宮内大臣を辞任する。その後，維新史料編纂会顧問，臨時帝室編修局総裁になるが，退官後は東海道岩淵，蒲原に隠居し，もっぱら維新の志士の顕彰に努め，また多磨聖跡紀念館，水戸の常陽会館，郷里佐川の青山文庫の建設に貢献する。著書に『歴代御製集』『維新風雲回顧録』『維新夜話』がある。昭和14（1939）年3月28日死去。享年97歳。

[墓]東京・青山霊園

[文献] 土佐偉人伝（寺石正路）　沢本書店　大3，昭15／田中青山伯（富田幸次郎）　青山書院　大6／青山余影　田中光顕伯小伝（熊沢一衛）　青山書院　大13／維新風雲回顧録（田中光顕）　昭3／伯爵田中青山　田中伯伝記刊行会編刊　昭4／維新夜話（田中光顕）　昭11／日本人名大事典　現代編　平凡社　昭54／明治維新人名辞典（日本歴史学会編）　吉川弘文館　昭56／維新風雲回顧録（田中光顕）　河出書房新社　平2（河出文庫）

〔安藤義郎〕

田中 盛明　たなか・もりあき

⇒田中静洲（たなか・せいしゅう）を見よ

田中 芳男　たなか・よしお

天保9年8月9日（1838）～大正5年6月22日（1916）　博物学者　男爵　〔殖産興業の広い分野で啓蒙活動〕　[生]信濃国（伊奈郡）飯田久々里陣屋　[名]幼名＝芳介，別名＝周太郎　[渡]フランス：1866年（パリ万国博覧会へ標本を出品）

天保9（1838）年8月9日，漢方医田中隆三（如水）の三男として信濃国飯田に生まれる。少年時代は四書五経などを学ぶとともに父が所蔵していた翻訳書にも接し，西洋の知識を少なからず持っていた。安政3年，尾張に出て伊藤圭介の門に入り西洋医学，オランダ語，博物学などを学ぶ。また伊藤圭介とともに伊勢の菰野山で植物採集を行うなど本草学の研究にも力を注ぐ。文久1年，伊藤圭介が蕃書取調所で物産学を研究するため江戸に出るとき，彼も助手として同行する。慶応2（1866）年，パリ万国博覧会に昆虫標本を出品するため相模，下総など主に関東地方を巡回し採集を行い，同年11月に採集品を携えてパリに向かう。パリでは出品物の陳列に従事するかたわら博物館，動物園，植物園などの各施設を見学する。3年10月に帰国するが，その際にサボテン，ホロホロ鳥など動植物を持ち帰る。明治1年，大阪舎密局御用掛となり同局の開設に力を注ぐ。3年東京に戻り，翌年には九段坂上の招魂社附属地においてわが国最初の博覧会を開く。また富士山へ植物採集，泰西訓蒙図解の出版など研究もつづけ，6年にはオーストリア万国博覧会へ派遣され各種標本を持ち帰る。帰国後は上野の山に動物園をつくるため準備活動を行う。また小笠原諸島開発企画，フィラデルフィア万国博覧会出張，モルタルやアスファルトの使用を試みるなど多面にわたり活躍し，第1回勧業博覧会の開催にも尽力する。その後も勧業博覧会には審査部長，事務官，評議員などとして関与し発展に寄与する。14年には農業の振興をはかるため大日本農会を創立し幹事となり，15年には水産業の改良，進歩をはかるため大日本水産会の創立にも関与し同会の顧問などを歴任して，水産伝習所の設立にも力を尽くす。また植林開発をすすめるため大日本山林会の創立にもかかわり，同会の評議員，幹事長などの要職を歴任するなどわが国の農業，水産業，林業という重要産業の発展に大きく貢献している。そのほかにも大日本織物協会副会頭，帝国学士院会員，日本園芸会副会頭，大日本教育会名誉会員，日本材木業連合協会会長などの多数の経歴がある。また博物館長や貴族院議員も歴任し，29年には貴族院において博物館建立の建議を行うなど博物館の発展にも寄与するところが大きい。また，わが国最初のりんごの接木，パリ万国博覧会において習得した技術によるわが国最初の魚の剥製づくり，オリーブの栽培，長尾鶏の紹介，日本物産年表の編纂など多くの研究業績

を残す。自然科学，博物学の先覚者といえる。大正5(1916)年6月22日死去。享年79歳。

[文献] 東京科学博物館初代館長故田中芳男男爵の事蹟：自然科学と博物館 11～10 昭15／日本水功伝13・田中芳男(片山房吉)：水産界 718 昭17 ／動物園の歴史(佐々木時雄) 西田書店 昭50 ／近代日本を築いた田中芳男と義廉(村沢武男) 田中芳男義廉顕彰会 昭53 ／日本人名大事典4 平凡社 昭54 ／明治維新人名辞典(日本歴史学会編) 吉川弘文館 昭56 ／田中芳男伝——なんじゃあもんじゃあ(みやじましげる) 田中芳男・義廉顕彰会 昭58 ／殿様生物学の系譜(科学朝日編) 朝日新聞社 平3(朝日選書)／日本の博物館の父田中芳男展 再版(飯田市美術博物館編) 飯田市美術博物館 平12 ／田中芳男十話 田中芳男経歴談(田中義信) 田中芳男を知る会 平12 ／田中芳男伝——伝記・田中芳男(みやじましげる編) 大空社 平12(伝記叢書)

〔湯本豪一〕

田中 廉太郎 たなか・れんたろう

生没年不詳 幕臣 勘定格調役 ⓦフランス：1864年(遣仏使節に随行)

生没年不詳。文久3(1864)年，遣仏使節に勘定格調役として随行。

[文献] 幕末教育史の研究2——諸術伝習政策(倉沢剛) 吉川弘文館 昭59 〔富田仁〕

田中館 愛橘 たなかだて・あいきつ

安政3年9月18日(1856)～昭和27年5月21日(1952) 物理学者，ローマ字論者 理学博士 貴族院議員 〔地球物理学・航空学の開拓者〕 ⓟ陸中国二戸 ⓝ本名=護師 ⓦイギリス：1889年(電気磁器学)

安政3(1856)年9月18日，盛岡藩主南部家軍師・田中館稲蔵(政啓)の長男として二戸に生まれる。文久1年より母方の叔父・小保内定身について漢学を始め，元治1年，下斗米軍七より武術を習う。慶応3年，盛岡藩校修文所に入り，4年，太田代恒徳の塾でも漢学を修める。5年7月，一家が東京に移り，9月，慶応英語学校に入学。6年に同校を退学して，フェントン夫人より英語を習う。7年，外国語学校英語科に入学するが9年9月，開成学校予科3級に転入する。11年9月，東京大学理学部本科(数学物理学及び星学科)第1期生として進学。当時，理科系に進む学生は少なかったが，彼は物理学を修得して日本の文明の発展に寄与したいという志を抱いていたと言う。御雇外人教師のJ.A.ユーイングやT.C.メンデンホールから物理学を学ぶ。13年，在学中に同学生の藤沢利喜太郎，田中正平らとともに，メンデンホールの重力測定調査に参加。振動法によって，富士山の密度2.18を算出する。これ以来，地球物理学に専念することとなる。この年から18年まで，日本各地の重力測定を行う。この間，15年7月に卒業，つづいて准助教授となり，16年には助教授に昇格する。同年，山川健次郎の設けた物理学訳語会に参加する。一方，彼のロ－マ字論運動もこの頃より展開する。17年に発足した外山正一，矢田部良吉らの羅馬字会によってローマ字運動が盛んになったのだが，その綴方がヘボン式であったのに対し，彼は日本語を書き表わす国字としての日本式ローマ字を考案，18年に『理学協会雑誌を羅馬字にて発兌するの発議及び羅馬字用法意見』を発表する。20年6月より半年間，ユーイングの後任として来日したC.ノットとともに，全国82地点の地磁気測定を行うが，彼は日本南半と朝鮮南部を担当，自己の考案したデクリノメーターと傾角計を使用する。22(1889)年，文部省留学生としてイギリスに渡り，グラスゴー大学でユーイングの師であるケルヴィン卿(W.トムソン)について学ぶ。翌23年ベルリン大学に転学，電気磁気学を修める。24年帰国し，山川健次郎の後任として理学部教授となり，8月理学博士を授けられる。同年10月，濃尾大地震があり，彼は後輩の長岡半太郎を伴って早速現地に赴き，地磁気観測を開始する。根尾谷の大断層を紹介し，29年まで調査を続ける。この震災の後，彼は菊池大麓を説いて震予防調査会を発足させ，地震計調査委員となる。26年には福島の吾妻山が噴火したので，富士・浅間両火山の地磁気に及ぼす影響を観測調査する。27年万国測地学協会委員，29年電気事業取調委員となる。30年測地学協会の依頼で水沢に緯度観測所を設置，この観測には，のちに「Z項」を発見する木村栄が参加する。31年10月，欧米各国に派遣され，測地学協会総会に出席，以降昭和10年までの間に海外出張22回，国際会議出席68回に及び，学術的外交官として大いに活躍する。32年2月に帰国。37年11月，震災予防調査会からの依頼調査の結果を公表。この時の地磁気測量結果は，同

年2月に勃発していた日露戦争の中で、とくに海軍水路にとっての有益な情報になったという。39年に帝国学士院会員となる。メートル法採用の主唱者でもあった彼は40年には万国度量衡会議の常置委員になる。同年、東北帝国大学の創立委員もつとめる。42年に臨時軍用気球研究会委員となると、彼の研究は地球物理学から航空物理学に移っていく。43年4月航空事業視察のため欧州に派遣される。大正4年11月、『航空機講話』を発行、5年には、東京帝国大学に航空学調査委員会（7年に航空研究所と改称）を設置、委員長となり、風洞実験を開始する。6年、還暦を迎えたのを機に東京帝国大学を退官する。これが退官制の基となる。同年東京帝国大学名誉教授となり、ついで海軍技術本部航空業務嘱託、8年には外務省嘱託となり、航空条約の締結に参加、同年のパリ平和会議にも出席する。9年学術研究会議委員、14年同会議副議長となる。同年より学士院選出貴族院議員となり、科学技術の振興に努める。昭和10年に最後の洋行、欧州各国の国際会議に出席する。彼の生涯の課題であるローマ字論に関しては、5年、政府にローマ字調査会が発足し11年まで検討の結果、ついに日本式ローマ字が正式採用される。こうして日本の近代科学の先駆者として内外に活躍し、著書には多数の学術論文のほかに、随筆『葛の根』（昭和13年）がある。昭和27年（1952）年5月21日、脳軟化症で死去。享年95歳。

[文献] 田中館愛橘先生（中村清二） 中央公論 昭18／教育人名辞典 理想社 昭37／日本科学技術大系14 第一法規出版 昭40／日本人名大事典 現代編 平凡社 昭54／田中館愛橘先生（中村清二） 田中館愛橘会 昭63 〔内海あぐり〕

田辺 朔郎　たなべ・さくお

文久1年11月（1861）〜昭和19年9月5日（1944）
土木工学者　帝国大学工科大学学長　㊊江戸
㊗アメリカ：1888年（土木工学）

文久1（1861）年11月、砲術家田辺孫次郎の子として江戸に生まれる。明治16年工部大学校を卒業。卒業論文の琵琶湖疏水計画が京都府知事北垣国道に高く評価され、卒業と同時に京都府に勤め琵琶湖疏水工事を担当。明治18年起工、23年に完成させ、わが国初の水力発電事業を起こした。この間21（1888）年10月から22年1月にアメリカに派遣される。23年東京帝国大学工科大学教授となり、33年京都帝国大学教授に転じ、同（1900）年5〜9月ヨーロッパを視察。大正5〜7年工科大学長を務めた。この間臨時北海道鉄道敷設部長、同鉄道部長、また京都市土木顧問も務め、京都市の三大事業である琵琶湖第二疏水、水道、市電建設に貢献。明治44年以降は関門海底トンネルのルート選定などその推進に努めた。昭和19（1944）年9月5日死去。享年84歳。

[文献] 明治の神話古代の神話―左手の書（村瀬仁市）　村瀬仁市　昭56／京の水―琵琶湖疏水に青春を賭けた田辺朔郎の生涯（村瀬仁市編著）　人と文化社　昭62（叢書・人と文化）／びわ湖疏水にまつわる、ある一族のはなし（田辺康雄）　田辺康雄　平3／幕末明治海外渡航者総覧（手塚昇編）　柏書房　平4／事典近代日本の先駆者　日外アソシエーツ　平7／土木のこころ―夢追いびとたちの系譜（田村喜子）　山海堂　平14／時代別・京都を歩く―歴史を彩った24人の群像　改訂第2版（蔵田敏明）　山と渓谷社　平15（J guide）／データベースWHO　日外アソシエーツ
〔藤田正晴〕

田辺 太一　たなべ・たいち

天保2年9月16日（1831）〜大正4年9月16日（1915）　外交官　〔『幕末外交談』を著述〕
㊎旧名＝定輔　号＝蓮舟　㊗フランス：1864年（遣仏使節に随行）、フランス：1867年（パリ万国博覧会）

天保2（1831）年9月16日、儒学者田辺石庵（誨輔）の二男として生まれる。石庵は昌平黌教授出役として甲府の徽典館の学頭にまでなった学者である。幼年時代は神童と呼ばれ、18歳で昌平黌に入学、秀才の名声をほしいままにする。最初は父と同じく儒学を学び甲府徽典館の教授になるが、安政6年、外国奉行支配下の書物方出役として幕府に召し出され、横浜開港に関する議案の浄書、対話の筆記を受け持たされる。安政3（1856）年にはアメリカ総領事ハリスが来航、5年通商条約の締結、6年神奈川（横浜）、長崎、箱館が開港されるという時代の新しい波が押し寄せて来た頃である。文久1（1861）年、遣欧使節に随行を許されるが、副使となるはずの水野筑後守が解任されたため渡欧できなかった。翌年水野が小笠原島開拓使になると同時に太一も随行を命ぜられ、

外国奉行支配調役並となって水野とともに咸臨丸に乗り4ヶ月間小笠原島を巡視する。3年，横浜鎮港使節随行を命ぜられ，身分も外国奉行支配組頭に昇格するが，開国を考えていないながら鎮港談判使節に加わることはできないと主張し，一時は辞退する。しかし水野に諭され，また攘夷派の襲撃を避けるためもあって遣仏使節に加わり同年(1864)渡仏する。ところが一行は鎮港を行う時代ではないことを悟り，元治1年7月無断で帰国したため，幕府は使節に対し御咎御免，蟄居を命じ，彼も免職，百日の閉門に処せられる。その後3年間ほどは出役の名義で外国奉行に属し，組頭勤となっていたが，慶応3(1867)年1月，徳川昭武のパリ万国博覧会派遣使節に随行を命ぜられ，組頭勤から組頭に復活，公使館書記官になる。フランスに着くと，薩摩藩がすでにフランス人モンブランと契約して，幕府の陳列場とは別に，薩摩太守・琉球国王名義の陳列場区画を得ているのを知り，モンブランと論争を重ねる。博覧会の陳列品の中に「オートグラフ，テレグラフ」というものがあり，箕作貞一郎と共にスイスに行き，それを伝習して来るよう命ぜられている。帰国後，4年3月に目付となるが世は明治となり，幕府の崩壊，新政府樹立という激動の時代に遭遇することになる。この時期，世を避けて千住に移り，以後は商業で身を立てるつもりで「丸や太助」と名のり横浜で輸入商をはじめるが失敗，のち徳川氏が静岡に移封されて沼津に兵学校ができると招かれて教授となる。新政府は明治2年，外務省を設置するが，外交事務遂行のためにはどうしても旧幕府官僚の手を借りなければならなくなり，翌年1月，懇望されて外務少丞として新政府に迎えられる。4年5月，樺太境界談判のため副島種臣使節に随行，同10月には岩倉使節団に福地源一郎らとともに一等書記官として随行を命ぜられる。7年8月，台湾問題で大久保利通が全権大使として清国に派遣される際，出張を命ぜられ，清国との和議成立に寄与するところが多かった。10年11月外務大書記官，清国公使館勤務，一時は臨時代理公使になり，15年9月，帰国する。16年8月勅任官，9月元老院議官になり，錦鶏間祗候という待遇を与えられるが，23年元老院廃止後は貴族院勅選議員に選ばれる。この元老院議官の時が全盛時代である。すでに9年，それまで住んでいた池ノ端の広大な邸を売って麹町1番町に千坪余りある旗本屋敷を購入し，花柳界で「番町の御前」ともてはやされ，市川団十郎，尾上菊五郎のような役者から花街の女まで家に出入りしたこともあった。しかし間もなく他人に騙されたり利用されたりして莫大な借財をかかえ，番町の家も借金の抵当になり人手に渡る。とくに晩年は不遇で借家に住んだり女婿の三宅雪嶺宅に身を寄せていたこともある。甥に当たる琵琶湖の疏水工事で有名な田辺朔郎が彼のために家を建て，夫妻の盛大な金婚式の費用も朔郎の出費によるものだったという。明治政府の官僚となってからは常に沈黙無為，政府のやり方に対して積極的な態度は決してとらず，むしろ冷淡，無関心であったと言われている。このような態度をとるのも，金を湯水のように使うのも徳川の滅亡と藩閥政治に対するうっぷんばらしであったようである。漢学に対する造詣の深さや詩文に秀れた才能を持っていた事はつとに知られているが，青年時代の島崎藤村は彼から漢詩とシナ小説を学んでいる。また幕末に外国方であった頃，彼の差し出す書き物だけは口うるさい安藤対馬守も黙って受納し，老中や若年寄が外国公使と応接する際に作成した筆記はそのまま完全な文章になっていて，応接の終了と同時に老中の閲覧に供することができたという話も残っている。このような才能を受け継いだ長女の竜子は20歳のとき小説『藪の鶯』を出版，樋口一葉に女流作家となる刺激を与えたといわれる。のちの三宅雪嶺夫人，花圃女史である。退官後はもっぱら同学の士と詩文を楽しむ一方，『幕末外交談』を著わし，また44年文部省に維新史料編纂会が設けられると，80歳の老齢であったが第2回委員会に招かれて「幕末の外交」と題して語り，翌年には委員の一人に選ばれる。大正4(1915)年9月16日死去。享年85歳。

墓東京・青山霊園

文献 幕末外交談(田辺太一) 冨山房 明31／蓮舟翁往事談：旧幕府 3(4) 明32／蓮舟翁談話：旧幕府 3(5) 明32／幕末外交談(田辺太一)：史学雑誌 11(6) 明33／幕末外交瑣談(田辺太一)：国民雑誌 3(9) 明45／余の識れる蓮舟翁(安藤太郎)：日本及日本人 667 大4／田辺蓮舟先生50年前の追憶(山内提雲)：日本及日本人 667 大4／花圃作「夜半の埋火」に就いて 田辺蓮舟伝記資料(塩

田良平）：松蔭女子学院大学研究紀要（文林） 1 昭41／近代日本海外留学生史 上（渡辺実） 講談社 昭52／明治維新人名辞典（日本歴史学会編）吉川弘文館 昭56／幕末外交談（田辺太一，坂田精一訳・校注）1〜2 平凡社 昭57（東洋文庫） 〔安藤義郎〕

田辺 蓮舟　たなべ・れんしゅう
⇒田辺太一（たなべ・たいち）を見よ

谷 干城　たに・かんじょう
天保8年2月11日（1837）〜明治44年5月13日（1911）　陸軍軍人，中将，政治家　子爵　㊚土佐国（高岡郡）窪川　㊋幼名＝申太郎，号＝隈山，改名＝守部　㊨フランス：1886年（ヨーロッパ視察旅行）

天保8（1837）年2月11日，儒家谷景井の長男として土佐国窪川に生まれる。申の日に生まれたため申太郎と名付けられる。幼くして母を失い，母方の祖母が養育にあたる。弘化3年に父が藩校教授館御用となったため，父につれられ高知に移り，嘉永2年，元服して干城と名乗る。野村八郎右衛門，西内清蔵に師事し砲術の修得に力を注ぐ。また安政初頭の頃より学問にも熱心にとりくみ，安政3年には藩より選抜されて，学問修行のため江戸に赴く。江戸では兵学を若山勿堂，儒学を安積良斎，塩谷宕陰から学び，翌年11月に高知に帰る。6年，再び江戸に出て安井息軒の三計塾に入り学問に専心するが，万延1年3月に桜田門の変に接し，時勢に目を向けるようになる。文久1年遊学を終え，帰途，大坂において武市半平太らと会う機会を得，彼らの主張する尊王攘夷に賛同する。翌年，史学助教に任ぜられたのち大坂陣屋詰などを歴任し，西国探索，彦根探索を行う。慶応2年，藩命をうけ長崎，上海を視察し，翌3年，中岡慎太郎，板垣退助らと討幕工作に奔走する。慶応4年，東征の途につき，米沢藩を降伏させるなどの武勲をあげ，改元後の10月に江戸に凱旋する。翌月，高知にもどり参政加役，軍事掛に任ぜられる。その後，維新後の財政難を立て直すため藩政改革に力を注ぐ。4年，兵部権大丞として新政府に出仕する。以後，陸軍大佐，陸軍裁判所長，陸軍少将を経て，6年には熊本鎮台司令長官となり，佐賀の乱平定にあたる。9年，再び熊本鎮台司令長官となり，西南戦争において西郷軍に包囲された熊本城を守りぬく。11年，陸軍中将に就任し，以後，東部監軍部長，陸軍士官学校長兼戸山学校長，中部監軍部長を歴任する。しかし政府の戦死者や遺族に対する処遇に不満を持ち，改善を訴えるが容れられず，14年に校長の職を辞す。辞任後，鳥尾小弥太，曽我祐準，三浦梧楼とともに，立法権の確立，国憲創立議会の開設，開拓使払下げ問題の再議について上奏文をさし出す。また佐々木高行，中村弘毅，島田三郎らと中正党をつくり開拓使払下げの中止や国会開設を要求する運動を行う。17年，学習院院長となり，子爵を授けられる。18年には華族女学校長，農商務大臣となり，翌年（1886）3月ヨーロッパ視察旅行に出る。パリ，リヨン，ジュネーブ，ミュンヘン，ウィーンなど各地を視察し，また政治学者スタインから多くを学び，西洋模倣や鹿鳴館に象徴されるわが国の外交政策に強い憤りを持つようになる。帰国後，「時幣匡救策」を発表し，内閣，外交などを批判するとともに秘密外交による条約改正反対を唱え，農商務大臣を辞任する。21年陸羯南，福富孝季，千頭清臣，杉浦重剛らと新聞『日本』を発行し，国粋主義を提唱する。23年，貴族院議員に当選し，以後，没年までの21年間，貴族院全院委員長，鉄道会議員，高等教育会議員などをつとめ，貴族院議員として活躍する。その間，地租増徴，日露開戦，日英同盟などに反対の論陣を張り，その言論は常に重きをおかれた。明治44（1911）年5月13日，東京市ヶ谷の自宅で死去。享年75歳。

㊥高知市・久万山

[文献] 隈山谷干城之伝（成軒学人）　叢文閣 明20／百官履歴 上　日本史籍協会 昭2（日本史籍協会叢書）／子爵谷干城先生伝（寺石正路編）　海南中学校 昭5／子爵谷干城伝（平尾道雄）　冨山房 昭10／谷干城（松沢卓郎）　天佑書房 昭17／土佐偉人伝（寺石正路）　歴史図書社 昭51／世界伝記大事典 日本・朝鮮・中国編　ほるぷ出版 昭53／日本人名大事典4　平凡社 昭54／明治維新人名辞典（日本歴史学会編）　吉川弘文館 昭56／明治の人―反骨谷干城（嶋岡晨）学芸書林 昭56／明治・青春の夢―幕末的行動者たちの日記（嶋岡晨）　朝日新聞社 昭63（朝日選書）／明治天皇と政治家群像―近代国家形成の推進者たち（沼田哲編）　吉川弘文館 平14 〔湯本豪一〕

谷 文一郎　たに・ぶんいちろう
生没年不詳　従者　⑧諱=文一　⑳アメリカ：1860年（遣米使節に随行）

　生没年不詳。画師谷文晁の孫。安政7(1860)年1月、35歳頃遣米使節に村垣淡路守範正の従者として随行し、その見聞のスケッチを残す。
[文献] 万延元年遣米使節史料集成1〜7(日米修好通商百年記念行事運営会編)　風間書房　昭36／幕末教育史の研究2—諸術伝習政策(倉沢剛)　吉川弘文館　昭59　〔富田仁〕

谷川 猛　たにがわ・たけし
生没年不詳　留学生　⑳アメリカ：1866年頃（留学）

　生没年不詳。慶応年間にアメリカのニューブロンズウィックにいた模様だが詳細は不明。
[文献] 近代日本の海外留学史(石附実)　ミネルヴァ書房　昭47　〔湯本豪一〕

谷口 謙　たにぐち・けん
生没年不詳　陸軍軍医　⑭江戸　⑳ドイツ：1886年(軍医学)

　生没年不詳。江戸に生まれる。明治6年大学東校に入学、陸軍軍医生徒に命ぜられる。14年医学全科を卒業。18年陸軍一等軍医に任ぜられ、19(1886)年7月ドイツに留学。ベルリン大学において内科学をゲルハルト教授、病理化学をザルコウスキー、病理解剖をウイルヒョウ、外科手術実地演習をベルヒマン、衛生学をコッホについて学ぶ。23年帰国。34年に陸軍軍監となる。41年予備役編入まで名古屋衛戍病院第三師軍医部長を務める。専門は内科および医科学である。
[文献] 谷口謙氏:中外医事新報　232　明22.11／近代日本海外留学生史　上(渡辺実)　講談社　昭52／幕末明治海外渡航者総覧(手塚晃編)　柏書房　平4　〔中川浩／富田仁〕

谷村 左右助　たにむら・そうすけ
生没年不詳　館林藩士　⑧諱=勝武　⑳アメリカ：1860年(遣米使節に随行)

　生没年不詳。安政7(1860)年1月、29歳頃塚原重五郎の従者として遣米使節に随行する。
[文献] 万延元年遣米使節史料集成1〜7(日米修好通商百年記念行事運営会編)　風間書房　昭36／幕末教育史の研究2—諸術伝習政策(倉沢剛)　吉川弘文館　昭59　〔富田仁〕

谷元 兵右衛門　たにもと・ひょうえもん
天保13年(1842)〜明治43年(1910)　海軍軍人、実業家　海軍主計中佐、東京株式取引所長　⑭鹿児島　⑧諱=道之　⑳アメリカ：1871年(東伏見宮に同行)

　天保13(1842)年生まれ。鹿児島藩士。寺田屋事件に参加し、捕らえられ鹿児島で謹慎を命じられる。のち許され大山巌とともに江川塾で砲術を学ぶ。明治2(1869)年外務省に入るが、4(1871)年権大書記官を辞し岩倉具視の推薦により東伏見宮に随行して渡米する。帰国後海軍主計中佐となるが、のち実業界に転じ、東京株式取引所長に就任する。明治43(1910)年死去。享年69歳。
[文献] 近代日本海外留学生史　上(渡辺実)　講談社　昭52／近代日本の海外留学史(石附実)　ミネルヴァ書房　昭59／幕末維新人名事典　新人物往来社　平6　〔安藤義郎／富田仁〕

谷元 道之　たにもと・みちゆき
弘化2年(1845)〜明治43年2月21日(1910)　実業家　東京株式取引所頭取　⑭薩摩国　⑳アメリカ：1870年(留学)

　弘化2(1845)年、薩摩国に生まれる。薩摩藩士として戊辰戦争の際には東北各地を転戦する。明治2年外務省に勤め、のち権大書記官となり、明治3(1870)年アメリカに留学生として派遣される。6年11月11日帰国後、海軍に入り主計中監を務める。その後、実業界に身を投じ、14年東京馬車鉄道を創設し社長に就任。22年東京株式取引所頭取に推され、東京府議も務める。東京馬車鉄道を解散後は諸事業を興すも失敗、晩年は実業界より引退して仏門に帰依し、また和歌を嗜んだ。明治43(1910)年2月21日死去。享年66歳。
[文献] 幕末明治海外渡航者総覧(手塚晃編)　柏書房　平4／データベースWHO　日外アソシエーツ　〔藤田正晴〕

種子島 敬輔　たねがしま・けいすけ
生没年不詳　鹿児島藩留学生　⑭鹿児島　⑧変名=吉牟田七郎　⑳アメリカ：1866年(留学)

　生没年不詳。鹿児島藩士。慶応2(1866)年、鹿児島藩の藩費留学生に選ばれ、吉牟田七郎と変名しアメリカに渡る。他の4人とともにハリスの兄弟社を訪れているが、その後の消息は不明。

[文献] 近代日本の海外留学史（石附実） ミネルヴァ書房　昭47／幕末維新人名事典　新人物往来社　平6　〔富田仁〕

田原 直助　たはら・なおすけ
文化10年10月11日（1813）～明治29年12月1日（1896）　造艦技師　〔軍艦・兵器製造に貢献〕　㊳薩摩国鹿児島（城下家鴨馬場）　㊡諱＝明章，通称＝陶吉，陶狷，雅号＝古愚　㊨ヨーロッパ：1873年（軍制・兵器の調査）

文化10（1813）年10月11日，薩摩藩士の子として鹿児島に生まれる。16歳で松岡十大夫に博物学を学び，蘭学を修め，翻訳書を通じて理化学，工学など洋学の研鑽を積む。17歳で藩に出仕し，時勢を反映して西洋の軍制に興味を寄せ，弘化3年藩命で鋳製方の役人になり，大砲や小銃の製造の設計監督や薩摩藩沿岸の山川，指宿などの砲台築造に携わる。嘉永4年中浜万次郎が鹿児島に来ると造船術を学ぶ。また，長崎に赴いてオランダ人船長に造船上の質問を行うなど造船術を研究する。5年5月藩の造船所が設立され，その技師長となり，安政1年本邦最初の洋式軍艦昇平丸を建造し幕府に献上する。ほかに幕府の注文により鳳凰丸，大元丸と薩摩藩のための承天丸，万年丸，合計5隻の設計建造に当たっている。また洋書に基づき炭素鋼の製法を研究し小銃の発条製造などに応用する。5年島津斉彬死去で一時閑職につくが，文久3年イギリス艦の来襲で再び登用される。間もなく宇和島藩に招かれて銃砲製造の指導に携わり，宇和島で『物産考』を刊行して産業奨励に貢献する。のち帰藩し，慶応3年軍賦頭取となり兵具奉行，製薬奉行を兼任する。戊辰戦争では銃砲弾薬の製造と供給の任務につく。明治4年兵部省七等出仕として新政府に勤め，5年海軍省艦砲製造兼兵庫掛になる。6（1873）年海軍大輔中村純義とともにヨーロッパに軍制・兵器の調査を命じられるが，イギリスに滞在して植物学の書物に親しむ。帰国後は農商務省に転ずるが，間もなく辞職して鹿児島に戻り余生を晴耕雨読の生活のうちに送る。著作には『造船製式』『造船図式』『鋳鉄局改革』『作硝成管見』『砲台考』『舎密読本爾華尼』などがある。明治29（1896）年12月1日死去。享年84歳。　㊋鹿児島市・旧興国寺

[文献] 薩藩海軍史　上・中・下（公爵島津家編纂所編）　原書房　昭43（明治百年史叢書71～73）

／日本人名大事典4　平凡社　昭54／明治維新人名辞典（日本歴史学会編）　吉川弘文館　昭56　〔富田仁〕

玉井 喜作　たまい・きさく
慶応2年（1866）～明治39年9月26日（1906）　新聞記者　〔日独貿易の発展に寄与〕　㊳周防国（熊毛郡）光井村　㊨ロシア：1891年（移住）

慶応2（1866）年，周防国光井村に生まれる。医学を志して明治17年大学予備門に入るが，のちに札幌農学校に招聘され3年間ドイツ語を教授する。職を辞してからは札幌で農業を営むが，経済的に行詰まり，24（1891）年ウラジオストックに渡航。26年12月イルクーツクでロシア人の茶の隊商に加わり，福島中佐と逆のコースをたどってシベリア横断徒歩旅行に赴く。28年2月ドイツに入り，ベルリンで『西比利亜征榿旅行』を刊行する。またベルリンの日刊新聞『ケルニッセツァイツング』の記者となり日本通信を担当する。31年3月には，独力で日独貿易の機関紙『東亜』を独文で発刊し，日独貿易の発展に貢献するが，明治39（1906）年9月26日，ドイツで死去。享年41歳。

[文献] 異国遍路　旅芸人始末書（宮岡謙二）　中央公論社　昭53（中公文庫）／日本人名大事典4　平凡社　昭54　／西比利亜征榿紀行のこと（岩倉規夫）　『読書清興』　汲古書院　昭57／キサク・タマイの冒険（湯郷将和）　新人物往来社　平1　／シベリア漂流―玉井喜作の生涯（大島幹雄）　新潮社　平10／日本人の足跡―世紀を超えた「絆」求めて　3（産経新聞「日本人の足跡」取材班）　産経新聞ニュースサービス　平14　〔中川浩〕

玉木 三弥　たまき・みつや
生没年不詳　家臣　河田相模守家来　㊨フランス：1864年（遣仏使節に随行）

生没年不詳。文久3（1864）年，遣仏使節に河田相模守煕の家来として随行。

[文献] 幕末教育史の研究2―諸術伝習政策（倉沢剛）　吉川弘文館　昭56　〔富田仁〕

玉虫 左太夫　たまむし・さだゆう
文政6年（1823）～明治2年4月9日（1869）　仙台藩士　〔『航米日録』を著述〕　㊳仙台　㊡諱＝誼茂，字＝子発，幼名＝勇八，号＝拙斎，東海

㋾アメリカ：1860年（遣米使節に随行）

　文政6(1823)年、仙台藩士玉虫平蔵の第五子として生まれる。幼くして父を失い、兄勇蔵に育てられ、藩校養賢堂、藩儒斉藤真典などに学ぶ。13歳の時、非凡さを認められ請われて藩士荒井東吾の嗣子となり、その後、その娘の虎婦を妻とし一女をもうけるが、弘化3年に相続を辞し江戸に赴く。大学頭林復斎の知遇を得て師事することとなり、塾長を命ぜられ代講を行うほどになる。安政のはじめに林家を辞して江戸の仙台藩邸順造館に住み、同藩の江戸に学ぶ者たちを督し、富田鉄之助、木村大三郎、横尾東作ら俊才を育てあげる。その後、箱館奉行堀織部正に随い蝦夷地を巡遊し、風俗習慣などを視察し、『蝦夷紀行』を著す。安政6年、幕府が使節団をアメリカに派遣することを聞き、藩主に使節団の随行員として渡米し見聞を広めたいと願い出て、翌安政7(1860)年1月、豊前守新見正興を正使とする使節団の随員としてアメリカに渡る。ワシントンなどで文物を視察し9月に帰国、『航米日録』を著す。また藩主に見聞した事柄を開申し即日禄を給い、御小姓組並、養賢堂指南頭取などを歴任する。文久1年、江戸に赴き諸藩の形勢の調査を行い、慶応1年には気仙沼に製塩所を設立する。明治1年の戊辰戦争では若生文十郎、近藤一郎らと奥羽越列藩同盟の成立に力を注ぎ、また坦木土佐の信任をうけ軍務局副統取にも就任する。その後、殿中で和戦両派による激論がたたかわされ、非戦派が勝利を収め藩論が一変すると、榎本武揚の率いる軍艦に乗り込み北海道へ赴く計画をたてる。榎本と気仙沼で会うことを約し、安田竹之助、瀬脇拙蔵らと松島の瑞厳寺に宿泊ののち気仙沼の製塩場から塩を集め榎本らの軍艦を待つが、遂に寄港しなかったので藩の探索をのがれるため10月13日に気仙沼を離れる。翌日、志津川の旅宿において藩の捕吏にとらえられ、狼河原、佐沼、古川などを経由して17日に仙台につれもどされ獄中の身となる。榎本一行は左太夫が気仙沼をはなれた直後に寄港し、左太夫がすでに気仙沼を発ったことを知り感歎したという。明治2(1869)年4月9日、切腹、家跡没収の命が下り、同日夜、牢前で自刃。享年47歳。左太夫と相前後して行動を共にした安田竹之助、若生文十郎なども切腹、家跡没収を命ぜられる。

㊀仙台・保春院
[文献] 拙斎玉虫先生五十年祭誌　山本晃編刊　大8／玉虫左太夫略伝　附航米日録　山本晃編刊　昭5／西洋見聞集（沼田次郎、松沢弘陽校注）　岩波書店　昭49（日本思想大系66）／日本人名大事典4　平凡社　昭54／明治維新人名辞典（日本歴史学会編）　吉川弘文館　昭56／仙台藩　帰らざる戦士たち―伊達政宗の明治維新（星亮一）　教育書籍　昭62／玉虫左太夫『航米日録』を読む―日本最初の世界一周日記（小田基）　東北大学出版会　平12（東北大学出版会叢書）　〔湯本豪一〕

玉利 喜造　たまり・きぞう
安政3年4月25日(1856)〜昭和6年4月21日(1931)　農学者　鹿児島高等農林学校校長、貴族院議員　㊀薩摩国　㋾アメリカ：1884年（農学）

　安政3(1856)年4月25日、薩摩国に生まれる。明治13年東京駒場農学校を卒業後、母校に勤務。明治17(1884)年5月アメリカに派遣され、ミシガン州農学校及びイリノイ大学に学ぶ。20年7月帰国し、東京農林学校教授に就任。36年盛岡高等農林を創設し校長となる。東北地方開発について、米作に偏ることを戒め、耐寒作物の栽培をすすめた。またリンゴ、ジャガイモ、燕麦等の栽培を装励して「混合農業」と称した。42年鹿児島高等農林の設立と共に校長に就任。大正11年勅選貴族院議員となった。昭和6(1931)年4月21日死去。享年76歳。
[文献] 玉利喜造先生伝　玉利喜造先生伝記編纂事業会　昭49／幕末明治海外渡航者総覧（手塚晃編）　柏書房　平4／データベースWHO日外アソシエーツ　〔藤田正晴〕

玉利 親賢　たまり・ちかかた
嘉永6年10月3日(1853)〜大正5年8月24日(1916)　海軍軍人，中将　㊀薩摩国（鹿児島郡）上竜尾町　㋾イギリス：1891年（留学）

　嘉永6(1853)年10月3日、薩摩国鹿児島郡上竜尾町に生まれる。明治4年海軍兵学寮に入り、卒業後、士官候補生となり、10年西南戦争に従軍。14年海軍少尉に任官。明治24(1891)年4月イギリスに公費留学し、27年帰国。34年4月にふたたびイギリスに渡る。37年日露戦争では大佐として公使館付武官としてロンドンに駐在。アルゼンチンがアームストロング社に注文した軍艦がロシアに売り渡されようと

していることを知り独断で購入を決めた。これが後の日進、春日の2艦となる。のち少将となり、39年南清艦隊司令官、41年大湊要港部司令官を経て、42年陸軍中将となり、馬公要港部司令官を務めた。44年予備役に編入。大正5(1916)年8月24日死去。享年64歳。
[文献] 幕末明治海外渡航者総覧(手塚晃編) 柏書房 平4／データベースWHO 日外アソシエーツ〔藤田正晴〕

民之助　たみのすけ
生没年不詳　若宮丸乗組員　〔ロシアに帰化〕
⊕陸奥国(宮城郡)寒風沢浜　㊦ロシア：1794年(漂流)

生没年不詳。陸奥国寒風沢浜に生まれる。寛政5年11月27日沖船頭平兵衛率いる若宮丸(800石積、乗組員16名)に津太夫らとともに水夫として乗り組み石巻を出航、暴風に見舞われ難船、太平洋上を8ヶ月間漂流して6(1794)年アレウト列島のアンドレヤノフ諸島に漂着、現地のロシア人に保護され、翌7年オホーツク、ヤクーツクを経てイルクーツクに護送される。当地で大黒屋光太夫一行の中でロシアに帰化した新蔵(ニコライ・ペトローヴィチ・コロトゥイギン)の援助を受け8年余りを過ごす。享和3年クルーゼンシュテルンによるロシア最初の世界周航にレザーノフ率いる第2回遣日使節団が同行することになり、商務大臣ルミャンツェフの訓令により若宮丸一行はペテルブルクへ召喚される。彼はロシアに留まることを望み帰化する。その後の消息は不明。
[文献] 日露国交史料(梅森三郎)　有隣堂　大4／環海異聞(大槻玄沢、志村弘強)　叢文社　昭51／いしのまき若宮丸漂流始末—初めて世界を一周した船乗り津太夫(安倍忠正)　三陸河北新報社　昭61／魯西亜から来た日本人—漂流民善六物語(大島幹雄)　広済堂出版　平8／漂流記の魅力(吉村昭)　新潮社　平15(新潮新書)／世界一周した漂流民(石巻若宮丸漂流民の会編著)　東洋書店　平15(ユーラシア・ブックレット ； no.367)
〔雪嶋宏一〕

田村　怡与造　たむら・いよぞう
嘉永7年10月10日(1854)～明治36年10月1日(1903)　陸軍軍人、中将　〔ドイツ近代兵学の移植〕　⊕甲斐国(東八代郡)相興村　㊦旧名

=早川　㊦ドイツ：1884年(陸軍軍事研修)

嘉永7(1854)年10月10日、甲斐国相興村に生まれる。明治8年8月、陸軍士官学校に入学。生徒として西南戦争に出征する。11年、同校卒業。15年、中尉・参謀本部課僚となる。17(1884)年6月7日、大尉木越安綱、二等軍医森林太郎と共にドイツ留学を命じられる。18年6月2日、大尉となる。20年、工兵大尉山根武亮とドイツへ留学。21年7月、少佐に進み帰国。日清戦争には中佐・第一軍参謀副長として出征。その際の参謀長小川又次との論争事件は有名。28年1月、歩兵第九連隊長となり、9月、ドイツ公使館付として赴任。30年に帰国し33年4月、少将に昇り参謀本部総務部長、10月、参謀次長になる。ドイツ留学中はドレスデンの連隊勤務ののち近衛隊にて陸軍全般の兵制と欧州戦史を研究。帰国後は川上操六と近代兵学の日本への移植に尽力した。具体的には軍隊教育制度の改革(陸軍大学校諸規定の改正、教育法の改良など)とプロシアの制に学んだ新野外要務令の起草と布令などである。これは陸軍各隊を統轄する典則となり、近代戦の中心としての陸軍を確立するものとなった。明治36(1903)年10月10日死去。享年50歳。死後中将に昇進。　㊥東京・青山霊園
[文献] 故参謀次長田村将軍(黒田貫正)　川流堂　明42／明治過去帳—物故人名辞典(大植四郎編)　東京美術　昭46／近代日本海外留学生史　上(渡辺実)　講談社　昭52／日本人名大事典4　平凡社　昭54／知謀の人田村怡与造—日本の諸葛孔明と謳われた名将の生涯(篠原昌人)　光人社　平9／田村怡与造伝—日露戦争陰の主役　山梨が生んだ天才戦略家(相沢邦衛)　山梨ふるさと文庫　平16
〔飯沼隆一〕

田村　新吉　たむら・しんきち
文久3年12月(1864)～昭和11年11月9日(1936)　実業家　貴族院議員　〔海外貿易の振興に功労〕　⊕大坂中之島　㊦アメリカ：1884年(日加貿易)

文久3(1864)年12月大坂の中之島に生まれる。14歳のとき、海外貿易を志し、神戸の輸出茶商に入り苦労を重ねてのち、明治17(1884)年渡米。21年バンクーバーに日加貿易の店を開き、36年、神戸に本店をおく。欧米、中国、南洋にまで支店を設けて業務の拡張に努める。日加合同貯蓄銀行、日加信託、日本精米、東京

内燃機工業の各社を経営し，44年，神戸商業会議所副会頭，のち会頭。大正4年神戸市より衆議院議員に立候補して当選。7年，臨時国民経済調査会委員，翌年ワシントンにおける国際労働会議に資本家代表として出席する。14年，多額納税者として貴族院議員となる。日加関係の提携に貢献するところが多く，カナダ政府名誉事務官の肩書をもつ。昭和11(1936)年11月9日死去。享年74歳。

[文献] 日本人名大事典4　平凡社　昭54
〔安藤義郎〕

田村 政治郎　たむら・せいじろう

？～明治25年7月7日(1892)　文筆業　[渡]アメリカ：年不明(逃亡)

生年不詳。『新日本』の同人。薩長の藩閥政府を攻撃し，欠席裁判で重禁錮5ヶ月を言い渡されるが，そのときはすでにアメリカへ逃亡していた。明治25(1892)年7月7日，室内でガス中毒死。

[文献] 異国遍路　旅芸人始末書(宮岡謙二)　中央公論社　昭53(中公文庫)　〔安藤義郎〕

田村 直臣　たむら・なおおみ

安政5年8月9日(1858)～昭和9年1月7日(1934)　牧師　〔日曜学校の発展に尽力〕　[生]大坂・堂島天満　[渡]アメリカ：1882年(神学)

安政5(1858)年8月9日，与力の子として大坂堂島天満に生まれる。明治6年上京，築地大学校で宣教師カロザーズの教えを受け，受洗，東京第一長老教会を設立。銀座教会(のち数寄屋橋教会と改称)牧師となる。北村透谷や岸田劉生らに洗礼を授けた。明治12年東京一致神学校を卒業。13年植村正久らと東京青年会を設立『六合雑誌』刊行に参加。15年8月アメリカに渡り，プリンストン神学校に留学，19年12月帰国。25(1892)年から26年にもアメリカに留学。26年『The Japanese Bride(日本の花嫁)』をアメリカで出版し，日本女性の男性への隷属を記したのが国辱的として日本基督教会牧師を除籍されたが，大正15年復帰した。その後日曜学校の発展に尽力し，日本日曜学校協会を設立し，会長に就任。日本の日曜学校事業の先駆者。8年から終生，日本基督教会巣鴨教会牧師をつとめた。週刊子ども新聞『わらべ』の創刊や『幼年教育双書』100巻を発行した。主著に『信仰五十年史』など。昭和9(1934)年1月7日死去。享年77歳。

[文献] 開化の築地・民権の銀座―築地バンドの人びと(太田愛人)　築地書館　平1／幕末明治海外渡航者総覧(手塚晃編)　柏書房　平4／信仰五十年史―伝記・田村直臣(田村直臣)　大空社　平4(伝記叢書)／データベースWHO　日外アソシエーツ　〔藤田正晴〕

田村 初太郎　たむら・はつたろう

嘉永5年9月28日(1852)～大正4年5月21日(1915)　英学者　[生]浜松　[渡]アメリカ：1866年頃(留学)

嘉永5(1852)年9月28日，浜松に生まれる。慶応年間，(1866年項)ニューブランズウィックに滞在していたが，明治3(1870)年，オレゴンに第2回目の留学をする。パシフィック大学，オーベリン大学に学び，11年に帰国。その後は大阪英語学校教員を務めた。大正4(1915)年5月21日死去。享年64歳。

[文献] 近代日本の海外留学史(石附実)　ミネルヴァ書房　昭59／幕末明治海外渡航者総覧(手塚晃編)　柏書房　平4
〔安藤義郎／富田仁〕

太郎吉　たろきち

生没年不詳　旅芸人　〔樽回し〕　[渡]イギリス，フランス：1866年(パリ万国博覧会の折に巡業)

生没年不詳。慶応2(1866)年10月28日，アメリカ人ベンコツに雇われ，イギリス船ニポール号で横浜を出帆しイギリスとフランスに渡る。翌3年1月のロンドンのセント・マルチントヒルを皮切りに万国博覧会で賑わうパリのテアトル・ジュ・フランス・アンペリアルで公演した。彼は樽回しの曲芸を演じた。明治1年に帰国したが，その後の消息は不明。

[文献] 異国遍路　旅芸人始末書(宮岡謙二)　修道社　昭46　〔楠家重敏〕

太郎兵衛　たろべえ

生没年不詳　天寿丸乗組員　〔ロシアとの通訳にあたる〕　[生]紀伊国日高　[渡]ロシア：1850年(漂流)

生没年不詳。紀伊国日高の出身。水主として乗組んだ天寿丸は江戸での所用を終え，伊豆の子浦(こら)に立ち寄ったが，嘉永3(1850)年1月9日，暴風雨のため漂流し洋上をさ迷う。60日ほどした3月12日にアメリカの捕鯨船ヘノニラ号に救助される。8人の乗組員は捕鯨の手伝

いをさせられ，のち捕鯨船マレンゴ号に移り，カムチャツカ半島のペトロパロフスクに送られる。彼はこの間ロシアとの通訳にあたっていたらしい。この報告に接したロシア皇帝は政府の費用をもってロシア・アメリカ会社の助力を得て，8名を祖国へ送還することを命ず る。死亡した半蔵を除く7名は嘉永5(1852)年無事に帰国する。その後の消息は不明。

[文献] 校訂漂流奇談全集（石井研堂編） 博文館 明33／漂流―鎖国時代の海外発展（鮎沢信太郎） 至文堂 昭31／日本人漂流記（川合彦充） 社会思想社 昭42 〔楠家重敏〕

田原 良純　たわら・よしずみ

安政2年7月6日(1855)〜昭和10年6月3日(1935)　薬学者　東京衛生試験所所長　〔フグ毒を初めて抽出〕　㊐肥前国　㊤ドイツ：1890年（薬学，化学）

安政2(1855)年7月6日，肥前国に生まれる。明治14年東京大学医学部製薬学科を卒業。内務省に入り，東京司薬場に勤務。のち東京衛生試験所兼内務技師，同所検明部長を経て，明治20年同所長となる。23(1890)年4月在官のままドイツへ留学生として派遣され，薬学，化学を研究し，かつ欧州各国の衛生事業を巡視した。26年6月15日帰国。以後，東京衛生試験所長の傍ら，専売特許局技師，内務技師を兼務，他に日本薬局方調査会委員，中央衛生会委員などを歴任した。フグ毒を初めて卵巣から抽出し，"テトロドトキシン"と命名したことで知られ，大正10年帝国学士院桂公爵記念賞を受賞した。昭和10(1935)年6月3日死去。享年81歳。

[文献] 幕末明治海外渡航者総覧（手塚晃編） 柏書房 平4／朝日日本歴史人物事典 朝日新聞社 平6／事典近代日本の先駆者 日外アソシエーツ 平7／データベースWHO 日外アソシエーツ 〔藤田正晴〕

団 琢磨　だん・たくま

安政5年8月1日(1858)〜昭和7年3月5日(1932)　実業家　男爵　〔三井財閥の最高指導者〕　㊐福岡藩城下（荒戸4番町）　㊋旧名＝神屋駒吉　㊤アメリカ：1871年（鉱山学）

安政5(1858)年8月1日，福岡藩士神屋宅之丞の四男として城下の荒戸に生まれる。10歳の時，幼名駒吉を琢磨と改名，明治3(1870)年，福岡藩権大参事団尚静の養子となる。養祖母も養母も彼の嫌いなものは食膳に出さず，機嫌を損じないよう気を配ったという。その頃，アメリカから帰国して間もない平賀義質（後，判事）に英語を学び，翌4年4月，藩知事とともに上京，先に藩邸内に住んでいた金子堅太郎と平賀の家でひき続き英語を学ぶ。同年(1871)9月，黒田家より海外留学生に選抜され，11月12日に黒田知能，金子堅太郎とアメリカ号に乗船，横浜を出航する。この船には岩倉使節団の一行も乗っていたが，彼はまだ14歳の少年で，目立つほどの存在でもなく，後年になって田中光顕も「あの船に団君が乗っていたのか」と驚いたという。5年1月15日，サンフランシスコ着。31日同地を出発しソールト・レイク，シカゴ，ニューヨークを経て3月2日ボストン着。ボストンでは金子とともに小学校教師ミス・アリスンの家に引き取られて英語を習い，家族の一員のように歓待され，その後もよくアリスン家の人々と旅行する。9月，ライス・グラマー・スクールに入学，2年間在学ののち，7年マサチューセッツ工科大学予備校に入学，翌8年同校鉱山学科本科第2学年に入る。当時としては鉱山科を選ぶのは珍しいことで，金子も「大組の家（団家）の若様が鉱山掘りになるというのだから余程どうかしていると思った」と述べている。しかし彼には鉱山科を選ぶ理由があった。地理書を読んでわが国が金，銅，鉄の鉱石に富んでいることを知り，この地下の財宝を発掘しようと思ったこと，他人の学ばないものを学びたいという気持，先輩の間英一郎がやはりこの大学で鉄道学を修めていたのでその鉄道の基礎になる鉄の製法を学びたいと思ったこと等がその理由としてあげられる。福岡藩が従来筑前諸炭山を経営していたことも影響していたかもしれない。当時マサチューセッツ工科大学は創立早々で学生数も至って少なかったが，教授陣は熱心に学生を指導した。在学3ヶ年後，11年6月，本科4年課程を終了し，バチェラー・オブ・サイエンスの学士号を得る。当時のボストンの道徳的宗教的気風と大胆なアメリカの新興的精神を好み，ボストン付近に居を構えていたエマスン，ホーソーン，ロングフェローなどの文人のうち，とくにエマスンに惹かれていたと言われる。一方金子もハーヴァード大学を卒業し同年9月，7年間のアメリカ留学を終えて2人は無事横浜に帰着する。翌12年より約5年間は大阪専門学校（のち大阪中学

校)の助教,訓導,東京大学助教授を務め,15年2月には金子堅太郎の妹芳子と結婚する。17年,三池鉱山局御用掛として赴任,技師,開坑長など各種の職に任ぜられる。20年,欧米の炭鉱視察のためアメリカ,イギリス,ドイツをまわり翌年12月帰国。その間に三池鉱山は三井組に払下げられていたため,三井組三池炭鉱社に入社となり三池炭鉱事務長に就任する。以後7年間,事務長として手腕を発揮,運炭鉄道の敷設をはじめ,出水による炭鉱の危機をイギリス製デーヴィ・ポンプの据えつけによって乗り切り,採炭額を大幅に増加させ,炭鉱払下代金の年賦上納金を完納する。27年,三井鉱山合名会社専理事,三池炭鉱事務所長。28年東京赤坂に転居。31年炭鉱事業調査のため再度欧米に向う。帰国後,北海道炭鉱鉄道株式会社,日本製鋼株式会社,三井銀行の各取締役,三井物産株式会社監査役,三井合名会社参事等を経て,43年三井合名会社社長に就任,さらに大正3年には三井合名会社理事長となり三井財閥を総理すると共に財界の指導的地位に立つ。この間,明治44年には東京千駄谷の原宿に邸宅を新築,赤坂より移転している。日本工業倶楽部,日本経済連盟の理事長,会長をつとめ,大正10年には欧米訪問実業団の会長として出発,数度にわたる海外旅行でとくに欧米には知人が多かった。昭和3年男爵,翌4年浜口雄幸内閣の立案した労働組合法に反対してこれを不成立に追い込むだが,その頃より政党の腐敗,農村の疲弊に対して憤慨する気運が高まり,政党政治と資本主義の打倒を唱えてテロ行為に訴える事件が相ついだ。5年浜口首相が東京駅頭で狙撃され,7年2月には前大蔵大臣井上準之助が民政党の演説会に向かうところで射殺される。身の回りに危機が迫っているという情報が入っていたが,彼自身は大して気にかける様子もなかったという。しかし井上前大蔵大臣の射殺事件があって1ヶ月も経たない昭和7(1932)年3月5日,三井本館玄関より中に入ろうとした時,突然身を寄せて来た血盟団の一人菱沼五郎の隠し持った拳銃で右胸部を撃たれ,約10分後の午前11時45分死去する。享年75歳。

墓東京音羽・護国寺

文献 日本一の月給とり団琢磨君(水木岳竜)
『明治大正脱線教育者のゆくへ』 啓文社 大15/財界人物我観(福沢桃介) ダイヤモンド社 昭5/男爵団琢磨を語る(同伝記刊行会) 朝日書房 昭7/男爵団琢磨伝1〜2 故団男爵伝記編纂委員会編刊 昭13/日本財界人物列伝 青潮出版 昭38/日本人名大事典4 平凡社 昭54/男爵団琢磨伝 上,下巻(故団男爵伝記編纂委員会〔編纂〕) ゆまに書房 平10(人物で読む日本経済史)/20世紀日本の経済人 2(日本経済新聞社編) 日本経済新聞社 平13(日経ビジネス人文庫)
〔安藤義郎〕

丹山 陸郎　たんざん・りくろう

安政1年頃(1854)〜明治30年1月(1897)　製陶業者　⑰京都栗田　㊂諱=守久　⑱オーストリア:1873年(ウィーン万国博覧会参加,製陶技術)

安政1(1854)年頃,京都栗田の製陶業者丹山青海の二男として生まれる。幼くして中林竹渓に書を,広瀬元恭に蘭学を学ぶ。慶応2年,長崎に遊学しドイツ人ヨングのもとで化学を修める。翌年帰京し家業に従事,さらに東京においてワグネルについて陶磁器製造法を研究中,ウィーン万国博覧会の随行員に選ばれ,明治6(1873)年3月ウィーンに到着。当初より計画があった技術伝習の許可が下りたため,ボヘミア,キリストル官立製陶所で製陶を学び,7年2月帰国する。石膏型製造法,上絵付法,彩釉薬を伝える。帰国後は京都栗田窯において製陶法の改良に努めたが,15年のアムステルダム万国博覧会へは私費で出品し,フランスのセーヴルなど欧州各国の陶器製造所を視察する。明治30(1897)年1月死去。

文献 澳国博覧会製陶ノ伝習及爾後ノ事歴
『澳国博覧会参同記要』(田中芳男,平山成信編) 明30
〔渡辺登〕

丹野 貞郎　たんの・さだろう

?〜明治21年8月24日(1894)　⑱アメリカ:年不明(国情調査)

生年不詳。渡航年は不明であるが国情調査のためにアメリカに渡る。明治21(1894)年8月24日,サンフランシスコのメリット湖畔で殺害される。

文献 明治過去帳—物故人名辞典(大植四郎編)
東京美術 昭46
〔楠家重敏〕

丹波 敬三　たんば・けいぞう

嘉永7年1月28日(1854)～昭和2年10月19日(1927)　薬学者　薬学博士〔薬学教育に尽力〕　㊷神戸　㊥ドイツ：1884年(薬学)

　嘉永7(1854)年1月28日、神戸に生まれる。明治11年、東京帝国大学医学部製薬学科を卒業。13年、同学部助教授・陸軍薬剤官となる。17(1884)年4月、自費でドイツに留学。エアランゲン大学でヒルゲン教授に裁判化学と製薬化学を学ぶ。卒業後ドクトル・フィロソフィーの学位を得る。さらにストラスブール大学に入りシュードベルヒ教授のもとで薬物化学を修める。フランスのパリ薬科大学校を視察し、20年5月帰国。同年7月、帝国大学医科大学教授になり、薬学第一講座を担当する。32年、薬学博士。37年、欧米視察に赴く。帰国後、日本薬局方調査委員、薬剤師試験委員などをも務め日本の薬学と薬学教育に尽力する。大正7年教授停年後は東京薬学専門学校長となる。著書には『裁判化学』『有機化学』『無機化学』『化学工業全書』などがある。東京帝国大学名誉教授となり、昭和2(1927)年10月19日死去。享年74歳。

[文献]　近代日本海外留学生史　上（渡辺実）講談社　昭52／日本人名大事典4　平凡社　昭54
〔飯沼隆一〕

【ち】

千頭 清臣　ちかみ・きよおみ

安政3年11月8日(1856)～大正5年9月9日(1916)　内務官僚、教育者　貴族院議員、二高教授　㊷土佐国高知　㊦幼名＝徳馬　㊥イギリス：1886年(留学)

　安政3(1856)年11月8日、土佐国高知に生まれる。明治13年東京大学文学部を卒業し、東大予備門で教える。明治19(1886)年イギリスに公費留学し、21年帰国後、第一高等中学校教諭、次いで高知中学校長、造士館教授、二高教授を歴任。のち、内務書記官に転じ、栃木・宮城・新潟・鹿児島各県知事を務め、40年勅選貴族院議員。その後一時東京日日新聞を経営した。大正5(1916)年9月9日死去。享年61歳。

[文献]　幕末明治海外渡航者総覧（手塚晃編）柏書房　平4／朝日日本歴史人物事典　朝日新聞社　平6／データベースWHO　日外アソシエーツ
〔藤田正晴〕

千坂 高雅　ちざか・たかまさ

天保12年閏1月19日(1841)～大正1年12月3日(1912)　官吏、実業家　貴族院議員　㊷出羽国米沢　㊦諱＝迪、字＝康民、幼名＝浅之助、兵市、左郎、右衛門、雅号＝梁川、喜遯斎　㊥フランス：1871年(養蚕製糸業の調査)

　天保12(1841)年閏1月19日、米沢藩の江戸家老千坂伊豆高明の長男として生まれる。安政6年19歳のとき興譲館定詰勤学生に選ばれるほど学問にも秀で、一時藩主の京都警備に従い郷里を離れるが、帰郷後は興譲館の助教となり、25歳で学頭に進む。文久3年家督をつぐ。幕府の攘夷論に反対を唱え、藩の軍政に携わり、慶応2年11月国家老に抜擢される。1戸1兵、1兵1銃の装備のため横浜から1万梃の鉄砲を購入して訓練するなど軍制改革を図る。3年1月には3000人の兵を率いて上洛し薩長両藩に味方したが、倒幕の方法に反発し、佐幕に藩論を統一する。維新では謹慎を命ぜられるが、明治3年1月米沢藩大参事となり、翌4(1871)年1月養蚕製糸業の調査のためにフランスとイタリアに留学する。6年に帰国、内務省出仕を命ぜられ、7年内務権少書記官、9年内務権少丞となる。10年の西南戦争では陸軍中佐を任命されて従軍する。12年石川県令となり、内務大書記官を経て岡山県令に転ずる。在任10年間岡山県の治水、土木、教育などに多大な業績を残したあと実業界に入る。両羽銀行、宇治川水電、横浜水電、横浜倉庫会社、東京米穀商品取引所などの役員として活躍し、29年には貴族院議員に勅選される。大正1(1912)年12月3日死去。享年72歳。

[文献]　米沢市史（登坂又蔵編）　名著出版　昭48／日本人名大事典4　平凡社　昭54／明治維新人名辞典（日本歴史学会編）　吉川弘文館　昭56
〔富田仁〕

千々石 ミゲル　ちぢわ・みげる

永禄12年(1569)～?　㊷肥前国　㊦別名＝清左衛門　㊥ポルトガル、スペイン、イタリア：1582年（天正遣欧使節）

　永禄12(1569)年、千々石直員の子として肥前国に生まれたと伝えられる。イエズス会宣

教師ヴァリニアーノのすすめにより，九州の有馬と大村の両氏の代表として，遣欧使節に選ばれる。伊東マンショとともに正使となり，副使の原マルチノおよび中浦ジュリアンと行動をともにする。彼らは天正9年頃まで有馬のセミナリオに在学して，ラテン語や西洋音楽を学習していたと思われる。天正10(1582)年，使節一行はローマ教皇とイスパニア国王に謁見するため長崎を出帆。途中，マラッカ，インドのゴアなどを経て，12年イエズス会のパードレたちの歓喜にむかえられてリスボンに入る。数日後，同地の枢機卿アルベルト・アウストリアに謁見する。さらに数ヶ月後マドリードに赴き，サン・ヘロニモ修道院でイスパニア皇太子の宣誓式に参列したのち，国王フェリーペ二世に謁見する。13年ローマに赴き，教皇グレゴリオ十三世と帝王の間で謁見をはたし，数日後，使節一行は織田信長よりの屛風を教皇に贈呈した。さらに，新教皇シスト五世にも謁見し，その戴冠式にも参列した。その後，各地で厚遇を受け，14年にリスボンを出帆し帰路につく。喜望峰，モザンビーク，ゴアに立ち寄るが，ゴアでは原マルチノがヴァリニアーノに対する感謝の演説を行っている。さらにマラッカ，マカオを経由して，18年に長崎へ帰帆する。19年京都にのぼり聚楽第において関白秀吉に謁し，インド副王の書状を奉呈した。帰国後しばらくイエズス会の修道院に入ったが，同会の記録によれば，ミゲルは日本語をよく知らず身体は虚弱であると記されている。その後，彼はキリシタンの弾圧が激しくなるとイエズス会を脱会し，慶長11年ころ棄教した。還俗してからは大村喜前に召し抱えられ，清左衛門と称し妻を娶った。のちには大村や有馬の両氏からも追放される。元和8年ころ長崎に住んでいたと伝えられるが，以後の消息は不明。

[文献] 九州三侯遣欧使節行記（岡本良知訳）東洋堂　昭17／大日本史料　第11編別巻之1，2　天正遣欧使節関係史料1，2　東京大学史料編纂所　昭34，36／デ・サンデ天正遣欧使節記（E.デ・サンデ著　泉井久之助他訳）雄松堂　昭44（新異国叢書5）／史譚天正遣欧使節（松田毅一）　講談社　昭52／帰国後の天正遣欧少年使節たち（片岡弥吉）『日本キリシタン殉教史』　時事通信社　昭54／グワルチェリ日本遣欧使者記（木下杢太郎訳）『木下杢太郎全集21』　岩波書店　昭58／データベースWHO　日外アソシエーツ
〔楠家重敏／富田仁〕

千葉 掬香　ちば・きくこう

明治3年6月26日（1870）～昭和13年12月27日（1938）　翻訳家　[生]東京市　[名]本名=千葉鉱蔵　[渡]アメリカ，ドイツ：1887年（留学）

明治3(1870)年6月26日，東京市に生まれる。青山学院卒業後，明治20(1887)年12月アメリカ，ドイツに留学。エール大学を卒業。30年に帰国後，早稲田大学で教鞭を執った。明治40年代に戯曲の翻訳に取り組み，メーテルリンクの「苔の花」，イプセンの「蘇生の日」「建築師」「ヘダ・ガブラア」などの作品を『明星』『心の花』に発表，のち訳書として刊行された。昭和13(1938)年12月27日死去。享年69歳。

[文献] 幕末明治海外渡航者総覧（手塚晃編）柏書房　平4／データベースWHO　日外アソシエーツ
〔藤田正晴〕

千葉 勇五郎　ちば・ゆうごろう

明治3年8月13日（1870）～昭和21年4月21日（1946）　牧師，神学者　[生]宮城県仙台　[渡]アメリカ：1893年（神学）

明治3(1870)年8月13日，宮城県仙台に生まれる。明治23年受洗し，青山学院卒業後，明治26(1893)年アメリカに渡り，ユルビー大学，ロチェスター神学校で学ぶ。31年7月帰国後，尚絅女学院，同志社女学校，福岡神学校，東京学院につとめ，関東学院に迎えられ，昭和7年院長，のち名誉院長となる。また日本バプテスト東部組合理事長，日本バプテスト教会常置委員長などを歴任，四谷教会の牧師をつとめた。神学博士。著書に『現代新訳聖書註解』『パウロ伝』『ヨハネ福音書』などがある。昭和21(1946)年4月21日死去。享年77歳。

[文献] 幕末明治海外渡航者総覧（手塚晃編）柏書房　平4／データベースWHO　日外アソシエーツ
〔藤田正晴〕

千村 五郎　ちむら・ごろう

？～明治20年（1887）　牧師　[生]大垣　[渡]アメリカ：1872年（留学）

大垣の出身。漢学および洋学を洞陽に学ぶ。蕃書調所に籍をおくが，維新後明治5(1872)年にアメリカに渡る。翌年帰国。帰国後牧師となり，著書に『天道溯源』がある。明治20(1887)年死去。

[文献] 近代日本の海外留学史(石附実)　ミネルヴァ書房　昭59　〔安藤義郎〕

長助　ちょうすけ

生没年不詳　天寿丸乗組員　[生]紀伊国(日高郡)天田組薗浦　[渡]ロシア：1850年(漂流)

生没年不詳。紀伊国天田組薗浦に生まれる。天寿丸の舵取りとして江戸へ蜜柑などを輸送した後，嘉永3(1850)年1月9日，伊豆の子浦沖で強い北西風に吹きまくられ漂流。3月12日，千島列島南洋上でアメリカ捕鯨船ヘンリー・ニーランド号に救助される。その後乗組員13人のうち辰蔵，浅吉，太郎兵衛，清兵衛，与吉，新吉，半蔵とともにロシアの捕鯨船に移され，カムチャツカ半島のペトロパウロフスクへ送られる。さらに沿海州のアヤン港に連れて行かれ，50日ほど同地に滞在の後，ロシア・アメリカ会社の船に乗せられ嘉永3年10月22日，ロシア領アラスカのシトカに着く。7人(半蔵は途中で病死)はここで5年まで留め置かれるが，これは対日貿易を望んでいるロシア・アメリカ会社が強制的にロシア語を彼等に学ばせるためであった。その間に同会社の総支配人であるロゼンベルグ大佐の命令で，1650字を収めた日本語辞典，日本帝国に関する報告書(日本語とその対訳)など6種類の書物が作られる。これらは1852年，日本へ特派されたプーチャーチン提督に贈られたという。ロシア・アメリカ会社は5年4月，7人をメンシコフ号に乗せて下田へ送還するが，韮山代官江川太郎左衛門や小田原藩の家老は受け取りを拒絶し，できるだけすみやかに出帆するよう求める。しかしリンデンベルグ船長は下田湾から5海里ほど離れた所で7人に2隻の小舟を与え，中木浦(静岡県賀茂郡南伊豆町入間)に上陸させる。7人はこれまでのロシア人の親切に対して深く感謝し，上陸後ただちに同地の庄屋へ届出，韮山の代官所から下田へ護送されて吟味を受け，江戸へ送られる。6年1月，3年4ヶ月ぶりに帰郷，全員士分に取り立てられ，苗字帯刀を許されて紀州藩の水主を命ぜられる。

[文献] 日本人漂流記(川合彦充)　社会思想社　昭42(現代教養文庫A530)　〔安藤義郎〕

珍田 捨巳　ちんだ・すてみ

安政3年12月24日(1858)〜昭和4年1月16日(1929)　外交官　伯爵　[生]陸奥国弘前　[渡]アメリカ：1877年(留学)

安政3(1858)年12月24日，弘前の津軽藩士の家に生まれる。藩学校を経て，東奥義塾に学ぶ。明治10(1877)年6月，同義塾の第1回留学生としてアメリカのアスベリー大へ留学し，14年2月帰国。18年大隈重信の推挙で外務省入り。各国の領事，公使を歴任後，外務総務長官，外務次官を経て，41年駐独大使となり，条約改正の実現に尽力した。その後，駐米大使，駐英大使を歴任。この間，第一次大戦後の大正8年パリ講和会議に全権大使として出席。9年枢密顧問官に任ぜられ，10年宮内省御用掛となり，まだ皇太子だった昭和天皇の半年間の訪欧に随行。皇太子の信任あつく東宮大夫となり，13年の結婚の儀を挙行。昭和2年3月から4年1月まで侍従長を務め，天皇の即位礼を挙行した。昭和4(1929)年1月16日死去。享年74歳。

[文献] 幕末明治海外渡航者総覧(手塚晃編)　柏書房　平4／日本外交史人物叢書　第7巻(吉村道男監修)　ゆまに書房　平14／データベースWHO　日外アソシエーツ　〔藤田正晴〕

【つ】

塚田 数平　つかだ・かずへい

明治9年(1876)〜昭和34年(1959)　レストラン経営者　[渡]アメリカ：1892年(コック見習い)

明治9(1876)年に生まれる。25(1892)年にコック見習いのためにアメリカに渡っている。帰国年はわからないが，レストラン「都」を経営する。昭和34(1959)年死去。享年84歳。

[文献] 近代日本海外留学生史　下(渡辺実)　講談社　昭53　〔富田仁〕

塚原 昌義　つかはら・まさよし

生没年不詳　幕府外国奉行　[名]通称＝重五郎，藤助，治左衛門　[渡]アメリカ：1860年(日米通商条約批准交換)

生没年不詳。安政3年外国貿易取調掛，6年外国奉行支配調役となる。7(1860)年1月，日米通商条約批准交換のためにわが国最初の海外派遣使節団の一員として渡米。外国奉行支配調役から外国奉行支配組頭・徒頭，講武所頭取へ進む。文久3年池田長発遣欧使節の目付に任ぜられ，また慶応2年駐英公使に選ばれた

がいずれも赴任せずに終る。その後外国奉行・勘定奉行，外国総奉行，若年寄となってもっぱら幕府の外交官として活躍する。弱体化した幕府の立て直しをはかって長州を厳しく罰し，また幕府の貿易を盛んにするため開港が決定した兵庫に商社を設立することなどを建議する。明治1年の鳥羽伏見の戦では副総督。幕府内では小栗上野介と並び称せられる強硬論者であったため，維新後，2年徳川慶喜より職を免じられ，出仕することを禁じられる。

文献 明治維新人名辞典（日本歴史学会編） 吉川弘文館 昭57／幕末維新人名事典 新人物往来社 平6／朝日日本歴史人物事典 朝日新聞社 平6 〔安藤義郎／富田仁〕

津軽 英麿　つがる・ふさまろ
明治5年2月25日（1872）～大正8年4月7日（1919）　官吏　伯爵　㊷青森県　㊸旧名＝近衛　㊹ドイツ：1886年（留学）

　明治5（1872）年2月25日に生まれる。近衛篤麿の弟。旧弘前藩主・津軽承昭の養子となる。明治19（1886）年ヨーロッパに渡り，ドイツ，スイスの大学で学び，37年帰国。40年韓国宮内府書記官，44年李王職事務官兼任。大正3年式部官，5年伯爵を継ぐ。7年貴族院議員となる。大正8（1919）年4月7日死去。享年48歳。

文献 津軽英麿伝（羽賀与七郎）　陸奥史談会　昭40／郷土の先人を語る　第4　弘前市立弘前図書館，弘前図書館後援会　昭44／幕末明治海外渡航者総覧（手塚晃編）　柏書房　平4／データベースWHO　日外アソシエーツ 〔藤田正晴〕

津川 良蔵　つがわ・りょうぞう
生没年不詳　牧師　㊸別名＝顕蔵　㊹アメリカ：1869年（留学）

　生没年不詳。明治2（1869）年1月に渡米し，4年9月，県費留学生となり，ホープカレッジに入学するが間もなく中退し，クリスチャン改革派の一員となる。6年2月7日帰国，牧師となる。その後の消息は不明。

文献 近代日本海外留学生史　上（渡辺実）　講談社　昭52／近代日本の海外留学史（石附実）　ミネルヴァ書房　昭59／幕末明治海外渡航者総覧（手塚晃編）　柏書房　平4 〔安藤義郎／富田仁〕

柘植 善吾　つげ・ぜんご
天保13年7月19日（1842）～明治36年8月1日（1903）　教育家　〔久留米洋学校を開設〕　㊷筑後国久留米（十軒屋敷）　㊸諱＝信鋭，幼名＝操，号＝木石　㊹アメリカ：1867年（留学）

　天保13（1842）年7月19日，肥前国久留米に生まれる。18歳で明善堂助となり，文久3年長崎の英学塾に入り，ウエブスターの辞書を和紙に毛筆で写し勉学に励む。慶応3（1867）年3月，福岡藩主の命を受けセントルイス市博覧会出品の名目でアメリカへ留学する。前年海外渡航の解禁令が出されてはいたが，まだ自由，無制限ではなかったので日本を離れる時，イギリス船の船倉に三昼夜潜んでいたとも伝えられる。3年6月16日ボストンに到着，ミッションスクールに入り英語，政治，法律，農業，牧畜などを学び1年8ヶ月滞在し，ニューヨークからアラスカ号で明治2年1月9日帰国。帰国後は教育の必要性，とくに洋学校設立を藩主に進言し，6年3月藩庁の支援によって久留米洋学校を開設し，校長として洋学教育に従事する。明治36（1903）年8月1日死去。享年62歳。

㊺久留米市寺町・妙善寺

文献 先人の面影　久留米人物伝記　久留米市編刊　昭36／近代日本の海外留学史（石附実）　ミネルヴァ書房　昭47 〔谷崎寿人〕

辻 小伝太　つじ・こでんた
生没年不詳　伊万里県留学生　㊷伊万里　㊹イギリス：1871年（留学）

　生没年不詳。伊万里の出身。明治4（1871）年9月10日，伊万里県の県費でイギリスに派遣されるが，その後の消息は不明。

文献 明治初年条約改正史の研究（下村冨士男）　吉川弘文館　昭37／近代日本の海外留学史（石附実）　ミネルヴァ書房　昭47／近代日本海外留学生史　上（渡辺実）　講談社　昭52／幕末明治海外渡航者総覧（手塚晃編）　柏書房　平4 〔楠家重敏／富田仁〕

辻 信明　つじ・のぶあき
天保2年頃（1831）～？　幕臣　㊸本名＝芳五郎　㊹アメリカ：1860年（遣米使節に随行）

　天保2（1831）年頃生まれる。安政7（1860）年1月，新見豊前守正興を正使とする第一次遣米使節団の勘定組頭支配普請役として随行渡米する。その後の消息は不明。

[文献] 77人の侍アメリカへ行く（レイモンド服部）　講談社　昭43　　〔谷崎寿人〕

辻 春十郎　つじ・はるじゅうろう
陸軍軍人〜　伊万里県留学生　⊕肥前　㊙ドイツ：1871年（留学）

　生没年不詳。肥前の出身。明治4(1871)年5月，伊万里県の留学生として長尾俊次郎，吉武桂仙，石川助三郎とともにドイツに渡る。プロシア陸軍士官学校に学び，12年6月12日に帰国。翌13年5月27日にはオーストリア公使館付となり，翌14年12月7日帰国している。その後の消息は不明。

[文献]　近代日本海外留学生史　上（渡辺実）
　　講談社　昭52／幕末明治海外渡航者総覧（手塚晃編）　柏書房　平4　　〔富田仁〕

津田 伊兵衛　つだ・いへえ
生没年不詳　商人　⊕和歌山　㊙ドイツ：1871年（商法見習い）

　生没年不詳。和歌山の出身。明治4(1871)年津田正之助とともにドイツ人教師に同行して商法見習いのためにドイツに渡航する。その後の消息は不明。

[文献]　近代日本の海外留学史（石附実）　ミネルヴァ書房　昭47／幕末明治海外渡航者総覧（手塚晃編）　柏書房　平4　　〔富田仁〕

津田 梅子　つだ・うめこ
元治1年12月3日(1864)〜昭和4年8月16日(1929)　女子教育家　〔最初の女子留学生，津田塾大学創始者〕　⊕江戸　㊎本名＝むめ　㊙アメリカ：1871年（留学），アメリカ：1889年（生物学）

　元治1(1864)年12月3日，佐倉藩士津田仙の二女として江戸牛込南町で生まれる。本名はむめ（梅子と漢字に改名したのは明治32年のこと）。明治初年，黒田清隆は北海道開拓の調査参考のためアメリカに渡り，帰国後女子留学生の派遣を提言した。これにもとづき開拓使では女子留学生を募集し，吉益亮子，上田悌子，山川捨松，永井繁子と彼女が選ばれる。彼女らは岩倉使節団に加わり，明治4(1871)年11月12日に横浜を出帆した。翌年早々ワシントンに着いたとき，彼女らは使節団一行と別れ，梅子と亮子はワシントン郊外ジョージタウンの日本弁務使館書記官チャールズ・ランメン方に預けられる。数ヶ月後森有礼の指示により市内コネチカット街に一軒を借り受けて5人で住むことになった。5年10月，眼を患った亮子と健康に勝れなかった悌子を帰国させたのち，3人はアメリカ人家庭に預けられる。梅子は再びランメン方に戻り，やがてコレジェト・インスティチュートに入ったが，この間の6年7月，フィラデルフィアの教会で洗礼をうける。11年に同校を卒業したのち，アーチャー・インスティチュートに入学。彼女は数学と語学を得意としていたようで，15年の卒業証明書には「ミス・ツダはラテン語，数学，物理学，天文学，フランス語に抜群の成績を示した」とあるほどである。14年には開拓使から帰国命令が出ていたが，捨松とともに1年延期を願い出て，15年11月の帰国となった。10年余の留学で彼女はすっかり日本語を忘れてしまったといわれる。16年に築地の海岸女学校で英語を教えたが2ヶ月ほどで退職した。やがて伊藤博文の家の通訳兼家庭教師となり，その後，下田歌子の桃夭女塾で英語を教え，逆に歌子から国語と習字を習う。17年6月，伊藤家を辞して，翌年11月から華族女学校で教鞭をとる。22(1889)年7月，同校在職のままアメリカ留学のため横浜を立ち，同年9月フィラデルフィアのブリンマー・カレッジの選科生となり生物学を専攻する。24年2月オズウィゴーにむかい教育学と教授法を聴講し，ペスタロッチの開発主義に基づく教育をうける。その後，華族女学校を非職となり，あらためて「米国留学中女子教育の取調べ」をするよう命をうけ，留学延期が認められた。同年9月，ブリンマー・カレッジに戻り，科学，歴史，哲学，英文学なども修める。モルガン教授と共同で蛙の卵の発生に関する論文を書き，27年にそれがイギリスの学術雑誌に掲載された。また23年には友人のアリス・ベーコンの『日本の婦人』の執筆に協力した。24年には日本婦人米国奨学金の設置にも尽力。25年8月に帰国して，再び華族女学校で教鞭をとり，31年5月には女子高等師範学校の教授も兼任する。6月にデンヴァの万国婦人連合大会に出席し，大会後ワシントンでランメン夫人に逢い旧交を温めた。11月にはイギリスに渡り，32年1月からオックスフォードで倫理，歴史，シェークスピアおよびエリザベス朝の散文作家論などを聴講する。4月末アメリカを経由して7月下旬に帰国。33年7月，かねて計画していた女子英学塾創立を東京府知

事に申請し、これが認可される。華族女学校、女子高等師範学校を辞して、9月14日、麹町の借家を校舎として開校式を催す。36年春に第1回の卒業生を出し、38年本科卒業生に対し英語科教員無試験検定の資格が与えられた。この間34年11月に創刊された桜井彦一郎の『英学新報』の編集を助け、36年6月あらたに『英文新誌』の刊行に尽力する。梅子は和文英訳を担当し、「平家物語」、「源平盛衰記」などの古典文学や樋口一葉などの作品を翻訳した。40年1月、静養をかねた外遊の途につき、ハワイ、アメリカ、イタリアをめぐり、41年1月に帰国。その後、塾の育成に専念したが、大正6(1917)年春、身体の不調を覚え、糖尿病と診断されて聖路加病院に入院する。8年1月、塾長の辞表を提出。昭和4(1929)年8月16日、脳出血のため鎌倉の別荘で死去。享年66歳。8年、彼女を記念して校名が津田英学塾と改称された。
⊕津田塾大学（東京・小平市）の校内
文献 津田梅子追悼：英語青年 62(3、4) 昭4／津田梅子(吉川利一) 婦女新聞社 昭5／津田英学塾四十年史(吉川利一編) 津田英学塾 昭16／津田梅子伝(吉川利一) 津田塾同窓会 昭31／津田塾六十年史(山崎孝子編) 津田塾大学 昭35／小伝(星野あい) 中央公論出版 昭35／女傑伝(村松梢風) 読売新聞社出版局 昭36／津田梅子(山崎孝子) 吉川弘文館 昭37／日本教育学史料 津田梅子女史(藤田たき)：教育 12(11) 昭37／日本人名大事典4 平凡社 昭54／津田梅子文書 津田塾大学編刊 昭55／近代日本哲学思想家辞典(伊藤友信他編) 東京書籍 昭57／津田梅子の遺文(津田塾大学所蔵)／女子英学塾日誌(津田塾大学所蔵)／津田梅子 新装版(山崎孝子) 吉川弘文館 昭63（人物叢書）／津田梅子(大庭みな子) 朝日新聞社 平2／津田梅子 中央公論社 平4(中公文庫)／津田梅子(古木宜志子) 清水書院 平4(Century Books)／津田梅子(大庭みな子) 朝日新聞社 平5(朝日文芸文庫)／人物日米関係史―万次郎からマッカーサーまで(斎藤元一) 成文堂 平11／海をこえて近代知識人の冒険(高沢秀次) 秀明出版会 平12／津田梅子の社会史(高橋裕子) 玉川大学出版部 平14／「わたし」を生きる女たち―伝記で読むその生涯(楠瀬佳子、三木草編) 世界思想社 平16(SEKAISHISO SEMINAR) 〔楠家重敏〕

津田 純一　つだ・じゅんいち

嘉永3年5月12日(1850)〜大正13年(1924)　教育家　⊕豊前国中津　㊔アメリカ：1871年(法律、経済、哲学)

嘉永3(1850)年5月12日、豊前中津藩士耕畑の子として生まれる。藩黌進修館において漢籍を学び武技を鍛練する。その後上京して慶応義塾に入学、福沢諭吉から洋学を学ぶ。明治4(1871)年12月、藩主奥平昌邁に従ってアメリカに留学し、法律、経済、哲学などを修める。11年5月カナーバ大学でバチェラー・オブ・ローの学位を得て帰国。同年11月兵庫県師範学校長となり、その後神戸中学校、東京大学予備門などの教壇に立ったあと、13年外務省准奏任御用掛となるが、14年10月再び教育界に入り、16年石川県専門学校教授、のち三重県師範学校長、大分中学校長などを歴任する。39年韓国興農会社を創立、44年大分県下毛郡立高等女学校の創立にあたり招かれて初代校長となる。大正7年老齢のため退職。大正13(1924)年死去。享年75歳。　㊟津市寺町・松岩寺
文献 近代日本の海外留学史(石附実) ミネルヴァ書房 昭47／日本人名大事典4 平凡社 昭54 〔谷崎寿人〕

津田 正之助　つだ・しょうのすけ

生没年不詳　商人　⊕和歌山　㊔ドイツ：1871年(商法見習い)

生没年不詳。和歌山の出身。明治4(1871)年に津田伊兵衛とともに商法見習いのためにドイツ人教師に同行してドイツに渡る。その後の消息は不明。
文献 近代日本の海外留学史(石附実) ミネルヴァ書房 昭47／幕末明治海外渡航者総覧(手塚晃編) 柏書房 平4 〔富田仁〕

津田 震一郎　つだ・しんいちろう

嘉永4年(1851)〜?　留学生　⊕和歌山　㊔フランス：1872年(兵学)

嘉永4(1851)年、和歌山藩士の家に生まれる。明治5(1872)年9月に自費留学生としてフランスに到着している。ガルニエ学校で普通学を修めているが、その専攻はフランスの兵学である。その後の消息は不明。
文献 フランスとの出会い―中江兆民とその時代(富田仁) 三修社 昭56 〔富田仁〕

津田 静一 つだ・せいいち
嘉永5年(1852)〜明治42年11月28日(1909)
植民政策家 〔県民の南米移住や台湾開発を推進〕 ㊟肥後国熊本(坪井) ㊂幼名=亀太郎,号=梅渓,図南 ㊐アメリカ:1869年(留学)

　嘉永5(1852)年,肥後国熊本に生まれる。藩校時習館に学んだ後,明治2(1869)年渡米しエール大学に入学。8年帰国後,清国北京公使館一等書記館見習,同年10月大蔵省紙幣局学場幹事兼教員となったが意にそわないことがあり辞任。熊本に帰り紫溟学会を起こして国権論を主張,自由民権論を排斥する。『紫溟雑誌』(のちの『九州日日新聞』)を発行し,18年から20年にかけてロンドン大学に留学する。南米移住を熊本県民に勧めたり,県民数百名を引率して台湾開発に赴いたこともある。晩年は旧藩主細川家の家令となって,同家の家政整理にあたる。明治42(1909)年11月28日死去。享年58歳。

　[文献] 楳渓津田先生伝纂(能田益貴) 津田静一先生二十五回忌追悼会 昭8／錦渓旧友会誌(金津正夫編) 錦渓旧友会 昭12／日本人名大事典4 平凡社 昭54 〔谷崎寿人〕

津田 仙 つだ・せん
天保8年7月6日(1837)〜明治41年4月24日(1908) 農学者 〔近代農法の移入,キリスト教界三傑の1人〕 ㊟下総国佐倉 ㊂幼名=千弥のちに仙弥 ㊐アメリカ:1867年(農法研究),オーストリア:1873年(ウィーン万国博覧会)

　天保8(1837)年7月6日,下総佐倉藩士小島善右衛門良親の二男として生まれる。のちに田安家の津田氏を嗣ぐ。津田塾創設者の梅子は次女。8歳のとき藩校の西塾に入り四書・左伝などを習ったが,興味はもっぱら武芸に注がれ馬術や剣術に長じていた。安政3年2月,江戸九段坂下に蕃書調所が開設され,佐倉藩主堀田備中守の家臣手塚律蔵がその教授方となったのを機に,江戸へ出て入学し蘭学を修める。また将来の英学の必要性を察し,神保町の伊藤貫斉らについて英学を学び,これを基にさらに天文,地理,歴史,物理,経済,動植物などの各方面にわたって読書と研究に努める。やがて幕府の蕃書取調方に任ぜられ,杉田玄端,津田真道,西周らと翻訳通弁に従事する。文久1年7月,25歳のとき幕臣津田栄七の聟養子となる。慶応3(1867)年1月,幕府軍艦購入のため渡米する勘定吟味役・小野友五郎の随員の一人となる。その間滞在地で大規模経営による科学的農法を見聞し大いに啓発され,日本の農業の改良を決意する。帰国後まもなく戊辰の役となり,幕府方の軍人として官軍と戦うが敗北する。その後官を辞し,日本最初の洋式ホテル・築地ホテルの支配人となったが,たまたまホテルでは外人向けの野菜が不足がちであったため,麻布に数設歩の土地を求め,アメリカから数種の西洋野菜を取りよせて栽培する。また一方で佐藤信淵,貝原益軒などの農業書や西洋農学者の書を渉猟し,農学者としても知られるようになった。明治4年1月ホテルをやめ,北海道開拓使嘱託となったが,西洋野菜の栽培研究は続け,アスパラガスやリンゴ,オランダイチゴを試植した。6(1873)年ウィーンにおいて万国博覧会が開催された際,博覧会三等事務官心得として渡航,農具および庭園植物主任兼審査官を担当する。公務終了後,佐野常民事務副総裁の建議による,欧州諸国の優秀な技術を随行員中から選抜して伝習させるという計画に基づき,オランダの農学者ダニエル・ホーイブレンについて農学を研究することとなり,彼の発明した農事改良の三新法,すなわち気筒法,偃曲法,媒助法の三方法を伝習した。7年帰国し,5月にこの方法を記録した『農業三事』を発表,最新農法の普及に努め大いに好評を博する。とりわけ人工的に受粉を行い収穫の増加をはかる媒助法は,最も効果の高い方法としてその宣伝に力を入れ,さらに媒助用の縄を製造,津田縄と命名して普及に努める。8年,農業の近代化と人材育成のため東京麻布に学農社を設立,9年1月には学農社農学校を開校,生徒を集めて学理と実験を合わせて教育する。これは札幌農学校および駒場農学校の二校の官立農学校について創設されたものであり,私塾として農業教育にあたった嚆矢である。農学校開校と同時に『農業雑誌』を発刊し,農業界の啓蒙にも尽力する。これは農学を盛んにし物産の増殖をはかり,国家の経済的基盤を確立しようとする趣旨で出版され,当初の記事内容は主として『農業三事』の三方法の詳論およびその実験結果であったが,後には広く農事一般にわたっている。また13年頃には,北海道開拓事業にも関心を寄せ,事業奨励のため『開拓雑誌』を発行するが,これは

2年ほどで廃刊する。そのほか学農社では，農業新書などを出版している。学農社農学校は創立以来10年を経過せずに閉校となるが,『農業雑誌』はその後も刊行し続ける。一方麻布の農園で行っていた西洋種の果樹野菜の栽培も次第に傾き，一時は数千坪あった農地も30年頃には2000坪に減り，一切を次男の次郎に譲り鎌倉材木座に引退する。学農社の後身は獣医学校となり，やはり次郎によって経営される。彼は中村正直，新島襄と並び称されるキリスト教界三傑の1人であり，引退後も禁酒禁煙運動に加わり多くの支持者を得る。鎌倉教会・鎌倉孤児院にも助力の手をさし延べる。明治41（1908）年4月24日死去。享年72歳。
[墓]東京・青山霊園
[文献] 津田女史の厳父津田仙（磯辺弥一郎）：英語青年　62（3）　昭4.3／日本老農伝（大西伍一）　平凡社　昭8／泰西農法の先覚者津田仙（桜井武雄）：農村文化　21（1）　昭17／日本の技術者（田村栄太郎）　興亜書房　昭18／近代日本農政の指導者たち（小倉倉一）　農林統計協会　昭28／山室軍平選集9（山室武甫編）　山室軍平選集刊行会　昭31／明治人物逸話辞典　下（森銑三編）　東京堂出版　昭40／津田仙　明治の基督者（都田豊三郎）　昭47／近代日本海外留学生史　上（渡辺実）　講談社　昭52／日本人名大事典4　平凡社　昭54／郷土歴史人物事典　千葉（高橋在久編）　第一法規出版　昭55／明治・大正・昭和教育思想学説人物史1　明治前期篇（藤原喜代蔵）　湘南堂書店　昭55／明治維新人名辞典（日本歴史学会編）　吉川弘文館　昭56／早矢仕有的への来翰をめぐって11（会我なつ子，松島栄一）：学鐙　79（11）　昭57.11／津田仙―明治の基督者　伝記・津田仙（都田豊三郎）　大空社　平12（伝記叢書）／津田仙と朝鮮―朝鮮キリスト教受容と新農業政策（金文吉）　世界思想社　平15　〔中川浩〕

津田 寅次郎　つだ・とらじろう

慶応2年11月（1866）～大正13年10月29日（1924）　印刷技術者　[生]大坂　[渡]フランス：1890年（印刷機械購入）

慶応2（1866）年11月，大坂に生まれる。洋学を修めたのち，明治18年5月東京朝日新聞社に入り，23（1890）年同社がマリノニ印刷機械を購入するに当たりフランスに派遣される。パリのマリノニ工場，ジュルナール新聞社の印刷工場で実地研修をしたのち同年秋に帰国する。東京および大阪の朝日新聞社はその機械で新聞を印刷することになり，印刷界に新風を送る。のち津田工務所を経営するが，大正13（1924）年10月29日，腎臓炎のため大阪市安治川の自宅で死去。享年59歳。
[文献] 大正過去帳―物故人名辞典（稲村徹元他編）　東京美術　昭48　〔富田仁〕

津田 弘道　つだ・ひろみち

天保5年（1834）～明治20年4月10日（1887）　官吏，実業家　岡山藩士　[生]備前国岡山　[渡]アメリカ：1871年（欧米事情視察）

江戸時代末期・明治時代の官吏・実業家。明治4（1871）年岩倉使節団に随行してアメリカ，ヨーロッパを視察し，5年帰国。第二十二国立銀行の取締役となり地域の経済発展，近代化に貢献した。明治20（1887）年4月10日死去。享年54歳。
[文献] 幕末明治海外渡航者総覧（手塚晃編）　柏書房　平4／データベースWHO　日外アソシエーツ　〔藤田正晴〕

津田 真道　つだ・まみち

文政12年6月25日（1829）～明治36年9月3日（1903）　法学者，啓蒙思想家　法学博士　男爵　〔西洋法学の最初の紹介者〕　[生]美作国津山（字林田上）　[名]本名＝真一郎　幼名＝喜久治のち鶴太郎，亀太郎　[渡]オランダ：1862年（法律，経済学）

文政12（1829）年6月25日，津山藩士・津田七太夫の長男として生まれる。漢学を大村桐陽，剣を石垣清太夫，槍を蘆沢藻，弓を一場茂右衛門に習う。その後，榊原平次郎に師事して兵学を学び免許皆伝を受けたのち江戸遊学を志し，嘉永3年に家督を次男鉄次郎に譲り江戸に出る。江戸では鍛冶橋の藩邸に住み箕作阮甫，伊東玄朴に蘭学を学ぶ。また佐久間象山から兵学を学んでいたが帰藩の命に接し藩籍を離脱，開田太郎，開田真一郎などと称して江戸に留まり学問を続ける。安政2年，脱藩を特赦され津山に帰ったのち長崎海軍伝習所へ入るため長崎に赴く。しかし藩からの入所申請がないという理由で伝習所へ入ることができず，3年に再び江戸へ出て箕作阮甫の塾に入り塾頭格をつとめる。当時，箕作阮甫は蕃書調所の教授職にあったので推薦して彼を蕃書調所の教授手伝並に出仕させる。同期の教授手伝並

には西周, 浅井勇三郎がいた。文久1年, アメリカに軍艦操練所から留学生を派遣して造船などの技術修得に当たらせることを知り西とともに蕃書調所からも留学生を派遣するように強く働きかけ, 2人の留学が認められる。しかしアメリカは南北戦争中であるという事情から, 翌年(1862)オランダ留学となる。幕府オランダ留学生は15名で, 軍艦操練所より内田恒次郎, 榎本釜次郎, 沢太郎左衛門, 田口俊平, 赤松大三郎の5名, 長崎養生所より伊東玄伯, 林研海の2名,「職方」とよばれる技術職人が古川庄八, 山下岩吉, 大野弥三郎, 上田虎吉, 大河喜太郎, 中島兼吉の6名, それに蕃書調所から西と彼の2名という陣容である。留学生一行は2年9月11日に長崎を出航, バタビア, セント・ヘレナ島を経て3年4月にブローウェルスハーフェンに到着, その後ライデンへ向かう。ライデンにおいて留学生は2組に分かれ, 一方はライデンに留まり, 他方はハーグへ向かう。彼は西および職方とともにライデンに留まり西とともにホフマンなどからオランダ語の特訓を受けたのち, ライデン大学で法律と経済を学ぶ。とくに経済学者のフィッセリング教授から親身に面倒をみてもらう。滞蘭中, 法理学, 国際公法学, 国法学, 経済学, 統計学の5科目を学び慶応1年秋, 勉学を終える。西とともにライデンを出発しブリュッセルを経てパリに着き, 五代友厚, 寺島宗則らと会ったのちマルセイユに赴き帰国の途につく。同年12月29日横浜に帰国, 翌年1月, 西とともに開成所教授手伝となり3月には百俵二十人扶持を与えられる。同年, 帰国後着手した翻訳事業が『泰西国法論』として完成する。彼はこの本の中の「国法」を, 西は「万国公法」を担当している。4年には幕府の目付職となり徳川家達の命により官軍に対抗する幕臣たちをさとし, またオランダ留学生仲間であった榎本が北海道へ走った際も戒めている。徳川家達に従い静岡に住んでいたが, 明治2年1月, 刑法官権判事として新政府に出仕し東京に出る。同年3月, 刑律取調となり「新律綱領」の編纂に当たる。また西洋にはキリスト教暦, 回教国には回教暦があることを説き, 紀元制定を建議する。これが後に採用され神武天皇即位を紀元元年とする紀元の制定となる。8月, 静岡藩小参事となり静岡へ赴くが, 翌年10月には学制取調御用掛となり東京へ戻る。その後, 刑部少判事, 中判事となり4年4月には外務権大丞と兼ね, 5月に日清修好条規を結ぶため正使伊達宗城に従い副使として清国へ派遣される。9月に帰国し, 11月に司法中判事に任ぜられ, 翌年には大法官となる。6年, 箕作秋坪, 福沢諭吉, 森有礼らと明六社をつくる。その機関紙『明六雑誌』は政治, 経済, 宗教, 教育など多方面にわたり自由な評論を行い学術発展に大きく寄与したが, 政府の弾圧により短期間で廃刊となる。同年, 彼は陸軍省四等出仕を命ぜられ, 8年には陸軍裁判所御用となり翌年4月には元老院議官に任ぜられる。12年には東京学士院会員となる。その後, 民法編纂委員, 日本海令草案審査委員, 高等法院陪席裁判官などを歴任し, 23年7月には東京府第八区選出の衆議院議員となり, 11月には初代の衆議院副議長となる。24年12月, 衆議院は解散, 翌年2月には再び衆議院議員に再選される。29年, 貴族院議員となり, 33年には男爵を授けられる。法学者として, また啓蒙思想家として学術発展に大きく貢献し, 36年に法学博士となるが, 同年(1903)年9月3日死去。享年75歳。

🈺東京台東区・谷中霊園

文献 東京学士会院会員津田真道の伝:東京学士会院雑誌 15(6) 明26/和蘭に於ける日本最初の留学生(幸田成友):明治文化研究 5(6) 昭4/津田真道(津田道治) 東京閣 昭15/幕府オランダ留学生(宮永孝) 東京書籍 昭57(東書選書)/津田真道—研究と伝説(大久保利謙編) みすず書房 平9

〔湯本豪一〕

津太夫 つだゆう

延享1年頃(1744)～? 若宮丸乗組員 〔使節レザノフに随行, 初の世界一周〕 🈺奥州仙台領(宮城郡)寒風沢浜 🈺ロシア:1793年(漂流)

延享1(1744)年頃, 善五郎の子として仙台寒風沢浜に生まれる。寛政5(1793)年11月, 仙台藩の用木, 米などを積んだ若宮丸の水夫として江戸へ向かう途中, 棚倉沖で暴風に遇い漂流する。やがてロシア人に助けられ, ナホトカ, オホーツク, ヤクーツクを経て, 8年12月イルクーツクに至る。ここで光太夫の仲間でロシア人を妻とし日本語学校の教師となっている新蔵に会う。享和3年ペテルブルクでカザリン2世に謁見し, ロシア使節レザノフ一行に加わり, 日本へ帰ることを許される。一行はコペンハーゲン, ロンドン, カナリヤ諸島, ブラ

ジル，マルケサス諸島，カムチャツカを経て，文化1年9月7日，長崎神ノ島に帰着する。このように漂流以来12年目に61歳で世界一周を遂げて帰国したのである。その後の消息は不明。
[文献] クルウゼンシュテルン日本紀行（羽仁五郎訳）　駿南社　昭6／陸奥仙台領漂流民ノ事蹟，魯西亜国使節れさのつと長崎ニ来ル（岡本柳之助）　『日露交渉北海道史稿』　昭31／仙台事物起原考（菊地勝之助編）　郵弁社　昭39／日本人漂流記（荒川秀俊）　人物往来社　昭39／環海異聞（宮沢栄一編）　叢文社　昭51／いしのまき若宮丸漂流始末—初めて世界を一周した船乗り津太夫（安倍忠正）　三陸河北新報社　昭61／魯西亜から来た日本人—漂流民善六物語（大島幹雄）　広済堂出版　平8／漂流記の魅力（吉村昭）　新潮社　平15（新潮新書）／世界一周した漂流民（石巻若宮丸漂流民の会編著）　東洋書店　平15（ユーラシア・ブックレット　；no.54）
〔小林邦久〕

土子 金四郎　つちこ・きんしろう

元治1年4月13日（1864）～大正6年5月1日（1917）　経済学者，実業家　横浜火災海上運送信用保険会社副社長　[生]江戸　[渡]アメリカ，ヨーロッパ：1889年（留学）

元治1（1864）年4月13日，江戸に生まれる。明治17年東京大学文学部政治理財科卒業。大蔵省に出仕し，ついで東京高等商業学校教授となり，傍ら東京専門学校，専修学校，陸軍経理学校，海軍経理学校などで経済学を教授する。22（1889）年アメリカに留学，ニューヨーク外国銀行で銀行実務を研究。ヨーロッパを経て24年帰国，日本銀行に入り，ついで横浜正金銀行ロンドン支店副長となり，30年横浜火災海上運送信用保険会社を創設して副社長に就任。41年法学博士。43年以来諸保険会社の重役をつとめたが，大正3年病気のため辞す。また国家学会の運営にも尽力した。大正6（1917）年5月1日死去。享年54歳。
[文献] 幕末明治海外渡航者総覧（手塚晃編）　柏書房　平4／朝日日本歴史人物事典　朝日新聞社　平6／データベースWHO　日外アソシエーツ
〔藤田正晴〕

土橋 八千太　つちはし・やちた

慶応2年10月28日（1866）～昭和40年3月11日（1907）　天文学者，カリトック司祭　上智大学総長　[生]信濃国諏訪　[渡]フランス：1886年（神学，天文学）

慶応2（1866）年10月28日，信濃国諏訪に生まれる。明治15年カトリックに入信。19年上海に渡りヨハネ学院に入学，21年イエズス会に入会。29（1896）年フランスに留学し，パリ大学で5年間にわたって数学，力学，天文学を学んで学位を取得し，上海に渡る。37年余山天文台副台長，震旦大学教授をつとめ，44年帰国。この間，儀象考成による中国恒星図を作成し，星図中の恒星の西洋名を決定した。上智大学の創立と共に教授に就任し，のち総長になった。著書に『邦暦西暦対照表』などがある。昭和40（1907）年3月11日死去。享年42歳。
[文献] 幕末明治海外渡航者総覧（手塚晃編）　柏書房　平4／データベースWHO　日外アソシエーツ
〔藤田正晴〕

土屋 助次郎　つちや・すけじろう

安政6年6月14日（1859）～昭和15年8月18日（1940）　ぶどう酒製造業者　[生]甲斐国祝村　[名]改名＝龍憲　[渡]フランス：1877年（醸造法研究）

安政6（1859）年6月14日，土屋勝右衛門の長男として甲斐国祝村に生まれる。明治10年，大日本山梨葡萄酒会社（通称・祝村葡萄酒醸造会社）の設立に際し勝右衛門が発起人となった関係で，会社より選ばれて高野正誠とともに同年（1877）10月10日，醸造研究ため前田正名に引率されて渡仏する。その際に高野とともに研究成果があがらなかった場合は費用を会社に返済するという盟約書を提出し，会社のみならず山梨県の殖産興業に貢献するという使命感をもって出発する。マルセイユに到着後パリへ赴きフランス語を学んだのち，前田正名の紹介によりトロワのバルテ家の農園でぶどうの栽培を学ぶ。その後，醸造法も学び12年に帰国する。帰国後，ぶどう酒醸造のための器具の購入や貯蔵地下室づくり及びぶどう酒づくりに携わり，勝沼ワインの発展に寄与するが，15年の時点ですでに会社を去っている。のち龍憲と改名する。昭和15（1940）年8月18日死去。享年82歳。
[文献] 山梨のワイン発達史（上野晴朗）　勝沼町役場　昭52／ぶどう酒にかけた青年たち（富田仁）：クロスロード　昭57.6
〔湯本豪一〕

土屋 静軒　つちや・せいけん
天保10年1月5日(1839)～明治28年11月19日(1895)　医師　⊕岩国　⑧別名＝土居静幹
⑱フランス：1871年(留学)

　天保10(1839)年1月5日、岩国に生まれる。土居静幹と同一人物とみられる。明治4(1871)年にアメリカに渡り、ハーバード医科大学に留学する。11年に帰国の後は郷里山口で病院を開業する。明治28(1895)年11月19日死去。享年57歳。
　[文献]　近代日本の海外留学史(石附実)　ミネルヴァ書房　昭47／日仏文化交流史の研究―日本の近代化とフランス人(西堀昭)　駿河台出版社　昭56／幕末明治海外渡航者総覧(手塚晃編)　柏書房　平4　〔富田仁〕

土屋 光春　つちや・みつはる
嘉永1年8月26日(1848)～大正9年11月17日(1920)　陸軍軍人、大将　男爵　⊕三河国岡崎　⑧旧名＝渡利　⑱フランス、ドイツ：1879年(軍事視察)

　嘉永1(1848)年8月26日、岡崎藩士・渡利家の四男として岡崎に生まれ、のち同藩の土屋家の養子となる。大阪陸軍兵学寮を卒業。明治5年陸軍少尉に任官。佐賀の乱、西南戦争に従軍した。明治12(1879)年、高島陸軍少将に随行してフランス、ドイツを視察し、13年3月帰国。日清戦争では大本営参謀を務めた。近衛歩兵第1師団長を経て、日露戦争では第11師団長として出征し旅順攻撃に参加したが、重傷を負って一時内地に後送された。38年第14師団長として再び出征。40年戦功により男爵を授けられた。43年大将に昇進、同年予備役に編入。のち帝国軍人後援会副会長を務めた。大正9(1920)年11月17日死去。享年73歳。
　⑯愛知県岡崎市・龍海院
　[文献]　幕末明治海外渡航者総覧(手塚晃編)　柏書房　平4／朝日日本歴史人物事典　朝日新聞社　平6／日露戦争名将伝―人物で読む「激闘の軌跡」(柘植久慶)　PHP研究所　平16(PHP文庫)／データベースWHO　日外アソシエーツ　〔藤田正晴〕

土山 藤次郎　つちやま・とうじろう
生没年不詳　工部省・大蔵省官吏　⑧別名＝盛有　⑱イギリス：1870年(商工業規則調査)

　生没年不詳。明治3(1870)年12月、工部七等出仕のとき商工業規則調査のためイギリスに留学したが、5(1872)年に工部省留学生となり、6年12月に帰国する。その後、大蔵省の官吏となる。
　[文献]　工部省沿革報告　大蔵省　明22／明治初年条約改正史の研究(下村冨士男)　吉川弘文館　昭37／近代日本の海外留学史(石附実)　ミネルヴァ書房　昭47　〔楠家重敏〕

筒井 秀二郎　つつい・ひでじろう
慶応2年5月26日(1866)～大正8年4月6日(1919)　病理学者　⊕京都　⑱ドイツ：1888年(留学)

　慶応2(1866)年5月26日、京都に生まれる。帝国大学を卒業。明治21(1888)年1月、病理学研究のためドイツに留学しエーナ大学・ミュンヘン大学に学び、スイスに移りチューリッヒ大学に学んだ。23年5月帰国。23年第一高等中学校医学部教授、34年後身の千葉医学専門学校教授となり病理解剖学を担当した。大正8(1919)年4月6日死去。享年54歳。
　[文献]　幕末明治海外渡航者総覧(手塚晃編)　柏書房　平4／データベースWHO　日外アソシエーツ　〔藤田正晴〕

都筑 馨六　つづき・けいろく
万延2年2月17日(1861)～大正12年7月6日(1923)　官吏　法学博士　男爵　⊕上野国高崎　⑧筆名＝琴城、難肋　⑱ドイツ：1882年(政治学)

　万延2(1861)年2月17日、上野国高崎藩稲荷台の名主藤井安治の次男として生まれる。生後8、9ヶ月で西条藩士都築伺忠の養子となり、渋谷の同藩邸内に移る。明治3年12月、芝新堀町千村塾に入る。5年5月横浜修文館に入学し、アメリカ人ブラウンの薫陶を受ける。7年8月東京築地のカロルザル英学塾に入学、8年9月東京開成学校に入る。10年東京大学の新設とともにこれに進み、文学部で政治学・理財学を専攻した。当時の同窓生嘉納治五郎によれば、彼は秀才と称せられており、また将来の政治家を自任していたという。14年7月卒業。15(1882)年1月、文部省留学生として政治学研究のためドイツ派遣を命ぜられる。ベルリン大学在学中に一度喀血するが、予定の留学が終了するまでドイツにとどまる。卓越した語学の才能をもち、短期間のうちにドイツ語、フランス語に習熟し、英語と合わせて自在に使いこなしたという。19年5月帰国。ただちに公使館書記官兼外務省参事官に任ぜられ、総務局

政務課勤務を命ぜられ官吏生活に入る。19年8月井上馨外相は条約改正問題の進捗をはかって法律取調委員を設けたが，その書記に任命される。その後事務的才幹が認められ，11月条約改正掛に，翌月には外相の秘書官に抜擢される。条約改正問題が一頓挫するに至り，外相辞任に合わせて免官。21年1月フランスのパリへ留学。22年3月公使館書記官に任ぜられ，山県内相の欧米巡遊の随行を命ぜられる。この時山県内相の知遇を得，後に山県内閣が出現すると23年3月総理大臣秘書官に任命され，9月帰国する。10月内務省参事官兼任を命ぜられる。その後法制局参事官，行政裁判所評定官等を歴任。25年，井上馨の娘光子と結婚。27年内務省土木局長兼参事官に任命され，さらに内務大臣秘書官を兼任する。29年山県有朋に随行しロシア皇帝戴冠式に参列。30年文部次官，31年外務次官となり，翌年貴族院議員に勅選される。33年伊藤博文が立憲政友会を組織する際，その創立委員となる。34年9月博文に随行し欧米を巡遊。36年政友会を脱し，枢密院書記官長に任ぜられる。40年4月特命全権大使に任ぜられ，第2回平和会議委員としてオランダに派遣される。同年6月法学博士の学位を受ける。41年平和会議における功績により男爵を授けられる。42年枢密顧問官に親任される。以来15年間この職にあったが，ドイツ留学当時にきざした疾患のため，特筆すべき業績は少ない。大正12(1923)年7月6日死去。享年63歳。　⑱東京千駄谷・仙寿院

[文献] 都筑馨六伝　馨光会編刊　大15／日本デモクラシー思想史の一齣　酒井雄三郎と都筑馨六(住谷悦治)：改造　27(10)　昭21／近代日本海外留学生史　上(渡辺実)　講談社　昭52／都筑馨六関係文書目録(国立国会図書館参考書誌部編)　昭54／日本人名大事典4　平凡社　昭54／日本外交史人物叢書　第14巻(吉村道男監修)　ゆまに書房　平14
〔中川浩〕

堤 勉　つつみ・つとむ
生没年不詳　㊤アメリカ：1866年頃(医学)

生没年不詳。慶応年間にアメリカに渡りニューブランズウィックに暮らしている。医学を修めたが，その後の消息は不明。

[文献] 近代日本の海外留学史(石附実)　ミネルヴァ書房　昭47
〔富田仁〕

綱島 佳吉　つなじま・かきち
万延1年6月23日(1860)～昭和11年6月27日(1936)　牧師　㊤岡山　㊤アメリカ：1894年(神学)

万延1(1860)年6月23日に生まれる。岡山出身。大阪に出て医学を学び，浪花教会で沢山保羅から受洗。明治17年同志社英学校神学科卒業後，牧師となり，京都，東北，東京で伝道。明治27(1894)年6月アメリカに留学し，エール大学神学科を卒業，29年6月帰国。その後は引退するまで番町教会牧師を務めた。その間，民間外交使節として朝鮮，米国，英国へ渡った。昭和11(1936)年6月27日死去。享年77歳。

[文献] 幕末明治海外渡航者総覧(手塚晃編)　柏書房　平4／データベースWHO　日外アソシエーツ
〔藤田正晴〕

恒藤 規隆　つねとう・のりたか
安政4年1月(1857)～昭和13年12月6日(1938)　農学者　〔日本初の農学博士〕　㊤豊後国　㊤アメリカ，ヨーロッパ：1896年(農学事情視察)

安政4(1857)年1月，豊後国に生まれる。明治13年駒場農学校農学科を卒業。農商務省に入り土性調査事業に従事し，明治24年地質調査所土性課長になる。29(1896)年欧米の農学事情を視察し，30年帰国。32年他の数名と共に日本で初の農学博士となる。34年農商務省肥料礦物調査所の初代所長となるが，36年廃庁と共に退官。肥料礦物調査に専念し，ラサ島の燐礦を発見，ラサ島燐礦会社を設立した。また大日本農会副会頭，各地の高等農林学校講師なども歴任した。昭和13(1938)年12月6日死去。享年82歳。

[文献] 幕末明治海外渡航者総覧(手塚晃編)　柏書房　平4／データベースWHO　日外アソシエーツ
〔藤田正晴〕

坪井 九馬三　つぼい・くめぞう
安政5年12月(1859)～昭和11年1月21日(1936)　史学者　文学博士　〔ドイツ実証史学の移植〕　㊤大坂・摂津国(西成郡)九条村　㊤ドイツ：1887年(史学)

安政5(1859)年12月，美濃出身の坪井与作の三男として大坂の摂津国九条村に生まれる。明治1年，河辺郡中野村の医師山田柳斎の塾に学ぶ。4年1月，父を失い大阪の縁者谷義信に引きとられる。5年2月，大阪開成所と造幣寮立日

進学舎で普通学を修める。7年3月、谷義信に伴われて上京。4月、東京外国語学校に入学。8年7月、同校英語学部下等教科卒業。9月、東京開成学校に入学。同校の東京大学改称に伴い同大学文学部政治理財科へ進む。14年7月、卒業。9月さらに東京大学理学部に入学。16年10月理学部で学ぶかたわら文学部で史学の講義を行う。18年7月、理学部応用化学科を卒業。12月東京大学御用掛となり、史学の講義を行い、理学部化学教場にも勤める。19年、帝国大学文科大学講師および東京大学予備門の理財学教授となる。20（1887）年6月、史学研究のため3年間の予定でドイツへ留学する。史学専攻では最初の文部省留学生である。10月、ベルリン大学に入学し、22年8月、同大学を退き、以後留学の1年延長を含め24年7月までプラハ、ウィーン、チューリヒの各大学に学ぶ。24年8月に文学博士の学位を受け、10月に帰国。11月、帝国大学文科大学教授となる。以後文学部史学科の創設にあたり実証史学の立場で、国史、東洋史、西洋史をはじめ史学研究法や年代学に至るまで広い領域にわたり講義をする。25年9月から37年まで東京専門学校講師を兼ね、政治部・文学部の課外講義を持った。26年から帝国大学で史学地理学第一講座を担当。30年11月、文科大学長井上哲次郎がフランスに出張する間、学長代理になる。32年10月、ローマで開かれた万国東洋学会に日本代表として出席する。33年6月、東京学士会院会員となる。36年10月、早稲田大学での講義録を基にして『史学研究法』を刊行。同年、オランダ皇帝よりオフヒシエー・インデ・オルデ・ウァン・オランイェナッサイ勲章を受ける。37年3月から45年3月まで帝国大学文科大学長を務める。また41年から45年まで同法科大学で政治史の講義をもつ。45年6月、『西洋史要』（冨山房）刊行。大正8年、胃腸を患い以後2年にわたり臥床。12年3月、東京帝国大学教授を退任し、名誉教授となる。13年3月、臨時御歴代史実考査委員となり、同年4月より昭和10年まで国学院大学で講じる。昭和3年1月から翌年6月にかけて法科大学での政治史の講義録を基に『最近政治外交史』（冨山房）上・中・下および続巻刊行。考古学会会長、史学会評議員長などをも歴任。日本の西洋史学の黎明期に貢献した歴史家。歴史学とともに理科学の方面にも興味をもち広い専攻領域を志したが、これは当時の風潮でもあった。明治20年からの欧州留学で学んだものも単に史学に留まらなかったようである。後の彼の研究態度からみてこの留学がドイツ実証主義史学の日本への移植に役立ったものとみられる。たとえばその著『年代学』はギンツェルやヴォルフの数学・天文学の年代学に基いたものである。昭和11（1936）年1月21日、東京市本郷区向ヶ岡弥生町の自宅で死去。享年79歳。

[文献] 故坪井会長を悼む（三宅米吉）　『文学博士三宅米吉著述集』　目黒書店　昭4／坪井九馬三博士のブタ論義（阿部猛）：日本歴史　59　昭28／坪井九馬三博士の年代学（大崎正次）：日本歴史　79　昭29／シリーズ・近代史学を作った人々　坪井九馬三・箕作元八上・中・下（大類伸等）：歴史教育研究　10～12　昭33～34／近代日本海外留学生史　上（渡辺実）　講談社　昭52／日本人名大事典4　平凡社　昭54　　　　　　　〔飯沼隆一〕

坪井 航三　つぼい・こうぞう

天保14年3月7日（1843）～明治31年1月30日（1898）　海軍軍人，中将　男爵　㊞周防国（佐波郡）三田尻　㊞幼名＝信次郎，信道，号＝花浦，改名＝航三　㊞アメリカ：1872年（留学）

天保14（1843）年3月7日、原顕通の二男として周防国三田尻に生まれる。明治2年坪井姓を名のる。文久3年藩の軍隊遊撃軍に入り、元治1年京都において攘夷の勅許を得ようとして会津、桑名の二藩と戦って敗れ帰藩する。同年8月の英・仏・米・蘭4国連合艦隊の下関砲撃のときは、要塞の中にあって戦う。この後藩命によって装帆軍艦癸亥丸に乗り組む。慶応1年藩の海軍学校が三田尻に開設されるとただちに同校に入学し、英語および航海学を学ぶ。2年幕府軍の第2回長州征討に際しては、藩命によって再び癸亥丸に乗り、下関海峡の防備にあたり、陸兵の応援、幕艦回天と戦い敗走させる。その後第二丙寅丸に転乗、3年再び海軍学校に入学し修業後藩船鞆王丸、乙丑丸、第一丙寅丸、華陽丸等に乗り組む。戊辰戦争では三田尻、大阪間の官軍輸送にあたる。明治1年には、大阪天保山沖においてわが国最初の海軍観艦式が挙行されるが、華陽丸に乗り組んでこれに参加する。4年6月海軍大尉となる。アメリカのアジア艦隊旗艦コロラド号に乗り組んで清国沿岸を巡航し、実務練習を行う。5（1872）年同艦隊司令長官ジョン・ロージルス

少将に従って渡米，コロンビア大学に学び7年7月帰国。8月少佐となり第一丁卯艦長となる。この後迅鯨，磐城，日進，海門などの艦長をつとめ，横須賀造船所長次長，海軍火薬製造所長，高千穂艦長兼常備小艦隊参謀長を経て少将に進み，佐世保軍港司令官，海軍兵学校長，海軍大学校長を歴任する。日清戦争では常備艦隊司令官として旗艦吉野に乗り，豊島海戦，黄海海戦，威海衛攻撃に参加して軍功をあげ，27年12月，旅順の海軍根拠地司令長官となる。28年8月には男爵となり，29年中将に進み，常備艦隊司令長官，30年4月横須賀鎮守府司令長官となる。明治31(1898)年1月30日，腫瘍に咽頭気管支カタルを併発し死去。享年56歳。

[文献] 明治過去帳—物故人名辞典(大植四郎編)　東京美術　昭46／近代日本海外留学生史　上(渡辺実)　講談社　昭52／日本人名大事典4　平凡社　昭54　〔谷崎寿人〕

坪井 正五郎　つぼい・しょうごろう

文久3年1月5日(1863)～大正2年5月26日(1913)　人類学者　理学博士　〔人類学の開拓者〕　[生]江戸　[渡]イギリス，フランス：1889年(人類学)

文久3(1863)年1月5日，静岡藩士佐藤養順の息子として，江戸に生まれる。坪井信良の養子となり，後に家を継ぐ。明治10年，大学予備門に入学。在学中アメリカの生物学者モースの大森貝塚発掘から考古学，人類学に興味を持ち，14年東京大学理学部に入り，動物学を専攻する。19年，卒業後は大学院で人類学を専攻。在学中17年に東京人類学会を創設し，日本の人類学の開拓者となる。大学卒業時には『人類学会雑誌』を創刊，のち同会の会長に任命され，終生その職に在った。21年帝国大学理科大学助教授となり，22(1889)年文部省留学生として人類学研究のため，イギリス，フランスに派遣される。25年帰国，帝国大学理科大学教授に進み，人類学を講じる。32年には理学博士の学位を受ける。その後もますます人類学に通じ，好んで太古の遺物を蒐集し，その標本を明治天皇の御覧に供し，進講する栄誉を得る。その後，第9回ロンドン万国東洋学会に出張を命ぜられ，東京附近の横穴における考説を提出・演述して名誉賞牌を贈られ，イギリス人類学会，ベルリン人類学会の名誉会員に推薦される。かつて大学在学中に同志とともに築いた人類学会に大いに貢献した。とりわけ日本石器時代についてアイヌ説に反対し，コロポックル説を唱え公にした論文は数百篇に達し，一時学界に波紋を投じ，広く世間に人類学を普及させた功労は甚大である。44年，海外視察のため欧米に派遣され，翌年帰国。大正2年5月には第5回万国学士院連合大会に出席のため，ロシアの都・ペテルブルグに出張するが，会期中の5月18日病を得て，大正2(1913)年5月26日，同地にて客死。享年51歳。

[文献] 日本人名大事典4　平凡社　昭54／考古学者—その人と学問(明治大学考古学博物館編)　名著出版　平7(市民の考古学)／魔道に魅入られた男たち—揺籃期の考古学界(杉山博久)　雄山閣出版　平11　〔志村公子〕

坪井 次郎　つぼい・じろう

文久2年7月(1862)～明治36年7月13日(1903)　衛生学者　医学博士　〔ドイツの近代衛生学の移植〕　[生]江戸　[渡]ドイツ：1890年(結核治療法)

文久2(1862)年7月，鹿児島藩士の子として江戸で生まれる。明治8年12月，東京外国語学校へ入学しドイツ語を学ぶ。10年，東京大学医学部に入学し18年に卒業。ただちに准助教授となり衛生学教室に勤める。20年，同大学助教授となる。23(1890)年9月，ドイツに留学しミュンヘン大学でコッホ博士の結核治療法を学ぶ。またエムメリヒ教授と協同でコレラ病源，肺結核などの研究を行う。留学中ロンドンの第7回万国衛生会議，ローマの第11回万国医学会，ブタペストの第8回衛生会議に参列する。27年12月に帰国し医科大学講師になる。のち医学博士の学位を得る。33年創立の京都帝国大学医科大学教授となり衛生学講座を担当し学長を兼ねる。明治36(1903)年7月13日，心臓病のため京都にて死去。享年42歳。

[文献] 医学博士坪井次郎君小伝：中外医事新報561　明36／近代日本海外留学生史　上(渡辺実)　講談社　昭52／日本人名大事典4　平凡社　昭54　〔飯沼隆一〕

妻木 頼黄　つまき・らいこう

安政6年(1859)～大正2年5月20日(1913)　建築技師　工学博士　〔洋風建築の移入，東京駅・日銀本店の設計者〕　[生]江戸赤坂　[名]本

名=土岐　[渡]アメリカ：1882年（建築学）

安政6（1859）年，美濃国妻木出身の旗本で，長崎奉行の土岐三郎の長男として江戸赤坂に生まれる。出身地名により妻木姓を名乗る。明治11年工部大学校造家学科に入学し，ジョサイア・コンドルの指導を受ける。15（1882）年同校を卒業して渡米，コーネル大学に留学する。建築学の研修を深め造家学（建築学）の学士号を受けたのち，イギリス，ドイツ，イタリアを歴訪して建築学の研究，とくに多数の建築物を実際に視察する。帰国後，東京府御用掛となるが，19年太政官が管轄していた官庁集中計画と議会開設に伴う議院建築計画をひきつぐために設置された内務省臨時建築局技師に転ずる。同年臨時建築局では職工17名をドイツに派遣することになり，渡辺譲，河合浩蔵と彼の3名の局員にその引率を委ね，イギリスに帰国するコンドルとともに日本を離れる。彼は香港経由の船旅の途中で職工たちの船側への苦情を事務長に通訳する役を負ったという。21年6月の帰国後，工事主任として大審院，東京控訴院，地方裁判所などを一緒にした東京裁判所の工事を完成する。とくに濃尾大地震の教訓をいかして，エンデ，ビヨクマン建築事務所員ハルトングの設計に加えて耐久の方策を工夫し，関東大震災でも大害を蒙らないほどの建築物をつくりあげる。29年大蔵省技師になり3度目の欧米諸国への研修を命ぜられ，ドイツ，オーストリア，フランス，アメリカを訪れる。38年大蔵省臨時建築局技師兼務で内務省技師になり，官公庁の建築物の設計に当たり明治洋風建築の技術普及と実践指導に尽力する。大正2（1913）年5月20日死去。享年45歳。

[文献] 妻木頼黄氏：建築雑誌　15（176）　明34／妻木頼黄その人と作品（村松貞次郎）：建築界　13（8）　昭39／日本人名大事典4　平凡社　昭54／明治の建築家・妻木頼黄の生涯（北原遼三郎）　現代書館　平14　〔富田仁〕

鶴田 皓　つるた・あきら

天保6年12月26日（1836）～明治21年4月15日（1888）　裁判官　〔刑法の体系化に尽力〕
[生]肥前国佐賀　[名]字=玄縞，通称=弥太郎，号=斗南　[渡]ヨーロッパ：1872年（刑典の調査）

天保6（1836）年12月26日，佐賀に生まれる。佐賀藩士多久氏の陪臣で，初め草場佩川に師事し，嘉永6年江木鰐水に従い京に赴く。のち安積艮斎および羽倉簡堂に学ぶが，安政3年帰郷して教鞭をとる。明治1年会津戦争に従軍ののち東京に住む。2年沢辺重正，榊原芳野などと大学少助教になるが，3年刑部少判事として新政府の新律綱領と改定，律令の撰定に尽力する。同年7月司法省明法助となる。5（1872）年6月，政府の命でヨーロッパ視察に旅立ち諸国の刑典と司法事務を調査する。パリではボアソナード・ド・フォンタラビの憲法，刑法講義を在仏中の井上毅，名村泰蔵，今村和郎たちと聴講する。帰国後の7年頃明法権頭，8年頃司法大丞兼一等法制官に転じ，10年司法大書記官に移りさらに司法少輔となる。12年頃検事兼元老院議官，その後大審院検事長，参事院議官を歴任。治罪法，陸海軍刑法，会社条令，破産法の編纂にも加わる。その間東京大学法学部講師として教壇にも立つが，20年の民法，商法，訴訟法の撰定委員に任ぜられ山田顕義司法大臣を補佐し激務のために心臓を害する。明治21（1888）年4月15日死去。享年54歳。
[墓]東京台東区・谷中霊園

[文献] 明治過去帳―物故人名辞典（大植四郎編）　東京美術　昭46／日本人名大事典4　平凡社　昭54／日仏文化交流史の研究―日本の近代化とフランス人（西堀昭）　駿河台出版社　昭56／明治維新人名辞典（日本歴史学会編）　吉川弘文館　昭56／元老院議官鶴田皓　第2版（鶴田徹）　鶴田徹　平9　〔富田仁〕

鶴田 揆一　つるた・きいち

生没年不詳　伊万里藩留学生　[生]伊万里
[渡]ドイツ：1870年（留学）

生没年不詳。伊万里の出身。致遠館に学び，明治3（1870）年，藩の費用で袋久平と共にドイツに渡る。のちイギリスに移る。その後の消息は不明。

[文献] 明治初年条約改正史の研究（下村冨士男）　吉川弘文館　昭37／近代日本の海外留学史（石附実）　ミネルヴァ書房　昭47／近代日本海外留学生史　上（渡辺実）　講談社　昭52　〔楠家重敏〕

【て】

鄭 永慶　てい・えいけい

安政5年（1858）～明治27年7月17日（1894）　官吏，喫茶店主　〔日本初のコーヒー店を開設〕　[生]肥前国長崎　[渡]アメリカ：1874年（留学）

安政5（1858）年，長崎の唐通詞・鄭永寧の長男として生まれる。父永寧は，唐通詞・呉用蔵の実子で，鄭幹輔の養子。一説に永慶は幹輔の庶子であったとも言われる。漢学，中国語，英語，フランス語を学び，清国に渡って中国語を習得。明治5年，前年に開校した京都府仏学校でレオン・デュリーにフランス語を学び，7（1874）年，弟永昌とアメリカのエール大学に留学する。一方父永寧は長期にわたる清国代理公使の務めを果たし12年帰国，外務省御用掛となり，東京・西黒門町の三浦梧楼の旧宅に住む。アメリカ滞在中に肝臓を病んだため。同年帰国し外務省御用掛に勤務。13年エール大学の同窓生・駒井重格が校長である岡山師範中等学校に教頭として赴任する。15年帰京，かつての同窓生・田尻稲次郎の推薦で大蔵省勤務となる。翌年，結婚。17年，長男・杲雄誕生。しかし19年には妻が病死。間もなく，妻の妹と再婚。20年，学位がないために重用されない大蔵省をやめるが，西黒門町の家を火災で焼失，不幸が続く。友人たちから借金をして家を再築，生活のために日銭の入るコーヒー店を開く。21年4月13日，西黒門町の御成道警察所の南隣に「可否茶館」開店。これ以前にも，いくつかのコーヒー店経営が試みられてはいた（例えば明治9年，下岡蓮杖の浅草「御安見所コーヒー茶館」や11年，神戸の茶商・放香堂のコーヒー店など）が，本格的なコーヒー店は日本ではこれが初めてである。なおコーヒー店経営が商売として本格化するのは，44年，水野龍による「カフェ・パウリスタ」からである。彼は，この店がフランスのカフェのような，文人や芸術家たちの溜り場になることを望んでいた。硯友社の石橋思案が『我楽多文庫』・第1号（明治21年）に載せた広告によると，トランプ・碁・将棋・玉突台などの遊戯品を置き，文房室や化粧室なども用意されている。常連であった高橋太華によると，青ペンキ塗りの二階建洋館で，一階が玉突場，二階が喫茶室で女給がいたという。コーヒー1杯5厘。しかし23年，棼雄と矩雄の2児を産んだ妻が病死，24年頃からは店の経営も苦しくなり，西黒門町の土地を抵当に株に手を出して失敗する。25年，かつて鄭家の書生であった秋山定輔の助けを貸りて，神戸からシアトルに密航。明治27（1894）年7月17日，失意のうちにアメリカで死去。享年37歳。
[墓]東京・谷中霊園
[文献] 本邦開祖可否茶館と其創始者（石井研堂）：明治文化研究　2　昭9／西洋料理がやってきた（富田仁）　東京書籍　昭58（東書選書90）
〔内海あぐり〕

鄭 永昌　てい・えいしょう

安政2年12月11日（1856）～昭和6年12月3日（1931）　外交官　天津領事　〔袁世凱の嘱託として塩田開発調査〕　[生]肥前国長崎古川町　[渡]アメリカ：1874年（留学）

安政2（1856）年12月11日，鄭永寧の長男として長崎古川町に生まれる。明治3年上京し外務省官費生として同省内漢語学校に入学。5年3月天津出張の父に連れられて渡航，のち北京公使館一等書記官に任ぜられる。7（1874）年，のちにわが国最初のコーヒー店・可否茶館を開いた兄の永慶とともに私費でアメリカのエール大学に留学，翌年ニューヨーク領事館書記生となり在任7年にして帰国。22年北京公使館交際官試補，25年二等書記官，日清戦争に従軍。旅順占領後は，同地民政官，戦後北京公使館書記官に復帰する。29年天津領事この間北清事変が起こったが任務を全うした。35年辞職，袁世凱の嘱託となり塩田開発の調査にあたるが，日露戦争のため中止。大正2年中華民国政府の招聘により直隷省長蘆塩務稽核所長，10年奉天塩務稽核所長に転じ，12年辞職，以後名古屋に晩年を送る。昭和6（1931）年12月3日死去。享年77歳。
[文献] 日本人名大事典4　平凡社　昭54
〔谷崎寿人〕

手賀 儀三郎　てが・ぎさぶろう

生没年不詳　留学生　[生]越前　[渡]アメリカ：年不明

生没年不詳。越前の出身。アメリカに渡り慶応3年末にはニューブランズウィックで暮らしているが，詳細は不明。

[文献] 近代日本の海外留学史(石附実)　ミネルヴァ書房　昭47　〔富田仁〕

手島 精一　てじま・せいいち

嘉永2年(1849)～大正7年1月21日(1918)　教育家　〔工業教育界の先覚者〕 [生]江戸 [名]旧名＝田辺　幼名＝惇之助 [渡]アメリカ：1870年(留学)

嘉永2(1849)年，沼津水野藩藩士・田辺直之丞の二男として江戸藩邸に生まれる。12歳で同藩士手島右源太の養子となり手島姓となる。養父右源太は国防経済資料の収集蔵書家であり，その感化により外国事情の研究に熱心になる。藩校明親館に学んだが，慶応2年藩が上総に国替えのとき江戸に移され，教育内容も漢学から洋学にかえられる。藩校修了後大学南校の大助教柳本直次郎の書生となり洋学の勉強をする。明治3(1870)年，華頂宮博経親王のアメリカ留学に，お附きとして柳本が選ばれた折，随行が許される。財政が豊かでなかったため藩からは留学費用が支給されなかったので，証書を入れて1000両の学資を藩から借りる。3(1870)年9月，22歳でアメリカに渡り，最初は法律を学ぶつもりであったが，アメリカに上陸後，理科工芸を学ぶことを決意する。フィラデルフィアの中学校に入学，英語を勉強し，翌年ペンシルバニア州イーストンのラファイエット大学に入学し建築家を志す。しかし入学後2ヶ月余で日本では廃藩置県となり，学資送金が断たれる。この年岩倉使節団がアメリカへ来たので，一行の通訳となりアメリカ各地を視察する。その後大蔵省理事官に随行しイギリスに渡り産業の視察をおこない，7年12月に帰国する。8年7月東京開成学校に雇われ，8月同校監事となる。開成学校には，当時製作学教場が付設されていた。明治初年の工業教育関係の学校は専門程度の高等教育であるか，もしくは工場の現場で技術者養成の必要からその工場の作業との関係を持つ学校として成立していたのに反し，この教場は中等程度で，工場での技術養成の要求から離れて最初から学校として誕生している点で日本工業教育上注目すべきものである。9年4月文部大輔田中不二麿に随行再び渡米し翌年帰国，教育博物館長補となる。11年文部大書記官九鬼隆一に随行，パリに開催された万国博覧会に出張，欧米諸国の理工学の進歩，工業教育の発展を認識して帰国した。帰国後教育博物館はつぶすという議がおこっていたので文部省に入り，少書記官，参事官，普通学務局長など歴任したが，まもなく辞任。住友家の顧問となり1年ほど海外漫遊をし23年帰国。このとき東京職工学校長正木退蔵が退職するのでその後任となる。校名を東京工業学校と改称，27年工業学校の教員養成を目的とする工業教育養成所を付設し，34年専門学校令の発布により東京高等工業学校と改称した。31年1月から32年2月まで文部省実業教育局長。23年から大正5年まで約30年間校長の職にあった。明治43年には日英博覧会のために渡英するがこれが第10回目の外遊であった。在職26年の間に4000人の技術者を世に送ったことになる。退職後同校名誉教授となり，大正7(1918)年1月21日死去。享年70歳。

[文献] 手島精一先生伝(手島工業教育資金団編)　昭4／教育人名辞典　理想社　昭37 ／近代日本海外留学生史　上(渡辺実)　講談社　昭52 ／日本人名大事典4　平凡社　昭54 ／手島精一と日本工業教育発達史(三好信浩)　風間書房　平11(産業教育人物史研究)
〔谷崎寿人〕

手塚 律蔵　てづか・りつぞう

文政5年6月8日(1822)～明治11年11月29日(1878)　洋学者 [生]周防国(熊毛郡)小周防 [名]諱＝好盛, 通称＝謙蔵, 変名＝瀬脇旧太郎, 良弼, 光寿, 寿人 [渡]ロシア：1875年(視察)

文政5(1822)年6月8日，医師手塚寿仙の二男として周防国小周防に生まれる。後年，母方の瀬脇姓を名乗る。天保9年長崎で高島秋帆に師事して砲術を学び，シーボルトから蘭学を修める。嘉永3年江戸に出て佐倉藩主堀田正睦の招きを受け江戸藩邸内の藩校成徳書院で砲術と英学を教える。6年私塾・又新堂を開く。西周，三宅秀，木戸孝允，西村茂樹はその門下。また安政2年，歩兵・騎兵・砲兵の三兵中心の佐倉藩の兵制改革について助言する。3年蕃書調所の教授手伝に任命される。この間，中浜万次郎が持ち帰った英文典を『伊吉利文典』の書名で翻訳し，蘭学から英学への橋渡しをする。文久2年12月長州藩士に襲撃され，後難を恐れ，母方の姓・瀬脇を名乗り佐倉に逃れる。明治2年佐倉藩博文堂の総務となり教授を兼ねる。4年外務省に出仕。6年読売新聞社の

創立に携わる。ロシア領ウラジオストクには3回渡る。最初は8(1875)年4月16日から6月12日まで、外務卿寺島宗則の命により、ロシア及び朝鮮事情調査を行い、報告書『烏刺細窟斯屈見聞雑誌』を提出。9年10月には、ウラジオストク駐在貿易事務官として赴任、翌年8月帰国。年ウラジオストック貿易事務官となる。著作に『海防火攻新説』『洋式礮具全図』『泰西史略』『万国図誌』などがある。明治11(1878)年病いにかかり帰国の途につくが、11月29日船中で死去。享年57歳。⊕東京・青山霊園

[文献] 手塚律蔵研究(村上一郎):蘭学資料研究会研究報告 81 昭36／幕末維新人名辞典 学芸書林 昭53／シベリア記(加藤九祚) 潮出版社 昭55／明治維新人名辞典(日本歴史学会編) 吉川弘文館 昭56 〔富田仁〕

鉄五郎　てつごろう

天保8年頃(1838)～?　船乗り　⊕武蔵国金沢　㊙アメリカ:1860年(遣米使節に随行)

天保8(1838)年頃生まれる。武蔵国金沢の出身。安政7(1860)年1月、22歳のとき新見豊前守正興を正使とする第1次遣米使節団の御賄方下男として随行し渡米する。その後の消息は不明。

[文献] 77人の侍アメリカへ行く(レイモンド服部) 講談社 昭43 〔谷崎寿人〕

寺内 正毅　てらうち・まさたけ

嘉永5年閏2月5日(1852)～大正8年11月3日(1919)　陸軍軍人、大将・元帥、政治家　伯爵　⊕周防国(吉備郡)平井村　㊙旧名=宇田　幼名=寿三郎　㊙フランス:1882年(駐仏公使館付)

嘉永5(1852)年閏2月5日、周防国吉備郡平井村に生まれる。13歳で長州藩御楯隊、さらに整備隊に参加、明治1年戊辰戦争には箱館の役に従軍。維新後大村益次郎に認められ大阪兵学寮に入り、4年陸軍少尉、10年西南戦争に従軍。15(1882)年駐仏公使館付としてフランスに派遣され18年帰国。以後陸相秘書官、陸士校長、第1師団参謀、参謀本部第1局長となり新動員令制定。27年少将、日清戦争では大本営運輸通信長官、29年軍務局事務取扱。29～30年ヨーロッパを視察。31年初代教育総監。次いで中将に進み、参謀本部次長、陸軍大学校校長を経て、35年第1次桂内閣の陸相に就任。第1次西園寺内閣、第2次桂内閣でも留任、山本権兵衛海相と日英陸海軍協定を締結。日露戦争の功で勲一等功一級。39年大将、40年子爵。43年韓国併合で初代朝鮮総督。44年伯爵、大正5年元帥。同年10月首相となり寺内内閣を組閣、シベリア出兵、軍備拡張、大衆課税増、言論弾圧を行い、非立憲内閣として世論の反発を受けた。7年米騒動事件で内閣総辞職。大正8(1919)年11月3日死去。享年68歳。

[文献] 寺内正毅内閣関係史料(山本四郎編) 京都女子大学 昭60(京都女子大学研究叢刊)／元帥寺内伯爵伝—伝記・寺内正毅(黒田甲子郎編) 大空社 昭63(伝記叢書)／幕末明治海外渡航者総覧(手塚晃編) 柏書房 平4／朝日日本歴史人物事典 朝日新聞社 平6／事典近代日本の先駆者 日外アソシエーツ 平7／軍人宰相列伝—山県有朋から鈴木貫太郎まで三代総理実記(小林久三) 光人社 平15／歴代首相物語(御厨貴編) 新書館 平15／データベースWHO 日外アソシエーツ 〔藤田正晴〕

寺尾 亨　てらお・とおる

安政5年(1858)～大正14年9月15日(1925)　国際法学者　法学博士　〔国際法の第一人者、辛亥革命政府の法律顧問〕　⊕(福岡)筑前国(筑紫郡)住吉村　㊙ベルギー:1894年(国際公法)

安政5(1858)年、福岡藩士寺尾善平太の二男として筑前国住吉村に生まれる。司法省法律学校を卒業後、はじめ横浜裁判所に判事補、のちに判事として勤める。明治23年、判事職を辞して東京帝国大学助教授に転じ、翌年教授へと昇格。27(1894)年7月、文部省留学生の1人としてベルギーに留学し、国際公法を専攻する。28年9月帰国後は国際法講座を担当する。国際法学会長も務め日本の国際法学の開拓、運用に大きな功績を残す。ブリュッセルで行われた万国国際法会議に出席したこともある。東京帝国大学では、明治6年に栗塚省吾が日本人として初めて国際法の講義を行って以来、何名かがそれに続いたが、彼らは皆国際法専門でなく、ほかの講義との兼任教授あるいは外交官兼務であったので、日本人による本格的な国際法専門教授の講義は寺尾が初めてであった。アジアの動向にも深い関心を寄せ、北清事変の際には政府の外交方針を批判し、日露開戦時には対露同志会を結成して開戦論を主唱し、辛亥革命が起きると自ら中国に渡り、革命政府の法律顧問となるなど、各

方面で活躍した。大正3年東京に政法学校を設立して、中国人留学生の教育にあたった。9年にも内鮮融和を目的とする同光会の相談役となって活動。大正14(1925)年9月15日死去。享年68歳。⑱東京・青山霊園
[文献] 法学博士寺尾亨氏三周年追悼会紀要　同会残務所編刊　昭3／近代日本海外留学生史　下（渡辺実）　講談社　昭53／日本人名大事典4　平凡社　昭54　〔福山恵美子〕

寺尾 寿　てらお・ひさし
安政2年9月(1855)～大正12年8月(1923)　天文学者　理学博士　〔初代東京天文台長、近代天文学の導入者〕　⑱筑前国（筑紫郡）住吉村　㊨フランス：1879年（天体力学）

安政2(1855)年9月、福岡藩士寺尾善平太の長男として筑前国住吉村に生まれる。国際法学者寺尾亨の兄。東京外国語学校でフランス語を学んだ後、明治7年開成学校に入り、11年その後進である東京大学理学部物理学科を卒業する。12(1879)年フランスに渡り、パリ大学に入学しティスランに天体学を、ブーケーに楕円函数論を学ぶ。また16年に帰国する途中、マルチニック島におけるフランス政府の金星経過観測隊に加わり、作業に参加。帰国すると間もなく、宮城県で金環日食観測隊を指揮したが、これは東京大学において純正天文学の研究を始めた最初の機会となった。17年から東京大学教授として、天体力学、位置天文学を担当したが、研究面よりもむしろ近代天文学を大学に導入し、制度を整える立場におかれ、星学科開設当初から長年にわたり門下後進の指導に力を尽くした。21年東京天文台が設置されるとその初代台長となり、41年日本天文学会初代会長を務めるなど、日本における天文学発展の礎石を築く働きをした。大正12(1923)年8月死去。享年69歳。
[文献] 近代日本海外留学生史　上（渡辺実）　講談社　昭52／日本人名大事典4　平凡社　昭54　〔福山恵美子〕

寺島 誠一郎　てらじま・せいいちろう
明治3年9月9日(1870)～昭和4年5月18日(1929)　外交官　伯爵　⑱鹿児島県　㊨アメリカ、フランス：1887年（留学）

明治3(1870)年9月9日、寺島宗則の子として鹿児島に生まれる。学習院を修了。明治20(1887)年アメリカ、フランスに留学。28年ペンシルベニア大学、32年パリ法科大学、35年パリ政治学院外交科を卒業する。イギリス、イタリア、ドイツ、オーストリアなど諸国を巡遊し、37年帰国後、外務省嘱託となる。38年外務大臣秘書官、39年～昭和4年貴族院議員を務めた。また三井信託監査役など実業界でも活躍した。昭和4(1929)年5月18日死去。享年60歳。
[文献] 幕末明治海外渡航者総覧（手塚晃編）　柏書房　平4／データベースWHO　日外アソシエーツ　〔藤田正晴〕

寺島 宗則　てらじま・むねのり
天保3年5月23日(1832)～明治26年6月7日(1893)　外交官　伯爵　〔マリア・ルス号事件、条約改正交渉に活躍〕　⑱薩摩国（出水郡）脇本　㊨旧名＝長野（松木家養子）、松木弘安　変名＝出水泉蔵　㊨フランス：1862年（第1回遣欧使節団）、イギリス：1865年（薩摩藩英国留学生監督、対英外交）

天保3(1832)年5月23日、薩摩国出水郷士長野祐照の二男として生まれる。伯父松木宗保の養子となりその後弘安と称す。弘化2年江戸に出て戸塚静海、山本幸民に蘭学を学び、その後蕃書調所の教授となる。この間16～7歳の頃、藩の蘭方医八木昇平から蘭方医学を学び、緒方洪庵門下の蘭医として島津斉彬の侍医なども努める。文久1(1862)年竹内保徳を団長とする第1回幕府遣欧使節団に福沢諭吉らとともに加わり、12月渡欧する。この使節団の目的は安政5年の通商条約による各地の開港を5年間延期することであった。総勢38名の団員とともにイギリス、フランス、オランダ、ドイツ、ロシア、ポルトガルの6ヶ国を歴訪し、西洋の近代文明社会の姿をつぶさに見聞したうえで1年後に帰国する。3年の薩英戦争の折には五代友厚とともに参加、緒戦で捕虜となるが横浜で脱走、武州熊谷に身を隠し長崎に赴く。元治2(1865)年五代の立案による薩摩藩イギリス留学生派遣に対して、藩唯一人の渡欧経験者として協力を要請され、外交使節の役目を受諾する。同年3月22日出水泉蔵と変名し、五代と14名の留学生を率いてイギリスへ向かう。シンガポール、スエズ経由で諸文明を見聞しつつ5月28日ロンドンに到着、ランガムホテルに滞在する。寺島、五代、新納中三らの任務は薩摩藩使節として、欧州視察、幕府外交に対抗する対英外交政策、武器などの購入、経済貿

易交渉であった。寺島は対英外交交渉の任務を担当することになる。T.グラヴァーの紹介による親日家で、留学生一行の世話役でもあったL.オリファント下院議員と接触。彼を通してパーマストン内閣の外務次官レイヤードを訪問、藩の代理人として対英外交を積極的に展開する。それは通商条約批准権を朝廷に移し、幕府の貿易独占を排除、各大名による貿易の自由化を図ろうとするものである。9月18日第2次ラッセル内閣の誕生とともにオリファントの協力を得て外相クラレンドン伯に接近、翌慶応2年2月初旬には3回にわたってクラレンドン外相と会見し、先の提案を進め、日本の内政改革に対するイギリス政府の積極的仲介を求める。この提案は西欧列強の外圧による帝権復興を意図し、雄藩連合政権樹立の構想のもとにイギリス政府の協力を要請するものであった。いわゆる「寺島の外交工作」と言われるものがこれである。それは薩摩藩の外交政策であった。クラレンドン外相はこの提案を重視、在日英国公使パークスに意見を求め、3月12日には「帝権復興に助力せよ」という指令を発している。彼のこの努力は同年6月のパークス公使の薩摩訪問として反映され、その後の薩摩藩とイギリス政府の融和と協力関係として実を結んでいる。この間2年1月頃フランスへ渡り、モンブラン邸に寄宿していた留学生中村宗見と田中静州の両名から幕府の動向に対する情報を得て、イギリス政府に対する外交交渉を推進していたようである。同年3月28日一応の外交的使命を終え村橋直衛とイギリス人2名を伴ってマルセーユより帰国の途につき、5月24日鹿児島に帰着する。帰国後寺島宗則と改名、王政復古に際して版籍返上論を提案し、彼の国家観は雄藩連合論から西欧的近代国家を目指す中央政府論へと発展する。明治1年、維新政府のもとで参与外国事務掛となり、外交官としての道を歩む。神奈川県知事、外務大輔を務め、5(1872)年駐英大弁務使として再びイギリスへ渡り、特命全権公使となる。6年征韓論の政変後新内閣の参議外務卿となり、以後12年までこの職務にあってマリア・ルス号事件、樺太・千島交換条約などを処理するが、岩倉使節の後をうけた条約改正交渉において、対米関税自主権回復交渉に成功しつつもイギリスの反対にあい挫折、外相を辞任する。この失敗は西欧の近代的国家観を身に

つけた彼の政治的転機であったといえよう。近代日本の進路はその目指す方向には進み得なかったのである。以後、文部卿、元老院議長、駐米公使などの要職を歴任し17年華族となり伯爵を授与される。晩年は宮中顧問官、枢密院副議長などを務め、明治26(1893)年6月7日死去。享年62歳。語学に秀で英・独・仏の各国語をこなしたほか、一方で経済学に精通し晩年の頃は国家経済について研究を続けた。

㊥東京都港区・海晏寺

文献 寺島宗則自叙伝1〜3：伝記 3(4〜6) 昭11／慶応元年滞英中の寺島宗則の書翰(深谷博治)：明治文化 15(6) 昭17／幕末の海外留学生4(林竹二)：日米フォーラム 10 昭39／寺島宗則自記履歴抄 『薩藩海軍史中』原書房 昭43(明治百年史叢書72)／薩摩藩英国留学生(犬塚孝明) 中央公論社 昭49(中公新書375)／近代日本海外留学史年上(渡辺実) 講談社 昭52／日本人名大事典 4 平凡社 昭54／明治維新人名辞典(日本歴史学会編) 吉川弘文館 昭56／寺島宗則―日本電気通信の父(高橋善七) 国書刊行会 平1／寺島宗則 新装版(犬塚孝明) 吉川弘文館 平2(人物叢書)／日本外交史人物叢書 第11巻(吉村道男監修) ゆまに書房 平14 〔安藤重和〕

寺田 勇吉　てらだ・ゆうきち
嘉永6年6月(1853)〜大正10年10月11日(1921)
教育家　東京高等商業学校校長　㊨江戸
㊙アメリカ, ヨーロッパ：1889年(教育制度視察)

　嘉永6(1853)年6月、江戸に生まれる。明治3年大学南校に入り、鉱山学を修める。鉱山局などを経て、11年太政官に出仕。のち文部省御用掛に転じ、東京大学予備門教諭、第一高等学校教諭。22(1889)年11月欧米の教育制度を視察し、23年10月帰国後、第一高等学校教授兼文部省参事官となり、28年官房文書課長を兼ね統計主任。30年文部省書記官兼参事官に第一高等学校教授を兼務し、のち文部省視学官を経て、35年東京高等商業学校校長に就任。その後は精華学校を創立してその経営に専念した。大正10(1921)年10月11日死去。享年69歳。

文献 幕末明治海外渡航者総覧(手塚晃編) 柏書房 平4／データベースWHO 日外アソシエーツ 〔藤田正晴〕

寺見 機一　てらみ・きいち

嘉永1年5月1日(1848)～明治36年10月30日(1903)　外交官　日本郵船ウラジオストク支店長　⑪備前国岡山　㊙ロシア：1873年(留学)

　嘉永1(1848)年5月1日、備前岡山藩士の子として生まれる。明治5年25歳で東京に遊学。ここで、同郷の外交官・花房義質の知遇を得、明治6(1873)年花房のロシア公使就任に随行してロシアの首都ペテルブルグに留学。ペテルブルグ大学で理化学を学び、11年ロシア公使・榎本武揚とともにシベリアを横断して帰国したのち、外務省に出仕。外務二等書記官・ウラジオストク港貿易事務官補などを経てロシア公使館書記官となる。のち北海道の開拓事業を志し、23年北海道庁典獄兼北海道川上郡長に就任。29年には日本郵船会社に入社して実業界に転じ、ウラジオストク支店長（のちインチョン・プサン支店長を兼任）として対ロシア・東アジア貿易で活躍した。明治36年同社長・近藤廉平とともに中国東北地方を視察するが、その途上、明治36(1903)年10月30日に死去。享年56歳。

[文献]　幕末明治海外渡航者総覧（手塚晃編）　柏書房　平4／データベースWHO　日外アソシエーツ　〔藤田正晴〕

出羽 重遠　でわ・しげとお

安政2年12月17日(1856)～昭和5年1月27日(1930)　海軍軍人、大将　男爵　〔シーメンス事件査問委員長〕　⑪会津若松　㊇幼名＝房吉　㊙イギリス：1885年(海軍事情視察)

　安政2(1856)年12月17日、会津藩士出羽佐太郎の長男として会津若松に生まれる。戊辰戦争の時に白虎隊に加わったが、城内にいて出撃しなかった。明治5年に海軍兵学寮に入り、11年に卒業、少尉補となる。以来順調に昇官し、45年に海軍大将となる。その間、18(1885)年5月26日にイギリスに渡り、翌19年6月帰国。31(1898)年、常磐回航委員長として再度イギリスに渡る。海軍省第一局第一課長、海軍省官房人事課長、赤城・常磐の各艦長、さらに日清戦争では西海艦長、日露戦争では第三戦隊司令官として活躍する。大正3(1914)年のシーメンス事件の折には査問委員長をつとめる。明治期唯一の非薩摩出身の海軍大将。昭和5(1930)年1月27日死去。享年76歳。　㊣東京・青山霊園

[文献]　海軍兵学校沿革（海軍兵学校）　原書房　昭43／福島百年の先覚者　福島県編刊　昭44／近代日本軍人伝（松下芳男）　柏書房　昭51／日本人名大事典4　平凡社　昭54／陸海軍将官人事総覧　海軍篇（外山操他編）　芙蓉書房　昭56／幕末明治海外渡航者総覧（手塚晃編）　柏書房　平4／天風の海―会津海将出羽重遠の生涯（星亮一）　光人社　平11／出羽重遠伝―日本海海戦の勇者（星亮一）　光人社　平16（光人社NF文庫）／データベースWHO　日外アソシエーツ　〔楠家重敏／富田仁〕

田 健治郎　でん・けんじろう

安政2年2月8日(1855)～昭和5年11月16日(1930)　通信官僚、政治家　男爵　⑪丹波国(氷上郡)下小倉村　㊙ハンガリー：1896年(万国電信会議)

　安政2(1855)年2月8日、丹波国氷上郡下小倉村に生まれる。郷里で儒学などを学んだあと、明治7年熊谷県庁に出仕して官界入り。8年愛知県に転じ、以後、高知、神奈川、埼玉各県の警察部長を歴任。23年後藤象二郎逓信相の下で書記官となり、郵務・通信局長を経て、通信次官を務めた。この間29(1896)年4月にはハンガリーで開かれた万国電信会議に参加する。翌30年2月帰国。その後、政友会結成に参加、35年衆議院議員に当選するが36年脱党。同年大浦兼武通信相の下で再び次官となる。39年～大正15年勅選貴族院議員。5年寺内内閣の逓信相、8年台湾総督、12年第2次山本内閣の農商務相・司法相、15年枢密顧問官などを歴任。民間では関西鉄道会社や九州炭鉱の社長、南洋協会会頭、電気協会会長などをつとめた。明治40年男爵。昭和5(1930)年11月16日死去。享年76歳。

[文献]　田健治郎伝―伝記・田健治郎（田健治郎伝記編纂会編）　大空社　昭63（伝記叢書）／幕末明治海外渡航者総覧（手塚晃編）　柏書房　平4／データベースWHO　日外アソシエーツ　〔藤田正晴〕

伝吉　でんきち

生没年不詳　船乗り　⑪越後国　㊙アメリカ：1832年(漂流)

　生没年不詳。越後の出身。天保3(1832)年閏11月2日、次郎右衛門、伝助、長太とともにハ

ワイのオアフ島ワイアルア湾に漂着する。乗り組んでいたのは越後国早川村角長の船乗り9人で、松前から江戸へカズノコをはこぶ途中遭難したものである。漂流中に5人は死亡。その後4人はホノルルから、ペトロパウロフスクに、さらにシトカに送られ、天保7年7月25日エトロフ島へ送還され帰国する。その後の消息は不明。

[文献] 日本人漂流記（川合彦充） 社会思想社 昭42（現代教養文庫A530） 〔谷崎寿人〕

伝蔵 でんぞう
生没年不詳 船乗り ㊌土佐国 ㊙アメリカ：1841年（漂流）

生没年不詳。土佐国の出身。天保12（1841）年1月5日、重助、寅右衛門、五右衛門、万次郎と土佐国宇佐浦を船出、漁業に従事中遭難し鳥島に漂着した。そこでアメリカ捕鯨船ジョン・ホーランド号に救助されハワイに送られた。嘉永4年ホノルルから送還され、長崎の揚り屋にいれられて後、翌年6月23日領主の家へ引渡された。その後の消息は不明。

[文献] 日本人漂流記（川合彦充） 社会思想社 昭42（現代教養文庫A530） 〔谷崎寿人〕

伝兵衛 でんべえ
生没年不詳 商人 〔ロシアに渡った最初の漂流日本人〕 ㊌大坂 ㊇洗礼名＝カヴリイル ㊙ロシア：1695年（漂流）

生没年不詳。大坂の商家の出身で、ロシアに残した陳述書への署名を判読するところによれば、谷川町通りに住む立川伝兵衛、あるいは、谷川通立半町に住む伝兵衛。元禄8（1695）年、米・酒・木材・什器などを積んだ船団の一艘に仲間15人ほどと乗り込んで江戸に向かう途中、暴風雨に遭い難破。半年ほど漂流した後、カムチャツカ半島南岸、クリールに漂着する。河をさかのぼって原住民と接触、この地に2ヶ年を過ごす。この間、仲間の者たちは漂流中や原住民との出合いの時、あるいはその後国籍不明船に拉致されるなどで次々に死亡し消息不明となり、ついに彼一人取り残される。折りからこの地に遠征中のコサックの頭目アトラソフは彼の噂を耳にして興味を示し、彼を伴って帰還の途につく。かねてより極東諸国との交流に関心をもっていたロシア政府は特別の配慮を示し、シベリア庁は出先の機関に指令を発して彼を手厚く保護してモスクワに向かわせるよう命ずる。1701年12月末（露暦）、モスクワに送りとどけられる。翌年初め、シベリア庁は彼の口述にもとづき文書を作成する。これが今日「伝兵衛の陳述書（スカースカ）」と呼ばれるものである。それには、日本の地勢、金銀鉱山、統治制度、都市、軍備、宗教、民衆の生活などについての情報が含まれている。彼はあまり高い知識の持ち主ではなかったらしく、その知識は正確さを欠いてはいたが、「陳述書」は日本人による日本についての最初の情報として、当時のロシアにとっては貴重であった。1702年1月ピョートル1世は彼を引見後勅令を発し、この異国人を公費で養うこと、正教を強制しないこと、彼がロシア語を学び、ロシア人の子弟に日本語を教え次第帰国させることを約束するように命じ、その身柄をシベリア庁から砲術庁に移管させる。ついで1705年（一説には1736年）、ピョートルは、対日関係樹立の日に備え日本語研究と通訳養成の基礎を築くため、ペテルブルグに日本語学校を開設し、彼を初代の教師に任命し、日に5コペイカを支給する。1707年、すでにロシア語をおぼえた彼はガガーリン公の邸宅に引き取られ、1710年、洗礼を受け正教徒となり、カヴリイルという教名をもらう。再三に及ぶ帰国願はついに聞きとどけられず、異国の土と化した。祖国には妻と2人の子供があったという。

[文献] 日本とロシア（高野明） 紀伊国屋書店 昭46／ロシアと日本（ファインベルグ著 小川政邦訳） 新時代社 昭48／日本人とロシア人（中村新太郎） 大月書店 昭53

〔長縄光男〕

【と】

土井 利恒 どい・としつね
嘉永元年7月19日（1848）～明治26年3月29日（1893） 外交官 ㊌江戸 ㊙アメリカ：1871年

嘉永1（1848）年7月19日、土井七之助の子として江戸に生まれる。明治1年、箱館副総督となる。のち、大野藩知事となる。明治4（1871）年にアメリカに渡っている。13年または15年

に一時帰国するが再び渡米する。外務省から18年にはホノルル領事館勤務を命ぜられて20年まで在職する。明治26(1893)年3月29日死去。享年46歳。
文献 明治過去帳—物故人名辞典(大植四郎編)　東京美術　昭46／近代日本の海外留学史(石附実)　ミネルヴァ書房　昭47　　〔富田仁〕

東海 散士　とうかい・さんし

嘉永5年12月2日(1853)～大正11年9月25日(1922)　政治家，小説家，ジャーナリスト〔政治小説の祖〕　⊕安房国(周准郡)富津　㊅本名＝柴四朗;茂四郎　㊤アメリカ：1879年(商法学校に入学，経済学，理財学)，アメリカ，ヨーロッパ：1886年(谷干城の秘書官)

嘉永5(1853)年12月2日，会津藩士柴佐多蔵由道の四男として安房国富津に生まれる。鳥羽伏見の戦いに会津の兵士として出陣したが，その後，沼間慎次郎にフランス語を習い海外渡航の志をおこした。たまたま会津藩でスネルに托して海外留学生を派遣することになったが，発病のための好機を逸した。明治1年会津落城後は降伏人として東京に拘禁された。明治2年，旧会津藩で仮設した英語学校に学び，沼間の塾を経て，山東直砥の北門社に入学した。しかし学資が続かず，旧会津藩が移封された陸奥斗南でイギリス人の通訳として働いた。その後上京して横浜税関長柳谷謙太郎の書生となった。12(1879)年，岩崎家の援助を受けてアメリカへ渡り，柳谷がサンフランシスコ領事に就任していたので同地の商法学校に入学した。14年，ハーバード大学で政治経済学を学び，ついでペンシルヴァニア大学のホワートン理財学校で経済学を専攻しケリーの保護貿易論を研究した。17年，バチェラー・オブ・ファイナンスの学位を取得し，翌18年に帰国した。この年の10月，政治小説『佳人之奇遇』を発表して日本の危機を警告した。19年，知己の谷干城農商務大臣の秘書官として再び欧行することとなった。同年3月，横浜を出帆した一行は香港，シンガポール，エジプトをまわり，パリ，スイス，ドイツ，イタリア，アメリカなどを歴遊した。その間，エジプトの敗将アラビイ・パシヤ，トルコ皇帝などの名士と面会し，20年横浜に帰国した。帰国後，鹿鳴館の欧化政策を批難した谷干城が伊藤博文内閣を辞職すると，彼も辞意を表わし読書と著作に専

念した。この間『東洋之佳人』(明治21)，『佳人之奇遇』第4編を著わし，やがて谷干城と共に脚光を浴びた。その後，新聞記者や衆議院議員(25年当選)などの活動のかたわら著作活動を行い，多くの傑作を世に送った。大正11(1922)年9月25日，脳出血のため死去。享年71歳。
㊞熱海市水口町・海蔵寺
文献 近代文学研究叢書21(近代文学研究室)　昭和女子大学近代文化研究所　昭39／明治文学全集6　明治政治小説集(柳田泉編)　筑摩書房　昭42／日本近代文学大事典2(日本近代文学館編)　講談社　昭53／日本人名大事典3　平凡社　昭54／起死回生の日本史—逆境に負けなかった男たち(歴史人物発掘会編)　竹書房　平16(竹書房文庫)　〔楠家重敏〕

道家 斉　どうけ・ひとし

安政4年2月20日(1857)～大正14年10月30日(1925)　官吏，実業家　貴族院議員　⊕備前国岡山　㊤ヨーロッパ：1886年(農業・商業制度視察)

安政4(1857)年2月20日，備前国岡山に生まれる。大学南校で語学を学び，明治17年農商務省に入る。19(1886)年3月，農商務大臣の谷干城に随行してヨーロッパ視察旅行に出る。パリ，リヨン，ジュネーブ，ミュンヘン，ウィーンなど各地の農業・商業制度を視察し，20年6月帰国。水産局長，農商務局長を務めた。大正9年退官し，勅選貴族院議員となる。また日本勧業銀行理事，産業組合中央会副会頭，農村電化協会長を務めた。11年第4回国際労働会議に政府代表として出席。大正14(1925)年10月30日死去。享年69歳。
文献 幕末明治海外渡航者総覧(手塚晃編)　柏書房　平4／データベースWHO　日外アソシエーツ　〔藤田正晴〕

東郷 愛之進　とうごう・あいのしん

天保13年(1842)～慶応4年7月8日(1868)　海軍軍人　⊕鹿児島　㊅諱＝実吉，変名＝岩屋虎之助　㊤イギリス：1865年(海軍機械術)

天保13(1842)年に生まれる。薩摩藩開成所蘭学諸生のときイギリス留学生15名のひとりに選ばれ，慶応1(1865)年1月に出帆した。ロンドンでは町田申四郎と共にロンドン大学のフランス語教師の下宿に居住する。海軍機械術を学んだが，やがて藩からの学費の仕送りが難しくなり，町田久成，町田清蔵，町田申

四郎，高見弥一，名越平馬，村橋直衛と共に，慶応2年に帰国。慶応4(1868)年7月8日，戊辰戦争で戦死。享年24歳。

[文献] 鹿児島県史3　鹿児島県編〔刊〕　昭42／薩藩海軍史　中（公爵島津家編纂所編）　原書房　昭43／薩摩藩英国留学生（犬塚孝明）　中央公論社　昭49（中公新書）〔楠家重敏〕

東郷 平八郎　とうごう・へいはちろう

弘化4年12月22日(1848)～昭和9年5月30日(1934)　海軍軍人，元帥　侯爵　〔バルチック艦隊撃滅の功労者〕　⊕薩摩国鹿児島城下加治屋町　諱＝実良，幼名＝仲五郎　イギリス：1871年（海軍軍事研修）

弘化4(1848)年12月22日，薩摩藩士東郷吉左衛門の四男として鹿児島城下加治屋町に生まれる。藩主島津斉彬は藩政の刷新につとめて，とくに洋式兵備の充実に留意し，安政3年水軍を創設する。文久3年，生麦事件が発端となり起こった薩英戦争に，父と2人の兄とともに初めて従軍する。鹿児島に来襲したイギリス艦隊の砲撃に対し，薩摩藩もこれに応戦したが，この戦況の結果に深い衝撃を受ける。慶応2年，薩摩藩に海軍局ができると，兄壮九郎，弟四郎左衛門とともに入り，練磨を重ねる。明治1年，藩の軍艦春日に乗組みを命ぜられ，戊辰戦争では阿波沖海戦で旧幕府軍艦開陽，回天などと戦い，ついで越後方面警備，箱館の海戦に参加する。維新後海軍士官となり，4(1871)年25歳の時，海軍のイギリス留学生12名中の1人として兵部省より選抜されて渡英する。練習船ウースター号に乗組んで2年の研鑽を積み，転じて帆船ハンプシャー号に乗組む。8年には，7ヶ月をかけて世界を一周し，テムズ河口に帰着している。このようにして海軍技術，遠洋航海術を修め，11年，わが国がイギリスに建造を依頼した軍艦比叡に乗って8年ぶりに帰国する。その後，扶桑，比叡，迅鯨，天城等に転乗し，17年天城艦長になる。この間，朝鮮の仁川，上海方面などに巡航している。18年南清より帰国後，23年に至るまで，健康の不順に悩まされるが，再び健康を回復し，24年，浪速艦長に就任する。25年ハワイに政変が起り，翌年居留民の保護のため，同艦をもってハワイに赴く。日清戦争では，浪速艦長として従軍する。緒戦，僚艦とともに朝鮮豊島沖で清艦を撃破する。また独断で清国兵を満載したイギリス輸送船を撃沈し，一時イギリスの世論が沸騰する。さらに黄海海戦においても功があり，海軍少将に進む。31年海軍中将になり，ロシアとの情勢が緊迫すると，36年連合艦隊司令長官になり，翌年海軍大将に進む。日露戦争には連合艦隊を率いて，まずロシア旅順艦隊に対し，旅順口の閉塞作戦を数次にわたって敢行し，脱出を図った艦隊を黄海海戦で破るなどして，乃木希典の率いる第3軍と協同し，旅順開城に至らせる。38年，ロシアの増遣艦隊，いわゆるバルチック艦隊は，シンガポール沖を通過して南シナ海に入る。彼は諸艦艇を朝鮮海峡に集中させ，艦隊の位置を秘密にした。5月27日，南方哨艦の信濃丸から敵艦発見の報が入ると，搭乗していた旗艦三笠の出発に際し，「敵艦見ゆとの警報に接し，連合艦隊は直ちに出動之を撃滅せんとす。本日天気晴朗なれども波高し」という電文を大本営に打電する。全軍に戦闘開始を告げるとき，「皇国の興廃此の一戦に在り，各員一層奮励努力せよ」という信号をマストに掲げる。この日本海海戦では，敵艦隊の進路を遮る回頭作戦でバルチック艦隊を壊滅する。戦後，海軍軍令部長になり，伯爵になる。44年，東伏見宮依仁親王，同妃がイギリス国王ジョージ5世の戴冠式に天皇の名代として参列するとき，乃木希典と随行を命ぜられて渡英し，帰途アメリカを経て帰国する。大正2年元帥府に列し，元帥の称号を受ける。翌年東宮御学問所が新設され，その総裁になる。政界には関係を持たなかったが，大正・昭和を通じて海軍の元老として発言権を保持する。昭和5年，ロンドン海軍軍縮会議が開かれると，強硬派（軍縮反対派）の側に立って海軍部内に大きな影響を及ぼす。9年5月に危篤状態になり侯爵に叙せられるが，昭和9(1934)年5月30日死去。享年88歳。6月5日国葬。15年には東郷神社（東京都渋谷区神宮前）が建立される。

墓東京都・多磨霊園，鹿児島市・多賀山

[文献] 東郷平八郎全集（小笠原長生編）　平凡社　昭5／東郷元帥写真伝（東郷元帥真影会編）　博文館　昭6／吾が父を語る（東郷彪）　実業之日本社　昭9／東郷元帥と日本海海戦（小原正忠）　軍人会館事業部　昭9／東郷平八郎伝（山下信一郎）　鹿児島出版協会　昭9／東郷元帥詳伝（小笠原長生）　『小笠原長生全集2』　平凡社　昭12／大東郷（小笠原淳隆）　改訂版　弘学社　昭18／薩藩海軍史　上・中・

下（公爵島津家編輯所編）　原書房　昭43（明治百年史叢書71〜73）／日本人名大事典4　平凡社　昭54／明治維新人名辞典（日本歴史学会編）　吉川弘文館　昭56／東郷平八郎（下村寅太郎）　講談社　昭56（講談社学術文庫）／乃木と東郷（戸川幸夫）　光人社　昭57／東郷平八郎のすべて（新人物往来社編）　新人物往来社　昭61／聖将東郷全伝　国書刊行会　昭62／図説東郷平八郎—目でみる明治の海軍　東郷神社・東郷会　平5／東郷平八郎（中村晃）　勉誠社　平8／東郷平八郎—近代日本をおこした明治の気概（岡田幹彦）　展転社　平9／東郷平八郎（田中宏巳）　筑摩書房　平11（ちくま新書）／ミットフォード日本日記—英国貴族の見た明治（長岡祥三訳）　講談社　平13（講談社学術文庫）／サムライの墨書—元帥東郷平八郎と三十一人の提督（松橋暉男）　毎日ワンズ　平16／東郷平八郎伝—日本海海戦の勝者（星亮一）　光人社　平16（光人社NF文庫）　〔高橋公雄〕

東条 英教　とうじょう・ひでのり

安政2年11月8日（1855）〜大正2年12月16日（1913）　陸軍軍人，中将　[渡]ドイツ：1888年（陸軍軍事研修）

安政2（1855）年11月8日，南部藩士東条英俊の長男として生まれる。第2次大戦当初の首相・東条英機の父。陸軍教導団に入団後，明治10年の西南戦争に従軍し陸軍少尉となる。陸軍大学校第1回生として開設と同時に入学。その才能は指導教官ドイツ人メッケルに認められ卒業と同時に明治21（1888）年ドイツへ留学を命ぜられる。帰国後は，母校陸軍大学校教官として後輩の指導に携わる一方，参謀本部員として戦術研究に励む。日清戦争では大本営参謀として作戦の立案にその才能を発揮する。戦後は『日清戦史』の編纂部長として働く。山県有朋元帥に随行してヨーロッパを巡遊視察し，帰国後，陸軍少将に昇進。日露戦争では第八旅団長として出征するが，病気のために内地帰還を命ぜられ，留守の近衛第一旅団長に転ずる。戦後朝鮮京城守備旅団長になるが，病気再発により解職待命となり，もっぱら兵術書の著述に専念する。大正2（1913）年12月16日死去。享年59歳。

[文献]　日本陸海軍の制度・組織・人事（日本近代史料研究会編）　東京大学出版会　昭46／日本人名大事典4　平凡社　昭54　〔横山理吉〕

遠武 秀行　とおたけ・ひでゆき

弘化1年1月（1844）〜明治37年7月12日（1904）　海軍軍人，大佐，実業家　横須賀造船所所長　[生]薩摩国　[渡]フランス：1878年（造船所視察）

弘化1（1844）年1月，薩摩国に生まれる。薩摩藩士。幕末に討幕運動に参加。維新後兵部省に入り海軍部に所属。明治8年横須賀造船所長となる。11（1878）年2月フランスの造船所を視察し同年11月15日に帰国後，国内の民間造船所の間接保護を開始した。15年共同運輸副社長などを経て，18年海軍省主船局副長，19年海軍大佐，24年予備役となる。その後，23年創立の日本鋳鉄に取締役技師として入り，鋳鉄製造所，博多湾鉄道などを創立した。明治37（1904）年7月12日死去。享年61歳。

[文献]　幕末明治海外渡航者総覧（手塚晃編）　柏書房　平4／朝日日本歴史人物事典　朝日新聞社　平6／データベースWHO　日外アソシエーツ　〔藤田正晴〕

遠野 寅亮　とおの・のぶあき

？〜明治26年11月27日（1893）　広島県留学生　[生]広島　[渡]イギリス：1871年（留学）

生年不詳。広島県の県費留学生として明治4（1871）年9月にイギリスへ赴く。その後の経歴は不明であるが，明治26（1893）年11月27日死去。

[文献]　明治初年条約改正の研究（下村冨士男）　吉川弘文館　昭37／明治過去帳—物故人名辞典（大植四郎編）　東京美術　昭46　〔楠家重敏〕

遠山 参良　とおやま・さぶろう

慶応2年1月13日（1866）〜昭和7年10月9日（1932）　教育者　九州学院初代院長　[生]肥後国（八代郡）鏡町　[渡]アメリカ：1892年（留学）

慶応2（1866）年1月13日，肥後国八代郡鏡町に生まれる。熊本洋学校，同志社を経て，明治12年広取校，鏡英学校で英語・漢学を学ぶ。17年長崎の加伯利（カブリ）英語学校（のち鎮西学館時代を経て鎮西学院と改称）に学び，卒業後同校教師となる。この頃すでにキリスト教に入信。25（1892）年渡米しオハイオ州ウェスリアン大学に入学，英語・生物学・宗教・哲学を研究し，28年卒業，29年帰国。再び鎮西学館で牧師を務める傍ら，教鞭を執る。33〜43年五高に赴任，夏目漱石の後を受けて英語科主任となる。九州学院の創立に参画し，44年

初代院長に就任, 以来21年間同校の発展の基礎を築き, 多くの子弟の養育に貢献した。昭和7 (1932) 年10月9日死去。享年67歳。
[文献] 幕末明治海外渡航者総覧 (手塚晃編) 柏書房 平4／データベースWHO 日外アソシエーツ
〔藤田正晴〕

土宜 法竜　とき・ほうりゅう
安政1年8月 (1854) ～大正12年1月10日 (1923)
僧侶　真言宗高野派管長　㊷尾張国名古屋
㊷旧名=臼井　幼名=光丸, 号=雲外, 木母堂
㊷アメリカ：1893年 (第1回万国宗教大会)

安政1 (1854) 年8月, 尾張国名古屋に生まれる。真言宗の学僧。4歳の時出家し法竜と称す。慶応義塾別科を出て, 高野山, 東京, 京都に学び, 明治12年高野山学林長になる。14年真言宗法務所課長, 16年香川県三谷寺住職。26 (1892) 年シカゴで開かれた万国宗教大会に日本仏教代表委員として出席。会議終了後フランスに渡り, パリに5ケ月間滞在, またロンドンで南方熊楠と会う。39年仁和寺門跡・御室派管長, 41年真言宗各派連合総裁となり, 大正9年高野派管長に就任。高野山大学総理兼任。『木母堂全集』『南方熊楠・土宜法竜往復書簡』がある。大正12 (1923) 年1月10日死去。享年70歳。
[文献] 幕末明治海外渡航者総覧 (手塚晃編) 柏書房 平4／木母堂全集一伝記・土宜法竜 (土宜法竜著, 宮崎忍海編) 大空社 平6 (伝記叢書) ／朝日日本歴史人物事典　朝日新聞社 平6／データベースWHO 日外アソシエーツ
〔藤田正晴〕

戸際 文造　とぎわ・ぶんぞう
生没年不詳　海軍軍医　㊷イギリス：1890年 (留学)

生没年不詳。明治23 (1890) 年, 海軍留学生として軍医の身分でイギリスに渡る。その後の消息は不明。
[文献] 近代日本海外留学生史　上 (渡辺実) 講談社 昭52
〔楠家重敏〕

常磐井 堯猷　ときわい・ぎょうゆう
明治5年3月 (1872) ～昭和26年1月27日 (1951)
僧侶, 梵語学者　男爵　㊷東京　㊷旧名=近衛　㊷ドイツ：1886年 (梵文学)

明治5 (1872) 年3月, 東京に生まれ, 高田専修寺第21代住職・常磐井堯熙の養子となる。19 (1886) 年小学校を終えた後, ドイツに留学, シュトラスブルク大でマックス・ミュラー博士に17年間師事し, 哲学, 梵文学を専攻, イギリス, ヨーロッパ各国を歴巡した後, 32年に帰国。京都帝国大学文学部教授となり, 梵語を教えた。大正2年堯熙の後を受け真宗高田派管長となり, 8年男爵を襲爵。9年文学博士。帝国東洋学会の創設者で, 生涯梵文学研究を続け『梵語辞典』(全11巻) を刊行した。昭和26 (1951) 年1月27日死去。享年78歳。
[文献] 幕末明治海外渡航者総覧 (手塚晃編) 柏書房 平4／データベースWHO 日外アソシエーツ
〔藤田正晴〕

徳川 昭武　とくがわ・あきたけ
嘉永6年9月24日 (1853) ～明治43年7月3日 (1910)　水戸藩知事, 陸軍軍人　㊷江戸駒込の水戸藩別邸　㊷幼名=余八麿昭徳, 字=子明, 雅号=鑾山, 諡=節公　㊷フランス：1867年 (パリ万国博覧会に列席), アメリカ：1876年 (フィラデルフィア万国博覧会)

嘉永6 (1853) 年9月24日, 第九代水戸藩主徳川斉昭の18男として, 江戸駒込の水戸藩別邸に生まれる。生後6ヶ月で水戸に送られ, きびしい教育を受けた後, 元治1年に京都に赴き, 病弱だった兄昭訓に代わって, 約300人の水戸藩士を率いて宮廷警備に当たる。禁門の変の際は守衛にあたり, また藩内の尊攘激派が起こした, いわゆる天狗党の乱には兄の慶喜に従い東近江に出陣する。この頃民部大輔に任ぜられ, 名を昭武と改名する。フランスは, 慶応3年にパリで万国博覧会を開く計画を立て, 日本にも参加を呼びかけて来たが, 将軍慶喜は14歳になったばかりの弟の彼を名代として派遣することにし, あわせてパリに留学させて西欧の知識を吸収させようとした。3年1月11日, 御勘定奉行格外国奉行・向山隼人正一履, 作事奉行格小姓頭・山高石見守信離, 外国奉行支配組頭・田辺太一, 御儒者次席翻訳御用頭・箕作貞一郎 (麟祥), 歩兵頭並・保科俊太郎, 奥詰医師・高松凌雲, 御勘定格陸軍附調役・渋谷篤太夫 (栄一) らの随行員とともに, フランス郵船アルフェー号に乗り込み横浜の港を出航する。上海, 香港, サイゴン, シンガポール, スエズ, アレクサンドリアなどを経由して2月19日にマルセイユに着く。日本名誉総領事フリューリー・エラールなど要人の出迎えを受

け，上陸の際には21発の礼砲が発せられるなど大歓迎を受ける。3月7日にパリに着いたあと，24日にはチュルリー宮でナポレオン三世，ウージェニー皇后らと会見し，将軍慶喜からの国書を手渡す。5月29日，シャンゼリゼの産業館で行われた万国博覧会賞牌授与式には「ソン アルテス・アンペリアル・トクガワ」として衣冠束帯姿で列席する。やがてブローニュの森に近い閑静な地に居を構え留学生活が始まる。教育掛の陸軍大臣副官参謀中佐レオポルド・ヴィレットは，フランス語の教師としてボワシェールを選んだ。ボワシェールは日本語がまったくできなかったので，教師が発音したフランス語を彼がそのまま繰り返すという口伝えによるフランス語教育となった。「今日より本と（当）に語学を始む」と昭武は日記に書き残している。ほどなくスイス，ベルギー，イタリア，イギリスなどを歴訪し各国王や大統領と謁見した後，本格的な勉学の日々を送ることになる。フランス語のほかに，歴史・地理・科学・馬術・図画など盛りだくさんの日課で，その日記には「誠にくるしき事也」と弱音をはいているが，充実した留学生活であった。しかし，大政奉還，天皇を中心とする新政府の樹立，鳥羽・伏見の戦いと，相ついで日本からの報がもたらされ，さらに水戸藩主慶篤が亡くなるに至り，1年半の留学を終え帰国せねばならなくなる。明治1年11月3日，横浜に帰国し同月23日に明治天皇に拝謁するが，その翌日，箱館の榎本武揚ら旧幕勢力への征討命令が下った。翌年4月，200名の兵を率いて北海道に渡り，矢不来の戦，新道砲台・赤川神山の戦に参加して軍功をたてる。2年，版籍奉還により水戸藩知事となるが，父斉昭の志をついで北海道開拓を願い出て許しをうけると，全行程1500キロの徒歩旅行の末，天塩に赴き，この地の風土・情勢を調査し拓植経営にあたり，また天塩港を浚渫して漁船の着岸を可能にするなどの成果をあげる。4年7月，廃藩置県で水戸藩知事を免職となると，東京に出て，向島小梅の邸に住み，翌年旧公卿中院通富の娘栄姫と婚約し，3年後に結婚する。7年9月，武部寮より陸軍少尉の辞令を渡され新政府の軍人となり，陸軍幹部の実技養成学校であった戸山学校付となる。生徒隊付を経て9年には戸山学校教官となるが，アメリカ独立100年記念のフィラデルフィア万国博覧会の御用掛を命じられ，軍籍を離れる。9年2月22日，横浜から北京号に乗船し，22日目にサンフランシスコに着く。開場式，独立記念式などに列席したあと，各種政府機関やウエストポイント士官学校，武器製造所などを精力的に見てまわるが，万国博覧会閉幕後にフランスへの渡航願を提出し，シティ・オブ・ベルリン号に乗り込み，ロンドンを経由して12月2日にパリに到着する。3年前にアルベルト・ジボアンを教師として雇いフランス語の勉強を再開していたが，その時すでに2度目の留学を企てていたのかもしれない。10年ぶりの懐かしいパリで再びヴィレットの世話となり，エコール・モンジュに入学し，1年半にわたって幾何を中心に数学の勉強をする。さらにドイツなど中部ヨーロッパを訪れ，ロンドンに滞在したあと，4年間の第2次留学を終え14年6月に帰国する。16年，30歳で家督を嗣子篤敬に譲って隠居生活に入り，松戸の字，戸定の邸に住む。明治43（1910）年7月3日，東京小梅の邸で死去。享年58歳。

㊗茨城県久慈郡瑞竜山

[文献] 夷狄の国へ―幕末遣外使節物語（尾佐竹猛）　万里閣書房　昭4／徳川昭武滞欧記録1～3（大塚武松編）　日本史籍協会　昭17／徳川昭武の渡欧と仏国博覧会出品の意義（黒江俊子）：法政史学　15　昭37／徳川昭武滞欧記録（日本史籍協会編）　東京大学出版会　昭48（日本史籍協会叢書）／日本人名大事典4　平凡社　昭54／茨城県大百科事典　茨城新聞社　昭56／明治維新人名辞典（日本歴史学会編）　吉川弘文館　昭56／徳川昭武―万博殿様一代記（須見裕）　中央公論社　昭59（中公文庫）／プリンス・トクガワの生涯―徳川昭武とその時代（戸定歴史館編）　松戸市戸定歴史館　平3／慶応二年幕府イギリス留学生（宮永孝）　新人物往来社　平6／徳川昭武幕末滞欧日記（松戸市教育委員会編）　山川出版社　平11／プリンス昭武の欧州紀行―慶応3年パリ万博使節（宮永孝）　山川出版社　平12　　〔伏見郁子〕

徳川 篤守　とくがわ・あつもり

安政3年10月（1856）～大正13年10月（1924）
外交官　元・男爵　㊉江戸　㊧別名＝清水篤守　㊨アメリカ：1871年（留学）

安政3（1856）年10月，清水徳川家の第7代目として江戸に生まれる。明治4（1871）年アメリカに私費留学し，コロンビア大学法科に学

ぶ。ニューヨークに滞在後、イギリスを経て帰国する。再び10(1877)年に渡米し、ボストンで勉学。のち12年から13年にかけて清国北京公使館付となる。32年4月爵位を返上。大正13(1924)年10月死去。享年69歳。
[文献] 近代日本の海外留学史(石附実) ミネルヴァ書房 昭47 〔谷崎寿人〕

徳川 篤敬　とくがわ・あつよし
安政2年(1855)～明治31年7月12日(1898) 外交官　侯爵　㊐水戸　㊋幼名=鉄之丞、鉄千代　㊙フランス：1879年(留学)

安政2(1855)年、水戸藩主・徳川慶篤の長男として水戸に生まれ、叔父・昭武の養子となり、のち水戸家を継ぐ。明治11年陸軍士官学校を卒業。明治12(1879)年フランスに留学し、15年帰国。17年侯爵を授けられ、20年弁理公使、同年7月特命全権公使となり、イタリア駐箚。25年式部官を経て、28年式部次長。29年ロシア皇帝戴冠式に参列した。明治31(1898)年7月12日死去。享年44歳。
[文献] 幕末明治海外渡航者総覧(手塚晃編) 柏書房 平4／データベースWHO 日外アソシエーツ 〔藤田正晴〕

徳川 家達　とくがわ・いえさと
文久3年7月11日(1863)～昭和15年6月5日(1940) 華族　公爵　㊋幼名=亀之助　㊙イギリス：1877年(留学)

文久3(1863)年7月11日、田安慶頼の三男として生まれる。元治2年2月、長兄の田安家六代寿千代が夭折したため田安家をつぐ。慶応4年5月、徳川慶喜が隠退・謹慎すると、徳川宗家十六代目を相続し、幼名・亀之助を家達に改名する。同月24日駿河国府中に封ぜられ駿河、遠江、三河の3ヶ国を藩地とする70万石の藩主となり、静岡を居城にする。2年6月版籍奉還とともに静岡藩知事となるが、4年7月知事を辞任。10(1877)年イギリスに留学する。9月25日エシンバラで撮影したポートレートが伝えられている。12年1月には英文で伯父の松平慶永に書簡を送るほど英語も上達し、15年に帰国する。23年貴族院議員となる。のち貴族院議長を30年間にわたって務めるかたわら日本赤十字社社長、済生会会長、国際連盟協会会長、日米協力会会長など名誉職を歴任し、ワシントン会議には全権の一員として列席するなど内外にわたって活躍するが、昭和15(1940)年6月5日死去。享年78歳。㊟東京台東区・寛永寺
[文献] 海外における公家　大名展・第1回維新展(霞会館資料展示委員会) 霞会館 昭55／昭和新修 華族家系大成 下(霞会館諸家資料調査委員会編) 霞会館 昭59 〔富田仁〕

徳川 達孝　とくがわ・さとたか
慶応1年5月(1865)～昭和16年2月18日(1941) 政治家、伯爵　侍従長、貴族院議員　㊙アメリカ、ヨーロッパ：1889年(欧米事情視察)

慶応1(1865)年5月、田安家当主・徳川慶頼の四男に生まれる。兄は徳川第16代当主の徳川家達。兄の徳川家達継承で田安家当主に。明治17年伯爵を継ぐ。22(1889)年欧米を巡遊し23年に帰国。30年貴族院議員となり、衆議院議員選挙法改正調査会委員を務めた。大正3年～昭和3年侍従長。のち日本弘道会会長。昭和16(1941)年2月18日死去。享年77歳。
[文献] 幕末明治海外渡航者総覧(手塚晃編) 柏書房 平4／データベースWHO 日外アソシエーツ 〔藤田正晴〕

徳冨 猪一郎　とくとみ・いいちろう
⇒徳富蘇峰(とくとみ・そほう)を見よ

徳冨 健次郎　とくとみ・けんじろう
⇒徳冨蘆花(とくとみ・ろか)を見よ

徳富 蘇峰　とくとみ・そほう
文久3年1月25日(1863)～昭和32年11月2日(1957) ジャーナリスト、評論家　㊐肥後国(上益城郡)津森村杉堂　㊋本名=猪一郎　別号=大江逸(郎)、蘇峰学人　㊙ヨーロッパ：1896年(トルストイ訪問)

文久(1863)3年1月25日、水俣の郷士・徳富一敬の長男として母の里方である肥後津森村杉堂の矢島家で生まれる。徳富家は肥後の郷士であり大庄屋であるが、一敬は横井小楠の高弟で、維新後は熊本県政に参与する。弟は作家の徳冨蘆花。幼年時代は水俣で過ごすが、明治3年父の熊本藩庁出仕にともない一家をあげ大江村に移る。元田永孚塾、竹崎茶堂(津次郎)塾、兼坂止水(諄次郎)塾で漢学を修め、5年に熊本洋学校に進み、ジェーンズからアメリカ風の教育を受ける。その後、一時横井塾に学ぶが、8年洋学校に再入学する。同窓に浮田和民、小崎弘道らがいる。この頃からキリ

スト教に深い関心をもつようになり、同時にヨーロッパの学問や思想に眼をむける。翌年1月、熊本奉教結盟（花岡山バンド）に横井時雄、海老名弾正らとともに参加、奉教趣意書に署名する。同年8月に洋学校が閉鎖されたため上京、東京英学校に入学する。同窓に新渡戸稲造、内村鑑三らがいた。この年秋には、新島襄の主宰する京都の同志社英学校に入学し、新島、デイビスらの指導を受ける。途中で一度熊本に帰り、弟・蘆花を連れて再び同志社に帰り、熱心な教会活動とともに、当時の新聞の論説などを研究する。13年5月には同志社を去って上京。福地桜痴らを訪問して半年を送った末、郷里大江村に帰り、共立学舎の講習に参加したり民権運動の相愛社（自由党系）に加わり公議政党の委員となる。15年3月には大江義塾を創立。大江義塾時代に一度上京し、田口卯吉、中江篤介らと交友を結ぶ。また土佐に赴いて板垣退助の教えをえる。17年に倉園又三の娘つる子と結婚。翌年6月には『第十九世紀日本ノ青年及某教育』を刊行して論壇の注目を集めはじめる。19年10月『将来之日本』を発表するに至り、その文名が確固たるものになる。翌年2月、民友社を設立し『国民之友』を創刊し、総合雑誌の先駆をなす。平民主義は徐々に全国に普及しはじめ、とくに青年の関心を集めるようになる。23年2月には『国民新聞』を発行し、社長兼主筆として活躍する。同紙には記者として、矢崎嵯峨の舎、宮崎湖処子、内田不知庵らがおり、客員として森田思軒らが参加している。27年日清戦争が始まると、卒先して従軍記者を派遣、彼も広島大本営に赴き通信を寄せる。翌年深井英五（秘書）を連れて遼東半島を訪ねるが、その地で三国干渉、遼東還付の報を聞き、国家主義的な論調に変貌しはじめる。29（1896）年2月には『国民之友英文之部 THE FAR EAST』を創刊、5月より翌年7月までイギリス、オランダ、ドイツ、ロシアなどを巡遊、この間、小西増太郎の紹介でトルストイを訪問し詩号をしたという逸話も残っている。帰国後松隈内閣の内務省参事官に就任する。このため世の批判をあびることになり刊行物も打撃を受け、明治30年代に入ると『国民新聞』への非難、弟・蘆花との訣別、日比谷焼打ち事件、不買運動などの難題をかかえるが、次第に勢いを盛りかえし、44年8月に勅任貴族院議員となる。この年『国民新聞』の発行部数が13万部に達する。一方、39年8月にはシナに渡り、「七十八日遊記」を寄稿している。その後、桂内閣支持の立場を守り、桂死去ののちは論説集『時務一家言』をまとめ政治的実践から退く。大正6年秋にはシナ、満州を再訪、『支那漫遊記』を刊行。7年には、ライフワークとなった『近世日本国民史』の筆を執るに至る。以後、多くの書物、論文を発表しながら、昭和27年『近世日本国民史』100巻を完成する。戦争中は大日本言論報国会の会長として言論界のリーダーの役割を果たす。18年文化勲章を受章。昭和32（1957）年11月2日死去。享年95歳。

[文献] 民友社と「国民之友」（徳富蘇峰）　『日本文学講座11 明治文学篇』　改造社　昭9／蘇峰自伝　中央公論社　昭10／史家としての蘇峰、三又、愛山（服部之総）：唯物論研究　昭10.6／国民之友と徳富蘇峰（塩田良平）『近代日本文学論』万上閣　昭10／徳富蘇峰—その七十年の思想的変転（信夫清三郎）：改造　34(12)　昭28／民友社の維新史論（大久保利謙）：日本歴史　77　昭29／豪農民権運動の源流—横井小楠から徳富蘇峰へ（大江志乃夫）：歴史学研究　179　昭30／「国民之友」とその文学グループ（小田切秀雄）『講座日本近代文学史』大月書店　昭31／追想の徳富蘇峰　日本談義社　昭33／蘇峰先生の人間像（藤谷みさを）　明玄書房　昭33／「平民主義」の問題—民友社・蘇峰・蘆花（佐藤勝）：日本文学　10(9)　昭36／知識青年の諸類型（内田義彦）『日本資本主義の思想像』岩波書店　昭42／徳富蘇峰の生涯と政治思想（田畑忍）：キリスト教社会問題研究　12　昭43／思い出の徳富蘇峰　蘇峰会　昭44／若き蘇峰の思想形成と平民主義の特質（和田守）：思想　585　昭48.3／徳富蘇峰（鹿野政直）『日本の歴史家』日本評論社　昭51／徳富蘇峰資料集（花立三郎他編）三一書房　昭53／日本近代文学大事典2（日本近代文学館編）　講談社　昭53／日本人名大事典現代編　平凡社　昭54／徳富蘇峰関係文書（伊藤隆他編）　山川出版社　昭57／近代日本史料選書7—1）／日本を発見する（内田健三編著）　講談社　昭61（言論は日本を動かす）／近代ジャーナリスト列伝—天馬の如く　下（三好徹）　中央公論社　昭61（中公文庫）／近代日本と徳富蘇峰（和田守）　御茶の水書房　平2／徳富蘇峰（早川喜代次）　大空社　平3（伝記叢書）／評伝　徳富蘇峰—近代日本の光

と影（シン・ビン著，杉原志啓訳）岩波書店　平6／近代日本の先駆的啓蒙家たち—福沢諭吉・植木枝盛・徳富蘇峰・北村透谷・田岡嶺雲（ブガーエワ著，亀井博訳）平和文化　平8／徳富蘇峰—蘇峰自伝（徳富蘇峰）日本図書センター　平9（人間の記録）／蘇峰とその時代　続（高野静子）徳富蘇峰記念館　平10／新島襄と徳富蘇峰—熊本バンド，福沢諭吉，中江兆民をめぐって（本井康博）晃洋書房　平14／徳富蘇峰—日本ナショナリズムの軌跡（米原謙）中央公論新社　平15（中公新書）／近代日本と徳富兄弟—徳富蘇峰生誕百四十年記念論集　蘇峰会　平15
〔塩田京子〕

徳冨 蘆花　とくとみ・ろか

明治1年10月25日(1868)～昭和2年9月18日(1927)　小説家　㊋熊本（葦北郡）水俣
㊂本名＝健次郎　別号＝白水生，寒香生，秋山生，鷲倒生，秋水生，敬亭生，楓葉，AB子
㊙ロシア：1906年（トルストイ訪問）

　明治1(1868)年10月25日，水俣の郷士・徳富一敬の次男として熊本の水俣に生まれる。兄は徳富蘇峰。明治3年父の熊本藩庁出仕にともない一家をあげて大江村に移る。7年に本山小学校に入学する。9年には神風連の乱を目撃，翌年西南戦争の勃発とともに郊外に移住する。11歳の時，兄に伴われて京都にのぼり同志社に入学するが，2年後，兄・蘇峰が同校を退学し上京したため，彼もほぼ同時期に退学し帰郷する。帰郷後，父らの設立した熊本共立学舎に入学。翌年，蘇峰の設立した大江義塾に入る。18年に母が受洗したことがきっかけとなり，18歳の時に熊本・メソジスト教会で受洗，熱心なキリスト教徒となり，横井時雄に随って愛媛県今治に赴き伝道に努める。生涯信仰を棄てることがなかった。19年同志社に再入学，山本久栄への失恋の結果，20年には熊本に帰り熊本英学校で教鞭をとる。22年の春に上京し，蘇峰の設立した民友社に入り校正などの仕事をはじめる。同年9月，人物伝『如温・武雷土（ジョン・ブライト）』12月『理査土・格武電（リチャード・コブデン）』を民友社から刊行する。翌年2月に『国民新聞』が創刊されるとともに，翻訳係として海外各種記事の翻訳や海外事情の紹介などにつとめる。一方で同紙や『国民之友』に翻案小説や短篇小説の筆をとり好評をえるが，まだ彼本来の文学的世界の確立にはいたらず，不本意ともいえる文筆生活を送る。27年5月，原田愛（藍）子と結婚，新生活に入る。この頃から稿料を民友社より支払われるようになるが，月給11円程度の貧書生の日々をすごす。30年，逗子の柳屋に転居する。同年4月刊行の『トルストイ』などのように，徐々に独自性を主張できる文章が発表される。翌年になると，叙景文「此頃の富士の曙」（『国民新聞』31年1月15日）など，のちに『自然と人生』（33年8月）に収録される文章が多くなり，彼独特の自然観を中軸とする執筆態度が安定化する。作家的自立といえる「不如帰」（『国民新聞』31年11月29日～32年5月24日）は，連載後半年にわたって推敲が加えられ，『小説不如帰』として刊行されると多大の反響をよび，明治文学屈指のベストセラーとなる。この成功を契機として兄からの自立をはかるようになり，35年12月に民友社を退社，36年1月黒潮社を設立し『小説黒潮第一篇』を自費で刊行する。このような生活の一転機にともない，38，9年には自己発見への欲求が高まり，その具体的な行動として39(1906)年4月に単身，パレスチナ経由でヤスナヤ・ポリヤナに赴き，トルストイを訪問する。同年12月に発表された『順礼紀行』はその旅行記である。40年2月，東京の郊外，北多摩郡千歳村字粕谷（現・世田谷区粕谷町）に転居，永住の地として隠棲し，美的百姓として自然に親しみ思索に耽る。その後，徐々に文学的な営みと実生活との距離が失われ，生活即芸術の姿が顕在化するようになる。大正8年，妻とともに世界一周の旅に上り，翌年3月帰国。その紀行として『日本から日本へ』2巻を刊行する。その後，大作『富士』の筆を起こすにいたるが，15年12月転地先の千葉県勝浦で腎臓を患い，病勢一進一退のうちに昭和2(1927)年9月18日，伊香保の地で死去。享年60歳。
㊣東京世田谷区・粕谷自邸前の雑木林内
文献　徳冨蘆花検討と追想（蘆花会編）岩波書店　昭11／蘆花伝（前田河広一郎）岩波書店　昭13／蘆花の芸術（前田河広一郎）興風館　昭18／追はれる魂復活の蘆花（前田河広一郎）月曜書房　昭23／徳冨蘆花『自然と人生』（荒正人）『岩波講座文学の創造と鑑賞』　昭29／作家における近代の意味—徳冨蘆花（佐藤勝）：解釈と鑑賞　秋増刊号　昭35／徳冨蘆花（佐藤勝）『鑑賞と研究・現

代日本文学講座　評論・随筆1』　三省堂
昭37／暗闇の中の蘆花像（村尾次郎）：日本
及日本人　1483　昭45／作家評伝・徳冨蘆
花―明治の弟とその妻（小島信夫）：日本の
将来　1971年(2)　昭46.9／蘆花徳冨健次郎
3（中野好夫）　筑摩書房　昭47～49／徳冨
蘆花の自然スケッチ――その修業時代（吉田正
信）：日本文学　26(8)　昭52／徳冨蘆花と
民友社（中村青史）：熊本大学教育学部紀要
第2分冊　人文科学　26　昭52／蘆花と自然
（山田晃）　『近代文学2』　有斐閣　昭52（有
斐閣双書）／徳冨蘆花と勝浦――知られざる蘆
花逝去九ヶ月前の保養生活（佐野照子）：民
間伝承　42(3)　昭53／日本近代文学大事典
2（日本近代文学館編）　講談社　昭53／徳
冨蘆花とディケンズ――「思出の記」を中心に
（松村昌家）：神戸女学院大学論集　26(1)
昭54／徳冨蘆花「黒潮」（小田実）：文芸
1813　昭54／蘆花日記　1～7（徳冨蘆花）
筑摩書房　昭60～61／徳冨蘆花とトルスト
イ―日露文学交流の足跡（阿部軍治）　彩流社
平1／順礼紀行（徳冨健次郎）　中央公論社
平1（中公文庫）／弟徳冨蘆花（徳冨蘇峰）
中央公論社　平9　　　　　　〔塩田京子〕

得能　新十郎　とくのう・しんじゅうろう
生没年不詳　留学生　㊙フランス：1872年
（学科質問）
　生没年不詳。明治5(1872)年にフランスに
留学する。留学の目的は学科質問となってい
るが、その後の消息は不明。
|文献| 近代日本の海外留学史（石附実）　ミネ
ルヴァ書房　昭47　　　　　　〔富田仁〕

土倉　正彦　とくら・まさひこ
嘉永2年(1849)～明治7年4月10日(1874)　岡
山県大参事　㊉備前国岡山　㊅本名＝一享
幼名＝修理助号＝北溟　㊙アメリカ：1870年
（留学）
　嘉永2(1849)年、岡山藩士の子として生まれ
る。慶応3年兵を率いて京都に上り清和院門を
守護、慶応4年1月、幕兵を相手に正親門を守
り鎮定する。会津征討のときは軍監として指
揮する。2年岡山県大参事に任命されるが3年
辞職。同年(1870)7月、華頂宮博経親王に従っ
てアメリカに留学する。しかし帰国直後病気
のため郷里に閑居。明治7(1874)年4月10日死
去。享年26歳。

|文献| 大日本人名辞書（大日本人名辞書刊行会
編）　覆刻版　講談社　昭53　　〔谷崎寿人〕

戸田　氏共　とだ・うじたか
嘉永7年6月29日(1854)～昭和11年2月17日
(1936)　宮内省官吏　伯爵　㊉美濃国大垣
㊅幼名＝助三郎　㊙アメリカ：1871年（鉱山学）
　嘉永7(1854)年6月29日、美濃大垣藩主戸田
氏正の五男に生まれる。文久3年嫡子氏彬の養
嗣子となり、慶応1年家督を相続する。明治1
年藩論を勤王とし、征東軍の先鋒となり藩名
を高める。維新後大垣藩知事となるが、3年藩
政を参事に委せ大学南校へ入学、4(1871)年藩
知事を辞しアメリカに異母兄の戸田欽堂とと
もに留学、鉱山学を学ぶ。帰国後工部省鉱山
寮勤務。15年伊藤博文に随行してヨーロッパ
に赴く。17年伯爵を授けられ、弁理公使、オー
ストリア駐在特命全権公使、主猟局長、式部
長官を歴任。式部長官の時、イギリス皇帝戴
冠式に参列する。昭和11(1936)年2月17日死
去。享年83歳。㊗大垣市西外側町・円通寺、
東京都文京区・蓮光寺

|文献| 近代日本の海外留学史（石附実）　ミネ
ルヴァ書房　昭47／日本人名大事典4　平凡社
昭54／明治維新人名辞典（日本歴史学会編）
吉川弘文館　昭56　　　　　　〔谷崎寿人〕

戸田　欽堂　とだ・きんどう
嘉永3年7月19日(1850)～明治23年8月10日
(1890)　小説家　〔華族出身の民権論者〕
㊉美濃国大垣　㊅幼名＝唯之助、三郎四郎氏
益、号＝欽堂（のちこれを通称とする）、鐵研、
戯号＝孤窟情仙、花柳粋史　㊙アメリカ：
1871年（留学）
　嘉永3(1850)年7月19日、美濃大垣藩主戸田
氏正の庶子ととして生まれる。母は高島嘉右
衛門の姉せん。安政1年分家の旗本戸田監物の
嗣子となる。明治4(1871)年4月異母弟の戸田
氏共とともにアメリカに留学、数年後帰国す
る。銀座3丁目に唐物屋を開業したり、キリス
ト教伝道のため聖書の販売をしたこともある。
また自由民権論の影響を受け荒川高俊一派の
北辰社に加盟して自由民権論を弁舌をもって
広める。さらに国会開設の建議運動をおこな
い大いに華族民権家としての名をあげる。し
かし雄弁によってのみ民衆に訴えることに飽
き足らず、13年6月には『民権演義情海波瀾』
という政治小説を刊行、15年4月には『薫亭東

風英軍記』という脚本を書く。前者は小説らしい政治小説の最初ということになっている。その後,『輿論日報』,『日本たいむす』などに関係し,『娘化粧挿頭紫陽花』『嬉笑珍談浮世粋蕩夫』『諷世嘲俗吾妻えびす』『七変化』など小説を著わす。また英人ジェボンスの論理学の訳書『論事矩(ろじく)』(12年)がある。横浜神奈川台の高島家別荘で病身を養生していたが,明治23(1890)年8月10日死去。享年41歳。

[文献] 明治政治小説集(一)の解題(柳田泉)『明治文学全集5』　筑摩書房　昭41／政治小説の発達と文学改良運動(柳田泉)『現代日本文学大系1』　筑摩書房　昭46／日本近代文学大事典2(日本近代文学館編)　講談社　昭53／日本人名大事典4　平凡社　昭54／開化の築地・民権の銀座―築地バンドの人びと(太田愛人)　築地書館　平1　〔谷崎寿人〕

戸田 五郎　とだ・ごろう

生没年不詳　三条家家来　[生]大垣　[渡]イギリス：1868年(三条公恭に随行)

生没年不詳。大垣の出身。慶応4(1868)年3月,三条公恭の従者として神戸を発し,イギリスに向かう。中御門寛丸,毛利平太郎などが同行したが,一行のうち英語を解するものは一人もなく珍道中であった。西洋の形勢を探知するという大義名分はあったが,一行はただただロンドンの繁栄に茫然自失するのみであった。明治4(1871)年にはアメリカで岩倉使節一行にめぐり逢った。その後の消息は不明。

[文献] 明治初年条約改正史の研究(下村冨士男)　吉川弘文館　昭37／近代日本の海外留学史(石附実)　ミネルヴァ書房　昭47／尾崎三良自叙略伝　上　中央公論社　昭51／近代日本海外留学生史　上(渡辺実)　講談社　昭52／幕末明治海外渡航者総覧(手塚晃編)　柏書房　平4　〔楠家重敏／富田仁〕

戸次 正三郎　とつぐ・しょうざぶろう

生没年不詳　兵学寮留学生　[生]肥前国柳川　[渡]フランス：1870年(軍事研修)

生没年不詳。柳川の出身。明治3(1870)年,兵学寮生徒のとき派遣されてビュランに同行し軍事研修のためフランスに留学する。その後の消息は不明。

[文献] 近代日本の海外留学史(石附実)　ミネルヴァ書房　昭47／幕末明治海外渡航者総覧(手塚晃編)　柏書房　平4　〔富田仁〕

轟之助　とどろきのすけ

生没年不詳　軽業師　〔アメリカ興行第一号〕[渡]アメリカ：1867年(興行)

生没年不詳。ミカド曲芸団の座頭で綱渡りを演じる。慶応3(1867)年6月3日から3日間サンフランシスコのマギー音楽座で興行,これが日本曲芸団のアメリカにおける興行第1号とみられている。その後の消息は不明

[文献] 異国遍路　旅芸人始末書(宮岡謙二)　中央公論社　昭53(中公文庫)　〔谷崎寿人〕

土肥 慶蔵　どひ・けいぞう

慶応2年6月9日(1866)～昭和6年11月6日(1931)　医学者　医学博士　〔皮膚病,性病研究と理学的治療法の確立〕　[生]越前府中　[名]本名＝石渡　雅号＝鶚軒　[渡]ドイツ：1893年(外科学)

慶応2(1866)年6月9日,越前藩主の侍医石渡宗伯(五代)の三男として越前府中に生まれる。のち名古屋の叔父土肥淳朴の養子となる。明治13年に上京して下谷の進学舎に学んだ。ついで東京外国語学校でドイツ語を勉強し,さらに東京大学予科に入った。この間,『外科汎論』をあらわした。23年,帝国大学医科大学を卒業したのち,外科医局でドイツ人教授スクリバーの助手となる。25年3月大学院に入り,外科学ならびにライ病の研究治療に専心した。26(1893)年,文部省留学生としてヨーロッパ各国に赴いた。ドイツのハイデルブルグ大学で外科学を学び,ウィーン大学において皮膚病学,梅毒学,泌尿器学を専攻する。その後,パリ大学,イタリア,イギリスなどをまわり,29年8月のロンドンの第3回万国博皮膚病学会および30年10月のベルリンの万国ライ病学会に日本代表として出席する。31年の帰国後,東京帝国大学医科大学助教授として皮膚病梅毒学講座を担当した。同年教授となり,翌年3月に医学博士となる。この年,日本皮膚病学会の会長となり,日本皮膚病学界の代表的存在となる。35年4月,イギリスのエドワード七世の載冠式に小松宮彰仁親王の随行としてイギリスに渡り,帰途,ヨーロッパ各国の病院を視察。43年7月から1年間ヨーロッパに滞在して,ベルギー,ドイツ,オーストリア,フランスをめぐった。各国で行われた医学研究会に日本委員として出席。さらに大正14年にはソ連,フランス,アメリカに外遊して翌年に帰国した。昭和2年,「梅毒の起源についての研究」により

学士院より東宮御成婚記念賞を受ける。『皮膚科学』『世界黴毒史』など多数の著作を刊行する。詩文をたしなみ鷃軒と号し、『鷃軒遊戯』『乙丑同遊記』を著している。昭和6(1931)年11月6日、肝臓癌のため死去。享年66歳。

文献 土肥慶蔵先生生誕百年記念会誌（土肥慶蔵先生生誕百年記念会編）　土肥慶蔵先生生誕百年記念会　昭42／日本人名大事典4　平凡社　昭54
〔楠家重敏〕

土肥 又七 どひ・またしち
⇒毛利藤四郎（もうり・とうしろう）を見よ

トマス荒木 とますあらき
?～正保3年頃(1646)　司祭　〔キリシタン吟味役〕　本名＝荒木了伯　イタリア：1612年頃（司祭昇任のため）

生年不詳。慶長17(1612)年頃ローマに渡り司教となる。ローマでは枢機卿ベラルミノの知遇をうける。各地を巡ったのちマカオを経て元和1年に帰国。3年に背教するが5年に長崎で捕えられ壱岐の牢に監禁される。その後、大村の牢に移されるが釈放され、長崎のキリシタン吟味役顧問となる。同じく転び伴天連であるフェレイラ（日本名・沢野忠庵）や後藤了順とキリシタンの取り締まりにあたり、踏絵の管理も行う。寛永19年にはマニラから潜入し捕えられた神父アントニオ・ルビノらを訊問する。晩年には改心し、正保3(1646)年頃、殉教。

文献 カトリック大辞典（上智大学編）　富山房　昭15／日本キリシタン殉教史（片岡弥吉）　時事通信社　昭55／徳川初期キリシタン史研究（五野井隆史）　吉川弘文館　昭58
〔湯本豪一〕

富井 政章 とみい・まさあき
安政5年9月10日(1858)～昭和10年9月14日(1935)　法律学者　法学博士　男爵　〔民法起草の中心的人物、法政大学創立者の一人〕
京都武者小路通新町　フランス：1877年（法学）

安政5(1858)年9月10日、京都聖護院宮侍・富井政恒の長男として生まれる。明治4年、京都中学を優秀な成績で卒業し京都仏語学校に入学する。富井家は清和源氏の流れを汲む由緒正しい家系であったが豊かではなく、仏語学校への入学を当初は躊躇したほどであった。

同校卒業後、京都府知事槇村正直より奨学金を支給されて上京し、東京外国語学校仏語普通科に入学する。同校在学中にフランスのリヨンからエミール・ギメーが来日する。その際、仏語学校時代の恩師レオン・デュリーの紹介によりギメーの通訳となる。10(1877)年にはギメーにフランス留学を請い、私費により今泉雄作とともにリヨンへ渡る。リヨンではギメー博物館で主に日本、中国などの東洋美術品に関するフランス語の説明文を執筆する仕事につきながらリヨン大学に入学し法律を学ぶ。在学時代、寸暇を惜しんで勉強したため帰国後も持病となるほど胃腸を害する。リヨン大学では優秀な成績を収め、博士試験までの授業料と受験料が免除される。13年に法学士、16年に法学博士になり、同年4月に帰国して、ただちに東京法学校の講師となる。翌年には東京大学法科大学講師、18年同大学教授となり、そののち同大学教頭を経て28年に学長となる。その間、文官高等試験委員、学習院教授、貴族院議員、民法商法施行取調委員、法典調査会委員なども歴任する。とくに26年に設置された法典調査会においては主査委員として梅謙次郎、穂積陳重とともに民法の起草に中心的役割を果たす。30年に万国東洋学会に参加し、これを機会に31年に本野一郎とともに『日本帝国民法』第1～3篇を仏文で出版し、パリ比較法制協会において「日本における法典編纂の状況」を報告する。20年に『法学論綱』翌年に『契約法講義』を皮切りに『刑法論綱』『民法論綱』『損害賠償法原理講義』など多数出版している。とくに『民法原論』は36年2月から昭和4年までかけて出版された代表的大著である。この『民法原論』は梅謙次郎の『民法要義』とともに民法の2大著書といわれ、わが国の法学界に大きな影響をあたえている。明治30年に法科大学長を辞してからも法律取調委員、破産法主査委員、枢密顧問官、法制審議会委員など要職を歴任する。また法政大学創立者の一人であり、同大学長のみならず、立命館大学の学長をも務めるなど教育にも力を注いだ。さらに日仏会館理事長として両国の相互理解にも寄与している。昭和10(1935)年9月14日、カタル性肺炎に膿・気胸を併発し牛込の自宅で死去。享年68歳。

⑳東京・護国寺
[文献] 富井政章先生追悼号：法学志林（法政大学）37(11)　昭10／富井男爵追悼集（杉山直治郎編）日仏会館　昭11／日本人名大事典4　平凡社　昭54　　〔湯本豪一〕

富岡 定恭　とみおか・さだやす
安政1年11月5日(1854)～大正6年7月1日(1917)　海軍軍人, 中将　男爵　㊗信濃国松代　㊞イギリス：1876年（砲術研究）

　安政1(1854)年11月5日, 信濃国松代に生まれる。幕末, 信濃松代藩士としてフランス語や西洋式兵学を修める。明治9(1876)年に海軍兵学寮を卒業したのちイギリスの軍艦に乗船し, イギリスで士官教程や砲術を学んだ。12年10月3日帰国。11年より海軍兵学校に勤務し, 水雷・砲術関係の専門家として活躍, 18年には夜間信号灯を考案した。19年艦政局兵器課に転じ, 20(1887)年にイギリス, フランスへ出張して軍艦用32インチ砲の注文と兵器を調査し, 24年12月帰国。日清戦争に際しては「厳島」副長・「龍田」艦長として威海衛作戦などで戦功を立て, 戦後は「八雲」「敷島」各艦長や軍令部第一局長を経て36年海軍兵学校校長に就任。40年には海軍中将に昇進, 次いで男爵となり, 41年からは旅順鎮守府司令長官を務めた。44年に予備役編入。大正6(1917)年7月1日死去。享年64歳。

[文献] 幕末明治海外渡航者総覧（手塚晃編）柏書房　平4／朝日日本歴史人物事典　朝日新聞社　平6／データベースWHO　日外アソシエーツ　　〔藤田正晴〕

戸水 寛人　とみず・ひろんど
文久1年6月(1861)～昭和10年1月20日(1935)　法学者, 司法官　法学博士　東京帝国大学教授, 衆議院議員　〔ローマ法の権威〕　㊗金沢　㊞イギリス：1889年（法律学）

　文久1(1861)年6月, 金沢藩士戸水信義の長男として生まれる。明治19年帝国大学英法科を卒業後, 判事となり東京始審裁判所に勤める。22(1889)年11月, 文部省留学生としてイギリスに派遣され, ミドル・テンプルに入学してローマ法, イギリス法, 国際公法, 法律哲学などを修め, 26年1月に学位を受ける。さらにドイツ, フランスに移り, 法律と政治学を学んで27年8月に帰国。同年9月, 帝国大学法科大学教授となり, ローマ法, 法理学, 民法を担当し, ローマ法の権威と称された。義和団事件後のロシアの満州撤兵を出張し, 高橋作衛, 金井延, 寺尾享, 富井政章, 小野塚喜平次らと共に政府に意見書を提出し, 主戦論を唱えた。日露戦争が始まるとロシアのバイカル以東を割譲せよと主張して「バイカル博士」の異名を博した。日露講和条約の批准に反対し, 請願書を天皇に捧呈した。これは大学教授の分限に背くものとして世の物議をかもしたため, 大学教授の地位を捨てた。その後, 弁護士となるかたわら衆議院議員として活躍した。昭和10(1935)年1月20日死去。享年75歳。

[文献] 回想録（戸水寛人）有斐閣　明37, 39／戸水博士断片（告天子）：中央公論　22(3)　明40／近代日本海外留学生史　下（渡辺実）講談社　昭53／日本人名大事典4　平凡社　昭54／回顧録（戸水寛人）竜渓書舎　昭61　　〔楠家重敏〕

富田 達三　とみた・たつぞう
生没年不詳　幕臣　外国奉行調役　㊞フランス：1865年（遣仏使節に随行）

　生没年不詳。慶応1(1865)年, 遣仏使節の外国奉行調役として柴田日向守剛中に随行する。

[文献] 西洋見聞集（沼田次郎, 松沢弘陽校注）岩波書店　昭49（日本思想大系66）／幕末教育史の研究2―諸術伝習政策（倉沢剛）吉川弘文館　昭59　　〔富田仁〕

富田 恒三郎　とみた・つねさぶろう
？～明治26年4月6日(1893)　留学生　㊞アメリカ：1889年（留学）

　生年不詳。明治22(1889)年8月にアメリカに渡りワシントンで学ぶ。明治26(1893)年4月6日死去。

[文献] 明治過去帳―物故人名辞典（大植四郎編）東京美術　昭46／異国遍路　旅芸人始末書（宮岡謙二）中央公論社　昭53（中公文庫）　　〔楠家重敏／富田仁〕

富田 貞次郎　とみた・ていじろう
官吏～　留学生　㊗山口　㊞イギリス：1871年（法律学）

　生没年不詳。山口の出身。明治4(1871)年, 刑部省から法律学研究のため官費留学生としてイギリスに渡る。7年帰国後は内務省に入り, 9年に農学教師雇い入れのため再渡英している。その後の消息は不明。

富田 鉄之助　とみた・てつのすけ

天保6年10月16日(1835)～大正5年2月27日(1916)　外交官, 実業家　日本銀行総裁, 貴族院議員　〔富士紡績, 横浜火災保険を創立〕
㊗仙台　㊇本名=実則　号=鉄耕　㊋アメリカ：1867年（経済学）

　天保6(1835)年10月16日, 仙台藩士富田実保の四男として生まれる。安政3年藩命により江戸に出て, 西洋砲技術を習得し帰藩して講武場の助教となる。その後再度江戸に遊学, 当時幕末の海軍奉行勝海舟の塾に入り, 蘭学, 航海術, 砲術などを学ぶ。勝海舟に才能をみとめられ, 慶応3(1867)年9月海舟の子小鹿留学の折, その従者としてアメリカに渡航し, ホイットニー・ビジネス大学で経済学を修める。明治1年, 政府は, 徳川幕府の派遣による在外中の留学生のうち若干名を新政府の留学生に任命し, 改めて免許状を与え, 留学手当を支給することにした。この制度により在米の勝小鹿ら4名とともに官費生となる。5年に帰国。その後, 領事心得, ニューヨーク在勤副領事, 清国上海総領事, 外務省書記官, ロンドン在勤公使館一等書記官などを歴任。ついで大蔵書記官に転じ, 15年には日本銀行副総裁となり21年総裁となるが, 大蔵大臣松方正義と意見があわず23年辞任する。退職後貴族院議員に勅選され, 翌年東京府知事となり27年辞任。以後実業界に入り, 29年富士紡績会社の創立に参与して取締役となり34年まで在職し多大の貢献する。またこの間横浜火災保険を創立して社長となり, 日本鉄道会社理事に就任する。教育の方面にも関心あり, 19年服部一三と女子に技芸・実業を授けることを目的とする共立女子職業専門学校を設立する。これより前6年には, 目賀田種太郎, 松本壮一郎らと人力社をつくる。これはアメリカ留学経験者が, 日本と世界の大勢を論じ, それぞれ専門知識を活用し社会の改良と国益の増進をはかることが目的であり, 9年頃から新聞, 講演などを通じて, 啓蒙活動を展開する。官界にあっても民間にあっても国の産業・教育その他各方面に尽力し, とくに銀行と鉄道に力を傾注する。大正5(1916)年2月27日死去。享年82歳。
㊉東京都文京区・護国寺
[文献]　近代日本の海外留学史（石附実）　ミネルヴァ書房　昭47／近代日本海外留学生史　上（渡辺実）　講談社　昭52／日本人名大事典4　平凡社　昭54／明治維新人名辞典（日本歴史学会編）　吉川弘文館　昭56／富田鉄之助君甍去：大日本農会報　417　〔谷崎寿人〕

富田 命保　とみた・のりやす

生没年不詳　官吏　租税権大属　㊋アメリカ：1871年（岩倉使節団に随行）

　生没年不詳。明治4(1871)年, 岩倉使節団の田中光顕理事官に租税権大属として随行する。
[文献]　岩倉使節の研究（大久保利謙）　宗高書房　昭51／特命全権大使米欧回覧実記1～5（久米邦武編）　岩波書店　昭52～57（岩波文庫）
〔富田仁〕

富田 孟次郎　とみた・もうじろう

天保4年5月(1833)～?　工部省留学生　㊗日向国住吉村（島之内）　㊇本名=河野通信　諱=通信, 通称=三蔵　㊋イギリス：1873年（留学）

　天保4(1833)年5月, 日向国住吉村に生まれる。佐土原藩士。富田孟次郎の名で幕末の政局に活躍する。のち河野通信を名乗る。明治6(1873)年3月23日, 工部省留学生として工学権助の身分でイギリスに渡り, 7年10月に帰国する。その後の消息は不明。
[文献]　工部省沿革報告　大蔵省　明22／河野通信事蹟と墳墓発見の報告（北上史談会編）　北上史談会　昭41／近代日本の海外留学史（石附実）　ミネルヴァ書房　昭47／明治維新人名辞典（日本歴史学会編）　吉川弘文館　昭56／幕末明治海外渡航者総覧（手塚晃編）　柏書房　平4／データベースWHO　日外アソシエーツ
〔楠家重敏／富田仁〕

富永 市蔵　とみなが・いちぞう

生没年不詳　通詞　㊗横浜　㊋アメリカ：1871年（徳川篤守に同行）

　生没年不詳。横浜の出身。明治4(1871)年に徳川篤守の通詞としてアメリカに渡りニューヨークに滞在する。官費留学とみられる。徳川篤守は10年に帰国しているが, その後の消息は不明。

[文献] 近代日本の海外留学史（石附実） ミネルヴァ書房 昭47
〔富田仁〕

富永 冬樹　とみなが・ふゆき

？～明治32年6月30日（1899）　裁判官　大審院部長　⊕江戸　⊛アメリカ：1871年（岩倉使節団に同行）

生年不詳。江戸幕府代官手代富永惣五郎の二男として江戸に生まれる。高等商業学校長矢野次郎の実兄。明治4（1871）年，岩倉使節団に同行して，田辺外務少丞厄介という身分で自費で欧米をめぐり，のち兵部省官費留学生となる。6年帰国。8年に司法七等判事となり，以後，東京上等裁判所判事，松江始審裁判所長，京都始審裁判所長などを歴任して，大審院部長となる。27年，病気のため退官。明治32（1899）年6月30日，腸カタルのため死去。

[文献] 明治過去帳―物故人名辞典（大植四郎編） 東京美術 昭46／近代日本の海外留学史（石附実） ミネルヴァ書房 昭47／幕末明治海外渡航者総覧（手塚晃編） 柏書房 平4
〔楠家重敏／富田仁〕

富谷 鉎太郎　とみや・しょうたろう

安政3年10月5日（1856）～昭和11年5月5日（1936）　裁判官〔民事訴訟制度の確立に尽力〕　⊕栃木　⊛ドイツ：1886年（法律学）

安政3（1856）年10月5日，富谷豊義の長男として栃木に生れる。明治17年，司法省法律学校を卒業，19（1886）年ドイツへ法律学研修のために留学する。23年に帰国し，東京地方裁判所判事をふり出しに，大正1年東京控訴院長，大審院長を歴任し，わが国における民事訴訟制度の確立に尽力する。32年法学博士となり，のち貴族院議員に勅選される。司法界のリーダーシップをとると同時に，司法の普及のために明治大学学長として司法界の後継者づくりに活躍した。昭和11（1936）年5月5日死去。享年81歳。

[文献] 日本人名大事典4 平凡社 昭54
〔横山理吉〕

留岡 幸助　とめおか・こうすけ

元治1年3月4日（1864）～昭和9年2月5日（1934）　社会事業家　北海道家庭学校創立者　⊕備中国高梁　⊛アメリカ：1894年（感化事業）

元治1（1864）年3月4日，備中国高梁に生れる。17歳でキリスト教に入信。明治21年同志社英学校卒業後，日本組合丹波第一基督教会で伝道。23年牧師の資格をとり，24年北海道の空知集治監の教誨師となる。27（1894）年5月渡米し，監獄学，感化事業を学び，29年5月帰国。日本組合霊南坂基督教会牧師を務め，『基督教新聞』の編集も行う。31年巣鴨監獄の教誨師を兼任。32年警察監獄学校教授となり，監獄改良，死刑廃止を説く。同年巣鴨に不良少年の感化救済のための“家庭学校”（東京家庭学校）を創設。35～36年にはヨーロッパを視察。38年『人道』を創刊。大正3年北海道遠軽に分校を設立，のちの北海道家庭学校を開設，教護院として農業，林業，牧畜などの教育を行った。著書に『感化事業の発達』『基督の教育法』などがある。昭和9（1934）年2月5日死去。享年71歳。

[文献] 神の委託事業（留岡幸助） 教文館 昭35／留岡幸助日記（留岡幸助日記編集委員会編） 矯正協会 昭54／一路白頭ニ到ル―留岡幸助の生涯（高瀬善夫） 岩波書店 昭57（岩波新書）／留岡幸助君古稀記念集―伝記・留岡幸助（牧野虎次編） 大空社 昭62（伝記叢書）／幕末明治海外渡航者総覧（手塚晃編） 柏書房 平4／留岡幸助の生涯―福祉の国を創った男（藤井常文） 法政出版 平4／内村鑑三と留岡幸助（恒益俊雄） 近代文芸社 平7／留岡幸助の研究（室田保夫） 不二出版 平10／留岡幸助―自叙/家庭学校（留岡幸助） 日本図書センター 平11（人間の記録）／留岡幸助と感化教育―思想と実践（田沢薫） 勁草書房 平11／福祉実践にかけた先駆者たち―留岡幸助と大原孫三郎（兼田麗子） 藤原書店 平15／データベースWHO 日外アソシエーツ
〔藤田正晴〕

朝永 正三　ともなが・しょうぞう

元治1年12月15日（1865）～昭和17年7月31日（1942）　鉄道技師　⊕長崎・棚町　⊛ドイツ：1896年（留学）

元治1（1865）年12月15日に生まれる。肥前出身。帝国大学工科大学に学び，九州鉄道技師となる。明治29（1896）年7月にドイツに留学し，そのあとアメリカに渡り31年9月に帰国。のち京都帝国大学工科大学教授，工学博士となった。41年4月から42年5月にもヨーロッパを視察している。昭和17（1942）年7月31日死去。享年78歳。

[文献] 近代日本海外留学生史 下（渡辺実） 講談社 昭53／幕末明治海外渡航者総覧（手塚晃編） 柏書房 平4／データベースWHO 日外アソシエーツ 〔富田仁〕

外山 脩造　とやま・しゅうぞう

天保13年11月10日（1842）～大正5年1月13日（1916）　実業家　阪神電気鉄道初代社長　[生]越後国（古志郡）小貫村　[名]旧名＝安井　号＝軽雲　[渡]アメリカ，ヨーロッパ：1887年（経済事情視察）

天保13（1842）年11月10日，越後国古志郡小貫村に生まれる。慶応義塾，開成学校を卒業。明治5年秋田県に出仕，6年大蔵省勤務を経て，11年渋沢栄一の斡旋で大阪の第三十二国立銀行総監役に就任。15年日本銀行理事・大阪支店長となり，大阪銀行界の指導者となるが，18年辞任。20（1887）年欧米諸国を視察し21年9月に帰国。24年大阪に商業興信所を設立し総長となる。25年衆議院議員に当選。31年浪速銀行頭取となり，国債応募などに活躍。32年阪神電気鉄道が設立とともに初代社長に就任。他に大阪倉庫，大阪貯蓄銀行，日本火災保険などの創立にも参加し，関西財界の指導者として活躍した。大正5（1916）年1月13日死去。享年75歳。

[文献] 幕末明治海外渡航者総覧（手塚晃編） 柏書房 平4／朝日日本歴史人物事典 朝日新聞社 平6／事典近代日本の先駆者 日外アソシエーツ 平7／阪神の百年を創った男―外山脩造伝（竹田十岐生） 文芸社 平14／データベースWHO 日外アソシエーツ 〔藤田正晴〕

外山 正一　とやま・まさかず

嘉永1年9月27日（1848）～明治33年3月8日（1900）　教育者，哲学者　文学博士　貴族院議員　〔西洋文化移入による広範囲な啓蒙活動〕　[生]江戸小石川柳町　[名]幼名＝捨八，号＝丶山（仙士）　[渡]イギリス：1866年（留学），アメリカ：1870年（化学，哲学）

嘉永1（1848）年9月27日，幕臣で神田講武所歩兵指南役の外山忠兵衛正義の長男として江戸小石川柳町で生まれる。幼時「大学」「論語」などの素読を父から受け，武芸にも上達する。文久1年，蕃書調所に入り英学を学ぶ。調所を退出すると湯島天神にあった箕作麟祥の塾に行き，さらに自宅に大岡芳之助を招いて勉学に励む。上達著しく，3年には開成所教授方を命ぜられる。慶応2（1866）年19歳のとき，幕府派遣留学生に選抜され渡英する。一行は総勢14名で，川路太郎，中村敬輔（正直）を取締とし，ほかに林桃三郎（董），箕作奎吾，箕作大六（菊池大麓），市川森三郎らがいた。半年ほど下宿先で語学，算術を修めた後，ユニバーシティ・カレッジ・スクールでラテン語，英国史，数学などを学び始めるが，幕府瓦解のために半年余で帰国の途につく。明治1年，すでに徳川家は駿河府中に封ぜられていたので，府中に赴き，静岡学問所の教授になる。翌年洋学部長を兼務。中村敬輔もここの教授で漢学部長を兼ねていた。彼の勉強ぶりは，ろくろく寝床にもつかず，机にもたれて眠り，目覚めると書を読むという猛烈さで，学生の間でも評判になった，と伝えられている。3（1870）年，外務省弁務少記に任ぜられ，矢田部良吉らと森有礼に随行して渡米，翌年外務権大録に昇進する。勉学の志やまず，5年，森の同意を得て辞職し，ミシガン州アンナバーのハイスクールに入学する。1年半後ミシガン大学に入学，3年間化学や哲学を学び，9年，化学科を卒業して帰国する。同年東京開成学校五等教授として有機化学を担当する。当時この学校の教授はほとんどが外国人で，日本人としては市川森三郎が製作教場という付属の速成科にいた。最初は製作教場で教え，ついで学校本部の予科生徒に無機化学を講義し，次第に英語，論理学，心理学などの学科も担当するようになる。10年，東京開成学校は東京医学校と合併して東京大学となり，彼は文学部のただ一人の日本人教授として心理学と英語を担当する。教場内ではもっぱら英語を用い，やむをえない場合を除き学生に日本語を禁ずる，というのが当時の教授法であった。文学部2年生に対しては西洋史を教え，また歴史を学ぶ者は社会学の原理を知る要ありということで，まずスペンサーの社会学原理によって簡単に社会学を講ずる。このように史学や社会学，あるいは哲学の講義も担当するようになり，14年には文学部長となる。彼の活動は社会教育，文化活動にと広がる。15年，矢田部良吉，井上哲次郎と3人で『新体詩抄』を刊行し，シェイクスピアを紹介し，創作詩を発表する。「新体詩」は漢詩に対して用いられた語で，在来の和歌俳句では雄大な詩想を盛る

ことはできないとして，西洋詩を模倣し，現代口語に近い用語や，わかち書きの長詩形式を用いた。ポエトリー「詩」に相当するジャンルを初めて移入した試みとして意義がある。「社会学の原理に題す」のような政治思想の宣伝，知識の普及をねらった詩は「外山調」と言われ一世を風靡するが，文学的に高められたのは森鷗外らの『於母影』（明22）以降である。西欧文化移入による啓蒙活動は文字の改革にも及び，漢字廃止，かな文字・ローマ字採用論を展開して，かなのくわい（明16），羅馬字会（明18）の創設に参加する。この欧風開化はさらに演劇・絵画論，社会改良論へと続く。17年には法・文両学部が一ツ橋門外から本郷元富士町に移る。彼はその新築の建物の正門にちなんで「赤門天狗」と渾名されるようになったという。19年，帝国大学令が発布され，帝国大学文科大学長となる。21年，学士院会員に推され，日本最初の文学博士になる。翌年憲法発布の帝国大学祝賀式に際し，「万歳三唱」を行い，後にこれが広まる。23年，帝国議会開設とともに貴族院議員に勅選され弁論をふるう。26年，講座制がしかれると，社会学の講座を担当する。スペンサーの社会学著作から原始社会の諸資料を抜粋して講述したと言われているが，その眼目はスペンサーの社会哲学思想よりは，むしろ社会生活の研究に関する実証的方法にあり，そこには経験的・実証的な彼の学風，態度がうかがえる。30年，浜尾新総長が入閣し文部大臣になると，その後を継いで東京帝国大学総長になる。翌年伊藤内閣のとき，病気で辞職した西園寺公望文相の後をうけて文部大臣になるが，内閣更迭のためわずか2ヶ月で辞任する。『藩閥の将来』（明32）において，普通教育の振興を説き，高等学校の設置を勧告するとともに，大学教育における学問の自由を力説し，その後の教育制度に影響を残す。図書館の必要性を強調し，公立図書費国庫補助を主張する。本邦初の東京帝国大学名誉教授になるが，明治33（1900）年3月8日死去。享年53歳。

[文献] 新体詩抄（外山正一他著）　丸善　明15（名著複刻全集1　復刻版　近代文学館　昭46）／新体詩歌集（外山正一他著）　日本図書　明26／外山博士を悼む（高山樗牛）　『樗牛全集5』　博文館　明38／ゝ山存稿（建部遯吾編）　丸善　明42／外山正一先生小伝　三上参次編　刊　明44／図書館事業の恩人外山正一博士（竹林熊彦）：教育　4(4)　昭11.4／外山正一と文学論（久松潜一）：国語と国文学　23(10)　昭21.10／外山正一博士の社会学論（斎藤正二）：日本法学　14(9~12)　昭23／近代文学研究叢書4（昭和女子大近代文学研究室編）　昭和女子大学近代文化研究所　昭31／明治芸術・文学論集（土方定一編）　筑摩書房　昭50／日本人名大事典4　平凡社　昭54／近代日本哲学思想家辞典（伊藤友信他編）　東京書籍　昭57／外山正一先生小伝—伝記・外山正一（三上参次）　大空社　昭62（伝記叢書）　〔髙橋公雄〕

豊岡　新吉　とよおか・しんきち
生没年不詳　曲馬師　㊙ジャマイカ：1891年頃（興行）

　生没年不詳。明治24（1891）年頃，ジャマイカ島で日本の曲馬団一行が曲芸を公演したが，これに加わった曲馬師の一人。その後の消息は不明。

[文献] 異国遍路　旅芸人始末書（宮岡謙二）　中央公論社　昭53（中公文庫）　〔谷崎寿人〕

豊沢　仙八　とよざわ・せんぱち
？～明治31年(1898)　義太夫師　㊙アメリカ：1895年（サンフランシスコで稽古場を開設）

　生年不詳。義太夫の師匠で，東西音楽の調和を志して，明治28（1895）年渡米。サンフランシスコのエリス街に稽古場を開いたが，珍しさのため相当繁昌したようである。明治31年（1898）年同地で死去。

[文献] 異国遍路　旅芸人始末書（宮岡謙二）　中央公論社　昭53（中公文庫）　〔谷崎寿人〕

豊田　銕次郎　とよだ・ちょうじろう
生没年不詳　留学生　㊙フランス：1886年（鋳造学）

　生没年不詳。明治19（1886）年にフランス，ドイツに渡り，クルーゾー社，クルップ社で鋳造学を研修する。23年9月19日帰国。その後の消息は不明。

[文献] 日仏文化交流史の研究—日本の近代化とフランス人（西堀昭）　駿河台出版社　昭56／幕末明治海外渡航者総覧（手塚晃編）　柏書房　平4　〔富田仁〕

豊田 芙雄　とよだ・ふゆ

弘化2年10月21日（1845）～昭和16年12月1日（1941）　教育家　〔最初の幼稚園保母〕　⽣常陸国藤坂町　⽒旧名＝桑原　幼名＝冬，冬子　⽻フランス：1887年（留学）

弘化2（1845）年10月21日，常陸国藤坂町に生まれる。幕末の思想家藤田東湖の姪にあたる。水戸藩勤皇の志士豊田小太郎と結婚。慶応2年夫が暗殺され，その遺志を継いで漢学・洋学を修め家塾を開いた。明治6年茨城県立発桜女学校教師，8年東京女子師範学校読書教員，9年同校付属幼稚園保母となり，日本最初の幼稚園保母の一人に。18年東京女学校教諭。20（1887）年ヨーロッパに留学し，フランス，ドイツ，イタリア，スイスを経て23年に帰国。帰国後は茨城県尋常師範学校助教諭，28年栃木県高等女学校，同師範学校教諭兼任。大正2年水戸大成女学校長。保育唱歌の創作，鹿児島女子師範付幼稚園の設立を指導した。昭和16（1941）年12月1日死去。享年97歳。

文献　幕末明治海外渡航者総覧（手塚晃編）　柏書房　平4／事典近代日本の先駆者　日外アソシエーツ　平7／データベースWHO　日外アソシエーツ　〔藤田正晴〕

豊原 百太郎　とよはら・ひゃくたろう

嘉永2年10月（1849）～明治17年1月26日（1884）　官吏，教育者　大蔵省書記官，札幌農学校教授　⽣佐賀　⽒本名＝連　諱＝久恒　⽻イギリス：1871年（応用化学）

嘉永2（1849）年10月，佐賀に生まれる。明治3年，大蔵省造幣権允となり，4（1871）年，イギリスに渡りロンドン大学ユニバーシティ・カレッジで応用化学を研究する。7年帰国。10年には大蔵省書記官となる。16年，札幌農学校の教授に転じたが，明治17（1884）年1月26日，急病で死去。享年36歳。

文献　明治初年条約改正史の研究（下村冨士男）　吉川弘文館　昭37／明治過去帳―物故人名辞典（大植四郎編）　東京美術　昭46／幕末明治海外渡航者総覧（手塚晃編）　柏書房　平4　〔楠家重敏／富田仁〕

寅右衛門　とらえもん

生没年不詳　漁民　〔ホノルルに永住〕　⽣土佐国　⽻アメリカ：1841年（漂流）

生没年不詳。土佐国の出身。天保12（1841）年1月5日，伝蔵，重助，五右衛門，万次郎とともに土佐国宇佐浦を船出，漁業に従事中遭難，鳥島に漂着する。そこでアメリカ捕鯨船ジョン・ハウンド号に救助されハワイに送られる。重助はホノルルにおいて病死，ほかの3人は帰国したが，彼だけはホノルルに永住を決意し帰国しなかった。その後の消息は不明。

文献　日本人漂流記（川合彦充）　社会思想社　昭42（現代教養文庫A530）　〔谷崎寿人〕

虎吉　とらきち

生没年不詳　大竜一座の軽業師　⽻アメリカ：1867年（興行）

生没年不詳。慶応3（1867）年サンフランシスコのメトロポリタン劇場で大竜一座による日本奇術や軽業の興行があったが，この一座の一員で軽業師として出演。その後の消息は不明。

文献　異国遍路　旅芸人始末書（宮岡謙二）　中央公論社　昭53（中公文庫）　〔谷崎寿人〕

鳥居 忠文　とりい・ただぶみ

弘化4年9月12日（1847）～大正3年10月31日（1914）　壬生藩主　子爵　⽣下野国壬生　⽒別名＝喬　⽻イギリス：1871年（岩倉使節団と同船）

弘化4（1847）年9月12日，鳥居忠擧の四男として下野国壬生に生まれる。明治3年兄・忠宝の跡を継いで鳥居家を継ぎ壬生藩主となるが，廃藩のため辞任する。4（1871）年イギリスに渡り，岩倉使節団一行と同船する。帰国後は外務省御用掛，外務書記官などを務めた。23年貴族院議員。枢密顧問官も務めた。大正3（1914）年10月31日死去。享年68歳。

文献　近代日本の海外留学史（石附実）　ミネルヴァ書房　昭47／昭和新修　華族家系大成下（霞会館諸家資料調査委員会編）　霞会館　昭59／幕末明治海外渡航者総覧（手塚晃編）　柏書房　平4／データベースWHO　日外アソシエーツ　〔楠家重敏／富田仁〕

鳥居 朝道　とりい・ともみち

生没年不詳　大垣藩留学生　⽣大垣　⽻アメリカ：1871年（政体視察）

生没年不詳。大垣の出身。明治4（1871）年に大垣藩の留学生として戸田氏共に随行して錦見貫一郎などとともにアメリカに渡る。留学の目的は「政体視察」となっている。その後の消息は不明。

鳥尾 小弥太　とりお・こやた

弘化4年12月5日(1848)～明治38年4月13日(1905)　陸軍軍人,中将,政治家　子爵　⊕長門国萩城下河島村　⊕旧名=中村　幼名=一之助,百太郎,諱=敬孝,号=得庵　㊗ヨーロッパ:1886年(元老院より派遣)

弘化4(1848)年12月5日,長門国萩城下河島村に生まれる。幕末期は藩の奇兵隊に入り,尊攘運動に参加。明治1年戊辰戦争では,鳥尾隊を組織して転戦。明治3年紀伊藩に招かれて藩の兵制改革に当り,12月兵部省に出仕。4年陸軍少将,兵学頭となり,ついで陸軍省軍務局長,大阪鎮台司令長官等を経て,9年中将に昇進,陸軍大輔から参謀局長に転じた。12年近衛都督となるが翌年病気のため辞職。15年初代内閣統計院長。17年子爵。18年国防会議議員として元老院より派遣されヨーロッパへ外遊。20年帰国後,反欧化主義を標榜,21年日本国教大道社を設立して保守中正派を組織し,『保守新論』を発行。21年枢密顧問官となり,23年貴族院議員,28年再び枢密顧問官を務めた。明治38(1905)年4月13日死去。享年58歳。

㊟兵庫県加古川市加古川町・光念寺
[文献] 幕末明治海外渡航者総覧(手塚晃編)柏書房　平4／朝日日本歴史人物事典　朝日新聞社　平6／データベースWHO　日外アソシエーツ　〔藤田正晴〕

【な】

内藤 政共　ないとう・まさとも

安政6年2月28日(1859)～明治35年11月22日(1902)　海軍技師　子爵　⊕三河国挙母　㊗イギリス:1881年(海事工学)

安政6(1859)年2月28日,のちの挙母藩知事内藤文成の子として生まれる。明治14(1881)年,工部大学校卒業後私費でイギリスに留学し,グラスゴー大学で海事工学を研究する。19年に帰国し,海軍大技士となり小野浜造船所製造科主幹を兼ねる。明治35(1902)年11月22日死去。享年44歳。

[文献] 近代日本の海外留学史(石附実)　ミネルヴァ書房　昭47　〔富田仁〕

[文献] 明治過去帳―物故人名辞典(大植四郎編)東京美術　昭46／近代日本海外留学生史上(渡辺実)　講談社　昭52／グラスゴウ大学と日本人留学生(北政巳)　『国際日本を拓いた人々』　同文舘　昭59　〔楠家重敏〕

内藤 陽三　ないとう・ようぞう

万延1年(1860)～明治22年5月13日(1889)　洋式彫刻家　〔プロシアの宮殿造営に参加〕　⊕静岡　⊕雅号=鶴嶺　㊗ドイツ:1886年(彫刻)

万延1(1860)年,幕府旗本の子として静岡に生まれる。明治15年工部大学美術学校卒業後,皇居御造営事務局に勤める。洋風建築を導入した皇宮正殿の設計に参加する。翌16年,尾張常滑にある美術研究所に出向き,常滑陶器の技術の指導に当たる。19(1886)年,清水の河合浩蔵の推薦を受け,内務省建築局からヨーロッパ研修の出張命令を受けドイツに赴く。ベルリンで彫刻を研修し,優れた技能と作品により賞を受け,選ばれてプロシア皇太子の宮殿造営に参加する。病気のため修業途中でやむをえず,帰国することになるが,明治22(1889)年5月13日,シンガポール,香港間の船中で死去。享年30歳。

[文献] 日本人名大事典4　平凡社　昭54　〔横山理吉〕

内藤 類次郎　ないとう・るいじろう

?～明治23年9月10日(1890)　外務省官吏　⊕徳島　㊗イギリス:1870年(留学)

生年不詳。徳島に生まれる。明治3(1870)年,徳島藩の命によりイギリスへ留学する。帰国後,9年工学寮に出仕し,12年外務省に転じ,16年ワシントン公使館在勤を命ぜられる。19年,外務省翻訳官となり,21年には記録局次長にのぼる。明治23(1890)年9月10日,コレラのため死去。

[文献] 明治初年条約改正史の研究(下村冨士男)吉川弘文館　昭37／明治過去帳―物故人名辞典(大植四郎編)　東京美術　昭46／幕末明治海外渡航者総覧(手塚晃編)　柏書房　平4　〔楠家重敏／富田仁〕

中井 桜洲　なかい・おうしゅう
⇒中井弘(なかい・ひろし)を見よ

永井 荷風　ながい・かふう
明治12年12月3日（1879）～昭和34年4月30日（1959）　小説家, 随筆家　[生]東京市小石川区金富町　[名]本名＝壮吉　別号＝断腸亭主人, 石南居士, 鯉川兼待, 金阜山人　[渡]アメリカ：1903年（哲学, フランス語）, フランス：1907年（外遊）

明治12（1879）年12月3日，父・永井久一郎，母・恒の長男として東京に生まれる。父は尾州の出身で，初め儒学者鷲津毅堂に教えを受け，アメリカへ留学。その後文部省に入省。荷風が生まれた当時は帝国大学書記官であった。母は鷲津毅堂の長女である。幼年から錦町の東京英語学校に通学，その反面書画なども師について学ぶ。30年父が文部省を退き，日本郵船会社上海支店長となったため，上海へ行くが2ヶ月足らずで母と帰国する。上級学校進学の機を失し東京外国語学校清語科に入学。やがて中退。31年処女作として「簾の月」を発表し，広津柳浪の門下生となる。その後，柳浪の名や合作名義で次々と作品を発表。その間，日出国新聞社に入社するが，1年足らずで社員整理のため解雇される。それから一念発起して，文学を志し，暁星学校の夜学でフランス語を学ぶ。その間も続々と作品を書き，35年「地獄の花」で脚光を浴びる。この頃からエミール・ゾラの作品である「恋と刃」「女優ナナ」などを抄訳し，ゾラに傾倒していく。自然主義文学の先駆的作品である「地獄と花」にはゾラの影響が大きい。36（1903）年9月にアメリカへ渡りタコマ市のハイスクールに入学，翌年にはミシガン州カラマズカレッジに入学して，哲学とフランス語を専攻する。フランスへの思慕が募り始め，父の計らいで，正金銀行リヨン支店に転勤する機会を得て，40（1907）年7月フランス船ブルターニュ号で渡仏。リヨンの生活にもすぐ飽きパリへ赴く。5年間にわたる海外生活は彼のその後の執筆活動に大きな影響を及ぼし，帰国後『あめりか物語』『ふらんす物語』を発表する。彼が外遊できたのはすべて高級官吏である父の隠れた力が大である。具体的には，アメリカでの生活で得た大きな収穫は，徹底した個人主義であり，フランスからはアメリカとの相違点でもある古さを痛感し，伝統主義を身につける。フランス滞在中は余りにもアメリカでの印象が強いため，日本との比較は一切行われず，常にアメリカとのそれであった。異文化の接触の後，日本への新たな関心も高まり次々に小説を書く。しかし，帰国後の作品は，西洋文化の刺激を大いに受けたもので，母国の生活を題材にしたものは，42年1月に『中学世界』に発表された「狐」であった。幼児の思い出，明治中期の山の手の生活，両親に対する感情が描かれている。43年森鷗外，上田敏の勧めもあり，慶応義塾大学文学科教授に招かれる。『三田文学』を創刊主宰して，従来の文明批評的な熱情は次第に耽美派の傾向へと移り，やがて耽美派文学の中心的人物となる。毎月大学からは最高給である150円の給与を受け,『三田文学』編集費として別に30円を受け優遇された。その中で江戸文化の面影が残る下町や花柳界，芸人の世界に耽溺し,『下谷の家』『すみだ川』『冷笑』『腕くらべ』『おかめ笹』随筆『日和下駄』などにそれを描く。大正5年3月には，慶応義塾大学を辞職し,『三田文学』編集からも退く。昭和以降は，女給や私娼に人情の機微を探り，『つゆのあとさき』や『濹東綺譚』などの名作を生む。戦争中は作品発表も困難となったが，反俗精神を貫いた。昭和27年11月には「穏やかな詩情と高い文明批評と鋭い現実鑑賞の三面を備えた創作をなし，外国文学の移植に業績をあげた」として文化勲章を受章。昭和34（1959）年4月30日朝，床の上で背広を着たままで絶息。死因は老衰と胃潰瘍。享年81歳。

[墓]東京・雑司ヶ谷霊園

[文献] 作家論（中村光夫）　中央公論社　昭16／荷風雑観（佐藤春夫）　国立書院　昭22／永井荷風（吉田精一）　八雲書店　昭22／永井荷風全集1～24　中央公論社　昭23～28／作家の青春　荷風と漱石（中村光夫）　創文社　昭27／よき教授永井荷風（奥野信太郎）　新潮　50（8）　昭28／永井荷風先生略年譜：三田文学　49（5）　昭34／永井荷風追悼号：三田文学　49（5）　昭34／永井荷風（宮城達郎）　明治書院　昭40（近代作家叢書）／日本近代文学大事典2（日本近代文学館編）　講談社　昭53／荷風外伝（秋庭太郎）　春陽堂書店　昭54／永井荷風（磯田光一）　講談社　昭54／日本人名大事典　現代編　講談社　昭54／永井荷風—文芸読本　河出書房新社　昭56／『西遊日記抄』の世界—永井荷風洋行時代の研究（平岩昭三）　六興出版　昭58／永井荷風—比較文学的研究（赤瀬雅子）　荒竹出版　昭61／永井荷風（坂上博一編）　国書刊行会

昭63（日本文学研究大成）／永井荷風（磯田光一）　講談社　平1（講談社文芸文庫）／荷風雑観（佐藤春夫）　日本図書センター　平1（近代作家研究叢書）／永井荷風の生涯　新装版（小門勝二）　冬樹社　平2（冬樹社ライブラリー）／永井荷風　オペラの夢（松田良一）　音楽之友社　平4／永井荷風（吉田精一）　日本図書センター　平4（近代作家研究叢書）／荷風文学とその周辺（網野義紘）　翰林書房　平5／永井荷風―荷風思出草/十九の秋（永井荷風著，高橋俊夫編）　日本図書センター　平6（シリーズ・人間図書館）／荷風型自適人生（金沢大士）　近代文芸社　平6／若き荷風の文学と思想（鈴木文孝）　以文社　平7／永井荷風―ミューズの使徒（松田良一）　勉誠社　平7／荷風と踊る（中沢千磨夫）　三一書房　平8／荷風散策―紅茶のあとさき（江藤淳）　新潮社　平8／永井荷風巡歴（菅野昭正）　岩波書店　平8／永井荷風の見たあめりか（末延芳晴）　中央公論社　平9／荷風とル・コルビュジエのパリ（東秀紀）　新潮社　平10（新潮選書）／永井荷風とフランス文化―放浪の風土記（赤瀬雅子）　荒竹出版　平10／荷風極楽（松本哉）　三省堂　平10／荷風散策―紅茶のあとさき（江藤淳）　新潮社　平11（新潮文庫）／異国への憧憬と祖国への回帰（平川祐弘編）　明治書院　平12／永井荷風と河上肇―放蕩と反逆のクロニクル（吉野俊彦）　日本放送出版協会　平13／荷風好日（川本三郎）　岩波書店　平14／西洋の音、日本の耳―近代日本文学と西洋音楽（中村洪介）　春秋社　平14／荷風とニューヨーク（末延芳晴）　青土社　平14／漱石が聴いたベートーヴェン―音楽に魅せられた文豪たち（滝井敬子）　中央公論新社　平16（中公新書）／近代日本と仏蘭西―10人のフランス体験（三浦信孝編）　大修館書店　平16　〔志村公子〕

永井 久一郎　ながい・きゅういちろう

嘉永4年8月2日（1851）～大正2年1月29日（1913）　官吏，実業家　〔東京府書籍館の設置に尽力〕　[生]尾張国（愛知郡）鳴尾村　[名]本名＝匡温　筆名＝禾原，来青　[渡]アメリカ：1871年（英語，ラテン語）

嘉永4（1851）年8月2日，匡威の長男として尾張国鳴尾村に生まれる。幼少時から学問を好み，大高村長寿寺住職鷲巣上人に詩書を教わる。やがて名古屋に出て，藩儒鷲津毅堂の門下生となり漢学を修めるかたわら森春濤について詩を学ぶ。明治1年毅堂が政府に登用されて，2年東京に移り住む。この時彼は家督を次弟に譲り，両親の反対を押しきって上京する。毅堂の官舎に住み開成校に通学，また詩を大沼沈山に，洋学を福沢塾において，英語を箕作麟祥に学ぶ。3年秋，藩の貢進生として大学南校に入り英語によって普通学を修める。4（1871）年夏藩よりアメリカ留学を命じられたため貢進生を辞める。秋9月サンフランシスコ到着。プリンストンの大学に学び，ついでニューブランスイックの大学に転じ，英語だけでなくラテン語をも修得する。6年11月帰国したがすぐ官職にはつけなかった。翌年4月工部省工学二等少師となる。8年2月には文部省医務局に転じ，さらに書籍館兼博物館勤務となる。10年春政府は経費節約のため書籍館博物館を廃止し閉館する。ただちに文部大輔に存続を具申し，その結果東京府書籍館として再出発したが，彼は東京女子師範学校三等教諭兼幹事となる。この年3月毅堂の次女恒と結婚，小石川区金富町に新居を構える。12年11月内務省に転勤。衛生事務担当となる。同年12月3日，長男誕生，壮吉と命名する。のちの作家永井荷風である。14年内務権少書記官に任ぜられる。17年5月ロンドンの万国衛生博覧会に日本政府代表として出張，なおデンマーク万国衛生会議委員となり，フランス，ドイツなど諸国の衛生事情を視察して18年9月帰国する。帰国直後衛生局第三部長となる。19年3月東京帝国大学書記官に転任。この年はまた共立女子職業学校創立に尽力する。22年文部大臣首席秘書官となり，4大臣に仕える。24年文部省会計課長となるが30年3月職を辞す。西園寺公望の周旋により日本郵船会社に就職，同社上海支店長となる。33年2月に同社横浜支店長に転じ，44年12月に退職するまでこの職にある。上海の任地にあっては読書詩作を楽しみとし，清末の詩人と親交を深める。また『西遊詩』『西遊詩続稿』などを刊行する。45年以後は詩会などに出席，悠々自適の生活を送る。大正1年12月30日脳溢血で倒れ意識不明となり，大正2（1913）年1月29日死去。享年63歳。　[墓]東京都豊島区・雑司ヶ谷霊園

[文献]　考証　永井荷風（秋庭太郎）　岩波書店　昭41／日本人名大事典4　平凡社　昭54／親と子の日本史（産経新聞取材班）　産経新聞ニュースサービス，扶桑社（発売）　平13／

親と子の日本史　上（産経新聞取材班）　産経新聞ニュースサービス，扶桑社（発売）　平16（扶桑社文庫）　　〔谷崎寿人〕

永井　繁子　ながい・しげこ
文久3年3月20日（1863）～昭和3年11月3日（1928）　音楽家　〔最初の女子留学生〕　⊕江戸本郷猿飴横町　❀旧名＝瓜生　㊦アメリカ：1871年（音楽）

　文久3（1863）年3月20日，佐渡奉行附役・益田孝義の四女として江戸本郷猿飴横町に生まれる。5歳のとき幕府の軍医永井玄栄の養女となる。慶応4年3月，徳川家達が駿河に封じられたとき，養父とともに沼津に移る。兄の孝が米国公使館詰となっていた関係で，彼が永井家を説得して繁子を開拓使の留学生に応募させる。このとき彼女のほかに津田梅子，吉益亮子，上田悌子，山川捨松が選ばれる。彼女らは岩倉使節団に加わり，明治4（1871）年11月12日に横浜を出帆した。翌年の早々ワシントンに着き，ここで彼女らは使節一行と別れを告げる。ワシントン市内フェアーヘーヴンのジョン・アボット方に預けられて，ヴァッサー・カレッジで音楽を勉強する。その間，5人で共同生活を行ったこともあるが，亮子と悌子は早々に帰国。14年開拓使から帰国命令が発せられており，まだ勉強中ではあったが身体を害していたので，その年の秋に帰国する。15年に瓜生外吉（のち海軍大将）と結婚。その後，東京女子高等師範学校兼東京音楽学校教授として洋学教育の普及にあたる。昭和3（1928）年11月3日死去。享年66歳。

〖文献〗津田梅子（山崎孝子）　吉川弘文館　昭37／近代日本の海外留学史（石附実）　ミネルヴァ書房　昭47／岩倉使節の研究（大久保利謙編）　宗高書房　昭51／近代日本海外留学生史　上（渡辺実）　講談社　昭52
　　　　　　　　　　　　　　　〔楠家重敏〕

長井　長義　ながい・ながよし
弘化2年7月24日（1845）～昭和4年2月13日（1929）　薬学者　理学博士，薬学博士　帝国学士院会員，大日本製薬会社社長　〔エフェドリンの発見者，日本女子大学，独協学園の創立に尽力〕　⊕阿波国（名東郡）常三島村長刀町　❀別名＝直安，号＝朴堂　㊦ドイツ：1870年（薬学）

　弘化2（1845）年7月24日，阿波徳島藩藩医長井琳章の長男として生まれる。慶応2年，藩より選ばれ長崎に留学する。明治3年7月，上京して大学句読師，大学少舎長心得，大学小舎長を務める。3（1870）年10月，第1回海外留学生としてドイツに赴く。ベルリン大学で薬化学を専攻し，A.W.ホフマン教授に師事する。ドクトル・デア・フィロゾフィーの学位を取得する。この間，教授の仲立ちによりドイツ女性テレーゼと結婚する。17年5月帰国。東京大学理学部化学科で化学，医学部で薬化学を，のちに薬学科教授として薬学講座を担当する。薬学部の創設者である。同時に内務省衛生試験所長も兼任する。民間における製薬事業を推進するために，18年5月，大日本製薬会社の技師長，のちに社長としても活躍する。19年，アメリカに赴き，漢方薬麻黄の有効成分エフェドリンを発見し合成に成功する。同年理学博士，22年日本最初の薬学博士になる。20年に日本薬学会を創立する。39年，帝国学士院会員に推挙される。大正10年，東京帝国大学教授を退官するまでの30年間にわたり日本薬学界の指導育成に尽力し，近代的有機化学，科学的薬学のわが国への導入に貢献する。そのほか日本女子大学と日独協会の創立に参加し，独逸学協会中学校（現・独協学園）の校長を兼ね，テレーゼ夫人とともに日独親善交流に尽くす。しばしばドイツに赴き，薬学，化学などの分野にわたり，視察と調査を重ね，新しい知識学問をわが国発展のために紹介・普及に務めた。昭和4（1929）年2月13日死去。享年85歳。

〖文献〗理学博士長井長義先生（中瀬古六郎）：同志社文学　67　明26／長井長義：薬学雑誌　364　明45／長井長義博士の研究業績（日本薬学会）：薬学雑誌　49(3)　昭4／日本の技術者（田村栄太郎）　興亜書房　昭18／長井長義伝（金尾清造）　日本薬学会　昭35／長井長義先生（金尾清造）：化学　16(10)　昭36／長井長義についての一考察　そのエフェドリン研究について（山下愛子）：科学史研究　76　昭41／長井長義についての一考察補　エフェドリンの発見を一八八五年とする根拠について（山下愛子）：科学史研究　79　昭41／日本人名大事典4　平凡社　昭54／明治の化学者―その抗争と苦渋（広田鋼蔵）　東京化学同人　昭63（科学のとびら）／長井長義とテレーゼ―日本薬学の開祖（飯沼信子）　日本薬学会　平15　　〔横山理吉〕

中井 弘　なかい・ひろし

天保9年11月(1838)～明治27年10月10日(1894)　官吏　〔鹿鳴館の命名者〕　[生]鹿児島城下平之馬場　[名]幼名=横山林之進, 変名=鮫島雲城, 後藤久次郎, 田中幸介, 号=桜洲山人　[渡]イギリス：1866年(外国事情視察)

天保9(1838)年11月，薩摩藩士横山詠助の子として生まれる。藩校造士館に学んだが，18歳の時に脱藩して放浪する。22歳で江戸に出て鮫島雲城と変名して，尊王攘夷を鼓吹するが，藩吏によって国元に送還される。2年後再び脱藩して，今度は京都を経て土佐に行き，後藤象二郎方に身を寄せる。後藤は坂本龍馬と相計い，資金を出して，世界の国情探察に洋行させる。慶応2(1866)年イギリスに渡り翌年帰国する。ついで宇和島藩の周旋方として京都で活躍，名を中井弘三と改める。維新後新政府により各国公使応接係となり，慶応4年2月には英公使パークの危難を救ったことから，英皇帝の褒賞を受ける。神奈川県・東京府判事を歴任し，2年7月辞して一旦帰郷する。明治4年西郷隆盛の東上に調役として随行，7月兵部大録，ついで大議生となる。岩倉具視に随行し欧米を視察する。翌5年には左院四等議官の職で渡米する。7年駐英公使館書記官となり，9年帰国，その間西欧諸国を遊歴する。以後工部大書記官，倉庫局長を経て，17年から滋賀県知事を7年間つとめる。鹿鳴館の命名者で，その夫人武子はのちに井上馨夫人となる。22年元老院議官となり，貴族院勅選議員に推される。26年京都府知事となる。また桜洲山人と号し，漢学にも才を発揮した。『漫遊記程』3巻その他には，ベルリン，ペテルブルグ，コンスタット炮台，モスクワ，キエフ，オデッサ港，コンスタンチノープル，アテネ，コロス島，スエズ運河，アデン，印度，マライ半島，或いはロンドン，パリ，スイス，ローマ，バイエルン，ニューヨーク，サンフランシスコなどの地に即してものした七言絶句がある。著書はほかに『目見耳聞西洋紀行』『西洋紀行航海新説』があり，日記もある。国内外諸般事情の混沌を憂い，広く諸外国を見聞して，偏狭な攘夷思想には批判的であった。また諸外国の国防，軍事，教育，産業，風俗をよく観察記録し，進歩的な鋭い洞察力を示している。その著作が世に与えた影響は大きいと評価されている。明治27(1894)年10月10日死去。享年57歳。

[墓]京都市東山区・東福寺

[文献] 漫遊記程1～3(中井弘)　明11／中井桜洲(横山詠太郎)　革新時報社　大15／回想録(片岡直温)　百子居文庫　昭8／桜洲山人の追憶(浜谷由太郎編)　40周年法要記念出版　昭9／近代日本海外留学生史　上(渡辺実)　講談社　昭52／王者と道化師(勝部真長)　経済往来社　昭53／幕末明治海外体験詩集(川口久雄編)　大東文化大学東洋研究所　昭59／列伝・日本近代史―伊達宗城から岸信介まで(楠精一郎)　朝日新聞社　平12(朝日選書)／地中海世界を見た日本人―エリートたちの異文化体験(牟田口義郎)　白水社　平14　〔羅秀吉〕

中浦 ジュリアン　なかうら・じゅりあん

永禄11年(1568)～寛永10年10月21日(1633)　イエズス会司祭　[生]肥前国中浦　[渡]ポルトガル, スペイン, イタリア:1582年(天正遣欧使節)

永禄11(1568)年，肥前国中浦に生まれる。欧文資料は「中浦のジンクロ」あるいは「ジングロ」の息子とあり，肥前国中浦の「甚九郎」もしくは「甚五郎」の子ではあるまいか。イエズス会宣教師ヴァリニアーノのすすめで大友，有馬，大村の三大名の名代として伊東マンショ，千々石ミゲル，原マルチノとともにローマ教皇とイスパニア国王との謁見をはたすための遣欧使節に選ばれる。彼らは天正9年頃まで有馬のセミナリオに在学して，ラテン語や西洋音楽を学習していたと思われる。天正10(1582)年，長崎を出帆し途中マラッカ，インドのゴアなどに滞在したのち，12年リスボンに入る。同地の枢機卿アルベルト・アウストリアに謁見し，さらに数ヶ月後，マドリードのサン・ヘロニモ修道院でイスパニア皇太子の宣誓式に参列した。そして，国王フェリーペ二世にも謁見する。13年ローマに赴き教皇グレゴリオ十三世と帝王の間で謁見を許され，数日後，使節一行は織田信長よりの屏風を教皇に贈呈した。さらに新教皇シスト五世にも謁し，その戴冠式にも参列する。その後，各地で厚遇をうけたが，14年にリスボンを出帆して帰路につく。18年に長崎に戻り，翌年には京都にのぼって聚楽第で関白秀吉に謁見してインド副王の書状を呈した。帰国後しばらくはイエズス会の修道院に入っていたが，その後，再び日本をはなれ3年近くマカオで修道

士の修業にはげんだ。慶長9年に帰国し、13年に長崎で司祭となる。キリシタン禁令が発せられると、有馬、肥後、薩摩などに潜伏してキリスト教の布教につとめた。寛永10（1633）年に小倉で捕えられ、同年10月21日、長崎の西坂刑場で殉教。享年66歳。

[文献] 九州三侯遣欧使節行記（岡本良知訳）東洋堂　昭17／大日本史料　第11編別巻之1, 2　天正遣欧使節関係史料1, 2　東京大学史料編纂所　昭34, 36／デ・サンデ天正遣欧使節記（E.デ・サンデ著　泉井久之助他訳）雄松堂　昭44（新異国叢書5）／史譚天正遣欧使節（松田毅一）　講談社　昭52／帰国後の天正遣欧少年使節たち（片岡弥吉）　『日本キリシタン殉教史』　時事通信社　昭54／グワルチェリ日本遣欧使者記（木下杢太郎訳）『木下杢太郎全集21』　岩波書店　昭58／西海の聖者—小説・中浦ジュリアン（浜口賢治）葦書房　平10　〔楠家重敏〕

中江　兆民　なかえ・ちょうみん

弘化4年11月1日（1847）～明治34年12月13日（1901）　思想家　〔フランス啓蒙思想の移植〕
㊐土佐高知新町または山田町　㊋本名＝篤介または篤助　別号＝秋水、南海仙漁　㊊フランス：1871年（法律学）

弘化4（1847）年11月1日、土佐藩の足軽中江為助の長男として生まれる。藩校の致道館に入り和漢の学のほかに洋学を学んだが、慶応1年9月に土佐藩留学生として長崎に赴き英学を修める。長崎では土佐の脱藩藩士坂本龍馬と出会い、その知遇を受ける。また長崎の洋学校済美館で平井義十郎からフランス語を学ぶ。慶応3年2月、長崎から江戸に旅立ち、当時仏学の権威として有名だった村上英俊に師事するが、深川の花街で遊蕩を重ね、ついには破門される。その後横浜でフランス人カトリック宣教師からフランス語を学ぶが、同年12月兵庫開港、大坂開市に際し、領事レックの通訳になる。明治2年5月、東京の箕作麟祥の塾に入るが、間もなく福地源一郎（桜痴）の日新舎の塾頭としてフランス語を教える。翌年5月、大学南校の大得業生となるが、師と頼むべき人物の見当らぬ日本を離れ、フランスに留学しようと考え、大久保利通大蔵卿に直談判し、明治4（1871）年10月、法律修業の目的で留学が決定する。翌月、岩倉具視の米欧回覧の旅に同行してアメリカ経由でフランスに向う。会話力の不十分なことからパリの小学校に入り勉強をしようとしたが、児童の喧騒に耐えられず、すぐにやめ、リヨンに赴き弁護士について勉学に励むが、リヨン滞在を含めてその足どりはよくわからない。大山巌の旅日記に兆民とリヨンで会ったことが記されているが、その消息は現在では8通のリヨンだよりのほかはほとんど不明である。6年12月までリヨンに滞在するが、再びパリに出てエミール・アコラスの私塾に入る。勉学の傍ら、西園寺公望、光妙寺三郎などと交際したようである。7年2月、日本政府は官費留学生に60日以内の帰国命令を太政官布達で出した。彼はフランス人教師の経済的援助の申し出を断り、地中海、スエズ運河経由で帰国の途についたが、途中アフリカ・アジアの民衆の姿をじかに見て、アメリカ・ヨーロッパの人びとの優越感に支えられた態度を認識する。7年春に帰国し、母・柳のもとに戻り休養を重ね、将来の設計を思案したのち10月4日、『東京日日新聞』紙上に仏蘭西学舎開塾の広告を掲げた。この仏蘭西学舎は間もなく仏学塾と改称し、19年まで延べ2000名の塾生を擁する塾として存続する。仏学塾では広義の仏文学が講じられたが、主に18世紀フランス啓蒙思想の作家、思想家たちの著作がテキストとして用いられた。ルソー、ヴォルテール、モンテスキューなどの著作が教授内容の根幹をなしたが、とりわけルソーの『社会契約論』が「民約論」として紹介される。彼は助教4人を雇い入れているが、弟子の酒井雄三郎もその一人で、17年にはアコラスの『政理新論』を翻訳している。『三酔人経綸問答』（明治20年）にもアコラスについて洋学紳士に語らせているというように、フランス滞在中の学問研究が仏学塾やその著作の上に大きく反映している。一方、塾の経営のかたわら8年2月には東京外国語学校校長に任命されるが、文部省の教育方針に納得できず、外国人教師とも対立してわずか3ヶ月足らずで辞任する。その十日後、新しく設立された元老院に入るが、10年1月にはここも辞める。陸奥宗光との意見の喰い違いが原因とみられている。自由民権運動のバイブルとして重んじられた『民約訳解』を刊行し、東洋のルソーと称せられているが、フランス留学中の勉学が大きく結実していることを知らなくてはなるまい。16年『維氏美学』、19年『理学沿革史』などを翻訳する

が、『理学鉤玄』(明治19年)では人民主権説と唯物論にたつ哲学理論を展開している。同21年、大阪で『東雲新聞』を創刊するなどジャーナリストとしても活躍するが、同26年以降は実業活動に入る。同34年春に発病し、病床で『一年有半』『続一年有半』を執筆するが、明治34(1901)年12月13日、食道癌で死去。享年55歳。遺言で無宗教の告別式が行われる。
㊙東京・青山霊園
[文献] 兆民先生(幸徳秋水) 博文館 明42／兆民のフランス留学—ルソーとの出会い(井田進也) 『西欧の衝撃と日本』 東大出版会 昭39(講座比較文学5)／中江兆民の研究(桑原武夫編) 岩波書店 昭41／中江兆民(小島祐馬) 弘文堂 昭44／中江兆民の思想(松永昌三) 青木書店 昭45／中江兆民のフランス(井田進也)：文学 42(7) 昭51.7／フランスとの出会い—中江兆民とその時代(富田仁) 三修社 昭56／"東洋のルソー"中江兆民の思索—兆民訳「民約訳解」にみられるルソー「社会契約論」の受容の仕方(小林洋文) 『西洋文化とその受容—共同研究』 白文社 昭57／日本近代思想と中江兆民(米原謙) 新評論 昭61／中江兆民のフランス(井田進也) 岩波書店 昭62／理学者 兆民—ある開国経験の思想史(宮村治雄) みすず書房 平1／中江兆民(岡村清水、猪野睦) 高知市立自由民権記念館友の会 平4(高知市立自由民権記念館友の会ブックレット)／目覚めし人ありて—小説中江兆民(夏堀正元) 新人物往来社 平4／中江兆民評伝(松永昌三) 岩波書店 平5／開国経験の思想史—兆民と時代精神(宮村治雄) 東京大学出版会 平8／中江兆民(飛鳥井雅道) 吉川弘文館 平11(人物叢書 新装版)／海をこえて近代知識人の冒険(高沢秀次) 秀明出版会 平12／福沢諭吉と中江兆民(松永昌三) 中央公論新社 平13(中公新書)／東洋のルソー中江兆民の生涯(高知市立自由民権記念館編) 高知市立自由民権記念館 平13／兆民をひらく—明治近代の〈夢〉を求めて(井田進也ほか著) 光芒社 平13(日本アンソロジー)／近代日本と仏蘭西—10人のフランス体験(三浦信孝編) 大修館書店 平16 〔富田仁〕

長尾 幸作 ながお・こうさく
天保6年10月(1835)～明治18年5月24日(1885) 医学者, 英学者 ㊦備後国中浜 ㊗後名＝土居咲吾 ㊙アメリカ：1860年(咸臨丸に搭乗)
　天保6(1835)年10月, 広島藩士・長尾俊良の長男として尾道中浜に生まれる。25歳で江戸に出て坪井芳州の塾で医学を学ぶ。安政7(1860)年1月, 遣米使節の随伴艦の咸臨丸に木村芥舟の従者として搭乗し, 航海日記『鴻目魁耳』を書き残す。しかし乗組員の名簿に長尾幸作の名はなく, 乗り込んだ経緯は不明。5月に帰国。のち文久2年暮, 上野景範らと上海に密航し, 翌3年暮, 池田長発らの遣欧使節が上海に寄航した際に欧行を訴えたが退けられ, 長崎に送還される。明治維新後は土居咲吾と改名し, 尾道で医者として活躍する傍ら英学塾を開いて英語教育を行った。明治18(1885)年5月24日死去。享年51歳。
㊙尾道市・愛宕祖霊殿
[文献] 咸臨丸 海を渡る(土居良三) 中央公論社 平11(中公文庫) 〔藤田正晴〕

長尾 俊次郎 ながお・しゅんじろう
生没年不詳　伊万里県留学生　㊦佐賀　㊙ドイツ：1871年(留学)
　生没年不詳。佐賀の出身。明治4(1871)年に伊万里県の留学生としてドイツに留学するが, その後の消息は不明。
[文献] 近代日本の海外留学史(石附実) ミネルヴァ書房 昭47／幕末明治海外渡航者総覧(手塚晃編) 柏書房 平4 〔富田仁〕

長岡 治三郎 ながおか・じさぶろう
天保10年(1839)～明治24年11月6日(1891)　教育者　大村藩士族　〔東京府師範学校校長, 料理道具・洋書を購入〕　㊦肥前国大村(百人首小路)　㊙イギリス：1871年(大村純煕に同行)
　天保10(1839)年, 肥前国大村に生まれる。物理学者長岡半太郎の父。戊辰戦争に従軍ののち, 東京に出て明治政府の官吏となる。明治4(1871)年11月, 大村藩主太村純煕に従ってイギリスに赴く。翌年, ドイツのベルリンに移る。6年頃に帰国。食道楽で洋行帰りには料理道具を買ってきた。それと一緒にヒュームの『英国史』などの洋書も購入して欧米文化の摂取につとめた。10年には東京府師範学校の校長となる。明治24(1891)年11月6日死去。享年53歳。　㊙長崎県大村市・上久原墓地
[文献] 明治初年条約改正史の研究(下村冨士男) 吉川弘文館 昭37／近代日本の海外留学史(石附実) ミネルヴァ書房

昭47 ／長岡半太郎伝（板倉聖宣他著） 朝日新聞社 昭48 ／近代日本海外留学生史 上（渡辺実） 講談社 昭52 ／明治維新人名辞典（日本歴史学会編） 吉川弘文館 昭56
〔楠家重敏〕

長岡 半太郎　ながおか・はんたろう

慶応1年8月15日（1865）～昭和25年12月11日（1950）　物理学者　理学博士　〔原子物理学の世界的権威〕　[生]肥前国（長崎）大村　[渡]ドイツ：1893年（物理学）

慶応1（1865）年8月15日，肥前大村藩士長岡治三郎の長男として生まれる。父治三郎は明治4年に旧大村藩主に随行して欧米を視察している。新政府の役人となった父の住む東京に一家とともに7年に上京，湯島小学校に入学。共立学校，東京英語学校，東京大学予備門を経て，15年東京大学理学部物理学科に入学。20年に卒業し大学院に進学，磁気歪について実験・研究する。これは，ほぼ同時期にドイツの物理学者ヘルツが電磁波の存在に関する実験的証明を行ったことを外人教師カールギル・ノットから伝えられ，その実験を再現・紹介したものである。23年4月2日帝国大学理科大学助教授となる。24年10月28日の濃尾地震を契機に設立された震災予防調査会に参加。地震による地磁気の変化を測定する。これが地球物理学への関心を深めるきっかけとなる。26年理学博士の学位を取得。同年（1893）3月25日ドイツへ留学するため出発する。ベルリン大学ではエネルギー保存の法則を提唱しドイツ自然科学界の中心人物となったヘルムホルツ，実験物理学者のクント，理論物理学者で量子仮説の提唱者プランクなどの講義を聴講するが，彼自身は磁歪の実験的研究を継続する。当時ドイツでは，科学は直接測定し得るエネルギーなどの量的な関係の記述だけを意図すべきであるとするマッハやオストワルトなどに代表される経験主義的科学観であるエネルギー一元論とこれに対抗する学としての原子分子論とが論争していたが，彼はこの論争にも関心を示し，27年4月19日には分子運動研究のため，当時ミュンヘン大学にいた気体分子運動論のボルツマンのもとに転学，さらに半年後には祖国オーストリアに招かれたボルツマンを追ってウィーンへ移る。28年5月3日，ベルリンに戻りプランクの流体力学，弾性体力学，電磁気学，シュワルツの曲線曲面論，関数論，フックスの楕円関数論などを聴講する。さらにドイツ，オーストリア，スイス，フランス，イギリスの各大学の実験室を視察の末，29年9月9日帰国する。帰国後，帝国大学応用数学の教授となり，多くの研究分野を開拓する。磁気歪に関する実験的研究，岩石の弾性率と地震を結びつける地球物理学的研究，重力測定の研究，津波に関する研究などである。これらの研究は本多光太郎，日下部四郎太，新城新蔵，寺田寅彦などにひきつがれることになる。33年ヨーロッパで開かれた国際物理学会に参加し発表するが，キューリー夫妻によるラジウム放射能についての実験発表に接し，原子構造に関する研究に関心を寄せる。3年後の36年12月5日発表の「土星型原子模型」として有名になった数理物理学的研究に結実させる。これは原子核の存在をいちはやく予見したものとして，のちのラザフォード，ボーアの太陽系原子模型の先駆をなすものである。都合7回の海外出張を行っているが，43年の欧米視察旅行では相対性理論の研究発表に接している。39年帝国学士院会員（終身）となる。大正6年理化学研究所が創設されるとその指導的メンバーとなり，物理部長として長岡研究室を主宰し，9年日本学術研究会議会員となり，物理学部長となる。昭和1年東京帝国大学教授を退職してからは，理化学研究所主任研究員専任となり研究を続けるが，前年の大正14年からは東京帝国大学地震研究所嘱託，昭和6年5月から9年まで大阪帝国大学初代総長，8年2月新発足の日本学術振興会の学術部長，14年同会理事長になる。さらに14年3月から23年6月まで学士院院長，9年より22年までは帝国学士院選出の貴族院議員。12年4月29日第1回文化勲章を授けられている。24年12月17日湯川秀樹のノーベル賞受賞に際しての「湯川博士の受賞を祝す」が最後の講演である。研究発表は25年にも学士院や地震研で18回行っている。昭和25（1950）年12月11日，研究中に死去。享年86歳。　[墓]東京・青山霊園

[文献] 長岡半太郎論（石原純）：改造 7（1） 大14／長岡先生（桑木彧雄）：東洋学芸雑誌（東大理学部物理教育編） 42（519） 大15 ／我が学界の世界的権威長岡半太郎博士（二神哲五郎）：改造 11（1） 昭4 ／長岡半太郎（佐々弘雄）『続人物春秋』 改造社 昭10 ／伝記

文化勲章に輝く人々　日本文化振興会編刊　昭12／長岡半太郎博士（井上靖）『現代先覚者伝』　堀書店　昭18／回顧談（長岡半太郎）：日本物理学会誌　5(6)　昭26／長岡さんの思い出（長与善郎）：心　4(2)　昭26／長岡半太郎先生のことなど（湯川秀樹）：心　4(6)　昭26／長岡半太郎の年譜（木村東作），父半太郎を語る（長岡治男），長岡半太郎の伝記（板倉聖宣）：自然科学と博物館　30(5・6)　昭38／親の放射能（長岡治男）：朝日ジャーナル　昭38.4.12／長岡半太郎（菅井準一）：文芸春秋　42(8)　昭39／理研時代の長岡先生（池辺常刀）：自然科学と博物館　31(5・6)　昭39／長岡博士と明治大正の日本の物理学（藤岡由夫）：自然科学と博物館　32(1・2)　昭40／長岡半太郎博士の宇宙観（鈴木清太郎）：物理学史研究　3(2)　昭41／長岡半太郎伝（板倉聖宣，木村東作，八木江里）　朝日新聞社　昭48／長岡半太郎（板倉聖宣）　朝日新聞社　昭51／日本人名大事典　現代編　平凡社　昭54／長岡半太郎―原子力時代の曙（長岡半太郎）　日本図書センター　平11（人間の記録）／現代物理学の扉を開いた人たち―竹内均・知と感銘の世界（竹内均）　ニュートンプレス　平15　〔山路朝彦〕

長岡 護美　ながおか・もりよし

天保13年9月19日（1842）～明治39年4月8日（1906）　外交官，裁判官　子爵　[生]熊本　[名]別名＝監物，細川良之助，雅号＝簾雨，雲海　[渡]アメリカ：1872年（留学）

天保13(1842)年9月19日，熊本藩主細川越中守斉護の五男として生まれる。嘉永3年木連川藩主足利佐馬頭凞の養子となるが，安政4年養家を去る。維新の際，諸公卿の間に周旋献策し，その才によって「肥後の牛若」と称せられる。明治1年軍功により大村益次郎と軍務副知事となり，議定職心得，下総常陸巡撫などを歴任する。同2年家老として藩侯の代わりに上京し，桂離宮の警護に当たる。3年熊本藩大参事となる。明治5(1872)年アメリカに渡って4年間滞在し，さらに9年イギリスに留学する。11年秋に帰国。13年駐オランダ特命全権公使となり，ベルギー，デンマーク公使を兼ね15年6月帰国。のち元老院議官兼高等法院陪席裁判官となる。17年には男爵になり，24年子爵に進む。30年貴族院議員。また東亜同文会を設け，その副会長として清国留学生のために尽力する。明治39(1906)年4月8日死去。享年65歳。

[文献] 長岡雲海公伝（長岡護孝編）　大3／明治過去帳―物故人名辞典（大植四郎編）　東京美術　昭46／近代日本海外留学生史　上（渡辺実）　講談社　昭52／日本人名大事典4　平凡社　昭54／幕末明治海外体験詩集（川口久雄編）　大東文化大学東洋研究所　昭59　〔羅秀吉〕

中川 耕山　なかがわ・こうざん

嘉永3年（1850）～明治32年8月18日（1899）　銅版彫刻家　〔彫刻会社を設立〕　[生]越後国柏崎　[名]通称＝長次郎，号＝耕刀軒良孝，耕山　[渡]アメリカ：1874年（彫刻）

嘉永3(1850)年，越後国柏崎に生まれる。江戸に出て彫工龍眼斉寿良の門人となり耕刀軒良孝と号し，のちに耕山と改める。内田正雄のすすめにより銅版師梅村翠山のもとで学び，内田正雄の『輿地誌略』の銅版を彫刻する。明治7(1874)年渡米，当時勃興の石版術をも兼修する。帰国後梅村翠山とともに東京に彫刻会社を創立し，彫刻教師オットマン・スモーリックと印刷技師シーゼーボウラドを招聘する。しかし資金が続かず，1年で国文社に合併され，その技長を嘱託される。博覧会などに出品，受賞数回また審査員にも選ばれる。明治32(1899)年8月18日死去。享年50歳。

[文献] 日本人名大事典4　平凡社　昭54　〔谷崎寿人〕

中川 五郎治　なかがわ・ごろうじ

明和5年（1768）～嘉永1年9月27日（1848）　漁民　〔日本における種痘法の祖〕　[生]陸奥国（北郡）川内村　[名]別名＝五郎次，儀貞郎，儀重郎，良左衛門　[渡]ロシア：1807年（捕虜）

明和5(1768)年，小針屋佐助の子として陸奥国川内村に生まれる。松前に渡奉公に出るが，やがて栖原庄兵衛の世話で場所稼方としてエトロフ島へ渡る。のちに番人小頭として島内の漁場を取り締まる。文化4(1807)年4月24日露米商会の船二隻に乗ったロシア人に番屋を襲撃され，佐兵衛とともに捕えられてシベリアに連行される。文化6年オリヤ河畔に脱走するが捕えられ，オホーツクに送還される。翌年再び2人で逃亡しトゴロ地方を彷徨するが，佐兵衛は病死し，彼も再び捕われの身となり，ヤクーツクへ連行される。さらにイルクーツクに送られ取調べを受けるが，日本に幽閉中のジアーナ号艦長ゴローニン中佐との捕虜交換

のために、文化7年カムチャツカに漂流した。嘉納屋重兵衛の手船歓喜丸の水夫などとともに、本国へ送還されることとなる。9年2月オホーツクで種痘書を入手し、医師の助手となって種痘法を習得する。同年8月4日ジアーナ号副長リコルドに伴われクナシリ島に上陸、捕虜交換の交渉が行われるが失敗し、彼が使者に立てられる。しかし、彼が非協力的であるばかりでなく、ロシアに対して強い反感を抱いていたため、かえって交渉がこじれる。途中で彼が遁走したために、リコルドは焦燥し、観世丸を襲い、高田屋嘉兵衛を連行するに及ぶ。リコルドのもとを逃れるや、ただちに、「五郎治申上荒増扣」を差しだし、ロシアへの警戒を進言している。松前及び江戸で取調べを受けたのち、文政1年、手代勤方として松前奉行配下となり、その後松前藩復領にともない藩侯に仕える。ロシア滞在中から一貫してロシアに対する嫌悪感を抱いていたが、その一方で、1802年以来ロシアで普及していた種痘法の技術に着目し、函館、福山を中心に、その技術を広めている。彼の入手した種痘書は、松前幽閉中のゴローニンの助力のもとに、文化10年オランダ通辞馬場佐十郎によって『遁化秘訳』と題して翻訳される。彼自身、文政7年田中正右衛門の母イク(当時11歳)に種痘を施しており、これが本邦種痘の初めである。この頃、北海道を中心に三度にわたる天然痘の大流行があったが、このときに彼が種痘を施したものとみられる。種痘の技術は、函館の医師高木啓蔵、白鳥雄蔵などに伝授され、やがて秋田や、さらには京都に伝達される。ジェンナーの種痘以来、わずか30年足らずにして、鎖国下の、しかも北海道ですでに種痘が接種されていたのである。嘉永1(1848)年9月27日死去。享年81歳。

㊙函館市船見町・高龍寺

[文献] 五郎治事蹟(樋口輯) 写本 明30／蝦夷痘徴史考(高橋信吉) 南江堂 昭11／中川五郎治と種痘伝来(阿部龍夫) 無帛帯社 昭18／日本幽囚記(ゴローニン著 井上満訳) 岩波書店 昭18(岩波文庫)／北の先覚(高倉新一郎) 北日本社 昭22／中川五郎治の系譜(松木明知)：蘭学資料研究会報告 185 昭41／歴史の影絵(吉村昭) 文芸春秋 平15(文春文庫) 〔小林邦久〕

中川 清兵衛　なかがわ・せいべえ

弘化5年1月15日(1848)～大正5年4月2日(1916)　醸造技術者　㊗越後国　㊙イギリス：1865年(留学)

　弘化5(1848)年1月15日に生まれる。越後の出身。慶応1(1864)年密出国してイギリスにわたり、のちドイツでドイツ人家庭の従僕となる。明治5年から青木周蔵公使の勧めによりビール醸造技術を習得。明治8年8月帰国。開拓使に入り、札幌麦酒醸造場の開設に従事し、ビール醸造に成功。24年新しく招かれたドイツ人技師と対立して退社した。大正5(1916)年4月2日名古屋で死去。享年69歳。

[文献] 中川清兵衛伝—ビールづくりの先人(菊池武男、柳井佐喜) 八潮出版社 昭57／幕末明治海外渡航者総覧(手塚晃編) 柏書房 平4／データベースWHO 日外アソシエーツ 〔藤田正晴〕

中川 元　なかがわ・はじめ

嘉永4年12月16日(1852)～大正2年9月28日(1913)　文部官吏、教育者　㊗信濃(下伊那郡)飯田町　㊙幼名=孫一郎、号=槐陰　㊙フランス：1878年(師範制度調査、パリ万国博覧会日本代表団通訳)

　嘉永4(1852)年12月16日、飯田藩士中川逸山の長男として生まれる。少年時代より読書を好み、子どもらしい遊びはあまりしなかったという。青年時代にはしばしば漢詩をつくっている。明治2年家督を相続し、3年11月には飯田藩唯一の貢進生として上京、大学南校へ入学しフランス学を学ぶ。学業優等により仏文歴史3冊を受けるが、貢進生制度の廃止にともない新たに南校に入学し、フランス学の勉強を続ける。5年8月には明法寮に転学するが7年5月に依願退学し6月には外国語学校に勤務する。同校では舎長、監事などを歴任しフランス語を教えるかたわら、フランスの倫理学書を学ぶ。11年にその成果として『修身鑑』全7冊を刊行する。同年(1878)1月、2年間の予定で師範制度取調べのためフランスに派遣されるが、同時にそのフランス語の学力を買われ万国博覧会日本代表団および文部大書記官九鬼隆一の通訳としての任務も兼ねていた。パリに滞在して師範制度の調査を行ったが滞在中に古市公威、木下広次、栗塚省吾など南校、明法寮時代の友人と旧交をあたためる。2年間

の滞在予定を延長し帰国したのは14年11月である。帰国後は文部官僚としての道を歩むこととなる。15年文部二等属、普通学務局勤務を経て文部一等属となり、17年には文部卿秘書官となる。18年には第1回中学校師範学校教員免許学力試験委員、文部権少書記官、師範学校条例取調委員、小学校条例取調委員などを歴任する。19年、教育行政の中央集権化政策のため視学部設置にともなって視学官となり、19年から20年にかけて各地を巡回し、21年5月には文部大臣秘書官に就任し、文部大臣森有礼の信任を受け教育制度の改革に関与する。森が暗殺されたのち文部省会計局次長、文部長会計局長、文部参事官などを経て、24年10月23日付で第四高等学校長となり文部官僚から教育者として歩むこととなる。26年1月25日、加納治五郎の後任として第五高等学校長に就任し、33年まで勤務する。この時期の第五高等学校には夏目金之助、ラフカディオ・ハーンなどが教鞭をとっていた。また寺田寅彦も同校の校長時代の卒業生である。33年4月13日付で第二高等学校長に転任し、その後も高等学校大学予科入学者選抜試験委員、仙台高等工業学校事務取扱、仙台高等工業学校長などをつとめ45年4月、学校長の任を退く。44年秋頃より病気がちとなり、大正2(1913)年9月28日死去。享年63歳。 ㊟東京・青山霊園

[文献] 中川元先生記念録(塚原嘉藤) 故中川先生頌徳謝恩記念資金会 大7／フランスに魅せられた人びと―中江兆民とその時代(富田仁) カルチャー出版社 昭51 〔湯本豪一〕

中沢 岩太 なかざわ・いわた
安政5年3月(1858)～昭和18年10月12日(1943)
応用化学者 工学博士 〔陶磁器界の指導者〕
㊗京都 ㊣幼名＝東重郎 ㊙ドイツ：1883年(工学)

安政5(1858)年3月、京都に生まれる。明治12年東京大学理学部化学科を卒業。13年東京化学会(日本化学会の前身)会長をつとめる。16(1883)年9月よりドイツに留学、20年3月帰国とともに帝国大学工科大学教授、24年工学博士となる。この間、内国勧業博覧会の審査官、特許局審査官、御料局技師をつとめる。30年京都理工科大学創設と同時に学長として京都に移る。その後、京都市工業顧問、陶磁器試験顧問などとして無機化学工業の分野で化学工業界の指導的役割を果たす。35年京都高等工芸学校の創立とともに初代校長として久しくその任にあたる。43年には文展委員となり、第一部と第三部の審査主任をつとめ、そのほか各種の展覧会、博覧会などに審査長を依嘱されるなど美術工芸界に残した指導的功績も大きい。後年は趣味の生活に入り、日本画を狩野友信、前田玉英、洋画を浅井忠に学び、明治年間以来、遊陶園、京漆園、道楽園、時習園の四園を設立、斯界の発展につとめる。京都帝国大学と京都高等工芸学校の名誉教授の称号を得、昭和18(1943)年10月12日、京都市上京区塔ノ段桜木町の自宅で死去。享年86歳。

[文献] 中沢岩太博士喜寿祝賀記念帖 同博士喜寿祝賀記念会編刊 昭10／日本美術年鑑 昭19―21年版 美術研究所 昭24 ／日本人名大事典 現代編 平凡社 昭54 〔山路朝彦〕

長沢 鼎 ながさわ・かなえ
安政1年(1854)～昭和9年3月1日(1934) 葡萄酒醸造業者 〔米国永住の先駆者、葡萄王として有名〕 ㊗鹿児島(城下)高麗町 ㊣本名＝磯永彦助 ㊙イギリス：1865年(英学)、アメリカ：1867年(ハリス教団・新生社に参加)

安政1(1854)年、薩摩藩屈指の洋学者磯永孫子郎周徳の子として鹿児島に生まれる。磯永家は代々島津家に仕える天文暦の暦算家の家系であり、高祖父周英は宝暦改暦に参画し日本天文学史上大きな功績を残している。幼少の頃より「てんがらもん(利口者)」として知られ、13歳で藩の開成所に入学し蘭学を勉学中、イギリス留学生派遣の一員に最年少の14歳で選ばれる。国禁を犯しての海外渡航に際し藩主より長沢鼎という変名を拝命する。帰国することのなかった彼は、その後生涯にわたってこの名を使用した。元治2(1865)年3月22日、一行とともに鹿児島を出航しシンガポール、スエズ経由で各国の諸文明、揺れ動く世界状勢を見聞しつつ、5月28日ロンドンに到着する。T.グラヴァーの紹介によりL.オリファント下院議員の世話でバーフ他の語学家庭教師について英語の学習に励む。6月初め密航留学中の長州藩士長尾庸三の案内でロンドン見物、兵器博物館や造船所などを見学する。6月7日、勉学上の指導者ロンドン大学化学教授ウィリアムソン博士の案内でベッドフォードの鉄工

場で農業耕作機械を見学，ハワード農園で実習を受け近代農業技術を知る。この訪問はタイムズ紙上で報道される。この頃各留学生の専攻学科が最終決定される。出国時，年少のため町田清蔵とともに未定であった学科は造船学と決定する。留学生活も2ヶ月を過ぎ他の留学生は本格的勉学とロンドン大学入学にそなえて各教授宅へ寄宿することになるが，余りに年少のためグラヴァーの兄ジームの世話でグラヴァーの故郷であるスコットランド北部の古都アバディーンの実家に引きとられることになる。6月28日，単身古都アバディーンのグラマースクールに入学するためロンドンを立ちスコットランドに向う。その後，約2年間のスコットランド留学生活で何を学んだかは不明であるが，その若さゆえに封建的武家社会の人間から脱皮し，最も西洋的人間に変身し，すでに祖国の父に英文で手紙を書く少年になっていた。恐らく彼の精神に最も強い影響を与えたのは西欧の科学技術ではなく，その近代思想とキリスト教的世界観であったと考えられる。慶応3(1867)年4月頃，留学生たちの恩人L.オリファントの紹介でスコットランドを布教のために訪れた宗教家T.L.ハリスと会い，そのキリスト教教理に深い感銘をうける。同年6月頃，スコットランド留学を打ち切りアバディーンよりロンドンへ戻る。学資の窮乏や思想，宗教問題でハリス教団のコロニーに参加することを残った留学生と相談の上決意し，7月，吉田清成，鮫島尚信，森有礼，市来勘十郎，畠山義成とともに，先に渡米したオリファントを追ってアメリカに渡り，アメリカのハリス共同体・新生社に参加する。新生社における生活は修道僧のような厳しいものであり，苦役と勉学の宗教的禁欲生活であった。ハリスのコロニーは同年11月にはニューヨーク州エリー湖畔のブロクトンに移るが，この頃にはマサチューセッツ州モンソンからの5名を加え日本人は13名に達していた。しかし，慶応4年春，国家をめぐるハリスとの意見の違いから吉田，市来，畠山は新生社を去り，他の大学に再入学する。残ったハリス教徒3名のうち森と鮫島は，日本の維新政府誕生の知らせに対し教祖ハリスから神託によるものとして帰国をすすめられ，6月8日ブロクトンを去る。17才の彼ひとり教団に残った理由は明らかではないが，最も西洋化した人間としてすでに

帰国の意味を失っていたと考えられる。しかし，その後30年余ハリスと運命をともにした日本人に新井常之進がいる。新井は森有礼が明治3年少弁務使として渡米した際に，ハリスのキリスト教を学ばせるために連れて来た脱藩仙台藩士であった。8年，コロニーが分裂すると，この新井とハリスについてカリフォルニア州のサンタローザに行き，フォンテングローブでの葡萄園開拓に献身する。15年，ブドウ酒の製造に着手し，ハリスの地上の楽園は事業経営へと変貌する。32年，ハリスが病で東部に帰った8年後，新井は帰国しその教えを忠実に守り，日本での啓蒙教育活動に生きることになるが，彼はハリスの死後全遺産を受け継いで事業家としての道を生きる。事業は成功して葡萄王の異名を取り，その「サクセス・ワイン」は日本にまで輸出された。大正13年の禁酒法施行に大打撃をうけるが，昭和8年の解禁まで10年余も保存し再び巨利を得る。アメリカ人長沢鼎として66年におよぶ在米生活を送り，昭和9(1934)年3月1日死去。享年81歳。英米2ヶ国の留学体験によって把握した地上の楽園の夢は地上の事業経営に変わってしまったが，彼の名はアメリカ永住の先駆者としてとどめられている。海外留学によって欧米人へと変貌し，終身永住者となった最初の一人である。

[文献] 鹿児島県史3　同県　昭16／幕末の海外留学生(林竹二)：日米フォーラム　10　昭39／薩藩海軍史　上・中・下(公爵島津家編纂所)　原書房　昭43(明治百年史叢書71〜73)／薩摩藩英国留学生(犬塚孝明)　中央公論社　昭49(中公新書375)／近代日本海外留学生史　上(渡辺実)　講談社　昭52／日本人名大事典4　平凡社　昭54／カリフォルニアの士魂—薩摩留学生長沢鼎小伝(門田明，テリー・ジョーンズ)　本邦書籍　昭58／幕末明治海外渡航者総覧(手塚晃編)　柏書房　平4／データベースWHO　日外アソシエーツ　〔安藤重和／富田仁〕

長沢　別天　ながさわ・べってん
慶応4年5月11日(1868)〜明治32年11月22日(1899)　評論家　『山陽新報』主筆　㊞常陸国(新治郡)常永村　㊎本名＝長沢説　別号＝半眠子, 坂東太郎, 別天楼　㊋アメリカ：1891年(留学)

なかじま　　　　　　　　　　　　　人名編

慶応4(1868)年5月11日，常陸国新治郡常村に生まれる。築地の立教学校で英語を学び，江東義塾の教師となる。明治21年から22年にかけて同校から刊行された『学』『書生』『筆の力』に英文学の評論，紀行文を発表。23年創刊の『江湖新聞』記者となり『貧民と文学』や詩論，外国文学の紹介などを発表。明治24(1891)年11月アメリカのスタンフォード大学に留学し，『亜細亜』に通信を書いた。26年帰国後，政教社に復帰し，「社会主義一斑」を『日本人』に発表。27年岡山の『山陽新聞』主筆，31年『東京新聞』に転じた。著書にミルトンの評伝をまとめた『盲詩人』などがある。明治32(1899)年11月22日肺結核のため死去。享年32歳。

[文献]　幕末明治海外渡航者総覧(手塚晃編)　柏書房　平4／朝日日本歴史人物事典　朝日新聞社　平6／データベースWHO　日外アソシエーツ
〔藤田正晴〕

中島　鋭治　なかじま・えいじ
安政5年12月12日(1859)～大正14年2月16日(1925)　水道技術者　㊗陸奥国　㊦アメリカ：1886年(留学)

安政5(1859)年12月12日，陸奥国に生まれる。明治16年東京大学理学部土木工学科を首席で卒業，同大助教授となり，17年京阪・大和・伊勢地方の古代建築物取調を命じられる。19(1886)年アメリカに私費留学し衛生工学を研究していたが，のち文部省留学生となり衛生工学のほか，水道工事・橋梁学などを修め，21年イギリスの上下水道および欧州諸国の土木工事，並びにローマ給水法などを調査し，23年11月に帰国。東京市水道工事の計画調査に努め，29年東京帝国大学教授となり土木工学第4講座を担当。31～39年東京市技師長を兼任する。32年工学博士。衛生工学を研究し，東京・仙台・名古屋・高崎・鹿児島・漢口(中国)・釜山(朝鮮)などの水道敷設を指導した。大正13年水道事業の功績により旭日章を受け，14年土木学会会長となった。大正14(1925)年2月16日死去。享年68歳。

[文献]　幕末明治海外渡航者総覧(手塚晃編)　柏書房　平4／データベースWHO　日外アソシエーツ
〔藤田正晴〕

中島　兼吉　なかじま・かねきち
文政12年(1829)～明治42年6月20日(1909)　鋳物職人　〔鉄工場を経営〕　㊦オランダ：1862年(大砲鋳造技術)

文政12(1829)年に生まれる。長じて越後榊原藩士・中島家の養子となるが，それ以前の経歴は詳らかでない。榊原藩は西洋砲術に関心を持ち藩士に砲術を学ばせたり，大砲の鋳造などに力を注いでいたので，彼も同藩のお抱え鋳物師として大砲の鋳造に携わっていたが，優れた技術を見込まれて幕府がオランダへ派遣する留学生に選ばれる。文久2(1862)年9月11日，長崎を出発しオランダへ向かう。留学に際しての身分は「職方」と呼ばれる技術職人であり，オランダでは大砲鋳造技術の修得が目的であった。この時の留学生は軍艦操練所より内田恒次郎，榎本釜次郎，沢太郎左衛門，田口俊平，高橋三郎の5名，蕃書調所より津田真一郎，西周助の2名，そして長崎養生所より伊東玄伯，林研海の2名が選抜された。また職方として彼のほかに古川庄八，山下岩吉，大野弥三郎，上田虎吉，大河喜太郎，久保田伊三郎の6名が選ばれるが，高橋三郎に代わって赤松大三郎が留学生となる。なお久保田伊三郎は長崎で病死したためオランダへは行っていない。留学生一行はバタビア，セント・ヘレナ島などを経て3年4月にブローウェルスハーフェンに到着して，その後ライデンに向かう。ライデンでハーグに移り研修する留学生と，そのままライデンに留まる留学生の2組に分かれるが，職方はライデンに留まり，はじめにライデン大学東洋学教授ホフマンにオランダ語を学ぶ。その後，彼はライデンの鋳物工場において鋳造，鍛冶などの技術を学ぶ。元治1年にはアムステルダムに移り，同じく鋳物工場で実習を行う。慶応2年10月，内田，榎本，沢，田口，上田，古川，山下，大野の8名とともにフリシンゲンを開陽丸で出航，帰国の途につく。リオデジャネイロ，アンボイナなどを経て3年3月26日，横浜に到着する。帰国後，五人扶持百二十五両をもらう身分となり軍艦操練所に出仕する。維新後は大阪砲兵工廠技師，東京砲兵工廠技師を歴任する。退職後は東京・廐橋のたもと，外出町に2000余坪の土地を購入し中島鉄工場を設立する。設立には留学生仲間の赤松も招かれている。彼の技術が優れていたので中島鉄工場の評判はよかった

らしい。鉄工場を営んでいた時代にも、留学生仲間の大野、古川、沢などと親交があった。明治42(1909)年6月20日死去。享年79歳。
⑱東京浅草元町・智光院(推定)
文献 近代日本の海外留学史(石附実)　ミネルヴァ書房　昭47／幕府オランダ留学生(宮永孝)　東京書籍　昭57(東書選書)／幕府オランダ留学生―職方について(宮永孝):法政大学教養部紀要(社会科学編)　47　昭58／続幕末和蘭留学関係史料集成(日蘭学会編)　雄松堂　昭59　　　　　　　　〔湯本豪一〕

中島 才吉　なかじま・さいきち
弘化3年(1846)～大正14年(1925)　外交官〔フランス語教育に尽力〕　⑰幼名=謙益、変名=大坪才吉　㊗イタリア:1875年(ローマ公使館勤務)

　弘化3(1846)年、中島庄右衛門の三男として生まれる。本邦最初のフランス文学の翻訳者として名高い川島忠之助の従兄。長崎奉行支配調役本佐衛門惣領、砲兵差図役勤方であったが、横浜にフランス語学所ができると、第1期生として入学する。横浜仏蘭西語仏習所時代、姓を大坪と名乗っている。ついで第1回フランス留学生にも選ばれたが間もなく、シャノアーヌを団長とする軍事顧問団の通訳を任せられることとなり、留学は一時延期となる。多数の軍事顧問団員を相手とする通訳の問題は、幕府が日本の軍隊の近代化のために計画した陸軍三兵伝習の成否にもかかわる重大問題であったので、留学延期もやむを得ないものであった。神奈川県通弁出仕の後、明治2年には横須賀製鉄所に勤めはじめ、身分は土木少佑であった。翌3年4月、製鉄所長ヴェルニーの申し出により、中島と同じく横浜仏蘭西語学所伝習生であった稲垣喜多造の2人は、横須賀製鉄所でのフランス語教育の補佐をすることに決まり、日本人で初めてのフランス語教官が製鉄所黌舎の教壇に立つこととなる。ここは慶応4年5月から廃校となっていたが新政府に対して再開の計画があるというのを聞いていないが、できれば再び生徒を募集してお雇いフランス人の中から学識者をえらび、本務の余暇に教授を兼務してほしいという意味の切望書が提出された。これが認められ、中島と稲垣の教員採用につながり黌舎が再開された。その結果多くの人材を輩出させ、教官となった2人の努力は報いられることとなる。その後、大蔵省租税寮に移ったが、8(1875)年2月外務省の一等書記生となり、外交官としてイタリアに赴任する。イタリアでははじめローマ公使館の副領事を務めていたが、のちミラノ公使館の領事となる。大正14(1925)年に死去。享年80歳。
文献 日仏文化交流史の研究―日本の近代化とフランス人(西堀昭)　駿河台出版　昭56／日仏のあけぼの(富田仁)　高文堂出版社　昭58／横須賀製鉄所の人びと―花ひらくフランス文化(富田仁、西堀昭)　有隣堂　昭58／ジュール・ヴェルヌと日本(富田仁)　花林書房　昭59　　　　〔福山恵美子〕

中島 精一　なかじま・せいいち
嘉永4年(1851)～?　留学生　㊦加賀国　㊗フランス:1871年(器械学)

　嘉永4(1851)年、加賀国で生まれる。明治4(1871)年1月14日、パリに自費留学で赴き、シウェー氏塾にて器械学を修める。その後の消息は不明。
文献 フランスとの出会い―中江兆民とその時代(富田仁)　三修社　昭56／幕末明治海外渡航者総覧(手塚晃編)　柏書房　平4
　　　　　　　　　　　　〔久永富美/富田仁〕

中島 惣助　なかじま・そうすけ
生没年不詳　塾教師　㊗フランス:1871年(鉱山学)

　生没年不詳。明治2年8月から3年2月にかけて開成学校でフランス学を修めた後、工部省官学生として横須賀造船寮黌舎に入り生徒長に任ぜられる。4(1871)年フランス留学を命ぜられてパリの鉱山学校に学び、各国を巡って同7年帰国する。8月初頭に久保了存塾に仏学教頭に迎えられる。報酬は1ケ月生徒1名に付1円という歩合給である。その後の消息は不明。
文献 フランスに魅せられた人びと―中江兆民とその時代(富田仁)　カルチャー出版社　昭51／明治初期のフランス語教育(富田仁)『日本とフランス―出会いと交流』(富田仁、西堀昭)　三修社　昭54／フランスとの出会い(富田仁)　三修社　昭56／幕末明治海外渡航者総覧(手塚晃編)　柏書房　平4
　　　　　　　　　　　　〔山口公和/富田仁〕

なかじま　　　　　　　　　　　　人名編

中島　泰蔵　なかじま・たいぞう
慶応3年10月5日（1867）～大正8年9月27日（1919）　心理学者　早稲田大学教授　㊗若狭国（三方郡）早瀬　㊻アメリカ：1891年（留学）

慶応3（1867）年10月5日，若狭国三方郡早瀬に生まれる。開靖学館を卒業。明治24（1891）年アメリカのコロラド大学，ハーバード大学に留学。帰国後28年から37年まで元良勇次郎の助手となり，その間30年東京専門学校（現・早稲田大学）教授に就任。37年札幌農学校に赴任。39（1906）年再び渡米してハーバード大学に入り，さらにコーネル大学に転じPh.D.の学位を得る。42年帰国し，43年札幌農大（現・北海道大学）教授，のち早大教授に戻った。大正5年文学博士。大正8（1919）年9月27日死去。享年53歳。

文献　幕末明治海外渡航者総覧（手塚晃編）柏書房　平4／データベースWHO　日外アソシエーツ　　　　　　　　　〔藤田正晴〕

中島　永元　なかじま・ながもと
天保15年7月16日（1844）～大正11年11月10日（1922）　文部官吏　貴族院議員　㊗佐賀　㊻アメリカ：1871年（岩倉使節団に随行）

天保15（1844）年7月16日，佐賀藩士に生まれる。藩黌・弘道館，ついで蘭学寮に学ぶ。慶応1年，副島種臣・大隈重信らと共に長崎に遊学，済美館に入って蘭学を研究し，傍ら米国宣教師フルベッキ博士について英語を修めた。のち藩が長崎に造った洋学校・致遠館の教官に抜擢される。明治維新後は大学南校に学び，間もなく大学中助教兼中寮長を経て，大寮長に進む。明治3年大学権少丞となり，ついで大阪洋学校校長に転じる。4（1871）年文部省に転じ文部権少丞となり，同年の岩倉遣外使節団の田中不二麿理事官に随行，欧米各国の教育事情を視察して7年に帰国。以来専ら文部省内にあり，文部大書記官，大学分校長，第三高等中学校校長，文部省参事官などを務め教育制度の確立に尽くす。また女子師範学校設立御用掛なども務めた。21年元老院議官に任じ，錦鶏間祗候を授かる。24年から勅撰の貴族院議員を務めた。大正11（1922）年11月10日死去。享年79歳。

文献　岩倉使節の研究（大久保利謙編）宗高書房　昭51／特命全権大使米欧回覧実記1～5（久米邦武編）岩波書店　昭52～57（岩波文庫）／幕末明治海外渡航者総覧（手塚晃編）柏書房　平4／データベースWHO　日外アソシエーツ　　　　　　　　　　〔富田仁〕

中島　信行　なかじま・のぶゆき
弘化3年8月（1846）～明治32年3月26日（1899）　政治家　男爵　〔初代衆議院議長〕　㊗土佐国（高岡郡）新居村　㊺通称＝作太郎，雅号＝長城　㊻イタリア：1892年（特命全権公使）

弘化3（1846）年8月，土佐藩士中島猪之助の子として土佐国新居村に生まれる。実業家中島久万吉の父。元治1年11月，中島与一郎，細木核太郎とともに脱藩し勤王の志士として長州藩の同志と行動を共にする。与一郎は途中で自殺するが，細木と彼は周防三田尻に逃げる。のち坂本龍馬の海援隊に入り，龍馬の信頼をえて長崎に赴いて，いろは丸が紀州藩の明光丸に衝突して沈没する事件の処理に当たり，償金7万両をとるなど活躍する。明治1年戊辰戦争に従軍し維新を迎え，5月徴士となり新政府に出仕。外国官権判事，兵庫県判事を得て，3年大蔵通商正，4年出経正を歴任。5年4月大蔵省六等出仕になり，5年9月8日紙幣権頭，租税権頭から7年1月神奈川県令に進む。神奈川県令としては民会公選を主張するが，9年3月元老院議官に転じて憲法の取調べに当たる。14年自由党結成に尽力して副総理に推される。大阪に立憲政党がつくられると総理になり，自由民権と憲政の確立を唱え，陸奥宗光の妹であった先妻の死後，女権拡張論者の岸田俊子と再婚し，2人で全国を遊説する。20年12月保安条例発布により東京を追われ横浜郊外太田村に転居。23年国会開設で神奈川県第4区から衆議院議員に選出され，初代議長となる。25（1892）年特命全権公使としてイタリアに赴任する。27年貴族院議員，29年6月男爵となる。明治32（1899）年3月26日，大磯で死去。享年54歳。

㊣東京台東区・谷中霊園

文献　衆議院議長中島信行氏の伝・衆議院議員末広重恭氏の演説　安政堂　明23／明治過去帳—物故人名辞典（大植四郎編）東京美術　昭46／土佐偉人伝（寺石正路）歴史図書社　昭51／幕末維新人名辞典　学芸書林　昭53／日本人名大事典4　平凡社　昭54／明治維新人名辞典（日本歴史学会編）吉川弘文館　昭56／華族大系（水野慶次編）／坂本竜馬・援隊士列伝（山田一郎ほか著）新人物往来社

昭63　　　　　　　　〔富田仁〕

中島 半一郎　なかじま・はんいちろう
生没年不詳　陸軍軍人　㊦フランス：1883年（騎兵術）

　生没年不詳。明治16（1883）年にフランスに留学する。騎兵に関する兵術を修める。その後の消息は不明。
|文献| 日仏文化交流史の研究―日本の近代化とフランス人（西堀昭）　駿河台出版社　昭56
　　　　　　　　　　　　　　　〔富田仁〕

中島 政之允　なかじま・まさのじょう
生没年不詳　留学生　㊦山口　㊦アメリカ：1872年（学科質問）

　生没年不詳。山口の出身。明治5（1872）年にアメリカに渡っているが、そのあとフランスにも足をのばしている模様である。いずれも「学科質問」が渡航の目的である。その後の消息は不明。
|文献| 近代日本の海外留学史（石附実）　ミネルヴァ書房　昭47
　　　　　　　　　　　　　　　〔富田仁〕

中島 力造　なかじま・りきぞう
安政5年1月8日（1858）～大正7年12月21日（1918）　倫理学者　〔T.ヒルグリーンの学説を紹介〕　㊦山城国福知山（京都府）　㊦アメリカ：1879年（倫理学）

　安政5（1858）年1月8日、中島勘右衛門の長男として山城国福知山に生まれる。幼少時藩校惇明館に、のち京都の同志社に学ぶ。さらに明治12（1879）年、アメリカに留学し、13年オハイオ州ウェスタンアカデミーを卒業、エール大学に学び、ついでイギリス、ドイツをまわり23年3月帰国する。帝国大学文科大学講師、25年教授となり倫理学を講ずる。32年文学博士。留学中にカントの哲学を研究し、イギリスの新カント派のトーマス・ヒルグリーンの倫理学説を日本に紹介移植している。41年イギリスの学者の「シジュウィック氏倫理学説」、42年「グリーン氏倫理学説」を公表。この両者はまったく相反する学説であったが、それらを研究し、人格主義・理想主義の原理に立ち、独自な倫理学をつくろうとする。著書に『現今の倫理学問題』『列伝体西洋哲学小史』などがある。大正7（1918）年12月21日死去。享年61歳。
|文献| 近代日本海外留学生史　下（渡辺実）　講談社　昭53／日本人名大事典4．平凡社

昭54／近代日本哲学思想家辞典（伊藤友信他編）　東京書籍　昭57／明治欧米見聞録集成第36巻　ゆまに書房　平1　〔谷崎寿人〕

長瀬 鳳輔　ながせ・ほうすけ
慶応1年10月（1865）～大正15年7月7日（1926）　教育家，外交問題研究家　国士館中学校校長　㊦アメリカ：年不明

　慶応1（1865）年10月に生まれる。外国語学校卒業後、アメリカに留学しジョンズ・ホプキンズ大学を卒業する。さらにヨーロッパに渡りベルリン大学に入りドクトルの称号を得て帰国、外交問題の研究に専念する。陸軍大学校、早稲田大学の教授を歴任するとともに参謀本部研修官も務め、第1次世界大戦当時は外交問題とくにバルカン問題に関する権威となる。大正11年参謀本部をやめ、国士館中学校長に就任。著書に『列国の現状と日本』『土耳古の新形勢に対する史的観察』などがある。大正15（1926）年7月7日、胃癌のために死去。享年62歳。㊦国士館構内（東京都世田谷区）
|文献| 日本人名大事典4　平凡社　昭54
　　　　　　　　　　　　　　　〔谷崎寿人〕

中田 重治　なかだ・じゅうじ
明治3年10月3日（1870）～昭和14年9月24日（1939）　キリスト教伝道者　日本ホーリネス教会創立者　㊦陸奥国弘前　㊦アメリカ：1896年（留学）

　明治3（1870）年10月3日、陸奥国弘前に生まれる。東奥義塾普通科で本多庸一に感化されキリスト教に入信。その後上京し、東京英和学校（青山学院）で神学を学ぶ。北海道で伝道した後、明治29（1896）年アメリカに渡る。D・L・ムーディ聖書学院に学び、31年帰国。34年神田に中央福音伝道館を創立、東洋宣教会と改称、大正6年さらに日本ホーリネス教会と改称、初代監督となった。翌年内村鑑三らとキリスト再臨信仰の運動を展開、キリスト教界に衝撃を与えた。昭和8年ホーリネス教会は聖教会ときよめ教会に分裂、きよめ教会の終身理となった。昭和14（1939）年9月24日死去。享年70歳。
|文献| 中田重治伝（米田勇）　中田重治伝刊行会　昭34／幕末明治海外渡航者総覧（手塚晃編）　柏書房　平4／朝日日本歴史人物事典　朝日新聞社　平6／中田重治伝―伝記・中田重治（米田勇）　大空社　平8（伝記叢書）／データ

ベースWHO　日外アソシエーツ
〔藤田正晴〕

永富 雄吉　ながとみ・ゆうきち

慶応4年5月21日（1868）〜昭和4年1月20日（1929）　実業家　日本郵船副社長　[生]遠江国　[渡]ベルギー：1889年（留学）

慶応4（1868）年5月21日，遠江国に生まれる。高等商業学校を卒業。明治22（1889）年ベルギーに私費留学し経済を学ぶ。27年帰国後，母校の高等商業（現・一橋大学）講師を務めた。のち日本郵船副社長。昭和4（1929）年1月20日死去。享年62歳。

[文献] 幕末明治海外渡航者総覧（手塚晃編）柏書房　平4／データベースWHO　日外アソシエーツ　〔藤田正晴〕

中西 牛郎　なかにし・うしお

安政6年（1859）〜昭和5年10月18日（1930）　宗教思想家　扶桑教大教正　[生]肥後国　[名]号＝蘇山　[渡]アメリカ：1888年（留学）

安政6（1859）年，肥後国に生まれる。幼少より中村直方，平河駿太に漢学，木村弦雄に漢学，洋学を学ぶ。のち東京の勧学義塾で英語を修め，更に同志社に転学。明治14年神水義塾を開き，傍ら済々黌で教鞭をとる。政党が起こると『紫溟雑誌』『紫溟新報』記者となり，また仏教を研究した。21（1887）年アメリカへ遊学，帰国後西本願寺文学寮の教頭となり，その傍ら雑誌『経世博義』を刊行して国粋主義を鼓吹した。井上円了，村上専精らに代表される『破邪顕正』運動の最盛期に，『宗教革命論』『組織仏教論』などを刊行し，宗教文壇の一方の雄と見られた。のち『大阪毎日新聞』『東京日日新聞』の記者となり，32年清国政府官報局翻訳主任，同年天理教の教典編述に従事，また台湾の土地調査局，台湾総督府の嘱託として活躍。昭和2年神道扶桑教権大教正となり，同教の教典の撰述に従い，同教大教正に就任した。昭和5（1930）年10月18日死去。享年72歳。

[文献] 幕末明治海外渡航者総覧（手塚晃編）柏書房　平4／データベースWHO　日外アソシエーツ　〔藤田正晴〕

中西 米太郎　なかにし・よねたろう

生没年不詳　留学生　[渡]フランス：1877年（留学）

生没年不詳。明治10（1877）年にフランスに留学する。その後の消息は不明。

[文献] 日仏文化交流史の研究―日本の近代化とフランス人（西堀昭）　駿河台出版社　昭56　〔富田仁〕

長沼 守敬　ながぬま・もりよし

安政4年9月23日（1857）〜昭和17年7月18日（1942）　彫刻家　〔洋風彫刻の開拓者〕　[生]陸奥国一関　[渡]イタリア：1881年（彫刻技術）

安政4（1857）年9月23日，陸奥国一関に生まれる。明治7年東京に出てイタリア公使館に勤務し，その縁故によって14（1881）年イタリアに留学した。ヴェネツィア王立美術学校に入学し，ルイジ・フェラリ，アントニオ・ダル・ツォットに師事し，その指導のもとで本格的にヨーロッパ彫刻の技術を学んだ。18年ヴェネツィア王立美術学校を卒業し，20年帰国した。22年国粋主義の圧迫を排して，洋画家の浅井忠，小山正太郎，山本芳翠らとともに，日本で最初の洋画団体明治美術会の創立にただ一人の彫刻家として参加する。当時彫刻は，フェノロサの復古運動に応じて，木彫が活気を呈しており，竹内久一，高村光雲，米原雲海，山崎朝雲，平櫛田中，内藤伸らが活躍しており，官展，院展の木彫界が主流をなしていた。これに対して洋風彫刻界では，9年に開設された工部美術学校でヴィンツェンツォ・ラグーザに教えを受けた大熊氏広，藤田文蔵，佐野昭らが日本におけるみちをひらいたが，ヴェネツィアから帰国した彼も明治時代の洋風彫刻の開拓者となったのである。とくに以前には日本にまったく存在しなかった銅像の制作は注目すべきことであった。29年，東京美術学校の彫刻科に招かれて嘱託となった。30年美術工芸視察のため，再度フランス，イタリアへ渡航し，翌年帰国すると同年7月東京美術学校に塑造科が新設され，その初代主任教授に任命された。33年パリ万国博覧会に出品した「老夫」（東京芸術大学蔵）が金メダルを受賞した。23年第3回内国勧業博覧会をはじめ，40年から大正2年まで文展審査員を務めるなど内外の博覧会の審査員にしばしば推挙されている。大熊氏広，藤田文蔵らとともに，明治洋風彫刻の開拓者であり，洋風彫塑会の基礎を築くのに尽力し，またヨーロッパの本格的な彫刻技術を広く伝授し，わが国における洋風彫刻の発

展に尽力した。代表作には前記「老天」のほかに「毛利敬親公銅像」（山口県長府）「ベルツ博士胸像」（東京大学構内）などがある。昭和17（1942）年7月18日死去。享年84歳。
[文献] 日本美術全史 下 美術出版社 昭35／近代日本美術の研究（隈元謙次郎） 大蔵省印刷局 昭39／日本近代美術発達史 明治編（浦崎永錫） 東京美術 昭49／お雇い外国人16 美術（隈元謙次郎） 鹿島出版会 昭51／日本人名大事典 現代編 平凡社 昭54／幕末・明治期における日伊交流（日伊協会編） 日本放送出版協会 昭59
〔春日正男〕

長野 桂次郎 ながの・けいじろう
⇒ 立石斧次郎（たていし・おのじろう）を見よ

中野 権六 なかの・ごんろく
文久1年（1861）～大正10年6月4日（1921） 実業家 佐賀毎日新聞社長 ㊉肥前国（藤津郡）七浦村 ㊙アメリカ：1885年（日本人新聞を主宰）
　文久1（1861）年、佐賀藩士の長男として肥前国藤津郡七浦村に生まれる。大学予備門を卒業。明治18（1885）年アメリカに渡り、『日本人新聞』を主宰。23年帰国後横浜で雑誌『進歩』を主宰。帰郷後、38年佐賀県会議員となり、また佐賀県農工銀行、朝鮮京城共同社などを創立。のち佐賀毎日新聞社長に就任。大正10（1921）年6月4日死去。享年61歳。
[文献] 幕末明治海外渡航者総覧（手塚晃編） 柏書房 平4／データベースWHO 日外アソシエーツ
〔藤田正晴〕

中野 健明 なかの・たけあき
？～明治31年5月11日（1898） 官吏 司法権中判事 ㊉佐賀 ㊙アメリカ：1871年（岩倉使節団に随行）
　生没年不詳。明治4（1871）年、岩倉使節団の佐々木高行理事に司法権中判事として随行し、アメリカに赴く。6年8月8日帰国。7年、外務一等書記官に転じて、11年にパリの公使館に赴く。翌年、オランダ公使館に移る。15年、大蔵省の関税局長となる。明治31（1898）年5月11日、肺患のため死去。
[文献] 明治過去帳―物故人名辞典（大植四郎編） 東京美術 昭46／岩倉使節の研究（大久保利謙編） 宗高書房 昭51／幕末明治海外渡航

者総覧（手塚晃編） 柏書房 平4
〔楠家重敏／富田仁〕

中野 初子 なかの・はつね
安政6年1月5日（1859）～大正3年2月16日（1914） 電気工学者 東京帝国大学教授 ㊉肥前国小城町 ㊙アメリカ：1888年（留学）
　安政6（1859）年1月5日、佐賀藩士中野ト斉の二男として肥前国小城町に生まれる。明治6年兄を頼って上京し、7年工部省工部寮小学校に入学。のち工部大学校に進み、英国の電気工学者エアトンの指導を受け、在学中の11年3月25日藤岡市助、浅野応輔らと同校大ホールで開かれた中央電信局開局祝宴にアーク燈を点じた。この日は"電気記念デー"となっている。14年卒業後、工部省、文部省に出仕、19年工部大学校が帝国大学工科大学に合併されると同大学助教となる。21（1888）年アメリカに渡りコーネル大学に留学。イギリスを経て24年に帰国後、帝国大学工科大学教授に就任。32年工学博士。33～34年欧州の電気工場を視察。電気機械、高電圧送電、電気応用の開発に力を尽くした。また44年電気学会会長なども務めた。大正3（1914）年2月16日死去。享年56歳。
[文献] 幕末明治海外渡航者総覧（手塚晃編） 柏書房 平4／朝日日本歴史人物事典 朝日新聞社 平6／データベースWHO 日外アソシエーツ
〔藤田正晴〕

長野 文炳 ながの・ふみあき
安政1年（1854）～明治15年11月16日（1882） 裁判官 大審院判事 ㊉大坂 ㊎本名＝在原朝臣 ㊙アメリカ：1871年（岩倉使節団に随行）
　安政1（1854）年、大坂に生まれる。明治2年、刑部大録となる。明治4（1871）年、岩倉使節団の佐々木高行理事に随行し、アメリカに赴く。7年、権中法官となり、10年には東京上等裁判所に勤める。ついで検事局判事、司法省判事を経て、14年に大審院判事となる。明治15（1882）年11月16日死去。享年29歳。 ㊣東京・青山墓地
[文献] 明治過去帳―物故人名辞典（大植四郎編） 東京美術 昭46／岩倉使節の研究（大久保利謙編） 宗高書房 昭51
〔楠家重敏〕

中橋 徳五郎 なかはし・とくごろう
元治1年9月10日（1864）～昭和9年3月25日（1934） 政治家,実業家 大阪商船社長 ㊉金

沢　㋲ヨーロッパ：1889年（議会運営法研修）

元治1（1864）年9月10日，金沢藩士斎藤宗一の五男として金沢に生まれる。明治15年金沢専門学校文学部を卒業後上京，東京大学法学部選科に入学し英法を学ぶ。17年中橋家の養子となり，19年帝国大学法科大学を卒業後，大学院で商法を専攻する。また20年家督を相続する。判事試補となり横浜始審裁判所詰ののち特許局審査官，農商務省参事官，法制局参事官を歴任する。22（1889）年国会開設に先だちヨーロッパ各国の議会運営技術を学ぶために衆議院制度取調局出仕を命ぜられて渡欧する。帰国後，衆議院書記官として議会運営に腕をふるう。31年鉄道局長となる。同年7月岳父田中市兵衛の頼みにこたえて大阪商船会社社長となり実業界に入る。45年に大阪から衆議院議員に選出され，大正7年文部大臣，昭和2年商工大臣，6年内務大臣を歴任する。狸に関する趣味品を集め，狸庵居士と称し晩年を過ごし，昭和9（1934）年3月25日死去。享年71歳。

[文献] 大阪財界の二人男中橋徳五郎氏と岩下清周氏（山路愛山）／『現代富豪論』　中央書院　大3／中橋徳五郎1～2　同翁伝伝記編纂会編刊　昭19／日本海運史上の指導者たち4　中橋徳五郎（加地照義）：海上労働　8（7）　昭30／日本財界人物列伝1　青潮出版社刊　昭38／日本人名大事典4　平凡社　昭54／中橋徳五郎―伝記・中橋徳五郎　上，下巻（牧野良三編）　大空社　平7（伝記叢書）　〔富田仁〕

中浜 東一郎　なかはま・とういちろう

安政4年7月7日（1857）～昭和12年4月11日（1937）　医師　医学博士　〔流行病防疫に尽力〕　㋲江戸　㋲ドイツ：1885年（医学）

安政4（1857）年7月7日，高知藩士中浜万次郎（ジョン万次郎）の長男として江戸に生まれる。明治5年横浜十全病院で，アメリカ人医師セメンズの通訳として働くかたわら医学を修める。さらに大学東校と東京大学医学部で学び，14年卒業。福島県医学校長兼教諭，岡山，金沢の医学校教授兼病院長を歴任。18（1885）年から22年まで内務省御用掛としてドイツに留学。帰国後，内務省技師として各地の流行病防疫に努める。23年東京衛生試験所長，翌24年医学博士の学位を授与られる。退官後は麹町回生病院長，鎌倉病院顧問となる。大正6年回生病院を閉鎖し，内閣恩給局常務顧問医，専売局嘱託員，日の出生命保険医務顧問，日本保険医学協会会長を兼任する。多年中央衛生会委員も勤める。『中浜万次郎伝』を編纂する。昭和12（1937）年4月11日死去。享年81歳。

[文献] 中浜万次郎伝（中浜東一郎）　冨山房　昭11／日本人名大事典4　平凡社　昭54／中浜東一郎日記　第2巻（中浜東一郎著，中浜明編）　冨山房　平4／中浜東一郎日記　第4巻（中浜明編）　富山房　平6／中浜東一郎日記　1～5（中浜明編）　冨山房　平4～7／中浜東一郎日記　第5巻（中浜明編）　富山房　平7　〔山路朝彦〕

中浜 万次郎　なかはま・まんじろう

⇒ジョン万次郎（じょんまんじろう）を見よ

中原 国之助　なかはら・くにのすけ

生没年不詳　留学生　㋲周防国（吉敷）吉敷中村　㋲アメリカ：1871年（政治学）

生没年不詳。萩藩吉敷毛利家の家臣として周防国吉敷中村に生まれる。名和緩にしたがって，明治4（1871）年政治学修行のためアメリカに留学する。その後の消息は不明。

[文献] 近世防長人名辞典（吉田祥朔）　山口県教育会　昭32／英語事始（日本英学史学編）　日本ブリタニカ　昭50／幕末明治海外渡航者総覧（手塚晃編）　柏書房　平4　〔谷崎寿人／富田仁〕

中原 淳蔵　なかはら・じゅんぞう

安政3年12月（1856）～昭和6年1月5日（1931）　工学者　工学博士　九州帝国大学教授　㋲熊本　㋲イギリス：1895年（機械工学）

安政3（1856）年12月，熊本藩士中原佐七郎の長男として生まれる。明治15年，工部大学校機械工学科を卒業。熊本県山鹿郡山鹿鋳物会社の社長となり鋳造業を営む。21年第五高等中学校，ついで東京工学校の教授になる。28（1895）年より30年まで文部省留学生としてイギリスに留学し，機械工学を修める。帰国後，34年8月工学博士の学位を得る。39年4月，熊本高等工業学校の初代校長になる。44年九州帝国大学工科教授に転じ，機械工学第一講座を担当する。間もなく同大学学長に選出されるが，大正3年9月辞任。以後は教授として講義を続ける。10年，依願免官，同大学講師になる。12年6月同大学名誉教授。15年4月講師の嘱託を解かれる。昭和6（1931）年1月5日死去。享年76歳。

長松 篤棐　ながまつ・あつすけ

元治1年4月15日(1864)～昭和16年4月16日(1941)　植物生理学者，実業家　男爵　〔日本人初の植物生理学者〕　㋙周防国矢原村　㋘ドイツ：1884年（留学）

　元治1(1864)年4月15日，萩藩士長松幹の二男として周防国矢原村に生まれる。東京大学に学ぶも明治17(1884)に中退し，ドイツに留学してブルツブルヒ大学で植物生理学を修め，日本人初の植物生理学者となる。ドイツでは森鷗外と交流があり終生親交を結んだ。20年帰国して学習院教授。26年財界に転じて東京火災保険に入社，昭和6年社長。この間，貴族院議員も務めた。昭和16(1941)年4月16日死去。享年78歳。

〔文献〕忘れられた植物学者（増田芳雄）　中央公論社　昭62（中公新書）／幕末明治海外渡航者総覧（手塚晃編）　柏書房　平4／データベースWHO　日外アソシエーツ　　〔富田仁〕

長松 周造　ながまつ・しゅうぞう

生没年不詳　大蔵省官吏　㋙長門国　㋑別名＝修造　㋘イギリス：1871年（造幣の知識）

　生没年不詳。長門国の出身。大蔵省に出仕する。明治4(1871)年，井上馨のすすめでイギリスに留学し，造幣関係の知識を修得する。その後の消息は不明。

〔文献〕明治初年条約改正史の研究（下村冨士男）　吉川弘文館　昭37／近代日本の海外留学史（石附実）　ミネルヴァ書房　昭47／近代日本海外留学生史　上（渡辺実）　講談社　昭52　　〔楠家重敏〕

中御門 経隆　なかみかど・つねたか

嘉永5年2月(1852)～昭和5年4月(1930)　海軍兵学寮教員　男爵　㋙京都　㋘イギリス：1868年（留学）

　嘉永5(1852)年2月，中御門経之の三男として京都に生まれる。明治1(1868)年にイギリスに渡る。帰国後は海軍兵学寮（海軍兵学校）の教員となる。13年に分家し，商船学校教授，貴族院議員となる。大正4年に隠居し，昭和5(1930)年4月に死去。享年79歳。

〔文献〕海軍兵学校沿革（海軍兵学校編）　原書房　昭43／近代日本の海外留学史（石附実）　ミネルヴァ書房　昭47／昭和新修　華族家系大成　下（霞会館諸家資料調査委員会編）　霞会館　昭59　　〔楠家重敏〕

中上川 彦次郎　なかみがわ・ひこじろう

嘉永7年8月13日(1854)～明治34年10月7日(1901)　実業家　外務省公信局長　〔三井財閥の功労者〕　㋙豊前国中津　㋘イギリス：1874年（外国事情視察）

　嘉永7(1854)年8月13日，中津藩士中上川才蔵を父とし，福沢諭吉の姉にあたる婉を母として生まれる。明治2年，大阪に出て山口良蔵から英語の手ほどきを受ける。のち福沢諭吉の誘いで慶応義塾に入り，4年に卒業する。その後，中津に戻り市学校で英語の教授をした。7(1874)年10月13日，小泉信吉と共にイギリスに赴いたが，彼らを乗せた船には上野景範，中井弘，青木周蔵，星亨らも一緒であった。同年12月ロンドンに到着し，折しも滞英中の菊池大麓の世話でモントピイの家に寄寓することになった。滞英中は特定の学問研究をせず，もっぱら社会事情の観察に努めた。ロンドン滞在日記2冊と草稿の大部分は関東大震災で焼失してしまったが，僅かに活字化された部分には興味深いロンドン観が窺える。例えば「倫敦市民の奢靡遊惰なる，倫敦を以て満足の楽境と心得，逸居して世を終ることを最上の事となすなど，徳川末世の江戸の風なり」という文章は当時滞英した日本人のロンドン観と異なり，かなり批判的である。イギリスに留まること4年，10年12月帰国した。渡英中に知遇を得た井上馨の勧めで，11年7月に工部省に出仕した。翌年外務省に転じ，外務少書記官，公信局長，条約改正局副長などを歴任して，13年には外務権大書記官に昇る。しかし開拓使官有物払い下げ事件を発端とした14年の政変により下野して，15年に「時事新報」を創立し主筆となった。20年には山陽鉄道会社社長となり私営鉄道の発展のために尽力した。以後，三井家の聘に応じて三井銀行，三井鉱山会社，三井物産会社の理事となった。そのほか，鐘淵紡績会社，日本郵船会社などの役員をつとめた。明治34(1901)年10月7日死去。享年48歳。

〔文献〕中上川彦次郎伝記資料（日本経営史研究所編）　東洋経済新報社　昭44／近代日本の海外留学史（石附実）　ミネルヴァ書房　昭47／近代日本海外留学生史　上（渡辺実）

講談社　昭52／日本人名大事典4　平凡社　昭54／中上川彦次郎傳（白柳秀湖）　岩波書店　昭59／中上川彦次郎の華麗なる生涯（砂川幸雄）　草思社　平9／中上川彦次郎君―伝記・中上川彦次郎（菊池武徳）　大空社　平12（伝記叢書）／明治の怪物経営者たち―明敏にして毒気あり（小堺昭三）　学陽書房　平15（人物文庫）　〔楠家重敏〕

長嶺 正介　ながみね・しょうすけ
嘉永2年(1849)～?　留学生　㊨フランス：1872年（刑法学）
　嘉永2(1849)年に生まれる。明治5(1872)年1月11日、24歳のときに官費留学でパリに赴く。ブランションに付き刑法学を修める。その後の消息は不明。
　文献　フランスとの出会い―中江兆民とその時代（富田仁）　三修社　昭56　〔久永富美〕

中村 喜一郎　なかむら・きいちろう
嘉永3年(1850)～大正4年5月11日(1915)　染色技術者　八王子織染学校校長　〔染色業の近代化に貢献〕　㊧佐賀　㊨ドイツ：1873年（ウィーン万国博覧会参加）
　嘉永3(1850)年に生まれる。明治6(1873)年2月18日、オーストリアのウィーン万国博覧会に参加するため、私費留学生として同博覧会副総裁佐野常民の一行に随行してドイツに渡る。翌年官費留学生となり、オーストリアやドイツ、フランスなどを巡って染色業の視察・研究に伝習に携わる。7年6月10日帰国。8年農商務省技師となり、京都府舎密局染殿や八王子織物染織講習所などで西洋の化学染料を用いた染織の指導に当たった。28年同講習所が八王子織染学校に改組されると校長に就任した。大正4(1915)年5月11日死去。享年66歳。
　文献　近代日本の海外留学史（石附実）　ミネルヴァ書房　昭47／幕末明治海外渡航者総覧（手塚晃編）　柏書房　平4／朝日日本歴史人物事典　朝日新聞社　平6／データベースWHO　日外アソシエーツ　〔富田仁〕

中村 精男　なかむら・きよお
安政2年4月18日(1855)～昭和5年1月3日(1930)　気象学者　理学博士　〔メートル法の普及、エスペラント運動にも尽力〕　㊧長門国（阿武郡）椿郷　㊦幼名＝孫一　㊨ドイツ：1886年（気象学）

　安政2(1855)年4月18日、山口の藩士中村粂吉の長男として長門国椿郷に生まれる。松下村塾に若年にして入塾を許され和漢の学を修め、明治4年上京し東京明治協会でフランス語を修得、翌5年大学南校に進む。12年7月東京大学物理科を卒業、中央気象台の前身である内務省地理局に入り気象観測の創業に努める。以来、東京大学御用掛、理学部天象台勤務、農商務省御用掛などを歴任。19(1886)年気象学研究のため私費でドイツに留学。ベルリン大学ではベルリン気象台長で気象学講座教授のウィルヘルム・フォン・ベッツオルトの指導を受け、論文「ハンブルクにおける晴天と曇天の日における気圧の一日中の変化」（独文）をまとめる。同時にハンブルクの海洋気象台所長のゲオルグ・フォン・ノイマイヤーのもとで実地気象学も研修する。22年帰国。23年中央気象台技師になる。32年一時欧米各国に出張。35年に「大日本風土篇」で理学博士となる。この間、28年8月より大正12年2月まで中央気象台所長、29年から没年まで東京物理学校長。そのほか地理協会委員、帝国学士院会員、万国測地学会委員、震災予防調査会委員、学術研究会議地球物理学部長などの公職を兼ねる。エスペラント運動にも深く携わるほか、度量法案審査委員としてメートル法の普及にも尽力する。昭和5(1930)年1月3日死去。享年76歳。
　文献　中村博士遺稿集　日本エスペラント学会編刊　昭7／気象学の開拓者（岡田武松）　岩波書店　昭24／日本人名大事典4　平凡社　昭54　〔山路朝彦〕

中村 敬宇　なかむら・けいう
　⇒中村正直（なかむら・まさなお）を見よ

中村 新九郎　なかむら・しんくろう
生没年不詳　従者　㊧武蔵国行田　㊦諱＝信仲　㊨アメリカ：1860年（遣米使節に随行）
　生没年不詳。安政7(1860)年1月、27歳頃辻芳五郎の従者として遣米使節に随行する。
　文献　万延元年遣米使節史料集成1～7（日米修好通商百年記念行事運営会編）　風間書房　昭36／幕末教育史の研究2―諸術伝習政策（倉沢剛）　吉川弘文館　昭59　〔富田仁〕

中村 清太郎　なかむら・せいたろう

生没年不詳　医師　㋳アメリカ：1860年（咸臨丸の医師）

　生没年不詳。安政7(1860)年1月、咸臨丸の医師として渡米する。

[文献] 万延元年遣米使節史料集成1～7（日米修好通商百年記念行事運営会編）　風間書房　昭36／幕末教育史の研究2—諸術伝習政策（倉沢剛）　吉川弘文館　昭59　　〔富田仁〕

中村 宗見　なかむら・そうけん

天保14年11月（1843）～明治35年10月30日（1902）　外交官　貴族院議員　〔フランス語の達人〕　㋖薩摩　㋕改名＝博愛（ヒロナリ）、変名＝吉野清左衛門　㋳イギリス：1865年（化学、英学）

　天保14(1843)年11月に生まれる。薩摩藩士。長崎に遊学し文久2年に来日したオランダ人医者ボードインの門下生として長崎養生所で医学を学ぶ。帰藩し開成所において英学を勉学中、薩摩藩イギリス留学生派遣のメンバーに選ばれる。元治2(1865)年3月22日、吉野清左衛門と変名し鹿児島を出航し、シンガポール・スエズ経由で各国の諸文明、世界情勢などを見聞しつつ、5月28日ロンドンに到着する。山尾庸三の案内で兵器博物館や造船所など市内見学をしたり、一行の勉学上の指導者ロンドン大学化学教授ウィリアムソン博士の案内でベッドフォードの鉄工場において農業耕作機械を見学し、ハワード農園で実習を受ける。7月初旬、田中静洲とともに本格的勉学にそなえロンドン大学の教授宅に寄宿する。8月中旬ロンドン大学ユニヴァーシティ・カレッジ法文学部に入学する。藩命による専攻学科は化学・分理医学であった。その後約半年間の同大学における授業内容については不明である。翌慶応2年1月、田中とともに同大学を中退、フランスの貴族モンブラン伯爵の世話でフランスへ留学する。両名の留学先変更の理由は明らかではないがフランス留学中、田中と協力して幕府の対仏政策、諸藩の動向などを監督町田久成、対英外交担当寺島宗則などに報告していた事実が知られている。3年2月27日開催のパリ万国博覧会を当然見聞したと思われる。明治1年、3年間におよぶイギリス、フランス留学を終えて帰国する。この留学を通してオランダ語、英語、フランス語の3ヶ国語を修得した。名を博愛と改め藩の開成所にフランス語教授として赴任するが、2(1869)年6月、維新政府下における西郷従道、山県有朋の欧州視察に際しその語学力を買われてフランス語通訳として再び渡欧、3年8月に帰国する。その後工部省関係の職を歴任するが、6年その語学力によって外務省に転じロシア公使館勤務となり外交官としての道を歩むことになる。外交官としてすぐれた能力を発揮し、マルセーユ領事、そしてロシア、イタリア勤務と転任しオランダ、ポルトガル、デンマーク公使などを歴任する。同22年、15年間にもおよぶ外交官生活に終止符をうつ。晩年まで元老院議官、外交顧問、貴族院議員などを務め、明治35(1902)年10月30日死去。享年60歳。海外留学で得た西欧の知識と外国語とくにフランス語のスペシャリストとして活躍した外交官であった。

[文献] 鹿児島県史3　同県　昭16／薩藩海軍史上・中・下（公爵島津家編纂所編）　原書房　昭43(明治百年史叢書71～73)／薩摩藩英国留学生（犬塚孝明）　中央公論社　昭49(中公新書375)／近代日本海外留学生史　上（渡辺実）　講談社　昭52／幕末明治海外渡航者総覧（手塚晃編）　柏書房　平4／データベースWHO日外アソシエーツ　　〔安藤重和／富田仁〕

中村 孟　なかむら・たけし

生没年不詳　医師　㋖広島　㋳イギリス：1871年（医学）

　生没年不詳。広島の出身。明治4(1871)年9月以前に広島県の県費でイギリスに渡る。渡英目的は医学研修のためとみられる。その後の消息は不明。

[文献] 明治初年条約改正史の研究（下村冨士男）　吉川弘文館　昭37／近代日本の海外留学史（石附実）　ミネルヴァ書房　昭47／近代日本海外留学生史　上（渡辺実）　講談社　昭52／幕末明治海外渡航者総覧（手塚晃編）　柏書房　平4　　〔楠家重敏／富田仁〕

中村 貞吉　なかむら・ていきち

安政5年(1858)～明治28年7月17日(1895)　帝国大学工科大学助教授　㋖　㋳イギリス：1885年（留学）

　安政5(1858)年、豊橋に生まれる。明治18(1885)年5月31日、工部大学校の教員として1ヶ年間イギリス留学を命ぜられ渡英する。19年4月帰国後は、帝国大学工科大学助教授を務

めた。明治28(1895)年7月17日死去。
[文献] 明治過去帳―物故人名辞典(大植四郎編) 東京美術 昭46／近代日本海外留学生史 上(渡辺実) 講談社 昭52／幕末明治海外渡航者総覧(手塚晃編) 柏書房 平4
〔楠家重敏／富田仁〕

中村 博愛 なかむら・ひろなり
⇒中村宗見(なかむら・そうけん)を見よ

中村 正直 なかむら・まさなお
天保3年5月26日(1832)～明治24年6月7日(1891) 啓蒙学者 〔スマイルズ『西国立志篇』、ミル『自由論』の翻訳・紹介〕 ㊐江戸麻布竹丹波谷 ㊋幼名=釧太郎、敬輔、敬太郎、雅号=敬宇、無思散人、無思陳人、無所争斎 ㊤イギリス：1866年〔幕府留学生監督〕

天保3(1832)年5月26日、幕府与力中村武兵衛重一の長男として江戸に生まれる。3歳で四書の素読をはじめ、9歳で聖堂の素読吟味で賞を受け、17歳から昌平坂学問所に入って儒学を修め、安政2年同所の教授となり、文久2年御儒者となる。また15歳の頃からひそかに蘭学を習いはじめ、見台の引き出しに蘭書を入れて盗み読みをしたという。元治1年頃、佐久間象山と交際し、開国論へ傾く。慶応2(1866)年10月幕府派遣英国留学生取締として横浜を出航する。一行14名の中に、林董、外山正一らがいた。ロンドンの寓宿で彼は毎朝5時頃より『八家文』『史記』などを大声で暗誦したという。明治1年革命で帰国、徳川家達に随い静岡に移り、学問所の教授をつとめる。留英中ヴィクトリア朝の治世に接して、彼国富強の源は、自主自立を信条とする自由の精神にあると感銘する。4年にはスマイル『セルフ・ヘルプ』の訳『西国立志篇』を、同6年にはミル『自由論』の訳『自由之理』を出版する。とくに前者は「明治の聖書」と言われるほど、大ベスト・セラーになる。5年東京に上り、大蔵省翻訳御用を命ぜられる。6年小石川江戸川に私塾同人社を創設し、一時分校を設けたほどの盛況をみせる。同年福沢諭吉らとともに明六社を興し、『明六雑誌』(明治7～8年)にも出稿し思想的啓蒙につとめる。福沢が「三田の聖人」の称があるのと並び、彼は「江戸川の聖人」と呼ばれる。のちに同人社は財政難に陥り、杉浦重剛に委ねられる。8年東京女子師範学校摂理嘱託となり、9年訓盲院を設立す

る。10年東京大学文学部教授嘱託，14年東京大学教授，23年女子高等師範学校長を兼任する。19年元老院議官、23年貴族院議員となる。またその間、小石川区会議員、東京市会議員にも選挙される。著作としては『敬宇文集』『敬宇詩集』『敬宇先生演説集』などがある。翻訳に『西洋品行論』その他もある。彼の場合「文化接触」の結果は、西洋文明とりわけその中心としてのキリスト教の中にある普遍的要素と、日本あるいは東洋の伝統文化の中にある普遍的要素との共通性を発見し、それによって日本の伝統文化の近代的発展を導こうとつとめたことである。彼は西欧の精神と儒教の精神との一致を信ずるという態度を晩年まで貫いている。「支那不可侮論」(『明六雑誌』35号)「漢学不可廃論」(20年5月演説)などに示す漢学伝統の尊重を維持しながら、西学の啓蒙に尽くした思想家の一人であった。帰国の直後、メソジスト派宣教師により洗礼を受けたこともあるが、のち仏教儒教に帰っている。明治24(1891)年6月7日死去。享年60歳。
㊧東京都台東区・谷中天王寺
[文献] 自叙千字文(中村敬宇) 中村一吉 明20／敬宇中村先生演説集(大平譲編) 松井忠兵衛 明21／伝記・会員文学博士中村正直ノ伝：東京学士会院雑誌 12(5) 明23／君子国の真君子 中村敬宇翁(徳富猪一郎)：国民の友 8(122) 明24／敬宇中村先生逝けり(田口卯吉) 『鼎軒田口卯吉全集8』 同刊行会 昭4／中村敬宇(吉野作造)：文芸春秋 9(2) 昭6／中村正直先生著訳西国立志編の恩徳美談(大熊浅次郎)：筑紫史談 81 昭17／明治文学管見(北村透谷) 『透谷全集2』 岩波書店 昭25／明治初期における平和思想 中村敬宇を通じて見たる(高橋昌郎)：日本歴史 33 昭26／近代文学研究叢書1(近代文学研究室) 昭和女子大学近代文化研究所 昭31／英学者としての中村敬宇(石井光治)：神戸外大論叢 13(1) 昭38／中村正直と英華和訳辞典(井田好治)：東京都立大学メトロポリタン 9 昭39／中村敬宇(前田愛)：文学 33(10) 昭40／中村敬宇の生涯 留学願書を軸として(遠藤道子)：法政史学 18 昭41／中村敬宇の初期洋学思想と「西国立志編」の訳述及び刊行について 若干の新史料の紹介とその検討(大久保利謙)：史苑 26(2、3) 昭41／中村敬宇(高橋昌郎) 吉川弘文館 昭41(人物叢書)／後は昔の記他―林董回顧録(由井正臣校注) 平凡社 昭45(東洋文庫)

／中村敬宇と福沢諭吉―西欧思想への対応における二つの型（石田雄）：社会科学研究 28(2) 昭51／近代日本海外留学生史 上（渡辺実） 講談社 昭52／幕末明治海外体験詩集（川口久雄編） 大東文化大学東洋研究所 昭59／中村敬宇と明治啓蒙思想（荻原隆） 早稲田大学出版部 昭59／自叙千字文（中村正直） 大空社 昭62（伝記叢書）／中村敬宇 新装版（高橋昌郎） 吉川弘文館 昭63（人物叢書）／中村敬宇とキリスト教（小泉仰） 北樹出版、学文社（発売） 平3（フマニタス選書）／中村正直小伝（三浦鉄夫） 續文堂出版 平13／中村正直の教育思想（小川澄江） 小川澄江 平16 〔羅秀吉〕

中村 静嘉 なかむら・やすよし

安政7年2月（1860）～昭和11年6月18日（1936） 海軍軍人，少将，実業家　太平生命保険社長 ㊗金沢　㊙アメリカ：1890年（公使館付武官）

安政7(1860)年2月，加賀国金沢に生まれる。海軍兵学校卒。明治16年海軍少尉となる。明治23(1890)年8月アメリカ公使館付武官として派遣され，26年8月帰国。海相秘書官，旅順港根拠地参謀を経て，浅間艦長，明石艦長，海軍軍令部第3局長，東宮付武官を歴任。日露戦争には第3艦隊参謀長として出征，ついで水雷術練習所長に転じた。39年少将となり，41年佐世保水雷団長を務める。退役後は実業界に入り，太平生命保険を創立して社長に就任。また東洋電機製造監査役に推された。郷里・金沢に大正織物もつくった。昭和11(1936)年6月18日死去。享年77歳。

[文献] 幕末明治海外渡航者総覧（手塚晃編） 柏書房 平4／データベースWHO 日外アソシエーツ 〔藤田正晴〕

中村 弥六 なかむら・やろく

安政1年12月（1855）～？　林業学者，政治家 衆議院議員 〔山林制度の整備に尽力〕 ㊗信濃国（伊那郡）高遠　㊙ドイツ：1879年（林業学，経済学）

安政1(1855)年12月，高遠藩藩学進徳館の館長で儒学者の中村元起を父として生まれる。同館で漢学を修めた後，明治2年単身上京し，安井仲平，田口文蔵の門下に入る。ドイツ語を独学し，5年大学南校に入り鉱山学を学ぶ。9年卒業後，外国語学校，大阪師範学校で教壇に立つ。11年より内務省地理局に勤務するが，12(1879)年「遠遊の情禁ずる能はず」「家財を売却し」私費留学生としてアメリカを経てドイツに至り，同地の森林専門学校で木材の解剖学的研究・識別法を学ぶ。翌13年特に大蔵省御用掛に抜擢され，以降官費留学生としてミュンヘン大学にて経済学を学び，同地で博士号を得る。15年ヨーロッパ各国を遊歴して帰国。16年農商務省権少書記官に任じられて以来22年まで同省山林局の事務を掌握，山林制度の整備改正に努める。同時に東京山林学校，農林学校教授を兼任，また明治義塾，農林学校予備校を創設，後進の指導にも努める。23年帝国議会開設と同時に政界に身を投じ，第1回選挙から衆議院議員に当選，大成会，同盟倶楽部を組織するなどして活動を続ける。

[文献] 信濃名士伝 松下軍次著刊 明27／中村博士林業回顧録（吉田義季編） 大日本山林会 昭5／中村弥六物語（森下正夫） 高遠町 平9（高遠ふるさと叢書 歴史に学ぶ） 〔山路朝彦〕

中村 雄次郎 なかむら・ゆうじろう

嘉永5年2月29日（1852）～昭和3年10月20日（1928）　陸軍軍人，中将　男爵　㊗伊勢国波瀬村（または一志郡久居村）　㊙フランス：1874年（兵器研究）

嘉永5(1852)年2月29日，和歌山徳川藩の名門である興惣衛門（旧名一貫）の息子として生まれる。17，8歳の頃から父親に従い，火薬の製造事業を手伝い始める。明治初期，地元の砲兵隊に編入，明治4年王政復古に際し和歌山藩の兵をとかれる。明治7(1874)年，多田弥吉，津田震一とともにフランス留学を命ぜられる。パリで兵器について勉学中，旅費すべて使い果たしてしまうほど，金銭感覚が乏しかった。帰国後，文明開化を主張し生活様式も西洋型に転換。11年，原田氏の養女と結婚。その後，養父の原田氏の出張先である大阪砲兵工廠に勤務。13年5月東京の陸軍士官学校の教官に任命され，まもなく大尉となる。当時彼以外に翻訳ができる人がないため製鉄業界では，権威者となる。その後何度か欧米へ赴く。桂太郎陸相の下で活躍し，明治39年その勲功により男爵を授けられる。昭和3(1928)年10月20日，赤坂青山御所の前の自邸の洋間で死去。享年77歳。

[文献] 中村雄次郎伝（石井満）　同伝記刊行会　昭18／日本人名大事典4　平凡社　昭54
〔志村公子〕

中山 譲治　なかやま・じょうじ

天保10年6月15日（1839）～明治44年1月17日（1911）　外交官，実業家　[生]江戸本所石原　[名]旧名＝瀬戸　幼名＝新太郎，前名＝右門太，雅号＝酔古　[渡]イタリア：1870年（生糸貿易），イタリア：1872年（外交）

天保10（1839）年6月15日，幕臣瀬戸本太夫の子として江戸本所石原に生まれる。6歳で中山誠一郎の養子となる。安政4年長崎で蘭学と英学を修める。文久2年長崎英学所頭取となり，慶応1年横浜の仏蘭西語学所伝習生となる。留学年は不明だがフランスに渡り陸軍教師シャノアーヌに兵学を教わる。5ヶ国語に通じたという。幕府小十人格騎兵差図役頭取勤方。明治3（1870）年今度はイタリアへ渡航して蚕卵紙の海外販路を拡め生糸輸出に携わる。5年2月19日大蔵省四等出仕，5月4日租税権頭（運上所長官）を経て外交界に入り井田譲と総領事となり，同年（1872）10月12日サンフランシスコ在勤の命が同15日ヴェネツィアに転ぜられて同地へ赴く。その11月26日三輪甫一外務一等書記生とともに式部寮から金350円の恩典を受ける。翌6年1月5日総領事委任状が出，5月9日同地に領事館を設け，6月5日伊国王認許状が付与されて活動を始めるが，翌7年3月8日には早くも廃館が太政官より通達され，9月27日には官金を窃取された罪をつぐなって10月17日帰国する。同年12月27日イタリア政府から勲三等に叙せられ賞牌を受ける。8年2月27日宮内省五等出仕に移り翌9年2月28日宮内権大丞となるが，10年官を辞する。18（1885）年1月27日ハワイ国政府の招聘を受けて日本移住民の監督総官を務め，19年9月22日同国皇帝からナイト・コンマンドル・クラウン・オブ・ハワイ勲章を贈られる。28年帰国すると東洋移民合資会社を設立して業務を担当し，29年東京建物株式会社監査役に就く。明治44（1911）年1月17日，東京府日暮里村の自宅で慢性気管支カタルで死去。享年73歳。　[墓]東京・日暮里

[文献] 開港と生糸貿易　下（藤本実也）　開港と生糸貿易刊行会　昭14／明治過去帳―物故人名辞典（大植四郎編）　東京美術　昭46／日仏文化交流史の研究（西堀昭）　駿河台出版社　昭56／幕末・明治期における日伊交流（日伊協会編）　日本放送出版協会　昭59／幕末明治海外渡航者総覧（手塚晃編）　柏書房　平4／データベースWHO　日外アソシエーツ
〔山口公和／富田仁〕

永山 武四郎　ながやま・たけしろう

天保8年4月24日（1832）～明治37年5月27日（1904）　陸軍軍人，中将　男爵　〔屯田兵制の創設〕　[生]薩摩国（鹿児島郡）薬師馬場町　[名]名乗＝盛行，雅号＝北風　[渡]ロシア：1879年（コサック兵制），ロシア，アメリカ：1887年（移民兵制，寒地農業）

天保8（1832）年4月24日，薩摩藩士・永山清左衛門の四男として生まれる。のちに永山喜八郎の養子となる。幼時より武芸を学びとくに槍術に優れ，戊辰の役で会津攻略に参加して武功をたてる。明治3年伊集院トメと結婚し，翌年陸軍大尉に昇進し，近衛兵第三大隊一番小隊長となる。しかし，兵制決定に際し，自論のイギリス式兵制が破れたため，陸軍裁判大主理の栄を与えられたが辞任する。一転して，開拓使八等出仕として北海道に渡り，北海道の開拓に身を委ねることとなる。6年11月，時任為基などと謀り懸案となっていた屯田兵設置を建議する。黒田清隆が建言するに及び実現の運びとなる。清隆が陸軍中将に任ぜられ屯田事務総理となると，彼は開拓使殖民取調専務に起用されその補佐を務める。その後，准陸軍中佐兼開拓少書記官を歴任し，11年12月屯田事務局長兼裁判事務管理となる。翌12（1879）年12月コサック兵制を学ぶため，コルサコフへ出張し兵屋の構造・防寒設備の研究を行う。帰国後，みずから石狩川流域の調査，さらには道内一周踏査を行うなど屯田兵制度育成に意欲的に取組んでいる。20（1887）年3月ロシア，アメリカ，清へ派遣され，移民兵制，コサック兵の駐屯状況及び寒地農業を研究する。帰国後，屯田兵拡大のため，従来士族に限られていた入植資格を廃し，さらに札幌農学校に兵学科を設置して有能な士官の登用を図る。とりわけ，上川地域の開拓を推進する。このようにして屯田兵制は警備本位から開拓中心へと転換し，道内へ広がって行くこととなる。この間，北海道庁長官を兼任し，22年ロシア皇帝より神聖スタニスラフ第一等勲章を受け，また屯田兵司令官に任ぜられる。28

年男爵となり、翌年札幌に第7師団が創設されると、ただちに師団長に任ぜられ、陸軍中将に昇進する。彼は日露交戦を予期し、対露貿易の名目で札幌露語学研究所を設置し、のちの札幌露清語学校の基礎をつくる。33年休職し、その後予備役を経て36年貴族院議員に勅選されるが、明治37(1904)年5月27日、東京で死去。享年73歳。 墓札幌市豊平墓地(永山神社及び、上川神社に合祀)
文献 周遊日記(永山武四郎) 明21／永山武四郎(高倉新一郎)『北の先覚』北日本社 昭22／北海道拓殖史(高倉新一郎) 柏葉書院 昭22／北海道史人名辞典(橘文七) 北海道資料保存協会 昭32／旭川市史 同史編纂委員会 昭34～46／上川開発史(同刊行委員会) 北海道上川支庁 昭36／北海道のいしづえ四人(井黒弥太郎、片山敬次) みやま書房 昭42／北海道百年 北海道新聞社編刊 昭42／開拓使功労者関係資料集録 北海道総務部行政資料室 昭46／日本人名大事典4 平凡社 昭54／明治欧米見聞録集成 第16巻 周遊日記(永山武四郎) ゆまに書房 昭62／よみがえった「永山邸」—屯田兵の父・永山武四郎の実像(高安正明) 共同文化社 平2(開拓使通り叢書) 〔小林邦久〕

中山 訥 なかやま・とつ
安政1年6月1日(1854)～明治12年7月23日(1879) 海軍軍人 留ドイツ：1876年(艦務研究)

安政1(1854)年6月1日に生まれる。明治9(1876)年、艦務研究のためドイツ留学を受けた山本権兵衛に同行し、海軍留学生・福島虎次郎、横尾道昆、片岡七郎、沢良漢、早崎七郎、河原要一などとともにインド洋、大西洋を経て10年10月ドイツに到着。ただちにドイツ軍艦ライプチヒ号に搭乗して南米諸国に航海する。11月同艦はドイツとニカラグア国との紛争に際会し、鎮圧に向う。これに従軍、参戦しようとするが、本国海軍省からの命令を受けて、翌11年3月パナマで退艦し5月に帰国。その後の消息は不明。
文献 山本権兵衛と海軍(海軍省海軍大臣官房編) 原書房 昭41 〔山路朝彦／富田仁〕

中山 信彬 なかやま・のぶよし
天保13年10月15日(1842)～明治17年2月17日(1884) 官吏、実業家 大阪株式取引所頭取

留肥前国 留アメリカ：1871年(岩倉使節団に同行)

天保13(1842)年、肥前の国に生まれる。明治4(1871)年兵庫県権知事のとき、岩倉使節団の特命全権大使岩倉具視に随行してアメリカ、ヨーロッパに渡航。のち外務権大丞、また大阪株式取引所頭取をもつとめる。明治17(1884)年2月17日死去。享年43歳。
文献 明治過去帳—物故人名辞典(大植四郎編) 東京美術 昭46／岩倉使節団(田中彰) 講談社 昭52(講談社現代新書487) 〔谷崎寿人〕

中山 秀三郎 なかやま・ひでさぶろう
元治1年(1864)～昭和11年11月19日(1936) 工学者 工学博士 東京帝国大学教授 留尾張 留イタリア：1896年(土木建築)

元治1(1864)年、尾張で生まれる。帝国大学を卒業し、同大学の工学科土木科の助教授となり、明治29(1896)年に欧州留学を命ぜられる。イタリアに渡り、ついでドイツ、オランダ、フランスを歴訪して土木建築の参考とする。31年11月の帰国後、教授となる。工学博士の学位を得て、帝国学士院会員、東京帝国大学名誉教授となる。河川港湾学の権威であった。昭和11(1936)年11月19日死去。享年73歳。
文献 近代日本海外留学生史 下(渡辺実) 講談社 昭53／日本人名大事典4 平凡社 昭54 〔楠家重敏〕

長与 称吉 ながよ・しょうきち
慶応2年1月7日(1866)～明治43年9月5日(1910) 医師 医学博士 男爵 〔日本消化器病学会を創立〕 留肥前国(長崎)大村 留ドイツ：1884年(医学)

慶応2(1866)年1月7日、医学者長与専斎の子として生まれる。官命により文部少丞、中教授に任ぜられた父に従い東京へ出る。慶応義塾、独逸語学校に学んだ後、大学予備門に入る。明治17(1884)年ドイツに留学し、ミュンヘン大学とヴュルツブルク大学で医学を修め、26年医学博士の学位を取得。同年9月に帰国して東京・日本橋に開業。29年麹町区内幸町に移り胃腸病院を開院。31年には日本消化器病学会の前身である胃腸病研究会を創立し会長となる。自家病院で多くの後進の指導にあたるとともに日本癌研究会理事長、大日本私立衛生会評議員などを歴任。35年11月医学

博士の学位を受ける。43年8月25日，父専斎の功により男爵となる。明治43(1910)年9月5日死去。享年45歳。

文献 日本人名大事典4　平凡社　昭54

〔山路朝彦〕

長与 専斎　ながよ・せんさい

天保9年8月28日(1838)～明治35年9月8日(1902)　医学者　〔コレラ予防など公衆衛生行政の確立〕　㊀肥前国(長崎)大村　㊔雅号=松香，松香散人　㊋アメリカ：1871年(医学学校・病院の調査)，ドイツ：1872年(医学)

天保9(1839)年8月28日，肥前大村藩医長与中庵の子として生まれる。11歳のとき大村藩の学塾五教館で漢学を修める。安政1年，17歳で大坂の緒方洪庵の適塾に入り蘭学と医学を学び，4年目には塾頭となる。万延1年1月長崎の医学伝習所精得館に入り，司馬凌海，橋本綱常，池田謙斎，佐藤尚中，緒方惟準などと同じくオランダ医ポンペの講義を受ける。文久3年5月大村藩に帰り藩侍医となる。慶応2年4月藩命により再び長崎精得館に留学，ボードゥイン，マンスフェルドの教えを受け，4年1月同館医師頭取に推される。この時期長崎医学校の創立を命じられ学頭として学科規定を制定する。同校は明治3年から大学の管轄となり，専斎も大学少博士，正七位に叙せられる。4年7月官命により東京に出て文部少丞，中教授になる。同年(1871)9月2日，田中文部大丞に従いドイツ，オランダにおける医学教育，医学行政制度の視察調査を行うよう命を受ける。11月12日横浜より出航し，12月6日アメリカ西海岸に着く。調査のため医学学校・病院の巡覧を行いながら大陸を横断する。5(1872)年2月目的地であるヨーロッパに向かいニューヨークから出航する。イギリスのリバプール，ロンドン，さらにパリを経て4月中旬ベルリンに到着して青木周蔵，品川弥二郎らに迎えられる。ベルリン大学で医学研究の現場に接すると，すぐに日本医学の貧困さを痛感，反省するとともにドイツ人解剖教師の招聘の契約を行う。ベルリンでは“Gesundheitspflege(衛生)”の語に注意をひかれ，これを調べているうちに「国民一般の健康保護を担当する特種の行政組織のあること」に気づく。しかし，この事業は国家行政府，警察，地方行政府などが入り組んだ分野である上に，学ぼうとしたプロシアが普仏戦争後の帝国統一建国期にあたり行政制度などまだ過渡期で錯綜していたため，十分には理解することができなかったようである。そこで小国ではあるがすべてに整備されたオランダに渡り，そこで行政府の協力のもと順次に調査を進め，その概要を知ることに成功する。6年帰国の命を受け，1月中旬オランダを去り，ベルリン，パリを経てマルセイユから帰途につく。帰国と同時に文部省医務局長となり医制の取調べにあたり，「医制七十六ヶ条」の草案を作成するなど全国の医学教育衛生事務を統轄する。7年7月東京医学校校長，8年内務省衛生局長，10年東京大学医学部綜理心得，中央衛生会副会長，東京検疫局幹事長などを歴任。その間，輸入薬品を検査するための司薬場を横浜に設け，牛痘種継所を設立し種痘法を実施，コレラ予防のための予防心得の通達，上下水道の改良などの衛生政策を実践する。19年元老院議官になり，中央衛生会長を兼ねる。帝国議会開設に際し貴族院勅選議員となり，21年宮中顧問官，24年大日本私立衛生会会頭になる。明治35(1902)年9月8日死去。享年65歳。

㊏東京・青山霊園

文献 松香私志(長与専斎)　長与称吉編刊　明35／長与専斎先生小伝：中外医事新報　540　明35　／松香遺稿　長与又郎編刊　昭9　／長与専斎の書翰(深味貞治)：日本医事新報　649　昭10　／長与専斎について(秋山弥助)：明治文化　15(1)　昭17　／長与専斎(藤田宗一)：日本医事新報　1518　昭28　／長与専斎と長与善郎1～11(杉野大沢)：日本医事新報　1956～66　昭36　／日本人名大事典4　平凡社　昭54　／松本順自伝・長与専斎自伝(小川鼎三，酒井シヅ校注)　平凡社　昭55(東洋文庫386)／明治維新人名辞典(日本歴史学会編)　吉川弘文館　昭56　／適塾と長与専斎—衛生学と松香私志(伴忠康)　創元社　昭62　／医療福祉の祖長与専斎(外山幹夫)　思文閣出版　平14

〔山路朝彦〕

名倉 納　なくら・おさむ

生没年不詳　陸軍軍医　㊀遠江国浜松　㊋アメリカ：1871年(医学)

生没年不詳。浜松藩の学者名倉松窓の子として生まれる。明治4(1871)年，県費留学としてアメリカに渡り，フィラデルフィア大学において医学を学び，のち陸軍軍医となる。13年に帰国。のち東京で医院を開業した。

名倉 予可人　なくら・よかひと

生没年不詳　田中廉太郎従者　㊨フランス：1864年(遣仏使節に随行)

生没年不詳。文久3(1864)年、遣仏使節に田中廉太郎の従者として随行する。

文献　幕末教育史の研究2―諸術伝習政策(倉沢剛)　吉川弘文館　昭59　　〔富田仁〕

名越 平馬　なごし・へいま

弘化2年(1845)~?　薩摩藩留学生　㊨薩摩　㊨変名＝三笠政之介　㊨イギリス：1865年(陸軍大砲術)

弘化2(1845)年に生まれる。薩摩の出身。21歳の当番頭のとき、強い攘夷思想のため留学を辞退した島津織之介、高橋要の両名にかわって、村橋直衛と共に薩摩藩イギリス留学生の一員に選ばれる。元治2(1865)年3月22日、三笠政之介と変名し町田久成、新納中三を監督とする留学生一行とともに鹿児島を出航し、シンガポール、スエズ経由で諸国の文明や世界の状勢を見聞しつつ、5月28日ロンドンに到着、ベースウォーター街の宿舎におちつく。T.グラヴァーの紹介によるイギリス下院議員L.オリファントの世話でパーフそのほかの語学家庭教師について英語の学習に励む。6月に入り山尾庸三の案内でロンドン市内を見物、兵器博物館や造船所を見学する。6月7日、勉学上の指導者であるロンドン大学化学教授ウィリアムソン博士の案内でベッドフォードの鉄工場において農業耕作機械を見学し、同市の市長の招きでハワード農園を訪れ実習を受ける。この見学訪問は6月11日付のタイムズ紙上で紹介され、当時日本人は珍しかったので、ロンドン市民の注目を浴びる。近代農業機械技術を知らなかった彼らが、いかに驚き強い関心を示したかが報道されている。7月初旬本格的勉学にそなえて市来勘十郎とともにロンドン大学数学教授デウィス博士宅に寄宿することになる。8月中旬、ロンドン大学ユニヴァーシティ・カレッジ法学部に入学する。藩命による専攻学科は陸軍大砲術であった。その後約1年間同大学で学んだ授業内容などについてはわかっていない。留学生活も1年を過ぎた慶応2年6月下旬、学費の欠乏や日本国内情勢の変化などの諸事情による藩の要請で帰国を決意する。町田申四郎、清蔵兄弟、東郷愛之進、高見弥一の5名の留学生とともに帰国の途につく。8月下旬鹿児島に帰着する。帰国後の消息は不明。

文献　鹿児島県史3　同県　昭16／薩藩海軍史　上・中・下(公爵島津家編纂所編)　原書房　昭43(明治百年史叢書71~73)／薩摩藩英国留学生(犬塚孝明)　中央公論社　昭49(中公新書375)　　〔安藤重和〕

那須 セイ　なす・せい

生没年不詳　看護婦　〔看護婦留学の第1号〕㊨大分　㊨イギリス：1887年(看護学)

生没年不詳。幕末の生まれで、大分出身と伝えられる。明治19年2月から有志共立東京病院に勤め、20(1887)年7月23日、東京慈恵医院(同年改称)看護婦教育所生徒の身分で、拝志よしねと共にナイチンゲールが設立したイギリスのセント・トーマス病院看護婦学校に看護学研修のため留学する。有志共立東京病院の設立者である高木兼寛は、セント・トーマス病院医学校に留学の経験があり、近代看護学の基礎をつくったナイチンゲールの功績を理解し、日本最初の看護婦留学を支援した。東京で療養中の宣教師ハリソン夫人を看護した縁で、同夫人の付添い看護を兼ねて渡航したといわれる。22年11月22日、留学を終えて帰国し、東京慈恵医院看護婦となり、翌年には女室看護長兼外来診察場掛に任命されたが、24年6月26日に退職。その後の消息は不明。

文献　看護婦洋行：女学雑誌　69　明20.7／慈恵における看護教育史III(坪井良子他)：看護教育　19(3)　昭53.3／幕末明治海外渡航者総覧(手塚晃編)　柏書房　平4
〔吉川龍子／富田仁〕

夏目 漱石　なつめ・そうせき

慶応3年2月9日(1867)~大正5年12月9日(1916)　小説家、英文学者　㊨江戸(牛込馬場下横町)　㊨本名＝金之助　㊨イギリス：1900年(英文学、高等学校教師留学の第1号)

慶応3(1867)年2月9日、江戸牛込の元禄以来の名主である夏目小兵衛直克と千枝の5男3女の末子として生まれる。金之助と名づけられる。生後まもなく四谷の古道具屋に里子に出され夜店にいたところを見かねて姉が家に連

れ帰ったといわれる。さらに2歳の時塩原昌之助のもとに養子に出され，父母に溺愛されるが，夫婦仲が悪く明治9年に離婚したため生家へ戻る。漢籍に親しみ漢文学を通じて文学の素養をやしない東京府立一中から漢学塾二松学舎に転じるが，大学進学に英語が必須だったため英語学校成立舎に学び大学予備門に入学する。21年9月第一高等学校に進学，英文学専攻を決意する。同級生の正岡子規の強い影響を受ける。23年帝国大学文科大学に入学，特待生となり，J.M.ディクソンのため『方丈記』を英訳，またJ.マードックにその学力を高く評価される。26年7月大学を卒業，東京高等師範の英語教師となるが内面的な苦悩になやまされる。禅などに救いを求めるも悟道ならず，28年突如辞任して東京を去り松山中学の教師となる。29年6月貴族院書記官中根重一の長女鏡子と結婚，熊本に赴き五高教授となる。33（1900）年5月，高等学校教師留学の第1号として，文部省より英語研究のため現職のままで2年間のイギリス留学を命じられる。留学費用は年額1800円であった。同年9月8日ロイド社のドイツ汽船プロイセン号で横浜を出帆，留学の途につく。同船者に芳賀矢一，藤代禎輔，稲垣乙丙，戸塚機知などがいた。10月21日パリに到着，1週間ほど滞在しパリ万国博覧会を見物する。28日朝同地を立って夜にロンドンに到着する。市内ガウワー街76番地の下宿に投宿，翌日よりロンドン市内を見聞して廻り近代市民社会の息吹きにふれる。10月31日には美濃部達吉とヘイマーケット座におけるシェリダンの『悪口学校』を観劇している。翌11月1日，ケンブリッジを訪問，留学の可能性を探るが費用が足りず断念，ロンドンを留学地と決める。同月7日より12月頃までユニヴァーシティ・カレッジの中世英文学の権威W.P.ケア教授及びT.フォスター助教授の英語と英文学に関する講義を聴講する。しかし古代・中世の英文学については未熟だったせいか，期待した成果は得られず失望しやめてしまう。一方ケア教授の紹介でシェイクスピア学者であるW.J.クレイグのもとに通い個人教授を受ける。クレイグとの間にはあたたかい師弟関係が生まれ，週1回火曜日に自宅へ約1年間通って指導を受ける。この間11月12日に市内ウェストハムステッド，プライオリー・ロード85番地のミス・マイルド方に下宿する。同宿の長尾半平と親交を持つが複雑な家族関係が嫌になり，40日間の滞在で第二の下宿ニューロード・キャンバーウェル・フロッデン・ロード6番地のブレット宅に転居する。ここの同宿人は宮川清，小山正太郎，田中孝太郎，米津恒次郎，池辺義象などであった。とくに田中と親密になり散歩したり観劇に出かけたりした。彼が訪れたのはダリッチ・カレッジの美術館などであり，また女王陛下の劇場でシェイクスピア劇を観賞する。また,パントマイムを見て強くひかれたといわれる。このほかにキュー植物園，南ロンドン美術館，ラスキンの家などもよく訪れている。34年4月25日頃には第3の下宿トゥーティング・ステラ・ロード5番地に移る。5月5日ベルリンよりドイツ留学を終えた友人の化学者池田菊苗が訪れる。後年味の素の発明者として知られる池田に啓発されて，文学以外の各分野にも目を向け『文学論』の構想を思い立つ。この理論探求がロンドン留学における最大の課題となる。一方第4の下宿を新聞広告で求めるが，7月20日横浜正金銀行員渡辺和太郎の世話でクラッパム・コモンのザ・チェイス・ロード81番地の決める。以後帰国までの約1年半をこの家で過ごす。8月3日池田と彼に多大な影響を与えた作家の一人であるカーライル博物館を訪ねる。ここには計4回ほど足を運んでいる。8月15日にはヴィクトリア駅に土井晩翠を出迎え同宿させて世話をする。その後11月3日発句の会を彼の下宿で催す。メンバーは渡辺和太郎，渡辺伝衛門，桑原金之助であったが，この会は35年元旦までに3回催され，その後直木倫太郎，井原市次郎，田中孝太郎，土井晩翠などが加わる。また4月頃中村是公と偶然出会い，7月初めには画家の浅井忠と同宿するようになるが，孤独に悩まされ神経衰弱に落ち込む。彼のイギリス留学は『倫敦塔』『倫敦消息』や日記などで詳しく述べられているが，次第に人間の内面における暗部を凝視するようになり，自我の苦悩に悩まされていった。9月頃神経衰弱は最もひどくなり土井に同宿してもらう。気分転換に自転車を習い，これに乗って岡倉由三郎を訪ねる。10月頃，漱石発狂の噂が流れる。この頃，スコットランド旅行。ロンドン日本総領事荒川己次の依頼でグラスゴー大学における日本人留学生の試験官として，同大学に教授として招かれる。中部の町ピトロクリーに行き日本愛好家J.H.ディクソンの世

話になりダンダラック屋敷に滞在する。11月に入ってロンドンに戻ると帰国命令が待っていた。それはドイツからの帰国の途にあった藤代素人に宛てて同伴するようにと出されたものであったが，準備が出来ず遅れて出立することになる。12月5日アルバート・ドックから日本郵船の博多丸に乗船，36年1月23日神戸に上陸，24日新橋に到着する。帰国後，東京帝国大学の英文科講師に就任するが，彼のロンドン体験は生涯を研究者として送ることを許さず，『吾輩は猫である』の執筆を契機に作家への道を歩むことになる。イギリス留学は作家漱石の誕生を基礎づけたものということができる。それは東洋と西洋の二つの文化を内包し同時にそのことによって日本の近代を担う文学へと発展して行った。今日にあっては彼の生涯とその文学世界は東と西の近代文明にまたがる文化的存在になっているといえよう。大正5(1916)年12月9日，未完の大作『明暗』を執筆中に死去。享年50歳。漱石のイギリス留学の意義を記念して，昭和59(1984)年8月25日，彼の4番目の下宿の向い側ザ・チエイス80番地に「ロンドン漱石記念館」が設立された。

㊥東京・雑司ヶ谷霊園

[文献] 夏目漱石(小宮豊隆) 岩波書店 昭13／夏目漱石(滝沢克己) 三笠書房 昭18／夏目漱石(江藤淳) 東京ライフ社 昭31／評伝夏目漱石(荒正人) 実業之日本社 昭35／夏目漱石―その英文学的側面(矢本貞幹) 研究社 昭46／夏目漱石(福原麟太郎) 荒竹出版 昭48／漱石のシエイクスピア(野谷士，玉木意志太牢) 朝日出版社 昭49／夏目漱石(平川祐弘編) 番町書房 昭52／日本近代文学大事典2(日本近代文学館編) 講談社 昭53／日本人名大事典4 平凡社 昭54／夏目漱石1〜3(森田草平) 講談社 昭55(講談社学術文庫)／夏目漱石(吉村善夫) 春秋社 昭55／夏目漱石(坂本浩) 右文書院 昭55(右文新書)／漱石のロンドン(角野喜六) 荒竹出版 昭57／近代日本哲学思想家辞典(伊藤友信他編) 東京書籍 昭57／ロンドンの夏目漱石(出口保夫) 河出書房新社 昭57／夏目漱石 新潮社 昭58(新潮日本文学アルバム2)／ロシアの影―夏目漱石と魯迅(藤井省三) 平凡社 昭60(平凡社選書)／漱石のロンドン風景(出口保夫，アンドリュー・ワット編著) 研究社出版 昭60／夏目漱石博物館―その生涯と作品の舞台(石崎等，中山繁信) 彰国社 昭60(建築の絵本)／ロンドン漱石文学散歩(出口保夫) 旺文社 昭61／夏目漱石 上，中，下(小宮豊隆) 岩波書店 昭61〜62(岩波文庫)／漱石とイギリスの旅(稲垣瑞穂) 吾妻書房 昭62／漱石と英国―留学体験と創作との間(塚本利明) 彩流社 昭62／漱石研究―ESSAY ON SOSEKI(平岡敏夫) 有精堂出版 昭62／夏目漱石論(蓮実重彦) 福武書店 昭63(福武文庫)／夏目漱石論攷(大竹雅則) 桜楓社 昭63／夏目漱石(伊豆利彦) 新日本出版社 平2(新日本新書)／漱石日記(平岡敏夫編) 岩波書店 平2(岩波文庫)／夏目漱石と倫敦留学 改訂新版(稲垣瑞穂) 吾妻書房 平2／ロンドンの夏目漱石 新装版(出口保夫) 河出書房新社 平3／夏目漱石研究資料集成 第1〜10巻(平岡敏夫編) 日本図書センター 平3／夏目漱石―非西洋の苦闘(平川祐弘) 講談社 平3(講談社学術文庫)／夏目漱石事典(三好行雄編) 学燈社 平4／若き日の漱石(竹長吉正) 右文書院 平4／夏目漱石とロンドンを歩く(出口保夫) PHP研究所 平5(PHP文庫)／漱石―その歴程(重松泰雄) おうふう 平6／夏目漱石の手紙(中島国彦，長島裕子) 大修館書店 平6／わたくしの漱石先生―異邦人のアプローチ(楊壁慈) 近代文芸社 平6／夏目漱石青春の旅(半藤一利編) 文藝春秋 平6(文春文庫)／夏目漱石―物語と史蹟をたずねて(武蔵野次郎) 成美堂出版 平7(成美文庫)／漱石のロンドン風景(出口保夫，アンドリュー・ワット編著) 中央公論社 平7(中公文庫)／漱石を読みなおす(小森陽一) 筑摩書房 平7(ちくま新書)／漱石のステッキ(中沢宏紀) 第一書房 平8／夏目漱石の原風景(水谷昭夫) 新教出版社 平9(水谷昭夫著作選集)／漱石の「不愉快」―英文学研究と文明開化(小林章夫) PHP研究所 平10(PHP新書)／こちらロンドン漱石記念館(恒松郁生) 中央公論社 平10(中公文庫)／漱石と異文化体験(藤田栄一) 和泉書院 平11(和泉選書)／漱石と英国―留学体験と創作との間 増補版(塚本利明) 彩流社 平11／漱石と立花銑三郎―その影熊本・三池・ロンドン(宮崎明) 日本図書刊行会 平11／漱石イギリスの恋人(佐藤高明) 勉誠出版 平11(遊学叢書)／魯迅の日本漱石のイギリス―「留学の世紀」を生きた人びと(柴崎信三) 日本経済新聞社 平11／心を癒す漱石からの手紙―文豪といわれた男の，苦しみとユーモアと優しさの素

顔（矢島裕紀彦）　青春出版社　平11／海をこえて近代知識人の冒険（高沢秀次）　秀明出版会　平12／漱石と英語（大村喜吉）　本の友社　平12／漱石と寅彦（沢英朗）　沖積舎　平14／漱石　倫敦の宿（武田勝彦）　近代文芸社　平14／漱石私論―そのロマンと真実（岡部茂）　朝日新聞出版サービス（製作）平14／異文化体験としての大都市―ロンドンそして東京（明治大学人文科学研究所編）　明治大学人文科学研究所，風間書房（発売）平15／明治大学公開文化講座／日本人が知らない夏目漱石（ダミアン・フラナガン）世界思想社　平15／吾輩はロンドンである（多胡吉郎）　文芸春秋　平15／漱石が聴いたベートーヴェン―音楽に魅せられた文豪たち（滝井敬子）　中央公論新社　平16（中公新書）／夏目金之助ロンドンに狂せり（末延芳晴）青土社　平16／漱石の巨きな旅（吉本隆明）日本放送出版協会　平16／スコットランドの漱石（多胡吉郎）　文芸春秋　平16（文春新書）

〔安藤重和〕

鍋島　直柔　なべしま・なおとう

安政5年10月17日（1858）～明治43年2月7日（1910）　慶応大学名誉教授　子爵　㋪肥前国佐賀　㋕幼名＝尚丸　㋪イギリス：1873年（留学）

安政5（1858）年10月17日、鍋島藩主鍋島直正の八男として生まれる。のち蓮池藩主鍋島直紀の養子となる。明治6（1873）年にイギリスに留学し、帰国後、慶応大学名誉教授となる。晩年には貴族院議員となる。明治43（1910）年2月7日、持病の尿毒症のため死去。享年53歳。

[文献]　慶応義塾百年史　中（後）　慶応義塾大学編刊　昭33／明治過去帳―物故人名辞典（大植四郎編）　東京美術　昭46／近代日本の海外留学史（石附実）　ミネルヴァ書房　昭47／現代華族譜要（日本史籍協会編）　東京大学出版　昭51（続日本史籍協会叢書　第1期10）

〔楠家重敏〕

鍋島　直虎　なべしま・なおとら

安政3年3月5日（1856）～大正14年10月30日（1925）　政治家　子爵　㋪肥前国佐賀城下　㋕幼名＝欽八郎　㋪イギリス：1873年（留学）

安政3（1856）年3月5日、佐賀藩主の子として佐賀城下に生まれ、支藩・小城藩主の養子となり、11代目藩主。明治2年版籍奉還とともに小城藩知事となり、4年廃藩置県によって免職さ

れた。6（1873）年7月イギリスに留学し10年に帰国後、外務省御用掛を務める。17年子爵に叙せられ、23年貴族院議員となった。大正14（1925）年10月30日死去。享年70歳。

[文献]　幕末明治海外渡航者総覧（手塚晃編）柏書房　平4／データベースWHO　日外アソシエーツ

〔藤田正晴〕

鍋島　直大　なべしま・なおひろ

弘化3年8月27日（1846）～大正10年6月19日（1921）　佐賀藩主、式部長官　侯爵　㋪佐賀城二の丸　㋕幼名＝淳一郎、別名＝直縄、茂実　㋪イギリス：1871年（留学）

弘化3（1846）年8月27日、肥前佐賀藩主・鍋島直正（閑叟）の次男として生まれる。草場瑳助（佩川）より儒学を学び武芸も修める。文久1年、将軍家茂に謁してその一字をとり、茂実と改名し、松平姓も賜わる。信濃守に任ぜられるが、同年11月には家督を相続し、肥前守となる。父直正は、幕末維新の中にあって、藩内に西欧文明の輸入を奨励し、砲台や製鉄所、砲兵工廠などの建設、軍艦購入を行うが、これにならって彼も、長崎防備のための軍事力強化、人材養成、殖産興業を図る。とくに西松浦の石炭採掘や、有田焼の海外輸出を試み、慶応3年のパリ万国博覧会には、佐野栄寿左衛門に命じてつくらせた有田焼を出品する。明治1年の討幕親征では、北陸先鋒を命ぜられ、名を鍋島直大にもどし、軍艦観光丸を朝廷に献上する。同年2月に議定職・外国事務局権判、3月に横浜裁判所副総督となる。戊辰戦争では野総鎮撫を命ぜられ、藩兵を上野・東北戦に送り込み大活躍させる一方、みずからはフランスに差押えられていた横須賀造船所の受取りに成功し、藩兵をもってこれを守らせる。この頃より副島種臣、大木喬任、大隈重信らを登用する。同年6月外国官副知事、7月スペイン和親貿易条約締結の全権委員となり、8月より左近衛権少将、9月参与職となる。明治2年5月すべての職務を解かれ、国事諮詢のため隔日に出仕を命ぜられ、麝香間祗候に就任する。ついで佐賀藩知事となる。4（1871）年7月廃藩置県で知事職を辞し、11月イギリスへ留学する。以来3年間イギリスに滞在し7年、佐賀の乱で一時帰国するが、再び渡英する。11年7月に帰国。翌12年に外務省御用掛となり、ドイツとイタリアの皇族やアメリカのグラント大

統領らの来日に際し接伴をつとめる。13年特命全権公使としてイタリアに駐在し，イタリア皇帝より一等大綬章を贈られる。15年に帰国し，元老院議官兼式部頭となる。16年鹿鳴館の開館には，滞欧体験を活かして踏舞練習会の責任者となり，ヤンソンにダンスを指導させる。17年侯爵を授けられ式部長官に就任。19年に元老院議官を辞す。21年ロシア皇帝より聖アンナ勲章を受ける。23年貴族院議員となり，30年宮中顧問官となる。その後，日本水難救済会副総裁，日本音楽会会長，イタリア学協会会長，大日本歌道奨励会会長，国学院大学学長，東京地学協会名誉評議員，日本赤十字社常議員などを歴任。大正10年3月より気管支カタルを患い黄疸を併発し，同年（1921）年6月19日死去。享年76歳。　[墓]東京・青山霊園

[文献] 大日本人名辞書（同刊行会編）　講談社　昭49／日本人名大事典4　平凡社　昭54 ／明治維新人名辞典（日本歴史学会編）　吉川弘文館　昭56 ／鍋島直大公事蹟（岡田実）

〔内海あぐり〕

鍋島 直彬　なべしま・なおよし

天保14年12月11日（1844）～大正4年6月14日（1915）　官吏　子爵　〔初代沖縄県令として行政に尽力〕　[生]肥前国鹿島　[名]幼名＝熊次郎，通称＝備前守のち備中守　[渡]アメリカ：1872年（留学）

天保14（1844）年12月11日，鹿島藩主丹後守直永の三男として生まれる。重野安繹，中村正直，塩谷宕陰らに学び，嘉永1年藩主となり原忠順を家老に起用して藩政を刷新する。文久3年宗主鍋島閑叟に代わって上京する。戊辰戦争においては北陸道先鋒をつとめる。明治2年鹿島藩知事，4年廃藩によって職を免ぜられ，5（1872）年アメリカに留学。9年帰国後侍従・侍補，法制局，文学御用掛などを歴任，12年4月初代沖縄県令となり，諸学校新設，糖業振興，税制改革などに尽力する。14年5月元老院議員，17年子爵を授けられ，23年から貴族院議員当選3回，この間青年教育にも尽力する。著書に『米政撮要』がある。大正4（1915）年6月14日死去。享年73歳。

[文献] 鍋島直彬公伝（星野英夫編著）　昭45／日本人名大事典4　平凡社　昭54 ／明治維新人名辞典（日本歴史学会編）　吉川弘文館　昭56

〔谷崎寿人〕

鍋島 栄子　なべしま・ながこ

安政2年5月18日（1855）～昭和16年1月3日（1946）　鍋島直大夫人　〔鹿鳴館夜会の接待役〕　[渡]イタリア：1880年（夫に同行）

安政2（1855）年5月18日，権大納言広橋胤保の五女として生まれる。明治13（1880）年，鍋島直大が駐イタリア全権公使としてローマに赴任する際同行する。夫人をなくしやもめ暮しの彼を気の毒がり，友人たちが皇后に奏請して彼女を世話したからである。ローマで結婚式をあげ滞在中に娘伊都子（のちの梨本宮守正妃）が生まれる。イタリア皇后に寵愛され指輪をもらう。帰国後，鹿鳴館が開館され直大が踏舞練習会の幹事長になると，彼女もローマ時代の経験をいかして鹿鳴館の夜会に活躍する。18年11月3日天長節夜会に招かれたフランスの作家ピエール・ロティは「江戸の舞踏会」にその印象を綴っているが，彼女をきわめて印象深い女性「アリマセン侯爵夫人」として描いている。昭和16（1941）年1月3日死去。享年92歳。

[文献] 昭和新修　華族家系大成　下（霞会館諸家資料調査委員会編）　霞会館　昭59／鹿鳴館―擬西洋化の世界（富田仁）　白水社　昭59

〔富田仁〕

浪七　なみしち

生没年不詳　旅芸人　[渡]イギリス，フランス：1866年（パリ万国博覧会の折に興行）

生没年不詳。慶応2（1866）年10月28日，アメリカ人ベンコツに雇われ，イギリス船ニポール号に乗りイギリスとフランスに渡る。3年，ロンドンとパリで公演する。舞台で何を演じたかは不明であるが，明治1年に帰国。その後の消息は不明。

[文献] 異国遍路　旅芸人始末書（宮岡謙二）修道社　昭46

〔楠家重敏〕

名村 泰蔵　なむら・たいぞう

天保11年11月1日（1840）～明治40年9月6日（1907）　裁判官，実業家　[生]長崎　[名]幼名＝元健，北村元四郎　[渡]フランス：1867年（パリ万国博覧会参加），フランス：1872年（司法制度研究）

天保11（1840）年11月1日，島村義兵衛の子として長崎に生まれる。養父である通詞・名村八右衛門の姓を継ぎ，その影響でオランダ語，英語，フランス語を学ぶ。文久1年幕命に

より神奈川奉行詰を命じられ，元治1年に横浜製鉄所の建築掛となる。慶応3(1867)年パリ万国博覧会に参加する徳川昭武遣欧使節団の一員として渡欧。帰国後の明治1年に郷里長崎で上等通弁となるが，翌年には仏学局助教を命じられる。その後，外務省から司法省へと移り，5(1872)年，司法卿江藤新平の理事官となり鶴田皓，井上毅，岸良兼吉，川路利良，沼間守一，益田克徳らと共に，司法制度の研究のため再度フランスへ渡る。6年，在仏日本人に憲法，刑法を講義するパリ大学法学部教授ボアソナードと会う。同年6月24日ボアソナードは，パリで鮫島全権公使との間に雇傭契約を結び，11月15日，泰蔵とともに来日する。その語学力から来日を決意させるほど，ボアソナードは泰蔵を信頼したのである。帰国後，特命全権弁理大使大久保利通の渡清に随行する。のち翻訳課長，別局刑法草案取調委員，治罪法草案委員，太政官少書記官，司法権大書記官，海上裁判所取調委員，参事院外議官補，司法大書記官，内閣委員，大審院検事長，大審院長心得，貴族院議員を歴任する。司法省を退官したのち民間に入り，経緯堂評議員，破産管財人，東京物産株式会社専務取締役会長，東京築地版製造所社長など，大いに活躍。明治40(1907)年9月6日，東京市麹町区富士見町の自宅で死去。享年68歳。小石川伝通院に埋葬される。　㊤東京・青山霊園
[文献] フランスに魅せられた人びと—中江兆民とその時代（富田仁）　カルチャー出版社　昭51／日本人名大事典4　平凡社　昭54／仏文化交流史の研究—日本の近代化とフランス人（西堀昭）　駿河台出版社　昭56／横須賀製鉄所の人びと—花ひらくフランス文化（富田仁，西堀昭）　有隣堂　昭58　〔志村公子〕

名村 元度　なむら・もとのり
文政9年3月(1826)～明治9年1月18日(1876)
通詞　㊦肥前国長崎　㊇通称=五八郎　㊥アメリカ：1860年(遣米使節の通訳)，ロシア：1866年(遣露使節に同行)

　文政9年(1826)3月，長崎のオランダ通詞の家に生まれる。英学も学び，嘉永6年幕府の命により出府，安政1年日米和親条約の条約文の和訳を堀達之助，森山栄之助を助ける。やがて箱館勤務を命ぜられ，村垣範正に随行して，蝦夷，樺太を巡視する。6年村垣が遣米使節副使に選ばれると通詞（支配勘定格）となり，安政7(1860)年1月アメリカ艦ポーハタン号で渡米，使命を果たして9月ナイアガラ号で帰国，12月には箱館に帰る。その後箱館で後進の指導に当たる。慶応2年遣露使節の随員に選ばれ，小出秀実，石川利正に従って10月横浜出帆，11月ペテルブルグ着。翌3年5月帰国。維新後は官途につかず，明治9(1826)年1月18日，東京で死去。享年51歳。　㊤東京都文京区・吉祥寺
[文献] 明治維新人名辞典（日本歴史学会編）　吉川弘文館　昭56　〔谷崎寿人〕

奈良 真志　なら・しんし
弘化3年3月22日(1846)～明治44年11月5日(1911)　海軍軍人，海軍主計総監　㊦陸中国盛岡　㊥アメリカ：1870年(会計学)

　弘化3(1846)年，盛岡藩士真守の三男として生まれる。明治3(1870)年華頂宮経経親王と南部英麿に従ってアメリカに留学，海軍会計事務を学ぶ。8年帰国して大主計，主計官養成所会計学舎の教頭となり，19年同学舎が主計学校となると推されて校長となる。会計検査長をも兼任。21年同校廃止となってからのち海軍省に入り，累進して海軍主計総監になるが，26年退官。明治44(1911)年11月7日死去。享年66歳。　㊤東京都港区麻布・光林寺
[文献] 近代日本の海外留学史（石附実）　ミネルヴァ書房　昭47／近代日本海外留学生史上（渡辺実）　講談社　昭52／日本人名大事典4　平凡社　昭54　〔谷崎寿人〕

楢崎 頼三　ならざき・らいぞう
弘化2年5月15日(1845)～明治8年2月17日(1875)　兵学寮留学生　㊦長門国萩（土原梨木町）　㊇本名=景福；修　旧名=林　初名=林竹次郎，通称=頼三，変名=林竹之助　㊥フランス：1871年(軍事刑法，語学)

　弘化2(1845)年5月15日，萩藩士・林源八の子として生まれる。初め藩黌明倫館に学んで弓馬剣槍の技に長じ，文久1年10月藩世子元徳前詰（親衛）にあげられて京都で国事に奔走し，3年5月10日アメリカ商船ペムブローク号砲撃下関事件以来の馬関戦争に三度出陣する。翌元治1年4月楢崎殿衛量貴に養子に入り，禄高93石8斗6合，萩藩八組士の身分となって景福と名を貰い，同年7月世子再上京に従ったが，同19日禁門の変勃発に急遽踵をかえす。慶応1年小姓役となり，5月干城隊に入り，2年6月7日から

の第2次征長の役に半隊司令として芸州口に出陣，大野四十八坂などで戦功をあげる。3年家老毛利内匠麾下の萩藩兵のうち第1大隊に属して11月25日討幕に向け三田尻を発し，山陽道を進んで福山城を従え入京する。翌4年2月中隊司令となって戊辰戦争で東山道先鋒として進軍，忍城を降し，白河城攻撃では銃創を負いつつ辛勝，あとは棚倉，二本松，三春と奥州各地に転戦して連勝，最後に若松城攻略に参加して東京に凱旋する。明治3年12月，大阪兵学寮改称後の陸軍兵学寮幼年生としてフランスに兵学修業の留学を命ぜられる。4(1871)年寮仲間10人とともに師ビュランに率いられて10月横浜を出帆，11月28日からパリでミルマンに師事して軍事刑法とフランス語を学び，6年には留学生取締となるが，明治8(1875)年2月17日，肺結核のためパリで死去。享年31歳。

墓 パリのモンパルナス墓地

文献 類聚伝記日本史4　忠臣・志士篇(藤井甚太郎編)　雄山閣　昭10／大日本人名辞書（同刊行会編）　新訂版　内外書籍株式会社　昭12／大人名事典4　平凡社　昭29／異国遍路　旅芸人始末書(宮岡謙二)　改訂新版修道社　昭46／明治過去帳―物故人名辞典(大植四郎編)　東京美術　昭46／近代日本の海外留学史(石附実)　ミネルヴァ書房　昭47／仏国留学(西堀昭)：日本仏学史研究　4　昭48／フランスに魅せられた人びと―中江兆民とその時代(富田仁)　カルチャー出版社　昭51／近代日本海外留学生史　上(渡辺実)　講談社　昭52／幕末維新人名事典(奈良本辰也編)　学芸書林　昭53／日仏文化交流史の研究(西堀昭)　駿河台出版社　昭56／明治維新人名辞典(日本歴史学会編)　吉川弘文館　昭56　〔山口公和〕

成島 柳北　なるしま・りゅうほく

天保8年2月16日(1837)～明治17年11月30日(1884)　戯文家，新聞記者　〔文明開化の風潮を批判〕　生江戸浅草御厩河岸　名本名=惟弘　字=保民，確堂，幼名=甲子麿，甲子太郎，別号=誰園，我楽多堂　渡フランス：1872年(東本願寺・現如上人に随行)

天保8(1837)年2月16日，奥儒者成島稼堂の三男として浅草御厩河岸で生まれる。天保12年8月祖父司直が御広敷御用人格500石に任じられ図書頭と改名し，これを機に賜邸を下谷練塀小路(御徒町)に移転。弘化1年8歳のころより祖父及び父稼堂のもとで和歌を学び，『源氏物語』などを読み和漢の素養を身につけた。安政1年1月，18歳のとき侍講見習に任じられる。若くして学者としての才能を顕わす。3月前年亡くなった父稼堂の死没を公表，家督を相続する。8月『徳川実紀』の編集に加えられる。9月，将軍徳川家茂が駒場の武術修練閲覧の際随行し，漢詩を詠じ，その面での頭角をも示す。11月幕府の絵師狩野董川の娘と結婚。この頃から日記をつけはじめる。安政4年3月，狩野氏と離別。4月永井氏と再婚。この頃より従兄の杉本忠達らとともに，柳橋の花街での遊興がはじまる。安政6年10月『柳橋新誌』初編成稿。翌万延1年，『柳橋新誌』初編の増補『徳川実紀』『後鑑』などの訂正補修をする。これにより黄金及び時服の下賜がある。文久3年27歳のとき，狂詩によって幕閣の因循を諷刺したという幕府重臣の誹謗により侍講職を解かれ，閉居を蒙る。この年から洋学を学びはじめる。慶応1年『伊都満底草』を編む。桂川甫周を中心にした洋学者の遊興・交友関係を知るうえで参考になるものである。この年，栗本鋤雲の推挙により，横浜において兵営築造掛と騎兵頭並の二役を兼任拝命し，横浜に移住。フランス騎兵伝習に力を注ぐ。慶応3年フランス軍事指導教官シャノワーヌと親交を結ぶ。5月騎兵頭に昇進するが，体調悪しく9月江戸に帰り12月御役御免となる。翌年外国奉行に任じられ大隅守を名のるが，すぐに辞し。また会計副総裁に就任。4月江戸城明渡し幕府の瓦解とともにその職を辞し「無用の人」として生きることを認め，新政府からの出仕要請に対しても拒絶し，野人としての生活を始める。新政府のもとでは，かつての幕府関係の洋学者も落ぶれの生活を余儀なくされ，桂川甫周は本所割下水辺の六畳一間の長屋で家伝の処方による金竜丸・止血散などの売薬を造る生活であり，金竜丸の販売は柳北に任せられた仕事であった。しかし士族の商法上手にゆくわけがなく落ぶれてゆく。明治5(1872)年9月，東本願寺法主現如上人に随行してヨーロッパへ向かう。現如上人は，文明開化の新しい時代における教学の発展を考え前年柳北を学長に迎え浅草別院内に真宗東派学塾を開設したのであった。そこでは，パーレーの万国史，マーランドの経済学などが教えられていた。9月14日フランス郵船ゴダベリイ号で横浜を出

航。柳北一行のほかに明治政府のヨーロッパの法律を調査するための井上毅らの一行も同乗していた。柳北の役目は、会計と通訳を主とした渉外係であった。10月28日マルセイユ着。11月1日パリ到着。翌年4月までパリに滞在中名所古蹟を訪ね、夜の巷の散策に飽くことを知らなかった。岩倉具視の米欧回覧使節の一行が11月16日パリに到着し福地桜痴、宇都宮三郎、川路寛堂、田辺蓮舟らの旧友と再会。柳北はパリ滞在中使節歓迎のフランス政府側の責任者のシャノワーヌ邸を訪問し、田辺やシャノワーヌのとりもちで岩倉や伊藤博文とも親しくなる。6年1月22日、使節の一行とともにリュクサンブールの天文台、高等法院、監獄などを見学する。オペラ座、ゲイティ座、ワランチノの歌舞場・アンボアズ街などを歩くなどパリの夜の生活を楽しんだあと、4月末パリを離れ、イギリス、アメリカを経て6月23日横浜に着く。このときの外遊日記をのちにまとめたのが『航西日乗』である。7年『柳橋新誌』を刊行。柳橋の花柳界を通して維新の変動を風刺的に描いたものであるが、言論の自由への挑戦の書であり、新聞人としての転機を示すものである。9月『公文通誌』の社長となるや、これを『朝野新聞』と改め論陣を張り活躍する。9年2月井上毅を誹謗し、禁獄4ヶ月、科料100円に処せられる。10年『花月新誌』を創刊。以後新聞人として痛烈に世相を皮肉り政治を批判し、12年には245篇の文章を執筆した。明治16年11月28日、鹿鳴館落成式に招かれる。秋頃より体調悪く、翌明治17(1884)年11月30日午前11時肺結核で死去。享年48歳。

墓本所押上・本法寺

文献 柳北遺稿 上・下(大橋新太郎編) 博文館 明25／柳北全集 博文館 明30／成島柳北論(木村毅)：早稲田文学 2(229) 大14／成島柳北仙史の面影(野崎左文) 『私の見た明治文壇』 春陽堂 昭2／成島柳北の日誌・柳橋新誌について(永井荷風) 『荷風随筆』 中央公論社 昭8／外遊後の成島柳北(大野光次)：国語と国文学 12(5) 昭10／柳北談叢(大島隆一) 昭和刊行会 昭18／内外新聞人列伝・成島柳北(岡野他家夫)：新聞研究 18 昭27／近代文学研究叢書1(昭和女子大近代文学研究室編) 昭和女子大学近代文化研究所 昭31／明治文学全集4(塩田良平編) 筑摩書房 昭44／成島柳北(前田愛) 朝日新聞社 昭51(朝日評伝選)／日本近代文学大事典2(日本近代文学館編) 講談社 昭53／明治維新人名辞典(日本歴史学会編) 吉川弘文館 昭56／成島柳北(前田愛) 朝日新聞社平2(朝日選書)／成島柳北研究(乾照夫) ぺりかん社 平15 〔寒河江実〕

成瀬 錠五郎 なるせ・じょうごろう

嘉永2年(1849)〜? 幕府留学生 留イギリス：1866年(留学)

嘉永2(1849)年に生まれる。慶応2(1866)年、幕府が留学生を派遣する際、選ばれてイギリスへ赴いた。イギリス留学の一行は取締役2名・留学生12名の計14名で編成されたが、歩兵頭席大砲組之頭対馬守惣領として一行の首座を占めている。ロンドン到着後、ロイドの世話によりモルベイらから英語、算術、物理、化学などの教授を受け、のちロンドン大学の予科に入った。間もなく留学生一行は資金不足のため帰国する。帰国後、明治1年9月に旧主に従って静岡に赴いたが、その後の消息は不明。

文献 徳川幕府の英国留学生―幕末留学生の研究(原平三)：歴史地理 79(5) 昭17／幕末のイギリス留学(倉沢剛) 『幕末教育史の研究2』 吉川弘文館 昭59 〔楠家重敏〕

成瀬 善四郎 なるせ・ぜんしろう

⇒成瀬正典(なるせ・まさのり)を見よ

成瀬 正典 なるせ・まさのり

文政5年(1822)〜? 幕臣 外国奉行支配組頭 名本名=善四郎 留アメリカ：1860年(遣米使節に随行)

文政5(1822)年に生まれる。安政7(1860)年新見豊前守正興を正使とする第一次遣米使節団の外国奉行支配組頭として渡米。当時39歳であったにもかかわらず、アメリカ人の目には小さな老紳士とうつった。ニューヨークの税関において関税の規則を調査する。その後の消息は不明。

文献 77人の侍アメリカへ行く(レイモンド服部) 講談社 昭43 〔谷崎寿人〕

名和 道一 なわ・どういち

天保9年(1838)〜明治6年12月17日(1873) 官吏 〔ボストンで客死〕 生周防国(吉敷郡)吉敷中村 名諱=綬、通称=哲二郎、別名=吉

村又蔵　㋺アメリカ：1871年（民法）
　天保9（1838）年，弾右衛門の二男として周防国吉敷中村に生まれる。幼少のころは母方の服部氏を名のる。元治1年6月藩老益田親施に従って上京，禁門の変に帰郷し，禁固の刑を受ける。慶応1年高杉晋作が率いる遊撃軍の吉敷在陣の際禁固を解かれ，高杉の参謀となり，幕長戦では戦功をあげた。明治1年上京し岩倉具視家に寄寓，のち新潟県大参事となるが3年10月辞職，ついで弁務権少記となる。4（1871）年少弁務使であった森有礼に随行して渡米，民法を勉強していたが，明治6（1873）12月17日，ボストンで死去。享年36歳。
　[文献]　近代日本の海外留学史（石附実）　ミネルヴァ書房　昭47／異国遍路　旅芸人始末書（宮岡謙二）　中央公論社　昭53（中公文庫）／明治維新人名辞典（日本歴史学会編）　吉川弘文館　昭56　　　　　〔谷崎寿人／富田仁〕

南郷　茂光　なんごう・しげみつ
　⇒浅津富之助（あさづ・とみのすけ）を見よ

南条　文雄　なんじょう・ぶんゆう
嘉永2年5月12日（1849）～昭和2年11月9日（1927）　梵語学者，僧侶　〔仏典の英訳紹介に尽力〕　㋴岐阜　㋱幼名＝格丸，雅号＝碩果　㋺イギリス：1876年（梵語仏典研究）
　嘉永2（1849）年5月12日，岐阜大垣の大谷派誓運寺住職渓英順の子として生まれる。はじめは大垣藩の僧兵であったが，明治1年京都の高倉学寮に入って仏教を学び翌年帰郷する。同4年高倉学寮の師であった越前郡金粕村（北杣山村）懐ülteci寺の南条神興の養子となり，得度して文雄と称する。5年東本願寺の役員となり，9（1876）年本山の留学生として笠原研寿とともに，イギリスに派遣される。6月横浜からフランス船で渡航する。ロンドンではロブソン家に泊まり，大倉組の出張員横山孫一郎について英語の初歩を学ぶ。10年10月日本学生会に請われて出席して，仏教の大旨と真宗の教旨をのべる。翌年モリソン家に移る。12年2月，ロンドン駐在全権公使上野景範の配慮によって，ウェストミンスター大寺院教長スタンレーの紹介書をもって，オックスフォードのマックス・ミュラー博士を訪ねる。以後17年3月までのほとんどは，オックスフォードで梵文経典の研鑽に費やす。初めは博士の指示に従い，オックスフォード大学のマグドナル教授

について学んだが，13年以降はミュラー博士が笠原と彼のために隔日に講義してくれる。2人は経文の蒐集にもつとめ，経文の写字に寝食を忘れたこともある。16年『大明三蔵聖教目録』の英訳を出版し，また『大無量寿経梵本』『阿弥陀経梵本』などを，ミュラーと共訳刊行し，ヨーロッパの学界に貢献する。笠原が15年に帰国し病没したので，彼はその遺稿などを『僧曇遺稿』（のちの『笠原遺文集』）として刊行する。17年3月，オックスフォード大学からマスター・オブ・アーツの学位を授かり，帰国する。18年2月東京帝国大学講師となる。21年1月より印度の仏跡とシナの各地を訪歴する。21年文学博士となる。33年釈尊遺骨奉迎随行長としてタイ国に渡り，35年インドでの万国東洋学士会議に列席。36年真宗大学学監，39年帝国学士院会員。40年大谷派の最高学位たる講師の称号を受け，44年権僧正となる。大正3年より12年まで真宗大谷大学学長をつとめる。英訳『十二宗綱要』『梵学講義』，自伝『懐旧録』のほか外遊中の交友・見聞を題材とした『碩果詩艸』上下2巻などの著作がある。昭和2（1927）年11月9日死去。享年79歳。
　[文献]　近代日本海外留学生史　上（渡辺実）　講談社　昭52／日本人名大事典4　平凡社　昭54／懐旧録―サンスクリット事始め（南条文雄）　平凡社　昭54（東洋文庫359）／近代日本哲学思想家辞典（伊藤友信他編）　東京書籍　昭57／幕末明治海外体験詩集（川口久雄編）　大東文化大学東洋研究所　昭59／南条文雄自叙伝―伝記・南条文雄（南条文雄）　大空社　平5（伝記叢書）　　　　　〔羅秀吉〕

難波　正　なんば・ただし
安政6年4月（1859）～大正9年12月22日（1920）　電気工学者　京都帝国大学教授　〔電気工学の発展に貢献〕　㋴岡山　㋺フランス：1880年（留学）
　安政6（1859）年4月，岡山藩士の子として生まれる。岡山藩の兵学館などを経て明治7年開成学校を卒業。明治13（1880）年10月31日にフランスに留学，パリ大学で物理学の研究にあたる。17年4月に帰国する。東京大学講師となり，次いで20年には仙台に新設された第二高等中学校に転じ，教頭を務めた。29年7月再度フランスに渡り，電気工学を研究。31年8月に帰国している。その間にアメリカにも赴いている。帰国後，京都帝国大学教授に就任し，電

気工学を講じた。33年工学博士。京都の疎水を利用した発電法を考案したほか、日露戦争時には海軍省の依嘱で軍用蓄電池を研究・開発するなど、電気工学の発展に大きな業績を残した。大正9(1920)年12月22日死去。享年62歳。
[文献] 近代日本海外留学生史 上(渡辺実) 講談社 昭52／幕末明治海外渡航者総覧(手塚晃編) 柏書房 平4／データベースWHO 日外アソシエーツ　　　　〔富田仁〕

南部 球吾　なんぶ・きゅうご
安政2年9月5日(1855)～昭和3年11月4日(1928)　鉱山技術者　⊕越前国　⊗アメリカ：1875年(鉱山学)

安政2(1855)年9月5日、越前国に生まれる。東京開成学校卒。明治8(1875)年7月31日文部省の第1回アメリカ留学生して渡米、コロンビア大学で鉱山学を修める。13年に帰国後、三菱会社に入社して高島炭坑坑長、本社鉱業部長兼炭坑部長を歴任。三菱炭坑の基礎を作った。昭和3(1928)年11月4日死去。享年74歳。
[文献] 幕末明治海外渡航者総覧(手塚晃編) 柏書房 平4／データベースWHO 日外アソシエーツ　　　　〔藤田正晴〕

南部 栄信　なんぶ・ひでのぶ
安政5年5月15日(1858)～明治9年3月26日(1876)　華族　⊕盛岡　幼名＝環麿　⊗アメリカ：1874年(留学)

安政5(1858)年5月15日、盛岡藩主南部信順の長男として盛岡に生まれる。のち東京に移り華族となる。明治7(1874)年より2年間アメリカに留学する。病のため帰国するが、明治9(1876)年3月26日、肺結核により死去。享年19歳。
[文献] 明治過去帳―物故人名辞典(大植四郎編) 東京美術 昭46／異国遍路 旅芸人始末書(宮岡謙二) 中央公論社 昭53(中公文庫)　　　　〔楠家重敏〕

南部 英麿　なんぶ・ひでまろ
安政3年9月11日(1856)～明治43年5月14日(1910)　教育家　伯爵　〔早稲田中学校初代校長〕　⊕盛岡　別名＝大隈英麿　⊗アメリカ：1870年(理学)

安政3(1856)年9月、盛岡藩主南部利剛の子として生まれる。明治2年東京に出て漢学を修める。3(1870)年8月華頂宮博経親王に随行して渡米、ニューブラウンズウィックにて英語および理学を学び、11年バチュラー・オブ・サイエンスの学位を得て帰国する。12年大隈重信の養嗣子となって、内務省准奏任御用掛、13年外務省奏任取扱御用掛をつとめる。15年参議を追われた大隈が早稲田に東京専門学校を創立すると、その校長と講師を兼ねる。20年9月第二高等中学校教諭、21年9月東京高等商業学校教授を歴任し、早稲田中学が創立されるとその校長となる。31年には衆議院議員に選ばれる。35年大隈家を去り、南部家に復籍する。このあと盛岡に退隠するが、同地の高等農林学校教授となる。のち痴呆症にかかり明治43(1910)年5月14日死去。享年55歳。
[文献] 明治過去帳―物故人名辞典(大植四郎編) 東京美術 昭46／大日本人名辞書4(大日本人名辞書刊行会編) 覆刻版 講談社 昭49　　　　〔谷崎寿人〕

【に】

新島 襄　にいじま・じょう
天保14年1月14日(1843)～明治23年1月23日(1890)　キリスト教主義教育家　〔同志社創立者〕　⊕江戸神田一ツ橋外(安中藩邸)　㊇諱＝敬幹、幼名＝七五三太　⊗アメリカ：1865年(自然科学)

天保14(1843)年1月14日、安中藩士新島民治の長男として神田一ツ橋外の江戸屋敷に生まれる。幼名の七五三太(しめた)は、まだしめなわの張られていた松の内に生まれたからとも、また父は女児4人のあとに、はじめて男児が生まれたので、しめたしめたと喜んだからともいわれている。祖父にあたる弁治は中島姓であったが、実家を養子に継がせて、自分は新島と名乗って板倉家に仕えることになった。新島というのは中島姓と、母方の新野姓を合わせてつくったものである。祖父は仲間からはじめて中小姓にいたった人物であるが父は藩主の右筆職であり保守的な人であった。幼少時には祖父が彼の精神的指導者であった。藩主板倉勝明が安政3年、医師杉田玄瑞を招き、藩士から有為な青年3名を選び蘭学を勉強させたが、彼はその一人で最年少者であった。これは

翌年玄瑞が幕命により長崎へ遊学したので中止することになる。4年元服の式をあげ右筆職補助となる。6年藩主が大坂城守護を命ぜられ父が随行したため、代わって江戸屋敷右筆職を務める。暇をみては蘭学勉強に励む。万延1年藩主と父が帰ってきたので、右筆職を免ぜられ蘭学に専念する。また藩主の許可を得て海軍伝習所に通い数学を学ぶ。文久3年には蘭学とともに英語の研究を志す。この年漢訳聖書を読んだためキリスト教的信念が生ずる。元治1年函館に遊学することを思いたち板倉家の本家である松山侯を通じて藩主に歎願し、1年間修行の許可がおりる。浦賀より船で函館に行き、武田斐三郎の諸術調所に入る。塾頭菅沼精一郎の世話になり、その案内でロシア領事館付司祭ニコライを訪ね、ニコライの日本語教師となりその家に住みこむ。ここで海外渡航の機会をうかがい、イギリス人ポーターの商館につとめていた日本人書記富士屋宇之吉(福士成豊)と知りあい、計画を話す。宇之吉の紹介でベルリン号船長セーヴォリーに会見し、密航させてくれるよう頼む。セーヴォリーの義侠心によって幕府厳禁の母国脱出が可能になる。22歳のときである。上海に着くとセーヴォリーはアメリカ汽船ワイルド・ローヴァー号船長テーラーに彼を託す。そこで同船に乗りかえてテーラーの給仕となるが、テーラーは彼にジョーゼフの名をあたえ、略してジョーと呼んだ。襄の名はこれによるものである。香港では漢訳聖書を買い求め船中熱心に読む。喜望峰をまわって大西洋を通り慶応1(1865)年7月ボストンに着く。テーラーの推薦によって船主アルフュース・ハーディの援助を受けられるようになり、フィリップス中学に入学する。ここで学校での勉強だけでなく、アンドヴァー神学校教師フリントから英語、数学の個人教育を、その妻からは新約聖書の解説を授けられる。フィリップス中学卒業後アマースト大学に進む。ここでは自然科学を最も好んで勉強し、3ヶ年の学業をおえ、明治3年7月バチェラー・オブ・サイエンスの称号を授けられ卒業する。同年9月フィリップス中学校所在地のアンドヴァーに戻り、アンドヴァー神学校に入学する。将来キリスト教の伝道に従事するための準備である。4年岩倉使節団が来米、文部大丞田中不二麿が理事官として同行していた。彼は田中の懇望によってアメリカ教育制度調査の援助をする。さらに乞われてヨーロッパに渡り視察ののち、「欧米教育事情調査報告」の草案を田中に手渡す。報告書作成ののち、文部省に就官をすすめられるが辞してアンドヴァー神学校に帰り、7年に卒業する。同年10月5日ボストンを出発し、11月26日横浜に入港する。その際アメリカ伝道会社の宣教師という身分で帰国するが、安中にはわずか3週間いただけで関西に赴いた。これは同派の宣教師で神戸在住のグリーンに伝道の手伝いを要請されたからである。帰国直前アメリカ伝道協会の年会において、キリスト教大学設立を訴えたところ5000ドルの寄付が集り、これがやがて同志社創設の一大財源となる。校地設定については難航したが、京都府顧問山本覚馬の援助、アメリカ人宣教師デヴィスの協力とによって、京都に土地を購入し同志社を設立する。17年ハーディ夫妻に促され再度の外遊をすることになった。この頃過労のため健康を害していたので、周囲の者は日本にいては生命に危険があると心配していた。ヨーロッパからアメリカに渡り、恩人、恩師をたずねて、18年12月帰国した。21年11月には「同志社大学設立旨趣」を大新聞に発表、新島のめざす私立大学の理想、計画を天下に訴える。そして必死の募金運動をおこなう。しかし病状は次第に悪化し、22年12月より大磯の旅館で療養にあたっていたが、明治23(1890)年1月23日死去。享年48歳。

墓京都市左京区・若王子山上

文献 新島先生言行録(石塚正治編)　明24／新島襄先生伝(ゼ・デ・デビス著　村田勤、松浦政奉訳)　明36／新島襄(根岸橘三郎)警醒社　明36／新島襄伝(湯浅与三)　改造社　昭11／新島襄言行録(岩村清四郎)　三省堂　昭15／新島先生書簡集(森中章光編)　同志社校友会　昭17／愛の偉人新島襄(神田哲雄)　群馬文化協会　昭23／新島襄(岡本清一)　広島図書　昭23／新島襄　人と思想(魚木忠一)　同志社大学出版部　昭25／新島襄書簡集(同志社編)　岩波書店　昭29(岩波文庫)／新島襄先生(徳富猪一郎)　同志社大学出版部　昭30／新島襄の生涯(神田哲雄)　社会教育者連盟　昭30／地上の星　新島襄物語(真下五一)　現代社　昭33／新島襄(小西四郎)　『日本人物史大系5』　朝倉書店　昭34／新島襄(渡辺実)　吉川弘文館　昭34(人物叢書)／新島先生記念集　同志社校友会　昭37／新島先生と徳富蘇峰　書簡を中心にし

た師弟の関係（森中章光）　同志社　昭38／日本の代表的キリスト者1　新島襄・本多庸一（砂川万里）　東海大学出版会　昭40／新島襄の生涯（J・D・ディヴィス著　北垣宗治訳）　小学館　昭52（100万人の創造選書20）／日本近代文学大事典3（日本近代文学館編）　講談社　昭53／日本人名大事典5　平凡社　昭54／新島襄全集1～10（新島襄全集編集委員会編）　同朋社出版　昭58～／新島襄—自由への戦略（吉田曠二）　新教出版社　昭63／新島襄—人と思想（井上勝也）　晃洋書房　平2／新島襄先生の生涯（森中章光）　不二出版　平2／新島襄—近代日本の先覚者—新島襄生誕一五〇年記念論集（同志社編）　晃洋書房　平5／新島襄への旅（河野仁昭）　京都新聞社　平5／新島襄とアーモスト大学（北垣宗治）　山口書店　平5／新島襄の英文書簡　第1部　十年間のアメリカ時代（阿部正敏編著）　大学教育出版　平9／新島襄の青春（河野仁昭）　同朋舎　平10／のびやかにかたる新島襄と明治の書生（伊藤弥彦）　晃洋書房　平11／国家と教育—森有礼と新島襄の比較研究（井上勝也）　晃洋書房　平12／新島襄とアメリカ（阿部正敏編著）　大学教育出版　平13／新島襄—わが人生（新島襄）　日本図書センター　平16（人間の記録）　〔谷崎寿人〕

新納 次郎四郎　にいろ・じろうしろう

嘉永2年頃（1849）～明治28年9月6日（1895）　陸軍大学校教師　[生]薩摩国鹿児島　[名]幼名＝武之助，竹之助　[渡]フランス：1866年（語学）

嘉永2（1849）年頃，薩摩国鹿児島に生まれる。嶋津少将家来。慶応2（1866）年4月フランスへ私費留学し，11月29日からオルチュス塾でフランス語などを学んで6年5月26日帰国するが，同年6月18日東京開成学校でゴンザルヴ・フォンテーヌら外人教師に試験されたとき，フランス語会話は抜群に良い反面，日本語はおぼつかなく，また算術，地理，幾何も不出来であったという。一時フランス公使館で通訳を務め，9年頃警視庁十二等出仕を経て陸軍省へ入り，助教授から20年4月7日陸軍大学校教授となり，10月26日免職させられるが，23年9月17日同大学校附に復職し，明治28（1895）年9月6日死去。

[文献]　明治過去帳—物故人名辞典（大植四郎編）　東京美術　昭46／近代日本の海外留学史（石附実）　ミネルヴァ書房　昭47／仏国留学（西堀昭）：日本仏学史研究　4　昭48／フランスに魅せられた人びと—中江兆民とその時代（富田仁）　カルチャー出版社　昭51／近代日本海外留学生史　上（渡辺実）　講談社　昭52／日仏文化交流史の研究—日本の近代化とフランス人（西堀昭）　駿河台出版社　昭56　〔山口公和〕

新納 中三　にいろ・なかぞう

天保3年4月15日（1832）～明治22年12月10日（1889）　藩政家，裁判官　〔紡績機械を輸入〕　[生]鹿児島　[名]字＝久修，通称＝刑部，変名＝石垣鋭之助　[渡]イギリス：1865年（薩摩藩留学生監督，貿易交渉）

天保3（1832）年4月15日，鹿児島で島津家一門の重臣の家に生まれる。伊佐郡大口領主である。小姓番頭を経て軍役方総頭取となり，藩の兵制改革を行い洋式兵制を採用する。文久2年軍役奉行に昇進，3年7月，薩英戦争において彼の西洋式軍制が活躍し実績を認められ大目付となる。元治2年（1865）五代友厚の構想による欧州使節とイギリス留学生派遣が藩命として決定，五代，寺島宗則とともに藩の使節としてこれに参加する。石垣鋭之助と変名し，藩の若者14名を引き連れて3月22日鹿児島を出航する。当時33歳の壮年，国禁を犯しての渡英であった。シンガポール，スエズ経由で諸文明，世界状勢を見聞しつつ5月28日ロンドンに到着する。一行の案内役はT.グラヴァーの右腕R.ホームであり，イギリス国内ではL.オリファント下院議員とロンドン大学教授ウィリアムソン博士が世話役として面倒をみてくれた。薩摩藩の使節として五代とともにイギリス国内と欧州の視察，武器・軍需物資の購入，貿易交渉を担当し，寺島が幕府の政策に対抗する対英外交政策に専念した。6月7日ベッドフォードの鉄工場を訪問し，近代農業技術を見学する。6月18日斉藤建次郎の紹介で親日フランス人レオン・ド・ロニーと会い，フランス貴族モンブラン伯爵を知る。翌19日2週間の予定でイギリス国内視察旅行に出発，主要工業都市をみてまわる。マンチェスターで木綿紡績機械をレート商会に発注，バーミンガムではショルト商会から小銃数千梃などの武器や軍需物資を購入，満足すべき成果をあげる。7月24日，3ヶ月におよぶ欧州視察旅行に五代と出発，ブリュッセルでモンブランと貿易商社設立交渉を行い，8月26日仮条約を結ぶ。その

文政12(1829)年2月3日，津和野藩藩医の西時義の子として石見国津和野に生まれる。藩校で儒学を修めたのち藩命で宗学の研究を行い，嘉永6年には同じく藩命で江戸に出て蘭学を学ぶ。7年脱藩して蘭学研究に専心するとともに手塚律蔵に師事して英語をも修める。安政4年，手塚の推薦で新設された蕃書調所教授手伝並に任命され，そこで津田真道を知り学問上の親友となり蘭学研修を深める。とともに哲学など西洋の学を研究，日本への哲学導入のきっかけをつくる。文久2(1863)年6月，幕府オランダ留学生として津田真道，榎本武揚などとともにオランダに派遣される。オランダでは津田真道とともにホフマン博士からオランダ語の特別指導を受けたあと，ライデン大学の経済学者フィッセリング教授の家に週2回通い，法理学，国際公法学，国法学，経済学，統計学の五科の講義を聴く。フィッセリングの影響でイギリスの自由主義思想やフランスのオーギュスト・コントの実証主義哲学に魅かれ，ドイツのカントの永久平和論にも感銘を深める。慶応1年12月に帰国し，2年1月幕臣にとりたてられて開成所教授となる。4月にはフィッセリングの『万国公報』の翻訳を命ぜられ8月には訳を終える。「国法」は津田が担当する。12月徳川慶喜に従い京都に赴く。3年四条大宮の更雀寺に住み私塾を開き「百一新論」など西洋哲学を会津，桑名藩士などの塾生に講ずる。3月のある日，徳川慶喜に呼び出されてフランス語の個人教授を頼まれ，その場でアルファベットの読み方を教える。政情不安定のために7月下旬にはフランス語教授はやめる。10月13日，徳川慶喜からイギリス議事院や三権分立などについて質問されたのでその日は概略のみを説明し翌日「泰西官制説略」という文章にして提出する。また，翌月憲法草案ともいうべき「議題草案」を起草する。王政復古後，徳川慶喜に従い大坂ついで江戸に赴き，目付，奥詰となる。明治1年，沼津兵学校頭取となり，名を周助から周に改名する。3年山県有朋の推挙をえて兵部省出仕少丞準席，学制取調御用掛を兼任する。彼の任務は調査，翻訳，侍講である。同年11月，再び私塾・育英舎を自邸内に開き「百学連環」を講ずる。これはオランダ留学後の彼の学問を体系づけるものであり，近代日本の哲学界の出発点を飾る試みであったが，刊本にならずに終わる。4年兵部少

後プロシア首都ベルリン，オランダのアムステルダム，ハーグなどを訪問し9月24日パリに到着する。この間各地の近代的産業諸設備を見学したほか，教育機関や文化施設なども視察している。約1ヶ月のパリ滞在中，モンブランやロニーとの交渉を継続，市内諸施設を見学し，また慶応3年開催予定のパリ万国博覧会への藩の参加について予備折衝を行っている。このヨーロッパ旅行中，国威を示すため常に一流ホテルに投宿，門前に日の丸の国旗を掲げさせたという。11月3日ロンドンに戻る。一応の任務を終え，五代とともに留学生らの後事を町田やウィリアムソン博士に委託し，12月22日パリに渡りマルセーユを出航，翌慶応2年3月22日鹿児島に帰着する。帰国後，家老となり開成所を所管，外国掛として外交事務をつかさどる。戊辰戦争では京都で活躍し，その後は藩政改革を担当する。五代と輸入した紡績機械はわが国最初の洋式紡績工場である鹿児島紡績所に据えつけ実を結んでいる。維新後は中央政府の要職につくことなく各判事などを歴任し，大島島司を最後に，明治22(1889)年12月10日死去。享年57歳。維新前夜の薩摩藩にあって，みずから渡欧して藩政の改革と近代化に尽した藩政家であった。自らの海外体験は直接明治政府の中で生かされることはなかったが，異文化との接触による衝撃が如何に大きなものであったかは帰国直後一族の反対を押し切って11歳のわが子次郎四郎を一人フランスへ留学させたことからもうかがえる。その間のことは「ある父の手紙」として留学生論文集に収録されている。

[文献]鹿児島県史3 同県 昭16／薩藩海軍史上・中・下（公爵島津家編纂所編）原書房 昭43（明治百年史叢書71〜73）／薩摩藩英国留学生（犬塚孝明）中央公論社 昭49（中公新書375）／近代日本海外留学生史 上（渡辺実）講談社 昭52　　　　　〔安藤重和〕

西 周　にし・あまね

文政12年2月3日(1829)〜明治30年1月31日(1897)　哲学者　男爵　〔日本近代哲学の祖，軍人勅諭を起草〕㊙石見国（鹿足郡）津和野㊙諱＝時懋，魚人，魯人，字＝経太郎，寿専，号＝甘蔗舎（斎）㊙オランダ：1863年（国際法，経済学，統計学など）

丞、大丞と昇進して宮内省侍講を命ぜられ、9月加藤弘之とともに天皇に「英国史」「博物新篇」を進講する。また宮中内廷の御談会ではナポレオンの話をする。5年陸軍大丞、7年陸軍省四等出仕となる。同年2月津田真道たちと明六社を興し『明六雑誌』に多数の論文を寄稿し、コントの実証主義哲学とミルの帰納論理に基づく哲学思想を展開し、従来の封建的な学問、道徳、宗教を批判する。また「哲学」という訳語を創出したと言われている。明治初頭の10年間が学問的にもっとも多産であり、『学原稿本』(明治2年)『生性発薀』(明治6年)『百一新論』(明治7年)などの著作、『心理学』(明治9年)『利学』(明治10年)などの翻訳を刊行している。9年1月宮内省御用掛、11年12月参謀本部出仕となる。この年山県有朋の依嘱で「軍人訓誡」を起草するが軍人精神確の構想の中に彼独自の軍人哲学がみられる。12年1月には陸軍省御用掛となる。同年東京学士会院の創立に尽力し、その会員となる。13年参謀本部御用掛に任ぜられる。また山県有朋のもとで陸軍軍制の整備に携わり、とくに「軍人勅諭」の草案づくりを行う。「軍人勅諭」は15年に公布されるが、14年6月には文部省御用掛となり、東京高等師範学校校長を任命される。同年『兵語字書』刊行。15年5月元老院議員となり、宮内省御用掛を辞任。8月イエリング『権力争闘論』『万国公法手録』を翻訳。16年6月東京学士会院会長に選ばれるが、この年脳病を患い健康上の理由から次第に公職を退き療養生活を過ごすようになる。18年東京高等師範学校長を退任。19年参謀本部と文部省御用掛をやめる。23年9月貴族院議員に勅選されるが翌年これを辞す。25年身体不自由のために大磯の別荘に移る。30年1月男爵を授けられるが同年(1897)1月31日死去。享年69歳。

㊗東京・青山霊園

文献 西周伝　森林太郎編刊　明31／近代文学研究叢書3(昭和女子大近代文学研究室編)　同大学　昭31／西周全集1〜4(大久保利謙編)　宗高書房　昭35〜56／人と作品現代文学講座1(木俣修他編)　明治書院　昭36／日本の思想家1　朝日新聞社〔編刊〕昭37／西周の回心と転身　西周研究の一節(大道安次郎)　『経済学・歴史と理論　堀経夫博士古稀記念論文集』　未来社　昭41／日本近代文学大事典3(日本近代文学館編)　講談社　昭53／明治維新人名辞典

(日本歴史学会編)　吉川弘文館　昭56／近代日本哲学思想家辞典(伊藤友信他編)　東京書籍　昭57／幕府オランダ留学生(宮永孝)　東京書籍　昭57(東書選書)／西周と欧米思想との出会い(小泉仰)　三嶺書房　平1　　　　　　　　　〔富田仁〕

西 吉十郎　にし・きちじゅうろう

生没年不詳　通詞　調役格　㊦フランス：1864年(遣仏使節に随行)

　生没年不詳。文久3(1864)年、遣仏使節に調役格・通弁御用頭取として随行する。

文献 幕末教育史の研究2—諸術伝習政策(倉沢剛)　吉川弘文館　昭59　　〔富田仁〕

西 徳二郎　にし・とくじろう

弘化4年7月25日(1847)〜明治45年3月13日(1912)　外交官　男爵　〔日本人として初めて中央アジアを踏査〕　㊦鹿児島城下新屋敷町　㊨幼名＝常二郎　㊦ロシア：1870年(法政学)

　弘化4(1847)年7月25日、鹿児島城下新屋敷町に生まれる。藩校造士館に学び、黒田清隆幕下として戊辰戦争従軍後、開成所に入る。大学南校と改称後の明治3年、大学少舎長、同年「入露説」を唱え、黒田清隆を経て大久保利通を説き、外務省の小野寺魯一とともにロシアに派遣される。横浜出港は同年(1870)7月20日、アメリカ経由で12月にペテルブルグ入りする。市川文吉と橘耕斎の世話になる。翌4年文部省留学生としてペテルブルグ大学法政科に入学、5年間で卒業後同地の新聞社に入り、記者としてロシアの国情を探る。9年3月パリの公使館に転じ、11年2月再度ペテルブルグ在勤、特命全権公使榎本武揚の帰国に伴い臨時代理公使となる。13年帰国の際、7月20日から14年4月28日、日本人として初めて中央アジアを踏査しシベリア、蒙古、清国内地を巡って、19年9月報告書『中亜細亜記事』を提出する。露仏両国語に堪能な大陸問題の専門家として重きをなし、19年露国駐剳、30年枢密顧問官、外務大臣、32年清国駐剳等要職を歴任する。明治45(1912)年3月13日死去。享年66歳。㊗東京・青山霊園

文献 東亜先覚志士記伝　下(葛生熊久)　黒龍会出版部　昭11／西徳二郎と『中亜細亜記事』(加藤九祚)：ユーラシア　3　昭46.12／日本人名大事典5　平凡社　昭54／中央アジアに入った日本人(金子民雄)　中央公論社

平4（中公文庫）／動乱の中央アジア探検（金子民雄）　朝日新聞社　平5（朝日文庫）／日本外交史人物叢書　第2巻（吉村道男監修）　ゆまに書房　平14　〔国松夏紀〕

西 直八郎　にし・なおはちろう

生没年不詳　東伏見宮の従者　[生]鹿児島　[渡]イギリス：1870年（東伏見宮に同行，兵学，普通学）

生没年不詳。鹿児島の出身。明治3(1870)年，岩倉具視の推薦で東伏見宮の従者としてイギリスに渡り，同地で兵学と普通学を学んだ。のちフランスに渡る。帰国後の消息は不明。

[文献] 明治初年条約改正史の研究（下村冨士男）　吉川弘文館　昭37／近代日本の海外留学史（石附実）　ミネルヴァ書房　昭47／近代日本海外留学生史　上（渡辺実）　講談社　昭52／幕末明治海外渡航者総覧(手塚晃編)　柏書房　平4　〔楠家重敏／富田仁〕

西川 友喜　にしかわ・ともよし

生没年不詳　通詞　[生]会津　[渡]アメリカ：1871年（金子堅太郎の通訳）

生没年不詳。会津の出身。明治4（1871）年，金子堅太郎の渡米の折に通訳をつとめているが，その後の消息は不明。

[文献] 近代日本海外留学生史　上（渡辺実）　講談社　昭52　〔富田仁〕

西川 虎之助　にしかわ・とらのすけ

安政2年1月16日（1855）～昭和4年1月22日（1929）　化学技術者　大日本人造肥料技師長　[生]広島　[渡]イギリス：1869年（留学）

安政2（1855）年1月16日に生まれる。広島の出身。明治2(1869)年，広島藩の留学生としてイギリスに渡り，応用化学を学ぶ。12年帰国の後は大蔵省印刷局技師となる。のち化学技師として活躍し，大阪アルカリや大日本人造肥料などに勤務，それらの技師長・重役を歴任した。昭和4（1929）年1月22日死去。享年75歳。

[文献] 明治初年条約改正史の研究（下村冨士男）　吉川弘文館　昭37／近代日本の海外留学史（石附実）　ミネルヴァ書房　昭47／近代日本海外留学生史　上（渡辺実）　講談社　昭52／幕末明治海外渡航者総覧(手塚晃編)　柏書房　平4／データベースWHO　日外アソシエーツ　〔楠家重敏／富田仁〕

錦見 貫一郎　にしきみ・かんいちろう

生没年不詳　大垣藩留学生　[生]大垣　[名]別名＝賢蔵　[渡]アメリカ：1871年（藩主・戸田氏共に随行）

生没年不詳。大垣の出身。明治4（1871）年，南校生徒のとき大垣藩の藩費で戸田氏共に随行してアメリカに渡る。ほかに若曽根寛一も同行している。その後の消息は不明。

[文献] 近代日本の海外留学史（石附実）　ミネルヴァ書房　昭47／近代日本海外留学生史　上（渡辺実）　講談社　昭52　〔富田仁〕

西島 勇　にしじま・いさむ

生没年不詳　風呂屋，床屋　[渡]アメリカ：年不明

生没年不詳。サンフランシスコで風呂屋や床屋を開いたが，明治26（1893）年同好の士を集めて，サンフランシスコ演芸会を組織し，座がしらとなってジャーマン・ホールで芝居を興行した。これが在米日本人の間での演劇のはしりである。

[文献] 異国遍路　旅芸人始末書（宮岡謙二）　中央公論社　昭53（中公文庫）　〔谷崎寿人〕

西村 猪三郎　にしむら・いさぶろう

嘉永2年（1849）～明治7年12月5日（1874）　海軍軍人　[生]高知　[名]別名＝伊三郎　[渡]イギリス：1871年（海軍軍事研修）

嘉永2（1849）年，高知に生まれる。幼少より読書を好み14歳のころ江戸に出て諸家に学ぶ。明治1年には京都で洋学を講義したが，のち海軍兵学寮の生徒となる。4（1871）年2月22日，海軍事情の研究のため留学生として八田裕次郎，赤嶺五作，志道貫一，左双左仲，土師外次郎，土方堅吉，とともにイギリスへ赴く。ロンドンで4年間勉学に努めたが肺を病む。イギリスで病気療養に専念したが回復せず，明治7（1874）年12月5日，日本に帰国した日に病死。享年26歳。　[墓]東京・青山霊園

[文献] 明治初年条約改正史の研究(下村冨士男)　吉川弘文館　昭37／海軍兵学校沿革（海軍兵学校編）　原書房　昭43／明治過去帳―物故人名辞典（大植四郎編）　東京美術　昭46／近代日本の海外留学史（石附実）　ミネルヴァ書房　昭47　〔楠家重敏〕

西村　勝三　にしむら・かつぞう

天保7年12月9日(1838)～明治40年1月31日(1907)　実業家　品川白煉瓦創立者〔煉瓦製造の先駆者〕　⑰江戸　⑳幼名＝三平、通称＝伊勢屋勝三、伊勢勝　㊙ドイツ：1886年(化学工業)

　天保7(1838)年12月9日、下総国佐倉藩支藩の佐野藩家老の三男として江戸に生まれる。兄に貴族院議員を務めた西村茂樹がいる。西洋砲術を学び佐野藩に仕えたが、安政3年脱藩して商工業に転じる。慶応3年江戸に銃砲店を開業、維新の際には銃砲弾薬の販売で巨利を得、維新後大総督府御用達となる。明治初年各種事業に手を広げ、その大半は失敗したが、明治3年東京築地に創業の伊勢勝製靴工場は"桜組"皮革会社(17年改称)として発展。4年メリヤス工場を設立。また8年には耐火煉瓦製造業を始め、20年品川白煉瓦製造所を設立、官営工場の払下げをうけて発展した。この間19(1886)年にドイツを視察。35年日本製靴会社(桜組、大倉組のほか2社合同)創立に参与し監査役となる。晩年には工業教育、工業史の編纂にも私費を投じ、『日本近世窯業史』『日本近世造船史』を編纂させた。明治40(1907)年1月31日死去。享年72歳。

　⟨文献⟩ 西村勝三の生涯―皮革産業の先覚者(井野辺茂雄原編、佐藤栄孝編)　西村翁伝記編纂会　昭43／幕末明治海外渡航者総覧(手塚晃編)　柏書房　平4／朝日日本歴史人物事典　朝日新聞社　平6／事典近代日本の先駆者　日外アソシエーツ　平7／西村勝三翁―伝記・西村勝三(西村翁伝記編纂会編)　大空社　平10(近代日本企業家伝叢書)／経営者の精神史―近代日本を築いた破天荒な実業家たち(山口昌男)　ダイヤモンド社　平16／幕末・明治　匠たちの挑戦―現代に甦るプロジェクトリーダーの本質(長尾剛)　実業之日本社　平16／データベースWHO　日外アソシエーツ　　　　〔藤田正晴〕

西村　金五郎　にしむら・きんごろう

生没年不詳　従者　⑳諱＝長忠　㊙アメリカ：1860年(遣米使節に随行)

　生没年不詳。安政7(1860)年1月、35歳頃村垣淡路守範正の従者として遣米使節に随行する。

　⟨文献⟩ 万延元年遣米使節史料集成1～7(日米修好通商百年記念行事運営会編)　風間書房

昭36／幕末教育史の研究2―諸術伝習政策(倉沢剛)　吉川弘文館　昭59　　〔富田仁〕

西村　捨三　にしむら・すてぞう

天保14年7月29日(1843)～明治41年1月14日(1908)　官僚　大阪府知事　⑰近江国彦根下片原　⑳初名＝得三郎、名＝有信、号＝酔処　㊙アメリカ、ヨーロッパ：1872年(井伊直憲に随行)

　天保14(1843)年7月29日、彦根藩の作事奉行の子として彦根下片原に生まれる。10歳から幼君の井伊直憲に仕える。藩校教授・長野主膳の推挽により江戸に留学。一代限騎馬従士、藩校教授、京都周旋方などを歴任した。明治2年彦根藩権大参事。5(1872)年井伊直憲に従い欧米を巡歴し翌6年帰国。10年内務省に出仕、警保局長、土木局長。22年大阪府知事に就任、淀川改修や上水道整備に努めた。のち農商務次官、北海道炭礦汽船社長。先人の顕彰、祭礼の近代化に熱意を示した。明治41(1908)年1月14日死去。享年66歳。㊙滋賀県彦根市・蓮華寺

　⟨文献⟩ 幕末明治海外渡航者総覧(手塚晃編)　柏書房　平4／朝日日本歴史人物事典　朝日新聞社　平6／データベースWHO　日外アソシエーツ　　　　〔藤田正晴〕

西村　千里　にしむら・せんり

生没年不詳　陸軍軍人　㊙フランス：1886年(留学)

　生没年不詳。陸軍省に入り、明治19(1886)年3月にフランスに派遣され留学する。12年に帰国の後、陸軍少尉となる。その後の消息は不明。

　⟨文献⟩ 近代日本海外留学生史　上(渡辺実)　講談社　昭52／幕末明治海外渡航者総覧(手塚晃編)　柏書房　平4　　〔富田仁〕

新田　静丸　にった・しずまる

嘉永3年(1850)～　留学生　㊙フランス：1872年(兵学)

　嘉永3(1850)年に生まれる。明治5(1872)年8月5日、自費留学でパリに渡りガルニエ学校において兵学を修める。その後の消息は不明。

　⟨文献⟩ フランスとの出会い―中江兆民とその時代(富田仁)　三修社　昭56　　〔久永富美〕

新田 長次郎　にった・ちょうじろう

安政4年5月29日（1857）～昭和11年7月17日（1936）　実業家，社会事業家　新田ベニヤ製造所長　[生]伊予国（温泉郡）山西村　[名]号＝温山　[渡]アメリカ：1893年（製革業視察）

安政4（1857）年5月29日，伊予国温泉郡山西村に生まれる。5歳で父と死別し，明治10年大阪に出て米屋西尾商店に丁稚奉公する。のち藤田組製革所の見習工に雇われ西欧式製革技術を習得して，17年結婚を機に，18年大阪で妻のツルと妻の兄・井上利三郎とで新田製作所を設立し製革業を始めた。ベルト工業などの事業に成功し，26（1893）年5月単身渡米し皮革工場を見学，更にヨーロッパに渡り機械を購入して11月に帰国。33（1900）年にもアメリカを視察。技術の発明改良と事業経営の発展に努め，革製パッキングを始め，十数種類の特許を取り，北海道に工場を建設，従業員2千数百名の社長となり，名実共に東洋一のベルト業者となる。ベルト工業を中心にゼラチン，ベニヤ，ゴム工業など関連事業を興しヒット商品を生み，大正末期からは工場近代化と国際化を計り，東京・名古屋・小樽に支店を置き，ボンベイ・満州などに進出する。また財界では大阪工業会の設立発起人になるなど，日本産業界に貢献した。一方，社会事業にも力を注ぎ，私財を投じて，44年大阪市難波に有隣小学校を，大正12年松山高等商業学校を設立し，子弟教育にも尽力した。生涯で得た特許29，実用新案10，内外博覧会に出品し最高賞牌受賞100という。昭和11（1936）年7月17日死去。享年80歳。

[文献] 幕末明治海外渡航者総覧（手塚晃編）柏書房　平4／至誠―評伝・新田長次郎（西尾典祐）中日出版社　平8／データベースWHO　日外アソシエーツ　〔藤田正晴〕

新渡戸 稲造　にとべ・いなぞう

文久2年9月1日（1862）～昭和8年10月15日（1933）　教育者，農学者　〔世界平和に尽力，日米関係の架橋〕　[生]盛岡　[名]旧名＝稲之助，太田稲造　[渡]アメリカ：1884年（政治学，歴史），ドイツ：1887年（農政学，統計学）

文久2（1862）年9月1日，盛岡藩勘定奉行新渡戸常訓の子として生まれる。祖父伝が不毛の火山灰地三本木原野を十和田湖疎水により開拓，稲の収穫の成功したことを記念して稲之助と命名される。6歳で明治維新を迎え，盛岡藩は官軍に敗北し朝敵と蔑まれ，彼の崇敬する不来方城が新政府により取り壊されたことに屈辱を感じ発憤する。さらに祖父の偉大な業績が精神的な支えとなり，自分の将来が世のために役立つことを幼い心に銘記する。父を4歳で失い，専ら母せきに養育され，父と祖父の名を汚さぬ立派な人物になるよう勉学せよと教えられる。苦境に立つと，常に母の手紙を読んで心を支えたという。明治4年上京，伯父太田時敏の養子となり太田稲造となるが，後年旧姓に戻る。初め藩校の共慣義塾に通学し，のちに東京外国語学校に入学し英語を学ぶかたわらキリスト教と外国文化に親しむ。その頃祖父の開拓事業が天聴に達し，生家が明治天皇御巡幸の行在所ともなったことから，開拓に従事すべく農学を修めることを決意，15歳で札幌農学校に入学する。教頭クラーク博士はすでに去った後だったが，そのキリスト教による人格教育に感銘し，1ヶ月後の「イエスを信ずる者の契約」に署名，翌年内村鑑三，宮部金吾とともに受洗する。札幌では宗教と哲学に耽り自然を愛し生涯の友人も得る。14年卒業，月給30円の開拓使御用掛となるが2年後将来の飛躍を図って東京大学に入学，外山正一学長の面接で，農政学と英文学を専攻し，太平洋のかけ橋となり日欧文化相互の紹介者となる抱負を述べる。札幌農学校同窓で米国留学中の佐藤昌介より届いたヘンリー・ジョージの『進歩と貧困』なる洋書を愛読していたが，ある日外山正一の目に止まり『東洋学芸雑誌』に連載してはどうかと言われる。出版後8年を経過し各国に有名な本が日本の最高学府に届いていない現実に反発，海外で知識を得ようと決意し10ヶ月の在学で潔く退学，叔父の調達した1000円を資金に，17（1884）年9月1日奇しくも23歳の誕生日の暴風雨の横浜港より船出しサンフランシスコに到着，1週間滞在後にオークランド駅より開通後15年の大陸横断鉄道で学問の中心地東部へ向い，ボルチモアに落ち着き3年を過ごす。この間札幌農学校先輩の佐藤昌介の勧めでジョンズ・ホプキンス大学大学院で歴史，政治学，ドイツ語を学び，とくに政治学者ハーバード・アダムスの指導を受ける。日米関係史の重要性を認識し，不平等条約に若い心を悩ましたのもこの頃だった。同時に宗教上の懐疑をクエーカー教徒の質実な

信仰に生涯を託す機会を得て、フィラデルフィア郊外モリス邸の集会で理想の女性、メリー・パターソン・エルキントンと出会う。20(1887)年在米中に札幌農学校助教に任ぜられ、北海道庁より3年間ドイツ留学の下命あり、ボン大学、ベルリン大学、ハレ大学で農政学、農業経済学、統計学を学び、その成果として『日本土地制度論』を出版する。24年1月帰米しメリーの父の強い反対に会いながらも苦労の末に結婚する。このあとジョンズ・ホプキンズ大学で『日米交通史』を出版し帰国、札幌農学校教授となり日本の農政学の草分けとなる。貧困の子弟にも自立心を教育すべく遠友夜学校を設立したが過労に陥り米西海岸モントレーで療養し、日清戦争後に日本人に対する外国の高まった関心に、日本人の古来の倫理感を正しく海外に示すため、『武士道』を執筆し各国語に訳されて大反響を呼び、当時のルーズベルト大統領も感銘を受けるが、現在も米国の大学では教科書として使用されているほどである。台湾での製糖事業の実業活動の後、京都大学教授から第一高等学校長となり、各人の自由の立場を尊重する教育を施す。大正7年東京女子大学初代学長となりキリスト教による婦人の人格育成教育を行う。9年国際連盟事務次長に就任し世界平和に尽力、国際知的協力委員会を創設、のちにユネスコに発展する。昭和6年産業組合中央会岩手支部会長に就任し協同組合思想を生かす。この頃米国で排日移民法ができ、彼はこれに猛然と反対する。昭和に入り世界大恐慌が生じ、日本は中国に出兵し物情騒然の折、昭和4年太平洋問題調査会理事長に就任、同年京都大会で議長に就任するや世界平和を訴える。かくて『大阪英文毎日』に日本軍部の台頭批判記事を掲載し、自由主義者の彼は苦境に立つ。6年満州事変勃発、7年『海南新聞』に軍閥批判を展開し、言論の自由を訴えたが時局柄彼は孤立する。世にいう松山事件である。彼は軍部の圧力に屈し陳謝したが、その後日本は軍部独裁へと傾いていく。その年日本の大陸進出で険悪となった日米関係を修復すべく、移民法撤回まで渡米せぬ決意を破り、あえて渡米し回以上の講演とラジオ演説で満州侵攻非難を弁護し、フーバー大統領に友好を求めるが、祖国のため心ならずも取った彼の態度は変節と誤解され、8年傷心の帰国となる。その3日後日本は国際連盟を脱退する。同年第5回太平洋問題調査会会議出席のためカナダのバンフに行き、会議後膵臓炎と肺炎に糖尿病を併発、ビクトリア市ジュビリー病院に入院するが、昭和8(1933)年10月15日夜死去。享年72歳。太平洋のかけ橋として平和と国際相互理解に尽くした生涯を閉じ、バンクーバー・ウェスレー教会で追悼ミサが催される。賀川豊彦は彼を「弱者にも貴人にも隔てなき尊者、巨大なる世界人」と評している。

㊉東京・多磨霊園

[文献] 新渡戸稲造伝(石井満) 関谷書店 昭9／新渡戸稲造先生追悼録 東京女子大学同窓会 昭9／新渡戸博士追憶集(前田、高木) 同記念事業 昭11／内村鑑三と新渡戸稲造(矢内原忠雄) 日産書房 昭23／教育人名辞典 理想社 昭37／日本近代文学大事典3(日本近代文学館編) 講談社 昭53／日本人名大事典5 平凡社 昭54／明治英学補綴—英学者群像:新渡戸稲造(境田進):桜文論叢11 昭56／日米のかけ橋—新渡戸稲造物語(堀内正己) 彩流社 昭56／新渡戸稲造—生涯と思想(佐藤全弘) キリスト教図書出版社 昭56／新渡戸稲造(松隈俊子) みすず書房 昭56／北大百年史—札幌農学校史料 北大 昭57／新渡戸稲造の生涯(須知徳平) 熊谷印刷出版部 昭58／アメリカの新渡戸稲造—「太平洋の橋」取材記(佐々木筆著) 熊谷印刷出版部 昭60／太平洋の橋としての新渡戸稲造(太田雄三) みすず書房 昭61／新渡戸稲造—日本の近代化と太平洋問題(蝦名賢造) 新評論 昭61／国際人新渡戸稲造(松下菊人) ニューカレントインターナショナル 昭62／新渡戸稲造(杉森久英) 読売新聞社 平3／新渡戸稲造—国際主義の開拓者 名誉・努力・義務(ジョージ・M.オーシロ) 中央大学出版部 平4／新渡戸稲造—太平洋の架け橋(神渡良平) ぱるす出版 平4／新渡戸稲造伝—伝記・新渡戸稲造(石井満) 大空社 平4(伝記叢書)／新渡戸稲造の世界(赤石清悦) 渓声出版 平7／人物日米関係史—万次郎からマッカーサーまで(斎藤元一) 成文堂 平11／アクティブ(活動的)な青年新渡戸稲造—僕は、稲造さんを追って世界に飛んだ(佐藤みさ子) 新渡戸基金 平12／新渡戸稲造 新装版(松隈俊子) みすず書房 平12／英語達人列伝—あっぱれ、日本人の英語(斎藤兆史) 中央公論新社 平12(中公新書)／海をこえて近代知識人の冒険(高沢秀次) 秀明出版会 平12／英学

者・新渡戸稲造―21世紀国際人への指標（松下菊人）　松下菊人　平12　／永遠の青年新渡戸稲造（内川永一朗）　新渡戸稲造基金　平14　／歴史を深く吸い込み、未来を想う――一九〇〇年への旅　アメリカの世紀、アジアの自尊（寺島実郎）　新潮社　平14　／新渡戸稲造―日本の近代化と太平洋問題（蝦名賢造）　新評論　平14（Shinhyoron selection）／近代日本の世界体験―新渡戸稲造の志と拓殖の精神（草原克豪）　小学館スクウェア　平16
〔境田進〕

二宮 熊次郎　にのみや・くまじろう
慶応1年5月10日（1865）～大正5年12月17日（1926）　新聞記者　⊕伊予国宇和島　㋾旧名＝尾崎　号＝孤松，震堂，画美人楼主人　㋬ドイツ：1888年（留学）

　慶応1（1865）年5月10日，宇和島藩士の子として生まれる。早くから才覚をあらわし，わずか15歳で藩校明倫館の助教となる。明治16年に上京し，ジャーナリスト末広鉄腸の世話で『朝野新聞』に入社。20年時事通信社に転じる。21（1888）年ドイツに留学し，政治・経済を修める。この間，陸軍の元帥山県有朋の知遇を得，25年に帰国後はその斡旋によって内務省嘱託。さらに27年に日清戦争の勃発すると，山県の秘書となって戦地に赴いた。のち言論界に戻り，31年山県の援助で日刊『京華日報』を発行。37年には雑誌『世界』を創刊し，大正5年に没するまでその編集に当たった。大正5（1926）年12月17日死去。享年62歳。
[文献]　幕末明治海外渡航者総覧（手塚晃編）　柏書房　平4／データベースWHO　日外アソシエーツ
〔藤田正晴〕

仁礼 景範　にれ・かげのり
天保2年2月24日（1831）～明治33年11月22日（1900）　海軍軍人，中将　子爵　〔海軍の三元勲の1人〕　⊕薩摩国（鹿児島郡）荒国村　㋾幼名＝平輔，源之丞　㋬アメリカ：1867年（留学）

　天保2（1831）年2月24日，薩摩藩士仁礼源之助の二男に生まれる。安政6年誠忠組に加わり尊王攘夷運動に参加する。文久3年薩英戦争のとき，イギリス艦を襲撃しようとしたが果たさなかった。慶応3（1867）年藩命によりアメリカに留学。帰国後兵部省に入り，明治5年海軍少丞，7年海軍大佐，8年江華島事件の際は黒田清隆特派全権弁理大使に随行し朝鮮に渡る。

11年海軍兵学校長となり，13年海軍少将，17年軍務局長，子爵を授けられる。18年特派全権伊藤博文に随行して清国に赴く。同年中将，22年横須賀鎮守府司令長官，24年海軍大学校長，25年第2次伊藤内閣の海軍大臣，26年枢密顧問官，30年議定官となる。海軍の基礎をつくりあげ，西郷従道，川村純義とともに海軍の3元勲と称せられる。明治33（1900）年11月22日死去。享年70歳。
[文献]　日本人名大事典5　平凡社　昭54／明治維新人名辞典（日本歴史学会編）　吉川弘文館　昭56
〔谷崎寿人〕

丹羽 淳一郎　にわ・じゅんいちろう
生没年不詳　㋬ドイツ：1870年（伏見宮能久に随行）

　生没年不詳。明治3（1870）年に伏見宮家家来として伏見宮能久に随行しドイツへ赴く。伏見宮は10年に帰国しているが，その後の消息は不明。
[文献]　近代日本の海外留学史（石附実）　ミネルヴァ書房　昭47
〔冨田仁〕

丹羽 龍之助　にわ・りゅうのすけ
弘化4年4月3日（1847）～大正3年2月9日（1914）　宮内省官吏　宮中顧問官　⊕佐賀　㋬ドイツ：1871年（学科質問）

　弘化4年（1847）4月3日，佐賀藩士丹羽内蔵進の長男として生まれる。明治3（1871）年12月，大学南校大舎長のとき南校の命により学科質問のためドイツに留学する。9年12月帰国後，太政官御用掛を命ぜられ，のちに司法書記官となるが，ドイツ公使館付書記官として再度ドイツに渡り，11年6月帰国する。18年4月式部官に任命され，32年12月勅任式部官に昇進する。さらに45年5月宮中顧問官になる。この間エドワード七世の戴冠式出席のため小松宮彰仁に随行して渡英する。久邇宮，小松宮両家家令事務取扱となり，宮内書記官，皇后御用掛，皇太后宮職御用掛を兼務し，30年間にわたって宮内省に奉職したのち，大正3（1914）年2月9日死去。享年68歳。
[文献]　大正過去帳―物故人名辞典（稲村徹元他編）　東京美術　昭48
〔渡辺登〕

【ぬ】

沼間 守一　ぬま・もりかず
天保14年12月2日(1845)～明治23年5月17日(1890)　政治家, ジャーナリスト　東京府会議長, 嚶鳴社主宰　⊕江戸牛込　⊛旧名=高梨　幼名=慎次郎, 号=弄花生　㊇ヨーロッパ：1872年(司法制度調査)

　天保14(1845)年12月2日, 幕臣高梨仙太夫の二男として江戸牛込に生まれ, 幕臣沼間平六郎の養子となる。安政6年養父に同行して長崎に行き, 英語を学ぶ。慶応1年幕府伝習所で洋式兵術を学び, 幕臣として戊辰戦争を戦う。明治維新後, 明治5年新政府大蔵省租税寮に入り, 同(1872)年6月司法省に転じてヨーロッパに派遣される。一年間の滞欧中, 民権思想にふれ, 6年9月6日帰国後, 法律講習会を主宰し, 11年嚶鳴社と改組。この間, 判事, 元老院権大書記官を歴任するが, 12年辞職。同年『嚶鳴雑誌』を創刊, また『東京横浜毎日新聞』社長, 東京府議となる。15年東京府会議長。国会開設・自由民権思想の普及に努め, 14年自由党結成に参加したが, 15年嚶鳴社を率いて立憲改進党創立に参加する。名演説家としても知られた。明治23(1890)年5月17日死去。享年48歳。
⊛東京都台東区・上野寛永寺
|文献| 人物・日本の歴史　11―明治のこない手上(遠山茂樹)　読売新聞社　昭41／幕末明治海外渡航者総覧(手塚晃編)　柏書房　平4／沼間守一―伝記・沼間守一(石川安次郎)　大空社　平5(伝記叢書)／朝日日本歴史人物事典　朝日新聞社　平6／事典近代日本の先駆者　日外アソシエーツ　平7／データベースWHO　日外アソシエーツ　　〔藤田正晴〕

沼川 三郎　ぬまかわ・さぶろう
⇒横井大平(よこい・たいへい)を見よ

【ね】

根津 欽次郎　ねづ・きんじろう
生没年不詳　教授方手伝　㊇アメリカ：1860年(咸臨丸の教授方手伝)

　生没年不詳。安政7(1860)年1月, 咸臨丸の教授方手伝として渡米する。
|文献| 万延元年遣米使節史料集成1～7(日米修好通商百年記念行事運営会編)　風間書房　昭36／幕末教育史の研究2―諸術伝習政策(倉沢剛)　吉川弘文館　昭59　　〔富田仁〕

根本 正　ねもと・ただし
嘉永4年10月(1851)～昭和8年1月5日(1933)　政治家, 禁酒運動家　衆議院議員　⊕常陸国五台村　㊇アメリカ：1877年(留学)

　嘉永4(1851)年10月, 常陸国五台村に生まれる。明治2年上京, 人力車の車夫をしながら啓蒙学者・中村正直, 米国人宣教師に師事し, キリスト教に入信。10(1877)年私費でアメリカに渡り, 小, 中学校を経て, バーモント大学で学び23年に帰国。板垣退助らの勧めで政界入りし, 同年安藤太郎と日本禁酒同盟を組織, 顧問となる。同時に自由党入り, のち政友会に属し, 31年の第5回以来衆議院議員当選11回。この間, 義務教育の無償化や未成年者飲酒禁止法成立などの功績を残した。昭和8(1933)年1月5日死去。享年83歳。
|文献| 幕末明治海外渡航者総覧(手塚晃編)　柏書房　平4／根本正伝―未成年者飲酒禁止法を作った人(加藤純二)　銀河書房　平7／データベースWHO　日外アソシエーツ
　　〔藤田正晴〕

【の】

納富 介次郎　のうとみ・かいじろう
弘化1年(1844)～大正7年3月9日(1918)　官吏, 教育者　〔工芸教育に貢献〕　⊕肥前国　⊛雅号=介堂　㊇オーストリア：1873年(ウィーン万国博覧会)

弘化1(1844)年，肥前国小城藩士柴田花守の二男として生まれる。父に日本画を習い，16歳のとき同藩の納富家の養子となる。介堂と号す。万延1年長崎で南画を学び，2年上海に渡航する。この折の体験を『文久2年上海日記』として書き残す。明治4年再び上海に渡る。4年横浜に移り油絵を修業する。6(1873)年ウィーン万国博覧会の審査員として佐野常民に同行しオーストリアに赴くが，ボヘミアのエルボーゲン製陶所やフランスのセーヴル製陶所を訪れるなど，ヨーロッパの工芸技術を研修ののち，8年に帰国する。帰国後は勧業寮の伝習に携わり，9年アメリカのフィラデルフィア博覧会，10年の第1回内国勧業博覧会などの審査官をつとめる。10年塩田真と江戸川製陶所を設立するが，17年には閉鎖する。その間に石鹸，漆器，銅器などの改良にも尽力するが，漆器の場合9年間改良にかけている。また愛知県技師，石川県工業学校長，富山県学校長，香川県工業学校長，佐賀県工業学校長などを歴任，33年パリ万国博覧会の有田焼の出品を指導する。のち東京で絵画，彫刻に従事。大正7(1918)年3月9日死去。享年75歳。

[文献] 納富介次郎先生銅像建設記念帖　同委員編刊　昭9／文久2年上海日記（納富介次郎著　東方学術協会校）　全国書房　昭21／日本人名大事典5　平凡社　昭54／明治維新人名辞典（日本歴史学会編）　吉川弘文館　昭56

〔富田仁〕

乃木 希典　のぎ・まれすけ

嘉永2年11月11日(1849)～大正1年9月13日(1912)　陸軍軍人，大将　伯爵　⊕江戸麻布日ヶ窪　㊙ドイツ：1886年（兵制・兵学）

嘉永2(1849)年11月11日，長府藩士乃木十郎希次の三男として江戸麻布の長州藩邸に生まれる。10歳のとき，長州に帰り藩の集童場で文武の修業をする。16歳のとき，イギリス，アメリカ，フランス，オランダ四国による連合艦隊の馬関（下関）の砲撃を丘の上から眺め，交戦の惨状と惨敗に敵愾心を喚起され，深く心に感ずる。同年，萩の儒者・玉木文之進の家に寄寓し，薫陶を受ける。18歳のとき萩明倫館文学寮に入り文を修めると同時に，剣を一刀流の師範栗栖又助に学ぶ。慶応2年，藩士高杉晋作の率いる報国隊に加わり砲兵隊長として幕軍と戦い武勲をたてる。4年，戊辰戦争に参戦し東北に転戦して功をあげる。明治4年1月，陸兵練兵教官，11月には陸軍少佐となる。10年，西南戦争が勃発すると熊本城を支援するため歩兵第14連隊を率いて熊本に進軍し，植木にいた薩軍と戦う。この戦闘で奇襲をかけてきた薩軍の抜刀隊によって軍旗を背負った河原林旗手が斃され，軍旗が奪い去られるという事態が起きる。この軍旗喪失の事態に直面して，引責自害しようとしたが，部下の樺曹長に諫められ翻意するが，心の傷痕深く，その自責の念が終生つきまとうこととなる。こうした苦悶の中で，4月陸軍中佐に進級する。翌11年，痛恨の思い出の地熊本を去って東京に赴任し，湯地定基の娘・静子と結婚する。13年大佐，18年少将に昇る。19(1886)年，川上操六少将とドイツ留学を命ぜられる。普仏戦争でフランスがドイツに敗れた結果，日本陸軍もフランス兵式からドイツ兵式への転換を迫る機運が高まったためにドイツ陸軍の視察を命ぜられたのである。留学中はドイツ兵制と兵学の研究に没頭する。しばしばヴィルヘルム二世に会い，ドイツ軍隊の皇帝に対する関係などを視察する。ドイツ時代の活動については多くのことは伝えられていないが，ドイツ留学を境としてそれ以前とそれ以後とでは，著しい心境の変化がみられる。すなわち，軍旗喪失の一件以来悶々として酒に浸り自堕落な生活を続けてきたが，帰国後は，後半生に見られる謹厳かつ厳格な姿へと変身を遂げていたのである。わずか1年半のドイツ留学が何故その人柄をこのように変えたかについてはさまざまな憶測があるが，詳しいことは不明である。なお同時期にドイツに留学中であった森鷗外は彼の印象を『獨逸日記』の中に「乃木は，長身巨頭沈黙厳格の人なり」と記している。21年に帰国し近衛歩兵旅団長となり，しばらく休職となるが，日清戦争が起こり歩兵第一旅団長として復職する。旅順の攻略を果し各地に転戦する。28年中将に進む。戦功により男爵を授けられる。翌年台湾総督となるが，31年辞任して東京に戻る。34年休職する。37年，日露戦争勃発によって復職し，留守近衛師団長，第三軍司令官を経て陸軍大将となる。しかし同時に，この戦争で，西南戦争での軍旗喪失とともに生涯忘れることの出来ない苦悶となる旅順攻略戦を経験する。同年8月初めて旅順要塞への総攻撃を開始し6日間にわたって激闘を展開する

が効を奏さず，遂に攻撃を一旦断念する。第2回の攻撃は9月に入り開始されるが，これもまた多大の犠牲を払い失敗に終わる。11月，第3回目の攻撃を開始するが敵の猛反撃に会い依然悪戦苦闘を続けるが，遂に12月を過ぎて203高地を占領し旅順を陥落させる。実に150余日におよぶ悪戦苦闘の末であり，この間の激闘によって将兵約6万の犠牲を払った。38年9月，日露戦争が終結する。翌年凱旋。ただちに参内し天皇に復命するが旅順攻城の際に多大の犠牲を払ったことについて痛恨の面持で熱涙に暮れながら「割腹して罪を謝し奉りたい」と平伏した。天皇は「今は死すべき時ではない。卿もし死を願うならば，われの世を去りてのちにせよ」と言われたという。40年，戦功により伯爵に進み，学習院長を兼任する。44年，英国国王ジョージ五世の戴冠式に参列するため東伏見宮依仁親王が渡英された時，東郷海軍大将とともに随行する，明治45(1912)年7月30日，明治天皇崩御に接し哀痛の念限りなく，9月13日，御大葬の当日午後8時，静子夫人と赤坂の自邸にて殉死を遂げた。享年64歳。

㊥東京・青山霊園

[文献] 乃木院長記念録（学習院輔仁会編） 三光堂 大3／乃木（S.ウォッシュバーン著 目黒真澄訳） 文興院 大13／人・乃木将軍（桜井忠温） 天人社 昭6／乃木大将殉死の考察（服部真彦） 新潮社 昭9／日本精神講座3／類聚伝記大日本史14 陸軍篇（桜井忠温編） 雄山閣 昭11／乃木大将（林房雄） 第一書房 昭12／日本精神と死の問題—乃木将軍の死を中心に（加藤玄智） 大東出版社 昭14／乃木希典（松下芳男） 吉川弘文館 昭35／日本人物史大系6 朝倉書店 昭35／乃木希典と下田歌子（橋川文三）：文芸春秋 44(1) 昭41／こゝろ（夏目漱石） 岩波書店 昭41（漱石全集6）／回想の乃木希典（三島通陽） 雪華社 昭41／乃木希典（大浜徹也） 雄山閣 昭42／乃木希典（戸山幸夫） 人物往来社 昭43／獨逸日記（森鷗外） 岩波書店 昭50（鷗外全集35）／日本人名大事典5 平凡社 昭54／近代日本哲学思想家辞典（伊藤友信他編） 東京書籍 昭57／乃木と東郷（戸山幸夫） 光人社 昭57／乃木希典（松下芳男） 吉川弘文館 昭60（人物叢書 新装版）／及木希典（大浜徹也） 河出書房新社 昭63（河出文庫）／乃木希典全集 中（乃木神社社務所編） 国書刊行会 平6／乃木希典（福田和也） 文芸春秋 平16／乃木希典 増補 復刻版（宿利重一） マツノ書店 平16

〔山口一彦〕

野口 定次郎　のぐち・さだじろう

安政5年10月18日(1858)～明治20年3月2日(1887)　海軍軍人　㊥石川県　㊥イギリス：1884年（海軍軍事研修）

安政5(1858)年10月18日，加賀藩士井上誠男の子として生まれる。のち野口信易の養子となる。明治6年海軍兵学寮に入り，17年中尉となる。同17(1884)年4月24日，軍事視察のため早坂源吾，大久保嘉蔵，森友彦六とともにイギリスに派遣される。明治20(1887)年3月2日，イギリスのポーツマスで病死。享年30歳。

[文献] 明治過去帳—物故人名辞典（大植四郎編） 東京美術 昭46／近代日本海外留学生史 上（渡辺実） 講談社 昭52　〔楠家重敏〕

野口 富蔵　のぐち・とみぞう

天保12年(1841)～明治15年(1882)　外交官 アーネスト・サトウの秘書　㊥会津　㊥別名＝成光　㊥イギリス：1869年（サトウの帰国に随行）

天保12(1841)年，会津藩士野口成義の二男として生まれる。箱館のイギリス領事に英語を学び，慶応1年からイギリス外交官アーネスト・サトウの秘書となる。明治2(1869)年サトウが休暇で一時母国イギリスに帰ったときに随行して私費留学し，6年帰国。この間，岩倉使節団の通訳兼案内人を務める。帰国後は大蔵省勧業寮，陸軍省砲兵局，工部省電信寮などを経て，10年から京都府勧業課に勤務する。明治15(1882)年死去。享年42歳。

[文献] 一外交官の見た明治維新 下（アーネスト・サトウ 坂田精一訳） 岩波書店 昭35（岩波文庫）／明治初年条約改正史の研究（下村冨士男） 吉川弘文館 昭37／野口富蔵のこと—英外交官秘書だった会津藩士（宮崎十三八）：会津史談会誌 50 昭52／遠い崖—サトウ日記抄—956—（萩原延寿）：朝日新聞夕刊 昭57.4.8／物語 悲劇の会津史（新人物往来社編） 新人物往来社 平2／幕末明治海外渡航者総覧（手塚晃編） 柏書房 平4／アーネスト・サトウと野口富蔵（国米重行） 国米重行 平12／データベースWHO 日外アソシエーツ　〔楠家重敏／富田仁〕

野口 米次郎　のぐち・よねじろう
明治8年12月8日(1875)～昭和22年7月13日(1947)　詩人　〔英・米詩壇で活躍〕　[生]愛知県(海部郡)津島町　[名]筆名=Yone Noguchi(ヨネ・ノグチ)　[渡]アメリカ:1893年(放浪の旅)

明治8(1875)年12月8日，伝兵衛の四男として愛知県津島町に生まれる。彫刻家イサム・ノグチは最初の妻との子供。22年4月愛知県立中学校に入学するが，中途退学して23年上京，神田の成立学舎で英語を学ぶ。さらに慶応義塾へ移る。スペンサーの教育論，カーライルの英雄崇拝論を学び，俳句や禅に興味を覚えて芝山内の永機老宗匠を訪ねたりする。26年志賀重昂の学僕となって同家に寄寓，慶応義塾を退学して同年(1893)11月3日横浜港からベルジック号でサンフランシスコに向かう。サンフランシスコ上陸後日本の木版画の行商により生活費を得る。28年サンフランシスコの日本字新聞社の編集，翻訳，配達をした。この頃オークランドの老詩人ウォーキン・ミラーの知遇を得て，その学僕となりポー，ホイットマンらの詩を読み，芭蕉の作品に親しむ。またエドウィン・マーカム，チャールズ・ウォーレン・スタッダートらと交際する。29年はじめて詩作をし，サンフランシスコの雑誌『ザ・ラーク』に詩5篇を発表，非常に好評であった。第1詩集“Seen and Unseen”(明界と幽界)を出版する。30年ヨセミテ渓谷に徒歩旅行をして，その感動を“The Voice of the Valley”(渓谷の声)と題しドクシィ社から出版する。32年ミラーの家を出てシカゴに移り『イブニング・ポスト』の寄稿家となる。さらにニューヨークに移り，一富豪の家僕となる。ここでの体験をもとに『日本少女のアメリカ日記』(1902),『日本人小間使のアメリカ書簡』(1902)を出版して資金を得て，35年11月ロンドンに渡る。36年詩集“From the Eastern Sea”(東海より)を自費出版する。この詩集はトマス・ハーディ，アーサー・シモンズらに好評をもって迎えられ，イギリス詩壇の寵児となる。これに在米中の詩篇を加え，ロンドンのユニコン社より刊行。10月序文新渡戸稲造，跋文志賀重昂による日本版を冨山房より刊行する。37年再びアメリカへ帰る。『東海より』によって得た名声はアメリカにおいても輝く。37年9月日露戦争の報道のためアメリカの新聞社の日本通信員として帰朝,『帰朝の記』を春陽堂から出版する。10月郷里津島，京都，奈良を旅し，藤沢市常光寺の三兄野口祐真方に寄寓。38年母校慶応義塾大学英文科教授となり40年にわたり勤務，名誉教授となる。また，あやめ会を結成して日英米3国の詩人たちの交流をはかる。39年1月武田まつ子と結婚，小石川区久堅町に居をかまえる。大正2年父伝兵衛死去。東京市外中野町(現・中野区)に新居をかまえ12月講演のため渡英。3年1月オックスフォード大学で「日本の発句」を講演，6月シベリア鉄道で帰国。この年パリで島崎藤村と同宿，イギリスではバーナード・ショウ，イエイツに出会う。8年から9年にかけてアメリカ各地で日本の詩歌について講演する。帰国後，日本語の詩を作るようになる。10年『二重国籍者の詩』を玄文社，11年『林檎一つ落つ』『野口米次郎詩論』『敵を愛せ』をそれぞれ玄文社より，また『沈黙の血汐』を新潮社から刊行。12年『山上に立つ』(新潮社),『最後の舞踏』(金星堂),『我が手を見よ』(アルス),『霧の倫敦』(玄文社)を刊行，その後もほとんど毎年詩集や評論を出し，昭和19年には芸術院賞を受ける。全著作は数十巻におよび，その中には日本美術論，随筆，紀行文もあり，「ヨネ・ノグチ」の筆名で知られた詩はユニークなものであった。20年4月空襲で中野の自宅全焼，茨城県に疎開，昭和22(1947)年7月13日，疎開先で胃癌のため死去。享年73歳。

[墓]神奈川県藤沢市本町・常光寺

[文献] 野口米次郎氏の「日本詩歌論」(福士幸次郎):詩歌　大5.1／詩人野口米次郎(シェラアド・ヴァインズ)　第一書房　大14／野口米次郎選集1～4　春陽堂文庫　昭17～18／野口米次郎論(山宮允)　『現代日本文学全集73』　筑摩書房　昭31／詩人ヨネ・ノグチ研究1～2(外山卯三郎編)　造形美術出版協会出版局　昭38, 40／野口米次郎(安部宙之介)　『現代詩鑑賞講座4』　角川書店　昭44／ヨネ・ノグチ文献1　日本篇1〔著作〕(渥美育子):比較文学　12　昭44.10／ヨネ・ノグチ文献2　日本編2・外国編(渥美育子):比較文学　17　昭47.10／野口米次郎　Yone Noguchiの生活と作品(川路柳江)　『現代日本文学大系41』　筑摩書房　昭47／日本近代文学大事典3(日本近代文学館編)　講談社　昭53／日本人名大事典　現代編　平凡社　昭54／失われた日本の芸術精神・倫敦の霧描き(羽澄暁泉)　羽澄暁泉　平2(芸術イデア叢書)／倫敦の霧描き(羽澄不一)　鹿友館　平4　〔谷崎寿人〕

野沢 武之助　のざわ・たけのすけ

慶応2年(1866)～昭和16年(1941)　政治家 衆議院議員　[生]下野国下籠谷村　[渡]ドイツ, スイス：1886年(留学)

慶応2(1866)年，下野国下籠谷村に生まれる。明治19(1886)年農商務卿・品川弥二郎に同行して渡欧して以来，長くドイツやスイスに留学。28年帰国後は韓国統監府や外務省に出仕し，法学博士・高等官として活躍した。この間，明治31年の第5回総選挙に出馬して当選し，衆議院議員を1期務めたが，続く第6回総選挙で自由党の星亨に敗れ，国政から退いた。編著に『国際私法講義』『セニョボー氏文明史』などがある。昭和16(1941)年死去。享年76歳。

[文献] 幕末明治海外渡航者総覧(手塚晃編) 柏書房　平4／データベースWHO　日外アソシエーツ　〔藤田正晴〕

野島 丹蔵　のじま・たんぞう

生没年不詳　留学生　[渡]フランス：1884年(留学)

生没年不詳。明治17(1884)年1月にフランスに留学する。のちドイツにも赴くが，その後の消息は不明。

[文献] 近代日本海外留学生史　上(渡辺実) 講談社　昭52　〔富田仁〕

野尻 精一　のじり・せいいち

万延1年(1860)～昭和7年3月(1932)　教育者〔ヘルバルト教育学の移入, 師範教育に尽力〕 [生]兵庫　[渡]ドイツ：1886年(教育学)

万延1(1860)年，兵庫に生まれる。明治15年東京師範学校中学師範科を卒業，ただちに文部省御用掛になる。ついで山形県師範学校一等教諭，同校長，同県中学校長などを歴任する。19(1886)年4月森有礼の師範学校教育振興政策により，文部省から満3ヶ年の留学を命ぜられ渡独。教育学研究の最初の留学生としてプロイセン官立ノイチェルレ師範学校に入学し，師範学科を卒業，翌年ベルリン大学に転じ21年ライプチヒ大学に入り哲学・教育学を研究する。ついでスイスのネース師範学校で手工科を専攻する。23年6月帰国，ただちに東京高等師範学校教諭，帝国大学文科大学講師として教育学を講ずる。さらに高等師範学校教授となり，25年東京府高等師範学校長，30年12月文部省視学官となる。41年2月奈良女子高等師範学校初代校長に就任，大正8年まで在職する。ヘルバルト教育学・教授法をわが国に移入し教育学の礎石を築き，師範教育に貢献した。昭和7(1932)年3月死去。享年73歳。

[文献] 近代日本海外留学生史　上(渡辺実) 講談社　昭52　〔渡辺登〕

能勢 栄　のせ・さかえ

嘉永5年(1852)～明治28年(1895)　教育学者〔修身書の編纂に尽力〕　[生]江戸本郷弓町 [渡]アメリカ：1870年(留学)

嘉永5(1852)年，江戸本郷弓町に生まれる。明治3(1870)年私費でアメリカに留学し，5年オレゴン州のグラマースクールを卒業。9年パシフィック大学理科卒業。9年帰国後，長野師範などでペスタロッチ主義にもとづき，開発主義教授法を指導する。師範学校教諭，中学校長などを歴任。19年森有礼文部大臣により文部書記官に起用され，修身書の編纂に参加する。著書に『徳育鎮定論』(明治23)があるほか，各種教育書の翻訳もある。明治28(1895)年死去。享年44歳。

[文献] 教育人名辞典　理想社　昭37／体育人名辞典(東京体育科学研究会編著)　逍遙書院 昭45 ／近代日本の海外留学史(石附実)　ミネルヴァ書房　昭47　〔谷崎寿人〕

能勢 静太　のせ・しずた

元治1年6月3日(1864)～明治45年4月25日(1912)　医学者　[生]備前国(浅口郡)西大島村 [渡]オーストリア：1890年(医学)

元治1(1864)年6月3日，備前国浅口郡西大島村に生まれる。明治21年東京帝国大学医学部を卒業。23(1890)年ヨーロッパに留学し，ウィーン大学，さらにベルリン大学で内科学，精神病学等を専攻。帰国後は陸軍大学付，内務省医術開業試験委員，東京帝国大学医学部副手等を歴任。日清戦争には一等軍医，第5師団臨時野戦病院付となって出征。また日露戦争では二等軍医正，第3師団付第3野戦病院長として従軍。明治39年医学博士。のち，陸軍衛戍病院長，朝鮮の漢城病院長などを務め，晩年は神奈川県小田原町に開業した。明治45(1912)年4月25日死去。享年49歳。

[文献] 幕末明治海外渡航者総覧(手塚晃編) 柏書房　平4／データベースWHO　日外アソシエーツ　〔藤田正晴〕

野津 十郎　のづ・じゅうろう

生没年不詳　留学生　㋺アメリカ：1872年（工学）

生没年不詳。明治5(1872)年にアメリカに留学している。留学の目的は工学研修であるが、官費による留学とみられる。その後の消息は不明。

[文献] 近代日本の海外留学史（石附実）　ミネルヴァ書房　昭47　〔富田仁〕

野津 道貫　のづ・みちつら

天保12年11月30日(1842)～明治41年10月19日(1908)　陸軍軍人、元帥　侯爵　㊊薩摩国鹿児島　㋑通称＝七次　㋺フランス、ドイツ：1878年（兵制視察）

天保12(1842)年11月30日、薩摩国鹿児島に生まれる。早くより藩命を受けて江戸に上り、江川担庵（太郎左衛門）の塾に入って砲術を学ぶ。その後、薩英戦争に参加する。また、戊辰戦争には薩摩藩兵の一人として従軍し、鳥羽、伏見で戦った後、遠く東北、箱館まで転戦し功を収める。明治4年、藩の御親兵として上京し、のち陸軍少佐となる。7年には陸軍大佐に進み、佐賀の乱に出征する。10年、西南戦争が起こると第二旅団参謀長として活躍し、功をたてる。11年、これらの戦功により陸軍少将に昇進。同年(1878)、陸軍卿大山巌に随行してヨーロッパの兵制を視察し、新時代の陸軍を研究して帰国。17年にそれまでの功により、子爵の爵位を授与される。翌18年中将に進み、広島鎮台司令官に任ぜられる。日清戦争が起きると、はじめ第五師団長として従軍したが、中途より山県大将に代わり第二軍司令官となって各所で善戦する。28年その軍功により大将に任命され、伯爵となる。近衛師団長、東京湾防禦都督、東部都督を歴任し、33年に教育統監となる。日露戦争には第四軍司令官として出征。満洲軍中央軍として偉功を響かせる。39年元帥となり、40年には侯爵。明治41(1908)年10月19日死去。享年67歳。

[文献] 武将の典型野津元帥の面影（長剣生）皆兵舎　昭41／類聚伝記大日本史14　雄山閣　昭11／近代日本海外留学生史　上（渡辺実）講談社　昭52／日本人名大事典5　平凡社　昭54／明治維新人名辞典（日本歴史学会編）吉川弘文館　昭56　〔福山恵美子〕

野中 元右衛門　のなか・もとえもん

文化9年(1812)～慶応3年5月12日(1867)　佐賀藩士　〔パリ客死第1号の日本人〕　㋑雅号＝古水　㋺フランス：1867年（パリ万国博覧会の出品担当）

文化9(1812)年生まれ。佐賀城下の薬種屋野中烏犀円本舗店主。慶応3(1867)年、パリ万国博覧会参加のために佐賀藩の使節団の一員としてパリに派遣される。オランダに軍艦日進丸建造の注文をすることとパリ万国博覧会に出品することが、その役割であった。藩の精煉方主任であった佐野常民を事務管長とし、深川長右衛門、小出千之助、花房義質などが同行したが野中は御用達として主に博覧会への出品を担当した。有田焼の海外販路に目をつけたり嬉野茶のアメリカへの輸出を計画したことのある野中には、うってつけの仕事であった。一行は3月9日の夜イギリスの帆船ヒーロン号で長崎を発し、同年(1867)5月12日にパリに入る。ところが投宿したオテル・デュ・ルーヴルでその夜、平生から病弱のところ長旅の疲労が重なり病勢が悪化し死去。翌日ペール・ラ・シェーズの墓地に葬られ、はからずもパリで客死した日本人の第1号となった。享年56歳。

㊚パリのペール・ラ・シェーズ墓地

[文献] 異国遍路　旅芸人始末書（宮岡謙二）中央公論社　昭53（中公文庫）／幕末維新人名事典　新人物往来社　平6　〔村岡正明／富田仁〕

野々村 市之進　ののむら・いちのしん

生没年不詳　従者　㋑諱＝忠実　㋺アメリカ：1860年（遣米使節に随行）

生没年不詳。安政7(1860)年1月、43歳頃村垣淡路守範正の従者として遣米使節に随行する。

[文献] 万延元年遣米使節史料集成1～7（日米修好通商百年記念行事運営編）　風間書房　昭36／幕末教育史の研究2―諸術伝習政策（倉沢剛）　吉川弘文館　昭59　〔富田仁〕

野間口 兼雄　のまぐち・かねお

慶応2年2月14日(1866)～昭和18年12月24日(1943)　海軍軍人、大将　㊊薩摩国　㋺イギリス：1894年（軍事視察）

慶応2(1866)年2月14日、薩摩国に生まれる。明治19年海軍兵学校を卒業。海軍少尉任官。赤城航海長となり、日清戦争に西海艦隊参謀で

従軍。27(1894)年，29(1896)年にイギリスに派遣される。32年海軍大学選科卒業後，三度イギリス駐在の後，山本権兵衛海相秘書官，海軍省副官，高千穂・松島・浅間各艦長。日露戦争後軍務局員，第一艦隊，佐世保，呉鎮守府各参謀長などを経て，大正2年軍務局長，3年呉工廠長，5年海兵校長，7年舞鶴鎮守府長官，8年第三艦隊司令長官などを歴任。9年大将，教育本部長。12年軍事参議官，横須賀鎮守府司令長官，軍事参議官となり，昭和11年退役。昭和18(1943)年12月24日死去。享年78歳。
[文献] 幕末明治海外渡航者総覧(手塚晃編) 柏書房 平4／朝日日本歴史人物事典 朝日新聞社 平6／データベースWHO 日外アソシエーツ 〔藤田正晴〕

野村 市助　のむら・いちすけ

生没年不詳　鹿児島県留学生　[生]鹿児島　[名]別名＝一介　[渡]アメリカ：1870年(留学)

生没年不詳。鹿児島の出身。明治3(1870)年に鹿児島県の県費留学生としてアメリカに渡りブルックリンに滞在する。その後の消息は不明。
[文献] 近代日本の海外留学史(石附実) ミネルヴァ書房 昭47 〔富田仁〕

野村 小三郎　のむら・こさぶろう

？～明治9年(1876)　陸軍軍人　〔パリで客死〕　[生]備中国　[渡]フランス：1871年(軍事)

生年不詳。備中の出身。明治3年12月陸軍兵学校寮に入るとすぐ官費留学を命ぜられ，翌4(1871)年幼年生仲間とともにフランス人教師シャルル・ビュランに伴われて渡仏し，11月28日からデカルト学校でフランス語のほか隊外士官学務を学ぶ。明治9(1876)年パリで死去。
[文献] 近代日本の海外留学史(石附実) ミネルヴァ書房 昭47／フランスに魅せられた人びと―中江兆民とその時代(富田仁) カルチャー出版社 昭51／近代日本海外留学生史 上(渡辺実) 講談社 昭52／日仏文化交流史の研究―日本の近代化とフランス人(西堀昭) 駿河台出版社 昭56／幕末明治海外渡航者総覧(手塚晃編) 柏書房 平4 〔山口公和／富田仁〕

野村 文夫　のむら・ふみお

天保7年4月5日(1836)～明治24年10月27日(1891)　ジャーナリスト　〔団団珍聞を創刊〕　[生]安芸国広島　[名]幼名＝虎吉，文機，号＝雨荘，簾雨，秋野人　[渡]イギリス：1865年(留学)

天保7(1836)年4月5日，広島藩の眼科医野村正硯の子に生まれ，同藩藩医村田家の養子となる。大坂で緒方洪庵に蘭学・医学を学び，のち長崎で英学を修める。慶応1(1865)年10月，佐賀藩士石丸虎五郎，馬渡八郎と共に藩命を得ずイギリスへ密航，明治1年4月帰国。藩はこれを罰せず，洋学教授に抜擢した。3年民部省に出仕，内務五等出仕に進んだ。のち辞官し，10年団団(まるまる)社をおこして，時事を諷刺した『団団珍聞』，11年『驥尾団子』を創刊。この時，生家野村家に復した。また15年立憲改進党に入り，のち国民派に転じた。著書に『西洋見聞録』『東西蒙求録』などがある。明治24(1891)年10月27日食道がんのため死去。享年56歳。
[文献] 幕末明治海外渡航者総覧(手塚晃編) 柏書房 平4／朝日日本歴史人物事典 朝日新聞社 平6／データベースWHO 日外アソシエーツ 〔藤田正晴〕

野村 素介　のむら・もとすけ

天保13年5月18日(1842)～昭和2年12月23日(1927)　官僚，政治家　男爵　[生]周防国(吉敷郡)長野村　[名]旧名＝有地　字＝絢夫，通称＝範輔，右仲，号＝韋軒　[渡]アメリカ，ヨーロッパ：1871年(欧米情勢視察)

天保13(1842)年5月18日，萩藩士の子として周防国吉敷郡長野村に生まれる。藩校明倫館に学び，安政6年江戸に出て桜田藩邸の有備館に入り，ついで塩谷宕陰に漢籍を，小島成斎に書道を学んだ。文久2年帰国して明倫館の舎長となる。3年野村正名の養子となり，慶応2年家督を継ぐ。維新の際は国事に奔走し，明治1年山口藩参政兼公儀人となり軍政主事となった。以降藩政改革に尽力，2年権大参事となる。4(1871)年5月欧米を視察し，翌5年3月帰国。茨城県参事から文部省に出仕して文部少丞，文部大丞，教部大丞，大督学等を経て，10年文部大書記官，13年元老院大書記官，元老院議官を歴任。23年勅選貴族院議員となった。33年男爵。晩年は書家として知られ，書道奨励会会頭を務めた。昭和2(1927)年12月23日死去。享年86歳。
[文献] 幕末明治海外渡航者総覧(手塚晃編) 柏書房 平4／朝日日本歴史人物事典 朝日

新聞社　平6／データベースWHO　日外ア
ソシエーツ
〔藤田正晴〕

野村 弥吉　のむら・やきち
⇒井上勝（いのうえ・まさる）を見よ

野村 靖　のむら・やすし
天保13年8月6日（1842）～明治42年1月25日
（1909）　政治家　子爵　㊗長門国萩　㊙通称
＝和作のち靖之助、号＝欲庵、香夢庵主　㊙ア
メリカ：1871年（岩倉使節団に随行）

　天保13（1842）年8月6日、山口藩士野村嘉伝
治の長男として萩に生まれる。品川弥太郎と
ともに松下村塾に通い廃藩論を唱える。維
新の功労で明治4年宮内権大丞となり、同年
（1871）11月岩倉使節団に随行してアメリカ、
ヨーロッパを回覧する。帰国後外務省に出仕
し9年神奈川県権令、12年、神奈川県令、14年
駅逓総官、17年6月ポルトガルのリスボンの万
国郵便会議委員として出席。19年には逓信次
官に進む。20年5月子爵となる。24年特命全権
公使としてフランスに赴く。その後、枢密顧問
官、駐仏公使をつとめ、第2次伊藤内閣の内務
大臣、第2次松方内閣の逓信大臣を歴任する。
40年に富美宮、泰宮の御養育掛長となるが、明
治42（1909）年1月25日、鎌倉で脳溢血のため死
去。享年68歳。

文献　岩倉使節団（田中彰）　講談社　昭52（講
談社現代新書487）／日本人名大事典5　平凡
社　昭54／昭和新修　華族家系大成　下（霞
会館諸家資料調査委員会編）　霞会館　昭59
〔富田仁〕

野村 洋三　のむら・ようぞう
明治3年1月20日（1870）～昭和40年3月24日
（1965）　実業家　ホテル・ニューグランド会
長　㊗岐阜県　㊙アメリカ：1887年（経済事
情調査）

　明治3（1870）年1月20日、岐阜県に生まれる。
中学を中退して大阪に出、実用英語を勉強。京
都の古美術商の丁稚奉公などを経て、一たん
故郷に帰る。その後、東京専門学校に入学、傍
ら英語学校に通う。英語力が認められて日本
製茶会社に通訳として入り、明治20（1887）年
渡米。24（1891）年にも再渡米、26（1893）年に
はアメリカ、フランスを経て27年帰国。27年
横浜に外国人相手の古美術店『サムライ商会』
を開業。大正15年ホテル・ニューグランド創立

で取締役となり、昭和13年会長。戦時下の非
常事態の中ホテルを守り、敗戦後はその復興
に尽力した。また横浜商工会議所会頭、横浜
日米協会長などを歴任し、横浜の経済、文化発
展に寄与した。昭和40（1965）年3月24日死去。
享年95歳。

文献　野村洋三伝（白土秀次）　神奈川新聞社
昭38／幕末明治海外渡航者総覧（手塚晃編）
柏書房　平4／データベースWHO　日外ア
ソシエーツ
〔藤田正晴〕

野村 龍太郎　のむら・りゅうたろう
安政6年1月26日（1859）～昭和18年9月18日
（1943）　鉄道工学者　南満州鉄道会社総裁
㊗近江国　㊙号＝蓑洲　㊙アメリカ，ヨー
ロッパ：1887年（鉄道技術視察）

　安政6（1859）年1月26日、美濃大垣藩儒の子
として生まれる。明治14年東京帝国大学理学
部土木学科を卒業。東京府御用掛となり、橋
梁、道路、水道などの設計工事に従事。明治
19年鉄道局に転じ、20（1887）年欧米の鉄道交
通の技術、制度などを学ぶ。帰国後本局建設
部長、運輸局長を経て、42年鉄道技監、大正
2年鉄道院副総裁。同年12月南満州鉄道会社総
裁となるが、政争の余波を受け3年7月辞職。8
年社長に返り咲く。10年辞任後、東京地下鉄
道、湘南電気鉄道、南部電気鉄道などの役員
を務めた。詩歌をよくした。昭和18（1943）年
9月18日死去。享年85歳。

文献　幕末明治海外渡航者総覧（手塚晃編）
柏書房　平4／データベースWHO　日外アソ
シエーツ
〔藤田正晴〕

野元 綱明　のもと・つなあきら
安政5年2月15日（1858）～大正11年12月7日
（1922）　海軍軍人，中将　㊗薩摩　㊙ロシア：
1892年（留学）

　安政5（1858）年2月15日に生まれる。薩摩出
身。明治14年に海軍兵学校を卒業し、24年に横
須賀鎮守府参謀となる。25（1892）年にロシア
に留学し、翌年6月にロシア公使館付武官とな
る。その後、2回のロシア派遣を含めて約7年半
に渡り同地に滞在。37年戦艦朝日艦長に着任、
日露戦争の日本海海戦では第一艦隊の主力と
して活躍した。38年12月呉海兵団長、43年第
一艦隊司令官などの役職を歴任し、44年12月
に海軍中将、竹敷要港部司令官となる。大正2

年に予備役。大正11(1922)年12月7日死去。享年65歳。

[文献] 近代日本海外留学生史 下（渡辺実）講談社 昭53／日本人とロシア人（中村新太郎）大月書店 昭53／海軍兵学校出身者・生徒名簿（同名簿作成委員会編）昭53／幕末明治海外渡航者総覧（手塚晃編）柏書房 平4／データベースWHO 日外アソシエーツ
〔塩田京子／富田仁〕

野呂 景義　のろ・かげよし
安政5年8月(1858)～大正12年9月8日(1923)
冶金学者　工学博士　帝国大学教授　⑳名古屋　㊸イギリス：1885年（機械学）

　安政5(1858)年8月、尾張藩士野呂伊三郎の二男として名古屋に生まれる。明治7年に名古屋英学校に入ったのち、上京して開成学校鉱山学科に学んだ。15年東京大学採鉱冶金学科を卒業と同時に同大学の准助教となった。18(1885)年5月に自費でイギリスに渡り、同年9月にロンドン大学に入学し機械学を修めた。さらに19年4月、ドイツ・フライベルグ鉱山大学に入り、製鉄家レーデブールについて鉄冶金工学を研究した。21年、同大学の所定の科目の履修を終え、ドイツ、アメリカ、イギリス、イタリアを巡り、22年5月に帰国した。すぐに帝国大学工科大学教授となり、農商務技師を兼任した。31(1898)年、八幡製鉄所の依頼を受けて欧米の製鉄業を視察し、37年からは同所の嘱託となった。大正12(1923)年9月8日死去。享年66歳。

[文献] 大日本博士録5（井関九郎編）発展社 昭5／近代日本海外留学生史 上（渡辺実）講談社 昭52／日本人名大事典 平凡社 昭54／日本の技術者—江戸・明治時代（中山秀太郎著、技術史教育学会編）雇用問題研究会 平16
〔楠家重敏〕

【は】

拝志 よしね　はいし・よしね
慶応2年頃(1866)～明治25年2月28日(1892)
看護婦　〔看護婦留学の第1号〕　⑳愛媛

㉒改名＝林徽音　㊸イギリス：1887年（看護学）

　慶応2(1866)年頃生まれる。愛媛出身と伝えられる。明治19年2月、有志共立東京病院の看護婦見習いになり、同年4月、看護婦教育所の生徒となる。20(1887)年7月23日、東京慈恵医院（同年改称）看護婦生徒の身分で、那須セイとともにイギリスのセント・トーマス病院看護婦学校（ナイチンゲール設立）へ看護学研修のため出発、9月9日にロンドンに到着する。彼女らは日本最初の看護婦留学生である。有志共立東京病院では、17年10月にアメリカから専門看護婦を招いて、日本最初の看護教育を始めていた。留学中に林徽音と改名し、22年11月22日に帰国した。東京慈恵医院の看護婦となり、翌年男室看護長兼手術室掛に任命され、さらに24年2月には生徒取締の臨時代理を務める。しかしその後病気になり自宅療養を続けたが、明治25(1892)年2月28日死去。享年27歳。

[文献] 慈恵における看護教育史III（坪井良子他）：看護教育 19(3) 昭53.3　〔吉川龍子〕

芳賀 栄次郎　はが・えいじろう
元治1年8月(1864)～昭和28年2月27日(1953)
陸軍軍医　医学博士　〔初めてレントゲン装置を移入〕　⑳会津若松　㊸ドイツ：1896年（外科学）

　元治1(1864)年8月、会津若松に生まれる。幼くして戊辰戦争のため一家離散の辛苦をなめる。上京し14歳で東京大学医学部予科に入学、陸軍の貸費生となる。明治20年12月医科大学本科を卒業、ただちに陸軍三等軍医となる。大学院に進み外科を専攻。25年医学博士の学位を授与される。29(1896)年4月陸軍省より陸軍衛生勤務実地研修、外科学研修を命ぜられ、ドイツに留学。31年11月帰国の際に、当時発明されて間もないレントゲン装置（シーメンス＝ハルスケ製感応コイル式30センチ閃光長）を購入し陸軍軍医学校に送る。これが日本に紹介された最初のレントゲン装置となる。在独中の30年モスコー12回万国医学会、ウィーン赤十字会に出席する。近衛師団軍医部長ののち、40年陸軍軍医学校長、大正4年陸軍軍医総監、5年京城医学専門学校長を歴任。日本における軍陣医学の発展に多大の貢献を行う。「最近二十五年ニ於ル軍陣医学ノ進歩」『東京医学会創立二十五年祝賀論文集』などの著述

がある。昭和28（1853）年2月27日死去。享年90歳。
[文献] 芳賀栄次郎翁を偲ぶ（寺師義信）：日本医事新報　1508　昭28／陸軍軍医中将芳賀栄次郎博士に関する研究―論文集（片岡義雄）　片岡義雄　昭63　　　　〔渡辺登〕

塀和 為昌　はが・ためまさ
安政3年5月23日（1856）～大正3年11月21日（1914）　研究者　東京帝国大学教授　㊉岡山　㊡ドイツ，フランス，イギリス：1896年（化学）

　安政3（1856）年5月23日，岡山藩士塀和為継の長男として生まれる。明治14年工部大学を卒業し，同大学の助手となる。19年の帝国大学の創立とともに帝国大学理科大学助教授となった。明治20年代には窒素および硫黄の化合物の研究に従事。29（1896）年3月，文部省留学生として化学研究のためドイツ，フランス，イギリスに留学する。31年3月に帰国ののち，同大学教授となった。大正3（1914）年11月21日死去。享年58歳。
[文献] Edward Divers先生と塀和為昌先生（柴田雄次）：化学の領域　15（9）　昭36／大正過去帳―物故人名辞典（稲村徹元他編）　昭48／近代日本海外留学史　上（渡辺実）講談社　昭52　　　　　〔楠家重敏〕

萩野 末吉　はぎの・すえきち
万延1年9月1日（1860）～昭和15年2月13日（1940）　陸軍軍人，中将　㊉岡山　㊡ロシア：1885年（軍務）

　万延1（1860）年9月1日，岡山の士族萩野閑吾の二男として生まれる。明治8年に陸軍教導団に入り，12年陸軍士官学校に入学する。14年に卒業し，近衛歩兵第一連隊，参謀本部などに勤務後，18（1885）年5月より21年11月までシベリアに出張する。帰国後，陸軍幼年学校副官などを歴任し，25年5月ロシアに留学，同年8月から26年9月までロシア近衛歩兵第四連隊付となる。28年5月に帰国し参謀本部へ出仕する。その後も主に参謀本部でロシア関係の情報調査を行う。40年12月より43年6月までロシア大使館付武官としてロシアに滞在する。帰国後，歩兵第29旅団長，台湾第二守備隊司令官を歴任し大正3年に待命となり，翌年には中将に就任し予備役となるが，8年1月から11年11月まで召集され，ウラジオストック軍司令部付となる。昭和15（1940）年2月13日死去。享年81歳。
[文献] 日本陸海軍の制度，組織，人事（日本近代史料研究会編）　東京大学出版会　昭46
〔湯本豪一〕

萩原 三圭　はぎわら・さんけい
天保11年11月11日（1840）～明治27年1月14日（1894）　医師　〔日本人医学留学生の第1号，京都医学校の創立〕　㊉土佐国（香美郡）深淵村　㊃本名＝守先　雅号＝象堂　㊡ドイツ：1868年（医学），ドイツ：1884年（医学）

　天保11（1840）年11月11日，土佐藩医師・萩原復斎の子として土佐に生まれる。初め土佐藩の細川潤次郎について蘭学を学ぶが，安政6年大坂の緒方洪庵の適々斎塾に入門し，蘭医学の勉強を本格的に始める。慶応1年，幕府が長崎に医学校と病院を創設するに際し，藩に要請して長崎に留学し，オランダ医学をボードウィン，マンスフェルドについて学ぶ。明治1（1868）年，ドイツ医学を修めるため青木周蔵と帰国するプロシャ領事リンダウとともに長崎を出航し，ドイツ留学の途につく。翌年ベルリン大学で勉学を始める。日本人医学生のドイツ留学第1号である。明治2年，新政府は，オランダ医学に代わってドイツ医学の採用を決定し，3年に第1回の国費留学生をドイツに送ることに伴い藩費留学から国費留学に切りかえられる。6年，文部理事官の田中不二麿が東京に大学を設立するためにドイツ人教師を招聘する任務で長与専斎とともにベルリンに来る。来日中のホフマン，ミュレルの2人の教師のほかに生理解剖などの学科を設け，その道の大家であるデーニッツ博士を招聘することになり，その世話をするために，6年間の留学を終えて一緒に帰国することになる。7年，東京医学校教授に任命されるが間もなく辞任する。翌年，京都療病院監事となり，ドイツ人教師ヨンケルとともに教授に就任する。12年，監事から医学校長になる。14年，医学校長を退職して東京に戻り旧山内藩主の侍医となり，その子の病を治癒し，褒美として再度ドイツ留学を許される。17（1884）年森鷗外などと横浜を出航する。ドイツではかつて京都療病院で同じく教鞭をとったショイベのいるライプチッヒ大学に入り，ベルツとも知り合う。留学中は鷗外とも親しく交わり，19年全科業を終え，ドクトルの学位を得て帰国する。20

年，久宮の病気治療のため宮中に出仕し，侍医局勤務となり，翌年5月侍医に任ぜられる。本務のほか民間医療にも活躍し小児科の権威として知られる。東京医会麹町部会の副会長や医術開業試験委員にもなる。明治27（1894）年1月14日，心臓内膜炎で死去。享年55歳。
墓東京・谷中霊園
文献 故ドクトル萩原三圭君小伝：中外医事新報 333 明27／青木周蔵自伝 平凡社 昭45／明治過去帳—物故人名辞典（大植四郎編） 東京美術 昭46／航西日記（森鷗外） 岩波書店 昭50（鷗外全集35）／獨逸日記（森鷗外） 岩波書店 昭50（鷗外全集35）／日本人名大事典5 平凡社 昭54／フランスとの出会い（富田仁） 三修社 昭56／萩原三圭の留学（富村太郎） 郷学舎 昭56 〔山口一彦〕

萩原 真 はぎわら・まこと
生没年不詳　留学生　出甲州　渡アメリカ：1879年（留学）
　生没年不詳。甲州の出身。明治12（1879）年にアメリカに渡っているが，その後の消息は不明。
文献 近代日本海外留学生史　上（渡辺実）　講談社　昭52 〔富田仁〕

萩原 正倫 はぎわら・まさとも
？〜明治35年1月11日（1902）　貿易商　〔パリで客死〕　出越中国高岡　渡フランス：年不明（貿易）
　生年不詳。富山の高岡に生まれる。画商の林忠正の縁戚。年月は不明であるが貿易商としてフランスに赴き，明治35（1902）年1月11日，パリで死去。モンパルナス南墓地に埋葬される。死亡届出人は林忠正である。オペラ座近くのパリ第九区役所から送達された埋葬許可書が墓地の管理事務所に保管されている。
墓モンパルナス南墓地
文献 読書探訪—ふらんす学の小径（富田仁）　桜楓社　昭54 〔富田仁〕

土師 外次郎 はじ・そとじろう
？〜明治36年3月8日（1903）　海軍軍人　予備海軍造船大監，石川県士族　〔横須賀造船所〕　出金沢　渡イギリス：1871年（海軍軍事研修）
　生年不詳。金沢の出身で石川県士族。明治4（1871）年2月22日，海軍事情研究のため八田裕次郎，赤嶺五作，西村猪三郎，志道貫一，左双左仲，土方堅吉とともにイギリスへ留学する。11年6月11日帰国の後，海軍主船准判任御用掛，海軍少匠司，権少匠司を歴任する。17年6月2日，再びイギリスへ派遣され，19年7月31日帰国。その後，横須賀造船所に勤務し，19年には主幹にのぼる。23年，大技監となる。明治36（1903）年3月8日死去。
文献 海軍兵学校沿革（海軍兵学校編）　原書房　昭43／明治過去帳—物故人名辞典（大植四郎編）　東京美術　昭46／近代日本の海外留学史（石附実）　ミネルヴァ書房　昭47／幕末明治海外渡航者総覧（手塚晃編）　柏書房　平4 〔楠家重敏／富田仁〕

橋口 文蔵 はしぐち・ぶんぞう
嘉永6年6月1日（1853）〜明治36年8月10日（1903）　官僚　台湾総督府台北県知事　出薩摩国　渡アメリカ：1876年（農学）
　嘉永6（1853）年6月1日，薩摩国に生まれる。明治9（1876）年アメリカに留学，マサチューセッツ農業大学を卒業し14年帰国。農商務省の官吏として製糖事業を志し，製糖の近代化を図るため16（1883）年には自らドイツに赴いて機械購入やドイツ人技師の招聘に尽力する。これをもとにして明治16年北海道紋鼈の製糖所長に就任し，甜菜からの製糖の事業化に成功した。また，北海道各地の農場で洋式農業を試みた。20（1887）年にもヨーロッパを視察。その後，札幌農学校校長や北海道庁第二部長・台湾総督府台北県知事などを歴任した。明治36（1903）年8月10日死去。享年51歳。
文献 幕末明治海外渡航者総覧（手塚晃編）　柏書房　平4／事典近代日本の先駆者　日外アソシエーツ　平7／データベースWHO　日外アソシエーツ 〔藤田正晴〕

橋口 宗儀 はしぐち・むねよし
生没年不詳　佐土原藩留学生　出日向国美々津　名別名＝宗厳，宗議　渡アメリカ：1869年（留学）
　生没年不詳。日向国美々津に生まれる。明治2（1869）年，佐土原藩の公費留学生として藩主の子島津政之進および島津武之進に随ってアメリカへ渡る。その後の消息は不明。
文献 近代日本の海外留学史（石附実）　ミネルヴァ書房　昭47／近代日本海外留学生史　上（渡辺実）　講談社　昭52／元田永孚関係文書（沼田哲他編）　山川出版社　昭60（近代

日本史料選書〕　　　　　　〔楠家重敏〕

橋本 左五郎　はしもと・さごろう
慶応2年9月20日(1866)〜昭和27年9月25日(1952)　畜産学者　〔練乳製造の指導者〕
㊷備前国福浜村　㊻ドイツ：1895年(牧畜・畜産製造学)

　慶応2(1866)年9月20日，備前国福浜村の農民橋本芳太郎の二男として生まれる。明治18年札幌農学校に入学し22年卒業と同時に同校助教，24年助教授となる。28(1895)年文部省留学生としてドイツに派遣され，ハレ大学で牧畜・畜産製造学を研究する。31年畜産学のほか細菌学を研究，さらに北海道庁より泥炭地に関する調査を嘱託される。33年4月よりドイツ，フランス，イギリス，アメリカで畜産学の調査に従事し，33年6月25日帰国。ただちに札幌農学校教授となる。明治30年代に入って北海道では酪農の発展にともない，余剰牛乳の加工処理が問題となっていたが，この解決を練乳製造に求め，37年より乳糖結晶の研究に着手し43年には道内最初の真空がまを作らせ，練乳企業化の道をひらく。大正3年にはみずから提唱し，北海道練乳株式会社(後の大日本乳製品株式会社)を設立させる。この間，南満州鉄道農場事務嘱託，朝鮮総督府勧業模範場技師，北海道帝国大学農学部附属農場長を歴任。12年北海道帝国大学，朝鮮総督府を退官後は北海道農会副会長，北海道畜産課長として北海道における農業の振興に多大の寄与をする。昭和27(1952)年9月25日死去。享年87歳。
㊙札幌市・円山墓地
〔文献〕北海道開拓巧労者関係資料集録　下　北海道　昭47／橋本左五郎と漱石　改訂(池上淳之)　池上淳之　平12　　〔渡辺登〕

橋本 綱常　はしもと・つなつね
弘化2年6月20日(1845)〜明治42年2月18日(1909)　医学者　医学博士　子爵　〔赤十字事業，看護婦養成に尽力〕　㊷福井常磐町
㊙旧名＝琢磨　幼名＝破魔吉，破魔五郎　㊻ドイツ：1872年(医学)

　弘化2(1845)年6月20日，福井藩士橋本長綱の五男として生まれる。累代の医家で，長兄は橋本左内，次兄綱維は軍医。安政2年藩校明道館に入学し半井仲庵に医学，田代万隆に蘭学，富田鷗波に漢詩を学ぶ。文久2年医学修業のため長崎に遊学し，ポンペや松本良順の指導を受ける。3年松本良順に従って江戸に出てその塾に入る。元治1年再び長崎に遊学しボードインに学ぶ。慶応2年藩の医学館外科教授になる。戊辰戦争では会津征討軍に従軍し，越後口において次兄綱雄とともに野戦病院を創設する。翌年横浜で蘭医マイエルを知る。明治3年大阪軍事病院医官，4年軍医寮に入る。5(1872)年7月陸軍からドイツ留学を命ぜられ，ベルリン，ヴュルツブルク，ウィーンの各大学で外科学，内科学を学ぶ。この間ドイツの軍医制度の調査を命ぜられる。10年6月帰国し軍医監となる。西南戦争に際し大阪および長崎に設けられた陸軍臨時病院付となる。11年東京大学医学部教授。16(1883)年大山巌陸軍卿の欧州各国兵制視察に随員として陸軍衛生制度，赤十字調査のため渡欧，第2回ジュネーブ万国赤十字総会に日本代表として出席。これによって日本は万国赤十字に加盟する。この後，陸軍軍医総監，医務局長を歴任。23年医務局長の職を辞し，日本赤十字病院院長に就任，以後看護婦養成などに力を尽くす。明治42(1909)年2月18日死去。享年65歳。㊙東京都港区・長谷寺
〔文献〕医学博士橋本綱常先生小伝：中外医事新報　696　明42／橋本綱常先生(土肥慶蔵)：若越医談　明42／橋本綱常先生　日本赤十字社病院編刊　昭11／橋本綱常(藤田宗一)：日本医事新報　1519　昭28／福井人物風土記—ふくい百年の群像(福井新聞社編)　昭和書院　昭48／日本人名大事典　平凡社　昭54／橋本綱常博士の生涯—博愛社から日赤へ—建設期の赤十字人(松平永芳)　福井市立郷土歴史博物館　昭63／橋本綱常先生—伝記・橋本綱常(日本赤十字病院編)　大空社　平6(伝記叢書)　　〔渡辺登〕

橋本 悌蔵　はしもと・ていぞう
生没年不詳　幕臣　箱館奉行支配組頭勤方
㊻ロシア：1866年(遣露使節に随行)

　生没年不詳。慶応2(1866)年10月，箱館奉行支配組頭勤方であった悌蔵は国境交渉のため派遣される箱館奉行小出大和守の随員としてロシアへ赴く。使節一行は12月にペテルブルグに着き，交渉を行ったのちパリ，マルセイユを経由し，3年5月，横浜に帰国する。パリでは徳川昭武とも会っている。その後の消息は不明。

[文献] 遣露伝習生始末（内藤遂）　東洋堂　昭18／近代日本海外留学生史　上（渡辺実）　講談社　昭52
〔湯本豪一〕

橋本 春　はしもと・はる
生没年不詳　留学生　㊙ドイツ：1887年頃（医学）

　生没年不詳。軍医監橋本綱常の子で，幕末の志士橋本左内の甥。医学を修めるため父と同様にドイツ留学を志す。父綱常はかつてベルリンに留学した当時の森鷗外の面倒をみたことで親しい間柄であり，鷗外が明治20（1887）年旅の途上ヴエルツブルクに着いた時駅頭に出迎えている。その頃当地の大学医学部の数少ない日本人留学生として学んでいたが，その後ミュンヘン大学に移ったようである。当時ここには軍医総監松本順，天皇の侍医岩佐純など名医の子息たちが，しのぎをけずって研鑽に励んでいた。このような状況の中で彼は酒色に慰めを求めたようで，父から激しく叱責されたのと，過度の勉強のため23年2月精神に異常をきたし，生ける屍となって帰国したという。

[文献] 若き日の森鷗外（小堀桂一郎）　東大出版会　昭44／異国遍路　旅芸人始末書（宮岡謙二）　中央公論社　昭53（中公文庫）
〔藤代幸一〕

長谷川 雉郎　はせがわ・きじろう
？〜明治4年（1871）　留学生　〔大学南校最初の海外留学生〕　㊙兵庫姫路　㊙アメリカ：1870年（商法）

　生年不詳。姫路の出身。明治政府より抜擢され派遣された大学南校最初の海外留学生である。大学総理加藤弘之に願い出て留学国をイギリスからアメリカに変更する。明治3（1870）年9月29日，太平洋飛脚会社の汽船チャイナ号に乗り横浜を出帆し，同年閏10月4日ニューヨークに着く。ここで商業および商法を学んだが，明治4（1871）年に死去。

[文献] 近代日本の海外留学史（石附実）　ミネルヴァ書房　昭47／近代日本海外留学生史　上（渡辺実）　講談社　昭52／幕末明治海外渡航者総覧（手塚晃編）　柏書房　平4
〔楠家重敏／富田仁〕

長谷川 謹介　はせがわ・きんすけ
安政2年8月10日（1855）〜大正10年8月27日（1921）　官吏　鉄道院副総裁　㊙長門国（厚狭郡）高千穂村　㊙ヨーロッパ，アメリカ：1884年（鉄道視察）

　安政2（1855）年8月10日，長門国厚狭郡高千穂村に生まれる。大阪英語学校を卒業。井上勝に認められ，明治7年鉄道寮に入る。10年京都-大津間の鉄道工事建設事務に当たるが，これは日本人の手のみによる初めての鉄道工事の竣工だった。16年工部省一等技手となり，17（1884）年ヨーロッパ，アメリカの鉄道事情視察に派遣される。18年帰国。19年技師となる。その後も鉄道技師として天竜川橋梁，台湾縦貫鉄道などを完成した。この間，25年一旦官を辞し日本鉄道技師，32年台湾鉄道敷設技師長，運輸長・汽車課長を経て，35年台湾総督府鉄道部長となる。41年欧米各国を視察して，同年創設された鉄道院技師となり，のち東部・西部・中部の鉄道管理局長などを歴任，大正5年技監，7年副総裁を務めた。大正10（1921）年8月27日死去。享年67歳。

[文献] 幕末明治海外渡航者総覧（手塚晃編）　柏書房　平4／データベースWHO　日外アソシエーツ
〔藤田正晴〕

長谷川 喬　はせがわ・たかし
嘉永5年10月15日（1852）〜大正1年12月10日（1912）　司法官　東京控訴院院長　㊙越前国福井　㊙ベルギー：1885年（万国商法編纂会議）

　嘉永5（1852）年10月15日，越前福井藩士・長谷川純一の長男に生まれる。明治初年に横浜の高島英学塾に学び，12年司法省に入省。13年判事となり，14年横浜治安裁判所所長，16年神奈川重罪裁判所所長となる。18（1885）年ベルギーで開催された万国商法編纂会議に出席し，ついでイギリス，フランス，ドイツ，オランダの各国裁判所の実況慣習取調を命じられ同年帰国。23年東京控訴院判事，25年大審院判事などを経て，36年東京控訴院院長に就任した。大正1（1912）年12月10日死去。享年61歳。

[文献] 幕末明治海外渡航者総覧（手塚晃編）　柏書房　平4／データベースWHO　日外アソシエーツ
〔藤田正晴〕

長谷川 長次郎　はせがわ・ちょうじろう
生没年不詳　旅芸人　㊙ジャマイカ：1891年頃（興行）

生没年不詳。明治24（1891）年頃，中南米のジャマイカで南方熊楠の知遇を得る。その後の消息は不明。
[文献] 異国遍路　旅芸人始末書（宮岡謙二）修道社　昭34　〔楠家重敏〕

長谷川 芳之助　はせがわ・よしのすけ

安政2年12月15日（1857）～大正1年8月12日（1912）　実業家，政治家　三菱会社鉱山部長，衆議院議員　〔官営八幡製鉄所の設立に尽力〕
[生]肥前国唐津　[渡]アメリカ：1875年（鉱山学）
安政2（1857）年12月15日，肥前国唐津に生まれる。大阪開成学校，大学南校を卒業。明治8（1875）年アメリカに渡りコロンビア大学に留学し11年卒業，つづいてドイツのフライブルク大学で製鉄業を学ぶ。帰国後の13年三菱会社に入り，鉱山部長となり，高島炭坑，尾去沢など多くの鉱山，炭坑の開発・採掘・経営に参画した。26年退社し，唐津で鉱山業を経営。また製鉄事業調査会委員として30年の官営八幡製鉄所の設立に尽力した。また日本初の工学博士の一人となった。35年鳥取県から衆議院議員当選。対露同志会，太平洋会に所属した。大正1（1912）年8月12日死去。享年58歳。
[墓]東京都台東区・谷中墓地
[文献] 幕末明治海外渡航者総覧（手塚晃編）柏書房　平4／朝日日本歴史人物事典　朝日新聞社　平6／事典近代日本の先駆者　日外アソシエーツ　平7／データベースWHO　日外アソシエーツ　〔藤田正晴〕

長谷川 好道　はせがわ・よしみち

嘉永3年8月26日（1850）～大正13年1月27日（1924）　陸軍軍人，元帥　伯爵　[生]周防国岩国　[渡]フランス：1885年（留学）
嘉永3（1850）年8月26日，岩国藩士の長男に生まれる。戊辰戦争に従軍して東山道先鋒として各地に転戦。明治3年大阪兵学寮に入り，4年陸軍大尉に任ぜられ，西南戦争には中佐で従軍。19年少将に昇進，歩兵第12旅団長となり，日清戦争には混成旅団長として第2軍に従軍。明治18（1885）年フランスに派遣され，19年帰国。28年男爵。29年中将，のち第3師団長，近衛師団長などを経て，37年大将，韓国駐劄軍司令官となり，日露戦争には第1軍に従軍。40年子爵。41年軍事参議官，45年参謀総長などを歴任。大正3年元帥となるが，翌年参謀総長を免ぜられる。5年伯爵。5～8年第2代朝鮮総督。初代寺内正毅総督の朝鮮統治方針を受けつぎ，武断政治を徹底させ，土地調査事業などを完了させたが，朝鮮民族の激しい抵抗（三一独立運動）にあい総督を辞任した。大正13（1924）年1月27日死去。享年75歳。
[文献] 幕末明治海外渡航者総覧（手塚晃編）柏書房　平4／朝日日本歴史人物事典　朝日新聞社　平6／日露戦争名将伝―人物で読む「激闘の軌跡」（柘植久慶）　PHP研究所　平16（PHP文庫）／データベースWHO　日外アソシエーツ　〔藤田正晴〕

支倉 常長　はせくら・つねなが

元亀2年（1571）～元和8年7月1日（1622）　伊達政宗の家臣　〔日本初のフランス訪問者〕
[生]仙台（黒川郡）東成田　[名]幼名＝与市，別名＝六右衛門　[渡]スペイン，イタリア：1613年（慶長遣欧使節）
元亀2（1571）年に仙台黒川郡の東成田に生まれる。支倉家はもと，この地方の一豪族，葛西家の家中であったが，天正19年に伊達政宗が奥州覇者となって後，伊達の家臣となる。また，生まれた頃からこの地方にもキリスト教が伝播し始め，彼は東山地方の布教家・後藤寿庵と交流するなど，幼い時からキリスト教に親しんでいた。当時，幕藩体制が固まるにつれ，鎖国政策と対外貿易の調整が計られていたが，政宗はノビスパン（メキシコ）との交易を企て，フランシスコ会宣教師，ルイス・ソテロの助言のもと，ローマへ使節を派遣することにした。スペインとの通商条約締結と宣教師の派遣という目的を掲げ，政宗の使者として，慶長18（1613）年9月15日，牡鹿郡月の浦から出航する。一行は主従28名でこれに通訳兼案内役のソテロ，それに京都の商人・田中勝介の仲介で便乗したノビスパンの答礼使・ビスカイノが加わる。彼らはメキシコでビスカイノと別れてイスパニア艦隊に便乗，キューバ島経由でサンルカールに上陸し，ソテロの故郷セヴィリアで歓迎を受けた後，マドリッドに到着。元和1年1月2日，スペイン国王フェリペ3世に謁見し，政宗からの書状と贈物を呈上して遣使の目的を伝える。謁見の後洗礼を受け，ドン・フィリッポ・フランシスコの教名を賜わる。彼らは約8ヶ月間マドリッドのフランシスコ会僧院に逗留して，清らかな生活を送りながら，ローマ行の許可を待った。スペ

イン政府は日本が間もなく鎖国するであろうことを看破して、一行のローマ行に不賛成であったとも言われている。ようやく許可が出て、ローマ人の通訳、シピオネ・アマチが加わり、一行は半分に別れて、一方はマドリッドに留まり、8月22日に同地を出発、バルセロナに着く。ここで、総督や市議会の協力によりイタリア行の便船の手配を受ける。3隻のフリゲート船でバルセロナを出た一行は、ジェノアに向かう途中悪天候のためフランスのサン・トロペに寄港。10月初旬の2日間ほど、彼らはこの地に滞在するが日本人で最初にフランスを訪れた人物である。領主ド・シュフラン夫婦らは、滞在中の彼らについての記録(現在南仏カルパントラ市の図書館に保管されている)を残しているが、それによると、フランス人が初めて知った日本人の容姿や風習への驚きと、彼らの敬虔な生活ぶりとがよく窺える。例えば、支倉一行の寝るときには素裸であり、その鼻紙を捨てると群集が争って拾ったという話が伝えられている。天候が回復するとフランスを立ち、10月10日、ジェノア共和国のサヴォナ港に入り、翌日ジェノアに着いた。ここで大統領と会見し、ローマ行の旨を伝えた一行は、4日後にチビタベッキヤに入港、上陸して10月25日、目的地ローマに到着。彼らは29日に入市式をもって歓迎され、11月3日、ローマ法王・パウロ5世に謁見する。政宗の書簡を呈上し、法王からの助力により日本とスペインとの条約締結の実現を希望する旨を伝える。ローマ滞在中の一行は、外面的には非常に厚遇され、12月1日、彼は総政院より市民権まで与えられてはいるものの、法王からの回答は、彼らの目的に叶うものではなかった。法王は外交交渉をスペイン国王に委ねてしまったのである。2年1月7日、一行は失意のうちにローマを去る。その後フィレンツェ、ヴェネチアを回ってジェノアに戻った彼は熱病にかかるが、病が癒えると再び旅を続け、部下たちの待つマドリッドに着く。さらにスペイン政府と折衝を重ね、国王や法王にも書簡を送ったが、結局満足のいく回答が得られず、わずかに儀礼的返書と支度金を与えられ、帰国命令を受ける。3年6月、セヴィリアからノビスパンに向かって出航、ノビスパンにしばらく滞在した後、政宗の遣わした船で、4年6月20日にマニラの入港する。ここで

キリスト教の伝道の様子を窺うなどして長期滞在し、6年8月、8年ぶりに帰国する。しかし時代はすでに移り、キリシタンは完全に禁制となっていた。彼らの努力は、成功・失敗にかかわらず徒労に終わる。その後の消息については二説ある。一つは、帰国2年後の元和8(1622)年7月1日、失意のうちに死んだ、とする説であり、もう一つは、この大功臣を助けるために、政宗が先の日付で彼の死亡を幕府に届出、その後黒川郡大谷村の東成川近くに匿まって、承応3(1654)年に没した、とする説である。なおソテロは薩摩に潜入し、長崎で捕えられて寛永1年7月、火刑に処せられる。

⊕仙台北山光明寺及び東成田

[文献] 支倉常長伝記・ふらいルイスそてろ略伝(鈴木省三) 伊勢斎助刊 昭3／伊達政宗卿の南蛮遣使と使節支倉六右衛門 藩祖伊達政宗公顕彰会編刊 昭13／支倉常長考(利倉幸一) 建設社 昭16／南進日本の先覚者たち(青柳武明) 六甲書房 昭17／支倉六衛門(中目覚) 白嶺会 昭32／伊達政宗遣欧使節支倉六右衛門常長(仙台市教育委員会編) 仙台市観光協会 昭39／日本とフランス—出会いと交流(富田仁、西堀昭) 三修社 昭54／ローマへの遠い旅—慶長使節支倉常長の足跡(高橋由貴彦) 講談社 昭56／大日本史料第12編之12—支倉常長訪欧関係史料(東京大学史料編纂所編) 復刊 東京大学出版会 昭57／日仏のあけぼの(富田仁) 高文堂出版社 昭58／伊達政宗の遣欧使節(松田毅一) 新人物往来社 昭62／欧南遣使考(平井希昌編纂、原普口訳) 江馬印刷 平3／支倉常長とスペイン—歴史シンポジウム記録(西田耕三編) 宮城スペイン協会 平4／「私考」支倉常長の謎—報いても未だに(樫山巌) 創栄出版(製作) 平5／遙かなるロマン—支倉常長の闘い(河北新報社編集局編) 河北新報社 平5／支倉常長の総て(樫山巌) 金港堂出版 平5／支倉六右衛門と西欧使節(田中英道) 丸善 平6／丸善ライブラリー)／支倉常長異聞—海外に消えた侍たち(中丸明) 宝島社 平6／慶長遣欧使節の研究—支倉六右衛門使節一行を巡る若干の問題について(大泉光一) 文真堂 平6／遠い帆—オペラ支倉常長(高橋睦郎) 小沢書店 平7／支倉六右衛門常長—慶長遣欧使節を巡る学際的研究(大泉光一) 文真堂 平10／遠い帆—オペラ支倉常長(高橋睦郎) 小沢書店 平11／支長常長—慶長遣欧使節

の悲劇(大泉光一)　中央公論新社　平11(中公新書)／ヨーロッパに消えたサムライたち(太田尚樹)　角川書店　平11／支倉遣欧使節のキューバにおける足跡調査—調査報告書　慶長遣欧使節船協会　平14／支倉常長(五野井隆史)　吉川弘文館　平15(人物叢書　新装版)　〔内海あぐり〕

長谷部 仲彦　はせべ・なかひこ

嘉永3年(1850)～?　留学生　[生]福井　[渡]フランス：1872年(鉱山学)

嘉永3(1850)年に生まれる。明治5(1872)年2月に日本を発ち，5月11日にフランスに到着し，ギベールに師事して普通学を修める。その専攻分野は工学，とくに鉱山学である。留学の費用は官費とみられる。7年3月7日帰国。その後の消息は不明。

[文献] 近代日本海外留学生史　上(渡辺実)　講談社　昭52／フランス人との出会い—中江兆民とその時代(富田仁)　三修社　昭56／幕末明治海外渡航者総覧(手塚晃編)　柏書房　平4　〔富田仁〕

畠山 長平　はたけやま・ちょうへい

生没年不詳　留学生　[生]米沢　[名]別名=潮平　[渡]アメリカ：1870年(森有礼に同行)

生没年不詳。米沢の出身。明治3(1870)年12月3日，森有礼の監督のもとアメリカ，イギリス，フランス，ドイツに派遣される留学生の一員として，アメリカ船グレート・レペブリック号で横浜を出航しアメリカに留学するが，その後の消息は不明。

[文献] 近代日本海外留学史(石附実)　ミネルヴァ書房　昭47／近代日本海外留学生史　上(渡辺実)　講談社　昭52　〔楠家重敏〕

畠山 義成　はたけやま・よしなり

天保14年(1843)～明治9年10月20日(1876)　文部省官吏　〔東京書籍館館長，教育制度の改革〕　[生]鹿児島　[名]称号=良之助，変名=杉浦弘蔵　[渡]イギリス：1865年(科学技術)，アメリカ：1867年(ハリス教団・新生社に参加)

天保14(1843)年，鹿児島で生まれる。23歳の折当番頭となり藩の開成所で英学を勉学中，藩命によってイギリス留学を要請される。急進的攘夷論者であり，洋行を恥とし他の2名とともに辞退するが，島津久光直々の求めによって彼のみが翻意する。元治2(1865)年3月22日，杉浦弘蔵と変名し鹿児島をたち，シンガポール，スエズ経由で各国の諸文明，揺れ動く世界状勢などを概観しつつ，5月28日ロンドンに到着する。T.グラヴァーの紹介によるL.オリファント下院議員の世話でバーフその他の語学家庭教師について英語の学習に励む。6月初め密航留学中の山尾庸三の案内でロンドン見物，兵器博物館や造船所などを見学する。6月7日，彼らの勉学上の指導者ロンドン大学化学教授ウィリアムソン博士の案内でベッドフォードの鉄工場の農耕機械を見学し，ハワード農園で実習をうけ近代農業技術を知る。7月初旬，本格的勉学にそなえて吉田清成とロンドン大学文学教授宅に寄宿する。8月中旬，同大学ユニヴァーシティ・カレッジ法文学部に入学。藩命による専攻学科は陸軍学であったが，実際の受講科目は物理，化学，数学などで近代科学技術に関するものを学んだようである。軍事的な要請の強い留学目的ではあったが，彼らの問題意識は次第に近代西欧社会への学究に変わっていった。五代友厚の狙い通り攘夷思想は消え，この異文化との直接的接触によって，イギリスの最も先進的文化と近代科学文明を吸収するようになる。留学生たちが師と仰いだオリファントから西欧の近代思想やキリスト教的世界観を学ぶ。留学生活1年を過ぎた慶応2年8月，夏期休暇を利用，1月にモンブランを頼ってフランスへ留学していた中村宗見，田中静洲を訪ねて単身フランスへ渡り遊学する。その後もロンドンで留学生活を続けるが，翌3年3月，洋式軍隊の実際を学ぶため市来勘十郎，鮫島尚信とドーヴァー大演習に義勇兵として特別参加，イギリス軍の軍服を着用し軍事訓練を受ける。この有様を観戦した中井弘は彼らの中に西洋人の姿を見たという。2年の歳月はすでに彼らを西欧の中に同化させ，近代人に変貌させていたといえよう。同年4月，オリファントの敬慕する宗教家T.L.ハリスが布教のためイギリスを訪問したが，そのキリスト教教理に深く感銘する。6月9日，ハリスの影響のもとに留学生5名の連署で藩庁に建言書を提出する。すでに外交使節の任務を帯びていた五代，新納中三，町田久成らはもとより他の留学生も帰国し，残留学生は在スコットランドの長沢鼎(磯永彦輔)を加えて6名のみであった。同年(1867)7月，学費の窮乏や思想・宗教問題のために渡米を決意，

鮫島，市来，吉田，森有礼，そしてスコットランドより戻った長沢とともにオリファントのあとを追ってアメリカに渡り，アメニアのハリスの共同体，新生社に参加する。このコロニーには，マサチューセッツのモンソンなどから日本人留学生も加わり，総勢13名に達していた。しかし封建武士として育ち急進攘夷論者として日本を旅立ったこともあり，たとえ西洋人に変貌しつつあろうともハリス教徒にはなり切れず，慶応4年春，国家をめぐる意見の違いから吉田，市来と新生社を脱退，ニュージャージー州のラトガース大学に入学する。同大学で法律，政治などの社会学を専攻し卒業後修士号を受けるが，在学中の恩師D.マレーの影響により教育・文化への造詣を養う。明治4年4月，明治新政府より帰国命令を受け秋の卒業と同時に帰国の途につくが，欧州経由のパリで岩倉使節団随行を命じられ，再びアメリカにもどり案内役を務めるかたわら随員の久米邦武と『米欧回覧実記』を筆録する。6年9月13日使節団とともに帰国。実に8年半におよぶ海外留学体験であった。在米生活は苦難に満ちたものであり，アメリカ人篤志家からの1000ドルを超える借金によって生活していたことを考える時，そこにはもはや攘夷論者の面影はなく全く別人の観がする。帰国後6年10月，文部省に出仕し，教育制度の改革にかかわる。ラトガース大学の恩師マレーの日本招聘に成功，文部省学監にすえる。東京開成学校の初代校長に就任し，学校行政の改革に辣腕をふるう一方，欧米体験を活かして8年3月には東京書籍館と博物館の館長を務め文化事業にも功績を残している。9年4月，病気がちであったが，文部次官田中不二麿に随行し，フィラデルフィア万国博覧会出席を命じられ渡米，任務のかたわらアメリカの教育制度視察を行うが，無理がたたって病に倒れる。パナマ，サンフランシスコ経由で帰国の途中，明治9（1876）年10月20日午後6時太平洋上の船中で不帰の客となる。享年34歳。留学を終えて日本で活躍したのは，わずか3ヶ年という短い歳月であり，長い欧米留学体験で培った文化的素養は充分に生かされることなく終った。明治教育界の改革者である。

[文献] 鹿児島県史3　同県　昭16／幕末の海外留学生（林竹二）：日米フォーラム　10（4，6，7）　昭39／薩藩海軍史　上・中・下（公爵島津家編纂所編）　原書房　昭43（明治百年史叢書71〜73）／近代日本の海外留学史（石附実）　ミネルヴァ書房　昭47／薩摩藩英国留学生（犬塚孝明）　中央公論社　昭49（中公新書375）／東京書籍館の創立—人事とその特色（後藤純郎）：現代の図書館　13（2）　昭50／近代日本海外留学生史　上（渡辺実）　講談社　昭52／明治維新人名辞典（日本歴史学会編）　吉川弘文館　昭56／畠山義成の後半生（後藤純郎）：日本大学人文科学研究所紀要　29　昭59／明治維新対外関係史研究（犬塚孝明）　吉川弘文館　昭62　〔安藤重和〕

波多野 貞之助　はたの・ていのすけ

元治1年（1864）〜大正12年（1923）　教育者〔師範教育に尽力〕　[生]常陸国　[渡]ドイツ：1892年（師範教育）

元治1（1864）年，常陸国に生まれる。東京師範学校を卒業後ただちに茨城県師範学校教諭に任ぜられる。明治25（1892）年10月文部省留学生として師範教育および実業補習教育に関する研究調査を命ぜられドイツに留学する。イエナではヴィルヘルム・ラインの教育演習に参加している。29年1月帰国し高等師範学校教授となり，女子高等師範学校教授を兼任する。永年にわたって師範教育に従事し，ヘルバルトとラインの教育学・教授法をわが国に広める。大正12（1923）年死去。享年60歳。

[文献] 教育人名辞典　理想社　昭37／近代日本海外留学生史　下（渡辺実）　講談社　昭53　〔渡辺登〕

八三郎　はちさぶろう

生没年不詳　若宮丸乗組員　〔ロシアに帰化〕　[生]陸奥国石巻　[渡]ロシア：1794年（漂流）

生没年不詳。石巻に生まれる。寛政5（1793）年11月27日，沖船頭平兵衛率いる若宮丸（800石積，乗組員16名）に津太夫らとともに水夫として乗り組み石巻を出航，暴風に見舞われ難船，太平洋上を8ヶ月間漂流して6（1794）年アレウト列島のアンドレヤノフ諸島に漂着，現地のロシア人に保護され，翌7年オホーツク，ヤクーツクを経てイルクーツクに護送される。当地で大黒屋光太夫一行の中でロシアに帰化した新蔵（ニコライ・ペトローヴィチ・コロトゥイギン）の援助を受け8年余りを過ごす。享和3年クルーゼンシュテルンによるロシア最初の世界周航にレザーノフ率いる第2回遣日使節団

が同行することになり、商務大臣ルミャンツェフの訓令により若宮丸一行はペテルブルクへ召喚される。彼はロシアに留まることを望み帰化する。その後の消息は不明。
[文献] 日露国交史料(梅森三郎) 有隣堂 大4／環海異聞(大槻玄沢、志村弘強) 叢文社 昭51／いしのまき若宮丸漂流始末—初めて世界を一周した船乗り津太夫(安倍忠正) 三陸河北新報社 昭61／魯西亜から来た日本人—漂流民善六物語(大島幹雄) 広済堂出版 平8／漂流記の魅力(吉村昭) 新潮社 平15(新潮新書)／世界一周した漂流民(石巻若宮丸漂流民の会編著) 東洋書店 平15(ユーラシア・ブックレット ; no.54)
〔雪嶋宏一〕

蜂須賀 万亀次郎　はちすか・まきじろう
元治1年(1864)〜明治34年12月13日(1901)
式部官　⊕土佐国高知　⊗フランス：1872年(語学)

　元治1(1864)年、高知に生まれる。明治5(1872)年9歳でフランスへ留学し、3月19日からマールに師事する。幼年のために専門学科を定めず、とりあえずフランス語を学ぶ。帰国後21年に式部官となる。明治34(1901)年12月13日死去。享年38歳。
[文献] 明治過去帳—物故人名辞典(大植四郎編) 東京美術 昭46／フランスに魅せられた人びと—中江兆民とその時代(富田仁) カルチャー出版社 昭51
〔山口公和〕

蜂須賀 正韶　はちすか・まさあき
明治4年3月8日(1871)〜昭和7年12月31日(1932)
政治家　侯爵　⊕東京府　⊗イギリス：1886年(留学)

　明治4(1871)年3月8日、徳島藩主・侯爵蜂須賀茂韶の長男として東京に生まれる。蜂須賀家17代当主。明治19(1886)年イギリスに留学、ケンブリッジ大学で政治・経済・文学を学ぶ。26年帰国。宮内省に出仕、式部官兼主猟官、皇后職主事などを歴任し、大正7年襲爵後、貴族院議員となる。13年〜昭和5年貴院副議長を務めた。昭和7(1932)年12月31日死去。享年62歳。
[文献] 幕末明治海外渡航者総覧(手塚晃編) 柏書房 平4／データベースWHO 日外アソシエーツ
〔藤田正晴〕

蜂須賀 茂韶　はちすか・もちあき
弘化3年8月8日(1846)〜大正7年2月10日(1918)
政治家　侯爵　〔民間事業・学術振興に尽力〕　⊕江戸　⊗通称=氏太郎、千代松、雅号=誠堂、霰笠　⊗イギリス：1872年(留学)

　弘化3(1846)年8月8日、徳島藩主蜂須賀斉裕の子として江戸に生まれる。明治1年、父のあとをうけて徳島藩主(のちに県知事)となる。明治政府の議定職刑法事務局補、民部官知事となり、諸侯に先んじて版籍奉還を唱えて達見を認められる。5(1872)年1月、小室信夫らと横浜を出帆してイギリスに渡る。オックスフォード大学に留学し、西洋の新知識の吸収につとめて、12年1月に帰国した。同年9月外務省御用掛となり、諸外国の来賓の接伴をおこなった。その後、大蔵省関税局長にもなったが、15年には再び外務省の特命全権公使となってフランスに赴いた。また、スペイン、ポルトガル、スイスの公使も兼した。19年9月に帰国して、元老院議官、東京府知事、貴族院議長を歴任した。29年9月には第2次松方正義内閣の文部大臣にもなった。民間の事業にも関心をしめし、鉄道、海上保険、共同運輸業などでも指導的地位をしめた。また、北海道の雨竜農場の経営に手を染めたこともあった。32年には日本歴史地理学会の会長となり、学術の振興にも意を注いだ。大正7(1918)年2月10日、流行性感冒のため死去。享年72歳。
[文献] 蜂須賀茂韶公隠れたる功績 露木亀太郎著刊 昭12／民権運動の先覚者蜂須賀茂韶(村雨退二郎)　『史談蚤の市』　北辰堂 昭33／大正過去帳—物故人名辞典(稲村徹元他編) 東京美術 昭46／近代日本の海外留学史(石附実) ミネルヴァ書房 昭47／近代日本海外留学生史 上(渡辺実) 講談社 昭52／明治維新人名辞典(日本歴史学会編) 吉川弘文館 昭56／昭和新修 華族家系大成 下(霞会館諸家資料調査委員会編) 霞会館 昭59
〔楠家重敏〕

八戸 欽三郎　はちのへ・きんざぶろう
嘉永7年8月(1854)〜?　伊万里県留学生
⊕伊万里　⊗別名=欽三　⊗イギリス：1871年(留学)

　嘉永7(1854)年8月に生まれる。伊万里の出身。英学を学び、明治4(1871)年9月以前に伊万里県の費用でイギリスに渡る。その後の消息は不明。

[文献] 明治初年条約改正史の研究（下村冨士男）　吉川弘文館　昭37／近代日本の海外留学史（石附実）　ミネルヴァ書房　昭47／近代日本海外留学生史　上（渡辺実）　講談社　昭52／幕末明治海外渡航者総覧（手塚晃編）　柏書房　平4　　〔楠家重敏／富田仁〕

八田 裕次郎　はった・ゆうじろう
嘉永2年11月17日(1849)～昭和5年1月23日(1930)　海軍軍人　⊕福井　⊛イギリス：1871年（海軍軍事研修）

嘉永2(1849)年11月17日に生まれる。福井の出身。明治3(1870)年に海軍兵学寮に入り、4(1871)年2月28日、海軍修業のためイギリスへ留学する。在英中はロンドンのユニバーシティ・カレッジで勉学に励んだ。14年5月に帰国。17年4月27日、公使館付武官としてイギリス、フランスに派遣されぎ、23年に帰国する。昭和5(1930)年1月23日死去。享年82歳。

[文献] 明治初年条約改正史の研究（下村冨士男）　吉川弘文館　昭37／海軍兵学校沿革（海軍兵学校編）　原書房　昭43／幕末明治海外渡航者総覧（手塚晃編）　柏書房　平4
〔楠家重敏／富田仁〕

初太郎　はつたろう
生没年不詳　永住丸乗組員　⊛アメリカ：1842年（漂流）

生没年不詳。永住丸（栄寿丸）の沖船頭善助の補佐役として天保12年8月、酒、塩、砂糖、線香、繰綿、豆などを積んで兵庫から奥州南部宮古へ向う途中、10月12日犬吠岬の沖合で激しい北西風と高波に襲われ漂流する。翌13(1842)年2月2日、イスパニア船エンサヨー号に救助される。3月17日カリフォルニア沖に停泊中、乗組員13人のうち、善助、太吉、亥之助、儀三郎、惣助、弥市とともに上陸させられ置き去りにされる。上陸地点はローアカリフォルニア（カリフォルニア湾と太平洋にはさまれたメキシコ北西部の細長い半島）の南端サンルカスと言われている。（残り6人ものちにこの地域に上陸させられたものと思われる。）幸い親切な住民達に保護され、サンホセに送られて別々に働くことになったが、初太郎と善助は10月初めマサトランに移り、11月上旬、清国へ行くアメリカ船でマカオに向かう。14年1月中旬マカオに到着、初太郎だけが上陸させられる。善助は2月中旬まで船内に留め置かれ たが、後に2人とも乍浦に送還されて日本行きの船を待つことになる。11月22日清国船に乗ることができ、12月2日無事長崎に帰着する。その後、尾張の武士に取り立てられ、長尾初太郎と名乗る。初太郎の漂流の経緯は嘉永年間に『海外異聞』、一名『亜墨利加新語』全5冊にまとめられた。

[文献] 日本人漂流記（川合彦充）　社会思想社　昭42（現代教養文庫A530）／世界を見てしまった男たち―江戸の異郷体験（春名徹）　筑摩書房　昭63（ちくま文庫）／新世界へ―鎖国日本からはみ出た栄寿丸の十三人（佐野芳和）　法政大学出版局　平1
〔富田仁〕

服部 綾雄　はっとり・あやお
文久2年12月11日(1864)～大正3年4月1日(1914)　教育者、政治家　衆議院議員　⊕駿河国沼津　⊛アメリカ：1888年（神学）

文久2(1864)年12月11日、沼津藩士で砲術家の服部純の子として沼津に生まれる。維新後、一家を上げて下総国に移住。横浜に居たヘボンに英語を習い、次いで東京の築地大学校に学ぶ。明治16年同校の第一期生として卒業後、幹事として明治学院の創設に参画。18(1885)年アメリカに渡ってプリストン大学で神学を修め、25年に帰国したのちは牧師として牛込教会に勤めた。35年再び渡米し、シアトルの貿易会社の顧問や現地の日本人会会長などを務め、在留邦人の保護に尽力。40年に帰国し、岡山の金光中学校校長に就任。41年総選挙に当選して衆議院議員となり、新会に属するが、のちには国民党に移った。アメリカ通の論客として知られ、一貫して日本の対外膨張政策に反対、軍備拡張や韓国併合などを批判した。大正2年サンフランシスコで日系移民の排斥運動が起こると、政友会の江原素六とともに渡米し、問題解決のためにアメリカの各地を遊説するが、大正3(1914)年4月1日サンフランシスコで客死。享年53歳。　⊛アメリカ・サンマテオ・日本人墓地、静岡県沼津市・乗遠寺

[文献] 幕末明治海外渡航者総覧（手塚晃編）　柏書房　平4／データベースWHO　日外アソシエーツ　　〔藤田正晴〕

服部 一三　はっとり・いちぞう
嘉永4年2月11日(1851)～昭和4年1月25日(1929)　官吏　文部省局長、知事、貴族院議員

〔小泉八雲の松江赴任に尽力〕 [生]長門国吉敷村 [名]幼名＝猪三郎, 愷輔 [渡]アメリカ：1870年（岩倉具経に同行, 理工学）

嘉永4（1851）年2月11日，渡辺平次郎（のち兵蔵）の三男として長門国吉敷村で生まれる。藩の槍術指南であった父に武術を学び，郷校の憲章館に入り片山鉄二郎（のち服部鉄二郎）に教えを受ける。のちに勤王論者として捕えられた片山から座敷牢に呼ばれてその頼みで養子となる。慶応3年，長崎に出てイギリス人マロベルトソン，アストンに師事する。たまたま長崎港に停泊中のアメリカ船ニューヨーク号を見て渡米を思い立ち，ニューヨーク運航事務を取扱っていた浜田彦蔵の斡旋で船長の承諾を得てボーイとして乗船したが，その船が上海行だったため夢破れて長崎に戻る。明治3（1870）年，岩倉具視の子，具定，具経らの外国事情調査の一行に随って渡米し，その念願を果たす。ニューブルズウーキ予備学校からロトゲルス・カレッジ理学部に進み，8年6月に卒業しバチェラー・オブ・アートの学位を得る。同年8月に帰国して文部省に入る。9年，東京英語学校長，文部省書記官，東京大学法学部長，文部省参事など文部畑を歩く。この間，17年にニュー・オリンズの万国博覧会へ参加し，ラフカディオ・ハーン（小泉八雲）と知り合う。のちハーンが松江中学に赴任したのも彼の尽力によるものである。31年の岩手県知事を皮切りに，広島，長崎，兵庫の各県知事を歴任する。のち官界を去り，36年7月に貴族院議員に勅選される。大正8（1919）年には第5回万国議院商事会議に参加するためにブリュッセルに赴いた。昭和4（1929）年1月25日死去。享年79歳。

[文献] 服部一三翁景伝（勝田銀次郎編） 服部翁顕彰会 昭18／日本人名大事典5 平凡社 昭54
〔楠家重敏〕

服部 杏圃　はっとり・きょうほ

生没年不詳 陶磁器画家 〔各地で陶画を指導〕 [渡]オーストリア：1873年（ウィーン万国博覧会に出品）

生没年不詳。明治2年色絵で有名な肥前佐賀藩主鍋島閑叟の命により有田で陶画を伝授している。6（1873）年ウィーン万国博覧会では佐賀からの出品のため陶画工場を担当し，みずからも十二等出仕として2月18日にオーストリアへ渡る。陶磁器の出品と同時に西洋の工芸品を学びとり，8月23日帰国の後，各地で陶画の画工を指導した。その後陶画の方はなげうって塑像の研究に当たりこの方面で努力したが，資産を傾け，その後の消息は不明。

[文献] 日本人名大事典5 平凡社 昭54／幕末明治海外渡航者総覧（手塚晃編） 柏書房 平4 ／データベースWHO 日外アソシエーツ
〔藤代幸一／富田仁〕

服部 敬次郎　はっとり・けいじろう

生没年不詳 開拓使派遣留学生 [生]庄内 [渡]アメリカ：1871年（鉱山学）

生没年不詳。庄内の出身。明治4（1871）年1月4日，開拓使派遣の留学生として鉱山学研修のためアメリカに渡る。選ばれた理由は寒冷地の出身者であったことによる。7年3月帰国後，開拓使学校に入学。その後の消息は不明。

[文献] 近代日本の海外留学史（石附実） ミネルヴァ書房 昭47／近代日本海外留学生史 上（渡辺実） 講談社 昭52 ／幕末明治海外渡航者総覧（手塚晃編） 柏書房 平4
〔楠家重敏／富田仁〕

服部 俊一　はっとり・しゅんいち

嘉永6年3月8日（1853）～昭和3年3月15日（1928） 実業家 工学博士 東洋紡績会社取締役 〔尾張紡績の創業に尽力〕 [生]長門国（厚狭郡）高千帆 [名]旧名＝竹田 [渡]イギリス：1889年（紡績業の視察）

嘉永6（1853）年3月8日，萩藩士竹田良安の二男として長門国高千帆に生まれる。村上仏山に漢学を学び，その後山口の服部家の養子となる。明治5年，上京して英語と数学を修める。8年に工部大学校に入り機械工学を研究し，15年に卒業。その後，農商務省兵庫造船所，海軍省艦政局を経て，21（1888）年，尾張紡績の創業に尽力し，21年取締役兼支配人となる。22（1889）年7月7日，イギリスに赴き紡績業の視察を行い，翌23年7月帰国。大正3年，尾崎紡績から発展した東洋紡績会社の取締役となり，翌年工学博士の学位を取得する。昭和3（1928）年3月15日死去。享年76歳。

[文献] 大日本博士録5（井関九郎編） 発展社 昭5／近代日本海外留学生史 上（渡辺実） 講談社 昭52 ／幕末明治海外渡航者総覧（手塚晃編） 柏書房 平4 ／データベースWHO 日外アソシエーツ
〔楠家重敏／富田仁〕

服部 潤次郎　はっとり・じゅんじろう
生没年不詳　水戸藩士　㊙フランス：1867年（遣仏使節に随行）

　生没年不詳。水戸藩士。慶応3(1867)年, 徳川昭武遣仏使節に随行し警護にあたる。

[文献] 徳川昭武滞欧記録(大塚武松編)　日本史籍協会　昭7／幕末教育史の研究2―諸術伝習政策(倉沢剛)　吉川弘文館　昭59／徳川昭武 万博殿様一代記(須見裕)　中央公論社　昭59(中公新書750)　　　〔富田仁〕

服部 政介　はっとり・まさすけ
生没年不詳　㊙長州　㊙イギリス：1866年

　生没年不詳。長州の出身。慶応2(1866)年にイギリスに渡る。その後の消息は不明。

[文献] 近代日本の海外留学史(石附実)　ミネルヴァ書房　昭47　　　〔楠家重敏〕

鳩山 和夫　はとやま・かずお
安政3年4月3日(1856)～明治44年10月4日(1911)　政治家, 弁護士　法学博士　〔弁護士制度・私学教育・立憲政治を推進〕　㊙江戸　㊙別名＝三浦和夫　㊙アメリカ：1885年(第1回文部省留学生, 法学)

　安政3(1856)年4月3日, 美作国勝山藩士鳩山博房の子として江戸に生まれる。美作真島藩の貢進生として開成学校, 大学南校に学んだのち, 明治8(1885)年, 第1回文部省留学生としてアメリカに渡り, コロンビア大学に入学する。ここには旧彦根藩士相馬永胤と徳川家の清水篤守が在学していた。英語法学科本科下級生, コロンビア大学法学本科と進み, 10年5月, バチェラーの学位を得る。この年9月, ニューヘブンのエール大学に入り, 13年7月に法学博士の称号を得る。アメリカ留学中は法学研究に専念したがその間, 弁護士の地位向上, 私学の発展, 立憲政治の進歩発展の3つの理想を抱き, 13年8月に帰国する。ただちに代言人制度の整備, 私学教育の進展, 立憲政治の推進に動き出す。同年8月, 東京大学法学部講師になる。15年には代言人事務所を開き, 東京代言組合長に推される。さらに東京府会議員となり, 18年に外務省に入る。19年, 帝国大学法科大学の教授となり, 29年には衆議院議長に選出される。31年に憲政党内閣ができると外務次官となる。その後, 早稲田大学の前身東京専門学校の校長を務めた。明治44(1911)年10月4日死去。享年56歳。

[文献] 法学博士鳩山和夫君(吉木竹次郎)：太陽　665　明32／鳩山の一生　鳩山春子著刊　昭4／近代日本の海外留学史(石附実)　ミネルヴァ書房　昭47／近代日本海外留学生史　上(渡辺実)　講談社　昭52／日本人名大事典5　平凡社　昭54／鳩山の一生―伝記・鳩山和夫(鳩山春子編)　大空社　平9(伝記叢書)　　　〔楠家重敏〕

鳩山 春子　はとやま・はるこ
文久1年3月23日(1861)～昭和13年7月12日(1938)　女子教育者　〔共立女子学園を創立〕　㊙信州松本　㊙旧名＝渡辺　改姓＝多賀　㊙アメリカ：1901年(欧米旅行)

　文久1(1861)年3月23日, 松本藩士渡辺幸右衛門の五女として松本で生まれる。父は廃藩後に石巻の大参事となり, 明治初年に多賀努と改名。5年に近所の私塾に通い, 6年には開智学校女子部に入学。7年, 父と上京して官立東京女学校に入り, はじめて英語を学ぶ。だが10年に同校が廃校になったため, 東京女子師範学校(現・お茶の水女子大学)の特別英学科に転入し, さらに本科に進む。12年, アメリカのフィラデルフィア女子師範学校に留学の辞令を, 当時の文部大輔から受けるが, 「内閣中に女子の留学に強い反対者」があり, 出発間際になって中止になる。14年の7月に本科を卒業して母校に就職したが, わずか3ヶ月余りで辞任し, 婚約中であった鳩山和夫と11月に結婚, 日本最初の結婚披露宴を行う。のちに東京専門学校(現・早稲田大学)長, 衆議院議長になった夫の和夫は, アメリカ留学から帰国して, 当時東京帝国大学教授の職を退き弁護士になったばかりだった。一郎と秀夫を出産した後, 17年6月に母校に再就職するが, 以後, 2人の息子の教育に力をそそぎ, 良妻賢母のほまれ高き女性として生きる一方, 女子教育に専心し, 婦人の地位向上のために尽力。19年に宮川保善らと共立女子職業学校(現・共立女子学園)を創立し, 21年には津田梅子らとミス・プリンス姉妹を囲む婦人質問会を組織している。また28年に山沢俊夫と大日本女学会を設立して, 地方の女子通信教育を行い, さらに31年には婦人技芸慈善会を組織。34(1901)年9月4日には夫に同伴して欧米漫遊の旅に出る。10月23日にアメリカのエール大学で創立200年祭が挙げられ, その際にかつて同大学

留学していた夫が名誉博士の学位を授与されることになり、大学より招待をうけたからである。まず日本郵船会社の鎌倉丸で横浜を出発し、18日にシアトルに到着。シカゴでは富豪フェビアン大佐宅に滞在、シカゴ大学のハーパー総長に面会して、大学の設備や寄宿舎を見学。その後ナイヤガラ瀑布、バッファロー博覧会を見て、ワシントンではカングレス図書館、議事堂、大蔵省を見学、ホワイトハウスにルーズヴェルト大統領夫妻を訪問する。フィラデルフィヤではプリモア大学を参観し、ミス・トーマス校長と面会。ニューヨークでは、当時世界一といわれたウォルドルファストリヤ・ホテルに滞在したり、「メッセンジャーボーイ」を観劇。エール大学の所在地ニューヘーヴンでは、同じく名誉博士の学位を受ける伊藤博文とともにラッド博士宅に滞在し、大学総長ハッドレーに招待されたり、ノーザンプトンにスミス女子大学を参観。イギリスではリバプール、ロンドンに赴き、ロンドンのドルリレイン劇場でミリオネヤ劇を見、プリンス・オヴ・ウェールズ劇場でも観劇している。フランスではヴェルサイユ宮殿、マリーアントワネットの居室を、ドイツではベルリン宮殿、ポツダム宮殿、国会議事堂などを見学。ベルギーのブリュッセルを経て、地中海、印度洋経由で35年1月4日長崎港に到着する。アメリカの大学や女性を実際に見て来た帰国後の活躍はめざましく、女教員養成と、ブルジョア・デモクラシー的家庭像を理想とした良妻賢母主義教育を二本の柱に、女子教育に献身。38年日露戦争には愛国婦人会を組織し、42年には戌申婦人倶楽部（婦人修養倶楽部の前身）を創立して専務理事に就任する。45年には共立女子職業学校に家庭科を設けて、その監督指導にあたり、大正3年に理事に選ばれ、大正11年には校長に就任している。さらに昭和3年、共立女子専門学校、共立高等女学校を設立してそれぞれの校長も兼任した。昭和13（1938）年7月12日、脳溢血で死去。享年78歳。　㊥東京都台東区・谷中霊園

[文献] 内助の功はどうして立てるか（鳩山春子）：婦人界　大7.10／我が子の教育（鳩山春子）　共立女子専門学校　大8／初期女学生の思い出（鳩山春子）：太陽　33(8)　昭2.6／鳩山の一生（鳩山春子編）　昭栄社　昭4／珠玉の人　鳩山薫先生伝（中河幹子）　日輪閣

昭12／我が自叙伝（鳩山春子）　自家版　昭28／共立女子学園70年誌（高瀬荘太郎編）　共立女子学園　昭31／自叙伝（鳩山春子）『日本人の自伝7』　平凡社　昭56／或る女（有島武郎）　講談社　昭57（講談社文庫）／教育界の三女史　津田梅子・矢島楫子・鳩山春子（安西篤子）：歴史と旅　12(3)　昭60.2／自叙伝─伝記・鳩山春子（鳩山春子）　大空社　平2（伝記叢書）／鳩山春子─我が自叙伝（鳩山春子）　日本図書センター　平9（人間の記録）
〔長谷川啓〕

花房 義質　はなぶさ・よしもと

天保13年1月1日（1842）〜大正6年7月9日（1917）　外交官　子爵　〔マリアルース号事件、樺太・千島交換交渉に尽力〕　㊥岡山　㊙幼名＝虎太郎，号＝長嶺，眠雲　㊙フランス：1867年（パリ万国博覧会視察）

　天保13（1842）年1月1日，岡山藩京都周旋方花房端連の長男として生まれる。佐久間象山に私淑し儒学を修め、万延1年緒方洪庵の門に入り蘭学を学ぶ。また洋式砲術を学び、文久1年岡山藩大坂詰大砲方となり父とともに大坂海岸警備に当たる。当時海防の要務を論じた『久仁の加多米』を編纂する。同3年京都周旋方となり奔走。元治1年征長総督に随行して尽力、慶応1年10月条約勅許・兵庫開港を諮詢する会議に列し、大いに進言する。2年11月長崎に赴き，3（1867）年3月藩庁に無断で長崎から出帆し、単身でパリ万国博覧会を視察後、英米両国を見学し、明治1年10月横浜に帰着する。2年4月外国御用掛となり、3年3月外務権少丞に任じ、7月柳原前光に従って清国に赴き条約締結に当たる。5年朝鮮に赴き日韓貿易の交渉に携わる。マリアルース号事件に関し、6年外務一等書記官としてロシアに赴き、ついで樺太千島交換談判の折衝をする。9年10月朝鮮に代理公使として、13年弁理公使としてそれぞれ赴任する。15年京城の壬午軍乱の折には京城を脱し、仁川に到り、館員数名と海上で漂流しているところをイギリスの飛魚艦に救助されて長崎に戻る。再び軍艦4隻と陸兵1個大隊を連れ仁川に赴き、京城に入り、強硬談判を行い、ついに済物浦条約を結んで帰国する。16年3月特命全権公使としてロシア在勤。スウェーデン・ノルウェー両公使を兼務。20年農商務次官、21年宮中顧問官、帝室会計審査局長、22年伏見家別当、24年宮内次官となるが28年

これを辞し、赤十字社副社長となる。29年男爵を授けられ、44年子爵となる。同年枢密顧問官に任ぜられ、日本赤十字社長となる。そのほか、日本美術協会、亜細亜協会などの幹部として広く活躍する。大正6(1917)年7月9日、心臓麻痺のため東京市芝区白金台町の自宅で死去。享年76歳。　㊣東京大田区池上・本門寺
文献　子爵花房義質君小伝（黒瀬義門編）　小林武之助刊　大2／日本人名大事典5　平凡社　昭54／明治維新人名辞典（日本歴史学会編）　吉川弘文館　昭56／日本外交史人物叢書第1巻（吉村道男監修）　ゆまに書房　平14
〔高橋傳七〕

馬場 辰猪　ばば・たつい

嘉永3年5月15日（1850）～明治21年11月1日（1888）　政治家、思想家　〔自由民権、思想の啓蒙〕　㊙土佐国高知（城下中島町）　㊙イギリス：1870年（法律学）

嘉永3(1850)年5月15日、土佐藩士馬場来八の二男として生まれる。弟に英文学者、翻訳家の馬場孤蝶がいる。藩校の致道館に学び、慶応3年、藩費生として江戸留学を命ぜられ、福沢塾（慶応義塾の前身）に入る。社会情勢不安定のため修学に適せずとして一旦高知に戻ったのち、長崎に赴き、半年ほど滞在してフルベッキについて英学を修める。明治2年再度上京し、慶応義塾で経済学を専攻する。3(1870)年、初め藩費生としてイギリスに留学する。1年ほど英語の研修を積みユニバーシティ・カレッジで物理学を学び始めた頃、ロンドンに来た岩倉使節団一行と会い、改めて政府の留学生として法律学を学ぶことになる。法学院（テンプル）に通いローマ法などを読みながら、イギリス法の組織や法律家の育成法を知りその根底の深さに驚く。いろいろな論題を各自が自由に論じ合う会合に出席し、そのような会を日本人学生間に作ろうと、日本学生会を組織する。その会合で日本語に関して講演し、ちょうど公刊されたばかりの『日本語文典』（明6)を示す。イギリス社会学協会会長ホートン卿に献呈されるこの書物は駐米公使森有礼の国語廃止を論じた書に対する反駁を意図したもので、それを目にして以来2年間にわたって書きためられていたものである。ロンドンを訪れた中江兆民と会い親交を深めるが、7年日本政府の召還により帰国。郷里土佐に帰り、弟と妹を教育のために連れて上京する。旧藩主に再度の留学を願い支援を得て、翌8(1875)年3月再びイギリスに留学する。イギリス法の研究を進めるかたわら、9年英文で日本人はイギリス人についてどう思っていたか、また今はどう思っているかを論ずる『日本における英国人』、不平等条約を改正する必要を説く『日英条約論』を刊行し、『古事記』の英訳も行う。パリに3度渡り、フランスの政情を視察する。このような観察から得られた知識は、英仏両国で有力者を求めるには「イギリスにおいては政治家を、フランスにおいては思想家を」というような発言に推察できる。11年5月、外遊8年にして帰国。日本は自由民権運動の高揚期にあり、国会開設の必要がしきりに唱えられていたが彼はまず民衆を教育し、健全な世論を興すことが急務であると考えた。すでに小野梓がイギリスから帰って設立した共存同衆に加わって再興し、各地で演説会を開き、また『共存雑誌』を発行して民衆の啓発につとめる。13年、集会条例のために共存同衆は解体状態となり、ほかに政治講演を行うことのできる政治結社の必要を痛感し、翌年大石正巳らと国友会を創立する。『国友雑誌』を発行しつつ各地に赴いて演説・講演を行う。14年、自由党結成に尽力し、常議員として活躍し、『自由新聞』の主筆になる。この頃から『朝野新聞』に執筆するようになる。翌年自由党総理板垣退助の渡欧問題が起こると、一政党の総理が、党が組織されたばかりの時に党や国から離れることの非を訴えたが、板垣はその反対をおして洋行する。1年後の帰国に際し、板垣は自由党解党を示唆する。このような一連の言動に失望し、大石正巳や末広鉄腸とともに自由党を脱党する。15年、加藤弘之は『人権新説』で天賦人権説が妄想であること、人権は国家からあたえられたものであることを説く。これに対し「読加藤弘之君人権新説」と題する論説を『朝野新聞』にかかげる。これはのちに、『天賦人権論』（明16）となるが、そのなかで、人間の本来的性情のなかに自然権の根拠を認め、自然権を擁護する。また加藤が弱肉強食を唱えながら、弱者たる民衆が次第に力を増し専制政府を打倒することを悪しき進化として認めようとしない矛盾をつき、加藤流の進化論によっても民権運動の正当性が証明されると論じている。きわめて過激にわたる言

論のために、16年4月、警視総監樺山資紀により言論禁止が命ぜられる。この処分を受けて以来政界から遠ざかり、彼が創立した明治義塾で教育につとめ、訴訟鑑定所を設けて法律事務に従事する。18年11月騒擾が頻発し、民権運動への弾圧が強化されている時期に、横浜モリソン商会でダイナマイトについてたずねたのが発覚して爆発物取締規則違反の容疑で逮捕される。19年、無罪釈放後大石とともに渡米する。フィラデルフィアを中心に各地で講演したり著書を出版したりして日本の紹介と日本における封建遺制打破の必要を説く努力をする。『外交論』（明13）には、「外交の最高形態とは政府間の外交ではなく、人民と人民との交際である」と述べている。明治21（1888）年11月1日、フィラデルフィア大学病院で肺結核のために死去。享年39歳。㊄東京・谷中霊園, Woodland Cemetery, Philadelphia
[文献] 馬場辰猪（安永梧郎）　東京堂　明30／明治文化全集5　自由民権篇　日本評論社　昭2／明治文化全集6　外交篇　日本評論社　昭3／民権論からナショナリズムへ（西田長寿）『馬場辰猪』　御茶の水書房　昭30（明治史研究叢書4）／馬場辰猪自叙伝、馬場辰猪日記（抄）『明治文化全集14　自由民権篇（続）』　日本評論社　昭31／民権運動の人々（遠山茂樹）『日本人物史大系5　近代2』朝倉書店　昭35／馬場辰猪（萩原延寿）　中央公論社　昭42／大井憲太郎・植木枝盛・馬場辰猪・小野梓集（家永三郎編）　筑摩書房　昭48（明治文学全集12）／日本人名大事典5　平凡社　昭54／近代日本哲学思想家辞典（伊藤友信他編）　東京書籍　昭57／馬場辰猪復刻版（安永梧郎）　みすず書房　昭62（みすずリプリント）／馬場辰猪全集　第3巻（西田長寿他編）　岩波書店　昭62／馬場辰猪全集　第4巻（馬場辰猪）　岩波書店　昭63／馬場辰猪（萩原延寿）　中央公論社　平7（中公文庫）／英国と日本―架橋の人びと（コータッツィ, ダニエルズ著、大山瑞代訳）　思文閣出版　平10
〔高橋公雄〕

馬場 禎四郎　ばば・ていしろう
生没年不詳　陸軍軍人　㊨フランス：1889年（軍事研修）

　生没年不詳。明治22（1889）年に歩兵中尉としてフランスに留学する。その後の消息は不明。

[文献] 日仏文化交流史の研究―日本の近代化とフランス人（西堀昭）　駿河台出版社　昭56
〔富田仁〕

馬場 命英　ばば・のりひで
嘉永4年（1851）～大正6年2月3日（1917）　陸軍軍人　㊨フランス：1884年（兵制視察）

　嘉永4（1851）年に生まれる。明治17（1884）年1月、大山巌に随行してフランスに渡る。のちドイツに赴く。18年1月帰国の後、陸軍に入り、少将にまで昇進する。大正6（1917）年2月3日死去。享年67歳。
[文献] 近代日本海外留学生史　上（渡辺実）　講談社　昭52／幕末明治海外渡航者総覧（手塚晃編）　柏書房　平4
〔富田仁〕

浜尾 新　はまお・あらた
嘉永2年4月20日（1849）～大正14年9月25日（1925）　教育行政官　文相　㊄但馬国豊岡　㊨アメリカ：1873年（留学）

　嘉永2（1849）年4月20日、但馬国豊岡に生まれる。豊岡藩の藩命により英学・仏学を学び、ケンブリッジ大学から栄誉学位を受けた。明治5年大学南校の中監事。6（1873）年アメリカに留学し7年帰国。同年東京開成学校校長心得を経て、東大副総理として加藤弘之総長を助け創立当初の東大とともに歩いた。この間、文部省入りして学務局長。18（1885）年学術制度調査のため欧州に派遣され20年に帰国。明治26年帝国大学総長。30年第2次松方内閣の文相。その後、元老院議官、貴族院議員、枢密顧問官などを歴任。大正時代には東宮御学問所副総裁として7年間、のちの昭和天皇の教育を担当し、大正13年枢密院議長に就任。また海外の推理小説に造詣が深く、自ら創作、多くの作家を育てた本格派推理文学の開拓者でもある。大正14（1925）年9月25日死去。享年77歳。
[文献] 幕末明治海外渡航者総覧（手塚晃編）　柏書房　平4／朝日日本歴史人物事典　朝日新聞社　平6／データベースWHO　日外アソシエーツ
〔藤田正晴〕

浜岡 光哲　はまおか・こうてつ
嘉永6年5月29日（1853）～昭和11年12月6日（1936）　実業家、政治家　京都商業会議所会頭, 衆議院議員　㊄山城国　㊨アメリカ, ヨーロッパ：1887年（商工業視察）

嘉永6(1853)年5月29日，京都嵯峨大覚寺坊官の家に生まれ，院承任御経蔵所・浜岡家の養子となる。はやくより漢学とドイツ語を修め，叡麓学舎をおこして育英教育に力を尽す。明治11年印刷業を始め，12年『京都新報』，18年『日出新聞』を創刊。また13年京都府会創設とともに議員に当選。15年京都商業会議所を設立。20(1887)年欧米の商工業を視察し翌21年帰国。44年京都商業会議所会頭となり，昭和3年まで務めた。傍ら京都商工銀行，京都株式取引所，京都陶器，京都織物，京都鉄道などを創立。京都火災保険会社社長のほか，多くの事業会社に重役として関与，関西実業界に重きをなした。この間，明治23年帝国議会開設とともに衆議院議員に当選，3期務めた。昭和11(1936)年12月6日死去。享年84歳。

[文献] 幕末明治海外渡航者総覧(手塚晃編)　柏書房　平4／データベースWHO　日外アソシエーツ　〔藤田正晴〕

浜口 梧陵　はまぐち・ごりょう

文政3年6月15日(1820)～明治18年4月21日(1885)　官吏　〔ニューヨークで客死〕 [生]紀伊国(有田郡)広村　[名]本名＝成則　通称＝儀兵衛　[渡]アメリカ，ヨーロッパ：1884年(世界一周の旅)

文政3(1820)年6月15日，紀伊国広村の士族の家に生まれる。明治のはじめ和歌山藩少参事に任じられ，明治4年8月10日，駅逓頭となる。日本初の郵便飛脚の頭目といわれる。しかし在任8ヶ月で前島密に代わり，初代和歌山県議長に選ばれる。17(1884)年5月，世界一周の旅に出るが，たまたま腸癌となり明治18(1885)年4月21日の朝，ニューヨークのセント・ヴィンセント病院で客死。享年66歳。

[文献] 浜口梧陵伝(杉村広太郎編)　浜口梧陵銅像建設委員会　大9／浜口梧陵小伝(杉村広太郎編)　浜口梧陵翁五十年祭協賛会　昭9／明治過去帳―物故人名辞典(大植四郎編)　東京美術　昭46／日本人名大事典5　平凡社　昭54／志の人たち(童門冬二)　読売新聞社　平3　〔楠家重敏〕

浜口 成則　はまぐち・しげのり

⇒浜口梧陵(はまぐち・ごりょう)を見よ

浜口 与右衛門　はまぐち・よえもん

生没年不詳　運用方　[渡]アメリカ：1860年(咸臨丸の運用方)

生没年不詳。安政7(1860)年1月，咸臨丸の運用方として渡米する。

[文献] 万延元年遣米使節史料集成1～7(日米修好通商百年記念行事運営会編)　風間書房　昭36／幕末教育史の研究2―諸術伝習政策(倉沢剛)　吉川弘文館　昭59　〔富田仁〕

浜錠 定吉　はまじょう・さだきち

生没年不詳　足芸師　〔浜錠定吉一座座長〕 [渡]フランス：1867年(パリ万国博覧会の折興行)

生没年不詳。幕末から明治初期にかけて，諸外国を渡り歩いていた旅芸人で足芸浜錠定吉一座を率いる座長である。幕末に日本を出発してからアメリカ回りで芸を披露しつつ旅をしてきたが，慶応3(1867)年，パリで万国博覧会が開かれると，それを目指してフランスに渡った。定吉一座の腕はイギリスの興行師でマギールという者に高く買われ，パリでの宣伝もなかなかたいしたものであったようだし，かなり上等のシルク・ナポレオンに陣取って上演した。初演には，パリ万国博覧会に列席するため渡仏していた徳川昭武も従者の一行を引き連れてこれを見物し，一座に祝儀2500フランを与え，このことがフランスの新聞に報道され，一層パリでの定吉一座の評判を高いものにした。フランス人観客の受けも上々で，中でも定吉と，息子三吉のコンビで見せる巧みな足芸は，パリッ子たちの喝采を呼んだという。その後の消息は不明。

[文献] 異国遍路　旅芸人始末書(宮岡謙二)　中央公論社　昭53(中公文庫)　〔福山恵美子〕

浜田 玄達　はまだ・げんたつ

嘉永7年11月26日(1854)～大正4年2月16日(1915)　婦人科医　医学博士　〔帝国大学に助産婦養成所を設置〕 [生]肥後国(宇土郡)里浦村　[名]幼名＝慶太郎　[渡]ドイツ：1885年(産婦人科学)

嘉永7(1854)年11月26日，熊本藩士浜田元斎の長男として肥後国里浦村に生まれる。家は代々医家であり，明治3年16歳のとき，藩によって設立されたばかりの熊本医学校に入学しマンスヘルトの教えを受ける。4年上京し，大学東校に入学。13年7月東京大学医学部卒業後

ただちに熊本医学校教頭として赴任，15年病院長，16年医学校長。17（1885）年職を辞し私費でドイツに留学，10月シュトラスブルク大学に入学し産婦人科学を修める。留学中，18年4月より産婦人科教授候補として文部省留学生に切換えられる。19年11月からミュンヘン大学に転じ，さらにドイツ各地の病院を視察し，21年9月帰国する。ただちに帝国大学医科大学教授となり21年から33年まで産婦人科学講座を担当する。彼の着任により産婦人科の清毒法，手術法などが著しい進歩をとげる。23年2月には建白書「産婆養成所ヲ開クノ意見」を当局に提出，同年5月から産婆養成所が設置される。24年医学博士，29年医科大学長。32年辞職後産婦人科専門病院である浜田病院を神田駿河台に創立する。36年宮内省御用掛，大正3年東京帝国大学名誉教授。卵巣嚢腫摘出，膣式子宮全摘の名手といわれ，これらに関する論著も多いが，とくに『普通産婆学』前後篇（明25）は平明簡潔で名著とされる。大正4（1915）年2月16日死去。享年62歳。［墓］東京・雑司ヶ谷墓地

[文献] 医学士浜田玄達氏：中外医事新報　204　明21／浜田玄達先生略伝（佐伯理一郎）：中外医事新報　1213～1214　昭9／座談会　浜田玄達氏を偲ぶ夕：日本医事新報　863　昭14／名医浜田玄達先生（田沢多吉）：日本医事新報　1328　昭24／日本人名大事典5　平凡社　昭54／浜田玄達先生伝記（宇土郡教育振興会）

〔渡辺登〕

羽室 庸之助　はむろ・ようのすけ

明治1年9月（1868）～昭和19年12月30日（1944）　製鉄技術者，政治家　衆議院議員　［生］丹波国多紀郡　［渡］ドイツ：1895年（製鉄技術）

明治1（1868）年9月，丹波国多紀郡に生まれる。明治23年東京工業学校機械科を卒業。私立中学・鳳鳴義塾教師を経て，農商務省製鉄所技師に転じ，明治28（1895）年若松製鉄所の技師となりドイツに留学，クルップ製鉄所で学ぶ。30年に帰国後，32年設立の大阪の日本鋳鋼所で，日本初の鋼鉄鋳造を行った。大正2年羽室鋳鋼所を創立し所長を務める。また住友製鋼所副支配人，日本水道衛生，大阪機械工作所の監査役を歴任した。大阪から衆議院議員に当選1回。昭和19（1944）年12月30日死去。享年77歳。

[文献] 幕末明治海外渡航者総覧（手塚晃編）　柏書房　平4／データベースWHO　日外アソシエーツ

〔藤田正晴〕

早川 千吉郎　はやかわ・せんきちろう

文久3年6月21日（1863）～大正11年11月14日（1922）　銀行家　三井銀行筆頭常務　［生］加賀国　［渡］イギリス：1896年（公債募集）

文久3（1863）年6月21日，加賀国に生まれる。帝国大学法科大学を卒業。明治23年大蔵省に入省，参事官，書記官，大臣秘書官，日銀監理官など歴任。この間，公債募集のため，明治29（1896）年イギリス，32（1899）年アメリカに赴いた。33年井上馨の推挙で三井銀行に移り，初めは三井同族会の理事。翌年中上川彦次郎の死去後，その後任として，以来17年間三井銀行の専務理事（42年筆頭常務）となり，終始潤滑油としての存在に徹する。大正3年三井合名会社参事，7年副理事長に就任。9年勅選貴族院議員，10年満鉄社長となる。大正11（1922）年11月14日死去。享年60歳。

[文献] 日本財界人物列伝　第2巻（青潮出版株式会社編）　青潮出版　昭39／幕末明治海外渡航者総覧（手塚晃編）　柏書房　平4／朝日日本歴史人物事典　朝日新聞社　平6／データベースWHO　日外アソシエーツ

〔藤田正晴〕

早川 龍介　はやかわ・りゅうすけ

嘉永6年8月12日（1853）～昭和8年9月22日（1933）　政治家，実業家　〔外国語教育・殖産興業に尽力〕　［生］尾張国（碧海郡）六ツ美村　［名］雅号＝悠斎，衣水，白頭翁，南涯　［渡］アメリカ：1893年（外国事情視察）

嘉永6（1853）年8月12日，小笠原伊勢守代官早川藤太郎の子として尾張国六ツ美村に生まれる。幼少より漢学および英学を学ぶ。明治9年，地元選出の地租改正県議員となり，13年に県会議員に当選する。23年，国会開設とともに改進党より立候補し当選する。以来，大正9年まで国政に参加する。明治26（1893）年にアメリカへ渡り，帰国後さらに殖産興業に尽力。また巨費を投じて後進に外国語を学ばせるなど国政や県政に力を注いだ。そのかたわら愛知農工銀行監査役，尾三農工銀行監査役をつとめる。著書『古今人物年表』（2巻）がある。昭和8（1933）年9月22日，六ツ美村の自宅で死去。享年81歳。

[文献] 新編愛知県偉人伝　愛知県郷土資料刊行会〔編刊〕　昭47／日本人名大事典5　平凡社　昭54
〔楠家重敏〕

早崎 源吾　はやさき・げんご

嘉永6年12月24日(1854)～大正7年9月20日(1918)　海軍軍人〔兵学校で運用術担当〕
⊕鹿児島　㊀イギリス：1884年(海軍軍事研修)

嘉永6(1854)年12月24日,鹿児島に生まれる。明治4年に海軍兵学寮に入り,17(1884)年5月,大久保喜蔵,野口定次郎,森友彦六,関重忠と共に海軍の軍事視察のためイギリスに出張している。帰国後,26年には海軍兵学校の教員として運用術を担当している。大正7(1918)年9月20日死去。享年65歳。

[文献] 海軍兵学校沿革(海軍兵学校編)　原書房　昭46／近代日本海外留学生史　上(渡辺実)　講談社　昭52
〔楠家重敏〕

早崎 七郎　はやさき・しちろう

嘉永4年9月5日(1851)～明治21年7月20日(1888)　海軍軍人　⊕薩摩国鹿児島　㊀ドイツ：1877年(艦務研究)

嘉永4(1851)年9月5日,薩摩藩士早崎親苗の子として生まれる。明治4年藩選により海軍兵学寮に入る。9年少尉補に任命され,同年(1877)12月艦務研究のためドイツ留学を命ぜられ,山本権兵衛らとともにドイツ軍艦ピネタ号に乗り組む。10年1月よりシンガポール,喜望峰,南米諸国,イギリスなどを歴訪ののち11月にドイツに到着する。同月再びドイツ軍艦ライプチヒ号に乗り組み,南米諸国を歴訪するが,パナマにおいてドイツとニカラグア間の紛争のため11月3日退艦し帰国する。11年少尉,12年中尉,14年大尉になる。18年5月摂津分隊で,兵学校監事を兼務。8月浅間副長心得。19年少佐,浅間副長。10月浪速副長。20年9月磐城艦長,10月天城艦長となる。明治21(1888)年7月20日,朝鮮方面を巡航中,急病のため仁川において死去。享年38歳。
⊛東京・青山霊園

[文献] 明治過去帳―物故人名辞典(大植四郎編)　東京美術　昭46
〔渡辺登〕

林 歌子　はやし・うたこ

元治1年12月14日(1865)～昭和21年3月24日(1946)　社会事業家〔矯風会の指導者〕
⊕越前国大野　㊀アメリカ：1905年(矯風事業視察)

元治1(1865)年12月14日,大野藩士林長蔵の長女として越前国大野に生まれる。明治13年,石川県第三女子師範学校を卒業し,18年に上京する。19年より築地立教女学校で教壇に立ち子女の教育に専念する。のち博愛社を経営し,キリスト教による社会事業に心をくだいた。32年には日本キリスト教婦人矯風会大阪支部を設立し,禁酒と純潔思想の普及と世界平和を唱えた。明治38(1905)年にアメリカへ渡り,博愛社の基金獲得と矯風事業の視察を行った。第7回万国矯風会大会に矢島楫子や久布白落実とともに日本代表として出席する。39年12月に帰国し,集めた資金でニューヨーク館,教会堂,乳児の家,母の家,幼稚園などをたてた。40年には廃娼の請願書を政府に提出し,大正7年には婦人参政権運動もおこした。12年の関東大震災において被災者救済に活躍。昭和4年のロンドン軍縮会議に軍縮実現の請願書を持参しイギリスに渡る。「大阪のジェーン・アダムス」とよばれた。昭和21(1946)年3月24日,大阪府の大阪婦人ホームで死去。享年83歳。

[文献] 福井人物風土記―ふくい百年の群像　続(福井新聞社編)　昭和書院　昭48／日本人名大事典　現代編　平凡社　昭54／涙とともに蒔くものは―林歌子の生涯(高見沢潤子)　主婦の友社　昭56／貴女は誰れ？―伝記・林歌子(久布白落実)　大空社　平1(伝記叢書)
〔楠家重敏〕

林 糾四郎　はやし・きゅうしろう

生没年不詳　静岡県留学生　⊕静岡　別名＝糾次郎　㊀アメリカ：1871年(語学研修)

生没年不詳。静岡の出身。明治4(1871)年,語学研修のため県費留学生としてアメリカに渡る。その後の消息は不明。

[文献] 近代日本の海外留学史(石附実)　ミネルヴァ書房　昭47／近代日本海外留学生史　上(渡辺実)　講談社　昭52
〔楠家重敏〕

林 研海　はやし・けんかい

天保15年6月16日(1844)～明治15年8月30日(1882)　陸軍軍医　陸軍軍医総監〔フランスで客死〕
⊕江戸両国薬研堀　本名＝紀　幼名＝紀太郎　㊀オランダ：1862年(医学)

天保15(1844)年6月16日,奥医師林洞海の長男として江戸両国薬研堀に生まれる。6歳のと

き荻野鳳次郎に漢学を学び，13歳になると儒学者塩谷宕陰(甲蔵)の塾に入る。文久1年，18歳のとき長崎養生所でオランダ医ポンペについて医学を学ぶ。2(1862)年，伊東玄伯とともにオランダ留学を命じられ渡蘭。3年ハーグでしばらく暮らしたのち，デン・ヘルダーに移り，当地の海軍病院で医学を研修する。明治1年12月，伊東とともにフランス郵船で帰国。帰国後，徳川宗家とともに静岡に移住し駿府病院(のちの静岡病院)の病院頭(院長)に就任。同病院は明治5年8月に廃院となるが，その前に上京し陸軍軍医部に出仕することになる。明治4年8月，叔父松本順(初代陸軍軍医総督)の推挙により，陸軍一等軍医正に任じられる。6年5月陸軍軍医監になる。6月医学研究のため渡欧したが，7年2月病により帰国。8年陸軍本病院副長，同10年の西南戦争に際しては，征討軍軍医部長に任じられる。12年，第2代軍医総督に進み，12月には陸軍軍医本部長となる。15年6月，左大臣陸軍大将兼議定官・有栖川宮二品親王の欧州出張に随行したが，一行がパリについた7月25日，腎臓炎のため床に臥し，快方に向うことなく気管支炎を併発して同年(1882)8月30日未明死去。享年39歳。8月31日埋葬。
[墓]パリのモンパルナス南墓地
[文献] 赤松則良半生談(赤松範一編)　平凡社　昭52(東洋文庫)／日本人名大事典5　平凡社　昭54／明治維新人名辞典(日本歴史学会編)　吉川弘文館　昭56／幕府オランダ留学生(宮永孝)　東京書籍　昭57(東書選書)／ポンペ—日本近代医学の父(宮永孝)　筑摩書房　昭60　〔宮永孝〕

林 源之助　はやし・げんのすけ

生没年不詳　熊本県留学生　[生]熊本　[名]別名=玄助　[渡]アメリカ：1871年(留学)

生没年不詳。熊本の出身。明治4(1871)年，県費留学生としてアメリカに赴く。その後の消息は不明。
[文献] 近代日本の海外留学史(石附実)　ミネルヴァ書房　昭47／近代日本海外留学生史 上(渡辺実)　講談社　昭52　〔楠家重敏〕

林 権助　はやし・ごんすけ

安政7年3月2日(1860)～昭和14年6月27日(1939)　外交官　男爵　[生]会津　[名]幼名=盤人，雅号=竹陰　[渡]イギリス：1894年(ロンドン領事)

安政7(1860)年3月2日，会津藩士の子として生まれる。慶応3年に藩校の日進館に入学し四書五経と撃剣を行い文武両道につとめた。明治20年に帝国大学法科大学を卒業したのち外務省に入り，翻訳局と通商局を兼務。同年，芝罘領事となり21年から仁川領事をつとめた。25年に上海に転じ，27(1894)年にロンドン領事となった。29年にはロンドン公使館書記官に勤務替えとなる。これはイギリス見聞を有意義なものにするため，陸奥宗光に頼んだためである。30年に帰国し，義和団の変のさなか北京の首席書記官となった赴任した。32年4月韓国公使となり日露戦争前後の対韓政策の実務を担当した。40年イタリア公使となり，勤務の合い間にヨーロッパをまわり見聞を広めた。その後中国公使，関東長官を経て，大正9年にイギリス大使となった。14年に外務省を退き，同年宮内省御用掛となる。昭和4年に式部長官に就任し，9年には枢密顧問官となる。昭和14(1939)年6月27日，老衰のため死去。享年79歳。
[文献] わが七十年を語る(林権助述　岩井尊人記)　第一書房　昭10／日本人名大事典　現代編　平凡社　昭54／日本外交史人物叢書 第13巻(吉村道男監修)　ゆまに書房　平14　〔楠家重敏〕

林 純吉　はやし・じゅんきち

生没年不詳　佐倉藩士　[生]佐倉　[渡]アメリカ：1871年(藩知事に同行)

生没年不詳。佐倉の出身。明治4(1871)年，佐倉藩知事堀田璋之助に同行してアメリカに渡る。渡航費用は知事の私費から出た。その後の消息は不明。
[文献] 近代日本の海外留学史(石附実)　ミネルヴァ書房　昭47／近代日本海外留学生史 上(渡辺実)　講談社　昭52　〔楠家重敏〕

林 荘三　はやし・そうぞう

生年不詳～明治24年10月30日(1891)　留学生　[渡]アメリカ：1870年(森有礼に同行)

生年不詳。のちの富美宮泰宮御養育主任・貴族院議員の林友幸の長男として生まれる。明治3(1870)年12月3日，森有礼の監督のもとアメリカ船グレート・レペブリック号に乗って横浜を出帆しアメリカに渡る。明治24(1891)年10月30日死去。

[文献] 明治過去帳―物故人名辞典(大槻四郎編)東京美術 昭46／近代日本の海外留学史(石附実) ミネルヴァ書房 昭47／近代日本海外留学生史 上(渡辺実) 講談社 昭52／幕末明治海外渡航者総覧(手塚晃編) 柏書房 平4 〔楠家重敏／富田仁〕

林 董　はやし・ただす

嘉永3年2月29日(1850)～大正2年7月10日(1913)　外交官,政治家　伯爵　〔幕府第1回派遣留学生;日英同盟締結,満州問題に尽力〕
㊤佐倉　㊦幼名＝信吾郎,改名＝董三郎　㊨イギリス：1866年(留学),アメリカ：1871年(岩倉使節団に随行)

　嘉永3(1850)年2月29日,蘭医佐藤泰然の五男として佐倉に生まれる。泰然は当時佐倉藩主の保護下に日本初の蘭方医院順天堂を開き,施術のかたわら広く各藩から留学生を集め,医学と蘭学を教えていた。文久2年父に随い横浜に移住する。ここで幕府御殿医林洞海の養子となり,董三郎と改名する。ただちに米国商館書記ウェルマン,通訳ジョセフ・ヒコに英語の手ほどきを受け,翌年J.C.ヘボン博士夫人の英語塾に入る。15歳の頃,開成所の留学生選考に応じ,慶応2(1866)年3月,英国留学の幕命を受ける。同10月英艦附の教師エル・ロイドに伴われて出航。一行は中村敬宇,外山正一を含めて14人で途中上海で初めて断髪する。香港ではレッギ博士の「四書五経」英訳文の印刷をみる。横浜から65日でサザンプトンに到着。しばらく下宿して,3月3日ロンドンにつく。ロイド家,またはクラーク家などに下宿し,英語・算術などを学び,のちユニバーシティ・カレッジ・スクールに入学。慶応4年閏4月,幕府からの留学生帰国命令が届く。ジョセフ・ヒコの漂流故事を思い出し,ひとり渡米し勉学を続けることを思い立つ。渡米に必要な下等の船賃を調達するために,佩刀を東洋物品店に売り込んだが,折り合いがつかないまま断念する。帰国はパリを経てマルセーユからフランス船で,アレキサンドリヤ,カイロ,スエズを経由し,6月上旬横浜に帰着する。同月下旬,父母の許可を得て榎本武揚のもとに従軍し,箱館戦争の終息まで行動を共にする。投降後禁固の処罰を受けるが,明治3年4月横浜に帰る。一時牛込の明治義塾の英学教師をつとめ,また米国公使の雇われ通訳となる。4年実兄松本順の紹介で陸奥宗光に会う。再び渡欧留学しようと陸奥に相談したが,そのすすめに従って,9月に神奈川県奏任出仕となる。同年(1871)10月岩倉具視使節団に随行する志願を伊藤博文に訴えたところ「此行必要之人物」として推挙され同行する。アメリカ,イギリス,フランスを歴訪の後,イギリスよりお雇い外人教師を伴い,5年6月に帰国する。6月外務省三等書記官のまま工学助を任ぜられ,工部大学校設立に従事する。渡米中ウェスト・ポイント兵学校とアナポリス海軍学校のことをあらかじめ調べておいたので,大体の規模は二校のものに倣ったという。15年工部大書記,宮内大書記官,露帝戴冠式列席の有栖川宮熾仁親王に随行,イタリア,スイス,フランスを経て,同年9月露都につく。のち通信省内信局長などを経て,21年新設香川県知事,23年1月兵庫県知事,6月榎本武揚大臣の下に外務次官,引継き陸奥宗光外相の下に同職留任。28年4月露独仏三国公使の遼東半島還付勧告の折衝に応接する。同5月「外交の大方針を定むべし」を草し,福沢諭吉によって『時事新報』の社説として発表される。この中で「日本の国勢を伸ばすためには,意気投合で利害共通の大国と同盟し,以て敵とする所の者を孤立せしむべし。真個の同盟する対象は,即ち英国の如き,欧州の大陸に利害関係少なくして,而も東洋においては既成を守り,他の欧州国の侵略を防がんとする者に他ならない」と説いた。同月より特命全権公使として11月まで清国に駐在。10月男爵に叙せられる。30年駐露公使。さらにスウェーデン,ノルウェー公使を兼任する。33年駐英公使。34年小村外相から全権委任を得て,日英同盟の談判に本格的に着手する。35年1月協約の調印を果たし翌月子爵に叙昇される。この年マキァベリ『羅馬史論』(明治39)を翻訳する。38年駐英大使となるが翌年3月帰国し,5月西園寺内閣の外務大臣に就任する。彼が当たった外交の難問の一つは,満州問題である。軍部が満州において行う軍政は,条約を無視したものと考えられたので,これに強く反対しつづける。またこのために,9月には病気を理由に一時休職したほどである。一方彼自身の主張は,条約を尊重する外交である。ただし対清政略の一手段としては恐嚇を以ってこれに迫ることを,よしとしている。したがっ

てその本質は帝国主義的非合理主義であったと評されている。彼の対満政策はやはり清国の強い抵抗にあっていきづまり、両国間の案件を累積させることになる。40年7月第3次日韓協約に調印。同年9月伯爵になる。41年第1次西園寺内閣総辞職とともに解任。44年第2次西園寺内閣の逓信大臣に就任。一時外務大臣を兼ねる。45年内閣総辞職で野に下る。翻訳書には『弥児経済論』（明治8～10年）ベンサム『刑法論綱』（10～12年）『馬哈黙伝並附録』（9年）リーバート「自由論」（13年）などがある。大正2(1913)年7月10日死去。享年64歳。
⑱東京・青山霊園
[文献] 後は昔の記他―林董回顧録（由井正臣校注）平凡社 昭44（東洋文庫）／近代日本海外留学生史 上（渡辺実）講談社 昭52／日本人名大事典5 平凡社 昭54 〔羅秀吉〕

林 忠正　はやし・ただまさ

嘉永6年11月7日(1853)～明治39年4月10日(1906)　美術商　⑭越中国高岡　㋿旧名＝長崎　㋱フランス：1878年（パリ万国博覧会の通訳）

嘉永6(1853)年11月7日、越中国高岡に生まれる。明治3年高岡藩の貢進生として、大学南校（現・東京大学）でフランス学を学ぶ。11(1878)年1月29日、起立工商会社よりパリ万国博覧会の通訳に任ぜられ、フランスに渡る。以来パリに留まり、ルイ・ゴンスの『日本美術』の著述に協力。16年美術品店を開業、33年パリ大博覧会では日本の事務総長を務めた。37年帰国。浮世絵を欧米に売却して"ジャポニスム"盛行に尽力したほか、ゴンクール兄弟やモネ、ドガらと知り合い、印象派の絵を日本に初めてもたらした。昭和62年孫娘の木々康子により『林忠正とその時代』が出版された。平成8年茨城県近代美術館において、その活動をたどる初めての展覧会「フランス絵画と浮世絵」展が開催された。明治39(1906)年4月10日死去。享年54歳。
[文献] 画商林忠正（定塚武敏）北日本出版社 昭47／海を渡る浮世絵―林忠正の生涯（定塚武敏）美術公論社 昭56／林忠正とその時代―世紀末のパリと日本美術（ジャポニスム）（木々康子）筑摩書房 昭62／幕末明治海外渡航者総覧（手塚晃編）柏書房 平4／朝日日本歴史人物事典 朝日新聞社 平6／林忠正宛書簡集(文化財研究所東京文化財研究所編) 国書刊行会 平13／林忠正宛書簡・資料集（木々康子編）信山社出版 平15／データベースWHO 日外アソシエーツ
〔藤田正晴〕

林 曄　はやし・はじめ

慶応2年5月18日(1866)～昭和19年3月3日(1944)　整形外科学者　〔日本整形外科学会設立の発起人〕　⑭江戸牛込払方町　㋿旧名＝山高洸一郎　㋱ドイツ：1895年（医学）

慶応2(1866)年5月18日、江戸・牛込払方町に生まれる。明治25年東京帝国大学医科大学を卒業。スクリバ外科教室助手となり、明治28(1895)年ドイツのハイデルベルク大学に留学、整形外科学を専攻。30年帰国後、東京・築地に林病院を開業した。日本外科学会創立に参加し、32年日本外科学会第1回総会で『脊髄炎の矯正療法』を報告。大正15年日本整形外科学会設立に参画。東京市医師会長。外科矯正、整形外科の開拓に貢献した。昭和19(1944)年3月3日死去。享年79歳。⑱東京牛込弁天町・宗参寺
[文献] 幕末明治海外渡航者総覧（手塚晃編）柏書房 平4／データベースWHO 日外アソシエーツ
〔藤田正晴〕

林 有造　はやし・ゆうぞう

天保13年8月17日(1842)～大正10年12月29日(1921)　政治家　〔自由党の幹部として活躍〕　⑭土佐（幡多郡）宿毛町　㋿本名＝包直　幼名＝助次、雅号＝梅溪　㋱ドイツ：1870年（普仏戦争視察）

天保13(1842)年8月17日、土佐藩士岩村有助（礫木）の次男として土佐宿毛村に生まれる。林茂次平の養子となる。岩村通俊は兄、高俊は弟。林譲治の父。幕末期に尊王攘夷運動に参加、明治1年戊辰戦争では越後口に従軍する。維新後高知藩庁に勤めて権少参事となり、板垣退助の信頼を受ける。明治2年6月兵部省の命により板垣の代わりとして大山巌、品川弥次郎と普仏戦争視察のため渡欧する。戦闘の状況、戦略の得失、兵制の沿革などの調査がその目的で、中浜万次郎が一行の通訳にあたる。2年8月28日横浜出航、アメリカ、イギリスを経由して、3(1870)年間10月ベルリンに到着、ストラスブール、メッツなどの戦跡、パリ包囲戦を視察し4年2月パリに入る。この間在米在欧の留学生と会見している。4年5月イ

ンド洋回りで帰国。廃藩置県の際には藩債の処理，農民騒動の鎮圧に手腕を発揮する。5年外務省出仕に転じたが翌年征韓論起こり，西郷，板垣らと同調して下野，土佐で海南義社を組織する。この時鹿児島に西郷を訪問し江藤新平の佐賀の乱に呼応しようとしたが果たさなかった。7年板垣退助，片岡健吉らと立志社を創立し自由民権運動に挺身する。10年西南戦争に際し同志と謀って武器を購入し，大阪城襲撃等の策をめぐらし政府転覆計画を進めるが未然に発覚し東京で逮捕される。11年8月20日禁獄10年の刑を宣告され，岩手監獄に投ぜられる。17年保釈出獄後再び板垣退助に従い，愛国公党を設立し，自由党の基礎をつくる。20年大同団結運動に参加，保安条例に触れ東京退去を命ぜられる。22年憲法発布を機に赦され，23年帝国議会開設に際して第1回衆議院議員に当選し，以後自由党の重鎮となる。31年憲政党が結成され，最初の政党内閣（大隈板垣内閣）が成立すると通信大臣として入閣する。33年立憲政友会創設に参加し，第4次伊藤内閣の農商務相に就任し，政友会総務委員として活躍するが，党内対立のため脱党し自由党を再建するが志を得ず，41年政界を引退する。余生を郷里の宿毛町に送る。大正10(1921)年12月29日死去。享年80歳。

〔文献〕林有造氏旧夢談（海南鏡水漁人）　青木嵩山堂　明24／人物評論（蓑田政徳）　北日本刊行会　大15／懐旧談（林有造）：土佐史談26　昭4／林有造自歴誌　昭43（土佐群書集成15）／林有造翁の獄中記　宿毛明治百年祭施行協賛会　昭43／日本人名大事典5　平凡社　昭54／林有造伝（田中貢太郎）　土佐史談会　昭54／林有造：土佐史談　101／明治・青春の夢―革新的行動者たちの日記（嶋岡晨）朝日新聞社　昭63（朝日選書）　　〔渡辺登〕

早竹 虎吉　はやたけ・とらきち
？～慶応4年2月(1868)　旅芸人（軽業師）
〔座長〕　京都　アメリカ：1867年（早竹一座を率いて巡業）

　生年不詳。京都二条新地の軽業師・大吉の子として生まれる。天保14年に大坂で大入りをとり，安政4年江戸へ出て大仕掛けの舞台で話題を呼ぶ。男女30人の芸人を引率してアメリカに渡り，慶応3(1867)年9月18日からサンフランシスコのメトロポリタン劇場で日本奇術を興行する。そのなかには独楽廻しの武藤次もいたが，一行はポルトガル人タロサに買われヨーロッパ巡業の途次アメリカに立ち寄ったものである。翌慶応4(1868)年1月24日からニューヨークのアカデミー・オブ・ミュージックの舞台へ立つが，病を得て間もなく死去した。

〔文献〕異国遍路　旅芸人始末書（宮岡謙二）修道社　昭46／朝日日本歴史人物事典　朝日新聞社　平6　　〔楠家重敏／富田仁〕

原 覚蔵　はら・かくぞう
生没年不詳　阿波藩士　別称＝一介　フランス：1862年（遣欧使節に随行）

　生没年不詳。阿波藩士。文久1(1862)年12月，24歳頃遣欧使節に随行する。

〔文献〕大君の使節―幕末日本人の西欧体験（芳賀徹）　中央公論社　昭43（中公新書163）／幕末教育史の研究2―諸術伝習政策（倉沢剛）吉川弘文館　昭59　　〔富田仁〕

原 桂仙　はら・けいせん
天保10年(1839)～明治22年1月20日(1889)
医師　信濃国（伊那郡）沢渡　ドイツ：1870年（医学）

　天保10(1839)年，信濃国沢渡の代々医を業とする士族の家に生まれる。江戸に遊学し松本良順の門下生となる。長崎ではポンペのもとで医学を学ぶ。維新のとき松代藩に仕え，戊辰戦争では北陸道総督に従う。明治3(1870)年8月ドイツに留学。婦人科と小児科を修める。6年6月帰国。7年陸軍軍医に任じられる。10年二等軍医正，西南戦争に際し長崎陸軍臨時病院に勤務。12年職を辞し開業医となる。明治17年東京地方衛生委員。18年後備軍躯員。明治22(1889)年1月20日死去。享年51歳。　東京・染井霊園

〔文献〕明治過去帳―物故人名辞典（大植四郎編）東京美術　昭46　　〔渡辺登〕

原 忠順　はら・ただゆき
天保5年8月21日(1834)～明治27年10月28日(1894)　官吏，殖産家　貴族院議員　〔『米政撮要』を著述〕　肥前国鹿島　通称＝弥太右衛門　アメリカ：1872年（鍋島直彬に随行，政治学）

　天保5(1834)年8月21日，肥前鹿島藩士の家に生まれる。藩命で江戸の昌平黌に学ぶ。高杉晋作，松本謙三郎，松林駒次郎，水本成美など諸藩の志士と親交を結び，また同藩の副

島種臣，大木喬任，江藤新平など尊王派の人びととも交わる。文久2年京に上り時勢に通ずる。3年藩主鍋島直彬の上京に随行する。慶応3年12月，佐賀本藩の藩主鍋島直大に代って上京するとこれにも従う。のち鹿島藩の兵制にイギリス式兵制を採用するなど藩政改革に尽力し，藩大参事となる。明治5(1872)年，鍋島直彬に従行してアメリカに赴き政治学を修め，『米政撮要』を著す。12年直彬が沖縄県設置に伴い県令となると，大書記官として赴任する。14年辞任して郷里肥前鹿島に戻り，地方殖産事業に尽力し，農業，養蚕などの発展に寄与する。22年9月，佐賀県多額納税者として貴族院議員となり予算委員をつとめる。病をおして臨時議会に出席するが，明治27(1894)年10月28日死去。享年61歳。
[文献] 原応俣(久布白兼武) 原忠一刊 大15／明治過去帳―物故人名辞典(大植四郎編) 東京美術 昭46／日本人名大事典5 平凡社 昭54／明治維新人名辞典(日本歴史学会編) 吉川弘文館 昭56 〔富田仁〕

原 マルチノ　はら・まるちの

永禄11年(1568)～寛永6年9月7日(1629)　イエズス会司祭　⊕肥前国波佐見　⊗ポルトガル，スペイン，イタリア：1582年(天正遣欧使節)

永禄11(1568)年に生まれる。欧文の古記録には，「ハサミの町に生まれ」，「ナカズカサ」の子供であると記されている。ここから肥前の波佐見の出身で，父は大村家家臣原純一とみられる。イエズス会宣教師ヴァリニアーノのすすめにより遣欧使節に選ばれる。正使の伊東マンショ，千々石ミゲルに従い，中浦ジュリアンとともに副使として参加する。彼らは天正9年頃まで有馬のセミナリオに在学して，ラテン語や西洋音楽を学習していたと思われる。天正10(1582)年，使節一行はローマ教皇とイスパニア国王に謁見するため長崎を出港。12年リスボンに入り，同地の枢機卿アルベルト・アウストリアに謁見する。数ヶ月後，マドリードに赴き，サン・ヘロニモ修道院でイスパニア皇太子の宣誓式に参列したのち，国王フェリーペ二世に謁見する。13年ローマへ赴いて，教皇グレゴリオ13世と帝王の間で謁見をはたし，数日後，使節一行は織田信長よりの屏風を教皇に贈呈した。さらに新教皇シスト五世にも謁見し，その戴冠式にも参列する。その後，各地で厚遇をうけたが，14年にリスボンを出帆し帰路につく。途中インドのゴアで使節4人を代表してラテン語に秀でた彼がヴァリニアーノに対して感謝の演説を行った。原稿はヨーロッパの印刷機で出版されたが，発刊者は日本人のコンスタンティノ・ドラードがなっている。さらにマラッカ，マカオを経由して，18年に長崎へ帰港。19年京都にのぼり聚楽第で関白秀吉に謁見し，インド副王の書状を呈した。帰国後しばらくはイエズス会の修道院に入っていたが，その後，長崎で伊東マンショ，中浦ジュリアンとともに司祭に叙せられた。布教のかたわら神学の勉強を怠らず宗教書の翻訳出版に従事する。キリシタン禁令によりマカオに追放され，寛永6(1629)年9月7日(西暦では10月23日)，異境の地で客死。享年62歳。
[文献] 天正遣欧使節原マルチノの演述(泉井久之助訳)：史学雑誌 42(10) 昭6／和蘭雑話(幸田成友) 第一書房 昭9／九州三侯遣欧使節行記(岡本良知訳) 東洋堂 昭17／大日本史料 第11編別巻之1，2 天正遣欧使節関係史料1，2 東京大学史料編纂所 昭34，36／デ・サンデ天正遣欧使節記(E.デ・サンデ著 泉井久之助他訳) 雄松堂 昭44(新異国叢書5)／史譚天正遣欧使節(松田毅一) 講談社 昭52／帰国後の天正遣欧少年使節たち(片岡弥吉)　『日本キリシタン殉教史』 時事通信社 昭54／グワルチェリ日本遣欧使者記(木下杢太郎訳)　『木下杢太郎全集』 岩波書店 昭58／データベースWHO 日外アソシエーツ 〔楠家重敏／富田仁〕

原 保太郎　はら・やすたろう

弘化4年(1847)～昭和11年11月2日(1936)　県知事　貴族院議員　⊕山口　⊗アメリカ：1871年(経済学)

弘化4(1847)年，士族原官次の四男として山口で生まれる。明治4(1871)年，アメリカに留学を命ぜられラトガース大学に入る。7年ごろイギリスに居住し，原六郎と共にキングス・カレッジでレーヴィのもとに経済学や経済史を学んだ。一方，ロンドンのチャーリングクロスでビリヤードなどに興じ，留学生活を楽しんだ。このころ長岡護美，蜂須賀茂韶，菊池大麓らと親交を結んだ。9年に帰国したのち，兵庫県少書記，兵庫県大書記官，山口県令を歴任して，19年山口県知事となる。28年3月，日清戦争の講和会議が赤間関の春帆楼で

開かれたおり，清国の全権大使が狙撃されたことで責任をとらされ辞任する。28年7月，特旨によって福島県知事となる。のち，北海道長官，農商務省山林局長を経て，36年に貴族院議員に勅選される。昭和11(1936)年11月2日，死去。享年90歳。

[文献] 原六郎翁伝　下　原邦造編刊　昭12／近代日本海外留学生史　上（渡辺実）　講談社　昭52／日本の歴代知事1　歴代知事編纂会編刊　昭55
〔楠家重敏〕

原　祐民　はら・ゆうみん

天保8年9月(1837)〜大正15年9月(1926)　医師　⊕信濃国沢渡村　⊛本名＝温　⊕ドイツ：1870年（医学）

　天保8(1837)年9月，高遠藩士の子として信濃国沢渡村に生まれる。家は代々医を業としており，明治3(1870)年8月にドイツ留学し，のちに軍医として活躍した原桂仙は弟にあたる。11歳で高遠細田医家塾に入り，のち安政6年京都に出て岩垣月州の塾に移り，さらに大坂の緒方洪庵について蘭学および西洋医学を修める。ついで文久2年からは長崎の幕府医学養成所で4年間修学し，慶応1年帰郷し開業する。またそのかたわら断髪学舎を創設し，郷土の子弟の教育に尽力する。しかし再度勉学を志し，明治3年上京して大学東校に入学し西洋医学を修める。同年(1870)内科学，外科学研修のためドイツに留学する。帰国後の8年に帰郷し再び開業する。またその後一時上京し産婦人科を研究するが，22年1月弟の桂仙の死去にあたり上京し，その跡を継ぐ。大正15(1926)年9月死去。享年90歳。

[文献] 長野県上伊那誌4　人物篇（上伊那誌編纂委員会）　上伊那誌刊行会　昭45／近代日本の海外留学史（石附実）　ミネルヴァ書房　昭47
〔安藤勉〕

原　亮一郎　はら・りょういちろう

明治2年2月(1869)〜昭和10年10月9日(1935)　実業家　東京図書株式会社社長　⊕イギリス：1886年（経済学）

　明治2(1869)年2月，岐阜出身の原亮次郎の長男として生まれる。東京高等商業学校に学んだのち19(1886)年イギリスに留学する。ダレッチ・カレッジで経済学を専攻して帰国。25年父の後継者となり，金港堂を出版界で注目すべき地位にまで育てあげる。36年教科書事件をひき起こすが，小学校教科書が国定になるとその発行のために東京図書株式会社を設立して社長となる。昭和10(1935)年10月9日死去。享年67歳。

[文献] 明治大正の出版屋1（岡野他家夫）：読書と文献　4(4)　昭19／日本人名大事典5　平凡社　昭54
〔富田仁〕

原　六郎　はら・ろくろう

天保13年11月9日(1842)〜昭和8年11月14日(1933)　実業家　第百銀行・横浜正金銀行各頭取〔銀行設立や殖産興業の功労者，日印貿易を開く〕　⊕播磨国（朝来郡）佐嚢村　⊛旧名＝進藤　諱＝長政，幼名＝俊三郎　⊕イギリス，アメリカ：1871年（外国事情視察，経済学）

　天保13(1842)年11月9日，進藤丈右衛門の六男として播磨国佐嚢村に生まれる。幕末には尊王攘夷論者として活躍したが，明治4(1871)年5月，鳥取藩より選ばれて大隊長として欧米視察に向かう。6年エール大学で経済学を学び，「財政家」たらんと決意する。翌年イギリスに渡り，ロンドンのキングス・カレッジでレーヴィ教授の指導の下，銀行学を修めた。9年にはランカスター，ポーツマスのほかベルギー，フランスに出かけて見聞を広めた。10年3月31日，沖守固，井上馨，伊賀陽之助らの見送りでロンドンを立ち帰国する。11年，第百国立銀行を興し代表となる。16年，東京電燈会社を創立し，また横浜正金銀行取締役に就任する。19年1月から6月まで，横浜正金銀行の海外支店視察のためフランス，イギリス，アメリカに渡る。また24年，横浜正金銀行の用務を帯びてアメリカ，イギリスに赴く。翌年2月に帰国するが，途中のインド・カルカッタでターター商会とインド綿輸入の交渉をし日印貿易の端緒を開く。そのほか，鉄道事業（山陽鉄道，北海道鉄道，総武鉄道など），採炭事業（豊前採炭会社）などの実業の面での活躍は勿論のこと，理化学研究所の創設や維新史料編纂会の設立にも尽力した。外国滞在中の行動は『原六郎翁傳・下巻』に収められた日記に詳しい。昭和8(1933)年11月14日，老衰のため死去。享年92歳。

[文献] 原六郎翁伝　原邦造編刊　昭12／日本財界人物列伝　青潮出版社編刊　昭38／近代日本の海外留学史（石附実）　ミネルヴァ書房　昭47／日本人名大事典5　平凡社　昭54
〔楠家重敏〕

原口 要　はらぐち・かなめ
嘉永4年5月(1851)～昭和2年1月23日(1927)
鉄道技術者　⑪肥前国島原　㊙旧名＝進藤
㊟アメリカ：1876年(鉄道技術)

　嘉永4(1851)年5月，肥前島原藩士・進藤伊織の子として島原に生まれ，同藩士・原口謙介の養子となる。江戸に出て安井息軒・川田甕江らに漢学を学び，明治9(1876)年6月25日アメリカに留学を命じられワロイ大学に入る。11年卒業しペンシルベニア鉄道会社で日本人初の鉄道技師に採用され，鉄道敷設工事を担当して名声を得る。13年欧米各国を視察して帰国。東京府技師長となり市区の改正，水道・下水の改良，品川湾の改修などの計画を立て，また吾妻橋を架設するなど鉄橋工事の模範となった。15年工部省鉄道局工務技長となり，東海道線・東北線・信越線・北陸線・中央線など幹線鉄道の建設を進めた。山陽・九州・近畿などの各線の鉄道建設にも貢献した。21年工学博士となり，38年清(中国)鉄道大臣・張之洞に招かれ鉄道顧問官を務め，鉄道交通上の指導や学生の養成に尽力した。45年富士製紙専務となり施設改善に努め，また東京鋼材社長も務めた。昭和2(1927)年1月23日死去。享年77歳。

[文献]　幕末明治海外渡航者総覧(手塚晃編)　柏書房　平4／データベースWHO　日外アソシエーツ　〔藤田正晴〕

原田 一道　はらだ・いちどう
文政13年8月21日(1830)～明治43年12月8日(1910)　陸軍軍人，少将　男爵　⑪備中国(浅口郡)西大島村　㊟フランス，オランダ：1864年(遣仏使節に随行，兵学)

　文政13(1830)年8月21日，岡山藩士原田碩斎の長男として生まれる。山田方谷について経書を学び，のち江戸に出て洋式兵学を修め，幕府に仕え，蕃書調所出役教授手伝，陸海軍兵書取調出役となる。文久3(1864)年12月，横浜鎮港談判使節・池田長発に従って渡仏，のちにオランダのハーグに赴き，兵学や陸軍将兵の服装について研究する。帰国後，鴨方藩(岡山支藩)に仕えたが，のちに江戸に出て洋学を研鑽。維新後徴士となり，兵学校御用掛，軍務局権判事，兵学校頭，一等法制官，砲兵会議議長，太政官大書記官等を歴任し，明治14年陸軍少将に進み，東京砲兵工廠長となった。19年元老院議官，のち貴族院議員となる。33年男爵を授けられこの年退役。明治43(1910)年12月8日，神奈川県国府津町で死去。享年81歳。

[文献]　明治過去帳―物故人名辞典(大植四郎編)　東京美術　昭46／赤松則良半生談(赤松範一編)　平凡社　昭52(東洋文庫)／日本人名大事典5　平凡社　昭54／明治維新人名辞典(日本歴史学会編)　吉川弘文館　昭56
〔宮永孝／富田仁〕

原田 音之進　はらだ・おとのしん
生没年不詳　留学生　⑪山口　㊟ドイツ：1871年(岩倉使節団に同行)

　生没年不詳。山口の出身。明治4(1871)年，岩倉使節団に同行して私費でドイツに渡る。その後の消息は不明。

[文献]　近代日本の海外留学史(石附実)　ミネルヴァ書房　昭47／近代日本海外留学生史　上(渡辺実)　講談社　昭52／幕末明治海外渡航者総覧(手塚晃編)　柏書房　平4
〔楠家重敏／富田仁〕

原田 吾一　はらだ・ごいち
生没年不詳　幕臣　蕃書調役出役教授手伝，海陸軍兵書取調出役　㊟フランス：1864年(遣仏使節に随行)

　生没年不詳。文久3(1864)年12月，遣仏使節に蕃書調役出役教授手伝・海陸軍兵書取調出役として随行する。

[文献]　幕末教育史の研究2―諸術伝習政策(倉沢剛)　吉川弘文館　昭59
〔富田仁〕

原田 貞之助　はらだ・さだのすけ
生没年不詳　留学生　㊟ベルギー：1888年(留学)

　生没年不詳。明治21(1888)年8月にベルギーに留学する。留学の目的も滞在中の行動も不明だが28年に帰国。

[文献]　近代日本海外留学生史　上・下(渡辺実)　講談社　昭52，53
〔富田仁〕

原田 治郎　はらだ・じろう
明治11年12月2日(1878)～昭和38年7月25日(1963)　文化事業家　東京国立博物館事務官　⑪山口県　㊟アメリカ：1893年(留学)

　明治11(1878)年12月2日，山口県に生まれる。明治28(1895)年アメリカに渡り，カリフォルニア大学に学ぶ。38年帰国の後，名古屋高等工業学校講師，のち同校教授及び第八高等学校教授となり，英語を講じた。昭和2年帝室

博物館嘱託，戦後，東京国立博物館事務官に任ぜられ，28年にわたって英文列品目録や解説の編集事務，渉外事務にあたった。この間，米国でのセントルイス万国博覧会，サンフランシスコ博覧会，日本古美術展覧会に要員として出張。またオレゴン大学をはじめ米国の諸大学，美術館において，日本文化に関する講演を行うなど，生涯の大半を日米文化交流に努めた。昭和38（1963）年7月25日肺炎のため東京都台東区上野桜木町の自宅で死去。享年84歳。

[文献] 幕末明治海外渡航者総覧（手塚晃編） 柏書房 平4／データベースWHO 日外アソシエーツ 〔藤田正晴〕

原田 助 はらだ・たすく

文久3年11月10日（1863）～昭和15年2月21日（1940） 宗教家，神学者 ㊥肥後国 ㊙アメリカ：1884年（神学）

文久3（1863）年11月10日，肥後国に生まれる。同志社英学校卒。明治17（1884）年エール大学に留学，神学を学んで帰国，母校教授となり，40年第7代総長。大正8年退職，同志社大，ハワイ大各名誉教授。わが国組合キリスト教会の元老。著書に『日本の信仰』（英文），『イエスの時代』などがある。昭和15（1940）年2月21日死去。享年78歳。

[文献] 原田助遺集（原田健編） 河北印刷（印刷） 昭46／幕末明治海外渡航者総覧（手塚晃編） 柏書房 平4／データベースWHO 日外アソシエーツ 〔藤田正晴〕

原田 輝太郎 はらだ・てるたろう

生没年不詳 陸軍軍人 ㊥延岡 ㊙フランス：1877年（留学）

生没年不詳。日向延岡の出身。済美館に学び，明治10（1877）年フランスに私費留学し，16年1月11日帰国。17（1884）年2月16日，陸軍からフランスに派遣され，サンシール士官学校に留学する。のちドイツに赴いている。21年帰国の後，陸軍士官学校教官となる。その後の消息は不明。

[文献] 近代日本海外留学生史 上（渡辺実） 講談社 昭52／日仏文化交流史の研究—日本の近代化とフランス人（西堀昭） 駿河台出版社 昭56／幕末明治海外渡航者総覧（手塚晃編） 柏書房 平4 〔富田仁〕

原田 豊吉 はらだ・とよきち

万延1年11月21日（1861）～明治27年12月1日（1894） 地質学者 理学博士 男爵 〔地質学で独自の学説を確立〕 ㊥江戸小石川竹早町 ㊙ドイツ：1874年（地質学）

万延1（1861）年11月21日，岡山藩士（のち陸軍少将）原田一道の長男として江戸に生まれる。父が洋学者でもあったことから，幼少の頃より仏学を志し始め，明治3年，10歳で大阪開成所に入り，のち東京外国語学校のフランス語科に転じる。明治7（1874）年，14歳のとき父とともにドイツに渡る。ハンブルク近郊のシューテーデ中学に入学，3年間基礎教育を受けて，ザクセンのフライベルク鉱山大学校に入る。リヒター教授などのもとで地質，古生物，鉱物，採鉱，物理，化学，数学，測量を学ぶ。13年にフライベルク鉱山大学校を卒業，ハイデルベルク大学に移り，ローゼンブッシュ教授から岩石学の指導を受ける。その後ミュンヘン大学に転じて，ツィテル教授のもとで古生物学を学び，15年5月スイス・アルプスの「ルガーナー湖畔の噴出岩の研究」という論文でミュンヘン大学より学位を取得する。ただちにオーストリアへ行き，ウィーンの国立地質調査所に勤めて，オーストリア・アルプスの地質調査に従事し，研究報告「コメリコとカルミアの地質学」をまとめる。こうして8年間の留学でドイツ地質学の最新の知識を身につけ，16年4月に帰国する。同年11月，農商務省権少書記官として地質調査所に配属され，これよりわが国の地質調査に専従するようになる。当時の所長は和田維四郎で，ナウマンが技師長であった。17年1月，東京大学理学部講師を兼任し，4月にはわが国初の地質学教授となる。地質調査所では40万分の1の予察東北部，予察東部，20万分の1の地質図幅などの調査にあたる。18年ナウマンの帰国後，地質調査所は地質局となり，次長に進む。同年，ナウマンの『日本群島の構成と生成』が世にでる。豊吉は21年に『日本地質構造論』，23年には『日本群島』を発表する。日本の中央を大地溝が横断しているとするナウマンの説に反論し，この地帯は複数の弧状山脈が対曲する構造になっていると唱えたことは有名である。このように旺盛な研究活動や論争は，若手地質学者に大きな刺激と自信を与える。しかしそのさなか，肺結核にかかる。折しもツベルクリン

発明のニュースが伝わり，24年4月にドイツに旅立つ。この滞欧中，理学博士を授けられている。名医コッホの治療を受けて，翌25年6月に帰国。だが，その甲斐もなく病気が再発し，明治27(1894)年12月1日死去。享年35歳。

[文献] 故原田理学博士略伝：地学雑誌 6(73) 明27／新訳地論文集―原田豊吉・関東及び其の隣接地の地質序説(中村新太郎)：地球 13(5) 昭5／ツィルケル(都城秋穂)：地球科学 55 昭36／ローゼンブッシュ(都城秋穂)：地球科学 57 昭36／黎明期の日本地質学(今井功) 丸善 昭41／日本人名大事典5 平凡社 昭54 〔田中徳一〕

原田 直次郎　はらだ・なおじろう
文久3年8月30日(1863)～明治32年12月26日(1899)　洋画家　〔ドイツ浪漫派の手法を移入，森鷗外の小説のモデル〕　㊌江戸小石川柳町　㊣ドイツ：1884年（美術研究）

文久3(1863)年8月30日，備前岡山藩士原田一道の子として江戸小石川柳町に生まれる。8歳でフランス語を修め11歳で東京外国語学校仏語科に入り，明治14年卒業後19歳のとき大久保さだと結婚，高橋由一に画を学ぶ。17(1884)年美術修業のためドイツのミュンヘンへ旅立つ。同地の美術学校で，G.マックスに師事。折りから医学研究のためミュンヘンへ留学中の軍医森鷗外と知り合い，終生浅からぬ友情を結ぶ。鷗外は『独逸日記』の19年3月25日の項にはじめての出会いを「画工原田直二(ママ)郎を其芸術学校街の居に訪ふ。直二郎は原田少将の子なり。油絵を善くす」と記している。下宿はミュンヘンのアカデミー通り美術学校の向かいカフェ・ミネルヴァの階上にあった。以後2人の友情は急速に進み，よく飲み歩いたらしい。ドイツ語はあまりできなかったようだが，年季の入った巧みなフランス語で教養人との交際にはことかかなかった。鷗外の筆によれば，小男で，顔は狭く長く，はなはだ黄色に見え，芸術家特有の鋭い目をもっていた。しかし艶味に富み，美術学校仲間で大学教授の娘チェチーリェにつきまとわれたり，カフェ・ミネルヴァの娘マリーを愛して同棲するような生活を繰りひろげた。ところで鷗外は23年『うたかたの記』を発表している。それは画家巨勢と美少女マリイの恋物語と，狂える王ルートヴィヒ2世の溺死事件を織り合わせた小説である。作品は美校生のたむろする

ミュンヘンの「カッフエエ・ミネルワ」を舞台に2人の男が訪れる所からはじまる。前に立ったのがエキステル，後の色黒の小男が遠きやまとの国から遊学中の画工巨勢である。巨勢のモデルは青春の日の原田であり，エキステルとはその頃借金取りに追われていた画家の卵ユーリウス・エクステルであり，マリイのモデルは彼と同棲したマリー・フウベルであった。現実のマリーは美少女どころか容貌はなはだあがらぬ，蒼白い顔のやせた女だったという。明治20年美術修業を終え帰国する。ドイツ浪漫派，ことに師マックスやピロティ，カウルバハらミュンヘン歴史画派の流れを汲む者として，明治初期の洋画壇に少なからぬ刺激を与えた。しかし26年フランスから黒田清輝が帰国し，印象派の新風を吹きこむに及んで彼は旧派の頭領と目され凋落の一途をたどった。盛名高き頃のアトリエには彼を慕って訪れる画学生が多く，アトリエは一種の塾となり鍾美館と名づけられた。塾生からは一銭の謝礼金も受けなかったと言われ，門下から和田英作，三宅克己らが育った。無欲なこともあって，絵の注文はないに等しかった。肖像画が当時の洋画家の主たる財源であったが，同業者のように伝を求めて貴顕豪商の肖像を描くことをしなかった。このようなわけで作品も数少ない。「騎竜観音」「毛利敬親公肖像」「素盞嗚尊」「靴屋の阿爺」などが残っている。前者二点は護国寺に寄付したものである。病弱で制作に従事した歳月は少なく，神奈川橘樹郡子安村で病を養ったが不遇のうちに，明治32(1899)年12月26日死去。享年37歳。昭和55年ミュンヘン南郊ユーベルゼー村にエクステル記念美術館が開設された。留学時代の学友で当地の芸大教授になったエクステルの家が100点の遺作とともに村人の手により美術館になった。中に一点「ナオジロウ・ハラダの肖像」(1884)があり，羽織袴で手に煙草入れをもった構図である。その等身大の油彩によって，21歳の若き日の彼の面影をしのぶことができる。

㊟東京谷中・天王寺

[文献] 故原田直次郎氏が事ども：美術新報 9(3) 明43／原田君のことなど(長原孝太郎)：アトリエ 3(9) 大15／日本名画家伝(佐藤霓子) 青蛙房 昭42／若き日の森鷗外(小堀桂一郎) 東大出版会 昭44／原田直次郎(森鷗外) 『鷗外全集25』 岩波書店 昭48／

原田直次郎年譜(森鷗外)　『鷗外全集26』岩波書店　昭48／日本人名大事典5　平凡社　昭54／鷗外・うたかたの記モデル(W.シャモニイ)：朝日新聞　昭55.9.9／舞姫・うたかたの記(森鷗外)　岩波書店　昭56(岩波文庫)
〔藤代幸一〕

原田 宗助　はらだ・むねすけ

弘化5年9月(1848)～明治42年9月25日(1909)　海軍軍人,造兵少将　海軍造兵総監　⑰鹿児島　㊙イギリス：1871年(海軍軍事研修)

　弘化5(1848)年9月,鹿児島に生まれる。戊辰戦争で乾行丸に乗組み箱館に従軍する。明治4(1871)年,兵部省留学生として海軍技術習得のためイギリスに渡る。グリニッジ海軍学校とユニバーシティ・カレッジに入学する。帰国後,海軍大尉となる19年,海軍大臣西郷従道に随行して欧米に渡る。33年には海軍造兵総監となる。明治42(1909)年9月25日死去。享年62歳。

[文献]　明治初年条約改正史の研究(下村冨士男)　吉川弘文館　昭37／明治過去帳―物故人名辞典(大植四郎編)　東京美術　昭46／近代日本の海外留学史(石附実)　ミネルヴァ書房　昭47／近代日本海外留学生史　上(渡辺実)　講談社　昭52／日本人名大事典5　平凡社　昭54
〔楠家重敏〕

ハルトマン,サダキチ

慶応3年11月8日(1867)～昭和19年11月15日(1944)　美術家,詩人　〔日本美術の紹介〕　⑰肥前国長崎出島　㊙ドイツ：1871年(受洗)

　慶応3(1867)年11月8日,ドイツ人カール・ヘルマン・オスカー・ハルトマンと日本人オサダの子として肥前国長崎の出島に生まれる。明治4(1871)年,父親の故郷ハンブルグで洗礼を受ける。当地の叔父の世話になり,女性家庭教師から英語を習い読書にはげむ。キールの海軍兵学校に入るが,訓練のきびしさと友人の偏見に耐えかねて,同校を脱走する。15年に「自分で生きてゆくことを覚えるため」に父親の配慮でアメリカに渡る。フィラデルフィアで石版印刷の見習工をしながら英語を学び古本屋をあさる。17年,古本屋の主人の紹介で作家ホイットマンに出逢い,彼の深い人間味にひきつけられていく。のち,このときの体験を『ウオルト・ホイットマンとの対話』(明治28年)として公にしているが,ホイットマンは万延1年の江戸幕府の渡米使節を見物したことがあり,彼に親しみの念をいだいた。その後,ヨーロッパに渡るが,アメリカに戻ってボストンやニューヨークをさまよい,26年に「キリスト」という戯曲を著した。やがて東洋の文物に関心をおぼえるようになる。29年に書いた「ニューヨーク・アパートの悲劇」は傑作として高く評価された。30年に戯曲「仏陀」を書いたが,37年のセントルイス万国博覧会で日本美術の真髄にふれる。この経験ははやくも同年の『日本の美術』という著作となって結実する。その後,ワシントン,トレド,シカゴ,デトロイトなどで講演し,アメリカ美術や日本美術に関する話をする。浮世絵に関心を示した彼がやがてホイッスラーに研究の手をのばすことは当然の帰結であろう。「白衣の少女」「陶器の国の王女」など浮世絵をヒントにして描いたホイッスラーの絵は彼の脳裡に深く焼きつき,43年には『ホイスラー研究』を公刊する。さらに詩人としても活躍し,『タンカとハイカイ-日本風の詩』(大正3年)を書く。これにはF.V.デイキンスの百人一首英訳やB.H.チェンバレンの芭蕉の俳句英訳が助けとなっているとみられる。その後,太平洋岸に移りハリウッドで映画人との交遊を深めたが,『バグダートの盗賊』にも出演する。世界を渡り歩き,多彩な人生を過ごしたのち,昭和15年頃から体の衰えを感じるようになる。カリフォルニアの友人たちの許から姿を消し,娘のいるセント・ピータースバーグに身を寄せる。昭和19(1944)年11月15日に死去。享年78歳。

⑱セント・ピータースバーグの共同墓地
[文献]　叛逆の芸術家(太田三郎)　東京美術　昭47
〔楠家重敏〕

伴 寿三郎　ばん・じゅさぶろう

？～明治8年12月25日(1875)　海軍軍人　⑰加賀　㊙アメリカ：1875年頃(海軍軍事研修)

　生年不詳。加賀の出身。海軍兵学校生徒として練習艦筑波に乗り込んだが,サンフランシスコ碇泊中の明治8(1875)年12月25日死去。

⑱ローレル・ヒルの墓地(サンフランシスコ)
[文献]　異国遍路　旅芸人始末書(宮岡謙二)　修道社　昭34
〔楠家重敏〕

伴 鉄太郎　ばん・てつたろう
?～明治35年8月7日（1902）　海軍軍人、中佐
⊕江戸　⊛アメリカ：1860年（咸臨丸の測量方）

生年不詳。江戸に生まれる。安政3年、伊沢金吾、橋本釜次郎、肥田浜五郎などとともに長崎海軍伝習所に第2期伝習生として入り海軍術を修め、5年咸臨丸で江戸に戻り、築地の軍艦操練所教授になる。安政7（1860）年1月、遣米使節に従い咸臨丸に小野友五郎、松岡盤吉とともに測量方として乗り組む。万延1年5月アメリカから帰国し、文久1年7月には軍艦頭取に進む。元治1年11月開成所取締役をも兼ねる。慶応3年2月軍艦頭並となり翌年1月軍艦頭に昇進する。明治1年12月、沼津に徳川家兵学校が設立され、2年8月沼津兵学校と改称されるが、同校の一等教授方に迎えられる。4年校が兵部省に移管されると海軍省出仕となり、7年頃海軍少佐となり水路権助を兼ね、15年8月中佐に進む。19年3月に依願退官。明治35（1902）年8月7日死去。

[文献]　明治過去帳―物故人名辞典（大植四郎編）　東京美術　昭46／明治維新人名辞典（日本歴史学会編）　吉川弘文館　昭56／沼津兵学校と其人材―附属小学校並沼津病院（大野虎雄）　安川書店　昭58／データベースWHO　日外アソシエーツ　　　　　〔富田仁〕

半次郎　はんじろう
生没年不詳　下男　⊕武蔵国金沢　⊛アメリカ：1860年（遣米使節に随行）

生没年不詳。武蔵国金沢の出身。安政7（1860）年1月、アメリカ船ポーハタン号は幕府の遣米使節をのせてアメリカに向かったが、これに随行して渡米する。だがハワイを出港後病気になりサンフランシスコで下船して一行と別れる。その後の消息は不明。

[文献]　近代日本の海外留学史（石附実）　ミネルヴァ書房　昭47／近代日本海外留学生史　上（渡辺実）　講談社　昭52　〔楠家重敏〕

半蔵　はんぞう
享和1年（1801）～嘉永4年（1851）　天寿丸乗組員〔送還の途中に病死〕　⊕紀伊国日高　⊛アメリカ、ロシア：1850年（漂流）

享和1（1801）年、紀伊国日高に生まれる。嘉永3（1850）年、水主として乗組んだ天寿丸は江戸でミカンなどの荷を降ろし伊豆の子の浦（こら）に寄港したあと、同年1月9日、折からの強風のため漂流する。太平洋を漂うこと60日、3月12日にアメリカの捕鯨船ヘノニラ号に救助されハワイに行く。8人の乗組員は捕鯨の手伝いをさせられ、のち捕鯨船マレンゴ号に移り、カムチャッカ半島のペトロパロフスクに送られる。この報告に接したロシア皇帝は政府の費用をもってロシア・アメリカ会社の助力を得て、8名を祖国へ送還することを命ずる。しかし不幸にも彼だけが病死してしまい、祖国に戻れなかった。嘉永4（1851）年のことである。享年50歳。残り7名は翌年無事帰国する。

[文献]　校訂漂流奇談全集（石井研堂編）　博文館　明33／漂流―鎖国時代の海外発展（鮎沢信太郎）　至文堂　昭31／日本人漂流記（川合彦充）　社会思想社　昭42　〔楠家重敏〕

範多 龍太郎　はんた・りゅうたろう
?～昭和11年11月10日（1936）　実業家　⊛ドイツ、イギリス：1886年（留学）

生年不詳。兵庫県生まれ。明治19（1886）年ドイツ、イギリスに留学する。貿易会社エッチ・ハンター商会を設立、ほかに日本精米株式会社監事、大坂煙草株式会社取締役を歴任した。また大坂古川町に古河倶楽部を開業し、大阪におけるレストランの草分けとなる。昭和11（1936）年11月10日死去。享年66歳と伝えられる。

[文献]　幕末明治海外渡航者総覧（手塚晃編）　柏書房　平4／事典近代日本の先駆者　日外アソシエーツ　平7／データベースWHO　日外アソシエーツ　　　　　〔藤田正晴〕

【ひ】

東久世 通暉　ひがしくぜ・みちてる
嘉永3年12月（1851）～?　⊛ドイツ：1870年（伏見宮能久に随行）

嘉永3（1851）年12月、久我建通の四男として生まれる。明治3（1870）年、伏見宮能久に随行してドイツに渡り、5年帰国令に応じて帰国する。6年5月に東久世家を離れる。

[文献]　近代日本の海外留学史（石附実）　ミネルヴァ書房　昭59／昭和新修　華族家系大成　下（霞会館諸家資料調査委員会編）　霞会館　昭59　　　　　　　〔村岡正明〕

東久世 通禧　ひがしくぜ・みちとみ

天保4年11月22日(1834)～明治45年1月4日(1912)　公家、政治家　伯爵　〔所謂七卿の1人〕　㊨京都丸太町　㊥幼名＝保丸、雅号＝竹亭、古帆軒　㊧アメリカ：1871年（岩倉使節団に同行）

天保4(1834)年11月22日、東久世通徳の長男として京都丸太町に生まれる。幼少より童形として皇太子統仁（孝明天皇）に仕え、13歳で小児奉仕となる。早くから尊皇攘夷派公卿の一人として重きをなし、国事御用掛、学習院有識、国事参政となるが、文久3年8月18日の政変で所謂七卿都落ちの一人として京都から長州へ逃れる。慶応3年の王政復古で帰洛し、翌年の鳥羽伏見の戦いでは軍事参謀として仁和寺宮嘉彰に従う。この年の4月、英仏伊露ほか2国へ使節を命ぜられ、新条約訂締全権委員となる。明治2年、北海道開拓使長官として函館、札幌に赴き、北海道開拓の初期の行政を推進。4(1871)年11月、理事官として岩倉使節団に参加し、欧米を視察する。その後、元老院議官、元老院副議長、枢密顧問官、貴族院副議長、枢密院副議長を歴任し、常に政府の重要な地位にあった。明治45(1912)年1月4日死去。享年80歳。

[文献] 竹亭回顧録維新前後　明44／明治過去帳―物故人名辞典（大植四郎編）　東京美術　昭46／日本人名大事典　平凡社　昭54／明治維新人名辞典（日本歴史学会編）　吉川弘文館　昭56／東久世通禧日記　上、下、別巻（霞会館華族資料調査委員会編纂）　霞会館　平4～7
〔楠家重敏〕

東伏見宮 嘉彰　ひがしふしみのみや・よしあき
⇒小松宮彰仁親王（こまつのみや・あきひとしんのう）を見よ

東伏見宮 依仁親王　ひがしふしみのみや・よりひとしんのう

慶応3年9月19日(1867)～大正11年6月26日(1922)　海軍軍人、元帥　㊨京都今出川口　㊥幼名＝定佐太　㊧イギリス：1884年（留学）

慶応3(1867)年9月19日、伏見宮一品邦家親王第17子として京都で生まれる。母は伏見宮勤任若年寄百々重・伊月吉子。明治2年2月24日、兄山階宮晃親王の養子になる。東京に移住後、海軍兵学寮へ通学する。17(1884)年4月27日にイギリスへ留学する。20年7月イギリスからフランスへ転学しトゥール市のマダムパスカル方に寄寓、トゥール市中学校に入学し、数学、物理化学、フランス語を学ぶ。21年7月ナンシーにおいて海軍兵学校試験を受け合格し、中学校を退きパリへ赴く。同年10月4日ブレスト海軍兵学校へ入校し、フランス海軍の一生徒として活躍。その後24年2月23日帰国。翌年7月7日、侯爵山内豊景叔母、八重子と結婚。27年まで欧米各国へ出張し、その年の12月4日、海軍大尉に任命。29年4月には妻の病気を理由に離婚し、後に公爵岩倉具定の長女周子と再婚。日露戦争へも37年2月に出征するが、この頃から健康を害し、大正11(1922)年6月26日死去。享年56歳。　㊨東京豊島ヶ岡

[文献] 依仁親王（小笠原長生他編）　東伏見宮蔵版　昭2
〔志村公子〕

樋口 千代熊　ひぐち・ちよくま

生没年不詳　留学生　㊥別名＝千代松　㊧フランス：1872年（鉱山学）

生没年不詳。明治5(1872)年にフランスに留学する。留学の目的は鉱山学の研修である。官費による留学とみられる。その後の消息は不明。

[文献] 近代日本の海外留学史（石附実）　ミネルヴァ書房　昭47
〔富田仁〕

樋口 艶之助　ひぐち・つやのすけ

明治3年4月16日(1870)～昭和6年10月9日(1931)　神学者　〔樺太条約締結の通訳〕　㊨陸前石巻　㊥洗礼名＝イエメリアン　㊧ロシア：1890年（神学）

明治3(1870)年4月16日、仙台藩士樋口市内の子として生まれる。22年頃正教会付属神学校を卒業後、瀬沼恪三郎、西海枝静らと神学を修めるためにロシアに留学し、ペテルブルグ神学大学に学ぶ。帰国後は神学校で教えるかたわら、陸軍大学の教授もつとめロシア語を講じる。サハリン（樺太）条約の締結の際は通訳をつとめ、また条約文の作成にも参与する。商科大学（現・一橋大学）や早稲田大学でもロシア語を教える。大正13年『猶太禍』（国会図書館蔵）を刊行。昭和6(1931)年10月9日死去。享年62歳。　㊨東京都豊島区・染井霊園

[文献] ニコライ神学校と遣露留学生（西村庚）：ユーラシア　5　昭52／日本正教史（牛丸康夫）　日本ハリストス正教会教団　昭53

〔長縄光男〕

彦吉　ひこきち
生没年不詳　イオ丸乗組員　㊥アメリカ：1862年（漂流）

　生没年不詳。イオ丸の船員として航行中の文久2（1862）年に遭難し，アメリカに滞在する。その後の消息は不明。

文献　日本庶民生活史料集成5　漂流（池田皓編）　三一書房　昭43
〔楠家重敏〕

久松 定謨　ひさまつ・さだこと
慶応3年9月9日（1867）～昭和18年（1843）　陸軍軍人，中将　伯爵　〔陸軍きってのフランス通〕　㊤江戸小石川　㊃旧名＝松平　幼名＝鋠三郎　㊥フランス：1884年（陸軍軍事研修）

　慶応3（1867）年9月9日，松平勝実の三男として江戸小石川に生まれる。明治5年，旧伊予松山藩主久松定照の養子となり家督をつぐ。東京外国語学校に入り，築地在住のフランス人リギヨンに師事してフランス語を修めたのち，17（1884）年フランスに留学する。20年サンシールの陸軍士官学校に入学，22年8月20日同校を卒業，フランス陸軍少尉に任官し11月にはツール歩兵第66連隊付になる。24年帰国し，近衛師団に配属される。フランス語に堪能で陸軍一と称され，皇族の渡欧には必ず随行する。フランス公使官付武官，近衛歩兵第一連隊長，歩兵第五旅団長，第一旅団長を歴任ののち陸軍中将で予備役となる。その後は松山で文化事業の振興，歴代藩主の事蹟をまとめるなどして余生を過ごし，昭和18（1943）年死去する。享年77歳。

文献　海外における公家　大名展・第1回維新展（霞会館資料展示委員会）　霞会館　昭55／昭和新修　華族家系大成　下（霞会館諸家資料調査委員会編）　霞会館　昭59
〔富田仁〕

久松 定弘　ひさまつ・ていこう
安政4年1月2日（1857）～大正2年7月8日（1913）　哲学者　子爵　㊤伊予国今治　㊥ドイツ：1874年（哲学）

　安政4（1857）年1月2日，今治に生まれる。明治7（1874）年にドイツに哲学研究のため留学し，11年に帰国する。唯物論的無神論を唱え，20年にはフォイエルバッハの『道義学之原理』を翻訳するなど，西洋哲学をわが国に移入する。大正2（1913）年7月8日死去。享年56歳。

文献　明治哲学史研究（船山信一）　ミネルヴァ書房　昭34／近代日本哲学思想家辞典（伊藤整他編）　東京書籍　昭57／明治期ドイツ語学者の研究（上村直己）　多賀出版　平13
〔村岡正明〕

土方 賢吉　ひじかた・けんきち
生没年不詳　海軍兵学寮学生　㊤長州　㊃別名＝健吉　㊥イギリス：1871年（海軍軍事研修）

　生没年不詳。長州の出身。明治3年に海軍兵学寮に入り，4（1871）年2月28日，海軍修業のためイギリスに留学を命ぜられる。8年帰国。その後の消息は不明。

文献　明治初年条約改正史の研究（下村冨士男）　吉川弘文館　昭37／海軍兵学校沿革（海軍兵学校編）　原書房　昭43／近代日本の海外留学史（石附実）　ミネルヴァ書房　昭47／英語事始（日本英学史学会編）　日本ブリタニカ　昭51／近代日本海外留学生史　上（渡辺実）　講談社　昭52／幕末明治海外渡航者総覧（手塚晃編）　柏書房　平4
〔楠家重敏／富田仁〕

土方 勝一　ひじかた・しょういち
生没年不詳　留学生　㊥フランス：1892年（留学）

　生没年不詳。明治25（1892）年10月にフランスに留学する。その後の消息は不明。

文献　近代日本海外留学生史　下（渡辺実）　講談社　昭53
〔富田仁〕

土方 久明　ひじかた・ひさあき
文久2年11月23日（1863）～明治31年7月15日（1898）　陸軍軍人　陸軍砲兵大尉　㊥ドイツ：1884年（軍事視察）

　文久2（1863）年11月23日，のちに農商務大臣，宮内大臣を歴任した伯爵・土方久元の長男として生まれる。明治15年内閣准判任御用掛を経て陸軍省に入る。17（1884）年欧米を軍事視察する陸軍卿大山巌の随員となってナポリからパリ，フォンテーヌブロー，イギリス，オランダと巡遊し，同年秋ベルリンで一行と別れてドイツ兵学校に入り，22年砲兵少尉となる。さらに同国留学を命ぜられ，皇帝より近衛砲兵士官に任ぜられる。23（1890）年10月，砲兵中尉の佐藤忠義とベルギーへ留学し，帰国後，26年野戦砲兵第2連隊に入り日清戦争で活躍する。29年には砲兵大尉となって皇族武

官附武官に任命され、伏見宮貞愛親王附となる。明治31(1898)年7月15日、短銃自殺をとげる。享年37歳。
[文献] 明治過去帳—物故人名辞典(大植四郎編) 東京美術 昭46／近代日本海外留学生史 下(渡辺実) 講談社 昭53 〔山口和〕

土方 久元　ひじかた・ひさもと
天保4年10月16日(1833)～大正7年11月4日(1918)　政治家、伯爵　農商務相　⊕土佐国(土佐郡)秦泉寺村　㋾通称＝楠左衛門、大一郎、変名＝南大一郎、号＝秦山　㋲ドイツ：1885年(伏見宮貞愛親王に随行)

天保4(1833)年10月16日、土佐国土佐郡秦泉寺村に生まれる。文久1年武市半平太の土佐勤王党に参加、尊攘運動に投じた。3年8.18の政変で三条実美ら七卿落ちに従い西下。のち倒幕運動に走り中岡慎太郎らと薩長連合実現に尽力。維新後徴士、江戸府判事、鎮将府弁事を経て、明治4年太政官出仕。のち内務大輔、内閣書記官長、元老院議官、宮中顧問官を歴任。明治18(1885)年伏見宮貞愛親王に随行してドイツに渡り、ついでヨーロッパ各国を視察、アメリカを経て19年8月に帰国。20年農商務大臣、次いで宮内大臣、枢密顧問官兼任となり、27年枢密顧問官を辞任し、のち帝室制度取調局総裁、国学院大学長、東京女学館長などを務めた。明治28年伯爵。著書に『回天実記』(全2巻)がある。大正7(1918)年11月4日死去。享年86歳。㋱東京都豊島区・染井墓地
[文献] 野史台維新史料叢書 23、24 回天実記(日本史籍協会編) 東京大学出版会 昭47(日本史籍協会叢書)／幕末明治海外渡航者総覧(手塚晃編) 柏書房 平4／データベースWHO 日外アソシエーツ 〔藤田正晴〕

土方 寧　ひじかた・やすし
安政6年2月12日(1859)～昭和14年5月18日(1939)　法学者　法学博士　〔英法の知識普及に貢献、中央大学創設に参画〕　⊕土佐国佐川　㋲イギリス：1887年(民法、英法)

安政6(1859)年2月12日、土方直行の長男として土佐国佐川に生まれる。明治15年7月、東京大学法学部を卒業し、イギリス法を専攻し16年に東京大学助教授となる。20(1887)年に文部省留学生としてイギリスに渡る。23年にロンドンのミドルテンプルで学位を受けて24年に帰国。同年5月に帝国大学法科大学教授と

なり、39年には帝国学士院会員、44年には東京帝国大学法科大学長に就任。またこれより前の18年には穂積陳重らとともに英吉利法律学校(のちの中央大学)の創設に参画した。昭和14(1939)年5月18日、北支派遣軍慰問の途次に死去。享年80歳。
[文献] 大日本博士録(井関九郎編) 発展社 大10／近代日本海外留学生史 上(渡辺実) 講談社 昭52／日本人名大事典 現代編 平凡社 昭54 〔楠家重敏〕

日田 仙蔵　ひだ・せんぞう
生没年不詳　㋾諱＝雅忠　㋲アメリカ：1860年(遣米使節に随行)

生没年不詳。東海道程ケ谷信濃坂に居住。安政7(1860)年1月、44歳頃遣米使節に随行する。
[文献] 万延元年遣米使節史料集成1～7(日米修好通商百年記念行事運営会編) 風間書房 昭36／幕末教育史の研究2—諸術伝習政策(倉沢剛) 吉川弘文館 昭59 〔富田仁〕

肥田 為良　ひだ・ためよし
⇒肥田浜五郎(ひだ・はまごろう)を見よ

肥田 浜五郎　ひだ・はまごろう
文政13年1月(1830)～明治22年4月27日(1889)　造船技師　⊕伊豆国(賀茂郡)八幡野村　㋾諱＝為良　㋲アメリカ：1860年(咸臨丸の機関士)、オランダ：1865年(造艦用具・機械の購入)

文政13(1830)年1月、伊豆国八幡野村の医師・肥田春安の子として生まれる。嘉永7年8月、伊東玄朴の塾で蘭学を学ぶ。安政3年6月、長崎海軍伝習所でオランダ人より蒸気機関学を学び6年江戸に戻り、軍艦操練所教授方出役となる。安政7(1860)年遣米使節に随行し、このとき咸臨丸の機関方を受けもつ。文久2年12月、富士見宝蔵番格軍艦頭取、元治1年軍艦操練所教授方頭取、同年9月両番上席に進む。慶応1(1865)年、石川島造船所で建造中の蒸気軍艦千代田丸へ用いる造船用器具および機械類購入のためオランダに渡る。2年軍艦頭に進み、富士山艦長となる。維新後は、静岡藩海軍学校頭、横須賀造船所技師長を歴任する。明治4年岩倉使節団の随員として渡欧。7年主船寮兼海軍大丞、15年海軍機関総監、21年御料局長官、帝室制度取調委員等を歴任。また第十五銀行、日本鉄道会社等の創設にもかかわる。明治22(1889)年4月27日、東海道藤枝駅で

列車に飛び乗ろうとして死亡。享年60歳。
㊚東京・青山霊園
[文献] 明治過去帳—物故人名辞典（大植四郎編）東京美術　昭46／近代日本造船事始（土屋重朗）新人物往来社　昭50／赤松則良半生談（赤松範一編）平凡社　昭52（東洋文庫）／肥田浜五郎　堤健男著刊　昭52／日本人名大事典5　平凡社　昭54／明治維新人名辞典（日本歴史学会編）吉川弘文館　昭56　〔宮永孝〕

日高 圭三郎　ひだか・けいざぶろう

天保8年（1837）～大正8年（1919）　幕臣　㊧アメリカ：1860年（遣米使節に同行）

　天保（1837）年に生まれる。徳川幕府の第1回遣米使節に勘定格御目付として参加する。使節一行は安政7（1860）年1月13日、品川沖を出発してアメリカ船ポーハタン号に乗り、ハワイ、サンフランシスコを経てパナマ地峡を横断しワシントンに着き国書を提出する。帰りはナイアガラ号に乗り、大西洋を横断して、アフリカ、ジャワ、香港を経て、同年9月に帰国する。帰国後の消息は不明。大正8（1919）年死去。享年83歳。

[文献] 航海日記（柳川富清）東京大学出版会　昭45（日本史籍協会叢書）／遣米使日記（村垣淡路守範正）東京大学出版会　昭46（日本史籍協会叢書）　〔楠家重敏〕

日高 壮之丞　ひだか・そうのじょう

嘉永1年3月23日（1848）～昭和7年7月24日（1932）　海軍軍人、大将　男爵　㊨薩摩国（鹿児島郡）竪野馬場　㊙旧名＝宮内　㊧アメリカ、ヨーロッパ：1887年（海軍事情視察）

　嘉永1（1848）年3月23日、薩摩藩士・宮内精之進の子として薩摩国鹿児島郡竪野馬場に生まれ、同藩士・日高藤左衛門の養子となる。戊辰戦争に従軍後、明治4年海軍兵学寮に入り、10年海軍少尉に任官後は海上勤務を続けた"艦隊派"の一員であった。台湾に出兵、西南戦争に従軍。20（1887）年樺山海軍次官に随行して欧米を視察し翌21年帰国。日清戦争では大佐として橋立・松島の艦長を務める。のち海軍兵学校校長、33年中将。35年常備艦隊司令長官となり、日露戦争直前に東郷平八郎と交代し舞鶴鎮守府司令長官に転じた。40年男爵、41年大将となり、42年退役した。昭和7（1932）年7月24日死去。享年85歳。

[文献] 幕末明治海外渡航者総覧（手塚晃編）柏書房　平4／朝日日本歴史人物事典　朝日新聞社　平6／サムライの墓誌—元帥東郷平八郎と三十一人の提督（松橋暉男）毎日ワンズ　平16／データベースWHO　日外アソシエーツ　〔藤田正晴〕

日高 真実　ひだか・まさね

元治1年9月17日（1864）～明治27年8月20日（1894）　教育学者　〔最初の教育学専修留学生〕　㊨日向国（児湯郡）　㊙幼名＝甲子郎、雅号＝桃園、菊逕　㊧ドイツ：1888年（教育学）

　元治1（1864）年9月17日、日向国高鍋藩教授日高誠実の長子として生まれる。明治19年帝国大学文科大学哲学科を卒業後、大学院に進み教育学を研究。21（1888）年7月文部省派遣の留学生として、ベルリン大学へ赴き、3年間教育学を専攻し欧米を歴訪して25年2月に帰国する。わが国最初の教育学専修の留学生となる。帰国後は、東京高等師範学校教授と文科大学教授を兼ねる。24年に公表した『日本教育論』は、わが国における社会的教育学説の先駆をなしたものである。教育の意義を社会の機能としてとらえたこの学説は、ドイツ留学の成果によるものである。明治27（1894）年8月20日、肺結核により死去。享年31歳。

[文献] 前文科大学教授文学士日高真実君逝く：哲学雑誌　9（91）　明27／教育人名辞典　理想社　昭37／近代日本海外留学生史　上（渡辺実）講談社　昭52／近代日本哲学思想家辞典（伊藤友信他編）東京書籍　昭57／日本の教育学の祖・日高真実伝（平田宗史）渓水社　平15　〔村岡正明〕

秀島 家良　ひでしま・いえよし

嘉永5年（1852）～明治45年3月6日（1912）　陸軍軍人、実業家　第三十銀行監査役　㊨肥前国　㊧フランス：1871年（法律学、馬政学）

　嘉永5（1852）年、肥前国に生まれる。肥前佐賀藩士。明治4（1871）年藩命で松田正久らとフランスに留学し法律・馬政学を研究、6年帰国。のち文部省に出仕、陸軍省に転じ軍馬担当となり、西南戦争には中尉として出征。11年司法省に転じ民法の編集に従事、14年会計検査院四等検査官となるが、15年大隈参議の下野に殉じて退官。のち秀英舎（現・大日本印刷）取締役、第三十銀行監査役を務めた。明治45（1912）年3月6日死去。享年61歳。

[文献] 幕末明治海外渡航者総覧（手塚晃編） 柏書房 平4／データベースWHO 日外アソシエーツ 〔藤田正晴〕

秀島 藤之助 ひでしま・ふじのすけ
生没年不詳 鼓手 ⑧佐賀 ⑲アメリカ：1860年（咸臨丸の鼓手）

生没年不詳。佐賀の出身。安政7（1860）年1月19日、咸臨丸の鼓手として浦賀を出帆する。咸臨丸には勝海舟らが乗り込み、日米親善、航海技術の発達、ヨーロッパ文化の輸入などに貢献する。帰国後の消息は不明。

[文献] 近代日本の海外留学史（石附実） ミネルヴァ書房 昭47／近代日本海外留学生史 上（渡辺実） 講談社 昭52 〔楠家重敏〕

日向 輝武 ひなた・てるたけ
明治3年8月（1870）～大正7年5月28日（1918）
政治家 衆議院議員 ⑧群馬県西群馬郡井出村 ⑲アメリカ：1888年（政治・経済学）

明治3（1870）年8月、群馬県西群馬郡井出村に生まれる。東京専門学校を卒業。明治21（1888）年アメリカに留学、パシフィック大学で政治、経済学を学び、滞米10年、この間サンフランシスコで新聞を発行。明治30年帰国し、草津鉱山、茂浦鉄道重役となり、人民新聞社長、日本電通通信取締役を兼任。35年以来群馬県から衆議院議員当選5回。尾崎行雄らと同志研究会を組織、反政府運動に走ったが、のち政友会に入った。大正7（1918）年5月28日死去。享年49歳。

[文献] 幕末明治海外渡航者総覧（手塚晃編） 柏書房 平4／データベースWHO 日外アソシエーツ 〔藤田正晴〕

日比野 清作 ひびの・せいさく
生没年不詳 幕臣 外国奉行支配調役 ⑲フランス：1867年（遣仏使節に随行）

生没年不詳。慶応3（1867）年、徳川昭武遣仏使節に外国奉行支配調役として随行する。

[文献] 徳川昭武滞欧記録（大塚武松編） 日本史籍協会 昭7／徳川昭武 万博殿様一代記（須見裕） 中央公論社 昭59（中公新書750）／幕末教育史の研究2—諸術伝習政策（倉沢剛） 吉川弘文館 昭59 〔富田仁〕

百武 兼行 ひゃくたけ・かねゆき
天保13年（1842）～明治17年12月24日（1884）
洋画家、官吏 ⑧肥前国佐賀 ⑳幼名＝安太郎 ⑲イギリス：1871年（経済学、絵画）

天保13（1842）年、百武作右衛門（兼貞）の二男として佐賀に生まれる。嘉永3年9歳の折、のちに藩主となる鍋島直大の近従となる。明治4（1871）年11月、直大がヨーロッパに遊学するに際して随行することになり、横浜を出港。アメリカを経て5年の春、イギリスに到着。家庭教師について英語とイギリスの風俗習慣を学んだのち、直大とともにオクスフォード大学で学ぶ。直大は主として文学を、兼行は経済学を学び、のちにロンドンでリチャードソンについて油絵を学ぶ。ロンドンには10年まで過ごし、翌11年から12年までパリでレオン・ボナに師事。作品「ブルガリヤの女」（明治12年）がある。13年、外務二等書記官となり、特命全権公使鍋島直大に従い再び渡伊。公務のかたわら、ローマで伊人マッカーリについて洋画を研鑽。15年農商務省権大書記官、17年7月商務局長心得（次長）となるが肺を病み故郷に帰る。明治17（1884）年12月24日、故郷で療養中に死去。享年43歳。

[文献] 日本名画家伝 物故篇（佐藤霊子） 青蛙房 昭42／明治過去帳—物故人名辞典（大植四郎編） 東京美術 昭46／日本人名大事典5 平凡社 昭54／シーボルトの絵師 埋れていた三人の画業（金子厚男） 青潮社 昭57 〔宮永孝〕

百武 三郎 ひゃくたけ・さぶろう
明治5年4月28日（1872）～昭和38年10月30日（1963） 海軍軍人、大将 侍従長、枢密顧問官 ⑧佐賀県 ⑲ドイツ：1896年（軍政学）

明治5（1872）年4月28日、佐賀藩士の家に生まれる。明治25年海軍兵学校を卒業。29（1896）年ドイツに渡り3年間軍政を学ぶ。33年海軍大学校を卒業。38（1905）年にはオーストリアに留学し42年帰国。第3艦隊参謀長、佐世保鎮守府司令長官を歴任。大正15年軍事参議官、昭和3年海軍大将となってまもなく予備役に編入され、その後11年2.26事件で襲撃された鈴木貫太郎の後をうけ侍従長に就任。19年8月まで昭和天皇側近として在職した。同年9月枢密顧問官。昭和38（1963）年10月30日死去。享年91歳。

平井 希昌　ひらい・きしょう

天保10年1月27日(1839)～明治29年2月12日(1896)　外交官　〔賞勲制度の確立に貢献〕
⑪長崎　⑯通称=義十郎，雅号=東皋　㊊アメリカ：1893年(弁理公使)

　天保10(1839)年1月27日，唐通詞平井作一郎の子として長崎に生まれる。平井家は代々唐通詞の家であるが，彼は嘉永5年8月23日無給の稽古通詞見習を皮切りに唐通詞の道を歩み，安政3年3月17日父の跡目相続により稽古通詞に昇進する。この時期には長崎は従来のようにオランダ語や中国語だけでは不都合な国際都市になり，幕府は5名の唐通詞にイギリス船乗り組みの中国人について英語の学習をするように命ずる。游龍彦三郎，彭城大次郎，太田源三郎，何礼之助とともにその5人のひとりに選ばれる。文久3年7月，長崎奉行支配定役格に任ぜられ，やがて製鉄所係，運上所係，済美館詰などを兼務，済美館では学頭としてフランス語を教え，この頃，山本松次郎などとともに中江兆民を教える。慶応3年6月同支配調役並格となる。ついで通弁御用頭取に進む。4年1月，長崎奉行河津伊豆守が江戸に戻ると，長崎における外交は彼がその衝に当たる。維新後は長崎裁判所に出仕して通弁役頭取から取締役に進み，運上所掛，通弁機密掛，広運館掛を兼ね，外務局長，外国管事役所諸司長，広運館頭取を歴任したのち少参事となる。明治3年民部省土木権正から工部省出仕となる。6年2月二等書記官として特命全権大使副島種臣に従行して清国に行く。13年太政官権大書記，のち賞勲局主事となり，わが国の賞勲制度の確立に貢献する。さらに大政官大書記官となるが，その間，外国語の力を活かして内政と外政のみならず外交文書の翻訳にも従う。26(1893)年弁理公使としてアメリカに赴く。『万国勲章略誌』『日本勲章紀章誌』などの著作と『万国公法』10巻の翻訳がある。明治29(1896)年2月12日死去。享年58歳。　㊋東京都港区・光林寺

　文献　訳司統譜　完(頴川君平)　明30／日本人名大事典5　平凡社　昭54／フランスとの出会い―中江兆民とその時代(富田仁)　三修社　平4／データベースWHO　日外アソシエーツ　〔藤田正晴〕

　文献　幕末明治海外渡航者総覧(手塚晃編)　柏書房　平4／データベースWHO　日外アソシエーツ　〔藤田正晴〕

平岡 熙　ひらおか・ひろし

安政3年8月19日(1856)～昭和6年5月6日(1934)　実業家　〔野球の新橋クラブ創設者〕
⑪静岡　㊊アメリカ：1871年(鉄道機関の技術修得，野球を日本に紹介)

　安政3(1856)年8月19日，幕臣平岡熙一の長男として静岡に生まれる。明治初年，鉄道局に出仕し，明治4(1871)年，鉄道機関工の技を学ぶべくアメリカに留学する。6年の帰国後，一本の棍棒と三個の硬い球を携え神田三崎町の練兵場でアメリカ直伝の野球をやり始める。11年，新橋鉄道局に勤めたとき，同局内に野球チームが組織される。のち，官を辞して安田，大倉，奈良原らと共同の工場を設け器械製造業に乗り出す。昭和6(1931)年5月6日死去。享年79歳。

　文献　明治人物逸話辞典(森銑三編)　東京堂出版　昭40／明治文化全集　別巻　明治事物起源(石井研堂)　増補・改訂版　日本評論社　昭44／体育人名辞典(東京体育科学研究会編著)　逍遙書院　昭45／明治文化資料叢書10　スポーツ編(木村毅編)　風間書房　昭47／近代日本海外留学生史　上(渡辺実)　講談社　昭52　〔楠家重敏〕

平岡 盛三郎　ひらおか・もりさぶろう

⇒市川森三郎(いちかわ・もりさぶろう)を見よ

平賀 磯三郎　ひらが・いそさぶろう

⇒平賀義質(ひらが・よしただ)を見よ

平賀 義質　ひらが・よしただ

文政9年8月1日(1826)～明治15年4月4日(1882)　裁判官　⑪福岡　⑯通称=磯三郎
㊊アメリカ：1867年(外国事情視察)，アメリカ：1871年(岩倉使節団に同行)

　文政9(1826)年8月1日，筑前福岡藩士平賀源元の子として生まれる。安政5年，藩命をうけ生徒数人を連れて長崎に赴き西洋学を研究す。さらに慶応3(1867)年の春，藩命によってアメリカに遊学し，その国情に精通する。明治3年の冬に帰国したのち官途に入り，司法少判事となる。4(1871)年11月，佐々木高行(司法大輔)理事官随行の司法権中判事の一人とし

て岩倉使節団に加わり欧米へ渡る。6年3月の帰国後、函館裁判所長、検事局判事を歴任。明治15(1882)年4月4日、子息の急死を知り帰宅し、誤ってその自殺に用いた毒水を飲み、その場で絶命。享年57歳。　⑱東京・青山霊園
[文献] 明治過去帳―物故人名辞典(大植四郎編) 東京美術　昭46／近代日本の海外留学史(石附実) ミネルヴァ書房　昭47／近代日本海外留学生史　上(渡辺実)　講談社　昭52／元田永孚関係文書(沼田哲他編)　山川出版社　昭60(近代日本史料選書)　〔楠家重敏〕

平賀 義美　ひらが・よしみ
安政4年9月18日(1857)～昭和18年3月2日(1943)　応用化学者、実業家　大阪実業協会会長　⑭筑前国　⑳旧名＝石松　㊙イギリス：1878年(染色術)

　安政4(1857)年9月18日、筑前国に生まれる。明治3年福岡藩の貢進生として大学南校に入学。ここで理化学に関心を持ち、イギリス人化学者アトキンソンの指導を受けた。11(1878)年に東京大学化学科を卒業。同年11月イギリスのオーエンス大学に留学、有機化学者ショーレンマーに師事し、有機化学と染色の研究に従事した。次いで現場実習としてジョン・ニュートン社で染色術を修めた。14年7月に帰国後、東京職工学校教諭を経て23年農商務省技師となり、織物染色の改良と指導に当たる。20年6月から翌21年9月にもアメリカ、イギリス、フランス、ドイツを視察。27年大阪府立商業陳列所長に就任、29年には大阪織物会社を創立。また、博覧会で委員を務めたり、後進の指導にも力を注ぐなど染色織物工業の発展・普及に尽力した。大正6年大阪実業協会会長。昭和18(1943)年3月2日死去。享年87歳。
[文献] 幕末明治海外渡航者総覧(手塚晃編) 柏書房　平4／事典近代日本の先駆者　日外アソシエーツ　平7／データベースWHO 日外アソシエーツ　〔藤田正晴〕

平島 精一　ひらしま・せいいち
生没年不詳　留学生　⑭菊間　㊙アメリカ：1871年(留学)

　生没年不詳。菊間の出身。明治4(1871)年、私費でアメリカに渡る。
[文献] 近代日本の海外留学史(石附実)　ミネルヴァ書房　昭47／近代日本海外留学生史　上(渡辺実)　講談社　昭52　〔楠家重敏〕

平田 東助　ひらた・とうすけ
嘉永2年3月3日(1849)～大正14年4月14日(1925)　政治家　法学博士　伯爵　〔産業組合運動の先駆者〕　⑭米沢　⑳旧名＝伊藤　幼名＝栄二、号＝西涯、九皐山人　㊙ドイツ：1871年(法律学、政治学)

　嘉永2(1849)年3月3日、米沢藩士伊藤昇迪の二男として生まれる。藩医平田亮伯の養子となり、明治11年に分家する。幼少時、藩校興譲館に学び、江戸に出て古賀謹堂の門に入ったが、藩命により大学南校を卒業する。明治4年大学小舎長に任官し、大阪開成学校に勤務する。同年(1871)11月、特命全権大使岩倉具視一行の、条約改正を目的とする総勢百余名の欧米巡行に留学生として随行する。ドイツのハイデルベルヒ、ライプチヒ両大学で政治学、法律学を学び、またベルリン大学教授グナイストについて政治学を研究、9年3月に帰国する。留学先ははじめロシアと決まっていたが、ベルリン留学中品川弥次郎と青木周蔵の意見に基づきドイツに変更された。帰国後、内務、大蔵の御用掛となり、11年には大蔵権少書記官と太政官権少書記官を兼ね、官有財産管理法および火災保険の調査にあたる。15年3月、伊藤博文が憲法・議会制度・政府の組織・地方制度などの調査のため欧州に派遣されたとき、これに随行する。同行者には伊東巳代治、西園寺公望らがいた。伊藤博文がグナイストからプロシャ憲法の講義をうけたのは、かつての経験を活かした彼の紹介によるものと思われる。一行は16年2月にドイツを離れ、ベルギー、ロンドンを経て、ロシア皇帝の戴冠式に臨み帰国する。以後太政官に入り、法制局参事官・同部長、枢密院書記官長、法制局長などを歴任し、法制の整備にあたる。この間23年に貴族院議員となり30余年在任し、幸倶楽部を率いて清浦奎吾らとともに山県有朋を助ける。31年には枢密顧問官、第1次桂内閣の農商務大臣、第2次桂内閣の内務大臣となる。内相として早くから社会政策の重要性に着目し、地方自治体の改善に尽くす。桂・山県系の官僚として政界に重きをなす。また、産業組合の中央機関組織の設立に品川とともに尽力し、わが国における産業組合運動の先駆者となる。41年には法学博士の学位を授与される。大正6年には臨時外交調査会委員、臨時教育会議総裁、宮内省御用掛を兼ねる。11年に伯爵に進

み，内大臣となって死の直前までその任にある。著書に『淬励録』がある。大正14（1925）年4月14日死去。享年77歳。

[文献] 伯爵平田東助伝（加藤房蔵編）　平田伯伝記編纂事務所　昭2／近代日本の海外留学史（石附実）　ミネルヴァ書房　昭47／近代日本海外留学生史　上（渡辺実）　講談社　昭52／日本人名大事典5　平凡社　昭54／君臣　平田東助論―産業組合を統帥した超然主義官僚政治家（佐賀郁朗）　日本経済評論社　昭62／平田東助像と産業組合章碑（協同組合経営研究所編）　全国農業協同組合中央会　平9　〔村岡正明〕

平野 永太郎　ひらの・えいたろう

明治2年3月18日（1869）～大正12年7月22日（1923）　製靴技術者　[生]大阪府丹波牧村　[渡]アメリカ：1889年（製靴技術研修）

明治2（1869）年3月18日，大阪府丹波牧村に生まれる。製靴技術を学び，明治22（1899）年サンフランシスコに渡る。城常太郎らと，24年職工義友会を，26年加州日本人靴工同盟会を結成する。28年帰国し神戸で製靴所を開業。41年日本靴工同盟神戸支部長を務め，大正8年神戸屋製靴を設立した。大正12（1923）年7月22日死去。享年55歳。

[文献] 幕末明治海外渡航者総覧（手塚晃編）　柏書房　平4／データベースWHO　日外アソシエーツ　〔藤田正晴〕

平野 信蔵　ひらの・しんぞう

生没年不詳　従者　[生]下総国佐原　[名]諱＝信茂　[渡]アメリカ：1860年（遣米使節に随行）

生没年不詳。安政7（1860）年1月，32歳頃成瀬善四郎の従者として遣米使節に随行する。

[文献] 万延元年遣米使節史料集成1～7（日米修好通商百年記念行事運営会編）　風間書房　昭36／幕末教育史の研究2―諸術伝習政策（倉沢剛）　吉川弘文館　昭59　〔富田仁〕

平原 太作　ひらはら・たさく

生没年不詳　留学生　[生]長門国　[名]別名＝大作　[渡]イギリス：1871年（商法）

生没年不詳。平原平左衛門の三男として長門国に生まれる。明治4（1871）年3月，商法研究のためイギリスに留学する。はじめ私費留学であったが，翌年から官費留学となる。その後の消息は不明。

[文献] 明治初年条約改正史の研究（下村冨士男）　吉川弘文館　昭37／近代日本の海外留学史（石附実）　ミネルヴァ書房　昭47／英語事始（日本英学史学会編）　日本ブリタニカ　昭51／近代日本海外留学生史　上（渡辺実）　講談社　昭52／幕末明治海外渡航者総覧（手塚晃編）　柏書房　平4　〔楠家重敏／富田仁〕

平山 英三　ひらやま・えいぞう

生没年不詳　官吏　[渡]オーストリア：1873年（ウィーン万国博覧会伝習生，画学）

生没年不詳。明治6（1873）年2月18日，オーストリアのウィーン万国博覧会の日本事務局の一員として渡欧して伝習生となるが，翌7年には画学を修める留学生として研鑽を積む。11年12月帰国の後，内務省御用掛となる。18年にはドイツに派遣されている。

[文献] 近代日本の海外留学史（石附実）　ミネルヴァ書房　昭47／幕末明治海外渡航者総覧（手塚晃編）　柏書房　平4　〔富田仁〕

平山 太郎　ひらやま・たろう

？～明治24年6月8日（1891）　文部省官吏〔東京図書館長〕　[生]日向国佐土原　[渡]アメリカ：1869年（藩主の子島津政之進らに随行）

生年不詳。日向国佐土原の出身。明治2（1869）年2月，佐土原藩留学生として藩主の子島津政之進および島津武之進に随ってアメリカに留学する。7年10月の帰国後，海軍省，文部省を経て14年，東京図書館長となる。さらに文部省書記官，第三高等学校幹事を歴任し，23（1890）年2月，第五高等学校校長となる。明治24（1891）年6月8日，校長在任中に死去。

[文献] 明治過去帳―物故人名辞典（大植四郎編）　東京美術　昭46／近代日本の海外留学史（石附実）　ミネルヴァ書房　昭47／近代日本海外留学生史　上（渡辺実）　講談社　昭52／元田永孚関係文書（沼田哲他編）　山川出版社　昭60（近代日本史料選書）／幕末明治海外渡航者総覧（手塚晃編）　柏書房　平4　〔楠家重敏／富田仁〕

平山 成信　ひらやま・なりのぶ

安政1年11月6日（1854）～昭和4年9月25日（1929）　官僚　男爵　〔日本赤十字社社長〕　[生]江戸　[渡]オーストリア：1873年（ウィーン万国博覧会事務官）

安政1(1854)年11月6日、幕臣・平山省斎の子として江戸に生まれる。明治4年左院に出任、権少書記、五等書記生となり、6(1873)年1月30日ウィーン万国博覧会事務官としてオーストリアに派遣される。7年12月帰国後、正院に出任し、大蔵省書記官、元老院権大書記官などを経て、24年第一次松方内閣書記官長。以後枢密院書記官長、大蔵省官房長、宮中顧問官、行政裁判所評定官、枢密顧問官を歴任。この間、27年より勅選貴族院議員。また帝国女専、日本高女、静修女学校などの校長を務める一方、日本赤十字社創立以来理事、次いで社長となる。産業協会、帝展の創設に尽力、また啓明会会長として学術振興に貢献した。大正13年男爵。昭和4(1929)年9月25日死去。享年76歳。
[文献] 幕末明治海外渡航者総覧(手塚晃編) 柏書房 平4／朝日日本歴史人物事典 朝日新聞社 平6／データベースWHO 日外アソシエーツ
〔藤田正晴〕

平山 信 ひらやま・まこと
慶応3年9月(1867)～昭和20年6月2日(1945)
天文学者 理学博士 〔小惑星の発見者〕
⊕江戸 ⊛イギリス、ドイツ：1890年(グリニッジで星学研究)

慶応3(1867)年9月、江戸の幕臣の家(大砲指図役)に生まれる。明治21年、帝国大学理科大学星学科第1回卒業生となり、さらに大学院で研究を重ねた。23(1890)年、イギリス、ドイツに文部省留学生として派遣される。イギリスではグリニッジで研究をし、ドイツではポツダムでフォーゲルの指導の下で天文物理学を専攻した。27年に帰国し、32年には東京帝国大学教授となって実地天文学、天文観測、天文物理学、軌道論などを教えた。大正8(1919)年には麻布の東京天文台の台長となり、のち天文台の三鷹移転に尽力した。この間、水沢緯度観測所、三鷹国際報時所、日本天文学会などの創設に関った。恒星天文学の研究に意を注ぎ、TokioとNipponiaの2個の小惑星を発見した。昭和20(1945)年6月2日死去。享年79歳。
[文献] 近代日本海外留学史 上(渡辺実) 講談社 昭52／日本人名大事典 現代編 平凡社 昭54
〔楠家重敏〕

広 虎一 ひろ・とらいち
？～明治39年1月16日(1906) 陸軍軍人
⊕長門国長府 ⊛別姓＝弘 ⊛フランス：1872年(軍事)

生年不詳。長州士族(長府藩士)。明治5(1872)年フランスに留学、11年8月22日に帰国する。翌12年陸軍省八等出仕を振り出しに、21年頃第1師団監督部食糧課長、軍吏学舎教官、陸軍大学校教官、陸軍経理学校長などを経て、28年2月9日一等監督に進み、4月5日占領地総督府監督部長となる。明治39(1906)年1月16日、山口で死去。
[文献] 明治過去帳—物故人名辞典(大植四郎編) 東京美術 昭46／近代日本の海外留学史(石附実) ミネルヴァ書房 昭47／日仏文化交流史の研究—日本の近代化とフランス人(西堀昭) 駿河台出版社 昭56／幕末明治海外渡航者総覧(手塚晃編) 柏書房 平4
〔山口公和／富田仁〕

広井 勇 ひろい・いさむ
文久2年9月2日(1862)～昭和3年10月1日(1928)
土木技術者 東京帝国大学教授 〔日本初のコンクリート橋建設〕 ⊕土佐国(高岡郡)佐川村 ⊛アメリカ、ドイツ：1883年(工学)

文久2(1862)年9月2日、土佐藩士広井喜十郎の長男として土佐国高岡郡佐川村に生まれる。札幌農学校に学ぶ。同期に新渡戸稲造、内村鑑三らがいた。明治14年開拓使御用掛を経て、15年上京し工部省鉄道局に勤務、日本鉄道会社の東北線建設を監督した。16(1883)年10月アメリカに私費留学し、さらにドイツに渡ってシュトゥットガルト工科大学で学び、22年帰国の後、札幌農学校教授に就任。この間、函館、小樽などの港湾事業に参画し完成させた。32年東京帝国大学工科大学教授となり、橋梁工学を担当、同年工学博士。以後20年間帝国大学教授を務める傍ら、土木学会会長のほか、震災予防調査会、港湾調査会などの委員を歴任し、日本土木界の草分けとして活躍。小樽港防波堤建設、日本初のコンクリート橋建設(仙台)、小倉築港、鬼怒川水力電気事業などに功績を残した。昭和3(1928)年10月1日死去。享年67歳。
[文献] 幕末明治海外渡航者総覧(手塚晃編) 柏書房 平4／土木のこころ—夢追いびとたちの系譜(田村喜子) 山海堂 平14／山に向かいて目を挙ぐ—工学博士・広井勇の生涯評伝(高崎哲郎) 鹿島出版会 平15／データベースWHO 日外アソシエーツ
〔藤田正晴〕

広沢 金次郎　ひろさわ・きんじろう

明治4年7月13日(1871)〜昭和3年12月13日(1928)　政治家　伯爵　[生]長門国　[渡]イギリス：1888年(留学)

明治4(1871)年7月13日，広沢真臣の子として長門国に生まれる。明治17年伯爵。明治21(1888)年イギリスに渡り，ケンブリッジ大学を卒業し27年帰国。首相秘書官，スペイン兼ポルトガル特命全権公使などを歴任した。30年貴族院議員。昭和3(1928)年12月13日死去。享年58歳。

[文献] 幕末明治海外渡航者総覧(手塚晃編)　柏書房　平4／データベースWHO　日外アソシエーツ　〔藤田正晴〕

広沢 健三　ひろさわ・けんぞう

嘉永7年1月(1854)〜明治6年4月(1873)　山口県留学生　〔滞米中に客死〕　[生]山口　[名]別名＝直諒　[渡]アメリカ：1872年(留学)

嘉永7(1854)年1月，山口に生まれる。明治5(1872)年，県費留学生としてアメリカに渡る。明治6(1873)年4月，滞米中に死去。享年20歳。

[文献] 近代日本の海外留学史(石附実)　ミネルヴァ書房　昭47　〔楠家重敏〕

広瀬 格蔵　ひろせ・かくぞう

生没年不詳　従者　[生]甲斐国(八代郡)市川　[名]諱＝包章　[渡]アメリカ：1860年(遣米使節に随行)

生没年不詳。安政7(1860)年1月，50歳頃森田岡太郎の従者として遣米使節に随行する。

[文献] 万延元年遣米使節史料集成1〜7(日米修好通商百年記念行事運営会編)　風間書房　昭36／幕末教育史の研究2—諸術伝習政策(倉沢剛)　吉川弘文館　昭59　〔富田仁〕

広瀬 武夫　ひろせ・たけお

慶応4年5月27日(1868)〜明治37年3月27日(1904)　海軍軍人　講道館六段　〔旅順港閉塞作戦中に戦死〕　[生]豊後国(直入郡)竹田　[渡]ロシア：1897年(留学，後に駐在将校)

慶応4(1868)年5月27日，豊後国竹田に生まれる。父・重武は幕末勤皇の志士，維新後裁判官となり各地を歴任。母登久子は彼が七歳の時に死亡，以後祖母智満子に育てられる。兄勝比古も海軍軍人。兄が海軍兵学校を卒業した明治16年の10月上京し，本所松井町山県小太郎方に寄宿し，芝新銭座の攻玉社で受験勉強のかたわら講道館にも通い，のち6段となる。18年12月築地の海軍兵学校に第15期生として入学，22年4月卒業。この間江田島の兵学校で，柔道を通して教官八代六郎(後の海軍大将)と知り合う。24年9月20日から25年4月10日まで軍艦・比叡に乗組みオーストラリア方面を航海，その記録『航南私記』を著す。26年夏，3年間のウラジオストック滞在を終えて帰国した八代からロシア語を学び始める。24年のロシア皇太子襲撃事件(大津事件)を契機にロシア研究を志したものとみられる。日清戦争に従軍ののち，30年3月9日付で海軍軍令部出仕となり，海上勤務を離れる。5月12日海軍軍令部諜報課課員に転補，6月26日ロシア留学を命ぜられる。同時に下命されたのは，村上格一(フランス)，林三子雄(ドイツ)，財部彪(イギリス)，秋山真之(アメリカ)であり，いずれも大尉である。秋山とは一時麻布霞町で同居したことがある。30(1897)年8月8日横浜港を出発，海路マルセイユに到着したのは30年9月18日，陸路パリ・ベルリン経由で26日ペテルブルグに到着する。前年公使官附武官として赴任した八代六郎が出迎える。日本公使館のスタッフは，特命全権公使林董，一等書記官本野一郎，書記官飯島亀太郎，通訳官川上俊彦，通訳生田野豊，陸軍武官内山小二郎(間もなく，伊東主一と交替)などであったが，とくに川上と親しむ。到着早々，スペランスカヤ嬢につきロシア語学習を開始する。同宿して日本語を使うと効果があがらないからと，同じ建物内で八代と別居し，食事だけ共にする。この年暮，兄勝比古が来都，また祖母の死を知り泣き暮らすが，八代に諌められる。31年9月ロシア語に慣れるためにロシア人の家庭に移る。11月頃八代の勧めでフランス語も習い始める。年末八代からその後任に推されるが固辞したため，32年3月8日交替員として野元綱明が着任する。4月25日付でロシア留学を免ぜられ，ロシア駐在を拝命する。6月11日から7月28日カスピ海・黒海方面巡視旅行，晩夏，海軍水路長子爵コヴァレフスキイ少将宅を訪問し，当時16歳の次女アリアドナと相識る。その後も，コヴァレスキイ家と親交を深め，彼の唯一の「恋人」であったと思われる彼女とは，帰国後も文通を重ねる。冬には，スケートに熱中する。33年2月31日から6月16日まで英仏独視察旅行，イギリスでは海兵同期の竹下勇，

あるいは秋山真之などと出会い行動を共にする。フランスでは、折柄開催中のパリ万国博覧会を見学する。ペテルブルグ帰着後、長大な報告書「千九百年パリ開設万国大博覧会露国海軍部ニ付」をまとめ、10月、海軍部内の機関誌『水交記事』第120号に掲載する。同年8月7日から20日までバルト海沿岸視察、翌34年11月に報告書「バルト沿岸州ニ於ケル重要ナル諸港」を執筆。34年7月4日リガ奠都700年記念産業博覧会を視察、19日報告書「『リガ』市創立記念産業博覧会記事」を脱稿。同年10月12日帰朝を命ぜられ、35年1月16日ペテルブルグ発、モスクワ経由でシベリア鉄道及び馬橇でシベリア踏破、3月4日ウラジオストック着、貿易事務官に転じていた川上俊彦と妻常盤に歓待される。常盤は、のちに広瀬に関する回想記を残している。公私ともに重要な意味をもつロシア滞在を終わり、35年3月28日に帰国するが、4月22日付でロシア駐在を免じられ、「朝日」水雷長兼分隊長を拝命。5月3日海軍省で、シベリア横断の体験談を「シベリア及満州旅行談」と題して講演する。日露戦争中の明治37 (1904)年3月27日、旅順港閉塞作戦に従い部下の杉野兵曹長の行方を探索中戦死。享年37歳。彼の生涯は、実地体験を踏まえてロシア研究を深め、それを世に資するほどには永くなかったが、捨身の部下探索にロシア的精神の発現と、トルストイの影響を見ることができる。

墓東京・青山霊園

文献 軍神広瀬中佐詳伝（大分県共立教育委員会編） 金港堂 明38／広瀬武夫（小笠原長生）『類聚伝記大日本史13 海軍篇』 雄山閣 昭11／軍神広瀬中佐書簡集（池田三比古、佐藤次比古編） 広瀬神社社務所 昭14／航南私記（広瀬武夫） 教材社 昭17／八代六郎の坂本辰之助宛書簡（明治37.4.10付）（大川周明）／『八代六郎大将の生涯』 岩崎書店 昭37／ロシアにおける広瀬武夫（島田謹二） 朝日新聞社 昭51（朝日選書57、58）／日本人名大事典5 平凡社 昭54／広瀬武夫全集 上・下（島田謹二他編） 講談社 昭58／必殺者——軍事・広瀬中佐の秘密（伴野朗） 集英社 昭61（集英社文庫）／日本を護った軍人の物語——近代日本の礎となった人びとの気概（岡田幹彦） 都築事務所、祥伝社（発売）平14／ロシヤにおける広瀬武夫 上、下巻（島田謹二） 朝日新聞社 平15（朝日選書）
〔国松夏紀〕

広田 精一　ひろた・せいいち
明治4年10月20日（1871）～昭和6年1月25日（1931）　電機技術者　オーム社創業者　⊕広島県　㊦ドイツ：1896年（電気技術）

明治4（1871）年10月20日、広島県に生まれる。明治29（1896）年東京帝国大学卒業後、ドイツのシーメンス・ハルスケに入社し電気技術を学ぶ。31年帰国。40年電機学校（現・東京電機大学）を創立し、出版部を設置。大正3年学校の付帯事業として電気工学の専門雑誌『OHM』をオーム社発行として創刊。11年同社を学校から独立させ、株式会社に改組、理工学専門の出版社とした。この間、10年から神戸工業高校校長も務めた。昭和6（1931）年1月25日死去。享年61歳。

文献 幕末明治海外渡航者総覧（手塚晃編）柏書房 平4／データベースWHO 日外アソシエーツ
〔藤田正晴〕

弘田 長　ひろた・つかさ
安政6年6月5日（1859）～昭和3年11月27日（1928）　医学者　〔小児科医の先駆者、乳児脚気を研究〕　⊕土佐国（幡多郡）中村　㊦ドイツ：1885年（小児科学）

安政6（1859）年6月5日、土佐国中村に生まれる。明治13年7月に東京大学医学部を卒業する。14年12月熊本県立医学校教諭として赴任し、16年2月に同医学校長となり附属病院長を兼ねるが、17年に退職する。18（1885）年1月に小児科学研究のため自費でドイツに留学し、ストラスブルク大学に在籍し、21年5月に帰国する。同年7月に帝国大学医科大学の小児科外来臨床講義を嘱託され、翌年教授となり、小児科主任となる。これは小児科学を専攻して教職についた、わが国では初めてのケースである。24年8月に医学博士の学位を授けられる。39年欧米各国に出張を命ぜられ、翌年帰国する。脚気婦人の乳汁によって乳児脚気のおこることを初めて発表したのは、わが国の医学史上特筆すべき功績である。昭和3（1928）年11月27日死去。享年70歳。

文献 弘田長氏：中外医事新報 190、199 明21／弘田先生遺影 東京帝大医学部小児科編刊 昭8／弘田長先生（栗山重信）：日本医事新報 1289 昭24／近世医傑伝・弘田長（藤田宗一）：日本医事新報 1564 昭29／近代日本海外留学生史 上（渡辺実） 講談社

昭52／日本人名大事典5　平凡社　昭54
〔村岡正明〕

広野 精一郎　ひろの・せいいちろう
生没年不詳　留学生　⊕江戸　㊺フランス：1877年（留学）

生没年不詳。江戸に生まれる。明治10（1877）年6月、横須賀造船所黌舎より、若山鉉吉・辰巳一・桜井省三とともにフランスに留学し、シェルブール海軍造船学校に学ぶが、留学中に病死する。

[文献] 日仏文化交流史の研究—日本の近代化とフランス人（西堀昭）　駿河台出版社　昭56／幕末明治海外渡航者総覧（手塚晃編）　柏書房　平4
〔富田仁〕

広橋 賢光　ひろはし・まさみつ
安政2年8月9日（1855）～明治43年3月21日（1910）　官吏　内閣記録局長、貴族院議員　⊕京都　㊺ドイツ：1882年（伊藤博文に随行）

安政2（1855）年8月9日、京都に生まれる。明治9年父の跡を継いで伯爵。8年内務省に入り、参事院議官補、法制局参事官、福岡県書記官、内務書記官、内務省参事官、同地理局長などを経て、内閣記録局長、ついで宮内省に移り調査課長、帝室制度調査局御用掛などを務めた。この間明治15（1882）年伊藤博文の欧州視察に随行し、ドイツ、オーストリア、イギリス、ベルギー、ロシアを巡り16年帰国。23～30年貴族院議員。明治43（1910）年3月21日死去。享年56歳。

[文献] 幕末明治海外渡航者総覧（手塚晃編）　柏書房　平4／データベースWHO　日外アソシエーツ
〔藤田正晴〕

【 ふ 】

深井 英五　ふかい・えいご
明治4年11月20日（1871）～昭和20年10月21日（1945）　銀行家　日本銀行総裁、貴族院議員　⊕高崎　㊺イギリス：1896年（徳富蘇峰に随行）

明治4（1871）年11月20日、深井景忠の五男として高崎に生まれる。没落士族の子のため上級学校に進めず母校の小学校で助教員をつとめ、英語学習のためにキリスト教会に出入りして洗礼を受ける。新島襄が安中に帰省した折、ブラウン夫人委託の奨学金を受給させてくれ、19年秋同志社普通学校に入る。新島と接し友人の平田久の紹介で徳富蘇峰に会い、国民新聞社、民友社に外国記事を寄稿する。25年の卒業前後にキリスト教を棄てる。国際法に興味を寄せ、有賀長雄に近づき日本国際法学会設立に参加する。徳富蘇峰の国民新聞に入り、29（1896）年蘇峰の外遊に随行するが33年には退社し、松方正義大蔵大臣の秘書官となる。34年松方の推薦で日本銀行に転じ調査役となるが、35（1902）年松方の洋行に従い欧米を視察する。日露戦争のときには、軍事費調達のために渡欧する日本銀行副総裁高橋是清に随行し40年に帰国する。45年国債局長になり営業局長、副総裁を歴任。大正8年パリ講和会議、10月ワシントン軍縮会議、11年ゼノア国際経済会議の全権委員随員をつとめる。昭和8年ロンドン国際経済会議では全権委員となり、10年には日本銀行総裁に就任する。12年貴族院議員。13年日本銀行総裁をやめ枢密顧問官となる。『通貨調節論』『金本位離脱後の通貨政策』などの通貨政策の著書を残す。とくに戦時中の枢密院の議事を記録した『枢密院重要議事覚書』は貴重な史料である。昭和20（1945）10月21日死去。享年75歳。

[文献] 回顧七十年（深井英五）　岩波書店　昭16／日本財界人物列伝1　青潮出版編刊　昭38／現代日本思想大系11　筑摩書房　昭39／日本人名大事典　現代編　平凡社　昭54／新島襄とその高弟たち—時代に挑んだ六人の実像（志村和次郎）　上毛新聞社　平16
〔富田仁〕

深海 墨之助　ふかうみ・すみのすけ
弘化2年2月20日（1845）～明治19年2月2日（1886）　陶芸家　⊕肥前国有田　㊺アメリカ：1876年（製陶業）

弘化2（1845）年2月20日、肥前国有田に生まれる。柴田花守に画法を、ワグネルに西洋の彩料を学ぶ。明治9（1876）年アメリカに渡り製陶業を視察する。有田焼の海外輸出に取り組み、明治8年香蘭社の創立に加わり、12年退社して洋食器製造を試みた。明治19（1886）年2月2日死去。享年42歳。

[文献] 幕末明治海外渡航者総覧（手塚晃編）　柏書房　平4／データベースWHO　日外アソシエーツ
〔藤田正晴〕

深尾 貝作　ふかお・かいさく

生没年不詳　高知県留学生　⊕高知　㊙イギリス：1870年（海軍研修）

　生没年不詳。高知の出身。明治3（1870）年に，高知県の費用でイギリスに渡る。目的は海軍研修とみられるが，その後の消息は不明。

[文献]　明治初年条約改正史の研究（下村冨士男）　吉川弘文館　昭37／近代日本の海外留学史（石附実）　ミネルヴァ書房　昭47／近代日本海外留学生史　上（渡辺実）　講談社　昭52　　〔楠家重敏〕

深川 長右衛門　ふかがわ・ちょうえもん

生没年不詳　商人　㊙フランス：1867年（パリ万国博覧会出品のため）

　生没年不詳。慶応3（1867）年3月9日イギリス帆船ヒーロン号でパリ万国博覧会に出品する佐賀藩御用達の野中元右衛門（古水）の従者として長崎を出航し5月12日にパリに到着する。ホテル・デュ・ルーヴルに投宿するが同夜野中が急死するという思いがけない事故に遭遇する。その後の消息は不明。

[文献]　異国遍路　旅芸人始末書（宮岡謙二）　中央公論社　昭53（中公文庫）　〔富田仁〕

深瀬 洋春　ふかせ・ようしゅん

天保4年（1833）～明治38年12月23日（1905）
医師　⊕松前箱館　㊂通称＝貞之　㊙ロシア：1861年（治療のため）

　天保4（1833）年医師深瀬一甫の長男として箱館に生まれる。佐藤舜海に師事して医学を修めたのち，安政4年蝦夷地のアイヌに痘瘡が広がったとき，幕命で西蝦夷とサハリン（樺太）のアイヌに桑田立斎と種痘を行う。万延1年箱館奉行所雇の医官となり箱館病院頭取の任につく。文久1（1861）年ロシアのニコライエフスクに赴きロシア人の長官を治療する。3年江戸に出て松本良順に学ぶ。明治1年箱館府病院一等医官，間もなく開拓使丞館病院二等医師となるが，大衆の医療に当たるべく退職する。明治38（1905）年12月23日死去。享年73歳。
㊧北海道函館市・高竜寺

[文献]　北海道史人名辞典（橘文册）　北海道文化資料保存協会　昭28～32／明治維新人名辞典（日本歴史学会編）　吉川弘文館　昭56／日本洋楽人名事典　柏書房　平6／データベースWHO　日外アソシエーツ　　〔富田仁〕

深津 保太郎　ふかつ・やすたろう

？～明治5年9月15日（1872）　静岡藩留学生　⊕静岡　㊙アメリカ：1869年（語学研修）

　生没年不詳。静岡の出身。明治2（1869）年11月，藩費留学生としてアメリカへ渡る。5ヶ年の予定で語学の研修に励む。その後の消息は不明。

[文献]　近代日本の海外留学史（石附実）　ミネルヴァ書房　昭47／幕末明治海外渡航者総覧（手塚晃編）　柏書房　平4　　〔楠家重敏／富田仁〕

福井 信　ふくい・まこと

？～明治36年1月9日（1903）　貿易業　〔日露韓貿易会社〕　㊙アメリカ：1880年（外国事情視察）

　生年不詳。明治13（1880）年にアメリカに渡る。帰国後は日露韓貿易会社に関係して貿易業に活躍する。明治36（1903）年1月9日死去。

[文献]　明治過去帳—物故人名辞典（大植四郎編）　東京美術　昭46／近代日本の海外留学史（石附実）　ミネルヴァ書房　昭47　　〔楠家重敏〕

福岡 秀猪　ふくおか・ひでい

明治4年9月（1871）～昭和7年11月27日（1932）
法学者　子爵　⊕高知　㊙アメリカ：1887年（法学）

　明治4（1871）年9月，高知藩権大参事福岡孝弟の二男として生まれる。20（1887）年アメリカに留学する。ローノック，ワシントン・エンド・リー，カンバーランドの各大学で法学を修めさらにエール大学に入るが，一時帰国して26年ヨーロッパに留学，ブリュッセル大学で政治学，行政学を専攻する。33年東京外国語学校教授となり国際法を講ずる。また学習院でも教鞭をとり，憲兵練習所国際法教授，宮内省御用掛を歴任する。昭和7（1932）年11月27日死去。享年62歳。

[文献]　日本人名大事典5　平凡社　昭54／昭和新修　華族家系大成　下（霞会館諸家資料調査委員会編）　霞会館　昭59　　〔富田仁〕

福沢 一太郎　ふくざわ・いちたろう

文久3年10月12日（1863）～昭和13年6月24日（1938）　新聞記者　〔慶応義塾の教育に参与〕　⊕江戸　㊂号＝掬月庵，ましら　㊙アメリカ：1883年（実業学校に入学）

文久3(1863)年10月12日、福沢諭吉の長男として江戸に生まれる。明治16(1883)年6月12日、アメリカ船オセアニック号で横浜からアメリカに留学する。翌年、ニューヨーク州イサカのコーネル大学に入り、のち同州ポキプシイのイーストマンの実業学校に移る。はじめ農業志望であったが文学に転ずる。帰国後は慶応義塾の教育に従事する志を固め、21年に慶応義塾大学を卒業する。同年6月ころアメリカに出発しヨーロッパに渡り11月上旬に帰国する。その後、慶応義塾大学で教えたり、『時事新報』に執筆したり、雑誌『少年』の主幹となる。慶応義塾の塾長を兼ねたこともあるが、年に数回の儀式に出席する以外は家居して読書にふける日々を過ごした。昭和13(1938)年6月24日死去。享年76歳。

[文献] 福沢諭吉とその門下書誌(丸山信編) 慶応通信 昭45／近代日本海外留学生史 上(渡辺実) 講談社 昭52 〔楠家重敏〕

福沢 英之助　ふくざわ・えいのすけ
弘化4年(1847)～明治33年1月8日(1900)　実業家　⊕中津　⊛本名=和田慎次郎　㊦イギリス：1866年(留学)

弘化4(1847)年に生まれる。慶応2(1866)年に幕府がイギリスに留学生を派遣する折、門人の一人を参加させるようにという留学の発案者と伝えられる。福沢諭吉は弟英之助と称して応募させた。試験の結果、合格したが病気にかかり、最初留学を辞退した。しかし出発間際に取締役寄合請楽岩次郎が辞任を申し出たため、病気も回復していたので再び留学生となった。同年12月にロンドンに到着し、ロイドの世話でモルベイらから英語、算術、物理、化学などの教授をうけ、のちロンドン大学予科に進んだ。しかし間もなく資金不足のため帰国を余儀なくされた。帰国後、一時岡山で中学の教師となり、のち横浜で貿易業に従事した。一説には歯医者になったとも伝えられるが、明治10年代には『郵便報知新聞』の社員となっている。明治33(1900)年1月8日死去。享年54歳。

[文献] 徳川幕府の英国留学生―幕末留学生の研究(原平三)：歴史地理　79(5)　昭17／後は昔の記他―林董回顧録(由井正臣校注) 平凡社 昭45(東洋文庫173)／福沢諭吉とその門下書誌(丸山信編) 慶応通信 昭45／

幕末のイギリス留学(倉沢剛)　『幕末教育史の研究2』　吉川弘文館　昭59　〔楠家重敏〕

福沢 捨次郎　ふくざわ・すてじろう
慶応1年9月21日(1865)～大正15年11月3日(1926)　ジャーナリスト　時事新報社長　⊕江戸　㊦アメリカ：1883年(鉄道工学)

慶応1(1865)年9月21日、福沢諭吉の二男として江戸に生まれる。明治16(1883)年慶応義塾を卒業しアメリカに留学する。マサチューセッツ工科大学で鉄道工学を修めたのち21年帰国する。山陽鉄道株式会社に技師として入るが、34年父の死に遭い、時事新報社の経営を引きつぎ社長となる。政治記事にかたよらず社会記事にも工夫をこらし漫画を入れるなど紙面を刷新する。大阪時事新報社を設立してその社長も兼ねる。大正15(1926)年11月3日死去。享年62歳。

[文献] 福沢諭吉とその門下書誌(丸山信編) 慶応通信 昭45　／日本人名大事典5　平凡社　昭54　〔富田仁〕

福沢 桃介　ふくざわ・ももすけ
慶応4年6月15日(1868)～昭和13年2月15日(1938)　実業家　大同電力社長　〔電力事業を経営〕　⊕武蔵国(横見郡)荒子村　⊛旧名=岩崎　㊦アメリカ：1888年(商業学、鉄道会社見習)

慶応4(1868)年6月15日、岩崎紀一の二男として武蔵国荒子村に生まれる。明治16年、慶応義塾教師真野観我に頼み同塾に入る。20年1月アメリカ留学の条件で福沢諭吉の養子となり、21(1888)年2月渡米しポケヘシー商業学校に学び、ついでペンシルヴァニア鉄道会社に見習いとして入る。22年11月帰国し福沢ふさと結婚、12月北海道炭鉱鉄道に入社する。28年同社を辞め、木曽川電力、天龍川電力、豊国セメント、北恵那鉄道などの経営に当たり財界に活躍する。とくに大正9年には五大電力資本の一つ大同電力を設立する。昭和4年財界を離れるが、5年再び豊国セメント会社社長になり愛知電気鉄道、昭和電力の相談役などを歴任し財界の長老となる。慶応義塾の名誉顧問や衆議院議員にもなり、芸妓廃止論を唱える。昭和13(1938)年2月15日死去。享年71歳。

[文献] 福沢桃介翁伝(大西理平)　同伝記編纂所　昭14／財界の鬼才　福沢桃介の生涯(宮寺敏雄)　四季社　昭28／続財界回顧　故人今人

（池田成彬，柳沢健）　三笠書房　昭28 ／四人の財界人（河野重吉）　ダイヤモンド社　昭31 ／日本財界人物列伝1　青潮出版編刊　昭38 ／福沢諭吉とその門下書誌（丸山信編）　慶応通信　昭45 ／日本人名大事典5　平凡社　昭54 ／鬼才福沢桃介の生涯（浅利佳一郎）　日本放送出版協会　平12 ／電力人物誌―電力産業を育てた十三人（満田孝）　都市出版　平14　〔富田仁〕

福沢 諭吉　ふくざわ・ゆきち

天保5年12月12日（1835）～明治34年2月3日（1901）　啓蒙思想家，教育家，ジャーナリスト〔慶応義塾創立者〕　㊔大坂　㊪アメリカ：1860年（遣米使節に同行），フランス：1862年（遣欧使節の通訳）

天保5（1835）年12月12日，中津藩士福沢百助の第五子として大坂に生まれる。父が伊藤東涯に私淑していたため，彼も儒教的な教育をうけ，白石照山に漢書を学ぶと，その上達は目をみはるものがあったという。安政1年，長崎に出て蘭学を学び，その後，緒方洪庵の適塾に入門した。5年，藩命により江戸に赴き，自らの蘭学塾を開いた。これが慶応義塾大学の前身である。翌6年，横浜に出て外人にオランダ語で語りかけてみても通じないことを覚える。そこで蘭学から英学への転換を発心する。これと前後して，安政7（1860）年1月，幕府は咸臨丸で日米修好通商条約の批准交換のためアメリカへ使節をおくることになるが，彼は桂川甫周を頼り木村喜毅の従者として，この一行に加わることになる。このときの渡米では自然科学上のことは得心がいっても，社会科学の関することは十分理解できなかったという。当時の洋学者は自然科学の書物には親しんでいたけれど，政治・経済・法律のことになると全く無知に等しかったのである。これは幕府が社会科学書の輸入を禁じていたためであった。このとき彼はウエブスターの辞書と『華英通語』を購入し，後者に日本語読みをつけて『増訂華英通語』と題して出版した。文久1（1862）年12月，幕府は安政五ヶ国条約にもとづく開港開市などの諸問題を折衝するため，竹内下野守を正使とする遣欧使節を派遣することになったが，彼も翻訳方として参加した。この2度目の外遊でヨーロッパ文明とじかに接したことが，その後の文明批評家としての活躍の重大なる契機となった。すでにアメリカ体験があり，フランス，イギリス，オランダ，プロシア，ロシア，ポルトガルという国々を今回訪問したことで，いっそうヨーロッパ体験を確実なものとしていったのである。この経験を『西航記』や「西航手帳」に記し，西洋社会のしくみ，たとえば議会運営，土地売買，病院会計などを徹底的にメモしていったのである。これはのちの『西洋事情』の執筆に大いに役立ったのである。また彼はフランスの日本学者レオン・ド・ロニーと交わり，ロニーの世話で「アメリカおよび東洋民族誌学会」の正会員に推されている。このほか，ヨーロッパへ赴く間に香港，シンガポール，セイロン，中東に立ち寄ったことで，東西文化をあざやかに対比実見する機会も得たのである。慶応3（1867）年，2度目の渡米すなわち3回目の外遊の機会を得た。このときは幕府の軍艦受取委員小野友五郎の随員としてアメリカを再訪したのである。この渡米で辞書，地理書，歴史書はもとより法律書，経済書，数学書などを大量に購入したが，とりわけ『学校および家庭学習用経済学』やウェーランドの『経済学要綱』は彼の『西洋事情』『学問のすすめ』『文明論之概略』の執筆に大きな影響をあたえたと伝えられる。翌年，明治維新の内乱をよそ目に江戸芝新銭座に慶応義塾を開いたが，この頃新政府関係者が神道や国学に染まってゆくのを恐れたという。明治6年，森有礼らの明六社に参加し，12年，東京学士会院（日本学士院の前身）の発足とともに初代会長となる。15年，『時事新報』を創刊して自ら健筆をふるう。25年，北里柴三郎を助けて北里研究所の設立に尽力する。多数の著作をあらわしたが，『女大学評論・新女大学』が最後の著書となった。明治34（1901）年2月3日，脳出血のために死去。享年68歳。
㊎東京麻布・善福寺

文献　福沢全集1～5　時事新報社　明31／福沢全集1～10（時事新報社編）　大14～15 ／続福沢諭吉全集1～7（慶応義塾大学編）　昭8～9 ／福沢諭吉全集（慶応義塾編）　岩波書店　昭33～39 ／福沢諭吉（小泉信三）　岩波書店　昭41（岩波新書）／大君の使節―幕末日本人の西欧体験（芳賀徹）　中央公論社　昭43（中公新書）／福沢諭吉年鑑　福沢諭吉協会　続刊中福沢諭吉論考（伊藤正雄）　吉川弘文館　昭44 ／福沢諭吉（遠山茂樹）　東京大学出版会　昭45 ／福沢諭吉（会田倉吉）　吉川弘文館　昭49（人物叢書）／福沢諭吉―明治知識人の理

想と現実（高橋昌郎）　清水書院　昭53（人と歴史シリーズ）／福沢諭吉の西航巡歴（山口一夫）　文化総合出版　昭55（福沢諭吉協会叢書）／福沢諭吉（飯田鼎）　中央公論社　昭59（中公新書）／町人諭吉（太田正孝）／福沢諭吉（会田倉吉）　吉川弘文館　昭60（人物叢書）／福沢諭吉の亜英利加体験（山口一夫）　福沢諭吉協会　昭61（福沢諭吉協会叢書）／福沢諭吉―留学した息子たちへの手紙（桑原三二編著）　はまの出版　平1／福沢諭吉の知的処世術―激動期に甦る男の手腕（村石利夫）　ベストセラーズ　平3（ベストセラーシリーズ・ワニの本）／福沢諭吉―日本を世界に開いた男（笠原和夫）　集英社　平3（集英社文庫）／福沢諭吉の亜欧見聞（山口一夫）　福沢諭吉協会　平4（福沢諭吉協会叢書）／咸臨丸海を渡る―曽祖父・長尾幸作の日記より（土居良三）　未来社　平4／福沢諭吉伝　第1～4巻（石河幹明）　岩波書店　平6／新版　福翁自伝（福沢諭吉著, 富田正文校注）　慶応通信　平6／福沢諭吉と写真屋の娘（中崎üzendeki雄）　大阪大学出版会　平8／福沢諭吉―物語と史蹟をたずねて（岩井護）　成美堂出版　平10（成美文庫）／咸臨丸　海を渡る（土居良三）　中央公論社　平10（中公文庫）／福沢諭吉と宣教師たち―知られざる明治期の日英関係（白井堯子）　未来社　平11（慶応義塾福沢研究センター叢書）／近代欧米渡航案内記集成　第1巻　ゆまに書房　平12／福沢諭吉と中江兆民（松永昌三）　中央公論新社　平13（中公新書）／福沢諭吉研究―福沢諭吉と幕末維新の群像（飯田鼎）　御茶の水書房　平13（飯田鼎著作集）／英語襲来と日本人―えげれす語事始（斎藤兆史）　講談社　平13（講談選書メチエ）／地中海世界を見た日本人―エリートたちの異文化体験（牟田口義郎）　白水社　平14／ペリー来航歴史を動かした男たち（山本博文）　小学館　平15　　　　　　　〔楠家重敏〕

福島　恵三郎　ふくしま・けいざぶろう
生没年不詳　従者　㉝諱＝言次　㊞アメリカ：1860年（遣米使節に随行）

　生没年不詳。安政7（1860）年1月, 19歳頃小栗豊後守忠順の従者として遣米使節に随行する。

[文献]　万延元年遣米使節史料集成1～7（日米修好通商百年記念行事運営会編）　風間書房　昭36／幕末教育史の研究2―諸術伝習政策（倉沢剛）　吉川弘文館　昭59　　〔富田仁〕

福島　虎次郎　ふくしま・とらじろう
嘉永5年（1852）～明治19年6月30日（1886）　海軍軍人　海軍少佐, 海軍兵学校監事　〔フランスで客死〕　㊙佐賀　㊞フランス：1886年（海軍軍事研修）

　嘉永5（1852）年, 佐賀で生まれる。明治3年頃海軍兵学寮に入り測量学を修める。14年に大尉となり, 翌年5月には海軍兵学校監事を兼ねる。軍艦・摂津副長, 天龍副長を経た後, 19（1886）年フランス派遣を命ぜられる。しかし不幸にして途次病にかかり, 明治19（1886）年6月30日, フランスで死去。享年35歳。㊙東京・青山霊園

[文献]　海軍兵学校沿革（海軍兵学校編）　原書房　昭43／明治過去帳―物故人名辞典（大植四郎編）　東京美術　昭46　〔楠家重敏〕

福島　安正　ふくしま・やすまさ
嘉永5年9月15日（1852）～大正8年2月19日（1919）　陸軍軍人, 大将　男爵　〔単騎シベリア横断に成功〕　㊙信濃国松本　㊞幼名＝金重太郎　㊞アメリカ：1876年（軍務）

　嘉永5（1852）年9月15日, 松本藩士福島安広の長男として生まれる。3歳の時に母を失う。家柄が低いので江戸へ出て身を立てる決意をする。江戸では最初, 軍楽を学ぶ。その後, 苦しい生活をしながら大学南校などで学ぶ。江藤新平の知遇を得て司法省13等出仕となり翻訳課につとめ, 明治7年には陸軍省11等出仕となり軍人への第一歩をしるす。9（1876）年アメリカに出張を命ぜられ, 翌年の西南戦争では征討総督府付として出征する。11年, 臨時士官登用試験に合格し中尉, 参謀本部長伝令使となる。15年, 朝鮮, 清国に派遣され翌年には清国公使館付武官となる。清国滞在中に中国語を学ぶとともに諜報活動に関与する。18年天津条約交渉随行員となり, 19年にはインドに派遣され各地を探検する。翌年, ドイツ公使館付武官となり, ドイツに赴く。25年2月, 帰国することになるが, 帰国に際して単騎シベリア横断を計画, ベルリンを出発しペテルブルグ, ウラルを経てシベリアに入り, 苦難の末26年6月にウラジオストックに到着する。単騎シベリア横断の成功は各地の地形や国情を知るうえで大きな成果であったとともに, 一大壮挙として歓迎され, 国民的英雄となる。日清戦争中は第一軍の参謀となり, 28年8月から

30年3月まではトルコ，ポーランド，アラビア，中央アジア，コーカサス，インドなどヨーロッパ，アジアの軍事視察旅行を行う。19年のインド旅行や25年から26年にかけての単騎シベリア横断に加えヨーロッパ，アジア旅行でも各地の地理，地形，国情，言語などを知ることができ，それらの知識に関して軍の中で抜き出た存在であった。日露戦争では徹底的主戦論をとなえ，戦時中は満州軍参謀として諜報活動や謀略工作の指揮をとる。諜報将校や民間人を満州などに潜伏させたり，馬賊を利用し破壊工作を行わせ，ヨーロッパにおける明石元二郎の諜報工作とともにロシアの攪乱を図り，対露戦を背後から支える。39年に中将となり，翌年に男爵を授けられる。41年に参謀次長となり，45年4月から大正3年9月までは満州の関東都督をつとめる。この時期に住民の土地をとりあげたり夫役を課すなど強引な方法で道路建設事業を遂行し，住民から恐れられるとともに深怨をかう。3年9月に大将，予備役となり，11月には在郷軍人会副会長に就任する。大正8(1919)年2月19日死去。享年68歳。

⑧東京・青山霊園

[文献] 福島将軍遺績（太田阿山編） 東亜協会 昭16／北進日本の先駆者たち（伝記学会編） 六甲書房 昭16／日本陸海軍の制度，組織，人事（日本近代史料研究会編） 東京大学出版会 昭46／世界伝記大事典 日本・朝鮮・中国編（桑原武夫他編） ほるぷ出版 昭53／福島安正と単騎シベリヤ横断（島貫重節） 原書房 昭54／シベリヤ横断 福島安正大将伝（坂井藤雄） 葦書房 平4／中央アジアに入った日本人（金子民雄） 中央公論社 平4（中公文庫）／福島安正 情報将校の先駆—ユーラシア大陸単騎横断（豊田穣） 講談社 平5／中央亜細亜より亜拉比亜へ—伝記・福島安正福島将軍遺績より（太田阿山編） 大空社 平9（伝記叢書）／福島将軍遺績—福島安正（太田阿山編） 大空社 平9（伝記叢書）

〔湯本豪一〕

福田 馬之助　ふくだ・うまのすけ
安政3年10月（1856）～昭和11年4月12日（1936） 海軍軍人，造船中将　浅野造船会社副社長
㊸愛知　㉘イギリス：1896年（造船監督官）

　安政3(1856)年10月，福田頼実の長男として愛知に生まれる。明治17年に工部省工学寮を卒業し，21年に海軍大技士となる。29(1896)年12月，造船監督官としてイギリスに留学する。帰国後，海軍艦政本部に入り，舞鶴海軍造船廠造船課長，艦政本部第三，第四部長を歴任し，大正2年には海軍造船中将にのぼる。退役後，浅野造船会社の副社長になった。昭和11(1936)年4月12日死去。享年81歳。

[文献] 大日本博士録5（井関九郎編） 発展社 昭5／近代日本海外留学生史 上（渡辺実） 講談社 昭52／日本人名大事典5 平凡社 昭54

〔楠家重敏〕

福田 作太郎　ふくだ・さくたろう
天保4年(1833)～明治43年(1910)　幕臣
㉘フランス：1862年（遣欧使節に随行）

　天保4(1833)年に生まれる。文久1(1862)年12月，徳川幕府の遣欧使節竹内下野守保徳に勘定格徒目付として随行しフランス，イギリス，オランダ，プロシア，ポルトガル，ロシアを訪歴し翌2年12月に帰国。各国巡行の成果は，「福田作太郎筆記」としてまとめられ，これには「英国探索」「荷蘭探索」「仏蘭西探索」「孛漏西国探索」「葡萄牙国探索」「魯西亜探索」など27冊の報告書が含まれる。明治43(1910)年死去。享年78歳。

[文献] 西洋見聞集（沼田次郎，松沢弘陽校注） 岩波書店 昭49（日本思想大系66）／近代日本海外留学生史 上（渡辺実） 講談社 昭52／幕末教育史の研究2—諸術伝習政策（倉沢剛） 吉川弘文館 昭59

〔富田仁〕

福田 嘉太郎　ふくだ・よしたろう
生没年不詳　留学生　㊸長崎諫早　㉘ドイツ：1871年（留学）

　生没年不詳。長崎諫早の出身。明治4(1871)年にドイツへ私費で留学する。その後の消息は不明だが，留学中に死去。

[文献] 近代日本の海外留学史（石附実） ミネルヴァ書房 昭59／幕末明治海外渡航者総覧（手塚晃編） 柏書房 平4

〔村岡正明／富田仁〕

福地 桜痴　ふくち・おうち
⇒福地源一郎（ふくち・げんいちろう）を見よ

福地 源一郎　ふくち・げんいちろう
天保12年3月23日(1841)～明治39年1月4日(1906)　ジャーナリスト，新聞記者，劇作家，

小説家 〔ジャーナリストの先駆〕 ㊐長崎(本石灰町) ㊔雅号=桜痴, 諱=万世, 字=尚甫, 筆名=夢之舎主人 ㊗フランス：1862年(第1回遣欧使節の通訳), アメリカ：1871年(岩倉使節団に随行)

天保12(1841)年3月23日, 長崎の儒医・福地苟庵の長子として生まれる。幼少より神童と呼ばれ, 安政3年より大通詞・名村八右衛門について蘭学を学び, 翌年にはオランダ稽古通詞になる。安政5年に江戸に出て, 翌年から通弁御用頭取・森山多吉郎の塾で英学を修める一方, 通弁御用として幕府に出仕し始める。万延1年, 正式な御家人になる。翌文久1(1862)年, 竹内下野守の率いる第1回遣欧使節に定役並通詞として随行し, フランスに渡る。この時, 万国公法(国際法)研修の任を負っていたが, 研修上の必要から, 日本学研究家のレオン・ド・ロニーについて, 外交語のフランス語を学ぶ。3年帰国。翌元治1年, 柴田日向守剛中の一行にしたがって再び渡欧。これらの間に, 西欧の国際事情に関する知識はもとより, 西欧文化への関心も深め, とくに西欧における新聞・雑誌の発達に注目し, また西欧演劇も多く見る。慶応1年, 外国奉行支配調設格・通弁御用頭取に昇格し, 御目見得以上の士分になる。この頃より, 開港問題をめぐって開国論と攘夷論の対立が激増し, 佐幕開国論を唱えた彼は攘夷論者の反論にあって, 提出した外交問題の建白書も不採用となった。これに続き, 4年1月の鳥羽・伏見の役の戦略軍議, 4月の江戸城内・和戦の大評議などを通じて, 幕府を擁して主戦論を唱えたが, 不採用となる。こうした不満の中, 同年4月, 江戸で『江湖新聞』を西田伝助, 条野伝平, 広岡幸助らとともに創刊する。専政体制の下で, イギリス風立憲制を取り入れるべきことを主張するが,「強弱論」(第16集)における佐幕的言論のために鎮将府に逮捕され, 新聞は同年5月, 発行禁止となる。『江湖新聞』は報道範囲も広く, 挿絵を載せるなど, 当時としてはすぐれたものである。維新後, 新政府の旧幕臣からの人材登用の際, これを辞退し, 静岡に下野, 徳川家の士籍も抜いて, 明治1年末, 東京・浅草馬道のいろは長屋に, 町人ととして住むようになった。この頃から, 花街通いをはじめ, 劇作家・仮名垣魯文らと交流, 風流才子を気取っていた。また翻訳に取り組み,『ナポレオン兵法』(慶応3年),『外国事務』(明治1年),『外国交際公法』『西史攬要』(ともに明治2年)などを出版する。明治2年, 長屋から浅草抹香橋近くに居を移し, 10月には新堀端・厳念寺の一室を借りて私塾を開く。放漫経営のため長続きせず, 翌3年, 湯島の旧久松邸で, 日新舎という洋学塾を改めて開く。中江兆民が塾頭としてフランス学を教えたが, 間もなく閉塾となっている。一方, 大蔵省の会社知識の啓蒙政策の一貫として, 渋沢栄一の『立会略則』とともに『会社弁』を著わす。これは, ウェーランドの経済書の要約と, J.S.ミル, ニーマンらの経済書からの抄訳とを編集したものである。また, 4(1871)年11月, 岩倉使節団に, 一等書記官として随行, アメリカ経由で欧州に渡るが, 6年, パリで一行と別れてギリシヤ, トルコ, エジプトなどを遊歴する。7年, 官界を退き, 12月『東京日日新聞』に入社, ジャーナリストとしての生活が始まる。主筆として社説欄を設けるなどの漸新主義をとり, 政府政策を支持したので, この新聞は太政官記事の御用新聞となる。10年, 西南の役に際して従軍記者となり,「戦地採録」を20回にわたって連載, 帰京後, 天皇に戦況を奉上, 名実共に日本新聞界の第一人者となる。この頃より政財界にも進出。11年東京商法会議所・副会長就任, 及び府会議員・議長となる。12年東京株式取引所・理事長就任。15年, 丸山作楽らと立憲帝政党を組織, その主権在君論を『東京日日新聞』に掲げて, 自由民権派と論争。この頃より彼の名声は傾き, 16年には解党, 21年に『東京日日』を去り, 以後劇作家としての晩年を送る。22年, 金融業・千葉勝五郎の資本をもとに歌舞伎座を設立, 演劇改良運動の先駆けとなる。河竹黙阿弥や魯文らとともに, 数々の新作歌舞伎を創作。代表的なものに『春日局』『大森彦七』などがある。またフランス演劇からの翻案劇としては,『舞扇恨之刀』(明治24年・サルドゥの『トスカ』より)や『あはれ浮世』(明治30年・ユゴーの『レ・ミゼラブル』より)などがある。27年,『懐往事談』を著わす。37年, 再び衆議院議員になり, 憲政本党に入党するが, 活躍の機得ずして明治39(1906)年1月4日死去。享年66歳。

[文献] 懐往事談 附新聞紙実録(福地源一郎) 民友社 明27／懐旧談(福地桜痴述) 『名流談海』 博文館 明32／福地桜痴(正岡芸

陽）『明治文学家評論』　新声社　明34／福地源一郎氏（三宅雄二郎）　『偉人の跡』丙午出版社　明43／桜痴全集1〜3　博文館明44〜45／十大先覚記者伝（太田原在文）大阪毎日新聞社・東京日日新聞社　大15／桜痴居士自筆自伝　『私の見た明治文壇』春陽堂　昭2／二十一大先覚記者伝（久保田辰彦）大阪毎日新聞社　昭5／報道の先駆者福地桜痴（川辺真蔵）　三省堂　昭17／三代言論人論3（田村寿）　時事通信社　昭37／福地桜痴（柳田泉）　吉川弘文館　昭40（人物叢書）／フランスに魅せられた人びと—中江兆民とその時代（富田仁）　カルチャー出版社昭51／日本近代文学大事典（日本近代文学館編）　吉川弘文館　昭53／日本人名大事典5　平凡社　昭54／福地桜痴　新装版（柳田泉）　吉川弘文館　平1（人物叢書）／近代トルコ見聞録（長場紘）　慶応義塾大学出版会平12（Keio　UP選書）　〔内海あぐり〕

福地　鷹次　ふくち・たかつぐ

嘉永3年（1850）〜？　伊万里県留学生　⊛佐賀
⊛別名＝家良　⊛フランス：1871年（法律学）

嘉永3（1850）年，佐賀藩士の家に生まれる。致遠館でフルベッキに学んだあと，明治4（1871）年東京に出て伊万里県の費用でフランスに留学する。フランス到着は同年6月28日のことで，ボンネーに師事して普通学を修める。専攻は法律学である。その後の消息は不明。

[文献]　近代日本海外留学生史　上（渡辺実）講談社　昭52／フランスとの出会い—中江兆民とその時代（富田仁）　三修社　昭56／幕末明治海外渡航者総覧（手塚晃編）　柏書房平4　〔富田仁〕

福羽　逸人　ふくば・はやと

安政3年11月16日（1856）〜大正10年5月19日（1921）　園芸学者　農学博士　子爵〔温室栽培の創始者〕　⊛石見国津和野鷲原（現島根県鹿足郡津和野町）　⊛旧名＝佐々布　⊛フランス，ドイツ：1886年（葡萄栽培研究）

安政3（1856）年11月16日，津和野に藩士佐々布利厚の三男として生まれる。明治5年，子爵福羽美静の長女禎と結ばれ婿養子となる。養父は利厚と同じ津和野藩士で，23年に貴族院議員となり，また国学者としても知られた人物である。藩校の養老館で教養を身につけ，当時農業界の権威であった津田仙が創設した学農社農学校に入り農学を修める。さらに勧農局試験場の農学生となり実習を続けるとともに，山梨に赴いて葡萄についての調査研究を行い『甲州葡萄栽培』を出版した。明治15年，兵庫県印南村（現在の加古郡稲美町）に開設された農商務省農務局直轄の播州葡萄園に入り，19年には園長となる。同年（1886）3月24日，農商務省よりフランス・ドイツ両国への留学を命じられ，4月10日にフランス郵船メンザレー号で横浜を出港する。3年間にわたりヨーロッパの葡萄栽培法・醸造法を視察し熱心に実習に励み，22年に帰国すると，第3回内国勧業博覧会の審査官をつとめた。さらに農商務技師補となり，東京農林学校の教師を兼ねるとともに園芸学校でも授業をもった。24年，御料局技師として内匠寮に勤務し，29年には式部官を兼任しロシア皇帝戴冠式に参列した。31年に内匠寮技師となり，当時皇室領だった新宿御苑の係長をつとめた。宮内官吏として，留学経験を大いに役立たせるとともに，園芸栽培の研究に没頭した。また積極的にヨーロッパの新しい技術知識の導入をはかろうと，32年にロシアのペテルスブルグで開かれた万国園芸博覧会や，翌年のパリ万国博覧会の折に開催された園芸万国会議，樹木培養術及び果実学万国会議に出席した。たび重なる洋行で語学にも年季が入り，各国宮廷の事情にも詳しかったために，ロシア大公ボリス・ウアジロウィッチやイタリア皇族ブランス・ド・ウジネの来日に際し，接待役として重任を果たした。39年内苑局長に昇進。翌年養父が亡くなり家督を継ぐとともに子爵となる。大正3年大膳頭となり内匠寮御用掛をつとめ，さらに大礼使参与官を経て宮中顧問官となったが6年に退官。常に園芸・農学の研究を怠ることなく，野菜・果物・花卉の品種改良に励み，有名なフクバイチゴをはじめとしてフクバナシ，フクバインゲンなどを生み出した。わが国の温室栽培の創始者，促成栽培の先覚者としても知られ，8年には農学博士となった。大正10（1921）年5月19日，東京淀橋の自宅で死去。享年66歳。

⊛東京・青山霊園

[文献]　福羽逸人氏：大日本農会報告　58　明19／日本人名大事典5　平凡社　昭54／島根県大百科事典　山陰中央新報社　昭57
〔伏見郁子〕

福原 和勝　ふくはら・かずかつ

弘化3年（1846）〜明治10年3月23日（1877）　陸軍軍人　⊕長門国長府　⊗旧名＝村上　通称＝百合勝，別名＝大江俊行，雅号＝八州　㊙イギリス：1869年（陸軍軍事研修）

弘化3（1846）年，長門豊浦藩士村上小平太通虎の三男として生まれる。文久3年に福原俊親の養子となる。幕末の志士として活躍し，慶応3年4月，内命をうけて土佐藩坂本龍馬と上海に渡り外国の情勢を視察する。明治2（1869）年6月，イギリスに渡りロンドンで学ぶ。5年に帰国し，翌年陸軍大佐となる。7年8月，大久保利通に従って清国に赴き，清国公使館附となる。西南戦争に参加し，熊本県玉名郡岩村の戦に負傷し，明治10（1877）年3月23日，久留米病院で死去。享年31歳。

［文献］明治過去帳—物故人名辞典（大植四郎編）東京美術　昭46／近代日本の海外留学史（石附実）ミネルヴァ書房　昭47／英語事始（日本英学史学会編）日本ブリタニカ　昭51

〔楠家重敏〕

福原 信蔵　ふくはら・しんぞう

安政3年（1856）〜明治38年11月30日（1905）　陸軍軍人，少将　⊕筑前国福岡　㊙ベルギー：1891年（陸軍軍事研修）

安政3（1856）年，筑前黒田藩士の子として福岡に生まれる。明治5年8月陸軍幼年学校に入り，陸軍士官学校へと進む。10年の西南の役に陸軍工兵少尉で参謀本部出仕となり，征討軍の一員として活躍する。11年工兵科を卒業して，13年頃士官学校学科部出仕に転じ，15年中尉として参謀本部海防局員，19年9月大尉，21年頃参謀本部陸軍部第2局員となる。23年3月5日陸海連合大演習で陪従官を仰せつかる。24（1891）年3月3日の軍命で青木宣純ら砲兵大尉3名とベルギーに留学し，帰国後少佐となり，陸軍大学校教官，兵站総監部参謀，占領地総督府参謀，参謀本部第2局員を経て海軍大学校教官を務める。その間28年5月18日中佐となる。30年大佐，31年土木会委員東京市区改正委員，32年条約実施委員及び林野整理審査委員を務めて同年7月韓国に派遣される。この頃工兵課長となる。33（1900）年1月築城本部御用掛となると，翌2月にはヨーロッパへ築城技術修得に出される。帰国後の34年砲工学校長となり，10月から陸軍高等教育会議員を務める。36年5月少将に昇進し，37年2月築城本部長，ついで第4軍工兵部長となり，明治38（1905）年11月30日，日清，日露の戦功により従4位勲2等瑞宝章を受けた当夜，死去。享年50歳。

［文献］大日本人名辞書（同刊行会編）新訂版　内外書籍株式会社　昭12／明治過去帳—物故人名辞典（大植四郎編）東京美術　昭46／近代日本海外留学史　下（渡辺実）講談社　昭53／日本人名大事典5　平凡社　昭54

〔山口公和〕

福原 芳山　ふくはら・ほうざん

弘化4年6月23日（1847）〜明治15年8月17日（1882）　裁判官　大阪裁判所判事　⊕長門国萩　⊗旧名＝粟屋　諱＝良通，親徳，別名＝鈴尾五郎，駒之進，芳山五郎介　㊙イギリス：1867年（留学）

弘化4（1847）年6月23日，山口藩士族粟屋親睦の二男として萩に生まれる。のち長門藩家老福原元僴の養子となる。慶応3（1867）年，イギリスに留学する。明治7年に司法省に入り，11年大阪裁判所判事となる。明治15（1882）年8月17日，脚気にかかり死去。享年36歳。㊟東京都台東区・天王寺

［文献］廃藩以前旧長州藩人の洋行者：防長史談会雑誌　1（6）　明43／明治過去帳—物故人名辞典（大植四郎編）東京美術　昭46／英語事始（日本英学史学会編）日本ブリタニカ　昭51／明治維新人名辞典（日本歴史学会編）吉川弘文館　昭56

〔楠家重敏／富田仁〕

福村 磯吉　ふくむら・いそきち

生没年不詳　三河吉田藩士　⊗諱＝宗明　㊙アメリカ：1860年（遣米使節に随行）

生没年不詳。安政7（1860）年1月，42歳頃村垣淡路守範正の従者として遣米使節に随行する。

［文献］万延元年遣米使節史料集成1〜7（日米修好通商百年記念行事運営会編）風間書房　昭36／幕末教育史の研究2—諸術伝習政策（倉沢剛）吉川弘文館　昭59

〔富田仁〕

福村 周義　ふくむら・ちかよし

天保7年5月8日（1836）〜明治10年8月16日（1877）　海軍軍人　海軍中佐　⊕陸奥国棚倉　⊗旧名＝平井　通称＝繁次郎　㊙オランダ：1855年（海軍軍事研修）

天保7(1836)年5月8日，陸奥国の棚倉藩士平井舟兵衛の二男として生まれる。幼少時から算学を好み長谷川善左衛門に師事して勉学に励み,『算法新書』を著す。安政2年4月，幕府鉄砲方組与力三浦新三郎の従者として長崎に赴き三浦とともに海軍伝習所に入り，オランダ人ハーヒエスから砲術を学ぶ。その才能がオランダ教師や海舟に認められて給費生に抜擢される。3年(1855)年オランダ人教師に従い，オランダの海軍学校に留学する。卒業後イギリス，フランス，アメリカをまわり軍制を視察して4年帰国する。江戸の藩邸で数学，測量術を教授するとともに棚倉藩で砲兵隊を組織したり，大砲の鋳造を行ったりする。戊辰戦争後は上京して塾を開くが，明治2年には海軍練習所出仕を命ぜられ，水雷術の研究に着手する。6年海軍少佐，10年の西南戦争では筑波副艦長として従軍し中佐に進むが，明治10(1877)年8月16日，鹿児島で死去。享年42歳。

[文献] 明治過去帳―物故人名辞典(大植四郎編)東京美術　昭46／日本人名大事典5　平凡社　昭54／明治維新人名辞典(日本歴史学会編)吉川弘文館　昭56　〔富田仁〕

袋 久平　ふくろ・きゅうへい

嘉永2年(1849)～明治6年11月2日(1873)
[生]佐賀　[渡]ドイツ：1869年(留学)

嘉永2(1849)年に生まれる。佐賀の出身。致遠館に学び，明治2(1869)年10月ドイツに公費留学しベルリンで学ぶ。のちイギリスに渡るが，明治6(1873)年11月2日結核のため死去。享年25歳。[墓]ロンドン・ブルックウッド墓地

[文献] 近代日本の海外留学史(石附実)　ミネルヴァ書房　昭47／近代日本海外留学生史上(渡辺実)　講談社　昭52／海を渡った幕末の曲芸団(宮永孝)　中央公論社　平11(中公新書)　〔富田仁〕

藤 雅三　ふじ・まさぞう

嘉永6年3月15日(1853)～大正5年12月(1916)
洋画家　[生]豊後国臼杵　[渡]フランス：1885年(美術)

嘉永6(1853)年3月15日，豊後国臼杵に生まれる。はじめ帆足杏雨に南画を学ぶ。明治9年工部美術学校に入学し，フォンタネージ，サン・ジョヴァンニに師事。14年第2回内国勧業博覧会に「弓術之図」を出品出品。15年工部美術学校を修了。18(1885)年2月，工部省留学生としてフランスに渡り，ラファエル・コランに師事。黒田清輝に画学転向を勧める。20年パリのル・サロンに『ズボンの破れ』が入選。その後，セーヴル製陶所で陶器研究ののち，アメリカへ渡り，大正5(1916)年12月，ニューヨーク近郊のヨンカーの自宅で死去。享年64歳。

[文献] 幕末明治海外渡航者総覧(手塚晃編)柏書房　平4／朝日日本歴史人物事典　朝日新聞社　平6／データベースWHO　日外アソシエーツ　〔藤田正晴〕

藤井 較一　ふじい・こういち

安政5年8月18日(1858)～大正15年7月8日(1926)　海軍軍人, 大将　[生]備前国(赤坂郡)坂部村　[渡]ロシア：1891年(軍事視察)

安政5(1858)年8月18日，岡山藩士の長男として備前国赤坂郡坂部村に生まれる。明治13年海軍兵学校卒業。14年海軍からロシアに派遣された。24年ロシアのニコライ皇太子来日に際して，接伴皇族の有栖川宮威仁親王付武官として大津事件に遭遇。天皇の行幸を請う電文を起草するなど事後処理にあたった。27年にはイタリア，29年にはイギリスを視察する。日露戦争では第二艦隊参謀長を務め，旅順港口への機雷敷設を進言して敵艦隊旗艦の撃沈に成功した他，日本海海戦に際しては島村速雄第二艦隊司令長官と共にバルチック艦隊の対馬海峡通過を説き，海戦勝利に貢献した。40年第一艦隊司令長官，42年軍令部次長，大正3年佐世保鎮守府長官，4年横須賀鎮守府長官などを歴任。5年大将に昇進。大正15(1926)年7月8日死去。享年69歳。

[文献] 藤井大将を偲ぶ―没後60周年記念誌(海軍大将藤井較一没後60周年記念誌刊行会編)海軍大将藤井較一没後60周年記念誌刊行会　昭61／幕末明治海外渡航者総覧(手塚晃編)柏書房　平4／朝日日本歴史人物事典　朝日新聞社　平6／データベースWHO　日外アソシエーツ　〔藤田正晴〕

藤井 三郎　ふじい・さぶろう

嘉永4年(1851)～明治31年9月26日(1898)　外務省官吏　[生]前橋　[渡]アメリカ：1886年(サンフランシスコ領事)

嘉永4(1851)年，前橋に生まれる。尺振八の門に入り，明治7年，警視庁十等出仕を拝命する。その後，横浜裁判所判事，奈良始審裁判所検事となる。18年7月，外務省御用掛となり公

信局に勤務する。19(1886)年、領事としてアメリカのサンフランシスコに駐在する。次いで総領事、外務事務官、外務省商局長を経て、30年4月、弁理公使にのぼる。明治31(1898)年9月26日、背上部の病気にかかり死去。享年48歳。

[文献] 明治過去帳―物故人名辞典(大植四郎編) 東京美術 昭46 〔楠家重敏〕

藤井 茂太　ふじい・しげた

万延1年9月(1860)～昭和20年1月14日(1945) 陸軍軍人、中将 ⊕丹後国豊岡 ㊦ドイツ：1890年(軍事研究)

万延1(1860)年9月、豊岡に生まれる。陸軍士官学校、陸軍大学を卒業後、明治23(1890)年2月から軍事研究のためドイツに留学する。26年陸軍大学教官となり、日清戦争には第二軍参謀として出征する。オーストリア公使付、陸軍大学校長を経て、日露戦争には第一軍参謀として従軍する。42年陸軍中将に進み、東京湾要塞司令官となり、やがて第十二師団長をつとめる。昭和20(1945)年1月14日死去。享年86歳。

[文献] 近代日本海外留学生史 下(渡辺実) 講談社 昭53／日本人名大事典 現代編 平凡社 昭54 〔村岡正明〕

藤井 セイ子　ふじい・せいこ

安政6年(1859)～明治24年1月12日(1891) 外交官夫人 〔客死第一号〕 ㊤別称＝セイ ㊦アメリカ：1886年(夫に同行)

安政6(1859)年に生まれる。外交官藤井三郎の夫人。明治19(1886)年、夫とともに渡米するが、明治24(1891)年1月12日、33歳の若さで客死。日本外交官夫人のアメリカでの客死第1号である。

[文献] 明治過去帳―物故人名辞典(大植四郎編) 東京美術 昭46 〔楠家重敏〕

藤井 勉三　ふじい・べんぞう

生没年不詳 山口藩留学生 ⊕山口 ㊦ヨーロッパ：1871年(留学)

生没年不詳。山口の出身。明治4(1871)年にヨーロッパに藩費で留学する。その後の消息は不明。

[文献] 近代日本の海外留学史(石附実) ミネルヴァ書房 昭47 〔富田仁〕

藤岡 市助　ふじおか・いちすけ

安政4年3月14日(1857)～大正7年3月5日(1918) 電気工学者 東京電気社長 〔日本初の電灯を灯す〕 ⊕周防国岩国 ㊦アメリカ：1884年(万国電気博覧会審査員)

安政4(1857)年3月14日、周防国岩国に生まれる。明治7年上京、工部省工学寮(のち工部大学校)に入学し、在学中『電信初歩』を刊行。14年工部大学校卒業後、同大学校教授補となり、のち教授として物理学・電信学を担当。17(1884)年8月17日、万国電気博覧会審査員としてアメリカに渡り、同年12月8日帰国。18年同郷の友人三吉正一が興した三吉電機工場で日本最初の白熱電灯用発電機を作製、東京麹町の内閣印刷所および銀行集会所にわが国最初の電灯をともす。19年東京電燈株式会社技師長となり、中央発電所を建設。23年三吉と共に白熱舎を興し電球製造に当たり、32年白熱舎を東京電気株式会社(東芝の前身)と改称、初代社長となった。この間、24年工学博士となる。のち東京市街鉄道株式会社の技師長として工事に当たった。39年タングステン電球の特許権を得、アメリカのゼネラル・エレクトリック社と提携して電球を製造した。他に日本電気協会会長、岩国電気鉄道社長などを歴任した。大正7(1918)年3月5日死去。享年62歳。

[文献] 幕末明治海外渡航者総覧(手塚晃編) 柏書房 平4／朝日日本歴史人物事典 朝日新聞社 平6／事典近代日本の先駆者 日外アソシエーツ 平7／日本のエジソン―藤岡市助に学ぶもの(佐山和郎) エポ(印刷) 平8／工学博士藤岡市助伝(瀬川秀雄編) ゆまに書房 平10(人物で読む日本経済史)／人物で読む日本経済史 第9巻 工学博士藤岡市助伝 ゆまに書房 平10／電力人物誌―電力産業を育てた十三人(満田孝) 都市出版 平14／データベースWHO 日外アソシエーツ 〔藤田正晴〕

藤倉 見達　ふじくら・けんたつ

嘉永5年12月(1853)～？ 技師 燈台局長 〔燈台建設の指導者〕 ㊦イギリス：1872年(燈台技術)

嘉永5(1853)年12月に生まれる。年少の頃お雇い技師でイギリス人のブラントンの通訳として雇われて以来、常にその薫陶をうけた。明治5(1872)年3月、燈台寮に出仕して燈台技術研究のためイギリス留学を命ぜられた。イ

ギリスではエディンバラ大学で建築学を修め，またベルロック燈台の建設で有名なスティーブンソンの下でその教えを受けた。7年帰国の後，権少技長，少技長，権大技長を経て18年5月に燈台局長となった。燈台建設技術陣の首脳として指導的役割を果たした。

[文献] 日本燈台史（海上保安庁燈台部） 社団法人燈光会 昭44／近代日本の海外留学史（石附実） ミネルヴァ書房 昭47／国際日本を拓いた人々—日本とスコットランドの絆（北政巳） 同文館 昭59／幕末明治海外渡航者総覧（手塚晃編） 柏書房 平4

〔楠家重敏／富田仁〕

藤沢 利喜太郎 ふじさわ・りきたろう

文久1年4月（1861）～昭和8年12月23日（1933）
数理学者, 教育者 〔数学教育の権威者〕
[生]佐渡 [渡]イギリス, ドイツ：1883年（物理学）

文久1（1861）年4月，幕臣藤沢親元の子として佐渡に生まれる。開成学校に学び，明治15年東京大学理学部物理学科を卒業して物理学専攻の文部省派遣留学生となる。同期の留学生に，医学の佐藤三吉，青山胤通，採鉱学の渡辺渡らがいる。16（1883）年3月16日からイギリスで，ついでドイツで学ぶ。ドイツのストラスブルグ大学では数学者クリストッフェルから函数論を，ライエから射影幾何学を学び，つづいてベルリン大学ではクロネッカーに師事して代数学を研究する。ストラスブルグ大学で19年に提出した論文は，熱の伝導論にあらわれた級数の収斂性の問題で，これによりドクトル・フィロソフィの学位を得る。20年5月帰国とともに帝国大学理科大学教授となり，前任者菊池大麓のあとをついで数学とくに解析学の講義を担当する。以後30余年にわたる在任中，高木貞治や林鶴一など多くの数学者を育てる一方，高等解析の重要性を認め，わが国ではじめて一般函数論や特別函数論の研究を開き，また理科大学に数学研究所を設ける。純粋数学の分野では楕円函数の掛け算についての論文など多数の解析学的研究を発表し，また応用数学の分野でも「生命保険論」「本邦死亡生残表」「総選挙読本」などをあらわし，新たな領域を開拓する。日清戦争以後わが国の中等教育は大いに振興し，教科書や参考書も充実してきたが，わが国の数学の最高権威の指導者として算術および数学教育の各方面で卓越した意見を述べ，みずから算術代数の教科書や指導書を書いた。『算術条目及数授法』『数学教授法講義』などがそれである。算術計算の基礎に師クロネッカーに淵源する『数え主義』を置き，代数幾何に関しては学問的理論的であることを主張する。その影響は大正末期から昭和初頭までおよび，彼の算術教科書や初等代数学教科書は今日の中等数学教育における教課をも制定する。菊池大麓とともにわが国の数学教育の確立に尽くした功績は大きい。その間明治24年に理学博士の学位を得，39年に学士院会員となる。大正10年退官後は学士院から選出されて貴族院議員となり，政治方面でも活躍する。昭和8（1933）年12月23日死去。享年73歳。

[文献] 藤沢博士遺文集 同記念会編刊 昭9／日本の数学と藤沢博士（高木貞治） 教育 3（8） 昭10／藤沢博士追想録 同記念会編刊 昭13／藤沢利喜太郎先生の業績（窪田忠彦）：東京女子大学論集 2（1） 昭26／教育人名辞典 理想社 昭37／近代日本海外留学生史 上（渡辺実） 講談社 昭52／日本人名大事典5 平凡社 昭54 〔村岡正明〕

藤島 武二 ふじしま・たけじ

慶応3年9月8日（1867）～昭和18年3月19日（1943） 洋画家 [生]薩摩国鹿児島（池之上町）
[名]号＝芳洲, 玉堂 [渡]フランス：1905年（絵画研究）

慶応3（1867）年9月8日，薩摩藩士藤島賢方の三男として生まれる。明治8年に父が死去したため母たけ子の手で育てられる。母方の祖先には養田常雪などの画家が出ており，彼にも天賦の才があったと思われる。小学校時代に北斎漫画を写したり，祖父が長崎から持ち帰った油絵を模写している。西南戦争に長兄と次兄が出陣し戦死したため，11歳で家督をつぐ。15年県立鹿児島中学校に入学するが，この頃郷土の四条派画家平山東岳の弟子となり日本画を学ぶ。17年東京での第2回内国絵画共進会に郷土より選ばれて「漁樵問答」「南天に鳥」を出品し，同年西洋画を志し上京する。いったん郷里に帰るが翌年再び上京。西洋画を学ぼうとしたが国粋主義が盛んで西洋画は振るわない状況であったため，一時日本画を修業することに決め川端玉章の門に入る。玉章の仕事を手伝いつつ日本画を学び，その一方でフランス語の勉強も始める。20年，東洋絵画会

主催の共進会に「設色美人図」，22年には青年絵画共進会に「美人図」を出品し賞を受ける。この頃すでにのちの彼の筆致があらわれてきている。23年，本来の希望である西洋画の勉強のため，郷土の先輩で工部美術学校出身の曽山幸彦に師事する。この時期はその前年にヨーロッパ留学から帰った人たちによって洋風美術団体・明治美術会が組織されるなど洋画界も新たな展開が現われ始めたときでもあった。また山本芳翠の生巧館，原田直次郎の鐘美堂など西洋画の私塾も多く設けられている。この洋画再生の時期に中丸精十郎，松岡壽，山本芳翠らに指導を受ける。とくに山本芳翠の生巧館に学んでいた時期には，明治美術会の展覧会につぎつぎと作品を出品する。なかでも「桜狩」は構図，デッサン力ともにすぐれた大作である。この「桜狩」が発表された26年，家族を扶養するために三重県津市の尋常中学校へ助教諭として赴任する。津においても内国勧業博覧会や明治美術会に作品を発表していたが，29年に東京美術学校に西洋画科が新設され，郷土の先輩である黒田清輝が彼の才能を高く評価し推薦したために助教授に任ぜられ上京する。31年，第3回白馬会展覧会に出品された「池畔」はこの時期の代表作で，黒田清輝や久米桂一郎ら外光派の影響を受けた作品である。その後，雑誌『明星』や『スバル』の表紙や挿絵を手がける。また浪漫派詩人たちと親交を結び作風も浪漫的となってくる。この時期の作品としては「天平の面影」と「蝶」が有名である。「天平の面影」は青木繁の作風に影響を及ぼし,「蝶」は明治浪漫主義を象徴するほどの作品である。38年(1905)年9月，4年間のヨーロッパ留学を命ぜられフランス，イタリアへ向かう。最初にパリのグラン・ショーミェールの研究所に学び，ついで国立美術学校でフェルナン・コルモンについて伝統的技法を学ぶかたわら，マチスやドランなどの前衛的美術にも目をむけ研鑽を続ける。パリ時代の作品は「フランス婦人像」「公園の一隅」「浴室の女」などがあげられる。41年ローマに移り，コルモンの紹介によりカロリュス・デュランに学ぶ。ローマに移った直後，スイスへ旅行に出かけ「ヨット」「風吹く日」などの作品を残しているが，旅行中にローマの画室が盗難にあったためパリ時代の作品の多くは失われている。ローマ滞在中はルネッサンス芸術の研究に力を注ぎ，またセザンヌやゴッホの遺作展をみたり，風景画の制作にも努めるなど充実した留学生活を送る。ローマ留学時代の代表作には「黒扇」「チョチャラ」などがある。43年1月，4年間の留学を終えて帰国，同年5月には教授に任命される。同月，第13回白馬会展覧会に留学中の作品を特別展示して高い評価を受ける。その後，岡田三郎助と本郷洋画研究所を設立し，大正2年には川端画学校洋画部の指導者となる。同年，第7回文展に「うつつ」を出品し3等賞をうけるが，文展開催中に洋画部にも二科を設置する運動が山下新太郎，有島生馬，石井柏亭などによって行われ，これに参加する。しかし二科設置案は最終的には拒否され，二科運動は在野団体設立という方向に進み二科会が創設される。二科設置運動に参加したが，そののち黒田清輝の説得により文展にとどまり審査員として活動している。8年，文部省は文展を廃して帝国美術院を創設するが，その際，審査員に就任し，第1回帝展には「カンピドリオのあたり」を出品する。14年「東洋振り」翌年「芳蕙」などこの時期の代表作を発表，昭和12年には「旭日照六合」を御学問所へ献納する。同年，第1回文化勲章を受ける。昭和18(1943)年3月19日，脳溢血で死去。享年77歳。 [墓]東京・青山霊園

[文献] 藤島武二　近代画家群1(矢代幸雄)：芸術新潮　昭25.3／藤島武二の芸術(柳亮)：みづゑ　548　昭26／本朝洋画家伝　第二回藤島武二(隈元謙次郎)：中央公論　68(3)　昭28／現代日本美術全集7　集英社　昭48／日本人名大事典　現代編　平凡社　昭54／匠秀夫著作集　第2巻(匠秀夫)　沖積舎　平14

〔湯本豪一〕

藤島 常興　ふじしま・つねおき

文政12年(1829)～明治31年1月(1898)　機械技術者　[生]長門国長府惣社町　[渡]オーストリア：1873年(ウィーン万国博覧会視察)

文政12(1829)年，長州藩主毛利家に仕える金工の子として長門国長府惣社町に生まれる。安政3年(1858年)江戸に出て金工家の後藤一乗に師事するとともに，幕臣・江川坦庵のもとで西洋軍学を学んだ。明治5年工部省に出仕し，測量器・船用磁石の研究に従事。6(1873)年2月18日，ウィーン万国博覧会を視察するためオーストリアに出張し，同国の技師カラフトから精密機器の技術を習った。7年6月10日に

帰国したのち工作局に移って測量器の研究・製作を続けるが，9年に同局が廃止となったため10年に退官。以後は独力で製作を行い，11年理学器械の発明に成功した。同年勝海舟や伊藤博文らの援助を受けて東京に測量工学器製作の工場を設立し，竹製尺度目盛器や測量器などを次々に開発。16年には同工場を藤島製器学校に改編し，技師の育成と器械の製作に力を注いだ。画家としてもすぐれ，幕末期の下関戦争の様子を描いた『馬関戦争図』などの作品がある。明治31(1898)年1月死去。享年70歳。[墓]下関市・功山寺墓地(祈念碑)

[文献] 幕末明治海外渡航者総覧(手塚晃編) 柏書房 平4／事典近代日本の先駆者 日外アソシエーツ 平7／データベースWHO 日外アソシエーツ 〔藤田正晴〕

藤島 了穏　ふじしま・りょうおん

嘉永5年8月15日(1852)～大正7年11月12日(1918)　僧侶　西本願寺勧学　[生]近江国　[名]号=胆岳,威徳院　[渡]フランス：1882年(宗教学)

嘉永5(1852)年8月15日，近江国金法寺の住職の子として生まれ，西本願寺の西山教授校に学ぶ。同校卒業後，第21世西本願寺宗主・大谷光尊の命を受けて上京，法律を修め，13年より寺法の編纂に従事した。ついで西本願寺より派遣され15(1882)年から約7年間に渡ってフランスに留学。この間，義浄の『南海寄帰内法伝』をフランス語に翻訳し，フランス政府から勲章を授けられた。帰国後は西本願寺の寺務に携わり，司教を経て43年勧学に就任。著書は他に『三国仏法伝通縁起摘解』などがある。大正7(1918)年11月12日死去。享年67歳。

[文献] 幕末明治海外渡航者総覧(手塚晃編) 柏書房 平4／データベースWHO 日外アソシエーツ 〔藤田正晴〕

藤田 隆三郎　ふじた・りゅうざぶろう

? ～昭和5年12月27日(1930)　司法官　[生]宇和島　[渡]イギリス：1871年(留学)

生年不詳。宇和島の商人出身。明治4(1871)年9月以前に自費でイギリスに渡っている。のち名古屋控訴院長などを務めた。昭和5(1930)年12月27日死去。

[文献] 明治初年条約改正史の研究(下村冨士男) 吉川弘文館 昭37／近代日本の海外留学史(石附実) ミネルヴァ書房 昭47／近代日本海外留学生史 上(渡辺実) 講談社 昭52 ／データベースWHO 日外アソシエーツ 〔楠家重敏／富田仁〕

藤浪 鑑　ふじなみ・あきら

明治3年11月29日(1871)～昭和9年11月18日(1934)　病理学者　医学博士　帝国学士院会員　〔風土病の第一人者〕　[生]名古屋久屋町　[渡]ドイツ：1896年(病理学,病理解剖学)

明治3(1871)年11月29日，尾張藩侍医藤浪万得の長男として名古屋に生まれる。28年12月に帝国大学医科大学を卒業して大学院に入り，29(1896)年病理学および病理解剖学研究のためドイツに留学を命ぜられ，30年には医学博士の学位を受ける。33年12月に帰国し，京都帝国大学医科大学教授に任命され，病理学講座を担当する。36年から日本住血吸虫病，いわゆる片山病の研究に着手し，その病理および病理寄生虫について詳細な研究を行う。44年肺ペスト研究のため満州(現在の中国東北地方)に出張し，ついで奉天の疫病研究会議に参列，大正2年ふたたび欧州各国に出張する。7年「日本住血吸虫病の研究」により帝国学士院賞を受ける。12年ロックフェラー財団の招待でアメリカに渡る。また昭和2年国際連盟並びに外務省の嘱託によって南米ブラジルに出張する。3年にドイツのハイデルベルヒ大学から名誉神学博士の学位を贈られ，4年に帝国学士院会員に推され，6年には京都帝国大学名誉教授の名称を授けられる。実験腫瘍学，地理病理学の新領域の開拓にも貢献し，とくに広島県と山梨県の風土病の発見は著名である。昭和9(1934)年11月18日死去。享年65歳。

[文献] 藤浪先生追悼録(清野謙次) 人文書院 昭10／人としての故藤浪鑑氏(小室英夫)：科学 5(3) 昭10 ／藤浪先生遺影(清野謙次) 人文書院 昭11 ／藤浪鑑先生(森茂樹)：日本医事新報 1302 昭24 ／藤浪先生と片山病の研究(森茂樹)：日本医事新報 1352 昭25 ／藤浪鑑博士(平沢興)：健康教育 4(2) 昭28 ／藤浪鑑先生 対談(大川福造他)：現代医学 13(2) 昭41 ／日本人名大事典5 平凡社 昭54 ／藤浪先生追悼録―伝記・藤浪鑑(清野謙次編) 大空社 平10(伝記叢書) 〔村岡正明〕

藤波 言忠　ふじなみ・ことただ

嘉永5年9月12日(1852)～大正15年5月23日(1926)　宮中顧問官　子爵　〔牧畜を振興〕
⊕京都　⊕ドイツ：1885年

　嘉永5(1852)年9月12日、広橋胤保の子として京都に生まれ、藤波教忠の養子となる。元治1年3月に元服し伊勢権守を任じる。明治天皇13歳の頃から近侍した学友で、神祇権大副、宮内省九等出仕、侍従などを歴任し、多年宮中に奉仕する。また馬に対する鑑識眼は有名で、長く主馬頭として明治・大正天皇の馬術のお相手をし、新冠牧馬場御用掛、種畜場御用掛をつとめる。明治14年12月に牧畜振興意見を当時開催中の地方長官会議に提出し、これに基づき畜産諮詢会が設立される。17年7月に子爵を授けられる。18(1885)年7年御厩制度などの調査のためドイツへ派遣され、イギリス、フランス、ドイツ、オーストリアを経て21年11月に帰国する。22年～大正5年主馬頭として、明治・大正両天皇の馬術の御相手を務めた。大正5年貴族院議員となり、臨時帝室編修局副総裁、宮中顧問官を歴任する。和歌を好み、また平田篤胤没後の門人でもあった。大正15(1926)年5月23日死去。享年75歳。

文献　明治大正馬政功労11氏事蹟(山田仁市)　帝国馬匹協会　昭12／日本人名大事典5　平凡社　昭54／幕末明治海外渡航者総覧(手塚晃編)　柏書房　平4／大中臣祭主藤波家の研究(国学院大学日本文化研究所編)　続群書類従完成会　平12／データベースWHO　日外アソシエーツ　〔村岡正明／富田仁〕

伏見宮 貞愛親王　ふしみのみや・さだなるしんのう

安政5年4月28日(1858)～大正12年2月3日(1923)　陸軍軍人、元帥、皇族　⊕京都今出川通(清棲殿)　⊗幼名＝敦宮　⊕ドイツ：1885年(ドイツ憲法、政治学)

　安政5(1858)年4月28日、伏見宮邦家親王の第14子として京都に生まれる。孝明天皇の養子となるが、文久2年復籍し、明治5年伏見宮家を相続する。陸軍幼年学校から陸軍士官学校に進み、西南戦争に出征。18(1885)年8月渡欧して、10月からベルリン大学の教授グナイストについてドイツ憲法および政治学を学ぶ。ついでヨーロッパ各国を視察、アメリカを経て19年8月に帰国する。以後軍務に服し、日清・日露戦争に従軍。29年3月には明治天皇の名代としてロシア皇帝戴冠式に参列、37年陸軍大将となり、同年9月聖ルイ万国博覧会参列のためイギリスに渡る。翌年軍事参議官、大正1年内大臣府に出仕し、4年元帥となる。明治天皇、大正天皇の信任が厚く、名代としてしばしば外国に赴く。大正12(1923)年2月3日死去。享年66歳。　⊗東京都文京区・豊島岡墓地

文献　貞愛親王逸話　伏見宮家編刊　昭6／貞愛親王事蹟　伏見宮家編刊　昭6／近代日本海外留学生史　上(渡辺実)　講談社　昭52／日本人名大事典3　平凡社　昭54／明治維新人名辞典(日本歴史学会編)　吉川弘文館　昭56　〔村岡正明〕

伏見宮 博恭親王　ふしみのみや・ひろやすしんのう

明治8年10月16日(1875)～昭和21年8月16日(1946)　海軍軍人、元帥、皇族　⊕東京　⊕ドイツ：1889年(海軍軍事研修)

　明治8(1875)年10月16日、皇族で陸軍大将の伏見宮貞愛親王の第一子として生まれる。22年海軍兵学校に入学、同年(1889)の9月から28年10月まで海軍省の派遣によりドイツに留学する。帰国後は三笠分隊長、軍務局員、新高・沖島・浪速・日進の副長となり、40年海軍大学校選科を卒業する。この年12月から43年7月までイギリスに駐在する。その後高千穂・朝日・伊吹の各艦長を務め、大正2年横須賀鎮守府艦隊司令官、翌3年8月海軍大学校長となり、さらに第2戦隊司令官、第2艦隊司令長官、佐世保鎮守府司令長官、軍事参事官、海軍軍司令部長を歴任。昭和7年5月に元帥となってロンドン軍縮条約の承認に反対する。8年10月軍令部総長となり、ロンドン軍縮会議からの脱退や上海戦開始の指令など、対米開戦にそなえて戦備強化を上奏する。昭和21(1946)年8月16日死去。享年72歳。

文献　伏見宮殿下樺太御来島記(樺太庁編)昭5／近代日本海外留学生史　上(渡辺実)　講談社　昭52／日本人名大事典　現代編　平凡社　昭54　〔村岡正明〕

伏見宮 能久親王　ふしみのみや・よしひさしんのう

⇒北白川宮能久親王(きたしらかわのみや・よしひさしんのう)を見よ

藤村 義朗　ふじむら・よしろう

明治3年12月4日(1871)～昭和8年11月27日(1933)　実業家,政治家　男爵　[生]京都府　[名]幼名=狐狸馬　[渡]イギリス：1885年(留学)

明治3(1871)年12月4日，のちに貴族院議員を務めた藤村紫朗の子として京都に生まれる。熊本済々黌教授を経て，明治18(1885)年イギリスに私費留学し経済を学ぶ。明治27年三井鉱山に入社。30(1897)年欧米を巡遊しケンブリッジ大学，セントジョンズ大学を卒業，31年三井物産に転じ，39(1906)年ロンドン支店勤務，42年帰国。明治42年家督を相続し男爵を襲爵。本社人事課長，調査課長を経て，大正3年上海支店長，4年英国会社上海紡績有限公司専務を兼任，7年三井物産取締役となる。同年貴族院議員，公正会に属し幹事をつとめる。9年大正日日新聞社長，10年全国養蚕組合連合会会長，13年清浦奎吾内閣の逓相。辞任後は東京瓦斯取締役，国際電話社長，蚕糸業界の役員などを務めた。著書に『東野選稿―藤村義朗遺稿』がある。昭和8(1933)年11月27日死去。享年63歳。

[文献] 幕末明治海外渡航者総覧(手塚晃編)　柏書房　平4／データベースWHO　日外アソシエーツ　〔藤田正晴〕

藤本 盤蔵　ふじもと・ばんぞう

生没年不詳　長州藩留学生　[生]長州　[名]別名=盤造　[渡]イギリス：1867年(兵学)

生没年不詳。長州の出身。慶応3(1867)年3月，長州藩は毛利藤四郎，福原芳山，河瀬安四郎の3人を兵学修業のためイギリス留学させたが，このとき福原の従者として同行した。のちロンドンのユニバーシティ・カレッジに入学し，明治5年に同校を卒業している。その後の消息は不明。

[文献] 明治初年条約改正史の研究(下村冨士男)　吉川弘文館　昭37／近代日本の海外留学史(石附実)　ミネルヴァ書房　昭47／英語事始(日本英学史学会編)　日本ブリタニカ　昭51　〔楠家重敏〕

藤森 圭一郎　ふじもり・けいいちろう

弘化3年(1846)～明治14年6月18日(1881)　華頂宮従者　[生]盛岡　[渡]アメリカ：1870年(華頂宮に同行)

生没年不詳。盛岡の出身。明治3(1870)年，東隆彦(華頂宮)の従者としてアメリカに渡る。同年閏10月，華頂宮とニューヨーク郊外のブルックリンに滞在していた。が年帰国の後は大蔵省に出仕。明治14(1881)年6月18日死去。享年36歳。

[文献] 近代日本の海外留学史(石附実)　ミネルヴァ書房　昭47／近代日本海外留学生史 上(渡辺実)　講談社　昭52／幕末明治海外渡航者総覧(手塚晃編)　柏書房　平4　〔楠家重敏／富田仁〕

藤山 種広　ふじやま・たねひろ

生没年不詳　技術者　〔ガラス,鉛筆製造の元祖〕　[渡]オーストリア：1873年(ガラス製法の伝習)

生没年不詳。佐賀鍋島家で経営するガラス工場(精煉方)に勤めたのち，明治6(1873)年1月30日，ウィーン万国博覧会にガラス技術の伝習生として，メガネ製法の朝倉松五郎とともに政府から派遣される。当時わが国は新しい産業をはじめるのが急務だったので66名の諸工業の技術伝習者を送ったが，このうち23名は閉会後も居残ってさらに数ヶ月洋式技術の指導をうけた。彼の伝習技術の種目は，ガラス，活字，活字紙型，鉛筆の各製造法である。翌77年5月27日に帰国。工部省が設立した品川硝子製作所に初の日本人技術担当者として参加する。これがわが国における現代洋式ガラス工業の発端となる。初期の品川硝子製作所では，赤色ガラスを透明ガラスに被せた切子ガラス，ツイスト・ガラス風の装飾などを作った。また井口直樹と共同で鉛筆の製造をはじめ，わが国の鉛筆製造業の元祖となる。その後いくばくもなく没したが，ガラスや鉛筆の製造工業に貢献した功績は大きい。

[文献] 日本ガラス工業史(杉江重誠編)　日本ガラス工業史編集委員会刊　昭25／万国博(春山行夫)　筑摩書房　昭42／近代日本の海外留学史(石附実)　ミネルヴァ書房　昭59／幕末明治海外渡航者総覧(手塚晃編)　柏書房　平4／朝日日本歴史人物事典　朝日新聞社　平6　〔村岡正明／富田仁〕

二橋 謙　ふたつばし・けん

安政4年3月11日(1857)～明治36年(1903)　外交官　〔シベリア鉄道工事,日露辞典の編纂に貢献〕　[生]奥州(西磐井郡)一ノ関村(12番戸)　[名]幼名=於莵三郎　[渡]ロシア：1874年(日本公使館に派遣)

安政4(1857)年3月11日, 士族・二橋惣左衛門の三男として奥州一ノ関に生まれる。明治5年5月10日謙と改名。7(1874)年ペテルブルグの日本公使館に派遣された官選留学生の1人で, 初代公使榎本武揚に認められ, 10年3月12日付で在露公使館付書記二等見習になる。14年2月15日公信局勤務となり帰国するが, 同年9月5日ふたたび在露公使館勤務を命じられ, 9月13日に結婚し, 妻きやう(江連堯則の長女)を伴い渡露。18年機密電信により帰国する。その後, 翻訳局, 交際官試補, 総務局往復課長を経て, 22年11月5日浦潮(ウラジオストック)貿易事務官に任じられる。26年8月にロシア皇帝から神聖スタニスラス第二勲章を授与される。同年11月に一等書記官に昇進し日露外交に活躍する。とくに28年シベリアの烏蘇利鉄道工事における労務管理で発揮した政治的手腕で内外に名声をはせる。しかし, 33年8月サガレン島漁業区における日露漁民の紛争に関連して3年間の休職処分を受け, 36年10月に退官。その間に『日露字典』の編纂につとめ, 37年に丸善から出版する。明治36(1903)年, 東京牛込区東五軒町37番地で死去。享年47歳。

[文献] 明治初期の遣露留学生列伝(西村庚)：ソ連研究 8(11) 昭34.11／日本人名大事典5 平凡社 昭54 〔関田かおる／富田仁〕

二葉亭 四迷 ふたばてい・しめい
文久4年2月3日(1864)～明治42年5月10日(1909) 小説家, 翻訳家 〔ツルゲーネフの作品を紹介〕 ㊟江戸市ヶ谷(尾張藩上屋敷)
㊞本名＝長谷川辰之助 別号＝冷々亭杏雨, 四明 ㊡ロシア：1908年(朝日新聞特派員)

文久4(1864)年2月3日, 尾張藩士長谷川吉数(通称岩蔵)の長男として, 江戸市ヶ谷で生まれる。維新後, 両親の郷里名古屋で漢学とフランス語を学ぶ。以後父に従って東京から松江, 松江から東京へと転じて成長する。のちに回想しているように, 幼少時の動乱は, 原体験として, 自称するところの政治好きな気質「維新の志士肌」の形成をもたらした。明治8年の樺太千島交換事件に対する世論の沸騰などに刺激されて, やがてロシアの南下政策防止を生涯の使命とするようになる。その目的達成のために, 11年以降, 陸軍士官学校を三度受験するが三度とも失敗し外交官志望に転ずる。「将来日本の深憂大患となるのはロシアに極ってる。こいつは今の間にどうにか禦いで置かなきゃかんわい—それにはロシア語が一番必要だ」(「予が半生の懺悔」)として, 14年, 東京外国語学校露語部に入学, 給費生となる。上級にのち, 共にロシア文学の翻訳紹介につとめた嵯峨の屋御室(矢崎鎮四郎)がいた。当初の目的ロシア南下阻止のためのロシア語学習は, 亡命ロシア人(アメリカ籍)のニコライ・グレー教授との相遇と, そのきわめて文学的な授業を通して, やがて次第に文学そのものの研究へと傾斜していくことになる。ゴーゴリ, ツルゲーネフ, ゴンチャロフ, ドストエフスキー, ベリンスキーなどとの出会いは, ロシア文学特有の社会性・政治性との出会いであった。それは「維新の志士肌」とあいまって, 彼の文学的資質の開花をうながした。18年, 学制改革により東京外国語学校が廃校となり, 東京商業学校に併合されると, その処置を不満として, 卒業まで半年を残して退学する。19年1月, 『小説神髄』『当世書生気質』などによって, 新文学の先峰として活躍しはじめていた坪内逍遙を訪ねる。逍遙の成功と刺激によって, 文学者として立つ決意を固め, 逍遙の教示により文筆活動を開始するが, 彼の文学との関わり方は, 文学を通して社会問題を解剖し, 文明批評を実践することにあった。20年6月『新編 浮雲』第一編を「春のや主人・二葉亭四迷合作」として, 翌21年2月第二編を金港堂より刊行する。またツルゲーネフの『あひゞき』『めぐりあひ』を翻訳発表するなど, 新文学の旗手としての名声を確立する。22年『浮雲』第三編執筆中に思想的動揺をきたし, 中絶の止むなきに至り, 自らの文才への疑問と生の煩悶などから, 8月, 初心をひるがえして内閣官報局雇員へと転身を図る。同局には高橋健三, 浜田健次郎, 古川常一郎などがいて, 局内の雰囲気には独特なものがあったという。30年末までの間, 仕事として英露の新聞の翻訳などをしながら, 自己内部の充電につとめる。哲学, 医学, 心理学, 宗教など幅広く研究心を燃焼させる。31年3月陸軍大学嘱託, 同年11月海軍編修書記などを経て, 32年9月, 東京外国語学校教授となる。しかし「年来の宿志」である対ロシア問題を捨てることができず, 35(1902)年5月, 日本貿易協会嘱託の肩書で, ウラジオストックの徳永商店ハルビン支店顧問として, 初めて大

陸へ渡る。しかし処を得ることができず、京師警務学堂（警察学校）監督をしていた川嶋浪速を北京に訪ね、彼の下で務める。36年7月川嶋との折り合いが悪化したのを機に帰国するが、東亜経営問題は依然として「年来の宿志」であった。37年3月大阪朝日新聞東京出張員となり、池辺三山らの尽力もあって『其面影』を「東京朝日新聞」に発表、処女作品『新編 浮雲』以来18年ぶりに小説家として文壇に復帰する。41（1908）年ロシアの作家ダンチェンコの来日が起縁となって、ロシア行が実現することになる。6月12日朝日新聞社ロシア特派員として新橋駅を発ち、22日ハルピン着、7月15日ペテルブルグに到着する。42年2月風邪をこじらせ、3月肺炎および肺結核を診断されて露都病院に入院する。3月24日病状悪化の中、帰国を決意。ロンドン経由で日本郵船の加茂丸で東へと向かう。マルセイユ、ポートサイド、スエズ、コロンボを経て、望郷の念ひたすらに高じる中、明治42（1909）年5月10日、ベンガル湾上で死去。享年46歳。のちに「体温日記」と名付けられたメモは、文学（虚業）と実業界の間を大きく揺れ通した一生を生々しく物語っていて、象徴的である。

[文献] 露国に赴かれたる長谷川二葉亭氏（小栗風葉等）：趣味 3(7) 明41.7／二葉亭四迷—各方面より見たる長谷川辰之助君及其追憶（坪内逍遙、内田魯庵編）易風社 明42／露文日記（遺稿）：文芸 2(10, 11) 昭9／二葉亭露文日記：新潮 33(5, 9) 昭11／賀茂丸船上の二葉亭（中山省三郎）：文芸 5(10) 昭12／日記抄：展望 34 昭23／二葉亭四迷の生涯と芸術（中村光夫）『現代日本文学全集1』 筑摩書房 昭31／近代文学研究叢書 10（昭和女子大学近代文学研究室編） 昭和女子大学近代文化研究所 昭33／二葉亭四迷伝（中村光夫） 講談社 昭33／二葉亭四迷の翻訳文学（関良一）：国文学解釈と教材の研究 4(5) 昭34／長谷川二葉亭とロシア文学の創作上のつながり（エル・ゲ・カールリナ著 漆原隆子訳）：日本文学 11(7) 昭37／二葉亭四迷のロシア人・ポーランド人との交渉（安井亮平）：文学 34(8) 昭41／二葉亭四迷（中村光夫）『明治文学全集17』 筑摩書房 昭46／二葉亭四迷論（十川信介） 増補 筑摩書房 昭59／日記・手帳（二葉亭四迷） 筑摩書房 昭61／二葉亭四迷全集／戦争と革命の放浪者 二葉亭四迷（亀井秀雄） 新典社 昭61（日本の作家）／二葉亭四迷と明治日本（桶谷秀昭） 文芸春秋 昭61／二葉亭四迷伝（中村光夫） 日本図書センター 昭62（近代作家研究叢書）／日記・手帳 2（二葉亭四迷） 筑摩書房 平1（二葉亭四迷全集）／二葉亭四迷伝—ある先駆者の生涯（中村光夫） 講談社 平5（講談社文芸文庫）／二葉亭四迷—予が半生の懺悔／平凡（二葉亭四迷著，畑有三編） 日本図書センター 平6（シリーズ・人間図書館）／二葉亭四迷研究（佐藤清郎） 有精堂出版 平7／二葉亭四迷と明治日本（桶谷秀昭） 小沢書店 平9（小沢コレクション）／間諜 二葉亭四迷（西木正明） 講談社 平9（講談社文庫）／二葉亭四迷とその時代（亥能春人） 宝文館出版 平10 〔尾形国治〕

二見 鏡三郎　ふたみ・きょうざぶろう

安政3年9月3日(1856)～昭和6年2月10日(1931)
鉄道技術者　京都帝国大学名誉教授　㊦上総国松尾　㊇アメリカ：1888年（土木工学）

　安政3（1856）年9月3日、上総国松尾に生まれる。明治12年東京大学理学部土木科を卒業。内務省地理局から参謀本部陸地測量部に移り、全国の三角測量に従事。明治21（1888）年アメリカに派遣され土木工学を実地研究し、同地のアトランティック・アンド・パシフィック鉄道技師としてコロラド川、レッドコック架橋工事に従事し、ついでイリノイ州ビオリア市水道会社の技師を務める。23年に帰国後、大阪鉄道の技師長として鉄道敷設に従事、25年から福井県技師として一般土木工事を行い、九頭竜川改修を調査計画した。28年第三高等学校教授を経て、30年京都帝国大学理工科大学教授に就任。32年工学博士。36（1903）年5月、土木工事及び工科大学視察のためヨーロッパに出張し、37年3月帰国。大正3年官制改正により京都帝国大学教授となり、12年退官し名誉教授。土木工学、特に鉄道工事及び架橋を専門とした土木学界の元老であった。昭和6（1931）年2月10日死去。享年76歳。

[文献] 幕末明治海外渡航者総覧（手塚晃編） 柏書房 平4／データベースWHO 日外アソシエーツ 〔藤田正晴〕

淵辺 徳蔵　ふちべ・とくぞう

生没年不詳　幕臣　勘定格調役　㊇イギリス：1862年（遣欧使節に随行）

生没年不詳。文久1(1862)年12月，45歳頃オールコック駐日イギリス公使の賜暇帰国に同行し，2ヶ月後にロンドンで遣欧使節に合流する。

[文献] 大君の使節—幕末日本人の西欧体験（芳賀徹）　中央公論社　昭43（中公文庫163）／幕末教育史の研究2—諸術伝習政策（倉沢剛）　吉川弘文館　昭59　　　〔富田仁〕

舟木　真　ふなき・しん

弘化4年7月15日(1847)～大正5年2月5日(1916)　官吏，開拓家　⊕常陸国　⊗オーストラリア：1875年（牧畜視察）

　弘化4(1847)年7月15日，常陸国に生まれる。下館藩士。のち内務省官吏となり，明治8(1875)年オーストラリアに派遣され牧畜を視察。翌年には清国を視察。明治12年綿羊飼育を中心とする西洋式農法を志して茨城県鹿田原の国有地払い下げを受け，波東農社を設立した。大正5(1916)年2月5日死去。享年70歳。

[文献] 幕末明治海外渡航者総覧（手塚晃編）　柏書房　平4／データベースWHO　日外アソシエーツ　　　　　〔藤田正晴〕

船木　練太郎　ふなき・れんたろう

生没年不詳　海軍軍人　〔海軍兵学校教頭〕　⊕金沢　⊗イギリス：1875年（軍用術，砲術）

　生没年不詳。金沢の出身。明治4年に海軍兵学寮に入り，8(1875)年6月9日，軍用術および砲術修業のためイギリスへ留学する。ロンドンのグリニッジ海軍学校に入学し，イギリス地中海艦隊のヘルクレス号に乗船し員外艦士試補に任命された。14年7月に帰国し兵学校管轄となる。26年1月，海軍兵学校の教頭となる。

[文献] 海軍兵学校沿革（海軍兵学校編）　原書房　昭43／近代日本の海外留学史（石附実）　ミネルヴァ書房　昭47　　　〔楠家重敏〕

船越　熊吉　ふなこし・くまきち

嘉永5年(1852)～?　兵学寮留学生　⊕広島　⊗フランス：1870年（砲学，海軍伝習）

　嘉永5(1852)年，広島藩士の家に生まれる。明治3(1870)年，兵学寮生徒として同寮教師シャルル・ビュランに同行してフランスに渡る。フランス到着は11月28日で，サンルイ学校で普通学を修めるが，その専攻分野は砲術学である。海軍伝習にも従う。その後の消息は不明。

[文献] 近代日本海外留学生史　上（渡辺実）　講談社　昭52／フランスとの出会い—中江兆民とその時代（富田仁）　三修社　昭56／幕末明治海外渡航者総覧（手塚晃編）　柏書房　平4　　　〔富田仁〕

船越　慶次　ふなこし・よしつぐ

生没年不詳　越前藩留学生　⊕福井　⊗アメリカ：1867年（工学）

　生没年不詳。福井の出身。慶応3(1867)年7月25日，越前藩の公費留学生としてアメリカ船コロラド号で横浜を出帆する。平賀義質，青木善平らとともにアメリカに渡り，ハーバート大学で工学を研修する。その後の消息は不明。

[文献] 近代日本の海外留学史（石附実）　ミネルヴァ書房　昭47／近代日本海外留学生史　上（渡辺実）　講談社　昭52　　　〔楠家重敏〕

古市　公威　ふるいち・こうい

嘉永7年7月12日(1854)～昭和9年1月28日(1934)　土木工学者　工学博士　男爵　〔近代土木工学の権威，日仏文化交流に尽力〕　⊕江戸蠣殻町　⊗諱＝考薫，通称＝浩次，幼名＝兵庫郎　⊗フランス：1875年（工学）

　嘉永7(1854)年7月12日，姫路藩士古市孝の長男として江戸蠣殻町の中屋敷に生まれる。明治2年東京開成所に入学。翌年太政官より各藩に人材を大学南校に貢進するよう通達があったのを機に，姫路藩貢進生として入学。フランス語専修者74名中抜群の成績を修め，明治天皇臨幸のときフランス語で御前進講を行った。明治8(1875)年7月18日文部省留学生に選ばれ横浜を出航，9月1日パリに到着。翌年エコール・サントラル（工科大学）に3番の成績で入学し，土木工学を修める。木下広次，栗塚省吾など南校時代の友人も滞在中であった。11年パリ万国博覧会と欧州各国の教育制度の調査のため渡仏した九鬼隆一，中川元とも会う。13年7月エコール・サントラル卒業，9月1日パリを出発し10月21日横浜に帰国後内務省土木局に勤め，信濃川，庄川などの河川工事にあたり，近代的土木技術を伝える。19年帝国大学創立と同時に工科大学教授兼工科大学長となり，河川・運河・港湾工学などの講義を持ち，工科大学の基礎造りに尽力。この年，東京仏学校を創設し，教育関係の仕事にも力を入れている。21年わが国最初の工学博

士となる。23年内務省と兼務のまま土木局長に就任。土木行政の改善につとめ、全国の河川治水・港湾修築を行い、さらに土木法規を制定するというように活躍し、これまでのお雇い外国人土木技術者に代わりわが国における近代土木技術の最高権威となった。31年内務省および工科大学を辞し、通信省総務長官兼官房長に就任。36年鉄道作業局長官、京釜鉄道会社総裁、韓国総監府鉄道管理局長官などを歴任。当時わが国とロシアの関係険しく、日露戦争開戦直前に京釜鉄道を突貫工事で完成させた。39年帝国学士院会員となる。土木関係の仕事だけでなく、水力発電、上水道などの指導にもあたる。土木学会初代会長、日本動力協会会長、理化学研究所長、学術研究会議初代会長、万国工業会議長、帝国学士院第二部長などの要職にあり幅ひろい活躍をした。14年創立の仏文会を母胎にして19年に古市をはじめ、辻新次、長田銈太郎、栗塚省吾、寺内正毅、平山威信、山崎直胤の7名が中心となり仏学会を組織し、大正3年には日仏協会理事長となり、日仏親善と文化交流に尽力。昭和9(1934)年1月28日死去。享年81歳。

⊕東京・染井霊園

文献 古市博士の薨去：建築雑誌 48(581) 昭9／古市公威 故古市男爵記念事業会編刊 昭12／仏蘭西学のあけぼの(富田仁) カルチャー出版社 昭50／日本人名大事典5 平凡社 昭54／日仏文化交流史の研究―日本の近代化とフランス人(西堀昭) 駿河台出版社 昭56／古市公威とその時代(土木学会土木図書館委員会, 土木学会土木史研究委員会編) 土木学会 平16 〔寒河江実〕

古川 研二郎　ふるかわ・けんじろう

生没年不詳　伊万里県留学生　⊕伊万里
㋐アメリカ：1871年（留学）

生没年不詳。伊万里の出身。明治4(1871)年9月以前に伊万里県の費用でアメリカに渡る。5年2月帰国。その後の消息は不明。

文献 明治初年条約改正史の研究(下村冨士男) 吉川弘文館 昭37／近代日本の海外留学史(石附実) ミネルヴァ書房 昭47／近代日本海外留学生史 上(渡辺実) 講談社 昭52／幕末明治海外渡航者総覧(手塚晃編) 柏書房 平4 〔楠家重敏／富田仁〕

古河 潤吉　ふるかわ・じゅんきち

明治3年10月4日(1870)～明治38年12月12日(1905)　鉱業家　古河財閥2代目当主　㊤旧名＝陸奥　㋐アメリカ：1888年（鉱山学）

明治3(1870)年10月4日、陸奥宗光の二男として生まれる。幼くして古河市兵衛の養子となる。佐渡鉱山学校で採鉱冶金を修め、明治21(1888)年アメリカに私費留学、コーネル大学に入り化学と鉱学を学び、27年帰国。古河鉱業の経営難に事業及び理財の改革につとめたが、健康を害し、明治38(1905)年12月12日死去。享年36歳。

文献 幕末明治海外渡航者総覧(手塚晃編) 柏書房 平4／データベースWHO 日外アソシエーツ 〔藤田正晴〕

古川 庄八　ふるかわ・しょうはち

天保7年7月7日(1836)～明治45年2月18日(1912)　海軍技師　⊕讃岐国塩飽瀬居島
㋐オランダ：1862年（操航・水夫長の職務研修）

天保7(1836)年7月7日(一説によれば天保6年2月4日)、古川庄兵衛の四男として讃岐国塩飽瀬居島に生まれる。生家は代々、漁業と農業を営んでいた。長じて塩飽出身の水夫らと長崎海軍伝習所で伝習に参加し、のちに御軍艦操練所に移る。文久2(1862)年、幕府派遣の海軍留学生の一員として渡蘭することになり、3年4月オランダ到着後、ライデンのアウデ・レイン43番地に山下岩吉とともに下宿し、航海訓練学校に特別研修生として入学。実習訓練をうけるかたわら、開陽丸の竜骨がすえられた時点で山下とともにドルトヒトに移り、同艦の艤装を手伝う。慶応3年3月26日帰国。帰国後、榎本らの旧幕臣と行動をともにし、開陽丸の組頭となって北海道に走る。同艦の沈没後、回天丸の乗組員となり、軍艦役並(士官の職掌)に進む。明治4年10月より、開拓使御用掛に出仕し、月給150両を給され、6年3月まで勤めた。この間、帆前船の船長として物資の輸送に従事。明治9年頃より海軍技師として横須賀造船所に勤務し、海軍二等工長となり、翌10年一等工長に進む。19年、製銅工場長兼船具工場長となる。28年3月、清国・威海衛に派遣され沈没艦の定遠・鎮遠の引き揚げに従事する。33年依願退職し、横須賀で悠々自適の生活に入る。横須賀に滞在中、浦賀船渠株式会社船渠長に迎えられ、のち同社の顧問となる。

明治45年(1912)2月18日死去。享年77歳。
🏯東京南麻布・光林寺
[文献] 赤松則良半生談(赤松範一編) 平凡社 昭52(東洋文庫)／日本人名大事典5 平凡社 昭54／幕府オランダ留学生(宮永孝) 東京書籍 昭57(東書選書)／幕府オランダ留学生―職方について(宮永孝):法政大学教養部紀要 社会科学編 47 昭58／幕府オランダ留学生―職方・山下岩吉(宮永孝):法政大学教養部紀要 社会科学編 51 昭59／続・幕末和蘭留学関係史料集成(日蘭学会編) 雄松堂 昭59　　　　　　　　　　〔宮永孝〕

古川 常一郎　ふるかわ・つねいちろう
?～明治34年1月27日(1901)　官吏,語学教師　東京外国語学校教員,内閣官報局　〔官版ロシア語辞典の共編者〕　㊙佐賀　㊚ロシア：1871年(ロシア語)

　生年不詳。佐賀藩の出身。大隈重信の書生をつとめていたが,明治4年(1871)ロシア留学生となり,浦潮(ウラジオストック)貿易事務館創設当初の初代貿易事務官に従って赴任する。同地でロシア語を学び7年に公使館書記二等見習となる。帰国後,12年3月外国語学校のロシア語教員に任命される。18年に外国語学校の廃止により,内閣官報局勤務になる。高官筋とは浅からぬ縁故もあったが,社会的野心もなく月俸40円の官報局一属僚に甘んじていた。とはいえ,当時の官報局は局長が高橋健三,翻訳課長が浜田健次郎,その下に陸実らがおり,表玄関の受付に嵯峨寿安が控えていて,まさに梁山泊のごとき雰囲気であったという。外国語学校を退学した二葉亭四迷を斡旋して,官報局に勤めさせたのはこの頃のことである。卓落不羈の性格であるために後任の局長奥田義人と相容れず,30年官報局を退職する。高等商業学校に廃止・吸収された外国語学校が32年東京外国語学校として再設されたので,ふたたびロシア語科教員として返り咲き,同じく官報局を辞職していた二葉亭四迷を招聘する。二葉亭の東京外語在職期間は3年足らずであったが,市川文吉,長谷川辰之助(二葉亭四迷)を加えたロシア語科は人気が高く,「ロシア語界の三川」と称される。語学力は市川文吉に優るともいわれ,市川らとの共編『露和字彙』は彼の功績を物語るものであり,日本最初の官版ロシア語辞典として明治・大正期を通じ広く愛用される。門弟には,二葉亭四迷のほか,平生駈三郎(後の文相),川上俊彦,大庭景秋らがいる。しかし,権門に頭を下げることを嫌う性格から東京外国語学校もいつの頃からか休職し,二葉亭四迷の経済的援助を受ける不遇な晩年であった。休職中の明治34(1901)年1月27日死去。
[文献] 露和字彙(文部省編輯局) 明20／露和字彙 原本文部省編輯局蔵版(古川常一郎増補訂正) 増訂版 大日本図書,丸善 明36／おもひ出す人々(内田魯庵) 春秋社 大14／明治初期の遣露留学生列伝(西村庚):ソ連研究 8(11) 昭34.11／日本人とロシア人物語日露人物往来史(中村新太郎) 大月書店 昭53／幕末明治海外渡航者総覧(手塚晃編) 柏書房 平4　　　〔関田かおる／富田仁〕

古川 正雄　ふるかわ・まさお
天保8年3月4日(1837)～明治10年4月2日(1877)　教育者　慶応義塾初代塾長　〔日本最初の世界統計書〕　㊙安芸国(山県郡)川小田村　㊚旧名＝岡本　通称＝周吉,節蔵,名＝約,字＝博卿　㊚オーストリア：1873年(ウィーン万国博覧会)

　天保8(1837)年3月4日,安芸国川小田村に庄屋の五男として生まれる。大坂に出て緒方洪庵の適塾に学び,同門の福沢諭吉と知り合う。安政5年(1858年)福沢と共に上京,同居して慶応義塾の塾生第1号となり,初代塾長に就任。福沢の世話により幕臣の古川家の養子となり古川節蔵を名のった。万延1年(1860年)岡本博卿の名で翻訳した「万国政表」はオランダ語から訳され,我が国最初の世界統計書とされる。戊辰戦争では軍艦長崎丸艦長として榎本武揚に従い箱館に向かうが,途中で官軍に降伏した。維新後は新政府に出仕,名も正雄に改め,築地海軍兵学校教官を務めた。のち工部省に転じ,明治6(1873)年ウィーン万国博覧会開催に際して同地に派遣された。中村敬宇,岸田吟香らと東京訓盲院設立にも参画した。明治3年には国語読本と地理書を兼ねた初等教育用読み本「絵入知恵の環」を刊行,我が国最初の小学教科書といわれる。他の著作に『洋行漫筆』『ちゑのいとぐち』などがある。明治10(1877)年4月2日死去。享年41歳。
[文献] 幕末明治海外渡航者総覧(手塚晃編) 柏書房 平4／データベースWHO 日外アソシエーツ　　　　　　　　〔藤田正晴〕

古沢 滋　ふるさわ・しげる
弘化4年1月11日(1847)～明治44年12月22日(1911)　政治家，民権論者　〔民選議院設立建白書を起草〕　⊕土佐国(高岡郡)佐川　⊗幼名＝迂郎　㊙イギリス：1868年(外国事情視察)

　弘化4(1847)年1月11日，高知藩士古沢南洋の二男として生まれる。父の薫陶を受けて，文久2年上洛し討幕勤王の運動に身を挺する。明治1(1868)年太政官の命によりイギリスに留学する。英国議院政治の盛況をまのあたりにみて，その重要性を痛感する。小室信夫とともに，ロンドンよりサンフランシスコ港を経由し，太平洋を渡って6年11月に帰国する。7年1月に板垣退助らとともに愛国公党を結成し，天賦民権論にもとづいて自由民権運動を展開する。この時，一同によって左院に提出した民選議院設立建白書は，彼が草したものである。同年4月ともに立志社を設立し，ついには翌8年，全国的政党である愛国社を結成する。また大阪日報社長，自由新聞主筆として，民権論を鼓吹する。のちに官界に入り，大蔵，内務，農商務，通信の各省に出仕し，奈良，山口，石川各県の知事を歴任する。明治7年貴族院議員に任ぜられる。明治44(1911)12月22日死去。享年65歳。

　|文献|　近代日本海外留学生史　上(渡辺実)　講談社　昭52／幕末明治海外体験詩集(川口久雄編)　大東文化大学東洋研究所　昭59
〔羅秀吉〕

古谷 簡一　ふるや・かんいち
天保11年8月28日(1840)～明治8年7月26日(1875)　官吏　箱館奉行定役出役　⊕江戸麻布　㊙ロシア：1866年(遣露使節に随行)

　天保11(1840)年8月28日，幕臣古谷岩之の第三子として江戸麻布に生まれる。榎本釜次郎らと昌平黌に学ぶ。箱館の官吏として奉行小出大和守の信任を得て，慶応2(1866)年遣露使節の一行に連なり樺太問題のためペテルスブルグに赴く。明治1年，出納権判司事と皇学所掛を兼ねる。5年，租税権助となり，7年に勧業助に転ず。明治8(1875)年7月26日死去。享年36歳。⦿上野・谷中霊園

　|文献|　明治過去帳―物故人名辞典(大植四郎編)　東京美術　昭46／幕末教育史の研究2―諸術伝習政策(倉沢剛)　吉川弘文館　昭59
〔楠家重敏〕

古矢 弘政　ふるや・ひろまさ
嘉永7年9月10日(1854)～大正12年5月2日(1923)　陸軍軍人　〔戸山軍楽校長〕　⊕江戸　㊙フランス：1882年(軍楽)

　嘉永7(1854)年9月10日，江戸に生まれる。横浜仏蘭西語学所伝習生となるが維新後は終生陸軍畑を歩きとおす。明治4年11月25日兵部省下等通弁，5年には兵学寮の伝習事務掛となり歩兵科教師附を経て，8月18日ラッパをとくに専門とするフランス人軍楽教師ギュスターヴ・ダグロンに師事して，その分野を学び始める。以後何度か野営演習場へも出張し，廃寮後は陸軍省に出仕する。その間，13年7月6日にはその教導団からやはり軍楽隊教師に附けられる。15(1882)年8月15日その研究のためにフランス留学が命ぜられ，9月9日に出発する。パリ・コンセルバトアールに学び，22年10月19日帰国し，11月15日から同省監軍部戸山学校軍学舎一等軍楽長，やがて同軍楽校長を務めるなど，日本の音楽史に大きな足跡を残す。第4回内国勧業博覧会では審査官をも務める。大正12(1923)年5月2日死去。享年70歳。

　|文献|　日仏文化交流史の研究―日本の近代化とフランス人(西堀昭)　駿河台出版社　昭56／横須賀製鉄所の人びと―花ひらくフランス文化(富田仁，西堀昭)　有隣堂　昭58(有隣新書25)／幕末明治海外渡航者総覧(手塚晃編)　柏書房　平4／日本芸能人名事典　三省堂　平7／データベースWHO　日外アソシエーツ
〔山口公和／富田仁〕

不破 与四郎　ふわ・よしろう
生没年不詳　金沢藩留学生　⊕金沢　㊙イギリス：1869年頃(藩軍艦奉行に同行)

　生没年不詳。明治2(1869)年から4年まで金沢藩の軍艦奉行に同行して渡英し，4年には官費留学生となっている。6年5月5日に帰国。その後の消息は不明。

　|文献|　近代日本の海外留学史(石附実)　ミネルヴァ書房　昭47／幕末明治海外渡航者総覧(手塚晃編)　柏書房　平4
〔富田仁〕

文右衛門　ぶんえもん
？～文化4年4月29日(1807)　稲若丸乗組員　㊙アメリカ：1806年(漂流)

　生年不詳。稲若丸の水主として岩国から江戸へ飼葉，畳床などを運んだ後，文化3(1806)年1月6日伊豆下田沖で強い西風と雨のため漂

流。3月20日乗組員8人は日本より相当離れた南東海上でアメリカ船テイバー号に救助され，4月28日ハワイのオアフ島に上陸させられた。8月下旬シナ行きのアメリカ船に乗せられてマカオから広東へ送還されたが，広東では漂流者の受取りを拒絶したので，12月再びマカオへ連れ戻された。船長デラノの好意で異人の屋敷にしばらく逗留の後，12月25日，清国船に乗せられてマカオを出帆，翌4（1807）年1月21日ジャカルタに到着した。そこから日本行きのオランダ船に乗って帰国する事が確実になったのであるが，ジャカルタに到着すると間もなく全員がマラリアなどの病気にかかり，文化4（1807）年4月29日，彼と新名屋吟蔵は当地で死去。

[文献] 異国漂流奇譚集（石井研堂）　福長書店　昭2／日本人漂流記（荒川秀俊）　人物往来社　昭39／日本人漂流記（川合彦充）　社会思想社　昭42（現代教養文庫A530）／江戸時代ハワイ漂流記—『夷蛮漂流帰国録』の検証（高山純）　三一書房　平9　〔安藤義郎〕

【へ】

別所 左二郎　べっしょ・さじろう

生没年不詳　[渡]フランス：1864年（遣仏使節に随行）

生没年不詳。文久3（1864）年，遣仏使節に随行する。

[文献] 幕末教育史の研究2—諸術伝習政策（倉沢剛）　吉川弘文館　昭59　〔富田仁〕

ペドロ・カスイ・岐部　ぺどろ・かすい・きべ

天正15年（1587）～寛永16年7月4日（1639）　イエズス会神父　〔キリシタン布教・殉教，日本人初のエルサレム巡礼〕　[生]豊後国国東　[渡]イタリア：1620年（司教職授与）

天正15（1587）年，ロマノ岐部の子として豊後国の国東で生まれた。13歳のとき有馬のセミナリオに入学し，卒業後はイエズス会の布教活動に力を尽した。慶長19（1614）年のキリシタン追放によって高山右近らとともにマニラへ追われたが，同地のコレジオに入りラテン語と神学を学んだ。元和4（1618）年にミゲル・ミノエス，マンショ小西とローマに向かった。インドからは単身陸路をとり，ペルシヤを経てエルサレムに入った。エルサレムに巡礼した最初の日本人である。さらに地中海を渡りローマに入った。そのローマ行きはひとえに神父となるためであるが，元和6（1620）年11月，ローマ法王庁の許しにより念願の神父となった。その後2年間修業を積みながらグレゴリアナ大学で神学の勉学につとめた。同8年，スペインを経てポルトガルのリスボンに移り，イエズス会修道者としての誓願を宣立した。9（1623）年3月，リスボンを出帆し，翌年5月ようやくインドのゴアに到達。日本へ帰国することを望み何度もその機会をうかがったが，イスパニア，ポルトガルの両国は貿易の断絶を恐れて，その日本帰航を禁じていた。苦難の航海を体験してようやく寛永7年，坊津に上陸した。秘かに潜伏してキリシタン布教に専心していたが，仙台藩の水沢で捕えられ江戸に送られて，寛永16（1639）年7月4日，斬殺された。享年53歳。

[文献] ペドロ・カスイ岐部—世界を歩いた伴天連（H.チースリク）『キリシタン人物の研究』　吉川弘文館　昭3／ペトロ岐部の聖地巡礼と殉教（片岡弥吉）『日本キリシタン殉教史』　時事通信社　昭54　〔楠家重敏〕

【ほ】

北条 源蔵　ほうじょう・げんぞう

天保2年（1831）～明治16年（1883）　砲術家　長州藩の海軍兵学校開設委員　[生]長州　[名]後名＝伊勢煥（イセアキラ）　[渡]アメリカ：1860年（遣米使節に随行）

天保2（1831）年萩藩士北条氏輔の二男に生まれる。蘭学を修め長崎伝習所で勝海舟を知る。安政7年（1860）幕府遣米使節に随行して渡米し，文久年間（1861～63）に航海術実習のため欧米諸国に渡る。文久3年に長州藩の海軍兵学校の開設委員の一人となる。明治維新後は陸軍省，京都府などに務めた。明治16（1883）年死去。享年52歳。　[墓]京都市北区・黄梅院

[文献] 近代日本の海外留学史（石附実）　ミネルヴァ書房　昭47／幕末維新人名事典　新人物往来社　平6　〔楠家重敏／富田仁〕

坊城 俊章　ほうじょう・としあや

弘化4年1月24日（1847）～明治39年6月23日（1906）　陸軍軍人　伯爵　⊕京都　⊗ロシア，ドイツ：1871年（軍事研究）

　弘化4（1847）年1月24日，従二位伯爵坊城俊政の子として京都に生まれる。安政4年従五位上に叙せられ，侍従に任ぜられる。慶応4年2月参与となり，ついで弁事・外国事務局権輔を兼ねたが，6月三等陸軍将に転じ，8月旧幕艦隊の来攻にそなえて摂泉防禦総督を命ぜられ，大坂警備に当たる。明治2年6月両羽，三陸，磐城巡察視を命ぜられ，7月陸軍少将に任命される。3年酒田藩が廃され山形県が置かれた時，同県知事となるが，翌4（1871）年にはこれを辞し，10月に軍事研究のためロシアに留学し，のちドイツに転じ，7年7月に帰国する。以後累進して親王伏見宮貞愛らとともに陸軍歩兵中佐となり，日清戦争には近衛歩兵第三連隊大隊長少佐として出征する。のち軍職を辞して貴族院議員となる。明治39（1906）年6月23日死去。享年60歳。

[文献]明治過去帳―物故人名辞典（大植四郎編）東京美術　昭46／近代日本の海外留学史（石附実）ミネルヴァ書房　昭47／近代日本海外留学生史　上（渡辺実）講談社　昭52／日本人名大事典5　平凡社　昭54／明治維新人名辞典（日本歴史学会編）吉川弘文館　昭56／坊城俊章日記・記録集成（尚友倶楽部，西岡香織編）尚友倶楽部　平10（尚友叢書）

〔村岡正明〕

星 亨　ほし・とおる

嘉永3年4月14日（1850）～明治34年6月21日（1901）　政治家，自由民権運動家　通信大臣〔立憲政友会創立〕　⊕江戸新橋八官町　⊗幼名＝浜吉，登（星泰順の養子）　⊗イギリス：1874年（法律学，美術・音楽）

　嘉永3（1850）年4月14日，左官の棟梁佃屋徳兵衛の子として江戸の八官町に生まれる。父親が身持ちが悪く落ちぶれたあげく蒸発してしまったため，母松子とともに占師でもあった貧乏医師星泰順の養子となる。12歳の時神奈川奉行所付洋医渡辺貞庵に玄関番として入門し医学と英学を学ぶ。その後，養父泰順の計らいで江戸牛込の御家人小泉家に縁組するが折り合いが悪く離縁され，当時の英学・漢学の師であった前島密の世話で開成所に通い何礼之宅に寄宿し英学修業を受ける。前島や陸奥宗光の師であった何礼之に認められ，若狭小浜藩に英学教授として召し抱えられるが満たされず，大坂に移って瓊江塾を開いていた何礼之を頼って大坂へ出る。明治2年何礼之の紹介で陸奥宗光と会い，紀州藩の洋学助教授として人材養成の任にあたる。4年廃藩置県にともなう陸奥の神奈川県知事就任によって同県英学校修文館の教頭となる。さらに陸奥の大蔵省出仕により7年には横浜税関長に就任する。横浜時代大坂以来の書生たちと警官や居留地の外国人ともめごとをしばしば起こし失職の憂き目にあっているが，一方で彼らを使って『海外万国偉績叢伝』やS.ブラッストーンの『英国法律全書』の翻訳なども行っている。7年9月29日，太政官より官費留学生として英国派遣を命じられる。同年（1874）10月13日フランス郵便汽船メンザレー号で横浜港を出航，11月25日イタリアのナポリ港上陸，12月5日ロンドンに到着する。この船には遣英全権公使上野景範，同書記中井弘，留学生中上川彦次郎，小泉信吉などが乗っていた。官吏身分の国費留学生であったので，留学費用は豊かであったが，無駄な社交を避け法学を中心に社会科学から美術や音楽の分野にまで及ぶほどの全領域にわたって勉学に励む。また多数の書籍の購入にもつとめ，帰国の時にはその量は文庫をなすほどであったといわれる。彼の1万3000部におよぶ蔵書は慶応義塾図書館に収められているが，当時の最高権威者の著書など貴重な書物が多く集められている。彼の学力の非凡さとその高度の鑑識力は専門の学者と比べても少しも遜色がないと言われる。ロンドン到着後長岡護美とともにテームズ河辺チャーリングクロス街の倶楽部の2階を借りて住み朝6時から夜12時にまで勉学に励んだという。ロンドン在住の日本人留学生との交際を避け各地を周遊し文化・制度や世態風俗への見聞を深め，それ以外は読書と勉学に明け暮れする模範的留学生活を過ごす。当時50人にのぼるイギリス留学生のなかで博学家としての馬場辰猪，学者としての菊池大麓と並んで法典家としての星亨と称せられた。ミドル・テンプル法学院で学んだのは横浜税関法律顧問F.ラウダーの助言によるものでその目的はバリスター・アット・ロー（法廷弁護士）の資格を取得することである。8年1月25日入学を許可され，協会の弁護士の監督指導の下で実際的な知識と法廷体験

を積む。法学院は司法官養成所のようなもので、毎年4回の小試験と12回の晩餐会出席を3年間行うことを基本とするものであったが、彼はこれらの課題を優秀な成績でこなし、バリスターの資格を取得した最初の日本人となる。E.クリーシーの英国憲法講義などを中心に受講、英国の政治・法律のみならず古代ギリシア・ローマの政治や社会制度の変遷を研究し、その結果、二院制反対、一院制の主張など独自の見解を打ち立てるまでに至る。ベンサムの『道徳および立法の諸原理序説』を反覆熟読し、主として慣例法律である実産法の分野を避け人産法である民法・刑法の分野で優秀な成績をおさめる。同じ時期にこの法学院では日本人としては長岡、馬場のほかに岡村輝彦などが学んでいる。10年、1月23日付で地租改正問題などで財政支出削限をせまられた政府の帰国命令を受け、6月15日バリスターの証書を授与されアメリカ経由で8月8日帰国する。その後司法省付属代言人(弁護士)として活躍する一方、恩人陸奥を助けつつ自由民権運動に身を投じる。自由党員として論陣を張るが官吏侮辱罪で入獄、20年には保安条例で東京退去、翌年出版条例違反で投獄される。22年出獄後欧米に約1年遊学する。25年第2回総選挙に当選し衆議院議長に選ばれるが不信任を受け除名される。29年、駐米公使となるが、翌年大隈・板垣内閣の成立に際して政府の許可なく無断で帰国、憲政党を分裂させ領袖として手腕をふるう。33年立憲政友会創立に参加、第4次伊藤内閣の逓信大臣となる。その後も政友会院内総務として活躍する一方、東京市の市制確立に尽力するが、明治34(1901)年6月21日、東京市参事会議長在職中に思わぬ誤解を受け、剣客伊庭想太郎に暗殺される。享年52歳。

⑧東京都大田区池上・本門寺

[文献] 星亨伝(前田蓮山) 高山書院 昭23／明治の政治家たち—原敬につらなる人々 上・下(服部之総) 岩波書店 昭25／明治的人間像 星亨と近代日本政治(中村菊男) 慶応通信社 昭32／星亨(松尾章一) 『日本人物史大系6』 朝倉書店 昭35／星亨(中村菊男) 吉川弘文館 昭38(人物叢書)／近代日本海外留学生史 上(渡辺実) 講談社 昭52／日本人名大事典5 平凡社 昭54／星亨(有泉貞夫) 朝日新聞社 昭58(朝日評伝選27)／星亨とその時代1~2(野沢雞一編著、川崎勝・広瀬順造校注) 平凡社 昭59(東洋文庫437,438)／星亨 新装版(中村菊男) 吉川弘文館 昭63(人物叢書)／星亨—藩閥政治を揺がした男(鈴木武史) 中央公論社 昭63(中公新書)／時代思想の権化—星亨と社会(正岡芸陽) 大空社 平9(伝記叢書)
〔安藤重和〕

星 一 ほし・はじめ

明治6年12月25日(1873)~昭和26年1月19日(1951) 実業家、政治家 星製薬創業者 ⑥福島県いわき市 ⑨アメリカ:1894年(留学)

明治6(1873)年12月25日に生まれる。福島の出身。東京高等商業学校を卒業。明治27(1894)年に渡米し、34年コロンビア大学政治経済科卒業。7年間の留学中に英字新聞『ジャパン・アンド・アメリカ』を発刊。34年に400円を携えて帰国、製薬事業に乗り出し、43年星製薬を設立、のち星薬学専門学校(星薬科大学)を建学した。星製薬を"クスリハホシ"のキャッチフレーズで代表的な製薬会社に仕立て上げ、後に"日本の製薬王"といわれた。一方、41年衆議院議員に初当選。後藤新平の政治資金の提供者になるなど関係を深め、その世話で台湾産阿片の払い下げを独占した。そのため、大正13年に後藤が失脚したあと、召喚・逮捕(のち無罪)などが続き、昭和6年には破産宣告をする。12年以後衆議院議員に連続3回当選。戦後、22年4月第1回参議院選で参議院議員に当選。昭和26(1951)年1月19日、ロサンゼルスで客死する。享年77歳。

[文献] 努力と信念の世界人 星一評伝(大山恵佐) 共和書房 昭24／日本財界人物列伝 第2巻(青潮出版株式会社編) 青潮出版 昭39／人民は弱し官吏は強し(星新一) 新潮社 昭53(新潮文庫)／米国初期の日本語新聞(田村紀雄、白水繁彦編) 勁草書房 昭61／幕末明治海外渡航者総覧(手塚晃編) 柏書房 平4／データベースWHO 日外アソシエーツ
〔藤田正晴〕

保科 俊太郎 ほしな・しゅんたろう

?~明治16年6月29日(1883) 陸軍軍人
⑧通称=正敬 ⑨フランス:1867年(パリ万国博覧会列席の通訳)

生年不詳。幕臣保科栄次郎の長男として生まれる。慶応2年2月、軍艦奉行支配より歩兵差図役頭取に転じ、同年12月歩兵頭並に進む。この頃23歳で横浜フランス語学所伝習生とし

てフランス語を学び，幕府からフランス留学を命ぜられる。慶応3(1867)年のパリ万国博覧会列席の徳川昭武一行の通訳としてフランスに渡る。慶応3年1月に横浜を出帆し，3月パリに入る。パリにあっては，昭武とナポレオン三世の会見の折，語学所の校長格のメルメ・カションが皇帝の通訳，保科が昭武の通訳にあたる。後続の幕府留学生8名の取締にも任じたが，幕府の瓦解にあって帰国を命ぜられたため，明治1(1868)年学業半ばでやむなく帰国。帰国して後は陸軍兵学寮大助教，兵学中教授，兵学権頭を経て人員局長を務め歩兵大佐となるが，明治16(1883)年6月29日に自殺。

[文献] 近代日本海外留学生史 上 (渡辺実) 講談社 昭52／明治維新人名辞典 (日本歴史学会編) 吉川弘文館 昭56／日仏のあけぼの (富田仁) 高文堂出版社 昭58／幕末明治海外渡航者総覧 (手塚晃編) 柏書房 平4／幕末維新人名事典 新人物往来社 平6

〔福山恵美子／富田仁〕

保科 真直　ほしな・まさなお

生没年不詳　軍人　㊔別姓＝保利　㊦ドイツ：1893年(軍事研修)

生没年不詳。明治26年にドイツに留学する。軍事研修の留学であるが，のちオーストリアに赴き，さらに29年3月フランスを経て帰国する。その後の消息は不明。

[文献] 近代日本海外留学生史 下 (渡辺実) 講談社 昭53／日仏文化交流史の研究—日本の近代化とフランス人 (西堀昭) 駿河台出版社 昭56

〔富田仁〕

星野 長太郎　ほしの・ちょうたろう

弘化2年2月3日(1845)～明治41年11月27日(1908)　実業家　上毛繭糸改良会社頭取，衆議院議員　㊔上野国(勢多郡)水沼村　㊦アメリカ，フランス，イタリア：1889年(生糸消費地視察)

弘化2(1845)年2月3日，上野国水沼村の地主で繭糸商を営む家の長男として生まれる。明治7年県の出資を受けて初の民間器械製糸である水沼製糸場を創業。9年には実弟である新井領一郎をニューヨークに派遣して民間初の生糸直輸入を試みたが，水沼製糸場の生糸だけでは少量のため，村内の座繰り上げ糸の仕上げ工程を共同する結社を作り，生糸の大量出荷を図った。13年群馬県下の製糸結社を統合した上毛繭糸改良会社を創設，頭取に就任し，群馬蚕糸業発展の基礎を築く。22(1889)年生糸消費地視察のため欧米を視察。群馬県議，副議長も務め，37年衆議院議員に当選した。明治41(1908)年11月27日死去。享年64歳。㊨群馬県黒保根村・常鑑寺

[文献] 史料編 (加藤隆，阪田安雄，秋谷紀男編) 近藤出版社 昭62 (日米生糸貿易史料)／幕末明治海外渡航者総覧 (手塚晃編) 柏書房 平4／朝日日本歴史人物事典 朝日新聞社 平6／生糸直輸出奨励法の研究—星野長太郎と同法制定運動の展開 (富沢一弘) 日本経済評論社 平14／データベースWHO 日外アソシエーツ

〔藤田正晴〕

細川 潤次郎　ほそかわ・じゅんじろう

天保5年2月2日(1834)～大正12年7月20日(1923)　法学者　文学博士　貴族院議員　〔刑法草案の起草に参画〕　㊔土佐国高知(南新町)　㊟幼名＝熊太郎，号＝十洲　㊦アメリカ：1871年(文物視察)

天保5(1834)年2月2日，土佐藩の儒学者細川延平の長男として生まれる。幼少より経史や詩文に親しみ，父が不在の時は年長の門人たちに自ら教授するほどであり，嘉永3年には病気の父にかわり代勤を許される。安政1年長崎に遊学し，西慶太郎や名村八右衛門から洋学を，また高島秋帆から砲術を学ぶ。5年には江戸に出て中浜万次郎について英語を学び，また海軍操練所に入り航海術も修得する。文久1年に土佐に帰り制度改正御用掛となり藩政改革に尽力し，『海南政典』の編纂にあたるとともに致道館で藩士を教授する。維新後，明治2年に開成学校権判事となり，同校の諸規則を定めるなど再興に力を尽くす。また新聞紙条令，出版条令の起草にもあたる。3年，民部権少丞となり，翌年(1871)4月，渡米する。アメリカで制度や文物を視察し10月に帰国，左院少議官，左院中議官，元老院大書記官，正院権大内史などを歴任し，9年4月に元老院議官となる。以後，国憲取調委員，刑法草案審査委員，治罪法草案審査委員などの要職を歴任。13年，元老院幹事，中央衛生会長を経て陸軍刑法審査総裁，海軍律刑法審査総裁，日本海令草案審査委員などに就任する。翌年には日本薬局方編纂総裁，司法大輔，17年に会社条例編纂委員，18年に破産法編纂委員，19年に商法編纂委員，22年に帝室制度取調委員に就任し法

典編纂に活躍する。23年，貴族院議員となり，その後，貴族院副議長，枢密顧問官などを務める。また女子高等師範学校長，華族女学校長，学習院長心得を歴任し教育にも功績をのこす。加えて古事類苑編纂総裁にも就任するなど多方面で活躍する。33年，男爵を授けられ，42年には文学博士の学位を授与される。また帝国学士院会員としても多くの建言を行うなど活躍し，進講も多く，著書も『十洲全集』『山内一豊夫人伝』『細川頼之補伝』など多数ある。大正12(1923)年7月20日死去。享年90歳。㊥東京・谷中霊園

文献 会員細川潤次郎ノ伝：東京学士会院雑誌30(4) 明24／百官履歴 上 日本史籍協会 昭2(日本史籍協会叢書)／土佐偉人伝(寺石正路) 歴史図書社 昭51／日本人名大事典5 平凡社 昭54／明治維新人名辞典(日本歴史学会編) 吉川弘文館 昭56 〔湯本豪一〕

細川 風谷　ほそかわ・ふうこく

慶応3年(1867)～大正8年8月18日(1919) 講談師 ㊥土佐国高知城下 ㊛本名＝細川源太郎 ㊚アメリカ：1885年(留学)

慶応3(1867)年，土佐国高知城下に生まれる。明治2年父と共に上京，杉浦重剛の稱好塾に学ぶ。18(1885)年渡米してサンフランシスコの太平洋商業学校で学び，23年帰国。硯友社社友となり，尾崎紅葉のすすめで号を風谷とした。29年日本郵船に入社。外国航路船に勤務し，34年事務長，37年病院船弘済丸事務長，38年備後丸事務長を歴任し，41年退社。以後講談作家，講釈師として活躍した。著書に『病院船弘済丸見聞録』がある。大正8(1919)年8月18日東京で死去。享年53歳。

文献 幕末明治海外渡航者総覧(手塚晃編) 柏書房 平4／データベースWHO 日外アソシエーツ 〔藤田正晴〕

細川 護成　ほそかわ・もりしげ

慶応4年8月3日(1868)～大正3年8月26日(1914) 政治家 侯爵 ㊥肥後国 ㊚イギリス，フランス：1885年(人文／私費留学)

慶応4(1868)年8月3日，熊本藩主細川護久の長男として生まれる。学習院を卒業。明治18(1885)年イギリス，フランスに留学。26年襲爵，27年帰国して貴族院議員となった。叔父長岡護良子爵の影響を受け東亜問題に関心，東京・目白の東亜同文書院第2代院長となった。のち，東亜同文会副会長として中国各地を巡遊。中国留学生のための同院充実に努め，日華親善に尽力した。大正3(1914)年8月26日死去。享年47歳。 ㊥東京品川・東海寺

文献 幕末明治海外渡航者総覧(手塚晃編) 柏書房 平4／データベースWHO 日外アソシエーツ 〔藤田正晴〕

細木 松之助　ほそき・まつのすけ

生没年不詳 応用化学者 ㊥兵庫 ㊚ドイツ，フランス：1892年(陶磁工業の研究)

生没年不詳。兵庫の出身。神戸師範学校卒業後，攻玉社に入り英語と数学を学ぶ。明治21年東京帝国大学工科大学応用化学科を卒業，東京職工学校助教諭・東京工業学校教授を歴任する。25(1892)年2月から文部省派遣の留学生としてドイツ，フランス両国へ陶磁工業の学術および実地研究のため3年間留学し，28年に帰国する。帰国後は帝国大学工科大学講師，京都帝国大学理工科大学教授を歴任する。専門は応用化学と陶磁工業である。

文献 近代日本海外留学生史 下(渡辺実) 講談社 昭53 〔村岡正明〕

細谷 安太郎　ほそや・やすたろう

嘉永4年3月26日(1851)～大正10年8月5日(1921) 技術者，実業家 ㊥江戸 ㊚フランス：年不明(造船)

嘉永4(1851)年3月26日，砲兵差図役細谷喜三郎の惣領として江戸で生まれる。同役勤方のとき，幕命で横浜仏蘭西語学所伝習生となる。慶応3(1867)年第1回幕府遣仏留学生15名中に選ばれるが，横浜の陸軍三兵伝習や横須賀製鉄所で通訳の必要から田島金太郎(応親)らとともに留学を一時延期される。戊辰戦争では田島らと箱館に渡り，五稜郭で負傷しながら抗戦し最後まで幕臣の意地を貫く。フランス語が達者で，明治5年横須賀造船所に二等中師で入る。月給90両で，語学所時代の同僚熊谷直孝，伊東栄之助，稲垣مما造より遙かに高給取りである。通訳を務めたのみならず，運輸事務主任として構内の内外鑑船陸揚機などの保管を担当する。同年倉庫掛一等訳官となり，倉庫出納の諸物品，購買品や貯蔵品目の種数増減を会計簿に仏語記入し，また口頭で訳してフランソワ・レオンス・ヴェルニー首長に報告している。のちに海軍省八等出仕，同一等属を経て造船上師となるが，退職して民間の

高田商会に入り、長らくパリ支店長を務める。終生フランス語を活かしてジャンティオムとして生きる。高田商会を去って一時、個人貿易商になったが、50歳を過ぎて肋膜炎にかかり、茅ヶ崎の別荘に引き込んでヨットを楽しみとして過ごす。クレマンソーのような髭をはやし、子弟への躾はフランス流に厳しかったという。大正10(1921)年8月5日死去。享年71歳。
墓東京都文京区・吉祥寺
[文献] 日仏文化交流史の研究——日本の近代化とフランス人(西堀昭) 駿河台出版社 昭56／日仏のあけぼの(富田仁) 高文堂出版社 昭58／横須賀製鉄所の人びと——花ひらくフランス文化(富田仁、西堀昭) 有隣堂 昭58 (有隣新書25)　　　　〔山口公和〕

堀田 正顕　ほった・まさあき
嘉永5年(1852)～明治8年10月8日(1875)　藩知事　⊕佐倉　⊗幼名=璋之助、別名=顕
㊚アメリカ：1871年(海軍軍事研修)

　嘉永5(1852)年、佐倉藩主堀田正睦の子として佐倉で生まれる。堀田正倫の実弟。幼少より学を好み、福沢諭吉の塾に入る。明治4(1871)年5月、林純吉とともにアメリカへ渡る。ウースタ兵学校およびタック大学で兵学を学ぶ。7年ころ肺結核にかかり帰国。明治8(1875)年10月8日死去。享年23歳。
[文献] 明治過去帳—物故人名辞典(大植四郎編) 東京美術 昭46／近代日本の海外留学史(石附実) ミネルヴァ書房 昭47／近代日本海外留学生史　上(渡辺実) 昭52
〔楠家重敏〕

堀田 正倫　ほった・まさとも
嘉永4年12月6日(1851)～明治44年1月11日(1911)　佐倉中学校創立者　伯爵　〔農業振興にも尽力〕　⊕江戸　⊗幼名=鴻之丞
㊚アメリカ：1871年(留学)

　嘉永4(1851)年12月6日、佐倉藩主堀田正睦の四男として江戸小川町の佐倉藩藩邸に生まれる。安政6年9月、父正睦が外国問題取り扱いの不行き届きで辞任した折、9歳で佐倉11万石の封を継ぎ、元治1年5月に相模守と称する。幼少より海外の学を修め、明治4(1871)年7月の廃藩置県による佐倉藩知事退官後アメリカに渡る。20年以降郷里に引退し、藩校成徳書院を改築し、佐倉中学を建て、さらに邸内に農事試験場を設けるなど、地方の殖産興業に尽力。明治44(1911)年1月11日、千葉県印旛郡佐倉町で死去。享年61歳。
[文献] 近代日本の海外留学史(石附実) ミネルヴァ書房 昭47／近代日本海外留学生史　上(渡辺実) 講談社 昭52／日本人名大事典 5 平凡社 昭54／明治維新人名辞典(日本歴史学会編) 吉川弘文館 昭56
〔楠家重敏〕

堀田 連太郎　ほった・れんたろう
安政4年4月29日(1857)～大正4年12月20日(1915)　実業家、政治家　衆議院議員　⊕信濃国松代　㊚アメリカ、フランス：1895年(鉱業視察)

　安政4(1857)年4月29日、信濃国松代に生まれる。明治14年東京帝国大学採鉱冶金科を卒業。同14年農商務省に出仕の後、15年三菱へ入社。鉱山長を経て、28(1895)年アメリカ、フランスの鉱山を視察。同年帰国後、30年農商務省鉱山技監となり、3年間かけて足尾銅山の鉱毒除去にとり組む。33年にも欧米の鉱業を視察。31年以来衆議院議員に連続5回当選。鉄道国有調査会委員などを務める。37年以降栅原鉱山、44年からは日本鉱業会社の経営にも携わった。大正4(1915)年12月20日死去。享年59歳。
[文献] 幕末明治海外渡航者総覧(手塚晃編) 柏書房 平4／データベースWHO 日外アソシエーツ
〔藤田正晴〕

穂積 陳重　ほづみ・のぶしげ
安政2年7月11日(1855)～大正15年4月7日(1926)　法学者　法学博士　男爵　〔日本最初の法学博士、民法典の起草に尽力〕　⊕伊予国宇和島　⊗別名=入江陳重　㊚イギリス：1876年(法律学)

　安政2(1855)年7月11日、宇和島藩士穂積重樹の二男として生まれる。穂積八束の兄。明治3年に藩の貢進生となり大学南校に入り、7年には開成学校で法学を専攻した。9(1876)年、文部省留学生となりイギリスへ渡った。同年、ロンドンのミドル・テンプルに入学し、11年には奨学金試験に首席で合格し栄養金1年分を貰い、12年6月に法律士たる免状を受けた。そのあと14年までベルリン大学に入ってドイツ法学を修めた。14年帰国後、東京大学の教授、教頭、学部長を歴任する。21年、日本最初の法学博士となり、23年には貴族院議員となった。22年の法典論争は翌年民法・商法の公布と施

行をめぐって延期派と断行派にわかれて論争が続けられたが、彼は延期派となった。のち民法・商法とも施行が延期された。26年、法典調査会が発足し民法典の起草と審議に心血を注いだ。大正5年に枢密顧問官、6年に帝国学士院長、14年に枢密院議長となる。主著に『法典論』（明治23年）『法憲夜話』（大正5年）『法律進化論』（大正13～昭和2年）などがある。大正15（1926）年4月7日、狭心症のため死去。享年70歳。

[文献] 文部省第六～八年報　文部省　明11～13／男爵桜井錠二遺稿—思出の数々　九和会　昭15／大正過去帳—物故人名辞典（稲村徹元他編）　東京美術　昭48／懐旧録—サンスクリット事始め（南条文雄）　平凡社　昭54（東洋文庫）／日本人名大事典5　平凡社　昭54／明治一法学者の出発—穂積陳重をめぐって（穂積重行）　岩波書店　昭63／民法起草者穂積陳重論（白羽祐三）　中央大学出版部　平7（日本比較法研究所研究叢書）／近代日本の社会科学者たち（古賀勝次郎）　行人社　平13
〔楠家重敏〕

穂積 八束　ほづみ・やつか
安政7年2月25日（1860）～大正1年10月5日（1912）　憲法学者　法学博士　貴族院議員〔天皇制国家主義思想の提唱者〕　㊦伊予国宇和島　㊙別名＝茂三郎　㊥ドイツ：1884年（公法学）

　安政7（1860）年2月25日、国学者で宇和島藩士の穂積重樹の子として宇和島に生まれる。法学者陳重の弟。祖父の穂積重磨は、藩に国学を導入して国学上の著述も行い尊皇の大義を唱えた人物で、教育にも関心をもった。父重樹も祖父重磨とその門人宍戸大滝に国学を学び、維新の際、藩校明倫館に国学が設けられるとその教授を兼ね、晩年には国学の家塾を開いた。こうした家学の伝統のなかで育ったことで、兄陳重とともに幼時から強い影響をうける。当時宇和島藩では水戸の国学者山内憲之を招いて藩士を教育したが、幼くして山内に師事し国学を修める。明治6年に上京し、共立学校、外国語学校、大学予備門で洋式教育を受け、12年に東京大学政治学科に入学し、16年7月に同校を卒業する。17（1884）年、文部省留学生として欧州制度沿革史および公法学の研究のためドイツに渡航する。その際伊藤博文、井上毅などから憲法の研究に関して周到な注意を受けたといわれる。ドイツではベルリン、ストラスブルク、ハイデルベルク各大学に籍をおき、シュルツェ、ゾーム、ラーバントらに学んだが、とくにハイデルベルク大学のラーバント教授に深く傾倒し、その国法学の学説に強い影響を受ける。当時ドイツはビスマルク時代の末期であり、ドイツ政府は議会と対抗して超然主義を堅持しつつ、議会外の労働者勢力に対しては社会主義法というムチと社会政策というアメをもって対処していた。ラーバントは新興ドイツ帝国のイデオローグとして、安定した政治権力のうえに立つ国法学理論の建設に努めていたが、彼はその強固な政治権力的要素にひかれたようである。留学以前は二大政党の交替による政党内閣制を支持していたが、21年に帰国してからは超然内閣主義者となる。帰国とともにただちに帝国大学法科大学教授に就任し、以来20余年間憲法講座を担当、イギリス・ドイツに留学した兄の陳重とともに法学界に重きをなす。30年から10年間法科大学長の職にあり、この間法学博士の学位をうけ、32年には貴族院議員に勅選され、宮中顧問官、帝室制度調査局御用掛を兼任し、晩年には国定教科書調査委員をつとめる。終始一貫して君主権絶対主義を唱え、井上哲次郎とともに明治後半期における国家主義思想のイデオローグとして、法律の面で天皇中心の家制国家体制の確立と強化に指導的な役割を演ずる。すでに東大在学中から主権国家論を新聞に寄稿して当時の民権論者と論争したが、22年に帝国憲法が発布され、その解釈や運用について議論が百出すると、これに対して国家主義の立場から個人主義に反対し、法は民族精神の産物であり、わが国の憲法は日本の歴史と伝統に鑑み皇室を中心とする国体を基礎として解釈されるべしと主張する。これはドイツ留学がもたらした主張である。23年にフランス民法直訳の民法典が公布され、施行が26年1月に予定されると、彼は24年8月に「民法出デテ忠孝亡ブ」という論文を発表し延期論を掲げて、いわゆる民法典論争をまきおこし、自由主義的な旧民法草案批判の中心となる。彼は日本の国家社会の基礎として「家」の観念を明らかにし、家の道徳を国家にまで拡大し、忠孝一致、忠君愛国を国家道徳の中核としたが、このため個人を国家や家庭の単位とみなす民法は、わが

国固有の家制を破壊し，やがて天皇制国家を破壊すると考えたのである。この家制国家観の根底には祖先崇拝の理念があった。彼はこの理念を媒介としてこののち国家の神秘化と天皇の神格化を押し進め，たびたび講演などを行ってその精神を鼓吹した。この結果多くの共鳴者を得，教育勅語にもとづいて37年に編集されたわが国最初の国定修身書は国家主義的色彩を強くし，その後の国民道徳教育に広く深く影響をおよぼした。また大正1年にはじまった美濃部達吉の天皇機関説をめぐる美濃部と上杉慎吉の論争にも，上杉を擁護して天皇機関説を排した。国家主義とドイツの国家主義的法律思想を結合して彼の思想を完成させていった過程は，そのまま明治後半期におけるわが国の国家主義思想の発展を示している。著書は『憲法大意』『憲法提要』『憲法制定の由来』など多数。大正1(1912)年10月5日死去。享年53歳。

[文献] 穂積八束君ト「ロバート・フヰルマー」(戸水寛人)：法学協会雑誌　18(5)　明33／穂積八束博士論文集　上杉慎吉編刊　大2／憲法学説と穂積八束博士の思い出(秋山弥助)：明治文化　9(3)　昭11／日本の法学を創った人々・穂積八束(長谷川正安)：法学セミナー　44　昭34／日本憲法学における国家論の展開(松本三之介)　『政治思想における西欧と日本　下』　東京大学出版会　昭36／穂積八束・伝統主義の憲法学者(中村雄二郎)　『日本の思想家1』　朝日新聞社　昭37／教育人名辞典　理想社　昭37／穂積八束の憲法学説(鈴木安蔵)：静岡大学人文学部研究報告(社会科学)　14　昭41／日本人名大事典5　平凡社　昭54／近代日本哲学思想家辞典(伊藤友信也編)　東京書籍　昭57　〔村岡正明〕

堀 誠太郎　ほり・せいたろう

生没年不詳　留学生　[生]山口・綾木村　[名]旧名=内藤　[渡]アメリカ：1871年(森有礼に同行)

生没年不詳。山口綾木村の出身。明倫館に学び，明治3(1871)年12月3日，森有礼に同行してアメリカに渡る。7年に帰国後，北海道開拓使御用掛となる。その後の消息は不明。

[文献] 近代日本の海外留学史(石附実)　ミネルヴァ書房　昭47／幕末明治海外渡航者総覧(手塚晃編)　柏書房　平4

〔楠家重敏／富田仁〕

堀 壮次郎　ほり・そうじろう

? ～明治44年(1911)　通詞　[生]長崎　[名]変名=高木政二，別名=孝之　[渡]イギリス：1865年(五代友厚に同行，英語通訳)

生年不詳。長崎に堀達之助の子として生まれる。慶応1(1865)年1月，薩摩藩がイギリスに留学生を派遣するおり英語通訳として五代友厚に同行した。ロンドンではホテルに宿泊したが，その後，新納中三，五代友厚に随行して，イギリス，フランスの各地を巡った。帰国後の消息は不明であるが，明治44(1911)年に死去。

[文献] 鹿児島県史3(鹿児島県)　昭42／薩藩海軍史　中(公爵島津家編纂所)　原書房　昭43／薩摩藩英国留学生(犬塚孝明)　中央公論社　昭49(中公新書)　〔楠家重敏〕

堀内 周吾　ほりうち・しゅうご

生没年不詳　従者　[名]諱=朝治　[渡]アメリカ：1860年(遣米使節に随行)

生没年不詳。安政7(1860)年1月，17歳頃新見豊前守正興の従者として遣米使節団に随行する。

[文献] 万延元年遣米使節史料集成1～7(日米修好通商百年記念行事運営会編)　風間書房　昭36／幕末教育史の研究2—諸術伝習政策(倉沢剛)　吉川弘文館　昭59　〔富田仁〕

堀江 芳介　ほりえ・よしすけ

弘化2年3月3日(1845)～明治35年3月27日(1902)　陸軍軍人，少将　衆議院議員　[生]長門国　[渡]アメリカ，ヨーロッパ：1887年(軍事視察)

弘化2(1845)年3月3日，長門国に生まれる。幕末，奇兵隊に参加し，戊辰戦争などで戦功を立てた。明治2年大阪兵学寮に入って陸軍軍人となり，フランスに留学。10年の西南戦争では第二旅団参謀長として従軍。16年には陸軍少将に昇進し，陸軍戸山学校校長や近衛歩兵第一旅団長などを歴任した。明治20(1887)年欧米に派遣され留学。22年帰国後，元老院議官となる。23年の第一回総選挙に出馬・当選し，衆議院議員となった。また，山口県の阿月村長を務めるなど，地方自治でも活躍した。明治35(1902)年3月27日死去。享年58歳。

[墓]山口県柳井市:阿月西面影山墓地

[文献] 幕末明治海外渡航者総覧(手塚晃編)　柏書房　平4／朝日日本歴史人物事典　朝日

新聞社　平6／データベースWHO　日外ア
ソシエーツ　　　　　　　　　〔藤田正晴〕

堀江 六五郎　ほりえ・ろくごろう
生没年不詳　幕臣　小人頭役,小人目付
㊦フランス：1864年（遣仏使節に随行）

　生没年不詳。文久3(1864)年12月, 遣仏使節に小人頭役・小人目付として随行する。
[文献]　幕末教育史の研究2―諸術伝習政策（倉沢剛）　吉川弘文館　昭59　　〔富田仁〕

堀川 教阿　ほりかわ・きょうあ
生没年不詳　西本願寺僧侶　㊦京都　㊦別名＝専修寺教阿
㊦イギリス：1872年（日本最初の僧侶渡欧,語学）

　生没年不詳。京都に生まれる。明治5(1872)年1月27日, 京都・西本願寺の命により赤松連城, 光田為然とともに海外留学生となった。赤松と共にイギリスに留学し, 光田はドイツへ渡った。梅上連枝, 島地黙雷と同じく日本最初の僧侶の渡欧である。語学を学び3ヶ年間イギリスに滞まり, 7年に帰国した。その後の消息は不明。
[文献]　明治高僧伝（増谷文雄）　日本評論社　昭10／近代日本の海外留学史（石附実）　ミネルヴァ書房　昭47／近代日本海外留学生史　上（渡辺実）　講談社　昭52／幕末明治海外渡航者総覧（手塚晃編）　柏書房　平4
　　　　　　　　〔楠本重敏／富田仁〕

堀越 善重郎　ほりこし・ぜんじゅうろう
文久3年5月3日(1863)～昭和11年4月24日(1936)　実業家　㊦下野国（足利郡）三重村
㊦アメリカ：1884年（絹布輸出）

　文久3(1863)年5月3日, 堀越好三の五男として下野国足利郡三重村に生まれる。足利の川島長十郎, 木村半兵衛の援助で東京商法講習所に学ぶ。明治17(1884)年5月木村の援助でアメリカに渡り, ニューヨークのメーソン商会に入社し足利の羽二重絹織物を輸入する。18年日本支店支配人となり日米貿易の拡大に貢献。26年渋沢栄一, 中上川彦次郎, 益田孝らの後援を得て堀越商会を創立, ロンドン, パリ, ニューヨークなどに支店を設け大貿易商になる。昭和11年の渡米は太平洋横断80回を数え"太平洋上の絹の橋"を架けたと評価された。昭和11(1936)年4月24日ニューヨークで死去。享年74歳。

[文献]　幕末明治海外渡航者総覧（手塚晃編）
柏書房　平4／データベースWHO　日外アソシエーツ　　　　　　　　〔藤田正晴〕

本田 幸介　ほんだ・こうすけ
明治16年(1883)～昭和5年4月20日(1930)　農学者　〔イタリア・ドイツの畜産学を移入〕
㊦東京　㊦ドイツ：1892年（農学）

　明治16(1883)年, 東京府に生まれる。25(1892)年2月, 文部省派遣の留学生として農学研究のためドイツに3年間留学し, 28年に帰国する。留学前は帝国大学農科大学助教授として農学を教えていたが, 帰国後は教授となり畜産学の講座を担当する。ヨーロッパ, とくにイタリア, ドイツの畜産学体系を移植することにつとめる。著書に『特田作物』などがある。昭和5(1930)年4月20日死去。享年48歳。
[文献]　近代日本海外留学史　下（渡辺実）
講談社　昭53　　　　　　　〔村岡正明〕

本多 静六　ほんだ・せいろく
慶応2年7月2日(1866)～昭和27年1月29日(1952)　林学者　林学博士　〔林造学の元祖, 日比谷公園など庭園設計にも功績〕　㊦埼玉
㊦旧名＝折原　㊦ドイツ：1890年（林学）

　慶応2(1866)年7月2日, 埼玉に生まれる。のち旧幕臣本多晋の養子となる。10歳のとき父の急逝に遭って家運が傾き, 緊縮生活をはじめる。15歳のとき上京して書生生活をつづけ, 18歳のとき東京王子に新設された山林学校へ入学する。のち東京農林学校を経て, 明治23年東京帝国大学農科大学林学科を卒業する。同年(1890)私費でドイツに留学する。この年私費でドイツに留学した主な者に, たとえば医学関係の入沢達吉, 岡田国太郎, 法学関係ではのちに枢密顧問官となった一木喜徳郎, 工学関係では小野田セメント株式会社取締役社長となった笠井真, また教育関係では女子教育史上大きな足跡をのこした成瀬仁蔵, 仏教界では高楠順次らがいる。本多は, ドイツでは初めタラント山林専門学校に学び, ついでミュンヘン大学でブレンターノ教授らの指導を受ける。4ヶ年の課程を2ヶ年で修了し, 国家経済学博士の学位を得, 25年に帰国する。同年帝国大学農科大学の助教授に就任し造林学を担当, まもなく教授に進む。帝国大学農科大学は, 23年の学制改革にともない東京農林

学校を改めたもので、26年に講座制が施かれ、逐次ドイツから志賀泰山、本多、川瀬善太郎、河合鈰太郎、右田半四郎などが帰国するに至って、専門の講座が開かれ林学の組織と内容が整備拡充される。32年にわが国最初の林学博士の学位を受ける。昭和2年の定年退職まで37年間にわたって学生を指導するかたわら、わが国独自の造林学を目指してその調査研究に努力する。この間内国勧業博覧会審査官、鉱毒調査委員、玉川水源林経営監督を歴任し、日本庭園協会、日本造園学会を設立するとともに、日比谷公園、明治神宮その他数多くの公園庭園の設計にあたる。また10数年にわたり全国の山岳森林を踏破して、わが国独自の造林学の完成を目指す『本多造林学』（全10巻）をあらわす。一方熱帯林学も重視し、明治36年以降数回にわたってフィリピン群島、オーストラリア、マレー半島、ジャワ、スマトラ、南米、南アフリカなどへも出張し、重要熱帯植物に関する詳細な調査研究を行う。他方退官後は株、山林、土地に投資して利殖をはかり、郷里埼玉に美林5000町歩を寄附して世の注目をあびる。また、好んで身上相談や処世訓話を行った。ほかに著書は『大日本老樹名木誌』『処世の秘訣』など多数。昭和27（1952）年1月29日死去。享年87歳。

[文献] 私の見た人と事業1～4（本多静六）：実業之日本 54（12～15） 昭26／本多静六先生を憶う（諸井貫一）：実業之日本 55（4） 昭27／岳父本多静六を語る（三浦伊八郎）：月刊林材 2（1） 昭27／本多翁のことども（三浦伊八郎）：国立公園 28 昭27／本多静六博士の思い出（中村賢太郎）：林産協月報 2（2） 昭27／本多博士と東京都（井下清）：山林 815 昭27／多摩水源の恩人（井下清）：武蔵野 34（1） 昭30／本多静六伝（武田正三）『埼玉県人物誌シリーズ5』 埼玉県立文化会館 昭32／魯迅の目にうつった―日本人・本多静六（尾上兼英）：日本文学 11（2） 昭37／近代日本海外留学生史 下（渡辺実） 講談社 昭53／日本人名大事典 現代編 平凡社 昭54／財運はこうしてつかめ―明治の億万長者本多静六 開運と蓄財の秘術 新装普及版（渡部昇一） 致知出版社 平16（CHICHI SELECT）
〔村岡正明／富田仁〕

本多 庸一　ほんだ・よういつ

嘉永1年12月13日（1850）～明治45年3月26日（1912）　牧師、教育家　〔青山学院初代院長〕
⊕陸奥国弘前　⊛幼名＝徳蔵　㊣アメリカ：1888年（神学）

嘉永1（1850）年12月13日、津軽藩士の長男として弘前に生まれる。藩校稽古館に学ぶ。明治維新の際、菊池九郎らと共に奥羽列藩同盟のために奔走したが、のち藩論が変わると脱藩して庄内藩に走った。明治1年脱藩を許され弘前に帰る。3年弘前藩より選ばれ、横浜のブラウン塾、バラー塾で英語を学ぶ。廃藩により苦境に立ち、5年キリスト教に入信しジェームス・バラーより受洗、横浜バンドの一人となる。東北地方伝道を志し、メソジスト監督教会牧師イングと弘前に帰り、7年藩校が改組された東奥義塾塾頭に就任、16年まで務めた。8年弘前キリスト公会を創設。その後メソジストに転じ、按手礼を受けて長老となった。郷里の政治運動にも取り組み、青森自由民権運動を指導して14年国会開設建言書を提出。15年青森県議、同年県会議長となる。19年以後仙台美以教会牧師、青山美以教会牧師など伝道に専心した。20年東京英和学校教授に迎えられ、21（1888）年9月渡米して神学を修め、23年帰国。東京英和学校総理（校長）、27年同校が青山学院と改称し初代院長に就任。以後40年まで在任し、同校の父と称せられる。日本のメソジスト三教派合同に尽力し、40年日本メソジスト教会の成立に伴い青山学院を辞してその初代監督となり、日本プロテスタントの伝道の代表的人物として重きをなした。また、これより先13年に日本キリスト教青年会（YMCA）の結成に参加してその指導にあたり、のちYMCA会長、福音同盟会長なども務めた。明治45（1912）年3月26日死去。享年65歳。

[文献] 日本の代表的キリスト者 1―新島襄・本多庸一（砂川万里） 東海大学出版会 昭40／本多庸一 青山学院 昭43／幕末明治海外渡航者総覧（手塚晃編） 柏書房 平4／朝日日本歴史人物事典 朝日新聞社 平6／本多庸一伝―伝記・本多庸一（岡田哲蔵） 大空社 平8（伝記叢書）／―明治宗教家の書簡と履歴書から―本多庸一とその家族（本多繁） 明治プロテスタンティズム研究所 平13／データベースWHO 日外アソシエーツ
〔藤田正晴〕

本間 英一郎　ほんま・えいいちろう

嘉永6年12月17日(1854)～昭和2年10月29日(1927)　官吏，技師　〔東武鉄道などの技師長〕　⑭福岡　㋱アメリカ：1869年(土木学)

　嘉永6(1854)年12月17日，福岡藩士本間源水の子として福岡に生まれる。慶応1年，藩主の命により英学修業のため長崎に赴く。明治2(1869)年，土木学研究のためアメリカのボストンに留学する。マサチューセッツ・インスティテュート・オブ・テクノロジーへ入学し，在学4年にしてバチェラー・オブ・サイエンスの学位を得る。7年に帰国して海軍省に入る。13年に鉄道局に移る。27年に官を辞したのち，総武鉄道，北越鉄道，東武鉄道などで技師長となる。その後，鉄道調査のために中国の華南，上海や朝鮮の元山，平壌などにも赴く。昭和2(1927)年10月29日死去。享年75歳。

[文献]　近代日本の海外留学史(石附実)　ミネルヴァ書房　昭47／近代日本海外留学生史　上(渡辺実)　講談社　昭52／元田永孚関係文書(沼田哲他編)　山川出版社　昭60(近代日本史料選書)　　　〔楠家重敏〕

本間 清雄　ほんま・きよお

天保14年3月27日(1843)～大正12年(1923)　外交官　⑭駿河国(小笠郡)小笠町下平川　㋾幼名＝潜蔵　㋱フランス：1867年(パリ万国博覧会に参列)

　天保14(1843)年3月27日，医師本間鶴翁の二男として駿河国小笠町に生まれる。14歳のとき家出して駿府，ついで横浜に遊学し，ヘボンに師事して語学を修める。洗濯屋の紹介でジョゼフ・ヒコを知り『海外新聞』を発行させ，その筆記方になる。『海外新聞』はヒコの長崎移住のため慶応2年末に廃刊となる。かねて海外渡航のチャンスをうかがっていたところ，3(1867)年1月徳川昭武のパリ万国博覧会参列に随いフランスに渡ったものとみられる。同年5月に箕作貞一郎(麟祥)がグランド・ホテルのナダール写真館で撮影したサイン入りの写真が伝えられている。明治2年11月，外務少輔としてオーストリア国献上の電信機の天覧に当たり説明役をつとめる。3年8月プロシア；オーストリアに学資年額1500ドル，10年間の予定で派遣される。15年頃ウィーン公使館書記官としてウィーン大学教授のローレンツ・フォン・スタインと憲法取調のために渡欧

した伊藤博文との仲介に尽力する。18年帰国し外務省勤務を続け，24年7月無任所弁理公使に昇進する。26年官途を退き，のちに日本赤十字社常議員をつとめる。植村正久から洗礼を受け，その協力者として東京神学社の面倒をみた。大正12(1923)年死去。享年81歳。

[文献]　明治初期一外交官の軌跡(佐藤孝)：横浜開港資料館館報　12　昭60.8　　〔富田仁〕

【ま】

前島 密　まえじま・ひそか

天保6年1月7日(1835)～大正8年4月27日(1919)　官吏，実業家　男爵　〔郵便制度の創始者〕　⑭越後国(中頸城郡)津有村(下池部)　㋾旧名＝上野　幼名＝房五郎，別名＝巻退蔵，来輔，号＝鴻爪　㋱イギリス：1870年(郵便・為替制度の視察)

　天保6(1835)年1月7日，上野助右衛門の二男として越後国津有村に生まれる。生まれた年の8月に父が死に母により育てられるが，12年に糸魚川藩医で叔父の相沢文仲のもとに母とともに寄寓することとなる。糸魚川では叔父の手伝いをしながら素読や習字にはげむ。その後，医師を志して高田に遊学するが高田での学問にあきたらず，弘化4年に江戸に出る。江戸では医学や漢学を学ぶが，生活は貧しかったため筆耕を行う。これにより西洋の学問や政治事情を知ることとなる。嘉永4年，ペリーの来航に接し，密は国防が急務であると考えるようになり，各地の港湾や防海設備の視察の旅に出る。北陸，山陰，下関，山陽，小倉，九州西海岸，長崎，肥後，日向，四国，紀伊，三河，下田などの各地を回り江戸に帰る。そして世界の大国であるイギリスやアメリカを知るために英語の勉強を始めるとともに，兵学を学び，海軍操練所生徒となる。その後，箱館開成所長の武田斐三郎に師事するため箱館に赴く。このとき巻退蔵と改名する。箱館では航海術を学び，箱館奉行所の洋式帆船・箱館丸に乗り組み測量を行う。文久1(1861)年，対馬占領を企てたロシア軍艦・ポサドニック号事件では幕府外国奉行組頭向山栄五郎の随行員となり，その後，長崎で英語の修得につ

とめ、英語塾を開く。慶応1年には鹿児島開成学校の教授として英語を教え、翌年、幕臣前島錠次郎の家を継ぎ、来輔と改名する(のちに「輔」字の使用が禁ぜられ密と改名することとなる)。以後、幕臣として開成所や兵庫奉行所に勤め、4年に勘定役格徒士目付となり、また駿河藩留守居役などを歴任し、明治2年に民部省九等出仕となり新政府に仕えることとなる。翌年には租税権正に任ぜられ、駅逓権正も兼任する。ここにおいて郵便事業にはじめて関与する。当時、駅逓司の長官は欠員だったので彼が駅逓司の最高責任者であった。以前より通信方法の不便さを痛感していたので、駅逓権正に就任するとすぐに通信の近代化にとりくみ、郵便事業は各地で区々に行われるのではなく、政府によって全国的に行われなければならないという基本構想のもとに、郵便制度創設を政府に強く働きかける。3(1870)年6月、特例弁務使上野景範に随行してイギリスやアメリカの郵便事業を視察する機会をえる。とくにイギリスでは郵便や為替制度の研究に力を注ぎ、4年8月に帰国する。しかし彼の渡航中に駅逓頭に浜口儀兵衛が就任していた。浜口は郵便事業に対する理解も展望も持っていなかったため、密は政府に自分を駅逓頭に任ずるよう請願し認められる。駅逓頭に就任してからは郵便制度の確立に尽力する。5年には、早くも郵便規則を公布し、その後もアメリカとの郵便交換条約の締結、郵便為替制度や郵便貯金制度の創設など郵便事業のあらゆる分野の確立に寄与する。また郵便事業創設にともなって職を失う飛脚問屋に運輸事業を勧め、陸運元会社の設立に尽力する。加えて海運事業にも目を向け、大日本帝国郵便蒸気船会社、郵便汽船三菱会社などの設立にも関与し、陸運事業でも東京馬車鉄道、関西鉄道などで要職を歴任する。官僚としては一貫して駅逓頭、駅逓局長、駅逓総管など郵便事業の最高責任者としての活躍に加え、内務少輔、元老院議官、内務大輔などを歴任するが、14年11月に北海道開拓使官物払下げ事件の政府内部対立で下野する。その後、同じく下野した大隈重信の立憲改進党に加わり、東京専門学校の創立にも協力し、19年には校長となる。21年、榎本武揚のすすめにより通信次官に復帰する。また北越鉄道、石狩石炭、日清生命保険などの各重役も務める。35年に男爵となり、38年には貴族院議員となる。また国語改革にも力を注ぎ、徳川慶喜に漢字廃止を行い仮名に統一すべきと建議したり、新政府では文部省国語調査委員長などを歴任するとともに、『まいにちひらかなしんぶん』の発刊を行うなど多くの功績をあげている。なお「郵便」「切手」などの名称も密の創意によるものである。大正8(1919)年4月27日死去。享年85歳。

⊛横須賀・浄楽寺

文献 百官履歴 上 日本史籍協会 昭2(日本史籍協会叢書)／前島密郵便創業談(佐々木元勝編) 逓信協会郵便文化部 昭26／鴻爪痕(市野弥三郎編) 改訂版 前島会 昭30／自叙伝(前島密) 前島密伝記刊行会 昭31／前島密(小田嶽夫) 前島密顕彰会 昭33／日本人名大事典5 平凡社 昭54／世界伝記大事典 日本・朝鮮・中国編 ほるぷ出版 昭54／明治維新人名辞典(日本歴史学会編) 吉川弘文館 昭56／前島密 新装版(山口修) 吉川弘文館 平2(人物叢書)／前島密—前島密自叙伝(前島密) 日本図書センター 平9(人間の記録)／明治に名参謀ありて—近代国家「日本」を建国した6人(三好徹) 小学館 平11(小学館文庫)／郵政の父前島密と坂本竜馬(加来耕三) 二見書房 平16

〔湯本豪一〕

前田 献吉 まえだ・けんきち

天保6年10月(1835)～明治27年12月21日(1894) 官吏 元老院議官 ⊛鹿児島 ⊚アメリカ：1871年(留学)

天保6(1835)年10月、前田善安の子として鹿児島に生まれる。弟正名と高橋新吉とともに『和訳英辞書』を編集する。明治4(1871)年1月4日、夫人を連れて渡米しフィラデルフィアに住む。帰国後の7年、海軍軍寮につとめる。12年には朝鮮国元山津領事館総領事となる。19年5月22日に駒場農林学校に転ずる。22年には元老院議官に進む。明治27(1894)年12月21日、胃癌のため死去。享年60歳。

文献 明治過去帳—物故人名辞典(大植四郎編) 東京美術 昭46／前田正名(祖田修) 吉川弘文館 昭48(人物叢書) 〔楠家重敏〕

前田 弘庵 まえだ・こうあん

⇒前田正名(まえだ・まさな)を見よ

前田 孝階　まえだ・こうかい

安政5年1月10日(1858)～明治43年4月13日(1910)　司法官　宮城控訴院院長　⑮加賀国
⑳ヨーロッパ：1886年(法律学)

　安政5(1858)年1月10日，加賀国に生まれる。明治17年司法省法学校を卒業。同年司法官となる。19(1886)年ヨーロッパに留学し23年帰国。のち東京地裁所長となり，38年宮城控訴院長を務めた。明治43(1910)年4月13日死去。享年53歳。

[文献]　幕末明治海外渡航者総覧(手塚晃編)柏書房　平4／データベースWHO　日外アソシエーツ
〔藤田正晴〕

前田 十郎左衛門　まえだ・じゅうろうざえもん

？～明治3年10月7日(1870)　海軍兵学寮学生
〔イギリス士官と口論，艦上で割腹自殺〕
⑮薩摩　⑳イギリス：1870年(航海術)

　生年不詳。薩摩に生まれる。明治2年薩摩藩貢進生として東京の海軍操練所に学ぶ。3(1870)年3月，海軍兵学寮生徒のとき，海軍留学生第1号としてイギリスに派遣され，伊月一郎とともにイギリス軍艦オデシアス号に乗組み，太平洋を渡り，南アメリカを回航してイギリスに向かった。しかし10月7日ブラジルのバイア湾に停泊中艦上で壮烈な割腹自殺をとげた。原因は航海中にイギリス士官と口論され侮辱され憤慨したためと伝えられている。
墓ブラジルサルバドル英人墓地

[文献]　海軍兵学校沿革(海軍兵学校編)　原書房　昭43／近代日本の海外留学史(石附実)ミネルヴァ書房　昭47／幕末明治海外渡航者総覧(手塚晃編)　柏書房　平4／幕末維新人名事典　新人物往来社　平6
〔楠家重敏／富田仁〕

前田 荘馬　まえだ・そうま

？～明治4年4月18日(1871)　兵学寮留学生
⑮高知　別名=壮馬　⑳フランス：1870年(留学)

　生年不詳。土佐藩士の子として生まれる。静岡藩所属。陸軍兵学寮でフランス人教師シャルル・ビュランに師事し，明治3(1870)年に兵学仲間とともにフランスに留学する。明治4(1871)年4月18日，現地に着いて間もなく病死。

[文献]　仏国留学(西堀昭)：日本仏学史研究　4　昭48／近代日本海外留学生史　上(渡辺実)　講談社　昭52／日仏文化交流史の研究—日本の近代化とフランス人(西堀昭)　駿河台出版社　昭56
〔山口公和〕

前田 利同　まえだ・としあつ

安政3年6月27日(1856)～大正10年12月23日(1921)　政治家　伯爵　⑮江戸加賀藩邸
⑲幼名=茂松，字=稠松　⑳イギリス，フランス：1871年(留学)

　安政3(1856)年6月27日，加賀金沢藩主前田斉泰の九男として江戸加賀藩邸に生まれる。富山藩主の養子となり，安政6年13代目藩主をつぐ。戊辰戦争では新政府に従って越後に派兵し，戦功により従4位下侍従に叙任。明治2年版籍奉還で富山藩知事となり，4年廃藩置県により免職となった。4(1873)年ロンドン，パリに留学し6年帰国。外務省に入り，のち宮中顧問官，17年伯爵となった。大正10(1921)年12月23日死去。享年66歳。
墓富山市長岡・前田家廟所

[文献]　幕末明治海外渡航者総覧(手塚晃編)柏書房　平4／データベースWHO　日外アソシエーツ
〔藤田正晴〕

前田 利嗣　まえだ・としつぐ

安政5年4月19日(1858)～明治33年6月14日(1900)　華族　侯爵　〔鉄道，育英事業に尽力〕　⑮金沢　⑲幼名=多慶若，別名=利同
⑳イギリス：1871年(留学，岩倉使節団と同船)

　安政5(1858)年4月19日，金沢藩知事前田慶寧の長男として生まれる。明治4(1871)年10月29日，イギリス留学を命ぜられ，岩倉使節団と同船する。6年2月父の病気のため帰国する。22年再び渡欧する。鉄道や育英事業に尽力したが，明治33(1900)年6月14日死去。享年42歳。

[文献]　明治過去帳—物故人名辞典(大植四郎編)　東京美術　昭46
〔楠家重敏／富田仁〕

前田 留吉　まえだ・とめきち

天保11年(1840)～？　牛乳業　〔牧牛会社を設立〕　⑮上総国(長柄郡)関村　⑳アメリカ：1874年(牛乳業界視察)

　天保11(1840)年，前田弥右衛門の子として上総国関村に生まれる。横浜在住のオランダ人ベローのもとで牛乳搾取法と牧畜を学び，

由利公正，副島種臣，関野度貞とともに日本牧牛会社をつくり東京の麻布三光町と京橋木挽町に牧場を開く。明治7(1874)年にはアメリカに牛乳業界の視察に赴き，10年洋牛7頭を飼育し猿楽町に牛乳店を開店する。11年，甥の前田喜松をアメリカに派遣して再び業界の視察をさせている。

[文献] 日本の産業指導者(田村栄太郎) 国民図書刊行会 昭19／明治維新人名辞典(日本歴史学会編) 吉川弘文館 昭56　〔富田仁〕

前田 正格　まえだ・まさただ
生没年不詳　⑰フランス：1867年

　生没年不詳。慶応3(1867)年にフランスに渡る。その後の消息は不明。

[文献] 日仏文化交流史の研究―日本の近代化とフランス人(西堀昭) 駿河台出版社 昭56
〔富田仁〕

前田 正名　まえだ・まさな
嘉永3年3月12日(1850)～大正10年8月11日(1921)　官吏　男爵　〔殖産興業の功労者〕
⊕薩摩国(指宿郡)山川町　⊕雅号＝弘庵
⑰フランス：1869年(留学)，フランス：1877年(パリ万国博覧会)

　嘉永3(1850)年3月12日，薩摩藩の漢方医・前田善安の六男として生まれる。9歳の時，緒方洪庵の弟子・八木称平(玄悦)について洋学を学び，以後16歳で長崎に藩費留学するまで，八木のもとで貿易実務に従事した。長崎では中原猶介に出会い，その紹介で何礼之の語学塾に入塾。陸奥宗光らと親しく交わったほか，当時の外国掛・五代友厚に深い影響を受ける。明治1年，洋行費用を得るため，兄献吉，友人高橋新吉らと『和訳英辞書』(『薩摩辞書』)を編纂，上海に密航して印刷を敢行し，翌2年2月帰国。同年(1869)3月には大久保利通，大隈重信のはからいで大学南校より留学生の指名を受け，6月頃モンブランに随ってフランスへ出発。パリではモンブラン家に投宿し，エミール・アコラースの私塾などで勉学に励み，モンブランとの日仏語交換教授でフランス語に習熟するかたわら，公使館の事務にあたったが，3年普仏戦争が勃発し，パリの籠城と陥落，ついでパリ・コミューンを経験した。文部省は7年になって留学生を整理したが，彼はそのまま留まって，外務省の仕事を果たしながら，フランス農商務省のティスランに経済問題を学んだ。

9年フランス政府の計画したパリ万国博覧会の事務所に雇われ，来仏した井上馨などに日本の参加を強く促すが，さらに参加を推進するため，一旦帰国を決意し，10年春横浜に着く。同年(1877)，三田育種場長，パリ万国博覧会事務官に就任，秋には再び渡仏。翌11年，万国博が開かれ，前田は日本の良さを知らしめるために，フランス語による自作の戯曲『日本美談』を上演して好評を博した。万国博終了後も滞仏し，主として産業，農業調査，資料収集につとめた。12年に帰朝後も，日本国内の殖産興業のために尽力するとともに，フランス総領事，大蔵大書記官，農商務大書記官等を歴任，たびたび欧州の土を踏んだ。帰国後の主な著作に，国内産業の興隆を説いた『興業意見・未定稿』『興業意見』『所見』『興産致富の道』などの単行本のほか，「農業調査要旨」をはじめとする多くの評論や演説がある。官界を辞してからは，各地に農園を設け，一歩園と称し，全国を行脚して地方産業の育成に後半生を捧げた。晩年は，殖産のために設けた五二会の失敗などで不遇な日々を送る。最後の渡欧は大正8年から9年にかけてで，ベルギーの万国商事会議に参加した。帰国の翌年，大正10(1921)年8月11日，チフスのため死去。享年72歳。
⊕東京都港区・妙定院

[文献] 鉄鞋之響前田正名君(岡崎儀八郎編) 団々社書店 明31／男爵前田正名君略伝 本間恒治編刊 大11／前田正名(大西悟一) 平凡社 昭8／布衣の農相・前田正名(桜井武雄) 白楊社 昭13／前田正名(今野賢三) 新潮社 昭18(土の偉人叢書)／前田正名(揖西光速) 朝倉書店 昭35／産業経済界の先覚者 前田正名胸像建立期成会編刊 昭36／商権回復の道(海野福寿) 『明治の交易』塙書房 昭42／明治産業の父・前田正名の研究(吉川秀造) 『明治財政経済史研究』法律文化社 昭44／前田正名(祖田修) 吉川弘文館 昭48／近代日本海外留学生史 上(渡辺実) 講談社 昭52／フランスとの出会い―中江兆民とその時代(富田仁) 三修社 昭56／前田正名 新装版(祖田修) 吉川弘文館 昭62(人物叢書)／孤高の叫び―柳田国男・南方熊楠・前田正名(松本三喜夫) 近代文芸社 平3　〔高遠弘美／富田仁〕

牧 由真　まき・よしまさ

嘉永4年(1851)～明治23年6月18日(1890)　医師　🛳ドイツ：1883年(医学)

　嘉永4(1851)年，佐賀藩士牧春堂の子として生まれる。明治6年から東京大学で学び，16(1883)年から旧藩主鍋島家の援助を得て医学研究のためドイツのストラスブルク大学に留学し，ドクトルの称号をうけて20年に帰国する。いったん帝国大学医科大学講師となったが，留学先で発病した肺結核のために翌年辞職し，鍋島家主治医となり，また東京・芝桜川に開業する。明治23(1890)年6月18日死去。享年40歳。　⚰東京・青山霊園

[文献]　明治過去帳—物故人名辞典(大槻四郎編)　東京美術　昭46／異国遍路　旅芸人始末書(宮岡謙二)　中央公論社　昭53(中公文庫)
〔村岡正明〕

牧 亮四郎　まき・りょうしろう

嘉永6年(1853)～明治25年6月18日(1892)　医学者　🛳ドイツ：1883年頃(医学)

　嘉永6(1853)年に生まれる。明治6年，東京大学入学。16(1883)年頃にドイツに留学しストラスブール大学にて佐々木政吉，大沢謙二，小金井良精とともに学ぶ。同大学でドクトルの称号を得るが肺結核にかかり帰国。東京大学医学部講師となる。明治25(1892)年6月18日死去。享年40歳。　⚰東京・青山霊園

[文献]　近代日本海外留学生史　上(渡辺実)　講談社　昭52
〔飯沼隆一〕

牧野 伸顕　まきの・のぶあき

文久1年10月22日(1861)～昭和24年1月25日(1949)　政治家，外交官　伯爵　〔ベルサイユ講和会議で活躍〕　🏯鹿児島　㊦旧名＝大久保　別名＝大久保伸熊　🛳アメリカ：1871年(語学研修)

　文久1(1861)年10月22日，大久保利通の二男として鹿児島城下の加治屋町に生まれる。のち牧野家に入る。政治家吉田茂は女婿にあたる。上京後，大山巌にフランス語を習う。明治4(1871)年11月，父利通が岩倉使節の副使として渡米するおりに随行する。はじめはフランスへ留学する予定であったが，フィラデルフィアの中学に3年間留学する。7年に帰国したのち，開成学校に入学して，中村正直に「左伝」を小中村清矩や横山由清に「増鏡」，「土佐日記」を学ぶ。12年に外務省へ入り御用係准判任取扱を命ぜられる。13年には三等書記官としてロンドンの日本公使館に駐在する。森有礼公使よりイギリスの社会制度および文化の調査を命ぜられ，15年に憲法調査のために渡英してきた伊藤博文に意見書を提出した。17年に帰国したのち太政官の参事院議官補として制度取調局につとめる。その後，兵庫県大書記官，内閣記録局長を経て，24年に福井県知事となり，25年には茨城県知事となる。さらに井上毅の抜てきで文部次官となり，30年にはイタリア公使となり，36年に賜暇で一時帰国したが，帰任してオーストリア公使にもなる。日露戦争ではロシアの重要な情報を通報して功績をあげる。帰国後の39年，第1次西園寺内閣の文部大臣となり学術文芸を振興して文展を創設した。44年，第2次西園寺内閣の農商務大臣となり，さらに大正2年に山本権兵衛内閣の外務大臣となるが，シーメンス事件が起こり内閣は総辞職した。ついで8年，第1次世界大戦の戦後処理を行うためのパリ講和会議に全権委員として参加し，山東問題や人種平等案のために奮闘する。また10年には原敬内閣の宮内大臣をつとめた。14年，転じて加藤高明内閣のときから内大臣となる。昭和10年にこの大任を辞す。元老西園寺を背景に，軍部，財界，官僚の調整役として尽力するが，軍部が台頭すると親英米派の巨頭とみなされ，11年の2.26事件では湯河原の旅館で急襲をうけ，以後隠退。維新史料編纂会委員，東亜同文会会長，帝室経済顧問，日本棋院総裁などもつとめる。昭和24(1949)年1月25日に死去。享年89歳。

[文献]　牧野伸顕伯(下園佐吉)　人文閣　昭15／回想録(牧野伸顕)　文芸春秋新社　昭23～24／教育人名辞典　理想社　昭37／日本人名大事典　現代編　平凡社　昭54／牧野伸顕関係文書目録1　書翰の部　国立国会図書館編刊　昭58／昭和新修　華族家系大成　下(霞会館諸家資料調査委員会編)　霞会館　昭59／素顔の宰相—日本を動かした政治家83人(冨森叡児)　朝日ソノラマ　平12
〔楠家重敏〕

牧野 義雄　まきの・よしお

明治2年12月25日(1870)～昭和31年10月18日(1956)　画家　〔ロンドンで個展開催〕　🏯尾張国(西加茂郡)挙母　🛳アメリカ：1893年(美術学校)

明治2(1870)年12月25日,内藤藩漢字師伝牧野利幹の二男として挙母に生まれる。19年,名古屋英和学校の小使となり苦学して25年に同校を卒業する。翌26(1893)年アメリカに渡航し,サンフランシスコのホプキン美術学校に入学する。30(1897)年ロンドンに移りサウスケンジントン美術学院,ニュークロスの美術学校,ロンドン中央美術学院に学ぶ。40年『カラー・オヴ・ロンドン』を出版し,43年『日本人画工ロンドン日記』を上梓する。この年,パンカースト女史と婦人参政権運動のためイギリス各地を巡回する。大正12(1923)年ニューヨークに渡り『リテラリー・ダイジェスト』の表紙を描き,14年にハーバード大学で東西哲学比較論を講演する。昭和2年,ロンドンに戻り個展を開く。17年に帰国。昭和31(1956)年10月18日死去。享年88歳。

[文献] カラー・オヴ・ロンドン(牧野義雄) 明40／日本人画工ロンドン日記(牧野義雄) 明43／あさきゆめみし—わが青春の記(牧野義雄) 暮しの手帖社 昭31／倫敦の霧描き—牧野義雄その生涯と芸術(羽澄暁泉) 羽澄暁泉 平2(芸術イデア叢書)／幼少時代思出の記(牧野義雄著,宮沢真一訳) 豊田市教育委員会 平2(豊田市文化財叢書)／失われた日本の芸術精神・倫敦の霧描き(羽澄暁泉) 羽澄暁泉 平2(芸術イデア叢書)／述懐日誌—私の回想と感想(牧野義雄著,恒松郁生訳) 豊田市教育委員会 平3(豊田市文化財叢書)／霧のロンドン—日本人画家滞英記(牧野義雄著,恒松郁生訳) サイマル出版会 平3／倫敦の霧描き(羽澄不一) 鹿友館 平4／マイ・フェア・ロンドン(ピーター・ミルワード,恒松郁生著,中山理訳) 東京書籍 平5／牧野義雄物語(豊田市郷土資料館監修) 豊田市教育委員会 平11 〔楠家重敏〕

牧山 修 まきやま・おさむ
生没年不詳 医師 ㊅諱＝卿朗 ㊆アメリカ：1860年(咸臨丸の医師)

生没年不詳。安政7(1860)年1月,咸臨丸の医師として渡米する。

[文献] 万延元年遣米使節史料集成1〜7(日米修好通商百年記念行事運営会編) 風間書房 昭36／幕末教育史の研究2—諸術伝習政策(倉沢剛) 吉川弘文館 昭59 〔富田仁〕

馬込 為助 まごめ・ためすけ
生没年不詳 留学生 ㊅江戸 ㊆アメリカ：1871年(森有礼に同行し留学)

生没年不詳。江戸の出身。大学南校に学ぶ。明治3(1871)年12月3日,森有礼の監督のもとにアメリカ船グレート・レペブリック号に乗り横浜を出帆し,神田乃武や矢田部良吉らとともにアメリカへ私費で留学する。その後の消息は不明。

[文献] 近代日本の海外留学史(石附実) ミネルヴァ書房 昭47／近代日本海外留学生史 上(渡辺実) 講談社 昭52／幕末明治海外渡航者総覧(手塚晃編) 柏書房 平4 〔楠家重敏／富田仁〕

政尾 藤吉 まさお・とうきち
明治3年11月17日(1871)〜大正10年8月11日(1921) 外交官 衆議院議員 ㊅伊予国(喜多郡)大洲町 ㊆アメリカ：1889年(留学)

明治3(1871)年11月17日,伊予大洲藩御用商・政尾音左衛門の長男として伊予国喜多郡大洲町に生まれる。東京専門学校を卒業後,明治22(1889)年アメリカに私費留学し,29年西バージニア大学を卒業,ほかにエール大学でも法学を学び,のち同大助手となる。30年帰国し『ジャパン・タイムズ』主筆代理を経て,外務省の委嘱で,同年シャム政府法律顧問となり近代法典編集に参画。34年シャム司法省顧問として刑法,民法,商法を起草した。36年法学博士。大正4年から衆議院議員に当選2回。10年シャム特命全権公使となり,大正10(1921)年8月11日バンコクで死去。享年52歳。

[文献] 幕末明治海外渡航者総覧(手塚晃編) 柏書房 平4／政尾藤吉伝—法整備支援国際協力の先駆者(香川孝三) 信山社出版 平14／データベースWHO 日外アソシエーツ 〔藤田正晴〕

真崎 仁六 まさき・じんろく
弘化5年1月13日(1848)〜大正14年1月16日(1925) 鉛筆製造業者 〔三菱鉛筆の元祖〕 ㊅肥前国(佐賀郡)巨勢村高尾 ㊆アメリカ：1876年(フィラデルフィア万国博覧会),フランス：1878年(パリ万国博覧会)

弘化5(1848)年1月13日,士族の子として肥前国巨勢村高尾に生まれる。慶応2年に藩の推薦で長崎に学び,明治1年に上京して汽船会社の書記となる。その後,大隈重信の紹介で半

官半民の貿易会社・日本起立商工会社に勤務する。9(1876)年社用でフィラデルフィア万国博覧会に出張し，産業振興の必要性を痛感して帰国する。11(1878)年，パリ万国博覧会に会社から派遣され会場に展示された便利な筆記具，すなわち鉛筆を見て鉛筆製造に生涯をかける決心をする。帰国するとただちに東京・京橋区山下町の自宅を鉛筆製造の作業場にして研究にとりかかる。しかし当初，彼は鉛筆については芯が黒鉛と粘土の混合物という程度の知識しか持っておらず，また会社勤務の余暇を利用するため研究もなかなか進まない状態で，苦労して作った鉛筆はすぐ折れて実用にはならなかった。その後，各地に足を運んで芯に適した黒鉛と粘土を探し求め，ついに黒鉛は鹿児島県加世田，粘土は栃木県烏山のものが最適であることをつきとめ，それを原料として芯を作る。芯づくりには成功するが軸にはまだ大きな課題が残っていた。すなわち最初，軸の先が三叉になっている，いわゆる挟み鉛筆を考案したが，それは少し力を加えて書くと芯が引っ込んでしまう欠点をもっていた。このため挟み鉛筆から削り鉛筆に変更することにし，軸の材料となる木材探しに力を注ぐが，国内では軟らかく削りやすく曲りにくいという軸に適した樹種がなかなか見つからず，輸入石油缶の梱包に使われていた箱が入手できる唯一の外国木材であるので，この箱を軸材として利用するように試してみたりもした。結局，北海道産のアララギが適するという結論に達し，これを採用する。また鉛筆製造機械の設計にも努力を重ね，鉛筆製造を志してから10年の歳月が経過した20年には，それまで勤務していた日本起立商工会社を退職し，東京・四谷区内藤新宿一番地に真崎鉛筆製造所を設立し，水車を動力として鉛筆づくりに着手する。わが国鉛筆工業の第一歩であり三菱鉛筆のルーツである。だが鉛筆は一般になじみが薄かったので販売に苦労するが逓信省納入に成功し，改良を加えた結果，34年に同省御用品として局用1号，2号，3号の3種が採用される。これを記念して作られたのが三菱マークである。37年，市川商店と販売提携を結び，41年には真崎市川鉛筆株式会社を設立しコッピー鉛筆の輸出で業績をのばしたが第一次大戦後の不況で市川商店が支払停止を通告し真崎市川鉛筆は分裂する。その後，彼は大和鉛筆との合併に尽力するが，大正14(1925)年1月16日，心臓衰弱で死去。享年78歳。なお死後2ヶ月ほどで合併は成立し今日の三菱鉛筆へと発展する。

[墓]東京世田谷区烏山・順正寺

[文献] 近江商人伝真崎仁六翁の生涯(市木亮)：中小企業協同組合　7〜3　昭27／鉛筆とともに80年(三菱鉛筆編)　昭41／鉛筆づくりに生涯をかけた男真崎仁六(富田仁)：クロスロード　昭57.9／幕末・明治　匠たちの挑戦—現代に甦るプロジェクトリーダーの本質(長尾剛)　実業之日本社　平16　〔湯本豪一〕

正木 退蔵　まさき・たいぞう

弘化2年(1845)〜明治29年4月5日(1896)　教育者，外交官　東京職工学校長，公使館領事　〔工業教育に尽力〕　[生]長門国　[渡]イギリス：1871年(留学)

弘化2(1845)年，長門国に生まれる。安政5年吉田松陰に師事する。明治4(1871)年イギリスに留学し，7年に帰国，開成学校教官となり，工業教育に従事する。9年6月，英国留学生監督としてイギリスへ出張する。12年，帝国大学の依頼により理学部の教国人教師を求めエディンバラを訪れた際，文豪スティーブンソンに逢い，師吉田松陰について語った。その後，スティーブンソンは「Yoshida Torajiro」を書いた。この年，イギリスから『教育雑誌』へいくつかの教育論を投稿している。14年の帰国後，東京職工学校長となった。ついで外務省に入り，23年4月フィージーの領事となる。明治29(1896)年4月5日死去。享年52歳。

[文献] 文部省第六〜八年報(正木退蔵)　文部省　明11〜13／明治過去帳—物故人名辞典(大植四郎編)　東京美術　昭46／近代日本海外留学生史　上(渡辺実)　講談社　昭52／幕末明治海外渡航者総覧(手塚晃編)　柏書房　平4　〔楠家重敏／富田仁〕

政吉　まさきち

生没年不詳　旅芸人　〔大竜一座の独楽回し〕　[生]大坂　[渡]アメリカ：1867年(メトロポリタン劇場で興行)

生没年不詳。大坂の出身。慶応3(1867)年6月5日，大竜一座の一員としてアメリカ船スタンレー号でサンフランシスコに到着する。ミカド一座に対抗してポールトウイン・ギルバート社の勧進によりメトロポリタン劇場で日本奇術や軽業の興行をする。一座の中で独楽回

益頭 駿次郎　ましず・しゅんじろう

文政12年(1829)～明治33年(1900)　幕臣　幕府勘定組頭普請役　㊞諱＝尚俊　㊞アメリカ：1860年(遣米使節に随行)，フランス：1862年(遣欧使節に随行)

文政12(1829)年に生まれる。安政7(1860)年1月，遣米使節に普請役として随行し，文久1(1862)年12月，遣欧使節に普請役として随行する。明治33(1900)年死去。享年72歳。

[文献]　万延元年遣米使節史料集成1～7(日米修好通商百年記念行事運営会編)　風間書房　昭36／大君の使節―幕末日本人の西欧体験(芳賀徹)　中央公論社　昭43(中公新書163)／幕末教育史の研究2―諸術伝習政策(倉沢剛)　吉川弘文館　昭59　　〔富田仁〕

馬島 健吉　まじま・けんきち

天保13年10月(1842)～明治43年6月22日(1910)　医学者　馬島病院長　㊞加賀国大聖寺　㊞オランダ：1868年(医学)

天保13(1842)年10月，加賀大聖寺藩に仕えた眼科医の子として加賀国大聖寺に生まれる。安政6(1859年)医師を志して大坂に赴き，蘭方医・緒方洪庵の適塾に入門。慶応2(1866年)長崎に遊学し，次いで明治1(1868)年には藩の援助を受けてオランダに留学した。同地では内科・外科・眼科など医学の幅広い分野を修めたほか，イギリス・ドイツ・フランスの三カ国語を修得。4年にオランダ人医学者スロイスを伴って帰国。金沢医学館の教授兼通訳官に就任し，スロイスを助けて加賀地方における西洋医学の充実に力を尽くした。5年に医学館が閉鎖すると，私財を投じて同館を存続させ，明治8年石川県病院(のち金沢病院)に改称。9年には福井医学所教授に転じ，さらに福井病院長となった。15年父の死を契機に帰郷し，私立馬島病院を開設した。明治43(1910)年6月22日死去。享年69歳。　㊞加賀市・実性院

[文献]　幕末明治海外渡航者総覧(手塚晃編)　柏書房　平4／データベースWHO　日外アソシエーツ　　〔藤田正晴〕

増井 清次郎　ますい・せいじろう

？～大正12年9月(1923)　画家　㊞芸名＝虎ヶ谷熊吉　㊞アメリカ：年不明(旅芸人)

生年不詳。幼くして両親を失ったため赤貧の生活を送り，角兵衛獅子として旅回りをはじめる。何回も売り渡され，そのたびに逆立ち，玉乗り，綱渡りなどの芸を覚えていく。芸名は虎ヶ谷熊吉。まだ子どもの時に芸人一行に連れられてアメリカに渡る。その後，南米に行き，大西洋を横断しリスボンに上陸する。各地を旅芸人一行と回るが，イタリアに到着後に足を痛める。見かねた宿の主人の密告により救い出され羊の骨をつぎたす大手術を受ける。やがて侯爵未亡人の世話になり画家となるがアルコール中毒のために日本に送還される。その後もアルコール中毒は治らず，鉱山労働者などをしながら放浪する。のち，新潟の柿崎村で絵を描きながら過ごすが，関東大震災の報に接すると東京へ向かう。その後の消息は不明。震災後の混乱の中で死亡したらしい。有島生馬『蝙蝠の如く』のモデル。

[文献]　思い出の我(有島生馬)　中央公論美術出版　昭51／幕末・明治期における日伊交流(日伊協会編)　日本放送出版協会　昭59　　〔湯本豪一〕

増鏡 磯吉　ますかがみ・いそきち

生没年不詳　旅芸人　㊞イギリス，フランス：1866年(パリ万国博覧会の折に巡業)

生没年不詳。慶応2(1866)年10月28日，アメリカ人ベンコツに雇われイギリス船ニポール号に乗り，横浜からイギリスとフランスに渡る。翌3年1月のロンドンのセント・マルチンヒルを皮切りに，万国博覧会で賑わうパリのテアトル・ジュ・フランス・アンベリアルでも公演を行った。明治1年に帰国したが，その後の消息は不明。

[文献]　異国遍路　旅芸人始末書(宮岡謙二)　修道社　昭46　　〔楠家重敏〕

増島 六一郎　ますじま・ろくいちろう

安政4年6月(1857)～昭和23年11月13日(1948)　弁護士，法学者　法学博士　〔中央大学創立に参画〕　㊞近江国彦根　㊞イギリス：1879年(法律学)

安政4(1857)年6月，彦根藩士増島団右衛門の子として生まれる。明治12(1879)年に東京大学法学部を卒業し，岩崎家の援助でイギリ

スに留学した。ロンドンのミドル・テンプルに入学し法律学を修めた。のち訴廷外弁護士の事務所に入り実務を学んだ。17年に帰国し，代言人となり，さらに東京大学法科の講師として法律学を担当した。当時のフランス法全盛の風潮に対してイギリス法の研究機関として英吉利法律学校（中央大学の前身）を18年に創立。初代校長をつとめ，訴訟法，財産法，法律沿革論を講義した。また，弁護士の社会的向上に尽力し，東京代言人組合会長，弁護士組合会長をつとめた。著書には『法律沿革論』，『英吉利治罪法』などがある。昭和23（1948）年11月13日に死去。享年93歳。

[文献] 大日本博士録1（井関九郎編） 発展社 大10／中央大学七十年史（中央大学七十年史編纂所） 昭30／近代日本海外留学生史 上（渡辺実） 講談社 昭52／懐旧録—サンスクリット事始め（南条文雄） 平凡社 昭54（東洋文庫）／日本人名大事典 現代編 平凡社 昭54　　〔楠家重敏〕

益田 克徳　ますだ・かつのり
嘉永5年1月（1852）～明治36年4月8日（1903）
実業家　東京米穀取引所理事長　⊕佐渡国相川　㊙別名＝名村一郎，号＝無為庵，非黙
㊙アメリカ，ヨーロッパ：1872年（山田顕義に随行）

　嘉永5（1852）年1月，佐渡国相川に生まれる。安政1年江戸に出て，2年函館に渡り，万延1年再び江戸に出て英学・漢学を学び，英学者・名村八五郎に養われ名村一郎と称した。慶応年に海軍修業生となり榎本武揚に従って軍艦で函館に向かうが途中難破して捕らえられ禁固百日に処せられた。明治初年，名を益田荘作に復し慶応義塾に学び，4年高松藩に招かれ子弟に英学を教える。5年帰京して司法省に出仕し検事となる。5（1872）年6月，山田顕義に随行して欧米各国を視察し，翌6年9月帰国。7年前島密の下僚となり海上保険条例を編成した。12年創立されると同時に東京海上保険の支配人となり，29年まで務め，30年監査役に退く。傍ら，東京米穀取引所理事長のほか，明治火災，明治生命，王子製紙，鐘ケ淵紡績，石川島造船所などの重役も務めた。一方，茶法を不白流川上宗順より受け，兄・孝，弟・英作と共に茶道に親しみ茶人としても名を成した。造園・陶磁器に精通し，自身も作陶に優れ，道具類の目利きとしても知られる。また工芸家の指導にも努めた。明治36（1903）年4月8日死去。享年52歳。

[文献] 幕末明治海外渡航者総覧（手塚晃編） 柏書房 平4／益田鈍翁をめぐる9人の数寄者たち（松田延夫） 里文出版 平14／益田克徳翁伝（大塚栄三著，益田恭尚，益田晃尚編） 東方出版 平16／データベースWHO 日外アソシエーツ　　〔藤田正晴〕

増田 嘉兵衛　ますだ・かへえ
天保6年5月15日（1835）～大正9年9月4日（1920）　実業家　⊕伊賀国　㊙アメリカ：1870年（商業視察）

　天保6（1835）年5月15日，伊賀国に生まれる。江戸に出て，砂糖商・増田屋に奉公した。横浜の将来性を見込んで，文久2年（1862年）自ら横浜で砂糖問屋の増田嘉兵衛商店を開き，外国糖の輸入で富を築いた。明治2年横浜為替（横浜銀行の前身）の創立に加わる。3（1870）年伊藤博文の訪米商業視察団にも随行し，4年帰国。大正9（1920）年9月4日死去。享年86歳。

[文献] 幕末明治海外渡航者総覧（手塚晃編） 柏書房 平4／データベースWHO 日外アソシエーツ　　〔藤田正晴〕

益田 孝　ますだ・たかし
嘉永1年11月（1848）～昭和13年12月28日（1938）　実業家　男爵　〔三井財閥創業の大番頭〕　⊕佐渡　㊙幼名＝徳之進のち進
㊙フランス：1864年（遣仏使節に随行）

　嘉永1（1848）年11月，佐渡奉行属役益田孝義の長男として生まれる。父の転任により箱館に移る。箱館奉行所の学校で漢学，剣術，槍，馬術を学んだほか，通詞から英語を学ぶ。万延1年3月父が外国奉行支配定役となって江戸西丸の外国方につとめたのにともない，江戸で漢学のほかに麻布善福寺のアメリカ公使館に通って英語を学ぶ。文久1年外国方に通弁御用として登用され，3（1864）年12月幕府の第1回遣仏使節団に父の家来として随行を許される。使節の正使は池田筑後守長発，副使は河津伊豆守，監察は河田相模守で，随員中にはほかに三宅雪嶺の岳父田辺太一らがいた。当時わが国の貿易は著しく発展し物価が暴騰し攘夷論が一大政治勢力と化していた。とくに文久2年の生麦事件から元治1年の下関事件までは攘夷論の最も激化した時期である。幕府はその主

な原因を横浜貿易によるものとし、横浜の閉港に比較的好意的に協力してくれそうに見えたフランスとまず交渉させようとした。使節団一行は3年12月29日に横浜を出帆し翌元治1年3月10日にマルセイユに着く。13日にパリに入り、観兵式に招かれナポレオン三世に謁見。横浜鎖港の交渉は4月2日に開始されたが難航し、ついに受諾は得られず、5月18日にはイギリスとの交渉も断念して帰路につく。7月18日横浜に帰着した一行は海外の情勢を説き、逆に鎖港は時代遅れでありいまや開国進取こそ必要と幕府に力説したが、結果は池田、河津、河田の免職という憂き目を見ただけであった。この一行は幕府の前後6回にわたる海外派遣使節のうち最も割の悪い役を演じた。彼もまたその例外ではなかった。しかし、滞仏中父とともに西洋の公債の売買を学ぶなど近代的商法を実地に見聞し、他日わが国の大実業家・政商たるの基礎をこのときすでにいくぶんかはつかんでいた。帰国後、横浜の通詞から英語を教わったが、やがて幕府がフランス式の陸軍を編成するとこれに志願し騎兵隊を率いる。しかし明治維新に遭い、一転してやむなく横浜で貿易商を始める。明治5年に井上馨の推挙をうけ大蔵省に入る。四等出仕、造幣権頭、大蔵大輔を歴任したが、6年渋沢栄一らと退官。同年井上とともに大阪に貿易会社先収社を興し、その副社長に就任する。米、生糸、茶を輸出し、アメリカから10万挺のスナイドル銃、羅紗、肥料などを輸入して多大な利益をあげる。8年末井上はふたたび官途についたが、益田は三井家の大番頭三野村利左衛門を知り、9年9月三井家が先収社の事業を吸収し、これを母体として三井物産会社を設立すると社長に就任する。10年の西南戦争の際には、政府御用の6割を一手に引き受ける。また、工部卿伊藤博文から三池炭坑を譲られ、これをもとに三井鉱山を興しその基礎を築く。11年には渋沢栄一とともに東京商法会議所を創立し副会頭となり、13年にはわが国初の一万錘紡績会社となった大阪紡績会社を設立する。一方、中国の利権にも熱心で辛亥革命のときには満州（中国東北地方）の買収計画までたてる。三野村、中上川彦次郎両先輩の没後は、三井合名会社理事長となり質実な経営によって三井財閥の発展に尽くし、大正3年に引退したのちも同社の顧問をつとめる。また、大正2年には森

恪、渋沢栄一らとともに中国興業を設立する。商法講習所、東北振興会など商業教育にも力を注ぐ。福沢諭吉の甥にあたり、夫人は東京高等商業学校（東京商科大学）創立者矢野次郎の妹という関係から、三井に慶応義塾、一橋出身者を優先入社させ、多くの後進を育成する。晩年は小田原に住み、養鶏事業や養魚事業など悠々自適の生活を送り、一面茶人として、また美術愛好家として、その方面でも重きをなした。昭和13（1938）年12月28日死去。享年91歳。

文献 益田孝論（江木衷等）：中央公論　24(10)　明24／国際法より観たる幕末外交物語（尾佐竹猛）　邦光堂　昭5／益田孝雑話（益田孝）　糧友会　昭13／自叙益田孝翁伝　長井実編刊　昭14／益田孝追悼（田中親美）：塔影　15(2)　昭14／交遊記から―益田孝の人物養成と山本条太郎の高才（藤原銀次郎）：経済往来　2(3)　昭25／日本実業家列伝―益田孝（木村毅）：実業之日本　55(16)　昭27／日本経済を育てた人々13―三井物産の創造者益田孝（加藤哲二）：実業之日本　56(26)　昭28／近代政商伝5　益田孝（土屋喬雄）：経済往来　5(12)　昭28／日本財界人列伝1　青潮出版　昭33／近代日本海外留学生史　上（渡辺実）　講談社　昭52／日本人名大事典　現代編　平凡社　昭54／明治維新人名辞典（日本歴史学会編）　吉川弘文館　昭56／鈍翁・益田孝（白崎秀雄）　新潮社　昭56／自叙　益田孝翁伝（益田孝著、長井実編）　中央公論社　平1（中公文庫）／鈍翁・益田孝　上、下（白崎秀雄）　中央公論社　平10（中公文庫）／明治に名参謀ありて―近代国家「日本」を建国した6人（三好徹）　小学館　平11（小学館文庫）／益田鈍翁をめぐる9人の数寄者たち（松田延夫）　里文出版　平14／明治の怪物経営者たち―明敏にして毒気あり（小堺昭三）　学陽書房　平15（人物文庫）〔村岡正明〕

益田 鷹之助　ますだ・たかのすけ
生没年不詳　幕臣　佐渡奉行属役　㊋別名＝益田孝義　㊙フランス：1864年（遣仏使節に随行）

　生没年不詳。文久3(1864)年12月、遣仏使節に定役元締・進物取次上番格として、長男の孝とともに随行する。

文献 幕末教育史の研究2―諸術伝習政策（倉沢剛）　吉川弘文館　昭59　〔富田仁〕

益田 太郎　ますだ・たろう

明治8年9月25日(1875)～昭和28年5月18日(1953)　実業家, 劇作家　台湾製糖専務取締役　⑪東京・品川　⑯筆名=益田太郎冠者　㊤ベルギー：1890年(留学)

　明治8(1875)年9月25日, 三井財閥総帥・益田孝の子として東京品川に生まれる。明治23(1890)年ベルギーに留学し, アントワープ商業大学で経済・財政を学ぶ。イギリスにも渡り, 32年に帰国。以後実業界で活躍。一方太郎冠者の筆名で明治37年頃から世相風刺の軽喜劇『正気の狂人』『玉手箱』などを書き, 新派で上演された。39年からは帝国劇場重役となり文芸面を担当, 森律子のために毎回脚本を書き, 名コンビを組んだ。「コロッケの歌」の作詞・作曲でも知られる。昭和28(1953)年5月18日死去。享年77歳。

文献　幕末明治海外渡航者総覧(手塚晃編)　柏書房　平4／喜劇の殿様—益田太郎冠者伝(高野正雄)　角川書店　平14(角川叢書)／経営者の精神史—近代日本を築いた破天荒な実業家たち(山口昌男)　ダイヤモンド社　平16／データベースWHO　日外アソシエーツ

〔藤田正晴〕

増田 好造　ますだ・よしぞう

嘉永3年(1850)～?　鉱山技術者　⑯別名=芳蔵　㊤フランス：1876年(採鉱・精錬技術)

　嘉永3(1850)年に生まれる。明治7年3月, 住友の別子銅山に洋式技術を導入するためフランス人技師ラロックが着任する。ラロックは別子銅山をくまなく調査し洋式化に力を注ぐが, 住友は日本技術者を養成して洋式化を図る方針をとったため8年11月に帰国する。9(1876)年4月, 別子銅山に勤務していた彼は塩野門之助とともに洋式技術修得のためフランスへ向かう。これが民間鉱業初の海外留学生である。スエズを経由してマルセイユに到着後パリへ向かいラロックと再会し, クリヨゾ製錬所, サンベール鉱山, リヨンやサン・テチェンヌ付近の鉱山などを見学するが, 長旅の疲れと言葉が通じないため神経症となり, 塩野門之助と別れ目的を果たせないまま, 7月30日にマルセイユより帰国する。その後の消息は不明。

文献　別子開坑二百五十年史話(平塚正俊編)　住友本社　昭16／明治期, ある技術者の軌跡(佐々木正男)：住商ニュース　78　昭60／幕末明治海外渡航者総覧(手塚晃編)　柏書房

平4　〔湯本豪一／富田仁〕

増田 礼作　ますだ・れいさく

安政1年12月3日(1854)～大正6年11月27日(1917)　鉄道技監　工学博士　〔東京・青森間の鉄道敷設〕　⑪大分　㊤イギリス：1876年(工学)

　安政1(1854)年12月3日, 増田久也の長男として生まれる。明治初年に開成校工科で学び, 卒業後明治9(1876)年, 第2回文部省留学生としてイギリスに渡り, グラスゴー大学で工学を専攻する。11年5月に工学得業士, 11月に理学得業士の学位を授かり, 同大学終身公議員となる。さらに実地研究を重ねて, 14年帰国する。同年, 日本鉄道会社の技師長となり, 東京・青森間の鉄道敷設を企画, 15年にこの事業が国営化し, 工部省鉄道局技師となる。23年に鉄道完成。24年工学博士を授けられる。26年逓信省鉄道技師, 29年同鉄道技監となる。44年, 鉄道局の廃局と同時に辞職。翌大正1年に錦鶏間祇候となる。大正6(1917)年11月27日死去。享年64歳。

文献　近代日本海外留学生史　上(渡辺実)　講談社　昭52／日本人名大事典5　平凡社　昭54

〔内海あぐり〕

増野 助三　ますの・すけぞう

嘉永1年(1848)～明治41年4月27日(1908)　陸軍軍人　⑪周防国　㊤ドイツ：1871年(留学)

　嘉永1(1848)年, 周防徳山藩士増野嘉太の子として生まれる。明治4(1871)年, 藩費派遣の留学生としてドイツに赴く。帰国後の7年頃, 歩兵中尉となる。西南の役を経て, 16年に大尉となる。21年頃, 輜重兵第一大隊第一中隊長, のち少佐となる。日清戦争では近衛輜重兵大隊長を務め日露戦争後の39年, 大佐に進み退役。明治41(1908)年4月27日, 肺炎により死去。享年61歳。　⑪東京・青山霊園

文献　近代日本の海外留学史(石附実)　ミネルヴァ書房　昭47　〔飯沼隆一〕

益満 行靖　ますみつ・ゆきやす

弘化4年(1847)～明治11年8月5日(1878)　陸軍軍人　⑯通称=宗之助　㊤ドイツ：1873年(参謀学)

　弘化4(1847)年, 鹿児島藩士の家に生まれる。戊辰の役では鳥羽, 伏見, 会津に転戦して功を立てる。明治5年に少佐となる。6(1873)

年9月,参謀本部組織研究のためドイツに出張し参謀学を修める。9年8月12日,中佐に進む。滞仏中の6年間調査研究を重ねたが,帰途まぎわ肺結核のため倒れ,明治11(1878)年8月5日,ベルリン郊外のフリードリヒローダーで死去。享年32歳。
文献 異国遍路 旅芸人始末書(宮岡謙二) 中央公論社 昭53(中公文庫)〔飯沼隆一〕

俣賀 致正 またが・よしまさ
嘉永5年9月17日(1852)～? 陸軍軍人 ⊕長州 ⊛フランス:1884年

生没年不詳。長州の出身。明倫館に学ぶ。陸軍に入り,明治17(1884)年2月16日,大山巌に随行しフランスに渡る。のちドイツ,イタリア,イギリス,アメリカにも赴いている。18年1月25日帰国。その後の消息は不明。
文献 近代日本海外留学生史 上(渡辺実) 講談社 昭52/幕末明治海外渡航者総覧(手塚晃編) 柏書房 平4 〔富田仁〕

町田 啓次郎 まちだ・けいじろう
⇒島津啓次郎(しまづ・けいじろう)を見よ

町田 啓二郎 まちだ・けいじろう
⇒町田清次郎(まちだ・せいじろう)を見よ

町田 申四郎 まちだ・しんしろう
弘化4年(1847)～? 薩摩藩留学生 ⊕薩摩国(日置郡)伊集院郷(石谷) ⊛諱=実績,変名=塩田権之丞 ⊛イギリス:1865年(海軍軍事研修)

弘化4(1847)年,薩摩国日置石谷城主町田少輔久長の子として生まれる。薩摩藩の開成所で蘭学を学ぶ。18歳のとき兄・久成を団長とする薩摩藩派遣イギリス留学生の一員に選ばれる。元治2(1865)年3月22日,塩田権之丞と変名して鹿児島を出発,シンガポール,スエズをまわり地中海を経て,この間諸国の文明を見聞,世界の動向を学びつつ,5月28日ロンドンに到着。留学生活の世話役は下院議員L.オリファントで,勉学上の指導者はロンドン大学化学教授ウィリアムソン博士であった。語学家庭教師について英語の学習に励む一方,山尾庸三の案内でロンドン市内を見物,兵器博物館や造船所を見てまわる。また同博士の案内で6月7日ベッドフォードの鉄工場を訪問,農業耕作機械の実習を受ける。この訪問は6月11日付のタイムズ紙上で報道される。7月初旬,東郷愛之進とともにロンドン大学のフランス語教師宅に寄宿することになり,本格的勉学にそなえる。8月中旬,ロンドン大学ユニヴァーシティ・カレッジ法文学部に入学する。藩命による専攻学科は海軍機械術であった。その後1年間にわたって同大学において勉学を続ける。翌慶応2年6月下旬,国内情勢の変化やその他の諸事情のため藩命によって留学生活を打ち切り,東郷と弟の町田蔵蔵,名越平馬,高見弥一などの留学生5名とイギリスを出発し,同年8月鹿児島に帰着する。その後の消息は不明。
文献 鹿児島県史3 同県 昭16/薩摩海軍史 上・中・下(公爵島津家編纂所編) 原書房 昭43(明治百年史叢書71～73)/薩摩藩英国留学生(犬塚孝明) 中央公論社 昭49(中公新書375)/明治維新人名辞典(日本歴史学会編) 吉川弘文館 昭56/幕末維新人名事典 新人物往来社 平6/データベースWHO 日外アソシエーツ 〔安藤重和/富田仁〕

町田 清次郎 まちだ・せいじろう
嘉永4年(1851)～? 薩摩藩留学生 ⊕薩摩国(日置郡)伊集院郷(石谷) ⊛諱=実行,変名=清水兼之郎,別名=啓二郎,後名=財部実行 ⊛イギリス,アメリカ:1865年(造船技術)

嘉永4(1851)年,薩摩国日置石谷城主町田少輔久長の子として生まれる。町田久成,申四郎,3兄弟の末弟である。薩摩藩開成所において蘭学を勉学中,14歳で,2人の兄とともに同藩派遣のイギリス留学生の一員として選ばれる。元治2(1865)年3月22日,清水兼之郎と変名し,長兄久成を団長とする留学生一行とともに鹿児島を立ち,シンガポール,スエズ経由で途中諸国の文明や揺れ動く世界状勢などを見聞しつつ,5月28日ロンドンに到着,ベースウォーター街の宿舎に落ち着く。T.グラヴァーの紹介による英国下院議員L.オリファントの世話でバーフなどの語学家庭教師について英語の学習に励む。6月に入り山尾庸三の案内でロンドン市内見物,兵器博物館や造船所を見学する。6月7日,勉学上の指導者であったロンドン大学化学教授ウィリアムソン博士の案内でベッドフォードの鉄工場で農業耕作機械を見学し,ハワード農園で実習をうける。この見学訪問は6月11日付のタイムズ紙上で紹介され,当時日本人は珍しかったのでロンドン市民の注目を浴びる。13歳の長沢鼎とともに年

少のために出国当時はまだ専攻学科を定めていなかったが、この頃造船学と決定する。7月初旬、本格的勉学にそなえて鮫島尚信とロンドン大学の化学教授宅に寄宿する。8月中旬、ロンドン大学ユニヴァーシティ・カレッジ法文学部に入学する。大学において学んだ授業内容などについては判っていない。翌慶応2年5月頃、使節団のフランス外交・貿易交渉の相手役であったフランス貴族モンブラン伯爵の招きでフランスへ渡る。ベルギーにある彼の館を根拠地として、プロシアやオーストリア各地を周遊する。この時プロシア軍とオーストリア軍の近代洋式戦争をケーニッヒグレーツの戦いなどを通して観戦し、近代兵器による戦争の有様を見聞する。モンブランの給費によるフランス留学を望むが、森有礼らの進言によって留学生監督である兄久成に反対され断念し、ロンドンに戻る。学費の窮乏や日本国内情勢の変化などの諸事情により帰国を決意、6月下旬に次兄申四郎、名越平馬、東郷愛之進、高見弥一の5名の留学生とともにイギリスを後にし帰国の途につく。8月下旬鹿児島に到着する。帰国後は財部実行と改名したがその後の消息は不明。

[文献] 鹿児島県史3 同県 昭16／薩藩海軍史 上・中・下（公爵島津家編纂所編） 原書房 昭43／明治百年史叢書71〜93／薩摩藩英国留学生（犬塚孝明） 中央公論社 昭49／中公新書375／明治維新人名辞典（日本歴史学会編） 吉川弘文館 昭56／幕末維新人名事典 新人物往来社 平6／データベースWHO 日外アソシエーツ 〔安藤重和／富田仁〕

町田　忠治　まちだ・ちゅうじ

文久3年3月30日（1863）〜昭和21年11月12日（1946）　政治家, 実業家　衆議院議員　㊐羽後国秋田　㊅号＝幾堂　㊈アメリカ, ヨーロッパ：1893年（欧米事情視察）

文久3（1863）年3月30日、羽後国秋田に生まれる。犬養毅を頼って上京し、明治20年大学予備門を卒業。朝野新聞や報知の記者となり、明治26（1893）年5月から27（1894）年5月にかけて欧米を視察する。28年に東洋経済新報社を設立、主幹に。30年日本銀行に入り、32年在阪の山口銀行総理事などをして関西財界の有力者となるが、43年辞職。45年政界に入り、以来、秋田県から衆議院議員に当選10回。この間、大正9〜13年報知新聞社長。15年第1次若槻内閣、昭和4年浜口内閣、6年第2次若槻内閣の各農相、9年岡田内閣の商工相兼蔵相、19年小磯内閣の国務相を歴任。また10〜15年民政党総裁を務めた。戦後は日本進歩党結成の際、総裁に推されたが、公職追放となったため、総裁を幣原喜重郎に譲った。"ノントー"（のんきなとうさん）の愛称で衆望を集める一方、財政通でもあった。昭和21（1946）年11月12日死去。享年84歳。

[文献] 町田忠治翁伝（松村謙三）　町田忠治翁伝記刊行会　昭25／幕末明治海外渡航者総覧（手塚晃編）　柏書房　平4／町田忠治（町田忠治伝記研究会編著）　桜田会　平8／成せば、成る。―知られざる「成功者」たちの再起と逆転のドラマ（加来耕三）　一二三書房　平14／データベースWHO　日外アソシエーツ　〔藤田正晴〕

町田　久成　まちだ・ひさなり

天保9年1月（1838）〜明治30年9月15日（1897）　官吏, 僧侶　〔初代帝国博物館長, 古美術研究の先駆者〕　㊐鹿児島　㊅通称＝民部, 変名＝上野良太郎, 雅号＝石谷道人　㊈イギリス：1865年（留学生監督, 洋式軍制）

天保9（1838）年1月、薩摩国日置郡石谷城主町田少輔久長の長男として鹿児島城下に生まれる。申四郎、清次郎の2人の弟がいる。19歳の時江戸に出て昌平黌に入り、ついで平門下で学び帰藩する。その後小姓番頭を経て大目付となり、元治1年洋式軍制拡充・海陸軍諸学科および英蘭学教育機関である藩の開成所設立に際し、学頭となり、大久保利通らと中心人物として参画する。薩摩藩きっての開明家であった。元治2（1865）年、島津斉彬の遺志を継承する五代友厚の上申書によってイギリス留学生派遣が決定され、みずから開成所生徒と2人の弟を連れてこの任にあたる。彼の任務は留学生一行の監督であった。上野良太郎と変名、T.グラヴァーの右腕と言われたR.ホームを案内役とし、同年3月22日鹿児島を立ちシンガポール、スエズ経由で諸国の文明、揺れ動く世界状勢などを、新鮮な衝撃でもって見聞しつつ5月28日ロンドンに到着、ケンジントン公園の北ベースウォーター街の宿舎に落ち着く。グラヴァーの兄ジェームの世話でバーフその他の語学家庭教師を招いて英語の学習に取り組む。留学生活一般の世話役はやはりグラヴァーの紹介によるL.オリファント下院議員であり、

ロンドン大学における勉学の指導者は同大学化学教授ウィリアムソン博士であった。6月に入り2年前に密航してイギリスに渡り留学生活を続けている3人の長州藩士長尾庸三，野村弥吉，遠藤謹助の訪問をうけ，情報などを交換する。6月3日山尾の案内でロンドン見物に出かけ，兵器博物館や造船所を見学，西洋の兵器や近代科学技術の威力を認識する。6月7日ウィリアムソン博士の世話でベッドフォードの鉄工場を見学，ハワード農園において耕作機械の実習を受け近代農業技術を知る。6月18日斉藤建次郎が同伴した親日フランス人ロニーの訪問を受け，フランス貴族モンブラン伯爵を紹介され，対フランス外交交渉が始まる。この交渉には五代と新納中三があたることになる。7月初旬本格的勉学と専門分野の研究に備えて，留学生をそれぞれ2名ずつロンドン大学の各教授宅に寄宿させ，留学の効果をあげるように努める。8月中旬留学生全員がロンドン大学ユニヴァーシティ・カレッジ法文学部に入学する。この間薩摩藩の使節として派遣された随員のうち，寺島宗則がイギリス政府との外交交渉にあたり，新納，五代はイギリス国内の産業都市を視察し，武器・紡績機械購入に成功する。そして欧州大陸視察旅行に出発するが，彼は一貫してロンドンにとどまり留学生たちの世話と監督指導に専任する。同年12月に新納，五代が，翌慶応2年3月には寺島が，それぞれの任務を終え帰国し，6月下旬には5名の留学生が帰国する。同年9月7日薩摩藩第2次派遣のアメリカ留学生6名がロンドンに立ち寄り会見する。3年1月2日パリ万国博覧会出席のため家老岩下方平を団長とする使節団がパリに到着するが，この時フランスに渡り2月27日の開会式に出席する。同年4月8日，2年余にわたる留学生活を藩の要請によって打ち切り，5名の留学生を残したまま博覧会掛の中井弘と野村宗七を連れてロンドンを立ち帰国の途につく。6月下旬無事鹿児島に帰着する。その後アメリカに渡った5名の留学生たちとはすでに立場や見解の相違があったように思われる。維新後新政府にあって，参与職外国事務掛，長崎裁判所判事，外務大丞などの外交畑の要職を歴任するが，明治4年文部省設置に伴う文部大丞への転属を契機に博覧会事業に携わるようになる。パリ万国博覧会参加の経験を生かしシカゴにおけるアメリカ博覧会事務局長，ウィーン博覧会御用掛などの事業に活躍するが，この頃より他の維新の功臣たちと違って政治・外交方面から離れ文化事業に携わり，文化人的傾向を色濃くみせ始める。それは明らかにイギリス留学体験から結実する西欧的な近代文化意識を志向するものであった。8年3月内務省に転じると，博物館設立事業に邁進するようになる。時の内務卿大久保利通に博物館の創設を進言，みずから初代帝国博物館長としてこの構想を実現する。現在の上野にある東京国立博物館がこれである。彼の構想には植物園，動物園の設置まで含まれていたと言われる。脳中には海外で見聞した欧米の優れた近代的文化諸施設があったことは確実である。すでに脱俗の気風を示し進歩的文化人に変身を遂げていた彼は，その海外体験を生かし半封建的な日本の民衆の知識の向上，文化水準の向上をはかるために博物館，その他の文化事業に献身したのである。18年元老院議官におされると，突然官職を辞して剃髪，諸国行脚に旅立つ。その後園城寺法明院住職桜井敬徳に帰依し，近江国三井寺光浄院僧正としてまったく俗世から離れて，清浄無垢な仏事の世界に生きる。晩年は古美術の鑑識に優れ，古書画器の蒐集に努めたり，模造して考古の資料としたり，明治初期の古美術研究の先駆者ともなった。また余技に観音像などを描いたと言われる。彼の転身の理由や原因は明らかではないが，少なくとも欧米における海外体験がこのような文化人を生み出したとは言えよう。明治30(1897)年9月15日，東京上野の明法院にて死去。享年60歳。遺言によって心の師と仰いだ桜井敬徳の法明院に葬られる。

㊟大津市園城寺町・法明院
文献 薩藩海軍史　上・中・下（公爵島津家編纂所編）　原書房　昭43（明治百年史叢書71〜73）／故町田久成君洋行日記　復刻版　原書房　昭48／薩摩藩英国留学生（犬塚孝明）　中央公論社　昭49（中公新書375）／日本人名大事典5　平凡社　昭54／明治維新人名辞典（日本歴史学会編）　吉川弘文館　昭56／町田久成略伝　島津編輯所編／わが国博物館事業創設者町田久成のことども（大久保利謙）：立教大学ムゼイオン　4　〔安藤重和〕

町田　民部　まちだ・みんぶ
⇒町田久成（まちだ・ひさなり）を見よ

町村 一介　まちむら・かずすけ

生没年不詳　留学生　[生]鹿児島　[渡]アメリカ：1870年（ブルックリンに在住）

生没年不詳。鹿児島の出身。明治3（1870）年にアメリカに渡り，ニューヨークのブルックリンに住む。その後の消息は不明。

[文献] 近代日本の海外留学史（石附実）　ミネルヴァ書房　昭47　〔楠家重敏〕

松　まつ

生没年不詳　旅芸人　〔大竜一座の踊り手〕　[生]大坂　[渡]アメリカ：1867年（メトロポリタン劇場で興行）

生没年不詳。大坂の出身。慶応3（1867）年6月5日，大竜一座の踊り担当としてアメリカ船スタンレー号でサンフランシスコに到着する。ミカド一座に対抗して同地のメトロポリタン劇場で日本奇術や軽業の興行をする。その後の消息は不明。

[文献] 異国遍路　旅芸人始末書（宮岡謙二）　修道社　昭46　〔楠家重敏〕

松井 菊次郎　まつい・きくじろう

生没年不詳　旅芸人　〔浜錠定吉一座の独楽回し〕　[生]江戸　[名]別称＝菊二郎　[渡]フランス：1867年（パリ万国博覧会の折に興行）

生没年不詳。江戸の出身。慶応3（1867）年，浜錠定吉一座の独楽廻しとしてアメリカ廻りでパリへ行き，パリ万国博覧会の折に興行。アメリカ人バンクスに雇われ明治2年まで興行する。その後の消息は不明。

[文献] 明治文化全集　別巻　明治事物起源（石井研堂）　増補・改訂版　日本評論社　昭44／異国遍路　旅芸人始末書（宮岡謙二）　修道社　昭46　〔楠家重敏〕

松井 源水（13代）　まつい・げんすい

？～明治3年11月4日（1870）　大道芸人，香具師　〔海外興行の第1号〕　[生]江戸浅草田原町（源水横丁）　[渡]イギリス，フランス：1866年（海外興行）

生年不詳。代々，江戸浅草田原町で曲独楽で人びとを集めたり，歯磨粉や富山の反魂丹を売る香具師の家に生まれる。松井家は幕府より香具師総取締の鑑札を受けていた。享保11年には浅草寺本堂で枕返しと曲独楽の芸を上覧し御成御用の符を拝領している。慶応2（1866）年，年1000両，2年契約でアメリカ人興行師に雇われ，妻の春，娘の美津と佐喜，息子の国太郎のほか独楽回し，軽業師，手品師など男女14人の芸人を引き連れて海外巡演に出かける。横浜よりイギリス船に乗り込み同年12月リバプールに上陸，イギリスで興行ののちフランスへ渡る。3年春，パリ万国博覧会での興行をテアトル・デュ・フランス・アムペリアルで行い，各種の独楽曲芸を披露する。明治2年に帰国，翌3（1870）年11月4日死去。

[墓]東京浅草・誓願寺

[文献] 見世物研究（朝倉亀三）　春陽堂　昭3／蕙斎図と松井源水の話（玉林晴朗）：浮世絵界　3（4）　浮世絵同好会　昭13／異国遍路　旅芸人始末書（宮岡謙二）　中央公論社　昭53（中公新書）／明治維新人名辞典（日本歴史学会編）　吉川弘文館　昭56　〔湯本豪一〕

松井 寿郎　まつい・じゅろう

？～明治18年7月24日（1885）　神学者　〔修業中に客死〕　[生]仙台　[名]洗礼名＝アレクサンドル　[渡]ロシア：1882年（神学）

生年不詳。涌谷繁の二男として仙台に生まれる。ハリストス正教会附属正教神学校の「初実の果」で，明治15（1882）年に同校を卒業と同時にペテルブルグ神学大学に留学のため5月21日横浜を出帆し，紅海，黒海を経て15年12月にペテルブルグに入る。神学校在学中から『正教新報』（正教会機関誌）に「宗教論 第1篇」「同第2篇」を連載し早くから英才を謳われていたが，不幸にしてこの地でチフスに冒されて，明治18（1885）年7月24日死去。彼の人柄はロシア人にも深く愛され，その死にあたってはロシアの著名な新聞「ノ-ヴォエ・ヴレ-ミャ」（「新時代」）紙に追悼の記事が掲載される。遺著に『真正宗教論完』（愛々社 明治22年）がある。

[墓]アレクサンドル・ネフスキー修道院内

[文献] 日本正教史（牛丸康夫）　日本ハリストス正教会教団府主教庁　昭53　〔長縄光男〕

松井 正水　まつい・せいすい

生没年不詳　土佐藩留学生　[生]高知　[渡]イギリス：1870年（海軍軍事研修）

生没年不詳。高知の出身。明治3（1870）年，土佐藩の費用で海軍修業のためイギリスに渡る。帰国後の経歴は不明であるが，不遇にして世を去ったという。

[文献] 明治初年条約改正史の研究（下村冨士男）　吉川弘文館　昭37／近代日本の海外留

学史（石附実）　ミネルヴァ書房　昭47 ／近代日本海外留学生史　上（渡辺実）　講談社　昭52　〔楠家重敏〕

松井 直吉　まつい・なおきち

安政4年6月25日（1857）～明治44年2月1日（1911）　化学者, 教育行政家　東京帝国大学農科大学教授　[生]美濃国大垣　[名]旧名＝和田　[渡]アメリカ：1875年（留学）

安政4（1857）年6月25日，美濃大垣藩士の二男に生まれ，のち松井家の養子となる。大学南校，東京開成学校化学科で学び，明治8（1875）年文部省の第1回留学生として渡米し，コロンビア大学鉱山学科で学ぶ。13年陶器原料の論文を提出し帰国，14年東大教授。19年東大と工科大学が合併した際，帝国大学工科大学教授となり，23年東京農林学校が東京帝国大学農科大学（東大農学部）となるにあたり同教授に就任し，同大学長を兼任した。一時東京帝国大学総長を務めた他，東京化学会会長，文部省専門学務局長なども務めた。明治44（1911）年2月1日死去。享年55歳。

[文献] 幕末明治海外渡航者総覧（手塚晃編）　柏書房　平4／朝日日本歴史人物事典　朝日新聞社　平6 ／データベースWHO　日外アソシエーツ　〔藤田正晴〕

松浦 右近　まつうら・うこん

生没年不詳　大村藩士　[生]長崎　[渡]アメリカ，ヨーロッパ：1871年

生没年不詳。長崎の出身。大村藩士。明治4（1871）年に欧米に渡航する。その後の消息は不明。

[文献] 近代日本の海外留学史（石附実）　ミネルヴァ書房　昭47　〔富田仁〕

松浦 和平　まつうら・わへい

明治5年2月9日（1872）～大正15年4月13日（1926）　機械技術者　東京高等工業学校教授　[生]群馬県北甘楽郡富岡町　[渡]アメリカ：1891年（機械工学）

明治5（1872）年2月9日，群馬県北甘楽郡富岡町に生まれる。明治24（1891）年アメリカに私費留学してペンシルバニア州ウェスタン大学機械科に入学，のちミシガン州立大学機械工学科に転学して，28年卒業。直ちにボールドウィン機関車製作所に勤務して破損機械の修理を実習した。この間，ミシガン大学在学中に毎年3ケ月の休暇を利用してシカゴのフレザー・アンド・シャルマース機械製造所でも実習した。30年に帰国。同年東京工業学校教諭を務め，34年東京高等工業学校（現・東京工業大学）教授となる。39年製造用機械の研究のため英国・米国・ドイツの3ケ国に2年間の留学を命じられ，41年帰国，大正4年工学博士の学位を授与する。5年依願退官して，同年三共並びに日本興業銀行の嘱託となり，晩年まで務める。また退官後は主として空中窒素の固定事業及びグラフワイ製造事業その他の化学工業に関する事業調査のため渡米すること2回，8年帰国後は専らその研究に没頭した。大正15（1926）年4月13日死去。享年55歳。

[文献] 幕末明治海外渡航者総覧（手塚晃編）　柏書房　平4／データベースWHO　日外アソシエーツ　〔藤田正晴〕

松岡 盤吉　まつおか・いわきち

？～明治4年（1871）　測量方　[名]別名＝磐吉　[渡]アメリカ：1860年（咸臨丸の測量方）

生年不詳。幕末の頃，江川英龍の家臣となる。安政7（1860）年1月，咸臨丸の測量方として渡米する。帰国後，軍艦頭並となる。戊辰戦争では幕府の蟠龍号艦長として朝陽号を攻撃するが，その後捕らえられ明治4（1871）年に獄死する。

[文献] 万延元年遣米使節史料集成1～7（日米修好通商百年記念行事運営会編）　風間書房　昭36／幕末教育史の研究2―諸術伝習政策（倉沢剛）　吉川弘文館　昭59　〔富田仁〕

松岡 寿　まつおか・ひさし

文久2年2月5日（1862）～昭和19年4月20日（1944）　洋画家, 美術教育家　〔明治美術学校を創立, 美術工芸の発展に寄与〕　[生]岡山　[渡]イタリア：1883年（国立ローマ美術学校）

文久2（1862）年2月5日，岡山に生まれる。明治5年に上京する。江戸幕府の蕃書調所内に文久1年に開設された画学局の絵図調出役であった川上冬崖が同2年に下谷に設けた聴香読画館に入り，西洋画法を学ぶ。この頃わが国の陸軍省に陸軍士官学校教官として招聘されていたアベル・ゲリノーにも図学を学んでいる。しかし，この初期洋画教育の頃には，ぜひとも必要な教育材料の極めて乏しい時代状況であったために，冬崖自身が蘭書で画法を研究し，これを生徒に教えるといった状態で，実際的

な洋画技法にいたっては，冬崖の得意とするところではなかった。明治3年に新政府によって西洋文明の本格的な移入を目的として設立されていた工部省の一部局である工学寮工学校の付属機関として，工部美術学校が9年11月に創設されたが，彼はこのとき入学し，画学科主任教授として招かれたイタリア王立トリノ美術学校の風景画の教授であったアントニオ・フォンタネージに師事する。これは幕末以来揺籃期にあったわが国の洋画家にとり，体系的な実技指導を学ぶ最初の機会でもあった。ここで遠近法，人物画法，風景画法などを学ぶ。小山正太郎，浅井忠など本科生の中の優れた人たちは，フォンタネージの指示で予科の下級生らの指導を命ぜられるが，このときの図画指導法の教育体験は，後年の美術教育家としての彼を育てる。11年にフォンタネージは病気のため帰国し，その後任にフェレッツィが着任する。フォンタネージの優れた指導と教育理念で，実際的な技法教育を経験していた画学科の生徒たちは，フェレッツィのあまりに粗雑な指導教育を不満とし，当局に解任，教育方法の改善を求めたが認められず，11年11月に彼は浅井らと共に退学する。彼はこの年に浅井忠，西敬らと十一字会を結成する。この頃，盛んになりつつあった欧化主義への反動による国粋主義運動のため，洋画家は，15年の第1回，17年の第2回の内国絵画共進会へ出品を拒否され，公的な発表の場を失う。このために海外留学をはかる洋画家たちが少なくなかった。彼は16(1883)年にイタリアに渡り，ローマの国立美術学校に入学して，風景画を得意とするチェザーレ・マッカーリのもとで学ぶ。20年に同校を卒業し，しばらくパリに滞在したのち，21年10月に帰国する。22年，浅井，本多錦吉郎らと共に，わが国最初の洋風美術家団体として，明治美術会の創立に参加する。これは，洋画家たちが体験してきた10年代の不遇な時代から完全に訣別する，わが国洋画史上大きな出来事であった。この年，上野の不忍池畔の馬見所で，第1回の展覧会を開く。23年春の第3回内国勧業博覧会で，小山や原田直次郎らと鑑審査官をつとめる。25年に明治美術会付属の明治美術学校の創立に参画して，洋画界の興隆につとめ，また工科大学造営学科講師としても装飾画，自在画を担当する。30年，農商務省商品陳列館長に就任し，特許局審査官を兼任する。39年，東京高等工業学校教授に任ぜられて，工芸図案科長となる。40年，文部省美術審査委員会の設立とともに，審査委員となり，秋に開催された第1回文部省美術展覧会(文展)の第2部(洋画)の審査委員を，森鷗外，岡田三郎助らと共に務める。大正2年，農商務省の図案及び応用作品展に開設に努力し，その審査委員を務めるかたわら，教育家としても美術工芸の発展に寄与する。3年，東京美術学校教授を兼任し，8年に東京高等工芸学校の創立委員を委嘱されて，10年に創設なった同校の校長となる。このころ麹町区飯田町4丁目のアトリエに，藤島武二がとくに弟子入りを許され，指導を受けている。昭和3年に校長を退官したのちは，もっぱら画業に専念したが，昭和19(1944)年4月20日死去。享年83歳。代表的な作品に,「少女」(明治10),「増上寺」(同10),「ローマ・コンスタンチンの凱旋門」(同15),「伊太利ベルサリエーレの歩硝」(同19)など数多くのものがある。

[文献] 松岡寿先生の塾のことども(永地秀太)：みずゑ　246　大14／旧工部大学校史料　旧工部大学校編纂会編〔刊〕　昭6／松岡寿先生(安田禄造編)　同先生伝記編纂会　昭16／日本近代美術史(木村重夫)　造形芸術研究会　昭32／近代の洋画人(河北倫明他)　中央公論美術出版　昭34／近代日本美術の研究(隈元謙次郎)　大蔵省印刷局　昭39／近代日本洋画の展開(匠秀夫)　昭森社　昭39／近代日本美術史1(佐々木静一他編)　有斐閣　昭52／近代日本絵画史(河北倫明，高階秀爾)　中央公論社　昭53／日本洋画史1～4(外山卯三郎)　日貿出版社　昭53～55／日本人名大事典　現代編　平凡社　昭54／明治大正の美術(匠秀夫他編)　有斐閣　昭56(有斐閣選書)／日本絵画三代志(石井柏亭)　ぺりかん社　昭58／絵画の領分―近代日本比較文化史研究(芳賀徹)　朝日新聞社　昭59／画家フォンタネージ(井関正昭)　中央公論美術出版　昭59／松岡寿先生　西川弘子　平7／松岡寿研究(青木茂，歌田真介編)　中央公論美術出版　平14
〔浅山正弘〕

松岡 松郎　まつおか・まつろう

生没年不詳　陸軍軍人　[渡]フランス：1896年(軍事研修)

生没年不詳。明治29(1896)年に陸軍からの派遣で軍事研修のためにフランスに渡る。そ

の後の消息は不明。
[文献] 日仏文化交流史の研究―日本の近代化とフランス人(西堀昭)　駿河台出版社　昭56
〔富田仁〕

松岡 康毅　まつおか・やすたけ

弘化3年6月23日(1846)～大正12年9月1日(1923)　司法官, 政治家　男爵　〔日本大学初代学長〕　[生]阿波国　[名]幼名=毅之進, 号=退堂, 伴鶴　[渡]ドイツ：1886年(司法行政事務)

弘化3(1846)年6月23日, 阿波国に生まれる。明治3年徳島藩に出仕, 4年司法省に入り, 大録, 次いで小判事, 東京, 神戸各裁判所長, 13年司法権大書記官, 庶務課長を歴任。19(1886)年司法省からドイツに派遣され, 司法行政事務を学び, 翌20年帰国後, 遣外中大審院判事となり, 民事刑事局長, 高等法院陪席裁判官を経て, 23年東京控訴院長, 次いで検事となり, 24年大審院検事総長に就任。同年勅選貴族院議員となり, 以後, 27年と31年内務次官2回, 31年行政裁判所長官, 39年第1次西園寺内閣の農商務相を務める。大正6年男爵, 9年枢密顧問官。また詩文に長じ, 日本法律学校(日本大学)初代学長を務めた。大正12(1923)年9月1日, 関東大震災のため葉山別荘で死去。享年78歳。
[文献] 幕末明治海外渡航者総覧(手塚晃編)　柏書房　平4／朝日日本歴史人物事典　朝日新聞社　平6／松岡康毅日記(高瀬暢彦編)　日本大学精神文化研究所　平10(日本大学精神文化研究所研究叢書)／データベースWHO　日外アソシエーツ
〔藤田正晴〕

松岡 洋右　まつおか・ようすけ

明治13年3月4日(1880)～昭和21年6月27日(1946)　外交官, 政治家　外相　[生]山口県熊毛郡　[渡]アメリカ：1893年(法律学)

明治13(1880)年3月4日, 山口県熊毛郡に生まれる。明治26(1893)年3月私費で渡米, 苦学してオレゴン州立大学法科を卒業。35年帰国し, 37年外務省入省。寺内毅総理大臣秘書官, パリ講話会議全権随員, 上海総領事など歴任。大正10年退官して満鉄に入社, 理事を経て, 昭和2～4年副総裁をつとめ, 4年帰国。5年衆議院議員に当選。満州事変後の7年国際連盟臨時総会首席全権となり, 日本軍の満州撤退勧告案(リットン調査団報告書)採択に抗議して, 8年日本の連盟脱退を宣言。10年～14年満鉄総裁。15年には第2次近衛内閣の外相として大東亜共栄圏建設を提唱し, 日独伊三国同盟を締結, 枢軸外交を推進した。16年日ソ中立条約に調印したが独ソ開戦で破綻し, 失脚。戦後, A級戦犯に指名される。審理中の昭和21(1946)年6月27日東大病院で死去。享年67歳。
[文献] 松岡洋右―その人間と外交(三輪公忠)　中央公論社　昭46(中公新書)／松岡洋右―その人と生涯(松岡洋右伝記刊行会編)　講談社　昭49／松岡洋右とその時代(デービット・J・ルー著, 長谷川進一訳)　ティビーエス・ブリタニカ　昭56／松岡洋右―悲劇の外交官(豊田穣)　新潮社　昭58(新潮文庫)／幕末明治海外渡航者総覧(手塚晃編)　柏書房　平4／移民史から見た松岡洋右の少年時代(阿野政晴)　阿野政晴　平6／松岡洋右―夕陽と怒濤(三好徹)　学陽書房　平11(人物文庫)／人物日米関係史―万次郎からマッカーサーまで(斎藤元一)　成文堂　平11／データベースWHO　日外アソシエーツ
〔藤田正晴〕

松崎 万長　まつがさき・つむなが

安政5年10月(1858)～大正10年2月3日(1921)　建築技師　[名]旧名=堤　[渡]ドイツ：1871年(建築・土木学)

安政5(1858)年10月, 堤哲長の二男として生まれる。参議甘露寺勝男の三男となり, 慶応3年10月孝明天皇の遺詔により取りたてられて公家となる。同年11月松崎姓を名のる。明治4(1871)年, 当初ロシアに予定していた留学先をドイツに変更し渡米し, ベルリン工科大学で建築と土木を研究する。最初は官費留学であったが, 6年留学生帰国令のために私費に変更し滞在する。17年7月男爵を授けられ, 18年1月帰国。のち皇居御造営事務局御用掛, 建築局四等技師となるが29年10月爵位を返上する。大正10(1921)年2月3日死去。享年64歳。
[文献] 近代日本の海外留学史(石附実)　ミネルヴァ書房　昭47／昭和新修　華族家系大成下(霞会館諸家資料調査委員会編)　霞会館　昭59／幕末明治海外渡航者総覧(手塚晃編)　柏書房　平4
〔富田仁〕

松方 巌　まつかた・いわお

文久2年4月(1862)～昭和17年8月9日(1942)　銀行家　十五銀行頭取, 貴族院議員　[生]鹿児

島　[渡]ドイツ：1883年(留学)

文久2(1862)年4月，松方正義の長男として鹿児島に生まれる。弟は実業家の松方幸次郎。明治5年に上京して野中塾に学び，のち大学予備門に入る。16(1883)年ドイツに留学し，ベルリン大学，ライプチヒ大学，ハイデルベルク大学に籍を置く。26年に帰国し銀行家として活躍する。大正11年，十五銀行(のちに三井銀行と合併して帝国銀行)頭取に就任。12年父の死で爵位をつぎ公爵，貴族院議員となる。昭和2年金融恐慌で危機に瀕した十五銀行再建のため私財をなげうち，あわせて爵位を返上し責任をとりすべての公職から引退する。牧畜に関心を寄せ，栃木県の千本松農場を経営し優良馬を育て馬匹の改良にも尽力する。昭和17(1942)年8月9日死去。享年81歳。

[文献]　日本人名大事典　現代編　平凡社　昭54　〔富田仁〕

松方 幸次郎　まつかた・こうじろう

慶応1年12月(1866)～昭和25年6月24日(1950)　実業家，美術蒐集家　〔松方コレクション〕　[生]鹿児島　[渡]アメリカ：1884年(留学)

慶応1(1866)年12月，松方正義の三男として鹿児島に生まれる。明治8年に上京し東京大学に入るが中退する。明治17(1884)年にアメリカへ渡りエール大学に学ぶ。のちフランスに渡りパリのソルボンヌ大学で学習。23年に帰国したのち，一時官途についたが転じて実業界に入る。29年，川崎造船所社長を皮切りに神戸瓦斯，九州土地，旭石油，国際汽船，日本毛織，日ソ石油などの社長，重役を歴任する。昭和11年以来，衆議院議員に4回当選する。かつて「国民使節」として渡米し，ことに第1次世界大戦の前後には幾度か外遊して，その活動範囲は国際的に及んだ。そのかたわらヨーロッパ各地で蒐集した美術品は「松方コレクション」の名で広く親しまれ，九千枚に及ぶ浮世絵と千数百点のヨーロッパ絵画，彫刻，家具，壁掛を含んでいる。そのうち浮世絵はフランス国立美術館に収蔵されたまま第2次大戦に至ったが，のちフランス政府の好意により大部分返還される。昭和25(1950)年6月24日死去。享年84歳。　[墓]東京・青山霊園

[文献]　印象の人松方幸次郎(戸田千葉)　信義堂書店　昭8／国家中心主義の人・前日ソ石油会長松方幸次郎氏(栗原俊穂)　日本教育資料刊行会　昭13　／松方・金子物語(藤本光城)　兵庫新聞社　昭35　／日本財界人物列伝1　青潮出版　昭38　／日本人名大事典　現代編　平凡社　昭54　／火輪の海―松方幸次郎とその時代　上，下(神戸新聞社編)　神戸新聞総合出版センター　平2　〔楠家重敏〕

松方 蘇介　まつかた・そうのすけ

？～明治5年7月10日(1872)　従者　[渡]アメリカ：1871年(岩倉使節団に同行)

生没年不詳。明治4(1871)年11月8日，岩倉具視の従者として岩倉使節団に参加する。明治5(1872)年7月10日，留学中に死去。

[文献]　近代日本の海外留学史(石附実)　ミネルヴァ書房　昭47／近代日本海外留学生史　上(渡辺実)　講談社　昭52　／幕末明治海外渡航者総覧(手塚晃編)　柏書房　平4　〔楠家重敏／富田仁〕

松方 正義　まつかた・まさよし

天保6年2月25日(1835)～大正13年7月2日(1924)　政治家，財政家　公爵　[生]薩摩国鹿児島　[名]幼名＝金次郎，前名＝助左衛門，号＝海東，孤立　[渡]イギリス：1878年(経済・財政視察)

天保6(1835)年2月25日，鹿児島に生まれる。島津久光の小姓として公武合体運動や討幕運動に関係し，禁門の変や長州攻略に参加後，日田県知事，民部大丞などを経て大蔵省に入り，権大丞，大蔵大輔，勧業頭など財政関係の役職を続ける。明治11(1878)年2月12日，ヨーロッパ視察のため日本を発ち，イギリス，フランス，ドイツ，オランダ，ベルギーを経て12年3月1日帰国。13年内務卿に就任。14年の政変後に大蔵卿となり，18年から31年1月まで約13年間連続して初代の蔵相を務める。その間，2度にわたって首相を兼任しながら，地租改正や殖産興業政策を強力に推進し，紙幣兌換を断行するなど，近代日本の資本主義国化に必要な財政諸制度，銀行創立などの金融システムを確立し，“松方財政”と呼ばれる足跡を残した。しかし，24年に発足した第1次松方内閣は軍事予算削減などで閣内の意見調整ができず，不統一のため退陣。また日清戦争のあとの29年に成立した第2次内閣も，進歩党の党首，大隈重信外相と対立，政党側の間をまとめることができず総辞職した。明治，大正天皇の信任が厚く，後に枢密顧問官，内大臣として側

近に仕え元老として重きをなした。日本赤十字社長も務めた。大正13(1924)年7月2日死去。享年90歳。没後は国葬が営まれた。
[文献] 公爵松方正義伝(徳富猪一郎編述) 明治文献 昭51／幕末明治海外渡航者総覧(手塚晃編) 柏書房 平4／朝日日本歴史人物事典 朝日新聞社 平6／事典近代日本の先駆者 日外アソシエーツ 平7／素顔の宰相—日本を動かした政治家83人(冨森叡児) 朝日ソノラマ 平12／松方正義関係文書 1〜18, 別巻, 補巻(松方峰雄ほか編) 大東文化大学東洋研究所 昭54〜平13／松方財政研究—不退転の政策行動と経済危機克服の実相(室山義正) ミネルヴァ書房 平16(Minerva人文・社会科学叢書)／データベースWHO 日外アソシエーツ　　　　〔藤田正晴〕

松川 敏胤　まつかわ・としたね
安政6年11月9日(1859)〜昭和3年3月7日(1928)
陸軍軍人, 大将　〔日露戦争で作戦主任〕
㊟宮城　㊙ドイツ：1893年(陸軍軍事研修)
　安政6(1859)年11月9日, 仙台藩士松川安輔の長男として生まれる。明治13年, 陸軍士官学校に入学し, 15年, 同校卒業。20年, 陸軍大学校卒業。23年に歩兵大尉に進む。26(1893)年1月, 軍事研究のためドイツに留学。28年4月, 日清戦争勃発のため帰国し大本営附となり, ついで第二軍参謀として出征する。戦後, 陸軍大学校教官・ドイツ公使館附武官となり, 35年に帰国して陸軍大佐に進む。日露戦争に先立ち松石安治と共に周到な作戦計画を立てる。日露戦争では満州軍参謀として作戦主任を務める。38年1月, 少将に進む。戦後再び参謀本部第一部長となり, 歩兵旅団長などを経て, 45年2月, 中将に進む。さらに師団長, 東京衛戍総督等を歴任。大正7年7月, 陸軍大将に昇り, 軍事参議官となる。昭和3(1928)年3月7日死去。享年70歳。
[文献] 近代日本海外留学生史 下(渡辺実) 講談社 昭53／日本人名大事典5 平凡社 昭54／陸海軍将官人事総覧(外山操編) 芙蓉書房 昭56／男子の処世—奇才戦略家松川敏胤参謀と日露戦争(小谷野修) 光人社 平7　　　　〔飯沼隆一〕

松木 弘安　まつき・こうあん
⇒寺島宗則(てらじま・むねのり)を見よ

松崎 蔵之助　まつざき・くらのすけ
慶応1年(1865)〜大正8年11月12日(1919)　経済学者　法学博士　〔財政・農政に貢献〕
㊟上総君津(千葉君津郡富岡村上根岸)
㊙ドイツ, フランス：1892年(経済学研修)
　慶応1(1865)年, 上総の君津に生まれる。明治21年に帝国大学法科大学を卒業し, さらに大学院にすすみ理財学, 行政学を研究。23年, 農科大学助教授となり東京専門学校や海軍経理学校などでも経済学, 農業行政を教える。25(1892)年2月にドイツに留学, さらにパリ大学に学ぶ。29年に帰国し帝国大学農科大学教授兼法科大学教授となる。32年, 法学博士。35年, 東京高等商業学校長。40年, 帝国学士院会員となる。日本銀行設立委員, 東洋拓殖会社創立委員等をも歴任する。のち山林会長となり全国山林会連合会の設立にあたる。財政学, 統計学, 農政学の専門家として活躍する。主著『最新財政学』のほかに,『経済学要義』『経済大観(経済志叢第1巻)』『農業と産業組合』『欧州列強の財政及金融』『列強戦時財政経済政策』がある。大正8(1919)年11月12日死去。享年55歳。
[文献] 松崎博士の訃を悼む(大内兵衛)：国家学会雑誌 33(12)　大8／近代日本海外留学生史 上(渡辺実) 講談社 昭52／日本人名大事典5 平凡社 昭54　　　　〔飯沼隆一〕

松下 直美　まつした・なおよし
嘉永1年11月1日(1848)〜昭和2年5月18日(1927)　司法官　大審院判事　㊟福岡　㊙通称＝嘉一郎, 駿一郎　㊙スイス：1867年(留学)
　嘉永1(1848)年11月1日に生まれる。福岡藩の出身。蘭学, 英語を学び, 慶応3(1867)年3月, 藩の資金援助によりスイスに渡る。約2年間勉学に励んだ後, 明治2年5月に帰国。帰国後は海軍省に出仕。また4年には第2回目の留学をしている。その後は山口地裁所長, 大審院判事などを歴任。32年福岡市長となる。昭和2(1927)年5月18日死去。享年80歳。
[文献] 幕末福岡藩洋行の先駆松下直美概蹟(大熊浅次郎)：筑紫史談 40〜48 昭4／近代日本の海外留学史(石附実) ミネルヴァ書房 昭47／三百藩家臣人名事典 7 新人物往来社 平1／幕末明治海外渡航者総覧(手塚晃編) 柏書房 平4／データベースWHO 日外アソシエーツ　　　　〔佐藤秀一／富田仁〕

松島 文蔵　まつしま・ぶんぞう
? ～明治9年1月6日(1876)　海軍軍人　⊕長門　㋧アメリカ：1875年頃(海軍軍事研修)

生年不詳。長門の出身。明治8(1875)年に海軍兵学校の学生として練習艦筑波に乗り組んだが、サンフランシスコ碇泊中の明治9(1876)年1月6日に病死。㋱ローレル・ヒルの墓地(サンフランシスコ)

[文献]異国遍路　旅芸人始末書(宮岡謙二)　修道社　昭34
〔楠家重敏〕

松次郎　まつじろう
? ～文化4年6月21日(1807)　稲若丸乗組員　㋧アメリカ：1806年(漂流)

生年不詳。稲若丸の水夫として岩国から江戸へ飼葉、畳床などを運んだ後、文化3(1806)年1月6日伊豆下田沖で強い西風と雨のため漂流。3月20日乗組員8人は日本より相当離れた南東海上でアメリカ船テイバー号に救助され、4月28日ハワイのオアフ島に上陸させられた。8月下旬シナ行きのアメリカ船に乗せられてマカオから広東へ送還されたが、広東では漂流者の受取りを拒絶したので、12月再びマカオへ連れ戻された。船長デラノの好意で異人の屋敷にしばらく逗留の後、12月25日、清国船に乗せられてマカオを出帆、翌年(1807)1月21日ジャカルタに到着した。そこから日本行のオランダ船に乗って帰国する事が確実になったのであるが、ジャカルタに到着すると間もなく全員がマラリアなどの病気にかかり、新名屋吟蔵と水主の文右衛門は4月29日当地で死亡、また5月15日にオランダ船に乗船出来た6人のうち、嘉三郎、市古貞五郎、惣次郎の3人は航海中に死亡した。和三蔵は6月18日長崎港で上陸の許可を待っているうちに船中で死亡、結局日本の土を踏めたのは善松と彼の2人だけであったが、文化4(1807)年6月21日、揚り屋(未決囚収容所)で縊死。

[文献]異国漂流奇譚集(石井研堂)　福長書店　昭2／日本人漂流記(荒川秀俊)　人物往来社　昭39／日本人漂流記(川合彦充)　社会思想社　昭42(現代教養文庫A530)／江戸時代ハワイ漂流記―『夷蛮漂流帰国録』の検証(高山純)　三一書房　平9　〔安藤義郎／富田仁〕

松田 金次郎　まつだ・きんじろう
弘化2年(1845)～明治17年4月8日(1884)　海軍軍人　神戸造船所長　⊕岡山　㋱旧名=花房　㋧イギリス：1870年(造船学)

弘化2(1845)年、岡山藩士花房端連の二男(義質の弟)として生まれる。明治3(1870)年イギリスのロンドンに留学して造船学を修め、11年に帰国した。海軍主船准判任御用掛、海軍少匠師となり、15年には工部権少技長に転ずる。のち、兵庫造船局長、海軍少匠司兼工部少技長をつとめる。明治17(1884)年4月8日、東京で死去。享年40歳。

[文献]明治過去帳―物故人名辞典(大植四郎編)　東京美術　昭46／近代日本の海外留学史(石附実)　ミネルヴァ書房　昭47　〔楠家重敏〕

松田 周次　まつだ・しゅうじ
弘化5年1月26日(1848)～?　建築技師　工部省鉄道寮　㋱皇居造営の関係者　⊕高松　㋧イギリス：1871年(土木学)

弘化5(1848)年1月26日に生まれる。高松の出身。明治4(1871)年9月、水谷大郎、瓜生震と共にモレルに同行しインドへ鉄道建設を視察に赴き、のち土木学研究のためイギリスに渡る。8年に帰国。13年2月、片山東熊と地震の被害調査を行う。15年8月に工部権少技長となり、皇居造営事務局出仕をもつとめる。19年、ジョサイア・コンドルが口述する建築論『造家必携』を曽禰達蔵と筆記する。

[文献]工部省沿革報告(大蔵省)　明22／明治文化全集　補3　農工篇(明治文化研究会編)　日本評論社　昭49／幕末明治海外渡航者総覧(手塚晃編)　柏書房　平4
〔楠家重敏／富田仁〕

松田 晋斎　まつだ・しんさい
生没年不詳　技術者　⊕松山　㋧アメリカ：1871年

生没年不詳。松山の出身。明治4(1871)年に松山県の留学生としてアメリカに渡っている。年洋銀1000枚が与えられているが、留学の目的は不明である。河野亮蔵も同行している。5年にはニューヨークに暮らしているが、その後の消息は不明。

[文献]近代日本の海外留学史(石附実)　ミネルヴァ書房　昭42／近代日本海外留学生史　上(渡辺実)　講談社　昭52／幕末明治海外渡航者総覧(手塚晃編)　柏書房　平4
〔富田仁〕

松田 正久　まつだ・まさひさ
弘化2年4月(1845)～大正3年3月5日(1914)
政治家　男爵　〔原敬と並ぶ政友会の重鎮〕
⊕佐賀　⊗旧名=横尾　⊘フランス：1872年（政治・法律学）

弘化2(1845)年4月、佐賀藩士横尾只七の二男として生まれる。のち、同藩士松田勇七の養嗣子となり、松田家を継ぐ。初め西周塾に学んだが、その学問の才には秀でたものがあり、明治5(1872)年西周の推挙もあり、陸軍省から選抜されてフランスに留学する。当初、兵学研修を目的としたが政治、法律に魅かれ、その研究に専心したため陸軍省の立腹を買い、帰国を命ぜられる。しかし、陸軍中将山県有朋にその才能を惜しまれて、陸軍に残り、陸軍翻訳官となって活躍した。その後、陸軍省を辞し検事に就任したが、14年に退官して、西園寺公望の主宰する東洋自由新聞社に入社する。編集に従事し、フランス留学中に磨いた感覚でその健筆ぶりを示し社会の耳目を動かした。同紙廃刊後は、鹿児島造士館の教諭に加わった。また、長崎県会議員、同議会議長も務めた。23年帝国議会が開設されると、佐賀県より選ばれて、衆議院議員となった。帝国議会開設中には通算7回当選し、漸次中央政界に重きをなすようになる。31年、憲政党による第1次大隈内閣が生まれると、大蔵大臣に選ばれる。33年、伊藤博文が組織した政友会に参画し、第4次伊藤内閣の文部大臣に任命される。39年第1次西園寺内閣、44年第2次西園寺内閣、大正2年第1次山本内閣と続いて司法大臣を歴任。第1次西園寺内閣では大蔵大臣も兼任して活躍した。大正3年には、多年の功により男爵の爵位を授与されたが、同年(1914)3月5日死去。享年70歳。長年にわたって常に政党を牛耳り、原敬と並ぶ政友会の重鎮であった。
⊕東京・青山霊園
[文献] 近代日本の海外留学史（石附実）ミネルヴァ書房　昭47／日本人名大事典5　平凡社　昭54／日仏交流史の研究―日本の近代化とフランス人（西堀昭）駿河台出版社　昭56
〔福井恵美子〕

松平 定敬　まつだいら・さだあき
弘化3年12月2日(1848)～明治41年7月21日(1908)　桑名藩主　⊕江戸　⊗通称=鋭之助、号=晴山　⊘ヨーロッパ：1872年（遊学）

弘化3(1848)年12月2日、高須藩主松平義建の七男として江戸に生まれる。安政6年桑名藩主松平定猷が早死したため養子となって14歳で11万石を襲封。元治1年京都所司代に就任、京都守護職の兄松平容保と共に幕末動乱の京都を警護した。戊辰戦争では主戦論を唱え各地を転戦し、会津の落城後、箱館の五稜郭に入って政府軍に抗戦する。桑名藩の酒井孫八郎の説得を受け、五稜郭開城寸前に脱出、政府より津藩に永預けの処分を受け、6万石に減封された。明治5(1872)年許されるとヨーロッパに遊学した。西南戦争では旧藩士の一隊を征討軍に派遣。29年日光東照宮宮司となった。明治41(1908)年7月21日死去。享年63歳。
[文献] 幕末明治海外渡航者総覧（手塚晃編）柏書房　平4／朝日日本歴史人物事典　朝日新聞社　平6／松平定敬のすべて（新人物往来社編）新人物往来社　平10／データベースWHO　日外アソシエーツ
〔藤田正晴〕

松平 定教　まつだいら・さだのり
安政4年4月23日(1857)～明治32年5月21日(1899)　外交官　子爵　⊕伊勢国桑名　⊗通称=万之助　⊘アメリカ：1874年（留学）

安政4(1857)年4月23日、桑名藩主松平定猷の長男として伊勢国桑名に生まれる。戊辰戦争に活躍する。明治2年9月、桑名藩知事となる。7(1874)年11月、アメリカに留学して、ラトガース大学に入り、11年に帰国する。15年に外務卿付書記となりイタリア公使館に勤める。17年に式部官となる。明治32(1899)年5月21日死去。享年43歳。　⊕東京都江東区・霊厳寺
[文献] 明治過去帳―物故人名辞典（大植四郎編）東京美術　昭46／明治維新人名辞典（日本歴史学会編）吉川弘文館　昭56
〔楠家重敏〕

松平 忠厚　まつだいら・ただあつ
嘉永4年8月(1851)～明治21年1月(1888)　アメリカの鉄道会社員　⊕信濃国上田　⊘アメリカ：1872年（土木工学）

嘉永4(1851)年8月、松平忠固の二男として生まれる。信州上田藩主松平家の出身。明治5(1872)年から兄の忠礼とともにアメリカに留学。土木工学を専攻し、次男という立場の気楽さもあり、卒業後は現地で就職した。当時アメリカで注目され、脚光を浴びていた鉄道の建設に従事し、21年メリーランド州のある

鉄道会社に勤務中，明治21（1888）年1月客死。享年38歳。
[文献] 異国遍路　旅芸人始末書（宮岡謙二）　中央公論社　昭53（中公文庫）／黄金のくさび—海を渡ったラストプリンス松平忠厚《上田藩主の弟》（飯沼信子）　郷土出版社　平8
〔佐藤秀一〕

松平 忠礼　まつだいら・ただなり
嘉永3年6月14日（1850）～明治28年3月14日（1895）　官吏　子爵　⊕江戸　雅号＝恭斎，称号＝碩之助，伊賀守　⊛アメリカ：1872年（理科）

嘉永3（1850）年6月14日，上田藩主，老中松平忠固の長男として江戸藩邸に生まれる。安政9年に上田藩主となる。博学で多才，常に領民の幸福の増進をはかった。慶応2年，将軍慶喜の名代として出陣した際に小荷駄の護衛を命ぜられる。明治1年の戊辰戦争に出兵して越後と会津の戦いで功績を立て，2年廃藩のため上田藩知事となる。5（1872）年7月1日アメリカへ留学。7年間勉学に励み当地のラトガース大学の理科を卒業して帰国。のちに外務省，内務省に奉職し，明治28（1895）年3月14日死去。享年46歳。
[文献] 近代日本の海外留学史（石附実）　ミネルヴァ書房　昭47／異国遍路　旅芸人始末書（宮岡謙二）　中央公論社　昭53（中公文庫）／明治維新人名辞典（日本歴史学会編）　吉川弘文館　昭56
〔佐藤秀一〕

松平 忠敬　まつだいら・ただのり
安政2年7月（1855）～大正8年11月15日（1919）　藩知事　子爵　⊕米沢　⊛旧名＝上杉　幼名＝篤之助　⊛イギリス：1872年（留学）

安政2（1855）年7月，米沢藩主上杉斎憲の六男として米沢に生まれる。明治2年4月武州の忍藩主松平忠誠の養子となり，同年，忍藩知事となる。明治4年に官を辞して，翌5（1872）年1月イギリスへ自費留学した。10年3月に帰国したが，渡英中に万事を任せた旧臣の失敗によって莫大な借財を負い遂に立つことはできなかった。17年，滋賀県御用掛となるが，大正8（1919）年11月15日，脳出血のため死去。享年65歳。
[文献] 大正過去帳—物故人名辞典（稲村徹元他編）　東京美術　昭48／幕末維新期における関東譜代藩の研究（小島茂男）　明徳出版社　昭50
〔楠家重敏〕

松平 喜徳　まつだいら・のぶのり
安政2年10月22日（1855）～明治24年6月3日（1891）　会津藩主　子爵　⊕江戸小石川（水戸藩邸）　⊛旧名＝徳川　字＝子礼，通称＝余九磨，若狭守，雅号＝天山，有隣堂　⊛フランス：1876年（留学）

安政2（1855）年10月22日，水戸藩主徳川斉昭の19子として江戸の藩邸で生まれる。文久3年徳川慶喜の仮養子となり喜徳と称する。慶応2年12月，会津藩主松平容保の養嗣子となる。4年2月容保の致仕に伴い会津藩主となり若狭守に任ぜられる。会津戦争ののち有馬慶頼に預けられるが，明治2年9月赦されて謹慎の身となる。6年8月水戸の実家に復帰すると同時に，支藩の旧守山藩主松平頼之の後嗣ぎとなる。9（1876）年10月フランスに留学し，11年に帰国する。17年子爵を授けられる。明治24（1891）年6月3日，東京本所の外手町で死去。享年37歳。　⊛東京都台東区・谷中霊園
[文献] 明治過去帳—物故人名辞典（大植四郎編）　東京美術　昭46／明治維新人名辞典（日本歴史学会編）　吉川弘文館　昭56／会津松平家譜（旧会津藩編）　国書刊行会　昭59／昭和新修　華族家系大系　下（霞会館諸家資料調査委員会）　霞会館　昭59
〔富田仁〕

松平 康荘　まつだいら・やすたか
慶応3年2月6日（1867）～昭和5年11月17日（1930）　農学者　侯爵　⊕越前国福井　⊛ドイツ：1884年（留学）

慶応3（1867）年2月6日，越前福井藩主・松平茂昭の二男に生まれる。明治17（1884）年ドイツに，20（1887）年イギリスに留学。帰国後，福井に農事試験場を設立する。23年父が没し襲爵して侯爵となり，25年から貴族院議員。44年から旧城址において園芸指導を行う。また大日本農会会頭などを務めた。昭和5（1930）年11月17日死去。享年64歳。
[文献] 幕末明治海外渡航者総覧（手塚晃編）　柏書房　平4／データベースWHO　日外アソシエーツ
〔藤田正晴〕

松平 康直　まつだいら・やすなお
天保2年（1831）～明治37年（1904）　幕臣　外国奉行兼神奈川奉行　⊛フランス：1862年（遣欧使節副使）

天保2(1831)年に生まれる。幕府の外国奉行兼神奈川奉行。文久1(1862)年12月、幕府の遣欧使節の副使としてフランス、イギリス、オランダ、プロシア、ポルトガル、ロシアを訪歴し翌2年12月帰国する。明治37(1904)年死去。享年74歳。

[文献] 幕末遣欧使節談判私記(尾間立編) 大8／近代日本海外留学生史 上(渡辺実) 講談社 昭52 〔富田仁〕

松濤 権之丞 まつなみ・ごんのじょう

生没年不詳 幕臣 定役格同心 ⓟフランス：1864年(遣仏使節に随行)

生没年不詳。文久3(1864)年、遣仏使節に定役格同心として随行する。

[文献] 幕末教育史の研究2—諸術伝習政策(倉沢剛) 吉川弘文館 昭59 〔富田仁〕

松野 礀 まつの・かん

弘化3年(1846)～明治41年5月14日(1908) 林学者,山林技師 〔わが国林学の祖〕 ⓑ東京 ⓟドイツ：1870年(林学)

弘化3(1846)年、江戸に生まれる。明治3(1870)年、北白川宮能久親王に随行しドイツに留学。プロシアのエバースバルデの山林学校で林学を修める。帰国後9年に来日したドイツ人クララ・チーテルマンと結婚し、10年には内務省に出仕。地理局准判任御用掛となる。12年同省山林局の創設に尽力する。14年、准奏任御用掛に進み全国の森林事務台帳を作成する。また杉山栄蔵らと皇城建築掛を兼ねる。15年、参事院員外議官補を兼任。17年1月、議官補を依願退任し2月14日、西ヶ原に東京山林学校を設立し、校長兼教授を務める。21年頃、東京農林学校教授となり、のち農科大学教授。36年目黒の林業試験所長となる。心臓炎により明治41(1908)年5月14日、東京麹町の自宅で死去。享年63歳。

[文献] 林業先人伝—技術者の職場の礎石 日本林業技術協会 昭37／近代日本の海外留学史(石附実) ミネルヴァ書房 昭47／日本人名大事典5 平凡社 昭54 〔飯沼隆一〕

松野 菊太郎 まつの・きくたろう

慶応4年1月23日(1868)～昭和27年1月25日(1952) 牧師、社会事業家 日本基督教会同盟幹事 ⓑ甲斐国(八代郡)下曽根 ⓟアメリカ：1888年(留学)

慶応4(1868)年1月23日、甲斐国八代郡下曽根に生まれる。明治18年より東京商業学校に学ぶ。21(1888)年にアメリカに私費留学。22年サンフランシスコでキリスト教に触れ、M・C・ハリスから洗礼を受けた。ハワイで伝道したのち27年に帰国し、河辺貞吉・笹尾鉄三郎らと『小さな群』を結成してリバイバル伝道を行った。その後、甲府や水戸で布教に従事したのを経て39年霊南坂教会副牧師となり、次いで40年麻布クリスチャン教会牧師に就任。その温厚な人柄と敬虔な信仰心から信徒たちに慕われ、日本日曜学校協会理事・日本基督教会同盟幹事・全国協同伝道の日本継続委員・教文館総主事などを歴任した。また社会福祉活動にも当たり、42年報恩会を組織して結核患者の支援と慰問を行った。昭和19年に引退。昭和27(1952)年1月25日死去。享年84歳。

[文献] 松野菊太郎伝(松野菊太郎伝編集委員会編) 松野菊太郎伝編集委員会 昭34／幕末明治海外渡航者総覧(手塚晃編) 柏書房 平4／データベースWHO 日外アソシエーツ 〔藤田正晴〕

松原 重栄 まつばら・じゅうえい

文久4年2月(1864)～？ ⓑ羽前国天童 ⓟアメリカ：1884(経済視察)

文久4(1864)年2月、天童に生まれる。慶応義塾に学び、大東日報社に入る。明治17(1884)年にアメリカに渡り、28年に帰国。小名川綿布会社支配人を務めた。

[文献] 異国遍路 旅芸人始末書(宮岡謙二) 中央公論社 昭53(中公文庫)／幕末明治海外渡航者総覧(手塚晃編) 柏書房 平4 〔富田仁〕

松原 新之助 まつばら・しんのすけ

嘉永6年(1853)～大正5年12月14日(1916) 水産学者 東京帝国大学助教授 ⓑ出雲国松江 ⓐ名＝友搆、字＝儀卿、号＝瑜州 ⓟドイツ：1879年(水産動物学)

嘉永6(1853)年、松江藩士松原友益の子として生まれる。明治4年上京し英語、ドイツ語を修め、東京大学医学部に入りドイツ人ビルゲンドルフに生物学を学び魚類学を専攻する。卒業後、教場補助となり、9年外科医学教授となる。11年に駒場農学校教授となり12(1879)年ドイツに留学。ベルリン大学で水産動物学を研究する。14年に帰国、すぐに東京大学助

教授となり，大日本水産会幹事を兼ねる。20年農商務省技師となり，また第一高等学校教授となる。ついで勅任技師として水産講習所所長となる。大正5(1916)年12月14日死去。享年64歳。

[文献] 故松原翁の事ども(妹尾秀実)：動物学雑誌　28(330)　大5／日本水功伝(片山房吉)：水産界　837　昭29 ／日本人名大事典5　平凡社　昭54　〔保阪泰人〕

松原 旦次郎　まつばら・たんじろう

嘉永7年(1854)～?　大学南校留学生　[生]金沢　[渡]ベルギー：1870年(鉱山学)

嘉永7(1854)年，金沢藩士の家に生まれる。明治3年大学南校に進み同校派遣の留学生として同年(1870)11月にベルギーに赴く。ブリュッセル到着は翌年春(1871年3月11日)のことで，鉱山学を修める。ラピットに師事して普通学も学んでいるが，その後の消息は不明。

[文献] 近代日本海外留学生史　上(渡辺実)　講談社　昭52／フランスとの出会い―中江兆民とその時代(富田仁)　三修社　昭56　〔富田仁〕

松村 淳蔵　まつむら・じゅんぞう

天保13年5月(1842)～大正8年1月7日(1919)　海軍軍人，中将　男爵　〔海軍兵学校長〕　[生]鹿児島城下　[名]本名=市来勘十郎(政盛)　[渡]イギリス：1865年(海軍軍事研修)，アメリカ：1867年(ハリス教団・新生社に参加)

天保13(1842)年5月，薩摩藩士・市来市兵衛の三男として生まれる。文久3年薩英戦争が起こり，以来藩内では，軍事科学修得のための英国留学の機運が高まる。元治2(1865)年3月，藩の奥小姓・開成所諸生となるが，選ばれて薩藩留学生19名の中に入る。密航であったので，名を松村淳蔵と変え，以後この名を用いる。同年3月22日，大目付・新納刑部率いる一行が羽島浦を密かに出航，香港・インド・アフリカ・スペインなどを経て，5月28日にロンドンに到着。留学生たちは，ロンドン大学に入学する。専攻は海軍測量術で，化学教授のウィリアムソンに学ぶ。翌慶応2年夏，森有礼をともにロシアのペトログラードを訪れている。しかし彼らは次第に学資不足となり，3(1867)年7月，森有礼，鮫島尚信ほか3名と，牧師のT.L.ハリスに従いアメリカに渡る。まずハリスの経営するコロニー・新生社に入るが，1年後にハリスの主義と意見が対立，畠山義成，吉田清成とここを去る。4年春，ニュージャージー州のラトガス大学に入学する。畠山と吉田は政経を専攻したが，彼は軍事科学研修の必要を考慮して，明治2年に退学する。アナポリス海軍兵学校に入学する。同年12月には肥後から来ていた横井左平太とともに，アメリカ政府から正式の生徒として認められ，ここで4年間学ぶ。6年5月に卒業し，合衆国海軍少尉候補生に任命されて，欧州各地を巡航，同年11月に横浜に着く。8年ぶりの帰国である。薩藩留学生の中で，彼だけは最後までその留学の目的を堅持したと言える。7年12月，海軍中佐になり，築地の海軍兵学校で軍事教育に携わる。のちに，中牟田倉之助のあとを継いで，第3代兵学校長となる。8年，出張のため再び渡英。帰国後の10年の西南の役では，筑波艦長として殊勲をたてる。また扶桑艦長をもつとめ，15年には少将，24年7月には海軍中将となる。また20年5月に，海軍創設への功に対して男爵を授けられる。軍政には参画しなかったが，海軍兵学校長として，近代日本の海軍創設期の多数の将校を育成している。43年11月に退役。著書に『松村淳蔵洋行日記』があり，これは，羽島浦を出てロンドンに着くまでの間を記したもので，初めて異文化に接する一若者の新鮮な驚きに満ちている。大正8(1919)年1月7日死去。享年78歳。

[文献] 男爵松村淳蔵君慶応元年間洋行記事：史談会速記録　166～168　明39～40／松村淳蔵洋行日記　『薩藩海軍史　中』(公爵島津家編纂所編)　原書房　昭43 ／近代日本海外留学生史　上(渡辺実)　講談社　昭52 ／日本人名大事典5　平凡社　昭54 ／明治維新人名辞典(日本歴史学会編)　吉川弘文館　昭56　〔内海あぐり〕

松村 次郎　まつむら・じろう

生没年不詳　留学生　[生]松江　[渡]ドイツ：1871年(留学)

生没年不詳。松江の出身。明治4(1871)年にドイツに官費で留学しているが，その後の消息は不明。

[文献] 近代日本の海外留学史(石附実)　ミネルヴァ書房　昭47　〔富田仁〕

松村 任三　まつむら・じんぞう

安政3年1月9日(1856)〜昭和3年5月4日(1928)
植物学者　理学博士　〔形態学,植物生理学の移入〕　㊗常陸国下手綱村　㊀ドイツ：1885年（植物学）

　安政3(1856)年1月9日,常陸松岡藩士・松村儀夫の長男として生まれる。明治4年16歳の時藩の貢進生として大学南校に入る。6年,開成学校に転じ法律を修める。この時アメリカ人教師マッカーデから学んだラテン語が後年植物分類学に大いに役立つ。のち同校を中途退学して駿河台の大島文蔵のもとで漢学を学ぶ。10年5月,東京大学植物園に就職し,神田一ツ橋の大学植物学教場と小石川植物園に勤務する。同年7月,日本の動物学に貢献することになるアメリカ人教師モースが来日。モースに随行して40日間江ノ島に貝類の採集を行う。同年12月,矢田部良吉に従って江ノ島,熱海に赴いて以来本格的に植物の採集に従事する。その後富士,浅間,日光など各地に採集を試みる。16年,東京大学助教授となる。18(1885)年,植物学研究のためドイツに留学。息子の瞭によれば,「家をたたんで,助教授の俸給全部を留学費に向けたのである」（父の追憶）と言う。また健康上の心配もあり決意の留学であった。12月18日,フランス船タイナス号で横浜を出航。寒さを避けるためにナポリに上陸しローマを経由してドイツに入る。最初形態学をJ.ザックス教授に学び,20年にはハイデルベルク大学で植物生理学をW.プエッファー教授について研究する。21年,ヨーロッパの諸大学・博物館・植物園で日本とヨーロッパの植物の比較研究を行い,同年帰国する。帝国大学理科大学助教授となる。23年,教授となり農学部においても植物学を講ずる。24年には理学博士となる。のち30年にわたって帝国大学植物園長を兼任するがこの間植物採集は日本全国に及ぶ。15年に有志と創設した東京植物学会の会長にも推される。39年,再び欧米諸国を訪れる。41年,帝国学士院会員,大正9年,学術研究会議会員となる。11年,教授職を退き,名誉教授となり自宅において多くの未定稿の整理に専念する。著書には『日本植物名彙』（明25）『和漢對譯本草辞典』（明25）『植物採集便覧』（明33）『帝国植物名鑑3冊』（明37〜大2）『改訂植物名彙漢名之部』（大4）などがある。昭和3(1928)年5月4日,脳溢血のため死去。享年73歳。

文献　松村任三氏：東洋学芸雑誌　51　明18／理学博士松村任三氏植物学上ノ事績ノ概略（中井猛之進）：植物学雑誌　29(346)　大4／理学博士松村任三氏追悼号：東洋学芸雑誌　542　昭3／近代日本海外留学生史上（渡辺実）　講談社　昭52／日本人名大事典5　平凡社　昭54／世界的植物学者松村任三の生涯（長久保片雲）　暁印書館　平9
　　　　　　　　　　　　　　　　〔飯沼隆一〕

松村 文亮　まつむら・ふみすけ

天保11年(1840)〜明治29年7月3日(1896)　海軍軍人　海軍少佐　㊗佐賀　㊀イギリス：1871年（鍋島直大に同行）

　天保11(1840)年,佐賀藩士金丸文雅の三男として生まれる。中牟田倉之助の弟。明治1年に上海へ航海し,のち三重の津の海軍学校で航海術を教える。明治4(1871)年,英学修業のため伊万里藩主鍋島直大に同行してイギリスに赴く。帰国後の6年には海軍少佐となり,電信少技長心得を兼ねる。10年,提督府に出勤して春日艦長に補す。12年に免職となり,明治29(1896)年7月3日死去。享年57歳。

文献　明治過去帳—物故人名辞典（大植四郎編）東京美術　昭46／近代日本の海外留学史（石附実）　ミネルヴァ書房　昭47　〔楠家重敏〕

松村 六郎　まつむら・ろくろう

生没年不詳　留学生　㊀フランス,ドイツ：1886年（鋳造学）

　生没年不詳。横須賀造船所に入り,明治19(1886)年にフランス,ドイツに留学する。留学の目的は鋳造学の研修で,クルーゾー社,クルップ社で研修を積む。23年12月帰国。その後の消息は不明。

文献　日仏文化交流史の研究—日本の近代化とフランス人（西堀昭）　駿河台出版社　昭56／幕末明治海外渡航者総覧（手塚晃編）　柏書房　平4　　　　　　〔富田仁〕

松本 鶤　まつもと・あきら

生没年不詳　㊀ドイツ：1890年頃

　生没年不詳。明治23(1890)年頃にドイツに渡っている。その後の消息は不明。

文献　異国遍路 旅芸人始末書（宮岡謙二）　中央公論社　昭53（中公文庫）　〔富田仁〕

松本 英子　まつもと・えいこ
慶応2年3月18日(1866)～昭和3年4月23日(1928)　ジャーナリスト　〔アメリカで日本の紹介に活躍〕　[生]上総国(望陀郡)茅野村　[名]本名=永井ゑい子(ナガイエイコ)　別名=松本栄子, 家永ゑい子, 筆名=みどり子　[渡]アメリカ:1902年(遊学)

慶応2(1866)年3月18日, 漢学者松本貞樹の子として上総国茅野村に生まれる。父は学塾を開き門下からは優秀な人材を輩出させていた。その父から英才教育を施され, 7, 8歳の頃には村の道標や神社の幟など大人も及ばない達筆で書き, 神童ぶりを示す。8歳の時, 噂を伝え聞いた県令から呼び出され, その前で和歌を詠み, 見事な書を書いて県令を驚かせたという。まもなく父に連れられて上京。津田仙の家に世話になり, 津田が設立した三田救世学校に入学。16年には同校の生徒兼教師となる。一方, 熱心なクリスチャンとして伝導にも従事する。19年, 女子高等師範学校に入学し23年に卒業。24年, 多くの死傷者を出した濃尾大地震ではバイブルウーマンとしての経験を生かして先頭に立って救済活動を展開。慈善バザーや演芸会を催し多額の現金を被災地に送る。彼女のヒューマニズムで貫かれた人生への第一歩を踏み出したのである。25～26年頃, 外務省翻訳官・家永豊吉と結婚。28年に長男勝之助を出産。同年敬愛していた父貞樹を失うが, 彼女自身の結婚生活も長くは続かない。突然の家の破産により一家離散の運命に襲われる。再び松本姓にかえり, 31年, 下田歌子の華族女学校へ奉職し英語と家政を教える。同校には津田梅子も教鞭をとっていたが, 33年暮れには梅子に続いて辞職。教育界を去り, 34年毎日新聞社に入社。当時, 足尾銅山鉱毒事件が大きな問題となって世間の耳目を集めていた。島田三郎, 木下尚江らのいる毎日新聞は被害農民の側に立って論陣を張り世論を高めていたが, そうした状況下, 当初は婦人問題担当記者として入社した彼女も鉱毒地を視察, その悲惨さを目のあたりにし, 真正面から取り組むことになる。「みどり子」のペンネームでルポルタージュを連載。11月25日から翌35年2月まで59回にわたって続いたこのルポルタージュ記事は大きな反響を呼び, 被害農民支援活動の推進力の一つともなる。田中正造の天皇直訴事件などもあり運動は勢いを増してはいったが, それと同時に政府の弾圧も厳しくなり, 彼女も取り調べを受ける。これがきっかけかどうか理由は不明だが, 彼女は連載記事を本にまとめたあと35(1902)年秋には新聞社を辞め, 渡米してしまう。37歳にしてのとくに知り合いもないアメリカ行きである。シアトル, シカゴ, ニューヨークで, 看護婦を志したり, 文学方面で身を立てようとしたりしたが, やがて世界大博覧会を開催していたセントルイスに赴く。日本のインテリ女性として評判になり, 日本について講演をして活躍。やがてサンフランシスコに移り, 39年1月17日翻訳の仕事を通じて知り合った保険代理店経営の永井元と結婚。元は22年に渡米し, 26年に新聞『金門日報』を創刊したこともあり, 終生, 彼女の好伴呂となる。同年4月サンフランシスコ大地震が起き, 救いを求める人々で街はあふれかえる。彼女は元の協力を得て被災者の救援を精力的に行い, 元も保険業務を誠実に取り行った。同年7月カリフォルニア大学の夏期講習会に夫婦で参加。彼女はそのままバークレイに留まって勉学を続ける。いつも本を手離さず勉強に励み, 45年4月カレッジ・オブ・パセフィック大学を卒業。待望の卒業証書を手にする。以後, それまで経済的に彼女を支えてくれていた元の保険の仕事を手伝うが, 何事にもまじめに一生懸命に取り組むので仕事は順調に行き, かなりの業績をあげる。仕事のかたわら日刊新聞, 週刊誌, 雑誌などに寄稿を続ける。大正3年, 第1次世界大戦が始まると, 人間が互いに殺し合う戦争を否定, 平和を望む強い思いを詩に托す。人類愛を目指し, その思想に生きた彼女の姿勢が詩の一篇一篇から読みとれる。卵巣癌のため臥床しながらも日記を書き続けるが, 昭和3(1928)年4月23日がんのため死去。享年63歳。一周忌に「永井ゑい子詩文」が元によって自費出版されている。

[文献] 鉱毒地の惨状(松本英子)　『義人全集4』大15／永井ゑい子詩文(永井元編)　昭4／菊地茂著作集1(斉藤英子編)　早稲田大学出版部　昭52／松本英子の生涯(府馬清)　昭和図書出版　昭56／女のくせに(江刺昭子)　文化出版局　昭60／女のくせに―草分けの女性新聞記者たち(江刺昭子)　インパクト出版会, イザラ書房(発売)　平9／データベースWHO　日外アソシエーツ

〔岡田孝子／富田仁〕

松本 銈　まつもと・けい

嘉永3年(1850)～明治12年4月16日(1879)　化学者　㊗江戸　㊞別名＝銈太郎　㊤オランダ：1866年(理・化学研修)，ドイツ：1871年(理・化学研修)

嘉永3(1850)年，幕府の官医松本良順の長男として江戸に生まれる。12歳から14歳まで長崎からボードウィンについてオランダ語，ドイツ語，洋算，医学，またハラタマから化学を学ぶ。のち開成校の助教となる。慶応2(1866)年ボードウィンの帰国の際に同行，オランダへ留学しユトレヒト大学で理・化学を学ぶが，維新により3年に帰国し，大坂舎密局の助教となる。明治5(1871)年にはドイツに留学しベルリン大学でホフマンに師事して化学を学ぶ。同じく日本から派遣された柴田承桂や長井長義などと研究に精進し，研究論文をドイツ化学会の機関誌に発表するなど将来を嘱望されていたが，病にかかり11年に帰国，明治12(1879)年4月16日死去。享年30歳。

㊧東京・谷中霊園
文献 蘭学全盛時代と蘭疇の生涯(鈴木要吾)　東京医事新誌局　昭8／赤松則良半生談——幕末オランダ留学の記録(赤松範一編注)　平凡社　昭52(東洋文庫317)／明治過去帳——物故人名辞典(大植四郎編)　昭58／洋学史事典(沼田次郎他編)　雄松堂　昭59
〔湯本豪一〕

松本 健次郎　まつもと・けんじろう

明治3年10月4日(1870)～昭和38年10月17日(1963)　実業家　明治鉱業社長　㊗福岡市　㊞旧名＝安川　㊤アメリカ：1889年(留学)

明治3(1870)年10月4日，明治鉱業創立者・安川敬一郎の子として福岡に生まれる。明治23年叔父松本潜の養子となり松本家を継ぐが，長兄は夭折し，実家の安川家は弟清三郎が継いだため，事実上安川松本家の家長格となる。この間，明治22(1889)年アメリカに私費留学しペンシルバニア大学に学び，24年帰国。26年石炭販売会社安川松本商店を創設し，実父，養父と共に貝島，麻生家と並ぶ"筑豊御三家"の一家・安川松本財閥の創業に尽力。また40年明治専門学校を創立し，のち校長となる。大正7年実父敬一郎引退を受けて同財閥の総帥に就任。昭和4年明治鉱業社長を清三郎に譲り，安川松本系統企業全体の経営に専念した。8年石炭鉱業連合会会長，16年石炭統制会初代会長などを歴任。18年には東条内閣顧問，20年勅選貴族院議員となる。戦後は追放解除後，経団連の結成に尽力，のち日経連，経団連各顧問を務め，32年財界から引退した。昭和38(1963)年10月17日死去。享年93歳。
文献 松本健次郎懐旧談(清宮一郎編)　鱒書房　昭27／松本健次郎伝(劉寒吉)　松本健次郎伝刊行会　昭43／幕末明治海外渡航者総覧(手塚晃編)　柏書房　平4／データベースWHO日外アソシエーツ
〔藤田正晴〕

松本 三之丞　まつもと・さんのじょう

生没年不詳　幕臣　外国奉行支配定役　㊞諱＝春房　㊤アメリカ：1860年(遣米使節に随行)

生没年不詳。安政7(1860)年，30歳頃遣米使節に外国奉行支配定役として随行する。
文献 万延元年遣米使節史料集成1～7(日米修好通商百年記念行事運営会編)　風間書房　昭36／幕末教育史の研究2——諸術伝習政策(倉沢剛)　吉川弘文館　昭59
〔富田仁〕

松本 重太郎　まつもと・じゅうたろう

天保15年10月5日(1844)～大正2年6月20日(1913)　実業家　〔銀行や鉄道事業を創設〕　㊗丹後国(竹野郡)間人村　㊞旧名＝松岡亀蔵　雅号＝双軒，甑斎　㊤フランス：1893年(陸軍御用)

天保15(1844)年10月5日，農民松岡亀右衛門の二男として丹後国間人村に生まれる。嘉永6年10歳で京の商家に奉公に出たのを皮切りに浪華(大坂)へ移り10年間辛酸を嘗め，維新間近い24歳のとき神戸で独立して，明治3年布屋藤助の援助で輸入唐物類の小仲立業を始める。以来，横浜，長崎と転々として対外貿易に努め，蓄積した巨万の富を元手に大阪財界の重鎮と組んで11年の第百三十銀行を手始めに，共立銀行，大阪興業銀行，日本貯金銀行，明治銀行などを創立し，頭取あるいは支配人となる。大阪銀行集会所で委員長を務める一方，15年モスリン製造の大阪紡績会社や，初の私設鉄道である大阪堺間鉄道会社(のちに阪堺鉄道会社と改称，現在の南海電鉄南海線)を設立しさらに山陽鉄道会社長にもなる。また北部九州に炭坑諸鉄道敷設にも携わり鉄道王の名をも得て，40余の会社に関係する。26年(1893)には陸軍御用でフランスに渡っている。養嗣

子として井上家より松茂を貰い受ける。29年には衆議院議員に選ばれる。大阪商業会議所特別議員にもなる。関西実業界きっての大物、立志伝中の人物として活躍するが、日清戦後の経済不況で境遇は一転し、またたく間に元の木阿弥となりあまつさえ胃癌に冒され、淋しく生涯の幕を閉じる。大正2(1913)年6月20日、大阪市東区空堀町3丁目の自宅で死去。享年70歳。

[文献] 日本人名辞典(芳賀矢一) 大倉書房 大3／双軒松本重太郎翁伝(松本翁銅造建設会) 大11／堺市史3 堺市役所編刊 昭5／大人名事典 平凡社 昭29／大正過去帳—物故人名辞典(稲村徹外他編) 東京美術 昭48／明治維新人名辞典(日本歴史学会編) 吉川弘文館 昭56／大阪商人太平記(宮本又次)
〔山口公和〕

松本 荘一郎 まつもと・そういちろう

嘉永1年5月23日(1848)～明治36年3月19日(1903) 鉄道庁官吏 工学博士 開拓使,鉄道庁長官 〔鉄道建設に功労〕 ⓐ播州(神崎郡)粟賀村 ⓝ幼名=泰蔵 ⓡアメリカ：1870年(土木学)

嘉永1(1848)年5月23日、播州神崎郡粟賀村に生まれる。幼少のころ、大坂に出て池内陶所の塾に入り、明治初年洋学者箕作麟祥の塾に移る。秀才であったが学費に窮し、学半ばにして退学しようとしたが、同学の美濃大垣藩士上田肇(俳諧の宗匠花の本聴秋)の推挙により大垣藩に抱えられ、大学南校で修学。3(1870)年アメリカに留学してレンセラー工科大学で土木学を学ぶ。9年帰国し東京府土木係を経て北海道開拓使御用係となる。16年鉄道庁に入り、日本全国の鉄道建設などに偉大な功績を残した。21年工学博士の学位を受け、26年鉄道庁長官、30年鉄道作業局長官となる。33年パリの第6回万国鉄道会議に政府委員として列席。資性恬淡でその生活は極めて質素であった。昭和9年斎藤内閣の商工大臣となった法学博士松本烝治はその長男である。明治36(1903)年3月19日死去。享年56歳。 ⓐ東京池上・本門寺

[文献] 大日本博士録5 工学(井関九郎編) 発展社 昭5／日本人名大事典5 平凡社 昭54
〔佐藤秀一〕

松本 留吉 まつもと・とめきち

慶応4年1月(1868)～昭和13年3月24日(1938) 実業家 藤倉電線創業者 ⓐ下野国(安蘇郡)植野村 ⓝ旧名=藤倉 ⓡアメリカ：1886年(電気事業調査)

慶応4(1868)年1月、藤倉熊吉の六男として下野国安蘇郡植野村に生まれる。16歳で上京、長兄・善八方に同居し、東京英語学校で英語を学ぶ。明治19(1886)年、善八が始めた電線製造の研究のために渡米し、新興の電気事業を学ぶ。23年帰国し善八と電線製造事業に従事する。24歳の時、群馬県の松本浪蔵の養子となり家業を経営するが、善八の死去に伴い34歳で藤倉電線護謨合名会社を設立。43年株式会社に改組、社名を藤倉電線とし専務に就任。のち社長を務めた。昭和13(1938)年3月24日。享年71歳。

[文献] 幕末明治海外渡航者総覧(手塚晃編) 柏書房 平4／データベースWHO 日外アソシエーツ
〔藤田正晴〕

松本 虎之助 まつもと・とらのすけ

生没年不詳 海軍兵学校教員 ⓡイギリス：1884年(海軍軍事研修)

生没年不詳。明治15年に海軍兵学校の教官となり、17(1884)年5月、海軍の軍事視察のため溝口武五郎、坂本俊篤らとともにイギリスへ出張した。その後の消息は不明。

[文献] 海軍兵学校沿革(海軍兵学校編) 原書房 昭46／近代日本海外留学生史 上(渡辺実) 講談社 昭52
〔楠家重敏〕

松本 白華 まつもと・ひゃくか

天保9年12月13日(1839)～大正15年2月25日(1926) 僧侶 ⓝ本名=厳護 幼名=隼丸 ⓡフランス：1872年(宗教事情視察)

天保9(1839)年12月13日、加賀国松任の本誓寺二十四世・松本違介の二男として生まれる。明治5(1872)年9月、東本願寺の現如上人・大谷光瑩が石川舜台、関信三、成島柳北とともに欧米の宗教界を巡覧するために渡航するのに随行する。ヨーロッパ、アメリカを経て6年7月に帰国。のち教部省に出仕。大正15(1926)年2月25日死去。享年89歳。

[文献] 異国遍路 旅芸人始末書(宮岡謙二) 中央公論社 昭53(中公文庫)／幕末明治海外渡航者総覧(手塚晃編) 柏書房 平4
〔富田仁〕

松本 亦太郎　まつもと・またたろう

慶応1年9月15日（1865）～昭和18年12月24日（1943）　心理学者　東京帝国大学名誉教授　㊓上野国高崎　㊖アメリカ：1896年（留学）

慶応1（1865）年9月15日，上野国高崎に生まれる。明治26年東京帝国大学文科大学哲学科を卒業。大学院を経て，明治29（1896）年エール大学に留学。はじめ私費であったがのち官費留学生となる。30年同大助手，31年ライプツィヒ大学に学び，33年帰国。32年文学博士（東京大学）。東京高師，東京女高師各教授，東京帝国大学講師を経て，38年日本女子大教授，39年京都帝国大学教授，40年京都市立絵画専門学校長を兼務。大正2～15年東京帝国大学教授。京都帝国大学，東京帝国大学に心理学実験室を創設して実験心理学の基礎を築いた。日本大学，東京文理大講師も務め，定年後日本女子大児童研究所長。日本心理学会初代会長。昭和18（1943）年12月24日死去。享年79歳。

文献　幕末明治海外渡航者総覧（手塚晃編）柏書房　平4／データベースWHO　日外アソシエーツ　〔藤田正晴〕

松山 陽太郎　まつやま・ようたろう

明治6年4月6日（1873）～昭和18年3月19日（1943）　医学者　㊖ドイツ：1896年（留学）

明治6（1873）年4月6日に生まれる。明治29（1896）年にドイツに渡り，ベルリン大学，ストラスブルク大学で内科学を学ぶ。33年帰国。その後の消息は不明だが，昭和18（1943）年3月19日死去。享年71歳。

文献　近代日本海外留学生史　下（渡辺実）講談社　昭53／幕末明治海外渡航者総覧（手塚晃編）柏書房　平4　〔富田仁〕

松山 吉次郎　まつやま・よしじろう

享和2年（1802）～明治2年（1869）　従者　㊓上総国市原　㊔諱＝好徳　㊖アメリカ：1860年（遣米使節に随行）

享和2（1802）年，上総国市原の牧野源兵衛宣秋の二男として生まれ，江戸市ケ谷の松山家の養子となる。安政7（1860）年，村垣淡路守範正の従者として遣米使節に随行する。維新後は生地市原に戻る。明治2（1869）年死去。享年68歳。　㊣龍源寺

文献　万延元年遣米使節史料集成1～7（日米修好通商百年記念行事運営会編）　風間書房　昭36／幕末教育史の研究2―諸術伝習政策（倉沢剛）　吉川弘文館　昭59　〔富田仁〕

松浦 厚　まつら・あつし

元治1年6月3日（1864）～昭和9年5月7日（1934）　伯爵　〔大日本海事学会長〕　㊓肥前国平戸　㊖イギリス：1886年（国際公法）

元治1（1864）年6月3日，平戸藩主松浦詮の三男として生まれる。明治19（1886）年イギリスに留学しケンブリッジ大学トリニティカレッジに入学する。国際公法を修めたのち26年に帰国し，とくに水産業界で活躍し大日本海事学会会長，貴族院議員をつとめる。伯爵。昭和9（1934）年5月7日死去。享年71歳。

文献　海外における公家　大名展・第1回維新展（霞会館資料展示委員会）　霞会館　昭55／昭和新修　華族家系大成　下（霞会館諸家資料調査委員会編）　霞会館　昭59　〔富田仁〕

万里小路 秀麿　までのこうじ・ひでまろ

安政5年8月16日（1858）～大正3年6月10日（1914）　宮内省官吏　男爵　㊔改名＝正秀　㊖ロシア：1871年（留学）

安政5（1858）年8月16日，権大納言万里小路正房の八男として生まれる。明治4（1871）年，ロシア留学のため岩倉使節一行とともに日本を出発する。ロシア貴族について学び14年5月に帰国する。帰国の翌年に分家し，名を正秀と改め17年に男爵となる。式部寮御用掛，式部官，掌典式部主事心得，主猟官，大膳亮，大膳寮主事，大膳頭心得，大膳頭と一貫して宮中につかえる。長期間の留学によりロシア事情に精通し，ロシア公族の来日に際しては接伴員もつとめる。スタニスラス一等勲章をロシアより授与される。大正3（1914）年6月10日，慢性気管支カタルにより死去。享年57歳。

文献　大正過去帳―物故人名辞典（稲村徹元他編）　東京美術　昭48／華族譜要（維新史料編纂会編）　大原新生社　昭51／岩倉使節の研究（大久保利謙編）　宗高書房　昭51　〔湯本豪一〕

万里小路 通房　までのこうじ・みちふさ

嘉永1年5月27日（1848）～昭和7年3月4日（1932）　官吏　伯爵　㊓京都　㊖イギリス：1869年（留学）

嘉永1（1848）年5月27日，万里小路博房の長男として京都に生まれる。戊辰戦争に活躍する。明治2（1869）年11月，洋行を命ぜられてイ

ギリスに渡る。7年に帰国後，工部省や宮内省に奉職する。昭和7(1932)年3月4日死去。享年85歳。
[文献] 明治初年条約改正史の研究（下村冨士男）　吉川弘文館　昭37／近代日本の海外留学史（石附実）　ミネルヴァ書房　昭47／近代日本海外留学生史　上（渡辺実）　講談社　昭52／明治維新人名辞典（日本歴史学会編）　吉川弘文館　昭56　　　　〔楠家重敏〕

的場 中　まとば・なか
安政3年2月12日(1856)〜昭和8年3月20日(1933)　冶金学者　工学博士　〔磁気探鉱法の新分野を開拓〕　⊕伊勢国　㊦ドイツ：1889年（冶金学）

安政3(1856)年2月12日，伊勢国に生まれる。明治15年工部大学校鉱山学科を卒業。16年工部大学校詰となる。18年4月に工部大学校助教授となり，19年に帝国大学令発布とともに，工部大学校と東京大学の採鉱冶金学科が合併して工科大学が設置されると，採鉱及冶金学科助教授となる。22(1889)年11月採鉱冶金学研究のためにドイツに留学しフライブルク鉱山大学で学び26年帰国。同年，工科大学の採鉱冶金学第一講座（選鉱学）の講師となり，27年教授。33年より磁気探鉱法の研究を始め新分野を開拓する。大正5年『明治工業史』の執筆に参加。東京帝国大学名誉教授となるが，昭和8(1933)年3月20日死去。享年78歳。
[文献] 故的場中君：日本鉱業会誌　576　昭8　　　　〔保阪泰人〕

的場 由松　まとば・よしまつ
？〜明治13年7月29日(1880)　海軍軍人　㊦アメリカ：1880年（遠洋航海）

生年不詳。明治13(1880)年，水兵として搭乗した筑波艦が遠洋航海中アメリカのサンフランシスコに着いたときに在米日本人が歓迎会を催したが，その賑やかさをよそに同年(1880)7月29日，同地の海軍病院で死去。
[文献] 異国遍路　旅芸人始末書（宮岡謙二）　中央公論社　昭53（中公文庫）　〔富田仁〕

真辺 戒作　まなべ・かいさく
嘉永1年3月26日(1849)〜明治12年5月20日(1879)　土佐藩留学生　⊕高知　㊦イギリス：1870年（海軍軍事研修）

嘉永1(1848)年3月26日，高知に生まれる。明治3(1870)年1月，土佐藩の留学生として海軍修業のためイギリスに渡り，ロンドンのユニバーシティ・カレッジに学ぶ。9年頃までロンドンに滞在し，11年に帰国。一時，自由党に加わったこともあるが，明治12(1879)年5月20日に自刃。享年31歳。
[文献] 明治初年条約改正史の研究（下村冨士男）　吉川弘文館　昭37／近代日本の海外留学史（石附実）　ミネルヴァ書房　昭47／近代日本海外留学生史　上（渡辺実）　講談社　昭52／幕末明治海外渡航者総覧（手塚晃編）　柏書房　平4　〔楠家重敏／富田仁〕

真野 文二　まの・ぶんじ
文久1(1861)年〜？　機械工学者　帝国大学工科大学教授,貴族院議員　㊦イギリス：1886年（機械工学）

文久1(1861)年，幕臣真野肇の子として生まれる。明治14年に工部大学校機械工学科を卒業後，同校助教授となる。19(1886)年に機械工学を研究するためイギリスに留学し，グラスゴー大学に入学する。優秀な成績で同大学を卒業したのち，ニューカッスルのアーストロング工場で実地研修した。ロンドン機械工学協会の会員ともなる。22年9月に帰国。翌月，帝国大学工科大学教授となった。23年，特許局審査官となり，34年には文部省実業学務局長に任命された。のちフランス，満洲，オーストラリアへ出張した。大正2年5月，九州帝国大学総長となり，昭和2年に貴族院議員に選ばれた。
[文献] 大日本博士録5（井関九郎編）　発展社　昭5／近代日本海外留学生史　上（渡辺実）　講談社　昭52／グラスゴウ大学と日本人留学生（北政巳）　『国際日本を拓いた人々』　同文舘　昭59　　〔楠家重敏〕

馬橋 健吉　まばし・けんきち
生没年不詳　医学者　⊕金沢　㊦オランダ：1868年頃（医学）

生没年不詳。金沢の出身。大坂の適塾，長崎などに遊学ののち金沢藩の藩費で明治1(1868)年頃にオランダに留学して医学を修める。4年に帰国したのち金沢医学校，さらには啓明学校の教師として活躍する。
[文献] 近代日本の海外留学史（石附実）　ミネルヴァ書房　昭47　　　　〔富田仁〕

丸岡 竹之丞　まるおか・たけのじょう

生没年不詳　[生]鹿児島　[渡]アメリカ：1866年頃

生没年不詳。鹿児島の出身。渡航年月ははっきりしないが，慶応年間（1866年頃）にアメリカに渡りニューブランズウィックに滞在している。その後の消息は不明。

[文献] 近代日本の海外留学史（石附実）　ミネルヴァ書房　昭47　〔富田仁〕

丸岡 武郎　まるおか・たけろう

⇒大村純雄（おおむら・すみお）を見よ

円中 文助　まるなか・ぶんすけ

嘉永6年（1853）～大正12年9月1日（1923）　生糸検査技師　東京高等蚕糸学校講師　〔製糸機械を発明〕　[生]加賀　[渡]オーストリア：1873年（ウィーン万国博覧会）

嘉永6（1853）年，加賀に生まれる。金沢で貿易商を営む円中孫平の二女と結婚し婿養子となる。明治6（1873）年2月18日，製糸技術伝習生としてオーストリアのウィーン万国博覧会に出張し，博覧会を視察するとともに養父の命によって九谷焼の販売を試みる。ひきつづきイタリアへ赴く。トリノで語学と製糸法，機械学を学び，7年にベルガモへ行き，ツツピンゲン社とシーベル会社で撚糸法，機械学の実地研修を受ける。その後トラビヨール製糸場で殺蛹法，撰繭法，繰糸法を学び，ベルガモ市養蚕検査所で生糸検査法を修得して，7年に帰国する。8年には内務省勧業寮御雇となって製糸試験場でオーストリア製の機械により伝習生に新技術を教授する。19年には円中組のパリ支店を任されるが失敗に終わった。その後，四谷新宿試験場内に製糸工場，撚糸工場を設立するため尽力，また生糸検査所技師，東京蚕糸学校講師などを歴任。35年自動回転式製糸器械を発明した。大正2年，官職を辞任する。大正12（1923）年9月1日，関東大震災のため神田の自宅で死去。享年71歳。

[文献] 開港と生糸貿易　下（藤本実也）　開港と生糸貿易刊行会　昭14／幕末・明治期における日伊交流（日伊協会編）　日本放送出版協会　昭59／幕末明治海外渡航者総覧（手塚晃編）　柏書房　平4／朝日日本歴史人物事典　朝日新聞社　平6／データベースWHO　日外アソシエーツ　〔湯本豪一／富田仁〕

円中 孫平　まるなか・まごへい

天保1年10月（1830）～明治43年7月（1910）　貿易商　[生]越中国（砺波郡）和泉村　[名]旧名＝石崎　[渡]アメリカ：1876年（フィラデルフィア万国博覧会視察）

天保1（1830）年10月，石崎八郎兵衛の三男として越中国砺波郡和泉村に生まれ，嘉永4年金沢の商人・中野屋孫兵衛の養子となる。藩より円中姓を許され，慶応2年外国貿易を志して大坂に益亀組を創立。北海道への加賀絹販売や，九谷焼の改良に尽力する。明治維新後は欧米人の嗜好研究のため，明治9（1876）年渡米しフィラデルフィア博覧会を視察した。翌10年帰国。11年横浜に輸出用雑貨を扱う円中組を開業。同年の内国勧業博覧会，パリ万国博覧会には加賀産の出品で好評を博す。13年には製糸・製茶を扱う扶桑商会，14年にはフランスに円中組パリ支店を設立したが，17年為替相場の激変により円中組本支店，扶桑商会を閉店した。明治43（1910）年7月死去。享年81歳。

[文献] 幕末明治海外渡航者総覧（手塚晃編）　柏書房　平4／データベースWHO　日外アソシエーツ　〔藤田正晴〕

丸山 作楽　まるやま・さくら

天保11年10月3日（1840）～明治32年8月19日（1899）　政治家　貴族院議員　〔帝国憲法，皇室典範制定に参画〕　[生]江戸芝三田四国町（島原藩邸）　[名]諱＝正虎のち正路，幼名＝勇太郎，麻毘古，一郎，太郎，字＝安宅，雅号＝素行，東海，東華，神習処，般之屋　[渡]ロシア：1869年（樺太紛争の交渉），オーストリア：1887年（憲法，制度の調査）

天保11（1840）10月3日，島原藩士丸山曽右衛門正直の長男として江戸芝三田町の藩邸で生まれる。幼時に父母と死別し剃髪，見習坊主となり，藩儒岩瀬正言に師事して漢学を修めたのち安政1年監谷宕陰に学び，4年藩校明親館の句読師となる。5年平田鉄胤の門を叩き，国学を教わる。文久1年長崎に赴き，佐賀藩士後藤又三郎に蘭学を学ぶ。3年脱藩して，漢学，国学，蘭学に通じる勤王の志士として神習処塾を開き国事に奔走する。慶応1年4月，藩庁の忌諱に触れて謹慎を命ぜられ，2年11月30日，先魁の獄に投ぜられる。4年閏4月赦されて獄を出ると名を作楽と改める。長崎府総督沢宣嘉の命で長崎広運館本学局督学兼教授となる。

明治2年5月上京して徴され神祇官権判事に任命される。制度取調御用掛兼大学校御用掛教導局勤務を経て6月21日公議所副長心得，7月集議院下局次官を歴任，8月外務大丞となりサハリン（樺太）に赴きロシアとの紛争解決の任に当たるよう命ぜられる。このとき彼は樺太より前に北方問題に威力を示すことを主張したが認められず辞意を表する。だが許されず同年（1869）9月サハリンに向かい，ロシアと交渉するが，平和談判の無力さを知り兵力で樺太（サハリン）を維持しなくてはならぬことを痛感する。3年4月命令で帰京。4年3月たまたま朝鮮問題が起こると朝鮮出兵を唱え，捕えられて福井藩に預けられる。5年4月国憲違反の疑いで終身禁獄の身となり長崎県高島の獄に身柄を移される。獄中で「とはず語」を書いたり，長崎県を通じて政府に歎願書を提出する。13年1月特赦される。14年4月自由民権運動に対抗して同志とともに忠愛社を設立し『明治日報』を刊行して忠愛精神をよびさまし極端な革命論と急進論を唱道する。15年3月公同会を創立し福地源一郎，水野寅二郎とともに帝政党を組織するが，憲法の制定もきまることになると，18年冬には帝政党を解散し『明治日報』も廃刊する。19年3月2日，図書助に伝命され井上毅図書頭を補佐して帝国憲法と皇室典範の制定に携わり，その任務を帯びて20（1887）年5月海江田信義などとオーストリアに渡り，ウィーン大学のスタイン教授の憲法学説の講義を聴く。またヨーロッパ各国の制度・典礼を調査して21年6月に帰国する。7月帝国制度取調掛となり帝国憲法と皇室典範の制定に参画する。23年6月元老院議官に任ぜられるが，9月元老院の廃止に伴い貴族院議員に勅選される。神祇官の再興，成城学校の創立，日本体育会，水難救済会などにかかわる。神道，教育，社会事業にも深く寄与する一方，『盤之屋歌集』『東海詩存』『刪定万葉集』などを著わし，仮名文字論者あるいは歌人としても知られる。明治32（1899）年8月19日死去。享年60歳。
墓東京・青山霊園
文献 涙痕録 丸山作楽伝 丸山善彦，丸山正彦著刊 明32／島原人物誌 長崎県教育会南高木郡部会編刊 明42／丸山作楽と樺太談判（金子薫園）『日本精神講座8』 新潮社 昭9／丸山作楽（入江湑） さくら会 昭19／近代文学研究叢書4（昭和女子大学近代文学研究室編） 昭和女子大学近代文化研究所 昭31／人と作品現代文学講座1（木俣修他編） 明治書院 昭36／国学者伝記集成（大川茂雄，南茂樹共編） 大日本図書株式会社 昭37／明治過去帳—物故人名辞典（大植四郎編） 東京美術 昭46／長崎県人物伝（長崎県教育会） 復刻 臨川書店 昭48／幕末維新人名事典 学芸書林 昭53／日本人名大事典6 平凡社 昭54／明治維新人名辞典（日本歴史学会編） 吉川弘文館 昭56 〔富田仁〕

馬渡 俊邁　まわたり・としゆき
? ～明治8年12月9日（1875）　佐賀藩通訳
㊨佐賀　通称＝八郎　㊨イギリス：1866年（視察）

生年不詳。佐賀の出身。佐賀藩の通訳をつとめ，慶応2（1866）年，藩費でヨーロッパに渡り，翌3年に帰国。明治2年外務少丞，のち大蔵権大丞兼造幣頭，出納頭を歴任し，明治8（1875）年12月9日死去。　墓東京・青山霊園
文献 近代日本の海外留学史（石附実） ミネルヴァ書房 昭47／明治維新人名辞典（日本歴史学会編） 吉川弘文館 昭56／幕末明治海外渡航者総覧（手塚晃編） 柏書房 平4
〔富田仁〕

マンショ小西　まんしょこにし
慶長5年（1600）～正保1年頃（1644）　司祭
〔イエズス会最後の日本人神父〕㊨長崎対馬
㊨イタリア：1618年（司祭昇任のため）

慶長5（1600）年，対馬藩主宗義智の子として長崎対馬に生まれる。小西行長の娘マリアは義智に嫁ぎ，義智も洗礼を受ける。関ヶ原の戦いにおいて行長は徳川家康に亡ぼされ，義智は家康にはばかって行長の娘であるマリアと離婚する。マリアは一子とともに長崎に移りイエズス会の保護をうけることとなる。このマリアの子がマンショ小西と推定される。慶長18年12月のキリシタン禁令によりマカオに渡り，元和4（1618）年には司祭となるためローマに向かう。ローマ到着後，グレゴリオ大学で神学を学び寛永5年に司祭となる。その後，日本に帰国するため寛永9年にマニラを出航し薩摩領内に潜入し，弾圧の下で各地を回り活動していたと思われるが，捕えられて正保1（1644）年頃，京都で殉教。彼の死により日本には一人の神父もいなくなり教階制は崩壊する。これ以後，キリシタンは完全な潜伏時代に入る。

キリシタン史の区分上，マンショの死は殉教時代と，潜伏時代を分ける一つの目安になると考えられる。
[文献] カトリック大辞典(上智大学編)　冨山房　昭15／日本キリシタン殉教史(片岡弥吉)　時事通信社　昭55 ／徳川初期キリシタン史研究(五野井隆史)　吉川弘文館　昭58
〔湯本豪一〕

万蔵　まんぞう

生没年不詳　永住丸乗組員　[生]伊豆　[渡]アメリカ：1842年(漂流)

生没年不詳。伊豆の出身。摂津国兵庫西宮内町の中村屋伊兵衛の持船の永住丸の水主として，天保12年8月23日兵庫を出帆し10月12日に下総沖で漂流する。13(1842)年2月2日イスパニア船エンサーヨ号に乗組員13名が救助されアメリカに向かい，カリフォルニア近くで7人が砂浜に上陸させられる。やがて彼も水汲みに上陸させられて置き去りにされる。その後の消息は不明。
[文献] 日本人漂流記(川合彦充)　社会思想社　昭42(現代教養文庫A530)／世界を見てしまった男たち—江戸の異郷体験(春名徹)　筑摩書房　昭63(ちくま文庫)／新世界へ—鎖国日本からはみ出た栄寿丸の十三人(佐野芳和)　法政大学出版局　平1　〔富田仁〕

【み】

三井 道郎　みい・どうろう

安政5年7月2日(1858)～昭和15年1月14日(1940)　日本ハリストス正教会長司祭　[生]盛岡　[名]幼名＝修治, 筆名＝駿台老生, 洗礼名＝シメオン　[渡]ロシア：1883年(神学)

安政5(1858)年7月2日，南部藩士三井与治郎兵衛の子として盛岡に生まれる。旧南部藩主の経営する英語専門学校で英書講読の手ほどきを受ける。16歳の年に函館に渡り，アナトリイ神父の按手により受洗。同師の勧めにより明治8年上京。一時期英文の正教関係文献の翻訳にたずさわっていたが翌年神学校に入学。16(1883)年同校卒業と同時に，岩沢丙吉とともに渡露しキエフ神学大学に入学。19年に同大学を卒業，神学士の称号を受ける。帰国後は神学校教授，同校長を歴任，27年には司祭に叙聖されて京都正教会に赴任，西日本の牧会活動を管轄する。ニコライ大主教亡きあとはセルギイ府主教を助け，本会付の長司祭として教内に重きをなす。明治24年5月の大津事件に際しては正教会を代表して急遽神戸に赴き，皇太子ニコライに拝掲し，山下りん女の手による聖像を拝呈する。大正6(1917)年に日本正教会を代表して露国正教会地方公会に出席し，折から勃発したロシア革命に際会,『往事断片』の中に貴重な証言を残している。また宰相原敬とは旧藩のよしみで親交があり，シベリア出兵の際，原の依頼を受け宣撫工作に役割を果した。昭和15(1940)年1月14日死去。享年83歳。
[文献] ニコライ神学校と遣露留学生(西村庚)：ユーラシア　5　昭52／日本正教史(牛丸康夫)　日本ハリストス正教会教団　昭53 ／三井道郎回顧録　遺稿　私家版　昭57
〔長縄光男〕

三浦 謹之助　みうら・きんのすけ

元治1年3月21日(1864)～昭和25年10月11日(1950)　医学者　医学博士　〔独・仏の内科学, 神経病学の移入〕　[生]福島　[渡]ドイツ：1889年(内科学, 神経病学)

元治1(1864)年3月21日，福島に生まれる。明治10(1877)年，東京神田の私立訓蒙学会でドイツ語を学ぶ。11年，外国語学校に転じ，のち大学予備門に通う。16年，東京大学医学部に入学し，20年帝国大学医科大学を卒業。21年には内科教室の助手となりベルツ教師を助ける。22(1889)年2月，有栖川威仁親王一行についてドイツ留学を志す。一行とともにアメリカ経由でフランスに入りパリを始めヨーロッパ各地を訪れる，このときパリでパスツールに会う。親王の随行の役は約1年で解けそのまま単身で23(1890)年2月から10月までベルリン大学で学ぶ。神経病学を修めるつもりだったが内科学から始める。ハンス・ウィルヒョウ，のちにゲルハルトの内科研究室に入る。またコッホにも学ぶ。同年10月から24年6月まで唯一の日本人としてマールブルク大学に学ぶ。病理解剖学のマルションと生理学・化学のキュルツに師事する。同年6月から10月までハイデルベルク大学で神経病学のエルブに学ぶ。のち再びベルリンに帰る。25年2月，パリ

大学のシャルコーに学び，同年10月，帰国する。12月，帝国大学医科大学講師。26年9月，助教授。28年9月，教授となり内科学第2講座を担当する。同年11月，医学博士となる。35年，呉秀三とともに日本神経学会を，36年には日本内科学会を創立。39年，帝国学士院会員に推される。大正1年8月，宮内省御用掛となる。7年12月，西園寺公望講和大使に随行してフランスへ出張。10年2月，皇太子の渡欧に同行する。同月，東京帝国大学医学部付属病院長となる。13年4月，定年により退官。7月に東京大学名誉教授となる。14年には日本内科学会理事長に選ばれ，昭和3年7月，同愛記念病院（中央病院）長に就任。20年11月，宮内省御用掛を退く。24年11月，文化勲章を受章。また東京医学会会頭を10年にわたり務める。日本人による内科学を基礎づけした功労者であり，神経系病学を研究しフランス医学紹介にも功があった。首下り病や回虫卵の研究でも著名。厳密な臨床家で，友人宅の往診途上倒れる。昭和25（1950）年10月11日死去。享年87歳。

文献　一医学者の生活をめぐる回想　名誉教授三浦謹之助の生涯（三浦紀彦編）　医歯薬出版　昭30／座談会　三浦謹之助先生を偲ぶ：日本医事新報　1652　昭30 ／三浦謹之助先生御生誕百年を記念して（座談会　加藤豊次郎等）：日本医事新報　2091　昭39 ／三浦謹之助先生　同先生生誕百年記念会準備委員会編刊　昭39 ／近代日本海外留学生史　上・下（渡辺実）　講談社　昭52，53 ／日本人名大事典　現代編　平凡社　昭54　〔飯沼隆一〕

三浦 梧楼　みうら・ごろう

弘化3年11月15日（1847）～大正15年1月28日（1926）　陸軍軍人，中将，政治家　子爵　〔日仏間の条約改正に尽力，明治政界の長老〕

㊓長門国萩浜崎町　㊔本名＝一貫　旧名＝五十部　通称＝五郎，雅号＝観樹　㊙フランス，ドイツ：1884年（軍事視察）

弘化3（1847）年11月15日，山口藩士五十部吉平の二男として長門国に生まれる。後に三浦道庵の家を継ぐ。幼少の時より藩校明倫館に入り文武の修業をし，文久3年騎兵隊に入隊。慶応2年幕長戦，明治1年の戊辰戦争に加わり，各地で戦功をあげる。3年には兵部権少丞に任ぜられ翌4年には陸軍大佐から少将へと昇進する。9年広島鎮台司令官となり，前原一誠の萩の乱を平定する。10年西南戦争が起きると旅団司令官として出征。その戦功大であり11年には少将から中将へと進み，15年には陸軍士官学校長に任ぜられる。17（1884）年，陸軍卿大山巌に随行し兵制視察のためヨーロッパ各国を回ったが，ここで陸軍の使命のほかに外交上の隠れた活躍をする。当時，日本では井上外務卿が不平等条約の改正に力を入れていたが，主としてフランスが反対を唱えていたので，各国公使との交渉がまとまらないという状況であった。井上外務卿はパリ駐在公使に訓令を与えたが，それに対しフランス側が商務卿を始めとして各閣僚が面会を拒絶する態度を示していたので，日本側は困窮を究めていた。ところが当時フランスは中国とトンキン戦争の最中でもあった。フランスには，日中関係の悪さを利用して日本をも戦争にまき込み，味方に引き入れ，戦闘地に近い日本の位置とその兵力を利用しようとするもくろみがあった。それを知っていた三浦は，フランス軍の大演習参観に招待された折，大山巌に代わって日本総代表として出席し，日仏間の微妙な立場をうまく利用して，条約改正にフランスが進んで賛同するように仕向けることに成功した。トンキン戦争の件についても，フランス側のもくろみと三浦の意見を日本外務省に知らせ，後日フランスから日本へ具体的な交渉が持ち込まれた時も首尾よく事が運ぶよう仕向けた。この体験について彼は後日，外国人というものは，こちらが弱味を見せるとどこまでもつけあがって強く迫るが，こちらが強く出るとたちまち弱くなる，したがって自主的外交の必要はここに存するとその感想を述べている。ヨーロッパ視察から帰国すると子爵を授けられる。ついで東京，熊本の鎮台司令官を経て，21年宮中顧問官兼学習院長となり，23年には貴族院議員となる。29年，韓国公使として韓国に赴任。43年枢密顧問に任ぜられるなど政界の長老として活躍した。大正15（1926）年1月28日死去。享年80歳。㊟東京・青山霊園

文献　観樹将軍回顧録（三浦梧楼，小谷保太郎）　政教社　大14／近代日本海外留学生史　上（渡辺実）　講談社　昭52 ／日本人名大事典6　平凡社　昭54 ／明治反骨中将一代記（三浦梧楼）　芙蓉書房　昭55（昭和軍事史叢書）／明治維新人名辞典（日本歴史学会編）　吉川弘文館　昭56 ／観樹将軍回顧録（三浦梧

楼）　中央公論社　昭63（中公文庫）／観樹将軍回顧録―伝記・三浦梧楼（三浦梧楼著，小谷保太郎編）　大空社　昭63（伝記叢書）
〔福山恵美子／富田仁〕

三浦 十郎　みうら・じゅうろう

弘化3年11月24日（1847）～大正3年8月（1914）　大蔵省官吏　〔国際結婚の先駆け〕　[生]佐土原　[渡]アメリカ：1871年（岩倉使節団に同行）

弘化3（1847）年11月24日に生まれる。日向佐土原藩士。文久3年に藩校学習館の塾頭となる。明治4（1871）年11月12日，藩命により岩倉使節団に同行して横浜を出航しアメリカ経由でフランスに佐土原県費留学生として木脇良太郎とともに留学する。次いでドイツに渡りウィルヘルム大学などで学んだ。6年頃に帰国するが，ドイツ滞在中に親しくなったドイツ人女性クレーセンツ・ゲルストマイエルが彼を追って日本に来たため，7年1月に東京築地の協会で結婚式を挙げる（国際結婚の先駆け）。その後，大蔵省造幣局に勤務し，調査局長や印刷局技師などを歴任した。大正3（1914）年8月死去。享年69歳。

[文献]　近代日本の海外留学史（石附実）　ミネルヴァ書房　昭47／日仏文化交流史で研究―日本の近代化とフランス人（西堀昭）　駿河台出版社　昭56／幕末明治海外渡航者総覧（手塚晃編）　柏書房　平4／データベースWHO　日外アソシエーツ　〔富田仁〕

三浦 東造　みうら・とうぞう

生没年不詳　従者　[生]出羽国（由利郡）矢島村　[名]諱＝道賢　[渡]アメリカ：1860年（遣米使節に随行）

生没年不詳。安政7（1860）年，34歳頃森田岡太郎の従者として遣米使節に随行する。

[文献]　万延元年遣米使節史料集成1～7（日米修好通商百年記念行事運営会編）　風間書房　昭36／幕末教育史の研究2―諸術伝習政策（倉沢剛）　吉川弘文館　昭59　〔富田仁〕

三浦 守治　みうら・もりはる

安政4年5月11日（1857）～大正5年2月2日（1916）　病理学者　[生]磐城国（田村郡）御木沢村平沢　[名]旧名＝村田　別名＝移岳　[渡]ドイツ：1882年（病理学）

安政4（1857）年5月11日，三春藩士村田七郎兵衛の二男として磐城国御木沢村に生まれる。三浦義純の養子となる。明治1年，三春学校に入学，5年上京して岡千仞のもとで漢学を修める。6年11月大学東校に入学，14年東京大学医学部卒業。翌15（1882）年2月ドイツのライプチッヒ大学に留学し，コーンハイム教授のもとで病理学を研究する。16年ベルリン大学でウィルヒョー教授に師事してさらに研究を深める。20年3月帰国。医科大学教授となり病理学と病理解剖学講座担当。24年医学博士となる。35年学術研究のためにヨーロッパ出張。36年帰国。39年9月帝国学士院会員となる。大正4年東京帝国大学名誉教授。歌人としても知られ，歌集『移岳集』がある。大正5（1916）年2月2日死去。享年60歳。　[墓]東京谷中・天王寺

[文献]　科学ペン人列伝　歌人三浦守治博士（斎藤瀏）：科学ペン　4（4）　昭25／三浦守治先生（佐多愛彦）：日本医事新報　1341　昭25
〔保阪泰人〕

御木本 幸吉　みきもと・こうきち

安政5年1月25日（1858）～昭和29年9月21日（1954）　実業家　〔真珠養殖の創始者〕　[生]伊勢国志摩（三重県志摩郡鳥羽町）　[渡]アメリカ：1903年（シカゴ博覧会参加）

安政5（1858）年1月25日，うどん商御木本音吉の長男として伊勢国志摩に生まれる。幼少から商才にたけ家業のうどん製造業に努めるかたわら青物・乾物業で生計をたてた。明治8年には鳥羽沖に来訪したイギリス船シルバー号に「足芸」という芸当で乗り込，外人相手に鶏卵・青物を売り込んだ。積極的な商法で広く東京，横浜，大阪，神戸などの海産物市場にも触手をのばした。その後，水産物に興味を寄せ，京浜地方の視察中真珠の国外輸出の有望なことを知った。また郷里志摩の英虞湾の乱獲による真珠の産出減を知り，23年，動物学者箕作佳吉から真珠は養殖できるかも知れないということを聞く。そこで真珠の養殖に着手し，さらに真珠貝そのものの養殖を思い立ち，郷里の神明浦に真珠養殖場をおこした。これが御木本養殖場の発端である。赤潮による真珠貝全滅の悲運にもめげず，家財の大半を注ぎ込んで研究を続け，26年鳥羽沖の相島（おじま）において，はじめて5つの半円真珠の養殖に成功した。29年には特許権を得，多徳島に養殖場を設けて一家をあげて移住。36（1903）年にはシカゴのコロンブス記念世界博覧会に

出品して授賞、以来度重なる赤潮、寒潮の被害と闘いながら技術改良に励み38年真円真珠を完成した。これより先の32年、東京に販売店を設け、さらに大阪、神戸などにも販売の拡張を図り、一方大正4年以来海外へも進出し、中国、イギリス、フランス、アメリカ、インドの各地に出張所を置いた。そして世界総生産の6割を占めるに至り、養殖場も11年以後三重県を中心に和歌山、長崎、石川、沖縄など9ヶ所370万坪にのぼり、12年にはパラオ島にも黒真珠養殖場を設けた。明治37年以来世界博覧会に出品して入賞し、「ミキモト・パール」の名は世界に知られるに至った。明治36年には日本10大発明家に選ばれ、13年には貴族院議員になったが政経両立せず一年でやめている。昭和1年、フィラデルフィアの万国博覧会に出品し、「世界の真珠王」と呼ばれた。太平洋戦争中は奢侈品として養殖を禁じられたが戦後間もなく事業が再開され昔日の繁栄を取り戻した。そして真珠は平和的商品としてアピールされ小学校の教科書にも記載された。昭和29(1954)年9月21日、老衰のため死去。享年96歳。 墓東京・青山霊園、鳥羽・済生寺

文献 近代日本文化の恩人と偉業（北垣恭次郎）明治図書 昭16／御木本幸吉（間々田隆）日本出版社 昭17／御木本幸吉（乙竹岩造）培風館 昭23／伝記御木本幸吉（乙竹岩造）講談社 昭25／近代神仙譚（佐藤春夫）乾元社 昭27／御木本幸吉（乙竹岩造）社会教育協会 昭28（青年シリーズ）／明治人物逸話辞典 下（森銑三）東京堂出版 昭40／日本人名大事典 現代編 平凡社 昭54／御木本幸吉の思い出（御木本美隆）御木本真珠島資料編纂室 昭54／真珠誕生—御木本幸吉伝（源氏鶏太）講談社 昭55／幸吉八方ころがし—真珠王・御木本幸吉の生涯（永井竜男）文芸春秋 昭61（文春文庫）／御木本幸吉 新装版（大林日出雄）吉川弘文館 昭63（人物叢書）／真珠王ものがたり—世界の女性の首を真珠で締めた男。御木本幸吉 伊勢志摩編集室 平5（しおさい文庫）〔佐藤秀一〕

ミゲル・ミノエス

? ～寛永5年5月（1628） 司祭 生美濃国 渡イタリア：1618年（司祭叙任のため）

　生年不詳。美濃国に生まれる。慶長18年12月、幕府からキリシタン禁令と宣教師の国外追放令が出され、キリスト教信者に厳しい弾圧が加えられる。このため同宿の身分であったため彼はマカオに追放される。元和4（1618）年、司祭になるためにペトロ岐部、マンショ小西とともにマカオを発ってローマへ向かう。インドまで3人は一緒であった。彼はインドから海路でポルトガルに行き、コインブラ大学で学び哲学博士の学位を得たのちローマへ赴く。寛永3年にローマにおいて司祭に叙階される。帰国の途にあった寛永5（1628）年5月、リスボンで死去。

文献 日本キリシタン殉教史（片岡弥吉）時事通信社 昭55／徳川初期キリシタン史研究（五野井隆史）吉川弘文館 昭58
〔湯本豪一〕

三崎 省三　みさき・しょうぞう

慶応3年7月（1867）～昭和4年2月23日（1929）実業家　阪神電鉄専務〔国産初の電車を製作〕　生丹波国（氷上郡）黒井町　渡アメリカ：1887年（電気工学）

　慶応3（1867）年7月、丹波国氷上郡黒井町に生まれる。帝国大学予備科を卒業後、明治20（1887）年アメリカに渡り電気工学を学ぶ。27年帰国して三吉電機工場に入り、京都電鉄の国産初の電車を製作する。阪神電鉄の創立と共に技師長として招かれ、32（1899）年アメリカの電気事情を視察して翌33年に帰国。広軌高速度の阪神急行電車の敷設に従事。大正6年～昭和2年専務を務める。のち摩耶鋼索鉄道・尼宝電気鉄道・六甲越有馬鉄道・大阪乗合自動車・新阪神土地などの相談役・取締役を務めた。昭和4（1929）年2月23日死去。享年63歳。

文献 幕末明治海外渡航者総覧（手塚晃編）柏書房 平4／データベースWHO 日外アソシエーツ
〔藤田正晴〕

三崎 司　みさき・つかさ

生没年不詳　従者　諱=義路　渡アメリカ：1860年（遣米使節に随行）

　生没年不詳。安政7（1860）年、35歳頃新見豊前守正興の従者・用人として遣米使節に随行する。

文献 万延元年遣米使節史料集成1～7（日米修好通商百年記念行事運営会編）風間書房 昭36／幕末教育史の研究2—諸術伝習政策（倉沢剛）吉川弘文館 昭59　〔富田仁〕

三島 弥太郎　みしま・やたろう
慶応3年4月1日(1867)～大正8年3月7日(1919)
実業家　子爵　⊕鹿児島高鹿町上ノ園　㊦アメリカ：1884年(農政研究)

　慶応3(1867)年4月1日、三島通庸の長男として鹿児島に生まれる。父の任地の山形で県立師範学校を卒業し、しばらく小学校で教鞭をとったが、のち上京して駒場農学校に学び、明治17(1884)年農政研究のためアメリカに留学、21年アムハースト農学校を卒業して帰国。同年北海道技師試補となり、22(1889)年再びアメリカに留学しコーネル大学で害虫学を究め、翌年その学士会員に選ばれ、マスター・オブ・サイエンスの学位を受ける。25年農商務省、通信省の嘱託となり、39年横浜正金銀行に入り、取締役に進み44年頭取となる。大正2年日本銀行総裁に就任。ほかに岩越鉄道、中国興業、日仏銀行、帝国蚕糸、京都商工銀行などの重役を務め、この間明治30年貴族院議員に当選し政界、財界に多大の功績を残した。大正8(1919)年3月7日死去。享年53歳。　⊗東京・青山霊園

　[文献]　財界物故傑物伝　下　実業之世界社　昭11／日本人名大事典6　平凡社　昭54／昭和新修　華族家系大成　下(霞会館諸家資料調査委員会)　霞会館　昭59／三島弥太郎の手紙―アメリカへ渡った明治初期の留学生(三島義温編)　学生社　平6／三島弥太郎関係文書(尚友倶楽部、季武嘉也編)　芙蓉書房出版　平14　　　　　　〔佐藤秀一〕

水品 楽太郎　みずしな・らくたろう
生没年不詳　幕臣　外国奉行支配調役並(書翰係)　㊦フランス：1862年(遣欧使節に随行)

　生没年不詳。文久1(1862)年12月、31歳頃遣欧使節に外国奉行支配調役並として随行する。のち慶応1(1865)年の柴田日向守遣仏使節に組頭として随行する。

　[文献]　大君の使節―幕末日本人の西欧体験(芳賀徹)　中央公論社　昭43(中公新書163)／幕末教育史の研究2―諸術伝習政策(倉沢剛)　吉川弘文館　昭59　　　　　　〔富田仁〕

水谷 亦六郎　みずたに・またろくろう
嘉永1年12月(1848)～大正8年7月13日(1919)
造船技師　〔長崎三菱造船所長〕　⊕岡山　㊨別名=六郎　㊦イギリス：1870年頃(留学)

　嘉永1(1848)年12月に生まれる。岡山の出身。明治初年(1870)に私費でイギリスに渡った模様であるが、明治5(1872)年4月より工部省が留学費用を負担した。ニューキャッスル造船所で研修を積み、8年に帰国。鉄道寮に勤務したが、後年、長崎三菱造船所長となる。

　[文献]　工部省沿革報告(大蔵省)　明22／近代日本の海外留学史(石附実)　ミネルヴァ書房　昭47／幕末明治海外渡航者総覧(手塚晃編)　柏書房　平4　　〔楠家重敏／富田仁〕

水谷 叔彦　みずたに・よしひこ
慶応2年12月28日(1867)～昭和22年12月21日(1947)　海軍軍人　海軍少将　⊕愛知　㊦イギリス：1893年(海軍大学校へ入学)

　慶応2(1867)年12月28日、愛知に生まれる。明治26(1893)年、官命により海軍少将の身分でイギリスへ渡り、ロンドンの海軍大学校へ入る。昭和22(1947)年12月21日死去。享年81歳。

　[文献]　近代日本海外留学生史　上(渡辺実)　講談社　昭52　　　　　　〔楠家重敏〕

瑞穂屋 卯三郎　みずほや・うさぶろう
⇒清水卯三郎(しみず・うさぶろう)を見よ

三角 市之助　みすみ・いちのすけ
? ～明治5年(1872)　官吏　⊕山口　㊨別名=三隅市之進　㊦アメリカ：1871年(農学)

　生年不詳。山口の出身で、無給の通信士勘三郎の嫡子である。最初整半隊司令にあったがそののち民部省14等出仕の役職を命ぜられる。ついで海軍兵学校に入り、明治3年に同校の寮を中退した。翌4(1871)年には木戸の推薦により官費でアメリカに派遣され、農学の研究に専心した。明治5(1872)年、病にかかり死去。

　[文献]　海軍兵学校沿革(海軍兵学校編)　原書房　昭43(明治百年史叢書74)／近代日本の海外留学史(石附実)　ミネルヴァ書房　昭47　　　　　　〔佐藤秀一〕

溝口 武五郎　みぞぐち・たけごろう
慶応4年1月(1868)～?　海軍兵学校学生　⊕江戸　㊦イギリス：1884年(海軍軍事研修)

　慶応4(1868)年1月、幕臣溝口直洞の三男として江戸に生まれる。明治15(1882)年9月、海軍兵学校に入り、17(1884)年3月23日に海軍修

業のためイギリスに留学する。その後の消息は不明。

[文献] 海軍兵学校沿革(海軍兵学校編) 原書房 昭43(明治百年史叢書74)/近代日本海外留学生史 上(渡辺実) 講談社 昭52
〔楠家重敏〕

三井 三郎助 みつい・さぶろうすけ

嘉永3年(1850)～明治45年4月6日(1912) 実業家 〔三井家鉱山業の基礎づくり〕 [生]京都 [名]旧名=弁蔵 [渡]アメリカ:1872年(銀行業研修)

嘉永3(1850)年,京都に生まれる。明治初年に京都府に仕官したが間もなく辞職する。5(1872)年同族子弟5人とともに銀行業見学のため大蔵少輔吉田清成に随伴し,アメリカに2年間滞在。帰国後は三井家の事業に従事し,25年三井鉱山会社社長に就任。以来その地位にあって三井家鉱山業の基礎を固め,また三池築港の経営に多大な力を尽した。40年アメリカ,ヨーロッパの事業界の視察と観光を兼ね益田孝らと共に各国を巡遊した。明治45(1912)年4月6日,鎌倉で死去。享年63歳。

[文献] 故三井三郎助君小伝:日本鉱業会誌 327 明45/日本人名大事典6 平凡社 昭54
〔佐藤秀一〕

三井 高朗 みつい・たかあき

天保8年(1837)～明治27年2月8日(1894) 銀行家 〔三井財閥の発展に貢献〕 [生]京都(油小路夷川) [名]通称=二次郎右衛門,八郎右衛門(14代) [渡]アメリカ:1872年(金融・銀行業務研修)

天保8(1837)年,三井総領家当主・三井八郎右衛門高福の長男として生まれる。幼少の頃から家業に接し,長じて父の片腕として活躍する。鳥羽伏見の戦いでは父と協力して,政府軍に軍資金を提供し積極的に支援する。また政府の求めに応じて金札発行のための基金作りに貢献するとともに金札の流通にも尽力する。明治5(1872)年2月,大蔵少輔吉田清成に伴われて同族の三井弁蔵,貞次郎,武之助,長四郎とともにアメリカに渡り,ニューブランズウィックに滞在し,英語,数学などを学んだのち銀行での実務研修をして帰国する。帰国後,父および同族とともに銀行設立に尽力し,6年に第一国立銀行,7年に三井組為替銀行,8年に三井銀行を創設する。12年には総領家の家督を相続して14代三井八郎右衛門を名乗る。その後も三井財閥の発展につとめ,18年に家督を弟に譲る。明治27(1894)年2月8日死去。享年58歳。

[文献] 三井銀行八十年史(三井銀行八十年史編纂委員会編) 三井銀行 昭32/明治維新人名辞典(日本歴史学会編) 吉川弘文館 昭56
〔湯本豪一〕

三井 高棟 みつい・たかみね

安政4年1月14日(1857)～昭和23年2月9日(1948) 実業家 男爵 [生]京都 [名]別名=三井八郎右衛門(15代目),法名=三井宗恭 [渡]アメリカ:1872年(留学)

安政4(1857)年1月14日,三井総領家(北家)第8代当主・高福の八男として京都に生まれる。明治5(1872)年2月18日アメリカへ私費留学し,7年7月帰国。三井経営陣に加わり,18年家督を相続し15代目八郎右衛門を襲名。26年最高統轄機関として三井家同族会を設立し議長となる。29年男爵位を受爵。42年三井合名会社を設立し社長に就任。昭和8年辞任し,家督を嗣子高公にゆずり引退した。この間,三井総領家当主として三井同族11家をとりまとめるとともに,三井財閥の総帥として,大番頭益田孝,団琢磨らと名コンビをくみ,同財閥を発展させた。昭和23(1948)年2月9日死去。享年92歳。

[文献] 三井八郎右衛門高棟伝(三井八郎右衛門高棟伝編纂委員会編) 三井文庫 昭63/幕末明治海外渡航者総覧(手塚晃編) 柏書房 平4/江戸・上方の大店と町家女性(林玲子) 吉川弘文館 平13 /データベースWHO 日外アソシエーツ
〔藤田正晴〕

三井 高明 みつい・たかあきら

⇒三井弥之助(みつい・やのすけ)を見よ

三井 高保 みつい・たかやす

嘉永3年5月26日(1850)～大正11年1月4日(1922) 実業家 男爵 [生]京都 [名]幼名・通称=宸之助,震之助,号=三井華精,宗熙 [渡]ヨーロッパ:1887年(銀行視察)

嘉永3(1850)年5月26日,三井総領家(北家)第8代当主・高福の五男として京都に生まれる。慶応4年三井室町家高良の養子となり同家第10代当主となる。明治9年三井銀行に入行。20(1887)年銀行視察のため欧米に出張。24年三

井銀行総長、のち社長となり、大正9年まで務め、銀行発展のために活躍した。この間、42年三井合名会社が設立されると業務執行社員となる。大正4年男爵。表千家流の茶人としても知られた。大正11(1922)年1月4日死去。享年73歳。

[文献] 幕末明治海外渡航者総覧(手塚晃編) 柏書房 平4／朝日日本歴史人物事典 朝日新聞社 平6／データベースWHO 日外アソシエーツ　　　　　　　　〔藤田正晴〕

三井 常二郎　みつい・つねじろう
生没年不詳　留学生　㊦山口　㊧別名＝恒次郎　㊤イギリス：1871年(岩倉使節団に同行)
　生没年不詳。山口の出身。明治4(1871)年、岩倉使節とともに渡欧し、イギリスにとどまる。その後の消息は不明。

[文献] 近代日本の海外留学史(石附実) ミネルヴァ書房　昭47　　　〔楠家重敏〕

三井 弥之助　みつい・やのすけ
安政3年3月22日(1856)〜大正10年8月9日(1921)　実業家　〔三井物産社長〕　㊦京都　㊧別名＝養之助、後名＝高明　㊤アメリカ：1872年(銀行業研修)
　安政3(1856)年3月22日、三井三郎助高喜の三男として京都に生まれる。三郎助高景は兄である。三井連家の一つ、本村町家初代当主となる。明治5(1872)年2月17歳の時、銀行業見学のため吉田清成などに同行しアメリカに渡る。翌年帰国。6年9月、三井家の事業に従事し、9年7月三井物産会社が新設されると、海外帰国の新知識の持主として同族中から選ばれて社主に就任。以来三井物産は、三井銀行とともに三井家事業の両翼を構成するが、大正9年1月三井物産社長となる。これより先の明治31年12月三井銀行監査役、35年1月鐘淵紡績会社、41年7月には堺セルロイド株式会社のそれぞれの取締役会長に就任。大正10(1921)年8月9日死去。享年66歳。　㊨東京深川・真感寺

[文献] 財界物故傑物伝　下　実業之世界社　昭11　　　　　　〔佐藤秀一／富田仁〕

箕作 佳吉　みつくり・かきち
安政4年12月1日(1858)〜明治42年9月16日(1909)　理学博士、動物学者　〔応用動物学の発展に貢献〕　㊦江戸(津山藩邸)　㊤アメリカ：1873年(動物学)

安政4(1858)年12月1日、蘭学者箕作秋坪の第三子として旧、江戸の津山藩邸で生まれる。15歳の時慶応義塾に入り英語を修得、明治5年1月大学南校に移り、6(1873)年2月南校の米人教師ハリスに従ってアメリカに渡りエール大学に入学する。同年ジョン・ホプキンス大学に入って動物学を研究し、バチェラー・オブ・フィロソフィーの学位を受け、さらに14年イギリスに渡り、ケンブリッジ大学のバルフォア教授について動物学を修める。大陸諸国を経て帰国、帝国大学理科大学に勤務し、翌年20歳で講師から教授へと進む。21年6月理学博士の学位を受け、のちに勅任教授に進み、36年理科大学長に就任。これより先再び外遊し、31年ケンブリッジ万国動物学会に委員として出席。かつて18年には農商務省に水産局設置の議案をたて、神奈川県の三崎に帝国大学臨海実験を設立して所長となり、東京動物学会の創立にも尽力。また文部省の小学校用理科参考書を編纂する際の調査委員長を務めた。暇をみつけては外国小説を耽読し、晩年は謡曲を嗜んだ。動物学上の研究の功績は非常に大で、日本人最初の動物学教授であり、日本学士院会員にもなった。とりわけ爬虫類の発育初期に関する研究や、カメ類の研究は有名である。さらにナマコの研究、養蠣事業、真珠の養殖などの応用動物学は彼によって大いに啓発された。40年脳疾患を起こし、明治42(1909)年9月16日、病が再発して死去。享年53歳。
㊨東京・谷中霊園

[文献] 箕作博士年譜：動物学雑誌　22(256)　明43／箕作教授の略伝：動物学雑誌　22(255)　明43／箕作博士記念号　22(256)　明43／日本人名大事典6　平凡社　昭54／動物学者箕作佳吉とその時代―明治人は何を考えたか(玉木存) 三一書房　平10／ナポリ臨海実験所―去来した日本の科学者たち(中埜栄三、溝口元、横田幸雄編著) 東海大学出版会　平11　　　　　　　　〔佐藤秀一〕

箕作 奎吾　みつくり・けいご
嘉永5年1月26日(1852)〜明治4年6月14日(1871)　教師　開成所教授、大学少博士　〔英語教育〕　㊦江戸　㊤イギリス：1867年(英語)
　嘉永5(1852)年1月26日、蘭学者・箕作秋坪の長男として江戸の津山藩邸内で生まれる。箕作阮甫の孫に当たる。幼少の頃より英俊活達で、文久2年から英語を習い始め、慶応2年開

成所句読教授になる。ついで徳川幕府より英国留学を命ぜられて，3(1867)年1月から翌年5月までロンドンに滞在する。この間，ユニバーシティ・カレッジ・スクールで学ぶ。同年6月に帰国して家督を継ぐ。明治2年11月より大学中助教となり，3年1月には大助教，同年8月少博士となる。4年春に職を辞して，家塾の子弟の教育を始めるが，明治4(1871)年6月14日，水泳中に溺死。享年20歳。家督は弟・四男元八によって継がれる。 [墓]東京・谷中霊園

[文献] 箕作阮甫(呉秀三) 大日本図書株式会社 大3／近代日本海外留学生史 上(渡辺実) 講談社 昭52 〔内海あぐり〕

箕作 元八　みつくり・げんぱち

文久2年5月29日(1862)～大正8年8月9日(1919)　西洋史学者　東京帝国大学理学部教授　〔近代歴史学の先駆者〕　[生]江戸　[名]号＝南亭　[渡]ドイツ：1886年(動物学，歴史学)，フランス：1900(歴史学)

文久2(1862)年5月29日，美作国津山藩の蘭学者・箕作秋坪の子として江戸に生まれる。明治8年東京英語学校卒業後，18年東京大学理学部動物学科を卒業。明治19(1886)年ドイツのフライブルク大学に留学。はじめ動物学を研究するが，強度の近視のため自然科学の研究をやめ，史学に転向，ハイデルベルク大学などで研鑽を積む。25年帰国。以後，高等師範学校，第一高等学校，帝国大学(のち東京帝国大学)の各教授を歴任。この間，33年にフランスに留学し，フランス革命史中心の研究を深める。西洋史学の泰斗といわれた。36年文学博士。著書に不朽の名著といわれる『西洋史講話』のほか『仏蘭西大革命史』『ナポレオン時代史』などがある。また，南亭と号し，川柳・俳句をよくした。大正8(1919)年8月9日脳溢血のため死去。享年58歳。

[文献] 箕作元八・滞欧「箙梅日記」(井手文子，柴田三千雄編・解説) 東京大学出版会 昭59／幕末明治海外渡航者総覧(手塚晃編) 柏書房 平4／朝日日本歴史人物事典 朝日新聞社 平6／データベースWHO 日外アソシエーツ 〔藤田正晴〕

箕作 秋坪　みつくり・しゅうへい

文政8年12月8日(1826)～明治19年12月3日(1886)　洋学者　〔開化啓蒙思想の普及に貢献〕　[生]美作国津山(岡山県(津山藩))　[名]旧名＝菊池　通称＝文蔵，号＝宣信斎　[渡]フランス：1862年(遣欧使節の翻訳方)

文政8(1826)年12月8日，津山藩儒者菊池文理の二男として生まれる。幼少の頃から漢学に秀で，師の古賀侗庵のすすめで同藩医箕作阮甫について洋学を学び，さらに緒方洪庵の門に入り蘭学を修める。嘉永4年，阮甫の二女つねの婿となり箕作姓を名のる。6年幕府天文方訳員となり翻訳の仕事に従事，安政6年蕃書調所の教授職手伝いとなり，ついで外国方所属となった。当時幕府は外国との条約で各地の港を年順を追って開港することにしていたが，国内事情から延期せざるを得ず，その談判および各国王への和親の礼をも兼ねて第一回遣欧使節団を派遣することになり，彼は福沢諭吉，松本弘安とともに翻訳方となる。文久1(1862)年12月22日品川沖より出航。通訳は福地源一郎，立広作，太田源三郎の3名であった。パリ，ロンドン，ロッテルダム，ベルリンを経てロシアの首都セントピータスボルグ(レニングラード)で樺太(サハリン)の境界線交渉が行われた。このとき福地源一郎と密に謀りロシア側の主張する線で境界決定に持ち込もうと努力したが，談判は決裂した。2年品川沖に帰国。元治1年幕臣となり，慶応2年箱館奉行小出秀実に随行してふたたび樺太境界交渉使節に参加する。明治2年，中浜万次郎ら4名とともに開成所二等教授となる。その後私塾に力を注ぐ。4年『新聞雑誌』第5号の東京府の私立洋学校の一覧によると，塾生数は106名で16校中第4位(第1位は福沢諭吉の塾で323名)。6年三叉学舎で子弟の教育にあたる。この年アメリカから帰国した森有礼が学問の進歩と発展および世間の啓蒙に組織的に活動する必要を説き，西村茂樹と協議のうえ福沢諭吉，中村正直，加藤弘之，津田真道，西周らとともに明六社を結成するが，これに参加する。初代社長には福沢が推されたが固辞したため森が就任。8年2月二代目社長として就任する。7年3月『明六雑誌』第1号発刊，8年11月第43号をもって廃刊となり明六社の活動も停止する。雑誌の存続をめぐって福沢と森の激論のさ中，彼は社長という辛い立場にいた。第1号から43号までに掲載された論説は全部で156篇であるが，その中で彼のものはたった1篇で8号の「教育談」だけである。この年，東京師範学校

摂理に任ぜられ、高等師範の基礎づくりに努力する。12年、教育博物館長兼図書館長などをつとめ、13年最初の東京学士院会員となる。明治19(1886)年12月3日死去。享年62歳。
⊕東京・谷中霊園
[文献] 近代文学研究叢書8(昭和女子大近代文学研究室編) 昭和女子大学近代文化研究所 昭37／箕作秋坪とその周辺(治郎丸憲三) 昭45
〔寒河江憲実〕

箕作 大六 みつくり・だいろく
⇒菊池大麓(きくち・だいろく)を見よ

箕作 麟祥 みつくり・りんしょう
弘化3年7月29日(1846)～明治30年12月1日(1897) 法律学者 法学博士 男爵 〔フランス法典の移入・紹介〕 ⊕江戸(津山藩山屋敷)
㊙フランス：1867年(パリ万国博覧会に列席)
弘化3(1846)年7月29日、津山藩士箕作省吾の長男として江戸藩邸下屋敷で生まれる。異母兄弟に箕作佳吉、奎吾、菊池大麓がいる。生後すぐに12月13日父を喪い、祖父の阮甫に蘭学などを教えられ4・5歳で三体詩を誦し、7・8歳のときには「唐鑑」を講義するほど漢字に長じやがて中浜万次郎(ジョン万次郎)から英学を修める。蕃書調所教授手伝並出役を出発点として外国奉行支配翻訳御用頭取など英学において幕府に仕えることになる。慶応2年春、福地源一郎(桜痴)が竹内下野守一行の遣欧使節の定役並通詞として随行し帰国したときに、ヨーロッパではフランス語が盛んに用いられているからこれを学ぶようにすすめられる。だがまだ英学も十分でないので、英学を修めたのち仏学に入りたいと返事をする。同年10月外国奉行向山一履が駐仏公使に任命され、徳川昭武が将軍の名代でパリ万国博覧会に参列することが決まる。田辺太一が組頭として随行することになり、彼もかねて洋行の希望があったので同行の許しを求め、承諾をえると急にフランス語を学び始める。蘭仏英の対訳辞書を参考にフランス語を学び、12月幕府から正式に徳川昭武の随行を命じられ、翌3(1867)年1月11日フランス船アルフェー号で横浜を出航する。御儒者次席翻訳方頭取がその肩書である。48日目にマルセーユに着き、昭武に随行して各国をまわるがその間もっぱら翻訳に従事する。ナポレオン三世と昭武の謁見には第4車に日比野清作、杉浦愛蔵、シーボルトと同乗し、テュイルリー宮殿に赴いている。フランス語も新聞が読めるほどに上達し、商業上の契約書も書けるようになる。幕府の瓦解に伴い4年2月帰国する。パリから送った行李を開く間もなく、6月新政府に出仕し一等訳官で大阪府舎密局出張兵庫県御用係を命ぜられ、神戸の洋学校教授となる。翌明治2年3月、翻訳御用掛として東京に呼び戻される。新政府は治政の根幹となる法典、とくに激動の時期では治罪のきめ手となる刑法を必要としていたので、彼がパリ滞在中に法典の翻訳を手がけていたというのを知り太政官の制度局に迎えることにする。9月には東京神田神保町裏に家塾を開き、大井憲太郎、中江兆民などの塾生を集める。3年9月民法の編纂会議のようなことが始められると、彼は大学中博士となり御用掛としてフランスの刑法、民法、商法、訴訟法、治罪法、憲法などを翻訳し、文部省が出版する。日本で新しい法典をつくるよりもむしろフランスの法律を翻訳する方が早道であると考え、ナポレオン法典の翻訳を彼に命じたのである。彼が翻訳したフランスの法律は当時の司法官の唯一の手本とされ、成文にも習慣にもないことは条理としてフランス法を参考にして裁判する場合も少なくなかった。とくに民事については間接に裁判例の基礎をなし、わが国の法律思想の開発に彼の功績が認められる。ナポレオン法が骨をつくり、ボアソナードが肉を着せたとすると、それに日本的表現の皮を張ったのが彼であるとも言われている。『万国新史』(明治4年)は阮甫以来の家学ともいうべき歴史書の講読を塾で行いその成果をまとめたものとみられる。法律学者としての著作には『仏蘭西法律書』(明治7年)などがある。5年10月頃正院大外史、司法省御用掛兼任。7年権大内史、9年司法大丞、10年司法大書記官、13年元老院議官、民法編纂委員を兼ね、15年には東京学士会院会員、法律取調委員、破産法編纂委員、会社条令編纂委員、21年法学博士。27年10月貴族院資格審査員となるが、明治30(1897)年12月1日、咽喉腫瘍のために死去。享年52歳。男爵を贈られる。

[文献] 箕作麟祥君伝(大槻文彦) 丸善 明40／日本法律に皮をはった者 箕作麟祥の功績(木村毅)：時の法令 152 昭29／日本人物史大系5 朝倉書店 昭35／花のパリへ少年使節(高橋邦太郎) 三修社 昭54／日本人

美津田 滝次郎　みつた・たきじろう
生没年不詳　旅芸人(足芸)　㊙アメリカ、イギリス：1870年頃(興行)

　生没年不詳。足芸を得意とした旅芸人で明治3(1870)年から9年頃にかけてアメリカ、イギリスなどで巡業したとも伝えられている。さらに、南アメリカや西インド諸島にまで渡ったともいわれる。日本には戻らず小金をためて、明治20年代末にはロンドンに居を定め、余生を楽しむ身分となる。同所で南方熊楠と親交を結んでいる。その後の消息は不明。

[文献] 異国遍路　旅芸人始末書(宮岡謙二)
　中央公論社　昭53(中公新書)　〔楠家重敏〕

光田 為然　みつだ・ためなり
⇒光妙寺以然(こうみょうじ・いぜん)を見よ

光田 恵然　みつだ・よしなり
? ～明治6年(1873)　僧侶　㊙周防国三田尻
㊙アメリカ：1871年(欧米宗教界の視察)

　生年は不詳。周防国三田尻の一向宗光明寺の住職半雲の子として生まれる。光妙寺三郎は弟。明治4(1871)年11月12日横浜出航の岩倉使節団に同行して欧米宗教視察に赴く。途中で肺結核に冒されるがようやくにして帰国する。明治6(1873)年死去。

[文献] 異国遍路　旅芸人始末書(宮岡謙二)
　中央公論社　昭53(中公文庫)　〔富田仁〕

三刀屋 七郎次　みとや・しちろうじ
弘化3年(1846)～?　留学生　㊙山口　㊙フランス：1871年(フランス語)

　弘化3(1846)年、山口藩士の家に生まれる。明治4(1871)年に自費でフランス留学に旅立ち、翌5年2月20日にはフランスに到着して、カレールに師事してフランス語を修める。その後の消息は不明。

[文献] 近代日本海外留学生史　上(渡辺実)
　講談社　昭52／フランスとの出会い—中江兆民とその時代(富田仁)　三修社　昭56／幕末明治海外渡航者総覧(手塚晃編)　柏書房　平4　〔富田仁〕

南方 熊楠　みなかた・くまくす
慶応3年4月15日(1867)～昭和16年12月29日(1941)　植物学者、民俗学者〔粘菌新種・変種の発見者〕㊙和歌山市橋町　㊙アメリカ：1886年(商業学校入学)、イギリス：1892年(大英博物館で研究)

　慶応3(1867)年4月15日、南方弥兵衛の二男として和歌山市に生まれる。幼少のころより学問を好み、『和漢三才図会』『本草綱目』『諸国名所図会』『大和本草』を筆写した。明治16年に和歌山中学を卒業したのち上京して、翌年に大学予備門に入学したが、やがて退学。19(1886)年12月にサンフランシスコに渡り商業学校へ入ったが、翌年にはミシガン州立ランシング農科大学に移った。その後フロリダやキューバなどをまわり、25(1892)年9月にイギリスに渡る。同年天文学懸賞論文「東洋の星座」が当選して認められ、片岡なる人物から大英博物館長フランクスを紹介される。以後、同館に足繁く出入りするようになる。この博物館で考古学、人類学、宗教などを研究し、部長のリードを助け、オリエンタル・リーディング・ルームの室長ロバート・ダグラスとも親交を得て『大英博物館日本書籍目録』の作成に尽力した。その間にも『ネーチャー』や『ノーツ・アンド・キーリス』に東洋関係の論文の投稿をして斯界の注目されるところとなった。日本学者でロンドン大学事務局長のF.V.ディキンスと知り合い、ロイアル・アジアティク・ソサエティに『方丈記』の共訳を出した。さらにロシアの博物学者ザッケンの知遇を得て昆虫学について論じあった。そのほかにもモリソンやバサーと親交を結び文学や生物学に造詣を深めた。33年に帰国し、和歌山県田辺町に居を構える。民俗学、考古学についての知見が深く、隠花植物の採集と民俗学に没頭。殊に粘菌に関する標本は約六千点に達した。博覧強記や奇行をもって知られ、19ヶ国語を自由に使いこなす語学の天才でもあった。また柳田国男との交際は有名である。昭和16(1941)年12月29日死去。享年75歳。㊙田辺市外稲成村・高山寺

[文献] 学界偉人南方熊楠(中山太郎)　冨山房　昭18／南方熊楠(笠井清)　吉川弘文館　昭42(人物叢書145)／ロンドン日記　『南方熊楠全集1～10・別1～2』　平凡社　昭46～50／南方熊楠(鶴見和子)　講談社　昭53／日本近代

みながわ　　　　　　　　　　　　　人名編

文学大事典3（日本近代文学館編）　講談社　昭53／履歴書（南方熊楠）　『南方熊楠文集1』　平凡社　昭54（東洋文庫352）／日本人名大事典　現代編　平凡社　昭54／南方熊楠―人と学問（笠井清）　吉川弘文館　昭55／南方熊楠―親しき人々（笠井清）　吉川弘文館　昭56／父南方熊楠を語る（南方文枝著　谷川健一他編）　日本エディタースクール出版部　昭56／大博物学者―南方熊楠の生涯（平野威馬雄）　リブロポート　昭57／くまぐす外伝（平野威馬雄）　誠文図書　昭57／南方熊楠（笠井清）　吉川弘文館　昭60（人物叢書）／南方熊楠外伝（笠井清）　吉川弘文館　昭61／縛られた巨人―南方熊楠の生涯（神坂次郎）　新潮社　昭62／南方熊楠日記　1～4（南方熊楠）　八坂書房　昭62～平1／南方熊楠アルバム（中瀬喜陽，長谷川興蔵編）　八坂書房　平2／南方熊楠物語―信念を貫いた自由人の生涯（高沢明良）　評伝社　平3／くまぐす外伝（平野威馬雄）　筑摩書房　平3（ちくま文庫）／南方熊楠一切智の夢（松居竜五）　朝日新聞社　平3（朝日選書）／南方熊楠コレクション　第4巻（南方熊楠著，中沢新一編）　河出書房新社　平3（河出文庫）／縛られた巨人―南方熊楠の生涯（神坂次郎）　新潮社　平3（新潮文庫）／南方熊楠，独白―熊楠自身の語る年代記（中瀬喜陽編著）　河出書房新社　平4／心に不思議あり―南方熊楠・人と思想（高橋康雄）　JICC出版局　平4／南方熊楠―ラビリンスのクマグス・ランド（田中宏和）　新風舎　平6／南方熊楠の生涯（仁科悟朗）　新人物往来社　平6／南方熊楠　新潮社　平7（新潮日本文学アルバム）／南方熊楠―奇想天外の巨人（荒俣宏ほか著）　平凡社　平7／天才の誕生―あるいは南方熊楠の人間学（近藤俊文）　岩波書店　平8／海をこえて　近代知識人の冒険（高沢秀次）　秀明出版会　平12／南方熊楠・萃点の思想―未来のパラダイム転換に向けて（鶴見和子）　藤原書店　平13／南方熊楠の思想と運動（後藤正人）　世界思想社　平14（Sekaishiso seminar）／南方熊楠―進化論・政治・性（原田健一）　平凡社　平15／南方熊楠アルバム　新装版（中瀬喜陽，長谷川興蔵編）　八坂書房　平16
〔楠家重敏〕

皆川　源吾　みながわ・げんご
生没年不詳　水戸藩士　㋺フランス：1867年（遣仏使節に随行）

生没年不詳．水戸藩士．慶応3（1867）年，徳川昭武遣仏使節に警護役として随行する．
文献　徳川昭武滞欧記録（大塚武松編）　日本史籍協会　昭7／幕末教育史の研究2―諸術伝習政策（倉沢剛）　吉川弘文館　昭59／徳川昭武　万博殿様一代記（須見裕）　中央公論社　昭59（中公新書750）
〔富田仁〕

南　清　みなみ・きよし
安政2年5月1日（1855）～明治37年1月19日（1904）　技師　工部省御用掛，山陽鉄道顧問〔鉄道事業の功労者〕　㋗会津　㋺イギリス：1880年（工部大学第1回留学生，土木学）

安政2（1855）年5月1日，岩代会津藩士南舎人の四男として生まれる．明治初年に東京に出て神田孝平の玄関番をし，箕作秋坪の英学塾に学んだ．のち慶応義塾，開成学校に学び，明治5年に工部省測量司技一等見習となる．6年工学寮に入り，12年工部大学校土木学科を卒業した．13（1880）年，工部大学第1回留学生として三好晋六郎，林田林三郎，近藤喜蔵，高峰譲吉，栗本廉，高山直質，荒川新一郎，辰野金吾，石橋絢彦，小花冬吉とともにイギリスに赴いた．渡英後グラスゴーのジャーデン・マセソン商会代理店のブラウン宅に下宿した．グラスゴー大学で土木科を専攻し，市内のマクラレン鉄工所で実習につとめた．その後，ジャーデン・マセソン商会が関与していたスペインのリオテイント鉱山鉄道やスコットランドのカレドニアン鉄道の技師として活躍した．16年に帰国したのち鉄道局に勤務した．その後工部権少技長を経て，鉄道局三等技師となる．23年官職を辞して山陽鉄道会社技師長となる．28年，再び洋行して，アメリカのクリーブランド，ピッツバーグ，フィラデルフィア，イギリスのリヴァプール，リーズ，グラスゴーなどを訪れ，海陸連絡設備を視察した．29年，阪鶴鉄道会社，33年，唐津鉄道の社長となったが，明治37（1904）年1月19日，心臓麻痺のため死去．享年50歳．
文献　大日本博士録5（井関九郎編）　発展社　昭5／明治過去帳―物故人名辞典（大植四郎編）　東京美術　昭46／近代日本海外留学生史（渡辺実）　講談社　昭52／日本人名大事典6　平凡社　昭54／南清伝（村上享一），大鉄道家故工学博士南清君の経歴（村上享一）　『明治期鉄道史資料・第2集5』　日本経済評論社　昭55／グラスゴウ大学と日本人留学生（北政

巳) 『国際日本を拓いた人々—日本とスコットランドの絆』 同文舘 昭59 〔楠家重敏〕

南 鷹次郎 みなみ・たかじろう

安政6年3月16日(1859)～昭和11年8月9日(1936)　農学者　北海道帝国大学総長　㊗肥前国(彼杵郡)大村町　㊋アメリカ：1893年(世界博覧会審査官)

　安政6(1859)年3月16日、肥前大村藩士・南仁兵衛の二男として肥前大村町に生まれる。19年分家。幼少の頃藩校、ついで長崎広運館で英語を学び、上京して公部寮、10年公部大学校に入学したが、間もなく札幌農学校2期生に転じ、14年卒業。獣医学・農学研究のため駒場農学校に内国留学して、16年母校・札幌農学校助教授となり主に農場経営を担当した。22年教授。明治26(1893)年6月、世界博覧会審査官として渡米。同年12月帰国の後、農学全般の講義を担当し、28年には舎監を兼任した。32年農学博士。40年東北帝国大学農科大学教授兼農場長。42年米国に派遣される。大正7年北海道帝国大学として独立すると初代農学部長として佐藤昌介総長を補佐した。12年欧米各国に派遣される。昭和2年退官して名誉教授となったが、5年佐藤総長が勇退したため北大初の選挙による2代目総長に就任。老朽化した農学部講堂を新築、篤志家から寄せられた温室を植物園に受け入れたり、厚岸臨海実験所・室蘭海藻研究所を付設するなど、教育と北海道農業の発展に尽力した。任期中に病に冒され、8年総長を辞任。学外では北海道農会長、北連会長を務めた。昭和11(1936)年8月9日死去。享年78歳。

[文献] 南鷹次郎(南鷹次郎先生伝記編纂委員会編)　南鷹次郎先生伝記編纂委員会　昭33／幕末明治海外渡航者総覧(手塚晃編)　柏書房　平4／データベースWHO　日外アソシエーツ　〔藤田正晴〕

南 保 みなみ・たもつ

弘化3年(1846)～明治19年1月14日(1886)　農商務省官吏　㊗会津　㊋アメリカ：1872年(吉田清成に同行)

　弘化3(1846)年、岩代会津藩士の家に生まれる。明治5(1872)年大蔵大録から留学生となり、吉田清成に同行してアメリカに渡る。7年租税寮に出仕し、9年陸軍少佐福島九成、オランダ人A.F.ボードインなどに領事に任命され、ロンドン領事館勤務を命じられる。14年には農商務権大書記官となりさらに商務局長心得に進む。明治19(1886)年1月14日、肺患により死去。享年41歳。

[文献] 明治過去帳—物故人名辞典(大植四郎編)　東京美術　昭46／近代日本の海外留学史(石附実)　ミネルヴァ書房　昭47　〔佐藤秀一〕

南 貞介 みなみ・ていすけ

生没年不詳　銀行家　〔ロンドンの銀行業ブルース兄弟商会取締役〕　㊗山口　㊐別名=貞助　㊋イギリス：1866年(銀行業務見習)

　生没年不詳。山口の出身。慶応2(1866)年にイギリスに渡る。明治初年ロンドンのチャーリング・クロスの銀行業ブールス兄弟商会の取締役となり、月給200ポンドを受けイギリス人を妻とし宏壮な家屋に住んだ。明治5年、岩倉使節団がロンドンを訪れており、仲介者となって一行の貯金2万4,5千ポンドをブールス兄弟商会に預けた。のち、これが詐欺であることが判明し、貯金の大半は失われた。しかし、それとは知らず正当の営業のつもりで仲介したので、彼の信用は地に落ちてしまった。

[文献] 廃藩以前旧長州藩人の洋行者：防長史談会雑誌　1(6)　明43／近代日本の海外留学史(石附実)　ミネルヴァ書房　昭47／英語事始(日本英学史学会編)　日本ブリタニカ　昭51／尾崎三良自叙略伝　上　中央公論社　昭51　〔楠家重敏〕

南岩倉 具義 みなみいわくら・ともよし

天保13年11月(1842)～明治12年3月29日(1879)　華族　㊗江戸　㊋アメリカ：1871年(岩倉使節団に同行)

　天保13(1842)年11月、岩倉具視の長男として江戸に生まれる。幼くして興福寺に入るが、明治1年復飾して南岩倉家を創立。その子具威の代に至って男爵を授けられた。明治4(1871)年には私費で岩倉使節団の一行とともにアメリカに渡り見聞を広めたが、明治12(1879)年3月29日死去。享年38歳。

[文献] 華族譜要(維新史料編纂会編)　新生社　昭51　〔佐藤秀一〕

峯 源次郎 みね・げんじろう
生没年不詳　留学生　⊕佐賀　⊗別名＝源次
⑩ドイツ：1871年（留学）

　生没年不詳。佐賀の出身。明治4（1871）年に伊万里県の私費留学生としてドイツに渡る。その後の消息は不明。

[文献] 近代日本の海外留学史（石附実）　ミネルヴァ書房　昭47／幕末明治海外渡航者総覧（手塚晃編）　柏書房　平4　　〔富田仁〕

巳之助 みのすけ
生没年不詳　若宮丸乗組員　〔ロシアに帰化〕
⊕陸奥国石巻　⑩ロシア：1794年（漂流）

　生没年不詳。石巻に生まれる。寛政5年11月27日、沖船頭平兵衛率いる若宮丸（800石積、乗組員16名）に津太夫らとともに炊事夫として乗り組み石巻を出航、暴風に見舞われ難船、太平洋上を漂流して8ヶ月目の6（1794）年アレウト列島のアンドレヤノフ諸島に漂着、現地のロシア人に保護され、翌7年オホーツク、ヤクーツクを経てイルクーツクに護送される。当地で大黒屋光太夫一行の中でロシアに帰化した新蔵（ニコライ・ペトローヴィチ・コロトゥイギン）の援助を受け8年余りを過ごす。享和3年クルーゼンシュテルンによるロシア最初の世界周航にレザノフ率いる第2回遣日使節団が同行することになり、商務大臣ルミャンツェフの訓令により若宮丸一行はペテルブルグへ召喚される。彼は当初は帰国を希望したが結局はロシアに留まり帰化する。その後の消息は不明。

[文献] 日露国交史料（梅森三郎）　有隣堂　大4／環海異聞（大槻玄沢、志村弘強）　叢文社　昭51／いしのまき若宮丸漂流始末―初めて世界を一周した船乗り津太夫（安倍忠正）　三陸河北新報社　昭61／魯西亜から来た日本人―漂流民善六物語（大島幹雄）　広済堂出版　平8／漂流記の魅力（吉村昭）　新潮社　平15（新潮新書）／世界一周した漂流民（石巻若宮丸漂流民の会編著）　東洋書店　平15（ユーラシア・ブックレット ； no.354）
〔雪嶋宏一〕

御堀 耕助 みほり・こうすけ
天保12年7月7日（1841）～明治4年5月13日（1871）　長州藩士　⊕長門国萩城下椿村
⊗名＝直方、別名＝大田市之進　⑩ドイツ：1869年（留学）

　天保12（1841年8月23日）年7月7日、長門国萩城下椿村に生まれる。18歳で江戸に出て斎藤弥九郎に剣を師事。文久2年（1862年）京都で尊攘運動に参加。慶応1年（1865年）藩の軍制改革により御盾隊が創設され、その総督となる。慶応3年（1867年）藩の参政となり王政復古に尽力。明治2（1869）年、藩命によりドイツに渡るが、その途中で病気になり途中で帰国した。明治4（1871）年5月13日死去。享年31歳。

[文献] 幕末明治海外渡航者総覧（手塚晃編）　柏書房　平4／朝日日本歴史人物事典　朝日新聞社　平6／データベースWHO　日外アソシエーツ
〔藤田正晴〕

三村 広次郎 みむら・こうじろう
生没年不詳　従者　⊗諱＝秀清　⑩アメリカ：1860年（遣米使節に随行）

　生没年不詳。安政7（1860）年1月、17歳頃遣米使節に小栗豊後守忠順の従者として随行する。

[文献] 万延元年遣米使節史料集成1～7（日米修好通商百年記念行事運営会編）　風間書房　昭36／幕末教育史の研究2―諸術伝習政策（倉沢剛）　吉川弘文館　昭59　　〔富田仁〕

宮城 浩蔵 みやぎ・こうぞう
嘉永5年4月15日（1852）～明治26年2月13日（1893）　裁判官　〔法典編纂に寄与、明治大学の創立者〕　⊕羽前国天童（大字天童乙の9番）　⑩フランス：1876年（法律学）

　嘉永5（1852）年4月15日、天童藩侍医・武田道通の子として生まれる。慶応1年、同藩の重臣宮城瓏治の養子となり藩学養臣館に学ぶ。戊辰戦争では同藩の有志吉田大八の下で活躍した。明治2年藩命で東京に遊学。大学南校を経て同5年司法省明法寮に入学し、フランス語を中心に修めた。同期生に岸本辰雄、加太邦憲、栗塚省吾らがいた。明治9（1876）年11月、官命でフランスに留学して法律学を学び、法律学士の学位を受けて13年帰国。14年東京裁判所判事となり、ついで司法省検事、大審院判事などをつとめ、民法や刑事訴訟法の草案作成に尽力する。明治法律学校（現・明治大学）の創設者の一人である。著書に『日本刑法講義』『刑法正義』（昭和59年復刻）、翻訳にパテノストロー『法理学講義』ほかがある。晩年は衆議院議員に選ばれたが、明治26（1893）年2月13日、腸チフスのため死去。享年42歳。天童の

千歳公園に，中江兆民筆になる碑がある。
㊙東京谷中・天王寺
[文献] 日本人名大事典6　平凡社　昭54／フランス語事始―村上英俊とその時代（富田仁）日本放送出版協会　昭58／幕末・明治期における日伊交流（日伊協会編）　日本放送出版協会　昭59／明治大学創立者宮城浩蔵―国と地域をかける　明治大学校友会山形県支部　平14
〔高遠弘美〕

三宅　秀　みやけ・しゅう
嘉永1年11月（1848）～昭和13年3月16日（1938）
医学者　医学博士　貴族院議員　〔日本初の医学博士，医学教育に尽力〕　㊐江戸　㊎本名＝復一　雅号＝煙波　㊙フランス：1864年（遣仏使節に随行），ヨーロッパ：1885年（医学教育制度の調査）

嘉永1（1848）年11月，藩医三宅艮斉の子として江戸に生まれる。幼少時より高島秋帆，手塚律蔵などの家塾に学ぶ。5～6歳で漢学，12～13歳で蘭学，ついで英語，長ずるにおよびフランス語，ドイツ語の勉学を重ね，各国の語学に通じたが，これがのちになって大きな力となる。文久3（1864）年幕府による横浜鎖港談判を目的とした遣仏使節に随行してフランスに渡った。フランス滞在中は，モンブラン伯の従僕でジラール・ド・ケンと名乗る日本人青年にいろいろ世話になっている。帰国後横浜英語学校に入り，さらにヘボンについて英学を修める。また当時横浜在住のアメリカ軍医ウォットルの内塾生となり，3年間医学を修める。慶応3年加賀藩に招かれて金沢で英語と算数を教えるが，オスボンからフランス語を学ぶ。明治3年東京大学出仕となり大学中助教から大助教へと進み，のちには文部少教授，東京医学校長心得となる。また東京大学ではその語学力により，ドイツ教師ミュルレル，ホフマン，シュルツェ，ウェルニヒの内科学，外科学，数学などの講義を良く理解する。のみならず余暇にはドイツ語とラテン語の勉強をする。9年アメリカのフィラデルフィアで万国医学会が開催されると，その副会長に選ばれ席上ラテン語で講演し世界の学者たちを驚かせた。10年東京大学医科大学で病理学及び診断学を講義し，病理総論及び各論を著す。18（1885）年，医学教育制度調査の目的で，再びヨーロッパに派遣される。20年に帰国すると，医学史と裁判医学の教授を行う。これは日本において初の，日本人教授による正式な医史学講義である。西洋医学史が主であったが和漢医学史も講じ，当時の学生はほとんど外国人の教師から外国で講義されしていたので，彼の講義によって漢方医学の用語を知り，病理を学ぶことができて，深い興味を覚えたという。東京大学医学部長，東京医科大学教授兼医科大学長などを歴任。日本の医療制度の基礎を打ち建てることに専念し，あらゆる方面において，後進のための羅針盤のような存在となって医学界に大きな功績を残した。21年には日本で初の医学博士の学位を受ける。24年には東京大学初の名誉教授に推薦されている。昭和13（1938）年3月16日死去。享年91歳。
[文献] 三宅秀先生小伝：中外医事新報　1255　昭13／三宅秀先生少年時代渡仏実話（石井研堂）：明治文化　15（9）　昭17／文久行航海記（三浦義彰）　冬至書林　昭17／三宅秀先生（佐藤物外）：日本医事新報　1282　昭23.11／フランスに魅せられた人びと（富田仁）カルチャー出版社　昭51／日本人名大事典6　平凡社　昭54／桔梗―三宅秀とその周辺（福田雅代編纂）　福田雅代　昭60／文久航海記復刻版（三浦義彰）　篠原出版　昭63／医学者たちの150年―名門医家四代の記（三浦義彰）平凡社　平8
〔福山恵美子〕

三宅　米吉　みやけ・よねきち
万延1年5月13日（1860）～昭和4年11月11日（1929）　歴史学者　東京文理科大学初代学長　㊐紀伊国和歌山城下宇治　㊙アメリカ，イギリス：1886年（教育事情視察）

万延1（1860）年5月13日，和歌山藩士の長男として和歌山城下宇治に生まれる。慶応義塾中学に学ぶが明治8年中退。新潟英語学校，千葉師範の教員となり，明治14年東京師範に転ずる。19年『日本史学提要』を刊行して名声を博する。19（1886）年欧米に留学し教育事情を学び21年帰国，金港堂編輯所長となり『文』を創刊，また『都の花』を発行する。ついで東京人類学会幹事，金港堂副社長，帝国博物館学芸委員，東京高師教授を歴任。28年下村三四吉らと考古学会を創設，34年会長に就任。同年文学博士。32年東京帝国大学文科大学講師，大正9年東京高師校長に就任，11年帝室博物館総長を兼ね，さらに宮中顧問官，14年帝国学士院会員，昭和4年東京文理科大学初代学長と

なった。昭和4(1929)年11月11日心臓まひのため死去。享年70歳。

[文献] 開闢ノコトハ通常歴史ヨリ逐イダスベシ—若き日の三宅米吉(森田俊男)　民衆社　昭56／幕末明治海外渡航者総覧(手塚晃編)　柏書房　平4／朝日日本歴史人物事典　朝日新聞社　平6／古代遺跡の考古学者(斎藤忠)　学生社　平12／データベースWHO　日外アソシエーツ　〔藤田正晴〕

宮崎 道三郎　みやざき・みちさぶろう

安政2年9月4日(1855)～昭和3年4月18日(1928)　法学者　法学博士　学士院会員　[生]伊勢　[名]号=津城　[渡]ドイツ：1884年(法学)

安政2(1855)年9月4日，津藩士宮崎八郎右衛門の四子として伊勢で生まれる。藩校に学んだあと明治5年上京し中村敬宇に師事する。のち開成学校を経て法科大学に入り法学を学び13年7月法科大学を卒業，文部省に入る。14年法科大学の助教授となり，17(1884)年にドイツに留学する。21年に帰国し法科大学教授となり，ローマ法と法制史を担当する。24年法学博士となる。大正13年3月老令のために退職し，7月名誉教授となる。その間に古社寺保存委員をつとめ，学士院会員としてローマ法に関する翻訳に従事する。昭和3(1928)年4月18日死去。享年74歳。

[文献] 法制史学の開拓者宮崎道三郎先生(武藤和夫)：三重法経　3　昭3／宮崎先生法制史論集(中田薫編)　岩波書店　昭4／日本人名大事典6　平凡社　昭54　〔保阪泰人〕

宮崎 立元　みやざき・りゅうげん

文政10年(1827)～?　医師　[名]別名=正義　[渡]アメリカ：1860年(遣米使節に随行)

文政10(1827)年に生まれる。安政7(1860)年1月13日，数え年34歳のとき遣米使節新見豊前守の随員としてアメリカに渡る。「寄合医師本道」すなわち内科医師で同年9月27日に帰国している。その後の消息は不明。

[文献] 77人の侍アメリカへ行く(レイモンド服部)　講談社　昭43　〔富田仁〕

宮原 二郎　みやはら・じろう

安政5年7月(1858)～大正7年1月15日(1918)　海軍軍人，機関中将　男爵　〔宮原式汽缶の発明者〕　[生]駿河　[渡]イギリス：1875年(機関学)

安政5(1858)年7月，幕臣宮原木石の子として駿河に生まれる。明治5年に海軍兵学寮に入り，8(1875)年6月9日，機関学修業のためイギリス留学を命ぜられ，ロンドンのグリニッジ海軍学校に学ぶ。14年頃に帰国し，16年には海軍中機関士となり，39年機関中将にのぼる。この間，帝国大学工科大学教授，海軍教育本部第四部長などの要職をつとめる。42年に予備役となったのち貴族院議員に選ばれる。宮原式汽罐の発明で知られる。大正7(1918)年1月15日，インフルエンザと胃腸病を併発して死去。享年61歳。

[文献] 大日本博士録5(井関九郎編)　発展社　昭5／海軍兵学校沿革(海軍兵学校編)　原書房　昭43／近代日本の海外留学史(石附実)　ミネルヴァ書房　昭47／大正過去帳—物故人名辞典(稲村徹元他編)　東京美術　昭48／近代日本海外留学生史　上(渡辺実)　講談社　昭52／日本人名大事典6　平凡社　昭54　〔楠家重敏〕

宮部 金吾　みやべ・きんご

安政7年3月7日(1860)～昭和26年3月16日(1951)　植物病理学者　北海道帝国大学名誉教授　[生]東京・下谷　[渡]アメリカ：1886年(生物学)

安政7(1860)年3月7日，東京・下谷に生まれる。札幌農学校在学中に入信，明治14年卒業後，東大で植物学を学んだ。16年札幌農学校助教授となり，19(1886)年官費留学生に選ばれ，アメリカのハーバート大学に留学し22年帰国。札幌農学校教授となり植物学，植物病理学などを担当した。同校は後，北海道帝国大学となるが，昭和2年まで在職46年間に及び，退職後名誉教授。この間，帝国大学の創設に尽力し，同大学付属植物園を設計，創設した。また北海道の未開拓地，千島，樺太などを踏査，研究し，植物病理学の基礎を築くと共に，地元産業と関係深いテンサイの班点病，ポップの露菌病，リンゴの花腐病などを重点に研究を進めた。明治32年理学博士，昭和5年帝国学士院会員，21年文化勲章受章，24年には札幌名誉市民に推された。昭和26(1951)年3月16日死去。享年91歳。

[文献] 宮部金吾(宮部金吾博士記念出版刊行会編)　宮部金吾博士記念出版刊行会　昭28／幕末明治海外渡航者総覧(手塚晃編)　柏書房

美山 貫一　みやま・かんいち
弘化4年10月25日(1847)～昭和11年7月29日(1936)　牧師　〔在米日本人の布教に尽力〕
⑪山口　⑬初名＝匡二郎　⑭アメリカ：1875年(布教)

　弘化4(1847)年10月25日、萩藩士の子として生まれる。藩の兵学校などに学ぶ。明治維新後、海軍兵学寮を受験するが失敗し、上京して陸軍省に入る。明治8(1875)年、横浜のキリスト教宣教師からサンフランシスコのギブソン牧師に宛てた書簡をもって渡米する。サンフランシスコ滞在中に宣教師M・C・ハリスから洗礼を受け、キリスト教のメソジスト会員となる。アメリカにおける日本人の最初のキリスト教団体である福音会を設立し、在米日本人社会の風教を刷新するために尽力する。17年帰国し、銀座教会を設立。20(1887)年、ハワイに赴き布教に専念し、禁酒会や相互扶助などを目的とした共済会を組織する。23年帰国後は、名古屋美以教会・銀座教会・鎌倉メソジスト教会などの牧師を務め、引退後は鎌倉教会で晩年をすごした。昭和11(1936)年7月29日死去。享年90歳。　⑳鎌倉・寿福寺
文献　日米文化交渉史　移住編(開国百年記念文化事業会)　洋々社　昭30／幕末明治海外渡航者総覧(手塚晃編)　柏書房　平4／愛に生きた人々(高見沢潤子)　日本基督教団出版局　平6／データベースWHO　日外アソシエーツ　　　　〔楠家重敏／藤田正晴〕

三好 権三　みよし・ごんぞう
生没年不詳　従者　⑬諱＝義路　⑭アメリカ：1860年(遣米使節に随行)

　生没年不詳。安政7(1860)年1月、24歳頃遣米使節に小栗豊後守忠順の従者として随行する。
文献　万延元年遣米使節史料集成1～7(日米修好通商百年記念行事運営会編)　風間書房　昭36／幕末教育史の研究2―諸術伝習政策(倉沢剛)　吉川弘文館　昭59　　〔富田仁〕

三好 晋六郎　みよし・しんろくろう
安政4年7月21日(1857)～明治43年1月29日(1910)　研究者、教育者　帝国大学教授、築地工手学校長　〔洋式造船学の教育に尽力〕
⑪江戸　⑭イギリス：1879年(造船学)

　安政4(1857)年7月21日、幕臣三好幽叟の四男として江戸に生まれる。明治12(1879)年、工部大学校機械科を首席で卒業し、ただちに工部省留学生に選ばれイギリスに赴く。ロバート・ネピーア会社、グラスゴー大学などで造船学を研究し、16年に帰国する。翌年、工部大学校助教授、19年帝国大学工科大学教授に就任し造船学を担当する。20年、有志と築地工手学校を設立し、校長となる。多年洋式造船学の教育に尽力するが、明治43(1910)年1月29日、大学教授室において脳出血のため死去。享年54歳。
文献　大日本博士録5(井関九郎編)　発展社　昭5／明治過去帳―物故人名辞典(大植四郎編)　東京美術　昭46／近代日本海外留学生史　上(渡辺実)　講談社　昭52／日本人名大事典6　平凡社　昭54／グラスゴウ大学と日本人留学生(北政巳)『国際日本を拓いた人々』同文舘　昭59　　　　　　〔楠家重敏〕

三好 退蔵　みよし・たいぞう
弘化2年5月7日(1845)～明治41年8月18日(1908)　裁判官、弁護士　貴族院議員　〔感化事業に尽力〕　⑪日向国高鍋　⑭ヨーロッパ：1871年(伊藤博文に同行、裁判事務)

　弘化2(1845)年5月7日、日向国高鍋に生まれる。明治2年、太政官に出仕し、侍詔院下院判官となる。明治4(1871)年、伊藤博文に随ってヨーロッパに赴き、裁判事務取調に専念する。以後、衆議院権判官、厳原県権大参事、伊万里県少参事、司法次官、大審院検事長を経て大審院長に昇る。さらに21年にはドイツに派遣された。のち野に下り弁護士となり弁護士会会長となる。30年には貴族院議員に勅選される。そのかたわら感化事業に力を尽し、東京市養育院に感化部を設ける。明治41(1908)年脊髄炎にかかり、8月18日脳出血を併発して死去。享年64歳。
文献　明治過去帳―物故人名辞典(大植四郎編)　東京美術　昭46／近代日本の海外留学史(石附実)　ミネルヴァ書房　昭47／近代日本海外留学生史　上(渡辺実)　講談社　昭52／日本人名大事典6　平凡社　昭54／東京市養

育院年報　東京市養育院／志は高く—高鍋の魂の系譜（和田雅実）　鉱脈社　平10
〔楠家重敏〕

三好 学　みよし・まなぶ
文久1年12月（1862）〜昭和14年4月2日（1939）
植物学者　理学博士　〔天然記念物の保存に尽力〕　⊕江戸　㊙ドイツ：1891年（植物学）

　文久1（1862）年12月，岩村藩士三好友衛の二男として江戸で生まれる。大学予備門を経て明治23年帝国大学理科大学植物学科卒業。24（1891）年ドイツに留学。28年帰国して帝国大学教授となり植物生理学，植物生態学に関する研究の基礎を作った。28年理学博士となる。大正9年帝国学士院会員になり，東京帝国大学付属小石川植物園長を兼任する。天然記念物の保存法規を作り各地を廻ってその保護を指導する。桜・花菖蒲の研究家として知られる。昭和14（1939）年4月2日死去。享年78歳。

文献　三好先生の追憶（中野治房）：植物学雑誌　53（630）　昭14／三好学伝（渡辺清彦）　人文閣　昭16（近代日本の科学者1）／日本人名大事典　現代編　平凡社　昭54／評伝三好学―日本近代植物学の開拓者（酒井敏雄）　八坂書房　平10
〔保阪泰人〕

三吉 米熊　みよし・よねくま
万延1年6月10日（1860）〜昭和2年8月31日（1927）　教育者　小県蚕業学校初代校長
⊕長門国　㊙イタリア：1889年（蚕業事情調査）

　万延1（1860）年6月10日，長州藩士の家に生まれる。廃藩後父に伴われて上京，明治協庠社に入る。明治11年勧業局農学校に入学，農芸化学専攻科に進み，14年卒業して長野県勧業課農務掛となる。西ケ原蚕業講習所で修業後，北信の各地で蚕業技術を伝習した。22（1889）年農商務省から蚕業事情調査のためイタリア，フランスに派遣され，滞在2年余，24年に帰国，25年小県蚕業学校初代校長となり死去するまで生涯を同校の教育に掛けた。蚕体病理・生理・土壌・肥料などの学科を担当，生徒の実習指導に当たり，学校での事績報告を毎年発行し蚕業界から注目される。また地方の蚕業家のために養蚕法の標準を示し，天気予報を出した。この間，41年の上田蚕糸専門学校（現・信州大学繊維学部）設立に尽力し，同校教授を兼任。一方，微粒子病研究団体の設立に努めて学会と養蚕家に貢献した。著書に『伊仏産業事情』などがある。昭和2（1927）年8月31日死去。享年68歳。

文献　幕末明治海外渡航者総覧（手塚晃編）　柏書房　平4／データベースWHO　日外アソシエーツ
〔藤田正晴〕

三輪 端蔵　みわ・たんぞう
生没年不詳　水戸藩士　㊙フランス：1867年（遣仏使節に随行）

　生没年不詳。水戸藩士。慶応3（1867）年，徳川昭武遣仏使節に警護役として随行する。

文献　徳川昭武滞欧記録（大塚武松編）　日本史籍協会　昭7／幕末教育史の研究2―諸術伝習政策（倉沢剛）　吉川弘文館　昭59／徳川昭武　万博殿様一代記（須見裕）　中央公論社　昭59（中公新書750）
〔富田仁〕

【む】

向井 哲吉　むかい・てつきち
元治1年（1864）〜昭和19年8月3日（1944）　製鉄所技師　〔特殊鋼の発展に尽力〕　㊙ドイツ：1888年（製鉄技術）

　元治1（1864）年に生まれる。経歴はわからないが，明治21（1888）年から25年まで海軍技師として研究のためにドイツに留学する。特殊鋼・坩堝鋼の開拓者である大河平才蔵の愛弟子で，37年の官営八幡製鉄所の坩堝鋼工場（小銃銃身用の地金製造のための特殊鋼工場）創立の際に，海軍技師より転じて八幡製鉄所に入る。鋼材部鋳鋼課長として特殊鋼の発展に尽力する。43年八幡製鉄所が設立した製鉄所幼年職工養成所で鉄冶金術大意と操炉術を教える。昭和19（1944）年8月3日死去。享年81歳。

文献　我邦における坩堝製鋼の発達（向井哲吉）：鉄と鋼　（日本鉄鋼協会編）　1（2）　大4.4
〔保阪泰人〕

向山 一履　むこうやま・かずふみ
文政9年1月13日（1826）〜明治30年8月12日（1897）　幕臣，漢詩人　〔駐仏全権公使としてナポレオン三世に謁見〕　⊕江戸本所　㊋旧名＝一色　別名＝栄，字＝欣夫，欣文，通称＝栄五郎，雅号＝黄村，黄邨，斎号＝景蘇軒　㊙フランス：1867年（パリ万国博覧会参列）

むこうやま

文政9(1826)年1月13日、幕府旗本一色仁右衛門真浄の第三子として江戸本所に生まれる。幕臣で禄高100俵。初め古賀精里門下の千坂莞爾に経史を学び、昌平黌に入って甲科に及第、教授方出役に進む。安政1年5月16日小十人組番士となるが、2年5月4日養父が箱館奉行支配組頭になって去ると、後から呼ばれて準組頭に取りたてられ、そこで北海道各地のみならず樺太まで巡視し、ロシア人と交渉してその働きを示す。その帰路、養父の健康がすぐれず、3年8月7日正午過ぎ宗谷でその死を迎え、11日ヲシトマナイで火葬、12日骨上げの後、すぐ父の職を継いで12月11日箱館に着任、やがて外国奉行支配組頭に転ずる。5年には幕府蝦夷地御用御雇であった松浦武四郎の依頼でその著『近世蝦夷人物伝』に序文を独松居士の筆名で寄せている。文久1年7月外国奉行野々山丹後守兼寛の下、対島事件の処理のために同島に赴く。9月着くと露艦ポサドニクはイギリス大使オルコックの策によりすでに退去しており、全島をひとまわりして帰任する。3年5月水野筑後守忠徳の厚い推挙で目付に登用される。一旦譴降せられるが、元1年9月目付に再任され、慶応1年初頭横浜仏蘭西語学所開設に参加する。10月1日兵庫開先期港問題で老中阿部正外、同じく松前崇広に連座して、御役御免となるが、翌2年10月外国奉行となり、3(1867)年パリ万国博覧会への将軍の名代を務め、これを機会に留学する民部大輔徳川昭武に随行する。5月パリで従5位下隼人正に任じられ、若年寄格に準じた上で駐仏全権公使として、ナポレオン三世に謁見する。しかし何もかもが不如意で反仏の心になるまま同年12月24日公使職を対立相手の栗本瀬兵衛(鋤雲)に引き継いで帰国する。翌4年3月5日若年寄に任じられるが、20日ただちに辞して維新を迎え、政権返上後謹慎の身となった徳川慶喜のために意見書を草し、田安亀之助改名して徳川家達の教育のために駿河国府中へ移る。一方で静岡藩学問所の名目頭取を務める。学制改革の後は沼津兵学校(元・徳川家兵学校)で講じていたが、藩そのものが廃せられると東京に移住、老友杉浦梅潭を呼び、明治11年9月漢詩結社、晩翠吟社を創立して毎月一回不忍池畔の湖心亭で詩会を催し、大沼枕山、小野湖山、鱸松塘ら大家に評正を請い、枕山亡き後は自分が刪正に当たるなどして、吟詠三昧に暮らす。これは森春涛(魯直)の茉莉吟社の向こうを張ったもので、蘇東坡を宗とし、これより自邸も景蘇軒と命名している。明治時代にはもっぱらその方面の風流人として知られ、新政府の官途には背を向け通し、幕末外交でとりわけなかなかの活躍をしていながら、その俤は薄れかけていた。それでも最晩年の29(1886)年71歳でパリを再訪している。詩集『游晃小艸』『景蘇軒詩鈔』上下(明治32年9月 私家版 梅潭撰)、また『科場辨書』『御用笛』(慶応3年)の著がある。酒も煙草も嗜まず、明治30(1897)年8月12日、三田綱町の私邸で肝臓癌で死去。享年72歳。

⑱東京本郷駒込蓬莱町・栄松院

[文献] 向山黄村翁(戸川残花):旧幕府 1(7) 明30／向山黄村—「国民新聞」 明治30年8月15日談話(勝海舟) 『続続海舟先生氷川清話』(吉本襄撰) 鉄華書院 明31／函館百珍(岡田健蔵)向山黄村伝(塚本柳斎):東洋文化 56向栗二先生伝(依田百川):談叢 2 明33／風聞録(香川怪庵):日本人 明33.6.5／黄村向山先生墓碑銘:江戸 2(2) 大4／明治詩壇評論(大江敬香) 『敬香遺集』 大江武男刊 昭3／徳川昭武滞欧記録(大塚武松編) 日本史籍協会 昭7／仏蘭西公使ロセスと小栗上野介(神長倉真民) ダイヤモンド社 昭10／日本文学大事典(藤村作編) 新潮社 昭11／父百川の思ひ出3 岸田吟香・股野藍田・向山黄村のことども(依田美狭古):伝記 4(2)昭12／大日本人名辞書(同刊行会編) 新訂版 内外書籍株式会社 昭12／日本歴史人名辞典(日置正一) 改造社 昭13／青淵回顧録(渋沢栄一述、小貫修一郎編) 同刊行会明治詩壇展望1(辻撰一):漢学会雑誌 昭13.12／東京掃苔録(藤沢和子) 昭15／大人名事典 平凡社 昭29／向山黄村の詩(林正幸):文献 3 昭35／北方の空白—北方圏における日本・ロシア交渉史(吉田武三) 北方文化研究会 昭42／チョンマゲ大使海を行く—百年前の万国博(高橋邦太郎) 人物往来社 昭42／明治過去帳—物故人名辞典(大植四郎編) 東京美術 昭46／近代日本の海外留学史(石附実) ミネルヴァ書房 昭47／幕末外交史余話(具島兼三郎) 評論社 昭49／仏蘭西学のあけぼの—仏学事始とその背景(富田仁) カルチャー出版社 昭50／フランスに魅せられた人びと—中江兆民とその時代(富田仁) カルチャー出版社 昭51／日本近代文学大事典3(日本近代文学館編) 昭52／近代日本海外留学生史

上(渡辺実) 講談社 昭52／赤松則良半生談—幕末オランダ留学の記録(赤松範一編注) 平凡社 昭52(東洋文庫317)／幕末維新人名事典(奈良本辰也研究室編) 大学書林 昭53／花のパリへ少年使節(高橋邦太郎) 三修社 昭54／日仏文化交流史の研究—日本の近代化とフランス人(西堀昭) 駿河台出版社 昭56／明治維新人名辞典(日本歴史学会編) 吉川弘文館 昭56／鹿児島の歴史シリーズ1 薩摩人とヨーロッパ(芳即正) 著作社 昭57／略歴(中村忠行編) 『明治文学全集62 明治漢詩文集』(神田喜一郎編) 筑摩書房 昭58／日仏のあけぼの(富田仁) 高文堂出版社 昭58／近世詩人叢話(岡崎春石) 『漢詩大講座12』／零砕雑筆2(中根香亭) 『香亭遺文』 〔山口公和／富田仁〕

向山 慎吉 むこうやま・しんきち

嘉永6年(1853)～明治43年12月18日(1910) 海軍軍人、中将 男爵 ㊙駿河国 ㊙旧名＝一色 ㊞イギリス：1885年(浪速艦回航)

　嘉永6(1853)年、講武所頭取などを務めた幕臣・一色全翁(半左衛門)の第三子として駿河国に生まれる。従兄の幕臣・向山黄村(栄五郎)の養子となる。明治5年沼津兵学校に入り、同年上京して海軍兵学寮に転じた。西南戦争では軍艦筑波に乗り参戦。15年海軍少尉となし、18(1885)年高千穂回航のため英国へ出張し、19年帰国。24年少佐に進む。27年日清戦争開戦に先立ち旗艦松島の副長となり海軍陸戦隊指揮官として特命全権公使・大鳥圭介を護衛するなどの役割を果たし、のち龍田艦長として出征。28年大佐となり、筑紫・高雄・秋津州の艦長を経て、30年英国公使館付兼造船造兵監督官を務める。32年帰国し浅間・敷島艦長、33年横須賀鎮守府参謀長を務め、34年少将。日露戦争中は36年から舞鶴海軍工廠長、38年佐世保海軍工廠長。のち佐世保港内に沈没した三笠の引き上げに成功した。同年年中将、39年男爵となり、41年竹敷要港部司令官に就任。42年待命となり、43年現役を退いた。明治43(1910)年12月18日死去。享年58歳。

文献 幕末明治海外渡航者総覧(手塚晃編) 柏書房 平4／データベースWHO 日外アソシエーツ 〔藤田正晴〕

武者小路 実世 むしゃのこうじ・さねよ

嘉永4年12月(1851)～明治20年10月25日(1887) 官吏 子爵 ㊞ドイツ：1871年(外国事情視察)

　嘉永4(1851)年12月、武者小路実建の二男として京都に生まれる。明治4(1871)年10月28日、官費により外国事情の視察をかねてドイツ留学を命ぜられる。岩倉使節団に同行して平田東助らとともに、アメリカ経由でドイツに渡る。当初ロシア留学を予定していたがドイツに変更したという。その後参事院議官補となり、子爵を授けられる。明治20(1887)年10月25日死去。享年37歳。

文献 近代日本の海外留学生史(石附実) ミネルヴァ書房 昭47／近代日本海外留学生史 上(渡辺実) 講談社 昭52／昭和新修 華族家系大成 下(霞会館諸家資料調査委員会編) 霞会館 昭59 〔富田仁〕

陸奥 広吉 むつ・ひろきち

明治2年3月(1869)～昭和17年11月19日(1942) 外交官、伯爵 特命全権公使 ㊞イギリス：1887年(留学)

　明治2(1869)年3月、陸奥宗光の長男として生まれる。明治20(1887)年イギリス留学、26年ロンドン法学院を卒業して帰国、外務省に入り、翻訳官。28年外交官試験に合格、北京、ワシントン、サンフランシスコ、ローマ、ロンドンなどに駐在。大正3年特命全権公使となったが病気で退官、鎌倉に引退。伯爵。昭和17(1942)年11月19日死去。享年74歳。

文献 幕末明治海外渡航者総覧(手塚晃編) 柏書房 平4／純愛—エセルと陸奥広吉(下重暁子) 講談社 平6／事典近代日本の先駆者 日外アソシエーツ 平7／データベースWHO 日外アソシエーツ 〔藤田正晴〕

陸奥 宗光 むつ・むねみつ

弘化1年7月7日(1844)～明治30年8月24日(1897) 外交官 伯爵 〔不平等条約改正に功労〕 ㊙紀伊国和歌山 ㊙旧名＝伊達 幼名＝牛麿、小次郎、源二郎のち陽之助、雅号＝福堂、士峰、六石 ㊞ヨーロッパ：1870年(文物視察周遊)、アメリカ、ヨーロッパ：1883年(欧米議会制度などの視察)

　弘化1(1844)年7月7日、和歌山藩士伊達二郎宗広の六子として生まれる。父は大番頭勘定奉行、寺社奉行などの要職を歴任したが、彼

が9歳のときに政争に敗れ，家名断絶となり田辺に幽閉される。母と各地を転々としたのち，安政5年に江戸に出て安井息軒，水本成美などに師事する。その後京都に赴き，尊王攘夷に奔走することとなる。この頃，坂本龍馬の知遇を得，終始行動をともにする。また，神戸の海軍操練所に入り勝海舟から海軍技術を学ぶ。慶応3年，坂本の組織した海援隊に入り，陸奥陽之助と称するようになる。慶応4年1月，伊藤博文，井上馨，寺島宗則，五代友厚，中井弘とともに外国事務局御用掛となり，新政府に出仕する。その後，徴士外国事務局権判事を経て，会計官権判事となるが，太政官札発行について由利公正と対立し辞任，大阪府権判事に転ずる。明治2年，摂津県知事となり，豊崎県知事，兵庫県知事を歴任後，和歌山に帰り藩に出仕し藩政改革，兵制整備にあたるとともに，3(1870)年，ヨーロッパを周遊し新知識を吸収して，4年に帰国する。帰国後，神奈川県令を，外務大丞を経て5年に租税頭となり，地租改正に携わる。6年，大蔵少輔心得となるが，藩閥政治に反発し辞任。8年，元老院議官に就任し官に復帰するが，11年に至り西南戦争時に，大江卓，林有造らと計画した政府転覆工作が発覚し，国事犯として逮捕される。禁獄5年に処せられ山形監獄，宮城監獄で4年をこす日々をおくる。獄中生活中，ベンサムの"Introduction to the Principles of Morals and Legislation"を翻訳し，15年に特赦となってのち『利学正宗』と題し出版する。出獄後，明治16(1883)年欧米に議会制度などの視察のため旅立つ。欧米各国において政治制度や理論を学び，19年に帰国する。帰国後，21年に駐米公使となりワシントンに赴任し，同年対メキシコ条約の全権委員として日墨通商修好条約を締結する。これが最初の対等条約である。23年，農商務大臣となり，第1回総選挙では和歌山から選出される。25年3月，免官し枢密顧問官となるが，同年8月に第2次伊藤内閣の外務大臣に就任し，最大の懸案である不平等条約の改正に取り組む。イギリスとの粘り強い交渉の末，27年7月に条約改正に成功し，不平等条約改正問題に大きな足跡を残す。条約改正の功により子爵となる。この年日清戦争が勃発し，日本軍の勝利のもとに，翌年4月下関で総理大臣の伊藤博文とともに全権として清国全権李鴻章と講和条約を結ぶ。この勲功に

より伯爵を授けられる。対清講和条約後，三国干渉問題が起きるが，以前からの肺患が悪化しはじめ，療養生活を送ることとなる。療養中も国政を気にしつつ過ごすが『蹇蹇録』を執筆したのち，明治30(1897)年8月24日死去。享年54歳。　⑱鎌倉・寿福寺

[文献] 陸奥宗光(渡辺修二郎)　同文舘　明30／百官履歴　上　日本史籍協会　昭2(日本史籍協会叢書)／陸奥宗光と星亨(高橋淡水)　紅玉堂　昭3／伯爵陸奥宗光遺稿(陸奥広告編)　岩波書店　昭4／陸奥宗光伝(渡辺幾治郎)　改造社　昭9(偉人伝全集16)／陸奥光と小村寿太郎(本山桂川)　『人物評伝全集7』大誠堂　昭10／陸奥宗光(信夫清三郎)白揚社　昭13(人物再検討叢書)／陸奥宗光(小林知行)　国防研究会　昭14／陸奥宗光伯　小伝年譜付録文集　同伯七十期年記念会編刊　昭41／世界伝記大事典　日本・朝鮮・中国　ほるぷ出版　昭53／日本人名大事典6　平凡社　昭54／明治維新人名辞典(日本歴史学会編)　吉川弘文館　昭56／陸奥宗光上，下(岡崎久彦)　PHP研究所　昭62,63／陸奥宗光伯—小伝・年譜・付録文集　第2版(陸奥宗光伯七十周年記念会編)　霞関会　平4／陸奥宗光(萩原延寿)　朝日新聞社　平9／陸奥宗光とその時代(岡崎久彦)　PHP研究所　平11／日本外交史人物叢書　第12巻(吉村道男監修)　ゆまに書房　平14／陸奥宗光とその時代(岡崎久彦)　PHP研究所　平15(PHP文庫)　　　　　　〔湯本豪一〕

武藤 山治　むとう・さんじ

慶応3年3月1日(1867)～昭和9年3月10日(1934)　実業家,政治家　衆議院議員　〔紡績事業の振興,政界浄化運動〕　⑱尾張国鍋田村(愛知県海部郡)(母の実家)　⑳旧名＝佐久間　㋐アメリカ：1885年(遊学)

　慶応3(1867)年3月1日，豪農佐久間国三郎の長男として尾張国鍋田村に生まれる。佐久間家は，美濃国海津郡海西村で代々庄屋を務めた豪農である。少年の頃は，読書家であった父と国文学者の流れを汲む母との影響を受け文学者を志し，ケンブリッジ大学へ留学することを夢見ていた。また父は自由民権思想の影響を受け国会開設運動に参加し，自宅で政談演説会を開くことがあったが，熱心にこの議論を聞いた。明治14年上京し和田塾に入りついで慶応義塾に学び福沢諭吉のイギリス流の人格教育から強い感化を受けた。17年同塾を

卒業したが、佐久間家が松方正義の通貨収縮政策の打撃を受けたため、ケンブリッジ大学留学の夢は破れた。だが新たにアメリカ留学を決意し、18(1885)年塾同窓生和田豊治、桑原虎治とともに渡米。アメリカでは、たばこ工場の見習職工、日雇い、皿洗いなどをしながら、カリフォルニア州サンノゼーの私立大学パシフィック・ユニバーシティに学ぶ。この苦学力行を通じて困難に耐える不屈の精神を鍛え、アメリカ家庭のマナーからヒューマニスティックな心情を養った。20年帰国し、一族中の武藤家を継いで改姓し、銀座に日本最初の新聞広告取次業をはじめ、『博聞雑誌』を出版し、最初の著作『米国移住論』を丸善から刊行した。ついでジャパン・ガゼット新聞社の翻訳記者を経てイリス商会員となる。26年折から三井の大改革を推進していた中上川彦次郎の知遇を得て三井銀行本店に入り、中上川のもとで近代的、合理的な経営法を学び、神戸支店副支配人を経て、27年わずか28歳で三井の支配下にあった鐘ケ淵紡績株式会社の新設兵庫工場支配人に抜擢された。『紡績大合同論』(1901)を唱え、32年の上海紡績を皮切りに次々と合併、買収をし、日露戦争の好況に乗じ、二流会社の鐘紡を大阪紡、三重紡、富士紡と並ぶ四大紡の一つに躍進させた。この間鐘紡を三井から独立させ、41年同社専務に昇進し、大正10年には社長となる。彼の経営法は、温情主義あるいは家族主義とも称されるもので職工を家族同様に扱い、労資の融合に工場経営の重点を置き、さまざまな制度、福利施設によって職工を優遇した。3年以来軍事救護法制定運動を起し、中国関税引上げ反対運動に加わり、大日本実業組合連合会を組織し、政治的分野にまで目を向けた。8年ワシントンでの第1回国際労働会議に日本の資本家代表として出席、大いに刺激を受けた。彼は階級闘争の原因は国民の生活難にあり、国民の生活苦は政治腐敗に帰因するとし、12年4月、政界浄化を旗印に大日本実業組合連合会その他の組合を合併し、実業同志会を創立、会長となった。翌年第15回総選挙に大阪第4区から立候補し、最高点で当選。以来2回当選し、第50議会では治安維持法に反対、第52議会では震災手形処理法案を政商救済をはかるものだとして糾弾した。昭和3年第1回の普通選挙では、実業同志会は当選者4名にすぎなかった。だがその時キャスティング・ボートを握っていたため政友会との政策協定、すなわち政実協定を結んだが、これは政界革新の理念に反すると非難された。4年実業同志会を国民同志会と改称し、翌年の総選挙には6名当選させ、金解禁反対を唱えて当時の井上準之助蔵相と論戦した。7年1月政界の第一線から引退し、以来大阪市東区大手前に国民会館を建設し、講演あるいは図書出版に尽力した。同年5月恩師の福沢諭吉が創刊し経営不振に陥っていた『時事新報』の経営を引き受け社長に就任、その再建に力を注いだ。また東京市政改革運動に努め、公共事業特に貧民児童の救済にあたった。9年1月、『時事新報』に「番町界を暴く」を連載し、帝国人絹株の不当売買をめぐるスキャンダル、いわゆる〈帝人事件〉にメスを入れ摘発し、当時の政財界を揺るがした。そのさなかの同年3月9日朝、時事新報社に出社するため神奈川県大船町の自邸を出て間もなくピストルで狙撃され、昭和9(1934)年3月10日死去。享年68歳。犯人の福島新吉は、自殺した。

⑱神戸市垂水区舞子町石谷山

[文献] 武藤山治氏追悼号　国民会館　昭9(公民講座114)／武藤山治集1～9　新樹社　昭36～39／武藤山治(有竹修二)　時事通信社　昭37／武藤山治(入交好脩)　吉川弘文館　昭39／日本人名大事典6　平凡社　昭54／武藤山治新装版(入交好脩)　吉川弘文館　昭62(人物叢書)／私の身の上話(武藤山治)　国民会館　昭63／武藤山治・全人像(筑道行寛)　行研　平1／私の身の上話―武藤山治(武藤山治)　ゆまに書房　平10(人物で読む日本経済史)／武藤山治と時事新報(松田尚士)　国民会館、扶桑社(発売)　平16　　　〔佐藤秀一〕

武藤　藤次　むとう・とうじ

生没年不詳　早竹一座の独楽まわし　⑳アメリカ：1867年(興行)

　生没年不詳。慶応3(1867)年9月18日、アメリカのサンフランシスコにあるメトロポリタン劇場で、ポルトガル人タロサによるヨーロッパ興行の途次に立ち寄った早竹虎吉一座の芸人たちが興行するが、その一員で独楽まわしが得意芸である。その後の消息は不明。

[文献] 異国遍路　旅芸人始末書(宮岡謙二)　中央公論社　昭53(中公文庫)　　〔富田仁〕

村井 弦斎　むらい・げんさい

文久3年12月18日(1864)～昭和2年7月30日(1927)　小説家、新聞記者　⊕三河国豊橋　㊃本名＝村井寛　号＝楽水　㊋アメリカ：1884年(留学)

　文久3(1864)年12月18日、三河国豊橋の儒者の家に生まれる。慶応3年父に伴われて上京。維新後、一家は零落。明治6年東京外語学校に入りロシア語を修めるが、13年中退。以後、独学で法律、経済、政治などを学び、15年『毎日新聞』の懸賞論文に応募した「内地雑居利害論」が3等に入選する。明治17(1884)年～20年アメリカに私費留学する。この間、同地で矢野龍渓の知遇を得、21年処女作「加利保留尼亜」を発表。『郵便報知新聞』の客員となる傍ら、東京専門学校に学ぶが、23年中退して同紙の正社員となった。同紙では小説・雑報を担当、「鉄欄干」「小説家」「小猫」などの作品を発表、文名を馳せた。28年師である森田思軒に代わって『報知新聞』編集長に就任、ゴシップを押さえた社会的な紙面作りを図った他、連載小説での読者獲得を試み、"発明発見小説"と銘打った奇抜な小説『写真術』『芙蓉峰』『町医者』を執筆。中でも『日の出島』は6年間にわたる長期連載となり、部数を大幅に伸ばした。時々の話題や情報を即座に小説に取り入れる手法に長じ、36年には和洋中と分野を問わず献立と料理法を紹介した実用小説『食道楽』を連載、続編・続々編が書かれるベストセラーとなった。他にも『釣道楽』『酒道楽』『女道楽』など"百道楽"と呼ばれる一連のシリーズを連載。39年『婦人世界』編集顧問となり、家庭生活の改善・合理化を説いた評論を毎号執筆した。他の作品に『桜の御所』『旭日桜』『小弓御所』『花』『台所重宝記』などがある。昭和2(1927)年7月30日死去。享年65歳。

㊉神奈川県平塚市・慈眼寺

[文献]　幕末明治海外渡航者総覧(手塚晃編)　柏書房　平4／事典近代日本の先駆者　日外アソシエーツ　平7／『食道楽』の人村井弦斎(黒岩比佐子)　岩波書店　平16／データベースWHO　日外アソシエーツ

〔藤田正晴〕

村井 知至　むらい・ともよし

文久1年9月19日(1861)～昭和19年2月16日(1944)　キリスト教社会主義者、教育家　⊕伊予国　㊋アメリカ：1889年(神学)

　文久1(1861)年9月19日、伊予国に生まれる。同志社で新島襄の教えを受け、クリスチャンとなる。今治教会で伝道に従事していたが、明治17(1884)年渡米しアンドヴァ神学校、アイオワ大学で学び、25年帰国。本郷教会などの説教者となる。28年から30年にもアメリカ留学。この頃から社会問題に関心を抱き、21年労働組合期成会の評議員となり、31年には社会主義研究会会長となる。33年普選期成同盟会に参加。のち教育界に転じ日本女子大などを経て34年東京外国語学校教授。大正9年退官し、13年第一外国語学校を創立し、校長に就任した。著書に『社会主義』『蛙の一生』など。昭和19(1944)年2月16日死去。享年84歳。

[文献]　キリスト教社会問題研究　6　明治キリスト教徒の社会主義思想―村井知至の「社会主義」について　1(住谷悦治)　住谷悦治　昭37／幕末明治海外渡航者総覧(手塚晃編)　柏書房　平4／データベースWHO　日外アソシエーツ

〔藤田正晴〕

村井 長寛　むらい・ながひろ

安政2年(1855)～明治38年4月6日(1905)　陸軍軍人、中将　⊕武蔵国(豊多摩郡)千駄ヶ谷村大字原宿(171)　㊃旧名＝大崎　㊋フランス、ドイツ：1884年(軍事視察)

　安政2(1855)年、江戸の千駄ヶ谷村原宿に生まれる。平民から紀州藩村井家の養子となる。明治4年12月東京鎮台に召集され、5年3月陸軍大尉、7年2月第3砲兵隊として佐賀鎮圧に従軍、4月台湾に出征、10年砲兵第六大隊第一小隊長となって西南の役に従軍、12年2月少佐として近衛砲兵大隊長になる。17(1884)年1月22日陸軍卿大山巌の欧州視察に随行が決まり、2月16日仏船メンザレー号で横浜を出帆、イタリアからフランス、イギリス、オランダ、ドイツを巡遊の間、5月31日中佐となり、翌18年帰国する。2月イタリア、ロシア、オーストリア、フランス各国勲章佩用を許され、同月5日砲兵局次長、5月26日近衛砲兵連隊長、20年11月16日近衛野砲連隊長で大佐、27年8月31日第一軍砲兵部長となって日清戦争に出征し、28年4月6日少将となり、8月8日台湾総督府陸軍局作戦部砲兵部長に転じ、同部長を経て、29年5月10日東京湾要塞司令官、30年4月8日東京湾防禦総督部参謀長、31年12月27日陸軍始観兵式諸

兵参謀長を務め、32年頃東部都督部参謀長になる。34年5月22日中将に進みただちに予備役に編入、和歌山出身軍人会である復虎会会長に選ばれる。38年3月3日東京湾要塞司令官となった頃から中風を病み、同年(1905)4月6日、神奈川県三浦郡横須賀湘南病院で死去。享年51歳。

文献 日本人名辞典(芳賀矢一) 大倉書房 大3／類聚伝記大日本史14 陸軍篇(桜井忠温編) 雄山閣 昭10／大日本人名辞典(同刊行会編) 新訂版 内外書籍株式会社 昭12／明治過去帳—物故人名辞典(大植四郎編) 東京美術 昭46／近代日本海外留学生史 上(渡辺実) 講談社 昭52／日本人名大事典6 平凡社 昭54／陸海軍将官人事総覧 陸軍篇(外山操編) 芙蓉書房 昭56

〔山口公和〕

村井 真雄　むらい・まさお

文久3年11月7日(1863)〜昭和7年2月5日(1932)　実業家　〔村井兄弟商会副社長〕⑪美作国(東北条郡)阿波村　⑯旧名=幸阪　⑰アメリカ：1893年(煙草業視察)

文久3(1863)年11月7日、幸阪源輔の四男として美作国東北条郡阿波村に生まれる。武信廸蔵に漢学を学び、明治23年同志社卒業後、大阪・神戸で貿易事業に従事する。26(1893)年アメリカに渡り煙草業を研究し同年帰国。27年京都で煙草商・村井兄弟商会を営む村井吉兵衛の知遇を得て、その義妹と結婚し村井姓となる。義兄を助けて事業の拡張を図り、大阪支店支配人、本店支配人を務める。28(1895)年、31(1898)年にもアメリカ視察。32年米国の亜米利加煙草会社と合同して同商会が株式会社となると副社長に就任。一方、鉱山事業や植林事業に乗り出し村井鉱業取締役、吉林林業取締役などを務める。37年たばこ製造の官営移行後は、村井家が設立した村井銀行取締役、村井貯蓄銀行取締役となったほか、関連企業の帝国製糸、東亜製粉、日本電線などの重役を兼任した。昭和7(1932)年2月5日死去。享年70歳。

文献 幕末明治海外渡航者総覧(手塚晃編) 柏書房 平4／データベースWHO 日外アソシエーツ

〔藤田正晴〕

村井 保固　むらい・やすかた

嘉永7年9月24日(1854)〜昭和11年2月11日(1936)　実業家　〔日本陶器創立者の1人, 社会事業にも尽力〕⑪伊予国吉田　⑯旧名=三治　⑰アメリカ：1880年頃(貿易商・森村組ニューヨーク支店勤務)

嘉永7(1844)年9月24日、吉田藩士林虎一の二男として伊予国吉田に生まれる。明治2年、村井林太夫の養子となり家督を相続した。同3年保固と改名。12、3歳頃熊崎という家老の家に奉公するが、その後松山中学を卒業すると校長草間時福のすすめで、慶応義塾本科に入り、福沢諭吉を生涯の師とした。11年の卒業で同窓には犬養毅、尾崎行雄、鎌田栄吉、加藤政之助、箕浦勝人がいたが、当時は男子の志といえば役人か政治家であったが、彼は実業で身を立てる決心をした。12年、福沢諭吉の推薦により貿易商社森村組に入社。瀬戸物の毀損の有無を調べたり、荷造りの仕事に従事した。13年頃ニューヨーク支店に派遣されても朝から晩まで精励した。こうした努力が認められ、遂にニューヨーク支店の営業を一切任せられるようになる。常に流行の機先を制して好評を博し、森村組の発売品といえば一種の堅い信用がアメリカ商業界で得られるようになった。19年33歳の時、アメリカ人キャロラインと結婚。森村組ニューヨーク支店に勤務し、50余年アメリカに在住し、商況を探索しては帰国し、日米間を往復し、太平洋横断90回にもおよび、船長ですら難しい記録を把持したのである。37年、大倉孫兵衛らと森村組を基幹とする陶器会社を設立、同年肺結核のため療養するが再起後、ニューヨーク支店長として純白硬質磁器の輸出に努力し、日本陶器の躍進に功績をあげた。大正6年に洗礼を受けるほどの敬虔なクリスチャンであった。11年1月7日、私財50万円を投じて財団法人村井保固実業奨励会を設立、海外貿易、工業の奨励、育英慈善事業に尽力した。15年「故郷の苗床はよく注意して水を注ぎ、肥料を与えて立派に仕立てて行かねばならない」と郷里吉田町の自邸跡に幼稚園を設け、そのほか吉田中学校、吉田病院設立などに多額の金を援助した。昭和6年本間俊平らと吉田町を中心に南伊予一帯の福音旅行を行い、そののち渡米。10年6月アメリカから帰国し、脊髄炎で慶応病院に入院、病床にあって20万円の資金で財団法人村

井保固愛郷会を作り，郷里の育英，社会事業のために寄付をした．人格者であり，森村組のため，日本雑貨の海外進出のため大きな功績があったにもかかわらず，帰国しても名古屋を本拠地として主に関西方面で用を達し，日本の社交界にも顔を出さず用件がすめばすぐアメリカに帰ってしまう状態のためその人柄，功績もあまり知られていない．昭和11(1936)年2月11日，慶応病院で死去．享年83歳．
[文献] 財界之人百人論(矢野滄浪)　時事評論社　大4／財界物故傑物伝　実業之世界社　昭11／村井保固伝(大西理平編)　村井保固愛郷会　昭18／愛媛の先覚者　第5　愛媛県教育委員会　昭41　〔佐藤秀一〕

村岡 範為馳　むらおか・はんいち
嘉永6年10月(1853)～昭和4年4月20日(1929)
物理学者　⑩因幡国　㊙ドイツ：1881年(留学)

　嘉永6(1853)年10月，鳥取藩士の子として因幡国に生まれる．藩校尚徳館に学んだ後，明治3年藩選抜の貢進生として大学南校に入学，ドイツ語を学ぶ．8年文部省に出仕して女子師範学校などの教育に携わり，14(1881)年ドイツに留学．クント，ライエ，レントゲンらに師事し，15年帰国．21(1888)年にもヨーロッパに留学．東京帝国大学予備門数学講師などを経て，東京帝国大学医学部物理学科教授に就任．のち一高，三高，女子高等師範，東京音楽学校，東京高等師範などの教授を歴任し，30年新設の京都帝国大学理工科大学の主任教授となった．退官後，名誉教授．音響学の他，いわゆる日本魔鏡の研究でも知られる．昭和4(1929)年4月20日死去．享年77歳．
[文献] 幕末明治海外渡航者総覧(手塚晃編)　柏書房　平4／データベースWHO　日外アソシエーツ　〔藤田正晴〕

村垣 範正　むらがき・のりまさ
文化10年9月24日(1813)～明治13年3月15日(1880)　遣米使節副使　⑩江戸築地　㊙旧名＝範忠　称号＝与三郎，淡路守，雅号＝淡叟
㊙アメリカ：1860年(日米修好通商条約批准)

　文化10(1813)年9月24日，村垣左太夫範行の二男として江戸築地に生まれる．天保2年小十人格庭番となり，弘化2年3月細工頭，嘉永3年9月賄頭，安政1年正月勘定吟味役と昇進し，海岸防御筋御用取扱及び松前・蝦夷地御用を命ぜられる．同年3月から10月まで松前蝦夷地を巡察．同月下田にロシア艦再航の時は，筒井政憲，川路聖謨らとともに同地に出張，ロシア使節プチャーチン応接掛となった．その間下田に地震，津波が起こり，ロシア艦船ディアーナ号の難破事件が起こったが，日露間において修好条約が締結された．安政2年正月箱館表の御用を命ぜられ，ついで5月内海台場普請ならびに大筒鋳立大船其他船製造の御用を仰せ付けられた．さらに東海道筋川々普請掛となり，逐次重用された．3年7月箱館奉行に昇進し，9月淡路守と称した．在任中は同僚堀利熙と付近の開田に尽くし，移民を奨励し，蝦夷地を踏査および回遊し，北辺警備の策を考究した．安政5年10月岩瀬忠震に代わって外国奉行兼勤，同6年4月勘定奉行兼帯を命ぜられ，6月外国奉行一同に神奈川奉行兼任を命ぜられた．この間神奈川開港地決定のための応接に携わる．同年9月13日，日米修好通商条約批准交換のための遣米使節副使に選ばれ，正使新見正興，目付小栗忠順と安政7(1860)年1月14日将軍に謁見し，同月18日品川沖でアメリカ艦ポーハータン号に乗り，翌日出航した．途中ハワイに寄港するが，一行の珍談奇行は，彼の航海日記に記述されている．同年9月27日任務を終えて大西洋を通って帰国，9月29日将軍に謁見し使命を復命した．その功により300石加増された．同年12月普通商条約交渉の全権委員となり，文久1年2月には箱館奉行として任地に赴き，砲台建設に尽力，同年ロシア艦の対馬占拠の際はロシア領事ゴシケヴィチにその退去を交渉した．以後は外交の舞台から去り，同3年6月作事奉行となり，元治1年8月御役御免の上勤仕並に寄合を命ぜられ，若年寄支配寄合となる．慶応4年2月29日病のため隠居し，淡叟と号し，再び官職につかなかった．明治13(1880)年3月15日死去．享年68歳．
㊣東京・谷中霊園
[文献] 万延元年第一遣米使節日記(村垣淡叟)　日米協会編刊　大7／遣米使節日記　『遣外使節日記纂輯1』　日本史籍協会　昭3／村垣淡路の文明感覚(橘川文三)：学鐙　57(7)　昭35／日本人名大事典6　平凡社　昭54／明治維新人名辞典(日本歴史学会編)　吉川弘文館　昭56　〔佐藤秀一〕

村上 敬次郎　むらかみ・けいじろう
嘉永6年9月4日(1853)～昭和4年2月15日(1929)　海軍軍人，男爵　⊕広島　㊡別名＝啓次郎　㊣イギリス：1871年(海軍伝習)

　嘉永6(1853)年9月4日，堀尾笑石の二男として広島に生まれる。のち村上邦裕の養子となる。明治4(1871)年，海軍兵学寮の留学生として海軍伝習のためイギリスへ赴く。16年海軍少書記官を皮切りに海軍大臣秘書官，呉鎮守府監督部長などを歴任。永年海軍省経理局長をつとめたあと，海軍主計総監にのぼる。昭和4(1929)年2月15日死去。享年77歳。

[文献] 明治初年条約改正史の研究(下村冨士男)　吉川弘文館　昭37／海軍兵学校沿革(海軍兵学校編)　原書房　昭43／近代日本の海外留学史(石附実)　ミネルヴァ書房　昭47／日本人名大事典6　平凡社　昭54　〔楠家重敏〕

村上 四郎　むらかみ・しろう
弘化3年(1846)～?　山口藩留学生　⊕山口　㊣フランス：1870年(工学)

　弘化3(1846)年，山口藩士の家に生まれる。明治3(1870)年11月28日にフランスに到着し，山口藩留学生としてボンネー塾に入り普通学を修め，工学を専攻する。その後の消息は不明。

[文献] 近代日本留学生史　上(渡辺実)　講談社　昭52／フランスとの出会い―中江兆民とその時代(富田仁)　三修社　昭56／幕末明治海外渡航者総覧(手塚晃編)　柏書房　平4　〔富田仁〕

村木 雅美　むらき・まさみ
安政3年10月8日(1856)～大正11年2月8日(1922)　陸軍軍人，中将　男爵　⊕土佐国(安芸郡)田野村　㊣フランス：1880年(留学)

　安政3(1856)年10月8日，土佐国安芸郡田野村に生まれる。13歳で軍人を志して高知城下に出る。明治4年上京，旧藩主山内氏の海南私塾で学んだ。13(1880)年フランスに官費留学，砲兵科を修め，17年帰国。18(1885)年には伏見宮貞愛親王に随行してドイツに渡り，ついでヨーロッパ各国を視察，アメリカを経て19年に帰国する。のち砲兵少尉に任官。日清戦争，日露戦争に出征し，39年陸軍中将に昇進。40年男爵となり，東宮武官長兼東宮大夫を経て，大正1年侍従武官。同年待命し，貴族院議員となった。大正11(1922)年2月8日直腸がんのため東京府多摩郡渋谷町で死去。享年67歳。

[文献] 幕末明治海外渡航者総覧(手塚晃編)　柏書房　平4／データベースWHO　日外アソシエーツ　〔藤田正晴〕

村瀬 春雄　むらせ・はるお
明治4年3月29日(1871)～大正13年(1924)　保険学者　法学博士　〔帝国海上保険の副社長〕　⊕東京　㊡旧名＝関戸　㊣ベルギー：1889年(保険学)

　明治4(1871)年3月29日，福井藩士関戸由義の二男として東京に生まれる。生後まもなく神戸に移る。16年母方の親族村瀬家を継ぐ。20年東京高等商業学校に入学，22(1889)年中退し保険学研究のためベルギーに自費留学，23年アンベルス商科大学に入学する。25年に卒業後ライプチヒ大学に入り，経済学とくに保険学を修める。26年帰国後ただちに東京高等商業学校教授に迎えられる。28年帝国海上保険株式会社創立の際に副支配人として入社，のちに副社長に就任する。保険実務のかたわら講師として教壇にも立ち，海運，海上保険，共同海損，火災保険等を講義した。40年法学博士の学位を得る。大正13(1924)年，六甲山の山荘で静養中に死去。享年54歳。

[文献] 村瀬保険全集(村瀬春雄)　同刊行会　大15／故村瀬春雄博士の俤(岩本啓治)：損害保険研究　25(2)　昭38／村瀬春雄博士の面影(同博士記念事業会編)　同文舘出版　昭39　〔岡本麻美子〕

村田 惇　むらた・あつし
嘉永7年10月3日(1854)～大正6年3月16日(1917)　陸軍軍人，中将　⊕江戸　㊣フランス：1886年(陸軍軍事研修)

　嘉永7(1854)年10月3日，高野勘四郎の二男として江戸に生まれる。元治2年2月村田政の養子となる。明治12年2月陸軍砲兵少尉となり，19(1886)年フランスへ留学，21年にはイタリアへ留学した。42年8月陸軍中将となる。その間砲兵射的学校教官，第四師団参謀長，東宮武官ロシア公使館付武官，総監付武官，築城部本部長などを歴任。肝臓炎に胃腸の病患を併発し，大正6(1917)年3月16日，東京四谷の自邸で死去。享年63歳。

[文献] 大正過去帳―物故人名辞典(稲村徹元他編)　東京美術　昭48／日本人名大事典6　平凡社　昭54　〔春日正男〕

村田 謙太郎　むらた・けんたろう

文久2年12月19日（1863）～明治25年6月27日（1892）　医学者　医学博士〔寄生虫や癩の研究に貢献〕 [生]岩代国三春　[渡]ドイツ：1888年（医学）

文久2（1863）年12月19日，岩代国三春に生まれる。明治7年，12歳で上京し東京外国語学校でドイツ語を学ぶ。10年，東京大学医学部に入学し，17年卒業と同時に医学部雇となる。21（1888）年皮膚病学・黴毒学研究のためドイツ留学を命ぜられる。ドイツではベルリン大学において皮膚病学・黴毒学，病理学，衛生学，細菌学をウィルヒョウやコッホなどに学び，続いてウィーン大学で皮膚病学，黴毒学，泌尿器病学を学んだ。その後ライプチヒ，イエナなどの大学を巡歴したが，肺結核のため23年帰国する。24年東京大学教授となり，皮膚病学，黴毒学講座を担当，同年医学博士の学位を得る。乳糜尿の実験，寄生虫や癩の研究などで学界に大きく貢献したが，明治25（1892）年6月27日死去。享年31歳。

[文献] 医学士村田謙太郎氏：中外医事新報 204, 206 明21, 22／故医学博士村田謙太郎先生伝：中外医事新報 296 明25 ／日本人名大事典6 平凡社 昭54 〔岡本麻美子〕

村田 十蔵　むらた・じゅうぞう

生没年不詳　開拓使留学生 [生]鹿児島 [渡]アメリカ：1872年（農学, 鉱山学）

生没年不詳。村田新八の子として鹿児島に生まれる。明治5（1872）年2月18日，開拓使派遣の留学生としてアメリカに渡る。留学の目的は農学だが，のちに鉱山学も修めることになる。7年2月6日帰国。その後の消息は不明。

[文献] 近代日本の海外留学史（石附実） ミネルヴァ書房 昭47／幕末明治海外渡航者総覧（手塚晃編） 柏書房 平4 〔富田仁〕

村田 新八　むらた・しんぱち

天保7年11月3日（1836）～明治10年9月24日（1877）　軍人　宮内大丞〔西南の役の際の薩軍の参謀〕 [生]薩摩国鹿児島城下（高見馬場） [名]本名＝経満 [渡]アメリカ：1871年（岩倉使節団に随行）

天保7（1836）年11月3日，薩摩藩士高橋八郎良中の第三子として生まれる。幼くして村田経典の養子となり，武術を学ぶかたわら，和漢の史籍を修める。同時に9歳年長の西郷隆盛に兄事，終生の交わりを結ぶ。文久2年から2年間，西郷が島津久光の怒りに触れ流罪となったときにも連座している。戊辰戦争では目ざましい戦功をたて明治4年上京して宮内大丞となる。同年（1871），岩倉使節団の一員として欧米を視察。使節団がフランスを離れてのちもフランスに留まり7年の春帰国した。西郷が既に鹿児島に帰っていたため，中央に留まらず帰郷し，西郷設立の私学校の一つ，砲兵学校の監督をつとめたが，西南の役に二番大隊長として出陣。西郷に殉じて，明治10（1877）年9月24日戦死。享年42歳。同じく西南の役で戦死した村田岩熊は実子である。 [墓]鹿児島市上竜尾町

[文献] 村田新八（村野守治） 『明治の群像3―明治の内乱』（谷川健一編） 三一書房 昭43／西郷隆盛1～2（井上清） 中央公論社 昭45(中公新書)／日本人名大事典6 平凡社 昭54 ／明治維新人名辞典(日本歴史学会編) 吉川弘文館 昭56 ／非命に斃れた村田新八の雄志(今井了介)：歴史と人物 12(8) 昭57 ／朝焼けの賦―小説・村田新八(赤瀬川隼) 講談社 平4 ／成せば、成る。―知られざる「成功者」たちの再起と逆転のドラマ(加来耕三) 一二三書房 平14 〔高遠弘美〕

村田 保　むらた・たもつ

天保13年（1842）～大正14年1月6日（1925）　官吏　貴族院議員〔水産界の功労者〕 [生]肥前国唐津 [渡]イギリス：1871年（法律学）

天保13(1842)年，唐津藩士の家に生まれる。若くして官界に入り，司法権大録，太政官兼内務書記官などを歴任する。明治4(1871)年イギリスに留学し，法律学を学ぶ。ロンドンの風物にもとづいた七言律詩「竜動府竹枝」がある。下町イーストあたりの裏町風景，のんだくれの乞食や街娼や身障者たちのうらぶれた生態をとらえ，小唄調に諷詠したものである。ロンドンでは南条文雄とも親交があった。明治23年貴族院議員に勅選され錦鶏間祇候を命じられる。大日本水産会を創立してその副総裁になる。また水産伝習所の創設などの功績にも著しいものがある。大正3年3月，海軍収賄の問題を提げて貴族院で弾劾演説を行い，自ら議員の辞表を提出する。著書に『治罪法注釈』『独逸法律書』『英国法家必携』『英国法院章程』『刑法注釈』などがある。大正14(1925)年1月6日死去。享年84歳。 [墓]東京下谷・谷中

霊園
[文献] 村田水産翁伝　大日本水産会　大8／近代日本海外留学生史　上（渡辺実）　講談社　昭52／日本人名大事典6　平凡社　昭54／幕末明治海外体験詩集（川口久雄編）　大東文化大学東洋研究所　昭59　〔羅秀吉〕

村田　経芳　むらた・つねよし

天保9年6月10日（1838）～大正10年2月10日（1921）　陸軍軍人，少将　男爵　〔村田銃の発明者〕　⑲薩摩国鹿児島（城下山之口町）　㉑通称＝勇右衛門　㊙ヨーロッパ：1875年（軍銃の調査・研究）

　天保9（1838）年6月10日，薩摩藩士村田経徳（蘭斎）の子として鹿児島に生まれる。薩摩藩随一の射撃の名手として知られ，明治1年戊辰戦争に日向高岡の郷兵・薩摩藩外城一番隊隊長として活躍する。維新後陸軍に入り4年歩兵大尉となる。小銃の射撃にすぐれるとともに村田銃を発明する。彼の製銃研究は安政5年に島津斉彬が鹿児島集成館にシャープス・ライフル銃を模して小銃3000挺を製造させて以来の年季の入ったものである。8（1875）年軍銃制定のための調査委員としてヨーロッパに視察を命ぜられる。ヨーロッパ各国の小銃制式と製造法などを調査するのがその任務であるが，フランスでは射撃の名手と技を競い，命中第1位となり見物人を驚嘆させる。帰国後，陸軍少佐として西南戦争に従軍するが，その体験を基に小銃の改良研究に携わる。13年，陸軍卿大山巌が国産銃統一案を決定し，フランスのグラー銃に若干の改良を加えた十三年式村田銃を陸軍制式銃として採用する。18年改良を重ねて13年式村田銃を連発銃にし，これが日清戦争ではその優秀な性能と威力を発揮することになる。22年，さらに二十二年式と改良を進める。23年9月貴族院議員。10月陸軍少将になり予備役に入れられる。29年6月，村田銃発明の功労で男爵を授けられる。大正10（1921）年2月10日，腎臓病に尿毒症を併発して死去。享年84歳。　⑳東京台東区・谷中霊園

[文献] 村田銃発明談（若林玕蔵）：名家談叢24（38）　明30／類聚伝記大日本史14　雄山閣　昭11／大正過去帳－物故人名辞典（稲村徹元他編）　東京美術　昭48／幕末維新人名辞典　学芸書林　昭53／日本人名大事典6　平凡社　昭54／明治維新人名辞典（日本歴史学会編）　吉川弘文館　昭56　〔富田仁〕

村地　才一郎　むらち・さいいちろう

生没年不詳　留学生　⑲伊万里　㊙イギリス：1871年（留学）

　生没年不詳。伊万里の出身。大学南校に学び，明治4（1871）年，刑部省の官費留学生としてイギリスに派遣され，ロンドンのユニバーシティ・カレッジで法律を学ぶ。6年に帰国の後は征韓派として活躍する。

[文献] 近代日本の海外留学史（石附実）　ミネルヴァ書房　昭47／幕末明治海外渡航者総覧（手塚晃編）　柏書房　平4　〔楠家重敏／富田仁〕

村橋　直衛　むらはし・なおえ

天保11年（1840）～明治25年9月28日（1892）　官吏　〔北海道開拓に農業技術導入〕　⑲鹿児島城下　㉑本名＝久成　変名＝橋直助　㊙イギリス：1865年（陸軍軍事研修）

　天保11（1840）年，鹿児島城下において加治木島津の分家に生まれる。御小姓組番頭のとき，イギリス留学生派遣の候補者2名がその攘夷思想のために辞退，代わって名越平馬とともに一員になる。当時25歳であった。元治2（1865）年3月22日，橋直助と変名し鹿児島を立ち，シンガポール，スエズ経由で各国の諸文明，揺れ動く世界状勢を見聞しつつ5月28日，ロンドンに到着，ベースウォーター街の宿舎に落ち着く。T.グラヴァーの紹介による下院議員L・オリファントの世話でバーフその他の語学家庭教師につき英語の学習に励む。山尾庸三の案内でロンドンを見物，兵器博物館や造船所を見学する。6月7日，勉学上の指導者であるロンドン大学化学教授ウィリアムソン博士の案内でベッドフォードの鉄工場の農業耕作機械を見学し，ハワード農園で実習を受け，近代農業技術の威力を知る。この訪問はタイムズ紙上で報道される。7月初旬，本格的勉学にそなえてロンドン大学前のガワー街クーパー宅に寄宿する。8月中旬，ロンドン大学ユニヴァーシティ・カレッジ法文学部に入学する。藩命による専攻学科は海軍学術であったが，陸軍学術に変更となる。しかし同大学における具体的な受講内容は物理や化学，数学などであったと考えられる。翌慶応2年3月28日，対英外交交渉の任務を終えた寺島宗則の帰国に伴いイギリス人2名とともにイギリスを出発し，5月24日鹿児島に帰着する。帰国後戊

辰戦争に参加し北陸・奥羽各地を転戦、明治2年4月12日軍監に昇格、五稜郭攻略に武勲をたてる。その後も北海道にとどまり、開拓使長官黒田清隆のもとで開拓に従事し、七重村官園などにおける開墾事業に洋式農業技術を導入、海外留学の成果をあげる。8年に一時上京するが、10年には開拓使少書記官として再び北海道に戻り開拓事業に従事する。しかし14年北海道官有物払下げ事件発覚の直前、突然辞職し将来ある身を雲水に託し、行方を断つ。この事件にはイギリス留学の立案者であり指導者であった五代友厚や上司黒田が深くかかわっており、藩閥政治の醜悪な虚偽や策謀が西欧の近代社会を体験した彼を追い詰めたと考えられる。諸国行脚に旅立ったあとの行方はわからず、11年後の明治25（1892）年9月25日、神戸市外葺合村の路上に行き倒れになっているところを発見され、3日後に死去。享年53歳。このような悲惨な最後を遂げた理由として、彼が海外体験で培った西欧の自由と民主主義的な近代社会の理想と、まだ半封建的な土壌の日本の現実とが、元来真直な人柄であった彼の内部で鋭い対立と矛盾を引き起こしていたからとみられる。

[文献] 鹿児島県史3　同県　昭16／薩藩海軍史上・中・下（公爵島津家編纂所編）　原書房　昭43（明治百年史叢書71～73）／薩摩藩英国留学生（犬塚孝明）　中央公論社　昭49（中公新書375）／近代日本海外留学生史　上（渡辺実）　講談社　昭52／明治維新人名辞典（日本歴史学会編）　吉川弘文館　昭56　　〔安藤重和〕

村山 三郎　むらやま・さぶろう
生没年不詳　弁護士　〔ホノルルで開業〕
㊷石川　㊸通称＝桂馨五郎　㊹アメリカ：1887年頃（法律研修）

　生没年不詳。石川の出身。大学南校を卒業後、明治20（1887）年頃にアメリカに渡り法律を修めて弁護士試験に合格し、25年にはホノルルで開業している。26年には新橋の芸者だった小菊を日本から呼び寄せ妻としているが、ハワイ在住の日本女性の中では最初に洋装になり話題をよぶ。その後の消息は不明。

[文献] 異国遍路　旅芸人始末書（宮岡謙二）　中央公論社　昭53（中公文庫）　　〔富田仁〕

村山 淳　むらやま・じゅん
文政12年（1829）～？　医師　㊷号＝伯元
㊹アメリカ：1860年（遣米使節に随行）

　文政12（1829）年に生まれる。安政7（1860）年1月、数え年32歳のとき遣米使節新見豊前守の随員としてアメリカに渡る。「御番外科」すなわち外科医で同年9月27日に帰国している。その後の消息は不明。

[文献] 77人の侍アメリカへ行く（レイモンド服部）　講談社　昭43　　〔富田仁〕

【め】

目賀田 種太郎　めがた・たねたろう
嘉永6年7月（1853）～大正15年9月10日（1926）官吏　男爵　〔税制・財政制度の整備の功労者〕　㊷江戸本所太平町　㊹アメリカ：1870年（法律学）

　嘉永6（1853）年7月、幕臣目賀田幸介（守文）の長男として江戸本所太平町に生まれる。昌平黌に学び、明治3（1870）年7月アメリカに留学し、ハーバード大学法科を卒業後、7年に帰国。ただちに文部省八等出仕を命じられ、8年7月アメリカ留学生監督として再び渡米する。10年1月文部一等属に任じ12年帰国、13年5月司法省附代言人となり14年3月判事に任命され、横浜裁判所詰を命じられる。ついで東京裁判所に移り、16年6月大蔵省少書記官に任ぜられた。これより先同志とともに専修学校（現在の専修大学）を創立して、法律経済を教え、また西洋音楽を東京音楽学校の教科にした。17年10月三等主税官兼大蔵省少書記官に任じ、19年3月官制改正により大蔵省主税官となり、全国の土地整理事務に精を出し、22年6月大蔵省参事官に任じ、24年7月横浜税関長に任命された。3年の在任期間中、税関の設備、港則の制定、諸般の改良などに多大な功績を残し、27年7月大蔵省主税局長に任ぜられた。日清、日露戦争が相ついで起こり、新税を設けたり、旧税改廃を実施し国の財政の膨張に適応する努力をした。葉煙草、樟脳などの専売を実行し、沖縄県土地整理事業を完成し、また醸造試験所長として清酒の改良を図り、税務管理局を廃止して、税務監督局を創設し、条約改正委員

あるいは改正条約実施委員として関税法規の完備に尽力する。37年8月貴族院議員に勅選され、同年韓国財政顧問になり赴任して韓国の貨幣制度を確立し、殖産興業を奨励、税関の設備、金融機関の発達など財政経済上における諸施設に功績をあげる。40年9月男爵となり、帰国すると貴族院議員として活躍する。大正12年9月枢密顧問官となる。一方、韓国から帰国以来、民間事業としては帝国軍人後援会会長となり、また日露協会のために力を尽くす。大正15（1926）年9月10日死去。享年74歳。
⊕東京池上・本門寺

文献 男爵目賀田種太郎（松木重義）　故目賀田男爵伝記編算会　昭13／目賀田家文書目録　近代史懇談会編刊　昭29／日本人名大事典6　平凡社　昭54／目賀田種太郎伝（中村徳）　日本外交史人物叢書　第4、5巻（吉村道男監修）　ゆまに書房　平14　〔佐藤秀一〕

【も】

毛利　藤四郎　もうり・とうしろう
生没年不詳　長州藩家老　⊕山口　⊗別名=土肥又七、又一　⊚イギリス：1867年（留学）
生没年不詳。山口の出身。慶応3（1867）年3月、長州藩の命により福原芳山、河瀬安四郎とともにイギリスに留学する。明治5（1872）年の帰国後、病気にかかり早世した。

文献 明治初年条約改正史の研究（下村冨士男）　吉川弘文館　昭37／近代日本の海外留学史（石附実）　ミネルヴァ書房　昭47／英語事始（日本英学史学会編）　日本ブリタニカ　昭51　〔楠家重敏〕

毛利　藤内　もうり・とうない
嘉永2年1月10日（1849）〜明治18年5月23日（1885）　銀行家　〔第百十銀行設立〕　⊕長門国萩　⊗初名=親信、通称=常太郎、内匠　⊚フランス：1870年（法律学、普通学）
嘉永2（1849）年1月10日、山口藩士村上惟庸の長子として生まれる。のちに藩主の一門の右田毛利家を継ぐ。慶応2年、佐波郡諸兵の総督となり、ついで幕長戦に石州出兵総督として従軍する。3年、長州藩東上軍総督となり、上京して薩長連合に尽力する。また、勅命を得て12月、京都御所禁門警衛の任につく。翌年、鳥羽伏見の戦いに参加。ついで北越官軍を助けて奥羽、北越の平定に出陣し、長岡城、会津城などの功略に加わり、これらを平定したのち山口に凱旋した。明治2年、藩政改革によって施政治に任せられ、藩政の整理にあたる。3年4月、大阪に上りフランス式銃陣法を伝習する。同年（1870）10月、藩より派遣されてフランスに留学する。フランスでは法律学、普通学などを学ぶが、肺結核を患って勉強を続けることができなくなり、7年8月やむなく帰国。帰国後、周陽学舎を創立して子弟の教育に当たる。12年、第百十銀行を設立し頭取となったが、明治18（1885）年5月23日、下関で持病の肺結核のため死去。享年37歳。

文献 フランスに魅せられた人びと（富田仁）　カルチャー出版社　昭51／異国遍路　旅芸人始末書（宮岡謙二）　中央公論社　昭53（中公文庫）／日本人名大事典6　平凡社　昭54／明治維新人名辞典（日本歴史学会編）　吉川弘文館　昭56　〔福山恵美子〕

毛利　元巧　もうり・もといさ
嘉永4年4月3日（1851）〜明治33年8月8日（1900）　海軍軍人　子爵　〔滞英中300冊余の書籍を蒐集〕　⊕江戸月ヶ窪　⊗諱=就右、幼名=平六郎、別名=元功　⊚イギリス：1868年（海軍砲術研修）
嘉永4（1851）年4月3日、周防国徳山藩主毛利元運の八男として江戸・麻布月ヶ窪に生まれる。安政6年、徳山藩主毛利元蕃の養子となる。文久3年に萩の明倫館に学び、慶応4年の鳥羽伏見の戦いに参加した。同年（1868）3月、三条公恭、尾崎三良、森寺広三郎、中御門寛丸、城連、大野直輔らとともに神戸からイギリスに渡った。一行の中には英語を解する者は1人もいないため、珍道中の連続であった。ロンドンに到着し、汽車や電線が蜘蛛の網のように張りめぐらされていることや、高層建築が軒を並べている有様に驚く。5年に岩倉使節団と偶然出会ったのち、6年7月に帰国した。7年9月から翌年4月まで海軍兵学寮に入学している。明治33（1900）年8月8日、徳山で死去。享年50歳。　⊕山口県徳山市

文献 海軍兵学校沿革（海軍兵学校編）　原書房　昭43／英語事始（日本英学史学会編）　日本ブリタニカ　昭51／尾崎三良自叙略伝　中央公論社　昭51／近代日本海外留学生史

上（渡辺実）　講談社　昭52／海外における公家・大名展第1回維新展　霞会館　昭55／明治維新人名辞典（日本歴史学会編）　吉川弘文館　昭56／元田永孚関係文書（沼田哲他編）　山川出版社　昭60（近代日本史料選書）
〔楠家重敏〕

毛利 元敏　もうり・もととし

嘉永2年5月3日（1849）～明治41年4月25日（1908）　豊浦藩主　子爵　[生]江戸麻布　[名]諱=元懋, 通称=宗五郎　[渡]イギリス：1871年（留学）

嘉永2（1849）年5月3日，毛利甲斐守元運の第八子として江戸麻布に生まれる。幕末期には尊王攘夷運動に携わるが，明治1年に留学を願い出る。4（1871）年10月許されてイギリスへ赴く。7年6月に帰国するが，イギリス滞在中に岩倉使節団と同行したこともある。17年に子爵を授けられ，明治41（1908）年4月25日，長門で死去。享年60歳。　[墓]東京高輪・泉岳寺

[文献] 近代日本の海外留学史（石附実）　ミネルヴァ書房　昭47／日本人名大事典6　平凡社　昭54／明治維新人名辞典（日本歴史学会編）　吉川弘文館　昭56　〔楠家重敏〕

最上 五郎　もがみ・ごろう

弘化2年9月14日（1845）～明治45年5月18日（1912）　開拓使留学生　[生]鹿児島　[渡]アメリカ：1870年（農学）

弘化2（1845）年9月14日に生まれる。鹿児島の出身。明治3（1870）年に開拓使から派遣されてアメリカに留学する。エール大学で農学を修める。6年帰国。のちマルセイユ領事館書記見習となる。その後の消息は不明だが，明治45（1912）年5月18日死去。享年68歳。

[文献] 近代日本の海外留学史（石附実）　ミネルヴァ書房　昭47／幕末明治海外渡航者総覧（手塚晃編）　柏書房　平4　〔富田仁〕

茂次平　もじへい

生没年不詳　若宮丸乗組員　〔ロシアに帰化〕　[生]陸奥国（牡鹿郡）小竹浜　[名]別名=茂治郎, 茂次郎　[渡]ロシア：1794年（漂流）

生没年不詳。小竹浜に生まれる。寛政5年11月27日，沖船頭平兵衛の率いる若宮丸（800石積，乗組員16名）に津太夫らとともに水夫として乗り組み石巻を出航，暴風に見舞われ難破，太平洋上を8ヶ月間漂流して6（1794）年アレウト列島のアンドレヤノフ諸島に漂着，現地のロシア人に保護される。7年オホーツク，ヤクーツクを経てイルクーツクに護送される。当地で大黒屋光太夫一行の中でロシアに帰化した新蔵（ニコライ・ペトローヴィチ・コロトゥイギン）の援助を受け8年余りを過ごす。享和3年クルーゼンシュテルンによるロシア最初の世界周航にレザノフ率いる第2回遣日使節団が同行することになり，商務大臣ルミャンツェフの訓令により若宮丸一行はペテルブルクへ召喚される。彼は初めは帰国を望んでいたが，結局はロシアに留まり帰化する。その後の消息は不明。

[文献] 日露国交史料（梅森三郎）　有隣堂　大4／環海異聞（大槻玄沢，志村弘強）　叢文社　昭51／いしのまき若宮丸漂流始末―初めて世界を一周した船乗り津太夫（安倍忠正）　三陸河北新報社　昭61／魯西亜から来た日本人―漂流民善六物語（大島幹雄）　広済堂出版　平8／漂流記の魅力（吉村昭）　新潮社　平15（新潮新書）／世界一周した漂流民（石巻若宮丸漂流民の会編著）　東洋書店　平15（ユーラシア・ブックレット　;　no.54）
〔雪嶋宏一〕

本尾 敬三郎　もとお・けいざぶろう

嘉永1年8月2日（1848）～?　留学生　[生]大坂　[渡]ドイツ：1870年（留学）

嘉永1（1848）年8月2日，大坂に生まれる。明治3（1870）年に私費でドイツに渡り，ベルリン大学で法律を学ぶ。14年帰国の後は外務省権少書記官を務めた。

[文献] 近代日本の海外留学史（石附実）　ミネルヴァ書房　昭47／幕末明治海外渡航者総覧（手塚晃編）　柏書房　平4　〔富田仁〕

元田 作之進　もとだ・さくのしん

文久2年2月22日（1862）～昭和3年4月16日（1928）　牧師, 教育者　日本聖公会東京教区主教, 立教大学初代学長　[生]筑後国久留米　[名]筆名=良山, 洗礼名=ヨセフ　[渡]アメリカ：1886年（留学）

文久2（1862）年2月22日，久留米藩士の長男に生まれる。早くにキリスト教に入信した。明治11年久留米師範学校を卒業，同県下の小中学校で教鞭をとったあと，14年米国聖公会宣教師T.S.ティングの大阪英和学舎で学び，15年受洗。19（1886）年渡米，フィラデルフィア神学

校やペンシルベニア大学などで学び、コロンビア大学で学位を得る。29年1月司祭となる。同年9月帰国後、立教学校の教師となり、32年立教中学校長に就任。40年には立教大学初代校長（のち学長）となり、大正12年日本聖公会東京教区設立と同時にその初代主教に選ばれた。攻玉社講師、三一神学校教師なども務めた。昭和3(1928)年4月16日死去。享年67歳。

[文献] 先人の面影　久留米人物伝記（久留米市編）昭36／幕末明治海外渡航者総覧（手塚晃編）柏書房　平4／朝日日本歴史人物事典　朝日新聞社　平6／データベースWHO　日外アソシエーツ　　　　〔藤田正晴〕

本野 一郎　もとの・いちろう

文久2年2月23日(1862)～大正7年9月17日(1918)　外交官　法学博士　子爵〔日露外交に尽力〕　⑱肥前国佐賀　㊋フランス：1882年（貿易業務、法学）

文久2(1862)年2月23日、肥前（佐嘉）藩士本野盛亨の長男として佐賀に生まれる。幼時は弟英吉郎とともに外交官の父と過ごす。駐在先イギリス、フランスで教育を受け、両国語を血肉として明治13年帰国する。同年秋、丸善の創立者・早矢仕有的の経営する横浜貿易商会に雇われ、支配人朝吹英二を知る。15(1882)年同商会手代としてフランスのリヨン支店詰となる。現地で学問を志して辞職を願い出るが、朝吹に諭され思いとどまり、20年から私費でリヨン法科大学に学ぶ。22年仏国法律学士となる。9月外務大臣大隈重信に呼ばれて帰国し、その斡旋で翻訳官として外務省に入ることになるが、10月18日玄洋社員来島恒喜による大隈爆弾負傷事件で入省に遅れを来し、その間またも朝吹の献身的援助を受ける。同省へは年内に入り、26年には同省参事官、ついで政務局長心得、外務大臣秘書官、法制局参事官等を歴任する。その間に『選挙法改正私見』を公刊するなどして名声を高め、26年には専門の国際法と外交史で法学博士の学位を得る。27年韓国に在任中、日清戦争前哨の東学党作乱（甲申の変）に遇い、韓国駐剳公使兼清国駐剳公使を務め、28年外務大臣陸奥宗光の秘書官として戦後処理に当たる。29年ロシア公使館一等書記官を経て、31年10月特命全権公使としてベルギーに、ついで34年12月フランス、39年1月ロシアに駐在する。33年4月14日から開催のパリ万国博覧会へは読売新聞社員足立荒人（北鷗）を伴って出かける。日露戦時下にはパリで露仏親善の面前でフランス政府を操縦して親日に傾かせ、帰国中の駐露フランス大使ボンパールと親交を深めるなど外交折衝に努力する。その国勢報告はよく的を得ていたといわれる。その後幾度か帰国するが、駐露期間は長く親露派とみられる。40年7月28日聖ペテルブルクで同国外相アレクサンドル・ペトローヴィチ・イズヴォーリスキイとの日露通商航海条約ならびに日露漁業協約から始めて30日第1回日露協約、41年駐ロシア大使に昇格し43年7月4日第2回同協約を結び、45年7月8日セルゲイ・ドミイトリエヴィチ・サゾノフ外相と第3回同協約、またの名を第1回日露秘密協約、最後に大正5年7月3日、ペトログラードと名の改まった同地で第4回協約、またの名を日露同盟、一般にいう日露大正5年協約を締結する。いずれも極東に日露共同戦線を張り巡らし戦時単独不講話を約定するなど密約要素の強いものであった。帰国し、ただちに前月成立したばかりの寺内正毅内閣に11月21日外務大臣として迎え入れられ、第1次世界大戦時外交に携わる。同年12月30日提出の対華意見書は寺内の大陸経営方針を見事に決定する。その間、43年3月20日から大正6年12月1日まで第二代読売新聞社主を兼ねる。駐露中で名目の座ではあったが、新人事社告当日には帰国しており、華族会館での晩餐会で新社長高柳豊一郎の紹介に当たり新聞は社会の木鐸たるべしと自己の理念を表明する。編集方針を改めることはしなかったが、従前の「日曜附録」編集者正宗白鳥を追放して文芸欄の自然主義色を払拭するなど事業にかかわる。たまたまペテルブルク大学に留学していた大井犀花（包高）と親交があり、その縁で明治42年夏から大正初期にかけて同紙通信員を兼ねさせ、露都通信の執筆を依頼している。閣内では大正6年6月6日臨時外交調査会委員兼幹事長になる。11月7日ロシアにソヴェト政権が誕生すると親露感情はそのまま反ソ精神に移り、12月17日および27日の会の席上初めて、従来の同盟関係を一気に反故にした報復としてシベリア出兵を提案し、その後、原敬らのアメリカ待ち見解をよそに、あくまでどこの支援をも頼まぬ自主出兵を頑固に主張して省を挙げて陸海両軍を焚きつけにかかる。胃に持病があ

り，大正1年12月ウィーンへわざわざ赴いて幽門閉塞の切開手術を受け，2年4月から12月末まで任地露都から賜暇帰国して東京で療養する。その間にも内閣総理大臣山本権兵衛から新聞社買収相談を持ちかけられて根津嘉一郎，光永星郎らと話し合うなど養生もままならなかった。中華民国の章公使との間で日華陸軍共同防敵軍事協定締結に向けて一応の準備を終えたところで，7年4月第40会議中に辞任し，東京市麻布鳥居坂の自宅で加療に専念するが，著書『日本民法義解』『仏訳日本御法』などを残し，9月幽門狭窄を再発し，大正7(1918)年9月17日午前零時30分，死去。享年57歳。

文献 類聚伝記大日本史14 陸軍篇（桜井忠温編） 雄山閣 昭10／類聚伝記大日本史11 政治家篇（尾佐竹猛編） 雄山閣 昭11／大日本人名辞書（同刊行会編） 新訂版 内外書籍株式会社 昭12／日本歴史人名辞典（日置昌一） 改造社 昭13／東京掃苔録（藤浪和子） 昭15／日本近世外交史の研究（松本忠雄） 昭17／原敬日記7（原奎一郎編） 乾元社 昭26／日本外交政策の史的考察（鹿島守之助） 昭26／シベリア出兵の史的研究（細谷千博） 有斐閣 昭30／日露協商論（田中直吉）『神奈先生還暦記念・近代日本外交史の研究』昭31／第一次日露協商から第三次日露協商へ（小木曽照行）『日露戦争以後―東アジアをめぐる帝国主義の国際関係』 創元社 昭32（創元歴史選書）／日露戦争史の研究（信夫清三郎，中山治一編） 河出書房新社 昭34／機密日露戦史（谷寿夫） 原書房 昭41／現代東アジア国際環境の誕生（関寛治） 昭41／日本の歴史23 大正デモクラシー（今井清一） 中央公論社 昭41／日本とロシア（吉村道男） 原書房 昭43／近代日本外交史叢書1）／日本外交史 前編7 日露戦争（鹿島守之助） 鹿島研究所出版会 昭45／ロシア革命と日本（細谷千博） 原書房 昭47（近代日本外交史叢書4）／読売新聞100年史（同編集委員会編） 読売新聞社 昭51／近代日本海外留学生史 上（渡辺実） 講談社 昭52／日本近現代史辞典 東洋経済新報社 昭53／日本人名大辞典6 平凡社 昭54／第十八代寺内内閣―「超然」と政党制のはざまで（金原左門）『日本内閣史録2』（林茂，辻清明編） 第一法規 昭56／日露戦争史論―戦争外交の研究（黒羽茂） 杉山書店 昭57／日露・日ソ関係200年史・日露の出合からシベリア干渉戦争まで（同編集委員会他編）

新紀元社 昭58／遣露留学生伝（西村庚）
〔山口公和〕

元良 勇次郎　もとら・ゆうじろう

安政5年11月1日(1858)〜大正1年12月12日(1912)　心理学者　〔心理学者の養成，青山学院の創立〕　㊗摂津国　㊨アメリカ：1883年（哲学）

安政5(1858)年11月1日，摂津国三田藩士杉田泰の二男として生まれる。13歳の時志をたて兵庫で英語を学ぶ。明治8年10月京都同志社英語学校に入り，3年半にわたり普通学を修める。この間に心理学に興味を抱くようになり，カーペンターの精神生理を読み，この学問に身を委ねる決意を固める。のちに東京に出て農学社に入り，教えつつ学ぶ。14年東京英語学校（青山学院）の設立に力を尽し，その教壇に立つ。14年6月元良家を嗣ぐ。16(1883)年9月渡米してボストン大学に入り，2年間哲学を修める。18年10月にはジョンズ・ホプキンス大学に入り，3年間心理学，哲学，社会学を学び，その間主としマスタンリ・ホールに師事して研鑽を積む。21年6月ドクトル・オブ・フィロソフィーの学位を受ける。同年7月帰国。9月東京帝国大学文科大学において1年間精神物理学の講師を嘱託され，23年10月教授に任命される。日本において初めて哲学から独立させた科学的な心理学を教授し，その研究を指導すると同時に倫理学や論理学の講義をも担当する。27年5月東京高等師範学校の教授を兼任する。彼は，心元すなわち精神化したエネルギーが発現し，意志活動がおこなわれると説き，物心一元説の立場をとり，日本の心理学の開祖といわれている。その功績はむしろ日本の心理学者養成のための教育にあったといえる。27年には理学文理目録委員会会員，修身教科書調査委員，国語調査委員などを歴任し，日本の教育学術の振興に多大な力を尽くす。主著『教育新論』（明治17年）『心理学綱要』（明治40年）のほか多数の著書，論文がある。大正1年12月12日死去。享年55歳。　㊗東京・青山霊園

文献 故元良博士の履歴及び著作目録：哲学雑誌　28(31)　大2／元良博士と現代の心理学（故元良博士追悼学術講演会編） 弘道館　大2／故元良博士の追憶談：哲学雑誌　28(31)　大2／元良先生十年忌（上野直昭）：思想

17　大12／渡辺徹心理学論文集（日本応用心理学会編）　新生社　昭34／元良勇次郎博士の心理学の根本思想（高橋穣）：心　17(11)　昭39／日本人名大事典6　平凡社　昭54／近代日本哲学思想家辞典（伊藤友信他編）　東京書籍　昭57／日本における心理学の受容と展開（佐藤達哉）　北大路書房　平14

〔佐藤秀一〕

森 有礼　もり・ありのり

弘化4年7月13日（1847）～明治22年2月12日（1889）　外交官，教育家，啓蒙思想家　子爵〔初代文部大臣，近代教育制度を確立〕　㊤鹿児島（城下）春日町　㊥幼名＝助五郎，金之丞，変名＝沢井数馬，鉄馬　㊦イギリス：1865年（化学，物理，数学），アメリカ：1867年（ハリス教団・新生社に参加），アメリカ：1870年（初代駐米大使）

弘化4（1847）年7月13日，森喜右衛門有恕の五男として鹿児島城下に生まれる。14歳の時，林子平の『海国兵談』を読み洋学を志し，英学を上野景範より，漢学を長兄喜藤太から，天真流武術を川上八郎左衛門より学ぶ。藩の開成所で英学を勉学中，イギリス留学生派遣の一員に選ばれる。元治2（1865）年3月22日，沢井鉄馬と変名し鹿児島を出立し，各国の諸文明や揺れ動く世界状況を見聞しつつ，5月28日ロンドンに到着。T.グラヴァーの紹介によるL.オリファント下院議員の世話で語学家庭教師につき英語の学習に励む。6月，長尾庸三の案内で兵器博物館や造船所などを見学する。6月7日，勉学上の指導者ロンドン大学化学教授ウィリアムソン博士の案内でベッドフォードの鉄工場で農耕機械を見学，ハワード農園で実習を受け近代農業技術を知る。7月初旬，本格的勉学にそなえて高見弥一とロンドン大学化学教授グレイン博士宅に寄宿する。8月中旬，同大学ユニヴァーシティ・カレッジ法文学部に入学。藩命による専攻学科は海軍測量術であったが，主に学んだのは化学，物理，数学などであった。軍事的要請の強い留学目的ではあったが，西欧の異文化と直接接触し衝撃を受けた留学生の問題意識は，国家や社会観の方へ傾斜する。翌慶応2年6月21日，夏期休暇を利用，欧州列強の事情を見聞するためオリファントの紹介状を携えて市来勘十郎とロシア旅行に出発，7月15日ペテルブルグ着。10日間の滞在中，幕府留学生やロシア親日家と会見する一方，亡命日本人橘耕斎の案内でロシア国内事情をつぶさに観察する。この経験によって英仏などの近代市民国家と帝制ロシアとの根本的相違に着目，その本質は「本の学」すなわち国体と法の学にあることを認識する。オリファントの思想的影響下にあった彼は，アメリカ遊学から帰った鮫島尚信，吉田清成からT.L.ハリスのキリスト教的理想社会の構想を聞き，西洋の真髄がこの精神や倫理にあることに目覚める。3年4月，布教のためイギリスを訪れたハリスに会いそのキリスト教教理に深く感銘する。6月6日，恩師オリファントの敬慕するハリスの影響下に5名の連署で藩庁に建言書を提出。同年（1867）7月，オリファントの渡米に衝撃を受けるとともに，学費の窮乏や思想，宗教問題の行き詰まりを打開するため渡米を決意する。スコットランドより戻った長沢鼎と森，市来，吉田，鮫島，畠山義成とともに新天地アメリカに渡り，アメニアのハリス共同体・新生社に参加する。ハリス教団における生活は修道僧のように厳しい苦役と勉学の宗教的禁欲生活であった。このコロニーは同年11月，ニューヨーク州エリー湖畔のブロクトンに移る。日本人は13名に達するが，慶応4年春，国家をめぐる意見の相違から吉田，市来，畠山は新生社を去る。森は鮫島，長沢と残るが同年6月，日本新政府誕生の知らせに教祖ハリスから神託によるものとして帰国をすすめられ，6月8日ブロクトンを去り長沢一人を残して鮫島と祖国の危急存亡を救うべく日本へ向かう。帰国後，徴士外国官権判事，公議所議長心得となるが，制度取調御用掛の時，廃刀論で反対にあい辞職帰郷する。明治3（1870）年9月上京，少弁務使としてわが国初の駐米大使となり再び渡米する。この時脱藩仙台藩士新井常之進を同行，ハリスのもとでキリスト教を学ばせる。駐米中，代理公使となり条約改正や外債問題に奔走する一方，「日本における宗教の自由」「日本における教育」などの論文を英文で発表し，留学によって培った宗教，思想を確固として示す。6年帰国し外務大丞，少輔となるが，福沢諭吉，津田真道らと啓蒙思想団体・明六社を設立し，機関紙『明六雑誌』に妻妾論，開化論などを発表，欧米文化の思想の普及に努力を傾ける。その後，清国外交，寺島宗則外務卿下で外務大輔，駐英公使を歴任。この

滞英中，教育制度，官吏任用などの諸制度の研究調査に邁進し，日本の近代化をめぐる国体と文化，教育制度のあり方を追求する。帰国後は外交から文教に転身し文部教育行政に専心するようになり，学校経済主義を唱えて授業料徴収，合併官립，修業年限，師範学校，学士院，兵式体操などの政策を推進し，西欧的合理主義に基づく文教改革を断行する。これらの功績により，18年12月22日，伊藤内閣の初代文部大臣に就任する。その合理主義に，国家のための教育目的というドイツ国家教育思想からの国体教育主義を加えて，学校制度全般の改正を行い，19年3月帝国大学令，師範学校令，中学校令，小学校令などを公布，日本の近代教育制度の基礎を確立する。彼が献身した文教政策は自由な欧米的合理主義に基づく日本近代化のためのものであったが，反面国家主義的側面をもち，教育の国家主義化へと日本的に変質してゆく。しかしそれが本格化するのは彼が非業の死を遂げた後のことであった。明治22(1889)年2月11日，大日本帝国憲法発布の当日，国粋主義者西野文太郎に刺され，翌12日死去。享年43歳。理由はキリスト者であった森が伊勢神宮参拝で不敬をはたらいたという誤解によるものであった。

墓東京・青山霊園

文献 森先生伝（木村匡） 明32／鹿児島県史3 同県 昭16／森有礼（大久保利謙） 文教書院 昭19／自由を護った人々（大川三郎） 新文社 昭22／近代文学研究叢書1（昭和女子大近代文学研究室編） 同大学 昭31／森有礼における教育人間像（武田清子） 『人間観の相剋 近代日本の思想とキリスト教』弘文堂 昭34／日本人物史大系5 朝倉書店 昭35／日本の思想家1 朝日新聞社 昭37／森有礼（原田実） 昭41（世界思想家全書）／森有礼（原田実） 『世界思想家全書』 牧書房 昭41／薩藩海軍史 上・中・下（公爵島津家編纂所編） 原書房 昭43（明治百年史叢書71～73）／森有礼の思想（坂元盛秋） 昭44／森有礼全集1～3（大久保利謙編） 宣文堂書店 昭47／近代日本の海外留学史（石附実） ミネルヴァ書房 昭47／薩摩藩英国留学生（犬塚孝明） 中央公論社 昭49（中公新書375）／森有礼とトマス・レーク・ハリス（林竹二）：日米フォーラム日本人名大事典6 平凡社 昭54／近代日本哲学思想家辞典（伊藤友信他編） 東京書籍 昭57／若き森有礼—東と西の狭間で（犬塚孝明） KTS鹿児島テレビ 昭58／森有礼 悲劇への序章（林竹二） 筑摩書房 昭61（林竹二著作集）／森有礼（犬塚孝明） 吉川弘文館 昭61（人物叢書新装版）／異文化遍歴者森有礼（木村力雄）福村出版 昭61（異文化接触と日本の教育）／森先生伝—伝記・森有礼（木村匡） 大空社 昭62（伝記叢書）／幕末に学んだ若き志士達—日本留学生列伝 2（松邨賀太） 文芸社 平15／秋霖譜—森有礼とその妻（森本貞子）東京書籍 平15／日本人の手紙（村尾清一）岩波書店 平16 〔安藤重和〕

森 鷗外　もり・おうがい

文久2年1月19日(1862)～大正11年7月6日(1922)　陸軍軍医, 小説家, 評論家　陸軍軍医総監　出石見国(鹿足郡)津和野　名本名=林太郎　別号=鷗外漁史, 観潮楼主人　渡ドイツ：1884年（衛生学, 軍事医学）

　文久2(1862)年1月19日，津和野藩典医森静男の長男として生まれる。幼時から漢籍に親しみ，10歳で上京し西周方に寄寓。明治14年3月29日，東京大学医学部を卒業する。三浦守治，小池正直など28名の同級生中最年少の19歳であった。卒業後軍医副として陸軍に採用される。17(1884)年二等軍医としてメンザレエ号で横浜を出帆し，衛生学と戦陣医学研究のためドイツに留学する。ベルリン到着後同地にいた橋本綱常軍医監の忠告に従い11月22日から18年10月11日までライプチヒ大学でF.ホフマンに，19年3月8日から20年4月15日までミュンヘン大学でM.ペッテンコーフェルに，20年4月16日から21年7月5日までベルリン大学でR.コッホに師事した。なおその間18年10月11日から19年3月7日まで滞在したドレスデンでは軍医監ロオトについて軍陣衛生学を研究した。佐藤春夫は彼の洋行を近代日本文学の紀元として位置付けているのであるが，事実ドイツ留学の体験から小説家森鷗外が誕生することになる。ドイツ記念3部作と呼ばれる『舞姫』(明治23年)『うたかたの記』(同)『文づかひ』(明治24年)は，彼の滞在したベルリン，ミュンヘン，ドレスデンの三つの都に取材したものである。また一方では克明な『独逸日記』を残している。これは彼のドイツにおける生活を知る恰好の記録的な手掛かりとなるし，謝肉祭・決闘・舞踏会など西欧の文化風物に触れての新鮮な驚きがそこに読みとれる。『独逸

日記』は『舞姫』『うたかたの記』などと相通ずるものがあり，両者の照応関係を見れば彼の詩と真実が明らかになるだろう。『独逸日記』では伯林はベルリン，来責はライプチヒ，徳停はドレスデン，拝焉国民顕はバイエルン国のミュンヘンと表記されている。留学生活も1年半を経過してすっかり慣れ，ミュンヘンでは加藤照磨，岩佐新の若き医学の徒，画家原田直次郎らと親交を結び当地の酒店，カフェ，宮廷醸家(ホーフブロイ・ビアホール)などで歓をつくし，湖上を遊覧し戯園でレッシング劇を見た。19年6月13日の項に有名なバイエルン狂王ルートヴィヒ2世が侍医とともにシュタンベルヒ湖で水死という衝撃的な訃報について言及している。後日この事件が横糸となり，画家原田直次郎がモデルとなった巨勢と美少女マリイの恋が縦糸となって『うたかたの記』が成立したことは良く知られている。もっとも，ミュンヘンでは飲み歩き遊び廻っていただけではない。専門の医学の領域でもビールの利尿作用，パン材料の毒の消滅法，アニリン蒸気中の毒性，壁土の湿度とその乾き具合などの研究にも専念したのである。21年夏一等軍医に昇進し，4年間の留学を終えマルセーユ港から帰国の途についた。彼の訳業についてみると，8歳でオランダ語を，10歳でドイツ語を学び，滞独中は本業の傍らドイツ文学関係の豊かな読書体験をつみ，帰国後古典から現代まで多種多様な作品の翻訳に手をそめた。代表的なものはゲーテの『ファウスト』とアンデルセンの『即興詩人』である。その他,『恋愛三昧』など一連のシュニッツラー物，クライストの『悪因縁』，ホフマンの『玉を懐いて罪あり』，弟の三木竹二との共訳による『折薔薇』(原名エミリア・ガロッティ)などがある。短篇ながら初期の翻訳の代表的な作品としてハックレンダーの「ふた夜」も落とすことはできない。大正11(1922)年7月6日賀古鶴所に遺言を口授し，その3日後の7月6日死去。享年61歳。その死因は萎縮腎でなく結核であったと最近明らかになった。

[墓]三鷹市・禅林寺

[文献] 独逸日記(森鷗外)『鷗外全集著作篇20』岩波書店　昭12／森鷗外(生松敬三)　東大出版会　昭33／若き日の森鷗外(小堀桂一郎)東大出版会　昭44／鷗外全集　全38巻　岩波書店　昭46～50／鷗外　その側面(中野重治)筑摩書房　昭47／シンポジウム日本文学13 鷗外のドイツ留学の意味など　学生社　昭52／森鷗外(高橋義孝)　第三文明社昭52(レグレス文庫85)／森鷗外(石川淳)　岩波書店　昭53(岩波文庫)／権威への反抗—森鷗外(吉野俊彦)　PHP研究所　昭54／森鷗外2(日本文学研究資料刊行会編)　有精堂出版　昭54(日本文学研究資料叢書)／鷗外—闘う家長(山崎正和)　新潮社　昭55(新潮文庫)／虚無からの脱出—森鷗外(吉野俊彦)　PHP研究所　昭55／森鷗外覚書(成瀬正勝)　中央公論社　昭55／舞姫・うたかたの記(森鷗外)　岩波書店　昭56(岩波文庫)／森鷗外—その若き時代(伊藤敬一)　古川書房　昭56(古川叢書)／鷗外雑志(富士川英郎)　小沢書店　昭58／鷗外　森林太郎(森潤三郎)　森北出版　昭58／孤独地獄—森鷗外(吉野俊彦)　PHP研究所　昭60／鷗外文学と「独逸紀行」(長谷川泉)　明治書院　昭60／軍医鷗外森林太郎の生涯(浅井卓夫)　教育出版センター　昭61(研究選書)／和魂洋才の系譜—内と外からの明治日本(平川祐弘)　河出書房新社　昭62／漱石鷗外対照の試み(浅野洋, 芹沢光興編)　双文社出版　昭63／鷗外をめぐる女たち(文沢隆一)　林道舎　平4／森鷗外の『独逸日記』—「鷗外文学」の淵(植田敏郎)　大日本図書　平5／異郷における森鷗外、その自己像獲得への試み(林正子)　近代文芸社　平5／鷗外・啄木・荷風隠された闘い—いま明らかになる天才たちの輪舞(吉野俊彦)　ネスコ　平6／鷗外・五人の女と二人の妻—もうひとつのヰタ・セクスアリス(吉野俊彦)　ネスコ，文芸春秋(発売)　平6／鷗外東西紀行—津和野発ベルリン経由千駄木行(寺岡襄)　京都書院　平9(京都書院アーツコレクション)／森鷗外「北游日乗」の足跡と漢詩(安川里香子)　審美社　平11／明治文学の脈動—鷗外・漱石を中心に(竹盛天雄)　国書刊行会　平11／評伝森鷗外(山室静)　講談社　平11(講談社文芸文庫)／鷗外留学始末(中井義幸)　岩波書店　平11／新説鷗外の恋人エリス(植木哲)　新潮社　平12(新潮選書)／海をこえて近代知識人の冒険(高沢秀次)　秀明出版会　平12／舞姫—エリス、ユダヤ人論(荻原雄一編著)　至文堂　平13／漱石が聴いたベートーヴェン—音楽に魅せられた文豪たち(滝井敬子)　中央公論新社　平16(中公新書)

〔藤代幸一〕

森 阿常　もり・おつね

安政2年(1855)～明治33年頃(1900)　森有礼前夫人〔契約結婚後に離婚〕　⊕静岡　⊗通称=春江　⊛イギリス：1879年(夫に同行)

　安政2(1855)年、広瀬秀雄の娘として静岡に生まれる。秀雄は幕臣だったとみられる。明治5年9月東京芝山内の開拓使女学校に入学する。8年2月6日外務大丞の森有礼と結婚する。その結婚式招待状「婚式請東」には有礼と彼女の名が連記され、当時としては新しい形式の結婚式である。式場では結婚契約証が朗読される。証人には福沢諭吉の名がみられる。同年11月有礼は特命全権公使として清国に赴任するが、妊娠中の彼女は東京に残る。森家内では春江を通称とする。10年7月有礼が帰国し寺島宗則外務卿の外国出張中の代理をつとめることになり、彼女は各国公使などの接待として尽くす。有礼が再び清国に赴任するのに同行する。11年5月帰国。アメリカ人クララ・ホイットニーにピアノを習う。12(1879)年11月有礼が特命全権公使としてイギリスに赴任するのに同行しアメリカ経由でロンドンに向かう。ロンドンではケンジントン公園近くの公邸に住み家庭教師ミス・スミスについて英語の勉学に励む。13年2月4日有礼とともにヴィクトリア女王に謁見する。ロンドンの外交官などからは「チイサイ公使夫人」として親しまれる。17年1月有礼は帰国命令を受け、フランス郵船ヴォルガ号に乗り17年3月14日横浜に一家で帰国する。鹿鳴館のはなやかな時期であり、ロンドン時代の経験をいかして社会に活躍する。19年11月28日、有礼と離婚。離婚の原因は彼女の不貞。ロンドン滞在中に妊った子の父は西洋人であったという。離婚後彼女が精神異常となったことがクララ・ホイットニーの『クララの明治日記』に記述され、その追記では、明治33(1900)年11月以前に死去していることが知られている。

　文献　鹿鳴館貴夫人考(近藤富枝)　講談社　昭58(講談社文庫)　　　　〔富田仁〕

森 繁　もり・しげる

生没年不詳　留学生　⊕京都　⊛イギリス：1870年(東伏見宮に随行)

　生没年不詳。太政官に入り、明治3(1870)年、岩倉具視の推せんで官費留学生なり、東伏見宮に随行してイギリスに渡る。その後の消息は不明。

　文献　明治初年条約改正史の研究(下村冨士男)　吉川弘文館　昭37／近代日本の海外留学史(石附実)　ミネルヴァ書房　昭47／近代日本海外留学生史　上(渡辺実)　講談社　昭52／幕末明治海外渡航者総覧(手塚晃編)　柏書房　平4　　〔楠家重敏／富田仁〕

森 甚五兵衛　もり・じんごべえ

嘉永4年5月29日(1851)～大正4年11月25日(1915)　大学南校の学生　⊕徳島　⊛イギリス：1870年(留学)

　嘉永4(1851)年5月29日に生まれる。徳島の出身。明治3(1870)年に大学南校生徒の身分で藩の費用によりイギリスへ留学する。ロンドンのユニバーシティ・カレッジに学ぶ。7年に帰国し工部省雇となる。その後の消息は不明だが、大正4(1915)年11月25日死去。享年65歳。

　文献　明治初年条約改正史の研究(下村冨士男)　吉川弘文館　昭37／近代日本の海外留学史(石附実)　ミネルヴァ書房　昭47／近代日本海外留学生史　上(渡辺実)　講談社　昭52／幕末明治海外渡航者総覧(手塚晃編)　柏書房　平4　　〔楠家重敏／富田仁〕

森 鉢太郎　もり・はちたろう

生没年不詳　幕臣　定役　⊛フランス：1862年(遣欧使節に随行)

　生没年不詳。文久1(1862)年12月、28歳頃遣欧使節に定役として随行する。

　文献　大君の使節——幕末日本人の西欧体験(芳賀徹)　中央公論社　昭43(中公新書163)／幕末教育史の研究2——諸術伝習政策(倉沢剛)　吉川弘文館　昭59　　　　〔富田仁〕

森 正道　もり・まさみち

安政7年1月17日(1860)～昭和7年7月5日(1932)　医師　三重県羽津病院長　⊕伊勢国　⊗旧名=清水　⊛ドイツ：1889年(外科学)

　安政7(1860)年1月17日、伊勢国に生まれる。東京大学を卒業。明治22(1889)年ドイツに留学して外科学を修め、25年帰国。35年にもドイツに留学しスイスを経て38年帰国。のち三重県羽津病院長を務めた。昭和7(1932)年7月5日死去。享年73歳。

　文献　幕末明治海外渡航者総覧(手塚晃編)　柏書房　平4／データベースWHO　日外アソシエーツ　　　　〔藤田正晴〕

森 雅守　もり・まさもり

安政5年2月21日（1858）～明治27年5月20日（1894）　陸軍軍人　⊕岩代国（会津郡）若松　㊙フランス：1881年（軍事研修），イタリア：1893年（軍事研修）

　安政5(1858)年2月21日，会津藩士森裕衛の長男として生まれる。維新後父とともに斗南へ移る。多読で数学を能くして神童の誉有り，11歳のとき知事から表彰される。明治7年陸軍幼年学校に入り，10年士官学校に第3期生として進み楠瀬幸彦，上原勇作とともに三羽鴉と称され，12年12月22日砲兵少尉となり，13年砲兵科を優等で卒業する。14(1881)年4月，軍命で楠瀬，上原とともにフランスに留学し，グルノーブルの砲兵連隊付となって戦術を修業，16年中尉に昇る。翌17年陸軍大佐大迫尚敏一行の訪問を受け，3人で各地を案内する。18年に帰国し，6月13日大尉となり，9月16日抜擢されて創立したての陸軍省砲兵射的学校（千葉県下志津原）で教官兼教導中隊長となる。23年8月15日少佐として砲兵第5連隊第2大隊長となり，25年2月13日東京砲兵工廠検査官に転ずる。26(1893)年，先に陸軍省が雇入れたイタリア砲兵少佐ブラチャリニーが健康を害して帰国したが，そのあとを追ってイタリアに留学し，砲心観測器の研究開発に打ちこんでいた最中，明治27(1894)年5月20日，エルバ島のホテルの一室で軍服正装で狂乱自殺。享年37歳。

　㊥エルバ島共同墓地

　⟦文献⟧　異国遍路　旅芸人始末書（宮岡謙二）改訂新版　修道社　昭46／明治過去帳―物故人名辞典（大植四郎編）　東京美術　昭46／近代日本海外留学生史　上（渡辺実）　講談社　昭52　　　　　〔山口公和〕

森下 龍三　もりした・りゅうぞう

嘉永3年4月23日（1850）～明治7年2月19日（1875）　岡山藩士　⊕岡山　㊙ヨーロッパ：1871年（岡山藩参事に同行）

　嘉永3(1850)年4月23日，吉原温一の二男として岡山に生まれ，森下景瑞の嗣子となる。明治4(1871)年に岡山藩参事らに同行してヨーロッパに渡る。滞在中の行動は不明。5年に帰国して陸軍兵学寮の教官を務めた。明治7(1875)年2月19日死去。享年26歳。

　⟦文献⟧　近代日本の海外留学史（石附実）　ミネルヴァ書房　昭47／幕末明治海外渡航者総覧（手塚晃編）　柏書房　平4　　〔富田仁〕

森島 庫太　もりしま・くらた

慶応4年4月7日（1868）～昭和18年3月18日（1943）　薬物学者　医学博士　〔近代薬物学確立の功労者〕　⊕岐阜　㊂雅号＝栗陰　㊙ドイツ：1896年（薬物学）

　慶応4(1868)年4月7日，医師森島玄仙の長男として岐阜に生まれる。医学部予備校でドイツ語を学び，明治17年大学予備門入学。26年帝国大学医科大学卒業後，薬物教室に入る。29(1896)年ドイツ・ベルギーに留学，ストラスブール，ライプチヒ，ガン大学で薬物学（薬理学）を専攻する。33年帰国後，京都帝国大学医学部教授となり薬物学講座を担当，同年医学博士の学位を得る。昭和3年退官。昭和8年には帝国学士院会員となる。近代薬物学確立の功労者であり，神経痛，リューマチ性疼痛に特効のあるシノメニンをオオツヅラフジ中に，痔薬リコリンを石蒜中に発見し，またヒドロリコリンがアメーバ赤痢に有効であることを究明するなど薬物の臨床応用上の貢献が大きい。栗陰と号して詩作をし，書にも巧みであった。昭和18(1943)年3月18日，食道癌のため死去。享年76歳。

　⟦文献⟧　森島先生のことども（阿部勝馬）：日本医事新報　1246　昭23／日本人名大事典　現代編　平凡社　昭54　　〔岡本麻美子〕

森田 清行　もりた・きよゆき

文化9年（1812）～？　幕臣　勘定組頭　㊂通称＝岡太郎　㊙アメリカ：1860年（遣米使節に随行）

　文化9(1812)年に生まれる。安政7(1860)年1月，数え年49歳のとき遣米使節新見豊前守のアメリカ渡航に勘定組頭として随行し同年9月27日に帰国する。その後の消息は不明。

　⟦文献⟧　77人の侍アメリカへ行く（レイモンド服部）　講談社　昭43　　　〔富田仁〕

森田 思軒　もりた・しけん

文久1年7月21日（1861）～明治30年11月14日（1897）　新聞記者，翻訳家　⊕備中国（小田郡）笠岡　㊂本名＝森田文蔵　別号＝埜客，紅芍園主人，羊角山人，白蓮庵主人　㊙イギリス：1885年（郵便報知新聞特派員）

文久1(1861)年7月21日，備中国小田郡笠岡に生まれる。慶応義塾に学ぶが明治11年中退。矢野龍渓に認められ，15年郵便報知新聞社に入社。18(1885)年11月から19年8月にかけて特派員として中国やイギリス，ドイツ，ベルギーのヨーロッパ諸国，アメリカを歴訪。この間，紀行文や翻訳作品を紙上に発表。20年ヴェルヌ『仏曼二学士の譚』(のち『銀世界』に改題)を刊行して翻訳家として出発。25年郵便報知新聞社を退社，国会新聞に客員で入社。この間，翻訳作品，評論，論説と幅広く活躍し，"翻訳王"と呼ばれた。29年には万朝報に入社。主な訳書にユゴー『探偵ユーベル』『死刑前の六時間』，ヴェルヌ『十五少年』などがある。明治30(1897)年11月14日腸チフスのため死去。享年37歳。

[文献] 幕末明治海外渡航者総覧(手塚晃編)　柏書房　平4／朝日日本歴史人物事典　朝日新聞社　平6／埋もれた翻訳―近代文学の開拓者たち(秋山勇造)　新読書社　平10／森田思軒―明治の翻訳王伝記(谷口靖彦)　山陽新聞社　平12／データベースWHO　日外アソシエーツ　〔藤田正晴〕

森田 留蔵　もりた・とめぞう

天保15年2月10日(1844)～大正6年1月8日(1917)　牧場主　〔滞米8年，熱海で牧場経営〕　[生]江戸三番町　[名]諱＝忠毅(タダタケ)　[渡]アメリカ：1871年(砲術)

天保15(1844)年2月10日，江戸三番町で生まれる。静岡の出身。江川塾に学び，明治4(1871)年に江戸英武のアメリカ渡航に随行して留学，砲術を学び，6年8月帰国。8年には私費で再渡米し，牧畜業を修めて12年8月に帰国し，熱海で牧場を経営する。大正6(1917)年1月8日死去。享年74歳。

[文献] 近代日本の海外留学史(石附実)　ミネルヴァ書房　昭47／幕末明治海外渡航者総覧(手塚晃編)　柏書房　平4　〔富田仁〕

森田 弥助　もりた・やすけ

生没年不詳　従者　[渡]フランス：1864年(遣仏使節に随行)

生没年不詳。文久3(1864)年12月，遣仏使節に西吉十郎の従者として随行する。

[文献] 幕末教育史の研究2―諸術伝習政策(倉沢剛)　吉川弘文館　昭59　〔富田仁〕

森寺 広三郎　もりでら・こうざぶろう

生没年不詳　三条家家来　[名]別名＝弘三郎　[渡]イギリス：1868年(三条公恭の従者)

生没年不詳。慶応4(1868)年3月，三条公恭の従者に選ばれイギリスへ赴く。中御門寛丸，尾崎三良，毛利平六郎，城蓮，大野直輔らも同行するが，一行には「英語を解するもの一人もなく」という状況であったので，珍道中がつづき赤ゲットーそのものであった。「西洋の事情形勢を探知する」という大義名分はあったものの，大方の人間は西洋文明にただ茫然自失するのみであった。明治3年帰国。その後の消息は不明。

[文献] 男爵目賀田種太郎(故目賀田男爵伝記編纂会)　昭13／明治初年条約改正史(下村富士男)　吉川弘文館　昭37／尾崎三良自叙略伝上　中央公論社　昭51／幕末明治海外渡航者総覧(手塚晃編)　柏書房　平4　〔楠家重敏／富田仁〕

森寺 常徳　もりでら・つねのり

弘化4年(1847)～明治14年2月15日(1881)　三条家従者　[生]京都　[渡]イギリス：1872年(蜂須賀茂韶に随行)

弘化4(1847)年，森寺常安の二男として生まれる。明治5(1872)年3月27日，蜂須賀茂韶の従者としてイギリスに渡る。同年11月28日帰国後，侍従となる。明治14(1881)年2月15日死去。享年35歳。

[文献] 近代日本の海外留学史(石附実)　ミネルヴァ書房　昭47／幕末明治海外渡航者総覧(手塚晃編)　柏書房　平4　〔楠家重敏／富田仁〕

森友 彦六　もりとも・ひころく

安政5年7月7日(1858)～明治20年10月19日(1887)　海軍軍人　海軍大機関士　〔帰国の途中，船が沈没し死去〕　[生]福岡　[渡]アメリカ：1880年(筑波艦の機関士)

安政5(1858)年7月7日，小倉藩士宮下氏の二男として生まれる。のち森友氏を嗣ぐ。幼少より英学を修め，やがて海軍兵学寮の機械科生徒となる。明治13(1880)年，機関士副として筑波艦に乗り組みアメリカに航海する。17年，軍事視察のため早坂源吾，大久保喜蔵，野口定次郎，関重忠と共にイギリスへ派遣される。19年，フランス，イギリスに赴き帰国の途次，乗船した畝傍艦がシンガポールを出航後に消

息をたつ。明治20(1887)年10月19日,海軍省は東シナ海上で水没したと認定した。享年30歳。 ㊣東京・青山霊園
[文献] 明治過去帳—物故人名辞典(大植四郎編) 東京美術 昭46／近代日本海外留学生史 上(渡辺実) 講談社 昭52 〔楠本重敏〕

森永 太一郎　もりなが・たいちろう
慶応1年6月17日(1865)〜昭和12年1月24日(1937)　実業家 〔森永製菓の創設者〕 ㊣肥前国伊万里(西松浦郡伊万里町) ㋑幼名=伊佐衛門 ㊆アメリカ：1888年(陶器販売)

　慶応1年(1865)年6月17日,伊万里の陶磁器問屋・森永常次郎の長男として生まれる。明治3年,事業が不振の最中に父が死に,母も他家へ再縁したため近親の家を転々とする。その間,母方の祖母チカが絶えず面倒をみてくれていたが,小学校にも満足に通えず,12歳頃までは自分の姓名さえ正確に書けなかったという。その後,川久保予章のもとで手習いの指導をうける。ところが5年に彼が無籍であることを知った伯母の夫・山崎文左衛門が密かに実子として入籍していたが,のちに親族間で問題となり山崎家は他家から養子を迎えることとなり,彼は森永姓に戻る。山崎文左衛門は大阪や東京へ伊万里焼を送って商売をしていたので,彼も伊万里焼の仕入れや卸しに従事していたが,文左衛門のすすめで全国的に名の知られた伊万里焼問屋・堀七に奉公に出る。西南戦争後に陶器相場が騰貴した際,堀七の若主人は客から注文を受けて焼かせた製品を堀七が売るために焼かせたものと主張しトラブルを起こす。このような商法に嫌気がさして伯父の力武喜一郎に頼み横浜へ出て,16年に有田屋に勤め,18年からは本町通りの道谷商店で九谷焼の外国商館への売り込みを行う。21(1888)年7月に売れる見込みのない品をアメリカへ持って行き売り捌く計画を実行する。アメリカでは行商人佐藤文次に通訳を頼む。また横浜正金銀行サンフランシスコ支店長日原昌造の好意で信用借りした借金も品物を売り尽したことで返済ができ,残金を道谷商店へ送金する。その後,佐藤文次が名誉心が強く協力者としては適任でない人物と判断して関係を断ち,一人で生きるため手に職をつけようと考え,日本ではまだ始めた者がいない洋菓子製造に目をつける。しかし黄色人種という理由で雇ってくれる菓子工場はなかなかなく,さまざまな仕事に従事する。たまたまオークランドで老婦人の手びきによりキリスト教に入信し,23年,布教のため帰国して故郷で活動するが失敗に終わり,再度アメリカに渡り皿洗いとしてアラメダのホームベーカリーに勤める。その後,この工場のネルソンのもとでパン焼の技術を身につけ,同じ工場のウィリアムよりケーキづくりの指導を受ける。ウィリアムはベーキングパウダーの調合,フルーツジャムの製法,ビスケットの製造調合などまで親切に教えてくれたが,ベーカリーの経営者がかわり,過酷な労働条件となったので,退職しオークランドのキャンデー工場に入りアイスクリームの製法などを学ぶ。32年に帰国し赤坂溜池の借家に工場を建て増して菓子製造を始める。中の橋の青柳からの注文をきっかけに販路もひらけ,クリスマス用に洋菓子が輸入される時勢とも重なり,43年には会社の組織を株式会社に改めるまでに発展し,今日の森永製菓の礎を築く。昭和12(1927)年1月24日死去。享年73歳。 ㊣東京・青山霊園
[文献] 森永五十五年史　森永製菓株式会社 昭29／日本人名大事典6　平凡社　昭54／西洋料理がやってきた(富田仁)　東京書籍 昭58／菓商―小説森永太一郎(若山三郎) 徳間書店　平9(徳間文庫)　〔湯本豪一〕

森村 豊　もりむら・ゆたか
嘉永7年2月12日(1854)〜明治32年7月30日(1899)　実業家 〔貿易商森村組の創立者〕 ㊣江戸 ㊆アメリカ：1874年(商業学)

　嘉永7(1854)年2月12日,露店商森村市左衛門(初代)の第二子として江戸京橋に生まれる。13歳のときに英学を志し,福沢英之助とともに4年間外国人について学ぶ。明治7(1874)年に慶応義塾を卒業し,ただちにアメリカに渡る。ニューヨーク州ポーキプシイのイーストマン商業学校で学んだのち,9年ニューヨークに出て「日の出コンパニー」という日本雑貨の小売店を開く。その間,兄の市左衛門(二代)の横浜生糸合名会社設立に尽力し,森村商事盛隆の基盤を固めた。日本とニューヨークを往復すること40回以上にのぼり,草創期の日米貿易に活躍した。明治32(1899)年7月30日,胃癌のため死去。享年46歳。

[文献] 在米成功者森村豊君商業苦心談(原霞外)：成功 3(1) 明36／日米貿易―維新の血燃ゆ(福永郁雄)：日本経済新聞 昭60.1.21／明治を歩く―明治事物起原(福永郁雄)：The Morimura 48 森村商事 昭60／明治日米貿易事始―直輸の志士・新井領一郎とその時代(阪田安雄) 東京堂出版 平8(豊明選書)
〔楠家重敏〕

森山 多吉郎　もりやま・たきちろう

文政3年6月1日(1820)～明治4年3月15日(1871)　通詞　〔遣欧使節の英文書簡作成〕　[生]長崎　[名]諱＝憲直, 初名＝栄之助, 号＝茶山, 子錦　[渡]イギリス：1862年(遣欧使節の通訳)

文政3(1820)年6月1日, 長崎に生まれる。家は代々オランダ通詞をつとめていた。嘉永1年, 偽装漂着のアメリカ人マクドナルドから本格的に英語を習い, 蘭, 英, 2ヶ国語を使いこなせる通詞として活躍する。3年には『エゲレス語和解』の編集に従事し, 6年プチャーチン来航に際し, 川路聖謨の通詞となり活躍する。またオランダの地図に樺太の日露国境が北緯50度線となっていることを発見する。これが, わが国の対露国境の根拠となる。安政1年にペリー来航の際も通訳をつとめ, その後, 江戸小石川に英語塾を開く。文久2(1862)年には開港延期問題で渡欧した竹内保徳遣欧使節の通訳として英公使オールコックと同船でイギリスに赴き, 使節一行とロンドンで合流する。その後, 各国を回り帰国。帰国後は通弁役頭取, 外国奉行支配調役, 兵庫奉行附組頭などを歴任するとともに, 万延1年の遣米使節の携えた大統領への英文書簡の作成にも活躍する。しかし維新後は政府に仕えることはなかった。なお彼の英語塾の門下生には津田仙, 福地源一郎, 沼間守一などがいる。また福沢諭吉も短期間ではあるが学んでいる。明治4(1871)年3月15日, 東京で死去。享年52歳。　[墓]長崎・本蓮寺

[文献] 森山多吉郎と福沢諭吉(板橋倫行)：日本歴史 121 昭33／日本洋学編年史(大槻如電原著 佐藤栄七増訂) 錦正社 昭40／長崎県人物伝(長崎県教育会編) 臨川書店 昭48／日本人名大事典6 平凡社 昭54／明治維新人名辞典(日本歴史学会編) 吉川弘文館 昭56／洋学史事典(日蘭学会編) 雄松堂出版 昭59
〔湯本豪一〕

【や】

弥市　やいち

生没年不詳　永住丸乗組員　[渡]アメリカ：1842年(漂流)

生没年不詳。摂津国兵庫西宮内町の中村屋伊兵衛の持船・永住丸の水夫で, 天保12年10月12日に下総沖で暴風雨のために漂流。翌13(1842)年2月2日スペイン船に救助されるが, 3月17日にカリフォルニアに仲間6人とともに置き去りにされる。その後の消息は不明。

[文献] 日本人漂流記(川合彦充) 社会思想社 昭42(現代教養文庫A530)／世界を見てしまった男たち―江戸の異郷体験(春名徹) 筑摩書房 昭63(ちくま文庫)／新世界へ―鎖国日本からはみ出た栄寿丸の十三人(佐野芳和) 法政大学出版局 平1
〔富田仁〕

矢島 楫子　やじま・かじこ

天保4年4月24日(1833)～大正14年6月16日(1925)　女子教育者, 婦人運動家　女子学院院長　〔廃娼・婦人参政権運動に尽力〕　[生]肥後国(上益城郡)木山町　[渡]アメリカ：1906年(矯風会世界大会参加)

天保4(1833)年4月24日, 矢島忠左衛門の第八子として肥後国木山町に生まれる。明治5年に上京して教員伝習所に学ぶ。翌年, 東京・芝の桜川小学校につとめ, 11年には築地新栄女学校の教師となる。キリスト教徒となり12年に受洗。13年には桜井女学校の校長となる。19年に東京婦人矯風会を創設し, 同会の会長となる。翌年, 桜井女学校と新栄女学校が合併して女子学院が出来, 同校の院長を務める。明治39(1906)年8月, 久布白落実らとともにボストンに赴き第7回矯風会世界大会に参加する。大正9年3月, 第10回矯風会世界大会に出席するためロンドンに赴き, 途中ニューヨークに立ち寄る。大会出席後, 再びアメリカを経由して帰路につく。10年の春, 満洲, 朝鮮をめぐり, 同年9月, 国際軍縮会議が開かれていたワシントンに赴き, 矯風会世界大会に参加する。13年には婦人参政権獲得期成同盟会の会員となり, 婦人参政権問題にも関心をしめした。大正14(1925)年6月16日死去。享年93歳。

[文献] 矢島楫子(守屋東)　婦人新報社　大12／矢嶋楫子伝(久布白落実)　不二屋書房　昭10／日本人名大事典6　平凡社　昭54／「わたし」を生きる女たち―伝記で読むその生涯(楠瀬佳子, 三木草子編)　世界思想社　平16(SEKAISHISO　SEMINAR)
〔楠家重敏〕

矢島 作郎　やじま・さくろう

天保10年(1839)～明治44年11月7日(1911)　実業家　衆議院議員　〔東京電灯会社, 正則英語学校など設立〕　[生]徳山　[名]別名＝佐久郎, 佐九郎　[渡]イギリス：1868年(留学)

天保10(1839)年に生まれる。徳山藩士。慶応4(1868)年イギリスに留学し，明治7年に帰国。帰国後，大蔵省紙幣寮助となるが，10年実業界に身を投じる。東京貯蔵銀行，東京電灯会社などを設立し，さらに東京訓盲院や正則英語学校を創立した。のち，衆議院議員となる。明治44(1911)年11月7日死去。享年73歳。

[文献] 廃藩以前旧長州藩人の洋行者：防長史談会雑誌　1(6)　明43／明治初年条約改正史の研究(下村冨士男)　吉川弘文館　昭37／幕末明治海外渡航者総覧(手塚晃編)　柏書房　平4
〔楠家重敏／富田仁〕

八代 六郎　やしろ・ろくろう

安政7年1月3日(1860)～昭和5年6月30日(1930)　海軍軍人, 大将　男爵　〔海軍・部内のロシア通, 広瀬武夫の教官〕　[生]尾張国(丹羽郡)楽田村　[名]旧名＝角田　[渡]ロシア：1890年(ロシア語学習及び視察)

安政7(1860)年1月3日，松山庄七の子として尾張国楽田村に生まれる。9歳の時，天狗党の生残り八代逸平の養子となる。愛知英語学校同窓の坪内逍遙とともに上京，明治10年1月海軍兵学校に第8期生として入学，14年9月卒業。海軍兵学校教官時代に，柔道が縁で広瀬武夫と親しむ。23(1890)年7月9日から26年4月16日までウラジオストックに駐在し，ロシア研究に没頭。ロシア語は，ポーランド人ラトコフスカヤ夫人について学ぶ。雪中シベリア越えや馬賊に襲われた朝鮮の美少年救出などの武勇伝がある。帰国後，広瀬にロシア語の手ほどきをする。28年12月21日から32年7月7日まで公使館附武官としてペテルブルグ在勤中にも，留学中の広瀬を世話する。のちに，厖大な報告書「露国事情一斑」を提出。日露戦争後，ドイツ大使館附を経て軍政方面に活躍，海軍大臣，枢密顧問官等要職を歴任する。若い頃からの読書家で，スペンサーやオイケンの哲学に熱中,『モンテ・クリスト伯』を原書で読み，イギリス・ロシア文学にも通じ，ロシア風の小説を書いたと言われる。昭和5(1930)年6月30日死去。享年71歳。

[文献] 八代大将の事(坪内逍遙)　『柿の帶』　中央公論社　昭8／八代六郎大将の生涯(大川周明)　『大川周明全集4』　岩崎書店　昭37／明治・大正時代のロシア文学の移入(柳田泉)：学鐙　66(1)　昭44.1／日本人名大事典6　平凡社　昭54／ど根性に生きた将軍八代六郎男(長谷川敏行)　ステーツマン社　昭55
〔国松夏紀〕

安井 真八郎　やすい・しんぱちろう

弘化4年(1847)～?　植物学者　名古屋洋学校助教　〔日本最初期のばら栽培書を翻訳紹介〕　[渡]イギリス：1866年(留学)

弘化4(1847)年に生まれる。慶応2(1866)年，幕府がイギリスに留学生を派遣する折，英学の知識が認められて，その選に入った。横浜出帆以来，ロイドから英語の手ほどきを受けたが，進歩は遅々としたものであった。ロンドン到着後，モルベイなどから英語，算術，物理，化学などの教授を受ける。その後，ロンドン大学の予科に入学したが，間もなく資金不足と幕府の瓦解のため帰国を余儀なくされた。明治1年帰国。2年名古屋洋学校助教に就任。7年開拓使の北海道本草調査に参加するが，8年解雇される。同年日本最初期のばら栽培書である『図入薔薇栽培法』を翻訳・刊行した。9年9月旧主に従って駿河に赴いた。その後の消息は不明。

[文献] 徳川幕府の英国留学生―幕末留学生の研究(原平三)：歴史地理　79(5)　昭17／幕末のイギリス留学(倉沢剛)　『幕末教育史の研究2』　吉川弘文館　昭59／データベースWHO　日外アソシエーツ
〔楠家重敏／富田仁〕

安井 てつ　やすい・てつ

明治3年2月23日(1870)～昭和20年12月2日(1945)　女子教育者　〔東京女子大学学長〕　[生]東京　[渡]イギリス：1897年(教育学, 心理学)

明治3(1870)年2月23日，安井津守の長女として東京に生まれる。東京師範学校女子部に在学中，教育学に関心をもち，23年3月に同校

を卒業したのち、東京と盛岡で教員となった。30(1897)年1月16日、文部省留学生として教育学研究のためイギリスへ旅立った。船中で津田梅子の友人のイギリス婦人から英会話を習い、3月7日にロンドンに着いた。「斯くて終にロンドンに着きましたが、恰も日曜日の夕方のであれ程繁華な都会も静まりかへつて寺院の鐘のみが遙かに聞へてをりました」という、おだやかな初印象であった。4月にはロチェスター・ハイスクールで家政学教授法を研究し、10月からはケンブリッジのトウレーニング・カレッジでヒュームに教育学、教育史を、さらに大学のジョーンズ教授より心理学を学んだ。翌年にはサレーより児童心理学を学び、オックスフォード大学で心理学を専攻した。33年4月、ロンドンを立ち、パリ万国博覧会で新渡戸稲造に会い、7月にアメリカ経由で帰国した。滞英中よりキリスト教の感化を受けたが、同年12月に海老名弾正より洗礼を受ける。明治37(1904)年2月、シャム政府の招きでバンコック皇后女学校教育主任として同校の設立と教育に従事する。40年3月、任期満了のためシャムを去り渡英する。同年9月、ウェルス大学にて倫理学、哲学、英文学を学ぶ。翌年帰国して学習院の講師となる。大正7年、東京女子大学学監に就任し、さらに8年3月、新渡戸稲造、後藤新平とともに欧米を視察し、ついで国際連盟事務局次長となる。12年4月、アメリカの女子高等教育視察のため渡米する。同年12月、東京女子大学学長に就任する。昭和9年7月、満州(中国東北地方)と朝鮮を旅行し、大連、旅順、奉天などで講演する。15年、学長を辞して東京女子大学名誉学長となる。昭和20(1945)年12月2日、入院加療のところ腹膜炎を併発し死去。享年77歳。

[文献] 近代日本海外留学生史 上(渡辺実) 講談社 昭52／日本人名大事典 現代編 平凡社 昭54／安井てつ伝 『青山なを著作集3』 慶応通信 昭57／安井てつ伝―伝記・安井てつ(青山なを) 大空社 平2(伝記叢書)／真の教育者像を求めて(藤田清人) 雄山閣出版 平3　　　　〔楠家重敏〕

安川 繁成　やすかわ・しげなり
天保10年3月(1839)～明治39年8月29日(1906) 官吏、実業家　少議生　⊕上野国(新田郡)綿打村(大字上田)　㊙幼名=文六郎　㊙アメリカ：1871年(岩倉使節団に随行)

天保10(1839)年3月、岩崎八十吉の四男として上野国綿打村に生まれる。安政1年に江戸へ出て佐藤一斉の門下となる。のち白河藩士安川休翁の養子となる。文久1年以降、成島柳北や大鳥圭介らに従って蘭学を修め、開成所に入って稽古人世話心得、句読師となる。慶応3年には福沢諭吉の塾に通う。維新の際に建策勤王につとめる。明治初年、森有礼の推せんにより行政官制度寮に入り、小議員となる。明治4(1871)年、岩倉使節団に従って欧米各国をめぐる。翌年帰国して、印刷局副長、第一回地方官会議書記官、工部大書記官、工部省統計課長を歴任した。16年、突然官を辞して繁成山安川寺を開基する。19年、再び復官して検査院部長となる。のち東京市会議員となる。31年、実業界に関与し日本鉄道会社検査委員となる。東京1区より衆議院議員となる。晩年には愛国生命保険会社の社長となる。『条約各国旗章』『英国政治概論』などの著書がある。明治39(1906)年8月29日死去。享年68歳。

[文献] 明治過去帳―物故人名辞典(大植四郎編) 東京美術　昭46／岩倉使節の研究(大久保利謙編) 宗高書房　昭51　　〔楠家重敏〕

八杉 貞利　やすぎ・さだとし
明治9年9月16日(1876)～昭和41年2月26日(1966)　ロシア語学者　⊕東京浅草　㊙ロシア：1901年(語学研修)

明治9(1876)年9月16日、陸軍軍医八杉利雄の二男として東京浅草で生まれる。八杉家は石州津和野藩の藩医の家柄。明治16年、森鷗外が陸軍二等軍医となった時、利雄は鷗外の直接の上司であったという。高等師範学校附属小学校、同中学校、第一高等学校を経て、30年東京帝国大学文科大学言語学科に入学。恩師上田万年の勧めにより当時わが国ではまだ未開拓の学問分野であったロシア語の研究を志し、東京外国語学校専修科でロシア語を学ぶ。その頃の外語には二葉亭四迷が教授として在職していた。大学時代はロシア語研究のかたわら、言語学会の設立と『言語学雑誌』(明治33年2月)の創刊に奔走した。またアイヌ語の研究にも精力的であった。明治34年海軍少将岩崎達人氏長女名美と結婚、同年(1901)秋文部省派遣の留学生として、ロシアに留学を命じられる。10月出発、マルセーユ、ベル

リン、ワルシャワを経由して、12月に露都ペテルブルグに到着。到着第一信は「聖彼得堡府到着第一信」(『八杉貞利日記ろしや路』)で、加藤寛治や広瀬大佐との出会い、家族への細やかな心遣いが新鮮である。ペテルブルグでの生活は「東京外語ロシヤ会会報」(昭和36年6月)に書いた回想があり、当時の留学生の生活の実際を知る上で貴重である。36年東京外国語学校教授に任ぜられ、37年日露戦争勃発と同時に、再びヨーロッパ経由で5月に帰国。以後42年間にわたって東京外国語学校で教鞭をとり、また東京帝国大学、早稲田大学にも出講して、言語学、ロシア語の講座を担当する。業績としては名著『露西亜語学階梯』(改訂版『八杉ロシヤ語教本』)があり、ロシア語の体系的・科学的教授法の確立をあげることが出来る。また『岩波ロシヤ語辞典』の完成はわが国におけるロシア語の普及とソヴィエト研究の推進発展に多大の役割を果した。さらに戦前の日露協会の理事としてはもちろん、日本ロシヤ文学会会長(初代)として、日本とソヴィエト両国の相互理解と関係改善に尽力した功績には計り知れないものがある。歌集『ろしや酒』(昭和41年)には研究者、教育者とはまた別の、抒情詩人の魂の営為が読みとれる。昭和41(1966)年2月26日死去。享年91歳。

[文献] 新県居雑記　八杉貞利日記明治三十一年：文学　34(9)　昭41／八杉貞利先生の思出(河野与一)：図書　200　昭41／八杉貞利日記ろしや路　図書新聞社　昭42／日本近代文学大事典3(日本近代文学館編)　講談社　昭53／日本人名大事典　現代編　平凡社　昭54　　　　　　　　　　　〔尾形国治〕

安田　善一郎　やすだ・ぜんいちろう
生没年不詳　従者　⒜諱=為政　⒫アメリカ：1860年(遣米使節に随行)

生没年不詳。安政7(1860)年1月、37歳頃遣米使節に新見豊前守正興の従者として随行する。

[文献] 万延元年遣米使節史料集成1〜7(日米修好通商百年記念行事運営会編)　風間書房　昭36／幕末教育史の研究2—諸術伝習政策(倉沢剛)　吉川弘文館　昭59　〔富田仁〕

安永　義章　やすなが・よしあき
安政2年11月23日(1855)〜大正7年7月6日(1918)　製鉄技師　工学博士　⒮佐賀　⒫ドイツ、フランス：1885年(兵器製造)

安政2(1855)年11月23日、佐賀に生まれる。明治13年工部大学校機械工学科を卒業し、工部省七等技手となる。16年陸軍省御用掛。18(1885)年兵器製造のためにドイツとフランスへ留学。29年八幡製鉄所の技師となる。31年製品部長となるが36年に退職する。大正7(1918)年7月6日死去。享年63歳。

[文献] 製鉄所所用尺度ニ関スル件(安永義章)：製鉄所文書『自明治29年及至同33年・通達原議』　明33／製品部作業報告(安永義章、萩原時次)：明治34年自三月至七月・製鉄所公文録全　明34.7.9　　〔保阪泰人〕

安場　保和　やすば・やすかず
天保6年4月17日(1835)〜明治32年5月23日(1899)　政治家　男爵　⒮熊本　⒜幼名=一平、雅号=咬菜軒　⒫アメリカ：1872年(岩倉使節団に同行)

天保6(1835)年4月17日、熊本に生まれる。横井小楠に学ぶ。明治1年、総督府に入り、ついで胆沢県大参事、酒田県大参事をつとめ、一時官職を辞す。間もなく熊本藩参事となる。4年、大蔵大丞に任ぜられ租税権頭を兼ねる。同年(1872)11月、岩倉使節団に随ってアメリカ、ヨーロッパ各国を巡遊する。帰国後、福島県令、愛知県令、元老院議官、参事院議官を経て、19年に福岡県令となる。25年、愛知県知事となったが、ただちに辞任して野に下る。ついで貴族院議員となり、30年には北海道長官となる。明治32(1899)年5月23日、日本赤十字社病院で心臓病のため死去。享年65歳。

[文献] 明治過去帳—物故人名辞典(大植四郎編)　東京美術　昭46／日本人名大事典6　平凡社　昭54　　　　　　　　　　　〔楠家重敏〕

安広　伴一郎　やすひろ・ともいちろう
安政6年10月13日(1859)〜昭和26年5月27日(1951)　官僚　枢密顧問官　⒮福岡　⒫イギリス：1885年(留学)

安政6(1859)年10月13日、福岡藩士・安広一郎の子として福岡に生まれる。明治8年上京、のち香港・北京に渡り英学、中国語を学ぶ。13年香港中央書院を卒業。明治18(1885)年イギリスに渡り、ケンブリッジ大学に留学し法学を学ぶ。20年卒業し21年帰国。内閣記官、法制局・内務省各参事、司法・内務各大臣秘書官、内務省社事局局長を歴任し、内閣書記官長と

矢田 一嘯 やだ・いっしょう
安政5年12月19日(1860)～大正2年4月22日(1913) 洋画家 ㊗武蔵国横浜 ㊂本名=矢田虎吉 ㊹アメリカ：1886年(美術)

　安政5(1860)年12月19日、武蔵国横浜に生まれる。明治19(1886)年アメリカに私費留学しパノラマの描法を研究。22年帰国。23年東京・上野のパノラマ館開設に際し白河戦争の大場面を描いた。油絵『蒙古軍襲来絵図』や銅釵台座の日蓮法難図原画を制作。大正2(1913)年4月22日死去。享年56歳。

〔文献〕幕末明治海外渡航者総覧(手塚晃編)　柏書房　平4／データベースWHO　日外アソシエーツ　　　　　　〔藤田正晴〕

矢田部 良吉 やたべ・りょうきち
嘉永4年9月19日(1851)～明治32年8月7日(1899)　植物学者、詩人　理学博士〔植物学の体系化、新体詩・ローマ字普及運動に功労〕　㊗韮山　㊂諱=信敏、号=尚今　㊹アメリカ：1870年(植物学)

　嘉永4(1851)年9月19日、医師の子として伊豆韮山に生まれる。若い時から中浜万次郎、大鳥圭介らに漢書、英語を学び、横浜で英学を修める。明治2年開成学校教授試補となり、さらに大学少助教、中助教とすすみ外務省文書大令使となるが、3(1870)年高橋是清の斡旋により、少弁務使森有礼に随行しアメリカへ渡る。4年外務権少録に転じるが辞職してコーネル大学に入る。A.グレーに植物学を学び9年に卒業する。帰国後ただちに開成学校教授となる。翌年東京大学発足とともに教授となり、モースらとともに東京大学に生物学科を創立して植物学講座を担当する。東京博物館館長、小石川植物園初代園長、東京盲啞学校校長、東京高等師範学校校長などを歴任するとともに東京植物学会、東京生物学会の創立にも参与する。21年理学博士となる。彼は初めて日本に近代科学としての純正植物学を導入し、その基礎を確立したことに功績がある。当時皆無に等しかった標本、教科書、あるいは参考書などを整備するために多忙な公務の暇をみつけては同僚の助手たちと手分けをして全国各地へしばしば植物採集に出掛け、そのかたわら欧米の専門書を翻訳したり著書を出したりして初期生物学教育の発展に尽力する。英語にすぐれ、講義はすべて英語で行ったが、文章ではローマ字を用いたものも多い。24年大学教授のみならず高等師範学校校長にもなるが、急進的な啓蒙学者であったためか東京大学を辞めることになる。主著、翻訳書として『日本植物図解』『日本植物篇』『大森介墟古物編』(モース原著)などがある。なお、そればかりでなく、尚今と号して、明治前期の詩壇にも活躍し、15年には井上哲次郎、外山正一とともに進化論をふまえて日本語による洋風の長詩型の創造を試み『新体詩抄 初編』を編集刊行している。同書所収の訳詩「グレー氏墳上感懐の詩」は、のちのローマン詩の先駆と見られる佳品である。また羅馬字会、演劇改良会などをも結成、多面にわたって活動する。明治32(1899)年8月7日、鎌倉で水泳中に溺死。享年49歳。

〔文献〕文学遺跡巡礼81―矢田部良吉評伝(井嶋千鶴子)：学苑　2(2)　昭25／近代文学研究叢書4(昭和女子大学近代文学研究室編)　昭和女子大学近代文化研究所　昭31／人と作品　現代文学講座1(木俣修等編)　明治書院　昭36／矢田部良吉の分かち書き―糸井實一氏に答えつつ(堀内庸村)：言語生活　124　昭37／日本人名大事典6　平凡社　昭54／近代日本哲学思想家辞典(伊藤友信他編)　東京書籍　昭57　　　　　〔佐藤秀一〕

谷津 勘四郎 やつ・かんしろう
生没年不詳　幕臣　小人目付　㊹フランス：1864年〔遣仏使節に随行〕

　生没年不詳。文久3(1864)年12月、遣仏使節に小人目付として随行する。

〔文献〕幕末教育史の研究2―諸術伝習政策(倉沢剛)　吉川弘文館　昭59　　〔富田仁〕

楊井 謙蔵 やない・けんぞう
生没年不詳　山口県留学生　㊗山口　㊹アメリカ：1872年頃〔留学〕

生没年不詳。山口の出身。明治5(1872)年頃アメリカに留学。その後の消息は不明。

[文献] 近代日本の海外留学史(石附実) ミネルヴァ書房 昭47／近代日本海外留学生史 上(渡辺実) 講談社 昭52 〔楠家重敏〕

柳井 謙太郎　やない・けんたろう
生没年不詳　外交官　サンフランシスコ領事
㋺アメリカ：年不明

　生没年不詳。明治13(1880)年に遠洋航海に赴いた筑波艦がサンフランシスコに寄港したときに領事としてその歓迎会を開いた。留学生の柴四郎(東海散士)が歓迎文を起草し、コロンビア、エール両大学に学んで帰国の途次の鳩山和夫が激励の演説を行った。

[文献] 異国遍路　旅芸人始末書(宮岡謙二)　中央公論　昭53(中公文庫)　〔富田仁〕

柳井 譲蔵　やない・じょうぞう
生没年不詳　留学生　㋺アメリカ：1872年(織物技術)

　生没年不詳。明治5(1872)年に吉田清成に同行して官費によるアメリカ留学に旅立つ。アメリカでは織物の修業に励む。その後の消息は不明。

[文献] 近代日本の海外留学史(石附実) ミネルヴァ書房 昭47 〔富田仁〕

柳川 一蝶斎　やながわ・いっちょうさい
弘化4年11月(1847)～明治42年2月17日(1909) 手品師〔純日本式手品の最後の芸人〕㋑江戸神田平永町　㋺本名=青木治三郎　旧名=蝶柳斎　通称=蝶之助　㋺イギリス、フランス：1866年(パリ万国博覧会の折に巡業)

　弘化4(1847)年11月、江戸城御本丸の御用金物商青木常次郎の二男として生まれる。16歳で初代一蝶斎の弟子になり蝶之助と称する。慶応2(1866)年太神楽の増鏡磯吉たちと一座を組み、アメリカ人興行師ベンコツに連れられて松井源水たちとともにイギリスに渡りパリ万国博覧会をめざしてヨーロッパを巡業する。日本固有の手品の芸を披露して好評を博する。明治2年帰国し、印刷局職工となり、錦集会社柳斎となる。のち蝶斎と改名し、25年7月鍋島邸で天覧の栄に恵まれる。29年3代一蝶斎を襲名するが、「バタフライ・トリック」などのほか初代譲りの芸である「うかれ蝶の曲」を得意芸とし、「天地八声蒸籠」など純日本式手品の最後の芸人と評判をとる。明治42(1909)年2月17日、心臓病に肋膜炎を併発し、東京・日本橋の自宅で死去。享年63歳。

[文献] 柳川一蝶斎伝(信夫恕軒)：名家談叢12 明29／明治過去帳―物故人名辞典(大植四郎編)　東京美術　昭46／明治奇術史(秦豊吉)異国遍路　旅芸人始末書(宮岡謙二)　中央公論社　昭53(中公文庫)／日本人名大事典6 平凡社 昭54／明治維新人名辞典(日本歴史学会編) 吉川弘文館 昭56 〔富田仁〕

矢奈川 嘉七　やながわ・かしち
生没年不詳　旅芸人　㋺イギリス、フランス：1866年(パリ万国博覧会の折に巡業)

　生没年不詳。慶応2(1866)年10月28日、アメリカ人ベンコツに雇われイギリス船ニポール号に乗って横浜よりイギリスとフランスに渡る。翌3年1月のロンドンのセント・マルチントヒルを皮切りに、万国博覧会で賑わうパリのテアトル・ド・フランス・アンペリアルでも公演した。明治1年に帰国したが、その後の消息は不明。

[文献] 異国遍路　旅芸人始末書(宮岡謙二)　修道社　昭46 〔楠家重敏〕

柳川 兼三郎　やながわ・けんざぶろう
生没年不詳　従者　㋑諱=当清　㋺アメリカ：1860年(遣米使節に随行)

　生没年不詳。安政7(1860)年1月、25歳頃遣米使節に新見豊前守正興の従者として随行する。

[文献] 万延元年遣米使節史料集成1～7(日米修好通商百年記念行事運営会編)　風間書房　昭36／幕末教育史の研究2―諸術伝習政策(倉沢剛)　吉川弘文館　昭59 〔富田仁〕

柳川 蝶十郎　やながわ・ちょうじゅうろう
⇒柳川一蝶斎(やながわ・いっちょうさい)を見よ

柳 楢悦　やなぎ・ならよし
天保3年9月15日(1832)～明治24年1月15日(1891)　海軍軍人、少将　元老院議官、貴族院議員　㋑江戸　㋺イギリス：1878年(測量学)

　天保3(1832)年9月15日、江戸に生まれる。津藩士。幼時に和算を学び、安政年間に長崎海軍伝習所でオランダ士官から洋算や測量、航海術を学んだ。維新後、海軍に出仕、明治13年

には少将となり、水路局長に任じた。この間、北海および琉球全島の測量に従い、11（1878）年3月12日には観象台（天文台）実現のためイギリス、フランスに派遣され、同年10月8日帰国。測量では和算を利用した測量術で業績を上げ、10年には東京数学会社を創立。13年海軍少将。21年元老院議官、23年貴族院議員となった。著書に『英国海軍水路志』などがある。明治24（1891）年1月15日死去。享年60歳。
㊥東京・青山墓地
[文献] 幕末・明治初期数学者群像 上 幕末編（小松醇郎） 吉岡書店 平2／幕末明治海外渡航者総覧（手塚晃編） 柏書房 平4／朝日日本歴史人物事典 朝日新聞社 平6／事典近代日本の先駆者 日外アソシエーツ 平7／データベースWHO 日外アソシエーツ
〔藤田正晴〕

柳沢 銀蔵 やなぎさわ・ぎんぞう
安政3年9月6日（1856）〜昭和17年5月19日（1942） 陸軍軍人、獣医 ㊐長岡 ㊙フランス：1893年（獣医学）
　安政3（1856）年9月6日、長岡に生まれる。陸軍馬医学舎に学び、陸軍三等獣医となる。明治26（1893）年に陸軍からの留学生としてフランス、ベルギーに渡る。29年12月帰国後、陸軍獣医学校教官となる。獣医学博士となり、軍馬の父と呼ばれた。昭和17（1942）年5月19日死去。享年87歳。
[文献] 日仏文化交流史の研究—日本の近代化とフランス人（西堀昭） 駿河台出版社 昭56／幕末明治海外渡航者総覧（手塚晃編） 柏書房 平4／データベースWHO 日外アソシエーツ
〔富田仁〕

柳沢 佐吉 やなぎさわ・さきち
生没年不詳 開拓民 〔サンフランシスコで洋食屋開店〕 ㊙アメリカ：1869年（移民）
　生没年不詳。会津若松の出身。明治2（1869）年5月1日にオランダ人のエドワード・シュネルに引率されてチャイナ号で横浜を出帆し、カリフォルニアのゴールド・ヒルに移民し出身地をなつかしみ若松コロニーの名づけで農耕に励んだ人びとの一員で、のちにサンフランシスコで洋食屋を開く。6年には在米日本最初の二世ユナ子の父となる。
[文献] 異国遍路 旅芸人始末書（宮岡謙二） 中央公論社 昭53（中公文庫）／幕末明治海外渡航者総覧（手塚晃編） 柏書房 平4
〔富田仁〕

柳沢 保恵 やなぎさわ・やすとし
明治3年12月16日（1871）〜昭和11年5月25日（1936） 統計学者 伯爵 ㊐越後国（北蒲原郡）黒川村 ㊗幼名=利丸、旧名=光敏 ㊙ドイツ：1894年（統計学）
　明治3（1871）年12月16日、黒川藩主・柳沢光昭の二男として越後国黒川村に生まれる。19年宗家の伯爵・柳沢保申の嗣となり、26年襲爵。27年学習院大学科を卒業。27（1894）年、宮内省留学生としてドイツに派遣され、ベルリン大学・ストラスブルグ大学、ウィーン大学などで主に統計学を学ぶ。33年帰国後、統計調査に従う。大正2年柳沢統計研究所を創設し総裁となる。37年貴族院議員。東京市会議長、35年第一生命保険社長などを務めた。昭和11（1936）年5月25日死去。享年67歳。㊥東京・月桂寺
[文献] 幕末明治海外渡航者総覧（手塚晃編） 柏書房 平4／データベースWHO 日外アソシエーツ
〔藤田正晴〕

柳原 前光 やなぎはら・さきみつ
嘉永3年3月23日（1850）〜明治27年9月2日（1894） 外交官 伯爵 ㊐京都 ㊗幼名=次郎麿 ㊙ロシア：1880年（特命全権公使）
　嘉永3（1850）年3月23日、京都に生まれる。慶応4年4月4日、東海道先鋒副総督鎮撫使として江戸城に入り、勅旨5条を徳川慶喜に申し渡す。明治2年10月外務省に入り外務大丞、少弁務使、代理公使などを歴任する。7年2月駐清公使になるが、その間4年4月に妻初子の父伊達宗城全権大臣の副使として、曽国藩、李鴻章を相手に条約を締結する。8年7月元老院議官となる。さらに13（1880）年ロシア特命全権公使となり、同年スウェーデンとノルウェー公使も兼任する。15年にはスウェーデンとノルウェーの皇帝を兼ねるオスカル二世から北極第一等勲章を授けられるが同時に花瓶もあたえられる。16年に帰国ののち伯爵となり、賞勲局総裁、元老院副議長、枢密顧問官、宮中顧問官を歴任する。明治27（1894）年9月2日死去。享年45歳。歌人・柳原白蓮はその娘。
㊥東京目黒・祐天寺
[文献] 日本人名大事典6 平凡社 昭54／海外における公家 大名展・第1回維新展（霞会館

資料展示委員会）　霞会館　昭55／昭和新修華族家系大成　下（霞会館諸家資料調査委員会編）　霞会館　昭59　　〔富田仁〕

柳原 初子　やなぎはら・はつこ
嘉永7年2月21日（1854）～?　柳原前光夫人〔鹿鳴館夜会の接待役〕　㊇ロシア：1880年（夫に同行）

　嘉永7（1854）年2月21日、宇和島藩主伊達宗城の二女として生まれる。明治13（1880）年ロシア駐在特命全権公使・柳原前光に同行してロシアに赴く。ロシア皇帝アレクサンドル二世が爆弾を投げられる現場を参列した夫と馬車から目撃する。帰国後鹿鳴館の夜会にロシア時代の体験をいかして活躍する。18年10月に生まれた次女・燁子はのちの歌人白蓮である。ちなみに燁子は前光が柳橋芸者の妾お良に生ませたのを引き取り、育てた。また、お良は幕府の遣米使節新見豊前守正興の妾腹の娘であり正興の死後零落して柳橋の芸者となったという。

　|文献|　鹿鳴館貴夫人考（近藤富枝）　講談社　昭58（講談社文庫）　　〔富田仁〕

柳本 直太郎　やなぎもと・なおたろう
嘉永1年3月7日（1848）～大正2年3月16日（1913）　名古屋市長　㊞越前国福井　㊇アメリカ：1867年（留学）

　嘉永1（1848）年3月7日、福井藩士柳本久兵衛の子として福井で生まれる。文久1年に英語学習を命ぜられ、2年に蕃書調所に入り、慶応3（1867）年4月にアメリカへ留学する。帰国後の明治3年3月大学少助教となる。同年（1870）7月、華頂宮のアメリカ留学に随行して二度目の渡米をはたす。5年9月の文部省七等出仕をかわきりに、同年10月少督学、10年兵庫県御用係となり、少書記官から大書記官へ進む。17年長崎県大書記官から19年愛知県書記官（会計主務第二部長）、のち東京外国語学校長を歴任する。27年2月第三代の名古屋市長となり、30年6月まで在任した。大正2（1913）年3月16日死去。享年66歳。　㊞名古屋市昭和区・八事墓地

　|文献|　近代日本の海外留学史（石附実）　ミネルヴァ書房　昭47／明治維新人名辞典（日本歴史学会編）　吉川弘文館　昭56／日本の歴代市長2　歴代知事編纂会　昭59　〔佐藤秀一〕

柳屋 瓜生　やなぎや・うりゅう
生没年不詳　落語家　㊇アメリカ：1894年（興行）

　生没年不詳。明治27（1894）年、日清戦争直前に幇間の桜川季次などとアメリカに渡り、サンフランシスコをはじめとして各地で寄席まがいの演芸場で日本人を相手に芸を披露する。その後の消息は不明。

　|文献|　異国遍路　旅芸人始末書（宮岡謙二）　中央公論社　昭53（中公文庫）　　〔富田仁〕

矢野 次郎兵衛　やの・じろべえ
弘化2年1月15日（1845）～明治39年6月17日（1906）　幕臣　同心　㊞江戸駒込　㊎幼名=次郎吉、別称=二郎　㊇フランス：1864年（遣仏使節に随行）

　弘化2（1845）年1月15日、幕臣富永惣五郎の二男として江戸駒込に生まれ、のち矢野家に入る。幕府の外国方翻訳官となり、文久3（1864）年、遣仏使節池田筑後守一行に同心として随行する。帰国後、明治5年外務省に入り、二等書記官としてワシントンに赴任する。明治8年に帰国、森有礼が京橋に創設した商法講習所を引き受け、9年同所長に就任、26年まで校長として我が国の商業教育の基礎を定めた。退職後、日本麦酒会社などの取締役となり、東京商業会議所名誉会員、臨時高等商工会議員を歴任した。37年に貴族院議員となる。39年（1906）6月17日死去。享年62歳。

　|文献|　幕末教育史の研究2―諸術伝習政策（倉沢剛）　吉川弘文館　昭59／新潮日本人名辞典　新潮社　平3　　〔富田仁〕

矢野 恒太　やの・つねた
慶応1年12月2日（1866）～昭和26年9月23日（1951）　実業家　〔第一生命保険の創立者〕　㊞備前国岡山　㊇ドイツ：1885年（生命保険研修）

　慶応1（1866）年12月2日、岡山に生まれる。第三高等学校医学部を卒業し日本生命保険会社に入社する。診査医を3年間務めたあと、生命保険を学理的に研究し相互主義保険を主張する。これが安田善次郎に認められ共済生命保険の支配人となる。明治28（1885）年5月ドイツに留学、半年間ドイツ語を修めたのちベルリンのゴータ生命保険会社に入り研修する。ドイツでは商法研究中の岡野敬次郎と知り親交を結ぶ。岡野の帰国後ベルギーのブリュッセ

ルで開かれた第1回国際アクチュアリー会議に出席し副議長として日本人の死亡表，生命保険事業を報告する。30年3月帰国。総支配人になり従来の帳簿式をカード式に改め事務作業を本社に移管し企業の合理化を図る。31年6月退社し岡野のすすめで農商務省に入り，保険業法制定の起草委員をつとめ，のちに初代の保険課長となる。34年退官。35年本邦最初の相互会社，第一生命を創立し専務取締役となる。ついで社長，会長として20年まで同社の発展に尽力する。一人一職主義を唱え，第一相互貯蓄銀行頭取のほかは東京横浜電鉄，目黒蒲田電鉄の社長になっただけである。ほかに生命保険協会理事長などの役職につくが，とくに結核予防，東京復興に意を注ぎ，『日本国勢図会』の刊行によって統計知識の普及にも尽力する。『生命保険』『ポケット論語』など多数の著作を残している。昭和26（1951）年9月23日死去。享年87歳。

[文献] 矢野恒太と第一生命（森田無適）　日本評論社　昭13／人使い金使い名人伝　続（中村竹二編）　実業之日本社　昭28／矢野恒太伝　矢野恒太記念会編刊　昭32／矢野恒太（稲富又吉）　『一業一人伝』　時事通信社　昭37／日本財界人物列伝1　青潮出版編刊　昭38／日本人名大事典　現代編　平凡社　昭54／20世紀日本の経済人　2（日本経済新聞社編）　日本経済新聞社　平13（日経ビジネス人文庫）
〔富田仁〕

矢野 龍渓　やの・りゅうけい

嘉永3年12月1日（1851）～昭和6年6月18日（1931）　小説家，ジャーナリスト　⊕豊後国（南海郡）佐伯　⊛本名＝矢野文雄　㊅フランス：1884年（新聞事業視察）

　嘉永3（1851）年12月1日，豊後国佐伯に生まれる。明治4年慶応義塾に入り，6年卒業とともに同塾教師，のち慶応義塾大阪分校校長，同徳島分校校長などを経て，明治9年『郵便報知新聞』副主筆。11年大蔵省書記官となり，のち太政官大書記官となり，14年下野する。15年大隈重信の立憲改進党結成に参加。『郵便報知新聞』を買取り，同紙上で論陣をはる。16年政治小説『経国美談』前篇を刊行（後篇は17年刊）。17（1884）年4月，フランス，イギリス，アメリカを遊学，新聞事業を視察し，19年8月帰国。23年冒険小説『浮城物語』を刊行。のち近事画報社顧問，大阪毎日新聞社副社長な

どを歴任。著書に『経国美談』『新社会』がある。昭和6（1931）年6月18日死去。享年82歳。

[文献] 矢野竜渓（米田貞一）　米田貞一　昭52（郷土の先覚者シリーズ）／幕末明治海外渡航者総覧（手塚晃編）　柏書房　平4／竜渓矢野文雄君伝―伝記・矢野文雄（小栗又一）　大空社　平5（伝記叢書）／矢野竜渓（野田秋生）　大分県教育委員会　平11（大分県先哲叢書）／矢野竜渓―近代化につくしたマルチ人間　普及版（山田繁伸）　大分県教育委員会　平13（大分県先哲叢書）／データベースWHO　日外アソシエーツ
〔藤田正晴〕

矢吹 秀一　やぶき・しゅういち

嘉永6年10月（1853）～明治42年12月16日（1909）　陸軍軍人，中将　男爵　㊅フランス，ドイツ：1884年（軍事視察）

　嘉永6（1853）年10月，幕臣矢吹亘の長男として生まれる。明治4年陸軍少尉となる。その後中尉に進み，10年の西南戦争に従軍する。17（1884）年海防局員工兵少佐として，陸軍卿大山巌の率いるヨーロッパ兵制巡遊視察団に川上操六，桂太郎らとともに加わり渡欧する。フランス船メンザレー号に乗って，横浜港から香港，ナポリ港を経てパリに到着する。フランスでは，フォンテーヌブロー砲兵学校などを視察し，イギリス，オランダ，ドイツと各国を廻って兵制を視察する。帰国後日清戦争では工兵大佐となり，第一軍工兵部長として鴨緑江架橋で戦功をあげる。28年に陸軍少将，33年中将と進み日露戦争では留守第一師団長，のちに留守歩兵第一旅団長として活躍する。40年男爵となり予備役に編入されるが，のち富士生命保険会社社長となる。明治42（1909）年12月16日死去。享年57歳。

[文献] 近代日本海外留学生史　上（渡辺実）　講談社　昭52／日本人名大事典6　平凡社　昭54
〔福山恵美子〕

山内 太郎　やまうち・たろう

生没年不詳　土木技師　⊕静岡　㊅アメリカ：1870年頃（工学）

　生没年不詳。静岡の出身。山内作左衛門の長男として生まれる。明治3（1870）年（あるいは4年）にアメリカに留学して工学を修める。帰国年は不明であるが帰国後に工部大学校に入り，19年に卒業して土木技師になる。

山内 文次郎 やまうち・ぶんじろう

嘉永1年(1848)～大正1年12月27日(1912)　外交官　式部官兼宮中顧問官　㊡後名＝勝明
㊦フランス：1867年（パリ万国博覧会参列）

嘉永1(1848)年に生まれる。小十人格砲兵差図役勤方のとき、慶応1年3月横浜仏蘭西語学所が開校すると、それまでの英学から仏学へ転学命ぜられて伝習生となる。3(1867)年山高石見守信離、保科俊太郎（正敬）とともにパリ万国博覧会に将軍の名代として列席かたがた留学する民部大輔徳川昭武附に選ばれ、通訳として随行し、フランスに赴く。まずパリで旧師メルメ・カションと再会し、途中から昭武附を解かれ留学生となり、のちスイス、オランダ、ベルギー、イタリアなどを歴訪する。帰国後、明治1年末から半年余、沼津の徳川家兵学校で三等教授方としてフランス語を担当する。同校が沼津兵学校と校名改まった2年秋、新政府の命で陸軍に入るが、6年には外務省に出仕し、15(1882)年三等書記官としてロシアに赴き、比徳欽公使館に勤める。16年8月23日イタリアへ転勤、17年6月5日から3ヶ月余臨時代理公使を務める。帰国後、21年7月19日発足の伊学協会に創立会員として名を連ねる。25年11月仏学会が青山墓地に村上英俊頌徳之碑を建立する際に、寄付金を醵出する。訳著に『露帝第二世亜歴山得送葬式』（明治14年）『露国儀式雑報』（同15年）『露帝帝室礼式報告書』（同15、16年）『露帝ネウスキー命分祝日雑記』（刊年不詳）『各国帝室喪服制』（共訳）などがある。その後宮内省に入り、大膳亮、式部寮御用掛となる。式部官兼宮中顧問官在職中、大正1(1912)年12月27日死去。享年65歳。

[文献]　幕末外交史の研究（大塚武松）　宝文館　昭27／フランスに魅せられた人びと―中江兆民とその時代（富田仁）　カルチャー出版社　昭51／近代日本海外留学史　上（渡辺実）　講談社　昭52／赤松則良半生談―幕末オランダ留学の記録（赤松範一編注）　平凡社　昭52（東洋文庫317）／日仏文化交流史の研究―日本の近代化とフランス人（西堀昭）　駿河台出版社　昭56／日仏の交流―友好三百八十年（高橋邦太郎）　三修社　昭57／日仏のあけぼの（富田仁）　高文堂出版社　昭58／幕末・明治期における日伊交流（財団法人日伊協会編）　日本放送出版協会　昭59／データベースWHO　日外アソシエーツ
〔山口公和／富田仁〕

山尾 熊蔵 やまお・くまぞう

生没年不詳　貿易会社員　㊡別名＝熊三
㊦アメリカ：1880年頃（三井物産ニューヨーク支店長）

生没年不詳。三井物産ニューヨーク支店長としてアメリカに渡る。明治13(1880)年暮にニューヨーク在留日本人の忘年会が佐野組代表・福井信を中心として開催されるが、この時に八戸欽三郎（起立工商支店長）、江副廉三（田代組）、甲斐織衛（貿易商会支配人）、森山豊ら日米貿易に活躍した人たちとともに同席している。その後の消息は不明。

[文献]　三井物産会社小史　第一物産株式会社　昭26／異国遍路　旅芸人始末書（宮岡謙二）　中央公論社　昭53（中公文庫）〔湯本豪一〕

山尾 常太郎 やまお・じょうたろう

生没年不詳　開拓使留学生　㊥山口　㊦アメリカ：1871年（農学）

生没年不詳。山口の出身。明治3(1871)年12月4日に開拓使派遣の官費留学生としてアメリカに留学する。アメリカでは農学を修める。5年には滞米しているが、その後の消息は不明。

[文献]　近代日本の海外留学史（石附実）　ミネルヴァ書房　昭47／英語事始（日本英学史学会編）　日本ブリタニカ　昭51　〔富田仁〕

山尾 庸三 やまお・ようぞう

天保8年10月8日(1837)～大正6年12月22日(1917)　工部省官吏（工部卿）　子爵　〔工部大学校設置を建白、工業教育・美術教育に尽力〕　㊥周防国（吉敷郡）秋穂村長浜　㊡変名＝山尾要蔵　㊦ロシア：1861年（亀田丸に同乗）、イギリス：1863年（造船技術）

天保8(1837)年10月8日、山口藩士山尾忠治郎の二男として周防国秋穂村長浜に生まれる。藩校で文武を修めたが、漢学と英学を得意とする。16歳の折、江戸に出て斎藤弥九郎篤信斎の練兵館に入門し、塾頭の桂小五郎の知遇を得る。また江川太郎左衛門の塾で航海術を学んだ。文久1(1861)年3月、江戸幕府の帆船亀田丸に乗り、幕臣北岡健三郎に従ってロシア領ニコライスクに至る。帰途、箱館の武田斐三郎の塾で測量術を修得した。2年、同志と御楯

組を組織して品川御殿山のイギリス公使館焼打ちを決行する。3(1863)年にはこれまでの攘夷思想を改めて，志道聞多(井上馨)，野村弥吉(井上勝)，伊藤俊輔(博文)，遠藤謹助とともにイギリスに留学した。慶応1年5月，薩摩藩のイギリス留学生森有礼ら一行を案内して，ロンドンの兵器博物館，造船所，ベッドフォードの鉄工場，農業機械製作所などを見学させている。2年，グラスゴーに移り，ロバート・アンド・サンズ会社ネピア造船所に見習工として入所して造船技術を学んだ。そのかたわらグラスゴー大学アンダーソンズ・カレッジの夜間学級に出席し勉学に励んだ。4(1868)年に王政復古の報に接して帰国。明治2年，新政府に出仕し横須賀製鉄所の事務総監となった。3年，工部省と工学寮(のち工部大学校と改称)の設置を建白し，前者は翌年設立され，後者は明治6年に第1回の学生募集が行われた。いずれも在英中の経験に基づく建白であった。とりわけ工部寮設置に尽力し，ダイヤー，エアトン，ダイバース，ペリー，ミルンなど若手の有能な教師陣をそろえた。10年1月改称した工部大学校は18年までに211名の卒業生を世に送り出したが，そのなかには南清，石橋絢彦，三好晋六郎，真野文二，井口在屋，辰野金吾，高峰譲吉などの優れた人材が含まれていた。また，9年には工部美術学校を設け，画学と彫刻の二学科を置き，イタリアからフォンタネージ，ラグーザ，カッペレッチーの三教師を招いた。翌年には女子の入学が認められたが，16年に廃校となった。しかし，これは明治の美術教育へのひとつの貢献である。その間，5年工部大輔，13年工部卿，14年に参事院議官となるまで工部省にあり日本の工業および美術の教育に力を尽した。15年からその死去の年まで工部学会会長の重責をつとめた。大正6(1917)年12月22日，脳出血のため死去。享年81歳。
[墓]東京品川・海晏寺
[文献] 近代日本の海外留学史(石附実)　ミネルヴァ書房　昭47／薩摩藩英国留学生(犬塚孝明)　中央公論社　昭49(中公新書375)／近代日本海外留学生史　上(渡辺実)　講談社　昭52／日本人名大事典6　平凡社　昭54／工部の精神と山尾庸三(葉賀七三男)：自然 35(10)　昭55／明治維新人名辞典(日本歴史学会編)　吉川弘文館　昭56／日本初の西洋技術徒弟，山尾庸三(北政巳)　『国際日本を拓いた人々』　同文館　昭59／山尾庸三伝―明治の工業立国の父(兼清正徳)　山尾庸三顕彰会　平15　〔楠家重敏〕

山岡 次郎　やまおか・じろう

嘉永3年(1850)～明治38年2月21日(1905)　大蔵省官吏　〔関税・貿易事務に功労〕 [生]越前国福井　[名]別名＝次郎太　[渡]アメリカ：1871年(理化学)

嘉永3(1850)年，福井藩士の家に生まれる。文久1(1861)年，藩命により蕃書調所に入り，英学句読師となり，明治4(1871)年アメリカに留学し理化学を修める。9年頃帰国し東京大学理学部教授補になり，10年助教授に進む。14年文部省准奏任御用掛になるが，以後農商務省，大蔵省の役人を歴任して，28年税関監定官となる。33年大蔵監定官としてフランス政府からシュヴァリエー・ド・ロルドルノナショナル・ラ・レジョン・ドノール勲章を受ける。そのほか関税率換算委員および清国税関率換算委員として貿易事務に携わる。明治38(1905)年2月21日，東京で死去。享年56歳。
[文献] 近代日本海外留学生史　上(渡辺実)　講談社　昭52　〔佐藤秀一〕

山鹿 旗之進　やまが・はたのしん

万延1年1月25日(1860)～昭和29年4月1日(1954)　牧師　[生]陸奥国弘前　[渡]アメリカ：1890年(神学)

万延1(1860)年1月25日，陸奥国弘前に生まれる。軍学者山鹿素行の直系。東奥義塾に学び，郷里の先輩本多庸一の高弟。明治16年横浜の美会神学校を卒業，神田，名古屋で伝道に従事する。明治23(1890)年アメリカに私費留学し，ドルー神学校に学んだ。26年帰国後，名古屋教会を経て，九段教会牧師となった。大正2年から婦人伝導者養成校の聖経女学校で教えた。昭和29(1954)年4月1日死去。享年94歳。
[文献] 幕末明治海外渡航者総覧(手塚晃編)　柏書房　平4／データベースWHO　日外アソシエーツ　〔藤田正晴〕

山県 有朋　やまがた・ありとも

天保9年閏4月22日(1838)～大正11年2月1日(1922)　陸軍軍人，元帥，政治家　公爵　〔軍制の確立，徴兵制度を制定〕 [生]長門国萩城下川島庄(山口県)　[名]幼名＝辰之助，小助，小輔，名＝狂介　[渡]ヨーロッパ：1869年(海外事情視

察）、ヨーロッパ：1888年（地方制度の調査）

天保9（1838）年閏4月22日、長州藩蔵元附仲間組・山県有稔の子として萩城下川島庄に生まれる。若い頃槍術に励み、安政5年に京都に派遣されて帰藩後松下村塾に入り尊皇攘夷の志士として活躍する。文久3年5月10日以来の馬関海峡の砲撃に参加する。この頃より狂介を名乗る。高杉晋作の奇兵隊に加わり、26歳で壇ノ浦司令になる。慶応4年1月2日の鳥羽・伏見の戦争にも参加し、4月には北陸道鎮撫総督兼会津征討総督の参謀に任ぜられ、越後の各地を転戦し、9月には会津に入る。明治2（1869）年6月藩主毛利敬親からヨーロッパ視察の命をうけ長崎から渡欧する。3年8月にアメリカを経て帰国し、兵部小輔となり軍制改革を進める。この頃名を有朋に改める。4年7月兵部大輔となり翌年11月徴兵制を施行する。6年6月陸軍省設置にともない初代の陸軍卿に就任。10年の西南戦争において徴兵制度の威力を示す。11年近衛都督兼参謀本部長となる。憲法制定の準備のために伊藤博文が渡欧すると代わって参事院議長に就任した。16年に内務卿となるが、18年内閣施行とともに、伊藤内閣の内相となる。盛り上がる自由民権運動に保安条例の公布を主張し、20年12月に公布する。21年黒田内閣でも内相に留任し、市制・町村制・郡制・府県制の制定を行う。21（1888）年12月ヨーロッパの地方制度の調査のために渡欧する。22年に帰国し総辞職した黒田内閣に代わって内閣を組織する。25年8月、第2次伊藤内閣の法相となり、翌年3月には枢密院議長をつとめる。日清戦争が始まると27年9月、第一軍司令官として出征する。九連城から安東県への途上病気となり帰国する。帰国後監軍に任命され、翌28年には陸相を兼任する。同年侯爵となる。29年3月ロシア皇帝ニコラス2世の戴冠式に参加するためにロシアへ赴き、モスクワで外相ロバノフと会談しロバノフ・山県協定を結ぶ。31年11月第2次山県内閣が発足し、地租増徴法案、選挙法改正を成立させる。さらに治安警察法を制定して、労働者運動・農民運動をきびしく制限する。同年元帥。33年9月の北清事変の鎮定後首相を辞任する。日露戦争では参謀総長大山巌が満州軍司令官になったため代わって参謀総長となる。39年日露戦争の戦功によって公爵になる。41年伊藤博文がハルピンで射殺されたために、再び枢密院議長となる。

内閣、枢密院、宮中などに巨大な勢力を持ち、政治に大きな影響を与える。大正9年末頃から起きた皇太子妃問題では久邇宮らの主張に抗えずいったんは辞表を出すが、天皇の御沙汰により留まる。10年11月3日小田原の古稀庵に移転したが、同夜から発熱のために床につく。大正11（1922）年1月末病状が悪化し2月1日死去。享年85歳。2月9日日比谷公園で国葬。

⊛東京文京区・護国寺

[文献] 葉桜日記（山県有朋）　明25／山県有朋（無何有郷主人）　民友社　明29／懐旧記事1〜5（山県有朋述　秋月新太郎記）　丸善書店　明31／伊藤侯・山県侯・井上伯元勲談　中央新聞社編　文武堂　明33／徴兵制度及自治制度確立ノ沿革（国家学会編）『明治憲政経済史論』　大8／椿山集（山県伊三郎編）　大11／元老山県（西村文則）　忠誠堂　大11／山県公の生涯と功業：太陽　増刊　大11.3／山県公のおもかげ（入江貫一）　博文館　大11／元帥公爵山県有朋（坂本箕山）　至誠堂　大11／含雪山県公遺稿　魯庵記念財団　大13／山公遺烈（高橋義雄）　広文館　大14／公爵山県有朋伝（徳富猪一郎）　山県有朋記念事業会　昭8／春畝公と含雪公（小松緑）　学而書院　昭9／山県有朋（岡義武）　岩波書店　昭33（岩波新書）／山県有朋（藤村道生）　吉川弘文館　昭36（人物叢書）／山県有朋意見書（大山梓編）　昭41／陸軍沿革史（山県有朋）　『明治文化全集23』　日本評論社　昭42／日本人名大事典6／平凡社　昭54／明治維新人名辞典（日本歴史学会編）　吉川弘文館　昭56／山県有朋　新装版（藤村道生）　吉川弘文館　昭61（人物叢書）／幸運な志士―若き日の元勲たち（三好徹）　徳間書店　平4／山県有朋（半藤一利）　PHP研究所　平8（PHP文庫）／軍人宰相列伝―山県有朋から鈴木貫太郎まで三代総理実記（小林久三）　光人社　平15　〔保阪泰人〕

山県 伊三郎　やまがた・いさぶろう

安政4年12月23日（1858）〜昭和2年9月24日（1927）　政治家　公爵　⊛長門国萩　㊟旧名＝勝津　雅号＝素空　⊛ドイツ：1871年（政治学, 法律学）

安政4（1858）年12月23日、萩藩士勝津兼亮の二男として生まれる。文久1（1861）年叔父山県有朋の養嗣子となる。明治4（1871）年上京し、岩倉使節団に同行しアメリカを経てヨーロッパに渡り、ベルリンに滞在する。長井長義と同

宿し，家庭教師を招いてドイツ語を習得した後，ベルリン大学で政治，法律学を学ぶ。8年肺病のため帰国。11年外務省に出仕し，13年からベルリン公使館に勤務。16年帰国し法制局参事官となる。39年通信大臣に就任，41年に辞職し貴族院議員となる。43年朝鮮副統監に任命され，総督府設置とともに政務総監となる。大正8年辞職。9年関東長官に就任，11年辞職して枢密顧問官となる。14年には答礼使として仏領インドシナに派遣されている。昭和2(1927)年9月24日，脳溢血で死去。享年71歳。 名東京・護国寺

文献 素空山県公伝（徳富猪一郎編）　山県公爵伝記編纂会　昭4／日本人名大事典6　平凡社　昭54　　　　　　　〔岡本麻美子〕

山県 小太郎　やまがた・こたろう

天保7年4月(1836)～明治28年2月1日(1895)
海軍軍人　大宮県判事，海軍主船大属〔艦船武具の製作〕　豊後国（直入郡）白升村
名 旧名＝河野勝太郎　諱＝通政　留 イギリス：1871年（留学）

天保7(1836)年4月，豊後国藩士河野清吉の子として生まれる。幼くして父母を失い，藩老中川栖山の訓育をうける。戊辰戦争に出征し戦功をたてる。明治2年，大宮県判事となり，4(1871)年，兵部省に入る。この年，官命をうけてイギリスに留学する。5年，海軍省に出仕して主船大属となり，艦船武具の製作につとめたが，18年に官を辞する。明治28(1895)年2月1日，郷里で死去。享年60歳。

文献 明治初年条約改正史の研究（下村富士男）吉川弘文館　昭37／明治過去帳―物故人名辞典（大植四郎編）　東京美術　昭46／近代日本の海外留学史（石附実）　ミネルヴァ書房　昭47／英語事始（日本英学史学会）　日本ブリタニカ　昭51／近代日本海外留学生史 上（渡辺実）　講談社　昭52／日本人名大事典6　平凡社　昭54　　　　　　　〔楠家重敏〕

山川 義太郎　やまかわ・ぎたろう

万延1年3月(1860)～昭和8年1月28日(1933)
工学者　工学博士　東京帝国大学教授〔家庭電気の普及に尽力〕　武蔵国　留 イギリス，アメリカ，ドイツ：1896年（電気工学）

万延1(1860)年3月，山川達蔵の長男として武蔵国に生まれる。15年，工部大学校電気工学科を卒業し工部省に入り金沢電信局に勤務する。20年に帝国大学工科大学助教授となり，その後，電気工学第二講座を担当した。29(1896)年，文部省の命によりイギリス，アメリカ，ドイツに留学し電気工学を研究した。32年1月に帰国後，教授に昇任し電気工学第一講座を担当した。大正5年にも欧米各国に出張した。12年3月，職を辞し，東京帝国大学名誉教授となる。かたわら電気学会会長，照明学会会長，電気工芸委員長などを歴任し，家庭電気の普及に尽力。昭和8(1933)年1月28日死去。享年74歳。

文献 大日本博士録5（井関九郎編）　発展社昭5／山川博士略伝：電気学会雑誌　53(535)昭8／近代日本海外留学生史　上（渡辺実）講談社　昭52／日本人名大事典6　平凡社昭54　　　　　　　〔楠家重敏〕

山川 健次郎　やまかわ・けんじろう

安政1年(1854)～昭和6年6月26日(1931)　物理学者，教育家　理学博士　男爵〔最初の博士号授与者の一人，大学教育確立に尽力〕
名 会津若松　留 アメリカ：1871年（物理学）

安政1(1854)年，山川重固の次男として会津若松に生まれる。兄は陸軍少将・山川浩。幼くして藩校日新館に学ぶとともに沼間守一などからフランス語を修める。戊辰戦争の折，15歳で一時白虎隊に編入させられるが年少のため除隊となり，戦後猪苗代に謹慎中姓名を変えて神山源吉と称し，若松の僧真龍寺智海に従って脱走し，新潟に赴き長州藩士で越後府権判事謙輔の書生となり漢学を学ぶ。再び姓名を斯波誠と変え，奥平について佐渡，東京などに住み，英語，数学などを学ぶ。明治3年北海道開拓使の推薦によりロシア留学を命じられるが，4(1871)年改めてアメリカに留学することになり，エール大学に入り，物理学を専攻し学位を得て8年に帰国する。9年東京開成学校教授補となる。10年東京大学理学部教授補となり，ついで助教授，14年教授となり，物理学講座を担当する。19年には帝国大学理科大学教授になり，21年理学博士の学位を受けるが，日本の博士号を授けられた最初の一人である。彼は物理学の基礎は数学にあるとし，物理学を学ぶ者の心得として「一に数学，二に数学，三に数学」と説いた話は有名である。26年帝国大学理科大学長となり，34年東京帝国大学総長になり，37年貴族院議員に勅

選される。翌年依願によって総長を辞任。この間教員検定委員会会長などの要職について教育制度の制定に尽力し、教育界に重要な役割を果すようになる。44年には九州帝国大学総長、大正2年再び東京帝大総長になり、翌3年4月宮御学問所評議員、8月京都帝国大学総長を兼ねる。大正4年12月男爵を授けられ、12年2月枢密顧問官に任ぜられる。彼は公平、公私の区別を厳守し、武士道的教育法で臨み、学術を重んずるとともに人物の養成に心を配った教育者であった。アメリカに留学して物理学を修めたのは日本を富強な国とし、世界の国々との競争に打勝つためには科学を盛んにして文化を発展させ、それによって国家の富強を図るほかはないと考えたからであるという。晩年は国本社などに関係し国家主義的な教化運動につとめた。昭和6(1931)年6月26日死去。享年78歳。

文献 山川九州大学総長と沢柳東北大学総長(三宅雪嶺等):中央公論 26(6) 明44／男爵山川先生遺稿(山川男爵記念会編) 岩波書店 昭12／男爵山川先生伝(花見朔巳編) 故山川男爵記念会 昭14／山川先生の伝を読む(田中舘愛橘):科学 10(7) 昭15／本会顧問山川男爵の薨去を悼む(河原春作):体育研究 10(5,6) 昭19／山川健次郎先生のこと(中村清二):日本物理学会誌 14(10) 昭34／山川健次郎とSheffield Scientific School 初期日米科学交渉史の一面(渡辺正雄):東京女子大比較文化研究所紀要 8 昭34／教育人名辞典 理想社 昭37／文化史における近代科学(渡辺正雄) 未来社 昭38／日本人名大事典6 平凡社 昭54／物理学者としての山川健次郎 附英文要旨(渡辺正雄):科学史研究 57／山川健次郎とエール大学の関係(渡辺正雄):科学史研究 53／逆風に生きる—山川家の兄弟(中村彰彦) 角川書店 平12／山川健次郎伝—白虎隊士から帝大総長へ(星亮一) 平凡社 平15／山川健次郎小伝 山川健次郎顕彰会 平16　　〔佐藤秀一〕

山川 捨松　やまかわ・すてまつ
⇒大山捨松(おおやま・すてまつ)を見よ

山極 勝三郎　やまぎわ・かつさぶろう
文久3年2月23日(1863)〜昭和5年3月2日(1930)　病理学者　医学博士〔世界初の発癌実験に成功〕　⊕信濃国上田　⊗号=曲川、信山　㊦ドイツ：1892年(病理学研究)

文久3(1863)年2月23日、上田藩士山本政策の三男として信濃国上田で生まれる。明治6年9月松平学校に入り、10年12月に卒業。11年1月上田中学に進み、数学、英語、理学、漢学などを学び、12年3月卒業。上京して東京外国語学校に入学しドイツ語を学ぶ。同年山極吉哉の義嗣子となり、東京大学医学部に入学し21年に卒業。ただちに日本人として最初の病理学の教授である三浦守治のもとで助手をつとめ、病理学解剖を学ぶ。24年3月に助教授。25(1892)年4月ツベルクリンの調査のため文部省留学生としてドイツへ赴く。6ヶ月間で任務を終え、ベルリン大学のウィルヒョウ教授に師事し病理学を専攻する。27年イタリアで開かれたローマ医学国際医学会に出席後、同年5月に帰国する。6月に東京医科大学病理学講師となる。28年9月に帝国大学教授となり、病理と病理解剖学講座を担当する。11月医学博士となる。31年には海軍大学校の嘱託教授となり、ペスト病研究のために台湾へいく。大正4年9月25日、うさぎの耳にタールを塗ることにより人工的に癌を発生させることに成功、刺激説を主張し学会に大きな影響と衝撃を与える。この業績により米国癌学会名誉会員となり、6年5月25日に帝国学士院賞を授けられる。さらに臨時脚気調査委員、学士会院会員、日本病理学会名誉長、癌研究会名誉会員などをつとめる。12年9月東京帝国大学を定年退職し名誉教授になる。昭和に入って、ドイツよりソフィー賞、ノルトホーフ賞を与えられた。俳句をたしなみ、曲川または信山と号した。昭和5(1830)年3月2日死去。享年68歳。
㊤東京谷中・天王寺

文献 山極勝三郎先生(石橋松蔵、村山小七郎):日本医事新報 1338 昭24／人工癌の発生 山極勝三郎先生(三宅仁):日本医事新報 1373 昭25／山極勝三郎と人工癌(太田邦夫):中央公論 80(7) 昭40／日本人名大事典6 平凡社 昭54／法王庁の避妊法(篠田達明) 文芸春秋 平3　　〔保阪泰人〕

山口 勝　やまぐち・かつ
文久2年1月14日(1862)〜昭和13年10月4日(1938)　陸軍軍人、中将　⊕静岡　㊦イタリア：1889年(陸軍軍事研修)

文久2(1862)年1月14日，静岡に生まれる。明治14年，陸軍士官学校を卒業し砲兵少尉となり，22年には大尉，野砲4連隊中隊長となる。同年(1889)イタリアへ留学し26年に帰国する。28年には日清戦争に出征。30年に渡仏，大正2年に中将となる。第10及び16師団長も歴任する。昭和13(1938)年10月4日死去。享年77歳。

[文献] 日本陸海軍の制度　組織　人事(日本近代史料研究会編)　東京大学出版会　昭46／陸海軍将官人事総覧　陸軍篇(外山操編)　芙蓉書房　昭56　〔湯本豪一〕

山口 圭蔵　やまぐち・けいぞう

文久1年10月1日(1861)～昭和7年6月15日(1932)　陸軍軍人, 少将　[渡]ドイツ：1888年(陸軍軍事研修)

文久1(1861)年10月1日，幕臣山口正静の長男として生まれる。明治10年陸軍士官学校に入学し12年卒業。18年陸軍大学校卒業，19年同校教授となる。21(1888)年ドイツに留学し23年帰国，参謀本部出仕となる。第21連隊大隊長，第6師団参謀，戸山学校長，第11師団参謀総長を経て，35年少将となる。38年休職し，40年からは予備役になる。昭和7(1932)年6月15日死去。享年72歳。

[文献] 日本陸海軍の制度・組織・人事(日本近代史料研究会編)　東京大学出版会　昭46／近代日本海外留学生史　上(渡辺実)　講談社　昭52　〔岡本麻美子〕

山口 健五郎　やまぐち・けんごろう

嘉永2年(1849)～?　伊万里県留学生　[生]肥前国佐賀　[名]別名＝賢五郎, 監五郎　[渡]フランス：1871年(鉱山学)

嘉永2(1849)年，佐賀藩士の家に生まれる。致遠館で学んだあと伊万里県留学生としてフランスに渡る。明治4(1871)年6月28日(あるいは9月)にフランスに到着後ルノワールに師事して普通学を修め，鉱山学を専攻する。6年帰国。その後の消息は不明。

[文献] 近代日本海外留学生史　上(渡辺実)　講談社　昭52／フランスとの出会い―中江兆民とその時代(富田仁)　三修社　昭56／幕末明治海外渡航者総覧(手塚晃編)　柏書房　平4　〔富田仁〕

山口 俊太郎　やまぐち・しゅんたろう

文久3年(1863)～大正3年(1924)　留学生　[生]肥前　[渡]アメリカ：1871年(岩倉使節団に同行)

文久3(1863)年，山口尚芳の子として佐賀に生まれる。明治4(1871)年11月に岩倉使節団の渡航に同行してアメリカに私費留学をする。9年に帰国の後，東京大学に入学。20年にもアメリカに私費留学する。専攻は土木工学。22年帰国。その後の消息は不明だが，大正3(1924)年死去。享年62歳。

[文献] 近代日本の海外留学史(石附実)　ミネルヴァ書房　昭47／幕末明治海外渡航者総覧(手塚晃編)　柏書房　平4　〔富田仁〕

山口 仙之助　やまぐち・せんのすけ

嘉永4年5月5日(1851)～大正4年3月25日(1915)　実業家　〔富士屋ホテルを創業〕　[生]相模国(橘樹郡)大根村　[名]旧名＝大浪　[渡]アメリカ：1871年(岩倉使節団に同行)

嘉永4(1851)年5月5日，医師大浪昌随の五男として相模国大根村に生まれる。万延1年5月，10歳のとき横浜の山口粂蔵の養子となり，のち粂蔵の次女久子と結婚する。11歳のとき江戸に出て浅草の小幡漢字塾に学ぶ。17歳で横浜に帰り，養家の家業に従事する。明治4(1871)年11月12日，岩倉使節団一行と同船してアメリカに赴く。船中で浜尾新と知り合う。アメリカで皿洗いまでして苦学し，牧畜事業の将来性を認識して3年間の労働で得た金で種牛7頭を買入れて帰国する。だが，日本では時期尚早と判断して種牛を駒場勧業寮に売却する。慶応義塾に入るが，将来の方向を変えて退塾する。11年箱根宮の下の藤屋旅館を買収し，外国人専門のホテルに改め，富士屋ホテルと改称する。私財を投じて塔沢と宮の下間に約5.4メートル(3間)幅の車道をつくり，温泉への便を図り，箱根の開発に貢献する。また“We Japanese”を書き外国への日本紹介にもつとめた。大正4(1915)年3月25日死去。享年65歳。[墓]神奈川県箱根町小湧谷・山口家墓地。

[文献] 富士屋ホテル八十年史(富士屋ホテル株式会社)　箱根町　昭33／明治維新人名辞典(日本歴史学会編)　吉川弘文館　昭56／箱根富士屋ホテル物語　新装版(山口由美)　トラベルジャーナル　平14　〔富田仁〕

山口 武　やまぐち・たけし

嘉永6年3月（1853）～？　大蔵省官吏　[名]別名＝武良　[渡]イギリス：1871年（留学）

嘉永6（1853）年3月に生まれる。山口の出身。造幣寮に出仕していたが，明治4（1871）年に大蔵省の費用でイギリスに渡り，ロンドンのユニバーシティ・カレッジに学ぶ。8年帰国の後，大蔵省造幣局技手となる。その後の消息は不明。

[文献] 明治初年条約改正史の研究（下村冨士男）　吉川弘文館　昭37／近代日本の海外留学史（石附実）　ミネルヴァ書房　昭47／近代日本海外留学生史　上（渡辺実）　講談社　昭52／幕末明治海外渡航者総覧（手塚晃編）　柏書房　平4　〔楠家重敏／富田仁〕

山口 辰弥　やまぐち・たつや

安政3年（1856）～昭和2年4月9日（1927）　技術者　工学博士　〔造船界の発展に寄与〕　[生]江戸　[渡]フランス：1876年（造船技術）

安政3（1856）年，幕臣山口勝直の長子として江戸に生まれる。明治3年4月横須賀製鉄所の黌舎に入る。5年卒業後海軍省に出仕し御用掛准判任から同准奏任となる。9（1876）年7月新政府の命でフランスに留学し，海軍省顧問として19年に来日することになる造船家ルイ・エミール・ベルタンの世話になりながらパリ海軍造船学校で造船技術を専攻する。11年海軍権少匠に就任，13年4月8日に帰国し，横須賀造船所で中心的存在として活躍する。17年1月海軍三等技師となり，19年神戸小野浜造船所長となって主に水雷艇創建とその監督に携わり，海軍技術会議員兼大技監を務め，26年5月20日横須賀鎮守府造船部長，30年5月21日改称の横須賀海軍造船廠造船科長，33年5月21日同造船廠長，翌22日海軍造船総監になるが間もなく官を辞し，浦賀船渠株式会社長に就任する。同時に大島製鋼所顧問となり民間造船業の振興に尽し，わが国の造船界の発展に寄与する。32年工学博士の学位を取得している。弟の準之助もやはり工学博士となる。昭和2（1927）年4月9日死去。享年72歳。　[墓]東京・青山霊園

[文献] 類聚伝記大日本史13　海軍篇（小笠原長生編）　雄山閣　昭11／近代日本海外留学生史　上（渡辺実）　講談社　昭52／日本人名大事典6　平凡社　昭54／日仏文化交流史の研究―日本の近代化とフランス人（西堀昭）　駿河台出版社　昭56／陸海軍将官人事総覧　海軍篇（外山操編）　芙蓉書房　昭56／横須賀製鉄所の人びと―花ひらくフランス文化（富田仁，西堀昭）　有隣堂　昭58（有隣新書25）／横須賀製鉄所（造船所）と仏語学（西堀昭）：研究報告（蘭学資料研究会）　245　〔山口公和〕

山口 鐵太　やまぐち・ちんた

明治4年4月26日（1871）～昭和7年11月9日（1932）　英語学者　東京商大商学専門部教授　[生]相模国　[名]旧名＝関谷　[渡]アメリカ：1888年（留学）

明治4（1871）年4月26日，相模国に生まれる。小田原足柄英和学校を卒業。明治21（1888）年アメリカに私費留学し，ワシントン州立大学に学ぶ。32年帰国。のち旧制山口高，東京商大商学専門部教授を歴任。昭和7（1932）年11月9日死去。享年62歳。

[文献] 幕末明治海外渡航者総覧（手塚晃編）　柏書房　平4／データベースWHO　日外アソシエーツ　〔藤田正晴〕

山口 尚芳　やまぐち・なおよし

天保13年5月11日（1842）～明治27年6月12日（1894）　官吏　貴族院議員，旧佐賀藩士　〔岩倉使節団副使〕　[生]佐賀　[名]称号＝範蔵　[渡]アメリカ：1871年（条約改正予備交渉等）

天保13（1842）年5月11日，佐賀に生まれる。幼少の頃長崎致遠館に遊学しオランダ語を修めたのちフルベッキに英語を学ぶ。さらに佐賀藩のオランダ学校に入り，翻訳兼練兵掛になり，大隈重信，副島種臣などと交際するとともに，薩摩藩士とも行動を共にする。とくに小松帯刀と親しく，陸奥宗光とも交わる。明治1年外国事務局御用掛，ついで判事試補，判事，外国官判事，東京府知事，知事兼会計官判事を歴任し，大蔵大丞，民部大丞を兼ね，外務少輔に転じて，4（1871）年岩倉使節団の特命全権副使として欧米各国に派遣される。帰国後，征韓論では内治派となり，佐賀の乱では長崎から海軍を率いて佐賀城に入る。8年4月元老院議官となり，13年元老院幹事，14年元老院議官のまま会計検査院長となり，23年貴族院議員に勅選される。明治27（1894）年6月12日死去。享年53歳。

[文献] 日本人名大事典6　平凡社　昭54／明治維新人名辞典（日本歴史学会編）　吉川弘文館　昭57　〔佐藤秀一〕

山口 半六　やまぐち・はんろく

安政5年8月23日(1858)〜明治33年8月23日(1900)　建築家　工学博士　〔学校建築,都市計画の第一人者〕　⊕出雲国松江　㊗フランス：1876年(建築学)

　安政5(1858)年8月23日,山口軍兵衛の二男として出雲国松江に生まれる。明治3年,藩のお雇い医学教師であるアレクサンドルについてフランス語を修めるようにと藩から命ぜられている。4年,福地源一郎にフランス語を学ぶため日新舎に入る。実際は塾頭の中江兆民についてフランス語を学んだが,日新舎の閉塾で同年3月,大学南校に入る。9(1876)年6月,第2回文部省給費留学生として渡仏。9月パリ高等師範学校幹事ストーブについて工業中央専門学校予備科を修業。11月パリのエコール・サントラルに入り,物理学などを修め,12年8月卒業。諸工芸技師,専門建築工師の学位を授けられる。卒業後も実地研究のためフランスに留まり修業を重ね14年6月帰国。15年には郵便汽船三菱会社の招請に応じ,建築工事の敷設に従事。18年,文部省に出仕。19年文部省書記官,翌年文部技師となる。手がけた仕事は数多く明治20年前半に帝国大学工科大学,理科大学化学教室を初めとして,第一高等中学から第五高等中学まで校舎の建築に携わる。その後結核を患い,療養も兼ねて関西へ移住。大阪市から依頼され,日本人の建築家としてはおそらく初めて,総合的都市計画の答申書を作成,報告した。この中には,パリのブールヴァールに匹敵するような第一号道路から順次小規模に移っていく道路計画,海に面している大阪の港湾と市街を結ぶ運河,パリの森を脳裏においたと思われる都市公園の配置などが見られる。ルネサンス以後のパリの町の代々の建設者が一貫して植えつけようとしてきたかに見える都市に論理をもたらそうとする努力がうかがわれる。また震災予防調査委員を務めたり山口半六建築事務所を経営するなど各方面で活躍。33年,長崎市が街路改正を決定すると,その任務を任されたが,設計準備中の明治33(1900)年8月23日死去。享年43歳。

〔文献〕近代日本海外留学生史　上(渡辺実)　講談社　昭52／日本人名大事典6　平凡社　昭54／建築旅愁(長谷川堯)　中央公論社　昭54(中公新書)／松江藩洋学列士録(佐野正巳)：図書新聞　昭56.7／明治東京畸人伝(森まゆみ)　新潮社　平11(新潮文庫)

〔福山恵美子〕

山口 彦次郎　やまぐち・ひこじろう

安政3年(1856)〜?　留学生　⊕薩摩　㊗フランス：1872年(農学)

　安政3(1856)年に生まれる。薩摩出身。開拓使に入り,明治5(1872)年4月15日,官費留学生としてフランスに赴き,ルノワールに師事して普通学を修め農学を専攻する。数え年17歳のことである。7年2月24日帰国。その後の消息は不明。

〔文献〕近代日本海外留学生史　上(渡辺実)　講談社　昭52／フランスとの出会い——中江兆民とその時代(富田仁)　三修社　昭56／幕末明治海外渡航者総覧(手塚晃編)　柏書房　平4

〔富田仁〕

山口 素臣　やまぐち・もとおみ

弘化3年5月15日(1846)〜明治37年8月7日(1904)　陸軍軍人,大将　子爵　⊕長門国萩　㊗アメリカ,ドイツ：1887年(軍事視察)

　弘化3(1846)年5月15日,長州藩士の子として萩に生まれる。戊辰戦争では奇兵隊教導役として北陸・奥羽地方を転戦。明治6年陸軍少佐となり,7年佐賀の乱,10年西南戦争に参加。戦後中佐となり,15年大佐に進み,熊本,東京の鎮台参謀長,近衛参謀長などを歴任。明治20(1887)年アメリカ,ドイツを視察し21年帰国。23年少将となり歩兵第10旅団長,日清戦争では歩兵第3旅団長として出征,その功により28年男爵。29年中将となり第5師団長。33年北清事変(義和団事件)には師団長として出征し,北京救援隊司令官を務めて功を立てる。37年陸軍大将に昇進。明治37(1904)年8月7日死去。享年59歳。没後子爵を追贈された。

㊉東京・青山墓地

〔文献〕幕末明治海外渡航者総覧(手塚晃編)　柏書房　平4／朝日日本歴史人物事典　朝日新聞社　平6／データベースWHO　日外アソシエーツ

〔藤田正晴〕

山口 熊野　やまぐち・ゆや

元治1年11月(1864)〜昭和25年6月24日(1950)　政治家　衆議院議員　⊕東京　㊗アメリカ：1886年(邦字新聞を発行)

　元治1(1864)年11月,東京に生まれる。東京外国語学校で学ぶ。明治19(1886)年アメリカ

に渡り、邦字新聞『新日本』を発刊、また在留日本人愛国同盟を組織する。22年帰国後、京浜銀行監査役、自由新聞記者、自由通信社長を務める。この間、明治31年以来衆議院議員に7回選出された。昭和25(1950)年6月24日死去。享年85歳。
[文献] 山口熊野小伝(池野藤兵衛稿) 池野藤兵衛 昭60／幕末明治海外渡航者総覧(手塚晃編) 柏書房 平4／データベースWHO 日外アソシエーツ〔藤田正晴〕

山崎 覚次郎 やまざき・かくじろう
慶応4年6月15日(1868)～昭和20年6月28日(1945) 経済学者 経済学博士 遠江国掛川村 ㊦ドイツ：1891年(経済学)

慶応4(1868)年6月15日、遠江国掛川村に生まれる。明治15年大学予備門に入学。22年帝国大学法科大学政治科を卒業、大学院に進み経済学を研究する。24(1891)年ドイツに留学し28年帰国。工科大学、農商務省を経て30年東京高等商業学校教授に就任する。32年辞職、掛川銀行取締役などを歴任し、35年東京帝国大学法学部助教授になる。38年学位を取得し、39年教授に昇格。大正2年帝国学士会員に選任される。大正8年から経済学部勤務となり、9年から12年まで経済学部長。昭和4年退職、6年中央大学経済学部長兼商学部長となる。その後中央大学理事、日本銀行顧問を歴任する。専門は経済学、とくに貨幣銀行論。昭和18年に創設された金融学会の初代理事となる。昭和20(1945)年6月28日死去。享年78歳。
[文献] 大日本博士録1 発展社 大10／山崎先生を偲ぶ(明石照男)：経済学論集 15(5) 昭21／日本人名大事典 現代編 平凡社 昭54〔岡本麻美子〕

山崎 橘馬 やまざき・きつま
？～明治43年10月23日(1910) 留学生 ㊦江戸 ㊦ドイツ：1870年(東伏見宮に同行)

生年不詳。江戸に生まれる。明治3(1870)年に東伏見宮に同行して官費でドイツに留学する。少助教の地位にいたことが伝えられている。専攻は製紙学。8年に帰国し、京都府九等出仕となる。その後の消息は不明だが、明治43(1910)年10月23日死去。
[文献] 近代日本の海外留学史(石附実) ミネルヴァ書房 昭47／幕末明治海外渡航者総覧(手塚晃編) 柏書房 平4〔富田仁〕

山崎 甲子次郎 やまざき・きねじろう
？～大正6年1月17日(1917) 海軍軍人 ㊦フランス：1886年(造船学)

生年不詳。明治19(1886)年にフランスに官費留学する。留学の目的は造船学の研修である。22年帰国。その後の消息は不明だが、大正6(1917)年1月17日死去。
[文献] 日仏文化交流史の研究—日本の近代化とフランス人(西堀昭) 駿河台出版社 昭56／幕末明治海外渡航者総覧(手塚晃編) 柏書房 平4〔富田仁〕

山崎 小三郎 やまざき・こさぶろう
天保15年(1844)～慶応2年(1866) 長州藩留学生 ㊦長門国 ㊦イギリス：1865年(兵学修業、外国事情視察)

天保15(1844)年に萩藩士山崎新作の長男として生まれる。慶応1(1865)年4月17日、長州藩の命により南貞助、竹田春風(庸次郎)とともに兵学修業および世界情勢探索のためイギリスに渡る。不幸にして翌慶応2(1866)年にロンドンで死去。享年23歳。
[文献] 近代日本の海外留学史(石附実) ミネルヴァ書房 昭47／英語事始(日本英学史学会編) 日本ブリタニカ 昭51／幕末維新人名事典 新人物往来社 平6〔楠家重敏／富田仁〕

山崎 直胤 やまさき・なおたね
嘉永5年5月(1852)～大正7年2月2日(1918) 官吏 錦鶏間祇候 ㊦豊前国中津 ㊦フランス：1870年(産業技術調査)

嘉永5(1852)年5月、豊前中津に生まれる。明治5(1870)年工部留学生として、フランスの産業技術の調査を命じられて渡仏。ウィーン万国博覧会の事務官もつとめ、3年後に帰国する。帰国後は法制官、太政官少書記官、大蔵省大書記官などを経て、13年には太政官大書記官に就任する。15年、欧州憲政の実態視察の命を受けた伊藤博文の一行に従って、平田東助、西園寺公望、岩倉具定らとともにヨーロッパに渡り、翌年8月に帰国。ついで初代の内務省懸治局長、宮内省調度頭を経て、29年錦鶏間祇候となる。なお14年創立の仏文会が5年後に仏学会に拡充改組されたとき、辻新次、寺内正毅、栗塚省吾らとともに活躍。晩年は不遇で、病気療養中、肺炎を併発し、大正7(1918)年2月2日死去。享年67歳。

[文献] 歴代顕官録(朝陽会編) 原書房 昭42(明治百年叢書9)／明治宝鑑(松本徳太郎編) 復刻 原書房 昭45(明治百年叢書140)／仏蘭西学のあけぼの(富田仁) カルチャー出版社 昭50／日本人名大事典6 平凡社 昭54／明治文化史1(藤井甚太郎編) 原書房 昭55／日仏文化交流史の研究(西堀昭) 駿河台出版社 昭56 〔高遠弘美〕

山沢 静吾　やまさわ・せいご

弘化4年(1847)～明治30年3月30日(1897)　陸軍軍人, 中将　男爵　㊙アメリカ：1871年(陸軍軍事研修)

弘化4(1847)年に生まれる。18歳のとき京都に出て, 蛤御門の戦で功績をあげる。戊辰戦争の際, 川村純義に従って伏見, 奥羽の各地に転戦し, 平定の後四番隊長に抜擢される。明治4(1871)年陸軍少佐に任命されるが間もなく辞任して, アメリカに留学し7年帰国。11年露土開戦の際ロシア軍に加わり各地で奮戦する。13年帰国し, 陸軍中佐, ついで大佐へと進む。18年少将として歩兵第四旅団長になり, その後歩兵第十旅団長に転ずる。日清戦争では中将で第四軍団長として, 遼東半島に出征, 台湾に転戦する。その功績で男爵を授けられたが, 明治30(1897)年3月30日死去。享年51歳。
[文献] 日本人名大事典6 平凡社 昭54
〔佐藤秀一〕

山下 岩吉　やました・いわきち

天保12年1月25日(1841)～大正5年6月26日(1916)　海軍技師　㊦讃岐国塩飽高見島　㊙オランダ：1862年(操航・操砲・製帆学)

天保12(1841)年1月25日, 山下新兵衛の子として讃岐国塩飽の高見島に生まれる。長じて長崎海軍伝習所で操航・操砲を学び, のちに軍艦操練所に移る。文久2(1862)年, 幕府派遣の海軍留学生の一員としてオランダに渡る。3年4月, オランダ到着後, ライデンのアウデ・レイン43番地に古川とともに下宿し, 航海訓練学校に特別研修生として入学し, 実習に励んだ。3年10月, 赤松, 上田, 古川とともにドルトレヒトに移り, ウィリゲンボスのヒップス造船所で建造中の開陽丸の艤装などに従事した。元治1年3月アムステルダムに移り, 燈台船, 国立海軍ドック, 縄綱場等で訓練をうける。開陽丸の艤装がおわると同艦とともにフリシンゲンに移った。慶応2年10月25日, 内田, 榎本, 沢, 田口, 上田, 古川, 大野, 中島らとともに日本航航の途に上り, 慶応3年3月26日帰国。帰国後, しばらく海軍操練所に出仕し, いったん故郷の高見島に戻る。維新後, 新政府に仕え, 明治4年1月海軍教授所二等教授, 6年8月主船中士長, 7年12月主船大工長となり, 翌9年3月, 横須賀造船所勤務となる。同年8月海軍二等工長, 15年9月海軍一等工長, 19年2月製帆工場長と進んだが22年6月に退職。横須賀造船所を退いたのち千葉県木更津に行き, ここでしばらく暮らし, 明治31年5月, 郷里の高見島に帰る。大正5(1916)年6月26日, 老衰により死去。享年76歳。　㊦高見島・大聖寺
[文献] 横須賀海軍船廠史　上・下(横須賀海軍工廠)　大4／黎明期の我海軍と和蘭(水田信利)　雄風館　昭15／赤松則良半生談(赤松範一編)　平凡社　昭52(東洋文庫)／幕末和蘭留学関係史料集成(日蘭学会編)　雄松堂　昭57／幕府オランダ留学生(宮永孝)　東京書籍　昭57(東書選書)／山下岩吉―幕末オランダ留学生(西山保)　高見中学校　昭58／幕府オランダ留学生―職方・山下岩吉(宮永孝)：法政大学教養部紀要　社会科学編　51　昭59／多度津文化財(多度津文化財保護協会編)　多度津文化財保護協会報　25　昭59.4／高見島の文化財(西山保, 斎部和寿)　〔宮永孝〕

山下 りん　やました・りん

安政4年(1857)～昭和14年(1939)　聖像(イコン)画家　〔ロシア留学の女性第1号, ニコライ堂など150点の聖像制作〕　㊦常陸国笠間　㊥洗礼名=イリナ　㊙ロシア：1880年(聖像画修業)

安政4(1857)年, 笠間藩士山下重常の娘として生まれる。文久3年9歳で父を喪う。明治6年画業を志して郷里を出奔, 学婢として浮世絵師中丸精十郎に教えを乞う。10年, 旧藩主牧野貞寧の知遇を得て, 工部美術学校に女子の第1回生として入学, バルビゾン派のイタリア人教師・元トリノ王立美術学校教授フォンタネージの指導を受ける。同期生には学校長大鳥圭介の娘・雛子, 川路花子(のちに詩人柳紅の母), のちの石版画家・山室政子らがいた。とくに, 正教徒・山室を介してハリストス正教会の主教ニコライを知る。11年フォンタネージは日本政府の美術教育への不信か

ら辞任、「天然を師とせよ」との言葉を学生に残して帰国。後任の教師・イタリア人画家フェレッティ、サン・ジョバンニなどの伎倆を不満として美術学校の生徒に退学者が相つぐ。その中には小山正太郎、松岡寿、浅井忠らがいた。彼女もややおくれ、13年10月に退学する。ちょうどそれと時を同じくして、ニコライ主教より聖像画家としての修業のためにロシア留学をすすめられ、同年（1880）12月横浜を発ち、海路ペテルブルグに向い、翌14年3月目的地に到着。ペテルブルグではノヴォデーヴィチ女子修道院に寄宿し、イコン（聖像画）の修業をはじめたが、もともと西欧近代の画法を身につけた彼女にとって、ロシアの旧式な宗教画の技法は肌に合わず、同年9月からはエルミタージュ美術館の許可を得て、ルネサンス期のイタリア絵画、とりわけラファエロとその一派の作品の模写に励む。だが、エルミタージュ通いは修道院の画師の好むところではなく、3ヶ月後の11月には、エルミタージュでの勉強は禁じられる。以後、彼女の心はうつうつとして晴れることがなく、気候が合わなかったこともあってとかく病がちであったため、師ニコライの計らいにより、4年間の修業を半ばにして、明治16年3月、帰国の途につく。帰国後、神田・駿河台にあった正教女子神学校の寄宿舎の一隅を居室として与えられ、画業の研鑽を続けるが、最初の大きな仕事は、当時完成間近であった東京復活大聖堂（通称ニコライ堂）のイコノスタス（聖障）に、露人聖像画家ベセホノフの助手としてイコンを描くことであった。ベセホノフとの出合いは聖像画家としての彼女に一つの転機をもたらした。すなわち、ペテルブルグの修道院仕込みの画法とは異なる清新な彼の画風にふれることにより、旧来の手法から解放され、日本の伝統と融合した新しい「日本のイコン」の制作を目指すようになったのである。共同作業になる新しい聖像は明治22年の末には完成するが、これは関東大震災で焼失し今に伝わらない。この後彼女はニコライからもう一つの大役をおおせつかる。それは、2年後に訪問を予定されているロシアの皇太子ニコライに献上する聖像を描くことであった。24年救世主復活の図を描いた作品は完成し、露国皇太子の目を楽しませた。明治20年代から30年代にかけては、正教会の隆盛期にあたり、日本各地に教会堂の建設が相次いだが、その聖像の制作はすべて彼女に委ねられた。今日この時期の作品をまとめて見ることができるのは、北海道の札幌正教会、上武佐正教会、秋田県大館市曲田の北鹿正教会、岩手県の盛岡正教会、一関正教会、千葉県八日市場市の須賀正教会などで、作品の総数は150点を越えるものとみられる。45年2月、大主教ニコライ逝去、ついで7月明治天皇崩御。日本の歴史にとっても正教会の歴史にとっても一つの時代の終りであった。かねてより患っていた彼女の眼の病も、この頃から年を追って悪化していく。白内障であった。大正5年函館に聖堂が再建された。彼女はこれに十二大祭の聖像画を献じる。この作品を最後に絵筆を絶つ。6年、ロシア革命が起こり母教会を失った日本の正教会に苦難の時代がはじまる。7年東京を去り、故郷の笠間に帰り、弟峯次郎方に身を寄せる。以後、わずかな年金と預金の利子をたよりに、酒を友とした余生がはじまり、それは21年間続く。昭和14（1939）年死去。享年83歳。

[文献] 山下りん―黎明期の聖像画家（鹿島卯女編） 鹿島出版会 昭51／山下りん（小田秀夫） 日動出版部 昭52（日動選書・評伝シリーズ）／山下りん―信仰と聖像画に捧げた生涯（小田秀夫） 筑林書林 昭55（ふるさと文庫）／われら生涯の決意―大主教ニコライと山下りん（川又一英） 新潮社 昭56／大いなる無名者の芸術（若桑みどり） 創文社 昭59／魂のイコン・山下りん（高橋文彦） 原書房 平7／山下りん―明治を生きたイコン画家（大下智一） 北海道新聞社 平16（ミュージアム新書） 〔長縄光男〕

山階宮 菊麿　やましなのみや・きくまろ
明治6年7月3日（1873）～明治41年5月2日（1908）　皇族　山階宮第2代　㊥京都　㊙ドイツ：1892年（留学）

　明治6（1873）年7月3日、山階宮晃親王の第一王子として京都に生まれる。明治18年継嗣となる。学習院、海兵を卒業。25（1892）年ドイツに留学、26年海軍少尉、27年帰国後、諸艦の分隊長を歴任。40年より常磐、壱岐、八雲などの副長を務め、累進して海軍大佐に任ぜられる。36年大勲位菊花大綬章を受章。明治41（1908）年5月2日東京麹町区富士見町の宮邸で死去。享年36歳。

[文献] 幕末明治海外渡航者総覧（手塚晃編） 柏書房 平4／データベースWHO 日外アソシエーツ 〔藤田正晴〕

山城屋 和助　やましろや・わすけ

天保8年（1837）～明治5年11月29日（1872） 商人 〔陸軍汚職事始の張本人〕 [生]周防国（玖珂郡）本郷村 [名]本名＝野村三千三 [渡]フランス：1871年（兵器の輸入）

天保8（1837）年，長州藩の医師野村信高（玄達）の四男として周防国本郷村に生まれる。野村家は医業であったが，弘化3年に母を，3年父を亡くしたために嘉永4，5年頃に萩の浄土宗の竜昌院の小僧となる。諸国を遍歴ののち，文久3年還俗して野村三千三と称し長州藩高杉晋作の奇兵隊に入り，馬関戦争に従軍し戊辰戦争には探偵として活躍する。その折山県有朋の知遇を受ける。のち横浜南仲通3丁目に店舗を出し商人となり，山城屋和助と名乗る。20万円を借りて資金として外国との生糸貿易に従事して巨利を得各省の御用達になる。明治4（1871）年12月，兵器を輸入して陸海軍に納入する条件で政府から60万円を借用して，ヨーロッパ漫遊の旅に出て，フランス，イギリス，ドイツをまわりアメリカ経由で翌5年日本に帰国する。しかし生糸相場の大暴落のため，政府からの借用金の返済の請求を受けるが支払えず，延期願をするが許されず，陸軍汚職の始まりをなす事件の責任を負い，明治5（1872）年11月29日，陸軍省玄関で割腹自殺する。享年36歳。 [墓]横浜市中区・久保山

[文献] 明治初代の政商山城屋和助（芦川忠雄）：伝記 3（3） 昭11／日本財界大事件史 陸軍汚職事始 山城屋和助の自殺（木村毅）：実業之日本 57（4） 昭29 ／明治過去帳―物故人名辞典（大植四郎編） 東京美術 昭46 ／日本人名大事典6 平凡社 昭54 ／明治維新人名辞典（日本歴史学会編） 吉川弘文館 昭56 〔富田仁〕

山添 喜三郎　やまぞえ・きさぶろう

天保14年（1843）～大正12年5月16日（1923） 建築技術者 宮城県技師 〔ウィーン万国博日本館を建設〕 [生]越後国 [渡]オーストリア：1873年（ウィーン万国博覧会）

天保14（1843）年に生まれる。越後の出身。明治6（1873）年2月18日，ウィーン万国博覧会に派遣され，大工として日本館の建設に従事。イギリスを経て7年6月29日帰国後，内務省関係の建築を手がけ，18年宮城県土木課に転じた。洋風建築を修め，登米町尋常小学校，登米町警察署などを設計した。大正12（1923）年5月16日死去。享年81歳。

[文献] 幕末明治海外渡航者総覧（手塚晃編） 柏書房 平4／朝日日本歴史人物事典 朝日新聞社 平6 ／データベースWHO 日外アソシエーツ 〔藤田正晴〕

山田 顕義　やまだ・あきよし

天保15年10月9日（1844）～明治25年11月11日（1892） 陸軍軍人，中将，政治家 伯爵 〔刑法草案作成に尽力，日本大学の創立者〕 [生]長門国（阿武郡）松本村（鍛冶が原） [名]幼名＝市之允，号＝空斎，養浩斎，不抜，韓峯山人 [渡]アメリカ：1871年（岩倉使節団に随行）

天保15（1844）年10月9日，長州藩士山田七兵衛顕行の長男として長門国松本村に生まれる。幼児時代は父や伯父・山田亦介から素読を学ぶ。安政3年3月，藩校明倫館に入り柳生新陰流師範・真木勝平について剣の道に打ちこむ。4年，松下村塾に入門し当時すでに頭角をあらわしていた久坂玄瑞，高杉晋作らの塾生と親交をもつ。6年5月，安政の大獄により吉田松陰は江戸へ送られ，10月処刑される。そののち彼は明倫館に転学し兵学寮教授大村益次郎に師事して近代フランス兵学を学ぶ。文久2年，攘夷の血判書に名を連ね，翌3年には外国艦船を砲撃するため久坂らと馬関の光妙寺に結集，5月10日にアメリカ商船砲撃を皮切りにフランス軍艦，オランダ軍艦砲撃の指揮をとる。元治1年の長州藩の内乱に際しては藩権力を握っていた俗論党打倒のため豪農・商から軍資金をとりつけ，高杉が指揮する尊攘派の重要な役割をになう。また同年，禁門の変で幕軍と戦って敗れ西本願寺の助けにより品川弥二郎らとともに追手から逃れ帰藩する。慶応2年，薩長の軍事同盟が成立し幕府は長州へ進軍するが，この時幕府軍と戦い功をあげる。3年には整武隊総督となり，維新政府でも仁和寺宮嘉彰副参謀，海軍参謀などを歴任，箱館五稜郭の戦いでは青森口陸軍参謀として攻略をおこなう。明治2年7月，兵部省が設置されると兵部大丞に任ぜられる。この年，それまでの市之允から顕義と名のるようになり，また維新の軍功により永世600石を下賜される。そ

ののち大阪兵学寮の設立に尽力し、陸軍少将就任を経て4(1871)年11月12日、各国の政治、教育、兵備などを詳細に調査研究する役割をもつ理事官の肩書で、特命全権大使岩倉具視の欧米使節団に加わってアメリカ号で渡米する。12月7日にサンフランシスコに到着、サクラメント、シカゴなどを経て5年1月21日にワシントン入りする。理事官としての公務以外にも各所を見学しているが、渡行中の行動は同じく使節団に同行し彼と親交のあった木戸孝允日記に散見できる。2月17日、兵部省一行は岩倉大使と別れて渡仏、彼はパリを拠点としてオランダ、ベルギー、ブルガリアなど欧州各地に出かけ軍制調査にあたる。岩倉大使一行がフランスに入ってからは案内役をつとめる。またロシアにも赴いて軍制を調査したのち、ベルリン、ウィーンなどにも立ち寄りスエズ運河を経由して6年6月24日に東京へ帰る。7月には東京鎮台司令長官、11月には在清国特命全権公使となるが翌年に佐賀の乱が勃発したため赴任せず、陸軍少将として九州へ赴く。乱平定後、帰京し司法大輔、刑法編纂委員長を歴任する。西南戦争の際には再び九州に赴く。平定の功により年金600円を下賜される。11年に刑法草案審査委員に任ぜられ中将となる。12年参議工部卿、専任参議に就任。また14年にはプロイセン憲法を基本とした憲法私案を有栖川宮、岩倉に提出する。17年に華族令発布により伯爵となる。18年に太政官制が廃止され内閣制が施かれて第1次伊藤内閣が発足すると司法大臣として入閣する。20年には法律取調委員会の委員長にも就任して民法、商法、訴訟法の草案条項についての調査を行っている。21年4月には黒田清隆の組閣において再び司法大臣となる。そののち山県有朋内閣でも司法大臣に留任、23年には病気のため司法大臣辞任を申し出たが慰留されて鎌倉及び三崎の別邸で静養後、24年5月の第1次松方内閣でも司法大臣として入閣するが同年6月、リューマチの痼疾化により辞任し第一線をしりぞく。その間、憲法原案が枢密院に付議され、顧問官との論議が行われた際にもそれに加わり憲法成立にたずさわる。また23年の第1回衆議院議員総選挙、第1回帝国議会の召集など政治的要事項にも司法大臣として深く関与している。司法大臣辞任後は枢密院顧問官として政治との関係を維持している。以上のような軍人、政治家という面のほかに、22年10月には日本法律学校(現・日本大学)を創設、翌年7月には国学院を設立するなど教育にも力を注いでいる。司法大臣辞任後も健康はすぐれず、静養をしながら詩文や書道に親しむ生活をしていたが、25年に病気の好転をみて郷里へ帰り墓参する。その帰途、11月11日に兵庫県・生野に立ちより山口神社計参拝ののち、生野銀山視察に赴く。その折、銀山坑口付近において卒倒し明治25(1892)年11月11日、死去。死因は脳溢血、心臓マヒ、急性骨髄炎などといわれている。享年49歳。　⊕護国寺

[文献]　木戸孝允日記　日本史籍協会　昭7(日本史籍協会叢書)／山田顕義伝　日本大学編刊　昭38／山田顕義と日本大学―日本法律学校の誕生(荒木洽)　大原新生社　昭47／岩倉使節団―明治維新のなかの米欧(田中彰)　講談社　昭52(講談社現代新書487)／日本人名大事典6　平凡社　昭54／明治維新人名辞典(日本歴史学会編)　吉川弘文館　昭56／大津事件と司法卿山田顕義―日本大学学祖山田顕義研究論文(柏村哲博)　日本大学大学史編纂室　昭58／山田顕義関係資料　第1～3集(日本大学精神文化研究所、日本大学教育制度研究所編)　日本大学精神文化研究所　昭60～62／山田顕義―人と思想(日本大学総合科学研究所編)　日本大学総合科学研究所　平4　　〔湯本豪一〕

山田　馬次郎　やまだ・うまじろう

天保3年(1832)～文久3年11月30日(1863)　土佐藩士　⊕土佐国高知　㊂諱=清揃　⊕アメリカ：1860年(遣米使節に随行)

　天保3(1832)年、土佐藩士山田助之丞清将の二男として高知に生まれる。早くから西洋に深い関心を寄せ江戸に出ていたが、安政7(1860)年1月の遣米使節に参政吉田東洋の推挙を受けて土佐藩から選ばれて、外国奉行支配頭成瀬善四郎正典の従者3人のひとりとしてポーハタン号に乗りアメリカに向かう。江戸からハワイまでとハワイからサンフランシスコまでの日記を残し、遣米使節一行の様子を知る上に貴重な記録となっている。「人煙稠密、船檣林立、砲台風車、蒸気車高楼、海岸入口ノ広大ナル紙上ニ尽シ難シ」とサンフランシスコの印象を綴っているが、残念なことはサンフランシスコ以後の記述のないことである。帰国後も江戸で洋学研修を重ねて飛躍の機会を

待っていたが，文久3（1863）年11月30日死去。享年32歳。
[文献] 山田馬次郎遣米紀行（平尾道雄）：土佐史談　28　昭4／明治維新人名辞典（日本歴史学会編）　吉川弘文館　昭56　〔富田仁〕

山田 純吉　やまだ・じゅんきち

生没年不詳　工部省鉱山技師　[生]香川・高松　[渡]イギリス：1870年（鉱山学）

生没年不詳。香川の出身。明治3（1870）年に鉱山学研究のためイギリスへ留学する。留学費用ははじめ高松藩から，のちに工部省から出されている。8年帰国の後，工部省の鉱山技師となる。

[文献] 明治初年条約改正史の研究（下村冨士男）　吉川弘文館　昭37／近代日本の海外留学史（石附実）　ミネルヴァ書房　昭47／近代日本海外留学生史　上（渡辺実）　講談社　昭52／幕末明治海外渡航者総覧（手塚晃編）　柏書房　平4　〔楠家重敏／富田仁〕

山田 正之助　やまだ・しょうのすけ

嘉永3年11月15日（1850）～明治41年3月15日（1908）　貿易商　日本貿易協会会長　〔貿易業界の発展に尽力〕　[生]久留米京隈小松原　[名]幼名＝長之助，別名＝山田稔養　[渡]アメリカ：1868年（法律学，軍学）

嘉永3（1850）年11月15日，久留米藩士山田忠兵衛の長男として久留米の京隈小松原に生まれる。13歳のとき小倉戦争に初陣し，鳥羽伏見の役にも加わる。15歳で小姓役となり，藩主有馬頼咸の命令で勝安芳の海軍練習所に入る。のち軍艦夕日丸，さらに千歳の艦長となり箱館に幕府軍を追撃する。明治1（1868）年10月アメリカ人の勧めで高木三郎，富田鉄之助などとともにアメリカに留学。海外旅行免許第1号としてサンフランシスコに渡り，マサチューセッツ州のウエスター学校に入学し，ついでボストンに移りハーヴァード大学に転学する。軍事学と法律を修めたのち19年に帰国する。横浜税関吏となり数年を過ごしたのち実業界に入り，美術品貿易に従事するとともに日本貿易協会会長として業界の発展に貢献する。前田正名の五二会の設立にも尽力するが，明治41（1908）年3月15日，脳溢血のために死去。享年59歳。

[文献] 明治事物起源（石井研堂）　春陽堂書店　昭11／明治過去帳―物故人名辞典（大植四郎編）　東京美術　昭46／久留米市誌（久留米市役所編）　名著出版　昭48／日本人名大事典6　平凡社　昭54　〔富田仁〕

山田 信介　やまだ・しんすけ

文久3年（1863）～？　建築家，実業家　[生]静岡　[渡]ドイツ：1886年（建築実習）

文久3（1863）年，静岡に生まれる。工業学校の第1期卒業生で専門は装飾建築。議院及び諸官庁の建築にあたりドイツから招聘されたベックマンの建策により実地経験のある青年職工をベックマン貸費生としてドイツに派遣する際に，正木工業学校長の推薦により選考される。明治19（1886）年から3年間ドイツに留学後，実業家として工事請負業を起こす。

[文献] 近代日本海外留学生史　上（渡辺実）　講談社　昭52　〔岡本麻美子〕

山田 忠澄　やまだ・ただずみ

安政2年（1855）～大正6年（1917）　外交官　[生]長崎　[渡]フランス：1878年（化学）

安政2（1855）年，長崎に生まれる。広運館で学んだあと，明治5年から通訳をつとめる。11（1878）年フランスに留学。リヨンのラ・マルティニエール工業学校卒後，化学肥料製造会社に勤務。19年日本領事官書記生となる。41年帰国，大正2年外務省退官。大正6（1917）年死去。享年63歳。

[文献] 幕末明治海外渡航者総覧（手塚晃編）　柏書房　平4／データベースWHO　日外アソシエーツ　〔藤田正晴〕

山田 鉄次　やまだ・てつじ

生没年不詳　名古屋県留学生　[生]名古屋　[渡]アメリカ：1871年（留学）

生没年不詳。明治4（1871）年に名古屋県の県費留学生としてアメリカに渡っているが，その後の消息は不明。

[文献] 近代日本の海外留学史（石附実）　ミネルヴァ書房　昭47／幕末明治海外渡航者総覧（手塚晃編）　柏書房　平4　〔富田仁〕

山田 鉄蔵　やまだ・てつぞう

元治1年4月（1864）～大正14年11月26日（1925）　内科医　医学博士　〔脳病院を開設〕　[生]山形　[渡]ドイツ：1896年（医学）

元治1（1864）年4月，山田玄登の長男として山形に生まれる。明治25年帝国大学医科大学

卒業後ベルツの助手として内科に勤務。29(1896)年ドイツに留学し脳神経病学を専攻する。32年帰国後山田病院を建てて開業。36年東京慈恵医学専門学校教授となり、40年学位取得。41年には脳病院を開設、診療にあたる。大正14(1925)年11月26日死去。享年62歳。
[文献] 大日本博士録2　発展社　大11／日本人名大事典6　平凡社　昭54　〔岡本麻美子〕

山田　寅吉　やまだ・とらきち
嘉永6年12月21日(1854)～昭和2年3月31日(1927)　土木技師　工学博士　〔鉄道敷設に尽力〕　㊥福岡　㊕イギリス、フランス：1868年頃(土木建築学)

　嘉永6(1854)年12月21日、福岡藩士山田忠吾の長男として生まれる。明治1(1968)年頃、藩の官費生としてイギリスに渡り、3年11月にフランスに移り、パリのエコール・サントラル(中央工科学校)へ入る。9年に同校土木建築科を卒業する。帰国後は猪苗代疏水工事設計主任、北海道紋別製糖所建設主任を経て15年には東京馬車鉄道会社技師長として新橋、上野、浅草間の軌道敷設に従事する。16年からは内務省技師として土木監督にあたり、19年に内務省技師を辞めたのちも九州鉄道設計、大津疏水工事、讃岐鉄道設計、佐野鉄道設計など土木技師として活躍する。32年工学博士会推薦により工学博士となる。また日露戦争当時は、軍隊輸送上急を要した京釜鉄道、京義線鉄道の工事に力を注ぐ。その後も灌漑工事、鉄道工事など土木工事に従事する。昭和2(1927)年3月31日死去。享年75歳。
[文献] 大日本博士録5　工学(井関九郎編)　発展社　昭5／フランスに魅せられた人びと―中江兆民とその時代(富田仁)　カルチャー出版社　昭51　／日本人名大事典6　平凡社　昭54　／魁星　山田寅吉博士事績調査会　平12　　　　　　　　　　〔湯本豪一〕

山田　八郎　やまだ・はちろう
？～明治14年5月15日(1881)　幕臣　小人目付　㊗諱=方吉　㊕フランス：1862年(遣欧使節に同行)

　生年不詳。文久1(1862)年、40歳頃遣欧使節に小人目付として随行する。明治14(1881)年5月15日死去。
[文献] 大君の使節―幕末日本人の西欧体験(芳賀徹)　中央公論社　昭43(中公新書163)／幕末教育史の研究2―諸術伝習政策(倉沢剛)　吉川弘文館　昭59　〔富田仁〕

山田　久雄　やまだ・ひさお
明治4年10月(1871)～明治30年4月12日(1897)　留学生　㊕ドイツ：1893年(留学)

　明治4(1871)年10月、陸軍砲兵大佐で山田顕義の実弟である河上繁栄の長男として生まれる。顕義の長男・金吉が早逝したため17年、山田家の養嗣子となる。26(1893)年1月、ドイツに留学するが病気となり、30年1月に帰国する。同年(1897)4月12日死去。享年27歳。
[文献] 山田顕義伝　日本大学編刊　昭38／明治過去帳―物故人名辞典(大植四郎編)　東京美術　昭46／昭和新修　華族家系大成　下(霞会館諸家資料調査委員会)　霞会館　昭59　〔湯本豪一〕

山田　又三郎　やまだ・またさぶろう
生没年不詳　実業家　〔三井鉱山の経営に尽力〕　㊥金沢　㊗別名=文太郎　㊕ドイツ：1889年(採鉱冶金学)

　生没年不詳。金沢の出身。明治9年東京大学工科大学採鉱冶金学科卒業後、小真木鉱山に勤務する。22(1889)年採鉱冶金学研究のためドイツに私費留学し、フライブルク鉱山大学に入学する。24年同大学を卒業し3月に帰国する。宮内省御料局技師となり、生野鉱山の経営に従事する。その後、三井鉱山株式会社の取締役となり、鉱山経営に尽力した。
[文献] 近代日本海外留学生史　下(渡辺実)　講談社　昭53　〔岡本麻美子〕

山田　要吉　やまだ・ようきち
嘉永4年9月26日(1851)～明治25年12月15日(1892)　理工学者　工学博士　帝国大学工科大学教授　㊥徳島(県徳島市出来町)　㊕アメリカ：1870年(機械工学)

　嘉永4(1851)年9月26日、徳島城下に生まれる。長ずるに及び藩命によって慶応1年に長崎に、明治1年には神戸、横浜に遊学する。3年大学南校に入学、同年(1870)藩命によりアメリカのニューゼルシィ市の工芸学校に入学し、機械工学を専攻する。5年には改めて文部省から留学を命ぜられる。8年同校を卒業しアメリカ機械工師の単位を得ている。8年に帰国し工部省に出仕する。16年文部省に転職し、19年には帝国大学工科大学教授、24年には工学博

士となる。明治25(1892)年12月15日死去。享年42歳。
[文献] 近代日本海外留学生史　上〔渡辺実〕
講談社　昭52　　　　　　　〔佐藤秀一〕

山田 わか　やまだ・わか
明治12年12月1日(1879)～昭和32年9月6日(1957)　評論家　〔女性解放思想の啓蒙〕
㋳神奈川県三浦郡久村(699)　㋴旧名＝浅葉
㋱アメリカ：1896年(経済的自立のため)

　明治12(1879)年12月1日、神奈川県三浦郡久村の農業浅葉弥平治の二女として生まれる。19年4月久里浜尋常小学校入学、首席を通すが百姓の女に学問はいらないとする両親の強固な方針で4年生で卒業。悔しさに涙を流しながら校庭の土手で子守していた日をのちに回想している。健康で素直で同情心に厚く、女乞食に食べ物を運ぶような少女であったらしい。29年8月、同郡横須賀町小川・荒木七治良と結婚する。後年『青鞜』に発表した短篇「女郎花」(大正3年12月)にわずかにその結婚生活がうかがえる。10歳年長の夫は守銭奴に近く、実家の没落を機に離婚。みずからの手で兄を助けようと18歳で上京。29(1896)年横浜で女衒にだまされ、大金を手にし実家を救うことを夢見て太平洋を渡るが、シアトルに着くと娼婦としての日々が待っていた。キング・ストリートのピンク＝カーテンと呼ばれる娼館でアラビアお八重の名で25、6歳までを過ごす。『新世界新聞』の記者立井信三郎の手助けで命からがら脱出。サンフランシスコに着くと立井からも逃れてサクラメント通り902番地キリスト教長老派教会の〈キャメロン＝ハウス〉という娼婦救済施設に逃げ込む。彼女の裏切りに立井は自殺する。その頃彼女の心は、娼館に出入する男性を人の弱味につけこみ思う存分血を吸う悪魔、できることなら火をつけて焼いてしまいたいという憎悪の念に燃えていたことを、のちに『青鞜』誌上(大正3年1月)で回想しているが、これこそ彼女の生の原点であった。やがてキリスト教を心の支えとしながら、自分の学力の無さに暗譫として、山田英学塾に入る。20歳で渡米し、肉体労働をしながら社会学を修めた塾長の山田嘉吉は、「無学文盲に等しき、もともと百姓の娘、自分は卑しい者だと観念して」いた彼女を「立派な淑女」として遇し、学問の手ほどきをする。38年頃に結婚。39年4月サンフランシスコを地震が襲い英学塾が類焼したのを機に、6月30日帰国。四谷区南伊賀町に住む。帰国後、嘉吉は外国語を教える私塾を開き、その弟子のひとり大杉栄を通し『青鞜』と接近。大杉の紹介で南アフリカに住む女流思想家オリーブ・シュライネルの「三つの夢」の翻訳が大正2年11月号に載って後、ほぼ毎号、翻訳を中心に随筆、評論、小文等23篇を発表し続ける。シュライネルの「芸術の秘密」「猟人」、アメリカの社会学者ウォードの「女子の教育について」、スウェーデンの婦人評論家エレン＝ケイの「児童の世紀」などの翻訳で大正期の婦人解放思想に大きく貢献する。彼女を通じて平塚らいてう、伊藤野枝などが嘉吉のもとに集まり「エレン＝ケイ」を読む会を持つが、彼女の『青鞜』参加は「新しい女」たちに新たな思想上の核をさえ作ったといえる。5年『青鞜』廃刊後は新婦人協会に参加したりするが、9年3月に創刊した個人誌『婦人と新社会』がその活動の中心となっていく。女性解放運動家としてより女流評論家としての道を選び、9年には『恋愛の社会的意義』(東洋出版)『家庭の社会的意義』(同)『社会に額く女』(耕文堂)、マイナー原作『売笑婦の研究』(天佑社)を出版。じゅんじゅんと教えさとす語り口は不思議な情熱と説得力をもつ。彼女の書いたものは嘉吉の手によるという噂が当初から流れ、彼女に私淑した評論家中島幸子による証言もあるが、翻訳の大半はそうであるのかも知れない。が、たとえその骨組は嘉吉の手によろうと、表現の底を流れる情熱と説得力とは彼女自身のものであり、それは昭和5年以降『東京朝日新聞』の身の上相談の回答者となって後の、彼女の回答と重なる。嘉吉は大正9年7月に死去するが生涯を通して変わることない彼女の指導者だった。同年9月、母性保護法制定促進婦人連盟の初代委員長に推される。12年3月には運動の成果として「母子保護法」が国会を通り、14年にはみずから母子寮、保育所を設立。彼女の思想と行動の根元には一貫した母性主義がある。彼女はそれを「母心」と表現するが、エレン＝ケイの影響、キリスト教による聖母のイメージ、それらと同時に自身が売春婦という重い過去を通して「姙ることのできない女」になってしまったことからくる母性への限りない憧憬がある。12年10月には主婦之

友社の派遣でアメリカを再訪。各地を講演してまわるが、シアトルではみずからの過去を語り感銘をあたえる。やがて戦争に突入していく中で彼女の母性主義は「産めよ増やせよ」の国策に利用され、そのことが戦後の彼女の活動を苦しくする。22年には売春婦更生施設・幡ケ谷女子学園を設立。職業的自立を目指す生活教育と技術教育を中心とし、サンフランシスコの「キャメロン・ハウス」の日本での実現を図る。昭和32(1957)年9月6日、心筋梗塞のため死去。享年79歳。

文献 乞食の名誉(伊藤野枝) 『文明批評』大9／青鞜(井手文子) 弘文堂 昭36／平塚らいてう自伝 元始、女性は太陽であった 下 大月書店 昭46／あめゆきさんの歌(山崎朋子) 文芸春秋社 昭53／女人芸術の世界(尾形明子) ドメス出版 昭55／女人芸術の人々(尾形明子) ドメス出版 昭56／自立した女の栄光―人物近代女性史(瀬戸内晴美編) 講談社 平1(講談社文庫)
〔尾形明子〕

山高 信離 やまたか・のぶつら

天保13年2月12日(1842)～明治40年3月19日(1907) 官吏 帝国博物館長 〔内外の博覧会事務、博物館行政に尽力〕 ㊐武蔵国江戸赤坂御門内 ㊋旧名=慎八郎 幼名=蘭之助、別名=左太夫、雅号=紫山 ㊙フランス：1867年(パリ万国博覧会)

天保13(1842)年2月12日、江戸赤坂御門内で生まれる。旧浜松藩士で、移籍して東京府士族。禄高1800石。小納戸から元治1年3月目付となるが、5月には御役御免。江戸の開成所頭取から慶応1年選ばれて横浜仏蘭西語学所第1期伝習生となり、2年3月目付再役、5月に再び選ばれて横須賀製鉄所に黌舎第1回生として田中周太郎(弘義)、河合捨吉などとともに入り、技術伝習生となる。11月幕府がパリ万国博覧会へ使節派遣を決めた際、将軍の名代を務める民部大輔徳川昭武を始終世話する御使役の大役を命ぜられて御作事奉行格御小姓頭取となる。3(1867)年1月ひとり断髪して渡仏するが、心は全権公使を役める向山一履に最も近く、現地でメルメ・カションと行違いがあり、幕府親仏派と第2代駐日フランス公使レオン・ロッシュとも意向を違え、反仏親英家となり、日本側公使が向山から栗本瀬兵衛(鋤雲)に交替するを機に傅役を解かれて留学生に転じる。同僚の帰国後も滞欧を続けるが、大政奉還によって有栖川宮名儀で新政府から召還の命を受取り留学を中断して帰国する。ヨーロッパ体験はその後の人生を決定する。慶応4年の早い時期に帰朝し、同年4月神奈川奉行支配調役並から庶務補通弁役方となる。また相変わらず横須賀製鉄所伝習生でもあり、8月横浜製鉄所調役並にもなる。明治2年頃製鉄所を離れ、3年10月静岡藩権少参事となる。4年7月14日廃藩置県で同県権少参事と改称される。やがて東京へ出て、5年2月7日大蔵省七等出仕として博覧会御用掛を命じられ、ここに博覧会と最初の結びつきをもつ。6(1873)年1月7日正院六等出仕、同22日ウィーン万国博覧会一級書記官兼務となり、ウィーンへ出張する。7年前山清一郎らと内務省勧業寮六等出仕を兼ねる。8(1875)年博物館掛となるとともにアメリカフィラデルフィア博覧会に派遣され、9年内国勧業博覧会事務局兼勤を命じられ、10年春には農商務省勧農局用掛となり、月俸100円で米国博覧会事務官事務局並びに内国勧業博覧会事務局御用掛(奏任)を兼ね、フランス博覧会へも出かける。11年6月28日内務省往復課准奏任御用掛兼博覧会掛となり、12年内務省少書記官となり、太政官少書記官、商務局准奏任御用掛、オーストラリア・シドニー府万国博覧会事務官などを兼ねる。こうして万国博覧会のたびに世界各地で大役を果たす。同時に10年以来の内国博覧会行政にも寄与するところ大きい。他方、8年7月から、前年3月21日伊豆入間村沖で沈没したフランス郵船ニール2世号が前年のウィーン万国博覧会への出品物を多数積載していたこともあってその調査を担当する。14年4月9日農商務省少書記官になり、13日同省博物局事務官兼勤となって以来、18年12月28日廃局までその事務を執り、その間、15年12月27日同省権大書記官に昇り、博覧会掛長を経て、晩年は博物館行政に従事する。19年3月2日帝国博物館長心得から、21年1月18日同館長となる。27年2月9日京都、奈良両帝国博物館長を兼務、28年4月29日奈良博物館長の方は免ぜられて同館評議員となる。もう一つの才能に椿椿山に師事した南画がある。明治40(1907)年3月19日、腎臓病のため東京市本郷区竜岡町の自宅で死去。享年66歳。

墓東京都新宿区牛込弁天町・宗参寺
[文献] 日本人名辞典（芳賀矢一）　大倉書房　大3／大日本人名辞書（同刊行会編）　新訂版内外書籍株式会社　昭12／東京掃苔録（藤浪和子）　昭15／幕末外交史の研究（大塚武松）宝文館　昭27／チョンマゲ大使像を行く―百年前の万国博（高橋邦太郎）　人物往来社　昭42／明治過去帳―物故人名辞典（大植四郎編）　東京美術　昭46／近代日本海外留学生史　上（渡辺実）　講談社　昭52／日本人名大事典6　平凡社　昭54／日仏文化交流史の研究―日本の近代化とフランス人（西堀昭）　駿河台出版社　昭56／明治維新人名辞典（日本歴史学会編）　吉川弘文館　昭56／横須賀製鉄所（造船所）伝習生・訳官（西堀昭）：千葉商科大学紀要　21（3）　昭58.12　〔山口公和〕

大和 七之允　やまと・しちのじょう

生没年不詳　留学生　⊕山口　㊇別称＝七之丞　㊧アメリカ：1872年（農学、鉱山学）

　生没年不詳。山口の出身。明治5（1872）年に公費または官費でアメリカに留学している。アメリカ留学の目的は農学とされているが、鉱山学を修め、7年に帰国したらしい。その後の消息は不明。

[文献] 近代日本の海外留学史（石附実）　ミネルヴァ書房　昭47　〔富田仁〕

山中 一郎　やまなか・いちろう

嘉永1年（1848）～明治7年4月13日（1874）　佐賀士族　〔佐賀の乱に加担し処刑〕　⊕佐賀水力江鷹司小路　㊧ドイツ：1871年（政治経済学）

　嘉永1（1848）年、肥前佐賀藩士山中四三郎の長子として佐賀城下に生まれる。顔が黄がかっていた所から「黄銅」と綽名される。藩黌弘道館に学びその舎監となる。同時に江藤南白（新平）に師事し香月経五郎と藤門の双璧の名を取る。維新後勉学のために上京、江藤の食客となって香月と大学南校で学ぶ。明治4（1871）年4月江藤の口ききで海外視察名儀で洋行の藩命を得る。イギリスへ赴く八戸欽三郎、志波孝平、倉永猪一郎、フランスへの大塚琢造らを率いて渡航する。ドイツに留学して政治、経済を研究し、5年1月11日からはフランスでブランションを師として刑法とフランス語を学ぶ。フランスでは土地の女との間に女児をもうける。6年9月官命で帰国し、ドイツでは一教授の宴席で強いられた演説代わりに文天祥の正気歌を吟誦して万雷の拍手を浴びたと伝えられる。10月「海外視察御届」を政府に提出する。そこには各国の国情や治政の諸問題に関する卓見が2万2000字を費やして綴られている。同年10月23日征韓論が破れ内務卿大久保利通の士肥引降ろしの政変が実現すると、江藤は参議を下りて同郷の同志を糾合協議するが、その際もとより江藤と見解を一つにし、県下の輿論を高め、薩摩に協力を呼びかけるために同志を西下させたあと、江藤と二人東京に残る。佐賀の乱では立役者を演じ、佐賀から鹿児島、高知へと常に江藤新平と行動をともにし捕えられ、明治7（1874）年4月13日、斬首刑に処せられる。享年27歳。

[文献] 郵便報知新聞　明7.2～4／西南紀伝　黒竜会編刊　明41／山中一郎伝（的野半介、南白顕彰会編）　『江藤南白　下　附録第2章征韓党諸士伝ノ1』　民友社　大3／類聚伝記大日本史11　政治家篇（尾佐竹猛編）　雄山閣　昭11／江藤新平（杉谷昭）　吉川弘文館　昭37（人物叢書87）／江藤新平（園田日吉）　大光社　昭43／明治過去帳―物故人名辞典（大植四郎編）　東京美術　昭46／佐賀の乱（宮田幸太郎）　同刊行会　昭47／フランスに魅せられた人びと―中江兆民とその時代（富田仁）　カルチャー出版社　昭51／佐賀の乱―征韓の夢破れた「葉隠」士族の反乱（滝口康彦）　『戦乱日本の歴史12　士族の反乱』　小学館　昭52／日本人名大事典6　平凡社　昭54　〔山口公和〕

山根 正次　やまね・まさつぐ

安政4年12月（1858）～大正14年8月29日（1925）　医師　衆議院議員　⊕山口　㊇号＝殿山　㊧イギリス、フランス：1887年（衛生行政制度視察）

　安政4（1858）年12月に生まれる。山口の出身。明治15年東京大学医学部を卒業、長崎医学校教諭となる。明治20（1887）年、司法省留学生としてイギリス、フランスに派遣され、衛生行政制度を視察し、24年帰国。警察医長、医務局長、警視庁第3部長となり、内務省臨時検疫事務官、警視庁検疫委員長兼任。35年以来山口から衆議院議員当選6回。また東京市議、同参事会員などをつとめ、40年朝鮮総督府衛生顧問となる。次いで日本医学専門学校長、国光生命保険会社医務監督。著書に『黴毒蔓延論』『禁酒禁煙論』などがある。〈死因〉脳いっ

血、大正14(1925)年8月29日脳溢血のため死去。享年69歳。
[文献] 萩の生んだ近代日本の医政家山根正次（田中助一編）　大愛会　昭42／幕末明治海外渡航者総覧（手塚晃編）　柏書房　平4／データベースWHO　日外アソシエーツ
〔藤田正晴〕

山内　梅三郎　やまのうち・うめさぶろう
嘉永2年2月7日(1849)〜明治12年11月11日(1879)　官吏　萩藩寄組士(老中)、陸軍教導団　⊕長門国(厚狭郡)吉田村　⊛諱＝通恂
㊙アメリカ：1872年(留学)

嘉永2(1849)年2月7日、山内九郎兵衛通遠の子として長門国厚狭に生まれる。奇兵隊の総管として幕末の政局に活躍する。慶応3年、山口の明倫館に入り洋学を修め、明治1年に長崎に出てオランダ人フルベッキに学ぶ。さらに3年には横浜に赴きアメリカ人ヘボンから洋学を学ぶ。5(1872)年3月、自費でアメリカに留学し、8年8月に帰国する。同年9月、陸軍教導団に勤めたが、翌年辞職した。その後、神奈川県学務課に勤めたが、明治12(1879)年11月11日死去。享年31歳。
[文献] 近代日本の海外留学史(石附実)　ミネルヴァ書房　昭47／明治維新人名辞典(日本歴史学会編)　吉川弘文館　昭56　〔楠家重敏〕

山内　作左衛門　やまのうち・さくざえもん
天保7年7月21日(1836)〜明治19年3月12日(1886)　薬種商　⊕江戸　⊛諱＝信恭、幼名＝太郎、二郎太郎　㊙ロシア：1865年(留学生の目付役)

天保7(1836)年7月21日、幕臣山内徳右衛門(豊城)の二男として江戸に生まれる。14年より嘉永2年まで京都奉行を務めた主家・伊達家に随行してこの地に在住する。後生に典雅にして文筆に秀で、とくに勤皇の志の厚かったのは、京都滞在の少年時代の環境が大いに影響したものとみられている。安政1年蝦夷地記録調御用助筆に任ぜられ、以後、北海道・樺太を中心に活躍、慶応1年、箱館奉行支配調役並の時、遣露留学生の目付役として渡露を命ぜられる。同年(1865)7月、箱館港を出航し、南アフリカ回りで半年航行の末、翌2年2月ペテルブルグ着。前箱館駐在領事ゴシケーヴィチの斡旋により一家を借り上げ、留学生5名と共同生活をはじめる。この時期日本の父にあてた手紙が今日に伝わっているが、その中には当時のロシアの国情について記されている。たとえばロシアは麦を多く産するが、農産物に乏しいこととか、鉄は多く石炭はイギリスに輸出しており、またシベリアには金銀を多く産し、ロシアの宝庫となっていること、目下モスクワからセバストーポリまで鉄道が建設中であること、街は繁華だが何物につけ高値で困ること、などが報告されている。他方、学業については、留学生に大学教育を授けるという諒解が両国政府の間に成立していたはずであるにもかかわらず、新学期のはじまる時期になっても一向に沙汰がなく、無為に日を過ごすことを強いられる。仲介人のゴシケーヴィチに私心ありと疑っているが、目付役でかつ一行中最年長でもあった彼の心労の程が察せられる。結局のところ留学生たちは体系的な専門教育を受けずに終わっている。2年末にサハリン(樺太)国境問題の交渉のため小出秀美の一行がペテルブルグに来たが、一行とともに帰国することを決意したのも、ロシア側の不誠実な態度と無関係ではない。3年3月に露都を離れた一行は5月7日、横浜港に帰着する。約2年ぶりに踏む日本の土地であった。帰国すると日本は騒乱の只中であった。明治1年、近藤勇(当時若年寄格に昇任し大久保大和と改名)に随従して甲州鎮撫の途についたが、官軍に捕えられて投獄される。間もなく放免され、それ以後は神奈川青本町に薬舗賛化堂を開業し市井の薬剤師に終始する。4年以降は日本橋本町に移り資生堂を開き、8年にはこれを日本橋室町に拡張し、順調に商いを営んだが、流行のコレラにかかり、明治19(1886)年3月12日死去。享年51歳。
[文献] 幕末ロシア留学記(内藤遂)　雄山閣　昭43
〔長縄光男〕

山内　万寿治　やまのうち・ますじ
万延1年3月29日(1860)〜大正8年9月18日(1919)　海軍軍人、中将　男爵　〔兵器製造の功労者〕　⊕江戸　㊙ドイツ：1884年(兵器製造研究)

万延1(1860)年3月29日、広島藩士の二男として江戸に生まれる。明治6年平民出身として初めて海軍兵学寮に入学。12年首席で卒業、15年少尉に任官。17(1884)年ドイツ、オーストリアに留学して兵器製造の研究に従事し、24

年帰国。海軍兵器の向上に尽力し，山内式速射砲などを考案。呉海軍造兵廠長，36年呉鎮守府艦政部長，同年呉海軍工廠長などを歴任，38年海軍中将に昇進。39年呉鎮守府長官を経て，42年予備役に編入。この間，40年男爵となり，43年貴族院議員に勅選。日本製鋼所会長などを務めたが，シーメンス事件に連座して大正4年依願免官となる。大正8(1919)年9月18日死去。享年60歳。

[文献] 幕末明治海外渡航者総覧(手塚晃編) 柏書房 平4／朝日日本歴史人物事典 朝日新聞社 平6／データベースWHO 日外アソシエーツ　〔藤田正晴〕

山内 六三郎　やまのうち・ろくさぶろう

文政9年(1826)～大正11年(1922)　官吏
〔横浜鎖港談判などの通訳〕　㉔後名=提雲
㊺フランス：1864年(遣仏使節の通訳)，フランス：1867年(パリ万国博覧会)

　文政9(1826)年，幕臣の山内豊成の三男として生まれる。佐藤泰然らに蘭学を習い，文久1年神奈川奉行手付翻訳方となる。池田筑後守長発を正使とする横浜鎖港談判遣仏使節に御手附翻訳御用出役として随行し，3(1863)年12月29日横浜を出帆した。翌元治1(1864)年3月，親戚である定役の横山敬一がスエズ地峡から鉄路アレキサンドリヤ港から来て待船中に黄熱病に感染したのをおしてベルリン号に乗船したのがもとでマルセイユ到着のときには危篤状態であったので，小使の乙骨亘(上田敏の父)と2人居残って看病し，その死水を取る。会葬を済ませ，遅れること1ヶ月にしてパリ入りする。同年帰国後，再び慶応3(1867)年パリ万国博覧会に将軍の名代として列席かたがた留学する徳川民部大輔昭武に通弁御用として随行，今度はヨーロッパ各地を巡って翌明治1年11月3日帰国する。パリでは遣露留学生として慶応1年出国していた箱館奉行支配調役並である兄の作左衛門が病を得て帰国するところに，9年ぶりで再会する。戊辰戦争では榎本武揚の軍に加わりそのために禁固に処せられるが，放免後は沼津兵学校一等教授から，宮内官，開拓使四等出仕，同大書記官，製鉄所長官，逓信省会計局長などを務めた後，鹿児島県知事となる。大正11(1922)年死去。享年97歳。

[文献] 山内提雲自叙伝：同方会誌 58 昭8.1／異国遍路 旅芸人始末書(宮岡謙二) 修道社 昭46／近代日本海外留学生史 上(渡辺実) 講談社 昭52／赤松則良半生談―幕末オランダ留学の記録(赤松良一編注) 平凡社 昭52(東洋文庫317)　〔山口公和〕

山辺 丈夫　やまべ・たけお

嘉永4年12月8日(1852)～大正9年5月14日(1920)　実業家　〔東洋紡績を設立〕　㊐石見国津和野　㉔幼名=虎槌のち善蔵　㊺イギリス：1877年(経済学，職工見習)

　嘉永4(1852)年12月8日，清水格亮の子として津和野に生まれる。安政1年山辺正義の養子となる。15歳で津和野藩の藩校養老館に入り数学を修め，明治1年京都守護のために京阪に赴き英語を学ぶ。3年上京して中村敬宇，西周，福沢諭吉などに英学を習う。また殖産事業に関心を寄せる。10年(1877)，旧藩主亀井玆明に随行してイギリスに渡り経済学を修める。ロンドン大学では機械学を学び各地の工場を視察するが，渋沢栄一の懇請を受けて紡績の研究に方向転換を図り，キングス・カレッジで機械工学を修めようとする。さらにマンチェスターで「見習料金付入社希望」の新聞広告を出しブランクバーンのグリッグス工場に一職工として住み込み研鑚を積む。13年帰国，大阪紡績会社の設立に際し工務支配人となる。23年大阪織布会社を合併し31年社長となる。大正3年三重紡績会社を合併し東洋紡績会社と称し社長に就任。5年職を退く。大正9(1920)年5月14日死去。享年70歳。　㊥大阪市住吉区・阿部野霊園

[文献] 山辺丈夫君小伝(宇野米吉編) 紡績雑誌社 大7／産業史の人々(楫西光速) 東大出版会 昭29／大阪人物誌 大阪を築いた人(宮本又次) 弘文堂 昭35／日本財界人物列伝 1 青潮出版編刊 昭38／日本人名大事典6 平凡社 昭54／明治維新人名辞典(日本歴史学会編) 吉川弘文館 昭56／孤山の片影―山辺丈夫(石川安次郎〔著〕) ゆまに書房 平10(人物で読む日本経済史)／われ，官を恃まず―日本の「民間事業」を創った男たちの挑戦(吉田伊佐夫) 産経新聞ニュースサービス，扶桑社(発売) 平14　〔富田仁〕

山本 音吉　やまもと・おときち
⇒音吉(おときち)を見よ

山本 亀吉 やまもと・かめきち
生没年不詳　旅芸人　〔樽回し〕　㋳イギリス、フランス：1866年（パリ万国博覧会の折に巡業）

　生没年不詳。慶応2(1866)年10月28日、アメリカ人ベンコツに雇われイギリス船ニポール号で横浜を出帆しイギリスとフランスに渡る。翌3年1月のロンドンのセント・マルチントヒルでの公演を皮切りに、万国博覧会で賑わうパリのテアトル・ド・フランス・アンペリアルなどで興業した。樽回しの曲芸を演じ、不器用な西洋人を感心させた。明治1年に帰国したが、その後の消息は不明。

〔文献〕異国遍路　旅芸人始末書（宮岡謙二）修道社　昭46
〔楠家重敏〕

山本 喜三郎 やまもと・きさぶろう
文化9年(1812)～?　商人　㋳アメリカ：1860年（遣米使節に随行）

　文化9(1812)年に生まれる。安政7(1860)年1月、数え年49歳のとき幕府の遣米使節の外国御用達伊勢屋の手代として随行してアメリカに渡り、同年9月27日に帰国する。その後の消息は不明。

〔文献〕77人の侍アメリカへ行く（レイモンド服部）　講談社　昭43
〔富田仁〕

山本 金次郎 やまもと・きんじろう
生没年不詳　蒸汽方　㋳アメリカ：1860年（咸臨丸の蒸汽方）

　生没年不詳。安政7(1860)年1月、咸臨丸の蒸汽方として渡米する。

〔文献〕万延元年遣米使節史料集成1～7（日米修好通商百年記念行事運営会編）風間書房　昭36　／幕末教育史の研究2―諸術伝習政策（倉沢剛）吉川弘文館　昭59
〔富田仁〕

山本 小滝 やまもと・こたき
生没年不詳　旅芸人　〔足芸〕　㋳イギリス、フランス：1866年（パリ万国博覧会の折に巡業）

　生没年不詳。慶応2(1866)年10月28日、アメリカ人ベンコツに雇われイギリス船ニポール号で横浜を出帆しイギリスとフランスに渡る。翌3年1月のロンドンのセント・マルチントヒルでの公演を皮切りに、万国博覧会で賑わうパリのテアトル・ド・フランス・アンペリアルなどで興業した。盥回し、屏風回し、樽回しといった足芸を演じ西洋人を喜ばせた。明治1年に帰国したが、その後の消息は不明。

〔文献〕異国遍路　旅芸人始末書（宮岡謙二）修道社　昭46
〔楠家重敏〕

山本 権兵衛 やまもと・ごんべえ
嘉永5年10月15日(1852)～昭和8年12月9日(1933)　海軍軍人、大将、政治家　伯爵　㋻鹿児島加治屋町　㋳ドイツ：1877年（ドイツ軍艦で艦務研修）

　嘉永5(1852)年10月15日、薩摩藩士五百助の三男として鹿児島に生まれる。文久3年わずか12歳で、薩摩藩とイギリス艦隊との戦いに砲弾運びの雑役として加わる。慶応3年16歳のとき18歳といつわり藩兵小銃第八番小隊に入隊を許され、藩主島津忠義に従って上洛、翌年1月、鳥羽、伏見に始まる戊辰戦争に従軍し、同年11月に藩に凱旋する。明治2年3月、藩命で東京に遊学することになり、上京後、西郷隆盛の紹介状をもって勝海舟を訪問する。海舟はその情熱に打たれて、海軍に入ることを許し、海舟の食客となる。同年9月18日、東京築地に海軍操練所が創設され、薩摩藩の貢進生として入所する。3年11月、それは海軍兵学寮となる。7年11月1日、兵学寮を卒業し、海軍少尉補に任じられる。同月19日、実地研修として筑波艦に乗組んで台湾へ航海し、12月6日帰国する。8年1月1日兵学寮に入る。その後も伝習生として筑波艦に乗組み、日本海を航海したり、また太平洋を横断してアメリカまで行き航海経験を積む。9年9月2日には筑波艦乗組みを免じられて兵学寮に入る。9年12月27日、兵学寮より艦務研究のため同僚7名とともにドイツ留学を命じられ、翌10(1877)年1月2日、ドイツ軍艦ヴィネタ号に乗組んで横浜を出航する。7名とは福島虎次郎、横尾道昱、片岡七郎、沢良煥、早崎七郎、中山訥、河原要一の海軍留学生である。マニラ、シンガポール、希望峰、南アメリカ、イギリスなどを巡航して、10月10日ドイツに着く。その間6月8日、同僚とともに海軍少尉に任じる。この航海中、軍事技術ばかりか、軍政、政治、経済にも通じた艦長モンツ伯爵から深い感銘を受ける。渡独後まもなく、西郷隆盛が西南の役に敗れて自刃し、兄吉蔵も戦死したことを知る。11月10日、同僚7名とドイツ軍艦ライプツィヒ号に転乗を命じられ、17日にヴィルヘルムスハーフェンを出航する。イギリス、アフリカのマデイラ島、南米のモンテビデオを経て、マゼラン海峡を

通り，チリのバルパライソ，ペルーのカヤオを巡って11年3月9日，パナマに着く。折しもドイツは中米のニカラグアとの間に紛争を起こしていて，この方面と東部西印度諸島にあったドイツの軍艦5隻が集結され，兵員約1500名を上陸させてニカラグアと砲火を交えようとしていた。ライプツィヒ号はこの5隻の中の1艦であった。ドイツ艦内では教官たちが日常の講義でその学問に対する情熱に驚嘆し，ことに砲術担当のヤスケ中尉は，彼を友人として心から信頼していた。また彼は維新の役に従軍して陸戦の経験があった。そこで彼は，ヤスケ中尉と同艦の野砲2門を率いてニカラグアとの陸戦に赴いてもらいたいと懇請され，ドイツ政府は日本政府に彼らの従軍を要請してきた。これに対し日本の海軍省は，彼らを留学させたのは，将来日本海軍の要部にあて，国家の有用に期待するためであるとして，この際止むをえず退艦帰国させたいとの旨を回答する。このような事情からパナマでライプツィヒ号を退艦し，サンフランシスコ経由で11年5月12日，帰国する。帰国後，新鋭の扶桑艦に乗組み，海外で修得した新知識をもって将校下士卒の教育訓練にあたる。以後日本海軍の最高指導者への道を歩み始める。22年海軍大佐に進み，高千穂艦長，海軍省主事を経て，日清戦争においては大本営海軍大臣副官，参謀官を務める。31年に第2次山県内閣の海軍大臣となってから，第4次伊藤内閣，第1次桂内閣と留任し，39年1月7日，日露戦争が終結するまで，日本海軍の最高責任者であった。大正2年桂内閣が崩壊すると，内閣総理大臣となり，政友会と組んで行政を整理し，軍務大臣現役制を廃止するなどの改革を行ったが，3年4月，シーメンス事件という海軍汚職の責任を取って辞任する。12年9月2日，関東大震災のさなかに第2次山本内閣が成立し，東京復興につとめる。しかし，虎の門で皇太子狙撃事件が突発して，13年1月7日引責辞職する。その後は政界の表から退き，昭和8(1933)年12月9日死去。享年82歳。

㊥東京・青山霊園
|文献| 偉人山本権兵衛（村上貞一） 実業之日本社 昭10／英傑山本権兵衛（鷲尾義直） 牧書房 昭16／人間山本権兵衛（中村嘉寿） 軍人教育研究会 昭18／海軍の父山本権兵衛（永松浅造） 潮文閣 昭19／山本権兵衛（山本英輔） 時事通信社 昭33／山本権兵衛と帝国海軍の確立（高木惣吉）：中央公論 80(8) 昭40／山本権兵衛と海軍（海軍省海軍大臣官房編） 原書房 昭41／伯爵山本権兵衛伝（伯爵山本海軍大将伝記編纂会） 原書房 昭43／山本権兵衛（米沢藤良） 新人物往来社 昭49／海は甦える1～5（江藤淳） 文芸春秋 昭51～58／日本人名大事典6 平凡社 昭54／明治維新人名辞典（日本歴史学会編） 吉川弘文館 昭56／海軍経営者山本権兵衛（千早正隆） プレジデント社 昭61／海軍の父 山本権兵衛—日本を救った炯眼なる男の生涯（生出寿） 光人社 平1／海軍の父 山本権兵衛—日本を救った炯眼なる男の生涯（生出寿） 光人社 平6（光人社NF文庫）／軍人宰相列伝—山県有朋から鈴木貫太郎まで三代総理実記（小林久三） 光人社 平15 〔田中徳一〕

山本 重輔 やまもと・しげすけ

弘化4年(1847)～明治34年7月13日(1901) 日本鉄道会社技師長 ㊥山口 ㊙旧名＝山本（毛利の前姓） 別名＝重助 ㊨アメリカ，イギリス：1869年〔工学，鉄道建設研究〕

弘化4(1847)年，長州藩士山本信一の長男として生まれる。のち一門の家老吉敷毛利家を継ぐ。明治2(1869)年，岩倉具視の子息具経に従ってアメリカへ渡り，ニューヨークのレンセラー工学校に学ぶ。つづいてイギリスに赴き鉄道建設を研究する，8年4月帰国する。初め工部省鉱山寮に鉱山権助として出仕し，工部少書記官，同小技，権大技，鉄道2等技師などを歴任する。退官後は日本鉄道会社技師長となり，明治34(1901)年7月13日死去。享年55歳。
|文献| 廃藩以前旧長州藩人の洋行者：防長史談会雑誌 1(6) 明43.2 〔佐藤秀一〕

山本 達雄 やまもと・たつお

安政3年3月(1856)～昭和22年11月12日(1947) 政治家，実業家 男爵〔財界人の政界進出の先駆者〕 ㊥豊後国臼杵 ㊨イギリス：1896年（償金処理，金融事情視察）

安政3(1856)年3月，臼杵藩士山本確の二男として生まれる。明治2年先代山本幽棲の養子となる。5年，18歳のとき大阪の小学校教員になるが，150円の学資をえて上京し慶應義塾に入学したが学資が続かず，三菱商業学校助教をつとめ学資を稼ぎ慶応義塾を卒業する。岡山商法講習所教頭，大阪商法講習所教頭とな

るが官憲と喧嘩して辞め，16年郵船三菱会社に入る。日本郵船東京副支配人を経て，23年1月月俸70円で日本銀行営業局の筆頭書記に転じ，26年9月営業局長兼株式局長を歴任する。29(1896)年清国からの償金の処理と欧米の金融事情視察のために，アメリカ経由で責任者としてロンドンに赴く。31年1月，第5代日本銀行総裁となる。36年辞任し，貴族院議員になる。42年11月日本勧業銀行総裁，44年第2次西園寺内閣の大蔵大臣として緊縮財政を打ち出し軍部と対立，さらに大正2年第1次山本権兵衛内閣の農商務大臣，9年男爵になる。昭和7年斎藤内閣の内務大臣に就任するが，その間政友会に入り政友本党，民政党の最高幹部として政界に活躍する。昭和22(1947)年11月12日死去。享年92歳。

[文献] 山本達雄氏(山路愛山)『現代富豪論』中央書院　大3／山本達雄(小坂順造編)　山本達雄先生伝記編纂会　昭26 ／日本財界人物列伝1　青潮出版編刊　昭38 ／日本人名大事典　現代編　昭54　〔富田仁〕

山本 悌二郎　やまもと・ていじろう

明治3年1月10日(1870)～昭和12年12月14日(1937)　実業家, 政治家　衆議院議員　[生]佐渡　[渡]ドイツ：1886年(留学)

明治3(1870)年1月10日，佐渡に生まれる。弟に外相を務めた有田八郎がいる。独逸協会学校卒業後，明治19(1886)年3月ドイツに官費留学，27年帰国し，二高講師，のち教授となる。30年退職，日本勧業銀行鑑定課長，33年台湾製糖設立に参画，常務となる。37年以来衆議院議員当選11回，政友会に属し総務。昭和2年田中義一内閣，6年犬養毅内閣各農相。11年5.15事件で議員辞職，政友会顧問。他に南国産業，大正海上火災保険などの重役を務め，晩年は大東文化協会副会長となり，国体明徴運動に力を入れた。昭和12(1937)年12月14日脳溢血のため死去。享年68歳。

[文献] 山本悌二郎先生(山本修之助)　山本悌二郎先生顕彰会　昭40／幕末明治海外渡航者総覧(手塚晃編)　柏書房　平4 ／データベースWHO　日外アソシエーツ　〔藤田正晴〕

山本 長方　やまもと・ながかた

明治3年1月(1870)～昭和9年2月16日(1934)　造船技師　工学博士　東京帝国大学教授〔三菱造船技術長〕　[生]名古屋　[渡]イギリス：1888年(造船学, 図学)

明治3(1870)年1月，名古屋で生まれる。21(1888)年に私費でイギリスに留学し，グラスゴー大学に入学する。同大学で化学，数学，物理学，造船学，図学を修める。28年12月に帰国後，三菱に入社し，長崎三菱造船所技師長となり設計製図監督にあたった。43年4月，社命で日英博覧会のためイギリスに渡った。大正6年，三菱造船会社東京本社技術長となり，同年4月にアメリカへ出張する。9年には海員会議政府委員としてイタリアに出張。10年に東京帝国大学工学部教授となるが，昭和5年に大阪工業大学教授に転ずる。昭和9(1934)年2月16日死去。享年65歳。

[文献] 大日本博士録5(井関九郎編)　発展社　昭5／近代日本海外留学生史　上(渡辺実)　講談社　昭52 ／日本人名大事典6　平凡社　昭54 ／グラスゴウ大学と日本人留学生(北政巳)『国際日本を拓いた人々―日本とスコットランドの絆』　同文舘　昭59　〔楠家重敏〕

山本 彦八　やまもと・ひこはち

生没年不詳　留学生　[渡]フランス：1872年(鉱山学)

生没年不詳。明治5(1872)年にフランスに留学する。留学の目的は鉱山学の研修である。留学は官費によるものとみられる。その後の消息は不明。

[文献] 近代日本の海外留学史(石附実)　ミネルヴァ書房　昭47　〔富田仁〕

山本 秀煌　やまもと・ひでてる

安政4年10月30日(1857)～昭和18年11月21日(1943)　牧師　明治学院神学部教授　[生]山城国　[渡]アメリカ：1885年(神学)

安政4(1857)年10月30日，峯山藩士郡奉行岩井家の四男として生まれる。元治1年，御蔵奉行山本家の養子となる。藩校の敬業塾で漢学修業ののち横浜の軍医長瀬時衡宅に寄寓し，宣教師ジェームス・H.バラの説教，奥野昌綱の聖書講義を聴き，ヘボンの塾に学ぶ。ヘボンとは『聖書辞典』を共同執筆する。明治7年海岸教会でバラから洗礼を受け，S.R.ブラウンの学校で英語を修め，10年東京築地の第一神学校に入り，卒業後牧師となる。18(1885)年アメリカに留学しオーベリン神学校で学ぶ。40年明治学院神学部教授となり，のち高輪教会を主宰する。『日本基督教史』『日本基督教会

史』『江戸切支丹屋敷の史跡』などの著作がある。昭和18(1943)年11月21日死去。享年87歳。
[文献] 日本人名大事典　現代編　平凡社　昭54　〔富田仁〕

山本 芳翠　やまもと・ほうすい

嘉永3年7月(1850)～明治39年11月15日(1906)
洋画家　〔本格的洋画の導入に尽力〕　[生]美濃国(恵那郡)静波村大字野志　[名]本名＝為次郎　[渡]フランス：1878年(洋画修業)

嘉永3(1850)年7月，美濃に生まれる。幼少より絵画の能力に優れ，初め京都の久保田雪江について南画を学ぶ。明治4年，中国に渡り本格的に南画を研究しようと決心して横浜に出たが，たまたま五姓田芳柳による洋画を見て，その画風に強く魅かれ南画を捨てて門下生となり，西洋画法の習得に努める。当時来日したワーグマンについて一層の勉学に励む。9年，工部美術学校が創設されると入学し，画学科教授のフォンタネージについて洋画技術の正則な基礎を学ぶ。学友には，浅井忠，小山太郎，松岡寿などがいる。10年，第1回内国勧業博覧会に作品を出品し花紋賞を受ける。11(1878)年，パリ万国博覧会を機にフランスに留学。パリ美術学校に入学しクラシック派の大家であるジェロームに師事し洋画技法の習得に打ち込み，ボードリから装飾画を学ぶ。ルーブル美術館に通い名作の模写にも励んだ。留学中の作品「西洋婦人像」「裸婦」は油彩の技法をよく吸収した秀作として高く評価されている。当時の鮫島駐仏公使，末松謙澄などの助力で特別にパリの劇場に入れてもらい，舞台の背景画の研究も熱心に行った。フランス滞在中にはヴィクトル・ユゴーとも交際があり，ヴィクトル・ユゴー美術館には芳翠の描いたユゴー像がある。当時滞仏中の西園寺公望がジュディット・ゴーティエと協力して古今和歌集をフランス語に訳し『蜻蛉集』と題して公にした際，芳翠が日本式の挿絵を描き，好評だった。またホワットポング公園のカフェにも大きな日本画を寄贈したという。当時法律研究の目的でパリに留学していた黒田清輝の画才を見出し，帰国後も熱心に黒田とその両親を説得し，遂に画家黒田清輝を育てあげた。芳翠と黒田のパリでの出合いがなければ，黒田清輝という洋画の大家は生まれなかったことだろう。20年に帰国し，翌年には合田清とともに生巧館と称する画塾を開き，洋画を志す後進の指導育成にあたった。22年工部美術学校でアッキレ，ジョヴァンニについて学んだ大野幸彦，堀江正章らとともに，明治美術会を創立し活躍するが，のちに脱会する。日清戦争に従軍して記録的戦争画も描いている。29年，黒田清輝，久米桂一郎などと白馬会を創立し，美術界に平等で自由な空気を吹きこみ日本の洋画発展に大きく貢献した。後年，劇場の背景画改良に意を注ぎ，36年，水交社において実践女学校創立のための活人画を催すにあたり，その背景画を描いたのを初めとして，明治座，本郷座，歌舞伎座などの舞台の背景画に腕をふるう。明治39(1906)年11月15日死去。享年57歳。
[文献] 山本芳翠氏経歴談：美術新報　1(1)　明35／山本芳翠氏逸事：美術新報　5(18)，5(19)　明39.12／山本芳翠氏を痛む：美術新報　5(18)　明39.12／生巧館画塾と山本芳翠先生(白滝幾之助)：みづゑ　247　大14／山本芳翠・合田清と生巧館(土方定一)：書物展望　8(7)　昭13／山本芳翠　長尾一平編刊　昭15／山本芳翠(土屋常義)：岐阜大学研究報告　人文科学　6　昭33／山本芳翠について(隈元謙次郎)：美術研究　239　昭41／日本名画家伝(佐藤靄子)　青蛙房　昭42／近代日本海外留学生史　上(渡辺実)　講談社　昭52／維新の留学生(上垣外憲一)　主婦の友社　昭53(TOMO選書)／日本人名大事典6　平凡社　昭54／明治15年　パリ―近代フランス絵画の展開と山本芳翠　岐阜県美術館編刊　昭57／山本芳翠―明治洋画の快男児(佐々木鉱之助)　里文出版　平6(目の眼ハンドブック)　〔福山恵美子〕

山本 弥三　やまもと・やぞう

生没年不詳　職人　[生]山口　[渡]アメリカ：1872年(塗物修業)

生没年不詳。山口の出身。明治5(1872)年に吉田清成に同行してアメリカに官費で留学する。アメリカでの研修は塗物の修業である。翌6年までアメリカに滞在しているが，その後の消息は不明。
[文献] 近代日本の海外留学史(石附実)　ミネルヴァ書房　昭47　〔富田仁〕

山屋 他人　やまや・たにん

慶応2年3月4日(1866)～昭和15年9月10日(1940)　海軍軍人，大将　連合艦隊司令長官

㊓盛岡　㊜フランス：1891年（軍事視察）

慶応2（1866）年3月4日に生まれる。盛岡の出身。明治19年海軍兵学寮卒業。明治24（1891）年5月フランスに派遣され，翌25年に帰国。次いで"大和"航海長などを経て，27年水雷術練習所教官，日清戦争黄海海戦に"西京丸"航海長で参加。30年海軍大学校卒業。32年海軍大学校教官，日露戦争に"秋津州""笠置"各艦長で従軍。第4，第2艦隊参謀長などを経て，40年軍令部参謀，42年少将，教育本部第1，第2部長，44年海軍大学校校長，45年海軍省人事局長。大正2年中将，海軍大学校校長，次いで第1艦隊司令官，第一次大戦では第1南遣海隊司令官，第3戦隊司令官，軍令部次長を歴任し，ドイツ海軍を苦しめる戦術を展開。7年第2艦隊司令長官，8年大将となり，第1艦隊司令長官。9年連合艦隊司令長官兼任，横須賀鎮守府司令長官，11年軍事参議官，12年予備役となる。海軍部内切っての戦術家として知られ，彼が考案した"円戦術"などの独創的な戦術は"山屋戦術"と呼ばれ，日本海海戦で応用実施されて勝利を導いた。昭和15（1940）年9月10日死去。享年75歳。

文献　幕末明治海外渡航者総覧（手塚晃編）　柏書房　平4／山屋他人who's　who—小和田雅子さんの母方の曾祖父像（盛岡タイムス社編集）　盛岡タイムス社　平5（岩手の偉人シリーズ）／朝日日本歴史人物事典　朝日新聞社　平6／サムライの墨書—元帥東郷平八郎と三十一人の提督（松橋暉男）　毎日ワンズ　平16／データベースWHO　日外アソシエーツ

〔藤田正晴〕

山脇 玄　やまわき・げん

嘉永2年3月3日（1849）～大正14年10月7日（1925）　法律学者　法学博士　貴族院議員　㊓越前国福井　㊜ドイツ：1870年（法律学）

嘉永2（1849）年3月3日，福井藩藩医山脇立男の長男として生まれる。藩立医学校で学んだ後，藩から長崎に留学を命じられ，蘭学を修める。ついで明治3（1870）年，朝廷よりドイツ留学を命じられ，ベルリン，ライプツィヒ，ハイデルベルクなどの大学において法律，経済，政治，国法，国家学を学び，ハイデルベルク大学より両法学博士の学位を得，10年に帰国する。ただちに司法省御用掛を拝命する。13年，司法権少書記官兼太政官権少書記官に任じられると，公命で再びドイツに渡り，14年に帰国する。参事院議官，法制局参事官，行政裁判所長官，貴族院議員等を歴任。政治学，行政法，社会政策に顕著な業績を残す。40年，法学博士となる。41年，ドイツ皇帝ヴィルヘルム2世より王冠一等勲章を贈られる。大正14（1925）年10月7日死去。享年77歳。

文献　大日本博士録1　法博編　発展社　大10／日本人名大事典6　平凡社　昭54

〔田中徳一〕

【ゆ】

湯浅 源二　ゆあさ・げんじ

⇒岩佐源二（いわさ・げんじ）を見よ

湯浅 半月　ゆあさ・はんげつ

安政5年2月16日（1858）～昭和18年2月4日（1943）　詩人，聖書学者　㊓上野国（碓氷郡）安中村　㊔本名＝湯浅吉郎　㊜アメリカ：1885年（留学）

安政5（1858）年2月16日，上野国碓氷郡安中村に生まれる。同志社普通科，同志社神学科を卒業し，新体詩最初の個人詩集『十二の石塚』を刊行。明治18（1885）年アメリカに私費留学し，オベリン大学，エール大学に学ぶ。学位を得て24年帰国し，同志社教授，京都府図書館長などを歴任。35年詩集『半月集』を刊行。晩年は旧約聖書の改訳に力を注ぐなど，詩人としての業績のほか聖書学者，図書館学者としても活躍した。著書に『箴言講義』など。昭和18（1943）年2月4日死去。享年86歳。

文献　書物と著者（山宮允）　吾妻書房　昭24／湯浅半月（半田喜作編著）　「湯浅半月」刊行会　平1／幕末明治海外渡航者総覧（手塚晃編）　柏書房　平4／データベースWHO　日外アソシエーツ

〔藤田正晴〕

結城 幸安　ゆうき・こうあん

生没年不詳　土佐藩留学生　㊓土佐　㊜イギリス：1866年（外国事情視察，兵学）

生没年不詳。土佐の出身。慶応2（1866）年10月，土佐藩の命をうけて中井貞弘とともにイギリスに留学する。渡英の理由は不明であるが，西洋事情視察と兵学修業とみられる。その後の消息は不明。

[文献] 近代日本海外留学生史 上（渡辺実）
講談社 昭52
〔楠家重敏〕

勇次郎　ゆうじろう

生没年不詳　永久丸乗組員　〔『漂民聞書』関係者〕　⊕三河国（渥美郡）江比間村　㊙アメリカ：1852年（漂流）

　生没年不詳。三河国江比間村に生まれる。嘉永4年12月26日、150石積船永久丸は熊野灘において暴風雨にあい、太平洋を漂流すること90日、翌5（1852）年3月26日、南洋グアム島付近でアメリカ船に救助される。以来、4名の乗組員は同船の水夫として働くことになり、ロシアのオカッセイ北岸で漁鯨し、同年10月ハワイのオワフ島に滞在する。その後、北はベーリング海峡を越えて北極圏に至り南は南アメリカの南端ホーン岬を迂回して大西洋に至る大航海をする。さらにニューヨーク、ボストンなどアメリカ合衆国の大都会を見聞する。やがて、カリフォルニア、香港を経て安政1（1854）年12月に日本へ戻ることになる。その漂流や見聞をもとに『漂民聞書』がつくられている。

[文献] 三河文献集成 近世編 上（近藤恒次編）
国書刊行会　昭55／風濤の果て——永久丸漂流顛末記（山田哲夫）　門土社総合出版　平7
〔楠家重敏〕

勇之助　ゆうのすけ

生没年不詳　八幡丸乗組員　⊕越後国（岩船郡）板貝村　㊙アメリカ：1852年（漂流）

　生没年不詳。越後国板貝村の重三郎の子として生まれる。嘉永5（1852）年9月2日、松前から同郷の根谷村の善太郎所有の600石積の八幡丸の船頭として乗り組み、塩鱒を積んで新潟に向けて出航するが途中出羽中で暴風のために遭難、12人の乗組員の死亡にもかかわらず9ヶ月の漂流ののちアメリカ船に救助される。サンフランシスコに連行されたのち、レディ・ピアス号に便乗して安政1年6月17日江戸湾に帰着するが下田に回航され、28日下田奉行支配組頭伊佐新次郎に引き渡される。通詞に採用するようにという伊佐の進言がなされたというが、その後の消息は不明。

[文献] 明治維新人名辞典（日本歴史学会編）
吉川弘文館　昭56／幕末外国関係文書（東京大学史料編纂所）　東京大学出版会（大日本古文書）
〔富田仁〕

湯川　温作　ゆかわ・おんさく

？〜明治12年（1879）　留学生　⊕山口　㊙フランス：1872年（留学）

　生年不詳。山口の出身。明治5（1872）年、陸軍から留学生としてフランスに派遣される。12年帰国途中に病死する。

[文献] 近代日本の海外留学史（石附実）　ミネルヴァ書房　昭47／幕末明治海外渡航者総覧（手塚晃編）　柏書房　平4
〔富田仁〕

湯川　類次郎　ゆかわ・るいじろう

生没年不詳　大村藩士　⊕長崎　㊙アメリカ、ヨーロッパ：1871年（留学）

　生没年不詳。長崎の出身。明治4（1871）年に私費で欧米に留学する。その後の消息は不明。

[文献] 近代日本の海外留学史（石附実）　ミネルヴァ書房　昭47
〔富田仁〕

湯地　定基　ゆじ・さだもと

天保14年9月4日（1843）〜昭和3年2月10日（1928）　開拓使官吏、知事　貴族院議員、根室県令　〔本格的な洋式農場づくり〕　⊕鹿児島　㊃通称＝治右衛門、変名＝工藤十郎　㊙イギリス：1869年（留学）

　天保14（1843）年9月4日、薩摩藩士・湯地定之の長男として鹿児島城下に生まれる。妹のお七は後の乃木希典夫人静子である。明治2（1869）年8月、江夏壮助、吉原重俊らとともに薩摩藩留学生としてイギリスに渡る。3年アメリカに渡りマサチューセッツ州立農科大学へ留学して農政学を修める。翌年帰国して開拓使となりケプロンら外国人顧問の通訳にあたる。その後、開拓権少書記官、七重勧業試験場長、開拓少書記官などを経て、15年に根室県令となる。七重に在勤のとき、札幌農学校W.S.クラークの助言を容れて本格的な洋式農場をつくる。20年にドイツ、アメリカに出張し22年に帰国。24年に貴族院議員に勅任される。晩年は夕張郡栗山町で牧場を経営するが、昭和3（1928）年2月10日、東京で死去。享年86歳。

㊣東京・青山霊園

[文献] 近代日本の海外留学史（石附実）　ミネルヴァ書房　昭47／近代日本海外留学生史 上（渡辺実）　講談社　昭52／日本の歴代知事 1（歴代知事編纂会）　昭55／明治維新人名辞典（日本歴史学会編）　吉川弘文館　昭56／元田永孚関係文書（沼田哲他編）　山川出版社　昭60（近代日本史料選書）

〔楠家重敏／富田仁〕

湯地 治右衛門　ゆじ・じえもん
⇒湯地定基(ゆじ・さだもと)を見よ

湯本 武比古　ゆもと・たけひこ
安政2年12月1日(1856)～大正14年9月27日(1925)　教育者　東京高師教授　㊙信濃国(下高井郡)科野村　㊙ドイツ：1889年(留学)

安政2(1856)年12月1日、信濃国下高井郡科野村に生まれる。長野中学校教師などを経て、明治11年上京、16年東京師範学校を卒業し、同校助手となる。17年文部省御用掛となり、18年国定教科書『読書(よみかき)入門』を編集した。19年明宮(大正天皇)祗候に挙げられ、東宮に侍し明宮御講掛専務となり、20年学習院教授に任ぜられる。22(1889)年ドイツに官費留学、26年帰国後、非職を命ぜられ、27年東京高師教授となる。29年開発社に入り、『教育時論』主幹を経て、のち社長に就任。また精華学校、京北中学校なども設立し、校長を務めた。大正14(1925)年9月27日死去。享年71歳。

[文献] 幕末明治海外渡航者総覧(手塚晃編)　柏書房　平4／朝日日本歴史人物事典　朝日新聞社　平6／事典近代日本の先駆者　日外アソシエーツ　平7／データベースWHO　日外アソシエーツ　　　　〔藤田正晴〕

由良 源太郎　ゆら・げんたろう
生没年不詳　勧農局官吏　㊙別名＝守応
㊙アメリカ：1872年(吉田清成に同行、牧畜)

生没年不詳。明治5(1872)年、大蔵省の留学生として吉田清成に同行しアメリカへ赴く。同地で2年間牧農の研修を重ねて7年に帰国する。その後は勧農局で活躍した。その後の消息は不明。

[文献] 近代日本の海外留学史(石附実)　ミネルヴァ書房　昭47／近代日本海外留学生史　上(渡辺実)　講談社　昭52　〔楠家重敏〕

由利 公正　ゆり・きみまさ
文政12年11月11日(1829)～明治42年4月28日(1909)　財政家　子爵　〔「五箇条の御誓文」の原案作成、太政官札(金札)の発行〕　㊙越前国(足羽郡)毛矢町　㊙旧名＝三岡　幼名＝義由のち八郎、通称＝石五郎(幼少時)、号＝雲軒、鋳牛、好々庵、方外　㊙アメリカ：1872年(市政視察)

文政12(1829)年11月11日、越前藩士三岡次郎太夫義知の長男として生まれる。父は100石どりの下級武士で生活は貧しく、衣服は母の手製であった。家計を助けるため家屋の修繕や菜園栽培などをしながら武術修業に励む。槍術を村田新八、剣術を真影流の出淵伝之丞、砲術を西尾十左衛門に就いて学び、上達は抜群であった。弘化4年、熊本から越前にきた横井小楠に接して学問に目をひらき、藩財政の調査を行う。村々を訪ねて米の生産量などを調べあげ、5年を費やして実態を把握し、財政の危機を訴える。嘉永6年に父が死去し、家督を相続する。同年、ペリーの来航により江戸湾警備を命ぜられ、アメリカ艦隊を眼のあたりにして国防の強化を痛感する。安政1年に越前に帰り、大小銃並弾薬製造掛、兵器製造掛を歴任し、銃砲製造所、火薬製造所の設立に尽力する。また橋本左内とともに一橋慶喜を将軍に擁立すべく奔走する。その後、藩財政のたて直しに尽力し、藩札発行、殖産、交易などを積極的に行い財政危機を突破する。6年には自ら長崎に赴き、生糸をオランダに輸出することに成功するなど目ざましい活躍をみせる。財政家として名をあげた彼は新政府に参与として出仕し、財政を担当することとなる。資金調達のため金札発行を計画し、関西地方を中心とする富豪たちから300万両の会計基金を集め金札を発行し、各藩や商人に貸し付けた。この政策には政府内部にも強い異論があったが、当面の資金調達方法として採用されたものである。しかし金札は新政府の基盤が確立されていないため通貨としての信用はきわめて低かった。加えて、各藩には藩札が流通していたこと、資金調達のため急遽発行されたので印刷技術が拙劣で贋造が容易であったことなどの理由により、当初の目的を完遂することができなかった。また殖産興業という金札本来の発行主旨も、戦費の調達という方向に変化し、由利財政は失敗に終わる。その後、帰郷し福井藩大参事に就任、藩の諸制度や藩政の整理を行うとともに育英事業にも尽力し、外国留学の奨励、洋学の振興をはかる。この頃、旧姓に復し、由利と名乗るようになる。明治4年、東京府知事に任命され、町会所や興業銀行の設立、府政整理、銀座通りの拡張などを行う。府知事在任中の5(1872)年5月、留学する長男彦一を伴って岩倉使節の大久保利通ら

と同船でアメリカに向かう。ボストン, ニューヨークなどで市政を視察したのち欧州各国を巡遊するが, ロンドンで府知事罷免の知らせを受け, 6年2月に帰国する。その後, 8年に元老院議官となり, 20年に子爵, 23年には貴族院議員となる。明治42(1909)年4月28日, 高輪の自宅で死去。享年80歳。なお「五箇条の御誓文」の原案者としてもよく知られている。
墓 東京品川・海晏寺
文献 由利公正(芳賀八弥編) 八尾書店 明35／越後人物誌 上(福田源三郎編) 玉雪堂 明43／由利公正伝(三岡丈夫編) 光融館 大5／子爵由利公正伝(由利正通編) 岩波書店 昭15／世界伝記大事典 日本・朝鮮・中国編 ほるぷ出版 昭53／日本人名大事典6 平凡社 昭54／明治維新人名辞典(日本歴史学会編) 吉川弘文館 昭56／経綸のとき―小説三岡八郎(尾崎護) 東洋経済新報社 平7／由利公正のすべて(三上一夫, 舟沢茂樹編) 新人物往来社 平13 〔湯本豪一〕

【よ】

与吉 よきち
生没年不詳 天寿丸乗組員 渡アメリカ, ロシア:1850年(漂流)
　生没年不詳。天寿丸の乗組員として航行中の嘉永3(1850)年に遭難する。ハワイおよびロシアに滞在する。その後の消息は不明。
文献 日本人漂流記(川合彦充) 社会思想社 昭42 〔楠家重敏〕

横井 左平太 よこい・さへいた
弘化2年(1845)～明治8年10月(1875) 官吏 元老院書記官 生熊本城下相撲町 名諱=時治, 変名=伊勢佐太郎 渡アメリカ:1866年(ラトガース大学最初の留学生, 航海学)
　弘化2(1845)年, 熊本藩郡代改役横井時明の長男として熊本城下に生まれる。元治1年, 弟とも平とともに神戸海軍操練所に入り, 慶応1年に長崎へも移りフルベッキについて語学を習得する。翌2(1866)年に弟と共にアメリカに渡り, ラトガース大学に伊勢佐太郎と変名して入学した。日本最初の留学生として航海学および政治・法律を学ぶ。明治2年に再びアメリカに渡る。そのおり元田永孚に認めた書簡によると, 彼が学んでいるアナポリス海軍学校では軍事教練のほか数学・天文学・地理学・窮理学(物理学)・仏学・スペンヤ学・礦石学(地学)・図引学・築城学を教えていた。また同じ書簡には「先年以来日本より渡海致候人, 多くは二十歳以上の人に而, 進歩すること甚だ遅」いので, 今後「若し洋行生御出し被成候節は十五六才にして文才ある, 至て静なる性質の人物を」選ぶように提言している。その後彼は6年に帰国する。すぐ再渡米したが2年後に帰り, 元老院権少書記官となった。しかし, 肺結核のため明治8(1875)年10月死去。享年31歳。
文献 日米文化交渉史 移住編(開国百年記念文化事業会) 洋々社 昭30／横井小楠(圭室諦成) 吉川弘文館 昭42／近代日本の海外留学史(石附実) ミネルヴァ書房 昭47／近代日本海外留学生史 上(渡辺実) 講談社 昭52／明治維新人名辞典(日本歴史学会編) 吉川弘文館 昭56／明治期キリスト教の研究(杉井六郎) 同朋出版 昭59／元田永孚関係文書(沼田哲他編) 山川出版社 昭60(近代日本史料選書14) 〔楠家重敏〕

横井 佐久 よこい・すけひさ
文久2年(1862)～明治22年11月19日(1889) 造船技師 〔パリで客死〕 渡フランス:1886年(造船学)
　文久2(1862)年に生まれる。明治19(1886)年, 海軍大技士のときに官費でフランスに留学する。留学の目的は造船学の研修であるが, 元来は機械学を修めた工学士である。明治22(1889)年11月19日, パリで客死。享年28歳。
文献 異国遍路 旅芸人始末書(宮岡謙二) 中央公論社 昭53(中公文庫) 〔富田仁〕

横井 大平 よこい・たいへい
嘉永3年(1850)～明治4年2月3日(1871) 海軍軍人 生肥後国熊本城下相撲町 名変名=沼川三郎, 伊勢多平太 渡アメリカ:1866年(最初の官費留学生, 航海学)
　嘉永3(1850)年, 熊本藩郡代改役横井時明の二男として熊本城下に生まれる。文久2年に叔父横井小楠に伴われて江戸にのぼり, 洋書調所で英字に親しむ。元治1年に兄横井左平太とともに神戸海軍操練所に入り航海術を学び, 慶応1年には長崎に移りフルベッキの門を叩いた。2(1866)年, 兄とともに渡米し, 最初の

官費留学生となる。ラトガース大学附属中学校に入り、やがてアナポリス海軍兵学校に学ぶ。明治2年頃肺結核にかかり帰国し、明治4(1871)年2月3日死去。享年22歳。　⑯熊本市京町・往生院
　[文献]　維新史(維新史料編纂事務所)　明治書院　昭16／日米文化交渉史　移住編(開国百年記念文化事業会)　洋々社　昭30／異国遍路旅芸人始末書(宮岡謙二)　修道社　昭46／近代日本の海外留学史(石附実)　ミネルヴァ書房　昭47／明治維新人名辞典(日本歴史学会編)　吉川弘文館　昭56／明治期キリスト教の研究(杉井六郎)　同朋出版　昭59
〔楠家重敏〕

横井　時雄　よこい・ときお
安政4年10月17日(1857)～昭和2年9月13日(1927)　牧師、教育家　衆議院議員　⑯肥後国(上益城郡)沼山津村　㊋別名=伊勢時雄、伊勢又雄　㊚アメリカ:1889年(留学)
　安政4(1857)年10月17日、熊本藩士・横井小楠の子として肥後国上益城郡沼山津村に生まれる。徳富蘇峰・蘆花はいとこにあたる。一時伊勢姓を名のる。熊本洋学校の米人校長ジェーンズの導きで明治9年徳富蘇峰らとキリスト教に入信。熊本バンドの一員となる。12年同志社英学校英学科本科卒業後、愛媛県・今治教会、東京・本郷教会の牧師となり伝導にあたる。18年同志社教授。22(1889)年アメリカに私費留学し、神学を学び23年帰国。27年にもアメリカに留学し29年帰国。30年同志社社長兼校長となるが、翌年キリスト教主義をめぐる綱領削除問題で辞任。36年以来岡山県から衆議院議員に当選2回、日糖事件に関係して42年政界を引退。その間、37年『東京日日新聞』主宰、37～39年姉崎正治と雑誌『時代思潮』を刊行。政界引退後は文筆に従事した。大正8年パリ平和会議に出席。昭和2(1927)年9月13日死去。享年71歳。
　[文献]　幕末明治海外渡航者総覧(手塚晃編)　柏書房　平4／朝日日本歴史人物事典　朝日新聞社　平6／データベースWHO　日外アソシエーツ
〔藤田正晴〕

横井　平次郎　よこい・へいじろう
生没年不詳　熊本県留学生　⑯肥後国熊本　㊋別名=来次太郎　㊚イギリス:1871年(留学)
　生没年不詳。熊本の出身。明治4(1871)年、熊本の県費留学生としてイギリスへ留学する。帰国後、海軍兵学寮に入る。その後の消息は不明。
　[文献]　海軍兵学校沿革(海軍兵学校編)　原書房　昭46／近代日本の海外留学史(石附実)　ミネルヴァ書房　昭47／近代日本海外留学生史　上(渡辺実)　講談社　昭52　〔楠家重敏〕

横尾　平太　よこお・へいた
嘉永2年11月23日(1850)～明治43年2月14日(1910)　官吏　⑯伊万里　㊚イギリス:1871年(留学)
　嘉永2(1850)年11月23日に生まれる。伊万里の出身。明治4(1871)年9月10日、伊万里県の費用でイギリスに留学する。7年帰国の後、大蔵省十等出仕となる。11年9月8日、大蔵省からフランスに派遣され、翌12年7月30日帰国。明治43(1910)年2月14日死去。享年61歳。
　[文献]　明治初年条約改正史の研究(下村冨士男)　吉川弘文館　昭37／近代日本の海外留学史(石附実)　ミネルヴァ書房　昭47／近代日本海外留学生史　上(渡辺実)　講談社　昭52／幕末明治海外渡航者総覧(手塚晃編)　柏書房　平4
〔楠家重敏／富田仁〕

横河　民輔　よこがわ・たみすけ
元治1年9月28日(1864)～昭和20年6月26日(1945)　建築家、実業家　横河電機製作所創業者　⑯播磨国明石　㊚アメリカ:1896年(建築学)
　元治1(1864)年9月28日、播磨国明石に生まれる。明治23年帝国大学工科大学造家学科を卒業。日本橋に建築事務所を開設、明治25年三井組嘱託、28年正式入社。明治29(1896)年12月アメリカに出張し鉄骨建築の実際を研修し、30年4月帰国。35年三井本店の設計に初めて鉄骨を用い、日本鉄骨建築の先駆となった。36年東京帝国大学講師として建築学科に鉄骨構造の講義を開講。36年三井を辞め横河工務所を開設、40年横河橋梁製作所、大正9年横河電機研究所、さらに横河電気製作所、満州横河橋梁会社なども設立。また尚徳学園理事長、建築協会(現・建築業協会)初代理事長、建築学会会長も務めた。作品はほかに帝国劇場、三

越本店,東京銀行集会所,東京証券取引所などがある。一方古陶器の収集家でも有名で横河コレクションは昭和7年帝室博物館に寄贈された。昭和20(1945)年6月26日死去。享年82歳。
[文献] 横河民輔追想録(横河民輔追想録刊行会編) 横河民輔追想録刊行会 昭30／幕末明治海外渡航者総覧(手塚晃編) 柏書房 平4／建設業を興した人びと―いま創業の時代に学ぶ(菊岡倶也) 彰国社 平5／事典近代日本の先駆者 日外アソシエーツ 平7／20世紀日本の経済人 2(日本経済新聞社編) 日本経済新聞社 平13(日経ビジネス人文庫)／データベースWHO 日外アソシエーツ　　　　　　〔藤田正晴〕

横田 永之助　よこた・えいのすけ
明治5年4月(1872)～昭和18年3月29日(1943)
映画興行師　日活社長　㊙京都府京都市岡崎町　㊦アメリカ：1888年(留学)

　明治5(1872)年4月,京都市岡崎町に生まれる。明治19年上京。明治21(1888)年アメリカに渡り,サンフランシスコ・パシフィック・ビジネス・カレッジに学び,25年に帰国の後,神戸内外物産貿易に入社。米国でリュミエールのシネマトグラフやX線を手に入れ,33年からフランスのパテー会社の映画を輸入,映画興業のための横田商会を創立,日露戦争で報道記録映画を作り,映画興行師の草分けの一人となった。牧野省三,尾上松之助を世に送ったことでも有名。大正1年日活トラストが出来て日活重役,昭和2年社長となった。3年即位大礼叙勲の際,賞勲局疑獄に連座。9年有罪となり,同年社長を辞任して相談役に。また横田保七,京都の岐阜戸池興業各社長,京都商工会議所会頭も務めた。昭和18(1943)年3月29日死去。享年72歳。
[文献] 日本財界人物列伝 第2巻(青潮出版株式会社編) 青潮出版 昭39／幕末明治海外渡航者総覧(手塚晃編) 柏書房 平4／事典近代日本の先駆者 日外アソシエーツ 平7／データベースWHO 日外アソシエーツ　　　　　　〔藤田正晴〕

横田 国臣　よこた・くにおみ
嘉永3年8月9日(1850)～大正12年2月24日(1923)　司法官　男爵　㊙豊前国(宇佐郡)横田村　㊦ヨーロッパ：1886年(留学)

　嘉永3(1850)年8月9日,島原藩士横田宗雄の長男として豊前国宇佐郡横田村に生まれ,同姓四郎の嗣となる。主として独学で官途についた。初め埼玉県に出仕,明治9年司法省に入り検事補となり,13年検事,以後司法省権少書記官,統計委員,参事院員,元老院議官補,司法少書記官を歴任。19(1886)年ヨーロッパに私費留学し,法律を学ぶ。24年帰国して司法省参事官,25年同省民刑局長。29年司法次官に任命され司法省改革にあたる。31年検事総長となるが,同年10月時の内閣と衝突して懲戒免官。再起して32年東京控訴院検事長,37年検事総長に復活。39年大審院長となり,15年間その職をつとめた。40年法学博士。大正4年男爵。大正12(1923)年2月24日死去。享年74歳。
[文献] 幕末明治海外渡航者総覧(手塚晃編) 柏書房 平4／朝日日本歴史人物事典 朝日新聞社 平6／列伝・日本近代史―伊達宗城から岸信介まで(楠精一郎) 朝日新聞社 平12(朝日選書)／データベースWHO 日外アソシエーツ　　　　　　〔藤田正晴〕

横田 重一　よこた・しげかず
文久2年5月(1862)～明治12年2月21日(1879)
留学生　㊙京都　㊦フランス：1877年(留学)

　文久2(1862)年5月,京都に生まれる。明治10(1877)年,京都府派遣留学生としてフランスに渡り,サンシャール中学校に学ぶが,留学中の12年2月21日死去。享年18歳。
[文献] 日仏文化交流史の研究―日本の近代化とフランス人(西堀昭) 駿河台出版社 昭56／幕末明治海外渡航者総覧(手塚晃編) 柏書房 平4　　　　　　〔富田仁〕

横田 万寿之助　よこた・ますのすけ
万延1年(1860)～昭和3年1月21日(1928)　紡織技師　㊦フランス：1877年(紡績技術)

　万延1(1860)年に生まれる。明治4年に京都仏学校が開設されると,今西直次郎,歌原十三郎らにレオン・デュリーに師事しフランス語を学ぶ。その後,デュリーの上京に伴い東京の開成学校に移籍する。10(1877)年11月20日,デュリーの帰国に際して京都府勧業課の費用で8人の留学生がフランスに派遣されることになり,その一人として留学,リールにおいて綿糸,麻糸の紡績技術を学ぶ。16年に帰

国の後, 滋賀県, 北海道など各地に製麻工場を設立する。のち西陣撚糸再選専務, 日本絹糸紡績取締役などを歴任。一方, 34年弟の横田永之助と横田兄弟商会を設立, 初期の映画興行にも携わった。昭和3(1928)年1月21日死去。享年69歳。
文献 稲畑勝太郎君伝(高梨光司) 同翁喜寿記念伝記刊行会 昭13／京都フランス物語(田村喜子) 新潮社 昭59／幕末明治海外渡航者総覧(手塚晃編) 柏書房 平4／データベースWHO 日外アソシエーツ
〔湯本豪一／富田仁〕

横山 敬一 よこやま・けいいち

文政10年(1827)～元治1年3月21日(1864) 外国奉行定役 ㊐江戸 ㊕フランス：1864年(遣仏使節に随行)

文政10(1827)年, 池田内膳の家来・横山平兵衛の長男として江戸に生まれる。長じて代官所の手附, ついで長崎奉行支配定役に進み, さらに外国奉行定役となる。文久3(1864)年遣仏使節の随行としてインド洋を航行中から風邪気味であったが, 使節一行がエジプト滞在中に黄熱病にかかり, 元治1年3月10日マルセイユに到着後入院。同年(1864)3月21日死去。享年38歳。24日マルセイユ郊外サン・ピェール墓地に埋葬される。 ㊊サン・ピェール墓地
文献 遣外使節日記纂輯3(大塚武松編) 日本史籍協会 昭5／文久航海記(三宅秀) 冬至書林 昭17／遣魯伝習生始末(内藤遂) 東洋堂 昭18／マルセイユに眠る幕臣・横山敬一：法政史学 37 昭60.4
〔宮永孝〕

横山 主税 よこやま・ちから

生没年不詳 会津藩士 ㊐会津 ㊕フランス：1867年(パリ万国博覧会に列席)

生没年不詳。会津の出身。慶応3(1867)年1月に横浜を出航してパリ万国博覧会に参列する徳川昭武に随行してフランスに渡る。のちメルメ・カションについて学ぶ。翌4年に帰国するがその間にスイス, オランダ, ベルギー, イタリアを訪歴する。その後の消息は不明。
文献 近代日本の海外留学史(石附実) ミネルヴァ書房 昭47／近代日本海外留学生史 上(渡辺実) 講談社 昭52
〔富田仁〕

横山 又次郎 よこやま・またじろう

万延1年4月25日(1860)～昭和17年1月20日(1942) 古生物学者 理学博士 〔日本古生物学の先駆者〕 ㊐肥前国(彼杵郡)長崎 ㊕ドイツ：1886年(古生物学)

万延1(1860)年4月25日, 長崎に生まれる。明治15年7月, 東京帝国大学理学部地質学科を卒業し, 地質調査所事務取扱となる。19年3月, 農商務省一等技手となり, ナウマン博士を助けて地質調査事業に従事する。同年(1886)7月, 文部省から地質科古生物学修業のため, 3年間のドイツ留学を命じられる。バイエルンのミュンヘン大学に入学し, ツィテル教授のもとで古生物学を修める。22年8月修業証書を受けて, 10月帰国する。11月には帝国大学理科大学教授に任じられる。以来, 原田豊吉の後を受け, 地質学, 古生物学の講座を担当し, 日本古生物学の草分けとなる。40年, 理学博士。41年から42年にかけて欧米各国へ派遣される。大正4年には日本地質学会会長。昭和17(1942)年1月20日死去。享年83歳。
文献 故理学博士横山又次郎君：地質学雑誌 49(583) 昭17／日本人名大事典 現代編 平凡社 昭54
〔田中徳一〕

与謝野 晶子 よさの・あきこ

明治11年12月7日(1878)～昭和17年5月29日(1942) 歌人, 詩人, 評論家 ㊐大阪府堺市(甲斐町46番地) ㊇本名=与謝野しよう 旧名=鳳しよう ㊕フランス：1912年(ヨーロッパ旅行)

明治11(1878)年12月7日, 鳳宗七の三女として大阪府堺市に生まれる。家は駿河屋という菓子の老舗であった。父の宗七は読書家で, 俳句や絵をたしなんだ。駿河屋の跡を継いだ弟の籌三郎は短歌をたしなみ, 封建的で外出すら許されない家にあって, 彼女を歌会へと誘い出した。晶子のよき理解者で,「君死にたまふこと勿れ」に詠まれた弟である。他に, 兄, 妹, 異母姉2人がいる。12歳の頃から家業の駿河屋の帳場に座って, 帳面つけの仕事や店番などのできるしっかり者で, かたわら父の蔵書の『大鏡』や『栄華物語』『源氏物語』などを愛読する。主に裁縫家政中心の良妻賢母を教育方針とする堺女学校(現大阪府立泉陽高校)に入学する。25年同校卒業後も補習科に残る。進取の気性に富む彼女は『文庫』や『文学界』,

鷗外の『しがらみ草紙』や『めざまし草』などを購読していた。また河井酔茗らとの同人雑誌『よしあし草』に和歌や詩を投稿し、和歌への情熱をかきたてるきっかけとなる。33年4月、東京では与謝野鉄幹が、それまでの旧派の和歌を否定し新詩社を興す。機関誌『明星』を創刊し、短歌革新運動の火蓋が切られる。彼女はこの『明星』の2号より和歌を発表、以後同人として投稿を続ける。同年8月、鉄幹は新詩社の詩友獲得および雑誌宣伝のためもあって、大阪で講演会を開いた。この席上で鉄幹と出合い、以後急速に激しい恋に発展、周囲の反対を振り切って、34年6月上京し、9月に結婚。鉄幹との間に13人（内1人死産、1人夭折）の子を生み育てた。同年8月処女歌集『みだれ髪』を東京新詩社より刊行した。女の側からの積極的な恋情を、官能面をも臆せず謳いあげたこの歌集は、封建道徳に抑圧されていた当時の青年男女を刺激し、一躍明星派の歌人として注目を浴びる。『小扇』（37年1月）、『恋衣』（38年1月）（共著）、『舞姫』（39年1月）など多くの歌集を出版、その生涯に約5万首の歌を詠んだ。38年9月には、日露戦争に出征した弟の無事を祈って、「君死にたまふこと勿れ」を『明星』に発表したため、大町桂月から危険思想視され論争となる。42年秋頃から生活の糧のため、『源氏物語』口語訳の執筆を開始する。その他『新訳栄華物語』（大正3年7月）、『和泉式部歌集』（大正4年1月）などを訳して、古典文学の普及に貢献する。『明星』終刊後の夫・寛（明治37年まで鉄幹）には仕事がなく、晶子の収入によって生計を支えていたため、夫の生活はすさみ夫婦仲も冷えるばかりであったため、夫の再起を願って渡仏を勧める。寛は明治44年11月から大正2年2月までフランスに滞在した。寛からの渡仏の誘いに対し「恋するに何むつかしき事あらん三千里さへ一人にて来し」という燃える思いで、45（1912）年5月にシベリア経由でパリへと旅だつ。パリでの晶子は、雑誌『ル・ミロアル』で「日本最高の女流詩人今巴里にあり」と、歌人としての活躍を紹介される。寛とともに、フランス、ドイツ、イギリス、イタリア、ベルギー、オランダの6ヶ国を旅行、フランスの野生のひなげしの美しさに魅せられて、「あゝ皐月仏蘭西の野は火の色ぞ君も雛罌粟われも雛罌粟」と詠んでいる。またロダンに会ったことは余程嬉しかったら

しく、帰国後に生まれた四男にアウギュストと名づけている。子供を残してきたことが気がかりで、「子を捨てて君に来りしその日より物狂はしくなりにけるかな」と詠み、寛が止めるのを振りきって、同年10月に一人で帰国。詩歌集『夏より秋へ』（大正3年1月刊）には、欧州旅行中の歌が収録されている。また大正3年5月には、寛との共著『巴里より』を刊行。女性の服装や生活、考え方など欧州女性のあり方に関心を寄せている。欧州旅行は、その後の晶子に「芸術上の記事を後廻しにして欧州の戦争問題や日本の政治問題に関連した記事を第一に読」み、「日本人の生活を、どの方面からも改造することに微力を添へるのでなければ、日本人としての私の自我が満足しない」という成長をもたらした。欧州と日本の相違を自覚した彼女は、帰国後、女性の自立を促すために精力的に評論活動を始める。いわゆる母性保護論争では、保護を否定し女性の経済的自立を主張し、平塚らいてうらと対立した。また婦人参政権獲得のためにも、多くの発言がなされる。大正期の彼女は、渡欧を契機に歌人としてよりも、むしろ評論家として活躍した。10年には、自由教育をめざして作られた文化学院の学監となり、ここで恋愛賛美の立場から『源氏物語』を講義する。残念ながら、晩年は出征軍人をたたえるような歌や文章を書いている。昭和10年3月、夫の寛は63歳で死去。彼女は15年脳溢血で倒れ、2年後再発し、昭和17（1942）年5月29日死去。享年65歳。

⑱東京・多磨霊園

[文献]君死にたまふことなかれ（深尾須磨子）東洋書館　昭27／晶子曼陀羅（佐藤春夫）大日本雄弁会講談社　昭30／与謝野晶子（浜名弘子著　福田清人編）清水書院　昭43（人と作品21）／日本近代文学大事典3／日本近代文学館編）　講談社　昭52／世界伝記大事典日本編　ほるぷ出版　昭53／近代文学研究叢書49（近代文学研究室）　昭和女子大学近代文化研究所　昭54／与謝野晶子（新間進一）桜風社　昭56／与謝野晶子の秀歌（馬場あき子）　短歌新聞社　昭56／巴里より（与謝野晶子）『与謝野晶子全集20』　講談社　昭56／黄金の釘を打ったひと―歌人・与謝野晶子の生涯（山本藤枝）　講談社　昭60／与謝野晶子　新潮社　昭60（新潮日本文学アルバム）／山の動く日きたる―評伝与謝野晶子（山本千恵）　大月書店　昭61／千すじの黒髪―わ

が愛の与謝野晶子（田辺聖子）　文芸春秋
昭62／鉄幹・晶子とその時代（矢野峰人）
弥生書房　昭63／与謝野晶子（尾崎左永子ほ
か著）　小学館　平4（群像　日本の作家）／
与謝野晶子ノート（石川恭子）　角川書店
平4／与謝野晶子―昭和期を中心に（香内信
子）　ドメス出版　平5／与謝野晶子（平子
恭子編著）　河出書房新社　平7（年表作家読
本）／与謝野晶子を学ぶ人のために（上田博、
富村俊造編）　世界思想社　平7／私の生い立
ち（与謝野晶子）　学陽書房　平8（女性文庫）
／鉄幹と晶子　第3号　特集　パリから帰った
鉄幹と晶子（上田博編）　和泉書院　平9／与
謝野晶子（渡辺澄子）　新典社　平10（女性作
家評伝シリーズ）／与謝野寛晶子書簡集成
第1巻　明治25年～大正6年（逸見久美編）
八木書店　平14／与謝野晶子とその時代―
女性解放と歌人の人生（入江春行）　新日本
出版社　平15　　　　　　　　〔前田廣子〕

吉井 幸蔵　よしい・こうぞう
安政2年10月（1855）～昭和2年10月7日（1927）
海軍軍人　貴族院議員　〔水難救済〕　㊤鹿児
島　㊗別名＝友昌、嘉左衛門　㊦イギリス：
1869年（留学）
　安政2（1855）年10月、吉井友実の長男とし
て鹿児島に生まれる。歌人吉井勇の父。幼時
より家学を受け、明治2（1869）年に私費でイギ
リスに留学する。5年に海軍生徒となり、翌6
（1873）年にアメリカ、ドイツ、イギリスの3ヶ
国に留学を命ぜられる。帰国後、海軍兵学校
に入り、14年同校を卒業。その後海軍大尉に
のぼる。19年、海軍大臣西郷従道に随行して
欧米各国に赴く。24年のロシア皇太子の来日
の際、接待係となる。日清戦争の戦功により
海軍少佐に進む。30年4月、貴族院議員に選ば
れる。大日本帝国水難救済会会長にも推され
る。昭和2（1927）年10月7日死去。享年73歳。
㊧東京・多磨霊園
〔文献〕近代日本の海外留学史（石附実）　ミネル
ヴァ書房　昭47／日本人名大事典6　平凡社
昭54　　　　　　　　　　　　〔楠家重敏〕

吉井 助一　よしい・すけかず
生没年不詳　柔道指南　㊤鹿児島　㊦アメリ
カ：1896年（サンフランシスコで道場開設）
　生没年不詳。鹿児島の出身。明治29（1896）
年4月、サンフランシスコで柔道の指南所を開
くが弟子があまり集まらなかったので、1年あ

まりで道場をたたむ。その後の消息は不明。
〔文献〕異国遍路　旅芸人始末書（宮岡謙二）
修道社　昭46　　　　　　　〔楠家重敏〕

吉井 友実　よしい・ともざね
文政11年2月26日（1828）～明治24年4月22日
（1891）　官吏　伯爵　〔日本鉄道会社の初代
社長〕　㊤鹿児島高麗町　㊗通称＝仁左衛門、
仲助、号＝徳春　㊦フランス：1873年（外国事
情視察）
　文政11（1828）年2月26日、薩摩藩士吉井友昌
の長男として鹿児島高麗町に生まれる。安政3
年薩摩藩の財務官として大坂に出て藩邸の留
守居になり、勤王の志士たちと交わる。幕吏に
追われ鹿児島に戻り、僧月照、西郷隆盛、海江
田信義などのために奔走する。文久2年藩政改
革の折に徒目付になり、3年島津久光の上洛に
随行して京都に上り、さらに大原重徳の従士
として江戸に赴くにあたり、山科兵部と改名
する。明治1年徴士、参与、軍務局判事などに
なり新政府に出仕し、司法・民部兼大蔵少輔、
宮内輔を歴任する。6（1873）年宮内次官として
渡欧、フランス滞在中に清水誠に会い、日本
ではマッチを輸入に頼っているが、将来はぜ
ひとも国産マッチの製造事業を興さなくては
ならないのでそれに尽力するようにとすすめ、
これが機縁となり清水はマッチ製造に挺身す
ることになる。8年元老院議官、10年工部省御
用掛、13年工部少輔、15年日本鉄道会社創立
に従い社長に就任、17年再び宮内次官、20年
伯爵、24年枢密顧問官になる。同年（1891）4月
22日死去。享年64歳。歌人吉井勇はその孫。
㊧東京・青山霊園
〔文献〕島津家訪問録　故伯爵吉井友実君ノ談話
：史談会速記録　174～176、183　明40～41
／志士書簡（遠山操編）　厚生堂　大3／百
官履歴　上　日本史籍協会　昭2（日本史籍協
会叢書）／燐寸要覧—1950（永木広次編）
日本燐寸工業会　昭25／日本人名大事典6
平凡社　昭54／明治維新人名辞典（日本歴史
学会編）　吉川弘文館　昭56　　〔富田仁〕

吉井 保次郎　よしい・やすじろう
生没年不詳　金沢藩留学生　㊤金沢　㊦ヨー
ロッパ：1869年（留学）
　生没年不詳。金沢の出身。明治2（1869）年に
金沢藩から派遣されてヨーロッパに赴く。そ
の後の消息は不明。

| 文献 | 近代日本の海外留学史（石附実） ミネルヴァ書房 昭47 〔富田仁〕

吉雄 永昌　よしお・ながまさ
生没年不詳　官吏　⊕長崎　㊦アメリカ：1871年（岩倉使節団に随行）

　生没年不詳。明治4（1871）年、岩倉使節団の田中光顕理事官に随行する。翌5年7月2日免官となり、アメリカに滞留の後、6年に帰国。その後の消息は不明。

| 文献 | 岩倉使節の研究（大久保利謙編） 宗高書房 昭51／特命全権大使米欧回覧実記1～5（久米邦武編） 岩波書店 昭52～57（岩波文庫）／幕末明治海外渡航者総覧（手塚晃編） 柏書房 平4 〔富田仁〕

吉岡 勇平　よしおか・ゆうへい
生没年不詳　操練所勤番公用方　㊇諱＝政成　㊦アメリカ：1860年（咸臨丸の操練所勤番公用方）

　生没年不詳。安政7（1860）年1月、咸臨丸の操練所勤番公用方として渡米する。

| 文献 | 万延元年遣米使節史料集成1～7（日米修好通商百年記念行事運営会編） 風間書房 昭36／幕末教育史の研究2—諸術伝習政策（倉沢剛） 吉川弘文館 昭59 〔富田仁〕

吉岡 美国　よしおか・よしくに
文久2年9月26日（1862）～昭和23年2月26日（1948）　教育家　関西学院院長　⊕京都　㊦アメリカ：1890年（神学）

　文久2（1862）年9月26日、京都に生まれる。京都中学校を卒業。英学、和漢の学を修めた後、京都中学校に助教諭として5年間奉職。その後、神戸で関西学院創立者の宣教師W.R.ランバス博士と知り合い、明治22年の学院創設に尽力する。この間、洗礼を受け、22年伝道師の免状を取得、南メソジスト教会の日本宣教師における邦人指導者の第一人者となる。学院創立後は神学部教師となる。23（1890）年アメリカに渡りバンダービルト大学神学部に留学。25年帰国。26年にランバス院長の後を受けて、大正4年までの23年間第二代院長を務める。5年名誉院長。キリスト教の愛の精神に基づいた"敬天愛人"を提唱した。昭和23（1948）年2月26日死去。享年87歳。

| 文献 | 幕末明治海外渡航者総覧（手塚晃編） 柏書房 平4／データベースWHO 日外アソシエーツ 〔藤田正晴〕

吉岡屋 平四郎　よしおかや・へいしろう
生没年不詳　長者丸乗組員　〔ハワイで病死〕　⊕越中国富山　㊦アメリカ：1838年（漂流）

　生没年不詳。越中国富山の出身。天保9（1838）年11月、船頭平四郎ら10人を乗せた長者丸が仙台領唐丹港の沖合で遭難し、海上を漂流すること6ヶ月、その間3人が死んだが、翌年4月アメリカの捕鯨船ゼンロップムス・ドーヴァー号に救助される。その後5ヶ月間捕鯨の手伝いをしながら、9月上旬にハワイに着く。同地に11ヶ月滞在ののち病死。彼の遺骨は富山を出てから11年後の嘉永1（1848）年に故郷に帰った。

| 文献 | 日本庶民生活史料集成5 漂流（池田皓編） 三一書房 昭43 〔楠家重敏〕

芳川 顕正　よしかわ・あきまさ
天保12年12月10日（1842）～大正9年1月10日（1920）　政治家　伯爵　⊕阿波国（麻植郡）川田村　㊇旧名＝原田、高橋　幼名＝賢吉、号＝越山　㊦アメリカ：1870年（伊藤博文に随行）

　天保12（1842）年12月10日、原田民部の四男として阿波国川田村に生まれる。有井範平に師事して漢学などを学び、文久1年には高橋家の養嗣子となり、たびたび長崎に遊学し、医学、英語、化学を学ぶ。その後、鹿児島に赴き、兵学、数学などを修め、明治3年に徳島に帰り洋学を教えていたが、同年（1870）大蔵省出仕となり伊藤博文の洋行に随員として渡米する。帰国後、紙幣頭、工部大丞、工部大書記官を歴任し、12年渡英する。翌年帰国し外務少輔となる。その後、東京府知事、内務大輔、内務次官を歴任し、23年には山県内閣の文部大臣となって教育勅語発布に携わる。翌年、辞任し宮中顧問官となる。以後、大蔵頭、司法大臣、内務大臣、逓信大臣、枢密顧問官、枢密院副議長などの要職を歴任するとともに、教育にも力を注ぎ、皇典講習所長、国学院大学長としても活躍する。大正9（1920）年1月10日死去。享年80歳。　㊤東京・青山霊園

| 文献 | 伯爵芳川顕正小伝（水野秀雄編） 芳川顕正伯遺業顕彰会 昭15／為政者の大道（芳川寛治編） 芳川寛治 昭31／阿波人物誌（藤井喬） 原田春一刊 昭48／日本人名大事典6 平凡社 昭54／明治維新人名辞典（日本歴史学会編） 吉川弘文館 昭56 〔湯本豪一〕

吉川 金次郎　よしかわ・きんじろう

生没年不詳　従者　[名]諱=謙信　[渡]アメリカ：1860年（遣米使節に随行）

生没年不詳。安政7（1860）年1月，16歳頃遣米使節に村垣淡路守範正の従者として随行する。

[文献] 万延元年遣米使節史料集成1～7（日米修好通商百年記念行事運営会編）風間書房 昭36／幕末教育史の研究2―諸術伝習政策（倉沢剛）吉川弘文館 昭59　〔富田仁〕

嘉三郎　よしさぶろう

安永2年（1773）～文化4年5月（1807）　稲若丸乗組員　[生]安芸国（豊田郡）安芸津町木谷　[渡]アメリカ：1806年（漂流）

安永2（1773）年，安芸国安芸津町に生まれる。大坂安治川の伝法屋吉右衛門の持船，稲若丸の水主として，文化2（1805）年11月27日に江戸行きの飼葉・畳床などを積んで，岩国を出帆。12月7日相州浦賀に入港し，広島屋という商人に積荷を渡したあと，12月27日に空船で江戸を出帆した。翌年1月5日嘉三郎が疝気で働けなくなったため同郷の惣次郎を雇い入れた。稲若丸の乗組員は8人となり翌6日朝，伊勢を目ざして出帆したが海が大荒れになり，乗組員の必死の働きで，ようやく沈没を防いだ。こうして大洋を漂流すること70余日におよんだ。3月20日アメリカ船ティバー号に救助され，ハワイ諸島のオアフ島へ上陸した。8月中旬アメリカの船で仲間の漂流者とともにマカオ，ジャカルタへ送られ，ジャカルタからはオランダ船で長崎へ送られたが，その途中文化4（1807）年5月，病気が重くなり船中で死去。享年35歳。

[文献] 異国漂流奇譚集（石井研堂）福長書店 昭2／日本人漂流記（荒川秀俊）人物往来社 昭39／日本人漂流記（川合彦充）社会思想社 昭42（現代教養文庫A530）／江戸時代ハワイ漂流記―『夷蛮漂流帰国録』の検証（高山純）三一書房 平9　〔本郷建治〕

吉田 清成　よしだ・きよなり

弘化2年2月14日（1845）～明治24年8月3日（1891）　外交官，理財家　子爵　〔商業経済の改革に尽力，条約改正交渉〕　[生]鹿児島（城下）上之園　[名]幼名=巳之次，太郎，変名=永井五百介　[渡]イギリス：1865年（海軍測量術），アメリカ：1867年（ハリス教団・新生社に参加）

弘化2（1845）年2月14日，吉田源左衛門の四男として鹿児島城下に生まれる。蘭学を学び薩摩藩開成所の句読師となる。元治2（1865）年，藩命によりイギリス留学生派遣の一員に選ばれる。当時21歳で，攘夷派の急先鋒であり，この洋行はいわば「恥を忍びてゆく旅」であり，彼にとってはあくまでも攘夷実行のためのものであった。同年3月22日，永井五百介と変名し鹿児島を出立し，シンガポール・スエズ経由で各国の諸文明，世界状勢などを眺めつつ5月28日ロンドンに到着。T.グラヴァーの紹介によるL.オリファント下院議員の世話でバーフなどの家庭教師につき英語の学習に励む。山尾庸三の案内でロンドン見物，兵器博物館や造船所を見物。6月7日，勉学上の指導者ロンドン大学化学教授ウィリアムソン博士の案内でベッドフォードの鉄工場で農耕機械を見学，ハワード農園で実習を受け近代農業技術を知る。7月初旬，本格的勉学にそなえて畠山義成とロンドン大学文学教授宅に寄宿する。8月中旬，同大学ユニヴァーシティ・カレッジ法文学部に入学。藩命による専攻学科は海軍測量術であった。五代友厚の攘夷派啓蒙の狙い通り，最も過激であった彼が西洋の異文化に接しその近代文明を知ることによって，この頃には見事な変身を遂げる。元来，楽天的な人柄で何事にも積極的であったので留学生たちが師と仰いだオリファントから西欧の思想や宗教を誰よりも熱心に吸収したようである。留学1年後の翌慶応2年8月，夏期休暇を利用，オリファントに同行して鮫島尚信とともにアメリカに渡り，オリファントの敬慕する宗教家T.L.ハリスのコロニーを訪問，強い影響をうける。ロンドンに戻り，翌3年3月，洋式軍隊の実際を学ぶため市来勘十郎，畠山，鮫島とドーヴァー大演習に義勇兵として特別参加，イギリス軍の軍服を着用し軍事訓練を受ける。同年4月，布教のためにイギリスを訪れたハリスと再会，他の留学生とともにそのキリスト教教理に深く感銘する。6月9日，5名の留学生連署でハリスの影響のもとに藩庁に建言書を提出する。同年（1867）7月，学費の窮乏や思想問題によって渡米を決意，スコットランドより戻った長沢鼎（磯永彦輔）を加え，鮫島，市来，畠山，森有礼とともにオリファントのあとをおってアメリカに渡り，アメニアのハリスの共同体・新生社に参加する。この

コロニーには日本人留学生もマサチューセッツのモンソンなどから加わり13名に達していた。しかし封建武士として育ったために欧米の精神文化に魅了されつつも完全なるキリスト教徒となることはできなかったようである。彼の関心は再度転換し、政治・経済の方面へと進む。4年春、ハリスとの意見の違いから新生社を脱退、ニュージャージー州のラトガース大学に入学し、政治・経済学を学ぶ。この大学在学中により一層経済の方面を学んだようである。同大学卒業後も引き続き、ニューヨーク市やハートフォルド市におもむき銀行・保険などの実務研修をうける。長い海外体験の中で二転、三転したが彼なりの目的を達成し、明治3年の冬、7年間に及ぶ留学生活に区切りをつけ帰国する。帰国後、大蔵省に出仕するが、翌年岩倉使節団に同行を求められ再び渡米、外債募集の任にあたり有能な才を発揮する。7年には全権公使として渡米を命じられ条約改正の交渉に専念する。その後、12年にはアメリカ体験を買われて来日した前アメリカ大統領グラントの応接にあたり、琉球帰属問題に努力する。しかし10年間も努力した条約改正問題で外務卿井上馨と意見が対立、18年9月農商務次官に左遷され、政治生命は終わりを告げる。在野した後も理財家として活躍、商制改革や取引所改革など日本の商業経済改革に努力を続ける。特に欧米式の会員組織をとり入れた実物取引を中心とするブルース条例の制定を唱えるが、未熟な経済界の中で受け入れられず挫折する。この案は彼の死の2年後に実現する。晩年まで枢密顧問官、元老院議員などを歴任するが、理財家として終生日本の商業経済政策への改革に熱意を注ぐ。海外留学体験によって大きく変貌、見事な変身を遂げた人物の一典型である。著書に『条約改正之標準』『亜米利加合衆国憲法』がある。明治24(1891)年8月3日死去。享年47歳。

[文献] 鹿児島県史3　同県　昭16／幕末の海外留学生(林竹二)　日米フォーラム　10(4, 6, 7)　昭39／薩藩海軍史　上・中・下(公爵島津家編纂所編)　原書房　昭43(明治百年史叢書71～73)／近代日本の海外留学史(石附実)　ミネルヴァ書房　昭47／薩摩藩英国留学生(犬塚孝明)　中央公論社　昭49(中公新書375)／近代日本海外留学史　上(渡辺実)　講談社　昭52／日本人名大事典6　平凡社　昭54／明治維新人名辞典(日本歴史学会編)　吉川弘文館　昭56／吉田清成関係文書　1～3(書翰篇　1～3)(京都大学文学部国史研究室編)　思文閣出版　平5～12　(京都大学史料叢書)　〔安藤重和〕

吉田　顕三　よしだ・けんぞう

嘉永1年4月8日(1848)～大正13年3月1日(1924)　軍医　軍医少監, 大阪医学校長, 衆議院議員　〔義和団事件の傷病兵治療〕　㊦広島(山県郡)　㊨イギリス：1872年(海軍軍事研修, 7年間滞英)

　嘉永1(1848)年4月8日, 吉田東塢の第三子として広島に生まれる。木田有馬に漢学を学び, 大坂に出て松本食順の門をたたき医学を修める。慶応2年, 京都に上り西周の塾に入り英学に専念する。明治2年, 医官となり, 以後海軍に勤務したが, 陸軍の医務に従事したこともあった。5(1872)年, アメリカにおける砿物研究をイギリスの海軍研究に変更して留学し, 7年間滞英する。帰国後, 軍医少監, 軍務局副長などを経て, 海軍病院長をつとめる。33年の義和団事件の際に各国の傷病兵を治療してフランス大統領からカムホジュ三等勲章を授与される。その間, 大阪医学校校長兼病院長となる。のち衆議院議員に2回当選する。大正13(1924)年3月1日死去。享年77歳。　㊦大阪市・天王寺北墓地

[文献] 近代日本の海外留学史(石附実)　ミネルヴァ書房　昭47／日本人名大事典6　平凡社　昭54　〔楠家重敏〕

吉田　佐五右衛門　よしだ・さごえもん

生没年不詳　幕臣　外国奉行支配定役　㊞諱=久道　㊨アメリカ：1860年(遣米使節に随行)

　生没年不詳。安政7(1860)年1月, 40歳頃遣米使節に外国奉行支配定役として随行する。

[文献] 万延元年遣米使節史料集成1～7(日米修好通商百年記念行事運営会編)　風間書房　昭36／幕末教育史の研究2—諸術伝習政策(倉沢剛)　吉川弘文館　昭59　〔富田仁〕

吉田　繁蔵　よしだ・しげぞう

生没年不詳　移民　㊨アメリカ：年不明

　生没年不詳。北アメリカのユタ州に流れこんだが, オグデンという町で白人女性を乱暴したかどでリンチにあう。明治17(1884)年, サンフランシスコで美山貫一の説教を聴き悔い

あらためて，一時は福音会にも出入りをするが，その後の消息は不明。
[文献] 日米文化交渉史　移住編（開国百年記念事業会）　洋々社　昭30／異国遍路　旅芸人始末書（宮岡謙二）　修道社　昭46
〔楠家重敏〕

吉田 忠七　よしだ・ちゅうしち

天保10年（1839）～明治7年3月21日（1874）　西陣織職人　〔帰国中ニール号で遭難〕　[生]京都　[渡]フランス：1872年（洋式織機の技術修得）

天保10（1839）年，京都に生まれる。明治4年，京都府は西陣織に洋式織機を導入するため織工を海外留学生としてフランスへ派遣することを決定する。彼は器械工として深い知識を持っていたので，みずから願い出て5（1872）年，佐倉常七，井上伊兵衛とともにリヨンへ赴く。リヨンではジャカード織機の技術修得にあたる。6年11月に佐倉と井上は帰国することとなったが，彼は染色法を学ぶため研修期間の延長を申し入れ許可される。6ヶ月の期間延長であったが，3ヶ月ほど経た7年2月1日，マルセイユからフランス郵船のシンディ号に乗り帰国の途につく。香港においてフランス郵船のニール号に乗り継いで横浜に向かう途中，明治7（1874）年3月21日未明，伊豆半島の入間沖で暴風雨のため沈没し溺死する。享年36歳。乗員90名のうち救助されたのは4名だけである。現在，静岡県南伊豆町の海蔵寺境内にはニール号の遭難碑が建っている。
[文献] 織界の隠士佐倉常七君伝（四方呉堂）：大日本織物協会報　120～122　明29／フランス郵船ニール号遭難（沢護）：仏蘭西学研究　9　昭54 ／西陣織工・フランスへ行く（富田仁）：クロスロード　昭57.11　〔湯本豪一〕

吉田 朋吉　よしだ・ともきち

嘉永7年4月29日（1854）～大正15年5月9日（1926）　機械技術者　[生]加賀国金沢仙石町　[渡]アメリカ，ヨーロッパ：1892年（紡績業視察）

嘉永7（1854）年4月29日，加賀藩士の三男として金沢仙石町に生まれる。幼時より金沢藩の明倫堂で和漢学を修め，6年上京して共慣義塾に，7年開成学校に入る。10年東京大学に入学し，13年工学部機械工学科を卒業。印刷局を経て，20年鐘淵紡績技師となり，25（1892）年インド，アメリカ，ヨーロッパに出張，各国の紡績事業などを視察しする。26年から芝浦製作所技師長を兼任した。26年分家して独立する。32年鐘淵紡績を退社後も，鈴木鉄工部，桜機械製作所などで各種機械の製作に従事した。大正4年工学博士。大正15（1926）年5月9日死去。享年73歳。
[文献] 幕末明治海外渡航者総覧（手塚晃編）　柏書房　平4／データベースWHO　日外アソシエーツ　〔藤田正晴〕

吉田 伴七郎　よしだ・ともしちろう

生没年不詳　薩摩藩留学生　[生]鹿児島　[名]別名＝伴太郎　[渡]イギリス：1870年頃（留学）

生没年不詳。鹿児島の出身。渡航年代は不明であるが幕末期よりイギリスに滞在する。薩摩藩の官費留学生であるが，明治3年にアメリカのボストンにいたという記録がある。6年にはロンドンのユニバーシティ・カレッジに在学していた。その後の消息は不明。
[文献] 明治初年条約改正史の研究（下村冨士男）　吉川弘文館　昭37／近代日本の海外留学史（石附実）　ミネルヴァ書房　昭47 ／近代日本海外留学生史　上（渡辺実）　講談社　昭52　〔楠家重敏〕

吉田 正春　よしだ・まさはる

嘉永4年（1851）～大正10年1月16日（1921）　官吏，探検家　[生]土佐国　[名]通称＝源太郎　[渡]オーストリア：1881年（外交訪問）

嘉永4（1851）年，土佐藩参政・吉田東洋の子として生まれる。藩校致遠館で学び，明治初年上京，英学を修め，外務省理事官となった。13（1880）年日本を発ち，ペルシャに渡り国王ナッスル・エッデンに謁見，通商の許可を得た。次いでトルコを訪問し皇帝アブヅル・ハミッド2世に謁見。さらにしてウィーン，ロシアを経て，14年帰国。帰朝後著わした『回疆探検 波斯之旅』は我が国でペルシア方面の実情を紹介した嚆矢。その後法制局に移り，15（1882）年伊藤博文の欧州派遣随員としてヨーロッパ各国を歴遊し16年帰国。次いで逓信省書記官となった。辞任後新聞を創刊，後藤象二郎の参謀として活躍した。大正10（1921）年1月16日死去。享年71歳。
[文献] 幕末明治海外渡航者総覧（手塚晃編）　柏書房　平4／データベースWHO　日外アソシエーツ　〔藤田正晴〕

吉田 要作　よしだ・ようさく

嘉永3年12月11日（1851）～昭和2年12月16日（1927）　外交官　〔鹿鳴館館長〕　⊕江戸
⊛旧名＝戸塚鑑太郎　㊙フランス：1867年（留学），オーストリア：1873年（ウィーン万国博覧会）

　嘉永3（1851）年12月11日、旧東京府士族狩野伊教の子として江戸に生まれる。慶応1年に開校した横浜仏蘭西語伝習所に入学，フランス語を学び，3（1867）年，緒方惟直ら伝習所卒業生とともにフランスに留学する。幕府瓦解後の明治3年，岡山藩の兵学校教官となりフランス語を教える。富岡製糸場通弁のあと，6（1873）年，ウィーン万国博覧会の事務官として，緒方惟直や平山成信，竹内本五郎，田中芳男，山高信離らとともに派遣される。この万国博覧会には新政府がとくに力を入れ，大隈重信を責任者として，多くの技術者，商工業者，職人などを集め，外国人ワグネルを雇い入れるなど大規模な組織をつくった。このため幕府による慶応3年パリ万国博覧会と比べて，内容的に充実したものとなった。万博終了後も留学のためヨーロッパに滞在し，その間，外務省書記官としてイタリアに赴任，8年には，ヴェネチアの高等商業学校で日本語を教え，同年イタリアに留学してきた緒方惟直にこの教職を譲る。10年，帰国し，外務省反訳局勤務となる。12年，イタリア王冠勲章を受領し，同年来日したイタリア皇族の接待役を果たす。13年に外務三等書記官としてオランダのハーグ公使館に赴く。15年帰国。同年末外務2等属となり，ソウル公使館に赴任し17年に帰国。公信局，庶務局，会計局勤務を経て19年，総務局人事課勤務となり，翌年交際官試補に任ぜられる。23年宮内省より鹿鳴館館長に任ぜられ，外国の要人の接待を務める。24年翻訳官と大臣官房庶務課を兼任。25年副領事としてマニラに赴任。同年帰国し鹿鳴館勤務を解かれて，今度はベルリンのドイツ公使館へ交際官試補として赴任。任地では仏文書簡の翻訳，暗号翻訳などの重要な仕事にあたる。26年公使館三等書記官，27年公使館出納官吏代理，及び物品会計官吏代理などに任ぜられ，29年に帰国した。同年内閣より外務大臣秘書官に任ぜられる。また同年ドイツより赤鷲第4等勲章，フランスより最高勲章・レジョン・ドヌール・オフィシェをそれぞれ受領するするという名誉を得た。仏語学伝習所の卒業生の中では最も長く生き，明治，大正，昭和にわたって活躍する。最後の仕事は，宮内省宮中顧問官であった。昭和2（1927）12月16日，鎌倉の自宅で死去。享年78歳。

[文献]　明治文化全集　別巻　明治事物起源（石井研堂）　増補・改訂版　日本評論社　昭44／日本とフランス—出会いと交流（富田仁，西堀昭）　三修社　昭54／日仏文化交流史の研究—日本の近代化とフランス人（西堀昭）　駿河台出版社　昭56　　〔内海あぐり〕

吉田 好三　よしだ・よしぞう

生没年不詳　従者　⊛諱＝信成　㊙アメリカ：1860年（遣米使節に随行）

　生没年不詳。安政7（1860）年1月，35歳頃遣米使節に小栗豊後守忠順の従者・用人として随行する。

[文献]　万延元年遣米使節史料集成1～7（日米修好通商百年記念行事運営会編）　風間書房　昭36／幕末教育史の研究2—諸術伝習政策（倉沢剛）　吉川弘文館　昭59　　〔富田仁〕

吉田 六左衛門　よしだ・ろくざえもん

生没年不詳　商人　〔商人の渡欧第1号〕
⊕武蔵国（幡羅郡）四ツ寺村　㊙フランス：1867年（パリ万国博覧会出品物の輸送）

　生没年不詳。武蔵国四ツ寺村に生まれる。慶応3（1867）年1月パリ万国博覧会に同じ商人の瑞穂屋卯三郎とともに幕府出品物の輸送に当たる。民間商人の渡欧第1号である。

[文献]　異国遍路　旅芸人始末書（宮岡謙二）　中央公論社　昭53（中公文庫）／日本とフランス（富田仁，西堀昭）　三修社　昭54
　　〔富田仁〕

吉武 桂仙　よしたけ・けいせん

？～明治6年11月13日（1873）　伊万里県留学生　⊕佐賀　㊙ドイツ：1871年（留学）

　生没年不詳。佐賀の出身。明治4（1871）年に伊万里県の県費留学生としてドイツに留学する。6年帰国するが，同年11月13日死去。

[文献]　近代日本の海外留学史（石附実）　ミネルヴァ書房　昭47／幕末明治海外渡航者総覧（手塚晃編）　柏書房　平4　　〔富田仁〕

吉武 彦十郎 よしたけ・ひこじゅうろう
生没年不詳　留学生　⊕山口　⊛別名＝彦十
⊛フランス：1870年（留学）

　生没年不詳。山口の出身。明治3（1870）年にフランスに留学する。年洋銀1000枚の藩費による留学である。その後の消息は不明。

[文献] 近代日本の海外留学史（石附実）　ミネルヴァ書房　昭47／日仏文化交流史の研究―日本の近代化とフランス人（西堀昭）　駿河台出版社　昭56／幕末明治海外渡航者総覧（手塚晃編）　柏書房　平4　　〔富田仁〕

吉原 重俊 よしはら・しげとし
弘化2年4月（1845）〜明治20年12月19日（1887）銀行家、外交官　日本銀行総裁、旧鹿児島藩士〔仮名文字教育に尽力〕　⊕鹿児島　⊛通称＝弥次郎　⊛アメリカ：1866年（留学）、アメリカ：1871年（岩倉使節団に同行）

　弘化2（1845）年4月、鹿児島に生まれる。12歳のとき藩校の句読師助となる。慶応2（1866）年、藩命により仁礼平助、江夏壮助らとアメリカに留学する。コーネル大学に学び、王政復古以前にひとまず帰国したらしい。明治4（1871）年11月12日、外務省三等書記官として岩倉使節団に参加、6年に帰国して『理事功程』という報告書を提出する。同年、外務一等書記官になりアメリカ公使館付を命ぜられる。さらに7年には大久保利通全権弁理大臣に随行して清国に赴く。その後財政畑を歩み、租税権頭、大蔵大丞、大蔵大書記官、大蔵少輔を歴任する。次いで横浜正金銀行管理長、租税局長、関税局長を経て、17年、日本銀行総裁となる。同年、ロンドンに赴く。近藤真琴らと「かなの会」を創立し、教育に尽力するも成就せぬうち、明治20（1887）年12月19日死去。享年43歳。

[文献] 明治過去帳―物故人名辞典（大植四郎編）　東京美術　昭46／近代日本の海外留学史（石附実）　ミネルヴァ書房　昭47／日本人名大事典6　平凡社　昭54／明治維新人名辞典（日本歴史学会編）　吉川弘文館　昭56／理事功程（吉原重俊）／幕末維新人名事典　新人物往来社　平6　　〔楠家重敏／富田仁〕

吉益 亮子 よします・りょうこ
安政4年（1857）〜明治19年（1886）　英語教師〔最初の女子留学生〕　⊛アメリカ：1871年（留学）

　安政4（1857）年、東京府士族秋田県曲事吉益正雄の子として生まれる。明治初年、黒田清隆は北海道開拓の調査参考のためアメリカに渡り、帰国後、女子留学生の派遣を提言した。これにもとづき開拓使は女子留学生を募集し、津田梅子、上田悌子、山川捨松、永井繁子と彼女が選ばれる。当時16歳で、上田と並び留学生の中では最年長であった。彼女らは岩倉使節団に加わり、明治4（1871）年11月12日に横浜を出帆した。翌年早々ワシントンに着いたとき、彼女らは使節一行と別れ、彼女と梅子はワシントン郊外ジョージタウンの日本弁務使館書記官チャールズ・ランメン方に預けられる。数ヶ月後、森有礼の指示により市内コネチカット街に一軒を借りて5人で居住した。5年10月、眼を患った彼女は悌子とともに帰国。その後、築地の海岸女学校で教鞭をとったこともあるが、19年6月、京橋南鍋町に女子英学教授所を設立したことが伝えられている。しかし、明治19（1886）年の秋、コレラを患って死去。享年30歳。

[文献] 東京の女子教育　東京都　昭36／青山学院九十年史　青山学院　昭40／近代日本海外留学生史　上（渡辺実）　講談社　昭52／データベースWHO　日外アソシエーツ
〔楠家重敏／富田仁〕

善松 よしまつ
生没年不詳　稲若丸乗組員　⊛アメリカ：1806年（漂流）

　生没年不詳。稲若丸は岩国から江戸へ飼葉、畳床などを運んだ後、文化3（1806）年1月6日伊豆下田沖で強い西風と雨のため漂流。3月20日乗組員8人は日本より相当離れた南東海上でアメリカ船テイバー号に救助され、4月28日ハワイのオアフ島に上陸させられた。8月下旬シナ行きのアメリカ船に乗せられてマカオから広東へ送還されたが、広東では漂流者の受取りを拒絶したので、12月再びマカオへ連れ戻された。船長デラノの好意で異人の屋敷にしばらく逗留の後、12月25日、清国船に乗せられてマカオを出帆、翌4年1月21日ジャカルタに到着した。そこから日本行きのオランダ船に乗って帰国する事が確実になったのであるが、ジャカルタに到着すると間もなく全員がマラリアなどの病気にかかり、新名屋吟蔵と水主の文右衛門は4月29日当地で死亡、また5

月15日にオランダ船に乗船出来た6人のうち、嘉三郎、市古貞五郎、惣次郎の3人は航海中に死亡した。和三蔵は6月18日長崎港で上陸の許可を待っているうちに船中で死亡、結局日本の土を踏めたのは彼と松次郎の2人だけであったが、松次郎は6月21日揚り屋(未決囚収容所)で縊死し、彼だけが取調べを受けた後、11月14日松平安芸守の家臣に引き取られて帰郷した。その後の消息は不明。

文献 異国漂流奇譚集(石井研堂) 福長書店 昭2／日本人漂流記(荒川秀俊) 人物往来社 昭39／日本人漂流記(川合彦充) 社会思想社 昭42／現代教養文庫A530)／江戸時代ハワイ漂流記―『夷蛮漂流帰国録』の検証(高山純) 三一書房 平9 〔安藤義郎〕

吉松 茂太郎 よしまつ・もたろう

安政6年1月7日(1859)～昭和10年1月2日(1935) 海軍軍人、大将 土佐国(幡多郡)中村町 イギリス：1885年(巡洋艦浪速の回航のため)、フランス：1888年(海軍軍事研修)

安政6(1859)年1月7日、土佐藩士吉松弥の長男として生まれる。明治3年、藩校の致道館に入り学んだのち東京へ出る。7年海軍兵学寮に入学し、13年卒業。16年海軍少尉となり、18(1885)年にはイギリスで建造された巡洋艦・浪速の回航事務取扱委員としてイギリスに派遣される。21(1888)年フランスへ留学し、砲術練習艦オセアンなどに乗り組み実地研究を行う。24年造兵監督官となり、フランスで建造中の軍艦・松島、厳島の監督事務を行い26年に帰国する。帰国後は海軍大学教官、浪速艦長、海軍兵学校長、海軍大学校長、第二艦隊長官、教育本部長、呉鎮守府長官、第一艦隊長官などの要職を歴任し、大正5年には海軍大将となる。6年軍事参議官となり、昭和4年に退役す。昭和10(1935)年1月2日死去。享年77歳。

文献 海軍大将吉松茂太郎伝(中川繁丑) 吉松忠夫 昭11／日本陸海軍の制度・組織・人事(日本近代史料研究会編) 東京大学出版会 昭46／日本人名大事典6 平凡社 昭54 〔湯本豪一〕

吉村 又蔵 よしむら・またぞう

⇒名和道一(なわ・どういち)を見よ

芳山 五郎介 よしやま・ごろうすけ

生没年不詳 山口藩留学生 山口 別名=五郎助 イギリス：1870年(留学)

生没年不詳。長州の出身。明治3(1870)年に藩の費用でイギリスに渡り6年頃まで滞英していた。福原芳山(ふくはら・ほうざん)と同一人物とみられる。

文献 明治初年条約改正史の研究(下村冨士男) 吉川弘文館 昭37／近代日本の海外留学史(石附実) ミネルヴァ書房 昭47／近代日本海外留学生史 上(渡辺実) 講談社 昭52 〔楠家重敏／富田仁〕

ヨネ・ノグチ

⇒野口米次郎(のぐち・よねじろう)を見よ

米津 恒次郎 よねつ・つねじろう

慶応3年(1867)～? 洋菓子製造業者ウエファースづくりを開始 江戸 アメリカ：1884年(菓子製造技術)

慶応3(1867)年、米津松造の二男として江戸に生まれる。東京京橋南伝馬町の凮月堂から暖簾を分けてもらい菓子製造業を営んでいた父の勧めにより、17(1884)年に洋菓子修業のため渡米する。これが日本最初の洋菓子修業のための洋行である。アメリカでは英語を学んだのち栄養、食糧、保健衛生の研究を続けながら菓子製造技術の修得を目指すが、菓子工場が有色人種に対して閉鎖的で秘密主義であるため、ロンドンとパリに渡り菓子の研究と製菓業の実態視察を行う。また欧米人の嗜好についても学び23年に帰国する。帰国後は日本人の嗜好に合わせた洋菓子づくりに力を注ぎ、イギリスより最新式のウエファース機械を購入し、36年の第5回内国勧業博覧会にシュガー・ウエファース、チョコレート・ウエファース、マシュマロ、サブレーなどを出品し洋菓子普及に貢献する。

文献 日本洋菓子史(池田文痴菴) 日本洋菓子協会 昭35／西洋料理がやってきた(富田仁) 東京書籍 昭58 〔湯本豪一〕

米山 梅吉 よねやま・うめきち

慶応4年2月4日(1868)～昭和21年4月(1946) 銀行家 〔三井信託を設立〕 江戸芝田村町 アメリカ：1887年(政治, 文学)

慶応4(1868)年2月4日、大和国高取藩士和田竹造の三男として江戸芝田村町に生まれる。

父の死後、母の実家の伊豆三島に移住し8歳のとき長泉村の小学校に入り、12歳の頃長泉村の旧家米山家の養子に望まれる。14年沼津中学に入学、米山姓を名乗る。16年12月家出して上京、銀座江南学校に入り、19年東京英和学校、ついで福音会英和学校に学ぶ。20年米山家養子入籍、同年(1887)末アメリカに留学。オハイオ州のウエスレアン大学、カリフォルニアではベルモントスクール、ニューヨークではローチェスター大学、ミズーリ州立大学の新聞科などで、政治や文学を学び8年間滞在し、ペリー提督の伝記を執筆したあと28年に帰国。29年9月『提督彼理』を出版する。日本鉄道に入り渉外を担当するが、30年10月三井銀行に入る。31(1898)年8月神戸支店勤務のとき、池田成彬などとともに欧米の銀行業務視察のためにアメリカに渡る。アメリカとイギリスの銀行で事務見習をしたあとヨーロッパ諸国を視察し、32年末に帰国し、「欧米銀行叢務取調報告書」を提出する。その後、大津、深川、横浜、大阪など各地の支店長を歴任する。42年10月三井銀行常務取締役になる。大正8年8月ウエスレアン大学からマスター・オブ・アーツの学位を受ける。12年常務を辞任し13年三井信託を創立し社長となる。昭和7年三井合名理事、9年三井信託会長を兼ねるが11年には辞任。青山学院緑岡小学校校長となる。『飛脚だより』『銀行行余録』などの著書や『八十七日』『東また東』などの歌集がある。昭和21(1946)年4月死去。享年79歳。

[文献] 米山梅吉選集1〜2(同先生伝記刊行会編) 青山学院初等部 昭35／米山梅吉伝 青山学院初等部編刊 昭35／日本財界人物列伝1 青潮出版編刊 昭38／日本人名大事典 現代編 平凡社 昭54／無我の人米山梅吉(内田稔) 秀建築設計事務所 昭60／米山梅吉翁-慶応・明治・大正・昭和を生き抜いた日本の偉人 日本の実業家・歌人・漢詩人・俳人・教育者・政治家であり国際的人格者 人物写真集(米山聡) 米山聡 平9／社会貢献の先駆者米山梅吉(戸崎肇) 芙蓉書房出版 平12　〔富田仁〕

【ら】

ラグーザ玉　らぐーざたま

文久1年6月10日(1861)〜昭和14年4月6日(1939)　洋画家　〔女流洋画家の第1号〕
㊷江戸新堀町　㊷本名＝エレオノーラ・ラグーザ　旧名＝清原玉　㊷イタリア：1882年(パレルモ工芸美術学校教師)

　文久1(1861)年6月10日、芝・増上寺の差配清原定吉の二女として江戸芝新堀に生まれる。姉は刺繡家の清原千代。明治5年頃から日本画を学び、永寿を号した。9年11月21日ヴィンツェンツォ・ラグーザが工部美術学校彫刻科の教師として来日し、10年頃から清原家を訪問するようになった。当時17才で、この頃からラグーザに画才を認められて、洋画の技術を学び、11年頃からはしばしばラグーザの官邸を訪ね、洋画とともにイタリア語も勉強するようになった。またラグーザの彫刻のモデルともなった。12年頃から彼女の洋画は著しい進歩をみせ、ついに日本画はやめてしまった。師弟の愛情がみのり、彼女は13年ラグーザと結婚する。国際結婚の先がけである。一方、15年6月30日に工部美術学校の彫刻科は廃止決定となり、同年(1882)7月31日附でラグーザは解任となり、イタリアへ帰国することとなった。ラグーザは以前より郷里パレルモに工芸美術学校を創立し、日本の伝統芸術をヨーロッパに移植する計画を持っていたので、帰国に際して、彼女と刺繡をよくする姉の千代、千代の夫で漆工家の清原英之助を同伴した。ラグーザは新設される工芸美術学校の教師として、この3人と契約していたからである。17年ラグーザは私費を役じてパレルモに私立の工芸美術学校を開設し、その校長となり、英之助は漆工の、千代は刺繡の、彼女は水彩画と蒔絵の教師となって、日本の伝統芸術とその制作方法をヨーロッパに紹介した。その後工芸美術学校は認められてパレルモ市立となり、ついで官立の高等工芸美術学校となった。彼女は政府から同校の教授に任命され、さらに副校長になった。パレルモで大博覧会が開催されたときには、イタリア皇帝の母マルグリータ皇太后陛下とも会っている。22年高等工芸美術

学校の漆工科が廃止されると，英之助，千代夫妻は帰国したが，彼女は一人イタリアに残り，パレルモで開催された第1回美術教育家競技会に刺繍と絵画を出品し，その両方が1等金牌を受賞した。同年カトリック寺院でラグーザと結婚式をあげ，ラグーザの妻となり，エレオノーラ・ラグーザと改名した。23年モンレアレで開かれた美術展覧会でも銀牌を受けた。彼女の名をさらに高めたのは，25年にヨーロッパの各地からも出品作品が寄せられたパレルモ市でのイタリア全国大博覧会で，彼女の「小鳥」が1等金牌を受賞したことであった。その後シカゴ万国博(1893年)でも1等金牌を受賞しているが，生涯最大の作品は34年から35年にかけて描かれたカルーソー家の大サロンの天井壁画「楽園の曙」である。これは海神ネプチューンを主題とし，ほかの神々が天上でそれを礼讃するという構図である。43年ニューヨーク国際美術展覧会にイタリアの女流画家として出品を命ぜられ，その作品が婦人部の最高賞牌を受賞した。昭和2年3月13日夫ラグーザが他界した後もパレルモに残り，同地からラグーザの遺作多数を東京美術学校に寄贈した。8年10月22日，イタリアに渡ってから50有余年ぶりで帰国。ときに73歳であった。同年11月13日銀座の伊東屋で展覧会が開催された。芝新堀町の旧家の近くに画室を構え，静かに制作に耽っていたが，昭和14(1939)年4月6日死去。享年79歳。

文献　近代日本美術の研究(隈元謙次郎)　大蔵省印刷局　昭39／日本近代美術発達史　明治編(浦崎永錫)　東京美術　昭49／お雇い外国人16　美術(隈元謙次郎)　鹿島出版会　昭51／日本洋画史1　明治編(外山卯三郎)　日貿出版社　昭53／日本人名大事典　現代編　平凡社　昭54／ラグーザお玉自叙伝(木村毅)　恒文社　昭55／幕末·明治期における日伊交流(日伊協会編)　日本放送出版協会　昭59／ラグーザ·玉—女流洋画家第一号の生涯(加地悦子)　日本放送出版協会　昭59

〔春日正男〕

【れ】

連枝　れんし

⇒梅上沢融（うめがみ・たくゆう）を見よ

【ろ】

六兵衛　ろくべえ

生没年不詳　長者丸乗組員　㊓越中国富山
㊡アメリカ：1838年（漂流）

生没年不詳。越中国富山の出身。天保9(1838)年11月，六兵衛はじめ10名を乗せた越中富山の長者丸は仙台の沖合で遭難する。およそ6ヶ月間海上に漂ったが，その間に船長の金六ほか2名の者が死去してしまう。残った7名は，翌年4月にアメリカの捕鯨船ゼンロッパ号に救出され，9月にハワイに到着する。11年7月，彼らはイギリス船に乗り，カムチャツカのペトロパウロフスクに送られ，この地で越年する。12年6月さらにオホーツクに送られ，この地に留まること13ヶ月，13年9月にアラスカのシトカに移される。ここでも約7ヶ月の滞在を余儀なくされる。14年3月，シトカを出帆して，5月にエトロフ島に送還される。その後，江戸に抑留されること6年に及ぶ。事件が落着して故郷に帰ることができたのは嘉永1年のことである。最初の10名のうち無事に越中富山に帰還できたのは彼のほか太三郎，次郎吉，金蔵の3名だけであった。

文献　蕃談—漂流の記録1（室賀信夫，矢守一彦編訳）　平凡社　昭40（東洋文庫39）／日本庶民生活史料集成5　漂流（池田皓編）　三一書房　昭44

〔楠家重敏〕

【わ】

若井 兼三郎　わかい・かねさぶろう
天保5年(1834)～明治41年12月22日(1908)
美術商　⑰江戸　㊨オーストリア：1873年
(ウィーン万国博覧会に随行)、フランス：1878(パリ万国博覧会に出店)

　天保5(1834)年、質商の子として江戸に生まれる。浅草松山町に店を営み、古い文化財が見直される機運の中で美術商となる。明治6(1873)年2月18日、日本が初めてウィーンで開かれた万国博覧会に参加した際、唯一の美術専門家として随行する。その後、国際博覧会などで政府の業務代行を行う起立工商会社が設立されると副頭取に就任、美術作品の制作・選定から売買に至る一切を統括した。11(1878)年1月29日、パリ万国博覧会の際にパリ支店が開設されると渡仏して自ら運営にあたり、通訳として林忠正を雇い専門的な美術商に育て上げ、また林と共に同地でジャポニズムブームの火付け役となった。一方、同年美術団体・龍池会(のち日本美術協会)発足の発起人となり、会頭の一人として美術界に重きをなした。一時期、川崎造船所の創立者である川崎正蔵の美術収集に協力した。、京都に住んだといわれる。明治41(1908)年12月22日東京で死去。享年75歳。　㊧東京・谷中霊園
[文献]　幕末明治海外渡航者総覧(手塚晃編)　柏書房　平4／データベースWHO　日外アソシエーツ　〔藤田正晴〕

若曽根 寛一　わかそね・かんいち
生没年不詳　⑰大垣　㊨アメリカ：1871年(戸田氏共に同行)

　生没年不詳。大垣の出身。明治4(1871)年戸田氏共に従ってアメリカに渡り、公費留学する。その後の消息は不明。
[文献]　近代日本の海外留学史(石附実)　ミネルヴァ書房　昭47／近代日本海外留学生史　上(渡辺実)　講談社　昭52／幕末明治海外渡航者総覧(手塚晃編)　柏書房　平4
〔楠家重敏／富田仁〕

若山 鉉吉　わかやま・げんきち
安政3年9月23日(1856)～明治32年1月13日(1899)　海軍軍人　〔軍艦建造の監督〕　⑰フランス：1875年(海軍技術研修)

　安政3(1856)年9月23日、昌平黌儒官若山勿堂の子として江戸に生まれる。明治3年に横須賀造船所黌舎に入り伝習生として造船学と機関学を修める。8(1875)年にフランス留学を命ぜられ、5年間海軍技術の研修に励む。帰国後の13年に海軍省准判任御用掛となる。16年に畝傍艦建造の案が海軍省から出され、翌17年3月この軍艦建造を監督のため渡仏を命ぜられる。20年に帰国し海軍造船会議副幹事、艦政局造船課課僚となる。同年9月には工科大学教授を兼ねる。23年には海軍技術会議幹事となり水雷発射機の開発に尽力する。このころ農商務大臣後藤象二郎の知遇を得て翻然と官を辞す。のち三井芝浦製作所長となる。32(1899)年1月にわかに水痘に罹り13日に死去。享年44歳。
[文献]　明治過去帳──物故人名辞典(大植四郎編)　東京美術　昭46／日仏文化交流史の研究──日本の近代化とフランス人(西堀昭)　駿河台出版社　昭56　〔志村公子〕

若山 儀一　わかやま・のりかず
天保11年(1840)～明治24年(1891)　官吏〔保護貿易主義を啓蒙〕　⑰江戸　㊨幼名=元正、隆民、別名=緒方正　㊨アメリカ：1871年(岩倉使節団に随行、税制研究)

　天保11(1840)年、医師西川宗庵の子として江戸に生まれる。緒方洪庵とフルベッキに医学と経済学を学ぶ。明治1年、開成所教授をへて民部省および大蔵省につとめる。大蔵省では租税権助となり、明治4(1871)年に岩倉使節団に同行してアメリカに渡り、同地で7年まで税制の研究にあたった。13年に日本最初の生命保険会社である日東保生会社を創立したが、開業には至らなかった。翌年より官に入り、太政官、農商務権大書記官、宮内省、参事院議官補などをつとめる。経済、法律、農学の新知識を紹介し、保護貿易主義を主張した。著書には『官板経済原論』『泰西農学』『西洋水利新説』『保護税説』などがある。明治24(1891)年死去。享年52歳。
[文献]　岩倉使節の研究(大久保利謙編)　宗高書房　昭51／日本人名大事典6　平凡社　昭

54　　　　　　　　　〔楠家重敏〕

和左蔵　わさぞう
? ～文化4年6月18日（1807）　稲若丸乗組員
㊙安芸国大崎東野村　㊙アメリカ：1806年（漂流）

　生年不詳。安芸国大崎東野村に生まれる。文化2年11月、大坂の伝法屋吉右衛門の持船稲若丸は岩国から江戸へ向けて出帆、江戸で積荷を降ろし武蔵国神奈川湊で越年することになったが、3（1806）年早々に大時化にあい約70日間洋上をさ迷った。中国からアメリカに向かっていたアメリカ船ティバー号が稲若丸を発見し救助する。この船はオアフ島に寄ってハワイのカメハメハ2世に漂流民の世話を頼んで立ち去る。漂流民は特別に一軒の家を与えられて、3年5月から8月までの約4ヶ月間滞在する。その後マカオ、ジャカルタに移される。しかし、この頃から病人が続出し、彼も同じ運命を辿った。文化4（1807）年6月18日、懐かしい故国の土を踏まないうちに死去。

[文献]異国漂流奇譚集（石井研堂編）福長書店　昭2／日本人漂流記（荒川秀俊）人物往来社　昭39／日本人漂流記（川合彦夫）社会思想社　昭42（現代教養文庫）／江戸時代ハワイ漂流記—『夷蛮漂流帰国録』の検証（高山純）三一書房　平9　　　　　〔楠家重敏〕

和田 英作　わだ・えいさく
明治7年12月23日（1874）～昭和34年1月3日（1959）　洋画家　〔新聞の洋風挿絵の元祖〕
㊙鹿児島県（肝属郡）垂水村　㊙フランス：1899年（洋画）

　明治7（1874）年12月23日、鹿児島県垂水村に生まれる。小学校時代に東京に出て、はじめ上杉熊松に洋画の初歩を学んだ。24年明治学院を退学して曽山幸彦の私塾に入ったが、翌年曽山の急死にあい、原田直次郎の鐘美館に転じ、明治美術会に出品した。27年原田が病気療養のため鐘美館を閉鎖したので、やむなく黒田清輝と久米桂一郎が新しく開設した天真道場に移った。天真道場での以前とは違う光線の当たる明るい戸外の描写のような画風に感動して、新しい外光派の画風表現を修得した。28年第4回内国勧業博覧会に「海辺早春図」を出品し、妙技2等賞を受賞した。29年東京美術学校に西洋画科が新設されると同時に、推薦されて助教授となったが、間もなく辞して学生として同校西洋画科に入学し、わずか1ヶ年という破格の期間で翌年同校を卒業した。32（1899）年自費でドイツに遊学し、間もなく文部省の留学生としてフランスに留まり、かつて黒田や久米が師事したラファエル・コランについて指導を受けた。34年から35年にかけて留学中の浅井忠らとパリ近郊のグレーに滞在した。約5年間コランのもとで勉強したあと、36年イタリアの各地を遊歴して帰国した。帰国するとただちに東京美術学校教授となり、美術団体白馬会に創立時より参加し、白馬会展覧会に「渡頭の夕暮」（第2回展）「あるかなきかのとげ」（第9回展）などを出品した。36年第5回内国勧業博覧会に滞欧時代の作品『こだま』を発表、妙技2等賞を受け、40年東京府勧業博覧会に「海辺の早春」を出品して、ついに1等賞を獲得した。この年以降文部省美術審査委員会委員となり、毎年文展の審査員となり、みずからも「おうな」「角田市区改正局長」「原法学博士肖像」「あけちかし」等の名作を発表した。大正8年帝国美術院会員となり、昭和7年東京美術学校校長に任命され、9年には帝室技芸員を命ぜられた。10年東京美術学校校長を辞任し、名誉教授の称号を与えられ、12年帝国芸術院会員となった。23年文化勲章受章。日本アカデミズム洋画界の雄とされるが、若い頃には帝国劇場の装飾画や新聞・雑誌の挿絵、装幀の図案等も手がけたことがあった。新聞の洋風の挿絵の元祖であるらしい。代表作には前記の他、帝展以後のものとして、「読了りたる物語」「渋沢子爵像」「大住嘯風君像」「早春」「黄衣の少女」などがある。昭和34（1959）年1月3日死去。享年86歳。

[文献]近代日本美術の研究（隈元謙次郎）大蔵省印刷局　昭39／大正人物逸話辞典（森銑三編）東京堂出版　昭41／日本名画家伝（佐藤霞子）青蛙房　昭42／日本近代美術発達史明治編（浦崎永錫）東京美術　昭49／日本洋画史2（外山卯三郎）日貿出版社　昭53／日本人名大事典　現代編　平凡社　昭54／幕末・明治期における日伊交流（日伊協会編）日本放送出版協会　昭59／わが国洋画界の泰斗故和田英作画伯ゆかりの人びと（野村泰三編）野村泰三　平8　　〔春日正男〕

和田 収蔵　わだ・しゅうぞう

嘉永5年6月（1852）～明治34年7月11日（1901）　裁判官　〔『仏国民法問答』の訳者〕　[生]江戸　[名]本名=重繁　[渡]フランス：1867年（留学），オーストリア：1873年（ウィーン万国博覧会）

嘉永5（1852）年6月，幕臣で近藤力之助配下奥詰銃隊の和田重一郎の二男として江戸に生まれる。横浜仏蘭西語学所に入り，慶応3（1867）年8月第1回幕府遣仏留学生に選ばれ，仏国郵船で横浜を出航し10月パリに着く。帰国後の明治2年兵学校教授手伝となり，ついで同校権大属，中得業生，電信寮出仕，博覧会事務局出仕を歴任する。その間，4年に横浜で再びフランス語を学び，6（1873）年オーストリアのウィーン万国博覧会に事務局十等出仕で赴く。7年太政官正院十等出仕，同年大蔵省八等出仕となり，やがて司法省に入り，9年頃裁判所大属，10年7月東京上等裁判所判事，15年東京控訴裁判所判事，ついで東京始審裁判所判事，20年東京控訴院評定官，23年山形始審裁判所兼同重罪裁判所長，ついで山形地方裁判所長，27年浦和地方裁判所長，29年大審院判事となる。訳書にランボー著『仏国民法問答』（明治9年）がある。明治34（1901）年7月11日死去。享年50歳。

[文献] 明治過去帳―物故人名辞典（大植四郎編）　東京美術　昭46／近代日本海外留学生史　上（渡辺実）　講談社　昭52／日仏文化交流史の研究―日本の近代化とフランス人（西堀昭）　駿河台出版社　昭56／日仏のあけぼの（富田仁）　高文堂出版社　昭58　〔山口公和〕

和田 慎次郎　わだ・しんじろう

⇒福沢英之助（ふくざわ・えいのすけ）を見よ

和田 維四郎　わだ・つなしろう

安政3年3月15日（1856）～大正9年12月20日（1920）　鉱物学者，書誌学者　八幡製鉄所長官，貴族院議員　〔鉱物学の日本人初代教授；科学的な書誌学の先駆者〕　[生]若狭国小浜　[渡]ドイツ：1884年（留学）

安政3（1856）年3月15日，若狭国小浜藩士の子に生まれる。東京開成学校を卒業，明治8年文部省学務課出仕となり，開成学校教師を兼任。15年内務省初代地質調査所所長となり，帝国大学教授を兼ね，鉱物学について日本人初代教授となった。17（1884）年2月16日留学生としてドイツに派遣され，18年7月28日帰国。官制改革により22年地質局長兼鉱山局長となり，近代的鉱業法「鉱業条例」を施行した。また洋式製鉄所の建設に尽力し，八幡製鉄所を設立，30年2代目製鉄所長官に就任し，35年退官。日本鉱業会会長となり，のち金属工業研究所長となった。大正6年勅選貴族院議員。また愛書家としても有名で科学的な書誌学の先駆者でもあり，嵯峨本その他について新説を発表した。著書に『日本鉱物誌』『本邦鉱物標本』，『嵯峨本考』など。大正9（1920）年12月20日死去。享年65歳。

[文献] 和田維四郎―日本鉱山学の先駆者　小浜市立図書館　昭55（若狭人物叢書）／幕末明治海外渡航者総覧（手塚晃編）　柏書房　平4／朝日日本歴史人物事典　朝日新聞社　平6／データベースWHO　日外アソシエーツ　〔藤田正晴〕

和田 豊治　わだ・とよじ

文久1年11月18日（1861）～大正13年3月4日（1924）　実業家　富士瓦斯紡績社長　[生]豊前国（下毛郡）中津町　[渡]アメリカ：1885年（留学）

文久1（1861）年11月18日，中津藩士の長男として豊前国中津町に生まれる。慶応義塾を卒業し，明治18（1885）年1月武藤山治と共に渡米し，24年1月帰国。日本郵船，三井銀行，鐘ケ淵紡績東京本店支配人，三井呉服店を経て，34年富士紡績に迎えられる。この間の30（1900）年にもアメリカを視察している。富士紡績専務として社運を挽回し，39年東京瓦斯紡績との合併により富士瓦斯紡績が成立，大正5年社長に就任。6年大橋新太郎らと日本工業倶楽部を設立し，財界の世話役として活躍。鐘紡の武藤山治と並んで紡績業界の巨頭といわれた。11年勅選貴族院議員。大正13（1924）年3月4日胃がんのため死去。享年64歳。

[文献] 続　財界回顧―故人今人（池田成彬著，柳沢健編）　三笠書房　昭28（三笠文庫）／日本財界人物列伝　第1巻（青潮出版株式会社編）　青潮出版　昭38／幕末明治海外渡航者総覧（手塚晃編）　柏書房　平4／実業の系譜　和田豊治日記―大正期の財界世話役（小風秀雅，阿部武司，大豆生田稔，松村敏編）　日本経済評論社　平5／朝日日本歴史人物事典　朝日新聞社　平6／事典近代日本の先駆者　日外アソシエーツ　平7／和田豊治伝（喜田貞吉編）　ゆまに書房　平10（人物で読む日本経済史）／データベースWHO　日外アソシ

エーツ　　　　　　　　　　〔藤田正晴〕

和田 マキタ　わだ・まきた
生没年不詳　岡山藩留学生　⊕岡山　㊦アメリカ、ヨーロッパ：1871年（留学）

　生没年不詳。岡山の出身。岡山藩儒和田蘭石の一族ともみられる。明治4（1871）年、岡山藩の藩費留学生として欧米に赴く。その後の消息は不明。

|文献| 近代日本の海外留学史（石附実）　ミネルヴァ書房　昭47
〔富田仁〕

和田 雄治　わだ・ゆうじ
安政6年9月4日（1859）～大正7年1月5日（1918）　気象学者　〔天気予報の創始者〕　⊕陸奥国二本松　㊦フランス：1889年（留学）

　安政6（1859）年9月4日、陸奥二本松藩士の六男として生まれる。明治12年東京大学理学部物理学科を卒業。同年内務省地理局測量課に入り、測地・天測の傍ら気象を担当し、日本の暴風警報・天気予報の創始にあたる。また14年寺尾寿らと東京物理学講習所（現・東京理科大学）を設立、18年中央気象台予報課長となる。22（1889）年年フランスに留学し24年帰国、37年日露開戦に際し韓国仁川観測所長となる。在韓中の43年15世紀の李朝の雨量計による気象観測についての記録を仏文で発表、翌年英訳されて世界的に有名になった。大正4年退職して帰国、その後は河川の出水調査、海流びんによる日本近海の海流調査などを行い、気象観測練習会（現・気象大学校）の設立にも尽力した。大正7（1918）年1月5日死去。享年60歳。

|文献| 幕末明治海外渡航者総覧（手塚晃編）柏書房　平4／朝日日本歴史人物事典　朝日新聞社　平6／事典近代日本の先駆者　日外アソシエーツ　平7／データベースWHO　日外アソシエーツ
〔藤田正晴〕

和田垣 謙三　わだがき・けんぞう
万延1年7月14日（1860）～大正8年7月18日（1919）　経済学者　法学博士　東京帝国大学教授、日本女子商業学校長　〔商業教育に尽力〕　⊕兵庫　㊇雅号＝吐雲　㊦イギリス：1880年（理財学）

　万延1（1860）年7月14日、但馬豊岡藩士和田垣譲の二男として兵庫に生まれる。藩儒久保田精一から漢学を菊地武文から洋学を学ぶ。明治6年開成学校でドイツ語を修め、翌年同校の鉱山学科に入りのち文科に転ずる。13年、東京大学文学部理学科,哲学科を卒業する。同13（1880）年12月17日留学のためイギリスのロンドンに到着し、キングス・カレッジで理財学を修め、さらにケンブリッジ大学でも同じく理財学を専攻する。16年にベルリン大学に転じて帰国。ただちに文部省御用掛となり、19年に帝国大学法科大学講師、31年に農科大学教授に任ぜられる。なお、農科大学では農政学、経済学を担当した。そのかたわら民間実業教育にも尽力し、東京商業学校および日本女子商業学校の校長をつとめた。著書には『法制講義』『経済経義』『世界商業史要』の専門書のほか『吐雲録』『西遊スケッチ』などがある。大正8（1919）年7月18日、病気療養中のところ死去。享年60歳。

|文献| 文部省第八～十一年報　文部省　明11～14／大正過去帳一物故人名辞典（稲村徹元他編）　東京美術　昭48／近代日本海外留学生史　上（渡辺実）　講談社　昭52／日本人名大事典6　平凡社　昭54／お言葉ですが…3　明治タレント教授（高島俊男）　文芸春秋　平14（文春文庫）
〔楠家重敏〕

渡瀬 庄三郎　わたせ・しょうざぶろう
文久2年11月11日（1862）～昭和4年3月8日（1929）　動物学者　東京帝国大学理学部教授〔渡瀬線を8軒〕　⊕江戸　㊦アメリカ：1886年（生物学）

　文久2（1862）年11月11日、江戸に生まれる。明治17年札幌農学校を卒業。東大動物学科撰科生を経て、明治19（1886）年官費留学生としてアメリカに渡り、ジョンズ・ホプキンズ大で発生学、細胞学、組織学を研究し学位を得る。のちクラーク大講師、シカゴ大教授となる。ドイツのキール大でフレミング教授について細胞学を深め、32年帰国、東京帝国大学理科大学講師を経て、34年教授に就任。動物の生態・分布に関心を寄せ、屋久島・種子島と奄美諸島間の生物境界線（渡瀬線）を発見。また沖縄のハブ退治のマングース移植、キツネの養殖など応用動物学にも業績があり、天然記念物保存事業にも尽くした。その名はホタルイカの属名Wataseniaに記念されている。昭和4（1929）年3月8日死去。享年68歳。

|文献| 幕末明治海外渡航者総覧（手塚晃編）柏書房　平4／データベースWHO　日外アソシエーツ
〔藤田正晴〕

渡瀬 寅次郎　わたせ・とらじろう

安政6年6月25日（1859）～大正15年11月8日（1926）　教育家　関東学院初代院長　[生]江戸　[渡]イギリス：1885年（団体視察）

安政6（1859）年6月25日，江戸に生まれる。明治9年札幌農学校に入学，クラーク博士による『イエスを信ずる者の契約』に署名し，10年受洗。13年農学校卒業後，開拓使御用掛として勤務。15年内村鑑三らと札幌基督教会を設立。18（1885）年イギリスを視察。のち，E.W.クレメントの勧めで東京中学院の初代院長に就任，少数精鋭主義の人格教育をめざした。また，千葉県八住村の松戸覚之助のつくった梨"新太白"を"二十世紀梨"と命名したことで知られる。大正15（1926）年11月8日死去。享年68歳。

[文献] 幕末明治海外渡航者総覧（手塚晃編）　柏書房　平4／朝日日本歴史人物事典　朝日新聞社　平6／事典近代日本の先駆者　日外アソシエーツ　平7／データベースWHO　日外アソシエーツ　〔藤田正晴〕

渡辺 小三郎　わたなべ・こさぶろう

嘉永2年2月（1849）～?　陸軍軍人　[渡]フランス：1872年（留学）

嘉永2(1849)年2月に生まれる。明治5(1872)年，陸軍から官費留学生としてフランスに派遣される。その後の消息は不明。

[文献] 日仏文化交流史の研究―日本の近代化とフランス人（西堀昭）　駿河台出版社　昭56／幕末明治海外渡航者総覧（手塚晃編）　柏書房　平4　〔富田仁〕

渡辺 嘉一　わたなべ・かいち

安政5年2月8日（1858）～昭和7年12月4日（1932）　土木学者, 実業家　工学博士　〔世界一の鉄橋の工事監督, 鉄道事業の経営〕　[生]信濃国（上伊那郡）朝日村　[渡]イギリス：1884年（工学, 理学）

安政5（1858）年2月8日，宇治橋瀬八の二男として信濃国朝日村に生まれる。明治15年に渡辺忻三の養子となる。16年工部大学校土木工学科を卒業し，工部技師として鉄道局に勤務。17（1884）年に官職を辞して自費でイギリスに留学する。グラスゴー大学において工学と理学正科を専攻し学位を得る。卒業後，ジョン・フラワー及びベンジャミン・ベーカー工務所の技師となり，当時世界一の鉄橋フォース・ブリッジの工事を監督する。21年に帰国し，日本土木会社の技術部長となる。のち成田鉄道，東京電気鉄道，京都電気鉄道，関西ガスなどの取締役となり活躍する。また伊那電気鉄道，東洋電機製造などの社長や，京阪電気鉄道，京王電気軌道などの重役もつとめた。昭和7（1932）年12月4日死去。享年75歳。

[文献] 大日本博士録5（井関九郎編）　発展社　昭5／近代日本海外留学生史　上（渡辺実）　講談社　昭52／日本人名大事典6　平凡社　昭54／グラスゴウ大学と日本人留学生（北政巳）『国際日本を拓いた人々―日本とスコットランドの絆』　同文舘　昭59　〔楠家重敏〕

渡辺 鼎　わたなべ・かなえ

安政5年9月7日（1858）～昭和7年7月18日（1932）　医師　衆議院議員　〔野口英世を手術〕　[生]陸奥国河沼郡　[名]旧名＝渡部　[渡]アメリカ：1886年（医学/私費留学）

安政5(1858)年9月7日，陸奥国河沼郡に生まれる。英学・理化学・医学などを修学後，明治19(1886)年アメリカに留学し，カリフォルニア大学に入学，21年医学部を卒業。在米中，サンフランシスコで医師を開業。23年帰国。23年福島県若松町（現・会津若松市）に会陽医院を開設。会津五郡医会会長，福島県医学会副会長，若松実業市民会長となる。この間，陸軍軍医試補，ついで二等軍医となり，10年西南戦争，27年日清戦争に従軍。憲兵隊医官，野戦病院院長などを務め，のち同博済病院付属医学校講師長，大阪医事研究会会長，大日本通俗衛生会幹事，軍医学会幹事を務めた。また25年衆議院議員に当選，2期務める。同年野口英世の左手の手術を行い，26年から書生となった野口に医学を教えた。昭和7（1932）年7月18日死去。享年75歳。

[文献] 幕末明治海外渡航者総覧（手塚晃編）　柏書房　平4／事典近代日本の先駆者　日外アソシエーツ　平7／データベースWHO　日外アソシエーツ　〔藤田正晴〕

渡辺 洪基　わたなべ・こうき

弘化5年1月29日（1848）～明治34年5月24日（1901）　外交官, 政治家　帝国大学初代総長, 貴族院議員　〔中国語教育, 立憲政友会の創立に参与〕　[生]越前国（南条郡）府中善光寺町　[名]諱＝竜共, 字名＝伯建, 通称＝孝一郎, 雅号＝

旦堂　㋐アメリカ：1871年（岩倉使節団に同行）

弘化5（1848）年1月29日、医師渡辺静庵の長男として越前に生まれる。幕末に佐倉藩士佐藤舜海に師事して理化学を学ぶ。のち江戸の開成所に入り箕作麟祥から英語を習う。慶応2年に慶応義塾に入り福沢諭吉の学風に接する。明治1年、米沢藩に招かれて英学校で英書を用いて理化学および政治学を教える。4（1871）年に外務省に入り、同年11月、岩倉使節団に同行して欧米視察に出たが伊藤博文と意見が対立して、5年7月にアメリカから引き返す。6年2月、オーストリア代理公使としてウィーンに赴く。その後、外務権大丞、外務権書記官を歴任する。外務省にあって条約改正調査、外交志略編纂などに功績があった。12年には学習院長となり、また興亜学校を開いて中国語教育に尽力する。18年に東京府知事となり行政官として手腕を発揮する。19年には40歳の若さで帝国大学の初代総長となる。さらに23年にオーストリア公使となり、33年には貴族院議員となる。33年、立憲政友会の創立に際し、伊藤博文直参の創立委員として参加する。著書に『維新前後政治の観察』がある。明治34（1901）年5月24日死去。享年54歳。

文献　故渡辺洪基先生小伝（渡辺信四郎）：武生郷友会誌　昭2／日米文化交渉史　移住編（開国百年記念文化事業会）　洋々社　昭30／明治過去帳―物故人名辞典（大植四郎編）　東京美術　昭46／日本人名大事典6　平凡社　昭54／明治維新人名辞典（日本歴史学会編）　吉川弘文館　昭56　　　〔楠家重敏〕

渡辺 蒿蔵　わたなべ・こうぞう
⇒天野清三郎（あまの・せいざぶろう）を見よ

渡辺 省亭　わたなべ・せいてい
嘉永4年12月27日（1852）～大正7年4月2日（1918）　日本画家　㋴江戸神田佐久間町

㋩本名＝渡辺義復　旧名＝吉川　幼名＝貞吉、政吉、通称＝良助　㋐フランス：1878年（パリ万国博覧会に出品）

嘉永4（1852）年12月27日、江戸・神田佐久間町に生まれる。16歳の時、菊池容斎に師事。明治8年起立工商会社で輸出工芸の下絵図案を制作、10年第1回内国勧業博覧会で金牌（きんきゅう）図案が花紋賞受賞。11（1878）年パリ万国博覧会に出品し銅牌受賞、帰国後、洒脱な筆致に洋風を加味した花鳥画を創作。以後、ア

ムステルダム、シカゴ、セントルイスの各万国博で受賞を重ね、海外でも高い評価を得る。また七宝焼の図案を手がけたほか、木版画、雑誌挿絵も制作した。山田美妙『蝴蝶』、尾崎紅葉『青葡萄』などの小説の挿絵でも評判を集めた。大正7（1918）年4月2日東京市日本橋区で死去。享年68歳。　㋴東京浅草今戸・潮江院

文献　幕末明治海外渡航者総覧（手塚晃編）　柏書房　平4／朝日日本歴史人物事典　朝日新聞社　平6／データベースWHO　日外アソシエーツ　　　〔藤田正晴〕

渡辺 哲信　わたなべ・てっしん
明治7年9月12日（1874）～昭和32年3月17日（1957）　僧侶、探検家　㋴広島県三原　㋐ロシア：1896年（留学）、イギリス：1899（大谷光瑞に同行）

明治7（1874）年9月12日、広島県三原の浄念寺に生まれる。明治28年文学寮を卒業後、明治29（1896）年ロシアのペテルスブルクに私費留学し、30年帰国。32（1889）年12月3日のちの西本願寺派第22世門主・大谷光瑞に同行してイギリスに留学し、37年9月2日帰国。35年光瑞の第1次中央アジア探険に同行、36年タクマラカン砂漠を縦断しキジル千仏洞を調査。37年探険を終えて一時帰国、のち北京へ。40年スウェーデンの探検家・ヘディンに清国のパスポートを周旋、のちロンドンへ。43年光瑞の妻と九条武子のヨーロッパ旅行に同行し、帰国。この年、西本願寺築地別院輪番となる。光瑞の西本願寺辞職ののち、大正4年輪番を辞職。5年項『報知新聞』北京特派員となり、のち北京の『順天時報』第4代社長。英字新聞『North China Standard』も刊行。昭和5年『順天時報』を廃刊し帰国、東京に住む。12年『新西域記』の刊行で、西域旅行時の日記が公となる。18年浄念寺に帰山。伝記に『忘れられた明治の探検家　渡辺哲信』がある。昭和32（1957）年3月17日、三原市浄念寺で死去。享年82歳。

文献　幕末明治海外渡航者総覧（手塚晃編）　柏書房　平4／忘れられた明治の探検家　渡辺哲信（白須浄真）　中央公論社　平4／データベースWHO　日外アソシエーツ　　　〔藤田正晴〕

渡辺 昇　わたなべ・のぼる
天保9年4月8日（1838）～大正2年11月10日（1913）　官僚　子爵　㋴肥前国大村　㋐アメ

リカ：1887年（財政・金融事情視察）

天保9（1838）年4月8日，肥前大村藩士の二男として生まれる。安政1年江戸に出て安井息軒に漢学を修め，また剣を斎藤弥九郎の塾に学び，のち桂小五郎（木戸孝允）に代わりその塾長となった。文久3年以降大村藩勤王の士の領袖として活躍，土佐の坂本龍馬と薩摩・長州の間を奔走し，薩長両藩の調停に尽力した。明治1年長崎裁判所に出仕し，以後太政官権弁事兼刑法官権判事，待詔局主事，中弁，弾正大忠を歴任，キリシタン処分及び各地の贋札取締りにあたる。4年盛岡県権知事，大阪府大参事，同権知事を経て，10年大阪府知事，13年元老院議官となる。のち参事院議官から，17年初代会計検査院長に就任。20（1887）年会計検査院から欧米の財政・金融事情視察に派遣され，アメリカ，イギリス，フランス，ドイツ，イタリアを歴訪し21年に帰国。31年退官した。この間，20年子爵に叙せられ，37年から44年まで貴族院議員を務めた。大正2（1913）年11月10日死去。享年76歳。

[文献] 近世剣客伝（本山荻舟） 鱒書房 昭31（歴史新書）／幕末明治海外渡航者総覧（手塚晃編） 柏書房 平4 ／朝日日本歴史人物事典 朝日新聞社 平6 ／データベースWHO 日外アソシエーツ 〔藤田正晴〕

渡辺 譲 わたなべ・ゆずる

安政2年10月17日（1855）～昭和5年9月7日（1930） 建築家 工学博士 〔呉軍港の大船渠を建造〕 [生]江戸四谷北伊賀町 [名]雅号＝松潤，四渓 [渡]ドイツ：1886年（建築学）

安政2（1855）年10月17日，幕臣（のち工部省権少書記官）渡辺升の長男として江戸に生まれる。明治6年工部省工学寮に入り，13年5月工部大学校を卒業。工部省技手，内務省技師補，建築局技手を経て，19（1886）年11月，建築学研究のためドイツに留学する。帰途，オーストリア，イタリア，フランス，イギリスを巡視して21年6月に帰国，建築局工事部長となる。清水組を経て27年海軍技師になり，呉軍港に1万5千トンの軍艦を収容する大船渠を完成させる。臨時海軍建築部工部員となり，舞鶴鎮守府建設にあたり，工場調査，鉄骨材購入のため33年4月，欧米各国に出張。34年に帰国し，わが国海軍初の鉄骨構造の工場を完成させる。32年には工学博士を授けられている。のち鎮海湾施設調査委員，海軍経理学校建築学教授を歴任。昭和5（1930）年9月7日死去。享年76歳。

[文献] 大日本博士録5 工博編 発展社 昭5／日本人名大事典6 平凡社 昭54 〔田中徳一〕

渡辺 芳太郎 わたなべ・よしたろう

慶応1年11月28日（1866）～大正12年9月23日（1923） 鉱物学者 工学博士 [生]尾張国（中島郡）下祖父江村 [渡]ドイツ：1894年（採鉱冶金学）

慶応1（1866）年11月28日，尾張藩士渡辺領助の長男として生まれる。明治20年7月帝国大学工科大学採鉱冶金学科を卒業し，大学院を経て同年12月，三菱会社に入社。27（1894）年7月，文部省より採鉱冶金学研究のためドイツ留学を命じられる。フライベルク鉱山大学校でレーデブール，ヴィンクラー，リヒターの各教授について冶金学を研究し，かつ各地を巡遊する。30年7月ドイツを出発し，スイス，オーストリア，イギリス，アメリカを視察して同年9月に帰国。10月には帝国大学工科大学教授となり，採鉱学の講座を担当する。11月海軍機関学校教授。32年に工学博士となる。36年末から38年にかけアメリカに出張。その後，海軍大学教授，九州帝国大学工科大学教授を歴任。大正12（1923）年9月23日死去。享年59歳。

[文献] 故工学博士渡辺芳太郎君の経歴：日本鉱業会誌 464 大12／大日本博士録5 工博編 発展社 昭5 ／日本人名大事典6 平凡社 昭54 〔田中徳一〕

渡辺 龍聖 わたなべ・りゅうせい

慶応1年（1865）～昭和20年7月3日（1945） 倫理学者 名古屋高等商業学校名誉教授 [生]越後国 [渡]アメリカ：1889年（留学）

慶応元（1865）年，越後国に生まれ，渡辺家の養子となる。明治20年東京専門学校を卒業後，東京帝国大学文学部哲学科選科を卒業。明治22（1889）年6月アメリカに私費留学し，ミシガン大学，ヒルスデール大学，コーネル大学で学ぶ。コーネル大学で哲学の学位を得て28年7月に帰国。43（1910）年から44年にもイギリス，ドイツに留学しベルリン大学で学ぶ。東京高師教授，東京音楽学校校長，小樽高等商業学校校長，名古屋高等商業学校校長を歴任。この間に袁世凱の教育学務顧問をつとめた。著

書に『批判的倫理学』『民族と其文化』など。
昭和20(1945)年7月3日死去。享年81歳。
[文献] 幕末明治海外渡航者総覧(手塚晃編) 柏書房 平4／小樽高商の人々(小樽高商史研究会編) 北海道大学図書刊行会 平14／データベースWHO 日外アソシエーツ
〔藤田正晴〕

渡辺 廉吉　わたなべ・れんきち
安政1年1月8日(1854)～大正14年2月14日(1925)　司法官僚　貴族院議員　⊕越後国長岡呉服町　㋻オーストリア：1880年(法律学)

安政1(1854)年1月8日、越後国長岡呉服町に生まれる。大学南校を卒業し、明治6年東京外国語学校助教師となる。13(1880)年オーストリア公使館書記生となりウィーン大学に派遣され、シュタインに公法、行政学を学んだ。16年に帰国後、太政官権少書記兼制度取調局御用掛として憲法制定に参画した。18年法制局参事官、法律取調委員として民事訴訟法の制定の立案に当った。21年帝室制度取調掛、23年地方官、25年法制局参事官、26年行政裁判所評定官を歴任。41年ヨーロッパを視察。43年法学博士の学位を受け、大正11年には貴族院議員に勅選された。著書に『独逸訴訟法要論』など、資料として伝記刊行会編『渡辺廉吉伝』がある。大正14(1925)年2月14日死去。享年72歳。
[文献] 幕末明治海外渡航者総覧(手塚晃編) 柏書房 平4／渡辺廉吉伝 覆刻(渡辺廉吉伝記刊行会) 行人社 平16／渡辺廉吉日記(小林宏、島善高、原田一明編) 行人社 平16／データベースWHO 日外アソシエーツ
〔藤田正晴〕

渡辺 渡　わたなべ・わたる
安政4年7月27日(1857)～大正8年6月29日(1919)　鉱山学者　工学博士　〔鉱業技術の改良に尽力〕　⊕長崎勝山町　㋻ドイツ：1882年(採鉱冶金学)

安政4(1857)年7月27日、渡辺真の長男として長崎勝山町に生まれる。明治12年2月に東京大学理学部採鉱冶金学科を卒業。15(1882)年5月、採鉱冶金学研究のためドイツ留学を命じられ、フライベルク鉱山大学校でシュテルツナー、クライシャー教授に師事する。ドイツ各地の炭田、製鉄場で実地研修。18年3月大学を卒業すると、クライシャー教授とベルギー、イギリスで炭坑瓦斯爆発予防法を調査し、アメリカの鉱山を視察して11月に帰国。帝国大学工科大学教授、御料局佐渡支庁長となり、新知識を各方面に応用。24年に工学博士となる。佐渡を始め鉱山の調査に尽力、外国から新鋭の機械を購入し、鉱業技術の改良を図る。工科大学長、日本鉱業会会長を歴任。大正8(1919)年6月29日死去。享年63歳。　⦿東京・染井霊園
[文献] 日本鉱業会会長故渡辺渡君の伝：日本鉱業会誌 413 大8／故渡辺先生を懐ふ(平林武、西尾銈次郎)：日本鉱業会誌 419 大9／大日本博士録5 工博編 発展社 昭5／日本人名大事典6 平凡社 昭54
〔田中徳一〕

渡 正元　わたり・まさもと
天保10年1月(1839)～大正13年1月29日(1924)　官吏　貴族院議員　⊕江戸　㋕幼名＝六之助(介)　㋻フランス：1869年(兵学)

天保10(1839)年1月、江戸に生まれる。明治2(1869)年、兵学寮生徒であったときフランス留学を命ぜられ、翌年3月1日にフランスに到着する。フランスでは陸軍大兵学校で兵学を修める。帰国後、兵学寮兼幼年学校次長、参謀局諜報提理、太政官少書記官、征討別働隊第三旅団会計部長、太政官、大書記官、参議院議官、元老院議官などを歴任する。元老院では内ämi委員、維新史編纂会委員などに就任する。23年9月、勅選により貴族院議員となり、大正13年まで無所属議員として在任。同年(1924)1月29日死去。享年86歳。
[文献] 議会制度七十年史―貴族院・参議院議員名鑑(衆議院、参議院編) 大蔵省印刷局発行 昭36／大正過去帳―物故人名辞典(稲村徹元他編) 東京美術 昭48／フランスに魅せられた人びと―中江兆民とその時代(富田仁) カルチャー出版社 昭51／参議院名鑑(日本国政調査会編) 日本国政調査会国政出版室 昭53
〔湯本豪一〕

団 体 編

(渡航年順)

Ⅰ. 遣外使節

天正遣欧少年使節 ………… 747
慶長遣欧使節 ……………… 748
遣米使節（万延1年）……… 751
〔遣米使節随伴〕咸臨丸 …… 753
遣欧使節（文久1年）……… 754
遣仏使節（文久3年）……… 756
遣仏使節（慶応1年）……… 758
遣露使節 …………………… 759
遣仏使節（慶応3年）……… 760
岩倉使節団 ………………… 763

Ⅱ. 留学生

幕府オランダ留学生 ……… 767
長州藩イギリス留学生 …… 768
幕府ロシア留学生 ………… 770
薩摩藩イギリス留学生 …… 771
幕府イギリス留学生 ……… 773

I. 遣外使節

天正遣欧少年使節

〔人員〕伊東マンショ以下7名　〔期間〕天正10(1582)年1月28日～天正18(1590)年6月20日　〔訪問国〕ポルトガル、スペイン、イタリア　〔目的〕九州キリシタン三大名の名代としてローマ教皇への表敬訪問と少年使節の教育

天文18(1549)年7月22日、フランシスコ・ザヴィエルは鹿児島に上陸し、日本布教の第1歩を踏み出した。だが、その日本布教の日々はきわめて苦労にみちたものであり、またたく間に彼の頭髪は白くなったという。日本におけるキリスト教の布教は織田信長、豊臣秀吉、徳川家康と政権が交替していく過程でさまざまな状況に置かれていった。信長は異国の新しい文物への好奇心や外国貿易への関心とともにキリスト教宣教師を優遇することで仏教徒や僧侶を抑制し、天下統一にこれを利用しようという複雑な想いがあったようである。宣教師の方もまた、信長のそのような魂胆を逆に利用して布教の発展・充実を図ったのである。イエズス会がザヴィエルを送って来たのは日本が戦国の混乱期であったので、神と罪と救いの三綱領を聖書によって説き、その結果愛を強調したキリスト教を民衆のうちに急速にひろめることにあった。キリスト教の布教が貿易の実利に結びつき、両者が一体化されたとき、諸大名の保護を受けるのは必至であり、宣教師もポルトガル船の貿易という餌で大名の教化を進めるとともに、学校、病院などを建てて、民衆の中に入っていった。天正の少年使節の派遣はこのような背景のもとに行われたのである。天正7(1779)年7月2日、イエズス会の大幹部アレッサンドロ・ヴァリニャーノはローマの総長の名代の巡察使として日本の伝道状況を視察するために来日した。ヴァリニャーノはその帰国に際して日本の少年をヨーロッパに送り込んでキリスト教文化がどれほど優れたものであるか直接に眼に触れさせ、日本におけるキリスト教の発展に益させようと考え、少年使節の派遣を計画した。その結果、九州のキリシタン三大名、大友宗麟、大村純忠、有馬晴信はローマ教皇とポルトガル国王に対して日本のキリシタンの代表として敬意を表させる13歳から15歳までの少年使節4人を派遣することになった。すなわち、伊東マンショ　千々石ミゲル〔以上正使〕　原マルチノ　中浦ジュリアン〔以上副使〕である。ほかに随員2名と通訳兼監督のディエゴ・デ・メスキータ神父が案内役となった。天正10(1582)年1月28日、長崎の大波止場をポルトガル船で出航した使節一行はマカオを経てゴアに立ち寄り、そこでヴァリニャーノと別れ、喜望峰を回って航路を続ける。その長い船旅の間、少年たちはラテン語、ポルトガル語、さらには歴史、地理など広範囲にわたる学問を教えこまれた。少年使節一行は2年半ほどの歳月をかけ、天正12年7月にリスボンに到着する。ついで少年たちは当時スペイン国王を兼ねてマドリッドに滞在中であったポルトガル国王フエリペ2世に謁見するためにマドリッドに向い、日本の三大名からの書状を呈上したのち、そこからイタリアに旅立った。少年使節は天正13(1585)年2月22日ローマのサン・ピエトロ寺院で教皇グレゴリオ13世に正式謁見し、吻足の礼を行い、教皇も少年たちも感激の涙にくれたが、教皇はすでに83歳の高齢であった。3月9日、老教皇が死去し、シクストゥス5世がそのあとをついだ。シクストゥス5世がラテラン大聖堂に赴かれたとき少年使節も参加を許されたが、その御幸図がヴァティカン図書館の壁画に描かれて残っている。洋服を着用した少年たちの姿も活写されている。新教皇も少年使節を引見し、イエズス会の日本布教に寄付金を出すことを約束した。使節たちはローマ市から公民権をあたえられて貴族の位をえたのち、5月には北イタリアの諸侯を歴訪し、ジェノアからイスパニアを経由してリスボンに戻った。天正14年2月リスボンを出発して往路を逆にたどり帰国の途についた使節一行は、ゴアでヴァリニャーノの出迎えを受けてマカオに着いた。16年6月このマカオの地で一行はすでに6年前に起きた本能寺の変(10年6月2日)や大村純忠の死(15年5月18日)と大友宗麟

の死(15年5月23日)、さらには豊臣秀吉による伴天連追放(15年6月19日)などの日本のニュースに接した。18年6月20日、少年使節たちは8年5ヶ月ぶりにヴァリニャーノとともに長崎にたどりついた。長崎でしばらく休息したのち、19年1月、一行は京都に向って長崎を旅立った。京都では一行はインド副王の書状と贈物を秀吉に捧呈するために聚楽第に赴き秀吉に大歓迎を受け、訪欧中のさまざまな見聞を語った。秀吉はその珍しい話には満悦した様子ではあったが、インド副王からの日本伝導上の便を依頼する件については耳をかそうとはしなかった。ところで、キリシタン禁制下に帰国した少年使節たちの運命はきわめて過酷なものであった。伊東マンショは病いのために夭折し、千々石ミゲルはキリスト教を棄て、原マルチノと中浦ジュリアンは殉教するのである。天正遣欧少年使節はヨーロッパ各地に日本への布教熱をまきおこしたが、それと同時に帰国の折に持ち帰った活字印刷、地図、絵画などヨーロッパの文物が日本文化に大きな影響をあたえたことを看過してはなるまい。

[文献] 鎖国　日本の悲劇(和辻哲郎)　岩波書店　昭25／大日本史料11・別巻1、2(東京大学史料編纂所)　昭36／デ・サンデ天正遣欧使節記(泉井久之助他訳)　雄松堂書店　昭44　〔新異国叢書5〕／日欧通交史(幸田成友)　『幸田成友著作集3』　中央公論社　昭46／十六世紀日欧交通史の研究(岡本良知)　原書房　昭49／日本の歴史14　鎖国(岩生成一)　中央公論社　昭49／史譚　天正遣欧使節(松田毅一)　講談社　昭52／日本遣欧使者記・グワルチェリ(木下杢太郎訳)　『木下杢太郎全集21』　岩波書店　昭57／天正遣欧使節　新版(松田毅一)　臨川書店　平2／キリシタン研究　第29輯　天正少年使節(キリシタン文化研究会編)　南窓社　平2／天正の虹(松永伍一)　ファラオ企画　平3(原点叢書)／浜田耕作著作集　第5巻　キリシタン文化(浜田耕作先生著作集刊行委員会編)　同朋舎出版　平3／天正遣欧使節(松田毅一)　朝文社　平3／天正少年使節―史料と研究(結城了悟)　純心女子短期大学長崎地方文化史研究所　平5／天正遣欧使節(松田毅一)　講談社　平11(講談社学術文庫)／天正遣欧使節　新装版(松田毅一)　朝文社　平13(松田毅一著作選集)／クアトロ・ラガッツィ―天正少年使節と世界帝国(若桑みどり)　集英社　平15

〔富田仁〕

慶長遣欧使節

〔人員〕支倉常長以下数十名　〔期間〕慶長18(1613)年9月15日～元和6(1620)年8月　〔訪問国〕スペイン、イタリア　〔目的〕伊達政宗の名代としてのローマ教皇への表敬訪問と日本におけるキリスト教布教への援助請願

　徳川家康は豊臣秀吉に代わって政権を握った当初はキリシタン禁令を正式には撤廃しなかったが、貿易と一体化するキリスト教布教活動は黙認するという消極的な態度をとったので活発な布教活動が再燃し、海外貿易も急激に拡張した。慶長5(1600)年、家康はオランダ船リーフデ号の臼杵漂着を契機にオランダとの通商を始めた。14年にオランダ東インド会社から2隻の商船が平戸に入港し、4年後にはイギリスの商船も入ってオランダ同様に平戸に商館を建てた。従来のカトリック教国のポルトガル、スペインに対して新教(プロテスタント)国のオランダ、イギリスが日本との通商競争に参加したのである。オランダとイギリスはキリスト教の布教には触れずにもっぱら貿易で日本と関係をもつことを考え、ポルトガルやスペインなどカトリック教国を悪しざまにののしり、対日貿易競争を有利に展開しようとした。とくにポルトガル商人や宣教師はオランダ人を海賊だと悪口を言っているし、彼らがいるかぎりはほかのヨーロッパ人は通商のために日本に来るのをやめることになると当局に訴えるほど、両者の対立は次第に激化していった。オランダ人はポルトガル人の布教活動が侵略的植民政策に結びついてこれの一体化、不可分化を強調して家康に不安の念を植えつけようとした。家康はそれまでは布教と貿易の分離の声明にとどまっていたが、全国統一の結果国内の安定をみるにつれてキリシタン弾圧へ踏み出す決意を固めた。家康は慶長18(1613)年12月23日、キリシタン禁令を発布した。キリスト教の布教が日本古来の神仏への信仰を乱すばかりではなく日本領有の意図をひそめるものであり、これは断固禁じなくてはならないと判断したのである。すなわち、キリスト教と侵略的植民政策が不可分なことを指摘し、ここにキリスト教の布教活動を禁ずる大義名分をみたのであった。宣教師は長崎経由で本国へ退去を命ぜられ、信者は探索され次第拷問に処せられ、転宗すれば生命は助けられたが、「転(ころ)ばない」ときには焚き殺さ

れる苛酷な処罰を課せられるというキリシタン弾圧であった。各地で教会堂が取り壊されたり焼かれたりするというように日増しに弾圧は強まった。その結果、慶長8(1603)年にマニラから日本に渡って来ていたフランシスコ会の宣教師ルイス・ソテロも捕えられたが、かねて知遇をえていた仙台の伊達政宗の助命嘆願が効を奏して釈放された。これはかつてメキシコ貿易を計画していた家康に取り入ってその使者としてメキシコに赴くはずだったが、病気のために断念したソテロを案内人にして使節をローマに送ることを政宗が企てていたための助命嘆願であり、釈放であった。ソテロは家康や政宗のメキシコ貿易への期待を利用してローマへの使節派遣を実現させることになったのであるが、その背後には日本における布教活動にたち遅れがみられたフランシスコ会の発展という意図もあったのである。ソテロは仙台に司教を置いて東日本の北をフランシスコ会で、南をイエズス会の布教区域にしようとする考えを抱き、南北両司教の上に大司教を置くようにローマ教皇庁に請願するつもりでいた。ここに伊達政宗の使者として支倉六右衛門常長がローマへ派遣されることになったのである。慶長18(1613)年9月15日、支倉常長の一行は奥州牡鹿郡月の浦を出航し、メキシコ経由でローマに船出した。メキシコからスペイン艦隊に便乗してキューバ島を経てスペインの西南のサンルカールに上陸し、ソテロの故郷セヴィリアで歓迎を受けたのちマドリッドに到着し、元和1(1615)年1月2日、常長は国王フェリペ3世に政宗の遣使の目的を伝えるために謁見し、政宗からの書状と贈物を呈上した。政宗は「派遣宣教師の優遇」「日本船のメキシコ渡航貿易」など9項目の事柄を常長を通じて国王に伝えさせたのであった。謁見後、常長は洗礼を受けてドン・フィッポ・フランシスコの教名をあたえられた。マドリッドのフランシスコ会の僧院に8ヶ月滞在して国王からのローマ行の許可を待ったが、その間国王がいかに宗教熱心であることや政府の機構、組織の充実ぶりに驚くのであった。8月22日マドリッドを出発する。マドリッドからはシピオネ・アマチが通訳として随行する。サラゴサを経てバルセロナに到着し、そこから船便でジェノヴァに向う。10月初頭、3隻のフリゲート艦は悪天候のためにフランスのサン・トロペに避難するために寄港し、2,3日の間滞在する。日本人最初のフランス滞在である。サン・トロペ滞在に関する記録は南フランスのカルパントラのアンギャンベルティーヌ図書館に羊皮紙6葉半として保管されている。その記録によれば、支倉一行は10名ないし30名という人数で、指に小さい棒をはさんで食事し、懐紙で洟(はな)をかみ、群衆が捨てられた懐紙を争って拾い、寝るときには裸であるなど興味深い記述を伝えている。天候回復後、支倉一行はサン・トロペを出航し、10月10日ジェノヴァ共和国のサヴォナ港に寄港する。ジェノヴァ共和国大統領と接見し、その招宴を受けたのちチビタベッキャに向い、上陸して10月25日ローマに入る。支倉は日本の奥州の王伊達政宗の血族として迎えられるが、ローマ入市式は10月29日に行われた。この入市式に随行した日本人はつぎの15名である。佐藤内蔵之丞、丹野久次、菅野弥次右衛門、山口勘十郎、田中太郎右衛門、原田勘右衛門、山崎勘助、瀧野嘉兵衛、伊丹宗見、野間半平、小寺外記、従者の藤九郎、助一郎、久蔵、茂平。ところで、ローマを訪れた日本の使節は支倉ひとりではなくソテロをも含めて2人であった。支倉が正使で、ソテロが副使である。政宗の教皇宛書簡ではこれが逆でソテロを正使、支倉を副使としている。支倉のもとには上流階級の人びとが訪れたが、彼は日本語以外話せず通訳を介して会話した。ローマ教皇との謁見では支倉は教皇の足に接吻をし信徒の敬意を正式に表明した。天正の少年使節の場合その主君ともども洗礼を受けていたことで教皇に正式謁見を許されたが、支倉は使節の途上に受洗したけれど伊達政宗がキリスト教徒ではないために謁見は非公式のものであった。だが支倉の使節としての使命はそれで一応果たされたことには変りはない。11月15日、小寺外記が受洗し、日本のキリスト教徒の派遣した総代3名、瀧野嘉兵衛、伊丹宗見、野間半平と教皇に謁見し、日本の教会の事情を説明し、新しい教会を教皇の保護下に置くことを願った。12月1日、支倉はローマ市の市民権をあたえられて貴族に列せられた。小寺、野間、瀧野、伊丹もローマ市の公民権をあたえられた。支倉たちはローマ滞在70日あまり外面的には歓迎されたが、使節本来の目的はなにひとつとして叶えられなかった。ローマ教皇は政宗の請願に期待通りの回答をあたえなかったのである。

それはスペイン国王が日本領有の野心を抱いているのを察知し、政宗の請願の許可をスペイン国王と協議させ、スペイン対日本の関係のすべてをスペイン国王の処置に委ねようと考えたためである。支倉はもはやローマに滞在しても仕方がないことを悟り、帰国の途につくことにしたが、別れに際して教皇に謁見を願い、教皇から政宗と日本のキリスト教徒への返書を託され、帰途の各地への紹介状とともに旅費6000スクードもあたえられた。また政宗への贈物として小剣二口、教皇パオロ5世の油絵肖像画など、さらに支倉の肖像画も贈られた。元和2(1616)年1月7日、支倉の一行はローマを出立し、フィレンツェに赴き、さらにヴェネチアを経てジェノヴァに向かったが、ジェノヴァでは支倉が間歇熱病にかかり滞在が長びいた。ソテロはスペイン国王に治療費と旅費の追加を請願した。病いが回復すると支倉はマドリッドへの旅を続けた。マドリッドには1年半ぶりの帰還であり、20人あまりの随員が支倉を待っていた。ちなみに、日本からの随行者は140名前後であると伝えられるが、すべてが藩士ではなくキリシタンもかなり含まれていたものとみられている。支倉は部下の息災を喜ぶ暇もなく、政宗から托されてきたスペイン国王への返書をもらうべく奔走した。だが、スペイン政府は支倉に国王の返事を直接に渡さず、フィリピンに一行が到着したときに日本におけるキリスト教の布教活動の状況に照らして渡すという処置がとられた。支倉は政宗宛の返書を直接受けとらぬかぎり帰国を拒絶するという態度をとったので、スペイン政府としては一行の滞在費がかさむので早く帰国させようと考えていたこともあり、ついに返書を受けとることに成功した。だが、その返書の内容はすこぶる儀礼的なものであり、支倉の使節の任務であった宣教師派遣と通商貿易についてはなにひとつ満足に回答していなかった。元和3(1617)年6月、支倉一行はセヴィリヤからメキシコに向かって帰国の途についた。しばらくの間メキシコに滞在したのち、翌年フィリピン総督として赴任して行くドン・アロンゾ・ファハルデ・テンサの艦隊に便乗してアカプルコを出発し、6月20日にマニラに入港した。支倉はマニラに3年ほど逗留し、その間キリスト教の布教の様子を見たり寺院を訪ねたりするかたわら、当時ルソン・長崎間の便船もあった

ので、郷里の嫡子勘三郎などと書簡を往復し日本の状況を知った。支倉の一行が日本を離れたあと徳川幕府は鎖国令を出し、キリスト教徒へのきびしい弾圧と迫害が始まっていた。宣教師の派遣をローマ教皇に請願し、そのために長い年月をかけて旅を重ねてきた支倉一行の努力は、たとえそれがかなえられていたとしても、まったくの徒労に終わらなくてはならない状況に祖国が置かれていた。元和6(1620)年8月に8年ぶりで帰国した支倉たちの立場はキリシタン詮議のきびしい中にあってきわめて微妙なものであった。伊達政宗としてはキリシタンとなって帰国した支倉たちを救わなくてはならないので、帰国2年後の元和8(1622)年7月1日に52歳で死去したと幕府に届出、仙台北山の光明寺に墓を設けた。だが、実際には支倉を黒川郡大谷村の東成川に隠し、その死去は承応3(1654)年であったとも伝えられている。支倉の嗣子勘三郎も弟と召使夫婦のキリシタンを黙認したということで、寛永17(1640)年に死罪になった。なお、支倉一行の案内者であり、ローマ教皇への遣使の立役者であったソテロは再びひそかに薩摩に潜入したが長崎で捕えられ、寛永1(1624)年7月火刑に処せられた。光明寺の支倉の墓のかたわらにソテロの碑がひっそりと建っている。キリスト教布教の発展を願ってローマに使いした支倉とソテロは、キリシタン禁制下に帰国したことであまりにも惨めな生涯を閉じなくてはならなかったが、支倉一行に関する文書の類は日本国内のキリシタン弾圧の激しさのためにほとんど湮滅、散佚してしまっている。結局、シピオネ・アマチの編んだ『伊達政宗遣使録』のような海外の文献・資料によって支倉たちの足どりがたどられるにすぎない。

[文献] 大日本史料12-12(東京大学史料編纂所) 明42／支倉常長考(利倉幸一) 建設社 昭16／鎖国 日本の悲劇(和辻哲郎) 岩波書店 昭25／支倉六右衛門(中目覚) 白嶺会 昭32／支倉六右衛門滞仏考(高橋邦太郎):成城文芸 42 昭41／日欧通交史(幸田成友)『幸田成友著作集3』 中央公論社 昭46／慶長遣使考—支倉常長遣欧前後(佐藤仲雄) 佐藤仲雄 昭59／日本史探訪18 海を渡った日本人 角川書店編刊 昭60 (角川文庫)／世界史のなかの伊達政宗と支倉常長(高橋富雄) 仙台日伊協会 昭62／伊達政宗の遣欧使節(松田毅一) 新人物往来社 昭62／

慶長遣欧使節関係資料(仙台市博物館編) 仙台市博物館　昭63(仙台市博物館収蔵資料図録)／ローマの支倉常長と南蛮文化―日欧の交流・16～17世紀(仙台市博物館編)「ローマの支倉展」実行委員会　平1／伊達政宗とローマ使節・支倉常長　サントリー美術館　平2／ローマへの道―仙台日伊協会設立10周年記念誌　仙台日伊協会　平2／欧南遣使考(平井希昌編纂，原普口語訳)　江馬印刷　平3／慶長遣欧使節―徳川家康と南蛮人(松田毅一)　朝文社　平4／支倉常長とスペイン―歴史シンポジウム記録(西田耕三編)　宮城スペイン協会　平4／「私考」支倉常長の謎―報いても未だに(樫山巌)　創栄出版(製作)　平5／遙かなるロマン―支倉常長の闘い(河北新報社編集局編)　河北新報社　平5／よみがえった慶長使節船(慶長遣欧使節船協会編)　河北新報社　平5／支倉常長の総て(樫山巌)　金港堂出版　平5／支倉六右衛門と西欧使節(田中英道)　丸善　平6(丸善ライブラリー)／支倉常長異聞―海外に消えた侍たち(中丸明)　宝島社　平6／慶長遣欧使節の研究―支倉六右衛門使節一行を巡る若干の問題について(大泉光一)　文真堂　平6／国宝「慶長遣欧使節関係資料」(仙台市博物館編)　仙台市博物館　平13(仙台市博物館収蔵資料図録)／慶長遣欧使節―徳川家康と南蛮人　新装版(松田毅一)　朝文社　平14(松田毅一著作選集)／支倉遣欧使節のキューバにおける足跡調査―調査報告書　慶長遣欧使節船協会　平14　　　〔富田仁〕

遣米使節(万延1年)

〔人員〕新見正興以下77名　〔期間〕安政7(1860)年1月22日～万延1(1860)年9月27日　〔訪問国〕アメリカ，ハワイ　〔目的〕日米修好通商条約批准

　安政5(1858)年6月19日，横浜の小柴沖に投錨中のアメリカ艦ポーハタン号上で日米修好通商条約が調印されたが，条約書の批准交換のために特使をワシントンに派遣することが幕府全権から提案され条文に盛りこまれていた。すなわち同条約14条「日本政府は使節を派遣しワシントンにおいて批准交換する」に基づき，幕府は外国奉行兼神奈川奉行新見豊前守正興を正使とする遣米使節の派遣を決めたのである。安政7(1860)年1月22日，ポーハタン号に乗りこんだ使節一行は総数77名であった。

《使節》　新見豊前守正興(40歳)〔正使　外国奉行兼神奈川奉行〕　村垣淡路守範正(48歳)〔副使　外国奉行兼神奈川奉行・箱館奉行〕　小栗豊後守忠順(のち上野介　32歳)〔監察，目付〕

《随員・同行者》　成瀬善四郎正典(39歳)〔外国奉行支配組頭〕　塚原重五郎昌義(36歳)〔外国奉行支配調役〕　吉田佐五右衛門久道(40歳)〔外国奉行支配定役〕　松本三之丞春房(30歳)〔外国奉行支配定役〕　名村五八郎元度(34歳)〔定役格通詞〕　立石得十郎長久(32歳)〔長崎和蘭通詞〕　立石斧次郎教之(17歳)〔無給通詞見習〕　森田岡太郎清行(49歳)〔勘定組頭〕　益頭駿次郎尚俊(32歳)〔勘定組頭支配普請役〕　辻芳五郎信明(30歳)〔勘定組頭支配普請役〕　日高圭三郎為善(24歳)〔徒目付〕　刑部鉄太郎政好(37歳)〔徒目付〕　栗島彦八郎重全(49歳)〔小人目付〕　塩沢彦次郎(34歳)〔小人目付〕　宮崎立元正義(34歳)〔本道寄合医師〕　川崎道民勤(30歳)〔御雇医師　佐賀藩医〕　村山伯元淳(32歳)〔御番外科〕　伊勢屋山本喜三郎(49歳)〔御賄方　外国方　買物御用達伊勢屋平助手代〕　加藤素毛雅英(32歳)〔御賄方　飛弾益田郡下原村大庄屋次男〕　佐藤恒蔵秀長(37歳)〔御賄方　豊後杵築藩士〕　飯野文蔵(35歳)〔御賄方　江戸〕　半次郎(55歳)〔下男　船乗り　武蔵久良岐郡金沢野島村〕　鉄五郎(22歳)〔下男　船乗り　武蔵金沢出身江戸在住〕　三崎司義路(35歳)〔新見従者　用人〕　新井貢与一(31歳)〔新見従者　給人〕　佐山八郎高貞(24歳)〔新見従者〕　安田善一郎為政(37歳)〔新見従者〕　堀内周吾朝治(17歳)〔新見従者〕　柳川兼三郎当清(25歳)〔新見従者〕　荒木数右衛門義勝(25歳)〔新見従者　肥後熊本藩士〕　玉虫左太夫誼茂(37歳)〔新見従者　仙台藩士〕　日田仙蔵雅忠(44歳)〔新見従者　東海道程ヶ谷信濃坂在住〕　高橋森之助恒春(43歳)〔村垣従者　用人〕　野々村市之進忠実(43歳)〔村垣従者〕　西村金五郎長忠(35歳)〔村垣従者〕　吉川金次郎謹信(16歳)〔村垣従者〕　綾部新五郎幸佐(29歳)〔村垣従者　肥前蓮池藩士〕　福村磯吉宗明(42歳)〔村垣従者　三河吉田藩士〕　松山吉次郎好徳(59歳)〔村垣従者　上総出身江戸在住〕　谷文一郎文一(35歳)〔村垣従者　画家谷文晁の孫〕　鈴木岩次郎金令(23歳)〔村垣従者〕　吉田好三信成(35歳)〔小栗従者　用人〕　塚本真彦勉(29歳)〔小栗従者〕　江幡祐造尚賢(29歳)〔小栗従者　常磐出身〕

遣米使節(万延1年)

三好権三義路(24歳)〔小栗従者〕 福島恵三郎義言(19歳)〔小栗従者〕 三村広次郎秀清(17歳)〔小栗従者〕 木村鉄太郎敬直(31歳)〔小栗従者 熊本藩士〕 佐藤藤七信有(54歳)〔小栗従者 上野国権田村名主〕 木村浅蔵正義(26歳)〔小栗従者 備前国御野郡木村〕 北条源蔵煥(32歳)〔成瀬従者 萩藩士〕 山田馬次郎清樹(30歳)〔土佐藩士〕 平野信蔵信茂(32歳)〔成瀬従者 下総佐原出身〕 島東西八芳義(30歳)〔塚原従者 佐賀藩士〕 谷村左右助勝武(29歳)〔塚原従者 上野国館林藩士〕 岸珍平重満(31歳)〔吉田従者 紀伊国出身〕 大橋玄之助玄(22歳)〔松本従者 武蔵国熊谷在玉井村出身江戸在住〕 片山友吉武富(27歳)〔名村家来 摂津国有馬郡下村〕 広瀬格蔵包章〔森田従者 甲斐国八代郡市川〕 石川鑑吉克己〔森田従者 江戸飯田町〕 狩野庄蔵定安〔森田従者 陸奥国盛岡藩士〕 三浦東造道賢〔森田従者 出羽国由利郡矢島村〕 五味安郎右衛門張元〔森田従者 甲斐国巨摩郡藤田村〕 佐野貞輔鼎(30歳)〔益頭従者 加賀藩士〕 中村新九郎信仲(27歳)〔辻従者 武蔵国行田在住〕 伊藤久三郎一貫(23歳)〔日高従者 江戸本所在住〕 庵原熊蔵春孝(28歳)〔日高従者 相模国津久井郡県村〕 佐藤栄蔵政行(32歳)〔刑部従者 江戸〕 小池専次郎光義(29歳)〔刑部従者 佐賀藩士〕 坂本泰吉印保吉(20歳)〔栗島従者 武蔵国八王子千人町在住〕 木村伝之助正盛(28歳)〔塩沢従者 江戸在住〕 斎藤吾一郎忠実(30歳)〔宮崎従者〕 島内栄之助包考(28歳)〔川崎従者 佐賀藩士〕 大橋金蔵隆道(50歳)〔村山従者〕

正副使節3名のほか役人17名、従者51名、賄方6名という大人数が参加したので、2415トンのポーハタン号は大砲二門を取りはずして甲板上に仮小屋を作ってようやく一行を収容する有様であった。外国へ使節を派遣するのであれば10万石大名並の格式でなくてはならないという幕府の意向で、人員のみならず道具その他も大袈裟なものになってしまったようである。アメリカ人乗組員312名に日本人77名、合計389人が乗りこんだポーハタン号はまさしくラッシュ・アワーよろしくの混雑ぶりで、航行中の秩序を維持するために、とくに日本人が守るべき規則12項が艦長名で張り出された。艦長室以外は室内では喫煙禁止、紙張り提灯使用禁止、夜10時消灯、料理場は8時で終了し9時に

は火を消すこと、火薬・銃を船室に置かないこと、船室内火の使用禁止など火災に対する心配がもっとも大きく打ち出されている点は注目される。洋上で火災になったら全員死亡することになるからである。船中の食事はスープに始まる洋食であり、日本人はこれには閉口したようである。航行6日目は大暴風雨に見舞われ、甲板上の小屋は水びたしになるなど、船客たちはまことに生きた心地がしなかった。やがて日付変更線を越え、ハワイに寄港する。フランス人経営のホテルに投宿し、使節たちはハワイ王カメハメハ4世と謁見のために王宮に赴く。夕刻アメリカ人医師の家で舞踏会があり、初めて見るダンスに眼をみはる者が多く、なかには踊り出す者もあったという。13日間ハワイに滞在したのちサンフランシスコに向い、その途中、下男半次郎が梅毒を発して苦しみ、サンフランシスコから帰国するというハプニングが生じたが、3月9日祝砲轟くなか日章旗をひるがえらせてポーハタン号はサンフランシスコに入港した。サンフランシスコからパナマにまわり地峡を横断してアスピンウォル港からアメリカ艦ロアノーク号に出迎えられ、閏3月25日ワシントンに到着した。ウイラードホテルに旅装を解き、国務長官ルイス・カスに到着したことを告げ、面会の日を書面で尋ねた。28日使節一行は衣冠束帯で威儀を正してホワイト・ハウスにアメリカ15代大統領ブカナンを訪ねたが、新見豊前守正興の場合、狩衣に鞘巻の太刀をつけていた。大統領宛の国書は井伊大老の決定で和文で祐筆の佐藤清五郎が金蒔絵をした特製の鳥之子紙にしたためたものであり、通詞森山多吉郎が英訳したものを添えた。ブカナン大統領のホステス役は娘のハリエット・レーンがつとめていたが、その美しさに日本の使節一行は魅了された。森田清行はレーンを讃美した以下のような漢詩を残している。

　　亜国佳人名冷艶　　臂纏美玉耳穿珠
　　紅顔不必施脂粉　　露出双肩白雪膚

日本人にとって、アメリカ大統領が江戸城の将軍のように大きな城館に住んでいるのではなくてホワイト・ハウス、つまり普通の邸宅に暮していることに驚いた。謁見のとき新見豊前守は大統領に条約の批准交換をするために使節の送迎にアメリカの軍艦を派遣してくれたことを感謝し、両国間の友好が永久に続くよ

〔遣米使節随伴〕咸臨丸

う将軍が祈念していることを伝えた。大統領も他国に先んじてアメリカへの使節の派遣をしたことを感謝しこれが両国の永久の平和と友情の象徴と信ずるし、使節一行を歓待するものであると述べた。使節一行はボルチモア、フィラデルフィヤ、ニューヨークでも歓迎を受け、5月11日アメリカ艦ナイヤガラに乗り、翌日ニューヨークを出航、喜望峰をまわり香港に立ち寄った際に漂流漁民の亀五郎を乗せて香港を出立して、万延1(1860)年9月27日、8ヶ月ぶりに神奈川に帰国した。

[文献] 万延元年遣米使節史料集成　1〜7(日米修好通商百年記念行事運営会編)　風間書房　昭36／遣外使節日記纂輯　1, 2(日本史籍協会)　東京大学出版会　昭46／西洋見聞集(沼田次郎、松沢弘陽校注)　岩波書店　昭49 (日本思想大系66)／幕末維新人名辞典　学芸書林　昭53／幕末教育史の研究2-諸術伝習政策(倉沢剛)　吉川弘文館　昭59／我ら見しままに—万延元年遣米使節の旅路(マサオ・ミヨシ著、飯野正子ほか訳)　平凡社　昭59／幕末遣外使節物語—夷狄の国へ(尾佐竹猛)　講談社　平1(講談社学術文庫)／万延元年のアメリカ報告(宮永孝)　新潮社　平2(新潮選書)／海を渡った侍たち—万延元年の遣米使節は何を見たか(石川栄吉)　読売新聞社　平9／玉虫左太夫『航米日録』を読む—日本最初の世界一周日記(小田基)　東北大学出版会　平12(東北大学出版会叢書)／米紙から見た万延元年遣米使節(磯部博平編著)　静岡県立静岡高等学校郷土研究部　平12／幕末遣米使節小栗忠順従者の記録—一名主佐藤藤七の世界一周(村上泰賢編著)　東善寺　平13
〔富田仁〕

〔遣米使節随伴〕咸臨丸

〔人員〕木村芥舟喜毅以下96名　〔期間〕安政7(1860)年1月19日〜万延1(1860)年5月5日　〔訪問国〕アメリカ、ハワイ　〔目的〕遣米使節随伴、航海術訓練

幕府はポーハタン号で派遣された新見豊前守正興一行と同時に雑具・糧食などを輸送するために随航船1隻を仕立てることにした。咸臨丸がそれである。幕府は安政2年に長崎に海軍伝習所を設立し、オランダ海軍から教官を派遣してもらい海軍士官の養成を行ったが、同4年オランダに注文した軍艦ヤパン号が海軍士官ファン・カッテンディーケによって回航されて来たが、これが咸臨丸である。

咸臨丸の艦長は勝麟太郎(海舟)であり、物資輸送のほかに航海術の訓練の目的もかねて随航船としてアメリカに向かったのである。木村摂津守喜毅〔提督　軍艦奉行並〕　勝麟太郎(義邦)〔教授方頭取〕　佐々倉桐太郎、鈴藤勇次郎、浜口興右衛門〔以上運用方〕　小野友五郎(広胖)、松岡磐吉、伴鉄太郎〔以上測量方〕　肥田浜五郎、山本金次郎〔以上蒸汽方〕　中浜万次郎〔通弁方〕　赤松大三郎(則良)、岡田井蔵、根津鉄次郎、小杉雅之進〔以上教授方手伝〕　吉岡勇平(政成)〔操練所勤番公用方〕　小永井五八郎〔同下役〕　牧山修卿(朗)〔医師　軍艦付〕　木村宗俊〔医師　提督付〕　田中委安〔医師　牧山修門人〕　中村清太郎〔医師　木村宗俊門人〕　福沢諭吉〔木村摂津守従者〕　斉藤留蔵、秀島藤之助〔以上鼓手〕このほかに水夫50人、内小頭5人、水夫15人、内小頭3人、大工1人、鍛冶1人、合計96人である。

安政7(1860)年1月13日に品川沖を出て19日にサンフランシスコに向って出航する。咸臨丸はポーハタン号とは異りハワイには寄港せずサンフランシスコに直航した。途中の大暴風雨ではアメリカ海軍大尉ブルックの指揮とアメリカ人水夫の力で乗り切ることができたが、当初日本人はアメリカ人の乗船には強く反対した。だが木村摂津守軍艦奉行は日本人だけで太平洋を横断することに危惧を覚え、幕府に上申してブルックたちを乗船させた。日本人水夫の大半は塩飽島出身であるが、太平洋の荒波はその体験を遙かに越えるほどきびしかった。アメリカ人の手を借りずには咸臨丸は立往生してしまったことだろう。37日間かけて太平洋の横断に成功し、2月25日にサンフランシスコに到着した。新見豊前守一行と再会したり、サンフランシスコ市長招待の歓迎会に出たりしている間に航海中に破損した船体を修理した。アメリカ政府がその修理費を負担したという。3月18日サンフランシスコを出航し、途中4月3日、ハワイのホノルルに寄港して4日間碇泊ののち帰途につき、5月5日に神奈川に往路約8923キロ、復路約7743キロの大航海の末帰国した。ちなみに咸臨丸は戊辰戦争で北海道に脱走しようとして暴風のために清水港に避難したところ官軍に発見され砲撃を受け捕獲されてしまい、維新後は開拓使の運送船になり北海道沿岸の物資輸送の任に当たっ

遣欧使節（文久1年）　　　　　　団体編

たが, 明治5年頃に老朽のために廃船になってしまった。だが, 咸臨丸に乗り組んだ日本人の中からは福沢諭吉などのように, そのアメリカ体験を活かして日本の近代化に大きく寄与した者がいたことを看過してはなるまい。

文献　幕末外交史の研究（大塚武松）　宝文館出版　昭27／万延元年遣米使節史料集成　1〜7（日米修好通商百年記念行事運営会編）　風間書房　昭36／77人の侍アメリカへ行く-万延元年遣米使節の記録（レイモンド服部）　講談社　昭43／遣外使節日記纂輯　1, 2（日本史籍協会）　東京大学出版会　昭46／西洋見聞集（沼田次郎, 松沢弘陽校注）　岩波書店　昭49（日本思想大系66）／万延元年遣米使節航米記（木村鉄太）　青潮社　昭49／幕末維新人名辞典　学芸書林　昭53／幕末教育史の研究2-諸術伝習政策（倉沢剛）　吉川弘文館　昭59／我ら見しままに―万延元年遣米使節の旅路（マサオ・ミヨシ著, 飯野正子ほか訳）　平凡社　昭59／幕末遣外使節物語―夷狄の国へ（尾佐竹猛）　講談社　平1（講談社学術文庫）／万延元年のアメリカ報告（宮永孝）　新潮社　平2（新潮選書）／咸臨丸海を渡る―曽祖父・長尾幸作の日記より（土居良三）　未来社　平4／幕末軍艦咸臨丸　上, 下（文倉平次郎）　中央公論社　平5（中公文庫）／「咸臨丸」最後の乗船者―白石片倉小十郎家臣団（塚本謙蔵）　塚本謙蔵　平5／海を渡った侍たち―万延元年の遣米使節は何を見たか（石川栄吉）　読売新聞社　平9／咸臨丸海を渡る（土居良三）　中央公論社　平10（中公文庫）／中浜万次郎と咸臨丸（磯部寿恵, 磯部美波, 磯部博平共著）　磯部出版　平11／咸臨丸と清水港と国際化―清水開港100周年記念港づくりシンポジウム自主研究（磯部寿恵, 磯部美波, 磯部博平）　磯部出版　平11／玉虫左太夫『航米日録』を読む―日本最初の世界一周日記（小田基）　東北大学出版会　平12（東北大学出版会叢書）／米紙から見た万延元年遣米使節（磯部博平編著）　静岡県立静岡高等学校郷土研究部　平12／咸臨丸太平洋を渡る―遣米使節140周年（横浜開港資料館編）　横浜開港資料館　平12／咸臨丸還る―蒸気方小杉雅之進の軌跡（橋本進）　中央公論新社　平13／再現日本史　幕末・維新　4　講談社　平13　　　　　　　　　〔富田仁〕

遣欧使節（文久1年）

〔人員〕竹内保徳以下36名　〔期間〕文久1（1862）年12月22日〜文久2（1863）年12月10日　〔訪問国〕フランス, イギリス, オランダ, プロシア, ポルトガル, ロシア　〔目的〕開市開港延期交渉, 樺太（サハリン）境界画定交渉

文久1（1862）年12月, 幕府は前年の遣米使節団についで, 第2回目の使節団をヨーロッパに派遣した。一行38名の氏名はつぎの通りである。

《使節》　竹内下野守保徳（31歳）〔正使　外国奉行兼勘定奉行〕　松平石見守康直（38歳）〔副使　外国奉行兼神奈川奉行〕　京極能登守高朗〔監察　目付　外国掛〕

《随員・同行者》柴田貞太郎（39歳）〔組頭　外国奉行支配組頭〕　日高圭三郎（25歳）〔勘定役〕　福田作太郎（29歳）〔勘定格従目付〕　高島祐啓（30歳位）〔医師〕　水品楽太郎（31歳）〔外国奉行支配調役並〕　岡崎藤左衛門（27歳位）〔外国奉行支配調役並〕　益頭駿次郎（33歳）〔普請役〕　上田友輔（44歳位）〔定役元締〕　森鉢太郎（28歳位）〔定役〕　福地源一郎（21歳）〔定役並通詞〕　立広作（17歳）〔定役並通詞〕　斎藤大之進（40歳）〔同心〕　高松彦三郎（43歳位）〔小人目付〕　山田八郎（40歳位）〔小人目付〕　太田源三郎（27歳）〔通詞　神奈川奉行所勤め〕　福沢諭吉（27歳）〔傭通詞　外国方翻訳局員　中津藩士〕　箕作秋坪（37歳）〔傭翻訳方兼医師　外国方翻訳局員　津山藩士〕　松木弘安（30歳）〔傭翻訳方兼医師　外国方翻訳局員　薩摩藩士〕　川崎道民（31歳）〔傭医師　佐賀藩士〕　佐野鼎（31歳）〔小使兼賄方　加賀藩士〕　杉徳輔（孫七郎　27歳）〔長州藩士〕　石黒寛次（39歳位）〔佐賀藩士〕　岡鹿之助（30歳）〔佐賀藩士〕　原覚蔵（一介　24歳位）〔阿波藩士〕　佐藤恒蔵（38歳）〔杵築藩士〕　高間応輔〔竹内下野守従者〕　長尾条助〔竹内下野守従者〕　市川渡（39歳位）〔松平石見守従者〕　野沢郁太〔松平石見守従者〕　岩崎豊太夫〔京極能登守従者〕　黒沢新左衛門（37歳）〔京極能登守従者〕　永持五郎次〔柴田貞太郎従者〕　重兵衛（26歳位）〔伊勢屋八兵衛手代〕　森山多吉郎（42歳）〔調役兼通詞　2ヶ月後オールコックの賜暇帰国に同行しロンドンで使節団に合流〕　渕辺徳蔵（45歳位）〔勘定格調役　2ヶ月後オールコックの賜暇帰国に同行しロンドンで使節団に合流〕

この一行の使命は安政の条約によって義務づけられた兵庫と新潟の開港, 江戸と大坂の開市を向う5ヶ年間延期することを西欧列強諸国に求めることであったが, ロシアにおいては,

これに加えて樺太（サハリン）の国境を画定するという年来の案件もあった。12月22日，イギリス艦オージン号に乗組んだ使節一行は品川を出航し，長崎に立ち寄ったあと，翌2年元旦，長崎を解纜した。香港，シンガポール，ツリンコマリ，アデンを経てスエズに向ったが，香港では1週間滞在し兵器廠，砲台，軍事訓練などを見学したり，洋靴を買ったりして過している。スエズからは汽車でカイロ経由でアレキサンドリアに赴いたが，遣米使節に随行した者を除いては初めての汽車旅であり，市川渡はレールの寸法まで記録するほど感激している。そこから再びイギリス艦ヒマラヤ号でマルタ島に立ち寄ったのち，マルセーユに旅路を続ける。使節の一行はその間西欧諸国のアジア・アフリカへの植民地政策の現実を眼のあたりに見なくてはならなかった。3月5日マルセーユに到着し，リヨン経由でパリへ列車で向い，9日パリのリヨン駅に着き，オテル・デュ・ルーヴルに旅装を解いた。11日，竹内，松平，京極の正使と副使はトウヴネル外務大臣に挨拶に赴く。13日にはナポレオン3世との謁見が行われることになり，当日，使節は迎えの6輛の馬車でテュイルリー宮に向った。竹内は日本語で皇帝への挨拶をしたのち，将軍からの国書を手渡した。ナポレオン3世からも歓迎の挨拶が述べられ，謁見が終わった。16日から使節はフランス外務省と正式会談を始めた。かつて日仏修好通商条約の締結のために来日したグロ男爵を含む委員たちとの交渉で，使節は開市開港延期など7項目の要求を提示しただけで第1回の会談は終わった。あと2回交渉の場がもたれたが，具体的結論をえぬままに，フランスがイギリスと協調していたので，まずイギリスと協議する方が得策と考え，使節は4月29日イギリスに渡ることにした。駐日公使オールコックの帰国を待って使節はラッセル外務大臣と交渉を重ね，5月9日「ロンドン覚書」の調印に到達する。この覚書はその後のヨーロッパ諸国との交渉の基となるもので，使節としては主目的である開市・開港への延期だけはかちえたのである。「ロンドン覚書」の主要条項は，新潟・兵庫の開港，江戸・大坂の開市を5年間（1867年12月まで）延期すること，この延期承認の代償として，貿易品の種目員数に関する各種の制限を撤廃し，在留外国人の日本の職人や労役者の雇入れに対する官憲の交渉を撤廃し，大名領産物の開港場搬入とその代理者との直接取引を認め，開港場における日本の商人の身分についての制限を撤廃し，日本人と外国人との自由交際を阻止する規則を撤廃することをただちに実行するという条件がつけ加えられている。とくに日本の対外輸出品の中で繭と蚕種の輸出に対する幕府の制限が折衝の眼目となった。自由貿易の原則を強調するとともに幕府が加えている制限と干渉を撤廃しようというのがその覚書の狙いであった。また，使節が帰国後，対馬の開港，酒類・ガラス器への関税の軽減，横浜・長崎に保税倉庫を設けることを幕府に建議勧告することもこの覚書には定められていた。当初10年間の開港，7年間の開市の延期を要求したが，5年間の延期に寄り切られたとはいえ，開港・開市の延期に対する代償要求としては比較的穏便な要求であったとみられている。「ロンドン覚書」の調印後，フランス，オランダ，プロシア，ロシア，ポルトガルなど対日条約締約国にその内容が通達されて，それら諸国の開市開港延期の承認の原案となる。使節一行は5月15日までロンドンに滞在し，そのあとオランダに向けて出発し，アムステルダムに到着して大歓迎を受け，ハーグ，ケルン，ベルリン，ステッチンを経てペテルブルグに赴き，樺太（サハリン）境界問題の交渉に入ることになる。〈樺太国境画定談判〉一行がヨーロッパ諸国の訪問を好首尾のうちに終え，文久2（1862）年，露暦7月末に露都ペテルブルグに着いた時，あたたかいもてなしを受け，とりわけ日本情緒あふれる接待ぶりに驚かされる。福沢諭吉はその自伝の中で，「其接待中の模様に至っては動もすると日本風の事がある。例へば室内に刀掛があり，寝床には日本流の木の枕があり，湯殿には糠を入れた糠袋があり，食物も勉めて日本調理の風にして，箸・茶碗なども日本の物に似ている」と書いて，陰に必ず日本人がいるにちがいないと推察している。事実やがて接待員によってこのことは確認はされるが，それが誰であるのかは，この時は知られなかった。この人物が掛川の旧藩士橘耕斎と判明するのは，3年後，最初の幕府ロシア留学生が来た時のことであった。露暦8月2日，正副両使と目付京極能登守高朗はアレクサンドル2世に謁見，同4日，第1回の交渉が持たれた。ロシア側の全権は外務省アジア局長イグナーチェフ伯であった。この日を皮切りに両国代

遣欧使節（文久1年）　　　　　　　　団体編

表団は8月一杯をかけて，前後6回の会談を行った。焦点は樺太（サハリン）の国境画定にあり，日本側は北緯50度以南を日本領とするように主張したのに対して，ロシアは宗谷（ラペルーズ）海峡をもって国境とすることを主張した。ロシア側は最終的に48度まで譲歩しようとしたが，日本側は50度線以外に国境を画定する権限を帯びていないと声明したため，交渉はまとまらなかった。実際には幕府の公式訓令は各種の解釈を許していたので使節団員の間にも意見の一致がなかったとする説もある。結局，両国代表は委員を現地に派遣して実測の上，交渉の場をアムール河口のニユラエースクに移して審議を継続することで合意した。従来全島の領有を譲らなかったロシアの主張を考えれば，この合意は，日本側からみるとロシアの大幅な譲歩と理解されたが，ロシア側は，これを日本使節団員たちが交渉の不成功により個人的責任を負わなくとも済むようにという配慮と考えていた。このほかの合意事項には，兵庫・大坂・江戸・新潟の開港・開市の5年間延期と，ほかの条約当事国たる列強が幕府の要請に応じた場合に限り日本の貨幣制度の変更にロシアも同意すること，なども含まれていた。露暦8月31日，この合意書はゴルチャコフ首相と竹内全権によって調印され，使節団は文久2（1863）年12月10日に帰国した。その後ロシアは翌年7月，約束通り全権カサケーヴィチ沿海州提督をニユラエースクに派遣して日本側使節の来着を待ったが，日本側は国事多端の折からこれに対応しきれず，箱館駐在ロシア領事の再三の要請にもかかわらずついに代表団を派遣することができなかった。その結果，カサケーヴィチ全権は，先の任意書が破棄されたものと認める旨の通牒を発して帰国した。

|文献| 日露交渉史誌（平岡雅英）　筑摩書房　昭19／幕末外交史の研究（大塚武松）　宝文館出版　昭27／日露領土問題（1850-1875）（バートン著　田村幸策訳）　鹿島研究所出版会　昭42／大君の使節－幕末日本人の西欧体験（芳賀徹）　中央公論社　昭43（中公新書163）／ロシアと日本（ファインベルグ著　小川政郎訳）　新時代社　昭48／西洋見聞集（沼田次郎，松沢弘陽校注）　岩波書店　昭49（日本思想大系66）／日本人とロシア人（中村新五郎）　大月書店　昭53／幕末維新人名辞典　学芸書林　昭53／文久二年のヨーロッパ報告（宮永孝）　新潮社　平1（新潮選書）

〔長縄光男〕

遣仏使節（文久3年）

〔人員〕池田長発以下34名　〔期間〕文久3（1864）年12月29日～元治1（1864）年7月18日　〔訪問国〕フランス　〔目的〕横浜鎖港交渉

嘉永6年のペリー来航以来攘夷運動が日増しに活発になってきた頃，文久3年9月2日横浜郊外の井土ヶ谷でフランス陸軍のアフリカ連隊付少尉アンリ・カミュが仲間の士官2人と騎馬通行中を浪人風武士3人に斬殺されるという事件が起きた。この事件に対して日本在留のフランス人はもとよりのこと，各国の居留民がこぞって幕府にきびしい姿勢で処置に当たるよう要望した。同時に横浜港碇泊中の外国艦船数隻の乗組員の一部を上陸させて警戒体制をひいた。このような情勢にフランス公使デュシエーヌ・ド・ベルクールは書記官ブレッキマンを通じて外国奉行竹本甲斐守正雅にカミュ殺害の謝罪のために特使をフランスに派遣するようにという一つの解決案を内々に提案した。幕府は当時老中酒井雅楽頭忠績を京に上らせて朝廷に攘夷決行を遅らせる努力を重ねていたので，そんな時勢の中で謝罪の使節を派遣することはきわめてむずかしい問題であった。幕府は攘夷公約のための窮余の策として当分の間横浜港を鎖し，長崎と箱館の2港のみを貿易開港場とすることにしてアメリカ公使プリューインとオランダ総領事ポルスブルックに同意を求めたが，反対されて苦しい立場に置かれることになった。フランス公使ド・ベルクールは横浜鎖港問題に関してナポレオン3世に特使を送ることを幕府にすすめた。じつはベルクールはすでに公使の任務が更迭されることが決まっていたので，カミュ殺害に対する賠償要求のために前年の生麦事件でイギリス公使がとったと同様の態度をとることの不利を考慮し，井土ヶ谷事件の解決に尽力して辞任の置土産にする心づもりから特使派遣を持ち出したものとみられる。井土ヶ谷事件に加えて馬関で砲撃されたキンシャン号の賠償問題もあり，特使派遣は横浜鎖港交渉を表看板にして実現されることになった。文久3（1864）年12月29日，外国奉行池田筑後守長発以下34人はフランス艦ル・モンジュ号に乗り，ブレッキマンを伴って横浜を出航した。この遣仏使節の氏名はつぎの通りである。

756　新訂増補 海を越えた日本人名事典

遣仏使節（文久3年）

《使節》　池田筑後守長発〔正使　外国奉行〕　河津伊豆守祐邦〔副使　外国奉行〕　河田相模守煕〔目付〕

《随員・同行者》　田辺太一〔外国奉行支配組頭〕　田中廉太郎〔勘定格調役〕　西吉十郎（成度）〔調役格　通弁御用頭取〕　斎藤次郎太郎〔徒目付〕　須藤時一郎〔調役並〕　塩田三郎〔調役格　通弁御用出役〕　谷康勘四郎〔小人目付〕　堀江六五郎〔小人頭役　小人目付〕　益head鷹之助〔定役元締　進物取次上番格〕　杉浦愛蔵（譲）〔定役〕　横山敬一〔定役　フランスで死去〕　矢野次郎兵衛（二郎）〔同心〕　松涛権之丞〔定役格同心〕　尺振八〔通弁出役〕　益田進（孝）〔通弁御用　当分御雇〕　山内六三郎（提雲）〔御手附翻訳御用出役〕　原田吾一〔蕃書調役出役教授手伝　海陸軍兵看取調出役〕　小泉保右衛門〔池田筑後守家来〕　大関半之助　浦上佐助　岩松太郎〔河津伊豆守家来　衣裳方〕　別所左二郎　高木留三郎　玉木三弥〔河田相模守家来〕　菅波恒　三宅復一（秀）〔田辺太一従者〕　名倉予何人〔田中康太郎従者〕　森田弥助〔西吉十郎従者〕　浦本時藤〔斎藤次郎太郎従者〕　乙骨亘〔理髪師〕　青木梅蔵　ブレッキマン〔在日フランス公使館通訳官〕

一行は横浜から上海までル・モンジュ号で航海をしたのち、上海で同じくフランス船艦ヘータスソ号に乗り換えて香港に行く。文久4（1861）年1月18日、のちのフランス公使館の通弁官になるメルメ・カションが一行の船に訪ねて来たことが岩松太郎の『航海日記』に記されている。香港からはアルベートル号というフランス船でスエズに向う。スエズからは陸路アレクサンドリアに出て、やはりフランス船のベルリン号に乗り元治1年3月10日マルセーユに入港する。およそ2ヶ月半の長旅の末、パリには同月13日到着する。使節は早速ナポレオン3世に謁見して将軍の親書を捧呈したのち、ドルーアン・ド・リュイ外務大臣と前後7回にわたる会談に入る。リュイ外務大臣はカミュ殺害の賠償金3万ドルを要求したが、これに対して池田筑後守は遺族に3万5000ドルを支払うことを確約し、カミュに関する会談は1回で終了する。ところで、使節の本来の使命である横浜鎖港談判は第2回会談で始まり、国際会議をパリで開いて議定することを使節が提案したところフランス側はこれを拒否し、横浜港など3港を自由港にするよう要求した。第3回の会談ではリュイ外務大臣はキンシャン号の賠償金として幕府に10万ドル、長州藩に4万ドルを要求したが、池田筑後守はフランス艦隊による馬関砲台の破壊で帳消しであると断わり、両者の対立をみた。第4回会談では馬関の外国船砲撃は朝廷の命令でもあったことをあきらかにして長州藩主を処罰に踏み切れぬ事情を釈明するが、リュイ外務大臣は耳をかさず自由港、馬関通航、賠償金の支払いについての即答を求めた。これに対して池田筑後守はキンシャン号の賠償金4万ドルの支払いと帰国後3ヶ月にして馬関の自由通航が開かれないときには、フランスなど列国が権益確保のために海軍兵力を使用してもよいという承認をあたえる失態を冒してしまった。第5回の会見では長崎・箱館の自由港と横浜居留の外国商人の移転費を負担するから横浜の鎖港に同意するように求め、フランスがこれに同意するならば日本でフランスは有利になるし、軍艦・兵器などの購入の斡旋を依頼すると説いたが、フランス側の同意をえられず、ついに3港の自由港要求を拒否した。席上、リュイ外務大臣は日本からの留学生を歓迎することと武器・軍艦の譲渡を申し出て海軍省の軍艦目録を示すことを約束して、第6回の会談では使節は前回ですでに会談がほぼ終了したから、列国訪問をやめて、即刻帰国することをフランス側に通告し、馬関海峡通航の期日を帰国後心がけるよう求めたが拒絶される。5月17日第7回の会談ではつぎの3項の約定に調印した。（1）　使節帰国後3ヶ月以内にキンシャン砲撃の賠償金を政府（幕府）から10万ドル、長州侯から4万ドルを支払うこと。（2）使節帰国後3ヶ月以内に馬関海峡のフランス船の通航を開くこと、やむをえぬときは武力を用い、もし必要ならばフランス海軍分隊指揮官と一致提携すること。（3）　両国間の貿易を盛んにするために茶の包装用品、絵画用油などの輸入を無税に、酒、酒精、白砂糖、鉄機械、麻織物、時計、懐中時計、同鎖、ガラス器、薬種などを5分税に、鏡、陶器、装身飾玉類、化粧香具、石鹸、武器、小刀類、書籍、紙、彫刻品、絵画類などを6分税に軽減すること。池田筑後守などは談判の経過のうちに使命の達成の困難さを痛感し、調印の翌日パリを出発し、マルセーユからイギリス船で帰国の途につき、7月18日に横浜港に帰国した。使節一行は使命を果すことなく帰国した罪を問われること

になり、池田筑後守長発は半知600石を減じられ御役御免、隠居、逼塞を命ぜられ、河津伊豆守祐邦と河田相模守熙はそれぞれ閉門に処せられたのである。だが、この使節に随行あるいは同行した者の中にはのちの大審院長西成度、財界の大立物・男爵益田孝、医学博士三宅秀、あるいは『海潮音』の訳者上田敏の父乙骨亘などがいたことを見落してはなるまい。

[文献] 幕末外交史の研究（大塚武松） 宝文館出版 昭27／幕末外交談2（田辺太一） 平凡社 昭41（東洋文庫72）／幕末維新人名辞典 学芸書林 昭53／幕末教育史の研究2-諸術伝習政策（倉沢剛） 吉川弘文館 昭59／維新前夜―スフィンクスと34人のサムライ（鈴木明） 小学館 平4（小学館ライブラリー）

〔富田仁〕

遣仏使節（慶応1年）

〔人員〕柴田日向守剛中以下6名　〔期間〕慶応1(1865)年閏5月5日～慶応2(1866)年1月19日　〔訪問国〕フランス、イギリス　〔目的〕横須賀製鉄所技師招聘、機械類購入、三兵調練教官招聘

慶応1(1865)年閏5月5日、横須賀製鉄所設立にかかわる交渉のために幕府は柴田日向守剛中をフランスとイギリスの工業視察と幕府の陸海軍強化の指導教授派遣の依頼という使命のもとに渡欧させた。この使節には水品楽太郎、富田達三、小花作之助、福地源一郎、塩田三郎が随行した。元治1年、駐日フランス公使レオン・ロッシュの建言で横須賀に工廠を設立することになり、レオンス・ヴェルニーを首長として横須賀製鉄所の設立が決まったが、技師の招聘や機械類の購入のためにその任務を帯びて一時帰国したヴェルニーやフランス政府と直接交渉する必要が生じたので、幕府は外国奉行柴田日向守剛中を理事官に任命して事の処理に当らせることにした。同時に列国公使との懸案であった通貨改鋳のための機械の購入と小栗忠順などの提案である歩兵・騎兵・砲兵のいわゆる三兵調練の教官を招聘する任務も柴田に課せられた。さらに慶応3年パリ万国博覧会に参列するようにというフランスの招待への返事もする任務も加えられていた。柴田剛中はつぎの6名の随員とともに横浜からイギリス船ネボール号で出航した。

水品楽太郎〔組頭〕　富田達三〔調役〕　小花作之助〔調役並〕　福地源一郎〔通弁〕　塩田三郎〔通弁〕ほかに定役1名

スエズ運河を経由し、7月6日マルセーユに到着した一行は、そこでヴェルニーの出迎えを受けた。ツーロン造船所を見学したあと、パリに着いた柴田は、同月30日、ドルーアン・ド・リュイ外務大臣と会い、幕府の意向を伝えた。老中から託された書簡で、幕府はヨーロッパ風の近代的な造船所を建設し、フランス陸軍に倣って兵制をも改革する意図があることを明らかにしていた。横須賀製鉄所の創業事務は、フランスの銀行家で親日家のフリューリ・エラールに委任することを柴田はリュイ外務大臣に伝えたが、外務大臣は製鉄所については海軍大臣に、兵制に関しては陸軍大臣に相談するように指示した。そこで、柴田は海軍大臣に会い、ヴェルニーの雇い入れについて正式に承諾をえた。これにより、ヴェルニーは、柴田をマルセーユに出迎えたのち、7月9日ツーロン造船所に案内した時点で、横須賀製鉄所の首長に任命されるという雇用契約が結ばれたのであった。ヴェルニーが正式に横須賀製鉄所の首長となったことと柴田がパリに滞在することになったことで、パリ内外の技師・工夫らは就職運動のため争って柴田の宿舎を訪れたし、業者もさまざまな機械の売り込みにやって来た。ヴェルニーはこれをすべて断り、慎重に雇い入れと購入に当たった。フランスの政府直轄の工場で働いた経験豊かな技術者を選抜し、製鉄所設立にふさわしい人材を雇い入れるヴェルニーの手腕に柴田はすこぶる感心して、ロッシュの推挙の確かさをいまさらに知るのだった。柴田は、製鉄所設立原案第4節の事項についてのヴェルニーの意見を聞き、フランス人医師をさらに1名増員することをすすめた。横須賀在住のフランス人が病気になった場合、横浜のフランス病院まで赴かなくてはならないが、急病のときには間に合わないから、製鉄所でフランス人医師を雇い、これに横須賀のフランス人の医療に当たらせることにしたらどうかというのがヴェルニーの意見である。柴田はヴェルニーの意見をとりあげて、全権委員の職権でこれを裁可し、医師としては、ロシュフォール造船所海軍一等医官ポール・サヴァティエを年俸5000ドルで、製図工長にブレスト造船所二級上等技工ルイ・メラングを月給225ドルで雇い入れた。10月、ヴェルニーは在パリの軍艦組頭肥田浜五郎から、オランダ滞在中に注文した工作機械974個を製鉄所

必需品として交付を受けた。また、ヴェルニーは製鉄所設立原案第6節に基づき、機械物品の注文をおこない、着々と交渉を進めたが、10月12日、その輸送に必要な1000トン級の帆船1隻をマルセーユに準備する手配をしている。柴田はほぼ用務を終えたので、10月21日にはロンドンに赴いて海軍伝習などの使命を果たし、ふたたびパリに戻った。慶応2年1月19日、使節一行は帰国したが、一方幕府は、パリのサン=トノレ372番地に在住のフリューリ・エラールを日本領事官心得に任命した。柴田は、その滞仏中に、日仏両国間の取引に関係していたパリの富豪で銀行家のエラールをすでに日本最初の代表事務取扱者に委嘱していたのだが、ここに老中水野和泉守忠精、松平周防守康直連名の下知状の形式で正式に申渡書が伝えられたのである。エラールは国際上の慣例で日本名誉総領事を自称し、明治3(1870)年に鮫島尚信少弁務使が赴任するまでその地位に留まった。ヴェルニーは2月3日にフランスを出発する予定でいたが、機械購入の手続きも完了していないし、横須賀の工事の方もまだ途中であるので、出発を1ヶ月後の3月5日に延期することをロッシュ公使とフランス海軍大臣に伝えた。その間もヴェルニーは技師、工具の雇い入れを重ねていた。ヴェルニーは2年4月25日に日本に到着し、翌26日には横須賀に着任した。

[文献] 幕末外交史の研究(大塚武松) 宝文館出版 昭27／西洋見聞集(沼田次郎、松沢弘陽校注) 岩波書店 昭49 (日本思想大系66)／フランスとの出会い-中江兆民とその時代(富田仁) 三修社 昭56 ／幕末教育史の研究2-諸術伝習政策(倉沢剛) 吉川弘文館 昭59 〔富田仁〕

遣露使節

〔人員〕小出秀実以下16名 〔期間〕慶応2(1866)年10月13日～慶応3(1867)年5月7日 〔訪問国〕ロシア 〔目的〕樺太(サハリン)国境画定交渉

文久2(1862)年に調印された日露両国政府間の合意書に基づき翌年に予定されていた樺太(サハリン)国境画定交渉が、もっぱら日本側の事情により破棄されて以後、両国間にこの問題についての接触は途絶えていたが、その間もロシア側は軍事施設の建設や軍隊の常駐、民間人の移住など、全島領有の既成事実を着々と築いていた。そうこうするうちに、慶応2(1866)年2月樺太駐在の幕府役人約10名がロシア軍に捕縛されるという事件が起きて、国境問題が改めて再燃することになった。この事件そのものは一応箱館における両国の出先機関の間で決着がつけられたが、これを機に箱館奉行、小出大和守秀実は幕府に交渉の再開を進言した。当時幕府は崩壊寸前の状況にあり、北辺の事に意を用いるゆとりはなかったが、小出の執拗な陳情に幕府当局もやっと事の重要さを認識して使節団の派遣を決意した。慶応2(1866)年10月13日に離日した使節一行のメンバーはつぎの通りであった。

《使節》 小出大和守秀実〔正使 箱館奉行兼外国奉行〕 石川駿河守利政〔謙三郎〕〔目付〕
《随員・同行者》 橋本悌蔵〔箱館奉行支配組頭勤方〕 上田友助〔輔〕〔外国奉行支配調役並〕 小島源兵衛〔箱館奉行支配調役並〕 古谷簡一〔箱館奉行定役出役〕 名村五八郎〔外国奉行支配調役 通弁御用頭取〕 箕作秋坪〔外国奉行支配調役格 次席翻訳御用〕 海老原絹一郎〔箱館奉行支配役 通弁御用〕 志賀浦太郎(親朋)〔箱館奉行支配定役格通弁御用〕 岩田三蔵〔徒目付〕 関口大八郎〔小人目付〕

一行は12月12日、すなわち露暦1867年1月5日にペテルブルグに着き、アレクサンドル2世に拝謁のあと、同月23日より交渉に入った。ロシア側の全権はアジア局長ストレモウーホフであった。争点の国境について、日本側は前回と異り北緯48度まで譲る用意をもって会議にのぞんだが、ロシア側は今回は強硬に全島領有を主張して譲らなかった。他方ロシアはこの主張の見返りとして、ウルップ(得撫)島とその近隣諸島を日本に与え、かつ南樺太に既にある日本の漁業施設の安全を保証することを提案した。これに対して日本は樺太の南半分に対する歴史的な「権利」を主張してロシア側の提案を退けた。国境問題解決の難しさは、ロシアが樺太南部に対する権利を日本に与えた場合、日本を介して欧米列強の勢力がこの地に及ぶことをおそれている点にあった。ロシアの全権はこの危惧を会議の席上表明し、日本側もこれに理解を示した。事実この度の使節派遣にあたっては、莫大な費用や船舶などにつき、フランスが熱心に斡旋の労を取り、航路もマルセーユ・パリを経由しての露都入りであった。前後10回を越える会議にもかかわ

らず、両者の主張は平行線をたどり、結局3月31日（露暦3月18日）、2通からなる臨時協定に調印して、使節団はその任務を終えた。第1部には第1〜3条で上に述べたロシアの主張が盛り込まれ、第4条では協定達成が不可能であるのに伴い現地樺太でロシア人と日本人のための臨時諸規定を定める旨記載されていた。第2部では第1部第1条から第3条までのロシアの主張を日本が拒否した旨が明記された上、つぎのような臨時的諸規定が提案されていた。第1に、樺太は日露両国の共用とし、紛争は現地当局の交渉によって友好的に解決すること、第2に、日露両国民は自由な往来と産業活動を保証されていること、第3に、原住民は身柄の自由と財産の保有とを保証されること、第4に日本側がこれらの提案に同意した場合、ロシア政府は全権を現地の提督に与えて条約の最終的な締結をこれに委ねること、そして最後に、この諸規定は調印後6ヶ月以内に効力を発するものとされていた。この協定は、日本にとっては樺太の共用をロシア政府に認めさせた点で成功と思われたが、他方、ロシアにとっても、樺太全域と原住民に対する裁判権を確保したことにより、日本に領有権を事実上認めさせた事で、決して無益ではなかった。小出使節団は3（1867）年5月7日に帰京、結果を幕府に報告したが、幕府首脳はこの協定を不満として現地において交渉を再開しようというロシア政府の提案を拒否し、11月、箱館奉行の献策を容れて、樺太への移植民の制限を解いた。結局、樺太の国境問題はこの使節団によっても抜本的な解決がなされぬまま、幕府は消滅し、ほかの諸問題ともども、明治新政府に引きつがれることになったのである。

文献 日露領土問題（1850-1875）（バートン著 田村幸策訳）鹿島研究所出版会 昭42／幕末ロシア留学記（内藤遂）雄山閣 昭43／日本とロシア（ファインベルグ著 小川政弘訳）新時代社 昭48／日本人とロシア人（中村新太郎）大月書店 昭53／幕末維新人名辞典 学芸林 昭53／幕末教育史の研究2-諸術伝習政策（倉沢剛）吉川弘文館 昭59　〔長縄光男〕

遣仏使節（慶応3年）

〔人員〕徳川昭武以下29名　〔期間〕慶応3（1867）年1月11日〜明治1（1868）年11月3日　〔訪問国〕フランス、スイス、オランダ、ベルギー、イタリア、イギリス　〔目的〕パリ万国博覧会参列、条約締盟国親善訪問

慶応1（1865）年、フランス政府は2年後にパリで開催される第2回万国博覧会に参加するように幕府に申し入れてきた。幕府はこの万国博覧会に参加し出品することによって日本の実質的主権が幕府にあることを世界に示す意図をもってフランス政府の勧誘を承諾することにし、当時たまたま横須賀製鉄所建設の折衝のためにフランス滞在中の理事官柴田剛中に命じてその旨を伝達させた。当時、幕府は長州征伐の再挙が思うにまかせず諸藩の非難を浴びてその権威を失いつつあった。慶応2年7月、14代将軍家茂が大坂城で死去して一橋慶喜が15代将軍職をついだ。慶喜はその頃秘かに薩摩や長州などの藩士が海外で活動していることで諸外国の疑惑を招きがちなことを排して幕府に日本国の実際的主権があることを世界に示し、同時にフランスに対して一層の情誼を表わそうとし、弟の民部公子・余八麿昭武を将軍名代としてパリ万国博覧会を機会にフランスに派遣することにした。14歳の少年昭武を名代に派遣することにしたのはナポレオン3世の皇太子が10歳の少年であるので、その年齢に近い昭武の方が皇帝に親近感をもたれるのではないかと考えたからだが、昭武には博覧会閉幕後、条約締結のヨーロッパ諸国を親善訪問する使命もあたえられ、そのあと数年間パリに留学して新時代の学問知識を吸収させる予定であった。慶応3（1867）年1月11日、老中小笠原壱岐守たち幕府要人とレオン・ロッシュ駐日フランス公使などに見送られて昭武一行は横浜からフランス郵船のアルフェー号で出航した。この遣仏使節には田辺太一などの随員のほか留学生も同行した。

《使節》　徳川民部大輔昭武
《随員・同行者》　向山隼人正（一履 42歳）〔勘定奉行格外国奉行〕　山高石見守（信離 27歳）〔作事奉行格小姓頭取〕　保科俊太郎（正敬 25歳）〔歩兵奉行〕　田辺太一（蓮舟 37歳）〔外国奉行支配組頭〕　日比野清作〔外国奉行支配調役〕　杉浦愛蔵（譲 33歳）〔外国奉行支配調役〕　生島孫太郎〔外国奉行支配調役並出役〕　箕作貞一郎（麟祥 22歳）〔儒者次席翻訳方頭取〕　山内六三郎（提雲 29歳）〔通弁御用〕　木村宗三〔民部大輔附大御番格 砲兵差図役勤方〕　渋沢篤太夫（栄一 28歳）〔御勘定格陸

団体編　遣仏使節（慶応3年）

軍附調役〕　菊池平八郎〔小姓頭取　水戸藩士〕　井坂泉太郎〔水戸藩士〕　加治権三郎〔奥詰水戸藩士〕　皆川源吾〔水戸藩士〕　大井三郎右衛門〔水戸藩士〕　三輪端蔵〔水戸藩士〕　服部潤次郎〔水戸藩士〕　高松凌雲（32歳）〔奥詰医師〕　山内文次郎（勝明）〔大砲差図役勤方〕　横山主税　海老名郡次〔以上松平肥後守家来伝習生〕　尾崎俊蔵〔小笠原壱岐守家来伝習生〕　アレクサンダー・フォン・シーボルト〔プロシア人、イギリス公使館付通弁官〕

昭武一行は横浜出航後、上海、香港、サイゴン、シンガポール、セイロン、アデン、スエズ、アレクサンドリヤ、メッシナを経て、2月29日マルセーユに上陸した。マルセーユでは日本名誉総領事フリューリ・エラールや万国博覧会出品物を慶応2年12月9日横浜から運び出し翌年2月パリに先着していた塩島浅吉、北村元四郎（名村泰蔵）の2人もパリから出迎えた。なお塩島たちに同行して中山七太郎、田中芳男などのほかに、瑞穂屋卯三郎の手代吉田二郎や柳橋の芸妓すみ、さと、かねなども、すでにフランスの地を踏んでいた。陸海軍司令部や市役所に表敬訪問を行い、3月1日写真館で記念撮影をする。2日には横須賀製鉄所のモデルとなったツーロン軍港を見学する。6日にはリヨンに向い一泊し、7日夕刻パリに到着し、グランド・ホテルに旅装を解いた。24日昭武はテュイルリー宮でナポレオン3世と会見する。当日、日本人はすべて衣冠、狩衣、あるいは布衣、素袍姿で、五輌の馬車で宮殿に向った。通弁にはメルメ・カションと保科俊太郎が当たることになった。馬車が宮殿に到着すると軍楽隊が歓迎の奏楽をかなで、式部官の先導で会見の間に入ると、そこにはナポレオン3世とウージェニー皇后が待っていた。昭武が皇帝の前に進み出て一礼すると、「日本皇太子殿下!」という声がフランス語で高らかにひびいた。昭武は慶喜から托されてきた挨拶のことばを述べ、保科がこれをフランス語に訳してナポレオン3世に伝えた。ナポレオン3世は日本の君主の弟君と会見することのよろこびと通商の利益によって遠く離れた国・日本まで開化が及ぶことのうれしさを述べると、カションがただちに日本語にして昭武に伝えた。昭武とナポレオン3世の挨拶が終わると、田辺太一が将軍慶喜の国書を向山隼人正に渡し、さらに昭武に手渡した。昭武はナポレオン3世に近づき外務大臣を経てこ

れを渡すと、さらに宮内大臣に渡された。これで国書捧呈の儀式が終わった。昭武はウージェニー皇后に黙礼し、その答礼を受けたのち向山隼人正を全権として披露し、会見の儀式をすべて終了した。昭武一行はナポレオン3世が昭武を「日本皇太子殿下」あるいは「君主の弟君」と呼んだことに満足した。フランス皇帝に日本の実際上の主権者が将軍であることを認めさせたものであって、使節の目的の一つを十分に果したことになると考えたのである。会見のあと、昭武は連日のように皇帝の招待による観劇、外務大臣主催の舞踏会などに出席し、随員たちもパリ見物を楽しんだ。昭武一行はロンシャンの競馬場に赴き、ナポレオン3世とロシア皇帝アレクサンドル2世とが10万フランを賭け、後者が勝ってパリの救貧事業に賞金を寄付するのを見て驚くのであった。渋沢篤太夫（栄一）は会見の式も終わってしまった以上ホテル住いは不経済であると考えて適当な貸家を探すことにし、ペルゴレーズ通り53番とアヴェニュー・アンペラトリス通り50番の2つの通りに面したロシア貴族の家を借り、家具調度品を揃え昭武一行の住いとした。5月11日にグランド・ホテルから引越した。パリには肥前佐賀藩が伊万里焼など陶器520箱を長崎からイギリス船イースタン・クィーン号で搬入し、佐野栄寿左衛門（常民）たちが委員としてパリに乗り込んでいた。また薩摩藩は昭武よりも早く岩下佐次右衛門（方平）をパリに送りモンブラン伯を動かして薩摩大守、琉球国王として幕府とは別の会場を用意して、幕府が日本の統一主権者ではなく薩摩藩と同じ一封建大守であることを新聞紙上に宣伝し、琉球国としての勲章を設けて要人たちに贈るなどの画策を行った。

向山隼人正はこのような問題を処理するために田辺太一をモンブラン伯と岩下たちと折衝させた。その結果、薩摩藩は日章旗の下に「薩摩大守（グーヴェルマン）の政府」という掲示をして出品することになった。田辺は「グーヴェルマン」を藩政府の意味に解釈したが、これがヨーロッパの新聞などで日本は徳川幕府の単一政府ではなくてドイツ同様の連邦国であると受けとめられて報道され、物議をかもした。万国博覧会の会場はパリのセーヌ河左岸、シャン・ド・マルスの16万5800平方メートルの広大な敷地で、そのうち10万8400平方メートルが建物、9300平方メートルが遊歩場、3万

新訂増補 海を越えた日本人名事典　761

平方メートルあまりが通路である。会場の半分はフランスが占め、イギリスは6分の1、プロシア、ベルギー、ドイツ連邦、オーストリアが16分の1、ロシア、アメリカ合衆国、イタリア、オランダ、スイスは32分の1というふうに会場を分割し陳列品を展示した。日本の場合、清国やシャムと同列できわめて狭い場所があたえられていたにすぎない。その上、幕府のみならず薩摩と佐賀の両藩が勝手に出品しているのだから一層手狭だった。幕府の出品（和紙、工芸品、漆器など）を取り扱う瑞穂屋卯三郎は会場に総桧造りの六帖間と土間をつけた日本茶屋をこしらえ土間の縁台で茶や味醂酒をふるまい、きせるで煙草を吸ったりさせて見せるなど、柳橋の芸妓すみ、さと、かねの3人に見物客の接待に当たらせたところ、物見高いパリっ子の人気を呼んだ。『カルメン』の作者プロスペル・メリメは着物姿の日本芸妓の印象を女友だちに書き送って、帯を「こぶ」と表現している。パリには日本の芸人たちも乗りこみ、芸を披露した。独楽まわしの松井源水一座、足芸の浜錠定吉一座などがそれである。昭武もその妙技を見物し、祝儀を包んで渡している。昭武は将軍慶喜の希望もあり万国博覧会後数年間留学することになっていたが、その教育補導者をフランス外務省に依頼したところ陸軍大佐ヴィレットが推薦され、面談の上年俸2万フランで雇入れを決めた。昭武のパリ万国博覧会参列のもう一つの使命はフランスから経済的援助をとりつけることにあった。ソシエテ・ジェネラルからの借款などで財政の建て直しを図ろうというのであったが、随員たちの奔走にも拘らずその努力はむなしく終わった。このためもあって向山隼人正は栗本鋤雲に公使の座を追われることになる。

万国博覧会の主要行事の終了後、昭武は条約締結諸国歴訪の使命を果たすことになる。8月6日パリを出発、スイスに赴き、ベルンで来仏した栗本鋤雲がマルセーユから杉浦譲たちに案内されてやって来たのに会い、16日にはオランダに向う。途中ボンで一泊。ライン河を下ってオランダに入ると、日本からの留学生の林研海、伊東玄伯、赤松大三郎、松本銈太郎、緒方洪哉に出迎えられた。ウィレム3世と会見し、ライデンでフランツ・フォーン・シーボルトの蒐集した日本製の道具などを見物する。27日ベルギーに旅立ち、レオポルト2世と会見し、リ

エージュの大製鉄所などを見学する。晩饗会の席上国王みずからベルギーの鉄の良質なこと、これを使用するようにという宣伝を行ったのを聞いて陪席した渋沢篤太夫は驚く。プロシア訪問は先方が延期を希望したので取りやめ、12日一行は37日ぶりにパリに戻った。9月20日には、アルプス越えでイタリアに赴くためにパリを出発した。モンスニー峠を馬車で越えイタリアに入り、フィレンツェで国王と会見し、10月11日にはイギリス領マルタ島を訪れ、24日にはパリに帰った。留守中の10月10日、栗本貞次郎以下9名の横浜仏語伝習所出身の留学生がパリに到着し昭武を待っていた。11月6日、イギリス訪問のためにパリを出立する。日本の政治情勢をイギリスに知ってもらうための機会であると、山高信離など随行17人でドーヴァ海峡を渡り、9日にはヴィクトリア女王をウィンザー城に訪れる。ロンドン見物のほかポーツマス軍港にも足をのばす。『イラストレイテッド・ロンドン・ニュース』は昭武を「大君の弟」として紹介する記事を載せ好意的にイギリス訪問を伝えている。一行は22日ロンドンを出発してパリに帰った。12月21日、向山隼人正以下外国掛の三田、箕作、日比野、塩島、中山、北村、小姓の井坂、加治、皆川、服部が帰国のためにパリを出立する。翌4年1月2日、大政奉還の第1報が江戸から届き、2月末には鳥羽・伏見の戦いの敗北の報道が新聞記事に伝えられる。4月26日栗本は坂戸小八郎、熊谷次郎左衛門、高松凌雲、木村宗三、山内文次郎、大岡松吉、菅沼左近将監、大井六郎左衛門、赤松大三郎とその従者3名とともにパリから帰国の途についた。5月15日、フリューリー・エラールは新政府からの伊達宗城、東久世通禧連署による昭武の帰国命令状を持参した。昭武は帰国命令の請書を書いたあと、フランス国内を旅行しながら状況を見て、8月30日パリを離れビアリッツ滞在中のナポレオン3世に帰国の挨拶をするために渋沢、菊池、井坂などとスペイン国境に近いビアリッツに向った。そのあとマルセーユでパリから直行した残りの人びとと合流し、9月4日ペリューズ号に乗りこみ出航し1年半の生活を過したフランスに別れを告げた。アレキサンドリアからは列車でスエズに行き、そこからは船で日本に旅を続け、11月3日神奈川に帰着した。昭武のパリ万国博覧会参加の使命は幕府の瓦解ということ

岩倉使節団

〔人員〕岩倉具視以下48名、ほかに留学生59名 〔期間〕明治4(1871)年11月12日〜明治6(1873)年9月13日　〔訪問国〕アメリカ、イギリス、フランス、ベルギー、オランダ、ドイツ、ロシア、デンマーク、スウェーデン、イタリア、オーストリア、ハンガリー、スイス　〔目的〕条約締盟国訪問、条約改正期限延長予備交渉、各国制度文物視察と調査

　明治の新政治は封建大名消滅の明治4年の廃藩置県に始まる。この時期に日本の近代化を図り旧弊の諸制度を改革し、西欧諸国と対等の地位を確保するには、国内の政治体制や社会風俗を欧州列強の水準に変革する必要がある。国内の文明未開のため「列国公法」の適用がなされず、欧米諸国より不平等の扱いを強いられている。平等の独立国となり新国家の建設には将来条約改正が必要で、その前提となる国内の政治改革に資する政治体制や法制を列国に調査しその実施方法を検討するため、政府首脳は欧米諸国に空前の人員よりなる岩倉使節団を派遣した。一行は全権大使、随員を含め総勢約48名で、ほかに欧米留学生54名、さらに女子留学生5名が随行した。その氏名はつぎの通りである。

《使節》　岩倉具視〔特命全権大使　右大臣〕　木戸孝允〔特命全権副使　参議〕　大久保利通〔特命全権副使　大蔵卿〕　伊藤博文〔特命全権副使　工部大輔〕　山口尚芳〔特命全権副使　外務少輔〕

《随員・同行者》　田辺太一〔一等書記官　外務少丞〕　塩田篤信(三郎)〔一等書記官　外務大記　ワシントンから随行〕　何礼之〔一等書記官　外務六等出仕〕　福地源一郎〔一等書記官〕　渡辺洪基〔二等書記官　外務少記〕　小松済治〔三等書記官　外務七等出仕〕　林薫三郎(董)〔二等書記官　外務七等出仕〕　川路簡堂(寛堂)〔三等書記官　外務七等出仕〕　山内一式(六三郎)〔三等書記官　外務七等出仕　明4年11月8日免官〕　池田政懋〔四等書記官　文部大助教〕　安藤忠経〔四等書記官　外務大録〕　山田顕義〔理事官　陸軍少将〕　佐々木高行〔理事官　司法大輔〕　東久世通禧〔理事官　侍従長〕　田中光顕〔理事官兼会計　戸籍頭〕　肥田為良〔理事官　造船頭〕　田中不二麿〔理事官　文部大丞〕　高崎豊麿(正風)〔理事官　少議官　明治5年1月20日免官〕　五辻安仲〔大使随行　式部助〕　野村靖〔大使随行　外部大記〕　中山信彬〔大使随行　兵庫県権知事〕　内海忠勝〔大使随行　神奈川県大参事〕　久米丈市(邦武)〔大使随行　権少外史〕　安場保和〔租税頭〕　原田一道〔山田理事官随行　兵学大教授〕　岡内重俊〔佐々木理事官随行　司法権中判事〕　中野健明〔佐々木理事官随行　司法権中判事〕　平賀義質〔佐々木理事官随行　司法権中判事〕　長野文炳〔佐々木理事官随行〕　村田経満(新八)〔東久世理事官随行　宮内大丞〕　若山儀一〔田中光顕理事官随行　租税権助〕　阿部潜　杉山一成〔田中光顕理事官随行　検査大属〕　富田命保〔田中光顕理事官随行　租税権大属〕　沖守固〔田中光顕理事官随行　明治6年8月20日免官ののちイギリス留学〕　瓜生震〔肥田理事官随行　鉄道中属〕　長与秉継(専斎)〔田中不二麿理事官随行　文部中教授〕　中島永元〔田中不二麿理事官随行　正七位〕　近藤昌綱(鎮三)〔田中不二麿

〔文献〕徳川昭武滞欧記録(大塚武松編)　日本史籍協会　昭7／仏蘭西公使ロセスと小栗上野介(神長倉真民)　ダイヤモンド出版　昭10／幕末外交史の研究(大塚武松)　宝文館出版　昭27／幕末外交談(田辺太一)　平凡社　昭41(東洋文庫)／渋沢栄一滞仏日記(日本史籍協会編)　東京大学出版会　昭42(日本史籍協会叢書)／徳川昭武滞欧記録(日本史籍協会編)　東京大学出版会　昭48(日本史籍協会叢書)／花のパリへ少年使節―慶応三年パリ万国博奮闘記(高橋邦太郎)　三修社　昭54／メルメ・カション-幕末フランス怪僧伝(富田仁)　有隣堂　昭55(有隣新書17)／徳川昭武　万博殿様一代記(須見裕)　中央公論社　昭59(中公新書750)／幕末教育史の研究2-諸術伝習政策(倉沢剛)　吉川弘文館　昭59／文明開化のあけぼのを見た男たち―慶応三年遺仏使節団の明治　新生日本のさきがけたち(松戸市戸定歴史館編)　松戸市戸定歴史館　平5　　　　　〔富田仁〕

理事官随行　文部中助教〕今村和郎〔田中不二麿理事官随行　文部中助教〕内村良蔵〔田中不二麿理事官随行〕安川繁成〔高崎理事官随行　少議生〕藤倉見達〔工学質問のためイギリスへ　灯台権大属〕長野桂次郎〔二等書記官のち工部理事官随行　外務七等出仕〕吉雄永昌〔田中光顕理事官随行　明治5年7月2日免官　アメリカ滞在〕杉浦弘蔵（畠山義成）〔三等書記官〕吉原重俊〔三等書記官　アメリカから随行　明治5年7月19日免官　イギリス滞在〕由利公正〔大使随行　東京府知事〕岩見鑑造〔由利公正随行　東京府二等訳官〕太田源三郎〔由利公正随行　東京府六等出仕〕《留学生》吉益亮、永井繁、津田梅、山川捨松、上田悌〔以上開拓使派遣〕蜂須賀茂韶〔少議官〕清水谷公考、毛利元敏、前田利嗣、日下義雄、黒田長知、金子堅太郎〔黒田長知随行〕、団琢磨〔黒田長知随行〕、伊達宗敦、鍋島直大、河内宗一、中江篤介（兆民）、平田範静、松田益次郎、水谷六郎、万里小路秀麿、武者小路実世、奥平昌邁、坊城俊章、岩下長十郎、大久保彦之進、牧野伸熊（伸顕）、湯川頼次郎、錦小路頼言、松浦煕行、吉川重吉、土屋静軒、田中貞吉、前田利同、三浦男太郎、堀嘉久馬、沢田春松、関沢明清、中島精一、岩山直樹、武藤精一、岩男俊貞、高辻修長、香川広安、松方藤介、富永冬樹、福井順三、松村文亮、新島七五三太（襄）、手島精一、高橋新吉、松村淳蔵、由良守応、山本充輔、国司健之助、太田徳三郎、渡六之助、大野直輔、狛林之助、野口富蔵

使節団の主な任務は欧米条約を歴訪し和親の礼を深め、欧米先進国の制度を見聞し日本近代化に役立てること、さらに明治5年7月1日の条約改定期限を目前に列国公法に反する国内法を変更するには約3年を要するので、この改定期限では間に合わず暫時の延期を各国と協議することにあった。使節団は旧薩長藩実力者と西欧事情に精通の随行員で構成され、平均年令も約30歳と若く進取の気性に富んでいた。同行留学生も各階層にわたり、金子堅太郎、中江兆民、団琢磨、津田梅子、上田悌子、大山捨松といった後年名を馳せる人物がおり、留学先はアメリカ、イギリス、フランス、ドイツ、ロシアなどであった。一行は4(1871)年10月8日に任命され、11月12日横浜を出航、翌年1月15日サン・フランシスコに到着、初めて接する異国文明に目を見張りつつ友好的な歓迎を受け、伊藤博文は英語で演説し好評を博した。1月31日、一行は大陸横断ワシントンに向け列車で旅立つ。日本とは比較にならぬ大国であるアメリカの富国には、キリスト教信仰による国民の強い精神が勤勉を促し開拓を支え、無形よりも有形を主とする実学本位の科学精神に富む初等普通教育が基礎となることに着目する。だが、共和政体の陰に下積みの貧民・黒人の存在、指導者に最良の人材が配されるとは限らぬ多数決原理、レディ・ファーストの行過ぎなどには否定的な見解をもつに至る。アメリカ側との条約改正問題の交渉では使節団の調印に権限行使の全権委任状を欠くことを指摘され、急きょ伊藤、大久保を帰国させ、留守政府の副島種臣などの反対を説得し委任状下付は受けたが、厳しい制約が課せられ交渉には不利で、しかも日米間の主張には大きな距りがあり、交渉は不首尾に終った。使節はボストンよりつぎの訪問国、イギリスに向けてリヴァプールに船出し、5年8月17日ロンドン入りとなる。日本と同様の島国ながら、商業貿易による資本蓄積と大工場群に象徴される工業立国の富強に驚嘆し、アメリカの共和制と違ったイギリスの立君政治の妙を認め、立法が国民の財産尊重に基いており、二院制政党政治による国権の確立に教訓を見出したが、日本の政治改革に当っては国情の相違から慎重ならざるをえなかった。12月16日ドーヴァー海峡を渡りカレー経由パリに到着、灰色のロンドンに比べ清朗で文明渙発の中心都市に感激した一行は、イギリスが原材料市場だがフランスは工産品市場である認識に立って、今後の日本の対外輸出は考慮さるべきだと確信する。さらにパリ・コミューンという賊徒の乱を弾圧できた大統領を評価しながらも小党分立政治を危惧し、文明国といえども社会階級に根ざした矛盾は免れず、下層階級に対する対策においてイギリスに長足の進歩を認めた。条約改正問題をレミュザ外務大臣と交渉したが特別の進展もなく、6年2月17日パリを出発、途中ベルギーを通過しオランダに入り、貿易と清潔はヨーロッパ第一、不学の家なきほどに教育も普及し、世界に通商し都市を興すと評し、3月9日ベルリン着。プロシアが農産物輸出の利益で工業を伸興し外国貿易を営む農業立国で、日本とのこの類似点を使節団は有益と感じる。ベルリンをはじめヨーロッパ諸都市の繁栄は人民の自由経

済による工商の営業競争によることも見抜く。皇帝謁見後、3月12日にビスマルク首相と会見し、小国の大国に対するには単なる外交儀礼のみでは国益は守り難く、兵威による国力充実により国権を守り現在の強固なドイツたらしめた彼の国家主義政策に深く感動を覚えた一行は、6年3月30日ペテルブルグ（現レニングラード）入りを果たす。文明とは対照の荒寒不毛のロシアの大地と、富める貴族階級と大半の貧困なる人民を見て、1861年2月の勅令による農奴解放はあったにせよ、土地私有化に際しロシア農民の債務負担に比べ、日本では留守政府の明治5年3月23日布告の土地永代売買の解禁で自立地主の農民が生じることに一日の長を認める。さらに日本鎖国の太平の夢を破った文化1（1804）年のロシア使節レザーノフのゆえに、日本ではロシアの侵略を警戒するが、ヨーロッパ各国に対しても疑心を抱けば同様と断じる。明治6年4月18日コペンハーゲンに到着、デンマークが小国ながら質朴で生業に励み武勇に秀れ独立心の強いことに感激する。4月24日ストックホルム着、スウェーデンではとくに初等教育が人生の実学の時期であることを知る。5月9日からはイタリア国内を旅行、ヴェネチアでは支倉常長の手紙を見て、支倉使節の業績を高く評価する。ヨーロッパ文明発祥の地イタリアに横行する栄枯盛衰の悲哀は、イタリア統一後の宗教・政治の抑圧と人民の怠惰によるものと一行は観察する。6月3日にはウィーンに赴き万国博覧会を見学、ヨーロッパ人民の自由と立憲政体の精華と判断し、国力の大小にかかわりなく人民に自由独立の精神があれば、きびしい「太平の戦争」の中を伍して行けることを知る。7月20日マルセーユを出帆、紅海、インド洋、東シナ海を経て1年10ヶ月ぶりに6年9月13日横浜に帰着した。米欧を旅して各国からはキリスト教信仰の自由、国内居住、沿岸貿易の自由を求められ、使節団の要求はほとんど拒否されて日本が弱小国である悲哀を痛感した。だが米欧列強の諸制度の整備、資本主義経済の進展、実学教育の充実を直接体験しその後の国内政治体制の整備、富国強兵の推進原動力となり、特に憲法制定の急務を認めた。ただし封建制の強く残る日本は米欧制度を漸進的に消化吸収する必要があると使節団は信じたから、留守政府が単独で行った急進政策との間に対立感情が芽生えたことも事実である。

文献 文明開化（高橋昌郎）　評論社　昭47／岩倉使節の研究（大久保利謙）　宗高書房　昭51／米欧回覧実記1～5（久米邦武）　岩波書店　昭57／岩倉遣欧使節（田中彰）　新潮社　昭57／「脱亜」の明治維新―岩倉使節団を追う旅から（田中彰）　日本放送出版協会　昭59（NHKブックス）／明治四年のアンバッサドル―岩倉使節団文明開化の旅（泉三郎）　日本経済新聞社　昭59／特命全権大使米欧回覧実記　1～5（久米邦武編、田中彰校注）　岩波書店　昭60／岩倉使節団の西洋見聞―『米欧回覧実記』を読む（芳賀徹述、日本放送協会編）　日本放送出版協会　平2（NHK市民大学）／アメリカの岩倉使節団（宮永孝）　筑摩書房　平4（ちくまライブラリー）／「米欧回覧」百二十年の旅―岩倉使節団の足跡を追って・米英編（泉三郎）　図書出版社　平5／『米欧回覧実記』の学際的研究（田中彰、高田誠二編著）　北海道大学図書刊行会　平5／新・米欧回覧―歴史紀行岩倉使節団の旅を追う（古川薫）　毎日新聞社　平5／岩倉使節団内なる開国―大開港展シリーズ第5回（霞会館資料展示委員会編）　霞会館　平5（霞会館資料）／「米欧回覧」百二十年の旅―岩倉使節団の足跡を追って　欧亜編（泉三郎）　図書出版社　平5／岩倉使節団『米欧回覧実記』（田中彰）　岩波書店　平6（同時代ライブラリー）／『米欧回覧実記』を読む―1870年代の世界と日本（西川長夫、松宮秀治編）　法律文化社　平7／堂々たる日本人―知られざる岩倉使節団　この国のかたちと針路を決めた男たち（泉三郎）　祥伝社　平8／白い崖の国をたずねて―岩倉使節団の旅　木戸孝允のみたイギリス　アルビオン（宮永孝）　集英社　平9／岩倉使節団（萩原延壽）　朝日新聞社　平12（遠い崖―アーネスト・サトウ日記抄）／堂々たる日本人―写真・絵図で甦る　この国のかたちを創った岩倉使節団「米欧回覧」の旅（泉三郎）　祥伝社　平13／岩倉使節団の歴史的研究（田中彰）　岩波書店　平14／岩倉使節団『米欧回覧実記』（田中彰）　岩波書店　平14（岩波現代文庫：学術）／岩倉使節団の再発見（米欧回覧の会編）　思文閣出版　平15／岩倉使節団の比較文化史的研究（芳賀徹編）　思文閣出版　平15／明治維新と西洋文明―岩倉使節団は何を見たか（田中彰）　岩波書店　平15（岩波新書）／堂々たる日本人―知られざる岩倉使節団（泉三郎）　祥伝社　平16（祥伝社黄金文庫）／岩倉使節団という冒険（泉三郎）　文藝春秋　平16（文春新書）／

| 岩倉使節団 | | 団体編 |

明治日本の創造と選択(相澤邦衛)　叢文社
平16　　　　　　　　　　　　〔境田進〕

II. 留学生

幕府オランダ留学生

〔人員〕榎本釜次郎(武揚)以下15名 〔期間〕文久2(1862)年6月18日品川出航、9月11日長崎出航～ 〔訪問国〕オランダ 〔目的〕西洋(オランダ)の海軍諸術、人文科学、医学・技術の研修

幕府は文久2(1862)年3月ヨーロッパの先進諸国の文化・文物制度、科学や技術を学ばせるために15名の留学生をオランダに派遣することにした。海軍諸術の研修、国際法、経済学、統計学などの人文科学の研修、医学の研修、鍛冶、鋳物、時計、航海術などの技術の研修が留学生の研修のすべき内容であった。従来、幕府は近代的海軍を創設するためには海軍士官の養成が急務であると考え、オランダに軍艦を発注したり、オランダ士官による海軍訓練所の伝習を行ったりしてきたのである。実際に日本人によって軍艦を製造することが大きな目的であったので、まず軍艦の製造を見学させ、それを実地に学ばせることが必要であり、そこで幕府はいわゆる海軍諸術の修得を留学生に課すことにしたのである。もっとも当初幕府は日米修好通商条約第10条に基き軍艦の建造をアメリカに依頼したところアメリカ本国の政情不安定を理由に断わられたので、オランダにこれを依頼したという事情がある。文久2年3月13日、軍艦奉行井上信濃守は留学生を軍艦操練所に呼びオランダ留学を命じた。内田恒次郎(正雄 25歳)〔年艦操練所 海軍諸術〕 榎本釜次郎(武揚 27歳)〔軍艦操練所 機関学〕 沢太郎左衛門(貞説 28歳)〔軍艦操練所 砲術〕 赤松大三郎(則良 22歳)〔軍艦操練所 造船学〕 田口俊平(良直 45歳)〔軍艦操練所 測量術〕 津田真一郎(真道 34歳)〔蕃書調所教授手伝並 法律・国際法、財政学、統計学〕 西周助(周 34歳)〔蕃書調所教授手伝並 法律・国際法、財政学、統計学〕 伊東玄伯(方成 31歳)〔長崎養生所 医学〕 林研海(紀 19歳)〔長崎養生所 医学〕 古川庄八(28歳)〔水夫小頭 船舶運用、水夫の扱い方〕 山下岩吉(28歳)〔一等水夫 船舶運用、水夫の扱い方〕 中島兼吉(34歳)〔鋳物師 大砲鋳造〕 大野弥三郎(規周 43歳)〔時計師 測量機械製造〕 上田虎吉(寅吉 40歳)〔船大工 造船術〕 大河喜太郎(31歳)〔鍛冶職 鍛冶術〕 久保田伊三郎〔宮大工 艦内装飾など、長崎で病死〕の一行である。出立間近に留学生たちは日本の秘密を漏洩しないこと、キリスト教の信者にならぬこと、日本の風習を改めないことなどに関する「誓書」をとられる。6月18日、留学生たちは品川沖から咸臨丸で長崎に向いここで48日間も便船を待つことになる。9月11日オランダ船カリップス号で留学生一行はまずジャワに向う。幕府はオランダまでの船賃として16550フルデンを支払い、留学生たちに御用金26000ドルを渡している。途中、リアート島付近で座礁し、オランダ軍艦に救助されてバタビアには10月18日に到着する。11月3日テルナーテ号でバタビアを出航し、2月8日セント・ヘレナ島に立ち寄り、イギリス海峡を経て4月16日オランダのブローウェルスハーフェンに入港する。品川出航以来324日目でオランダの地を踏む。ロッテルダム入りをするが、幕府の指示通り黒紋付や羅紗の羽織に小袖、立付袴に大小両刀をたばさんで歩く留学生たちをオランダ人たちは驚きの表情で見物したという。4月18日ロッテルダムからライデンに着き、ホテル・デ・ゾンに旅装を解く。19日ホフマン、ポンペ両博士の案内で市内見物。27日、榎本、沢、伊東、林、田口の5名はハーグに移り、ベルヴュー・ホテルに投宿する。留学生たちのオランダ語力は読んだり書いたりはまだしもよかったが、会話となるとかなりむずかしく、わずかに赤松ができた程度である。28日、内田、赤松もライデンからハーグに来る。5月16日から教師について勉学を始める。伊東と林は海軍医学校、内田たちは海軍兵学校などで学ぶ。6月25日、古川、山下はライデンの航海訓練学校に通う。10月21日、赤松は上田、古川、山下を連れてドルトレヒトに移り、ヒップス造船所に通う。元治1(1864)年3月26日遣欧使節池田筑後守長発一行の来着が内田のもとに知らされる。4月1日、内田、林とともにパリに赴く。5月

上旬、赤松は上田、中島、大野とアムステルダムに移る。10月20日ヒップス造船所で前年8月以来建造中の軍艦を開陽丸と命名する。慶応1(1865)年8月2日、大河喜太郎がアルコール性肝炎のためにアムステルダムで死去する。9月14日開陽丸の進水式に内田、橋本、沢、赤松、田口、古川、上田、山下が立ち会う。10月14日西と津田が帰国の途につき、マルセーユ経由で12月27日に横浜に帰着する。慶応2年5月、赤松はプロシア軍に従軍し、7週間戦争の跡を1ヶ月かけて視察する。10月、伊東、林、赤松の3ヶ年留学延期許可が軍艦奉行伊沢謹吾から届く。10月25日開陽丸は日本に回航されるためフリシンゲンを出航するが、内田、橋本、沢、田口、上田、古川、山下、大野、中島がこれに乗船して帰国の途につく。翌3年3月26日に横浜に入港する。オランダに残留した伊東、林、赤松はパリ万国博覧会参列後ヨーロッパの条約締盟国への親善に巡歴する徳川昭武一行を8月18日にドイツ国境のゼヴェナールに出迎える。4年3月、赤松は幕府瓦解を知り帰国を決意、パリ、マルセーユを経て5月17日帰国する。12月3日残る2人も昭武の一行とともに帰国する。このように幕府オランダ留学生は幕府の瓦解によって全員帰国することになったのであるが、日本の近代化達成のためにオランダの地で西洋の学問、技術、文化を学びとることの抱負と期待を、さらには責任と使命を痛感してそれなりの努力を重ねたのであった。異郷の地で客死した大河喜太郎のような者もいるし、帰国後間もなく病死した田口俊平(慶応3年11月18日)のような人びともいるが、留学生のうち西と津田はフィッセリングに留学の目的と希望を話し、西洋の政治学、経済学、法律学、統計学などを学ぶべく、その自宅で教えを受けたので、西の場合留学中に次第に西欧に対する見方、とくにイギリスの侵略主義に危機感を強め日本の開国と国内統一の早期実現の必要性を覚えるようにその見方が変っていった。このような西洋観の変化というような留学体験をもつ人物を含めて榎本武揚、赤松則良、沢太郎左衛門、津田真道、西周などのように明治日本の代表的な人物に数えられる有為な人材が幕府オランダ留学生から輩出した。一方、中島謙吉、大野弥三郎、古川庄八など職方と呼ばれた技術者の中からもオランダ留学の体験を活かして活躍する人たちが出たことは土分だけでは実地研修には不十分であると判断した幕府当局者の見識の確かさを認めたいものである。いずれにせよ、この幕府オランダ留学生たちは幕府瓦解の前後に帰国していることで、派遣者である幕府のためにはその成果を活かすことができず、その瓦解をもたらした新政府のもとで日本近代化に役立てることになるのはいささか皮肉であった。もっとも一時期ではあるが、沼津兵学校で西周が校長となり、赤松則良を一等教授として旧幕臣の授産と西洋の学問の伝授にその留学体験の成果を幕府のために役立てていることを見落してはなるまい。

[文献] 近代日本の海外留学史(石附実) ミネルヴァ書房 昭47／幸田成友著作集4 中央公論社 昭47／近代日本海外留学生史 上(渡辺実) 講談社 昭52／幕府オランダ留学生(宮永孝) 東京書籍 昭57／幕末教育史の研究2-諸術伝習政策(倉沢剛) 吉川弘文館 昭59 〔富田仁〕

長州藩イギリス留学生

〔人員〕伊藤俊輔(博文)以下5名 〔期間〕文久3(1863)年5月12日～ 〔訪問国〕イギリス 〔目的〕海軍術の修業

万延1年12月、長州藩は幕府に開国して諸外国の実情を知ることが急務であるという上申を行っている。一方、周布政之助、山田宇右衛門たちは開国後の外交交渉に備えて人材の育成を考え、高杉晋作も師吉田松陰の遺志に基き西洋事情を調べるための西洋渡航を計画した。このような藩内の動きを背景に志道聞多(井上馨)はかねてからの洋行の念願を実現することになる。攘夷には海軍力の拡充が必要であると考えて江戸で海軍術の修業をしていたが、文久2年12月品川御殿山のイギリス公使館焼打ちのあと京都に逃げ、山県半蔵(有朋)と久坂玄瑞と再会し、佐久間象山に面会して開国論と外国と対抗するには海軍力を強化して軍備拡充を図らなくてはならぬという意見を聞き、持論の海軍興隆論と符合するのを知り感銘し、同時に洋行の念を固める。早速藩主に上申し、藩庁要人に働きかけ、万一許可がなければ脱藩しても決行する旨を伝え、ついに藩庁の同意をえる。井上は山尾庸三、野村弥吉(井上勝)とともに洋行の許しをえた。伊藤俊輔(博文)、遠藤謹助の二人も洋行を希望し、費用5000円を村田蔵六(大村益次郎)を動かして調達する。

団体編　　　　　　　　長州藩イギリス留学生

横浜のジャーディン・マゼソン商会の支配人イギリス人S.ガワーの斡旋で文久3（1863）年5月12日ケスウィック号で秘かに横浜を出航する。藩庁の諒解ををえたとはいえ、あくまでも密航であった。周布政之助たちは開国後の外交交渉に必要な西洋事情に通じた人材の育成のために井上たちの密航を許したのであるが、留学生たちは攘夷の実行のための留学を考えていたのである。上海では軍艦、蒸気船、帆船が多数碇泊しているのを見て井上は攘夷の愚しさを知り、開国こそ将来の隆盛を図る策であるということを痛感する。またジャーディン・マゼソン会社の上海支店長から英語で話しかけられて通ぜず、どのような目的でイギリスに渡るのかとの質問に「ナビゲーション」とこたえたばかりに、海軍術ならぬ航海術の研修として水夫同様の苦役を課せられてロンドンまでの航海を続けることになる。9月23日に到着する。箱館で英学修業した野村が少しばかり英語ができる程度であったので、ジャーディン・マゼソン商会の社長ヒュー・マゼソンの紹介でロンドン大学教授アレキサンダー・ウィリアムソンの指導でまず英語の勉強を始める。英字新聞を辞書を頼りに読み、わからぬところは寄宿先の主人に問いただすという勉強法である。井上と伊藤は軍事、政治、法律を中心に学び、野村、山尾、遠藤は理科、自然科学を主として勉学することにした。余暇には造船所、海軍の施設、工場などを見学した。そんなある日、とくに日本に関する記事に注意していた新聞の記事の見出しから薩英戦争のことを知り、ついに薩摩藩が攘夷実行の動きに出たことに井上たちは日本の将来を憂慮した。翌元治1年春には馬関（下関）で長州藩が外国商船を砲撃したが、幕府が長州藩を罰しないときには列強諸国が自由行動をとるだろうという話も伝えられた。井上は長州藩が滅ぶようなことがあっては海軍の研究も役にたたなくなるのでひとまず帰国し、ヨーロッパの形勢事情を伝えて鎖国を解き、開国するように導かなくてはならないと考え、伊藤俊輔に話して同意をえて二人揃って帰国することにした。野村たちも同行を申し出たが、万一志を果すことなく死んだとき帰国して後継者になって欲しいと説得してこれを押しとどめた。ジャーディン・マゼソン商会の引きとめにも、その意志をまげずに3月中旬ごろロンドンを出発して帰国の途についた。井上と伊藤の場合わずかに半年ほどのイギリス滞在であればそれほどの勉学成果のあげることのない留学であったが、残りの三人は慶応4年8月にはロンドン大学の修了証書をえて5年間の留学を終えて帰国したという。もっともロンドン大学ユニヴァーシティ・カレッジに保存される学生名簿には"Nomuran"の名で野村が記録されているにすぎず、あとの二人については在籍の確認もない。井上と伊藤は帰路は船客として、しかも少々英会話にも通じていたので往路のような苦労もなく6月10日頃に帰国し、イギリスでの見聞を藩主たちに話し、攘夷から開国へ藩論を変えるのに尽力した。9月25日、井上は刺客に襲われて重傷を負うが、回復後、薩長二藩の連合で倒幕を図り王政復古の実現につとめ、明治維新を迎え新しい時代の政治に携わることになる。井上にとってイギリスに密航し、西洋の文物制度に触れることにより、攘夷から開国へと大きく思想の転換が行われたのである。のちに不平等条約の改正のために欧化政策をとり、鹿鳴館を舞台に尽力することになったのものそのような海外体験が微妙に反映していたものと考えられる。野村、山尾、遠藤の三人は当初の費用がなくなったあとは自活する予定であったが、慶応初年には藩からの送金をえて留学を続けることになった。このことは藩の公金を持ち出して密航した井上、伊藤が帰国してもなんの咎めだてもせず不問に付したことからわかるように、藩の留学生への期待が大きくなったことを表わすものとみられる。藩の幹部では開国後の対外交渉に海外経験者を役立てようとする先取り的な考えをもっていたことも大きな理由である。一藩のためではなく、広く国家のための留学という考えが留学生の中に芽生えていたことも見落してはならない。伊藤は「大丈夫の恥を忍んで行く旅も皇御国の為とこそ知れ」という気持で故国をあとにしたのである。藩意識から国家意識への昂揚と強兵から富国へその国家の目標を転換させていくところにイギリス留学生の海外体験の意義が認められる。それであればこそ、彼らが留学でえた知識と技術が藩ではなく国家の利益の上で活かされることになったのである。

[文献] 世外井上公伝（井上馨侯伝記編纂会）　内外書籍　昭8／伊藤博文（中村吉蔵）　講談社　昭17／近代日本の海外留学史（石附実）　ミ

ネルヴァ書房　昭47　／英語事始（日本英学史学会編）　日本ブリタニカ　昭51　／鹿鳴館-擬西洋化の世界（富田仁）　白水社　昭59／密航留学生たちの明治維新—井上馨と幕末藩士（犬塚孝明）　日本放送出版協会　平13（NHKブックス）　　　　〔富田仁〕

幕府ロシア留学生

〔人員〕大築彦五郎以下6名　〔期間〕慶応1（1865）年7月〜　〔訪問国〕ロシア　〔目的〕ロシア語研修, ロシア通の育成

　海外への伝習生の派遣については, すでにオランダやイギリスへの派遣の事が実現ないし進行中であった折から, ロシアへの派遣も機は熟してはいたが, 実際に事を建策したのは, 箱館駐在のロシア領事ゴスケヴィッチと箱館在住のロシア人宣教師I.K.ニコライでこれに当地の奉行が理解を示し, 幕府はこの案を取りつぎ, 実現の運びとなったものである。伝習生の人選の基準は明らかではないが, 当初の決定では, 大築彦五郎, 小沢清次郎, 市川文吉, 緒方城二郎〔以上, 開成所稽古人世話心得〕, 田中二郎〔幕臣〕, 志賀浦太郎〔箱館奉行組同心〕の6名が派遣される予定であった。しかしこのうち志賀は, 箱館奉行所の通詞としてこの計画に初めから大きな役割をになっていたにもかかわらず, 女性問題がわざわいして除外されたと言われ, 代って幕臣山内作左衛門が目付役として随行することになった。一行は慶応1（1865）年7月, 折から箱館に入港していたロシア艦船に便乗して, ケープタウン経由で伝習の途についた。30歳の山内作左衛門は別格として最年少が14歳の小沢で, いずれも20歳前後の若者の集団であった。プリマス, シェルブールを経てペテルブルグには半年後の1866年2月に到着した。露都についた一行はゴスケヴィッチの世話で一家を借り女中2人に下男1人を雇って共同生活をはじめたが, 寒さと食習慣の違いに加えて, 物価の高さも彼らを苦しめた。また肝心の学業もゴスケヴィッチの怠慢も手伝い期待通りはすすまなかった。各人の志望科目は, 緒方が精密術, 市川が鉱山学, 小沢が器械学, 田中が海軍学, 大築が医学, 山内が諸方の国風法度などであったが, 帰国後の彼らの身の処し方からしても, いずれも専門の学校に入学を許されて系統的に研修に従事できたとは考えられない。こうした実情に目付役, 山内は心労甚しく, つい

に病いを得, 折からロシア政府と樺太の国境問題をめぐり交渉に来た小出使節団の帰国を機に, 伝習生御免願を出し容れられ一足先に帰国の途についた。慶応3年3月に露都を出発して5月7日に横浜に帰着した。同年10月, 徳川慶喜は大政を奉還し徳川幕府崩壊-これに伴い, フランス, オランダ, イギリス, ロシアに留学中の伝習生たちは修業半ばで召還の運命に立ちいたる。ロシア留学生は市川を残し, その他4名の者は慶応4年5月ペテルブルグを去り, パリを経由して8月末に帰国した。一行のペテルブルグ滞在中は橘耕斎（ロシア名＝ウラジーミル・ヨシフォヴィッチ・ヤマトフ）が何くれとよく面倒をみた。また薩摩藩より派遣されてロンドンに留学中の森有礼も休暇を利用して露都に遊び, 幕府留学生らと大いに国政を論じたが, 山内とは意気投合し両者の親交は帰国後にも及んだものの, 他の留学生については, 森は「乳児也」と断じている。遺露留学生の帰国後の活動は, 英仏蘭への留学生のそれと比べて, 遜色はいちじるしい。山内, 緒方両名については別項に譲るとして, たとえば, 大築彦五郎は帰国した年に開成所教授試補, 翌年同大得業士にあげられたが, その後北海道開拓使のもとで対露交渉の実務につき, 明治17年, 35歳の若さで病没した。市川文吉はロシア婦人との間に子供をもうけ, ロシアに滞留すること8年2ヶ月, 明治8年帰国後は文部省七等出仕に任ぜられた。東京外国語学校露語科教師をつとめ, また, 外務省二等書記官, 文部省御用掛等に任ぜられたが, 語学校廃止（明治18年）の後は, 黒田清隆に随行しこの欧米巡遊を最後に明治20年官を辞して隠棲した。以後40余年に及ぶ余生を楽しみ, 昭和2年7月81歳の高齢をもってこの世を去った。その生涯で最も大きな業績としては千島樺太交換問題の折衝を助けた事をあげるにとどまる。田中二郎, 小沢清次郎, 両人については帰国後に開成所教授補に任ぜられたことが知られるばかりで, あとの消息は杳として定かではない。英仏蘭に留学したものが各界の指導者として応分の働きをなしたのに対して, ロシアへの留学者の活動がこのように不振をきわめたことについては諸説あるが, その有効な理由としては, ロシアそのものが, 当時の欧米諸国に比して, 文化的・政治的・経済的に後進国の地位に甘んじていたことがあげられるだろう。開化日本にとって範となすべきは,

イギリス、フランス、そしてドイツの近代文化だったのである。また、留学生遣露の策が幕府の側から出たものでなかったことから、人選や派遣後の配慮にも遺漏があったことも指摘されねばならない。すなわち、遣露留学生には人材に欠け、加えるに、留学地にあっても、習学上然るべき便宜を供されることが他の国の場合に比して、あまりに少なかったのである。

[文献] 遣魯留学生の研究(原平三):歴史研究 昭14／我が国最初の露国留学生に就て(原平三):歴史学研究 10(6) 昭15.6／遣魯伝習生始末(内藤遂) 東洋堂 昭18／幕末ロシア留学記(内藤遂) 雄山閣 昭43／日本とロシア(高野明) 紀伊国屋書店 昭46／近代日本の海外留学史(石附実) ミネルヴァ書房 昭47／日本人とロシア人(中村新太郎) 大月書店 昭53／日露交渉史話(平岡雅亨) 泉書房 昭57／幕末教育史の研究2-諸術伝習政策(倉沢剛) 吉川弘文館 昭59
　　　　　　　　　　　　　　　〔長縄光男〕

薩摩藩イギリス留学生

〔人員〕町田民部以下17名　〔期間〕元治2(1865)年3月22日～　〔訪問国〕イギリス　〔目的〕先進国の文物制度の研修と日本の富国強兵を図る

安政4年、薩摩藩主島津斉彬は欧米先進諸国への留学生派遣の構想を抱いた。当時は鎖国政策のために日本人の海外渡航は禁じられていたので幕府への秘密漏洩を案じ薩摩藩の属領である琉球にひとまず渡航させ、そこからイギリス、アメリカ、フランスに派遣するが、留学生の渡航には在留中のフランス人に斡旋を依頼するという構想で、薩摩藩士から5～6名、琉球人から3～4名を選抜し、語学のほか物産、医術、化学、砲術、造船、航海術を学ばせ、同時に欧米諸国の状況を調査・報告させるというのが留学生に課せられる任務であり、安政6年春に留学生を派遣させることが決められていた。だが、5年7月に斉彬が急死したために、この計画は挫折することになる。それから7年後、薩摩藩士五代才助は文久3年の薩英戦争で捕虜になった体験から急進的開国論者となり、外国貿易の必要性と富国強兵のために、ぜひとも海外に留学生を送り先進文明諸国の文物制度を輸入することがいかに重要かを痛感した。イギリス艦からの解放後幕吏の追及を逃れるために長崎に潜伏中、トマス・グラヴァーと知り合い、意気投合し、海外留学の構想の実現化に協力してもらうことになる。五代は建言書をまとめ、攘夷論を批判するとともに開国貿易に基く富国強兵論を説く。上海貿易と海外留学生の派遣がその具体案であるが、後者ではイギリスとフランスに留学生16名と通訳1名を派遣するという案が提出されている。薩摩藩は「五代才助上申者」と題されるその建言書に基き、藩の洋学研修機関である開成所の生徒から留学生を選抜することになる。開成所は元治1年6月に町田民部(久成)、大久保一蔵(利通)など革新派の人びとにより洋式軍制拡充のために設立されたもので、藩校造士館などから選抜された優秀な生徒を集めた。海外留学生選考では藩の門閥派すなわち上層階級の子弟5名、開成所生徒から12名、計17名が選抜され、五代才助と藩でただひとり渡欧経験のある松木弘安の2名が視察随員として同行することが決定された。新納刑部(久脩 33歳)　町田民部(久成 27歳)　畠山丈之助(義成 25歳)　島津織之介、高橋要〔以上門閥派〕　市来勘十郎(23歳)　森金之丞(有礼 18歳)　高見弥一(31歳)　東郷愛之進(23歳)　吉田巳二(20歳)　磯永彦輔(13歳)　鮫島誠蔵(尚信 13歳)　田中静州(盛明 23歳)　中村宗見(博愛 22歳)　町田申四郎(実積 18歳)　町田清蔵(実行 15歳)　町田猛彦(21歳)〔以上開成所生徒〕　なお、開成所生徒高見弥一は土佐藩の遊学生である。元治2年1月18日、藩命で留学が決定されるが、19日畠山丈之助、島津織之介、高橋要の3名が攘夷守旧派の急進分子であったことで留学を辞退する。島津久光が3人を召喚し説得した結果畠山のみが翻意し、結局、欠員2名を追加することになる。村橋直衛(久成 25歳)、名越平馬(21歳)の2人がそれである。

1月20日早朝、一行は鹿児島を出立するが、幕府の眼をくらますために全員変名を用いることになる。帰国まで変名で通すが、藩主から賜わった氏名であるということで全員その変名を大切にしている。変名は下記の括弧内の通りである。新納刑部(石垣鋭之助)　町田民部(上野良太郎)　畠山丈之助(杉浦弘蔵)　村橋直衛(橋直輔)　名越平馬(三笠政之介)　市来勘十郎(松村淳蔵)　中村宗見(吉野清左衛門)　田中静州(朝倉省吾)　東郷愛之進(岩屋虎之助)　鮫島誠蔵(野田仲平)　吉田巳二(永井五百助)　森金之丞(沢井鉄馬)　町田猛彦

薩摩藩イギリス留学生　　　　　団体編

（山本幾馬）　町田申四郎（塩田権之丞）　町田清蔵（清水兼次郎）　磯永彦輔（長沢鼎）　高見弥一（松元誠一）　羽島浦で便船を待つうちに町田猛彦が変死する。変死の詳細は不明である。3月20日夕刻五代才助（変名：関研蔵）と松木弘安（出水泉蔵）が長崎出身の堀荘十郎（高木政二）を通弁に雇い、グラヴァー商会番頭ライル・ホームを渡航中の世話人として便船で到着する。同月22日、便船オースタライエン号は香港に向い出航する。香港からイギリス汽船に乗り換えてシンガポール、ペナン、ゴール、ボンベイ、アデン、スエズ、アレクサンドリア、マルタ、ジブラルタルを経てイギリスのサザンプトンに到着したのは慶応1年5月28日未明のことであった。2ヶ月余の長い船旅である。その間、香港では洋服、靴を買い洋装となし、シンガポールでは初めてパイナップルを味わい、接吻の場景に驚き、インド洋上でアイスクリームを賞味し、運河開孔以前であればスエズからアレクサンドリアまでは鉄道を利用し蒸気車の速さを疾風にたとえて驚嘆し、電信機の便利さを知るなど異文化との邂逅を肌で感じるのであった。

ロンドンではまず家庭教師を雇って語学力の不足を補うことになり、本格的な語学研修に入る。閏5月10日、文久3年に長州藩密航留学生としてイギリスにやって来た山尾庸三、野村弥吉、遠藤謹助の3名一行が宿舎を訪れ、これを機会に薩長両藩士の交歓が深められる。一方、松木は藩から托された覚書を外務次官レイヤードに手渡し、通商条約批准権を幕府から朝廷に移行させ幕府の貿易独占を排除し、各大名の領内の港を開かせ貿易の自由化を図ろうとする外交工作に着手する。7月初旬には、留学生たちはグラヴァー商会の世話で、長州藩留学生と同様にアレキサンダー・ウィリアムソンの紹介により、それぞれ2名ずつロンドン大学の指導教官宅に分宿し勉学に励むことになる。松村と名越は数学教師、東郷、町田申四郎はフランス語教師、畠山、吉田は文学教師、町田清次郎、鮫島は化学教師、森、高見は画工の家に宿泊したのである。朝倉、吉野はフランスに、磯永はスコットランドのグラヴァーの家に赴き、行動を別にしている。また7月24日五代才助はベルギーに渡りモンブランに会い、貿易商社設立のための協議を始め、8月26日その仮契約を成立させる。そのあとプロシア、オランダ、フラン

スなどヨーロッパ大陸の視察旅行をするが、パリでは幕府の遣仏使節柴田剛中一行や幕府オランダ留学生西周助たちと出会う。11月3日ロンドンに戻るがその間に五代はヨーロッパ諸国の近代産業の発達ぶりを肌で感じとるという体験をしている。産業開発の手段が商社の設立にあり、それがヨーロッパ諸国視察で痛切なものになっていった。留学生はロンドン大学ユニヴァーシティ・カレッジに入学したのだが、これはウィリアムソンという教授との関係によるものであるけれど、異教徒の入学を認めており、技術、法律、医学など実践的な教育を行う開放的な大学であったことと深くかかわるものである。留学生はここですべて法文学部で勉学につとめた。慶応1年12月中旬、新納、五代、堀の3名は留学生が一応の成果をあげているので状況報告の意味もあり帰国する。中村宗見と田中静州は翌2年1月頃にフランスに赴きモンブランの家に住み勉学に励む。6月普墺戦争が起るが、これを観戦した町田清蔵が8月帰国の途につく。この頃留学一年の実績をえて町田申四郎、名越平馬、東郷愛之進、高見弥一も相前後して帰国する。藩からの送金が途絶えがちで勉学に支障が生じたことも帰国の理由の一半とみられる。夏休みには町田民部のほか畠山、市来、森、鮫島、吉田の6名だけがロンドンに残っているにすぎなかった。スコットランドの磯永、フランスの中村、田中を加えてもヨーロッパ滞在中の薩摩藩の留学生は9名になっていた。8月1日、市来と森はロシア旅行に赴く。鮫島と吉田は元駐日イギリス公使館一等書記官のカーレンス・オリファント下院議員に同行してアメリカに、畠山はフランスに旅立つ。9月10日、森と市来はロンドンに戻り、アメリカから帰った鮫島と吉田からトマス・レイク・ハリスの共同体の話を聞く。9月中旬、第二次薩摩藩アメリカ留学生の仁礼平助、江夏仲左衛門、種子島教輔、吉原弥二郎、湯地治右衛門の5名がアメリカへの途次ロンドンに立ち寄る。薩摩藩ではこのアメリカ留学生のほかにロシアとオランダにも留学生を送る計画をたてていたがこれは実現しなかった。12月14日には中井弘が土佐藩の結城幸安とともにロンドンにやって来たが、留学生たちのうち杉浦、野田、長井、松村たちからイギリスの軍隊に特別に入隊を認めてもらっていたようで、鮫島、吉田、市来、畠山はドーヴァーにおけ

る大演習に参加していた。慶応3年のパリ万国博覧会の開催に薩摩藩から全権使節として家老岩下左次衛門(方平)が派遣されたが,前年に新納と五代たちがモンブランと締結した商社設立仮条約を正式に契約することがその主要な任務であった。これに対して留学生たちはモンブランの雇入れと協商について警戒するようにという意見を藩に送ったが,そこにはヨーロッパ諸国がいかに排他的ですこぶる私利私欲あるいは国家の利益を追い求め,いわゆる弱肉強食の国であるかという西欧観が述べられているのである。留学生たちがイギリスばかりでなく,ロシアやアメリカなどに足をのばして広く見聞を深めたことに大きく基く意見書であった。松村,森がロシアの後進性を知ったのもロシア旅行の賜物であったが,旅行に先だってオリファントから西欧諸国の侵略主義などを予備知識としてあたえられていたことも見落せない。オリファントは鮫島と吉田を連れてアメリカに赴いたとき,革新的なキリスト教の唱導者トーマス・レイク・ハリスの新生社というコロニーを訪れた。ハリスは1823年5月イギリスに生まれ,5歳でアメリカに移住。20歳のとき普遍救済主義派の牧師になる決心をして布教活動を行い,1847年頃にスウェーデンボルグ派の神秘主義者アンドリュー・ジャクソン・デヴィスを知りその教えを受ける。のち,自己の完全な否定ときびしい戒律と激しい肉体労働による無報酬の神への使役を通して,神の息吹を体内に取り入れ,神聖なる相対物を自己と結合させるという人間と神との完全調和を目ざす独自の教義をひらいた人物である。その教義の実践のために,ニューヨーク州ウォサイックの農場に弟子たちと住み新生社という共同体を組織した。オリファントはコロニー入りを拒まれたが,鮫島たちはアメリカでの勉学をすすめられた。一年後,ハリスがロンドンに出版交渉のために来英した。オリファントは留学生たちにハリスを紹介したが,ハリスは新生社に留学生たちが入ることをすすめた。森,畠山,市来,磯永もハリスに心酔していった。たまたま留学生の監督格の町田民部が4月8日に帰国することになると,留学生たちは一層ハリスの教えに魅かれていく。森がかわってロンドン旅行で西洋の学芸,技術を学ぶ者の多くがすべて「末の技芸に走りて本を知らぬ」と反省したように,ロンドンで〈末の技芸〉である西洋の学問を学ぶだけであると深く反省する。西洋そのものへの批判の念がかもし出されたのである。6月9日,大久保一蔵(利通)と伊集院左中宛の建言書がハリスの教義の影響下に起草され,そうした考えが披瀝されている。この時期,留学生たちはハリスの新生社入りを決意するが,それは彼らの学資が乏しくなり,みずから働いてそれを稼がなくてならなくなった時期に重なっていた。当時藩から学資支給が困難となったので学業成果のあがらぬ者は帰国するように勧告され,町田とその二人の弟,高見,名越,東郷,村橋の7名が帰国した。6月26日オリファントが渡米し,ハリスのコロニー入りをする。1ヶ月後の7月のある日,畠山,市来,森,鮫島,吉田,磯永の6名の留学生はイギリス生活を閉じてアメリカに旅立ったのである。森たちがアメリカに留学の地を移したのはハリスの影響でもあったが,まだ学問的なレベルの高くない新興の国アメリカの方が一般普通学を修めるのに適しており,普通学の研修を通じて西洋の学問を基礎から理解し,それをもって日本の富国強兵を図ろうとしたのであるともみられている。薩摩藩イギリス留学生は帰国後,博物館の創設,教育,鉱山,外交,理財,海軍などさまざまな分野でその海外体験を活かしたが,いずれも藩の枠を越えて国家観念を形成していく過程がその留学の日々に看取される。もっとも磯永のように13歳の年少で渡英したこともあり,アメリカで実業家となったときすでに藩意識をひきずった西洋的な人間に変容していたという人物もいたことをつけ加えておきたい。

[文献] 薩藩海軍史 上・中・下(公爵島津家編纂所編) 原書房 昭43 (明治百年史叢書71〜73)／近代日本の海外留学史(石附実) ミネルヴァ書房 昭47／薩摩藩英国留学生(犬塚孝明) 中央公論社 昭49 (中公新書375)／近代日本海外留学史 上(渡辺実) 講談社 昭52／若き薩摩の群像—サツマ・スチューデントの生涯(門田明) 春苑堂出版 平3(かごしま文庫) 〔富田仁〕

幕府イギリス留学生

〔人員〕中村敬輔(正直)以下14名 〔期間〕慶応2(1866)年10月〜慶応4(1868)年6月 〔訪問国〕イギリス 〔目的〕西洋の学問,文物制度を研修して富国強兵を図る

幕府イギリス留学生

慶応2(1867)年8月,幕府は開成所でイギリス留学生の選抜試験を行った。これに先だって同年4月8日,留学生希望者には渡航を許す布達を出し,9月末には渡航免状もつくられていたが,このような海外渡航の自由化のもとに行われた選抜試験には80名程度の受験者が集まった。試験の形式をとりながら結果としては情実人事であったとみられる。選考の末つぎの12名がイギリス留学生にえらばれた。市川盛三郎(15歳)、岡保義(伊東昌之助 20歳)、億川一郎(19歳)、杉徳次郎(17歳)、外山捨八(正一 19歳)、成瀬錠五郎(18歳)、林薫三郎(薫 17歳)、福沢英之助(和田慎次郎 20歳)、箕作奎吾(15歳)、箕作大六(菊池大麓 12歳)、安井真八郎(20歳)、湯浅源二(23歳)。9月には取締役として中村敬輔(正直 35歳)と川路太郎(寛堂 23歳)の二人が任命される。幕府が留学生の世話を駐日イギリス公使パークスに依頼したところ,パークスは海軍付の牧師L.W.ロイドに留学生の引率とロンドンにおける修学の世話を委任する。イギリス政府も幕府派遣の留学生の受入れを歓迎する意向を表明していた。10月25日横浜を出航して12月にロンドンに到着した留学生たちはロイドの配慮で寄宿先で個人教授を受けて英語の学習を始める。12月末にはロンドン大学ユニヴァーシティ・カレッジの予科に留学生たちは入学するが,取締役の二人は独学で勉学をすることになる。中村敬輔は文学を修め,後年J.S.ミル『自由之理』、S.スマイルス『西国立志編』翻訳の下地をつくる。これらの翻訳者が国民自主の権利を強調している点はイギリス滞在の大きな成果であったと考えられる。幕府瓦解により留学生の学資送金が止絶えるが,4年1月付で帰国命令が発せられ,栗本鯤(鋤雲)を通じて伝えられる。パークスが新政府に申し入れて2月まで延長されるが閏4月末,留学生たちはパリに集結し,6月末には帰国する。幕府イギリス留学生は選抜の段階で情実人事であったことから必ずしも俊秀を揃えられなかったためにみのりの少ない留学であった。当初,英語が話せたのは林薫三郎ぐらいであったという。留学後,杉、外山、湯浅、中村の4名は静岡学問所の教授スタッフに迎えられているが,のちに外山は森有礼を通じて外務省に出仕し森に随行して明治3年10月にはアメリカに赴いている。菊池大麓も同年イギリスに渡っている。林は明治義塾で教鞭をとることになる。このように維新後の日本の社会に活躍する人物も幕府イギリス留学生の中から出ていることも見落せないが,概していえば成果の乏しい留学生であったとみられている。

文献 徳川幕府の英国留学生(原平三):歴史地理 79(5) 昭17／近代日本の海外留学史(石附実) ミネルヴァ書房 昭47／近代日本海外留学史史 上(渡辺実) 講談社 昭52／幕末教育史の研究2-諸術伝習政策(倉沢剛) 吉川弘文館 昭59／慶応二年幕府イギリス留学生(宮永孝) 新人物往来社 平6
〔富田仁〕

付　　　録

（付　日本紀年・西暦年対照年表）

1. **年別渡航者名一覧**……………………………………777
   1) 収録された人物の渡航年別一覧である。各項目の記載は
      渡航年／渡航地／見出し人名／渡航目的／活動分野（職業，肩書き，専門，トピックなど）よりなる。
      数回渡航している場合は，初めて渡航した年を採用した。
      渡航年が確定できない場合でも推定可能なときには「一年頃」とし，それも不可能な場合は「年不明」とした。
   2) 排列は，渡航年順，同年の場合，渡航地の五十音順，渡航地が同一の場合，見出し人名の五十音順とした。

2. **国別渡航者名一覧**……………………………………848
   1) 収録された人物の最初の主要渡航地の国別一覧である。各項目の記載は
      渡航地／渡航年／見出し人名／渡航目的／活動分野（職業，肩書き，専門，トピックなど）よりなる。
      渡航地が複数にわたりその順序が不明の場合は，「欧米」または「ヨーロッパ」の項に分類した。
   2) 排列は，渡航地の五十音順，渡航地が同一の場合，渡航年順，同年の場合，見出し人名の五十音順とした。

日本紀年・西暦年対照年表

各年号の1(元)年の右の( )内の数字は改元の月日を示す。

天文 9	1540	慶長 5	1600	万治 3	1660	享保 5	1720	安永 9	1780	天保11	1840
10	1	6	1	寛文1(4.25)	1	6	1	天明1(4.2)	1	12	1
11	2	7	2	2	2	7	2	2	2	13	2
12	3	8	3	3	3	8	3	3	3	14	3
13	4	9	4	4	4	9	4	4	4	弘化1(12.2)	4
14	5	10	5	5	5	10	5	5	5	2	5
15	6	11	6	6	6	11	6	6	6	3	6
16	7	12	7	7	7	12	7	7	7	4	7
17	8	13	8	8	8	13	8	8	8	嘉永1(2.28)	8
18	9	14	9	9	9	14	9	寛政1(1.25)	9	2	9
19	1550	15	1610	10	1670	15	1730	2	1790	3	1850
20	1	16	1	11	1	16	1	3	1	4	1
21	2	17	2	12	2	17	2	4	2	5	2
22	3	18	3	延宝1(9.21)	3	18	3	5	3	6	3
23	4	19	4	2	4	19	4	6	4	安政1(11.27)	4
弘治1(10.23)	5	元和1(7.13)	5	3	5	20	5	7	5	2	5
2	6	2	6	4	6	元文1(4.28)	6	8	6	3	6
3	7	3	7	5	7	2	7	9	7	4	7
永禄1(2.28)	8	4	8	6	8	3	8	10	8	5	8
2	9	5	9	7	9	4	9	11	9	6	9
3	1560	6	1620	8	1680	5	1740	12	1800	万延1(3.18)	1860
4	1	7	1	天和1(9.29)	1	寛保1(2.27)	1	享和1(2.5)	1	文久1(2.19)	1
5	2	8	2	2	2	2	2	2	2	2	2
6	3	9	3	3	3	3	3	3	3	3	3
7	4	寛永1(2.30)	4	貞享1(2.21)	4	延享1(2.21)	4	文化1(2.11)	4	元治1(2.20)	4
8	5	2	5	2	5	2	5	2	5	慶応1(4.7)	5
9	6	3	6	3	6	3	6	3	6	2	6
10	7	4	7	4	7	4	7	4	7	3	7
11	8	5	8	元禄1(9.30)	8	寛延1(7.12)	8	5	8	明治1(9.8)	8
12	9	6	9	2	9	2	9	6	9	2	9
元亀1(4.23)	1570	7	1630	3	1690	3	1750	7	1810	3	1870
2	1	8	1	4	1	宝暦1(10.27)	1	8	1	4	1
3	2	9	2	5	2	2	2	9	2	5	2
天正1(7.28)	3	10	3	6	3	3	3	10	3	6	3
2	4	11	4	7	4	4	4	11	4	7	4
3	5	12	5	8	5	5	5	12	5	8	5
4	6	13	6	9	6	6	6	13	6	9	6
5	7	14	7	10	7	7	7	14	7	10	7
6	8	15	8	11	8	8	8	文政1(4.22)	8	11	8
7	9	16	9	12	9	9	9	2	9	12	9
8	1580	17	1640	13	1700	10	1760	3	1820	13	1880
9	1	18	1	14	1	11	1	4	1	14	1
10	2	19	2	15	2	12	2	5	2	15	2
11	3	20	3	16	3	13	3	6	3	16	3
12	4	正保1(12.16)	4	宝永1(3.13)	4	明和1(6.2)	4	7	4	17	4
13	5	2	5	2	5	2	5	8	5	18	5
14	6	3	6	3	6	3	6	9	6	19	6
15	7	4	7	4	7	4	7	10	7	20	7
16	8	慶安1(2.15)	8	5	8	5	8	11	8	21	8
17	9	2	9	6	9	6	9	12	9	22	9
18	1590	3	1650	7	1710	7	1770	天保1(12.10)	1830	23	1890
19	1	4	1	正徳1(4.25)	1	8	1	2	1	24	1
文禄1(12.8)	2	承応1(9.18)	2	2	2	安永1(11.16)	2	3	2	25	2
2	3	2	3	3	3	2	3	4	3	26	3
3	4	3	4	4	4	3	4	5	4	27	4
4	5	明暦1(4.13)	5	5	5	4	5	6	5	28	5
慶長1(10.27)	6	2	6	享保1(6.22)	6	5	6	7	6	29	6
2	7	3	7	2	7	6	7	8	7	30	7
3	8	万治1(7.23)	8	3	8	7	8	9	8	31	8
4	9	2	9	4	9	8	9	10	9	32	9

年別渡航者名一覧

渡航年	渡航地	人名・目的・活動分野
1551	ポルトガル	鹿児島のベルナルド　かごしまのべるなるど　修道〔キリシタン信徒：最初にヨーロッパを訪れた日本人〕
1582	ポルトガル	伊東 満所　いとう・まんしょ　天正遣欧使節の正使〔イエズス会神父〕
		コンスタンティノ・ドラード　西洋印刷技術〔イエズス会司祭：日本人最初の新聞を発行〕
		千々石 ミゲル　ちぢわ・みげる　天正遣欧使節〔イエズス会司祭〕
		中浦 ジュリアン　なかうら・じゅりあん　天正遣欧使節〔イエズス会司祭〕
		原 マルチノ　はら・まるちの　天正遣欧使節〔イエズス会司祭〕
1612頃	イタリア	トマス荒木　とますあらき　司祭昇任のため〔司祭：キリシタン吟味役〕
1613	スペイン	支倉 常長　はせくら・つねなが　慶長遣欧使節〔伊達政宗の家臣：日本初のフランス訪問者〕
1618	イタリア	マンショ小西　まんしょこにし　司祭昇任のため〔司祭：イエズス会最後の日本人神父〕
		ミゲル・ミノエス　司祭昇任のため〔司祭〕
1620	イタリア	ペドロ・カスイ・岐部　ぺどろ・かすい・きべ　司教職授与〔イエズス会神父：キリシタン布教・殉教，日本人初のエルサレム巡礼〕
1695	ロシア	伝兵衛　でんべえ　漂流〔商人：ロシアに渡った最初の漂流日本人〕
1710	ロシア	サニマ　漂流〔船乗り：日本語学校の助手〕
1729	ロシア	権蔵　ごんぞう　漂流〔若宮丸乗組員：世界最初の露日辞典の編纂者〕
		宗蔵　そうぞう　漂流〔若宮丸乗組員：滞露中は日本語教師〕
1745	ロシア	竹内 徳兵衛　たけうち・とくべえ　漂流〔多賀丸乗組員〕
1783	ロシア	磯吉　いそきち　漂流〔神昌丸乗組員〕
		九右衛門　きゅうえもん　漂流〔神昌丸乗組員〕
		小市　こいち　漂流〔神昌丸乗組員〕
		庄蔵　しょうぞう　漂流〔神昌丸乗組員：イルクーツク日本語学校教師〕
		新蔵　しんぞう　漂流〔神昌丸乗組員：イルクーツク中学校の日本語教師〕
		大黒屋 光太夫　だいこくや・こうだゆう　漂流〔神昌丸乗組員：日本に帰った最初の渡露漂流民〕
1793	ロシア	津太夫　つだゆう　漂流〔若宮丸乗組員：使節レザノフに随行，初の世界一周〕
1794	ロシア	左平　さへい　漂流〔若宮丸乗組員〕
		善六　ぜんろく　漂流〔若宮丸乗組員：通訳として活躍〕
		太十郎　たじゅうろう　漂流〔若宮丸乗組員：初めて世界一周〕
		辰蔵　たつぞう　漂流〔若宮丸乗組員：ロシアに帰化〕
		民之助　たみのすけ　漂流〔若宮丸乗組員：ロシアに帰化〕

渡航年	渡航地	人名・目的・活動分野
1806	アメリカ	八三郎　はちさぶろう　漂流〔若宮丸乗組員：ロシアに帰化〕 巳之助　みのすけ　漂流〔若宮丸乗組員：ロシアに帰化〕 茂次平　もじへい　漂流〔若宮丸乗組員：ロシアに帰化〕 市子 貞五郎　いちこ・さだごろう　漂流〔稲若丸乗組員〕 新名屋 吟蔵　しんなや・ぎんぞう　漂流〔稲若丸乗組員〕 惣次郎　そうじろう　漂流〔稲若丸乗組員〕 文右衛門　ぶんえもん　漂流〔稲若丸乗組員〕 松次郎　まつじろう　漂流〔稲若丸乗組員〕 嘉三郎　よしさぶろう　漂流〔稲若丸乗組員〕 善松　よしまつ　漂流〔稲若丸乗組員〕 和左蔵　わさぞう　漂流〔稲若丸乗組員〕
1807	ロシア	中川 五郎治　なかがわ・ごろうじ　捕虜〔漁民：日本における種痘法の祖〕
1811	ロシア	久蔵　きゅうぞう　漂流〔歓亀丸乗組員：種痘苗を初めてもたらす〕
1812	ロシア	高田屋 嘉兵衛　たかだや・かへえ　抑留〔海運業者：ゴローニン釈放に尽力, 蝦夷地開発の功労者〕
1815	ロシア	小栗 重吉　おぐり・じゅうきち　漂流〔督乗丸乗組員：初の和露字典を編纂〕
1832	アメリカ	岩吉　いわきち　漂流〔宝順丸乗組員：イギリス貿易監督庁の通訳〕 音吉　おときち　漂流〔宝順丸乗組員〕 次郎右衛門　じろえもん　漂流〔船乗り〕 伝吉　でんきち　漂流〔船乗り〕
1838	アメリカ	金蔵　きんぞう　漂流〔長者丸乗組員〕 太三郎　たさぶろう　漂流〔長者丸乗組員〕 吉岡屋 平四郎　よしおかや・へいしろう　漂流〔長者丸乗組員：ハワイで病死〕 六兵衛　ろくべえ　漂流〔長者丸乗組員〕
1839	アメリカ	次郎吉　じろきち　漂流〔長者丸乗組員：漂流体験の口述〕
1841	アメリカ	五右衛門　ごえもん　漂流〔漁民〕 重助　じゅうすけ　漂流〔漁民〕 ジョン万次郎　じょんまんじろう　漂流〔漁民, 語学者：外交文書の翻訳, 捕鯨業・航海術の指導〕 伝蔵　でんぞう　漂流〔船乗り〕 寅右衛門　とらえもん　漂流〔漁民：ホノルルに永住〕
	ペルー	亀吉　かめきち　漂流〔漁民：ペルーで洋服屋を開業〕 坂田 伊助　さかた・いすけ　漂流〔漁民：大工としてリマに定住〕 十作　じゅうさく　漂流〔漁民〕
1842	アメリカ	亥之助　いのすけ　漂流〔永住丸乗組員〕 七太郎　しちたろう　漂流〔永住丸乗組員〕 善助　ぜんすけ　漂流〔永住丸乗組員〕 惣助　そうすけ　漂流〔永住丸乗組員〕 太吉　たきち　漂流〔永住丸乗組員〕 初太郎　はつたろう　漂流〔永住丸乗組員〕 万蔵　まんぞう　漂流〔永住丸乗組員〕 弥市　やいち　漂流〔永住丸乗組員〕

年別渡航者名一覧

渡航年	渡航地	人名・目的・活動分野
1850	アメリカ	市蔵　いちぞう　漂流〔天寿丸乗組員〕 九助　きゅうすけ　漂流〔天寿丸乗組員〕 治作　じさく　漂流〔栄力丸乗組員〕 半蔵　はんぞう　漂流〔天寿丸乗組員：送還の途中に病死〕 与吉　よきち　漂流〔天寿丸乗組員〕
	ロシア	浅吉　あさきち　漂流〔天寿丸乗組員〕 佐蔵　さぞう　漂流〔天寿丸乗組員〕 新吉　しんきち　漂流〔天寿丸乗組員〕 清兵衛　せいべえ　漂流〔天寿丸乗組員〕 辰蔵　たつぞう　漂流〔天寿丸乗組員〕 太郎兵衛　たろべえ　漂流〔天寿丸乗組員：ロシアとの通訳にあたる〕 長助　ちょうすけ　漂流〔天寿丸乗組員〕
1851	アメリカ	アメリカ彦蔵　あめりかひこぞう　漂流〔外交通詞, 貿易商：アメリカに帰化, 日米外交で通訳として活躍〕 岩吉　いわきち　漂流〔栄力丸乗組員：イギリス公使館通訳〕 清太郎　せいたろう　漂流〔栄力丸乗組員〕 仙太郎　せんたろう　漂流〔栄力丸乗組員：アメリカ船の水兵として勤務〕
1852	アメリカ	岩吉　いわきち　漂流〔永久丸乗組員：無事に日本に送還〕 作蔵　さくぞう　漂流〔永久丸乗組員〕 善吉　ぜんきち　漂流〔永久丸乗組員〕 勇次郎　ゆうじろう　漂流〔永久丸乗組員：『漂民聞書』関係者〕 勇之助　ゆうのすけ　漂流〔八幡丸乗組員〕
1855	オランダ	福村　周義　ふくむら・ちかよし　海軍軍事研修〔海軍軍人, 海軍中佐〕
	ロシア	橘　耕斎　たちばな・こうさい　密航〔通訳：日露辞典の編纂, 日本語教授に尽力〕
1859	アメリカ	小染　こそめ　漂流〔芸妓〕
1860	アメリカ	赤松　大三郎　あかまつ・だいざぶろう　咸臨丸に搭乗〔海軍軍人, 中将, 男爵：造船学の先駆者〕 綾部　新五郎　あやべ・しんごろう　遣米使節に随行〔蓮池藩士〕 新井　貢　あらい・みつぐ　遣米使節に随行〔給人〕 荒木　数右衛門　あらき・かずえもん　遣米使節に随行〔熊本藩士〕 飯野　文蔵　いいの・ぶんぞう　遣米使節に随行 庵原　熊蔵　いおはら・くまぞう　遣米使節に随行 石川　鑑吉　いしかわ・かんきち　遣米使節に随行〔従者〕 伊藤　久三郎　いとう・きゅうざぶろう　遣米使節に随行〔従者〕 大橋　金蔵　おおはし・きんぞう　遣米使節に随行〔従者〕 大橋　玄之助　おおはし・げんのすけ　遣米使節に随行〔従者〕 岡田　井蔵　おかだ・せいぞう　咸臨丸の教授方手伝〔教授方手伝〕 小栗　忠順　おぐり・ただまさ　目付として遣米使節に随行〔旗本：フランス式軍制を移入〕 刑部　鉄太郎　おさかべ・てつたろう　遣米使節に随行〔幕臣, 幕府徒目付〕

渡航年	渡航地	人名・目的・活動分野
		小野 友五郎　おの・ともごろう　咸臨丸船海掛〔数学者, 実業家：最初の自作・蒸気船を建造〕
		片山 友吉　かたやま・ともきち　遣米使節に随行〔数学者, 実業家〕
		勝 海舟　かつ・かいしゅう　日米修好通商条約〔政治家：咸臨丸艦長として初の太平洋横断に成功〕
		加藤 素毛　かとう・そもう　遣米使節に随行〔俳人〕
		狩野 庄蔵　かのう・しょうぞう　遣米使節に随行〔盛岡藩士〕
		川崎 道民　かわさき・どうみん　遣米使節に同行〔佐賀藩医師〕
		岸 珍平　きし・ちんぺい　遣米使節に随行〔従者〕
		木村 浅蔵　きむら・あさぞう　遣米使節に随行〔従者〕
		木村 芥舟　きむら・かいしゅう　咸臨丸提督〔幕臣：『奉使米利堅紀行』を著述〕
		木村 宋俊　きむら・そうしゅん　咸臨丸の医師〔医師, 木村摂津守提督付医師〕
		木村 鉄太　きむら・てつた　遣米使節に随行〔熊本藩士, 小栗上野介従者〕
		木村 伝之助　きむら・でんのすけ　遣米使節に随行〔従者〕
		栗島 彦八郎　くりしま・ひこはちろう　遣米使節に随行〔幕臣, 小人目付〕
		小池 専次郎　こいけ・せんじろう　遣米使節に随行〔佐賀藩士〕
		小杉 雅之進　こすぎ・まさのしん　咸臨丸の教授方手伝〔船舶技術者〕
		小永井 五八郎　こながい・ごはちろう　咸臨丸の操練所勤番公用方下役〔操練所勤番公用方下役〕
		五味 安部右衛門　ごみ・やすろうえもん　遣米使節に随行〔従者, 操練所勤番公用方下役〕
		斎藤 吾一郎　さいとう・ごいちろう　遣米使節に随行〔従者〕
		坂本 泰吉郎　さかもと・たいきちろう　遣米使節に随行〔従者〕
		佐々倉 桐太郎　ささくら・きりたろう　咸臨丸の運用方〔海軍軍人〕
		佐藤 栄蔵　さとう・えいぞう　遣米使節に随行〔従者〕
		佐藤 藤七　さとう・とうしち　遣米使節に随行〔村名主, 上野国権田村名主〕
		佐野 鼎　さの・かなえ　遣米使節に随行〔加賀藩士〕
		佐山 八郎　さやま・はちろう　遣米使節に随行〔従者〕
		塩沢 彦次郎　しおざわ・ひこじろう　遣米使節に随行〔幕臣, 幕府小人目付〕
		島内 栄之助　しまうち・えいのすけ　遣米使節に随行〔佐賀藩士〕
		島東 佐八　しまとう・さはち　遣米使節に随行〔佐賀藩士〕
		新見 正興　しんみ・まさおき　日米修好通商条約批准〔幕臣, 外国奉行：最初の遣米使節正使〕
		鈴木 岩次郎　すずき・いわじろう　遣米使節に随行〔従者〕
		鈴藤 勇次郎　すずふじ・ゆうじろう　咸臨丸の運用方〔幕臣：咸臨丸運航図の作者〕
		高橋 森之助　たかはし・もりのすけ　遣米使節に随行〔従者〕

渡航年	渡航地	人名・目的・活動分野
		立石 斧次郎　たていし・おのじろう　遣米使節の通訳見習〔オランダ通詞, 英語通詞：英語教育, ハワイ移民に尽力〕
		立石 得十郎　たていし・とくじゅうろう　遣米使節の通訳〔通詞〕
		田中 秀安　たなか・ひでやす　咸臨丸の医師〔医師〕
		谷 文一郎　たに・ぶんいちろう　遣米使節に随行〔従者〕
		谷村 左右助　たにむら・そうすけ　遣米使節に随行〔館林藩士〕
		玉虫 左太夫　たまむし・さだゆう　遣米使節に随行〔仙台藩士：『航米日録』を著述〕
		塚原 昌義　つかはら・まさよし　日米通商条約批准交換〔幕府外国奉行〕
		辻 信明　つじ・のぶあき　遣米使節に随行〔幕臣〕
		鉄五郎　てつごろう　遣米使節に随行〔船乗り〕
		長尾 幸作　ながお・こうさく　咸臨丸に搭乗〔医学者, 英学者〕
		中村 新九郎　なかむら・しんくろう　遣米使節に随行〔従者〕
		中村 清太郎　なかむら・せいたろう　咸臨丸の医師〔医師〕
		名村 元度　なむら・もとのり　遣米使節の通訳〔通詞〕
		成瀬 正典　なるせ・まさのり　遣米使節に随行〔幕臣, 外国奉行支配組頭〕
		西村 金五郎　にしむら・きんごろう　遣米使節に随行〔従者〕
		根津 欽次郎　ねづ・きんじろう　咸臨丸の教授方手伝〔教授方手伝〕
		野々村 市之進　ののむら・いちのしん　遣米使節に随行〔従者〕
		浜口 与右衛門　はまぐち・よえもん　咸臨丸の運用方〔運用方〕
		伴 鉄太郎　ばん・てつたろう　咸臨丸の測量方〔海軍軍人, 中佐, 運用方〕
		半次郎　はんじろう　遣米使節に随行〔下男〕
		日田 仙蔵　ひだ・せんぞう　遣米使節に随行
		肥田 浜五郎　ひだ・はまごろう　咸臨丸の機関士〔造船技師〕
		日高 圭三郎　ひだか・けいざぶろう　遣米使節に同行〔幕臣〕
		秀島 藤之助　ひでしま・ふじのすけ　咸臨丸の皷手〔皷手〕
		平野 信蔵　ひらの・しんぞう　遣米使節に随行〔従者〕
		広瀬 格蔵　ひろせ・かくぞう　遣米使節に随行〔従者〕
		福沢 諭吉　ふくざわ・ゆきち　遣米使節に同行〔啓蒙思想家, 教育家, ジャーナリスト：慶応義塾創立者〕
		福島 恵三郎　ふくしま・けいざぶろう　遣米使節に随行〔従者〕
		福村 磯吉　ふくむら・いそきち　遣米使節に随行〔三河吉田藩士〕
		北条 源蔵　ほうじょう・げんぞう　遣米使節に随行〔砲術家, 長州藩の海軍兵学校開設委員〕
		堀内 周吾　ほりうち・しゅうご　遣米使節に随行〔従者〕
		牧山 修　まきやま・おさむ　咸臨丸の医師〔医師〕
		益頭 駿次郎　ましず・しゅんじろう　遣米使節に随行〔幕臣, 幕府勘定組頭普請役〕
		松岡 盤吉　まつおか・いわきち　咸臨丸の測量方〔測量方〕
		松本 三之丞　まつもと・さんのじょう　遣米使節に随行〔幕臣, 外国奉行支配定役〕
		松山 吉次郎　まつやま・よしじろう　遣米使節に随行〔従者〕
		三浦 東造　みうら・とうぞう　遣米使節に随行〔従者〕

渡航年	渡航地	人名・目的・活動分野
		三崎 司　みさき・つかさ　遣米使節に随行〔従者〕
		三村 広次郎　みむら・こうじろう　遣米使節に随行〔従者〕
		宮崎 立元　みやざき・りゅうげん　遣米使節に随行〔医師〕
		三好 権三　みよし・ごんぞう　遣米使節に随行〔従者〕
		村垣 範正　むらがき・のりまさ　日米修好通商条約批准〔遣米使節副使〕
		村山 淳　むらやま・じゅん　遣米使節に随行〔医師〕
		森田 清行　もりた・きよゆき　遣米使節に随行〔幕臣, 勘定組頭〕
		安田 善一郎　やすだ・ぜんいちろう　遣米使節に随行〔従者〕
		柳川 兼三郎　やながわ・けんざぶろう　遣米使節に随行〔従者〕
		山田 馬次郎　やまだ・うまじろう　遣米使節に随行〔土佐藩士〕
		山本 喜三郎　やまもと・きさぶろう　遣米使節に随行〔商人〕
		山本 金次郎　やまもと・きんじろう　咸臨丸の蒸汽方〔蒸汽方〕
		吉岡 勇平　よしおか・ゆうへい　咸臨丸の操練所勤番公用方〔操練所勤番公用方〕
		吉川 金次郎　よしかわ・きんじろう　遣米使節に随行〔従者, 操練所勤番公用方〕
		吉田 佐五右衛門　よしだ・さごえもん　遣米使節に随行〔幕臣, 外国奉行支配定役〕
		吉田 好三　よしだ・よしぞう　遣米使節に随行〔従者〕
1861	ロシア	深瀬 洋春　ふかせ・ようしゅん　治療のため〔医師〕
		山尾 庸三　やまお・ようぞう　亀田丸に同乗〔工部省官吏（工部卿）, 子爵：工部大学校設置を建白, 工業教育・美術教育に尽力〕
1862	アメリカ	栄助　えいすけ　漂流〔イオ丸乗組員〕
		権次郎　ごんじろう　漂流〔イオ丸乗組員〕
		清五郎　せいごろう　漂流〔イオ丸乗組員〕
		仙次郎　せんじろう　漂流〔イオ丸乗組員〕
		彦吉　ひこきち　漂流〔イオ丸乗組員〕
	イギリス	淵辺 徳蔵　ふちべ・とくぞう　遣欧使節に随行〔幕臣, 勘定格調役〕
		森山 多吉郎　もりやま・たきちろう　遣欧使節の通訳〔通詞：遣欧使節の英文書簡作成〕
	オランダ	伊東 玄伯　いとう・げんぱく　医学〔侍医〕
		上田 寅吉　うえだ・とらきち　造船学〔船大工, 海軍技師：軍艦建造に功労〕
		内田 恒次郎　うちだ・つねじろう　海軍諸術, 造船学, 地理学〔教育者, 著述家：『輿地誌略』などのベストセラーを執筆〕
		榎本 武揚　えのもと・たけあき　海軍技術の研修〔政治家, 子爵：日本海軍の創設者〕
		大川 喜太郎　おおかわ・きたろう　鍛冶術の修得〔鍛冶師：アムステルダムで客死1号〕
		大野 弥三郎　おおの・やさぶろう　精密機器の製作〔造幣局技師：計測機器の製作を指導〕
		沢 太郎左衛門　さわ・たろうざえもん　砲術, 火薬製造法〔海軍軍人：海軍育成に尽力〕
		田口 俊平　たぐち・しゅんぺい　海軍諸術〔軍艦操練所教授〕

年別渡航者名一覧　　　　　　　　　　1862

渡航年	渡航地	人名・目的・活動分野
	フランス	津田 真道　つだ・まみち　法律, 経済学〔法学者, 啓蒙思想家, 男爵：西洋法学の最初の紹介者〕 中島 兼吉　なかじま・かねきち　大砲鋳造技術〔鋳物職人：鉄工場を経営〕 林 研海　はやし・けんかい　医学〔陸軍軍医, 陸軍軍医総監：フランスで客死〕 古川 庄八　ふるかわ・しょうはち　操舵・水夫長の職務研修〔海軍技師〕 山下 岩吉　やました・いわきち　操舵・操砲・製帆学〔海軍技師〕 石黒 寛次　いしぐろ・ひろつぐ　遣欧使節に随行〔佐賀藩士, 精錬方〕 市川 清流　いちかわ・せいりゅう　遣欧使節に随行〔文部省官吏, 辞書編纂者：書籍館創設の功労者,『尾蠅欧行漫録』の著者〕 上田 友輔　うえだ・ともすけ　遣欧使節に随行〔幕臣, 幕府定役元締〕 太田 源三郎　おおた・げんざぶろう　遣欧使節に随行〔通詞〕 岡 鹿之助　おか・しかのすけ　遣欧使節に随行〔佐賀藩士〕 岡崎 藤佐衛門　おかざき・とうざえもん　遣欧使節に随行〔幕臣, 外国奉行支配調役並〕 京極 高朗　きょうごく・たかあき　遣欧使節に随行〔幕府外国掛〕 黒沢 新左衛門　くろさわ・しんざえもん　遣欧使節に随行〔幕臣〕 黒沢 貞備　くろさわ・ていび　遣欧使節に随行〔従者, 京極家家臣〕 斎藤 大之進　さいとう・だいのしん　遣欧使節に随行〔幕府同心〕 佐藤 恒蔵　さとう・つねぞう　遣欧使節に随行〔杵築藩士〕 柴田 剛中　しばた・たけなか　遣欧使節の組頭〔幕臣：横須賀製鉄所の設立準備に尽力〕 重兵衛　じゅうべえ　遣欧使節に随行〔商人, 伊勢屋八兵衛手代〕 杉 孫七郎　すぎ・まごしちろう　遣欧使節に随行〔政治家, 子爵〕 尺 振八　せき・しんぱち　遣欧使節の通弁〔英語学者, 教育者〕 高島 祐啓　たかしま・すけひろ　遣欧使節に随行〔医師, 幕府漢方表医師〕 高松 彦三郎　たかまつ・ひこさぶろう　遣欧使節に随行〔幕臣, 小人目付〕 竹内 保徳　たけうち・やすのり　修好通商条約改定の交渉〔外国奉行：遣欧使節正使〕 立 嘉度　たち・よしのり　遣欧使節に随行〔通詞, 官吏：横須賀製鉄所などで通訳として活躍〕 寺島 宗則　てらじま・むねのり　第1回遣欧使節団〔外交官, 伯爵：マリア・ルス号事件, 条約改正交渉に活躍〕 原 覚蔵　はら・かくぞう　遣欧使節に随行〔阿波藩士〕 福田 作太郎　ふくだ・さくたろう　遣欧使節に随行〔幕臣〕 福地 源一郎　ふくち・げんいちろう　第1回遣欧使節の通訳〔ジャーナリスト, 新聞記者, 劇作家, 小説家：ジャーナリストの先駆〕 松平 康直　まつだいら・やすなお　遣欧使節副使〔幕臣, 外国奉行兼神奈川奉行〕

渡航年	渡航地	人名・目的・活動分野
1863	イギリス	水品 楽太郎　みずしな・らくたろう　遣欧使節に随行〔幕臣, 外国奉行支配調役並（書翰係）〕
		箕作 秋坪　みつくり・しゅうへい　遣欧使節の翻訳方〔洋学者：開化啓蒙思想の普及に貢献〕
		森 鉢太郎　もり・はちたろう　遣欧使節に随行〔幕臣, 定役〕
		山田 八郎　やまだ・はちろう　遣欧使節に同行〔幕臣, 小人目付〕
		伊藤 博文　いとう・ひろぶみ　外国事情視察〔政治家, 公爵：初代総理大臣〕
		井上 馨　いのうえ・かおる　外国事情視察, 武器購入〔政治家, 侯爵〕
		井上 勝　いのうえ・まさる　外国事情視察, 鉱山学, 鉄道技術〔鉄道技術者, 官吏, 子爵：鉄道事業の先駆者〕
		遠藤 謹助　えんどう・きんすけ　経済学, 造幣術〔大蔵省官吏, 造幣局長：貨幣制度の整備に功労〕
	オランダ	西 周　にし・あまね　国際法, 経済学, 統計学など〔哲学者, 男爵：日本近代哲学の祖, 軍人勅諭を起草〕
1864	フランス	青木 梅蔵　あおき・うめぞう　遣仏使節に随行〔幕臣〕
		池田 長発　いけだ・ながおき　遣仏使節・横浜鎖港談判〔外国奉行：遣欧使節正使〕
		岩松 太郎　いわまつ・たろう　遣仏使節に随行〔河津伊豆守家来〕
		浦上 佐助　うらかみ・さすけ　遣仏使節に随行
		浦本 時藤　うらもと・ときふじ　遣仏使節に随行〔従者〕
		大関 半之助　おおぜき・はんのすけ　遣仏使節に随行
		乙骨 亘　おっこつ・わたる　理髪師として遣仏使節に同行〔官吏〕
		河田 熙　かわだ・ひろむ　遣仏使節目付として随行〔幕臣〕
		河津 祐邦　かわづ・すけくに　遣仏使節副使〔幕臣〕
		小泉 保右衛門　こいずみ・やすえもん　遣仏使節に随行〔家臣, 池田筑後守長発家来〕
		斎藤 次郎太郎　さいとう・じろうたろう　遣仏使節に随行〔幕臣, 幕府徒目付〕
		塩田 三郎　しおだ・さぶろう　遣仏使節の通訳〔外交官：メルメ・カションの高弟, 語学力をいかし国際折衝に活躍〕
		菅波 恒　すがなみ・つね　遣仏使節に随行〔外交官〕
		杉浦 譲　すぎうら・ゆずる　遣仏使節に随行〔官吏：政治・行政・財政制度の基礎づくりに貢献〕
		須藤 時一郎　すどう・ときいちろう　遣仏使節に随行〔銀行家, 衆議院議員：第一国立銀行などの監査役〕
		高木 留三郎　たかぎ・とめさぶろう　遣仏使節に随行
		田中 廉太郎　たなか・れんたろう　遣仏使節に随行〔幕臣, 勘定格調役〕
		田辺 太一　たなべ・たいち　遣仏使節に随行〔外交官：『幕末外交談』を著述〕
		玉木 三弥　たまき・みつや　遣仏使節に随行〔家臣, 河田相模守家来〕
		名倉 予可人　なくら・よかひと　遣仏使節に随行〔田中廉太郎従者〕

渡航年	渡航地	人名・目的・活動分野
1865	アメリカ	西 吉十郎　にし・きちじゅうろう　遣仏使節に随行〔通詞, 調役格〕 原田 一道　はらだ・いちどう　遣仏使節に随行, 兵学〔陸軍軍人, 少将, 男爵〕 原田 吾一　はらだ・ごいち　遣仏使節に随行〔幕臣, 蕃書調役出役教授手伝, 海陸軍兵書取調出役〕 別所 左二郎　べっしょ・さじろう　遣仏使節に随行 堀江 六五郎　ほりえ・ろくごろう　遣仏使節に随行〔幕臣, 小人頭役, 小人目付〕 益田 孝　ますだ・たかし　遣仏使節に随行〔実業家, 男爵：三井財閥創業の大番頭〕 益田 鷹之助　ますだ・たかのすけ　遣仏使節に随行〔幕臣, 佐渡奉行属役〕 松濤 権之丞　まつなみ・ごんのじょう　遣仏使節に随行〔幕臣, 定役格同心〕 三宅 秀　みやけ・しゅう　遣仏使節に随行〔医学者, 貴族院議員：日本初の医学博士, 医学教育に尽力〕 森田 弥助　もりた・やすけ　遣仏使節に随行〔従者〕 谷津 勘四郎　やつ・かんしろう　遣仏使節に随行〔幕臣, 小人目付〕 矢野 次郎兵衛　やの・じろべえ　遣仏使節に随行〔幕臣, 同心〕 山内 六三郎　やまのうち・ろくさぶろう　遣仏使節の通訳〔官吏：横浜鎖港談判などの通訳〕 横山 敬一　よこやま・けいいち　遣仏使節に随行〔外国奉行定役〕 江夏 蘇助　えなつ・そすけ　留学〔薩摩藩留学生〕 木藤 市助　きとう・いちすけ　留学〔薩摩藩士〕 児玉 章吉　こだま・しょうきち　留学〔佐土原県留学生〕 田中 鶴吉　たなか・つるきち　製塩法〔製塩事業家〕 新島 襄　にいじま・じょう　自然科学〔キリスト教主義教育家：同志社創立者〕
	イギリス	五代 友厚　ごだい・ともあつ　貿易交渉, 武器の購入〔実業家, 政商：日本資本主義発展のパイオニア〕 鮫島 尚信　さめじま・ひさのぶ　外国事情視察, 文学〔外交官：外交官第1号, 駐仏特命全権公使〕 高見 弥一　たかみ・やいち　海軍測量術〔薩摩藩留学生〕 田中 静洲　たなか・せいしゅう　医学〔医師, 鉱山技師：生野鉱山の近代的開発の礎〕 東郷 愛之進　とうごう・あいのしん　海軍機械術〔海軍軍人〕 中川 清兵衛　なかがわ・せいべえ　留学〔醸造技術者〕 長沢 鼎　ながさわ・かなえ　英学〔葡萄酒醸造業者：米国永住の先駆者, 葡萄王として有名〕 中村 宗見　なかむら・そうけん　化学, 英学〔外交官, 貴族院議員：フランス語の達人〕 名越 平馬　なごし・へいま　陸軍大砲術〔薩摩藩留学生〕 新納 中三　にいろ・なかぞう　薩摩藩留学生監督, 貿易交渉〔藩政家, 裁判官：紡績機械を輸入〕

渡航年	渡航地	人名・目的・活動分野
		野村 文夫　のむら・ふみお　留学〔ジャーナリスト：団団珍聞を創刊〕
		畠山 義成　はたけやま・よしなり　科学技術〔文部省官吏：東京書籍館館長, 教育制度の改革〕
		堀 壮次郎　ほり・そうじろう　五代友厚に同行, 英語通訳〔通詞〕
		町田 申四郎　まちだ・しんしろう　海軍軍事研修〔薩摩藩留学生〕
		町田 清次郎　まちだ・せいじろう　造船技術〔薩摩藩留学生〕
		町田 久成　まちだ・ひさなり　留学生監督, 洋式軍制〔官吏, 僧侶：初代帝国博物館長, 古美術研究の先駆者〕
		松村 淳蔵　まつむら・じゅんぞう　海軍軍事研修〔海軍軍人, 中将, 男爵：海軍兵学校長〕
		村橋 直衛　むらはし・なおえ　陸軍軍事研修〔官吏：北海道開拓に農業技術導入〕
		森 有礼　もり・ありのり　化学, 物理, 数学〔外交官, 教育家, 啓蒙思想家, 子爵：初代文部大臣, 近代教育制度を確立〕
		山崎 小三郎　やまざき・こさぶろう　兵学修業, 外国事情視察〔長州藩留学生〕
		吉田 清成　よしだ・きよなり　海軍測量術〔外交官, 理財家, 子爵：商業経済の改革に尽力, 条約改正交渉〕
	オランダ	緒方 惟準　おがた・これよし　医学〔医師〕
	フランス	岡田 摂蔵　おかだ・せつぞう　遣仏使節に随行〔幕臣〕
		小花 作助　おばな・さくすけ　遣仏使節に随行〔官吏：小笠原諸島の開発に尽力〕
		富田 達三　とみた・たつぞう　遣仏使節に随行〔幕臣, 外国奉行調役〕
	ロシア	市川 文吉　いちかわ・ぶんきち　ロシア語, 鉱山学〔外務省官吏, 外務省二等書記官, 東京外国語学校教授：千島・樺太交換条約締結に尽力〕
		大築 彦五郎　おおつき・ひこごろう　医学〔開拓使官吏：最初のロシア留学生〕
		緒方 城次郎　おがた・じょうじろう　留学〔緒方病院薬局長：和露辞典『魯語箋』の編者〕
		小沢 清次郎　おざわ・せいじろう　器械学〔留学生：橘耕斎にロシア語を習う〕
		田中 二郎　たなか・じろう　ロシア語, 鉱山学〔幕府遣露留学生〕
		山内 作左衛門　やまのうち・さくざえもん　留学生の目付役〔薬種商〕
1865頃	アメリカ	筧 庄三郎　かけい・しょうざぶろう　ニュー・ブランズウィックへ留学〔留学生〕
1866	アメリカ	江夏 仲左衛門　こうか・ちゅうざえもん　留学〔薩摩藩士〕
		隅田川 浪五郎　すみだがわ・なみごろう　パリ万国博覧会で興行〔手品師：日本人初の海外旅行〕
		隅田川 松五郎　すみだがわ・まつごろう　パリ万国博覧会で興行〔旅芸人：竹竿芸の名人〕
		高野 広八　たかの・ひろはち　欧米各国で興行〔興行師, 帝国日本芸人一座後見役〕
		種子島 敬輔　たねがしま・けいすけ　留学〔鹿児島藩留学生〕

渡航年	渡航地	人名・目的・活動分野
	イギリス	横井 左平太　よこい・さへいた　ラトガース大学最初の留学生, 航海学〔官吏, 元老院書記官〕 横井 大平　よこい・たいへい　最初の官費留学生, 航海学〔海軍軍人〕 吉原 重俊　よしはら・しげとし　留学〔銀行家, 外交官, 日本銀行総裁, 旧鹿児島藩士: 仮名文字教育に尽力〕 朝吉　あさきち　パリ万国博覧会で興行〔旅芸人: 手品〕 石丸 虎五郎　いしまる・とらごろう　工学〔官吏, 元老院議官, 造幣局長, 海軍大匠司: 小野浜造船所長〕 市川 森三郎　いちかわ・もりさぶろう　政事兵制研修〔物理学, 東京帝国大学教授〕 岩佐 源二　いわさ・げんじ　政事兵制研修〔教師(静岡学問所四等教授)〕 岡 保義　おか・やすよし　留学〔教師: 開成所教授〕 岡田 秀之助　おかだ・ひでのすけ　留学〔教師: 加賀藩最初の留学生〕 億川 一郎　おくかわ・いちろう　理化学, 医学〔大蔵省官吏: 紙幣寮で印刷インクの製造に成功〕 川路 太郎　かわじ・たろう　海軍術〔大蔵省官吏, 教育者: 神戸松蔭女学校長〕 菊池 大麓　きくち・だいろく　留学〔数学者, 教育行政家, 男爵: 数学教育の振興, 日本標準時の建議者〕 杉 徳次郎　すぎ・とくじろう　留学〔教師, 沼津兵学校教員, 静岡学問所教授〕 関沢 明清　せきざわ・めいせい　留学〔水産業指導者: 米国式捕鯨の導入, 魚類の人工孵化〕 太郎吉　たろきち　パリ万国博覧会の折に巡業〔旅芸人: 樽回し〕 外山 正一　とやま・まさかず　留学〔教育者, 哲学者, 貴族院議員: 西洋文化移入による広範囲な啓蒙活動〕 中井 弘　なかい・ひろし　外国事情視察〔官吏: 鹿鳴館の命名者〕 中村 正直　なかむら・まさなお　幕府留学生監督〔啓蒙学者: スマイルズ『西国立志篇』, ミル『自由論』の翻訳・紹介〕 浪七　なみしち　パリ万国博覧会の折に興行〔旅芸人〕 成瀬 錠五郎　なるせ・じょうごろう　留学〔幕府留学生〕 服部 政介　はっとり・まさすけ 林 董　はやし・ただす　留学〔外交官, 政治家, 伯爵: 幕府第1回派遣留学生; 日英同盟締結, 満州問題に尽力〕 福沢 英之助　ふくざわ・えいのすけ　留学〔実業家〕 増鏡 磯吉　ますかがみ・いそきち　パリ万国博覧会の折に巡業〔旅芸人〕 松井 源水(13代)　まつい・げんすい　海外興行〔大道芸人, 香具師: 海外興行の第1号〕 馬渡 俊邁　まわたり・としゆき　視察〔佐賀藩通訳〕 南 貞介　みなみ・ていすけ　銀行業務見習〔銀行家: ロンドンの銀行業ブルース兄弟商会取締役〕

1866　年別渡航者名一覧

渡航年	渡航地	人名・目的・活動分野
		安井 真八郎　やすい・しんぱちろう　留学〔植物学者, 名古屋洋学校助教：日本最初期のばら栽培書を翻訳紹介〕
		柳川 一蝶斎　やながわ・いっちょうさい　パリ万国博覧会の折に巡業〔手品師：純日本式手品の最後の芸人〕
		矢奈川 嘉七　やながわ・かしち　パリ万国博覧会の折に巡業〔旅芸人〕
		山本 亀吉　やまもと・かめきち　パリ万国博覧会の折に巡業〔旅芸人：樽回し〕
		山本 小滝　やまもと・こたき　パリ万国博覧会の折に巡業〔旅芸人：足芸〕
		結城 幸安　ゆうき・こうあん　外国事情視察, 兵学〔土佐藩留学生〕
	オランダ	松本 銈　まつもと・けい　理・化学研修〔化学者〕
	ドイツ	赤星 研造　あかほし・けんぞう　医学〔医師, 侍医：外科臨床医として活躍〕
	フランス	岩下 長十郎　いわした・ちょうじゅうろう　留学〔陸軍軍人, 子爵〕
		岩下 方平　いわした・みちひら　パリ万国博覧会参加〔官吏, 子爵〕
		田中 芳男　たなか・よしお　パリ万国博覧会へ標本を出品〔博物学者, 男爵：殖産興業の広い分野で啓蒙活動〕
		新納 次郎四郎　にいろ・じろうしろう　語学〔陸軍大学校教師〕
	ロシア	石川 利政　いしかわ・としまさ　樺太国境画定交渉〔幕臣〕
		岩田 三蔵　いわた・さんぞう　遣露使節に随行〔官吏, 御徒目付〕
		海老原 絹一郎　えびはら・けんいちろう　遣露使節に随行〔通詞, 箱館奉行支配調役武治四男同通弁御用〕
		小出 秀美　こいで・ひでみ　遣露使節正使〔幕臣, 外国奉行, 勘定奉行, 町奉行：樺太国境画定の交渉〕
		小島 源兵衛　こじま・げんべえ　遣露使節に随行〔幕臣, 箱館奉行支配調役並〕
		志賀 親朋　しが・しんほう　遣露使節の通訳〔外務省官吏：日露親善に尽力〕
		関口 大八郎　せきぐち・だいはちろう　遣露使節に随行〔幕臣, 御小人目付〕
		橋本 悌蔵　はしもと・ていぞう　遣露使節に随行〔幕臣, 箱館奉行支配組頭勤方〕
		古谷 簡一　ふるや・かんいち　遣露使節に随行〔官吏, 箱館奉行定役出役〕
1866頃	アメリカ	大条 幸五郎　おおえだ・こうごろう　留学〔留学生〕
		太枝 清介　おおえだ・せいすけ　〔仙台藩士〕
		谷川 猛　たにがわ・たけし　留学〔留学生〕
		田村 初太郎　たむら・はつたろう　留学〔英学者〕
		堤 勉　つつみ・つとむ　医学
		丸岡 竹之丞　まるおか・たけのじょう
1867	アメリカ	青木 善平　あおき・ぜんぺい　留学〔筑前藩留学生〕
		伊勢吉　いせきち　メトロポリタン劇場で興行〔旅芸人：大竜一座の大力〕
		一条 十次郎　いちじょう・じゅうじろう　移住〔旅芸人〕

年別渡航者名一覧　　1867

渡航年	渡航地	人名・目的・活動分野
		井上 良一　いのうえ・りょういち　法学, 心理学〔法律学者, 東京大学法学部教授〕
		勝 小鹿　かつ・ころく　海軍軍事研修〔海軍軍人〕
		蟹吉　かにきち　メトロポリタン劇場で興行〔旅芸人：大竜一座のブランコ乗り〕
		川路 丸吉　かわじ・まるきち　メトロポリタン劇場で興行〔旅芸人：大竜一座の竿上り師〕
		菊松　きくまつ　メトロポリタン劇場で興行〔旅芸人：大竜一座の綱渡り師〕
		金蔵　きんぞう　メトロポリタン劇場で興行〔旅芸人：大竜一座の手品師〕
		日下部 太郎　くさかべ・たろう　数学〔福井藩留学生：学業半ばで客死〕
		小三郎　こさぶろう　興行〔大竜一座の軽業師〕
		木庭 栄治郎　こば・えいじろう　勝小鹿に同行〔仙台藩留学生〕
		佐々木 長淳　ささき・ながのぶ　軍器の譲渡〔官吏：養蚕業の発展に貢献〕
		佐藤 百太郎　さとう・ももたろう　留学〔実業家：日本人初のニューヨーク出店〕
		鈴木 知雄　すずき・ともお　留学〔教育者, 第一高等学校教授, 日本銀行出納局長：共立学校の創立者〕
		善十郎　ぜんじゅうろう　サンフランシスコで初興行〔軽業師：剣の梯子渡りの芸人〕
		高木 三郎　たかぎ・さぶろう　勝小鹿に同行〔外交官, 実業家：生糸輸出に尽力〕
		高橋 是清　たかはし・これきよ　留学〔財政家, 政治家, 子爵〕
		柘植 善吾　つげ・ぜんご　留学〔教育家：久留米洋学校を開設〕
		津田 仙　つだ・せん　農法研究〔農学者：近代農法の移入, キリスト教界三傑の1人〕
		轟之助　とどろきのすけ　興行〔軽業師：アメリカ興行第一号〕
		富田 鉄之助　とみた・てつのすけ　経済学〔外交官, 実業家, 日本銀行総裁, 貴族院議員：富士紡績, 横浜火災保険を創立〕
		虎吉　とらきち　興行〔大竜一座の軽業師〕
		仁礼 景範　にれ・かげのり　留学〔海軍軍人, 中将, 子爵：海軍の三元勲の1人〕
		早竹 虎吉　はやたけ・とらきち　早竹一座を率いて巡業〔旅芸人（軽業師）：座長〕
		平賀 義質　ひらが・よしただ　外国事情視察〔裁判官〕
		船越 慶次　ふなこし・よしつぐ　工学〔越前藩留学生〕
		政吉　まさきち　メトロポリタン劇場で興行〔旅芸人：大竜一座の独楽回し〕
		松　まつ　メトロポリタン劇場で興行〔旅芸人：大竜一座の踊り手〕
		武藤 藤次　むとう・とうじ　興行〔早竹一座の独楽まわし〕
	イギリス	柳本 直太郎　やなぎもと・なおたろう　留学〔名古屋市長〕
		浅津 富之助　あさづ・とみのすけ　軍事研修〔海軍軍人, 貴族院議員, 大阪府判事補, 海軍主計総監：『英式歩兵練法』を訳述〕

1867

渡航年	渡航地	人名・目的・活動分野
	オランダ スイス フランス	河北 義次郎　かわきた・ぎじろう　ボンド債募集に務める〔陸軍軍人, 外交官, 英国公使館御用掛, 陸軍少佐〕 河瀬 真孝　かわせ・まさたか　留学〔外交官, 子爵〕 福原 芳山　ふくはら・ほうざん　留学〔裁判官, 大阪裁判所判事〕 藤本 盤蔵　ふじもと・ばんぞう　兵学〔長州藩留学生〕 箕作 奎吾　みつくり・けいご　英語〔教師, 開成所教授, 大学少博士：英語教育〕 毛利 藤四郎　もうり・とうしろう　留学〔長州藩家老〕 飯田 吉次郎　いいだ・きちじろう　留学〔工部省官吏〕 松下 直美　まつした・なおよし　留学〔司法官, 大審院判事〕 生島 孫太郎　いくしま・まごたろう　遣仏使節に随行〔幕臣, 外国奉行支配並出役〕 井坂 泉太郎　いさか・せんたろう　遣仏使節に随行〔水戸藩士〕 石田 泰次郎　いしだ・たいじろう　語学研修〔留学生〕 伊藤 貫造　いとう・かんぞう　語学研修〔留学生〕 今泉 雄作　いまいずみ・ゆうさく　美術研究〔文部省官吏, 大倉集古館館長：東京美術学校の創立に尽力〕 宇都宮 三郎　うつのみや・さぶろう　化学技術〔化学技術者〕 海老名 郡次　えびな・ぐんじ　遣仏使節に随〔官吏, 若松町長〕 大井 三郎右衛門　おおい・さぶろうえもん　遣仏使節に随行〔水戸藩士〕 大岡 松吉　おおおか・まつきち　幕府より派遣 大鳥 貞次郎　おおとり・さだじろう　軍事研修〔陸軍軍人〕 緒方 惟直　おがた・これなお　語学研修〔教師：ヴェネツィアで日本語教育, のち客死〕 尾崎 俊蔵　おざき・しゅんぞう　パリ万国博覧会列席〔唐津藩留学生〕 加治 権三郎　かじ・ごんざぶろう　遣仏使節に随行〔水戸藩士〕 かね　　パリ万国博覧会で接待〔芸妓〕 神原 錦之丞　かんばら・きんのじょう　留学〔幕臣〕 菊地 平八郎　きくち・へいはちろう　遣仏使節に随行〔水戸藩士, 小姓頭取〕 木村 宗三　きむら・そうぞう　パリ万国博覧会に列席〔幕臣〕 栗本 鋤雲　くりもと・じょうん　幕府の全権公使〔外交官, 新聞記者：日仏外交, 報知新聞主筆〕 栗本 貞次郎　くりもと・ていじろう　留学生取締〔外務省官吏：パリで客死〕 小出 涌之助　こいで・ようのすけ　パリ万国博覧会〔司法省官吏〕 酒井 清　さかい・きよし　遣仏使節に随行〔陸軍軍人〕 さと　　パリ万国博覧会で接待〔芸妓〕 佐野 常民　さの・つねたみ　パリ万国博覧会出品, 軍艦建造依頼〔政治家, 伯爵：赤十字事業の創始者〕 三吉　さんきち　パリ万国博覧会の折に興行〔浜錠一座の軽業師〕 渋沢 栄一　しぶさわ・えいいち　徳川昭武に随行, パリ万国博覧会に列席〔実業家：日本資本主義の先駆者〕

790　新訂増補 海を越えた日本人名事典

年別渡航者名一覧　　　　　　　　1867頃

渡航年	渡航地	人名・目的・活動分野
		清水 卯三郎　しみず・うさぶろう　日本商人の渡仏第1号, パリ万国博覧会出品〔商人（石版印刷の祖, 国語改良運動に尽力）〕
		菅沼 貞次　すがぬま・さだつぐ　幕府留学生取締〔幕臣〕
		すみ　パリ万国博覧会で接待〔芸妓〕
		高松 凌雲　たかまつ・りょううん　パリ万国博覧会に列席〔医師：同愛社に拠り全国的救民医療活動を展開〕
		徳川 昭武　とくがわ・あきたけ　パリ万国博覧会に列席〔水戸藩知事, 陸軍軍人〕
		名村 泰蔵　なむら・たいぞう　パリ万国博覧会参加〔裁判官, 実業家〕
		野中 元右衛門　のなか・もとえもん　パリ万国博覧会の出品担当〔佐賀藩士：パリ客死第1号の日本人〕
		服部 潤次郎　はっとり・じゅんじろう　遣仏使節に随行〔水戸藩士〕
		花房 義質　はなぶさ・よしもと　パリ万国博覧会視察〔外交官, 子爵：マリアルース号事件, 樺太・千島交換交渉に尽力〕
		浜錠 定吉　はまじょう・さだきち　パリ万国博覧会の折興行〔足芸師：浜錠定吉一座座長〕
		日比野 清作　ひびの・せいさく　遣仏使節に随行〔幕臣, 外国奉行支配調役〕
		深川 長右衛門　ふかがわ・ちょうえもん　パリ万国博覧会出品のため〔商人〕
		保科 俊太郎　ほしな・しゅんたろう　パリ万国博覧会列席の通訳〔陸軍軍人〕
		本間 清雄　ほんま・きよお　パリ万国博覧会に参列〔外交官〕
		前田 正格　まえだ・まさただ
		松井 菊次郎　まつい・きくじろう　パリ万国博覧会の折に興行〔旅芸人：浜錠定吉一座の独楽回し〕
		箕作 麟祥　みつくり・りんしょう　パリ万国博覧会に列席〔法律学者, 男爵：フランス法典の移入・紹介〕
		皆川 源吾　みながわ・げんご　遣仏使節に随行〔水戸藩士〕
		三輪 端蔵　みわ・たんぞう　遣仏使節に随行〔水戸藩士〕
		向山 一履　むこうやま・かずふみ　パリ万国博覧会参列〔幕臣, 漢詩人：駐仏全権公使としてナポレオン三世に謁見〕
		山内 文次郎　やまうち・ぶんじろう　パリ万国博覧会参列〔外交官, 式部官兼宮中顧問官〕
		山高 信離　やまたか・のぶつら　パリ万国博覧会〔官吏, 帝国博物館長：内外の博覧会事務, 博物館行政に尽力〕
		横山 主税　よこやま・ちから　パリ万国博覧会に列席〔会津藩士〕
		吉田 要作　よしだ・ようさく　留学〔外交官：鹿鳴館館長〕
		吉田 六左衛門　よしだ・ろくざえもん　パリ万国博覧会出品物の輸送〔商人：商人の渡欧第1号〕
		和田 収蔵　わだ・しゅうぞう　留学〔裁判官：『仏国民法問答』の訳者〕
1867頃	フランス	神保 寅三郎　じんぼ・とらさぶろう　留学〔陸軍教官, 沼津兵学校三等教授〕

新訂増補 海を越えた日本人名事典　791

年別渡航者名一覧

渡航年	渡航地	人名・目的・活動分野
1868	アメリカ	畔合 太三郎　くろあい・たさぶろう　留学〔藩留学生〕 白峯 駿馬　しらみね・しゅんめ　造船学〔造船家：洋式造船の先駆者〕 鈴木 貫一　すずき・かんいち　留学〔留学生〕 山田 正之助　やまだ・しょうのすけ　法律学, 軍学〔貿易商, 日本貿易協会会長：貿易業界の発展に尽力〕
	イギリス	岩本 勝之助　いわもと・かつのすけ　留学〔海軍軍人〕 大野 直輔　おおの・なおすけ　毛利平六郎に同行, 経済学〔大蔵省官吏, 会計検査院部長〕 尾崎 三良　おざき・さぶろう　三条公恭に随行〔官吏, 男爵〕 狛 林之助　こま・りんのすけ　留学〔工部省技師, 工部少技長, 佐渡鉱山局長心得〕 三条 公恭　さんじょう・きみやす　外国事情視察〔公家〕 竹田 春風　たけだ・しゅんぷう　留学〔工部省官吏, 工部大学校副長〕 戸田 五郎　とだ・ごろう　三条公恭に随行〔三条家家来〕 中御門 経隆　なかみかど・つねたか　留学〔海軍兵学寮教員, 男爵〕 古沢 滋　ふるさわ・しげる　外国事情視察〔政治家, 民権論者：民選議院設立建白書を起草〕 毛利 元巧　もうり・もといさ　海軍砲術研修〔海軍軍人, 子爵：滞英中300冊余の書籍を蒐集〕 森寺 広三郎　もりでら・こうざぶろう　三条公恭の従者〔三条家家来〕 矢島 作郎　やじま・さくろう　留学〔実業家, 衆議院議員：東京電灯会社, 正則英語学校など設立〕
	オランダ	馬島 健吉　まじま・けんきち　医学〔医学者, 馬島病院長〕
	ドイツ	青木 周蔵　あおき・しゅうぞう　政治学〔外交官, 政治家, 子爵：日英通商航海条約締結に成功〕 萩原 三圭　はぎわら・さんけい　医学〔医師：日本人医学留学生の第1号, 京都医学校の創立〕
	フランス	太田 徳三郎　おおた・とくさぶろう　軍事〔陸軍軍人, 中将：兵器類の製造修理指導〕
1868頃	アメリカ	財満 百合之助　ざいまん・ゆりのすけ　留学〔藩費留学生〕
	イギリス	山田 寅吉　やまだ・とらきち　土木建築学〔土木技師：鉄道敷設に尽力〕
	オランダ	馬橋 健吉　まばし・けんきち　医学〔医学者〕
1869	アメリカ	上野 景範　うえの・かげのり　ハワイ移民・待遇問題談判〔外交官〕 大藤 松五郎　おおふじ・まつごろう　ワイン醸造〔ワイン製造技師：山梨ワイン醸造のパイオニア〕 大村 純雄　おおむら・すみお　留学〔ワイン製造技師, 伯爵〕 けい　　　移民〔女性移民第1号〕 児玉 淳一郎　こだま・じゅんいちろう　政治学〔政治家, 貴族院議員〕 島津 忠亮　しまづ・ただあきら　留学〔政治家, 伯爵〕 菅野 覚兵衛　すがの・かくべえ　留学〔海軍軍人, 海軍少佐〕

1869

渡航年	渡航地	人名・目的・活動分野
	イギリス	津川 良蔵　つがわ・りょうぞう　留学〔牧師〕 津田 静一　つだ・せいいち　留学〔植民政策家：県民の南米移住や台湾開発を推進〕 橋口 宗儀　はしぐち・むねよし　留学〔佐土原藩留学生〕 平山 太郎　ひらやま・たろう　藩主の子島津政之進らに随行〔文部省官吏：東京図書館長〕 深津 保太郎　ふかつ・やすたろう　語学研修〔静岡藩留学生〕 本間 英一郎　ほんま・えいいちろう　土木学〔官吏, 技師：東武鉄道などの技師長〕 柳沢 佐吉　やなぎさわ・さきち　移民〔開拓民：サンフランシスコで洋食屋開店〕 山本 重輔　やまもと・しげすけ　工学, 鉄道建設研究〔日本鉄道会社技師長〕 天野 清三郎　あまの・せいざぶろう　造船学〔工部省官吏〕 池田 梁蔵　いけだ・りょうぞう　徳山藩主に同行〔徳山藩士：洋式架橋の設計〕 伊藤 湊　いとう・みなと　徳山藩主に同行〔徳山藩士〕 遠藤 貞一郎　えんどう・ていいちろう　遊学〔内務省官吏, 大津郡長〕 佐藤 鎮雄　さとう・しずお　留学〔海軍軍人, 少将〕 田口 太郎　たぐち・たろう　留学〔官吏, 江戸開成所教官, 紙幣寮技師〕 西川 虎之助　にしかわ・とらのすけ　留学〔化学技術者, 大日本人造肥料技師長〕 野口 富蔵　のぐち・とみぞう　サトウの帰国に随行〔外交官アーネスト・サトウの秘書〕 福原 和勝　ふくはら・かずかつ　陸軍軍事研修〔陸軍軍人〕 万里小路 通房　までのこうじ・みちふさ　留学〔官吏, 伯爵〕 湯地 定基　ゆじ・さだもと　留学〔開拓使官吏, 知事, 貴族院議員, 根室県令：本格的な洋式農場づくり〕 吉井 幸蔵　よしい・こうぞう　留学〔海軍軍人, 貴族院議員：水難救済〕
	オランダ ドイツ	伍堂 卓爾　ごどう・たくじ　普通学, 医学〔陸軍軍医〕 有馬 治兵衛　ありま・じへえ　留学〔官費留学生〕 池田 弥一　いけだ・やいち　普仏戦争視察〔裁判官〕 大石 良二　おおいし・りょうじ　遊学〔大蔵省官吏〕 佐藤 進　さとう・すすむ　外科学〔外科医, 男爵：ドイツ最初の日本人医学博士〕 袋 久平　ふくろ・きゅうへい　留学 御堀 耕助　みほり・こうすけ　留学〔長州藩士〕
	フランス	岡田 丈太郎　おかだ・じょうたろう　鉱山学〔金沢県留学生〕 黒川 誠一郎　くろかわ・せいいちろう　法律学〔行政裁判所評定官〕 西郷 従道　さいごう・つぐみち　軍事情勢視察〔海軍軍人, 元帥, 政治家, 侯爵：警察制度の確立, 鉄道敷設に尽力〕 前田 正名　まえだ・まさな　留学〔官吏, 男爵：殖産興業の功労者〕

渡航年	渡航地	人名・目的・活動分野
1869	ヨーロッパ	渡 正元　わたり・まさもと　兵学〔官吏, 貴族院議員〕 山県 有朋　やまがた・ありとも　海外事情視察〔陸軍軍人, 元帥, 政治家, 公爵：軍制の確立, 徴兵制度を制定〕 吉井 保次郎　よしい・やすじろう　留学〔金沢藩留学生〕
	ロシア	嵯峨 寿安　さが・じゅあん　兵学〔ロシア語学者：徒歩でシベリヤ横断〕 丸山 作楽　まるやま・さくら　樺太紛争の交渉〔政治家, 貴族院議員：帝国憲法, 皇室典範制定に参画〕
1869頃	イギリス	不破 与四郎　ふわ・よしろう　藩軍艦奉行に同行〔金沢藩留学生〕
1870	アメリカ	飯塚 十松　いいづか・じゅうまつ　語学〔浜松藩士族〕 五十川 基　いかがわ・もとい　政治学〔医学者〕 石沢 源四郎　いしざわ・げんしろう　岩倉使節団の通訳〔実業家〕 石橋 宗九郎　いしばし・そうくろう　留学〔留学生〕 岩倉 具定　いわくら・ともさだ　留学〔政治家, 公爵〕 岩倉 具経　いわくら・ともつね　海軍軍事研修〔官吏, 男爵〕 上杉 勝賢　うえすぎ・かつかた　留学〔留学生, 子爵〕 大儀見 元一郎　おおぎみ・もといちろう　語学, 神学〔牧師〕 大沢 良雄　おおさわ・よしお　理科〔留学生〕 大塚 綏次郎　おおつか・くめじろう　理科〔留学生〕 大原 金之助　おおはら・きんのすけ　留学〔留学生〕 大原 令之助　おおはら・れいのすけ　ニューヘブンに滞在 大村 松二郎　おおむら・まつじろう　海軍軍事研修〔海軍軍人, 子爵〕 小川 鉷吉　おがわ・ぜんきち　理科〔実業家：明治製糖会社の創立者〕 小野寺 正敬　おのでら・まさのり　視察〔実業家：本邦製紙界の恩人〕 折田 権蔵　おりた・ごんぞう　岩倉具視の子弟に同行〔教育者, 第三高等学校校長〕 折田 彦市　おりた・ひこいち　留学〔教育家, 第三高等学校初代校長〕 香月 経五郎　かつき・けいごろう　経済学〔佐賀藩士：佐賀の乱で処刑〕 国司 健之助　くにし・けんのすけ　政治学〔長州藩留学生〕 国友 次郎　くにとも・じろう　留学〔海軍軍人, 海軍大佐〕 来原 彦太郎　くるはら・ひこたろう　鉱山学〔宮中顧問官, 貴族院議員〕 黒田 清隆　くろだ・きよたか　外国事情視察〔政治家, 伯爵〕 高 良之助　こう・りょうのすけ　留学〔徳島藩留学生〕 小島 乙次郎　こじま・おつじろう　留学生〔洋学者〕 斎藤 金平　さいとう・きんぺい　留学〔留学生〕 島津 啓次郎　しまづ・けいじろう　留学〔軍人〕 高戸 賞士　たかと・たかし　華頂宮に同行, 法律学〔大学南校留学生〕 多芸 誠輔　たげ・まさすけ　牧畜, 金銀溶解〔勧農寮工職方〕

年別渡航者名一覧　1870

渡航年	渡航地	人名・目的・活動分野
	イギリス	谷元 道之　たにもと・みちゆき　留学〔実業家, 東京株式取引所頭取〕 手島 精一　てじま・せいいち　留学〔教育家：工業教育界の先覚者〕 土倉 正彦　とくら・まさひこ　留学〔岡山県大参事〕 奈良 真志　なら・しんし　会計学〔海軍軍人, 海軍主計総監〕 南部 英麿　なんぶ・ひでまろ　理学〔教育家, 伯爵：早稲田中学校初代校長〕 能勢 栄　のせ・さかえ　留学〔教育学者：修身書の編纂に尽力〕 野村 市助　のむら・いちすけ　留学〔鹿児島県留学生〕 長谷川 雉郎　はせがわ・きじろう　商法〔留学生：大学南校最初の海外留学生〕 畠山 長平　はたけやま・ちょうへい　森有礼に同行〔留学生〕 服部 一三　はっとり・いちぞう　岩倉具経に同行, 理工学〔官吏, 文部省局長, 知事, 貴族院議員：小泉八雲の松江赴任に尽力〕 林 荘三　はやし・そうぞう　森有礼に同行〔留学生〕 藤森 圭一郎　ふじもり・けいいちろう　華頂宮に同行〔華頂宮従者〕 増田 嘉兵衛　ますだ・かへえ　商業視察〔実業家〕 町村 一介　まちむら・かずすけ　ブルックリンに在住〔留学生〕 松本 荘一郎　まつもと・そういちろう　土木学〔鉄道庁官吏, 開拓使, 鉄道庁長官：鉄道建設に功労〕 目賀田 種太郎　めがた・たねたろう　法律学〔官吏, 男爵：税制・財政制度の整備の功労者〕 最上 五郎　もがみ・ごろう　農学〔開拓使留学生〕 矢田部 良吉　やたべ・りょうきち　植物学〔植物学者, 詩人：植物学の体系化, 新体詩・ローマ字普及運動に功労〕 山田 要吉　やまだ・ようきち　機械工学〔理工学者, 帝国大学工科大学教授〕 芳川 顕正　よしかわ・あきまさ　伊藤博文に随行〔政治家, 伯爵〕 朝比奈 一　あさひな・はじめ　清水篤守に随行〔従者〕 伊月 一郎　いづき・いちろう　海軍軍事研修〔海軍軍人：クリミア戦争を実見, 海軍留学生の先駆〕 岩永 省一　いわなが・しょういち　留学〔実業家：明治生命保険会社の重役〕 石野 基将　いわの・もとまさ　留学〔公家〕 大石 団蔵　おおいし・だんぞう　数学〔教育者〕 押小路 三丸　おしこうじ・かずまる　東伏見宮に同行〔華族〕 織田 純一郎　おだ・じゅんいちろう　留学〔翻訳家, ジャーナリスト〕 河島 醇　かわしま・あつし　東伏見宮に同行〔外務省官吏, 県知事, 日本勧業銀行総裁, 貴族院議員〕 国沢 新九郎　くにざわ・しんくろう　画家として最初の洋行者, 洋画法〔洋風画家：西洋画学正法の祖〕 国友 松郎　くにとも・まつろう　留学〔留学生〕 黒岡 帯刀　くろおか・たてわき　海軍軍事研修〔海軍軍人, 中将, 貴族院議員：北清事変で軍功〕

渡航年	渡航地	人名・目的・活動分野
1870		黒部 鉱太郎　くろべ・こうたろう　普仏戦争視察〔徳島藩士〕
		小松宮 彰仁親王　こまつのみや・あきひとしんのう　軍事学〔陸軍軍人, 元帥, 皇族〕
		佐双 左仲　さそう・さちゅう　造船学〔海軍軍人, 造船総監：初めて軍艦を建造〕
		三宮 義胤　さんのみや・よしたね　東伏見宮に同行〔外務省・宮内省官吏, 男爵〕
		城 蓮　じょう・れん　中御門寛麿に同行〔中御門家家来〕
		吹田 勘十郎　すいた・かんじゅうろう　留学〔留学生〕
		曽谷 言成　そや・ことしげ　法律学〔留学生〕
		武谷 福三　たけたに・ふくぞう　留学〔徳島藩留学生〕
		伊達 宗介　だて・むねすけ　語学研修〔和歌山県留学生〕
		建野 郷三　たての・ごうぞう　国外逃避のための留学〔官吏, 実業家, 大阪府知事：内外物産貿易会社などの経営に参加〕
		土山 藤次郎　つちやま・とうじろう　商工業規則調査〔工部省・大蔵省官吏〕
		内藤 類次郎　ないとう・るいじろう　留学〔外務省官吏〕
		西 直八郎　にし・なおはちろう　東伏見宮に同行, 兵学, 普通学〔東伏見宮の従者〕
		馬場 辰猪　ばば・たつい　法律学〔政治家, 思想家：自由民権, 思想の啓蒙〕
		深尾 貝作　ふかお・かいさく　海軍研修〔高知県留学生〕
		前島 密　まえじま・ひそか　郵便・為替制度の視察〔官吏, 実業家, 男爵：郵便制度の創始者〕
		前田 十郎左衛門　まえだ・じゅうろうざえもん　航海術〔海軍兵学寮学生：イギリス士官と口論, 艦上で割腹自殺〕
		松井 正水　まつい・せいすい　海軍軍事研修〔土佐藩留学生〕
		松田 金次郎　まつだ・きんじろう　造船学〔海軍軍人, 神戸造船所長〕
		真辺 戒作　まなべ・かいさく　海軍軍事研修〔土佐藩留学生〕
		森 繁　もり・しげる　東伏見宮に随行〔留学生〕
		森 甚五兵衛　もり・じんごべえ　留学〔大学南校の学生〕
		山田 純吉　やまだ・じゅんきち　鉱山学〔工部省鉱山技師〕
		芳山 五郎介　よしやま・ごろうすけ　留学〔山口藩留学生〕
	イタリア	大谷 幸蔵　おおたに・こうぞう　蚕種輸出〔貿易商：蚕種の輸出に貢献〕
		中山 譲治　なかやま・じょうじ　生糸貿易〔外交官, 実業家〕
	ドイツ	荒川 邦蔵　あらかわ・くにぞう　法律学〔官吏：地方自治制度の創立に尽力〕
		有地 品之允　ありち・しなのじょう　普仏戦争の視察〔海軍軍人, 中将, 男爵：海事思想の普及〕
		池田 謙斎　いけだ・けんさい　医学〔医学者, 陸軍軍医総監, 東大医学部総理, 宮内省侍医局長官：日本最初の医学博士〕
		石川 順三　いしかわ・じゅんぞう　医学〔篠山藩留学生〕
		井上 省三　いのうえ・しょうぞう　兵学, 製絨業研修〔農商務省官吏, 千住製絨所所長：製絨業の先駆者〕

年別渡航者名一覧　　　　　　　　　　　　　　　　1870

渡航年	渡航地	人名・目的・活動分野
	フランス	大沢 謙二　おおさわ・けんじ　生理学〔医学者：近代生理学の元祖〕 大山 巌　おおやま・いわお　普仏戦争視察〔陸軍軍人, 元帥, 公爵：ドイツ式軍制・兵制の確立〕 岡田 鎰助　おかだ・おうすけ　伏見宮能久親王に同行〔留学生〕 尾崎 平八郎　おざき・へいはちろう　化学〔留学生〕 桂 太郎　かつら・たろう　兵制研究〔陸軍軍人, 大将, 政治家, 公爵：ドイツ主義の軍制・国政への移植〕 北尾 次郎　きたお・じろう　物理学〔気象学者：検光器, 測定器などを発明〕 北白川宮 能久親王　きたしらかわのみや・よしひさしんのう〔皇族, 陸軍軍人, 大将, 北白川宮の第1代, 伏見宮邦家親王第9王子〕 木脇 良太郎　きわき・りょうたろう　医学〔医学者〕 熊沢 善庵　くまざわ・ぜんあん　化学〔化学者：大阪セメントなどの技師長〕 相良 元貞　さがら・もとさだ　医学〔医学者〕 静間 健介　しずま・けんすけ　留学〔官吏〕 品川 弥二郎　しながわ・やじろう　普仏戦争視察, 政治学〔政治家, 子爵〕 鶴田 捺一　つるた・きいち　留学〔伊万里藩留学生〕 長井 長義　ながい・ながよし　薬学〔薬学者, 帝国学士院会員, 大日本製薬会社社長：エフェドリンの発見者, 日本女子大学, 独協学園の創立に尽力〕 丹羽 淳一郎　にわ・じゅんいちろう　伏見宮能久に随行 林 有造　はやし・ゆうぞう　普仏戦争視察〔政治家：自由党の幹部として活躍〕 原 桂仙　はら・けいせん　医学〔医師〕 原 祐民　はら・ゆうみん　医学〔医師〕 東久世 通暉　ひがしくぜ・みちてる　伏見宮能久に随行 松野 礀　まつの・かん　林学〔林学者, 山林技師：わが国林学の祖〕 本尾 敬三郎　もとお・けいざぶろう　留学〔留学生〕 山崎 橘馬　やまざき・きつま　東伏見宮に同行〔留学生〕 山脇 玄　やまわき・げん　法律学〔法律学者, 貴族院議員〕 飯塚 納　いいづか・おさむ　法制〔漢詩人, ジャーナリスト, 東洋自由新聞副社長：自由民権思想の啓蒙〕 大久保 春野　おおくぼ・はるの　軍事刑法学〔陸軍軍人, 大将, 男爵〕 小田 均一郎　おだ・きんいちろう　兵学〔留学生：リヨンで中江兆民と交遊〕 柏村 庸之允　かしわむら・ようのじょう　刑法学〔山口藩留学生〕 光妙寺 三郎　こうみょうじ・さぶろう　憲法学〔官吏〕 小国 磐　こぐに・いわお　陸軍軍事研修〔陸軍軍人〕 小坂 勇熊　こさか・たけくま　軍事研修〔陸軍軍人〕 小坂 千尋　こさか・ちひろ　兵学〔陸軍軍人, 陸軍省軍務局第一課長〕

新訂増補 海を越えた日本人名事典　　797

渡航年	渡航地	人名・目的・活動分野
		清水 誠　しみず・まこと　理工科目修得　〔実業家：国産マッチの創始者〕
		庄司 金太郎　しょうじ・きんたろう　軍事工学　〔留学生〕
		周布 金槌　すふ・かなづち　留学　〔留学生〕
		戸次 正三郎　とつぐ・しょうざぶろう　軍事研修　〔兵学寮留学生〕
		船越 熊吉　ふなこし・くまきち　砲学, 海軍伝習　〔兵学寮留学生〕
		前田 荘馬　まえだ・そうま　留学　〔兵学寮留学生〕
		村上 四郎　むらかみ・しろう　工学　〔山口藩留学生〕
		毛利 藤内　もうり・とうない　法律学, 普通学　〔銀行家：第百十銀行設立〕
		山崎 直胤　やまさき・なおたね　産業技術調査　〔官吏, 錦鶏間祗候〕
	ベルギー	吉武 彦十郎　よしたけ・ひこじゅうろう　留学　〔留学生〕
		馬屋原 二郎　うまやはら・じろう　法律学　〔裁判官〕
		古賀 護太郎　こが・もりたろう　鉱山学　〔文部省官吏〕
		松原 旦次郎　まつばら・たんじろう　鉱山学　〔大学南校留学生〕
	ヨーロッパ	伊達 宗之助　だて・むねのすけ　留学　〔公家〕
		陸奥 宗光　むつ・むねみつ　文物視察周遊　〔外交官, 伯爵：不平等条約改正に功労〕
	ロシア	小野寺 魯一　おのでら・ろいち　語学研修　〔ロシア語学者：『露語和訳』を編纂〕
1870頃	アメリカ	西 徳二郎　にし・とくじろう　法政学　〔外交官, 男爵：日本人として初めて中央アジアを踏査〕
		東 隆彦　あずま・たかひこ　海軍軍事研修　〔海軍軍人, 少将, 皇族, 公家〕
		海東 謙　かいとう・けん　医学　〔留学生：帰国の船中で病死〕
		美津田 滝次郎　みつた・たきじろう　興行　〔旅芸人（足芸）〕
		山内 太郎　やまうち・たろう　工学　〔土木技師〕
	イギリス	小室 三吉　こむろ・さんきち　経済学, 滞英12年に及ぶ　〔実業家：三井物産, 東京海上保険などの経営に参加〕
		水谷 亦六郎　みずたに・またろくろう　留学　〔造船技師：長崎三菱造船所長〕
1871	アメリカ	吉田 伴七郎　よしだ・ともしちろう　留学　〔薩摩藩留学生〕
		浅野 辰夫　あさの・たつお　語学研修　〔留学生〕
		姉小路 公義　あねのこうじ・きんとも　岩倉使節団に同行　〔外交官, 伯爵〕
		阿部 潜　あべ・せん　岩倉使節団に随行
		新井 奥邃　あらい・おうすい　森有礼に同行　〔教育家：カリフォルニア在住最初の日本人〕
		安藤 忠経　あんどう・ただつね　岩倉使節団に随行　〔外交官〕
		伊井 直助　いい・なおすけ　留学　〔留学生〕
		池田 謙蔵　いけだ・けんぞう　留学　〔実業家〕
		池田 政懋　いけだ・まさよし　岩倉使節団に随行　〔官吏, 天津領事, 長崎税関長〕
		五辻 安仲　いつつじ・やすなか　岩倉使節団に随行　〔宮内省官吏, 子爵〕
		伊東 益之助　いとう・ますのすけ　留学　〔佐賀県留学生〕

年別渡航者名一覧　　　　　　　　　　　　　　　　1871

渡航年	渡航地	人名・目的・活動分野
		岩倉 具綱　いわくら・ともつな　岩倉使節団に同行〔宮中顧問官：『海外留学生規則集』編纂〕
岩倉 具視　いわくら・ともみ　条約改正, 文物視察〔政治家〕
岩見 鑑造　いわみ・かんぞう　岩倉使節団に随行〔通訳, 東京府二等訳官〕
岩山 壮八郎　いわやま・そうはちろう　農学〔農務省官吏, 県知事：農業振興〕
上坂 多賀之助　うえさか・たがのすけ　海軍軍事研修〔海軍軍人〕
内村 良蔵　うちむら・りょうぞう　岩倉使節団に随行〔文部省官吏, 文部権大書記官〕
内海 忠勝　うつみ・ただかつ　岩倉使節団に随行〔政治家, 男爵〕
瓜生 震　うりゅう・しん　岩倉使節団に随行〔実業家：汽車製造会社, キリン・ビールなどの経営に参加〕
江川 英武　えがわ・ひでたけ　鉱山学〔大蔵省・内務省官吏〕
江原 素六　えばら・そろく　海外情勢視察〔教育家, 政治家, 麻布学園創立者〕
大久保 三郎　おおくぼ・さぶろう　植物学〔植物学者, 東京大学助教授〕
大久保 利和　おおくぼ・としなか　普通学〔留学生, 侯爵〕
大久保 利通　おおくぼ・としみち　岩倉使節団副使〔政治家, 大蔵卿, 内務卿〕
大島 高任　おおしま・たかとう　岩倉使節団に随行, ヨーロッパの鉱山視察〔鋳造家, 採鉱・冶金学者：鉱山経営・行政の功労者〕
大東 義徹　おおひがし・ぎてつ　岩倉使節団に随行〔政治家, 衆議院議員, 司法相〕
大山 捨松　おおやま・すてまつ　女子教育研究〔大山巌夫人：最初の女子留学生〕
沖 守固　おき・もりかた　岩倉使節団に同行〔官吏, 県知事, 男爵〕
奥平 昌邁　おくだいら・まさゆき　留学〔政治家, 伯爵〕
長田 銈太郎　おさだ・けいたろう　兵部省より派遣〔外交官, 宮内省官吏：外国公使謁見の通訳〕
小野 梓　おの・あずさ　法律学〔政治家, 法学者：立憲改進党の結成, 早稲田大学の創立に参加〕
小野寺 系介　おのでら・けいすけ　清水篤守に随行〔従者〕
小幡 甚三郎　おばた・じんざぶろう　奥平昌邁に同行〔教育者：J.J.ルソーの紹介者〕
何 礼之　が・のりゆき　岩倉使節団に随行, 憲法調査〔官吏, 貴族院議員〕
香川 敬三　かがわ・けいぞう　岩倉使節団に随行〔宮内官, 伯爵〕
香川 真一　かがわ・しんいち　岩倉使節団に随行〔官吏〕
梶山 鼎助　かじやま・ていすけ　織物の研修〔政治家, 衆議院議員〕
堅田 少輔　かただ・しょうすけ　留学〔教育者, 工部大学校教員, 衆議院議員：成章学舎を創立〕

新訂増補 海を越えた日本人名事典　　799

渡航年	渡航地	人名・目的・活動分野
		金子 堅太郎　かねこ・けんたろう　法律学〔政治家, 伯爵：日本帝国憲法起草に参画, 法令制定に尽力〕
		川村 勇　かわむら・いさむ　語学研修〔留学生〕
		川村 清雄　かわむら・きよお　洋画〔洋画家：明治美術会を創立〕
		神田 乃武　かんだ・ないぶ　語学研修〔英学者, 男爵：英語教育に尽力, 正則中学の創設者〕
		来見 甲蔵　きたみ・こうぞう　岩倉使節団に同行〔外交官〕
		吉川 重吉　きっかわ・ちょうきち　留学〔外交官, 男爵〕
		木戸 孝允　きど・たかよし　条約改正, 文物視察〔政治家〕
		木村 熊二　きむら・くまじ　医学, 神学〔牧師, 教育者：明治女学校の創立者〕
		日下 三郎　くさか・さぶろう　留学〔留学生〕
		日下 義雄　くさか・よしお　留学〔官吏, 実業家：岩越鉄道敷設に尽力〕
		久米 邦武　くめ・くにたけ　岩倉使節団に随行〔歴史学者：『米欧回覧実記』の著者, 古文書学の先駆者〕
		黒田 長知　くろだ・ながとも　留学〔福岡藩知事, 侯爵〕
		河野 亮蔵　こうの・りょうぞう　留学〔大蔵省官吏〕
		木滑 貫人　こなめ・つらと　留学〔留学生〕
		小松 済治　こまつ・せいじ　岩倉使節団に随行〔裁判官〕
		近藤 環一　こんどう・かんいち〔清水家従者〕
		近藤 昌綱　こんどう・まさつな　岩倉使節団に随行〔文部中助教〕
		酒井 忠邦　さかい・ただくに　留学〔姫路藩知事, 伯爵〕
		佐々木 高行　ささき・たかゆき　岩倉使節団に随行, 司法制度調査〔政治家, 侯爵：大正天皇の教育主任〕
		執行 弘道　しゅぎょう・ひろみち　留学〔文化事業家〕
		杉山 一成　すぎやま・かずなり　岩倉使節団に随行〔検査大属〕
		相馬 永胤　そうま・ながたね　農学〔実業家, 銀行家, 横浜正金銀行重役：専修大学設立者・学長〕
		曽根 直之助　そね・なおのすけ　海軍軍事研修〔海軍軍人〕
		高橋 新吉　たかはし・しんきち　留学〔官吏, 男爵：九州鉄道社長〕
		高橋 鉄太郎　たかはし・てつたろう　留学〔留学生〕
		多久 乾一郎　たく・けんいちろう　留学〔宮内省官吏（東宮侍従）, 男爵〕
		竹村 謹吾　たけむら・きんご　語学〔大蔵省官吏〕
		田尻 稲次郎　たじり・いなじろう　留学, のち経済学, 財政学〔財政学者, 東京市長, 子爵：専修大学を創立〕
		田中 貞吉　たなか・ていきち　藩主吉川重吉に同行〔南米探検家：海外植民事業の立案〕
		田中 不二麿　たなか・ふじまろ　岩倉使節団に随行, 教育行政視察〔文教行政家, 子爵：「教育令」の公布, 女子教育の振興の功労者〕
		田中 光顕　たなか・みつあき　岩倉使節団に随行〔陸軍軍人, 宮中政治家, 伯爵〕
		谷元 兵右衛門　たにもと・ひょうえもん　東伏見宮に同行〔海軍軍人, 実業家, 海軍主計中佐, 東京株式取引所長〕

渡航年	渡航地	人名・目的・活動分野
		団 琢磨　だん・たくま　鉱山学〔実業家, 男爵：三井財閥の最高指導者〕
		津田 梅子　つだ・うめこ　留学〔女子教育家：最初の女子留学生, 津田塾大学創始者〕
		津田 純一　つだ・じゅんいち　法律, 経済, 哲学〔教育家〕
		津田 弘道　つだ・ひろみち　欧米事情視察〔官吏, 実業家, 岡山藩士〕
		土井 利恒　どい・としつね〔外交官〕
		徳川 篤守　とくがわ・あつもり　留学〔外交官, 元・男爵〕
		戸田 氏共　とだ・うじたか　鉱山学〔宮内省官吏, 伯爵〕
		戸田 欽堂　とだ・きんどう　留学〔小説家：華族出身の民権論者〕
		富田 命保　とみた・のりやす　岩倉使節団に随行〔官吏, 租税権大属〕
		富永 市蔵　とみなが・いちぞう　徳川篤守に同行〔通詞〕
		富永 冬樹　とみなが・ふゆき　岩倉使節団に同行〔裁判官, 大審院部長〕
		鳥居 朝道　とりい・ともみち　政体視察〔大垣藩留学生〕
		永井 久一郎　ながい・きゅういちろう　英語, ラテン語〔官吏, 実業家：東京府書籍館の設置に尽力〕
		永井 繁子　ながい・しげこ　音楽〔音楽家：最初の女子留学生〕
		中島 永元　なかじま・ながもと　岩倉使節団に随行〔文部官吏, 貴族院議員〕
		中野 健明　なかの・たけあき　岩倉使節団に随行〔官吏, 司法権中判事〕
		長野 文炳　ながの・ふみあき　岩倉使節団に随行〔裁判官, 大審院判事〕
		中原 国之助　なかはら・くにのすけ　政治学〔留学生〕
		中山 信彬　なかやま・のぶよし　岩倉使節団に同行〔官吏, 実業家, 大阪株式取引所頭取〕
		長与 専斎　ながよ・せんさい　医学学校・病院の調査〔医学者：コレラ予防など公衆衛生行政の確立〕
		名倉 納　なくら・おさむ　医学〔陸軍軍医〕
		名和 道一　なわ・どういち　民法〔官吏：ボストンで客死〕
		西川 友喜　にしかわ・ともよし　金子堅太郎の通訳〔通詞〕
		錦見 貫一郎　にしきみ・かんいちろう　藩主・戸田氏共に随行〔大垣藩留学生〕
		野村 素介　のむら・もとすけ　欧米情勢視察〔官僚, 政治家, 男爵〕
		野村 靖　のむら・やすし　岩倉使節団に随行〔政治家, 子爵〕
		服部 敬次郎　はっとり・けいじろう　鉱山学〔開拓使派遣留学生〕
		林 斜四郎　はやし・きゅうしろう　語学研修〔静岡県留学生〕
		林 源之助　はやし・げんのすけ　留学〔熊本県留学生〕
		林 純吉　はやし・じゅんきち　藩知事に同行〔佐倉藩士〕
		原 保太郎　はら・やすたろう　経済学〔県知事, 貴族院議員〕
		東久世 通禧　ひがしくぜ・みちとみ　岩倉使節団に同行〔公家, 政治家, 伯爵：所謂七卿の1人〕

渡航年	渡航地	人名・目的・活動分野
		平岡 熙　ひらおか・ひろし　鉄道機関の技術修得, 野球を日本に紹介〔実業家：野球の新橋クラブ創設者〕
		平島 精一　ひらしま・せいいち　留学〔留学生〕
		古川 研二郎　ふるかわ・けんじろう　留学〔伊万里県留学生〕
		細川 潤次郎　ほそかわ・じゅんじろう　文物視察〔法学者, 貴族院議員：刑法草案の起草に参画〕
		堀田 正顕　ほった・まさあき　海軍軍事研修〔藩知事〕
		堀田 正倫　ほった・まさとも　留学〔佐倉中学校創立者, 伯爵：農業振興にも尽力〕
		堀 誠太郎　ほり・せいたろう　森有礼に同行〔留学生〕
		前田 献吉　まえだ・けんきち　留学〔官吏, 元老院議官〕
		牧野 伸顕　まきの・のぶあき　語学研修〔政治家, 外交官, 伯爵：ベルサイユ講和会議で活躍〕
		馬込 為助　まごめ・ためすけ　森有礼に同行し留学〔留学生〕
		松浦 右近　まつうら・うこん〔大村藩士〕
		松方 蘇介　まつかた・そうのすけ　岩倉使節団に同行〔従者〕
		松田 晋斎　まつだ・しんさい〔技術者〕
		三浦 十郎　みうら・じゅうろう　岩倉使節団に同行〔大蔵省官吏：国際結婚の先駆け〕
		三角 市之助　みすみ・いちのすけ　農学〔官吏〕
		光田 恵然　みつだ・よしなり　欧米宗教界の視察〔僧侶〕
		南岩倉 具義　みなみいわくら・ともよし　岩倉使節団に同行〔華族〕
		村田 新八　むらた・しんぱち　岩倉使節団に随行〔軍人, 宮内大丞：西南の役の際の薩軍の参謀〕
		森田 留蔵　もりた・とめぞう　砲術〔牧場主：滞米8年, 熱海で牧場経営〕
		安川 繁成　やすかわ・しげなり　岩倉使節団に随行〔官吏, 実業家, 少議生〕
		山尾 常太郎　やまお・じょうたろう　農学〔開拓使留学生〕
		山岡 次郎　やまおか・じろう　理化学〔大蔵省官吏：関税・貿易事務に功労〕
		山川 健次郎　やまかわ・けんじろう　物理学〔物理学者, 教育家, 男爵：最初の博士号授与者の一人, 大学教育確立に尽力〕
		山口 俊太郎　やまぐち・しゅんたろう　岩倉使節団に同行〔留学生〕
		山口 仙之助　やまぐち・せんのすけ　岩倉使節団に同行〔実業家：富士屋ホテルを創業〕
		山口 尚芳　やまぐち・なおよし　条約改正予備交渉等〔官吏, 貴族院議員, 旧佐賀藩士：岩倉使節団副使〕
		山沢 静吾　やまさわ・せいご　陸軍軍事研修〔陸軍軍人, 中将, 男爵〕
		山田 顕義　やまだ・あきよし　岩倉使節団に随行〔陸軍軍人, 中将, 政治家, 伯爵：刑法草案作成に尽力, 日本大学の創立者〕
		山田 鉄次　やまだ・てつじ　留学〔名古屋県留学生〕
		湯川 類次郎　ゆかわ・るいじろう　留学〔大村藩士〕
		吉雄 永昌　よしお・ながまさ　岩倉使節団に随行〔官吏〕

年別渡航者名一覧　　　　　　　　　　　　　1871

渡航年	渡航地	人名・目的・活動分野
	イギリス	吉益 亮子　よします・りょうこ　留学〔英語教師：最初の女子留学生〕 若曽根 寛一　わかそね・かんいち　戸田氏共に同行〔英語教師〕 若山 儀一　わかやま・のりかず　岩倉使節団に随行, 税制研究〔官吏：保護貿易主義を啓蒙〕 和田 マキタ　わだ・まきた　留学〔岡山藩留学生〕 渡辺 洪基　わたなべ・こうき　岩倉使節団に同行〔外交官, 政治家, 帝国大学初代総長, 貴族院議員：中国語教育, 立憲政友会の創立に参与〕 赤嶺 五作　あかみね・ごさく　海軍軍事研修〔海軍兵学寮学生〕 伊賀 陽太郎　いが・ようたろう　留学〔教育者, 男爵〕 石田 昇蔵　いしだ・しょうぞう　留学〔山口県留学生〕 石田 鼎三　いしだ・ていぞう　海軍軍事研修〔海軍軍人, 海軍少佐〕 伊地知 弘一　いじち・こういち　海軍軍事研修〔海軍軍人：軍艦厳島の艦長〕 五十君 貢　いそきみ・みつぐ　東伏見宮の従者〔海軍軍人〕 井上 勝之助　いのうえ・かつのすけ　法律学〔外交官, 宮内官僚, 侯爵〕 岩崎 小二郎　いわさき・こじろう　西欧の文物調査〔官吏, 貴族院議員：各県の知事を歴任〕 岩瀬谷 亀次郎　いわせや・かめじろう　留学〔官費留学生〕 小倉 処平　おぐら・しょへい　学制取調, 政治経済学〔軍人〕 小野寺 京介　おのでら・きょうすけ　留学〔留学生〕 片岡 健吉　かたおか・けんきち　軍事研究〔政治家：自由民権運動に活躍, 自由党結成に尽力〕 倉永 猪一郎　くらなが・いいちろう　留学〔伊万里県留学生〕 小林 儀秀　こばやし・よしひで　留学〔大学南校大助教〕 志道 貫一　しじ・かんいち　造船学〔海軍軍人〕 志波 虎次郎　しば・とらじろう　留学〔海軍兵学寮学生〕 杉 甲一郎　すぎ・こういちろう　岩倉使節団に同行, 図学, 灯台実習〔工学者, 工部大学校教授〕 鈴木 暢　すずき・とおる　留学〔大学南校教員〕 高木 報造　たかぎ・ほうぞう　留学〔伊万里県留学生〕 高原 弘造　たかはら・こうぞう　建築学〔建築家, 日本土木会社技師長：コンドルの助手〕 伊達 宗敦　だて・むねあつ　留学〔政治家, 男爵〕 田中 永昌　たなか・ながまさ　藩主鍋島直大に随行〔鍋島家家来〕 辻 小伝太　つじ・こでんた　留学〔伊万里県留学生〕 東郷 平八郎　とうごう・へいはちろう　海軍軍事研修〔海軍軍人, 元帥, 侯爵：バルチック艦隊撃滅の功労者〕 遠野 寅亮　とおの・のぶあき　留学〔広島県留学生〕 富田 貞次郎　とみた・ていじろう　法律学〔留学生〕 豊原 百太郎　とよはら・ひゃくたろう　応用化学〔官吏, 教育者, 大蔵省書記官, 札幌農学校教授〕

1871　　年別渡航者名一覧

渡航年	渡航地	人名・目的・活動分野
	ドイツ	鳥居 忠文　とりい・ただぶみ　岩倉使節団と同船〔壬生藩主，子爵〕 長岡 治三郎　ながおか・じさぶろう　大村純熙に同行〔教育者，大村藩士族：東京府師範学校校長，料理道具・洋書を購入〕 長松 周造　ながまつ・しゅうぞう　造幣の知識〔大蔵省官吏〕 中村 孟　なかむら・たけし　医学〔医師〕 鍋島 直大　なべしま・なおひろ　留学〔佐賀藩主，式部長官，侯爵〕 西村 猪三郎　にしむら・いさぶろう　海軍軍事研修〔海軍軍人〕 土師 外次郎　はじ・そとじろう　海軍軍事研修〔海軍軍人，予備海軍造船大監，石川県士族：横須賀造船所〕 八戸 欽三郎　はちのへ・きんざぶろう　留学〔伊万里県留学生〕 八田 裕次郎　はった・ゆうじろう　海軍軍事研修〔海軍軍人〕 原 六郎　はら・ろくろう　外国事情視察，経済学〔実業家，第百銀行・横浜正金銀行各頭取：銀行設立や殖産興業の功労者，日印貿易を開く〕 原田 宗助　はらだ・むねすけ　海軍軍事研修〔海軍軍人，造兵少将，海軍造兵総監〕 土方 賢吉　ひじかた・けんきち　海軍軍事研修〔海軍兵学寮学生〕 百武 兼行　ひゃくたけ・かねゆき　経済学，絵画〔洋画家，官吏〕 平原 太作　ひらはら・たさく　商法〔留学生〕 藤田 隆三郎　ふじた・りゅうざぶろう　留学〔司法官〕 前田 利同　まえだ・としあつ　留学〔政治家，伯爵〕 前田 利嗣　まえだ・としつぐ　留学，岩倉使節団と同船〔華族，侯爵：鉄道，育英事業に尽力〕 正木 退蔵　まさき・たいぞう　留学〔教育者，外交官，東京職工学校長，公使館領事：工業教育に尽力〕 松田 周次　まつだ・しゅうじ　土木学〔建築技師，工部省鉄道寮：皇居造営の関係者〕 松村 文亮　まつむら・ふみすけ　鍋島直大に同行〔海軍軍人，海軍少佐〕 三井 常二郎　みつい・つねじろう　岩倉使節団に同行〔留学生〕 村上 敬次郎　むらかみ・けいじろう　海軍伝習〔海軍軍人，男爵〕 村田 保　むらた・たもつ　法律学〔官吏，貴族院議員：水産界の功労者〕 村地 才一郎　むらち・さいいちろう　留学〔留学生〕 毛利 元敏　もうり・もととし　留学〔豊浦藩主，子爵〕 山県 小太郎　やまがた・こたろう　留学〔海軍軍人，大宮県判事，海軍主船大属：艦船武具の製作〕 山口 武　やまぐち・たけし　留学〔大蔵省官吏〕 横井 平次郎　よこい・へいじろう　留学〔熊本県留学生〕 横尾 平太　よこお・へいた　留学〔官吏〕 麻間 徹之助　あさま・てつのすけ　留学〔留学生〕 姉小路 頼言　あねのこうじ・よりこと　留学〔留学生〕 諫早 家崇　いさはや・いえたか　経済学〔外務省官吏，男爵〕 鬼頭 佐太郎　きとう・さたろう　医学〔名古屋藩留学生〕 木下 周一　きのした・しゅういち　法律学〔官吏〕

804　新訂増補 海を越えた日本人名事典

年別渡航者名一覧　　　　　　　　　　　　　　1871

渡航年	渡航地	人名・目的・活動分野
	フランス	熊谷 平三郎　くまがい・へいざぶろう　留学〔留学生〕 崎山 元吉　さきやま・もときち　商法見習〔商人〕 柴田 承桂　しばた・しょうけい　有機化学, 衛生学〔有機化学者：『日本薬局方』の編纂者〕 田坂 虎之助　たさか・とらのすけ　伏見宮能久親王に随行〔陸軍軍人〕 辻 春十郎　つじ・はるじゅうろう　留学〔伊万里県留学生〕 津田 伊兵衛　つだ・いへえ　商法見習い〔商人〕 津田 正之助　つだ・しょうのすけ　商法見習い〔商人〕 長尾 俊次郎　ながお・しゅんじろう　留学〔伊万里県留学生〕 丹羽 龍之助　にわ・りゅうのすけ　学科質問〔宮内省官吏, 宮中顧問官〕 原田 音之進　はらだ・おとのしん　岩倉使節団に同行〔留学生〕 ハルトマン, サダキチ　受洗〔美術家, 詩人：日本美術の紹介〕 平田 東助　ひらた・とうすけ　法律学, 政治学〔政治家, 伯爵：産業組合運動の先駆者〕 福田 嘉太郎　ふくだ・よしたろう　留学〔留学生〕 増野 助三　ますの・すけぞう　留学〔陸軍軍人〕 松崎 万長　まつがさき・つむなが　建築・土木学〔建築技師〕 松村 次郎　まつむら・じろう　留学〔留学生〕 峯 源次郎　みね・げんじろう　留学〔留学生〕 武者小路 実世　むしゃのこうじ・さねよ　外国事情視察〔官吏, 子爵〕 山県 伊三郎　やまがた・いさぶろう　政治学, 法律学〔政治家, 公爵〕 山中 一郎　やまなか・いちろう　政治経済学〔佐賀士族：佐賀の乱に加担し処刑〕 吉武 桂仙　よしたけ・けいせん　留学〔伊万里県留学生〕 石丸 三七郎　いしまる・さんしちろう　築城学〔兵学寮留学生〕 稲垣 喜多造　いながき・きたぞう　簿記〔工部省官吏：フランス簿記導入の先駆者〕 入江 文郎　いりえ・ぶんろう　留学〔語学者：フランス語学の先駆者, フランス留学生世話人〕 大塚 琢造　おおつか・たくぞう　兵学〔博覧会審査官：各国博覧会で活躍〕 小野 弥一　おの・やいち　統計事務の研修〔官吏：第1回ニュー・カレドニア移民の総監督〕 河内 直方　かわち・なおかた　法律研修〔官吏〕 駒留 良蔵　こまどめ・りょうぞう　法律学〔司法官〕 西園寺 公望　さいおんじ・きんもち　留学〔政治家, 公爵：元老, 明治大学創立〕 周布 公平　すぶ・こうへい　法律学〔官吏, 男爵〕 千坂 高雅　ちさか・たかまさ　養蚕製糸業の調査〔官吏, 実業家, 貴族院議員〕 土屋 静軒　つちや・せいけん　留学〔医師〕 中江 兆民　なかえ・ちょうみん　法律学〔思想家：フランス啓蒙思想の移植〕

新訂増補 海を越えた日本人名事典　　805

渡航年	渡航地	人名・目的・活動分野
		中島 精一　なかじま・せいいち　器械学〔留学生〕
		中島 惣助　なかじま・そうすけ　鉱山学〔塾教師〕
		楢崎 頼三　ならざき・らいぞう　軍事刑法, 語学〔兵学寮留学生〕
		野村 小三郎　のむら・こさぶろう　軍事〔陸軍軍人：パリで客死〕
		秀島 家良　ひでしま・いえよし　法律学, 馬政学〔陸軍軍人, 実業家, 第三十銀行監査役〕
		福地 鷹次　ふくち・たかつぐ　法律学〔伊万里県留学生〕
		三刀屋 七郎次　みとや・しちろうじ　フランス語〔留学生〕
		山口 健五郎　やまぐち・けんごろう　鉱山学〔伊万里県留学生〕
		山城屋 和助　やましろや・わすけ　兵器の輸入〔商人：陸軍汚職事始の張本人〕
	ベルギー ヨーロッパ	河野 光太郎　こうの・こうたろう　私費留学〔留学生〕
		秋月 種樹　あきづき・たねたつ　外国事情視察〔政治家, 書家, 子爵〕
		藤井 勉三　ふじい・べんぞう　留学〔山口藩留学生〕
		三好 退蔵　みよし・たいぞう　伊藤博文に同行, 裁判事務〔裁判官, 弁護士, 貴族院議員：感化事業に尽力〕
		森下 龍三　もりした・りゅうぞう　岡山藩参与に同行〔岡山藩士〕
	ロシア	江村 次郎　えむら・じろう　農学〔留学生〕
		清水谷 公考　しみずだに・きんなる　留学〔公家, 伯爵〕
		古川 常一郎　ふるかわ・つねいちろう　ロシア語〔官吏, 語学教師, 東京外国語学校教員, 内閣官報局：官版ロシア語辞典の共編者〕
		坊城 俊章　ぼうじょう・としあや　軍事研究〔陸軍軍人, 伯爵〕
		万里小路 秀麿　までのこうじ・ひでまろ　留学〔宮内省官吏, 男爵〕
1871頃	イギリス	赤根 倍作　あかね・ますさく　留学〔熊本県留学生〕
		岩崎 権少史　いわさき・ごんのしょうし　留学〔大助教〕
		円城寺 権一　えんじょうじ・ごんいち　留学〔伊万里県留学生〕
		遠藤 寅亮　えんどう・のぶあき　留学〔広島県留学生〕
	フランス	坂田 乾一郎　さかた・かんいちろう　兵学〔留学生：リヨンで中江兆民と交遊〕
1872	アメリカ	赤羽 四郎　あかばね・しろう　吉田清成に同行, エール大学留学〔外交官：北清事変に功労〕
		井伊 直安　いい・なおやす　外国事情視察〔政治家, 子爵：『欧米各国遊歴』執筆〕
		池田 猪之助　いけだ・いのすけ　吉田清成に同行
		市来 宗介　いちき・そうすけ　鉱山学, 農学〔薩摩藩士〕
		井上 良智　いのうえ・りょうち　造船学, 航海術〔海軍軍人, 中将, 男爵〕
		入江 音次郎　いりえ・おとじろう　吉田清成に同行〔留学生〕
		岩男 三郎　いわお・さぶろう　留学〔官僚, 徳島県知事〕
		岩崎 弥之助　いわさき・やのすけ　留学〔実業家, 男爵：日本郵船会社の創立者〕
		大倉 喜八郎　おおくら・きはちろう　商業視察〔実業家, 男爵：大倉財閥の創立者, 大倉集古館を開設〕
		大関 増勤　おおぜき・ますとし　留学〔黒羽藩藩主, 子爵〕

年別渡航者名一覧　　　　　　　　　　　　　　　　1872

渡航年	渡航地	人名・目的・活動分野
		太田 雄寧　おおた・ゆうねい　化学〔医者, 愛媛県医学校長, 東京医事新誌局長：最初の医学専門雑誌を発行〕
		大山 助一　おおやま・すけいち　鉱山学〔留学生〕
		唐橋 在正　からはし・ありさだ　留学〔公家, 子爵〕
		桐原 仁平　きりはら・にへい　鉱山学〔留学生〕
		朽木 綱鑑　くちき・つなかね　留学〔福知山藩士〕
		工藤 精一　くどう・せいいち　留学〔教育者, 札幌農学校教授〕
		小谷 静二　こたに・せいじ　メリヤス技術修得〔メリヤス製造業者〕
		小室 信夫　こむろ・しのぶ　欧米事情視察〔政治家, 実業家, 貴族院議員, 共同運輸会社創立者〕
		西郷 菊次郎　さいごう・きくじろう　留学〔京都市長〕
		税所 長八　さいしょ・ちょうはち　農学・鉱山学〔開拓使留学生〕
		真田 幸民　さなだ・ゆきもと　留学〔松代藩知事, 伯爵〕
		沢山 保羅　さわやま・ぽうろ　神学〔牧師, 教育家：自給教会, 梅花女学校を創設〕
		刺賀 信量　しが・のぶかず　造船〔工部省留学生〕
		志道 新之允　しじ・しんのじょう　鉱山学〔留学生〕
		渋川 勝迪　しぶかわ・かつみち　留学〔留学生〕
		白根 鼎蔵　しらね・ていぞう　玻璃製造〔留学生〕
		高木 貞作　たかぎ・ていさく　関税事務研修〔銀行家〕
		高須 慄　たかす・りつ〔姫路藩士〕
		高山 紀斎　たかやま・きさい　歯科医学〔歯科医：東京歯科大学創立者〕
		田代 静之助　たしろ・せいのすけ　農業修業〔留学生〕
		千村 五郎　ちむら・ごろう　留学〔牧師〕
		坪井 航三　つぼい・こうぞう　留学〔海軍軍人, 中将, 男爵〕
		長岡 護美　ながおか・もりよし　留学〔外交官, 裁判官, 子爵〕
		中島 政之允　なかじま・まさのじょう　学科質問〔留学生〕
		鍋島 直彬　なべしま・なおよし　留学〔官吏, 子爵：初代沖縄県令として行政に尽力〕
		西村 捨三　にしむら・すてぞう　井伊直憲に随行〔官僚, 大阪府知事〕
		野津 十郎　のづ・じゅうろう　工学〔留学生〕
		原 忠順　はら・ただゆき　鍋島直彬に随行, 政治学〔官吏, 殖産家, 貴族院議員：『米政撮要』を著述〕
		広沢 健三　ひろさわ・けんぞう　留学〔山口県留学生：滞米中に客死〕
		益田 克徳　ますだ・かつのり　山田顕義に随行〔実業家, 東京米穀取引所理事長〕
		松平 忠厚　まつだいら・ただあつ　土木工学〔アメリカの鉄道会社員〕
		松平 忠礼　まつだいら・ただなり　理科〔官吏, 子爵〕
		三井 三郎助　みつい・さぶろうすけ　銀行業研修〔実業家：三井家鉱山業の基礎づくり〕
		三井 高朗　みつい・たかあき　金融・銀行業務研修〔銀行家：三井財閥の発展に貢献〕

渡航年	渡航地	人名・目的・活動分野
	イギリス	三井 高棟　みつい・たかみね　留学〔実業家, 男爵〕 三井 弥之助　みつい・やのすけ　銀行業研修〔実業家:三井物産社長〕 南 保　みなみ・たもつ　吉田清成に同行〔農商務省官吏〕 村田 十蔵　むらた・じゅうぞう　農学, 鉱山学〔開拓使留学生〕 安場 保和　やすば・やすかず　岩倉使節団に同行〔政治家, 男爵〕 柳井 譲蔵　やない・じょうぞう　織物技術〔留学生〕 大和 七之允　やまと・しちのじょう　農学, 鉱山学〔留学生〕 山内 梅三郎　やまのうち・うめさぶろう　留学〔官吏, 萩藩寄組士（老中）, 陸軍教導団〕 山本 弥三　やまもと・やぞう　塗物修業〔職人〕 由良 源太郎　ゆら・げんたろう　吉田清成に同行, 牧畜〔勧農局官吏〕 由利 公正　ゆり・きみまさ　市政視察〔財政家, 子爵:「五箇条の御誓文」の原案作成, 太政官札（金札）の発行〕 赤松 連城　あかまつ・れんじょう　宗教事情視察〔僧侶:維新後初の欧州留学僧〕 飯塚 義光　いいずか・よしみつ　留学〔工部省測量技師〕 上杉 茂憲　うえすぎ・もちのり　留学〔裁判官, 伯爵〕 大村 純熈　おおむら・すみひろ　留学〔大村藩知事, 伯爵〕 小川 資原　おがわ・しげん　留学〔工部省測量技師見習〕 河鰭 実文　かわばた・さねぶみ　留学〔内務省官吏, 子爵〕 佐々木 和三郎　ささき・わさぶろう　測量見習〔技師, 測量司一等見習, 工部権少書記官〕 関 信三　せき・しんぞう　宗教事情視察〔教育者:フレーベルの幼児教育論の紹介者〕 多賀 章人　たが・あきひと　灯台技術〔工部省灯台局官吏〕 蜂須賀 茂韶　はちすか・もちあき　留学〔政治家, 侯爵:民間事業・学術振興に尽力〕 藤倉 見達　ふじくら・けんたつ　燈台技術〔技師, 燈台局長:燈台建設の指導者〕 堀川 教阿　ほりかわ・きょうあ　日本最初の僧侶渡欧, 語学〔西本願寺僧侶〕 松平 忠敬　まつだいら・ただのり　留学〔藩知事, 子爵〕 森寺 常徳　もりでら・つねのり　蜂須賀茂韶に随行〔三条家従者〕 吉田 顕三　よしだ・けんぞう　海軍軍事研修, 7年間滞英〔軍医, 軍医少監, 大阪医学校長, 衆議院議員:義和団事件の傷病兵治療〕
	イタリア オーストリア	渋沢 喜作　しぶさわ・きさく　蚕糸業視察〔実業家〕 岡本 健三郎　おかもと・けんざぶろう　ウィーン万国博覧会に出張〔実業家, 民権論者, 日本郵船理事:日本郵船の創立に参画〕 川村 純義　かわむら・すみよし　ウィーン万国博覧会視察〔海軍軍人, 大将, 伯爵〕 河原 忠次郎　かわら・ちゅうじろう　ウィーン万国博覧会出張, 製陶法研修〔窯業家:ヨーロッパ製陶法の移入〕
	ドイツ	裏松 良光　うらまつ・たるみつ　留学〔侍従, 子爵〕 光妙寺 以然　こうみょうじ・いぜん　宗教事情調査〔僧侶〕

渡航年	渡航地	人名・目的・活動分野
	フランス	酒井 忠篤　さかい・ただすみ　軍事学〔陸軍軍人〕 鷹司 熙通　たかつかさ・ひろみち　陸軍軍事研修〔陸軍軍人, 少将, 侍従長, 公爵〕 橋本 綱常　はしもと・つなつね　医学〔医学者, 子爵：赤十字事業, 看護婦養成に尽力〕 安藤 直五郎　あんどう・なおごろう　兵学〔留学生〕 池田 登　いけだ・のぼる　器械学〔留学生〕 石川 舜台　いしかわ・しゅんたい　宗教事情視察〔僧侶：真宗大谷派の改革に尽力〕 井上 伊兵衛　いのうえ・いへえ　洋式織機の技術修得〔西陣織職人〕 井上 毅　いのうえ・こわし　法律制度の調査〔政治家, 子爵：日本帝国憲法・教育勅語の制定に尽力〕 上村 四郎　うえむら・しろう　工学〔留学生〕 浦島 健蔵　うらしま・けんぞう　兵学〔留学生〕 江藤 彦六　えとう・ひころく　器械学〔留学生〕 榎本 彦太郎　えのもと・ひこたろう　鉱山学〔留学生〕 大谷 光瑩　おおたに・こうえい　宗教事情視察〔僧侶（東本願寺法主）, 伯爵〕 河内 宗一　かわち・そういち　刑法学〔長州藩士〕 河津 祐之　かわづ・すけゆき　教育制度調査〔官吏：『仏国革命史』翻訳等の啓蒙思想家〕 国司 政輔　くにし・せいすけ　留学〔陸軍軍人〕 熊谷 直孝　くまがい・なおたか　造船学〔造船技師：造船技術教育に貢献〕 佐倉 常七　さくら・つねしち　洋式織機の技術修得〔西陣織職人：ジャカード織機を移入〕 曽禰 荒助　そね・あらすけ　陸軍経理学〔政治家, 子爵：帝国議会の設置, 日韓合併に尽力〕 高崎 正風　たかさき・まさかぜ　税法行政調査〔歌人, 宮中顧問官, 枢密院顧問官：初代の御歌所長〕 多田 弥吉　ただ・やきち　兵学, 語学〔陸軍軍人〕 津田 震一郎　つだ・しんいちろう　兵学〔留学生〕 得能 新十郎　とくのう・しんじゅうろう　学科質問〔留学生〕 長嶺 正介　ながみね・しょうすけ　刑法学〔留学生〕 成島 柳北　なるしま・りゅうほく　東本願寺・現如上人に随行〔戯文家, 新聞記者：文明開化の風潮を批判〕 新田 静丸　にった・しずまる　兵学〔留学生〕 長谷部 仲彦　はせべ・なかひこ　鉱山学〔留学生〕 蜂須賀 万亀次郎　はちすか・まきじろう　語学〔式部官〕 樋口 千代熊　ひぐち・ちよくま　鉱山学〔留学生〕 広 虎一　ひろ・とらいち　軍事〔陸軍軍人〕 松田 正久　まつだ・まさひさ　政治・法律学〔政治家, 男爵：原敬と並ぶ政友会の重鎮〕 松本 白華　まつもと・ひゃくか　宗教事情視察〔僧侶〕 山口 彦次郎　やまぐち・ひこじろう　農学〔留学生〕 山本 彦八　やまもと・ひこはち　鉱山学〔留学生〕

渡航年	渡航地	人名・目的・活動分野
1872頃 1873	ヨーロッパ アメリカ アメリカ イギリス イタリア オーストリア	湯川 温作　ゆかわ・おんさく　留学〔留学生〕 吉田 忠七　よしだ・ちゅうしち　洋式織機の技術修得〔西陣織職人：帰国中ニール号で遭難〕 渡辺 小三郎　わたなべ・こさぶろう　留学〔陸軍軍人〕 梅上 沢融　うめがみ・たくゆう　日本人僧侶の洋行第1号、宗教事情視察〔僧侶：西本願寺執行長〕 川路 利良　かわじ・としよし　警察制度視察〔内務省官吏：警察行政確立の功労者〕 岸良 兼養　きしら・かねやす　司法研修〔裁判官、大審院院長〕 河野 敏鎌　こうの・とがま　外国事情視察〔政治家、子爵〕 島地 黙雷　しまじ・もくらい　宗教事情視察〔僧侶：明治の仏教復興・啓蒙の先駆者〕 鶴田 皓　つるた・あきら　刑典の調査〔裁判官：刑法の体系化に尽力〕 沼間 守一　ぬま・もりかず　司法制度調査〔政治家、ジャーナリスト、東京府会議長、嚶鳴社主宰〕 松平 定敬　まつだいら・さだあき　遊学〔桑名藩主〕 楊井 謙蔵　やない・けんぞう　留学〔山口県留学生、桑名藩主〕 九鬼 隆一　くき・りゅういち　教育事情視察〔美術行政家、男爵：教育制度の確立、日本美術の保護運動に貢献〕 神鞭 知常　こうむち・ともつね　生糸・製茶業視察〔政治家、衆議院議員〕 鮫島 武之助　さめじま・たけのすけ　鉱山学〔官吏、貴族院議員〕 浜尾 新　はまお・あらた　留学〔教育行政官、文相〕 箕作 佳吉　みつくり・かきち　動物学〔理学博士、動物学者：応用動物学の発展に貢献〕 石神 豊胤　いしがみ・ほういん　医学・兵学〔海軍軍医：ロンドンで客死〕 井上 十吉　いのうえ・じゅうきち　採鉱冶金学〔外交官、教育者：英語教育、英和辞典編纂〕 小笠原 忠忱　おがさわら・ただのぶ　留学〔豊津藩知事、伯爵〕 勝部 其楽　かつべ・きらく　留学〔教育者、漢詩人、私塾包蒙館館主〕 川田 龍吉　かわだ・りょうきち　船舶機械技術〔実業家、男爵〕 郷 純造　ごう・じゅんぞう　藩主小笠原忠忱に同行〔大蔵省官吏、男爵：国債整理に尽力〕 小林 八郎　こばやし・はちろう　土木学〔工部省留学生〕 繁沢 克明　しげさわ・かつあき　灯台技術〔工部省留学生〕 清家 茂清　せいけ・しげきよ　電信技術〔工部省電信局官吏〕 富田 孟次郎　とみた・もうじろう　留学〔工部省留学生〕 鍋島 直柔　なべしま・なおとう　留学〔慶応大学名誉教授、子爵〕 鍋島 直虎　なべしま・なおとら　留学〔政治家、子爵〕 斎藤 桃太郎　さいとう・ももたろう　留学〔官吏、宮内顧問官〕 朝倉 松五郎　あさくら・まつごろう　ウィーン万国博覧会に参加〔技術家：レンズ製造技術を習得〕 石井 範忠　いしい・のりただ　ウィーン万国博覧会、製紙技術〔印刷局技師〕

年別渡航者名一覧　　1873

渡航年	渡航地	人名・目的・活動分野
		伊藤 信夫　いとう・のぶお　ウィーン万国博覧会〔勧工寮官吏〕
		今村 有隣　いまむら・ありちか　ウィーン万国博覧会〔語学者：フランス語教育に尽力〕
		岩橋 教章　いわはし・のりあき　ウィーン万国博覧会伝習生〔画家, 製図家, 内国勧業博覧会審査官〕
		緒方 道平　おがた・どうへい　ウィーン万国博覧会〔官吏：山林学の祖〕
		近藤 真琴　こんどう・まこと　ウィーン万国博覧会〔教育者：海軍予備教育, 攻玉社の創立者〕
		椎野 正兵衛　しいの・しょうべえ　ウィーン万国博覧会に出品〔実業家〕
		塩田 真　しおだ・まこと　ウィーン万国博覧会に派遣〔工芸研究家〕
		伊達 弥助　だて・やすけ　ウィーン万国博覧会への出品, 進歩賞牌受賞〔西陣織職人：西陣織の近代化に貢献〕
		田中 精助　たなか・せいすけ　ウィーン万国博覧会〔電信技術者：電信機製造技術の移植〕
		田中 文助　たなか・ふみすけ　ウィーン万国博覧会〔留学生〕
		丹山 陸郎　たんざん・りくろう　ウィーン万国博覧会参加, 製陶技術〔製陶業者〕
		納富 介次郎　のうとみ・かいじろう　ウィーン万国博覧会〔官吏, 教育者：工芸教育に貢献〕
		服部 杏圃　はっとり・きょうほ　ウィーン万国博覧会に出品〔陶磁器画家：各地で陶画を指導〕
		平山 英三　ひらやま・えいぞう　ウィーン万国博覧会伝習生, 画学〔官吏〕
		平山 成信　ひらやま・なりのぶ　ウィーン万国博覧会事務官〔官僚, 男爵：日本赤十字社社長〕
		藤島 常興　ふじしま・つねおき　ウィーン万国博覧会視察〔機械技術者〕
		藤山 種広　ふじやま・たねひろ　ガラス製法の伝習〔技術者：ガラス, 鉛筆製造の元祖〕
		古川 正雄　ふるかわ・まさお　ウィーン万国博覧会〔教育者, 慶応義塾初代塾長：日本最初の世界統計書〕
		円中 文助　まるなか・ぶんすけ　ウィーン万国博覧会〔生糸検査技師, 東京高等蚕糸学校講師：製糸機械を発明〕
		山添 喜三郎　やまぞえ・きさぶろう　ウィーン万国博覧会〔建築技術者, 宮城県技師：ウィーン万国博日本館を建設〕
		若井 兼三郎　わかい・かねさぶろう　ウィーン万国博覧会に随行〔美術商〕
	ドイツ	入江 爲福　いりえ・ためさち　農芸化学〔医師, 子爵〕
		酒井 忠宝　さかい・ただみち　法律学〔庄内藩主：郷土産業の発展に尽力〕
		中村 喜一郎　なかむら・きいちろう　ウィーン万国博覧会参加〔染色技術者, 八王子織染学校校長：染色業の近代化に貢献〕
		益満 行靖　ますみつ・ゆきやす　参謀学〔陸軍軍人〕

渡航年	渡航地	人名・目的・活動分野
	フランス	吉井 友実　よしい・ともざね　外国事情視察　〔官吏, 伯爵：日本鉄道会社の初代社長〕
	ヨーロッパ	伊東 栄　いとう・さかえ　会計学　〔実業家：帝人パピリオを創設〕
		岡内 重俊　おかうち・しげとし　司法研修　〔裁判官, 男爵〕
		高畠 五郎　たかばたけ・ごろう　出張　〔洋学者, 官吏, 旗本, 蕃書調所教授〕
		田原 直助　たはら・なおすけ　軍制・兵器の調査　〔造艦技師：軍艦・兵器製造に貢献〕
	ロシア	寺見 機一　てらみ・きいち　留学　〔外交官, 日本郵船ウラジオストク支店長〕
1873頃	フランス	今村 和郎　いまむら・わろう　留学　〔官吏：ヴィクトル・ユーゴーと板垣退助の会見の通訳〕
1874	アメリカ	今立 吐酔　いまだて・とすい　留学　〔理化学教育：京都府中学校初代校長〕
		駒井 重格　こまい・しげただ　経済学　〔大蔵省官吏〕
		清水 龍　しみず・りゅう　留学　〔女子留学生〕
		高橋 新一　たかはし・しんいち　留学　〔留学生〕
		鄭 永慶　てい・えいけい　留学　〔官吏, 喫茶店主：日本初のコーヒー店を開設〕
		鄭 永昌　てい・えいしょう　留学　〔外交官, 天津領事：袁世凱の嘱託として塩田開発調査〕
		中川 耕山　なかがわ・こうざん　彫刻　〔銅版彫刻家：彫刻会社を設立〕
		南部 栄信　なんぶ・ひでのぶ　留学　〔華族〕
		前田 留吉　まえだ・とめきち　牛乳業界視察　〔牛乳業：牧牛会社を設立〕
		松平 定教　まつだいら・さだのり　留学　〔外交官, 子爵〕
		森村 豊　もりむら・ゆたか　商業学　〔実業家：貿易商森村組の創立者〕
	イギリス	伊藤 弥次郎　いとう・やじろう　鉱山学　〔工部省技師〕
		園田 孝吉　そのだ・こうきち　駐英領事　〔銀行家, 男爵〕
		中上川 彦次郎　なかみがわ・ひこじろう　外国事情視察　〔実業家, 外務省公信局長：三井財閥の功労者〕
		星 亨　ほし・とおる　法律学, 美術・音楽　〔政治家, 自由民権運動家, 逓信大臣：立憲政友会創立〕
	イタリア	小島 源次郎　こじま・げんじろう　蚕卵紙販売　〔生糸貿易商：小島商店の創立者〕
	ドイツ	原田 豊吉　はらだ・とよきち　地質学　〔地質学者, 男爵：地質学で独自の学説を確立〕
		久松 定弘　ひさまつ・ていこう　哲学　〔哲学者, 子爵〕
	フランス	杉 成吉　すぎ・せいきち　造船技術　〔造船技術：便乗中の軍艦畝傍とともに遭難〕
		中村 雄次郎　なかむら・ゆうじろう　兵器研究　〔陸軍軍人, 中将, 男爵〕
	ロシア	大岡 金太郎　おおおか・きんたろう　製版技術　〔製版技術者：地図の写真製版に成功〕

年別渡航者名一覧　　　　　　　　　　　　　　　　　　　1875

渡航年	渡航地	人名・目的・活動分野
1875	アメリカ	二橋 謙　ふたつばし・けん　日本公使館に派遣〔外交官：シベリア鉄道工事, 日露辞典の編纂に貢献〕
		伊沢 修二　いざわ・しゅうじ　留学〔教育家, 東京音楽学校校長, 貴族院議員：近代音楽教育の創始者〕
		稲垣 釣次郎　いながき・ちょうじろう　遠洋航海〔海軍水兵：外国における海軍軍葬第1号〕
		瓜生 外吉　うりゅう・そときち　留学〔海軍軍人, 大将, 男爵〕
		岡部 長職　おかべ・ながもと　留学〔外交官, 政治家, 子爵〕
		上村 彦之丞　かみむら・ひこのじょう　軍事研修〔海軍軍人, 大将, 男爵〕
		神津 専三郎　こうづ・せんざぶろう　留学〔音楽教育者, 東京音楽学校教授〕
		小村 寿太郎　こむら・じゅたろう　留学〔外交官, 政治家, 侯爵〕
		斎藤 修一郎　さいとう・しゅいちろう　留学〔官僚, 実業家, 農商務次官〕
		鈴木 亀吉　すずき・かめきち　練習艦乗組み〔海軍軍人：サンフランシスコで客死〕
		世良田 亮　せらた・たすく　留学〔海軍軍人, 少将〕
		高嶺 秀夫　たかみね・ひでお　教育学, 動物学〔教育者：師範教育の功労者, ペスタロッチ主義の普及〕
		南部 球吾　なんぶ・きゅうご　鉱山学〔鉱山技術者〕
		長谷川 芳之助　はせがわ・よしのすけ　鉱山学〔実業家, 政治家, 三菱会社鉱山部長, 衆議院議員：官営八幡製鉄所の設立に尽力〕
		松井 直吉　まつい・なおきち　留学〔化学者, 教育行政家, 東京帝国大学農科大学教授〕
		美山 貫一　みやま・かんいち　布教〔牧師：在米日本人の布教に尽力〕
	イギリス	遠藤 喜太郎　えんどう・きたろう　公使館付武官〔海軍軍人, 少将〕
		高木 兼寛　たかぎ・かねひろ　医学〔海軍軍医総監, 男爵：日本最初の看護学校の設立者〕
		船木 練太郎　ふなき・れんたろう　軍用術, 砲術〔海軍軍人：海軍兵学校教頭〕
		宮原 二郎　みやはら・じろう　機関学〔海軍軍人, 機関中将, 男爵：宮原式汽缶の発明者〕
	イタリア	中島 才吉　なかじま・さいきち　ローマ公使館勤務〔外交官：フランス語教育に尽力〕
	オーストラリア	舟木 真　ふなき・しん　牧畜視察〔官吏, 開拓家〕
	ドイツ	安東 清人　あんどう・きよと　文部省第1回留学生, 鉱山学〔文部省官吏〕
	フランス	綾野 敏三　あやの・としぞう　留学〔留学生〕
		磯部 四郎　いそべ・しろう　法律, 政治, 経済〔弁護士, 政治家, 貴族院議員：日本民法典の編纂に尽力〕
		井上 昭一　いのうえ・しょういち　留学〔留学生〕
		沖野 忠雄　おきの・ただお　土木学修業〔土木学者：河川・築港工事の権威〕

1875　年別渡航者名一覧

渡航年	渡航地	人名・目的・活動分野
	ヨーロッパ	木下 広次　きのした・ひろじ　法律学〔法律家：京都帝国大学の初代総長〕 熊野 敏三　くまの・びんぞう　法律学〔法律家，弁護士：法典編纂に尽力〕 栗塚 省吾　くりづか・せいご　法学〔裁判官，政治家，衆議院議員：民法の編纂〕 関口 豊　せきぐち・ゆたか　法学〔司法省留学生：パリで客死〕 古市 公威　ふるいち・こうい　工学〔土木工学者，男爵：近代土木工学の権威，日仏文化交流に尽力〕 若山 鉉吉　わかやま・げんきち　海軍技術研修〔海軍軍人：軍艦建造の監督〕 村田 経芳　むらた・つねよし　軍銃の調査・研究〔陸軍軍人，少将，男爵：村田銃の発明者〕
1875頃	ロシア	手塚 律蔵　てづか・りつぞう　視察〔洋学者〕
	アメリカ	伴 寿三郎　ばん・じゅさぶろう　海軍軍事研修〔海軍軍人〕 松島 文蔵　まつしま・ぶんぞう　海軍軍事研修〔海軍軍人〕
1876	アメリカ	阿部 泰蔵　あべ・たいぞう　教育行政視察〔実業家，明治生命保険創立者：日本の保険業の発展に貢献〕 新井 領一郎　あらい・りょういちろう　生糸輸出〔実業家〕 石黒 忠悳　いしぐろ・ただのり　医学〔軍医，男爵〕 小川 松民　おがわ・しょうみん　フィラデルフィア万国博覧会〔蒔絵師〕 奥 青輔　おく・せいすけ　牧畜事業視察〔農商務省官吏，初代水産局長：漁業法制の整備に功労〕 黒田 久孝　くろだ・ひさたか　軍事視察〔陸軍軍人，中将，男爵〕 橋口 文蔵　はしぐち・ぶんぞう　農学〔官僚，台湾総督府台北県知事〕 原口 要　はらぐち・かなめ　鉄道技術〔鉄道技術者〕 深海 墨之助　ふかうみ・すみのすけ　製陶業〔陶芸家〕 福島 安正　ふくしま・やすまさ　軍務〔陸軍軍人，大将，男爵：単騎シベリア横断に成功〕 真崎 仁六　まさき・じんろく　フィラデルフィア万国博覧会〔鉛筆製造業者：三菱鉛筆の元祖〕 円中 孫平　まるなか・まごへい　フィラデルフィア万国博覧会視察〔貿易商〕
	イギリス	浅野 長之　あさの・ながゆき　留学〔宮内省官吏，侯爵〕 浅野 長道　あさの・ながより　留学〔留学生：ロンドンで客死〕 粟屋 道治　あわや・みちはる　輸出商見習〔商人：ニューヨーク日本人倶楽部会長〕 井上 武子　いのうえ・たけこ　西洋式社交術の習得〔井上馨夫人：鹿鳴館社交の花〕 岡村 輝彦　おかむら・てるひこ　法律学〔法学者，中央大学学長〕 笠原 研寿　かさはら・けんじゅ　宗教事情調査，梵語研究〔仏教学者，真宗大谷派学僧〕 河原 要一　かわはら・よういち　艦務の研究〔海軍軍人，中将〕 小泉 信吉　こいずみ・しんきち　経済学，数学〔銀行家，慶応義塾塾長：西欧経済学の移入〕

渡航年	渡航地	人名・目的・活動分野
1877		向坂 兌 さきさか・なおし 法学〔文部省留学生〕
		桜井 錠二 さくらい・じょうじ 留学〔化学者, 男爵：ベックマン沸点測定法を改良〕
		杉浦 重剛 すぎうら・じゅうごう 農学, 化学, 物理, 数学〔国粋主義的教育家, 思想家：私学教育の振興, 憂国警世の国士として活躍〕
		関谷 清景 せきや・きよかげ 理学〔地震学者, 帝国大学理科大学教授：日本最初の地震学者〕
		富岡 定恭 とみおか・さだやす 砲術研究〔海軍軍人, 中将, 男爵〕
		南条 文雄 なんじょう・ぶんゆう 梵語仏典研究〔梵語学者, 僧侶：仏典の英訳紹介に尽力〕
		穂積 陳重 ほづみ・のぶしげ 法律学〔法学者, 男爵：日本最初の法学博士, 民法典の起草に尽力〕
		増田 礼作 ますだ・れいさく 工学〔鉄道技監：東京・青森間の鉄道敷設〕
	イタリア	雨宮 敬次郎 あめのみや・けいじろう 蚕卵紙輸出〔実業家, 武相鉄道社長〕
		川島 忠之助 かわしま・ちゅうのすけ 蚕卵紙販売使節団の通訳〔翻訳家, 銀行家：最初のフランス文学の翻訳者, ジュール・ヴェルヌを紹介〕
	ドイツ	中山 訥 なかやま・とつ 艦務研究〔海軍軍人〕
	フランス	岸本 辰雄 きしもと・たつお 法律学〔法律家：明治大学創立者〕
		塩野 門之助 しおの・もんのすけ 採鉱・精錬技術〔鉱山技術者：鉱業関係の留学第1号〕
		増田 好造 ますだ・よしぞう 採鉱・精錬技術〔鉱山技術者〕
		松平 喜徳 まつだいら・のぶのり 留学〔会津藩主, 子爵〕
		宮城 浩蔵 みやぎ・こうぞう 法律学〔裁判官：法典編纂に寄与, 明治大学の創立者〕
		山口 辰弥 やまぐち・たつや 造船技術〔技術者：造船界の発展に寄与〕
		山口 半六 やまぐち・はんろく 建築学〔建築家：学校建築, 都市計画の第一人者〕
	ロシア	安藤 謙介 あんどう・けんすけ 領事館勤務〔官吏, 衆議院議員, 横浜市長, 京都市長〕
1877	アメリカ	小幡 篤次郎 おばた・とくじろう 留学〔教育者, 慶応義塾塾長, 貴族院議員〕
		佐藤 愛麿 さとう・よしまろ 留学〔外交官〕
		沢田 俊三 さわだ・しゅんぞう 法律学〔弁護士〕
		珍田 捨巳 ちんだ・すてみ 留学〔外交官, 伯爵〕
		根本 正 ねもと・ただし 留学〔政治家, 禁酒運動家, 衆議院議員〕
	イギリス	伊集院 五郎 いじゅういん・ごろう 軍事留学〔海軍軍人, 元帥, 男爵：伊集院信管を発明〕
		亀井 茲明 かめい・これあき 美学・美術〔侍従, 伯爵：東洋美術学会を創立〕
		徳川 家達 とくがわ・いえさと 留学〔華族, 公爵〕

1877　年別渡航者名一覧

渡航年	渡航地	人名・目的・活動分野
	イタリア	山辺 丈夫　やまべ・たけお　経済学、職工見習〔実業家：東洋紡績を設立〕
		桜田 親義　さくらだ・ちかよし　ローマ日本公使館に勤務〔外交官〕
	ドイツ	巌谷 立太郎　いわや・りゅうたろう　鉱山冶金学〔鉱山学者：採鉱冶金の技術改良に貢献〕
		大島 道太郎　おおしま・みちたろう　採鉱冶金学〔採鉱冶金技師：湿式製錬工場の創設〕
		沢 良煥　さわ・りょうかん　海軍軍事研修〔海軍軍人、少将〕
		早崎 七郎　はやさき・しちろう　艦務研究〔海軍軍人〕
		山本 権兵衛　やまもと・ごんべえ　ドイツ軍艦で艦務研修〔海軍軍人、大将、政治家、伯爵〕
	フランス	稲畑 勝太郎　いなばた・かつたろう　染色技術〔実業家：染織技術の移入、モスリンの国産化〕
		井上 正一　いのうえ・しょういち　法律学〔裁判官〕
		歌原 十三郎　うたはら・じゅうざぶろう　採鉱冶金〔留学生：サン・テチェンヌで客死〕
		河原 徳立　かわはら・のりたつ　窯業〔実業家、瓢池園設立者〕
		黒川 勇熊　くろかわ・たけくま　留学〔海軍軍人〕
		近藤 徳太郎　こんどう・とくたろう　織物技術の修得〔織物技術者：織物技術の普及に貢献、足利工業学校長〕
		桜井 省三　さくらい・しょうぞう　造船学〔造船技師：軍艦建造の監督として活躍、フランス料理の紹介者〕
		佐藤 友太郎　さとう・ともたろう　陶器製造技術〔陶業者：洋式生産方法を導入〕
		高野 正誠　たかの・まさなり　醸造法研究〔ぶどう酒製造業者：勝沼ワインの基盤づくりに貢献〕
		辰巳 一　たつみ・はじむ　造船技術〔海軍造船技師、実業家：ヨーロッパ造船技術の移入〕
		土屋 助次郎　つちや・すけじろう　醸造法研究〔ぶどう酒製造業者〕
		富井 政章　とみい・まさあき　法律学〔法律学者、男爵：民法起草の中心的人物、法政大学創立者の一人〕
		中西 米太郎　なかにし・よねたろう　留学〔留学生〕
		原田 輝太郎　はらだ・てるたろう　留学〔陸軍軍人〕
		広野 精一郎　ひろの・せいいちろう　留学〔留学生〕
		横田 重一　よこた・しげかず　留学〔留学生〕
		横田 万寿之助　よこた・ますのすけ　紡績技術〔紡織技師〕
1878	アメリカ イギリス	有島 武　ありしま・たけし　欧米事情視察〔官吏、実業家〕
		末松 謙澄　すえまつ・けんちょう　文学・法学〔政治家、法学者、子爵：最初の『源氏物語』の英訳者、ローマ法研究者〕
		平賀 義美　ひらが・よしみ　染色術〔応用化学者、実業家、大阪実業協会会長〕
		松方 正義　まつかた・まさよし　経済・財政視察〔政治家、財政家、公爵〕
		柳 楢悦　やなぎ・ならよし　測量学〔海軍軍人、少将、元老院議官、貴族院議員〕

渡航年	渡航地	人名・目的・活動分野
1879	ドイツ	大河平 才蔵　おこひら・さいぞう　製鋼技術〔海軍軍人：海軍製鋼の第一人者〕
		木戸 正二郎　きど・しょうじろう　海軍軍事研修〔海軍軍人, 侯爵：帰国の途中客死〕
	フランス	遠武 秀行　とおたけ・ひでゆき　造船所視察〔海軍軍人, 大佐, 実業家, 横須賀造船所長〕
		中川 元　なかがわ・はじめ　師範制度調査, パリ万国博覧会日本代表団通訳〔文部官吏, 教育者〕
		野津 道貫　のづ・みちつら　兵制視察〔陸軍軍人, 元帥, 侯爵〕
		林 忠正　はやし・ただまさ　パリ万国博覧会の通訳〔美術商〕
		山田 忠澄　やまだ・ただずみ　化学〔外交官〕
		山本 芳翠　やまもと・ほうすい　洋画修業〔洋画家：本格的洋画の導入に尽力〕
		渡辺 省亭　わたなべ・せいてい　パリ万国博覧会に出品〔日本画家〕
	ヨーロッパ	井上 良馨　いのうえ・よしか　軍艦訪問〔海軍軍人, 元帥, 子爵：国産軍艦で最初のヨーロッパ訪問〕
	アメリカ	市原 盛宏　いちはら・もりひろ　法律〔実業家, 朝鮮銀行初代総裁〕
		大川 平三郎　おおかわ・へいざぶろう　製紙技術〔実業家：大川財閥の創設, 製紙法を発明改良〕
		久原 躬弦　くはら・みつる　留学〔有機化学者, 京都帝国大学総長〕
		阪谷 達三　さかたに・たつぞう　貿易〔会社員〕
		鈴木 真一(2代)　すずき・しんいち　写真術〔写真師〕
		武田 錦子　たけだ・きんこ　留学〔教育者, 東京女子高等師範学校教授〕
		東海 散士　とうかい・さんし　商法学校に入学, 経済学, 理財学〔政治家, 小説家, ジャーナリスト：政治小説の祖〕
		中島 力造　なかじま・りきぞう　倫理学〔倫理学者：T.ヒルグリーンの学説を紹介〕
		萩原 真　はぎわら・まこと　留学〔留学生〕
	イギリス	石黒 五十二　いしぐろ・いそじ　土木工学, 噴水機関の製作〔海軍技師, 貴族院議員, 内務省・文部省官吏：呉および佐世保の鎮守府創設工事〕
		石橋 絢彦　いしばし・あやひこ　燈台工事・海上工事〔技師：日本各地の燈台建設, 日本最初の鉄筋コンクリート橋の工事〕
		小花 冬吉　おばな・ふゆきち　冶金学〔製鉄技師：製鉄・鉱山技術の移入, 技術者育成に功績〕
		鎌田 政明　かまた・まさあき　日本最初の音楽留学〔海軍楽手〕
		河上 謹一　かわかみ・きんいち　経済学, 法学〔銀行家, 住友銀行重役〕
		栗本 廉　くりもと・れん　地質学〔御料局技師〕
		近藤 喜蔵　こんどう・よしぞう　鉱山学〔工部大学留学生〕
		実吉 安純　さねよし・やすずみ　留学〔海軍軍医中将, 子爵〕
		志田 林三郎　しだ・りんざぶろう　電信学〔電気工学者, 工科大学教授：電気学会の創立者〕

1879　年別渡航者名一覧

渡航年	渡航地	人名・目的・活動分野
	イタリア	高松 豊吉　たかまつ・とよきち　有機化学〔化学者, 実業家：工業化学の育成に貢献〕 高峰 譲吉　たかみね・じょうきち　応用化学〔応用化学者：アドレナリン・タカジアスターゼの発明者〕 増島 六一郎　ますじま・ろくいちろう　法律学〔弁護士, 法学者：中央大学創立に参画〕 三好 晋六郎　みよし・しんろくろう　造船学〔研究者, 教育者, 帝国大学教授, 築地工手学校長：洋式造船学の教育に尽力〕 森 阿常　もり・おつね　夫に同行〔森有礼前夫人：契約結婚後に離婚〕 田島 善平　たじま・ぜんべい　蚕卵紙輸出〔実業家, 政治家, 群馬県議会議員〕 田島 弥平　たじま・やへい　蚕種の販売〔養蚕家：養蚕技術の改良に貢献〕
	オーストリア ドイツ	清水 郁太郎　しみず・いくたろう　産婦人科〔医学者〕 梅 錦之丞　うめ・きんのじょう　眼科学〔眼科医：検眼器を発明〕 新藤 二郎　しんどう・じろう　医学〔留学生〕 中村 弥六　なかむら・やろく　林業学, 経済学〔林業学者, 政治家, 衆議院議員：山林制度の整備に尽力〕 松原 新之助　まつばら・しんのすけ　水産動物学〔水産学者, 東京帝国大学助教授〕
	フランス	天野 冨太郎　あまの・とみたろう　兵学〔陸軍軍人〕 石本 新六　いしもと・しんろく　陸軍軍事研修〔陸軍軍人, 男爵〕 小島 好問　こじま・よしただ　留学〔陸軍軍人, 少将〕 高島 鞆之助　たかしま・とものすけ　軍制の調査〔陸軍軍人, 中将, 政治家, 子爵〕 高山 保綱　たかやま・やすつな　造船学 田中 耕造　たなか・こうぞう　川路利良に随行〔警察官吏, 東京府議〕 土屋 光春　つちや・みつはる　軍事視察〔陸軍軍人, 大将, 男爵〕 寺尾 寿　てらお・ひさし　天体力学〔天文学者：初代東京天文台長, 近代天文学の導入者〕 徳川 篤敬　とくがわ・あつよし　留学〔外交官, 侯爵〕
	ヨーロッパ	佐和 正　さわ・ただし　警察法調査〔官吏, 青森県知事〕
	ロシア	永山 武四郎　ながやま・たけしろう　コサック兵制〔陸軍軍人, 中将, 男爵：屯田兵制の創設〕
1880	アメリカ	岩下 清周　いわした・せいしゅう　三井物産支店勤務〔実業家, 衆議院議員〕 頴川 君平　えがわ・くんぺい　ニューヨーク領事〔外交官, 唐通事, ニューヨーク領事, 神戸税関長〕 甲斐 織衛　かい・おりえ　貿易 樺山 愛輔　かばやま・あいすけ　留学〔政治家, 実業家, 伯爵〕 福井 信　ふくい・まこと　外国事情視察〔貿易業：日露韓貿易会社〕 的場 由松　まとば・よしまつ　遠洋航海〔海軍軍人〕 森友 彦六　もりとも・ひころく　筑波艦の機関士〔海軍軍人, 海軍大機関士：帰国の途中, 船が沈没し死去〕

818　新訂増補 海を越えた日本人名事典

年別渡航者名一覧　　　　　　　　　1880頃

渡航年	渡航地	人名・目的・活動分野
	イギリス	荒川 新一郎　あらかわ・しんいちろう　紡績学〔農商務省技師〕
		有栖川宮 威仁親王　ありすがわのみや・たけひとしんのう　海軍軍事研修, イギリス皇室研究〔皇族, 海軍軍人, 元帥〕
		高山 直質　たかやま・なおただ　土木・機械工学〔工学研究者, 帝国大学工科大学教授：真珠養殖を提案〕
		辰野 金吾　たつの・きんご　建築学〔建築家, 帝国大学工科大学長：建築界の先駆者・指導者〕
		南 清　みなみ・きよし　工部大学第1回留学生, 土木学〔技師, 工部省御用掛, 山陽鉄道顧問：鉄道事業の功労者〕
		和田垣 謙三　わだがき・けんぞう　理財学〔経済学者, 東京帝国大学教授, 日本女子商業学校長：商業教育に尽力〕
	イタリア	川村 永之助　かわむら・えいのすけ　蚕種販売〔川尻組頭取：養蚕組合を組織〕
		鍋島 栄子　なべしま・ながこ　夫に同行〔鍋島直大夫人：鹿鳴館夜会の接待役〕
	オーストラリア	河瀬 秀治　かわせ・ひではる　メルボルン博覧会〔実業家：商法会議所設立, 美術振興に尽力〕
	オーストリア	城多 虎雄　きた・とらお　メルボルン万国博覧会〔評論家, 政治家, 滋賀県議・議長〕
		渡辺 廉吉　わたなべ・れんきち　法律学〔司法官僚, 貴族院議員〕
	ドイツ	緒方 正規　おがた・まさのり　生理学, 衛生学〔医学者：衛生学細菌学の創設者〕
		小金井 良精　こがねい・よしきよ　解剖学, 組織学〔解剖学者, 人類学者：アイヌの人類学的研究で世界的に著名〕
		小藤 文次郎　ことう・ぶんじろう　地質学〔地質学者：新鉱物の発見など, 地質学の権威〕
		佐々木 政吉　ささき・まさきち　内科学〔内科医：結核治療の導入〕
	フランス	伊地知 幸介　いじち・こうすけ　陸軍軍事研修〔陸軍軍人, 中将, 男爵〕
		合田 清　ごうだ・きよし　農学研究〔版画家〕
		五姓田 義松　ごせだ・よしまつ　絵画研修〔画家：日本人としてサロンに初入選〕
		田島 応親　たじま・まさちか　軍事情報の収集〔陸軍軍人：わが国最初の海軍砲を完成〕
		難波 正　なんば・ただし　留学〔電気工学者, 京都帝国大学教授：電気工学の発展に貢献〕
		村木 雅美　むらき・まさみ　留学〔陸軍軍人, 中将, 男爵〕
	ロシア	小島 泰次郎　こじま・たいじろう　満州語習得〔ロシア語学者〕
		柳原 前光　やなぎはら・さきみつ　特命全権公使〔外交官, 伯爵〕
		柳原 初子　やなぎはら・はつこ　夫に同行〔柳原前光夫人：鹿鳴館夜会の接待役〕
		山下 りん　やました・りん　聖像画修業〔聖像（イコン）画家：ロシア留学の女性第1号, ニコライ堂など150点の聖像制作〕
1880頃	アメリカ	村井 保固　むらい・やすかた　貿易商・森村組ニューヨーク支店勤務〔実業家：日本陶器創立者の1人, 社会事業にも尽力〕

新訂増補 海を越えた日本人名事典　　819

1880頃　　　　　　　　年別渡航者名一覧

渡航年	渡航地	人名・目的・活動分野
1881	アメリカ	山尾 熊蔵　やまお・くまぞう　三井物産ニューヨーク支店長〔貿易会社員〕
		北畠 道龍　きたばたけ・どうりゅう　宗教事情視察〔僧侶, 法福寺住職〕
	イギリス	内藤 政共　ないとう・まさとも　海事工学〔海軍技師, 子爵〕
	イタリア	長沼 守敬　ながぬま・もりよし　彫刻技術〔彫刻家: 洋風彫刻の開拓者〕
	オーストリア	吉田 正春　よしだ・まさはる　外交訪問〔官吏, 探検家〕
	ドイツ	遠藤 慎司　えんどう・しんじ　留学〔陸軍軍人, 陸軍主計監〕
		村岡 範為馳　むらおか・はんいち　留学〔物理学者〕
	フランス	上原 勇作　うえはら・ゆうさく　陸軍軍事研修〔陸軍軍人, 元帥, 子爵: 工兵全般の改善・刷新に尽力〕
		楠瀬 幸彦　くすのせ・さちひこ　陸軍軍事研修〔陸軍軍人, 中将, 陸軍大臣〕
		黒瀬 貞次　くろせ・ていじ　獣医学〔獣医〕
		森 雅守　もり・まさもり　軍事研修〔陸軍軍人〕
1882	アメリカ	小川 一真　おがわ・かずま　写真術〔写真家: 写真行・写真出版業の先駆者〕
		佐藤 昌介　さとう・しょうすけ　農政学〔農政経済学者, 男爵〕
		田村 直臣　たむら・なおおみ　神学〔牧師: 日曜学校の発展に尽力〕
		妻木 頼黄　つまき・らいこう　建築学〔建築技師: 洋風建築の移入, 東京駅・日銀本店の設計者〕
	イギリス	金尾 稜厳　かなお・りょうごん　宗教事情, 立憲制度調査〔政治家: 国会開設以来の議員〕
		五代 龍作　ごだい・りゅうさく　機械工学〔実業家: 鉱山事業を経営〕
	イタリア	浅野 長勲　あさの・ながこと　イタリア公使〔侍従, 侯爵〕
		清原 英之助　きよはら・えいのすけ　パレルモ工芸美術学校教師〔漆工家: 美術教育に尽力〕
		清原 千代　きよはら・ちよ　パレルモ工芸美術学校教師〔刺繍家: 油絵刺繍を創案〕
		ラグーザ玉　らぐーざたま　パレルモ工芸美術学校教師〔洋画家: 女流洋画家の第1号〕
	ドイツ	飯島 魁　いいじま・いさお　動物学〔動物学者, 東京大学理科大学教授: 近代動物学・寄生虫学の先駆者〕
		伊東 巳代治　いとう・みよじ　伊藤博文に随行〔政治家, 伯爵〕
		木越 安綱　きごし・やすつな　軍事留学〔陸軍軍人, 中将, 男爵〕
		木場 貞吉　きば・さだきち　行政法〔文部省官吏, 貴族院議員〕
		木場 貞長　こば・さだたけ　留学〔教育行政家〕
		榊 俶　さかき・はじめ　精神病学, 中枢神経系統病理学〔医学者: 日本初の精神病学講座を開講〕
		末岡 精一　すえおか・せいいち　立憲制度の調査, 政治学〔法学者: 国法学の先駆者〕
		高橋 順太郎　たかはし・じゅんたろう　薬物学〔薬理学者, 東京帝国大学医学部教授: 肺炎の特効薬などの創成〕
		都筑 馨六　つづき・けいろく　政治学〔官吏, 男爵〕

渡航年	渡航地	人名・目的・活動分野
1882頃 1883	ニュージーランド フランス ヨーロッパ ロシア イギリス アメリカ イギリス	広橋 賢光　ひろはし・まさみつ　伊藤博文に随行〔官吏, 内閣記録局長, 貴族院議員〕 三浦 守治　みうら・もりはる　病理学〔病理学者〕 渡辺 渡　わたなべ・わたる　採鉱冶金学〔鉱山学者: 鉱業技術の改良に尽力〕 伊東 祐亨　いとう・すけゆき　海軍軍事研修〔海軍軍人, 元帥, 伯爵: 海軍の発展に貢献〕 板垣 退助　いたがき・たいすけ　議会制度などの視察〔政治家: 自由民権運動の指導者〕 閑院宮 載仁親王　かんいんのみや・ことひとしんのう　陸軍軍事研修〔陸軍軍人, 元帥, 皇族〕 後藤 象二郎　ごとう・しょうじろう　議会制度などの視察〔政治家, 伯爵〕 寺内 正毅　てらうち・まさたけ　駐仏公使館付〔陸軍軍人, 大将・元帥, 政治家, 伯爵〕 藤島 了穏　ふじしま・りょうおん　宗教学〔僧侶, 西本願寺勧学〕 古矢 弘政　ふるや・ひろまさ　軍楽〔陸軍軍人: 戸山軍楽校長〕 本野 一郎　もとの・いちろう　貿易業務, 法学〔外交官, 子爵: 日露外交に尽力〕 片山 東熊　かたやま・とうくま　宮殿建築・室内装飾調査〔建築家: 東宮御所など宮殿美術建築を完成〕 栗原 亮一　くりはら・りょういち　板垣退助に随行〔政治家, 衆議院議員〕 有栖川宮 熾仁親王　ありすがわのみや・たるひとしんのう　ロシア皇帝即位式に出席〔皇族, 陸軍軍人, 左大臣, 参謀総長〕 西郷 従理　さいごう・つぐまさ　留学 松井 寿郎　まつい・じゅろう　神学〔神学者: 修業中に客死〕 菅 了法　すが・りょうほう　留学〔評論家, 僧侶〕 柴山 矢八　しばやま・やはち　西郷従道海相に随行〔海軍軍人, 大将, 男爵〕 白石 直治　しらいし・なおじ　留学〔土木工学者, 東京帝国大学教授〕 広井 勇　ひろい・いさむ　工学〔土木技術者, 東京帝国大学教授: 日本初のコンクリート橋建設〕 福沢 一太郎　ふくざわ・いちたろう　実業学校に入学〔新聞記者: 慶応義塾の教育に参与〕 福沢 捨次郎　ふくざわ・すてじろう　鉄道工学〔ジャーナリスト, 時事新報社長〕 元良 勇次郎　もとら・ゆうじろう　哲学〔心理学者: 心理学者の養成, 青山学院の創立〕 加藤 高明　かとう・たかあき　三菱派遣留学生〔政治家, 外交官, 伯爵: 日英親善外交を推進〕 近藤 基樹　こんどう・もとき　造船機械学〔海軍軍人, 教育者, 男爵: 軍艦の設計など造船界の功労者〕 藤沢 利喜太郎　ふじさわ・りきたろう　物理学〔数理学者, 教育者: 数学教育の権威者〕

渡航年	渡航地	人名・目的・活動分野
	イタリア	松岡 寿　まつおか・ひさし　国立ローマ美術学校〔洋画家, 美術教育家：明治美術学校を創立, 美術工芸の発展に寄与〕
	チリ	猪股 孝之進　いのまた・こうのしん　遠洋航海〔海軍軍人〕
	ドイツ	青山 胤通　あおやま・たねみち　内科学〔医学者, 男爵：伝染病・癌研究に貢献〕
		榊 順次郎　さかき・じゅんじろう　産科婦人科学〔医師：日本産婆看護学校を創立〕
		佐藤 三吉　さとう・さんきち　外科学〔外科医, 貴族院議員：外科医学の移植〕
		下山 順一郎　しもやま・じゅんいちろう　製薬学〔薬化学者：薬化学, 薬草研究に貢献〕
		中沢 岩太　なかざわ・いわた　工学〔応用化学者：陶磁器界の指導者〕
		牧 由真　まき・よしまさ　医学〔医師〕
		松方 巌　まつかた・いわお　留学〔銀行家, 十五銀行頭取, 貴族院議員〕
	フランス	伊藤 雋吉　いとう・としよし　軍艦建造監督〔海軍軍人, 中将, 男爵〕
		加藤 恒忠　かとう・つねただ　法律学〔外交官, 政治家, 松山市長, 衆議院議員〕
		中島 半一郎　なかじま・はんいちろう　騎兵術〔陸軍軍人〕
	ロシア	岩沢 丙吉　いわざわ・へいきち　神学〔神学者, 陸軍大学教授：ロシア語教育と普及に尽力〕
		三井 道郎　みい・どうろう　神学〔日本ハリストス正教会長司祭〕
1883頃	イギリス	鈴木 敬作　すずき・けいさく　出張〔大蔵省官吏：ロンドンで客死〕
	ドイツ	牧 亮四郎　まき・りょうしろう　医学〔医学者〕
1884	アメリカ	家永 豊吉　いえなが・とよきち　留学〔法学者, 慶応義塾大学教授〕
		今村 清之助　いまむら・せいのすけ　経済事情視察〔実業家, 両毛鉄道社長代理〕
		内村 鑑三　うちむら・かんぞう　罪の苦悩を癒す〔キリスト教思想家, 独立伝道者：日本キリスト教界の代表的指導者〕
		岡見 京子　おかみ・きょうこ　医学〔医師, 保養所衛生園園主：初の女子医科大生〕
		小野 英二郎　おの・えいじろう　留学〔実業家, 日本興業銀行総裁〕
		片山 潜　かたやま・せん　語学研修〔社会主義者, 社会運動家：国際共産主義運動を指導〕
		川崎 正左衛門　かわさき・しょうざえもん　留学〔留学生〕
		蔵原 惟郭　くらはら・これひろ　留学〔政治家, 教育家, 衆議院議員〕
		斎藤 実　さいとう・まこと　軍事研修〔海軍軍人, 大将, 政治家, 総理大臣〕
		杉本 重遠　すぎもと・しげとお　司法制度視察〔官吏, 大分県知事〕

年別渡航者名一覧　1884

渡航年	渡航地	人名・目的・活動分野
	イギリス	園田 安賢　そのだ・やすかた　警察制度視察〔官僚, 実業家, 男爵〕 高島 小金治　たかしま・こきんじ　醬油販売〔実業家, 大倉組取締役〕 玉利 喜造　たまり・きぞう　農学〔農学者, 鹿児島高等農林学校校長, 貴族院議員〕 田村 新吉　たむら・しんきち　日加貿易〔実業家, 貴族院議員：海外貿易の振興に功労〕 新渡戸 稲造　にとべ・いなぞう　政治学, 歴史〔教育者, 農学者：世界平和に尽力, 日米関係の架橋〕 浜口 梧陵　はまぐち・ごりょう　世界一周の旅〔官吏：ニューヨークで客死〕 原田 助　はらだ・たすく　神学〔宗教家, 神学者〕 藤岡 市助　ふじおか・いちすけ　万国電気博覧会審査員〔電気工学者, 東京電気社長：日本初の電灯を灯す〕 堀越 善重郎　ほりこし・ぜんじゅうろう　絹布輸出〔実業家〕 松方 幸次郎　まつかた・こうじろう　留学〔実業家, 美術蒐集家：松方コレクション〕 松原 重栄　まつばら・じゅうえい　経済視察〔実業家, 美術蒐集家〕 三島 弥太郎　みしま・やたろう　農政研究〔実業家, 子爵〕 村井 弦斎　むらい・げんさい　留学〔小説家, 新聞記者〕 米津 恒次郎　よねつ・つねじろう　菓子製造技術〔洋菓子製造業者ウエファースづくりを開始〕 伊藤 篤太郎　いとう・とくたろう　植物学〔植物学者, 東北帝国大学講師〕 大久保 喜蔵　おおくぼ・よしぞう　海軍軍事研修〔海軍軍人〕 黒田 長成　くろだ・ながしげ　留学〔政治家, 貴院副議長〕 関 重忠　せき・しげただ　海軍軍事研修〔海軍軍人, 少将：兵学校の機関術教官〕 添田 寿一　そえだ・じゅいち　留学〔銀行家, 日本興業銀行総裁〕 高島 北海　たかしま・ほっかい　万国森林博覧会〔画家：ナンシーの画家たちに日本美術を啓蒙〕 野口 定次郎　のぐち・さだじろう　海軍軍事研修〔海軍軍人〕 早崎 源吾　はやさき・げんご　海軍軍事研修〔海軍軍人：兵学校で運用術担当〕 東伏見宮 依仁親王　ひがしふしみのみや・よりひとしんのう　留学〔海軍軍人, 元帥〕 松本 虎之助　まつもと・とらのすけ　海軍軍事研修〔海軍兵学校教員〕 溝口 武五郎　みぞぐち・たけごろう　海軍軍事研修〔海軍兵学校学生〕 渡辺 嘉一　わたなべ・かいち　工学, 理学〔土木学者, 実業家：世界一の鉄橋の工事監督, 鉄道事業の経営〕
	スイス	田中 阿歌麿　たなか・あかまろ　地理学〔湖沼学者, 日本陸水学会初代会長：湖沼学の先駆者〕
	ドイツ	秋元 興朝　あきもと・おきとも　留学〔外交官, 子爵〕

新訂増補 海を越えた日本人名事典　823

渡航年	渡航地	人名・目的・活動分野
		石川 千代松　いしかわ・ちよまつ　動物学〔動物学者：わが国進化論の先覚者〕
		井上 哲次郎　いのうえ・てつじろう　哲学〔哲学者, 詩人, 帝国大学文科大学学長, 大東文化学院総長：ドイツ観念論を移入, 最初の哲学辞典を編纂〕
		樫村 清徳　かしむら・せいとく　医学〔医学者：在官洋行の最初, 脊椎矯正器なども製作〕
		片山 国嘉　かたやま・くにか　法医学〔医学者：法医学創始の功労者〕
		加藤 照麿　かとう・てるまろ　小児科種痘科研修〔小児科医, 侍医, 男爵：宮内省侍医〕
		隈川 宗雄　くまがわ・むねお　医化学〔医学者：ドイツ医化学の移植〕
		小池 正文　こいけ・まさふみ　兵制視察〔陸軍軍人, 千住製絨所長〕
		郷 誠之助　ごう・せいのすけ　留学〔実業家, 日本経済連盟会会長〕
		斯波 淳六郎　しば・じゅんろくろう　公法学〔公法学者〕
		千賀 鶴太郎　せんが・つるたろう　法学〔法律学者, 京都帝国大学教授〕
		田中 正平　たなか・しょうへい　音響学〔音楽学者, 物理学者：純正調オルガンの発明者〕
		田村 怡与造　たむら・いよぞう　陸軍軍事研修〔陸軍軍人, 中将：ドイツ近代兵学の移植〕
		丹波 敬三　たんば・けいぞう　薬学〔薬学者：薬学教育に尽力〕
		長松 篤棐　ながまつ・あつすけ　留学〔植物生理学者, 実業家, 男爵：日本人初の植物生理学者〕
		長与 称吉　ながよ・しょうきち　医学〔医師, 男爵：日本消化器病学会を創立〕
		原田 直次郎　はらだ・なおじろう　美術研究〔洋画家：ドイツ浪漫派の手法を移入, 森鷗外の小説のモデル〕
		土方 久明　ひじかた・ひさあき　軍事視察〔陸軍軍人, 陸軍砲兵大尉〕
		穂積 八束　ほづみ・やつか　公法学〔憲法学者, 貴族院議員：天皇制国家主義思想の提唱者〕
		松平 康荘　まつだいら・やすたか　留学〔農学者, 侯爵〕
		宮崎 道三郎　みやざき・みちさぶろう　法学〔法学者, 学士院会員〕
		森 鷗外　もり・おうがい　衛生学, 軍事医学〔陸軍軍医, 小説家, 評論家, 陸軍軍医総監〕
		山内 万寿治　やまのうち・ますじ　兵器製造研究〔海軍軍人, 中将, 男爵：兵器製造の功労者〕
		和田 維四郎　わだ・つなしろう　留学〔鉱物学者, 書誌学者, 八幡製鉄所長官, 貴族院議員：鉱物学の日本人初代教授；科学的な書誌学の先駆者〕
	フランス	伊東 義五郎　いとう・よしごろう　砲術研究〔海軍軍人, 実業家, 男爵〕

渡航年	渡航地	人名・目的・活動分野
1885	ヨーロッパ	川上 操六　かわかみ・そうろく　兵制視察〔陸軍軍人, 大将, 子爵:陸軍軍制の改革, 軍事優先の鉄道敷設に尽力〕 黒田 清輝　くろだ・せいき　法律学, 洋画〔洋画家, 子爵:外光派的写実の手法を移入〕 坂本 俊篤　さかもと・としあつ　海軍軍事研修〔海軍軍人, 男爵〕 清水 俊　しみず・しゅん　兵制視察〔陸軍軍人〕 志水 直　しみず・ただし　大山巌に随行〔陸軍軍人, 政治家, 名古屋市長, 衆議院議員〕 野島 丹蔵　のじま・たんぞう　留学〔留学生〕 馬場 命英　ばば・のりひで　兵制視察〔陸軍軍人〕 久松 定謨　ひさまつ・さだこと　陸軍軍事研修〔陸軍軍人, 中将, 伯爵:陸軍きってのフランス通〕 俣賀 致正　またが・よしまさ〔陸軍軍人〕 三浦 梧楼　みうら・ごろう　軍事視察〔陸軍軍人, 中将, 政治家, 子爵:日仏間の条約改正に尽力, 明治政界の長老〕 村井 長寛　むらい・ながひろ　軍事視察〔陸軍軍人, 中将〕 矢野 龍渓　やの・りゅうけい　新聞事業視察〔小説家, ジャーナリスト〕 矢吹 秀一　やぶき・しゅういち　軍事視察〔陸軍軍人, 中将, 男爵〕 岩佐 純　いわさ・じゅん　医学〔医師(侍医), 男爵〕 長谷川 謹介　はせがわ・きんすけ　鉄道視察〔官吏, 鉄道院副総裁〕
	ロシア	佐藤 叔治　さとう・としはる　神学〔神学者:マキシム・ゴーリキーと親交を結ぶ〕
	アメリカ	伊藤 為吉　いとう・ためきち　建築学〔建築家, 発明家〕 井上 公二　いのうえ・こうじ　留学〔実業家, 帝国生命保険社長〕 岩崎 清七　いわさき・せいしち　留学〔実業家, 磐城セメント創業者〕 岡部 次郎　おかべ・じろう　留学〔政治家, 衆議院議員:ハワイ革命義勇軍〕 小谷部 全一郎　おやべ・ぜんいちろう　哲学〔歴史学者〕 河辺 貞吉　かわべ・ていきち　伝道活動〔牧師:日本自由メソヂスト教団を創設〕 串田 万蔵　くしだ・まんぞう　銀行業務研修〔銀行家, 三菱合資会社総理事〕 櫛引 弓人　くしびき・ゆみんど　興行〔興行師:日本に初めて飛行機輸入〕 桜井 静　さくらい・しずか　海外移住殖民調査〔政治家, 衆議院議員〕 佐治 職　さじ・つかさ　医学〔歯科医:歯科医学の先駆者〕 進 経太　しん・つねた　留学〔造船技師, 石川島造船所取締役技師長〕 杉田 定一　すぎた・ていいち　欧米事情視察〔政治家, 衆院議長〕 中野 権六　なかの・ごんろく　日本人新聞を主宰〔実業家, 佐賀毎日新聞社長〕 鳩山 和夫　はとやま・かずお　第1回文部省留学生, 法学〔政治家, 弁護士:弁護士制度・私学教育・立憲政治を推進〕

1885　年別渡航者名一覧

渡航年	渡航地	人名・目的・活動分野
	イギリス	細川 風谷　ほそかわ・ふうこく　留学〔講談師〕 武藤 山治　むとう・さんじ　遊学〔実業家, 政治家, 衆議院議員：紡績事業の振興, 政界浄化運動〕 山本 秀煌　やまもと・ひでてる　神学〔牧師, 明治学院神学部教授〕 湯浅 半月　ゆあさ・はんげつ　留学〔詩人, 聖書学者〕 和田 豊治　わだ・とよじ　留学〔実業家, 富士瓦斯紡績社長〕 稲垣 満次郎　いながき・まんじろう　留学〔外交官, 南進論者：南進論の先駆け〕 大竹 多気　おおたけ・たけ　製織研究〔研究者：桐生高等織染学校長など歴任〕 出羽 重遠　でわ・しげとお　海軍事情視察〔海軍軍人, 大将, 男爵：シーメンス事件査問委員長〕 中村 貞吉　なかむら・ていきち　留学〔帝国大学工科大学助教授〕 野呂 景義　のろ・かげよし　機械学〔冶金学者, 帝国大学教授〕 藤村 義朗　ふじむら・よしろう　留学〔実業家, 政治家, 男爵〕 細川 護成　ほそかわ・もりしげ　人文/私費留学〔政治家, 侯爵〕 向山 慎吉　むこうやま・しんきち　浪速艦回航〔海軍軍人, 中将, 男爵〕 森田 思軒　もりた・しけん　郵便報知新聞特派員〔新聞記者, 翻訳家〕 安広 伴一郎　やすひろ・ともいちろう　留学〔官僚, 枢密顧問官〕 吉松 茂太郎　よしまつ・もたろう　巡洋艦浪速の回航のため〔海軍軍人, 大将〕 渡瀬 寅次郎　わたせ・とらじろう　団体視察〔教育家, 関東学院初代院長〕
	オーストリア ドイツ	近衛 篤麿　このえ・あつまろ　留学〔政治家, 公爵〕 秋月 左都夫　あきづき・さつお　留学〔外交官, 駐オーストリア大使〕 阿部 正義　あべ・まさよし　鉱床・採鉱学〔工学者〕 大西 克知　おおにし・よしあきら　医学〔医学者, 九州帝国大学名誉教授〕 北里 柴三郎　きたざと・しばさぶろう　細菌学〔細菌学者, 男爵：破傷風の血清治療の発見者〕 河本 重次郎　こうもと・じゅうじろう　眼科学〔眼科学者：眼科学者第1号〕 志賀 泰山　しが・たいざん　農学〔農林技師〕 品川 弥一　しながわ・やいち　畜産学〔牧畜事業家, 子爵〕 竹村 本五郎　たけむら・もとごろう　工学視察〔翻訳者〕 中浜 東一郎　なかはま・とういちろう　医学〔医師：流行病防疫に尽力〕 浜田 玄達　はまだ・げんたつ　産婦人科学〔婦人科医：帝国大学に助産婦養成所を設置〕 土方 久元　ひじかた・ひさもと　伏見宮貞愛親王に随行〔政治家, 伯爵, 農商務相〕 弘田 長　ひろた・つかさ　小児科学〔医学者：小児科医の先駆者, 乳児脚気を研究〕

1886

渡航年	渡航地	人名・目的・活動分野
1886	フランス	藤波 言忠　ふじなみ・ことただ〔宮中顧問官, 子爵：牧畜を振興〕 伏見宮 貞愛親王　ふしみのみや・さだなるしんのう　ドイツ憲法, 政治学〔陸軍軍人, 元帥, 皇族〕 松村 任三　まつむら・じんぞう　植物学〔植物学者：形態学, 植物生理学の移入〕 安永 義章　やすなが・よしあき　兵器製造〔製鉄技師〕 矢野 恒太　やの・つねた　生命保険研修〔実業家：第一生命保険の創立者〕 梅 謙次郎　うめ・けんじろう　法律学〔法学者：民法・商法など立法史上の功労者〕 加藤 栄吉　かとう・えいきち　鋳造学〔技術者〕 庄司 藤三郎　しょうじ・とうさぶろう　鋳造学〔留学生〕 千本 福隆　せんぽん・よしたか　師範学校調査〔物理学者, 数学者：自然科学教育に尽力〕 長谷川 好道　はせがわ・よしみち　留学〔陸軍軍人, 元帥, 伯爵〕 藤 雅三　ふじ・まさぞう　美術〔洋画家〕
	ベルギー	長谷川 喬　はせがわ・たかし　万国商法編纂会議〔司法官, 東京控訴院院長〕
	ロシア	川上 賢三　かわかみ・けんぞう　貿易〔実業家：満州の農業開発に尽力〕
	アメリカ	萩野 末吉　はぎの・すえきち　軍務〔陸軍軍人, 中将〕 伊藤 一隆　いとう・かずたか　水産事情調査〔水産業者〕 岩崎 久弥　いわさき・ひさや　留学〔実業家, 三菱合資会社長〕 粕谷 義三　かすや・ぎぞう　留学〔政治家, 衆院議長〕 片岡 直輝　かたおか・なおてる　軍事情勢視察〔実業家, 大阪瓦斯社長〕 甲賀 宜政　こうが・よしまさ　造幣事業視察〔技術者, 造幣局作業部長〕 斎藤 恒三　さいとう・つねぞう　紡績事業視察〔実業家, 東洋紡社長〕 沢井 廉　さわい・れん　電気工学〔電気学者：エジソンの助手で蓄音器発明を助ける〕 荘 清次郎　しょう・せいじろう　留学〔実業家, 三菱合資会社専務理事〕 菅原 伝　すがわら・つたう　留学〔政治家, 衆議院議員〕 高野 房太郎　たかの・ふさたろう　留学〔労働運動家：日本の労働組合運動の創始者〕 中島 鋭治　なかじま・えいじ　留学〔水道技術者〕 藤井 三郎　ふじい・さぶろう　サンフランシスコ領事〔外務省官吏〕 藤井 セイ子　ふじい・せいこ　夫に同行〔外交官夫人：客死第一号〕 松本 留吉　まつもと・とめきち　電気事業調査〔実業家, 藤倉電線創業者〕 南方 熊楠　みなかた・くまくす　商業学校入学〔植物学者, 民俗学者：粘菌新種・変種の発見者〕

渡航年	渡航地	人名・目的・活動分野
1886	イギリス	三宅 米吉　みやけ・よねきち　教育事情視察〔歴史学者, 東京文理科大学初代学長〕 宮部 金吾　みやべ・きんご　生物学〔植物病理学者, 北海道帝国大学名誉教授〕 元田 作之進　もとだ・さくのしん　留学〔牧師, 教育者, 日本聖公会東京教区主教, 立教大学初代学長〕 矢田 一嘯　やだ・いっしょう　美術〔洋画家〕 山口 熊野　やまぐち・ゆや　邦字新聞を発行〔政治家, 衆議院議員〕 渡瀬 庄三郎　わたせ・しょうざぶろう　生物学〔動物学者, 東京帝国大学理学部教授：渡瀬線を8軒〕 渡辺 鼎　わたなべ・かなえ　医学/私費留学〔医師, 衆議院議員：野口英世を手術〕 伊達 宗陳　だて・むねのぶ　留学〔宮内庁官吏, 侯爵〕 田辺 次郎　たなべ・じろう　貿易に従事〔貿易業：帰国の途中客死〕 千頭 清臣　ちかみ・きよおみ　留学〔内務官僚, 教育者, 貴族院議員, 二高教授〕 蜂須賀 正韶　はちすか・まさあき　留学〔政治家, 侯爵〕 原 亮一郎　はら・りょういちろう　経済学〔実業家, 東京図書株式会社社長〕 松浦 厚　まつうら・あつし　国際公法〔伯爵：大日本海事学会長〕 真野 文二　まの・ぶんじ　機械工学〔機械工学者, 帝国大学工科大学教授, 貴族院議員〕
	イタリア	伊東 平蔵　いとう・へいぞう　語学研修〔図書館人, 初代横浜市立図書館長：公共図書館建設・運営の先覚者〕
	ドイツ	浅野 喜三郎　あさの・きさぶろう　建築技術〔建築家〕 有賀 長雄　ありが・ながお　哲学, 政治学〔国際法学者：日露戦争に国際法顧問として従軍〕 伊藤 博邦　いとう・ひろくに　私費留学〔宮内官, 公爵〕 巖谷 孫蔵　いわや・まごぞう　法律学〔法律学者, 京都帝国大学教授, 中華民国大総統府法律諮議〕 宇野沢 辰雄　うのざわ・たつお　留学〔留学生〕 大高 庄右衛門　おおたか・しょうえもん　煉瓦製造実習〔建築技師：化粧煉瓦・ガス輪環窯を創始〕 加瀬 正太郎　かせ・しょうたろう　鍵および煉鉄の研修〔鍵職人：東京職工学校第一期生〕 金井 延　かない・のぶる　経済学〔社会政策学者：ドイツ歴史学派理論を紹介〕 河合 浩蔵　かわい・こうぞう　西洋建築学〔建築家：ドイツ建築様式技術の移植〕 菊池 常三郎　きくち・つねさぶろう　外科学〔医師, 陸軍軍医総監：臨床医として活躍〕 斉藤 新平　さいとう・しんぺい　建築技術〔鉄道院技師〕 坂内 冬蔵　さかうち・ふゆぞう　建築技術〔技術者：日本セメント工業の創始者〕 清水 米吉　しみず・よねきち　ドイツ建築の研究〔建具職人〕

渡航年	渡航地	人名・目的・活動分野
	フランス	高木 豊三　たかぎ・とよぞう　法律学〔裁判官, 弁護士, 貴族院議員〕 立見 尚文　たつみ・なおぶみ　軍事視察〔陸軍軍人, 大将, 男爵〕 谷口 謙　たにぐち・けん　軍医学〔陸軍軍医〕 津軽 英麿　つがる・ふさまろ　留学〔官吏, 伯爵〕 常磐井 堯猷　ときわい・ぎょうゆう　梵文学〔僧侶, 梵語学者, 男爵〕 富谷 鉎太郎　とみや・しょうたろう　法律学〔裁判官：民事訴訟制度の確立に尽力〕 内藤 陽三　ないとう・ようぞう　彫刻〔洋式彫刻家：プロシアの宮殿造営に参加〕 中村 精男　なかむら・きよお　気象学〔気象学者：メートル法の普及, エスペラント運動にも尽力〕 西村 勝三　にしむら・かつぞう　化学工業〔実業家, 品川白煉瓦創立者：煉瓦製造の先駆者〕 乃木 希典　のぎ・まれすけ　兵制・兵学〔陸軍軍人, 大将, 伯爵〕 野沢 武之助　のざわ・たけのすけ　留学〔政治家, 衆議院議員〕 野尻 精一　のじり・せいいち　教育学〔教育者：ヘルバルト教育学の移入, 師範教育に尽力〕 範多 龍太郎　はんた・りゅうたろう　留学〔実業家〕 松岡 康毅　まつおか・やすたけ　司法行政事務〔司法官, 政治家, 男爵：日本大学初代学長〕 箕作 元八　みつくり・げんぱち　動物学, 歴史学〔西洋史学者, 東京帝国大学理学部教授：近代歴史学の先駆者〕 山田 信介　やまだ・しんすけ　建築実習〔建築家, 実業家〕 山本 悌二郎　やまもと・ていじろう　留学〔実業家, 政治家, 衆議院議員〕 横山 又次郎　よこやま・またじろう　古生物学〔古生物学者：日本古生物学の先駆者〕 渡辺 譲　わたなべ・ゆずる　建築学〔建築家：呉軍港の大船渠を建造〕 小幡 文三郎　おばた・ぶんざぶろう　造船学〔造船技師〕 加太 邦憲　かぶと・くにのり　法律研修〔裁判官, 貴族院議員〕 川島 甚兵衛(2代)　かわしま・じんべえ　織物研究〔染織家：川島織物工業創立者〕 木全 多見　きまた・たみ　留学〔陸軍軍人, 少将, 陸軍砲工学校教官〕 久米 桂一郎　くめ・けいいちろう　絵画研修, 古美術研究〔画家〕 香坂 季太郎　こうさか・きたろう　造船機械学〔留学生〕 高谷 恒太郎　たかや・こうたろう　法律学〔裁判官, 茶人：茶道興隆に尽力〕 谷 干城　たに・かんじょう　ヨーロッパ視察旅行〔陸軍軍人, 中将, 政治家, 子爵〕 土橋 八千太　つちはし・やちた　神学, 天文学〔天文学者, カトック司祭, 上智大学総長〕 豊田 鋑銀次郎　とよだ・ちょうじろう　鋳造学〔留学生〕 西村 千里　にしむら・せんり　留学〔陸軍軍人〕

年別渡航者名一覧

渡航年	渡航地	人名・目的・活動分野
1886頃 1887	ベルギー ヨーロッパ ロシア アメリカ アメリカ	福島 虎次郎　ふくしま・とらじろう　海軍軍事研修〔海軍軍人、海軍少佐、海軍兵学校監事：フランスで客死〕 福羽 逸人　ふくば・はやと　葡萄栽培研究〔園芸学者、子爵：温室栽培の創始者〕 松村 六郎　まつむら・ろくろう　鋳造学〔留学生〕 村田 惇　むらた・あつし　陸軍軍事研修〔陸軍軍人、中将〕 山崎 甲子次郎　やまざき・きねじろう　造船学〔海軍軍人〕 横井 佐久　よこい・すけひさ　造船学〔造船技師：パリで客死〕 飯田 旗軒　いいだ・きけん　留学〔仏文学者〕 石渡 敏一　いしわた・びんいち　留学〔司法官、政治家、枢密顧問官、貴族院議員〕 岡倉 天心　おかくら・てんしん　美術取調委員研修〔美術評論家、思想家：日本の美術界の先覚者〕 河村 譲三郎　かわむら・じょうざぶろう　法律学〔裁判官、貴族院議員〕 道家 斉　どうけ・ひとし　農業・商業制度視察〔官吏、実業家、貴族院議員〕 鳥尾 小弥太　とりお・こやた　元老院より派遣〔陸軍軍人、中将、政治家、子爵〕 前田 孝階　まえだ・こうかい　法律学〔司法官、宮城控訴院院長〕 横田 国臣　よこた・くにおみ　留学〔司法官、男爵〕 黒野 義文　くろの・よしぶみ　ロシア語〔教師：ロシアで国際的日本学者の育成に貢献〕 清水 満之助　しみず・まんのすけ　建築業視察〔建築請負師〕 石川 角次郎　いしかわ・かくじろう　留学〔神学者、聖学院神学校教授〕 井上 角五郎　いのうえ・かくごろう　政治・経済事情視察〔実業家、政治家、衆議院議員〕 今井 五介　いまい・ごすけ　製糸業研究〔実業家、片倉製糸紡績社長：片倉製糸の指導者〕 宇都宮 仙太郎　うつのみや・せんたろう　農学〔酪農家：北海道製酪販売組合創立者〕 大久保 利武　おおくぼ・としたけ　留学〔官吏、大阪府知事、貴族院議員〕 甲賀 ふじ　こうが・ふじ　留学〔教育者、森村幼稚園主事〕 小松 緑　こまつ・みどり　留学〔外交評論家、著述家〕 佐伯 理一郎　さえき・りいちろう　医学〔医学者〕 高田 慎蔵　たかだ・しんぞう　商業事情視察〔実業家、高田商会創立者〕 高橋 義雄　たかはし・よしお　経済事情視察〔実業家、茶人、三越呉服店・王子製紙社長〕 千葉 掬香　ちば・きくこう　留学〔翻訳家〕 寺島 誠一郎　てらじま・せいいちろう　留学〔外交官、伯爵〕 外山 脩造　とやま・しゅうぞう　経済事情視察〔実業家、阪神電気鉄道初代社長〕 野村 洋三　のむら・ようぞう　経済事情調査〔実業家、ホテル・ニューグランド会長〕

年別渡航者名一覧　　　　　　　　　　　　　1887

渡航年	渡航地	人名・目的・活動分野
	イギリス	野村 龍太郎　のむら・りゅうたろう　鉄道技術視察〔鉄道工学者, 南満州鉄道会社総裁〕 浜岡 光哲　はまおか・こうてつ　商工業視察〔実業家, 政治家, 京都商業会議所会頭, 衆議院議員〕 日高 壮之丞　ひだか・そうのじょう　海軍事情視察〔海軍軍人, 大将, 男爵〕 福岡 秀猪　ふくおか・ひでい　法学〔法学者, 子爵〕 堀江 芳介　ほりえ・よしすけ　軍事視察〔陸軍軍人, 少将, 衆議院議員〕 三崎 省三　みさき・しょうぞう　電気工学〔実業家, 阪神電鉄専務：国産初の電車を製作〕 山口 素臣　やまぐち・もとおみ　軍事視察〔陸軍軍人, 大将, 子爵〕 米山 梅吉　よねやま・うめきち　政治, 文学〔銀行家：三井信託を設立〕 渡辺 昇　わたなべ・のぼる　財政・金融事情視察〔官僚, 子爵〕 菊地 恭三　きくち・きょうぞう　紡績〔実業家, 貴族院議員〕 菊池 恭三　きくち・きょうぞう　紡績技術〔実業家, 大日本紡績社長, 貴族院議員〕 後藤 牧太　ごとう・まきた　理科教育視察〔教育者, 東京師範名誉教授：ローマ字運動の提唱者〕 島田 三郎　しまだ・さぶろう　政治思想, 社会運動の研究〔ジャーナリスト, 政治家：社会改良運動の推進者〕 須田 利信　すだ・としのぶ　造船学〔造船技術者, 実業家, 日本郵船副社長〕 那須 セイ　なす・せい　看護学〔看護婦：看護婦留学の第1号〕 拝志 よしね　はいし・よしね　看護学〔看護婦：看護婦留学の第1号〕 土方 寧　ひじかた・やすし　民法, 英法〔法学者：英法の知識普及に貢献, 中央大学創設に参画〕 陸奥 広吉　むつ・ひろきち　留学〔外交官, 伯爵, 特命全権公使〕 山根 正次　やまね・まさつぐ　衛生行政制度視察〔医師, 衆議院議員〕
	オーストラリア	兼松 房治郎　かねまつ・ふさじろう　鉱物・羊毛などの実地調査〔実業家：日濠貿易の先駆者〕
	オーストリア ドイツ	海江田 信義　かえだ・のぶよし　外国事情視察〔政治家, 子爵〕 井口 省吾　いぐち・しょうご　陸軍軍事研修〔陸軍軍人, 大将〕 緒方 正清　おがた・まさきよ　医学留学〔医師：日本初の産婦人科の専門病院を開設〕 北川 乙治郎　きたがわ・おとじろう　外科学〔医師, 和歌山県立病院長〕 田口 和美　たぐち・かずよし　医学研究〔解剖学者, 東京帝国大学医科大学教授：解剖学で先駆的役割〕 坪井 九馬三　つぼい・くめぞう　史学〔史学者：ドイツ実証史学の移植〕
	フランス	秋山 好古　あきやま・よしふる　旧藩主の子息・久松定謨の補導役〔陸軍軍人, 大将：騎兵連隊を編制, 馬術の普及〕

渡航年	渡航地	人名・目的・活動分野
	ヨーロッパ	石藤 豊太　いしどう・とよた　留学〔海軍軍人〕 川路 利恭　かわじ・としあつ　留学〔内務官僚〕 豊田 芙雄　とよだ・ふゆ　留学〔教育家：最初の幼稚園保母〕 関 直彦　せき・なおひこ　政治経済情勢視察〔政治家, 翻訳家, 衆議院議員〕 三井 高保　みつい・たかやす　銀行視察〔実業家, 男爵〕
	ロシア	小西 増太郎　こにし・ますたろう　神学, 哲学〔神学者, 翻訳家, ロシア文学・思想研究者：トルストイと『老子』を共訳〕
1887頃	アメリカ	村山 三郎　むらやま・さぶろう　法律研修〔弁護士：ホノルルで開業〕
	ドイツ	橋本 春　はしもと・はる　医学〔留学生〕
1888	アメリカ	浅田 栄次　あさだ・えいじ　神学, 英語学〔英語学者〕 池田 成彬　いけだ・しげあき　経済学〔財界人, 政治家, 日銀総裁, 大蔵大臣, 商工大臣：三井財閥を確立, 財界のトップ・リーダー〕 伊丹 二郎　いたみ・じろう　留学〔実業家, 麒麟麦酒社長〕 井上 円了　いのうえ・えんりょう　宗教事情視察〔仏教哲学者, 東洋大学創設者〕 岩村 透　いわむら・とおる　美術／私費留学〔美術史家, 男爵〕 植村 正久　うえむら・まさひさ　外国事情視察〔キリスト教指導者, 評論家〕 牛嶋 謹爾　うしじま・きんじ　英語学習, 農園づくり〔実業家：アメリカ・カナダの開拓者, ポテト王〕 内田 康哉　うちだ・こうさい　外交官として赴任〔政治家, 外交官, 外務大臣, 満鉄総裁, 貴族院議員：国連脱退など孤立外交を推進〕 岡崎 邦輔　おかざき・くにすけ　留学〔政治家, 衆議院議員〕 尾崎 行雄　おざき・ゆきお　政治情勢視察〔政治家, 衆議院議員〕 尾崎 行隆　おざき・ゆきたか〔劇団員〕 加藤木 重教　かとうぎ・しげのり　電話機研究〔電気技術者：日本初の火災報知器を製作〕 樺山 資英　かばやま・すけひで　留学〔政治家, 貴族院議員〕 近藤 陸三郎　こんどう・りくさぶろう　鉱業事情視察〔実業家, 鉱山技術者, 古河合名会社理事長〕 末広 鉄腸　すえひろ・てっちょう　欧米事情視察〔ジャーナリスト, 政治家, 『朝野新聞』編集長〕 仙石 貢　せんごく・みつぐ　鉄道技術〔政治家, 満鉄総裁, 鉄道相〕 武石 貞一　たけいし・ていいち　医学〔留学生〕 田中 稲城　たなか・いなぎ　図書館学〔図書館学者, 帝国図書館長：帝国図書館の初代館長〕 田辺 朔郎　たなべ・さくお　土木工学〔土木工学者, 帝国大学工科大学学長〕 中西 牛郎　なかにし・うしお　留学〔宗教思想家, 扶桑教大教正〕 中野 初子　なかの・はつね　留学〔電気工学者, 東京帝国大学教授〕

渡航年	渡航地	人名・目的・活動分野
	イギリス	服部 綾雄　はっとり・あやお　神学〔教育者, 政治家, 衆議院議員〕 日向 輝武　ひなた・てるたけ　政治・経済学〔政治家, 衆議院議員〕 福沢 桃介　ふくざわ・ももすけ　商業学, 鉄道会社見習〔実業家, 大同電力社長：電力事業を経営〕 二見 鏡三郎　ふたみ・きょうざぶろう　土木工学〔鉄道技術者, 京都帝国大学名誉教授〕 古河 潤吉　ふるかわ・じゅんきち　鉱山学〔鉱業家, 古河財閥2代目当主〕 本多 庸一　ほんだ・よういつ　神学〔牧師, 教育家：青山学院初代院長〕 松野 菊太郎　まつの・きくたろう　留学〔牧師, 社会事業家, 日本基督教会同盟幹事〕 森永 太一郎　もりなが・たいちろう　陶器販売〔実業家：森永製菓の創設者〕 山口 鎰太　やまぐち・ちんた　留学〔英語学者, 東京商大商学専門部教授〕 横田 永之助　よこた・えいのすけ　留学〔映画興行師, 日活社長〕 稲葉 正縄　いなば・まさなお　留学〔式部官, 子爵〕 桜井 小太郎　さくらい・こたろう　建築学〔建築家〕 島村 速雄　しまむら・はやお　海軍軍事研修〔海軍軍人, 元帥, 男爵〕 鈴木 四十　すずき・よそ　機械工学〔実業家〕 副島 道正　そえじま・みちまさ　留学〔実業家, 政治家, 伯爵〕 広沢 金次郎　ひろさわ・きんじろう　留学〔政治家, 伯爵〕 山本 長方　やまもと・ながかた　造船学, 図学〔造船技師, 東京帝国大学教授：三菱造船技術長〕
	イタリア	大熊 氏広　おおくま・うじひろ　彫刻技術〔彫刻家：銅像制作の先駆者〕
	ドイツ	石田 八弥　いしだ・はちや　留学〔鉱学者, 男爵〕 大井 才太郎　おおい・さいたろう　電話技術視察〔電気技術者, 電気学会長：電信電話事業の確立に貢献〕 大西 秀治　おおにし・ひではる　医学〔陸軍軍医〕 賀古 鶴所　かこ・つるど　医学〔医師：耳鼻咽喉科の創始者〕 加藤 時次郎　かとう・ときじろう　医学〔医師, 社会改良主義者〕 金杉 英五郎　かなすぎ・えいごろう〔医師：耳鼻咽喉科学の開祖〕 小池 正直　こいけ・まさなお　留学〔医師, 軍医総監, 男爵, 貴族院議員〕 瀬川 昌耆　せがわ・まさとし　医学〔医師〕 尺 秀三郎　せき・ひでさぶろう　留学〔教育家, ドイツ語学者, 東京外国語学校教授〕 添田 飛雄太郎　そえだ・ひゅうたろう　留学〔政治家, 衆議院議員〕 筒井 秀二郎　つつい・ひでじろう　留学〔病理学者〕 東条 英教　とうじょう・ひでのり　陸軍軍事研修〔陸軍軍人, 中将〕

渡航年	渡航地	人名・目的・活動分野
1889	フランス	二宮 熊次郎　にのみや・くまじろう　留学〔新聞記者〕
		日高 真実　ひだか・まさね　教育学〔教育学者：最初の教育学専修留学生〕
		向井 哲吉　むかい・てつきち　製鉄技術〔製鉄所技師：特殊鋼の発展に尽力〕
		村田 謙太郎　むらた・けんたろう　医学〔医学者：寄生虫や癩の研究に貢献〕
		山口 圭蔵　やまぐち・けいぞう　陸軍軍事研修〔陸軍軍人, 少将〕
		一条 実輝　いちじょう・さねてる　海軍軍事研修〔海軍軍人, 大佐, 公爵〕
		押川 則吉　おしかわ・のりきち　農事経済視察〔官僚, 政治家, 貴族院議員〕
	ベルギー	原田 貞之助　はらだ・さだのすけ　留学〔留学生〕
	ロシア	庄司 鍾五郎　しょうじ・しょうごろう　神学〔神学者, 満鉄社員：ロシア語学校を開設〕
	アメリカ	五十嵐 秀助　いがらし・ひですけ　留学〔電信技術者〕
		石坂 正信　いしざか・まさのぶ　留学〔教育者, 青山学院院長〕
		岩本 芳次郎　いわもと・よしじろう　契約移民〔移民：「浮かれ節」で巡業〕
		太田 峰三郎　おおた・みねさぶろう　法制度〔官僚, 貴族院書記官長〕
		川上 新太郎　かわかみ・しんたろう　機械製造業視察〔水道工学者〕
		木内 重四郎　きうち・じゅうしろう　法律・経済〔官僚, 政治家, 貴族院議員, 京都府知事〕
		久米 民之助　くめ・たみのすけ　土木建築視察〔土木建築家, 衆議院議員〕
		幸田 延　こうだ・のぶ　音楽研修〔音楽家：音楽教育に尽力〕
		下田 菊太郎　しもだ・きくたろう　建築技術〔建築家〕
		高杉 滝蔵　たかすぎ・たきぞう　留学〔英語学者, 早稲田大学教授〕
		田中 王堂　たなか・おうどう　留学〔哲学者：日本におけるプラグマティズムの最初の紹介者〕
		土子 金四郎　つちこ・きんしろう　留学〔経済学者, 実業家, 横浜火災海上運送信用保険会社副社長〕
		寺田 勇吉　てらだ・ゆうきち　教育制度視察〔教育家, 東京高等商業学校校長〕
		徳川 達孝　とくがわ・さとたか　欧米事情視察〔政治家, 伯爵, 侍従長, 貴族院議員〕
		富田 恒三郎　とみた・つねさぶろう　留学〔留学生〕
		平野 永太郎　ひらの・えいたろう　製靴技術研修〔製靴技術者〕
		星野 長太郎　ほしの・ちょうたろう　生糸消費地視察〔実業家, 上毛蠶糸改良会社頭取, 衆議院議員〕
		政尾 藤吉　まさお・とうきち　留学〔外交官, 衆議院議員〕
		松本 健次郎　まつもと・けんじろう　留学〔実業家, 明治鉱業社長〕

渡航年	渡航地	人名・目的・活動分野
	イギリス	村井 知至　むらい・ともよし　神学〔キリスト教社会主義者, 教育家〕
		横井 時雄　よこい・ときお　留学〔牧師, 教育家, 衆議院議員〕
		渡辺 龍聖　わたなべ・りゅうせい　留学〔倫理学者, 名古屋高等商業学校名誉教授〕
		長田 秋濤　おさだ・しゅうとう　政治学〔仏文学者, 劇作家：A. デュマ「椿姫」の訳者, 演劇改良運動に参加〕
		斯波 貞吉　しば・ていきち　留学〔ジャーナリスト, 政治家, 衆議院議員〕
		柴原 亀二　しばはら・かめじ　留学〔弁護士〕
		田中 銀之助　たなか・ぎんのすけ　留学〔実業家：ラグビーを日本に紹介〕
		田中館 愛橘　たなかだて・あいきつ　電気磁器学〔物理学者, ローマ字論者, 貴族院議員：地球物理学・航空学の開拓者〕
		坪井 正五郎　つぼい・しょうごろう　人類学〔人類学者：人類学の開拓者〕
		戸水 寛人　とみず・ひろんど　法律学〔法学者, 司法官, 東京帝国大学教授, 衆議院議員：ローマ法の権威〕
		服部 俊一　はっとり・しゅんいち　紡績業の視察〔実業家, 東洋紡績会社取締役：尾張紡績の創業に尽力〕
	イタリア	大里 忠一郎　おおさと・ただいちろう　養蚕製糸業の視察〔実業家：養蚕製糸業の発展に尽力〕
		三吉 米熊　みよし・よねくま　蚕業事情調査〔教育者, 小県蚕業学校初代校長〕
		山口 勝　やまぐち・かつ　陸軍軍事研修〔陸軍軍人, 中将〕
	カナダ	杉村 濬　すぎむら・ふかし　副領事として赴任〔外交官, 元南部藩士：ブラジル移民の推進者〕
	ドイツ	浅川 敏靖　あさかわ・としやす　陸軍軍事研修〔陸軍軍人, 中将：馬政に手腕を発揮〕
		荒木 寅三郎　あらき・とらさぶろう　生理化学〔生化学者, 京都帝国大学総長, 学習院長：医化学の創始者〕
		宇野 朗　うの・あきら　ツベルクリン研究〔医師, 東京帝国大学名誉教授〕
		岡 玄卿　おか・げんきょう　医学〔医師, 男爵〕
		片岡 七郎　かたおか・しちろう　海軍事情の調査〔海軍軍人, 大将, 男爵〕
		川村 宗五郎　かわむら・そうごろう　陸軍軍事研修〔陸軍軍人, 中将〕
		古賀 廉造　こが・れんぞう　刑法〔裁判官, 政治家〕
		高山 甚太郎　たかやま・じんたろう　セメント工業, 耐火材料〔工業技術者, 工業試験所長：工業試験所の創設者〕
		伏見宮 博恭親王　ふしみのみや・ひろやすしんのう　海軍軍事研修〔海軍軍人, 元帥, 皇族〕
		的場 中　まとば・なか　冶金学〔冶金学者：磁気探鉱法の新分野を開拓〕
		三浦 謹之助　みうら・きんのすけ　内科学, 神経病学〔医学者：独・仏の内科学, 神経病学の移入〕

渡航年	渡航地	人名・目的・活動分野
1890	フランス	森 正道　もり・まさみち　外科学〔医師, 三重県羽津病院長〕 山田 又三郎　やまだ・またさぶろう　採鉱冶金学〔実業家：三井鉱山の経営に尽力〕 湯本 武比古　ゆもと・たけひこ　留学〔教育者, 東京高師教授〕 河北 道介　かわきた・みちすけ　軍事研修〔洋画家〕 久保田 米僊　くぼた・べいせん　遊学〔日本画家：京都府立画学校を創立〕 酒井 雄三郎　さかい・ゆうざぶろう　農業事情視察〔自由民権論者：日本人初のインターナショナル出席〕 馬場 禎四郎　ばば・ていしろう　軍事研修〔陸軍軍人〕 和田 雄治　わだ・ゆうじ　留学〔気象学者：天気予報の創始者〕
	ベルギー	椙原 透　すぎはら・とおる　留学〔留学生〕 永富 雄吉　ながとみ・ゆうきち　留学〔実業家, 日本郵船副社長〕 村瀬 春雄　むらせ・はるお　保険学〔保険学者：帝国海上保険の副社長〕
	ヨーロッパ	嘉納 治五郎　かのう・じごろう　留学〔柔道家, 教育家：講道館柔道の開祖〕 酒匂 常明　さこう・つねあき　農学〔農業技術者, 農商務省農務局長, 大日本製糖社長〕 中橋 徳五郎　なかはし・とくごろう　議会運営法研修〔政治家, 実業家, 大阪商船社長〕
	アメリカ	井深 梶之助　いぶか・かじのすけ　神学〔プロテスタント教育家, 明治学院総理：キリスト教教育, YMCAの代表〕 大石 誠之助　おおいし・せいのすけ　医学, 熱帯病学, 英文学〔医師, 社会主義者：ボンベイ大学でペストを研究, 大逆事件で刑死〕 鹿島 房次郎　かしま・ふさじろう　留学〔実業家, 川崎造船所社長〕 川崎 芳太郎　かわさき・よしたろう　留学〔実業家, 男爵〕 岸本 能武太　きしもと・のぶた　留学〔宗教学者, 英語学者, 早稲田大学教授〕 倉知 誠夫　くらち・まさお　玩具販売〔実業家, 三越会長〕 五姓田 芳柳　ごせだ・ほうりゅう　息子・義松同伴で絵画研究〔画家〕 志立 鉄次郎　しだち・てつじろう　留学〔実業家, 日本興業銀行総裁〕 杉山 岩三郎　すぎやま・いわさぶろう　商工業視察〔実業家〕 中村 静嘉　なかむら・やすよし　公使館付武官〔海軍軍人, 少将, 実業家, 太平生命保険社長〕 山鹿 旗之進　やまが・はたのしん　神学〔牧師〕 吉岡 美国　よしおか・よしくに　神学〔教育家, 関西学院院長〕
	イギリス	有馬 良橘　ありま・りょうきつ　軍事派遣〔海軍軍人, 大将, 枢密顧問官〕 斉藤 孝至　さいとう・たかし　海軍軍事研修〔海軍軍人, 海軍大尉〕 清水 市太郎　しみず・いちたろう　留学〔法律学者, 弁護士, 衆議院議員〕

渡航年	渡航地	人名・目的・活動分野
	オーストリア ドイツ	高木 喜寛　たかぎ・よしひろ　医学研究〔外科医学者, 東京慈恵会医科大学名誉学長：英国式医学教育を推進〕 高楠 順次郎　たかくす・じゅんじろう　インド学〔インド学・仏教学者, 教育者：東京帝国大学にマックス・ミューラーの蔵書を収蔵〕 戸際 文造　とぎわ・ぶんぞう　留学〔海軍軍医〕 平山 信　ひらやま・まこと　グリニッジで星学研究〔天文学者：小惑星の発見者〕 能勢 静太　のせ・しずた　医学〔医学者〕 一木 喜徳郎　いちき・きとくろう　地方自治制度〔法学者, 政治家, 行政官, 男爵：天皇機関説の先駆者〕 上田 万年　うえだ・かずとし　言語学〔国語学者, 言語学者, 帝国学士院会員：国語・国字政策の権威, 国語辞典の編纂〕 大井 菊太郎　おおい・きくたろう　陸軍軍事研修〔陸軍軍人, 大将, 男爵〕 大島 健一　おおしま・けんいち　砲工学〔陸軍軍人, 中将, 陸軍大臣〕 大田 正徳　おおた・まさのり　陸軍軍事研修〔陸軍軍人〕 岡田 国太郎　おかだ・くにたろう　医学〔軍医〕 笠井 真三　かさい・しんぞう　セメント製造研究〔実業家, 小野田セメント社長〕 後藤 新平　ごとう・しんぺい　留学〔政治家, 伯爵〕 榊原 忠誠　さかきばら・ただしげ　陸軍軍事研修〔陸軍軍人〕 関谷 銘次郎　せきや・めいじろう　軍事研究〔陸軍軍人〕 仙波 太郎　せんば・たろう　駐在武官〔陸軍軍人, 中将, 政治家, 衆議院議員〕 高橋 瑞子　たかはし・みずこ　産婦人科学〔産婦人科医：女医の先駆者〕 田原 良純　たわら・よしずみ　薬学, 化学〔薬学者, 東京衛生試験所所長：フグ毒を初めて抽出〕 坪井 次郎　つぼい・じろう　結核治療法〔衛生学者：ドイツの近代衛生学の移植〕 藤井 茂太　ふじい・しげた　軍事研究〔陸軍軍人, 中将〕 本多 静六　ほんだ・せいろく　林学〔林学者：林造学の元祖, 日比谷公園など庭園設計にも功績〕
	フランス	有坂 紹蔵　ありさか・しょうぞう　兵器研究〔海軍軍人, 中将, 東京帝国大学教授：国産速射砲の製作に尽力〕 伊地知 彦次郎　いじち・ひこじろう　軍事視察〔海軍軍人, 中将〕 阪田 貞一　さかた・ていいち　工業教育視察〔工業教育家：民間工業の育成に貢献〕 武田 秀雄　たけだ・ひでお　海軍軍事研修〔海軍軍人, 機関中将, 実業家：三菱造船, 三菱電気会長〕 津田 寅次郎　つだ・とらじろう　印刷機械購入〔印刷技術者〕
	ベルギー	佐藤 忠義　さとう・ただよし　留学〔留学生〕 益田 太郎　ますだ・たろう　留学〔実業家, 劇作家, 台湾製糖専務取締役〕

渡航年	渡航地	人名・目的・活動分野
1890頃	ロシア	西海枝 静　さいかいし・しずか　神学〔神学者：ロシア語学校を開設〕
		瀬沼 恪三郎　せぬま・かくさぶろう　神学〔神学者：ロシア文学の翻訳・紹介者〕
		樋口 艶之助　ひぐち・つやのすけ　神学〔神学者：樺太条約締結の通訳〕
		八代 六郎　やしろ・ろくろう　ロシア語学習及び視察〔海軍軍人, 大将, 男爵：海軍・部内のロシア通, 広瀬武夫の教官〕
	イギリス	黒田 定治　くろだ・さだはる　師範学科の研究〔教育者, 女子師範学校教授：単級教授法の提唱者〕
	ドイツ	岩佐 新　いわさ・あらた　医学〔医師, 男爵〕
		松本 鵰　まつもと・あきら
	フランス	祖山 鐘三　そやま・かねぞう　商法見習い〔商人〕
	ロシア	杉浦 龍吉　すぎうら・りゅうきち　貿易〔貿易商：日露貿易の先駆者〕
1891	アメリカ	安部 磯雄　あべ・いそお　神学〔キリスト教社会運動家, 教育者, 衆議院議員〕
		井深 花　いぶか・はな　留学〔教育家, 東京女子大学理事〕
		黒沢 貞次郎　くろさわ・ていじろう　ニューヨークの会社に入社〔実業家, 黒沢商店創業者〕
		斎藤 小右衛門　さいとう・こえもん
		長沢 別天　ながさわ・べってん　留学〔評論家, 『山陽新報』主筆〕
		中島 泰蔵　なかじま・たいぞう　留学〔心理学者, 早稲田大学教授〕
		松浦 和平　まつうら・わへい　機械工学〔機械技術者, 東京高等工業学校教授〕
	イギリス	加藤 友三郎　かとう・ともさぶろう　軍艦建造視察〔海軍軍人, 元帥, 子爵：軍縮条約締結で活躍〕
		玉利 親賢　たまり・ちかかた　留学〔海軍軍人, 中将〕
	ドイツ	大内 健　おおうち・たけし　農業経済〔農学者：農学会の創立・組織化に尽力〕
		大迫 尚道　おおさこ・なおみち　ドイツ公使館付武官〔陸軍軍人, 大将〕
		丘 浅次郎　おか・あさじろう　生物学〔動物学者, 東京文理科大学名誉教授〕
		岡野 敬次郎　おかの・けいじろう　商法〔法学者, 政治家, 男爵：商法編纂に尽力〕
		児玉 源太郎　こだま・げんたろう　軍制視察〔陸軍軍人, 大将, 政治家, 伯爵〕
		近藤 次繁　こんどう・つぎしげ　外科学〔医師：外科学の発展に貢献〕
		三好 学　みよし・まなぶ　植物学〔植物学者：天然記念物の保存に尽力〕
		山崎 覚次郎　やまざき・かくじろう　経済学〔経済学者〕
	フランス	楠瀬 熊治　くすのせ・くまじ　火薬学〔海軍軍人, 海軍造兵中将, 海軍造兵中将：火薬の研究・改良に貢献〕

渡航年	渡航地	人名・目的・活動分野
1891頃	ベルギー	鮫島 員規　さめじま・かずのり　軍艦松島回航〔海軍軍人, 大将, 男爵〕 財部 彪　たからべ・たけし　軍事視察〔海軍軍人, 大将, 海相〕 山屋 他人　やまや・たにん　軍事視察〔海軍軍人, 大将, 連合艦隊司令長官〕 青木 宣純　あおき・のりずみ　陸軍軍事研修〔陸軍軍人, 中将：軍人外交官として尽力〕 島川 文八郎　しまかわ・ぶんぱちろう　火薬学〔陸軍軍人, 大将：無煙火薬の発明, 製造〕
	ロシア	福原 信蔵　ふくはら・しんぞう　陸軍軍事研修〔陸軍軍人, 少将〕 金須 嘉之進　きす・よしのしん　聖歌指揮法〔聖歌隊指揮者〕 玉井 喜作　たまい・きさく　移住〔新聞記者：日独貿易の発展に寄与〕
	アメリカ	藤井 較一　ふじい・こういち　軍事視察〔海軍軍人, 大将〕 門野 重九郎　かどの・じゅうくろう　ペンシルバニア鉄道勤務〔実業家（大倉組副頭取）〕
	ジャマイカ	川村 駒次郎　かわむら・こまじろう　曲馬団に参加〔旅芸人〕 百済 与一　くだら・よいち　曲馬団に参加〔旅芸人〕 豊岡 新吉　とよおか・しんきち　興行〔曲馬師〕 長谷川 長次郎　はせがわ・ちょうじろう　興行〔旅芸人〕
1892	アメリカ	浮田 和民　うきた・かずたみ　留学〔政治学者, 社会評論家〕 久留 正道　くる・まさみち　建築工学〔建築家, 文部省会計課建築掛長〕 杉田 金之助　すぎた・きんのすけ　留学〔法律家, 早稲田大学教授〕 塚田 数平　つかだ・かずへい　コック見習い〔レストラン経営者〕 遠山 参良　とおやま・さぶろう　留学〔教育者, 九州学院初代院長〕 吉田 朋吉　よしだ・ともきち　紡績業視察〔機械技術者〕
	イタリア	中島 信行　なかじま・のぶゆき　特命全権公使〔政治家, 男爵：初代衆議院議長〕
	カナダ	佐伯 好郎　さえき・よしろう　留学〔歴史学者〕
	ドイツ	猪子 吉人　いのこ・きちんど　毒物学〔薬物学者：フグ中毒の研究で著名, ドイツで客死〕 入沢 達吉　いりさわ・たつきち　医学〔医学者, 随筆家：日独交流, 日中文化交流にも尽力〕 川瀬 善太郎　かわせ・ぜんたろう　林政学〔林学者：林政学, 森林法律学の基礎を創設〕 波多野 貞之助　はたの・ていのすけ　師範教育〔教育者：師範教育に尽力〕 細木 松之助　ほそき・まつのすけ　陶磁工業の研究〔応用化学者〕 本田 幸介　ほんだ・こうすけ　農学〔農学者：イタリア・ドイツの畜産学を移入〕 松崎 蔵之助　まつざき・くらのすけ　経済学研修〔経済学者：財政・農政学に貢献〕 山極 勝三郎　やまぎわ・かつさぶろう　病理学研究〔病理学者：世界初の発癌実験に成功〕

渡航年	渡航地	人名・目的・活動分野
1893	フランス	山階宮 菊麿　やましなのみや・きくまろ　留学〔皇族, 山階宮第2代〕
		池辺 三山　いけべ・さんざん　留学〔新聞人, 東京朝日新聞主筆：国際ジャーナリズムの先駆〕
		土方 勝一　ひじかた・しょういち　留学〔留学生〕
	ロシア	川上 俊彦　かわかみ・としひこ　ペテルブルグ公使館勤務〔外交官, 実業家：乃木・ステッセル会談の通訳, 日露漁業社長〕
		野元 綱明　のもと・つなあきら　留学〔海軍軍人, 中将〕
	アメリカ	浅野 応輔　あさの・おうすけ　電気通信視察〔電気工学者, 通信省電気試験所初代所長：海底電線敷設を指導〕
		有馬 金次郎　ありま・きんじろう　在米日本人演芸のはしり〔旅芸人：サンフランシスコ演芸会の一員〕
		大河原 太郎　おおかわら・たろう　在米日本人演劇のはしり〔旅芸人〕
		大倉 孫兵衛　おおくら・まごべえ　経済視察〔実業家, 日本陶器設立者：日本最初の洋食器を製作〕
		大脇 俊次　おおわき・しゅんじ
		上代 淑　かじろ・よし　留学〔教育者, 山陽英和女学校校長〕
		木村 駿吉　きむら・しゅんきち　留学〔海軍軍人, 無線工学技術者〕
		彭城 貞徳　さかき・ていとく　シカゴ万国博覧会出品総代〔洋画家〕
		桜井 ちか　さくらい・ちか　教育視察〔教育者, 女子学院創立者〕
		下山 甫六郎　しもやま・すけろくろう　留学〔留学生〕
		釈 宗演　しゃく・そうえん　第1回万国宗教大会〔僧侶, 歌人, 臨済宗円覚寺派第2代管長：初めて欧米に禅を紹介〕
		千葉 勇五郎　ちば・ゆうごろう　神学〔牧師, 神学者〕
		土宜 法竜　とき・ほうりゅう　第1回万国宗教大会〔僧侶, 真言宗高野派管長〕
		新田 長次郎　にった・ちょうじろう　製革業視察〔実業家, 社会事業家, 新田ベニヤ製造所長〕
		野口 米次郎　のぐち・よねじろう　放浪の旅〔詩人：英・米詩壇で活躍〕
		早川 龍介　はやかわ・りゅうすけ　外国事情視察〔政治家, 実業家：外国語教育・殖産興業に尽力〕
		原田 治郎　はらだ・じろう　留学〔文化事業家, 東京国立博物館事務官〕
		平井 希昌　ひらい・きしょう　弁理公使〔外交官：賞勲制度の確立に貢献〕
		牧野 義雄　まきの・よしお　美術学校〔画家：ロンドンで個展開催〕
		町田 忠治　まちだ・ちゅうじ　欧米事情視察〔政治家, 実業家, 衆議院議員〕
		松岡 洋右　まつおか・ようすけ　法律学〔外交官, 政治家, 外相〕
		南 鷹次郎　みなみ・たかじろう　世界博覧会審査官〔農学者, 北海道帝国大学総長〕

年別渡航者名一覧　　　　　　　　　　　　　　　　　1894

渡航年	渡航地	人名・目的・活動分野
	イギリス	村井 真雄　むらい・まさお　煙草業視察〔実業家：村井兄弟商会副社長〕 秋山 真之　あきやま・さねゆき　軍事視察〔海軍軍人，中将〕 各務 鎌吉　かがみ・けんきち　ロンドン支店派遣〔実業家，東京海上火災保険会社社長：保険業界の指導者〕 久保田 与四郎　くぼた・よしろう　法律学〔政治家，衆議院議員〕 佐野 藤次郎　さの・とうじろう　水道技術習得〔土木技術者，神戸市技師長〕 下田 歌子　しもだ・うたこ　女子教育状況の視察〔女子教育家，愛国婦人会会長：実践女子大学を創立，賢母良妻教育の啓蒙〕 水谷 叔彦　みずたに・よしひこ　海軍大学校へ入学〔海軍軍人，海軍少将〕
	ドイツ	上原 伸次郎　うえはら・しんじろう　留学〔海軍軍人，少将〕 宇都宮 鼎　うつのみや・かなえ　財政学，金融学〔海軍軍人，海軍主計総監〕 大瀬 甚太郎　おおせ・じんたろう　教育学〔教育学者：ドイツ教育学の移植〕 落合 豊三郎　おちあい・とよさぶろう　公使館付武官〔陸軍軍人，中将〕 小原 伝　おはら・でん　陸軍軍事研修〔陸軍軍人，中将〕 加藤 定吉　かとう・さだきち　軍事視察〔海軍軍人，大将，男爵〕 工藤 貞次　くどう・ていじ　音楽研究〔作曲家，陸軍戸山学校軍楽隊長〕 神保 小虎　じんぼ・ことら　岩石・鉱物研究〔地質・鉱物学者：地質学の発展に貢献〕 土肥 慶蔵　どひ・けいぞう　外科学〔医学者：皮膚病，性病研究と理学的治療法の確立〕 長岡 半太郎　ながおか・はんたろう　物理学〔物理学者：原子物理学の世界的権威〕 保科 真直　ほしな・まさなお　軍事研修〔軍人〕 松川 敏胤　まつかわ・としたね　陸軍軍事研修〔陸軍軍人，大将：日露戦争で作戦主任〕 山田 久雄　やまだ・ひさお　留学〔留学生〕
	フランス	大島 健　おおしま・けん　陸軍軍事研修〔陸軍軍人〕 川上 音二郎　かわかみ・おとじろう　演劇視察〔俳優，興行師：新派劇の元祖〕 松本 重太郎　まつもと・じゅうたろう　陸軍御用〔実業家：銀行や鉄道事業を創設〕 柳沢 銀蔵　やなぎさわ・ぎんぞう　獣医学〔陸軍軍人，獣医〕
	ヨーロッパ	安東 貞美　あんどう・さだみ　軍事視察〔陸軍軍人，大将〕
	ロシア	郡司 成忠　ぐんじ・しげただ　千島などの開拓〔海軍軍人：北方防備・開拓の先駆者〕
1893頃 1894	アメリカ アメリカ	大原 繁香　おおはら・しげか〔海軍軍人〕 江沢 金五郎　えざわ・きんごろう　経済〔実業家，天賞堂創業者〕 木村 清松　きむら・せいまつ　留学〔牧師，日本基督教団巡回牧師〕

新訂増補 海を越えた日本人名事典　841

渡航年	渡航地	人名・目的・活動分野
1894	イギリス	栗野 慎一郎　くりの・しんいちろう　対等条約締結〔外交官, 子爵：不平等条約改正に活躍〕 五島 清太郎　ごとう・せいたろう　留学〔動物学者, 東京帝国大学名誉教授：日本寄生虫学の創始者；『ダーウィン自伝』の初訳者〕 桜川 季次　さくらがわ・すえじ　邦人相手の興行〔幇間〕 曽我 鎧爾　そが・こうじ　看護付添い〔看護婦：日赤看護婦の自費留学第1号〕 綱島 佳吉　つなじま・かきち　神学〔牧師〕 留岡 幸助　とめおか・こうすけ　感化事業〔社会事業家, 北海道家庭学校創立者〕 星 一　ほし・はじめ　留学〔実業家, 政治家, 星製薬創業者〕 柳屋 瓜生　やなぎや・うりゅう　興行〔落語家〕 井口 在屋　いのくち・ありや　機械工学〔工学者, 東京帝国大学教授：航空界に尽力〕 柴 五郎　しば・ごろう　軍事〔陸軍軍人, 大将〕 野間口 兼雄　のまぐち・かねお　軍事視察〔海軍軍人, 大将〕 林 権助　はやし・ごんすけ　ロンドン領事〔外交官, 男爵〕
	イタリア	大森 房吉　おおもり・ふさきち　地震学〔地震学者：近代地震学の開拓者〕
	オーストラリア	太神楽 丸一　おおかぐら・がんいち　興行〔旅芸人：曲芸〕
	ドイツ	明石 元二郎　あかし・もとじろう　語学研修〔陸軍軍人, 大将, 台湾総督：ロシアでの諜報工作に活躍〕 磯田 良　いそだ・りょう　留学〔西洋史学者, 東京高師教授〕 今泉 嘉一郎　いまいずみ・かいちろう　製鉄学〔官吏, 実業家：八幡製鉄所建設, 日本鋼管創立〕 大沢 岳太郎　おおさわ・がくたろう　解剖学〔解剖学者：比較解剖学の発展に寄与〕 笠原 光興　かさはら・みつおき　医学研修〔医学者〕 柳沢 保恵　やなぎさわ・やすとし　統計学〔統計学者, 伯爵〕 渡辺 芳太郎　わたなべ・よしたろう　採鉱冶金学〔鉱物学者〕
	フランス	神谷 伝蔵　かみや・でんぞう　ワイン製造法〔ワイン製造業者：牛久ワインの醸造に成功〕
	ベルギー	寺尾 亨　てらお・とおる　国際公法〔国際法学者：国際法の第一人者, 辛亥革命政府の法律顧問〕
	ヨーロッパ	井上 光　いのうえ・ひかる　軍事視察〔陸軍軍人, 大将, 男爵〕 大寺 安純　おおでら・やすずみ　軍事視察〔陸軍軍人, 少将〕
1895	アメリカ	朝比奈 知泉　あさひな・ちせん　欧米事情視察〔新聞記者, 東京日日新聞主筆〕 磯貝 雲峰　いそがい・うんぽう　留学〔詩人〕 大河内 輝剛　おおこうち・てるたけ　経済情勢視察〔実業家, 衆議院議員〕 久保田 鼎　くぼた・かなえ　博物館視察〔文部官僚, 東京美術学校校長〕 豊沢 仙八　とよざわ・せんぱち　サンフランシスコで稽古場を開設〔義太夫師〕

渡航年	渡航地	人名・目的・活動分野
1895頃 1896	イギリス オーストリア カナダ ドイツ フランス ロシア アメリカ アメリカ	堀田 連太郎　ほった・れんたろう　鉱業視察〔実業家, 政治家, 衆議院議員〕 中原 淳蔵　なかはら・じゅんぞう　機械工学〔工学者, 九州帝国大学教授〕 北山 一太郎　きたやま・いちたろう　製鋼法〔財界人〕 高木 壬太郎　たかぎ・みずたろう　神学〔神学者, 教育者, 青山学院神学部院長〕 朝倉 文三　あさくら・ぶんぞう　医学〔医者：日本泌尿器病学会を創立〕 井上 仁郎　いのうえ・にろう　軍事鉄道研究〔陸軍軍人, 中将〕 大庭 二郎　おおば・じろう　留学〔陸軍軍人, 大将〕 河喜多 能達　かわきた・みちただ　応用化学〔応用化学者：応用化学発達の先駆者〕 古在 由直　こざい・よしなお　農芸化学〔農芸化学者, 東京帝国大学総長：足尾鉱毒事件で土壌分析実施〕 柴田 才一郎　しばた・さいいちろう　機織工科の研究〔機織技師〕 菅 之芳　すが・ゆきよし　内科学〔内科医〕 橋本 左五郎　はしもと・さごろう　牧畜・畜産製造学〔畜産学者：練乳製造の指導者〕 羽室 庸之助　はむろ・ようのすけ　製鉄技術〔製鉄技術者, 政治家, 衆議院議員〕 林 曄　はやし・はじめ　医学〔整形外科学者：日本整形外科学会設立の発起人〕 蠣崎 富三郎　かきざき・とみさぶろう　留学〔陸軍軍人, 中将〕 内山 小二郎　うちやま・こじろう　留学〔陸軍軍人, 大将, 男爵〕 島崎 よね　しまざき・よね　稽古場開設〔清元師匠〕 朝河 貫一　あさかわ・かんいち　英文学〔歴史家：エール大学名誉教授〕 朝比奈 藤太郎　あさひな・とうたろう　歯科医学〔歯科医師, 大阪歯科医学専門学校校長〕 石井 亮一　いしい・りょういち　障害児教育〔社会事業家：障害児教育の先駆者〕 岩崎 彦松　いわさき・ひこまつ　鉄道視察〔鉄道技術者, 鉄道院理事〕 大内 暢三　おおうち・ちょうぞう　留学〔政治家, 東亜同文書院院長, 衆議院議員〕 北村 福松　きたむら・ふくまつ　欧米各地を巡業〔旅芸人：北村組の座主〕 塩沢 昌貞　しおざわ・まささだ　経済学〔経済学者, 早稲田大学総長〕 清水 鉄吉　しみず・てつきち　留学〔工学者〕 鈴木 藤三郎　すずき・とうざぶろう　製糖事情視察〔実業家, 政治家, 日本精製糖社長〕 鈴木 馬左也　すずき・まさや　欧米事情視察〔実業家, 住友総本店第3代総理事〕 頭本 元貞　ずもと・もとさだ　新聞経営視察〔新聞経営者〕

1896　年別渡航者名一覧

渡航年	渡航地	人名・目的・活動分野
	イギリス	恒藤 規隆　つねとう・のりたか　農学事情視察〔農学者：日本初の農学博士〕 中田 重治　なかだ・じゅうじ　留学〔キリスト教伝道者, 日本ホーリネス教会創立者〕 松本 亦太郎　まつもと・またたろう　留学〔心理学者, 東京帝国大学名誉教授〕 山田 わか　やまだ・わか　経済的自立のため〔評論家：女性解放思想の啓蒙〕 横河 民輔　よこがわ・たみすけ　建築学〔建築家, 実業家, 横河電機製作所創業者〕 吉井 助一　よしい・すけかず　サンフランシスコで道場開設〔柔道指南〕 朝吹 常吉　あさぶき・つねきち　留学〔実業家, 帝国生命保険社長〕 大久保 藤吉　おおくぼ・とうきち　鋳造術〔文部省留学生〕 桑田 熊蔵　くわた・くまぞう　社会問題研究〔経済学者, 社会政策学者：労働組合の必要を提唱, 友愛会結成に協力〕 早川 千吉郎　はやかわ・せんきちろう　公債募集〔銀行家, 三井銀行筆頭常務〕 深井 英五　ふかい・えいご　徳富蘇峰に随行〔銀行家, 日本銀行総裁, 貴族院議員〕 福田 馬之助　ふくだ・うまのすけ　造船監督官〔海軍軍人, 造船中将, 浅野造船会社副社長〕 山川 義太郎　やまかわ・ぎたろう　電気工学〔工学者, 東京帝国大学教授：家庭電気の普及に尽力〕 山本 達雄　やまもと・たつお　償金処理, 金融事情視察〔政治家, 実業家, 男爵：財界人の政界進出の先駆者〕
	イタリア	中山 秀三郎　なかやま・ひでさぶろう　土木建築〔工学者, 東京帝国大学教授〕
	オーストリア	クーデンホーフ 光子　くーでんほーふ・みつこ　夫の帰国に同行〔伯爵夫人：明治版シンデレラ物語のヒロイン, パン・ヨーロッパの母〕
	ドイツ	天谷 千松　あまや・せんまつ　生理学〔医学者〕 伊藤 隼三　いとう・じゅんぞう　医学〔医師, 京都帝国大学教授：外科学界に寄与〕 井上 密　いのうえ・みつ　憲法学, 行政学, 国法学〔法律学者：京都市長〕 上野 金太郎　うえの・きんたろう　ビール製造〔実業家, 薬学者：大日本ビールの経営に参加〕 大谷 周庵　おおたに・しゅうあん　内科学〔医学者：コッホ氏コレラ菌・脳病の研究〕 大塚 保治　おおつか・やすじ　美学・芸術史〔美学者：ドイツ美学の移入, 文展の創設を提言〕 岡田 和一郎　おかだ・わいちろう　耳鼻咽喉学〔医学者：耳鼻咽喉学講座を開設〕 岡松 参太郎　おかまつ・さんたろう　民法, 国際私法〔法学者：ドイツ流解釈法学を導入〕

渡航年	渡航地	人名・目的・活動分野
		岡村 龍彦　おかむら・たつひこ　皮膚病, 尿道生殖器病学〔医学者〕
		小山 吉郎　こやま・きちろう　造船学〔海軍軍人, 造船少将〕
		斎田 功太郎　さいだ・こうたろう　植物学, 博物学教授法〔植物学者：理科教育の発展に貢献〕
		鈴木 文太郎　すずき・ぶんたろう　解剖学〔解剖学者：京都帝国大学解剖学の創設者〕
		高根 義人　たかね・よしと　商法〔商法学者, 弁護士, 京都帝国大学教授：イギリス学派の学者〕
		朝永 正三　ともなが・しょうぞう　留学〔鉄道技師〕
		芳賀 栄次郎　はが・えいじろう　外科学〔陸軍軍医：初めてレントゲン装置を移入〕
		堺和 為昌　はが・ためまさ　化学〔研究者, 東京帝国大学教授〕
		百武 三郎　ひゃくたけ・さぶろう　軍政学〔海軍軍人, 大将, 侍従長, 枢密顧問官〕
		広田 精一　ひろた・せいいち　電気技術〔電機技術者, オーム社創業者〕
		藤浪 鑑　ふじなみ・あきら　病理学, 病理解剖学〔病理学者, 帝国学士院会員：風土病の第一人者〕
		松山 陽太郎　まつやま・ようたろう　留学〔医学者〕
		森島 庫太　もりしま・くらた　薬物学〔薬物学者：近代薬物学確立の功労者〕
		山田 鉄蔵　やまだ・てつぞう　医学〔内科医：脳病院を開設〕
	ハンガリー	田 健治郎　でん・けんじろう　万国電信会議〔逓信官僚, 政治家, 男爵〕
	フランス	織田 万　おだ・よろず　行政法, 国際法〔法学者：国際司法裁判所の第一期裁判官〕
		曽我 祐邦　そが・すけくに　陸軍軍事研修〔陸軍軍人, 子爵〕
		松岡 松郎　まつおか・まつろう　軍事研修〔陸軍軍人〕
	ヨーロッパ	徳富 蘇峰　とくとみ・そほう　トルストイ訪問〔ジャーナリスト, 評論家〕
	ロシア	上田 仙太郎　うえだ・せんたろう　留学〔外交官：レーニンの学友〕
		渡辺 哲信　わたなべ・てっしん　留学〔僧侶, 探検家〕
1896頃	イギリス	高橋 秀松　たかはし・ひでまつ　留学〔薬学者：日本醋酸製造会社の創立〕
1897	イギリス	井上 準之助　いのうえ・じゅんのすけ　銀行業務研修〔政治家, 財界人, 日本銀行総裁, 大蔵大臣, 貴族院議員：金解禁とデフレ政策を実行〕
		安井 てつ　やすい・てつ　教育学, 心理学〔女子教育者：東京女子大学学長〕
	ドイツ	岡田 朝太郎　おかだ・あさたろう　刑法〔刑法学者, 古川柳研究家〕
	ロシア	広瀬 武夫　ひろせ・たけお　留学, 後に駐在将校〔海軍軍人：旅順港閉塞作戦中に戦死〕
1899	アメリカ	川上 貞奴　かわかみ・さだやっこ　巡業公演〔女優：国際女優第1号〕

年別渡航者名一覧

渡航年	渡航地	人名・目的・活動分野
1899		北村 美那　きたむら・みな　語学研修〔英語教員：北村透谷の妻〕
	ドイツ	安藤 幸　あんどう・こう　ヴァイオリン奏法〔音楽家：わが国ヴァイオリン界の先駆者〕
	フランス	浅井 忠　あさい・ちゅう　洋画〔洋画家：関西美術界の中心人物〕
		和田 英作　わだ・えいさく　洋画〔洋画家：新聞の洋風挿絵の元祖〕
1900	イギリス	夏目 漱石　なつめ・そうせき　英文学, 高等学校教師留学の第1号〔小説家, 英文学者〕
1901	アメリカ	佐々城 信子　ささき・のぶこ　結婚のため〔有島武郎『或る女』のモデル〕
		松旭斉 天一　しょうきょくさい・てんいち　興行〔奇術師〕
		鳩山 春子　はとやま・はるこ　欧米旅行〔女子教育者：共立女子学園を創立〕
	ドイツ	島崎 赤太郎　しまざき・あかたろう　オルガン・作曲の研究〔音楽教育者, オルガン奏者〕
		滝 廉太郎　たき・れんたろう　作曲法, ピアノ演奏法〔作曲家, ピアノ奏者：「荒城の月」など日本の芸術歌曲を創始〕
	ロシア	八杉 貞利　やすぎ・さだとし　語学研修〔ロシア語学者〕
1902	アメリカ	松本 英子　まつもと・えいこ　遊学〔ジャーナリスト：アメリカで日本の紹介に活躍〕
	イギリス	大江 スミ　おおえ・すみ　家政学〔家政学者：東京家政学院を創設, 三ほう主義の主唱者〕
		島村 抱月　しまむら・ほうげつ　英文学, 心理学, 観劇〔評論家, 劇作家：新劇運動の指導者〕
1903	アメリカ	有島 武郎　ありしま・たけお　西洋史, 労働問題〔作家, 評論家〕
		久布白 落実　くぶしろ・おちみ　キリスト教伝道〔牧師, 婦人運動家：廃娼・婦人参政権運動に尽力〕
		永井 荷風　ながい・かふう　哲学, フランス語〔小説家, 随筆家〕
		御木本 幸吉　みきもと・こうきち　シカゴ博覧会参加〔実業家：真珠養殖の創始者〕
1905	アメリカ	林 歌子　はやし・うたこ　矯風事業視察〔社会事業家：矯風会の指導者〕
	イタリア	有島 生馬　ありしま・いくま　洋画〔洋画家, 小説家：セザンヌの紹介者〕
	フランス	藤島 武二　ふじしま・たけじ　絵画研究〔洋画家〕
1906	アメリカ	矢島 楫子　やじま・かじこ　矯風会世界大会参加〔女子教育者, 婦人運動家, 女子学院院長：廃娼・婦人参政権運動に尽力〕
	フランス	神戸 絢　かんべ・あや　ピアノの修業〔ピアニスト：フランス風の演奏法を紹介〕
	ロシア	徳冨 蘆花　とくとみ・ろか　トルストイ訪問〔小説家〕
1908	ロシア	二葉亭 四迷　ふたばてい・しめい　朝日新聞特派員〔小説家, 翻訳家：ツルゲーネフの作品を紹介〕
1909	ロシア	大井 秀　おおい・ひでこ　美術研究〔茶道家元：山手教会内の聖像画を制作〕
		瀬沼 夏葉　せぬま・かよう　文学語学研究〔翻訳家：ロシア文学紹介の先駆者〕

渡航年	渡航地	人名・目的・活動分野
1912	フランス	与謝野 晶子　よさの・あきこ　ヨーロッパ旅行〔歌人, 詩人, 評論家〕
不明	アメリカ	近藤 幸正　こんどう・ゆきまさ　留学〔亀山藩留学生〕
		瀬合 小次郎　せごう・こじろう　〔留学生〕
		千田 嘉吉　せんだ・かきち　医学〔留学生〕
		田村 政治郎　たむら・せいじろう　逃亡〔文筆業〕
		丹野 貞郎　たんの・さだろう　国情調査
		手賀 儀三郎　てが・ぎさぶろう　〔留学生〕
		長瀬 鳳輔　ながせ・ほうすけ　〔教育家, 外交問題研究家, 国士館中学校校長〕
		西島 勇　にしじま・いさむ　〔風呂屋, 床屋〕
		増井 清次郎　ますい・せいじろう　旅芸人〔画家〕
		柳井 謙太郎　やない・けんたろう　〔外交官, サンフランシスコ領事〕
		吉田 繁蔵　よしだ・しげぞう　〔移民〕
	イギリス	大国屋 禎二郎　だいこくや・ていじろう　商用
	ドイツ	岩佐 巌　いわさ・いわお　〔鉱山学者, 東京大学理学部教授〕
		尾沢 主一　おざわ・かずいち　医学〔医学者〕
		武谷 椋山　たけたに・りょうざん　〔留学生〕
	フランス	池尻 富興　いけじり・とみおき　留学〔留学生〕
		伊集院 兼備　いじゅういん・かねとも　留学〔留学生：フランスで客死〕
		萩原 正倫　はぎわら・まさとも　貿易〔貿易商：パリで客死〕
		細谷 安太郎　ほそや・やすたろう　造船〔技術者, 実業家〕

国別渡航者名一覧

渡航地	渡航年	人名・目的・活動分野
アメリカ	1806	市子 貞五郎　いちこ・さだごろう　漂流〔稲若丸乗組員〕
		新名屋 吟蔵　しんなや・ぎんぞう　漂流〔稲若丸乗組員〕
		惣次郎　そうじろう　漂流〔稲若丸乗組員〕
		文右衛門　ぶんえもん　漂流〔稲若丸乗組員〕
		松次郎　まつじろう　漂流〔稲若丸乗組員〕
		嘉三郎　よしさぶろう　漂流〔稲若丸乗組員〕
		善松　よしまつ　漂流〔稲若丸乗組員〕
		和左蔵　わさぞう　漂流〔稲若丸乗組員〕
	1832	岩吉　いわきち　漂流〔宝順丸乗組員：イギリス貿易監督庁の通訳〕
		音吉　おときち　漂流〔宝順丸乗組員〕
		次郎右衛門　じろえもん　漂流〔船乗り〕
		伝吉　でんきち　漂流〔船乗り〕
	1838	金蔵　きんぞう　漂流〔長者丸乗組員〕
		太三郎　たさぶろう　漂流〔長者丸乗組員〕
		吉岡屋 平四郎　よしおかや・へいしろう　漂流〔長者丸乗組員：ハワイで病死〕
		六兵衛　ろくべえ　漂流〔長者丸乗組員〕
	1839	次郎吉　じろきち　漂流〔長者丸乗組員：漂流体験の口述〕
	1841	五右衛門　ごえもん　漂流〔漁民〕
		重助　じゅうすけ　漂流〔漁民〕
		ジョン万次郎　じょんまんじろう　漂流〔漁民, 語学者：外交文書の翻訳, 捕鯨業・航海術の指導〕
		伝蔵　でんぞう　漂流〔船乗り〕
		寅右衛門　とらえもん　漂流〔漁民：ホノルルに永住〕
	1842	亥之助　いのすけ　漂流〔永住丸乗組員〕
		七太郎　しちたろう　漂流〔永住丸乗組員〕
		善助　ぜんすけ　漂流〔永住丸乗組員〕
		惣助　そうすけ　漂流〔永住丸乗組員〕
		太吉　たきち　漂流〔永住丸乗組員〕
		初太郎　はつたろう　漂流〔永住丸乗組員〕
		万蔵　まんぞう　漂流〔永住丸乗組員〕
		弥市　やいち　漂流〔永住丸乗組員〕
	1850	市蔵　いちぞう　漂流〔天寿丸乗組員〕
		九助　きゅうすけ　漂流〔天寿丸乗組員〕
		治作　じさく　漂流〔栄力丸乗組員〕
		半蔵　はんぞう　漂流〔天寿丸乗組員：送還の途中に病死〕
		与吉　よきち　漂流〔天寿丸乗組員〕
	1851	アメリカ彦蔵　あめりかひこぞう　漂流〔外交通詞, 貿易商：アメリカに帰化, 日米外交で通訳として活躍〕
		岩吉　いわきち　漂流〔栄力丸乗組員：イギリス公使館通訳〕
		清太郎　せいたろう　漂流〔栄力丸乗組員〕

国別渡航者名一覧　　アメリカ

渡航地	渡航年	人名・目的・活動分野
	1852	仙太郎　せんたろう　漂流〔栄力丸乗組員：アメリカ船の水兵として勤務〕
		岩吉　いわきち　漂流〔永久丸乗組員：無事に日本に送還〕
		作蔵　さくぞう　漂流〔永久丸乗組員〕
		善吉　ぜんきち　漂流〔永久丸乗組員〕
		勇次郎　ゆうじろう　漂流〔永久丸乗組員：『漂民聞書』関係者〕
		勇之助　ゆうのすけ　漂流〔八幡丸乗組員〕
	1859	小染　こそめ　漂流〔芸妓〕
	1860	佐野 鼎　さの・かなえ　遣米使節に随行〔加賀藩士〕
		赤松 大三郎　あかまつ・だいざぶろう　咸臨丸に搭乗〔海軍軍人, 中将, 男爵：造船学の先駆者〕
		綾部 新五郎　あやべ・しんごろう　遣米使節に随行〔蓮池藩士〕
		新井 貢　あらい・みつぐ　遣米使節に随行〔給人〕
		荒木 数右衛門　あらき・かずえもん　遣米使節に随行〔熊本藩士〕
		飯野 文蔵　いいの・ぶんぞう　遣米使節に随行
		庵原 熊蔵　いおはら・くまぞう　遣米使節に随行
		石川 鑑吉　いしかわ・かんきち　遣米使節に随行〔従者〕
		伊藤 久三郎　いとう・きゅうざぶろう　遣米使節に随行〔従者〕
		大橋 金蔵　おおはし・きんぞう　遣米使節に随行〔従者〕
		大橋 玄之助　おおはし・げんのすけ　遣米使節に随行〔従者〕
		岡田 井蔵　おかだ・せいぞう　咸臨丸の教授方手伝〔教授方手伝〕
		小栗 忠順　おぐり・ただまさ　目付として遣米使節に随行〔旗本：フランス式軍制を移入〕
		刑部 鉄太郎　おさかべ・てつたろう　遣米使節に随行〔幕臣, 幕府徒目付〕
		小野 友五郎　おの・ともごろう　咸臨丸船海掛〔数学者, 実業家：最初の自作・蒸気船を建造〕
		片山 友吉　かたやま・ともきち　遣米使節に随行
		勝 海舟　かつ・かいしゅう　日米修好通商条約〔政治家：咸臨丸艦長として初の太平洋横断に成功〕
		加藤 素毛　かとう・そもう　遣米使節に随行〔俳人〕
		狩野 庄蔵　かのう・しょうぞう　遣米使節に随行〔盛岡藩士〕
		川崎 道民　かわさき・どうみん　遣米使節に同行〔佐賀藩医師〕
		岸 珍平　きし・ちんぺい　遣米使節に随行〔従者〕
		木村 浅蔵　きむら・あさぞう　遣米使節に随行〔従者〕
		木村 芥舟　きむら・かいしゅう　咸臨丸提督〔幕臣：『奉使米利堅紀行』を著述〕
		木村 宋俊　きむら・そうしゅん　咸臨丸の医師〔医師, 木村摂津守提督付医師〕
		木村 鉄太　きむら・てつた　遣米使節に随行〔熊本藩士, 小栗上野介従者〕
		木村 伝之助　きむら・でんのすけ　遣米使節に随行〔従者〕
		栗島 彦八郎　くりしま・ひこはちろう　遣米使節に随行〔幕臣, 小人目付〕
		小池 専次郎　こいけ・せんじろう　遣米使節に随行〔佐賀藩士〕

アメリカ　　　　　　　　　　国別渡航者名一覧

渡航地	渡航年	人名・目的・活動分野
		小杉 雅之進　こすぎ・まさのしん　咸臨丸の教授方手伝〔船舶技術者〕
小永井 五八郎　こながい・ごはちろう　咸臨丸の操練所勤番公用方下役〔操練所勤番公用方下役〕
五味 安郎右衛門　ごみ・やすろうえもん　遣米使節に随行〔従者〕
斎藤 吾一郎　さいとう・ごいちろう　遣米使節に随行〔従者〕
坂本 泰吉郎　さかもと・たいきちろう　遣米使節に随行〔従者〕
佐々倉 桐太郎　ささくら・きりたろう　咸臨丸の運用方〔海軍軍人〕
佐藤 栄蔵　さとう・えいぞう　遣米使節に随行〔従者〕
佐藤 藤七　さとう・とうしち　遣米使節に随行〔村名主, 上野国権田村名主〕
佐山 八郎　さやま・はちろう　遣米使節に随行〔従者〕
塩沢 彦次郎　しおざわ・ひこじろう　遣米使節に随行〔幕臣, 幕府小人目付〕
島内 栄之助　しまうち・えいのすけ　遣米使節に随行〔佐賀藩士〕
島東 佐八　しまとう・さはち　遣米使節に随行〔佐賀藩士〕
新見 正興　しんみ・まさおき　日米修好通商条約批准〔幕臣, 外国奉行:最初の遣米使節正使〕
鈴木 岩次郎　すずき・いわじろう　遣米使節に随行〔従者〕
鈴藤 勇次郎　すずふじ・ゆうじろう　咸臨丸の運用方〔幕臣：咸臨丸運航図の作者〕
高橋 森之助　たかはし・もりのすけ　遣米使節に随行〔従者〕
立石 斧次郎　たていし・おのじろう　遣米使節の通訳見習〔オランダ通詞, 英語通詞：英語教育, ハワイ移民に尽力〕
立石 得十郎　たていし・とくじゅうろう　遣米使節の通訳〔通詞〕
田中 秀安　たなか・ひでやす　咸臨丸の医師〔医師〕
谷 文一郎　たに・ぶんいちろう　遣米使節に随行〔従者〕
谷村 左右助　たにむら・そうすけ　遣米使節に随行〔館林藩士〕
玉虫 左太夫　たまむし・さだゆう　遣米使節に随行〔仙台藩士：『航米日録』を著述〕
塚原 昌義　つかはら・まさよし　日米通商条約批准交換〔幕府外国奉行〕
辻 信明　つじ・のぶあき　遣米使節に随行〔幕臣〕
鉄五郎　てつごろう　遣米使節に随行〔船乗り〕
長尾 幸作　ながお・こうさく　咸臨丸に搭乗〔医学者, 英学者〕
中村 新九郎　なかむら・しんくろう　遣米使節に随行〔従者〕
中村 清太郎　なかむら・せいたろう　咸臨丸の医師〔医師〕
名村 元度　なむら・もとのり　遣米使節の通訳〔通詞〕
成瀬 正典　なるせ・まさのり　遣米使節に随行〔幕臣, 外国奉行支配組頭〕
西村 金五郎　にしむら・きんごろう　遣米使節に随行〔従者〕
根津 欽次郎　ねづ・きんじろう　咸臨丸の教授方手伝〔教授方手伝〕
野々村 市之進　ののむら・いちのしん　遣米使節に随行〔従者〕
浜口 与右衛門　はまぐち・よえもん　咸臨丸の運用方〔運用方〕
伴 鉄太郎　ばん・てつたろう　咸臨丸の測量方〔海軍軍人, 中佐〕

国別渡航者名一覧　　　　　　　　　　アメリカ

渡航地	渡航年	人名・目的・活動分野
		半次郎　はんじろう　遣米使節に随行〔下男〕
日田 仙蔵　ひだ・せんぞう　遣米使節に随行
肥田 浜五郎　ひだ・はまごろう　咸臨丸の機関士〔造船技師〕
日高 圭三郎　ひだか・けいざぶろう　遣米使節に同行〔幕臣〕
秀島 藤之助　ひでしま・ふじのすけ　咸臨丸の皷手〔皷手〕
平野 信蔵　ひらの・しんぞう　遣米使節に随行〔従者〕
広瀬 格蔵　ひろせ・かくぞう　遣米使節に随行〔従者〕
福沢 諭吉　ふくざわ・ゆきち　遣米使節に同行〔啓蒙思想家, 教育家, ジャーナリスト：慶応義塾創立者〕
福島 恵三郎　ふくしま・けいざぶろう　遣米使節に随行〔従者〕
福村 磯吉　ふくむら・いそきち　遣米使節に随行〔三河吉田藩士〕
北条 源蔵　ほうじょう・げんぞう　遣米使節に随行〔砲術家, 長州藩の海軍兵学校開設委員〕
堀内 周吾　ほりうち・しゅうご　遣米使節に随行〔従者〕
牧山 修　まきやま・おさむ　咸臨丸の医師〔医師〕
益頭 駿次郎　ましず・しゅんじろう　遣米使節に随行〔幕臣, 幕府勘定組頭普請役〕
松岡 盤吉　まつおか・いわきち　咸臨丸の測量方〔測量方〕
松本 三之丞　まつもと・さんのじょう　遣米使節に随行〔幕臣, 外国奉行支配定役〕
松山 吉次郎　まつやま・よしじろう　遣米使節に随行〔従者〕
三浦 東造　みうら・とうぞう　遣米使節に随行〔従者〕
三崎 司　みさき・つかさ　遣米使節に随行〔従者〕
三村 広次郎　みむら・こうじろう　遣米使節に随行〔従者〕
宮崎 立元　みやざき・りゅうげん　遣米使節に随行〔医師〕
三好 権三　みよし・ごんぞう　遣米使節に随行〔従者〕
村垣 範正　むらがき・のりまさ　日米修好通商条約批准〔遣米使節副使〕
村山 淳　むらやま・じゅん　遣米使節に随行〔医師〕
森田 清行　もりた・きよゆき　遣米使節に随行〔幕臣, 勘定組頭〕
安田 善一郎　やすだ・ぜんいちろう　遣米使節に随行〔従者〕
柳川 兼三郎　やながわ・けんざぶろう　遣米使節に随行〔従者〕
山田 馬次郎　やまだ・うまじろう　遣米使節に随行〔土佐藩士〕
山本 喜三郎　やまもと・きさぶろう　遣米使節に随行〔商人〕
山本 金次郎　やまもと・きんじろう　咸臨丸の蒸汽方〔蒸汽方〕
吉岡 勇平　よしおか・ゆうへい　咸臨丸の操練所勤番公用方〔操練所勤番公用方〕
吉川 金次郎　よしかわ・きんじろう　遣米使節に随行〔従者〕
吉田 佐五右衛門　よしだ・さごえもん　遣米使節に随行〔幕臣, 外国奉行支配定役〕
吉田 好三　よしだ・よしぞう　遣米使節に随行〔従者〕
	1862	栄助　えいすけ　漂流〔イオ丸乗組員〕
権次郎　ごんじろう　漂流〔イオ丸乗組員〕
清五郎　せいごろう　漂流〔イオ丸乗組員〕
仙次郎　せんじろう　漂流〔イオ丸乗組員〕
彦吉　ひこきち　漂流〔イオ丸乗組員〕
	1865	江夏 蘇助　えなつ・そすけ　留学〔薩摩藩留学生〕

アメリカ　　　　　　　　国別渡航者名一覧

渡航地	渡航年	人名・目的・活動分野
		木藤 市助　きとう・いちすけ　留学〔薩摩藩士〕
		児玉 章吉　こだま・しょうきち　留学〔佐土原県留学生〕
		田中 鶴吉　たなか・つるきち　製塩法〔製塩事業家〕
		新島 襄　にいじま・じょう　自然科学〔キリスト教主義教育家：同志社創立者〕
	1865頃	筧 庄三郎　かけい・しょうざぶろう　ニュー・ブランズウィックへ留学〔留学生〕
	1866	江夏 仲左衛門　こうか・ちゅうざえもん　留学〔薩摩藩士〕
		隅田川 浪五郎　すみだがわ・なみごろう　パリ万国博覧会で興行〔手品師：日本人初の海外旅行〕
		隅田川 松五郎　すみだがわ・まつごろう　パリ万国博覧会で興行〔旅芸人：竹竿芸の名人〕
		高野 広八　たかの・ひろはち　欧米各国で興行〔興行師、帝国日本芸人一座後見役〕
		種子島 敬輔　たねがしま・けいすけ　留学〔鹿児島藩留学生〕
		横井 左平太　よこい・さへいた　ラトガース大学最初の留学生、航海学〔官吏、元老院書記官〕
		横井 大平　よこい・たいへい　最初の官費留学生、航海学〔海軍軍人〕
		吉原 重俊　よしはら・しげとし　留学〔銀行家、外交官、日本銀行総裁、旧鹿児島藩士：仮名文字教育に尽力〕
	1866頃	大条 幸五郎　おおえだ・こうごろう　留学〔留学生〕
		太枝 清介　おおえだ・せいすけ〔仙台藩士〕
		谷川 猛　たにがわ・たけし　留学〔留学生〕
		田村 初太郎　たむら・はつたろう　留学〔英学者〕
		堤 勉　つつみ・つとむ　医学
		丸岡 竹之丞　まるおか・たけのじょう
	1867	青木 善平　あおき・ぜんぺい　留学〔筑前藩留学生〕
		伊勢吉　いせきち　メトロポリタン劇場で興行〔旅芸人：大竜一座の大力〕
		一条 十次郎　いちじょう・じゅうじろう　移住
		井上 良一　いのうえ・りょういち　法学、心理学〔法律学者、東京大学法学部教授〕
		勝 小鹿　かつ・ころく　海軍軍事研修〔海軍軍人〕
		蟹吉　かにきち　メトロポリタン劇場で興行〔旅芸人：大竜一座のブランコ乗り〕
		川路 丸吉　かわじ・まるきち　メトロポリタン劇場で興行〔旅芸人：大竜一座の竿上り師〕
		菊松　きくまつ　メトロポリタン劇場で興行〔旅芸人：大竜一座の綱渡り師〕
		金蔵　きんぞう　メトロポリタン劇場で興行〔旅芸人：大竜一座の手品師〕
		日下部 太郎　くさかべ・たろう　数学〔福井藩留学生：学業半ばで客死〕
		小三郎　こさぶろう　興行〔大竜一座の軽業師〕
		木庭 栄治郎　こば・えいじろう　勝小鹿に同行〔仙台藩留学生〕

国別渡航者名一覧　アメリカ

渡航地	渡航年	人名・目的・活動分野
		佐々木 長淳　ささき・ながのぶ　軍器の譲渡〔官吏：養蚕業の発展に貢献〕
		佐藤 百太郎　さとう・ももたろう　留学〔実業家：日本人初のニューヨーク出店〕
		鈴木 知雄　すずき・ともお　留学〔教育者，第一高等学校教授，日本銀行出納局長：共立学校の創立者〕
		善十郎　ぜんじゅうろう　サンフランシスコで初興行〔軽業師：剣の梯子渡りの芸人〕
		高木 三郎　たかぎ・さぶろう　勝小鹿に同行〔外交官，実業家：生糸輸出に尽力〕
		高橋 是清　たかはし・これきよ　留学〔財政家，政治家，子爵〕
		柘植 善吾　つげ・ぜんご　留学〔教育家：久留米洋学校を開設〕
		津田 仙　つだ・せん　農法研究〔農学者：近代農法の移入，キリスト教界三傑の1人〕
		轟之助　とどろきのすけ　興行〔軽業師：アメリカ興行第一号〕
		富田 鉄之助　とみた・てつのすけ　経済学〔外交官，実業家，日本銀行総裁，貴族院議員：富士紡績，横浜火災保険を創立〕
		虎吉　とらきち　興行〔大竜一座の軽業師〕
		仁礼 景範　にれ・かげのり　留学〔海軍軍人，中将，子爵：海軍の三元勲の1人〕
		早竹 虎吉　はやたけ・とらきち　早竹一座を率いて巡業〔旅芸人（軽業師）：座長〕
		平賀 義質　ひらが・よしただ　外国事情視察〔裁判官〕
		船越 慶次　ふなこし・よしつぐ　工学〔越前藩留学生〕
		政吉　まさきち　メトロポリタン劇場で興行〔旅芸人：大竜一座の独楽回し〕
		松　まつ　メトロポリタン劇場で興行〔旅芸人：大竜一座の踊り手〕
		武藤 藤次　むとう・とうじ　興行〔早竹一座の独楽まわし〕
		柳本 直太郎　やなぎもと・なおたろう　留学〔名古屋市長〕
	1868	畔合 太三郎　くろあい・たさぶろう　留学〔藩留学生〕
		白峯 駿馬　しらみね・しゅんめ　造船学〔造船家：洋式造船の先駆者〕
		鈴木 貫一　すずき・かんいち　留学〔留学生〕
		山田 正之助　やまだ・しょうのすけ　法律学，軍学〔貿易商，日本貿易協会会長：貿易業界の発展に尽力〕
	1868頃	財満 百合之助　ざいまん・ゆりのすけ　留学〔藩費留学生〕
	1869	上野 景範　うえの・かげのり　ハワイ移民・待遇問題談判〔外交官〕
		大藤 松五郎　おおふじ・まつごろう　ワイン醸造〔ワイン製造技師：山梨ワイン醸造のパイオニア〕
		大村 純雄　おおむら・すみお　留学〔伯爵〕
		けい　移民〔女性移民第1号〕
		児玉 淳一郎　こだま・じゅんいちろう　政治学〔政治家，貴族院議員〕
		島津 忠亮　しまづ・ただあきら　留学〔政治家，伯爵〕
		菅野 覚兵衛　すがの・かくべえ　留学〔海軍軍人，海軍少佐〕

新訂増補 海を越えた日本人名事典　853

アメリカ　　　　　　　　　　国別渡航者名一覧

渡航地	渡航年	人名・目的・活動分野
	1870	津川 良蔵　つがわ・りょうぞう　留学〔牧師〕 津田 静一　つだ・せいいち　留学〔植民政策家：県民の南米移住や台湾開発を推進〕 橋口 宗儀　はしぐち・むねよし　留学〔佐土原藩留学生〕 平山 太郎　ひらやま・たろう　藩主の子島津政之進らに随行〔文部省官吏：東京図書館長〕 深津 保太郎　ふかつ・やすたろう　語学研修〔静岡藩留学生〕 本間 英一郎　ほんま・えいいちろう　土木学〔官吏, 技師：東武鉄道などの技師長〕 柳沢 佐吉　やなぎさわ・さきち　移民〔開拓民：サンフランシスコで洋食屋開店〕 山本 重輔　やまもと・しげすけ　工学, 鉄道建設研究〔日本鉄道会社技師長〕 飯塚 十松　いいづか・じゅうまつ　語学〔浜松藩士族〕 五十川 基　いかがわ・もとい　政治学〔医学者〕 石沢 源四郎　いしざわ・げんしろう　岩倉使節団の通訳〔実業家〕 石橋 宗九郎　いしばし・そうくろう　留学〔留学生〕 岩倉 具定　いわくら・ともさだ　留学〔政治家, 公爵〕 岩倉 具経　いわくら・ともつね　海軍軍事研修〔官吏, 男爵〕 上杉 勝賢　うえすぎ・かつかた　留学〔留学生, 子爵〕 大儀見 元一郎　おおぎみ・もといちろう　語学, 神学〔牧師〕 大沢 良雄　おおさわ・よしお　理科〔留学生〕 大塚 綏次郎　おおつか・くめじろう　理科〔留学生〕 大原 金之助　おおはら・きんのすけ　留学〔留学生〕 大原 令之助　おおはら・れいのすけ　ニューヘブンに滞在 大村 松二郎　おおむら・まつじろう　海軍軍事研修〔海軍軍人, 子爵〕 小川 鉎吉　おがわ・ぜんきち　理科〔実業家：明治製糖会社の創立者〕 小野寺 正敬　おのでら・まさのり　視察〔実業家：本邦製紙界の恩人〕 折田 権蔵　おりた・ごんぞう　岩倉具視の子弟に同行〔教育者, 第三高等学校校長〕 折田 彦市　おりた・ひこいち　留学〔教育家, 第三高等学校初代校長〕 香月 経五郎　かつき・けいごろう　経済学〔佐賀藩士：佐賀の乱で処刑〕 国司 健之助　くにし・けんのすけ　政治学〔長州藩留学生〕 国友 次郎　くにとも・じろう　留学〔海軍軍人, 海軍大佐〕 来原 彦太郎　くるはら・ひこたろう　鉱山学〔宮中顧問官, 貴族院議員〕 黒田 清隆　くろだ・きよたか　外国事情視察〔政治家, 伯爵〕 高 良之助　こう・りょうのすけ　留学〔徳島藩留学生〕 小島 乙次郎　こじま・おつじろう　留学生〔洋学者〕 斎藤 金平　さいとう・きんぺい　留学〔留学生〕 島津 啓次郎　しまづ・けいじろう　留学〔軍人〕

854　新訂増補 海を越えた日本人名事典

国別渡航者名一覧　　　　　　　　　アメリカ

渡航地	渡航年	人名・目的・活動分野
		高戸 賞士　たかと・たかし　華頂宮に同行, 法律学〔大学南校留学生〕
		多芸 誠輔　たげ・まさすけ　牧畜, 金銀溶解〔勧農寮工職方〕
		谷元 道之　たにもと・みちゆき　留学〔実業家, 東京株式取引所頭取〕
		手島 精一　てじま・せいいち　留学〔教育家：工業教育界の先覚者〕
		土倉 正彦　とくら・まさひこ　留学〔岡山県大参事〕
		奈良 真志　なら・しんし　会計学〔海軍軍人, 海軍主計総監〕
		南部 英麿　なんぶ・ひでまろ　理学〔教育家, 伯爵：早稲田中学校初代校長〕
		能勢 栄　のせ・さかえ　留学〔教育学者：修身書の編纂に尽力〕
		野村 市助　のむら・いちすけ　留学〔鹿児島県留学生〕
		長谷川 雉郎　はせがわ・きじろう　商法〔留学生：大学南校最初の海外留学生〕
		畠山 長平　はたけやま・ちょうへい　森有礼に同行〔留学生〕
		服部 一三　はっとり・いちぞう　岩倉具経に同行, 理工学〔官吏, 文部省局長, 知事, 貴族院議員：小泉八雲の松江赴任に尽力〕
		林 荘三　はやし・そうぞう　森有礼に同行〔留学生〕
		藤森 圭一郎　ふじもり・けいいちろう　華頂宮に同行〔華頂宮従者〕
		増田 嘉兵衛　ますだ・かへえ　商業視察〔実業家〕
		町村 一介　まちむら・かずすけ　ブルックリンに在住〔留学生〕
		松本 荘一郎　まつもと・そういちろう　土木学〔鉄道庁官吏, 開拓使, 鉄道庁長官：鉄道建設に功労〕
		目賀田 種太郎　めがた・たねたろう　法律学〔官吏, 男爵：税制・財政制度の整備の功労者〕
		最上 五郎　もがみ・ごろう　農学〔開拓使留学生〕
		矢田部 良吉　やたべ・りょうきち　植物学〔植物学者, 詩人：植物学の体系化, 新体詩・ローマ字普及運動に功労〕
		山田 要吉　やまだ・ようきち　機械工学〔理工学者, 帝国大学工科大学教授〕
		芳川 顕正　よしかわ・あきまさ　伊藤博文に随行〔政治家, 伯爵〕
	1870頃	東 隆彦　あずま・たかひこ　海軍軍事研修〔海軍軍人, 少将, 皇族, 公家〕
		海東 謙　かいとう・けん　医学〔留学生：帰国の船中で病死〕
		美津田 滝次郎　みつた・たきじろう　興行〔旅芸人（足芸）〕
		山内 太郎　やまうち・たろう　工学〔土木技師〕
	1871	浅野 辰夫　あさの・たつお　語学研修〔留学生〕
		姉小路 公義　あねのこうじ・きんとも　岩倉使節団に同行〔外交官, 伯爵〕
		阿部 潜　あべ・せん　岩倉使節団に随行
		新井 奥邃　あらい・おうすい　森有礼に同行〔教育家：カリフォルニア在住最初の日本人〕
		安藤 忠経　あんどう・ただつね　岩倉使節団に随行〔外交官〕
		伊井 直助　いい・なおすけ　留学〔留学生〕
		池田 謙蔵　いけだ・けんぞう　留学〔実業家〕

新訂増補 海を越えた日本人名事典　855

渡航地	渡航年	人名・目的・活動分野
		池田 政懋　いけだ・まさよし　岩倉使節団に随行〔官吏,天津領事,長崎税関長〕
		五辻 安仲　いつつじ・やすなか　岩倉使節団に随行〔宮内省官吏,子爵〕
		伊東 益之助　いとう・ますのすけ　留学〔佐賀県留学生〕
		岩倉 具綱　いわくら・ともつな　岩倉使節団に同行〔宮中顧問官:『海外留学生規則集』編纂〕
		岩倉 具視　いわくら・ともみ　条約改正,文物視察〔政治家〕
		岩見 鑑造　いわみ・かんぞう　岩倉使節団に随行〔通訳,東京府二等訳官〕
		岩山 壮八郎　いわやま・そうはちろう　農学〔農務省官吏,県知事:農業振興〕
		上坂 多賀之助　うえさか・たがのすけ　海軍軍事研修〔海軍軍人〕
		内村 良蔵　うちむら・りょうぞう　岩倉使節団に随行〔文部省官吏,文部権大書記官〕
		内海 忠勝　うつみ・ただかつ　岩倉使節団に随行〔政治家,男爵〕
		瓜生 震　うりゅう・しん　岩倉使節団に随行〔実業家:汽車製造会社,キリン・ビールなどの経営に参加〕
		江川 英武　えがわ・ひでたけ　鉱山学〔大蔵省・内務省官吏〕
		江原 素六　えばら・そろく　海外情勢視察〔教育家,政治家,麻布学園創立者〕
		大久保 三郎　おおくぼ・さぶろう　植物学〔植物学者,東京大学助教授〕
		大久保 利和　おおくぼ・としなか　普通学〔留学生,侯爵〕
		大久保 利通　おおくぼ・としみち　岩倉使節団副使〔政治家,大蔵卿,内務卿〕
		大島 高任　おおしま・たかとう　岩倉使節団に随行,ヨーロッパの鉱山視察〔鋳造家,採鉱・冶金学者:鉱山経営・行政の功労者〕
		大東 義徹　おおひがし・ぎてつ　岩倉使節団に随行〔政治家,衆議院議員,司法相〕
		大山 捨松　おおやま・すてまつ　女子教育研究〔大山巌夫人:最初の女子留学生〕
		沖 守固　おき・もりかた　岩倉使節団に同行〔官吏,県知事,男爵〕
		奥平 昌邁　おくだいら・まさゆき　留学〔政治家,伯爵〕
		長田 銈太郎　おさだ・けいたろう　兵部省より派遣〔外交官,宮内省官吏:外国公使謁見の通訳〕
		小野 梓　おの・あずさ　法律学〔政治家,法学者:立憲改進党の結成,早稲田大学の創立に参加〕
		小野寺 系介　おのでら・けいすけ　清水篤守に随行〔従者〕
		小幡 甚三郎　おばた・じんざぶろう　奥平昌邁に同行〔教育者:J.J.ルソーの紹介者〕
		何 礼之　が・のりゆき　岩倉使節団に随行,憲法調査〔官吏,貴族院議員〕
		香川 敬三　かがわ・けいぞう　岩倉使節団に随行〔宮内官,伯爵〕
		香川 真一　かがわ・しんいち　岩倉使節団に随行〔官吏〕

渡航地	渡航年	人名・目的・活動分野
		梶山 鼎助　かじやま・ていすけ　織物の研修〔政治家, 衆議院議員〕
		堅田 少輔　かただ・しょうすけ　留学〔教育者, 工部大学校教員, 衆議院議員：成章学舎を創立〕
		金子 堅太郎　かねこ・けんたろう　法律学〔政治家, 伯爵：日本帝国憲法起草に参画, 法令制定に尽力〕
		川村 勇　かわむら・いさむ　語学研修〔留学生〕
		川村 清雄　かわむら・きよお　洋画〔洋画家：明治美術会を創立〕
		神田 乃武　かんだ・ないぶ　語学研修〔英学者, 男爵：英語教育に尽力, 正則中学の創設者〕
		来見 甲蔵　きたみ・こうぞう　岩倉使節団に同行〔外交官〕
		吉川 重吉　きっかわ・ちょうきち　留学〔外交官, 男爵〕
		木戸 孝允　きど・たかよし　条約改正, 文物視察〔政治家〕
		木村 熊二　きむら・くまじ　医学, 神学〔牧師, 教育者：明治女学校の創立者〕
		日下 三郎　くさか・さぶろう　留学〔留学生〕
		日下 義雄　くさか・よしお　留学〔官吏, 実業家：岩越鉄道敷設に尽力〕
		久米 邦武　くめ・くにたけ　岩倉使節団に随行〔歴史学者：『米欧回覧実記』の著者, 古文書学の先駆者〕
		黒田 長知　くろだ・ながとも　留学〔福岡藩知事, 侯爵〕
		河野 亮蔵　こうの・りょうぞう　留学〔大蔵省官吏〕
		木滑 貫人　こなめ・つらと　留学〔留学生〕
		小松 済治　こまつ・せいじ　岩倉使節団に随行〔裁判官〕
		近藤 環一　こんどう・かんいち　〔清水家従者〕
		近藤 昌綱　こんどう・まさつな　岩倉使節団に随行〔文部中助教〕
		酒井 忠邦　さかい・ただくに　留学〔姫路藩知事, 伯爵〕
		佐々木 高行　ささき・たかゆき　岩倉使節団に随行, 司法制度調査〔政治家, 侯爵：大正天皇の教育主任〕
		執行 弘道　しゅぎょう・ひろみち　留学〔文化事業家〕
		杉山 一成　すぎやま・かずなり　岩倉使節団に随行〔検査大属〕
		相馬 永胤　そうま・ながたね　農学〔実業家, 銀行家, 横浜正金銀行重役：専修大学設立者・学長〕
		曽根 直之助　そね・なおのすけ　海軍軍事研修〔海軍軍人〕
		高橋 新吉　たかはし・しんきち　留学〔官吏, 男爵：九州鉄道社長〕
		高橋 鉄太郎　たかはし・てつたろう　留学〔留学生〕
		多久 乾一郎　たく・けんいちろう　留学〔宮内省官吏（東宮侍従）, 男爵〕
		竹村 謹吾　たけむら・きんご　語学〔大蔵省官吏〕
		田尻 稲次郎　たじり・いなじろう　留学, のち経済学, 財政学〔財政学者, 東京市長, 子爵：専修大学を創立〕
		田中 貞吉　たなか・ていきち　藩主吉川重吉に同行〔南米探検家：海外植民事業の立案〕
		田中 不二麿　たなか・ふじまろ　岩倉使節団に随行, 教育行政視察〔文教行政家, 子爵：「教育令」の公布, 女子教育の振興の功労者〕

アメリカ　　　　　　　　　　国別渡航者名一覧

渡航地	渡航年	人名・目的・活動分野
		田中　光顕　たなか・みつあき　岩倉使節団に随行〔陸軍軍人, 宮中政治家, 伯爵〕 谷元　兵右衛門　たにもと・ひょうえもん　東伏見宮に同行〔海軍軍人, 実業家, 海軍主計中佐, 東京株式取引所長〕 団　琢磨　だん・たくま　鉱山学〔実業家, 男爵：三井財閥の最高指導者〕 津田　梅子　つだ・うめこ　留学〔女子教育家：最初の女子留学生, 津田塾大学創始者〕 津田　純一　つだ・じゅんいち　法律, 経済, 哲学〔教育家〕 津田　弘道　つだ・ひろみち　欧米事情視察〔官吏, 実業家, 岡山藩士〕 土井　利恒　どい・としつね〔外交官〕 徳川　篤守　とくがわ・あつもり　留学〔外交官, 元・男爵〕 戸田　氏共　とだ・うじたか　鉱山学〔宮内省官吏, 伯爵〕 戸田　欽堂　とだ・きんどう　留学〔小説家：華族出身の民権論者〕 富田　命保　とみた・のりやす　岩倉使節団に随行〔官吏, 租税権大属〕 富永　市蔵　とみなが・いちぞう　徳川篤守に同行〔通詞〕 富永　冬樹　とみなが・ふゆき　岩倉使節団に同行〔裁判官, 大審院部長〕 鳥居　朝道　とりい・ともみち　政体視察〔大垣藩留学生〕 永井　久一郎　ながい・きゅういちろう　英語, ラテン語〔官吏, 実業家：東京府書籍館の設置に尽力〕 永井　繁子　ながい・しげこ　音楽〔音楽家：最初の女子留学生〕 中島　永元　なかじま・ながもと　岩倉使節団に随行〔文部官吏, 貴族院議員〕 中野　健明　なかの・たけあき　岩倉使節団に随行〔官吏, 司法権中判事〕 長野　文炳　ながの・ふみあき　岩倉使節団に随行〔裁判官, 大審院判事〕 中原　国之助　なかはら・くにのすけ　政治学〔留学生〕 中山　信彬　なかやま・のぶよし　岩倉使節団に同行〔官吏, 実業家, 大阪株式取引所頭取〕 長与　専斎　ながよ・せんさい　医学学校・病院の調査〔医学者：コレラ予防など公衆衛生行政の確立〕 名倉　納　なくら・おさむ　医学〔陸軍軍医〕 名和　道一　なわ・どういち　民法〔官吏：ボストンで客死〕 西川　友喜　にしかわ・ともよし　金子堅太郎の通訳〔通詞〕 錦見　貫一郎　にしきみ・かんいちろう　藩主・戸田氏共に随行〔大垣藩留学生〕 野村　素介　のむら・もとすけ　欧米情勢視察〔官僚, 政治家, 男爵〕 野村　靖　のむら・やすし　岩倉使節団に随行〔政治家, 子爵〕 服部　敬次郎　はっとり・けいじろう　鉱山学〔開拓使派遣留学生〕 林　斛四郎　はやし・きゅうしろう　語学研修〔静岡県留学生〕 林　源之助　はやし・げんのすけ　留学〔熊本県留学生〕 林　純吉　はやし・じゅんきち　藩知事に同行〔佐倉藩士〕

国別渡航者名一覧　　　　　アメリカ

渡航地	渡航年	人名・目的・活動分野
		原 保太郎　はら・やすたろう　経済学〔県知事, 貴族院議員〕
東久世 通禧　ひがしくぜ・みちとみ　岩倉使節団に同行〔公家, 政治家, 伯爵：所謂七卿の1人〕
平岡 凞　ひらおか・ひろし　鉄道機関の技術修得, 野球を日本に紹介〔実業家：野球の新橋クラブ創設者〕
平島 精一　ひらしま・せいいち　留学〔留学生〕
古川 研二郎　ふるかわ・けんじろう　留学〔伊万里県留学生〕
細川 潤次郎　ほそかわ・じゅんじろう　文物視察〔法学者, 貴族院議員：刑法草案の起草に参画〕
堀田 正顕　ほった・まさあき　海軍軍事研修〔藩知事〕
堀田 正倫　ほった・まさとも　留学〔佐倉中学校創立者, 伯爵：農業振興にも尽力〕
堀 誠太郎　ほり・せいたろう　森有礼に同行〔留学生〕
前田 献吉　まえだ・けんきち　留学〔官吏, 元老院議官〕
牧野 伸顕　まきの・のぶあき　語学研修〔政治家, 外交官, 伯爵：ベルサイユ講和会議で活躍〕
馬込 為助　まごめ・ためすけ　森有礼に同行し留学〔留学生〕
松浦 右近　まつうら・うこん〔大村藩士〕
松方 蘇介　まつかた・そうすけ　岩倉使節団に同行〔従者〕
松田 晋斎　まつだ・しんさい〔技術者〕
三浦 十郎　みうら・じゅうろう　岩倉使節団に同行〔大蔵省官吏：国際結婚の先駆け〕
三角 市之助　みすみ・いちのすけ　農学〔官吏〕
光田 恵然　みつだ・よしなり　欧米宗教界の視察〔僧侶〕
南岩倉 具義　みなみいわくら・ともよし　岩倉使節団に同行〔華族〕
村田 新八　むらた・しんぱち　岩倉使節団に随行〔軍人, 宮内大丞：西南の役の際の薩軍の参謀〕
森田 留蔵　もりた・とめぞう　砲術〔牧場主：滞米8年, 熱海で牧場経営〕
安川 繁成　やすかわ・しげなり　岩倉使節団に随行〔官吏, 実業家, 少議生〕
山尾 常太郎　やまお・じょうたろう　農学〔開拓使留学生〕
山岡 次郎　やまおか・じろう　理化学〔大蔵省官吏：関税・貿易事務に功労〕
山川 健次郎　やまかわ・けんじろう　物理学〔物理学者, 教育家, 男爵：最初の博士号授与者の一人, 大学教育確立に尽力〕
山口 俊太郎　やまぐち・しゅんたろう　岩倉使節団に同行〔留学生〕
山口 仙之助　やまぐち・せんのすけ　岩倉使節団に同行〔実業家：富士屋ホテルを創業〕
山口 尚芳　やまぐち・なおよし　条約改正予備交渉等〔官吏, 貴族院議員, 旧佐賀藩士：岩倉使節団副使〕
山沢 静吾　やまさわ・せいご　陸軍軍事研修〔陸軍軍人, 中将, 男爵〕
山田 顕義　やまだ・あきよし　岩倉使節団に随行〔陸軍軍人, 中将, 政治家, 伯爵：刑法草案作成に尽力, 日本大学の創立者〕

新訂増補 海を越えた日本人名事典　859

アメリカ　　　　　　　　　国別渡航者名一覧

渡航地	渡航年	人名・目的・活動分野
	1872	山田 鉄次　やまだ・てつじ　留学〔名古屋県留学生〕 湯川 類次郎　ゆかわ・るいじろう　留学〔大村藩士〕 吉雄 永昌　よしお・ながまさ　岩倉使節団に随行〔官吏〕 吉益 亮子　よします・りょうこ　留学〔英語教師：最初の女子留学生〕 若曽根 寛一　わかそね・かんいち　戸田氏共に同行 若山 儀一　わかやま・のりかず　岩倉使節団に随行, 税制研究〔官吏：保護貿易主義を啓蒙〕 和田 マキタ　わだ・まきた　留学〔岡山藩留学生〕 渡辺 洪基　わたなべ・こうき　岩倉使節団に同行〔外交官, 政治家, 帝国大学初代総長, 貴族院議員：中国語教育, 立憲政友会の創立に参与〕 赤羽 四郎　あかばね・しろう　吉田清成に同行, エール大学留学〔外交官：北清事変に功労〕 井伊 直安　いい・なおやす　外国事情視察〔政治家, 子爵：『欧米各国遊歴』執筆〕 池田 猪之助　いけだ・いのすけ　吉田清成に同行 市来 宗介　いちき・そうすけ　鉱山学, 農学〔薩摩藩士〕 井上 良智　いのうえ・りょうち　造船学, 航海術〔海軍軍人, 中将, 男爵〕 入江 音次郎　いりえ・おとじろう　吉田清成に同行〔留学生〕 岩男 三郎　いわお・さぶろう　留学〔官僚, 徳島県知事〕 岩崎 弥之助　いわさき・やのすけ　留学〔実業家, 男爵：日本郵船会社の創立者〕 大倉 喜八郎　おおくら・きはちろう　商業視察〔実業家, 男爵：大倉財閥の創立者, 大倉集古館を開設〕 大関 増勤　おおぜき・ますとし　留学〔黒羽藩藩主, 子爵〕 太田 雄寧　おおた・ゆうねい　化学〔医者, 愛媛県医学校長, 東京医事新誌局長：最初の医学専門雑誌を発行〕 大山 助一　おおやま・すけいち　鉱山学〔留学生〕 唐橋 在正　からはし・ありさだ　留学〔公家, 子爵〕 桐原 仁平　きりはら・にへい　鉱山学〔留学生〕 朽木 綱鑑　くちき・つなかね　留学〔福知山藩士〕 工藤 精一　くどう・せいいち　留学〔教育者, 札幌農学校教授〕 小谷 静二　こたに・せいじ　メリヤス技術修得〔メリヤス製造業者〕 小室 信夫　こむろ・しのぶ　欧米事情視察〔政治家, 実業家, 貴族院議員, 共同運輸会社創立者〕 西郷 菊次郎　さいごう・きくじろう　留学〔京都市長〕 税所 長八　さいしょ・ちょうはち　農学・鉱山学〔開拓使留学生〕 真田 幸民　さなだ・ゆきもと　留学〔松代藩知事, 伯爵〕 沢山 保羅　さわやま・ぽうろ　神学〔牧師, 教育家：自給教会, 梅花女学校を創設〕 刺賀 信量　しが・のぶかず　造船〔工部省留学生〕 志道 新之允　しじ・しんのじょう　鉱山学〔留学生〕 渋川 勝迪　しぶかわ・かつみち　留学〔留学生〕 白根 鼎蔵　しらね・ていぞう　玻璃製造〔留学生〕

国別渡航者名一覧　　　　アメリカ

渡航地	渡航年	人名・目的・活動分野
		高木 貞作　たかぎ・ていさく　関税事務研修〔銀行家〕 高須 慄　たかす・りつ〔姫路藩士〕 高山 紀斎　たかやま・きさい　歯科医学〔歯科医：東京歯科大学創立者〕 田代 静之助　たしろ・せいのすけ　農業修業〔留学生〕 千村 五郎　ちむら・ごろう　留学〔牧師〕 坪井 航三　つぼい・こうぞう　留学〔海軍軍人, 中将, 男爵〕 長岡 護美　ながおか・もりよし　留学〔外交官, 裁判官, 子爵〕 中島 政之允　なかじま・まさのじょう　学科質問〔留学生〕 鍋島 直彬　なべしま・なおよし　留学〔官吏, 子爵：初代沖縄県令として行政に尽力〕 西村 捨三　にしむら・すてぞう　井伊直憲に随行〔官僚, 大阪府知事〕 野津 十郎　のづ・じゅうろう　工学〔留学生〕 原 忠順　はら・ただゆき　鍋島直彬に随行, 政治学〔官吏, 殖産家, 貴族院議員：『米政撮要』を著述〕 広沢 健三　ひろさわ・けんぞう　留学〔山口県留学生：滞米中に客死〕 益田 克徳　ますだ・かつのり　山田顕義に随行〔実業家, 東京米穀取引所理事長〕 松平 忠厚　まつだいら・ただあつ　土木工学〔アメリカの鉄道会社員〕 松平 忠礼　まつだいら・ただなり　理科〔官吏, 子爵〕 三井 三郎助　みつい・さぶろうすけ　銀行業研修〔実業家：三井家鉱山業の基礎づくり〕 三井 高朗　みつい・たかあき　金融・銀行業務研修〔銀行家：三井財閥の発展に貢献〕 三井 高棟　みつい・たかみね　留学〔実業家, 男爵〕 三井 弥之助　みつい・やのすけ　銀行業研修〔実業家：三井物産社長〕 南 保　みなみ・たもつ　吉田清成に同行〔農商務省官吏〕 村田 十蔵　むらた・じゅうぞう　農学, 鉱山学〔開拓使留学生〕 安場 保和　やすば・やすかず　岩倉使節団に同行〔政治家, 男爵〕 柳井 譲蔵　やない・じょうぞう　織物技術〔留学生〕 大和 七之允　やまと・しちのじょう　農学, 鉱山学〔留学生〕 山内 梅三郎　やまのうち・うめさぶろう　留学〔官吏, 萩藩寄組士（老中）, 陸軍教導団〕 山本 弥三　やまもと・やぞう　塗物修業〔職人〕 由良 源太郎　ゆら・げんたろう　吉田清成に同行, 牧畜〔勧農局官吏〕 由利 公正　ゆり・きみまさ　市政視察〔財政家, 子爵：「五箇条の御誓文」の原案作成, 太政官札（金札）の発行〕
	1872頃 1873	楊井 謙蔵　やない・けんぞう　留学〔山口県留学生〕 九鬼 隆一　くき・りゅういち　教育事情視察〔美術行政家, 男爵：教育制度の確立, 日本美術の保護運動に貢献〕 神鞭 知常　こうむち・ともつね　生糸・製茶業視察〔政治家, 衆議院議員〕

アメリカ　　　　　　　　国別渡航者名一覧

渡航地	渡航年	人名・目的・活動分野
	1874	鮫島 武之助　さめじま・たけのすけ　鉱山学〔官吏, 貴族院議員〕 浜尾 新　はまお・あらた　留学〔教育行政官, 文相〕 箕作 佳吉　みつくり・かきち　動物学〔理学博士, 動物学者：応用動物学の発展に貢献〕 今立 吐酔　いまだて・とすい　留学〔理化学教育：京都府中学校初代校長〕 駒井 重格　こまい・しげただ　経済学〔大蔵省官吏〕 清水 龍　しみず・りゅう　留学〔女子留学生〕 高橋 新一　たかはし・しんいち　留学〔留学生〕 鄭 永慶　てい・えいけい　留学〔官吏, 喫茶店主：日本初のコーヒー店を開設〕 鄭 永昌　てい・えいしょう　留学〔外交官, 天津領事：袁世凱の嘱託として塩田開発調査〕 中川 耕山　なかがわ・こうざん　彫刻〔銅版彫刻家：彫刻会社を設立〕 南部 栄信　なんぶ・ひでのぶ　留学〔華族〕 前田 留吉　まえだ・とめきち　牛乳業界視察〔牛乳業：牧牛会社を設立〕 松平 定教　まつだいら・さだのり　留学〔外交官, 子爵〕 森村 豊　もりむら・ゆたか　商業学〔実業家：貿易商森村組の創立者〕
	1875	伊沢 修二　いざわ・しゅうじ　留学〔教育家, 東京音楽学校校長, 貴族院議員：近代音楽教育の創始者〕 稲垣 釣次郎　いながき・ちょうじろう　遠洋航海〔海軍水兵：外国における海軍軍葬第1号〕 瓜生 外吉　うりゅう・そときち　留学〔海軍軍人, 大将, 男爵〕 岡部 長職　おかべ・ながもと　留学〔外交官, 政治家, 子爵〕 上村 彦之丞　かみむら・ひこのじょう　軍事研修〔海軍軍人, 大将, 男爵〕 神津 専三郎　こうづ・せんざぶろう　留学〔音楽教育者, 東京音楽学校教授〕 小村 寿太郎　こむら・じゅたろう　留学〔外交官, 政治家, 侯爵〕 斎藤 修一郎　さいとう・しゅいちろう　留学〔官僚, 実業家, 農商務次官〕 鈴木 亀吉　すずき・かめきち　練習艦乗組み〔海軍軍人：サンフランシスコで客死〕 世良田 亮　せらた・たすく　留学〔海軍軍人, 少将〕 高嶺 秀夫　たかみね・ひでお　教育学, 動物学〔教育者：師範教育の功労者, ペスタロッチ主義の普及〕 南部 球吾　なんぶ・きゅうご　鉱山学〔鉱山技術者〕 長谷川 芳之助　はせがわ・よしのすけ　鉱山学〔実業家, 政治家, 三菱会社鉱山部長, 衆議院議員：官営八幡製鉄所の設立に尽力〕 松井 直吉　まつい・なおきち　留学〔化学者, 教育行政家, 東京帝国大学農科大学教授〕 美山 貫一　みやま・かんいち　布教〔牧師：在米日本人の布教に尽力〕

国別渡航者名一覧　　　　　　アメリカ

渡航地	渡航年	人名・目的・活動分野
	1875頃	伴 寿三郎　ばん・じゅさぶろう　海軍軍事研修〔海軍軍人〕
		松島 文蔵　まつしま・ぶんぞう　海軍軍事研修〔海軍軍人〕
	1876	阿部 泰蔵　あべ・たいぞう　教育行政視察〔実業家, 明治生命保険創立者：日本の保険業の発展に貢献〕
		新井 領一郎　あらい・りょういちろう　生糸輸出〔実業家〕
		石黒 忠悳　いしぐろ・ただのり　医学〔軍医, 男爵〕
		小川 松民　おがわ・しょうみん　フィラデルフィア万国博覧会〔蒔絵師〕
		奥 青輔　おく・せいすけ　牧畜事業視察〔農商務省官吏, 初代水産局長：漁業法制の整備に功労〕
		黒田 久孝　くろだ・ひさたか　軍事視察〔陸軍軍人, 中将, 男爵〕
		橋口 文蔵　はしぐち・ぶんぞう　農学〔官僚, 台湾総督府台北県知事〕
		原口 要　はらぐち・かなめ　鉄道技術〔鉄道技術者〕
		深海 墨之助　ふかうみ・すみのすけ　製陶業〔陶芸家〕
		福島 安正　ふくしま・やすまさ　軍務〔陸軍軍人, 大将, 男爵：単騎シベリア横断に成功〕
		真崎 仁六　まさき・じんろく　フィラデルフィア万国博覧会〔鉛筆製造業者：三菱鉛筆の元祖〕
		円中 孫平　まるなか・まごへい　フィラデルフィア万国博覧会視察〔貿易商〕
	1877	小幡 篤次郎　おばた・とくじろう　留学〔教育者, 慶応義塾塾長, 貴族院議員〕
		佐藤 愛麿　さとう・よしまろ　留学〔外交官〕
		沢田 俊三　さわだ・しゅんぞう　法律学〔弁護士〕
		珍田 捨巳　ちんだ・すてみ　留学〔外交官, 伯爵〕
		根本 正　ねもと・ただし　留学〔政治家, 禁酒運動家, 衆議院議員〕
	1878	有島 武　ありしま・たけし　欧米事情視察〔官吏, 実業家〕
	1879	市原 盛宏　いちはら・もりひろ　法律〔実業家, 朝鮮銀行初代総裁〕
		大川 平三郎　おおかわ・へいざぶろう　製紙技術〔実業家：大川財閥の創設, 製紙法を発明改良〕
		久原 躬弦　くはら・みつる　留学〔有機化学者, 京都帝国大学総長〕
		阪谷 達三　さかたに・たつぞう　貿易〔会社員〕
		鈴木 真一(2代)　すずき・しんいち　写真術〔写真師〕
		武田 錦子　たけだ・きんこ　留学〔教育者, 東京女子高等師範学校教授〕
		東海 散士　とうかい・さんし　商法学校に入学, 経済学, 理財学〔政治家, 小説家, ジャーナリスト：政治小説の祖〕
		中島 力造　なかじま・りきぞう　倫理学〔倫理学者：T.ヒルグリーンの学説を紹介〕
		萩原 真　はぎわら・まこと　留学〔留学生〕
	1880	岩下 清周　いわした・せいしゅう　三井物産支店勤務〔実業家, 衆議院議員〕

新訂増補 海を越えた日本人名事典　863

アメリカ　　　　　　　国別渡航者名一覧

渡航地	渡航年	人名・目的・活動分野
	1880頃	頴川 君平　えがわ・くんぺい　ニューヨーク領事〔外交官, 唐通事, ニューヨーク領事, 神戸税関長〕 甲斐 織衛　かい・おりえ　貿易 樺山 愛輔　かばやま・あいすけ　留学〔政治家, 実業家, 伯爵〕 福井 信　ふくい・まこと　外国事情視察〔貿易業：日露韓貿易会社〕 的場 由松　まとば・よしまつ　遠洋航海〔海軍軍人〕 森友 彦六　もりとも・ひころく　筑波艦の機関士〔海軍軍人, 海軍大機関士：帰国の途中, 船が沈没し死去〕 村井 保固　むらい・やすかた　貿易商・森村組ニューヨーク支店勤務〔実業家：日本陶器創立者の1人, 社会事業にも尽力〕 山尾 熊蔵　やまお・くまぞう　三井物産ニューヨーク支店長〔貿易会社員〕
	1881	北畠 道龍　きたばたけ・どうりゅう　宗教事情視察〔僧侶, 法福寺住職〕
	1882	小川 一真　おがわ・かずま　写真術〔写真家：写真行・写真出版業の先駆者〕 佐藤 昌介　さとう・しょうすけ　農政学〔農政経済学者, 男爵〕 田村 直臣　たむら・なおおみ　神学〔牧師：日曜学校の発展に尽力〕 妻木 頼黄　つまき・らいこう　建築学〔建築技師：洋風建築の移入, 東京駅・日銀本店の設計者〕
	1883	柴山 矢八　しばやま・やはち　西郷従道海相に随行〔海軍軍人, 大将, 男爵〕 白石 直治　しらいし・なおじ　留学〔土木工学者, 東京帝国大学教授〕 広井 勇　ひろい・いさむ　工学〔土木技術者, 東京帝国大学教授：日本初のコンクリート橋建設〕 福沢 一太郎　ふくざわ・いちたろう　実業学校に入学〔新聞記者：慶応義塾の教育に参与〕 福沢 捨次郎　ふくざわ・すてじろう　鉄道工学〔ジャーナリスト, 時事新報社長〕 元良 勇次郎　もとら・ゆうじろう　哲学〔心理学者：心理学者の養成, 青山学院の創立〕
	1884	松原 重栄　まつばら・じゅうえい　経済視察 家永 豊吉　いえなが・とよきち　留学〔法学者, 慶応義塾大学教授〕 今村 清之助　いまむら・せいのすけ　経済事情視察〔実業家, 両毛鉄道社長代理〕 内村 鑑三　うちむら・かんぞう　罪の苦悩を癒す〔キリスト教思想家, 独立伝道者：日本キリスト教界の代表的指導者〕 岡見 京子　おかみ・きょうこ　医学〔医師, 保養所衛生園園主：初の女子医科大生〕 小野 英二郎　おの・えいじろう　留学〔実業家, 日本興業銀行総裁〕 片山 潜　かたやま・せん　語学研修〔社会主義者, 社会運動家：国際共産主義運動を指導〕

864　新訂増補 海を越えた日本人名事典

渡航地	渡航年	人名・目的・活動分野
	1885	川崎 正左衛門　かわさき・しょうざえもん　留学〔留学生〕 蔵原 惟郭　くらはら・これひろ　留学〔政治家, 教育家, 衆議院議員〕 斎藤 実　さいとう・まこと　軍事研修〔海軍軍人, 大将, 政治家, 総理大臣〕 杉本 重遠　すぎもと・しげとお　司法制度視察〔官吏, 大分県知事〕 園田 安賢　そのだ・やすかた　警察制度視察〔官僚, 実業家, 男爵〕 高島 小金治　たかしま・こきんじ　醬油販売〔実業家, 大倉組取締役〕 玉利 喜造　たまり・きぞう　農学〔農学者, 鹿児島高等農林学校校長, 貴族院議員〕 田村 新吉　たむら・しんきち　日加貿易〔実業家, 貴族院議員：海外貿易の振興に功労〕 新渡戸 稲造　にとべ・いなぞう　政治学, 歴史〔教育者, 農学者：世界平和に尽力, 日米関係の架橋〕 浜口 梧陵　はまぐち・ごりょう　世界一周の旅〔官吏：ニューヨークで客死〕 原田 助　はらだ・たすく　神学〔宗教家, 神学者〕 藤岡 市助　ふじおか・いちすけ　万国電気博覧会審査員〔電気工学者, 東京電気社長：日本初の電灯を灯す〕 堀越 善重郎　ほりこし・ぜんじゅうろう　絹布輸出〔実業家〕 松方 幸次郎　まつかた・こうじろう　留学〔実業家, 美術蒐集家：松方コレクション〕 三島 弥太郎　みしま・やたろう　農政研究〔実業家, 子爵〕 村井 弦斎　むらい・げんさい　留学〔小説家, 新聞記者〕 米津 恒次郎　よねつ・つねじろう　菓子製造技術〔洋菓子製造業者ウエファースづくりを開始〕 伊藤 為吉　いとう・ためきち　建築学〔建築家, 発明家〕 井上 公二　いのうえ・こうじ　留学〔実業家, 帝国生命保険社長〕 岩崎 清七　いわさき・せいしち　留学〔実業家, 磐城セメント創業者〕 岡部 次郎　おかべ・じろう　留学〔政治家, 衆議院議員：ハワイ革命義勇軍〕 小谷部 全一郎　おやべ・ぜんいちろう　哲学〔歴史学者〕 河辺 貞吉　かわべ・ていきち　伝道活動〔牧師：日本自由メソヂスト教団を創設〕 串田 万蔵　くしだ・まんぞう　銀行業務研修〔銀行家, 三菱合資会社総理事〕 櫛引 弓人　くしびき・ゆみんど　興行〔興行師：日本に初めて飛行機輸入〕 桜井 静　さくらい・しずか　海外移住殖民調査〔政治家, 衆議院議員〕 佐治 職　さじ・つかさ　医学〔歯科医：歯科医学の先駆者〕 進 経太　しん・つねた　留学〔造船技師, 石川島造船所取締役技師長〕

アメリカ　　　　国別渡航者名一覧

渡航地	渡航年	人名・目的・活動分野
	1886	杉田 定一　すぎた・ていいち　欧米事情視察〔政治家, 衆院議長〕 中野 権六　なかの・ごんろく　日本人新聞を主宰〔実業家, 佐賀毎日新聞社長〕 鳩山 和夫　はとやま・かずお　第1回文部省留学生, 法学〔政治家, 弁護士：弁護士制度・私学教育・立憲政治を推進〕 細川 風谷　ほそかわ・ふうこく　留学〔講談師〕 武藤 山治　むとう・さんじ　遊学〔実業家, 政治家, 衆議院議員：紡績事業の振興, 政界浄化運動〕 山本 秀煌　やまもと・ひでてる　神学〔牧師, 明治学院神学部教授〕 湯浅 半月　ゆあさ・はんげつ　留学〔詩人, 聖書学者〕 和田 豊治　わだ・とよじ　留学〔実業家, 富士瓦斯紡績社長〕 伊藤 一隆　いとう・かずたか　水産事情調査〔水産業者〕 岩崎 久弥　いわさき・ひさや　留学〔実業家, 三菱合資社長〕 粕谷 義三　かすや・ぎぞう　留学〔政治家, 衆院議長〕 片岡 直輝　かたおか・なおてる　軍事情勢視察〔実業家, 大阪瓦斯社長〕 甲賀 宜政　こうが・よしまさ　造幣事業視察〔技術者, 造幣局作業部長〕 斎藤 恒三　さいとう・つねぞう　紡績事業視察〔実業家, 東洋紡社長〕 沢井 廉　さわい・れん　電気工学〔電気学者：エジソンの助手で蓄音器発明を助ける〕 荘 清次郎　しょう・せいじろう　留学〔実業家, 三菱合資会社専務理事〕 菅原 伝　すがわら・つたう　留学〔政治家, 衆議院議員〕 高野 房太郎　たかの・ふさたろう　留学〔労働運動家：日本の労働組合運動の創始者〕 中島 鋭治　なかじま・えいじ　留学〔水道技術者〕 藤井 三郎　ふじい・さぶろう　サンフランシスコ領事〔外務省官吏〕 藤井 セイ子　ふじい・せいこ　夫に同行〔外交官夫人：客死第一号〕 松本 留吉　まつもと・とめきち　電気事業調査〔実業家, 藤倉電線創業者〕 南方 熊楠　みなかた・くまくす　商業学校入学〔植物学者, 民俗学者：粘菌新種・変種の発見者〕 三宅 米吉　みやけ・よねきち　教育事情視察〔歴史学者, 東京文理科大学初代学長〕 宮部 金吾　みやべ・きんご　生物学〔植物病理学者, 北海道帝国大学名誉教授〕 元田 作之進　もとだ・さくのしん　留学〔牧師, 教育者, 日本聖公会東京教区主教, 立教大学初代学長〕 矢田 一嘯　やだ・いっしょう　美術〔洋画家〕 山口 熊野　やまぐち・ゆや　邦字新聞を発行〔政治家, 衆議院議員〕

国別渡航者名一覧　　アメリカ

渡航地	渡航年	人名・目的・活動分野
	1886頃 1887	渡瀬 庄三郎　わたせ・しょうざぶろう　生物学〔動物学者, 東京帝国大学理学部教授：渡瀬線を8軒〕 渡辺 鼎　わたなべ・かなえ　医学/私費留学〔医師, 衆議院議員：野口英世を手術〕 清水 満之助　しみず・まんのすけ　建築業視察〔建築請負師〕 石川 角次郎　いしかわ・かくじろう　留学〔神学者, 聖学院神学校教授〕 井上 角五郎　いのうえ・かくごろう　政治・経済事情視察〔実業家, 政治家, 衆議院議員〕 今井 五介　いまい・ごすけ　製糸業研究〔実業家, 片倉製糸紡績社長：片倉製糸の指導者〕 宇都宮 仙太郎　うつのみや・せんたろう　農学〔酪農家：北海道製酪販売組合創立者〕 大久保 利武　おおくぼ・としたけ　留学〔官吏, 大阪府知事, 貴族院議員〕 甲賀 ふじ　こうが・ふじ　留学〔教育者, 森村幼稚園主事〕 小松 緑　こまつ・みどり　留学〔外交評論家, 著述家〕 佐伯 理一郎　さえき・りいちろう　医学〔医学者〕 高田 慎蔵　たかだ・しんぞう　商業事情視察〔実業家, 高田商会創立者〕 高橋 義雄　たかはし・よしお　経済事情視察〔実業家, 茶人, 三越呉服店・王子製紙社長〕 千葉 掬香　ちば・きくこう　留学〔翻訳家〕 寺島 誠一郎　てらじま・せいいちろう　留学〔外交官, 伯爵〕 外山 脩造　とやま・しゅうぞう　経済事情視察〔実業家, 阪神電気鉄道初代社長〕 野村 洋三　のむら・ようぞう　経済事情調査〔実業家, ホテル・ニューグランド会長〕 野村 龍太郎　のむら・りゅうたろう　鉄道技術視察〔鉄道工学者, 南満州鉄道会社総裁〕 浜岡 光哲　はまおか・こうてつ　商工業視察〔実業家, 政治家, 京都商業会議所会頭, 衆議院議員〕 日高 壮之丞　ひだか・そうのじょう　海軍事情視察〔海軍軍人, 大将, 男爵〕 福岡 秀猪　ふくおか・ひでい　法学〔法学者, 子爵〕 堀江 芳介　ほりえ・よしすけ　軍事視察〔陸軍軍人, 少将, 衆議院議員〕 三崎 省三　みさき・しょうぞう　電気工学〔実業家, 阪神電鉄専務：国産初の電車を製作〕 山口 素臣　やまぐち・もとおみ　軍事視察〔陸軍軍人, 大将, 子爵〕 米山 梅吉　よねやま・うめきち　政治, 文学〔銀行家：三井信託を設立〕 渡辺 昇　わたなべ・のぼる　財政・金融事情視察〔官僚, 子爵〕
	1887頃	村山 三郎　むらやま・さぶろう　法律研修〔弁護士：ホノルルで開業〕
	1888	浅田 栄次　あさだ・えいじ　神学, 英語学〔英語学者〕

アメリカ　　　　　国別渡航者名一覧

渡航地	渡航年	人名・目的・活動分野
		池田 成彬　いけだ・しげあき　経済学〔財界人, 政治家, 日銀総裁, 大蔵大臣, 商工大臣：三井財閥を確立, 財界のトップ・リーダー〕 伊丹 二郎　いたみ・じろう　留学〔実業家, 麒麟麦酒社長〕 井上 円了　いのうえ・えんりょう　宗教事情視察〔仏教哲学者, 東洋大学創設者〕 岩村 透　いわむら・とおる　美術/私費留学〔美術史家, 男爵〕 植村 正久　うえむら・まさひさ　外国事情視察〔キリスト教指導者, 評論家〕 牛嶋 謹爾　うしじま・きんじ　英語学習, 農園づくり〔実業家：アメリカ・カナダの開拓者, ポテト王〕 内田 康哉　うちだ・こうさい　外交官として赴任〔政治家, 外交官, 外務大臣, 満鉄総裁, 貴族院議員：国連脱退など孤立外交を推進〕 岡崎 邦輔　おかざき・くにすけ　留学〔政治家, 衆議院議員〕 尾崎 行雄　おざき・ゆきお　政治情勢視察〔政治家, 衆議院議員〕 尾崎 行隆　おざき・ゆきたか　〔劇団員〕 加藤木 重教　かとうぎ・しげのり　電話機研究〔電気技術者：日本初の火災報知器を製作〕 樺山 資英　かばやま・すけひで　留学〔政治家, 貴族院議員〕 近藤 陸三郎　こんどう・りくさぶろう　鉱業事情視察〔実業家, 鉱山技術者, 古河合名会社理事長〕 末広 鉄腸　すえひろ・てっちょう　欧米事情視察〔ジャーナリスト, 政治家, 『朝野新聞』編集長〕 仙石 貢　せんごく・みつぐ　鉄道技術〔政治家, 満鉄総裁, 鉄道相〕 武石 貞一　たけいし・ていいち　医学〔留学生〕 田中 稲城　たなか・いなぎ　図書館学〔図書館学者, 帝国図書館長：帝国図書館の初代館長〕 田辺 朔郎　たなべ・さくお　土木工学〔土木工学者, 帝国大学工科大学学長〕 中西 牛郎　なかにし・うしお　留学〔宗教思想家, 扶桑教大教正〕 中野 初子　なかの・はつね　留学〔電気工学者, 東京帝国大学教授〕 服部 綾雄　はっとり・あやお　神学〔教育者, 政治家, 衆議院議員〕 日向 輝武　ひなた・てるたけ　政治・経済学〔政治家, 衆議院議員〕 福沢 桃介　ふくざわ・ももすけ　商業学, 鉄道会社見習〔実業家, 大同電力社長：電力事業を経営〕 二見 鏡三郎　ふたみ・きょうざぶろう　土木工学〔鉄道技術者, 京都帝国大学名誉教授〕 古河 潤吉　ふるかわ・じゅんきち　鉱山学〔鉱業家, 古河財閥2代目当主〕 本多 庸一　ほんだ・よういつ　神学〔牧師, 教育者：青山学院初代院長〕

国別渡航者名一覧　　　　　　アメリカ

渡航地	渡航年	人名・目的・活動分野
	1889	松野 菊太郎　まつの・きくたろう　留学〔牧師, 社会事業家, 日本基督教会同盟幹事〕 森永 太一郎　もりなが・たいちろう　陶器販売〔実業家：森永製菓の創設者〕 山口 鑑太　やまぐち・ちんた　留学〔英語学者, 東京商大商学専門部教授〕 横田 永之助　よこた・えいのすけ　留学〔映画興行師, 日活社長〕 五十嵐 秀助　いがらし・ひですけ　留学〔電信技術者〕 石坂 正信　いしざか・まさのぶ　留学〔教育者, 青山学院院長〕 岩本 芳次郎　いわもと・よしじろう　契約移民〔移民：「浮かれ節」で巡業〕 太田 峰三郎　おおた・みねさぶろう　法制度〔官僚, 貴族院書記官長〕 川上 新太郎　かわかみ・しんたろう　機械製造業視察〔水道工学者〕 木内 重四郎　きうち・じゅうしろう　法律・経済〔官僚, 政治家, 貴族院議員, 京都府知事〕 久米 民之助　くめ・たみのすけ　土木建築視察〔土木建築家, 衆議院議員〕 幸田 延　こうだ・のぶ　音楽研修〔音楽家：音楽教育に尽力〕 下田 菊太郎　しもだ・きくたろう　建築技術〔建築家〕 高杉 滝蔵　たかすぎ・たきぞう　留学〔英語学者, 早稲田大学教授〕 田中 王堂　たなか・おうどう　留学〔哲学者：日本におけるプラグマティズムの最初の紹介者〕 土子 金四郎　つちこ・きんしろう　留学〔経済学者, 実業家, 横浜火災海上運送信用保険会社副社長〕 寺田 勇吉　てらだ・ゆうきち　教育制度視察〔教育家, 東京高等商業学校校長〕 徳川 達孝　とくがわ・さとたか　欧米事情視察〔政治家, 伯爵, 侍従長, 貴族院議員〕 富田 恒三郎　とみた・つねさぶろう　留学〔留学生〕 平野 永太郎　ひらの・えいたろう　製靴技術研修〔製靴技術者〕 星野 長太郎　ほしの・ちょうたろう　生糸消費地視察〔実業家, 上毛蠶糸改良会社頭取, 衆議院議員〕 政尾 藤吉　まさお・とうきち　留学〔外交官, 衆議院議員〕 松本 健次郎　まつもと・けんじろう　留学〔実業家, 明治鉱業社長〕 村井 知至　むらい・ともよし　神学〔キリスト教社会主義者, 教育家〕 横井 時雄　よこい・ときお　留学〔牧師, 教育家, 衆議院議員〕 渡辺 龍聖　わたなべ・りゅうせい　留学〔倫理学者, 名古屋高等商業学校名誉教授〕
	1890	井深 梶之助　いぶか・かじのすけ　神学〔プロテスタント教育家, 明治学院総理：キリスト教教育, YMCAの代表〕 大石 誠之助　おおいし・せいのすけ　医学, 熱帯病学, 英文学〔医師, 社会主義者：ボンベイ大学でペストを研究, 大逆事件で

新訂増補 海を越えた日本人名事典　869

アメリカ　　　　　　　　　国別渡航者名一覧

渡航地	渡航年	人名・目的・活動分野
		刑死〕
		鹿島 房次郎　かしま・ふさじろう　留学〔実業家, 川崎造船所社長〕
		川崎 芳太郎　かわさき・よしたろう　留学〔実業家, 男爵〕
		岸本 能武太　きしもと・のぶた　留学〔宗教学者, 英語学者, 早稲田大学教授〕
		倉知 誠夫　くらち・まさお　玩具販売〔実業家, 三越会長〕
		五姓田 芳柳　ごせだ・ほうりゅう　息子・義松同伴で絵画研究〔画家〕
		志立 鉄次郎　しだち・てつじろう　留学〔実業家, 日本興業銀行総裁〕
		杉山 岩三郎　すぎやま・いわさぶろう　商工業視察〔実業家〕
		中村 静嘉　なかむら・やすよし　公使館付武官〔海軍軍人, 少将, 実業家, 太平生命保険社長〕
		山鹿 旗之進　やまが・はたのしん　神学〔牧師〕
		吉岡 美国　よしおか・よしくに　神学〔教育家, 関西学院院長〕
	1891	安部 磯雄　あべ・いそお　神学〔キリスト教社会運動家, 教育者, 衆議院議員〕
		井深 花　いぶか・はな　留学〔教育家, 東京女子大学理事〕
		黒沢 貞次郎　くろさわ・ていじろう　ニューヨークの会社に入社〔実業家, 黒沢商店創業者〕
		斎藤 小右衛門　さいとう・こえもん
		長沢 別天　ながさわ・べってん　留学〔評論家, 『山陽新報』主筆〕
		中島 泰蔵　なかじま・たいぞう　留学〔心理学者, 早稲田大学教授〕
		松浦 和平　まつうら・わへい　機械工学〔機械技術者, 東京高等工業学校教授〕
	1891頃	門野 重九郎　かどの・じゅうくろう　ペンシルバニア鉄道勤務〔実業家（大倉組副頭取）〕
	1892	浮田 和民　うきた・かずたみ　留学〔政治学者, 社会評論家〕
		久留 正道　くる・まさみち　建築工学〔建築家, 文部省会計課建築掛長〕
		杉田 金之助　すぎた・きんのすけ　留学〔法律家, 早稲田大学教授〕
		塚田 数平　つかだ・かずへい　コック見習い〔レストラン経営者〕
		遠山 参良　とおやま・さぶろう　留学〔教育者, 九州学院初代院長〕
		吉田 朋吉　よしだ・ともきち　紡績業視察〔機械技術者〕
	1893	浅野 応輔　あさの・おうすけ　電気通信視察〔電気工学者, 通信省電気試験所初代所長：海底電線敷設を指導〕
		有馬 金次郎　ありま・きんじろう　在米日本人演芸のはしり〔旅芸人：サンフランシスコ演芸会の一員〕
		大河原 太郎　おおかわら・たろう　在米日本人演劇のはしり
		大倉 孫兵衛　おおくら・まごべえ　経済視察〔実業家, 日本陶器設立者：日本最初の洋食器を製作〕
		大脇 俊次　おおわき・しゅんじ
		上代 淑　かじろ・よし　留学〔教育者, 山陽英和女学校校長〕

渡航地	渡航年	人名・目的・活動分野
		木村 駿吉　きむら・しゅんきち　留学〔海軍軍人, 無線工学技術者〕
		彭城 貞徳　さかき・ていとく　シカゴ万国博覧会出品総代〔洋画家〕
		桜井 ちか　さくらい・ちか　教育視察〔教育者, 女子学院創立者〕
		下山 甫六郎　しもやま・すけろくろう　留学〔留学生〕
		釈 宗演　しゃく・そうえん　第1回万国宗教大会〔僧侶, 歌人, 臨済宗円覚寺派第2代管長：初めて欧米に禅を紹介〕
		千葉 勇五郎　ちば・ゆうごろう　神学〔牧師, 神学者〕
		土宜 法竜　とき・ほうりゅう　第1回万国宗教大会〔僧侶, 真言宗高野派管長〕
		新田 長次郎　にった・ちょうじろう　製革業視察〔実業家, 社会事業家, 新田ベニヤ製造所長〕
		野口 米次郎　のぐち・よねじろう　放浪の旅〔詩人：英・米詩壇で活躍〕
		早川 龍介　はやかわ・りゅうすけ　外国事情視察〔政治家, 実業家：外国語教育・殖産興業に尽力〕
		原田 治郎　はらだ・じろう　留学〔文化事業家, 東京国立博物館事務官〕
		平井 希昌　ひらい・きしょう　弁理公使〔外交官：賞勲制度の確立に貢献〕
		牧野 義雄　まきの・よしお　美術学校〔画家：ロンドンで個展開催〕
		町田 忠治　まちだ・ちゅうじ　欧米事情視察〔政治家, 実業家, 衆議院議員〕
		松岡 洋右　まつおか・ようすけ　法律学〔外交官, 政治家, 外相〕
		南 鷹次郎　みなみ・たかじろう　世界博覧会審査官〔農学者, 北海道帝国大学総長〕
		村井 真雄　むらい・まさお　煙草業視察〔実業家：村井兄弟商会副社長〕
	1893頃	大原 繁香　おおはら・しげか
	1894	江沢 金五郎　えざわ・きんごろう　経済〔実業家, 天賞堂創業者〕
		木村 清松　きむら・せいまつ　留学〔牧師, 日本基督教団巡回牧師〕
		栗野 慎一郎　くりの・しんいちろう　対等条約締結〔外交官, 子爵：不平等条約改正に活躍〕
		五島 清太郎　ごとう・せいたろう　留学〔動物学者, 東京帝国大学名誉教授：日本寄生虫学の創始者;『ダーウィン自伝』の初訳者〕
		桜川 季次　さくらがわ・すえじ　邦人相手の興行〔幇間〕
		曽我 鏗爾　そが・こうじ　看護付添い〔看護婦：日赤看護婦の自費留学第1号〕
		綱島 佳吉　つなじま・かきち　神学〔牧師〕
		留岡 幸助　とめおか・こうすけ　感化事業〔社会事業家, 北海道家庭学校創立者〕
		星 一　ほし・はじめ　留学〔実業家, 政治家, 星製薬創業者〕
		柳屋 瓜生　やなぎや・うりゅう　興行〔落語家〕

アメリカ　　　　　　　　　国別渡航者名一覧

渡航地	渡航年	人名・目的・活動分野
	1895	朝比奈 知泉　あさひな・ちせん　欧米事情視察〔新聞記者, 東京日日新聞主筆〕
		磯貝 雲峰　いそがい・うんぽう　留学〔詩人〕
		大河内 輝剛　おおこうち・てるたけ　経済情勢視察〔実業家, 衆議院議員〕
		久保田 鼎　くぼた・かなえ　博物館視察〔文部官僚, 東京美術学校校長〕
		豊沢 仙八　とよざわ・せんぱち　サンフランシスコで稽古場を開設〔義太夫師〕
		堀田 連太郎　ほった・れんたろう　鉱業視察〔実業家, 政治家, 衆議院議員〕
	1895頃	島崎 よね　しまざき・よね　稽古場開設〔清元師匠〕
	1896	朝河 貫一　あさかわ・かんいち　英文学〔歴史家：エール大学名誉教授〕
		朝比奈 藤太郎　あさひな・とうたろう　歯科医学〔歯科医師, 大阪歯科医学専門学校校長〕
		石井 亮一　いしい・りょういち　障害児教育〔社会事業家：障害児教育の先駆者〕
		岩崎 彦松　いわさき・ひこまつ　鉄道視察〔鉄道技術者, 鉄道院理事〕
		大内 暢三　おおうち・ちょうぞう　留学〔政治家, 東亜同文書院院長, 衆議院議員〕
		北村 福松　きたむら・ふくまつ　欧米各地を巡業〔旅芸人：北村組の座主〕
		塩沢 昌貞　しおざわ・まささだ　経済学〔経済学者, 早稲田大学総長〕
		清水 鉄吉　しみず・てつきち　留学〔工学者〕
		鈴木 藤三郎　すずき・とうざぶろう　製糖事情視察〔実業家, 政治家, 日本精製糖社長〕
		鈴木 馬左也　すずき・まさや　欧米事情視察〔実業家, 住友総本店第3代総理事〕
		頭本 元貞　ずもと・もとさだ　新聞経営視察〔新聞経営者〕
		恒藤 規隆　つねとう・のりたか　農学事情視察〔農学者：日本初の農学博士〕
		中田 重治　なかだ・じゅうじ　留学〔キリスト教伝道者, 日本ホーリネス教会創立者〕
		松本 亦太郎　まつもと・またたろう　留学〔心理学者, 東京帝国大学名誉教授〕
		山田 わか　やまだ・わか　経済的自立のため〔評論家：女性解放思想の啓蒙〕
		横河 民輔　よこがわ・たみすけ　建築学〔建築家, 実業家, 横河電機製作所創業者〕
		吉井 助一　よしい・すけかず　サンフランシスコで道場開設〔柔道指南〕
	1899	川上 貞奴　かわかみ・さだやっこ　巡業公演〔女優：国際女優第1号〕
		北村 美那　きたむら・みな　語学研修〔英語教員：北村透谷の妻〕

国別渡航者名一覧　　　　　　　　イギリス

渡航地	渡航年	人名・目的・活動分野
イギリス	1901	佐々城 信子　ささき・のぶこ　結婚のため〔有島武郎『或る女』のモデル〕
		松旭斉 天一　しょうきょくさい・てんいち　興行〔奇術師〕
		鳩山 春子　はとやま・はるこ　欧米旅行〔女子教育者：共立女子学園を創立〕
	1902	松本 英子　まつもと・えいこ　遊学〔ジャーナリスト：アメリカで日本の紹介に活躍〕
	1903	有島 武郎　ありしま・たけお　西洋史,労働問題〔作家,評論家〕
		久布白 落実　くぶしろ・おちみ　キリスト教伝道〔牧師,婦人運動家：廃娼・婦人参政権運動に尽力〕
		永井 荷風　ながい・かふう　哲学,フランス語〔小説家,随筆家〕
		御木本 幸吉　みきもと・こうきち　シカゴ博覧会参加〔実業家：真珠養殖の創始者〕
	1905	林 歌子　はやし・うたこ　矯風事業視察〔社会事業家：矯風会の指導者〕
	1906	矢島 楫子　やじま・かじこ　矯風会世界大会参加〔女子教育者,婦人運動家,女子学院院長：廃娼・婦人参政権運動に尽力〕
	不明	近藤 幸正　こんどう・ゆきまさ　留学〔亀山藩留学生〕
		瀬合 小次郎　せごう・こじろう　〔留学生〕
		千田 嘉吉　せんだ・かきち　医学〔留学生〕
		田村 政治郎　たむら・せいじろう　逃亡〔文筆業〕
		丹野 貞郎　たんの・さだろう　国情調査
		手賀 儀三郎　てが・ぎさぶろう　〔留学生〕
		長瀬 鳳輔　ながせ・ほうすけ　〔教育家,外交問題研究家,国士館中学校校長〕
		西島 勇　にしじま・いさむ　〔風呂屋,床屋〕
		増井 清次郎　ますい・せいじろう　旅芸人〔画家〕
		柳井 謙太郎　やない・けんたろう　〔外交官,サンフランシスコ領事〕
		吉田 繁蔵　よしだ・しげぞう　〔移民〕
イギリス	1862	淵辺 徳蔵　ふちべ・とくぞう　遣欧使節に随行〔幕臣,勘定格調役〕
		森山 多吉郎　もりやま・たきちろう　遣欧使節の通訳〔通詞：遣欧使節の英文書簡作成〕
	1863	伊藤 博文　いとう・ひろぶみ　外国事情視察〔政治家,公爵：初代総理大臣〕
		井上 馨　いのうえ・かおる　外国事情視察,武器購入〔政治家,侯爵〕
		井上 勝　いのうえ・まさる　外国事情視察,鉱山学,鉄道技術〔鉄道技術者,官吏,子爵：鉄道事業の先駆者〕
		遠藤 謹助　えんどう・きんすけ　経済学,造幣術〔大蔵省官吏,造幣局長：貨幣制度の整備に功労〕
	1865	五代 友厚　ごだい・ともあつ　貿易交渉,武器の購入〔実業家,政商：日本資本主義発展のパイオニア〕
		鮫島 尚信　さめじま・ひさのぶ　外国事情視察,文学〔外交官：外交官第1号,駐仏特命全権公使〕
		高見 弥一　たかみ・やいち　海軍測量術〔薩摩藩留学生〕

イギリス　　　　　　　　　国別渡航者名一覧

渡航地	渡航年	人名・目的・活動分野
	1866	田中　静洲　たなか・せいしゅう　医学〔医師, 鉱山技師：生野鉱山の近代的開発の礎〕 東郷　愛之進　とうごう・あいのしん　海軍機械術〔海軍軍人〕 中川　清兵衛　なかがわ・せいべえ　留学〔醸造技術者〕 長沢　鼎　ながさわ・かなえ　英学〔葡萄酒醸造業者：米国永住の先駆者, 葡萄王として有名〕 中村　宗見　なかむら・そうけん　化学, 英学〔外交官, 貴族院議員：フランス語の達人〕 名越　平馬　なごし・へいま　陸軍大砲術〔薩摩藩留学生〕 新納　中三　にいろ・なかぞう　薩摩藩留学生監督, 貿易交渉〔藩政家, 裁判官：紡績機械を輸入〕 野村　文夫　のむら・ふみお　留学〔ジャーナリスト：団団珍聞を創刊〕 畠山　義成　はたけやま・よしなり　科学技術〔文部省官吏：東京書籍館館長, 教育制度の改革〕 堀　壮次郎　ほり・そうじろう　五代友厚に同行, 英語通訳〔通詞〕 町田　申四郎　まちだ・しんしろう　海軍軍事研修〔薩摩藩留学生〕 町田　清次郎　まちだ・せいじろう　造船技術〔薩摩藩留学生〕 町田　久成　まちだ・ひさなり　留学生監督, 洋式軍制〔官吏, 僧侶：初代帝国博物館長, 古美術研究の先駆者〕 松村　淳蔵　まつむら・じゅんぞう　海軍軍事研修〔海軍軍人, 中将, 男爵：海軍兵学校長〕 村橋　直衛　むらはし・なおえ　陸軍軍事研修〔官吏：北海道開拓に農業技術導入〕 森　有礼　もり・ありのり　化学, 物理, 数学〔外交官, 教育家, 啓蒙思想家, 子爵：初代文部大臣, 近代教育制度を確立〕 山崎　小三郎　やまざき・こさぶろう　兵学修業, 外国事情視察〔長州藩留学生〕 吉田　清成　よしだ・きよなり　海軍測量術〔外交官, 理財家, 子爵：商業経済の改革に尽力, 条約改正交渉〕 朝吉　あさきち　パリ万国博覧会で興行〔旅芸人：手品〕 石丸　虎五郎　いしまる・とらごろう　工学〔官吏, 元老院議官, 造幣局長, 海軍大匠司：小野浜造船所長〕 市川　森三郎　いちかわ・もりさぶろう　政事兵制研修〔物理学, 東京帝国大学教授〕 岩佐　源二　いわさ・げんじ　政事兵制研修〔教師（静岡学問所四等教授）〕 岡　保義　おか・やすよし　留学〔教師：開成所教授〕 岡田　秀之助　おかだ・ひでのすけ　留学〔教師：加賀藩最初の留学生〕 億川　一郎　おくかわ・いちろう　理化学, 医学〔大蔵省官吏：紙幣寮で印刷インクの製造に成功〕 川路　太郎　かわじ・たろう　海軍術〔大蔵省官吏, 教育者：神戸松蔭女学校長〕 菊池　大麓　きくち・だいろく　留学〔数学者, 教育行政家, 男爵：数学教育の振興, 日本標準時の建議者〕

874　新訂増補 海を越えた日本人名事典

国別渡航者名一覧　　イギリス

渡航地	渡航年	人名・目的・活動分野
		杉 徳次郎　すぎ・とくじろう　留学〔教師, 沼津兵学校教員, 静岡学問所教授〕
		関沢 明清　せきざわ・めいせい　留学〔水産業指導者：米国式捕鯨の導入, 魚類の人工孵化〕
		太郎吉　たろきち　パリ万国博覧会の折に巡業〔旅芸人：樽回し〕
		外山 正一　とやま・まさかず　留学〔教育者, 哲学者, 貴族院議員：西洋文化移入による広範囲な啓蒙活動〕
		中井 弘　なかい・ひろし　外国事情視察〔官吏：鹿鳴館の命名者〕
		中村 正直　なかむら・まさなお　幕府留学生監督〔啓蒙学者：スマイルズ『西国立志篇』, ミル『自由論』の翻訳・紹介〕
		浪七　なみしち　パリ万国博覧会の折に興行〔旅芸人〕
		成瀬 錠五郎　なるせ・じょうごろう　留学〔幕府留学生〕
		服部 政介　はっとり・まさすけ
		林 董　はやし・ただす　留学〔外交官, 政治家, 伯爵：幕府第1回派遣留学生；日英同盟締結, 満州問題に尽力〕
		福沢 英之助　ふくざわ・えいのすけ　留学〔実業家〕
		増鏡 磯吉　ますかがみ・いそきち　パリ万国博覧会の折に巡業〔旅芸人〕
		松井 源水(13代)　まつい・げんすい　海外興行〔大道芸人, 香具師：海外興行の第1号〕
		馬渡 俊邁　まわたり・としゆき　視察〔佐賀藩通訳〕
		南 貞介　みなみ・ていすけ　銀行業務見習〔銀行家：ロンドンの銀行業ブルース兄弟商会取締役〕
		安井 真八郎　やすい・しんぱちろう　留学〔植物学者, 名古屋洋学校助教：日本最初期のばら栽培書を翻訳紹介〕
		柳川 一蝶斎　やながわ・いっちょうさい　パリ万国博覧会の折に巡業〔手品師：純日本式手品の最後の芸人〕
		矢奈川 嘉七　やながわ・かしち　パリ万国博覧会の折に巡業〔旅芸人〕
		山本 亀吉　やまもと・かめきち　パリ万国博覧会の折に巡業〔旅芸人：樽回し〕
		山本 小滝　やまもと・こたき　パリ万国博覧会の折に巡業〔旅芸人：足芸〕
		結城 幸安　ゆうき・こうあん　外国事情視察, 兵学〔土佐藩留学生〕
	1867	浅津 富之助　あさづ・とみのすけ　軍事研修〔海軍軍人, 貴族院議員, 大阪府判事補, 海軍主計総監：『英式歩兵練法』を訳述〕
		河北 義次郎　かわきた・ぎじろう　ポンド債募集に務める〔陸軍軍人, 外交官, 英国公使館御用掛, 陸軍少佐〕
		河瀬 真孝　かわせ・まさたか　留学〔外交官, 子爵〕
		福原 芳山　ふくはら・ほうざん　留学〔裁判官, 大阪裁判所判事〕
		藤本 盤蔵　ふじもと・ばんぞう　兵学〔長州藩留学生〕
		箕作 奎吾　みつくり・けいご　英語〔教師, 開成所教授, 大学少博士：英語教育〕
		毛利 藤四郎　もうり・とうしろう　留学〔長州藩家老〕
	1868	岩本 勝之助　いわもと・かつのすけ　留学〔海軍軍人〕

イギリス　　　　　　　国別渡航者名一覧

渡航地	渡航年	人名・目的・活動分野
		大野 直輔　おおの・なおすけ　毛利平六郎に同行, 経済学〔大蔵省官吏, 会計検査院部長〕
		尾崎 三良　おざき・さぶろう　三条公恭に随行〔官吏, 男爵〕
		狛 林之助　こま・りんのすけ　留学〔工部省技師, 工部少技長, 佐渡鉱山局長心得〕
		三条 公恭　さんじょう・きみやす　外国事情視察〔公家〕
		竹田 春風　たけだ・しゅんぷう　留学〔工部省官吏, 工部大学校副長〕
		戸田 五郎　とだ・ごろう　三条公恭に随行〔三条家家来〕
		中御門 経隆　なかみかど・つねたか　留学〔海軍兵学寮教員, 男爵〕
		古沢 滋　ふるさわ・しげる　外国事情視察〔政治家, 民権論者: 民選議院設立建白書を起草〕
		毛利 元巧　もうり・もといさ　海軍砲術研修〔海軍軍人, 子爵: 滞英中300冊余の書籍を蒐集〕
		森寺 広三郎　もりでら・こうざぶろう　三条公恭の従者〔三条家家来〕
		矢島 作郎　やじま・さくろう　留学〔実業家, 衆議院議員: 東京電灯会社, 正則英語学校など設立〕
	1868頃	山田 寅吉　やまだ・とらきち　土木建築学〔土木技師: 鉄道敷設に尽力〕
	1869	天野 清三郎　あまの・せいざぶろう　造船学〔工部省官吏〕
		池田 梁蔵　いけだ・りょうぞう　徳山藩主に同行〔徳山藩士: 洋式架橋の設計〕
		伊藤 湊　いとう・みなと　徳山藩主に同行
		遠藤 貞一郎　えんどう・ていいちろう　遊学〔内務省官吏, 大津郡長〕
		佐藤 鎮雄　さとう・しずお　留学〔海軍軍人, 少将〕
		田口 太郎　たぐち・たろう　留学〔官吏, 江戸開成所教官, 紙幣寮技師〕
		西川 虎之助　にしかわ・とらのすけ　留学〔化学技術者, 大日本人造肥料技師長〕
		野口 富蔵　のぐち・とみぞう　サトウの帰国に随行〔外交官アーネスト・サトウの秘書〕
		福原 和勝　ふくはら・かずかつ　陸軍軍事研修〔陸軍軍人〕
		万里小路 通房　までのこうじ・みちふさ　留学〔官吏, 伯爵〕
		湯地 定基　ゆじ・さだもと　留学〔開拓使官吏, 知事, 貴族院議員, 根室県令: 本格的な洋式農場づくり〕
		吉井 幸蔵　よしい・こうぞう　留学〔海軍軍人, 貴族院議員: 水難救済〕
	1869頃	不破 与四郎　ふわ・よしろう　藩軍艦奉行に同行〔金沢藩留学生〕
	1870	朝比奈 一　あさひな・はじめ　清水篤守に随行〔従者〕
		伊月 一郎　いづき・いちろう　海軍軍事研修〔海軍軍人: クリミア戦争を実見, 海軍留学生の先駆〕
		岩永 省一　いわなが・しょういち　留学〔実業家: 明治生命保険会社の重役〕

876　新訂増補 海を越えた日本人名事典

イギリス

渡航地	渡航年	人名・目的・活動分野
		石野 基将　いわの・もとまさ　留学〔公家〕
		大石 団蔵　おおいし・だんぞう　数学〔教育者〕
		押小路 三丸　おしこうじ・かずまる　東伏見宮に同行〔華族〕
		織田 純一郎　おだ・じゅんいちろう　留学〔翻訳家, ジャーナリスト〕
		河島 醇　かわしま・あつし　東伏見宮に同行〔外務省官吏, 県知事, 日本勧業銀行総裁, 貴族院議員〕
		国沢 新九郎　くにざわ・しんくろう　画家として最初の洋行者, 洋画法〔洋風画家：西洋画学正法の祖〕
		国友 松郎　くにとも・まつろう　留学〔留学生〕
		黒岡 帯刀　くろおか・たてわき　海軍軍事研修〔海軍軍人, 中将, 貴族院議員：北清事変で軍功〕
		黒部 鉱太郎　くろべ・こうたろう　普仏戦争視察〔徳島藩士〕
		小松宮 彰仁親王　こまつのみや・あきひとしんのう　軍事学〔陸軍軍人, 元帥, 皇族〕
		佐双 左仲　さそう・さちゅう　造船学〔海軍軍人, 造船総監：初めて軍艦を建造〕
		三宮 義胤　さんのみや・よしたね　東伏見宮に同行〔外務省・宮内省官吏, 男爵〕
		城 蓮　じょう・れん　中御門寛麿に同行〔中御門家家来〕
		吹田 勘十郎　すいた・かんじゅうろう　留学〔留学生〕
		曽谷 言成　そや・ことしげ　法律学〔留学生〕
		武谷 福三　たけたに・ふくぞう　留学〔徳島藩留学生〕
		伊達 宗介　だて・むねすけ　語学研修〔和歌山県留学生〕
		建野 郷三　たての・ごうぞう　国外逃避のための留学〔官吏, 実業家, 大阪府知事：内外物産貿易会社などの経営に参加〕
		土山 藤次郎　つちやま・とうじろう　商工業規則調査〔工部省・大蔵省官吏〕
		内藤 類次郎　ないとう・るいじろう　留学〔外務省官吏〕
		西 直八郎　にし・なおはちろう　東伏見宮に同行, 兵学, 普通学〔東伏見宮の従者〕
		馬場 辰猪　ばば・たつい　法律学〔政治家, 思想家：自由民権, 思想の啓蒙〕
		深尾 貝作　ふかお・かいさく　海軍研修〔高知県留学生〕
		前島 密　まえじま・ひそか　郵便・為替制度の視察〔官吏, 実業家, 男爵：郵便制度の創始者〕
		前田 十郎左衛門　まえだ・じゅうろうざえもん　航海術〔海軍兵学寮学生：イギリス士官と口論, 艦上で割腹自殺〕
		松井 正水　まつい・せいすい　海軍軍事研修〔土佐藩留学生〕
		松田 金次郎　まつだ・きんじろう　造船学〔海軍軍人, 神戸造船所長〕
		真辺 戒作　まなべ・かいさく　海軍軍事研修〔土佐藩留学生〕
		森 繁　もり・しげる　東伏見宮に随行〔留学生〕
		森 甚五兵衛　もり・じんごべえ　留学〔大学南校の学生〕
		山田 純吉　やまだ・じゅんきち　鉱山学〔工部省鉱山技師〕
		芳山 五郎介　よしやま・ごろうすけ　留学〔山口藩留学生〕

イギリス　　　　　　　　国別渡航者名一覧

渡航地	渡航年	人名・目的・活動分野
	1870頃	小室 三吉　こむろ・さんきち　経済学,滞英12年に及ぶ〔実業家：三井物産,東京海上保険などの経営に参加〕
		水谷 亦六郎　みずたに・またろくろう　留学〔造船技師：長崎三菱造船所長〕
		吉田 伴七郎　よしだ・ともしちろう　留学〔薩摩藩留学生〕
	1871	赤嶺 五作　あかみね・ごさく　海軍軍事研修〔海軍兵学寮学生〕
		伊賀 陽太郎　いが・ようたろう　留学〔教育者,男爵〕
		石田 昴蔵　いしだ・しょうぞう　留学〔山口県留学生〕
		石田 鼎三　いしだ・ていぞう　海軍軍事研修〔海軍軍人,海軍少佐〕
		伊地知 弘一　いじち・こういち　海軍軍事研修〔海軍軍人：軍艦厳島の艦長〕
		五十君 貢　いそきみ・みつぐ　東伏見宮の従者
		井上 勝之助　いのうえ・かつのすけ　法律学〔外交官,宮内官僚,侯爵〕
		岩崎 小二郎　いわさき・こじろう　西欧の文物調査〔官吏,貴族院議員：各県の知事を歴任〕
		岩瀬谷 亀次郎　いわせや・かめじろう　留学〔官費留学生〕
		小倉 処平　おぐら・しょへい　学制取調,政治経済学〔軍人〕
		小野寺 京介　おのでら・きょうすけ　留学〔留学生〕
		片岡 健吉　かたおか・けんきち　軍事研究〔政治家：自由民権運動に活躍,自由党結成に尽力〕
		倉永 猪一郎　くらなが・いいちろう　留学〔伊万里県留学生〕
		小林 儀秀　こばやし・よしひで　留学〔大学南校大助教〕
		志道 貫一　しじ・かんいち　造船学〔海軍軍人〕
		志波 虎次郎　しば・とらじろう　留学〔海軍兵学寮学生〕
		杉 甲一郎　すぎ・こういちろう　岩倉使節団に同行,図学,灯台実習〔工学者,工部大学校教授〕
		鈴木 暢　すずき・とおる　留学〔大学南校教員〕
		高木 報造　たかぎ・ほうぞう　留学〔伊万里県留学生〕
		高原 弘造　たかはら・こうぞう　建築学〔建築家,日本土木会社技師長：コンドルの助手〕
		伊達 宗敦　だて・むねあつ　留学〔政治家,男爵〕
		田中 永昌　たなか・ながまさ　藩主鍋島直大に随行〔鍋島家家来〕
		辻 小伝太　つじ・こでんた　留学〔伊万里県留学生〕
		東郷 平八郎　とうごう・へいはちろう　海軍軍事研修〔海軍軍人,元帥,侯爵：バルチック艦隊撃滅の功労者〕
		遠野 寅亮　とおの・のぶあき　留学〔広島県留学生〕
		富田 貞次郎　とみた・ていじろう　法律学〔留学生〕
		豊原 百太郎　とよはら・ひゃくたろう　応用化学〔官吏,教育者,大蔵省書記官,札幌農学校教授〕
		鳥居 忠文　とりい・ただぶみ　岩倉使節団と同船〔壬生藩主,子爵〕
		長岡 治三郎　ながおか・じさぶろう　大村純熙に同行〔教育者,大村藩士族：東京府師範学校校長,料理道具・洋書を購入〕
		長松 周造　ながまつ・しゅうぞう　造幣の知識〔大蔵省官吏〕

国別渡航者名一覧　　　　　　　　　イギリス

渡航地	渡航年	人名・目的・活動分野
		中村 孟　なかむら・たけし　医学〔医師〕
		鍋島 直大　なべしま・なおひろ　留学〔佐賀藩主, 式部長官, 侯爵〕
		西村 猪三郎　にしむら・いさぶろう　海軍軍事研修〔海軍軍人〕
		土師 外次郎　はじ・そとじろう　海軍軍事研修〔海軍軍人, 予備海軍造船大監, 石川県士族：横須賀造船所〕
		八戸 欽三郎　はちのへ・きんざぶろう　留学〔伊万里県留学生〕
		八田 裕次郎　はった・ゆうじろう　海軍軍事研修〔海軍軍人〕
		原 六郎　はら・ろくろう　外国事情視察, 経済学〔実業家, 第百銀行・横浜正金銀行各頭取：銀行設立や殖産興業の功労者, 日印貿易を開く〕
		原田 宗助　はらだ・むねすけ　海軍軍事研修〔海軍軍人, 造兵少将, 海軍造兵総監〕
		土方 賢吉　ひじかた・けんきち　海軍軍事研修〔海軍兵学寮学生〕
		百武 兼行　ひゃくたけ・かねゆき　経済学, 絵画〔洋画家, 官吏〕
		平原 太作　ひらはら・たさく　商法〔留学生〕
		藤田 隆三郎　ふじた・りゅうざぶろう　留学〔司法官〕
		前田 利同　まえだ・としあつ　留学〔政治家, 伯爵〕
		前田 利嗣　まえだ・としつぐ　留学, 岩倉使節団と同船〔華族, 侯爵：鉄道, 育英事業に尽力〕
		正木 退蔵　まさき・たいぞう　留学〔教育者, 外交官, 東京職工学校長, 公使館領事：工業教育に尽力〕
		松田 周次　まつだ・しゅうじ　土木学〔建築技師, 工部省鉄道寮：皇居造営の関係者〕
		松村 文亮　まつむら・ふみすけ　鍋島直大に同行〔海軍軍人, 海軍少佐〕
		三井 常二郎　みつい・つねじろう　岩倉使節団に同行〔留学生〕
		村上 敬次郎　むらかみ・けいじろう　海軍伝習〔海軍軍人, 男爵〕
		村田 保　むらた・たもつ　法律学〔官吏, 貴族院議員：水産界の功労者〕
		村地 才一郎　むらち・さいいちろう　留学〔留学生〕
		毛利 元敏　もうり・もととし　留学〔豊浦藩主, 子爵〕
		山県 小太郎　やまがた・こたろう　留学〔海軍軍人, 大宮県判事, 海軍主船大属：艦船武具の製作〕
		山口 武　やまぐち・たけし　留学〔大蔵省官吏〕
		横井 平次郎　よこい・へいじろう　留学〔熊本県留学生〕
		横尾 平太　よこお・へいた　留学〔官吏〕
	1871頃	赤根 倍作　あかね・ますさく　留学〔熊本県留学生〕
		岩崎 権少史　いわさき・ごんのしょうし　留学〔大助教〕
		円城寺 権一　えんじょうじ・ごんいち　留学〔伊万里県留学生〕
		遠藤 寅亮　えんどう・のぶあき　留学〔広島県留学生〕
	1872	赤松 連城　あかまつ・れんじょう　宗教事情視察〔僧侶：維新後初の欧州留学僧〕
		飯塚 義光　いいずか・よしみつ　留学〔工部省測量技師〕
		上杉 茂憲　うえすぎ・もちのり　留学〔裁判官, 伯爵〕
		大村 純熈　おおむら・すみひろ　留学〔大村藩知事, 伯爵〕
		小川 資原　おがわ・しげん　留学〔工部省測量技師見習〕

新訂増補 海を越えた日本人名事典　879

イギリス　　　　　　　　　国別渡航者名一覧

渡航地	渡航年	人名・目的・活動分野
	1873	河鰭 実文　かわばた・さねぶみ　留学〔内務省官吏, 子爵〕 佐々木 和三郎　ささき・わさぶろう　測量見習〔技師, 測量司一等見習, 工部権少書記官〕 関 信三　せき・しんぞう　宗教事情視察〔教育者：フレーベルの幼児教育論の紹介者〕 多賀 章人　たが・あきひと　灯台技術〔工部省灯台局官吏〕 蜂須賀 茂韶　はちすか・もちあき　留学〔政治家, 侯爵：民間事業・学術振興に尽力〕 藤倉 見達　ふじくら・けんたつ　燈台技術〔技師, 燈台局長：燈台建設の指導者〕 堀川 教阿　ほりかわ・きょうあ　日本最初の僧侶渡欧, 語学〔西本願寺僧侶〕 松平 忠敬　まつだいら・ただのり　留学〔藩知事, 子爵〕 森寺 常徳　もりでら・つねのり　蜂須賀茂韶に随行〔三条家従者〕 吉田 顕三　よしだ・けんぞう　海軍軍事研修, 7年間滞英〔軍医, 軍医少監, 大阪医学校長, 衆議院議員：義和団事件の傷病兵治療〕 石神 豊胤　いしがみ・ほういん　医学・兵学〔海軍軍医：ロンドンで客死〕 井上 十吉　いのうえ・じゅうきち　採鉱冶金学〔外交官, 教育者：英語教育, 英和辞典編纂〕 小笠原 忠忱　おがさわら・ただのぶ　留学〔豊津藩知事, 伯爵〕 勝部 其楽　かつべ・きらく　留学〔教育者, 漢詩人, 私塾包豪館館主〕 川田 龍吉　かわだ・りょうきち　船舶機械技術〔実業家, 男爵〕 郷 純造　ごう・じゅんぞう　藩主小笠原忠忱に同行〔大蔵省官吏, 男爵：国債整理に尽力〕
	1874	小林 八郎　こばやし・はちろう　土木学〔工部省留学生〕 繁沢 克明　しげさわ・かつあき　灯台技術〔工部省留学生〕 清家 茂清　せいけ・しげきよ　電信技術〔工部省電信局官吏〕 富田 孟次郎　とみた・もうじろう　留学〔工部省留学生〕 鍋島 直柔　なべしま・なおとう　留学〔慶応大学名誉教授, 子爵〕 鍋島 直虎　なべしま・なおとら　留学〔政治家, 子爵〕 伊藤 弥次郎　いとう・やじろう　鉱山学〔工部省技師〕 園田 孝吉　そのだ・こうきち　駐英領事〔銀行家, 男爵〕 中上川 彦次郎　なかみがわ・ひこじろう　外国事情視察〔実業家, 外務省公信局長：三井財閥の功労者〕 星 亨　ほし・とおる　法律学, 美術・音楽〔政治家, 自由民権運動家, 逓信大臣：立憲政友会創立〕
	1875	遠藤 喜太郎　えんどう・きたろう　公使館付武官〔海軍軍人, 少将〕 高木 兼寛　たかぎ・かねひろ　医学〔海軍軍医総監, 男爵：日本最初の看護学校の設立者〕 船木 練太郎　ふなき・れんたろう　軍用術, 砲術〔海軍軍人：海軍兵学校教頭〕 宮原 二郎　みやはら・じろう　機関学〔海軍軍人, 機関中将, 男爵：宮原式汽缶の発明者〕

国別渡航者名一覧　　　　　イギリス

渡航地	渡航年	人名・目的・活動分野
	1876	浅野 長之　あさの・ながゆき　留学〔宮内省官吏,侯爵〕 浅野 長道　あさの・ながより　留学〔留学生:ロンドンで客死〕 粟屋 道治　あわや・みちはる　輸出商見習〔商人:ニューヨーク日本人倶楽部会長〕 井上 武子　いのうえ・たけこ　西洋式社交術の習得〔井上馨夫人:鹿鳴館社交の花〕 岡村 輝彦　おかむら・てるひこ　法律学〔法学者,中央大学学長〕 笠原 研寿　かさはら・けんじゅ　宗教事情調査,梵語研究〔仏教学者,真宗大谷派学僧〕 河原 要一　かわはら・よういち　艦務の研究〔海軍軍人,中将〕 小泉 信吉　こいずみ・しんきち　経済学,数学〔銀行家,慶応義塾塾長:西欧経済学の移入〕 向坂 兌　さきさか・なおし　法学〔文部省留学生〕 桜井 錠二　さくらい・じょうじ　留学〔化学者,男爵:ベックマン沸点測定法を改良〕 杉浦 重剛　すぎうら・じゅうごう　農学,化学,物理,数学〔国粋主義的教育家,思想家:私学教育の振興,憂国警世の国士として活躍〕 関谷 清景　せきや・きよかげ　理学〔地震学者,帝国大学理科大学教授:日本最初の地震学者〕 富岡 定恭　とみおか・さだやす　砲術研究〔海軍軍人,中将,男爵〕 南条 文雄　なんじょう・ぶんゆう　梵語仏典研究〔梵語学者,僧侶:仏典の英訳紹介に尽力〕 穂積 陳重　ほづみ・のぶしげ　法律学〔法学者,男爵:日本最初の法学博士,民法典の起草に尽力〕 増田 礼作　ますだ・れいさく　工学〔鉄道技監:東京・青森間の鉄道敷設〕
	1877	伊集院 五郎　いじゅういん・ごろう　軍事留学〔海軍軍人,元帥,男爵:伊集院信管を発明〕 亀井 茲明　かめい・これあき　美学・美術〔侍従,伯爵:東洋美術学会を創立〕 徳川 家達　とくがわ・いえさと　留学〔華族,公爵〕 山辺 丈夫　やまべ・たけお　経済学,職工見習〔実業家:東洋紡績を設立〕
	1878	末松 謙澄　すえまつ・けんちょう　文学・法学〔政治家,法学者,子爵:最初の『源氏物語』の英訳者,ローマ法研究者〕 平賀 義美　ひらが・よしみ　染色術〔応用化学者,実業家,大阪実業協会会長〕 松方 正義　まつかた・まさよし　経済・財政視察〔政治家,財政家,公爵〕 柳 楢悦　やなぎ・ならよし　測量学〔海軍軍人,少将,元老院議官,貴族院議員〕
	1879	石黒 五十二　いしぐろ・いそじ　土木工学,噴水機関の製作〔海軍技師,貴族院議員,内務省・文部省官吏:呉および佐世保の鎮守府創設工事〕

新訂増補 海を越えた日本人名事典　881

イギリス　　　　　国別渡航者名一覧

渡航地	渡航年	人名・目的・活動分野
		石橋 絢彦　いしばし・あやひこ　燈台工事・海上工事〔技師：日本各地の燈台建設, 日本最初の鉄筋コンクリート橋の工事〕
		小花 冬吉　おばな・ふゆきち　冶金学〔製鉄技師：製鉄・鉱山技術の移入, 技術者育成に功績〕
		鎌田 政明　かまた・まさあき　日本最初の音楽留学〔海軍楽手〕
		河上 謹一　かわかみ・きんいち　経済学, 法学〔銀行家, 住友銀行重役〕
		栗本 廉　くりもと・れん　地質学〔御料局技師〕
		近藤 喜蔵　こんどう・よしぞう　鉱山学〔工部大学留学生〕
		実吉 安純　さねよし・やすずみ　留学〔海軍軍医中将, 子爵〕
		志田 林三郎　しだ・りんざぶろう　電信学〔電気工学者, 工科大学教授：電気学会の創立者〕
		高松 豊吉　たかまつ・とよきち　有機化学〔化学者, 実業家：工業化学の育成に貢献〕
		高峰 譲吉　たかみね・じょうきち　応用化学〔応用化学者：アドレナリン・タカジアスターゼの発明者〕
		増島 六一郎　ますじま・ろくいちろう　法律学〔弁護士, 法学者：中央大学創立に参画〕
		三好 晋六郎　みよし・しんろくろう　造船学〔研究者, 教育者, 帝国大学教授, 築地工手学校長：洋式造船学の教育に尽力〕
		森 阿常　もり・おつね　夫に同行〔森有礼前夫人：契約結婚後に離婚〕
	1880	荒川 新一郎　あらかわ・しんいちろう　紡績学〔農商務省技師〕
		有栖川宮 威仁親王　ありすがわのみや・たけひとしんのう　海軍軍事研修, イギリス皇室研究〔皇族, 海軍軍人, 元帥〕
		高山 直質　たかやま・なおただ　土木・機械工学〔工学研究者, 帝国大学工科大学教授：真珠養殖を提案〕
		辰野 金吾　たつの・きんご　建築学〔建築家, 帝国大学工科大学長：建築界の先駆者・指導者〕
		南 清　みなみ・きよし　工部大学第1回留学生, 土木学〔技師, 工部省御用掛, 山陽鉄道顧問：鉄道事業の功労者〕
		和田垣 謙三　わだがき・けんぞう　理財学〔経済学者, 東京帝国大学教授, 日本女子商業学校長：商業教育に尽力〕
	1881	内藤 政共　ないとう・まさとも　海事工学〔海軍技師, 子爵〕
	1882	金尾 稜厳　かなお・りょうごん　宗教事情, 立憲制度調査〔政治家：国会開設以来の議員〕
		五代 龍作　ごだい・りゅうさく　機械工学〔実業家：鉱山事業を経営〕
	1882頃	菅 了法　すが・りょうほう　留学〔評論家, 僧侶〕
	1883	加藤 高明　かとう・たかあき　三菱派遣留学生〔政治家, 外交官, 伯爵：日英親善外交を推進〕
		近藤 基樹　こんどう・もとき　造船機械学〔海軍軍人, 教育者, 男爵：軍艦の設計など造船界の功労者〕
		藤沢 利喜太郎　ふじさわ・りきたろう　物理学〔数理学者, 教育者：数学教育の権威者〕
	1883頃	鈴木 敬作　すずき・けいさく　出張〔大蔵省官吏：ロンドンで客死〕

国別渡航者名一覧　　　　　　　　イギリス

渡航地	渡航年	人名・目的・活動分野
	1884	伊藤 篤太郎　いとう・とくたろう　植物学〔植物学者, 東北帝国大学講師〕
		大久保 喜蔵　おおくぼ・よしぞう　海軍軍事研修〔海軍軍人〕
		黒田 長成　くろだ・ながしげ　留学〔政治家, 貴院副議長〕
		関 重忠　せき・しげただ　海軍軍事研修〔海軍軍人, 少将：兵学校の機関術教官〕
		添田 寿一　そえだ・じゅいち　留学〔銀行家, 日本興業銀行総裁〕
		高島 北海　たかしま・ほっかい　万国森林博覧会〔画家：ナンシーの画家たちに日本美術を啓蒙〕
		野口 定次郎　のぐち・さだじろう　海軍軍事研修〔海軍軍人〕
		早崎 源吾　はやさき・げんご　海軍軍事研修〔海軍軍人：兵学校で運用術担当〕
		東伏見宮 依仁親王　ひがしふしみのみや・よりひとしんのう　留学〔海軍軍人, 元帥〕
		松本 虎之助　まつもと・とらのすけ　海軍軍事研修〔海軍兵学校教員〕
		溝口 武五郎　みぞぐち・たけごろう　海軍軍事研修〔海軍兵学校学生〕
		渡辺 嘉一　わたなべ・かいち　工学, 理学〔土木学者, 実業家：世界一の鉄橋の工事監督, 鉄道事業の経営〕
	1885	稲垣 満次郎　いながき・まんじろう　留学〔外交官, 南進論者：南進論の先駆け〕
		大竹 多気　おおたけ・たけ　製織研究〔研究者：桐生高等織染学校長など歴任〕
		出羽 重遠　でわ・しげとお　海軍事情視察〔海軍軍人, 大将, 男爵：シーメンス事件査問委員長〕
		中村 貞吉　なかむら・ていきち　留学〔帝国大学工科大学助教授〕
		野呂 景義　のろ・かげよし　機械学〔冶金学者, 帝国大学教授〕
		藤村 義朗　ふじむら・よしろう　留学〔実業家, 政治家, 男爵〕
		細川 護成　ほそかわ・もりしげ　人文/私費留学〔政治家, 侯爵〕
		向山 慎吉　むこうやま・しんきち　浪速艦回航〔海軍軍人, 中将, 男爵〕
		森田 思軒　もりた・しけん　郵便報知新聞特派員〔新聞記者, 翻訳家〕
		安広 伴一郎　やすひろ・ともいちろう　留学〔官僚, 枢密顧問官〕
		吉松 茂太郎　よしまつ・もたろう　巡洋艦浪速の回航のため〔海軍軍人, 大将〕
		渡瀬 寅次郎　わたせ・とらじろう　団体視察〔教育家, 関東学院初代院長〕
	1886	伊達 宗陳　だて・むねのぶ　留学〔官内庁官吏, 侯爵〕
		田辺 次郎　たなべ・じろう　貿易に従事〔貿易業：帰国の途中客死〕
		千頭 清臣　ちかみ・きよおみ　留学〔内務官僚, 教育者, 貴族院議員, 二高教授〕
		蜂須賀 正韶　はちすか・まさあき　留学〔政治家, 侯爵〕
		原 亮一郎　はら・りょういちろう　経済学〔実業家, 東京図書株式会社社長〕

新訂増補 海を越えた日本人名事典　　883

イギリス　　　　　　　　国別渡航者名一覧

渡航地	渡航年	人名・目的・活動分野
	1887	松浦 厚　まつら・あつし　国際公法〔伯爵：大日本海事学会長〕 真野 文二　まの・ぶんじ　機械工学〔機械工学者, 帝国大学工科大学教授, 貴族院議員〕 菊地 恭三　きくち・きょうぞう　紡績〔実業家, 貴族院議員〕 菊池 恭三　きくち・きょうぞう　紡績技術〔実業家, 大日本紡績社長, 貴族院議員〕 後藤 牧太　ごとう・まきた　理科教育視察〔教育者, 東京師範名誉教授：ローマ字運動の提唱者〕 島田 三郎　しまだ・さぶろう　政治思想, 社会運動の研究〔ジャーナリスト, 政治家：社会改良運動の推進者〕 須田 利信　すだ・としのぶ　造船学〔造船技術者, 実業家, 日本郵船副社長〕 那須 セイ　なす・せい　看護学〔看護婦：看護婦留学の第1号〕 拝志 よしね　はいし・よしね　看護学〔看護婦：看護婦留学の第1号〕 土方 寧　ひじかた・やすし　民法, 英法〔法学者：英法の知識普及に貢献, 中央大学創設に参画〕 陸奥 広吉　むつ・ひろきち　留学〔外交官, 伯爵, 特命全権公使〕 山根 正次　やまね・まさつぐ　衛生行政制度視察〔医師, 衆議院議員〕
	1888	稲葉 正縄　いなば・まさなお　留学〔式部官, 子爵〕 桜井 小太郎　さくらい・こたろう　建築学〔建築家〕 島村 速雄　しまむら・はやお　海軍軍事研修〔海軍軍人, 元帥, 男爵〕 鈴木 四十　すずき・よそ　機械工学〔実業家〕 副島 道正　そえじま・みちまさ　留学〔実業家, 政治家, 伯爵〕 広沢 金次郎　ひろさわ・きんじろう　留学〔政治家, 伯爵〕 山本 長方　やまもと・ながかた　造船学, 図学〔造船技師, 東京帝国大学教授：三菱造船技術長〕
	1889	長田 秋濤　おさだ・しゅうとう　政治学〔仏文学者, 劇作家：A. デュマ「椿姫」の訳者, 演劇改良運動に参加〕 斯波 貞吉　しば・ていきち　留学〔ジャーナリスト, 政治家, 衆議院議員〕 柴原 亀二　しばはら・かめじ　留学〔弁護士〕 田中 銀之助　たなか・ぎんのすけ　留学〔実業家：ラグビーを日本に紹介〕 田中館 愛橘　たなかだて・あいきつ　電気磁器学〔物理学者, ローマ字論者, 貴族院議員：地球物理学・航空学の開拓者〕 坪井 正五郎　つぼい・しょうごろう　人類学〔人類学者：人類学の開拓者〕 戸水 寛人　とみず・ひろんど　法律学〔法学者, 司法官, 東京帝国大学教授, 衆議院議員：ローマ法の権威〕 服部 俊一　はっとり・しゅんいち　紡績業の視察〔実業家, 東洋紡績会社取締役：尾張紡績の創業に尽力〕
	1890	黒田 定治　くろだ・さだはる　師範学科の研究〔教育者, 女子師範学校教授：単級教授法の提唱者〕

884　新訂増補 海を越えた日本人名事典

イギリス

渡航地	渡航年	人名・目的・活動分野
		有馬 良橘　ありま・りょうきつ　軍事派遣〔海軍軍人, 大将, 枢密顧問官〕
		斉藤 孝至　さいとう・たかし　海軍軍事研修〔海軍軍人, 海軍大尉〕
		清水 市太郎　しみず・いちたろう　留学〔法律学者, 弁護士, 衆議院議員〕
		高木 喜寛　たかぎ・よしひろ　医学研究〔外科医学者, 東京慈恵会医科大学名誉学長：英国式医学教育を推進〕
		高楠 順次郎　たかくす・じゅんじろう　インド学〔インド学・仏教学者, 教育者：東京帝国大学にマックス・ミューラーの蔵書を収蔵〕
		戸際 文造　とぎわ・ぶんぞう　留学〔海軍軍医〕
		平山 信　ひらやま・まこと　グリニッジで星学研究〔天文学者：小惑星の発見者〕
	1891	加藤 友三郎　かとう・ともさぶろう　軍艦建造視察〔海軍軍人, 元帥, 子爵：軍縮条約締結で活躍〕
		玉利 親賢　たまり・ちかかた　留学〔海軍軍人, 中将〕
	1893	秋山 真之　あきやま・さねゆき　軍事視察〔海軍軍人, 中将〕
		各務 鎌吉　かがみ・けんきち　ロンドン支店派遣〔実業家, 東京海上火災保険会社社長：保険業界の指導者〕
		久保田 与四郎　くぼた・よしろう　法律学〔政治家, 衆議院議員〕
		佐野 藤次郎　さの・とうじろう　水道技術習得〔土木技術者, 神戸市技師長〕
		下田 歌子　しもだ・うたこ　女子教育状況の視察〔女子教育家, 愛国婦人会会長：実践女子大学を創立, 賢母良妻教育の啓蒙〕
		水谷 叔彦　みずたに・よしひこ　海軍大学校へ入学〔海軍軍人, 海軍少将〕
	1894	井口 在屋　いのくち・ありや　機械工学〔工学者, 東京帝国大学教授：航空界に尽力〕
		柴 五郎　しば・ごろう　軍事〔陸軍軍人, 大将〕
		野間口 兼雄　のまぐち・かねお　軍事視察〔海軍軍人, 大将〕
		林 権助　はやし・ごんすけ　ロンドン領事〔外交官, 男爵〕
	1895	中原 淳蔵　なかはら・じゅんぞう　機械工学〔工学者, 九州帝国大学教授〕
	1896	朝吹 常吉　あさぶき・つねきち　留学〔実業家, 帝国生命保険社長〕
		大久保 藤吉　おおくぼ・とうきち　鋳造術〔文部省留学生〕
		桑田 熊蔵　くわた・くまぞう　社会問題研究〔経済学者, 社会政策学者：労働組合の必要を提唱, 友愛会結成に協力〕
		早川 千吉郎　はやかわ・せんきちろう　公債募集〔銀行家, 三井銀行筆頭常務〕
		深井 英五　ふかい・えいご　徳富蘇峰に随行〔銀行家, 日本銀行総裁, 貴族院議員〕
		福田 馬之助　ふくだ・うまのすけ　造船監督官〔海軍軍人, 造船中将, 浅野造船会社副社長〕
		山川 義太郎　やまかわ・ぎたろう　電気工学〔工学者, 東京帝国大学教授：家庭電気の普及に尽力〕

イギリス　　　　　　　　国別渡航者名一覧

渡航地	渡航年	人名・目的・活動分野
		山本 達雄　やまもと・たつお　償金処理, 金融事情視察〔政治家, 実業家, 男爵：財界人の政界進出の先駆者〕
	1896頃	高橋 秀松　たかはし・ひでまつ　留学〔薬学者：日本醋酸製造会社の創立〕
	1897	井上 準之助　いのうえ・じゅんのすけ　銀行業務研修〔政治家, 財界人, 日本銀行総裁, 大蔵大臣, 貴族院議員：金解禁とデフレ政策を実行〕
		安井 てつ　やすい・てつ　教育学, 心理学〔女子教育者：東京女子大学学長〕
	1900	夏目 漱石　なつめ・そうせき　英文学, 高等学校教師留学の第1号〔小説家, 英文学者〕
	1902	大江 スミ　おおえ・すみ　家政学〔家政学者：東京家政学院を創設, 三ぼう主義の主唱者〕
		島村 抱月　しまむら・ほうげつ　英文学, 心理学, 観劇〔評論家, 劇作家：新劇運動の指導者〕
イタリア	不明	大国屋 禎二郎　だいこくや・ていじろう　商用
	1612頃	トマス荒木　とますあらき　司祭昇任のため〔司祭：キリシタン吟味役〕
	1618	マンショ小西　まんしょこにし　司祭昇任のため〔司祭：イエズス会最後の日本人神父〕
		ミゲル・ミノエス　司祭昇任のため〔司祭〕
	1620	ペドロ・カスイ・岐部　ぺどろ・かすい・きべ　司教職授与〔イエズス会神父：キリシタン布教・殉教, 日本人初のエルサレム巡礼〕
	1870	大谷 幸蔵　おおたに・こうぞう　蚕種輸出〔貿易商：蚕種の輸出に貢献〕
		中山 譲治　なかやま・じょうじ　生糸貿易〔外交官, 実業家〕
	1872	渋沢 喜作　しぶさわ・きさく　蚕糸業視察〔実業家〕
	1873	斎藤 桃太郎　さいとう・ももたろう　留学〔官吏, 宮内顧問官〕
	1874	小島 源次郎　こじま・げんじろう　蚕卵紙販売〔生糸貿易商：小島商店の創立者〕
	1875	中島 才吉　なかじま・さいきち　ローマ公使館勤務〔外交官：フランス語教育に尽力〕
	1876	雨宮 敬次郎　あめのみや・けいじろう　蚕卵紙輸出〔実業家, 武相鉄道社長〕
		川島 忠之助　かわしま・ちゅうのすけ　蚕卵紙販売使節団の通訳〔翻訳家, 銀行家：最初のフランス文学の翻訳者, ジュール・ヴェルヌを紹介〕
	1877	桜田 親義　さくらだ・ちかよし　ローマ日本公使館に勤務〔外交官〕
	1879	田島 善平　たじま・ぜんべい　蚕卵紙輸出〔実業家, 政治家, 群馬県議会議員〕
		田島 弥平　たじま・やへい　蚕種の販売〔養蚕家：養蚕技術の改良に貢献〕
	1880	川村 永之助　かわむら・えいのすけ　蚕種販売〔川尻組頭取：養蚕組合を組織〕

渡航地	渡航年	人名・目的・活動分野
		鍋島 栄子　なべしま・ながこ　夫に同行〔鍋島直大夫人：鹿鳴館夜会の接待役〕
	1881	長沼 守敬　ながぬま・もりよし　彫刻技術〔彫刻家：洋風彫刻の開拓者〕
	1882	浅野 長勲　あさの・ながこと　イタリア公使〔侍従, 侯爵〕
		清原 英之助　きよはら・えいのすけ　パレルモ工芸美術学校教師〔漆工家：美術教育に尽力〕
		清原 千代　きよはら・ちよ　パレルモ工芸美術学校教師〔刺繍家：油絵刺繍を創案〕
		ラグーザ玉　らぐーざたま　パレルモ工芸美術学校教師〔洋画家：女流洋画家の第1号〕
	1883	松岡 寿　まつおか・ひさし　国立ローマ美術学校〔洋画家, 美術教育家：明治美術学校を創立, 美術工芸の発展に寄与〕
	1886	伊東 平蔵　いとう・へいぞう　語学研修〔図書館人, 初代横浜市立図書館長：公共図書館建設・運営の先覚者〕
	1888	大熊 氏広　おおくま・うじひろ　彫刻技術〔彫刻家：銅像制作の先駆者〕
	1889	大里 忠一郎　おおさと・ただいちろう　養蚕製糸業の視察〔実業家：養蚕製糸業の発展に尽力〕
		三吉 米熊　みよし・よねくま　蚕業事情調査〔教育者, 小県蚕業学校初代校長〕
		山口 勝　やまぐち・かつ　陸軍軍事研修〔陸軍軍人, 中将〕
	1892	中島 信行　なかじま・のぶゆき　特命全権公使〔政治家, 男爵：初代衆議院議長〕
	1894	大森 房吉　おおもり・ふさきち　地震学〔地震学者：近代地震学の開拓者〕
	1896	中山 秀三郎　なかやま・ひでさぶろう　土木建築〔工学者, 東京帝国大学教授〕
	1905	有島 生馬　ありしま・いくま　洋画〔洋画家, 小説家：セザンヌの紹介者〕
オーストラリア	1875	舟木 真　ふなき・しん　牧畜視察〔官吏, 開拓家〕
	1880	河瀬 秀治　かわせ・ひではる　メルボルン博覧会〔実業家：商法会議所設立, 美術振興に尽力〕
	1887	兼松 房治郎　かねまつ・ふさじろう　鉱物・羊毛などの実地調査〔実業家：日豪貿易の先駆者〕
	1894	太神楽 丸一　おおかぐら・がんいち　興行〔旅芸人：曲芸〕
オーストリア	1872	岡本 健三郎　おかもと・けんざぶろう　ウィーン万国博覧会に出張〔実業家, 民権論者, 日本郵船理事：日本郵船の創立に参画〕
		川村 純義　かわむら・すみよし　ウィーン万国博覧会視察〔海軍軍人, 大将, 伯爵〕
		河原 忠次郎　かわら・ちゅうじろう　ウィーン万国博覧会出張, 製陶法研修〔窯業家：ヨーロッパ製陶法の移入〕
	1873	朝倉 松五郎　あさくら・まつごろう　ウィーン万国博覧会に参加〔技術家：レンズ製造技術を習得〕
		石井 範忠　いしい・のりただ　ウィーン万国博覧会, 製紙技術〔印刷局技師〕
		伊藤 信夫　いとう・のぶお　ウィーン万国博覧会〔勧工寮官吏〕

オーストリア 国別渡航者名一覧

渡航地	渡航年	人名・目的・活動分野
		今村 有隣　いまむら・ありちか　ウィーン万国博覧会〔語学者：フランス語教育に尽力〕
		岩橋 教章　いわはし・のりあき　ウィーン万国博覧会伝習生〔画家、製図家、内国勧業博覧会審査官〕
		緒方 道平　おがた・どうへい　ウィーン万国博覧会〔官吏：山林学の祖〕
		近藤 真琴　こんどう・まこと　ウィーン万国博覧会〔教育者：海軍予備教育、攻玉社の創立者〕
		椎野 正兵衛　しいの・しょうべえ　ウィーン万国博覧会に出品〔実業家〕
		塩田 真　しおだ・まこと　ウィーン万国博覧会に派遣〔工芸研究家〕
		伊達 弥助　だて・やすけ　ウィーン万国博覧会への出品、進歩賞牌受賞〔西陣織職人：西陣織の近代化に貢献〕
		田中 精助　たなか・せいすけ　ウィーン万国博覧会〔電信技術者：電信機製造技術の移植〕
		田中 文助　たなか・ふみすけ　ウィーン万国博覧会〔留学生〕
		丹山 陸郎　たんざん・りくろう　ウィーン万国博覧会参加、製陶技術〔製陶業者〕
		納富 介次郎　のうとみ・かいじろう　ウィーン万国博覧会〔官吏、教育者：工芸教育に貢献〕
		服部 杏圃　はっとり・きょうほ　ウィーン万国博覧会に出品〔陶磁器画家：各地で陶画を指導〕
		平山 英三　ひらやま・えいぞう　ウィーン万国博覧会伝習生、画学〔官吏〕
		平山 成信　ひらやま・なりのぶ　ウィーン万国博覧会事務官〔官僚、男爵：日本赤十字社社長〕
		藤島 常興　ふじしま・つねおき　ウィーン万国博覧会視察〔機械技術者〕
		藤山 種広　ふじやま・たねひろ　ガラス製法の伝習〔技術者：ガラス、鉛筆製造の元祖〕
		古川 正雄　ふるかわ・まさお　ウィーン万国博覧会〔教育者、慶応義塾初代塾長：日本最初の世界統計書〕
		円中 文助　まるなか・ぶんすけ　ウィーン万国博覧会〔生糸検査技師、東京高等蚕糸学校講師：製糸機械を発明〕
		山添 喜三郎　やまぞえ・きさぶろう　ウィーン万国博覧会〔建築技術者、宮城県技師：ウィーン万国博日本館を建設〕
		若井 兼三郎　わかい・かねさぶろう　ウィーン万国博覧会に随行〔美術商〕
	1879	清水 郁太郎　しみず・いくたろう　産婦人科〔医学者〕
	1880	城多 虎雄　きた・とらお　メルボルン万国博覧会〔評論家、政治家、滋賀県議・議長〕
		渡辺 廉吉　わたなべ・れんきち　法律学〔司法官僚、貴族院議員〕
	1881	吉田 正春　よしだ・まさはる　外交訪問〔官吏、探検家〕
	1885	近衛 篤麿　このえ・あつまろ　留学〔政治家、公爵〕
	1887	海江田 信義　かえだ・のぶよし　外国事情視察〔政治家、子爵〕
	1890	能勢 静太　のせ・しずた　医学〔医学者〕

国別渡航者名一覧　　　　　　　スイス

渡航地	渡航年	人名・目的・活動分野
	1895	北山 一太郎　きたやま・いちたろう　製鋼法〔財界人〕
	1896	クーデンホーフ 光子　くーでんほーふ・みつこ　夫の帰国に同行〔伯爵夫人：明治版シンデレラ物語のヒロイン、パン・ヨーロッパの母〕
オランダ	1855	福村 周義　ふくむら・ちかよし　海軍軍事研修〔海軍軍人、海軍中佐〕
	1862	伊東 玄伯　いとう・げんぱく　医学〔侍医〕
		上田 寅吉　うえだ・とらきち　造船学〔船大工、海軍技師：軍艦建造に功労〕
		内田 恒次郎　うちだ・つねじろう　海軍諸術、造船学、地理学〔教育者、著述家：『輿地誌略』などのベストセラーを執筆〕
		榎本 武揚　えのもと・たけあき　海軍技術の研修〔政治家、子爵：日本海軍の創設者〕
		大川 喜太郎　おおかわ・きたろう　鍛冶術の修得〔鍛冶師：アムステルダムで客死1号〕
		大野 弥三郎　おおの・やさぶろう　精密機器の製作〔造幣局技師：計測機器の製作を指導〕
		沢 太郎左衛門　さわ・たろうざえもん　砲術、火薬製造法〔海軍軍人：海軍育成に尽力〕
		田口 俊平　たぐち・しゅんぺい　海軍諸術〔軍艦操練所教授〕
		津田 真道　つだ・まみち　法律、経済学〔法学者、啓蒙思想家、男爵：西洋法学の最初の紹介者〕
		中島 兼吉　なかじま・かねきち　大砲鋳造技術〔鋳物職人：鉄工場を経営〕
		林 研海　はやし・けんかい　医学〔陸軍軍医、陸軍軍医総監：フランスで客死〕
		古川 庄八　ふるかわ・しょうはち　操航・水夫長の職務研修〔海軍技師〕
		山下 岩吉　やました・いわきち　操航・操砲・製帆学〔海軍技師〕
	1863	西 周　にし・あまね　国際法、経済学、統計学など〔哲学者、男爵：日本近代哲学の祖、軍人勅諭を起草〕
	1865	緒方 惟準　おがた・これよし　医学〔医師〕
	1866	松本 鉁　まつもと・けい　理・化学研修〔化学者〕
	1867	飯田 吉次郎　いいだ・きちじろう　留学〔工部省官吏〕
	1868	馬島 健吉　まじま・けんきち　医学〔医学者、馬島病院長〕
	1868頃	馬橋 健吉　まばし・けんきち　医学〔医学者〕
	1869	伍堂 卓爾　ごどう・たくじ　普通学、医学〔陸軍軍医〕
カナダ	1889	杉村 濬　すぎむら・ふかし　副領事として赴任〔外交官、元南部藩士：ブラジル移民の推進者〕
	1892	佐伯 好郎　さえき・よしろう　留学〔歴史学者〕
	1895	高木 壬太郎　たかぎ・みずたろう　神学〔神学者、教育者、青山学院神学部院長〕
ジャマイカ	1891頃	川村 駒次郎　かわむら・こまじろう　曲馬団に参加〔旅芸人〕
		百済 与一　くだら・よいち　曲馬団に参加〔旅芸人〕
		豊岡 新吉　とよおか・しんきち　興行〔曲馬師〕
		長谷川 長次郎　はせがわ・ちょうじろう　興行〔旅芸人〕
スイス	1867	松下 直美　まつした・なおよし　留学〔司法官、大審院判事〕

新訂増補 海を越えた日本人名事典　889

スイス　　　　　　　　　国別渡航者名一覧

渡航地	渡航年	人名・目的・活動分野
	1884	田中 阿歌麿　たなか・あかまろ　地理学〔湖沼学者, 日本陸水学会初代会長：湖沼学の先駆者〕
スペイン	1613	支倉 常長　はせくら・つねなが　慶長遣欧使節〔伊達政宗の家臣：日本初のフランス訪問者〕
チリ	1883	猪股 孝之進　いのまた・こうのしん　遠洋航海〔海軍軍人〕
ドイツ	1866	赤星 研造　あかほし・けんぞう　医学〔医師, 侍医：外科臨床医として活躍〕
	1868	青木 周蔵　あおき・しゅうぞう　政治学〔外交官, 政治家, 子爵：日英通商航海条約締結に成功〕
		萩原 三圭　はぎわら・さんけい　医学〔医師：日本人医学留学生の第1号, 京都医学校の創立〕
	1869	有馬 治兵衛　ありま・じへえ　留学〔官費留学生〕
		池田 弥一　いけだ・やいち　普仏戦争視察〔裁判官〕
		大石 良二　おおいし・りょうじ　遊学〔大蔵省官吏〕
		佐藤 進　さとう・すすむ　外科学〔外科医, 男爵：ドイツ最初の日本人医学博士〕
		袋 久平　ふくろ・きゅうへい　留学
		御堀 耕助　みほり・こうすけ　留学〔長州藩士〕
	1870	荒川 邦蔵　あらかわ・くにぞう　法律学〔官吏：地方自治制度の創立に尽力〕
		有地 品之允　ありち・しなのじょう　普仏戦争の視察〔海軍軍人, 中将, 男爵：海事思想の普及〕
		池田 謙斎　いけだ・けんさい　医学〔医学者, 陸軍軍医総監, 東大医学部総理, 宮内省侍医局長官：日本最初の医学博士〕
		石川 順三　いしかわ・じゅんぞう　医学〔篠山藩留学生〕
		井上 省三　いのうえ・しょうぞう　兵学, 製絨業研修〔農商務省官吏, 千住製絨所所長：製絨業の先駆者〕
		大沢 謙二　おおさわ・けんじ　生理学〔医学者：近代生理学の元祖〕
		大山 巌　おおやま・いわお　普仏戦争視察〔陸軍軍人, 元帥, 公爵：ドイツ式軍制・兵制の確立〕
		岡田 鎗助　おかだ・おうすけ　伏見宮能久親王に同行〔留学生〕
		尾崎 平八郎　おざき・へいはちろう　化学〔留学生〕
		桂 太郎　かつら・たろう　兵制研究〔陸軍軍人, 大将, 政治家, 公爵：ドイツ主義の軍制・国政への移植〕
		北尾 次郎　きたお・じろう　物理学〔気象学者：検光器, 測定器などを発明〕
		北白川宮 能久親王　きたしらかわのみや・よしひさしんのう〔皇族, 陸軍軍人, 大将, 北白川宮の第1代, 伏見宮邦家親王第9王子〕
		木脇 良太郎　きわき・りょうたろう　医学〔医学者〕
		熊沢 善庵　くまざわ・ぜんあん　化学〔化学者：大阪セメントなどの技師長〕
		相良 元貞　さがら・もとさだ　医学〔医学者〕
		静間 健介　しずま・けんすけ　留学〔官吏〕
		品川 弥二郎　しながわ・やじろう　普仏戦争視察, 政治学〔政治家, 子爵〕

890　新訂増補 海を越えた日本人名事典

国別渡航者名一覧　　　　　　　　　ドイツ

渡航地	渡航年	人名・目的・活動分野
	1871	鶴田 撰一　つるた・きいち　留学〔伊万里藩留学生〕 長井 長義　ながい・ながよし　薬学〔薬学者, 帝国学士院会員, 大日本製薬会社社長：エフェドリンの発見者, 日本女子大学, 独協学園の創立に尽力〕 丹羽 淳一郎　にわ・じゅんいちろう　伏見宮能久に随行 林 有造　はやし・ゆうぞう　普仏戦争視察〔政治家：自由党の幹部として活躍〕 原 桂仙　はら・けいせん　医学〔医師〕 原 祐民　はら・ゆうみん　医学〔医師〕 東久世 通暉　ひがしくぜ・みちてる　伏見宮能久に随行 松野 礀　まつの・かん　林学〔林学者, 山林技師：わが国林学の祖〕 本尾 敬三郎　もとお・けいざぶろう　留学〔留学生〕 山崎 橘馬　やまざき・きつま　東伏見宮に同行〔留学生〕 山脇 玄　やまわき・げん　法律学〔法律学者, 貴族院議員〕 麻間 徹之助　あさま・てつのすけ　留学〔留学生〕 姉小路 頼言　あねのこうじ・よりこと　留学〔留学生〕 諫早 家崇　いさはや・いえたか　経済学〔外務省官吏, 男爵〕 鬼頭 佐太郎　きとう・さたろう　医学〔名古屋藩留学生〕 木下 周一　きのした・しゅういち　法律学〔官吏〕 熊谷 平三郎　くまがい・へいざぶろう　留学〔留学生〕 崎山 元吉　さきやま・もときち　商法見習〔商人〕 柴田 承桂　しばた・しょうけい　有機化学, 衛生学〔有機化学者：『日本薬局方』の編纂者〕 田坂 虎之助　たさか・とらのすけ　伏見宮能久親王に随行〔陸軍軍人〕 辻 春十郎　つじ・はるじゅうろう　留学〔伊万里県留学生〕 津田 伊兵衛　つだ・いへえ　商法見習い〔商人〕 津田 正之助　つだ・しょうのすけ　商法見習い〔商人〕 長尾 俊次郎　ながお・しゅんじろう　留学〔伊万里県留学生〕 丹羽 龍之助　にわ・りゅうのすけ　学科質問〔宮内省官吏, 宮中顧問官〕 原田 音之進　はらだ・おとのしん　岩倉使節団に同行〔留学生〕 ハルトマン, サダキチ　受洗〔美術家, 詩人：日本美術の紹介〕 平田 東助　ひらた・とうすけ　法律学, 政治学〔政治家, 伯爵：産業組合運動の先駆者〕 福田 嘉太郎　ふくだ・よしたろう　留学〔留学生〕 増野 助三　ますの・すけぞう　留学〔陸軍軍人〕 松崎 万長　まつがさき・つむなが　建築・土木学〔建築技師〕 松村 次郎　まつむら・じろう　留学〔留学生〕 峯 源次郎　みね・げんじろう　留学〔留学生〕 武者小路 実世　むしゃのこうじ・さねよ　外国事情視察〔官吏, 子爵〕 山県 伊三郎　やまがた・いさぶろう　政治学, 法律学〔政治家, 公爵〕 山中 一郎　やまなか・いちろう　政治経済学〔佐賀士族：佐賀の乱に加担し処刑〕

新訂増補 海を越えた日本人名事典　891

ドイツ

渡航地	渡航年	人名・目的・活動分野
	1872	吉武 桂仙　よしたけ・けいせん　留学〔伊万里県留学生〕
		裏松 良光　うらまつ・たるみつ　留学〔侍従, 子爵〕
		光妙寺 以然　こうみょうじ・いぜん　宗教事情調査〔僧侶〕
		酒井 忠篤　さかい・ただすみ　軍事学〔陸軍軍人〕
		鷹司 熙通　たかつかさ・ひろみち　陸軍軍事研修〔陸軍軍人, 少将, 侍従長, 公爵〕
		橋本 綱常　はしもと・つなつね　医学〔医学者, 子爵：赤十字事業, 看護婦養成に尽力〕
	1873	入江 爲福　いりえ・ためさち　農芸化学〔医師, 子爵〕
		酒井 忠宝　さかい・ただみち　法律学〔庄内藩主：郷土産業の発展に尽力〕
		中村 喜一郎　なかむら・きいちろう　ウィーン万国博覧会参加〔染色技術者, 八王子織染学校校長：染色業の近代化に貢献〕
		益満 行靖　ますみつ・ゆきやす　参謀学〔陸軍軍人〕
	1874	原田 豊吉　はらだ・とよきち　地質学〔地質学者, 男爵：地質学で独自の学説を確立〕
		久松 定弘　ひさまつ・ていこう　哲学〔哲学者, 子爵〕
	1875	安東 清人　あんどう・きよと　文部省第1回留学生, 鉱山学〔文部省官吏〕
	1876	中山 訥　なかやま・とつ　艦務研究〔海軍軍人〕
	1877	巖谷 立太郎　いわや・りゅうたろう　鉱山冶金学〔鉱山学者：採鉱冶金の技術改良に貢献〕
		大島 道太郎　おおしま・みちたろう　採鉱冶金学〔採鉱冶金技師：湿式製錬工場の創設〕
		沢 良漢　さわ・りょうかん　海軍軍事研修〔海軍軍人, 少将〕
		早崎 七郎　はやさき・しちろう　艦務研究〔海軍軍人〕
		山本 権兵衛　やまもと・ごんべえ　ドイツ軍艦で艦務研修〔海軍軍人, 大将, 政治家, 伯爵〕
	1878	大河平 才蔵　おこひら・さいぞう　製鋼技術〔海軍軍人：海軍製鋼の第一人者〕
		木戸 正二郎　きど・しょうじろう　海軍軍事研修〔海軍軍人, 侯爵：帰国の途中客死〕
	1879	梅 錦之丞　うめ・きんのじょう　眼科学〔眼科医：検眼器を発明〕
		新藤 二郎　しんどう・じろう　医学〔留学生〕
		中村 弥六　なかむら・やろく　林業学, 経済学〔林業学者, 政治家, 衆議院議員：山林制度の整備に尽力〕
		松原 新之助　まつばら・しんのすけ　水産動物学〔水産学者, 東京帝国大学助教授〕
	1880	緒方 正規　おがた・まさのり　生理学, 衛生学〔医学者：衛生学細菌学の創設者〕
		小金井 良精　こがねい・よしきよ　解剖学, 組織学〔解剖学者, 人類学者：アイヌの人類学的研究で世界的に著名〕
		小藤 文次郎　ことう・ぶんじろう　地質学〔地質学者：新鉱物の発見など, 地質学の権威〕
		佐々木 政吉　ささき・まさきち　内科学〔内科医：結核治療の導入〕
	1881	遠藤 慎司　えんどう・しんじ　留学〔陸軍軍人, 陸軍主計監〕

国別渡航者名一覧　　　　　　　ドイツ

渡航地	渡航年	人名・目的・活動分野
	1882	村岡 範為馳　むらおか・はんいち　留学〔物理学者〕 飯島 魁　いいじま・いさお　動物学〔動物学者, 東京大学理科大学教授：近代動物学・寄生虫学の先駆者〕 伊東 巳代治　いとう・みよじ　伊藤博文に随行〔政治家, 伯爵〕 木越 安綱　きごし・やすつな　軍事留学〔陸軍軍人, 中将, 男爵〕 木場 貞吉　きば・さだきち　行政法〔文部省官吏, 貴族院議員〕 木場 貞長　こば・さだたけ　留学〔教育行政家〕 榊 俶　さかき・はじめ　精神病学, 中枢神経系病理学〔医学者：日本初の精神病学講座を開講〕 末岡 精一　すえおか・せいいち　立憲制度の調査, 政治学〔法学者：国法学の先駆者〕 高橋 順太郎　たかはし・じゅんたろう　薬物学〔薬理学者, 東京帝国大学医学部教授：肺炎の特効薬などの創成〕 都筑 馨六　つづき・けいろく　政治学〔官吏, 男爵〕 広橋 賢光　ひろはし・まさみつ　伊藤博文に随行〔官吏, 内閣記録局長, 貴族院議員〕 三浦 守治　みうら・もりはる　病理学〔病理学者〕 渡辺 渡　わたなべ・わたる　採鉱冶金学〔鉱山学者：鉱業技術の改良に尽力〕
	1883	青山 胤通　あおやま・たねみち　内科学〔医学者, 男爵：伝染病・癌研究に貢献〕 榊 順次郎　さかき・じゅんじろう　産科婦人科学〔医師：日本産婆看護学校を創立〕 佐藤 三吉　さとう・さんきち　外科学〔外科医, 貴族院議員：外科医学の移植〕 下山 順一郎　しもやま・じゅんいちろう　製薬学〔薬化学者：薬化学, 薬草研究に貢献〕 中沢 岩太　なかざわ・いわた　工学〔応用化学者：陶磁器界の指導者〕 牧 由真　まき・よしまさ　医学〔医師〕 松方 巌　まつかた・いわお　留学〔銀行家, 十五銀行頭取, 貴族院議員〕
	1883頃	牧 亮四郎　まき・りょうしろう　医学〔医学者〕
	1884	秋元 興朝　あきもと・おきとも　留学〔外交官, 子爵〕 石川 千代松　いしかわ・ちよまつ　動物学〔動物学者：わが国進化論の先覚者〕 井上 哲次郎　いのうえ・てつじろう　哲学〔哲学者, 詩人, 帝国大学文科大学学長, 大東文化学院総長：ドイツ観念論を移入, 最初の哲学辞典を編纂〕 樫村 清徳　かしむら・せいとく　医学〔医学者：在官洋行の最初, 脊椎矯正器なども製作〕 片山 国嘉　かたやま・くにか　法医学〔医学者：法医学創始の功労者〕 加藤 照麿　かとう・てるまろ　小児科種痘科研修〔小児科医, 侍医, 男爵：宮内省侍医〕 隈川 宗雄　くまがわ・むねお　医化学〔医学者：ドイツ医化学の移植〕

新訂増補 海を越えた日本人名事典　　893

ドイツ　　　　　　　　　　　国別渡航者名一覧

渡航地	渡航年	人名・目的・活動分野
	1885	小池 正文　こいけ・まさふみ　兵制視察〔陸軍軍人, 千住製絨所長〕 郷 誠之助　ごう・せいのすけ　留学〔実業家, 日本経済連盟会会長〕 斯波 淳六郎　しば・じゅんろくろう　公法学〔公法学者〕 千賀 鶴太郎　せんが・つるたろう　法学〔法律学者, 京都帝国大学教授〕 田中 正平　たなか・しょうへい　音響学〔音楽学者, 物理学者：純正調オルガンの発明者〕 田村 怡与造　たむら・いよぞう　陸軍軍事研修〔陸軍軍人, 中将：ドイツ近代兵学の移植〕 丹波 敬三　たんば・けいぞう　薬学〔薬学者：薬学教育に尽力〕 長松 篤棐　ながまつ・あつすけ　留学〔植物生理学者, 実業家, 男爵：日本人初の植物生理学者〕 長与 称吉　ながよ・しょうきち　医学〔医師, 男爵：日本消化器病学会を創立〕 原田 直次郎　はらだ・なおじろう　美術研究〔洋画家：ドイツ浪漫派の手法を移入, 森鷗外の小説のモデル〕 土方 久明　ひじかた・ひさあき　軍事視察〔陸軍軍人, 陸軍砲兵大尉〕 穂積 八束　ほづみ・やつか　公法学〔憲法学者, 貴族院議員：天皇制国家主義思想の提唱者〕 松平 康荘　まつだいら・やすたか　留学〔農学者, 侯爵〕 宮崎 道三郎　みやざき・みちさぶろう　法学〔法学者, 学士院会員〕 森 鷗外　もり・おうがい　衛生学, 軍事医学〔陸軍軍医, 小説家, 評論家, 陸軍軍医総監〕 山内 万寿治　やまのうち・ますじ　兵器製造研究〔海軍軍人, 中将, 男爵：兵器製造の功労者〕 和田 維四郎　わだ・つなしろう　留学〔鉱物学者, 書誌学者, 八幡製鉄所長官, 貴族院議員：鉱物学の日本人初代教授; 科学的な書誌学の先駆者〕 秋月 左都夫　あきづき・さつお　留学〔外交官, 駐オーストリア大使〕 阿部 正義　あべ・まさよし　鉱床・採鉱学〔工学者〕 大西 克知　おおにし・よしあきら　医学〔医学者, 九州帝国大学名誉教授〕 北里 柴三郎　きたざと・しばさぶろう　細菌学〔細菌学者, 男爵：破傷風の血清治療の発見者〕 河本 重次郎　こうもと・じゅうじろう　眼科学〔眼科学者：眼科学者第1号〕 志賀 泰山　しが・たいざん　農学〔農林技師〕 品川 弥一　しながわ・やいち　畜産学〔牧畜事業家, 子爵〕 竹村 本五郎　たけむら・もとごろう　工学視察〔翻訳者〕 中浜 東一郎　なかはま・とういちろう　医学〔医師：流行病防疫に尽力〕

894　新訂増補 海を越えた日本人名事典

ドイツ

渡航地	渡航年	人名・目的・活動分野
	1886	浜田 玄達　はまだ・げんたつ　産婦人科学〔婦人科医：帝国大学に助産婦養成所を設置〕 土方 久元　ひじかた・ひさもと　伏見宮貞愛親王に随行〔政治家, 伯爵, 農商務相〕 弘田 長　ひろた・つかさ　小児科学〔医学者：小児科医の先駆者, 乳児脚気を研究〕 藤波 言忠　ふじなみ・ことただ〔宮中顧問官, 子爵：牧畜を振興〕 伏見宮 貞愛親王　ふしみのみや・さだなるしんのう　ドイツ憲法, 政治学〔陸軍軍人, 元帥, 皇族〕 松村 任三　まつむら・じんぞう　植物学〔植物学者：形態学, 植物生理学の移入〕 安永 義章　やすなが・よしあき　兵器製造〔製鉄技師〕 矢野 恒太　やの・つねた　生命保険研修〔実業家：第一生命保険の創立者〕 浅野 喜三郎　あさの・きさぶろう　建築技術〔建築家〕 有賀 長雄　ありが・ながお　哲学, 政治学〔国際法学者：日露戦争に国際法顧問として従軍〕 伊藤 博邦　いとう・ひろくに　私費留学〔宮内官, 公爵〕 巖谷 孫蔵　いわや・まごぞう　法律学〔法律学者, 京都帝国大学教授, 中華民国大総統府法律諮議〕 宇野沢 辰雄　うのざわ・たつお　留学〔留学生〕 大高 庄右衛門　おおたか・しょうえもん　煉瓦製造実習〔建築技師：化粧煉瓦・ガス輪環窯を創始〕 加瀬 正太郎　かせ・しょうたろう　鍵および煉鉄の研修〔鍵職人：東京職工学校第一期生〕 金井 延　かない・のぶる　経済学〔社会政策学者：ドイツ歴史学派理論を紹介〕 河合 浩蔵　かわい・こうぞう　西洋建築学〔建築家：ドイツ建築様式技術の移植〕 菊池 常三郎　きくち・つねさぶろう　外科学〔医師, 陸軍軍医総監：臨床医として活躍〕 斉藤 新平　さいとう・しんぺい　建築技術〔鉄道院技師〕 坂内 冬蔵　さかうち・ふゆぞう　建築技術〔技術者：日本セメント工業の創始者〕 清水 米吉　しみず・よねきち　ドイツ建築の研究〔建具職人〕 高木 豊三　たかぎ・とよぞう　法律学〔裁判官, 弁護士, 貴族院議員〕 立見 尚文　たつみ・なおぶみ　軍事視察〔陸軍軍人, 大将, 男爵〕 谷口 謙　たにぐち・けん　軍医学〔陸軍軍医〕 津軽 英麿　つがる・ふさまろ　留学〔官吏, 伯爵〕 常磐井 堯猷　ときわい・ぎょうゆう　梵文学〔僧侶, 梵語学者, 男爵〕 富谷 鈺太郎　とみや・しょうたろう　法律学〔裁判官：民事訴訟制度の確立に尽力〕 内藤 陽三　ないとう・ようぞう　彫刻〔洋式彫刻家：プロシアの宮殿造営に参加〕

ドイツ　　　　　　　　　　国別渡航者名一覧

渡航地	渡航年	人名・目的・活動分野
		中村 精男　なかむら・きよお　気象学〔気象学者：メートル法の普及、エスペラント運動にも尽力〕
		西村 勝三　にしむら・かつぞう　化学工業〔実業家、品川白煉瓦創立者：煉瓦製造の先駆者〕
		乃木 希典　のぎ・まれすけ　兵制・兵学〔陸軍軍人、大将、伯爵〕
		野沢 武之助　のざわ・たけのすけ　留学〔政治家、衆議院議員〕
		野尻 精一　のじり・せいいち　教育学〔教育者：ヘルバルト教育学の移入、師範教育に尽力〕
		範多 龍太郎　はんた・りゅうたろう　留学〔実業家〕
		松岡 康毅　まつおか・やすたけ　司法行政事務〔司法官、政治家、男爵：日本大学初代学長〕
		箕作 元八　みつくり・げんぱち　動物学、歴史学〔西洋史学者、東京帝国大学理学部教授：近代歴史学の先駆者〕
		山田 信介　やまだ・しんすけ　建築実習〔建築家、実業家〕
		山本 悌二郎　やまもと・ていじろう　留学〔実業家、政治家、衆議院議員〕
		横山 又次郎　よこやま・またじろう　古生物学〔古生物学者：日本古生物学の先駆者〕
		渡辺 譲　わたなべ・ゆずる　建築学〔建築家：呉軍港の大船渠を建造〕
	1887	井口 省吾　いぐち・しょうご　陸軍軍事研修〔陸軍軍人、大将〕
		緒方 正清　おがた・まさきよ　医学留学〔医師：日本初の産婦人科の専門病院を開設〕
		北川 乙治郎　きたがわ・おとじろう　外科学〔医師、和歌山県立病院長〕
		田口 和美　たぐち・かずよし　医学研究〔解剖学者、東京帝国大学医科大学教授：解剖学で先駆的役割〕
		坪井 九馬三　つぼい・くめぞう　史学〔史学者：ドイツ実証史学の移植〕
	1887頃	橋本 春　はしもと・はる　医学〔留学生〕
	1888	石田 八弥　いしだ・はちや　留学〔鉱学者、男爵〕
		大井 才太郎　おおい・さいたろう　電話技術視察〔電気技術者、電気学会会長：電信電話事業の確立に貢献〕
		大西 秀治　おおにし・ひではる　医学〔陸軍軍医〕
		賀古 鶴所　かこ・つるど　医学〔医師：耳鼻咽喉科の創始者〕
		加藤 時次郎　かとう・ときじろう　医学〔医師、社会改良主義者〕
		金杉 英五郎　かなすぎ・えいごろう〔医師：耳鼻咽喉科学の開祖〕
		小池 正直　こいけ・まさなお　留学〔医師、軍医総監、男爵、貴族院議員〕
		瀬川 昌耆　せがわ・まさとし　医学〔医師〕
		尺 秀三郎　せき・ひでさぶろう　留学〔教育家、ドイツ語学者、東京外国語学校教授〕
		添田 飛雄太郎　そえだ・ひゅうたろう　留学〔政治家、衆議院議員〕
		筒井 秀二郎　つつい・ひでじろう　留学〔病理学者〕
		東条 英教　とうじょう・ひでのり　陸軍軍事研修〔陸軍軍人、中将〕

896　新訂増補 海を越えた日本人名事典

国別渡航者名一覧　　　　　ドイツ

渡航地	渡航年	人名・目的・活動分野
	1889	二宮 熊次郎　にのみや・くまじろう　留学〔新聞記者〕 日高 真実　ひだか・まさね　教育学〔教育学者：最初の教育学専修留学生〕 向井 哲吉　むかい・てつきち　製鉄技術〔製鉄所技師：特殊鋼の発展に尽力〕 村田 謙太郎　むらた・けんたろう　医学〔医学者：寄生虫や癩の研究に貢献〕 山口 圭蔵　やまぐち・けいぞう　陸軍軍事研修〔陸軍軍人, 少将〕 浅川 敏靖　あさかわ・としやす　陸軍軍事研修〔陸軍軍人, 中将：馬政に手腕を発揮〕 荒木 寅三郎　あらき・とらさぶろう　生理化学〔生化学者, 京都帝国大学総長, 学習院長：医化学の創始者〕 宇野 朗　うの・あきら　ツベルクリン研究〔医師, 東京帝国大学名誉教授〕 岡 玄卿　おか・げんきょう　医学〔医師, 男爵〕 片岡 七郎　かたおか・しちろう　海軍事情の調査〔海軍軍人, 大将, 男爵〕 川村 宗五郎　かわむら・そうごろう　陸軍軍事研修〔陸軍軍人, 中将〕 古賀 廉造　こが・れんぞう　刑法〔裁判官, 政治家〕 高山 甚太郎　たかやま・じんたろう　セメント工業, 耐火材料〔工業技術者, 工業試験所長：工業試験所の創設者〕 伏見宮 博恭親王　ふしみのみや・ひろやすしんのう　海軍軍事研修〔海軍軍人, 元帥, 皇族〕 的場 中　まとば・なか　冶金学〔冶金学者：磁気探鉱法の新分野を開拓〕 三浦 謹之助　みうら・きんのすけ　内科学, 神経病学〔医学者：独・仏の内科学, 神経病学の移入〕 森 正道　もり・まさみち　外科学〔医師, 三重県羽津病院長〕 山田 又三郎　やまだ・またさぶろう　採鉱冶金学〔実業家：三井鉱山の経営に尽力〕
	1890	湯本 武比古　ゆもと・たけひこ　留学〔教育者, 東京高師教授〕 一木 喜徳郎　いちき・きとくろう　地方自治制度〔法学者, 政治家, 行政官, 男爵：天皇機関説の先駆者〕 上田 万年　うえだ・かずとし　言語学〔国語学者, 言語学者, 帝国学士院会員：国語・国字政策の権威, 国語辞典の編纂〕 大井 菊太郎　おおい・きくたろう　陸軍軍事研修〔陸軍軍人, 大将, 男爵〕 大島 健一　おおしま・けんいち　砲工学〔陸軍軍人, 中将, 陸軍大臣〕 大田 正徳　おおた・まさのり　陸軍軍事研修〔陸軍軍人〕 岡田 国太郎　おかだ・くにたろう　医学〔軍医〕 笠井 真三　かさい・しんぞう　セメント製造研究〔実業家, 小野田セメント社長〕 後藤 新平　ごとう・しんぺい　留学〔政治家, 伯爵〕 榊原 忠誠　さかきばら・ただしげ　陸軍軍事研修〔陸軍軍人〕 関谷 銘次郎　せきや・めいじろう　軍事研修〔陸軍軍人〕

新訂増補 海を越えた日本人名事典　　897

ドイツ

渡航地	渡航年	人名・目的・活動分野
		仙波 太郎　せんば・たろう　駐在武官〔陸軍軍人, 中将, 政治家, 衆議院議員〕
		高橋 瑞子　たかはし・みずこ　産婦人科学〔産婦人科医：女医の先駆者〕
		田原 良純　たわら・よしずみ　薬学, 化学〔薬学者, 東京衛生試験所所長：フグ毒を初めて抽出〕
		坪井 次郎　つぼい・じろう　結核治療法〔衛生学者：ドイツの近代衛生学の移植〕
		藤井 茂太　ふじい・しげた　軍事研究〔陸軍軍人, 中将〕
		本多 静六　ほんだ・せいろく　林学〔林学者：林造学の元祖, 日比谷公園など庭園設計にも功績〕
	1890頃	岩佐 新　いわさ・あらた　医学〔医師, 男爵〕
		松本 鵰　まつもと・あきら
	1891	大内 健　おおうち・たけし　農業経済〔農学者：農学会の創立・組織化に尽力〕
		大迫 尚道　おおさこ・なおみち　ドイツ公使館付武官〔陸軍軍人, 大将〕
		丘 浅次郎　おか・あさじろう　生物学〔動物学者, 東京文理科大学名誉教授〕
		岡野 敬次郎　おかの・けいじろう　商法〔法学者, 政治家, 男爵：商法編纂に尽力〕
		児玉 源太郎　こだま・げんたろう　軍制視察〔陸軍軍人, 大将, 政治家, 伯爵〕
		近藤 次繁　こんどう・つぎしげ　外科学〔医師：外科学の発展に貢献〕
		三好 学　みよし・まなぶ　植物学〔植物学者：天然記念物の保存に尽力〕
		山崎 覚次郎　やまざき・かくじろう　経済学〔経済学者〕
	1892	猪子 吉人　いのこ・きちんど　毒物学〔薬物学者：フグ中毒の研究で著名, ドイツで客死〕
		入沢 達吉　いりさわ・たつきち　医学〔医学者, 随筆家：日独交流, 日中文化交流にも尽力〕
		川瀬 善太郎　かわせ・ぜんたろう　林政学〔林学者：林政学, 森林法律学の基礎を創設〕
		波多野 貞之助　はたの・ていのすけ　師範教育〔教育者：師範教育に尽力〕
		細木 松之助　ほそき・まつのすけ　陶磁工業の研究〔応用化学者〕
		本田 幸介　ほんだ・こうすけ　農学〔農学者：イタリア・ドイツの畜産学を移入〕
		松崎 蔵之助　まつざき・くらのすけ　経済学研修〔経済学者：財政・農政学に貢献〕
		山極 勝三郎　やまぎわ・かつさぶろう　病理学研究〔病理学者：世界初の発癌実験に成功〕
		山階宮 菊麿　やましなのみや・きくまろ　留学〔皇族, 山階宮第2代〕
	1893	上原 伸次郎　うえはら・しんじろう　留学〔海軍軍人, 少将〕

渡航地	渡航年	人名・目的・活動分野
		宇都宮 鼎　うつのみや・かなえ　財政学, 金融学〔海軍軍人, 海軍主計総監〕
		大瀬 甚太郎　おおせ・じんたろう　教育学〔教育学者：ドイツ教育学の移植〕
		落合 豊三郎　おちあい・とよさぶろう　公使館付武官〔陸軍軍人, 中将〕
		小原 伝　おはら・でん　陸軍軍事研修〔陸軍軍人, 中将〕
		加藤 定吉　かとう・さだきち　軍事視察〔海軍軍人, 大将, 男爵〕
		工藤 貞次　くどう・ていじ　音楽研究〔作曲家, 陸軍戸山学校軍楽隊長〕
		神保 小虎　じんぼ・ことら　岩石・鉱物研究〔地質・鉱物学者：地質学の発展に貢献〕
		土肥 慶蔵　どひ・けいぞう　外科学〔医学者：皮膚病, 性病研究と理学的治療法の確立〕
		長岡 半太郎　ながおか・はんたろう　物理学〔物理学者：原子物理学の世界的権威〕
		保科 真直　ほしな・まさなお　軍事研修〔軍人〕
		松川 敏胤　まつかわ・としたね　陸軍軍事研修〔陸軍軍人, 大将：日露戦争で作戦主任〕
		山田 久雄　やまだ・ひさお　留学〔留学生〕
	1894	明石 元二郎　あかし・もとじろう　語学研究〔陸軍軍人, 大将, 台湾総督：ロシアでの諜報工作に活躍〕
		磯田 良　いそだ・りょう　留学〔西洋史学者, 東京高師教授〕
		今泉 嘉一郎　いまいずみ・かいちろう　製鉄学〔官吏, 実業家：八幡製鉄所建設, 日本鋼管創立〕
		大沢 岳太郎　おおさわ・がくたろう　解剖学〔解剖学者：比較解剖学の発展に寄与〕
		笠原 光興　かさはら・みつおき　医学研修〔医学者〕
		柳沢 保恵　やなぎさわ・やすとし　統計学〔統計学者, 伯爵〕
		渡辺 芳太郎　わたなべ・よしたろう　採鉱冶金学〔鉱物学者〕
	1895	朝倉 文三　あさくら・ぶんぞう　医学〔医者：日本泌尿器病学会を創立〕
		井上 仁郎　いのうえ・にろう　軍事鉄道研究〔陸軍軍人, 中将〕
		大庭 二郎　おおば・じろう　留学〔陸軍軍人, 大将〕
		河喜多 能達　かわきた・みちただ　応用化学〔応用化学者：応用化学発達の先駆者〕
		古在 由直　こざい・よしなお　農芸化学〔農芸化学者, 東京帝国大学総長：足尾鉱毒事件で土壌分析実施〕
		柴田 才一郎　しばた・さいいちろう　機織工科の研究〔機織技師〕
		菅 之芳　すが・ゆきよし　内科学〔内科医〕
		橋本 左五郎　はしもと・さごろう　牧畜・畜産製造学〔畜産学者：練乳製造の指導者〕
		羽室 庸之助　はむろ・ようのすけ　製鉄技術〔製鉄技術者, 政治家, 衆議院議員〕
		林 曄　はやし・はじめ　医学〔整形外科学者：日本整形外科学会設立の発起人〕
	1896	天谷 千松　あまや・せんまつ　生理学〔医学者〕

ドイツ　国別渡航者名一覧

渡航地	渡航年	人名・目的・活動分野
		伊藤 隼三　いとう・じゅんぞう　医学〔医師, 京都帝国大学教授：外科学界に寄与〕
		井上 密　いのうえ・みつ　憲法学, 行政学, 国法学〔法律学者：京都市長〕
		上野 金太郎　うえの・きんたろう　ビール製造〔実業家, 薬学者：大日本ビールの経営に参加〕
		大谷 周庵　おおたに・しゅうあん　内科学〔医学者：コッホ氏コレラ菌・脳病の研究〕
		大塚 保治　おおつか・やすじ　美学・芸術史〔美学者：ドイツ美学の移入, 文展の創設を提言〕
		岡田 和一郎　おかだ・わいちろう　耳鼻咽喉学〔医学者：耳鼻咽喉学講座を開設〕
		岡松 参太郎　おかまつ・さんたろう　民法, 国際私法〔法学者：ドイツ流解釈法学を導入〕
		岡村 龍彦　おかむら・たつひこ　皮膚病, 尿道生殖器病学〔医学者〕
		小山 吉郎　こやま・きちろう　造船学〔海軍軍人, 造船少将〕
		斎田 功太郎　さいだ・こうたろう　植物学, 博物学教授法〔植物学者：理科教育の発展に貢献〕
		鈴木 文太郎　すずき・ぶんたろう　解剖学〔解剖学者：京都帝国大学解剖学の創設者〕
		高根 義人　たかね・よしと　商法〔商法学者, 弁護士, 京都帝国大学教授：イギリス学派の学者〕
		朝永 正三　ともなが・しょうぞう　留学〔鉄道技師〕
		芳賀 栄次郎　はが・えいじろう　外科学〔陸軍軍医：初めてレントゲン装置を移入〕
		塀和 為昌　はが・ためまさ　化学〔研究者, 東京帝国大学教授〕
		百武 三郎　ひゃくたけ・さぶろう　軍政学〔海軍軍人, 大将, 侍従長, 枢密顧問官〕
		広田 精一　ひろた・せいいち　電気技術〔電機技術者, オーム社創業者〕
		藤浪 鑑　ふじなみ・あきら　病理学, 病理解剖学〔病理学者, 帝国学士院会員：風土病の第一人者〕
		松山 陽太郎　まつやま・ようたろう　留学〔医学者〕
		森島 庫太　もりしま・くらた　薬物学〔薬物学者：近代薬物学確立の功労者〕
		山田 鉄蔵　やまだ・てつぞう　医学〔内科医：脳病院を開設〕
	1897	岡田 朝太郎　おかだ・あさたろう　刑法〔刑法学者, 古川柳研究家〕
	1899	安藤 幸　あんどう・こう　ヴァイオリン奏法〔音楽家：わが国ヴァイオリン界の先駆者〕
	1901	島崎 赤太郎　しまざき・あかたろう　オルガン・作曲の研究〔音楽教育者, オルガン奏者〕
		滝 廉太郎　たき・れんたろう　作曲法, ピアノ演奏法〔作曲家, ピアノ奏者：「荒城の月」など日本の芸術歌曲を創始〕
	不明	岩佐 巌　いわさ・いわお〔鉱山学者, 東京大学理学部教授〕
		尾沢 主一　おざわ・かずいち　医学〔医学者〕

国別渡航者名一覧　　　　　　　　　フランス

渡航地	渡航年	人名・目的・活動分野
ニュージーランド	1882	武谷 椋山　たけたに・りょうざん　〔留学生〕 伊東 祐亨　いとう・すけゆき　海軍軍事研修　〔海軍軍人, 元帥, 伯爵：海軍の発展に貢献〕
ハンガリー	1896	田 健治郎　でん・けんじろう　万国電信会議　〔逓信官僚, 政治家, 男爵〕
フランス	1862	石黒 寛次　いしぐろ・ひろつぐ　遣欧使節に随行　〔佐賀藩士, 精錬方〕 市川 清流　いちかわ・せいりゅう　遣欧使節に随行　〔文部省官吏, 辞書編纂者：書籍館創設の功労者, 『尾蠅欧行漫録』の著者〕 上田 友輔　うえだ・ともすけ　遣欧使節に随行　〔幕臣, 幕府定役元締〕 太田 源三郎　おおた・げんざぶろう　遣欧使節に随行　〔通詞〕 岡 鹿之助　おか・しかのすけ　遣欧使節に随行　〔佐賀藩士〕 岡崎 藤佐衛門　おかざき・とうざえもん　遣欧使節に随行　〔幕臣, 外国奉行支配調役並〕 京極 高朗　きょうごく・たかあき　遣欧使節に随行　〔幕府外国掛〕 黒沢 新左衛門　くろさわ・しんざえもん　遣欧使節に随行　〔幕臣〕 黒沢 貞備　くろさわ・ていび　遣欧使節に随行　〔従者, 京極家家臣〕 斎藤 大之進　さいとう・だいのしん　遣欧使節に随行　〔幕府同心〕 佐藤 恒蔵　さとう・つねぞう　遣欧使節に随行　〔杵築藩士〕 柴田 剛中　しばた・たけなか　遣欧使節の組頭　〔幕臣：横須賀製鉄所の設立準備に尽力〕 重兵衛　じゅうべえ　遣欧使節に随行　〔商人, 伊勢屋八兵衛手代〕 杉 孫七郎　すぎ・まごしちろう　遣欧使節に随行　〔政治家, 子爵〕 尺 振八　せき・しんぱち　遣欧使節の通弁　〔英語学者, 教育者〕 高島 祐啓　たかしま・すけひろ　遣欧使節に随行　〔医師, 幕府漢方表医師〕 高松 彦三郎　たかまつ・ひこさぶろう　遣欧使節に随行　〔幕臣, 小人目付〕 竹内 保徳　たけうち・やすのり　修好通商条約改定の交渉　〔外国奉行：遣欧使節正使〕 立 嘉度　たち・よしのり　遣欧使節に随行　〔通詞, 官吏：横須賀製鉄所などで通訳として活躍〕 寺島 宗則　てらじま・むねのり　第1回遣欧使節団　〔外交官, 伯爵：マリア・ルス号事件, 条約改正交渉に活躍〕 原 覚蔵　はら・かくぞう　遣欧使節に随行　〔阿波藩士〕 福田 作太郎　ふくだ・さくたろう　遣欧使節に随行　〔幕臣〕 福地 源一郎　ふくち・げんいちろう　第1回遣欧使節の通訳　〔ジャーナリスト, 新聞記者, 劇作家, 小説家：ジャーナリストの先駆〕 松平 康直　まつだいら・やすなお　遣欧使節副使　〔幕臣, 外国奉行兼神奈川奉行〕 水品 楽太郎　みずしな・らくたろう　遣欧使節に随行　〔幕臣, 外国奉行支配調役並（書翰係）〕 箕作 秋坪　みつくり・しゅうへい　遣欧使節の翻訳方　〔洋学者：開化啓蒙思想の普及に貢献〕

新訂増補 海を越えた日本人名事典　　901

フランス

渡航地	渡航年	人名・目的・活動分野
	1864	森 鉢太郎　もり・はちたろう　遣欧使節に随行〔幕臣, 定役〕 山田 八郎　やまだ・はちろう　遣欧使節に同行〔幕臣, 小人目付〕 青木 梅蔵　あおき・うめぞう　遣仏使節に随行〔幕臣〕 池田 長発　いけだ・ながおき　遣仏使節・横浜鎖港談判〔外国奉行：遣欧使節正使〕 岩松 太郎　いわまつ・たろう　遣仏使節に随行〔河津伊豆守家来〕 浦上 佐助　うらかみ・さすけ　遣仏使節に随行 浦本 時藤　うらもと・ときふじ　遣仏使節に随行〔従者〕 大関 半之助　おおぜき・はんのすけ　遣仏使節に随行 乙骨 亘　おっこつ・わたる　理髪師として遣仏使節に同行〔官吏〕 河田 熙　かわだ・ひろむ　遣仏使節目付として随行〔幕臣〕 河津 祐邦　かわづ・すけくに　遣仏使節副使〔幕臣〕 小泉 保右衛門　こいずみ・やすえもん　遣仏使節に随行〔家臣, 池田筑後守長発家来〕 斎藤 次郎太郎　さいとう・じろうたろう　遣仏使節に随行〔幕臣, 幕府徒目付〕 塩田 三郎　しおだ・さぶろう　遣仏使節の通訳〔外交官：メルメ・カションの高弟, 語学力をいかし国際折衝に活躍〕 菅波 恒　すがなみ・つね　遣仏使節に随行 杉浦 譲　すぎうら・ゆずる　遣仏使節に随行〔官吏：政治・行政・財政制度の基礎づくりに貢献〕 須藤 時一郎　すどう・ときいちろう　遣仏使節に随行〔銀行家, 衆議院議員：第一国立銀行などの監査役〕 高木 留三郎　たかぎ・とめさぶろう　遣仏使節に随行 田中 廉太郎　たなか・れんたろう　遣仏使節に随行〔幕臣, 勘定格調役〕 田辺 太一　たなべ・たいち　遣仏使節に随行〔外交官：『幕末外交談』を著述〕 玉木 三弥　たまき・みつや　遣仏使節に随行〔家臣, 河田相模守家来〕 名倉 予可人　なくら・よかひと　遣仏使節に随行〔田中廉太郎従者〕 西 吉十郎　にし・きちじゅうろう　遣仏使節に随行〔通詞, 調役格〕 原田 一道　はらだ・いちどう　遣仏使節に随行, 兵学〔陸軍軍人, 少将, 男爵〕 原田 吾一　はらだ・ごいち　遣仏使節に随行〔幕臣, 蕃書調役出役教授手伝, 海陸軍兵書取調出役〕 別所 左二郎　べっしょ・さじろう　遣仏使節に随行 堀江 六五郎　ほりえ・ろくごろう　遣仏使節に随行〔幕臣, 小人頭役, 小人目付〕 益田 孝　ますだ・たかし　遣仏使節に随行〔実業家, 男爵：三井財閥創業の大番頭〕 益田 鷹之助　ますだ・たかのすけ　遣仏使節に随行〔幕臣, 佐渡奉行属役〕

国別渡航者名一覧　　　　　　フランス

渡航地	渡航年	人名・目的・活動分野
	1865	松濤 権之丞　まつなみ・ごんのじょう　遣仏使節に随行〔幕臣, 定役格同心〕 三宅 秀　みやけ・しゅう　遣仏使節に随行〔医学者, 貴族院議員：日本初の医学博士, 医学教育に尽力〕 森田 弥助　もりた・やすけ　遣仏使節に随行〔従者〕 谷津 勘四郎　やつ・かんしろう　遣仏使節に随行〔幕臣, 小人目付〕 矢野 次郎兵衛　やの・じろべえ　遣仏使節に随行〔幕臣, 同心〕 山内 六三郎　やまのうち・ろくさぶろう　遣仏使節の通訳〔官吏：横浜鎖港談判などの通訳〕 横山 敬一　よこやま・けいいち　遣仏使節に随行〔外国奉行定役〕 岡田 摂蔵　おかだ・せつぞう　遣仏使節に随行〔幕臣〕 小花 作助　おばな・さくすけ　遣仏使節に随行〔官吏：小笠原諸島の開発に尽力〕 富田 達三　とみた・たつぞう　遣仏使節に随行〔幕臣, 外国奉行調役〕
	1866	岩下 長十郎　いわした・ちょうじゅうろう　留学〔陸軍軍人, 子爵〕 岩下 方平　いわした・みちひら　パリ万国博覧会参加〔官吏, 子爵〕 田中 芳男　たなか・よしお　パリ万国博覧会へ標本を出品〔博物学者, 男爵：殖産興業の広い分野で啓蒙活動〕
	1867	新納 次郎四郎　にいろ・じろうしろう　語学〔陸軍大学校教師〕 生島 孫太郎　いくしま・まごたろう　遣仏使節に随行〔幕臣, 外国奉行支配並出役〕 井坂 泉太郎　いさか・せんたろう　遣仏使節に随行〔水戸藩士〕 石田 泰次郎　いしだ・たいじろう　語学研修〔留学生〕 伊藤 貫造　いとう・かんぞう　語学研修〔留学生〕 今泉 雄作　いまいずみ・ゆうさく　美術研究〔文部省官吏, 大倉集古館館長：東京美術学校の創立に尽力〕 宇都宮 三郎　うつのみや・さぶろう　化学技術〔化学技術者〕 海老名 郡次　えびな・ぐんじ　遣仏使節に随〔官吏, 若松町長〕 大井 三郎右衛門　おおい・さぶろうえもん　遣仏使節に随行〔水戸藩士〕 大岡 松吉　おおおか・まつきち　幕府より派遣 大鳥 貞次郎　おおとり・さだじろう　軍事研修〔陸軍軍人〕 緒方 惟直　おがた・これなお　語学研修〔教師：ヴェネツィアで日本語教育, のち客死〕 尾崎 俊蔵　おざき・しゅんぞう　パリ万国博覧会列席〔唐津藩留学生〕 加治 権三郎　かじ・ごんざぶろう　遣仏使節に随行〔水戸藩士〕 かね　パリ万国博覧会で接待〔芸妓〕 神原 錦之丞　かんばら・きんのじょう　留学〔幕臣〕 菊地 平八郎　きくち・へいはちろう　遣仏使節に随行〔水戸藩士, 小姓頭取〕 木村 宗三　きむら・そうぞう　パリ万国博覧会に列席〔幕臣〕 栗本 鋤雲　くりもと・じょうん　幕府の全権公使〔外交官, 新聞記者：日仏外交, 報知新聞主筆〕

新訂増補 海を越えた日本人名事典　903

フランス 　　　　　　　　　　　国別渡航者名一覧

渡航地	渡航年	人名・目的・活動分野
		栗本 貞次郎　くりもと・ていじろう　留学生取締〔外務省官吏：パリで客死〕
		小出 涌之助　こいで・ようのすけ　パリ万国博覧会〔司法省官吏〕
		酒井 清　さかい・きよし　遣仏使節に随行〔陸軍軍人〕
		さと　　パリ万国博覧会で接待〔芸妓〕
		佐野 常民　さの・つねたみ　パリ万国博覧会出品,軍艦建造依頼〔政治家,伯爵：赤十字事業の創始者〕
		三吉　さんきち　パリ万国博覧会の折に興行〔浜錠一座の軽業師〕
		渋沢 栄一　しぶさわ・えいいち　徳川昭武に随行,パリ万国博覧会に列席〔実業家：日本資本主義の先駆者〕
		清水 卯三郎　しみず・うさぶろう　日本商人の渡仏第1号,パリ万国博覧会出品〔商人（石版印刷の祖,国語改良運動に尽力）〕
		菅沼 貞次　すがぬま・さだつぐ　幕府留学生取締〔幕臣〕
		すみ　　パリ万国博覧会で接待〔芸妓〕
		高松 凌雲　たかまつ・りょううん　パリ万国博覧会に列席〔医師：同愛社に拠り全国的救民医療活動を展開〕
		徳川 昭武　とくがわ・あきたけ　パリ万国博覧会に列席〔水戸藩知事,陸軍軍人〕
		名村 泰蔵　なむら・たいぞう　パリ万国博覧会参加〔裁判官,実業家〕
		野中 元右衛門　のなか・もとえもん　パリ万国博覧会の出品担当〔佐賀藩士：パリ客死第1号の日本人〕
		服部 潤次郎　はっとり・じゅんじろう　遣仏使節に随行〔水戸藩士〕
		花房 義質　はなぶさ・よしもと　パリ万国博覧会視察〔外交官,子爵：マリアルース号事件,樺太・千島交換交渉に尽力〕
		浜錠 定吉　はまじょう・さだきち　パリ万国博覧会の折興行〔足芸師：浜錠定吉一座座長〕
		日比野 清作　ひびの・せいさく　遣仏使節に随行〔幕臣,外国奉行支配調役〕
		深川 長右衛門　ふかがわ・ちょうえもん　パリ万国博覧会出品のため〔商人〕
		保科 俊太郎　ほしな・しゅんたろう　パリ万国博覧会列席の通訳〔陸軍軍人〕
		本間 清雄　ほんま・きよお　パリ万国博覧会に参列〔外交官〕
		前田 正格　まえだ・まさただ
		松井 菊次郎　まつい・きくじろう　パリ万国博覧会の折に興行〔旅芸人：浜錠定吉一座の独楽回し〕
		箕作 麟祥　みつくり・りんしょう　パリ万国博覧会に列席〔法律学者,男爵：フランス法典の移入・紹介〕
		皆川 源吾　みながわ・げんご　遣仏使節に随行〔水戸藩士〕
		三輪 端蔵　みわ・たんぞう　遣仏使節に随行〔水戸藩士〕
		向山 一履　むこうやま・かずふみ　パリ万国博覧会参列〔幕臣,漢詩人：駐仏全権公使としてナポレオン三世に謁見〕
		山内 文次郎　やまうち・ぶんじろう　パリ万国博覧会参列〔外交官,式部官兼宮中顧問官〕

渡航地	渡航年	人名・目的・活動分野
		山高 信離　やまたか・のぶつら　パリ万国博覧会〔官吏, 帝国博物館長：内外の博覧会事務, 博物館行政に尽力〕
		横山 主税　よこやま・ちから　パリ万国博覧会に列席〔会津藩士〕
		吉田 要作　よしだ・ようさく　留学〔外交官：鹿鳴館館長〕
		吉田 六左衛門　よしだ・ろくざえもん　パリ万国博覧会出品物の輸送〔商人：商人の渡欧第1号〕
		和田 収蔵　わだ・しゅうぞう　留学〔裁判官：『仏国民法問答』の訳者〕
	1867頃	神保 寅三郎　じんぼ・とらさぶろう　留学〔陸軍教官, 沼津兵学校三等教授〕
	1868	太田 徳三郎　おおた・とくさぶろう　軍事〔陸軍軍人, 中将：兵器類の製造修理指導〕
	1869	岡田 丈太郎　おかだ・じょうたろう　鉱山学〔金沢県留学生〕
		黒川 誠一郎　くろかわ・せいいちろう　法律学〔行政裁判所評定官〕
		西郷 従道　さいごう・つぐみち　軍事情勢視察〔海軍軍人, 元帥, 政治家, 侯爵：警察制度の確立, 鉄道敷設に尽力〕
		前田 正名　まえだ・まさな　留学〔官吏, 男爵：殖産興業の功労者〕
		渡 正元　わたり・まさもと　兵学〔官吏, 貴族院議員〕
	1870	飯塚 納　いいづか・おさむ　法制〔漢詩人, ジャーナリスト, 東洋自由新聞副社長：自由民権思想の啓蒙〕
		大久保 春野　おおくぼ・はるの　軍事刑法学〔陸軍軍人, 大将, 男爵〕
		小田 均一郎　おだ・きんいちろう　兵学〔留学生：リヨンで中江兆民と交遊〕
		柏村 庸之允　かしわむら・ようのじょう　刑法学〔山口藩留学生〕
		光妙寺 三郎　こうみょうじ・さぶろう　憲法学〔官吏〕
		小国 磐　こぐに・いわお　陸軍軍事研修〔陸軍軍人〕
		小坂 勇熊　こさか・たけくま　軍事研修〔陸軍軍人〕
		小坂 千尋　こさか・ちひろ　兵学〔陸軍軍人, 陸軍省軍務局第一課長〕
		清水 誠　しみず・まこと　理工科目修得〔実業家：国産マッチの創始者〕
		庄司 金太郎　しょうじ・きんたろう　軍事工学〔留学生〕
		周布 金槌　すぶ・かなづち　留学〔留学生〕
		戸次 正三郎　とつぐ・しょうざぶろう　軍事研修〔兵学寮留学生〕
		船越 熊吉　ふなこし・くまきち　砲学, 海軍伝習〔兵学寮留学生〕
		前田 荘馬　まえだ・そうま　留学〔兵学寮留学生〕
		村上 四郎　むらかみ・しろう　工学〔山口藩留学生〕
		毛利 藤内　もうり・とうない　法律学, 普通学〔銀行家：第百十銀行設立〕
		山崎 直胤　やまさき・なおたね　産業技術調査〔官吏, 錦鶏間祗候〕
		吉武 彦十郎　よしたけ・ひこじゅうろう　留学〔留学生〕
	1871	石丸 三七郎　いしまる・さんしちろう　築城学〔兵学寮留学生〕

フランス　　　　国別渡航者名一覧

渡航地	渡航年	人名・目的・活動分野
		稲垣 喜多造　いながき・きたぞう　簿記〔工部省官吏：フランス簿記導入の先駆者〕
		入江 文郎　いりえ・ぶんろう　留学〔語学者：フランス語学の先駆者, フランス留学生世話人〕
		大塚 琢造　おおつか・たくぞう　兵学〔博覧会審査官：各国博覧会で活躍〕
		小野 弥一　おの・やいち　統計事務の研修〔官吏：第1回ニュー・カレドニア移民の総監督〕
		河内 直方　かわち・なおかた　法律研修〔官吏〕
		駒留 良蔵　こまどめ・りょうぞう　法律学〔司法官〕
		西園寺 公望　さいおんじ・きんもち　留学〔政治家, 公爵：元老, 明治大学創立〕
		周布 公平　すぶ・こうへい　法律学〔官吏, 男爵〕
		千坂 高雅　ちざか・たかまさ　養蚕製糸業の調査〔官吏, 実業家, 貴族院議員〕
		土屋 静軒　つちや・せいけん　留学〔医師〕
		中江 兆民　なかえ・ちょうみん　法律学〔思想家：フランス啓蒙思想の移植〕
		中島 精一　なかじま・せいいち　器械学〔留学生〕
		中島 惣助　なかじま・そうすけ　鉱山学〔塾教師〕
		楢崎 頼三　ならざき・らいぞう　軍事刑法, 語学〔兵学寮留学生〕
		野村 小三郎　のむら・こさぶろう　軍事〔陸軍軍人：パリで客死〕
		秀島 家良　ひでしま・いえよし　法律学, 馬政学〔陸軍軍人, 実業家, 第三十銀行監査役〕
		福地 鷹次　ふくち・たかつぐ　法律学〔伊万里県留学生〕
		三刀屋 七郎次　みとや・しちろうじ　フランス語〔留学生〕
		山口 健五郎　やまぐち・けんごろう　鉱山学〔伊万里県留学生〕
		山城屋 和助　やましろや・わすけ　兵器の輸入〔商人：陸軍汚職事始の張本人〕
	1871頃	坂田 乾一郎　さかた・かんいちろう　兵学〔留学生：リヨンで中江兆民と交遊〕
	1872	安藤 直五郎　あんどう・なおごろう　兵学〔留学生〕
		池田 登　いけだ・のぼる　器械学〔留学生〕
		石川 舜台　いしかわ・しゅんたい　宗教事情視察〔僧侶：真宗大谷派の改革に尽力〕
		井上 伊兵衛　いのうえ・いへえ　洋式織機の技術修得〔西陣織職人〕
		井上 毅　いのうえ・こわし　法律制度の調査〔政治家, 子爵：日本帝国憲法・教育勅語の制定に尽力〕
		上村 四郎　うえむら・しろう　工学〔留学生〕
		浦島 健蔵　うらしま・けんぞう　兵学〔留学生〕
		江藤 彦六　えとう・ひころく　器械学〔留学生〕
		榎本 彦太郎　えのもと・ひこたろう　鉱山学〔留学生〕
		大谷 光瑩　おおたに・こうえい　宗教事情視察〔僧侶（東本願寺法主）, 伯爵〕
		河内 宗一　かわち・そういち　刑法学〔長州藩士〕

国別渡航者名一覧　　　　　　　　　　　　　　　フランス

渡航地	渡航年	人名・目的・活動分野
		河津 祐之　かわづ・すけゆき　教育制度調査〔官吏：『仏国革命史』翻訳等の啓蒙思想家〕
		国司 政輔　くにし・せいすけ　留学〔陸軍軍人〕
		熊谷 直孝　くまがい・なおたか　造船学〔造船技師：造船技術教育に貢献〕
		佐倉 常七　さくら・つねしち　洋式織機の技術修得〔西陣織職人：ジャカード織機を移入〕
		曽禰 荒助　そね・あらすけ　陸軍経理学〔政治家, 子爵：帝国議会の設置, 日韓合併に尽力〕
		高崎 正風　たかさき・まさかぜ　税法行政調査〔歌人, 宮中顧問官, 枢密院顧問官：初代の御歌所長〕
		多田 弥吉　ただ・やきち　兵学, 語学〔陸軍軍人〕
		津田 震一郎　つだ・しんいちろう　兵学〔留学生〕
		得能 新十郎　とくのう・しんじゅうろう　学科質問〔留学生〕
		長嶺 正介　ながみね・しょうすけ　刑法学〔留学生〕
		成島 柳北　なるしま・りゅうほく　東本願寺・現如上人に随行〔戯文家, 新聞記者：文明開化の風潮を批判〕
		新田 静丸　にった・しずまる　兵学〔留学生〕
		長谷部 仲彦　はせべ・なかひこ　鉱山学〔留学生〕
		蜂須賀 万亀次郎　はちすか・まきじろう　語学〔式部官〕
		樋口 千代熊　ひぐち・ちよくま　鉱山学〔留学生〕
		広 虎一　ひろ・とらいち　軍事〔陸軍軍人〕
		松田 正久　まつだ・まさひさ　政治・法律学〔政治家, 男爵：原敬と並ぶ政友会の重鎮〕
		松本 白華　まつもと・ひゃくか　宗教事情視察〔僧侶〕
		山口 彦次郎　やまぐち・ひこじろう　農学〔留学生〕
		山本 彦八　やまもと・ひこはち　鉱山学〔留学生〕
		湯川 温作　ゆかわ・おんさく　留学〔留学生〕
		吉田 忠七　よしだ・ちゅうしち　洋式織機の技術修得〔西陣織職人：帰国中ニール号で遭難〕
		渡辺 小三郎　わたなべ・こさぶろう　留学〔陸軍軍人〕
	1873	吉井 友実　よしい・ともざね　外国事情視察〔官吏, 伯爵：日本鉄道会社の初代社長〕
	1873頃	今村 和郎　いまむら・わろう　留学〔官吏：ヴィクトル・ユーゴーと板垣退助の会見の通訳〕
	1874	杉 成吉　すぎ・せいきち　造船技術〔造船技師：便乗中の軍艦畝傍とともに遭難〕
		中村 雄次郎　なかむら・ゆうじろう　兵器研究〔陸軍軍人, 中将, 男爵〕
	1875	綾野 敏三　あやの・としぞう　留学〔留学生〕
		磯部 四郎　いそべ・しろう　法律, 政治, 経済〔弁護士, 政治家, 貴族院議員：日本民法典の編纂に尽力〕
		井上 昭一　いのうえ・しょういち　留学〔留学生〕
		沖野 忠雄　おきの・ただお　土木学修業〔土木学者：河川・築港工事の権威〕
		木下 広次　きのした・ひろじ　法律学〔法律家：京都帝国大学の初代総長〕

フランス　　　　　　　　　国別渡航者名一覧

渡航地	渡航年	人名・目的・活動分野
	1876	熊野 敏三　くまの・びんぞう　法律学〔法律家, 弁護士：法典編纂に尽力〕 栗塚 省吾　くりづか・せいご　法学〔裁判官, 政治家, 衆議院議員：民法の編纂〕 関口 豊　せきぐち・ゆたか　法学〔司法省留学生：パリで客死〕 古市 公威　ふるいち・こうい　工学〔土木工学者, 男爵：近代土木工学の権威, 日仏文化交流に尽力〕 若山 鉉吉　わかやま・げんきち　海軍技術研修〔海軍軍人：軍艦建造の監督〕 岸本 辰雄　きしもと・たつお　法律学〔法律家：明治大学創立者〕 塩野 門之助　しおの・もんのすけ　採鉱・精錬技術〔鉱山技術者：鉱業関係の留学第1号〕 増田 好造　ますだ・よしぞう　採鉱・精錬技術〔鉱山技術者〕 松平 喜徳　まつだいら・のぶのり　留学〔会津藩主, 子爵〕 宮城 浩蔵　みやぎ・こうぞう　法律学〔裁判官：法典編纂に寄与, 明治大学の創立者〕 山口 辰弥　やまぐち・たつや　造船技術〔技術者：造船界の発展に寄与〕 山口 半六　やまぐち・はんろく　建築学〔建築家：学校建築, 都市計画の第一人者〕
	1877	稲畑 勝太郎　いなばた・かつたろう　染色技術〔実業家：染織技術の移入, モスリンの国産化〕 井上 正一　いのうえ・しょういち　法律学〔裁判官〕 歌原 十三郎　うたはら・じゅうざぶろう　採鉱冶金〔留学生：サン・テチェンヌで客死〕 河原 徳立　かわはら・のりたつ　窯業〔実業家, 瓢池園設立者〕 黒川 勇熊　くろかわ・たけくま　留学〔海軍軍人〕 近藤 徳太郎　こんどう・とくたろう　織物技術の修得〔織物技術者：織物技術の普及に貢献, 足利工業学校長〕 桜井 省三　さくらい・しょうぞう　造船学〔造船技師：軍艦建造の監督として活躍, フランス料理の紹介者〕 佐藤 友太郎　さとう・ともたろう　陶器製造技術〔陶業者：洋式生産方法を導入〕 高野 正誠　たかの・まさなり　醸造法研究〔ぶどう酒製造業者：勝沼ワインの基盤づくりに貢献〕 辰巳 一　たつみ・はじむ　造船技術〔海軍造船技師, 実業家：ヨーロッパ造船技術の移入〕 土屋 助次郎　つちや・すけじろう　醸造法研究〔ぶどう酒製造業者〕 富井 政章　とみい・まさあき　法律学〔法律学者, 男爵：民法起草の中心的人物, 法政大学創立者の一人〕 中西 米太郎　なかにし・よねたろう　留学〔留学生〕 原田 輝太郎　はらだ・てるたろう　留学〔陸軍軍人〕 広野 精一郎　ひろの・せいいちろう　留学〔留学生〕 横田 重一　よこた・しげかず　留学〔留学生〕 横田 万寿之助　よこた・ますのすけ　紡績技術〔紡織技師〕

908　新訂増補 海を越えた日本人名事典

国別渡航者名一覧　　　　　　フランス

渡航地	渡航年	人名・目的・活動分野
	1878	遠武 秀行　とおたけ・ひでゆき　造船所視察〔海軍軍人, 大佐, 実業家, 横須賀造船所所長〕 中川 元　なかがわ・はじめ　師範制度調査, パリ万国博覧会日本代表団通訳〔文部官吏, 教育者〕 野津 道貫　のづ・みちつら　兵制視察〔陸軍軍人, 元帥, 侯爵〕 林 忠正　はやし・ただまさ　パリ万国博覧会の通訳〔美術商〕 山田 忠澄　やまだ・ただずみ　化学〔外交官〕 山本 芳翠　やまもと・ほうすい　洋画修業〔洋画家：本格的洋画の導入に尽力〕 渡辺 省亭　わたなべ・せいてい　パリ万国博覧会に出品〔日本画家〕
	1879	高山 保綱　たかやま・やすつな　造船学 天野 冨太郎　あまの・とみたろう　兵学〔陸軍軍人〕 石本 新六　いしもと・しんろく　陸軍軍事研修〔陸軍軍人, 男爵〕 小島 好問　こじま・よしただ　留学〔陸軍軍人, 少将〕 高島 鞆之助　たかしま・とものすけ　軍制の調査〔陸軍軍人, 中将, 政治家, 子爵〕 田中 耕造　たなか・こうぞう　川路利良に随行〔警察官吏, 東京府議〕 土屋 光春　つちや・みつはる　軍事視察〔陸軍軍人, 大将, 男爵〕 寺尾 寿　てらお・ひさし　天体力学〔天文学者：初代東京天文台長, 近代天文学の導入者〕 徳川 篤敬　とくがわ・あつよし　留学〔外交官, 侯爵〕
	1880	伊地知 幸介　いじち・こうすけ　陸軍軍事研修〔陸軍軍人, 中将, 男爵〕 合田 清　ごうだ・きよし　農学研究〔版画家〕 五姓田 義松　ごせだ・よしまつ　絵画研修〔画家：日本人としてサロンに初入選〕 田島 応親　たじま・まさちか　軍事情報の収集〔陸軍軍人：わが国最初の海軍砲を完成〕 難波 正　なんば・ただし　留学〔電気工学者, 京都帝国大学教授：電気工学の発展に貢献〕 村木 雅美　むらき・まさみ　留学〔陸軍軍人, 中将, 男爵〕
	1881	上原 勇作　うえはら・ゆうさく　陸軍軍事研修〔陸軍軍人, 元帥, 子爵：工兵全般の改善・刷新に尽力〕 楠瀬 幸彦　くすのせ・さちひこ　陸軍軍事研修〔陸軍軍人, 中将, 陸軍大臣〕 黒瀬 貞次　くろせ・ていじ　獣医学〔獣医〕 森 雅守　もり・まさもり　軍事研修〔陸軍軍人〕
	1882	板垣 退助　いたがき・たいすけ　議会制度などの視察〔政治家：自由民権運動の指導者〕 閑院宮 載仁親王　かんいんのみや・ことひとしんのう　陸軍軍事研修〔陸軍軍人, 元帥, 皇族〕 後藤 象二郎　ごとう・しょうじろう　議会制度などの視察〔政治家, 伯爵〕 寺内 正毅　てらうち・まさたけ　駐仏公使館付〔陸軍軍人, 大将・元帥, 政治家, 伯爵〕

新訂増補 海を越えた日本人名事典　909

フランス　　国別渡航者名一覧

渡航地	渡航年	人名・目的・活動分野
	1883	藤島 了穏　ふじしま・りょうおん　宗教学〔僧侶, 西本願寺勧学〕 古矢 弘政　ふるや・ひろまさ　軍楽〔陸軍軍人：戸山軍楽校長〕 本野 一郎　もとの・いちろう　貿易業務, 法学〔外交官, 子爵：日露外交に尽力〕 伊藤 雋吉　いとう・としよし　軍艦建造監督〔海軍軍人, 中将, 男爵〕 加藤 恒忠　かとう・つねただ　法律学〔外交官, 政治家, 松山市長, 衆議院議員〕
	1884	中島 半一郎　なかじま・はんいちろう　騎兵術〔陸軍軍人〕 伊東 義五郎　いとう・よしごろう　砲術研究〔海軍軍人, 実業家, 男爵〕 川上 操六　かわかみ・そうろく　兵制視察〔陸軍軍人, 大将, 子爵：陸軍軍制の改革, 軍事優先の鉄道敷設に尽力〕 黒田 清輝　くろだ・せいき　法律学, 洋画〔洋画家, 子爵：外光派的写実の手法を移入〕 坂本 俊篤　さかもと・としあつ　海軍軍事研修〔海軍軍人, 男爵〕 清水 俊　しみず・しゅん　兵制視察〔陸軍軍人〕 志水 直　しみず・ただし　大山巌に随行〔陸軍軍人, 政治家, 名古屋市長, 衆議院議員〕 野島 丹蔵　のじま・たんぞう　留学〔留学生〕 馬場 命英　ばば・のりひで　兵制視察〔陸軍軍人〕 久松 定謨　ひさまつ・さだこと　陸軍軍事研修〔陸軍軍人, 中将, 伯爵：陸軍きってのフランス通〕 俣賀 致正　またが・よしまさ　〔陸軍軍人〕 三浦 梧楼　みうら・ごろう　軍事視察〔陸軍軍人, 中将, 政治家, 子爵：日仏間の条約改正に尽力, 明治政界の長老〕 村井 長寛　むらい・ながひろ　軍事視察〔陸軍軍人, 中将〕 矢野 龍渓　やの・りゅうけい　新聞事業視察〔小説家, ジャーナリスト〕
	1885	矢吹 秀一　やぶき・しゅういち　軍事視察〔陸軍軍人, 中将, 男爵〕 梅 謙次郎　うめ・けんじろう　法律学〔法学者：民法・商法など立法史上の功労者〕 加藤 栄吉　かとう・えいきち　鋳造学〔技術者〕 庄司 藤三郎　しょうじ・とうさぶろう　鋳造学〔留学生〕 千本 福隆　せんぼん・よしたか　師範学校調査〔物理学者, 数学者：自然科学教育に尽力〕 長谷川 好道　はせがわ・よしみち　留学〔陸軍軍人, 元帥, 伯爵〕 藤 雅三　ふじ・まさぞう　美術〔洋画家〕
	1886	小幡 文三郎　おばた・ぶんざぶろう　造船学〔造船技師〕 加太 邦憲　かぶと・くにのり　法律研修〔裁判官, 貴族院議員〕 川島 甚兵衛(2代)　かわしま・じんべえ　織物研究〔染織家：川島織物工業創立者〕 木全 多見　きまた・たみ　留学〔陸軍軍人, 少将, 陸軍砲工学校教官〕 久米 桂一郎　くめ・けいいちろう　絵画研修, 古美術研究〔画家〕 香坂 季太郎　こうさか・きたろう　造船機械学〔留学生〕

渡航地	渡航年	人名・目的・活動分野
		高谷 恒太郎　たかや・こうたろう　法律学〔裁判官, 茶人：茶道興隆に尽力〕
		谷 干城　たに・かんじょう　ヨーロッパ視察旅行〔陸軍軍人, 中将, 政治家, 子爵〕
		土橋 八千太　つちはし・やちた　神学, 天文学〔天文学者, カトリック司祭, 上智大学総長〕
		豊田 鋹銀次郎　とよだ・ちょうじろう　鋳造学〔留学生〕
		西村 千里　にしむら・せんり　留学〔陸軍軍人〕
		福島 虎次郎　ふくしま・とらじろう　海軍軍事研修〔海軍軍人, 海軍少佐, 海軍兵学校監事：フランスで客死〕
		福羽 逸人　ふくば・はやと　葡萄栽培研究〔園芸学者, 子爵：温室栽培の創始者〕
		松村 六郎　まつむら・ろくろう　鋳造学〔留学生〕
		村田 惇　むらた・あつし　陸軍軍事研修〔陸軍軍人, 中将〕
		山崎 甲子次郎　やまざき・きねじろう　造船学〔海軍軍人〕
		横井 佐久　よこい・すけひさ　造船学〔造船技師：パリで客死〕
	1887	秋山 好古　あきやま・よしふる　旧藩主の子息・久松定謨の補導役〔陸軍軍人, 大将：騎兵連隊を編制, 馬術の普及〕
		石藤 豊太　いしどう・とよた　留学〔海軍軍人〕
		川路 利恭　かわじ・としあつ　留学〔内務官僚〕
		豊田 芙雄　とよだ・ふゆ　留学〔教育家：最初の幼稚園保母〕
	1888	一条 実輝　いちじょう・さねてる　海軍軍事研修〔海軍軍人, 大佐, 公爵〕
		押川 則吉　おしかわ・のりきち　農事経済視察〔官僚, 政治家, 貴族院議員〕
	1889	河北 道介　かわきた・みちすけ　軍事研修〔洋画家〕
		久保田 米僊　くぼた・べいせん　遊学〔日本画家：京都府立画学校を創立〕
		酒井 雄三郎　さかい・ゆうざぶろう　農業事情視察〔自由民権論者：日本人初のインターナショナル出席〕
		馬場 禎四郎　ばば・ていしろう　軍事研修〔陸軍軍人〕
		和田 雄治　わだ・ゆうじ　留学〔気象学者：天気予報の創始者〕
	1890	有坂 紹蔵　ありさか・しょうぞう　兵器研究〔海軍軍人, 中将, 東京帝国大学教授：国産速射砲の製作に尽力〕
		伊地知 彦次郎　いじち・ひこじろう　軍事視察〔海軍軍人, 中将〕
		阪田 貞一　さかた・ていいち　工業教育視察〔工業教育家：民間工業の育成に貢献〕
		武田 秀雄　たけだ・ひでお　海軍軍事研修〔海軍軍人, 機関中将, 実業家：三菱造船, 三菱電気会長〕
		津田 寅次郎　つだ・とらじろう　印刷機械購入〔印刷技術者〕
	1890頃	祖山 鐘三　そやま・かねぞう　商法見習い〔商人〕
	1891	楠瀬 熊治　くすのせ・くまじ　火薬学〔海軍軍人, 海軍造兵中将, 海軍造兵中将：火薬の研究・改良に貢献〕
		鮫島 員規　さめじま・かずのり　軍艦松島回航〔海軍軍人, 大将, 男爵〕
		財部 彪　たからべ・たけし　軍事視察〔海軍軍人, 大将, 海相〕

フランス　　　　　　　　　　　国別渡航者名一覧

渡航地	渡航年	人名・目的・活動分野
		山屋 他人　やまや・たにん　軍事視察〔海軍軍人,大将,連合艦隊司令長官〕
	1892	池辺 三山　いけべ・さんざん　留学〔新聞人,東京朝日新聞主筆：国際ジャーナリズムの先駆〕
		土方 勝一　ひじかた・しょういち　留学〔留学生〕
	1893	大島 健　おおしま・けん　陸軍軍事研修〔陸軍軍人〕
		川上 音二郎　かわかみ・おとじろう　演劇視察〔俳優,興行師：新派劇の元祖〕
		松本 重太郎　まつもと・じゅうたろう　陸軍御用〔実業家：銀行や鉄道事業を創設〕
		柳沢 銀蔵　やなぎさわ・ぎんぞう　獣医学〔陸軍軍人,獣医〕
	1894	神谷 伝蔵　かみや・でんぞう　ワイン製造法〔ワイン製造業者：牛久ワインの醸造に成功〕
	1895	蠣崎 富三郎　かきざき・とみさぶろう　留学〔陸軍軍人,中将〕
	1896	織田 万　おだ・よろず　行政法,国際法〔法学者：国際司法裁判所の第一期裁判官〕
		曽我 祐邦　そが・すけくに　陸軍軍事研修〔陸軍軍人,子爵〕
		松岡 松郎　まつおか・まつろう　軍事研修〔陸軍軍人〕
	1899	浅井 忠　あさい・ちゅう　洋画〔洋画家：関西美術界の中心人物〕
		和田 英作　わだ・えいさく　洋画〔洋画家：新聞の洋風挿絵の元祖〕
	1905	藤島 武二　ふじしま・たけじ　絵画研究〔洋画家〕
	1906	神戸 絢　かんべ・あや　ピアノの修業〔ピアニスト：フランス風の演奏法を紹介〕
	1912	与謝野 晶子　よさの・あきこ　ヨーロッパ旅行〔歌人,詩人,評論家〕
	不明	池尻 富興　いけじり・とみおき　留学〔留学生〕
		伊集院 兼備　いじゅういん・かねとも　留学〔留学生：フランスで客死〕
		萩原 正倫　はぎわら・まさとも　貿易〔貿易商：パリで客死〕
ベルギー	1870	細谷 安太郎　ほそや・やすたろう　造船〔技術者,実業家〕
		馬屋原 二郎　うまやはら・じろう　法律学〔裁判官〕
		古賀 護太郎　こが・もりたろう　鉱山学〔文部省官吏〕
		松原 旦次郎　まつばら・たんじろう　鉱山学〔大学南校留学生〕
	1871	河野 光太郎　こうの・こうたろう　私費留学〔留学生〕
	1885	長谷川 喬　はせがわ・たかし　万国商法編纂会議〔司法官,東京控訴院院長〕
	1886	飯田 旗軒　いいだ・きけん　留学〔仏文学者〕
	1888	原田 貞之助　はらだ・さだのすけ　留学〔留学生〕
	1889	椙原 透　すぎはら・とおる　留学〔留学生〕
		永富 雄吉　ながとみ・ゆうきち　留学〔実業家,日本郵船副社長〕
		村瀬 春雄　むらせ・はるお　保険学〔保険学者：帝国海上保険の副社長〕
	1890	佐藤 忠義　さとう・ただよし　留学〔留学生〕
		益田 太郎　ますだ・たろう　留学〔実業家,劇作家,台湾製糖専務取締役〕

国別渡航者名一覧　　　　ヨーロッパ

渡航地	渡航年	人名・目的・活動分野
	1891	青木 宣純　あおき・のりずみ　陸軍軍事研修〔陸軍軍人, 中将：軍人外交官として尽力〕
		島川 文八郎　しまかわ・ぶんぱちろう　火薬学〔陸軍軍人, 大将：無煙火薬の発明, 製造〕
		福原 信蔵　ふくはら・しんぞう　陸軍軍事研修〔陸軍軍人, 少将〕
	1894	寺尾 亨　てらお・とおる　国際公法〔国際法学者：国際法の第一人者, 辛亥革命政府の法律顧問〕
ペルー	1841	亀吉　かめきち　漂流〔漁民：ペルーで洋服屋を開業〕
		坂田 伊助　さかた・いすけ　漂流〔漁民：大工としてリマに定住〕
		十作　じゅうさく　漂流〔漁民〕
ポルトガル	1551	鹿児島のベルナルド　かごしまのべるなるど　修道〔キリシタン信徒：最初にヨーロッパを訪れた日本人〕
	1582	伊東 満所　いとう・まんしょ　天正遣欧使節の正使〔イエズス会神父〕
		コンスタンティノ・ドラード　西洋印刷技術〔イエズス会司祭：日本人最初の新聞を発行〕
		千々石 ミゲル　ちぢわ・みげる　天正遣欧使節
		中浦 ジュリアン　なかうら・じゅりあん　天正遣欧使節〔イエズス会司祭〕
		原 マルチノ　はら・まるちの　天正遣欧使節〔イエズス会司祭〕
ヨーロッパ	1869	山県 有朋　やまがた・ありとも　海外事情視察〔陸軍軍人, 元帥, 政治家, 公爵：軍制の確立, 徴兵制度を制定〕
		吉井 保次郎　よしい・やすじろう　留学〔金沢藩留学生〕
	1870	伊達 宗之助　だて・むねのすけ　留学〔公家〕
		陸奥 宗光　むつ・むねみつ　文物視察周遊〔外交官, 伯爵：不平等条約改正に功労〕
	1871	秋月 種樹　あきづき・たねたつ　外国事情視察〔政治家, 書家, 子爵〕
		藤井 勉三　ふじい・べんぞう　留学〔山口藩留学生〕
		三好 退蔵　みよし・たいぞう　伊藤博文に同行, 裁判事務〔裁判官, 弁護士, 貴族院議員：感化事業に尽力〕
		森下 龍三　もりした・りゅうぞう　岡山藩参事に同行〔岡山藩士〕
	1872	梅上 沢融　うめがみ・たくゆう　日本人僧侶の洋行第1号, 宗教事情視察〔僧侶：西本願寺執行長〕
		川路 利良　かわじ・としよし　警察制度視察〔内務省官吏：警察行政確立の功労者〕
		岸良 兼養　きしら・かねやす　司法研修〔裁判官, 大審院院長〕
		河野 敏鎌　こうの・とがま　外国事情視察〔政治家, 子爵〕
		島地 黙雷　しまじ・もくらい　宗教事情視察〔僧侶：明治の仏教復興・啓蒙の先駆者〕
		鶴田 皓　つるた・あきら　刑典の調査〔裁判官：刑法の体系化に尽力〕
		沼間 守一　ぬま・もりかず　司法制度調査〔政治家, ジャーナリスト, 東京府会議長, 嚶鳴社主宰〕
		松平 定敬　まつだいら・さだあき　遊学〔桑名藩主〕
	1873	伊東 栄　いとう・さかえ　会計学〔実業家：帝人パピリオを創設〕
		岡内 重俊　おかうち・しげとし　司法研修〔裁判官, 男爵〕

新訂増補 海を越えた日本人名事典　913

ヨーロッパ　　　　　国別渡航者名一覧

渡航地	渡航年	人名・目的・活動分野
		高畠 五郎　たかばたけ・ごろう　出張〔洋学者, 官吏, 旗本, 蕃書調所教授〕
		田原 直助　たはら・なおすけ　軍制・兵器の調査〔造艦技師：軍艦・兵器製造に貢献〕
	1875	村田 経芳　むらた・つねよし　軍銃の調査・研究〔陸軍軍人, 少将, 男爵：村田銃の発明者〕
	1878	井上 良馨　いのうえ・よしか　軍艦訪問〔海軍軍人, 元帥, 子爵：国産軍艦で最初のヨーロッパ訪問〕
	1879	佐和 正　さわ・ただし　警察法調査〔官吏, 青森県知事〕
	1882	片山 東熊　かたやま・とうくま　宮殿建築・室内装飾調査〔建築家：東宮御所など宮殿美術建築を完成〕
		栗原 亮一　くりはら・りょういち　板垣退助に随行〔政治家, 衆議院議員〕
	1884	岩佐 純　いわさ・じゅん　医学〔医師（侍医）, 男爵〕
		長谷川 謹介　はせがわ・きんすけ　鉄道視察〔官吏, 鉄道院副総裁〕
	1886	石渡 敏一　いしわた・びんいち　留学〔司法官, 政治家, 枢密顧問官, 貴族院議員〕
		岡倉 天心　おかくら・てんしん　美術取調委員研修〔美術評論家, 思想家：日本の美術界の先覚者〕
		河村 譲三郎　かわむら・じょうざぶろう　法律学〔裁判官, 貴族院議員〕
		道家 斉　どうけ・ひとし　農業・商業制度視察〔官吏, 実業家, 貴族院議員〕
		鳥尾 小弥太　とりお・こやた　元老院より派遣〔陸軍軍人, 中将, 政治家, 子爵〕
		前田 孝階　まえだ・こうかい　法律学〔司法官, 宮城控訴院院長〕
		横田 国臣　よこた・くにおみ　留学〔司法官, 男爵〕
	1887	関 直彦　せき・なおひこ　政治経済情勢視察〔政治家, 翻訳家, 衆議院議員〕
		三井 高保　みつい・たかやす　銀行視察〔実業家, 男爵〕
	1889	嘉納 治五郎　かのう・じごろう　留学〔柔道家, 教育家：講道館柔道の開祖〕
		酒匂 常明　さこう・つねあき　農学〔農業技術者, 農商務省農務局長, 大日本製糖社長〕
		中橋 徳五郎　なかはし・とくごろう　議会運営法研修〔政治家, 実業家, 大阪商船社長〕
	1893	安東 貞美　あんどう・さだみ　軍事視察〔陸軍軍人, 大将〕
	1894	井上 光　いのうえ・ひかる　軍事視察〔陸軍軍人, 大将, 男爵〕
		大寺 安純　おおでら・やすずみ　軍事視察〔陸軍軍人, 少将〕
	1896	徳富 蘇峰　とくとみ・そほう　トルストイ訪問〔ジャーナリスト, 評論家〕
ロシア	1695	伝兵衛　でんべえ　漂流〔商人：ロシアに渡った最初の漂流日本人〕
	1710	サニマ　　漂流〔船乗り：日本語学校の助手〕
	1729	権蔵　ごんぞう　漂流〔若宮丸乗組員：世界最初の露日辞典の編集者〕

914　新訂増補 海を越えた日本人名事典

漂着地	漂着年	人名・目的・活動分野
	1745	竹内徳兵衛 たけうち・とくべえ 漂流 [多賀丸乗組員]
		宗蔵 そうぞう 漂流 [乗組員：漂着中には日本語教師・寺社教師]
	1783	磯吉 いそきち 漂流 [神昌丸乗組員]
		小市 こいち 漂流 [神昌丸乗組員]
		大黒屋光太夫 だいこくや・こうだゆう 漂流 [神昌丸乗組員：イルクーツク中等学校の日本語教師]
		新蔵 しんぞう 漂流 [神昌丸乗組員：イルクーツクの日本語教師]
	1793	大黒屋光太夫 だいこくや・こうだゆう 漂流 [日本に帰った最初の遭難漂流民]
		津太夫 つだゆう 漂流 [若宮丸乗組員：使節レザノフに随行, 初の世界一周]
	1794	左平 さへい 漂流 [若宮丸乗組員]
		太十郎 たじゅうろう 漂流 [若宮丸乗組員：初めて世界一周]
		儀兵衛 ぎへえ 漂流 [若宮丸乗組員：ロシアに帰化]
		民蔵 たみぞう 漂流 [若宮丸乗組員：ロシアに帰化]
		巳之助 みのすけ 漂流 [若宮丸乗組員：ロシアに帰化]
		善六 ぜんろく 漂流 [若宮丸乗組員：ロシアに帰化]
		辰蔵 たつぞう 漂流 [若宮丸乗組員：ロシアに帰化]
	1807	中川五兵衛 なかがわ・ごべえ 捕囚 [漁民：日本における種痘法の祖]
	1811	久蔵 きゅうぞう 漂流 [観世丸乗組員：種痘法を初めてもたらした]
	1812	奥田屋平右衛門 おくだや・へいえもん 抑留 [海運業者：ヨーロッパに戻り, 艦隊再開発のため赴き]
	1815	小栗 重吉 おぐり・じゅうきち 漂流 [督乗丸乗組員：初の和露辞典の編纂]
	1850	初蔵 はつぞう 漂流 [天寿丸乗組員]
		佐蔵 さぞう 漂流 [天寿丸乗組員]
		勝 久しん 漂流 [天寿丸乗組員]
		清吉 せいきち 漂流 [天寿丸乗組員]
		太郎吉 たろきち 漂流 [天寿丸乗組員：ロシアの通訳に]
	1855	橘耕斎 たちばな・こうさい 漂流 [同濤：日露接近の難題, 日本教師になった]
	1861	渋瀬 洋春 しぶせ・ようしゅん 共衛のため [医師]
		山尾 庸三 やまお・ようぞう 専門に回遊 [工部長官等（工部卿）：工部大学校設置を建白, 工業教育・美術教育]
	1865	出川又右 いでかわ・またえ ロシア語, 航海実習 [外務省貴族外務省第二等書記官, 東京外国語学校教授；十官・樺太交渉参加などを経て]

国別渡航者名一覧

ロシア

渡航地	渡航年	人名・目的・活動労働等
		大蔵 省五郎 おおくら・しょうごろう 医学〔開拓使官費：最初のロシア留学生〕
		桂下 謙太郎 かつらした・けんたろう 医学〔鎌方病院医員兼：初の「留学生」の継承〕
		小沢 謙太郎 おざわ・けんたろう 兵器〔因幸申：横須賀に ロシア語を置く〕
		田中 二郎 たなか・じろう ロシア語〔静岡藩護国書生：砲山学〕
		山内 作左衛門 やまのうち・さくざえもん 留学生〔幕吏の目付役：薬種〕
1866		石川 利政 いしかわ・としまさ 樺太国境画定交渉〔通商、樺太島界画定交渉、御使目付、勘定奉行〕
		箱田 三郎 はこだ・さぶろう 通弁使節館に随行〔書記〕
		海外延 維一郎 かいがい・いいちろう 通弁使節館に随行〔通詞、外国奉行所内用係御用掛〕
		小出 秀美 こいで・ひでみ 通弁使節館に随行〔諸侯、外国奉行：樺太国境画定交渉〕
		名村 五八郎 なむら・ごはちろう 通弁使節館に随行〔通詞、勘定奉行〕
		志賀 浦蔵 しが・うらぞう 通弁使節館の通弁〔外国奉行：日〕
		関口 六太郎 せきぐち・ろくたろう 通弁使節館に随行〔通詞〕
		楠本 伊織 くすもと・いおり 通弁使節館に随行〔通詞、勘定奉行〕
		矢沢 覃 やざわ・あきら 通弁使節館に向け行〔書記、勘定奉行〕
1869		魔物 春三 まもの・はるぞう 留学〔ロシア留学者：法律ならびにロシア語修得〕
		九山 作左 まるやま・さくざ 樺太境界の交渉〔民兵省、軍務奉行〕
1870		小野寺 魯一 おのでら・ろいち 留学生徒〔ロシア留学者：「露和辞典」を編纂〕
		西 徳二郎 にし・とくじろう 派遣学生〔外交官、男爵：日本人として初めて中央アジアを探検〕
1871		江木 六蔵 えぎ・ろくぞう 警察〔警察官、内務〕
		藤生 之央 ふじう・しおう ロシア〔官費、警察教員、東京外国語学校教員、内閣書記官：首席のロシア語継承の俊傑〕
		丹波 俊高 たんば・としたか 軍事留学〔陸軍軍人、伯爵〕
		万年小原 秀蔵 まんねんこばら・しゅうぞう 留学〔宮内省書記、男爵〕
1873		寺見 機一 てらみ・きいち 留学〔外交官、日本郵船ウラジオストク支店長〕
1874		大同 金太郎 おおどう・きんたろう、あきたろう 新聞社特派員〔新聞社記者：地図の刊行運動に尽力〕
		二橋 謙 にはし・けん 日本公使館員に派遣〔外交官：シベリア経済工業、日露国境界の調査に貢献〕

国際著述家名一覧

渡航年	人名・目的・活動分野
1875	手塚律蔵 てづか・りつぞう 通訳〔著述者〕
1876	佐藤譲 さとう・りょうすけ 領事館勤務〔著者、来護院御用、京都市生〕
1879	永山武四郎 ながやま・たけしろう コサック視察団〔陸軍人、幌延市生、薩摩藩士の部隊〕
1880	小畠秋太郎 こばた・たいたろう 満州視察旅行〔ロシア語学者〕中将、軍医：吉田光利の親戚〕
	廣瀬鹿次 ひろせ・かじ について見回行〔御雇外来人：萬延鉱業、かなえがえ・えきあき 特商名医者〔外交官、沖縄〕
1882	山上ちか やましたか・ちか 電信画報業書〔電信（インダ）画報の始祖書：ロシアの留学者を締結し、ありがあがわら、まさとしらの有機川宮彰仁親王、ニコライ大寺から150余点の電信画の出品を申込みて名士、多場繁宮・著述家、陸軍人、名大臣、多場繁宮・〕
1883	渋谷伝蔵 まさこう・つぐぞう 部署 まさとし・じゅんぞう 勤務〔著述者、作業中に溶鉱で部署 秋井 秋朝 あきい・じゅんろう 秋 〔著述者、陸軍大学機械教授：ロシア語学教員と養成に尽力〕
1884	三井 源助 みつい・げんすけ 勤務〔日本（リ）正教会会員継）〕 佐藤 政治 さとう・としほる 勤務〔著述者：ペキン、プフー、ウラー〕
1885	川上 護三 かわかみ・けんぞう 調査〔実業家：満州の農業開発〕
1886	厳津 茉津 いづ・ほさよし 教授〔神学：ロシア国際に教師として赴任〕 柴田米市 しばた・よねいち 軍職〔陸軍人、中将〕
1887	小池 神太郎 こいけ・はちたろう 神父、著述〔神父、著述者、翻訳家、明治日本の神教に貢献〕
1888	ロシア語教会を開設 重野北郎 しげの・しょうたろう 神父〔著述者、海教社員：ロシア大学で神学習得、初代信徒師として『一筆子』を刊行〕
1890	西海 楓樹 さいかい・しゅんじゅ 神父〔著述者：ロシア語学な教師〕 網村 恭三 あぶみら・きょうぞう 神父〔著述者：ロシア文学を翻訳・紹介〕 槙口 鳳之助 つくぐち・ほうのすけ 神父〔著述者：極東天然要塞の開拓・租借の関連〕
1890頃	仁礼 大作 にれい・だいさく ロシア語学講師を兼務〔海軍人、大将、軍備業：海軍：親日のロシア派、広瀬武夫の親友〕 長瀬 謙蔵 ちょうば・まさこう 事務 若者〔資源調査員：日露貿易等の発展〕
1891	多賀 権之助 たが・よしのすけ 電機操作者〔電気遠隔操作者、雷警〕 士井 倫作 どい・ともさく 移住〔新聞記者：日露貿易等の発展〕
1892	藤井 彰一 ふじい・しょういち 軍事視察〔海軍人、大将〕 川上 俊彦 かわかみ・としひこ ペテルブルグ大使館勤務〔外務省、実業家：ウラ・スタッパオンの港湾、日露漁業関係者〕 橋元 義明 はしもと・よしあき 著者 のち・しちまた〔海軍人、中将〕

ロシア　　　　　　　　　　国別渡航者名一覧

渡航地	渡航年	人名・目的・活動分野
	1893	福島安正　シベリアなど千島などの開拓　[陸軍人：北方踏査・開拓の先駆者]
	1895	片山不二彦　うるまこひろう　留学　[陸軍人，大将，男爵]
	1896	上田仙太郎　うえだ・せんたろう　留学　[外交官：レーニンの学友]
	1897	渡辺勝信　わたなべ・でしん　留学　[側伝，特務家]／広瀬武夫　ひろせ・たけお　留学，後に軍在外将校　[海軍人：桜花関連秀作活動中に戦死]
	1901	八杉貞利　やすぎ・さだとし　露語研修　[ロシア語学者]
	1906	磯部篤郎　ぶぶなゑこみき　トルストイ訪問　[小説家]
	1908	二葉亭四迷　ふたばてい・しめい　朝日新聞特派員　[小説家，翻訳家：ツルゲーネフの作品を紹介]
	1909	大井蒼石　おおい・ひとつ　美術研究　[美術家：山手教会内の礼拝堂の飾付け]／潮沢夏葉　せなみ・かよう　文学思想研究　[翻訳家：ロシア文学紹介の先駆者]

■編者略歴

冨田　仁（とみた・ひとし）

昭和8年、東京に生まれる。昭和35年、早稲田大学第一文学部仏文科を卒業。昭和40年、早稲田大学大学院文学研究科博士課程（仏文学）修了。フランス大学、北海道大学を経て、早稲田大学教授、現地で、日本比較文学会理事監査役を務めた。著書に『海外文学受容史序説』『海を越えた日本人名事典』（日外アソシエーツ）、『永遠のヅダボー一最後に座になるフランス人たち』（早稲田大学出版部）、『近代フランス文学物語』（白水社）、『幕末・近代日本の先覚者〈日外アソシエーツ〉』、『近代舶来品のぶり』（御茶の水書房）、『日本初めての話題事典』（ぎょうせい）などがある。

新訂増補　海を越えた日本人名事典

2005年7月25日　第1刷発行

編者／冨田　仁
発行者／大熊利光
発行所／日外アソシエーツ株式会社
〒143-8550　東京都大田区大森北1-23-8第3下川ビル
電話（03）3763-5241(代表)　FAX(03)3764-0845
URL http://www.nichigai.co.jp/

発売元／株式会社紀伊國屋書店
〒163-8636　東京都新宿区新宿3-17-7
電話（03）3354-0131（代表）
（営業部）電話（03）5469-5918
ホームページ

電算写植処理／日外アソシエーツ株式会社
印刷・製本／株式会社平河工業社

©Hitoshi TOMITA 2005
不許複製・禁無断転載
（落丁・乱丁本はお取り替えいたします）
《中性紙三菱クリームエイジ使用》

ISBN4-8169-1933-3
Printed in Japan, 2005

事典 近代日本の先駆者

冨田 仁編 A5・680頁 定価9,991円（本体9,515円） 1995.6刊

幕末から明治にかけての文明開化時期に、日本人として初めての発明・発表・提案・体験したパイオニアたち1,100人を収録。クリーブランドの発明家、クリーニング業の元祖、国際結婚第1号などユニークな先駆者305人の事典です。

来日西洋人名事典　増補改訂普及版

武内 博編著 B6・730頁 定価4,893円（本体4,660円） 1995.11刊

ザビエル、スタムレンなど戦国時代から大正時代に来日し、日本の文化発展に貢献した外国人1,303人の業績を記録。関連文献も収録しました。

新訂増補 海を越えた日本人名事典

冨田 仁編 A5・940頁 定価15,750円（本体15,000円） 2005.7刊

16世紀から明治中期に、欧米諸国に渡航した日本人渡航者の足跡をたどる、2,100人の事典です。略歴、渡航先、年・目的のほか、参考文献も掲載。

図説 明治人物事典

政治家・軍人・言論人
普及版一巻 B5・680頁 定価9,975円（本体9,500円） 2000.2刊

文化人・学者・実業家
普及版一巻 B5・600頁 定価9,660円（本体9,200円） 2000.11刊

当時の新聞、雑誌の掲載情報をもとに人物を紹介する事典。「政治家・軍人・言論人」には当時の日本の発展をつくりに活躍した250名を、「文化人・学者・実業家」には画家・小説家・俳優・僧侶・力士・実業家など多彩な時代の著名近200名を収録。図版も豊富で、同時代の人々の評価価値がよくわかります。

20世紀日本人名事典

B5・2分冊 セット定価45,990円（本体43,800円） 2004.7刊

日本の近現代に業績を残す3万人（来日・在日外国人を含む）の詳しいプロフィールを収録。明治・大正・昭和史研究の基礎ツールとして役立ちます。

チームスタッフカンパニー
日外アソシエーツ

〒143-8550 東京都大田区大森北1-23-8
TEL.(03)3763-5241 FAX.(03)3764-0845 http://www.nichigai.co.jp/